DICCIONARIOS
ESPASA

DICCIONARIO ESPAÑOL-INGLÉS ENGLISH-SPANISH

ESPASA

Directora Editorial: Marisol Palés Castro
Editora: Margarita Ostojska Asensio
Equipo lexicográfico: Nuria Valverde, Jeremy Rogers
Ilustraciones: Alejandro Cuadrado
Diseño de la colección: Álvaro Reyero

© De esta edición: Espasa Calpe, S. A., Madrid, 2006
Carretera de Irún, Km 12,200. 28049 Madrid

ISBN: 958-42-1505-1

Impreso en Perú / Printed in Perú
Impresión: Quebecor World Perú S. A.
Av. Los Frutales 344 Ate Lima-Perú

Reservados todos los derechos. No se permite reproducir, almacenar en sistemas de recuperación de la información ni transmitir alguna parte de esta publicación, cualquiera que sea el medio empleado —electrónico, mecánico, fotocopia, grabación, etc.—, sin el permiso previo de los titulares de los derechos de la propiedad intelectual.

Espasa, en su deseo de mejorar sus publicaciones, agradecerá cualquier sugerencia que los lectores hagan al departamento editorial por correo electrónico: sugerencias@espasa.es

ÍNDICE GENERAL

Introducción	IX
Fonética inglesa	XI
Cómo consultar este diccionario	XII
Abreviaturas usadas en este diccionario	XIV
DICCIONARIO ESPAÑOL-INGLÉS	1
GUÍA DEL ESTUDIANTE DE INGLÉS	(I)
Cómo traducir correctamente	(II)
Cómo evitar malentendidos	(III)
La puntuación inglesa	(IV)
Cómo dividir las palabras	(VIII)
¿Qué hora es?	(IX)
Cómo escribir una carta en inglés	(XI)
Cómo escribir un *curriculum vitae* en inglés	(XIV)
¿De dónde eres?	(XVI)
¿Macho, hembra o cachorro?	(XVIII)
DICCIONARIO INGLÉS-ESPAÑOL	393
APÉNDICES	815
Adjetivos	819
Adverbios	820
Artículos	822
Cantidad	825
Comparación de adjetivos	826

Comparación de adverbios 827
Condicional 828
Demostrativos... 829
Futuro 830
Gerundio e infinitivo 831
Interrogaciones.. 832
Números y medidas.. 833
Pasado 836
Posesivos 837
Preposiciones de lugar... 838
Preposiciones de movimiento 840
Preposiciones de tiempo 841
Presente 842
Presente perfecto 843
Pronombres personales 844
Pronombres relativos 845
Some, any y **no**.. 846
Sustantivos 847
Verbos auxiliares (**to be, to have, to do**)................ 848
Verbos irre gulares 849

INTRODUCCIÓN

La selección de más de 60.000 entradas y 130.000 definiciones y expresiones de este diccionario tiene como objetivo principal cubrir las necesidades del estudiante hispanohablante y ofrecerle una exhaustiva cobertura del inglés y del español actuales, que incluye además un número importante de voces usadas en Hispanoamérica y Norteamérica.

La presentación destacada de las entradas y subentradas (formas pronominales de los verbos *[presentar/presentarse]* y frases verbales *[come/come out, give/give up]*) facilita su inmediata localización e identificación.

Las diferentes categorías gramaticales de una misma entrada se señalan mediante la numeración árabe (1, 2, etc.), mientras el símbolo ◆ indica las diferentes acepciones dentro de una misma categoría gramatical.

Más de 325 notas, comentarios e ilustraciones, distribuidos a lo largo de todo el diccionario, añaden información complementaria de carácter léxico, semántico y gramatical, indispensable para la realización de una traducción correcta o una consulta satisfactoria y exhaustiva.

El uso sistemático de señales indicadoras orienta al estudiante y le permite identificar la traducción correcta con rapidez y precisión. Hay dos tipos de señales indicadoras: las abreviaturas de materias (de las que aparece una lista completa en las páginas XIV-XVII identifican el área o campo de uso de una palabra *(Fot* es fotografía, *Inform* corresponde a informática, etc.) y los indicadores entre paréntesis muestran un sujeto o un objeto típicos de un verbo, o un sustantivo que frecuentemente acompaña a determinado adjetivo. Estos, al mostrar el contexto adecuado, ayudan al estudiante a localizar la traducción correcta de una determinada palabra o expresión (véase CÓMO CONSULTAR ESTE DICCIONARIO, en las páginas XII-XIII)

Todas las entradas inglesas van acompañadas de transcripciones fonéticas basadas en el Alfabeto Fonético Internacional (AFI). En la página XI se aplican las equivalencias fonéticas de los símbolos empleados en las transcripciones.

La GUÍA DEL ESTUDIANTE DE INGLÉS, que ocupa las páginas centrales del diccionario, ofrece consejos prácticos y ayuda a superar los problemas más comunes originados por ciertos aspectos del inglés. También aporta una valiosa información léxica, al tiempo que sugiere algunos ejercicios encaminados al enriquecimiento del vocabulario del estudiante.

Finalmente, el APÉNDICE, que aparece en las páginas finales del diccionario, incluye una amplia y útil selección de fichas gramaticales, imprescindibles a la hora de resolver rápidamente cualquier duda.

Con todo ello esperamos dejar en manos de los estudiantes de inglés un diccionario completo, moderno y, ante todo, adecuado a sus necesidades. Confiamos en que será una herramienta valiosa y eficaz en su proceso de aprendizaje y que le ayudará a expresarse correcta y fluidamente en inglés en todas las situaciones de la vida cotidiana y académica.

FONÉTICA INGLESA

En este diccionario la transcripción fonética de las palabras inglesas se basa en el sistema de la Asociación Fonética Internacional (AFI) con algunas modificaciones. Cada entrada o lema viene seguido de su correspondiente transcripción fonética entre corchetes ([ ]). El acento primario se indica mediante un ' delante de la sílaba tónica.

Las consonantes		Las vocales y los diptongos	
[p]	*p*et	[iː]	f*ea*st
[b]	*b*in	[ɪ]	b*i*g
[t]	*t*ip	[e]	t*e*n
[d]	*d*im	[æ]	f*a*t
[k]	*k*enn	[ɑː]	b*o*ther
[g]	*g*ood	[ɒ]	n*o*t
[tʃ]	*ch*air	[ɔː]	c*ou*rse
[dʒ]	*j*oke	[ʊ]	p*u*t
[f]	*f*ilm	[uː]	l*oo*se
[v]	*v*an	[ʌ]	p*u*b
[θ]	*th*ink	[ɜː]	b*ir*th
[ð]	*th*ere	[ə]	*a*board
[s]	*s*ing	[ə]	facultativo.
[z]	*z*ero		
[ʃ]	*sh*ip	[eɪ]	d*ay*
[ʒ]	thea*s*ure	[əʊ]	bl*ow*
[h]	*h*ot	[aɪ]	f*i*ne
[m]	*m*ill	[aʊ]	m*ouse*
[n]	*n*umber	[ɔɪ]	b*oi*l
[ŋ]	bri*ng*	[ɪə]	h*ere*
[l]	*l*ife	[eə]	b*ear*
[r]	*r*oll	[ʊə]	s*ure*
[j]	*y*ellow		
[w]	*w*ear		
[x]	lo*ch* (como la j española)		
[ʳ]	(sólo al final de palabra, cuando la palabra siguiente empieza por una vocal: brother [ˈbʌðəʳ])		

CÓMO CONSULTAR

entrada o lema — **aguante** *m* endurance, stamina: **tiene mucha capacidad de a.,** he is very long-suffering

subentrada — **agudizar** *vtr* to intensify, make more acute
■ **agudizarse** *vr* to intensify, become more acute

traducciones — **aguja** *f* ◆ needle; *(de reloj)* hand; *(de tocadiscos)* stylus ◆ *Arquit* spire ◆ *Ferroc* point, *US* switch

ejemplo de uso — **agujetas** *fpl* stiffness *sing*: **tengo unas a. insoportables en los brazos,** my arms are so stiff

envío a una nota que amplía información léxica, gramatical o cultural — **amplio,-a** *adj* ◆ large, roomy ◆ *(ancho, profundo, variado)* wide, broad ➢ Ver nota en **ancho**

nota gramatical o léxica, o comentario cultural — **apellido** *m* surname; **a. de soltera,** maiden name ➢ Ver nota en **name**

> Suele traducirse por **surname**, aunque también puedes usar las palabras **name, last name** o **family name**.

ESTE DICCIONARIO

ache [eɪk] **1** *n* dolor; **head-a.,** dolor de cabeza; **tooth-a.,** dolor de muelas; **aches and pains,** achaques | **2** *vi* doler; **my ear aches,** me duele la oreja; **I a. all over,** tengo dolores por todas partes

    cambio de categoría gramatical

age [eɪdʒ] **1** *n* ◆ edad: **he died at the a. of 85,** murió a la edad de 85 años; **to come of a.,** llegar a la mayoría de edad; **old a.,** vejez; **under a.,** demasiado joven; *Jur* menor de edad ◆ *(período)* época; **the Stone A.,** la Edad de Piedra; **the Middle Ages** *pl*, la Edad Media ◆ *fam* mucho tiempo: **I haven't spoken to you for ages,** llevo muchísimo tiempo sin hablar contigo | **2** *vtr & vi* envejecer

    términos compuestos y locuciones

agreeable [əˈgriːəbəl] *adj* ◆ *(ambiente, masaje)* agradable; *(persona)* simpático,-a ◆ de acuerdo, conforme: **if you are a.,** si estás de acuerdo

    indicadores de uso y contexto

alien [ˈeɪlɪən] **1** *adj* ◆ *frml (de otro país)* extranjero,-a ◆ *(de otro planeta)* extraterrestre ◆ **a. to,** ajeno a | **2** *n* ◆ *frml* extranjero,-a ◆ extraterrestre

    transcripción fonética

am [æm] *1.ª persona sing pres* → **be**

    forma verbal irreg.

analysis [əˈnælɪsɪs] *n* *(pl* ***analyses*** [əˈnælɪsiːz]*)* análisis

    plural irregular

■ **answer back** *vi* ◆ replicar: **don't a. back!,** ¡no me contestes! ◆ responder (a críticas)
■ **answer for** *vtr* ◆ *(acciones, etc)* responder de ◆ *(avalar)* responder por

    frase verbal

antenna [ænˈtenə] *n* ◆ *(pl* ***antennae*** [ænŋˈteniː]*) Zool (de animal, insecto)* antena ◆ *(pl* ***antennas****) TV Rad* antena

    indicadores de materias

apartment [əˈpɑːtmənt] *n* ◆ *US (vivienda)* piso, apartamento; **a. block,** bloque de pisos ➢ Ver nota en **piso** ◆ *frml* salón

attorney [əˈtɜːnɪ] *n US* abogado,-a; **A. General** ≈ *GB* Fiscal General del Estado; *US* Ministro,-a de Justicia ➢ Ver nota en **abogado**

    variantes ortográficas o de uso en el inglés hablado en EE.UU. e Inglaterra

ABREVIATURAS USADAS EN ESTE DICCIONARIO

abr	abreviatura
adj	adjetivo
adv	adverbio
Agr	agricultura
Anat	anatomía
Antrop	antropología
aprox	aproximadamente
Arquit	arquitectura
art	artículo
Astrol	astrología
Astron	astronomía
Auto	automovilismo
aux	auxiliar
Av	aviación
Biol	biología
Bot	botánica
Cicl	ciclismo
Com	comercio
comp	comparativo
cond	condicional
conj	conjunción
Constr	construcción
Cost	costura
Culin	cocina
def	definido
defect	defectivo
dem	demostrativo
Dep	deportes
det	determinante
Ecol	ecología
Econ	economía

Educ	educación
Elec	electricidad
Ent	entomología
esp	especialmente
Esp	España
Estad	estadística
etc	etcétera
euf	eufemismo
excl	exclamación
f	sustantivo femenino
fam	uso familiar
Farm	farmacia
Ferroc	ferrocarril
fig	uso figurado
Fil	filosofía
Fin	finanzas
Fís	física
Fot	fotografía
fpl	sustantivo femenino plural
frml	uso formal
Ftb	fútbol
fut	futuro
GB	Gran Bretaña
gen	uso general
Geog	geografía
Geol	geología
Geom	geometría
ger	gerundio
Gimn	gimnasia
Hist	historia
hum	uso humorístico
imperf	imperfecto
impers	impersonal
Impr	imprenta
Ind	industria
indef	indefinido
indet	indeterminado
indic	indicativo
Indum	indumentaria
infin	infinitivo
Inform	informática
interr	interrogativo
inv	invariable
irón	uso irónico
irreg	irregular
Jur	derecho
Lab	laboral

LAm	Latinoamérica
Ling	lingüística
lit	uso literario
Lit	literatura
LOC	locución, locuciones
loc adj	locución adjetiva
loc adv	locución adverbial
m	sustantivo masculino
m,f/mf	sustantivo masculino y femenino
Mat	matemáticas
Med	medicina
Meteor	meteorología
Mil	militar
Min	minería
Mit	mitología
mpl	sustantivo masculino plural
Mús	música
n	sustantivo
Náut	náutica
neg	negativo
neut	neutro
npl	sustantivo plural
ofens	ofensivo
Ópt	óptica
Orn	ornitología
Parl	parlamento
pers	personal
pey	uso peyorativo
Petról	industria petrolera
pl	plural
Pol	política
pos	posesivo
pp	participio pasado
pref	prefijo
prep	preposición
pres	presente
pron	pronombre
ps	pasado simple
Psic	psicología
Quím	química
Rad	radio
rel	relativo
Rel	religión
sb	alguien
Seg	seguros
sing	singular
Soc	sociología

sthg	algo
subj	subjuntivo
suf	sufijo
superl	superlativo
Taur	tauromaquia
tb	también
Teat	teatro
Téc	técnica
Tel	telecomunicaciones
Ten	tenis
Tex	textil
Tip	tipografía
Trans	transporte
TV	televisión
Univ	universidad
US	Estados Unidos
usu	usualmente
v	verbo
v aux	verbo auxiliar
Vet	veterinaria
vi	verbo intransitivo
v impers	verbo impersonal
vr	verbo reflexivo
vtr	verbo transitivo
Zool	zoología
→	véase
≈	equivalente cultural
®	marca registrada

ESPAÑOL
INGLÉS

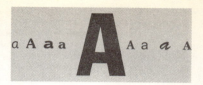

A, a f (letra) A
a prep → **al** ◆ (destino) to; **ir a Portugal,** to go to Portugal; **ir a casa,** to go home; **el tren llegó a Córdoba sin retraso,** the train arrived in Cordoba on time; **subir a casa de la vecina,** to go up to my neighbour's; **subir al tren,** to get on the train ◆ (dirección) **coger la carretera a Burgos,** to take the road to Burgos; **girar a la izquierda,** to turn (to the) left ◆ (localización) at, on; **a la derecha/izquierda,** on the right/left; **a lo lejos,** in the distance; **a mi lado,** at o by my side, next to me; **a la sombra,** in the shade; **a orillas de un río,** on the banks of a river ◆ (tiempo) at; **a las once,** at eleven o'clock; **a las dos horas,** two hours later; **a los cuarenta años,** at (the age of) forty; **al final,** in the end; **al mes,** a month later; **al principio,** at first ◆ (distancia) away; **a cien metros,** a hundred metres away ◆ (estilo) **a la francesa,** (in the) French fashion o manner o style; **a mi manera,** my way ◆ (instrumento, modo) **a caballo,** on horseback; **a mano,** by hand, **escrito a máquina,** typed, typewritten; **a oscuras,** in darkness; **a pie,** on foot ◆ (medida) **a 60 kilómetros por hora,** at 60 kilometres an hour; **a dos mil pesetas el kilo,** two thousand pesetas a kilo; **cuatro veces a la semana,** four times a week ◆ Dep **ganar cinco a dos,** to win five (to) two ◆ (complemento indirecto) to: **díselo a Rodrigo,** tell Rodrigo; **se lo di a él,** I gave it to him; (procedencia) from; **comprarle algo a alguien,** (al poseedor anterior) to buy something from somebody; (para alguien) to buy something for somebody ◆ (complemento directo de persona) **saludé a Marcial,** I said hello to Marcial ◆ fam **ir a por alguien/algo,** to go and fetch sb/sthg ◆ (verbo + a + infin) to; **aprender a bailar,** to learn (how) to dance; **empezaron a gritarle,** they started to shout at him ◆ (nombre + a + infin) **tarea a realizar,** job to be done ◆ **a decir verdad,** to tell (you) the truth; **a no ser por...,** if it were not for...; **a no ser que,** unless; **a ver,** let's see;

¡a desayunar!, breakfast is ready!; **¡a dormir!,** bedtime!; **¿a que no te atreves?,** (reto) I bet you wouldn't dare!
abad m abbot
abadejo m pollack
abadesa f abbess
abadía f abbey
abajeño,-a adj & m,f LAm from the coast
abajo 1 adv ◆ (en un edificio) downstairs: **hay otro despacho a.,** there is another office downstairs ◆ (posición) below; **aquí/allí a.,** down here/there; **en el cajón de a.,** in the drawer below; **en el (último) cajón de a.,** in the bottom drawer; **está más a.,** it's further down ◆ (dirección, movimiento) down, downwards; **calle/escaleras a.,** down the street/stairs; **hacia a.,** down, downwards; **río a.,** downstream ◆ (en un libro) below ◆ **venirse a.,** (una casa) to fall down; (una persona) to go to pieces; (un proyecto) to fall through | **2** excl **¡a. la dictadura!,** down with the dictatorship!
abalanzarse vr to rush towards; **a. hacia la puerta,** to rush towards the door; **el gato se abalanzó sobre el ratón,** the cat pounced on the mouse
abalear vtr LAm fam to shoot
abalorio m ◆ (cuenta para adornos) glass bead ◆ (bisutería) trinket
abanderado,-a m,f ◆ (defensor) champion ◆ (portaestandarte) standard bearer
abandonado,-a adj ◆ (lugar) deserted; (persona, perro) abandoned; **tiene a su madre completamente abandonada,** he takes absolutely no care of his mother ◆ (aspecto) neglected, untidy, unkempt
abandonar 1 vtr ◆ (irse de) to leave, quit ◆ (a una persona, a un animal) to abandon; **a. a alguien a su suerte,** to leave someone to his fate ◆ (un proyecto, los estudios) to give up ◆ Dep (retirarse de una carrera) to drop out of; (un deporte) to drop | **2** vi (desfallecer) to give up: **los resultados no son los esperados, pero no abandones,** the results aren't as good as we expected, but don't give up

abandonarse *vr* ♦ *(descuidarse)* to let oneself go ♦ *(entregarse)* to abandon oneself, to give oneself over

abandono *m* ♦ *(marcha de un lugar)* abandoning, desertion ♦ *(de proyecto, idea)* giving up ♦ *(de aseo)* neglect ♦ *(despreocupación)* carelessness

abanicar *vtr* to fan
■ **abanicarse** *vr* to fan oneself

abanico *m* ♦ *(objeto)* fan ♦ *(gama)* range; **un a. de ofertas,** a range of offers

abaratamiento *m* reduction

abaratar *vtr* to cut *o* reduce the price of
■ **abaratarse** *vr* *(productos)* to become cheaper, to come down in price; *(bajar los precios)* to come down: **el Gobierno dice que se están abaratando los precios,** the government says prices are coming down

abarcar *vtr* ♦ to cover ♦ *(con los brazos)* embrace ♦ *LAm (acaparar)* to monopolize

abarrotado,-a *adj* packed, crammed [de, with]

abarrotar *vtr* to pack, cram [de, with]: **el público abarrotaba el teatro,** the theatre was packed (with people)

abarrotería *f LAm* ♦ *(tienda de comestibles)* grocer's shop, *US* grocery store ♦ *(ferretería)* hardware store

abarrotes *mpl LAm* groceries *pl*

abastecer *vtr* to supply [de, with]
■ **abastecerse** *vr* to stock up [de, on]

abastecimiento *m* supplying: **el a. de agua se resolvió con camiones cisterna,** the water supply was resolved with tankers

abasto *m (usu pl)* **abastos,** provisions *pl,* supplies *pl;* **mercado de abastos,** wholesale food market ♦ | LOC: *fam* **no dar a.,** not to be able to have a rest, not to be able to cope

abatible *adj* folding, collapsible; **asiento a.,** reclining seat; **cama a.,** foldaway bed

abatido,-a *adj* dejected, depressed, downhearted

abatir *vtr* ♦ *(derribar, derrumbar)* to knock down, pull down: **los enemigos abatieron tres de nuestros aviones,** the enemy shot down three of our planes ♦ *(tumbar el respaldo)* to fold down ♦ *(desalentar)* to depress, dishearten
■ **abatirse** *vr* ♦ *(desmoralizarse)* to lose heart, become depressed ♦ *(caer sobre)* to swoop down [sobre, on]: **la desgracia se abatió sobre un pueblo de Burgos,** misfortune hit a town in Burgos

abdicación *f* abdication

abdicar *vtr & vi* to abdicate: **el rey abdicó el trono en su hijo,** the king abdicated the throne in favour of his son

abdomen *m* abdomen

abdominal 1 *adj* abdominal | **2** *mpl* **abdominales,** abdominal muscles ♦ *Dep* sit-ups

abecé *m* ♦ *(abecedario)* alphabet ♦ *(fundamentos)* basics *pl*

abecedario *m* alphabet

abedul *m* birch

abeja *f* bee; **a. obrera/reina,** worker/queen bee

abejorro *m* bumblebee

aberración *f* ♦ *(desviación)* aberration ♦ *(error, conducta equivocada)* outrage: **es una a. insultar a un niño,** it is outrageous to insult a child

aberrante *adj* aberrant, deviant

abertura *f* ♦ *(grieta)* crack, slit ♦ *(de una prenda)* slit

abeto *m Bot* fir (tree)

abierto,-a *adj* ♦ open; *(grifo)* (turned) on: **dejaste la ventana abierta de par en par,** you left the window wide open ♦ *(persona receptiva)* open-minded; *(extrovertido)* open

abigarrado,-a *adj* ♦ *(mezclado, heterogéneo)* mixed ♦ *(multicolor)* multicoloured

abismal *adj* ♦ abysmal ♦ vast: *fig* **hay una diferencia a. entre...,** there is an enormous difference between...

abismar *vtr LAm* to amaze

abismo *m* abyss ♦ | LOC: *fig* **estar al borde del a.,** to be on the brink of ruin; *fig* **salvar el a.,** to bridge the gulf

abjurar *vi fml* to abjure, renounce

ablandar *vtr* ♦ to soften ♦ *(a alguien)* to soften up
■ **ablandarse** *vr* ♦ to soften, go soft *o* softer ♦ *fig (enternecerse alguien)* to mellow

ablución *f* ablution

ablusado,-a *adj* loose, baggy

abnegación *f* abnegation, self-denial

abnegado,-a *adj* selfless, self-sacrificing

abocado,-a *adj* doomed: **ese negocio está a. a la ruina,** that business is doomed to ruin

abochornar *vtr* to shame, embarrass
■ **abochornarse** *vr* to feel embarrassed

abofetear *vtr* to slap

abogacía *f (conjunto de abogados)* legal profession; *(oficio)* **dedicarse a la a.,** to practise law

abogado,-a *m,f* lawyer, solicitor, *US* attorney, *US* counsellor; *(en tribunal supremo)* barrister; **a. criminalista**, criminal lawyer; **a. de oficio**, legal aid lawyer; **a. del diablo**, Devil's advocate; **a. del Estado**, public prosecutor; **a. defensor**, counsel for the defense; **a. laboralista**, union lawyer

> El término general es **lawyer**. Un **solicitor** prepara documentos legales, representa a su cliente en los tribunales inferiores y ayuda al **barrister**, quien representa a su cliente en los tribunales superiores. En algunos Estados de EE.UU. se emplea la palabra **attorney** y en otros **counsellor**, aunque las dos significan lo mismo: **lawyer**, *abogado*.

abogar *vtr* to plead; **a. en favor de**, to plead for, defend; **a. por una causa**, to advocate *o* champion sthg
abolición *f* abolition
abolir *vtr defect* to abolish
abolladura *f* dent
abollar *vtr* to dent
■ **abollarse** *vr* to get dented
abombado,-a *adj* ♦ *(superficie)* convex ♦ *LAm (aturdido)* dazed
abominar 1 *vtr (sentir aversión)* to detest, abominate, loathe: **abomino los cotilleos**, I hate gossip | **2** *vi (hablar en contra)* abominar **(de)**, to abominate, loathe: **José abomina de quienes justifican el racismo**, José loathes people who make excuses for racism
abonado,-a 1 *m,f* subscriber | **2** *adj Fin (pagado)* paid; **a. en cuenta**, credited ♦ *(fertilizado)* fertilized
abonar *vtr* ♦ *Agr* to fertilize ♦ *(pagar)* to pay (for) ♦ *(suscribir)* to subscribe
■ **abonarse** *vr* to subscribe [**a**, to]
abono *m* ♦ *Agr (químico)* fertilizer; *(orgánico)* manure ♦ *(pago)* payment ♦ *(a una publicación)* subscription; *(de la ópera, del fútbol)* season ticket
abordaje *m Náut (choque entre navíos)* collision, fouling; *(asalto)* boarding: **¡al a.!**, stand by for boarding!
abordar *vtr* ♦ *(a una persona)* to approach ♦ *(un tema, un problema)* to tackle: **debemos a. el problema con realismo**, we must tackle the problem realistically ♦ *(una embarcación)* to board
aborigen 1 *adj* native, indigenous; *(australiano)* aboriginal | **2** *mf* native; *(australiano)* aborigine

aborrecer *vtr* to detest, loathe
abortar 1 *vi (accidentalmente)* to miscarry, have a miscarriage; *(voluntariamente)* to abort, have an abortion | **2** *vtr* to abort: **la policía abortó el intento de secuestro**, the police aborted the attempted kidnapping
aborto *m (espontáneo)* miscarriage; *(provocado)* abortion
abotargado,-a *adj* ♦ *(atontado)* unable to think properly ♦ *(hinchado)* swollen, bloated
abotonar *vtr (una prenda)* to button (up): **¿me puedes a. la espalda?**, can you button me up at the back?
abovedado,-a *adj* vaulted, arched
abrasador,-ora *adj* scorching
abrasar *vtr & vi* to scorch
■ **abrasarse** *vr* to burn
abrasivo,-a *adj & m* abrasive
abrazar *vtr* ♦ *(con los brazos)* to embrace, hug ♦ *fig (una creencia, un dogma)* to embrace
■ **abrazarse** *vr* ♦ *(dos personas)* to embrace (each other): **los dos amigos se abrazaron**, the friends embraced (each other); *(una persona a otra)* to embrace somebody: **se abrazó a su madre**, he embraced his mother
abrazo *m* embrace, hug; **un a.**, *(despedida)* best wishes
abrebotellas *m* bottle-opener
abrecartas *m inv* letter-opener, paper-knife
abrefácil *m Com* **cartón/lata con a.**, easy-open carton/tin
abrelatas *m inv* tin-opener, *US* can opener
abreviación *f* shortening
abreviar 1 *vtr* ♦ to shorten ♦ *(resumir o acortar un texto)* to abridge ♦ *(una palabra)* to abbreviate | **2** *vi* to be quick *o* brief: **¡abrevia, que no llegamos!** be quick, or we'll never get there! ♦ | LOC: **para a.**, to cut a long story short
abreviatura *f* abbreviation
abridor *m (de latas, botellas)* opener
abrigado,-a *adj* ♦ *(persona)* wrapped up: **este niño va muy a.**, this child is too wrapped-up ♦ *(una prenda)* warm
abrigar *vtr & vi* ♦ *(dar calor)* to keep warm: **esta vieja manta ya no abriga mucho**, this old blanket isn't very warm; *(tapar, cubrir, arropar)* to wrap up: **abriga bien al abuelo**, keep grandfather wrapped up warm ♦ *(resguardar)* to protect, shelter ♦ *(tener un deseo, un sen-*

abrigo

timiento) to cherish; *(una sospecha)* to have, harbour, US harbor
■ **abrigarse** *vr* to wrap up
abrigo *m* ◆ *(prenda)* coat, overcoat; **ropa de a.,** warm clothes *pl* ◆ *(lugar resguardado)* shelter ◆ *(amparo)* shelter ◆ | LOC: **al a. de,** protected *o* sheltered from; **nos refugiamos al a. de los soportales,** we took shelter under the arcades
abril *m* April
abrillantar *vtr* to polish
abrir 1 *vtr* ◆ *(separar, permitir el acceso, desplegar)* to open; *(una cerradura)* to unlock; *(una cremallera)* to undo ◆ *(una llave, un grifo)* to turn on ◆ *(hacer una zanja, un túnel, etc)* to dig; *(hacer un ojal, el agujero de una ventana)* to make ◆ *(iniciar un discurso, una actividad)* to open, start ◆ *Jur* **a Álvarez le han abierto un expediente,** they have started investigating Álvarez | **2** *vi* to open ◆ | LOC: **en un a. y cerrar de ojos,** in the twinkling of an eye
■ **abrirse** *vr* ◆ to open; *fig* **a. camino,** to make one's way ◆ *fam* **me fumo el pitillo y me abro,** I'll finish this cigarette and then I'm off!
abrochar *vtr & vr (enganchar botones)* to do up; *(cerrar una prenda)* to button (up); *(un cinturón)* to fasten; *(atar los zapatos)* to tie up; *(subir una cremallera)* to do up
abrumado,-a *adj* overwhelmed
abrumador,-ora *adj* overwhelming
abrumar *vtr* to overwhelm, crush: **me abrumas con tantas atenciones,** I'm overwhelmed by your hospitality
abrupto,-a *adj* ◆ *(paisaje)* steep, rough, abrupt ◆ *(cortante, violento)* abrupt
absceso *m* Med abscess
absentismo *m* absenteeism; **a. laboral,** absenteeism from work
ábside *m* Arquit apse
absolución *f* ◆ *Rel* absolution ◆ *Jur* acquittal
absolutamente *adv* absolutely, completely: **no veo a. nada,** I can't see anything at all; **estoy a. segura de que tenía aquí las llaves,** I'm absolutely sure I had the keys here
absoluto,-a 1 *adj (independiente)* absolute; *(completo, intenso)* total, complete: **necesito silencio a. para poder escribir,** I need total silence to be able to write; *(sin réplica)* absolute: **ejerce un dominio a. sobre sus amigos,** he has total control over his friends | **2** *m* absolute ◆ | LOC: **en a.,** not at all, by no means: **no creas en a. que me fío de él,** don't believe for a minute that I trust him
absolver *vtr* ◆ *Rel* to absolve ◆ *Jur* to acquit
absorbente *adj* ◆ *(material)* absorbent ◆ *fig (tarea)* absorbing, engrossing
absorber *vtr* to absorb
absorción *f* absorption
absorto,-a *adj* ◆ *(concentrado)* absorbed, engrossed [**en,** in] ◆ *(cautivado)* captivated
abstemio,-a 1 *adj* teetotal, abstemious | **2** *m,f* teetotaller
abstención *f* abstention
abstenerse *vr* ◆ *Pol* to abstain [**de,** from] ◆ *(contenerse)* to refrain [**de,** from]
abstinencia *f* abstinence; **síndrome de a.,** withdrawal symptoms *pl*
abstracción *f* abstraction
abstracto,-a *adj* abstract ◆ | LOC: **en a.,** in abstract terms
abstraer *vtr* to abstract
■ **abstraerse** *vr* to become lost in thought
abstraído,-a *adj* ◆ *(absorto)* absorbed, engrossed [**en,** in] ◆ *(distraído)* absent-minded
absurdo,-a 1 *adj* absurd; *(cosa ridícula)* ludicrous | **2** *m* absurdity, absurd thing
abuchear *vt* to boo, jeer at
abucheo *m* booing, jeering
abuela *f* ◆ grandmother; *fam* grandma, granny ◆ *fig* old woman ◆ | LOC: **no tener a.,** to blow one's own trumpet
abuelo *m* ◆ grandfather; *fam* grandad, grandpa ◆ *fig* old man ◆ **abuelos,** grandparents
abulia *f* apathy, lack of willpower
abultado,-a *adj* bulky, big
abultar 1 *vi* to be bulky: **este sillón abulta mucho,** this armchair takes up a lot of room | **2** *vtr (una cifra, una noticia)* to exaggerate
abundancia *f* abundance, plenty ◆ | LOC: **en a.,** plenty (of): **comimos y bebimos en a.,** we had plenty to eat and drink
abundante *adj* abundant, plentiful ➢ Ver nota en **bastante**
abundar *vi* ◆ *(haber o tener en cantidad)* to abound, be plentiful ◆ *(insistir)* to go on
aburguesado,-a *adj* bourgeois
aburguesarse *vr* to become bourgeois
aburrido,-a *adj* ◆ **tu hermano es a.,** your brother's boring ◆ **tu hermano está a.,** your brother's bored; **estoy a. de tus quejas** *(cansado)* I'm tired of your complaints

aburrimiento *m* boredom: **¡qué a.!**, what a bore!

aburrir *vtr* to bore ♦|LOC: **a. a las ovejas**, to be incredibly boring

■ **aburrirse** *vr* to get bored ♦|LOC: **a. como una ostra**, to be bored stiff

abusar *vi* ♦ *(aprovecharse de)* to take (unfair) advantage of; *(del poder, de la autoridad, etc)* to abuse ♦ *(consumir en exceso)* **a. del alcohol**, to drink too much *o* to excess ♦ *Jur (de un menor, de una mujer)* to abuse ♦ *fam* **¡no abuses de mi paciencia!**, don't try my patience

abusivo,-a *adj* ♦ *(un precio)* exorbitant ♦ *(una medida, una situación)* outrageous, abusive

abuso *m* abuse; **a. de confianza**, abuse of trust; **a. de poder**, abuse of power; **a. sexual**, sexual abuse

a. C. *(abr de antes de Cristo)* before Christ, BC

acá **1** *adv* ♦ *(proximidad)* here, over here: **tráelo más a.**, bring it nearer; **¡ven para a.!**, come over here! ♦ *(tiempo)* **de un tiempo a.**, since then | **2** *pron LAm* this person here: **a. tiene razón**, this person is right

acabado,-a 1 *adj* ♦ *(completo, terminado)* finished ♦ *fig (viejo, destrozado)* worn-out, spent: **como actriz está acabada**, she is finished as actress | **2** *m* finish

acabar 1 *vtr* to finish (off) ➢ Ver nota en **finish**; *(completar)* to complete | **2** *vi* to finish, end: **todo acabó bien**, it all ended happily ♦ **a. con** *(agotar las existencias)* to finish something; *(romper algo)* to break something; *(matar)* to kill; *(destruir, eliminar)* to destroy something: **hay que a. con la tortura**, we must get rid of torture ♦ **a. de: acaba de llegar de Río**, he's just arrived from Río; **no acaba de decidirse**, she hasn't made up her mind yet ♦ **acabé creyendo/por creer que estaba loca**, I ended up thinking she was mad

■ **acabarse** *vr* to finish, come to an end: **se nos acabó el aceite**, we ran out of olive oil; *excl fam* **¡se acabó!**, that's that!

acacia *f* acacia

academia *f* ♦ academy ♦ *(escuela)* school

académico,-a *adj & m,f* academic

acaecer *v impers* to happen, occur

acallar *vtr* to silence

acalorado,-a *adj* ♦ hot ♦ *fig (exaltado, molesto)* worked up, excited; *(disputa)* heated, angry

acalorarse *vr* ♦ to get warm *o* hot ♦ *fig* to get excited *o* worked up

acampada *f* camping; **salir de a.**, to go camping; **zona de a.**, camp site

acampanado,-a *adj* bell-shaped; *(ropa)* flared

acampar *vi* to camp

acantilado *m* cliff

acaparar *vtr* ♦ *(almacenar)* to hoard; *(especular)* to corner ♦ *fig (a una persona)* to monopolize; *(la atención)* to capture

acariciar *vtr* ♦ to caress; *(a un animal)* to stroke ♦ *(rozar suavemente)* to touch lightly ♦ *fig (un proyecto)* to cherish

acarrear *vtr* ♦ *(transportar)* to carry, transport ♦ *fig (tener consecuencias)* to entail

acaso *adv* ♦ *(duda)* perhaps, maybe; *(retórico)* **¿a. no te lo advertí?**, didn't I warn you?; *irón* **¿a. se le ha olvidado dónde está la salida?**, has he forgotten the way out, then? | **2** *conj* **si a. no estuviera...**, if he shouldn't be there...; **llámame antes de venir por si a. no estoy**, give me a ring before you come in case I'm not in ♦|LOC: **por si a., sé amable con ella**, be nice to her, just in case

acatamiento *m* respect; *(de las normas)* observance

acatar *vtr* to observe, comply with

acatarrado,-a *adj* **estar a.**, to have a cold

acatarrarse *vr* to catch a cold

acceder *vi* ♦ *(conceder, transigir)* to accede, consent [**a**, to] ♦ *(entrar, ser admitido)* to gain admittance [**a**, to] ♦ *Inform* to access

accesible *adj* ♦ accessible ♦ *(de carácter abierto)* approachable

acceso *m* ♦ *(entrada)* access, entry ♦ *(ruta, camino, vía)* approach, access ♦ *(arrebato de ira, de alegría)* fit; *Med (ataque de tos, de fiebre)* fit ♦ *Inform* **a. aleatorio**, random access; **a. múltiple**, multiaccess; *Univ* **prueba de a.**, entrance examination

accesorio,-a 1 *m* accessory | **2** *adj* ♦ *(añadido, extra)* supplementary, incidental ♦ *(secundario, no esencial)* secondary, incidental

accidentado,-a 1 *adj* ♦ *(irregular, montañoso)* uneven, hilly ♦ *(agitado, complicado)* eventful | **2** *m,f* casualty, accident victim

accidental *adj* ♦ accidental ♦ *(fortuito)* chance; **un descubrimiento a.**, a chance discovery

accidente *m* ♦ accident; **tener un a. laboral**, to have an industrial accident ♦

acción

(casualidad) chance: **nos conocimos por a.**, we met by chance ◆ *Geog* **accidentes geográficos**, geographical features

acción *f* ◆ action; *(acto)* act; **a. de gracias**, thanksgiving; **hombre de a.**, man of action; **película de a.**, adventure film ◆ *Fin* share

accionar *vtr* to drive, work

accionista *mf* shareholder

acebo *m (rama)* holly; *(árbol)* holly tree

acechar *vtr* ◆ to lie in wait for ◆ *(amenazar)* to threaten

acecho *m* **estar al a. de,** *(esperar)* to lie in wait for

acedía *f (pez)* dab

aceite *m* oil; **a. de colza,** rape-seed oil; **a. de girasol,** sunflower oil; **a. de maíz,** corn oil; **a. de oliva,** olive oil

aceituna *f* olive; **a. rellena,** stuffed olive

aceleración *f* acceleration

acelerado,-a *adj* accelerated, fast

acelerador *m Auto* accelerator

acelerar *vtr* & *vi* to accelerate

acelerón *m* **dar un a.,** to put one's foot down

acelga *f Bot* chard

acento *m* ◆ *(tilde)* accent; *(de una palabra)* stress; *(forma de hablar característica)* accent ◆ *(importancia, hincapié)* stress, emphasis

acentuar *vtr* ◆ to stress ◆ *fig* to emphasize, stress

■ **acentuarse** *vr fig* to become more pronounced *o* noticeable

acepción *f* meaning, sense

aceptable *adj* acceptable

aceptación *f* ◆ acceptance ◆ *(éxito)* success: **esta música tiene poca a.,** this kind of music isn't very popular

aceptar *vtr* to accept

acequia *f* irrigation ditch *o* channel

acera *f* pavement, *US* sidewalk

acerca de *loc adv* about

acercamiento *m* ◆ bringing together, coming together ◆ *Pol* rapprochement

acercar *vtr* ◆ to bring near *o* nearer, bring (over) ◆ *fig (unir, armonizar)* to bring together ◆ *(llevar)* to give a lift to

■ **acercarse** *vr* ◆ to approach [a, -] ◆ *(desplazarse)* to go; *(venir)* to come

acero *m* steel; **a. inoxidable,** stainless steel

acérrimo,-a *adj (simpatizante)* staunch; *(adversario)* bitter

acertado,-a *adj* ◆ *(hipótesis, respuesta)* right, correct ◆ *(iniciativa, decisión)* wise: **no estuviste muy acertado al elegir,** you didn't make a very good choice

acertante 1 *m,f* winner | **2** *adj* winning

acertar 1 *vtr* ◆ *(dar con la solución)* to get right ◆ *(adivinar)* to guess correctly ◆ **a. la quiniela,** to win the pools | **2** *vi (decidir correctamente)* to be right; *(encontrar)* **cuando por fin acertó con la llave...,** when she finally found the right key...

acertijo *m* riddle

acervo *m* heritage; **a. cultural,** cultural tradition *o* heritage

acetona *f* acetone

achacar *vtr (atribuir)* to attribute

achacoso,-a *adj* ailing, unwell

achaque *m* ailment, complaint

achicar *vtr* ◆ *(atemorizar)* to intimidate ◆ *(empequeñecer)* to reduce, make smaller ◆ *(sacar agua de un sitio inundado)* to bale out

■ **achicarse** *vr* ◆ *(apocarse)* to lose heart ◆ *(mermar)* to get smaller

achicharrar *vtr* ◆ *(quemar algo)* to burn to a crisp ◆ *(calentar mucho)* to scorch

achinado,-a *adj (ojos)* slanting; *(aspecto, facciones)* oriental

achís *excl* atishoo!

acholado,-a *adj LAm (que tiene rasgos de cholo o mestizo)* with (S. American) Indian features

achuchar *vtr* ◆ *(empujar, aplastar a alguien)* to shove ◆ *(abrazar y besuquear)* to hug

achuchón *m* ◆ *(empujón)* push, shove ◆ *(abrazo)* (big) hug

acicalado,-a *adj* well-dressed, smart

acicalarse *vr* to dress up, smarten up

acicate *m (motivación)* spur, incentive

acidez *f* ◆ *(de un sabor)* sharpness, sourness ◆ *Quím* acidity ◆ *Med* **a. de estómago,** heartburn

ácido,-a 1 *adj* ◆ *(sabor, olor)* sharp, tart ◆ *Quím (sustancia)* acidic ◆ *fig (sentido del humor, comentario, talante)* harsh, sharp | **2** *m Quím* acid

acierto *m* ◆ *(elección)* good choice; *(solución)* good idea ◆ *(habilidad, tino)* skill, wisdom: **resolvió la situación con gran a.,** he resolved the situation very skilfully

aclamación *f* acclamation, acclaim ◆ | LOC: **por a.,** by acclamation

aclamar *vtr* to acclaim

aclaración *f* explanation

aclarado *m* rinsing, rinse

aclarar 1 *vtr* ◆ *(hacer comprensible)* to clarify, explain ◆ *(suavizar color)* to lighten, make lighter ◆ *(quitar el jabón)* to rinse | **2** *v impers Meteor* to clear (up)

■ **aclararse** *vr* ◆ *(decidirse)* to make up one's mind; *(comprender)* to understand ◆ *(disminuir su color)* to turn lighter ◆ *Meteor* to clear (up)
aclaratorio,-a *adj* explanatory
aclimatar *vtr* to acclimatize, *US* acclimate [a, to]

■ **aclimatarse** *vr (a un clima)* to become acclimatized, *US* to become acclimated ◆ *fig (a una situación)* to get used to something
acné *f* acne
acobardar *vtr* to frighten

■ **acobardarse** *vr* ◆ *(sentir temor)* to become frightened ◆ *(retraerse)* to lose one's nerve, to shrink back [**ante,** from]
acogedor,-ora *adj (lugar, casa)* cosy; *(persona, ambiente)* warm
acoger *vtr* ◆ *(recibir un proyecto, a una persona)* to receive; *(admitir a alguien o algo con alegría)* to welcome ◆ *(proteger)* to take in

■ **acogerse** *vr* ◆ *(dar una excusa)* to take refuge [**a, in**] ◆ *(apelar a una costumbre, a una promesa, etc)* to avail oneself of; **a. a la ley,** to have recourse to the law
acogida *f (de una idea, un proyecto)* reception; *(de una persona)* welcome
acojonante *adj vulgar* bloody great *o* terrific
acolchar *vtr* ◆ *(los suelos, las paredes)* to pad ◆ *(una tela, una prenda)* to quilt
acometer *vtr* ◆ *(una tarea)* to undertake ◆ *(agredir)* to attack
acometida *f (ataque)* attack ◆ *(del agua, gas, etc)* connection
acomodado,-a *adj* well-off, well-to-do
acomodador,-ora *m,f (hombre)* usher; *(mujer)* usherette
acomodar *vtr* ◆ *(dar alojamiento)* to lodge, accommodate ◆ *(dar asiento en cine, teatro, etc)* to find a place for ◆ *(adaptar)* to adapt

■ **acomodarse** *vr* ◆ to make oneself comfortable ◆ *(acostumbrarse)* to adapt
acompañante *m,f* companion
acompañar *vtr* ◆ to accompany: **¿prefieres que te acompañe?,** do you want me to come with you? ◆ *(guiar)* **te acompaño hasta la puerta,** I'll see you to the door ◆ *(una carta, un informe, etc)* to enclose ◆ *frml* **le acompaño en el sentimiento,** please accept my condolences
acompasado,-a *adj (rítmico)* rhythmic
acomplejado,-a *adj & m,f* **estar a.,** to have a complex [**por,** about]

acomplejar *vtr* to give a complex
■ **acomplejarse** *vr* to develop a complex [**por,** about]
acondicionado,-a *adj (local, habitáculo, negocio)* equipped, fitted-out; **aire a.,** air conditioning
acondicionador *m* conditioner
acondicionar *vtr* ◆ to prepare, to set up ◆ *(climatizar)* to air-condition ◆ *(suavizar el cabello)* to condition
aconsejable *adj* advisable
aconsejar *vtr* to advise ➢ Ver nota en **advise**
acontecer *vi* to happen, take place: **este hecho nos aconteció en los años cincuenta,** this happened to us in the fifties
acontecimiento *m* event
acoplar *vtr* ◆ to fit (together), join ◆ *Téc* to couple, connect
acorazado,-a 1 *adj* armoured, *US* armored, armour-plated, *US* armor-plated | **2** *m* battleship
acordar *vtr* to agree: **los sindicatos acordaron convocar una huelga,** the trade unions agreed to call a strike ➢ Ver nota en **agree**

■ **acordarse** *vr* to remember: **de tu padre ni me acuerdo,** I can't even remember your father ➢ Ver nota en **remember**
acorde 1 *adj* in agreement | **2** *m Mús* chord
acordeón *m* accordion
acordonado,-a *adj* cordoned off, sealed off
acordonar *vtr* ◆ *(un espacio)* to cordon off, seal off ◆ *(atar)* to lace up
acorralar *vtr* to corner
acortar *vtr* to shorten ◆ | LOC: **a. las distancias,** to cut down the distance
acosar *vtr* ◆ to harass ◆ *fig (asediar)* to pester: **la oposición acosó al Presidente del Gobierno con sus preguntas,** the opposition pestered the Prime Minister with questions
acoso *m* harassment; **a. sexual,** sexual harassment
acostado,-a *adj* **estar a.,** *(tumbado)* to be lying down; *(en la cama)* to be in bed
acostar *vtr* to put to bed

■ **acostarse** *vr* ◆ to go to bed ◆ *fam (con otra persona)* to sleep, to go to bed [**con, with**]
acostumbrado,-a *adj* ◆ usual, customary ◆ **estar a.,** *(estar habituado a algo)* to be used to: **estoy a. a coger el metro,** I'm

acostumbrar

used to taking the subway ➢ Ver nota en **soler**

acostumbrar 1 *vi (tener por costumbre)* to be in the habit of: **acostumbra a contar cuanto le sucede,** he's in the habit of telling everything that happens to him; **acostumbramos a comer a las dos,** we usually have lunch at two o'clock | **2** *vtr (inculcar un hábito)* to get (somebody) used [a, to]: **acostumbró a su hija a dormir la siesta,** she got her daughter used to taking a siesta

■ **acostumbrarse** *vr* to become accustomed [a, to], get used [a, to]

acotar *vtr* ◆ *(un terreno)* to enclose ◆ *(un tema, un problema)* to delimit ◆ *(anotar un texto)* to annotate ◆ *(un mapa)* to mark with elevations

ácrata *adj & mf* anarchist

acre[1] *adj* ◆ *(al paladar)* sour, bitter; *(al olfato)* acrid ◆ *fig (tono de voz, palabras)* bitter, harsh; *(comentario)* biting

acre[2] *m (medida de superficie)* acre

acreditar *vtr* ◆ *(dar fama)* to be a credit to ◆ *(demostrar)* to prove ◆ *(autorizar a alguien)* to accredit: **ya lo han acreditado como embajador en Cuba,** he has just been accredited as ambassador to Cuba ◆ *Fin* to credit

acreedor,-ora *m,f Com* creditor

acribillar *vtr* to riddle, pepper; *fig (a preguntas)* to bombard

acrílico,-a *adj* acrylic

acritud *f* ◆ *(agresividad, mordacidad)* acrimony ◆ *(sabor)* sourness, bitterness; *(olor)* acridness

acrobacia *f* acrobatics *sing*

acróbata *mf* acrobat

acta *f* ◆ *(de una reunión)* minutes *pl*, record ◆ *(certificado oficial)* certificate, official document; **a. notarial,** affidavit ◆ | LOC: **levantar a.,** to take minutes, draft a statement

actitud *f* ◆ *(postura ante algo)* attitude ◆ *(postura física)* posture; **una a. amenazante,** a threatening posture

activar *vtr* ◆ *(poner en marcha)* to activate ◆ *(acelerar, animar)* to liven up

actividad *f* activity

activo,-a 1 *adj* active | **2** *m Fin* assets *pl* ◆ | LOC: **estar en a.,** to be on active service

acto *m* ◆ act, action; **a. reflejo,** reflex action; **a. sexual,** sexual intercourse ◆ *(evento público)* ceremony ◆ *Teat* act ◆ | LOC: **hacer a. de presencia,** to put in an appearance; **a. seguido,** immediately afterwards; *Mil* **en a. de servicio,** in action; **en el a.,** at once: «**se reparan zapatos en el a.**», «shoes repaired while you wait»

actor *m* actor

actriz *f* actress

actuación *f* ◆ *(interpretación, participación)* performance ◆ *(intervención)* intervention, action

actual *adj* ◆ current, present ◆ *(que está al día, moderno)* up-to-date; **un diseño muy a.,** a very up-to date design ➢ Ver nota en **actual**

actualidad *f* ◆ present time: **en la a. somos más altos,** nowadays we are taller ◆ *(moda)* fashion: **esa novela está de a.,** that novel is fashionable ◆ *(acontecimientos presentes)* current affairs *pl*: **sólo habla de temas de a.,** she only talks about current issues ◆ *(vigencia)* relevance

actualizar *vtr* to update, bring up to date

actualmente *adv* ◆ *(en nuestros días)* nowadays, these days ◆ *(ahora mismo)* at the moment, at present, now: **a. vivo en Buenos Aires,** I'm living in Buenos Aires (right) now ➢ Ver nota en **actually**

actuar *vi* ◆ to act: **el agua actuó como disolvente,** the water acted as a solvent; **actuará de fiscal en la causa,** he will act as public prosecutor in the trial ◆ *Cine Teat* to perform, to act

acuarela *f* watercolour, *US* watercolor

Acuario *m* Aquarius

acuario *m* aquarium

acuático,-a *adj* aquatic, water; **deportes acuáticos,** water sports; **plantas acuáticas,** aquatic plants

acuchillar *vtr* ◆ to knife, to stab ◆ *(un suelo)* to plane down

acuciante *adj* urgent, pressing

acudir *vi* ◆ *(ir a una cita, a un lugar)* to go; *(venir a una cita, a un lugar)* to come, arrive ◆ *(prestar ayuda)* to give aid, help: **siempre está dispuesto a a. en auxilio de cualquiera,** he's always prepared to help anybody ◆ *(buscar ayuda o información)* to turn to: **no tengo a quién a.,** I have no one to turn to

acueducto *m* aqueduct

acuerdo *m* ◆ agreement; **a. marco,** framework agreement ◆ *(conformidad)* **estoy de a. contigo,** I agree with you; **estoy de a. en que es un disparate,** I agree that it's ridiculous; **estábamos de a. en vender la casa,** we agreed to sell the house; **nunca se ponen de a.,** they never agree ➢ Ver nota en **agree** ♦ *excl (asentimiento)* ¡de a.!, all right!, O.K.! ➢ Ver nota en **all right** ♦ | LOC: **de a. con,** *(según)* in accordance with; **de común a.,** by common consent

acumular *vtr* to accumulate
■ **acumularse** *vr* ♦ to accumulate, build up ♦ *(una multitud)* to crowd

acunar *vtr* to rock

acuñar *vtr (moneda)* to mint; *(una expresión)* to coin

acupuntura *f* acupuncture

acurrucarse *vr* to curl up, snuggle up

acusación *f* ♦ accusation ♦ *Jur* charge

acusado,-a 1 *m,f* accused, defendant | 2 *adj (notable)* marked, noticeable

acusar *vtr* ♦ to accuse [**de,** of]; *Jur* to charge [**de,** with] ♦ *(sentir los efectos de un golpe, una sustancia, una ausencia, etc)* to feel ♦ *(mostrar, denunciar)* to show: **su rostro acusaba su crueldad,** his face showed his cruelty ♦ *Com* **acusar recibo,** to acknowledge receipt [**de,** of]
■ **acusarse** *vr* ♦ *(remarcarse)* to become more pronounced ♦ *fig (notarse)* to show

acuse *m* **acuse de recibo,** acknowledgment of receipt

acusica *adj & mf fam* telltale

acústica *f* acoustics *sing*

acústico,-a *adj* acoustic

adaptable *adj* adaptable

adaptación *f* adaptation

adaptador *m* adapter

adaptar *vtr* ♦ to adapt ♦ *(ajustar)* to adjust
■ **adaptarse** *vr* to adapt oneself [**a,** to]

adecentar *vtr* to tidy (up), clean (up)

adecuado,-a *adj* appropriate, suitable

adecuar *vtr* to adapt

adelantado,-a *adj* ♦ advanced; *(país, región próspera)* developed; *(precoz)* precocious ♦ *(un reloj)* fast ♦ **pagar por adelantado,** to pay in advance

adelantamiento *m* overtaking; **hacer un a.,** to overtake

adelantar 1 *vtr* ♦ to move *o* bring forward; *(un reloj)* to put forward; *fig* to advance ♦ *(sobrepasar a un coche, a alguien)* to overtake ♦ *(una fecha, una convocatoria)* to bring forward; *fig (hacer predicciones)* **a. acontecimientos,** to get ahead of oneself; **no adelantemos acontecimientos,** let's not cross the bridge before we come to it | 2 *vi* ♦ to advance ♦ *(progresar)* to make progress ♦ *(reloj)* to be fast
■ **adelantarse** *vr* ♦ *(tomar la delantera)* to go ahead ♦ *(un reloj)* to gain, be fast ♦ *(venir antes de lo esperado)* to come early: **este año la primavera se ha adelantado,** spring has come early this year

adelante 1 *adv* forward; **más a.,** *(más lejos)* further on; *(más tarde)* later: **no puedo creer que lleven a. una ley tan injusta,** I can't believe they are going ahead with such an unjust law; **seguiremos a. con la investigación,** we'll carry on with the research | 2 *excl* ¡**a.!,** come in!

adelanto *m* ♦ advance; *(mejora, progreso)* progress ♦ *(de tiempo)* **este reloj lleva cinco minutos de a.,** this watch is five minutes fast ♦ *(de sueldo)* advance payment

adelfa *f* oleander, rosebay

adelgazamiento *m* slimming

adelgazar *vi* to slim, lose weight

ademán *m* ♦ *(movimiento, gesto)* gesture ♦ **ademanes,** *(modales)* manners

además *adv* moreover, furthermore: **a., es un engreído,** besides, he's arrogant; **a. de,** as well as: **a. de ser barata es preciosa,** as well as being cheap, it's also beautiful

adentrarse *vr (internarse en un bosque, etc)* to go deep [**en,** into]; *(profundizar en un tema)* to study thoroughly [**en,** -]

adentro 1 *adv (interior)* inside; **mar a.,** out to sea; **tierra a.,** inland | 2 *mpl* **me dije para mis adentros que más me valía no volverle a ver,** I thought to myself it would be better for me not to see him again

adepto,-a *m,f* follower, supporter

aderezar *vtr (condimentar una comida)* to season; *(salpimentar una ensalada)* to dress

aderezo *m (de comida)* seasoning; *(de ensalada)* dressing

adeudar *vtr* to owe
■ **adeudarse** *vr* to get into debt

adherencia *f* adherence; *Auto* road-holding

adherir *vtr* to stick on
■ **adherirse** *vr* **adherirse a** ♦ *(a una superficie, una opinión o una causa)* to adhere to ♦ *(entrar a formar parte de una organización)* to join

adhesión *f* ♦ adhesion; *(a un partido)* joining; *(a una teoría)* adherence ♦ *(apoyo)* support

adhesivo,-a *adj & m* adhesive

adicción *f* addiction: **los somníferos crean a.,** sleeping pills are addictive

adición *f* addition ➢ Ver nota en **sumar**

adicional *adj* additional

adicto,-a 1 *m,f (que tiene dependencia)* addict; **a. al trabajo,** workaholic ♦ *(par-*

adiestrar

tidario) supporter | **2** *adj (dependiente)* addicted [a, to] ♦ *(seguidor)* supporter [a, of]
adiestrar *vtr* to train
adinerado,-a 1 *adj* wealthy, rich | **2** *m,f* rich person
adiós 1 *excl (como despedida)* goodbye; *fam* bye-bye; *(como saludo al cruzarse dos personas)* hello | **2** *m* goodbye
aditivo,-a *adj & m* additive
adivinanza *f* riddle, puzzle
adivinar *vtr* to guess: **dime qué te pasa, no puedo adivinarte el pensamiento,** tell me what's wrong, I can't read your mind
adivino,-a *m,f* fortune-teller
adjetivo,-a *m* **1** adjective | **2** *adj* adjectival
adjudicación *f* ♦ *(de contrato, de premio)* award ♦ *(en una subasta)* sale
adjudicar *vtr* ♦ *(un premio, un contrato)* to award ♦ *(en una subasta)* to sell
■ **adjudicarse** *vr* to appropriate, take over
adjuntar *vtr* to enclose
adjunto,-a 1 *adj* ♦ enclosed, attached ♦ *Educ* assistant | **2** *m,f Educ* assistant teacher
administración *f* ♦ *(de una empresa)* administration, management ♦ *(local en el que se administra)* (branch) office ♦ *(gobierno)* government, administration, authorities *pl*; *Pol* **a. central,** central government; **a. pública,** civil service
administrador,-ora 1 *m,f* administrator | **2** *adj* administrating
administrar *vtr* ♦ to administer ♦ *(gobernar, conducir)* to run, manage
■ **administrarse** *vr* to manage one's own money
administrativo,-a 1 *adj* administrative | **2** *m,f (funcionario)* official
admirable *adj* admirable
admiración *f* ♦ admiration ♦ *Ling* exclamation mark
admirador,-ora *m,f* admirer
admirar *vtr* ♦ to admire ♦ *(asombrar)* to amaze, astonish
■ **admirarse** *vr* to be amazed, be astonished
admisible *adj* admissible, acceptable
admisión *f* admission; **reservado el derecho de a.,** the management reserves the right to refuse admission
admitir *vtr* ♦ to admit, let in ♦ *(dar por bueno)* to accept: **por favor, admite mis disculpas,** please accept my apologies ♦ *(permitir)* to allow: **no se admiten mascotas,** no pets allowed ♦ *(convenir, dar la razón)* to admit, acknowledge: **admito que hice una tontería,** I admit I did a silly thing
admón. *(abr de administración)* administration, admin.
ADN *m (abr de ácido desoxirribonucleico)* desoxyribonucleic acid, DNA
adobar *vtr Culin* to marinate
adobo *m Culin* marinade
adoctrinar *vtr* to indoctrinate
adolecer *vi* ♦ *(padecer una enfermedad)* to be ill [de, with] ♦ *(tener un defecto)* to suffer from: **su poesía adolece de pesimismo,** his poetry suffers from pessimism ♦ *(carecer)* to lack: **adolece de falta de nervio,** she lacks vigour
adolescencia *f* adolescence
adolescente *adj & mf* adolescent
adónde *adv interr* where (to)?
adonde *adv* where
adopción *f* adoption
adoptar *vtr* to adopt
adoquín *m* ♦ cobble, paving stone ♦ *fig (tarugo, zote)* oaf
adorable *adj* adorable
adorar *vtr* ♦ to adore ♦ *Rel* to worship
adormecer *vtr* to send to sleep, make sleepy
■ **adormecerse** *vr* ♦ *(empezar a dormirse)* to doze off ♦ *(perder sensibilidad una parte del cuerpo)* to go to sleep, go numb
adormecido,-a *adj* sleepy, drowsy
adormilarse *vr* to doze, drowse
adornar *vtr* to adorn, decorate
adorno *m* decoration, adornment
adosado,-a 1 *adj* ♦ adjacent ♦ *(chalé, casa)* semidetached, terraced | **2** *m* terraced house
adquirir *vtr* ♦ to acquire ♦ *frml (comprar)* to purchase
adquisición *f* ♦ acquisition ♦ *(compra)* buy, purchase
adquisitivo,-a *adj* **poder a.,** purchasing power
adrede *adv* deliberately, on purpose: **has manchado mi blusa nueva a.,** you stained my new blouse on purpose
adrenalina *f* adrenalin
adscribirse *vr* to affiliate [a, to]
aduana *f* ♦ customs *pl* ♦ *(impuesto)* duty
aduanero,-a 1 *adj* customs | **2** *m,f* customs officer
aducir *vtr* to adduce, allege
adueñarse *vr* **adueñarse de** *(hacerse con el control, apropiarse)* to take over ♦ *(apode-*

rarse un sentimiento, una situación) to take hold of
adulación *f* adulation
adular *vtr* to adulate
adulterar *vtr* to adulterate
adulterio *m* adultery
adulto,-a *adj* & *m,f* adult
advenedizo,-a *adj* & *m,f* upstart
advenimiento *m* advent, coming
adverbio *m* adverb
adversario,-a 1 *m,f* adversary, opponent | 2 *adj* opposing
adversidad *f* adversity; *(infortunio, desgracia)* setback
adverso,-a *adj* adverse
advertencia *f* warning
advertido,-a *adj* ◆ *(prevenido)* warned: ¡estás a.!, you've been warned! ◆ *(informado)* informed
advertir *vtr* ◆ *(prevenir, amenazar)* to warn ◆ *(hacer ver)* to inform, advise; *fam* **te advierto que yo sobre eso no tengo ni idea,** mind you, I don't know the first thing about that ◆ *(darse cuenta)* to realize, notice
adviento *m* Advent
aéreo,-a *adj* ◆ aerial ◆ *Av* air; **tráfico a.,** air traffic; *Com* **por vía a.,** by air
aero- *pref* aero-
aeróbic *m* aerobics *sing*
aerodinámico,-a *adj* aerodynamic; *(línea, forma)* streamlined
aeromodelismo *m* aeroplane modelling *o US* modeling
aeronáutica *f* aeronautics *sing*
aeronáutico,-a *adj* aeronautical; **industria a.,** aeronautics industry; **ingeniería a.,** aeronautical engineering
aeronave *f* airship
aeroplano *m* light aeroplane
aeropuerto *m* airport
aerosol *m* aerosol
afable *adj* affable
afamado,-a *adj* famous, well-known
afán *m* ◆ *(empeño)* effort ◆ *(anhelo)* desire; *(celo)* zeal
afanar *vtr fam (hurtar)* to nick, pinch
■ **afanarse** *vr (esforzarse)* to toil [**en**, at]: **se afanó por triunfar,** he did his best to succeed
afanoso,-a *adj* ◆ *(persona)* keen, eager ◆ *(trabajo, tarea)* hard, tough
afección *f Med* condition
afectación *f* affectation
afectado,-a *adj* affected
afectar *vtr* ◆ *(incumbir)* to affect: **la medida nos afecta a todos,** the measure affects us all ◆ *(impresionar, entristecer)* to affect, to sadden: **le afectó mucho la muerte de su padre,** she was deeply affected by her father's death
afecto *m* affection: **todos nosotros le tomamos mucho a.,** we all became very fond of him
afectuoso,-a *adj* affectionate
afeitado,-a 1 *adj* clean-shaven | 2 *m* shave
afeitar *vtr;* **afeitarse** *vr* to shave
afeminado,-a *adj* effeminate
aferrado,-a *adj* clinging [**a**, to]: **es un hombre muy a. a sus creencias,** he's a man who sticks to his beliefs/guns
aferrar *vtr* ◆ to seize ◆ *Náut* to anchor, moor
■ **aferrarse** *vr* ◆ *(asirse a un objeto)* to clutch, cling [**a**, to] ◆ *fig (a una idea, una creencia)* **Paco se aferra a la esperanza de que le reconozcan sus méritos,** Paco clings to the hope that his merits will be recognized
afianzamiento *m* strengthening, reinforcement
afianzar *vtr* to strengthen, reinforce
■ **afianzarse** *vr (persona)* to become established; *(una situación)* to be consolidated
afición *f* ◆ liking: **tiene una gran a. por la novela policíaca,** he is very fond of detective novels ◆ *Dep* **la a.,** the fans *pl*
aficionado,-a 1 *m,f* ◆ enthusiast; **un a. a la música,** a music lover; **un a. a los toros,** a bullfighting fan ◆ *(no profesional)* amateur | 2 *adj* ◆ keen, fond; **ser a. a los deportes,** to be fond of sports ◆ *(no profesional)* amateur
aficionarse *vr* to become fond [**a**, of], take a liking [**a**, to]
afilado,-a *adj* sharp
afilar *vtr* to sharpen
afiliación *f* affiliation
afiliado,-a *m,f* member
afiliarse *vtr* to become a member [**a**, of]
afín *adj* ◆ *(parecido)* kindred, similar ◆ *(que guardan conexión)* related
afinar *vtr* ◆ *(la puntería)* to sharpen ◆ *(un instrumento)* to tune
afincarse *vr* to settle down
afinidad *f* affinity
afirmación *f* ◆ affirmation ◆ **afirmaciones,** *(declaraciones)* statement
afirmar *vtr* ◆ *(manifestar)* to state, declare ◆ *(apuntalar, consolidar)* to strengthen, reinforce
afirmativo,-a *adj* affirmative; **un voto afirmativo,** a vote in favour

aflicción f affliction
afligir vtr to afflict
■ **afligirse** vr to grieve, to be distressed
aflojar 1 vtr ◆ to loosen ◆ fam (soltar, dar): **afloja la pasta, que eres un rácano**, pay up, you mean devil | 2 vi (perder fuerza) to weaken, grow weak
■ **aflojarse** vr to come o work loose
aflorar vi to come to the surface, appear
afluencia f inflow, influx; **a. de coches,** flow of cars; **a. de público,** (large) number of people
afluente m tributary
afluir vi to flow [**a**, into]
afónico,-a adj **estar a.,** to have lost one's voice
aforismo m aphorism
aforo m (número total de plazas) (seating) capacity
afortunado,-a adj ◆ (persona con suerte) fortunate, lucky ◆ (acontecimiento grato) happy ◆ (observación apropiada) appropriate ◆ **las Islas Afortunadas,** the Canaries
África f Africa
africano,-a adj & m,f African
afrodisíaco,-a adj & m aphrodisiac
afrontar vtr to confront, face: **afrontemos la verdad con valentía,** we must face the truth courageously
afuera 1 adv outside: **sal a.,** come o go out | 2 fpl **afueras,** outskirts: **tienen una casa en las afueras,** they have a house on the outskirts
agachar vtr to lower ◆ | LOC: **agachó las orejas y se fue,** he went off with his tail between his legs
■ **agacharse** vr to duck
agalla f ◆ (de pez) gill ◆ pl (valor) guts: **tuvo las agallas de decirlo,** she had the guts to say it
agarrado,-a adj ◆ fam stingy, tight ◆ (baile) cheek-to-cheek dancing
agarrar vtr ◆ (sujetar con fuerza) to grasp, seize: **lo tienes bien agarrado,** you are holding it tightly ◆ LAm (coger) to take ◆ fam (pillar a alguien, un resfriado) to catch; **agarrar(se) una borrachera,** to get drunk o fam pissed
■ **agarrarse** vr to hold on: **¡agárrate fuerte!,** hold tight!
agarrotarse vr ◆ (ponerse rígido un músculo) to stiffen ◆ (inmovilizarse una máquina) to seize up
agasajar vtr to smother with attentions
ágata f agate
agazaparse vr to crouch (down)

agencia f ◆ agency; (sucursal) branch; **a. de prensa,** news agency; **a. de publicidad,** advertising agency; **a. de seguros,** insurance agency; **a. de trabajo temporal,** temporary agency; **a. de viajes,** travel agency; **a. inmobiliaria,** estate agency ◆ LAm (casa de empeño) pawnshop
agenda f diary
agente mf ◆ agent; **a. de bolsa,** stockbroker; **a. de seguros,** insurance broker ◆ (policía: hombre) policeman; (policía: mujer) policewoman; **a. de tráfico,** traffic policeman
agigantado,-a adj **a pasos agigantados,** by leaps and bounds
ágil adj agile
agilidad f agility
agilizar vtr (acelerar un trámite) to speed up
agitación f (nerviosismo) restlessness; (descontento social) unrest
agitado,-a adj ◆ agitated; (el mar, un río) rough ◆ (nervioso) anxious ◆ | LOC: **llevar una vida muy agitada,** to lead a very hectic life
agitar vtr ◆ (el contenido de un envase) to shake ◆ (alterar a una multitud) to agitate, stir up
■ **agitarse** vr ◆ (ponerse nervioso) to become agitated ◆ (el mar) to become rough
aglomeración f agglomeration; (gentío) crowd
agnóstico,-a adj & m,f agnostic
agobiado,-a adj overwhelmed: **está a. de problemas,** he's overwhelmed with problems; **estoy a. de trabajo,** I'm snowed under with work
agobiante adj ◆ (trabajo) overwhelming ◆ (espacio cerrado) claustrophobic ◆ (clima, temperatura) oppressive ◆ (persona) tiresome, tiring
agobiar vtr to overwhelm
■ **agobiarse** vr ◆ (angustiarse) to get anxious, fam to get uptight ◆ (tener sensación de asfixia) to suffocate
agobio m ◆ (angustia) anxiety ◆ (ahogo) suffocation
agolparse vr ◆ (gente) to crowd, throng ◆ (ideas, acontecimientos) to come one after another
agonía f death throes pl
agonizante adj dying
agonizar vi to be dying
agosto m August

agotado,-a *adj* ◆ *(sin fuerzas)* exhausted, worn out ◆ *(consumido, terminado)* exhausted ◆ *Com (vendido)* sold out; *(libro descatalogado)* out of print

agotador,-ora *adj* exhausting

agotamiento *m* exhaustion

agotar *vtr* ◆ *(dejar sin fuerzas)* to exhaust, wear out ◆ *(consumir totalmente)* to exhaust, use up *(completely)*

■ **agotarse** *vr* ◆ *(terminarse las existencias, la paciencia)* to run out, be used up; *Com* to be sold out ◆ *(cansarse)* to become exhausted *o* tired out

agraciado,-a *adj* ◆ *(guapo, favorecido)* pretty, good-looking ◆ *(ganador)* winning: **Juan ha sido agraciado con dos millones,** Juan has won two million

agradable *adj* pleasant

agradar *vi* to please: **no me agrada que me hable en ese tono,** I don't like being spoken to like that

agradecer *vtr* ◆ *(dar las gracias a alguien)* to thank for: **les agradezco su presencia,** (I) thank you for being here; **os lo agradezco mucho,** thank you very much ◆ *(estar agradecido)* to be grateful [a, to] [por, for]: **te agradezco tu apoyo,** I'm grateful for your support; **se lo agradeceré siempre,** I'll always be grateful to her ➢ Ver nota en **appreciate** ◆ *(impers)* **siempre se agradece una sonrisa,** a smile is always welcome

agradecido,-a *adj* grateful: **le estoy muy agradecida,** I'm very grateful to you

agradecimiento *m* gratitude

agrado *m* pleasure: **creía que esta música no era de su a.,** I thought this music wasn't to his liking

agrandar *vtr* to enlarge, make larger

■ **agrandarse** *vr* to enlarge, become larger

agrario,-a *adj* agrarian; **política agraria,** agricultural policy

agravamiento *m* aggravation

agravante **1** *adj Jur* aggravating | **2** *m Jur* aggravating circumstance

agravar *vtr* to aggravate

■ **agravarse** *vr* to worsen, to get worse

agraviar *vtr* to offend, to insult

agravio *m* offense, insult

agredir *vtr defect* to assault

agregación *f* aggregation

agregado,-a 1 *adj Educ* **profesor a.,** *(de bachillerato)* secondary school teacher; *Univ* assistant teacher | **2** *m,f Pol* attaché

agregar *vtr* ◆ *(añadir, incorporar)* to add ◆ *(destinar)* to appoint [a, to]

agresión *f* aggression

agresividad *f* aggressiveness

agresivo,-a *adj* aggressive

agresor,-ora 1 *m,f* aggressor, attacker | **2** *adj* attacking

agriarse *vr* to turn sour

agrícola *adj* agricultural

agricultor,-ora *m,f* farmer

agricultura *f* agriculture

agridulce *adj* bittersweet; *Culin* sweet and sour

agrietar *vtr* to crack; *(escamar la piel)* to chap

■ **agrietarse** *vr* to crack; *(la piel)* to get chapped

agrio,-a *adj* sour

agrónomo,-a *m,f* **(ingeniero)** a., agronomist, agricultural expert

agropecuario,-a *adj* farming, agricultural

agrupación *f* association

agrupar *vtr* to group

■ **agruparse** *vr* ◆ *(reunirse varias personas)* to group together, form a group ◆ *(formar una sociedad)* to associate

agua *f* water; **a. bendita,** holy water; **a. corriente,** running water; **a. dulce,** fresh water; **a. mineral,** mineral water; **a. oxigenada,** hydrogen peroxide; **a. potable,** drinking water; **a. salada,** salt water; **aguas jurisdiccionales,** territorial waters; **aguas residuales,** sewage *sing* ◆ | LOC: *fig* **estar con el a. al cuello,** to be up to one's neck in it

aguacate *m (árbol)* avocado; *(fruto)* avocado (pear)

aguacero *m* shower, downpour

aguado,-a *adj* watered down

aguafiestas *mf inv* spoilsport, wet blanket

aguafuerte *m* ◆ *Arte* etching ◆ *Quím* nitric acid

aguanieve *f* sleet

aguantar 1 *vtr* ◆ *(soportar, tolerar)* to tolerate: **no puedo a. más tu prepotencia,** I can't stand your arrogance any longer ➢ Ver nota en **bear** y **stand** ◆ *(sujetar)* to support, hold: **por favor, aguanta la escalera mientras cambio la bombilla,** please hold the ladder while I change the bulb ◆ *(reprimirse)* **aguantó la respiración tres minutos,** he held his breath for three minutes | **2** *vi* ◆ *(durar)* to last ◆ *(soportar)* **aguanta un poco más,** hold on a bit longer

aguante

■ **aguantarse** *vr* ◆ *(reprimirse)* to keep back ◆ *(contener las lágrimas)* to hold back ◆ *(resignarse)* to resign oneself

aguante *m* endurance, stamina: **tiene mucha capacidad de a.,** he is very long-suffering

aguar *vtr* ◆ to water down ◆ *(frustar, estropear)* to spoil ◆ | LOC: *fig* **a. la fiesta a alguien,** to spoil sb's fun

aguardar 1 *vtr* to await | **2** *vi* to wait ➤ Ver nota en **esperar**

aguardiente *m* liquor, brandy

aguarrás *m* turpentine

aguatero,-a *m,f LAm (persona que transporta agua)* water carrier; *(persona que la vende)* water seller

agudeza *f* ◆ sharpness ◆ *(intensidad de un dolor)* acuteness ◆ *fig (comentario ingenioso)* witticism, witty saying

agudizar *vtr* to intensify, make more acute

■ **agudizarse** *vr* to intensify, become more acute

agudo,-a *adj* ◆ *(sensación, enfermedad)* acute ◆ *(tono de voz)* high-pitched; *(sonido)* treble, high ◆ *(ingenioso)* witty ◆ *(oído, vista, olfato)* sharp, keen

agüero *m* omen; **mal/buen a.,** a bad/good omen

aguijón *m* ◆ sting ◆ *fig (aliciente)* incentive

águila *f* eagle; **á. real,** golden eagle

aguileño,-a *adj* aquiline

aguja *f* ◆ needle; *(de reloj)* hand; *(de tocadiscos)* stylus ◆ *Arquit* spire ◆ *Ferroc* point, *US* switch

agujerear *vtr* to make holes in

agujero *m* ◆ hole; **a. negro,** black hole ◆ *Econ* deficit, shortfall

agujetas *fpl* stiffness *sing*: **tengo unas a. insoportables en los brazos,** my arms are so stiff

ahí *adv* there: **está a.,** it's there; **a. tienes,** here you are; **ve por a.,** go that way; **ponlo por a.,** put it over there; **tiene cincuenta años o por a.,** he's fifty or thereabouts; **de a.,** hence; **de a. que,** so

ahijado,-a *m,f* ◆ godchild; *(niño)* godson; *(niña)* goddaughter ◆ **ahijados,** godchildren

ahínco *m* eagerness; **con a.,** eagerly

ahogado,-a 1 *adj* ◆ *(por inmersión)* drowned; **morir a.,** to drown ◆ *(por asfixia)* suffocated | **2** *m,f* drowned person

ahogar *vtr* ◆ *(sumergiendo en líquido)* to drown ◆ *(quitando el aire)* to suffocate

■ **ahogarse** *vr* ◆ *(en líquido)* to drown, be drowned ◆ *(faltar el aire)* to suffocate ◆ *(un motor)* to be flooded ◆ | LOC: *fig* **a. en un vaso de agua,** to make a mountain out of a molehill

ahondar 1 *vtr* to deepen | **2** *vi* to go deep; *fig* **a. en un tema,** to go into a subject in depth

ahora 1 *adv* ◆ *(en este instante)* now ➤ Ver nota en **now** ◆ *(hace muy poco)* **a. mismo acabo de verle,** I've just seen him; *(dentro de muy poco)* **a. mismo iba a salir,** I'm just leaving; **a. vuelvo,** I'll be right back ◆ **de a. en adelante,** from now on; **hasta a.,** *(hasta el momento)* until now, so far; *(hasta luego)* see you later; **por a.,** for the time being | **2** *conj* **a. bien,** *(sin embargo)* however; *(admitido esto)* well then

ahorcado,-a 1 *m,f* hanged person | **2** *adj* hanged

ahorcar *vtr* to hang

> Recuerda que el verbo **to hang,** cuando significa *ahorcar(se)*, es regular (**hang, hanged, hanged**). Sin embargo, cuando significa *colgar* (por ejemplo, un cuadro), es irregular (**hang, hung, hung**).

■ **ahorcarse** *vr* to hang oneself

ahorita *adv LAm* → **ahora**

ahorrador,-ora *adj* thrifty

ahorrar *vtr* ◆ to save ◆ *(evitar)* to spare: **este camino nos ahorra pasar por el centro,** this road saves us having to go through the centre

■ **ahorrarse** *vr* ◆ *(dinero)* to save oneself ◆ *(evitarse)* to save oneself: **ahórrate el consejo,** keep your advice to yourself

ahorro *m* ◆ saving; **a. energético,** energy saving ◆ **ahorros,** savings

ahuecar *vtr* ◆ to hollow out; *(el pelo)* to give volume to ◆ *(un cojín, una almohada)* to plump up ◆ *(la voz)* to deepen

ahumado,-a *adj* ◆ *(alimento curado con humo)* smoked ◆ *(sabor, ambiente, afectados por el humo)* smoky ◆ *(superficie translúcida oscura)* **cristal a.,** smoked glass; **cuarzo a.,** smoked quartz

ahumar *vtr* ◆ to smoke ◆ *(llenar de humo)* to smoke out, to fill with smoke: **me estás ahumando con tu cigarro,** you're covering me with your cigarette smoke

ahuyentar *vtr* to scare away

aindiado,-a *adj* Indian-like, Indian-looking

airado,-a *adj* angry
aire *m* ◆ air; **a. acondicionado,** air conditioning ◆ *(aspecto)* air, appearance ◆ *(viento)* wind: **hace a.,** it's windy ◆ *Mús* tune ◆ *Auto* choke ◆ **aires** *(alardes, pretensiones)* airs: **¡vaya unos aires de condesa que se da!,** she really gives herself such airs ◆ | LOC: **al a.:** *(hacia arriba)* **tirar al a.,** to throw into the air; *(al descubierto)* **llevar los brazos al a.** to have one's arms uncovered; **comer al a. libre,** to eat in the open air; **estar en el a.,** *(una pregunta, un proyecto)* to be up in the air; *Rad* on the air; **necesitar un cambio de aires,** to need a change of scene; **saltar por los aires,** to blow up; **tomar el a.,** to get some fresh air
airear *vtr (ropa, lugar)* to air; *fig (asunto)* to air, publicize
airoso,-a *adj* ◆ graceful, elegant ◆ *fig (con éxito, con lucimiento)* **salir a. de una situación,** to come out of a situation with flying colours
aislacionismo *m* isolationism
aislado,-a *adj* ◆ isolated ◆ *Téc* insulated
aislamiento *m* ◆ isolation ◆ *Téc* insulation
aislante 1 *adj* **cinta a.,** insulating tape | 2 *m* insulator
aislar *vtr* ◆ to isolate ◆ *Téc* to insulate
ajedrez *m* ◆ *(juego)* chess ◆ *(piezas y tablero)* chess set
ajeno,-a *adj* ◆ *(de otra persona)* belonging to other people ◆ *(sin relación)* unconnected [**a,** with]; **ajeno a nuestra voluntad,** beyond our control ◆ *(extraño)* strange
ajetreado,-a *adj* (very) busy, hectic
ajetreo *m* activity, hard work, bustle
ajillo *m Culin* **al a.,** fried with garlic
ajo *m* garlic; **cabeza de a.,** head of garlic; **diente de a.,** clove of garlic ◆ | LOC: *fam* **estar en el a.,** to be in on it; *fam hum* **a. y agua,** like it or lump it!
ajuar *m (de novia)* trousseau
ajustado,-a *adj* ◆ *(una prenda ceñida)* tight ◆ *(un presupuesto, un precio razonable)* reasonable
ajustador,-ora *m,f* fitter
ajustar *vtr* ◆ to adjust ◆ *(apretar)* to tighten; *(encajar)* to fit ◆ *Fin (cuenta)* to settle ◆ | LOC: *fig* **¡ya te ajustaré las cuentas!,** I'll get even with you!
ajuste *m* ◆ adjustment ◆ *(económico)* settlement; *fig* **a. de cuentas,** settling of scores

ajusticiar *vtr* to execute
al *(contracción de a* & *el)* ◆ → **a** ◆ *(+ infin)* **los invitados están al caer,** the guests are about to arrive; **cierren la puerta al salir,** close the door on leaving; **al parecer,** apparently
ala 1 *f* ◆ wing ◆ *(de un sombrero)* brim ◆ **a. delta,** hang glider ◆ | LOC: *fam* **estar tocado del a.,** to be a bit crazy | 2 *m,f Dep (jugador)* winger; *(posición)* wing
alabanza *f* praise
alabar *vtr* to praise
alacena *f* (food) cupboard
alacrán *m* scorpion
alambrada *f* wire fence
alambre *m* wire; **a. de espino,** barbed wire
alameda *f* ◆ poplar grove ◆ *(paseo arbolado)* avenue, boulevard
álamo *m* poplar
alarde *m* bragging, boasting: **no puede evitar hacer a. de sus conocimientos,** she can't help showing off her knowledge
alardear *vi* to brag, boast: **alardea de mujeriego,** he brags about being a womanizer; **alardean de tener muchas propiedades,** they flaunt their wealth
alargado,-a *adj* elongated
alargar *vtr* ◆ *(aumentar el tamaño)* to lengthen ◆ *(extender un miembro)* to stretch ◆ *(aumentar la duración)* to prolong, extend
■ **alargarse** *vr* ◆ to get longer ◆ *(prolongarse)* to go on
alarido *m* screech, shriek
alarma *f* alarm: **saltó la a.,** the alarm went off ◆ | LOC: **dar la voz de a.,** to raise the alarm
alarmado,-a *adj* alarmed
alarmante *adj* alarming
alarmar *vtr* to alarm
■ **alarmarse** *vr* to be alarmed
alba *f* dawn, daybreak
albacea *mf (hombre)* executor; *(mujer)* executrix
albahaca *f* basil
albañil *m* building worker; *(que pone ladrillos)* bricklayer
albañilería *f* ◆ *(oficio)* bricklaying ◆ *(obra)* brickwork: **la a. le salió carísima,** the brickwork cost him a fortune
albarán *m Com* delivery note, despatch note
albaricoque *m (fruto)* apricot
albaricoquero *m* apricot tree
albatros *m inv* albatross
albedrío *m* will; **libre a.,** free will

albergar

albergar *vtr* ♦ *(contener cosas, alojar)* to house; *(alojar temporalmente)* to accommodate ♦ *fig (esperanzas, rencor, etc)* to cherish, harbour, *US* harbor

■ **albergarse** *vtr* to stay

albergue *m* hostel; **dar a. a alguien,** to take somebody in; **a. juvenil,** youth hostel

albino,-a *adj & m,f* albino

albóndiga *f* meatball

albornoz *m* bathrobe

alborotado,-a *adj* ♦ worked up, agitated ♦ *(desordenado)* untidy, messy ♦ *(mar)* rough; *(tiempo)* stormy

alborotar 1 *vtr* ♦ *(causar agitación)* to agitate, work up ♦ *(revolver, desordenar)* to make untidy, turn upside down | 2 *vi (causar jaleo)* to kick up a racket

■ **alborotarse** *vr* ♦ to get excited *o* worked up ♦ *(el mar)* to get rough; *(tiempo)* to get stormy

alboroto *m* ♦ *(jaleo)* din, racket ♦ *(disturbios)* disturbance, uproar

álbum *m* album

alcachofa *f* ♦ *Bot* artichoke ♦ *(de tubo, regadera)* rose, sprinkler

alcalde *m* mayor

alcaldesa *f* mayoress

alcaldía *f* ♦ *(cargo)* mayoralty ♦ *(oficina)* mayor's office

alcance *m* ♦ reach: **deja eso al a. de mi vista,** put that where I can see it; **mantenga los medicamentos fuera del a. de los niños,** keep medicines out of the reach of children ♦ *fig (posibilidades)* scope: **el ascenso está fuera de tu a.,** promotion is impossible for you ♦ *(de noticia)* importance ♦ | LOC: **dar a.,** to catch up [**a,** with]

alcancía *f LAm* piggy bank

alcanfor *m* camphor

alcantarilla *f* sewer

alcantarillado *m* sewer system

alcanzar 1 *vtr* ♦ to reach ♦ *(coger a una persona)* to catch up with ♦ *(llegar hasta una cantidad)* to be up to: **su biblioteca alcanza los tres mil ejemplares,** his library is up to three thousand volumes ♦ *(acercar algo)* to pass: **alcánzame una silla,** pass me a chair ♦ *(lograr)* to attain, achieve | 2 *vi (ser suficiente)* to be sufficient: **ese dinero no alcanza para un piso,** this money isn't enough to buy a flat

alcaparra *f* ♦ *(fruto)* caper ♦ *(planta)* caper bush

alcázar *m* ♦ *(fortaleza)* fortress, citadel ♦ *(castillo)* castle, palace

alcayata *f* hook

alcohol *m* alcohol

alcoholemia *f* blood alcohol level; **prueba de a.,** breath test

alcohólico,-a *adj & m,f* alcoholic

alcoholímetro *m* Breathalyzer®

alcoholismo *m* alcoholism

alcornoque *m* ♦ cork oak ♦ *pey (poco inteligente)* idiot

aldea *f* village

aldeano,-a 1 *adj* village | 2 *m,f* villager

aleación *f* alloy

aleatorio,-a *adj (fortuito)* fortuitous; *(al azar)* random

aleccionador,-ora *adj (lección, ejemplo)* instructive ♦ *(castigo, escarmiento)* exemplary

aleccionar *vtr* ♦ *(enseñar)* to teach, instruct ♦ *(amaestrar)* to train

alegar *vtr* ♦ *(argumentar a favor)* to claim; *Jur* to allege ♦ *(presentar méritos)* to put forward

alegato *m* argument

alegoría *f* allegory

alegrar *vtr* ♦ *(contentar, satisfacer)* to make happy *o* glad: **me alegra que me haga esa pregunta,** I'm glad you asked that ♦ *fig (animar)* to enliven, brighten up

■ **alegrarse** *vr* to be glad, be happy: **me alegro de conocerle,** I'm pleased to meet you; **me alegro muchísmo por ti,** I'm delighted for you

alegre *adj* ♦ *(contento)* happy, glad ➢ Ver nota en gay ♦ *(color vivo)* bright; *(música)* lively; *(habitáculo)* pleasant, cheerful ♦ *fig (achispado, bebido)* tipsy, merry

alegría *f* joy, happiness

alejado,-a *adj* ♦ *(lugar)* far away, remote ♦ *(distanciado de una actividad)* away from: **lleva años a. de la docencia,** he's been out of teaching for years

alejar *vtr* to move further away

■ **alejarse** *vr* to go away, move away: **no te alejes de él,** keep close to him ♦ *(distanciarse)* **se ha alejado mucho de su pareja,** he and his partner have grown apart; **se ha alejado de sus convicciones iniciales,** he has moved away from his early ideals

aleluya *m & f* hallelujah, alleluia

alemán,-ana 1 *adj & m,f* German | 2 *m (idioma)* German

Alemania *f* Germany

alentador,-ora *adj* encouraging: **nos pintó un panorama muy poco a.,** he painted a very bleak picture of the future

alentar *vtr fig* to encourage

alergia *f* allergy

alérgico,-a *adj* allergic

alero *m* ♦ eaves *pl* ♦ *Dep* winger ♦ | LOC: **estar en el a.,** to be up in the air

alerta 1 *adj & adv* alert: **el perro puso las orejas a.**, the dog pricked up its ears; **estar a.**, to be alert | 2 *f* alert; **dar la a.**, to alert

alertar *vtr* to alert [**de**, to]: **los bomberos nos alertaron sobre el peligro de derrumbamiento**, the fire brigade alerted us to the danger of collapse

aleta *f* ◆ *(de pez)* fin ◆ *(de foca, de nadador)* flipper ◆ *Auto GB* wing, *US* fender ◆ *(de nariz)* wing, *fig* nostril

aletargado,-a *adj* lethargic

aletargar *vtr* to make lethargic

■ **aletargarse** *vr* to become lethargic

aletear *vi* to flutter *o* flap the wings

alevosía *f (traición)* treachery; *(premeditación)* premeditation

alevoso,-a *adj (persona)* treacherous; *(acto)* premeditated

alfabético,-a *adj* alphabetic

alfabeto *m* alphabet

alfarería *f* ◆ *(oficio)* pottery ◆ *(taller)* pottery; *(tienda)* pottery shop

alfarero,-a *m,f* potter

alféizar *m* sill, windowsill

alfil *m Ajedrez* bishop

alfiler *m* ◆ *Cost* pin ◆ *(joya, broche)* pin, brooch; *(de corbata)* tiepin ◆ *(para tender)* peg

alfombra *f (tapete)* rug; *(grande, moqueta)* carpet

alfombrilla *f* rug, mat

alga *f* alga; *(marina)* seaweed

álgebra *f* algebra

álgido,-a *adj* culminating, critical: **la crisis política alcanzó su punto á.**, the political crisis reached its climax

algo 1 *pron indef* ◆ *(afirmativo)* something; *(interrogativo)* anything: **su padre es arquitecto o a. así**, his father is an architect or something like that; **¿a. más?**, anything else?; **si tu madre te ha reñido por a. será**, if your mother has told you off, there must be a reason for it; *fam* **me pagan poco, pero a. es a.**, they don't pay me much, but it's better than nothing ◆ *(cantidad pequeña)* some, a little: **¿queda a. de comer?**, is there any food left? | 2 *adv (un poco)* quite, somewhat: **me encuentro a. cansado**, I'm feeling rather tired

algodón *m* cotton; **a. de azúcar**, candy floss

alguien *pron indef (afirmativo)* somebody, someone; *(interrogativo)* anybody, anyone

algún *adj (delante de nombres masculinos)* → **alguno,-a**

alguno,-a 1 *adj* ◆ *(afirmativo)* some: **algunos críticos elogiaron la obra**, some critics praised the work; **algunas veces me río sin motivo**, some times I laugh for no reason; **alguna que otra vez**, now and then ◆ *(interrogativo)* any: **¿tienes alguna cita para mañana?**, have you any appointments for tomorrow? ◆ *(negativo)* not at all: **en este crimen no hay móvil alguno**, there's no motive at all for this crime | 2 *pron indef* ◆ someone, somebody; **alguno que otro**, someone or other ◆ **algunos,-as**, some (people)

alhaja *f* ◆ jewel ◆ *(persona maravillosa)* gem, treasure ◆ *irón (persona con muchos defectos)* **¡vaya una a. de hija que tiene!**, a fine daughter she's got!

alhelí *m* wallflower, stock

aliado,-a *adj* allied

alianza *f* ◆ *(pacto)* alliance ◆ *(anillo de boda)* wedding ring

aliarse *vr* to become allies, form an alliance

alias *adv & m inv* alias

alicaído,-a *adj* ◆ *fig (mustio, débil)* weak, feeble ◆ *fig (triste)* down, depressed

alicatar *vtr* to tile

alicates *mpl* pliers

aliciente *m* ◆ *(atractivo)* lure, charm ◆ *(incentivo)* incentive

alienación *f* alienation

alienado,-a *adj* insane, deranged

alienar *vtr* to alienate

alienígena *adj & m/f* alien, extraterrestrial

aliento *m* ◆ breath: **estoy sin a.**, I'm out of breath; *fig* **la noticia me dejó sin a.**, the news took my breath away ◆ *(ánimo)* encouragement

aligerar 1 *vtr* ◆ *(acelerar)* to speed up ◆ *(quitar peso)* to make lighter | 2 *vi fam* **¡aligera!**, hurry up!

alijo *m* haul; **a. de drogas**, consignment of drugs

alimaña *f* vermin

alimentación *f* ◆ *(conjunto de alimentos)* food ◆ *(nutrición)* feeding ◆ *Téc* supply

alimentar 1 *vtr* ◆ *(dar de comer)* to feed ◆ *fig (fomentar un sentimiento)* to nourish ◆ *Inform* to feed; *Téc* to supply | 2 *vt & vi (ser nutritivo)* to be nutritious

■ **alimentarse** *vr* to feed (oneself) [**de**, on]

alimentario,-a *adj* food, alimentary

alimenticio,-a *adj* nutritious; **productos alimenticios**, food products, foodstuffs

alimento *m* ◆ *(comida)* food ◆ *(valor alimenticio)* nutritional value

alineación *f* ◆ alignment ◆ *Dep (del equipo)* line-up; *(de un jugador)* selection

alineado,-a *adj* aligned, lined-up
alinear *vtr* ◆ *(poner en línea)* to line up, align ◆ *Dep (a un jugador)* to select
■ **alinearse** *vr* ◆ to align oneself [**con,** with] ◆ *(ponerse en fila)* to line up
aliñar *vtr (sazonar una ensalada)* to dress; *(condimentar)* to season, flavour, *US* flavor
aliño *m* seasoning, *(de ensalada)* dressing
alioli *m* garlic mayonnaise
alisar *vtr (estirar algo arrugado)* to smooth (out); *(aplanar una superficie irregular, una madera)* to smooth (down)
■ **alisarse** *vr (atusarse el pelo)* to smooth down; *(quitarse los rizos)* to straighten
alistar *vtr Mil* to recruit, enlist
■ **alistarse** *vr Mil* to enlist, enrol, *US* enroll
aliviar *vtr* ◆ *(calmar un dolor)* to relieve, soothe ◆ *(hacer menos pesado)* to lighten, make lighter
■ **aliviarse** *vr (el dolor)* to diminish, get better
alivio *m* relief
allá *adv* ◆ *(lugar alejado)* there, over there; **a. abajo,** down there; **a. arriba,** up there; **¡a. va!,** there he goes!; **más a.,** further on; **más a. de,** beyond; **el más a.,** afterlife ◆ *(tiempo remoto o indefinido)* **a. por los años cuarenta,** back in the forties ◆ | LOC: **a. él,** that's his problem
allanamiento *m Jur* **a. de morada,** unlawful entry, burglary
allanar *vtr* ◆ *(nivelar un terreno)* to level, flatten; *fig (quitar obstáculos)* to smooth ◆ *Jur* to break into
allegado,-a **1** *adj* close | **2** *m,f (amigo íntimo)* close friend; *(pariente)* relative
allí *adv* there, over there; **a. abajo/arriba,** down/up there; **a. mismo,** right there; **por a.,** *(en aquella dirección)* that way; *(en aquel lugar)* over there
alma *f* ◆ soul ◆ *(la persona clave)* key figure ◆ | LOC: **se me cayó el a. a los pies,** my heart sank; **con toda el a.,** with all my/your/his heart
almacén *m* ◆ *(depósito de mercancías)* warehouse ◆ *(tienda de venta al por mayor)* wholesaler's ◆ *LAm (tienda de comestibles)* grocer's shop ◆ *Com* **(grandes) almacenes,** department store *sing*
almacenamiento *m* ◆ storage, warehousing ◆ *Inform* storage
almacenar *vtr* to store
almanaque *m* calendar
almeja *f* clam
almendra *f* almond
almendro *m* almond tree
almíbar *m* syrup
almidón *m* starch
almidonar *vtr* to starch
almirante *m* admiral
almohada *f* pillow ◆ | LOC: *fam* **consultar algo con la a.,** to sleep on something
almohadilla *f* (small) cushion
almohadón *m* large pillow, cushion
almorrana *f fam* pile, haemorrhoid
almorzar 1 *vi (a mediodía)* to have lunch; *(a media mañana)* to have a mid-morning snack | **2** *vtr (a mediodía)* to have (something) for lunch; *(a media mañana)* to have sthg for a mid-morning snack: **nunca desayuno, pero almuerzo algo a las once,** I don't have breakfast, but I have something at eleven
almuerzo *m (a mediodía)* lunch; *(a media mañana)* mid-morning snack, *fam* elevenses ➢ Ver nota en **comida** y **dinner**
alocado,-a *adj* thoughtless, rash
alocución *f* speech, address
alojamiento *m* accommodation; **dar a.,** to accommodate
alojar *vtr* to accommodate, to put up
■ **alojarse** *vr* to stay [**en,** at/in]
alondra *f* lark
alpaca *f* alpaca
alpargata *f* canvas sandal, espadrille
alpinismo *m* mountaineering, climbing
alpinista *mf* mountaineer, climber
alpiste *m* ◆ *Bot* birdseed, canary grass ◆ *fam (bebida)* booze
alquilar *vtr* to hire; *(un piso, una casa)* to rent; *(letrero)* **se alquila,** to let

> **¿To hire, to rent o to let?**
> **To hire** y **to hire out** implican un período breve de alquiler y se suelen usar al hablar de coches o trajes. **To rent** y **to rent out** implican un período más largo y se emplean al tratarse de pisos, habitaciones o casas. **To hire** y **to rent** se refieren tanto a la persona que recibe algo en alquiler como al propietario: *Voy a alquilar el coche* (cliente y propietario). **I'm going to hire/rent a car.** Sin embargo, **to hire out** y **to rent out** se refieren únicamente al propietario: *Alquilo coches.* **I hire/rent out cars.**
> **To let** se aplica casi exclusivamente a inmuebles, y el propietario siempre es el sujeto del verbo: *Sr. Brown alquila habitaciones.* **Mr Brown lets/rents out rooms.**

alquiler *m* ◆ *(precio: por un objeto)* hire, rental; *(por pisos, casas)* rent ◆ *(acción de*

alquilar: *pisos, casas*) renting, letting; (*disfraces, electrodomésticos*) hire, rental; **a. de coches,** car hire ◆ | LOC: **de a.,** (*para alquilar: pisos, casas*) to let, rented; (*coche*) for hire; (*televisión*) for rent; (*alquilado: casa, habitación*): **vive (en un piso) de a.,** he lives in a rented flat; **lleva un esmoquin de a.,** he's wearing a hired dinner jacket; (*acción de alquilar*) **vive del a. de unos pisos,** he lives off the rent from some flats ➢ Ver nota en **alquilar**

alquimia *f* alchemy

alquitrán *m* tar

alrededor 1 *adv* (*en torno*) round, around: **había un montón de niños a. suyo,** there were crowds of children around her **mirar a.,** look around | **2** *mpl* **alrededores,** surrounding area *sing*: **vive en los alrededores de Bogotá,** she lives in the outskirts *o* suburbs of Bogotá ◆ | LOC: **a. de** (*rodeando algo*) around: **se sentaron a. de la mesa,** they took their seats round the table; (*aproximadamente*) around, about: **llegué a. de las dos,** I arrived around two o'clock; **había a. de veinte personas,** there were about twenty people

alta *f* ◆ Med (*para reintegrarse a una actividad*) discharge; **dar el a.,** (*a un enfermo*) to discharge from hospital ◆ (*registro en una actividad*) **te tienes que dar de a. en la Seguridad Social,** you must be registered with Social Security

altamente *adv* highly, extremely

altanería *f* arrogance

altanero,-a *adj* arrogant

altar *m* altar

altavoz *m* loudspeaker

alterable *adj* changeable

alteración *f* ◆ (*modificación, cambio*) alteration ◆ (*alboroto*) quarrel, row; **a. del orden público,** disturbance of the peace ◆ (*excitación*) agitation

alterar *vtr* to alter, change

■ **alterarse** *vr* ◆ (*modificarse*) to change ◆ (*irritarse*) to be upset

altercado *m* quarrel, argument

alternar 1 *vtr* to alternate | **2** *vi* (*tratarse*) to meet people, socialize [**con,** with]

■ **alternarse** *vr* to alternate

alternativa *f* alternative

alternativo,-a *adj* alternative

alterno,-a *adj* alternate: **ese médico pasa consulta en días alternos,** that doctor has a surgery every other day

alteza *f* Highness: **Su A. Real Doña Cristina asistió al concierto inaugural,** Her Royal Highness the Princess Cristina attended the opening concert

altibajos *mpl fig* ups and downs

altiplano *m* high plateau

altísimo,-a *m* **el A.,** the Almighty

altitud *f* altitude

altivez *f* arrogance, haughtiness

altivo,-a *adj* arrogant, haughty

alto[1] *m* (*interrupción*) stop, break

alto,-a[2] **1** *adj* ◆ (*que tiene altura: un edificio, persona, ser vivo*) tall ◆ (*elevado*) high ◆ (*sonido*) loud; **en voz a.,** aloud, in a loud voice; (*tono*) high-pitched ◆ (*precio, tecnología*) high; **a. tensión,** high tension ◆ (*antepuesto al nombre: de importancia*) high-ranking, high-level: **es una reunión de a. nivel,** it's a high-level meeting; **a. sociedad,** high society ➢ Ver nota en **aloud** | **2** *m* ◆ (*altura*) height: **¿cómo es de a.?,** how tall/high is it? ◆ (*elevación del terreno*) hill ◆ | LOC: **la boda se celebró por todo lo a.,** the wedding was celebrated in style | **3** *adv* ◆ high, high up ◆ (*sonar, hablar, etc*) loud, loudly; **¡más a., por favor!,** louder, please!; **tienes que poner el horno más a.,** you must turn the oven up ➢ Ver nota en **high**

altoparlante *m LAm* loudspeaker

altruista 1 *adj* altruistic | **2** *mf* altruist

altura *f* ◆ height; **de nueve metros de a.,** nine metres high ◆ (*nivel*) level; **a la misma a.,** on the same level; *Geog* on the same latitude: **Helena vive a la a. del hospital,** Helena lives by the hospital ◆ | LOC: *fig* **no está a la a. de su rival,** he doesn't measure up to his rival; *fig* **se supo poner a la a. de las circunstancias,** she was able to meet the challenge; **a estas alturas ya deberías conocerlo,** you should know him by now

alubia *f* bean

alucinación *f* hallucination

alucinado,-a 1 *adj fam* (*sorprendido*) stunned | **2** *m,f fam* (*de ideas insólitas*) eccentric, visionary

alucinante *adj argot* brilliant, mind-blowing

alucinar 1 *vtr* to hallucinate; *fig* (*maravillar*) to fascinate | **2** *vi argot* to be amazed, be spaced out

alucinógeno,-a 1 *adj* hallucinogenic | **2** *m* hallucinogen

alud *m* avalanche

aludido,-a *m,f* the person in question ◆ | LOC: **darse por a.,** to take it personally

aludir

aludir *vi* to allude to, mention
alumbrado,-a 1 *adj* lit | **2** *m Elec* lighting; **a. público,** street lighting
alumbrar *vi* & *vtr* ♦ *(iluminar)* to light, illuminate ♦ *(parir)* to give birth
aluminio *m* aluminium, *US* aluminum
alumno,-a *m,f (escolar)* pupil; *Univ* student; **a. interno,** boarder
alusión *f* allusion, mention
aluvión *m* downpour; *fig* **el a. de llamadas colapsó la centralita,** the barrage of calls brought the switchboard to a standstill
alverja *f LAm* pea
alza *f* ♦ rise ♦ | LOC: **en a.,** *(valores, precios)* rising; *(persona)* up-and-coming
alzado,-a 1 *adj* raised, lifted; **votación a mano alzada,** vote by a show of hands | **2** *m Arquit* elevation
alzar *vtr* to raise, lift: **el cormorán alzó el vuelo repentinamente,** the cormorant took off suddenly
  ■ **alzarse** *vr* ♦ *(auparse, levantarse)* to get up, rise ♦ *(sublevarse)* to rise, rebel: **los rebeldes se alzaron con la victoria,** the rebels won
a.m. *adv (abr de ante merídiem)* a.m.
ama *f (señora)* lady of the house; *(propietaria)* owner; **a. de casa,** housewife; **a. de llaves,** housekeeper
amabilidad ♦ *f* kindness ♦ *frml* **tenga usted la a. de esperar,** would you be so kind as to wait?
amable *adj* ♦ kind, nice ♦ *frml* **¿sería tan a. de indicarme cómo se llega a la plaza mayor?,** would you be so kind as to show me the way to the main square?
amado,-a 1 *adj* loved, beloved | **2** *m,f* sweetheart
amaestrar *vtr (adiestrar animales)* to train
amagar 1 *vtr (hacer intención de, esbozar)* **amagó una sonrisa,** she forced a smile | **2** *vi* ♦ *Dep (hacer un gesto engañoso)* to dummy, to fake, to feint ♦ *(dar señales de que algo negativo pueda ocurrir)* **amaga tormenta,** there's a storm threatening
amago *m* ♦ *(señal)* first sign: **tiene un a. de bronquitis,** he has a touch of bronchitis ♦ *(intento)* attempt ♦ *fig (gesto de amenaza)* threat
amainar *vi (viento, etc)* to drop, die down
amalgama *f* amalgam
amamantar *vtr* to breast-feed; *Zool* to suckle
amancay *m LAm Bot* lily

amanecer 1 *m* dawn, daybreak: **dejamos el refugio al a.,** we left the refuge at dawn | **2** *v impers* to dawn: **¿a qué hora amanece?,** when does it get light? | **3** *vi* **amanecí con un horrible dolor de espalda,** I woke up with a terrible backache
amanerado,-a *adj* mannered, affected
amansar *vtr* ♦ to tame ♦ *fig (apaciguar)* to tame, calm
amante *mf* ♦ *(entusiasta)* lover: **los dos somos amantes de la ópera,** we are both very fond of opera ♦ *(pareja en el amor) (hombre)* lover; *(mujer)* mistress
amañar *vtr* ♦ to fix, fiddle ♦ *(unas elecciones, un premio)* to rig
amaño *m pey* crafty trick
amapola *f Bot* poppy
amar *vtr* to love
  ■ **amarse** *vr* to love each other
amargado,-a 1 ♦ *adj (resentido)* embittered, bitter ♦ *fam (aburrido, harto)* fed up off: **tanto papeleo me tiene a.,** I'm fed up with all this red tape | **2** *m,f* bitter person
amargar *vtr* ♦ to make bitter ♦ *fig* to embitter, sour
  ■ **amargarse** *vr fig* to become embittered *o* bitter: **no te amargues la vida por eso,** don't get upset about it, *fam* don't let it get to you
amargo,-a *adj* bitter
amargura *f* bitterness
amarillento,-a *adj* yellowish
amarillismo *m pey* sensationalism
amarillo,-a *adj* & *m* yellow; **prensa amarilla,** gutter press, tabloid press ➢ Ver nota en **broadsheet**
amarilloso,-a *adj LAm* yellowish
amarra *f* mooring rope; **soltar amarras,** to cast off, let go
amarrar *vtr* ♦ *Náut* to moor, tie up ♦ *(atar)* to tie (up), bind
amasar *vtr* ♦ *Culin* to knead ♦ *fig (fortuna)* to amass
amasijo *m fam* hotchpotch, jumble
amateur *adj* & *mf* amateur
amatista *f* amethyst
amazona *f* ♦ *(jinete)* horsewoman ♦ *Mit* Amazon
ambages *mpl (rodeos)* **me dijo sin a. que no quería volver a verme,** he told me straight out that he didn't want to see me again
ámbar *m* amber
ambición *f* ambition

ambicionar *vtr* to have as an ambition: **ambicionaba ser el nuevo Cervantes,** his ambition was to become the new Cervantes

ambicioso,-a 1 *adj* ambitious | **2** *m,f* ambitious person

ambidextro,-a *m,f* ambidextrous person

ambientación *f Cine Teat* setting

ambientado,-a *adj (un bar, un local, etc)* lively

ambientador *m* air freshener

ambiental *adj* environmental; **música a.,** background music, piped music

ambientar *vtr ♦ (bar, etc)* to liven up ♦ *Cine Teat* to set

■ **ambientarse** *vr (adaptarse)* to get used to

ambiente 1 *m ♦ (atmósfera, entorno físico)* environment ♦ *(medio social)* environment, milieu; **a. familiar,** home environment ♦ *(animación, situación)* atmosphere, air; *(efecto creado por la decoración)* atmosphere | **2** *adj* environmental; **medio a.,** environment; **temperatura a.,** room temperature

ambigüedad *f* ambiguity

ambiguo,-a *adj* ambiguous

ámbito *m (espacio de influencia o actuación)* field: **su á. de poder es reducido,** he has a limited field of influence; **en el á. económico la situación es más crítica,** in the economic field the situation is more serious ♦ *(espacio físico)* **es una empresa de á. nacional,** it's a nationwide company

ambos,-as 1 *adj pl* both: **hubo concesiones por ambas partes,** concessions were made on both sides | **2** *pron pl* both: **ambos aprobaron el examen,** they both passed the exam

ambulancia *f* ambulance

ambulante *adj* travelling, *US* traveling, mobile

ambulatorio *m* surgery, clinic

amedrentar *vtr* to frighten, scare

amén[1] *m* amen ♦ | LOC: **decir a. a todo,** to agree to everything

amén[2] *en la loc prep* **a. de** *(además de)* as well as: **a. de buena persona, es trabajador y divertido,** as well as being good, he's hard-working and fun

amenaza *f* threat

amenazador,-ora, amenazante *adj* threatening, menacing

amenazar *vtr* to threaten: **los secuestradores le amenazaron de muerte,** the kidnappers threatened to kill him

amenizar *vtr* to liven up

ameno,-a *adj* entertaining

América *f* America; **A. Central/del Norte/del Sur,** Central/North/South America

americana *f (prenda)* jacket

americanada *f fam pey* **fuimos a ver una a.,** we went to see a typical American film

americano,-a *adj & m,f* American

amerindio,-a *adj & m,f* Amerindian

ametralladora *f* machine gun

ametrallar *vtr* to machine-gun

amianto *m* asbestos *sing*

amigable *adj* friendly

amígdala *f* tonsil

amigdalitis *f* tonsillitis

amigo,-a 1 *m,f* friend: **se hicieron a. durante el verano,** they became friends in the summer; **mi hija se hizo a. de un compañero de clase,** my daughter made friends with a classmate; **somos muy a.,** we are very good friends; **un a. mío,** a friend of mine | **2** *adj (aficionado)* fond [**de,** of]

amiguismo *m fam pey* favouritism, jobs for the boys

amilanar *vtr* to frighten, scare

■ **amilanarse** *vr* to be frightened

aminorar *vtr* to reduce; **a. la marcha,** to slow down

amistad *f ♦* friendship ♦ **amistades,** friends

amistoso,-a *adj* friendly

amnesia *f Med* amnesia

amnistía *f* amnesty

amo *m ♦ (propietario)* owner: **este perro no tiene a.,** this dog has no master ♦ *(señor de la casa)* master

amodorrarse *vr* to become sleepy *o* drowsy

amoldar *vtr* to adapt, adjust

■ **amoldarse** *vr* to adapt oneself

amonestación *f ♦* rebuke, reprimand; *Dep* warning ♦ *Rel* **amonestaciones,** banns

amonestar *vtr ♦ (reprender)* to rebuke, reprimand; *Dep* to warn ♦ *Rel* to publish the banns of

amoniaco, amoníaco *m* ammonia

amontonar *vtr* to pile up, heap up

■ **amontonarse** *vr ♦* to pile up, heap up: **los problemas se me amontonan,** I've got more and more problems ♦ *(varias personas)* to crowd together

amor *m* love ◆ | LOC: **hacer el a.**, to make love; **por a. al arte**, for nothing: **nadie trabaja por a. al arte**, nobody works out of the goodness of his heart

amoral *adj* amoral

amoratado,-a *adj* ◆ *(por el frío)* blue with cold ◆ *(por un golpe)* black and blue

amordazar *vtr* ◆ *(tapar la boca a una persona con un objeto)* to gag ◆ *(coaccionar, silenciar)* to silence

amorfo,-a *adj* ◆ *(sin forma definida)* amorphous ◆ *fam (sin carácter, sin interés)* insipid

amorío *m* love affair, flirtation

amoroso,-a *adj* loving, affectionate

amortiguador *m Auto* shock absorber

amortiguar *vtr (un golpe)* to cushion; *(un ruido)* to muffle; *(una luz)* to subdue

amortización *f Fin (de un bono, una deuda)* repayment; *(de inversión)* depreciation, amortization

amortizar *vtr* ◆ *(compensar una compra, una inversión)* to pay off: **cómprate un diesel, sale más caro pero a la larga lo amortizas**, buy a diesel: it's more expensive but it pays for itself in the long run; *(recuperar una inversión)* to recover ◆ *(saldar una deuda totalmente)* to pay off; *(hacer un pago)* to repay

amotinar *vtr* to incite to riot; *Mil* to incite to mutiny

■ **amotinarse** *vr* to rise up; *Mil* to mutiny

amparar *vtr* to protect

■ **ampararse** *vr* to seek refuge

amparo *m* ◆ protection, shelter ◆ | LOC: **al a. de**, under the protection of

amperio *m* ampère, amp

ampliación *f* ◆ *(de plazo, de duración)* extension ◆ *(de una construcción grande)* enlargement, *(de una casa)* extension ◆ *(de negocio)* expansion ◆ *(de una fotografía, un plano)* enlargement

ampliar *vtr* ◆ *(hacer más largo un plazo)* to extend ◆ *(hacer más grande un edificio)* to enlarge, *(una casa)* extend ◆ *(extender un negocio)* to expand ◆ *(una fotografía)* to enlarge, to blow up ◆ *(el campo de acción)* to widen: **los sindicatos proponen a. las sanciones a los defraudadores**, the unions propose greater penalties for those committing fraud

amplificador *m* amplifier

amplificar *vtr* to amplify

amplio,-a *adj* ◆ large, roomy ◆ *(ancho, profundo, variado)* wide, broad ➢ Ver nota en **ancho**

amplitud *f* ◆ spaciousness ◆ *(de espacio)* room, space ◆ *Fís* amplitude

ampolla *f* ◆ *Med (levantamiento de la piel)* blister ◆ *(recipiente)* ampoule ◆ | LOC: *fig* **levantar ampollas**, to raise people's hackles

ampuloso,-a *adj* pompous, bombastic

amputar *vtr Med* to amputate; *fig (una película, un texto)* to cut out

amueblar *vtr* to furnish

amuermar *vtr fam* ◆ *(adormecer)* to make sb feel dopey o groggy ◆ *(aburrir)* to bore

amuleto *m* amulet

amurallado,-a *adj* walled, fortified

amurallar *vtr* to wall, fortify

anacronismo *m* anachronism

ánade *m* duck

anales *mpl* annals

analfabetismo *m* illiteracy

analfabeto,-a *m,f* illiterate

analgésico,-a *adj* & *m* analgesic

análisis *m inv* ◆ analysis ◆ *Med* test: **tengo que hacerme unos análisis**, I have to have some tests

analista *mf* analyst

analizar *vtr* to analyze

analogía *f* analogy: **el libro establece una a. entre ambos autores**, the book draws an analogy between both authors

analógico,-a *adj* analog, analogue

análogo,-a *adj* analogous, similar

anaranjado,-a *adj* & *m* orange

anarquía *f* anarchy

anarquismo *m* anarchism

anarquista *adj* & *mf* anarchist

anatomía *f* anatomy

anatómico,-a *adj* anatomical

anca *f* ◆ haunch ◆ **ancas de rana**, frogs' legs

ancestral *adj* ancestral

ancho,-a 1 *adj* wide, broad; **ese vestido te está muy a.**, that dress is too big for you | 2 *m* ◆ *(anchura)* width, breadth: **¿qué a. tiene?**, how wide is it?; **la mesa tiene un metro de a.**, the table is a metre wide ◆ *Cost* width ◆ | LOC: *fam* **quedarse tan a.** *(tranquilo)*: **llega tarde y se queda tan ancha**, she is always late but never shows any sign of remorse; **a lo a.**: **mide la cocina a lo ancho**, measure the kitchen widthways;

fam a mis/tus/sus anchas, at ease, comfortable

> Empleamos **wide** *(ancho)* para hablar de distancias físicas: *Vivimos en una calle ancha.* **We live in a wide street.** *El coche no entra, es demasiado ancho.* **The car won't go in, it's too wide.**
> **Broad** *(amplio)* es más abstracto y lo usamos en ciertas expresiones *(plena luz de día,* **broad daylight;** *liberal,* **broad-minded)** o en estilo literario para describir ríos, valles u otros elementos geográficos: *Al otro lado del ancho valle se encuentra el castillo.* **On the other side of the broad valley stands the castle.**

anchoa *f* anchovy
anchura *f* width, breadth
anciano,-a 1 *adj* very old, ancient | **2** *m,f* old person; **los ancianos,** old people
ancla *f* anchor
anclar *vtr & vi* to anchor
andadas *loc* **volver a las a.,** to go back to one's (bad) old ways
andamiaje, andamio *m* scaffolding
andar *m,* **andares** *mpl* walk *sing,* gait *sing*
andar 1 *vi* ♦ to walk ♦ *(moverse)* to move ♦ *(funcionar)* to work: **este reloj no anda bien,** this clock doesn't keep good time ♦ *(aproximarse a una cantidad)* **andará por los cincuenta,** she's about fifty ♦ *(realizar una acción: + gerundio)* **anda contando por ahí tu vida y milagros,** he's telling everybody all about you ♦ *(estar)* **¿cómo andamos de tiempo?,** how are we off for time?; **tus llaves tienen que andar por casa,** your keys must be somewhere in the house | **2** *vtr (recorrer)* to walk
andén *m* platform
Andes *mpl* **los A.,** the Andes
andino,-a *adj* Andean
andrajoso,-a *adj* ragged, tattered
androide *m* android
anécdota *f* anecdote
anecdótico,-a *adj* anecdotal
anemia *f* anaemia, *US* anemia
anémico,-a *adj* anaemic, *US* anemic
anestesia *f (producto que priva de la sensibilidad)* anaesthesic, *US* anesthesic: **la operación precisa a.,** the operation will need an anaesthetic; *(procedimiento)* anaesthesia, *US* anesthesia; **a. general/local,** general/local anaesthesia

anestesiar *vtr* to anesthetize, to give an anaesthesic
anestésico,-a *adj & m* anaesthetic, *US* anesthetic
anestesista *m,f* anaesthesist
anexionar *vtr* to annex
anexo,-a 1 *adj* attached, joined [a, to] | **2** *m* appendix
anfibio,-a 1 *adj* amphibious | **2** *m* amphibian
anfiteatro *m* ♦ amphitheatre, *US* amphitheater ♦ *Cine Teat* gallery, dress circle
anfitrión *m* host
anfitriona *f* hostess
ángel *m* angel; **á. de la guarda,** guardian angel
angelical, angélico,-a *adj* angelic
angina *f fam pl (inflamación de las amígdalas)* tonsilitis, a sore throat: **tengo anginas,** I've got tonsilitis ♦ *Med* **a. de pecho,** angina pectoris
anglicano,-a *adj & m,f* Anglican; **la Iglesia a.,** the Anglican Church, the Church of England
anglosajón,-ona *adj & m,f* Anglo-Saxon
anguila *f* eel
angula *f* elver
angular *adj* angular; *Fot* **(objetivo) gran a.,** wide-angle lens; **piedra a.,** cornerstone
ángulo *m* ♦ angle ♦ *(rincón, esquina)* corner
angustia *f* anguish
angustiar *vtr* to distress
angustiado,-a *adj* distressed
angustioso,-a *adj* distressing
anhelar *vtr* to yearn for, to long for
anhelo *m* wish, desire
anidar *vi* to nest
anilla *f* ♦ ring ♦ *Dep* **anillas,** rings
anillo *m* ring; **a. de boda,** wedding ring | LOC: *fam* **caérsele a uno los anillos: por coger el autobús no se te van a caer los anillos,** it won't hurt you to go by bus
animación *f* ♦ *(diversión)* entertainment ♦ *(concurrencia, bullicio)* activity ♦ *Cine (simulación de movimiento en dibujos)* animation
animado,-a *adj* ♦ *(fiesta, reunión, conversación)* lively ♦ *(estado de ánimo)* cheerful
animador,-ora *m,f* ♦ entertainer; *TV* presenter ♦ *Dep* cheerleader
animal 1 *m* ♦ animal ♦ *fig (persona bruta, fuerte)* brute; *(necio)* dunce | **2** *adj* animal
animar *vtr* ♦ *(alegrar a alguien)* to cheer up; *(una fiesta, una reunión)* to liven up,

brighten up ◆ *(estimular a una persona)* to encourage
■ **animarse** *vr* ◆ *(alegrarse una persona)* to cheer up; *(una fiesta, una reunión)* to brighten up ◆ **¿te animas a venir?,** do you fancy coming along?
anímico,-a *adj* **estado a.,** frame *o* state of mind
ánimo 1 *m* ◆ *(talante)* spirit: **no estoy de á. para ir allí,** I'm not in the mood to go there; **tenemos un estado de á. ideal para trabajar,** we are in the best frame of mind for working ◆ *(estímulo, fuerza)* courage: **su madre le dio ánimos,** his mother encouraged him ◆ *(intención)* intention: **lo dijo con á. de ofender,** she said it with the intention of being offensive | **2** *excl* **¡á.!,** cheer up!
aniquilación *f* annihilation
aniquilar *vtr* to annihilate
anís *m* ◆ *(bebida)* anisette ◆ *(semilla)* aniseed
aniversario *m* anniversary
ano *m* anus
anoche *adv* last night; *(por la tarde)* yesterday evening; **antes de a.,** the night before last
anochecer 1 *v impers* to get dark | **2** *vi* to be somewhere at nightfall: **viajamos todo el día y anochecimos en Barquisimeto,** we travelled all day and were in Barquisimeto at nightfall | **3** *m* nightfall, dusk; **al a.,** at nightfall
anodino,-a *adj (insustancial)* insubstantial; *(soso)* insipid, dull
anomalía *f* anomaly
anómalo,-a *adj* anomalous
anonadado,-a *adj* **su reacción nos dejó anonadados,** her reaction left us speechless
anonimato *m* anonimity: **el autor desea permanecer en el a.,** the author wishes to remain anonymous
anónimo,-a 1 *adj* ◆ *(desconocido)* anonymous ◆ *Com* **sociedad a.,** public liability company, *US* corporation | **2** *m (carta)* anonymous letter
anorak *m* anorak
anorexia *f* anorexia
anormal 1 *adj* ◆ abnormal ◆ *(inhabitual)* unusual ◆ *Med* mentally handicapped | **2** *mf Med* mentally handicapped person
anotación *f* ◆ annotation ◆ *(apunte)* note
anotar *vtr* ◆ *(escribir una nota)* to take down, make a note of ◆ *(glosar un texto)* to annotate

ansia *f* ◆ *(deseo)* longing, yearning ◆ *(intranquilidad, desasosiego)* anxiety ◆ *Med* sick feeling
ansiar *vtr* to long for, to yearn for
ansiedad *f* anxiety: **espera con a. noticias de su hijo,** she's anxiously awaiting news about her son
ansioso,-a *adj* ◆ *(deseoso)* eager [**por,** for] ◆ *(de comida, de fortuna)* greedy
antagonismo *m* antagonism
antagonista 1 *adj* antagonistic | **2** *mf* antagonist
antártico,-a 1 *adj* Antarctic | **2** *m* **el A.,** the Antarctic
Antártida *f* Antarctica
ante[1] *m* ◆ *(piel)* suede ◆ *Zool* elk, moose
ante[2] *prep* ◆ before, in the presence of: *Jur* **a. notario,** in the presence of a notary ◆ *(en vista de)* faced with, in view of: **a. la falta de medios, hicieron un llamamiento a la solidaridad,** faced with the shortage of resources, they made an appeal for help ◆ | LOC: **a. todo, discreción,** above all, be discreet
anteanoche *adv* the night before last
anteayer *adv* the day before yesterday
antebrazo *m Anat* forearm
antecedente 1 *adj* previous | **2** *m* antecedent | **3** *mpl* **antecedentes,** *(historial)* record *sing* ◆ *Jur* **antecedentes penales,** criminal record *sing* ◆ | LOC: **poner a alguien en antecedentes,** to put sb in the picture
anteceder *vtr* to precede, go before
antecesor,-ora *m,f* ◆ *(en un cargo)* predecessor ◆ *(antepasado)* ancestor
antelación *f* notice; **con a.,** beforehand, in advance: **convocaron el concurso con dos meses de a.,** they announced the contest two months beforehand
antemano *adv* **de a.,** beforehand, in advance
antena *f* ◆ *Rad TV* aerial; **a. colectiva,** communal aerial; **a. parabólica,** satellite dish (aerial) ◆ *Zool (de un insecto)* antenna, feeler ◆ | LOC: *Rad* **estar en a.,** to be on the air; *fam irón* **poner la a.,** *(escuchar conversaciones ajenas)* to prick up one's ears; **tener la a. puesta,** to have one's ears pricked up
anteojo *m* ◆ telescope ◆ **anteojos,** *(binoculares)* binoculars, field glasses; *LAm (gafas)* glasses, spectacles
antepasado,-a *m,f* ancestor
antepenúltimo,-a 1 *adj* antepenultimate; **la antepenúltima puerta a la**

derecha, the last door but two on the right | **2** *m,f (de una carrera)* the third from last, *(de una lista)* the third from bottom

anteponer *vtr fig* to give preference to

anteproyecto *m* ◆ preliminary plan, draft ◆ *Pol* **a. de ley,** draft bill

anterior *adj* ◆ previous; **el día a.,** the day before ◆ *(delantero)* front; **la parte a.,** front part

anterioridad *f* **ya he publicado con a.,** I've had my work published before; **la situación era otra con a. a su llegada,** the situation was very different prior to his arrival

anteriormente *adv* previously, before

antes *adv* ◆ *(en el tiempo)* before; **a. de las dos,** before two o'clock; **un año a.,** a year before; **mucho a.,** long before; **poco a.,** a short time before ◆ *(tiempo remoto)* in the past; **a. se bordaba a mano más,** people used to hand-embroider more in the past ◆ *(en el espacio)* before; **la escuela está a. de la estación,** the school is before the station | **2** *conj* **a. morir que disculparme,** I'd rather die than apologize ◆ | LOC: **a. (bien),** on the contrary; **cuanto a.,** as soon as possible; **lo a. posible,** as soon as possible

anti- *pref* anti-

antiadherente *adj* nonstick

antiaéreo,-a *adj* anti-aircraft

antibalas *adj* bulletproof; **chaleco a.,** bulletproof vest

antibiótico,-a *adj & m* antibiotic

anticaspa *adj* anti-dandruff

anticiclón *m* anticyclone, high pressure area

anticipación *f* in advance: **compramos las entradas con a.,** we bought the tickets in advance

anticipadamente *adv* in advance

anticipado,-a *adj* brought forward ◆ **jubilación anticipada,** early retirement ◆ | LOC: **por a.,** in advance

anticipar *vtr* ◆ *(adelantar un suceso)* to bring forward: **no anticipemos acontecimientos,** we'll cross that bridge when we come to it ◆ *(adelantar un pago)* to pay in advance

■ **anticiparse** *vr* ◆ *(adelantarse)* to beat sb to it: **iba a invitarle a cenar, pero Alicia se me anticipó,** I was going to invite him to dinner, but Alice beat me to it ◆ *(llegar antes de lo previsto)* to arrive early ◆ *fig* **a. a su tiempo,** to be ahead of one's time

anticipo *m* ◆ *(adelanto de salario)* advance: **pedí un a.,** I asked for an advance ◆ *(adelanto de una idea, de un proyecto, de una novela)* foretaste

anticonceptivo,-a *adj & m* contraceptive

anticongelante *adj & m (de radiador)* antifreeze; *(de parabrisas)* de-icer

anticonstitucional *adj* unconstitutional

anticuado,-a *adj & m,f* old-fashioned, antiquated

anticuario,-a *m,f* antique dealer

anticuerpo *m* antibody

antidisturbios 1 *adj* riot | **2** *mpl* riot police

antidopaje *adj* antidoping

antídoto *m* antidote

antiestético,-a *adj* unsightly

antifaz *m* mask

antigualla *f fam pey irón* piece of junk

antiguamente *adv* formerly, long ago

antigüedad *f* ◆ *(edad de un objeto)* age ◆ *(período histórico)* antiquity; **en la a.,** in olden days, in former times ◆ *(en un puesto de trabajo)* seniority ◆ *(objeto de valor por ser de otra época)* antique; **tienda de antigüedades,** antique shop

antiguo,-a *adj* ◆ old, ancient ◆ *(pasado de moda)* old-fashioned ◆ *(empleado, cargo)* senior ◆ *(anterior)* former

antihigiénico,-a *adj* unhygienic, unhealthy

antihistamínico,-a *adj & m* antihistamine

antiincendios *adj* firefighting

antillano,-a *adj & m,f* West Indian

Antillas *fpl* West Indies

antinatural *adj* unnatural, contrary to nature

antiniebla *adj inv* fog; **luces a.,** foglamps, *US* foglights

antipasto *m LAm (entremeses fríos)* hors d'œuvre

antipatía *f* antipathy, dislike: **le tengo a. a su novia,** I don't like his girlfriend

antipático,-a *adj* unpleasant

antipatriótico,-a *adj* unpatriotic

antípodas *fpl* **las a.,** the Antipodes

antirrobo 1 *adj inv* antitheft | **2** *m (para coche)* car alarm; *(para casa)* burglar alarm; **alarma a.,** burglar alarm

antiséptico,-a *adj & m* antiseptic

antítesis *f inv* antithesis

antojarse *vr (apetecer)* **se nos antojó ir al cine,** we fancied going to the cinema; **hace la comida cuando se le antoja,** he cooks when he feels like it

antojo *m* ◆ *(capricho)* whim, caprice; *(de embarazada)* craving ◆ *(marca de nacimiento en la piel)* birthmark ◆ *(criterio, gusto)* **a mi/tu/su a.,** in one's own way, as one pleases

antología *f* anthology

antónimo *Ling* 1 *adj* antonymous | 2 *m* antonym

antonomasia *f* **por a.,** par excellence

antorcha *f* torch

antro *m pey (local público)* dump, hole

antropología *f* anthropology

antropólogo,-a *m,f* anthropologist

anual *adj* annual

anualmente *adv* yearly, once a year: **la feria se celebra a.,** the festival is held annually

anuario *m* yearbook

anulación *f (de un contrato, una cita)* cancellation; *(de matrimonio)* annulment; *(derogación de una ley)* repeal; *(de una sentencia)* quashing

anular[1] *m* ring finger

anular[2] *vtr Com (un pedido)* to cancel; *Dep (un gol)* to disallow; *(un matrimonio)* to annul; *Jur (una ley)* to repeal ◆ *Inform* to delete ◆ *(desautorizar, ignorar a una persona)* to destroy

anunciante *m,f* advertiser

anunciar *vtr* ◆ *(promocionar un producto)* to advertise ◆ *(notificar)* to announce ■ **anunciarse** *vr* to advertise oneself

anuncio *m* ◆ *(publicitario)* advertisement, advert, ad ◆ *(noticia)* announcement ◆ *(cartel, letrero)* notice, poster

anzuelo *m* (fish) hook ◆ | LOC: **m. el anzuelo,** to take the bait

añadido *m* addition

añadidura *f* addition ◆ | LOC: **por a.,** *(además, de propina)* in addition; *(encima, para colmo)* **es mal profesor y por a. no tiene ni idea de la asignatura,** he's a dreadful teacher and, on top of everything else, he doesn't know the first word about the subject

añadir *vtr* to add [a, to] ➢ Ver nota en **sumar**

añejo,-a *adj* ◆ *(vino, queso)* mature ◆ *(rancio)* stale

añicos *mpl* smithereens; **hacer a.,** to smash to smithereens

año *m* ◆ year: **el a. pasado nos fuimos a Bahía,** we went to Bahía last year; **el a. que viene acabará la carrera,** she'll finish her university studies next year; **hace años que no nos vemos,** we haven't seen each other for ages; **en el a. 1945,** in 1945 ◆ *(de edad)* years old: **mi hija tiene cuatro años,** my daughter is four (years old); **cumple años el 15,** it's her birthday on the 15th ◆ **a. académico/escolar/sabático,** academic/school/sabbatical year; **a. luz,** light year; **a. nuevo,** New Year; **los años cuarenta,** the forties

> Recuerda que para expresar la edad no se usa el verbo **to have** sino el verbo **to be**: *Tiene trece años.* **He is thirteen** o **he is thirteen years old.** Nunca debes decir **he is thirteen years.** Si quieres expresar la edad de un bebé: *tiene once meses,* tienes que decir **he is eleven months old.**

añoranza *f* longing, yearning

añorar *vtr (tener nostalgia del país)* to be homesick for; *(echar de menos a alguien)* miss; *(el pasado)* to long for, yearn for ➢ Ver nota en **miss**

apabullante *adj fam (aplastante, arrollador)* overwhelming ◆ *(personalidad)* overpowering

apabullar *vtr* to bewilder

apacible *adj* mild, calm

apaciguar *vtr (calmar)* to pacify, appease ■ **apaciguarse** *vr (calmarse una persona)* to calm down; *(amainar la tormenta)* to abate

apadrinar *vtr* ◆ *(en un bautizo)* to act as godfather to; *(en una boda)* to be best man for ◆ *(patrocinar)* to sponsor

apagado,-a *adj* ◆ *(luz, cigarro)* out ◆ *(color pálido)* dull; *(voz tenue)* sad; *(mirada)* expressionless, lifeless ◆ *(persona falta de ánimo)* spiritless

apagar *vtr (un fuego)* to put out; *(una luz, una radio, etc)* to turn off, switch off; *(un color)* to soften; *(la sed)* to quench

apagón *m* power cut, blackout

apaisado,-a *adj* ◆ *(formato, libro)* landscape ◆ oblong

apalabrar *vtr (acordar verbalmente)* to make a verbal agreement on

apalear *vtr* to beat, thrash

apañar *vtr* to mend, fix ■ **apañarse** *vr fam* **apañárselas,** to manage

apaño *m* mend, repair

aparador *m* ◆ *(mueble)* sideboard ◆ *(escaparate de tienda)* shop window

aparato *m* ◆ (piece of) apparatus; *(dispositivo)* device; *(instrumento)* instrument;

a. de radio/televisión, radio/television set ◆ *Med* system; **a. reproductor,** reproductive system ◆ *(lujo, pompa)* display, pomp ◆ *fam (teléfono)* phone: **ponte al a.,** come to the phone ◆ *(corrector de los dientes)* braces ◆ *(señal que acompaña a un suceso)* **fue una tormenta con mucho a. eléctrico,** it was a storm with lots of thunder and lightning ◆ *(grupo que decide en una organización, Estado, etc)* machine

aparatoso,-a *adj* ◆ *(pomposo)* ostentatious, showy ◆ *(espectacular)* spectacular ◆ *(voluminoso)* bulky

aparcamiento *m (en la calle)* parking place; *(parking)* car park, *US* parking lot

aparcar *vtr* to park

apareamiento *m (entre animales)* mating

aparear *vtr*, **aparearse** *vr* to mate

aparecer 1 *vi* ◆ to appear: **su nombre aparece en los títulos de crédito,** his name is on the credits ◆ *(acudir alguien, encontrar algo perdido)* to turn up: **apareció con su hija,** he turned up with his daughter; **el pasaporte apareció un mes más tarde,** the passport turned up a week later

■ **aparecerse** *vr* to appear

aparejado,-a *adj* **llevar** *o* **traer a.,** to entail

aparejador,-ora *m,f* quantity surveyor

aparentar 1 *vtr* ◆ *(fingir)* to affect ◆ *(representar, parecer)* to look: **no aparenta los años que tiene,** she doesn't look her real age | 2 *vi (presumir)* to show off

aparente *adj* ◆ apparent, obvious; **sin motivo a.,** for no apparent reason ◆ *fam (adecuado, bonito)* suitable

aparición *f* ◆ appearance ◆ *(visión de un ser sobrenatural)* apparition

apariencia *f* appearance ◆ | LOC: **en a.,** apparently; **guardar las apariencias,** to keep up appearances

apartado,-a 1 *adj (lugar alejado)* remote, isolated: **manténganse apartados de las vías,** keep off the track | 2 *m* ◆ *(párrafo)* section, paragraph ◆ **a. de correos,** Post Office Box

apartamento *m* (small) flat, apartment ➤ Ver nota en **piso**

apartar 1 *vtr* ◆ *(alejar)* to move away, remove; **a. la vista,** to look away ◆ *(guardar)* to put aside | 2 *vi* **¡aparta!,** move out of the way!

■ **apartarse** *vr (alejarse)* to move over, move away: **no nos apartemos del tema,** don't go off the point

aparte¹ *adv* ◆ *(en un sitio separado)* aside: **pon eso a.,** put it aside ◆ *(dejando a un lado)* apart; **modestia/bromas a.,** modesty/joking apart ◆ *(separadamente)* separately: **la bebida te la cobran a.,** they charge separately for the drinks ◆ | LOC: **a. de,** *(además de)* besides: **a. de educado es muy simpático,** besides being polite he's also very nice; *(independientemente de, a excepción de)* **no tiene a nadie a. de mí,** he has no one apart from me

aparte² 1 *adj inv* ◆ *(insólito)* special, **este hombre es un caso a.,** this man's a special case ◆ *(distinto)* separated | 2 *m* ◆ *Teat* aside ◆ *Ling* **punto y a.,** full stop, new paragraph

apasionado,-a 1 *adj* passionate | 2 *m,f* enthusiast: **es un a. de la salsa,** he is very fond of salsa

apasionante *adj* exciting

apasionar *vtr* to excite, thrill; **le apasionan los libros,** he is mad about books

apatía *f* apathy

apático,-a 1 *adj* apathetic | 2 *m,f* apathetic person

apdo. *(abr de apartado de correos)* PO Box

apeadero *m* halt

apearse *vi (bajarse de un coche)* to get out; *(bajarse de un autobús, tren)* to get off: **se apeó en Santiago,** he got off in Santiago

apechugar *vi* to shoulder; **a. con las consecuencias,** to shoulder the consequences

apedrear *vtr* to throw stones at

apegado *adj* devoted, attached [**a,** to]

apegarse *vr* to become devoted *o* attached [**a,** to]

apego *m* love, affection: **le tengo a. a esta ciudad,** I'm fond of this city

apelar *vi* ◆ *Jur* to appeal [**contra/de,** against] [**ante,** to] ◆ *(recurrir)* to resort [**a,** to]

apellidarse *vr* to have as a surname, be called

apellido *m* surname; **a. de soltera,** maiden name ➤ Ver nota en **name**

> Suele traducirse por **surname,** aunque también puedes usar las palabras **name, last name** o **family name**.

apelotonar *vtr* to pile up, put into a pile

■ **apelotonarse** *vr (varias personas)* to crowd together

apenar *vtr* to grieve

■ **apenarse** *vr* ◆ to be grieved ◆ *LAm (avergonzarse)* to be ashamed

apenas

apenas 1 *adv* ◆ *(casi no, difícilmente)* hardly, scarcely: **a. (si) habla,** he hardly says a word ◆ *(escasamente)* **hace a. una hora que la vi,** I saw her just an hour ago | **2** *conj (tan pronto como)* as soon as: **a. lo vi, me desmayé,** I fainted as soon as I saw him

apéndice *m* appendix

> Appendix tiene dos plurales: cuando se refiere a un libro, el plural es **appendices**; cuando se refiere a la parte del cuerpo se puede decir **appendixes**.

apendicitis *f* appendicitis
aperitivo *m (bebida)* apéritif; *(comida)* appetizer
apertura *f* ◆ *(comienzo)* opening ◆ *Pol* liberalization
apestar 1 *vi (oler mal)* to stink [**a,** of] | **2** *vtr (transmitir mal olor a algo) fam* to stink out ◆ *(transmitir la peste)* to infect with the plague
apetecer 1 *vtr (tener ganas, desear)* to feel like: **¿qué te apetece desayunar?,** what would you like for breakfast?; **¿te apetece tomar un paseo?,** do you fancy going for a walk? ➢ Ver nota en **fancy** | **2** *vi (agradar, gustar, dar ganas)* to feel like
apetecible *adj* tempting, inviting
apetito *m* appetite: **siempre tiene a.,** he's always hungry
apetitoso,-a *adj* appetizing, tempting; *(comida)* delicious, tasty
apiadarse *vr* to take pity [**de,** on]
apicultura *f* beekeeping, apiculture
apilar *vtr,* **apilarse** *vr* to pile up, heap up
apiñarse *vr* to crowd together
apio *m* celery
apisonadora *f* roadroller, steamroller
apisonar *vtr* to roll
aplacar *vtr* to placate, calm
■ **aplacarse** *vr* to calm down
aplanar *vtr* to level
aplastante *adj* crushing; *Pol* **victoria a.,** landslide victory
aplastar *vtr* ◆ to flatten, squash ◆ *fig (vencer)* to crush
aplaudir *vtr* ◆ to clap, applaud ◆ *fig* to applaud
aplauso *m* applause
aplazamiento *m* postponement, adjournment; *(de un pago)* deferment
aplazar *vtr* to postpone, adjourn; *Fin (pago)* to defer
aplicación *f* application
aplicado,-a *adj* hard-working
aplicar *vtr* to apply
■ **aplicarse** *vr* ◆ *(esforzarse)* to apply oneself, work hard ◆ *(una norma, una ley)* to apply, be applicable
aplique *m* wall light, wall lamp
aplomo *m* aplomb
apodar *vtr* to nickname
apoderado,-a *m,f* ◆ agent, representative ◆ *(de torero, deportista)* agent, manager
apoderarse *vr* to take possession [**de,** of], seize; *fig* **el pánico se apoderó de la ciudad,** the city was seized by panic
apodo *m* nickname
apogeo *m* height; **estar en pleno apogeo,** to be at its/one's height
apolítico,-a *adj* apolitical
apología *f* apology, defence, *US* defense
aporrear *vtr (persona)* to beat, hit; *(puerta)* to bang
aportación *f* contribution
aportar 1 *vtr* to contribute | **2** *vi Náut* to reach port
aposta *adv* on purpose, intentionally
apostar¹ 1 *vtr* to bet: **te apuesto un café a que llega tarde,** I bet you a coffee that he'll be late | **2** *vi* to bet [**por,** on]; **a. a las carreras,** to bet on horses
■ **apostarse** *vr* to bet: **¿qué te apuestas?,** what do you bet?
apostar² *vtr (situar)* to post, station
apóstol *m* apostle
apóstrofo *m* apostrophe
apoteósico,-a *adj* enormous, tremendous
apoyar *vtr* ◆ to lean ◆ *(causa)* to support
■ **apoyarse** *vr* ◆ **a. en,** to lean on: **apóyate en mí,** lean on me ◆ *(basarse)* **se apoya en los argumentos de Juan,** he bases his opinion on Juan's arguments
apoyo *m* support
apreciable *adj* appreciable, noticeable
apreciación *f* appreciation
apreciar *vtr* ◆ to appreciate ➢ Ver nota en **appreciate** ◆ *(observar, ver)* to notice, see
■ **apreciarse** *vr* to be noticeable
aprecio *m* regard, esteem; **sentir mucho a. por alguien,** to like sb a lot, to have a high regard for sb
aprehender *vtr (un alijo)* to seize
aprehensión *f* seizure
apremiante *adj* urgent, pressing
apremiar *vtr & vi* ◆ *(urgir, tener prisa)* to be urgent ◆ *(acuciar, meter prisa)* to press: **el tiempo apremia,** time is short

aprender *vtr* to learn; **a. a hacer algo,** to learn to do sthg

aprendiz,-diza *m,f* apprentice, trainee

aprendizaje *m* ◆ learning ◆ *(como aprendiz)* apprenticeship, traineeship

aprensión *f* apprehension

aprensivo,-a *adj* apprehensive

apresurado,-a *adj (persona)* in a hurry; *(tarea)* hurried

apresurar *vtr* to speed up

■ **apresurarse** *vr* to hurry up

apretado,-a *adj* ◆ *(muy ceñido)* tight: **íbamos todos apretados en el metro,** we were all squashed together in the underground ◆ *(atareado)* busy

apretar 1 *vtr (pulsar un botón)* to press; *(el cinturón, un tornillo)* to tighten; *(el gatillo)* to pull: **me aprietan los zapatos,** these shoes are too tight for me | 2 *vi* **el calor ha apretado en julio,** it was really hot in July

■ **apretarse** *vr* to squeeze together, crowd together; *fig* **a. el cinturón,** to tighten one's belt

apretón *m* ◆ squeeze, crush ◆ **a. de manos,** handshake

apretujar *vtr* to squeeze, crush

■ **apretujarse** *vr* to squeeze together, crowd together

aprieto *m* tight spot, fix: **la pregunta puso al entrenador en un a.,** the question put the trainer in a tight corner

aprisa *adv* quickly

aprisionar *vtr* to trap

aprobación *f* approval

aprobado *m Educ* pass

aprobar *vtr (autorizar)* to approve ◆ *(suscribir)* to approve of ◆ *Educ* to pass ◆ *Pol (una ley)* to pass

apropiado,-a *adj* suitable, appropriate

apropiarse *vr* to appropriate

aprovechado,-a 1 *adj* ◆ *(el tiempo, un recurso)* well-spent ◆ *(el espacio)* well-planned | 2 *m,f pey* opportunist, scrounger

aprovechamiento *m* use

aprovechar 1 *vtr* ◆ to make the most of: **hemos aprovechado mucho el rato,** we've done a lot in a short time ◆ *(la situación)* to take advantage of: **aprovechamos la ocasión para explicarle nuestro proyecto,** we seized the opportunity to explain our project to him | 2 *vi* **¡que aproveche!,** enjoy your meal!, bon appétit!

■ **aprovecharse** *vr* to use to one's advantage, take advantage; **se aprovechó de Juan,** she took advantage of Juan; **aprovéchate de mi buen humor y pídeme lo que quieras,** make the most of my good mood and ask for anything you want

aprovisionar *vtr* to supply, provide

aproximación *f* approximation

aproximadamente approximately, roughly

aproximado,-a *adj* approximate; *(estimado)* rough; **una cantidad a.,** a rough amount

aproximar *vtr* to bring *o* put nearer

■ **aproximarse** *vr* to approach [**a,** -]

aptitud *f* aptitude; **tener a. para,** to have a flair for

apto,-a *adj* ◆ *(adecuado)* suitable, appropriate [**para,** for] ◆ *(capacitado)* capable, able

apuesta *f* bet, wager

apuesto,-a *adj* good-looking, handsome

apuntalar *vtr* to prop up, shore up, underpin

apuntar 1 *vtr* ◆ *(escribir)* to note down, make a note of ◆ *(sugerir, indicar)* to indicate, suggest; **a. a...,** to point to... ◆ *(un arma)* to aim ◆ *(señalar)* to point out | 2 *vi* **apuntaba el siglo,** the century was dawning

■ **apuntarse** *vr* ◆ *(en una actividad)* to enrol, to put one's name down ◆ *fam* **ésta se apunta a un bombardeo,** she's game for anything; **me apunto,** count me in

apunte *m* ◆ note ◆ **tomar apuntes,** to take notes

apuñalar *vtr* to stab

apurado,-a *adj* ◆ *(agobiado)* in need: **están muy apurados de dinero,** they are very hard up; *(de tiempo)* in a hurry; **andaban muy apurados de tiempo,** they were pushed for time ◆ *(avergonzado)* embarrassed ◆ *(peligroso)* awkward, difficult ◆ *(un afeitado)* close ◆ *LAm (con prisa)* in a hurry

apurar 1 *vtr* ◆ *(acabar)* to finish off ◆ *(avergonzar)* to embarrass ◆ *(dar prisa)* to hurry

■ **apurarse** *vr* ◆ *(preocuparse)* to worry, get worried: **dile que no se apure,** tell him not to worry ◆ *(darse prisa)* to rush, hurry

apuro *m* ◆ *(aprieto)* tight spot, fix: **estamos en un a.,** we are in a tight spot; **le pusieron en un a.,** he was put in a difficult position ◆ *(falta de dinero)* hardship:

aquejado

en aquella época pasé muchos apuros, at that time I was very hard up ♦ *(vergüenza)* embarrassment

aquejado,-a *adj* suffering [**de,** from]

aquel, aquella *adj dem* ♦ that; **aquel individuo,** that man ♦ **aquellos,-as,** those; **aquellas señoras,** those women

aquél, aquélla *pron dem m,f* ♦ that one; *(mencionado antes)* the former: **Paco y María expusieron sus cuadros, aquél recibió críticas y ésta elogios,** Paco and Mary exhibited their paintings, the former was criticized and the latter was praised ♦ **a. que,** anyone who, whoever ♦ **aquéllos,-as,** those; *(los mencionados antes)* the former

aquello *pron dem neut* that, it: **a. fue el colmo,** that was the limit; *fam* **por a. de que no se enterara por otros,** so that she wouldn't find out through other people

aquí *adv* ♦ *(lugar)* here; **a. abajo/arriba,** down/up here; **a. mismo,** right here; **a. y allá,** here and there; **de a. para allá,** up and down, to and from; **hasta a.,** this far; **pasen por a., por favor,** this way please; **es de por a.,** he's from around here ♦ *(tiempo)* **de a. a julio,** between now and July; **hasta a. no hemos tenido problemas,** up till now we have had no trouble ♦ | LOC: **¡hasta a. hemos llegado!,** I've had enough of you!

árabe 1 *adj (de Arabia)* Arab | **2** *mf (persona)* Arab | **3** *m (idioma)* Arabic

arábigo,-a *adj (número, costumbre, arte)* Arabic; *(península)* Arabian

arado *m* plough, *US* plow

arancel *m* tariff, customs duty

arandela *f Téc* washer

araña *f* ♦ *Zool* spider ♦ *(lámpara)* chandelier

arañar *vtr* to scratch

arañazo *m* scratch

arar *vtr* to plough, *US* plow

arbitraje *m* ♦ arbitration ♦ *Dep* refereeing; *Ten* umpiring

arbitrar *vtr* ♦ to arbitrate ♦ *Dep* to referee; *Ten* umpire

arbitrariedad *f* ♦ *(cualidad)* arbitrariness ♦ *(actuación caprichosa)* arbitrary action

arbitrario,-a *adj* arbitrary

arbitrio *m (voluntad)* will; *(dictamen)* judgement

árbitro,-a *m,f* ♦ *Dep* referee; *(de tenis)* umpire ♦ *(mediador en un conflicto)* arbitrator

árbol *m* ♦ *Bot* tree; **á. de Navidad,** Christmas tree ♦ **á. genealógico,** family tree

arbolado,-a 1 *adj* wooded | **2** *m* woodland

arboleda *f* grove

arbusto *m* bush, shrub

arca *f* ♦ *(baúl)* chest ♦ *(para guardar dinero)* strongbox, safe ♦ **a. de la Alianza,** Ark of the Covenant; **a. de Noé,** Noah's ark; **arcas públicas,** Treasury *sing*

arcada *f* ♦ *(náusea)* retching ♦ *Arquit* arcade; *(ojo de un puente)* arch

arcaico,-a *adj* archaic

arcén *m (de carretera)* verge; *(de autopista)* hard shoulder

archipiélago *m* archipelago

archivador *m* filing cabinet

archivar *vtr* ♦ *(guardar)* to file (away) ♦ *(considerar concluido)* to shelve ♦ *Inform* to save

archivo *m* ♦ *(documento)* file ♦ *(archivador)* filing cabinet

arcilla *f* clay

arco *m* ♦ *Arquit* arch; **a. de triunfo,** triumphal arch ♦ *Dep Mús* bow ♦ **a. iris,** rainbow

arder *vi* to burn: *fam* **el jefe está que arde,** the boss is really fuming; **la cosa está que arde,** things are hotting up

ardid *m* scheme, plot

ardiente *adj* ♦ *(encendido, vivo)* burning; **capilla a.,** chapel of rest, funeral chapel ♦ *fig (apasionado, fervoroso)* passionate

ardilla f squirrel
ardor m ◆ (*calor*) heat; *Med* **a. de estómago,** heartburn ◆ *fig* (*pasión*) ardour, *US* ardor, fervour, *US* fervor
arduo,-a *adj* arduous
área f ◆ area; **á. de servicio,** service area ◆ (*medida de superficie*) are (100 square metres)
arena f ◆ sand ◆ *Taur* bullring ◆ (*lugar para luchar*) arena ◆ **arenas movedizas,** quicksand
arenoso,-a *adj* sandy
arenque m herring
argamasa f mortar
Argentina f Argentina
argentino,-a 1 *adj* ◆ (*de Argentina*) Argentinian, Argentine | **2** m,f Argentinian
argolla f ◆ (large) ring ◆ *LAm* (*alianza*) wedding ring
argot m (*de un grupo social*) slang; (*de un grupo profesional*) jargon
argucia f ruse
argüir *vtr* ◆ (*argumentar*) to argue ◆ (*deducir*) to deduce
argumentación f argument
argumentar *vtr* & *vi* to argue
argumento m ◆ (*razonamiento*) argument ◆ (*trama*) plot
aridez f aridity; *fig* dryness
árido,-a *adj* arid; *fig* dry
Aries m *Astrol* Aries
ario,-a *adj* & m,f Aryan
arisco,-a *adj* (*persona*) unfriendly, standoffish, unsociable; (*animal*) unfriendly
arista f edge
aristocracia f aristocracy
aristócrata mf aristocrat
aristocrático,-a *adj* aristocratic
aritmética f arithmetic
arma f weapon: *fig* **ese argumento es un a. de doble filo,** that argument is a double-edged sword; **a. biológica,** biological weapon; **a. blanca,** knife; **a. de fuego,** firearm; **a. homicida,** murder weapon; **a. nuclear,** nuclear weapon ◆ | LOC: **ser de armas tomar,** to be a person to be reckoned with
armada f navy; *Hist* **la Armada Invencible,** the Spanish Armada
armado,-a *adj* armed: **iba armado,** he was armed
armador,-ora m,f shipowner
armadura f ◆ *Hist* (suit of) armour, *US* (suit of) armor ◆ (*estructura*) frame
armamento m armaments pl

arrastrar

armar *vtr* ◆ (*dar armas*) to arm ◆ (*ensamblar*) to fit o put together, assemble ◆ *fam* (*organizar un escándalo, un alboroto*) **la armaron buena,** they kicked up a real fuss ■ **armarse** *vr* to arm oneself; *fig* **se armó de paciencia,** he summoned up his patience; *fig* **se armó de valor,** he plucked up courage; *fam* **se armó la gorda** o **la de Dios es Cristo,** all hell broke loose
armario m (*ropero*) wardrobe, (*de cocina*) cupboard; **a. empotrado,** built-in wardrobe o cupboard
armatoste m (*objeto grande*) monstrosity
armazón m frame, framework; *Arquit* (*estructura*) shell
armisticio m armistice
armonía f harmony
armónica f mouth organ
armonioso,-a *adj* harmonious
armonizar *vtr* & *vi* to harmonize
aro m hoop ◆ | LOC: **pasar por el a.,** to toe the line, to give in
aroma m aroma; (*de vino*) bouquet
aromaterapia f aromatherapy
aromático,-a *adj* aromatic
arpa f harp
arpía f *Mit* harpy; *fig* old witch, old hag
arpón m harpoon
arquear *vtr*, **arquearse** *vr* to bend, curve
arqueología f archaeology, *US* archeology
arqueólogo,-a m,f archaeologist, *US* archeologist
arquero,-a m,f archer
arquetipo m archetype
arquitecto,-a m,f architect
arquitectónico,-a *adj* architectural
arquitectura f architecture
arraigado,-a *adj* deeply rooted
arraigar *vi* to take root
arraigo m *fig* roots *pl*; **una costumbre con mucho a.,** a deeply-rooted custom
arrancar 1 *vtr* ◆ (*una planta*) to uproot, pull up; **a. de raíz,** to uproot ◆ (*una página*) to tear out; (*un diente*) to pull out ◆ *fig* (*una confesión*) to extract ◆ (*mover*) **no había manera de a. a Rodrigo de allí,** it was impossible to pull Rodrigo away ◆ *Auto Téc* to start | **2** *vi* ◆ *Auto Téc* to start ◆ (*empezar*) to begin
arranque m ◆ (*inicio*) start ◆ *Auto Téc* starting ◆ *fam* (*arrebato*) outburst, fit
arrasar 1 *vtr* to devastate, destroy | **2** *vi* (*en una votación*) to win by a landslide
arrastrar *vtr* to pull (along), drag (along): **la corriente lo arrastró mar**

arrastre

adentro, he was swept out to sea by the current
■ **arrastrarse** *vr* to drag oneself; *fig (rebajarse)* to crawl
arrastre *m* ♦ pulling, dragging ♦ *(pesca)* trawling ♦ | LOC: *fam* **para el a.: hoy estoy para el a.,** I'm on my last legs; **este coche está para el a.** this car is done for
arre *excl* gee up!
arrear *fam vtr* ♦ *(caballos)* to urge on; to spur on ♦ *fam (un golpe, un cachete)* to give
arrebatador,-ora *adj fig* captivating, fascinating
arrebatar *vtr* ♦ *(arrancar)* to snatch, seize ♦ *fig (cautivar, apasionar)* to captivate, fascinate
arrebato *m* outburst, fit
arrebujarse *vtr & vr* to wrap oneself up
arreciar *vi (el temporal)* to get worse
arrecife *m* reef
arreglado,-a *adj* ♦ *(funcionando)* repaired, fixed ♦ *(ordenado)* tidy, neat ♦ *(solucionado)* settled ♦ *(elegante)* well-dressed, smart
arreglar *vtr* ♦ *(poner en funcionamiento)* to repair, fix ♦ *(solucionar)* to sort out ♦ *(ordenar una habitación)* to tidy ♦ *(poner elegante)* to get ready
■ **arreglarse** *vr* ♦ *(ponerse elegante)* to get ready ♦ *(reconciliarse)* to make up ♦ | LOC: **arréglatelas como puedas,** sort it out as best you can
arreglo *m* ♦ *(reparación)* repair: **su televisor no tiene a.,** your television is beyond repair ♦ *(trato)* compromise, agreement ♦ *(solución)* solution: *fam* **este chico no tiene a.,** this boy is a hopeless case ♦ *Mús* arrangement ♦ | LOC: **con a. a,** in accordance with
arremangarse *vr* to roll up one's sleeves
arremeter *vi* to attack
arremolinarse *vr (las hojas, el pelo)* to whirl about; *(varias personas)* to crowd together, cram together
arrendamiento *m frml* ♦ *(acción de alquilar)* renting ♦ *(precio)* rent
arrendar *vtr (un piso)* to rent; *(el propietario)* to rent, let; *(el usuario)* to rent
arrepentido,-a *adj* regretful
arrepentimiento *m* regret
arrepentirse *vr* ♦ *(sentir remordimiento, pesar)* to regret [de, -]; *Rel* to repent [de, -] ➤ Ver nota en **regret** ♦ *(volverse atrás)* to change one's mind
arrestar *vtr* to arrest

arresto *m* arrest; *Jur* **a. domiciliario,** house arrest
arriba 1 *adv* up; *(encima)* on the top: **a. del todo hay un reloj,** there is a clock right at the top; **está ahí a.,** it's up there; **vive en el piso de a.,** he lives upstairs; **registraron la casa de a. abajo,** they searched the house from top to bottom; *fam* **me miró de a. abajo,** he looked me up and down; **de treinta para a.,** from thirty upwards; **desde a.,** from above; **hacia/para a.,** upwards; **más a.,** higher up, further up; **véase más a.,** see above; **la parte de a.,** the top (part) | 2 *excl* get up!, up you get!; **¡a. la Constitución!,** long live the Constitution!; **¡a. las manos!,** hands up! | 3 *prep LAm* on top of
arribar *vi* to reach port, arrive
arribeño,-a *LAm adj & m,f* from the highlands
arribista *mf* parvenu, social climber
arriesgado,-a *adj* ♦ *(que entraña peligro)* risky ♦ *(temerario)* fearless, daring
arriesgar *vtr* to risk
■ **arriesgarse** *vr* to risk: **no quiere arriesgarse demasiado,** he doesn't want to run too many risks ➤ Ver nota en **risk**
arrimar *vtr* to move closer ♦ | LOC: *fam* **a. el hombro,** to lend a hand
■ **arrimarse** *vr* to move *o* come closer: **se arrimó al fuego,** he came closer to the fire
arrinconar *vtr* ♦ *(acorralar)* to corner ♦ *(poner en un rincón)* to put in a corner
arrodillarse *vr* to kneel down
arrogancia *f* arrogance
arrogante *adj* arrogant
arrojado,-a *adj (atrevido)* bold, daring
arrojar *vtr* ♦ *(lanzar)* to throw, fling ♦ *Com (un resultado)* to show
■ **arrojarse** *vr* to throw oneself, fling oneself
arrojo *m* daring, courage
arrollador,-ora *adj fig* overwhelming; *(éxito)* resounding; *(carácter)* captivating
arrollar *vtr* 1 *(atropellar)* to run over | 2 *vi Dep Pol* to win easily
arropar *vtr* to wrap up; *(para dormir)* to tuck in
■ **arroparse** *vr* to wrap oneself up
arroyo *m* brook, stream
arroz *m* rice; **a. integral,** brown rice
arrozal *m* rice field
arruga *f (en la cara)* wrinkle; *(en la tela, papel, etc)* crease

arrugar *vtr (la cara)* to wrinkle; *(la tela)* to crease; *(un papel)* to crumple (up)
■ **arrugarse** *vr (la cara)* to wrinkle; *(la tela, papel, etc)* to crease
arruinado,-a *adj* bankrupt, ruined
arruinar *vtr* to ruin
■ **arruinarse** *vr* to be ruined
arrumaco *m fam* **hacer arrumacos** to kiss and cuddle
arsenal *m* arsenal
arsénico *m* arsenic
arte *m & f* ♦ art ♦ *(habilidad)* skill ♦ **artes,** *(trucos, mañas)* tricks ♦ **artes de pesca,** fishing equipment; **bellas artes,** fine arts ♦ | LOC: *fam* **como por a. de magia,** as if by magic
artefacto *m (dispositivo)* device
arteria *f* ♦ *Anat* artery ♦ *(carretera)* highway
artesanal *adj* handmade
artesanía *f* ♦ *(oficio, actividad)* craftwork ♦ *(objetos hechos a mano)* crafts *pl,* handicrafts *pl*
artesano,-a 1 *m,f (hombre)* craftsman; *(mujer)* craftswoman | 2 *adj* handmade
ártico,-a 1 *adj* arctic; **el océano Á.,** the Arctic Ocean | 2 *m* **el Á.,** the Arctic
articulación *f* ♦ *Anat* joint, articulation ♦ *Téc* joint
articular *vtr* to articulate
artículo *m* article
artífice *mf* author: **se le considera el a. de la transición,** he is considered as the architect of the transition
artificial *adj* ♦ artificial ♦ *Tex* man-made *o* synthetic
artificio *m* ♦ artifice ♦ *(truco, ingenio)* ruse
artillero *m* artilleryman, gunner
artillería *f* artillery; **a. antiaérea,** anti-aircraft guns *pl*
artilugio *m* gadget, device
artimaña *f* trick, ruse
artista *mf* artist
artístico,-a *adj* artistic
artritis *f* arthritis
artrosis *f* degenerative osteoarthritis
arveja *f LAm* pea
arzobispo *m* archbishop
as *m* ace
asa *f* handle
asado,-a 1 *adj Culin* roast; **cordero a.,** roast lamb; *fig* **estamos asados de calor,** we are roasting | 2 *m Culin* roast
asalariado,-a 1 *adj* wage-earning | 2 *m,f* wage-earner
asaltante *mf* attacker; *(ladrón)* robber
asaltar *vtr* to assault, attack; *(atracar un banco, una tienda)* to rob; *fig (un pensamiento)* to assail
asalto *m* ♦ assault, attack; **a. a un banco,** bank robbery ♦ *Box* round
asamblea *f* meeting; **a. de trabajadores de banca,** meeting of bank workers
asar ♦ *vtr* to roast
■ **asarse** *vr fig (de calor)* to be roasting, be boiling hot
ascendencia *f* ancestry, ancestors *pl;* **de a. peruana,** of Peruvian descent
ascender 1 *vtr (en un puesto de trabajo)* to promote | 2 *vi* ♦ *(subir)* move upward; *(temperatura)* to rise: **las pérdidas ascendieron a dos millones,** the losses added up to two million ♦ *(al trono, a una montaña)* to ascend ♦ *(de categoría)* to be promoted
ascendente 1 *adj* ascendant, ascending | 2 *m* ascendant
ascendiente *mf* ancestor | 2 *m* influence: **el párroco tiene mucho a. sobre la madre,** the priest has great influence over his mother
ascensión *f* ♦ climb ♦ *(al trono)* accession
ascenso *m* ♦ promotion ♦ *(subida a un monte)* ascent; *(de precios)* rise
ascensor *m* lift, *US* elevator
asco *m* disgust, repugnance: **la corrupción me da a.,** corruption makes me (feel) sick; **¡qué a.!,** how disgusting *o* revolting!
ascua *f* ember ♦ | LOC: **estar en/sobre ascuas,** to be on tenterhooks
aseado,-a *adj* tidy, neat
asear *vtr* to clean, tidy up
■ **asearse** *vr* to wash, get washed
asediar *vtr* to besiege
asedio *m* siege
asegurado,-a *adj* ♦ insured ♦ *(garantizado)* secure
asegurador,-ora 1 *adj* insurance | 2 *m,f* insurer
asegurar *vtr* ♦ to insure ♦ *(garantizar)* **a. el éxito de una empresa,** to ensure the success of a project; **te aseguro que...,** I assure you that... ♦ *(afianzar, sujetar)* to fasten, tighten up
■ **asegurarse** *vr* ♦ to make sure ♦ *(hacerse un seguro)* to insure onself
asemejarse *vr* **a. a,** to look like
asentado,-a *adj (consolidado)* established, settled
asentamiento *m* settlement

asentar *vtr* to settle
■ **asentarse** *vr* ◆ *(instalarse)* to settle down, establish oneself ◆ *(los posos en un líquido)* to settle
asentimiento *m* assent, consent
asentir *vi* to assent, agree; **a. con la cabeza,** to nod
aseo *m* ◆ cleanliness, tidiness ◆ *(cuarto de baño)* bathroom; *(retrete)* toilet
asequible *adj* ◆ *(barato)* affordable ◆ *(fácil de comprender)* easy to understand; *(alcanzable)* attainable
asesinar *vtr* to murder; *(perpetrar un magnicidio)* to assassinate

> En general, la acción (verbo) y el hecho (sustantivo) son **murder**, mientras a la persona la llamamos **murderer**. Sin embargo, cuando nos referimos al magnicidio, la acción es **assassinate**, el hecho es **assassination** y la persona es **assassin**.

asesinato *m* murder; *(magnicidio)* assassination
asesino,-a 1 *adj* murderous | **2** *m,f* killer; *(hombre)* murderer; *(mujer)* murderess; *(magnicida)* assassin
asesor,-ora 1 *m,f* adviser; **a. fiscal,** tax advisor | **2** *adj* advisory
asesoramiento *m* ◆ *(acción de aconsejar)* advising ◆ *(consejo)* advice
asesorar *vtr* ◆ to advise ◆ *(dar opinión profesional)* to act as consultant to
■ **asesorarse** *vr* to consult
asesoría *f* consultant's office
asestar *vtr* to deal: **le asestaron dos puñaladas,** he was stabbed twice
aseverar *vtr* to assert
asexuado,-a *adj* sexless
asexual *adj* asexual
asfalto *m* asphalt
asfixia *f* asphyxiation, suffocation
asfixiante *adj* ◆ asphyxiating, suffocating ◆ *(calor)* stifling ◆ *(ambiente)* oppressive
asfixiar *vtr*, **asfixiarse** *vr* to asphyxiate, suffocate
así 1 *adv* ◆ *(de este modo)* like this *o* that, this way: **hazlo a.,** do it this way; **es a. de grande/alto,** it is this big/tall; **buscábamos algo a.,** we were looking for something like this *o* that; **usted es bombero, ¿no es a.?,** you are a fireman, aren't you?; **a. a.,** so-so ◆ **estaremos de vuelta a las diez o a.,** we'll come back around ten o'clock; **la casa tiene quince años o a.,** the house is fifteen years old or so | **2** *conj* **a. pasa lo que pasa,** *(por eso)* that's why those things happen; **a. tenga que...,** *(aunque)* even if I have to...| **3** *excl* *(¡ojalá!)* **¡a. te rompas la crisma!,** I hope you break your neck! ◆ | LOC: **a. como,** just as: **a. como Juan me parece adorable, no soporto a su hermana,** just as I think Juan is adorable, I can't stand his sister; **a. pues,** so; **a. que...,** so...
Asia *f* Asia; **A. Menor,** Asia Minor
asiático,-a *adj* & *m,f* Asian
asiduidad *f* assiduity; **con a.,** frequently, regularly
asiduo,-a 1 *adj* assiduous, regular | **2** *m,f* *(cliente)* regular customer
asiento *m* ◆ seat; **a. delantero/trasero,** front/back seat; *frml* **tome a., por favor,** please take a seat ◆ *(poso)* sediment ◆ *Fin* entry
asignación *f* ◆ *(de fondos, de tarea)* assignment, allocation ◆ *(nombramiento)* appointment ◆ *(paga)* allowance
asignar *vtr* ◆ to assign, allocate ◆ *(nombrar)* to appoint
asignatura *f* subject; *Educ* **a. pendiente,** failed subject; *fig* unresolved matter
asilo *m* ◆ asylum; **a. político,** political asylum ◆ **a. de ancianos,** old people's home
asimétrico,-a *adj* asymmetric, asymmetrical
asimilación *f* assimilation
asimilar *vtr* to assimilate
asimismo *adv* also, as well
asintomático,-a *adj* asymptomatic
asir *vtr* to grasp, seize
asistencia *f* ◆ *(presencia)* attendance: **este niño tiene muchas faltas de a.,** this boy has a lot of absences from school ◆ *(afluencia)* audience, public ◆ *(ayuda, socorro)* **a. médica,** medical assistance; **a. social,** social work
asistenta *f* cleaning lady
asistente 1 *adj* attending; **personas asistentes,** the audience | **2** *mf* ◆ *(ayudante)* assistant ◆ **los asistentes,** the public *sing* ◆ **a. social,** social worker
asistir *vtr* to assist, help; *Med* to attend | **2** *vi* to attend [**a,** -]
asma *f* asthma
asmático,-a *adj* & *m,f Med* asthmatic
asno *m* donkey, ass
asociación *f* association
asociado,-a 1 *adj* associated | **2** *m,f* associate, partner

asociar vtr to associate
■ **asociarse** vr ◆ to be associated ◆ Com to become partners
asolar vtr to devastate, destroy
asomar 1 vtr to put out, stick out: **de vez en cuando asoman la nariz por aquí,** they drop round from time to time | 2 vi to appear
■ **asomarse** vr ◆ to lean out: **se asomó a la ventana,** she leant out of the window ◆ (entrar un momento) to pop in; (salir un momento) to pop out
asombrar vtr to amaze, astonish
■ **asombrarse** vr to be amazed [de, at]
asombro m amazement, astonishment
asombroso,-a adj amazing, astonishing
asomo m trace, hint
asorocharse vr LAm ◆ to get altitude sickness ◆ (ruborizarse) to blush
aspa f (de molino) arm; (de ventilador) blade
aspaviento m **hacer aspavientos,** to wave one's arms about, to gesticulate
aspecto m ◆ look, appearance ◆ (matiz de un asunto) aspect
aspereza f roughness ◆ | LOC: fig **limar asperezas,** to smooth things over
áspero,-a adj ◆ (al tacto) rough ◆ fig (de carácter) surly
aspersión f sprinkling
aspersor m sprinkler
aspiración f ◆ inhalation, breathing in ◆ (ambición, deseo) aspiration
aspiradora f vacuum cleaner
aspirante mf candidate, applicant
aspirar 1 vtr ◆ (respirar) to inhale, breath in ◆ (absorber) to suck in, draw in | 2 vi fig **a. a algo,** to aspire to sthg
aspirina f aspirin
asquear vi to revolt
asquerosidad f disgusting o filthy o revolting thing: fig ¡**que a. de trabajo!,** what a rotten job!
asqueroso,-a 1 adj (sucio) filthy; (repulsivo) revolting, disgusting | 2 m,f disgusting o filthy o revolting person
asta f ◆ (de bandera) staff, pole; **a media a.,** at half-mast ◆ Zool (cuerno) horn
asterisco m asterisk
astilla f splinter ◆ | LOC: **de tal palo, tal a.,** like father, like son
astillero m shipyard
astral adj astral; **carta a.,** birth chart
astringente adj & m astringent
astro m star
astrología f astrology

astrólogo,-a m,f astrologer
astronauta mf astronaut
astronave f spaceship
astronomía f astronomy
astronómico,-a adj astronomical
astrónomo,-a m,f astronomer
astucia f shrewdness; (triquiñuela) ruse
astuto,-a adj astute, shrewd
asumir vtr to assume
asunto m ◆ subject: **no es a. tuyo,** it's none of your business ◆ **Asuntos Exteriores,** Foreign Affairs ◆ | LOC: **tomar cartas en el a.,** to intervene
asustar vtr to frighten, scare
■ **asustarse** vr to be frightened, be scared
atacante mf attacker, assailant
atacar vtr to attack, assault
atado adj ◆ tied ◆ (obligado) tied up
atadura f fig hindrance
atajar vi ◆ to take a shortcut [por, through] ◆ (parar) to put a stop to
atajo m ◆ shortcut; **coger un a.,** to take a shortcut ◆ (puñado) bunch: **sois un a. de inútiles,** you're a useless bunch
atañer v impers to concern, have to do with
ataque m ◆ attack, assault; **a. aéreo,** air raid ◆ Med fit; **a. al corazón,** heart attack; **a. de nervios/risa,** fit of hysterics/laughter
atar vtr ◆ to tie ◆ fig (restar libertad, generar obligaciones) to tie down ◆ | LOC: fig **estar loco de a.,** to be as mad as a hatter
■ **atarse** vr fig to get tied up
atardecer 1 m evening, dusk; **al a.,** at dusk | 2 v impers to get o grow dark
atareado,-a adj busy
atascado,-a adj stuck
atascar vtr (obstruir) to block, obstruct
■ **atascarse** vr ◆ (obstruirse) to become obstructed o blocked ◆ fig (quedarse bloqueado) to get bogged down
atasco m traffic jam
ataúd m coffin
atávico,-a adj atavistic
atemorizar vtr to frighten, scare
atención 1 f attention ◆ | LOC: **llamar la a.,** to attract attention; **prestar a.,** to pay attention [a, to] | 2 excl attention!
atender 1 vtr to attend to; (una solicitud) to agree to | 2 vi (escuchar) to pay attention [a, to]
atenerse vr ◆ (ajustarse a reglas) to abide [a, by]: **puedes desobedecer la orden, pero atente a las consecuencias,** you can

atentado

disobey the order, but you must bear the consequences ◆ *(remitirse)* to go by: **uno debe saber a qué a.,** one must know what to expect

atentado *m* attack; **un a. contra la intimidad,** an outrage against privacy; **a. terrorista,** terrorist attack

atentamente *adv (en carta)* yours sincerely *o* faithfully

atentar *vi* **esta mañana atentaron contra la vida de un famoso escritor,** there was an attempt on a famous writer's life this morning

atento,-a *adj* ◆ attentive: **estáte a. a los niños,** keep an eye on the children ◆ *(amable)* considerate, thoughtful

atenuante 1 *adj* attenuating | 2 *m Jur* extenuating circumstance

atenuar *vtr* ◆ to attenuate; *Jur* to extenuate ◆ *(minimizar, disminuir)* to lessen, diminish

ateo,-a 1 *adj* atheistic | 2 *m,f* atheist

aterido,-a *adj* blue with cold

aterrador,-ora *adj* terrifying

aterrar *vtr* to terrify

■ **aterrarse** *vr* to be terrified

aterrizaje *m Av* landing; **a. forzoso,** emergency landing; **pista de a.,** runway; **tren de a.,** landing gear

aterrizar *vi* to land

aterrorizar *vtr* to terrify; *Mil Pol* to terrorize

■ **aterrorizarse** *vr* to be terrified

atesorar *vtr* to accumulate; *(bienes, riquezas)* to hoard

atestado[1] *m* ◆ *Jur* affidavit, statement; **levantar un a.,** to draw up a report ◆ **atestados,** testimonials

atestado,-a[2] *adj* packed with, full of

atestar[1] *vtr Jur* to testify

atestar[2] *vtr (abarrotar)* to pack, cram [**de,** with]

atestiguar *vtr & vi Jur* to testify to

atiborrar *vtr* to pack, stuff [**de,** with]

■ **atiborrarse** *vr fam* to stuff oneself [**de,** with]

ático *m* attic

atinado,-a *adj* sensible, appropiate

atinar *vi* ◆ *(dar en, alcanzar)* to hit [**en,** -] ◆ *(dar con algo, encontrar) (una calle, un objeto)* to find [**con,** -]; *(una solución, una respuesta)* to get [**con,** -] ◆ *(acertar a, ser capaz de)* **atinó a decir unas palabras,** she was able to say some words; **no atino a comprenderlo,** I can't understand it

atípico,-a *adj* atypical

atisbar *vtr* to make out

atisbo *m fig* hint, inkling

atizar *vtr* ◆ *(el fuego)* to poke, stoke ◆ *(un golpe)* to deal ◆ *(un sentimiento)* to rouse, excite

atlántico,-a 1 *adj* Atlantic | 2 *m* **el (océano) A.,** the Atlantic (Ocean)

atlas *m inv* atlas

atleta *mf* athlete

atlético,-a *adj* athletic

atletismo *m* athletics *sing*

atmósfera *f* atmosphere

atmosférico,-a *adj* atmospheric

atolondrado,-a *adj* stunned, bewildered

atómico,-a *adj* atomic

átomo *m* atom

atónito,-a *adj* amazed, astonished

atontado,-a *adj* ◆ *(bobo)* silly, foolish ◆ *(aturdido)* bewildered, amazed

atontar *vtr* to confuse, bewilder

atorarse *vr* ◆ *(atascarse un fregadero, un conducto)* to become blocked up ◆ *(no ser capaz de seguir hablando)* to become tongue-tied

atormentar *vtr* to torment

■ **atormentarse** *vr* to torment oneself

atornillar *vtr* to screw on

atosigar *vtr* to harass

atracador,-ora *m,f (de bancos)* (bank) robber; *(en la calle)* attacker, mugger

atracar 1 *vtr* to hold up; *(asaltar a una persona)* to rob | 2 *vi Náut* to tie up

■ **atracarse** *vr (de comida)* to stuff oneself [**de,** with]

atracción *f* attraction; **parque de atracciones,** funfair

atraco *m* robbery, hold-up; **a. a mano armada,** armed robbery

atracón *m fam* blowout: **ayer nos dimos un buen a.,** we made pigs of ourselves yesterday

atractivo,-a 1 *adj* attractive, appealing | 2 *m* attraction, appeal

atraer *vtr* to attract

atragantarse *vr* ◆ to choke [**con,** on] ◆ *fig fam* **las matemáticas se me han atragantado,** I can't stand maths

atrapado,-a *adj* trapped

atrapar *vtr* to catch

atrás 1 *adv (lugar)* at the back, behind; **echarse hacia/para a.,** to move backwards; **mirar hacia/para a.,** to look back; *fig (arrepentirse)* **echarse a.,** to back out; **quedarse a.,** to fall behind ◆ *(tiempo)* previously, in the past, ago; **dos meses a.,** two months ago ◆ *excl* **¡a.!,** get back!

atrasado,-a *adj* ♦ *(un pago)* overdue; *(un reloj)* slow; *(un país, una región)* backward; *(un número, un fascículo)* back number ♦ *(rezagado)* **va a. en los estudios,** he is behind in his studies

atrasar 1 *vtr* to put back | **2** *vi (un reloj)* to be slow

■ **atrasarse** *vr* ♦ *(quedarse atrás)* to remain *o* stay behind, lag behind ♦ *(llegar tarde)* to be late

atraso *m* ♦ delay ♦ *(de un país)* backwardness ♦ *Fin* **atrasos,** arrears

atravesado,-a *adj* ♦ *(cruzado)* lying crosswise ♦ *(persona retorcida)* difficult: **tengo a Emilio a.,** I can't stand Emilio

atravesar *vtr* ♦ *(una pared)* to pierce, go through ♦ *(una calle, un río)* to cross ♦ *(una etapa)* to go through ♦ *(impedir el paso)* to lay across, put across

■ **atravesarse** *vr* to get in the way; *fig* **se me ha atravesado este libro,** I can't stand this book

atrayente *adj* attractive

atreverse *vr* to dare: **¿te atreves a hacerlo?,** do you dare to do it? *o* dare you do it? ➢ Ver nota en **dare**

atrevido,-a *adj* ♦ *(descarado)* daring, bold ♦ *(insolente)* cheeky, impudent ♦ *(un vestido)* risqué

atrevimiento *m* ♦ *(audacia)* daring, audacity ♦ *(insolencia)* insolence, impudence

atribuir *vtr* to attribute, ascribe

■ **atribuirse** *vr* to assume

atributo *m* attribute

atril *m (para libros)* bookrest; *(para partituras)* music stand

atrocidad *f* atrocity

atrofiarse *vr* to atrophy

atropellado,-a *adj* hasty

atropellar *vtr* ♦ *Auto* to knock down, run over ♦ *(no respetar)* to abuse

atropello *m* ♦ *Auto* knocking down, running over ♦ *(abuso)* abuse

atroz *adj* ♦ *(pésimo, insoportable)* atrocious ♦ *fam (enorme)* enormous, tremendous

ATS *mf Esp (abr de* **ayudante técnico sanitario***)* nurse

atuendo *m* dress, attire

atufar *vi (despedir mal olor)* to stink

■ **atufarse** *vr* to be overcome [**con,** by]

atún *m* tuna

aturdido,-a *adj* stunned, dazed

aturdimiento *m* confusion, bewilderment

aturdir *vtr* ♦ *(dejar mareado)* to stun, daze ♦ *(desconcertar)* to bewilder, confuse

audacia *f* audacity

audaz *adj* audacious, bold

audible *adj* audible

audición *f* ♦ hearing ♦ *Mús Teat* audition

audiencia *f* ♦ *(público)* audience ♦ *(entrevista con una autoridad)* audience ♦ *Jur* high court; *(juicio)* hearing

audiovisual *adj* audio-visual

auditivo,-a *adj* auditory

auditor,-ora *m,f Fin* auditor

auditorio *m* ♦ *(público)* audience ♦ *(sala)* auditorium, hall

auge *m* peak; *Econ* boom: **el cine cubano está en pleno a.,** Cuban cinema is at its very peak

augurar *vtr* to augur

augurio *m* omen

aula *f (en colegio)* classroom; *(en universidad)* lecture room

aullar *vtr* to howl

aullido *m* howl

aumentar 1 *vtr* to increase; *Fot* to enlarge; *Ópt* to magnify | **2** *vi (una cantidad)* to go up, rise; *(de valor)* to appreciate

aumento *m* ♦ increase; **a. de sueldo,** pay rise ♦ *Fot* enlargement ♦ *Ópt* magnification

aun *adv* even; **a. así,** even so, even then; **a. cuando,** even though

aún *adv* still; *(en negativas)* yet; **a. estamos aquí,** we're still here; **a. no,** not yet ➢ Ver nota en **still** y **yet**

aunar *vtr & vr* ♦ *(reunir para un mismo fin, armonizar)* to join, to unite; **a. esfuerzos,** to join forces ♦ *(agrupar(se), poner(se) de acuerdo para algo)* to join together

aunque *conj* although, though; *(incluso si)* even if; **a. no te lo creas,** even if you don't believe it *o* believe it or not; *(a pesar de)* even though; **a. llegamos tarde, no perdimos el tren,** even though we were late, we didn't miss the train

---

Fíjate en estos dos sentidos de *aunque*:
1) *a pesar de* **though** - más informal
 although - más formal
 even though - más enfático
2) *incluso si* **even if**

---

aúpa *excl* up!, get up!: **¡a. Athletic!,** up with Athletic!

aureola *f* halo

auricular *m* ♦ *Tel* receiver ♦ **auriculares**, earphones, headphones
aurora *f* daybreak, dawn
auscultar *vtr* to sound with a stethoscope
ausencia *f* absence
ausentarse *vr* to leave
ausente 1 *adj* absent ➢ Ver nota en **absent** | **2** *mf* absentee
austeridad *f* austerity
austero,-a *adj* austere
austral *adj* southern
Australia *f* Australia
australiano,-a *adj & m,f* Australian
Austria *f* Austria
austriaco,-a, austríaco,-a *adj & m,f* Austrian
autenticidad *f* authenticity
auténtico,-a *adj* authentic
autismo *m* autism
autista *adj* autistic
auto[1] *m* car
auto[2] *m* *Jur (orden)* decree, writ; **a. de comparecencia**, subpoena; **a. de procesamiento**, committal
autoadhesivo,-a *adj* self-adhesive
autobiografía *f* autobiography
autobiográfico,-a *adj* autobiographical
autobús *m* bus
autocar *m* coach
autocrítica *f* self-criticism
autóctono,-a *adj* indigenous, autochthonous
autodefensa *f* self-defence, *US* self-defense
autodidacto,-a *adj & m,f* self-taught
autoescuela *f* driving school
autógrafo *m* autograph
automático,-a *adj* automatic
automatización *f* automation
automóvil *m* car
automovilismo *m* motoring
automovilista *mf* motorist
autonomía *f* ♦ autonomy ♦ *Esp* autonomous region
autonómico,-a *adj* autonomous
autónomo,-a *adj* autonomous, self-governing
autopista *f* motorway
autopsia *f* autopsy, post mortem
autor,-ora *m,f (hombre)* author; *(mujer)* authoress; *(de un crimen)* perpetrator
autoridad *f* authority
autoritario,-a *adj* authoritarian
autorizado,-a *adj* authorized, official
autorizar *vtr* to authorize

autorretrato *m* self-portrait
autoservicio *m* ♦ *(restaurante)* self-service restaurant ♦ *(supermercado)* supermarket
autostop *m* hitchhiking; **hacer a.**, to hitchhike
autostopista *mf* hitchhiker
autosuficiencia *f* self-sufficiency
autosuficiente *adj* self-sufficient
autovía *f* dual carriageway
auxiliar 1 *adj & mf* auxiliary, assistant | **2** *vtr* to help, assist
auxilio *m* ♦ assistance, help; **primeros auxilios**, first aid *sing* ♦ *excl* **¡a.!** help!
aval *m Com Fin* endorsement, guarantee
avalancha *f* avalanche
avalar *vtr* to guarantee, endorse
avance *m* ♦ advance ♦ *Rad TV* **a. informativo**, news summary
avanzado,-a *adj* advanced
avanzar *vtr* to advance
avaricia *f* avarice
avaricioso *adj* greedy
avaro,-a 1 *adj* avaricious, miserly | **2** *m,f* miser
avasallar 1 *vtr* to tyrannize; *(apabullar)* to push sb around | **2** *vi* to trample on
AVE *m Esp (abr de* **(tren de) alta velocidad español***)* high speed train
ave *f* bird; **a. de corral**, fowl *sing*, poultry *pl*; **a. de rapiña**, bird of prey
avecinarse *vr* to approach, come near
avellana *f* hazelnut
avellano *m* hazel, hazelnut tree
avena *f* oats *pl*
avenida *f* avenue
avenir *vtr* to reconcile
■ **avenirse** *vr* ♦ *(llevarse bien)* to get on well ♦ *(conformarse)* to agree [**a**, to]
aventajado,-a *adj (sobresaliente)* outstanding, exceptional; **un alumno a.**, a promising student
aventajar *vtr* to be ahead [**a**, of]
aventura *f* ♦ adventure ♦ *(amorosa)* (love) affair
aventurado,-a *adj* risky
aventurar *vtr (hipótesis, opinión)* to venture
■ **aventurarse** *vr* to dare, venture
aventurero,-a *adj* adventurous
avergonzado,-a *adj* ashamed
avergonzar *vtr* to shame
■ **avergonzarse** *vr* to be ashamed [**de**, of]
avería *f* breakdown

averiado,-a *adj* out of order; *(automóvil)* broken down
averiar *vtr* to break
■ **averiarse** *vr* to break down
averiguación *f* enquiry
averiguar *vtr* to ascertain
aversión *f* aversion
avestruz *m* ostrich
aviación *f* *(civil)* aviation; **accidente de a.**, plane crash; *(militar)* air force
aviador,-ora *m,f* *(civil)* aviator, flier; *(militar)* air force pilot
avícola *adj* poultry
avicultura *f* poultry farming
avidez *f* avidity, eagerness
ávido,-a *adj* avid: **estamos ávidos de saber y de paz**, we are thirsty for knowledge and peace
avinagrado,-a *adj* vinegary, sour; *fig* sour
avinagrarse *vr* to turn sour; *fig* to become sour *o* bitter
avión[1] *m* aeroplane, *US* airplane, plane, aircraft; **enviar una carta por a.**, to send a letter by airmail; **ir en a.**, to fly, go by plane
avión[2] *m* *Orn* martin
avioneta *f* light aircraft
avisar *vtr* ♦ *(prevenir, advertir)* to warn: **ya te avisé**, I told you so ♦ *(comunicar)* to inform: **cuando te decidas, avísame**, let me know when you make up your mind ♦ *(llamar)* to call for; **a. a la policía**, to tell the police; **a. al médico**, to send for the doctor
aviso *m* ♦ notice; *(advertencia)* warning; *(comunicado)* note; **no lo utilicen hasta nuevo a.**, don't use it until further notice; **nos cortaron la luz sin previo a.**, they cut our electricity off without notice ♦ | LOC: **sobre a.: no me ha cogido por sorpresa, estaba sobre a.**, I wasn't surprised, I had been warned/I was expecting it
avispa *f* wasp
avispado,-a *adj fam* quick-witted
avispero *m* ♦ *(nido)* wasps' nest ♦ *(asunto complicado, lío)* mess
avistar *vtr* to see, to catch sight of
avivar *vtr* ♦ *(fuego)* to stoke (up) ♦ *(intensificar)* to intensify ♦ *(ir más deprisa)* to quicken
axila *f* armpit
ay *excl* ♦ *(dolor)* ouch! ♦ *(pena, sorpresa)* oh!
ayer **1** *adv* yesterday; **a. por la mañana/por la tarde**, yesterday morning/afternoon; **a. (por la) noche**, last night; **antes de a.**, the day before yesterday | **2** *m* **el a.**, yesterday, the past
ayuda *f* help, assistance, aid: **un joven vino en a. de los accidentados**, a young man came to the aid of the injured people
ayudante *mf* assistant
ayudar *vtr* to help: **¿puedes ayudarme a mover la mesa?**, can you help me to move the table? ➢ Ver nota en **help**
■ **ayudarse** *vr* *(mutuamente)* to help oneself *o* each other
ayunar *vi* to fast
ayunas *fpl* **en la loc en a.**, with an empty stomach; *(sin entender palabra)* completely in the dark
ayuno *m* fast, fasting; **guardar/hacer a.**, to fast
ayuntamiento *m* ♦ *(institución)* town/city council ♦ *(edificio)* *GB* town hall, *US* city hall
azabache *m* jet; *(color)* jet black
azada *f* hoe
azafata *f* ♦ *Av* air hostess, stewardess ♦ *(de congresos, de ferias)* hostess
azafrán *m* saffron
azahar *m* *(del naranjo)* orange blossom; *(del limonero)* lemon blossom
azar *m* ♦ *(suerte, fortuna)* chance; **por a.**, by chance ♦ *(imprevisto, infortunio)* mishap ♦ | LOC: **al a.**, at random
azorarse *vr* to be embarrassed
azotar *vtr* ♦ *(con la mano)* to beat; *(con el látigo)* to whip, flog ♦ *(una tormenta)* to lash
azote *m* ♦ *(golpe con la mano)* smacking; *(con el látigo)* lash, stroke (of the whip) ♦ *fig (desgracia, persona incómoda)* scourge
azotea *f* flat roof
azteca *adj & mf* Aztec
azúcar *m & f* sugar; **a. blanco/glas/moreno**, refined/icing/brown sugar
azucarado,-a *adj* sweet, sweetened
azucarero,-a **1** *m & f* sugar bowl | **2** *adj* sugar
azucena *f* white lily
azufre *m* sulphur, *US* sulfur
azul *adj & m* blue; **a. celeste**, sky blue; **a. marino**, navy blue; **a. turquesa**, turquoise; **pescado a.**, blue fish; **sangre a.**, blue blood
azulado,-a *adj* bluish
azulejo *m* glazed tile
azuzar *vtr (achuchar)* **azuzó a los perros contra nosotros**, she set the dogs on us; *(incitar a personas a pelearse)* to egg on

B, b f (letra) B, b

baba f dribble ◆ | LOC: **caérsele la b.: se le cae la b. con su bebé,** he dotes on his baby

babear vi ◆ (por ser pequeño) to dribble ◆ (un animal) to slobber

babero m bib

babosa f slug

baboso,-a 1 adj & m,f fam ◆ (adulador) crawler ◆ (simple) fool, idiot | **2** adj & m pey (sobón) groper

baca f Auto roof rack

bacalao m (pez) cod ◆ | LOC: **cortar el b.,** to give the orders

bache m ◆ (en una carretera) pot hole ◆ fig bad patch: **está atravesando un b.,** he's going through a bad patch

bachillerato m ≈ General Certificate of Secondary Education, US high school degree

bacilo m bacillus

bacteria f bacterium (pl bacteria)

badén m ◆ (hundimiento del terreno) dip ◆ (cauce de agua) ford ◆ (en la acera) dip in the kerb

bafle m loudspeaker

bagaje m ◆ (conjunto de conocimientos) wealth, background: **es una persona con un extraordinario b. cultural,** he's a very cultured person ◆ frml (equipaje) baggage

bagatela f ◆ (objeto de poco valor) knick-knack, trinket ◆ (asunto sin importancia) trifle

bahía f bay

bailaor,-ora m,f flamenco dancer

bailar 1 vtr & vi to dance | **2** vi (moverse, no encajar bien) to move, to wobble: **esta mesa baila mucho,** this table wobbles a lot

bailarín,-ina adj & m,f dancer

baile m ◆ (actividad) dance ◆ (verbena) dance; (fiesta de sociedad) ball ◆ **b. de disfraces,** fancy dress ball ◆ fig **b. de números,** transposition of figures

baja f ◆ (informe médico) sick note; **b. por enfermedad,** sick leave; **b. por maternidad,** maternity leave ◆ (descenso) drop, fall ◆ Mil (víctima, herido) casualty ◆ | LOC: **coger la b.,** (por enfermedad) to take sick leave; **darse de b.,** (de una asociación, una actividad) to resign [**de,** from], drop out [**de,** of]; **estar de b.,** (por enfermedad) to be off sick

bajada f ◆ (descenso) descent ◆ (pendiente) slope ◆ (de precios, temperaturas) drop, fall ◆ **b. de bandera,** (de taxi) minimum fare

bajamar f ebb, ebb tide

bajar 1 vtr ◆ (descender) to come o go down: **bajé corriendo la cuesta,** I ran downhill ➢ Ver nota en **ir** ◆ (llevar algo abajo) to bring o get o take down: **baja los disfraces del trastero,** bring the costumes down from the attic; (un telón) to lower; (una persiana) to let down; (la cabeza) to bow o lower ◆ (reducir el volumen) to turn down; (la voz) to lower; (los precios, etc) to reduce, cut | **2** vi ◆ to go o come down: **bajamos al bar,** we went down to the bar ◆ (apearse de un tren, un autobús) to get off; (de un coche) to get out [**de,** of] ◆ (disminuir la temperatura, los precios) to fall, drop

■ **bajarse** vr ◆ to come o go down: **bájate de la banqueta,** get off the stool ◆ (apearse de un tren, un autobús) to get off; (de un coche) to get out [**de,** of]

bajeza f (falta de moral) baseness, abjectness, meanness: **eso fue una b.,** that was a mean thing to do

bajío m ◆ shallows pl ◆ LAm low-lying land

bajista m,f Mús bass guitarist

bajo,-a 1 adj ◆ low ◆ (de poca estatura) short: **es muy b. para jugar al baloncesto,** he's very short to play basketball ◆ (poco intenso) faint, soft: **en este local la música está baja,** the music isn't very loud here; (escaso) poor: **su nivel es muy b.,** his level is very poor; **este queso es b. en calorías,** this cheese is low in calories ◆ Mús low ◆ fig (mezquino, vil, ruin) base, despicable ◆ **bajos fondos,** underworld | **2** adv low: **habla b., por fa-**

vor, please speak in a low voice; **por lo b.,** *(a sus espaldas, disimuladamente)* on the sly: **con Pedro es muy amable, pero por lo b. echa pestes de él,** she's very nice to Pedro, but she's always slagging him off behind his back; *(como mínimo)* at least: **ese libro cuesta cinco mil pesetas tirando por lo b.,** that book costs at least five thousand pesetas | **3** *m* ◆ *Mús (instrumento, cantante, instrumentista)* bass ◆ *(de un edificio)* ground floor ◆ *(de una prenda)* hem | **4** *prep* ◆ *(lugar)* under, underneath; **b. techo,** under shelter; **b. tierra,** underground; **b. la tormenta,** in the storm ◆ *Pol Hist* under; **b. la dictadura,** under the dictatorship ◆ **b. cero,** *(temperatura)* below zero ◆ *Jur* under; **b. fianza,** on bail; **b. juramento,** under oath; **b. multa de cien mil pesetas,** subject to a fine of one hundred thousand pesetas

> La traducción más común del adjetivo es **low**. Sin embargo, recuerda que cuando quieres describir a una persona debes usar la palabra **short**: *Es muy bajo para su edad.* **He's very short for his age.**

bajón *m* ◆ *(de salud)* relapse, weakening; *(de estado de ánimo)* slump ◆ *(descenso repentino)* sharp fall, decline, slump
bajorrelieve *m* bas-relief
bala *f (proyectil)* bullet; **b. perdida,** stray bullet, *fig fam (alocado, tarambana)* crackpot, oddball ◆ | LOC: **tirar con b.** *(decir algo con mala intención)* to be bitchy, to say sthg hurtful; **como una b.,** like a shot
balada *f* ballad
balance *m* ◆ *Fin* balance; *(documento financiero)* balance sheet ◆ *(valoración, resultado)* outcome ◆ *fig (reflexión, valoración)* **tienes que hacer b. de tu matrimonio,** you must take stock of your marriage
balancear *vtr (una silla, una mecedora)* to rock; *(los brazos, las piernas)* to swing
■ **balancearse** *vr (en una mecedora)* to rock; *(en un columpio)* to swing; *(uno mismo)* to move to and fro
balanceo *m* rocking, swinging
balanza *f* scales *pl*; **b. comercial,** balance of trade; **b. de pagos,** balance of payments ◆ | LOC: *fig* **inclinar(se) la b. a favor de alguien,** to tip the scales in someone's favor

balar *vi* to bleat
balaustrada *f* balustrade
balazo *m* ◆ *(tiro de bala)* shot: **recibió un b. en el hombro,** he was shot in the shoulder ◆ *(herida de bala)* bullet wound
balboa *m* balboa *(national currency of Panamá)*
balbucear *vt (hablar con poca claridad)* to stutter, stammer
balbuceo *m (de adulto)* stuttering, stammering
balbucir *vi & vt defect* → **balbucear**
balcón *m* balcony
balda *f* shelf
baldado,-a *adj* ◆ *fam (agotado)* shattered ◆ *(maltrecho, incapacitado)* crippled
balde[1] *m* bucket
balde[2] *loc adv* ◆ **de b.,** *(gratis)* free: **yo no trabajo de b.,** I don't work for nothing ◆ **en b.,** *(en vano, para nada)* in vain: **le hicieron venir en b.,** they sent for him in vain
baldosa *f (en el interior)* (ceramic) floor tile; *(en el exterior)* flagstone, paving stone
balido *m* bleating, bleat
ballena *f* ◆ *Zool* whale ◆ *(refuerzo de lencería)* bone
ballenato *m* whale calf
ballet *m* ballet
balneario *m* spa
balón *m* ◆ ball, football ◆ *(recipiente)* cylinder; **b. de oxígeno,** *Med* oxygen cylinder; *fig (ayuda)* **sus ahorros fueron un b. de oxígeno cuando estaba en paro,** his savings were a lifeline when he was unemployed ◆ | LOC: **echar balones fuera,** to sidetrack, to avoid the question
baloncesto *m* basketball
balonmano *m* handball
balsa[1] *f Náut* raft; **b. hinchable,** inflatable raft; **b. salvavidas,** life raft
balsa[2] *f (charca, estanque)* pool, pond ◆ | LOC: *fig* **como una b. de aceite,** as calm as a millpond
balsámico,-a *adj* soothing
bálsamo *m* balsam, balm
balsero,-a *m,f* rafter
bambolearse *vr* ◆ *(algo que cuelga)* to swing; *(mecerse algo que está fijo al suelo)* to sway; *(una embarcación)* to roll ◆ *(tambalearse algo inseguro)* to wobble
banal *adj* banal, trivial
banana *f* banana
banca *f* ◆ *(conjunto de bancos)* (the) banks; **la b. uruguaya,** Uruguayan banks; *(ac-*

bancario

tividades bancarias) banking ◆ *(en juegos)* bank

bancario,-a 1 *adj* banking | **2** *m,f* bank employee

bancarrota *f Fin* bankruptcy: **el negocio se fue a la b.**, the business went bankrupt

banco *m* ◆ *(para sentarse)* bench ◆ *Com Fin* bank ◆ *(de peces)* shoal, school ◆ *Med (de órganos, etc)* bank; **b. de sangre**, blood bank ◆ *(acumulación)* bank; **b. de arena**, sandbank; **b. de niebla**, fog bank ◆ | LOC: *fig fam* **tener salidas de pata de b.**, to give totally ridiculous answers

banda[1] *f* ◆ *Mús* band ◆ *(de criminales)* gang; **b. armada**, armed gang; **b. terrorista**, terrorist group ◆ *(de pájaros)* flock

banda[2] *f* ◆ *(cinta)* sash ◆ *(franja, lista)* strip ◆ *(lado)* side ◆ *(billar)* cushion ◆ *Ftb* **línea de b.**, touchline; **saque de b.**, throw-in ◆ *Telec* **b. de frecuencia**, frequency band; *Cine* **b. sonora**, sound track ◆ | LOC: **coger a alguien por b.**, to approach someone *o* to put one's hand in someone; **jugar a varias bandas**, to double-deal, to play the field

bandada *f (de pájaros)* flock

bandazo *m* lurch: **el coche iba dando bandazos**, the car was lurching

bandeja *f* tray ◆ | LOC: **poner (algo) en b.**: **me lo pusieron en b.**, they handed it to me on a plate

bandera *f* flag ◆ | LOC: **estar hasta la b.**, to be packed, to overflow

banderilla *f Tauro* banderilla

bandido,-a *m,f* ◆ *fam (pícaro, travieso)* rascal ◆ *(granuja)* crook ◆ *(ladrón)* bandit

bando[1] *m (edicto)* edict, proclamation

bando[2] *m* faction, side: **se pasó al otro b.**, he changed allegiances

bandoneón *m Mús LAm* large accordeon

banquero,-a *m,f* banker

banqueta *f* stool

banquete *m* banquet, feast; **b. de bodas**, wedding reception

banquillo *m* ◆ *Jur* dock; **estar en el b. de los acusados**, to be in the dock ◆ *Dep* bench, benches *pl*

bañador *m (de mujer)* swimming costume; *(de hombre)* swimming trunks *pl*

bañar *vtr* ◆ *(en agua)* to bath ◆ *(cubrir)* to coat, cover: **tienes que b. en oro esa pulsera**, you have to goldplate that bracelet ◆ *(una costa, una comarca)* to bathe

■ **bañarse** *vr (para lavarse)* to have *o* take a bath; *(para nadar)* to go for a swim

bañera *f* bath

> Existe también la palabra **bathtub**, pero significa una bañera independiente, sin grifos y, como tal, ya es anticuada.

bañista *mf* bather, swimmer

baño *m* ◆ bath: **voy a darme un b.**, I'm going to have a bath ◆ *(cuarto de baño)* bathroom; *(retrete)* toilet ◆ *(cobertura de un objeto)* coat; *(de un alimento)* coating, covering ◆ **b. María**, bain marie ◆ | LOC: *fig* **aquello fue un b. de sangre**, that was a bloodbath

bar *m* bar, pub

> En el Reino Unido la palabra **pub** se aplica a cualquier establecimiento autorizado a servir cerveza, vino y otras bebidas alcohólicas. Por tanto, no es necesariamente lo mismo que un *pub* español y puede traducirse por *taberna, bar*, etc. Formalmente, es abreviación de **public house** y en Estados Unidos se llama **bar**.

baraja *f* pack, deck

barajar *vtr* ◆ *(los naipes)* to shuffle ◆ *fig (considerar distintas posibilidades)* to consider, juggle with

barandilla *f (pasamanos)* handrail, banister; *(de una ventana, balcón)* railing

barata *f LAm* ◆ *(rebajas)* sale ◆ *(cucaracha)* cockroach

baratija *f* trinket, bauble

barato,-a 1 *adj* cheap | **2** *adv* cheaply: **¡hija mía, qué b. compras!**, my dear, what a bargain!

barba *f* ◆ *(pelo en la cara)* beard ◆ *Anat* chin ◆ | LOC: **por b.**, per head

barbaridad *f* ◆ atrocity, act of cruelty ◆ *(despropósito)* piece of nonsense: **ya está bien de decir barbaridades**, that's enough nonsense ◆ *(cantidad excesiva)* a lot: **estos muchachos fuman una b.**, these boys smoke a lot; *(de dinero)* **el traje de novia le costó una b.**, the wedding dress cost her a fortune

barbarie *f* savagery, cruelty

bárbaro,-a 1 *adj* ◆ *(cruel, despiadado)* barbaric: **fue un castigo b.**, it was a barbaric punishment ◆ *(incivilizado, rudo)* barbarous ◆ *fam (en mucha cantidad)* massive: **tengo un cansancio b.**, I'm absolutely exhausted ◆ *fam (fenomenal, maravilloso)* fantastic, terrific ◆ *Hist* barbarian | **2** *m,f Hist* barbarian

barbilla *f* chin

barbudo,-a *adj* bearded man

barca *f* small boat

barco *m* boat, ship; **b de pasajeros,** passenger ship; **b. de vela,** sailing ship ◆ | LOC: **estar en el mismo b.,** to be in the same boat

barítono *m* baritone

barniz *m* ◆ *(para proteger)* varnish; *(para vitrificar)* glaze ◆ *(apariencia, capa)* veneer

barnizar *vtr (madera, cuadro)* to varnish; *(barro, loza)* to glaze

barómetro *m* barometer

barra *f* ◆ bar ◆ *(de un bar, cafetería, etc)* bar ◆ *(de labios)* lipstick ◆ *(de pan)* French loaf, baguette ◆ *Inform* **b. de desplazamiento,** scroll bar; **b. de estado,** status bar ◆ *Gimn* **b. fija,** horizontal bar

barracón *m* accomodation block, barrack hut

barranco *m* ◆ *(precipicio)* precipice ◆ *(hendidura profunda)* gully, ravine

barrendero,-a *m,f* (street) sweeper

barreño *m* tub

barrer 1 *vtr* ◆ to sweep: **el anticiclón está barriendo el norte,** the anticyclone is sweeping the North ◆ *(destruir, rechazar)* to sweep away | **2** *vi (en una votación)* to win by a landslide: **el partido conservador barrió en las regiones del norte,** the conservatives won by a landslide in the North ◆ *(acaparar, agotar las existencias)* to take away: **los clientes barrieron con las ofertas,** the customers snapped up the bargains ◆ | LOC: **b. para casa,** to look after number one

barrera *f* barrier: **hay entre ellos una b.,** there's a barrier between them; **b. arquitectónica,** architectonic barrier/hindrance; **b. del sonido,** sound barrier; **b. lingüística,** language barrier

barriada *f* ◆ *(vecindario)* neighbourhood ◆ *(barrio en las afueras)* suburban area; *(barrio pobre)* slum area

barricada *f* barricade

barriga *f* belly; *fam* tummy: **me duele la b.,** I've got tummyache ◆ | LOC: *fam* **llenarse la b.,** to stuff oneself; **rascarse la b.,** to laze around

barrigón,-ona, barrigudo,-a *adj* potbellied

barril *m* barrel

barrio *m* ◆ area, district ◆ *(vecindario)* neighbourhood: **el niño salió a jugar con los chicos del b.,** the boy went out to play with the local children ◆ **el B. Alto,** the Upper Quarter; **b. chino** *(zona de prostitución)*, red-light district; **barrios bajos,** slums ◆ | LOC: **de b.,** local

barriobajero,-a *adj & m, f pey* common, coarse

barrizal *m* mire, quagmire

barro *m* ◆ *(mezcla de tierra y agua)* mud; **una mascarilla de b.,** a mud face pack ◆ *(para alfarería)* clay

barroco,-a *adj* baroque

barrote *m (barra gruesa)* bar; *(en una cuna, en un respaldo)* crosspiece

bártulos *mpl fam* things, goods and chattels

barullo *m (ruido)* row, din; *(lío, embrollo, confusión)* confusion

basar *vtr* to base [**en,** on]
■ **basarse** *vr (teoría, película)* to be based [**en,** on]; **la condenaron basándose en las pruebas,** they condemned her on the basis of the evidence

basca *f* ◆ *argot* people, crowd ◆ *(náusea, arcada)* retching

báscula *f* scales *pl*

base *f* ◆ base ◆ *(fundamento de una teoría, de un argumento)* basis, *(motivo)* grounds: **tus quejas no tienen b. alguna,** your complaints are groundless ◆ *(conocimientos previos)* grounding ◆ *Mil* base; **b. aérea/naval,** air/naval base ◆ *Inform* **b. de datos,** data base ◆ **las bases,** *Pol* the grass roots; *(de un concurso)* rules ◆ | LOC: **a b. de: la fastidiaron a b. de bien,** they really messed her about; **a b. de estudiar consiguió aprobar,** he passed by studying; **a b. de extracto de camomila,** using camomile extract

básico,-a *adj* basic

basílica *f* basilica

bastante 1 *adj* ◆ *(suficiente)* enough: **¿tenéis bastantes mantas?,** do you have enough blankets?; **b. dinero/azúcar,** enough money/sugar ◆ *(en abundancia)* quite a lot of: **tiene b. valor,** he's quite brave; **bastantes personas,** quite a lot of people | **2** *adv* ◆ *(suficiente)* enough: **nunca tiene b. de él,** it's never enough for her; **es lo b. inteligente como para…,** he's clever enough to… ◆ *(muy, mucho)* fairly, quite: **conduces b. bien,** you drive rather well; **es una película b. buena,** it's quite a good

bastar

film; **viaja b.,** she travels quite often ➤ Ver nota en **quite**

> 1) Cuando quieres decir *suficiente*, debes usar la palabra **enough**, que se coloca detrás de un adjetivo o adverbio, pero delante de un sustantivo: *Tengo bastante dinero.* **I have enough money.** *No es bastante grande.* **It's not big enough.**
> Recuerda que nunca puedes usar **enough** cuando *bastante* significa *muy*: *Este libro es bastante (muy) interesante.* **This book is very interesting.** *Hace bastante calor.* **It's very hot.**
> 2) Cuando quieres decir *abundante*, puedes emplear la palabra **quite**, pero también:
> **fairly**: bastante pero no suficiente
> **pretty**: más o mejor de lo esperado (informal)
> **rather**: más o mejor de lo esperado (formal)
> En una escala de *nada* a *muy*, el orden sería: **not-fairly-quite-rather/pretty-very.**
> **Quite** se coloca delante de **a/an** + sustantivo; **pretty** y **fairly** entre **a/an** y el sustantivo, y **rather** en ambas posiciones: **It's quite/rather a nice day today** o **it's a pretty/fairly/rather nice day today.** *Hoy es un día bastante agradable.*
> En la comparación sólo puedes emplear **rather**: **It's rather warmer today.** *Hoy hace bastante más calor.*
> Con un verbo sólo podemos usar **quite** o **rather**: **I rather/quite liked it.** *Me gustó bastante.*

bastar *vi* to be enough, suffice: **basta con darle a este botón para que se encienda** you only have to press this button and it comes on; **basta con dos,** two will be enough; **¡basta de televisión por hoy!,** that's enough TV for today!; **¡he dicho basta!,** enough is enough!, that will do!
■ **bastarse** *vr* to be self-sufficient, be able to manage: **no hace falta que me desanimes, para eso me basto yo solo,** you don't have to make me depressed, I can do that for myself

basto,-a *adj* ◆ (*rugoso*) rough, coarse ◆ (*grosero, vulgar*) coarse, uncouth

bastón *m* stick, walking stick ◆ (*para esquiar*) ski pole ◆ *Anat* (*de la retina*) rod

basura *f* rubbish, *US* trash, garbage: **bajar/sacar la b.,** to put the rubbish out; **tira las sobras a la b.,** throw the leftovers away; **camión de la b.,** dustcart

basurero *m* ◆ (*oficio*) dustman, refuse collector, *US* garbage collector ◆ (*vertedero*) (rubbish) dump, (refuse) tip, *US* garbage dump

bata *f* ◆ (*de casa*) dressing gown, housecoat ◆ (*de profesional sanitario*) white coat

batalla *f* ◆ battle; (*política, con uno mismo*) struggle ◆ **b. campal,** pitched battle; *fig* fight, row: **la reunión se convirtió en una verdadera b. campal,** the meeting turned into a real pitched battle ◆ |LOC: **dar la b.,** to fight; **dar mucha b.,** to be a lot of trouble; **de b.,** ordinary everyday: **necesito comprarme un traje de b.,** I need to buy an ordinary everyday suit

batallar *vi* to fight, quarrel

batallón *m* battalion

batata *f* sweet potato

batatazo *m LAm* ◆ (*triunfo inesperado*) shock win; (*golpe de suerte*) stroke of luck ◆ (*testarazo*) bang on the head; (*idea genial*) brain wave, *US* brainstorm

bate *m Dep* bat

batear 1 *vi* to bat | 2 *vtr* to hit

batería 1 *f* ◆ *Auto* battery ◆ *Mús* drums *pl* ◆ **b. de cocina,** pots and pans, kitchen pans | 2 *mf Mús* drummer ◆ |LOC: **en b.: sólo se permite estacionar en b.,** you are only allowed to park at an angle to the kerb

batiburrillo *m* jumble, hotchpotch

batida *f* ◆ (*búsqueda*) search: **dieron una b. al monte en busca de los desaparecidos,** they combed the mountain in search of the missing people ◆ (*para que salga la caza*) beat

batido,-a 1 *adj Culin* whipped, whisked | 2 *m* milk shake

batidora *f Culin* whisk, mixer

batir *vtr* ◆ to beat ◆ *Culin* (*mezclar ingredientes*) to beat, (*levantar claras, etc*) to whip, whisk ◆ (*un récord*) to break ◆ (*las alas*) to flap ◆ (*un metal*) to hammer ◆ (*recorrer un monte en busca de alguien*) to search; (*en busca de caza*) to beat
■ **batirse** *vr* (*luchar*) to fight

batuta *f Mús* baton ◆ |LOC: *fig* **llevar la b.,** to be in charge

baúl *m* ◆ trunk ◆ *LAm Auto* boot, *US* trunk

bautismo *m* baptism, christening
bautizar *vtr* ♦ to baptize, christen ♦ *fam (echar agua al vino o la leche)* to water down
bautizo *m* baptism, christening
baya *f* berry
bayeta *f* cloth; *(de la cocina)* dishcloth; *(del suelo)* floorcloth
bayo,-a *adj & m,f* cream, cream-coloured; **caballo b.**, bay (horse); **yegua baya**, bay mare
bazar *m* bazaar
bazo *m* spleen
bazofia *f pey* rubbish
beatería *f* ♦ *pey* prudishness, false devotion ♦ *fam pey (grupo de personas)* prudish people
beato,-a 1 *adj pey* prudish, sanctimonious; *(piadoso)* devout | **2** *m,f* pious person; *Rel* beatified person; **B. Oliver Plunkett**, Blessed Oliver Plunkett ♦ *pey* prudish person
bebé *m* baby
bebedor,-ora *m,f* heavy drinker
beber *vtr & vi* ♦ to drink ♦ *(brindar)* **b. a/por**, to drink to
bebible *adj* drinkable; *fam (que sólo tiene un gusto aceptable)* reasonable
bebida *f* drink: **se ha dado a la b. por culpa de su jefe,** she's started drinking because of her boss
bebido,-a *adj (ebrio)* drunk; *(achispado)* tipsy
beca *f* grant; *(de estudios)* scholarship; **b. de investigación**, research fellowship
becar *vtr* to award a grant to, to award a scholarship
becario,-a *m,f* grant holder, scholar
becerro *m* calf
bechamel *f* bechamel sauce, white sauce
bedel *m* beadle
beduino,-a *adj & m,f* Bedouin
beige *adj & m inv* beige
béisbol *m* baseball
belén *m* nativity scene, crib
belga *adj & mf* Belgian
Bélgica *f* Belgium
bélico,-a *adj (antes de sustantivo)* war; **conflicto b.**, war; **material b.**, armaments *pl*; **película bélica**, war film; **preparativos bélicos**, preparations for war
belicoso,-a *adj* ♦ *(guerrero)* warlike, bellicose; **un pueblo b.**, a warlike people ♦ *(peleón, pendenciero)* aggressive
beligerancia *f* belligerence
beligerante *adj* belligerent
belleza *f* beauty

bello,-a *adj* ♦ *(hermoso)* beautiful ♦ **la Bella Durmiente**, Sleeping Beauty
bellota *f* ♦ *Bot* acorn ♦ *fam* **animal de b.,** blockhead
bemol 1 *adj Mús* flat; **la b.**, A-flat | **2** *m* flat; **doble b.**, double-flat
bencina *f LAm* petrol, gasoline
bendecir *vtr* to bless; *(la mesa)* to say grace
bendición *f* ♦ blessing ♦ *fig fam* **ser una b. (de Dios)**, to be a godsend: **este sol es una b.**, this sunshine is a godsend
bendito,-a 1 *adj* ♦ blessed ♦ *fig irón (fastidioso)* damned: **bendita la hora en que le conocí,** I curse the day I met him | **2** *m,f (santo, bondadoso)* good sort, kind soul; *(pánfilo, cándido)* simple soul: **el pobre Simón, que es un b., se lo creyó todo,** poor Simon, simpleton as he is, believed it all
beneficencia *f* charity
beneficiado,-a *adj* favoured, *US* favored: **hemos salido beneficiados en el reparto,** we've done well out of the share-out
beneficiar *vtr* to benefit
■ **beneficiarse** *vr* to profit [**de algo**, from sthg] [**con algo**, by sthg]
beneficio *m* ♦ *Com Fin* profit ♦ *(provecho, ventaja)* benefit; **en b. de todos**, in everyone's benefit ♦ *(ayuda)* **a b. de**, in aid of: **un partido de fútbol a b. de los huérfanos,** a football match in aid of orphans

> **Profit** o **profits** se refieren únicamente al beneficio económico.
> **Benefit** hace referencia a otro tipo de beneficios y también a ciertas subvenciones de la Seguridad Social.

beneficioso,-a *adj* beneficial
benéfico,-a *adj* charitable
benevolencia *f* benevolence
benevolente, benévolo,-a *adj* benevolent, lenient
bengala *f* ♦ *(de salvamento)* flare ♦ *(fuego artificial)* sparkler
benigno,-a *adj* ♦ *(comprensivo)* benign, mild ♦ *(clima)* mild ♦ *Med* benign
benjamín,-ina *m,f* youngest child
berberecho *m* (common) cockle
berenjena *f* aubergine, *US* eggplant
berenjenal *m* ♦ *fam (enredo, lío)* jam: **¡Dios mío, en qué b. me he metido!,** my goodness, I've got myself into a real jam! ♦ *Agr* field of aubergines, *US* field of eggplants

bermudas *mpl* *(prenda)* Bermuda shorts
berrear *vi* ♦ *(mugir)* to bellow, low ♦ *(llorar un niño a gritos)* to howl, to bawl ♦ *(cantar mal, gritar una persona)* to yell, bawl
berrido *m* ♦ *(mugido)* bellowing, lowing ♦ *(de un niño)* howl
berrinche *m fam* tantrum: **si no lo llevo al parque se agarra un b.**, if I don't take him to the park he throws a tantrum
berro *m* cress, watercress
besamel *f* → **bechamel**
besar *vtr*; **besarse** *vr* to kiss
beso *m* kiss
bestia 1 *f* ♦ beast, animal ♦ *fig fam* **mala b.**, bully, thug ♦ *fig* **b. negra**, bête noire | 2 *m,f fam fig* brute, beast | 3 *adj fig* brutish ♦ | LOC: **trabajar como una b.**, to slave; **a lo b.**, *(groseramente)* rudely
bestial *adj* ♦ bestial ♦ *fam (muy grande)* huge, tremendous; **un error b.**, a monumental mistake; *(estupendo, maravilloso)* fantastic, terrific
bestialidad *f* ♦ *fam (imprudencia, error)* stupidity ♦ *(atrocidad)* act of cruelty ♦ *fam (gran cantidad)* a lot; **dormir una b.**, to sleep in; **una b. de trabajo**, tons of/stacks of work
besugo *m* ♦ *(pez)* sea bream ♦ *(persona)* idiot, half-wit ♦ **diálogo de besugos**, nonsensical discussion
betún *m* ♦ *(para el calzado)* shoe polish ♦ *Quím* bitumen ♦ | LOC: **dejar/quedar a la altura del b.**, to make one's name mud: **con su comportamiento quedó a la altura del b.**, his name was mud for behaving like that
biberón *m* feeding bottle
Biblia *f* Bible
bíblico,-a *adj* biblical
bibliografía *f* bibliography
biblioteca *f* library; **b. pública**, public library
bibliotecario,-a *m,f* librarian
bicameral *adj* ♦ *Pol* bicameral ♦ **sistema b.**, two-chamber system
bicarbonato *m* bicarbonate
bicentenario *m* bicentenary, *US* bicentennial
bíceps *m inv* biceps
bicho *m* ♦ *(insecto)* bug, insect; *(animal)* animal ♦ *(niño)* little devil ♦ **(mal) b.**, *(persona perversa)* nasty piece of work; *fig fam* **b. raro**, weirdo: **Pedro es un b. raro**, Pedro is a weirdo; *fam hum* **b. viviente**, living soul: **todo b. viviente tiene un móvil**, every mother's son has a mobile phone

bici *f fam* bike
bicicleta *f* bicycle; **andar/montar en b.**, to ride a bicycle; **b. estática**, exercise bike
bicoca *f* ♦ *(ganga, cosa barata)* bargain ♦ *(trabajo cómodo, chollo)* cushy job
bicolor *adj* two-colour
bidón *m* drum
bien 1 *m* ♦ *(justicia, bondad)* good; **no sabe diferenciar entre el b. y el mal**, he can't tell the difference between good and evil; **una persona de b.**, a good person ♦ *(provecho, ventaja)* **lo hago por tu b.**, I do it for your sake; **en b. de la comunidad**, for the good of community ♦ **bienes**, goods; **bienes de consumo**, consumer goods *pl*; **bienes fungibles**, consumer goods; **bienes gananciales**, communal property; **bienes inmuebles/raíces**, real estate | 2 *adv* ♦ *(correctamente)* well; **hiciste b. en protestar**, you were right to protest; **toca b. el piano**, she plays piano well ♦ *(sano)* well, fine; **sentirse/encontrarse b.**, to feel well ♦ *(satisfactoriamente)* **este vestido te sienta b.**, this dress suits you; **oler b.**, to smell nice; **vivir b.**, to be comfortably off ♦ *(antepuesto a un adjetivo: muy)* very, quite; **una cerveza b. fría**, a nice cold beer; **b. pronto**, very early, very soon ♦ *(de buena gana)* willingly, gladly; **b. me iría ahora al cine**, I'd love to go to the movies now | 3 *conj* **ahora b.**, now, now then; **b. ... o b. ...**, either... or...; **más b.**, rather, a little; **no b.**, as soon as; **o b.**, or, or else; **si b.**, although, even though | 4 *excl* ♦ **¡b.!**, good!, great!; **¡está b.!**, *(¡de acuerdo!)* fine!, all right!; **¡muy b.!**, excellent, first class!; **¡qué b.!**, great!, fantastic ♦ *(desaprobación)* **¡pues qué b.!**, that's all I needed!; **¡ya está b.!**, that's (quite) enough! | 5 *adj inv* **un barrio b.**, a well-to-do neighbourhood; **un niño b.**, a rich kid

> En general se traduce por **well**. Sin embargo, cuando hablamos de personas decimos **fine** al referirnos a su salud: *¿Qué tal estás? - Muy bien, gracias.* **How are you? - Fine, thanks.** Para describir un objeto puedes usar **good**: *Ese libro está muy bien.* **That book is very good.**

bienal *f* biennial exhibition
bienestar *m (satisfacción)* well-being, contentment; *(comodidad)* ease, comfort; **el Estado del b.**, the welfare state

bienhechor,-ora *adj* & *m,f (hombre)* benefactor, *(mujer)* benefactress
bienintencionado,-a *adj* well-meaning, well-intentioned
bienio *m* two-year period
bienvenida *f* welcome: **salimos a darle la b.,** we went out to welcome him
bienvenido,-a *adj* welcome: **siempre es bienvenido a esta casa,** he's always welcome to our home
bífido,-a *adj* forked; **lengua bífida,** forked tongue
bifocal *adj* bifocal; **gafas bifocales,** bifocals
bifurcación *f* bifurcation; *fam (de un camino)* fork
bifurcarse *vr* to bifurcate, to fork
bigamia *f* bigamy
bígamo,-a 1 *adj* bigamous | **2** *m,f* bigamist
bigote *m (de persona)* moustache, *US* mustache; *(de animales)* whiskers *pl*
bilabial *adj* & *f* bilabial
bilateral *adj* bilateral; **la aceptación b. del acuerdo,** the bilateral acceptance of the agreement
bilingüe *adj* bilingual
bilis *f* bile
billar *m* ♦ *(juego)* billiards *sing;* **b. americano,** pool ♦ *tb pl (local)* billard hall ♦ **bola de b.,** billiard ball; **mesa de b.,** billiard table
billete *m* ♦ *(de transporte)* ticket; **b. de ida y vuelta,** return (ticket), *US* round-trip ticket; **b. de ida/sencillo,** single (ticket) ♦ *(de dinero)* note, *US* bill: **pagué con un b. de cinco mil,** I paid with a five thousand note;
billetera *f,* **billetero** *m* wallet, *US* billfold
billón *m GB anteriormente* billion; *US* & *GB mod* trillion (10¹²)

Recuerda que la prensa financiera británica y el Gobierno británico siguen el uso estadounidense.

bimensual *adj* twice-monthly, bi-monthly
binomio *m* ♦ *(par)* couple ♦ *Mat* binomial
biodegradable *adj* biodegradable
biofísica *f* biophysics
biogenética *f* genetic engineering
biografía *f* biography
biográfico,-a *adj* biographical
biógrafo,-a *m,f* biographer
biología *f* biology

biológico,-a *adj* biological
biólogo,-a *m,f* biologist
biombo *m* (folding) screen
biomasa *f* bio-mass
biopsia *f* biopsy
bioquímica *f* biochemistry
bioquímico,-a 1 *adj* biochemical | **2** *m,f* biochemist
biorritmo *m* biorhythm
biosfera *f* biosphere
bióxido *m* ♦ dioxide ♦ **b. de carbono,** carbon dioxide
bipartidismo *m* two-party system
bipartito,-a *adj* bipartite
bípedo *adj* & *m* biped
biquini *m* bikini
birrete *m* mortarboard
birria *f fam* rubbish: **esta estufa es una b.,** this stove is rubbish
bis 1 *m* encore | **2** *adv* twice
bisabuela *f* great-grandmother
bisabuelo *m* great-grandfather; **bisabuelos,** great-grandparents
bisagra *f* hinge
bisexual *adj* & *mf* bisexual
bisiesto *adj* & *m* **año b.,** leap year
bisnieto,-a *m,f (niño)* great-grandson; *(niña)* great-granddaughter; **mis bisnietos,** my great-grandchildren
bisonte *m* bison, buffalo
bisté, bistec *m* steak
bisturí *m* scalpel
bisutería *f* imitation jewellery *o US* jewelry
bit *m Inform* bit
bizantino,-a *adj* ♦ *(complicado e irrelevante)* hair-splitting: **no perdamos el tiempo en cuestiones bizantinas,** let's not waste time splitting hairs ♦ *(de Bizancio)* Byzantine
bizco,-a 1 *adj* cross-eyed | **2** *m,f* cross-eyed person
bizcocho *m* sponge cake
biznieto,-a *m,f* → **bisnieto,-a**
blanca *f Mús* minim, *US* half note ♦ | LOC: *fam* **estar sin b.,** to be broke, to be penniless
Blancanieves *f Lit* Snow White
blanco,-a 1 *adj* ♦ white ♦ *(pálido)* fair | **2** *m,f (hombre)* white man; *(mujer)* white woman; **los blancos,** whites | **3** *m* ♦ *(color)* white ♦ *(diana)* target: **dar en el b.,** to hit the target: **es el b. de todas las críticas,** he's the target of all the criticism; *fig (acertar con algo)* to hit the nail on the head ♦ *(espacio sin imprimir)* blank ♦ **b. del ojo,**

blancura

white of the eye ◆ | LOC: **en b.: dejó el examen en b.,** he left the exam blank; **se quedó en b.,** her mind went blank; *fig* **pasar la noche en b.,** to have a sleepless night

blancura *f* whiteness

blando,-a *adj* ◆ *(mullido)* soft ◆ *(de carácter)* weak: **es muy blanda con los chicos,** she's very soft with her children

blanquear *vtr* ◆ *(la ropa, el papel, etc)* to whiten; *(con cal)* to whitewash ◆ *(dinero)* to launder

blanquecino,-a *adj* whitish

blanqueo *m* ◆ *(de dinero)* laundering ◆ whitening; *(con cal)* whitewashing

blasfemar *vi* to blaspheme [**contra/de,** against]

blasfemia *f* blasphemy

blindado,-a *adj* ◆ *(vehículo)* armoured, US armored ◆ *(antibalas)* bullet-proof ◆ *(puerta)* reinforced

bloc *m* ◆ pad ◆ **b. de notas,** notepad

bloque *m* ◆ *(trozo grande)* block ◆ *(edificio)* block ◆ Pol bloc: **el b. conservador votó en contra de la enmienda,** the Conservative Bloc voted against the amendment ◆ | LOC: **en b.: la propuesta fue rechazada en b.,** the whole proposal was rejected; **los ciudadanos respondieron en b.,** people reacted as one

bloquear *vtr* ◆ *(impedir el movimiento, el acceso)* to block: **ese coche bloquea el paso,** that car is blocking the access ◆ *(impedir una gestión, paralizar)* to block ◆ *(una cuenta)* to freeze ◆ *(colapsar un servicio, un aparato)* to jam, seize up

bloqueo *m* blockade; *Dep* block; **b. económico,** economic sanctions *pl*; **b. mental,** mental block

blusa *f* blouse

boa *f* ◆ *(serpiente)* boa ◆ *(bufanda de plumas)* feather boa

bobada *f* ◆ *(tontería)* nonsense: **estás diciendo bobadas,** you're talking nonsense ◆ *(desacierto)* mistake: **fue una b. que no te presentases al examen,** you were crazy not to sit the exam ◆ *excl* **¡no hagas bobadas!,** don't be silly!

bobalicón,-ona *fam* **1** *adj* ◆ *(tonto)* silly, simple, stupid ◆ *(ingenuo)* gullible | **2** *m,f* idiot, fool

bobina *f* ◆ reel, spool ◆ *Elec* coil

bobo,-a 1 *adj (simple, lelo)* stupid, silly; *(cándido)* naïve | **2** *m,f* fool

boca *f* ◆ mouth ◆ *(entrada)* entrance; **b. de metro,** entrance to the tube *o* underground station; **b. de riego,** hydrant; **el b. a b.,** kiss of life *o* mouth-to-mouth respiration ◆ | LOC: *fig* **andar de b. en b.,** to be the talk of the town; *fam* **¡cierra la b.!,** shut up!; *fam* **hacerse la b. agua: cuando ve un bombón se le hace la b. agua,** his mouth waters every time he sees a chocolate; **írsele la fuerza por la b.,** to be all talk (and no action); *fam* **meterse en la b. del lobo,** to put one's head in the lion's mouth; *fig* **salir a pedir de b.,** to turn out perfectly; **b. abajo,** face down(ward); **b. arriba,** face up(ward); **con la b. abierta,** open-mouthed: **nos dejó a todos con la b. abierta,** she left us flabbergasted

bocacalle *f* entrance to a street

bocadillo *m* sandwich; **un b. de queso,** cheese sandwich

bocado *m* ◆ *(trozo de comida)* mouthful; *(aperitivo, comida ligera)* snack ◆ *(mordisco)* bite ◆ | LOC: **no probar b.: llevo todo el día sin probar b.,** I haven't had a bite to eat all day

bocajarro (a) *loc adv* point-blank

bocanada *f* ◆ *(de humo)* puff ◆ *(de líquido)* mouthful ◆ *(golpe de aire, etc)* gust: **una b. de calor entró por la ventana,** a gust of heat came in through the window

boceto *m* Arte sketch, outline ◆ *(borrador)* outline, plan

bochorno *m* ◆ *(tiempo muy caluroso)* sultry *o* close weather; *(calor sofocante)* stifling heat ◆ *fig (vergüenza)* shame, embarrassment

bochornoso,-a *adj* ◆ *(caluroso)* sultry, close, muggy; *(sofocante)* stifling ◆ *fig (vergonzoso)* shameful, embarrassing

bocio *m* goitre

bocina *f* horn

boda *f* ◆ *(ceremonia)* wedding; *(enlace)* marriage ◆ **bodas de oro,** golden wedding *sing*

bodega *f* ◆ *(fábrica de vinos)* winery; *(local donde se almacena vino)* wine cellar; *(tienda de vinos y licores)* wine shop ◆ *Náut Av* hold ◆ *(despensa, sótano)* warehouse ◆ *LAm* grocery store, grocer's

bodegón *m* still-life

body *m* ◆ *(de lencería)* body ◆ *(de gimnasia)* leotard

bofetada *f* ◆ slap on the face: **le dio un par de bofetadas,** she slapped his face twice ◆ *(desprecio, ofensa)* snub ◆ | LOC: *fam* **darse de bofetadas: ese amarillo se da de bofetadas con el rojo,** that yellow clashes with the red

bogavante *m* lobster
bohío *m LAm* hut
boicot *m* boycott
boicotear *vtr* to boycott
boina *f* beret
bol *m* bowl
bola *f* ♦ ball; *(canica)* marble ♦ *(mentira)* fib ♦ | LOC: **correr la b.**, to spread a rumour; *(desprevenido)* without warning; **no dar pie con b.**, to be unable to do anything right; *vulgar* **en bolas**, *(desnudo)* naked
bolera *f* bowling alley
boletería *f LAm* ♦ *Dep Ferroc* ticket office, *GB* booking office ♦ *Teat* ticket office, box office
boletín *m* ♦ *(informativo)* bulletin ♦ *(formulario)* form ♦ *(publicación oficial)* gazette; **B. Oficial del Estado,** Official Gazette
boleto *m* ♦ *LAm (entrada)* ticket ♦ *(de rifa)* ticket ♦ *(seta)* boletus
boli *m fam* ball-point pen, biro®
bolígrafo *m* ballpoint (pen), biro®
bolívar *m* bolivar *(national currency of Venezuela)*
Bolivia *f* Bolivia
boliviano,-a 1 *adj & m,f* Bolivian | **2** *m* boliviano *(national currency of Bolivia)*
bollo *m* ♦ *Culin* bun, bread roll ♦ *(abolladura)* dent
bolo *m* ♦ skittle, ninepin ♦ **bolos,** *(juego)* skittles
bolsa¹ *f* ♦ bag ♦ *Av* **b. de aire,** air bag, air pocket; **b. de basura,** rubbish bag; **b. de la compra,** shopping bag; **b. de estudios,** educational grant; *LAm* **b. de dormir,** sleeping bag; **b. de pobreza,** pocket of poverty; **b. de trabajo,** labour exchange, employment bureau
bolsa² *f Fin* Stock Exchange: **sube la b.,** the market is rising; **cotizar en la b.,** to be quoted on the stock exchange
bolsillo *m* ♦ *(en prenda)* pocket ♦ *(dinero propio)* **lo pagaré de mi b.,** I'll pay for it out of my own pocket ♦ | LOC: *(tamaño)* **de b.,** pocket, pocket-size: **libro de b.,** paperback
bolso *m* handbag, bag, *US* purse
boludo,-a *adj & m,f LAm vulgar* ♦ *(tonto, memo)* jerk ♦ *(vago)* good for nothing ♦ *ofens (gilipollas)* prick
bomba *f* ♦ *(explosivo)* bomb; **b. atómica/incendiaria,** nuclear/incendiary bomb; **b. de hidrógeno/de neutrones,** hydrogen/neutron bomb; **coche/paquete b.,** car/letter bomb ♦ *(de bicicleta, de líquidos)* pump; **b. de agua,** water pump; **b. de incendios,** fire engine ♦ *fam (notición)* bombshell ♦ *Av* bomber ♦ | LOC: *fam* **pasarlo b.,** to have a whale of a time
bombardear *vtr* to bomb, shell
bombardeo *m* bombing, bombardment
bombardero *m Av* bomber
bombazo *m* ♦ *fig fam (una gran sorpresa)* sensation, stir: **la publicación de las fotografías fue un b.,** the publication of the photos caused a sensation ♦ *(explosión)* bomb blast
bombear *vtr* ♦ *(sangre, agua, aire, etc)* to pump ♦ *(lanzar una pelota)* to blow up
bombeo *m (de líquido, de aire)* pumping
bombero,-a *m,f* ♦ *(hombre)* fireman; *(mujer)* firewoman, *US (ambos sexos)* firefighter: **si sucede algo, llama a los bomberos,** if anything happens, call the fire brigade ♦ | LOC: *fam* **tener ideas de b.,** to have crazy ideas
bombilla *f* (light) bulb
bombo *m* ♦ *Mús* bass drum ♦ *(de un sorteo)* lottery drum ♦ | LOC: *fig* **a b. y platillo: lo anunciaremos a b. y platillo,** we'll make a great song and dance about it; *fam* **darse mucho b.,** to blow one's own trumpet
bombón *m* ♦ chocolate ♦ *fam (niño)* lovely; *(adulto)* stunner
bombona *f* cylinder; **b. de butano,** butane gas cylinder
bonachón,-ona *adj* good-natured, easygoing
bondad *f* ♦ goodness ♦ *frml (cortesía)* **tenga la b. de pasar,** please be so kind as to come in
bondadoso,-a *adj* kind
boniato *m* sweet potato
bonificar *vtr Com* to give a bonus to
bonito,-a¹ *adj* ♦ *(gracioso, lindo)* pretty, nice ♦ *(correcto, elegante)* **no me parece muy b. que le grites al niño,** I don't think it's very nice of you to shout at the child ♦ *(importante, considerable)* nice, tidy ♦ *adv LAm* well: **espero que te vaya b.,** I hope it all goes well for you
bonito² *m* tuna
bono *m* ♦ *(vale)* voucher ♦ *Fin* bond, debenture ♦ **bonos del Tesoro** *o* **del Estado,** Treasury bonds
bonobús *m* bus pass
bonsai *m* bonsai
boquerón *m* (fresh) anchovy
boquete *m* hole

boquiabierto,-a *adj* ♦ open-mouthed ♦ *(atónito)* flabbergasted

boquilla *f* ♦ *(para un cigarrillo)* tip; *(de pipa)* mouthpiece ♦ *Mús* mouthpiece ♦ | LOC: *fam* **de b.: de b. somos todos muy generosos,** we're all generous, in theory

borbotón *m* bubbling; *(de sangre)* gush; **manar a borbotones,** to gush forth

borda *f Náut* gunwale; **fuera b.,** *(motor)* *m* outboard motor; *(lancha)* f outboard ♦ | LOC: **tirar por la b.,** to throw overboard; *fig (echar a perder)* to throw up

bordado,-a 1 *adj* ♦ *(perfecto)* perfect: **la traducción me quedó bordada,** I made an absolutely perfect job of that translation ♦ *Cost* embroidered | **2** *m Cost* embroidery

bordar *vtr* ♦ *(una interpretación, un trabajo)* to do excellently ♦ *Cost* to embroider

borde¹ *m (de una mesa, un camino)* edge; *(de una taza, etc)* rim, brim ♦ | LOC: **al b. de,** *(muy cerca de):* **tiene una casa al b. del mar,** he has got a house at the seaside; *fig* **estuvo al b. de la muerte,** she was at death's door; *(a punto de)* **estamos al b. de un ataque de nervios,** we are on the brink of a nervous breakdown

borde² 1 *m,f* stroppy person | **2** *adj* stroppy

bordear *vtr* ♦ *(ir por el borde, rodear)* to go round, skirt ♦ *(estar en el borde)* to border ♦ *pey (estar al límite de, rayar en)* to border on: **su paciencia bordea la estupidez,** his patience borders on stupidity

bordillo *m* kerb, *US* curb

bordo *m* ♦ | LOC: **a b.,** on board; **subir a b.,** to get on board

borrachera *f* ♦ *(embriaguez)* drunkenness: **cogí una buena b.,** I got really drunk ♦ *fam fig (exceso, empacho)* surfeit; **una b. de números,** a surfeit of numbers; *(entusiasmo)* excitement, fever: **está en plena b. electoral,** he has election fever

borracho,-a 1 *adj* ♦ *(ebrio)* drunk; **estar b.,** to be drunk ♦ *(bizcocho, pastel)* with rum | **2** *m,f* drunkard, drunk

borrador *m* ♦ *(escrito provisional)* rough copy, *US* first draft ♦ *(croquis)* rough *o* preliminary sketch ♦ *(de la pizarra)* duster

borrar *vtr* ♦ *(con una goma)* to erase, rub out; *(una pizarra)* to clean ♦ *Inform* to delete

■ **borrarse** *vr (darse de baja en una actividad, etc)* to drop out, withdraw

borrasca *f* area of low pressure

borrascoso,-a *adj* stormy

borrego,-a *m,f* ♦ yearling lamb ♦ *fam pey (persona)* sheep

borrico,-a *m,f* ♦ ass, donkey ♦ *fam (persona testaruda)* ass, stubborn ♦ *fam pey (ignorante, simple)* thickhead, dimwit

borrón *m* ♦ blot, smudge ♦ | LOC: **hagamos b. y cuenta nueva,** let's let bygones be bygones *o* let's start again

borroso,-a *adj* ♦ *(percepción, escrito, pintura)* blurred: **veo todo b.,** I can't see clearly, everything's blurred ♦ *(un recuerdo, una idea)* fuzzy; **un recuerdo b.,** a fuzzy memory

bosque *m* wood

bosquejar *vtr (trazar líneas)* to sketch, outline; *(insinuar una idea, un plan)* to draft, outline

bosquejo *m (de una figura, pintura)* sketch, study; *(de idea, de proyecto)* draft, outline

bostezar *vi* to yawn

bostezo *m* yawn

bota *f* ♦ boot ♦ *(de vino)* wineskin ♦ **botas de agua,** rubber boots, wellingtons ♦ | LOC: *fig* **ponerse las botas,** *(sacar beneficio)* to make a killing; *(atiborrarse)* to stuff oneself

botana *f tamb fpl LAm* snack

botánica *f* botany

botánico,-a 1 *adj* botanic(al); **jardín b.,** botanic(al) gardens | **2** *m,f* botanist

botar 1 *vi* ♦ *(una persona)* to jump ♦ *(un objeto)* to bounce | **2** *vtr* ♦ *Náut* to launch ♦ *(un balón, pelota)* to bounce ♦ *LAm (echar de un lugar, despedir)* to throw *o* chuck out

bote¹ *m* ♦ jump, bound ♦ *(de pelota)* bounce, rebound ♦ | LOC: **dar botes,** to jump up and down; **dar un b.,** *(asustarse)* to give a start; *(de alegría)* to jump for joy

bote² *m* ♦ *(de lata)* can, tin; *(de vidrio)* jar; *(para propinas)* jar *o* box for tips ♦ **b. de humo,** smoke bomb ♦ | LOC: *fam* **chupar del b.,** to scrounge, to be on the make; **en el b.,** in the bag: **ya los tengo en el b.,** they are eating out of my hand

bote³ *m Náut* boat; **b. de salvamento,** lifeboat

bote⁴ *loc* **estar de bote en b.,** to be packed, full to bursting

botella *f* bottle

botín¹ *m (de un robo)* loot, booty

botín² *m (calzado)* ankle boot

botiquín *m* ◆ medicine chest *o* cabinet; *(maletín)* first aid kit ◆ *(local de primeros auxilios)* first aid post

botón *m* button

botones *m inv (empleado de un hotel)* bellboy, US bellhop; *(recadero)* messenger, errand boy

bóveda *f* ◆ vault ◆ **b. celeste,** the vault of heaven, firmament

bovino,-a *adj* ◆ bovine ◆ **ganado b.,** cattle

boxeador *m* boxer

boxear *vi* to box

boxeo *m* boxing

boya *f* ◆ *Náut* buoy ◆ *(corcho de pescar)* float

boyante *adj* buoyant

bozal *m* muzzle

braga *f tb fpl* ◆ panties *pl*, knickers *pl; (de bebé)* over pants ◆ | LOC: *fam* **estar en bragas,** *(carecer de conocimiento de un tema)* not to know the first word; *(carecer de dinero)* to be flat broke; **pillar (a alguien) en bragas,** to catch (somebody) completely unprepared

bragueta *f (de pantalón)* fly, flies *pl*

bramar *vi* ◆ *(el ganado)* to low, bellow ◆ *(gritar, rugir una persona)* to roar, bellow; *(el mar, el viento)* to roar, to howl

bramido *m* ◆ lowing, bellow ◆ *(grito)* roar, bellow; *(sonido del mar, del viento)* roar, howl

branquia *f* gill

brasa *f* ember, red-hot coal ◆ | LOC: **a la b.,** barbecued

Brasil, *m* Brazil

brasileño,-a *adj & m,f* Brazilian

bravo,-a 1 *adj* ◆ *(salvaje, fiero)* fierce, ferocious ◆ *(valeroso)* brave, courageous ◆ *(mar)* rough, stormy ◆ *LAm* angry ◆ | LOC: **por las bravas,** forcibly | **2** *excl* **¡bravo!,** well done!, bravo!

braza *f* ◆ *(medida)* fathom ◆ *(en natación)* breaststroke ◆ **nadar a b.,** to swim breaststroke

brazada *f (en natación)* stroke

brazalete *m* ◆ *(joya, adorno)* bracelet ◆ *(distintivo)* armband

brazo *m* ◆ arm; *(de sillón, tocadiscos)* arm; *(de animal cuadrúpedo)* foreleg; *(de un río, candelabro)* branch ◆ *fig* **b. armado,** armed wing; **b. de gitano,** type of Swiss roll; *fig* **b. derecho,** right-hand man ◆ | LOC: **cruzarse de brazos,** *lit* to fold one's arms, *fig* not to do anything; **ir (agarrados) del b.,** to walk arm in arm; *fig* **no dar su b. a torcer,** not to give in *o* to stand firm; **con los brazos abiertos,** with open arms; **en brazos,** in one's arms

brebaje *m* concoction, brew

brecha *f* ◆ *(en una pared)* opening, gap ◆ *(herida en la cabeza)* gash ◆ *Mil & fig* breach: **se ha abierto una b. en la oposición,** the opposition is split ◆ | LOC: *fig* **estar (siempre) en la b.,** to be always in the thick of things

brécol *m* broccoli

Bretaña *f* Brittany

breva *f* early fig ◆ | LOC: *fam* **¡no caerá esa b.!,** no such luck!

breve *adj* ◆ brief ◆ **(noticias) breves,** news in brief ◆ | LOC: **en b.,** shortly, soon

brevedad *f* brevity; **con la mayor b. posible,** as soon as possible

brezo *m* heather

bricolaje *m* do-it-yourself, DIY

brigada 1 *f* ◆ *Mil* brigade ◆ *(de policías, de salvamento, de trabajadores, etc)* squad; **b. antidroga,** drug squad | **2** *m Mil* sergeant major

brillante 1 *adj* ◆ *(un color, una persona, un objeto)* brilliant: **su conferencia fue absolutamente b.,** his talk was absolutely brillant ◆ *(un suelo, una superficie)* gleaming | **2** *m* diamond

brillantez *f* brilliance

brillar *vi* ◆ *(emitir luz)* to shine; *(emitir destellos)* to sparkle; *(centellear)* to glitter ◆ *(destacar)* to be conspicuous: **Juan brilló por su ausencia,** Juan was conspicuous by his absence

brillo *m (resplandor)* shine; *(del sol, de la luna, de un foco de luz, etc)* brightness; *(centelleo)* glittering; *(del cabello, tela)* sheen; *(de un color)* brilliance; *(de zapatos)* shine; **sacar b. a,** to shine, polish

brincar *vi* to skip

brinco *m* skip ◆ | LOC: **dar brincos de alegría,** to jump with joy

brindar 1 *vi* to drink a toast: **brindo por los novios,** here's to the bride and groom | **2** *vtr* ◆ *(ofrecer)* to offer, provide ◆ *Taur* to dedicate

■ **brindarse** *vr* to offer [a, to]

brindis *m* toast

brisa *f* breeze

británico,-a 1 *adj* British; **las Islas Británicas,** the British Isles | **2** *m,f* ◆ Briton ◆ **los británicos,** the British

brizna *f* ◆ *(de hierba)* blade ◆ *(pizca)* scrap: **no corre ni una b. de aire,** there isn't a breath of air

broca *f Téc* bit
brocha *f* ◆ *(para pintar)* paintbrush ◆ **b. de afeitar,** shaving brush; **b. de maquillar,** blusher brush
broche *m* ◆ *(joya)* brooch ◆ *(de un collar)* clasp ◆ *fig* **b. de oro: la actuación de Alonso puso el b. de oro al festival,** Alonso's performance was the perfect finale to the festival; **b. de presión,** press stud, fastener
brocheta *f* ◆ *(varilla para ensartar alimentos)* brochette, skewer ◆ *(comida servida ensartada)* kebab
broma *f (chiste)* joke; **b. pesada,** practical joke ◆ | LOC: **gastar una b.,** to play a joke; **hablar en b.,** to be joking; **hacer algo en b.,** to do something as a joke; **bromas aparte,** joking apart; **¡ni en b.!,** not on your life!: **no digas eso ni en b.,** don't say that, even as a joke
bromear *vi* to joke
bromista 1 *adj* fond of joking *o* playing jokes | 2 *m,f* joker, prankster
bronca *f (disputa, pelea)* quarrel, row ◆ *(abucheo)* jeering ◆ *(reprimenda)* telling-off; **echar una b. a alguien,** to tell sb off
bronce *m* ◆ bronze; *(escultura)* bronze sculpture; **edad de b.,** bronze age ◆ *Dep* bronze medal ◆ | LOC: *fam hum* **ligar bronce,** to get a tan
bronceado,-a 1 *adj* suntanned, tanned | 2 *m* suntan, tan
bronceador,-ora 1 *adj* tanning; **leche bronceadora,** suntan cream | 2 *m* suntan cream *o* lotion
broncearse *vr* to get a tan *o* a suntan
bronquitis *f inv* bronchitis
brotar *vi* ◆ *(germinar, retoñar)* to sprout ◆ *(surgir una plaga, la violencia)* to break out ◆ *(manar)* to spring, gush; *(lágrimas)* to well up
brote *m* ◆ *Bot (retoño)* bud, shoot ◆ *(de agua)* gushing ◆ *(de enfermedad, violencia, etc)* outbreak
bruces (de) *loc adv* face downwards: **me caí de b.,** I fell flat on my face; **darse de b. con,** to bump into
bruja *f* ◆ witch, sorceress ◆ *fig (mujer antipática)* old bag
brujería *f* witchcraft, sorcery
brújula *f* compass ◆ | LOC: **perder la b.,** to lose one's touch
bruma *f* mist
brusco,-a *adj* ◆ *(rudo, poco amable)* brusque, abrupt ◆ *(súbito)* sudden, sharp

brusquedad *f* brusqueness, abruptness
brutal *adj* ◆ brutal ◆ *fam (excesivo, intenso)* huge, enormous: **el cambio es b.,** the change is tremendous
brutalidad *f* brutality
bruto,-a 1 *adj* ◆ *(poco inteligente)* stupid, thick ◆ *(grosero)* coarse, uncouth ◆ *(sin descuentos)* gross ◆ *(peso)* gross ◆ **diamante en b.,** uncut diamond; *fig (persona)* rough diamond | 2 *m,f* blockhead, brute
buceador,-ora *m,f* diver
bucear *vi (en aguas profundas)* to dive; *(en la piscina)* to swim under water
buceo *m* diving
buche *m* ◆ *(de ave)* crop; *(de insectos)* craw; *(de cuadrúpedos)* maw ◆ *(trago pequeño)* mouthful ◆ *fig (de persona)* belly; **llenar el b.,** to eat
bucólico,-a *adj* ◆ *(un paisaje, una persona)* rural ◆ *(un poema)* bucolic, pastoril
budín *m* pudding
budismo *m* Buddhism
budista *adj* Buddhist
buen *adj (delante de un nombre masculino singular o infinitivo)* good: **¡b. viaje!,** have a good trip! → **bueno,-a**
buenamente *adv* **se expresa como b. puede,** she expresses herself as best she can; **me dio lo que b. pudo,** he gave me what he possibly could
buenaventura *f* good fortune, good luck; **echar la b. a alguien,** to tell somebody's fortune
bueno,-a 1 *adj* ◆ good; **un café muy b.,** a very good coffee ◆ *(bondadoso, bonachón)* good, kind: **es muy buena persona,** she's a very kind soul ◆ *(saludable)* well, in good health: **el niño se pondrá b. en unos días,** the child will be well again in a few days ◆ *Meteor (apacible)* good; **hoy hace muy buena noche,** it's a lovely night tonight ◆ *(rico, sabroso)* good, nice: **la cena estaba muy buena,** the dinner was delicious ◆ *(conveniente, provechoso)* good: **no es b. que leas con esa luz,** it's not good for you to read in this light; **sería b. que nos reuniéramos los lunes,** it would be a good idea if we met on Mondays ◆ *(grande)* considerable: **un buen montón de dinero,** a considerable amount of money ◆ *fam (macizo)* gorgeous, sexy; **Javier está muy b.,** Javier's lovely ◆ *irón* fine, real: **armó un buen jaleo,** he kicked up quite a fuss; **¡en buen lío nos hemos metido!,** that's a fine mess we've got ourselves into! ◆ | LOC: **¡buena**

la hemos hecho!, that's done it!; **¡buenas!,** hello!; **dar algo por b.,** to approve sthg; **estar de buenas,** to be in a good mood; **¡estaría b.!,** I should jolly well hope not!; **librarse de una buena,** to get off scot free; **de buenas a primeras,** suddenly, all at once; **por las buenas,** willingly | **2** *m,f* ◆ *(cándido, buenazo)* **el b. de Pedro,** good old Pedro | **3** *excl* **¡b.!,** *(vale)* all right, OK; *(sorpresa)* **¡b.!, no me digas que te vas a casar,** well!, don't say you're getting married!

buey *m (animal doméstico)* ox, bullock; **b. (de mar)** *(marisco)* crab
búfalo,-a *m,f* buffalo
bufanda *f* scarf
bufar *vi* ◆ *(un animal)* to snort ◆ *(persona)* to be fuming, to snort
bufé *m* buffet; **b. libre,** self-service buffet meal
bufete *m (despacho de abogado)* lawyer's office, lawyer's practice
bufón,-ona *m,f* ◆ buffoon ◆ *pey* a stupid person
buhardilla *f* attic
búho *m* owl
buitre *m* ◆ *Zool* vulture ◆ *fig pey (persona aprovechada y egoísta)* vulture
bujía *f Auto* spark plug
bulbo *m Bot* bulb
buldog *m* bulldog
bulevar *m* boulevard
Bulgaria *f* Bulgaria
búlgaro,-a *adj & m,f* Bulgarian
bulimia *f* bulimia
bulla *f* ◆ *(jaleo)* noise, fuss, racket; **armar b.,** to kick up a racket ◆ *(aglomeración)* crowd, mob
bullicio *m* hubbub
bullir *vi* ◆ *(un líquido)* to boil, bubble (up) ◆ *(hormiguear)* to bustle
bulto *m* ◆ *(volumen, objeto indeterminado)* shape, form ◆ *(equipaje)* piece of luggage ◆ *Med* lump ◆ | LOC: *fam* **escurrir el b.,** to pass the buck; **un error de b.,** a big mistake
búnker *m* bunker
buñuelo *m* ≈ small doughnut, fritter
buque *m* ship ◆ **b. cisterna,** tanker; **b. de guerra,** warship; **b. escuela,** training ship; **b. insignia,** flagship
burbuja *f* bubble; **tener burbujas,** to be fizzy; **con/sin burbujas,** fizzy/still
burbujear *vi* to bubble
burdel *m* brothel
burgués,-guesa *adj & m,f* bourgeois
burguesía *f* bourgeoisie
burla *f* ◆ *(mofa)* mockery ◆ *(broma)* joke ◆ | LOC: **hacer b. de,** to make fun of
burladero *m Taur* refuge in bullring
burlar *vtr* ◆ *(engañar)* to outwit ◆ *(esquivar)* to evade
■ **burlarse** *vr* to mock, to make fun [**de,** of]
burlete *m* draught excluder
burlón,-ona *adj* mocking
buró *m* ◆ *Pol* executive committee ◆ *(mueble)* bureau, desk
burocracia *f* bureaucracy
burócrata *mf* bureaucrat
burocrático,-a *adj* bureaucratic
burrada *f* ◆ *(comentario tonto)* piece of nonsense; **decir burradas,** to talk nonsense ◆ *(acción disparatada)* stupid *o* foolish act; **hacer burradas,** to act stupidly ◆ *fam (cantidad desmedida)* loads *pl,* lots *pl*
burro,-a 1 *m,f* ◆ donkey, ass; **b. de carga,** *(persona)* dogsbody ◆ *fam (estúpido)* dimwit, blockhead | **2** *adj* ◆ *fam (necio)* stupid, dumb ◆ *fam (terco)* stubborn ◆ | LOC: *fam fig* **bajarse/apearse del b.,** to climb down *o* to back down; *fam fig* **caer de la burra,** to realize *o* to twig; *fam* **no ver tres en un b.,** to be as blind as a bat
bursátil *adj* stock-market
bus *m* bus
busca 1 *f* search; **ir en b. de,** to go in search of | **2** *m inv* bleeper, pager
buscador,-ora *m,f* **b. de oro,** gold prospector
buscar *vtr* ◆ to look for ◆ *(en la enciclopedia, en el diccionario)* to look up ◆ *(conseguir, traer)* to fetch: **ve a b. un poco de agua,** go and fetch some water ◆ *(recoger cosas)* to collect; *(recoger personas)* to pick up: **fue a buscarme al trabajo,** she picked me up from work
■ **buscarse** *vr (problemas, la ruina, una discusión)* to ask for ◆ | LOC: **¡te la estás buscando!,** you're asking for it!
búsqueda *f* search
busto *m* bust
butaca *f* ◆ *(mueble)* armchair ◆ *(localidad)* seat; **b. de platea** *o* **patio,** seat in the stalls
butano *m* ◆ *(gas)* butane (gas) ◆ *(color)* orange
butifarra *f* sausage
buzo *m* ◆ *(submarinista)* diver ◆ *(prenda de vestir)* overall
buzón *m* letter box, *US* mailbox
byte *m Inform* byte

C, c f (letra) C, c

c/ (abr de **calle**) street, St

cabal adj (sensato) upright, worthy ◆ |LOC: fam **no estar alguien en sus cabales**, not to be in one's right mind

cábala f (hipótesis) conjecture, guess ◆ Rel cabbala

cabalgar vtr & vi to ride

cabalgata f cavalcade: **vimos pasar la c. de los Reyes Magos**, we saw the procession of the Three Wise Men go by

caballa f Zool mackerel

caballería f ◆ Mil cavalry ◆ Hist chivalry

caballero m ◆ gentleman ◆ Hist knight ◆ frml (señor) sir ◆ **caballeros**, (en un lavabo) gents ◆ **ropa de c.**, menswear

caballeroso,-a adj gentlemanly, chivalrous

caballete m ◆ (de pintor) easel ◆ (para una mesa, un banco, etc) trestle ◆ (hueso de la nariz) bridge

caballito m 1 Zool sea-horse | 2 mpl **caballitos**, (tiovivo) merry-go-round sing, US carousel sing

caballo m ◆ horse ◆ Ajedrez knight ◆ Naipes ≈ queen ◆ argot (heroína) horse, smack ◆ Fís **c. de vapor**, horse power ◆ |LOC: **llevar a alguien a c.**, to give somebody a piggyback; **montar a c.**, to ride; **a c.**, on horseback; (a horcajadas) astride; **a c. entre...**, halfway between...

cabaña f cabin

cabaré, cabaret m cabaret

cabecear vi (mover la cabeza) to nod off ◆ Dep (un balón) to head

cabecera f (de una cama) headboard ◆ Tip headline; Prensa masthead ◆ (de una mesa) top, head ◆ **libro de c.**, bedside book; **médico de c.**, family doctor

cabecilla mf leader

cabellera f head of hair

cabello m ◆ hair ó Culin **c. de ángel**, sweet made of pumpkin and syrup

caber vi ◆ (poder entrar) to fit, be (able to be) contained: **no cabe por la ventana**, it won't go through the window; **no sé si cabrán los tres**, I don't known if there is room for all three of them ◆ (en un recipiente) to hold: **en esta botella caben dos litros**, this bottle holds two litres ◆ (en 3.ª persona) (ser posible, existir) **no nos cabe duda alguna**, we have no doubts ◆ |LOC: **no me cabe en la cabeza**, I can't understand it; **no está mal, dentro de lo que cabe**, it isn't bad, under the circumstances

cabestrillo m sling: **tiene el brazo en c.**, he has his arm in a sling

cabeza f ◆ head ◆ (sentido común) sense ◆ (mente) mind, head: **no se me pasó por la c.**, it didn't even occur to me ◆ (habilidad) **no tiene c. para los negocios**, he hasn't got a good head for business ◆ (cabellera) hair ◆ **c. de ajo**, bulb of garlic; **c. de chorlito**, scatterbrain; **c. de familia**, head of the family; **c. de ganado**, head of cattle; **c. de turco**, scapegoat; **c. rapada**, skinhead ◆ |LOC: **estar mal de la c.**, to be a mental case; **perder la c.**, to lose one's temper; **romperse o quebrarse la c.**, to rack one's brains; **traer a alguien de c.**, to drive sb mad; **a la c. de**, at the front o top of; **de c.**, (de lleno) completely; (en natación) **se tiró de c. a la piscina**, he dived headfirst into the pool; Dep **metió un gol de c.**, he headed a goal; **en c.**, in the lead; **por c.**, per person

cabezada f nod ◆ |LOC: fam **dar cabezadas**, to nod; **echar una c.**, to have a snooze

cabezal m ◆ Téc (de magnetófono, etc) head ◆ (reposacabezas) headrest

cabezazo m ◆ (dado con la cabeza) butt; (recibido en la cabeza) blow on the head ◆ Ftb header: **le di un c. a la pelota**, I headed the ball

cabezota fam 1 adj pig-headed | 2 mf pig-headed person: **¡eres un c.!**, you are so stubborn!

cabida f capacity ◆ |LOC: **dar/tener c.**, (tener capacidad) to hold; (dejar lugar) to leave room for: **en esta casa no tienen c. tales comportamientos,** there's no place in this home for such behavior

cabina *f* cabin; *(de un conductor)* cab; *(de teléfono)* telephone box, *US* telephone booth

cabizbajo,-a *adj (triste)* downcast, crestfallen

cable *m* ◆ cable ◆ *(de un aparato eléctrico)* wire

cabo *m* ◆ *(extremo)* end ◆ *Geog* cape ◆ *Náut* rope, cable ◆ *Mil* corporal ◆ **C. Verde,** Cape Verde; **Ciudad de El C.,** Cape Town ◆ | LOC: **atar cabos,** to put two and two together; *fig* **no dejar ningún c. suelto,** to leave no loose ends; **al c. de,** *(transcurrido)* after; **de c. a rabo,** from start to finish

cabra *f* goat ◆ | LOC: *fam* **estar como una c.,** to be off one's head

cabrear *vtr* to make angry
■ **cabrearse** *vr* to get worked up

cabrito *m* ◆ *Zool* kid ◆ *Esp fam euf (cabrón)* swine

cabrón,-ona 1 *m Zool* billy goat | **2** *m,f vulgar ofens (hombre)* bastard; *(mujer)* bitch

caca *f fam* poo: **el niño quiere hacer c.,** the boy needs to have a poo

cacahuete *m* peanut

cacao *m* ◆ *Bot* cacao ◆ *(bebida)* cocoa ◆ *fam (jaleo)* mess, muddle ◆ | LOC: **tener un c. mental,** to be confused

cacarear 1 *vi (una gallina)* to cluck | **2** *vtr pey (contar algo a muchos)* to spread sthg around

cacatúa *f* ◆ *Orn* cockatoo ◆ *fam pey (mujer vieja y fea)* old bag

cacería *f (caza organizada)* hunt, shoot

cacerola *f* saucepan, *(de barro)* casserole

cacha *f* ◆ *(de una pistola, etc)* handle ◆ *vulgar (de una persona)* thigh

cachalote *m Zool* sperm whale

cacharrazo *m fam (golpe violento)* crash

cacharro *m* ◆ *(de loza)* earthenware pot o jar ◆ *fam (objeto inservible o viejo)* thing, piece of junk ◆ **cacharros** *pl, (de cocina)* pots and pans; **fregar los cacharros,** to do the washing-up

cachas 1 *adj fam* **estar cachas,** to be really muscular | **2** *mf fam* hunk

cachear *vtr* to frisk, search

cachemir *m,* **cachemira** *f* cashmere

cacheo *m* frisk, frisking

cachete *m* ◆ *(en la cara)* slap; *(en las nalgas)* smack ◆ *(mejilla)* cheek

cachimba *f* pipe

cachivache *m fam* knick-knack, piece of junk

cacho¹ *m fam* ◆ *(pedazo)* bit, piece ◆ *LAm (rato)* while

cacho² *m LAm (cuerno)* horn

cachondearse *vr fam* to take the mickey out [**de,** of]; *US* to make fun of

cachondeo *m fam* ◆ | LOC: **estar de c.,** to be joking; **tomar algo a c.,** to take sthg as a joke

cachorro,-a *m,f (de perro)* pup, puppy; *(de gato)* kitten; *(de otros animales)* cub, baby
➤ Ver en páginas centrales: ¿Macho, hembra o cachorro?

cacique *m pey Pol* local (political) boss; *(persona influyente e injusta)* tyrant

caco *m fam* thief

cacofonía *f* cacophony

cacto *m,* **cactus** *m inv Bot* cactus *inv*

cada *adj* ◆ *(distribución) (entre dos)* each; *(entre más)* each, every; **seis de c. diez,** six out of (every) ten ◆ *(frecuencia)* **c. día,** every day; **c. dos días,** every second day o every other day ◆ *fam (intensificador)* **¡tu hija hace c. pregunta!,** your daughter asks such awkward questions! ◆ *(todas las personas)* **c. uno hace lo que quiere,** everyone does as they like; *(en una serie)* **c. uno de ellos dará una conferencia,** each of them will give us a lecture ◆ | LOC: **a c. instante/paso,** constantly; **c. dos por tres,** every other minute; **c. vez más,** more and more; **c. vez menos,** less and less

> La diferencia entre **each** y **every** es muy pequeña. **Every** se refiere a un grupo y **each** a los individuos en el grupo: *Cada trabajador debe empezar a las ocho.* **Every worker should begin at eight.** *Hablaré con cada trabajador durante la semana.* **I will speak to each worker during the weak.** Como ves, el uso depende únicamente de cómo quieres considerar a los trabajadores: como individuos o como un grupo.

cadáver *m* ◆ *(de persona)* corpse, (dead) body: **ingresó cadáver,** she was dead on arrival ◆ *(de animal)* body, carcass

cadena *f* ◆ chain ◆ *(de una mascota, etc)* lead, leash ◆ *TV* channel ◆ *(de trabajo)* line ◆ *Com (red de establecimientos)* chain

cadencia

♦ **c. de montaje,** assembly line; **c. de música,** hi-fi system; *Geog* **c. montañosa,** mountain range; *Jur* **c. perpetua,** life imprisonment ♦ **cadenas** *pl, Auto* tyre o *US* tire chains ♦ | LOC: **accidente en c.,** pile-up; **reacción en c.,** chain reaction

cadencia *f* ♦ rhythm ♦ *Mús* cadenza
cadera *f* hip
cadete *m Mil* cadet
caducar *vi* to expire
caducidad *f* ♦ expiry ♦ **fecha de c.,** *(en alimentos)* sell-by date; *(en medicinas)* to be used before
caduco,-a *adj* ♦ *Bot (hoja de árbol)* deciduous ♦ *pey (pasado de moda)* out-of-date; *(decrépito)* senile
caer *vi* ♦ to fall; **c. desde lo alto,** to fall from the top; **c. por la ventana,** to fall out of the window; **c. por las escaleras,** to fall down the stairs ♦ *(captar)* to understand, see: **no caí,** I didn't twig; *US* I didn't realize it; **ya caigo, ¡qué tontería!,** I get it ¡it's easy! ♦ *(estar aproximadamente)* to be: **eso cae por aquí cerca,** it is somewhere near here ♦ *(tener lugar)* to be: **¿cuándo cae este año la Semana Santa?,** when is Easter this year? ♦ *(causar buena o mala impresión)* **le cae bien/mal,** he likes/doesn't like her ♦ | LOC: **dejar c.,** *(un objeto, una indirecta)* to drop; **dejarse c. por,** to drop by; **estar al c.,** *(a punto de llegar)* he'll arrive any minute now; *(a punto de ocurrir)* it's on the way; **al c. el día,** in the evening; **al c. la noche,** at nightfall; **c. (muy) bajo,** to sink (very) low

■ **caerse** *vr* to fall (down): **se cayó de la banqueta,** she fell off the stool; **se me cayó el lápiz,** I dropped my pencil ♦ *(el pelo, los dientes)* to lose ♦ *(desprenderse)* to fall out

café *m* ♦ *(bebida, planta)* coffee; **c. con leche/solo,** white/black coffee ♦ *(establecimiento)* café
cafeína *f* caffeine
cafetal *m* coffee plantation
cafetera *f* ♦ *(para hacer café)* coffee-maker; *(en una cafetería)* expresso machine ♦ *(para servir café)* coffeepot
cafetería *f* snack bar, café; *Ferroc* buffet, refreshment room
cagar *vi* & *vtr vulgar* to (have a) shit
caída *f* ♦ fall ♦ *(del pelo, los dientes)* loss ♦ *(de los precios)* drop ♦ *(de un tejido)* **es una tela con poca c.,** it's a fabric that hangs badly ♦ *Pol* downfall, collapse

caído,-a *adj* fallen
caimán *m Zool* alligator
caja *f* ♦ box ♦ *(de embalaje)* crate, case ♦ *(de vino, de cerveza)* a crate [**de,** of] ♦ *Fin (en tienda)* cash desk; *(en banco)* cashier's desk ♦ *(féretro)* coffin, *US* casket ♦ *Mús* soundbox; *(de un piano)* soundboard ♦ *Com* **c. de ahorros,** savings bank; *Auto* **c. de cambios,** gearbox; **c. fuerte,** safe; *fam TV* **la c. tonta,** the idiot box; **c. torácica,** rib cage ♦ | LOC: *Com* **hacer c.,** to cash up
cajero,-a *m,f* cashier ♦ **c. automático,** cash point, dispenser; *US* ATM machine
cajetilla *f (de tabaco)* packet, *US* pack
cajón *m* ♦ *(de un mueble)* drawer ♦ *(caja grande)* crate, chest ♦ *fig (de sastre)* jumble, rag bag ♦ | LOC: *fam* **de c.,** obvious, self-evident
cal¹ *f* lime ♦ | LOC: **cerrado,-a a c. y canto** ♦ bolted and barred; *fam* **una de c. y otra de arena,** six of one and half a dozen of the other
cal² *abr de calorías(s),* calorie(s), cal
cala *f Geog (entrante del mar)* creek, cove ♦ *(incursión)* foray ♦ *Náut* hold ♦ *Esp fam fpl* peseta
calabacín *m Bot (grande)* marrow, *US* squash; *(pequeño)* courgette, *US* zucchini
calabaza *f* pumpkin, gourd ♦ | LOC: *fam* **dar calabazas,** *(a un pretendiente)* to give sb the brush off
calabobos *m inv fam (llovizna fina)* drizzle
calabozo *m (de una comisaría)* jail; *(de un castillo)* dungeon; *(de una cárcel)* cell
calada *f fam (de un cigarrillo)* drag, puff
calado,-a 1 *adj* ♦ *(empapado)* soaked ♦ *Cost (que tiene agujeros)* holey | **2** *m* ♦ *Náut (de una embarcación)* draught, *US* draft; *fig (de un asunto)* significance ♦ *Cost* open-work
calamar *m Zool* squid *inv*
calambre *m* ♦ *Elec (descarga)* electric shock: **me dio c.,** I got a shock ♦ *(contracción en músculo)* cramp: **me dio un c. en la pierna,** I got cramp in my leg
calamidad *f* ♦ *(desgracia, desastre)* calamity ♦ *fam hum (persona torpe)* disaster
calaña *f pey (estofa)* kind, sort: **con gente de esa c. es mejor no tratarse,** it's better to have nothing to do with people of that sort
calar 1 *vtr* ♦ *(empapar)* to soak, drench ♦ *(atravesar)* to pierce, penetrate ♦ *fam (a alguien o sus intenciones)* to rumble; **¡te te-**

nemos calado!, we've got your number! | **2** *vi* ♦ *(permitir que pase el líquido)* to let in water ♦ *(impresionar)* to make an impression [**en,** on]; *(penetrar)* to catch on ♦ *Náut* to draw

■ **calarse** *vr* ♦ *(empaparse)* to get soaked ♦ *(el sombrero, la gorra)* to pull down ♦ *Auto* to stall

calavera 1 *f* skull | **2** *m (libertino)* tearaway, madcap

calcar *vtr* ♦ *(un dibujo)* to trace ♦ *(imitar)* to copy, imitate

calceta *f (labor de lana)* knitting ♦ | LOC: **hacer c.,** to knit

calcetín *m* sock

calcinar *vtr* ♦ *(arder por completo)* to burn (to ashes) ♦ *Quím* to calcine

calcio *m* calcium

calco *m* ♦ tracing ♦ *(imitación exacta)* exact replica, straight copy ♦ **papel de c.,** carbon paper

calcomanía *f* transfer

calculador,-ora 1 *adj (persona, mente)* calculating | **2** *f* calculator

calcular *vtr* ♦ *Mat* to calculate ♦ *(evaluar, estimar)* to (make an) estimate ♦ *(conjeturar)* to figure, guess, reckon

cálculo *m* ♦ *(operación matemática)* calculation ♦ *(previsión, conjetura)* reckoning; **según mis cálculos,** by my reckoning ♦ *Med* gallstone ♦ *Mat (disciplina)* calculus

caldear *vtr* to heat up

caldera *f (de la calefacción)* boiler

calderilla *f* small change

caldero *m* cauldron

caldo *m* ♦ *(de verduras, ave)* stock; *(con tropezones)* broth; *(sin tropezones, consomé)* clear soup ♦ *(vino)* wine ♦ **c. de cultivo,** *Biol* Farm culture medium; *fam (circunstancias propicias)* breeding ground ♦ | LOC: *fam* **poner a c. a alguien,** *(regañar)* to tell sb what you think of her/him; *(hablar mal)* to pull sb to pieces

calé *adj* & *mf* gypsy

calefacción *f* heating; *US* heat; **c. central/eléctrica,** central/electric heating

calefactor *m* heater

caleidoscopio *m* kaleidoscope

calendario *m* ♦ calendar ♦ *(de trabajo)* schedule

calentador *m* heater

calentamiento *m* ♦ *Dep* warm-up; **ejercicios de c.,** warm(ing)-up excercises ♦ increase in temperature

calentar *vtr* ♦ *(la leche, el aceite, horno)* to heat; *(algo o alguien que se quedó frío)* to warm up ♦ *fam (dar unos azotes)* to smack ♦ *LAm (hacer enfadar)* to make someone cross o mad ♦ *vulgar (excitar sexualmente)* to arouse (sexually), turn on | **2** *vi* ♦ *(dar calor el sol)* to be hot; *(una estufa)* to heat ♦ *(una prenda)* to warm up

■ **calentarse** *vr* ♦ to get hot o warm, heat up ♦ *fig (enardecerse)* to get excited ♦ *LAm* to lose one's temper

calentura *f* ♦ *(en los labios)* cold sore ♦ *(fiebre)* temperature

calibrar *vtr (un arma)* to calibrate; *(una situación)* to gauge

calibre *m* ♦ *(de arma, tubo)* calibre, bore ♦ *(importancia, categoría)* importance, magnitude

calidad *f* quality ♦ | LOC: **de c.,** high quality; **de mala c.,** poor quality; **de primera c.,** first-class; **en c. de,** as

cálido,-a *adj* warm; **un c. abrazo,** a warm hug

caliente *adj* ♦ hot ➢ Ver nota en **calor** ♦ *(una discusión, etc)* heated ♦ *vulgar (sexualmente excitado)* hot, randy ♦ | LOC: **en c.,** in the heat of the moment

calificación *f* ♦ qualification ♦ *Educ* mark

calificar *vtr* ♦ to describe [**de,** as]: **lo calificó de incompetente,** he called him incompetent ♦ *(poner nota a un examen, a una competición)* to mark, grade, give a mark

caligrafía *f (arte)* calligraphy; *(escritura a mano)* handwriting

cáliz *m* ♦ *Rel* chalice; *fig (sufrimiento, pena)* sorrow ♦ *Bot* calyx

callado,-a *adj* quiet ♦ | LOC: **se lo tiene muy callado,** she's keeping that quiet

callar 1 *vi* ♦ *(parar de hablar)* to stop talking: **calla un momento, ¿qué ruido es ése?,** be quiet, what's that noise? ♦ *(no decir nada)* to keep quiet, say nothing | **2** *vtr* & *vr (dejar de dar una noticia)* not to mention, keep to oneself ♦ | LOC: **¡calla!,** *(para indicar sorpresa)* never!; **hacer c.,** *(hacer que alguien pare de hablar)* to get someone to be quiet; *(silenciar)* to silence

■ **callarse** *vr* to stop talking, be quiet; **¡cállate!,** shut up!

calle *f* ♦ street, road; **c. cortada,** cul-de-sac, dead end; **c. mayor,** high street, *US* main street ♦ *Dep (de una pista, un circuito)* lane ♦ | LOC: **los vecinos se echaron a la c.,** the residents took to the streets; **poner a alguien de patitas en la c.,** to throw

callejero

sb out into the street; **el hombre de la c.,** the man in the street

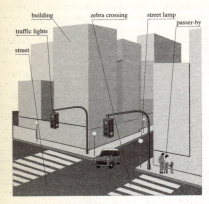

building, zebra crossing, street lamp, passer-by, traffic lights, street

callejero,-a 1 *m (guía de una ciudad)* street directory | **2** *adj* street; *(animal)* alley; **perro c.,** stray dog

callejón *m* back alley o street; *(sin salida)* cul-de-sac, dead end

callejuela *f* narrow street, lane

callo *m* ◆ *Med* callus, corn ◆ *Culin* **callos,** tripe *sing* ◆ | LOC: *fam* **dar el c.,** to slog

calma *f* ◆ *(sosiego, paz)* calm; **estar en c.,** to be calm ◆ **¡c., señores!,** *(en una discusión)* calm down, please!; *(ante un peligro)* please, keep calm!; **tomárselo con c.,** to take it easy ◆ *Meteor* calm weather ◆ *Náut* **c. chicha,** dead calm

calmante *m* painkiller

calmar *vtr* ◆ *(a una persona)* to calm (down) ◆ *(un dolor)* to soothe, relieve
 ■ **calmarse** *vr* ◆ *(una persona)* to calm down ◆ *(disminuir, apaciguarse)* to ease off

calor *m* ◆ heat: **hacía mucho c.,** it was very hot; **pasar/tener c.,** to feel hot o to be hot ◆ *(afecto, cariño)* warmth ◆ | LOC: **entrar en c.,** to warm up

> Si quieres combinar esta palabra con los verbos *hacer* o *tener,* debes usar respectivamente **to be** y **to feel/be**: *Hace calor.* It's hot. *Tengo calor.* I feel hot o I am hot.

caloría *f* calorie
calumnia *f* ◆ calumny ◆ *Jur* slander
calumniar *vtr* ◆ to calumniate ◆ *Jur* to slander

caluroso,-a *adj* ◆ hot ◆ *(una bienvenida, un saludo)* warm

calva *f* ◆ *(piel sin pelo)* bald patch ◆ *(mujer)* bald woman

calvicie *f* baldness

calvo,-a 1 *adj* bald | **2** *m* bald man

calzada *f* road, carriageway

calzado *m* shoes *pl,* footwear

calzar *vtr* ◆ *(llevar calzado)* to wear: **¿qué número calza?,** what size does he take? ◆ *(poner los zapatos)* to put shoes on ◆ *(a un mueble)* to wedge
 ■ **calzarse** *vr* **c. (los zapatos),** to put on one's shoes

calzoncillos *mpl* underpants, pants, *US* shorts

cama *f* bed; **c. de matrimonio,** double bed; **c. elástica,** trampoline; **c. individual,** single bed; **c. turca,** divan ◆ | LOC: **estar en** *o* **guardar c.,** to be confined to bed; **hacer la c.,** to make the bed; *fam* **hacerle la c. a alguien,** *(perjudicar)* to frame somebody; **irse a la c.,** to go to bed ➤ Ver nota en **bed**

camada *f* litter

camaleón *m* *Zool* chameleon

cámara 1 *f* ◆ *Fot TV* camera ◆ *(habitación, reservado)* room, chamber; **c. de gas,** gas chamber ◆ *(refrigerador industrial)* cold-storage room ◆ *Pol* Chamber, House; **c. alta,** *(senado)* upper house; **c. baja,** *(congreso)* lower house; **C. de los Diputados,** Chamber of Deputies ◆ *Auto (de un neumático)* inner tube ◆ *Mús* **música de c.,** chamber music | **2** *m,f (hombre)* cameraman; *(mujer)* camerawoman ◆ | LOC: **a c. lenta,** in slow motion

camarada *m,f Pol* comrade

camaradería *f* camaraderie

camarero,-a *m,f* ◆ *(de un restaurante) (hombre)* waiter, *(mujer)* waitress; *(de una barra de bar) (hombre)* barman, *(mujer)* barmaid ◆ *(servicio de hotel) (hombre)* bellboy, *(mujer)* chambermaid; *(de un barco) (hombre)* steward; *(mujer)* stewardess

camarilla *f* clique

camarón *m* *Zool* (common) prawn

camarote *m* cabin

cambiante *adj (inestable)* changing; *(humor, carácter)* changeable

cambiar 1 *vtr* ◆ to change ◆ *(cromos, etc)* to swap, *(en un comercio)* exchange ◆ *(un tipo de moneda por otra)* to change | **2** *vi* to change; **c. de casa,** to move (house); **c. de idea,** to change one's mind; **c. de sitio,**

to move; **c. de trabajo,** to get another job; **c. de velocidad,** to change gear
■ **cambiarse** *vr* ◆ *(mudarse de ropa)* to change (clothes) ◆ *(de dirección)* to move (house)

cambiazo *m fam* ◆ big change ◆ *(estafa)* switch

cambio *m* ◆ change; *(de opinión)* shift; **un c. de impresiones,** an exchange of opinions ◆ *(del dinero)* change: **¿tienes c. de cinco mil?,** have you got change for five thousand? ◆ *Fin (de la moneda extranjera)* exchange; *(de unas acciones)* price ◆ *Auto* gear change; **c. automático,** automatic transmission ◆ | LOC: **a c. de,** in exchange for; **a las primeras de c.,** at the first opportunity; **en c.,** on the other hand

camelia *f Bot (flor)* camellia

camello,-a 1 *m,f Zool* camel | **2** *m argot* (drug) pusher

camelio *m Bot (árbol)* camellia

camelo *m fam* ◆ *(estafa)* hoax ◆ *(mentira)* cock-and-bull story

camerino *m* dressing room

camilla *f* ◆ stretcher; *(para reconocer a un paciente)* examining couch ◆ **mesa c.,** round table covered with a long cloth

camillero,-a *m,f* stretcher

caminante *mf* walker

caminar 1 *vi* to walk | **2** *vtr (recorrer a pie)* to cover, walk

caminata *f* long walk

camino *m* ◆ *(estrecho, sin asfaltar)* path, track; *(en general)* road ◆ *(itinerario, ruta)* route, way ◆ *(medio, modo)* way ◆ | LOC: **coger** o **pillar de c.,** to be on the way; **estar en c.,** to be on the way; **ir c. de,** to be going to; *fig* **ir por buen/mal c.,** to be on the right/wrong track; **ponerse en c.,** to set off; **a medio c.,** halfway: **lo deja todo a medio c.,** she drops everything she starts halfway through; *fig* **una casa de turismo rural es un sitio a medio c. entre un hotel y una casa de labranza,** a rural tourism house is something halfway between a hotel and a farmhouse; **de c. a,** on the way to

camión *m Auto* lorry, *US* truck; **c. cisterna,** tanker; **c. de la basura,** refuse lorry, *US* garbage truck; **c. frigorífico,** refrigerator lorry

camionero,-a *m,f* lorry o *US* truck driver

camioneta *f* ◆ van ◆ *fam* bus

camisa *f* ◆ *Indum* shirt ◆ **c. de fuerza,** straightjacket ◆ | LOC: *fig* **cambiar de c.,** to change sides; **en mangas de c.,** in one's shirtsleeves

camiseta *f* ◆ *Indum (interior)* vest, *US* undershirt; *(exterior)* T-shirt ◆ *Dep* shirt

round neck

v neck

square neckline

polo neck

camisón *m* nightdress, *fam* nightie

camomila *f Bot* camomile

camote *m LAm* ◆ *(batata)* sweet potato ◆ *fam (enamoramiento)* crush

campamento *m* camp

campana *f* ◆ *(de iglesia, colegio)* bell ◆ *Cost* bell-bottom ◆ **c. extractora,** extractor hood; **vuelta de c.,** roll over ◆ | LOC: *fam fig* **echar las campanas al vuelo,** to start shouting about it

campanada *f* peal o ring of a bell: **el reloj dio las doce campanadas,** the clock struck twelve ◆ *(escándalo, sorpresa)* sensation, furore

campanario *m* belfry, bell tower

campanilla *f* ◆ small bell ◆ *Anat* uvula ◆ *Bot* harebell

campante *adj fam* ◆ *(imperturbable, fresco)* **me dijo que no me pagaría y se quedó tan c.,** he told me he wouldn't pay me and didn't bat an eyelid ◆ *(contento)* pleased: **iba yo tan c. cuando...,** I was walking along quite happily when...

campaña f ◆ (*electoral, etc*) campaign ◆ *Mil* expedition ◆ | LOC: *Mil* (*cocina, hospital, etc*) **de c.,** field

campar *vi* to stand out, be prominent ◆ | LOC: *fam* **c. por sus respetos,** to do as one pleases

campechano,-a *adj fam* unpretentious, straightforward

campeón,-ona *m,f* champion

campeonato *m* championship ◆ | LOC: **de c.,** (*muy bueno*) extraordinary; (*muy fuerte, muy grande*) terrible: **es un pelma de c.,** he's a real drag

campero,-a *adj* ◆ country, rural ◆ **(botas) camperas,** cowboy boots

campesino,-a *m,f* peasant; (*hombre*) countryman; (*mujer*) countrywoman | 2 *adj* rural, peasant-like

campestre *adj* rural

camping *m* ◆ (*espacio para acampar*) campsite ◆ (*acampada*) **nos fuimos de c.,** we went camping

campiña f open country

campo *m* ◆ country, countryside ◆ (*tierra de cultivo*) land: **trabaja en el c.,** he works on the land; (*parcela de cultivo*) field ◆ *Dep* field; (*de fútbol*) pitch; (*de golf*) course ◆ (*ámbito*) field ◆ *Fís Fot* field ◆ **c. de acción,** field of action; *Mil* **c. de batalla,** battlefield; **c. de concentración,** concentration camp; **c. de trabajo,** work camp; **c. magnético,** magnetic field; **c. visual,** field of vision; **trabajo de c.,** fieldwork ◆ | LOC: **a c. traviesa** o **través,** cross-country

camposanto *m* cemetery

camuflaje *m* camouflage

camuflar *vtr* to camouflage

cana f (*gris*) grey hair; (*blanco*) white hair: **tengo muchas canas,** I have a lot of grey hairs ◆ | LOC: *fam* **echar una c. al aire,** to let one's hair down; **peinar canas,** to have grey hair

Canadá *m* Canada

canadiense *adj & mf* Canadian

canal *m* ◆ (*artificial*) canal; (*natural*) channel ◆ *TV Elec Inform* channel ◆ (*vía, conducto*) channel

canalizar *vtr* to channel

canalla *pey* 1 *mf* swine, rotter | 2 f riffraff, mob

canalón *m* gutter

canapé *m* ◆ *Culin* canapé ◆ (*sofá*) couch, sofa

Canarias *fpl* the Canaries ◆ **las islas Canarias,** the Canary Islands

canario *m Orn* canary

canario,-a 1 *adj* of/from the Canary Islands | 2 *m,f* native of the Canary Islands

canasta f basket

canasto *m* big basket, hamper

cancelación f cancellation

cancelar *vtr* ◆ (*una cuenta, viaje, etc*) to cancel ◆ (*una deuda*) to pay off ◆ (*una puerta*) to close off

cáncer *m* ◆ *Med* cancer; **c. de mama/piel/pulmón,** breast/skin/lung cancer ◆ *Astron* Cancer

cancerígeno,-a *adj* carcinogenic

canceroso,-a *adj* cancerous

cancha f ground; *Ten* court ◆ | LOC: *fam* **dar c.,** to give an advantage

canciller *m* ◆ chancellor ◆ *LAm* (*ministro de Exteriores*) Foreign Secretary

canción f ◆ song; **c. de cuna,** lullaby ◆ *fam* (*repetición molesta*) story: **siempre estás con la misma c.,** you're always harping on the same old story ◆ | LOC: **ésa ya es otra c.,** that's another thing/story

candado *m* padlock

candelabro *m* candelabra

candelero *m* candlestick ◆ | LOC: *fig* **en el c.,** (*de actualidad*) in the limelight

candente *adj* ◆ (*un hierro, vidrio, etc*) red-hot ◆ (*polémico, de interés*) burning

candidato,-a *m,f* (*a un cargo, premio*) candidate; (*a un empleo*) applicant

candidatura f ◆ (*lista de candidatos*) list of candidates ◆ (*propuesta para un cargo, premio, etc*) candidacy: **presentó su c. a rector,** he put himself forward for vice-chancellor

cándido,-a *adj* candid

candor *m* candour, *US* candor

candoroso,-a *adj* innocent, pure

canela f cinnamon; **c. en rama,** stick cinnamon

canelones *mpl Culin* cannelloni

cangrejo *m Zool* (*marino*) crab; (*de agua dulce*) freshwater crayfish

canguro 1 *m Zool* kangaroo | 2 *mf fam* baby-sitter

caníbal *adj & mf* cannibal

canibalismo *m* cannibalism

canica f marble

caniche *m Zool* poodle

canijo,-a *adj fam* puny, weak

canillera f *LAm* ◆ (*espinillera*) shin pad ◆ (*cobardía*) cowardice; (*miedo*) fear

canino,-a 1 *adj* canine: **tenemos un hambre canina,** we are ravenous | 2 *m* (*colmillo*) canine tooth

canjear *vtr* to exchange
cano,-a *adj (blanco)* white; *(gris)* grey
canoa *f* canoe
canódromo *m* dogtrack
canon *m* ◆ canon, norm ◆ *Mús Rel* canon ◆ *Com* royalty, toll
canónigo *m* canon
canonizar *vtr* to canonize
canoso,-a *adj (pelo)* white, grey *(de pelo blanco)* white-haired; *(de pelo gris)* grey-haired;
cansado,-a *adj* ◆ *(fatigado)* tired, weary; *(harto, hastiado)* **estoy cansado de oírte,** I'm tired of hearing you ◆ **ser c.** *(que produce cansancio)* to be tiring; *(que produce aburrimiento)* to be boring
cansancio *m* tiredness, weariness: **estamos muertos de cansancio,** we are worn out
cansar 1 *vtr* ◆ to tire ◆ *(hartar, aburrir)* to get tired: **tus quejas me cansan,** I'm getting tired of your complaints | **2** *vi* ◆ *(agotar las fuerzas)* to be tiring ◆ *(hartar, aburrir)* to get tiresome
  ■ **cansarse** *vr* to get tired: **me cansé de llamarle,** I got fed up (with) phoning him
cantante *mf* singer ◆ | LOC: **llevar la voz c.,** to rule the roost
cantaor,-ora *m,f* flamenco singer
cantar[1] *vtr & vi* ◆ *Mús* to sing: **me gusta c.,** I like singing ◆ *fam (tener mal olor)* to stink ◆ *(llamar la atención)* to attract attention ◆ *fam (saltar a la vista, ser evidente)* to be clear ◆ *argot (confesar)* to sing, spill the beans ◆ | LOC: **en menos que canta un gallo,** in a flash
cantar[2] *m* ◆ song, chant ◆ *Lit* poem; **un c. de gesta,** an epic poem ◆ | LOC: *fam* **ser algo otro c.,** to be a totally different thing
cántaro *m* pitcher ◆ | LOC: *fig* **llover a cántaros,** to pour with rain
cantautor,-ora *m,f* singer-songwriter
cante *m* ◆ *(modo de cantar)* singing; *(canción)* song ◆ *Esp* **c. flamenco,** flamenco singing; *Esp* **c. hondo/jondo,** Andalusian style of singing ◆ | LOC: *fam* **dar el c.,** to attract attention
cantera *f* ◆ *(de piedra, grava, etc)* quarry ◆ *fig Ftb* junior players
cantidad 1 *f* ◆ quantity ◆ *fam (número o porción grande)* lots of: **tienes c. de libros,** you have got thousands of books ◆ *(suma de dinero)* amount, sum: **puede fraccionar la c. a pagar,** you can divide the payment ◆ *(cifra)* figure | **2** *adv fam* a lot: **me duele la cabeza c.,** my head aches terribly ◆ | LOC: **en c.,** a lot; *fam* **cantidades industriales,** loads, tons
cantimplora *f* water bottle
canto[1] *m* ◆ *(modo de cantar, arte)* singing ◆ *(canción)* chant, song
canto[2] *m (borde)* edge: **le dio un golpe con el c. de la mano,** she give him a blow with the edge of her hand ◆ | LOC: **de c.,** on its side
canto[3] *m (guijarro)* pebble, stone; **c. rodado,** *(grande)* boulder; *(pequeño)* pebble ◆ | LOC: *fam* **darse con un c. en los dientes,** to think oneself lucky
cantor,-ora *adj* singing; **un ave cantora,** a songbird | **2** *m,f* singer
canturrear *vi & vtr* to hum, croon
caña *f* ◆ *(para pescar)* rod ◆ *Bot* reed; *(tallo)* cane, stem; **c. de azúcar,** sugar cane ◆ *fam (vaso de cerveza)* glass of draught o *US* draft beer ◆ *(hueso largo)* long bone; **un hueso de c.,** a long bone
cañada *f* ◆ *(paso entre dos montañas)* gully ◆ *(camino para el ganado)* cattle (o sheep) track
cáñamo *m Bot Text* hemp
cañería *f (cada tramo)* pipe; *(instalación)* pipes; plumbing
cañí *adj & mf fam* gypsy
cañón *m* ◆ *Mil* cannon; *(de escopeta, etc)* barrel ◆ *Geog* canyon ◆ | LOC: *fig* **estar al pie del c.,** to be always ready for a fight
cañonazo *m* gunshot, cannon shot
caoba 1 *f (árbol, madera)* mahogany | **2** *m & adj (color)* mahogany
caos *m* chaos
caótico,-a *adj* chaotic
capa *f* ◆ *(recubrimiento)* layer, coat; **c. de ozono,** ozone layer ◆ *Culin* coating ◆ *Geol* stratum, layer ◆ *(prenda)* cloak, cape ◆ | LOC: **estar de c. caída,** *(desanimado)* to be low-spirited; *(en decadencia)* to be losing popularity
capacidad *f* ◆ *(disposición)* capacity, ability ◆ *(de un local, armario, etc)* capacity
capacitación *f* training
capacitar *vtr* ◆ *(preparar, hacer capaz)* to prepare [para, for] ◆ *(facultar)* to qualify [para, for]
caparazón *m* shell
capataz *mf (hombre)* foreman; *(mujer)* forewoman
capaz *adj* ◆ *(competente)* capable, able; **ser c. de hacer algo,** *(tener la habilidad de)* to be able to do sthg; *(tener la audacia de)* to dare to do sthg; **es muy c. de decírselo a**

capcioso

la cara, he's quite capable of telling him to his face ◆ *(inteligente)* clever ◆ | LOC: *LAm* **es c. que llueva,** it is likely to rain
capcioso,-a *adj* captious, cunning; **pregunta capciosa,** catch question
capear *vtr* ◆ *Taur* to fight the bull with the cape ◆ *Náut* to weather; *fig (una mala situación)* to ride out ◆ *(eludir un trabajo, una responsabilidad)* to dodge, shirk ◆ | LOC: *fig* **c. el temporal,** to weather the storm
capellán *m* chaplain
Caperucita Roja *f Lit* Little Red Riding Hood
caperuza *f* hood
capicúa *adj & m (número)* reversible number
capilar 1 *adj* ◆ hair; **tratamiento c.,** hair treatment | **2** *adj & m Med* capillary
capilla *f* ◆ *Rel* chapel; **c. ardiente,** chapel of rest ◆ *Mús (coro de iglesia)* choir
capital 1 *f* capital | **2** *m Fin* capital; **c. activo/social,** working/share capital | **3** *adj* capital, main; **pena c.,** capital punishment
capitalismo *m* capitalism
capitalista *adj & mf* capitalist
capitán,-ana *m,f* ◆ *Mil* captain; **c. general,** field marshal, *US* general of the army ◆ *Náut* captain, *fam* skipper; **c. de fragata,** commander ◆ *Dep* captain
capitanear *vtr* ◆ *(un proyecto, una actividad)* to lead ◆ *Mil Náut* to captain, command ◆ *Dep* to captain
capitel *m Arquit* capital
capitulación *f* ◆ *(convenio, pacto)* agreement ◆ *Mil (de una rendición)* capitulation ◆ *Jur* **capitulaciones matrimoniales,** marriage settlement
capitular 1 *vi* ◆ *Mil (rendirse)* to capitulate, surrender ◆ *(pactar)* to reach an agreement ◆ *(ceder, claudicar)* to give in | **2** *adj Rel* of the chapter
capítulo *m* ◆ *(de un libro, serie)* chapter ◆ *fig (apartado, tema)* area ◆ *Rel* chapter
capo *m* gangster
capó *m Auto* bonnet, *US* hood
capote *m* ◆ *Taur* cape ◆ *Mil* greatcoat
capricho *m* ◆ *(deseo)* whim, caprice ◆ *(marca de nacimiento)* birthmark ◆ *Mús* caprice, capriccio
caprichoso,-a *adj* ◆ *(antojadizo)* whimsical, fanciful ◆ *(maniático, exigente)* fussy ◆ *(creativo, sin norma)* **las nubes creaban figuras caprichosas,** the clouds made strange shapes

Capricornio *m* Capricorn
cápsula *f* capsule
captar *vtr* ◆ *(una señal)* to receive, pick up ◆ *(clientes)* to gain, to win ◆ *(una broma, ironía)* to understand, grasp ◆ *(el interés, adeptos, etc)* to attract
captura *f* ◆ *(de un criminal, corredor, barco, etc)* capture ◆ *(la pesca)* catch
capturar *vtr* ◆ *(a un criminal, enemigo, etc)* to capture, seize ◆ *(una presa)* to catch
capucha *f* hood
capuchino *m* ◆ *(café)* cappuccino ◆ *Rel* capuchin
capullo *m* ◆ *(de un insecto)* cocoon ◆ *Bot* bud ◆ *ofens (imbécil)* silly bugger, *US* idiot
caqui 1 *adj (color)* khaki | **2** *m Bot (fruta)* persimmon
cara *f* ◆ face ◆ *(expresión del rostro)*: **puse c. de póquer,** I tried to look as if nothing was happening; **tiene buena/mala c.,** he looks good/bad; **tienes c. de circunstancias,** you look serious ◆ *fam (desfachatez)* cheek, nerve: **¡qué c. tienes!,** what a cheek you've got! ◆ *(de un folio, disco)* side ◆ *(anverso de una moneda)* right side: **¿c. o cruz?,** heads or tails?; **echar algo a c. o cruz,** to toss (a coin) for sthg | **2** *mf fam (fresco, descarado)* cheeky person ◆ | LOC: *fig* **dar la c.,** to face the consequences of one's acts); *fig* **dar o sacar la c. por alguien,** to stand up for somebody; *fig* **echarle a alguien algo en c.,** to reproach sb for sthg; **plantarle c. a alguien,** to face up to sb; *fig* **poner mala c.,** to pull a long face; **c. a c.,** face to face; **c. a la pared,** facing the wall; **de c.,** *(en dirección a uno, directamente)*: **el sol me da de c.,** the sun is right in my face; *(a favor)* **hoy tengo la suerte de c.,** this is my lucky day; *fig* **(de) c. a,** *(pensando en)* with a view to; *(mirando a)* facing; *fam* **por la c.,** for nothing; *fam irón* **por su c. bonita,** because they like her face
carabela *f* caravel
carabina *f* ◆ *(fusil corto)* carbine, rifle ◆ *(de una pareja)* chaperone
caracol *m* ◆ *Zool* snail; *LAm* shell ◆ *Anat* cochlea ◆ *(rizo del pelo)* kiss-curl, ringlet
caracola *f* conch
carácter *m* ◆ *(genio, nervio)* character: **es una persona de mucho c.,** he is a person with a strong character ◆ *(modo de ser)* **tiene un c. muy dulce,** she's a very sweet person; **tener buen/mal c.,** to be good-natured/bad-tempered ◆ *(condición, naturaleza)* nature: **es una medida de c. tran-**

sitorio, it's a temporary measure ◆ *Impr* character

característica *f* characteristic

característico,-a *adj* characteristic: **eso es muy c. de Juan,** that's typical of John

caracterizar *vtr* ◆ *(diferenciar)* to characterize ◆ *(a un personaje)* to play

■ **caracterizarse** *vr Teat (vestirse y maquillarse de)* to portray

caradura *mf fam* cheeky devil: **¡qué c. es!,** he's got a cheek!, *US* he has a lot of nerve!

caramba *excl fam (sorpresa)* good grief!; *(enfado)* damn it!

carámbano *m* icicle

caramelo *m* ◆ *(dulce, golosina)* sweet, *US* candy ◆ *(azúcar quemado)* caramel ◆ | LOC: *Culin* **a punto de c.,** syrupy; *fig* to be ready

carantoña *f* caress

carátula *f* ◆ *(de un casete, vídeo)* cover; *(de un disco)* sleeve ◆ *(careta, maquillaje)* mask

caravana *f* ◆ *(de camellos)* caravan; *(de coches en carretera)* tailback, *US* backup ◆ *(remolque, roulotte)* caravan

caray *excl* God!, good heavens!

carbón *m* coal; **c. mineral,** coal; **c. vegetal,** charcoal

carboncillo *m* charcoal

carbonizar *vtr* to carbonize, char: **has carbonizado este filete,** you have burnt this steak to a cinder

■ **carbonizarse** *vr* ◆ *(convertirse en carbón)* to carbonize ◆ *(consumirse por el fuego)* burn away

carbono *m* carbon

carburador *m* carburettor, *US* carburetor

carburante *m* fuel

carca *adj & mf fam (chapado a la antigua)* old fogey; *Pol* reactionary

carcajada *f* guffaw: **no pude evitar soltar una c.,** I couldn't help bursting out laughing; **reírse a carcajadas,** to roar with laughter, guffaw

cárcel *f* prison, jail

carcelero,-a *m,f* jailer, warder, *US* warden

carcoma *f Zool* woodworm

carcomer *vtr* to eat away (at): **el odio le carcome,** he's eaten up with hatred

■ **carcomerse** *vr* to be consumed [**con,** with]

cardamomo *m Bot* cardamom

cardenal *m* ◆ *Med (moratón de un golpe)* bruise ◆ *Rel* cardinal ◆ | LOC: **bocado de c.,** *(manjar)* delicacy

cardíaco,-a, cardiaco,-a 1 *adj* ◆ cardiac, heart; **ataque/paro c.,** heart attack/failure ◆ *fam (con mucha actividad, frenético)* hectic | **2** *m,f* person with a heart condition

cardinal *adj* cardinal; **número c.,** cardinal number; **punto c.,** cardinal point

cardiólogo,-a *m,f* cardiologist

cardo *m* ◆ *Bot (comestible)* cardoon; *(con espinas)* thistle; **c. borriquero,** cotton thistle ◆ *fam (persona fea)* very ugly person; *(persona con mal carácter)* **ser un c. (borriquero),** to be a prickly person

carecer *vi* **c. de algo,** to lack something

carencia *f (falta, privación)* lack [**de,** of]; *(escasez)* shortage [**de,** of]

carente *adj* lacking

careo *m Jur* confrontation

careta *f* mask ◆ | LOC: **quitar(se) la c.,** to unmask (oneself)

carga *f* ◆ *(acción)* loading ◆ *(objeto cargado, peso)* load ◆ *(peso que transporta un avión, un tren)* freight; *(un barco)* cargo, *(un camión)* load ◆ *(cantidad de explosivo)* charge ◆ *Fin (impuesto)* tax: **esta mercancía está libre de cargas,** this merchandise is not subject to any charges; *(deudas, gastos añadidos)* debit: **el piso está libre de cargas,** the flat is free of charges ◆ *fig (deber, obligación)* burden ◆ *Mil Elec* charge ◆ *(repuesto, recambio)* refill

cargado,-a *adj* ◆ *(lleno)* loaded ◆ *(un café, té, combinado)* strong ◆ *(el tiempo, la atmósfera)* sultry; *(lleno de humo, poco ventilado)* stuffy ◆ *fig (saturado)* burdened: **está cargado de trabajo,** he's got loads of work ◆ *Elec* charged ◆ **estás c. de espaldas/hombros,** you have a stoop

cargador 1 *m* ◆ *(de una pistola)* magazine ◆ *Elec (de una pila, batería eléctrica)* charger

cargamento *m* ◆ *(de un avión, tren)* freight, *(un barco)* cargo, *(un camión)* load ◆ *fam fig (montón)* load

cargar 1 *vtr* ◆ to load: **cargó al niño en brazos,** she took the boy in her arms ◆ *(un mechero, una pluma)* to fill ◆ *(poner carga eléctrica)* to charge ◆ *(atribuir algo negativo)* **c. a alguien con las culpas,** to put the blame on sb; **le cargan la responsabilidad a su padre,** they put the blame on his father ◆ *Com* to charge: **cárguelo a mi cuenta,** charge it to my account ◆ *fam Educ* to fail | **2** *vi* ◆ *(soportar, hacerse cargo de)* to lumber [**con,** with]; *fig* **c. con las consecuencias,** to suffer the consequences ◆

cargo

(llevar un peso) to carry: **siempre carga con lo más pesado,** he always takes the heaviest ◆ *(arremeter, atacar)* to charge [**contra,** (against)]

■ **cargarse** *vr* ◆ *fam (estropear)* to smash, ruin: **se cargó el ordenador,** she broke the computer ◆ *fam (asesinar)* to kill ◆ | LOC: *fam* **cargársela,** to get it

cargo *m* ◆ *(puesto)* post, position ◆ *(cuidado, responsabilidad)* charge; **estar al c. de,** to be in charge of ◆ *Jur* charge, accusation ◆ *Fin* charge, debit ◆ **c. de conciencia,** weight on one's conscience, remorse ◆ | LOC: **correr a c. de,** *(gastos)* to be met by; **hacerse c. de,** to take charge of: **en seguida se hizo c. de mi situación,** he understood my situation immediately

carguero *m* ◆ *Náut* freighter ◆ *Av* transport plane

Caribe *m* the Caribbean

caribeño,-a 1 *adj* Caribbean | 2 *m,f* person from the Caribbean region

caribú *m Zool* caribou

caricatura *f* caricature

caricia *f* caress, *(a un animal)* stroke

caridad *f* charity

caries *f inv* decay: **tiene una c. en una muela,** he has a cavity in his tooth

cariño *m* ◆ *(afecto)* affection: **siento mucho c. por este disco,** I'm very fond of this record; *(amor, dulzura)* **abrazó a su hija con mucho c.,** he hugged his daughter tenderly; *(cuidado)* care: **trátame el coche con c., no tengo otro,** be careful with my car it's the only one I've got ◆ *(querido)* darling ◆ *(gesto de amor)* cuddle

cariñoso,-a *adj* loving, affectionate

carisma *m* charisma

carismático,-a *adj* charismatic

caritativo,-a *adj* charitable

cariz *m* look

carmesí *adj & m* crimson

carmín 1 *m & adj (rojo intenso)* carmine | 2 *m (barra de labios)* lipstick

carnal *adj* ◆ *(de carne)* carnal ◆ *(pariente)* first: **son primos carnales,** they are first cousins

carnaval *m* carnival

carne *f* ◆ flesh ◆ *(alimento)* meat: **no me gusta la c. de cerdo,** I don't like pork ◆ *(de un fruto)* pulp ◆ **c. de cañón,** cannon fodder; *fig fam* **c. de gallina,** goosepimples ◆ | LOC: *fam* **ser de c. y hueso,** to be only human; **en c. viva,** *(despellejado)* raw: **tenía los pies en c. viva,** her feet were raw

carné, carnet *m* card; **c. de conducir,** driving licence, *US* driver license; **c. de estudiante,** student card; **c. de identidad,** identity card

carnero *m* ◆ *Zool* ram ◆ *Culin* mutton ➢ Ver nota en **cordero**

carnicería *f* ◆ butcher's (shop) ◆ *fig (matanza de personas, destrozo)* slaughter

carnicero,-a *m,f* butcher

cárnico,-a *adj* meat; **industria cárnica,** meat industry

carnívoro,-a 1 *adj* carnivorous | 2 *m,f* carnivore

caro,-a 1 *adj* expensive, dear | 2 *adv (en el precio)* **el piso nos costó c.,** we paid a lot for the flat; *(en las consecuencias)* **pagará c. su desprecio,** he'll pay dearly for his scorn

carpa *f* ◆ *Zool* carp ◆ *(lona)* big top, *(pequeña techumbre)* marquee ◆ *LAm (tienda de campaña)* tent

carpeta *f* folder

carpetazo *m* **dar c. a un asunto,** to shelve a matter

carpintería *f* ◆ *(arte, oficio)* carpentry; *(marcos, ventanas, suelos de madera de una casa)* woodwork; **c. de aluminio,** aluminium frames; **c. metálica,** metalwork ◆ *(taller)* carpenter's workshop

carpintero,-a *m,f* carpenter

carraca *f* rattle

carraspear *vi* to clear one's throat

carrera *f* ◆ *(en una media)* run, ladder ◆ *(competición)* race: **te echo una c.,** I'll race you; **c. contrarreloj,** race against the clock; *(de caballos)* horse race ◆ *(estudios universitarios)* degree; **c. técnica,** technical degree ◆ *(profesión)* career, profession ◆ *(trayecto en taxi)* journey; **c. de armamentos,** arms race ◆ | LOC: **a la c.,** in a hurry

carrerilla *f* run-up; **tomar c.,** to take a run-up ◆ | LOC: **de c.,** parrot fashion: **se lo sabe de c.,** he knows it by heart

carreta *f* cart

carrete *m* ◆ *(bobina de hilo, sedal)* reel; *(de alambre, cable, etc)* coil ◆ *(de fotografías)* roll

carretera *f* road; **c. comarcal/nacional,** *GB* B/A road

carretilla *f* wheelbarrow

carril *m* ◆ *Ferroc* rail ◆ *Auto* lane; **c. bus,** bus lane ◆ *(de una ventana, puerta)* slide

carrillo *m* cheek ◆ | LOC: *fam* **comer a dos carrillos,** to devour, gobble up

carrito *m* **c. de la compra,** shopping trolley, *US* shopping cart

carro *m* ◆ *(carreta)* cart ◆ *(de máquina de escribir)* carriage ◆ *(de supermercado, aeropuerto)* trolley, *US* cart ◆ *Mil* **c. de combate,** tank ◆ | LOC: *fam* **¡para el c.!,** hold your horses!

carrocería *f Auto* bodywork

carromato *m* covered wagon

carroña *f* ◆ carrion ◆ *fig (persona o cosa despreciable)* riffraff

carroza 1 *f* ◆ *(coche de caballos)* coach, carriage ◆ *(de desfile, de los Reyes Magos)* float | 2 *m,f fam* old fogey | 3 *adj* old fashioned

carruaje *m* carriage, coach

carta *f* ◆ letter; **c. abierta,** open letter; **c. certificada,** registered letter; **c. de presentación,** letter of introduction ◆ *(de un restaurante)* menu: **comeremos a la c.,** we'll eat à la carte; **c. de vinos,** wine list ◆ *Naipes* card; **jugar a las cartas,** to play cards ◆ *Av Náut* chart ◆ *(documento oficial)* papers; **c. blanca,** carte blanche; **c. de naturaleza,** naturalization papers ◆ **c. magna,** constitution ◆ | LOC: *fig* **adquirir c. de naturaleza,** to become widely accepted; **echarle las cartas a alguien,** to tell somebody's fortune; *fig* **poner las cartas sobre la mesa,** to put o lay one's cards on the table; **tomar cartas en un asunto,** to intervene in an affair

cartabón *m* set square

cartearse *vr* to correspond [**con,** with], exchange letters [**con,** with]

cartel *m* poster; **pegar carteles,** to put up posters; **prohibido fijar carteles,** post no bills

cartelera *f* ◆ *Prensa* entertainments section ◆ *(de un cine)* hoarding, *US* billboard

cartera *f* ◆ *(billetera, monedero)* wallet ◆ *(para llevar documentos)* briefcase; *(de niño)* satchel, schoolbag ◆ *Pol* portfolio; **la c. de Economía,** the finance portfolio ◆ *Com (de clientes)* client list; **c. de pedidos,** order book ◆ *LAm (bolso)* handbag, *US* purse

carterista *mf* pickpocket

cartero,-a *m,f (hombre)* postman; *(mujer)* postwoman

cartilla *f* ◆ book; **c. de ahorros,** savings book; **c. del médico** *o* **de la Seguridad Social,** medical card; **c. militar,** military record ◆ *(para aprender a leer)* first reader, primer ◆ | LOC: *fam* **leerle la c. a alguien,** to tell somebody off

cartografía *f* cartography

cartón *m* ◆ *(materia)* card, cardboard; **una caja de c.,** a cardboard box; **c. piedra,** papier mâché ◆ *(envase)* carton ◆ *(de tabaco)* carton

cartucho *m* ◆ *(de escopeta)* cartridge ◆ *Inform Téc (de toner)* print cartridge; *(para la pluma)* refill ◆ *(cucurucho de papel)* cone

cartulina *f* card; *Ftb* **c. amarilla/roja,** yellow/red card

casa *f* ◆ *(edificio)* house ➢ Ver nota en **chalet** ◆ *(hogar)* home: **vete a c.,** go home; **estábamos en c. de Rosa,** we were at Rosa's ◆ *(empresa)* company, firm; **c. matriz,** head office ◆ **c. de empeños,** pawnshop; **c. de huéspedes,** boarding house; *fam* **c. de locos,** madhouse; **c. de socorro,** first aid post; **c. de la villa,** town hall ◆ | LOC: **tirar la c. por la ventana,** to push the boat out; *fam* **como Pedro por su c.,** as if I/you/he owned the place; **de andar por c.,** *(ropa)* everyday; *(explicación)* crude, rough

casado,-a 1 *adj* married: **está casado con Yolanda,** he's married to Yolanda | 2 *m,f* married person: **han llegado al hotel unos recién casados,** a couple of newlyweds have arrived at the hotel

casar 1 *vtr (unir en matrimonio)* to marry; *(dar en matrimonio)* to marry (off) | 2 *vi (encajar)* to match, go *o* fit together

■ **casarse** *vr* to marry, get married: **nos casamos por lo civil/por la Iglesia,** we got married in a registry office/in church

> Los anglohablantes prefieren usar el verbo **to marry** cuando hay algún complemento *(nos casó un cura viejo,* **an old priest married us;** *me caso con Mary mañana,* **I'm marrying Mary tomorrow)** y **to get married** cuando no lo hay: *Me caso mañana.* **I'm getting married tomorrow.** Observa que también es frecuente el uso de la voz pasiva: **we were married by an old priest.**

cascabel 1 *m* ◆ bell, jingle bell ◆ *(de una serpiente)* rattle; **serpiente de c.,** rattlesnake | 2 *f Zool* rattlesnake

cascada *f* waterfall, cascade

cascado,-a *adj fig* ◆ *(achacoso)* worn-out, aged ◆ *(voz)* harsh, hoarse ◆ *(estropeado)* clapped-out

cascanueces *m inv* nutcracker

cascar 1 *vtr* ◆ *(romper)* to crack ◆ *fam (pegar)* to hit: **el otro día le cascaron,** he was beaten up the other day | 2 *vi fam* ◆ *(char-*

cáscara

lar) to chat away, gab; *(hablar mucho)* to talk non-stop ◆ *(morir, palmar)* to kick the bucket, snuff it
■ **cascarse** *vr* to crack

cáscara *f* ◆ *(de un huevo, una nuez, etc)* shell ◆ *(piel de la fruta)* skin, peel ◆ *(de grano, semilla)* husk

cascarón *m (de un huevo)* eggshell

cascarrabias 1 *mf inv fam* bad-tempered person; *fam* misery | **2** *adj* grumpy

casco 1 *m* ◆ *(para la cabeza)* helmet; **c. azul,** blue helmet ◆ *(envase de cristal vacío)* empty bottle ◆ *(de barco)* hull ◆ *(de caballo)* hoof ◆ *(de una ciudad)* centre; **c. antiguo,** old town | **2** *mpl* **cascos,** *(de música)* headphones

cascote *m* piece of rubble *o* debris

caserío *m* country house

casero,-a 1 *adj* ◆ *(hecho en casa)* homemade ◆ *(hogareño)* home-loving | **2** *m,f (hombre)* landlord; *(mujer)* landlady

caseta *f* ◆ *(de perro)* kennel ◆ *(de jardinero, etc)* hut, booth; *(de baño)* beach hut ◆ *(de feria, exposición)* stand, stall

casete 1 *m (magnetófono)* cassette player *o* recorder | **2** *f (cinta)* cassette (tape)

casi *adv* almost, nearly: **c. me lo compro,** I nearly bought it; **c. no se oye,** it can hardly be heard; *fam* **c., c.,** just about; **c. cien personas,** almost a hundred people; **c. nadie,** hardly anyone; **c. nunca,** hardly ever; **c. siempre,** almost always; **c. todos,** almost all

casilla *f* ◆ *(de un casillero)* pigeonhole ◆ *(de un tablero, un juego)* square; *(de un impreso)* box ◆ *LAm* P.O. Box ◆ | LOC: *fam* **sacar a alguien de sus casillas,** to drive somebody mad

casillero *m* pigeonholes *pl*

casino *m* casino

caso *m* ◆ *(suceso)* case ◆ *Med* case ◆ *Jur* affair ◆ *(circunstancia, situación)* **yo en tu c. no iría,** if I were you, I wouldn't go; **el c. es que…,** the fact *o* thing is that…; **(en) c. contrario,** otherwise; **en el mejor/peor de los casos,** at best/worst; **en ese/tal c.,** in that case ◆ | LOC: **hacer c. a** *o* **de alguien,** to pay attention to sb; **hacer c. omiso de,** to take no notice of; **no venir al c.,** to be beside the point; **poner por c.,** to suppose: **pongamos por c. que no viene,** let's say he doesn't come; **ser un c. perdido,** to be a hopeless case; **en caso de que,** if; **en c. de necesidad,** if need be; **en todo c.,** in any case; **en último c.,** as a last resort; **ni caso,** don't pay attention

caspa *f* dandruff

casquillo *m* ◆ *(de bala)* case, *US* bullet shell ◆ *(de una bombilla)* fitting

cassette *m* & *f* → **casete**

casta *f* ◆ *(división social)* caste ◆ *(raza, pedigrí)* breed; **de c.,** thoroughbred, purebred ◆ *(ascendencia, linaje)* lineage, descent

castaña *f* ◆ chestnut ◆ *fam (bodrio)* rubbish ◆ *(choque violento)* bump ◆ | LOC: *fig* **sacarle a alguien las castañas del fuego,** to save sb's bacon, *US* to get sb out of trouble

castañetear *vi (los dientes)* to chatter

castaño,-a 1 *m* ◆ *Bot* chestnut ◆ *(color)* chestnut-brown | **2** *adj (color de un objeto)* chestnut-brown; *(del pelo, los ojos)* brown, dark

castañuelas *fpl* castanets

castellano,-a 1 *adj* Castilian | **2** *m,f (nativo)* Castilian | **3** *m (idioma)* Spanish, Castilian

castidad *f* chastity

castigar *vtr* ◆ to punish ◆ *(hacer sufrir, hacer padecer)* to harm, ruin ◆ *Jur Dep* to penalize

castigo *m* ◆ punishment ◆ *Jur* penalty ◆ *Dep* **área de c.,** penalty area

Castilla *f* Castile

castillo *m* castle; **c. de arena,** sandcastle; **c. de fuegos artificiales,** firework display; **c. de naipes,** house of cards

castizo,-a *adj* pure, authentic

casto,-a *adj* chaste

castor *m Zool* beaver

castrar *vtr* to castrate

castrense *adj* military

casual *adj* accidental, chance ◆ | LOC: *fam* **por un c.,** by any chance

casualidad *f* chance, coincidence: **dio la c. de que se conocían,** it so happened that they knew each other; **lo encontré de c.,** I found it by chance; **si por c. lo vuelves a ver…,** if you happen to see him again…; **¡qué c.!,** what a coincidence!

casualmente *adv* by chance

cataclismo *m* cataclysm

catalán,-ana 1 *adj* & *m,f* Catalonian | **2** *m (idioma)* Catalan

catalejo *m* small telescope

catalogar *vtr* ◆ to catalogue, *US* catalog ◆ *(calificar)* to class, label

catálogo *m* catalogue, *US* catalog

Cataluña *f* Catalonia

catapulta *f* ◆ *Mil* catapult ◆ *fig (de una actividad)* springboard

catapultar *vtr* to catapult
catar *vtr* to taste
catarata *f* ◆ *Geo* waterfall ◆ *Med* cataract
catarro *m* (*common*) cold
catastro *m* property register, land registry, *frml* cadastre
catástrofe *f* catastrophe
catastrófico,-a *adj* catastrophic
catear *vtr fam Educ* to fail, *US* flunk
catecismo *m* catechism
cátedra *f Univ* chair; (*instituto de bachillerato*) head of department
catedral *f* cathedral
catedrático,-a *m,f Educ Univ* professor; (*de instituto de bachillerato*) head of department
categoría *f* ◆ category ◆ (*prestigio, estilo*) class ◆ (*grado en la calidad*) **de primera/segunda c.,** first/second rate ◆ |LOC: **de c.,** (*persona muy importante*) important; (*objeto muy valioso o exquisito*) quality, first-rate
categórico,-a *adj* categorical: **le dije de manera categórica que no,** I refused point blank
caterva *f pey* (*de objetos, trabajo*) mass; (*personas*) gang, horde
catolicismo *m* Catholicism
católico,-a *adj & m,f* Catholic
catorce *adj & m inv* fourteen
cauce *m* ◆ (*de un río*) bed ◆ *fig* (*canal, vía*) channel; **cauces oficiales,** official channels
caucho *m* ◆ rubber ◆ *LAm* (*neumático*) tyre, *US* tire
caudal 1 *adj* caudal | 2 *m* ◆ (*de un río*) flow ◆ (*capital, bienes*) wealth, riches *pl*
caudaloso,-a *adj* (*río*) plentiful
caudillo *m* leader, head
causa *f* ◆ cause ◆ (*motivo*) reason ◆ (*utopía, ideal*) **una c. justa,** a fair cause ◆ *Jur* (*proceso*) trial ◆ |LOC: **a** *o* **por c. de,** because of
causante 1 *adj* causal, causing | 2 *mf* cause: **ella fue la c. del divorcio,** she was the cause of the divorce
causar *vtr* to cause, bring about: **el desaliño causa mala impresión,** untidiness makes a bad impression; **le causó buena impresión,** he was very impressed by him; **me causó mucha alegría,** it made me very happy
cáustico,-a *adj* caustic
cautela *f* caution: **hice la pregunta con mucha c.,** I put the question cautiously
cauteloso,-a *adj* cautious
cautivador,-ora *adj* captivating

cautivar *vtr* ◆ to capture, take prisoner ◆ *fig* (*fascinar*) to captivate
cautiverio *m* cautividad *f* captivity
cautivo,-a *adj & m,f* captive
cauto,-a *adj* cautious, wary
cava 1 *m* (*vino espumoso*) cava, *fam* champagne | 2 *f* (*bodega subterránea de cava*) wine cellar
cavar *vtr* to dig ◆ |LOC: **c. uno su propia tumba,** to dig one's own grave
caverna *f* cave
caviar *m* caviar
cavidad *f* cavity
cavilar *vi* to ponder
caza 1 *f* ◆ hunting; **ir de c.,** (*mayor*) to go hunting, (*menor*) to go shooting; **c. furtiva,** poaching ◆ (*animales para cazar*) game: **este año hay poca c. menor y mucha c. mayor,** this year there is not much small game, but a lot of big game ◆ *Culin* (*carne de animales cazados*) game ◆ (*persecución*) hunt; **c. de brujas,** witch hunt | 2 *m Av* fighter, fighter plane
cazador,-ora *m,f* hunter; **c. furtivo,** poacher
cazadora *f* (waist-length) jacket; (*de cuero*) leather jacket
cazafortunas *mf inv* gold digger
cazar *vtr* ◆ to hunt ◆ *fam* (*entender el sentido de algo*) to grasp, to understand
cazatalentos *mf inv* head-hunter
cazo *m* ◆ (*cacerola pequeña*) saucepan ◆ (*cucharón*) ladle ◆ *fam* (*persona muy fea*) **su tía es un c.,** her aunt is ugly as sin ◆ |LOC: *fam* **meter el c.,** to put one's foot in it
cazuela *f* ◆ (*cacerola*) saucepan; (*de gres*) casserole ◆ *Culin* (*guiso*) casserole, stew ◆ |LOC: **a la c.,** stewed
c/c (*abr de* **cuenta corriente**) current account, c/a
CD *m* ◆ (*abr de* **compact disk**) CD ◆ (*abr de* **cuerpo diplomático**) diplomatic corps
cebada *f Bot* barley
cebar *vtr* (*a un animal*) to fatten; *fam* (*a una persona*) to feed up
■ **cebarse** *vr* (*ensañarse*) to delight in tormenting [**con,** -], to be cruel [**con,** **to**]
cebo *m* ◆ (*carnada*) bait ◆ (*señuelo*) bait, lure
cebolla *f* onion
cebolleta *f* spring onion, *US* scallion
cebollino *m* chives *pl*
cebra *f* ◆ *Zool* zebra ◆ **paso de c.,** zebra crossing, *US* crosswalk
cecear *vi* to lisp

ceder 1 *vtr* *(voluntariamente)* to hand over; **c. la palabra,** to give sb the right to speak; *(obligatoriamente)* to give; **c. el paso,** to give way, *US* to yield | 2 *vi* ◆ *(una cuerda, un cable)* to give way ◆ *(una tormenta, epidemia, etc)* to diminish, slacken ◆ *(transigir)* to give in

cedro *m Bot* cedar

cédula *f Fin* bond, warrant

cegador,-ora *adj* blinding; **una luz cegadora,** a blinding light

cegar *vtr* ◆ to blind ◆ *(una puerta, ventana)* to wall up

ceguera *f* blindness

ceja *f* ◆ eyebrow ◆ *Mús* capo ◆ | LOC: **meterse algo a alguien entre c. y c.,** to get sthg into one's head

celador,-ora *m,f* attendant; *(de una cárcel)* warder, *US* guard

celda *f* cell; **c. de castigo,** punishment cell

celebración *f* ◆ *(fiesta)* celebration ◆ *(de un juicio, unas elecciones, etc)* holding

celebrar *vtr* ◆ *(festejar)* to celebrate ◆ *(una reunión, un juicio, unas elecciones)* to hold; *(una misa)* to say; *(una boda)* to perform ◆ *frml (alegrarse)* to be delighted at: **celebro que te cases,** I'm so pleased you're getting married

■ **celebrarse** *vr* ◆ *(tener lugar)* to take place, be held ◆ *(conmemorarse)* to be celebrated

célebre *adj* famous, well-known

celebridad *f* celebrity

celeste 1 *adj* ◆ *(de cielo)* celestial ◆ *(color)* sky-blue | 2 *m* sky blue

celestial *adj* celestial, heavenly

célibe *adj* & *mf* celibate

celo *m* ◆ *(empeño)* zeal ◆ *Zool (en los machos)* rut; *(en las hembras)* heat ◆ **celos** *pl*: **tiene celos de su hermana,** she's jealous of her sister ◆ | LOC: **huelga de c.,** work-to-rule

celo® *m fam* sellotape®, *US* Scotch tape®

celofán *m* cellophane®

celosía *f* lattice

celoso,-a *adj* ◆ jealous ◆ *(cuidadoso, esforzado)* conscientious

celta 1 *adj* Celtic | 2 *m,f* Celt | 3 *m (idioma)* Celtic

célula *f* ◆ *Biol* cell ◆ *Téc* **c. fotoeléctrica,** photoelectric cell

celular *adj* ◆ *Biol* cellular ◆ **coche c.,** police van

celulitis *f inv* cellulitis

celulosa *f* cellulose

cementerio *m* ◆ cemetery, graveyard ◆ **c. de coches,** scrapyard

cemento *m* cement; **c. armado,** reinforced cement

cena *f* dinner, supper ➤ Ver nota en **dinner**

cenar 1 *vi* to have supper *o* dinner | 2 *vtr* to have for supper *o* dinner

cencerro *m* cowbell ◆ | LOC: **estar como un c.,** to be nuts

cenicero *m* ashtray

Cenicienta *f* Cinderella

cenit *m* zenith

ceniza *f* ash ◆ | LOC: **reducir a cenizas,** to burn to ashes

censo *m* census; **c. electoral,** electoral roll

censor,-ora *m,f* ◆ *(cargo, oficio)* censor ◆ *(crítico)* critic

censura *f* ◆ censorship ◆ *Pol* **moción de c.,** vote of no confidence

censurar *vtr* ◆ *(libro, película)* to censor ◆ *(criticar, reprobar)* to censure, criticize

centavo *m LAm Fin* cent, centavo

centella *f* spark

centellear *vi* to flash, sparkle

centena *f*, **centenar** *m* hundred

centenario,-a 1 *adj* hundred-year-old | 2 *m* centenary, hundredth anniversary

centeno *m* rye

centésimo,-a *adj* & *m,f* hundredth

centígrado,-a *adj* centigrade

centilitro *m* centilitre, *US* centiliter

centímetro *m* centimetre, *US* centimeter

céntimo *m* cent ◆ | LOC: **no tener un c.,** to be penniless

centinela *mf* sentry

centollo *m* spider crab

centrado,-a *adj* ◆ centred, *US* centered ◆ *(persona)* balanced

central 1 *adj* central | 2 *f* ◆ *(oficina principal)* head office; **c. de correos,** main post office ◆ *Elec (planta de generación de energía)* power station; **c. hidroeléctrica,** hydroelectric power station; **c. nuclear,** nuclear power station; **c. térmica,** coal-fired power station

centralita *f Tel* switchboard

centralizar *vtr* to centralize

centrar *vtr* ◆ to centre, *US* center ◆ *(los esfuerzos, la atención)* to concentrate, centre, *US* center

■ **centrarse** *vr* ◆ to be centred, *US* centered *o* based ◆ *(concentrarse)* to concentrate [**en,** on]

céntrico,-a *adj* centrally situated

centrifugado *m* spin

centrifugar *vtr* ◆ to centrifuge ◆ *(la ropa)* to spin-dry

centrista *Pol* **1** *adj* centre, *US* center | **2** *m,f* centrist

centro *m* ◆ middle, centre, *US* center ◆ *(de una ciudad)* town centre ◆ *(institución)* institution, centre, *US* center ◆ *Pol* centre party ◆ **c. comercial,** shopping centre

Centroamérica *f* Central America

centroamericano,-a *adj & m,f* Central American

centroeuropeo,-a *adj & m,f* Central European

ceñido,-a *adj* tight-fitting, clinging

ceñirse *vr* ◆ *(a un tema)* to limit oneself, stick [a, to]: **hay que ceñirse a los términos del contrato,** we must keep to the terms of the contract ◆ *(la espada)* to put on

ceño *m* scowl, frown: **frunció el c.,** he frowned

cepa *f* ◆ *Agr* vine ◆ | LOC: *fig* **es un gallego de pura c.,** he is Galician through and through

cepillar *vtr* ◆ to brush ◆ *(en carpintería)* to plane (down) ◆ *fam (hurtar)* to pinch ■ **cepillarse** *vr* ◆ *(el pelo, etc)* to brush ◆ *fam (asesinar)* to do in ◆ *fam (ventilarse)* to polish off: **se cepilló el libro en dos horas,** he polished off the book in two hours

cepillo *m* ◆ brush; **c. de dientes,** toothbrush; **c. del pelo,** hairbrush ◆ *(de carpintero)* plane ◆ *Rel (limosnero)* alms box

cepo *m* ◆ *Caza* trap ◆ *Auto* clamp

cera *f* wax; *(de abeja)* beeswax

cerámica *f* ceramics *sing*

cerca[1] *adv* ◆ *(a poca distancia)* near, close: **el colegio está c. de la biblioteca,** the school is near the library; **estábamos ya muy c, cuando...,** we were almost there when...; **ponte más c. de ella,** get closer to her; **de c.,** closely: **lo examiné de c.,** I examined it close up ◆ *(próximo en el tiempo)* soon: **ya están c. las vacaciones,** the holidays are coming up soon ◆ | LOC: **c. de,** *(casi, aproximadamente)* nearly, around; **c. de mil personas,** about one thousand people; *(a punto de)* **estuve c. de conseguirlo,** I very nearly succeeded

cerca[2] *f* fence, wall

cercado *m* ◆ *(vallado)* enclosure ◆ *(valla)* fence, wall

cercanía 1 *f* proximity, nearness | **2** *fpl* **cercanías,** outskirts, suburbs; **(tren de) cercanías,** suburban train

cercano,-a *adj* ◆ close, nearby; **un pueblo c.,** a nearby village ◆ *(pariente)* close ◆ **Cercano Oriente,** Near East

cercar *vtr* ◆ *(con una valla)* to fence, enclose ◆ *(al enemigo)* to surround

cerco *m* ◆ circle, ring ◆ *Mil (sitio)* siege: **pusieron c. a la ciudad,** they besieged the town

cerda *f* ◆ *Zool* sow ◆ *fam ofens (mujer sucia)* slut; *(mujer despreciable)* cow ◆ *(pelo de animal, de cepillo)* bristle

cerdo *m* ◆ *Zool* pig ◆ *(carne de cerdo)* pork ◆ *fam pey (hombre sucio)* pig, slob; *(hombre despreciable)* bastard

> Recuerda que los anglohablantes emplean diferentes palabras cuando se refieren al animal y a su carne. *Cerdo,* nombre genérico, es **pig; boar** se aplica sólo al macho, **sow** sólo a la hembra y **piglet** a su cría. Su carne es **pork.**

cereal *m* cereal

cerebral *adj* ◆ cerebral ◆ *(calculador, poco impulsivo)* calculating

cerebro *m* ◆ *Anat* brain ◆ *fig (inteligencia)* brains *pl*: **es el c. de la banda,** he's the brains of the gang

ceremonia *f* ceremony

cereza *f* cherry

cerezo *m Bot* cherry tree

cerilla *m* match

cero *m* ◆ zero ◆ *Dep* nil: **ganaron dos a c.,** they won two nil; *Tenis* love ◆ | LOC: *fig* **partir de c.,** to start from scratch; *fig* **ser un c. a la izquierda,** to be good-for-nothing; **a c.,** *(sin nada)* **tengo la cuenta corriente a c.,** my current account is empty; **córteme el pelo al c.,** shave my head

cerrado,-a *adj* ◆ closed, shut; *(recinto)* enclosed ➢ Ver nota en **cerrar** ◆ *(intransigente)* uncompromising, unyielding; *(a las novedades, etc)* narrow minded ◆ *(tímido)* reserved ◆ *(un acento, una forma de hablar)* broad ◆ *(curva)* tight, sharp ◆ *(tupido)* bushy ◆ | LOC: **a puerta cerrada,** behind closed doors

cerradura *f* lock

cerrajero,-a *m,f* locksmith

cerrar 1 *vtr* to shut, close; *(con llave)* to lock; *(un grifo abierto)* to turn off; *(el ordenador)* to turn off, switch off; *(subir una cremallera)* to do up; *(un sobre)* to seal; *(los puños)* to clench ◆ *(un negocio temporalmente)* to close; *(definitivamente)* to close down ◆ *(un trato, un acuerdo)* to finalize; *(liquidar una cuenta bancaria)* to close ◆ *(un acceso, un servicio de transporte)* to close;

cerro

(bloquear) **cerrarle el paso a alguien,** to block sb's way | **2** *vi* ◆ to close, shut ◆ *(un negocio temporalmente)* to close; *(definitivamente)* to close down ◆ | LOC: *fam* **c. el pico,** to shut one's trap

■ **cerrarse** *vr* to close, shut ◆ *(una jornada, una actividad)* to end ◆ *fam (ponerse intransigente)* to close one's mind ◆ | LOC: *fam* **cerrarse en banda,** to dig in one's heels

> ¿To close o to shut?
> En general hay poca o ninguna diferencia entre **to close** y **to shut**. Pero recuerda que no puedes usar **shut** como adjetivo *(una ventana cerrada,* **a closed window**) y nunca **a shut window**). **To close** hace referencia a acciones lentas y ocasiones formales o solemnes *(cerró la puerta con cuidado para no despertar a los niños,* **he closed the door carefully so as not to wake up the children**), mientras que **to shut** expresa más bien brusquedad, fuerza o rudeza: *¡Cállate!,* **Shut up!** *Cerró la puerta en mis narices.* **He shut the door in my face.** No puedes emplear **shut** al hablar de las comunicaciones *(carretera cortada,* **road closed**) ni en expresiones figurativas *(una mente cerrada,* **a closed mind**).

cerro *m* hill
cerrojo *m (pestillo)* bolt: **echa el c. en cuanto salga,** bolt the door as soon as I go out
certamen *m* competition, contest
certero,-a *adj (en la puntería)* accurate; *(en la opinión)* sound
certeza, certidumbre *f* certainty: **no lo sé con c.,** I'm not certain of it; **puedes tener la c. de que iré,** you can be sure (that) I'll go
certificado,-a 1 *adj* ◆ certified ◆ *(correo)* registered | **2** *m* certificate ◆ **c. de estudios,** school-leaving certificate ◆ **c. médico,** medical certificate
certificar *vtr* ◆ to certify ◆ *(una carta)* to register
cervatillo *m Zool* fawn
cervecería *f* ◆ *(bar)* pub, bar ◆ *(fábrica de cerveza)* brewery
cerveza *f* beer; **c. de barril,** draught beer; **c. sin alcohol,** alcohol-free beer ➢ Ver nota en **ale**
cervical 1 *adj* cervical | **2** *fpl* **me duelen mucho las cervicales,** my neck really hurts

cesar *vi* ◆ *(parar)* to stop, cease [**de,** -]: **trabajamos sin c. durante horas,** we worked without a rest for hours ➢ Ver nota en **cease** ◆ *(en un cargo o puesto)* to resign [**como/en,** as]
cesárea *f Med* Caesarean (section), *US* Cesarean (section)
cese *m* ◆ *(suspensión)* cessation, suspension ◆ *(dimisión, renuncia)* resignation
césped *m* lawn, grass
cesta *f* basket; **c. de Navidad,** Christmas hamper
cesto *m* basket
cetáceo *m Zool* cetacean, whale
chabacano,-a *adj pey (de mal gusto)* cheap
chabola *f* shack; **un barrio de chabolas,** a shanty town
chabolismo *m* the existence *o* problem of shanty towns: **es preciso erradicar el c.,** shanty towns must be eliminated
chacal *m Zool* jackal
cháchara *f fam* small talk, chinwag, chat: **está todo el día de c.,** she spends the whole day yapping
chacinería *f LAm* pork butcher's shop
chafar *vtr* ◆ *fam (un plan, una sorpresa, etc)* to ruin, spoil ◆ *(espachurrar)* to squash, crush, flatten
chal *m* shawl
chalado,-a *adj fam* crazy, nuts
chalé *m* → **chalet**
chaleco *m* ◆ *(de tela)* waistcoat, *US* vest; *(de lana)* sleeveless pullover ◆ **c. antibalas,** bullet-proof vest; **c. salvavidas,** life jacket
chalet *m* house

> La palabra **house** se refiere a cualquier vivienda unifamiliar: *chalet adosado,* **terraced house**; *chalet pareado,* **semi-detached house** (o también **semi** o **semi-detached**) *chalet independiente,* con su propio jardín, **detached house**. En el Reino Unido también encontrarás **cottage**, una casita en el campo o en un pueblo pequeño, probablemente antigua, y **bungalow**, una casa de una sola planta. **Chalet** es el nombre de una casa pequeña, teóricamente con el techo inclinado, que se suele alquilar para las vacaciones. Finalmente, **villa** describe una casa en las afueras de la ciudad o al lado del mar.

chamizo *m* thatched hut
champán, champaña *m* champagne

champiñón *m* mushroom
champú *m* shampoo
chamuscar *vtr* to singe, scorch
chance *m LAm* opportunity
chancear *vi LAm* to joke, horse around
chanchada *f LAm fam* dirty trick
chancho,-a *m,f LAm* pig, hog
chanchullo *m fam (negocio turbio)* fiddle, swindle
chancla *f* flipflop
chándal *m* track *o* jogging suit
chantaje *m* blackmail; **hacer c.,** to blackmail
chantajista *mf* blackmailer
chanza *f* joke
chapa *f* ◆ *(lámina)* sheet, plate; *(de un coche)* bodywork ◆ *(de una botella)* bottle top, cap ◆ *(insignia)* pin, badge ◆ *LAm (cerradura)* lock
chapado,-a *adj* plated: **este anillo está chapado en oro,** this ring is gold-plated ◆ | LOC: **estar c. a la antigua,** to be old-fashioned
chapar 1 *vi fam (estudiar mucho)* to cram | **2** *vtr* to plate
chaparrón *m* downpour, heavy shower
chapotear *vi* to splash about, paddle
chapucero,-a 1 *adj (hecho con descuido)* shoddy, amateurish ◆ *(poco cuidadoso en el trabajo)* bungling, amateurish | **2** *m,f* bungler
chapuza *f* ◆ *(trabajo mal hecho)* shoddy piece of work ◆ *(trabajo ocasional)* odd job
chapuzón *m (baño)* dip
chaqué *m* morning coat
chaqueta *f* jacket; **traje de c.,** suit ◆ | LOC: **cambiar de c.,** to change sides
chaquetero,-a *m,f fam pey Pol* turncoat
chaquetón *m* short coat; **(c.) tres cuartos,** three-quarter-length jacket
charanga *f Mús* brass band
charca *f* pond, pool
charco *m* puddle
charcutería *f* delicatessen
charla *f* ◆ *(palique)* talk, chat ◆ *(conferencia)* informal lecture *o* address
charlar *vi* to talk, chat
charlatán,-ana 1 *adj (hablador)* talkative; *(indiscreto)* indiscreet, gossipy; *(fanfarrón)* boasting | **2** *m,f* ◆ *(hablador)* chatterbox; *(indiscreto)* indiscreet person, gossip; *(fanfarrón)* boaster, show off ◆ *(embaucador, timador)* trickster
charol *m* patent leather
charqui *m LAm* dried beef, cured meat
chárter *adj inv* charter

chascar, chasquear *vtr (la lengua)* to click; *(los dedos)* to snap; *(el látigo)* to crack
chascarrillo *m* funny story
chasco *m fam* disappointment: **me llevé un c.,** I was disappointed
chasis *m inv Auto* chassis
chasqui *m LAm* messenger, courier
chasquido *m (ruido)* crack; *(de la lengua)* click; *(de los dedos)* snap
chatarra *f* ◆ scrap (metal), scrap iron ◆ *fam* (piece of) junk
chatarrero,-a *m,f* scrap dealer *o* merchant
chato,-a 1 *adj* ◆ *(nariz)* snub; *(persona)* snub-nosed ◆ *(objeto)* flat, flattened, squat | **2** *m* (small) glass of wine
chauvinista *adj* & *mf* chauvinist
chaval,-a *m,f fam (chico)* boy, lad; *(chica)* girl ◆ | LOC: **estar hecho un c.,** to look very young
checo,-a 1 *adj* Czech; **República Checa,** The Czech Republic | **2** *m,f (persona)* Czech | **3** *m (idioma)* Czech
chelín *m* shilling
chepa *f fam* hump
cheque *m* cheque, *US* check; **c. al portador,** bearer cheque; **c. de viaje,** traveller's cheque, *US* traveler's check
chequeo *m* ◆ *Med* checkup ◆ *Auto* service
chévere *adj LAm fam,* terrific, great, fantastic
chicano,-a *adj* & *m,f* chicano
chicha *f LAm* chicha, maize liquor
chícharo *m LAm* pea
chicharra *f Zool* cicada
chichón *m* bump, lump
chicle *m* chewing gum
chico,-a 1 *m,f (muchacho)* boy, lad; *(muchacha)* girl | **2** *adj* small, little
chicote *m LAm* whip
chiflado,-a 1 *adj fam* mad, crazy [**por,** about] | **2** *m,f (loco)* nut, loony
chifladura *f (extravagancia)* crazy idea
chiflar *vi* ◆ *(con la boca)* to whistle; *(con un silbato)* to blow ◆ *fam (gustar mucho)* **me chifla esta música,** I love this music
chiíta *adj* & *mf Rel* Shiite
chile *m* chilli (pepper)
Chile *m* Chile
chileno,-a *adj* & *m,f* Chilean
chillar *vi* ◆ *(emitir un chillido)* to scream, shriek ◆ *(levantar la voz)* to shout ◆ *(un ave)* to screech; *(un cerdo)* to squeal
chillido *m* ◆ *(de terror, dolor)* scream, shriek ◆ *(grito, berrido de persona)* shout ◆ *(grito de ave)* screech; *(de cerdo)* squeal

chillón,-ona *adj* ♦ *(voz)* shrill, high-pitched; *(sonido)* harsh, strident ♦ *(color)* loud, gaudy

chimenea *f* ♦ *(hogar)* fireplace, hearth ♦ *(tiro del humo)* chimney

> La parte de la chimenea donde se encuentra el fuego (la parte interior) se llama **fireplace** y la parte por donde sale el humo (la parte exterior) se llama **chimney**. Si te refieres a la chimenea de un barco, debes emplear la palabra **funnel**.

chimpancé *m Zool* chimpanzee

china *f* ♦ *(piedrecilla)* pebble, small stone ♦ *argot (de hachís)* deal ♦ *Geog* **(la) C.,** China ♦ | LOC: *fam* **tocarle a uno la c.,** to get the short straw

chinche 1 *f Zool* bug, bedbug | **2** *m,f fam* nuisance, pest ♦ | LOC: *fam* **caer como chinches,** to fall like flies

chincheta *f* drawing pin, *US* thumbtack

chinchorro *m* ♦ *(barca pequeña de remos)* rowing boat ♦ *LAm (hamaca de colgar)* hammock

chingana *f LAm* bar

chino *m* ♦ *(idioma)* Chinese ♦ *fam (lenguaje incomprensible)* Greek: **le sonaba a c.,** it was all Greek to him

chip *m Inform* chip

chipirón *m Zool* baby squid

chiquillo,-a *m,f* kid, youngster

chirimiri *m* drizzle

chirimoya *f* custard apple

chiringuito *m* refreshment stall

chiripa *f* fluke, luck: **fue un gol de c.,** that goal was a fluke; **lo encontró de c.,** he found it by chance

chirla *f Zool* small clam

chirriar *vi (una bisagra, etc)* to creak; *(los frenos del coche)* to screech, squeal

chisme *m* ♦ *fam (objeto inútil)* knick-knack; *(cosa, aparato)* thing ♦ *(cotilleo)* piece of gossip: **no me vengas con chismes,** I don't want to hear your gossip

chismorrear *vi fam* to gossip

chismorreo *m fam* gossip

chismoso,-a 1 *adj* gossipy | **2** *m,f* gossip

chispa *f* ♦ spark ♦ *fam (un poco, pizca)* bit, dash; **una c. de coñac,** a dash of brandy ♦ *fam (ingenio)* wit, sparkle ♦ *(gracia, simpatía)* liveliness

chispear *vi* ♦ to spark, throw out sparks ♦ *(lloviznar)* to spit, drizzle

chistar *vi* ♦ *(hablar)* to say a word ♦ *(protestar)* **cómete eso sin c.,** eat this and don't complain

chiste *m* joke: **contó un c. muy gracioso,** he told a very funny joke; **un c. verde,** a blue *o* dirty joke

chistera *f* top hat

chistoso,-a *adj* funny

chivarse *vr fam* to tell tales

chivatazo *m fam* tip-off: **dar el c.,** *(avisar a una autoridad)* to grass, to squeal; *(alertar a alguien)* to tip off

chivato,-a 1 *m,f fam* ♦ *(soplón)* squealer, grass ♦ *(acusica)* telltale | **2** *m* alarm, warning device

chivo,-a *m,f* ♦ *Zool* kid, young goat ♦ *fig* **c. expiatorio,** *m* scapegoat

chocante *adj (sorprendente)* surprising, startling; *(raro)* strange, odd

chocar 1 *vi (colisionar)* to crash, collide; **c. con/contra,** to run into, collide with ♦ *(discutir)* to clash **[con,** with] ♦ *(sorprender, extrañar)* to surprise | **2** *vtr* ♦ to knock; *(la mano)* to shake; *fam* **¡chócala!, ¡choca esos cinco!,** shake (on it)!, *US* give me five!

chochear *vi* to be senile *o* in one's dotage

chocolate *m* ♦ chocolate; **c. amargo,** dark *o* plain chocolate; **c. con leche,** milk chocolate ♦ *argot (hachís)* dope

chocolatina *f* bar of chocolate, chocolate bar

chófer, *LAm* **chofer** *m (conductor)* driver; *(conductor particular)* chauffeur

chollo *m fam* ♦ *(cosa barata)* bargain, snip ♦ *(trabajo cómodo)* cushy job

chomba *f LAm (jersey)* jumper, pullover

chonta *f LAm Bot* palm tree

chopo *m Bot* poplar

choque *m* ♦ *(golpe)* impact ♦ *(accidente de tráfico)* crash, collision; **c. en cadena,** pile-up **c. frontal,** head-on collision ♦ *(impresión)* shock

choricear, chorizar *vtr fam* to pinch

chorizo,-a 1 *m* ♦ *Culin* chorizo, highly-seasoned pork sausage | **2** *m,f fam (ladrón de poca monta)* thief, pickpocket

chorlito *m Orn* plover ♦ | LOC: *fam* **cabeza de c.,** scatterbrain

chorrada *f fam* piece of nonsense: **¡deja de decir chorradas!,** stop talking nonsense

chorrear 1 *vi* ♦ to drip, trickle; *fam* **estoy chorreando de sudor,** I'm pouring with sweat ♦ *fam (estar empapado)* to be soaked: **traigo los zapatos chorreando,** my shoes are dripping wet | **2** *vtr* to flow out: **el jamón chorreaba grasa,** the ham was oozing with grease

chorro *m* ◆ *(de líquido abundante)* spurt; *(pequeño)* trickle: **el agua salía a chorros por la grieta,** water was pouring out of the crack ◆ *(de gas, de vapor)* jet; **propulsión a c.,** jet propulsion ◆ *fig* stream, flood

chovinismo *m* chauvinism

chovinista 1 *adj* chauvinistic | **2** *mf* chauvinist

choza *f* hut, shack

chubasco *m* heavy shower, downpour

chubasquero *m* raincoat

chuchería *f fam* sweet, *US* candy

chufa *f* tiger nut

chulear *fam vi* to strut around

chuleta *f* ◆ chop, cutlet; **c. de ternera,** veal chop ◆ *Educ fam* crib (note)

chulo,-a *fam* **1** *m,f (presuntuoso)* show-off; *(insolente)* cocky | **2** *adj (bonito)* smashing | **3** *m (proxeneta)* pimp

chupa *f argot* short jacket

chupachups® *m* lollipop

chupado,-a *adj* ◆ *(un caramelo)* half-eaten ◆ *(delgado)* skinny, thin ◆ *fam (pregunta, actividad)* very easy: **eso está chupado,** it's dead easy

chupar 1 *vtr* ◆ *(sacar líquido de algo)* to suck ◆ *(lamer)* to lick ◆ *(absorber un líquido)* to soak up, absorb | **2** *vi* to suck

■ **chuparse** *vr* ◆ | LOC: **está para c. los dedos,** it's really mouth-watering

chupatintas *m inv pey* penpusher

chupete *m* dummy, *US* pacifier

churrasco *m* barbecued meat, steak

churrería *f* shop selling **churros**

churro *m* ◆ *Culin* fritter, *US* cruller ◆ *fam (birria)* mess

chusma *f* rabble, mob

chutar *vi* ◆ *Dep (el balón)* to shoot ◆ | LOC: *fam* **¡y va que chuta!,** she should think herself lucky!

■ **chutarse** *vr argot (droga)* to shoot up

chute *m* ◆ *argot (de droga)* fix ◆ *Dep* shot

Cía *(abr de compañía)* company, Co

cianuro *m Farm Quím* cyanide

ciberespacio *m Inform* cyberspace

cibernética *f* cybernetics *sing*

cicatriz *f* scar

cicatrizar *vtr & vi Med* to heal

cíclico,-a *adj* cyclical

ciclismo *m* cycling

ciclista 1 *adj* cycling | **2** *m,f* cyclist

ciclo *m* ◆ cycle ◆ *(de conferencias, etc)* course, series; *(de películas)* season

ciclomotor *m* moped, motorbike

ciclón *m Meteor* cyclone

ciego,-a 1 *adj* ◆ *(persona)* blind: **es c. de nacimiento,** he/she was born blind; **se quedó c.,** he/she went blind ◆ *fam (atiborrado)* **ponerse c.** *(de comida)* to stuff oneself; *(de alcohol)* to get blind drunk; *(de droga)* to get stoned | **2** *m argot* **tener/llevar un c. impresionante,** *(borrachera)* to be blind drunk; *(de droga)* to be stoned | **3** *m,f* blind person ◆ **los ciegos,** the blind *pl* ◆ | LOC: **a ciegas,** *(sin ver nada)* blindly; *(sin información o reflexión)* **compró el coche a ciegas,** she bought the car without having a look at it

cielo 1 *m* ◆ sky ◆ *Rel* Heaven ◆ *(persona adorable)* angel ◆ **c. de la boca,** roof of the mouth; *Arquit* **c. raso,** ceiling | **2** *interj (sorpresa)* **¡cielo santo!,** good heavens! ◆ | LOC: *fig* **esta injusticia clama al c.,** this injustice is an outrage; **estar en el séptimo c.,** to be in seventh heaven; **ver el c. abierto,** to see one's chance; **caído del cielo,** *(oportuno)* heaven-sent

ciempiés *m inv Zool* centipede

cien *adj & m inv* hundred; **c. personas,** *o* one hundred people; **cinco por c.,** five per cent ◆ | LOC: *fam* **poner a alguien a c.,** to drive sb mad; **c. por c.,** *(completamente, de principio a fin)* one hundred per cent

> Recuerda que en inglés no tiene plural (**one/two/three,** etc. **hundred**) excepto cuando expresa una cantidad indeterminada: *Había cientos de personas.* **There were hundreds of people there.**

ciencia *f* ◆ science ◆ *frml (conocimiento)* knowledge: **descorchar un botella no tiene mucha c.,** there is no mystery about uncorking a bottle ◆ **c. ficción,** science fiction; *irón* **c. infusa,** divine inspiration; **ciencias ocultas,** the occult *sing* ◆ | LOC: **a c. cierta,** for certain: **lo sé a c. cierta,** I'm absolutely sure, I know it for certain

científico,-a 1 *adj* scientific | **2** *m,f* scientist

ciento 1 *adj* hundred; **ciento veintitrés,** one hundred and twenty three | **2** *m* ◆ *(gran cantidad)* **había cientos de niños,** there were hundreds of children there ◆ **por c.,** per cent; **un descuento del diez por c.,** a ten per cent discount; **tanto por**

c., percentage ◆ | LOC: **eran c. y la madre,** the world and his wife were there

cierre *m* ◆ *(acción de cerrar)* closing, shutting ◆ *(cese de un negocio)* shutdown, closing-down ◆ *(artefacto para cerrar un bolso)* clasp; *(una puerta)* catch; *(un collar)* fastener ◆ *TV (final de emisión)* close-down ◆ **c. centralizado,** central locking; **c. de seguridad,** safety lock; **c. metálico,** metal shutter; **c. patronal,** lockout ◆ | LOC: **echar el c.,** to close down

cierto,-a 1 *adj* ◆ *(no falso)* true; *(seguro)* certain: **di por c. que vendrías,** I was sure you would come; **lo c. es que…,** the fact is that… **yo estaba en lo c.,** I was right ◆ *(algún)* certain: **ciertas personas están interesadas,** certain people are interested; **estoy de acuerdo hasta c. punto,** I agree up to a point | **2** *adv* certainly ◆ | LOC: **por c.,** by the way

ciervo,-a *m,f Zool* deer; *(macho)* stag; *(hembra)* hind, doe

cifra *f* ◆ *(número)* figure, number ◆ *(código secreto)* cipher, code

cifrar *vtr* ◆ *(codificar)* to encode ◆ *(calcular)* **las pérdidas se cifran en millones,** the losses are estimated at millions

cigala *f* Norway lobster, crayfish

cigarra *f Zool* cicada

cigarrillo *m* cigarette

cigarro *m* ◆ *(puro)* cigar ◆ *(cigarrillo)* cigarette

cigüeña *f Orn* stork

cilantro *m Culin* coriander

cilindrada *f Auto* cubic capacity

cilíndrico,-a *adj* cylindrical

cilindro *m* cylinder

cima *f* summit

cimentar *vtr* ◆ *(un edificio)* to lay the foundations of ◆ *fig (una relación)* to strengthen

cimientos *mpl* foundations

cinc *m* zinc

cincel *m* chisel

cincelar *vtr* to chisel

cinco *adj & m* five

cincuenta *adj & m* fifty

cine *m* ◆ *(local)* cinema, *US* movie theater ◆ *(arte)* cinema: **me gusta ir al c.,** I like to go to the movies; **c. mudo/sonoro,** silent/talking films *pl*

cineasta *mf* film director, film maker

cinéfilo,-a *m,f* film lover, *US* movie-goer

cinematográfico,-a *adj* cinematographic; **industria cinematográfica,** film o *US* movie industry

cíngaro,-a *adj & m,f* gypsy

cínico,-a 1 *adj* cynical | **2** *m,f* cynic

cinismo *m* cynicism

cinta *f* ◆ *(para el pelo)* band, strip; *(para envolver, para la máquina de escribir)* ribbon ◆ *Téc Mús* tape ◆ *Cine* film; **c. de vídeo,** video tape; **c. virgen,** blank tape ◆ **c. adhesiva/aislante,** adhesive/insulating tape; **c. métrica,** tape measure; **c. transportadora,** conveyor belt

cinto *m* belt

cintura *f* waist

cinturilla *f Cost* braid, edging

cinturón *m* belt; **c. de seguridad,** safety belt ◆ | LOC: *fig* **apretarse el c.,** to tighten one's belt

ciprés *m Bot* cypress

circo *m* circus

circuito *m* ◆ *Elec* circuit ◆ *Auto Dep* track, circuit

circulación *f* ◆ circulation ◆ *Auto (tráfico)* traffic

circular 1 *adj* (*con forma de círculo*) circular | **2** *f (notificación)* circular | **3** *vi (la sangre)* to circulate; *(un líquido, el aire)* to flow ◆ *(tren, autobús)* to run; *(un peatón)* to walk: **peatón, circule por su izquierda,** *(en letrero)* pedestrians, keep left ◆ *fig (difundirse un rumor)* to go round; *(moneda)* to be in circulation

circulatorio,-a *adj* ◆ circulatory ◆ *Auto* **los problemas circulatorios,** traffic problems

círculo *m* ◆ *Geom* circle ◆ *(social)* circle: **su c. de amigos,** her friends

circundante *adj* surrounding

circunferencia *f* circumference

circunscribirse *vr* ◆ *(a un tema)* to confine oneself [**a,** to] ◆ *(a un problema, una competencia)* to be limited [**to,** a]; *(a un área)* to be restricted [**a,** to]

circunscripción *f* ◆ district ◆ **c. electoral,** constituency

circunstancia *f* circumstance; **bajo ninguna c.,** under no circumstances

circunstancial *adj* circumstancial

cirio *m* ◆ wax candle ◆ *fam* **armar/montar un c.,** to kick up a fuss

cirrosis *f Med* cirrhosis

ciruela *f Bot (fruta)* plum; **c. claudia,** greengage; **c. pasa,** prune

ciruelo *m Bot (árbol)* plum tree

cirugía *f* surgery; **c. estética,** plastic surgery

cirujano,-a *m,f* surgeon

cisma *m* ◆ *Rel* schism ◆ *Pol* split

cisne *m Orn* swan

cisterna f ◆ *(del cuarto de baño)* cistern ◆ *(contenedor)* tank

cistitis f inv Med cystitis

cita f ◆ *(para un encuentro formal)* appointment: **tengo que pedir c. en el dentista,** I have to make an appointment with my dentist ◆ *(para un encuentro informal)* date ◆ *(de un autor, libro)* quotation

citación f Jur citation, summons sing

citado,-a pp de **citar; el c. caballero,** the aforementioned gentleman

citar vtr ◆ *(dar fecha)* to arrange to meet, make an appointment with ◆ *(mencionar, repetir textualmente)* to quote: **cita a Cervantes dos veces,** he quotes Cervantes twice ◆ Jur to summon

■ **citarse** vr to arrange to meet, make a date [con, with]

cítrico,-a 1 adj citric, citrus | **2** mpl **cítricos,** citrus fruits

ciudad f *(mediana o pequeña)* town; *(grande)* city; **c. deportiva,** sport center; **c. dormitorio,** dormitory town; **c. universitaria,** university campus

> En general, la palabra **city** se refiere a una ciudad grande o importante (por ejemplo, la capital de un país o de una provincia) y **town** se refiere a una ciudad más pequeña. **Town** también puede aplicarse a una zona urbana: *I'm going to town, me voy a la ciudad* (dicho por alguien que vive en el campo) o *me voy al centro* (dicho por alguien que vive en las afueras de una ciudad grande). La expresión *mi ciudad* se traduce por **my home town.**

ciudadanía f citizenship

ciudadano,-a 1 m,f citizen; **el c. de a pie,** the man in the street | **2** adj civic

cívico,-a adj civic

civil 1 adj ◆ civil: **se casaron por lo c.,** they got married in the registry office ◆ Mil civilian | **2** m,f civilian: **el policía iba de c.,** the policeman was in plain clothes ◆ member of the Guardia Civil

civilización f civilization

civilizar vtr to civilize

civismo m civility, civic-mindedness

cizaña f ◆ | LOC: *fig* **meter/sembrar c.,** to sow discord

clamar vtr to cry out for, clamour o US clamor for

clamor m clamour, US clamor

clamoroso,-a adj resounding

clan m clan

clandestinidad f secrecy; **actuar en la c.,** to work underground

clandestino,-a adj clandestine, underground; **aborto c.,** backstreet abortion

clara f ◆ *(bebida)* beer with lemonade, shandy ◆ *(del huevo)* white

claraboya f skylight

clarear vi ◆ *(despuntar el alba)* to dawn ◆ *(despejarse el cielo)* to clear up ◆ *(perder tupidez o intensidad de color)* to wear thin, become transparent

clarete adj & m rosé

claridad f ◆ *(luminosidad)* light, brightness ◆ *(comprensibilidad)* clarity; **con c.,** clearly ◆ *(franqueza)* openness ◆ *(perspicacia)* clearness

clarificar vtr to clarify

clarín m Mús bugle

clarinete m Mús clarinet

clarividente 1 adj *(de mente lúcida)* lucid | **2** mf *(persona)* clairvoyant

claro,-a 1 adj ◆ *(despejado, evidente)* clear ◆ *(poco espeso)* thin ◆ *(color)* light | **2** m *(de un bosque)* clearing ◆ *(entre las nubes)* break in the clouds ◆ **c. de luna,** moonlight | **3** adv clearly | **4** excl of course!; **¡c. que puedo!,** of course I can! ◆ | LOC: **dejar algo c.,** to make something clear; **a las claras,** clearly

clase f ◆ *(género, tipo)* kind, sort: **tienen toda c. de instrumentos musicales,** they have all kinds of musical instruments ◆ *(categoría)* class; **viajar en primera/segunda c.,** to travel first/second class; **un jamón de primera c.,** a top-quality ham ◆ *(grupo social)* class; **c. alta/media,** upper/middle class; **clases pasivas,** pensioners ◆ Educ *(aula)* classroom; *(grupo de estudiantes)* class; *(lección)* lesson, class ◆ *(elegancia, estilo)* class

clásico,-a 1 adj ◆ Arte classical; **una obra clásica de la literatura universal,** a classic work of world literature ◆ *(tradicional)* classic ◆ *(típico)* classic | **2** m classic

> Si *clásico* se refiere a una obra escrita durante un periodo clásico (romano, griego, etc.), se traduce por **classical**: *Virgilio es un autor clásico.* **Virgil is a classical writer.** Si se refiere a algo típico y conocido, se traduce por **classic**: *Es un ejemplo clásico.* **It's a classic example.**

clasificación f ◆ classification ◆ Dep *(lista)* table: **es el tercero en la c. mundial,** he's

clasificar 78

ranked third in the world; *(acción)* qualification: **la atleta española no ha conseguido su c.,** the Spanish athlete has not qualified

clasificar *vtr* to classify, class
■ **clasificarse** *vr Dep* to qualify
clasista 1 *adj pey (ideas, sociedad, persona)* class-conscious, classist | **2** *mf pey* snob
claudicar *vi* to give in
claustro *m* ♦ *Educ Univ (de profesores, etc)* staff meeting ♦ *Arquit Rel* cloister
claustrofobia *f* claustrophobia
claustrofóbico,-a *adj* claustrophobic
cláusula *f Jur* clause
clausura *f* ♦ *(de un local, etc)* closure; **ceremonia de c.,** closing ceremony ♦ *Rel* cloister: **es monja de c.,** she's in a closed order
clausurar *vtr* to close
clavado,-a *adj* ♦ *(sujeto con clavos)* nailed ♦ *(fijo)* stuck fast ♦ *(muy parecido)* **este niño es clavado a su padre,** this boy is the spitting image of his father ♦ *(sin moverse)* **estuvo dos horas clavado delante de mi ventana,** he was two hours stuck outside my window
clavar 1 *vtr* ♦ *(con un martillo)* to hammer in; *(sujetar con clavos)* to nail ♦ *(una estaca)* to drive in ♦ *fam (cobrar demasiado)* to sting *o* fleece
■ **clavarse** *vr* **c. un alfiler,** to stick a pin into oneself
clave 1 *f* ♦ *(meollo, pista)* key ♦ *(código, cifra)* code, cipher; **c. numérica,** numerical code ♦ *Mús (tono)* key; *(símbolo)* clef | **2** *m Mús* harpsichord
clavel *m Bot* carnation
clavícula *f Anat* collarbone
clavo *m* ♦ *(punta)* nail ♦ *Med* pin ♦ *Culin (especia)* clove ♦ | LOC: **agarrarse a un c. ardiendo,** to clutch at straws; **dar en el c.,** to hit the nail on the head
clemencia *f* mercy, clemency
clementina *f Bot (fruto)* clementine
cleptómano,-a *adj* & *m,f Med* kleptomaniac
clerical *adj* clerical
clérigo *m* priest
clero *m* clergy
cliché *m* ♦ *Fot* negative ♦ *Impr* plate ♦ *(tópico)* cliché
cliente *mf* client, customer
clima *m* climate
climatizado,-a *adj* air-conditioned
clímax *m inv* climax

clínica *f* clinic
clínico,-a *adj* clinical
clip *m* ♦ *(para sujetar papeles)* paperclip ♦ *(cierre de pendiente)* clip; **pendientes de c.,** clip-on earrings
clítoris *m inv Anat* clitoris
cloaca *f* sewer, drain
cloro *m* chlorine
clorofila *f Bot* chlorophyll, *US* chlorophyl
cloroformo *m Med* chloroform
cloruro *m* chloride; **c. sódico,** sodium chloride
club *m* club
cm *(abr de* **centímetros***)* centimetre, cm
coacción *f* coercion
coaccionar *vtr* to coerce
coagular *vtr* to coagulate
■ **coagularse** *vr* to coagulate; *(la sangre)* to clot
coágulo *m* clot, coagulum *frml*
coala *m Zool* koala
coalición *f* coalition
coartada *f* alibi
coartar *vtr* to restrict
cobarde 1 *adj* cowardly: **fue un gesto c.,** it was a cowardly gesture | **2** *m,f* coward
cobardía *f* cowardice
cobaya *f Zool* guinea pig
cobertizo *m* shed
cobertura *f* ♦ *(revestimiento)* coating ♦ *Fin* guarantee ♦ *(de una noticia)* coverage ♦ *(de un seguro)* cover, coverage ♦ *Mil* cover
cobija *f LAm* blanket
cobijar *vtr (dar protección)* to shelter
■ **cobijarse** *vr* to take shelter
cobijo *m* ♦ *(cobijo)* shelter ♦ *(amparo)* shelter, protection
cobra *f Zool* cobra
cobrador,-ora *m,f* ♦ *(de la luz, agua, etc)* collector ♦ *(de autobús) (hombre)* conductor; *(mujer)* conductress
cobrar 1 *vtr* ♦ *(pedir un precio)* to charge; *(exigir el pago)* to collect; *(recibir el pago de una deuda)* to recover ♦ *(un cheque, un billete de lotería)* to cash; *(recibir el salario)* to earn: **aún no han cobrado el sueldo,** they still haven't been paid their salary; **cobra un buen sueldo,** he earns a good salary ♦ *fig (alcanzar, lograr)* to gain, to get: **su proyecto cobra hoy importancia,** today his project is becoming important; **c. ánimos,** to take heart ♦ *(empezar a sentir)* **c. afecto a alguien/algo,** to become very fond of sb/sthg | **2** *vi* ♦ *(exigir un pago)* **¿me cobra, por favor?** I'd like to pay now, please; **nunca me cobra,** he never charges

me ♦ *(recibir el salario)* to be paid ♦ *fam (recibir una zurra)* to catch it, get it
■ **cobrarse** *vr* ♦ **cóbrese, por favor** *(al pagar)* take it out of this, please ♦ *(causar víctimas)* to claim

cobre *m* ♦ *Min* copper ♦ *LAm (moneda)* copper cent, penny

cobrizo,-a *adj* copper, copper-coloured, *US* copper-colored

cobro *m (de un pago, deuda)* collection; *(de un cheque)* cashing ♦ | LOC: *Tel* **llamar a c. revertido,** to reverse the charges, *US* to call collect

coca *f* ♦ *Bot* coca ♦ *argot (droga)* cocaine, coke

cocaína *f* cocaine

cocción *f* ♦ *Culin* cooking ♦ *(de una cerámica, un ladrillo)* firing

cocer 1 *vtr* ♦ to cook; *(hervir)* to boil; *(el pan, una masa)* to bake ♦ *(un ladrillo, cerámica)* to fire | **2** *vi (un líquido)* to boil
■ **cocerse** *vr* ♦ *(un alimento)* to cook; *(hervir)* to boil; *(hornear)* to bake ♦ *fam (pasar mucho calor)* to roast ♦ *(tramarse)* to be going on

cochambroso,-a *adj* squalid

coche *m* ♦ car; **ir en c.,** to go by car; **c. de bomberos,** fire engine; **c. de carreras,** racing car; **coches de choques,** bumper cars; **c. fúnebre,** hearse ♦ *(carruaje de caballos, vagón de tren)* carriage, coach; **c. cama,** sleeping car, *US* sleeper

cochecito *m (para bebés)* pram, *US* baby carriage

cochera *f* ♦ *(aparcamiento de autobuses)* depot ♦ *LAm* garage

cochinillo *m* suckling pig

cochino,-a 1 *m,f* ♦ *(cerdo)* pig; *(cerda)* sow ♦ *fam (persona sucia)* pig, filthy person | **2** *adj (sucio)* filthy, disgusting

cocido *m Culin* stew

cocina *f* ♦ *(habitación de la casa)* kitchen ♦ *(electrodoméstico)* cooker, *US* stove: **la c. es eléctrica,** the cooker is electric ♦ *(modo de cocinar)* cooking, cuisine; **la c. peruana,** Peruvian cooking

cocinar *vtr & vi* to cook

cocinero,-a *m,f* cook

coco *m* ♦ *Bot (fruto)* coconut ♦ *fam (inteligencia)* brains: **tiene mucho c.,** she has a good brain ♦ *fam (cabeza)* **no sabes cómo me duele el c. hoy,** you can't imagine how my head is aching today ♦ *fam (hombre del saco)* bogeyman ♦ | LOC: *fam* **comerle el c. a alguien,** to brainwash somebody; *fam* **comerse el c.,** to get obsessed

cocodrilo *m Zool* crocodile

cocotero *m Bot (árbol)* coconut palm

cóctel *m* ♦ *(de bebidas, alimentos, etc)* cocktail ♦ *(fiesta)* cocktail party

coctelera *f* cocktail shaker

codazo *m (golpe en el codo)* blow to one's elbow; *(con el codo)* **le di un c. en las costillas,** I elbowed him in the ribs ♦ *(señal dada con el codo)* nudge with one's elbow: **me dio un c. cuando lo vio entrar,** he nudged me when saw him coming in

codearse *vr* to hobnob [**con,** with], rub shoulders [**con,** with]

codera *f* ♦ *Cost* elbow patch ♦ *Dep (protector)* elbow pad ♦ *(venda elástica)* elbow bandage

codicia *f* greed

codiciar *vtr* to covet

codicioso,-a *adj* covetous, greedy

codificar *vtr* ♦ *(poner en clave)* to encode, code ♦ *(contemplar en la ley)* to codify

código *m* code; **c. civil,** civil code; **c. de honor,** code of honour; **c. morse,** Morse code

codo *m Anat* elbow ♦ | LOC: *fam* **hablar por los codos,** to talk nonstop; **hincar los codos,** to cram; *fig* **c. con c.,** side by side

codorniz *f Zool* quail

coeficiente *m* ♦ *Mat* coefficient ♦ *Fís Quím (grado)* rate ♦ **c. intelectual,** intelligence quotient

coexistencia *f* coexistence

coexistir *vi* to coexist

cofradía *f* ♦ *(hermandad religiosa)* brotherhood ♦ *(de carpinteros, canteros, etc)* association, guild

cofre *m (arca)* trunk, chest

coger 1 *vtr* ♦ to take; *(agarrar)* to seize: **me cogió del brazo,** he seized me by the arm; *(sostener)* to hold: **cógeme el bolso un momento, por favor,** please hold my bag for a moment ♦ *(un medio de transporte)* to take, catch; *(una pelota, un resfriado, a alguien que huye, a alguien haciendo algo)* to catch: **¡te cogí!,** I caught you! ♦ *(recoger del suelo)* to pick (up); *(una cosecha, flores, ropa tendida)* to pick ♦ *(un hábito)* to pick up; *(velocidad, impulso)* to gather ♦ *(entender el sentido de algo)* to grasp: **no lo cojo,** I don't understand it ♦ *(atropellar)* to run over, knock down ♦ *LAm vulgar* to fuck | **2** *vi fam (caber)* to fit ♦ *(para indicar inicio de acción)* **cogió y se puso a cantar,** he went and started singing
■ **cogerse** *vr* ♦ *(una persona a otra)* to hold on; **c. de la mano,** to hold hands ♦

cogollo

(ponerse, sentir) **se cogió una borrachera,** he got drunk
cogollo *m* ◆ *(de una lechuga)* heart ◆ *(de un asunto)* core, heart
cogote *m* nape *o* back of the neck
cohecho *m Jur* bribery
coherencia *f* ◆ coherence ◆ consistency
coherente *adj* ◆ coherent ◆ consistent
cohesión *f* cohesion
cohete *m* ◆ *(fuego artificial)* firework ◆ *(propulsado a chorro)* rocket
cohibido,-a *adj* inhibited
cohibir *vtr* to inhibit
■ **cohibirse** *vr* to feel inhibited
coincidencia *f* coincidence
coincidir *vi* ◆ *(ocurrir al mismo tiempo)* to coincide [**con,** with] ◆ *(dar el mismo resultado, encajar)* to fit in [**con,** with] ◆ *(estar de acuerdo)* to agree: **en ese punto coincidimos,** we agreed about that ◆ *(encontrarse)* to meet by chance
coito *m* coitus, intercourse
cojear *vi* ◆ *(caminar defectuosamente)* to limp, hobble ◆ *(bailar un mueble)* to wobble ◆ | LOC: *fam* **c. del mismo pie,** to have the same faults; *fam* **saber de qué pie cojea (alguien),** to know someone's weak spots
cojera *f* limp
cojín *m* cushion
cojo,-a 1 *adj* ◆ *(que camina con cierta dificultad)* lame ◆ *(que no se apoya firmemente)* rickety | **2** *m,f* lame person
col *f Bot* cabbage: **c. de Bruselas,** Brussels sprout
cola[1] *f* ◆ *(de animal, de un avión)* tail ◆ *(peinado)* ponytail ◆ *(de un vestido)* train ◆ *(fila)* queue, *US* line: **hicimos c. durante una hora,** we were queuing for an hour ◆ *(final)* bottom, **a la c.,** at the back *o* rear ◆ | LOC: *fam* **traer c.,** to have consequences
cola[2] *f (pegamento)* glue
colaboración *f* ◆ *(ayuda)* collaboration ◆ *Prensa* contribution
colaboracionismo *m Pol* collaboration
colaborador,-ora 1 *m,f* ◆ collaborator ◆ *Prensa* contributor | **2** *adj* collaborating
colaborar *vi* to collaborate, cooperate
colada *f* wash, laundry; **hacer la c.,** to do the washing *o* laundry; **tender la c.,** to hang out the washing *o* laundry
colador *m (para la leche, el té)* strainer
colapsar *vtr* to bring to a standstill
■ **colapsarse** *vr* to come to a standstill

colapso *m Med* collapse
colar 1 *vtr* ◆ *(la leche, el caldo)* to strain ◆ *(hacer pasar por una abertura)* to slip | **2** *vi fam (pasar por verdadero)* **a ver si cuela que tengo veinte años,** let's see if they believe I'm twenty; **no, no cuela,** no, it won't wash
■ **colarse** *vr* ◆ *(entrar sin ser visto)* to slip in; *(sin ser invitado)* to gatecrash; *(sin pagar)* **se coló en el autobús,** he got onto the bus without paying ◆ *(saltarse el turno)* to jump the queue, *US* to cut in the line ◆ *fam (meter la pata)* to slip up, go too far
colateral *adj* collateral
colcha *f* bedspread
colchón *m* mattress. **c. hinchable,** air bed
colchoneta *f* ◆ *(de playa, hinchable)* air bed, *US* air mattress ◆ *(en un gimnasio)* mat
colear *vi* ◆ *(un perro)* to wag its tail ◆ *fam (perdurar)* **las consecuencias de su dimisión aún colean,** we haven't heard the last of the effects of his resignation ◆ | LOC: *fam* **vivito y coleando,** alive and kicking
colección *f* collection
coleccionable *adj & m* collectable
coleccionar *vtr* to collect
coleccionista *mf* collector
colecta *f* collection; **hacer una c.,** to collect (for charity)
colectividad *f* community
colectivo,-a 1 *adj* collective | **2** *m* ◆ *(asociación)* association ◆ *LAm* long-distance taxi; *LAm* bus
colega *mf* ◆ colleague ◆ *argot (compinche, amigo)* mate, buddy
colegial 1 *adj (escolar)* school | **2** *m,f* student; **colegiales,** schoolchildren
colegio *m* ◆ *(escuela)* school; **c. privado,** *GB* public *o* independent school, private school; **c. público,** state school, *US* public school ◆ *(clase, enseñanza)* **mañana no hay c.,** there is no school tomorrow ◆ *(asociación profesional),* college, association; **c. de abogados,** Bar Association; **c. de médicos,** Medical Association ◆ *Pol* **c. electoral,** electoral college ◆ *Univ* **c. mayor** *o* **universitario,** hall of residence
cólera 1 *f* anger, rage | **2** *m Med* cholera
colérico,-a *adj* furious
colesterol *m Med* cholesterol
coleta *f (dos a los lados o una pequeña)* pigtail, *(una cola atrás)* ponytail ◆ | LOC: *fig* **cortarse la c.,** *(un torero)* to retire

coletazo m ♦ *(de un pez)* flap of the tail ♦ *fig* **los últimos coletazos del colonialismo,** the death throes of colonialism

coletilla f ♦ *(muletilla)* pet word o phrase ♦ *(apostilla final)* postscript, note

colgado,-a adj ♦ *(suspendido)* hanging ♦ *argot (extravagante, temerario)* weird; *(drogado)* high ♦ | LOC: *fam* **dejar a alguien c.,** to leave sb in the lurch; **quedarse c.,** to be disappointed

colgante 1 m *(joya, adorno)* pendant | 2 adj hanging; **puente c.,** suspension bridge

colgar 1 vtr ♦ *(un cuadro)* to hang (up); *(tender la ropa)* to hang (out) ♦ *(suspender)* to fail ♦ *(ahorcar)* to hang ♦ *(el teléfono)* to put down | 2 vi ♦ to hang [**de,** from] ♦ *Tel (cortar la comunicación)* to hang up
■ **colgarse** vr ♦ *(ahorcarse)* to hang oneself ♦ *(depender de la droga)* to get hooked ♦ *Inform (el ordenador)* to get hung up ➢ Ver nota en **ahorcar**

colibrí m *Orn* hummingbird

cólico m *Med* colic

coliflor f *Bot* cauliflower

colilla f butt

colina f hill

colindante adj adjacent

colirio m *Farm* eyedrops

colisión f ♦ *Auto* collision, crash ♦ *fig (de ideas, intereses, etc)* clash

colisionar vi to collide, crash

colitis f colitis

collar m ♦ *(joya)* necklace ♦ *(de una mascota)* collar

collarín m surgical collar

colmado,-a adj filled: **...y una cucharadita colmada de café,** ...and one heaped teaspoonful of coffee

colmar vtr *frml* ♦ to fill (right up); *(un cuenco, una copa)* to fill to the brim ♦ *(satisfacer)* to fulfil, satisfy

colmena f beehive

colmillo m ♦ *Zool (de carnívoro)* fang; *(de mamut, elefante)* tusk ♦ *(de persona)* canine tooth

colmo m ♦ *(el más alto grado)* height; **el c. de la tontería,** the height of stupidity ♦ *(remate)* **para c. (de males),** to top it all ♦ | LOC: **¡eso es el c.!,** that's the last straw!; **Juan es el c., siempre tiene que decir la última palabra,** Juan is the living end, he always has to have the last word

colocación f ♦ *(distribución)* layout ♦ *(empleo)* job, employment

colocar vtr ♦ to place, put ♦ *(dar un empleo)* to give work to ♦ *Fin (invertir)* to invest ♦ *(encasquetar)* **ese vendedor ya me ha colocado una batidora manual,** that salesman saddled me with a manual mixer ♦ *argot (drogar)* to stone
■ **colocarse** vr ♦ *(en un lugar)* to put oneself ♦ *(encontrar trabajo)* to take a job [**de,** as] ♦ *argot (drogarse)* to get high

colofón m ♦ *Impr* colophon ♦ *(remate, culminación)* climax

Colombia f Colombia

colombiano,-a adj & m,f Colombian

colon m *Anat* colon

colón m colon, *Costa Rican and Salvadoran national currency*

colonia¹ f ♦ colony ♦ *(campamento de verano)* summer camp

colonia² f *(agua perfumanda)* cologne

colonial adj colonial

colonialismo m colonialism

colonización f colonization

colonizador,-ora 1 adj colonizing | 2 m,f colonist, settler

colonizar vtr to colonize

coloquial adj colloquial

coloquio m ♦ *(conversación)* conversation ♦ *(debate)* discussion

color m ♦ colour, *US* color ♦ *frml euf* **persona de c.,** coloured person ♦ | LOC: **a todo c.,** full colour; **de colores,** multicoloured; **de c. de rosa,** in glowing colours; **en c.,** in colour; **no hay c.,** there's no comparison

colorado,-a adj & m red ♦ | LOC: **ponerse colorado (como un tomate),** *(de vergüenza)* to blush, go bright red; *(de calor, de correr)* to go as red as a beetroot

colorante m colouring, *US* coloring; **sin colorantes ni edulcorantes,** no artificial colourings and sweeteners

colorear vtr to colour, *US* color

colorete m *(cosmético)* rouge, *US* blusher

colorido m colour, *US* color

colorín m ♦ *fam* **colorines,** bright colours ♦ *(jilguero)* goldfinch ♦ | LOC: **y c. colorado, este cuento se ha acabado,** and that's the end of the story

columna f ♦ *Arquit Mil* column ♦ *(pila)* stack, pile ♦ *(de humo, agua)* column ♦ *Prensa* columna ♦ **c. vertebral,** *Anat* spine; *fig (pilar)* backbone, mainstay

columnista mf *Prensa* columnist

columpiar vtr to swing
■ **columpiarse** vr ♦ *(en un columpio)* to swing ♦ *(cometer un error)* to slip up

columpio m swing

coma¹ *f* ◆ *Mat* point; **cinco c. seis,** five point six ◆ *Ling* comma; **punto y c.,** semicolon

coma² *m Med* coma: **entró en c.,** he went into a coma

comadreja *f Zool* weasel

comadreo *m* gossip, gossiping

comadrona *f* midwife

comandante *m* ◆ *Mil Náut* commander, commanding officer ◆ *Av* captain

comando *m* ◆ *Mil (individuo)* commando; *(grupo)* commando unit; **c. terrorista,** terrorist unit ◆ *Inform* command

comarca *f* region; **vino de la c.,** local wine

comarcal *adj* regional

comba *f (cuerda de saltar)* skipping rope: **están saltando a la c.,** they are skipping rope

combar *vtr* to bend

combate *m* combat; *Box* fight; *Mil* battle ◆ | LOC: **fuera de c.,** *(vencido)* out for the count; *(inservible)* out of action

combatiente 1 *mf* combatant | 2 *adj* fighting

combatir 1 *vi* to fight [**contra,** against] | 2 *vtr* to combat

combativo,-a *adj* spirited, aggressive

combinación *f* ◆ combination ◆ *(prenda interior femenina)* slip

combinado,-a 1 *adj* combined | 2 *m* ◆ *(cóctel)* cocktail, *US* mixed drink ◆ *Dep* line-up

combinar *vtr*,
■ **combinarse** *vr (armonizar colores)* to go with, match; *(mezclar sabores)* to combine

combustible 1 *m* fuel | 2 *adj* combustible

combustión *f* combustion

comedia *f* ◆ *Teat* comedy ◆ *fam (farsa)* act: **tu llanto es pura c.,** your crying is just an act

comediante,-a *m,f* ◆ *Teat (hombre)* actor; *(mujer)* actress ◆ *(farsante)* fraud

comedido,-a *adj* self-restrained

comedor,-ora 1 *m* ◆ *(habitación de la casa)* dining room, *(conjunto de muebles)* suite of dining room furniture ◆ *(de una fábrica, universidad, etc)* canteen | 2 *adj* eater

comensal *mf* companion at table: **hoy seremos treinta comensales,** there will be thirty of us to dinner today

comentar *vtr* ◆ *(mencionar)* to mention; *(hacer una observación)* to comment ◆ *(contrastar opiniones)* **estuvimos comentado la intervención de María,** we were talking about María's contribution ◆ *(discutir, consultar)* **tendré que comentarlo con mi marido,** I'll have to talk it over with my husband ◆ *(glosar un texto)* to gloss: **tengo que comentar *La vida es sueño*,** I have to comment on *La vida es sueño*

comentario *m* ◆ comment, remark ◆ *(de texto)* commentary ◆ **comentarios,** *(cotilleos)* gossip

comentarista *mf* commentator

comenzar *vtr & vi* to begin, start; *(a realizar una acción)* **comenzó a decir barbaridades,** he started talking nonsense; *(una serie de acciones)* **comenzamos por mostrar nuestro desacuerdo,** we started by showing our disagreement ➤ Ver nota en **begin** y **start**

comer 1 *vtr* ◆ to eat ◆ *(en el parchís, etc)* to take ◆ *(estrechar)* **ese corte de pelo te come la cara,** that haircut makes your face look thinner; **ese mueble te come mucho salón,** that piece of furniture makes your living room look smaller | 2 *vi* to eat: **hay de darle de c. al perro,** we have to feed the dog ◆ | LOC: *fam* **c. como una lima,** to eat like a horse; *fam* **c. el coco/tarro a alguien,** to brainwash somebody; **sin comerlo ni beberlo, le pusieron una sanción,** although he has nothing to do with it, he was disciplined

■ **comerse** *vr* ◆ to eat: **cómete todo el puré,** eat up your purée ◆ *(omitir)* to skip: **me comí una erre,** I skipped an R ◆ | LOC: *fig* **c. el coco,** to worry

comercial *adj* commercial

comercialización *f* marketing

comercializar *vtr* to market

comerciante *mf* merchant

comerciar *vi* to trade: **comercian con antigüedades,** they trade in antiques

comercio *m* ◆ *(establecimiento)* shop ◆ *(relación)* commerce, trade; **c. exterior,** foreign trade; **c. interior,** domestic trade

comestible 1 *adj* edible | 2 *mpl* **comestibles,** food *sing*, foodstuff(s)

cometa 1 *m Astron* comet | 2 *f (juguete, volatín)* kite

cometer *vtr* ◆ *(una falta, un error)* to make ◆ *(perpetrar)* to commit

cometido *m* ◆ *(tarea)* task, assignment ◆ *(función)* duty

cómic *m* comic

comicios *mpl* elections

cómico,-a 1 *adj* ◆ *(gracioso)* comical, funny | 2 *m,f* comic; *(hombre)* comedian; *(mujer)* comedienne

comida f ◆ *(alimentos)* food ◆ *(ingesta de alimentos)* meal; *(al mediodía)* lunch

> La palabra *comida* puede referirse al alimento en general (**food**), a cualquiera de las tres comidas del día (**meal**) o a la comida del mediodía (**lunch**), aunque algunos anglohablantes la llaman a veces **dinner**. ➤ Ver nota en **dinner**.

comidilla f *fam* **ser la c. (del pueblo/barrio),** to be the talk of the town

comido,-a *adj* **yo estoy comida,** I've had lunch; **vinieron comidos,** when they arrived they had already eaten ◆ | LOC: **sale lo comido por lo servido,** *(no compensar)* it's not worthwhile; **ser pan comido,** to be a piece of cake

comienzo m beginning, start ◆ | LOC: **a comienzos de,** at the beginning of; **dar c.,** to begin o start

comilón,-ona 1 *adj* gluttonous, greedy | 2 m,f big eater, glutton

comilona f *fam* big meal, feast

comillas f pl inverted commas, *US* quotation marks ◆ | LOC: **entre c.,** in inverted commas, *US* in quotation marks

comino m *Culin* cumin, cummin ◆ | LOC: *fam* **me importa un c.,** I don't give a damn (about it)

comisaría f police station

comisario m ◆ *(de policía)* police inspector ◆ *(delegado)* commissioner

comisión f ◆ *Com (de un comerciante)* commission: **trabaja a c.,** he works on a commission basis ◆ *(comité)* committee

comité m committee

comitiva f suite, retinue

como 1 *adv* ◆ *(manera)* how: **hazlo c. quieras,** do it however you like; **me gusta c. habla,** I like the way he speaks ◆ *(semejanza, equivalencia)* as: **es como tú,** he's just like you; **terco c. una mula,** as stubborn as a mule ◆ *(conformidad)* as: **c. estaba diciendo...,** as I was saying... **c. indica el prospecto,** as the instructions say ◆ *(aproximadamente)* about; **c. a la mitad de camino,** more or less halfway; **c. unos treinta,** about thirty | 2 *conj* ◆ *(si)* if: **c. no comas, no vas al cine,** if you don't eat, you won't go to the cinema ◆ *(porque)* as, since; **c. llamó tan tarde, ya no me encontró,** as he phoned so late, he didn't find me in ◆ **c. si,** as if; **c. si nada** *o* **tal cosa,** as if nothing had happened; *fam* **c. si lo viera,** I can just imagine it | 3 *prep (en calidad de)* as: **lo aconsejé c. amigo,** I advised him as a friend; **visitó el museo c. experto,** she visited the museum as an expert

> **¿As, like o how?**
> **As** se usa para hablar de la función, uso, papel o trabajo de una persona o cosa *(trabajó como camarera durante las vacaciones,* she worked as a waitress during the holidays*)* o para comparar dos acciones o situaciones y expresar su similitud. En este caso es necesario disponer de un verbo: *Entró de botones, como lo había hecho su padre veinte años antes.* **He entered as an office-boy, as his father had twenty years before.**
> Cuando *como* va seguido de un sustantivo o pronombre también puedes usar **like** para comparar dos acciones o situaciones: *Es como su padre.* **He's just like his father.** Sin embargo, si va seguido de una preposición, hay que usar **as:** *En marzo, como en abril, llovió.* **In March, as in April, it rained.**
> Nunca debes usar **how** en comparaciones, porque sólo expresa la manera de hacer las cosas: *¿Cómo lo hiciste?,* **How did you do it?**

cómo *adv* ◆ *(interrogativo)* how: **¿c. es de alto?,** how high is it?; **¿c. estás?,** how are you?; **¿c. se hace?,** how is it made? ◆ *(cuánto)* **¿a c. están los plátanos?,** how much are the bananas? ◆ *(por qué)* **¿c. es que no nos avisaste?,** why you didn't warn us?; *fam* **¿c. es eso?,** how come? ◆ *(cuando no se ha oído bien)* **¿c.?,** what? ◆ *(exclamativo)* how; **¡c. ha cambiado!,** how she's changed! ◆ | LOC: **c. no,** of course

cómoda f chest of drawers

comodidad f ◆ comfort ◆ *(interés propio)* convenience

comodín m *Naipes* joker

cómodo,-a *adj* ◆ comfortable: **ponte c.,** make yourself comfortable; **no me siento c. con tus padres,** I don't feel comfortable with your parents ◆ *(fácil, conveniente)* handy, convenient: **es un trayecto muy c.,** it's a very handy way | 2 m,f lazy

comoquiera *o* **como quiera** 1 *conj* **c. que** ◆ *(de cualquier modo que)* however ◆ *(dado que)* since: **c. que la muchacha salía tarde, el padre iba a recogerla,** since the

compacto

girl finished late, her father went to pick her up | **2** *adv (de cualquier manera)* **analícese c.: los datos son estremecedores,** whichever way you look at them, the facts are horrifying

compacto,-a 1 *adj (denso)* compact | **2** *m* ◆ *Audio (disco compacto)* compact disc; *(reproductor de compactos)* CD player, compact disc player ◆ *(equipo de música)* hi-fi system

compadecer *vtr* to feel sorry for, pity
■ **compadecerse** *vr* to have *o* take pity [**de,** on]

compaginar *vtr* to combine [**con,** with]

compañerismo *m* companionship, comradeship

compañero,-a *m,f* ◆ companion: **fuimos compañeros de colegio,** we were school friends; *(de piso)* flatmate; *(de habitación)* roommate ◆ *(pareja sentimental)* partner

compañía *f* ◆ company; **hacer c. (a alguien),** to keep sb company ◆ *Mil* company ◆ *(empresa)* company; **c. de baile,** dance company

comparable *adj* comparable

comparación *f* comparison; **en c.,** comparatively; **en c. con,** compared to; **sin c.,** beyond compare

comparar *vtr* to compare [**con,** with]

comparecencia *f Jur* appearance

comparecer *vi Jur* to appear [**ante,** before]

compartim(i)ento *m* ◆ compartment ◆ *Ferroc* **c. de primera/segunda clase,** first-/second-class compartment

compartir *vtr* to share

compás *m* ◆ *Téc* (pair of) compasses ◆ *Mús (intervalos en la frase)* time; *(gesto con que se marca)* beat; *(en el pentagrama)* bar; *(ritmo)* rhythm; **c. de espera,** *Mús* bar rest; *fig (pausa)* delay ◆ *Náut* compass ◆ | LOC: **al c. de,** in time to

compasión *f* compassion, pity: **siento c. por él,** I feel sorry for him

compasivo,-a *adj* compassionate

compatible *adj* compatible

compatriota *mf* compatriot; *(hombre)* fellow countryman; *(mujer)* fellow countrywoman

compenetrarse *vr* to understand each other

compensación *f* compensation

compensar 1 *vtr* ◆ *(equilibrar)* to make up for ◆ *(indemnizar)* to compensate (for) | **2** *vi (merecer la pena)* to be worthwhile: **no me compensa vivir tan lejos,** it's not worth my while to live so far away

competencia *f* ◆ *(entre competidores)* competition ◆ *(responsabilidad)* field, province: **no es asunto de tu c.,** it's not up to you ◆ *(capacidad, aptitud)* competence

competente *adj* competent

competición *f* competition, contest

competidor,-ora 1 *m,f* ◆ *Com Dep* competitor ◆ *(participante)* contestant | **2** *adj* competing

competir *vi* to compete [**con,** with *o* against] [**en,** in] [**por,** for]

competitividad *f* competitivity

competitivo,-a *adj* competitive

compinche *mf* ◆ *pey (de una acción ilegal)* accomplice ◆ *(de juerga)* pal, buddy, chum

complacencia *f* ◆ *(agrado)* satisfaction ◆ *(permisividad)* indulgence

complacer *vtr frml* to please: **me complace anunciarles...,** it gives me great pleasure to announce...
■ **complacerse** *vr* to delight [**en,** in], take pleasure [**en,** in]

complaciente *adj* obliging

complejidad *f* complexity

complejo,-a *adj & m* complex

complementario,-a *adj* complementary

complemento *m* ◆ complement; **ropa y complementos,** clothes and accessories ◆ *Ling (de un verbo)* object; **c. directo/indirecto,** direct/indirect object; *(del nombre)* complement

completar *vtr* to complete

completo,-a *adj* ◆ *(entero, total)* complete ◆ *(lleno)* full ◆ *(versátil)* versatile, complete ◆ *(exhaustivo)* comprehensive ◆ | LOC: **al c.,** full up, to capacity; **por c.,** completely

complexión *f* build

complicación *f* complication

complicado,-a *adj* ◆ *(complejo)* complicated ◆ *(implicado)* involved

complicar *vtr* ◆ *(dificultar)* to complicate, make difficult ◆ *(implicar)* to involve [**en,** in]
■ **complicarse** *vr* to get complicated ◆ | LOC: **c. la vida,** to make life difficult for oneself

cómplice *mf* accomplice, *Jur* accessory: **fue c. del secuestro,** he was an accessory to the kidnapping

complot *m* conspiracy, plot

componente 1 *adj* component | **2** *mf (de un grupo, equipo)* member | **3** *m (elemento, pieza)* component; *(ingrediente)* ingredient

componer 1 *vtr* ◆ *(constituir)* to compose, make up ◆ *(formar)* to make: **no fui ca-**

paz de c. el puzzle, I was not able to do the jigsaw ◆ *(reparar)* to mend, repair ◆ *Imp* to set | **2** *vtr* & *vi Mús Lit* to compose

■ **componerse** *vr* ◆ *(estar formado)* to be made up [**de,** of], consist [**de,** of] ◆ *(una persona)* to dress up ◆ | LOC: *fam* **componérselas,** to manage

comportamiento *m* behaviour, *US* behavior

comportar *vtr* to entail, involve

■ **comportarse** *vr* to behave; **c. como es debido,** to behave properly; **c. mal,** to misbehave

composición *f* composition

compositor,-ora *m,f* composer

compostura *f* ◆ *(comedimiento, modales)* composure ◆ *Cost* repair

compota *f Culin* compote

compra *f* ◆ *(acción)* buying; **ir de compras,** to go shopping ◆ *(objeto comprado)* purchase, buy; *(conjunto de alimentos)* shopping

comprador,-ora *m,f* purchaser, buyer

comprar *vtr* ◆ to buy: **compramos el ordenador a plazos,** we bought the computer on hire purchase; **le compra el periódico a Lucía,** *(para Lucía)* he buys the newspaper for Lucía; *(Lucía lo vende)* he buys the newspaper from Lucía ◆ *fig (sobornar)* to bribe, buy off

comprender *vtr* ◆ *(incluir, abarcar)* to comprise, include ◆ *(entender)* to understand ➢ Ver nota en **understand**

comprensible *adj* understandable

comprensión *f* understanding

comprensivo,-a *adj* understanding

compresa *f* ◆ *Med* compress ◆ *(para la menstruación)* sanitary towel, *US* sanitary napkin

comprimido,-a 1 *m Farm* tablet | **2** *adj* compressed

comprimir *vtr* to compress

comprobante m (de haber realizado un gasto) receipt

comprobar *vtr* to check

comprometedor,-ora *adj* ◆ *(persona)* troublemaking ◆ *(situación, prueba)* compromising

comprometer *vtr* ◆ *(obligar)* to compel, oblige ◆ *(implicar)* to involve, compromise ◆ *(poner en peligro)* to jeopardize: **no comprometas tu carrera,** don't put your career at risk

■ **comprometerse** *vr* ◆ *(dar su palabra)* **me comprometo a venir,** I promise to come; **se comprometen a arreglarlo en dos días,** they undertake to repair it within two days ◆ *(hacerse novios)* to become engaged

comprometido,-a *adj* ◆ *(con pareja reconocida)* engaged ◆ *(situación)* difficult

compromiso *m* ◆ *(obligación)* obligation, commitment: **pida presupuesto sin c.,** ask for an estimate without obligation; **tengo que hacer una visita de c.,** I must pay a duty call; **hacer algo por c.,** to do sthg because one feels that one has to ◆ *(cita)* engagement ◆ *(situación apurada)* difficult *o* embarrassing situation ◆ *(acuerdo)* agreement ◆ *frml* **c. (de boda),** engagement: **le regaló un anillo de c.,** he gave her an engagement ring

compuesto,-a 1 *adj* ◆ *(que no es simple)* compound ◆ *(formado por)* composed [**de,** of] | **2** *m* compound

compulsar *vtr* to certify

compungido,-a *adj (apenado)* sad, sorrowful; *(arrepentido)* contrite

comulgar *vi* ◆ *Rel* to receive Holy Communion ◆ *fig (estar de acuerdo)* to share: **no comulgo con su política liberal,** I don't share their liberal policy

común 1 *adj* ◆ *(frecuente)* common, usual: **es poco c.,** it's unusual ◆ *(ordinario, corriente)* ordinary ◆ *(compartido)* shared, communal: **nos une un interés c.,** we are united by a common interest | **2** *m GB Pol* **los Comunes,** the Commons ◆ | LOC: **de c. acuerdo,** by common consent; **en c.,** *(conjuntamente):* **hacer algo en c.,** to do sthg jointly; *(característica compartida)* **tienen varios rasgos en c.,** they have several characteristics in common; **por lo c.,** generally

comunicación *f* ◆ communication ◆ *(contacto)* contact: **póngase en c. con ella,** get in touch with her ◆ *(conexión)* connection ◆ *(escrito)* paper ◆ *(notificación)* communication; **una c. oficial,** a communiqué ◆ *Tel* connection: **se le cortó la c.,** he was cut off

comunicado,-a 1 *adj* **Madrid está bien comunicada con Sevilla,** Madrid has good connections with Sevilla; **nuestro barrio está muy mal comunicado,** our district is very bad for (public) transport | **2** *m (notificación oficial)* communiqué ◆ **c. de prensa,** press release

comunicar 1 *vtr* ◆ to communicate; *frml* **espero que nos comunique su decisión tan pronto como sea posible,** I hope you let us know what you decide as soon as

comunicativo

possible | **2** *vi* ♦ to communicate ♦ *(estar unido a otro sitio)* to get in touch: **esta puerta comunica con la habitación contigua,** this door opens into the adjoining room ♦ *Tel* to be engaged: **estabas comunicando,** your telephone was busy
■ **comunicarse** *vr* to communicate
comunicativo,-a *adj* communicative
comunidad *f* community; **c. autónoma,** autonomous region; **c. de bienes,** co-ownership; **C. Europea,** European Community
comunión *f* communion
comunismo *m* communism
comunista *adj & mf* communist
comunitario,-a *adj* ♦ of *o* relating to the community; **un bien c.,** a communal good ♦ *(de CE)* of *o* relating to the EC; **los países comunitarios,** the members of the EC; **la política c.,** the common policy
con *prep* ♦ *(instrumento)* with; **córtalo c. un cuchillo,** cut it with a knife ♦ *(modo)* with: **hazlo c. cuidado,** do it carefully; **me trató c. frialdad,** he treated me with coldness ♦ *(compañía)* with: **está paseando c. mi madre,** she is taking a walk with my mother ♦ *(causa)* **c. este frío no apetece salir,** I don't feel like going out in this cold ♦ *(estado)* **está c. una depresión de caballo,** he's deeply depressed; **iba c. los labios pintados,** she has put some lipstick on ♦ *(contenido)* **una caja c. fotografías,** a box (full) of photos ♦ *(relación)* to: **está casada c. un inglés,** she is married to an Englishman; **habló c. Alberto,** he spoke to Alberto; **se disculpó con ella,** he apologized to her ♦ *(con infinitivo)* **c. avisar les evitas el disgusto,** just by phoning you'll save them any worry; *(+ que + subjuntivo)* **basta c. que lo digas,** it will be enough if you just say it ♦ | LOC: **c. tal (de) que…,** provided that…; **c. todo (y c. eso),** even so
cóncavo,-a *adj* concave
concebir 1 *vtr* ♦ *(plan, hijo)* to conceive ♦ *(comprender)* to understand | **2** *vi (mujer)* to become pregnant, conceive
conceder *vtr* ♦ *(admitir)* to admit, concede ♦ *(un deseo, préstamo)* to grant; *(un premio, una beca)* to award ♦ *frml (tiempo, atención)* **si me concede un minuto,** if you can spare me a moment ♦ *(importancia)* to give; **c. valor a algo,** to attach value to something
concejal,-a *m,f* town councillor
concentración *f* ♦ *(de la atención, fuerzas, etc)* concentration ♦ *(de personas, manifestantes)* gathering; *(de vehículos)* rally; *(de equipo)* base ♦ *Quím (de una solución)* concentration
concentrado,-a 1 *adj* concentrated; *(congregado)* assembled, gathered | **2** *m (sustancia condensada)* concentrate
concentrar *vtr* ♦ *(congregar)* to concentrate, bring together ♦ *(la atención, mirada de otros)* to focus ♦ *(una solución, sustancia)* to make more concentrated
■ **concentrarse** *vr* ♦ to concentrate: **concéntrate en estudiar,** concentrate on studying ♦ *(reunirse)* **el índice de analfabetismo se concentra en las áreas chabolistas,** the illiteracy rate is greater in the shanty-towns ♦ *(congregarse)* to gather, congregate
concepción *f* conception
concepto *m* ♦ *(idea)* concept ♦ *(opinión, juicio)* opinion ♦ *(título, calidad)* capacity ♦ *(en un recibo, etc)* item ♦ | LOC: **bajo ningún c.,** under no circumstances
concernir *v impers* ♦ *(corresponder)* to be up to: **sólo a ti te concierne tomar la decisión,** it is your responsibility to decide ♦ *(interesar, preocupar)* to concern; **en lo que a vosotros concierne,** as far as you are concerned
concertación *f* compromise
concertar 1 *vtr* ♦ *(acordar una medida, actuación)* to reach; *(un precio)* to agree on; *(una cita)* to arrange ♦ *(coordinar)* to co-ordinate | **2** *vi (concordar)* to agree
concesión *f* ♦ *(adjudicación)* awarding ♦ *(explotación, cesión)* franchise ♦ *(en una negociación, disputa)* concession
concesionario,-a *m,f* dealer
concha *f* ♦ *Zool* shell ♦ *(material, carey)* tortoiseshell
conciencia *f* ♦ *(moral)* conscience: **tengo la c. tranquila,** my conscience is clear ♦ *(conocimiento)* consciousness, awareness: **no tiene c. del problema,** he isn't aware of the problem; **tomar c. de algo,** to become aware of sthg ♦ *Med* **perder/recobrar la c.,** to lose/regain consciousness ♦ | LOC: **tener mala c.,** to have a guilty conscience; **a c.,** conscientiously
concienciar *vtr* to make aware [**de,** of]
■ **concienciarse** *vr* to become aware [**de,** of]
concienzudo,-a *adj* conscientious
concierto *m* ♦ *Mús (composición)* concerto; *(función)* concert ♦ *(pacto)* agreement

conciliar *vtr* to reconcile ♦ |LOC: **c. el sueño,** to get to sleep
concilio *m Rel* council
conciso,-a *adj* concise
concluir *vtr* to conclude
conclusión *f* conclusion ♦ |LOC: **en c.,** in conclusion
concluyente *adj* conclusive
concordar 1 *vi (coincidir, encajar)* to agree | **2** *vtr* to bring into agreement
concordia *f* concord
concretamente *adv* ♦ *(en concreto, particularmente)* specifically ♦ *(exactamente)* exactly ♦ *(con concreción)* with preciseness, with clarity
concretar *vtr* ♦ *(precisar un tema, un punto)* to specify ♦ *(concertar una fecha, hora)* to fix
concreto,-a 1 *adj* ♦ *(preciso, real)* concrete ♦ *(particular)* specific: **en este caso c. ...,** in this particular case... | **2** *m LAm (hormigón)* concrete | LOC: **en c.,** specifically: **lo veré esta semana, el martes en c.,** I'll meet him this week, Tuesday to be precise; **no sé nada en c.,** I have no firm information
concurrencia *f* ♦ *(público)* audience ♦ *(de circunstancias, características)* concurrence ♦ *Fin* competition
concurrido,-a *adj* crowded, busy
concurrir *vi* ♦ *(circunstancias, casualidades, etc)* to concur, coincide ♦ *(a un concurso)* to compete; *(a una elección)* to be a candidate ♦ *(congregarse)* to converge [**en,** on], meet [**en,** in]
concursante *mf (en una competición)* competitor, *(en un concurso)* contestant
concursar *vi* to compete, take part
concurso *m* ♦ *(competición)* competition; *(de pintura, baile, etc)* contest; *(de televisión)* quiz show ♦ *(para conseguir una obra pública, licitación)* tender; **sacar (una obra) a c.,** to invite tenders (for a piece of work) ♦ *frml (colaboración)* help
condado *m* county
condal *adj* of *o* relating to a count
conde *m* count
condecoración *f* decoration
condecorar *vtr* to decorate
condena *f* ♦ *(juicio negativo)* condemnation, disapproval ♦ *Jur* sentence
condenado,-a 1 *adj* ♦ *Jur* convicted: **fue c. a muerte,** he was condemned to death ♦ *Rel & fam (al infierno)* damned: **¡c. niño!,** bloody kid! ♦ *(destinado, abocado)* doomed; *(forzado)* forced to: **están con-** denados a entenderse, they are forced to get on | **2** *m,f* ♦ *Jur* convicted person; *(a muerte)* condemned person ♦ *Rel* damned
condenar *vtr* ♦ *Jur* to convict, find guilty: **lo condenaron a muerte,** he was condemned to death ♦ *(reprobar)* to condemn ♦ *(tapiar una entrada)* to wall up
■ **condenarse** *vr Rel* to be damned
condensado,-a *adj* condensed
condensador *m* condenser
condensar *vtr*, **condensarse** *vr* to condense
condesa *f* countess
condescender *vi* ♦ to condescend ♦ *(ceder)* to comply (with), consent (to)
condescendiente *adj* ♦ *(amable, deferente)* complacent ♦ *(con aire de superioridad)* condescending
condición 1 *f* ♦ *(requisito)* condition: **te lo presto con la c. de que lo cuides,** I lend you it on the condition that you look after it ♦ *(situación social)* status: **es de c. humilde,** he has a humble background ♦ *(calidad)* **acudió en c. de ministro,** he came in his capacity as minister | **2** *fpl* **condiciones** *(circunstancias)* conditions: **las condiciones de trabajo son pésimas,** working conditions are terrible; **no está en condiciones de exigir,** he isn't in a position to demand anything ♦ *(estado)* condition; **en buenas/malas condiciones,** in good/bad condition ♦ *(aptitudes)* talent: **tiene muchas condiciones para la danza,** she has a talent for dancing
condicional *adj* conditional
condicionar *vtr* ♦ *(supeditar)* to make conditional ♦ *(influir, determinar)* to condition: **la publicidad condiciona el volumen de ventas,** advertising determines the volume of sales
condimentar *vtr* to season, flavour, *US* flavor
condimento *m* seasoning, flavouring, *US* flavoring
condón *m* condom
condonar *vtr* ♦ *(deuda)* to cancel ♦ *(una pena de cárcel)* to remit
cóndor *m Orn* condor
conducir 1 *vtr* ♦ *(un coche)* to drive ♦ *(llevar a un sitio)* to take; *(a una situación)* to lead ♦ *(corriente eléctrica)* to conduct: **condujeron las aguas al embalse,** the waters were channelled to the reservoir | **2** *vi* ♦ *Auto* to drive ♦ *(camino, actitud)* to lead: **eso no conduce a nada,** this leads nowhere

conducta f ♦ behaviour, US behavior, conduct ♦ **mala c.,** misbehaviour, misconduct

conducto m ♦ *(canalización)* channel, pipe ♦ *Anat* duct, canal ♦ *fig (medio, vía)* channels; **por c. oficial,** through official channels

conductor,-ora 1 m,f Auto driver | 2 m Elec conductor

conectar 1 vtr ♦ to connect (up): **he conectado el vídeo a la televisión,** I've connected the video to the television ♦ *(a la red eléctrica)* to plug in, switch on ♦ *(dos puntos distantes)* to unit, link up | 2 vi ♦ *(establecer comunicación)* to communicate: **conecté con ella a través de Internet,** I contacted her by Internet ♦ *fam (simpatizar)* **no conecto con mi padre,** I don't get on with my father

conejillo m en la loc **c. de Indias,** guinea pig

conejo m Zool rabbit

conexión f connection [**con,** to/with] [**entre,** between]

confabularse vr to conspire, plot

confección f ♦ *Cost* dressmaking, tailoring; **la industria de la c.,** fam the rag trade ♦ *(realización)* making, making up

confeccionar vtr to make (up)

confederación f confederation

conferencia f ♦ *(charla, disertación)* lecture: **di una c. sobre ello,** I gave a lecture on the subject ♦ *Tel* long-distance call ♦ *(reunión)* conference; **c. de prensa,** press conference

conferenciante mf lecturer

confesar 1 vtr ♦ *(reconocer)* to confess, admit ♦ *(un crimen)* to confess: **confiésalo: has sido tú quien se ha comido el pastel,** own up: you were the one who ate the cake ♦ *Rel (los pecados)* to confess; *(escuchar los pecados)* to hear the confession of | 2 vi *(declararse culpable)* to confess: **no ha confesado aún, pero ha sido ella,** she hasn't owned up yet, but it was her ➢ Ver nota en **admit**

■ **confesarse** vr ♦ to confess: **se confiesa admirador suyo,** he admits to being a fan of hers ♦ *Rel* to go to confession

confesión f ♦ confession, admission ♦ *Rel* confession

confiado,-a adj ♦ *(que tiene confianza en los demás)* trusting, unsuspecting ♦ *(esperanzado)* **está confiada en que aprobará,** she's confident that she'll pass; *(seguro, tranquilo)* self-confident

confianza 1 f ♦ *(fe, seguridad)* confidence: **tiene mucha c. en sí mismo,** he is very self-confident ♦ *(trato, intimidad)* **con María tengo c.,** I'm on very close terms with María; **con él no tengo mucha c.,** I don't know him well enough | 2 **confianzas** fpl *(familiaridad, atrevimiento)* liberties: **se toma demasiadas confianzas,** she takes too many liberties ♦ | LOC: **de c.,** reliable; **en c.,** *(confidencialmente, con reserva)* in confidence; *(entre amigos)* among friends

confiar 1 vtr ♦ *(poner bajo la tutela)* to entrust: **le confié la educación de mi hija,** I entrusted him with my daughter's education ♦ *(decir reservadamente)* to confide | 2 vi *(fiarse de)* **c. en,** to trust: **no confío en ella,** I don't trust her; *(contar con)* **no confíes en su ayuda,** don't count on his help

■ **confiarse** vr ♦ *(descuidarse)* to be overconfident ♦ *(hacer confidencias)* to confide [**en, a, in**]

confidencia f confidence

confidencial adj confidential

confidente m,f ♦ *(hombre)* frml confidant; *(mujer)* frml confidante ♦ *(soplón de la policía)* informer

configuración f ♦ configuration ♦ *Inform* configuration

configurar vtr ♦ *(conformar)* to shape, form ♦ *Inform* to configure

confirmación f confirmation

confirmar vtr to confirm ♦ | LOC: **la excepción confirma la regla,** the exception proves the rule

confiscar vtr to confiscate

confitería f ♦ confectioner's (shop), US candy store ♦ *LAm* café

confitura f preserve, jam

conflictividad f conflicts; *(descontento, enfrentamiento)* **c. social/sindical,** social/union unrest

conflictivo,-a adj ♦ *(problemático)* **era un niño c.,** he was a problem child ♦ *(polémico)* controversial ♦ *(turbulento)* unsettled

conflicto m conflict; **c. armado,** armed conflict; **c. laboral,** industrial dispute

confluir vi ♦ *(personas, situaciones)* to converge ♦ *(corrientes de agua, caminos)* to meet

conformar vtr to shape

■ **conformarse** vr to resign oneself, be content

conforme 1 adj ♦ *(de acuerdo)* conforme, agreed, all right; **no estamos conformes,** we don't agree ♦ *(satisfecho)* satisfied | 2

conquistador

adv ♦ *(según, del mismo modo)* as: **dejé todo c. estaba,** I left things as they were ♦ *(a medida que)* as: **c. lo escuchaba me daba cuenta que se había vuelto loco,** as I listened to him I realized he was mad ♦ | LOC: **c. a,** in accordance *o* keeping with

conformidad *f* ♦ approval, consent ♦ | LOC: **de/en c.,** in accordance [**con,** with]

conformismo *m* conformity

conformista *adj & mf* conformist

confortable *adj* comfortable

confrontación *f* ♦ *(cotejo)* contrast ♦ *(careo)* confrontation

confrontar *vtr* ♦ *(cotejar)* to compare ♦ *(carear)* to confront

confundir *vtr* ♦ to confuse [**con,** with]: **lo confundo con tu hermano,** I am confusing him with your brother ♦ *(embarullar a alguien)* to mislead ♦ *(turbar)* to confound

■ **confundirse** *vr* ♦ *(cometer una equivocación)* to be mistaken: *Tel* **lo siento, se ha confundido,** sorry, you've got the wrong number ♦ *(desaparecer, mezclarse)* to mingle: **se confundió entre la multitud,** he disappeared into the crowd

confusión *f* ♦ *(desorden)* confusion ♦ *(error)* mistake

confuso,-a *adj* ♦ *(idea, argumento, etc)* confused; unclear ♦ *(desconcertado)* confused, perplexed

congelado,-a 1 *adj* frozen ♦ *Med* frostbitten | **2** *mpl* **congelados,** frozen food *sing*

congelador *m* freezer

congelar *vtr* to freeze

■ **congelarse** *vr* ♦ to freeze ♦ *Med* to get *o* become frostbitten

congeniar *vi* to get on along [**con,** with]

congénito,-a *adj* congenital

congestión *f* congestion

congestionar *vtr* to congest

conglomerado *m* ♦ *(masa compacta)* conglomerate ♦ *(de circunstancias)* conglomeration

congregación *f* congregation

congregar *vtr*, **congregarse** *vr* to congregate, assemble

congresista *mf* member of a congress

congreso *m* ♦ *Univ* congress, conference ♦ *Pol* **C. de los Diputados,** Parliament, *US* Congress

cónico,-a *adj* ♦ *(en forma de cono)* conical ♦ *Geom* conic

conífera *f Bot* conifer

conjetura *f* conjecture: **lo sé por conjeturas,** I know it by guesswork

conjeturar *vtr* to conjecture

conjugación *f* conjugation

conjugar *vtr* ♦ *Ling* to conjugate ♦ *fig (estilos, intereses)* to combine

conjunción *f* ♦ *Ling* conjunction ♦ *(coincidencia)* ♦ *Astron* conjunction

conjuntivitis *f Med* conjunctivitis

conjunto,-a 1 *m* ♦ *(grupo)* group, set ♦ *(totalidad de algo)* whole ♦ *Mús (grupo de música)* group, band ♦ *Indum* ensemble ♦ *Mat* set ♦ *Dep* team | **2** *adj* joint ♦ | LOC: **en c.,** on the whole

conjuro *m* spell

conllevar *vtr* to entail

conmemoración *f* commemoration

conmemorar *vtr* to commemorate

conmigo *pron pers* with me: **estaba c.,** he was with me; **no se habla c.,** he doesn't speak to me; **ser grosero/amable/cariñoso c.,** to be rude/kind/loving to me ♦ **c. mismo/misma,** to/with myself

conmoción *f* ♦ *(emoción muy fuerte)* commotion, shock ♦ *Med* **c. cerebral,** concussion

conmocionar *vtr (producir asombro)* to shake: **la noticia conmocionó a la población,** the population was shaken by the news

conmovedor,-ora *adj* moving: **era una escena conmovedora,** it was a touching scene

conmover *vtr* to move, touch

connotación *f* connotation

cono *m* ♦ cone ♦ **C. Sur,** South America

conocedor,-ora *adj & m,f (especialista)* expert; *(entendido)* connoisseur

conocer *vtr* ♦ to know ♦ *(por primera vez)* to meet ♦ *(reconocer)* to recognize ♦ | LOC: **dar a c.,** *(hacer público)* to make known; **darse a c.,** to make one's name

■ **conocerse** *vr (dos personas)* to know each other: **nos conocimos en una fiesta,** we met at a party

conocido,-a 1 *adj (sabido)* known ♦ *(familiar)* familiar ♦ *(popular, famoso)* well-known | **2** *m,f* acquaintance

conocimiento *m* ♦ knowledge ♦ *(conciencia)* consciousness ♦ **conocimientos,** knowledge ♦ | LOC: **perder/recobrar el c.,** to lose/regain consciousness; **con c. de causa,** with full knowledge of the facts

conque *conj* so

conquista *f* conquest

conquistador,-ora *m,f* conqueror

conquistar *vtr* ◆ *(territorios)* to conquer ◆ *(a una persona)* to win over ◆ *fig (puesto, título)* to win

consagrar *vtr* ◆ *(dedicar)* to devote ◆ *Rel* to consecrate ◆ *(proporcionar reconocimiento)* to confirm [**como,** as]

■ **consagrarse** *vr* ◆ *(dedicarse plenamente)* to devote oneself [**a,** to], dedicate oneself [**a,** to] ◆ *(lograr reconocimiento)* to establish oneself

consciente *adj* ◆ conscious, aware ◆ *Med* conscious

consecución *f* ◆ *(de un objetivo)* achievement ◆ *(obtención)* obtaining

consecuencia *f* ◆ *(efecto)* consequence ◆ *(conclusión)* conclusion ◆ *(coherencia)* consistency: **actuaremos en c.,** we'll act accordingly ◆ | LOC: **tener o traer (malas) consecuencias,** to have (ill) effects; **a c. de,** as a consequence o result of; **en c.,** therefore

consecuente *adj* consistent

consecutivo,-a *adj* consecutive

conseguir *vtr* ◆ *(obtener)* to get, obtain; *(alcanzar)* to achieve: **consiguió su propósito,** he achieved his purpose ◆ *(con infinitivo)* to manage to: **consiguieron convencernos,** they managed to persuade us ➢ Ver nota en **manage**

consejería *f* ◆ *(de una comunidad autónoma)* **trabaja en la c. de Cultura,** she works in the regional cultural ministry; *(cargo de consejero)* regional minister ◆ *(de una embajada)* office

consejero,-a *m,f* ◆ *Pol* councillor ◆ *Com* **c. delegado,** managing director ◆ *(consultor)* adviser

consejo *m* ◆ *(opinión)* advice ◆ *(de un banco, administración)* board; *(de un organismo público, centro de investigación)* council; **c. de ministros,** *(reunión ministerial)* cabinet meeting

consenso *m* consensus

consentido,-a 1 *adj (malcriado)* spoiled | **2** *m,f* spoiled child

consentimiento *m* consent

consentir 1 *vtr* ◆ *(permitir)* to allow, permit: **no consiento que me hables así,** I won't let you speak to me like that ◆ *(malcriar, mimar)* to spoil | **2** *vi* to consent: **no consintió en subastar la casa,** he didn't agree to auction the house

conserje *m* ◆ *(en una escuela, etc)* janitor, caretaker; *(en un edificio público)* caretaker; *(en un hotel)* receptionist ◆ *(en un bloque de edificios)* doorman

conserjería *m* ◆ reception ◆ *(en un bloque de viviendas)* porter's office, porter's lodge

conserva *f* tinned o canned food

conservación *f* ◆ *(cuidado)* maintenance, upkeep ◆ *(de un bosque, especie)* conservation ◆ *(de un alimento)* preservation

conservador,-ora 1 *adj & m,f* conservative; *Pol* Conservative | **2** *m,f* ◆ *Pol* Conservative ◆ *(de un museo, una biblioteca)* curator

conservadurismo *m* conservatism

conservante *m* preservative

conservar *vtr* ◆ *(preservar)* to conserve, preserve ◆ *(mantener, guardar)* to keep up, maintain ◆ *(alimentos)* to preserve

■ **conservarse** *vr* ◆ *(pervivir)* to survive ◆ *(mantener aspecto joven)* **se conserva muy mal,** she looks very old

conservatorio *m* conservatory

considerable *adj* considerable

consideración *f* ◆ *(ponderación, juicio)* consideration: **no tomes en c. su observación,** don't take his remark into account ◆ *(respeto a los demás, cuidado)* regard ◆ | LOC: **de c.,** *(grande)* important, considerable; *(grave)* serious

considerado,-a *adj* ◆ *(educado)* considerate, thoughtful ◆ *(estimado, respetado)* **está muy bien c. entre sus colegas,** his colleagues hold him in high regard

considerar *vtr* to consider: **lo considera un genio,** she thinks he's a genius ➢ Ver nota en **consider**

consigna *f* ◆ *(para el equipaje)* left-luggage office, *US* check-room ◆ *(orden)* orders, instructions ◆ *(frase)* slogan

consigo *pron pers* ◆ *(tercera persona) (con él)* with him; *(con ella)* with her; *(cosa, animal)* with it; *(con ellos)* with them; *(con usted o ustedes, con uno)* with you: **la sequía trajo c. el hambre,** the drought brought starvation ◆ **c. mismo,** *(con él mismo)* with/to himself: **estaba hablando c. mismo,** he was talking to himself; **c. misma,** *(con ella misma)* with/to herself; **c. mismos,** *(con ellos mismos)* with/to themselves: **se sentían insatisfechos consigo mismos,** they were dissatisfied with themselves

consiguiente *adj* resulting, consequent ◆ | LOC: **por c.,** therefore, consequently

consistencia *f* consistency

consistente *adj* ◆ *(argumento, teoría)* consistent ◆ *(objeto, materia)* solid, thick ◆ *(que consiste)* consisting [**en,** of]

consistir *vi* ◆ *(radicar)* to lie [**en,** in]: **el secreto consiste en no dejar de re-**

mover, the secret is not to stop stirring ◆ *(estar formado)* to consist [**en,** of]: **la cena consistió en pollo y embutidos,** the dinner consisted of chicken and sausages

consola *f* ◆ console table ◆ *Inform* console

consolación *f* ◆ consolation ◆ **premio de c.,** consolation prize

consolador,-ora 1 *adj* consoling, comforting | **2** *m* dildo

consolar *vtr* to console, comfort

■ **consolarse** *vr* to console oneself, take comfort [**con,** from]

consolidar *vtr,* **consolidarse** *vr* to consolidate

consomé *m* clear soup, consommé

consonancia *f* ◆ *(igualdad, armonía)* equal terms: **su inteligencia está en c. con su belleza,** his intelligence is in keeping with his looks ◆ *(relación, conexión)* relation

consonante *adj* & *f* consonant

consorcio *m* consortium

consorte 1 *adj* **príncipe c.,** prince consort | **2** *mf frml (cónyuge)* partner, spouse

conspiración *f* conspiracy, plot

conspirar *vi* to conspire, plot

constancia *f* ◆ constancy, perseverance ◆ *(prueba)* proof, evidence: **la autora deja c. del rechazo popular,** the author gives evidence of the popular disapproval; **el polvo dejaba c. del olvido,** the dust was proof of neglect

constante 1 *adj* ◆ *(tenaz)* steadfast ◆ *(incesante)* constant, incessant ◆ *(sin variaciones)* constant, unchanging | **2** *f* ◆ constant feature ◆ *Mat* constant

constantemente *adv* constantly

constar *vi* ◆ *(figurar)* to figure in, be included (in): **consta en acta,** it is on record ◆ *(tener certidumbre)* **me consta que…,** I am absolutely certain that… ◆ *(estar compuesto)* to be made up [**de,** of], consist [**de,** of]

constatar *vtr* ◆ *(dar constancia)* to state ◆ *(comprobar)* to check

constelación *f* constellation

consternación *f* consternation, dismay

consternar *vtr* to dismay

constipado,-a 1 *adj* **estar c.,** to have a cold *o* a chill | **2** *m* cold, chill

constiparse *vr* to catch a cold *o* a chill

constitución *f Jur Med* constitution

constitucional *adj* constitutional

constituir *vtr* ◆ *(formar)* to constitute ◆ *(representar)* to represent ◆ *(fundar)* to constitute, set up

■ **constituirse** *vr* to set oneself up [**en, as**]

constituyente *adj* & *mf* constituent

construcción *f* ◆ *(edificio)* building ◆ *(acción)* construction ◆ *(industria)* **trabajo en la c.,** I work in the building industry

constructivo,-a *adj* constructive

constructor,-ora 1 *adj* building, construction | **2** *m,f* builder | **3** *f* building firm

construir *vtr* to construct, build

consuelo *m* consolation: **es un c. saber que estás bien,** it's a comfort to know that you're all right

cónsul *mf* consul

consulado *m* consulate

consulta *f* ◆ *(petición de consejo)* query ◆ *(búsqueda de información)* search: **tras la c. de los archivos hemos concluido que…,** after consulting the archives, we have concluded that… ◆ *Med (visita al médico)* consultation; *(despacho)* consulting room; **horas de c.,** surgery hours

consultar *vtr* ◆ to consult, seek advice [**con,** from] ◆ *(un diccionario, etc)* to look up

consultorio *m* ◆ *Prensa* problem page, advice column ◆ *Med* medical center

consumado,-a *adj* ◆ consummated; **hecho c.,** fait accompli, accomplished fact ◆ *fig (brillante)* brilliant, *frml* consummate: **es un pianista c.,** she's a consummate pianist

consumar *vtr* ◆ *frml* to complete, carry out ◆ *(un asesinato)* to commit; *(una venganza)* to carry out

consumición *f (refresco, bebida)* drink

consumido,-a *adj* emaciated

consumidor,-ora *m,f* consumer

consumir *vtr* to consume; **c. antes de…,** best before…

■ **consumirse** *vr* ◆ *(evaporarse)* to boil away ◆ *(un enfermo)* to waste away

consumismo *m* consumerism

consumo *m* consumption; **bienes/sociedad de c.,** consumer goods/society

contabilidad *f Com* ◆ *(oficio)* accountancy ◆ *(departamento)* accounts ◆ *(de un negocio, empresa)* accounts: **lleva la c. en la empresa de su padre,** she does the books in her father's firm

contabilizar *vtr* ◆ *Com* to enter in the books ◆ *Dep* to score

contable *mf* accountant

contactar *vi* to contact, get in touch [**con**, with]

contacto *m* ◆ contact; **pegamento de c.,** contact glue ◆ *(amigo, influencia)* contact ◆ *Auto* ignition ◆ *(trato)* touch; **ponerse en c.,** to get in touch

contado,-a *adj* ◆ *(escaso)* few and far between: **nos hemos visto en contadas ocasiones,** we have very seldom met ◆ *(numerados)* **me muero, tengo los días contados,** I'm dying, my days are numbered ◆ | LOC: **pagar al c.,** to pay cash

contador *m* meter; **c. de la luz,** electricity meter

contagiar *vtr Med* to pass on
■ **contagiarse** *vr* ◆ *(ser contagioso)* to be contagious ◆ *(adquirir por contagio)* to get infected [**de**, by *o* with]

contagio *m* contagion

contagioso,-a *adj (virus, enfermedad)* contagious, infectious; *fam (alegría)* infectious

contaminación *f* contamination; **c. atmosférica,** pollution

contaminar *vtr* ◆ *(la atmósfera)* to pollute ◆ *(un alimento, etc)* to contaminate ◆ *(una cultura, lengua)* to corrupt

contar 1 *vtr* ◆ *(un suceso, una historia)* to tell ◆ *(numerar)* to count | **2** *vi* to count ◆ | LOC: **c. con,** *(confiar en)* to count on; *(constar de)* to have
■ **contarse** *vr* to be included: **se cuenta entre los mejores escritores del país,** he's among the best writers in the country

contemplación 1 *f* contemplation | **2** *fpl* **contemplaciones** *(miramientos)* ceremony; *fam* **no andarse con contemplaciones,** not to stand on ceremony

contemplar *vtr* ◆ *(admirar, recrearse)* to contemplate ◆ *(una posibilidad)* to consider

contemporáneo,-a *adj & m,f* contemporary

contención *f* ◆ *(dominio de sí)* self control ◆ *(retención)* **c. salarial,** wage restraint; **muro de c.,** retaining wall

contendiente *mf* contender, contestant

contenedor *m* ◆ container ◆ *(de escombros)* skip; *(de basuras)* bin; **c. de vidrio/papel,** bottle/paper bank

contener *vtr* ◆ to contain ◆ *(refrenar una pasión)* to hold back, restrain
■ **contenerse** *vr* to hold (oneself) back

contenido *m* content, contents *pl*

contentar *vtr* ◆ *(alegrar)* to cheer up ◆ *(satisfacer)* to please
■ **contentarse** *vr* ◆ *(alegrarse)* to cheer up ◆ *(darse por satisfecho)* to make do [**con**, with], be satisfied [**con**, with]

contento,-a *adj* happy, pleased [**con**, with]

contestación *f* answer: **me dio una c. grosera,** he answered me rudely

contestador *m* **c. (automático),** answering machine

contestar *vtr* ◆ to answer ◆ *fam (replicar)* to answer back

contestatario,-a *adj* anti-establishment, non-conformist

contexto *m* context

contigo *pron pers* ◆ with you: **no quiero hablar c.,** I don't want to talk to you ◆ **por una vez sé honesto c. mismo,** for once be honest with yourself

contiguo,-a *adj* contiguous [**a**, to], adjoining

continente *m* ◆ *Geog* continent ◆ *(que contiene algo)* container

continuación *f* continuation ◆ | LOC: **a c.,** next

continuamente *adv* continuously

> Recuerda que **continuous** significa que la acción es ininterrumpida (**continuous sound,** *sonido continuo*), mientras que **continual** hace referencia a una acción frecuente o repetida (**his continual questions,** *sus continuas preguntas*).

continuar *vtr & vi* ◆ to continue, carry on (with) ◆ *(seguir en un lugar)* **continúa viviendo en Brasil,** he's still living in Brazil ◆ *(seguir sucediendo)* **continúa lloviendo,** it is still raining; *(una película)* **continuará,** to be continued ➢ Ver nota en **continue**

continuidad *f* continuity

continuo,-a *adj* ◆ *(incesante)* continuous; **corriente c.,** direct current; *Auto* **línea c.,** solid white line; **sesión c.,** continuous showing ◆ *(repetido)* continual, constant: **sus continuos reproches,** his endless reproaches

contorno 1 *m* outline | **2** *mpl* **contornos,** surroundings *pl*, environment

contorsión *f* contortion

contra 1 *prep* ◆ *(oposición)* against; **estar en c. de algo,** to be against sthg; **nadie dijo nada en c.,** no one disagreed ◆ *(apo-*

yado en) against ◆ *(cuando indica colisión física)* into | **2** *f Pol (grupo contrarrevolucionario)* contra ◆ | LOC: **los pros y los contras,** the pros and cons
contraataque *m* counterattack
contrabajo *m* double bass
contrabandista *mf* smuggler; *(de armas)* gunrunner
contrabando *m* smuggling; *(de armas)* gunrunning: **pasa tabaco de c.,** he smuggles tobacco
contracción *f* contraction
contrachapado *m* plywood
contradecir *vtr* to contradict
contradicción *f* contradiction
contradictorio,-a *adj* contradictory
contraer *vtr* ◆ to contract ◆ *frml* **c. matrimonio,** to marry [**con,** -]
■ **contraerse** *vr* to contract
contraindicación *f* contraindication
contraluz *m* view against the light; **a c.,** against the light
contrapeso *m* counterweight
contraportada *f* back page
contraproducente *adj* counterproductive
contrapunto *m* counterpoint
contrariar *vtr* ◆ *(disgustar)* to upset ◆ *(contradecir)* to go against
contrariedad *f* ◆ *(trastorno)* setback ◆ *(fastidio)* annoyance, irritation
contrario,-a 1 *adj* opposite: **otro coche venía en sentido c.,** another car was coming in the other direction; **no me cae mal, más bien todo lo c.,** I don't dislike him, quite the contrary ◆ *(negativo, nocivo)* contrary [**a,** to] | **2** *m,f* rival ◆ | LOC: **siempre lleva la contraria,** he always argues; **al c./por el c.,** on the contrary; **de lo c.,** otherwise
contrarrestar *vtr* to offset, counteract
contraseña *f* password
contrastar *vtr* to contrast [**con,** with]
contraste *m* ◆ contrast ◆ *(de una pieza de joyería)* hallmark
contrata *f* contract
contratar *vtr* to hire, engage
contratiempo *m* setback, hitch
contratista *mf* contractor
contrato *m* contract; **c. de alquiler,** lease, leasing agreement
contraventana *f* shutter
contribución *f* ◆ *(participación)* contribution ◆ *(impuesto)* tax
contribuir 1 *vi* to contribute [**a,** to] [**para,** towards] | **2** *vtr* & *vi (cotizar)* to pay taxes

contribuyente *mf* taxpayer
contrincante *mf* opponent, rival
control *m* ◆ *(dominio)* control ◆ *Educ* test ◆ *(inspección)* check; **c. de calidad,** quality control ◆ *(de Policía, militar)* checkpoint, roadblock ◆ **c. remoto,** remote control ◆ **(sala de) c.,** control room
controlador,-ora *m,f* **c. (aéreo),** air traffic controller
controlar *vtr* ◆ to control ◆ *(comprobar)* to check
■ **controlarse** *vr* to control oneself
controversia *f* controversy
controvertido,-a *adj* controversial
contundente *adj* ◆ *(convincente)* convincing; *(concluyente)* conclusive ◆ *(golpe)* heavy; *(objeto)* blunt
contusión *f* contusion, bruise
convalecencia *f* convalescence
convaleciente *adj* & *mf* convalescent
convalidar *vtr* to validate; *(documento)* to ratify
convencer *vtr* ◆ *(una idea)* to convince ◆ *(persuadir)* **la convecimos para que fuera al médico,** we persuaded her to go to the doctor's ◆ *(satisfacer)* **el peinado no me convence,** I'm not sure about the hairstyle
convencimiento *m* conviction
convención *f* convention
convencional *adj* conventional
convenido,-a *adj* agreed
conveniencia *f* ◆ *(interés)* benefit ◆ *(provecho)* advisability, convenience
conveniente *adj* ◆ *(medida)* advisable ◆ *(precio)* good, fair ◆ *(comentario)* convenient
convenio *m* agreement; **c. colectivo,** collective agreement
convenir *vtr* & *vi* ◆ *(ser ventajoso)* to be advisable: **conviene saber que hay que presentar el pasaporte,** you should be aware that you must hand in your passport ◆ *(venir bien)* **hoy no me conviene ir,** it doesn't suit me to go today ◆ *(acordar)* to agree; **c. en,** to agree on; **c. una fecha,** to agree on a date ◆ | LOC: *(en anuncio, etc)* **sueldo a c.,** salary negotiable
convento *m (de monjas)* convent; *(de monjes)* monastery
convergente *adj* convergent
converger *vi* to converge
conversación *f* conversation
conversar *vi* to talk [**con,** to/with] [**sobre,** about]
conversión *f* conversion

converso,-a *m,f* convert
convertir *vtr* ◆ to turn, change ◆ *Rel* to convert
■ **convertirse** *vr* ◆ **c. en**, to turn into, become ◆ *Rel* to be converted [**a**, to]
convexo,-a *adj* convex
convicción *f* conviction
convicto,-a *adj* convicted
convincente *adj* convincing
convivencia *m* ◆ *(vida en común)* life together ◆ *(de culturas, situaciones)* coexistence
convivir *vi* ◆ *(en la misma casa)* to live together ◆ *fig* to coexist [**con**, with]
convocar *vtr* ◆ *(citar)* to summon ◆ *(congregar)* to bring together ◆ *(una reunión, elecciones)* to call
convocatoria *f* ◆ *Educ* examination session ◆ *(de una oposición, reunión, etc)* notification, announcement; *(de una huelga)* call
convulsión *f* ◆ *Med* convulsion ◆ *fig (agitación social)* unrest, upheaval
conyugal *adj* conjugal; **vida c.**, married life
cónyuge *mf* spouse ◆ **cónyuges**, married couple *sing*, husband and wife
coñac *m* brandy, cognac
cooperación *f* cooperation
cooperar *vi* to cooperate [**a, en,** in] [**con,** with]
cooperativa *f* cooperative
coordenada *f* coordinate
coordinación *f* coordination
coordinadora *f* coordinating committee
coordinador,-ora *m,f* coordinator
coordinar *vtr* to coordinate
copa *f* ◆ *(de vino, etc)* glass ◆ *(trago, bebida)* drink; **tomar una c.,** to have a drink ◆ *Dep* cup ◆ *(de un árbol)* top ◆ *Naipes* **copas** ≈ hearts
copia *f* ◆ copy ◆ *Inform* **c. de seguridad**, backup
copiar *vtr* ◆ *(una persona, máquina)* to copy [**de,** from] ◆ *Educ (en un examen)* to cheat ◆ *(imitar)* to imitate
copiloto *m* *Auto* co-driver; *Av* copilot
copión,-ona *m,f fam* ◆ *Educ* cheat ◆ *(imitador)* copycat
copioso,-a *adj* abundant, copious
copla *f* verse, couplet
copo *m* flake; **c. de nieve**, snowflake; **copos de maíz**, cornflakes
coproducción *f* co-production, joint production

cópula *f* ◆ *Ling* conjunction ◆ *(coito)* copulation, intercourse
copular *vtr* to copulate [**con,** with]
coquetear *vi* to flirt [**con**, with]
coqueta *f* dressing table
coqueto,-a 1 *adj (persona)* vain, coquettish; *(decoración)* nice, pretty; *(gesto)* flirting | **2** *m,f* flirt
coraje *m* ◆ *(entereza)* courage ◆ *(rabia)* anger: **me da c. oír esas cosas**, it infuriates me when I hear that kind of thing
coral[1] *m Zool* coral
coral[2] *f Mús* choral, chorale
Corán *m Rel* Koran
corazón *m* ◆ *Anat* heart ◆ *(núcleo)* heart ◆ *(de una manzana, etc)* core ◆ *Naipes* **corazones**, hearts ◆ | LOC: **ser todo c.**, to be kind-hearted; **tener el c. en un puño**, to be terrified; **de (todo) c.**, in all sincerity
corazonada *f* ◆ *(presentimiento)* hunch, feeling ◆ *(impulso)* impulse
corbata *f* tie, *US* necktie
corchete *m* ◆ *Impr* square bracket ◆ *Cost (cierre automático)* hook (and eye), fastener ◆ *Hist* bailiff
corcho *m* ◆ *(material, tapón)* cork ◆ *(tablón de anuncios)* noticeboard, cork board ◆ *(flotador de pesca)* float
cordel *m* string
cordero,-a *m,f* lamb

> Recuerda que los anglohablantes emplean diferentes palabras cuando se refieren al animal y a su carne. *Oveja*, nombre genérico, es **sheep**; *oveja* (hembra) es **ewe**; *carnero* (macho) es **ram** y su carne es **mutton**. Sin embargo, la carne de su cría, *cordero*, es **lamb**.

cordial 1 *m (bebida)* cordial | **2** *adj* cordial, warm
cordialidad *f* cordiality, warmth
cordillera *f* mountain chain o range
córdoba *m* cordoba, *national currency of Nicaragua*
cordón *m* ◆ *Cost (de seda, de franciscano, etc)* cord; *(de zapatos)* shoelace ◆ *(de un teléfono, una lámpara)* cord, flex ◆ *(de personas)* cordon ◆ *Anat* **c. umbilical**, umbilical cord
cordura *f* common sense
coreografía *f* choreography
cornada *f Taur* goring
córnea *f Anat* cornea

corneta 1 *f (instrumento)* bugle | **2** *mf (intérprete)* bugler
cornisa *f* ◆ cornice ◆ **la c. Cantábrica,** the Cantabrian Coast
coro *m* Teat chorus; *Mús* choir ◆ | LOC: *fig* **a c.,** all together
corona *f* ◆ crown; **la c. española,** the Spanish Crown ◆ *(de flores)* wreath, garland; **c. funeraria,** funeral wreath ◆ *Fin (moneda danesa, noruega)* krone; *(sueca)* krona; *(histórica)* crown
coronación *f* ◆ *(de un rey)* coronation ◆ *fig (culminación)* crowning point
coronar *vtr* to crown
coronel *m Mil* colonel
coronilla *f* crown of the head ◆ | LOC: *fam* **estar hasta la c.,** to be fed up [**de,** with]
corporación *f* corporation
corporal *adj* corporal, (of the body); **castigo c.,** corporal punishment; **expresión c.,** body language; **olor c.,** body odour, BO
corporativo,-a *adj* corporative
corpulento,-a *adj* corpulent, stout
corpus *m* corpus
corral *m* ◆ *(para animales)* farmyard, *US* corral ◆ *(patio interior)* courtyard ◆ *Hist (teatro)* open-air auditorium
correa *f* ◆ *(tira)* strap; *(de reloj)* watchstrap; *(de pantalón)* belt; *(de perro)* lead, *US* leash ◆ *Téc* belt
corrección *f* ◆ *(rectificación)* correction ◆ *(urbanidad)* courtesy, politeness
correcto,-a *adj* ◆ *(atento, educado)* polite, courteous [**con,** to]; *(comportamiento)* proper ◆ *(sin fallos)* correct
corredero,-a *adj* **puerta/ventana corredera,** sliding door/window
corredizo,-a *adj* ◆ sliding ◆ **nudo c.,** slipknot; **techo c.,** sunroof
corredor,-ora 1 *m,f* ◆ *Dep* runner ◆ *Fin* **c. de bolsa,** stockbroker | **2** *m Arquit* corridor
corregir *vtr* to correct
■ **corregirse** *vr* to mend one's ways
correo 1 *m* post, *US* mail; **echar al c.,** to post; **por c.,** by post; **c. aéreo,** airmail; **c. certificado,** registered post; *Inform* **c. electrónico,** e-mail; **(tren) c.,** mail train | **2 correos** *(no lleva artículo en ningún caso) (edificio)* post office *sing, (servicio)* The Post Office
correr 1 *vi* ◆ to run; *(ir deprisa)* to go fast; *(al conducir)* to drive fast ◆ *(el viento)* to blow; *(un río)* to flow ◆ *(darse prisa)* to hurry: **corre, que no llegamos,** hurry up or we'll be late; *fig* **corrí a hablar con él,** I rushed to talk to him ◆ *(estar en situación de)* **c. peligro,** to be in danger; **c. prisa,** to be urgent | **2** *vtr* ◆ *(estar expuesto a)* to have; **c. el riesgo,** to run the risk ◆ *(una cortina)* to draw; *(un cerrojo)* to close ◆ *(un mueble)* to pull up, draw up ◆ | LOC: **corre a mi cargo,** I'll take care of it: **c. con los gastos,** to foot the bill
■ **correrse** *vr* ◆ *(desplazarse)* to move ◆ *(arrimarse)* to move over *o* up: **córrete hacia allá, por favor,** move along, please ◆ *(desteñirse)* to run ◆ *vulgar (tener orgasmo)* to come ◆ | LOC: **c. una juerga,** to go on a spree
correspondencia *f* ◆ *(cartas)* correspondence ◆ *Ferroc* connection
corresponder *vi* ◆ *(pertenecer)* to belong: **sólo pido lo que me corresponde,** I only want my share ◆ *(ser adecuado)* to correspond [**a,** to] [**con,** with] ◆ *(incumbir)* to concern, be incumbent upon: **esa tarea le corresponde,** that's his job
■ **corresponderse** *vr* to correspond: **no se corresponde con la imagen con la descripción,** the picture does not correspond with the description
correspondiente *adj* corresponding [**a,** to]
corresponsal *mf Prensa* correspondent
corrida *f* **c. (de toros),** bullfight
corriente 1 *adj* ◆ *(común)* common, ordinary ◆ *(agua)* running ◆ *(actual, presente)* current, present ◆ *Fin (cuenta)* current | **2** *f* ◆ current, stream ◆ *Elec* **c. eléctrica,** (electric) current ◆ *(de aire)* draught, *US* draft ◆ *(tendencia)* trend, current ◆ | LOC: **estar al c.,** to be up to date; *fig* **ir** *o* **navegar contra c.,** to go against the tide; *fam* **seguirle** *o* **llevarle la c. a alguien,** to humour sb
corrillo *m* small group of people
corrimiento *m Geol* slipping, sliding; **c. de tierras,** landslide
corro *m* ◆ circle, ring ◆ *(juego)* ring-a-ring-a-roses
corroborar *vtr* to corroborate
corroer *vtr* ◆ to corrode ◆ *fig* **los celos le corroen,** he is eaten up with jealousy
corromper *vtr* ◆ *(pudrir)* to turn bad, rot ◆ *(pervertir)* to corrupt, pervert
■ **corromperse** *vr* ◆ *(pudrirse)* to go bad, rot ◆ *(pervertirse)* to become corrupted
corrosivo,-a *adj* ◆ corrosive ◆ *fig (mordaz)* caustic

corrupción

corrupción *f* ♦ *(perversión moral)* corruption; **c. de menores,** corruption of minors ♦ *(putrefacción)* rot, decay

corrupto,-a *adj* corrupt

cortacésped *m & f* lawnmower

cortado,-a 1 *adj* ♦ cut (up); **carretera cortada,** no through road, road blocked ♦ *(leche)* sour ♦ *(piel)* flaky, dry; *(labios)* chapped ♦ *fam (tímido)* shy | **2** *m* small coffee with a dash of milk | **3** *m,f* shy person

cortafuego *m* firebreak

cortapisa *f* restriction, limitation

cortar 1 *vtr* ♦ to cut; *(un árbol)* to cut down; *(el césped)* to mow ♦ *(amputar)* to cut off ♦ *(la luz, el teléfono)* to cut off ♦ *(impedir el paso)* to block ♦ *(eliminar, censurar)* to cut out | **2** *vi* ♦ *(partir)* to cut ♦ *(atajar)* to cut across, to take a short cut ♦ *fam (interrumpir una relación)* to split up: **cortó con su novia,** he split up with his girlfriend ♦ | LOC: *fam* **c. por lo sano,** to take drastic measures

■ **cortarse** *vr* ♦ *(herirse)* to cut oneself ♦ *(las uñas, etc)* to cut: **le gusta cortarse el pelo a menudo,** he likes to have his hair cut often ♦ *(la leche, mayonesa)* to curdle ♦ *(la piel, los labios)* to chap ♦ *(el suministro)* to cut off: **se cortó la corriente,** there was a power cut ♦ *fam (avergonzarse)* to become shy

cortaúñas *m inv* nail clippers *pl*

corte[1] *m* ♦ cut: **c. de pelo,** haircut ♦ *(interrupción de suministro eléctrico)* power cut; *(de agua)* **es el segundo c. de agua en una semana,** the water has been cut off twice this week ♦ *Cost* cut; **c. y confección,** dressmaking ♦ *(sección)* section ♦ *fam (respuesta ingeniosa)* rebuff: **le dio un c. estupendo a ese engreído,** she really put that bighead in his place ♦ *(estilo)* style ♦ **c. de digestión,** stomach cramp; **c de mangas,** V-sign; *TV* **c. publicitario,** commercial break; **c. transversal,** cross section

corte[2] *f* ♦ *(residencia y compañía real)* court ♦ **Las Cortes,** (Spanish) Parliament *sing* ♦ | LOC: **hacerle la c. a alguien,** to court sb

cortejo *m* ♦ *(comitiva)* entourage; **c. fúnebre,** funeral cortège ♦ *Zool* courtship

cortés *adj* courteous, polite

cortesía *f* courtesy, politeness

corteza *f* ♦ *(del pan)* crust; *(del queso)* rind; **cortezas de cerdo,** pork scratchings ♦ *(de un tronco)* bark ♦ *Anat* **c. cerebral,** cortex ♦ *Geol* **la c. terreste,** te earth's crust

cortina *f* ♦ curtain ♦ **c. de humo,** smoke screen

corto,-a 1 *adj* ♦ *(distancia, tiempo)* short ♦ *fam (de poca inteligencia)* **c. (de luces),** dim-witted ♦ *(escaso)* short: **el guiso está c. de sal,** the stew is short of salt; *(de vista)*, short-sighted ♦ *(vergonzoso)* shy | **2** *m* ♦ *Cine* short (film) ♦ *Auto* **luz corta,** dipped headlights *pl* ♦ | LOC: *fam* **quedarse c.,** to underestimate

cortocircuito *m* short circuit

cortometraje *m* short (film)

cosa *f* ♦ thing: **no hay otra c. que comer,** there's nothing else to eat ♦ *(asunto)* matter, business: **es c. mía,** that's my business; **eso es otra c.,** that's different; **no hay c. más importante que tu felicidad,** there is nothing more important than your happiness ♦ **cosas,** *(asuntos)* affairs; **cosas de chiquillos,** kids' stuff; **cosas de mayores,** grown-up stuff; **¡cosas de la vida!,** that's life! ♦ *(ocurrencias)* **¡qué c. tienes!,** what a weird idea! ♦ | LOC: **el apartamento no es gran c.,** the apartment is not up to much; **lo que son las cosas,** would you believe it; **no he visto c. igual,** I've never seen anything like it; **decir cuatro c.,** to tell a few home truths; **ser c. de,** to be a matter of: **es c. de tener paciencia,** it's a matter of patience; **(como) c. de,** about: **hace (como) c. de una hora,** about an hour ago

cosecha *f* ♦ *Agr* harvest ♦ *(año de vendimia)* vintage

cosechadora *f* combine harvester

cosechar 1 *vtr* ♦ *Agr* to harvest, gather (in) ♦ *(éxitos)* to reap, achieve; *(críticas, aplausos)* to win | **2** *vi* to harvest

coser *vtr* ♦ to sew ♦ *Med* to stitch up ♦ | LOC: *fam* **es c. y cantar,** it's a piece of cake

cosmético,-a *adj & m* cosmetic

cósmico,-a *adj* cosmic

cosmopolita *adj & mf* cosmopolitan

cosmos *m inv* cosmos

cosquillas *fpl* tickling *sing*; **hacerle c. a alguien,** to tickle sb; **tener c.,** to be ticklish ♦ | LOC: **buscarle las c. a alguien,** to try to annoy sb

cosquilleo *m* tickling

costa 1 *f* coast; *(litoral)* coastline; *(playa)* beach, seaside, *US* shore | **2 costas** *fpl Jur* costs ♦ | LOC: **vive a nuestra c.,** he lives off us; **a c. de,** at the expense of; **a toda c.,** at all costs, at any price

costado *m* side ♦ | LOC: **de c.,** sideways; **por los cuatro costados,** through and through

costar *vtr & vi* ♦ *(tener un precio)* to cost: **¿cuánto dinero te costó?,** how much did it cost you? ♦ *(llevar tiempo)* to take ♦ *(ser trabajoso)* **me cuesta hablar alemán,** I find it difficult to speak German; **nos costó mucho conseguir el empleo,** it was really hard to get the job ♦ | LOC: *fig* **te va a c. caro,** you'll pay dearly for this; **cueste lo que cueste,** cost what it may

Costa Rica *f* Costa Rica

costarricense *adj & mf* Costa Rican

costarriqueño,-a *adj & m,f* Costa Rican

coste *m* cost ♦ | LOC: **a precio de c.,** (at) cost price

costear *vtr* to afford, pay for

■ **costearse** *vr* to pay one's way

costero,-a *adj* coastal; **ciudad costera,** seaside town

costilla *f* ♦ *Anat* rib ♦ *Culin* cutlet ♦ *fam hum* wife, better half

costo *m* ♦ *(precio)* cost ♦ *argot (hachís)* dope, shit, stuff

costra *f* ♦ *Med (postilla)* scab ♦ *(capa)* crust

costumbre *f* ♦ *(práctica habitual)* habit: **llegarán tarde, para no perder la c.,** they will be late, as always; **es una persona de costumbres,** he's used to a routine; **tengo la c. de acostarme a las doce,** I usually go to bed at midnight; **como de c.,** as usual ♦ *(de un pueblo, cultura, etc)* custom

costura *f* ♦ sewing: **a la falda se le descosió una c.,** a seam of the skirt has come unstitched ♦ *(oficio)* dressmaking; **alta c.,** haute couture

costurera *f* seamstress

costurero *m (cesto de costura)* sewing basket

cotidiano,-a *adj* daily; everyday

cotilla *mf fam* busybody, gossip

cotillear *vi fam* to gossip [**de**, about]

cotilleo *m fam* gossip

cotización *f* ♦ *(a un sindicato, partido, etc)* membership fees *pl*; subscription; *(a la seguridad social)* contribution ♦ *Fin (en bolsa)* price, quotation; *(de una moneda)* exchange rate

cotizar 1 *vtr* ♦ *(a la seguridad social)* to pay ♦ *Fin* to quote ♦ *(valorar)* to value | **2** *vi* ♦ *Fin (en bolsa)* to be quoted ♦ *(a la seguridad social)* to pay national insurance

■ **cotizarse** *vr* ♦ *Fin* to sell: **sus cuadros se cotizan a dos millones,** her pictures are selling at two millions ♦ *(valorarse, apreciarse)* to be valued

coto *m* ♦ reserve; **c. privado,** private property ♦ | LOC: **poner c. a,** to put a stop to

cotorra *f* ♦ *Orn* parrot ♦ *fig pey (persona)* chatterbox

COU *m Educ (abr de Curso de Orientación Universitaria)* ≈ GCE A-level studies

coyote *m Zool* coyote

coyuntura *f* ♦ *Anat (de los huesos)* articulation, joint ♦ *fig (circunstancia)* juncture; *(situación)* situation

coz *f* kick: **la mula le dio una c.,** the mule kicked him

cráneo *m Anat* cranium, skull

cráter *m Geol* crater

creación *f* creation

creador,-ora *m,f* creator

crear *vtr* to create

creatividad *f* creativity

creativo,-a *adj* creative

crecer *vi* ♦ to grow ♦ *Astron* **la Luna está creciendo,** the moon is waxing ♦ *(la marea, un río)* to rise ♦ *(poner puntos al calcetar)* to increase

creces *fpl* ♦ | LOC: **devolver con c.,** to return with interest; **con c.,** fully, in full

crecido,-a 1 *adj* ♦ *(persona)* grown-up ♦ *(un río)* swollen ♦ *(numeroso, cuantioso)* large | **2** *f (riada)* flood

creciente *adj* ♦ growing, increasing ♦ **cuarto c.,** crescent

crecimiento *m* growth

credencial 1 *adj* credential | **2** *f (acreditación)* documents *pl*; credentials

credibilidad *f* credibility

crédito *m* ♦ *Com Fin* credit; *(préstamo)* loan ♦ *(credibilidad)* credibility ♦ *(prestigio)* reputation ♦ | LOC: **a c.,** on credit; **dar c. a,** to believe

credo *m* ♦ *(conjunto de creencias)* creed ♦ *Rel* Creed

crédulo,-a *adj* credulous, gullible

creencia *f* belief

creer 1 *vtr* ♦ *(suponer)* to think: **¿crees que está implicado?,** do you think he's involved?; **creo que sí/no,** I think so/don't think so; **ya lo creo,** of course ♦ *(tener fe, confianza)* to believe: **créeme,** believe me; **te creo,** I believe you | **2** *vi* ♦ *Rel* to believe [**en,** in]; **cree en los marcianos,** he believes in Martians ♦ *(tener confianza)* to trust: **mi padre cree en mí,** my father trusts me

■ **creerse** *vr* to consider oneself to be: **¿quién te has creído que eres?,** who do you think you are?

creíble

creíble *adj* credible, believable
creído,-a 1 *adj* arrogant, vain | 2 *m,f* big head
crema *f* ♦ *Cosmet* cream ♦ *Culin* cream; **una c. de zanahorias,** a cream of carrot soup ♦ *(betún)* shoe polish ♦ *(lo más selecto)* cream
cremallera *f* zip (fastener), *US* zipper
crematorio,-a *adj & m* crematorium
cremoso,-a *adj* creamy
crepe *f* crêpe, pancake
crepería *f* creperie
crepúsculo *m* ♦ *(anochecer)* twilight, dusk ♦ *(decadencia)* decline, decadence: **en el c. de su vida,** in the twilight of her life
cresta *f* ♦ *(de plumas)* crest; *(carnosa)* comb ♦ *(de punk)* mohican ♦ *(cumbre)* crest, top ♦ *(de una ola)* crest ♦ | LOC: **estar en la c. de la ola,** to be on the crest of the wave
cretino,-a 1 *adj* stupid, cretinous | 2 *m,f* cretin
creyente *mf* believer
cría *f* ♦ *(crianza)* breeding, raising ♦ *(de un animal)* young
criada *f* maid
criadero *m* Zool breeding place; *(de perros)* kennels; **c. de mejillones/ostras,** mussel/oyster bed; **c. de truchas/codornices,** trout/quail farm
criado,-a 1 *adj* **mal c.,** spoilt | 2 *m,f* servant
crianza *f* *(de un niño)* nursing, upbringing ♦ *(de animales)* breeding ♦ *(de vinos)* aging
criar *vtr* ♦ *(niños)* to bring up, rear ♦ *(animales)* to breed, raise ♦ *(vino)* to make ♦ *(producir, generar)* to have, grow: **esta tierra cría gusanos,** this soil breeds worms ♦ | LOC: **c. malvas,** to push up daisies
criatura *f* ♦ *(ser vivo)* creature ♦ *(niño pequeño)* baby, child
criba *f* ♦ *Agr* sieve ♦ *fig* filter ♦ | LOC: **hacer una c.,** to make a selection
crimen *m* serious crime; *(esp)* murder
criminal *mf & adj* criminal
crin *f,* **crines** *fpl* mane *sing*
crío,-a *m,f fam* kid ♦ | LOC: **ser un c.,** to be like a child
criollo,-a *adj & m,f* Creole
crisantemo *m Bot* chrysanthemum
crisis *f inv* ♦ *(mala situación)* crisis ♦ *Fin* crisis ♦ *Med (ataque)* fit, attack
crispación *f* tension
crispar *vtr* ♦ to make tense ♦ *(irritar)* to annoy, to infuriate ♦ | LOC: **c. los nervios: su actitud me crispa los nervios,** his attitude sets my nerves on edge
cristal *m* ♦ *(vidrio)* glass; *(de una ventana, escaparate)* (window) pane; *(de unas gafas)* lens ♦ *(mineral)* crystal; **c. de cuarzo/roca,** quartz/rock crystal
cristalería *f* ♦ *(vasos, jarras, etc)* glassware ♦ *(tienda)* glassware shop ♦ *(taller)* glazier's
cristalero,-a *m,f* glazier
cristalino,-a *adj* crystal clear
cristalizar *vi* to crystallize
cristiandad *f* Christendom, Christianity
cristianismo *m* Christianity
cristiano,-a *adj & m,f* Christian
Cristo *m* Christ ♦ | LOC: *fam* **armar un C.,** to kick up a big fuss; **dejar a alguien hecho un C.,** to leave sb looking a very sorry sight; **donde C. perdió el gorro,** in the middle of nowhere; **ni C. (que lo fundó),** not a soul; **todo C.,** every mother's son
criterio *m* ♦ *(opinión)* opinion ♦ *(juicio)* discretion: **lo dejó a mi c.,** she left it up to me ♦ *(norma, regla)* criterion
crítica *f* ♦ *(censura)* criticism ♦ *Prensa* review: **esta película tiene muy mala c.,** this film has got very bad reviews ♦ *(los críticos profesionales)* critics
criticar 1 *vtr* to criticize | 2 *vi (murmurar)* to gossip
crítico,-a 1 *adj* critical | 2 *m,f* critic
croar *vi* to croak
crol *m Natación* crawl
cromo *m* ♦ *(estampa)* picture card ♦ *(metal)* chromium, chrome
cromosoma *m* chromosome
crónica *f* ♦ *Hist* chronicle: **nos hizo una c. apasionante de su viaje,** he gave us a thrilling account of his journey ♦ *Prensa* feature, article
crónico,-a *adj* chronic
cronista *mf Prensa* feature writer
cronología *f* chronology
cronológico,-a *adj* chronological
cronometrar *vtr* to time
cronómetro *m* stopwatch
croqueta *f* croquette
croquis *m inv* sketch
cruasán *m* croissant
cruce *m* ♦ crossing; *(de carreteras)* crossroads ♦ *(entre animales)* cross, *(animal cruzado)* crossbreed ♦ *Tel* crossed line
crucero *m* ♦ *(viaje por mar)* cruise; **hacer un c. por el Mediterráneo,** to go on a cruise in the Mediterranean ♦ *(barco)*

cruiser ◆ *Arquit* transept ◆ *(cruz de piedra)* stone cross
crucial *adj* crucial
crucificar *vtr* to crucify
crucifijo *m* crucifix
crucigrama *m* crossword (puzzle)
crudeza *f* ◆ harshness, harsh reality ◆ *fig (del clima)* severity, harshness
crudo,-a 1 *adj* ◆ raw ◆ *(comida poco hecha)* underdone ◆ *(clima, realidad)* harsh ◆ *(color)* cream, natural | **2** *m (petróleo)* crude ◆ | LOC: *fam fig* **estar muy c.,** to be very difficult; **tener/ver (algo) muy c.,** to find sthg very difficult
cruel *adj* cruel
crueldad *f* cruelty
crujido *m (de la puerta)* creak, creaking; *(de dientes)* grinding
crujiente *adj* crunchy
crujir *vi (las patatas, el pan, etc)* to crunch; *(del suelo, los muebles)* to creak; *(los dientes)* to grind
crustáceo *m Zool* crustacean
cruz *f* ◆ cross ◆ *(reverso de una moneda)* tails: **¿cara o c.?,** heads or tails? ◆ *(sufrimiento, carga)* burden, cross ◆ **C. Roja,** Red Cross
cruzada *f* crusade
cruzado,-a 1 *adj* ◆ crossed ◆ *Cost (traje, camisa)* double-breasted ◆ *(brazos, piernas)* **tenía los brazos cruzados,** he had his arms folded; **se sienta con las piernas cruzadas,** he normally sits cross-legged ◆ *(atravesado)* lying across ◆ *(animal)* crossbred | **2** *m Hist* crusader
cruzar 1 *vtr* ◆ to cross; *(las piernas)* to cross one's legs; *(los brazos)* to fold one's arms ◆ *(dirigir unas palabras, miradas)* to exchange ◆ *(animal, planta)* to cross, crossbreed | **2** *vi (atravesar)* to cross
■ **cruzarse** *vr* ◆ to cross; **c. de brazos,** to fold one's arms; **c. de piernas,** to cross one's legs ◆ *(encontrarse)* to pass sb [**con,** -] ◆ *(información, apuntes)* to exchange ◆ *(no encontrarse)* to miss each other ◆ *(interponerse)* to cut in front of sb: **el perro se cruzó en mi camino,** the dog cut in front of me ◆ | LOC: **no puedo cruzarme de brazos y esperar,** I can't stand by and wait; **se cruzó en mi vida,** he came into my life
cuaderno *m* notebook
cuadra *f* ◆ *(establo)* stable ◆ *LAm* block (of houses)
cuadrado,-a 1 *adj* ◆ *Geom* square; **dos metros cuadrados,** two square metres ◆ *(musculoso, fornido)* muscled, hefty, stocky ◆ *fig (mente)* rigid | **2** *m* ◆ *Geom* square ◆ *Mat* square; **elevar al c.,** to square
cuadrar 1 *vi* ◆ *(coincidir)* to square, agree [**con,** with] ◆ *(las cuentas)* to balance, tally | **2** *vtr* to balance
■ **cuadrarse** *vr (soldado)* to stand to attention
cuadriculado,-a *adj* ◆ *(con dibujo de cuadros)* squared; **papel c.,** squared paper ◆ *fam (estricto, cerrado)* rigid, inflexible
cuadrilátero,-a 1 *adj* quadrilateral | **2** *m Box* ring
cuadrilla *f* ◆ *(equipo)* team ◆ *Taur* bullfighter's team ◆ *Mil* squad
cuadro *m* ◆ *Arte* painting, picture ◆ *Teat* scene ◆ *Geom* square; **tela a cuadros,** checked cloth ◆ *(gráfico, esquema)* chart, graph; **c. clínico,** medical profile; **c. sinóptico,** diagram ◆ *Elec Téc* panel; **c. de mandos,** control panel ◆ | LOC: **estar/quedarse en c.,** to be short of staff; **quedarse a cuadros,** to be astonished
cuádruple *adj* quadruple, fourfold
cuajada *f* curd, junket
cuajar 1 *vtr (leche)* to curdle | **2** *vi* ◆ *(nieve)* to lie ◆ *(moda)* to catch on; *(plan, esfuerzo)* to get off the ground
cual 1 *pron rel (persona) (sujeto)* who; *(objeto)* whom ◆ *(cosa)* which | **2** *pron correl* **tal c.,** exactly as ◆ *arc (comparativo)* such as ◆ | LOC: **a c. más dulce,** each more sweet than the other
cuál 1 *pron interr* which (one)?, what?: **¿c. prefieres?,** which one do you prefer? | **2** *adj interr* which
cualidad *f* quality
cualificado,-a *adj* qualified
cualquier *adj indef* any: **c. persona normal puede hacerlo,** any normal person can do it; **c. cosa,** anything; **c. sitio,** anywhere; **en c. momento,** at any moment *o* time
cualquiera 1 *adj indef* ◆ *(indefinido, no importa cual)* any: **coge un libro c.,** take any book ◆ *(corriente, poco importante)* ordinary: **no es un libro c.,** it isn't just any book | **2** *pron indef* ◆ *(persona)* anybody: **c. sabe cocer un huevo,** anybody knows how to boil an egg; **c. de los dos es un buen partido,** either of them is a good catch; **¡cualquiera le dice algo!,** nobody dares to say a word to him! ◆ *(cosa, animal)* any one ◆ **c. que sea,** whatever it is | **3** *mf fig pey* **ser un c.,** to be a nobody: **es una c.,** she's a tart

cuando

cuando 1 *adv (de tiempo)* when | 2 *conj* ♦ *(temporal)* when: **c. quieras,** whenever you want; **c. termines,** when you finish ♦ *(condicional) (si)* if ♦ *(concesiva) (aunque)* **(aun) c.,** even if | 3 *prep* during, at the time of; **c. la guerra,** during the war; **c. joven,** when young ♦ | LOC: **c. más/mucho,** at the most; **c. menos,** at least; **c. quiera que,** whenever; **de c. en c./de vez en c.,** from time to time

cuándo *adv interr* when?; **¿desde c.?,** since when?; **¿para c. vienes?,** when are you coming?

cuantioso,-a *adj* substantial, considerable

cuanto,-a 1 *adj* all: **come c. arroz quieras,** eat as much rice as you want; **unas cuantas veces,** a few times | 2 *pron rel* as much as: **dice todo c. piensa,** he says everything he thinks; **gasta cuanto tiene,** he spends all he has | 3 *pron indef pl* **unos cuantos,** a few | 4 *adv* ♦ *(cantidad)* **c. más…, más,** the more… the more: **c. más trabajo, más me canso,** the more I work the more tired I get; **cuantos más (seamos), mejor,** the more the merrier ♦ *(tiempo)* **ven c. antes,** come as soon as possible; **c. antes, mejor,** the sooner the better ♦ | LOC: **en c.,** *(tan pronto como)* as soon as; *(en condición de)* as; **en c. a,** with respect to, regarding; **en c. a Javier,** as for Javier, as far as Javier is concerned

cuánto,-a 1 *adj & pron interr (sing)* how much?; *(pl)* how many?: **¿c. es?,** how much is it?; **¿cuántos días faltan?,** how many days are left?; **¡cuánta gente!,** what a lot of people! | 2 *adv* how, how much: **¿c. quieres a mamá?,** how much do you love mummy?; **¡c. dormiste!,** what a long time you slept!

cuarenta *adj & m inv* forty ♦ | LOC: *fam* **cantarle a alguien las c.,** to give sb a piece of one's mind

cuarentena *f Med* quarantine

cuarentón,-ona *m,f* forty-year-old

cuaresma *f* Lent

cuartel *m* ♦ *Mil* barracks *pl* ♦ *(tregua)* quarter; **una lucha sin c.,** a fight with no quarter given ♦ **c. general,** headquarters ♦ | LOC: *fig* **no dar c.,** not to give a moment's peace

cuarteto *m* quartet

cuartilla *f* sheet of paper

cuarto,-a 1 *adj & m,f* fourth | 2 *m* ♦ *(habitación)* room; **c. de baño,** bathroom; **c. de estar,** living room; **c. trastero,** box-room, storage room ♦ *(cuarta parte)* quarter; **c. de hora,** quarter of an hour; **c. (de) kilo,** a quarter of a kilo; **c. creciente/menguante,** first/last quarter (of the moon) ♦ *(de un animal)* **c. delantero,** shoulderquarter; **c. trasero,** hindquarter ♦ *fam (dinero)* dough, money; *Dep* **cuartos de final,** quarter finals | 3 *f* ♦ *Mús (intervalo)* **c. disminuida/aumentada,** diminished/augmented fourth ♦ *Auto* fourth (gear)

cuarzo *m* quartz

cuatro 1 *adj & m inv* four | 2 *adj indef fam* a few: **cayeron c. gotas,** it rained a little bit

cuatrocientos,-as *adj & m,f* four hundred

cuba *f* barrel, cask ♦ | LOC: *fam* **estar como una c.,** to be (as) drunk as a lord

Cuba *f* Cuba

cubano,-a *adj & m,f* Cuban

cubertería *f* cutlery

cúbico,-a *adj* ♦ cubic ♦ *Mat* **raíz cúbica,** cube root

cubierta *f* ♦ cover ♦ *(de rueda)* tyre, *US* tire ♦ *Náut* deck ♦ *(techo)* roof

cubierto,-a 1 *adj* ♦ covered; *(piscina)* indoor; *(cielo)* overcast ♦ *(trabajo, plaza)* filled | 2 *m* ♦ *(asiento y plato para un comensal)* place setting ♦ **cubiertos,** cutlery *sing*

cubilete *m (para dados)* shaker

cubismo *m Arte* cubism

cubo *m* ♦ *(recipiente)* bucket ♦ *Mat* cube ♦ *(de una rueda)* hub ♦ **c. de la basura,** rubbish bin

cubrir *vtr* to cover

■ **cubrirse** *vr (nublarse)* to become overcast

cucaracha *f Zool* cockroach

cuchara *f* spoon; **c. de postre,** dessert spoon; **c. de servir,** serving spoon; **c. sopera,** soupspoon

> Los diferentes tamaños de la *cuchara* se definen según su uso: **teaspoon** (*cucharilla de té*), **coffeespoon** (*cucharilla de café*), **dessert spoon** (*cuchara para postres*), **soup-spoon** (*cuchara sopera*), **tablespoon** y **serving spoon** (*cuchara para servir*) y **ladle** (*cucharón*). Las cantidades contenidas se expresan añadiendo -full: **spoonfull, teaspoonfull, coffeespoonfull, tablespoonfull,** etc.

cucharada *f* spoonful
cucharadita *f* teaspoonful

cucharilla *f* teaspoon; **c. de café,** coffee spoon; **c. de té,** teaspoon ➢ Ver nota en **cuchara**

cucharón *m* ladle ➢ Ver nota en **cuchara**

cuchichear *vi* to whisper

cuchicheo *m* whispering

cuchilla *f* ◆ blade ◆ **c. de afeitar,** razor blade

cuchillada *f* stab

cuchillo *m* knife

cuchitril *m fam* hovel, hole

cuclillas *en la loc adv* **en c.,** crouching; **ponerse en c.,** to crouch down

cuco,-a 1 *m Orn* cuckoo | **2** *adj fam (astuto)* shrewd, crafty

cucurucho *m* ◆ *(para helado)* cornet, cone ◆ *(de papel)* paper cone

cuello *m* ◆ neck ◆ *(de la camisa)* collar

cuenca *f* ◆ *Geog (de un río)* basin ◆ *Geol (donde abunda un mineral)* **c. (minera)** mining area; **c. hullera,** coalfield ◆ *(de los ojos)* socket

cuenco *m* earthenware bowl

cuenta *f* ◆ *(recibo)* bill ◆ *(cálculo)* count; **hacer cuentas,** to do sums; **perder la c.,** to lose count; **c. atrás,** countdown ◆ *(de collar)* bead ◆ *Fin (de banco)* account; **c. corriente,** current account, US checking account; **c. de ahorros,** savings account ◆ | LOC: **ajustar cuentas,** to settle up; **caer en la c. o darse c.,** to realize; **dar c.,** to report; **pedir cuentas,** to ask for an explanation; **salir de cuentas,** to be due to give birth; **tener en c.,** to take into account; **trabajar por c. propia,** to be self-employed; **traer c.,** to be worthwhile; **a c.,** on account; **en resumidas cuentas,** in short; **más sillas de la c.,** too many chairs

cuentagotas *m inv* dropper

cuentakilómetros *m inv (distancia)* milometer; *(velocidad)* speedometer

cuento *m* ◆ story ◆ *Lit* short story; **contar un c.,** to tell a story; **c. de hadas,** fairy story ◆ *(embuste)* lie; **¡déjate de cuentos!,** get on with it! ◆ *(cotilleo, acusación)* **ya le fue con el c. a la suegra,** she ran off to tell the tale to her mother-in-law ◆ **c. chino,** tall story ◆ | LOC: *fig* **eso no viene a c.,** that's beside the point; **vivir del c.,** to live off other people

cuerda *f* ◆ *(soga gruesa)* rope; *(fina, cordel)* string ◆ *(de instrumento)* string ◆ *(del reloj)* spring ◆ **c. floja,** tightrope; **cuerdas vocales,** vocal chords; **instrumento de cuerda,** stringed instrument ◆ | LOC: **dar c. a alguien,** to encourage sb; **dar c. al reloj,** to wind up a watch; **estar contra las cuerdas,** to be on the ropes; **estar en la c. floja,** to walk the tightrope; **bajo c.,** dishonestly

cuerdo,-a *adj* sane

cuerno *m* ◆ horn; *(de ciervo)* antler ◆ *(instrumento musical)* horn ◆ | LOC: *fam* **ponerle cuernos a alguien,** to be unfaithful to sb; **saber a c. quemado,** to taste disgusting; *fam* **¡vete al c.!,** get lost!

cuero *m* ◆ *(piel curtida)* leather; **pantalón de c.,** leather trousers ◆ **c. cabelludo,** scalp ◆ | LOC: *fam* **en cueros,** naked

cuerpo *m* ◆ body ◆ *(humano)* body, *(tronco humano)* trunk ◆ *(cadáver)* corpse ◆ *(de un edificio o mueble)* section, part; **un armario de tres cuerpos,** a wardrobe with three sections; *(de un libro, una doctrina)* body ◆ *(grupo)* corps, force; **c. de bomberos,** fire brigade; **c. diplomático,** diplomatic corps ◆ | LOC: *fig* **tomar c.,** to take shape; **a c. de rey,** like a king; **c. a c.,** hand-to-hand; **de c. entero,** full-length; **de c. presente,** lying in state; **un retrato de medio c.,** a half portrait

cuervo *m Orn* raven

cuesta *f* slope; **c. abajo,** downhill; **c. arriba,** uphill ◆ | LOC: *adv* **a cuestas,** on one's back o shoulders

cuestión *f* ◆ *(asunto)* matter, question ◆ *(pregunta)* question ◆ | LOC: **en c.,** in question: **el muchacho en c.,** the boy in question; **en c. de unas horas,** in just a few hours; **poner en c. algo,** to doubt sthg; **si te cansas de conducir, es c. de parar en cualquier lado,** if you get tired of driving, we can stop anywhere

cuestionario *m* questionnaire

cueva *f* cave

cuidado,-a 1 *adj* well cared for | **2** *m* care; **tener c.,** to be careful; **con c.,** carefully ◆ *(cargo, vigilancia)* **estar al c. de,** *(cosa)* to be in charge of; *(persona)* to look after | **3** *excl* **¡c.!,** look out!, watch out!; **¡c. con el escalón!,** mind the step!; **c. con el perro,** beware of the dog; **¡c. con lo que dices!,** watch what you say! ◆ *Med* **cuidados intensivos,** intensive care *sing* ◆ | LOC: **me trae sin c.,** I couldn't care less

cuidadoso,-a *adj* careful

cuidar *vtr & vi* ◆ *(vigilar, atender)* to care for, look after: **cuida tu ortografía,** mind your spelling **cuida de que tu hermano vaya pronto a la cama,** make sure that your brother goes to bed soon

■ **cuidarse** *vr* to look after oneself: **¡cuídate!,** look after yourself!

culata f ◆ *(de arma)* butt ◆ *Auto* cylinder head
culebra f *Zool* snake
culebrón m soap opera
culinario,-a adj culinary
culminación f culmination
culminante adj *(punto)* highest, topmost; *(momento)* culminating
culminar vi to culminate
culo m ◆ *fam (trasero)* backside ◆ *(de recipiente)* bottom
culpa f ◆ *(responsabilidad)* blame: **echarle la c. a alguien,** to put the blame on sb; **es c. nuestra,** it is our fault; **por su c.,** because of him ◆ *(culpabilidad)* guilt
culpabilidad f guilt
culpable 1 mf culprit, offender | **2** adj guilty; *Jur* **declararse c.,** to plead guilty
culpar vtr ◆ to blame ◆ *(de un delito)* to accuse [**de, of**]: **la culparon del asesinato,** she was accused of the murder
cultivado,-a adj ◆ *Agr* cultivated ◆ *(con cultura)* cultured, refined
cultivar vtr ◆ to cultivate ◆ *Biol* to culture
cultivo m ◆ cultivation; *(planta)* crop ◆ *Biol* culture
culto,-a 1 adj educated; *(palabra)* learned | **2** m cult; *Rel* worship
cultura f culture
cultural adj cultural
culturismo m bodybuilding
cumbre f ◆ *(de un monte)* summit, peak ◆ *fig (culminación)* pinnacle, peak; **en la cumbre de su carrera,** at the peak of his career ◆ *(de gobernantes)* summit (conference)
cumpleaños m inv birthday; **¡feliz c.!,** happy birthday!
cumplido,-a 1 adj ◆ *(abundante)* plentiful; *(holgado)* loose-fitting ◆ *(cortés)* polite ◆ *(plazo)* expired; *(misión)* accomplished | **2** m compliment
cumplidor,-ora adj reliable, dependable
cumplimiento m ◆ *(realización)* fulfilment, *US* fulfillment ◆ *(observancia)* observance
cumplir 1 vtr ◆ *(un proyecto, tarea)* to carry out, fulfil, *US* fulfill ◆ *(un deseo)* to fulfil; *(promesa)* to keep ◆ *(sentencia)* to serve ◆ *(años)* **ayer cumplí treinta años,** I was thirty (years old) yesterday | **2** vi ◆ *(actuar de acuerdo con)* **c. con lo pactado,** to carry out an agreement ◆ *(quedar bien)* **tenemos que c. con tu madre,** we have to do our bit for your mother ◆ *(plazo)* to expire, end
■ **cumplirse** vr ◆ *(un deseo, una ilusión)* to be fulfilled ◆ *(un plazo)* to expire
cúmulo m pile, load
cuna f ◆ cot ◆ *fig (linaje)* cradle
cundir vi ◆ *(extenderse)* to spread, grow: **ha cundido el miedo,** fear has spread ◆ **no me cunde el tiempo,** I haven't got much work done
cuneta f gutter
cuña f wedge; **c. publicitaria,** commercial break
cuñado,-a m,f ◆ *(hombre)* brother-in-law; *(mujer)* sister-in-law ◆ **cuñados,** *(hombres)* brothers-in-law; *(hombres y mujeres)* brother(s)- and sister(s)-in-law ➢ Ver nota en **in-laws**

> Recuerda que el plural de *brother-in-law* se refiere únicamente al sexo masculino. Por tanto, la frase **viene mi suegra con todos mis cuñados** (ellos y ellas) debe traducirse por **my mother-in-law and all my brothers- and sisters-in-law are coming.**

cuota f ◆ *(pago)* instalment; **en cuotas mensuales,** in monthly instalments; *(a un club)* membership fees pl, dues pl ◆ *(porción)* quota, share ◆ *LAm* **carretera de c.,** toll road
cupo m *Mil* **excedente de c.,** exempt from military service
cupón m coupon, voucher
cúpula f ◆ *Arquit* dome ◆ *(de dirigentes)* leadership
cura 1 f *Med* cure: **esta enfermedad no tiene c.,** there's no cure for this disease | **2** m *Rel* priest
curación f treatment; *(recuperación)* recovery
curandero,-a m,f quack
curar 1 vtr ◆ *(a un enfermo)* to cure ◆ *(vendar, desinfectar)* to dress ◆ *(carne, pescado)* to cure | **2** vi & vr **curar(se)** *(hacerse una cura)* to heal (up); *(recuperarse)* to recover, get well
curiosear vi to pry
curiosidad f ◆ curiosity: **tengo c. por las costumbres extranjeras,** I'm interested in other peoples' customs; **tengo c. por leer ese libro,** I'm curious to read that book; **tener/sentir mucha c.,** to be very curious
curioso,-a 1 adj ◆ *(indiscreto)* curious, inquisitive ◆ *(extraño)* strange, odd; **lo c. es que…,** the strange thing is that…

(limpio) neat, tidy | **2** *m,f* ♦ *(mirón)* onlooker ♦ *pey (chismoso)* nosey-parker, busybody

currículum *m* c. vitae, curriculum vitae, *US* résumé

cursar *vtr* ♦ *(estudiar)* to study ♦ *(enviar)* to send; *(tramitar)* to process

cursi *adj pey* pretentious, affected, genteel

cursillo *m* short course; **c. de reciclaje,** refresher course

cursiva *adj & f* **(letra) cursiva,** italics

curso *m* ♦ *(marcha de acontecimientos, río)* course; *(transcurso)* **en el c. de estos años he ido conociéndola,** I've got to know her over the years; **estará listo en el c. de esta semana,** it'll be ready in the course of this week; **año** *o* **mes en c.,** current year *o* month ♦ *(rumbo, trayectoria)* course: **cada uno siguió su c.,** each of them took his own course ♦ *(año académico)* year; *(niños de una misma clase)* class ♦ *(clases sobre una materia)* course ♦ *Fin* **moneda de c. legal,** legal tender

cursor *m* cursor

curtido,-a *adj* ♦ *(un cuero)* tanned; *(la piel de una persona)* weatherbeaten ♦ *fig (con experiencia)* hardened

curtir *vtr* ♦ *(cuero)* to tan ♦ *fig (avezar)* to harden, toughen

curva *f* ♦ curve ♦ *(en carretera)* bend; **c. cerrada,** sharp bend

curvo,-a *adj* curved

cúspide *f* ♦ summit, peak ♦ *(punto álgido)* peak

custodia *f* custody

custodiar *vtr* to watch over

cutáneo,-a *adj* cutaneous, skin: **tiene una erupción cutánea,** she has a rash

cutícula *f* cuticle

cutis *m (tez)* complexion, skin

cutre *adj fam* ♦ *(de mala calidad)* grotty, seedy ♦ *(tacaño)* stingy

cuyo,-a *pron rel & pos (de persona)* whose; *(de cosa)* of which

CV *(abr de* **currículum vitae***)* curriculum vitae, CV

D, d *f (letra)* D, d

D. *(abr de* **Don***)* Mister, Mr

Dª *(abr de* **Doña***)* Mistress, Mrs

dactilar *adj* finger; **huella d.,** fingerprint

dado,-a¹ *adj* given; **en un momento d.,** at a certain point ♦ | LOC: **d. que,** since, given that; **ser d. a,** *(aficionado, propenso)* to be given to

dado² *m* ♦ *frml* die *(pl* dice*)* ♦ *(juego)* dice *(pl* dice*)*

dalia *f Bot* dahlia

dálmata *adj & mf* Dalmatian; *(perro)* Dalmatian (dog)

daltónico,-a 1 *adj* colour-blind, *US* color-blind | **2** *m,f* colour-blind person, *US* color blind person

dama *f* ♦ *(señora)* lady; **primera d.,** *US* First Lady ♦ *(en el juego de damas)* king; *(en el ajedrez)* queen ♦ **damas,** *(juego de mesa)* draughts, *US* checkers

damnificado,-a 1 *m,f* victim | **2** *adj (persona)* injured; *(lugar, país)* affected

danés,-esa 1 *adj* Danish | **2** *m,f (persona)* Dane | **3** *m* ♦ *(idioma)* Danish ♦ **gran d.,** *(perro)* Great Dane

danza *f* dancing; *(baile)* dance

danzar *vtr & vi* to dance

dañar *vtr* ♦ *(deteriorar, estropear)* to damage ♦ *(herir)* to hurt, *(perjudicar, molestar)* to harm, prejudice

dañino,-a *adj* harmful, damaging [**para,** to]

daño *m* ♦ *(deterioro, perjuicio)* damage; *Jur* **daños y perjuicios,** (legal) damages ♦ *(a persona) (físico, moral)* **to** hurt: **se hizo d. en la pierna,** he hurt his leg; *(mal, molestia)* harm

dar 1 *vtr* ♦ to give: **dame la mano,** hold my hand ♦ *(conceder)* to give: **le doy toda la razón,** I think he is quite right; **mi**

dardo

padre me dio permiso, my father gave me permission ◆ *(transmitir una noticia)* to tell; *(un recado, recuerdos)* to pass on, give; **d. las gracias,** to thank ◆ *(retransmitir u ofrecer un espectáculo)* to show, put on ◆ *(organizar una fiesta)* to throw, give ◆ *(producir lana, miel, etc)* to produce, yield; *(fruto, flores)* to bear; *(beneficio, interés)* to give, yield ◆ *(causar un dolor, malestar)* **d. dolor de cabeza,** to give a headache; *(un sentimiento)* **d. pena,** to make sad; **le da mucha vergüenza,** he's very embarrassed ◆ *(proporcionar)* to provide: **su empresa da trabajo a cincuenta personas,** his factory gives work to fifty people ◆ *(una conferencia, charla)* to give; *(impartir clases)* to teach; *(recibir una clase)* to have; *US* to take ◆ *(presentir)* **me da (en la nariz/en el corazón) que eso va a salir bien,** I have a feeling that everything is going to turn out well ◆ *(estropear)* to ruin: **me dio la noche con sus ronquidos,** he spoilt my sleep with his snoring ◆ *(abrir el paso de la luz)* to switch on; *(del gas, agua)* to turn on ◆ *(propinar una bofetada, un puntapié, etc)* to deal, to give ◆ *(aplicar una mano de pintura, cera)* to apply, put on; *(un masaje, medicamento)* to give ◆ *(considerar)* **d. por,** to assume, consider: **ese dinero lo puedes d. por perdido,** you can give that money up for lost; **d. por supuesto/sabido,** to take for granted, to assume ◆ *(la hora, un reloj)* to strike: **aún no habían dado las ocho,** it was not yet past eight o'clock ◆ *(realizar la acción que implica el objeto)* **d. un abrazo/susto,** to give a hug/fright; **d. un paseo,** to go for a walk; **d. una voz,** to give a shout | **2** *vi* ◆ *(sobrevenir)* **le dio un ataque de nervios,** she had an attack of hysterics ◆ **dar de comer/cenar,** to provide with lunch/dinner ◆ **d. a,** *(mirar, estar orientado a)* to look out onto, to overlook; *(una puerta)* to open onto, lead to ◆ **d. con,** *(una persona, objeto)* to come across: **no fuimos capaces de d. con la contraseña,** we couldn't come up with the password ◆ **d. de sí,** *(una camiseta, bañador)* to stretch, give ◆ **d. en,** to hit: **el sol me daba en los ojos,** the sun was (shining) in my eyes ◆ **d. para,** to be enough *o* sufficient for: **ese dinero no me da para nada,** this money isn't enough for me ◆ **le dio por ponerse a cantar,** she took it into her head to start singing ◆ **d. que hablar,** to set people talking ◆ **d. a conocer,** *(noticia)* to release; **d. a entender a alguien que...,** to make sb understand that... ◆ **d. la mano a alguien,** to shake hands with sb

■ **darse** *vr* ◆ *(producirse, tener lugar)* **esa enfermedad se da en el norte de Europa,** that disease is common in the North of Europe; **se dieron una serie de coincidencias,** a series of coincidences occurred ◆ *(hallarse)* to be found, exist ◆ *(aplicarse)* devote oneself ◆ *(causar cierta impresión)* **me doy lástima,** I feel sorry for myself ◆ *(tener habilidad para algo)* **se le dan bien las matemáticas,** he's good at maths ◆ **d. a,** *(entregarse, abandonarse)* to take to: **se dio a la bebida,** he took to drink ◆ **d. con** *o* **contra,** to bump *o* crash into ◆ | LOC: **d. por satisfecho,** to feel satisfied; **d. por vencido,** to give in; **dárselas de,** to boast about: **se las da de culto,** he pretends to be very refined

dardo *m* dart

datar 1 *vtr* to date | **2** *vi* **d. de,** to date back to *o* from

dátil *m* date

dato *m* ◆ piece of information ◆ **datos,** *Inform* data; *(pormenores)* information; **datos personales,** personal details

> La traducción de *dato* es **datum**, pero sólo se usa en situaciones muy formales. La traducción de *datos* es **data** (plural irregular). El singular más común de **data** es **a piece of information**.

dcha. *(abr de derecha)* right

d.C. *(abr de después de Cristo)* anno Domini, AD

de *prep* ◆ *(pertenencia, posesión)* of; **la dirección de mis padres,** my parents' address; **el teclado de este ordenador,** this computer's keyboard; **la primera página del libro,** the first page of the book ◆ *(material)* of: **está hecho de madera,** it's made of wood; **una pajarita de papel,** a paper bird; *(contenido)* **un vaso de vino,** a glass of wine ◆ *(asunto)* about, on: **sabe mucho de economía,** she knows a lot about economics; **un curso de inglés,** an English course; **un libro de arte,** a book on art ◆ *(oficio)* as: **está/trabaja de enfermera,** she is working as a nurse ◆ *(cualidad)* **una persona de carácter,** a person with character; **una rubia de pelo largo,** a blonde with long hair ◆ *(procedencia)* from: **es de Bilbao,** he is *o* comes from Bilbao; **de**

Madrid a Cáceres, from Madrid to Cáceres ◆ *(parte)* **un poco de leche,** a little milk; **un trozo de carne,** a piece of meat ◆ *(causa)* with, because of; **llorar de alegría,** to cry with joy; **morir de hambre,** to die of hunger ◆ *(modo)* **lo bebió de un trago,** she downed it in one; **un gesto de satisfacción,** an expression of satisfaction ◆ *(localización)* **el señor de la camisa azul,** the man in the blue shirt; **la casa de la esquina,** the house on the corner ◆ *(tiempo)* **a las cinco de la mañana,** at five in the morning; **de año en año,** year in year out; **de día,** by day; **de noche,** at night; **de miércoles a viernes,** from Wednesday to Friday; **de pequeño,** as a child ◆ *(finalidad)* **jornada de reflexión,** eve of polling day; **libro de consulta,** reference book; **máquina de escribir,** typewriter ◆ *(instrumento)* **derribó la puerta de una patada,** he kicked the door down; **lo mataron de una puñalada,** he was stabbed to death ◆ *(comparación)* **el discurso fue más largo de lo esperado,** the speech was longer than expected; *(con superlativo)* in; **el coche más caro del mundo,** the most expensive car in the world ◆ *(precio)* for; **un pantalón de dos mil pesetas,** a pair of trousers costing two thousand pesetas ◆ **una avenida de quince kilómetros,** an avenue fifteen kilometres long; **una botella de litro,** a litre bottle ◆ *(condicional)* **de haberlo sabido no le hubiera invitado,** if I had known I wouldn't have invited him; **de no ser así,** if that wasn't *o* weren't the case; **de ser cierto,** if it was *o* were true ◆ *(reiteración)* **de puerta en puerta,** from door to door; **de tres en tres,** in threes, three at a time

deambular *vi* to saunter, stroll

debajo *adv* underneath, below: **estaba d. de la cama,** it was under the bed; **tienes que coger el de d.,** you have to take the one below; **por d. de la media,** below average; **por d. de la puerta,** under the door

debate *m* debate

debatir *vtr* to debate

■ **debatirse** *vr* to struggle: **se debatía en la duda,** he was seized by doubt

debe *m Com* debit, debit side

deber¹ *m* 1 duty: **deberá cumplir con su d.,** she must do her duty | 2 *Educ* **deberes,** homework *sing*

deber² 1 *vtr* ◆ *(tener una deuda)* to owe: **me debe una disculpa,** he owes me an apology ◆ *(+ infinitivo: estar obligado a)* must, to have to: **debía hacerlo,** I had to do it; **ya debería estar aquí,** he ought to be here ➢ Ver nota en **must** ◆ *(para dar un consejo)* should: **deberías estar presente,** you should be present | 2 *vi (deber + de + infinitivo: ser posible) (positivo)* must, *(negativo)* can not: **debe de estar dormido,** he must be asleep; **todavía no deben de haber llegado,** they can't have arrived yet

■ **deberse** *vr (ser efecto de)* **d. a,** to be due to

debidamente *adv* duly, properly

debido,-a *adj* due, proper; **más de lo d.,** too much ◆ | LOC: **d. a,** because of, due to; **d. a que,** because of the fact that; **como es d.,** properly

débil *adj (fuerza, salud)* weak; *(intensidad de luz o sonido)* faint; **punto d.,** weak spot

debilidad *m* ◆ *(falta de fuerzas, de carácter)* weakness ◆ *(inclinación)* fig **tener d. por,** *(persona)* to have a soft spot for; *(cosa)* to have a weakness for

debilitamiento *m* weakening

debilitar *vtr* to weaken, debilitate

■ **debilitarse** *vr* to weaken, grow weak

debutar *vi* to make one's début

década *f* decade; **en la d. de los setenta,** during the seventies

decadencia *f* decadence

decadente *adj & mf* decadent

decaer *vi* to deteriorate

decaído,-a *adj* down

decano,-a *m,f Univ* dean

decantarse *vr* to opt [**por,** for]

decapitar *vtr* to behead, decapitate

decena *f* ten: **los compramos por decenas,** we buy them ten at a time

decencia *f* ◆ *(pudor)* decency ◆ *(integridad, honestidad)* honesty

decenio *m* ten-year period, decade

decente *adj* ◆ *(moral, decoroso)* decent ◆ *(suficiente, satisfactorio)* decent, good: **gana un sueldo bastante d.,** he earns a pretty good salary

decepción *f* disappointment

decepcionado,-a *adj* disappointed

decepcionante *adj* disappointing

decepcionar *vtr* to disappoint

dedididamente *adv* ◆ *(con decisión)* resolutely ◆ *(definitivamente)* definitely

decidido,-a *adj* determined, resolute

decidir *vtr & vi* to decide

■ **decidirse** *vr* to make up one's mind: **me decido por el negro,** I'll choose the black one

décima *f* tenth ◆ | LOC: **tener unas décimas**, to have a slight temperature

decimal *adj & m* decimal; **sistema métrico d.**, decimal system

décimo,-a 1 *adj & m,f* tenth | 2 *m* ◆ *(fracción)* tenth ◆ *(de lotería)* tenth part of a lottery ticket

decir 1 *m (dicho, sentencia)* saying: **es sólo un d.**, it's just a manner of speaking | 2 *vtr* ◆ to say: **está diciendo una mentira/la verdad**, she's telling a lie/the truth; **no dijo nada**, he said nothing ◆ *(con complemento indirecto)* to tell: **no le dije mi opinión**, I didn't tell him my opinion; **les dijo que esperaran un rato**, she told them to wait for a while ◆ *(opinar, afirmar, proponer)* **¿qué me dices de mi nuevo corte de pelo?**, what do you think of my new haircut? ◆ *(suscitar interés, una idea)* to mean, appeal: **ese libro no me dice nada**, that book doesn't appeal to me; **¿le dice algo esta cara?**, does this face mean anything to you? ◆ *(mostrar, indicar)* to say, show: **lo que hizo dice mucho en su favor**, what he did says a lot for him; **su cara de decepción lo dice todo**, his long face says it all ◆ | LOC: *Tel Esp* **diga** *o* **dígame**, hello?; **digamos**, let's say; **digo yo**, in my opinion; **el qué dirán**, what people will say; **es d.**, that is (to say); **ni que d. tiene**, needless to say; **¡no me digas!**, really!; **por así decirlo**, as it were *o* so to speak; **querer d.**, to mean ➢ Ver nota en **mean**

> **¿To tell** o **to say?**
> Observa que **to tell** menciona a la persona a la cual va dirigida una frase: *Dime tu nombre.* **Tell me your name.** *Les dijo que se fueran.* **He told them to go away.**
> Por el contrario, **to say** se centra en el contenido del mensaje, sin importarnos a quién va dirigido: *¿Qué has dicho?* **What did you say?** *Dijo que sí.* **He said yes.** ➢ Ver nota en **tell**.

■ **decirse** *vr* ◆ *(a uno mismo)* to say to oneself: **yo sé bien lo que me digo**, I know what I am saying ◆ *(una palabra, frase)* **¿cómo se dice 'ombligo' en inglés?**, how do you say 'ombligo' in English? ◆ *(impersonal)* **se dice que...**, they say that...

decisión *f* ◆ decision: **es hora de tomar una d.**, it's time to make a decision ◆ *(firmeza)* decisiveness: **entró en el despacho con d.**, he marched into the office

decisivo,-a *adj* decisive

declamar *vtr & vi* to declaim, recite

declaración *f* ◆ declaration; **una d. de principios**, a declaration of principles; *(de la renta)* tax declaration; *US* tax return ◆ *(comentario)* comment: **no quiso hacer declaraciones**, he refused to comment ◆ *Jur* statement; **prestar d.**, to give evidence, testify; **d. jurada**, sworn statement

declarante *mf* deponent

declarar 1 *vtr* ◆ to declare ◆ *(decir, anunciar)* to state ◆ *Jur (un juez)* to find: **les declararon culpables/inocentes**, they were found guilty/not guilty ◆ *(un bien a Hacienda)* to declare; *US* to report | 2 *vi Jur (ante un juez)* to testify

■ **declararse** *vr* ◆ *(manifestarse, comunicar una decisión)* **se declaró a favor/en contra de la disposición**, he declared himself in favour of/against the regulation ◆ *(reconocerse)* **por d. culpable/inocente**, to plead guilty/not guilty ◆ **d. a alguien** to declare one's love for sb ◆ *(una guerra)* to be declared, break out; *(una epidemia)* to break out

declinar *vi & vtr* to decline

declive *m* ◆ *(pendiente)* incline, slope ◆ *(decadencia)* decline

decoración *f* decoration

decorado *m* scenery, set

decorador,-ora *m,f* ◆ decorator ◆ *Teat* set designer

decorar *vtr* to decorate

decorativo,-a *adj* decorative

decrépito,-a *adj* decrepit

decretar *vtr* to decree

decreto *m* decree; **d.-ley**, ≈ *GB Pol frml* order in council

dedal *m* thimble

dedicación *f* dedication

dedicar *vtr* ◆ to dedicate ◆ *(destinar tiempo, esfuerzos)* to devote [**a**, to]: **dedica una hora diaria a la pintura**, she spends an hour a day painting

■ **dedicarse** *vr* ◆ *(tener como profesión)* **¿a qué se dedica su suegro?**, what does her father-in-law do for a living? ◆ *(como entretenimiento)* **los domingos se dedica a arreglar el jardín**, she spends Sundays doing the garden

dedicatoria *f* dedication

dedillo *m* ◆ | LOC: **saber algo al d.**, to have sthg at one's fingertips *o* to know sthg very well

dedo *m (de la mano)* finger; *(del pie)* toe ◆ | LOC: **a d.,** *(arbitrariamente, sin selección democrática):* **elegir a alguien a d.,** to give someone a job; **ser nombrado (alguien) a dedo,** to get a job because of one's contacts; *(como modo de viajar)* to hitchhike; **chuparse el d.,** to be born yesterday; **hacer d.,** to hitchhike

> En español tenemos 20 dedos: 10 de los pies y 10 de las manos *(d. pulgar/anular/corazón/índice/meñique,* **thumb/ ring/middle/index/little finger**). En inglés tenemos 10 **toes** *(dedos de los pies),* 8 **fingers** *(dedos)* y 2 **thumbs** *(pulgares).*

deducción *f* deduction
deducible *adj Com* deductible
deducir *vtr* ◆ to deduce, infer ◆ *Com* to deduct
  ■ **deducirse** *vr* ◆ *(concluirse)* to be deduced: **de ello se deduce que no tiene interés,** from this it follows that he isn't interested ◆ *Com (restar)* to be deducted
defecto *m* defect, fault; **d. físico,** physical defect
defectuoso,-a *adj* defective, faulty
defender *vtr* to defend [**contra,** against] [**de,** from]
  ■ **defenderse** *vr* ◆ to defend oneself ◆ *(resguardarse)* to shelter [**de,** from] ◆ *fam (tener cierta habilidad)* to get by: **se defiende bien con el inglés,** he can get by in English
defendible *adj* arguable, defensible
defendido,-a *adj & m,f Jur* defendant
defensa 1 *f* ◆ defence, *US* defense ◆ *Auto* bumper, *US* fender ◆ *Dep (conjunto)* defence ◆ *Med* **defensas,** defences | **2** *m Dep* defender, back
defensiva *f* defensive: **no te pongas a la d.,** don't go on the defensive
defensivo,-a *adj* defensive
defensor,-ora *m,f* defender; **abogado d.,** counsel for the defence; **el d. del pueblo,** the ombudsman
deficiencia *f* deficiency, shortcoming; **d. mental,** mental handicap; **d. respiratoria,** respiratory failure
deficiente 1 *adj* deficient | **2** *mf* mentally handicapped person | **3** *m Educ* fail
déficit *m* ◆ *Fin* deficit ◆ *(escasez)* shortage
deficitario,-a *adj (una empresa)* loss-making

definición *f* definition; **por d.,** by definition
definido,-a *adj* ◆ *(proyecto, idea, imagen)* clear; *(referido a las siluetas)* sharp ◆ *Ling* definite
definir *vtr* to define
definitivamente *adv* ◆ *(para siempre, de una vez por todas)* for good, once and for all ◆ *(sin lugar a dudas, en conclusión)* definitely
definitivo,-a *adj* definitive ◆ | LOC: **en definitiva,** in short
deformación *f* deformation
deformar *vtr* ◆ *(una parte del cuerpo)* to deform; *(una prenda)* to put out of shape ◆ *(la verdad, realidad, una imagen)* to distort
  ■ **deformarse** *vr* ◆ *(una parte del cuerpo)* to become deformed ◆ *(una prenda)* to go out of shape ◆ *(distorsionarse)* to become distorted
deforme *adj (persona)* deformed; *(objeto)* misshapen
defraudar *vtr* ◆ *(decepcionar)* to disappoint ◆ *(estafar, sustraer una suma)* to defraud, cheat: **le han procesado por d. a Hacienda,** he has been prosecuted for evading taxes
degeneración *f* degeneration
degenerado,-a *adj & m,f* degenerate
degenerar *vi* to degenerate
degollar *vtr (a una persona o animal)* to cut the throat of
degradación *f* degradation
degradante *adj* degrading
degradar *vtr* to degrade
degustar *vtr* to taste, sample
dehesa *f* pasture, meadow
dejadez *f* slovenliness
dejado,-a *adj* ◆ *(descuidado en el aseo)* untidy, slovenly ◆ *(negligente, despreocupado)* negligent, careless ◆ | LOC: *fam* **d. de la mano de Dios,** godforsaken
dejar 1 *vtr* ◆ *(poner en un sitio una cosa)* to leave: **no sé dónde dejé las llaves,** I don't know where I left my keys; *(a una persona en un lugar)* to drop off ◆ *(prestar)* to lend: **¿me dejas tu blusa?,** may I borrow your blouse? ◆ *(abandonar a un niño)* to abandon; *(romper relaciones con)* to leave; *(una actividad)* to give up: **dejó de bailar,** she gave up dancing; **d. el trabajo,** to leave one's job; *(desistir)* to give up: **lo dejé por imposible,** I gave it up ◆ *(autorizar, dar permiso)* to let, allow; **d. entrar/salir,** to let in/out ➢ Ver nota en **let** ◆ *(no molestar)* to leave sb alone: **deja a**

delantal

mamá, que está descansando, leave mummy alone, she's resting ♦ *(producir beneficios)* to produce ♦ *(aplazar)* **dejaron la visita para otro día,** they put the visit off to another day ♦ *(+ adj: en un estado)* to make; **d. cansado,** to make (sb) tired; **d. preocupado/satisfecho,** to worry/satisfy | 2 *v aux* **d. de** + *inf,* to stop, give up: **no deja de hablar de él,** she never stops talking about him ➢ Ver nota en **give** y **stop** ♦ | LOC: **déjame en paz,** leave me alone; **d. dicho,** to leave word *o* a message; **d. fuera,** *(excluir, no tener en cuenta)* to leave out, omit; **d. mucho que desear,** to leave a lot to be desired

■ **dejarse** *vr* ♦ *(olvidar)* **me he dejado el monedero en casa,** I've left my purse at home ♦ *(parar)* **déjate de tonterías,** stop that nonsense ♦ *(d. + infinitivo)* **se dejó caer en la cama,** he flopped down on the bed; **no se deja deslumbrar,** she's not easily impressed ♦ | LOC: **d. barba,** to grow a beard; **d. caer,** *(aparecer de vez en cuando)* to drop round; **d. llevar por,** to be influenced by

delantal *m* apron

delante *adv* ♦ *(lugar)* in front: **d. de nosotros había un hombre,** a man was in front of us; **siéntate tú d.,** sit in the front; **la puerta de d.,** the front door; *(movimiento)* **los niños iban caminando d. de mí,** the children were walking ahead of me; **pase usted d., por favor,** you first, please; **se inclinó hacia d.,** he bent forward ♦ *(en presencia de)* in front of ♦ | LOC: **se lo lleva todo por d.,** she destroys everything in her path; **tienes toda la vida por d.,** you have your whole life ahead of you

delantera *f* ♦ *(ventaja)* lead ♦ *(de una casa)* front, façade; *(de un coche)* front part ♦ *Ftb* forward line, the forwards *pl* ♦ | LOC: **llevar la d.,** to be in the lead; **tomar la d.,** to take the lead

delantero,-a 1 *adj* front | 2 *m Ftb* forward; **d. centro,** centre forward

delatar *vtr* ♦ to betray ♦ *(traicionar, descubrir)* to give away: **el nerviosismo la delató,** her nervousness gave her away

delator,-ora *m,f* informer

delegación *f* ♦ *(representación)* delegation ♦ *(oficina, filial)* local office, branch; **D. de Hacienda,** Tax Office

delegado,-a *m,f* ♦ delegate ♦ *Com* representative

delegar *vtr* to delegate [**en,** to]

deletrear *vtr* to spell (out)

delfín *m Zool* dolphin

delgadez *f* slimness

delgado,-a *adj* thin; *(persona)* slim; **una delgada lámina de oro,** a thin sheet of gold

> En las descripciones puedes emplear **slim** o **thin**. Thin se aplica a personas, cosas o animales. Sin embargo, usado para describir a una persona indica cierta crítica, especialmente si pones **very** delante. Slim se refiere sólo a personas y es más positivo, porque indica que se tiene un buen tipo.

deliberación *f* deliberation

deliberado,-a *adj* deliberate

deliberar *vi* to deliberate (on), consider

delicadeza *f* ♦ *(fragilidad, primor)* delicacy, daintiness ♦ *(atención, cortesía)* kindness: **fue una d. por su parte,** it was very kind of her ♦ *(tacto)* tactfulness; **falta de d.,** tactlessness

delicado,-a *adj* ♦ *(frágil, primoroso, complicado)* delicate ♦ *(enfermizo)* delicate: **está delicada del corazón,** she has a weak heart ♦ *(exigente)* fussy, hard to please

delicia *f* delight: **los títeres hacían las delicias de los niños,** the puppet show delighted the children

delicioso,-a *adj (sabor)* delicious; *(sonido, espectáculo)* delightful

delictivo,-a *adj* criminal, punishable

delimitar *vtr* to delimit

delincuencia *f* delinquency, crime

delincuente *adj* & *mf* delinquent, criminal

delineante *mf (hombre)* draughtsman; *(mujer)* draughtswoman

delinear *vtr (un contorno)* to outline, *(un dibujo, plan)* to draw, draft

delirante *adj* delirious

delirar *vi* ♦ *Med* to be delirious ♦ *(decir disparates)* to talk nonsense

delirio *m* ♦ delirium ♦ *(disparate)* nonsense: **tiene delirios de grandeza,** she has delusions of grandeur

delito *m* ♦ crime, offence, *US* offense ♦ *fig (barbaridad)* outrage

delta *m* delta; *Dep* **ala d.,** hang-glider

demacrado,-a *adj* emaciated

demagogia *f* demagogy

demagogo,-a *m,f* demagogue

demanda *f* ♦ *Jur* lawsuit ♦ *Com* demand ♦ *(petición, solicitud)* demand

demandado,-a 1 *m,f* defendant | 2 *adj* in demand

demandante *mf* claimant, *US* plaintiff

demandar *vtr* to sue

demás 1 *adj* **los/las d.**, the rest of; **la d. gente**, the rest of the people | 2 *pron* **lo/los/las d.**, the rest ◆ | LOC: **por lo d.**, otherwise, apart from that; **y d.**, etcetera

demasiado,-a 1 *adj (cuando el sustantivo inglés es singular)* too much; *(cuando el sustantivo inglés es plural)* too many: **hay demasiada pobreza**, there is too much poverty; **guardas demasiados trastos**, you keep too much junk; **había demasiada gente**, there were too many people | 2 *adv (modificando un adj)* too: **es d. pesado/caro**, it is too heavy/expensive; *(modificando un verbo)* **bebe/habla d.**, he drinks/talks too much

demencia *f* dementia, insanity

demente 1 *adj* insane, mad | 2 *mf* insane person, *(hombre)* madman, *(mujer)* madwoman

democracia *f* democracy

demócrata 1 *adj* democratic | 2 *mf* democrat

democrático,-a *adj* democratic

democratizar *vtr* to democratize

demografía *f* demography

demográfico,-a *adj* demographic; **crecimiento/explosión d.**, population growth/explosion

demoledor,-ora *adj fig* devastating

demoler *vtr* to demolish

demonio *m* ◆ devil, demon ◆ *excl* **¿cómo/cuándo demonios sucedió?**, how/when the devil did it happen?; *fam* **¡d. de crío!**, you little devil!; *fam* **¡demonio(s)!**, hell!, damn! ◆ | LOC: **de (mil) demonios**, terrible; **oler a demonios**, to stink to high heaven

demora *f* delay

demorar *vtr* to delay, hold up

■ **demorarse** *vr* ◆ *(tardar)* to be delayed, be held up ◆ *(detenerse, entretenerse)* to linger

demostración *f* ◆ demonstration; **una d. de fuerza/afecto**, a show of strength/affection ◆ *(de una teoría)* proof

demostrar *vtr* ◆ *(enseñar)* to show, demonstrate ◆ *(hacer evidente)* to prove

denegar *vtr* to refuse

denigrante *adj* humiliating, degrading

denominación *f* denomination; **'d. de origen'**, *(vinos y alimentos)* 'guarantee of origin'

denominado,-a *adj* so-called

denominador *m Mat* denominator; **mínimo común d.**, lowest common denominator

denominar *vtr* to name, designate

densidad *f* ◆ density; **d. de población**, population density ◆ *(de vegetación, polución)* thickness ◆ *(de un texto, argumento)* heaviness, denseness

denso,-a *adj* dense: **es un artículo muy denso**, it's a very weighty article

dentadura *f* teeth, set of teeth; **d. postiza**, false teeth *pl*, dentures *pl*

dental *adj* dental

dentera *f* **me da d.**, it sets my teeth on edge

dentífrico,-a 1 *adj* **pasta dentífrica**, toothpaste | 2 *m* toothpaste

dentista *mf* dentist

dentro *adv* ◆ *(en el interior de un objeto)* inside; **por d. es rojo**, it's red (on the) inside; *(de un edificio, casa)* inside, indoors ◆ *(de una persona)* deep down: **lo llevo muy d.**, I feel it deep down; **me salió de d.**, it came from the bottom of my heart ◆ | LOC: **d. de**, *(lugar)* inside; *(plazo)* **d. de poco**, shortly, soon; **d. de un año**, in a year's time; **d. de lo que cabe**, all things considered

denuncia *f* ◆ *Jur* report ◆ *(protesta, crítica)* denunciation

denunciar *vtr* ◆ *(un crimen, abuso)* to report ◆ *(a alguien)* to press *o* bring charges: **denunciamos al dueño**, we pressed charges against the owner; **los denunciamos a la policía**, we reported them to the police ◆ *(hacer una crítica)* to denounce

departamento *m* ◆ *(de universidad, empresa, territorial)* department ◆ *Ferroc* compartment ◆ *LAm (piso)* flat

dependencia *f* ◆ dependence [**de**, on] ◆ **dependencias**, premises

depender *vi* ◆ *(estar condicionado por)* to depend [**de**, on]: **depende de nosotros**, it is up to us; **no sé, depende**, I don't know, it depends ◆ *(estar subordinado a)* to be dependent [**de**, on]: **depende de sus padres**, she's dependent on her parents; **el teatro depende de la comunidad**, the theatre is run by the regional government

dependienta *f* shop assistant

dependiente 1 *adj* dependent [**de**, **on**] | 2 *m* shop assistant

depilación *f* depilation; *(con cera)* waxing

depilar *vtr* to remove the hair from; *(con pinzas)* to pluck; *(con cera)* to wax
deplorable *adj* deplorable
deportado,-a *m,f* deportee, deported person
deportar *vtr* to deport
deporte *m* sport
deportista 1 *mf (hombre)* sportsman; *(mujer)* sportswoman | **2** *adj* sporty
deportividad *f* sportsmanship
deportivo,-a 1 *adj* sports: **lleva zapatillas deportivas,** he wears trainers, *US* sneakers | **2** *m Auto* sports car
depositar *vtr* ♦ *Fin* to deposit ♦ *(poner)* to place, put [**en,** on]
■ **depositarse** *vr* to settle
depósito *m* ♦ *Fin* deposit ♦ *(contenedor)* tank, store; **d. de cadáveres,** mortuary, *US* morgue ♦ *(de sedimentos)* deposit ♦ | LOC: **en d.,** *(mercancía)* on deposit
depravación *f* depravity
depreciación *f* depreciation
■ **depreciarse** *vr* to depreciate, lose value
depredador,-ora 1 *adj* predatory | **2** *m,f* predator
depresión *f* depression
depresivo,-a *adj* depressive
deprimente *adj* depressing
deprimido,-a *adj* depressed
deprimir *vtr* to depress
■ **deprimirse** *vr* to get depressed
deprisa *adv* quickly
depuración *f* ♦ *(limpieza)* purification, treatment ♦ *(expulsión, purga)* purge
depurador,-ora 1 *adj* purifying | **2** *f* purifier
depurar *vtr* ♦ *(limpiar un líquido, agua)* to purify ♦ *(un partido, una empresa)* to purge ♦ *(el estilo, vocabulario, etc)* to refine
derecha *f* ♦ *(mano)* right hand ♦ *(lugar)* right, right-hand side ♦ *Pol* **la d.,** the right ♦ | LOC: **a derechas,** right, properly; **a la d.,** to *o* on the right, on the right-hand side; *Pol* **de derechas,** right-wing
derecho,-a 1 *adj* ♦ *(lado, acera, etc)* right ♦ *(recto, erguido)* upright, straight | **2** *m* ♦ *(petición o exigencia legítima)* right: **está usted en su d.,** you are within your rights; **no tienes d. a decirme eso,** you have no the right to tell me that; **d. de admisión,** right to refuse admission; **los derechos del niño,** children's rights ♦ *Jur (conjunto de leyes)* law; **d. laboral/procesal,** labour/procedural law ♦ *(justicia)* **no hay d. a que nos traten así,** it's not fair to treat people like that ♦ *Com* **derechos,** duties; **derechos de autor,** royalties | **3** *adv (en línea recta)* **sigue todo d.,** go straight ahead
deriva *f* drift ♦ | LOC: **ir a la d.,** *(un barco)* to drift *o* to go adrift; *(una persona)* to lose one's way
derivada *f Mat* derivative
derivado *m (producto)* derivative, by-product
derivar 1 *vi* ♦ *(proceder)* to derive *o* stem [**de,** from] ♦ *(desviarse, tomar otra dirección)* to move on [**hacia,** to] | **2** *vtr* ♦ *(dirigir la conversación)* to steer [**hacia,** towards] ♦ *(desviar un río, etc)* to divert
■ **derivarse** *vr* ♦ *(tener origen)* to result *o* stem [**de,** from] ♦ *Ling* to be derived [**de,** from]
dermatólogo,-a *m,f* dermatologist
derogar *vtr* to repeal
derramar *vtr* to spill; *(lágrimas)* to shed; *(simpatía, encantos)* to exude, radiate
■ **derramarse** *vr* to spill
derrame *m* ♦ spillage ♦ *Med* bleeding; **d. cerebral,** brain haemorrhage, *US* brain hemorrhage
derrapar *vi* to skid
derretir *vtr,* **derretirse** *vr* to melt; *(hielo, nieve)* to thaw
derribar *vtr* ♦ *(un edificio)* to pull down; *(a una persona)* to knock down; *(un avión)* to shoot down ♦ *(un gobierno)* to bring down
derrocar *vtr* to overthrow, bring down
derrochador,-ora 1 *adj* wasteful | **2** *m,f* wasteful person, squanderer, spendthrift
derrochar *vtr* ♦ *(malgastar)* to waste, squander ♦ *(derramar, rebosar)* to brim over: **esta muchacha derrocha alegría,** this girl radiates happiness
derroche *m* ♦ *(gasto excesivo)* waste, squandering ♦ *(sobreabundancia)* profusion, abundance: **su novela es un d. de talento,** his novel is a great display of talent
derrota *f* ♦ defeat; *(fracaso)* failure ♦ *Náut (rumbo)* (ship's) course
derrotar *vtr* to defeat, beat
derruido,-a *adj* in ruins
derruir *vtr* to demolish
derrumbamiento *m* ♦ *(demolición)* demolition ♦ *(de un edificio)* collapse; *(de un techo)* caving in ♦ *fig (de un gobierno)* collapse
derrumbar *vtr (hacer caer)* to knock/pull down
■ **derrumbarse** *vr* ♦ *(desplomarse, caer)* to collapse, fall down; *(un techo)* to fall

in, cave in ◆ *(abatirse una persona)* to break down

desabrigado,-a *adj* not warmly dressed

desabrochar *vtr* to undo

■ **desabrocharse** *vr* ◆ *(una persona su ropa)* **desabróchate el vestido,** undo your dress ◆ *(la prenda sola, sin querer)* to come undone

desacato *m* ◆ lack of respect, disrespect [a, for] ◆ *Jur (a un tribunal, juez)* contempt of court

desacertado,-a *adj* unwise

desacierto *m* mistake, error

desaconsejar *vtr* to advise against

desacreditar *vtr (desprestigiar)* to discredit, bring into discredit

desactivar *vtr* ◆ *(un explosivo)* to defuse ◆ *(un plan, una organización)* to deactivate

desacuerdo *m* disagreement

desafiante *adj* defiant

desafiar *vtr* to challenge

desafinado,-a *adj* out of tune

desafinar 1 *vi (una persona)* to sing out of tune; *(un instrumento)* to play out of tune | **2** *vtr* to put out of tune

■ **desafinarse** *vr* to go out of tune

desafío *m* challenge

desafortunado,-a *adj* unlucky, unfortunate

desagradable *adj* unpleasant, disagreeable

desagradar *vi* to displease

desagradecido,-a 1 *adj* ◆ *(persona)* ungrateful ◆ *(tarea)* thankless | **2** *m,f* ungrateful person

desagrado *m* displeasure

desagüe *m* ◆ *(cañería)* waste pipe, drainpipe ◆ *(acción de desaguar)* drainage

desahogado,-a *adj* ◆ *(adinerado)* well-off, well-to-do ◆ *(holgado, espacioso)* spacious, roomy

desahogarse *vr (la ira, rabia)* to let off steam; *(contar las penas, los secretos)* to unburden oneself: **llora, así te desahogas,** have a good cry, then you'll feel better

desahogo *m* ◆ *(alivio, descarga)* relief ◆ *(holgura económica, acomodo)* comfort: **ahora tenemos cierto d.,** now we are quite well-off

desahuciado,-a *adj* ◆ *(enfermo)* hopeless, declared terminally ill ◆ *(inquilino)* evicted

desahuciar *vtr* ◆ *(a un inquilino)* to evict ◆ *(a un enfermo)* to declare to be terminally ill

desahucio *m* eviction

desaire *m* slight, rebuff

desajustar *vtr (desbaratar planes, horarios)* to upset; *(una pieza)* to loosen

■ **desajustarse** *vr (piezas)* to come apart, to work loose

desajuste *m* upset; *(económico)* economic imbalance; **un d. de horarios,** a clash of timetables

desalentador,-ora *adj* discouraging, disheartening

desalentar *vtr* to discourage, dishearten

■ **desalentarse** *vr* to get discouraged, lose heart

desaliento *m* discouragement

desaliñado,-a *adj* scruffy, untidy

desalmado,-a *adj* cruel, heartless

desalojar *vtr* ◆ *(evacuar un edificio/zona la policía, etc)* to evacuate, to clear; *(los ocupantes)* to vacate ◆ *(obligar a salir a un inquilino)* to evict; *(a una o varias personas)* to move sb on, evacuate

desalojo *m* ◆ *(de un lugar)* evacuation ◆ *(de un inquilino)* eviction; *(del público)* removal

desamparado,-a 1 *adj (persona)* helpless, unprotected; *(lugar)* bleak, forsaken | **2** *m,f* helpless *o* abandoned person

desamparar *vtr* ◆ to abandon, desert ◆ *Jur* to renounce, relinquish

desangrar *vtr* to bleed

■ **desangrarse** *vr* to lose (a lot of) blood, to bleed to death

desanimado,-a *adj* ◆ *(abatido, entristecido)* downhearted, dejected ◆ *(reunión, verbena, etc)* dull, lifeless

desanimar *vtr* to discourage, dishearten

■ **desanimarse** *vr* to lose heart, get discouraged

desánimo *m* discouragement, dejection

desapacible *adj* nasty, unpleasant; *(persona)* ill-natured

desaparecer *vi* to disappear ◆ | LOC: **d. del mapa/de la faz de la tierra,** to vanish off the face of the earth

desaparecido,-a 1 *adj* missing | **2** *m,f* missing person

desaparición *f* disappearance

desapasionado,-a *adj* dispassionate

desapego *m* lack of affection, detachment

desapercibido,-a *adj (sin ser notado)* unnoticed: **intentaba pasar d.,** he was trying to go unnoticed

desaprensivo,-a 1 *adj* unscrupulous | **2** *m,f* unscrupulous person

desaprobar *vtr* ◆ *(no aprobar)* to disapprove of ◆ *(reprobar, condenar)* to condemn, to reject

desaprovechar *vtr (malgastar)* to waste: **no desaprovechéis esta oportunidad,** don't miss this opportunity

desarmar *vtr* ◆ *(un mueble, juguete, etc)* to dismantle, take to pieces ◆ *Mil* to disarm ◆ *(a una persona)* to disarm

desarme *m* disarmament

desarraigado,-a *adj* rootless, without roots

desarraigar *vtr* to uproot

desarraigo *m* rootlessness

desarrollado,-a *adj* developed; **país d.,** developed country

desarrollar *vtr* ◆ to develop ◆ *(exponer con mayor detalle)* to explain

■ **desarrollarse** *vr* ◆ *(crecer una persona, enfermedad, etc)* to develop ◆ *(suceder, tener lugar)* to take place

desarrollo *m* ◆ *(crecimiento, progreso)* development; **el d. industrial de la comarca,** the industrial development of the area ◆ *(exposición detallada)* development; *(solución por pasos de un problema)* working out ◆ *(transcurso)* course

desarticular *vtr* to dismantle; **d. una red de narcotráfico,** to break up a ring of drug traffickers

desaseado,-a *adj* unkempt

desasosiego *m* restlessness, uneasiness

desastrado,-a **1** *adj* untidy, scruffy | **2** *m,f* scruff, scruffy person

desastre *m* ◆ disaster ◆ *fig fam* **tu padre es un d.,** your father's just hopeless

desastroso,-a *adj* disastrous

desatar *vtr* ◆ to untie, undo ◆ *(provocar, desencadenar)* to unleash

■ **desatarse** *vr* ◆ *(un zapato, cordón)* to come undone; *(una persona a sí misma)* to untie oneself ◆ *(desencadenarse una tormenta)* to break; *(una pasión)* to run wild

desatascar *vtr* to unblock, clear

desatender *vtr* to neglect, not pay attention to

desatinado,-a *adj* unwise

desatino *m* ◆ *(error, desacierto)* blunder ◆ *(tontería, disparate)* nonsense

desatornillar *vtr* to unscrew

desatrancar *vtr* to unblock; *(puerta)* to unbolt

desautorizar *vtr* ◆ *(no dar permiso para)* to ban, forbid ◆ *(no dar crédito o autoridad, descalificar) (una declaración)* to deny, *(a alguien)* to discredit, undermine the authority of

desayunar **1** *vi* to have breakfast; *frml* to breakfast | **2** *vtr* to have for breakfast

desayuno *m* breakfast

desazonar *vtr* to cause unease to, upset, worry

desbandada *f* scattering ◆ | LOC: **en d.,** in all directions *o* in disorder

desbarajuste *m* confusion, disorder

desbaratar *vtr* to ruin, wreck

desbloquear *vtr* ◆ *(un camino, acceso)* to unblock ◆ *Mil* to raise the blockade on ◆ *(una negociación)* to get going again ◆ *(una cuenta, los salarios)* to unfreeze

desbocado,-a *adj* ◆ *(caballo)* runaway ◆ *(el cuello, las mangas)* stretched

desbocarse *vr* ◆ *(caballo)* to bolt, run away ◆ *(el cuello, las mangas)* to stretch

desbordar **1** *vtr* to overflow; *fig* to overwhelm | **2** *vi* to overflow [**de,** with]

■ **desbordarse** *vr* to overflow, flood

descabellado,-a *adj* crazy, wild

descafeinado,-a *adj* ◆ *(sin cafeína)* decaffeinated ◆ *fig (falto de fuerza, de algo esencial)* watered-down, diluted

descalabro *m* setback, misfortune

descalificación *f* disqualification

descalificar *vtr* ◆ *(eliminar de una competición)* to disqualify ◆ *(desacreditar)* to discredit

descalzarse *vr* to take one's shoes off

descalzo,-a *adj* barefoot

descaminado,-a *adj fig* **ir d.,** to be on the wrong track: **no vas d. del todo,** you are not far wrong

descampado *m* waste ground

descansado,-a *adj* ◆ *(persona)* rested ◆ *(vida, trabajo)* restful

descansar *vi* ◆ to rest, have a rest; *(un momento)* to take a break ◆ *euf* **que en paz descanse,** may he/she rest in peace *o* God rest his/her soul

descansillo *m* landing

descanso *m* ◆ rest, break: **me tomaré un día de d.,** I'll take a day off ◆ *Cine Teat* interval; *Dep* half-time, interval ◆ *(alivio)* relief ◆ *(rellano)* landing

descapotable *adj & m Auto* convertible

descarado,-a **1** *adj* ◆ *(insolente)* cheeky, insolent; *(desvergonzado)* shameless; **una mentira descarada,** a barefaced lie | **2** *m,f* cheeky person

descarga *f* ◆ *(de mercancías)* unloading ◆ *Elec Mil* discharge

descargado,-a *adj (una pila, batería)* flat, US dead; *(un arma, camión)* unloaded
descargar 1 *vtr* ◆ *(sacar la carga)* to unload ◆ *Elec Mil* to discharge ◆ *(un golpe)* to deal ◆ *(de trabajo, de una obligación)* to relieve *o free* [**de,** of] ◆ *(la ira, el malhumor)* to take out [**en/sobre,** on] | 2 *vi (tormenta)* to break
■ **descargarse** *vr (una pila, batería, etc)* to go flat, US to go dead
descaro *m* cheek, nerve
descarrilar *vi Ferroc* to derail, be derailed
descarrilamiento *m Ferroc* derailment
descartar *vtr* to rule out
■ **descartarse** *vr Naipes* to discard, throw away
descascarillarse *vr (loza, etc)* to chip, peel
descendencia *f* descendants *pl*; **morir sin dejar d.,** to die without issue *frml*
descender 1 *vi* ◆ *(ir hacia abajo)* to go down, to descend; *(disminuir: temperatura, precio)* to fall, drop ◆ *(bajar de un vehículo)* to get off [**de,** -], *(de un coche)* to get out [**de,** of] ◆ *(provenir de)* **d. de,** to descend from, come from | 2 *vtr* to bring down
descendiente *mf* descendant
descenso *m* ◆ descent: **participamos en el d. del río,** we took part in the white water canoeing ◆ *(de temperatura, precios)* fall, drop ◆ *Dep (de categoría)* relegation
descentrado,-a *adj* ◆ *(una rueda, lavadora, un cuadro)* off-centre, US off-center ◆ *(con las ideas confusas)* confused; *(descentrado)* not concentrating
descentralizar *vtr* to decentralize
descifrar *vtr* to decipher; *(un mensaje)* decode; *(un misterio)* to solve; *(los motivos, las causas)* to figure out
descocado,-a *adj (vestido)* daring; *(persona)* shameless, brazen
descodificar *vt* to decode
descolgado,-a *adj (teléfono)* off the hook
descolgar *vtr (el teléfono)* to pick up; *(una lámpara, un cuadro, etc)* to take down
descolorido,-a *adj* faded
descompasado,-a *adj* out of time
descomponer *vtr* ◆ *(dividir)* to break up, split ◆ *(pudrir)* to rot, decompose ◆ *(poner nervioso)* to get on sb's nerves ◆ *(el rostro)* to distort
■ **descomponerse** *vi* ◆ *(deshacerse, pudrirse)* to rot, decompose ◆ *(ponerse nervioso)* to lose one's cool ◆ *(ponerse enfermo)* to feel ill, get diarrhoea, US to get diarrhea

descomposición *f* ◆ *(de carne)* decomposition, rotting; *(de país)* disintegration ◆ *Quím* breakdown ◆ *fam (diarrea)* diarrhoea, US diarrhea
descompuesto,-a *adj* ◆ *(podrido)* rotten, decomposed ◆ *(desencajado)* contorted, distorted ◆ *fam* having diarrhoea, US diarrhea
descomunal *adj* huge, massive
desconcertado,-a *adj* **su reacción me dejó d.,** I was taken aback by his reaction
desconcertante *adj* disconcerting
desconcertar *vtr* to disconcert
■ **desconcertarse** *vr* to be bewildered, be puzzled
desconchado,-a *adj (una pared)* flaking; *(una pieza de loza)* chipped
desconcierto *m* chaos, confusion
desconectar *vtr* ◆ *(cortar el teléfono, luz)* to disconnect ◆ *(apagar)* to switch off ◆ *(desenchufar)* to unplug ◆ *fig (desentenderse)* to switch off
■ **desconectarse** *vr* ◆ *(desentenderse)* to switch off: **cuando llego a casa me desconecto del mundo,** when I get home I switch off ◆ *(dejar de tener relación)* to lose touch
desconfiado,-a *adj* distrustful, wary
desconfianza *f* distrust, mistrust
desconfiar *vi* to distrust [**de,** -]: **desconfiaba de él,** I didn't trust him
descongelar *vtr (nevera)* to defrost; *(una cuenta bancaria, los sueldos)* to unfreeze
descongestionar *vtr* to clear
desconocer *vtr* ◆ *(no saber)* not to know, to be unaware of ◆ *(no reconocer, encontrar muy cambiado)* to fail to recognize: **¿tú maquillada?, te desconozco,** you with make up?, I can hardly recognize you
desconocido,-a 1 *adj* ◆ unknown; **una voz d.,** an unfamiliar voice ◆ *(irreconocible)* unrecognizable: **estás desconocida,** you have changed a lot | 2 *m,f* stranger | 3 *m* **lo d.,** the unknown
desconsiderado,-a 1 *adj* inconsiderate, thoughtless | 2 *m,f* inconsiderate *o* thoughtless person
desconsolado,-a *adj* disconsolate, grief-stricken
desconsuelo *m* grief, sorrow
descontado,-a *adj fam* ◆ | LOC: **dar por d.,** to take for granted; **por d.,** needless to say, of course
descontar *vtr* ◆ *(rebajar)* to deduct, give a discount; *(no incluir)* to leave out, disregard: **descontando a tus padres, to-**

descontento

camos a mil por cabeza, not counting your parents, we'll pay a thousand per head ◆ *Dep (tiempo)* to add on

descontento,-a 1 *adj* unhappy, dissatisfied [con, with] | 2 *m* dissatisfaction

descontrol *m fam* lack of control, chaos
■ **descontrolarse** *vr* to lose control

desconvocar *vtr* to call off

descorazonador,-ora *adj* disheartening, discouraging

descorchar *vtr* to uncork

descorrer *vtr* to draw back

descortés *adj* discourteous, impolite

descortesía *f* discourtesy, impoliteness

descoser *vtr* to unstitch, unpick
■ **descoserse** *vr* to come unstitched

descosido *m (en una prenda)* open seam ◆ | LOC : *fam* **como un d.**, *(muchísimo)* like mad, wildly

descrédito *m* disrepute, discredit

descremado,-a *adj* skimmed

describir *vtr* to describe

descripción *f* description

descriptivo,-a *adj* descriptive

descuartizar *vtr* to cut up *o* into pieces

descubierto,-a 1 *adj* ◆ *(sin cubrir)* open, uncovered ◆ *(desvelado, hallado)* discovered: **el tesoro d. es del siglo XVII**, the treasure which has been discovered dates from the 17th century | 2 *m Fin* overdraft ◆ | LOC: **al d.**, in the open; **poner al d.**, to uncover, bring out into the open

descubridor,-ora *m,f* discoverer

descubrimiento *m* discovery

descubrir *vtr* ◆ *(algo oculto o ignorado)* to discover; *(un plan secreto)* to uncover; *(oro, petróleo, etc)* to find ◆ *(algo tapado)* to uncover, *(una placa conmemorativa)* to unveil ◆ *(enterarse)* to find out ◆ *(revelar, manifestar)* to give away

descuento *m* discount: **nos hicieron d.**, they gave us a discount; **con d.**, at a discount

descuidado,-a *adj* ◆ *(poco aseado)* untidy, neglected ◆ *(poco cuidadoso)* careless, negligent ◆ *(desprevenido)* off one's guard

descuidar *vtr* to neglect, overlook ◆ | LOC: **descuida**, don't worry
■ **descuidarse** *vr* ◆ *(distraerse, perder la atención)* to be careless: **si me descuido me cierran la biblioteca**, if I don't watch out the library will close on me ◆ *(prestar poco cuidado al aspecto)* to let oneself go

descuido *m* ◆ *(distracción)* oversight, mistake; **por d.**, inadvertently, by mistake ◆ *(dejadez)* negligence, carelessness

desde 1 *prep* ◆ *(punto en que comienza a contarse el tiempo)* since: **estuvo allí d. el jueves hasta el lunes**, she was there from Thursday until Monday; **no he hablado con él desde hace meses**, I haven't talked to him for months; **¿d. cuándo lo sabes?**, how long have you known?; **d. que María me lo dijo**, ever since Maria told me; **d. ayer**, since yesterday; **d. esta mañana**, from this morning on ◆ *(punto en que comienza a contarse una distancia, o se señala una perspectiva)* from; **d. aquí**, from here; **d. la ventana**, from the window ◆ | LOC: **d. luego**, of course; **d. siempre**, always

desdén *m* disdain

desdeñar *vtr* to disdain

desdeñoso,-a *adj* disdainful

desdicha *f* misfortune

desdichado,-a 1 *adj* unlucky, unfortunate | 2 *m,f* poor devil, unfortunate

deseable *adj* desirable

desear *vtr* ◆ *(anhelar, querer con intensidad)* to desire: **estoy deseando verte**, I'm looking forward to seeing you; *(suerte, felicidad, etc)* to wish ◆ *(querer)* to want: **¿desea usted algo, caballero?**, can I help you, Sir? ◆ | LOC: **deja mucho/bastante que d.**, it leaves a lot to be desired

desechable *adj* disposable, throwaway

desechar *vtr* ◆ *(un objeto)* to discard, throw out *o* away ◆ *(una oferta)* to turn down, refuse; *(descartar una idea, un proyecto)* to drop, discard

desechos *mpl* waste *sing*

desembalar *vtr* to unpack

desembarcar 1 *vtr (bultos, carga)* to unload; *(pasajeros, tripulación)* to disembark | 2 *vi* to disembark

desembarco *m (de carga)* unloading; *(de pasajeros, tripulación)* disembarkation

desembocadura *f (de un río)* mouth

desembocar *vi (río)* to flow [en, into]; *(calle, situación)* to lead [en, to]

desembolsar *vtr* to pay out

desembolso *m* expenditure, payment; **un d. inicial de diez mil pesetas**, an initial outlay of ten thousand pesetas

desempatar *vi Dep* to break the deadlock

desempate *m* play-off

desempeñar *vtr* ◆ *(un puesto)* to hold, occupy; *(una función)* to fulfil; *(un papel)* to play ◆ *(recuperar de la casa de empeños)* to redeem

desempleado,-a 1 *adj* unemployed, out of work | 2 *m,f* unemployed person; **los desempleados,** the unemployed

desempleo *m* unemployment

desempolvar *vtr* ♦ to dust ♦ *fig (recordar algo pasado)* to revive, dig up

desencadenar 1 *vtr* ♦ to unchain ♦ *(producir, dar lugar)* to unleash
■ **desencadenarse** *vr (comenzar, originarse)* to break out, start

desencajado,-a *adj* ♦ *(fuera de lugar, mal colocado) (un hueso)* out of joint; *(una puerta)* off its hinges; *(una pieza)* out of position ♦ *(rostro)* contorted, distorted

desencajar *vtr (pieza)* to free, knock out of position; *(hueso)* to dislocate
■ **desencajarse** *vr* ♦ *(pieza)* to come out; *(hueso)* to become dislocated ♦ *(el rostro)* to become distorted

desencaminado,-a *adj* → **descaminado,-a**

desencanto *m* disenchantment

desenchufar *vtr* to unplug

desenfadado,-a *adj* ♦ *(persona)* carefree, easy going ♦ *(ropa)* casual

desenfado *m* ease

desenfocado,-a *adj* out of focus

desenfrenado,-a *adj (ritmo, etc)* frantic, uncontrolled; *(pasión)* unbridled

desenfreno *m (vicio)* debauchery; *(falta de control)* lack of control

desenfundar *vtr (un arma)* to draw *o* pull out

desenganchar *vtr (algo que se queda prendido)* to unhook; *(un vagón)* to uncouple

desengañar *vtr* ♦ *(hacer ver la realidad)* to open sb's eyes ♦ *(decepcionar)* to disappoint
■ **desengañarse** *vr* ♦ *(ver la realidad)* to open one's eyes, to face the facts: **¡desengáñate!,** get real! ♦ to be disappointed: **está desengañado de la vida,** he's disappointed by life

desengaño *m* disappointment

desenlace *m* ♦ result, outcome; **un feliz d.,** a happy end ♦ *Cine Teat* ending, dénouement

desenmascarar *vtr* to unmask

desenredar *vtr* to untangle, disentangle

desenrollar *vtr (de una bobina, un ovillo)* to unwind

desenroscar *vtr* to unscrew

desentenderse *vr (eludir, quedarse al margen de)* not to want to have anything to do [**de,** with], to wash one's hands [**de,** of]

desenterrar *vtr* ♦ *(un cadáver)* to disinter, exhume; *(un hueso, cofre, etc)* to dig up ♦ *(un recuerdo)* to revive, rake up

desentonar *vi* ♦ *Mús* to sing out of tune, be out of tune ♦ *(no armonizar)* not to match ♦ *(estar fuera de lugar)* to be out of place

desentrañar *vtr (un crimen, enigma)* to unravel, get to the bottom of

desentrenado,-a *adj* out of training *o* shape

desenvoltura *f* ease, confidence

desenvolver *vtr* to unwrap
■ **desenvolverse** *vr* ♦ *(una persona)* to manage, cope ♦ *(un acontecimiento)* to develop

desenvuelto,-a *adj* ♦ *(con soltura)* relaxed, easy-going ♦ *(desempaquetado)* unwrapped

deseo *m* ♦ wish ♦ *(sexual, pasional)* desire; **deseos de venganza,** desire for revenge ♦ | LOC: **arder en deseos,** to yearn for

deseoso,-a *adj* eager

desequilibrado,-a 1 *adj* unbalanced | 2 *m,f* unbalanced person

desequilibrar *vtr* to unbalance, throw off balance
■ **desequilibrarse** *vr* to become mentally disturbed

desequilibrio *m* imbalance; **d. mental,** mental disorder/imbalance

deserción *f* desertion

desertar *vi* to desert

desértico,-a *adj* desert

desertización *f* desertification

desertor,-ora *m,f* deserter

desesperación *f* ♦ *(tristeza absoluta)* despair; *(ante una medida extrema)* desperation: **en su d., aceptó casarse con él,** in desperation, she agreed to marry him ♦ *(impaciencia, irritación)* fury

desesperado,-a *adj* ♦ *(sin esperanza)* desperate, hopeless, in despair ♦ *(irritado)* exasperated, infuriated; *(esfuerzo, intento)* frenzied, desperate

desesperante *adj* exasperating

desesperar *vtr* ♦ to drive to despair ♦ *(poner nervioso, irritado)* to exasperate
■ **desesperarse** *vr* ♦ *(perder la esperanza)* to despair ♦ *(perder la calma)* to get exasperated

desestabilizar *vtr* to destabilize

desestimar *vtr* to reject

desfachatez *f* cheek, nerve

desfalco *m Fin* embezzlement

desfallecer *vi* ♦ *(de hambre, cansancio)* to feel faint; *(perder el conocimiento)* to faint ♦ *(perder el ánimo, abatirse)* to lose heart

desfasado,-a *adj* ♦ *(objeto, moda, etc)* outdated ♦ *(persona)* old-fashioned, behind the times ♦ *Téc* out of phase

desfase *m* difference, gap; **d. horario,** time lag

desfavorable *adj* unfavourable, *US* unfavorable

desfigurar *vtr* ♦ *(deformar físicamente)* to disfigure ♦ *(alterar, distorsionar)* to distort: **el espejo desfiguraba sus facciones,** the mirror distorted her features

desfiladero *m Geog* narrow pass

desfilar *vi* ♦ to march in single file ♦ *Mil* to march past, parade ♦ *(pasar por un lugar un grupo)* to pass [**ante,** in front of] [**por,** through] ♦ *(salir ordenadamente)* to file out

desfile *m Mil* parade, march-past; **d. de modas,** fashion show

desfogar *vtr* to give vent to

■ **desfogarse** *vr* to let off steam

desgajar *vtr* ♦ *(una hoja, un gajo)* to rip *o* tear out; *(una rama)* to tear off ♦ *fig (desperdigar, separar)* to split up

■ **desgajarse** *vr* to come off, split off

desgana *f* ♦ *(falta de apetito)* lack of appetite ♦ *(falta de interés)* apathy, indifference; **con d.,** unwillingly

desganado,-a *adj* **estar d.,** *(sin apetito)* to have no appetite; *(sin interés)* to be apathetic

desgarbado,-a *adj* ungraceful, ungainly

desgarrador,-ora *adj* ♦ *(que causa pena, angustia)* heart-rending ♦ *(que causa horror)* bloodcurdling

desgarrar *vtr* to tear

desgarrón *m* large tear, rip

desgastar *vtr* to wear out

■ **desgastarse** *vr* ♦ *(una prenda, un instrumento)* to wear out ♦ *(una persona)* to wear oneself out

desgracia *f* ♦ *(mala suerte)* misfortune ♦ *(suceso penoso)* tragedy ♦ *(pérdida de favor, respeto)* **caer en d.,** to fall into disgrace ♦ **desgracias personales,** casualties ♦ | LOC: **por d.,** unfortunately

desgraciadamente *adv* unfortunately

desgraciado,-a 1 *adj* ♦ *(sin suerte)* unfortunate ♦ *(sin felicidad)* unhappy | **2** *m,f* ♦ unfortunate person; **un pobre d.,** a poor devil ♦ *pey* insult wretch

desgravable *adj* tax-deductible

desgravación *f* deduction

desgravar *vtr* to deduct

desguazar *vtr (una embarcación)* to break up; *Auto* to scrap

deshabitado,-a *adj* uninhabited, unoccupied

deshacer *vtr* ♦ *(un nudo, paquete)* to undo; *(el equipaje)* to unpack; *(una cama)* to strip ♦ *(estropear)* to destroy, ruin ♦ *(un trato)* to break off ♦ *(en un líquido)* to dissolve ♦ *(derretir)* to melt

■ **deshacerse** *vr* ♦ *(una lazada, un nudo)* to come undone ♦ *(en un líquido)* to dissolve ♦ *(derretirse)* to melt ♦ *(por la tristeza)* to go to pieces; **d. en lágrimas,** to cry one's eyes out; *(prodigarse)* **se deshizo en elogios,** she praised it to the skies ♦ **d. de alguien/algo,** to get rid of sb/sthg

deshecho,-a *adj* ♦ *(un paquete)* unwrapped; *(un nudo)* undone; *(equipaje)* unpacked; *(una cama)* unmade ♦ *(un aparato, coche, etc)* broken, smashed ♦ *(en un líquido)* dissolved; *(derretido)* melted ♦ *(muy triste, abatido)* devastated, shattered ♦ *(muy cansado)* exhausted, tired out

desheredar *vtr* to disinherit

deshidratar *vtr* to dehydrate

deshielo *m* thaw

deshinchar *vtr* to deflate

deshonesto,-a *adj* ♦ *(no honrado)* dishonest ♦ *(no pudoroso)* indecent, improper

deshonor *m,* **deshonra** *f* dishonour, *US* dishonor

deshonrar *vtr* ♦ to dishonour, *US* dishonor ♦ *(a la familia, etc)* to bring disgrace on

deshora (a) *loc adv* at odd times; **hablar a d.,** to speak at the wrong time

deshuesar *vtr (un ave, la carne)* to bone; *(una aceituna, fruta)* to stone, pit

desidia *f* apathy, carelessness, neglect

desierto,-a 1 *m* desert | **2** *adj* ♦ *(una población)* uninhabited ♦ *(un local)* empty, deserted ♦ *(premio, plaza)* void ♦ | LOC: **predicar en el d.,** to waste one's breath

designación *f* designation, appointment

designar *vtr* ♦ to designate ♦ *(un lugar, momento)* to fix ♦ *(para un fin)* to assign

desigual *adj* ♦ *(irregular, poco igualado)* uneven ♦ *(descompensado)* unequal ♦ *(variable, cambiante)* changeable

desigualdad *f* ♦ inequality ♦ *(del suelo)* unevenness

desilusión *f* disappointment, disillusionment

desilusionar *vtr* to disappoint, disillusion
desinfectante *adj* & *m* disinfectant
desinfectar *vtr* to disinfect
desinflar *vtr* ◆ to deflate; *(un neumático)* to let the air out of ◆ *(desanimar)* to dishearten
■ **desinflarse** *vr* ◆ *(perder el aire)* to go flat ◆ *(perder el ánimo)* to lose heart
desinformación *f* ◆ *(información engañosa)* disinformation ◆ *(ignorancia)* lack of information
desinhibición *f* lack of inhibitions
desinhibido,-a *adj* uninhibited
desintegración *f* disintegration
desintegrar *vtr*, **desintegrarse** *vr* to disintegrate
desinterés *m* ◆ *(desidia, abulia)* lack of interest, apathy ◆ *(altruismo, desapego)* unselfishness
desinteresadamente *adv* unselfishly
desinteresado,-a *adj* unselfish
desintoxicar *vtr* to detoxify
■ **desintoxicarse** *vr* to undergo detoxification *frml*; *(de drogas)* to come off drugs; *(de alcohol)* to dry out
desistir *vi* to desist *frml*
desleal *adj* ◆ *(falto de lealtad)* disloyal ◆ *(injusto, fuera de las reglas)* unfair
deslealtad *f* disloyalty
deslenguado,-a *adj (lenguaraz)* insolent, foul-mouthed
desligar *vtr* ◆ *(cuestiones, asuntos)* to separate ◆ *(una cuerda, amarra, etc)* to untie, unfasten
■ **desligarse** *vr* d. de, *(distanciarse, romper relaciones, independizarse)* to disassociate oneself from
desliz *m* ◆ *(error, equivocación)* mistake, slip: **cometí un par de deslices,** I slipped up twice ◆ *euf (aventura amorosa)* indiscretion
deslizar *vt (pasar algo por una superficie)* to slide; *(introducir algo con discreción)* to slip [**en,** into] [**por,** through] [**debajo de,** under]
■ **deslizarse** *vr* ◆ *(sobre una superficie)* to slide ◆ *(un río, una corriente)* to flow: **las lágrimas se deslizaban por su mejilla,** the tears flowed down her cheek ◆ *(en un lugar, silenciosamente)* to glide
deslumbrante *adj* dazzling; *fig* stunning
deslumbrar *vtr* to dazzle
desmadrarse *vr fam* to go wild
desmadre *m fam* ◆ chaos ◆ *(juerga)* rave-up
desmano (a) *loc adv* **te queda muy a d.,** it is well out of your way

desmantelar *vtr* ◆ to dismantle ◆ *Náut* to dismast, unrig
desmaquillador,-ora **1** *m* make-up remover | **2** *adj* **leche desmaquilladora,** cleansing cream
desmaquillarse *vr* to remove one's make-up
desmarcarse *vr* ◆ *Dep* to lose one's marker ◆ *(distanciarse, oponerse)* to disassociate oneself [**de,** from]
desmayado,-a *adj* unconscious
desmayarse *vr* to faint
desmayo *m* ◆ faint, fainting fit: **tuve un d.,** I fainted ◆ *(desaliento)* discouragement ◆ | LOC: **sin d.,** tirelessly
desmedido,-a *adj* disproportionate, excessive; **su d. optimismo,** her unbounded optimism
desmejorado,-a *adj* **encuentro a tu madre muy desmejorada,** I think your mother looks a lot worse
desmelenarse *vr* ◆ *fam (descocarse)* to let one's hair down ◆ *(despeinarse)* to mess up one's hair
desmemoriado,-a *adj* forgetful, absent-minded
desmentir *vtr* to deny
desmenuzar *vtr* ◆ *(desmigar)* to crumble; *(el bacalao, etc)* to flake, shred ◆ *(un texto, problema)* to analyse thoroughly
desmesura *f* excess
desmesurado,-a *adj* excessive
desmilitarizar *vtr* to demilitarize
desmontable *adj* ◆ *(mueble, artefacto)* that can be dismantled, collapsible ◆ *(prenda de vestir)* removable, detachable
desmontar **1** *vtr* ◆ *(un mueble, artefacto)* to dismantle, take to pieces ◆ *(una excusa, argumento)* to take to pieces | **2** *vi (de un caballo, vehículo)* to dismount [**de,** -], get off [**de,** -]
desmoralizar *vtr* to demoralize
desmoronarse *vr* to crumble, fall to pieces
desnatado,-a *adj (leche)* skimmed
desnivel *m* ◆ *(pendiente)* drop, difference in height ◆ *(desproporción, contraste)* gap: **hay un enorme d. cultural entre ambos,** there is a huge cultural gap between them
desnivelado,-a *adj* ◆ not level, uneven: **la estantería está desnivelada,** the bookshelf isn't level ◆ *(descompensado)* out of balance
desnivelar *vtr* to throw out of balance
desnucarse *vr* to break one's neck

desnudar *vtr* to undress, strip
■ **desnudarse** *vr* to get undressed, strip
desnudo,-a 1 *adj* (*una persona*) naked, nude, (*una parte del cuerpo, algo sin adornos*) bare; **la verdad desnuda**, the bare/naked truth | 2 *m Arte* nude ♦ | LOC: **al d.**, bare: **mi corazón al d.**, my heart laid bare
desnutrición *f* malnutrition
desnutrido,-a *adj* undernourished
desobedecer *vtr* to disobey
desobediencia *f* disobedience
desobediente 1 *adj* disobedient | 2 *mf* disobedient person
desocupado,-a *adj* ♦ (*libre, sin ocupar*) free, vacant ♦ (*sin nada que hacer*) free, not busy
desocupar *vtr* to vacate, empty
desodorante *adj & m* deodorant
desolación *f* desolation
desolador,-ora *adj* ♦ (*asolador, arrasador*) devastating ♦ (*descorazonador*) distressing
desolar *vtr* to devastate
desollar *vtr* ♦ (*quitar la piel*) to skin ♦ *fig* (*criticar*) to pull to pieces
■ **desollarse** *vr* to skin, scrape: **se desolló las manos**, he scraped his hands
desorbitado,-a *adj* (*precio*) exorbitant
desorden *m* ♦ disorder; (*de una habitación*) untidiness, mess: **¡cuánto d.!**, what a mess! ♦ **desórdenes**, (*alteración del orden público*) disturbances; (*excesos*) excesos
desordenado,-a *adj* (*alborotado, desarreglado*) messy, untidy; (*sin orden, no correlativo*) out of order; (*sin norma, con excesos*) chaotic
desordenar *vtr* to make untidy, mess up; (*romper una secuencia, un orden*) to put out of order, to mix up
desorganizado,-a *adj* disorganized
desorganizar *vtr* to disorganize, disrupt
desorientación *f* disorientation; *fig* confusion
desorientar *vtr* to disorientate
■ **desorientarse** *vr* to lose one's sense of direction *o* one's bearings; *fig* to become disorientated
despabilado,-a *adj* → **espabilado,-a**
despachar *vtr* ♦ (*atender en una tienda*) to serve ♦ (*un asunto*) to get through, deal with ♦ (*leer el correo*) to send, dispatch ♦ *fam* (*a un empleado*) to send packing, to sack
■ **despacharse** *vr* to speak one's mind: **me despaché a gusto**, I spoke my mind

despacho *m* ♦ (*oficina*) office; (*en casa*) study ♦ (*lugar de venta*) **d. de pan,** baker's (shop) ♦ (*comunicado oficial*) dispatch
despachurrar *vtr fam* to squash, flatten
despacio *adv* ♦ (*lentamente*) slowly ♦ *LAm* (*en voz baja*) quietly
despampanante *adj fam* stunning
desparpajo *m* (*desenvoltura*) self-confidence; (*desenfado*) ease
desparramar *vtr;* **desparramarse** *vr* to spread, scatter; (*líquido*) to spill
despavorido,-a *adj* terrified
despecho *m* spite: **lo hizo por d.**, he did it out of spite ♦ | LOC: **a d. de,** in spite of
despectivo,-a *adj* derogatory, disparaging
despedazar *vtr* to cut *o* tear to pieces
despedida *f* farewell, goodbye; **d. de soltera/soltero,** hen/stag party
despedir *vtr* ♦ (*a un empleado*) to sack, fire ♦ (*a alguien que se va*) to see off, say goodbye to ♦ (*un aroma, humo, etc*) to give off
■ **despedirse** *vr* ♦ (*decir adiós*) to say goodbye [**de,** to] ♦ (*dejar un trabajo*) to leave, resign ♦ *fig* (*perder las esperanzas*) to forget, give up: **ya me puedo despedir de las vacaciones,** I can say goodbye to my holidays
despegado,-a *adj* ♦ unstuck ♦ (*persona*) lacking in affection, indifferent
despegar 1 *vtr* to take off, detach | 2 *vi Av* to take off
■ **despegarse** *vr* ♦ (*desprenderse*) to come unstuck ♦ (*alejarse, distanciarse*) to grow apart
despego *m* → **desapego**
despegue *m* takeoff
despeinado,-a *adj* dishevelled, with untidy hair
despeinarse *vr* to mess one's hair up
despejado,-a *adj* ♦ (*sin obstáculos*) clear ♦ (*sin nubes*) cloudless ♦ (*espabilado*) wide awake, quick
despejar *vtr* ♦ (*quitar obstáculos, vaciar*) to clear ♦ (*aclarar un misterio, una duda*) to clear up ♦ *Mat* to work out the value of ♦ *Ftb* (*el balón*) to clear
■ **despejarse** *vr* ♦ (*el cielo*) to clear ♦ (*una persona*) to clear one's head/mind ♦ (*aclararse*) to become clear
despellejar *vtr* ♦ to skin ♦ (*criticar*) to pull/tear to pieces
despensa *f* pantry, larder
despeñadero *m* cliff, precipice
despeñarse *vr* to go over a cliff

desperdiciar *vtr* ♦ *(malgastar)* to waste ♦ *(no aprovechar)* to throw away: **no puedes d. la ocasión,** you can't miss this opportunity

desperdicio *m* ♦ *(desaprovechamiento, gasto inútil)* waste; **d. de tiempo,** waste of time ♦ **desperdicios,** *(basura)* rubbish *sing, (desechos)* scraps, leftovers | LOC: **no tener d.,** *(ser de provecho)* to be excellent, *irón (no poder ser peor)* **el sombrero que llevaba no tenía d.,** her hat was a real beauty

desperdigar *vtr,* **desperdigarse** *vr* to scatter, separate

desperezarse *vr* to stretch (oneself)

desperfecto *m* ♦ *(tara, fallo)* flaw, imperfection ♦ *(daño leve)* damage

despertador *m* alarm clock

despertar 1 *vtr* ♦ to wake (up) ♦ *fig (un sentimiento, recuerdo)* to arouse | 2 *m* awakening: **tiene muy mal d.,** he's always angry when he wakes up

■ **despertarse** *vr* to wake (up): **me desperté aterrorizada,** I awoke in terror

> La traducción más común es **to wake** o **to wake up.** Cuando el verbo lleva complemento, hay que colocarlo entre **wake** y **up:** *despiértame a las siete,* **wake me up at seven. To arouse** se aplica únicamente en sentido más abstracto a sentimientos, sospechas, etc., y nunca significa *de dormir: despertar el interés,* **to arouse one's interest.**

despiadado,-a *adj* merciless, ruthless

despido *m* dismissal, sacking

despierto,-a *adj* ♦ *(no dormido)* awake ♦ *(vivo, espabilado)* quick, sharp

despilfarrar *vtr* to waste, squander

despilfarro *m* waste, squandering

despistado,-a 1 *adj* ♦ *(olvidadizo)* scatterbrained, absent-minded ♦ *(desorientado)* confused | 2 *m,f* scatterbrain: **me hago la despistada,** I pretend not to understand

despistar *vtr* ♦ *(hacer perder la pista)* to lose, throw off the scent ♦ *fig* to mislead

■ **despistarse** *vr* ♦ *(distraerse)* to get distracted, switch off; *(equivocarse)* to get confused ♦ *(perderse)* to get lost

despiste *m* ♦ *(cualidad)* absent-mindedness ♦ *(error)* slip-up

desplazado,-a *adj (relegado, fuera de lugar)* out of place

desplazamiento *m* ♦ *(viaje, trayecto)* trip, journey ♦ *(movimiento, cambio)* movement ♦ *Inform* scroll(ing)

desplazar *vtr* ♦ to displace ♦ *Inform* to scroll

■ **desplazarse** *vr* ♦ *(moverse)* to move; *(viajar)* to travel ♦ *(la intención, el voto)* to swing

desplegar *vtr* ♦ *(las velas, un mapa)* to open (out), spread (out) ♦ *(energías, una cualidad, etc)* to use, deploy

■ **desplegarse** *vr* ♦ to open (out), spread (out) ♦ *Mil* to deploy

despliegue *m* ♦ *Mil* deployment ♦ *(alarde, demostración)* display, show

desplomarse *vr* to collapse; *(precios)* to slump, fall sharply

desplumar *vtr* ♦ *(un ave)* to pluck ♦ *fam (dejar sin dinero)* to clear out

despoblación *f* depopulation

despoblado,-a *adj* uninhabited, deserted

despojar *vtr* to strip [**de,** of]

déspota *mf* despot

despótico,-a *adj* despotic

despotismo *m* despotism

despotricar *vi* to rant and rave [**contra,** about]

despreciable *adj* ♦ *(odioso)* despicable, contemptible, worthless ♦ *(inapreciable, poco importante)* negligible

despreciar *vtr* ♦ *(odiar)* to despise ♦ *(menospreciar)* to look down on, scorn ♦ *(desdeñar)* to reject, spurn

desprecio *m* ♦ *(menosprecio, falta de estima)* contempt, scorn, disdain ♦ *(descortesía, desaire)* slight, snub

desprender *vtr* ♦ *(despegar)* to remove, detach ♦ *(emanar un olor, humo)* to give off

■ **desprenderse** *vr* ♦ *(despegarse, soltarse)* to come off ♦ *(emanar)* to be given off ♦ *(deshacerse de algo)* to get rid of; *(regalarlo)* to give away ♦ *(deducirse)* to be deduced

desprendido,-a *adj (generoso)* generous, unselfish, open-handed

desprendimiento *m* ♦ loosening, detachment; **d. de retina,** detachment of the retina; **d. de tierras,** landslide ♦ *fig (generosidad)* generosity, unselfishness, open-handedness

despreocupado,-a *adj* ♦ *(tranquilo)* unconcerned ♦ *(negligente)* careless; *(estilo)* casual

despreocuparse *vr* ♦ *(liberarse de una preocupación)* to stop worrying ♦ *(no prestar*

desprestigiar

atención, cuidado, etc) to be unconcerned *o* indifferent [**de,** to]
desprestigiar *vtr* to discredit, run down
desprestigio *m* discredit, loss of reputation
desprevenido,-a *adj* unprepared ◆ | LOC: **coger a alguien d.,** to catch sb unawares
desproporcionado,-a *adj* disproportionate
desprovisto,-a *adj* lacking [**de,** in], without [**de,** -], devoid [**de,** of]
después *adv* ◆ *(más tarde)* later, afterwards; *(luego)* then; *(seguidamente)* next; **unos días d.,** few days later; **mucho d.,** a long time later; **poco d.,** soon after ◆ *(posición)* next, then ◆ *(pospuesto a nombres de espacio o tiempo: siguiente)* **el día d.,** the next day ◆ | LOC: **d. de,** after: *(al finalizar)* **nos volvimos a ver d. de su hospitalización,** we saw each other after her stay in the hospital; **d. de comer,** after eating; *(orden)* **mi pupitre está d. del suyo,** my desk is the one after his; **d. de todo,** after all; **d. de que,** after: **lo tendrás d. de que apruebes,** you'll have it after you pass
despuntar 1 *vtr (quitar la punta)* to blunt, make blunt | **2** *vi* ◆ *(comenzar a manifestarse)* to appear; *(el día)* to dawn ◆ *(destacar)* to excel, stand out
desquiciar *vtr* ◆ *(una puerta)* to unhinge ◆ *(a una persona)* to unhinge,, drive mad
■ **desquiciarse** *vr (persona)* to go crazy, become unhinged
destacado,-a *adj* outstanding
destacar *vtr fig* to emphasize, stress
destacar(se) *vi & vr* to stand out
destapar *vtr* ◆ to take the lid off; *(una botella)* to open ◆ *(desarropar)* to uncover ◆ *fig (asunto)* to uncover
■ **destaparse** *vr* to become uncovered
destaponar *vtr (desbloquear)* to unblock, *(una botella)* to uncork; *(un fregadero, una bañera)* to unstop
destartalado,-a *adj* ramshackle
destello *m* flash, sparkle
destemplado,-a *adj* ◆ *(con malestar físico)* out of sorts ◆ *(clima, tiempo)* unpleasant ◆ *(actitudes, palabras)* harsh, sharp ◆ *Mús (desafinado)* out of tune, discordant
desteñir *vi & vtr* to discolour, *US* discolor
■ **desteñirse** *vr* to lose colour *o US* color, fade
desternillarse *vi* to laugh one's head off
desterrar *vtr* ◆ *(a una persona)* to exile ◆ *(descartar un pensamiento, una idea)* to dismiss

destiempo (a) *loc adv* ◆ *(en un momento inadecuado)* at the wrong moment ◆ *(fuera de plazo)* late
destierro *m* exile
destilado,-a *adj* distilled
destilar *vtr* ◆ *(con alambique)* to distil ◆ *(rezumar, supurar)* to ooze; *fig (dejar ver, estar lleno de)* to ooze, reveal: **la carta destila resentimiento,** the letter exudes bitterness
destilería *f* distillery
destinado,-a *adj (señalado por el destino)* destined, bound: **ese hombre está d. a perder sus oportunidades,** that man is doomed to miss every chance
destinar *vtr* ◆ *(apartar para algún fin)* to set aside, assign ◆ *(dar un lugar donde ejercer un trabajo)* to post; *(dar una función a un trabajador)* to appoint ◆ *(dirigir un envío a alguien)* to address
destinatario,-a *m,f* ◆ *(de una carta)* addressee ◆ *(de una mercancía, carga)* consignee
destino *m* ◆ *(sino)* fate, fortune: **mi d. era ser profesor,** I was destined to be a teacher ◆ *(rumbo)* destination; **el tren con d. a Alicante,** the train to Alicante ◆ *(de un puesto de trabajo)* post ◆ *(finalidad, uso)* purpose
destitución *f* dismissal from office
destituir *vtr* to dismiss *o* remove from office
destornillador *m* screwdriver
destornillar *vtr* to unscrew
destreza *f* skill
destrozado,-a *adj (un objeto)* torn-up, ruined, smashed: **estos pantalones están destrozados,** these trousers are in shreds ◆ *(muy cansado, agotado)* worn-out, exhausted ◆ *(muy triste)* shattered, devastated
destrozar *vtr* ◆ *(romper)* to tear up, wreck, ruin ◆ *(una tela, un papel)* to tear to shreds, rip up ◆ *(apenar, desgarrar)* to shatter, devastate: **me destroza verte así,** it breaks my heart to see you in this way ◆ *(los planes, la convivencia, etc)* to ruin
destrozo *m* ◆ destruction ◆ **destrozos,** damage *sing*
destrucción *f* destruction
destructivo,-a *adj* destructive
destructor,-ora 1 *adj* destructive | **2** *m Náut* destroyer
destruir *vtr* to destroy
desusado,-a *adj* old-fashioned, outdated

desuso *m* disuse ◆ | LOC: **caer en d.**, to fall into disuse; **en d.**, obsolete, outdated
desvalido,-a *adj* defenceless, *US* defenseless
desvalijar *vtr (una casa, tienda)* to burgle; *(a una persona)* to rob, clean out *fam*
desván *m* attic, loft
desvanecerse *vr* ◆ *(un recuerdo, una imagen, duda)* to vanish, fade; *(la niebla)* to clear ◆ *(perder el conocimiento)* to faint
desvariar *vi* to talk nonsense
desvarío *m* ◆ *(disparate dicho)* nonsense; *(hecho)* foolish act ◆ *(pérdida momentánea de la razón)* delirium
desvelado,-a *adj (despierto)* awake, wide awake
desvelar *vtr* ◆ *(no dejar dormir)* to keep awake ◆ *(descubrir, revelar)* to reveal
■ **desvelarse** *vr* ◆ *(no poder dormirse)* to stay awake ◆ *(afanarse, preocuparse)* to make every possible effort [**por**, to]: **se desvelan por ti,** they do everything they can for you
desvencijado,-a *adj* ramshackle, rickety
desventaja *f* ◆ *(desigualdad, inferioridad)* disadvantage: **estamos en d.,** we are at a disadvantage ◆ *(inconveniente)* drawback: **esa solución tiene una d.,** that solution has a disadvantage
desvergonzado,-a 1 *adj* ◆ *(sin pudor, vergüenza)* shameless ◆ *(atrevido, sin respeto)* insolent | 2 *m,f (descarado)* insolent *o* cheeky person ◆ *(sin pudor)* shameless person
desvergüenza *f* ◆ *(atrevimiento, descaro)* insolence: **¡tendrás la d. de pedírmelo!,** and you've got the cheek to ask me for it! ◆ *(falta de pudor, inmoralidad)* shamelessness
desvestir *vtr* to undress
■ **desvestirse** *vr* to undress, get undressed
desviación *f* ◆ deviation ◆ *(en una carretera)* diversion, detour ◆ *Med* curvature; **d. de columna,** curvature of the spine
desviar *vtr* ◆ *(un río, el tráfico, fondos)* to divert ◆ *(un tiro, golpe)* to deflect ◆ *(la conversación)* to change ◆ *(la mirada)* to avert
■ **desviarse** *vr* ◆ *(de un camino, ruta)* to go off course ◆ *(coger una desviación)* to turn off ◆ *fig (del tema, asunto)* to digress
desvincular *vtr* to separate
■ **desvincularse** *vr* to cut oneself off [**de,** from]
desvío *m* diversion, detour
desvirtuar *vtr* to distort

desvivirse *vr (esforzarse, mostrar mucho interés)* to live [**por,** for], to devote oneself [**por,** to]: **se desvive por los demás,** he lives only for other people
detalladamente *adv* in (great) detail
detallado,-a *adj* detailed, thorough
detallar *vtr* to give the details of
detalle *m* ◆ detail: **dame más detalles,** give me more details ◆ *(atención, cortesía)* kindness: **siempre tiene algún d. con tu padre,** he is always very considerate towards your father ◆ *(toque decorativo)* touch; **un d. de buen gusto,** a tasteful touch ◆ *(en fotografía, ilustración)* detail ◆ | LOC: **al d.,** *(en ventas)* retail; **con d.,** in depth, in great detail
detallista 1 *adj* perfectionist | 2 *mf Com* retailer
detectar *vtr* to detect
detective *mf* detective; **d. privado,** private detective *o fam* eye
detector,-ora *m,f* detector; **d. de mentiras/metales,** lie/metal detector
detención *f* ◆ *Jur* detention, arrest ◆ *(parón, interrupción)* stoppage ◆ | LOC: **con d.,** carefully, thoroughly
detener *vtr* ◆ to stop, halt ◆ *Jur (a un sospechoso)* to arrest, detain
■ **detenerse** *vr* to stop
detenidamente *adv* carefully, thoroughly
detenido,-a 1 *adj* ◆ *(sin movimiento)* standing still, stopped ◆ *(un sospechoso)* arrested, detained ◆ *(análisis)* detailed, thorough | 2 *m,f* detainee, person under arrest
detenimiento *m* **con d.,** carefully
detentar *vtr* to hold
detergente *adj & m* detergent
deteriorar *vtr* to spoil, damage
■ **deteriorarse** *vr* ◆ *(echarse a perder, ajarse)* to get damaged ◆ *(desgastarse, dejar de funcionar bien)* wear out ◆ *(ir a peor)* to deteriorate, get worse
deterioro *m* ◆ *(de la salud, las relaciones, etc)* deterioration ◆ *(de un cuadro, edificio)* damage; *(de una máquina, zapatos, etc)* wear
determinación *f* ◆ *(valor, osadía)* determination ◆ *(decisión)* decision; **tomar una d.,** to make a decision
determinado,-a *adj* ◆ *(concreto, preciso)* fixed: **en d. momento se puso a cantar,** at one particular moment she began to sing; **le gusta un tipo de música muy d.,** she likes a certain kind of music ◆ *Ling*

determinante

(artículo) definite ♦ *(decidido, convencido)* decisive, resolute
determinante *adj* decisive
determinar *vtr* ♦ *(concretar, especificar)* to fix, set ♦ *(tomar una decisión)* to decide on ♦ *(averiguar, aclarar)* **las causas del secuestro están por d.**, the motives for the kidnapping are still unknown ♦ *(condicionar)* to determine ♦ *(causar)* to bring about
detestable *adj* detestable
detestar *vtr* to detest, hate ➢ Ver nota en **detest** y **hate**
detonante *m* ♦ *(de una bomba)* detonator ♦ *(de una situación)* trigger: **la manifestación fue el d. de su dimisión**, the demonstration triggered his resignation
detonar *vi* & *vtr* to detonate
detractor,-ora *m,f* detractor
detrás *adv (lugar)* behind, at the back: **ponlo ahí d.**, put it at the back ♦ | LOC: **d. de**, behind; **por d.**, behind sb's back
detrimento *m* detriment: **la decisión iba en d. de la justicia**, the decision was against the interests of justice
deuda *f* debt: **tiene conmigo una d. de dos mil pesetas**, she owes me two thousand pesetas; *(moral)* **estamos en d. con ellos**, we are indebted to them; **d. pública**, public debt
deudor,-ora **1** *adj* debtor | **2** *m,f* debtor
devaluación *f* devaluation
devaluar *vtr* to devalue
devanar *vtr (lana, cordón, etc)* to wind; *(alambre)* to coil

■ **devanarse** *vr fam* **d. los sesos**, to rack one's brains
devastador,-ora *adj* devastating
devastar *vtr* to devastate
devoción *f* ♦ *Rel* devotion ♦ *(pasión por una actividad, una persona)* devotion: **siente auténtica d. por su padre**, he's really devoted to his father ♦ | LOC: **no es (algo o alguien) santo de mi d.**, it's not my cup of tea
devolución *f* ♦ return; *Com* refund, repayment: **ya me han dado la d. de Hacienda**, I have already received my tax refund ♦ *Jur* devolution
devolver **1** *vtr (un libro, objeto)* to give back, return; *(dinero)* to refund | **2** *vi (vomitar)* to vomit, throw up

■ **devolverse** *vr LAm* to return
devorar *vtr* to devour
devoto,-a **1** *adj* ♦ *Rel* pious, devout ♦ *(ferviente)* **es un d. lector de Dostoievski**, he's an ardent reader of Dostoevski | **2** *m,f* ♦ *Rel* pious person ♦ *(admirador)* devotee
DF *(abr de distrito federal)* Federal District
día *m* day; **una vez al d.**, once a day; *(fecha)* **¿qué d. es hoy?**, what's the date today?; *(estado del tiempo)* **hace buen/mal d.**, it's a nice/bad day *o* the weather is nice/bad today; *(periodo de luz diurna)* daytime, daylight: **duerme durante el d. y trabaja por la noche**, she sleeps during the daytime, and works at night; *(momento, ocasión)* **el d. que me toque la lotería**, the day I win the lottery; **se lo diré otro d.**, I'll tell him some other day; **D. de la Madre**, Mothers' Day; **d. festivo**, holiday; **d. hábil/laborable**, working day; **d. lectivo**, school day; **d. libre**, free day, day off; **d. natural**, day ♦ | LOC: **al d.**, up to date; **d. a d.**, day by day; **de d.**, by day, during daylight; **de un d. para otro**, overnight; **del d.**, fresh; **d. y noche**, twenty four hours a day, constantly; **el d. de mañana**, in the future; **el otro d.**, the other day; **hoy (en) d.**, nowadays
diabetes *f Med* diabetes
diabético,-a *adj* & *m,f* diabetic
diablo *m* ♦ devil ♦ *excl* **¡vete al d.!**, go to hell!; *fam* **¿cómo/cuándo diablos...?**, how/when the hell...? ♦ | LOC: **como un d.**, like a devil
diablura *f* mischief
diabólico,-a *adj* ♦ *(relacionado con el diablo)* diabolical ♦ *(perverso)* devilish
diadema *f (para el pelo)* hairband; *(de joyería o bisutería)* tiara
diáfano,-a *adj* ♦ *(explicación)* clear ♦ *(bien iluminado)* well-lit ♦ *(sin obstáculos)* clear ♦ *Fís* translucent
diafragma *m* ♦ *Med Fot* diaphragm ♦ *(método anticonceptivo)* cap, diaphragm
diagnosticar *vtr* to diagnose
diagnóstico *m* diagnosis
diagonal *adj* & *f* diagonal ♦ | LOC: **en d.**, diagonally
diagrama *m* diagram; *Inform* **d. de flujo**, flowchart
dial *m* dial
dialecto *m* dialect
dialogar *vi* ♦ to have a conversation ♦ *(para llegar a un acuerdo)* to talk
diálogo *m* dialogue
diamante *m* ♦ diamond ♦ *Naipes* **diamantes**, diamonds
diámetro *m* diameter
diapositiva *f* slide
diariamente *adv* daily, every day

diario,-a 1 *m* ◆ *Prensa* (daily) newspaper; *Rad* **d. hablado,** radio news ◆ *(cuaderno íntimo)* diary: **estoy leyendo el d. de viaje de Darwin,** I'm reading Darwin's journal; *Náut* **d. de a bordo,** logbook | **2** *adj* daily ◆ | LOC: **a d.,** daily, everyday; **de d.,** everyday: **un vestido de d.,** an everyday dress ➢ Ver nota en **everyday**

diarrea *f* diarrhoea, *US* diarrhea

dibujante *mf* ◆ drawer, draughtsman/woman: **me gusta más como d. que como pintor,** I prefer his drawings to his paintings; *(de cómic)* cartoonist ◆ *Arte Téc (hombre)* draughtsman, *US* draftsman; *(mujer)* draughtswoman, *US* draftswoman

dibujar *vtr* to draw

dibujo *m* drawing; **dibujos animados,** cartoons *pl;* **d. artístico,** (artistic) drawing, sketching; **d. lineal,** technical drawing, draughtsmanship

diccionario *m* dictionary: **búscalo en el d. de sinónimos,** look it up in the thesaurus

dicha *f* happiness

dicharachero,-a *adj* witty

dicho,-a *adj* ◆ said: **ya os lo tengo dicho,** I've told you before; **d. de otro modo,** in other words ◆ *(mencionado)* **dicha publicación,** the above-mentioned publication | **2** *m (refrán, sentencia)* saying ◆ | LOC: **d. y hecho,** no sooner said than done; **mejor d.,** or rather

dichoso,-a *adj* ◆ *(contento, afortunado)* happy ◆ *fam (condenado)* damned; **¡este d. ordenador!,** this damned computer!

diciembre *m* December

dictado *m* ◆ | LOC: **actúa al d. del ejército,** he does what the army tells him to do; **copiar algo al d.,** to take sthg down word for word

dictador,-ora *m,f* dictator

dictadura *f* dictatorship

dictamen *m (de un juez, tribunal)* ruling; *(de un experto)* report

dictaminar *vi Jur* to pass judgement [**sobre,** on]

dictar *vtr* ◆ *(un texto)* to dictate ◆ *(una ley)* to enact; *(sentencia)* to pass

dictatorial *adj* dictatorial

didáctico,-a *adj* didactic

diecinueve *adj & m inv* nineteen

dieciocho *adj & m inv* eighteen

dieciséis *adj & m inv* sixteen

diecisiete *adj & m inv* seventeen

diente *m* ◆ tooth; **d. de leche,** milk tooth, baby tooth; **dientes postizos,** false teeth ◆ *Téc* cog ◆ *(de ajo)* clove ◆ | LOC: **enseñó los dientes,** *(un perro)* it bared its teeth, *(una persona) fig* he turned nasty; **hincar el d. (a algo),** *(a algo comestible sólido)* to sink one's teeth (into sthg); *(a un libro, trabajo)* to get one's teeth (into sthg); *fig* **poner los dientes largos a alguien,** to make sb green with envy; **replicar entre dientes,** to answer in a mutter; **tener buen d.,** to have a good appetite

diesel *adj & m* diesel

diestra *f* right hand

diestro,-a 1 *adj* ◆ *(mañoso, habilidoso)* skilful, *US* skillful ◆ *(que no es zurdo)* right-handed | **2** *m Taur* bullfighter, matador ◆ | LOC: **a d. y siniestro,** left, right and centre

dieta *f* ◆ diet: **nos hemos puesto a d.,** we are on a diet ◆ *Fin* **dietas,** expenses

dietética *f* dietetics *sing*

diez *adj & m inv* ten

difamación *f Jur* defamation

difamar *vtr* to defame

diferencia *f* difference ◆ | LOC: **a d. de,** unlike; **con d.,** by far: **su hermana es la más simpática con d.,** his sister is the nicer *(de dos)* o nicest *(de más de dos)* by far

diferenciar *vtr* ◆ *(saber discernir)* to distinguish, tell the difference: **no diferencia la seda del algodón,** she can't tell the difference between silk and cotton ◆ *(hacer distinto)* to differentiate: **eso es lo que nos diferencia,** that's what makes us different

■ **diferenciarse** *vr* to differ [**de,** from], be different [**de,** from]

diferente 1 *adj* different [**de,** from] | **2** *adv* differently

diferido,-a *adj TV* **en d.,** recorded

difícil *adj* ◆ *(que cuesta trabajo o esfuerzo intelectual)* difficult, hard; **d. de explicar,** difficult to explain; **d. de soportar,** hard to bear ◆ *(improbable)* unlikely: **es d. que suceda,** it is unlikely that that will happen ◆ *(una persona)* difficult

dificultad *f* ◆ difficulty ◆ *(penalidad, contrariedad)* trouble, problem; **dificultades económicas,** financial problems

difuminar *vtr* to blur

difundir *vtr,* **difundirse** *vr* to spread

difunto,-a 1 *adj* late, deceased | **2** *m,f* deceased

difusión *f* ◆ *(de noticias, rumores)* spreading, circulation: **la d. de su teoría es nula,** his theory is not widely known ◆ *Rad TV* broadcasting ◆ *Fís Quím* diffusion

difuso,-a *adj* diffuse
digerir *vtr* to digest; *fig* to assimilate
digestión *f* digestion
digestivo,-a *adj* digestive
digital *adj* digital; **huellas digitales,** fingerprints; **reloj/sonido d.,** digital watch/sound
digitalizar *vtr* digitize, digitalize
dígito *m* digit
dignarse *vr* to condescend [**a**, to], *frml* deign [**a**, to]
dignidad *f* dignity
digno,-a *adj* ♦ *(respetable)* worthy: **iba muy digna por la calle,** she walked proudly down the street ♦ *(merecedor)* worthy, deserving; **d. de admiración/lástima,** worthy of admiration/pity ♦ *(apropiado para)* fit ♦ *(suficiente)* decent, good: **tienen derecho a una vivienda digna,** they have the right to a decent home
dilación *f* delay; **sin d.,** without delay
dilatado,-a *adj* ♦ *Fís* dilated ♦ *(amplio)* long; **su dilatada experiencia,** his extensive experience
dilatar 1 *vtr* ♦ *(un cuerpo)* to expand ♦ *(la pupila)* to dilate ♦ *(hacer durar)* to prolong ♦ *(retrasar, posponer)* to postpone, put off
■ **dilatarse** *vr* ♦ *(un cuerpo)* to expand ♦ *(una pupila)* to dilate ♦ *(prolongarse)* to be prolonged ♦ *(retrasarse, posponerse)* to be postponed, be put off
dilema *m* dilemma
diligencia *f* ♦ *(prontitud, eficacia)* diligence ♦ *(de caballos)* stagecoach ♦ *Jur* procedure ♦ *Jur* **diligencias,** proceedings
diligente *adj* diligent
diluir *vtr* to dilute
■ **diluirse** *vr* to dilute
diluviar *v impers* to pour with rain
diluvio *m* ♦ flood; **el D. (Universal),** the Flood ♦ *(una gran cantidad)* stream; **un d. de protestas,** a stream of protests
dimensión *f* ♦ dimension, size; **de pequeñas dimensiones,** of small size *o* minor ♦ *(importancia)* importance ♦ *(vertiente, aspecto)* aspect
diminutivo,-a *adj* & *m* diminutive
diminuto,-a *adj* minute, tiny
dimisión *m* resignation; **presentar la d.,** to submit one's resignation
dimitir *vi* to resign: **dimitió de su cargo de presidente,** he resigned from his post as president
Dinamarca *f* Denmark
dinámica *f* dynamics *sing*
dinámico,-a *adj* dynamic
dinamita *f* dynamite
dinamitar *vtr* to dynamite
dinamo, dínamo *f* dynamo
dinastía *f* dynasty
dineral *m fam* fortune: **les costó un d.,** it cost them a fortune
dinero *m* money; **d. en efectivo,** cash; **d. negro,** undeclared income; **d. suelto,** (loose) change ♦ | LOC: **andar bien de d.,** to be well-off; **andar mal de d.,** to be short of money
dinosaurio *m* dinosaur
diócesis *f inv* diocese
dioptría *f Med* dioptre, *US* diopter
dios *m* ♦ god ♦ *Excl* **¡D.!,** good God! **¡D. mío!,** Oh my God!; **si D. quiere,** God willing ♦ | LOC: **hacer algo como D. manda,** to do sthg properly; *fam* **ni d.,** not a soul; *fam* **todo d.,** everybody
diosa *f* goddess
dióxido *m Quím* dioxide
diploma *m* diploma
diplomacia *f* diplomacy
diplomado,-a 1 *adj* qualified | **2** *m,f (que tiene un diploma)* **d. en fontanería,** qualified plumber; *(que tiene diplomatura)* graduate
diplomático,-a 1 *adj Pol* diplomatic; **cuerpo d.,** diplomatic corps; *fam (hábil, sutil, cauto)* tactful, diplomatic | **2** *m,f* diplomat
diptongo *m* diphthong
diputación *f* delegation; **d. provincial** ≈ county council
diputado,-a *m,f* Member of Parliament, M.P.
dique *m* dike
dirección *f* ♦ *(sentido, rumbo)* direction; **d. obligatoria,** one way only; **d. prohibida,** no entry; **en d. a,** towards ♦ *(domicilio)* address ♦ *Cine Teat* direction ♦ *(conjunto de dirigentes de una empresa)* management; *(de un partido)* leadership; *(de un colegio)* headship ♦ *(cargo de dirección)* directorship ♦ *(oficina del director)* director's office ♦ *Auto Téc* steering; **d. asistida,** power steering
directamente *adv* ♦ directly: **está d. relacionado con el asunto,** he's directly connected with the affair ♦ *(sin parada)* straight [**a**, to]
directiva *f* ♦ board of directors ♦ directive, guideline
directivo,-a 1 *adj* directive; **junta directiva,** board of directors | **2** *m,f* director, member of the board

directo,-a *adj* direct ♦ | LOC: *TV Rad* **en d.,** live

director,-ora *m,f* ♦ director; *(de un colegio)* head teacher, *US* principal; *(de un periódico)* editor ♦ *(de una película, musical)* director; *(de orquesta)* conductor

directorio *m Inform* directory

dirigente 1 *adj* leading; **clase d.,** ruling class | **2** *mf (de un sindicato, partido)* leader; *(de un negocio)* manager

dirigir *vtr* ♦ *(estar al mando de)* to direct; *(una empresa)* to manage; *(un negocio, una escuela)* to run; *(un sindicato, partido)* to lead; *(un periódico)* to edit ♦ *(una orquesta)* to conduct; *(una película)* to direct ♦ *(hacer llegar unas palabras, un escrito)* to address; *(una mirada)* to give ♦ *(encaminar, poner en una dirección)* to direct, steer: **dirigió el coche hacia la salida,** he drove to the exit; **dirigió la mirada hacia la caja fuerte,** she looked towards the strongbox; **dirigió sus pasos hacia el bosque,** he made his way towards the wood

■ **dirigirse** *vr* ♦ *(encaminarse)* to go [**a/hacia,** to], to make one's way [**a/hacia,** towards] ♦ *(a una persona, un grupo)* to address: **se dirigía a ti,** he was speaking to you; **diríjase al servicio de atención a cliente,** contact the customer service department

discapacitado,-a 1 *m,f* disabled *o* handicapped person; **un d. físico,** a physically handicapped person | **2** *adj* disabled, handicapped

disciplina *f* discipline

disciplinado,-a *adj* disciplined

discípulo,-a *m,f* disciple

disco *m* ♦ disc, *US* disk ♦ *Mús* record; **d. compacto,** compact disc ♦ *Inform* disk; **d. duro,** hard disk ♦ *Med* disc; **una hernia de d.,** a slipped disc ♦ *Dep* discus

discográfico,-a *adj* **compañía discográfica,** record company

discontinuo,-a *adj* discontinuous

discordante *adj* discordant

discordia *f* discord

discoteca *f* ♦ *(sala de baile)* discotheque ♦ *(colección de discos)* record collection

discotequero,-a 1 *m,f fam* nightclubber | **2** *adj* disco

discreción *f* discretion ♦ | LOC: **a d.,** at discretion *o* at will

discrecional *adj* discretionary, optional; **parada d.,** request stop

discrepancia *f* ♦ *(diferencia)* discrepancy ♦ *(desacuerdo)* disagreement

discrepar *vi* ♦ *(disentir)* to disagree [**de,** with] [**en,** on] ♦ *(ser diferente de)* to be different [**de,** from]: **su propuesta discrepa de la tuya en dos puntos,** her proposal differs from yours in two points

discreto,-a *adj* ♦ *(prudente)* discreet ♦ *(mediocre)* average

discriminación *f* discrimination

discriminar *vtr* ♦ *(marginar)* to discriminate against; **estar discriminado,** to be discriminated against; **sentirse discriminado,** to feel discriminated against ♦ *(diferenciar, distinguir)* to discriminate between *o* to tell the difference between: **no discrimina los colores,** she can't tell one colour from another

disculpa *f* excuse: **te debe una d.,** she owes you an apology *o* excuse ♦ | LOC: **pedir disculpas a alguien,** to apologize to sb

disculpar *vtr* to excuse

■ **disculparse** *vr* to apologize [**por,** for]

discurrir 1 *vi* ♦ *(el tiempo, las horas, etc)* to pass, go by ♦ *(un río, las ideas)* to flow | **2** *vt (ingeniar, pensar)* to think up; *(maquinar, urdir)* to devise

discurso *m* speech; **dar** *o* **pronunciar un d.,** to make a speech

discusión *f* argument

discutible *adj* debatable: **eso es d.,** that's a matter of opinion

discutir 1 *vi* ♦ to argue [**de/sobre,** about] ♦ *(regañar, reñir)* to argue, have an argument | **2** *vtr* ♦ *(debatir, considerar)* to discuss, talk about ♦ *(rebatir, poner en cuestión)* to challenge, question

disecar *vtr* ♦ *(un animal)* to stuff ♦ *(una flor, hoja)* to dry

diseminar *vtr* to disseminate, spread

disentir *vi* to dissent, disagree [**de,** with]

diseñador,-ora *m,f* designer

diseñar *vtr* to design

diseño *m* design

disertar *vi* to expound [**sobre,** on/upon]

disfraz *m* ♦ *(para disimular)* disguise: **pasó la frontera con un d. de mujer,** he crossed the border disguised as a woman; **su amabilidad es el d. de su desprecio,** his kindness is a cloak for his contempt ♦ *(para una fiesta)* fancy dress, *US* costume; **fiesta de disfraces,** fancy dress party, *US* costume party

disfrazar *vtr* to disguise

■ **disfrazarse** *vr (vestirse para no ser reconocido)* to disguise oneself; *(para una fiesta)* to dress up [**de,** as]

disfrutar 1 *vi* ◆ *(gozar, pasarlo bien)* to enjoy oneself: **disfruta con los libros antiguos,** he enjoys old books ◆ *(estar en posesión de)* to enjoy [de, -] | 2 *vtr* to enjoy ➤ Ver nota en **enjoy**

disgregar *vtr* ◆ to disintegrate, break up ◆ *(a una multitud)* to disperse

disgustado,-a *adj* upset, displeased

disgustar *vtr* ◆ *(enfadar, entristecer)* to upset: **disgustó a su madre,** he upset his mother ◆ *(desagradar)* to displease: **es un sabor raro, pero no me disgusta,** it's an odd taste, but I don't dislike it

■ **disgustarse** *vr* ◆ *(sentirse molesto, enojarse)* to get upset, be annoyed ◆ *(enfadarse con un amigo)* to quarrel

disgusto *m* ◆ *(preocupación, pesar)* upset: **tiene un d. terrible,** she is really upset ◆ *(desgracia)* trouble: **un día de estos vas a tener un d.,** one day you are going to have trouble ◆ *(enfado, disputa)* quarrel, row: **tendrá un d. con los vecinos por el ruido,** he'll have a row with his neighbours over the noise ◆ | LOC: **a d.,** unwillingly; **encontrarse a d.,** to feel ill at ease

disidente *adj & mf* dissident

disimuladamente *adv* surreptitiously

disimulado,-a *adj (un objeto, sentimiento)* hidden, concealed

disimular 1 *vtr* to conceal, hide: **no supe d. la rabia,** I couldn't hide my anger | 2 *vi* to pretend: **no sé d.,** I can't pretend

disimulo *m* cunning: **metió la carta en el bolso con d.,** she slipped the letter into her bag; **sin d.,** openly

disipar *vtr* ◆ *(hacer desaparecer la niebla, etc)* to drive away; *(un temor, una duda)* to dispel ◆ *(despilfarrar)* to squander

■ **disiparse** *vr (desvanecerse la niebla, el temor, etc)* to disappear, vanish

dislexia *f* dyslexia

disléxico,-a *adj & m,f Med* dyslexic

dislocar *vtr* to dislocate

disminución *f* decrease, drop

disminuir 1 *vtr* to reduce | 2 *vi* to diminish

disolución *f* dissolution

disolvente *adj & m* solvent

disolver *vtr* ◆ *(diluir)* to dissolve ◆ *(deshacer un grupo)* to dissolve; *(dispersar una reunión)* to break up

■ **disolverse** *vr* ◆ *(diluirse)* to dissolve ◆ *(deshacerse un grupo)* to be dissolved; *(dispersarse)* **a las cinco se disolvió la reunión,** the meeting broke up at five o'clock

disparado,-a *adj loc* **salimos disparados de allí,** we shot out of there

disparar *vtr* ◆ *(un arma de fuego)* to fire; *(un proyectil)* to shoot: **le dispararon en el hombro,** he was shot in the shoulder ◆ *Ftb* to shoot; **d. a puerta,** to shoot at goal

■ **dispararse** *vr* ◆ *(una pistola)* to go off, fire ◆ *(los precios)* to rocket

disparatado,-a *adj* absurd

disparate *m* ◆ *(que se dice)* nonsense: **sólo sabe decir disparates,** she's always talking nonsense ◆ *(que se hace)* foolish act ◆ *(gran cantidad)* a lot: **este bolso cuesta un d.,** this handbag costs a fortune

disparo *m* ◆ shot ◆ *Dep Ftb* shot

dispersar *vtr* ◆ *(a un grupo, la niebla)* to disperse ◆ *(desperdigar)* to scatter

■ **dispersarse** *vr (un grupo, la niebla)* to disperse

disperso,-a *adj* ◆ *(separado)* dispersed ◆ *(desperdigado)* scattered

disponer 1 *vtr* ◆ *(colocar)* to arrange, set out ◆ *(preparar)* to prepare: **lo dispuso todo para el encuentro,** she prepared everything for the meeting ◆ *(mandar, establecer)* to lay down, state: **así lo dispuso en su testamento,** so he stipulated in his will | 2 *vi* **d. de,** to have at one's disposal

■ **disponerse** *vr* to prepare, get ready

disponible *adj* available

disposición *f* ◆ *(orden)* order, law; **una d. judicial,** a judicial resolution ◆ *(distribución)* layout: **no me gusta la d. de los muebles,** I don't like the arrangement of the furniture ◆ *(servicio, disfrute)* disposal ◆ *(situación, ánimo)* condition, mood: **estoy en d. de enfrentarme con ella,** I'm prepared to face her; **no estás en d. de ir al baile,** you are in no condition to go to the ball ◆ *(voluntad, predisposición)* will

dispositivo *m* device

dispuesto,-a *adj* ◆ *(preparado)* ready ◆ *(colocado)* arranged ◆ *(resuelto, convencido)* determined: **estamos dispuestos a afrontar las consecuencias,** we are prepared to take the consequences ◆ *(voluntarioso)* willing ◆ *(previsto, estipulado)* **lo enterraron según lo dispuesto en su testamento,** he was buried as stipulated in his will

disputa *f* ◆ *(enfrentamiento)* dispute; *(por un puesto, etc)* contest ◆ *(riña, pelea)* argument

disputado,-a *adj (partido)* hard-fought, close

disputar 1 *vi* ◆ *(debatir)* **disputaban sobre ello acaloradamente,** they were arguing heatedly about it ◆ *(competir por)* to contest | **2** *vtr* ◆ *(competir)* to compete: **le disputa la presidencia a Gómez,** he is competing against Gómez for the presidency ◆ *Dep (un encuentro)* to play

■ **disputarse** *vr* ◆ *(luchar por)* to contest: **ambos se disputan el cargo,** they are both competing for the job ◆ *(un bien, derecho, porcentaje)* **se disputan la autoría,** they are fighting over the authorship ◆ *Dep (jugarse)* **mañana se disputa la final,** the final will be played tomorrow; *(competir por)* to compete for

disquete *m Inform* diskette, floppy disk
disquetera *f Inform* disk drive
distancia *f* distance: **lo contemplábamos a d.,** we looked at it from the distance; **nos sentamos a cierta d.,** we sat at a distance; **su silueta apareció en la d.,** her figure appeared in the distance
distanciamiento *m* distancing
distanciar *vtr* to separate

■ **distanciarse** *vr (de un punto)* to become separated, get further away [**de,** from]; *(de otra persona)* to distance oneself

distante *adj* distant, far-off
distendido,-a *adj (relajado, sin tensión)* relaxed
distensión *f Pol* détente
distinción *f* ◆ distinction; **sin d. de raza o religión,** irrespective of race or religion ◆ *(elegancia)* distinction ◆ *(privilegio)* honour
distinguido,-a *adj* distinguished
distinguir *vtr* ◆ *(reconocer)* to recognize ◆ *(apreciar la diferencia)* to distinguish: **no soy capaz de d. a Juan de su gemelo,** I can't tell Juan from his twin brother ◆ *(conferir un privilegio, honor)* to honour, *US* honor ◆ *(verse, apreciarse)* to make out

■ **distinguirse** *vr* ◆ *(sobresalir)* to distinguish oneself ◆ *(ser apreciable)* to stand out ◆ *(caracterizarse)* to be characterized

distintivo,-a 1 *adj* distinctive, distinguishing | **2** *m* distinctive sign *o* mark
distinto,-a *adj* different
distorsión *f* ◆ *(deformación, alteración)* distortion ◆ *Med* sprain
distracción *f* ◆ *(para divertirse)* entertainment; *(entretenerse)* hobby ◆ *(falta de atención)* distraction, absent-mindedness
distraer *vtr* ◆ *(entretener)* to entertain: **la televisión distrae a la abuela,** the television keeps granny amused ◆ *(desviar la atención)* to distract

■ **distraerse** *vr* ◆ *(divertirse)* to amuse oneself ◆ *(perder la atención)* to get *o* be distracted

distraído,-a *adj* ◆ *(entretenido)* entertaining ◆ *(despistado)* absent-minded
distribución *f* ◆ *(reparto)* distribution ◆ *(de una casa, los muebles)* layout
distribuidor,-ora 1 *adj* distributing | **2** *m,f* ◆ distributor ◆ *Com* wholesaler
distribuir *vtr* ◆ *(repartir productos)* to distribute ◆ *(dar la parte correspondiente)* to share out ◆ *(poner varias cosas en un sitio adecuado)* to arrange
distrito *m* district; **d. postal,** postal district
disturbio *m* riot, disturbance
disuadir *vtr* to dissuade [**de,** from]
disuasión *f* dissuasion
disuasorio,-a *o* **disuasivo,-a** *adj* dissuasive: **ése fue el elemento d.,** that was the deterrent: **un argumento d.,** a dissuasive argument
DIU *m (abr de dispositivo intrauterino)* intrauterine device, IUD
diurético,-a *adj* & *m* diuretic
diurno,-a *adj* ◆ daytime; **un tren d.,** a daytime train ◆ *Bot Zool* diurnal; **un animal d.,** diurnal animal
divagar *vi* to digress, wander
diván *m* divan, couch
divergencia *f* divergence
divergente *adj* diverging
diversidad *f* diversity, variety
diversificación *f* diversification
diversificar *vtr* to diversify

■ **diversificarse** *vr* to be diversified *o* varied; *(empresa)* to diversify

diversión *f* fun
diverso,-a *adj* ◆ *(distinto)* different ◆ *(variado)* varied: **un panorama muy d. de corrientes artísticas,** a wide range of artistic trends ◆ **diversos,** *(varios)* several: **se lo he dicho en diversas ocasiones,** I've told him on several occasions
divertido,-a *adj* funny, amusing: **son una pareja muy divertida,** they are a very amusing couple; **un libro d.,** a funny book ➢ Ver nota en **funny**
divertir *vtr* to amuse, entertain

■ **divertirse** *vr* to enjoy oneself, have a good time: **¡que os divirtáis!,** have a good time!

dividir *vtr* & *vi* to divide: **dividieron la herencia entre los cuatro,** they divided

divinidad

the inheritance between the four of them; **tienes que dividir entre tres,** you must divide by three

- **dividirse** *vr* to divide, split up [**en,** into] [**entre,** between]

> ¿Cómo se dice 15 : 3 = 5?
> **Fifteen divided by three equals five**
> **What's fifteen divided by three?**

divinidad *f* divinity
divino,-a *adj* divine
divisa *f* ◆ *(distintivo, insignia)* symbol, emblem; *(de una ganadería)* brand, mark ◆ *Com* **divisas,** foreign currency *sing*
divisar *vtr* to make out, discern
división *f Mat Ftb* division
divisorio,-a *adj* dividing
divorciado,-a **1** *adj* divorced | **2** *m,f (hombre)* divorcé; *(mujer)* divorcée
divorciar *vtr* to divorce

- **divorciarse** *vr* to get divorced

divorcio *m* divorce
divulgación *f* ◆ *(de un secreto, etc)* disclosure ◆ **un libro de d. científica,** a popular science book; **un libro sobre la d. de la ciencia,** a book on the popularization of science
divulgar *vtr* ◆ *(un secreto, etc)* to disclose ◆ *Rad TV* to broadcast
divulgarse *vr* to spread
DNI *m (abr de documento nacional de identidad)* Identity Card, ID card
do *m Mús (de solfeo)* doh, do; *(de escala diatónica)* C; **do bemol,** C-flat; **do de pecho,** high C; **do sostenido,** C-sharp ◆ | LOC: **dar el do de pecho,** to do one's very best
doberman *m Zool* Doberman (pinscher)
dobladillo *m Cost* hem
doblaje *m Cine* dubbing
doblar 1 *vtr* ◆ *(duplicar)* to double: **mi mujer me dobla el sueldo,** my wife earns twice as much as I ◆ *(un mapa, la ropa)* to fold ◆ *(flexionar)* to bend ◆ *(torcer)* to bend: **dobló la barra de metal,** he bent the metal bar ◆ *(girar)* **lo verás nada más d. la esquina,** you'll see it as soon as you get round the corner ◆ *(una película)* to dub | **2** *vi* ◆ *(girar)* to turn; **d. a la derecha/izquierda,** to turn right/left ◆ *(repicar)* to toll

- **doblarse** *vr* ◆ *(retorcerse)* to bend: **me doblaba de la risa,** I doubled up with laughter ◆ *(duplicarse)* to double ◆ *(doblegarse)* to give in

doble 1 *adj* double; **arma de d. filo,** double-edged weapon; *(hipócrita)* two-faced | **2** *m* ◆ double: **ahora pide el d.,** now he's asking twice as much ◆ *Dep* **dobles,** doubles | **3** *adv* **(el) d.,** twice, double: **es d. de lista que yo,** she's twice as clever as I ◆ | LOC: **d. o nada,** double or quits
doblegar *vtr* to bend

- **doblegarse** *vr* to give in

doblez 1 *m (pliegue)* fold | **2** *m & f fig* two-facedness, hypocrisy
doce *adj & m inv* twelve
doceavo,-a *adj & m* twelfth
docena *f* dozen
docencia *f* teaching
docente *adj* teaching; **centro d.,** educational centre
dócil *adj* docile
doctor,-ora *m,f* doctor
doctorado *m Univ* doctorate, PhD
doctrina *f* doctrine
documentación *f* documentation; *(DNI, de conducir, etc)* papers *pl*
documental *adj & m* documentary
documentar *vtr* to document

- **documentarse** *vr* to research [**sobre,** -], get information [**sobre,** about *o* on]

documento *m* document; **D. Nacional de Identidad,** Identity Card
dogma *m* dogma
dogmático,-a *adj & m,f* dogmatic
dólar *m* dollar
doler *vi* to hurt, ache: **me duelen las muelas,** I've got a toothache; **me duele que me digas eso,** it hurts me that you say that

- **dolerse** *vr* ◆ *(quejarse de un golpe, dolor)* to be in pain; *(de un trato, comportamiento)* to complain ◆ *(estar arrepentido)* to be sorry

dolido,-a *adj* **estar d.,** to be hurt
dolor *m* ◆ *Med* pain; **d. de espalda,** backache ◆ *(aflicción)* grief, sorrow
dolorido,-a *adj* ◆ *(un brazo, músculo)* sore, aching ◆ *(entristecido, afligido)* hurt, sore
doloroso,-a *adj* painful
domador,-ora *m,f* tamer
domar *vtr* to tame; *(un caballo)* to break (in)
domesticar *vtr* to domesticate; *(a un animal)* to tame
doméstico,-a *adj* ◆ domestic; **un producto para uso d.,** a product for domestic use; **tareas domésticas,** housework ◆ *(domesticado)* **las gallinas son aves domésticas,** hens are domestic fowls; *(mascota)*

no me gustan los animales domésticos, I don't like pets

domiciliación *f Fin* payment by standing order

domiciliar *vtr Fin* to pay by standing order

domicilio *m* ◆ home, residence ◆ *(dirección habitual)* address; **un joven sin d. fijo,** a young man of no fixed abode

dominación *f* domination

dominante *adj* ◆ *(predominante, mayoritario)* dominant ◆ *(tiránico)* domineering

dominar 1 *vtr* ◆ *(un pueblo, país)* to dominate, rule ◆ *(contener, controlar)* to control ◆ *(conocer perfectamente: un idioma)* to speak very well; *(un asunto, una actividad)* to master ◆ *(con la vista)* to overlook | **2** *vi* ◆ to dominate ◆ *(un color, una característica)* to stand out

■ **dominarse** *vr* to control oneself

domingo *m* Sunday: **se puso el traje de los domingos,** he put on his Sunday best

dominguero,-a *m,f fam (en el campo)* weekend tripper; *(en la carretera)* Sunday driver

dominical 1 *adj* Sunday | **2** *m Prensa* Sunday supplement

dominicano,-a *adj & m,f* Dominican

dominio *m* ◆ *(poder)* control: **tiene mucho d. de sí mismo,** he's very self-controlled ◆ *(conocimiento profundo)* command, grasp ◆ *(ámbito, campo)* scope, sphere ◆ *(territorio)* lands; *(colonias)* colonies ◆ | LOC: **ser de d. público,** to be public knowledge

dominó *m* dominoes *pl*

don[1] *m* ◆ *(capacidad)* gift, talent: **tiene el d. de hacerme perder la paciencia,** she has a knack for making me lose my patience ◆ *(regalo, dádiva)* gift: **es un d. divino,** it is a heavenly gift

don[2] *m Señor* **D. Carlos Jiménez,** Mr Carlos Jiménez; **ser un d. nadie,** to be a nobody

> Es incorrecto traducir *Don Miguel* por **Mr Miguel**, ya que **Mr** sólo se puede usar con un apellido. Lo mejor es traducirlo por **Mr Miguel** más el apellido o **Mr** más el apellido. Si te refieres al destinatario de una carta, puedes escribir **Miguel Romero, Esq.**

donante *mf* donor, *Med* **d. de sangre,** blood donor

donar *vtr* ◆ to donate: **lo donó al Museo Municipal,** he donated it to the Town Museum ◆ *(la sangre, un órgano)* to give

donativo *m* donation

dónde *adv* ◆ *interr* where: **¿de d. es?,** where is he from?; **¿de d. sacaste esa idea?,** where did you get that idea from?; **¿por d. se va al Prado?,** which way is it to the Prado?

donde *adv rel* ◆ where: **el cajón d. guardaba las cartas,** the drawer where she kept the letters; **un balcón desde d. se ven los jardines,** a balcony from which the gardens are visible ◆ *(por lo que)* from which: **de d. deduzco que...,** from which I deduce that... ◆ *fam (en lo de, en casa de)* **estuvimos d. Pedro,** we were at Pedro's

dondequiera *adv (en cualquier lugar)* everywhere: **d. que esté,** wherever it is

doña *f (Señora)* **D.ª Aurora Leite,** Mrs Aurora Leite

> Es incorrecto traducir *Doña Ana* por **Mrs Ana,** ya que **Mrs** sólo se puede usar con un apellido. Lo correcto es traducirlo por **Mrs Ana** más el apellido o **Mrs** más el apellido.

dopaje *m Dep* drug taking

dopar *vtr (a un animal)* to dope; *(a una persona)* to give drugs to

■ **doparse** *vr* to take drugs

doping *m Dep* drug-taking

dorada *f Zool* gilthead bream

dorado,-a 1 *adj* golden | **2** *m Téc* gilding

dorar *vtr* ◆ to gild; *fig* **d. la píldora,** to sugar the pill ◆ *(tostar)* to brown

dormido,-a *adj* ◆ asleep **me quedé dormido en el sillón,** I fell asleep in the armchair ➢ Ver nota en **asleep** ◆ *(no despertarse a tiempo)* **llegó tarde porque se quedó d.,** he was late because he overslept ◆ *(pierna, brazo)* numb

dormilón,-ona 1 *adj fam* sleepyheaded | **2** *m,f* sleepyhead

dormir 1 *vi* to sleep: **el niño tiene ganas de d.,** the baby is feeling sleepy | **2** *vtr* **d. una siesta,** to have a nap ◆ | LOC: **d. como un tronco/ceporro/leño,** to sleep like a log; **dormirla** *o* **dormir la mona,** to sleep it off

■ **dormirse** *vr* to fall asleep: **se le durmió un pie,** her foot went to sleep

dormitar *vi* to doze, snooze

dormitorio *m* ◆ bedroom ◆ *(de colegio, residencia)* dormitory

dorsal 1 *adj* dorsal; **aleta d.**, dorsal fin; **espina d.**, spine | **2** *m Dep* number

dorso *m* back: **anotó su dirección al d. de la tarjeta**, he noted his address on the back of the card; **para más información, véase al d.**, see overleaf for further information

dos 1 *adj* ◆ *(cardinal)* two: **tiene d. hijos**, he has two children; **las d. hermanas son pelirrojas**, both the sisters have red hair ◆ *(ordinal)* second: **el día d. de cada mes**, the second of every month | **2** *pron* ◆ *(cardinal)* two: **compra sólo d.**, buy only two; **d. de ellos estaban vigilando a los niños**, two of them were watching the children; **estaban los d. muy contentos**, both of them were very happy; **vosotros d. estáis castigados**, both of you are to be punished | **3** *m* two ◆ | LOC: *fam* **cada d. por tres**, every other minute

doscientos,-as *adj & m,f* two hundred

dosificar *vtr* ◆ *(una medicina, un alimento)* to dose ◆ *(comedir, regular)* to be sparing with: **tienes que d. tus salidas nocturnas**, you shouldn't go out so much at night

dosis *f inv* dose

dotado,-a *adj* ◆ *(con un don especial)* gifted: **está dotada para la danza**, she has a gift for dancing ◆ *(surtido, provisto)* equipped: **está d. de un gran sentido del humor**, he has a great sense of humour; **un coche d. de aire acondicionado**, a car fitted with air conditioning ◆ *(un premio)* **el premio está d. con tres millones**, the prize is worth three million

dotar *vtr* ◆ *(conceder)* **d. de**, to provide with ◆ *(un premio, etc)* to assign ◆ *(a una mujer)* to give a dowry

dote *f* ◆ *(de una mujer)* dowry ◆ **dotes**, *(don, capacidad)* gift *sing*, talent *sing*: **sus dos hijos tienen dotes de mando**, both of her sons have leadership qualities

Dr *(abr de doctor)* doctor, Dr

Dra *(abr de doctora)* doctor, Dr

dragón *m Mit* dragon

drama *m* drama

dramático,-a *adj* dramatic

dramaturgo,-a *m,f* playwright, dramatist

drástico,-a *adj* drastic

drenar *vtr* to drain

droga *f Med & fig* drug

drogadicto,-a *m,f* drug addict

drogar *vtr* to drug

■ **drogarse** *vr* to drug oneself, take drugs

drogodependencia *f frml* drug dependence

droguería *f* ◆ *España* shop selling cosmetics, cleaning and decorating materials ◆ *LAm* chemist's, drugstore

dromedario *m Zool* dromedary

druida *m* druid

dual *adj* dual

dualidad *f* duality

dubitativo,-a *adj* doubtful

ducha *f* shower: **me daré una d. en cuanto llegue a casa**, I'll have a shower as soon as I get home

ducharse *vr* to shower, have *o* take a shower

ducho,-a *adj* expert: **está muy d. en matemáticas**, he's well versed in maths

duda *f* doubt: **la lectura le despertó esa d.**, reading aroused that doubt in him; **su integridad está fuera de toda d.**, her integrity is beyond question; **puso en d. la viabilidad del proyecto**, he questioned the viability of the project ◆ | LOC: **sin (lugar a) d.**, *(ciertamente)* **es sin d. alguna el mejor producto del mercado**, it's without question the best product on the market

dudar 1 *vi* ◆ to doubt: **no dudes de él**, don't distrust him ◆ *(estar indeciso)* to hesitate [**en**, to]: **dudaban entre comprarlo o no**, they hesitated whether to buy it or not | **2** *vtr* to doubt: **dudo mucho que se disculpe**, I very much doubt that he'll apologize

dudoso,-a *adj* ◆ *(poco probable)* unlikely, doubtful; *(incierto)* **los orígenes de la creación son dudosos**, the origins of creation are uncertain; *(con pocas garantías)* **la atribución a Velázquez es dudosa**, the attribution to Velazquez is doubtful ◆ *(indeciso, vacilante)* undecided: **estaba d.**, he was hesitant ◆ *(turbio)* dubious

duelo[1] *m (enfrentamiento, lucha)* duel

duelo[2] *m (luto)* mourning

duende *m* ◆ *(ser fantástico)* goblin, elf ◆ *(gracia, atractivo)* magic, charm

dueño,-a *m,f* ◆ *(de un hostal, casa alquilada) (hombre)* landlord, *(mujer)* landlady ◆ | LOC: **hacerse d. de**: **se hizo el d. de la casa**, he took over the house; **no era dueña de la situación**, she wasn't in control of the situation; **ser d. de sí mismo**, to be self-possessed; **ser muy d.:** **eres muy d. de pensar lo que quieras**, you have every right to think whatever you like

dulce 1 *adj* ◆ *(al gusto)* sweet ◆ *(cariñoso, delicado)* gentle ◆ **agua d.,** fresh water | **2** *m* ◆ *Culin (pastel)* cake; **d. de membrillo,** quince jelly ◆ *(caramelo)* sweet, *US* candy
dulzura *f* ◆ *(de algo comestible)* sweetness ◆ *(de una persona)* gentleness, softness
duna *f* dune
dúo *m* duet
duodécimo,-a *adj* & *m,f* twelfth
dúplex *m* ◆ *(vivienda)* duplex, duplex apartment ◆ *Telec* linkup
duplicado *m* duplicate, copy: **presente los documentos por d.,** submit the documents in duplicate
duplicar *vtr* ◆ *(hacer una copia)* to duplicate ◆ *(doblar una cifra)* to double
■ **duplicarse** *vr* to double
duque *m* duke; **los duques,** the duke and duchess
duquesa *f* duchess
duración *f* duration, length: **la película tiene dos horas de d.,** the film is two hours long
duradero,-a *adj* durable, lasting

durante *prep* during: **caminamos d. dos horas,** we walk for two hours; **hablaremos d. la cena,** we'll talk over dinner; **se durmió d. la conferencia,** she fell asleep during the lecture; **estuvo llorando d. toda la noche,** she was crying all night long

> Recuerda que **during** se usa con el «nombre» de un periodo (*la guerra, el concierto, el día*) y responde a la pregunta *¿cuándo ocurrió?* **For** expresa duración (*tres días, un par de segundos*) y responde a la pregunta *¿cuánto tiempo duró?*

durar *vi* ◆ to last ◆ *(ropa, calzado)* to wear well, last
dureza *f* ◆ hardness; *(de una persona)* harshness, severity ◆ *(en las manos, en los pies)* corn
duro,-a 1 *adj* ◆ hard ◆ *(insensible, intransigente)* hard ◆ *(violento, brusco)* rough | **2** *m (moneda)* five-peseta coin | **3** *adv* hard

E, e *f (letra)* E, e
E *(abr de Este)* East, E
e *conj* and
ebanista *m* cabinet-maker
ébano *m* ebony
echar 1 *vtr* ◆ *(por el aire)* to throw ◆ *(añadir)* to put; *(una bebida)* to pour; *(gasolina)* to put petrol (in the car): **échale más agua al caldo,** put more water in the soup ◆ *(despedir: humo, olor)* to give off; *(del trabajo)* to sack, fire; *(obligar a salir)* to throw out ◆ *(calcular subjetivamente)* to reckon: **le echó más años,** he thought she was older ◆ *fam (un espectáculo)* to show ◆ *(derribar)* **e. abajo,** *(edificio)* to demolish ◆ *(+ sustantivo) fig* **échale una ojeada a esto,** have a look at this; *fig* **echarle una mano a alguien,** to give sb a hand ◆ **e. de menos** *o* **en falta,** to miss ➢ Ver nota en **miss** | **2** *vi (empezar)* to begin to: **echó a andar,** she started to walk
■ **echarse** *vr* ◆ *(acostarse)* to lie down ➢ Ver nota en **lie;** *(tirarse)* to throw oneself; *fig* **el tiempo se nos echó encima,** it was late before we knew it ◆ *(empezar)* to begin to: **cuando lo dije se echó a reír,** when I said it she burst out laughing
eclesiástico,-a 1 *adj* ecclesiastical | **2** *m* clergyman
eclipsar *vtr* to eclipse
eclipse *m* eclipse
eco *m* ◆ *(reverberación)* echo ◆ *(rumor)* rumour: **nos llegaron ecos de su boda,** we heard a rumour of her marriage; **ecos de sociedad,** gossip column *sing* ◆ *(alcance, propagación)* impact: **su dimisión tuvo mucho e.,** his resignation aroused great interest

ecografía f scan
ecología f ecology
ecológico,-a adj ecological
ecologismo m environmentalism
ecologista 1 adj ecological, environmental | **2** m,f ecologist
economía f ◆ economy ◆ (rama del saber) economics

> Fíjate en la diferencia entre **economics**, *ciencias económicas*, y **economy**, *economía* en sentido general: *economía sumergida*, **black economy**; *economía de mercado*, **market economy**.

económico,-a adj ◆ (país, empresa) economic; (persona) financial: **tienen problemas económicos,** they have financial troubles ◆ (barato) economical, inexpensive; **comidas económicas,** cheap meals ◆ (persona ahorradora) thrifty

> Recuerda que el adjetivo **economic**, *relativo a la economía*, no es igual al adjetivo **economical**, que significa *económico, barato*.

economista mf economist
ecosistema m ecosystem
ecu m (abr de *european currency unity*) ecu
ecuación f equation; **e. de segundo/tercer grado,** quadratic/cubic equation
Ecuador m Ecuador
ecuador m Geog **el e.,** the Equator
ecualizador m graphic equalizer
ecuánime adj ◆ (persona) calm, even-tempered ◆ (opinión, decisión) impartial
ecuatorial adj equatorial; **Guinea E.,** Ecuatorial Guinea
ecuestre adj equestrian
eczema m eczema
edad f ◆ age: **ese niño es de mi e.,** that boy is my age; **no tienes e. para votar,** you aren't old enough to vote; **¿qué e. tiene tu prima?,** how old is your cousin? ◆ (periodo) age: **E. de Oro,** Golden Age; **e. del pavo,** the awkward age; **E. Media,** Middle Ages pl ➢ Ver nota en **año** ◆ | LOC: **ser mayor de e.,** to be of age; **ser menor de e.,** to be under age
edición f ◆ (de un libro, cartel) publication; (de sellos) issue ◆ (ejemplares) edition; **e. agotada,** edition sold out
edicto m edict, proclamation

edificar vtr ◆ (construir) to build ◆ (dar buen ejemplo) to edify
edificio m building
edil,-a m,f town councillor
editar vtr ◆ (en papel) to publish ◆ (disco, CD) to bring out: **van a editar un nuevo compacto,** they are going to bring out a new CD ◆ *Inform* to edit
editor,-ora 1 adj publishing | **2** m,f (dueño de editorial) publisher ◆ (supervisor de edición) editor
editorial 1 adj publishing | **2** f publisher(s), publishing house | **3** m *Prensa* editorial, leading article
edredón m quilt, duvet, eiderdown
educación f ◆ education ◆ (crianza) upbringing: **su tía se hizo cargo de su e.,** his aunt took care of his upbringing ◆ (urbanidad, cortesía) **compórtate con e.,** be polite; **no hagas eso, es una falta de e.,** don't do that, it's rude
educado,-a adj (cortés) polite: **es un niño muy bien/mal e.,** he's a very well-mannered/rude boy
educador,-ora 1 adj educating | **2** m,f teacher
educar vtr ◆ (criar) to raise ◆ (enseñar) to educate ◆ (un sentido, la voz) to train: **debería e. el oído,** she should train her ear
educativo,-a adj educational; **sistema e.,** education system
edulcorante m sweetener
EE.UU. mpl (abr de *Estados Unidos*) United States of America, USA; United States, US
efectivamente adv exactly, quite!
efectivo,-a 1 adj ◆ (eficaz) effective ◆ (valedero, real) **su ascenso se hará efectivo el martes,** his promotion will be effective from Tuesday | **2** m ◆ *Fin* **en e.,** in cash ◆ **efectivos,** *Mil* forces ◆ | LOC: *Fin* **hacer e. un cheque,** to cash a cheque
efecto m ◆ (consecuencia, resultado) effect: **no tiene efectos secundarios,** it has no side effects; **se marea por e. de la medicación,** she feels ill because of the medicine ◆ (impresión) impression: **su discurso no me causó el menor e.,** his speech made no impression on me; **hace mal e.,** it makes a bad impression; **efectos especiales,** special effects ◆ (fin, propósito) purpose: **se le comunica al efecto de que..,** you are informed that... ◆ **efectos personales,** personal belongings *o* effects ◆ *Dep* spin ◆ | LOC: **a efectos de...,** for the purposes of...; **su firma es válida a todos**

los efectos, his signature is valid for any purpose

efectividad *f* ◆ *(de una medida, un medicamento)* effectiveness ◆ *(validez)* validity

efectuar *vtr (llevar a cabo)* to carry out

efervescente *adj* effervescent; *(bebida)* fizzy; *(aspirina)* soluble

eficacia *f* ◆ *(de una medida, un medicamento)* effectiveness ◆ *(de una persona)* efficiency

eficaz *adj* ◆ *(medida, medicamento)* effective ◆ *(persona)* efficient

eficiencia *f* efficiency

eficiente *adj* efficient

efímero,-a *adj* ephemeral

efusivo,-a *adj* effusive

egocéntrico,-a *adj* egocentric, self-centred

egoísmo *m* egoism, selfishness

egoísta 1 *adj* egoistic, selfish | **2** *mf* egoist, selfish person

egresar *vi LAm (terminar la escuela)* to leave school; *(los estudios universitarios)* to graduate

ej. *(abr de por ejemplo)* exempli gratia, e.g.

eh *excl* hey (you)!

eje *m* ◆ *Téc (de una rueda)* axle; *(de una máquina)* shaft ◆ *Mat* axis *(pl* **axes***);* **e. de coordenadas,** x and y axes

ejecución *f* ◆ *(realización, cumplimiento)* carrying out, execution ◆ *(de un condenado a muerte)* execution ◆ *Mús* performance

ejecutar *vtr* ◆ *(llevar a cabo, cumplir)* to carry out ◆ *(asesinar)* to execute ◆ *Mús* to perform, play ◆ *Inform* to run

ejecutiva *f* ◆ *(de una empresa)* board of directors ◆ *Pol* executive

ejecutivo,-a 1 *adj* executive; **el consejo e.,** the executive council | **2** *m* executive

ejecutor,-ora *m,f* ◆ executant, performer ◆ *Jur* executor ◆ *(verdugo)* executioner

ejem *excl* ahem

ejemplar 1 *m* ◆ *(de un libro)* copy; *(de publicación periódica)* number, issue ◆ *(de una especie animal, vegetal)* specimen | **2** *adj* exemplary, model

ejemplo *m* example ◆ | LOC **dar e.,** to set an example; **por e.,** for example

ejercer 1 *vtr* ◆ *(un oficio, una profesión)* to practise: **ejerce la medicina,** she practises medicine ◆ *(una influencia, acción)* to exert: **ejerces demasiada presión,** you exert too much pressure ◆ *(un derecho)* **ejerceremos nuestro derecho al voto,** we'll exercise our right to vote | **2** *vi* to practise [**de,** as]

ejercicio *m* ◆ exercise ◆ *(desempeño de profesión)* practice ◆ *(movimiento físico)* exercise: **hace e. todos los días,** she does exercises every day ◆ *Fin* tax year; **e. económico,** financial year ◆ *(examen, esp práctico)* exam, proof; *(deberes prácticos)* exercices

ejercitar *vtr* to practise

ejército *m* army

ejote *m LAm* green bean

el *art def m* ◆ the ◆ *(no se traduce) (ante un tratamiento formal)* **el Sr. Gómez,** Mr Gomez; *(cuando el sustantivo es general)* **el hambre/tiempo,** hunger/time ◆ *(se traduce por un posesivo) (con partes del cuerpo)* **se ha cortado el pelo,** she's cut her hair; *(prendas)* **se lo metió en el bolsillo,** he put it in his pocket; *(pertenencias)* **guarda el diario en el cajón,** put your diary into the drawer ◆ *(con días de la semana)* **iré el miércoles,** I'll go on Wednesday ◆ *(cuando el sustantivo está elidido)* the one: **prefiero el azul,** I prefer the blue one; **el de las diez,** the ten o'clock one; **el que está en la mesa,** the one that's on the table; **el que más nos guste,** whichever one we like best; *(delante de un posesivo)* **el de María,** Maria's; **es el mío,** it's mine

él *pron pers* ◆ *(sujeto) (persona)* he; *(animal, cosa)* it: **fue él,** it was him, **fue él el que...,** it was him that... *o* it was he who... ◆ *(complemento) (persona)* him; *(animal, cosa)* it; **dáselo a él,** give it to him, **es para él,** it's for him ◆ *(posesivo)* **de él,** his ◆ *(oración comparativa)* **ella es mejor que él,** she's better than him *o* she's better than he is

elaboración *f* ◆ *(producción)* manufacture, production ◆ *(de un proyecto)* development

elaborar *vtr* ◆ *(fabricar)* to manufacture, produce ◆ *(un proyecto, una teoría)* to develop

elasticidad *f* ◆ elasticity ◆ *fig* flexibility

elástico,-a *adj & m* elastic

elección *f* ◆ choice ◆ *Pol* election *(usu en pl)* **elecciones,** election(s): **han decidido convocar elecciones para noviembre,** it has been decided to call elections for November; **se presentó a las elecciones generales/municipales,** she stood in the general/local election(s)

electo,-a *adj* **el Presidente e.,** the President elect

elector,-ora *m,f* elector

electorado *m* electorate *pl*
electoral *adj* electoral; **campaña e.,** election campaign; **colegio e.,** polling station; **jornada e.,** polling day
electoralista *adj* electioneering
electricidad *f* electricity
electricista *mf* electrician
eléctrico,-a *adj* electric
electrificar *vtr* to electrify
electrizar *vt* to electrify; **sus declaraciones electrizaron al público,** her comments electrified the audience
electro *m fam (del corazón)* electrocardiogram
electrochoque *m* electric shock therapy
electrocutar *vtr* to electrocute
electrodo *m* electrode
electrodoméstico *m* electrical appliance
electromagnético,-a *adj* electromagnetic
electrón *m* electron
electrónica *f* electronics *sing*
electrónico,-a *adj* electronic
elefante *m* elephant; **e. marino,** sea elephant, elephant seal
elegancia *f* elegance
elegante *adj* elegant
elegir *vtr* ◆ to choose ➢ Ver nota en **choose** ◆ *Pol (a un dirigente)* to elect
elemental *adj* ◆ *(esencial)* basic, fundamental, elemental; **escuela e.,** elementary school ◆ *(indivisible)* **partícula e.,** elementary particle ◆ *(sencillo, sin complejidad)* elementary; **un razonamiento e.,** an elementary argument
elemento *m* ◆ element ◆ *(parte integrante)* component, part ◆ *fam (tipo, sujeto)* type, sort; **¡menudo e. estás tú hecho!,** you are a real handful! ◆ **elementos,** elements; *(nociones básicas)* rudiments: **no tengo elementos de juicio,** I haven't enough information ◆ *(medio vital)* habitat
elepé *m* LP
elevación *f* ◆ elevation ◆ *(del terreno)* rise (in the ground)
elevado,-a *adj* ◆ *(temperatura)* high; *(torre, construcción)* tall ◆ *(altruista, espiritual)* noble
elevalunas *m inv Auto* **e. eléctrico,** electric windows
elevar *vtr* ◆ to raise ◆ *Mat* to raise (to the power of); **e. al cuadrado,** to square; **e. al cubo,** to cube; **e. a la cuarta, etc, potencia,** raised to the power of four, etc
■ **elevarse** *vr* ◆ *(levantarse del suelo)* to rise: **el globo se elevó sin dificultad,** the balloon gained height easily ◆ *(alzarse)* to stand: **el castillo se eleva sobre la cumbre,** the castle stands on the summit ◆ **e. a,** *(cantidad)* to amount *o* come to
eliminación *f* elimination
eliminar *vtr* to eliminate
eliminatoria *f Dep* heat
eliminatorio,-a *adj* qualifying, preliminary
elipse *f Mat* ellipse
elite *f* élite
elitista *adj & mf* elitist
elixir *m* ◆ *Farm* elixir; *(enjuague bucal)* mouthwash ◆ *Lit* elixir
ella *pron pers f* ◆ *(sujeto)* she; *(animal, cosa)* it; **fue ella,** it was her; **fue ella la que...,** it was her that... *o* it was she who... ◆ *(complemento)* her; *(animal, cosa)* it, her; **dáselo a ella,** give it to her; **es para ella,** it's for her ◆ *(posesivo)* **de e.,** hers ◆ *(oración comparativa)* **él es más alto que ella,** he's taller than her *o* he's taller than she is
ellas *pron pers fpl* → **ellos**
ello *pron pers neut* it: **no hay que preocuparse por e.,** you don't have to worry about it; **por e. no volveré a verte,** for that reason I'm not going to see you again
ellos *pron pers mpl* ◆ *(sujeto)* they ◆ *(complemento)* them ◆ *(posesivo)* **de e.,** theirs → **él, ella**
elocuencia *f* eloquence
elocuente *adj* eloquent: **hizo un gesto muy e.,** he made a very eloquent gesture; **su sonrisa era muy e.,** her smile was very telling
elogiar *vtr* to praise
elogio *m* praise
elote *m LAm* tender corncob
El Salvador *m* El Salvador
eludir *vtr* to avoid
emanar *vi* ◆ to emanate [**de,** from] ◆ *fig (tener origen)* to stem *o* come [**de,** from]
emancipar *vtr* to emancipate
■ **emanciparse** *vr* to become emancipated
embadurnar *vtr* to smear [**de,** with]
■ **embadurnarse** *vr* to get covered [**de, in**]
embajada *f* embassy
embajador,-ora *m,f* ambassador
embalaje *m* packing, packaging
embalar *vtr* to pack
■ **embalarse** *vr* ◆ *(coger velocidad)* to speed up: **se embala al hablar y no le entiendo nada,** she speaks so fast that I can't catch a word ◆ *(precipitarse, entu-*

siasmarse) to rush into sthg: **será mejor que no te embales,** you'd better hold your horses *o* you'd better slow down
embalsamar *vtr* to embalm
embalse *m* reservoir
embarazada 1 *adj* pregnant; **quedarse e.,** to get pregnant | 2 *f* pregnant woman
embarazar *vtr* ◆ *(causar pudor, turbación)* to embarrass ◆ *(dificultar)* to hinder
embarazo *m* ◆ *(de una mujer)* pregnancy ◆ *(apuro, turbación)* embarrassment ◆ *(incomodidad, estorbo)* obstacle
embarazoso,-a *adj (vergonzoso, comprometedor)* awkward, embarrassing
embarcación *f* ◆ *(barco)* boat, craft ◆ *(acción de subir a un barco)* embarkation
embarcadero *m* quay, pier
embarcar 1 *vtr (pasajeros)* to board; *(bultos, maletas)* to load | 2 *vi* to board
■ **embarcarse** *vr* ◆ *Náut* to go on board; *Av* to board ◆ *(emprender)* **se embarcó en un negocio muy arriesgado,** she embarked on a risky business
embargar *vtr* ◆ *Jur (una propiedad, cuenta)* to seize ◆ *(arrebatar, poseer)* to fill, overcome
embargo *m* ◆ *Jur* seizure of property ◆ *Com Pol* embargo ◆ | LOC: **sin e.,** however, nevertheless
embarque *m (de pasajeros)* boarding; *(de bultos, maletas)* loading; **puerta de e.,** gate; **tarjeta de e.,** boarding card
embellecer *vtr* to embellish
embestir *vtr* & *vi* ◆ *Taur* to charge; *fig* **otro coche le embistió por la derecha,** another car hit her from the right ◆ *(contra el enemigo)* to attack [**contra,** on]
emblema *m* emblem
embolia *f* embolism
embolsar *vtr*, **embolsarse** *vr* to pocket
emborrachar *vtr*, **emborracharse** *vr* to get drunk
emboscada *f* ambush: **les tendimos una e.,** we laid an ambush for them
embotellado 1 *adj* bottled | 2 *m* bottling
embotellamiento *m Auto* traffic jam
embotellar *vtr* ◆ *(meter en una botella)* to bottle ◆ *Auto (producir un atasco)* to block
embrague *m Auto* clutch
embravecerse *vr* ◆ *(mar, viento)* to become rough ◆ *LAm (ponerse furioso)* to become enraged
embriagador,-ora *adj* ◆ *(una bebida alcohólica)* intoxicating ◆ *(placentero)* pleasant: **el aroma de la madreselva es e.,** the smell of honeysuckle is very heady

embriagar *vtr* ◆ *(emborrachar, achispar)* to intoxicate ◆ *(causar placer)* to enrapture: **la música nos embriagaba,** we went into raptures over the music
■ **embriagarse** *vr* ◆ *(emborracharse)* to get drunk ◆ *(deleitarse)* to feel heady
embriaguez *f* intoxication
embrión *m* ◆ embryo ◆ *Bot* seed, germ
embrollo *m* ◆ *(enredo)* muddle, confusion ◆ *(situación apurada)* fix, jam
embrujado,-a *adj (persona)* bewitched; *(objeto)* haunted
embrujo *m* ◆ *(hechizo mágico)* spell, charm ◆ *(encanto)* attraction, charm
embudo *m* funnel
embuste *m* lie, trick
embustero,-a *m,f* cheat, liar
embutido *m* sausage
embutir *vtr (rellenar una tripa)* to stuff
emergencia *f* emergency: **en caso de e., pulsa este botón,** in case of emergency, press the button; **salida de e.,** emergency exit
emerger *vi* to emerge
emigración *f* emigration; *(de animales)* migration
emigrante *adj* & *mf* emigrant
emigrar *vi* to emigrate; *(los animales)* to migrate
eminencia *f* ◆ *(especialista en un campo)* leading figure: **es una e. en ingeniería genética,** he is a leading genetic engineer ◆ *Rel* Eminence
eminente *adj* eminent
emirato *m* emirate
emisario,-a *m,f* emissary
emisión *f* ◆ emission; **una e. de gases tóxicos,** an emission of poisonous gas ◆ *(de moneda, papel oficial)* issue ◆ *Rad TV* broadcasting
emisora *f* radio *o* television station
emitir *vtr* ◆ to emit, send out; *(un sonido inarticulado)* to emit; *(una señal sonora)* to beep ◆ *(un parecer, una opinión)* to express; *(un veredicto)* to bring in ◆ *(moneda, papel oficial)* to issue ◆ *Rad TV* to broadcast
emoción *f* ◆ *(sentimiento)* emotion ◆ *(nerviosismo, expectación)* excitement: **con la e. me olvidé de llamarte,** I was so excited that I forgot to call you
emocionado,-a *adj* moved, touched
emocionante *adj* ◆ *(que emociona)* moving, touching ◆ *(que excita)* exciting, thrilling

emocionar *vtr* ◆ *(causar emoción)* to move, touch ◆ *(ilusionar)* to excite, thrill
■ **emocionarse** *vr* ◆ *(conmoverse)* to be moved ◆ *(ponerse nervioso, alterarse)* to get upset ◆ *(ilusionarse)* to get excited

emotivo,-a *adj* emotional

empacar 1 *vtr* ◆ *(empaquetar)* to pack | **2** *vi LAm (hacer la maleta)* to pack up

empachado,-a *adj* **estar e.**, to have indigestion

empacharse *vtr* to get indigestion

empacho *m (de alimentos)* indigestion, upset stomach

empadronar *vtr*, **empadronarse** *vr* to register

empalagar *vtr & vi* ◆ *(ser demasiado dulce)* to be too rich *o* sweet: **esa mermelada me empalaga,** that jam is too sweet for my taste ◆ *(aburrir, disgustar)* to bore: **me empalagan las películas de Disney,** I find Disney films rather cloying

empalagoso,-a *adj* ◆ *(excesivamente dulce)* sickly sweet ◆ *(persona, película, libro)* cloying

empalizada *f* fence

empalmar 1 *vtr* ◆ *(ideas, comentarios)* to link; *(unir)* to join | **2** *vi* to connect; *Ferroc* to connect [**con,** with]

empalme *m* ◆ *Elect* connection; *Fot* splice ◆ *Ferroc* junction; *Auto* intersection

empanada *f* pie

empanadilla *f* pasty

empanado,-a *adj* breaded

empantanarse *vr* ◆ *(anegarse)* to become flooded ◆ *lit y fig* to get bogged down: **mi coche se empantanó en el barro,** my car got bogged down in the mud; **las negociaciones se han empantanado,** the talks have come to a halt ◆ *fam (desordenarse)* **la cocina se empantana en un suspiro,** the kitchen gets messy in no time

empañar *vtr*, **empañarse** *vr (con vapor de agua)* to steam up

empapado,-a *adj* soaked

empapar *vtr* ◆ *(mojar, calar)* to soak ◆ *(secar con paño)* to soak up
■ **empaparse** *vr* ◆ *(mojarse, calarse)* to get drenched *o* soaked ◆ *(de un tema)* **se empapó de nuestra cultura,** she soaked up our culture

empapelar *vtr* to wallpaper

empaquetar *vtr* to pack

emparedado *m* sandwich

emparejar *vtr* ◆ *(hacer pares iguales)* to match; **e. calcetines,** to match socks ◆ *(personas)* to pair off

emparentado,-a *adj* related: **está e. con ella,** he's related to her

empastar *vtr (una muela)* to fill

empaste *m (de una muela)* filling

empatado,-a *adj Dep* drawn: **los equipos iban empatados,** the teams were level

empatar 1 *vi Dep* to tie, draw | **2** *vtr* ◆ *Dep* to equalize: **empataron en el segundo tiempo,** they equalized in the second half ◆ *LAm (empalmar)* to join

empate *m Dep* draw, tie: **Caminero marcó el gol del e.,** Caminero scored the equalizer; **e. a cero,** nil-all draw

empecinarse *vr* to insist [**en,** on]

empedernido,-a *adj (fumador, jugador)* hardened

empedrado,-a 1 *adj* cobbled | **2** *m (pavimento de piedras)* cobbles *pl*

empeine *m* instep

empeñado,-a *adj* **estar e.** ◆ *(tener deudas)* to be in debt ◆ *(estar decidido, obstinado)* to be determined (to do sthg) ◆ *(en una casa de empeños)* **todas sus joyas estaban empeñadas,** all her jewellery was pawned

empeñar *vtr* ◆ *(un bien material)* to pawn, *US* hock ◆ *(la palabra)* to give one's word
■ **empeñarse** *vr* ◆ *(obstinarse)* to insist [**en,** on] ◆ *(adquirir deudas)* to get into debt

empeño *m* ◆ *(obstinación)* insistence: **he puesto todo mi e. en hacerlo bien,** I've set my heart on doing it properly ◆ *(prenda, garantía)* pledge; **casa de empeños,** pawnshop

empeoramiento *m* worsening

empeorar 1 *vi* to get worse | **2** *vtr* to make worse

emperador *m* ◆ emperor ◆ *Zool* swordfish

emperatriz *f* empress

empezar *vtr & vi* ◆ *(dar principio a una actividad)* to begin, start; *(un paquete, una caja)* to open, start ◆ *(tener principio)* to start ◆ ➢ Ver nota en **begin** y **start**

empinado,-a *adj (camino)* steep

empírico,-a *adj* empirical

empleado,-a *m,f* employee; *(administrativo, funcionario)* clerk; **empleada de hogar,** domestic servant

emplear *vtr* ◆ *(utilizar)* to use; *(esfuerzo, tiempo)* to spend ◆ *(a un trabajador)* to employ

empleo *m* ◆ *(trabajo asalariado)* job; **estar sin e.,** to be unemployed; *Pol* employment ◆ *(utilización)* use; **modo de e.,** instructions for use

emplomar *vtr LAm (empastar)* to fill
empobrecer *vi* to impoverish
■ **empobrecerse** *vr* to become poor *o* impoverished
empobrecimiento *m* impoverishment
empollar *vtr* ◆ *(la gallina: huevos)* to sit on ◆ *fam (estudiar mucho)* to swot (up), *US* bone up on
empollón,-ona *fam pey m,f* swot
empolvarse *vr (el rostro, la nariz)* to powder
emporio *m* ◆ *Com* trading *o* commercial centre ◆ *LAm* department store
empotrado-a *adj* fitted, built in; **armario e.**, fitted wardrobe
emprendedor,-ora *adj* enterprising
emprender *vtr* ◆ *(una tarea)* to undertake ◆ *(un viaje)* to embark on, to set out ◆ | LOC: **emprenderla con alguien,** to pick on sb
empresa *f* ◆ *Com Ind* company, firm ◆ *(proyecto, tarea)* undertaking, task: **es una e. muy arriesgada,** it's a very risky venture
empresarial *adj* business; **(ciencias) empresariales,** business studies
empresario,-a *m,f* ◆ *(hombre)* businessman; *(mujer)* businesswoman ◆ *(miembro de la patronal)* employer
empujar *vtr* ◆ *(desplazar)* to push, shove: **la gente nos empujaba hacia la salida,** people pushed us towards the exit ◆ *(inducir)* to drive: **su honestidad le empuja a obrar así,** his honesty drives him to act that way
empuje *m* ◆ push ◆ *(resolución)* energy, drive
empujón *m* push, shove: **le di un e.,** I pushed him
empuñadura *f* hilt
empuñar *vtr* ◆ *(esgrimir un arma)* to brandish ◆ *(coger por el puño)* to hold
emular *vtr* to emulate
emulsión *f* emulsion
en *prep* ◆ *(lugar)* in, on, at: **nos encontramos en el autobús,** we met on the bus; **en Barcelona/Río,** in Barcelona/Rio; **en el cajón,** in the drawer; **en casa/el trabajo,** at home/work; *(sobre)* on: **en la mesa,** on the table ◆ *(tiempo)* in, on, at: **cae en lunes,** it falls on a Monday; **en 1975,** in 1975; **en ese preciso instante,** at that very moment; **en un minuto,** in a minute; **en primavera,** in spring; *LAm* **en la mañana,** in the morning ◆ *(modo)* **en bata,** in a dressing gown; **en francés,** in French; **en serio,** seriously ◆ *(medio)* by, in: **puede venir en avión/coche/metro/tren,** she can come by air/car/tube/train; **¿por qué no vienes en avión?,** why don't you fly? ◆ *(movimiento)* into: **entró en la habitación,** he went into the room; **entró en escena,** he went on stage ◆ *(tema, materia)* at, in; **es muy bueno en matemáticas,** he's very good at maths; **experto en finanzas,** expert in finances ◆ *(partición, fases)* in: **hicimos el viaje en dos etapas,** we did the journey in two stages ◆ *(de... en...)* **entraremos de tres en tres,** we shall go in three by three ◆ *(con infinitivo)* **fue rápido en desenfundar,** he was quick to pull out; **se le nota la timidez en el hablar,** you can notice his shyness by the way he speaks
enajenación *f frml* ◆ *(locura)* insanity ◆ *Jur* transfer
enajenar *vtr* ◆ *(volver loco)* to drive insane ◆ *Jur* to transfer
■ **enajenarse** *vr (volverse loco)* to go insane *o* mad
enamorado,-a 1 *adj* in love | **2** *m,f* person in love
enamorar *vtr* to win the heart of
■ **enamorarse** *vr* to fall in love [**de,** with]
enano,-a *adj & m,f* dwarf
encabezamiento *m* ◆ *(de una carta)* heading; *(de un periódico)* headline ◆ *(de una manifestación)* head
encabezar *vtr* ◆ *(una lista)* to head; *(un periódico)* to lead ◆ *(una manifestación, actividad)* to lead
encadenar *vtr* ◆ to chain [**a,** to]; *fig* **está encadenada a la casa,** she's tied to the house ◆ *(ideas)* to link, connect
encajar 1 *vtr* ◆ *(algo dentro de algo)* to insert: **hay que e. las fichas del rompecabezas,** you have to fit the pieces of the puzzle together ◆ *(aceptar)* to take: **encaja muy mal las críticas,** she takes criticism very badly ◆ *(un golpe a alguien)* to land sb a blow | **2** *vi* ◆ *(ajustarse)* to fit: **este enchufe no encaja aquí,** this plug doesn't fit ◆ *(cuadrar)* **no encaja en este ambiente,** she doesn't fit in in this environment; **su declaración no encaja con la del testigo,** her statement doesn't agree with that of the witness
encaje *m* lace; **un pañuelo de e.,** a lace handkerchief
encalar *vtr* to whitewash
encallar *vi Náut* to run aground

encaminado,-a *adj* ♦ *(orientado)* **ir bien/mal e.,** to be on the right/wrong track ♦ *(dirigido, destinado)* aimed; **una medida encaminada a reducir gastos,** a measure aimed at cutting costs

encaminar *vtr* to direct

■ **encaminarse** *vr* to head [**a,** for] [**hacia,** towards]

encantado,-a *adj* ♦ *(satisfecho)* delighted: **estamos encantados con el proyecto,** we are delighted with the designs; **e. de conocerle,** pleased to meet you ♦ *(hechizado)* enchanted

encantador,-ora 1 *adj* charming, lovely | **2** *m,f* enchanter

encantamiento *m* spell

encantar 1 *vi (gustar mucho)* to love: **les encanta viajar,** they love travelling ➢ Ver nota en **love** | **2** *vi (embrujar)* to bewitch, cast *o* put a spell on

encanto *m (atractivo)* charm: **tiene mucho e.,** it's very charming

encapricharse *vr* ♦ *(antojarse, encariñarse)* to take a fancy [**de,** to]: **me encapriché del vestido,** I took a fancy to the dress ♦ *(enamoriscarse)* to develop a crush [**de/con,** on]

encapuchado,-a 1 *adj* hooded | **2** *m, f* hooded person

encarcelar *vtr* to imprison

encarecer *vtr (el precio)* to put up the price of

■ **encarecerse** *vr* to become more expensive

encarecidamente *adv* earnestly: **te suplico e. que me escuches,** I earnestly beg you to listen to me

encargado,-a 1 *m,f* ♦ *Com* manager ♦ *(responsable)* person in charge: **Juan es el e. de vigilarnos,** Juan is the person in charge of our security | **2** *adj* in charge

encargar 1 *vtr* ♦ *(encomendar)* to entrust: **su madre le encargó que cuidara de sus hermanos,** her mother entrusted her with the care of her brothers ♦ *Com (solicitar mercancías)* to order: **encargaremos una pizza,** we'll order a pizza; *(un servicio)* to commission: **¿por qué no se lo encargas a ellos?,** why don't you commission it from them?

■ **encargarse** *vr* **e. de,** to see to, deal with, look after

encargo *m* ♦ *(recado)* errand: **tengo que hacer un e.,** I have an errand to do ♦ *(tarea, trabajo)* job, assignment: **me han dado otro e.,** they've given me another job ♦ *Com* order: **lo fabrican por e.,** they make it to order

encariñado,-a *adj* fond [**con,** of], attached [**con,** to]

encariñarse *vr* to become fond [**con,** of], get attached [**con,** to]

encarnación *f* ♦ *Rel* incarnation ♦ *(persona)* personification

encarnar *vtr* to personify

encarnizado,-a *adj* fierce

encarrilar *vtr* ♦ *(un tren)* to put on the rails ♦ *(un proyecto, la vida, una persona)* to put on the right track

encasillar *vtr* to pigeonhole

encauzar *vtr* to channel

encéfalo *m* brain

encefalograma *m* encephalogram

encendedor *m* lighter

encender *vtr* ♦ *(con interruptor)* to switch on; *(con fuego)* to light: **enciende una cerilla,** strike a match ♦ *(avivar)* to stir up

■ **encenderse** *vr* ♦ *(un fuego)* to catch; *(una luz)* to come on ♦ *(acalorarse)* to get heated ♦ *Lit (el rostro)* to blush, go red

encendido *m (de un coche)* ignition

encerado *m (pizarra)* blackboard

encerar *vtr* to polish

encerrar *vtr* ♦ to shut in; *(con llave)* to lock in ♦ *(entrañar)* to contain, include: **la Esfinge encierra la clave,** the Sphinx holds the key

■ **encerrarse** *vr* ♦ to shut oneself up *o* in; *(con llave)* to lock oneself in ♦ *(en uno mismo)* to become withdrawn: **se encierra en sí mismo,** he withdraws into himself

encestar *vi Dep* to score (a basket)

encharcado,-a *adj* ♦ *(anegado)* flooded ♦ *(estancado)* stagnant

encharcar *vtr* to flood

■ **encharcarse** *vr* to get flooded

enchufado,-a 1 *adj* ♦ *(un electrodoméstico)* plugged in ♦ *fam (recomendado)* **estar e.,** to have good connections | **2** *m,f fam (ojo derecho, preferido)* pet

enchufar *vtr* ♦ *Elec (a la red)* to plug in; *(poner en marcha)* to turn on ♦ *(dirigir un chorro de luz)* to shine; *(de agua)* **me enchufó con la manguera,** he turned the hose on me ♦ *fam (favorecer)* to pull strings for: **la enchufó en la fábrica,** he pulled strings to get her a job in the factory

enchufe *m* ♦ *Elec (hembra)* socket; *(macho)* plug ♦ *(persona)* contact

enchufismo *m fam* string-pulling

encía *f* gum

enciclopedia *f* encyclopedia

encierro *m* ♦ *Pol (como protesta)* sit-in: **organizaron un e. en la facultad,** they organised a sit-in in the University ♦ *(confinamiento)* confinement: **durante su e. no habló con nadie,** during his confinement he didn't talk to anyone ♦ *(reclusión)* **su e. es absolutamente voluntario,** his seclusion is completely voluntary ♦ *(de toros)* running of bulls (through the streets)

encima *adv* ♦ *(en la parte superior de)* on top: **pon la maleta encima,** put the case on top ♦ *(sobre uno)* **no tenía e. la documentación,** she didn't have her papers on her; *(sobre el cuerpo)* **se me cayó e. el café,** I spilt the coffee over myself; **se echó una manta e.,** he put a blanket over himself; *(sobre el espíritu, en la mente)* **tiene muchas preocupaciones e.,** she has got lots of worries ♦ *(además)* besides, on top of that ♦ *(muy cerca)* **tengo e. el coche de detrás,** the car behind is getting too close ♦ | LOC: **e. de,** *(sobre)* on, over: **vive encima de un bar,** she lives above a bar; **por e.,** *(superficialmente)* **hablamos de ello por e.,** we scarcely talked about it; **por e. de,** over: **los pájaros volaban por e.,** birds flew overhead

encimera *f* worktop

encina *f* holm oak

encinta *adj* pregnant

enclave *m* enclave

enclenque *adj (debilucho)* weak; *(de poca salud)* sickly; *(delgaducho)* puny: **anda, come, que estás muy e.,** come on, eat up, you're all skin and bone

encoger 1 *vi (prenda)* to shrink | **2** *vtr (prenda)* to shrink ♦ *(una parte del cuerpo)* to contract: **tengo que e. las piernas,** I have to tuck my legs in; *fig* **las despedidas me encogen el corazón,** saying goodbye makes me feel so sad

■ **encogerse** *vr (sobre uno mismo)* to contract: **se encogió de hombros,** she shrugged her shoulders; **se encogió en la cama para dormir,** she curled up to go to asleep

encolar *vtr (un mueble, etc)* to glue

encolerizar *vtr* to infuriate, anger

■ **encolerizarse** *vr* to get angry

encomendar *vtr* to entrust

■ **encomendarse** *vr* to entrust oneself [**a**, to]

encontrar *vtr* ♦ *(algo/alguien buscado)* to find: **no encuentro el momento adecuado para decírselo,** I can't find the right time to tell him ♦ *(tropezar)* to meet: **encontré a Luisa en el cine,** I met Luisa at the cinema; **encontrarás serias dificultades,** you'll come up against serious difficulties ♦ *(considerar, parecer)* **lo encuentro de mal gusto,** I find it in bad taste

■ **encontrarse** *vr* ♦ *(tropezarse) (con alguien)* to meet; *(con una oposición)* to come up against ♦ *(sentirse)* to feel, be: **se encuentra muy sola,** she feels very lonely ♦ *(hallarse)* to be: **se encuentra en la cima del monte,** it's at the top of the mountain ♦ *(descubrir)* to discover: **te encontrarás con que no tienes amigos,** you'll discover you have no friends

encorvar *vtr* to bend

■ **encorvarse** *vr* to stoop, bend

encuadernación *f* ♦ *(de un libro)* binding ♦ *(oficio, arte)* bookbinding

encuadernar *vtr* to bind

encuadrar *vtr* ♦ *Fot Cine* to frame ♦ *(incluir, clasificar)* to include, classify: **yo encuadraría su obra en el surrealismo,** I'd place her work among the surrealists

encubrir *vtr* ♦ *(un hecho, la verdad)* to conceal ♦ *Jur (a un delincuente)* to cover up for: **está encubriendo a su amigo,** he's covering up for his friend

encuentro *m* ♦ meeting ♦ *Dep* match

encuesta *f* ♦ *(de opiniones)* opinion poll ♦ *(de datos)* survey

encuestador,-ora *m,f* pollster

encuestar *vtr* to poll

encumbrar *vtr* to exalt, elevate

endeble *adj* feeble, weak

endémico,-a *adj* ♦ *(actitud, mal)* chronic ♦ *Med* endemic

endemoniado,-a *adj* ♦ *(poseído por el diablo)* possessed ♦ *(problema, situación)* complicated

enderezar *vtr* ♦ *(poner recto)* to straighten up ♦ *(corregir, poner en buen camino)* to sort out

■ **enderezarse** *vr* to straighten up

endeudarse *vr* to get into debt

endiablado,-a *adj* → **endemoniado,-a**

endibia, endivia *f* chicory

endosar *vtr* ♦ *(un cheque)* to endorse ♦ *fam (un trabajo)* to lumber with: **me endosaron la organización del viaje,** I was lumbered with the arrangements for the tour

endulzar *vtr* to sweeten

endurecer *vtr* to harden

■ **endurecerse** *vr* to harden, go hard

enema *m* enema

enemigo,-a 1 *adj* enemy: **es e. del tabaco,** he's against smoking | **2** *m,f* enemy

enemistad *f* enmity
enemistar *vtr* to cause a rift between ■ **enemistarse** *vr* to fall out [**con**, with]: **se enemistó con ella,** he fell out with her; **se enemistaron,** they became enemies
energético,-a *adj* energy; **bebida e.,** energy-giving drink
energía *f* ◆ energy; **e. eléctrica,** electricity; **e. nuclear,** nuclear power ◆ *(de una persona)* energy, vitality
enérgico,-a *adj* ◆ energetic; **con un golpe e.,** with a vigorous blow ◆ *(con decisión)* firm
enero *m* January
enésimo,-a *adj* ◆ *Mat* nth ◆ *fam* umpteenth: **lo repito por enésima vez,** I repeat it for the umpteenth time
enfadado,-a *adj* angry: **él y su mujer están enfadados,** he and his wife have fallen out
enfadar *vtr* to make angry
■ **enfadarse** *vr* ◆ to get angry [**con**, with] ◆ *(uno con otro)* to fall out
enfado *m* anger
énfasis *m inv* emphasis, stress: **pon más é. en lo que dices,** say it in a more emphatic tone; **puso el é. en la importancia de la huelga,** he stressed the importance of the strike
enfático,-a *adj* emphatic
enfatizar *vtr* to emphasize, stress
enfermar 1 *vi* to become *o* fall ill, get sick | 2 *vtr fam* **me enferma el desorden,** untidiness makes me sick
enfermedad *f* illness; **una e. crónica,** a chronic disease ➢ Ver nota en **disease**
enfermería *f* ◆ *(lugar)* sickbay ◆ *(oficio)* nursing: **estudia e.,** she's studying nursing
enfermero,-a *m,f* nurse
enfermizo,-a *adj* unhealthy, sickly
enfermo,-a 1 *adj* ill, sick: **se puso enferma,** she fell ill | 2 *m,f* sick person; *(paciente)* patient

> En general, puedes usar **ill** o **sick**. Pero recuerda que **ill** no se emplea delante de sustantivos *(un niño enfermo,* **a sick boy**) pero sí con el verbo **to feel** *(me encuentro mal,* **I feel ill**), ya que **I feel sick** significa *tengo ganas de vomitar*. **Sick** también se emplea para indicar un disgusto: *Estoy harto de él.* **I'm sick of him.** *Esa gente me pone enfermo.* **Those people make me sick.**

enfilar 1 *vi (dirigir los pasos hacia)* to make for: **enfilamos hacia el sur,** we headed south | 2 *vt* ◆ *(un camino)* to take ◆ *(un cañón, un telescopio)* to aim [**hacia,** at]
enfocado,-a *adj* **está bien/mal enfocado,** *(una fotografía)* to be in/out of focus; *(un problema)* to have a good/bad approach
enfocar *vtr* ◆ *(una cámara, un proyector)* to focus: **Pedro, enfoca a Mónica,** Pedro, focus on Mónica ◆ *(un problema, un asunto)* to approach: **lo enfocaré de otra manera,** I'll put it another way ◆ *(con un haz de luz)* to shine a light on
enfoque *m* ◆ *(de un problema, asunto)* approach ◆ *Fot TV* focus; *(acción)* focusing
enfrentamiento *m* confrontation
enfrentar *vtr* ◆ *(afrontar)* to confront, face up to ◆ *(enemistar)* to set at odds ◆ *(poner frente a frente)* to bring face to face
■ **enfrentarse** *vr* ◆ to face ◆ *Dep (un equipo)* to play; *(una persona)* to meet [**a,** -]: **Karpov se enfrentará a Kasparov,** Karpov will meet Kasparov
enfrente *adv* ◆ opposite, facing; **la acera de e.,** the opposite side of the street ◆ *(en contra)* **tiene e. a la junta directiva,** the board is against her ◆ | LOC: **e. de: está e. de ti,** it's opposite you; **dejé el coche e. de la puerta,** I left the car in front of the door
enfriamiento *m* ◆ *(de un objeto, del entusiasmo)* cooling ◆ *Med (resfriado)* cold, chill
enfriar 1 *vtr* to cool (down), chill | 2 *vi* to cool down
■ **enfriarse** *vr* ◆ *(coger un resfriado)* to get *o* catch a cold ◆ *(el entusiasmo)* to cool down
enfurecer *vtr* to enrage, infuriate
■ **enfurecerse** *vr* to become furious, lose one's temper
enganchado,-a *adj* ◆ *argot (a las drogas)* hooked: **está enganchada a la heroína,** she's hooked on heroin ◆ **estoy e. a una serie,** I'm hooked on a serial
enganchar *vtr* ◆ *(con un gancho, una rama)* to hook ◆ *Ferroc* to couple ◆ *(prender)* **la novela te engancha,** the novel grips you
■ **engancharse** *vr* ◆ to get caught *o* hooked ◆ *fam (a la droga)* to get hooked
engañar *vtr* ◆ to deceive, mislead ◆ *(mentir)* to lie ◆ *(la sed, el hambre, el sueño)* **comeremos un poco para e. el hambre,** we'll eat a bit to keep the wolf from the door ◆ *(timar)* to cheat, trick ◆ *(ser infiel)* to be unfaithful to | 2 *vi* to be deceptive:

parece pequeña, pero engaña, it looks small, but it's deceptive

■ **engañarse** *vr* to deceive *o* fool oneself

engaño *m* ◆ *(mentira, trampa)* deception, swindle; *(estafa)* fraud; *(infidelidad)* unfaithfulness ◆ *(ilusión, equivocación)* delusion: **deberías sacarle del e.,** you should tell him the truth

engañoso,-a *adj (mentiroso, falaz)* deceitful; *(apariencia)* deceptive

engatusar *vtr fam* to sweet-talk: **no te dejes e.,** don't be deceived

engendrar *vtr* ◆ *Biol* to engender ◆ *(dar lugar, provocar)* to give rise to, cause

englobar *vtr* to include

engordar 1 *vi* ◆ to put on weight, get fat: **deberías e. tres kilos,** you should put on three kilos ◆ *(causar gordura)* to be fattening | **2** *vtr* to fatten (up), make fat

engorro *m fam* nuisance

engranaje *m* ◆ *Téc* gears ◆ *(de un partido, etc)* machinery

engrandecer *vtr* to exalt

engrasar *vtr* ◆ *(untar con grasa, etc)* to lubricate, oil: **hay que e. el molde,** you have to grease the tin ◆ *(ensuciar con grasa)* to make greasy, stain with grease

engreído,-a *adj* conceited

engrosar *vtr (una lista, una cuenta, una colección)* to swell, increase

engullir *vtr* to gobble up, wolf down

enharinar *vtr* to flour

enhebrar *vtr* to thread

enhorabuena *f* congratulations *pl:* **tengo que darte la e.,** I must congratulate you

enigma *m* enigma

enigmático,-a *adj* enigmatic

enjabonar *vtr* to soap

enjambre *m* swarm

enjaular *vtr* ◆ *(a un animal)* to cage ◆ *fam (encarcelar)* to put in jail, lock up

enjuagar *vtr* to rinse

enjuague *m* ◆ *(acción)* rinse ◆ *(elixir bucal)* mouthwash

enjugar *vtr,* **enjugarse** *vr (lágrimas, sudor)* to wipe away

enjuiciar *vtr* ◆ *(un tema, un asunto)* to judge, examine ◆ *Jur (a un sospechoso)* to prosecute

enjuto,-a *adj* skinny, lean

enlace *m* ◆ *(relación, ligazón)* link, connection; **e. químico,** chemical bond ◆ *frml (boda)* wedding ◆ *(persona de contacto)* liaison ◆ *Ferroc* connection ◆ *(de carreteras, autopistas)* intersection, junction

enlatado,-a *adj* ◆ *(en conserva, lata)* canned, tinned ◆ *fam (grabado)* canned; **música enlatada,** canned music

enlatar *vtr* to can, tin

enlazar *vtr & vi* to link [**con,** with/to], connect [**con,** with]

enloquecedor,-ora *adj* maddening

enloquecer 1 *vi* to go mad | **2** *vtr* ◆ *(hacer perder el juicio)* to drive mad ◆ *(gustar mucho)* **le enloquecen las carreras de coches,** she's crazy about motor racing

enmarcar *vtr (un cuadro, lámina)* to frame

enmascarar *vtr* ◆ *(poner una máscara)* to mask ◆ *(disimular, encubrir)* to disguise: **enmascara sus sentimientos,** he hides his feelings

enmendar *vtr* ◆ *(corregir)* to correct; **e. un error,** to rectify a mistake ◆ *Jur* to amend

■ **enmendarse** *vr (persona)* to reform: **ha prometido e.,** he has promised to mend his ways

enmienda *f* ◆ *Jur Pol* amendment ◆ *(rectificación)* correction: **hice propósito de e.,** I decided to mend my ways

enmohecerse *vr (una madera, un queso)* to go mouldy *o* US moldy

enmoquetar *vtr* to carpet

enmudecer 1 *vi (quedar callado)* to fall silent: **enmudecimos de asombro,** we were dumbstruck | **2** *vtr* **su interpretación enmudeció al público,** his performance made the audience fall silent

ennegrecer *vtr,* **ennegrecerse** *vr* to blacken, turn black

enojado,-a *adj* angry

enojar *vtr* to anger, annoy

■ **enojarse** *vr* to get angry [**por,** about]

enojo *m* anger, annoyance

enorgullecer *vtr* to fill with pride

■ **enorgullecerse** *vtr* to be *o* feel proud [**de,** of]

enorme *adj* enormous, huge

enormidad *f* ◆ enormity ◆ *(intensificador)* **una e.,** loads: **me puso una e. de comida,** she served me tons of food

enraizado,-a *adj* rooted

enraizar *vi* ◆ *(arraigar)* to take root ◆ *(establecerse)* to put down roots

enredadera *f* creeper, climbing plant

enredar *vtr* ◆ *(cables, cuerdas, pelo)* to entangle, tangle up ◆ *(un asunto, situación)* to confuse, complicate ◆ *fig (implicar en algo ilegal, turbio)* to involve [**en,** in], to mix up [**en,** in] ◆ *(convencer, liar)* **lo**

enredaron para presentarse a las elecciones, they talked him into being a candidate in the election

■ **enredarse** vr ◆ (cables, cuerdas, pelo) to get entangled: **se enredó el pie en la alambrada,** his foot got caught in the wire fence ◆ (asunto, situación) to get complicated o confused ◆ fig (implicarse en algo turbio) to get mixed up [en, in] ◆ (aturullarse, aturdirse) to get mixed up: **me enredé y no supe responder,** I got mixed up and didn't know what to say ◆ (tener un lío amoroso) **se enredó con una rubia,** he got involved with a blonde

enredo m ◆ (maraña) tangle ◆ (asunto lioso) muddle, mess, mix up ◆ (amorío) affair

enrevesado,-a adj ◆ (problema, persona) complicated, difficult ◆ (camino) winding

enriquecer vtr ◆ (con bienes materiales) to make rich ◆ (mejorar) to enrich

■ **enriquecerse** vr ◆ to get o become rich ◆ (espiritualmente, culturalmente) to be enriched

enrocar vi Ajedrez to castle

enrojecer vtr ◆ to redden, turn red ◆ (de ira, vergüenza) to blush

enrolarse vr Mil to enlist in, join up

enrollado,-a adj ◆ (una alfombra, un mapa, etc) rolled up; (en un carrete) coiled up ◆ fam (bueno, estupendo) great ◆ fam **está e. con Marisa,** he has a thing going with Marisa

enrollar vtr (una persiana, etc) to roll up; (un cable) to coil; (un hilo) to wind up

■ **enrollarse** vr ◆ fam (hablar mucho tiempo) to go on and on: **¡no te enrolles!,** stop going on! ◆ argot (actuar, responder) **¡enróllate!,** be a sport!; **tu amiga se enrolla fatal,** your friend gets on very badly with people ◆ fam (con una persona) to have an affair with sb

enroque m Ajedrez castling

enroscar vtr ◆ to coil, wind: **enrosca la manguera,** coil up the hose ◆ (atornillar) to screw in o on: **enrosca bien la tapa del frasco,** screw the lid tightly on the jar

■ **enroscarse** vr (una serpiente, un gato) to coil up

ensalada f salad

ensaladera f salad bowl

ensaladilla f **e. rusa,** Russian salad

ensamblaje m Téc assembly

ensamblar vtr to assemble

ensanchar vtr ◆ Cost to let out ◆ (una calle, etc) to enlarge, widen

■ **ensancharse** vr to get wider

ensangrentado,-a adj bloodstained, covered in blood

ensangrentar vtr to stain with blood, cover in blood

ensartar vtr ◆ (cuentas de un collar, etc) to string ◆ (con un pincho) to spit ◆ (ideas) to link

ensayar 1 vtr ◆ Teat (un papel, una obra) to rehearse; Mús (una pieza) to practise ◆ (un método, una técnica) to test, try out | 2 vi Teat (los actores) to rehearse; Mús (los músicos) to practise

ensayista mf essayist

ensayo m ◆ (escrito) essay ◆ Teat rehearsal; **e. general,** dress rehearsal ◆ (prueba) test, trial

enseguida, en seguida adv ◆ (tiempo) (de inmediato) at once: **ven aquí e.,** come here at once; (en muy poco tiempo) **e. le atenderán,** you will be served in a moment ◆ (espacio) immediately after, next; **delante está mi casa, y e. la de María,** first is my house, and immediately after is Maria's

ensenada f inlet

enseñanza f ◆ (transmisión de conocimientos) teaching: **se dedica a la e.,** he's in teaching ◆ (sistema de formación) education; **e. primaria/secundaria,** primary/secondary education ◆ **enseñanzas,** teachings

enseñar vtr ◆ to teach: **enséñame a manejar la cámara,** teach me how to use the camera ➢ Ver nota en **teach** ◆ (dejar ver) to show: **enséñame el camino,** show me the way

ensimismado,-a adj (muy concentrado) engrossed; (ausente) lost in thought

ensimismarse vr (en una tarea) to become engrossed; (abstraerse) to be lost in thought

ensombrecer vtr ◆ to cast a shadow over ◆ (entristecer) to sadden

■ **ensombrecerse** vr to darken: **su rostro se ensombreció al conocer la noticia,** his face darkened when he heard the news

ensordecedor,-ora adj deafening

ensordecer 1 vtr (a una persona) to deafen: **este ruido me ensordece,** this noise is deafening me ◆ (amortiguar) to muffle: **la doble ventana ensordece el ruido de la calle,** the double glazing muffles the noise from the street | 2 vi (quedarse sordo) to go deaf

ensuciar *vtr* to get dirty
■ **ensuciarse** *vr* to get dirty [con/de, with]

ensueño *m* dream ◆ | LOC: **de e.,** fantastic: **canta de e.,** she sings wonderfully

entablar *vtr (iniciar una conversación, amistad)* to strike up, begin; *(un negocio)* to start; *(una acción judicial)* to initiate

entablillar *vtr* Med to splint: **tienen que entablillarle la pierna,** they have to put his leg in a splint

entallado,-a *adj (ceñido)* fitted: **llevaba una chaqueta entallada,** she wore a waisted jacket

entallar 1 *vtr* to take in at the waist | 2 *vi* to fit

entarimado *m (suelo)* floorboards

ente *m* ◆ *(ser)* being ◆ *(organismo, colectividad)* body, entity

entender 1 *vtr (comprender)* to understand: **a mi e., está equivocado,** in my opinion he's wrong; **no entendí ni papa/pío/jota de este libro,** I didn't understand a word of this book; **no entiendo lo que quieres decir,** I don't know what you mean; **no me entiendas mal,** don't get me wrong; **nos dio a entender que no aceptaría el trabajo,** he gave us to understand that he wouldn't accept the job | 2 *vi* **e. de,** *(saber)* to know about ➢ Ver nota en **understand**
■ **entenderse** *vr* ◆ *(comprenderse)* to be understood, be meant: **se entiende que no quiera volver a verla,** it's easy to understand that he doesn't want to see her again ◆ *fam (compenetrarse, llevarse bien)* **me entiendo bien con tu madre,** I get on well with your mother

entendido,-a *m,f* expert

entendimiento *m* understanding

enterado,-a 1 *adj* well-informed: **estoy e. de todo,** I know all about it; **no estaba e. de su muerte,** he wasn't aware of her death; **prefiero no darme por e.,** I'd rather not know (about it) | 2 *m,f fam pey* know-all

enteramente *adv* entirely, completely

enterarse *vr* to find out: **¿te has enterado de lo de ayer?,** have you heard about what happened yesterday?; **ni se enteró de que yo estaba allí,** he didn't even realize I was there

entereza *f* strength of character

enternecedor,-ora *adj* moving, touching

enternecer *vtr* to move, touch
■ **enternecerse** *vr* to be moved *o* touched

entero,-a 1 *adj* ◆ *(completo)* entire, whole ◆ *(cabal, sensato)* honest, upright ◆ *fig (ante una desgracia)* strong | 2 *m* ◆ Mat whole number ◆ Fin *(en Bolsa)* point ◆ | LOC: **por e.,** completely

enterrador *m* gravedigger

enterramiento *m* burial

enterrar *vt* to bury

entidad *f* organization

entierro *m* ◆ burial ◆ *(exequias, ritual)* funeral

entomología *f* entomology

entonación *f* intonation

entonar 1 *vtr* ◆ Mús to sing ◆ Med to tone up | 2 *vi* ◆ Mús to sing in tune ◆ *(combinar)* to go [con, with]

entonces 1 *adv* then: **e. íbamos mucho a la playa,** at that time we very often used to go to the beach; **e. nos vemos mañana,** we'll meet tomorrow then; **hasta e., manténme informado,** keep me informed until then | 2 *conj* then: **si no les queda en blanco, e. cógelo en azul,** if there isn't any blue left, then take the blue one

entornar *vtr* to half-close; *(una puerta, ventana)* to leave ajar

entornado,-a *adj* half-closed; *(puerta, ventana)* ajar

entorno *m* ◆ *(medio)* environment; **e. social,** social environment ◆ *(proximidades)* surroundings *pl*

entorpecer *vtr* ◆ *(un acuerdo, un camino)* to hinder: **las obras entorpecen el tráfico,** the road works are holding up the traffic ◆ *(las capacidades, los sentidos)* to dull

entrada *f* ◆ *(acceso)* entrance ◆ *(para espectáculos)* ticket; **e. libre,** free admission ◆ *(concurrencia, taquilla)* Dep gate; Teat attendance ◆ *(vestíbulo)* hall ◆ *(pago inicial)* deposit ◆ *(en un grupo, lugar)* entry: **hizo una e. triunfal,** he made a triumphant entry ◆ Culin starter ◆ Com *(ingresos)* income; **e. de divisas** inflow of foreign exchange ◆ *(en la cabellera)* receding hairline ◆ Ftb tackle ◆ | LOC: **de e.,** for a start

entrado,-a *adj (un periodo de tiempo)* advanced: **ya está muy entrado el curso,** we're well into the school year ◆ | LOC: **e. en años,** advanced in years

entrante 1 *adj* coming; **el director e.,** the incoming director; **la semana e.,** next week | 2 *m* Culin starter

entrañable *adj* ◆ *(sitio)* close; *(relación, amistad)* deep, close ◆ *(persona)* pleasant: **es un amigo muy e.,** he's a very close friend of mine

entrañar *vtr* to entail

entrañas *fpl (de persona)* entrails; *(de animal)* guts; *fig* bowels

entrar 1 *vi* ◆ to come in, go in, enter: **los ladrones entraron por la ventana,** the burglars entered through the window ➤ Ver nota en **ir** ◆ *(encajar)* to fit: **esta llave no entra,** this key doesn't fit ◆ *(estar incluido)* to be included: **eso no entra en el precio,** that's not included in the price ◆ *(en una organización, partido)* to join, get into: **entró en el club,** he was admitted to the club ◆ *(en una situación)* to go into: **el avión entró en barrena,** the plane went into a spin; **e. en calor,** to warm up ◆ *(comenzar)* **el mes que entra,** next month, the coming month ◆ *(sobrevenir)* to come over: **le entraron ganas de llorar,** he felt like crying; **me entró un ataque de histeria,** she went into hysterics ◆ *(agradar)* **no me entran las lentejas,** I don't like lentils | 2 *vtr* ◆ to introduce ◆ *Inform* to enter ◆ | LOC: **e. en la cabeza: no me entra en la cabeza que hayas hecho eso,** I can't understand why you have done that

entre *prep* ◆ *(señalando límites)* between: **ponlo e. tú y ella,** put it between you and her; **e. azul y verde,** between blue and green; *(con la colaboración de)* **lo haremos e. Pedro, Pablo y yo,** Peter, Paul and myself will do it between us ◆ *(rodeado de)* among(st); **estoy e. amigos,** I'm among friends; *(incluido en)* **está e. los primeros de la clase,** he's among the best students of his class

> En general, *entre* se traduce por **between** cuando se refiere a dos cosas y **among** o **amongst** (más antiguo) cuando se refiere a más de dos. Sin embargo, se puede emplear **between**, junto con un verbo de movimiento, cuando queremos indicar que un conjunto de cosas se dividió en dos grupos: *El río fluye entre los árboles.* **The river flows between the trees.**

entreabierto,-a *adj* half-opened; *(puerta, ventana)* ajar

entreacto *m* interval

entrecejo *m* space between the eyebrows ◆ | LOC: **fruncir el e.,** to frown

entrecortado,-a *adj (voz)* faltering

entrecot *m* fillet steak

entredicho *m* doubt, question: **pusieron en e. su palabra,** they doubted his word; **su honestidad quedó en e.,** her honesty was called into question

entrega *f* ◆ *(de un pedido)* delivery; *(de un premio)* presentation ◆ *(fascículo)* issue ◆ *(dedicación)* devotion

entregar *vtr* ◆ *(poner en poder de)* to hand over ◆ *(unos papeles, trabajo, etc)* to give in, hand in ◆ *Com* to deliver

■ **entregarse** *vr* ◆ *(al enemigo, a la policía)* to give oneself up, surrender ◆ *(abandonarse a un vicio, sentimiento, pasión)* to abandon oneself, give oneself over: **se entregó a la bebida,** she turned to drink ◆ *(poner interés, esfuerzo)* to devote oneself: **se entregó a tareas humanitarias,** she devoted herself to humanitarian work

entrelazar *vtr*, **entrelazarse** *vr* to entwine

entremés *m* ◆ *Culin* hors d'œuvres ◆ *Lit* short farce or play

entremezclarse *vr* to mix, mingle

entrenador,-ora *m,f* trainer, coach

entrenamiento *m* training

entrenar *vtr* & *vi* to train

■ **entrenarse** *vr* to train

entresijos *mpl (secretos, menudencias) fam* ins and outs

entresuelo *m* mezzanine

entretanto *adv* meanwhile: **e., tomemos un aperitivo,** in the meantime, let's have an aperitive

entretener *vtr* ◆ *(divertir)* to entertain, amuse ◆ *(retrasar)* to hold up

■ **entretenerse** *vr* ◆ *(divertirse, pasar el rato)* to amuse oneself ◆ *(retrasarse)* to be delayed, be held up; *(remolonear)* to linger

entretenido,-a *adj* amusing, entertaining

entretenimiento *m* ◆ *(diversión)* entertainment, amusement ◆ *(pasatiempo)* pastime

entretiempo *m* autumn/spring time ◆ | LOC: **de e.,** autumn/spring; **traje de e.,** lightweight suit

entrever *vtr (atisbar, ver sin claridad)* to glimpse, catch sight of ◆ *(sospechar, intuir)* **entrevió la posibilidad de éxito,** she glimpsed a chance of success ◆ | LOC: **dejar e.,** to hint at

entrevista *f* interview

entrevistador,-ora *m,f* interviewer
entrevistar *vtr* to interview
■ **entrevistarse** *vr* **e. con alguien,** to have an interview with sb
entristecer *vtr* to sadden, make sad
■ **entristecerse** *vr* to be sad [**por,** about]
entrometerse *vr* to meddle, interfere [**en,** in]
entrometido,-a 1 *m,f* busybody, meddler | **2** *adj* interfering
entroncar *vi* ◆ to connect ◆ to be related [**con,** to]
entumecer *vtr* to numb
■ **entumecerse** *vr* to go numb
entumecido,-a *adj* numb
enturbiar *vtr* ◆ *(agua)* to make cloudy ◆ *fig (asunto)* to cloud
■ **enturbiarse** *vr* to become cloudy
entusiasmado,-a *adj loc* **está e. con su nuevo coche,** he's delighted with his new car
entusiasmar *vtr* ◆ *(animar)* to fill with enthusiasm ◆ *(gustar mucho)* to delight
■ **entusiasmarse** *vr* to get excited *o* enthusiastic [**con,** about]
entusiasmo *m* enthusiasm ◆ | LOC: **con e.,** enthusiastically
entusiasta 1 *adj* keen [**de,** on], enthusiastic: **es un defensor e. de las corridas de toros,** he's an ardent supporter of bullfighting | **2** *mf* enthusiast
enumerar *vtr* to enumerate, list
enunciado *m* ◆ *(de pregunta, problema)* wording ◆ *Ling* statement
enunciar *vtr* to enunciate
envasado,-a 1 *m (en paquetes)* packing; *(en vidrio)* bottling; *(en lata)* canning; **fecha de e.,** packing date | **2** *adj (en cartón, paquete)* packed; *(en vidrio)* bottled; *(en lata)* canned
envasar *vtr (empaquetar)* to pack; *(en vidrio)* to bottle; *(en lata)* to can, tin
envase *m (recipiente)* container; **e. no retornable,** non-returnable bottle
envejecer 1 *vi (persona)* to grow old; *(vino, licor)* to age | **2** *vtr (persona, vino)* to age
envejecimiento *m* ageing
envenenar *vtr* to poison
enviado *m,f (delegado, mensajero)* envoy ◆ *Prensa* **e. especial,** special correspondent
enviar *vtr* to send
enviciar *vtr* to corrupt
■ **enviciarse** *vr* to become addicted [**con,** to], to get hooked [**con,** on]: **se ha enviciado con los videojuegos,** she's hooked on video games
envidia *f* envy: **me da e. la casa que tenéis,** I envy you your house; **me tiene e.,** she's jealous of me
envidiable *adj* enviable
envidiar *vtr* to envy: **tu comida no tiene nada que e. a la de mi madre,** your cooking is every bit as good as my mother's
envidioso,-a *adj* envious
envío *m* ◆ *(acción)* sending ◆ *(objeto enviado) (en grandes cantidades)* consignment; **un e. de alimentos a Ruanda,** a consignment of foodstuffs to Ruanda; *(un paquete)* parcel; **e. contra reembolso,** cash on delivery; **gastos de e.,** postage and packing
enviudar *vi* to be widowed; *(un hombre)* to become a widower; *(una mujer)* to become a widow: **enviudaron al mismo tiempo,** they were widowed at the same time
envoltorio *m,* **envoltura** *f* wrapper
envolver *vtr* ◆ *(con papel)* to wrap: **envuélvalo para regalo, por favor,** gift-wrap it, please ◆ *(rodear, cubrir)* to envelop: **la niebla envolvía la ciudad,** the town was enveloped in fog ◆ *(enredar, implicar)* to involve
■ **envolverse** *vr (en una manta, etc)* to wrap oneself up [**en,** in] ◆ *(involucrarse)* to become involved [**en,** in]
envuelto,-a *adj* ◆ *(paquete)* wrapped ◆ *(en misterio, niebla, etc)* enveloped: **el coche estaba e. en llamas,** the car was ablaze ◆ *(involucrado)* involved: **nos vimos envueltos en la refriega,** we got mixed up in the brawl
enyesar *vtr* ◆ *(una pared)* to plaster ◆ *(un brazo, etc)* to put in plaster
enzima *f* enzyme
épica *f* epic poetry
epicentro *m* epicentre, *US* epicenter
épico,-a *adj* epic
epidemia *f* epidemic
epilepsia *f* epilepsy
epílogo *m* epilogue, *US* epilog
episcopal *adj* episcopal
episodio *m* episode
epístola *f* epistle
epitafio *m* epitaph
epíteto *m* epithet
época *f* ◆ *(periodo de tiempo)* period, time; **en aquella é.,** at that time ◆ *Agr* season: **es é. de vendimia,** it's grape harvest season; **no es é. de fresas,** strawberries aren't in season ◆ | LOC: **hacer é.,** to be a landmark

equidad *f* equity
equilátero *m* equilateral
equilibrar *vtr* to balance
equilibrio *m* balance
equilibrista *mf* ◆ *(volatinero)* acrobat; *(en la cuerda floja)* tightrope walker, *(en el alambre)* wire-walker
equino,-a *adj* equine, horse
equipaje *m* luggage; **hacer el e.,** to pack
equipar *vtr* to equip [**con,** with]
equiparable *adj* comparable [**a,** to] [**con,** with]
equiparar *vtr (asemejar, igualar)* to compare: **no puedes equipararlos,** you can't compare them
equipo *m* ◆ *(grupo de profesionales)* team ◆ *(conjunto de aparatos)* equipment: **e. de música,** music system ◆ *(conjunto de ropa, elementos, etc)* outfit: **me gustaría tener un e. de bucear,** I'd like to have a set of diving equipment
equitación *f* horse riding, US horseback riding
equitativo,-a *adj* fair, equitable: **el trato no fue e.,** the deal was unfair
equivalente *adj* & *m* equivalent
equivaler *vi* to be equivalent [**a,** to]
equivocación *f* error, mistake
equivocado,-a *adj* mistaken, wrong
equivocar *vtr* ◆ *(no acertar)* to get wrong: **equivocó el oficio,** he chose the wrong profession ◆ *(confundir)* to mix up
■ **equivocarse** *vr* ◆ *(confundirse, errar)* to make a mistake: **me equivoqué de calle,** I took the wrong street; **te equivocas de persona,** you've got the wrong person ◆ *(estar en un error)* to be mistaken: **te equivocas,** you are mistaken; **no te equivocas,** you are right
equívoco,-a 1 *adj* equivocal, ambiguous | **2** *m* misunderstanding
era *f (periodo)* age, era; **la era de la informática,** the age of the computer
erario *m* treasury; **el e. público,** the Exchequer
erección *f* erection
erecto,-a *adj* erect
erguir *vtr* to erect, lift up
■ **erguirse** *vr* to straighten up, stand up straight
erial *m* wasteland
erigir *vtr* to erect, build
■ **erigirse** *vr* to place oneself: **se erigió en portavoz del pueblo,** he set himself up as spokesman of the people

erizar *vtr (pelo, púas)* to make stand on end
■ **erizarse** *vr* to stand on end
erizo *m* hedgehog; **e. de mar,** sea urchin
ermita *f* hermitage
ermitaño,-a *m,f* ◆ hermit ◆ *Zool* hermit crab
erosión *f* erosion
erosionar *vtr* to erode
erótico,-a *adj* erotic
erotismo *m* eroticism
erradicar *vtr* to eradicate
errante *adj* wandering
errar 1 *vtr* ◆ *(un tiro, golpe)* to miss ◆ *(una elección)* to get wrong | **2** *vi* ◆ *(vagar)* to wander ◆ *(cometer fallos)* to make a mistake
errata *f* misprint
erróneo,-a *adj* erroneous, wrong
error *m* ◆ error, mistake; **cometimos el e. de escucharle,** we made the mistake of listening to him; **inducir a e.,** to lead into error ◆ *(de un cálculo)* error ◆ *(fallo técnico)* error: **se lo enviamos por e.,** we sent it to him by mistake; *Impr* **e. de imprenta/tipográfica,** misprint

> En general, **mistake** se refiere a errores causados por falta de conocimiento, capacidad o comprensión, mientras que **error** describe más bien errores causados por fallos en la producción o mal comportamiento. A menudo, la diferencia es mínima y se puede usar cualquiera de los dos términos. *Cometió un error y fue a la cárcel.* **He made a mistake and went to prison.** *El accidente se debió a un error humano.* **The accident was due to human error.**

eructar *vi* to burp, belch
eructo *m* burp, belch
erudición *f* erudition
erudito,-a 1 *adj* erudite, learned | **2** *m,f* scholar
erupción *f* ◆ *Geol* eruption; **entrar en e.,** to erupt ◆ *Med* rash
esbelto,-a *adj* slender
esbozar *vi* ◆ *(un proyecto, un dibujo)* to sketch, outline ◆ *(amagar un gesto)* to hint, give a hint of: **esbozó un saludo,** he gave a hint of a wave
esbozo *m* sketch, outline, rough draft
escabeche *m* pickle, marinade; **en e.,** pickled

escabroso,-a *adj* ◆ *(terreno)* rough ◆ *(difícil de abordar, incómodo)* tricky, distasteful; **detalles escabrosos,** lurid details ◆ *(sórdido, obsceno)* crude

escabullirse *vr* ◆ *(escurrirse, deslizarse)* to slip away ◆ *(desaparecer de un sitio)* to melt away: **se escabulló de la fiesta,** he sneaked away from the party

escafandra *f (de buzo)* diving helmet; *(de astronauta)* spacesuit

escala *f* ◆ *(serie, gradación)* scale: **la maqueta se realizó a e.,** the model was made to scale; *(de colores)* range; **e. de valores,** set of values ◆ *(parada provisional)* Náut port of call; Av stopover: **el avión hace e. en Barcelona,** the plane stops over in Barcelona ◆ *(escalera portátil)* ladder, stepladder

escalada *f* ◆ *Dep* climb ◆ *fig (de violencia, precios)* rise, increase

escalador,-ora *m,f* climber, mountaineer

escalar *vtr* to climb, scale

escaldar *vtr* to scald

escalera *f* ◆ stairs *pl*, staircase: **hay que barrer la e.,** we have to sweep the staircase; **e. de caracol,** spiral staircase; **e. de incendios,** fire escape ◆ *(portátil)* ladder

escalerilla *f (de piscina, avión)* steps *pl*; Náut gangway

escalofriante *adj* hair-raising, chilling, horrifying

escalofrío *m* ◆ *(de fiebre, frío)* shiver; **tener escalofríos,** to shiver ◆ *(de horror)* shudder: **me produce escalofríos,** it makes me shudder

escalón *m (en el suelo)* step: **¡cuidado con el e.!,** mind the step!

escalonar *vtr* ◆ *(distribuir en el tiempo)* to stagger ◆ *(en el espacio)* to space out

escalope *m* escalope

escama *f* ◆ *Zool Bot* scale ◆ *(de jabón, piel)* flake

escampar *vi* to stop raining, clear up

escanciar *vtr (vino, sidra)* to pour (out)

escandalizar 1 *vtr* to shock | 2 *vi* to kick up a racket

■ **escandalizarse** *vr* to be shocked

escándalo *m* ◆ *(ruido, jaleo)* row, racket, din: **con este e. vais a despertar a los vecinos,** you'll wake up the neighbours with all this row ◆ *(inmoralidad)* scandal

escandaloso,-a *adj* ◆ *(ruidoso)* noisy, rowdy ◆ *(inmoral)* scandalous, shameful

escáner *f* scanner

escaño *m* Parl seat

escapada *f* escape; *(fuga)* break-out ◆ Dep breakaway ◆ *(viaje fugaz)* short trip

escapar *vi* to escape, run away: **escapó de la justicia,** he escaped from the law; **dejó e. un grito,** she let out a cry; **no dejes e. esta oportunidad,** don't let this opportunity slip ➢ Ver nota en **escape**

■ **escaparse** *vr* ◆ to escape, run away: **le llamaré antes de que se me escape,** I'll phone him before he gets away ◆ *(una oportunidad, transporte)* **se me escapó el autobús,** I missed the bus ◆ *(gas, líquido)* to leak, escape ◆ *(salvarse)* **me escapé de una buena bronca,** I escaped a good telling-off

escaparate *m* shop window

escapatoria *f* escape: **no tenemos e.,** we have no way out

escape *m* ◆ *(de gas, líquido)* leak, escape ◆ Téc exhaust; **tubo de e.,** exhaust (pipe) ◆ *(huida)* escape; *(salida, escapatoria)* way out

escaquearse *vr fam* to shirk, skive [de, off]: **siempre se escaquea del trabajo,** she always skives off work

escarabajo *m* beetle

escarbar 1 *vtr & vi* ◆ *(en la tierra)* to scratch [en, around, in] ◆ *(en un asunto)* to delve into | 2 *vtr* ◆ *(en una herida, nariz)* to pick ◆ *(remover)* to poke

escarcha *f* frost

escarchado,-a *adj* ◆ *(cubierto de escarcha)* frosty ◆ *(cubierto de azúcar cristalizada)* candied, crystallized

escarlata *adj* scarlet

escarlatina *f* scarlet fever

escarmentar 1 *vi* to learn one's lesson: **estoy escarmentado,** I've learnt my lesson; **así escarmentarás,** that'll teach you (a lesson) | 2 *vtr* to teach a lesson to

escarmiento *m* punishment, lesson

escarola *f* (curly) endive

escarpado,-a *adj (accidentado, montañoso)* craggy; *(pendiente, cuesta)* steep, sheer

escarpia *f* hook

escasear *vi* to be scarce

escasez *f* shortage

escaso,-a *adj (alimentos, recursos)* scarce, scant; *(dinero, tiempo)* short; *(luz)* poor ◆ | LOC: **andar e. de,** to be short of

escatimar *vtr* to skimp on: **no escatimaremos esfuerzos/gastos para…,** we'll spare no effort/expense to…

escayola *f* ◆ plaster, stucco ◆ *Med* plaster

escayolado,-a *adj* in plaster

escayolar *vtr Med (cubierto de yeso)* to put in plaster

escena *f* ◆ scene: **Acto IV, Escena I,** Act IV, Scene I; **la e. del crimen,** the scene of

escenario

the crime ◆ *(escenario)* stage; **subir a e.,** to go on stage

escenario *m* ◆ *Teat* stage ◆ *(entorno)* scenario; *(de suceso)* scene; *(ambientación)* setting

escénico,-a *adj* scenic

escenificar *vt* ◆ *(poner en escena)* to stage ◆ *(adaptar para el teatro)* to dramatize

escenografía *f Teat* stage design; *Cine* set design

escepticismo *m* scepticism, *US* skepticism

escéptico,-a 1 *adj* sceptical, *US* skeptical: **adoptó una actitud escéptica,** he adopted a sceptical attitude | **2** *m,f* sceptic, *US* skeptic

escindirse *vr* to split: **la banda se escindió en los años sesenta,** the band split off in the sixties

escisión *f* split

esclarecer *vtr* to clarify; *(un suceso)* to throw light on

esclavitud *f* slavery

esclavizar *vtr* to enslave

esclavo,-a *adj & m,f* slave: **trabaja como un e.,** he works like a slave

esclusa *f* lock

escoba *f* broom, brush

escocer *vi* to sting, smart: **le escocían los ojos,** her eyes were sore

■ **escocerse** *vr (la piel)* to get sore

escocés,-cesa 1 *adj* Scottish; *fam* Scots: **llevaba falda escocesa,** he was wearing a kilt | **2** *m,f (hombre)* Scotsman; *(mujer)* Scotswoman ≻ Ver nota en **Scotch**

Escocia *f* Scotland

escoger *vtr* to choose [**entre,** between] [**de,** from]: **escogerán a los más preparados,** they'll select the best-trained ones ≻ Ver nota en **choose**

escogido,-a *adj* chosen, selected; *(mercancía)* choice, select

escolar 1 *adj* school; **año e.,** school year | **2** *m,f (niño)* schoolboy; *(niña)* schoolgirl

escollo *m* ◆ *(roca)* reef ◆ *(dificultad, obstáculo)* pitfall, handicap

escolta *f* ◆ *(grupo)* escort ◆ *(guardaespaldas)* bodyguard

escoltar *vtr* to escort

escombros *mpl* rubble, debris *sing*

esconder *vtr* to hide [**de,** from]; *(la verdad, una información)* to conceal [**de,** from]

■ **esconderse** *vr* to hide [**de,** from]

escondidas *fpl LAm* **jugar a las e.,** to play hide-and-seek ◆ | LOC: **a e.,** secretly

escondite *m* ◆ *(escondrijo)* hiding place ◆ *(juego)* hide-and-seek

escondrijo *m* hiding place

escopeta *f* shotgun

escorbuto *m Med* scurvy

Escorpio *m* Scorpio

escorpión *m Zool* scorpion

escotado,-a *adj* low-cut

escote *m* neckline ◆ | LOC: **pagar a e.,** *(dos personas)* to go Dutch; *(varias personas)* to chip in

escotilla *f* hatch

escozor *m* ◆ *Med* stinging, smarting ◆ *(resquemor, amargura)* bitterness, resentment

escribir *vtr* to write; *(a máquina, en el ordenador)* to type

■ **escribirse** *vr* ◆ *(mantener correspondencia)* to write to each other ◆ *(deletrear)* **¿cómo se escribe eso?,** how do you spell that?

escrito,-a 1 *adj* written; **e. a mano,** handwritten, longhand; **una queja por e.,** a complaint in writing | **2** *m* writing

escritor,-ora *m,f* writer

escritorio *m (buró)* writing desk, bureau; *(despacho)* office

escritura *f* ◆ writing; *(manera de escribir)* **mejora tu escritura,** improve your handwriting ◆ *Jur* deed, document: **perdí la e. del piso,** I lost the title deeds of my apartment ◆ *Rel* **las (Sagradas) Escrituras,** the (Holy) Scriptures

escrúpulo *m* ◆ scruple, qualm: **no tuvo escrúpulos en hacerlo,** he had no qualms about doing it ◆ *(asco, grima)* **le da e.,** it makes her feel squeamish ◆ *(minuciosidad)* care

escrupuloso,-a *adj* ◆ *(minucioso)* painstaking ◆ *(aprensivo)* squeamish ◆ *(riguroso)* scrupulous

escrutar *vtr* ◆ *(escudriñar)* to scrutinize ◆ *(contabilizar votos, apuestas)* to count

escrutinio *m* ◆ *(recuento)* count ◆ *(examen detenido)* scrutiny

escuadra *f* ◆ *(de dibujo, de carpintería)* set square ◆ *Mil* squad; *Náut* squadron

escuadrón *m* squadron

escuálido,-a *adj* emaciated

escuchar 1 *vtr* to listen to: **¿me estás escuchando?,** are you listening to me? ≻ Ver nota en **listen;** *(un consejo, una propuesta)* to take: **escuchó su consejo,** he took her advice | **2** *vi* to listen: **no debes**

e. detrás de las puertas, you mustn't listen behind doors
escudero *m* squire
escudilla *f* bowl
escudo *m* ◆ *(de un guerrero)* shield ◆ *(emblema)* coat of arms
escudriñar *vtr* to scrutinize
escuela *f* school; **e. naval,** naval academy
escueto,-a *adj* plain; *(lenguaje)* concise
esculcar *vtr LAm* to search
esculpir *vtr* to sculpt; *(madera)* to carve; *(metal)* to engrave
escultor,-ora *m,f (hombre)* sculptor; *(mujer)* sculptress
escultura *f* sculpture
escultural *adj* sculptural; *(atractivo)* statuesque
escupir 1 *vi* to spit | **2** *vtr* to spit out
escupitajo *m vulgar* spittle
escurreplatos *m inv* dish rack
escurridizo,-a *adj* ◆ *(suelo, objeto)* slippery ◆ *(persona)* elusive, slippery
escurridor *m* colander; *(escurreplatos)* dish rack
escurrir *vtr (ropa)* to wring out; *(vajilla)* to drain ◆ | LOC: **e. el bulto,** to dodge the issue

■ **escurrirse** *vr* ◆ *(resbalarse)* to slip: **se le escurrió de las manos,** it slipped out of his hands
ese,-a *adj dem* ◆ that ◆ **esos,-as,** those
ése,-a *pron dem m,f* ◆ that one ◆ **ésos,-as,** those (ones)
esencia *f* essence
esencial *adj* essential: **quédate con lo e.,** remember the most important thing; **tiene lo e. para vivir,** she has enough to live on
esencialmente *adv* essentially
esfera *f* ◆ sphere: **hay tensiones en la e. política,** there are some tensions in the political sphere ◆ *(de un aparato)* dial; *(de un reloj)* face
esférico,-a 1 *adj* spherical | **2** *m fam Ftb* ball
esfinge *f* sphinx
esforzar *vtr (la vista, un músculo)* to strain
esforzarse *vr* to make an effort [**por,** to]: **se esfuerza por ser agradable,** he takes pains to be pleasant
esfuerzo *m* effort; **hacer un e.,** to make an effort ◆ | LOC: **sin e.,** effortlessly
esfumarse *vr fam* to disappear, vanish: **¡esfúmate!,** clear off!

esgrima *f Dep* fencing
esgrimir *vtr* to wield: **esgrimió un argumento ridículo,** he put forward a ridiculous argument
esguince *m* sprain: **me hice un e. en un dedo,** I sprained my finger
eslabón *m* link
eslavo,-a 1 *adj* Slav, Slavonic | **2** *m,f (persona)* Slav | **3** *m (idioma)* Slavonic
eslovaco,-a 1 *adj* Slovak(ian); **República Eslovaca,** Slovakia | **2** *m,f (persona)* Slovak
Eslovaquia *f* Slovaquia
Eslovenia *f* Slovenia
esloveno,-a 1 *adj & m,f* Slovene | **2** *m (idioma)* Slovene
eslip *m* men's briefs *pl*, underpants *pl*
eslogan *m* slogan
esmaltar *vtr (porcelana, etc)* to enamel; *(las uñas)* to varnish
esmalte *m (de porcelana, etc)* enamel; *(de uñas)* nail polish *o* varnish
esmerado,-a *adj* ◆ *(persona)* painstaking ◆ *(cosa)* neatly done
esmeralda *f* emerald
esmerarse *vr* ◆ *(poner cuidado, atención)* to take care ◆ *(esforzarse)* to try very hard [**en, por,** to]
esmero *m* (great) care ◆ | LOC: **con e.,** very carefully
esmoquin *m* dinner jacket, *US* tuxedo
esnob 1 *adj* ◆ *(persona)* snobbish ◆ *(sitio)* posh | **2** *mf* snob
eso *pron dem neut* that: **e. de los fantasmas es una tontería,** this whole thing about ghosts is nonsense; **¡e. es!,** that's it!; **no me dio ni e.,** she even didn't give me that; **por e. nos vamos,** that's why we are leaving ◆ | LOC: **a e. de,** around: **a e. de la medianoche,** around midnight
ESO *f (abr de Enseñanza Secundaria Obligatoria) secondary education*
esófago *m* oesophagus, *US* esophagus
esos,-as *adj dem pl* → **ese,-a**
ésos,-as *pron dem m,fpl* → **ése,-a**
esotérico,-a *adj* esoteric
espabilado,-a *adj* ◆ *(despejado)* wide awake ◆ *(listo, despierto)* bright; *(ingenioso, astuto)* shrewd
espabilar 1 *vtr (despejar, despertar)* to wake up | **2** *vi (avivar el ingenio)* to wise up ◆ *(darse prisa)* to hurry up

■ **espabilarse** *vr* ◆ *(despejarse, despertarse)* to wake up ◆ *(darse prisa)* to hurry (up) ◆ *fam US (avivarse)* to wise up

espacial *adj* Astronáut space; **viaje e.** space travel

espaciar *vtr* to space out

espacio *m* space ♦ *(periodo de tiempo)* period ♦ *(sitio)* room: **ocupa poco e.,** it takes little room ♦ *Rad TV* programme, *US* program

espacioso,-a *adj* spacious, roomy

espada *f* ♦ sword ♦ *Naipes* spade ♦ | LOC: **estar entre la e. y la pared,** to be between the devil and the deep blue sea

espaguetis *mpl* spaghetti *sing*

espalda *f* ♦ *Anat* back: **le atacaron por la e.,** he was attacked from behind; **yo estaba de espaldas,** I had my back to them; *fam* **e. mojada,** *US* wetback ♦ *Natación* backstroke ♦ | LOC: **dar/volver la e. a alguien,** to turn one's back on sthg/sb; **a espaldas de alguien,** behind sb's back

espantapájaros *m inv* scarecrow

espantar **1** *vtr* ♦ *(causar miedo)* to frighten, scare, terrify ♦ *(ahuyentar)* to frighten off, scare away | **2** *vi (horrorizar)* to be frightening

espanto *m* ♦ *(terror, susto)* fright ♦ *(objeto, persona muy fea)* **ese sombrero es un e.,** that hat is hideous ♦ *(disgusto, molestia)* dislike ♦ *(conmoción, impresión)* shock ♦ | LOC: *fam* **de e.,** dreadful, shocking

espantoso,-a *adj* dreadful

España *f* Spain

español,-a **1** *adj* Spanish | **2** *m,f* Spaniard; **los españoles,** the Spanish | **3** *m (idioma)* Spanish

esparadrapo *m* (sticking) plaster

esparcir *vtr* ♦ *(diseminar)* to scatter ♦ *(divulgar)* to spread

espárrago *m* asparagus

espartano,-a *adj fig* spartan

esparto *m* esparto grass

espasmo *m* spasm

espátula *f Culin* spatula; *Arte* palette knife; *(de albañilería)* trowel

especia *f* spice

especial *adj* special ♦ | LOC: **en e.,** especially

especialidad *f* speciality, *US* specialty; *Educ* main subject

especialista *mf* specialist

especializarse *vr* to specialize [**en,** in]

especialmente *adv* ♦ *(sobre todo, particularmente)* especially: **es un muchacho e. callado,** he's an especially quiet boy ♦ *(específicamente)* specially

especie *f* ♦ *Biol* species *inv* ♦ *(clase, tipo)* kind, sort; **una e. de ratón con alas,** a sort of mouse with wings ♦ | LOC: *Com* **en e.,** in kind

específicamente *adv* specifically

especificar *vtr* to specify

específico,-a *adj* specific

espécimen *m* specimen

espectacular *adj* spectacular

espectáculo *m* ♦ *(suceso impresionante o emocionante)* spectacle, sight: **no te pierdas el e. de su nacimiento,** don't miss the sight of his birth ♦ *(representación, entretenimiento)* show ♦ *pey* sight: **esta mujer es un e.,** this woman is a real sight ♦ *fam (escándalo, número)* scene: **estás dando el e.,** you are making a spectacle of yourself ➢ Ver nota en **spectacle**

espectador,-ora *m,f* ♦ *Teat Cine* member of the audience; *Dep* spectator ♦ **los espectadores,** the audience *sing*

espectro *m* ♦ *Fís* spectrum ♦ *(espíritu, aparición)* spectre, *US* specter ♦ *(gama)* range

especulación *f* speculation

especulador,-ora *m,f Fin* speculator

especular *vi* to speculate

especulativo,-a *adj* speculative

espejismo *m* mirage

espejo *m* mirror; **mirarse en el e.,** to look at oneself in the mirror; *Auto* **e. retrovisor,** rear-view mirror

espeluznante *adj* hair-raising, terrifying

espera *f* ♦ wait: **la e. se me hizo eterna,** the wait dragged on ♦ *(dilación)* **la intervención no admite e.,** the operation can't wait ♦ | LOC: **a la e. de,** expecting; **en e. de...,** waiting for...

esperanza *f* hope: **hay esperanzas de solución al conflicto,** there are hopes of a solution to the conflict; **tengo la e. puesta en este proyecto,** I have my hopes pinned on this project; **e. de vida,** life expectancy ➢ Ver nota en **esperar**

esperanzador,-ora *adj* encouraging

esperar **1** *vtr* ♦ *(aguardar)* to wait for: **espera un momento, ¿seguro que hablas del mismo Pedro?,** wait a minute, are you sure you're talking about the same Peter? ♦ *(tener esperanza)* to hope: **espero que todo salga bien,** I hope everything turns out well ➢ Ver nota en **hope** ♦ *(desear, suponer)* to expect ♦ *fig (un hijo)* to expect

➢ Ver nota en **expect** | **2** *vi* to wait: **no puedo e. más,** I can't wait any longer

> *Esperar* tiene tres significados básicos, que corresponden a tres verbos ingleses:
> *Aguardar*, en sentido general, se traduce por **to wait**: *Llevo media hora esperándote,* **I've been waiting for you for half an hour.**
> *Tener esperanza, desear,* se traduce por **to hope**: *Espero que vengas mañana.* **I hope you will come tomorrow.** *Espero que sí.* **I hope so.**
> *Suponer, esperar algo sabiendo que es muy probable que ocurra,* se traduce por **to expect**: *Espero la visita de un amigo* (sabemos que va a venir). **I'm expecting a friend to call.**

esperma *m Biol* sperm
espermatozoide *m* spermatozoid
espesar *vtr,* **espesarse** *vr* to thicken
espeso,-a *adj* ♦ *(tupido)* dense; *(condensado)* thick; **un e. humo,** a dense smoke ♦ *(persona)* dense, thick; **hija mía, ¡qué espesa estás hoy!,** oh dear, you're being really thick today!
espesor *m* thickness; **dos milímetros de e.,** two millimetres thick
espesura *f* denseness
espía *mf* spy
espiar 1 *vi* to spy | **2** *vtr* to spy on: **¿me estabas espiando?,** were you spying on me?
espiga *f* ♦ *(de trigo)* ear ♦ *Téc* peg, pin
espigado,-a *adj* slender
espina *f* ♦ *Bot* thorn ♦ *(de un pez)* bone ♦ *Anat* **e. dorsal,** spine ♦ *(mal pensamiento)* nagging doubt ♦ | LOC: **dar mala e.,** to make feel uneasy *o* to arouse one's suspicions: **aquel asunto me daba mala e.,** I didn't like the look of it
espinaca *f* spinach
espinilla *f* ♦ *Anat* shin ♦ *(impureza de la piel)* blackhead
espionaje *m* spying, espionage; **red de e.,** spy network
espiral *adj & f* spiral
espirar *vi* to breathe out, exhale
espiritismo *m* spiritualism
espíritu *m* ♦ spirit: **es un e. inquieto,** he has a restless nature; **e. maligno,** evil spirit; *(ánimo)* **hazlo con otro e.,** do it in another frame of mind ♦ *Rel (alma)* soul; **el E. Santo,** the Holy Ghost; **el e. de su padre le habló,** his father's ghost spoke to him
espiritual *adj* spiritual
espléndido,-a *adj* ♦ *(estupendo)* splendid ♦ *(generoso)* generous
esplendor *m* splendour, *US* splendor
esplendoroso,-a *adj* magnificent
espliego *m* lavender
espolvorear *vtr* to sprinkle [**de, con,** with]
esponja *f* sponge
esponjoso,-a *adj* spongy; *(mullido)* soft
espontaneidad *f* spontaneity ♦ | LOC: **con e.,** naturally
espontáneo,-a *adj* spontaneous
esporádico,-a *adj* sporadic
esposado,-a *adj* ♦ *(con esposas)* handcuffed ♦ *(casado)* married
esposar *vtr* to handcuff
esposas *fpl* handcuffs
esposo,-a *m,f* spouse; *(hombre)* husband; *(mujer)* wife
espuela *f* spur
espuma *f* foam; *(del mar)* surf, foam; *(de la cerveza)* froth; *(de jabón)* lather; **e. moldeadora,** hair gel
espumoso,-a *adj* frothy; *(vino)* sparkling
esqueje *m Bot* cutting
esquela *f* announcement of a death, obituary
esquelético,-a *adj* ♦ *Anat* skeletal ♦ *fam (muy delgado)* skinny
esqueleto *m* ♦ *Anat* skeleton ♦ *(estructura)* framework
esquema *m* diagram
esquemático,-a *adj* schematic
esquí *m* ♦ *(tabla)* ski; **un par de esquís,** a pair of skis ♦ *(actividad)* skiing; **e. acuático,** water-skiing; **e. de fondo,** cross-country skiing
esquiador,-ora *m,f* skier
esquiar *vi* to ski
esquilar *vtr* to shear
esquimal *adj & mf* Eskimo, *(de Canadá)* Inuit
esquina *f* corner ♦ | LOC: **doblar la e.,** to turn the corner
esquinazo *m* corner ♦ | LOC: **dar e. a alguien,** to give sb the slip
esquirol *m pey* blackleg
esquivar *vtr* ♦ *(un obstáculo, golpe)* to dodge ♦ *(a una persona)* to avoid, dodge: **me está esquivando,** he's avoiding me
esquivo,-a *adj (persona)* aloof, unsociable
esquizofrenia *f* schizophrenia

esquizofrénico,-a *adj* & *m,f* schizophrenic
esta *adj dem* → **este,-a**
ésta *pron dem f* → **éste**
estabilidad *f* stability
estabilizar *vtr* to stabilize
estable *adj* stable
establecer *vtr* to establish; *(un récord)* to set (up)
■ **establecerse** *vr* to settle
establecimiento *m* establishment
establo *m (para vacas)* cow shed; *(para caballos)* stable
estaca *f* ◆ *(palo puntiagudo)* stake, post ◆ *(garrote)* stick, club
estacada *f* fence ◆ | LOC: **dejar a alguien en la e.,** to leave sb in the lurch
estación *f* ◆ station; **e. de autobuses,** bus station ◆ *(instalaciones)* station; **e. de invierno,** winter resort; **e. meteorológica/espacial,** weather/space station ◆ *(del año)* season; **la e. de lluvias,** rainy season
estacional *adj* seasonal
estacionamiento *m Auto* ◆ *(acción de aparcar)* parking ◆ *(aparcamiento)* car park, *US* parking lot
estacionar *vtr* & *vi Auto* to park
■ **estacionarse** *vr (estancarse)* to stabilize, halt
estacionario,-a *adj (estable)* stationary ➢ Ver nota en **stationary**
estadía *f LAm* stay
estadio *m* ◆ *Dep* stadium ◆ *(etapa)* stage, phase
estadista *mf Pol (hombre)* statesman; *(mujer)* stateswoman
estadística *f* ◆ *(ciencia)* statistics *sing* ◆ *(datos, resultado)* statistic
estado *m* ◆ *Pol* state; **e. de bienestar,** welfare state ◆ *(circunstancia, situación)* state, condition: **este abrigo está en un e. lamentable,** this coat is in a terrible state; **no puedes conducir en ese e.,** you can't drive in that condition; **e. civil,** marital status; **e. de ánimo/excepción/guerra/sitio,** state of mind/emergency/war/siege ◆ | LOC: **estar en e.,** to be expecting
Estados Unidos *mpl* United States (of America)
Estados Unidos Mexicanos *mpl frml* United States of Mexico
estadounidense **1** *adj* United States, American | **2** *mf* United States citizen, American
estafa *f* swindle
estafador,-ora *m,f* swindler

estafar *vtr* to swindle, cheat, trick
estalactita *f* stalactite
estalagmita *f* stalagmite
estallar *vi* ◆ *(reventar)* to burst; *(explotar)* to explode, blow up, go off: **a José le estalló la televisión,** Jose's TV blew up; **estalló el vaso,** the glass shattered ◆ *(un suceso)* to break out ◆ *fig (de rabia, etc)* to explode
estallido *m* explosion; *(de un suceso, una guerra)* outbreak; **un nuevo e. de violencia,** a further explosion of violence
estamento *m* ◆ *Hist* estate ◆ *fig (grupo profesional)* profession; **el e. político,** the politicians
estampa *f* ◆ *(imagen impresa)* illustration ◆ *(figura, apariencia)* appearance, look
estampado,-a 1 *adj (un tejido)* printed | **2** *m (en la tela)* print ◆ *(actividad)* printing
estampar *vtr* ◆ *(en tela, papel)* to print ◆ *(dejar huella o señal)* to imprint ◆ *(estrellar, arrojar)* to hurl [**contra,** against]
■ **estamparse** *vr (chocar)* to crash [**contra,** into], to smash [**contra,** into]
estampida *f* ◆ *(huida precipitada, espantada)* stampede ◆ *(estruendo)* bang
estampilla *f LAm (postage)* stamp
estancado,-a *adj* ◆ *(agua)* stagnant ◆ *(situación)* static: **la investigación está estancada,** the investigation is at a standstill; **tu madre se quedó e. en los años sesenta,** your mother is stuck back in the sixties
estancar *vtr* ◆ *(agua)* hold back ◆ *fig (un asunto)* to block; *(proceso, investigación)* to bring to a standstill
■ **estancarse** *vr* ◆ *(detenerse el agua)* to stagnate ◆ *(detenerse un asunto o proceso)* to come to a standstill
estancia *f* ◆ *(en un sitio)* stay ◆ *frml (habitación, cuarto)* room ◆ *LAm (hacienda)* ranch, farm
estanco,-a 1 *m* tobacconist's | **2** *adj* watertight

Los ingleses compran tabaco en el **newsagent's** (donde también encontrarás prensa, revistas, caramelos e incluso refrescos) o en un **tobacconist's** (equivalente del **estanco** español). Los sellos hay que buscarlos en la **post-office** *(oficina de correos)*, donde también puedes realizar muchas gestiones administrativas.

---

estándar *adj* & *m* standard

estandarte *m* standard, banner
estanque *m* pond
estanquero,-a *m,f* tobacconist
estante *m* shelf
estantería *f* ♦ shelves *pl* ♦ *(para libros)* bookcase
estaño *m* tin
estar *vi* ♦ *(existir, hallarse)* to be: **está al norte**, it is to the north; **no está en ningún lado**, it isn't anywhere; **estamos aquí para servirle**, we are at your service; **¿estarás en casa?**, will you be at home?; **su pedido aún no está**, your order isn't ready yet ♦ *(permanecer)* to stay: **estos días estoy en casa de mis padres**, these days I'm staying at my parents' place; **estoy en la oficina de ocho a dos**, I'm at the office from eight to two; **quiero que estés aquí un minuto, ahora vuelvo**, stay here, I'll be right back ♦ *(tener una situación actual determinada: con adjetivo o participio)* **está dormido**, he's asleep; **está teñida de rubio**, her hair's dyed blonde; **estaba blanco como la cera**, he had turned as white as a sheet; *(con gerundio)* **está estudiando**, he is studying; **estaba preparando la comida**, I was cooking; *(con adverbio)* **está muy mal**, he is very ill; **estoy tan lejos**, I'm so far away ♦ *(quedar, sentar)* **el jersey me está pequeño**, the sweater is too small for me ♦ *(para indicar precio, grados, fecha)* (+ *a: fecha*) to be: **¿a qué día estamos?**, what's the date?; **estamos a 1 de Julio**, it is the first of July; *(: precio)* to be at: **¿a cómo/cuánto están las manzanas?**, how much are the apples?; **están a setenta pesetas el kilo**, they're seventy pesetas a kilo; *(: grados)* **en Madrid estamos a cuarenta grados**, it's forty degrees in Madrid ♦ | LOC: **e. al caer**, to be just round the corner; **¿estamos?**, agreed?; **estaría bueno**, whatever next; **E. CON:** *(de acuerdo con)* **estoy con María**, I agree with Mary; **E. DE: estoy de broma**, I'm joking; **está de camarero**, he's working as a waiter; **está de vacaciones**, he's on holiday; **E. ENCIMA: su madre siempre está encima de él**, his mother is always on at him; **E. PARA: no estamos para bromas**, we are in no mood for jokes; **esa ropa está para planchar**, these clothes are ready to be ironed; **cuando estaba para salir, me llamaron**, when I was just about to leave, they called me; **E. POR: la casa está por construir**, the house has still to be built; **estuve por decirle lo que pensaba**, I was tempted to tell him what I thought; **estoy por la igualdad de derechos**, I'm for equal rights; **E. TRAS: está tras el ascenso**, he is after promotion; **estoy tras una blusa blanca**, I'm looking for a white blouse, **E. QUE: está que no puede con su alma**, he is exhausted; *fam* **está que trina**, he's hopping mad

> El uso del verbo **to stay** como traducción de *estar en un lugar* es incorrecto, a menos que quieras expresar lo contrario de *irse* o *marcharse* (*no me voy a la playa, estaré en casa todo el verano*, **I'm not going to the beach, I'm staying at home all summer**) o te refieras a *alojarse: Estoy en el Palace*. **I'm staying at the Palace.**

■ **estarse** *vr* **¡estáte quieto!**, keep still!; **estáte tranquilo, yo lo arreglo**, don't worry, I'll fix it
estatal *adj* state; **una empresa e.**, a state-owned company
estático,-a *adj* static
estatua *f* statue
estatura *f (altura)* height: **¿qué e. tiene?**, how tall is he?
estatutario *adj* statutory
estatuto *m* ♦ *Jur (ley)* statute: **el e. de los trabajadores**, the workers' statute ♦ *(conjunto de reglas)* rules: **los estatutos de mi club**, the rules of my club
este *m* ♦ *(punto cardinal)* East: **nos dirigíamos al e.**, we were going east; **al e. del Edén**, to the east of Eden; *(en aposición) (zona, parte)* eastern; *(dirección, rumbo)* easterly ♦ *(bloque de países europeos)* **el E.**, the East
este,-a *adj dem* ♦ this; **este barco**, this ship; **esta casa**, this house ♦ **estos,-as**, these; **estos hombres**, these men; **estas mujeres**, these women
éste,-a *pron dem m,f* ♦ this one: **éste/ésta es más bonito/a**, this one is prettier ♦ **éstos,-as**, these (ones)
estela *f (de barco)* wake; *(de avión)* vapour trail; *(de cometa)* tail
estelar *adj* ♦ *Astron* stellar ♦ *Cine Teat* star; **un reparto e.**, an all-star cast
estepa *f* steppe
estera *f* rush mat
estercolero *m* dunghill
estéreo *m* & *adj* stereo
estereofónico,-a *adj* stereophonic, stereo

estereotipo *m* stereotype

estéril *adj* ♦ *(infecundo)* sterile; *(sin resultado)* futile ♦ *(sin gérmenes)* sterile

esterilidad *f* ♦ *(infecundidad)* sterility; *(inutilidad)* futility ♦ *(ausencia de gérmenes)* sterility

esterilizar *vtr* to sterilize

esterilla *f* small mat

esterlina *adj & f* sterling; **libra e.,** pound (sterling)

esternón *m* sternum, breastbone

estero *m LAm* marsh, swamp

estética *f* aesthetics, *US* esthetics *sing*

esteticienne, esteticista *mf* beautician

estético,-a *adj* aesthetic, *US* esthetic

estiércol *m* manure, dung

estigma *m* stigma; *Rel* stigmata

estilístico,-a *adj* stylistic

estilizar *vtr* to stylize

estilo *m* ♦ *Arte* style ♦ *(modo)* manner, style: **éste no es mi e. de actuar,** this isn't my way of doing things ♦ *(elegancia)* **es una mujer con mucho e.,** she's a very stylish woman ♦ *Natación* stroke; **e. mariposa,** butterfly (stroke) ♦ *Ling* **e. directo/indirecto,** direct/indirect speech ♦ | LOC: **algo por el e.,** something like that

estima *f* esteem, respect

estimación *f* ♦ *(aprecio)* esteem, respect ♦ *(de resultados, daños, gastos, etc)* estimate ♦ *(valoración, apreciación)* estimation

estimado,-a *adj* ♦ esteemed, respected: **E. Señor Pérez,** *(en carta)* Dear Mr Pérez ♦ *(apreciado, valorado)* appreciated

estimar *vtr* ♦ *(sentir cariño) frml* to esteem, respect ♦ *(juzgar, considerar)* to consider, think: **no lo estimo necesario,** I don't think it is necessary ♦ *(valorar)* to appreciate, think highly of: **estimo tu ayuda,** I appreciate your help ♦ *(calcular)* to estimate

estimulante 1 *adj* stimulating | **2** *m* stimulant

estimular *vtr* ♦ *(dar ánimos)* to encourage ♦ *(potenciar, activar)* to stimulate

estímulo *m* ♦ *(acicate, ánimo)* encouragement ♦ *Biol Fís* stimulus; *(acción)* stimulation

estío *m frml* summer

estipular *vtr* to stipulate

estirado,-a *adj (persona)* stiff

estirar *vtr* ♦ *(alargar, tensar)* to stretch ♦ *(alisar)* to smooth out: **tienes que e. la cama,** you must straighten the covers ♦ *(dinero)* to spin out

■ **estirarse** *vr* to stretch: **no te estires en la mesa,** don't stretch at the table

esto *pron dem neut* this: **¿qué es e.?,** what's this? ♦ | LOC: **e. de coser es un rollo,** sewing is a bore; **a todo e.,** by the way

estofado *m* stew

estoico,-a 1 *adj* stoical | **2** *m,f* stoic

estómago *m* ♦ *Biol Zool* stomach ♦ *(tragaderas, aguante)* **hay que tener e. para aguantarla,** you have to have a strong stomach to put up with her ♦ | LOC: **ese lugar me revuelve el e.,** that place turns my stomach

Estonia *f* Estonia

estonio,-a *adj & m,f* Estonian

estorbar 1 *vtr* ♦ *(obstaculizar)* to hinder ♦ *(incomodar a alguien)* to disturb | **2** *vi* to be in the way

estorbo *m* ♦ *(obstáculo)* hindrance ♦ *(incómodo)* nuisance

estornudar *vi* to sneeze

estornudo *m* sneeze

estos,-as *adj dem pl* → **este,-a**

éstos,-as *pron dem m,fpl* → **éste,-a**

estrabismo *m Med* squint

estrado *m* ♦ *(palestra)* platform; **subir al e.,** to go up onto the platform ♦ *Mús* bandstand ♦ *Jur* stand: **el acusado subió al e.,** the accused took the stand

estrafalario,-a *adj fam* outlandish, eccentric

estragos *m* ♦ *(destrozo)* damage, destruction; **los estragos del tiempo,** the ravages of time ♦ | LOC: **hacer estragos,** *(causar perjuicios, daños)* to wreak havoc; *(volver loco)* **hace estragos entre los adolescentes,** it drives teenagers wild

estrambótico,-a *adj fam* outlandish, eccentric

estrangular *vtr* ♦ *(a un ser vivo)* to strangle ♦ *Med (un conducto)* to strangulate

estratagema *f* stratagem

estrategia *f* strategy

estratégico,-a *adj* strategic

estrato *m* ♦ *Geol Sociol* stratum ♦ *Meteor* stratus

estrechamente *adv* ♦ *(íntimamente)* closely, intimately: **están e. relacionados,** they are closely related ♦ *(fuertemente)* strongly

estrechar *vtr* ♦ to make narrow ♦ *(la mano)* to shake ♦ *(entre los brazos)* to hug ♦ **el Gobierno estrechará lazos con Cuba,** the government will strengthen bonds with Cuba

■ **estrecharse** *vr* ♦ to narrow, become narrower ♦ *(las manos)* **se estrecharon la mano,** they shook hands ♦ *(abrazarse)* to hug

estrecho,-a 1 *adj* ◆ *(espacio)* narrow ◆ *(indumentaria)* tight: **esos pantalones te están estrechos,** those trousers are too tight for you ◆ *(íntimo)* close, intimate | 2 *m Geog* strait, straits *pl*; **E. de Gibraltar,** the Strait(s) of Gibraltar

estrella *f* star; **e. de cine,** film star; *Zool* **e. de mar,** starfish ◆ | LOC: **ver las estrellas,** to see stars

estrellado,-a *adj* ◆ *(cielo)* starry ◆ *(silueta, superficie, forma)* star-shaped

estrellar *vtr fam* to smash [**contra,** into, against]: **estrelló la planeadora contra las rocas,** he smashed the speedboat into the rocks

■ **estrellarse** *vr* ◆ *Auto Av (chocar)* to crash [**contra,** into]: **se estrelló con el coche,** she had a crash in her car ◆ *(fallar estrepitosamente)* to founder, fail

estrellato *m* stardom

estremecerse *vr* to shudder, tremble [**de,** with]

estrenar *vtr* ◆ *(un objeto)* to use for the first time; *(una prenda)* to wear for the first time ◆ *Cine* to première; *Teat* to perform for the first time

estreno *m Teat* first night; *Cine* première

estreñido,-a *adj* constipated

estreñimiento *m* constipation

estrépito *m* din, racket

estrepitoso,-a *adj* ◆ *(con mucho ruido)* deafening ◆ *(enorme, descomunal)* spectacular: **fue un fracaso e.,** it was a spectacular failure

estrés *m* stress

estresante *adj* stressful

estría *f* ◆ *(de la piel)* stretch mark ◆ *(en un objeto)* groove

estribillo *m (de una canción)* chorus; *(de un poema)* refrain

estribo *m (de montura)* stirrup ◆ | LOC: **perder los estribos,** to lose one's temper

estribor *m* starboard

estricto,-a *adj* strict

estridente *adj* strident

estrofa *f* verse

estropajo *m* scourer

estropear *vtr* ◆ *(causar daños)* to damage ◆ *(frustrar, malograr)* to spoil, ruin ◆ *(una máquina)* to break

■ **estropearse** *vr (máquina)* to break down; *(alimento)* to go off *o* bad

estructura *f* ◆ structure ◆ *(de un edificio, etc)* frame, framework

estruendo *m* roar, racket

estrujar *vtr* ◆ *(apretar con fuerza)* to crush: **estrujó el papel,** he crumpled up the paper ◆ *(exprimir)* to squeeze

■ **estrujarse** *vr fam* **e. el cerebro,** to rack one's brains

estuario *m Geol* estuary

estuche *m* ◆ case ◆ *(para lápices)* pencil case

estudiante *mf* student

estudiantil *adj* student

estudiar *vtr & vi* to study ➣ Ver nota en **study**

estudio *m* ◆ study ◆ *(investigación)* research ◆ *(sala)* studio; **e. fotográfico,** photographic studio ◆ *(apartamento)* studio (flat) ◆ *Educ* **estudios,** studies; *(educación)* education

estudioso,-a 1 *adj* studious | 2 *m,f* specialist

estufa *f* heater; **e. de butano,** gas heater

estupefaciente *m* drug, narcotic

estupefacto,-a *adj* astounded, flabbergasted

estupendo,-a *adj* fantastic; **¡e.!,** great! *o* that's wonderful!

estupidez *f* stupidity

estúpido,-a 1 *adj* stupid | 2 *m,f* idiot

estupor *m* astonishment, amazement

etapa *f* stage, phase: **haremos el trabajo por etapas,** we'll do the work in stages

éter *m* ether

etéreo,-a *adj* ethereal

eternidad *f* ◆ eternity ◆ *fig* **¡te llevo esperando una e.!,** I have been waiting for you for ages!

eternizarse *vr fam* ◆ *(no tener fin)* to be endless ◆ *fam (demorarse mucho)* to take ages: **se eterniza en el baño,** she spends ages in the bath

eterno,-a *adj* eternal

ética *f* ◆ *(moral)* ethic ◆ *(disciplina)* ethics *sing*

ético,-a *adj* ethical

etimología *f* etymology

etiqueta *f* ◆ *(en envases, ropa, etc)* label ◆ *(protocolo)* etiquette ◆ | LOC: **de e.,** formal: **un traje de e.,** a dinner jacket

etiquetar *vtr* to label

etnia *f* ethnic group

étnico,-a *adj* ethnic

eucalipto *m* eucalyptus

eucaristía *f* eucharist

eufemismo *m* euphemism

euforia *f* euphoria

eufórico,-a *adj* euphoric

euro *m Fin* euro

eurodiputado,-a *m,f* Euro MP
Europa *f* Europe
europeo,-a *adj* & *m,f* European
euskera, eusquera *m (idioma)* Basque
eutanasia *f* euthanasia
evacuación *f* evacuation
evacuar *vtr* to evacuate
evadir *vtr* ◆ *(dificultad, tarea)* to shirk, avoid ◆ *(dinero, impuestos)* to evade
■ **evadirse** *vr* to escape
evaluación *f* ◆ evaluation ◆ *Educ* assessment
evaluar *vtr* to evaluate, assess
evangelio *m* gospel
evangelista *m* evangelist
evaporación *f* evaporation
evaporar *vtr* to evaporate
■ **evaporarse** *vr* ◆ to evaporate ◆ *fam (una persona)* to disappear
evasión *f* ◆ *(de una persona)* escape ◆ *(de dinero, impuestos)* evasion
evasiva *f* evasive answer
evasivo,-a *adj* evasive
evento *m* ◆ *(suceso, imprevisto)* contingency, unforeseen event ◆ *(celebración)* event
eventual *adj* ◆ *(probable)* possible; *(no previsto)* incidental ◆ *(temporal)* casual, temporary; **un trabajo e.,** a temporary job
eventualmente *adv* possibly
evidencia *f* ◆ obviousness ◆ *(de un crimen, teoría)* evidence, facts ◆ | LOC: **poner a alguien en e.,** to make a fool of sb *o* to show sb up
evidente *adj* obvious
evidentemente *adv* obviously
evitar *vtr* ◆ to avoid: **no pude e. reírme,** I couldn't help laughing ◆ *(una enfermedad, etc)* to prevent; *(una desgracia)* to avert ◆ *(a una persona)* to avoid ➢ Ver nota en **avoid**
evocar *vtr* ◆ *(hacer recordar)* to evoke ◆ *(recordar)* to recall: **evoqué su sonrisa,** I recalled her smile
evolución *f* ◆ *Biol* evolution ◆ *(de los acontecimientos, de un negocio)* development
evolucionar *vi* ◆ *Biol* to evolve ◆ *(funcionar, desarrollarse)* to develop: **su hijo está evolucionando favorablemente,** your son is making satisfactory progress
ex *pref* former, ex-; **ex ministro,** former minister; *fam* **mi ex,** my ex
exactamente *adv* exactly, precisely
exactitud *f (precisión)* accuracy ◆ | LOC: **con e.: no puedo decirte con e. dónde vive,** I can't tell you precisely where he lives

exacto,-a *adj (cantidad)* exact; *(comentario, observación)* precise
exageración *f* exaggeration
exagerado,-a *adj (persona, historia)* exaggerated; *(cálculo, cantidad)* excessive
exagerar *vtr* to exaggerate
exaltar *vtr* to praise
■ **exaltarse** *vr (enardecerse)* to get overexcited
examen *m* examination, exam; **e. de conducir,** *LAm* **e. de manejar,** driving test; *Med* **e. médico,** checkup ➢ Ver nota en **nota**

¿Qué se puede hacer con un examen?
- *poner un examen,* **to set an exam**
- *presentarse a un examen,* **to sit an exam**
- *hacer un examen,* **to do an exam**
- *aprobar un examen,* **to pass an exam**
- *suspender un examen,* **to fail an exam**

---

examinador,-ora *m,f* examiner
examinar *vtr* to examine
■ **examinarse** *vr* to take *o* sit an examination
exasperante *adj* exasperating
exasperar *vtr* to exasperate
■ **exasperarse** *vr* to become exasperated
excavación *f* excavation
excavadora *f* digger
excavar *vtr Arqueol* to excavate; *(un túnel, un hoyo)* to dig
exceder *vtr* to exceed, surpass
■ **excederse** *vr* to go too far
excelencia *f* ◆ excellence ◆ *(título)* **Su E.,** His *o* Her *o* Your Excellency; **Vuestra E.,** Your Excellency ◆ | LOC: **por e.,** par excellence
excelente *adj* excellent
excentricidad *f* eccentricity
excéntrico,-a *adj* eccentric
excepción *f* exception ◆ | LOC: **a / con e. de,** with the exception of, except for
excepcional *adj* exceptional
excepto *adv* except (for)
exceptuar *vtr* to exclude, except
excesivo,-a *adj* excessive
exceso *m* excess; **e. de peso,** excess weight ◆ | LOC: **en e.,** in excess, excessively
excitación *f* ◆ *(nerviosismo, expectación)* excitement ◆ *(sexual)* arousal ◆ *Biol* stimulation
excitante **1** *adj* exciting; *Med* stimulating | **2** *m* stimulant

excitar *vtr* to excite
■ **excitarse** *vr* to get excited (about/over sthg)
exclamación *f* exclamation
exclamar *vtr* & *vi* to exclaim
excluir *vtr* to exclude
exclusión *f* exclusion
exclusiva *f* ◆ *Prensa* exclusive ◆ *Com* exclusive *o* sole right
exclusivo,-a *adj* exclusive
excomulgar *vtr Rel* to excommunicate
excomunión *f* excommunication
excremento *m* excrement
exculpar *vtr* to exonerate
excursión *f* excursion
excursionista *mf (a pie)* hiker, rambler; *(en autobús, etc)* tripper
excusa *f (pretexto)* excuse; *(disculpa)* apology: **eso no tiene e.,** there's no excuse for that
excusar *vtr (disculpar)* to excuse
■ **excusarse** *vr (disculparse)* to apologize
exención *f* exemption
exento,-a *adj* exempt, free [**de,** from]
exequias *fpl* funeral rites
exhalar *vtr* to exhale, breathe out; *(un gas, perfume)* to give off, emit; *(un suspiro)* to heave
exhaustivo,-a *adj* exhaustive, thorough
exhausto,-a *adj* exhausted
exhibición *f* ◆ *(demostración)* exhibition, display ◆ *(de una película, espectáculo)* showing, performance
exhibicionismo *m* exhibitionism: **lo detuvieron por e.,** he was arrested for indecent exposure
exhibicionista *mf* exhibitionist
exhibir *vtr* ◆ *(objetos)* to exhibit, display ◆ *(presumir)* to show off ◆ *(una película)* to show
■ **exhibirse** *vr* to show off
exhumar *vtr* to exhume
exigencia *f* ◆ demand ◆ *(requisito)* requirement: **la única e. es tener más de veinte años,,** the only requirement is to be over twenty
exigente *adj* demanding
exigir *vtr* to demand
exiliado,-a 1 *adj* exiled, in exile | **2** *m,f* exile
exiliar *vtr* to exile, send into exile
■ **exiliarse** *vr* to go into exile
exilio *m* exile
existencia *f* ◆ existence: **este niño me alegra la e.,** this child brightens my life ◆ *Com* **existencias,** stock *sing*, stocks
existente *adj* existing; *Com* in stock

existir *vi* to exist, be (in existence): **no existe posibilidad alguna,** there's no possibility
éxito *m* success: **la obra tuvo mucho é.,** the play was very successful; **con é.,** successfully
exitoso,-a *adj* successful
éxodo *m* exodus
exorbitante *adj* exorbitant, excessive
exorcista *mf* exorcist
exorcizar *vtr* to exorcize
exótico,-a *adj* exotic
expandir *vtr* to expand
■ **expandirse** ◆ *Fís* to expand ◆ *(un rumor)* to spread
expansión *f* ◆ expansion; *(de un rumor)* spreading ◆ *(entretenimiento)* relaxation
expansionarse *vr (entretenerse)* to relax
expatriado,-a *adj* & *m,f* expatriate
expatriar *vtr* to exile
■ **expatriarse** *vr* to emigrate
expectación *f* excitement, expectancy
expectativa *f* expectation: **estoy a la e. de un ascenso,** I'm expecting promotion
expectorante *m* expectorant
expedición *f* expedition
expediente *m* ◆ *(documentación, informes)* dossier, file; *(historial de un estudiante, etc)* record ◆ *Jur* proceedings *pl;* **abrirle un e. a alguien,** to start proceedings against sb
expedir *vtr* ◆ *(un documento)* to issue ◆ *(enviar)* to send, dispatch
expendedor,-ora 1 *adj* vending | **2** *m,f* seller | **3** *m (máquina)* vending machine
expensas ◆ | LOC: **a e. de,** at the expense of
experiencia *f* experience: **lo sé por e.,** I know it from experience ◆ | LOC: **con e.,** experienced; **sin e.,** inexperienced
experimentado,-a *adj* experienced
experimental *adj* experimental
experimentar 1 *vtr* ◆ *(una sensación)* to experience, feel: **cuando la cuerda rompió, experimentó un miedo abrumador,** when the rope broke, he felt overwhelming fear ◆ *(un cambio)* to undergo; *Med* **e. una mejora,** to improve | **2** *vi (hacer experimentos)* to experiment [**con,** with]
experimento *m* experiment
experto,-a *m,f* expert [**en,** at/in]
expirar *vi* to expire
explanada *f* esplanade
explayarse *vr* to talk at length (about)
explicación *f* explanation
explicar *vtr* to explain
■ **explicarse** *vr* ◆ *(expresarse con claridad)* to explain (oneself) ◆ *(comprender)* to un-

explicativo

derstand: ¡**ahora me lo explico!**, now I can understand!
explicativo,-a *adj* explanatory
explícito,-a *adj* explicit
exploración *f* exploration
explorador,-ora *m,f (persona)* explorer
explorar *vtr* to explore
explosión *f* explosion, blast: **la bomba va a hacer e.,** the bomb is going to explode
explosionar *vtr & vi* to explode, blow up
explosivo,-a *adj & m* explosive
explotación *f* ◆ *(de una persona)* exploitation ◆ *Agr* cultivation (of land); *(de una granja)* farming ◆ *(de un recurso)* exploitation, working
explotador,-ora *m,f pey* exploiter
explotar 1 *vi (un artefacto)* to explode, go off | **2** *vtr* ◆ *(desarrollar, utilizar)* to exploit; *(una mina)* to work; *(la tierra)* to cultivate ◆ *(a una persona)* to exploit
expoliar *vtr* to plunder, pillage
exponente 1 *mf* exponent | **2** *m Mat* exponent
exponer *vtr* ◆ *(en un discurso, escrito)* to expound, put forward ◆ *(en una galería, escaparate)* to exhibit, display ◆ *(someter, poner)* to expose: **la expuso al peligro,** he exposed her to danger
  ■ **exponerse** *vr (a los efectos de algo)* to expose oneself [**a,** to]; *(a un peligro)* to run the risk [**de,** of]
exportación *f* export
exportador,-ora 1 *adj* exporting | **2** *m,f* exporter
exportar *vtr* to export
exposición *f* ◆ *Arte* exhibition; **e. universal,** world fair ◆ *(de un argumento, proyecto)* account ◆ *Fot* exposure
exprés 1 *adj* express | **2** *m inv (tren)* express
expresamente *adv* specifically, expressly
expresar *vtr* to express
  ■ **expresarse** *vr* to express oneself
expresión *f* expression
expresivo,-a *adj* expressive
expreso,-a 1 *adj* express: **con la condición expresa de que...,** on the express condition that... | **2** *m (tren)* express | **3** *adv* **expreso,** on purpose, deliberately
exprimidor *m* squeezer, *US* juicer
exprimir *vtr (un cítrico)* to squeeze; *(a una persona)* to exploit
expropiar *vtr* to expropriate
expuesto,-a *adj* ◆ *(ser) (arriesgado)* risky, dangerous ◆ *(estar) (en un escaparate, galería)* on display, on show; *(sin protección)* exposed

expulsar *vtr* ◆ to expel [**de,** from] ◆ *Dep (a un jugador)* to send off
expulsión *f* ◆ *(permanente)* expulsion ◆ *Dep* sending off
exquisito,-a *adj* ◆ *(delicado, bien hecho)* exquisite ◆ *(sabroso)* delicious ◆ *(gusto, persona)* refined
extasiado,-a *adj* ecstatic: **estaba e.,** I was in ecstasies
extasiarse *vr* to go into ecstasies *o* raptures
éxtasis *m inv* ecstasy, rapture
extender *vtr* ◆ to extend; *(un territorio)* to enlarge ◆ *(desplegar, estirar)* to spread (out), open (out); *(una mano, las piernas, etc)* to stretch (out) ◆ *(untar)* to spread ◆ *(expedir) (un cheque)* to make out; *(un documento)* to draw up; *(un certificado)* to issue
  ■ **extenderse** *vr* ◆ *(en el tiempo)* to extend, last ◆ *(en el espacio)* to spread out, stretch ◆ *(divulgarse)* to spread, extend ◆ *(hablar mucho tiempo)* to go on
extendido,-a *adj* ◆ *(desplegado)* spread out, open; *(alas, brazos)* outstretched ◆ *(hábito, uso, rumor)* widespread
extensible *adj* extending
extensión *f* ◆ extension; *(de un escrito, de tiempo)* length; *(de un territorio, superficie)* area ◆ *(ampliación)* extension; *(difusión)* spreading ◆ *(de una línea telefónica, un edificio)* extension
extensivo,-a *adj* ◆ *Agr* extensive ◆ *(aplicable)* **esto es e. a los mamíferos,** this applies to mammals; **lo hizo e. a nosotros,** he extended it to us
extenso,-a *adj (en superficie, variedad)* extensive, vast; *(en tiempo, desarrollo)* long
extenuar *vtr* to exhaust
  ■ **extenuarse** *vr* to exhaust oneself
exterior 1 *adj* ◆ *(que está fuera)* outer; *(fachada, puerta, temperatura)* outside ◆ *Pol Econ* foreign | **2** *m* ◆ *(parte de fuera)* exterior, outside ◆ *(extranjero)* abroad ➢ Ver nota en **abroad** ◆ *Cine* **exteriores,** location *sing*
exteriorizar *vtr* to show, reveal
exteriormente *adv* outwardly
exterminar *vtr* to exerminate
exterminio *m* extermination
externo,-a 1 *adj* external; *Farm* **de uso e.,** for external use only | **2** *m,f Educ* day pupil
extinción *f* extinction
extinguir *vtr* ◆ *(un fuego)* to extinguish, put out ◆ *(una especie)* to wipe out
  ■ **extinguirse** *vr* ◆ *(el fuego)* to go out ◆ *(una especie)* to become extinct, die out:

los lémures se están extinguiendo, lemurs are dying out
extintor *m* fire extinguisher
extirpar *vtr* ◆ *Med* to remove ◆ *(vicios, abusos)* to eradicate, stamp out
extorsión *f* extortion
extorsionar *vtr* to extort
extra 1 *adj* ◆ *(de más, plus)* extra; **horas extras,** overtime; **paga e.,** bonus ◆ *(de calidad superior)* top quality | 2 *m (gasto adicional)* extra expense | 3 *m,f Cine Teat* extra
extracción *f* ◆ extraction ◆ *(en lotería, sorteo)* draw ◆ *(cuna, origen social)* background, stock
extracto *m* ◆ extract; **e. de café,** coffee extract; **e. de lavanda,** lavender essence ◆ *(resumen)* summary; *(fragmento)* extract; *Fin* **e. de cuenta,** statement of account
extractor *m* extractor
extradición *f* extradition
extraer *vtr* to extract, take out
extraescolar *adj (fuera del currículo oficial)* extracurricular
extrafino,-a *adj* superfine
extralimitarse *vr* to overstep the mark
extranjero,-a 1 *adj* foreign | 2 *m,f* foreigner | 3 *m* abroad: **está en el e.,** he's abroad ➢ Ver nota en **abroad**
extrañar *vtr (asombrar)* to surprise: **no es de e.,** it's hardly surprising ◆ *(echar de menos)* to miss ◆ *(notar extraño)* **extraño mucho la cama,** I find this bed strange *o* I miss my own bed

■ **extrañarse** *vr* **e. de,** to be surprised at

extrañeza *f* ◆ *(asombro)* surprise, astonishment ◆ *(singularidad)* strangeness
extraño,-a 1 *adj* ◆ *(raro)* strange ◆ *(desconocido)* strange; *Med* foreign | 2 *m,f* stranger
extraoficial *adj* unofficial
extraordinario,-a *adj (anormal)* extraordinary; *(estupendo)* exceptional; **edición extraordinaria,** special edition
extrarradio *m* outskirts *pl*, suburbs *pl*
extraterrestre 1 *adj* extraterrestrial | 2 *mf* alien
extravagancia *f* extravagance
extravagante *adj* odd, outlandish
extraviado,-a *adj* lost
extraviar *vtr* to lose

■ **extraviarse** *vr (un objeto)* to go missing; *(una persona)* to get lost
extremadamente *adv* extremely
extremado,-a *adj* extreme
extremar *vtr* to maximize: **extremó los cuidados con el niño,** she looked after the boy with special care
extremidad *f* ◆ *(de un ser vivo)* limb, extremity ◆ *(extremo)* end, tip
extremista *adj* & *mf* extremist
extremo,-a 1 *adj* extreme; *(lejano)* **E. Oriente,** Far | 2 *m* East ◆ *(fin o principio)* end ◆ *(punto o situación límite)* extreme; *(asunto, punto de que se trata)* point: **en este e. soy inflexible,** I won't move on that point
extravertido,-a *adj* & *m,f* extrovert
exuberante *adj (persona)* exuberant; *(vegetación)* lush, abundant
eyacular *vi* to ejaculate

F, f *f (letra)* F, f
fa *m Mús (de solfa)* fah, fa; *(de escala diatónica)* F; **fa bemol,** F-flat; **fa sostenido,** F-sharp
fabada *f* bean stew
fábrica *f* factory
fabricación *f (en serie)* manufacture; *(de un objeto)* making: **su f. nos llevó dos días,** it took us two days to make; **de f. casera,** home-made; **de f. inglesa,** of English make
fabricado,-a *adj loc* **f. en Corea,** made in Korea
fabricante *mf* manufacturer
fabricar *vtr* ◆ *(en serie)* to manufacture ◆ *(elaborar)* to make ◆ *(construir)* to build ◆ *fig* to fabricate

fábula *f* fable
fabuloso,-a 1 *adj* fabulous | **2** *adv fam* **lo pasamos fabuloso,** we had a great time
faceta *f* facet
facha[1] *f fam* look, appearance
facha[2] *mf & adj fam pey* fascist
fachada *f* façade
facial *adj* facial
fácil 1 *adj* ♦ easy: **f. de usar,** easy to use ♦ *(probable)* likely; **es f. que venga** he is (quite) likely to come | **2** *adv* easily: **lo que f. se aprende, f. se olvida,** what's easy to learn, is also easy to forget
facilidad *f* ♦ *(simplicidad)* easiness ♦ *(sin esfuerzo)* ease: **ganó con f.,** he won easily ♦ *(don)* gift: **tiene f. de expresión,** he has a gift for expression ♦ *(ayuda para hacer algo)* facility; **dar facilidades,** to make things easy; **facilidades de pago,** credit terms
facilitar *vtr* ♦ *(dar, proveer)* to provide ♦ *(hacer más fácil)* to make easy, facilitate
fácilmente *adv* easily
facsímil *m & adj* facsimile; **edición f.,** facsimile edition
factible *adj* practicable, feasible
factor *m* factor
factoría *f (fábrica)* factory
factura *f* ♦ *Com* invoice ♦ *(recibo)* bill
facturación *f* ♦ *Com* invoicing ♦ *Av (entrega de equipaje)* check-in
facturar *vtr* ♦ *Com* to invoice ♦ *Av (equipaje)* to check in
facultad *f* ♦ *(capacidad)* faculty; **perder facultades,** to lose one's faculties ♦ *Univ* faculty, school; **f. de Económicas,** Economics Faculty *o* Department
facultativo,-a 1 *adj* ♦ optional ♦ *Med* medical | **2** *m,f* doctor
faena *f* ♦ *(trabajo)* work; **faenas de la casa,** household chores; **faenas del campo,** farm work; *fam pey* chore ♦ *fam (mala pasada)* dirty trick; **hacer una f. a algn,** to play a dirty trick on sb ♦ *Taur* performance
faenar *vi* ♦ *(en la mar)* to fish ♦ *(en el campo)* to work on the land
faisán *m* pheasant
fajo *m* wad, bundle
falacia *f* fallacy
falaz *adj* î *(falso)* fallacious ♦ *(engañoso)* treacherous
falda *f* ♦ *(de vestir)* skirt ♦ *(de una montaña)* slope, hillside, foot ♦ *(de ternera)* brisket ♦ *(regazo)* lap ♦ | LOC: **estar pegado a las faldas de alguien,** to be tied to sb's apron-strings

falla *f* ♦ *(defecto)* defect, fault ♦ *LAm (error, fallo)* mistake, fault ♦ *Geol* fault
fallar[1] **1** *vi Jur* to rule | **2** *vtr (un premio)* to award
fallar[2] *vi* ♦ to fail: **le falló la memoria,** his memory failed ♦ *(decepcionar)* to disappoint: **no nos falles,** don't let us down
fallecer *vi frml* to pass away, die
fallecido,-a *adj* deceased
fallecimiento *m* decease
fallido,-a *adj* unsuccessful, vain; **un intento f.,** a vain attempt
fallo[1] *m* ♦ *Jur* judgement, sentence ♦ *(de un premio)* award
fallo[2] *m* ♦ *(error)* mistake ♦ *(de un órgano, de un motor)* failure; **f. técnico,** mechanical failure
falsear *vtr* ♦ *(alterar los hechos)* to distort ♦ *(alterar un documento)* to falsify
falsedad *f* ♦ falseness, *(insinceridad)* hypocrisy ♦ *(mentira)* lie
falsificación *f* ♦ *(acción)* forgery, counterfeit ♦ *(lo falsificado)* falsification, fake
falsificar *vtr (distorsionar)* to falsify; *(crear una copia falsa)* to forge, counterfeit
falso,-a *adj* ♦ false: **había un puerta f.,** there was a false door; **nombre f.,** assumed name ♦ *(persona)* insincere ♦ | LOC: **en f.,** false: **jurar en f.,** to commit perjury
falta *f* ♦ lack: **se perdió la cosecha por f. de lluvia,** the harvest was lost through lack of rain ♦ *(ausencia)* absence: **no notaron su f.,** they didn't miss him ♦ *(imperfección)* fault, defect: **tiene faltas de ortografía,** he some spelling mistakes ♦ *Jur* misdemeanour ♦ *Dep Ftb* foul; *Ten* fault ♦ | LOC: **echar algo/a alguien en f.,** to miss sthg/sb; **hacer f.,** to be necessary: **(nos) hace f. un reloj,** we need a watch; **no hace f. que lo veas,** there is no need for you to see it; **sin f.,** without fail
faltar *vi* ♦ *(estar ausente)* to be missing: **falta el jefe,** the boss is missing ♦ *(no tener)* to be lacking: **le falta personalidad,** he lacks personality ♦ *(restar)* to be left: **aún falta para la Navidad,** it's a long time until Christmas; **faltó poco para que ganaran,** they very nearly won; **no falta nada por hacer,** there's nothing more to be done; **sólo me falta el último capítulo por leer,** I've only got the last chapter to read ♦ *(no acudir)* **tu hermano faltó a la cita,** your brother didn't turn up/come ♦ *(incumplir)* **eso es f. a la verdad,** that is not telling the truth; **f. a su palabra,** to break

one's word ◆ *(insultar)* **f. a alguien,** to be rude to someone ◆ | LOC: **¡lo que faltaba!,** that's all it needed!; **¡no faltaba más!,** (but) of course!

fama *f* ◆ *(popularidad)* fame, renown; **un pianista de f. mundial,** a world-famous pianist ◆ *(opinión pública)* reputation: **tiene f. de donjuán,** he is known as a womanizer

famélico,-a *adj* starving, starved, famished

familia *f* family: **somos f. numerosa,** we are large family; **todos tienen un aire de f.,** they all have a family likeness ◆ | LOC: **estar en f.,** to be among friends; **venir de f.,** to run in the family

familiar 1 *adj* ◆ *(de la familia)* family; **planificación f.,** family planning ◆ *(conocido)* familiar ◆ *(tamaño)* **envase f.,** economy size | **2** *mf* relation, relative

familiaridad *f* familiarity

familiarizar *vtr* to familiarize

■ **familiarizarse** *vr* to familiarize oneself [**con,** with]

famoso,-a 1 *adj* famous | **2** *m* famous person

fan *mf* fan

fanático,-a 1 *adj* fanatical | **2** *m,f* fanatic

fanatismo *m* fanaticism

fanfarrón,-ona *fam* **1** *adj* boastful | **2** *m,f* show-off

fanfarronear *vi fam (hablar con arrogancia)* to brag; *(presumir)* to show off

fango *m (barro, lodo)* mud

fantasear *vi* to daydream

fantasía *f* ◆ fantasy ◆ *Mús* fantasía

fantasioso,-a *adj* imaginative

fantasma *m* ◆ *(aparición)* ghost ◆ *(recuerdos, etc)* **tienes que deshacerte de tus fantasmas,** you must lay the ghosts of your past ◆ *fam (fanfarrón)* show-off, loudmouth

fantasmal *adj* ghostly

fantástico,-a *adj* fantastic

faquir *m* fakir

faraón *m* Pharaoh

faringe *f* pharynx

faringitis *f* pharyngitis

farmacéutico,-a 1 *adj* pharmaceutical | **2** *m,f* pharmacist, chemist

farmacia *f (establecimiento)* chemist's (shop), *US* pharmacy

fármaco *m* medicine

faro *m* ◆ *(de la costa)* lighthouse; *(de un vehículo)* headlight, headlamp

farola *f* streetlight, streetlamp

farolillo *m* Chinese lantern

farragoso,-a *adj* confused, rambling

farsa *f* farce

farsante *mf (impostor)* fake, impostor

fascículo *m Impr (coleccionable)* instalment, *US* installment

fascinador,-ora, fascinante *adj* fascinating

fascinar *vtr* to fascinate

fascismo *m* fascism

fascista *adj & mf* fascist

fase *f* ◆ *(etapa)* phase, stage ◆ *Elec Fís* phase ◆ *(de la Luna)* phase

fastidiado,-a *adj fam* ◆ *(molesto)* annoyed, bothered ◆ *(enfermo, dañado)* sick; **tiene el hígado f.,** he's got a bad liver ◆ *(estropeado)* broken

fastidiar *vtr* ◆ *(causar enojo, molestia)* to annoy, bother ◆ *fam (el pelo, un coche, etc)* to damage, ruin; *(un proyecto, plan)* to spoil ◆ *(causar una herida)* to hurt

■ **fastidiarse** *vr* ◆ *(conformarse, aguantarse)* to put up with it, resign oneself: **pues te fastidias!,** tough! ◆ *fam (el electrodoméstico, una máquina)* to get damaged, break down: **se fastidió el día,** the day was ruined ◆ *(dañarse)* **se fastidió la mano,** she's hurt her hand

fastidio *m* ◆ *(enojo)* nuisance ◆ *(molestia, lata)* bother ◆ *(aburrimiento)* boring

fastuoso,-a *adj* ◆ *(acontecimiento)* splendid ◆ *(persona)* lavish, ostentatious

fatal 1 *adj* ◆ *(desastroso, muy perjudicial)* fatal: **fue un error f.,** it was a fatal error ◆ *(mortal)* deadly, fatal ◆ *(lamentable, pésimo)* awful, dreadful, *fam* lousy ◆ *(inevitable, ineludible)* fateful, inevitable | **2** *adv fam* awfully, terribly: **lo pasamos f.,** we had a rotten time

fatalidad *f* ◆ *(destino)* fate ◆ *(suceso desgraciado)* misfortune

fatalista 1 *adj* fatalistic | **2** *mf* fatalist

fatídico,-a *adj* fateful

fatiga *f* ◆ *(cansancio, agotamiento)* fatigue, tiredness; **f. del metal,** metal fatigue ◆ *(dificultad para respirar)* **tener f.,** to breath with difficulty *o* to have laboured breath

fatigado,-a *adj (cansado)* tired

fatigar *vtr* to tire, weary

■ **fatigarse** *vr* to tire, become tired

fatigoso,-a *adj* ◆ *(que produce cansancio)* tiring, exhausting ◆ *(respiración)* laboured

fatuo,-a *adj* ◆ *(engreído)* vain, conceited ◆ *(tonto)* fatuous, foolish ◆ **fuego f.,** will-o'-the-wisp

fauces *fpl Zool* jaws

fauna *f* fauna
favor *m* ◆ favour, *US* favor: **¿me puedes hacer un f.?**, could you do me a favour? ◆ **favores** *(de una mujer)* favours ◆ | LOC: **estar a f. de**, to be in favour of; **por f.**, please
favorable *adj* favourable, *US* favorable
favorecer *vtr* ◆ to favour, *US* favor ◆ *(un sombrero, vestido)* to flatter
favoritismo *m* favouritism, *US* favoritism
favorito,-a *adj* & *m,f* favourite, *US* favorite
fax *m* fax
faz *f* ◆ *Lit* face ◆ *(superficie)* face
fdo. *(abr de firmado)* signed
fe *f* ◆ faith; **de buena/mala fe**, in good/bad faith ◆ *(documento oficial)* certificate; **fe de bautismo**, baptism certificate ◆ *Impr* **fe de erratas**, (list of) errata ◆ *(testimonio)* **dar fe**, to testify
fealdad *f* ugliness
febrero *m* February
febril *adj* ◆ *Med* feverish ◆ *(movimiento, trabajo)* hectic
fecha *f* ◆ date: **hasta la f. no ha habido cambios**, so far there have been no changes; **f. de caducidad**, sell-by date; **f. límite**, deadline ◆ **fechas**, *(momento, tiempo)* time *sing*; **el mes pasado por estas fechas**, this time last month; **por aquellas fechas**, at that time
fechar *vtr* to date
fécula *f* starch
fecundación *f* fertilization; **f. artificial**, artificial insemination
fecundar *vtr* to fertilize
fecundo,-a *adj* fertile
federación *f* federation
federal *adj* & *mf* federal
federar *vt* to federate
federarse *vr* ◆ to federate ◆ *(inscribirse en una federación)* to join a federation
felicidad *f* ◆ happiness ◆ **felicidades** *(por un cumpleaños)* happy birthday; *(por una boda, un ascenso)* congratulations
felicitación *f* congratulation; **f. navideña**, Christmas card; **tarjeta de f.** greetings card
felicitar *vtr* to congratulate [**por**, on]; **¡le felicito!**, congratulations!
feligrés,-gresa *m,f* parishioner
felino,-a *adj* & *m,f* feline
feliz *adj* ◆ *(dichoso, alegre)* happy; **f. cumpleaños**, happy birthday; **que tengas un feliz viaje**, have a good trip ◆ *(acertado)* fortunate ◆ *(afortunado)* lucky ➢ Ver nota en **gay**

felizmente *adv* ◆ *(por suerte)* luckily ◆ *(con alegría)* happily
felpa *f Tex* plush
felpudo *m* mat, doormat
femenino,-a 1 *adj* ◆ *(propio de mujer)* feminine ◆ *(para mujer)* women's ◆ *(órgano, sexo)* female; **un esqueleto f.**, a female skeleton ➢ Ver nota en **female** y **feminine** ◆ *Ling* feminine | **2** *m Ling* feminine
feminismo *m* feminism
feminista *adj* & *mf* feminist
fémur *m* femur
fenomenal 1 *adj* ◆ *(muy grande, fuera de lo normal)* phenomenal, prodigious: **tiene una fuerza f.**, he's amazingly strong ◆ *fam (estupendo)* great, terrific | **2** *adv fam* wonderfully, marvellously: **se lo pasaron f.**, they had a marvellous time
fenómeno,-a 1 *m* ◆ phenomenon; **f. atmosférico**, atmospheric phenomenon ◆ *(genio)* genius ◆ *(monstruo)* freak | **2** *adj fam* fantastic, terrific | **3** *adv* marvellously
feo,-a 1 *adj* ◆ *(carente de belleza)* ugly ◆ *(turbio)* nasty: **esto se pone feo**, this is looking bad; **una herida fea**, a bad wound | **2** *m (desaire, descortesía)* snub: **no le hagas ese f.**, don't snub him ◆ | LOC: **ser más f. que Picio**, to be as ugly as sin
féretro *m* coffin
feria *f* fair; **f. de ganado**, cattle market; **f. del libro**, book fair
ferial *adj* **recinto f.**, fairground
fermentación *f* fermentation
fermentar *vi* to ferment
fermento *m* ferment
ferocidad *f* ferocity, fierceness
feroz *adj* fierce, ferocious: **tengo un hambre f.**, I'm ravenous; **una crítica f.**, savage criticism
férreo,-a *adj* ◆ *(fuerte, indoblegable)* iron: **tiene una voluntad f.**, she has an iron will ◆ *(relativo al hierro)* ferrous; **metal no férreo**, non-ferrous metal ◆ *Ferroc* rail; **vía f.**, railway
ferretería *f* ironmonger's (shop), hardware store
ferrocarril *m* railway, *US* railroad
ferroviario,-a *adj* railway, rail
ferry *m* ferry
fértil *adj* fertile
fertilidad *f* fertility
fertilizante 1 *m* fertilizer | **2** *adj* fertilizing
fertilizar *vtr* to fertilize
ferviente *adj* fervent

fervor *m* fervour, *US* fervor
fervoroso,-a *adj* fervent
festejar *vtr* to celebrate
festejos *mpl* festivities
festín *m* feast, banquet
festival *m* festival
festividad *f* festivity
festivo,-a 1 *adj* ◆ *(humor, ambiente)* festive ◆ *(no laborable)* **día f.,** holiday | **2** *m* holiday
fetal *adj* foetal, *US* fetal
fetiche *m* fetish
fétido,-a *adj* stinking, fetid
feto *m* foetus, *US* fetus
feudalismo *m* feudalism
feudo *m* ◆ *Hist (tributo)* fee; *(territorio)* feud, fief ◆ *Pol* stronghold, fief
FF.CC. *mpl (abr de ferrocarriles)* railways, *US* railroad
fiabilidad *f* reliability, trustworthiness
fiable *adj* reliable, trustworthy
fiambre *m* ◆ *Culin* cold meat ◆ *fam (cadáver, muerto)* stiff, corpse
fiambrera *f* lunch box
fiambrería *f LAm* delicatessen
fianza *f* ◆ *(pago como garantía)* deposit ◆ *Jur* bail: **le pondrán en libertad bajo f.,** he'll be released on bail; **pagarle la f. a alguien,** to bail sb out
fiar *vtr* ◆ *(vender sin exigir pago inmediato)* to sell on credit ◆ *(respaldar)* to guarantee ◆ *(confiar)* to trust | LOC: **ser de f.,** to be trustworthy

■ **fiarse** *vr* to trust [de, -]

fiasco *m* fiasco
fibra *f* ◆ fibre, *US* fiber; *Tex* **f. óptica,** fibre optics; **una prenda de f.,** a synthetic garment ◆ *(textura espiritual)* fibre; **f. sensible,** sensitivity
ficción *f* fiction
ficha *f* ◆ *(tarjeta de cartón)* filing card; **f. técnica,** *(de un ordenador, etc)* specifications *pl*, technical data; *(de un libro, disco, película)* credits *pl* ◆ *(de un juego de mesa, parchís)* counter; *(de dominó)* domino ◆ *(de guardarropa)* number ◆ *(en el casino)* chip ◆ *(de un futbolista, etc)* signing-on fee, contract
fichado,-a *adj* **está f. por la Policía,** he has a police record; **todos los de la clase tenemos a Iván fichado,** all the classmates know what sort of person Ivan is
fichaje *m Dep* signing
fichar 1 *vtr* ◆ *(una información)* to put on file; *(la policía)* to record ◆ *Dep* to sign up | **2** *vi* ◆ *(en un empleo) (la entrada)* to clock in; *(la salida)* to clock out ◆ *Dep* to sign
fichero *m* card index
ficticio,-a *adj* fictitious
fidedigno,-a *adj* reliable, trustworthy
fidelidad *f* ◆ *(lealtad)* faithfulness ◆ *(precisión, esp. en una reproducción)* fidelity; **alta f.,** high fidelity, hi-fi
fideo *m Culin* noodle ◆ **estar hecho un f.,** to be as slim as a rake
fiebre *f* fever: **al niño ya le bajó la f.,** the boy's temperature has already gone down

> **Fever** implica un tipo de enfermedad (**yellow fever, typhoid fever,** *fiebre amarilla, tifoidea*). La *fiebre* (alta temperatura) se traduce por **temperature:** *tener fiebre,* **to have a temperature.**

fiel 1 *adj* ◆ *(constante)* faithful, loyal ◆ *(preciso, exacto)* accurate, exact | **2** *m* ◆ *(de una balanza)* needle, pointer ◆ *Rel* **los fieles,** the congregation
fieltro *m* felt
fiera *f* ◆ wild animal; **casa de fieras,** zoo ◆ *fam (basilisco, furia)* **se puso hecho una f.,** she was hopping mad; *(genio, as)* **es una f. para los negocios,** he's brilliant at business
fiero,-a *adj* ◆ *(animal)* wild ◆ *(batalla, combate)* fierce, ferocious
fierro *m LAm* ◆ *(hierro)* iron ◆ *(navaja)* knife ◆ **fierros** *mpl LAm* tools
fiesta *f* ◆ *(reunión de amigos)* party: **daremos una f.,** we'll hold a party ◆ *(festividad)* celebration, festivity; **fuimos a las fiestas del pueblo,** we went to the village fiesta/carnival; **día de f.,** holiday; **f. nacional,** bank holiday; **la f. nacional,** bullfighting ◆ *Rel* feast
figura *f* figure
figurado,-a *adj* figurative: **lo dije en sentido f.,** I was speaking figuratively
figurar 1 *vi (en una lista, en un grupo)* to figure [**como,** as] [**entre,** among] | **2** *vt* to represent

■ **figurarse** *vr* ◆ to imagine, suppose: **¡figúrate!,** just imagine!; **me lo figuraba,** I thought as much; **no puedes ni figurarte,** you can't imagine it
fijador *m* ◆ *(del pelo)* gel ◆ *Fot* fixative
fijamente *adv (intensamente)* intensely; *(atentamente)* attentively; **mirar f.,** to stare
fijar *vtr* ◆ to fix: **se prohíbe f. carteles,** *(en letrero)* post no bills ◆ *(la atención, los*

fijo

ojos, etc) f. **la vista en algo,** to fix one's eyes on ◆ *(acordar, establecer)* to set: **fija el día y la hora,** set a date

■ **fijarse** *vr* ◆ *(percatarse)* to notice: **se fijó en mí,** he noticed me ◆ *(prestar atención)* to pay attention ◆ *(una meta, una tarea)* to set

fijo,-a 1 *adj* ◆ fixed ◆ *(trabajo)* steady | **2** *adv* for sure: **fijo que protesta,** you can bet he'll complain

fila 1 *f* ◆ file, row: **marchaban en f. india,** they were walking in single file; **nos pusimos a la f.,** we joined the queue; **puso las muñecas en f.,** she lined the dolls up ◆ *(de butacas)* row | **2** *fpl* **filas** ◆ *Mil* ranks: **no le llamaron a filas,** they didn't call him up ◆ *(de un partido político)* rank and file

filamento *m* filament
filantropía *f* philanthropy
filántropo,-a *m,f* philanthropist
filarmónico,-a *adj* philharmonic
filatelia *f* philately, stamp collecting
filete *m (de carne, pescado)* fillet
filial 1 *adj (relativo a los hijos)* filial ◆ *Com* subsidiary | **2** *f* subsidiary
filigrana *f* ◆ filigree ◆ *fig (usu tb en pl)* intricacy, intricate work ◆ *(de papel)* watermark
filmar *vtr* to film, shoot
filmoteca *f (archivo)* film library
filo *m* ◆ (cutting) edge; **de doble f.,** double-edged ◆ | LOC: **al f.,** *(muy cerca de)* **al f. de la locura,** on the edge of madness
filología *f* philology: **es licenciado en f. portuguesa,** he's got a degree in Portuguese
filón *m* ◆ *Min* seam, vein ◆ *fig (negocio provechoso, chollo)* gold mine
filoso,-a *adj LAm* sharp-edged
filosofía *f* philosophy
filosófico,-a *adj* philosophical
filósofo,-a *m,f* philosopher
filtración *f* ◆ *(paso por un filtro)* filtration ◆ *(gotera)* leak; *fig (de un dato, una noticia)* leak
filtrar *vtr* ◆ *(un líquido)* to filter ◆ *(una noticia, un dato)* to leak

■ **filtrarse** *vr* ◆ *(líquido)* seep ◆ *(una noticia)* to leak out

filtro *m* filter
fin *m* ◆ *(final, término)* end: **ponle f. a esta situación,** put an end to this situation; **f. de semana,** weekend; **noche de F. de Año,** New Year's Eve ◆ *(meta)* purpose, aim; **con el f. de,** with the aim of; **f. último, main aim** ◆ | LOC: **a f. de,** in order to, so

as to; **a f. de que,** in order that, so that; **al f. y al cabo,** when all's said and done; **en f.,** anyway; **¡por *o* al f.!,** at last!

final 1 *adj* final | **2** *m* end; **al f.,** in the end; **f. de trayecto,** terminus; **f. feliz,** happy ending; **a finales de,** at the end of | **3** *f Dep* final
finalidad *f* purpose, aim
finalista *mf* finalist
finalizar *vtr* & *vi* to end, finish
finalmente *adv* finally, eventually ➢ Ver nota en **eventually**
financiación *f* financing
financiar *vtr* to finance
financiero,-a 1 *adj* financial | **2** *m,f* financier
financista *mf LAm* financier, financial expert
finanzas *fpl* finances
finca *f* ◆ *(casa de campo)* country house ◆ *(terreno)* estate ◆ *(inmueble urbano edificado)* building ◆ *(inmueble)* property
fingido *f adj* feigned, false
fingir *vtr* to pretend

■ **fingirse** *vr* to pretend to be

finiquito *m* settlement
finlandés,-desa 1 *adj* Finnish | **2** *m,f (persona)* Finn | **3** *m (idioma)* Finnish
Finlandia *f* Finland
fino,-a 1 *adj* ◆ *(delgado, poco espeso)* fine, thin ◆ *(con modales, con gusto)* refined, polite ◆ *(suave, terso)* delicate ◆ *(vista, oído)* sharp, acute; *(olfato)* keen ◆ *(sutil, inteligente, agudo)* subtle ◆ *(trabajo laborioso, de calidad)* fine | **2** *m (vino andaluz)* type of dry sherry
finta *f (en boxeo)* feint; *(en fútbol)* dummy
finura *f* ◆ *(delgadez, delicadeza)* delicacy ◆ *(refinamiento, educación)* refinement, politeness ◆ *(sutileza)* subtlety, finesse ◆ *(de un trabajo, una labor)* quality, fineness
firma *f* ◆ signature; **la f. de un tratado,** the signing of a treaty ◆ *(conjunto de empresas, establecimiento)* firm, company
firmamento *m* firmament
firmar *vtr* to sign
firme 1 *adj* ◆ firm: **se mantuvo f. ante la oposición,** she stood firm against the opposition | **2** *m (pavimento de carretera)* road surface | **3** *adv (con constancia)* firm, firmly, hard | **4** *excl Mil* **¡firmes!** attention! ◆ | LOC: **de f.,** firm, hard; **en f.,** definitive
firmemente *adv* firmly
firmeza *f* firmness
fiscal 1 *adj (relativo al fisco)* fiscal, tax ◆ *(relativo al fiscal)* prosecuting | **2** *mf Jur* public prosecutor, *US* district attorney; **F.**

General del Estado, Director of Public Prosecutions, *US* Attorney General
fisco *m* treasury, exchequer
fisgar *vi fam* to snoop, pry
fisgón,-ona 1 *m,f* snooper, busybody | **2** *adj* nosy
fisgonear *vi* to snoop, pry
física *f* physics *sing*
físico,-a 1 *adj* physical | **2** *m,f (especialista)* physicist | **3** *m* physique
fisión *f* fission
fisioterapeuta *mf Med* physiotherapist
fisioterapia *f Med* physiotherapy
fisonomía *f* physiognomy
fisura *f* fissure
flácido,-a *adj* flaccid, flabby
flaco,-a *adj* ♦ *(muy delgado)* skinny ♦ *(débil)* weak: **tienes flaca memoria,** you have a very bad memory; **punto f.,** weak spot
flagrante *adj* flagrant: **fue sorprendido en f. delito,** he was caught red-handed
flamante *adj* ♦ *(recién estrenado)* brand-new ♦ *(llamativo, atractivo)* splendid, brilliant
flamenco,-a 1 *adj* ♦ *Mús* flamenco ♦ *(de Flandes)* Flemish | **2** *m* ♦ *Mús* flamenco ♦ *Orn* flamingo ♦ *(idioma)* Flemish
flan *m* caramel custard ♦ | LOC: **estar hecho un f.,** to be shaking like a jelly
flanco *m* flank, side
flanquear *vtr* to flank
flaquear *vi (perder fuerza, voluntad)* to weaken, give way
flaqueza *f* weakness
flas *m Fot* flash
flatulencia *f* flatulence
flauta 1 *f* flute; **f. dulce** *o* **de pico,** recorder; **f. travesera,** flute | **2** *mf* flute player
flautista *mf Mús* flautist, *US* flutist, flute player
flecha *f* arrow
flechazo *m* ♦ *(lanzamiento de flecha)* arrow shot ♦ *(herida)* arrow wound ♦ *(enamoramiento repentino)* love at first sight
fleco *m* ♦ *(de alfombra, vestido)* fringe ♦ *(de un asunto, negociación)* loose end
flema *f* phlegm
flemático,-a *adj* phlegmatic
flemón *m* gumboil, abscess
flequillo *m* fringe, *US* bangs
fletar *vtr* to charter
flexibilidad *f* flexibility
flexible *adj* flexible
flexión *f* ♦ flexion ♦ *Ling* inflection ♦ *Gimn* **flexiones,** press-ups, *US* push-ups
flexionar *vtr (músculo)* to flex

flexo *m* reading lamp
flirtear *vi* to flirt
flirteo *m* flirting
flojear *vi* ♦ *(ir mal)* to fall off, go down; *(estar débil, flaquear)* to weaken, grow weak; *(memoria)* to fail ♦ *(actuar con desgana)* to slack
flojedad *f* ♦ *(debilidad)* weakness ♦ *(falta de interés)* slackness
flojera *f fam* ♦ weakness, faintness ♦ *(desgana)* slackness; *(pereza)* laziness
flojo,-a *adj* ♦ *(tornillo, cuerda, etc)* loose, slack ♦ *(exámen, trabajo)* poor ♦ *(vago, perezoso)* lazy, idle
flor *f* ♦ flower ♦ *(lo selecto de algo, lo mejor)* best part, cream: **estás en la f. de la vida,** you are in the prime of life ♦ | LOC: **ser flor de un día,** to be short-lived; **a f. de piel,** skin-deep; **en f.,** in blossom; **ni flores,** no idea
flora *f Biol* flora; **f. intestinal,** intestinal bacteria
floreado,-a *adj* flowery
florecer *vi* ♦ *(dar flor)* to flower ♦ *(prosperar)* to flourish, thrive
floreciente *adj* flourishing, prosperous
florero *m* vase
florido,-a *adj* ♦ *(con motivos florales)* flowery ♦ *(escrito, expresión)* florid
florista *mf* florist
floristería *f* florist's (shop)
flota *f* fleet
flotador *m* ♦ *(de caña, redes)* float ♦ *(para nadar)* rubber ring
flotar *vi* to float
flote *m* floating ♦ | LOC: **a f.,** afloat; *(sacar de una situación apurada)* **sacar a f. a alguien,** to put sb on a sound footing
fluctuación *f* fluctuation
fluctuar *vi* to fluctuate
fluidez *f* fluency
fluido,-a 1 *adj* fluid; *(discurso, narración)* fluent | **2** *m* fluid; **f. (eléctrico),** current, power
fluir *vi* to flow
flujo *m* ♦ *(de un líquido, gas)* flow ♦ *(marea alta)* rising tide, flow ♦ *Fís* flux ♦ *Med* discharge
flúor *m* fluorine
fluorescente *adj* fluorescent
fluvial *adj* river
FM *f (abr de frecuencia modulada)* FM (Frequency Modulation)
FMI *m (abr de Fondo Monetario Internacional)* IMF (International Monetary Fund)

fobia f phobia [a, about]
foca f seal
foco m ◆ *(lámpara potente)* spotlight, floodlight ◆ *(núcleo, centro)* centre, *US* center, focal point ◆ *LAm (bombilla)* (electric light) bulb; *(de automóvil)* (car) headlight; *(de la calle)* street light
fofo,-a adj pey *(no musculoso, flácido)* flabby
fogata f bonfire
fogón m *(de una cocina)* ring, burner
fogonazo m flash
fogoso,-a adj fiery, spirited
fogueo m **bala/cartucho de f.**, blank bullet/cartridge
folclore m folklore
folclórico,-a adj folk *(sólo antes del sustantivo)* **música folclórica**, folk music
folio m sheet of paper
follaje m foliage
folletín m ◆ *(novela por entregas)* newspaper serial ◆ *fig* melodrama
folleto m *(grapado, con varias hojas)* brochure
follón m fam ◆ *(escándalo, jaleo)* row, fuss, commotion: **estáis armando mucho f.**, you are making a lot of noise; **montó un f. por esa tontería**, he kicked up a fuss over that nonsense ◆ *(lío, confusión, caos)* mess, trouble: **me vas a meter en un buen f.**, you are going to get me into a real trouble; **tengo un f. de papeles sobre la mesa**, the papers on my desk are in a terrible mess
fomentar vtr to promote
fomento m promotion
fonda f inn
fondear vtr & vi Náut to anchor
fondo m ◆ *(parte más profunda)* bottom; **un doble f.**, a false bottom ◆ *(interior de una persona)* **en el f. es muy tierno**, deep down he's very gentle ◆ *(extremo opuesto)* *(de una habitación)* back; *(de un pasillo)* end ◆ *(segundo plano)* background; **música de f.**, background music; **mujer sobre f. rojo**, woman on a red background ◆ *(núcleo, meollo)* essence, core; **el f. del asunto**, the core of the matter ◆ *Prensa* **artículo de f.**, leading article ◆ *Dep* **corredor de f.**, long-distance runner; **esquí de f.**, cross-country skiing ◆ *Fin* fund: **nos dio un cheque sin fondos**, he gave us a bad cheque; **f. común**, kitty ◆ **bajos fondos**, underworld ◆ | LOC: **tocar f.**, *Náut* to touch bottom; *fig* to reach rock bottom; **a f.**, thoroughly

fonética f phonetics *sing*
fonético,-a adj phonetic
fontanería f plumbing
fontanero,-a m,f plumber
footing m jogging; **hacer f.**, to go jogging
forajido,-a m,f outlaw
foral adj relative to **fuero**
foráneo,-a adj foreign
forastero,-a m,f outsider, stranger
forcejear vi to wrestle, struggle
forcejeo m struggle
fórceps m inv forceps pl
forense 1 adj forensic | 2 mf **(médico) f.**, forensic surgeon
forestal adj forest; **repoblación f.**, reafforestation
forjado,-a adj wrought
forjar vtr ◆ *(un metal)* to forge ◆ *(una empresa, una ilusión)* to create, make
forma f ◆ form, shape: **una vasija en f. de campana**, a bell-shaped vessel ◆ *(modo)* way: **hazlo de otra f.**, do it another way; **no hay f. de probarlo**, there's no way to prove it; **f. de pago**, method of payment ◆ *Dep* form: **está en baja f.**, she's off form; **me mantengo en f.**, I keep fit ◆ **formas**, *(modales)* manners; **guardar las formas**, to keep up appearances ◆ | LOC: **de f. que**, so that; **de todas formas**, anyway, in any case
formación f ◆ formation ◆ *(crianza)* upbringing ◆ *(instrucción)* training; **f. profesional**, vocational training
formado,-a adj loc **estar f. por**, to consist of
formal adj ◆ formal ◆ *(serio, educado)* serious, serious-minded; *(cumplidor)* reliable, dependable
formalidad f ◆ *(trámite, protocolo)* formality ◆ *(seriedad, corrección)* seriousness ◆ *(responsabilidad, puntualidad)* reliability
formalizar vtr to formalize
■ **formalizarse** vr to settle down
formar vtr ◆ to form ◆ *(criar)* to bring up; *(instruir)* to educate, train
■ **formarse** vr ◆ to be formed, form: **se está formando una tormenta**, a storm is developing; **se formó una idea equivocada del asunto**, she got the wrong idea about the matter ◆ *(educarse, instruirse)* to be educated *o* trained
formatear vt *Inform* to format
formato m format; *(de papel, fotografía)* size
formidable adj ◆ *(muy bueno)* wonderful, terrific ◆ *(muy grande, impresionante)* formidable

fórmula *f* formula
formular *vtr* ◆ *(expresar una teoría, ley)* to formulate ◆ *(expresar algo con claridad)* to formulate: **la pregunta estaba mal formulada,** the question was formulated wrongly; *(una pregunta)* to ask; *(un deseo)* to express
formulario *m* form
foro *m* ◆ forum ◆ *(de discusión)* round table, forum; *Jur* law court, court of justice ◆ *Teat* back (of the stage)
forofo,-a *m,f fam* fan, supporter
forrado,-a *adj* ◆ lined ◆ *fam* **estar f.,** to be well-heeled, be well-off
forrar *vtr (el interior)* to line; *(el exterior)* to cover
■ **forrarse** *vr fam (enriquecerse)* to make a packet
forro *m (interior)* lining; *(exterior)* cover, case
fortalecer *vtr* to fortify, strengthen
fortaleza *f* ◆ strength; *(de carácter)* fortitude; **la f. del dólar,** the strength of the dollar ◆ *(construcción amurallada)* fortress, stronghold
fortificar *vtr* to fortify
fortuito,-a *adj* fortuitous, chance
fortuna *f* ◆ *(destino, sino)* fortune, fate ◆ *(buena suerte)* luck ◆ *(riquezas, dinero)* fortune ◆ |LOC: **por f.,** fortunately
forzado,-a *adj* ◆ forced ◆ *(no espontáneo)* **su alegría era algo forzada,** her cheerfulness was rather forced ◆ *(forzoso)* **trabajos forzados,** forced labour *sing*
forzar *vtr* ◆ *(obligar por la fuerza)* to force: **la forzaron a casarse,** she was forced to get married ◆ *(un motor, una situación)* to force ◆ *(una cerradura)* to force, break open ◆ *(violar a alguien)* to rape
forzosamente *adv* necessarily
forzoso,-a *adj* obligatory, compulsory; **un aterrizaje f.,** a forced landing
fosa *f (para un muerto)* grave ◆ *Anat* cavity; **fosas nasales,** nostrils ◆ *Geog* (deep) trough ◆ *(zanja)* pit; **f. séptica,** septic tank
fosforescente *adj* phosphorescent
fósforo *m* ◆ *Quím* phosphorus ◆ *(cerilla)* match
fósil *adj & m* fossil
foso *m (zanja)* pit ◆ *(rodeando una fortaleza, castillo)* moat ◆ *(para la orquesta)* pit ◆ *(en un garaje mecánico)* inspection pit
foto *f fam* photo: **le sacamos una foto a La Cibeles,** we took a photo of La Cibeles
fotocopia *f* photocopy
fotocopiadora *f* photocopier
fotocopiar *vtr* to photocopy
fotogénico,-a *adj* photogenic
fotografía *f* ◆ photograph ◆ *(profesión)* photography
fotografiar *vtr* to photograph, take a photograph of
fotográfico,-a *adj* photographic
fotógrafo,-a *m,f* photographer
fotograma *m Cine* still, shot
fotomatón *m* photo booth
fotómetro *m* light meter, exposure meter
fotosíntesis *f* photosynthesis
FP *f (abr de* **Formación Profesional***)* vocational training
frac *m Indum* dress coat, tails *pl*
fracasado,-a 1 *adj* unsuccessful | **2** *m,f* failure
fracasar *vi* to fail
fracaso *m* failure
fracción *f* fraction
fraccionar *vtr* to break up, divide
■ **fraccionarse** *vr* to break up, split up
fractura *f* fracture
fracturar *vtr*; **fracturarse** *vr* to fracture, break
fragancia *f* fragrance
fragata *f* frigate
frágil *adj* ◆ *(fácil de romper)* fragile ◆ *(poco fuerte)* frail, weak; **una salud muy f.,** weak health
fragmentar *vtr* to fragment
■ **fragmentarse** *vr* to break up
fragmento *m* fragment; *(pasaje, párrafo)* passage
fragor *m* din
fragua *f* forge
fraguar 1 *vtr* ◆ *(un metal)* to forge ◆ *(idear)* to think up, fabricate; *(urdir)* to hatch | **2** *vi* to set, harden
fraile *m* friar, monk
frailecillo *m Zool* puffin
frambuesa *f* raspberry
francamente *adv* frankly
francés,-cesa 1 *adj* French | **2** *m,f (hombre)* Frenchman; *(mujer)* Frenchwoman | **3** *m (idioma)* French
Francia *f* France
francmasón,-ona *m,f* Freemason, Mason
franco,-a 1 *adj* ◆ *(sincero)* frank ◆ *(camino, paso, acceso)* free ◆ *Hist* Frankish ◆ *(libre de impuestos)* **puerto f.,** free port; **zona f.,** tax-free area | **2** *m* ◆ *Fin (moneda)* franc ◆ *Hist* Frank
francotirador,-ora *m,f* sniper

franela *f* flannel
franja *f* ◆ *(de tierra)* strip ◆ *(en una tela)* stripe
franquear *vtr* ◆ *(dejar expedito, despejar)* to free, clear ◆ *(traspasar, cruzar)* to cross ◆ *(un obstáculo)* to overcome ◆ *(poner sellos)* to frank
franqueo *m* postage
franqueza *f* frankness
franquicia *f* exemption; *Com* franchise
franquismo *m Hist* ◆ *(ideología)* Francoism ◆ *(régimen)* the Franco regime
franquista *adj & mf* Francoist
frasco *m* small bottle, flask
frase *f* ◆ *(oración)* sentence; *(dicho)* phrase; **f. hecha**, set phrase ◆ *Mús* phrase
fraternal *adj* brotherly, fraternal
fraternidad *f* brotherhood, fraternity
fraternizar *vi* to fraternize
fraterno,-a *adj* fraternal, brotherly
fraude *m* fraud: **es preciso controlar el f. a Hacienda**, it is necessary to bring tax evasion under control
fraudulento,-a *adj* fraudulent
fray *m Rel* brother
frecuencia *f* frequency; **f. modulada (FM)**, frequency modulation (FM) ◆ | LOC: **con f.**, frequently, often ➢ Ver nota en **often**
frecuentar *vtr* to frequent
frecuente *adj* ◆ *(que se repite a menudo)* frequent ◆ *(habitual, normal)* common: **es f. que los niños desobedezcan**, it's common for children to disobey
frecuentemente *adv* frequently, often ➢ Ver nota en **often**
fregadero *m* (kitchen) sink
fregado *m* ◆ *(lavado)* washing ◆ *(asunto complicado)* messy affair ◆ *LAm fam (molestia)* pain in the neck
fregar *vtr* ◆ *(limpiar con agua)* to wash: **hoy te toca f. los platos**, today is your turn to do the dishes; **yo fregaré el suelo**, I'll mop the floor ◆ *LAm fam* to annoy, irritate
fregona *f* mop
freidora *f* (deep) fryer
freír *vtr*, **freírse** *vr* ◆ *(en aceite)* to fry ◆ *(acribillar) (con balas)* to riddle sb with bullets; *(con preguntas)* to bombard
frenar *vtr* ◆ *(un vehículo, máquina)* to brake ◆ *(contener) (crisis, inflación, etc)* to slow down; *(una tendencia, un impulso)* to restrain
frenazo *m* sudden braking: **el conductor dio un f.**, the driver jammed on the brakes; **se oyó un f.**, a screech of brakes was heard
frenesí *m* frenzy
frenético,-a *adj* frantic
freno *m* ◆ *(de un mecanismo)* brake; *(de un caballo)* bit; **f. de mano**, handbrake ◆ *(límite, traba)* curb, check: **no le pongas f. a tu imaginación**, don't curb your imagination
frente 1 *m* front | **2** *f Anat* forehead ◆ | LOC: **hacer f. a algo**, to face sthg, stand up to sthg; **al f. de**, at the head of; **de f.**, *(hacia delante)* ahead; *(frontalmente)* head-on; **f. a**, in front of, opposite; **f. a f.**, face to face
fresa *f Bot* strawberry
fresca *f* ◆ *fam* cheeky remark ◆ *(frescor de la mañana, tarde)* cool of the morning/evening
fresco,-a 1 *adj* ◆ *(temperatura)* cool ◆ *(alimentos)* fresh ◆ *(noticias, acontecimientos)* fresh, new ◆ *(campante, indiferente)* **se quedó tan f.**, he didn't bat an eyelid | **2** *m* ◆ *(frescor)* fresh air, cool air; **hace f.**, it's chilly ◆ *Arte* fresco ◆ *pey (persona)* **¡qué f.!**, what a nerve!

> Cuando te refieres a una temperatura baja pero agradable, puedes usar la palabra **cool**. Sin embargo, si la temperatura es baja y desagradable, debes emplear la palabra **cold** *(frío)*.

frescor *m* freshness
frescura *f* ◆ freshness ◆ *(descaro, insolencia)* cheek, nerve
fresno *m* ash tree
fresón *m* (large) strawberry
frialdad *f* coldness
fríamente *adv* coolly
fricción *f* ◆ friction ◆ *(masaje)* massage
friega *f* rub
friegaplatos *mf inv (persona)* dish-washer
frígido,-a *adj* frigid
frigorífico,-a 1 *m* refrigerator, fridge | **2** *adj* **cámara frigorífica**, cold-store
fríjol, frijol *m* kidney bean
frío,-a 1 *adj* ◆ cold ◆ *(distante)* cold, cool, indifferent ◆ *(atónito, perplejo)* **cuando vi la factura del teléfono me quedé f.**, I was stunned when I read the telephone bill | **2** *m* cold: **la niña ha cogido f.**, my daughter has caught cold; **pasaban mucho f.**, they were very cold ➢ Ver nota en **fresco**

friolera *f fam* **la f. de diez millones de pesetas,** a mere ten million pesetas
friolero,-a *adj* sensitive to the cold
fritanga *f* ♦ *LAm* fried food ♦ *Esp pey* greasy food
frito,-a 1 *adj* ♦ *Culin* fried ♦ *fam (dormido)* **estaba f. en el sillón,** he was fast asleep in the armchair; **quedarse f.,** to fall asleep ♦ *fam (harto)* exasperated, fed up; **me tiene frita con sus tonterías,** I'm sick to death of all her nonsense | 2 *m* piece of fried food
frívolo,-a *adj* frivolous
frondoso,-a *adj* leafy
frontal 1 *adj* frontal; **choque f.,** head-on crash; **perspectiva f.,** front view | 2 *m (de un edificio)* façade
frontera *f* frontier ➢ Ver nota en **border**
fronterizo,-a *adj* frontier, border
frontón *m Dep* pelota
frotar *vtr,* **frotarse** *vr* to rub
fructífero,-a *adj* ♦ *(experiencia, debate)* fruitful ♦ *(tierra, planta)* fruit-bearing
frugal *adj* frugal
fruncir *vtr* ♦ *Cost* to gather ♦ *(la boca)* to purse, pucker; *(el ceño)* to frown, knit one's brow
frustración *f* frustration
frustrado,-a *adj* ♦ *(persona)* frustrated ♦ *(tentativa, proyecto)* unsuccessful
frustrante *adj* frustrating
frustrar *vtr* to frustrate; *(una esperanza)* to disappoint
■ **frustrarse** *vr* ♦ *(esperanza, planes)* to fail, come to nothing ♦ *(persona)* to get frustrated
fruta *f* fruit; **f. del tiempo,** seasonal fruit
frutal 1 *adj* fruit; **árbol f.,** fruit tree | 2 *m* fruit tree
frutería *f* fruit shop
frutero,-a 1 *m,f* fruiterer | 2 *m* fruit bowl
frutilla *f LAm* strawberry
fruto *m* ♦ fruit; **frutos secos,** nuts ♦ *(provecho, partido)* profit, benefit ♦ *(resultado)* result, fruit: **éste es el f. de nuestro trabajo,** this is the result of our work
fucsia *f* fuchsia
fuego *m* ♦ *(lumbre)* light: **¿me podrías dar f., por favor?,** have you got a light, please? ♦ *(de una cocina) (de gas)* burner; *(eléctrica)* plate; *Culin* **a f. lento,** on a low flame ♦ **fuegos (artificiales),** fireworks ♦ | LOC: **abrir/hacer f.,** to shoot, open fire

fuel, fuel-oil *m* diesel
fuente *f* ♦ fountain ♦ *(plato de servir)* (serving) dish ♦ *(origen de algo)* source
fuera *adv* ♦ *(en/hacia la parte exterior)* outside, out: **f. hacía mucho calor,** it was hot outside; **salgamos f.,** let's go out ♦ *(no en el lugar habitual)* out, away: **comeremos f.,** we'll go out for lunch; **está f.,** she's away ♦ *Dep* **f. de juego,** offside; **nuestro equipo juega f.,** our team is playing away; **ganaron los de f.,** the away team won ♦ *(sobrepasando límites prescritos)* after; **f. de horario,** after hours; **f. de plazo,** after the deadline; *(más allá)* beyond, out of; **f. de alcance,** out of reach; **f. de mis posibilidades,** beyond my means; **f. de peligro,** out of danger ♦ | LOC: **estar f. de sí,** to be beside oneself; **f. de serie,** extraordinary
fuero *m* ♦ privilege ♦ *Hist* code of laws ♦ **en mi f. interno,** in my heart of hearts
fuerte 1 *adj* ♦ strong ♦ *(intenso) (dolor)* severe; *(color)* intense ♦ *(excesivo)* strong; *(comida)* heavy: **el café es muy f. para la niña,** coffee is too strong for the child ♦ *(volumen)* loud ♦ *(impactante) (escenas)* violent, grisly; *(comentarios)* serious | 2 *m (fortificación)* fort ♦ *(punto fuerte)* forte, strong point | 3 *adv (con fuerza, con violencia)* hard: **el viento sopla f.,** the wind is blowing hard; *(con intensidad, apretadamente)* tight; **¡agárrate f.!,** hold on tight!; *(en cantidad)* **tienes que desayunar f.,** you have to have a good breakfast; *(más alto)* louder: **¡habla más f.!,** speak up!
fuerza 1 *f* ♦ *Fís* force ♦ *(vigor físico)* strength ♦ *(violencia física)* force: **sin usar la f.,** without violence; *(obligación, autoridad)* force; **f. mayor,** force majeure ♦ *(garra, ímpetu)* grip ♦ *(grupo de tropas)* force; **las Fuerzas Armadas,** the Armed Forces ♦ | LOC: *fig* **a f. de,** by dint of; **a la f.,** *(por obligación)* of necessity; *(con violencia)* by force; **por f.,** of necessity
fuete *m LAm* whip
fuga *f* ♦ *(de una persona)* escape, flight; **f. de cerebros,** brain drain ♦ *(de un líquido, gas, etc)* leak
fugarse *vr* to escape; *(con alguien)* to run off
fugaz *adj* fleeting, brief
fugitivo,-a *m,f* fugitive
fulano,-a *m,f (sustituyendo el nombre)* so-and-so; **Don Fulano de tal,** Mr So-and-so
fulgor *m lit* brilliance, glow

fulminante *adj* ♦ *(repentino, sin previo aviso)* sudden; *(de efecto instantáneo)* immediate, summary ♦ *(mirada)* withering
fulminar *vtr fig* to strike dead; **f. a alguien con la mirada,** to look daggers at sb
fumada *f LAm (calada)* pull, drag
fumador,-ora *m,f* smoker; **los no fumadores,** nonsmokers
fumar *vtr & vi* to smoke; **no f.,** *(en letrero)* no smoking
■ **fumarse** *vr* to smoke
fumigar *vtr* to fumigate
función *f* ♦ *Cine Teat* performance ♦ *(finalidad, tarea)* function ♦ *(cargo, empleo)* duties *pl*: **le han nombrado presidente en funciones,** he has been appointed acting president ♦ *Mat* function ♦ | LOC: **en f. de,** depending on
funcionamiento *m* operation; **poner/entrar en f.,** to put/come into operation
funcionar *vi* to work: **no funciona,** *(en letrero)* out of order
funcionario,-a *m,f* civil servant; **f. público,** public official
funda *f* cover; *(de gafas, reloj)* case; *(de un cuchillo)* sheath
fundación *f* foundation
fundador,-ora *m,f* founder
fundamental *adj* fundamental
fundamentar *vtr* to base [**en,** on]
fundamento *m* basis, grounds; **sin f.,** unfounded
fundar *vtr* ♦ *(un negocio, una institución)* to found ♦ *(una sospecha, una teoría)* to base, found
■ **fundarse** *vr* ♦ *(establecimiento)* to be founded ♦ *(una sospecha, teoría)* to be based; *(persona)* to base oneself
fundición *f* ♦ *(proceso)* smelting ♦ *(taller)* foundry
fundir *vtr* ♦ *(derretir)* to melt ♦ *(fusionar, unir)* to unite, join ♦ *(una bombilla, un plomo)* to blow
■ **fundirse** *vr* ♦ *(derretirse)* to melt ♦ *(bombilla, plomos)* to blow
fúnebre *adj* ♦ *(de difuntos)* funeral; **coche f.,** hearse ♦ *(triste, lóbrego)* mournful, gloomy
funeral *m* funeral
funeraria *f* undertaker's, *US* funeral parlor
funesto,-a *adj (causa)* ill-fated, fatal; *(consecuencias)* disastrous
fungir *vi LAm* to act [**como/de,** as]
funicular *m* funicular (railway)
furgón *m Auto* van
furgoneta *f Auto* van
furia *f* fury: **se puso hecho una f.,** he flew into a rage
furibundo,-a *adj* furious, enraged
furioso,-a *adj* furious: **me pone f.,** it makes me furious
furor *m* fury, rage ♦ | LOC: **hacer f.,** to be all the rage
furtivo,-a 1 *adj* furtive, stealthy; **caza/pesca furtiva,** poaching | **2** *m,f* poacher
furúnculo *m Med* boil
fuselaje *m* fuselage
fusible *m* fuse
fusil *m* gun, rifle
fusilamiento *m* shooting, execution
fusilar *vtr* to shoot, execute
fusión *f* ♦ *Com* merger ♦ *Fís (de un metal, fundición)* fusion; *(del hielo, licuefacción)* thawing, melting
fusionar *vtr,* **fusionarse** *vr* ♦ *Fís* to fuse ♦ *Com* to merge
futbito *m* five-a-side football
fútbol *m* football, *US* soccer

> Recuerda que en EE.UU. **football** significa fútbol americano; el fútbol europeo se llama **soccer.**

futbolín *m* table football
futbolista *mf* footballer, football *o* soccer player
fútil *adj* futile, trivial
futilidad *f* futility, triviality
futurista *adj* futuristic
futuro,-a 1 *adj* future | **2** *m* future
futurólogo,-a *m,f* futurologist

G, g f (letra) G, g
gabán m overcoat
gabardina f raincoat
gabinete m ◆ (oficina) study; **g. de prensa,** press office; **g. psicológico,** psychologist's consulting room ◆ Pol cabinet
gaceta f gazette
gafar vtr fam to put a jinx on
gafas fpl ◆ glasses, spectacles; **g. de sol,** sunglasses; **g. graduadas,** prescription glasses ◆ (de protección, de submarinista) goggles
gafe adj & mf fam jinx: **Adolfo es g.,** Adolfo is a jinx
gaita f ◆ (instrumento) bagpipes pl ◆ (molestia, pesadez) nuisance, drag
gaitero,-a m,f piper
gajes mpl fam irón **g. del oficio,** occupational hazards
gajo m (de un cítrico) segment
gala f ◆ (traje de fiesta) full dress: **iban vestidos de g.,** they were dressed up ◆ (espectáculo) gala ◆ **galas,** finery sing; **vestir las mejores g.,** to be dressed up ◆ | LOC: **hacer g. de,** to glory in: **hizo g. de su ingenio,** she made a great show of her cleverness
galáctico,-a adj galactic
galán m ◆ handsome young man ◆ Teat leading man ◆ (para ropa de hombre) **g. (de noche),** suit hanger
galante adj gallant
galanteo m courtship
galantería f gallantry
galápago m Zool turtle
galardón m prize
galardonado,-a m,f prizewinner
galardonar vtr to award a prize to
galaxia f galaxy
galera f ◆ Náut galley ◆ Impr galley ◆ (carreta de caballos) covered wagon
galería f ◆ Arquit covered balcony ◆ (de arte) art gallery ◆ (gente, público) gallery: **vive de cara a la g.,** he plays to the gallery ◆ (conjunto de tiendas) **g. de alimentación,** market; **g. comercial,** shopping centre ◆ Teat gallery
Gales m (el país de) G., Wales

galés,-esa 1 adj Welsh | 2 m,f (hombre) Welshman; (mujer) Welshwoman; **los galeses,** the Welsh | 3 m (idioma) Welsh
galgo m Zool greyhound ◆ | LOC: **¡échale un g.!** not a hope!
galimatías m inv fam gibberish
gallardo adj ◆ (esbelto, apuesto) smart ◆ (bravo, valiente) brave
gallego,-a 1 adj ◆ Galician ◆ LAm pey Spanish | 2 m,f ◆ Galician, native of Galicia ◆ LAm pey Spaniard | 3 m (idioma) Galician
galleta f ◆ Culin biscuit, US cookie ◆ fam (bofetada) slap; (golpe) bump
gallina 1 f Zool hen | 2 mf fam coward, chicken; **la g. ciega,** blind man's buff ◆ | LOC: fam **¡cuando las gallinas meen!,** and pigs might fly!
gallinero m ◆ hen run ◆ Teat **el g.,** the gods pl
gallo m ◆ Zool cock, rooster ◆ (lenguado) sole ◆ Mús fam off-key note ◆ | LOC: fam fig **en menos que canta un g.,** in an instant
galopante adj fig (crisis, enfermedad, etc) galloping
galopar vi to gallop
galope m gallop ◆ | LOC: **a g. tendido,** flat out
gama f ◆ range ◆ Mús scale
gamba f prawn ◆ | LOC: fam **meter la g.,** to put one's foot in it
gamberrada f act of hooliganism: **siempre está haciendo alguna g.,** he's always up to some mischief
gamberrismo m hooliganism
gamberro,-a 1 m,f hooligan, fam yob | 2 adj uncouth
gamo m Zool fallow deer
gamuza f ◆ Zool chamois ◆ (piel, cuero) chamois o shammy leather ◆ (trapo para el polvo) duster
gana f ◆ (deseo) wish [**de,** for]: **tengo muchas ganas de verle,** I really want to see him ◆ (voluntad) will: **no tengo ganas de discutir contigo,** I don't want to argue with you; **de buena g.,** willingly; **de mala g.,** reluctantly; fam **no le da la g.,** she doesn't

ganadería 172

feel like it ♦ (*hambre, apetencia*) appetite: **se me quitaron las ganas de comer,** I lost my appetite

ganadería *f* ♦ (*cría del ganado*) cattle farming, stockbreeding ♦ (*conjunto de ganado*) livestock

ganadero,-a *m,f* livestock farmer

ganado *m* ♦ (*conjunto de reses*) livestock ♦ *fam pey* (*de personas*) crowd, herd

> Diferentes tipos de ganado:
> *ganado equino,* **horses**
> *ganado ovino,* **sheep**
> *ganado porcino,* **pigs**
> *ganado vacuno,* **cattle**

ganador,-ora 1 *adj* winning | 2 *m,f* winner

ganancia *f* profit

ganar 1 *vtr* ♦ (*un salario*) to earn ♦ (*un premio*) to win ♦ (*superar*) to beat: **le gana en estatura,** she is taller than him ♦ (*al contrincante*) to beat ♦ (*una cima, una orilla*) to reach; **g. la cumbre,** to reach the peak | 2 *vi* ♦ (*vencer*) to win ♦ (*mejorar*) improve: **ganó en simpatía,** she became more and more charming; **ganas mucho cuando sonríes,** you look nicer when you smile

■ **ganarse** *vr* ♦ (*el pan, el sustento, la vida*) to earn ♦ (*granjearse*) to win: **se ha ganado su confianza,** he has won her confidence ♦ (*merecer*) to deserve: **se ha ganado un premio,** he deserves a reward

> ¿To earn, to win o to beat?
> To earn hace referencia a un sueldo o a una recompensa por el trabajo realizado: *No se gana mucho trabajando en un bar.* **You don't earn much working in a bar.**
> To win se emplea cuando hablamos de competiciones, loterías, concursos, apuestas, guerras, etc.: *Ganó un millón en la lotería.* **He won a million on the lottery.** *¿Quién ganó la batalla?* **Who won the battle?**
> To beat se usa igual que to win. La diferencia consiste en que to beat indica al ganador y al perdedor: *Ganó el partido.* **He won the match.** Pero: *Ganó al campeón.* **He beat the champion.**

ganchillo *m* crochet work; **hacer g.,** to crochet; **aguja de g.,** crochet hook

gancho *m* ♦ hook ♦ *fam* (*gracia, encanto*) charm ♦ (*cómplice de un estafador*) bait, decoy; (*de la policía*) stool-pigeon ♦ *LAm* (*para el pelo*) hairpin

gandul,-a *m,f* loafer

gandulear *vi* to loaf

ganga *f* bargain

gangoso,-a *adj* nasal: **tiene un hablar g.,** he speaks through his nose

gángster *m* gangster

gansada *f fam* silly thing to say *o* do

ganso,-a 1 *m,f* ♦ *Zool* goose; (*macho*) gander ♦ *fam* dimwit; **hacer el g.,** to play the fool | 2 *adj fam* (*persona*) dumb, stupid ♦ (*objeto*) huge: **les costó una pasta gansa,** it cost them a fortune

garabatear *vtr* & *vi* to scribble

garabato *m* scrawl

garaje *m* garage

garantía *f* ♦ guarantee ♦ *Fin* (*prenda, fianza*) bond, security: **puso su casa como g.,** he offered the house as security

garantizar *vtr* to guarantee

garbanzo *m* chickpea ♦ | LOC: **ser el g. negro (de la familia),** to be the black sheep (of the family)

garbo *m* grace

garfio *m* hook, grappling iron

garganta *f* ♦ (*de persona, animal*) throat: **me dolía la g.,** I had a sore throat; **le puso la navaja en la g.,** he put the knife to his neck ♦ (*entre montañas*) gorge, narrow pass

gargantilla *f* short necklace

gárgaras *fpl* ♦ gargling *sing*: **haz g. con esto,** gargle with this ♦ *LAm* (*elixir bucal*) gargle *sing* ♦ | LOC: **el negocio se fue a hacer g.,** the business went down the drain; **lo mandé a hacer g.,** I told him to go to hell

gárgola *f* gargoyle

garita *f* ♦ *Mil* sentry box ♦ (*de portero, etc*) lodge

garito *m fam* joint

garra *f* ♦ *Zool* claw; (*de buitre, águila*) talon ♦ *fig* (*fuerza*) force; **tener g.,** to be compelling ♦ **garras,** (*poder*): **cayó en sus garras,** she fell into his clutches

garrafa *f* carafe

garrafal *adj* monumental

garrapata *f Zool* tick

garrote *m* ♦ (*palo grueso, cachiporra*) club ♦ *Jur* (*pena de muerte*) garrotte; **dar g.,** to garrotte

garza *f Orn* heron

gas *m* ♦ gas: **desprende gases nocivos,** it gives off dangerous fumes; **g. butano/**

ciudad, butane/town gas; **g. mostaza/sarin,** nerve/sarin gas ◆ *(de una bebida)* fizz; **bebidas con g.,** fizzy drinks ◆ *Med* **gases,** flatulence *sing:* **el niño tiene gases,** the baby has wind

gasa *f* ◆ *Tex* gauze, chiffon ◆ *Med* lint

gaseosa *f* lemonade, fizzy soft drink

gaseoso,-a *adj* ◆ *Fís Quím* gaseous ◆ *(líquido, refresco)* fizzy

gasoducto *m* gas pipeline

gasoil, gasóleo *m* diesel oil

gasolina *f* petrol, *US* gasoline, gas; **g. normal/súper,** three-star/four-star petrol; **g. sin plomo,** unleaded petrol

gasolinera *f* petrol, *US* gas station

gastado,-a *adj* ◆ *(usado, deteriorado)* worn-out ◆ *fig (manido)* hackneyed

gastar *vtr* ◆ *(dinero, tiempo)* to spend; *(gasolina, energía)* to consume ◆ *(desperdiciar)* to waste ◆ *(terminar)* to use up ◆ *(emplear, usar) (ropa, gafas, zapatos)* to wear: **gasta papel de cartas azul,** he uses blue writing paper ◆ **le gastaron una broma,** they played a joke on him
■ **gastarse** *vr* ◆ *(desgastarse)* to wear out ◆ *(consumirse)* to run out

gasto *m* ◆ *(cantidad de dinero)* expenditure; *(más en pl)* **gastos,** expenses: **este dinero es para tus gastos,** this is your pocket money ◆ *(uso, consumo)* **tenemos mucho g. de luz,** we consume a lot of electricity

gatas (a) *loc adv* on all fours

gatear *vi* ◆ *(un bebé)* to crawl ◆ *(trepar)* to climb

gatillo *m (de un arma)* trigger

gato *m* ◆ *Zool* cat; **g. montés,** wild cat; **g. siamés,** Siamese; **El g. con botas,** Puss in Boots ◆ *Auto Téc* jack ◆ *fam* man from Madrid ◆ | LOC: *fam* **buscarle tres pies al g.,** to complicate things unnecessarily; **aquí hay g. encerrado,** there's something fishy going on; **dar g. por liebre,** to take sb in, trick sb; **cuatro gatos,** a handful of people

gavilán *m Orn* sparrowhawk

gaviota *f Orn* seagull, gull

gay *adj inv* & *m* homosexual, gay

> Antes significaba *alegre, feliz, pero* hoy en día significa casi exclusivamente *homosexual* o *gay.*

gazapo *m* ◆ *(error impreso),* misprint; *(hablado)* mistake ◆ *Zool* young rabbit

gazpacho *m Culin* gazpacho

gel *m (jabón líquido)* gel

gelatina *f* ◆ *(sustancia)* gelatin ◆ *Culin GB* jelly; *US* Jell-O®

gema *f Min* gem

gemelo,-a 1 *adj* & *m,f* twin; **alma gemela,** soul mate | **2** *m* ◆ *(de la pantorrilla)* calf ◆ *(de la camisa)* cufflink | **3** *mpl* **gemelos** *(prismáticos)* binoculars

gemido *m* groan

Géminis *m* Gemini, the Twins

gemir *vi* to groan

gen *m* gene

generación *f* generation

general 1 *adj* general; **director g.,** general manager, director-general; **huelga g.,** general strike; **secretario g.,** Secretary-General | **2** *m Mil Rel* general ◆ | LOC: **por lo** *o* **en g.,** in general, generally

Generalitat *f Pol* Catalan/Valencian autonomous government ≈ Catalan/Valencian Parliament

generalización *f* ◆ generalization ◆ *(difusión, propagación)* spread

generalizar *vtr* ◆ to generalize ◆ *(extender, propagar)* to spread
■ **generalizarse** *vr* to become widespread *o* common

generalmente *adv* generally

generar *vtr* to generate

género *m* ◆ *(clase, tipo)* kind, sort ◆ *Arte Lit Mús* genre ◆ *(mercancía)* article, goods; *(tejido, paño)* fabric ◆ *Ling* gender ◆ *Biol* genus; **el g. humano,** mankind

generosidad *f* generosity

generoso,-a *adj* ◆ generous [**con,** to]; **una ración generosa,** a generous portion ◆ *(vino añejo)* full-bodied

genética *f* genetics *sing*

genético,-a *adj* genetic; **información genética,** genetic information

genial 1 *adj* brilliant; *fam* terrific | **2** *adv* wonderfully

genio *m* ◆ *(talante, temperamento)* temperament; *(mal carácter)* temper: **está de mal g.,** he's in a bad mood; **tengo mal g.,** I have a bad temper ◆ *(talento, capacidad)* genius: **es un g.,** he's brilliant ◆ *(ente fantástico)* genie: **al frotar la lámpara apareció el g.,** when he rubbed the lamp the genie appeared

genital 1 *adj* genital | **2** *mpl* **genitales,** genitals

genocidio *m* genocide

gente *f* ◆ people *pl*; **g. menuda,** children ◆ *(familia)* folks *pl*: **lo celebrará con su g.,** she'll celebrate it with her family ◆ *(per-*

gentil

sona) person ◆ | LOC: *LAm* **ser g.,** to be good, kind *o* respectable
gentil *adj* ◆ *(no cristiano)* heathen; gentile ◆ *(amable, cortés)* kind
gentileza *f* ◆ *(amabilidad)* kindness ◆ *(cortesía, deferncia)* courtesy
gentío *m* crowd
gentuza *f pey* riffraff
genuino,-a *adj (no mezclado)* genuine; *(no falseado)* authentic; **un caso g. de muerte súbita,** a genuine case of sudden death
geografía *f* geography
geográfico,-a *adj* geographical, geographic; **accidente g.,** geographical feature; **instituto g.,** geographic institute
geología *f* geology
geológico,-a *adj* geologic, geological; **estudio g.,** geological study
geometría *f* geometry
geométrico,-a *adj* geometric, geometrical; **progresión g.,** geometric progression
geranio *m Bot* geranium
gerencia *f* management
gerente *mf* manager
geriátrico,-a 1 *adj* geriatric | **2** *m* geriatric hospital
germen *m* ◆ *Biol* germ ◆ *(de semilla)* germ ◆ *fig (principio, origen)* germ, origin
germinar *vi* to germinate
gesta *f* exploit
gestación *f* gestation
gestarse *vr* ◆ *(un movimiento político, artístico)* to grow ◆ *(una idea)* to develop ◆ *(una revolución, etc)* to brew
gesticular *vi* to gesticulate
gestión *f* ◆ *(de un negocio, empresa)* management ◆ **gestiones,** *(conjunto de trámites)* formalities, steps: **están haciendo gestiones para liberarlos,** they are working to free him
gestionar *vtr* ◆ *(negociar)* to negotiate: **está gestionando la consecución de una beca,** she's trying to get a scholarship ◆ *(administrar)* to administer
gesto *m* ◆ *(de dolor, disgusto)* face: **puso g. de desaprobación,** he made a disapproving face ◆ *(con las manos)* gesture: **me hizo gestos para que fuese,** he gestured for me to go ◆ *(acción, comportamiento)* gesture: **fue un g. de egoísmo,** it was a selfish gesture ◆ | LOC: **torcer el g.,** to pull a wry face
gestor,-ora *m,f* solicitor
Gibraltar *m* Gibraltar
gibraltareño,-a 1 *adj* of Gibraltar, Gibraltarian | **2** *m,f* Gibraltarian, inhabitant of Gibraltar; **los gibraltareños,** the Gibraltarians
giganta *f* giant
gigante 1 *m* giant | **2** *adj* giant, enormous
gigantesco-a *adj* gigantic
gilipollas *mf ofens* bloody fool *o* idiot
gilipollez *f (tontería)* stupidity; *(vanidad)* presumption
gimnasia *f* gymnastics *pl*
gimnasio *m* gymnasium
gimotear *vi* to snivel, to grizzle
ginebra *f* gin
ginecología *f* gynaecology, *US* gynecology
ginecólogo,-a *m,f* gynaecologist, *US* gynecologist
gira *f* ◆ *(viaje)* tour ◆ *(serie de actuaciones)* tour
girar 1 *vi* ◆ *(unas aspas, un trompo, etc)* to spin ◆ *(torcer, cambiar de dirección)* **g. a la derecha/izquierda,** to turn right/left ◆ *(tratar)* to revolve: **la conversación giró en torno al tiempo,** the conversation revolved around the weather | **2** *vtr* ◆ *(la cabeza, llave)* to turn ◆ *Fin (dinero)* to send by giro; *(una letra de cambio)* to draw
girasol *m Bot* sunflower
giratorio,-a *adj* revolving
giro *m* ◆ *(vuelta)* turn ◆ *(rumbo, dirección, aspecto)* turn, direction: **la situación ha dado un g. de ciento ochenta grados,** the situation has made a U-turn ◆ *(expresión, locución)* turn of phrase ◆ *Fin* draft; **g. postal/telegráfico,** money order ◆ | LOC: **g. copernicano,** radical change
gitano,-a *adj & m,f* gypsy, gipsy
glacial *adj* icy
glaciar *m* glacier
glándula *f* gland
glasear *vtr Culin* to glaze
global *adj* ◆ *(en conjunto)* comprehensive; **una visión g. del asunto,** a global view of the matter ◆ *(mundial)* global: **la Tierra está sufriendo un calentamiento g.,** the Earth is undergoing global warming
globalmente *adv* as a whole
globo *m* ◆ *(con aire)* balloon ◆ *(esfera)* globe; **g. terráqueo,** *(mapa esférico)* globe; *(Tierra)* the Globe; **pez g.,** globe-fish ◆ *(lámpara, tulipa esférica)* globe, glass lampshade ◆ *Med* **g. ocular,** eyeball
glóbulo *m* globule; **glóbulos rojos/blancos,** red/white corpuscles
gloria 1 *f* ◆ *(renombre, reconocimiento)* glory ◆ *Rel* heaven ◆ *fam (gusto, placer)* delight, pleasure | **2** *m Rel (cántico)* Gloria

◆ | LOC: *fam* **estar en la g.**, to be in seventh heaven, to be in one's glory; **saber a g.**, to taste heavenly

glorieta *f* ◆ *(plazuela)* small square ◆ *(rotonda, cruce de calles)* roundabout, *US* traffic circle ◆ *(en un jardín, cenador)* bower, arbour, *US* arbor

glorificar *vtr* to glorify

glorioso,-a *adj* glorious

glosario *m* glossary

glotón,-ona 1 *adj* greedy | 2 *m,f* glutton

glotonería *f* gluttony

glucosa *f Quím* glucose

gobernador,-ora *m,f* governor

gobernante 1 *adj* ruling | 2 *mf* ruler

gobernar *vtr & vi* ◆ to govern ◆ *Náut* to steer

gobierno *m* ◆ *Pol* government ◆ *(mando, administración)* management ◆ *Náut* steering

goce *m* enjoyment

gol *m* goal: **Caminero marcó el g. del empate,** Caminero scored the equalizer

goleada *f Ftb* lots of goals: **ganaron por g.,** they won by a mile

golear *vtr Ftb* to hammer

golf *m* golf

golfista *mf* golfer

golfo,-a[1] 1 *adj fam* **ayer tenía el día g. y me fui de copas,** yesterday I had a lazy day and went drinking | 2 *m,f* good-for-nothing; *(descarado)* cheeky person | 3 *f fam pey of* ens tart

golfo[2] *m Geog* gulf; **el g. de Cádiz,** the Gulf of Cádiz

golondrina *f Orn* swallow

golosina *f* sweet, *US* candy

goloso,-a *adj* sweet-toothed

golpe *m* ◆ *(que se da o que da alguien)* blow; *(en una fruta)* bruise; *(en una puerta)* knock; **g. de Estado,** coup d'état; **g. de suerte,** stroke of luck ◆ *Auto* bump ◆ *(contratiempo, disgusto)* blow: **ha sido un duro g. para ella,** it's been a great blow to her ◆ *(ocurrencia)* witticism ◆ *(robo)* robbery; **dar un g.,** to rob ◆ | LOC: **no dar ni g.,** not to lift a finger; **al primer g. de vista,** at a glance; **de g.,** all of a sudden

golpear *vtr* ◆ *(accidentalmente)* to hit ◆ *(con intención de herir)* to beat, hit; *(con el puño)* to punch ◆ *(una puerta, una ventana, etc)* to bang

goma *f* ◆ rubber: **es tan flexible que parece de g.,** she's as supple as elastic; **g. de borrar,** rubber, *US* eraser; **suelas de g.,** rubber soles ◆ *(elástica, para el pelo)* rubber band ◆ *argot (preservativo)* condom, *US fam* rubber

gomaespuma *f* foam rubber

gomero *m LAm* ◆ *(planta)* rubber plant ◆ *(trabajador)* rubber plantation worker

gomina *f* hair cream

góndola *f* gondola

gordo,-a 1 *adj* ◆ *(persona)* fat ◆ *(cable, jersey, etc)* thick ◆ *(importante, serio)* big: **estoy en un lío muy g.,** I'm in big trouble | 2 *m,f* fat person; *fam* fatty | 3 **el g.,** *(de una lotería)* the jackpot ◆ | LOC: **caer g.: le cae g.,** she can't bear him

gorgorito *m* trill

gorila *m* ◆ *Zool* gorilla ◆ *(portero de club, discoteca)* bouncer; *(guardaespaldas, matón)* bodyguard

gorjear *vi* to chirp

■ **gorjearse** *vr LAm* **g. de alguien,** to laugh at sb's expense

gorjeo *m* chirping

gorra *f (con visera)* peaked cap ◆ | LOC: *fam* **con la g.,** easily; effortlessly, like a dream; **de g.,** free

gorrión *m Orn* sparrow

gorro *m* cap ◆ | LOC: *fam* **estar hasta el g.,** to be up to here [**de,** with]

gorrón,-ona *m,f* sponger

gota *f* ◆ drop; *(de sudor)* bead; *(de lluvia)* **cuando salimos caían cuatro gotas,** when we went out it was spitting with rain; **le pusieron el g. a g.,** she was on a drip ◆ *Med* gout ◆ **gotas,** *(para los ojos, oídos)* drops ◆ | LOC: **la g. que colma el vaso,** the last straw; **sudar la g. gorda para hacer algo,** to sweat blood to do sthg; **ni g.,** not a bit

gotear *vi & impers* to drip: **el grifo gotea,** the tap is dripping

gotera *f* leak

gótico,-a *adj* Gothic

gozar 1 *vtr* to enjoy | 2 *vi* to enjoy [**de,** -]

gozo *m* ◆ *(alegría)* joy ◆ *(placer)* enjoyment

gozoso,-a *adj (que siente o causa alegría)* joyful, happy

grabación *f* recording

grabado,-a *m* ◆ *(técnica, oficio)* engraving ◆ *(dibujo)* **me gustan los grabados,** I like engravings; **un libro con grabados en cobre/madera,** a book with copperplates/woodcuts

grabadora *f* tape recorder

grabar *vtr* ◆ *(en una cinta magnética)* to record ◆ *Inform* to save ◆ *Arte* to engrave

gracia *f* ◆ *(encanto)* grace ◆ *(ocurrencia, chispa)* joke: **no tiene ninguna g.**, it isn't at all funny; **¡qué g.!**, how funny! ◆ *(suceso fastidioso)* pain: **¡vaya una g. tener que salir con esta lluvia!**, what a pain to have to go out in this rain! ◆ *(indulto)* pardon ◆ *Mit* grace; **las tres Gracias,** the Three Graces

gracias *interj (agradecimiento)* thanks ◆ | LOC: **dar g. a alguien,** to thank; **g. a,** thanks to: **a Dios g. estamos vivos,** thank goodness we are alive; **muchas g.,** thank you very much

gracioso,-a 1 *adj* ◆ *(con chispa)* funny ◆ *(con atractivo, encanto)* graceful | **2** *m,f (bromista)* joker ◆ *Teat Lit* comic character ➤ Ver nota en **funny**

grada *f* ◆ *(escalón)* step ◆ **gradas** *(de un anfiteatro, estadio)* stands, terraces

gradación *f* ◆ gradation ◆ *Mús* scale

grado *m* ◆ degree ◆ *Mil* rank ◆ *(gusto, voluntad)* desire, will ◆ | LOC: **de buen/mal g.,** willingly/reluctantly

graduable *adj* adjustable

graduación *f* ◆ graduation ◆ *Mil* rank

graduado,-a *mf* graduate

gradual *adj* gradual

gradualmente *adv* gradually

graduar *vtr* ◆ *(calibrar)* to regulate; *(la vista)* to test; *(un termómetro)* to graduate ◆ *Educ Mil* to confer a degree *o* a rank on
■ **graduarse** *vr* ◆ **necesito graduarme la vista,** I need to have my eyes tested ◆ *Educ Mil* to graduate

gráfico,-a 1 *adj* graphic; **diseño g.,** graphic design | **2** *m,f* graph

gragea *f Med* pill

grajo,-a 1 *m,f Orn* rook | **2** *m LAm (olor)* body odour

gral. *(abr de general)* general, gen

gramática *f* grammar

gramo *m* gram, gramme

gran *adj* → **grande**

Gran Bretaña *f* Great Britain

granada *f* ◆ *Bot* pomegranate ◆ *Mil* grenade

granate 1 *adj inv (color)* maroon | **2** *m (color)* maroon

grande *adj* ◆ *(tamaño)* big, large ◆ *(cantidad)* large ◆ *fig (fuerte, intenso)* great: **es un gran músico,** he is a great musician ◆ | LOC: **a lo g.,** in style; *fig* **pasarlo en g.,** to have a great time

grandeza *f* ◆ *(altura moral, generosidad)* greatness ◆ *(majestad y poder)* grandeur

grandioso,-a *adj* grandiose

granel (a) *loc adv (sin medir exactamente)* loose; *(en grandes cantidades)* in bulk

granero *m Agr* granary

granito *m* granite

granizada *f,* **granizado** *m* iced drink

granizar *v impers* to hail

granizo *m* hail

granja *f* farm

granjero,-a *m,f* farmer

grano *m* ◆ *(de cereal)* grain; *(de café)* bean ◆ *(en la piel)* spot ◆ *(de la lija, una fotografía)* grain ◆ | LOC: **ir al g.,** to get to the point

granuja *m* ◆ *(pícaro, pillastre)* urchin ◆ *(estafador, truhán)* swindler

grapa *f* ◆ *(para papeles)* staple ◆ *Constr* cramp

grapadora *f* stapler

grapar *vtr* to staple

grasa *f* ◆ *(para lubricar, cocinar)* grease ◆ *(de un cuerpo)* fat: **me gusta la g. del jamón,** I like ham fat

grasiento *adj* greasy

graso,-a *adj* ◆ *(pelo, piel)* greasy ◆ *(adiposo)* fatty; **ácido graso,** fatty acid

gratificar *vtr* ◆ *(complacer, compensar)* to gratify: **estos resultados me gratifican por el esfuerzo,** these results repay my efforts ◆ *(compensar con dinero una tarea)* to give a bonus; *(dar una recompensa)* to reward

gratinar *vtr Culin* to cook in a sauce until golden brown

gratis *adv inv* free

gratitud *f* gratitude

grato,-a *adj* pleasant; **persona non grata,** persona non grata

gratuito,-a *adj* ◆ *(gratis)* free (of charge); **aparcamiento g.,** free parking ◆ *(sin justificación, sin fundamento)* gratuitous; **una medida gratuita,** a gratuitous measure

grava *f* ◆ *(guijarros)* gravel ◆ *(gravilla, piedra machacada)* chippings

gravamen *m* ◆ *(impuesto)* tax ◆ *(carga, obligación)* burden

gravar *vtr Jur (cargar con impuestos)* to tax

grave *adj* ◆ *(peligroso, crítico)* serious: **está muy g.,** he's seriously ill ◆ *(voz, nota, tono)* low

gravedad *f* ◆ *(de una situación, estado)* seriousness ◆ *Fís* gravity

gravemente *adv* seriously

gravilla *f* chippings

gravitar *vi* ◆ *Fís* to gravitate ◆ **g. sobre,** *(descansar, apoyarse en)* to rest on; *(cernirse)* to hang over: **gravita sobre él la acusación de asesinato,** the accusation of murder hangs over him

gravoso,-a *adj* ◆ *(que origina gastos)* costly ◆ *(que origina molestias)* burdensome

graznido *m (sonido desagradable)* squawk: **me molesta el g. de las aves,** the squawking of the birds disturbs me; *(de un pato)* quack; *(de un cuervo)* caw

Grecia *f* Greece

gregario,-a *adj* gregarious; **instinto g.,** herd instinct

grelos *mpl Bot* turnip tops

gremio *m* ◆ *Hist* guild ◆ *(profesión, oficio)* profession: **pertenece al g. de la construcción,** he is in the building trade; **el g. de libreros,** booksellers

greña *f* flock of tangled hair ◆ | LOC: *fam* **andar a la g.,** to squabble

gres *m* stoneware

gresca *f* ◆ *(riña, pelea)* row ◆ *(alboroto)* racket

griego,-a *adj & m,f* Greek

grieta *(en la pared, terreno)* crack; *(en la piel, los labios)* chap, crack

grifo *m* ◆ *(de agua)* tap, *US* faucet ◆ *Mit* griffin, gryphon

grillete *m* shackle

grillo *m Zool* cricket

grima *f* ◆ *(desazón)* uneasiness ◆ *(dentera)* reluctance ◆ *(asco)* disgust: **me da g. que te comas las uñas,** it sets my teeth on edge when you bite your nails

gripe *f* flu

gris *adj & m* grey, *US* gray

grisáceo,-a *adj* greyish

gritar *vtr & vi* to shout

> Normalmente, cuando quieres *gritar a alguien*, debes usar la preposición *to*: *Me gritó desde la otra acera.* **He shouted to me from the other pavement.** Sin embargo, si quieres *gritar con enfado*, debes usar la preposición *at*: *No tienes que gritarme.* **You don't have to shout at me.** También podrías emplear el verbo **to cry out**, pero recuerda que indica miedo o sorpresa.

grito *m* shout: **hablaba a g. pelado,** she was talking at the top of her voice; **me dio un g.,** he shouted at me; **oí un g. escalofriante,** I heard a horrifying scream

grosella *f* redcurrant; **g. negra,** blackcurrant

grosería *f* ◆ *(expresión insultante)* rude word *o* expression ◆ *(carencia de modales)* rudeness

grosero,-a 1 *adj (tosco, de baja calidad)* coarse ◆ *(ofensivo, desagradable)* rude | **2** *m,f* **es un g.,** he's very rude

grosor *m* thickness

grotesco,-a *adj* grotesque

grúa *f* ◆ *(para construcción)* crane ◆ *(para arrastrar coches)* breakdown van, *US* tow truck ◆ *Cine TV* crane

grueso,-a 1 *adj* ◆ *(objeto)* thick ◆ *(obeso, rollizo)* stout | **2** *m* ◆ *(mayor parte)* bulk ◆ *(grosor)* thickness

grulla *f Orn* crane

grumo *m* ◆ lump ◆ *(de leche)* curd

gruñido *m* grunt

gruñir *vi* to grunt

gruñón,-ona *adj* grumpy

grupa *f* hindquarters

grupo *m* ◆ group: **no queda sangre del g. B+,** there is no B+ blood left; **tiene mi g. sanguíneo,** he has the same blood group as me ◆ *Mús* group, band

gruta *f* cave

guacamayo,-a *m,f Orn* macaw

guacamole *m LAm Culin* guacamole, avocado sauce

guachafita *f LAm fam* racket, uproar

guachinango,-a *adj LAm* ◆ *(zalamero)* slimy ◆ *(astuto)* sharp

guacho,-a *adj & m,f LAm* ◆ *(huérfano)* orphan ◆ *(bastardo)* bastard

guadaña *f* scythe

guagua *f* ◆ *Can Cuba* bus ◆ *LAm* baby

guajira *f* Cuban folk song

guanaco,-a 1 *m Zool* guanaco | **2** *adj LAm* dumb, stupid

guanche *adj & mf* Guanche

guano *m* guano

guantazo *m* slap

guante *m* glove ◆ | LOC: **como un g.,** like a lamb; *fam* **echar el g. a alguien,** to catch sb; **sentar como un g.,** to fit like a glove

guantera *f Auto* glove compartment

guapo,-a 1 *adj* ◆ good-looking, *US* cute; *(mujer)* beautiful, pretty; *(hombre)* handsome: **hoy estás muy g.,** you look very nice today; **iba muy guapa,** she looked smart ◆ *(interesante, estupendo)* great | **2** *m* ◆ *(gallito, valiente)* **a ver quién es el g. que se lo dice,** let's see who has the guts to tell him ◆ *LAm (matón)* bully

guaraca *f LAm* slingshot

guarango,-a *adj LAm* rude, coarse

guarda *m,f* guard; **g. jurado,** security guard

guardabarros *m inv Auto* mudguard, *US* fender

guardabosque *mf* gamekeeper
guardacoches *mf inv* parking attendant
guardacostas *m inv* (*embarcación*) coastguard vessel
guardaespaldas *mf inv* bodyguard
guardameta *mf Dep* goalkeeper
guardapolvo *m* overalls *pl*
guardar *vtr* ◆ (*preservar*) to keep: **¿puedes guardármelo?**, can you look after it for me?; **todavía guardo sus cosas**, I still keep his things ◆ (*un secreto, recuerdo*) to keep: **guardaron silencio**, they remained silent; **guardemos un minuto de silencio**, let's observe a minute's silence; **guarden silencio, por favor**, be quiet, please ◆ (*en un sitio*) to put away: **guarda las tazas en ese armario**, put the cups away in that cupboard ◆ (*reservar*) to keep ◆ *Inform* to save

■ **guardarse** *vr* ◆ (*cuidarse, abstenerse*) **guárdate de decírselo**, be careful not to tell him ◆ (*en el bolsillo, en el traje*) **se guardó la cartera en el bolsillo**, he put his wallet in his pocket

guardarropa *m* ◆ (*del museo, teatro*) cloakroom ◆ (*conjunto de ropa*) wardrobe
guardería *f* **g. infantil**, nursery (school)
guardia 1 *f* ◆ (*custodia, vigilancia*) watch: **montaba g. bajo su ventana**, he kept watch under her window ◆ (*cuerpo armado*) guard: **pertenece a la G. Real**, he's in the Royal Guard ◆ (*turno de servicio*) duty; *Mil* guard duty: **mañana estaré de g.**, I'll be on guard duty tomorrow; **farmacia de g.**, duty chemist | 2 *mf* (*hombre*) policeman; (*mujer*) policewoman
guardián,-ana *m,f* watchman, watchwoman
guarecer *vtr* to shelter

■ **guarecerse** *vr* to take shelter *o* refuge [**de,** from]
guarida *f* ◆ (*de animal*) lair ◆ (*de criminales*) hide-out
guarnecer *vtr* ◆ *Culin* to garnish ◆ (*dotar*) to provide [**de,** with] ◆ *Mil* to garrison
guarnición *f* ◆ *Culin* garnish ◆ *Mil* garrison
guarrada *f*, **guarrería** *f fam* ◆ dirty *o* disgusting thing: **dice muchas guarradas**, he has a foul mouth ◆ (*mala pasada*) dirty trick
guarro,-a 1 *adj* filthy, disgusting | 2 *m,f* pig
guasa *f* mockery
guasón,-ona 1 *adj* humorous | 2 *m,f* joker

guata *f* ◆ (*relleno de algodón*) (cotton) padding ◆ *LAm fam* (*barriga*) belly, paunch
Guatemala *f* Guatemala
guatemalteco,-a *adj* Guatemalan, of Guatemala | 2 *m, f* Guatemalan
guateque *mn* party
guay *adj inv fam* brilliant, terrific
guayaba *f* ◆ (*fruta*) guava ◆ *LAm* fib, lie
guayabera *f* loose-fitting shirt
guayabo,-a 1 *m,f LAm* (*persona guapa*) smasher | 2 *m* guava tree
guepardo *m Zool* cheetah
guerra *f* war: **estamos en g.**, we are at war; **nos declararon la g.**, they declared war on us; **g. bacteriológica**, germ warfare; **g. civil/mundial**, civil/world war ◆ | LOC: *fam* **dar g.**, (*dar problemas, trabajo*) to give problems; (*dar la lata*) to be a pain
guerrero,-a 1 *m,f* warrior | 2 *adj* warlike; **un pueblo guerrero**, a warlike nation
guerrilla *f* (*grupo armado*) guerrilla force *o* band; **guerra de guerrillas**, guerrilla warfare
guía 1 *mf* (*cicerone, tutor, consejero, etc*) guide | 2 *f* ◆ (*orientación, pauta*) guideline ◆ (*libro de pautas*) guide; **g. del buen jardinero**, the Good Gardener's Guide ◆ (*listado*) directory; **g. de teléfonos**, telephone directory
guiar *vtr* ◆ (*indicar el camino*) to guide ◆ (*un automóvil*) to drive; (*una embarcación*) to steer; (*un caballo, moto*) to ride

■ **guiarse** *vr* to be guided, to go [**por,** by]
guijarro *m* pebble
guinda *f* ◆ (*fruto*) morello (cherry) ◆ (*final, remate*) finishing touch
guindilla *f* chilli
guiñapo *m* ◆ (*harapo, piltrafa*) rag ◆ *fig* (*persona*) wreck: **estoy hecha un g.**, I'm a wreck
guiñar *vtr* to wink
guiño *m* ◆ wink; **un g. de complicidad**, a conspiratorial wink ◆ (*mensaje indirecto*) message, codeword
guiñol *m* puppet show
guion *m* ◆ *Cine TV* script ◆ *Ling* hyphen, dash ◆ (*de una conferencia, clase, etc*) sketch, outline
guionista *mf* scriptwriter
guiri *mf argot* foreigner
guirigay *m* hubbub
guirnalda *f* garland
guisado *m Culin* stew
guisante *m Bot* pea

guisar *vtr* to cook
guiso *m* dish; *(guisado)* stew
guita *f* ◆ *fam* cash, dough ◆ *(cordel)* rope, string
guitarra 1 *f* guitar | 2 *mf* guitarist
guitarrista *mf* guitarist
gula *f* gluttony
gusano *m* ◆ *Zool* worm; *(oruga)* caterpillar; *(de mosca)* maggot; **g. de seda**, silkworm ◆ *(persona despreciable)* worm: **el jefe es un g.**, the boss is a swine
gustar 1 *vi* ◆ **me gusta el pan**, I like bread; **me gustaba su compañía**, I used to like his company; *(con infinitivo)* **me gusta escribir**, I like to write *o* I like writing; **me gustaría ir**, I would like to go ➤ Ver nota abajo ◆ *frml cortesía:* **cuando gustes**, whenever you like; **¿gustas?**, would you like some? ◆ *frml (sentir agrado o afición)* **g. de**, to enjoy: **gusta de salir a pasear por las mañanas**, he likes to have a walk in the morning | 2 *vtr (degustar, probar)* to taste

> *Gustar* se traduce por **to like**: *Me gusta esta música*. **I like this music**. Sin embargo, recuerda que en español el sujeto del verbo *gustar* es lo que nos gusta *(esta música)*, mientras que en inglés el sujeto del verbo **to like** es **I**. Si quieres añadir un verbo como complemento del verbo **to like** *(me gusta nadar)*, debes emplear el gerundio, que siempre sugiere algo placentero: **I like swimming**. Pero si más que gustarte simplemente te parece una buena idea o lo haces por tu propio bien puedes usar el infinitivo: **I like to go to the dentist twice a year**. *Me gusta ir al dentista dos veces al año.* Sería muy difícil que alguien dijera **I like going to the dentist**, porque significaría que disfruta haciéndolo.
> En el modo condicional (**I would like**) sólo se puede usar el infinitivo: **I would like to go out tonight**. *Me gustaría salir esta noche.*

gusto *m* ◆ *(sensación)* taste ◆ *(para apreciar la belleza)* taste: **la tía Rosa tiene muy mal g.**, Aunt Rose has very bad taste; **fue un comentario de mal g.**, it was a remark in bad taste ◆ *(inclinación, agrado)* liking: **esa literatura no es de su g.**, he doesn't like that kind of literature; **para mi g. está precioso**, I find it very pretty ◆ *(placer)* pleasure: **lo hace por g.**, she does it for the sake of it; **este solecito es un g.**, this sun is very nice; **no tengo el g. de conocerle**, I have not had the pleasure of meeting him ◆ | LOC: **a g.**, comfortable *o* at ease; **con (mucho) g.**, with (great) pleasure; **tanto g.**, pleased to meet you
gutural *adj* guttural

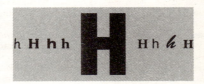

H, h *f (letra)* H, h
haba *f* broad bean
habano *m* Havana cigar
haber 1 *v aux* ◆ *(en tiempos compuestos)* to have: **espero que no lo haya hecho**, I hope he hasn't done it; **lo he comido todo**, I've eaten it all; **lo hubiera hecho de todos modos**, she would have done it anyway | 2 *v impers* ◆ *(existir, estar, hallarse)* **hay**, there is *o* are; **había**, there was *o* were: **hay poco que decir**, there is little to be said; **hay cien metros de mi casa a la estación**, it's a hundred metres from my home to the station ◆ *(ocurrir, suceder)* **la guerra que hubo en el 36**, the war that took place in 36; **habrá una reunión**, there will be a meeting; **hoy hay fiesta en el club náutico**, there's a party today in the sailing club; **los robos habidos en este barrio**, the robberies which have been committed in this neighbourhood | 3

habichuela

(h. de + infin) (obligación) to have to: **has de ser más estudioso,** you must be more studious ◆ *(h. que + infin) (conveniencia, necesidad u obligación)* it is necessary to: **habrá que ir,** we will have to go; **habría que pintar el salón,** we should paint the living room; **hay que hacerlo,** you must do it | **4** *nm* ◆ *Fin* credit; **haberes,** assets ◆ **en su h.,** in his possession; *fig* in his favour ◆ | LOC: **había una vez…,** once upon a time…; **no hay de qué,** you're welcome, don't mention it

> Hay que tener mucho cuidado al traducir este verbo, ya que el inglés diferencia entre el singular y el plural: *Hay un hombre fuera.* **There is a man outside.** *Hay dos hombres fuera.* **There are two men outside.** *Había un gato en el tejado.* **There was a cat on the roof.** *Había muchos libros.* **There were a lot of books.**

habichuela *f* kidney bean
hábil *adj* ◆ *(mañoso)* skilful, *US* skillful ◆ *(astuto, ingenioso)* smart ◆ *(laboral)* working; **dos días hábiles,** two working days
habilidad *f* ◆ *(con una herramienta, etc)* skill ◆ *(astucia, ingenio)* cleverness
habilidoso,-a *adj* ◆ *(que tiene habilidad)* handy, skilful ◆ *(hecho con habilidad)* skilled
habilitar *vtr* ◆ *(una casa, un edificio)* to fit out ◆ *(a una persona)* to entitle ◆ *Fin (un crédito)* to finance
habitación *f (pieza de una casa)* room; *(dormitorio)* bedroom: **alquilan habitaciones,** they rent rooms; **reservé una h. doble,** I booked a double room
habitante *mf* inhabitant
habitar 1 *vi* to live | **2** *vtr* to live in, to inhabit
hábitat *m* habitat
hábito *m* ◆ *(costumbre, rutina)* habit: **no tiene h. de leer,** he isn't in the habit of reading ◆ *(de monja, cura)* habit
habitual *adj* ◆ *(corriente)* usual, habitual ◆ *(asiduo)* regular: **es un cliente h.,** he's a regular customer
habituar *vtr* to accustom [**a,** to]
■ **habituarse** *vr* to get used [**a,** to], become accustomed [**a,** to]
habla *f* ◆ *(lengua, idioma)* language; **los países de h. hispana,** Spanish-speaking countries ◆ *(capacidad para hablar)* speech: **tardó unos minutos en recobrar el h.,** it was a few minutes before she could speak again ◆ *(modo de hablar)* **se le nota en el h. que es extranjero,** you can tell he's a foreigner by the way he speaks

hablado,-a *adj* spoken; **el español h.,** spoken Spanish; **eres muy mal h.,** you are foul-mouthed
hablador,-ora *adj (charlatán)* talkative; *pey (indiscreto)* gossipy
habladuría *f* ◆ *(rumor)* rumour, *US* rumor; *(cotilleo)* piece of gossip ◆ **habladurías,** gossip, rumours
hablante *mf* speaker
hablar 1 *vi* ◆ to speak, talk: **estaba hablando con Jorge,** I was speaking to Jorge; **habla muy mal de su marido,** she speaks badly of her husband ◆ *(charlar)* to talk, chat: **le encanta h. por teléfono,** he loves chatting on the phone ◆ *(tratar, versar)* to talk about: **este artículo habla de los extraterrestres,** this article deals with aliens | **2** *vtr* ◆ *(una lengua)* to speak: **habla francés,** he speaks French ◆ *(discutir, tratar)* to talk over, discuss: **háblalo con tu madre,** talk it over with your mother; **no tengo nada que h. contigo,** I've nothing to say to you ◆ | LOC: **h. en broma,** to be joking; *fam* **¡mira tú quién fue a h.!,** look who's talking!; **ni h.,** certainly not
■ **hablarse** *vr* ◆ to speak *o* talk to one another ◆ *(relacionarse)* **no nos hablamos,** we are not on speaking terms ◆ *(en un letrero)* «**se habla danés**», «Danish spoken»

> ¿**To speak** o **to talk**?
> No existe una diferencia rigurosa entre los dos verbos. Sin embargo, debes recordar que sólo **to speak** refleja la capacidad de hablar otros idiomas: *Ella habla inglés.* **She speaks English.**

hacer 1 *vtr* ◆ *(crear, fabricar, construir)* to make; **h. un jersey,** to make a sweater; **h. un puente,** to build a bridge ◆ *(una acción)* to do: **eso no se hace,** it isn't done; **haz lo que quieras,** do what you want; **¿qué estás haciendo?,** *(en este momento)* what are you doing?; *(para vivir)* what do you do (for a living)?; **hace atletismo,** he does athletics; **h. una carrera/medicina,** to do a degree/medicine ◆ *(amigos, dinero)* to make ◆ *(obligar, forzar)* to make: **hazle entrar en razón,** make him see reason ◆ *(causar, provocar)* to make: **ese hombre me hace reír,** that man makes me laugh; **estos zapatos me hacen daño,** these shoes are hurting me; **no hagas llorar a tu hermana,** don't make your sister cry ◆ *(arreglar)* to make; **h. la cama,** to make the bed; **h. la casa,** to do the housework ◆ *Mat (sumar, dar como resultado)* to make: **y con éste hacen cincuenta,** and that makes fifty ◆ *(producir una impresión)* to make... look: **ese vestido la hace mayor,** that dress makes her look older ◆ *(en sustitución de otro verbo)* to do: **cuido mi jardín, me gusta hacerlo,** I look after my garden, I like doing it ◆ *(representar)* to play: **Juan hizo un papel en "Fuenteovejuna",** Juan played a part in "Fuenteovejuna" ◆ *(actuar como)* to play: **no hagas el tonto,** don't play the fool ◆ *(suponer)* **te hacía en casa,** I thought you were at home | **2** *vi* ◆ *(en el teatro, etc)* to play: **hizo de Electra,** she played Electra ◆ **h. por** + *infin*, to try to: **hice por ayudar,** I tried to help ◆ *(simular)* to pretend: **hice como si no lo conociera,** I acted as if I didn't know him ◆ *(venir bien, convenir)* to be suitable: **si te hace, nos vamos a verle mañana,** if it's all right for you, we'll visit him tomorrow | **3** *v impers* ◆ *(tiempo transcurrido)* ago: **hace mucho (tiempo),** a long time ago; **hace tres semanas que no veo la televisión,** I haven't watched TV for for three weeks; **hace tres años que comenzaron las obras,** the building works started three years ago ◆ *(condición atmosférica)* **hacía mucho frío,** it was very cold

---

¿To make o to do?
El significado básico del verbo **to make** es construir, fabricar algo juntando los componentes (aquí hacen unos pasteles maravillosos, **they make marvellous cakes here**), obligar (hazle callar, **make him shut up**) o convertir: Te hará más fuerte. **It'll make you stronger.** También se emplea en expresiones compuestas por palabras tales como dinero (**money**), ruido (**a noise**), cama (**the bed**), esfuerzo (**an effort**), promesa (**a promise**), comentario (**a comment**), amor (**love**), guerra (**war**).
El significado del verbo **to do** es *cumplir* o *ejecutar una tarea* o *actividad,* especialmente tratándose de los deportes y las tareas domésticas: *Hago mis deberes por la noche.* **I do my homework in the evening.** ¿Quién hace la plancha en tu casa? **Who does the ironing in your house?** También se emplea con palabras tales como *deber* (**duty**), *deportes* (**sports**), *examen* (**an exam**), *favor* (**a favour**), *sumas* (**sums**).

■ **hacerse** *vr* ◆ *(convertirse)* to become, grow; **h. mayor,** to grow old; **se hizo monja,** she became a nun ◆ *(simular)* to pretend: **me vio, pero se hizo el despistado,** he saw me, but pretended he hadn't; **h. el sordo,** to turn a deaf ear ◆ **h. con,** *(conseguir)* to get hold of ◆ *(acostumbrarse)* to get used [**a,** to]: **enseguida me hice a dormir sola,** I soon got used to sleeping alone; **me tengo que hacer a la idea,** I've got to get used to the idea

hacha *f (de leñador)* axe, *US* ax | LOC: *fam* **ser un h. en algo,** to be an ace *o* a wizard at sthg

hacia *prep* ◆ *(en dirección a)* towards, to; **h. abajo,** down, downwards; **h. adelante,** forwards; **h. arriba,** up, upwards; **h. atrás,** back, backwards ◆ *(en torno a)* at about, at around: **estaré allí h. las cinco,** I'll be there at about five o'clock

hacienda *f* ◆ *Fin* Treasury; **h. pública,** public funds *o* finances *pl*; **Ministerio de Hacienda,** *GB* Exchequer, *US* Treasury ◆ *(finca, rancho)* estate, *US* ranch

hada *f* fairy: **me gustan los cuentos de hadas,** I like fairy tales; **h. madrina,** fairy godmother

halagar *vtr* to flatter

halago *m* flattery

halagüeño,-a *adj (noticia, futuro)* promising

halcón *m Orn* falcon

halterofilia *f* weight-lifting

hallar *vtr* ◆ *(encontrar)* to find: **hallaré una respuesta,** I'll find an answer; **la hallamos muerta,** we found her dead; *(una vacuna, una ley)* to discover ◆ *(percibir)* to find: **la hallé nerviosa,** I found her nervous; *(encontrarse con un hecho, descubrir una situación)* to find out: **halló que su cuenta estaba vacía,** she found out that her account was empty

■ **hallarse** *vr* ◆ *(estar, encontrarse)* to be: **me hallo confusa,** I'm confused ◆ *(estar ubicado)* to be (situated)

hallazgo *m* ◆ *(descubrimiento)* discovery ◆ *(objeto encontrado)* find: **¡qué h.!,** what a find!

hamaca *f* ◆ *(chinchorro)* hammock ◆ *(mecedora)* rocking chair ◆ *(tumbona)* sun lounger

hambre *f* ◆ *(apetito)* hunger: **tengo mucha h.,** I'm very hungry ◆ *(inanición)* starvation: **miles de personas mueren de h.,** thousands of people are starving; *(mal, desgracia)* famine: **el h. asola el país,** famine is ravaging the country

hambriento,-a *adj* ♦ *(por inanición)* starving; *(por apetito)* hungry ♦ *(deseoso)* hungry, craving: **está h. de aventuras,** he's hungry for adventure
hamburguesa *f* hamburger
hampa *f* underworld
hámster *m Zool* hamster
harapo *m* rag
harén *m* harem
harina *f* flour ♦ | LOC: **eso es h. de otro costal,** that's another story
hartar *vtr* ♦ *(molestar, cansar)* to annoy ♦ *(saciar)* to satiate ♦ *(dar en abundancia)* to overwhelm [**de,** with]: **me hartaron de comida,** they gave me all the food I could eat
■ **hartarse** *vr* ♦ *(atiborrarse)* to eat one's fill ♦ *(cansarse)* to get fed up [**de,** with], grow/get tired [**de,** of]: **no se harta de bailar,** she never gets tired of dancing
harto,-a 1 *adj* ♦ *(de comida)* full ♦ *(hastiado, aburrido)* fed up: **¡me tiene h.!,** I'm fed up with him!; **estoy h. de decírtelo,** I'm fed up with telling you | **2** *adv frml (muy)* very
hartura *f* bellyful
hasta 1 *prep* ♦ *(marca límite: en el espacio)* up to, as far as, down to; **h. el final,** right to the end; *(en el tiempo)* until, till, up to; **h. junio,** until June; **h. la fecha,** up to now; *(en la cantidad)* up to, as many as; *(en la acción)* till, until: **h. sus últimas consecuencias,** till the bitter end; **firme h. la muerte,** firm till death ♦ *(indica sorpresa)* even | **2** *conj (seguido de ger o cuando)* even when: **h. cuando vamos al cine tiene que comer,** even when we go to the cinema she has to be eating; **h. llorando está guapo,** he's good-looking even when he cries ♦ **h. que,** until: **estúdialo h. que lo sepas,** study it until you know it ♦ | LOC: **h. luego,** see you later
hastiado,-a *adj* sick, tired [**de,** of]
hastío *m* weariness
haya *f* ♦ *Bot (árbol)* beech ♦ *(madera)* beech (wood)
haz *m* ♦ *Agr* sheaf ♦ *(de luz)* shaft
hazaña *f* deed, exploit
hazmerreír *m* laughing stock
hebilla *f* buckle
hebra *f* ♦ *(trozo de hilo)* thread ♦ *(de carne)* sinew ♦ | LOC: **pegar la h.,** to chat
hebreo,-a 1 *adj* Hebrew | **2** *m,f* Hebrew
hecatombe *f* disaster, catastrophe
hechicería *f* witchcraft

hechicero,-a 1 *adj* bewitching | **2** *m,f (hombre)* wizard, sorcerer; *(mujer)* witch, sorceress
hechizar *vtr* ♦ *(con magias y maleficios)* to cast a spell on ♦ *fig (encandilar, cautivar)* to bewitch, charm
hechizo *m* ♦ *(embrujo, sortilegio)* spell ♦ *fig (seducción, encanto)* fascination, charm
hecho,-a 1 *adj* ♦ *(realizado)* made, done: **está muy bien h.,** it's really well done ♦ *(acostumbrado)* used: **está hecho a trabajar en estos climas,** he's used to working in this climate ♦ *(cocinado, cocido)* done; **un filete muy/poco h.,** a well-cooked/rare steak ♦ *(persona)* mature ♦ *(frase)* set; *(ropa)* ready-made | **2** *m* ♦ *(suceso real)* fact; **de h.,** in fact; **el h. es que...,** the fact is thar... ➢ Ver nota en **actually** ♦ *(obra, acción)* act, deed ♦ *(acontecimiento, caso)* event, incident | **3** *interj* **¡hecho!,** it's a deal! *o* all right!
hechura *f* ♦ *(de un vestido)* cut; *(confección)* making up, tailoring ♦ *(constitución, planta de un animal)* shape; *(de una persona)* build
hectárea *f* hectare
hectolitro *m* hectolitre, *US* hectoliter
heder *vi* to stink, smell foul
hediondo,-a *adj* foul-smelling
hedor *m* stink, stench
hegemonía *f* hegemony
helada *f* frost
heladería *f* ice-cream parlour
helado,-a 1 *m* ice cream | **2** *f* frost | **3** *adj* ♦ *(muy frío)* frozen, freezing cold: **estábamos h. (de frío),** we were frozen ♦ *fig (atónito)* stunned, flabbergasted: **la noticia me dejó h.,** I was flabbergasted by the news; **me quedé h.,** I was stunned
helar 1 *vtr (congelar)* to freeze | **2** *v impers* to freeze: **anoche heló,** there was a frost last night
■ **helarse** *vr (congelarse)* to freeze
helecho *m Bot* fern
hélice *f* ♦ *Av Náut* propeller ♦ *Anat Arquit Mat* helix
helicóptero *m Av* helicopter
helio *m Quím* helium
hematoma *m Med* haematoma, *US* hematoma
hembra *f* ♦ *Bot Zool* female ♦ *vulgar (mujer)* woman ➢ Ver nota en **female** ♦ *Téc* female; *(de un tornillo)* nut; *(de un enchufe)* socket
hemeroteca *f* newspaper library
hemiciclo *m fam* (Spanish) parliament
hemisferio *m* hemisphere

hemorragia *f Med* haemorrhage, *US* hemorrhage
hemorroides *fpl* haemorrhoids, piles
hendidura *f* crack
heno *m* hay
heráldica *f* heraldry
herbario *m* herbarium, dried plant collection
herbívoro,-a 1 *adj* herbivorous, grass-eating | **2** *m,f Zool* herbivore
herbolario,-ria 1 *m,f* herbalist | **2** *m* ◆ *(establecimiento)* herbalist's (shop); health food shop ◆ *(colección de plantas)* herbarium, dried plant collection
hercio *m* hertz
heredar *vtr* ◆ *Jur (una propiedad, bien material)* to inherit ◆ *(una característica)* **ha heredado el genio de su padre,** he's got his father's temper
heredero,-a *m,f (hombre)* heir; *(mujer)* heiress: **la infanta Isabel fue la heredera del trono español,** Princess Isabel was the heir to the Spanish throne

> Recuerda que **heiress** se refiere a una mujer que hereda una fortuna y no a una heredera del trono.

hereditario,-a *adj* hereditary
hereje *mf Rel* heretic
herejía *f Rel* heresy
herencia *f* ◆ *Jur* inheritance, legacy ◆ *Biol* heredity
herida *f* ◆ *(de bala, de cuchillo)* wound; *(lesión, golpe)* injury ◆ *(daño emocional)* hurt, wound

> **Injury** y el verbo **to injure** se refieren a accidentes.
> **Wound** y el verbo **to wound** se refieren a heridas causadas por armas, agresión o de forma deliberada: *Le hirieron durante el atraco.* **He was wounded during the robbery.**

herido,-a *m,f* casualty, injured person: **aún no se conoce el número de heridos,** the number of casualties is still not known
herir *vtr* ◆ *(físicamente) (accidentalmente)* to injure; *(con un arma, instrumento)* to wound ◆ *(espiritualmente)* to hurt, to wound: **hirió sus sentimientos,** he hurt his feelings ◆ *(la vista, el oído)* to offend ➢ Ver nota en **herida**
■ **herirse** *vr* to injure *o* hurt oneself

hermana ◆ sister ◆ *Rel (monja)* sister ◆ **ciudad h.,** twin town → **hermano**
hermanado,-a *adj* twinned
hermanar *vtr* ◆ *(sentimientos, objetos)* to unite, combine ◆ *(personas)* to unite spiritually; *(ciudades)* to twin
■ **hermanarse** *vr* ◆ *(armonizar, conciliar)* to combine ◆ *(ciudades)* to twin
hermanastro,-a *m,f (hombre)* stepbrother; *(mujer)* stepsister ➢ Ver nota en **in-laws**
hermandad *f* ◆ *(agrupación)* fraternity, brotherhood, sisterhood ◆ *(relación fraternal)* brotherhood, sisterhood
hermano *m* ◆ brother; **primo h.,** first cousin ◆ *Rel (fraile)* brother

> Recuerda que el plural de **brother** se refiere únicamente al sexo masculino. Por tanto, la pregunta **¿cuántos hermanos tienes (ellos y ellas)?** debe traducirse por **how many brothers and sisters do you have?**

herméticamente *adv* **h. cerrado,** hermetically sealed
hermético,-a *adj* ◆ *(cierre, frasco)* hermetic, airtight ◆ *fig (impenetrable, secreto)* secretive, inscrutable
hermetismo *m* hermetecism; *fig* inscrutability
hermoso,-a *adj* ◆ *(bello)* beautiful, lovely ◆ *(grande, espléndido)* fine
hermosura *f* beauty
héroe *m* hero
heroico,-a *adj* heroic
heroína *f* ◆ *(mujer)* heroine ◆ *(droga)* heroin
heroinómano,-a *m,f* heroin addict
heroísmo *m* heroism
herradura *f* horseshoe
herramienta *f Téc* tool; **caja de herramientas,** toolbox
herrar *vtr* ◆ *(poner herraduras)* to shoe ◆ *(marcar a hierro)* to brand ◆ *(un cofre, un mueble)* to reinforce with ironwork
herrería *f* forge, smithy
herrero *m* blacksmith, smith
herrumbre *f* rust
hervidero *m fig (de pasiones, de intrigas)* hotbed
hervir 1 *vtr (el agua, la leche)* to boil | **2** *vi* ◆ *Culin* to boil: **añade la sal cuando rompa a h.,** add salt when it comes to the boil ◆ *(estar lleno)* to swarm, seethe [**de, with**]

heterodoxo,-a *adj* unorthodox
heterogéneo,-a *adj* heterogeneous
heterosexual *adj* & *mf* heterosexual
hexágono *m* hexagon
hez *f* ♦ *(usu pl) (sedimento, poso)* sediment, dregs *pl* ♦ **heces,** *(excrementos)* faeces, *US* feces
hiato *m Ling* hiatus
hibernar *vi (un animal)* to hibernate
híbrido,-a *adj* & *m,f* hybrid
hidalgo *m Esp Hist* nobleman of the lowest grade
hidratación *f* ♦ *Quím* hydration ♦ *(de la piel)* moisturizing
hidratante *adj* moisturizing: **necesitas una crema h.,** you need a moisturizing cream
hidratar *vtr (piel)* to moisturize
hidrato *m Quím* hydrate; **h. de carbono,** carbohydrate
hidráulico,-a *adj* hydraulic: **la presa genera energía hidráulica,** the reservoir generates hydro-electric power
hidroavión *m* seaplane, *US* hydroplane
hidrocarburo *m* hydrocarbon
hidroeléctrico,-a *adj* hydroelectric
hidrófilo-a *adj* absorbent; **algodón h.,** cotton wool
hidrógeno *m Quím* hydrogen
hidroterapia *f Med* hydrotherapy
hiedra *f Bot* ivy
hiel *f* ♦ *Anat* bile ♦ *fig (amargura, resentimiento)* bitterness
hielo *m* ice; **una mirada de h.,** an icy look ♦ | LOC: **romper el h.,** to break the ice
hiena *f Zool* hyena
hierba *f* ♦ grass: **hay que limpiar el jardín de malas hierbas,** we have to weed the garden; **había mucha mala h.,** there were a lot of weeds; **h. luisa,** lemon verbena ♦ *Culin* herb: **tomamos un paté a las finas hierbas,** we had a pâté with herbs ♦ *argot (marihuana)* grass
hierbabuena *f* mint
hierbajo *m* weed
hierro *m* ♦ *(metal)* iron; **una reja de h.,** an iron grille; **una dieta rica en h.,** a diet rich in iron ♦ *(de lanza, flecha, etc)* head, tip ♦ *(señal de ganadería)* brand
hígado *m* ♦ *Anat* liver ♦ *euf* guts *pl* ♦ *(falta de repugnancia)* stomach: **hace falta tener buen h. para ser cirujano,** you need a strong stomach to be a surgeon
higiene *f* hygiene
higiénico,-a *adj* hygienic; **papel h.,** toilet paper

higo *m* ♦ *Bot* fig ♦ *fam (comino, ardite)* **me importa un h.,** I couldn't care less ♦ | LOC: **de higos a brevas,** once in a blue moon; **estar hecho un h.,** to be crumpled *o* wizened
higuera *f Bot* fig tree ♦ | LOC: **estar en la h.,** to be daydreaming, not to realize what's going on
hija *f* daughter → **hijo**
hijastro,-a *m,f (hombre)* stepson; *(mujer)* stepdaughter
hijo *m* ♦ son, child; **h. adoptivo,** adopted child; **h. natural,** illegitimate child; *pey* **h. de papá,** daddy's boy; **h. único,** only child ♦ **mis/sus hijos,** my/her children
hilacha *f,* **hilacho** *m* loose *o* hanging thread
hilar *vtr* & *vi (hacer hilo)* to spin ♦ *(relacionar datos)* to string together, to link ♦ | LOC: **h. fino,** to split hairs
hilaridad *f* hilarity, mirth
hilera *f* line, row
hilo *m* ♦ *Cost* thread; *(de perlé, de tejer)* yarn; *(tela de hilo)* linen ♦ *fig (argumento)* thread; *(del pensamiento)* train; **h. musical,** background music ♦ *(cable)* wire ♦ | LOC: **perder el h.,** to lose the thread
hilvanar *vtr* ♦ *Cost* to tack, baste ♦ *fig (relacionar, hacer congruente)* to link
himno *m* hymn; **h. nacional,** national anthem
hincapié *m* **hacer h. en,** *(recalcar)* to emphasize, stress; *(insistir)* to insist on
hincar *vtr (algo punzante)* to drive (in) ♦ | LOC: **h. el diente a,** *(una comida)* to sink one's teeth into: **tengo ganas de hincarle el diente a ese libro,** I can't wait to get my teeth into that book
■ **hincarse** *vr* **h. de rodillas,** to kneel (down)
hincha *fam* **1** *mf Ftb* fan, supporter | **2** *f (ojeriza, manía)* grudge, dislike
hinchado,-a *adj* ♦ *(de aire)* inflated, blown up ♦ *Med (inflamado)* swollen, puffed up; *(estómago)* bloated ♦ *fig (grandilocuente, afectado)* bombastic, pompous
hinchar *vtr* ♦ *(un globo)* to inflate, blow up ♦ *fig (una historia, un presupuesto)* to inflate, exaggerate
■ **hincharse** *vr* ♦ *Med* to swell (up) ♦ *fam (comer en exceso)* to stuff oneself [**de,** with]: **me hinché de bombones,** I stuffed myself with chocolates; *(hacer algo en ex-*

holgado

ceso) **me hinché a bailar,** I danced as much as I could

hinchazón *f Med* swelling
hindú *adj & mf* Hindu
hinduismo *m* Hinduism
hiperactivo,-a *adj* hyperactive
hipermercado *m* hypermarket
hipertensión *f* high blood pressure
hípica *f* (horse) riding
hípico,-a *adj* related to horses; **club h.,** riding club
hipnosis *f* hypnosis
hipnotizar *vtr* to hypnotize
hipo *m* hiccups, hiccoughs; **le ha entrado h.,** he's got hiccups
hipocresía *f* hypocrisy
hipócrita 1 *adj* hypocritical | 2 *mf* hypocrite
hipódromo *m* racetrack, racecourse
hipopótamo *m Zool* hippopotamus
hipoteca *f Fin* mortgage
hipotecar *vtr ◆ Fin* to mortgage ◆ *(poner en peligro)* to jeopardize
hipótesis *f inv* hypothesis
hipotético,-a *adj* hypothetical
hiriente *adj* offensive, wounding; *(palabras)* cutting
hispánico,-a *adj* Hispanic, Spanish
hispano,-a 1 *adj (español)* Spanish; *(español y latinoamericano)* Hispanic; *(latinoamericano)* Spanish American | 2 *m,f* Spanish American, *US* Hispanic
Hispanoamérica *f* Spanish America
hispanoamericano,-a *adj & m,f* Spanish American
hispanohablante 1 *mf* Spanish speaker | 2 *adj* Spanish-speaking
histeria *f* hysteria: **le dio un ataque de h.,** she had a fit of hysterics *pl*
histérico,-a *adj* hysterical; *fam* **le estás poniendo h.,** you are driving him mad
historia *f ◆* history ◆ *(cuento)* story, tale; *fam* **¡no me cuentes historias!,** don't give me that! ◆ | LOC: **hacer h.,** to make history; **pasar a la h.,** *(por ser importante)* to go down in history; *(no tener actualidad)* to be a thing of the past
historiador,-ora *m,f* historian
historial *m ◆ Med* medical record, case history ◆ *(académico, laboral)* curriculum vitae; *(antecedentes)* background ◆ *(delictivo)* criminal record
histórico,-a *adj ◆* historical ◆ *(verdadero, real)* factual, true: **esta novela está basada en un caso histórico,** this novel is based on fact ◆ *(trascendente, crucial)* historic, memorable

> **¿Historical o historic?**
> Si te refieres a un personaje histórico o a una novela histórica, puedes usar la palabra **historical**. Sin embargo, si te refieres a un suceso, un día o a un personaje importante, debes usar la palabra **historic**. Por tanto, **a historic novel** significa una novela trascendental en la historia de la literatura, mientras que **a historical novel** significa una novela basada en la historia.

historieta *f ◆ (cuento)* short story, tale ◆ *(viñeta)* comic strip
hito *m* milestone ◆ | LOC: **mirar de h. en h.,** to stare at
Hnos *(abr de* **Hermanos***)* Brothers, Bros
hocico *m ◆ (de un animal)* snout ◆ *pey (de una persona)* mug, snout ◆ | LOC: *fam* **meter el h./los hocicos en algo,** to stick *o* poke one's nose into sthg
hogar *m ◆ (lugar en que se habita)* home: **no tenía h.,** he was homeless ◆ *(de una chimenea)* hearth, fireplace ◆ *(asilo)* home; *(orfanato)* orphanage
hogareño,-a *adj (ambiente, fiesta)* home, family; *(persona)* home-loving, stay-at-home
hoguera *f* bonfire
hoja *f ◆ Bot* leaf; **un árbol de h. perenne,** an evergreen tree; **de h. caduca,** deciduous ◆ *(de papel)* sheet, leaf; *(de un libro)* leaf, page; *(impreso)* hand-out, printed sheet; *Inform* **h. de cálculo,** spreadsheet ◆ *(plancha de metal)* sheet ◆ *(de un arma blanca)* blade ◆ *(de una puerta o ventana)* leaf ◆ *(documento)* **h. de reclamaciones,** complaints book; **h. de servicios,** service record
hojalata *f* tin, tin plate
hojaldre *m Culin* puff pastry
hojarasca *f* fallen *o* dead leaves *pl*
hojear *vtr* to leaf through, flick through
hola *excl* hello!, hullo!, hi!
Holanda *f* Holland
holandés,-esa 1 *adj* Dutch | 2 *m,f (hombre)* Dutchman; *(mujer)* Dutchwoman | 3 *m (idioma)* Dutch
holgado,-a *adj ◆ (despegado del cuerpo)* loose, baggy ◆ *(sobrado: de dinero)* comfortable; *(de espacio, etc)* ample, roomy: **es un presupuesto h.,** it's an ample budget;

holgar

andar h. de tiempo, to have plenty of time

holgar *vi frml* ◆ *(estar ocioso)* to be idle ◆ *(ser ocioso, estar de más)* **huelga decir que no estaré allí,** it goes without saying that I won't be there

holgazán,-ana 1 *adj* lazy, idle | 2 *m,f* lazybones *inv*, layabout

holgazanear *vi* to laze *o* loaf around

holgura *f* ◆ *(de un vestido)* looseness ◆ *(espacio, amplitud)* space, room; *Téc (de una tuerca, pieza, etc)* play, give ◆ *(desahogo, bienestar económico)* affluence, comfort

hollín *m* soot

holocausto *m* holocaust

hombre 1 *m* ◆ *(individuo)* man; **h. de estado,** statesman; **h. de paja,** dummy, figurehead; **h. lobo,** werewolf; **h. rana,** frogman ◆ *(género, especie)* mankind, man | 2 *interj* ◆ *(en un saludo)* hey!, hey there!; **¡h., José!,** hey, José! ◆ *(enfático)* **¡h., claro!,** sure!, of course!; *(incredulidad)* **¡sí h.!,** oh come on! ◆ | LOC: **de h. a h.,** man-to-man; **ser muy h.,** to be every inch a man

hombrera *f* shoulder pad

hombro *m* shoulder ◆ | LOC: **a hombros,** on one's shoulders; **arrimar el h.,** to set one's shoulder to the wheel; **encogerse de hombros,** to shrug one's shoulders; **mirar a alguien por encima del h.,** to look down one's nose at sb; **trabajar h. con h. con alguien,** to work jointly with sb

homenaje *m* homage, tribute: **el libro rinde h. a Góngora,** the book pays homage to Góngora

homenajear *vtr* to pay tribute to

homeopatía *f* homeopathy

homicida 1 *mf (hombre)* murderer; *(mujer)* murderess | 2 *adj* murder, homicidal; **el arma h.,** the murder weapon

homicidio *m* homicide

homogéneo,-a *adj* homogeneous, uniform

homologable *adj* comparable [**con,** with]

homologar *vtr* to give official approval *o* recognition to

homólogo,-a 1 *adj (semejante)* comparable | 2 *m,f (persona)* counterpart: **el ministro de Interior y su h. francés,** the Home Secretary and his French counterpart

homosexual *adj & mf* homosexual
homosexualidad *f* homosexuality
honda *f (lanzador de cuero)* sling

hondo,-a *adj* ◆ *(profundo)* deep; **plato h.,** soup dish ◆ *fig (sentimiento)* profound, deep

hondonada *f Geog* hollow, depression

Honduras *f* Honduras

hondureño,-a *adj & m,f* Honduran

honestidad *f* ◆ *(justicia, rectitud)* honesty, uprightness ◆ *(pudor)* modesty

honesto,-a *adj* ◆ *(justo, recto)* honest, upright ◆ *(decente)* modest

hongo *m* ◆ *Bot* fungus; **h. venenoso,** toadstool ◆ *Med* fungus ◆ *(sombrero)* bowler, bowler hat

honor *m* ◆ *(cualidad, dignidad)* honour, *US* honor: **ofendieron su honor,** they offended his honour; **palabra de h.,** word of honour ◆ *(distinción)* **será un h.,** it will be an honour; **nos hizo el h. de visitarnos,** we were honoured by his visit ◆ *(fama, reconocimiento, gloria)* **para ti será el h. y la gloria,** you'll get all the credit; **en h. a la verdad…,** to be fair…

honorable *adj* honourable, *US* honorable

honorario,-a 1 *adj* honorary | 2 *mpl* **honorarios,** fees, fee *sing*

honorífico,-a *adj* honorary

honra *f* ◆ *(respeto)* dignity, self-esteem ◆ *(reconocimiento)* reputation, good name: **le hizo la h. de invitarle…,** he did him the honour of inviting him… ◆ | LOC: **a mucha h.,** and proud of it

honradez *f* honesty, integrity

honrado,-a *adj* ◆ *(persona)* honest ◆ *(negocio, trabajo)* upright, respectable

honrar *vtr* ◆ *(respetar, venerar)* to honour, *US* honor; **h. a los padres,** to respect one's parents ◆ *(enaltecer, ennoblecer)* to be a credit to: **ese gesto le honra,** that gesture does him credit

hora *f* ◆ *(60 minutos)* hour: **te veo dentro de media h.,** I'll see you in half an hour; **volvimos a altas horas de la madrugada,** we came back in the small hours; **me pagan por horas,** they pay me by the hour; **horas extras,** overtime ◆ *(momento)* time: **¿qué hora es?,** what's the time?; **es h. de irse a la cama,** it's bedtime ◆ *(cita)* appointment: **pedir h. con el dentista,** to ask for an appointment with the dentist ◆ | LOC: **a su h.,** at the proper time; **a última h.,** at the last moment; **la h. de la verdad,** the moment of truth

horario-a 1 *m* timetable, *US* schedule | 2 *adj* time; *Rad* **señal horaria,** time signal

horca *f* gallows *pl*

horcajada *f en la loc* **a horcajadas,** astride
horchata *f Culin* sweet drink made from tiger nuts and sugar
horda *f* horde, mob
horizontal *adj* horizontal
horizonte *m* ♦ horizon ♦ *(línea entre cielo y tierra)* skyline
hormiga *f* ant
hormigón *m* concrete; **h. armado,** reinforced concrete
hormiguear *vi* ♦ *(un brazo, un pie)* to have pins and needles ♦ *fig (la calle, el mercado)* to swarm (with people)
hormigueo *m* ♦ pins and needles *pl*, tingling *o* itching sensation ♦ *(desasosiego)* anxiety
hormiguero *m* ♦ anthill ♦ *(lugar atestado)* anthill, place swarming with people
hormona *f* hormone
hornada *f* ♦ *(de pan, ladrillos)* batch ♦ *(promoción)* crop, batch
hornillo *m* ♦ *(portátil)* portable *o* camping stove ♦ *(fuego de una cocina)* ring
horno *m* ♦ *(para cocinar)* oven ♦ *(para fundir metal, vidrio)* furnace; **alto h.,** blast furnace ♦ *(para cocer cerámica, ladrillos)* kiln ♦ *fam fig* **nuestra casa es un h.,** our house is like an oven ♦ | LOC: *Culin* **al h.,** baked
horóscopo *m* horoscope
horquilla *f* ♦ *(del pelo)* hairpin, *US* bobby pin ♦ *Agr* pitchfork ♦ *(valores posibles entre dos puntos)* range; **h. de precios,** price range
horrendo-a *adj* horrifying, horrible
horrible *adj* horrible, dreadful, awful
horripilante *adj* hair-raising, scary
horror *m* ♦ horror, terror: **¡qué h.!,** how awful! ♦ *(antipatía, aversión) fam* **le tengo h. a la plancha,** I hate doing the ironing ♦ | LOC: **fam un h. u horrores,** *(muchísimo)* an awful lot
horrorizar *vtr* to horrify, terrify
horroroso,-a *adj* ♦ *(que causa terror)* horrifying, terrifying ♦ *fam (muy feo)* hideous, ghastly ♦ *fam (muy desagradable)* awful, dreadful
hortaliza *f* vegetable
hortensia *f Bot* hydrangea
hortera 1 *adj fam* ♦ *(persona)* flashy, vulgar: **esa mujer es tan h.,** that woman has no taste at all ♦ *(objeto)* tacky, kitsch | **2** *mf* **es un h.,** he has no taste
horterada *f fam* tacky thing *o* act
hospedaje *m* lodgings *pl*, accommodation, *US* accommodations

hospedar *vtr* to put up, to lodge
■ **hospedarse** *vr* to stay [**en,** at]
hospital *m* hospital
hospitalario,-a *adj* ♦ *(agradable, acogedor)* hospitable ♦ *Med* hospital; **servicios hospitalarios,** hospital departments
hospitalidad *f* hospitality
hospitalizar *vtr* to hospitalize
hostal *m* guest house
hostelería *f* ♦ *(empresa)* catering trade; **la h. española,** the Spanish hotel industry ♦ *(estudios)* hotel management
hostelero,-a *m,f (hombre)* landlord; *(mujer)* landlady
hostería *f LAm* inn, lodging house
hostia 1 *f* ♦ *Rel* host ♦ *vulgar (golpazo)* belt, smash, thump | **2** *excl vulgar (us. tb pl)* shit! bloody hell! ♦ | LOC: **estar de mala h.,** to be in a foul mood; **ser la h.,** *(estupendo)* to be bloody amazing *o* fantastic; *(ser el colmo, intolerable)* to be the limit
hostigar *vtr* ♦ *(a una persona, a un enemigo)* to harass ♦ *(con un látigo, esp un caballo)* to whip
hostil *adj* hostile
hostilidad *f* hostility
hotel *m* hotel
hotelero,-a 1 *adj* hotel | **2** *m,f* hotel-keeper, hotelier
hoy *adv* ♦ *(en el día actual)* today ♦ *fig (en la actualidad)* now ♦ | LOC: **h. (en) día,** nowadays; **h. por h.,** at the present time
hoyo *m* ♦ *(en la tierra)* hole, pit ♦ *(sepultura)* grave ♦ *Golf* hole
hoyuelo *m (en la barbilla, mejillas, etc)* dimple
hoz *f Agr* sickle
hucha *f* piggy bank
hueco,-a 1 *adj* ♦ *(vacío)* empty, hollow; **cabeza hueca,** empty-headed; **palabras huecas,** empty words ♦ *(voz, sonido)* resonant | **2** *m* ♦ *(cavidad vacía)* hollow, hole ♦ *(rato libre)* free time ♦ *(sitio libre)* empty space ♦ | LOC: **hacer un h.,** *(de tiempo)* to make time; *(de espacio)* to make room
huelga *f* strike; **ponerse en h.,** to go on strike; **h. de brazos caídos,** go-slow; **h. de celo,** work-to-rule; **h. general,** general strike; **h. de hambre,** hunger strike
huelguista *mf* striker
huella *f* ♦ *(pisada)* footprint; *(de vehículo, animal)* track; **h. dactilar** *o* **digitales,** fingerprint ♦ *fig (rastro, señal)* trace, sign; **dejar la h.,** to leave one's mark: **dejó una h. en el cristal,** it left a mark on the glass
huérfano,-a *mf* orphan

huerta *f Agr* ♦ *(parcela de cultivo)* market *o US* truck garden ♦ *(zona de regadío)* irrigated area used for cultivation

huerto *m* ♦ *(de frutales)* orchard ♦ *(de verduras)* vegetable garden, kitchen garden

hueso *m* ♦ *Anat* bone ♦ *(de una fruta)* stone, *US* pit ♦ *(profesor)* hard nut ♦ *fig (tarea trabajosa)* hard work ♦ *LAm (enchufe)* contact ♦ | LOC: **estar en los huesos,** to be all skin and bone

huésped,-a *m,f* ♦ *(invitado)* guest; *(cliente de pensión, hotel, etc)* lodger, boarder, guest ♦ *Biol* host

huesudo,-a *adj* bony

hueva *f tb fpl* **huevas** ♦ *Zool* spawn ♦ *Culin* roe

huevo *m* ♦ egg; **h. duro,** hard-boiled egg; **h. escalfado,** poached egg; **h. frito,** fried egg; **h. pasado por agua,** soft-boiled egg; **huevos revueltos,** scrambled eggs ♦ *vulgar (usu pl)* balls *pl* ♦ | LOC: **ir pisando huevos,** to go very slowly/gingerly; **tener huevos,** to have guts; **no tengo más huevos que operarme,** there was nothing for it but to have an operation

huida *f* flight, escape

huidizo,-a *adj* elusive

huir *vi* ♦ *(escapar)* to run away [**de,** from], flee: **huyeron a Méjico,** they fled to México: **está huyendo de la justicia,** he's on the run from the law ➢ Ver nota en **escape** ♦ *(esquivar, rehuir)* to avoid: **huye de las personas,** she avoids people; **huyo de esas situaciones,** I avoid that kind of situation

hule *m* ♦ *(material impermeable)* oilcloth, oilskin ♦ *(para la mesa)* tablecloth ♦ *LAm* rubber

hulla *f Min* coal

humanidad *f* ♦ *(especie humana)* humanity, mankind ♦ *(virtudes propias del ser humano)* humanity, benevolence

humanitario,-a *adj* humanitarian

humano,-a 1 *adj* ♦ *(relativo al hombre)* human ♦ *(benévolo, indulgente)* humane | 2 *m* **(ser) h.,** human (being)

humanoide *adj & mf* humanoid

humareda *f* dense cloud of smoke

humear *vi* ♦ *(un fuego)* to smoke ♦ *(algo caliente)* to steam, be steaming hot

humedad *f* ♦ *(de la ropa, una habitación)* dampness ♦ *(del ambiente)* humidity

humedecer *vtr* to moisten, dampen
■ **humedecerse** *vr* ♦ to become damp *o* wet ♦ **humedécete los labios,** lick your lips

húmedo,-a *adj (una prenda, una habitación)* damp; *(clima)* humid, damp, moist

humildad *f* ♦ *(de carácter)* humility ♦ *(de condición social)* humbleness

humilde *adj* ♦ *(de carácter)* humble, modest ♦ *(de condición social)* humble

humillación *f* humiliation

humillante *adj* humiliating, humbling

humillar *vtr (denigrar)* to humiliate, humble
■ **humillarse** *vr* **h. ante alguien,** to humble oneself before sb; **te estás humillando,** you are lowering yourself

humo *m* ♦ smoke; *(vapor)* vapour, *US* vapor, steam; *(de un tubo de escape, de un extractor)* fumes *pl* ♦ **humos** *mpl (soberbia, vanidad)* airs: **se da muchos humos,** she thinks a lot of herself

humor *m* ♦ *(talante, ánimo)* mood: **hoy estoy de buen h.,** today I'm in a good mood ♦ *(alegría, ingenio)* humour, *US* humor; **un chiste de h. negro,** a black joke

humorismo *m* humour, *US* humor

humorista *mf* humorist; **h. gráfico,** cartoonist

humorístico *adj* humorous, funny

hundido,-a *adj* ♦ *(bajo el agua)* sunken; *(ojos)* deep-set ♦ *fig (desmoralizado)* down, demoralized

hundimiento *m* ♦ *(de una embarcación)* sinking ♦ *(de una construcción)* collapse ♦ *(de tierra)* subsidence ♦ *Fin* crash, slump; *(quiebra)* collapse

hundir *vtr* ♦ *(una embarcación)* to sink ♦ *(una construcción)* to bring *o* knock down ♦ *fig (a alguien)* to demoralize
■ **hundirse** *vr* ♦ *(una embarcación)* to sink ♦ *(una construcción)* to collapse ♦ *(un negocio)* to collapse, crash ♦ *fig (una persona)* to fall to pieces

húngaro,-a 1 *adj* Hungarian | 2 *m,f (persona)* Hungarian | 3 *m (idioma)* Hungarian

Hungría *f* Hungary

huracán *m* hurricane

huraño,-a *adj* unsociable

hurgar 1 *vi (cotillear)* to poke one's nose in | 2 *vtr (revolver)* to poke, rake
■ **hurgarse** *vr* **h. en la nariz,** to pick one's nose

hurra *excl* hurray!, hurrah!

hurtadillas *adv* **a h.,** stealthily, on the sly

hurtar *vtr* to steal, pilfer

hurto *m* petty theft, pilfering

husmear 1 *vtr (rastrear con el olfato)* to sniff out, scent | 2 *vi fig (fisgar, curiosear)* to snoop, pry

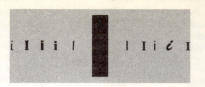

I, i *f (letra)* I, i; **i griega**, Y, y
ibérico,-a *adj* Iberian
Iberoamérica *f* Latin America
iberoamericano,-a *adj & m,f* Latin American
iceberg *m* iceberg: **esto es sólo la punta del i.**, this is only the tip of the iceberg
icono *m Inform* icon
iconoclasta 1 *adj* iconoclastic | **2** *mf* iconoclast
iconografía *f* iconography
ictericia *f Med* jaundice
ida *f (partida)* departure, going; **billete de i. y vuelta**, return ticket; **idas y venidas**, comings and goings
idea *f* ◆ idea; **i. fija**, fixed idea ◆ *(representación, concepto)* idea; *(noción)* idea: **para que te hagas una i...**, so that you can get an idea...; **tiene muy poca i. de lo que cuesta**, she has very little idea of what it costs ◆ *(opinión, juicio)* idea, opinion: **te lo advierto, ésta no es la i. que yo tengo de la diversión**, mind you, that's not my idea of fun; **tiene ideas peligrosas sobre el poder**, he has dangerous ideas on power; **cambiar de i.**, to change one's mind ◆ *(intención)* intention; **a mala i.**, on purpose ◆ *(proyecto, plan, ocurrencia)* idea: **teme que le roben la i.**, she's afraid someone might steal her idea; **vino con la i. de ir a la playa**, she came with the idea of going to the beach; *excl* **¡vaya una i.!**, the very idea! ◆ | LOC: **hacerse a la i. de**, to get used to the idea of; *fam* **no tener ni i.**, to have no idea *o* not to have a clue; **ideas de bombero**, absurd ideas
ideal *adj & m* ideal
idealismo *m* idealism
idealista 1 *adj* idealistic | **2** *mf* idealist
idealizar *vtr* to idealize, glorify
idear *vtr* ◆ *(un invento, un diseño)* to devise, invent ◆ *(una teoría, un plan)* to think up, conceive
ídem *adv* idem, ditto; *fam* **í. de í.**, exactly the same
idéntico,-a *adj* identical

identidad *f* ◆ identity; **carné de i.**, identity card ◆ *(igualdad, parecido absoluto)* identity, sameness
identificación *f* identification
identificar *vtr* to identify [**con**, with]
■ **identificarse** *vr* to identify oneself; *fig (sentir simpatía)* to identify [**con**, with]
ideología *f* ideology
ideológico,-a *adj* ideological
idílico,-a *adj* idyllic
idilio *m* ◆ *Lit* idyll ◆ *fig (romance)* romance, love affair
idioma *m* language
idiomático,-a *adj* idiomatic
idiosincrasia *f* idiosyncrasy
idiota 1 *adj* idiotic, stupid | **2** *mf* idiot, fool
idiotez *f* idiocy, stupidity, nonsense
ido,-a *adj* ◆ *(ausente, distraído)* absent-minded ◆ *fam (loco)* crazy, nuts
idólatra 1 *adj* idolatrous | **2** *mf* idolater
idolatrar *vtr* to idolize, to worship: **idolatra a su mujer**, he idolizes his wife
idolatría *f* idolatry
ídolo *m* idol: **un í. de la música pop**, a pop idol
idóneo,-a *adj* suitable, fit
iglesia *f* ◆ *(templo)* church ◆ **la I.**, *(clero)* the Church; *(doctrina)* church; **la I. anglicana**, the Anglican Church; **la I. católica**, the Catholic Church
ignorancia *f* ignorance
ignorante 1 *adj* ◆ ignorant, unaware [**de**, of] | **2** *mf* ignoramus
ignorar *vtr* ◆ *(desconocer algo)* not to know ◆ *(no dar importancia a algo/alguien)* to ignore
■ **ignorarse** *vr (desconocerse)* to be unknown
igual 1 *adj* ◆ *(del mismo aspecto)* the same: **llevaban sombreros iguales**, they wore identical hats; *fam (muy parecido)* **esta niña es i. que su padre**, this girl is the spitting image of her father ◆ *(indiferente)* **me da i.**, it's all the same to me; **es i.**, it doesn't matter ◆ *(del mismo tamaño)* equal: **no os peleéis, los dos trozos son iguales**, don't quarrel, both pieces are the same size; **a**

igualar

partes iguales, fifty-fifty ◆ *Dep (empatados)* even; *Ten* **treinta iguales,** thirty all ◆ *Mat* equal: **tres más cinco i. a ocho,** three plus five equals eight | **2** *m* equal; **de i. a i.,** on an equal footing | **3** *adv fam (de la misma manera)* the same: **se visten igual,** they dress in the same way; **todo sigue i.,** everything remains the same; *(de todas formas, sin embargo)* anyway: **no importa lo que le digas, lo va a hacer i.,** it doesn't matter what you say to him, he'll do it anyway ◆ *(probablemente)* probably: **i. vengo,** I'll probably come ◆ | LOC: **al i. que,** just like; **por i.,** equally; **sin i.,** unique, unrivalled

igualar *vtr* ◆ to make equal ◆ *(una superficie)* to level ◆ *Dep (empatar)* to equalize

■ **igualarse** *vr* ◆ to become equal ◆ **i. con alguien,** to place oneself on an equal footing with sb

igualdad *f* ◆ *(de trato)* equality: **exigimos i. de oportunidades para los minusválidos,** we demand equality of opportunity for handicapped people; **i. ante la ley,** equality before the law; **en i. de condiciones,** on equal terms ◆ *(coincidencia, parecido)* similarity: **hay mucha i. entre ambos equipos,** there is a lot of similarity between the two teams

igualitario,-a *adj* egalitarian

igualmente *adv* ◆ *(por igual)* equally: **las dos hipótesis son i. probables,** the two hypotheses are equally possible ◆ *(del mismo modo, lo mismo digo) fam* **¡estás preciosa!, - ¡i.!,** you look great!- you too!; **¡gracias! - ¡i.!,** thank you! - the same to you! ◆ *(también)* also, likewise: **... el siguiente caso es i. incurable,** ... the next case is also incurable

ijada *f,* **ijar** *m Anat* flank

ilegal *adj* illegal

ilegalidad *f* illegality

ilegalmente *adv* illegally

ilegible *adj* illegible, unreadable

ilegítimo,-a *adj* ◆ *(hijo)* illegitimate ◆ not legitimate, unlawful; **un Gobierno ilegítimo,** an unlawful government

ileso,-a *adj* unhurt, unharmed

ilícito,-a *adj* illicit, unlawful

ilimitado,-a *adj* unlimited, limitless

ilógico,-a *adj* illogical

iluminación *f (de un exterior, interior)* lighting

iluminado,-a 1 *adj* ◆ *(estancia, cuarto)* lit (up) ◆ *(manuscrito)* illuminated | **2** *m,f (persona)* visionary

iluminar *vtr* ◆ to illuminate, light (up) ◆ *fig (enseñar)* to enlighten; *(esclarecer)* to throw light upon

ilusión *f* ◆ *(falsa representación)* illusion: **el arte crea ilusiones,** art creates illusions; **fue una i. óptica,** it was an optical illusion ◆ *(creencia vana)* illusion, delusion; **hacerse ilusiones,** to build up one's hopes; *(sueño)* dream, hope: **la i. de mi vida es ésa,** that's the dream of my life ◆ *(felicidad, alegría)* excitement, thrill: **a los niños les hace i. ir al zoo,** the children are excited about going to the zoo; **¡qué i.!,** how exciting!

ilusionar *vtr* ◆ *(crear expectativas)* to build up sb's hopes ◆ *(causar alegría)* to excite, thrill

■ **ilusionarse** *vr* ◆ *(esperanzarse)* to build up one's hopes ◆ *(alegrarse)* to be excited *o* thrilled [**con,** about]

iluso,-a *adj* easily deceived, gullible

ilustración *f* ◆ *(en un libro)* illustration, picture; *(ejemplo)* illustration ◆ *(instrucción)* learning, erudition ◆ *Hist* **la I.,** the Enlightenment

ilustrado,-a *adj* ◆ *(un libro, una revista)* illustrated ◆ *(culto)* learned, erudite

ilustrar *vtr* ◆ *(un libro, un tema)* to illustrate ◆ *(enseñar)* to instruct

■ **ilustrarse** *vr* to acquire knowledge [**sobre,** of], learn

ilustrativo,-a *adj* illustrative

ilustre *adj* distinguished

imagen *f* ◆ image: **es la viva i. de su padre,** he is the living image of his father ◆ *TV* picture

imaginación *f* imagination: **no son más que imaginaciones,** it is only your imagination

imaginar *vtr* to imagine

■ **imaginarse** *vr* ◆ to imagine: **no soy capaz de imaginármelo,** I can't imagine it ◆ *(suponer)* to suppose: **me imaginé que estarías aquí,** I supposed you would be here ➢ Ver nota en **imagine**

imaginario,-a *adj* imaginary; **número i.,** imaginary number

imaginativo,-a *adj* imaginative

imán *m* ◆ *(mineral)* magnet ◆ *(líder espiritual musulmán, tb* **imam***)* imam

imbécil 1 *adj* stupid, silly | **2** *mf* idiot, fool

imbecilidad *f* stupidity, imbecility

imborrable *adj* indelible: **tengo/guardo un recuerdo i. de él,** I have an indelible memory of him

imitación *f* imitation

imitar *vtr* to imitate: **imita a Elvis en su forma de vestir,** he dresses like Elvis
impaciencia *f* impatience
impacientar *vtr* **i. a alguien,** to make sb lose patience, exasperate sb
■ **impacientarse** *vr* to get *o* grow impatient [**por,** at]
impaciente *adj (ansioso)* impatient; *(agitado)* anxious
impactar *vtr* to shock, stun
impacto *m* ♦ *(conmoción)* impact ♦ *(de arma)* hit
impactante *adj* **las imágenes del accidente son impactantes,** the pictures of the accident are shocking
impar *adj* Mat odd
imparable *adj* unstoppable
imparcial *adj* impartial, unbiased
imparcialidad *f* impartiality
impartir *vtr (una lección)* to give
impasible *adj* impassive
impávido,-a *adj* ♦ *(que no se asusta)* unafraid, fearless, undaunted ♦ *LAm* cheeky
impecable *adj* impeccable
impedido,-a **1** *adj* disabled, handicapped | **2** *m,f* disabled *o* handicapped person
impedimento *m (dificultad)* hindrance, obstacle; *Jur* impediment
impedir *vtr* ♦ *(entorpecer)* to impede, hinder: **un coche impedía el paso a la ambulancia,** a car was in the way of the ambulance ♦ *(frustrar)* to prevent, stop
impenetrable *adj* ♦ impenetrable ♦ *(indescifrable)* impenetrable, incomprehensible ♦ *(persona)* inscrutable
impenitente *adj* ♦ *(incorregible, obstinado)* incorrigible ♦ *Rel* impenitent, unrepentant
impensable *adj* unthinkable
imperante *adj (dinastía, partido)* ruling; *(moda, tendencia)* prevailing
imperar *vi (mandar, dominar)* to rule; *(preponderar)* to prevail
imperativo,-a **1** *adj* imperative | **2** *m Ling* imperative
imperceptible *adj* imperceptible
imperdible *m* safety pin
imperdonable *adj* unforgivable, inexcusable
imperecedero,-a *adj* everlasting; *fig* enduring
imperfección *f* ♦ imperfection ♦ *(tara)* defect, fault
imperfecto,-a *adj* ♦ imperfect, fallible ♦ *Ling* imperfect

imperial *adj* imperial
imperialismo *m* imperialism
imperio *m* ♦ empire ♦ *(dominación)* rule, *Hist frml* imperium; **bajo el i. de Nerón,** under Nero's rule; **el i. del mal gusto,** the tyranny of bad taste
imperioso,-a *adj* ♦ *(dominante)* imperious ♦ *(indispensable, vital)* vital, imperative
impermeable 1 *adj (tejido)* waterproof | **2** *m* raincoat, mac
impersonal *adj* impersonal
impertinencia *f* impertinence
impertinente **1** *adj (atrevido)* impertinent; *(improcedente)* irrelevant | **2** *mf* impertinent person
imperturbable *adj* imperturbable, unruffled
ímpetu *m* ♦ *(violencia)* violence ♦ *(brío)* energy
impetuosidad *f* ♦ *(precipitación)* impetuosity, impulsiveness ♦ *(violencia)* violence
impetuoso,-a *adj* ♦ *(apasionado, irreflexivo)* impetuous, impulsive ♦ *(violento)* violent
impío,-a *adj* ungodly, irreligious
implacable *adj* relentless, implacable
implantar *vtr* ♦ *(establecer leyes, costumbres)* to implant, instil; *(modas, cambios)* to introduce ♦ *Med* to implant
implicación *f* ♦ *(en un delito, en un asunto)* involvement ♦ *(consecuencia)* implication
implicar *vtr* ♦ *(comprometer)* to involve, implicate [**en, in**] ♦ *(comportar)* to imply
implícito,-a *adj* implicit, implied
implorar *vtr* to implore, to beg
impoluto,-a *adj* pure, spotless
imponente *adj* ♦ *(impresionante)* imposing, impressive: **estaba i.,** she looked terrific *o* great ♦ *fam (guapo)* terrific, tremendous, smashing
imponer *vtr* ♦ to impose ♦ *(sobrecoger)* to be impressive; *(suscitar respeto)* to inspire respect ♦ *Fin* to deposit
■ **imponerse** *vr* ♦ *(prevalecer)* to prevail: **se impuso la sensatez,** good sense prevailed ♦ *(ser necesario)* to be necessary ♦ *(dominar)* to impose: **se impone a todos los demás,** he dominates everybody else ♦ *(una carga, un deber)* to take on: **te impusiste una tarea hercúlea,** you took on a Herculean task
imponible *adj Fin* taxable; **no i.,** tax-free
impopular *adj* unpopular, disliked

importación *f (acción)* import, importation

importador,-ora *m,f* importer

importancia *f* importance, significance: **no te preocupes, no tiene i.**, don't worry, it's nothing; **dar i. a**, to attach importance to; **quitarle i. a algo**, to play down the importance of sthg; **sin i.**, unimportant ◆ | LOC: **darse i.**, to give oneself airs

importante *adj* important, significant; **una cantidad i.**, a considerable amount

importar *vi* ◆ *(tener valor o interés)* to be important, matter: **eso es lo único que importa**, that's all that matters; **me importa mucho tu salud**, your health really matters to me; **no importa**, it doesn't matter ◆ *(incumbir)* **eso no les importa a los vecinos**, that doesn't concern the neighbours; **y a ti, ¿qué te importa?** and what business is it of yours? ◆ *(estorbar, disgustar)* to mind: **¿le importaría deletrearlo?**, would you mind spelling it?; **no le importa cocinar todos los días**, he doesn't mind cooking every day; **¿te importa si abro la ventana?**, do you mind if open the window? ➢ Ver nota en **mind** | 2 *vtr Fin Inform* to import

importe *m Com Fin* amount, total

importunar *vtr* to importune, to pester

imposibilidad *f* impossibility

imposibilitar *vtr* ◆ *(impedir)* to make impossible, prevent ◆ *(incapacitar)* to disable, cripple

imposible 1 *adj* ◆ impossible: **resulta i. de creer**, it's impossible to believe; **es imposible que ya hayan vuelto**, they can't possibly have got back already ◆ *fam (inaguantable, intratable)* unbearable: **tiene un carácter i.**, he is quite unbearable | 2 *m* the impossible, impossible thing: **no me pidas imposibles**, don't ask me for the impossible ◆ | LOC: **hacer lo i.**, to do one's utmost

imposición *f* ◆ *(de una norma, una tarea)* imposition ◆ *Fin* deposit; *(tributo)* taxation

impostor,-ora *m,f* impostor

impotencia *f* ◆ powerlessness, helplessness ◆ *Med* impotence

impotente *adj* ◆ powerless, helpless ◆ *Med* impotent

impracticable *adj* ◆ *(una medida, un proyecto)* impracticable, unworkable ◆ *(una carretera)* impassable

imprecisión *f* imprecision

impreciso,-a *adj* imprecise, vague

impregnar *vtr* to impregnate [**en, con,** with]

■ **impregnarse** *vr* to become impregnated [**de, con,** with]

imprenta *f* ◆ *(taller)* printing works ◆ *(máquina)* printing press ◆ *(técnica)* printing

imprescindible *adj* essential, indispensable

impresentable *adj* unpresentable, dreadful, *(intolerable)* outrageous

impresión *f* ◆ *Impr (acto)* printing; *(edición)* edition ◆ *(marca, señal)* impression, imprint ◆ *fig (efecto, emoción)* impression; **causar buena/mala i.**, to make a good/bad impression; *(impacto desagradable)* shock ◆ *fig (opinión)* impression

impresionante *adj* ◆ *(admirable)* impressive, striking; *(sobrecogedor)* shocking ◆ *(intensificador)* **fue una metedura de pata i.**, it was a terrible blunder; **tengo unas ganas impresionantes de verte**, I can hardly wait to see you

impresionar 1 *vtr* ◆ *(causar admiración)* to impress; *(sobrecoger)* to shock; *(conmover)* **me impresionó ver llorar a mi padre**, seeing my father cry made a deep impression on me ◆ *Fot* to expose | 2 *vi* to impress

impresionismo *m Arte* impressionism

impresionista *adj* & *mf* impressionist

impreso,-a 1 *adj* printed | 2 *m* ◆ *(papel, folleto)* printed matter: **nos dejaron estos impresos en el buzón**, they left these papers in our letter box ◆ *(para cumplimentar)* form: **pedimos un i. de reclamación**, we asked for a complaint form

impresor,-ora 1 *m,f* printer | 2 *f Inform* printer; **i. láser**, laser printer

imprevisible *adj* unforeseeable, unpredictable

imprevisto,-a 1 *adj* unforeseen, unexpected | 2 *m (suceso, azar)* unforeseen event; *(gasto)* usual mpl **imprevistos**, unforeseen expenses

imprimir *vtr* ◆ *Impr Inform* to print ◆ *(dejar una huella)* to stamp, impress

improbable *adj* improbable, unlikely

improcedente *adj* ◆ inappropriate, unsuitable ◆ *Jur* inadmissible

improductivo,-a *adj* unproductive

impropio,-a *adj (inhabitual, inapropiado)* inappropriate, unsuitable: **es i. de él**, it's uncharacteristic of him

improvisación *f* improvisation

improvisado,-a *adj* ◆ *(sin ensayo previo)* improvised; *(discurso)* impromptu ◆ *(realizado con los medios disponibles)* improvised; **un refugio i.,** a improvised refuge
improvisar *vtr* to improvise
improviso *adj usu en la loc* **de i.,** unexpectedly, suddenly: **la noticia nos cogió de i.,** the news caught us unawares
imprudencia *f* imprudence, rashness: **fue una i. hablar de ello,** it was unwise to talk about it; **i. temeraria,** criminal negligence
imprudente *adj* imprudent, unwise
impuesto,-a 1 *m Fin* tax; **evasión de impuestos,** tax evasion; **i. de lujo,** luxury tax; **i. sobre el valor añadido (IVA),** value added tax (VAT); **i. sobre la renta de las personas físicas (IRPF),** income tax; **libre de impuestos,** tax-free | **2** *adj* imposed
impugnar *vtr* ◆ *(una ley, decisión)* to challenge, contest ◆ *(refutar una teoría, interpretación)* to refute, disprove
impulsar *vtr* to impel, drive
impulsivo,-a *adj* impulsive
impulso *m* impulse, thrust ◆ | LOC: *Dep* **tomar i.,** to take a run up
impune *adj* unpunished
impunemente *adv* with impunity
impunidad *f* impunity
impureza *f* impurity
impuro,-a *adj* impure
imputar *vtr* to impute, attribute
inabordable *adj* unapproachable, inaccessible
inacabable *adj* interminable, endless
inaccesible *adj* ◆ inaccessible ◆ *(persona)* unapproachable, inaccessible ◆ *(cuestión)* incomprehensible
inaceptable *adj* unacceptable
inactividad *f* inactivity
inactivo,-a *adj* inactive
inadaptación *f* failure to adapt [**a,** to]
inadaptado,-a 1 *adj* maladjusted | **2** *m,f* misfit
inadecuado,-a *adj* unsuitable, inappropriate
inadmisible *adj* inadmissible
inadvertido,-a *adj* *(sin ser notado)* unnoticed, unseen; **pasar i.,** to escape notice *o* to pass unnoticed
inagotable *adj* ◆ *(que no agota sus recursos)* inexhaustible ◆ *(que no se cansa nunca)* tireless
inaguantable *adj* unbearable, intolerable

inalámbrico,-a 1 *adj* cordless | **2** *m* cordless telephone
inalcanzable *adj* unattainable, unachievable
inalterable *adj* ◆ unalterable ◆ *(persona)* impassive, imperturbable
inamovible *adj* immovable, fixed
inanición *f* starvation
inanimado,-a *adj* inanimate
inapreciable *adj* ◆ *(imperceptible)* insignificant ◆ *(valioso, no calculable materialmente)* invaluable, inestimable
inasequible *adj* ◆ *(demasiado caro)* unaffordable ◆ *(inalcanzable)* unattainable, unachievable
inaudito,-a *adj* ◆ *(insólito)* unprecedented ◆ *fig (inaceptable)* outrageous
inauguración *f* inauguration, opening
inaugural *adj* inaugural, opening; **ceremonia i.,** inaugural ceremony
inaugurar *vtr* to inaugurate, open
inca *adj* & *mf* Inca
incalculable *adj* ◆ incalculable, indeterminate ◆ *(muy grande)* incalculable
incandescente *adj* white hot, incandescent
incansable *adj* tireless
incapacidad *f* ◆ incapacity, inability; **i. física,** physical disability ◆ *(incompetencia)* incompetence: **su i. para aprender idiomas es llamativa,** her inability to learn a language is striking
incapacitado,-a *adj* ◆ *(física, psíquicamente)* incapacitated, disabled ◆ *(legalmente)* disqualified, unfit [**para,** for]
incapacitar *vtr* to incapacitate, disable ◆ *(legalmente)* to disqualify, make unfit [**para,** for]
incapaz *adj* ◆ *(que carece de habilidad)* unable [**de, to**]: **soy i. de enhebrar la aguja,** I'm unable to thread the needle ◆ *(que carece de la cualidad)* incapable [**de,** of]: **es i. de insultar a nadie,** he's incapable of insulting anyone ◆ *(que carece de la capacidad)* useless [**para,** at]: **es i. para las matemáticas,** he's useless at maths ◆ *(que carece de la fuerza moral o física)* **me siento i. de mirarle a la cara,** I can't look him in the face; **soy i. de continuar,** I can't go on ◆ *Jur* unfit [**para,** for]
incautarse *vr Jur* to confiscate, seize [**de,** -]
incauto,-a *adj* ◆ *(no cauto)* incautious, unwary ◆ *(ingenuo, cándido)* gullible
incendiar *vtr* to set fire to, to set alight
■ **incendiarse** *vr* to catch fire

incendiario,-a 1 *adj* ◆ incendiary; **bomba i.**, incendiary bomb ◆ *fig (artículo, eslogan, palabras)* inflammatory | **2** *m,f (persona)* arsonist

incendio *m* fire; **i. forestal**, forest fire; **i. provocado**, arson

incentivar *vtr* to give an incentive to

incertidumbre *f* uncertainty, doubt

incesante *adj* incessant, never-ending

incesto *m* incest

incestuoso,-a *adj* incestuous

incidencia *f* ◆ *(repercusión)* impact, effect, incidence: **la medida tuvo escasa i.**, the measure had little effect ◆ *(hecho)* incident

incidente *m* incident

incidir *vi* ◆ *(incurrir)* to fall [**en**, into] ◆ *(hacer hincapié)* to insist [**en**, on]: **el autor incide en la importancia de Godoy**, the author insists on the importance of Godoy ◆ *(tener efecto)* to affect, to influence ◆ *(chocar sobre una superficie)* to come into contact with

incienso *m* incense

incierto,-a *adj* ◆ *(desconocido, no definitivo)* uncertain ◆ *(falso)* untrue

incineración *f* ◆ *(de basuras)* incineration ◆ *(de cadáveres)* cremation

incineradora *f* incinerator

incinerar *vtr* ◆ *(basura)* to incinerate ◆ *(cadáveres)* to cremate

incipiente *adj* incipient, budding

incisión *f* incision, cut

incisivo,-a 1 *adj* ◆ *(comentario, persona)* incisive, cutting ◆ *(instrumento, arma)* sharp | **2** *m Anat* incisor

incitación *f* incitement

incitar *vtr* to incite, urge

inclemencia *f* inclemency, harshness

inclemente *adj* inclement, harsh

inclinación *f* ◆ *(del terreno, de un edificio)* slope, incline; *(del cuerpo)* stoop ◆ *(reverencia)* bow ◆ *(cariño, afición)* inclination [**por**, for]: **tiene i. por la hija pequeña**, his youngest daughter is his favourite; *(predisposición)* tendency, inclination [**a**, to]

inclinado,-a *adj* inclined, slanting: **me siento i. a decírselo**, I feel inclined to tell him

inclinar *vtr* ◆ to incline, bend; *(la cabeza)* to nod ◆ *(inducir)* to persuade, induce

■ **inclinarse** *vr* ◆ to lean, slope, incline ◆ *(al saludar)* to bow; **i. ante**, to bow down to ◆ *fig (tener tendencia)* to be inclined [**a**, towards] ◆ *(optar)* to prefer: **me inclino por el pequeño**, I prefer the small one

incluido,-a *adj* ◆ *(después del sustantivo)* included; *(antes del sustantivo)* including: **iremos todos, incluido tú**, we shall all go, including you; **IVA i.**, including VAT *o* VAT included; **servicio no i.**, service not included ◆ *(en un sobre, un informe)* enclosed

incluir *vtr* ◆ to include: **inclúyelo en la lista**, include him on the list ◆ *(contener)* to contain, comprise ◆ *(adjuntar)* to enclose

inclusión *f* inclusion

inclusive *adv* ◆ *(después de sustantivo: incluido)* inclusive; **de lunes a jueves, ambos i.**, from Monday to Thursday inclusive; **hasta la lección diez i.**, up to and including lesson ten ◆ *(incluso)* even

incluso 1 *adv (con inclusión de)* even: **estaba toda su familia, i. sus abuelos**, all his family was there, even the grandparents | **2** *prep (para indicar sorpresa: hasta)* even: **¡vamos, i. yo lo sabía!**, come on, even I knew that! | **3** *conj (aun)* **i. presionándome, no conseguirá que cambie de opinión**, even if he puts pressure on me, he won't get me to change my mind

incógnita *f* ◆ *Mat* unknown quantity, unknown ◆ *(misterio)* mystery

incógnito *adj usu en la loc* **de i.**, incógnito: **el rey viajaba de i.**, the king was travelling incognito

incoherencia *f* incoherence

incoherente *adj* incoherent

incoloro,-a *adj* colourless

incombustible *adj* incombustible, fireproof ◆ *fam (perseverante)* unwearying

incomible *adj* inedible

incomodar *vtr* ◆ *(causar molestia)* to inconvenience, put out ◆ *(disgustar)* to bother, annoy

■ **incomodarse** *vr* ◆ *(tomarse molestias)* to put oneself out, go out of one's way ◆ *(enojarse)* to get annoyed *o* angry

incomodidad *f* ◆ *(carencia de comodidad)* discomfort; *(engorro)* inconvenience

incómodo,-a *adj* uncomfortable; **sentirse i.**, to feel uncomfortable *o* awkward

incompatibilidad *f* incompatibility

incompatible *adj* incompatible [**con**, with]

incompetencia *f* incompetence

incompetente *adj & mf* incompetent

incompleto,-a *adj* incomplete; *(sin acabar)* unfinished

incomprendido,-a 1 *adj (persona)* misunderstood | 2 *m,f* misunderstood person
incomprensible *adj* incomprehensible
incomprensión *f (intelectual)* lack of understanding, incomprehension
incomunicado,-a *adj* ◆ *(aislado)* isolated: **el pueblo se quedó i. (por la nieve),** the town was cut off (by the snow) ◆ *(en la cárcel)* in solitary confinement
incomunicar *vtr* ◆ *(un pueblo, una ciudad)* to isolate, cut off ◆ *(a una persona, un detenido)* to place in solitary confinement
inconcebible *adj* inconceivable, unthinkable
incondicional 1 *adj (amistad, rendición)* unconditional; *(respaldo)* wholehearted; *(amigo)* faithful; *(simpatizante, defensor)* staunch | 2 *m* staunch supporter
inconexo,-a *adj* unconnected, disjointed, incoherent: **son algunas ideas i.,** these are a few random ideas; **un discurso i.,** a disjointed speech
inconfesable *adj* unmentionable
inconformismo *m* nonconformity
inconformista *adj & mf* nonconformist
inconfundible *adj* unmistakable, obvious
incongruencia *f* incongruity
incongruente *adj* incongruous
inconmensurable *adj* immeasurable, vast
inconsciencia *f* ◆ *(irreflexión)* thoughtlessness, irresponsibility ◆ *Med* unconsciousness
inconsciente *adj* ◆ *(no voluntario)* unconscious: **fue un gesto i.,** it was an unconscious gesture ◆ *(alocado, irresponsable)* thoughtless, irresponsible ◆ *(+ estar) (desvanecido)* unconscious
inconsecuente *adj* inconsistent
inconsistente *adj* flimsy; *(argumento)* weak
inconstancia *f* inconstancy
inconstante *adj* changeable
incontable *adj* countless
incontestable *adj* indisputable, unquestionable
incontinencia *f* incontinence
incontrolable *adj* uncontrollable
inconveniente 1 *adj* ◆ inconvenient ◆ *(inoportuno)* unsuitable | 2 *m* ◆ *(objeción)* objection; **poner inconvenientes,** to raise objections; *(problema)* difficulty: **no veo i. alguno,** I see no problem ◆ *(desventaja)* disadvantage, drawback: **es un sistema con muchas ventajas y pocos i.,** it's a system with many advantages and few disadvantages
incordiar *vtr fam* to bother, pester
incordio *m fam* nuisance, pain
incorporación *f* incorporation [**a, into**]
incorporado,-a *adj* ◆ incorporated [**a, into**] ◆ *Téc* built-in
incorporar *vtr* ◆ *(añadir)* to add ◆ *(incluir)* to incorporate [**a, into**] ◆ *(sentar)* to help to sit up
■ **incorporarse** *vr* ◆ *(a un grupo)* to join; *(a un empleo)* to start; *Mil* **i. a filas,** to join up ◆ *(sentarse)* to sit up
incorrección *f* ◆ *(error)* mistake, inaccuracy ◆ *(falta de educación)* discourtesy, rudeness
incorrecto,-a *adj* ◆ *(erróneo)* incorrect, inaccurate ◆ *(descortés)* discourteous, rude
incorregible *adj* incorrigible
incrédulo,-a 1 *adj* ◆ incredulous, *GB* sceptical, *US* skeptical ◆ *Rel* unbelieving | 2 *m,f* ◆ *GB* sceptic, *US* skeptic, disbeliever ◆ *Rel* unbeliever
increíble *adj* incredible, unbelievable
incrementar *vtr* to increase
■ **incrementarse** *vr* to increase
incremento *m* increase, growth; **i. salarial,** wage rise
incrustar *vtr* to inlay; **una caja incrustada de diamantes,** a box inlaid with diamonds
incubadora *f* incubator
incubar *vtr* to incubate
incuestionable *adj* unquestionable, indisputable
inculcar *vtr (sentimientos, valores)* to instil [**en, into**], *US* to instill
inculpado,-a *m,f* accused
inculpar *vtr* to accuse [**de, of**], to blame [**de, for**]; *Jur* to charge [**de, with**]
inculto,-a 1 *adj (poco instruido, iletrado)* uneducated | 2 *m,f* ignoramus, uneducated person
incultura *f* ignorance, lack of culture
incumbencia *f* concern: **no es de su i.,** it is no concern of his
incumbir *vi* be incumbent [**a, upon**]: **no es nada que te incumba,** it is none of your business
incumplimiento *m (de un deber)* non-fulfilment; *Jur (de una orden)* failure to execute; **i. de contrato,** breach of contract
incumplir *vtr* not to fulfil; *(deber)* to fail to fulfil; *(promesa, contrato)* to break; *(orden)* to fail to carry out

incurrir vi (cometer) to fall [**en**, into]: **incurrió en un error de principiante**, he committed a basic mistake

incursión f raid, incursion

indagar vtr to investigate

indebido,-a adj ◆ (improcedente) improper, wrong ◆ Jur unlawful, illegal

indecente adj ◆ (obsceno, inmoral) indecent ◆ (intolerable) dreadful: **llegó a casa a una hora i.**, he arrived home very late

indecisión f indecision, hesitation

indeciso,-a adj ◆ (dubitativo) hesitant, unsure ◆ (sin decidir) inconclusive: **la cuestión permanece indecisa**, the matter remains inconclusive

indefenso,-a adj defenceless, helpless

indefinidamente adv indefinitely

indefinido,-a adj ◆ (sin límites concretos) indefinite; **por tiempo i.**, for an indefinite time; (sin precisión) undefined, vague; **un color i.**, an undefined colour ◆ Ling indefinite

indemne adj (persona) unharmed, unhurt; (cosa) undamaged

indemnización f Fin (cantidad de dinero) indemnity, compensation

indemnizar vtr to indemnify, compensate [**por**, for]

independencia f independence

independiente adj ◆ (sin ataduras) independent; **un partido i.**, an independent party ◆ (individualista) self-reliant

independientemente adv ◆ independently [**de**, of] ◆ (aparte de) regardless, irrespective [**de**, of]; (al margen de) **i. de que vayamos o no**, regardless of whether we go or not

independizar vtr to make independent, grant independence to

■ **independizarse** vr to become independent

indescifrable adj indecipherable

indescriptible adj indescribable

indeseable adj & mf undesirable

indeterminación f indecision, irresolution

indeterminado,-a adj ◆ indefinite, vague ◆ Ling indefinite

indicación f ◆ (consejo, instrucción) instruction ◆ (de tráfico) indication, sign

indicado,-a adj right, suitable: **este producto es lo más i. para los muebles de madera**, this product is the best for wooden furniture; **aquél era el momento menos i.**, that was the worst possible moment; **en la fecha indicada**, at the specified date

indicador,-ora m ◆ indicator ◆ Téc gauge, dial, meter; Auto **i. del nivel de gasolina**, petrol gauge; Auto **i. de velocidad**, speedometer

indicar vtr ◆ (señalar) to indicate, show, point out: **el reloj indicaba las dos**, the clock was showing two ◆ Med (recetar, aconsejar) to prescribe

indicativo,-a adj ◆ indicative [**de**, of] ◆ Ling (modo) **i.**, indicative (mode)

índice m ◆ (de libro) index, contents pl ◆ (proporción, tasa) rate; **í. de audiencia**, ratings pl; **í. de natalidad/mortalidad**, birth/death rate; Fin **í. de precios al consumo (IPC)**, retail price index (RPI) ◆ Anat (**dedo**) **í.**, index finger, forefinger ◆ (síntoma, señal) sign, indication

> **Index** tiene dos formas del plural: si te refieres al contenido de un libro, el plural es **indexes**, pero si te refieres a un término matemático, es **indices**.

indicio m ◆ (señal) indication, sign, trace [**de**, of] ◆ Jur (prueba) evidence sing: **no encontraron indicios**, they found no evidence

índico,-a adj Indian; **Océano Í.**, Indian Ocean

indiferencia f indifference

indiferente adj ◆ (irrelevante) unimportant: **le es i. el color**, colour makes no difference to her ◆ (impasible) indifferent: **es i. a mi dolor**, he doesn't care about my grief

indígena 1 adj indigenous, native [**de**, to] | 2 mf native [**de**, of]

indigencia f poverty

indigente adj frml poverty-stricken

indigestarse vr ◆ (sentar mal la comida) **se nos indigestaron las ostras**, the oysters gave us indigestion; fam fig (una persona, etc) to be insufferable: **se me indigestan los tipos como él**, I can't bear people like him ◆ (empacharse) to get indigestion

indigestión f indigestion

indigesto,-a adj ◆ (alimento) indigestible, difficult to digest ◆ (persona) unbearable, insufferable

indignación f indignation

indignante adj outrageous, shocking

indignar vtr to infuriate, make angry

■ **indignarse** vr to get indignant [**por**, at, about]

indigno,-a adj ◆ (no merecedor) unworthy [**de**, of] ◆ (impropio) wrong ◆ (infame, hu-

millante) wretched, dreadful: **sus condiciones de vida son indignas,** the conditions they live in are dreadful ◆ *(despreciable, vergonzoso)* **su comportamiento fue i.,** his behaviour was despicable
indio,-a *adj & m,f* Indian ◆ | LOC: *fam* **hacer el i.,** to play the fool
indirecta *f fam (alusión)* hint, insinuation: **al principio no cogí la i.,** at first I didn't get the message; **no deja de lanzarte indirectas,** she keeps dropping you hints
indirecto,-a *adj* indirect; *Ling* **estilo i.,** indirect *o* reported speech
indisciplinado,-a *adj* undisciplined
indiscreción *f* indiscretion; *(comentario)* tactless remark: **si no es i.,** if you don't mind my asking
indiscreto,-a *adj* indiscreet
indiscriminado,-a *adj* indiscriminate
indiscutible *adj* indisputable
indiscutiblemente *adv* undoubtedly
indispensable *adj* indispensable, essential: **en esta cabaña tengo sólo lo i.,** in this hut I've got just the bare essentials *pl*
indisponer *vtr* ◆ *Med* to upset, make unwell ◆ *(volver en contra)* **lo indispuso contra su hermano,** she set him against his brother

■ **indisponerse** *vr* ◆ *Med* to fall ill, become unwell ◆ *(enfadarse)* to fall out with sb
indispuesto,-a *adj* indisposed, unwell
indistintamente *adv (sin distinción)* **vale para coches de gasolina o diesel i.,** it's used for petrol or diesel cars, it doesn't matter which
individual 1 *adj* individual; *(para un solo individuo)* single | **2** *mpl Dep* **individuales,** singles
individualismo *m* individualism
individualista 1 *adj* individualistic | **2** *mf* individualist
individuo *m* individual
índole *f* ◆ *(carácter, naturaleza)* character, nature ◆ *(clase, tipo)* kind, sort
indolencia *f* laziness, indolence
indolente *adj* lazy, indolent
indoloro,-a *adj* painless
indomable *adj* ◆ *(animal)* untameable ◆ *(pueblo)* ungovernable, unruly; *(persona)* uncontrollable; *(sentimiento)* indomitable
indómito,-a *adj (rebelde)* indomitable
inducir *vtr* ◆ *(llevar a)* to lead: **lo indujo al crimen,** she led him into crime ◆ *Fís* to induce

indudable *adj* unquestionable: **es i. que lo hará,** there is no doubt that she will do it
indulgencia *f* indulgence, leniency
indulgente *adj* indulgent [**con,** towards/about], lenient [**con,** with]
indultar *vtr Jur* to pardon
indulto *m Jur* pardon, amnesty
indumentaria *f* clothing, clothes *pl*
industria *f* industry
industrial 1 *adj* industrial | **2** *mf* industrialist
industrialización *f* industrialization
industrializar *vtr* to industrialize
inédito,-a *adj* ◆ *(no editado)* unpublished ◆ *(desconocido)* unknown
inefable *adj* ineffable, indescribable
ineficacia *f (de algo)* ineffectiveness
ineficaz *adj (inefectivo)* ineffective
ineficiencia *f (de alguien)* inefficiency
ineficiente *adj* inefficient
ineludible *adj* unavoidable
INEM *m (abr de Instituto Nacional de Empleo)* national employment office ≈ *GB* Job Centre
ineptitud *f* ineptitude, incompetence
inepto,-a 1 *adj* inept, incompetent | **2** *m,f* incompetent person
inequívoco,-a *adj* unmistakable, unequivocal
inercia *f* ◆ *Fís* inertia ◆ *fig (rutina)* inertia: **lo hago por i.,** I do it out of habit
inerte *adj* ◆ *(sin vida)* inert; *(sin movimiento)* motionless ◆ *Quím* inert
inesperado,-a *adj (no esperado)* unexpected; *(no previsto)* unforeseen
inestabilidad *f* instability
inestable *adj* unstable, unsteady; *(tiempo)* changeable
inestimable *adj* inestimable, invaluable
inevitable *adj* inevitable, unavoidable
inexistente *adj* non-existent
inexorable *adj* inexorable
inexperiencia *f* inexperience, lack of experience
inexperto,-a *adj* inexperienced: **es muy i. con el ordenador,** he's not very experienced with computers
inexplicable *adj* inexplicable
inexpugnable *adj Mil* impregnable
infalible *adj* infallible
infame 1 *adj* ◆ *(pésimo, horrible)* dreadful, awful; **una obra de teatro i.,** a dreadful play ◆ *(persona)* infamous, vile | **2** *mf* vile person
infamia *f* disgrace, infamy

infancia f childhood, infancy
infanta f infanta, princess ➤ Ver nota en **infante**
infante m ◆ infante, prince ◆ Mil infantryman

> Puedes usar los términos *infanta* e *infante* como si fuesen palabras inglesas, pero sólo cuando son parte de un título y siempre tratándose de un lenguaje extremadamente culto: *la infanta Cristina,* **the infanta Cristina.** Sin embargo, siempre es correcto traducirlos por **princess** y **prince**, sin artículo: **Princess Cristina.**

infantería f Mil infantry
infantil adj ◆ (*para niños*) children's; **moda i.,** children's fashion ◆ (*propio de niños*) childlike; *pey* childish, infantile
infarto m Med heart attack, US coronary: **tuvo un i. (de miocardio),** he had a heart attack

> **Heart attack** es el término más popular, **coronary thrombosis** lo es menos e **infarction** e **infarct** sólo se encuentran en las publicaciones médicas especializadas.

infatigable adj tireless
infección f infection
infeccioso,-a adj infectious
infectar vtr to infect
 ■ **infectarse** vr to become infected [**de,** with]
infeliz 1 adj (*no feliz*) unhappy; (*día, situación*) unfortunate | **2** mf fam (*ingenuo*) naive; (*desgraciado*) **ésa es una pobre i.,** she is a poor devil
inferior 1 adj ◆ (*en posición*) lower ◆ (*en calidad*) inferior ◆ (*en cantidad*) lower, less; **un volumen de ventas i. a la media,** below average turnover ◆ (*en rango*) inferior | **2** mf (*persona*) subordinate, inferior
inferioridad f inferiority: **el equipo está en i. de condiciones,** the team is at a disadvantage
infernal adj infernal, hideous: **tengo un dolor de cabeza i.,** I've got a dreadful headache
infestar vtr ◆ *fig* (*abarrotar*) to overrun, invade: **la playa estaba infestada de gente,** the beach was swarming with people ◆ (*con una plaga*) to be infested with; (*con plantas*) to be overgrown with
infidelidad f infidelity, unfaithfulness
infiel 1 adj (*a una persona*) unfaithful; (*a la verdad*) inaccurate | **2** mf Rel infidel
infierno m ◆ Rel hell ◆ (*calvario, sufrimiento*) hell, inferno: **pasó por un auténtico i.,** he went through sheer hell ◆ | LOC: **en el quinto i.,** at the back of beyond; *fam* **¡vete al i.!,** go to hell!, get lost!
infiltración f infiltration
infiltrado,-a m,f infiltrator
infiltrar vtr to infiltrate
 ■ **infiltrarse** vr to infiltrate [**en,** into]
ínfimo,-a adj frml ◆ (*superlativo de* **bajo**: *mínimo*) extremely low; **detalle í.,** smallest detail ◆ (*superlativo de* **malo**: *sin calidad*) very poor: **la calidad de estas prendas es ínfima,** the quality of these garments is appalling
infinidad f (*multitud, muchas*) great number; **en i. de casos,** in countless cases
infinitivo,-a adj & m Ling infinitive
infinito,-a 1 adj infinite, endless | **2** m ◆ Mat infinity ◆ Fil the infinite
inflación f Econ inflation
inflacionista adj Econ inflationary
inflamable adj flammable
inflamación f Med inflammation
inflamar vtr ◆ Med to inflame ◆ (*con fuego*) to set fire to, ignite ◆ (*avivar*) **su discurso inflamó los ánimos,** his speech stirred the spirits
 ■ **inflamarse** vr ◆ Med to become inflamed ◆ (*con fuego*) to catch fire
inflar vtr ◆ (*un globo, etc*) to inflate, blow up; Náut (*vela*) to swell ◆ *fig* (*una noticia, historia, etc*) to exaggerate: **inflaron el presupuesto,** they inflated the budget
 ■ **inflarse** vr ◆ to inflate; Náut (*vela*) to swell ◆ *fam* (*hartarse*) **nos inflamos a bailar,** we danced as much as we could; **se inflaron de golosinas,** they stuffed themselves with sweets
inflexible adj inflexible
infligir vtr to inflict
influencia f ◆ (*ascendencia, efecto*) influence: **tiene mucha i. sobre él,** he has a lot of influence on/over him ◆ (*contacto con personas decisivas*) **influencias; tener i.,** to be influential; **tráfico de i.,** old boy network, influence peddling
influenciar vtr to influence
influir 1 vtr to influence | **2** vi to have influence [**en,** on]
influyente adj influential
información f ◆ information; **oficina de i.,** information bureau; (*en un aeropuerto*)

information desk ◆ *(de periódico, radio, TV)* news *sing* ◆ *Tel* directory enquiries *pl*
informado,-a *adj* informed
informal *adj* ◆ *(sin protocolo)* informal ◆ *(ropa, estilo)* casual ◆ *(irresponsable)* unreliable
informalidad *f* ◆ *(irresponsabilidad)* unreliability ◆ *(falta de solemnidad)* informality
informar 1 *vtr* to inform [**de,** of] | **2** *vi* & *vtr* to report

■ **informarse** *vr* to find out [**de/sobre,** about]; to enquire [**de/sobre,** about]
informática *f* computing, information technology
informático,-a 1 *adj* computer, computing | **2** *m,f* (computer) technician
informativo,-a 1 *adj* ◆ *(conferencia, libro, dato)* informative | **2** *m Rad TV* news (bulletin)
informe *m* ◆ report ◆ **informes,** *(para un empleo)* references
infracción *f* infringement; **i. de tráfico,** traffic offence
infractor,-ora *m,f* offender
infraestructura *f* infrastructure
in fraganti *loc adv* red-handed: **nos sorprendieron in f.,** they caught us red-handed
infrahumano,-a *adj* subhuman
infranqueable *adj* ◆ impassable ◆ *fig (una dificultad)* insurmountable
infrarrojo,-a *adj* infra-red
infrautilizar *vtr* to under-utilise
infringir *vtr* to infringe; **i. una ley,** to break a law
infructuoso,-a *adj* unsuccessful, fruitless
infundado,-a *adj* unfounded, groundless
infundir *vtr* *(suscitar, inspirar)* to instil, *US* to instill; **i. valor,** to instil courage
infusión *f* infusion
ingeniar *vtr* to invent, devise ◆ | LOC: **ingeniárselas para hacer algo,** to manage to do sthg
ingeniería *f* engineering; **i. genética,** genetic engineering
ingeniero,-a *m,f* engineer; **i. agrónomo,** agronomist; **i. de caminos, canales y puertos,** civil engineer; **i. técnico,** technician
ingenio *m* ◆ *(para idear cosas, soluciones)* talent, inventiveness ◆ *(para dar respuestas, argumentos)* wit ◆ *(aparato, máquina)* device
ingenioso,-a *adj* ◆ ingenious, clever ◆ *(gracioso, agudo)* witty
ingente *adj* huge, enormous

ingenuidad *f* naivety
ingenuo,-a 1 *adj* naive | **2** *m,f* naive person: **es un i.,** he's so naive
ingerir *vtr (comida, medicamentos)* to ingest, consume; *(líquidos, alcohol)* to drink, consume
Inglaterra *f* England
ingle *f Anat* groin
inglés,-esa 1 *adj* English | **2** *m,f (hombre)* Englishman; *(mujer)* Englishwoman; **los ingleses,** the English | **3** *m (idioma)* English
ingratitud *f* ingratitude, ungratefulness
ingrato,-a 1 *adj* ◆ *(persona)* ungrateful ◆ *(objeto, situación)* unpleasant ◆ *(que no compensa)* thankless, unrewarding: **tengo un trabajo muy i.,** I have a very thankless job | **2** *m,f* ungrateful person
ingrediente *m* ingredient
ingresar 1 *vtr* ◆ *Fin (en un banco)* to deposit, pay in; *(recibir ganancias)* to take in ◆ *Med* to admit: **me ingresaron con una crisis nerviosa,** I was admitted with a nervous breakdown | **2** *vi* ◆ to enter: **este año ingresa en la Universidad,** this year he goes to University; **i. en un club,** to join a club ◆ *Med* **ingresó a las cinco,** he was admitted (to hospital) at five (o'clock); **i. cadáver,** to be dead on arrival
ingreso *m* ◆ *Fin* deposit: **necesito hacer un i. de tres mil pesetas,** I need to pay in three thousand pesetas ◆ *(entrada)* entry [**en,** into]; *(admisión)* admission [**en,** to] ◆ **ingresos,** *(sueldo, renta)* income *sing*; revenue *sing*
inhabilitar *vtr Jur* to disqualify: **su implicación en ese asunto lo inhabilita para el cargo,** his involvement in that affair disqualifies him from the post
inhabitable *adj* uninhabitable
inhalación *f* inhalation
inhalador *m Med* inhaler
inhalar *vtr* to inhale
inherente *adj* inherent [**a,** in]
inhibición *f* inhibition
inhibir *vtr* to inhibit

■ **inhibirse** *vr* ◆ *(cohibirse)* to be inhibited ◆ *(rehuir)* to refrain [**de,** from]
inhóspito,-a *adj* inhospitable
inhumación *f* burial
inhumano,-a *adj* inhuman
inhumar *vtr* to bury
inicial *adj* & *f* initial
iniciar *vtr* ◆ *(dar comienzo)* to begin, start ➢ Ver nota en **begin** y **start;** *(poner en marcha)* to initiate; **i. el proceso de paz,** to

iniciativa

initiate the peace process ◆ *(dar los primeros conocimientos)* to initiate [**en**, in, into]; *(introducir en un grupo, un secreto)* to initiate [**en**, into]
■ **iniciarse** *vr* ◆ *(comenzar)* to begin, start ◆ **i. en algo,** *(adquirir conocimientos)* to start to study sthg
iniciativa *f* initiative: **lo hizo por propia i.,** he did it on his own initiative ◆ | LOC: **tomar la i.,** to take the initiative
inicio *m* beginning, start
inimitable *adj* inimitable
ininterrumpido,-a *adj* uninterrupted, continuous
injerencia *f* interference, meddling [**en**, in]
injertar *vtr Agr Med* to graft
injerto *m* graft
injustamente *adv* unjustly
injusticia *f* ◆ *(falta de justicia)* injustice: **fomentó la i.,** he encouraged injustice ◆ *(cualidad)* unfairness: **¡qué i.!,** how unfair!
injustificado,-a *adj* unjustified
injusto,-a *adj* unjust, unfair
inmaculado,-a *adj* immaculate
inmadurez *f* immaturity
inmaduro,-a *adj* immature
inmediaciones *fpl* neighbourhood *sing*
inmediatamente *adv* immediately, at once
inmediato,-a *adj* ◆ *(que sucede en seguida)* immediate ◆ *(próximo, contiguo)* next [**a**, to], adjoining ◆ | LOC: **de i.,** at once, immediately
inmejorable *adj (muy bueno)* excellent; *(no superable)* unbeatable: **me hizo una oferta i.,** she made me an unbeatable offer
inmemorial *adj* immemorial
inmensidad *f* immensity, enormity
inmenso,-a *adj* immense, vast
inmerecido,-a *adj* undeserved, unmerited: **fue un castigo i.,** it was an undeserved punishment
inmersión *f* immersion
inmerso,-a *adj* immersed [**en**, in]
inmigración *f* immigration
inmigrante *adj & m,f* immigrant
inmigrar *vi* to immigrate
inminente *adj* imminent, impending
inmiscuirse *vr* to interfere, meddle [**en**, in]
inmobiliaria *f* estate agency, *US* real estate company
inmobiliario,-a *adj* property, real-estate; **agente i.,** estate agent, *US* realtor

inmoral *adj* immoral
inmoralidad *f* immorality
inmortal *adj & mf* immortal
inmortalidad *f* immortality
inmóvil *adj* motionless, immobile, still
inmovilista *adj* ultra-conservative
inmovilizar *vtr* ◆ *(impedir el movimiento)* to immobilize ◆ *Fin (un capital)* to immobilize, tie up
inmueble 1 *adj* **bienes inmuebles,** real estate | **2** *m* building, property
inmundicia *f* filth
inmundo,-a *adj* filthy
inmune *adj* ◆ *(a un virus)* immune [**a**, to] ◆ *(exento de)* immune [**de**, from], exempt [**de**, from] ◆ *(que no se deja afectar)* **es i. a las críticas,** he's impervious to criticism
inmunidad *f* immunity
inmunizar *vtr* to immunize
inmunodeficiencia *f* immunodeficiency
inmutarse *vr* to get upset: **escuchó la sentencia sin i.,** he heard the sentence without turning a hair
innato,-a *adj* innate, inborn
innecesario,-a *adj* unnecessary
innegable *adj* undeniable
innovación *f* innovation
innovar *vtr & vi* to innovate
innumerable *adj* innumerable, countless
inocencia *f* innocence
inocentada *f fam* practical joke; *(en el Día de los Inocentes)* April Fool's joke: **este año le haremos una i. a Ernesto,** this year we'll play an April Fool's joke on Ernesto
inocente 1 *adj* ◆ innocent; **una acción i.,** a harmless deed ◆ *(ingenuo)* gullible | **2** *mf* innocent
inocuo,-a *adj* innocuous
inodoro,-a 1 *adj* odourless | **2** *m* toilet, lavatory
inofensivo,-a *adj* harmless
inolvidable *adj* unforgettable
inoperante *adj* inoperative, ineffective
inopinado,-a *adj* unexpected
inoportuno,-a *adj* inappropriate: **¡vaya lluvia más inoportuna!,** what a bad time for it to rain!
inorgánico,-a *adj* inorganic
inoxidable *adj* **acero i.,** stainless steel
inquebrantable *adj (firme)* unshakeable
inquietante *adj* worrying
inquietar *vtr* to worry
■ **inquietarse** *vr* to worry [**por**, about]

inquieto,-a *adj* ◆ *(preocupado, desazonado)* worried, [**por,** about] ◆ *(curioso, emprendedor)* eager ◆ *(agitado)* restless

inquietud *f* ◆ *(falta de sosiego)* worry ◆ *(falta de quietud)* restlessness ◆ *(interés, inclinacion) (más en pl)* **no tiene inquietudes,** he has no interest in anything

inquilino,-a *m,f* tenant

inquirir *vtr* to investigate

inquisitivo,-a *adj* inquisitive

insaciable *adj* insatiable

insalubre *adj* unhealthy, unsalubrious

insano,-a *adj (insalubre)* unhealthy

insatisfecho,-a *adj* dissatisfied

inscribir *vtr* ◆ *(en un registro oficial)* to register; **i. una finca en el registro de la propiedad,** to register a property ◆ *(matricular)* to enrol, *US* enroll ◆ *(grabar)* to inscribe ◆ *(en una figura geométrica)* to inscribe
■ **inscribirse** *vr* ◆ *(en un registro)* to register; *(en un club, etc)* to join ◆ *(matricularse)* to enrol, *US* enroll

inscripción *f* ◆ *(en piedra, metal)* inscription ◆ *(matriculación)* enrolment, *US* enrollment, registration ◆ *(en un registro)* registration

insecticida *m* insecticide

insecto *m* insect

inseguridad *f* ◆ *(falta de confianza)* insecurity ◆ *(duda)* uncertainty ◆ *(peligro)* lack of safety; **i. ciudadana,** crime

inseguro,-a *adj* ◆ *(sin confianza)* insecure ◆ *(vacilante)* uncertain ◆ *(peligroso)* unsafe

inseminar *vtr* to inseminate

insensatez *f* foolishness

insensato,-a **1** *adj* foolish | **2** *m,f* fool

insensibilidad *f* insensitivity

insensible *adj* ◆ *(impasible, inconmovible)* insensitive [**a,** to] ◆ *(difícil de percibir)* imperceptible ◆ *Med (sin sensibilidad)* numb: **es i. al calor,** she doesn't feel the heat

inseparable *adj* inseparable

insertar *vtr* to insert

inservible *adj* useless

insidioso,-a *adj* insidious

insigne *adj* distinguished

insignia *f* ◆ *(distintivo)* badge ◆ *(bandera)* flag; *Náut* **buque i.,** flagship ◆ *(medalla)* medal

insignificancia *f* ◆ *(falta de importancia)* insignificance ◆ *(bagatela, pequeñez)* trifle

insignificante *adj* insignificant

insinuación *f* insinuation

insinuar *vtr* to insinuate
■ **insinuarse** *vr* **i. a alguien,** to make advances to sb

insípido,-a *adj* ◆ *(soso)* insipid ◆ *(aburrido)* dull

insistencia *f* insistence; **con i.,** insistently

insistente *adj* insistent

insistir *vi* to insist [**en/sobre,** on]: **insiste en hacerlo,** he insists on doing it; **insiste en que es inocente,** she insists that she's innocent; **insistió en su importancia,** he stressed its importance

insociable *adj* unsociable

insolación *f Med* sunstroke

insolencia *f* insolence

insolente *adj* insolent

insólito,-a *adj (inconcebible)* unheard-of

insoluble *adj* insoluble

insolvencia *f Fin* insolvency

insolvente *adj Fin* insolvent

insomnio *m* insomnia: **pasaré otra noche de i.,** I'll have another sleepless night; **tengo i.,** I suffer from insomnia

insondable *adj* unfathomable

insonorizado,-a *adj* soundproof

insonorizar *vtr* to soundproof

insoportable *adj* unbearable

insospechado,-a *adj* unsuspected

insostenible *adj* untenable

inspección *f* inspection

inspeccionar *vtr* to inspect

inspector,-ora *m,f* inspector; **i. de Hacienda,** tax inspector

inspiración *f* ◆ *(creatividad, genio)* inspiration ◆ *(de aire)* inhalation

inspirado,-a *adj* inspired

inspirar *vtr* ◆ *(sugerir)* to inspire ◆ *(inhalar)* to inhale, breathe in
■ **inspirarse** *vr* to be inspired [**en,** by]

instalación *f* ◆ installation ◆ **instalaciones** *(deportivas, etc)* facilities

instalar *vtr* ◆ to instal, *US* install ◆ *(puesto, tienda)* to set up
■ **instalarse** *vr (una persona)* to settle (down)

instancia *f* ◆ *(petición)* request ◆ *(escrito)* application form ◆ *Jur* instance **tribunal de primera i.,** court of first instance ◆ | LOC: **a instancia(s) de,** at the request of, **en primera i.,** first of all; **en última i.,** as a last resort

instantánea *f* snapshot

instantáneamente *adv* instantly

instantáneo,-a *adj* ◆ instantaneous; **muerte instantánea,** instantaneous death ◆ *(con productos solubles)* instant: **no me apetece un café i.,** I don't fancy an instant coffee

instante *m* instant, moment: **aguarde un i., por favor,** wait a moment, please; **por un i., pensé que era ella,** for a moment I thought that it was her ◆ | LOC: **a cada i.,** constantly; **al i.,** immediately

instar *vtr* to urge

instauración *f* founding

instaurar *vtr* to found

instigador,-ora *m,f* instigator

instigar *vtr* to instigate

instintivo,-a *adj* instinctive

instinto *m* instinct: **actúa por i.,** he acts instinctively

institución *f* institution

instituir *vtr* to institute

instituto *m* ◆ *(institución cultural)* institute ◆ *Educ* state secondary school, *US* high school ◆ **i. de belleza,** beauty parlour *o* salon

institutriz *f* governess

instrucción *f* ◆ *(educación, conocimientos)* education ◆ *(de un expediente)* preliminary investigation; **la i. del sumario,** proceedings *pl*; **juez de i.,** examining magistrate ◆ *Mil* drill ◆ *(usu pl) (indicación)* instruction: **nos dio instrucciones muy precisas,** he gave us very precise instructions

instructivo,-a *adj* instructive

instrumental *adj* instrumental

instrumento *m* instrument; **i. de cuerda/percusión/viento,** stringed/percussion/wind instrument

insubordinación *f* insubordination

insubordinado,-a *adj* insubordinate

insubordinarse *vr* to become unruly, to rebel

insuficiencia *f* insufficiency; *Med* **i. renal/respiratoria,** kidney/respiratory failure

insuficiente 1 *adj* insufficient | **2** *m Educ (nota)* fail (F); **me pusieron un i.,** I got an F

insufrible *adj* insufferable

insular 1 *adj* insular, island | **2** *mf* islander

insulso,-a *adj* insipid: **es una persona totalmente insulsa,** he's a very dull person

insultante *adj* insulting

insultar *vtr* to insult

insulto *m* insult

insumiso,-a 1 *adj* unsubmissive | **2** *m* person who refuses to do military service or any substitute social work

insuperable *adj* ◆ *(excelente)* unsurpassable ◆ *(no superable, insalvable)* insurmountable

insurgente *adj & mf* insurgent

insurrección *f* insurrection

intacto,-a *adj* intact

intachable *adj* irreproachable; **conducta i.,** impeccable behaviour

integración *f* integration [**en,** into]

integral 1 *adj* integral | **2** *f Mat* integral

integrante 1 *adj* integral | **2** *mf* member

integrar *vtr (componer, formar parte de)* to compose, make up: **cinco científicos y un filósofo integran la expedición,** the expedition consists of five scientists and one philosopher

■ **integrarse** *vr* to integrate [**en,** with]

integridad *f* integrity

íntegro,-a *adj* ◆ *(completo)* whole, entire ◆ *Cine Lit (no censurado o reducido)* unabridged, uncut ◆ *(honesto, incorruptible)* upright

intelecto *m* intellect

intelectual *adj & mf* intellectual

inteligencia *f (facultad intelectual)* intelligence; **i. artificial,** artificial intelligence

inteligente *adj* intelligent

inteligible *adj* intelligible

intemperie *f* bad weather ◆ | LOC: **a la i.,** in the open (air)

intempestivo,-a *adj (inoportuno)* untimely; *(inconveniente)* inconvenient, unsuitable

intención *f (propósito)* intention: **adivino sus intenciones,** I can guess his intentions; **tenemos la i. de viajar a Marruecos este verano,** we intend to travel to Morocco this summer ➢ Ver nota en **intend**; **vino con la i. de conocerte,** she came with the idea of meeting you ◆ *(malicia)* **lo dijo con i.,** he said it deliberately/on purpose; **fue sin i.,** it wasn't deliberate; **ese comentario tiene segunda i.,** that remark has a hidden meaning

intencionadamente *adv* on purpose

intencionado,-a *adj* deliberate

intencional *adj* intentional

intensidad *f* intensity: **soplarán vientos de i. variable,** there will be variable winds

intensificar *vtr (hacer más intenso)* to intensify, make stronger; *(hacer más activo)* to step up

■ **intensificarse** *vr* to intensify; *(amistad)* to strengthen

intensivo,-a *adj* intensive

intenso,-a *adj* intense

intentar *vtr* to try, attempt: **intentaremos que regrese hoy mismo,** we'll try to get him to come home today without fail ➢ Ver nota en **try**

intento *m* attempt; **i. de robo/asesinato,** attempted robbery/murder

intentona *f fam* attempt; **una i. golpista,** a putsch
inter- *pref* inter-
intercalar *vtr* to insert
intercambiar *vtr* to exchange
intercambio *m* exchange: **el ambiente favorecía el i. de ideas,** the atmosphere favoured the exchange of ideas
interceder *vi* to intercede [**a favor de,** on sb's behalf]
interceptar *vtr* ◆ *(apoderarse)* to intercept: **interceptaron el mensaje del zar,** they intercepted the Tsar's message ◆ *(bloquear, detener)* to block: **interceptarán las comunicaciones,** they will block communications
intercontinental *adj* intercontinental
interés *m* ◆ *(curiosidad)* interest: **tienes que poner más i. en ello,** you must take more interest in it; **tengo i. en/por viajar al Congo,** I'm interested in travelling to the Congo ◆ *(importancia)* **esta película carece de i.,** this movie lacks interest; **no ha sucedido nada de i.,** nothing interesting has happened ◆ *(provecho personal)* self-interest: **te llama sólo por i.,** he phones you out of self-interest; *(provecho, bien)* in the interest of: **lo haré en i. tuyo,** I shall do it for your own good; **en i. de la ciencia,** for the sake of science ◆ *Fin* interest; **con un i. del 15%,** at an interest rate of 15%; **tipos de i.,** interest rates ◆ | LOC: **perder el i.,** to lose interest; **con intereses,** *(con creces, más de lo que se recibió)* with interest
interesado,-a 1 *adj* ◆ interested [**en,** in]: **ella es una de las más interesadas,** she's one of the people who is most concerned ◆ *(egoísta)* selfish | **2** *m,f* interested person; **los interesados,** those interested *o* concerned
interesante *adj* interesting
interesar 1 *vtr* ◆ *(inspirar interés)* to interest: **el fútbol no le interesa en absoluto,** football doesn't interest him at all; **atiende, creo que esto te interesa,** pay attention, I think you should listen to this ◆ *(incumbir)* to concern: **eso no te interesa,** it's none of your business | **2** *vi (ser motivo de interés)* to be of interest, to be important: **interesa que nos reunamos cuanto antes,** it is important that we meet as soon as possible
■ **interesarse** *vr* i. por *o* en, to be interested in: **se interesó por tu salud,** he asked after your health

interferencia *f* interference; *Rad TV* jamming
interferir *vtr* ◆ to interfere [**con,** with] ◆ *Rad TV* to jam
interfono *m Tel* intercom
interino,-a 1 *adj (sustituto)* acting | **2** *m,f (trabajador temporal)* temporary worker
interior 1 *adj* ◆ inner, inside, interior: **es un piso i.,** the flat doesn't overlook the street; **ropa i.,** underwear ◆ *(espiritual)* inward, interior; **monólogo i.,** interior monologue ◆ *Pol* domestic, internal; **comercio i.,** inland trade ◆ *Geog* inland | **2** *m* ◆ inside, interior; *fig* **en mi i. estaba arrepentida,** deep down I was sorry ◆ *Geog* interior ◆ *Pol* **Ministerio del I.,** Home Office, *US* Department of the Interior ➢ Ver nota en **ministerio** ◆ *Cine (usu pl)* **están rodando interiores,** they are filming interiors
interiorizar *vtr* to internalize
interjección *f Ling* interjection
interlocutor,-ora *m,f* speaker; *(en una negociación)* negotiator
intermediario *m* ◆ *Com* middleman ◆ *(en una negociación)* mediator
intermedio,-a 1 *adj* intermediate | **2** *m TV (de una película, un programa)* break, interval
interminable *adj* endless
intermitente 1 *adj* intermittent | **2** *m Auto* indicator
internacional *adj* international
internado *m (colegio)* boarding school
internar *vtr (en un hospital, manicomio)* to confine
■ **internarse** *vr* ◆ *(penetrar)* to advance [**en,** into] ◆ *Dep* to break through
Internet *f* Internet
interno,-a 1 *adj* ◆ internal; **medicina interna,** internal medicine ◆ *Pol* domestic ◆ *(espiritual)* inward: **en mi fuero i. me moría de la risa,** inwardly I was laughing like mad | **2** *m,f (alumno)* boarder; *Med (enfermo)* patient; *(preso)* inmate
interponer *vtr* ◆ to insert [**entre,** between] ◆ *Jur* **i. un recurso,** to give notice of appeal [**contra,** against]
■ **interponerse** *vr* to intervene [**entre,** between]: **esa mujer se interpuso en mi camino,** that woman stood in my way
interpretación *f* ◆ interpretation ◆ *Mús Teat* performance
interpretar *vtr* ◆ *(entender, descifrar, traducir)* to interpret ◆ *Teat (un papel)* to

intérprete

play; *(obra)* to perform; *Mús* to play, perform: **interpretaremos una canción popular,** we'll sing a folk song

intérprete *mf* ◆ *(traductor)* interpreter ◆ *Teat (actor)* performer; *Mús (cantante)* singer; *(músico)* performer

interrogación *f* ◆ interrogation ◆ *Ling* **(signo de) i.,** question *o* interrogation mark

interrogar *vtr (a un testigo, sospechoso, etc)* to interrogate

interrogatorio *m* interrogation

interrumpir *vtr* to interrupt; *(tráfico)* to block

interrupción *f* interruption; **i. del embarazo,** termination (of pregnancy)

interruptor *m Elec* switch

intersección *f* intersection

interurbano,-a *adj* intercity; *Tel* **llamada interurbana,** long-distance call

intervalo *m* interval: **habrá intervalos de nubes y claros,** it will be cloudy with sunny spells

intervención *f* ◆ *(actuación)* intervention, participation [**en,** in]; **una i. militar,** a military intervention ◆ *Med* intervention

intervenir 1 *vi (mediar)* to intervene [**en,** in]; *(participar)* to take part [**en,** in] | **2** *vtr* ◆ *(un alijo de droga, etc)* to confiscate, to seize ◆ *(bloquear una cuenta bancaria)* to block; *(auditar)* to audit ◆ *(un teléfono)* to tap ◆ *Med (a un paciente)* to operate on

interviú *f* interview

intestino *m Anat* intestine

intimar *vi* to become close [**con,** to]

intimidad *f* ◆ *(relación)* intimacy ◆ *(círculo, parcela no pública)* private life: **es más simpática en la i.,** she's nicer in private; **en esta casa no tengo i.,** I have no privacy in this house

intimidar *vtr* to intimidate

íntimo,-a 1 *adj* ◆ *(muy profundo, interno)* intimate: **tengo la íntima sospecha/convicción de que..,** I have a private suspicion/conviction that... ◆ *(reservado, no público)* private: **busquemos un lugar íntimo para hablar,** let's look for a quiet place to have a talk ◆ *(amistad)* close | **2** *m,f* close friend

intolerable *adj* intolerable

intolerancia *f* intolerance

intolerante 1 *adj* intolerant | **2** *mf* intolerant person

intoxicación *f* poisoning; **i. alimentaria,** food poisoning

intoxicar *vtr* to poison

intranquilidad *f* worry

intranquilo,-a *adj (angustiado)* worried; *(en movimiento continuo)* restless: **tiene un sueño muy i.,** he sleeps badly

intransigente *adj* intransigent

intransitable *adj* impassable

intransitivo,-a *adj Ling* intransitive

intratable *adj (persona)* unsociable, impossible

intravenoso,-a *adj* intravenous

intrépido,-a *adj* intrepid

intriga *f* ◆ *(maquinación)* intrigue ◆ *Cine Teat (trama)* plot ◆ *(curiosidad intensa)* curiosity; **sentir i.,** to be intrigued; **película de i.,** thriller

intrigante 1 *adj* ◆ *(interesante)* intriguing, interesting ◆ *(maquinador, conspirador)* scheming | **2** *mf (persona)* schemer, intriguer

intrigar 1 *vtr (suscitar viva curiosidad)* to intrigue, interest | **2** *vi (conspirar)* to plot

intrincado,-a *adj* ◆ *(cuestión, problema)* intricate ◆ *(camino)* hard, winding

intrínseco,-a *adj* intrinsic

introducción *f* introduction

introducir *vtr* ◆ to introduce: **su padre lo introdujo en la política,** his father introduced him to politics ◆ *(meter)* to insert, put in: **introduzca una moneda, por favor,** please insert coin

intromisión *f* ◆ *(injerencia)* meddling, interference ◆ *(atrevimiento)* **quizá parezca una i., pero yo sugeriría...,** I don't like to interfere, but I'd suggest...

introspectivo,-a *adj* introspective

introvertido,-a 1 *adj* introverted | **2** *m,f* introvert

intruso,-a 1 *adj* intrusive | **2** *m,f* intruder ◆ *Jur* trespasser

intuición *f* intuition

intuir *vtr* ◆ to know by intuition ◆ *(sospechar)* to suspect

intuitivo,-a *adj* intuitive

inundación *f* flood

inundar *vtr* to flood

inusitado,-a *adj* unusual, rare

inútil 1 *adj* ◆ *(sin utilidad)* useless; *(sin resultado)* vain, pointless ◆ *Mil* unfit (for service) | **2** *mf fam* good-for-nothing

inutilidad *f* uselessness

inutilizar *vtr* to make *o* render useless: **los ladrones inutilizaron el sistema de**

alarma, the robbers put the alarm system out of action

invadir *vtr* to invade; *fig* **los trabajadores invadieron la calle,** workers poured out onto the street

invalidar *vtr* to invalidate

invalidez *f* ◆ *Jur (nulidad)* invalidity ◆ *Med (minusvalía)* disability

inválido,-a 1 *adj* ◆ *Jur (nulo)* invalid ◆ *Med (minusválido)* disabled, handicapped | **2** *m,f Med* disabled *o* handicapped person

invariable *adj* invariable

invasión *f* invasion

invasor,-ora 1 *adj* invading | **2** *m,f* invader

invencible *adj* ◆ *(no derrotable)* invincible ◆ *(no superable)* insurmountable: **siento una repugnancia i. hacia la sangre,** I have an insuperable aversion to blood

invención *f* ◆ *(creación)* invention ◆ *(mentira)* fabrication, invention

inventar *vtr* ◆ *(un objeto, una técnica)* to invent ◆ *(excusa, mentira)* to make up, to concoct

inventario *m* inventory

invento *m* invention

inventor,-ora *m,f* inventor

invernadero *m* greenhouse; **efecto i.,** greenhouse effect

invernal *adj* winter, wintry

invernar *vi* to hibernate

inverosímil *adj* unlikely, implausible

inversión *f* ◆ *(de tiempo, dinero, esfuerzo)* investment ◆ *(de una magnitud, una figura)* inversion

inverso,-a *adj* opposite; *(orden)* reverse: **camina en sentido i. a las agujas del reloj,** walk anti-clockwise ◆ | LOC: **a la inversa,** the other way round; **y a la inversa,** and viceversa

inversor,-ora *m,f Fin* investor

invertebrado,-a *adj & m Zool* invertebrate

invertido,-a 1 *adj* inverted, reversed | **2** *m,f* homosexual

invertir *vtr* ◆ *(orden, magnitudes)* to invert, reverse ◆ *(dinero, tiempo, esfuerzo)* to invest [**en,** in]

investidura *f* investiture; *Pol* vote of confidence

investigación *f* ◆ *(pesquisa, indagación)* investigation ◆ *(estudio riguroso)* research

investigador,-ora *m,f* ◆ *(detective)* investigator ◆ *(científico)* researcher, research worker

investigar *vtr* ◆ *(estudiar)* to research ◆ *(indagar)* to investigate

investir *vtr* to invest

invidente 1 *adj* sightless, blind | **2** *mf* blind person

invierno *m* winter

invisible *adj* invisible

invitación *f* invitation

invitado,-a 1 *adj* invited; **artista i.,** guest artist | **2** *m,f* guest

invitar *vtr* to invite: **hoy invitas tú,** today it's on you ➢ Ver nota en **invite** ◆ *(incitar)* **el sol invita a vivir,** the sunshine makes it good to be alive

in vitro *adj inv* in vitro

invocar *vtr* to invoke

involucrar *vtr* to involve [**en,** in]

■ **involucrarse** *vr* to get involved [**en,** in]

involuntario,-a *adj* involuntary

invulnerable *adj* invulnerable [**a,** to]

inyección *f* injection: **tuvieron que ponerle una i.,** they had to give him an injection

inyectable *adj & m* injectable

inyectar *vtr* to inject [**en,** into]: **inyéctale coñac al pavo,** inject the turkey with cognac

IPC *m (abr de índice de precios al consumo)* consumer price index, CPI

ir 1 *vi* ◆ *(dirigirse a un lugar)* to go: **¡vamos!,** let's go!; **voy a París,** I'm going to Paris ➢ Ver nota en **go** ◆ *(acudir regularmente)* to go: **va al colegio,** he goes to school; **van a misa,** they go to church ◆ *(conducir a)* to lead, to go to: **el sendero va a la mina,** the path goes to the mine; **esta carretera va a Londres,** this road leads to London ◆ *(abarcar)* to cover: **la finca va desde la alambrada al camino,** the estate extends from the wire fence to the path; **las lecciones que van desde la página 1 a la 53,** the lessons on pages 1 to 53 ◆ *(guardarse habitualmente)* **va al lado de éste,** it goes beside this one ◆ *(mantener una posición)* to be: **va el primero,** he's in first place ◆ *(tener un estado de ánimo, una apariencia)* to be: **iba furioso/radiante,** he was furious/radiant; **vas muy guapa,** you look very smart ◆ *(desenvolverse)* **¿cómo te va?** how are things? *o* how are you doing?; **¿cómo te va en el nuevo trabajo?,** how are you getting on in your new job? ◆ *(funcionar)* to work (properly): **el reloj no va,** the clock doesn't go ◆ *(sentar bien)* to suit: **ese**

corte de pelo no te va nada, that haircut doesn't suit you at all ◆ *(combinar)* to match, go: **el rojo no va con el celeste,** red doesn't go with pale blue ◆ *(vestir)* to wear; **ir con abrigo,** to wear a coat; **ir de negro/de uniforme,** to be dressed in black/in uniform; **la niña irá de enfermera,** the little girl will dress up as a nurse ◆ *fam (importar, concernir)* to concern: **eso va por ti también,** and the same goes for you; **ni me va ni me viene,** I don't care one way or the other ◆ *(apostar)* to bet: **va un café a que no viene,** I bet a coffee that he won't come ◆ | LOC: *(ir + de) fam (comportarse de cierto modo)* to act; **ir de listo por la vida,** to be a smart ass; *(tratar)* to be about: **¿de qué va la película?,** what's the film about? ◆ *(ir + detrás de)* to be looking for: **hace tiempo que voy detrás de un facsímil de esa edición,** I've been after a facsimile of that edition for a long time ◆ *(ir + por)* **ir por la derecha,** to keep (to the) right; *(ir a buscar)* **ve (a) por agua,** go and fetch some water; *(haber llegado)* **voy por la página noventa,** I've got as far as page ninety ◆ *(ir + para) (tener casi, estar cercano a)* **va para los cuarenta,** she's getting on for forty; **ya voy para viejo,** I'm getting old; *(encaminarse a)* **iba para ingeniero,** she was studying to be an engineer; **este niño va para médico,** this boy's going to become a doctor ◆ | LOC: **a eso iba,** I was coming to that; **¡ahí va!,** catch!; **¡qué va!,** of course not! *o* nothing of the sort!; **¡vamos a ver!,** let's see!; **van a lo suyo,** they look after their own interests; **¡vaya!,** fancy that; **¡vaya cochazo!,** what a car!; **ir a parar,** to end up; **en lo que va de año,** so far this year | **2** *v aux* ◆ *(ir + gerundio)* **ir caminando,** to go on foot; **va mejorando,** he's improving ◆ *(ir + pp)* **ya van estrenadas tres películas de Tarantino,** three films by Tarantino have already been released ◆ *(ir a + inf)* **vas a caerte,** you'll fall; **iba a decir que,** I was going to say that; **va a esquiar,** she goes skiing; **va a nevar,** it's going to snow

■ **irse** *vr* ◆ *(marcharse)* to go away, leave: **me voy,** I'm off; **¡vámonos!,** let's go!; **¡vete!,** go away!; **vete a casa,** go home ➢ Ver nota en **leave** ◆ *(líquido, gas) (escaparse)* to leak ◆ *(direcciones)* **¿por dónde se va a...?,** which is the way to...? ◆ *(gastar)* to go, to be spent: **no sé en qué se me fue el dinero,** I don't know where the money went

> Ten cuidado con este verbo. La traducción más común es **to go,** pero sólo cuando expresa la idea de alejarse de quien habla o del oyente. Si, por el contrario, implica un acercamiento al hablante o al oyente, entonces es mejor usar el verbo **to come**: *¡Voy!* **Coming!** Esta regla también se aplica a los verbos compuestos como **go** o **come out** *(salir)*, **go** o **come in** *(entrar)*, **go** o **come up** *(subir)*, **go** o **come down** *(bajar)*, etc.

ira *f* wrath, rage, anger
irascible *adj* irascible, irritable
iris *m inv Anat* iris; **arco i.,** rainbow
Irlanda *f* Ireland; **I. del Norte,** Northern Ireland
irlandés,-esa 1 *adj* Irish | **2** *m,f (hombre)* Irishman; *(mujer)* Irishwoman; **los irlandeses,** the Irish | **3** *m (idioma)* Irish
ironía *f* irony
irónico,-a *adj* ironic
IRPF *m (abr de Impuesto sobre la Renta de las Personas Físicas)* income tax
irracional *adj* irrational
irradiar *vtr* ◆ *(luz, calor, alegría)* to radiate ◆ *LAm fig (expulsar)* to expel
irreal *adj* unreal
irrealizable *adj* unattainable, unfeasible; *fig* unreachable
irreconocible *adj* unrecognizable
irreemplazable *adj* irreplaceable
irrefutable *adj* irrefutable
irregular *adj* irregular: **es una situación absolutamente i.,** it's a highly irregular situation
irregularidad *f* irregularity
irrelevante *adj* irrelevant
irremediable *adj* irremediable
irreparable *adj* irreparable
irrepetible *adj* unrepeatable
irreprochable *adj* irreproachable, blameless
irresistible *adj* ◆ *(ganas, atractivo, persona)* irresistible ◆ *(inaguantable)* unbearable
irrespirable *adj* unbreathable
irresponsable *adj* irresponsible
irreverente *adj* irreverent
irrigación *f* irrigation
irrigar *vtr* to irrigate, water

irrisorio,-a *adj* derisory, laughable, ridiculous: **su oferta fue irrisoria,** her offer was laughable
irritación *f* irritation
isóbara *o* **isobara** *f* isobar
isósceles *m Mat* isosceles
IVA *m (abr de Impuesto sobre el Valor Añadido, LAm Impuesto sobre el Valor Agregado)* value-added tax, VAT
izq. *(abr de izquierdo,-a)* left

izquierdo,-a 1 *adj* left; **mano/pierna izquierda,** left hand/leg | **2** *f (mano)* left hand ◆ *(lado)* **la izquierda,** the left; **está a la izquierda,** it's on the left; **está a tu izquierda,** it's on your left; **torcer a la izquierda,** to turn left; **el de la izquierda,** the one on the left ◆ *Pol* the left; **una política/un partido de izquierda(s),** a left-wing policy/party; **ser de izquierdas,** to have left-wing views

J, j *f(letra)* J, j
ja *excl* ◆ *(negación)* ha!, come on! ◆ *(risa)* **¡ja, ja!,** ha ha!
jabalí *m* wild boar
jabalina *f Dep* javelin
jabón *m* soap: **me ha entrado j. en los ojos,** I've got soap in my eyes; **j. líquido,** gel; **una pastilla de j.,** a bar of soap
jabonera *f* soapdish
jacal *m LAm* hut
jacaré *m LAm Zool* alligator
jacinto *m Bot* hyacinth
jactancia *f frml* boastfulness
jactarse *vr* to boast, brag [**de,** about]
jadeante *adj* panting, breathless
jadear *vi* to pant, gasp
jadeo *m* panting, gasping
jalea *f* jelly; **j. real,** royal jelly
jalear *vtr (animar)* to cheer (on)
jaleo *m* ◆ *(ruido)* din, racket; **armar j.,** to make a racket ◆ *(situación confusa)* muddle ◆ *(bronca)* row
jamás *adv* ◆ *(nunca)* never: **j. lo había visto,** I had never seen it before ◆ *(alguna vez)* ever: **la peor historia j. contada,** the worst story ever told ◆ *(intensificador)* **nunca j.,** never again
jambar *vtr LAm* ◆ *(comer)* to eat ◆ *(molestar)* to pester
jamón *m* ham; **j. de York/serrano,** boiled/cured ham
jaque *m Ajedrez* check: **me dio j.,** he put me in check; **j. mate,** checkmate

jaqueca *f* migraine
jara *f Bot* rockrose
jarabe *m* syrup; **j. para la tos,** cough mixture ◆ | LOC: **j. de palo,** thrashing
jardín *m* garden; **j. botánico,** botanical garden; **j. de infancia,** nursery school, kindergarten
jardinería *f* gardening
jardinera *f (en una ventana)* window box
jardinero,-a *m,f* gardener
jarra *f (para el agua)* jug; *(para cerveza, etc)* mug ◆ | LOC: *fig* **en jarras,** hands on hips
jarro *m* ◆ *(recipiente)* jug ◆ *(contenido)* jugful ◆ | LOC: **echar un j. de agua fría a,** to pour cold water on
jarrón *m* vase
jaspe *m Min* jasper
Jauja *f fig* promised land: **¡tú te crees que esto es J.!,** you think this is a holiday camp!
jaula *f (para animales)* cage
jazmín *m Bot* jasmine
jefa *f* female boss, manageress
jefatura *f* ◆ *(cargo, dirección)* leadership ◆ *(sede)* central office; **j. de Policía,** police headquarters
jefe,-a *m,f* ◆ boss; *Com* manager; *(líder)* leader; **j. de estación,** stationmaster; **j. de Estado,** Head of State; **j. de personal,** personnel manager; **j. de redacción,** editor-in-chief
Jehová *m* Jehovah; **testigos de J.,** Jehovah's Witnesses

jengibre 208

jengibre *m Bot* ginger
jeque *m* sheik, sheikh
jerarquía *f* ◆ hierarchy ◆ *(grado, escalafón)* rank
jerárquico,-a *adj* hierarchical
jerez *m* sherry
jerga *f (de un grupo profesional)* jargon; **j. médica**, medical jargon; *(argot)* slang
jeringuilla *f* syringe
jeroglífico,-a 1 *adj* hieroglyphic; **escritura jeroglífica**, hieroglyphic writing | **2** *m* ◆ *Ling* hieroglyph, hieroglyphic ◆ *(pasatiempo)* rebus
jersey *m* sweater, pullover, jumper
Jesucristo *m* Jesus Christ
jesuita *adj & mf* Jesuit
Jesús 1 *m* Jesus | **2** *excl* ◆ *(expresa sorpresa)* good heavens! ◆ *(al estornudar)* bless you!
jet *f* jet set
jicote *m LAm* wasp
jilguero,-a *m,f Orn* goldfinch
jinete *m* rider, horseman
jipijapa *f* panama hat
jirafa *f Zool* giraffe
jirón *m* ◆ *(trozo desgarrado de tela)* shred, strip: **tenía el vestido hecho jirones**, her dress was in shreds *o* tatters ◆ *(parte desgarrada de algo)* bit, scrap
joder 1 *vtr vulgar (copular)* to fuck | **2** *excl* shit ➢ Ver nota en **fuck**
jornada 1 *f* ◆ *(día de trabajo)* working day; **j. intensiva**, continuous working day; **j. partida**, working day with a lunch break; **trabajo de media j./j. completa**, part-time/full-time work ◆ *(día)* day; **las noticias de la j.**, the news of the day ◆ *(día de viaje)* day's journey | **2** *fpl* **jornadas**, conference *sing*
joroba 1 *f* hump | **2** *excl* drat!
jorobado,-a 1 *adj* hunchbacked | **2** *m,f* hunchback
jorobar *fam vtr* ◆ *(molestar, enfadar)* to annoy, bother: **me joroba que hagas eso**, it really bugs me when you do that; **¡no jorobes!**, *(incredulidad)* pull the other one! ◆ *(arruinar, estropear)* to ruin, wreck
■ **jorobarse** *vr* ◆ *(fastidiarse)* to grin and bear it ◆ *(estropearse)* to break
jota *f (de una baraja)* jack ◆ | LOC: **ni j.**, *(nada)* **no sabía ni j. del tema**, he didn't know the first thing about the subject
joven 1 *adj* young: **está muy j.**, she's very young-looking | **2** *mf (hombre)* youth, young man; *(mujer)* girl, young woman ◆ **los jóvenes**, young people, youth
jovial *adj* jovial, good-humoured

joya *f* ◆ jewel, piece of jewellery; **joyas de imitación**, imitation jewellery *sing* ◆ *(persona)* **es una j.**, he's a real treasure
joyería *f (establecimiento)* jewellery shop, jeweller's (shop)
joyero,-a 1 *m,f* jeweller | **2** *m* jewel case *o* box
juanete *m* bunion
jubilación *f* ◆ *(retirada del trabajo)* retirement; **j. anticipada**, early retirement ◆ *(pensión)* pension
jubilado,-a 1 *adj* retired | **2** *m,f* retired person, pensioner; **los jubilados**, retired people
jubilar *vtr* ◆ *(a una persona)* to retire, pension off ◆ *(un objeto)* to get rid of, ditch: **tendríamos que j. el coche**, we should get rid of the car
■ **jubilarse** *vr (retirarse)* to retire, go into retirement
judaísmo *m* Judaism
judería *f (de una ciudad)* Jewish quarter
judía *f (seca)* bean; *(verde)* green bean
judicial *adj* judicial
judío,-a 1 *adj* Jewish | **2** *m,f* Jew
judo *m Dep* judo
juego *m* ◆ game; **j. de azar**, game of chance; **j. de cartas**, card game; **j. de palabras**, play on words, pun ◆ *(de apuestas)* gambling ◆ *Dep* game; **Juegos Olímpicos**, Olympic Games; **terreno de j.**, *Ten* court; *Ftb* field; **estar fuera de j.**, to be offside ◆ *(coordinado)* set; **j. de sábanas**, set of sheets ◆ | LOC: *fig* **hacer j.** *o* **ir a j. con**, to match; **poner algo en j.**, to put sthg at stake
juerga *f fam* binge, rave-up; **correrse una j.**, to go on a binge
juerguista 1 *adj* fun-loving | **2** *mf* fun-loving person, raver
jueves *m inv* Thursday; **J. Santo**, Maundy Thursday
juez *mf* ◆ judge; **j. de instrucción**, examining magistrate; **j. de paz**, justice of the peace ◆ *Dep* **j. de línea**, linesman; **j. de silla**, umpire
jugada *f* ◆ move; *(en billar)* shot ◆ *(faena, mala pasada)* dirty trick
jugador,-ora *m,f* ◆ player ◆ *(persona con vicio de apostar)* gambler
jugar 1 *vi* ◆ to play: **¿jugamos a las casitas?**, shall we play houses?; **j. al baloncesto/parchís**, to play basketball/ludo ◆ *(no tomar en serio, manipular)* **j. con**, to toy with | **2** *vtr* ◆ to play: **jugamos una partida de ajedrez**, we had a game of chess ◆ *(suponer, representar)* **su hija jue-**

ga un papel central en su vida, her life revolves around her daughter ◆ *(apostar)* to bet, stake ◆ | LOC: **j. con fuego,** to play with fire; **j. limpio/sucio,** to play fair/dirty

■ **jugarse** *vr* ◆ *(arriesgar)* to risk: **me juego el empleo,** I'm risking my job ◆ *(apostar)* to bet, stake

jugo *m* juice ◆ | LOC: **sacar el j. a,** *(aprovechar)* to make the most of; *(explotar)* to squeeze dry

jugoso,-a *adj* ◆ juicy, succulent: **es una carne muy jugosa,** it's very succulent meat ◆ *fig* substantial, meaty; **un comentario j.,** a pithy remark; **un porcentaje j.,** a juicy share

juguete *m* toy; **tren de j.,** toy train ◆ *fig* **ser el j. de alguien,** to be sb's plaything: **es un j. en manos de su marido,** she's a toy in her husband's hands

juguetear *vi* to play

juguetería *f* toy shop

juguetón,-ona *adj* playful

juicio *m* ◆ *(facultad mental)* judgement, discernment ◆ *(parecer, criterio)* opinion, judgement: **a su j., nuestra decisión fue equivocada,** in his opinion our decision was wrong ◆ *(sentido común, prudencia)* reason, common sense ◆ *Jur* trial, lawsuit; **llevar a alguien a j.,** to take legal action against sb, sue sb; **el día del J. Final,** Judgement Day/the Last Judgement ◆ | LOC: **en su sano j.,** in one's right mind; **perder el j.,** to go mad *o* insane

juicioso,-a *adj* judicious, wise

julio *m* ◆ *(mes)* July ◆ *Fís* joule

junco *m* ◆ *Bot* rush ◆ *Náut* junk

jungla *f* jungle

junio *m* June

junta *f* ◆ *(reunión)* meeting, assembly; *Pol* **j. de gobierno,** cabinet meeting ◆ *(grupo de dirección)* board, committee; **j. directiva,** board of directors ◆ *Mil* junta ◆ *Téc* joint

juntar *vtr* ◆ *(unir)* to join, put together: **juntaremos las sillas,** we'll put the chairs together; *(ensamblar)* to assemble ◆ *(reunir a personas)* **quiere j. a toda la familia,** she wants to get all her family together; *(reunir animales)* to round up ◆ *(coleccionar)* to collect ◆ *(una cantidad de dinero)* to raise

■ **juntarse** *vr* ◆ *(aproximarse, unirse)* to join; *(converger)* to meet ◆ *(congregarse)* to gather: **nos juntaremos en tu casa,** we'll meet at your house

junto,-a 1 *adj* ◆ *(reunido, acompañado, a un tiempo)* together: **vivimos juntos,** we live together; **todos juntos,** all together ◆ *(próximos)* **tiene los ojos muy juntos,** his eyes are very close together; **dos mesas juntas,** two tables side by side | **2** *adv* **junto** ◆ *(cerca de)* **j. a,** next to ◆ *(en colaboración con, además de)* **j. con,** together with

jurado *m* ◆ *(tribunal)* jury; *(en un concurso)* panel of judges ◆ *(miembro del tribunal)* juror, member of the jury

juramento *m* ◆ *Jur* oath; **bajo j.,** under oath ◆ *(maldición, blasfemia)* swearword, curse

jurar 1 *vi Jur Rel* to swear, take an oath | **2** *vtr* to swear; **j. el cargo,** to take the oath of office

■ **jurarse** *vr* **se juró que no iría una segunda vez,** she swore she would never go again ◆ | LOC: *fam* **jurársela(s) a alguien,** to swear to get revenge on sb: **me la tiene jurada,** she has it in for me

jurel *m* scad, horse mackerel

jurídico,-a *adj* legal

jurisdicción *f* jurisdiction

jurisdiccional *adj* jurisdictional; **aguas jurisdiccionales,** territorial waters

jurista *mf* jurist, lawyer

justamente *adv* ◆ *(con justicia)* fairly; *(merecidamente)* deservedly ◆ *(exactamente)* right; **j. delante mía,** right in front of me; *(precisamente)* precisely

justicia *f* justice ◆ | LOC: **tomarse la j. por su mano,** to take the law into one's own hands

justiciero,-a *adj* severe

justificable *adj* justifiable

justificación *f* justification

justificado,-a *adj* justified, well-grounded

justificante *m* written proof; **j. de asistencia,** certificate of attendance

justificar *vtr* to justify

■ **justificarse** *vr* to excuse oneself

justo,-a 1 *adj* ◆ just, fair, right; **un castigo j.,** a fair punishment; **un hombre j.,** a just man ◆ *(adecuado, idóneo)* right, accurate; **la palabra justa en el momento j.,** the right word at the right time ◆ *(exacto)* **tengo tres horas justas,** I've got just three hours; **la medida j.,** the exact measurement ◆ *(preciso)* very: **en ese j. momento apareció ella,** she turned up at that very moment ◆ *(apretado) (ropa, tiempo)* tight: **estamos justos de tiempo,** we're pressed for time ◆ **lo j.,** just enough | **2** *m,f* just *o* righteous person; **los justos,** the just, the righteous | **3** *adv* **justo** *(exacta-*

juvenil

mente) exactly, precisely, just; **j. ahora,** just now; **j. al lado,** right beside; **j. lo que necesitaba,** it's just what I needed
juvenil *adj (apariencia)* youthful, young; **delincuencia j.,** juvenile delinquency; **ropa j.,** young people's clothes

juventud *f* ◆ *(edad)* youth ◆ *(jóvenes)* young people
juzgado *m* court, tribunal; **j. de guardia,** police court
juzgar *vtr* to judge ◆ | LOC **a j. por...,** judging by...

K, k *f (letra)* K, k
kamikaze *adj* & *n* kamikaze
kárate *m Dep* karate
karma *m* karma
kibutz *m* kibbutz
kilo *m* ◆ *(unidad de peso)* kilo ◆ *fig (cantidad excesiva)* ton, loads: **lleva un k. de maquillaje,** she wears loads of makeup ◆ *argot (millón)* a million pesetas
kilogramo *m* kilogram, kilogramme
kilolitro *m* kilolitre, *US* kiloliter

kilometraje *m* mileage
kilométrico,-a *adj* kilometric, kilometrical
kilómetro *m* kilometre, *US* kilometer
kilovatio *m* kilowatt
kimono *m* kimono
kiosco *m* → **quiosco**
kiwi **1** *m* ◆ *Orn* kiwi ◆ *(fruto)* kiwi (fruit) | **2** *m,f fam* neozelandés,-esa
Kleenex® *m* Kleenex®, tissue
koala *m Zool* koala (bear)
kung fu *m* kung fu

L, l *f (letra)* L, l
l *(abr de litro)* litre, *US* liter, l
la¹ *art def f* ◆ the; **la camisa,** the shirt ◆ *(cuando el nombre está elidido)* **la de Juan,** Juan's; **la del ramo de rosas,** the one with a bouquet of roses; **la que estaba bailando,** the one who was dancing → **el**
la² *pron pers f* ◆ *(persona)* her: **me la encontré,** I met her; *(usted)* you: **la recogeré a las tres, madre,** I'll fetch you at three o'clock, mother ◆ *(cosa)* it: **la encontré,** I found it → **le**

la³ *m Mús (de solfa)* la; *(de escala diatónica)* A; **la bemol,** A flat; **la sostenido,** A sharp
laberinto *m* labyrinth
labia *f fam* loquacity ◆ | LOC: **tener mucha l.,** to have the gift of the gab
labio *m* lip; **l. leporino,** harelip
labor *f* ◆ job, task ◆ *Agr* farmwork ◆ *(de costura)* needlework, sewing ◆ | LOC: **no estoy por la l.,** I can't be bothered
laborable *adj* **día l.,** working day
laboral *adj* industrial, labour: **tuvo un accidente l.,** he had an industrial ac-

cident; jornada l., working day; **relación/situación l.,** labour relation/situation

laboratorio *m* laboratory

laborioso,-a *adj* ♦ *(trabajador)* hard-working ♦ *(trabajoso)* laborious

laborista *Pol* **1** *adj* Labour; **partido l.,** Labour Party | **2** *mf* Labour Party member

labrado,-a *adj Arte (madera)* carved; *(piedra, cristal)* cut; *(metal)* worked

labrador,-ora *m,f* ♦ *(dueño de sus tierras)* farmer ♦ *(asalariado)* farm worker

labranza *f* farming

labrar *vtr* ♦ *Agr* to farm ♦ *(la madera)* to carve; *(un mineral)* to cut; *(un metal)* to work

■ **labrarse** *vr fig* to build (for oneself); **l. un futuro,** to build a future for oneself

laca *f* ♦ lacquer; *(para el pelo)* hairspray

lacio,-a *adj* ♦ *(cabello)* lank, limp ♦ *(planta)* limp ♦ *(lánguido)* languid, weak

lacónico,-a *adj* laconic

lacra *f (defecto, tara)* evil, curse: **la corrupción es la l. de nuestros días,** corruption is the curse of our times

lacrimógeno,-a *adj* ♦ **gas l.,** tear gas ♦ *(una historia)* tear-jerking: **es una novela lacrimógena,** the novel is a real tear-jerker

lactante *mf* unweaned baby

lácteo,-a *adj* milky, milk: **es alérgico a los (productos) lácteos,** he's allergic to dairy products; *Astron* **Vía Láctea,** Milky Way

ladear *vtr* to tilt: **ladeó la cabeza,** she leant her head to one side

ladera *f* slope

ladino,-a *adj (astuto)* cunning, crafty

lado *m* ♦ side; **a un l.,** aside ♦ *(lugar)* place: **idos a otro l.,** go somewhere else ♦ *(camino, dirección)* direction, way: **nos fuimos por otro l.,** we went another way ♦ *(aspecto)* side: **tiene un l. salvaje,** he has a wild side; **por un l. ..., por otro l. ...,** on the one hand..., on the other (hand)... ♦ | LOC: **al l.,** close by, nearby; **al l. de,** next to, beside: **al l. de ella, tú eres un genio,** compared with her, you are a genius; **dar de l. a alguien,** to cold-shoulder sb; **de (medio) l.,** sideways

ladrar *vi* to bark

ladrillo *m* ♦ *Constr* brick ♦ *fam (aburrido)* bore, drag; *(libro)* boring book

ladrón,-ona 1 *m,f* thief, robber: **¡al l.!,** stop thief! | **2** *m Elec* multiple socket *o* adaptor

> La traducción más fácil y más general es **thief**. **Robber** implica alguna forma de agresividad. También existe la palabra **burglar,** que describe a la persona que entra en una casa con intención de robar. ➤ Ver nota en **robar.**

lagartija *f* small lizard

lagarto *m* lizard

lago *m* lake

lágrima *f* ♦ tear ♦ *(de cristal)* teardrop ♦ *(cantidad pequeña)* drop ♦ | LOC: **llorar a l. viva,** to cry one's eyes out *o* to cry buckets; **lágrimas de cocodrilo,** crocodile tears

laguna *f* ♦ small lake ♦ *fig (de la memoria, de un trabajo)* gap

laico,-a 1 *adj* lay, secular | **2** *m,f* lay person; *(hombre)* layman; *(mujer)* laywoman

lamentable *adj* ♦ *(que causa pena o disgusto)* regrettable ♦ *(estropeado)* terrible: **el coche quedó en un estado l.,** the car was in a terrible state

lamentar *vtr* to regret: **lamento su muerte,** I'm sorry about her death ➤ Ver nota en **regret**

■ **lamentarse** *vr* to complain

lamento *m* moan, wail

lamer *vtr* to lick

lámina *f* ♦ *(porción plana y fina)* sheet, plate; **cortar en láminas,** to cut into sheets ♦ *Impr* plate ♦ *(estampa)* print: **compré una l. de Picasso,** I bought a print by Picasso

laminar *vtr* ♦ *(prensar un material)* to roll ♦ *(cubrir con láminas)* to laminate

lámpara *f* lamp; *(de pie)* standard lamp, *US* floor lamp

lamparón *m fam (mancha)* stain

lana *f* wool; **pura l. virgen,** pure new wool

lanar *adj* **ganado l.,** sheep

lancha *f* motorboat, launch; **l. neumática,** rubber dinghy; **l. rápida,** speedboat; **l. salvavidas,** lifeboat

langosta *f* ♦ *(de mar)* lobster ♦ *(de tierra)* locust

langostino *m* king prawn

languidecer *vi* to languish: **la fiesta languidecía,** the party was flagging

lánguido,-a *adj* ♦ *(apagado)* languid ♦ *(sin fuerzas)* listless

lanza f spear ◆ | LOC: **romper una l. en favor de alguien/algo,** to stick up for sb/sthg

lanzadera f shuttle

lanzado,-a adj fam ◆ (atrevido, impetuoso) reckless ◆ (muy rápido) very fast

lanzamiento m ◆ (de un objeto) throwing, hurling ◆ (de un producto, empresa, misil) launch; **oferta de l.,** introductory offer ◆ Dep (de jabalina, disco) throw; (de peso) put

lanzar vtr ◆ (arrojar) to throw ◆ (insulto, grito) to let out: **le lanzó una mirada de rencor,** she shot him a resentful look ◆ Mil & Com to launch

■ **lanzarse** vr ◆ (tirarse, arrojarse) to throw o hurl oneself: **se lanzó a sus brazos,** she flung herself into his arms; **l. al vacío,** to throw oneself into the void ◆ (iniciar una tarea) to embark on; **l. al ataque,** to attack ◆ (decidirse) fam to make up one's mind

lapa f ◆ Zool limpet ◆ pey **es una l.,** he/she clings to people

lapicero m propelling pencil, US mechanical pencil

lápida f headstone

lapidario,-a adj lapidary

lápiz m pencil; **l. de labios,** lipstick; **l. de ojos,** eyeliner

lapso m ◆ (de tiempo) lapse, space; **un l. de una semana,** the space of a week ◆ (lapsus) lapse, slip

lapsus m lapse, slip

largar vtr ◆ fam to give ◆ fam (expulsar, despedir) to sack

■ **largarse** vr fam to clear off, US split: **¡lárgate!,** clear off!

largo,-a 1 adj ◆ (con longitud superior a la normal) long ◆ (con duración superior a la normal) long, lengthy: **es una película muy larga,** it's a very long film; **se me hizo larga la espera,** the wait dragged; **la conferencia duró tres horas largas,** the lecture lasted for a good three hours | **2** m ◆ (longitud) length; **¿cuánto tiene de l.?,** how long is it? ◆ Natación length ◆ Mús largo | **3** adv **largo,** at length: **hablaremos l. (y tendido) de ello,** we'll talk at length about it ◆ | LOC: **a lo l. de,** (longitud) along; (tiempo) through; **a la larga,** in the long run; **va para l.,** it's going to go on a long time; fam **¡l. (de aquí)!,** clear off!

largometraje m feature film

laringe f larynx

laringitis f laryngitis

las¹ art def fpl ◆ the; **l. camisas,** the shirts; **límpiate l. botas,** polish your boots ◆ (no se traduce) **le gustan l. patatas,** he likes potatoes ◆ **l. que,** (personas) the ones who, those who; (cosas) the ones that, those that: **compra las que te gusten,** buy the ones you like → **la**

las² pron pers fpl (a ellas) them; (a ustedes) you: **l. veré el lunes,** I'll see you this Monday; **no l. estropees,** don't damage them → **la, les** y **los**

lasaña f lasagne

lascivo,-a adj lecherous, lascivious

láser m inv laser; **impresora l.,** laser printer

lástima f pity; **¡me da una l.!,** I feel so sorry for him!; **esta ciudad da l.!,** this city is in a terrible state!; **vas hecho una l.,** you are a sorry sight; **es una l. que no puedas venir,** it's a pity (that) you can't come

lastimar vtr to hurt, injure: **no lastimes sus sentimientos,** don't hurt her feelings

lastre m ◆ (de barco, globo) ballast ◆ (rémora) dead weight

lata f ◆ (bote) tin, US can ◆ fam nuisance, pain (in the neck) ◆ | LOC: **dar la l.,** to be a pain; **¡qué l.!,** what a bore!

> En general se traduce por **can**, especialmente cuando se trata de bebidas. En los demás casos, en EE.UU. se emplea la palabra **can** y en el Reino Unido la palabra **tin**.

latente adj latent

lateral 1 adj side, lateral; **calle l.,** (en letrero) side road | **2** m ◆ side ◆ Teat wings

latido m (del corazón) beat; **el l. de mi corazón,** the beating of my heart

latifundio m large estate

latigazo m ◆ lash ◆ (dolor intenso) sharp pain

látigo m whip

latín m Latin

latino,-a 1 adj Latin; **América Latina,** Latin America | **2** m,f Latin American

Latinoamérica f Latin America

latinoamericano,-a adj & m,f Latin American

latir vi to beat

latitud f ◆ Geog latitude ◆ **latitudes,** region sing, area sing: **¿cómo tú por estas latitudes?,** what are you doing in these parts?

latón m brass

laurel 1 *m Bot* laurel; *Culin* bay leaf ◆ | LOC: **dormirse en los laureles,** to rest on one's laurels | **2** *mpl* **laureles,** success, glory
lava *f* lava
lavable *adj* washable
lavabo *m* ◆ *(pila)* washbasin ◆ *(cuarto de baño)* washroom; *(en una cafetería, tienda)* lavatory, toilet
lavado *m* ◆ wash, washing; **l. en seco,** dry-cleaning; *Med* **l. de estómago,** stomach-pumping; *fig (de la imagen)* **l. de cara,** clean-up
lavadora *f* washing machine
lavanda *f* lavender
lavandería *f* ◆ *(autoservicio)* launderette, *US* laundromat ◆ *(con personal)* laundry
lavaplatos *m inv* dishwasher
lavar *vtr* to wash; **l. en seco,** to dry-clean
lavativa *f* enema
lavavajillas *m inv* dishwasher
laxante *adj & m* laxative
laxitud *f* laxity, laxness
lazo *m* ◆ *(lazada)* bow: **le regalé un l. a la niña,** I gave the girl a ribbon ◆ *(nudo)* knot ◆ *fig (usu pl) (vínculo, relación)* tie, bond
le 1 *pron pers mf (objeto indirecto) (a él)* (to *o* for) him; *(a ella)* (to *o* for) her: **dale de comer,** feed him/her; *(a usted)* (to *o* for) you: **le diré lo que pasa,** I'll tell you what happens; *(a una cosa)* (to *o* for) it: **le has puesto demasiada sal,** you have put too much salt in it | **2** *pron pers m (objeto directo) (él)* him: **le vi entrar ahí,** I saw him going in there; *(usted)* you: **no le entiendo,** I don't understand you
leal 1 *adj* loyal; *(un animal)* faithful | **2** *mf* loyalist
lealtad *f* loyalty, faithfulness
lección *f* lesson ◆ | LOC: **dar una l. a alguien,** to teach sb a lesson
lechal *m adj* suckling lamb ➢ Ver nota en **cordero**
leche *f* ◆ milk; **l. descremada** *o* **desnatada,** skim *o* skimmed milk; **l. entera,** full-fat milk, *US* whole milk ◆ *Cosm* milk, cream; **l. corporal,** body milk; **l. hidratante,** moisturizer ◆ *Anat* **dientes de l.,** milk teeth, *US* baby teeth ◆ *fam* **mala l.,** nastiness
lechera *f (recipiente)* churn
lechero,-a 1 *adj* milk, dairy; **una vaca lechera,** a dairy cow | **2** *m* milkman
lecho *m* ◆ *frml (cama)* bed; **l. conyugal,** marital bed; **l. de muerte,** deathbed ◆ *(fondo)* **l. del río,** river-bed

lechón *m* suckling pig ➢ Ver nota en **cerdo**
lechuga *f* lettuce ◆ | LOC: **estoy fresco como una l.,** I am as fresh as a daisy
lechuza *f* owl
lectivo,-a *adj* school; **día lectivo,** school day; **horas lectivas,** teaching hours
lector,-ora 1 *m,f* ◆ *(persona)* reader ◆ *Univ* (language) assistant | **2** *m (aparato)* reader; **l. de (discos) compactos,** CD player
lectura *f* reading
leer *vtr* to read; **l. los labios,** to lip-read; **l. una partitura,** to read a score ◆ | LOC: *fig* **leerle la cartilla a alguien,** to tell sb off; **l. entre líneas,** to read between the lines
legal *adj* ◆ *Jur* legal; **emprender acciones legales contra,** to take legal action against ◆ *fam (de confianza, honesto)* honest, trustworthy
legalidad *f* legality
legalizar *vtr* ◆ to legalize ◆ *(certificar)* to authenticate
legaña *f* sleep: **tiene los ojos llenos de legañas,** his eyes are full of sleep
legendario,-a *adj* legendary
legible *adj* legible
legión *f* legion
legislación *f* legislation
legislar *vi* to legislate
legislativo,-a *adj* legislative
legislatura *f* legislature: **el presidente no agotará la l.,** the Prime Minister won't finish his term of office; **durante su l.,** during his term
legitimidad *f Jur* legitimacy, lawfulness
legítimo,-a *adj* ◆ *Jur* legitimate, lawful; **en legítima defensa,** in self-defence ◆ *(puro, genuino)* authentic, real
legumbre *f (en vaina, fresca)* vegetable (in pods); *(semilla seca)* pulse, legume

bean

chickpea

lentil

pea

lehendakari *m* head of the Basque government

lejanía *f* distance

lejano,-a *adj* distant, far-off; **el L. Oeste,** the Far West; **primos lejanos,** distant cousins

lejía *f* bleach

lejos *adv* far (away) ◆ | LOC: *fig* **ir demasiado l.,** to go too far; *fig* **llegar l.,** to go a long way; *fig* **sin ir más l.,** to take an obvious example; **a lo l.,** in the distance; **de l.,** from a distance; **l. de,** far from

lelo,-a *fam* **1** *adj* stupid, silly | **2** *m,f* dummy, dimwit

lema *m* ◆ *(de una compañía, persona)* motto, slogan ◆ *(de un discurso)* subject; *(de una obra literaria)* headword ◆ *(en un diccionario)* headword

lencería *f* ◆ *(ropa interior femenina)* lingerie; *(tienda)* lingerie ◆ *(ropa de la casa)* linen (goods *pl*)

lengua *f* ◆ *Anat* tongue; *fig* **tener la l. afilada,** to have a sharp tongue; **l. viperina,** poisonous tongue; **mala lengua,** gossip ◆ *Ling* language; **l. materna,** native *o* mother tongue; **l. muerta,** dead language; **segunda l.,** second language ◆ | LOC: *fam fig* **irse de la l.,** to spill the beans; *fam fig* **tirarle a alguien de la l.,** to try to drag sthg out of sb

lenguado *m* *Zool (pez)* sole

lenguaje *m* language;

lengüeta *f* ◆ *Mús* reed ◆ *(del calzado)* tongue

lente *mf* lens

lenteja *f* lentil

lentejuela *f* sequin

lentilla *f* contact lens

lentitud *f* slowness: **se mueve con l.,** it moves slowly

lento,-a 1 *adj* slow; **a fuego l.,** on a low heat | **2** *adv fam* **habla muy l.,** he speaks very slowly

leña *f* ◆ firewood ◆ *fam (paliza)* thrashing, blows *pl* ◆ | LOC: *fig* **echar l. al fuego,** to add fuel to the fire

leñador,-ora *m,f* woodcutter

leño *m* log

Leo *m* *Astrol* Leo

león *m* *Zool* lion

leona *f* *Zool* lioness

leopardo *m* *Zool* leopard

leotardos *mpl* thick tights

lepra *f* leprosy

leproso,-a 1 *adj* leprous | **2** *m,f* leper

les 1 *pron pers mpl (objeto directo) (ellos)* them: **no l. saludé,** I didn't greet them; *(ustedes)* you: **l. esperaba,** I was waiting for you | **2** *pron pers mfpl (objeto indirecto) (a ellos,-as)* them: **dales un beso de mi parte,** give them a kiss from me; *(a ustedes)* you: **l. recuerdo que tienen una cita,** may I remind you that you have an appointment

lesbiana *f* lesbian

lesión *f* ◆ *(física)* injury: **le provocó lesiones permanentes en el cerebro,** it caused him permanent brain damages ◆ *(económica, moral)* damage

lesionado,-a *adj* & *m,f* wounded, injured

lesionar *vtr* to injure

letal *adj* lethal

letanía *f* ◆ *Rel* litany ◆ *fig fam* **una l. de reproches,** a sting of reproach

letargo *m* lethargy

letra *f* ◆ letter; **l. de molde,** print letter; **l. pequeña,** small print ◆ *(manera de escribir)* (hand) writing: **me gusta tu l.,** I like your writing ◆ *Mús* lyrics *pl*: **no se sabe la l.,** he hasn't learnt the words ◆ *Fin* **l. (de cambio),** bill of exchange; *(de un pago aplazado)* instalment ◆ *Univ* **mi hermana es de Letras,** my sister is studing arts *o* my sister did an arts degree ◆ | LOC: **al pie de la l.,** literally; **ser l. muerta,** to be a dead letter

letrado,-a *m,f* *Jur* lawyer ➢ Ver nota en **abogado**

letrero *m* *(cartel de aviso)* notice, sign: **el l. dice: no pisen el césped,** the notice says: keep off the grass; **l. luminoso,** neon sign

leucemia *f* *Med* leukaemia, *US* leukemia

leucocito *m* leukocyte

levadura *f* yeast; **l. en polvo,** baking powder

levantamiento *m* ◆ raising, lifting; *Dep* **l. de pesos,** weightlifting ◆ *(de un pueblo)* uprising, insurrection ◆ *(de un castigo, de una prohibición)* **l. del toque de queda,** lifting of the curfew ◆ *(de un cadáver)* removal

levantar *vtr* ◆ to lift; **l. los ojos,** to look up; **l. la voz/mano,** to raise one's voice/hand ◆ *(una construcción, un monumento)* to erect ◆ *fig (el ánimo)* to raise; *(sublevar)* to make rise: **levantó a los mineros,** he stirred up the miners ◆ *(poner fin)* to lift: **levantaron la prohibición,** the ban was lifted ➢ Ver nota en **raise**

■ **levantarse** *vr* ◆ *(de una silla, del suelo)* to stand up, rise; *(de la cama)* to get up: **está de mal humor, se levantó con el pie izquierdo,** he's in a bad mood, he got out of bed on the wrong side ◆ *(para protestar)* to rise, revolt: **el pueblo se levantó ante aquel abuso,** the people rose up against that abuse ◆ *(viento, brisa)* to get up; *(una tormenta)* to gather ◆ *(acabar)* to finish: **se levantó el embargo,** the embargo was lifted

levante *m* ◆ East; **L. y Poniente,** East and West ◆ *(viento del este)* east wind ◆ **(el) L., español,** the regions of Valencia and Murcia

levar *vtr* **l. anclas,** to weigh anchor

leve *adj* ◆ *(poco pesado)* light ◆ *(suave, poco intenso)* **una l. brisa,** a gentle breeze; **una l. idea,** a slight idea ◆ *fig (de poca gravedad)* slight; **herida l.,** slight injury

levedad *f (de un peso)* lightness; *(de la importancia, herida)* slightness

levemente *adv* slightly

léxico,-a 1 *m Ling* ◆ *(vocabulario)* vocabulary, word list ◆ *(diccionario)* lexicon | **2** *adj* lexical

ley *f* law; *Rel* **la l. del aborto,** the abortion law; **la l. judía/cristiana,** Jewish/Christian law; **l. marcial,** martial law; **una l. de protección del patrimonio artístico,** a law on artistic heritage protection; **la l. de la selva,** the law of the jungle; **proyecto de l.,** bill ◆ | LOC: **es una persona de l.,** he's a reliable person; **oro de l.,** pure gold; **plata de l.,** sterling silver

leyenda *f (narración)* legend ◆ *(inscripción)* inscription, lettering

liado,-a *adj fam* **estamos muy liados,** we are very busy

liar *vtr* ◆ *(envolver)* to wrap up; *(un cigarro)* to roll ◆ *(embrollar)* to muddle up; *(aturdir)* to confuse

■ **liarse** *vr* ◆ *(embrollarse)* to get muddled up ◆ *fam (tener un idilio)* to get involved ◆ **se lía a coser y no para,** she starts sewing and never stops ◆ | LOC: **l. a tortas,** to come to blows

libelo *m* libel

libélula *f Zool* dragonfly

liberación *f (de una ciudad)* liberation; *(de un prisionero)* release, freeing

liberal 1 *adj* ◆ *Pol* liberal; **Partido L.,** Liberal Party ◆ *(comprensivo)* liberal, open-minded ◆ *(espléndido, generoso)* generous, liberal | **2** *mf* liberal

liberalizar *vtr* to liberalize

liberar *vtr (de un invasor, opresor, etc)* to liberate; *(sacar de la cárcel)* to free, release

libertad *f* freedom, liberty: *Jur* **está en l. condicional,** he was given parole; **lo pusieron en l.,** they freed him; **fue puesto en l. bajo fianza,** he was released on bail; **l. de comercio,** free trade; **l. de culto/prensa,** freedom of worship/the press

libertino,-a *adj* & *m,f* libertine

Libra *f Astrol* Libra

libra *f Medida Fin* pound; **l. esterlina,** pound sterling

librar 1 *vtr* ◆ to free: **me libró de un castigo,** she let me off from a punishment ◆ *(una orden de pago)* to draw | **2** *vi (tener el día libre)* **libra los fines de semana,** he has weekends off

■ **librarse** *vr* ◆ to escape: **nos libramos por los pelos,** we had a narrow escape *o* we escaped by the skin of our teeth ➢ Ver nota en **escape** ◆ *(deshacerse, desentenderse)* to get rid of

libre *adj* free: **eres (muy) l. de hacerlo,** you are quite free to do it; **está l. de sospecha,** she's free from suspicion; **l. de impuestos,** tax-free; **¡vía l.!,** make way!

librería *f* ◆ *(establecimiento)* bookshop, *US* bookstore ◆ *(mueble)* bookcase

librero,-a *m,f* bookseller

libreta *f* ◆ notebook ◆ *Fin (cartilla)* **perdió su l. de ahorros,** he lost his savings passbook; **tengo una l. de ahorros en el Banco Millonetis,** I have a savings account with Millonetis Bank

libro *m* book; *Fin* **l. de cuentas,** account book; *Educ* **l. de texto,** textbook

licencia *f* ◆ *(autorización)* permission; **l. poética,** poetic licence; *(documento oficial)* permit, licence, *US* license; **l. de armas,** gun licence; *LAm Auto* driving licence, *US* driver's license ◆ *(exceso de libertad, confianza)* licence, *US* license: **se toma demasiadas licencias,** he takes too many liberties

licenciado,-a *m,f* ◆ *Univ* graduate; **l. en Ciencias/Humanidades,** Bachelor of Science/Arts ◆ *LAm* lawyer

licenciar *vtr Mil* to discharge

■ **licenciarse** *vr* ◆ *Univ* to graduate ◆ *Mil* to be discharged

licenciatura *f Univ (titulación superior)* (bachelor's) degree; *(estudios superiores)* degree (course)

liceo *m* ◆ lyceum ◆ *(de enseñanza secundaria)* secondary school

lícito,-a *adj* ◆ *Jur* lawful ◆ *frml (tolerable, permisible)* allowed

licor *m* liquor, spirits *pl*, US liqueur
licuadora *f* blender
licuar *vtr* to liquidize
líder *mf* leader
liderar *vtr* to lead
liderato, liderazgo *m* ♦ leadership ♦ *Dep* top *o* first position
lidia *f* bullfighting
lidiar 1 *vtr Taur* to fight | 2 *vi* to fight: **tiene que l. con sus alumnos,** she has to cope with her students
liebre *f* ♦ *Zool* hare ♦ *Dep* pacemaker
liendre *f Zool* nit
lienzo *m* ♦ *Arte* canvas; **un lienzo de Claudio Coello,** a Claudio Coello painting ♦ *Tex* linen
lifting *m* facelift
liga *f* ♦ *Dep Pol* league ♦ *(prenda femenina)* garter
ligamento *m Anat* ligament
ligar 1 *vtr* ♦ *(unir)* to join; *fig* **mis recuerdos me ligan a esta ciudad,** my memories bind me to this town ♦ *(relacionar)* to link ♦ *fam (coger)* to get | 2 *vi fam (seducir, cortejar)* to make advances: **estaba ligando con mi primo,** she was making advances to my cousin
■ **ligarse** *vr (vincularse, relacionarse)* **su nombre se liga al de la empresa,** his name is related to the company
ligeramente *adv* ♦ *(con ligereza)* lightly ♦ *(un poco)* slightly: **es l. amarillo,** it's slightly yellow
ligereza *f* ♦ lightness; *(de un tejido)* flimsiness ♦ *(falta de responsabilidad)* flippancy; *(en el comportamiento)* indiscretion; *(comentario)* indiscreet remark ♦ *(prontitud, velocidad)* speed
ligero,-a 1 *adj* ♦ *(de poco peso)* light, lightweight: **iba muy l. de ropa,** he was lightly dressed ♦ *(rápido)* swift, quick ♦ *(acento, etc)* slight; *(cena, brisa)* light ♦ *(poco serio)* light | 2 *adv* **ligero** *(veloz)* fast, swiftly ♦ | LOC: **a la ligera,** lightly
light *adj inv (cigarrillos)* **fuma Camel light",** he smokes Camel lights"
ligón,-ona *adj & m,f fam (hombre)* ladies' man; *(mujer)* man-eater
ligue *m fam (hombre)* boyfriend; *(mujer)* girlfriend; *(pareja ocasional)* pickup: **vino con su último l.,** she came with her latest man
liguero,-a 1 *adj Dep (de la Liga)* league | 2 *m* suspenders *pl*, US garter belt
lija *f* **(papel de) l.,** sandpaper
lijar *vtr* to sand *o* sandpaper (down)
lila¹ *adj inv & f* lilac

lila² *fam pey* 1 *adj (pardillo)* dumb, stupid | 2 *mf (simple)* simpleton, twit
lima¹ *f (fruta)* lime
lima² *f (de trabajo)* file; *(de uñas)* nailfile
limar *vtr* ♦ to file ♦ *(diferencias)* to smooth out ♦ | LOC: *fig* **l. asperezas,** to smooth things over
limbo *m* limbo
limitación *f* limitation
limitar 1 *vtr* to limit, restrict | 2 *vi* to border: **limita al norte con Francia,** at North it borders on France
límite *m* ♦ limit ♦ *Geog Pol* boundary, border: **está en el l. de lo legal,** it is on the law borderline | 2 *adj* ♦ *(tope)* limit; **fecha l.,** deadline; *(máximo)* **la temperatura l. es de 200 grados,** the maximum temperature is 200 degrees
limítrofe *adj* neighbouring, US neighboring, bordering
limón *m* lemon
limonada *f (natural)* lemonade; *(de bote)* lemon squash
limonero *m Bot* lemon tree
limosna *f* alms
limpiabotas *m inv* shoeshine, bootblack
limpiacristales *m inv* window cleaner
limpiador,-ora 1 *adj* cleansing | 2 *m,f (persona)* cleaner | 3 *m (sustancia)* cleaner
limpiaparabrisas *m inv* windscreen *o* US windshield wiper
limpiar 1 *vtr* ♦ to clean; *(con un paño)* to wipe; *(el calzado)* to polish ♦ *(la sangre, el organismo)* to cleanse; *(el alma)* to purify ♦ *fam (robar)* to pinch | 2 *vi* to clean
limpieza *f* ♦ *(aseo, pulcritud)* cleanliness ♦ *(acción de limpiar)* cleaning: **los sábados toca l.,** we do the cleaning every Saturday ♦ *(precisión)* neatness; **con l.,** neatly
limpio,-a 1 *adj* ♦ clean ♦ *Fin (neto)* net ♦ *fam* **pasa la redacción a l.,** make a fair copy of the composition ♦ *Dep* **juego l.,** fair play | 2 *adv* **limpio** fairly: **no jugó l.,** he played dirty
linaje *m* lineage
lince *m* ♦ *Zool* lynx: **tiene vista de l.,** she has sharp eyes ♦ *(persona)* **es un l. para conseguir un buen precio,** she is very sharp to bargain
linchar *vtr* to lynch
lindar *vi* to border [**con,** on]
linde *mf* boundary, limit
lindo,-a 1 *adj (bonito)* pretty: **es un gato muy l.,** it's a lovely cat | 2 *adv LAm (bien)* nicely ♦ | LOC: **de lo l.,** a great deal: **cotilleamos de lo l.,** we had a good deal of gossip

línea *f* ◆ line ◆ *(trayecto de autobús)* route *(de ferrocarril, metro)* line; **l. aérea,** airline ◆ *Inform* **en l.,** on-line ◆ *(figura, cuerpo esbelto)* figure; **mantener la l.,** to keep one's figure; *(diseño)* design ◆ *Com (de productos)* line ◆ *(fila)* line; **poner en l.,** to line ◆ | up LOC: **en líneas generales,** roughly speaking; **entre líneas,** between the lines

lineal *adj* linear; **dibujo l.,** technical drawing

lingote m bar, ingot

lingüístico,-a 1 *adj* linguistic | 2 *f* linguistics

lino *m* ◆ *Bot* flax ◆ *Tex* linen

linterna *f* torch: **vimos la luz de una l.,** we saw a torchlight

lío *m* ◆ *fam (desorden)* mess, muddle; **armar un l.,** to kick up a fuss; **hacerse líos con,** to get mixed up; **meterse en un l.,** to get into trouble ◆ *fam (romance)* affair ◆ *(de ropa, etc)* bundle

lioso,-a *adj fam (tema, situación)* confusing

lipotimia *f* blackout, fainting fit

liquen *m Bot* lichen

liquidación *f* ◆ *(de un negocio)* liquidation; *(de un producto)* clearance sale ◆ *(de una deuda)* settlement; *(al finalizar un contrato)* settlement

liquidar 1 *vtr (una deuda)* to settle; *(un producto)* to sell off ◆ *fam (dilapidar)* to waste away ◆ *fam* **l. a alguien,** *(asesinar)* to bump sb off

liquidez *f Fin* liquidity

líquido,-a 1 *m* ◆ liquid ◆ *Fin* liquid assets *pl* | 2 *adj* ◆ liquid ◆ *Fin* net

lira *f* ◆ *Mús* lyre ◆ *Fin* lira

lírico,-a *adj* lyrical

lirio *m Bot* iris

lirismo *m* lyricism

lirón *m* ◆ *Zool* dormouse ◆ *fam fig* **duerme como un l.,** she sleeps like a log

lisiado,-a 1 *adj* crippled | 2 *m,f* cripple

lisiar *vtr* to cripple

liso,-a 1 *adj* ◆ *(textura)* smooth, even ◆ *(sin rizos, sin pliegues)* straight ◆ *(sin estampar)* plain ◆ *Dep* **corre los doscientos metros lisos,** he runs the two hundred metres sprint ◆ *LAm (descarado)* rude | 2 *adv* **lisa y llanamente,** purely and simply

lista *f* ◆ list: **la profesora pasó l.,** the teacher called the roll ◆ *(raya, franja)* stripe

listado,-a 1 *adj (a rayas)* striped | 2 *m* ◆ list ◆ *Inform (de un informe, etc)* listing, printout; **sacar un l.,** to print out a listing

listín *m (de teléfonos)* telephone directory

listo,-a *adj* ◆ *(despierto, agudo)* smart ◆ *(preparado)* ready ◆ | LOC: *(apañado)* **estás l. si crees que voy a ayudarte,** you are sadly mistaken if you think I'm going to help you; **pasarse de l.,** to be too clever by half

listón *m Dep* bar ◆ | LOC: **poner el l. muy alto,** to set very high standards

litera *f* bunk bed; *Ferroc* berth

literal *adj* literal

literario,-a *adj* literary

literatura *f* literature

litigar *vi Jur* to litigate

litigio *m* ◆ *Jur* lawsuit ◆ *fig* dispute; **en l.,** at stake

litografía *f* ◆ *(método, arte)* lithography ◆ *(reproducción, estampa)* lithograph

litoral 1 *m* coast, seaboard | 2 *adj* coastal

litro *m* litre, *US* liter

liturgia *f* liturgy

liviano,-a *adj (ligero)* lightweight

lívido,-a *adj* livid

llaga *f (en el cuerpo)* sore; *(en la boca)* ulcer

llama *f* flame ◆ | LOC: **en llamas,** ablaze

llamada *f* ◆ *(vocación)* call ◆ *Tel* (phone) call: **ésta es una l. a cobro revertido, ¿la acepta?,** this is a reverse-charge call, will you accept it?; **l. interurbana,** long-distance call ◆ *(con la voz)* **oímos su l.,** we heard his call

llamado,-a *adj* so-called

llamamiento *m* appeal

llamar 1 *vtr* ◆ to call ◆ *(telefonear)* to call up, phone, ring; **la llamé esta mañana,** I rang her this morning ◆ *(suscitar vocación, interés)* to appeal; **l. la atención,** to attract attention ◆ *(por un nombre de pila)* to name; *(por un apodo, mote, diminutivo)* to call | 2 *vi (con los nudillos)* to knock; *(con el timbre)* to ring

■ **llamarse** *vr* to be called: **¿cómo se llama?,** what's his name?

llamarada *f* blaze

llamativo,-a *adj* ◆ *(sugerente)* eye-catching; *(ostentoso)* **un vestido demasiado l.,** a flashy dress ◆ *(persona)* striking

llano,-a 1 *adj* ◆ *(sin desniveles, plano)* flat, level ◆ *(campechano)* straightforward ◆ **el pueblo l.,** the common people ◆ *(explicación, estilo, etc)* clear | 2 *m* plain

llanta *f Auto (de una rueda)* wheel rim; *LAm (neumático)* tyre, *US* tire

llanto *m* crying

llanura *f* plain

llave *f* ◆ *(de una cerradura)* key: **cierra con l.,** lock the door; *Auto* **la l. de contacto,** the ignition key; *(de una cañería)* tap; **la l. del**

llavero

gas, the gas tap; **la l. de paso del agua,** the stopcock, *US* water valve; *(del fluido eléctrico)* switch ◆ *(herramienta)* **l. fija,** spanner; **l. inglesa,** adjustable spanner, *US* monkey wrench ◆ *(en defensa personal)* lock ◆ *Tip* brace ◆ | LOC: **bajo l.,** under lock and key
llavero *m* keyring
llegada *f* arrival; *Dep* finish
llegar *vi* ◆ to arrive; **l. a la ciudad,** to arrive at the town; **llegué la última,** I arrived last; **está al l.,** she's about to arrive ◆ *(momento, acontecimiento)* **llegó la hora de…,** the time has come to…; **llegaron las heladas,** the frosts came ◆ *(alcanzar)* **no llego al último estante,** I can't reach the top shelf; *(una meta)* **l. a la cumbre,** he reached the peak ◆ *(ser suficiente)* to be enough ◆ *(l. a + inf)* to go so far as to: **llegué a creerlo,** I even believed it; **llegaron a insultarnos,** they went so far as to abuse us; *fig* **l. a las manos,** to come to blows; **l. a ser,** to become
llenar 1 *vtr* ◆ to fill: **me llena de vergüenza/alegría,** it fills me with shame/happiness ◆ *(una superficie)* **llené la pared de fotografías,** I covered the wall with photos ◆ *(una comida, actividad, etc)* to satisfy | 2 *vi* to be filling: **la paella llena mucho,** paella is very filling
■ **llenarse** *vr* to fill (up), become full: **este chico nunca se llena,** this boy never feels full
lleno,-a 1 *adj* ◆ *(colmado)* full (up): **estoy l.,** I'm full ◆ *(superficie)* covered: **está l. de manchas,** it's covered with stains ◆ *(gordito)* plump | 2 *m (en espectáculos)* full house ◆ | LOC: **de l.,** fully: **se equivocó de l.,** he went fully wrong
llevadero,-a *adj* bearable
llevar *vtr* ◆ to take: **llévame a casa,** take me home; *(en dirección al oyente)* **te lo llevaré al trabajo,** I'll bring it to your work ◆ *(vestir)* to wear: **lleva el pelo suelto,** she wears her hair down ◆ *(transportar)* to carry: **no llevo dinero encima,** I don't carry any money on me ◆ *(tolerar, sufrir)* **lleva muy mal la separación,** she is taking the separation very badly ◆ *(una diferencia de edad)* **le lleva dos años a su hermana,** he is two years older than his sister ◆ *(cobrar)* **me llevó dos mil pesetas por el arreglo,** she charged me two thousand pesetas for the repairs; *(necesitar)* **eso no lleva mucho trabajo,** that doesn't need much work ◆ *(tiempo)* **llevo dos horas esperando,** I've been waiting for two hours; **esto llevará un buen rato,** this will take a long time ◆ *(un negocio, empresa)* to be in charge of; *(a una persona)* to handle: **te lleva por donde quiere,** she does what she likes with you

> La traducción más común es **to take**: *¿Adónde llevas eso?,* **Where are you taking that?** *Llévalo a la cocina.* **Take it to the kitchen.** Sin embargo, tratándose de llevar algo *hacia* el oyente o el hablante, debes emplear el verbo **to bring**: *Te lo llevaré mañana.* **I'll bring it tomorrow.** *Te llevaré un regalo.* **I'll bring you a present.**

■ **llevarse** *vr* ◆ *(de un sitio a otro)* to take away: **¡llévatelo de aquí!,** take it away!; **se llevaron la televisión al dormitorio,** they moved the television to the bedroom ◆ *(un premio, una felicitación)* to win; **l. un susto,** to have a fright ◆ *(arrebatar)* to carry away: **se lo llevó la corriente,** the current carried it away; **se llevaron el dinero,** they took away all the money ◆ *fam (estar de moda)* to be fashionable ◆ **l. bien/mal con alguien,** to get on well/badly with sb: **con su padre no me llevo en absoluto,** I don't get on with his father at all ◆ *(haber una diferencia)* **se llevan diez años,** there's a difference of ten years in their ages
llorar *vi* to cry; *Lit* weep
llorica *mf fam (que llora por todo)* crybaby; *(que se queja por todo)* moaner
lloriquear *vi* to snivel
lloroso,-a *adj* tearful
llover *v impers* to rain
llovizna *f* drizzle
lloviznar *v impers* to drizzle
lluvia *f* rain; **una l. de felicitaciones,** a shower of congratulations
lluvioso,-a *adj* rainy
lo¹ *art det neut* the; **lo mío,** mine; **lo nuestro,** ours; **lo otro,** the other thing; **lo peor,** the worst (thing)
lo² *pron pers m & neut* ◆ *(objeto)* it: **no lo compliques,** don't complicate it; *(no se traduce)* **díselo,** tell her; **no lo sé,** I don't know → **le** ◆ **lo que…,** what…: **pídeme lo que quieras,** ask me for whatever you want ◆ **lo cual…,** which… ◆ **lo de…,** the business of…: **no me dijo lo de su divorcio,** he didn't tell me about his divorce ◆ *(persona)* **no lo humilles,** don't humiliate him
loable *adj* praiseworthy
lobo *m* ◆ *Zool* wolf ◆ **un l. de mar,** an old sea dog ◆ | LOC: **como boca de l.,** pitch-dark

lóbrego,-a *adj* gloomy
lóbulo *m (de la oreja)* (ear) lobe
local 1 *adj* local | **2** *m* ◆ *(para instalar un comercio, negocio, etc)* premises pl ◆ *(negocio)* **un l. de la Quinta Avenida,** a business on Fifth Avenue; **un l. de copas,** a pub; **un l. de mala muerte,** a dive
localidad *f* ◆ *(ciudad, villa)* locality, place ◆ *Cine Teat (plaza, butaca)* seat; *(entrada)* ticket: «**localidades agotadas**», «tickets sold out»
localizar *vtr* ◆ to find ◆ *(una epidemia, un incendio)* to localize
loción *f* lotion
loco,-a 1 *adj* ◆ mad, crazy; **volverse l.,** to lose one's mind, to go mad ◆ *(deseoso)* **estoy l. por ir a París,** I'm eager to travel to Paris ◆ *(entusiasmado)* **está loca de alegría,** she's thrilled; **está l. por las motos,** he's crazy about motorbikes | **2** *m,f* ◆ *(hombre)* madman, *(mujer)* madwoman ◆ | LOC: **hacerse el l.,** to act the fool; *fam* **¡ni l.!,** I'd sooner die!; *fam* **traer/volver l. a alguien,** to drive sb crazy; **a lo l.,** crazily
locomotora *f* locomotive
locuaz *adj* loquacious, talkative
locución *f* idiom
locura *f* madness, insanity: **quiere a su padre con l.,** she loves her father madly
locutor,-ora *m,f TV Rad* presenter
locutorio *m* telephone booth
lodo *m* mud
logaritmo *m Mat* logarithm
lógica *f* logic: **está fuera de toda l.,** it's completely illogical
lógico,-a *adj* logical: **es l. que te enfades,** it's natural for you to get angry
logística *f* logistics *sing o pl*
logotipo *m* logo
lograr *vtr* ◆ to obtain: **logró hacerse escuchar,** he managed to make himself heard; **logrará su propósito,** he'll achieve his purpose; **no logro conciliar el sueño,** I can't sleep ➢ Ver nota en **manage** ◆ *(medalla, reconocimiento)* to win
logro *m* achievement
loma *f* hillock, hill
lombriz *f* worm, earthworm
lomo *m* ◆ back ◆ *Culin* loin; **l. (embuchado),** cured loin of pork ◆ *(de un libro)* spine ◆ | LOC: **a lomo(s),** on the back
lona *f* canvas
loncha *f* slice; **l. de bacon,** rasher
lonchería *f LAm* snack bar
longaniza *f* spicy (pork) sausage
longevo,-a *adj* long-lived
longitud *f* ◆ *(dimensión)* length; **un metro de l.,** one metre long ◆ *Geog* longitude ◆ **l. de onda,** wavelength
lonja[1] *f* → **loncha**
lonja[2] *f (de pescado)* fish market
loquería *f LAm* mental asylum, mental hospital
lord *m* lord; *GB Pol* **Cámara de los Lores,** House of Lords
loro *m Zool* parrot
los[1] **1** *art def mpl* the: **l. perros,** the dogs ◆ *(no se traduce)* **l. mamíferos,** mammals ◆ *(se traduce por un posesivo)* **apretaba l. puños,** he was clenching his fists → **el, las** y **lo** ◆ *(cuando el sustantivo está elidido)* **l. que están ahí sentados,** *(personas)* those who are sitting there; *(personas)* **l. que cuelgan de la pared,** the ones hanging on the wall; **tira l. que menos te gusten,** throw out the ones you like least; **l. míos/suyos son azules,** mine/yours are blue → **les**
los[2] *pron pers mpl (personas, cosas)* them: **¿l. llevaste a casa?,** did you take them home?
losa *f* ◆ *(stone)* slab, flagstone; *(de una tumba)* gravestone ◆ *(carga, remordimiento)* burden
lote *m* ◆ set ◆ *Com* lot ◆ *Inform* batch
lotería *f* lottery: **si nos tocase la l.,** if we won the lottery
loto *f* ◆ *Bot* lotus ◆ *(lotería)* lottery
loza *f* ◆ *(barro fino)* china ◆ *(objetos)* crockery
lozano,-a *adj* ◆ *(robusto, con buena salud)* healthy-looking ◆ *(una planta)* lush; *(una verdura)* fresh
lubricante *m* lubricant
lucero *m* bright star; **l. del alba** *o* **matutino,** morning star; **l. vespertino,** evening star
lucidez *f* lucidity
lúcido,-a *adj* lucid
luciérnaga *f Zool* glow-worm
lucir 1 *vi* ◆ *(una estrella, bombilla)* to shine ◆ *fam (un esfuerzo)* **trabaja bastante, pero no le luce,** he works quite a lot, but it doesn't show | **2** *vtr* ◆ *(ropas, joyas, peinado)* to wear ◆ *(cualidades)* to display
■ **lucirse** *vr* ◆ *(quedar bien)* to do very well ◆ *(presumir)* to show off
lucrativo,-a *adj* lucrative
lucro *m* gain, profit; **una organización sin ánimo de l.,** a non-profit-making organism
lucha *f* ◆ *(pelea)* fight ◆ *(motivo, objetivo)* struggle; **la l. por la supervivencia,** the fight for survival; **l. contra el racismo,** struggle against racism ◆ *Dep* wrestling; **l. libre,** free-style wrestling

luchador,-ora *m,f* ♦ fighter ♦ *Dep* wrestler

luchar *vi* ♦ to fight, struggle ♦ *Dep* to wrestle

lúdico,-a *adj* recreational

luego **1** *adv* ♦ *(a continuación)* then, afterwards, next ♦ *(un poco más tarde)* later (on): **l. hablamos,** I'll speak to you later; **¡hasta l.!,** so long!; *LAm* **l. de,** after | **2** *conj* therefore ♦ | LOC: **desde l.,** *(acuerdo)* of course; *(desaprobación)* well, really!: **¡desde l., mira que decirle eso!,** well, really! fancy saying that to her!

lugar *m* place; **la gente del l.,** the local people; **en algún l. del cuerpo/libro,** in some part of the body/book ♦ *(ocasión)* time: **no hubo l. para ello,** there was no occasion for it; *(motivo)* occasion: **dio l. a un malentendido,** it gave rise to a misunderstanding ♦ | LOC: **dar l. a,** to cause, give rise to; **sentirse fuera de l.,** to feel out of place; **tener l.,** to take place; **en l. de,** instead of; **en mi/tu/su lugar…,** if I/you/he were me/you/him…; **en primer l.,** in the first place, firstly; **sin l. a dudas,** without a doubt

lugareño,-a *adj & m,f* local

lugarteniente *mf* lieutenant

lúgubre *adj* dismal, lugubrious

lujo *m* luxury: **no nos podemos permitir esos lujos,** we can't afford such luxuries; **impuesto de l.,** luxury tax ♦ | LOC: **con todo lujo de detalles,** in great detail

lujoso,-a *adj* luxurious

lujuria *f* lust

lujurioso,-a *adj* lustful

lumbre *f (en el hogar, hoguera)* fire; *(para encender un cigarro, etc)* light

lumbrera *f* luminary, genius

luminoso,-a *adj* ♦ luminous; **un punto l.,** a luminous spot ♦ *(habitación, casa, etc)* light ♦ *fig (idea, color, rostro)* bright

luna *f* ♦ moon; **l. creciente/llena,** crescent/full moon; *fig* **l. de miel,** honeymoon ♦ *(de una tienda)* window; *(de un espejo)* mirror ♦ | LOC: **estar en la l.,** to have one's head in the clouds

lunar **1** *m (en la piel)* mole, beauty spot; *(en una tela)* dot; **falda de lunares,** polka-dot skirt | **2** *adj* lunar

lunático,-a *m,f* lunatic

lunes *m inv* Monday: **nos veremos el l.,** we'll see each other on Monday

lupa *f* magnifying glass

lustro *m* five-year period

lustroso,-a *adj* ♦ *(limpio y muy brillante)* shiny, glossy ♦ *(saludable y regordete)* healthy (looking)

luto *m* mourning

luz *f* ♦ light; **l. natural,** sunlight ♦ *(foco)* light: **apaga las luces, por favor,** put out the lights, please ♦ *(electricidad)* **me cortaron la l.,** my electricity has been cut off ♦ *Auto* light; **l. larga,** headlights *pl;* **luces de cruce,** dipped headlights; **luces de posición,** sidelights ♦ **luces,** *(entendimiento)* intelligence *sing;* **tener pocas luces,** to be dim-witted ♦ **traje de luces,** bullfighter's costume ♦ | LOC: *fig* **dar a l.,** *(parir)* to give birth to *fig* **dar l. verde a,** to give the green light to; **a la l. de,** in the light of; **a todas luces,** obviously

M, m *f (letra)* M, m

m ♦ *(abr de metro)* metre, metres *US* meter, meters, m ♦ *(abr de minuto)* minute, minutes, min

macabro,-a *adj* macabre

macaco,-a **1** *m Zool* macaque | **2** *m,f fam (muchacho)* kid

macanudo,-a *adj LAm fam* great: **es un tipo m.,** he's a really great guy

macarra *mf argot* **su hermana es una m.,** his sister is a big-head

macarrón *m Culin* piece of macaroni; *(más en pl)* **le encantan los macarrones,** she loves macaroni

macarrónico,-a *adj (lenguaje, gusto)* atrocious, awful

macedonia *f Culin* fruit salad

Macedonia *f* Macedonia

macedonio,-a 1 *adj & m,f* Macedonian | **2** *m (idioma)* Macedonian

macerar *vtr Culin (pescado, etc)* to marinade; *(fruta)* to soak

maceta *f* plant pot, flowerpot

machacar 1 *vtr* ♦ *(a golpes)* to crush: **hay que m. los ajos,** you have to crush the garlic ♦ *fam (vencer, derrotar)* to crush, thrash: **nos machacaron en la final,** they thrashed us in the final ♦ *fam (estudiar)* to study hard: **aún me quedan por m. dos lecciones,** I still have to swot up on two lessons ♦ *fam (agotar, cansar)* to exhaust, wear out: **este trabajo me machaca,** this job wears me out | **2** *vi* ♦ *fam (estudiar)* to cram, *US* grind ♦ *fam (insistir)* to harp on, go on: **siempre machaca sobre lo mismo,** she's always going on about the same thing

machacón,-ona *fam adj* ♦ *(insistente)* repetitive: **tiene un ritmo muy machacón,** it has a very monotonous rhythm ♦ *(pelma)* tiresome

machete *m* machete

machismo *m* male chauvinism

machista *adj & mf* male chauvinist

macho 1 *adj* ♦ *(ser vivo)* male ♦ *fam (viril)* macho, manly, virile | **2** *m* ♦ *(ser vivo)* male ➢ Ver nota en **male** ♦ *fam (hombre)* macho, tough guy ♦ *Téc (pieza encajable)* male piece *o* part; *(de un enchufe)* plug

macizo,-a 1 *adj* ♦ *(compacto)* solid ♦ *(recio)* solid, robust ♦ *fam (hombre, mujer)* good looking | **2** *m Geog (montañoso)* mountain mass, massif

macro *f Inform* macro

macroeconomía *f* macroeconomics *sing*

macuto *m fam (mochila)* back pack, haversack

madalena *f* → **magdalena**

madeja *f* hank, skein

madera *f* ♦ wood; **una puerta de m.,** a wooden door; *(para construir)* timber, *US* lumber ♦ | LOC: **tienes m. de artista,** you have all the makings of an artist; **¡toquemos m.!,** touch wood!

madero *m* ♦ *(tabla)* piece of timber, *US* piece of lumber ♦ *(leño)* log ♦ *argot (policía)* cop

madrastra *f* stepmother ➢ Ver nota en **in-laws**

madre 1 *f* ♦ mother: **fue m. a los veinte años,** she was a mother at twenty; **m. adoptiva,** adoptive mother; **m. soltera,** unmarried mother ♦ *(origen)* root, mother: **la pereza es la m. de la pobreza,** laziness is the origin of poverty ♦ *(de río)* bed | **2** *excl* **¡m. mía, qué tarde es!,** good heavens, it's really late!

madreselva *f* honeysuckle

madriguera *f* ♦ *(de un animal)* burrow, hole ♦ *fig (escondite)* hide out

madrina *f* ♦ *(de bautismo)* godmother ♦ *(de boda)* ≈ matron of honour, chief bridesmaid ♦ *fig (benefactora)* protectress, benefactress

madrugada *f* ♦ *(amanecer)* dawn: **me desperté de m.,** I woke up at daybreak ♦ *(después de medianoche)* early morning; **las cuatro de la m.,** four o'clock in the morning

madrugar *vi* to get up early

madurar 1 *vtr fig (una idea, una decisión)* to think out | **2** *vi* ♦ *(fruta)* to ripen ♦ *(persona)* to mature

madurez *f* ♦ *(de una persona)* maturity ♦ *(de una fruta)* ripeness

maduro,-a *adj* ♦ *(persona)* mature: **es una mujer (de edad) madura,** she's a middle-aged woman ♦ *(fruta)* ripe

maestría *f* mastery, skill: **toca el violín con m.,** he plays violin with real skill

maestro,-a 1 *m,f* ♦ *Educ* teacher, schoolteacher ♦ *(en un oficio)* master: **es un m. de la diplomacia,** he's a master of diplomacy ♦ *Mús* maestro | **2** *adj* ♦ *(excelente, destacado)* master; **obra maestra,** masterpiece ♦ *(principal)* main, master; **llave maestra,** master key; **viga maestra,** main beam

mafia *f* mafia

mafioso,-a 1 *adj* mafia; **una organización mafiosa,** a mafia organization | **2** *m,f* mafioso

magdalena, madalena *f* fairy cake, *US* muffin

magia *f* magic: **lo hizo desaparecer como por arte de m.,** he made it disappear as if by magic

mágico,-a *adj* ♦ *(truco, amuleto)* magic ♦ *fig (fascinante)* magical, wonderful

magisterio *m (enseñanza)* teaching: **estudia m.,** he's studying to be a teacher

magistrado,-a *m,f Jur* judge; *LAm* **primer m.,** prime minister

magistral *adj (muy bueno)* masterly: **tuvo una intervención m.,** she made a brilliant contribution

magistratura *f* magistracy
magma *f Geol* magma
magnánimo,-a *adj* magnanimous
magnate *mf* magnate, tycoon: **es un m. del petróleo,** he's an oil magnate
magnesio *m* magnesium
magnético,-a *adj* magnetic
magnetizar *vtr* ◆ *Fís* to magnetize ◆ *(cautivar)* to fascinate, hypnotize
magnetófono, magnetofón *m* tape recorder
magnífico,-a *adj* magnificent, wonderful
magnitud *f* magnitude, dimension: **desconozco la m. del problema,** I don't know the scale of the problem
magno,-a *adj frml* great
mago,-a *m,f (hechicero)* wizard, magician; **el m. de Oz,** the Wizard of Oz; **los Reyes Magos,** the Wise Men
magro,-a 1 *adj (sin grasa)* lean | **2** *m (de cerdo)* loin of pork
magullar *vtr* to bruise, damage
  ■ **magullarse** *vr* to get bruised *o* damaged
mahometano,-a *adj & m,f Rel* Muslim
mahonesa *f* → **mayonesa**
maillot *m (para gimnasia, ballet)* leotard; *Dep* shirt
maíz *m* maize, *US* corn
majestad *f* majesty; **Su M. la Reina,** Her Majesty the Queen
majestuoso,-a *adj* majestic, stately
majo,-a *adj fam (lindo)* pretty, nice; *fam (persona)* nice: **tu amigo es muy m.,** your friend is very nice
mal 1 *adj (delante de sustantivo masculino)* bad; **un m. momento,** *(inoportuno)* a bad time: **está atravesando un m. momento,** he's going through a bad patch → **malo,-a** | **2** *m* ◆ evil, wrong; **más allá del bien y del mal,** beyond good and evil ◆ *(perjuicio)* harm: **me ha hecho mucho m.,** it really hurt me ◆ *(dolencia)* illness, disease: **padece un m. incurable,** she suffers from an incurable disease | **3** *adv* badly, wrong: **oye muy m.,** she can hardly hear; **todo me sale m.,** everything I do turns out badly; **me siento m. del estómago,** I've got an upset stomach; **menos m. que estás aquí,** it's a good job you are here; **no te lo tomes a m.,** don't take it badly
malabarista *mf* juggler
malaria *f Med* malaria
malcriado,-a *adj & m,f* bad-mannered
malcriar *vtr* to spoil

maldad *f* ◆ wickedness, evil ◆ *(comentario)* wicked *o* evil remark: **lo que has dicho es una m.,** that was a really nasty thing to say
maldecir *vtr* to curse
maldición 1 *f* curse: **le echó una m.,** she cursed him | **2** *excl* damnation!
maldito,-a *adj* ◆ *fam (incordiante)* damned, bloody: **¿dónde habré puesto el m. recibo?,** where did I put the damned bill? ◆ *(ninguno, nada)* **maldita la ilusión que me hace,** I don't like it one bit ◆ *(sujeto a maldición)* damned, cursed
maleante *adj & mf* criminal, thug, delinquent
maleducado,-a 1 *adj* bad-mannered | **2** *m,f* bad-mannered person
maleficio *m (hechicería)* curse, spell
maléfico,-a *adj* harmful
malentendido *m* misunderstanding
malestar *m* ◆ *(físico)* discomfort: **tengo un m.,** I don't feel well ◆ *fig (intranquilidad)* uneasiness: **la medida ha generado m. social,** the measure has caused unrest
maleta *f* suitcase, case: **aún tengo que hacer la m.,** I still have to pack my things
maletero *m Auto* boot, *US* trunk
maletín *m* briefcase
malévolo,-a *adj* malevolent
maleza *f* ◆ *(matorrales, espesura)* undergrowth ◆ *(yerbajos, rastrojos)* weeds *pl*
malformación *f* malformation
malgastar *vtr & vi* to waste
malhablado,-a 1 *adj* foul-mouthed | **2** *m,f* foulmouthed person
malherir *vtr* to wound badly
malherido,-a *adj* seriously wounded
malicia *f* ◆ *(picardía)* cunning ◆ *(mala intención)* malice, maliciousness; **con m.,** maliciously ◆ *(tendencia a sospechar)* malevolence
malicioso,-a 1 *adj* ◆ *(pícaro)* mischievous ◆ *(malintencionado)* malicious | **2** *m,f* malicious person
maligno,-a *adj* malignant
malintencionado,-a 1 *adj* spiteful, ill-intentioned | **2** *m,f* spiteful *o* ill-intentioned person
malla 1 *f* ◆ *Tex* mesh ◆ *(para gimnasia)* leotard ◆ *LAm (bañador)* swimsuit, swimming costume | **2** *fpl* **mallas,** *(pantalón ajustado)* leggings
malo,-a 1 *adj* → **mal** ◆ bad: **he tenido un día muy m.,** I've had a bad day ◆ *(perverso)* wicked, bad; *(desobediente, travieso)* naughty ◆ *(espectáculo, libro, etc)* bad, poor: **es un argumento muy m.,** it's a feeble ar-

gument ◆ *(dañino)* harmful: **es m. para ti que él lo sepa,** it's bad for you that he knows it ◆ *(enfermero)* ill, sick ◆ *(alimentos)* rotten: **se puso mala la carne,** the meat went bad | 2 *m,f fam* **el m.,** the baddy *o* villain ◆ | LOC: **estar de malas,** to be in a bad mood; **por las malas,** by force

malograr *vtr* to upset

■ **malograrse** *vr* to fail, fall through

maloliente *adj* foul-smelling, stinking

malparado,-a *adj* **peleó con él y salió muy m.,** he fought with him and ended up in a sorry state; **salió muy m. en la discusión,** she came off worse in the argument

malpensado,-a 1 *adj* nasty-minded | 2 *m,f* nasty-minded person: **eso es de malpensados,** it's typical of a nasty mind

malsano,-a *adj* ◆ *(insano)* unhealthy ◆ *(enfermizo)* **siente un odio m. hacia ella,** he has a sick hatred for her

malsonante *adj (palabras, lenguaje)* rude, foul

malta *f* malt

maltratado,-a *adj* battered, ill-treated

maltratar *vtr* ◆ *(un objeto)* to mistreat ◆ *(psicológicamente)* to maltreat, ill-treat, *(golpear)* to batter

maltrecho,-a *adj* in a terrible state, battered

malva 1 *adj inv* & *m (color)* mauve | 2 *f Bot* mallow

malvado,-a *adj* evil, wicked

malversar *vtr* to embezzle, misappropriate

malvivir *vi* to live badly

mamá *f fam* mum, mummy

mama *f (de mujer)* breast; *(de animal)* teat

mamar 1 *vtr (un bebé, una cría)* to suck; *fig (conocimientos, costumbres)* to absorb | 2 *vi* to feed

mamífero,-a *m,f* mammal

mamotreto *m* ◆ *(mueble)* massive *o* huge thing ◆ *(libro)* huge tome

mampara *f* screen

mampostería *f* masonry

mamut *m* mammoth

manada *f* ◆ *Zool* herd; *(de lobos, perros)* pack ◆ *fam (de personas)* crowd, mob

manantial *m* spring

manar 1 *vi* to flow [**de,** from] | 2 *vtr* to flow with: **la cañería está manando agua,** the pipe is pouring with water

manazas *mf inv fam* clumsy person

mancha *f* ◆ *(de grasa, pintura, etc)* stain ◆ *(en la piel)* spot: **le ha salido una m. roja en la mano,** she has a red spot on her hand

manchado,-a *adj* ◆ *(sucio)* stained ◆ *Zool (animal)* dappled, speckled

manchar *vtr* to stain: **su implicación mancha el nombre de la universidad,** his involvement is a disgrace to the University

■ **mancharse** *vr* to get dirty

manco,-a 1 *adj* ◆ *(sin brazo)* one-armed; *(sin mano)* one-handed ◆ *(sin brazos)* armless; *(sin manos)* handless ◆ *(incompleto)* incomplete | 2 *m,f (sin mano)* one-handed person; *(sin brazo)* one-armed person; *(sin brazos)* armless person; *(sin manos)* handless person

mandamiento *m* ◆ *(orden)* order; **un m. judicial,** warrant ◆ *Rel* commandment

mandar *vtr* ◆ *(dar órdenes)* to order: **me mandó barrer el suelo,** she told me to sweep the floor ◆ *(remitir)* to send: **le mandaré unas flores,** I'll send him some flowers; **te manda saludos,** she sends you her regards; **mándalo por correo,** send it by post; **nos mandaron a por unos huevos,** they sent us for some eggs ◆ *(capitanear, dirigir)* to lead, be in charge *o* command of; *Mil* to command

mandarina *f* tangerine

mandatario,-a *m,f Pol* leader; **primer m.,** president

mandato *m* ◆ *(orden)* order, command; *Jur* warrant ◆ *(periodo de gobierno)* term of office

mandíbula *f* jaw ◆ | LOC: **reír a m. batiente,** to laugh one's head off

mando *m* ◆ *(autoridad)* command, control: **ahora es él quien tiene el m.,** now he's the one in charge; **es una decisión de los altos mandos,** the decision comes from the top ◆ *Téc (control)* controls *pl*: **los mandos no responden,** the controls don't respond; *Auto* **cuadro** *o* **tablero de mandos,** dashboard; **m. a distancia,** remote control

mandón,-ona 1 *adj fam* bossy | 2 *m,f fam* bossy person

manecilla *f (de reloj)* hand

manejable *adj* ◆ *(objeto)* easy to use; *(vehículo)* easy to drive ◆ *(persona)* easily led

manejar 1 *vtr* ◆ *(manipular)* to handle, operate: **no sé m. la grúa,** I can't operate the crane ◆ *(dirigir, controlar)* to handle: **sabrá m. la situación,** she'll be able to handle the situation; *(a alguien)* **Irma maneja a las personas,** Irma manipulates

manejo 224

people; **si la manejas bien, es un encanto,** if you know how to handle her, she's charming ◆ *(administrar)* to manage: **maneja mucho dinero,** he handles lots of money ◆ *LAm (automóvil)* to drive | **2** *vi LAm* to drive

■ **manejarse** *vr* to manage

manejo *m* ◆ *(utilización)* handling, use: **su m. es muy sencillo,** it is very easy to operate ◆ *(más en pl) (chanchullos)* tricks *pl*: **no sé qué manejos se trae,** I don't know what he's up to ◆ *LAm (conducción)* driving

manera 1 *f* ◆ way, manner: **hagámoslo a nuestra m.,** let's do it our way; **lo hace todo de cualquier m.,** he does everything any old how; **no hay m. de que me escuche,** there is no way to make him listen to me; **me disgusta su m. de ser,** I don't like the way he behaves | **2** *fpl* **maneras,** manners: **contestó con malas maneras,** she answered rudely ◆ | LOC: **de cualquier m./de todas maneras,** anyway, at any rate, in any case; **de m. que,** so (that); **de ninguna m.,** in no way, certainly not; **de tal m. que,** in such a way that

manga *f* ◆ *Cost* sleeve: **iba en mangas de camisa,** he was in his shirtsleeves; **de m. corta/larga,** short-/long-sleeved; **un vestido sin mangas,** a sleeveless dress ◆ *Culin* **m. pastelera,** piping bag ◆ *(para regar)* hose (pipe) ◆ *(del mar)* arm

mangar *vtr argot* to nick, pinch, swipe

mango[1] *m (asidor)* handle: **agarra bien el m.,** hold the handle tightly

mango[2] *m Bot* mango

manguera *f* hose

maní *m* peanut

manía *f* ◆ *(costumbre)* habit: **tengo la m. de mirar bajo la cama antes de dormirme,** I have to take a look under the bed before I fall asleep; **tiene muchas manías,** he has many obsessions ◆ *(odio, ojeriza)* dislike: **le cogiste m.,** you took a dislike to it; **creo que le tiene m.,** I think he dislikes her; **nos tenemos m.,** we dislike each other ◆ *(afición)* craze ◆ *Med* mania; **m. persecutoria,** persecution complex

maníaco,-a, maniaco,-a 1 *adj* manic | **2** *m,f* maniac

maniatar *vtr* to tie the hands of

maniático,-a 1 *adj* fussy | **2** *m,f* fusspot

manicomio *m* mental hospital

manicura *f* manicure

manifestación *f* ◆ *(de trabajadores, etc)* demonstration ◆ *(muestra)* manifestation, sign: **fue una insólita m. de afecto,** it was an unusual display of affection

manifestante *mf* demonstrator

manifestar *vtr* ◆ *(una opinión, un pensamiento)* to state, declare ◆ *(un sentimiento)* to show, display: **su rostro manifestaba sorpresa,** his face showed surprise

■ **manifestarse** *vr* ◆ *(un grupo)* to demonstrate ◆ *(declararse)* to declare oneself: **la oposición se manifestó en contra,** the opposition declared against it

manifiesto,-a 1 *adj* clear, obvious: **el comentario puso de m. su racismo,** the remark showed up his racism | **2** *m Pol* manifiesto

manilla *f* ◆ *(de reloj)* hand ◆ *(tirador)* handle

manillar *m* handlebar

maniobra *f* manoeuvre, *US* maneuver

maniobrar *vi* to manoeuvre, *US* maneuver

manipulación *f* manipulation

manipular *vtr* ◆ *(con manos, instrumento)* to handle: **manipula sustancias químicas,** he handles chemicals ◆ *(dirigir, utilizar)* to manipulate: **te está manipulando,** she's using you

maniquí *m Cost Com* dummy

manitas 1 *adj* **es muy m.,** she's very good with her hands | **2** *mf inv fam* handyman, handywoman

manirroto,-a *adj* spendthrift

manivela *f Téc* crank

mano *f* ◆ hand; *(de animal)* forefoot; *(de perro, gato)* paw; *(de cerdo)* trotter ◆ *(autoría, estilo)* influence: **se ve su m. en el asunto,** he obviously has a hand in this business ◆ *(maña)* skill: **tiene mucha m. con los niños,** he's very good with children ◆ *(capa)* coat; **dos manos de pintura,** two coats of paint ◆ *(lado)* **a m. derecha/izquierda,** on the right/left (hand side) ◆ *(poder) (usu pl)* hand: **dejo todo en tus manos,** I leave everything in your hands; **está en su m.,** it's in his power ◆ *(del almirez)* pestle ◆ **m. de obra,** labour (force) ◆ | LOC: **echar una m. a alguien,** to give sb a hand; **estrechar la m. a alguien,** to shake hands with sb; ¡**manos a la obra!,** shoulders to the wheel!; ¡**manos arriba!,** hands up!; **meter m.,** *(a un problema)* to tackle; *vulgar* to touch up; **pillar a alguien con las manos en la masa,**

to catch sb red-handed; **a m.**, *(sin máquina)* by hand; *(asequible)* at hand; **a m. alzada,** by a show of hands; **a m. armada,** armed; **de segunda m.,** second-hand

manojo *m* bunch: **estás hecha un m. de nervios,** you are a bundle of nerves

manopla *f* mitten

manoseado,-a *adj* ◆ *(sobado)* worn-out, dog-eared ◆ *(comentado)* hackneyed, well-worn

manosear *vtr (un objeto)* to finger; *(a alguien)* to grope

manotazo *m* smack, slap

mansión *f* mansion

manso,-a *adj* ◆ *(persona)* gentle, meek ◆ *(animal)* tame, docile

manta 1 *f* ◆ blanket ◆ *(gran cantidad)* **le dio una m. de sopapos,** he gave her a beating | 2 *mf fam (torpe)* clumsy *o* useless person

manteca *f* ◆ *(grasa animal)* fat; *(de cerdo)* lard ◆ *(de leche, frutos)* butter; **m. de cacahuete,** peanut butter

mantecado *m (bollo)* bun (made with lard)

mantel *m* tablecloth

mantener *vtr* ◆ *(conservar)* to keep: **ella mantiene vivo su recuerdo,** she keeps his memory alive; **mantén la calma,** keep calm ◆ *(sostener)* to have: **mantuvimos una conversación muy seria,** we had a very serious talk; *(una teoría, hipótesis)* to defend, maintain ◆ *(alimentar, sustentar)* to support, feed: **no podían m. dos casas,** they couldn't keep up both houses ◆ *(peso)* to support, hold up

■ **mantenerse** *vr* ◆ *(conservarse)* to keep: **se mantuvo a cierta distancia,** he stood at a distance; **la cúpula se mantiene intacta,** the dome is still standing ◆ *(persistir)* **se mantiene en su postura,** he maintains his position ◆ *(subsistir)* to live [**con/de,** on]

mantenimiento *m* ◆ *(sustento)* support: **su tío corre con los gastos de su m.,** his uncle supports him ◆ *Téc* maintenance, upkeep: **¿sale caro el m. del coche?,** is the car expensive to maintain?

mantequilla *f* butter

mantillo *m* humus

mantón *m* shawl

manual 1 *adj* manual: **se le dan bien los trabajos manuales,** she's very good with her hands | 2 *m (libro)* manual, handbook: **he perdido el m. del ordenador,** I've lost my PC user's guide

manufactura *f* ◆ *(fabricación)* manufacture ◆ *(industria)* factory

manuscrito,-a *m* manuscript

manutención *f* maintenance

manzana *f* ◆ *Bot* apple ◆ *(de una calle)* block

manzano *m* apple tree

manzanilla *f* ◆ *Bot* camomile ◆ *(infusión)* camomile tea ◆ *(vino blanco)* manzanilla, dry sherry

maña *f* ◆ *(destreza)* skill: **tiene muy buena m. para la cocina,** she's very good at cooking ◆ *(truco, engaño)* trick

mañana 1 *adv* tomorrow: **estaré ahí pasado m.,** I'll be there the day after tomorrow; **m. es fiesta,** tomorrow is a holiday | 2 *f* morning: **cerramos los sábados por la m.,** we close on Saturday morning; **¡hasta m.!,** see you tomorrow!; *Teat* **función de m.,** morning performance, matinée | 3 *m* tomorrow, the future

mañoso,-a *adj* skilful, *US* skillful

mapa *m* map; **m. de carreteras,** road map ◆ | LOC: *fam* **borrar del m.,** to wipe out

mapamundi *m* world map

maqueta *f* ◆ *(modelo)* scale model ◆ *Mús* demo

maquillaje *m* make-up

maquillar *vt* ◆ *(una cara)* to make up ◆ *(un hecho)* to disguise

■ **maquillarse** *vr* ◆ *(aplicarse maquillaje)* to put one's make-up on, make (oneself) up ◆ *(llevar maquillaje)* to wear make-up

máquina *f* ◆ machine: **los botones están cosidos a m.,** the buttons are sewn on by machine; **m. de coser/tabaco,** sewing/cigarette machine; **m. de escribir,** typewriter; **m. tragaperras,** fruit machine ◆ *fam (coche)* car

maquinar *vtr* to scheme, plot

maquinaria *f* ◆ *(grupo de máquinas)* machinery, machines *pl*; **m. agrícola,** farm machinery ◆ *(mecanismo)* mechanism, works *pl*; **la m. electoral,** the election mechanism

maquinilla *f (de afeitar)* razor

mar 1 *m & f* ◆ sea: **ayer había mucha m.,** there was a heavy sea yesterday; **en alta m.,** on the high seas; **m. adentro,** out to sea | 2 *m* ◆ sea; **M. Cantábrico,** Cantabrian Sea ◆ *(gran cantidad)* **un m. de deudas,** a flood of debts ◆ | LOC: **a mares,** a lot: **lloraba a m.,** he was in floods of tears; **hacerse a la m.,** to set sail; **la m. de,** real-

maraña

ly, very: **es una niña la m. de despierta,** she's a really clever girl

maraña *f* tangle

maratón *m* marathon

maravilla *f* ◆ marvel, wonder: **es una m. de persona,** he's a wonderful person; **no es la m., pero es acogedor,** it isn't marvellous, but it is cosy; **las maravillas de la naturaleza/técnica,** the wonders of Nature/Science ◆ | LOC: **de m./a las mil maravillas,** marvellously; **hacer maravillas,** to work wonders; **¡qué m.!,** how wonderful!

maravilloso,-a *adj* wonderful, marvellous, *US* marvelous

marca *f* ◆ *(huella)* mark ◆ *(distintivo)* sign; **la m. del Zorro,** the sign of Zorro; **es la m. de la ganadería de Vitorino,** it's the brand of Vitorino's; *Com* brand, make ◆ *(impronta)* stamp: **este trabajo lleva su m.,** this work has her stamp ◆ *Dep* time, result: **consiguió una buena m.,** he achieved a good time

marcador,-ora *m* ◆ marker ◆ *Dep* scoreboard

marcaje *m Dep* marking, cover

marcapasos *m inv Med* pacemaker

marcar *vtr* ◆ *(señalar)* to mark: **su muerte me marcó profundamente,** I was deeply marked by her death ◆ *(resaltar)* **este vestido me marca las caderas,** this dress shows off my hips; **ese gesto marca la importancia del tratado,** that gesture stresses the importance of the treaty ◆ *Tel* to dial ◆ *(una hora, grados, etc)* to indicate, show, mark: **el metrónomo marca el compás,** the metronome marks the time ◆ *Dep (un tanto)* to score; *(a otro jugador)* to mark ◆ *(un peinado)* to set

marcha *f* ◆ *(partida)* departure ◆ *(camino)* **iniciad la m. antes del anochecer,** set off before dusk; **realizamos una m. de cinco horas,** we had a five hours walk ◆ *(curso, rumbo)* course: **eso alteraría la m. de los acontecimientos,** that would change the course of events ◆ *(funcionamiento)* running: **la impresora está en m.,** the printer is working; **pongámonos en m.,** let's get to work ◆ *(velocidad, ritmo)* **aminora la m.,** slow down; **aprieta la m.,** speed up ◆ *Auto* gear: **íbamos m. atrás,** we were going in reverse (gear) ◆ *Dep* walk: **practica la m.,** he walks ◆ *Mús* march ◆ *fam (diversión)* going on: **tiene mucha m.,** he likes a good time ◆ | LOC: **a marchas forzadas,** at top speed; **a toda m.,** at full speed; **sobre la m.,** as one goes along

marchar *vi* ◆ *(ir)* to go, walk ◆ *(funcionar)* to go, work: **el ordenador marcha estupendamente,** the computer works perfectly; **las cosas marchan mal entre nosotros,** things are going badly between us ◆ *Mil* to march

■ **marcharse** *vr (irse)* to leave, go away: **¡márchate, quiero estar sola!,** go away, I want to be on my own! ➢ Ver nota en **leave**

marchitar *vtr,* **marchitarse** *vr* to shrivel, wither

marchito,-a *adj* shrivelled, *US* shriveled, withered

marchoso,-a *fam* **1** *adj (persona)* fun-loving; *(música, local)* lively | **2** *m,f* fun lover, partygoer

marciano,-a *adj & m,f* Martian

marco *m* ◆ *(de fotografía, óleo)* frame: **pinté el m. de la puerta,** I painted the doorframe ◆ *(contexto)* framework; **en el m. de la época,** within the framework of the period ◆ *(moneda)* mark

marea *f* tide; **m. alta/baja,** high/low tide

mareado,-a *adj* **estoy m.,** *(con ganas de vomitar)* I feel sick; *(a punto de desmayarse)* I feel dizzy

marear *vtr* ◆ *(producir náuseas)* to make sick; *(producir desfallecimiento)* to make dizzy ◆ *fam (molestar)* to confuse, puzzle: **me marea con tanta orden contradictoria,** he confuses me with all his contradictory orders

■ **marearse** *vr (sentir ganas de vomitar)* to feel sick; *(sentir desfallecimiento)* to feel dizzy

maremoto *m* tidal wave

mareo *m* ◆ *(ganas de vomitar)* sickness; *(en el mar)* seasickness; *(en un avión)* airsickness; *(en un coche)* carsickness, travelsickness; *(desfallecimiento)* dizziness, lightheadedness ◆ *fam* mess

marfil *m* ivory

margarina *f* margarine

margarita *f* daisy

margen 1 *m (de un libro)* margin ◆ *(en un cálculo)* margin ◆ *Com* profit ◆ *(espacio)* margin: **me dan poco m. de maniobra,** they give me little leeway | **2** *mf (de un camino, terreno)* border, edge; *(de un río)* bank ◆ | LOC: **mantenerse al m.,** to keep out of, away from

marginación *f (rechazo)* marginalization

marginado,-a 1 *adj* marginalized | **2** *m,f* dropout

marginal *adj* marginal
marginar *vtr* ◆ *(a un sector)* to marginalize, to reject: **nuestra sociedad margina a los ancianos,** our society marginalizes the elderly ◆ *(a una persona)* to leave out, ostracize
maría *f* ◆ *fam Educ* easy subject ◆ *argot (droga)* marijuana, pot
marido *m* husband
marimandón,-ona *m,f fam* bossy person
marina *f* ◆ *Mil* navy; **m. mercante,** merchant navy ◆ *Arte* seascape ◆ *Geog* seacoast
marinero,-a 1 *m* sailor | **2** *adj* **un nudo m.,** a knot; **un vestido m.,** a sailor suit
marino,-a 1 *adj* marine; **una corriente marina,** a sea current | **2** *m* sailor
marioneta *f* marionette, puppet
mariposa *f* ◆ *Ent* butterfly ◆ *Natación* butterfly
mariquita 1 *f Ent* ladybird | **2** *m pey ofens (marica)* queer, pansy, poof
mariscal *m Mil* marshal; **m. de campo,** field marshal
marisco *m* seafood, shellfish

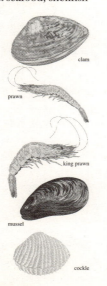

clam
prawn
king prawn
mussel
cockle

marisma *f* marsh
marisquería *f* seafood/shellfish restaurant
marítimo,-a *adj* maritime, sea; **puerto m.,** sea port; **transporte m.,** sea transport

mármol *m* marble
maroma *f* ◆ *Náut* cable ◆ *(cuerda)* thick rope
marqués *m* marquis
marquesa *f* marchioness
marquesina *f (de una parada)* shelter
marrano,-a 1 *adj (sucio)* filthy, dirty | **2** *m,f* ◆ *Zool* pig ◆ *(persona sucia)* dirty pig, slob
marrón 1 *adj (color)* brown | **2** *m* ◆ *(color)* brown ◆ *fam (tarea desagradable)* drag, pain
marroquinería *f* leather goods
Marte *m* Mars
martes *m inv* Tuesday; **m. y trece** ≈ Friday the thirteenth
martillo *m* hammer
mártir *mf* martyr
martirio *m* ◆ *Rel* martyrdom ◆ *(padecimiento)* torment ◆ *fam (lata, fastidio)* torture: **mis vecinos son un m.,** my neighbours are a torture
martirizar *vtr* ◆ *Rel* to martyr ◆ *(hacer sufrir)* to torment ◆ *(aburrir, fastidiar)* to torture
marxismo *m* Marxism
marxista *adj & mf* Marxist
marzo *m* March
mas *conj frml* but: **sé que es difícil, mas no debes darte por vencido,** I know it's hard, but you musn't give up
más 1 *adv & pron* ◆ *(aumento)* more: **necesito comprar más,** I need to buy more; **me duele cada día más,** it hurts more and more; **parte dos trozos m.,** cut two more pieces; **tendría que ser m. barato,** it should be cheaper; **asistieron m. de cien personas,** more than a hundred people attended; *(con pron interrogativo)* else: **¿alguien m. quiere repetir?,** would anybody else like a second helping?; *(con pron indefinido)* **añádele algo m.,** add something else; **no sé nada m.,** I don't know anything else ◆ *(comparación)* more: **es m. complicado que el primero,** it's more complicated than the first one; **eres m. guapa que ella,** you are prettier than her ◆ *(superlativo)* most: **ella es la m. divertida,** she's the funniest; **lo más extraño del mundo,** the strangest thing in the world ◆ *(otra vez)* **no me llames m. que estoy trabajando,** don't call me again, I'm busy; **no volví a verle más,** I never saw him again ◆ *(sobre todo)* **debiste llamar, y m. sabiendo que estoy sola,** you should have phoned me, especially knowing I'm

masa

alone ◆ *(otro)* **no tengo m. cuchillo que éste,** I have no other knife but this one ◆ *excl* so…, such a…, what a…!; **¡está más pesado!,** he's such a pain!; **¡qué cosa m. fea!,** what an ugly thing! | **2** *prep Mat* plus; **dos m. dos,** two plus *o* and two ◆ | LOC: **de m.,** *(de sobra):* **su comentario estuvo de m.,** his remark was unnecessary; **¿tienes unas medias de m.?,** do you have a spare pair of tights?; **m. bien,** rather; **m. o menos,** more or less; **por m. que,** *(aunque):* **por m. que lo leo no logro entenderlo,** no matter how many times I read it, I can't understand it; **sin m. (ni m.),** just like that

> Ten cuidado con las frases hechas del tipo *más borracho que una cuba* o *más bueno que el pan*. Se traducen empleando *as… as…*: **as drunk as a lord** o **as good as gold**.

masa *f* ◆ *Fís* mass ◆ *Culin* dough, pastry ◆ *(gran cantidad)* mass; **una gran m. de agua,** a great volume of water ◆ *(personas)* mass; **cultura de masas,** mass culture; **en m.,** en masse
masacrar *vtr* to massacre
masacre *f* massacre
masaje *m* massage: **te daré un m. en el cuello,** I'll massage your neck
masajista *mf (hombre)* masseur; *(mujer)* masseuse
mascar *vtr & vi* to chew
máscara *f* mask; **m. de gas,** gas mask
mascarilla *f* ◆ *Med* face mask ◆ *(cosmética)* face pack
mascota *f* ◆ *(muñeco, objeto, persona)* mascot ◆ *(animal)* pet
masculino,-a *adj* ◆ *(sexo)* male ◆ *(propio de hombre)* male, masculine; **una actitud típicamente masculina,** a typical male attitude; **un rostro muy masculino,** a very masculine face ◆ *(destinado a hombres)* men's ◆ *Ling* masculine ➤ Ver nota en **masculine** y **male**
mascullar *vtr* to mumble
masificación *f* overcrowding
masificado,-a *adj* overcrowded
masilla *f* putty
masivo,-a *adj* massive
masón *m* mason, freemason
masonería *f* masonry, freemasonry
masoquista **1** *adj* masochistic | **2** *mf* masochist
máster *m* master's degree
masticar *vt* to chew
mástil *m* ◆ *(de bandera)* mast, pole ◆ *Náut* mast ◆ *(de instrumento de cuerda)* neck
mastín *m* mastiff
mata *f (arbusto)* bush; **m. de pelo,** mop of hair
matadero *m* slaughterhouse
matador *m* matador, bullfighter
matanza *f* slaughter
matar *vtr* ◆ *(a una persona)* to kill; *(al ganado)* to slaughter ◆ *(el hambre, la sed, el tiempo)* to kill ◆ *(en exageraciones)* **el dolor de cabeza me está matando,** my headache is killing me; **el ruido me mata,** noise drives me mad ◆ *(las aristas)* to smooth ◆ *(sello)* to frank

■ **matarse** *vr* ◆ *(suicidarse)* to kill oneself ◆ to kill: **me maté a pensar pero no encontré la solución,** I racked my brains over it, but I found no solution
matasellos *m inv* postmark
matasuegras *m inv* party blower
mate¹ *adj (sin brillo)* matt
mate² *m* ◆ *Ajedrez* mate; **jaque m.,** checkmate ◆ *LAm (infusión)* maté
matemáticas *fpl* mathematics *sing*: **me gustan las m.,** I like maths
matemático,-a **1** *adj* mathematical | **2** *m,f* mathematician | **3** *f* mathematics
materia *f* ◆ matter; **m. inorgánica/orgánica,** inorganic/organic matter; **m. no contaminante,** non-polluting material ◆ *(tema)* matter, stuff ◆ *Educ (asignatura)* subject
material **1** *adj (no espiritual)* material, physical; **bienes materiales,** material goods | **2** *m* material; **m. informático,** computer materials *pl*
materialista **1** *adj* materialistic | **2** *mf* materialist
maternal *adj* maternal, motherly; **un gesto m.,** a motherly gesture; **instinto m.,** maternal instinct
maternidad *f* maternity, motherhood
materno,-a *adj* maternal; **familia m.,** maternal relatives; **lengua materna,** native *o* mother tongue
mates *fpl fam* maths *sing*, US math *sing*
matinal *adj* morning; *Teat* **función m.,** morning performance, matinée
matiz *m* ◆ *(de color)* shade ◆ *(de intención)* shade of meaning, nuance: **había un m. despectivo en sus palabras,** there was a note of contempt in her words
matización *f (aclaración)* **hacer una m.,** to add a rider

matizar *vtr* ♦ *fig (precisar)* to clarify ♦ *Arte* to blend, harmonize ♦ *fig (palabras, discurso)* to tinge

matón,-ona *m,f fam* thug, bully

matorral *m* brushes, thicket

matriarcado *m* matriarchy

matrícula *f* ♦ registration: **mañana se cierra la m.,** tomorrow is the last day for registration; **tenemos que pagar la m.,** we must pay the registration fee ♦ *Auto (número)* registration number; *(placa)* number *o US* license plate ♦ *Educ* **m. de honor,** distinction

matricular *vtr,* **matricularse** *vr* to register

matrimonio *m* ♦ *(pareja casada)* married couple: **éramos tres matrimonios a cenar,** we were three couples for dinner; **cama de m.,** double bed ♦ *(institución)* marriage; **contraer m.,** to get married

matriz *f* ♦ *Anat* womb, uterus ♦ *(molde)* mould ♦ *Mat* matrix

matrona *f* midwife

matutino,-a *adj* morning

maullar *vi* to miaow

maullido *m* miaowing, miaow

maxilar *m* jawbone

máxima *f* ♦ *(enseñanza, regla)* maxim ♦ *Meteor* maximum temperature

máxime *adv* all the more since

máximo,-a 1 *adj* maximum, highest; **carga m. autorizada,** maximum load allowed; **el m. esplendor del imperio,** the most brilliant period of the empire | **2** *m (tope)* maximum: **nos esforzamos al m.,** we did our utmost; **un m. de cinco personas,** a maximum of five people; **como m.,** *(como mucho)* at the most; *(a más tardar)* at the latest

mayo *m* May

mayonesa, mahonesa *f* mayonnaise

mayor 1 *adj* ♦ *(comparativo de tamaño)* larger, bigger: **necesitas una talla m.,** you need a larger size; *(superlativo)* largest, biggest: **ésa es la m.,** that is the biggest one ♦ *(comparativo de grado)* greater: **su capacidad es m. que la mía,** his capacity is greater than mine; **la ciudad no tiene m. atractivo,** the town isn't particularly appealing; *(superlativo)* greatest: **ésa es la m. tontería que he oído nunca,** is the most absurd thing I've ever heard ♦ *(comparativo de edad)* older: **es m. que tu madre,** she is older than your mother; *(superlativo)* oldest; **el m. de los tres,** the oldest one ♦ **está muy m.,** *(crecido, maduro)* he's quite grown-up; *(anciano)* he looks old; **ser m. de edad,** to be of age; *(maduro)* old: **es un hombre m.,** he's an old man; **eres m. para entenderlo,** you are old enough to understand it ♦ *(principal)* major, main ♦ *Mús* major ♦ *Com* **al por m.,** wholesale | **2** *m* ♦ *Mil* major ♦ **mayores,** *(adultos)* grownups, adults; *(ancianos)* elders

mayordomo *m* butler

mayoría *f* majority, most: **la m. de los alumnos viven cerca,** most of the students live nearby; **la m. de los españoles son escépticos,** most Spaniards are sceptics; **una m. silenciosa,** a silent majority

> La palabra **majority** es algo formal fuera del contexto político. Normalmente traducimos *mayoría* por **most** o **most of**. **Most** se emplea para indicar un concepto general *(la mayoría de la gente,* **most people;** *la mayoría de los hombres,* **most men)** y **most of** para referirse a un grupo reducido *(la mayoría de mis amigos,* **most of my friends).** ➤ Ver nota en **majority**

mayorista 1 *adj* wholesale | **2** *mf* wholesaler

mayoritario,-a *adj* majority; **el partido m.,** majority party

mayúscula *f* capital letter

mayúsculo,-a *adj* very big, enormous

mazapán *m* marzipan

mazmorra *f* dungeon

mazo *m* mallet

mazorca *f Agr* cob

me *pron pers* ♦ *(objeto directo)* me: **me abrazó con fuerza,** he hugged me tight ♦ *(objeto indirecto)* me, to me, for me: **me parece absurdo,** it seems absurd to me; **me resulta imposible convencerte,** it is impossible for me to convince you; **préstame una moneda,** lend me a coin ♦ *(pron reflexivo)* myself: **me prometí conseguirlo,** I promised myself I would manage it; **me quedé dormida,** I fell asleep

meandro *m* meander

mear *vi vulgar* to piss, pee

mecánica *f* ♦ *(ciencia)* mechanics *sing* ♦ *(funcionamiento)* mechanics *pl,* workings *pl;* **la m. de la empresa,** the workings of the company

mecánico,-a 1 *adj* mechanical | **2** *m,f* mechanic

mecanismo *m* mechanism

mecanizar

mecanizar *vtr* to mechanize
mecanografiar *vtr* to type
mecanógrafo,-a *m,f* typist
mecedora *f* rocking chair
mecenas *mf inv* patron
mecer *vtr* to rock
■ **mecerse** *vr* to swing, rock: **las barcas se mecían suavemente,** the boats were rocking gently
mecha *f* ◆ *(de cirio, etc)* wick ◆ *(de barreno, bomba)* fuse ◆ *(de pelo)* streak: **me puse mechas,** I've had my hair streaked ◆ | LOC: *fam* **a toda m.,** at full speed
mechar *vtr (una carne)* to stuff
mechero *m (encendedor)* lighter
mechón *m* ◆ *(de pelo)* lock ◆ *(de lana)* tuft
medalla 1 *f* medal | 2 *mf Dep (persona)* medallist, *US* medalist
medallón *m* medallion
media *f* ◆ *(hasta el muslo)* stocking ◆ *(hasta la cintura)* (pair of) tights ◆ *(calcetín alto)* long socks ◆ *(cantidad proporcional)* average: **camino una m. de dos horas diarias,** I walk an average of two hours a day; **ahora saca la m.,** now calculate the average ◆ | LOC: **a medias,** *(no del todo)* unfinished: **me convence a m.,** I'm only half convinced; *(a partes iguales)* half and half: **hicimos el trabajo a m.,** we did the essay between us
mediación *f* mediation, intervention
mediado,-a *adj* half-full, half-empty ◆ | LOC: **a mediados de,** about the middle of: **a mediados de año,** about the middle of the year
mediador,-ora *m,f* mediator
mediana *f* ◆ *Auto* central reservation ◆ *Mat* median
mediano,-a 1 *adj* ◆ *(tamaño)* medium-sized ◆ *(calidad, estatura)* average ◆ *(hermano)* middle | 2 *m,f* the middle one
medianoche *f* midnight
mediante *prep* by means of
mediar *vi* ◆ *(arbitrar, intervenir)* to mediate: **España mediará en el conflicto,** Spain will mediate in the conflict ◆ *(interceder)* to intercede: **mediará por ti,** she'll intercede on your behalf ◆ *(interponerse)* **media la circunstancia de que…,** you must take into account that… ◆ *(período de tiempo)* to pass: **mediaron un par de días,** two days passed
medicación *f* medication, medical treatment
medicamento *m* medicine, medicament
medicina *f* medicine

médico,-a 1 *m,f* doctor; **m. de cabecera,** family doctor | 2 *adj* medical
medida *f* ◆ *(medición)* measurement; *(unidad)* measure: **una m. de peso,** a measure of weight; **la m. del tiempo,** the measurement of time ◆ *(grado, intensidad)* extent: **no sé en qué m. nos afectará,** I don't know to what extent it will affect us ◆ *Pol* measure; **una m. injusta,** a unfair measure
medieval *adj* medieval
medievo *m* Middle Ages *pl*
medio,-a 1 *adj* ◆ *(mitad)* half: **sólo queda m. melón,** there is only half a melon left; **una hora y media,** an hour and a half ◆ *(no extremo)* middle; **a media tarde,** in the middle of the afternoon; **clase media,** middle class ◆ *(prototípico)* average: **la calidad media es baja,** the average quality is poor; **la mujer media,** the average woman | 2 *adv* half: **el trabajo está m. hecho,** the work is half done | 3 *m* ◆ *(mitad)* half ◆ *(centro)* middle; **en m. de la batalla,** in the midst of the battle; **en m. de los árboles,** among the trees; *(entre dos)* in between; **un barco en m. del desierto,** a ship in the middle of the desert ◆ *(instrumento, vía)* means: **el fin no justifica los medios,** the aim doesn't justify the means ◆ *(entorno)* **un m. hostil,** a hostile enviroment
medioambiental *adj* environmental
mediocre *adj* mediocre
mediocridad *f* mediocrity
mediodía *m* ◆ *(media mañana)* midday, lunchtime ◆ *(doce de la mañana)* midday, noon
medir 1 *vtr* ◆ *(dimensiones)* to measure ◆ *(ponderar)* to weigh up: **deberías m. los riesgos,** you should weigh up the risks | 2 *vi* to measure, be: **mide dos metros de alto,** he is two metres tall; **mide cinco metros de ancho,** it is five metres wide
meditar *vtr & vi* to meditate, ponder: **meditaré sobre ello,** I'll think about it
mediterráneo,-a *adj & m* Mediterranean
médula *f* ◆ *(de hueso, tallo)* marrow; **m. espinal,** spinal cord ◆ *(núcleo, meollo)* marrow, pith ◆ | LOC: **un caballero hasta la m.,** a gentleman through and through; **involucrado hasta la m.** involved up to the neck; **mojado hasta la m.,** soaked to the skin
medusa *f* jellyfish
megafonía *f* public-address system, PA system

megáfono *m* megaphone
megalómano,-a *adj* megalomaniac
mejilla *f* cheek
mejillón *m* mussel
mejor 1 *adj* ◆ *(comparativo de bueno)* better: **mi bolígrafo es m. que el tuyo,** my pen is better than yours; **es m. que confieses,** you'd better confess; **no hay nada m.,** there's nothing better ◆ *(superlativo de bueno)* best; **la m. de la clase,** the best in the class; **lo m.,** the best thing | **2** *adv* ◆ *(comparativo de bien)* better: **canta mucho m.,** he sings much better; **estamos m. atendidos,** we are better looked after; **lo hace m. que tú,** she does it better than you do ◆ *(superlativo de bien)* best: **soy la que m. lo hace,** I'm the one who does it best ◆ *(antes, preferiblemente)* **m. lo escribes,** you'd better write it down; **déjalo m. para la tarde,** it'd be better if you left it for the evening ◆ | LOC: **a lo m.,** maybe, perhaps, **tanto m.,** so much the better
mejora *f* improvement
mejorar 1 *vtr* ◆ to improve: **han mejorado la educación,** education has been improved ◆ *Dep (un tiempo, una marca)* to break | **2** *vi* to improve, get better: **espero que el tiempo mejore,** I hope the weather gets better; **su salud no mejora,** his health is not improving

■ **mejorarse** *vr* to get better
mejoría *f* improvement
melancolía *f* melancholy
melancólico,-a *adj* melancholic, melancholy
melé *f Dep* scrum
melena *f* ◆ *(de persona)* hair: **lleva media m.,** he wears his hair in a bob ◆ *(de león)* mane
mella *f* ◆ *(hendedura)* nick, notch; *(en plato, diente, etc)* chip ◆ *(hueco)* gap ◆ *(efecto)* impression; **hacer m. en algn,** to make an impression on sb
mellado,-a *adj (sin dientes)* gap-toothed
mellizo,-a *adj* & *m,f* twin
melocotón *m* peach
melocotonero *m* peach tree
melodía *f* melody, tune
melodrama *m* melodrama
melón *m* ◆ *(fruto)* melon ◆ *fam (cabeza)* head
meloso,-a *adj* sweet, honeyed
membrana *f* membrane
membrete *m* letterhead
membrillo *m* ◆ *Bot* quince; *(árbol)* quince tree ◆ *(dulce)* quince preserve *o* jelly

memo,-a *insult* **1** *adj* silly, stupid | **2** *m,f* idiot
memorable *adj* memorable
memorándum *m* memorandum
memoria *f* ◆ memory: **le falla la m.,** his memory fails him ◆ *(recuerdo)* memory ◆ *(informe)* report, statement ◆ **memorias,** *(biografía)* memoirs ◆ | LOC: **de m.,** by heart
memorizar *vtr* to memorize
menaje *m* household goods *pl*; **m. de cocina,** kitchenware
mención *f* mention; **m. de honor,** honourable mention
mencionar *vtr* to mention ➢ Ver nota en **mention**
mendigar *vtr* & *vi* to beg
mendigo,-a *m,f* beggar
mendrugo *m* crust of stale bread
menear *vtr* ◆ to shake, move ◆ *(el rabo)* to wag, waggle
menester *m* ◆ *(ocupación)* **esos menesteres se los dejo a mi mujer,** I leave those jobs for my wife ◆ | LOC: **ser m.,** to be necessary
menestra *f* vegetable stew
menguante *adj* ◆ *(Luna)* waning, on the wane ◆ *(interés)* declining, diminishing
menguar 1 *vtr* ◆ to diminish, reduce ◆ *(en la calceta)* to decrease | **2** *vi* ◆ to diminish, decrease ◆ *(la Luna)* to wane
menopausia *f Med* menopause
menor 1 *adj* ◆ *(comparativo de tamaño)* smaller: **una habitación m. que la mía,** a room smaller than mine; *(superlativo)* smallest; **el tamaño m.,** the smallest size ◆ *(comparativo de grado)* less: **su alegría es m. que la mía,** his happiness is less than mine; *(superlativo)* least, slightest: **no tiene la m. idea,** he hasn't the slightest idea ◆ *(comparativo de edad)* younger: **es m. de sesenta años,** she is under sixty; **es m. que mi prima,** he's younger than my cousin; *(superlativo)* youngest; **la m. de nosotras,** the youngest of us ◆ *Mús* minor ◆ *Com* **al por m.,** retail | **2** *mf Jur* minor
menos 1 *adv* ◆ *(en menor cantidad, grado) (con no contable)* less: **ayer me dolía m.,** it hurt less yesterday; **había m. de treinta personas,** there were less than thirty people; **tengo m. fuerza que antes,** I have less strength than before; **es m. importante de lo que crees,** it's less important than you think; *(con contable)* fewer: **mi casa tiene m. habitaciones,** my house has fewer rooms ◆ *(superlativo)* least: **es el m. indicado para opinar,** he's the worst person

menoscabar 232

to judge ◆ *(sobre todo)* **no pienso discutir, y m. contigo,** I don't want to argue, especially with you | **2** *prep* ◆ but, except: **vinieron todos menos uno,** they all came but one ◆ *Mat* minus: **siete m. dos,** seven minus two ◆ | LOC: **eso es lo de m.,** that's the least of it; **ir a m.,** to go downhill; **a m. que,** unless; **al** *o* **por lo m.,** at least; **cada vez m.,** less and less; **¡m. mal!,** thank goodness!; **nada m. que,** no less *o* no fewer than

menoscabar *vtr (un beneficio)* to reduce, diminish; *(una reputación)* to discredit; *(la salud)* to undermine

menospreciar *vtr* ◆ *(despreciar)* to scorn, disdain ◆ *(infravalorar)* to underestimate

menosprecio *m* ◆ contempt, scorn, disdain ◆ disrespect, indifference

mensaje *m* message

mensajero,-a *m,f* messenger, courier

menstruación *f* menstruation

mensual *adj* monthly

mensualidad *f* ◆ *(sueldo)* monthly salary ◆ *(pago)* monthly payment *o* instalment

menta *f Bot* mint; **un caramelo de m.,** a mint

mental *adj* mental

mentalidad *f* mentality: **tiene una m. muy cerrada,** he is very narrow-minded

mentalizar *vtr* to make aware

■ **mentalizarse** *vr* to become aware

mente *f* mind: **tiene una m. retorcida,** he has a devious mind

mentir *vi* to lie, tell lies ➢ Ver nota en **lie**

mentira *f* lie ◆ | LOC: **parecer m.: aunque parezca m.,** strange as it may seem; **parece m. que tenga esa edad,** it is incredible that he is that old

mentiroso,-a 1 *adj* lying | **2** *m,f* liar

mentón *m Anat* chin

menú *m* menu; **m. del día,** set menu

menudillos *mpl* giblets

menudo,-a *adj* ◆ *(persona)* thin, slight; *(cosa)* small, tiny ◆ *excl* what a...!: **¡m. golpe me di!,** what a bump I had! ◆ | LOC: **a m.,** often ➢ Ver nota en **often**

meñique *adj & m (dedo)* **m.,** little finger

meollo *m* ◆ *Anat* marrow ◆ *fig* pith, heart

mercadillo *m* street market

mercado *m* market; **m. nacional/negro,** domestic/black market

mercancía *f* merchandise, goods *pl*

mercante *adj* merchant; **buque/marina m.,** merchant ship/navy

mercantil *adj* mercantile, commercial

mercería *f* haberdasher's (shop), *US* notions store

mercurio *m* mercury

merecer *vtr (ser digno de)* to deserve: **no merecía el aplauso,** she didn't deserve the applause; **este libro no merece ser leído,** this book isn't worth reading ◆ | LOC: **m. la pena,** to be worth the trouble *o* to be worth it: **la recompensa merece la pena,** the reward is worth it ➢ Ver nota en **deserve**

■ **merecerse** *vr* to deserve

merendar 1 *vtr* **merendé un bocadillo,** I had a sandwich for tea | **2** *vi* to have an afternoon snack, have tea

merendero *m* ◆ *(chiringuito)* outdoor bar, kiosk ◆ *(en el campo)* picnic spot

merengue *m Culin* meringue

meridiano,-a *m* meridian

meridional 1 *adj* southern | **2** *mf* southerner

merienda *f* afternoon snack, tea

mérito *m* ◆ *(merecimiento)* merit ◆ *(valor por el esfuerzo realizado)* **tiene m. que te disculpes,** it's very commendable of you to apologize; **un trabajo de m.,** a commendable work

merluza *f Zool* hake

mermar 1 *vtr* to cause to decrease *o* diminish | **2** *vi* to decrease, diminish

mermelada *f* ◆ *(dulce)* jam, *US* jelly; **m. de ciruela,** plum jam ◆ *(ácida)* marmalade; **m. de pomelo,** grapefruit marmalade ➢ Ver nota en **marmalade**

mero[1] *m (pez)* grouper

mero[2]**,-a** *adj* mere, pure; **por la mera circunstancia de ser mujer,** just because she is a woman

merodear *vi* to prowl, loiter

mes *m* ◆ *(tiempo)* month: **su mujer está de siete meses,** his wife is seven months pregnant; **dentro de dos meses,** in two month's time; **durante el m. de abril,** during April; **el m. próximo,** next month ◆ *(sueldo)* monthly salary *o* wages *pl*; *(pago)* monthly payment ◆ *fam (menstruación)* period

mesa *f* ◆ *(mueble)* table; *(de oficina)* desk ◆ *(comida)* **pon la m.,** set the table ◆ *(presidencia)* board, executive; **el presidente de la m.,** the chairman

meseta *f* plateau, tableland, meseta; **la M.,** the plateau of Castile

mesilla, mesita *f* **m. (de noche),** bedside table

mesón *m* bar

mestizo,-a 1 *adj (persona)* of mixed race | **2** *m,f* mestizo, person of mixed race

meta f ◆ *Dep (llegada)* finish, finishing line; *(portería)* goal ◆ *(finalidad, objetivo)* goal, aim

metabolismo *m* metabolism

metafísica f metaphysics

metáfora f metaphor

metal *m* ◆ metal ◆ *(dinero)* **el vil m.,** filthy lucre ◆ *Mús* brass

metálico,-a 1 *adj* metallic | 2 *m* cash: **¿va usted a pagar en m.?,** are you going to pay in cash?

metalizado,-a *adj* metallic

metalúrgico,-a 1 *adj* metallurgical | 2 *m,f* metallurgist

metamorfosis f *inv* metamorphosis

metedura f *fam* **m. de pata,** blunder: **¡qué m. de pata has tenido!,** you've really put your foot in it!

meteorito *m* meteorite

meteorología f meteorology

meteorológico,-a *adj* meteorological; **información meteorológica,** weather report

meter *vtr* ◆ to put [**en,** in]; *(en colegio, cárcel)* to put: **la metieron en un psiquiátrico,** they put her in a mental hospital; *(dinero)* **metimos el dinero en el banco,** we paid the money into our bank ◆ *(invertir)* to put: **métalo en acciones,** put it in shares ◆ *(involucrar)* to involve [**en,** in], to get mixed up [**en,** in] ◆ *fam (causar)* **no le metas miedo al niño,** don't frighten the child ◆ *(hacer)* to make; **m. jaleo,** to make a noise

■ **meterse** *vr* ◆ *(entrar)* to go *o* come, get [**in/into, en**]: **se metieron en la iglesia,** they went into the church; **se metió en una secta,** he joined a sect ◆ *(involucrarse)* to get into; get mixed up: **se metió en asuntos de drogas,** he got mixed up in drugs; **se metió en un lío,** he got into a mess ◆ *(entrometerse)* to meddle ◆ *(tomar el pelo)* **no te metas con María,** don't pick on Maria

meticón,-ona *fam* 1 *adj* nosy | 2 *m,f* busybody

meticuloso,-a *adj* meticulous

metódico,-a *adj* methodical

método *m* ◆ method ◆ *Educ* course

metodología f methodology

metralleta f submachine-gun

métrico,-a *adj* metric; **sistema m.,** metric system

metro *m* ◆ *(unidad de medida)* metre, *US* meter; **m. cuadrado/cúbico,** square/cubic metre ◆ *(instrumento para medir)* tape measure ◆ *(transporte)* underground, tube, *US* subway ◆ *(de un verso)* metre

metrópoli f metropolis

metropolitano,-a 1 *adj* metropolitan | 2 *m frml* → **metro**

mezcla f ◆ *(acción)* mixing, blending; *Rad Cine* mixing ◆ *(producto)* mixture, blend: **me gusta esta m. de cafés,** I like this blend of coffee; *Audio* mix; *Text* mix; **una m. de seda y lino,** a silk/linen mix

mezclar *vtr* ◆ *(combinar, amalgamar)* to mix, blend: **no me gusta m. a los amigos,** I don't like to mix my friends ◆ *(algo ordenado antes)* to mix up: **mezcló sus cosas con las tuyas,** he got his things mixed up with yours ◆ *(involucrar)* to involve, mix up

■ **mezclarse** *vr* ◆ *(sentimientos, ideas, cosas)* to get mixed up: **nos mezclamos entre el público,** we mingled with the spectators ◆ *(involucrarse)* to get involved [**con,** with]

mezquino,-a *adj* ◆ *(persona)* mean, stingy ◆ *(escaso, despreciable)* miserable

mezquita f mosque

mi[1] *adj pos* my; **mi responsabilidad,** my responsibility; **mis perros,** my dogs

mi[2] *m Mús* E

mí *pron pers* me: **a mí también me duele,** it hurts me too; **uno para mí, otro para ti,** one for me, another one for you; **lo hago por mí,** I do it for myself

mía *adj & pron pos f* → **mío**

miau *m* miaow

mica f *(mineral)* mica

mico *m* ◆ *fam afectivo* little kid ◆ *Zool* long-tailed monkey

micra f *(unidad de longitud)* micron

microbio *m* microbe

microbús *m* minibus

microchip *m Inform* microchip

microficha f microfiche

micrófono *m* microphone

microondas *m* microwave (oven)

microscopio *m* microscope

miedo *m* ◆ *(terror)* fear, fright: **me da m. la oscuridad,** I'm scared of the dark; **la película me metió m.,** the film frightened me; **temblaba de m.,** he was trembling with fear; **¡mamá, tengo m.!,** mummy, I'm scared! ➢ Ver nota en **fear** ◆ *(recelo, preocupación)* concern: **tiene m. de suspender,** he's worried that he will fail; **tengo m. por ti,** I'm worried about you ➢ Ver nota en **afraid** ◆ | LOC: *fam* **de m.: el agua está de m.,** the water is great

miedoso,-a *adj* fearful

miel *f* honey

miembro *m* ◆ *(parte integrante)* member; **los miembros de mi familia,** the members of my family ◆ *Anat* limb; *(pene)* penis

mientras 1 *conj* ◆ *(a la vez, durante)* while: **no comas m. estudias,** don't eat while you are studying ◆ *(+ subj)* as long as: **m. no mejores,** as long as you don't improve ◆ **m. que** *(por el contrario)* whereas | **2** *adv (entre tanto)* meanwhile, in the meantime: **la niña escapa m. la bruja se disfraza,** the little girl runs away, and meanwhile the witch disguises herself

miércoles *m inv* Wednesday; **M. de Ceniza,** Ash Wednesday

mierda *f vulgar* shit

miga *f* ◆ *(trocito de pan)* crumb ◆ *(parte blanda del pan)* crumb, soft part of the bread ◆ *(enjundia, sustancia)* substance ◆ | LOC: *fig* **hacer buenas migas (con alguien),** to get on well (with sb)

migaja *f* ◆ *(de galleta, pan, etc)* crumb ◆ *(un poco)* bit, scrap

migraña *f Med* migraine

mil *adj* & *m* thousand; **m. millones,** a billion; **m. personas,** a *o* one thousand people

milagro *m* miracle

milagroso,-a *adj* miraculous

milenario,-a 1 *adj* thousand-year-old, millenial | **2** *m* millenium

milenio *m* millennium

milésimo,-a *adj* & *m,f* thousandth

mili *f fam* military service: **se libró de la m.,** he got out of military service

milicia *f* ◆ *(ejército no regular)* militia ◆ *(aprendizaje militar)* military service

milímetro *m* millimetre, *US* millimeter

militar 1 *adj* military | **2** *m* soldier | **3** *vi Pol (ser miembro de)* to be a member

milla *f* mile

millar *m* thousand

millón *m* million

millonario,-a *adj* & *m,f* millionaire

mimar *vtr* ◆ *(consentir)* to spoil ◆ *(tratar con cariño)* to fuss over

mimbre *m* wicker

mimetismo *m* mimesis, mimicry

mímica *f* mimicry, mime

mimo *m* ◆ *(muestra de cariño)* pampering, fuss ◆ *(cuidado)* care: **trátalo con m.,** treat it with care ◆ *Teat (actor)* mime

mina *f* ◆ *(yacimiento)* mine; **m. de cobre/plomo,** copper/lead mine ◆ *fig* mine: **es una m. de información,** he's a mine of information ◆ *(de lápiz)* lead, *(de portaminas)* refill ◆ *(tipo de bomba)* mine

minar *vtr* ◆ *(con explosivos)* to mine ◆ *fig (debilitar, destruir)* to undermine: **me mina la moral,** it undermines my morale

mineral *adj* & *m* mineral

minería *f* ◆ *(industria)* mining industry; **la m. española,** the Spanish mining industry ◆ *Téc* mining

minero,-a 1 *m,f* miner | **2** *adj* mining

miniatura *f* miniature

minifalda *f* miniskirt

minimizar *vtr* to minimize

mínimo,-a 1 *adj* ◆ *(muy pequeño)* minute, tiny ◆ *(muy escaso)* minimal ◆ *(menor posible)* minimum; **sueldo m.,** minimum salary | **2** *m* minimum; **un m. de dos meses,** a minimum of two months; **mil pesetas como m.,** a thousand pesetas at least

ministerio *m Pol Rel* ministry

> Algunos de los ministerios más importantes:
> *M. de Asuntos Exteriores, GB* **Foreign Office,** *US* **State Department**
> *M. de Educación,* **Ministry of Education**
> *M. de Hacienda, GB* **Treasury,** *US* **Treasury Department**
> *M. de Interior, GB* **Home Office,** *US* **Department of the Interior***
> *M. de Sanidad,* **Ministry of Health**
> ***Department of the Interior** abarca muchas áreas ajenas a las responsabilidades de un Ministerio de Interior europeo, tales como la protección del medioambiente, conservación de parques naturales y monumentos históricos o asuntos relacionados con las comunidades indias e insulares bajo la jurisdicción de EE.UU.

ministro,-a *m,f* ◆ *Pol* minister; **primer m.,** Prime Minister ➢ Ver nota en **secretary** ◆ *Rel* minister

> Algunos de los ministros más importantes:
> *M. de Economía y Hacienda, GB* **Chancellor of the Exchequer,** *US* **Secretary of the Treasury**
> *M. de Interior, GB* **Home Secretary,** *US* **Secretary of the Interior**
> *M. de Asuntos Exteriores, GB* **Foreign Secretary,** *US* **Secretary of State**

minoría *f* minority: **estamos en m.,** we are in a minority

minoritario,-a *adj* minority

minucioso,-a *adj* ◆ *(detallista)* meticulous ◆ *(detallado)* minute, detailed

minúsculo,-a 1 *adj* ◆ *(importancia, tamaño)* minuscule, tiny | **2** *m (letra)* small letter, lower-case

minusválido,-a 1 *adj* handicapped | **2** *m,f* handicapped person; **con accesos para minusválidos,** access for the handicapped

minuta *f* ◆ *(de un abogado)* bill ◆ *(de un restaurante)* menu

minutero *m* minute hand

minuto *m* minute: **acabo en un m.,** I'll finish in a minute

mío,-a 1 *adj pos* of mine: **tienes un libro mío,** you have got a book of mine; **no es cosa mía,** it is none of my business | **2** *pron pos* mine: **el mío es más grande,** mine is bigger | **3** *m (habilidad)* **lo m. es nadar,** swimming is my strong point; *fam* **los míos,** my people; *(familia)* my family | **4** *f (oportunidad)* **ésta es la mía,** this is my chance

miope *adj* short-sighted: **soy m.,** I'm short-sighted

miopía *f* short-sightedness

mirada *f* ◆ *(efecto de mirar)* **lo abarcas con la m.,** you can take it in at a glance; **una m. de reproche,** a reproachful look ◆ *(modo de mirar)* look: **tiene una m. cruel,** he has a cruel look ◆ *(vistazo)* look, glance: **déjame echar una m.,** let me have a look

mirador *m* ◆ *(natural)* viewpoint ◆ *(galería)* windowed balcony

mirar *vtr* ◆ to look at: **me miró con preocupación,** he looked at me with concern; **m. una palabra en el diccionario,** to look up a word in the dictionary ◆ *(examinar)* to watch: **miraba la película atentamente,** she was watching the film carefully; **míralo con atención,** look at it carefully ◆ *(tener cuidado)* **mira bien con quién andas,** be careful of the company you keep | **2** *vi* ◆ *(buscar)* **miraré en ese rincón,** I'll have a look in that corner ◆ *(cuidar)* to look after sb/sthg: **mira por tus intereses,** she is looking after your interests ◆ *(estar orientado)* to face: **la fachada mira al norte,** the façade faces north ➢ Ver nota en **ver**

■ **mirarse** *vr* ◆ to look at oneself: **me miro al espejo,** I look at myself in the mirror ◆ to look at each other

mirilla *f* spyhole, peephole

mirlo *m* blackbird

misa *f* mass

miserable 1 *adj* ◆ *(lástimoso, pobre)* wretched, poor: **gana un sueldo m.,** she earns a miserable salary ◆ *(malvado, ruin)* despicable: **un comportamiento m.,** despicable behaviour ◆ *(avariento)* mean | **2** *mf* ◆ *(mezquino)* miser ◆ *(canalla)* wretch, scoundrel

miseria *f* ◆ *(pobreza)* extreme poverty ◆ *(cantidad despreciable)* pittance, miserable amount ◆ *(más en pl)* *(desgracias, penalidades)* miseries

misericordia *f* mercy, compassion

mísero,-a *adj* miserable

misil *m* missile

misión *f* mission

misionero,-a *m,f* missionary

mismo,-a 1 *adj* ◆ same; **el m. acento,** the same accent ◆ *(uso enfático)* **el rey m. apareció en el umbral,** the king himself appeared on the threshold | **2** *pron* same: **es el m. árbol,** it's the same tree; **comemos siempre lo m.,** we always eat the same thing; **me da lo m.,** it makes no difference to me; **por uno** *o* **sí m.,** by oneself | **3** *adv* ◆ *(intensificador)* **murió allí m.,** he died right there; **ahora m.,** right now ◆ *(por ejemplo)* for instance: **Pedro mismo te ayudará,** Pedro will help you, for instance; *(incluso)* **yo m. estoy de acuerdo,** even I agree ◆ **así m.,** likewise

misógino,-a 1 *adj* misogynous | **2** *m,f* misogynist

miss *f* beauty queen; **M. Mundo,** Miss World

míster *m fam Ftb* coach, trainer

misterio *m* mystery

misterioso,-a *adj* mysterious

mitad *f* ◆ half: **leí la m. del libro,** I read half of the book ◆ *(centro)* middle: **parte el pan por la m.,** cut the bread in half ◆ | LOC: **a m. de: a m. de camino,** half-way; **a m. de precio,** half price; **en m. de: en m. de la carretera,** in the middle of the road

mítico,-a *adj* mythical

mitin *m Pol* meeting

mito *m* myth

mitología *f* mythology

mixto *adj* mixed

mobiliario *m* furniture

mochila *f* rucksack, backpack

mochuelo *m Zool* little owl

moción *f* motion; **m. de censura,** vote of non confidence

mocos *mpl* **sonarse los m.**, to blow one's nose; **tener m.**, to have a runny nose

moda *f* ◆ fashion: **el sombrero está de m.**, hats are in fashion; **este vestido está pasado de m.**, this dress is old-fashioned ◆ *(fiebre)* craze; **la m. del tatuaje**, the craze for tattoos

modales *mpl* manners; **buenos/malos m.**, good/bad manners

modalidad *f* form, category; *Com* **m. de pago**, method of payment; *Dep* discipline

modelar *vtr* to model, shape

modélico,-a *adj* model

modelo 1 *adj inv* & *m* model | **2** *mf* (fashion) model

módem *m Inform Tel* modem

moderación *f* moderation

moderado,-a *adj* ◆ *(persona, ideas)* moderate ◆ *(precio)* reasonable; *(temperatura, viento)* mild

moderador,-ora *m,f* chairperson

moderar *vtr* ◆ to moderate ◆ *(velocidad)* to reduce ◆ *(una discusión)* to chair

■ **moderarse** *vr* to be moderate, control oneself

modernizar *vtr,* **modernizarse** *vr* to modernize

moderno,-a *adj* modern

modestia *f* modesty

modesto,-a *adj* modest

módico,-a *adj* moderate; **por el m. precio de**, for the modest *o* reasonable price of

modificar *vtr* to modify

modismo *m* idiom

modisto,-a 1 *m,f (de alta costura)* fashion designer, couturier,-ère | **2** *f (costurera)* dressmaker

modo *m* ◆ *(forma de hacer)* way, manner: **habla de un m. extraño**, he speaks in a strange way ◆ *Ling* mood ◆ **modos**, manners

modorra *f (ganas de dormir)* drowsiness

modulación *f* modulation

modular *vtr* to modulate

módulo *m* module

mofa *f* mockery: **hacen m. de todo**, they make fun of everything

mofarse *vr* to jeer [**de**, at], scoff [**de**, at], make fun [**de**, of]

moflete *m* chubby cheek

mogollón *m fam* ◆ *(gran cantidad)* loads, an awful lot [**de**, of]: **había un m. de animales**, there were loads of animals ◆ *(lío, alboroto)* mess, racket

moho *m* ◆ *Bot* mould, *US* mold: **el pan tiene m.**, this bread is mouldy ◆ *(óxido)* rust

mohoso,-a *adj* ◆ mouldy, *US* moldy ◆ *(oxidado)* rusty

mojado,-a *adj* wet; *(húmedo)* damp

mojar *vtr* ◆ to wet ◆ *(en la leche, el café, etc)* to dip, dunk ◆ *fam (celebrar)* **vamos a m. este éxito**, let's go and celebrate this success with a drink

■ **mojarse** *vr* ◆ to get wet ◆ *fam (implicarse)* to commit oneself: **nunca se moja**, he never gets involved

mojón *m* boundary stone; *(en la carretera)* milestone

moka *m* mocha

Moldavia *f* Moldavia

moldavo,-a *adj* & *m,f* Moldavian

molde *m* mould, *US* mold; *(de cocina)* tin

moldear *vtr (barro, masa)* to mould, *US* mold ◆ *(sacar el molde)* to cast ◆ *(el carácter)* to shape

mole *f* mass, bulk

molécula *f* molecule

moler *vtr* ◆ *(reducir a polvo)* to grind ◆ *(hacer daño)* **esta silla me está moliendo la espalda**, this chair is ruining my back; **m. a alguien a palos**, to beat sb to pulp

molestar *vtr* ◆ *(causar enojo, incomodidad)* to disturb, bother: **¿le molestaría contestar a unas preguntas?**, would you mind answering some questions?; **me molesta que grites**, it annoys me when you shout ◆ *(causar dolor, incomodidad)* to hurt

■ **molestarse** *vr* ◆ *(ofenderse)* to take offence *o US* offense [**por**, at] ◆ *(hacer el esfuerzo)* to bother: **no se molestó en llamar**, she didn't even bother to phone

molestia *f* ◆ *(incomodidad)* trouble: **no quiero causar ninguna m.**, I don't want to cause any trouble ◆ *(trabajo, esfuerzo)* bother: **se tomó la m. de venir**, he took the trouble to come ◆ *(fastidio)* nuisance ◆ *(dolor)* slight pain

molesto,-a *adj* ◆ *(incómodo)* uncomfortable ◆ *(fastidioso)* annoying, pestering ◆ *(enfadado, disgustado)* annoyed *o* cross

molinillo *m* grinder

molino *m* mill

momentáneo,-a *adj* momentary

momento *m* ◆ *(instante)* moment; **vivir el m.**, to live for the moment ◆ *(periodo)*

mordaz

time: **hablamos un m.,** we talked for a minute; **un m. de la historia,** a moment in history ◆ *(ocasión)* **no encuentro el m. adecuado,** I can't find the right moment, **ya llegará tu m.,** you'll have your chance ◆ | LOC: **al m.,** at once; **de un m. a otro,** at any moment; **en un m. dado,** at a given moment; **por momentos,** by the minute

momia *f* mummy

monada *f fam (bonito, gracioso)* cute, lovely person *o* thing

monaguillo *m Rel* altar boy

monarca *mf* monarch

monarquía *f* monarchy

monasterio *m Rel* monastery

monda *f (de la fruta)* peel, skin ◆ | LOC: *fam* **ser la m.,** *(ser muy divertido)* to be a scream; *(ser el colmo)* to be the limit

mondadientes *m inv* toothpick

mondar *vtr* to peel

■ **mondarse** *vr fam (reírse mucho)* to die laughing

moneda *f* ◆ coin ◆ *(de un país)* currency

monedero *m* purse

monería *f* → monada

monetario,-a *adj* monetary

monitor,-ora 1 *m,f (profesor)* instructor | **2** *m Inform (pantalla)* monitor

monja *f* nun

monje *m* monk

mono,-a 1 *m,f Zool* monkey | **2** *m Indum (para trabajo)* overalls *pl; US* coveralls *pl* ◆ *argot (de abstinencia)* cold turkey | **3** *adj fam (bonito)* lovely, pretty, charming

monográfico,-a 1 *adj* monographic | **2** *m* monograph

monolito *m* monolith

monólogo *m* monologue

monopatín *m* skateboard

monopolio *m* monopoly

monopolizar *vtr* to monopolize

monótono,-a *adj* monotonous

monóxido *m Quím* monoxide

monstruo *m* ◆ monster; *pey* freak ◆ *(genio)* genius, giant

monstruoso,-a *adj (feo, antinatural)* monstrous ◆ *(desmesurado, muy grande)* massive, huge

montacargas *m inv* service lift, *US* freight elevator

montado,-a 1 *adj* ◆ *(nata)* whipped ◆ *(a caballo)* mounted; **policía m.,** mounted police | **2** *m* sandwich

montador,-ora *m,f* ◆ *Cine TV* film editor ◆ *(de máquinas)* fitter

montaje *m* ◆ *Téc (de una máquina, un mueble, etc)* assembly ◆ *Cine* editing and mounting ◆ *Fot* montage; **m. fotográfico,** photomontage ◆ *fam (simulación, engaño)* farce, set-up

montaña *f* ◆ mountain; **m. rusa,** big dipper *US* roller-coaster ◆ *fam (montón)* pile

montañismo *m* mountaineering

montañoso,-a *adj* mountainous

montante *m Fin (cuantía, total)* amount

montar 1 *vi (subirse)* to get in; *(en bici, a caballo)* to ride | **2** *vtr* ◆ *(un mueble, un arma)* to assemble ◆ *(engarzar)* to set, mount ◆ *(un negocio)* to set up, start ◆ *Culin* to whip ◆ *(película)* to edit, mount; *(fotografía)* to mount ◆ *Teat (un espectáculo)* to stage, mount ◆ *Zool (cubrir)* to mount ◆ *(causar)* **m. un escándalo,** to kick up a fuss

■ **montarse** *vr* ◆ *(subirse)* to get on; *(en un vehículo)* to get in [**en,** to] ◆ *fam (armarse, crearse)* to break out: **se montó un jaleo,** a row broke out

monte *m* ◆ mountain; *(nombre propio)* **M. de los Olivos,** Mount of Olives ◆ *(terreno)* **m. alto,** forest; **m. bajo,** scrubland

montón *m* ◆ *(pila, taco)* heap, pile: **haz un m. con ellas,** make a pile of them ◆ *(gran cantidad)* **me duele un m.,** it hurts a lot; **un m. de,** a load of, lots of ◆ | LOC: *fam* **del m.,** nothing special, ordinary

montura *f* ◆ *(animal)* mount; *(silla)* saddle ◆ *(de gafas)* frame; *(de joyas)* mount

monumento *m* monument

monzón *m* monsoon

moño *m (de pelo)* bun: **se hizo un m.,** she put her hair up in a bun ◆ | LOC: *fam* **estar hasta el m.,** to be sick to death [**de,** of]

moquear *vi* to have a runny nose

moqueta *f* fitted carpet

mora *f Bot* blackberry

morada *f frml* dwelling

morado,-a 1 *adj* purple | **2** *m* ◆ *(color)* purple ◆ *(moratón)* bruise ◆ | LOC: *fam* **pasarlas moradas,** to have a tough time; **ponerse m.,** to stuff oneself [**de,** with]

moral 1 *adj* moral | **2** *f* ◆ *(ética)* morals *pl* ◆ *(ánimo)* morale, spirits *pl*

moraleja *f* moral

moralista 1 *adj* moralistic | **2** *mf* moralist

moratoria *f* moratorium

morboso,-a *adj (persona, interés, placer)* morbid

morcilla *f* black pudding

mordaz *adj* biting, scathing

mordaza f gag
mordedura f bite
morder vtr to bite; **está que muerde,** she is in a foul mood ➢ Ver nota en **sting**
mordisco m bite
mordisquear vtr to nibble (at)
moreno,-a 1 adj ◆ *(de pelo)* dark-haired; *(de piel)* dark-skinned; **pan/azúcar m.,** brown bread/sugar ◆ *(bronceado)* tanned; **ponerse m.,** to get a suntan | 2 m,f *(persona)* *(de pelo)* dark-haired person; *(de piel)* dark-skinned person
morera f Bot white mulberry
moretón m fam bruise
morfina f morphine
moribundo,-a adj & m,f moribund, dying
morir vi to die; **m. de agotamiento/hambre,** to die of exhaustion/starvation
■ **morirse** vr ◆ to die: **el pueblo entero se muere de hambre,** the whole nation is starving to death ◆ *(exageración)* **m. de ganas de hacer algo,** to be dying to do sthg; **m. de vergüenza,** to die of embarrassment; **m. por algo,** to be dying to get sthg
mormón,-ona adj & m,f Mormon
moro,-a adj & m,f *(norteafricano)* Moor ◆ *Hist (musulmán)* Muslim
morro m ◆ *(hocico)* snout ◆ *(de coche, avión)* nose ◆ *(caradura)* cheek: **tiene mucho m.,** he's got a nerve ◆ | LOC: **(beber) a m.,** to drink straight out of the bottle; **estar de morros,** to be sulking
morrón adj **pimiento m.,** sweet red pepper
morsa f walrus
morse m morse
mortadela f mortadella
mortaja f shroud
mortal 1 adj ◆ mortal ◆ *(accidente, veneno, etc)* fatal ◆ *(uso enfático)* **un m. hastío,** a monumental boredom | 2 mf mortal
mortalidad f mortality; **la m. infantil,** infant mortality
mortandad f death toll, number of victims
mortecino,-a adj weak, faint; **una voz mortecina,** a faint voice
mortero m Culin Mil mortar
mortífero,-a adj deadly, lethal
mortificar vtr to mortify
mortuorio,-a adj death; **rito m.,** funeral rite
moruno,-a adj Moorish; *Culin* **pincho m.,** kebab

mosaico m mosaic
mosca 1 f ◆ *(insecto)* fly ◆ *fam fig (dinero)* cash, dough; **aflojar la m.,** to stump up ◆ *(recelo)* **estar con la m. (detrás de la oreja),** to smell a rat, to be suspicious | 2 adj *(estar)* *(enfadado)* annoyed; *(inquieto)* worried; *(intrigado)* suspicious ◆ | LOC: *fam* **¿qué m. le ha picado?,** what's biting him?; *fam* **por si las moscas,** just in case
mosquitero m mosquito net
mosquito m mosquito
mostaza f Bot Culin mustard
mosto m *(bebida)* grape juice
mostrador m *(de comercio)* counter; *(de cafetería)* bar; *Av* **m. de facturación,** check-in desk
mostrar vtr to show: **muéstrame el camino,** show me the way
■ **mostrarse** vr **últimamente se muestra muy servicial,** she has been very helpful lately
mota f speck
mote[1] m *(apodo)* nickname
mote[2] m *LAm* stewed maize *o US* corn
moteado,-a adj ◆ *(tela, etc, con lunares)* dotted ◆ *(la piel)* mottled
motín m ◆ *(en un barco, en el ejército)* mutiny ◆ *(levantamiento)* riot
motivación f motivation
motivar vtr ◆ *(provocar)* to cause ◆ *(animar)* to motivate
motivo m ◆ *(causa)* reason: **no tienes motivos para sospechar,** you have no grounds for suspicion; **organizaron una fiesta con m. de su aniversario,** they had a party on the occasion of their anniversary; **sin m.,** for no reason at all ◆ *Arte Mús* motif, leitmotif
moto f *Auto* motorbike
motocicleta f motorbike
motociclismo m motorcycling
motociclista mf motorcyclist
motocross m motocross
motor m ◆ *(de combustible)* engine; *(eléctrico)* motor; **m. de arranque,** starter (motor); **m. de explosión,** internal combustion engine; **m. de reacción,** jet engine ➢ Ver nota en **engine** ◆ *fig (propulsor, fuerza motriz)* **el m. de la Historia,** the driving force of History
motor, motriz adj motor
motora f motorboat
motorista mf motorcyclist
motosierra f power saw

mover *vtr* ♦ to move: **movimos la mesa,** we moved the table; **m. la cabeza** *(afirmativamente)* to nod; *(negativamente)* to shake one's head ♦ *(empujar, decidir)* **aquello me movió a viajar,** that led me to travel; **le mueve la codicia,** she's driven by greed; **no sabemos qué le movió a hacerlo,** we don't know what made him do it ♦ *(activar)* to drive: **el aire mueve las aspas,** the wind drives the sails

■ **moverse** *vr* ♦ to move ♦ *(apurarse)* to hurry up: **¡muévete!,** get a move on!
movido,-a *adj* ♦ *Fot* blurred ♦ *(ajetreado)* busy
móvil 1 *adj* mobile | **2 m** ♦ *(razón)* motive ♦ *fam Tel* mobile phone
movilización *f* mobilization
movilizar *vtr* to mobilize
movimiento *m* ♦ movement; *Fís Téc* motion ♦ *(actividad)* activity ♦ *Com Fin (de una cuenta)* operations ♦ *(alzamiento, manifestación social)* movement; **el m. feminista,** the feminist movement ♦ *Mús (de una composición)* movement
moza *f* young girl, lass
mozo *m* young boy, lad ♦ *(de estación)* porter; *(de hotel)* bellboy, *US* bellhop
mucamo,-a *m,f LAm* servant
muchacha *f* girl
muchacho *m* boy
muchedumbre *f (de personas)* crowd
mucho,-a 1 *adj indef* ♦ *(abundante, numeroso) (en frases afirmativas)* a lot of, lots of; **mucha comida,** a lot of food; **muchos animales,** lots of animals; *(en frases negativas)* much, many *pl*: **no queda m. azúcar,** there isn't much sugar left; **no conozco muchos sitios,** I don't know many places ♦ *(intenso)* very: **tengo m. calor/miedo,** I'm very hot/scared; **hizo m. esfuerzo,** he made a great effort ♦ *(demasiado)* **es mucha responsabilidad,** it's too much responsibility | **2** *pron* ♦ a lot, a great deal, many: **muchos fuimos al baile,** many/lots of us went to the dance; **muchos de nosotros/vosotros,** many of us/you; **de ésos tengo muchos,** I've got lots of those | **3** *adv* ♦ *(cantidad)* a lot, very much: **me arrepentí m.,** I was very sorry ♦ *(tiempo)* **hace m. que desapareció,** he went missing a long time ago; **hace m. que estamos aquí,** we have been here for a long time; *(a menudo)* often: **vamos m. al cine,** we go to the cinema quite often ♦ | LOC: **como m.,** at the most; **con m.,** by far; **¡ni m. menos!,** no way!; **por m. (que),** however much

> Recuerda que el singular es **much,** el plural es **many,** y que estas dos palabras se suelen usar en frases negativas *(no tengo demasiado tiempo,* **I haven't got much time),** mientras que **a lot (of)** y **lots (of)** se encuentran en frases afirmativas: *Tengo mucho dinero,* **I've got a lot of/lots of money.** En frases interrogativas se usa tanto **much** y **many** como **a lot** o **lots of**: *¿Tienes mucho dinero?,* **Have you got much/a lot of/lots of money?** Sin embargo, en preguntas que empiezan por **how** sólo puedes emplear **much** o **many**: *¿Cuánto dinero tienes?,* **How much money have you got?**

muda *f* ♦ *(de ropa)* change of clothes ♦ *Zool* shedding
mudanza *f* move: **mañana estoy de m.,** I'm moving (house) tomorrow
mudar *vtr* ♦ *(ropa, pañales)* to change ♦ *Zool* to shed

■ **mudarse** *vr* ♦ *(de casa)* to move ♦ *(de ropa)* to change one's clothes
mudo,-a 1 *adj* ♦ *(que no habla)* dumb ♦ *fig (sin palabras)* speechless, dumbstruck: **estaba m. de asombro,** he was speechless with amazement ♦ *(letra, cine)* mute, silent | **2** *m,f* mute
mueble *m* piece of furniture: **estos muebles son espantosos,** this furniture is dreadful; **el m. del salón,** the piece of furniture in the living room
mueca *f* ♦ *(gesto de burla)* mocking face; **hacer muecas,** to make *o* pull faces ♦ *(gesto de dolor, reprobación)* grimace
muela *f Anat* molar: **tengo una m. picada,** I've got a hole in my tooth; **m. del juicio,** wisdom tooth
muelle¹ *m* spring
muelle² *m Náut* dock
muerte *f* ♦ death: **murió de m. natural,** she died a natural death ♦ *(homicidio)* killing; *(asesinato)* murder: **al criminal se le imputan tres muertes,** the criminal is charged with three murders ♦ | LOC: **a m.,** to death: **defender a m.,** to defend to the death; **odiar a m.,** to loathe sb; *fam* **de mala m.,** lousy, rotten; **de m.,** *(buenísimo)* fantastic, great
muerto,-a 1 *adj* ♦ *(sin vida)* dead ♦ *(cansado)* exhausted ♦ *(ciudad, pueblo)*

dead; **horas muertas,** spare time; *Dep* **tiempo m.,** time-out ◆ *(enfático)* **m. de frío/miedo,** frozen/scared to death; **m. de hambre,** starving; **m. de risa,** laughing one's head off ◆ *Auto* **m. (en) punto m.,** (in) neutral | **2** *m,f* ◆ *(cadáver)* dead person ◆ *(tarea fastidiosa)* dirty job ◆ *(víctima de accidente)* fatality

muesca *f* notch

muestra *f* ◆ *(de un producto, sustancia)* sample, specimen ◆ *Estad* sample ◆ *(gesto, demostración)* sign: **fue una m. de generosidad,** it was a sign of generosity; **te doy esto como m. de mi amor,** I give you this as a token of my love

mugido *m (de vaca)* moo; *(de toro)* bellow

mugir *vi (vaca)* to moo; *(toro)* to bellow

mugre *f* filth, muck

mugriento,-a *adj* filthy, mucky

mujer *f* ◆ woman; **varias mujeres,** several women ◆ *(esposa)* wife

mujeriego 1 *adj* fond of chasing women, philandering | **2** *m* womanizer, philanderer

muleta *f (para las piernas)* crutch

muletilla *f (palabra)* pet word; *(frase)* pet phrase

mullido,-a *adj* soft

mulo *m* mule

multa *f* fine, *Auto* ticket: **me pusieron una m.,** I got a ticket *o* I got fined

multar *vtr* to fine

multicolor *adj* multicoloured, *US* multicolored

multilateral *adj* multilateral

multinacional *adj* & *f* multinational

múltiple *adj* ◆ *(fractura, partida de ajedrez)* multiple; **accidente m.,** pile up ◆ **múltiples,** *(muchos)* many; **en múltiples ocasiones,** many times

multiplicación *f Mat* multiplication ➢ Ver nota en **multiplicar**

multiplicar *vtr* & *vi* to multiply [**por,** by]
■ **multiplicarse** *vr* to multiply

¿Cómo se dice 2 × 4 = 8?
Two fours are eight.
Two multiplied by four is/makes/ equals eight.
What's two times four?

---

múltiplo,-a *adj* & *m* multiple; *Mat* **mínimo común m.,** lowest common multiple

multirracial *adj* multiracial

multitud *f* ◆ *(gente)* crowd, mass ◆ *frml (gran cantidad)* multitude

mundano,-a *adj* mundane

mundial 1 *adj* worldwide; **el comercio m.,** world trade; **Día Mundial de la Infancia,** World Childhood Day | **2** *m Dep* world championship

mundo *m* ◆ world; **el m. de la farándula,** the show-business world ◆ *(seres humanos)* **todo el m.,** everybody ◆ *(experiencia)* **tener mucho m.,** to be a man/woman of the world ◆ | LOC: **nada del otro m.,** nothing special; **por nada del m.,** not for all the world

munición *f* ammunition

municipal 1 *adj* municipal | **2** *m (policía)* policeman

municipio *m* ◆ *(territorio)* municipality ◆ *(ayuntamiento, concejo)* town *o* city council

muñeca *f* ◆ *(juguete)* doll ◆ *Anat* wrist

muñeco *m (juguete)* boy doll

muñequera *f* wristband

muñón *m Anat* stump

mural *m* & *adj* mural

muralla *f* wall

murciélago *m Zool* bat

murmullo *m* murmur

murmurar *vi* ◆ *(hablar mal, cotillear)* to gossip ◆ *(hablar bajo)* to whisper; *(hablar entre dientes)* to grumble ◆ *fig (el agua, el viento, los árboles)* to murmur

muro *m* wall

musa *f* muse

musaraña *f Zool* shrew ◆ | LOC: *fam* **estar mirando** *o* **pensando en las musarañas,** to be daydreaming

muscular *adj* muscular

musculatura *f* musculature

músculo *m* muscle

musculoso,-a *adj* muscular

museo *m* museum; *(de pintura, escultura)* gallery

musgo *m* moss

música *f* music: **eso que dices me suena a m. celestial,** what you are saying is music to my ears

musical 1 *adj* musical | **2** *m* musical

músico,-a 1 *adj* musical | **2** *m,f* musician

muslo *m* thigh

musulmán,-ana *adj* & *m,f* Muslim, Moslem

mutación *f Biol* mutation

mutante *m,f* & *adj* mutant

mutilación *f* mutilation

mutilado,-a *m,f* disabled person

mutilar *vtr* to mutilate: **este texto está mutilado,** this text has been hacked about

mutua f friendly society; US benefit society
mutuamente adv each other, mutually: **nos lavamos m. el pelo,** we wash each other's hair
mutuo,-a adj mutual

muy adv ◆ *(modificando a un adjetivo o adverbio)* very: **m. pronto llegará,** he will arrive very soon; **m. tierno,** very tender ◆ *(modificando al sustantivo)* **es muy española,** she's a real Spaniard ◆ *(demasiado)* **está muy caliente,** it's too hot

N, n f *(letra)* N, n
nabo m Bot turnip
nácar m mother-of-pearl
nacer vi ◆ to be born: **nació en el mes de julio,** she was born in July; **al n.,** at birth; *(ave)* to hatch (out) ◆ *(pelo, dientes)* to begin to grow ◆ *(río, manantial)* to rise ◆ *(originarse)* to start: **la revuelta nació en Sevilla,** the revolt started in Seville ◆ *(tener cualidades)* **naciste para payaso,** you were born to be a clown ◆ | LOC: **n. de pie,** to be born under a lucky star
nacido,-a adj born; **n. de familia humilde,** born of a humble family; **los nacidos entre 1963 y 1970,** people born between 1963 and 1970; **recién n.,** newborn ◆ | LOC: **mal n.,** despicable, mean
naciente 1 adj *(incipiente)* new, incipient; *(sol)* rising | **2** m East
nacimiento m ◆ birth: **es mudo de n.,** he's been mute since birth; **fecha de n.,** date of birth ◆ *(inicio, origen)* origin, beginning ◆ *(de un río, manantial)* source ◆ *(belén)* Nativity scene, crib
nación f nation
nacional adj ◆ national ◆ *(interior, no internacional)* domestic; **llegadas nacionales,** domestic arrivals
nacionalidad f nationality
nacionalismo m nationalism
nacionalista adj & mf nationalist
nacionalizar vtr ◆ *(a una persona)* to naturalize ◆ Econ *(hacer estatal)* to nationalize
■ **nacionalizarse** vr to become naturalized: **se nacionalizó sueco,** he took Swedish citizenship

nada 1 pron ◆ *(ninguna cosa)* nothing: **¿qué te cuentas? - n. nuevo,** how it's going? - nothing new; *(con otro negativo)* nothing, not ... anything: **no hay n. más importante,** there is nothing more important; **no tocamos n.,** we didn't touch anything; **no lo cambiaría por n. del mundo,** I wouldn't change it for anything on earth ◆ *(en preguntas)* anything: **¿no tienes n. que decir?,** don't you have anything to say? ◆ *(muy poco)* **con la niebla no veíamos n.,** we couldn't see a thing in the fog; **no fue n.,** *(herida, golpe)* I wasn't hurt; *(respuesta a una disculpa)* it's all right ◆ *(en ciertas construcciones)* anything; **más que n.,** more than anything; **sin decir n.,** without saying anything/a word | **2** adv not at all: **no nos aburrimos n.,** we weren't bored at all; **no escribe n. mal,** he doesn't write at all badly | **3** f nothingness ◆ | LOC: **casi n.,** almost nothing; **gracias, - de n.,** thanks, - don't mention it; **n. más: nada más oírlo,** as soon as she heard it; *fam* **para n.,** not at all
nadador,-ora m,f swimmer
nadar vi ◆ Dep to swim: **no sé nadar,** I can't swim ◆ *(un objeto)* to float ◆ *(tener en abundancia)* **nada en libros,** she has a lot of books
nadie pron ◆ *(ninguna persona)* no-one, nobody: **n. quiere más,** no-one wants more; *(con otro negativo)* **n. dirá nada,** no one will say anything; **no quiere a n.,** she doesn't love anyone ◆ *(interrogativas)* **¿qué le importa a nadie lo que hago?,** who cares about what I do? ◆ **se cree más listo que n.,** he thinks he's more clever

nado

than anyone; **sin que n. lo oyese,** without anyone hearing; **casi n.,** hardly anyone ◆ |LOC: **ser un don n.,** to be a nobody
nado (a) *loc adv* swimming: **cruzó a n. el estrecho,** he swam across the strait
naftalina *f (para la ropa)* mothballs
nailon *m* nylon
naipe *m* playing card
nalga *f* buttock; **nalgas,** bottom *sing*, buttocks
nana *f* lullaby
napalm *m* napalm
napia *f fam (tb en pl)* nose
naranja **1** *f* orange | **2** *adj & m (color)* orange | **3** *excl* ¡**naranjas (de la China)!,** no way! ◆ |LOC: **mi/tu/su media n.,** my/your/his better half
naranjada *f* orangeade
naranjo *m* orange tree
narcisismo *m* narcissism
narciso *m* ◆ *(blanco)* narcissus; *(amarillo)* daffodil ◆ *(persona)* narcissist
narcótico *adj* narcotic
narcotraficante *mf* drug dealer
narcotráfico *m* drug trafficking
nariz *f* ◆ *(tb en pl* **narices***)* nose: **tengo taponada la n.,** my nose is blocked; *(sentido del olfato)* **tengo muy mala n.,** I have a poor sense of smell ◆ |LOC: *fam* **dar en la n.: me da en la n. que …,** I've got this feeling that…; **darse de narices con alguien,** to bump into someone; **en mis/tus/sus (propias) narices,** right under my/your/his very nose; *fam* **hinchar a alguien las narices,** to get on sb's wick; *fam* **meter las narices en algo,** to poke one's nose into sthg; *fam* **restregar algo a alguien por las narices,** to rub it in

> *Nariz* se utiliza para sustituir el término malsonante de algunas locuciones: *No tengo más narices que aceptar.* **I have no option but to agree to.**

narración *f* narration
narrador,-ora *m,f* narrator
narrar *vtr* to narrate, tell
narrativa *f* **la n. española,** Spanish narrative
narrativo,-a **1** *adj* narrative
nata *f* ◆ *(de pastelería)* cream ◆ *(sobre la leche hervida)* skin ◆ *(lo más selecto)* cream, best
natación *f* swimming
natal *adj* **mi ciudad n.,** my home town; **tu país n.,** your native country

natalidad *f* birth rate
natillas *fpl Culin* custard *sing*
natividad *f* Nativity
nativo,-a *adj & m,f* native
natural **1** *adj* natural: **es una persona muy n.,** he's a very natural person; *(no artificial, fresco)* fresh: **es una rosa n.,** it's a fresh rose; **a tamaño n.,** life-size ◆ *(normal, lógico)* **me parece n.,** it seems natural to me ◆ *(nativo)* **soy n. de Castilla,** I come from Castilla ◆ *Mat* natural | **2** *m* ◆ *(temperamento, inclinación)* nature ◆ *Arte* life: **lo pintó del n.,** he painted it from life | **3** *mf (oriundo)* native
naturaleza *f* ◆ nature: **es de n. tímida,** she's shy by nature; *Arte* **n. muerta,** still life ◆ *(clase, tipo)* nature: **no hagas comentarios de esa n.,** don't make remarks of that kind ◆ *(constitución)* physical constitution
naturalidad *f (desenvoltura, falta de ceremonia)* naturalness: **compórtate con n.,** behave naturally
naturalismo *m* naturalism
naturalista **1** *adj* naturalistic | **2** *mf* naturalist
naturalizar *vtr* to naturalize
■ **naturalizarse** *vr* to become naturalized
naturalmente *adv* naturally; ¡**n.!,** of course!
naturismo *m* naturism
naturista *mf* naturist
naturopatía *f* naturopathy
naufragar *vi* ◆ *(una embarcación)* to sink, be wrecked; *(una persona)* to be shipwrecked ◆ *(un proyecto, negocio)* to founder, fail
naufragio *m Náut* shipwreck
náufrago,-a *m,f* shipwrecked person, castaway
náusea *f* ◆ *(usu pl)* nausea, sickness; **siento/tengo náuseas,** I feel sick ◆ *(repugnancia)* **su comportamiento me da n.,** his behaviour makes me sick
nauseabundo,-a *adj* nauseating, sickening
náutico,-a *adj* nautical
navaja *f* ◆ *(cuchillo de bolsillo)* penknife, pocketknife; *(arma blanca)* knife; *(de afeitar)* razor ◆ *(marisco)* razor-shell
naval *adj* naval
nave *f* ◆ *(barco)* ship; *(espacial)* spaceship, spacecraft ◆ *Ind* plant; *(almacén)* warehouse; *(local amplio)* building ◆ *(de iglesia)* nave

navegable *adj* navigable
navegación *f* navigation
navegar *vi* ◆ to navigate, sail ◆ *Av Inform* to navigate
Navidad *nf (tb en pl)* Christmas; **¡Feliz N. !,** Merry Christmas!
navideño,-a *adj* Christmas
nazi *adj* & *mf* Nazi
nazismo *m* Nazism
neblina *f* mist, thin fog
nebulosa *f Astron* nebula
nebuloso,-a *adj* ◆ *Meteor* cloudy, hazy ◆ *(poco claro, poco explicativo)* nebulous, vague
necedad *f* ◆ *(ignorancia, imprudencia)* stupidity, foolishness; *(presunción)* conceit ◆ *(hecho o dicho)* stupid thing to say *o* to do
necesario,-a *adj* necessary: **es n. actuar,** we must act; **es n. que así suceda,** it has to be this way; **no es n. que grites,** there is no need to shout; **si fuera n.,** if need be
neceser *m (de aseo)* toilet bag, sponge bag
necesidad *f* ◆ necessity, need: **sentí la n. de abrazarla,** I felt the need to hug her; **tengo n. de llorar,** I need to cry; **por n.,** of necessity ◆ *(dificultad económica)* hardship: **pasan mucha n.,** they suffer hardship
necesitado,-a 1 *adj* ◆ *(pobre)* needy, poor ◆ *(carente)* **está n. de atenciones,** he needs care | **2** *mpl* **los (más) necesitados,** the needy
necesitar *vtr* to need; *(en anuncio)* **se necesita secretaria bilingüe,** bilingual secretary required ➢ Ver nota en **need**
necrológica *f* obituary
néctar *m* nectar
nectarina *f* nectarine
neerlandés,-esa 1 *adj* Dutch, of *o* from the Netherlands | **2** *m,f (persona) (hombre)* Dutchman; *(mujer)* Dutchwoman; **los neerlandeses,** the Dutch | **3** *m (idioma)* Dutch
nefasto,-a *adj (funesto)* unlucky, ill-fated: **su intervención fue nefasta,** her intervention did a lot of harm
negación *f* ◆ *(de los hechos, de una acusación)* denial; *(a colaborar, participar)* refusal ◆ *(polo opuesto)* **es la n. de su madre,** she is the antithesis of her mother ◆ *Ling* negative
negado,-a *adj* & *m,f (inepto)* **eres un n.,** you are useless; **es negada para las matemáticas,** she's hopeless at maths

negar *vtr* ◆ to deny: **no me niegues que te gusta,** don't deny you like her ➢ Ver nota en **deny** ◆ *(rechazar)* to refuse, deny: **me negó su apoyo,** he refused to help me
■ **negarse** *vr* to refuse [a, to] ➢ Ver nota en **refuse**
negativa *f* denial: **no acepto una n.,** I won't accept a refusal
negativo,-a *adj* & *m,f* negative
negligencia *f* negligence
negociación *f* negotiation
negociante *mf* dealer; *(hombre)* businessman; *(mujer)* businesswoman
negociar 1 *vtr (acordar, tratar)* to negotiate | **2** *vi (traficar, comerciar)* to do business, deal: **negocia con ropa usada,** he deals in second-hand clothes
negocio *m* ◆ *Com Fin* business: **esa venta fue un mal n.,** that sale was a bad deal ◆ *(asunto)* affair
negrilla, negrita *adj* & *f Impr* bold
negro,-a 1 *adj* ◆ black; *(bronceado)* suntanned; **pan n.,** brown bread ◆ *(muy sucio)* filthy, black ◆ *(suerte, situación)* awful; **un día n.,** a black day; *(lóbrego, triste)* gloomy ◆ *(furioso)* furious: **ese ruido me pone negra,** that noise drives me up the wall ◆ *(raza, música)* black ◆ *(no legalizado)* **mercado n.,** black market | **2** *m,f (hombre)* black man; *(mujer)* black woman | **3** *m* ◆ *(color)* black ◆ *(tabaco)* black tobacco ◆ *(escritor anónimo)* ghostwriter | **4** *f* ◆ *Mús* crotchet, *US* quarter note ◆ **la negra,** bad luck ◆ | LOC: **tener la negra,** to be very unlucky; **vérselas negras para hacer algo,** to have a tough time doing sthg
nene,-a *m,f (niño)* baby boy; *(niña)* baby girl
nenúfar *m Bot* water lily
neoclásico,-a *adj Arte Lit* neoclassic(al)
neolítico,-a *adj* neolithic
neón *m* neon
neozelandés, esa 1 *adj* of/from New Zealand | **2** *m,f* New Zealander
Neptuno *m* Neptune
nervio *m* ◆ *Anat Bot* nerve; *(de la carne)* sinew ◆ *Arquit Zool* ribs ◆ *(vigor, carácter)* nerve, courage: **baila con mucho n.,** she dances with a lot of spirit ◆ **nervios,** nerves: **no pierdas los nervios,** don't lose your temper; **un ataque de nervios,** a fit of hysterics ◆ | LOC: **poner a alguien de los nervios,** to get on sb's nerves
nerviosismo *m* nerves *pl*
nervioso,-a *adj* ◆ nervous: **la pregunta le puso n.,** the question made him ner-

vous; **ponerse n.**, to get nervous/upset ◆ *(inquieto, intranquilo)* fidgety: **es un niño muy n.**, he's a very restless child

neto,-a *adj* ◆ *(peso, cantidad, precio)* net ◆ *(recuerdo, noción)* clear

neumático,-a 1 *adj* pneumatic | **2** *m Auto* tyre, *US* tire

neumonía *f* pneumonia

neura 1 *adj fam* nervy, neurotic | **2** *m, f fam* neurotic | **3** *f fam* craze

neurálgico,-a *adj* neuralgic; *fig* **centro n.**, nerve centre

neurólogo,-a *m,f* neurologist

neurosis *f* neurosis

neurótico,-a *adj & m,f* neurotic

neutral *adj* neutral

neutralidad *f* neutrality

neutralizar *vtr* to neutralize

neutro,-a *adj* ◆ neutral ◆ *Ling* neuter

neutrón *m Fís* neutron

nevada *f* snowfall

nevado,-a *adj* snowcovered

nevar *v impers* to snow

nevera *f* ◆ *(electrodoméstico)* refrigerator, *fam* fridge ◆ *(para excursiones)* cool box

nexo *m* connection, link

ni *conj* ◆ **no … ni, ni … ni**, neither … nor, not … or: **ni vive ni deja vivir**, she won't live or let live; **no iréis ni tú ni él**, neither you nor he will go; **no tiene valor ni carácter**, she has neither courage nor character ➢ Ver nota en **neither** ◆ *(siquiera)* even: **ni aunque me maten**, not even if they kill me; **¡ni hablar!**, no way!; **ni por todo el oro del mundo**, not for all the gold on earth; **no llamó ni una vez**, she didn't phone even once; **no lo digas ni en broma**, don't say that even as a joke

Nicaragua *f* Nicaragua

nicaragüense *adj & mf* Nicaraguan

nicho *m* niche

nicotina *f* nicotine

nido *m* nest: **el palacio es un n. de traidores**, the palace is a den of traitors

niebla *f* fog: **había mucha n.**, it was very foggy

nieto,-a *m,f (niño)* grandson; *(niña)* granddaughter; **los nietos**, the grandchildren

nieve *f* ◆ *Meteor* snow ◆ *argot (cocaína)* snow

ningún *adj* → **ninguno,-a**

ninguno,-a 1 *adj* ◆ no: **no tienes ninguna vergüenza**, you have no shame; *(con otro negativo)* not … any: **no queda ninguna galleta**, there aren't any biscuits left; **de ninguna manera**, no way; **en ningún momento**, never; **por/en ninguna parte**, nowhere ◆ *(intensificador)* **no es ningún maníaco**, he isn't a maniac at all; **no es ninguna extraña**, she is no stranger | **2** *pron* ◆ *(persona)* no one: **él tiene un hermano y yo n.**, he has a brother and I don't; *(referido a dos personas)* neither: **n. de nosotros (dos) tiene hermanas**, neither of us has a sister; *(referido a un grupo)* **n. vino a misa**, none of them came to mass; *(nadie)* nobody, no one: **n. lo sabía**, nobody knew it ◆ *(objeto)* **yo tengo una oportunidad, pero él ninguna**, I have a chance, but he has none; *(referido a dos objetos)* neither: **n. es útil**, neither is useful; *(referido a un grupo)* **n. era rojo**, none of them was red; **no quiso n.**, she didn't want any of them ➢ Ver nota en **neither**

niña *f* ◆ girl; *adj* → **niño,-a** ◆ *Anat* pupil; *fig* **es la n. de sus ojos**, she's the apple of his eye

niñera *f* nursemaid, nanny

niñez *f* childhood

niño,-a *m,f* child: **tiene dos niños y una niña**, he has two sons and a daughter; **va a tener un niño**, she's expecting a baby; **de n.**, as a child | **2** *adj (persona infantil)* child

níquel *m* nickel

níspero *m* ◆ *(fruto)* medlar ◆ *(árbol)* medlar tree

nítido,-a *adj (claro, límpido)* clear; *(bien definido)* sharp

nitrógeno *m* nitrogen

nivel *m* ◆ *(de las aguas, de un punto)* level: **estamos a tres metros sobre el n. del mar**, we are at three metres above sea level ◆ *(cultural, social, económico)* level, standard: **su n. de francés es peor que el tuyo**, her level of French is lower than yours ◆ *(jerarquía)* level ◆ *(utensilio)* level ◆ *Ferroc* **paso a n.**, level crossing, *US* grade crossing

nivelar *vtr* ◆ to level out ◆ *(las fuerzas, el presupuesto, etc)* to balance out

no 1 *adv* ◆ *(como respuesta)* no: **¿quieres un poco? - no, gracias**, would you like a bit? - no, thanks ◆ *(en frases negativas)* not: **aún no está dormido**, he isn't asleep yet; **hoy no es jueves**, today isn't Thursday; **no, no iré**, no, I will not go; **no tengo hambre**, I am not hungry; **¿por qué no?**, why not?; **ya no fuma**, she doesn't smoke any more ◆ *(antepuesto a un nombre)* **la no colaboración se penalizará**, non-collaboration will be penalized ◆ *(con otros negativos)* **no diré nada,** I won't say a single word; **no lo haré jamás,** I'll never do it; **no sin antes…,** not without first… ◆ *(en advertencia, cartel)* **no fumar,** no smoking ◆ *(en preguntas retóricas o de confirmación)* **está enfadado, ¿no es así?,** he is angry, isn't he?; **estoy guapa, ¿o no?,** I'm smart, aren't I?; **firmarás el contrato, ¿no?,** you'll sign the contract, won't you?; **¿no nos presentaron el otro día?,** weren't we introduced the other day? ◆ *(para expresar un temor)* **llévate el paraguas, no sea que llueva,** take your umbrella in case it rains | 2 *m* no: **¿es un no definitivo?,** is that a definite no?

noble 1 *adj* ◆ *(aristocrático)* noble ◆ *(sincero, honrado)* honest, noble | 2 *mf (hombre)* nobleman; *(mujer)* noblewoman

nobleza *f* nobility

noche *f* ◆ *(espacio de tiempo: antes de las diez)* evening; *(después de las diez)* night, night-time: **me llamó de n.,** he phoned me at night; **nos veremos por la n.,** we'll meet this evening; **esta n.,** tonight ➢ Ver nota en **tarde** ◆ | LOC: **hacer n.,** to spend the night [**en,** at/in]; **pasar la n. en blanco,** to have a sleepless night; **buenas noches,** *(saludo)* good evening, *(despedida)* good night; **de la n. a la mañana,** overnight

Nochebuena *f* Christmas Eve
Nochevieja *f* New Year's Eve
noción *f* ◆ notion, idea ◆ **nociones,** basic knowledge *sing*; **tiene algunas nociones de euskera,** she has a smattering of Basque

nocivo,-a *adj* harmful; **gases nocivos,** noxious fumes

noctámbulo,-a *m,f fam* night-bird
nocturno,-a *adj* ◆ night; **el tren n.,** the night train ◆ *Bot Zool* nocturnal

nodriza *f* ◆ *(ama de cría)* wet nurse ◆ *(vehículo)* **nave n.,** supply spaceship

nogal *m Bot* walnut (tree)
nómada 1 *adj* nomadic | 2 *mf* nomad
nombramiento *m* appointment
nombrar *vtr* ◆ *(para un cargo)* to appoint: **le nombraron secretario general,** he was appointed secretary general ◆ *(mencionar)* to name, mention: **¡a ése ni me lo nombres!,** don't even mention his name!

nombre *m* ◆ name: **¿cuál es su n. de pila?,** what's his Christian/first name? ➢ Ver nota en **name** ◆ *Ling* noun ◆ | LOC: **llamar a las cosas por su n.,** to speak plainly; **a n. de,** addressed to; **en n. de algo/alguien,** on behalf of sthg/sb

nómina *f* ◆ *(sueldo mensual)* salary; *(documento)* payslip ◆ *(plantilla de trabajadores)* payroll

nominar *vtr* to nominate
nominativo,-a *adj Fin (documento)* bearing a person's name

nordeste *m* → **noreste**
nórdico,-a 1 *adj* ◆ *(escandinavo)* Nordic | 2 *m,f* Nordic person
noreste *m* northeast
noria *f* ◆ *(atracción de feria)* big wheel ◆ *(para sacar agua)* water-wheel
norirlandés,-esa 1 *adj* Northern Irish | 2 *m,f (hombre)* Northern Irishman; *(mujer)* Northern Irishwoman
norma *f* norm, rule: **tiene que ajustarse a la n. europea,** it has to meet the European standard
normal *adj* normal, usual: **no es n. que llueva tanto,** it's unusual for it to rain so much
normalidad *f* normality: **la jornada electoral transcurrió con n.,** polling day passed off normally
normalizar *vtr* ◆ *(sujetar a norma)* to standardize ◆ *(volver a la normalidad)* to normalize, restore to normal
■ **normalizarse** *vr* to return to normal
normativa *f* rules *pl*
noroeste *m* northwest
norte *m* ◆ north: **está en el n. de España,** it is in the north of Spain ◆ *(viento)* north wind ◆ *(meta, aspiración)* aim, goal | LOC: **perder el n.,** to lose one's way
norteño,-a 1 *adj* northern | 2 *m,f* Northerner
Noruega *f* Norway
noruego,-a 1 *adj* Norwegian | 2 *m,f* Norwegian | 3 *m (idioma)* Norwegian
nos *pron pers* ◆ us: **n. ayuda,** she helps us; **n. echó una bronca,** he told us off; **no nos lo dijo,** he didn't tell us ◆ *(reflexivo)* ourselves: **no nos hemos portado bien,** we haven't behaved ourselves; **nos apuntamos al curso,** we registered for the course ◆ *(recíproco)* each other: **nos conocemos desde hace tiempo,** we have known each other for a long time
nosotros,-as *pron pers pl* ◆ *(como sujeto)* we: **n. somos simpáticos,** we are nice ◆ *(como complemento)* us: **no depende de n.,** it's not up to us; **ven con n.,** come with us
nostalgia *f (de otros tiempos)* nostalgia; *(del hogar, la patria)* homesickness

nostálgico,-a *adj (de otros tiempos)* nostalgic; *(del hogar, la patria)* homesick

nota *f* ◆ *(escrito breve)* note; **tomar notas,** to take notes ◆ *Educ* mark, grade: **tiene muy mala n. en matemáticas,** she has a bad mark in maths ◆ *(cuenta, factura)* bill ◆ *(rasgo)* element, quality: **da una n. de alegría,** it gives a touch of cheerfulness ◆ *Mús* note ◆ | LOC: **dar la n.,** to make a spectacle of oneself

> Los resultados de los exámenes se expresan normalmente con letras (**A, B, C, D, E** y **F**). **A** es la nota más alta y **F** significa *Fail (suspenso)*.

notable 1 *adj (cualidad, mérito)* outstanding, remarkable; *(distancia, diferencia)* noticeable | **2** *m Educ* ≈ B

notar *vtr* ◆ *(darse cuenta)* to notice ➢ Ver nota en **notice** ◆ *(a alguien en un estado)* to find: **le noté cansado,** I found him tired ◆ *(sentir)* to feel: **noté frío,** I felt cold
■ **notarse** *vr* ◆ to be noticeable *o* evident, show: **no se nota que estemos en verano,** it doesn't look like summer ◆ *(sentirse)*: **me noto rara,** I feel strange

notaría *f (despacho)* notary's office

notarial *adj* notarial; **acta n.,** affidavit

notario,-a *m,f* notary (public); *(en determinadas funciones)* solicitor ➢ Ver nota en **abogado**

noticia *f* news *sing*: **es una buena/mala n.,** it's good/bad news; **mañana le daré la n.,** tomorrow I'll break the news to him; **voy a ver las noticias,** I'm going to watch the news

notificación *f* notification

notificar *vtr* to notify

notorio,-a *adj* ◆ *(claro, evidente)* noticeable, evident ◆ *(conocido)* well-known

novatada *f* ◆ *(broma)* rough joke, rag ◆ *(error)* blunder

novato,-a 1 *adj* inexperienced; *fam* green | **2** *m,f (principiante)* novice, beginner

novecientos,-as *adj* & *m,f* nine hundred

novedad *f* ◆ *(cosa o situación nueva)* novelty: **no hay novedades de Juan,** there is no news of John; **todo transcurre sin n.,** everything is going without problems ◆ *(cualidad)* newness, novelty

novedoso,-a *adj* ◆ *(un estilo, punto de vista)* new, original ◆ *(una técnica, solución)* innovative

novela *f* ◆ *Lit* novel: **me gustan las novelas de aventuras,** I like adventure stories ◆ *fam (mentira, cuento chino)* story, fib

novelesco,-a *adj* ◆ *(de la novela)* novelistic, fictional ◆ *(increíble, rocambolesco)* bizarre, fantastic

novelista *m f* novelist

noveno,-a *adj* & *m* ninth

noventa *adj* & *m inv* ninety

novia *f* ◆ *(pareja)* girlfriend ◆ *(prometida oficial)* fiancée ◆ *(en la boda)* bride

noviazgo *m* engagement

noviembre *m* November

novillada *f Taur* bullfight with young bulls

novillero,-a *m,f Taur* apprentice matador

novillo,-a *m,f (toro)* young bull; *(vaca)* young cow ◆ | LOC: *fam Educ* **hacer novillos,** to play truant *o* US hooky

novio *m* ◆ *(pareja)* boyfriend ◆ *(prometido oficial)* fiancé ◆ *(en la boda)* (bride)groom; **los novios,** the bride and groom

nubarrón *m fam* storm cloud

nube *f* ◆ cloud ◆ *(de periodistas, acreedores, etc)* swarm ◆ | LOC: **estar en las nubes,** to have one's head in the clouds; **el aceite está por las nubes,** the price of oil is sky-high; **poner a alguien por las nubes,** to praise sb to the skies

nublado,-a *adj* cloudy, overcast

nublarse *vr* ◆ to become cloudy, cloud over ◆ *(una imagen, la vista, memoria)* to cloud over

nubosidad *f Meteor* cloudiness, clouds; **n. variable,** patchy cloud

nuboso,-a *adj* cloudy

nuca *f* nape, back of the neck

nuclear *adj* nuclear

núcleo *m* ◆ nucleus ◆ *(parte más importante)* core ◆ *(grupo de personas)* group ◆ *(foco)* focus; **n. de pobreza/cultura,** focus of poverty/culture ◆ **n. urbano,** city centre

nudillo *m (usu pl)* knuckle

nudista *adj* & *m f* nudist

nudo *m* ◆ knot: **hay que hacer un n.,** you have to tie a knot ◆ *(en la madera)* knot ◆ *(dificultad principal)* crux, core; **n. gordiano,** Gordian knot ◆ *(de caminos, etc)* junction ◆ *(de angustia, de emoción)* **tenía un n. en la garganta,** I had a lump in my throat

nuera *f* daughter-in-law

nuestro,-a 1 *adj pos* ◆ *(antepuesto al sustantivo)* our; **n. padre,** our father ◆ *(pospuesto sin artículo)* our: **es primo n.,** he's our cousin; **no es asunto n.,** it isn't our business; *(pospuesto con artículo indeterminado)* of ours; **un primo/libro n.,** a cousin/book of ours | **2** *pron pos* ours: **esa casa es nuestra,** that house is ours; **la nuestra es más grande,** ours is bigger

nuevamente *adv* again

nueve *adj & m inv* nine

nuevo,-a 1 *adj* ◆ new: **tengo un coche n.,** I've got a new car ◆ *(añadido)* further: **hay nuevas averías,** there are further faults | **2** *m,f* newcomer; *(novato)* beginner ◆ | LOC: **de n.,** again

nuez *f* ◆ walnut ◆ **n. moscada,** nutmeg ◆ *(de la garganta)* Adam's apple

nulidad *f* ◆ *(ineptitud)* incompetence: **eres una n.,** you're a dead loss ◆ *Jur* nullity

nulo,-a *adj* ◆ *(no válido)* null and void, invalid; *Dep* **lanzamiento/gol n.,** disallowed shot/goal ◆ *(sin valor, inexistente)* **su repercusión fue nula,** it had no repercussions ◆ *(inepto)* useless, hopeless

numeración *f* numeration; **n. arábiga/romana,** Arabic/Roman numerals *pl*

numeral *adj & m* numeral

numerar *vtr* to number

numérico,-a *adj* numerical

número *m* ◆ number: **me equivoqué al escribir el último n.,** I made a mistake writing the last figure; **soy el n. tres de la lista,** I'm third on the list; **n. de teléfono,** telephone number; **n. par/impar,** even/odd number; **un buen n. de personas,** a large number of people ◆ *(de una revista)* number, issue; **n. atrasado,** back number ◆ *(de calzado)* size ◆ *(de un espectáculo)* sketch, act; *fam* **montar un n.,** to make a scene

numeroso,-a *adj* numerous

nunca *adv* ◆ *(como respuesta)* never: **¿harías eso por mí? - n.,** would you do it for my sake? - never ◆ *(con verbo)* never: **n. sale de casa,** he never leaves home; **¿n. comes carne?,** don't you ever eat meat? ◆ *(con otros negativos)* **n. habla con nadie,** he never talks to anyone; **n. se preocupa por nada,** nothing ever worries him ◆ *(con otros adverbios)* ever; **casi n.,** hardly ever; **más que n.,** more than ever; **n. jamás,** never ever: **n. jamás volveré a hacerlo,** I'll never ever do it again ➤ Ver nota en **never**

Observa que *nunca* se traduce por **never** cuando no existe ningún otro elemento negativo en la frase: *Nunca he ido a Moscú.* **I've never been to Moscow.** De lo contrario, debes traducirlo por **ever:** *Nunca me ayuda nadie.* **Nobody ever helps me** (**nobody = not anybody,** donde **not** es una negación).

---

nupcial *adj* wedding, nuptial

nutria *f Zool* otter

nutrición *f* nutrition

nutrir *vtr* to nourish, feed
■ **nutrirse** *vr* to feed [**de/con,** on]

nutritivo,-a *adj* nutritious, nourishing; **valor n.,** nutritional value

Ñ, ñ *f (letra)* Ñ, ñ

ñame *m LAm* yam

ñandú *m* rhea

ñoñería, ñoñez *f* ◆ *(falta de gracia)* insipidness ◆ *(mojigatería)* prudery; *(remilgo)* fussiness

ñoño,-a 1 *adj* ◆ *(sin gracia)* drippy, dull ◆ *(mojigato)* prudish; *(remilgado)* whiny, fussy | **2** *m,f* whiny person, drip

ñoqui *m* gnocchi

ñu *m* gnu

O, o *f (letra)* O, o
O *(abr de oeste)* West, W
o *conj* ◆ or; **carne o pescado,** meat or fish ◆ **o … o,** either … or: *(amenaza)* **o me lo cuentas o me voy,** tell me or (else) I'll go away; *(exclusión)* **o es zurdo o es diestro,** he must be either lefthanded or righthanded; *(posibilidad)* **o nos quedamos en Burgos o nos vamos a Málaga,** we can either stay in Burgos or (else) go to Málaga
oasis *m inv* oasis
obedecer 1 *vtr* to obey | **2** *vi* ◆ *(ser debido a)* to be due to: **no sé a qué obedece su silencio,** I don't know the reason for his silence ◆ *(los frenos, un animal)* to respond
obediencia *f* obedience
obediente *adj* obedient
obelisco *m* obelisk
obertura *f* overture
obesidad *f* obesity
obeso,-a *adj* obese
obispo *m* bishop
objeción *f* objection: **no puso objeciones,** he didn't raise any objections
objetar 1 *vtr* to object: **no hay nada que o.,** there's no reason to object | **2** *vi* **Mil** to be a conscientious objector
objetividad *f* objectivity
objetivo,-a 1 *adj* objective | **2** *m* ◆ *(finalidad)* objective, aim ◆ *(de un misil, disparo)* target: **007 es nuestro o.,** 007 is our target ◆ *Cine Fot* lens
objeto *m* ◆ object: **no olviden sus objetos personales,** don't forget your personal belongings; *(de una acción, pasión)* **fue o. de admiración/malos tratos,** she was the object of admiration/physical abuse ◆ *(finalidad)* aim, purpose: **no tiene o. que madruguemos tanto,** there's no sense in getting up so early ◆ *Ling* object ◆ | LOC: **con (el) o. de …,** in order to…
objetor,-ora 1 *m,f* objector; **o. de conciencia,** conscientious objector | **2** *adj* objecting, dissenting
oblicuo,-a *adj* oblique
obligación *f* ◆ *(deber, compromiso)* obligation, duty: **me siento en la o. de ayudarles,** I feel obliged to help them; **no tienes o. de hacerlo,** you don't have to do it ◆ *Fin* bond, debenture
obligado,-a *adj* obliged
obligar *vtr* to force, oblige ➤ Ver nota en **make**
obligatorio,-a *adj* compulsory, obligatory
obra *f* ◆ *(producto)* (piece of) work; **o. de arte,** work of art ◆ *(acción)* deed ◆ *Constr* building site; *(de la carretera, etc)* repairs ◆ *Teat* play ◆ *(efecto, resultado)* result
obrar 1 *vi* ◆ *(proceder)* to act, behave: **siento que no he obrado bien,** I don't feel I've done the right thing ◆ *(hallarse)* **el testamento obra en mi poder/mis manos…,** the will is in my possession | **2** *vtr (causar)* to work
obrero,-a 1 *m,f* worker; **o. cualificado,** skilled worker | **2** *adj* working; **el movimiento o.,** the labour, *US* labor movement
obscenidad *f* obscenity
obsceno,-a *adj* obscene
obsequiar *vtr* to give (away)
obsequio *m* gift, present
observación *f* observation
observador,-ora 1 *m,f* observer | **2** *adj* observant
observar *vtr* ◆ *(mirar detenidamente)* to observe, watch ➤ Ver nota en **observe** ◆ *(advertir)* to notice ➤ Ver nota en **notice** ◆ *(la ley, las costumbres, etc)* to observe
observatorio *m* observatory
obsesión *f* obsession
obsesionar *vtr* to obsess: **me obsesiona la muerte,** I'm obsessed by death
■ **obsesionarse** *vr* to get obsessed
obsesivo,-a *adj* obsessive
obseso,-a *m,f* ◆ *Psic* obsessive ◆ *fam* sex maniac
obsoleto,-a *adj* obsolete
obstaculizar *vtr* ◆ *(un propósito, actividad)* to hinder ◆ *(el paso de una persona, animal, etc)* to stand in the way of; *(de un fluido)* to obstruct

obstáculo *m* ◆ *(dificultad)* handicap ◆ *(en un camino, etc)* obstacle
obstante (no) 1 *conj* nevertheless | 2 *adv* in spite of, despite
obstinación *f* obstinacy
obstinado,-a *adj* obstinate
obstinarse *vr* to persist [**en,** in]
obstrucción *f* ◆ obstruction ◆ *Med* blockage
obstruir *vtr* ◆ *(un propósito, etc)* to impede, block ◆ *(una vía, un conducto)* to block, obstruct
■ **obstruirse** *vr* to get blocked up
obtención *f* obtaining
obtener *vtr (conseguir)* to obtain, get
■ **obtenerse** *vr (extraerse)* to come from: **el azúcar se obtiene de la caña y de la remolacha,** sugar comes from cane and beetroot
obvio,-a *adj* obvious
oca *f* ◆ *Zool* goose ◆ *(juego de mesa)* ≈ snakes and ladders
ocasión *f* ◆ *(circunstancia)* occasion: **en una o. me dijo que...,** once he told me that... ◆ *(coyuntura favorable)* opportunity, chance: **no tuve o. de decírselo,** I didn't have the chance to tell him ➢ Ver nota en **opportunity** ◆ *Com* bargain; **coches de o.,** second-hand cars; **precios de o.,** discount prices ◆ | LOC: **con o. de...,** on the occasion of...
ocasional *adj* ◆ *(casual)* accidental, chance ◆ *(temporal, circunstancial)* occasional; **trabajo o.,** casual work
ocasionar *vtr* to cause, bring about
ocaso *m* ◆ *(puesta de sol)* sunset ◆ *(decadencia)* decline, twilight
occidental *adj* western, occidental
occidente *m* west; **el O.,** the West
océano *m* ocean
ochenta *adj & m inv* eighty
ocho *adj & m inv* eight
ochocientos,-as *adj & m,f* eight hundred
ocio *m* leisure time
ocioso,-a *adj* ◆ *(inactivo)* idle ◆ *(sin razón de ser)* pointless
ocre *m* ochre, *US* ocher
octavilla *f (propaganda política)* pamphlet, leaflet
octavo,-a *adj & m,f* eighth
octogenario,-a *adj & m,f* octogenarian
octubre *m* October
ocular *adj* eye; **globo o.,** eyeball; **lesión o.,** eye damage
oculista *mf* ophthalmologist, oculist

ocultar *vtr* to conceal, hide: **no nos ocultes la verdad,** don't hide the truth from us
■ **ocultarse** *vr* to hide
oculto,-a *adj* concealed, hidden
ocupación *f* occupation
ocupado,-a *adj* ◆ *(atareado)* busy ◆ *(asiento)* taken; *(aseos, teléfono)* engaged ◆ *(invadido, sitiado)* occupied
ocupante *mf* ◆ *(de casa, territorio)* occupant; *(ilegal)* squatter ◆ *(de un medio de transporte)* passenger
ocupar *vtr* ◆ *(espacio, tiempo)* to take up ◆ *(un puesto)* to hold, fill ◆ *(casa, territorio)* to occupy; *(ilegalmente)* to squat (in)
■ **ocuparse** *vr* ◆ *(de alguien)* to look after ◆ *(de hacer algo)* to see to; *(de una actividad)* to be in charge of: **¡ocúpate de tus asuntos!,** mind your own business!
ocurrencia *f* ◆ *(comentario ingenioso)* witty remark, wisecrack ◆ *(idea repentina)* idea: **¡tienes cada o.!,** what crazy ideas you have!
ocurrente *adj* witty
ocurrir *v impers* to happen, occur: **no sé qué le ocurre,** I don't know what's the matter with him; **¿qué está ocurriendo aquí?,** what's going on here?
■ **ocurrirse** *vr* **no se te ocurra llamar antes de las diez,** don't even think about calling before ten; **se le ocurrió que fuésemos a Burgos,** it occured to him that we could go to Burgos
odiar *vtr* to detest, hate: **odio la plancha,** I hate ironing ➢ Ver nota en **hate** y **detest**
odio *m* hatred, loathing: **su o. no tiene límites,** her hatred knows no bounds
odioso,-a *adj* hateful
odontología *f* dentistry, odontology
odontólogo,-a *m,f* odontologist
oeste *m* west
ofender *vtr* to offend
■ **ofenderse** *vr* to get offended [**con/por,** by], take offence *o US* offense [**con/por,** at]
ofensa *f* offence, *US* offense; *(insulto)* insult, affront: **el programa fue una o. a la democracia,** the programme was an affront to democracy
ofensiva *f* offensive
ofensivo,-a *adj* offensive
oferta *f* ◆ offer; **ofertas de empleo,** job vacancies ◆ *Fin Ind* bid, tender ◆ *Econ* **o. y demanda,** supply and demand ◆ *Com* bargain; **ofertas en la primera planta,** bar-

ofertar

gains on the first floor ◆ |LOC: **estar de/en o.,** on (special) offer
ofertar *vtr* to offer
oficial 1 *adj (documento, etc)* official | **2** *mf* ◆ *Mil Náut* officer ◆ *(de administración)* officer
oficial(a) *m,f (obrero cualificado)* skilled worker
oficialista *adj LAm (progubernamental)* pro-government
oficina *f* ◆ office ◆ **o. de correos/turismo,** post/tourist office; **o. de empleo,** job centre, *US* job office
oficinista *mf* office worker, clerk
oficio *m* ◆ trade; *(profesión)* job, occupation ◆ *(comunicación oficial)* official letter *o* note; **abogado de o.,** state-appointed lawyer ◆ *Rel* service
ofimática *f Inform (material)* office automation
ofrecer *vtr* ◆ *(agua, ayuda, dinero, etc)* to offer ◆ *(posibilidad, solución, consejo)* to give ◆ *(un homenaje, banquete, etc)* to hold ◆ *(aspecto)* to present ◆ *Rel* to offer (up)
■ **ofrecerse** *vr* ◆ *(a hacer algo)* to offer, volunteer [**para,** to] ◆ *(mostrarse una situación o perspectiva)* to present itself ◆ *frml* **¿qué se le ofrece?,** what can I do for you?
ofrecimiento *m* offering
ofrendar *vtr Rel* to offer (up), make an offering
oftalmología *f* ophthalmology
oftalmólogo,-a *m,f* ophthalmologist
ogro 1 *m Lit* ogre | **2** *mf (persona)* ogre, terrifying person
oídas (de) *loc adv* by hearsay
oído *m* ◆ *(facultad)* hearing ◆ *Anat* ear ◆ *(aptitud musical)* ear ◆ |LOC: *fig* **hacer oídos sordos,** to turn a deaf ear; **prestar oídos,** to pay attention; **de o.,** by ear: **toca de o.,** he plays by ear; **por un o. me/te/le entra y por otro me/te/le sale,** it goes in one ear and out the other
oír 1 *vtr* ◆ *(un sonido o ruido)* to hear ◆ *(un ruego, consejo, una mentira)* to pay attention, listen to ◆ |LOC: **como lo oye(s),** believe it or not; **¡oiga!,** excuse me!; **¡oye!,** hey! | **2** *vi* to hear: **oigo muy mal,** my hearing is very bad ➢ Ver nota en **hear**
ojal *m* buttonhole
ojalá *excl* ◆ *(como respuesta)* let's hope so! ◆ *(+ subj)* **¡o. venga mañana!,** I hope she comes tomorrow!
ojeada *f* quick look: **échale una o. a este informe,** have a quick look at this report

ojear *vtr* ◆ to have a look at ◆ *(caza)* to beat
ojera *f (más en pl)* ring *o* bag under the eyes
ojo 1 *m* ◆ eye: **mírame a los ojos,** look into my eyes; **tiene los ojos negros,** she has black eyes; **ojos rasgados/llorosos,** almond/tearful eyes ◆ *(mirada)* **no levantaba los ojos del suelo,** she didn't raise her eyes from the floor ◆ *(de aguja)* eye; *(de cerradura)* keyhole ◆ *(de un puente)* span ◆ *(precaución)* **ten mucho o. al cruzar la calle,** be very careful when you cross the street ◆ *(tino, acierto)* **¡qué o. tienes para las tallas!,** you're such a good judge of sizes! | **2** *excl* careful!, watch out! ◆ |LOC: **echar el o. a algo,** to have one's eye on sthg; **echarle un o. a algo/alguien,** to keep an eye on sthg/sb; **mirar con buenos ojos,** to approve of sthg; *fam* **no pegar o.,** not to sleep a wink; **a ojos vista,** clearly, openly; **en un abrir y cerrar de ojos,** in the twinkling of an eye
okupa *mf* squatter
ola *f* wave; **o. de frío,** cold spell; **una o. de suicidios,** a wave of suicides
oleada *f* ◆ *(de mar)* wave ◆ *(avalancha, gran cantidad)* wave
oleaje *m* swell
óleo *m Arte* oil: **he comprado un ó. de Vermeer,** I've bought an oil painting by Vermeer; **le gusta pintar al ó.,** he likes to paint in oils
oleoducto *m* pipeline
oler *vtr & vi* to smell: **esa bronca huele a despido,** from the sound of that row, someone's going to get fired; **huele a pintura,** it smells of paint; **o. bien/mal,** to smell good/bad
■ **olerse** *vr (figurarse, sospechar)* to suspect, sense: **deberías habértelo olido,** you should have suspected it
olfatear *vtr* ◆ *(un olor, rastro)* to sniff ◆ *fig (fisgar, husmear)* to pry into
olfato *m* ◆ *(sentido)* sense of smell ◆ *fig (intuición, sagacidad)* good nose, instinct
oligarquía *f* oligarchy
olimpiada *f Dep* Olympiad, Olympic Games *pl*; **las Olimpiadas,** the Olympic Games
olímpico,-a *adj* Olympic; **campeón olímpico,** Olimpic champion; **Juegos Olímpicos,** Olympic Games
olímpicamente *adv* **lo despreciaba o.,** he utterly despised him; **pasa o.,** she couldn't care less

oliva *f* olive; **aceite de o.**, olive oil; **un vestido (verde) o.**, an olive-green dress
olivar *m* olive grove
olivo *m* olive (tree)
olla *f* ♦ saucepan, pot; **o. exprés** *o* **a presión**, pressure cooker ♦ *(modo de cocinar)* stew
olmo *m* elm
olor *m* ♦ smell: **el o. a humedad me disgusta**, I don't like the smell of damp; **estas rosas no tienen o.**, these roses have no smell
oloroso,-a *adj* fragrant, sweet-smelling
olvidadizo,-a *adj* forgetful
olvidar *vtr* ♦ *(desterrar de la memoria)* to forget ♦ *(dejar por descuido)* to leave (behind): **olvidé el paraguas en casa**, I left my umbrella at home
■ **olvidarse** *vr* to forget: **se le olvidó echar la carta al correo**, he forgot to post the letter ➢ Ver nota en **forget**
olvido *m* ♦ *(ausencia de recuerdo, indiferencia)* oblivion ♦ *(despiste)* oversight
ombligo *m* navel
omisión *f* omission
omiso,-a *adj* en la loc **hacer caso o. de**, to take no notice of: **hizo caso o. de mis consejos**, he ignored my advice
omitir *vtr* to omit, leave out
omnipotente *adj* omnipotent, almighty
omnipresente *adj* omnipresent
omnívoro,-a 1 *adj* omnivorous | 2 *m,f* omnivore
omóplato, omoplato *m* shoulder blade
once 1 *adj inv* eleven | 2 *m inv* ♦ eleven ♦ *Ftb* eleven, team; **el o. titular**, the regular first-team players
onda *f* ♦ *(en un líquido)* ripple ♦ *(en el pelo)* wave ♦ *Fís* wave; **o. electromagnética**, electromagnetic wave; *Rad* **o. corta/media**, short/medium wave ♦ | LOC: **estar fuera de o.**: **estás fuera de o.**, you are way behind the times
ondear 1 *vi (una bandera)* to flutter | 2 *vtr (un pañuelo, etc)* to wave
ondulación *f* undulation
ondulado,-a *adj (pelo)* wavy; *(terreno, perfil)* undulating
ondulante *adj* undulating
ondular 1 *vtr (el pelo)* to wave | 2 *vi (una superficie)* to undulate; *(una bandera)* to flutter
oneroso,-a *adj* ♦ *(difícil de soportar)* onerous ♦ *(costoso, que causa gastos)* burdensome
onomástica *f* saint's day

onomatopeya *f* onomatopoeia
onza *f* ♦ *(de chocolate)* square ♦ *(medida de peso de 28,7 gr)* ounce
opaco,-a *adj* ♦ *(no translúcido)* opaque ♦ *(sin brillo, sombrío)* dull
ópalo *m* opal
opción *f* ♦ *(elección)* option, choice ♦ *(alternativa)* alternative ♦ *Com (derecho)* chance, option: **los accionistas tienen o. de compra**, the shareholders have a call option
opcional *adj* optional
open *m Golf* open
ópera *f Mús* opera
opera prima *f Lit Cine Teat* first work
operación *f* ♦ *Med* operation; **una o. de riñón**, a kidney operation ♦ *Fin* transaction, deal ♦ *Mat* operation ♦ *(actuación, realización)* operation
operador,-ora *m,f* ♦ *(de una máquina)* operator ♦ *Cine (de una cámara) (hombre)* cameraman, *(mujer)* camerawoman; *(de un proyector)* projectionist ♦ *Tel* operator
operar 1 *vtr* ♦ *Med* to operate [a, on] ♦ *(llevar a cabo, efectuar)* to bring about | 2 *vi* ♦ *(actuar)* to operate: **Al Capone operaba en Chicago**, Al Capone operated in Chicago ♦ *Fin* to deal, do business [con, with]
■ **operarse** *vr* ♦ *Med* to have an operation ♦ *(efectuarse)* to occur, take place

> Observa que en la voz pasiva el verbo **to operate** necesita la preposición **on**: *Le operaron aquí.* **He was operated <u>on</u> here.**

operario,-a *m,f* operator; *(obrero)* worker
operativo,-a *adj* operative
opereta *f* operetta
opinar *vi* ♦ *(tener una opinión formada)* to think: **y tú, ¿qué opinas?**, and what do you think about it?; **lo que yo opine no es importante**, my opinion is not important ♦ *(declarar una opinión)* to give one's opinion
opinión *f* opinion: **siempre está cambiando de o.**, she's always changing her mind
opio *m* opium
oponente *mf* opponent
oponer *vtr* ♦ to put up: **no opuso resistencia**, he put up no resistance ♦ *(un argumento, razón)* to put forward
■ **oponerse** *vr* ♦ *(manifestarse en contra)* to be opposed, object: **se opuso a la**

oporto

fusión, she was against the merger ➢ Ver nota en **opposed** ◆ *(contradecir)* **su teoría se opone a la mía,** his theory is opposite to mine

oporto *m (vino)* port (wine)

oportunidad *f* ◆ opportunity, chance: **perdió la o. de su vida,** he lost a golden opportunity ➢ Ver nota en **opportunity** ◆ **oportunidades,** bargains department

oportunista *adj & mf* opportunist

oportuno,-a *adj* ◆ *(momento, acción)* timely; **un gol muy o.,** a timely goal ◆ *(persona, comentario, medidas)* appropriate: **no creo que sea o. llamarle,** I don't think it is appropriate to phone him; *irón* **¡tú siempre tan o.!,** trust you to say something tactless!

oposición *f* ◆ *(enfrentamiento, disparidad)* opposition: **la o. votó en contra de la ley,** the opposition voted against the bill ◆ *(examen para funcionario)* competitive examination, entrance examination

opositar *vi* to sit a competitive examination

opositor,-ora *m,f* ◆ *(en un examen público)* candidate for a competitive examination ◆ *(a un proyecto, opinión, régimen, etc)* opponent

opresión *f* ◆ *(sometimiento)* oppression ◆ *(sensación de asfixia)* tightness

opresivo,-a *adj* oppressive

opresor,-ora 1 *m,f* oppressor | **2** *adj* oppressive, oppressing

oprimir *vtr* ◆ *(un botón)* to press; *(zapatos, prenda)* to be too tight ◆ *(someter)* to oppress

optar *vi* ◆ *(decidirse)* to choose [**entre,** between]: **optó por irse a Brasil,** she decided to go to Brazil ➢ Ver nota en **choose** ◆ *(a un puesto, a un galardón)* to apply [**a, for**]: **opta al Premio Planeta,** she is going in for the Planeta Prize

optativo,-a *adj* optional

óptica *f* ◆ *(establecimiento)* optician's (shop) ◆ *(ciencia)* optics ◆ *(forma de considerar)* point of view

óptico,-a 1 *adj* optical | **2** *m,f* optician

optimismo *m* optimism

optimista 1 *adj* optimistic | **2** *mf* optimist

óptimo,-a *adj* optimum, excellent

opuesto,-a *adj* ◆ *(versión, opinión, etc)* opposite: **tenían intereses opuestos,** they had conflicting interests ◆ *(posición)* opposite: **estaba en la acera opuesta,** he was on the opposite sidewalk; **en direcciones opuestas,** in opposite directions

opulencia *f* opulence

opulento,-a *adj* opulent

oración *f* ◆ *Rel* prayer ◆ *Ling* sentence

oráculo *m* oracle

orador,-ora *m,f* speaker, orator

oral *adj* oral; *Med* **por vía o.,** to be taken orally

orangután *m* orangutan

orar *vi Rel* to pray

oratoria *f* oratory

órbita *f* ◆ orbit ◆ *Anat* eye socket

orden 1 *m (colocación, disciplina)* order: **hace falta un poco de o.,** we need a bit of order here; **o. del día,** agenda | **2** *f* ◆ *(mandato)* order; *Jur* warrant, order; **o. de arresto,** arrest warrant ◆ *Rel* order ◆ | LOC: **estar a la o. del día,** to be common; *Mil* **¡a la o.!,** yes, sir!; **del o. de,** approximately

ordenado,-a *adj* tidy

ordenador *m* computer

ordenanza 1 *m* ◆ *(en una oficina)* office boy, porter ◆ *Mil* orderly | **2** *f* regulations, by-laws

ordenar *vtr* ◆ *(un armario, los papeles, etc)* to put in order, arrange; *(una habitación, la casa)* to tidy up ◆ *(dar un mandato)* to order

■ **ordenarse** *vr Rel* to be ordained [**de,** as]

ordeñar *vtr* to milk

ordinario,-a *adj* ◆ *(habitual)* ordinary, common, usual ◆ *(mediocre) (material, tejido)* poor quality; *(película, café)* average ◆ *(basto, grosero)* vulgar, common

orégano *m* oregano ◆ | LOC: **ese se cree que todo el monte es o.,** he thinks that life is all a bowl of cherries

oreja *f* ◆ *Anat* ear ◆ *(de sillón)* wing ◆ | LOC: **ver las orejas al lobo,** to see the danger signs; **con las orejas gachas,** with one's tail between one's legs

orejeras *fpl* earflaps

orfanato *m* orphanage

orfebre *m (del oro)* goldsmith; *(de la plata)* silversmith

orfebrería *f* gold *o* silver work

orfelinato *m* orphanage

orfeón *m Mús* choral society, choir

orgánico,-a *adj* organic

organigrama *m* organization chart; *Inform* flow chart

organismo *m* ◆ *Zool Biol Bot* organism ◆ *(institución)* organization, body

organista *mf* organist

organización *f* organization; **O. No Gubernamental (ONG),** Non-Governmental Organization (NGO)

organizado,-a *adj* organized: **no me gustan los viajes organizados,** I don't like package tours

organizador,-ora 1 *adj* organizing | **2** *m,f* organizer

organizar *vtr* to organize
- **organizarse** *vr* ♦ to organize oneself ♦ *(una bronca, una fiesta)* to take place: **se organizó un buen alboroto,** there was a real fuss

órgano *m* organ

orgasmo *m* orgasm

orgía *f* orgy

orgullo *m* ♦ *(autoestima, pundonor)* pride ♦ *(soberbia, altivez)* arrogance

orgulloso,-a *adj* ♦ **estar o. de alguien/algo,** to be proud of sb/sthg ♦ **ser o.,** *(altivo, soberbio)* to be arrogant, haughty

orientación *f* ♦ *(en el espacio)* orientation, direction: **perdí la o.,** I lost my bearings ♦ *(en el conocimiento)* guidance; **gabinete de o. psicológica,** psychological guidance office ♦ *(ideología, tendencia)* direction

oriental 1 *adj* eastern, oriental | **2** *mf* Oriental

orientar *vtr* ♦ *(un objeto)* to position: **compraron un terreno orientado al norte,** they bought a piece of land facing north ♦ *(a una persona)* to advise, guide ♦ *(indicar camino)* to give directions ♦ *(actitud, acción, etc, hacia un fin determinado)* to direct, aim; **una campaña publicitaria orientada a los jóvenes,** an advertising campaign aimed at young people
- **orientarse** *vr (una persona en un lugar)* to get one's bearings, find one's way

oriente *m* East; **el Extremo/Medio O.,** the Far/Middle East

orificio *m* ♦ hole ♦ *Anat Téc* orifice; *(de la nariz)* nostrils

origen *m* ♦ *(comienzo)* origin ♦ *(causa)* cause ♦ *(ascendencia, procedencia)* origin: **su madre es inglesa de o.,** her mother is English by birth ♦ | LOC: **dar o. a,** to give rise to: **su actitud dio o. a un malentendido,** his attitude gave rise to a misunderstanding; **denominación de o.,** guarantee of origin and quality

original 1 *adj* original | **2** *mf* original: **tengo que entregar el o. a la imprenta,** I have to give the original to the printer's

originalidad *f* originality

originar *vtr* to cause, give rise to
- **originarse** *vr* to originate, to start

originariamente *adv* originally

originario,-a *adj* ♦ *(procedente, oriundo)* native: **la patata es originaria de América,** potatoes originated in America ♦ *(primero de varios sucesivos)* original: **ésta era la mansión originaria del marqués,** this was the marquis' first mansion

orilla *f* ♦ *(de una superficie, de un camino)* edge ♦ *(de un río)* bank ♦ *(del mar, de un lago)* shore: **dimos un paseo por la o. del río,** we walked by the riverside

orín[1] *m* *(óxido)* rust

orín[2] *m (usu pl) (orina)* urine

orina *f* urine

orinal *m* chamberpot; *fam* potty; *(en hospital)* bedpan

orinar *vi* to urinate
- **orinarse** *vr* to wet oneself

ornamento *m* ornament

ornitología *f* ornithology, bird-watching

ornitólogo,-a *m,f* ornithologist, birdwatcher

oro *m* ♦ *(metal)* gold; **o. de ley,** fine gold; **una pulsera de o.,** a golden bracelet ♦ *(en la baraja española)* **oros** ≈ diamonds ♦ | LOC: **no es o. todo lo que reluce,** all that glitters is not gold; **prometer el o. y el moro,** to promise the earth/the moon; **como los chorros del o.,** as bright as a new pin; **ni por todo el o. del mundo,** not for all the tea in China

orquesta *f* ♦ *(de concierto)* orchestra ♦ *(de verbena, jazz, etc)* band

orquestar *vtr* to orchestrate

orquídea *f* orchid

ortiga *f* (stinging) nettle

ortodoncia *f* orthodontics

ortodoncista *adj* & *mf* orthodontist

ortodoxia *f* orthodoxy

ortodoxo,-a *adj* & *m,f* orthodox

ortografía *f* orthography, spelling: **solía cometer muchas faltas de o.,** he used to make a lot of spelling mistakes

ortográfico,-a *adj* orthographic(al): **revisa los signos ortográficos,** revise the punctuation marks

ortopedia *f* ♦ *(ciencia)* orthopaedics, *US* orthopedics ♦ *(establecimiento)* surgical aids shop

ortopédico,-a *adj* orthopaedic, *US* orthopedic: **ese hombre tiene una mano ortopédica,** that man has an artificial hand

oruga *f* ♦ *Zool* caterpillar ♦ *(vehículo)* caterpillar® track

orzuelo *m Med* sty, stye

os *pron pers pl* & *m,f* ♦ *(complemento directo)* you: **os llevo al aeropuerto,** I'll take you to the airport ◆ *(complemento indirecto)* you, to you: **mi hermana os ha enviado un regalo,** my sister has sent you a present ◆ *(con verbo reflexivo)* yourselves: **os vais a hacer daño,** you're going to hurt yourselves ◆ *(con verbo recíproco)* each other: **siempre os estáis fastidiando,** you're always bothering each other

osa *f Astron* **O. Mayor/Menor,** Great/Little Bear, *US* Big/Little Dipper

osadía *f* ◆ *(falta de temor)* daring ◆ *(falta de respeto)* impudence

osado,-a *adj* ◆ *(que no tiene miedo)* daring ◆ *(que no tiene respeto)* impudent, disrespectful

osar *vi* to dare ➢ Ver nota en **dare**

oscilación *f* ◆ *(movimiento)* oscillation ◆ *(cambio en un valor)* fluctuation

oscilante *adj* ◆ *(que se mueve)* oscillating ◆ *(que cambia su valor)* fluctuating

oscilar *vi* ◆ *Fís* to oscillate, swing; *(la luz de una vela)* to flicker ◆ *(variar)* to vary, fluctuate: **en verano la temperatura oscila entre los 25 y 35 grados centígrados,** summer temperatures range from 25 to 35 degrees centigrade

oscuras (a) *loc adv* ◆ *(sin luz)* in darkness: **la casa se quedó a o.,** the house was left in darkness ◆ *(sin información)* in the dark: **en lo que respecta a este tema, estamos a o.,** as far as this subject is concerned we are in the dark

oscurecer 1 *vi impers (el día)* to get dark: **está oscureciendo,** it's getting dark | 2 *vtr* ◆ *(un material)* to darken, make darker ◆ *(la comprensión, la razón)* to obscure: **su forma de expresarse oscureció el mensaje,** the way he expressed himself obscured the message

■ **oscurecerse** *vr (el día)* to darken, go dark: **va a llover, el cielo se ha oscurecido,** it's going to rain, the sky has gone dark ◆ *(un material)* to get darker

oscuridad *f* ◆ *(falta de luz)* darkness, dark ◆ *(falta de información)* obscurity, obscureness

oscuro,-a *adj* ◆ *(el día, un color)* dark ◆ *(un asunto, una idea)* obscure ◆ *(el porvenir)* uncertain

óseo,-a *adj* osseous; *(constitución)* bony: **la radiografía mostraba fractura ósea,** the X-ray showed a bone fracture

osezno *m* bear cub

oso,-a *m,f* bear; **o. de peluche,** teddy bear; **o. hormiguero,** anteater; **o. marino,** fur seal

ostensible *adj* ostensible
ostentación *f* ostentation
ostentar *vtr* ◆ *(exhibir)* to flaunt ◆ *(un cargo, un título)* to hold
ostentoso,-a *adj* ostentatious
osteópata *mf* osteopath
osteopatía *f* osteopathy
ostra 1 *f* oyster | 2 *interj fam* **¡ostras!,** gosh!, *US* gee! ◆ LOC: **aburrirse como una o.,** to be bored stiff
ostracismo *m* ostracism
otitis *f inv Med* otitis
otoñal *adj (del otoño)* autumnal, autumn, *US* fall; *(de persona madura)* autumnal
otoño *m* autumn, *US* fall
otorgar *vtr* ◆ *(un reconocimiento, un premio)* to award [**a,** to] ◆ *(un derecho, una petición)* to grant: **el documento le otorga plenos poderes a Manuela,** the document grants full powers to Manuela
otorrinolaringólogo,-a *m,f* ear, nose and throat specialist
otro,-a 1 *adj indef* ◆ *(adicional, añadido)* another: **había otra muñeca,** there was another doll; *(distinto, diferente)* **no veo otra solución,** I can see no other solution; **otras veces es más amable,** other times he's nicer ◆ *(con artículo definido)* other: **la otra hermana es rubia,** the other sister is blonde | 2 *pron indef* ◆ *(adicional, extra)* another (one): **me tomaría otra,** I'll have another one; *(distinto, diferente)* **no quiero o.,** I don't want any other one; **unos ganan y otros pierden,** some win, others lose; **lo confundí con o.,** I mistook him for somebody else ◆ *(con artículo definido) (sing)* the other (one); *(pl) (personas, cosas)* the others, the other ones

> Another se emplea con sustantivos en singular y **(any) other** con sustantivos en plural: *No tengo otro.* **I haven't got another.** *No tengo otros.* **I haven't got any others.** Si, además, quieres añadir un número, emplearemos **another** o **more**: *Quiero otros tres pasteles.* **I want another three cakes** o **I want three more cakes.**

ovación *f* ovation
ovacionar *vtr* to give an ovation to, applaud
ovalado,-a *adj* oval
óvalo *m* oval

ovario *m* ovary
oveja *f* ◆ sheep ◆ *(hembra)* ewe: **compró dos ovejas y un carnero,** he bought two ewes and a ram ◆ *fig (persona)* **la o. descarriada/negra,** the lost/black sheep ➤ Ver nota en **cordero**
ovillo *m* ball (of wool) ◆ |LOC: **hacerse un o.,** to curl up (into a ball)
ovino,-a *adj* ovine
ovíparo,-a *adj* oviparous
ovni *m (abr de objeto volador no identificado)* unidentified flying object, UFO
ovular 1 *adj* ovular | **2** *vi* to ovulate
óvulo *m Bot* ovule; *Zool* ovum

oxidado,-a *adj (un hierro, una puerta)* rusty; *fig (la memoria, una habilidad)* rusty
oxidar *vtr* ◆ *Quím* to oxidize ◆ *(herrumbrar)* to rust
■ **oxidarse** *vr* ◆ *Quím* to oxidize ◆ *(herrumbrarse)* to rust, go rusty
óxido *m* ◆ *Quím* oxide; **ó. de carbono,** carbon monoxide ◆ *(herrumbre)* rust
oxigenado,-a *adj* oxygenated; **agua oxigenada,** (hydrogen) peroxide; *(pelo)* bleached
oxígeno *m* oxygen
oyente *mf* ◆ *Rad* listener ◆ *Univ* occasional student
ozono *m* ozone

P, p *f (letra)* P, p
pabellón *m (de una feria, exposición)* stand, pavilion; *(de un edificio)* wing; *Dep* sports hall
pacer *vtr & vi* to graze
pachá *m* ◆ |LOC: *fam* **vivir como un p.,** to live like a king
pachucho,-a *adj (enfermo)* off-colour; *(triste)* gloomy
paciencia *f* patience ◆ |LOC: **acabar con la p. de alguien,** to exhaust one's patience
paciente *adj & mf* patient
pacificación *f* pacification
pacificar *vtr* ◆ *(una zona en conflicto, etc)* to pacify ◆ *(los ánimos, personas)* to appease, calm
■ **pacificarse** *vr* to calm down
pacífico,-a *adj* peaceful
Pacífico *m* **el (océano) P.,** the Pacific (Ocean)
pacifismo *m* pacifism
pacifista *adj & mf* pacifist
pactar 1 *vtr* to agree | **2** *vi* to come to an agreement
pacto *m* pact, agreement; **un p. de no agresión,** a non-aggression pact; **un p. entre caballeros,** a gentlemen's agreement
padecer 1 *vtr* ◆ *(una enfermedad)* to suffer from: **padece una extraña enfermedad,** he suffers from a strange illness ◆ *(soportar)* to endure: **tiene que p. a su marido,** she has to put up with her husband | **2** *vi* ◆ *(de un mal funcionamiento)* **padece del hígado,** he suffers from liver trouble ◆ *(sufrir)* to suffer: **ha padecido mucho en la vida,** he has suffered a lot in his life
padecimiento *m* suffering
padrastro *m* ◆ stepfather ➤ Ver nota en **in-laws** ◆ *(de un dedo)* hangnail
padrazo *m* loving father
padre 1 *m* ◆ father; *(creador, inventor)* **el p. de la nueva ciencia,** the father of modern science ◆ *Rel* father | **2** *adj fam* huge: **le cayó una bronca p.,** he got a tremendous telling-off ◆ |LOC: **darse/pegarse la vida p.,** to live like a king

> Recuerda que el plural de **father** se refiere únicamente al sexo masculino. Para referirnos al padre y a la madre de alguien hay que usar la palabra **parent**. Por tanto, la pregunta *¿qué tal tus padres?* debe traducirse por **how are your parents?**

padrenuestro *m* Lord's Prayer

padrino *m* ◆ *(de bautizo)* godfather; *(de boda)* best man; **padrinos,** godparents ◆ *(protector)* benefactor, guarantor

padrón *m* census

paella *f* paella

paga *f (sueldo)* wages ➢ Ver nota en **salario;** *(de un niño)* pocket money; **p. extra,** bonus

pagadero,-a *adj* ◆ payable ◆ *(no demasiado caro)* reasonable

pagador,-ora *m,f* payer

pagano,-a *adj* & *m,f* pagan

pagar *vtr* ◆ *(abonar)* to pay: **puedes pagarlo a plazos o al contado,** you can pay for it in instalments or in cash ◆ *(recompensar)* to repay: **no sé cómo pagarte este favor,** I don't know how I can repay you for this favour ◆ *(expiar)* to pay for: **tendrás que p. por tu crimen,** you must pay for your crime; *fig* **¡me las pagarás!,** you'll pay for this! | 2 *vi* ◆ *(abonar)* **¿puedo p. con tarjeta?,** can I pay by card? ◆ **pagarás por tu intransigencia,** you'll pay for your intransigence

pagaré *m Fin* promissory note, IOU

página *f* ◆ page: **vamos por la p. setenta y dos,** we are on page seventy two ◆ *(episodio)* chapter: **la p. más divertida del cine español,** the funniest episode in the Spanish cinema

pago *m* payment; **un p. inicial de cien mil pesetas,** a down payment of one hundred thousand pesetas

país *m* country, land: **recorrió países lejanos,** he travelled around distant lands; **los países tropicales,** the tropical countries; **P. Valenciano,** Valencia; **P. Vasco,** Basque Country; **Países Bajos,** Netherlands *pl*

paisaje *m* landscape, scenery

paisano,-a 1 *adj* ◆ of the same country ◆ *(local, campesino)* village | **2** *m,f* ◆ *(compatriota: hombre)* countryman, *(: mujer)* countrywoman, *(campesino, lugareño)* villager | **3** *m (no militar)* civil: **es policía, pero hoy va de p.,** he's a policeman, but today he is in plain clothes

paja *f* ◆ straw ◆ *fam (relleno, palabrería)* waffle ◆ | LOC: **separar el grano de la p.,** to separate the sheep from the goats

pajar *m (almacén de paja)* barn

pájara *f* ◆ *(hembra de pájaro)* hen ◆ *pey (mujer)* old devil, witch

pajarita *f* ◆ *Indum* bow tie ◆ *(de papel)* paper bird

pájaro *m* ◆ *Zool* bird; **p. bobo,** penguin ◆ *(granuja)* crook ◆ | LOC: *fam* **matar dos pájaros de un tiro,** to kill two birds with one stone; **tener la cabeza llena de pájaros,** to be scatterbrained

pala *f* ◆ *(cóncava)* shovel; *(plana)* spade ◆ *(para servir alimentos)* slice; *(para el pescado)* fish slice ◆ *(palada)* shovelful ◆ *Dep (de tenis de mesa, etc)* bat ◆ *(de remo, hélice, etc)* blade ◆ *fam (incisivo superior)* upper incisor

palabra *f* ◆ word ◆ *(capacidad para hablar)* **me dejó sin p.,** I was speechless ◆ *(compromiso)* word: **me dio su p.,** he gave me his word; **no tiene p.,** she never keeps her word ◆ *(turno para hablar)* right to speak; **tener la p.,** to have the floor ◆ | LOC: **dirigir la p. a alguien,** to address sb; **de p.,** by word of mouth

palabrería *f* hot air, palaver

palabrota *f* swearword

palacio *m* ◆ palace ◆ *(de congresos, deportes)* centre; **P. de Justicia,** Law Courts

palada *f* ◆ *(de tierra, etc)* shovelful ◆ *(de remo)* stroke

paladar *m* ◆ *Anat* palate ◆ *(sentido del gusto)* palate

paladear *vtr* to savour, *US* savor, relish

palanca *f* ◆ lever; **hacer p.,** to lever ◆ *(de un aparato, de un control de mandos)* handle, stick; **tirar de la p.,** to pull the handle ◆ *(influencia)* leverage

palangana *f (para lavarse)* washbasin

palco *m Teat Cine* box

paleolítico *adj* palaeolithic, *US* paleolithic

paleontología *f* palaeontology, *US* paleontology

paleta *f* ◆ *(de albañilería)* trowel ◆ *(de artista)* palette ◆ *Dep (de pimpón)* bat

paletilla *f* ◆ *Anat* shoulder blade ◆ *Culin* shoulder

paleto,-a 1 *adj fam pey (comentario)* uncouth, ignorant; *(comportamiento)* unsophisticated; *(gusto)* tasteless | **2** *m,f fam pey* peasant, country bumpkin

paliar *vtr* to alleviate

palidecer *vi* ◆ *(persona)* to turn pale ◆ *(mermar su importancia, brillo)* to pale

palidez *f* paleness, pallor

pálido,-a *adj* pale; **rosa pálido,** pale pink

palillo 1 *m* ◆ stick; *(para los dientes)* toothpick ◆ *Mús* drumstick ◆ **tu hermano es un p.,** your brother is very skinny | **2** *mpl* ◆ *(para la comida oriental)* chopsticks ◆ *(castañuelas)* castanets

palique *m* chat: **le encanta el p.,** she enjoys chatting

paliza 1 *f* ♦ *(tunda, somanta)* beating: **aquellos bárbaros le dieron una p.**, those thugs beat him up ♦ *(derrota)* beating ♦ *(esfuerzo físico o mental)* slog ♦ *(tostón, rollo)* drag, pain | **2** *mf fam* bore, pain (in the neck), pest

palma *f* ♦ *(de la mano)* palm ♦ *(palmera)* palm tree ♦ **palmas**, clapping ♦ | LOC: **batir palmas**, to applaud; **llevarse la p.**, to be the best: **cuando quiere ser desagradable se lleva la p.**, when it comes to being unpleasant, he takes the biscuit

palmada *f* ♦ *(en la espalda)* slap, clap ♦ *(para llamar a alguien, etc)* clap

palmatoria *f* candlestick

palmera *f* palm tree

palmo *m* span, handspan; *fig* few inches ♦ | LOC: **dejar a alguien con un p. de narices**, to let sb down; *fig* **p. a p.**, inch by inch

palo *m* ♦ stick ♦ *(estacazo)* blow ♦ *fam (disgusto, golpe)* blow; *(decepción)* disappointment; *(rollo)* drag ♦ *(madera)* **una cuchara/pata de p.**, wooden spoon/leg ♦ *Naút (mástil)* mast; **p. mayor**, mainmast ♦ *Dep (de portería)* woodwork ♦ *Golf* club ♦ *Naipes* suit ♦ | LOC: **moler a palos a alguien**, to beat sb up; **a p. seco**, on its own; **de tal p., tal astilla**, like father, like son

paloma *f* ♦ *Zool* pigeon; **p. mensajera**, homing *o* carrier pigeon ♦ *Lit Arte Rel* dove; **p. de la paz**, dove of peace

palomar *m* pigeon house, dovecote

palomitas *fpl (de maíz)* popcorn *sing*

palpable *adj* palpable

palpar *vtr* ♦ *(con las manos)* to touch, feel; *Med* to palpate ♦ *fig (sentir, notar)* **la tensión se palpaba en el ambiente**, you could feel the tension in the air

palpitación 1 *f* throbbing; *(del corazón)* beating | **2** *fpl* **palpitaciones**, palpitations *pl*

palpitante *adj* ♦ throbbing; *(corazón)* beating ♦ *(tema, cuestión)* burning

palpitar *vi* to throb; *(corazón)* to beat

pálpito *m* hunch, feeling

paludismo *m* malaria

pamela *f* broad-brimmed hat

pampa *f* pampas *pl*

pan *m* ♦ *(alimento, sustento)* bread; *(hogaza)* loaf; *(barra)* French bread: **me gusta el p.**, I like bread; **p. integral**, wholemeal bread; **p. rallado**, breadcrumbs *pl* ♦ *Arte* **p. de oro/plata**, gold/silver leaf ♦ | LOC: *fam* **eso es p. comido**, that's a piece of cake; *fam* **llamar al p., p. y al vino, vino**, to call a spade a spade; *fig* **más bueno que el p.**, as good as gold

pana *f Tex* corduroy

panacea *f* panacea

panadería *f* baker's (shop), bakery

panadero,-a *m,f* baker

panal *m* honeycomb

panamá *m* ♦ *(sombrero)* Panama hat ♦ *(tejido)* canvas

Panamá *m* Panama

panameño,-a *adj* & *m,f* Panamanian

pancarta *f (reivindicativa)* banner; *(anunciadora)* placard, sign

páncreas *m inv Anat* pancreas

panda¹ *m Zool* panda

panda² *f* ♦ *(de criminales)* gang: **son una p. de cretinos**, they are a bunch of cretins ♦ *(de amigos)* group, gang

pandereta *f* tambourine

pandilla *f fam* gang

panecillo *m* bread roll

panel *m* panel

panfleto *m* pamphlet

pánico *m* panic: **cundió el p. entre los habitantes**, panic spread among the inhabitants; **me da p. dejarla sola**, I dread to leave her alone

panorama *m* ♦ *(paisaje)* panorama, view ♦ *(visión, aspecto)* scene: **era un p. desolador**, it was a distressing scene ♦ *(situación general, previsión)* outlook: **no me seduce nada ese p.**, that prospect doesn't appeal to me at all

panorámico,-a *adj* panoramic

pantalón *m (usu pl)* trousers *pl*; **p. corto**, short trousers; **p. vaquero**, jeans *pl*

pantalla *f* ♦ *Cine TV Inform* screen ♦ *(de una lámpara)* shade

pantano *m* ♦ *(ciénaga)* marsh, bog ♦ *(presa, embalse)* reservoir

pantera *f* panther

pantis *m* tights *pl*

pantomima *f* ♦ *Teat* pantomime, mime ♦ *pey (farsa, ficción)* farce

pantorrilla *f Anat* calf

pantufla *f* slipper

pañal *m* nappy, *US* diaper

paño *m* ♦ *Tex* cloth material; *(de lana)* woollen *o US* woolen cloth ♦ *(trapo)* cloth; *(para limpiar)* duster, rag; *(de cocina)* tea towel ♦ **paños**, *(ropa)* clothes ♦ | LOC: **conocer el p.**, to know the ropes; **en paños menores**, in one's undercothes

pañuelo *m* ♦ *(de mano)* handkerchief ♦ *(de cabeza)* shawl

papa¹ *f LAm* potato

papa² *f* mush, pulp; *(para un niño pequeño)* baby food ◆ | LOC: *fam* **no entender/ver ni p.**, not to understand a word/not to see a thing

papa³ *m* ◆ **el P.**, the Pope ◆ *fam* dad, daddy

papá *m fam* dad, daddy

papada *f* double chin

papado *m* papacy

papagayo *m* parrot

papel *m* ◆ paper; **p. de aluminio**, aluminium foil; **p. de fumar**, cigarette paper; **p. de lija**, sandpaper; **p. higiénico**, toilet paper; *Fin* **p. moneda**, paper money, banknotes *pl*; **p. pintado**, wallpaper ◆ *(trozo, hoja)* piece *o* sheet of paper ◆ *(documento)* document ◆ *Cine Teat* role, part ◆ *(función, cometido)* role ◆ **papeles**, *(documentación)* documents, identification papers ◆ | LOC: **perder los papeles**, to lose one's self-control

papeleo *m fam* paperwork

papelera *f (de oficina, casa)* wastepaper basket; *(en la calle)* litter bin

papelería *f (tienda)* stationer's: **gasto mucho en (objetos de) p.**, I spend a lot on stationery

papeleta *f* ◆ *(de un sorteo)* ticket; *(electoral)* ballot paper; *(de resultados)* report ◆ *fam (engorro, situación complicada)* tricky problem, difficult job

paperas *fpl Med* mumps

papilla *f* pap, mush; *(de niños)* baby food

papista *mf* papist ◆ | LOC: **ser más p. que el Papa**, to be exceptionally strict

paquete *m* ◆ package, parcel; *(de café, cereales, folios, etc)* packet, *US* pack ◆ *(conjunto, grupo)* set, package; **p. de medidas**, package of measures ◆ *Inform* software package ◆ *(de bicicleta, moto)* pillion passenger: **Juan iba de p.**, John was riding pillion ◆ *fam (castigo, sanción)* punishment: **si se enteran, me meterán un p.**, if they find out, I'll be severely punished

par 1 *adj Mat* even | **2** *m* ◆ *(conjunto de dos)* pair; **un p. de calcetines**, a pair of socks; *(número reducido, dos)* couple: **bebimos un p. de copas**, we had a couple of drinks ◆ *Mat* even number; **pares y nones**, odds and evens ◆ *(noble)* peer ◆ *Golf* par; **cinco bajo p.**, five under par ◆ | LOC: **a la p.**, *(a la vez)* at the same time; **de p. en p.**, wide open; *fig* **sin p.**, matchless

para *prep* ◆ *(utilidad, aptitud)* for: **¿p. qué tanto esfuerzo?**, what's all this effort for?; **una pomada p. las quemaduras**, an ointment for burns; **una tijera p. zurdos**, a pair of scissors for left-handed people ◆ *(finalidad, motivo)* to, in order to: **lo dijo p. molestarme**, she said it to annoy me; **lo hace p. que te fijes en él**, he does it so that you notice him ◆ *(destinatario)* for: **es p. mamá**, it's for mum; **hablaba p. los indecisos**, he spoke to the undecided voters; **es muy atento p. con ella**, he's very obliging towards her ◆ *(opinión)* **p. Paco todas las mujeres son guapas**, in Paco's opinion, all women are pretty ◆ *(comparación, concesión)* for: **p. ser tan joven tiene ideas muy sensatas**, he has very sensible ideas for his age ◆ *(rechazo)* **p. una vez que hablo, me haces callar**, the one time I speak, you shut me up ◆ *(tiempo)* by: **estará listo p. las cinco**, it'll be ready by five; **p. entonces**, by then ◆ *(a punto de)* **está p. salir**, it's about to leave ◆ *(dirección)* **el tren p. Burgos acaba de salir**, the train for Burgos has just left; **iba p. tu casa**, I was going to your house

> Recuerda que cuando *para* expresa finalidad, se traduce por **to** o **in order to** (este último sólo se usa para evitar confusión): *Me voy para ayudarte.* **I'm going in order to help you.** Si usáramos sólo **to** significaría: *Voy a ayudarte.* Sin embargo, cuando después de *para* viene un sustantivo o un pronombre y no un verbo (*esta llave es para aquella puerta*), se traduce por **for** (**this key is for that door**).

parábola *f* ◆ *Geom* parabola ◆ *Rel* parable

parabrisas *m inv Auto* windscreen, *US* windshield

paracaídas *m inv* parachute

paracaidista *mf Dep* parachutist; *Mil* paratrooper

parachoques *m inv* bumper, *US* fender

parada *f* ◆ stop; **p. de autobús**, bus stop; **p. de taxis**, taxi rank, *US* taxi stand ◆ *Ftb* save, stop ◆ *Mil* parade

paradero *m* ◆ *(lugar)* whereabouts *pl*: **está en p. desconocido**, his whereabouts are unknown ◆ *LAm Ferroc (apeadero)* halt

parado,-a 1 *adj* ◆ *(máquina, vehículo, etc)* stopped, stationary; **¡no te quedes p., haz algo!**, don't just stand there, do something! ◆ *(sin trabajo)* unemployed, out of work ◆ *fig (sin iniciativa)* slow ◆ *(desconcertado)* stunned ◆ *LAm*

(de pie) standing | **2** *m,f* unemployed person ◆ | LOC: **salir bien/mal p.,** to come off well/badly
paradoja *f* paradox
paradójico,-a *adj* paradoxical
parador *m* roadside inn; **p. nacional,** state-run hotel
paraguas *m inv* umbrella
paragüero *m* umbrella stand
paraíso *m* paradise; *Fin* **p. fiscal,** tax haven
paraje *m* spot, place
paralelo,-a *adj* & *m,f* parallel
parálisis *m inv* paralysis
paralítico,-a *adj* & *m,f* paralytic
paralizar *vtr* to paralyse; *(tráfico, etc)* to stop
■ **paralizarse** *vr (un miembro, órgano)* to become paralysed; *(obra, proyecto)* to come to a standstill
parámetro *m* parameter
paramilitar *adj* paramilitary
páramo *m* moor
paranoico,-a 1 *adj* paranoid | **2** *m,f* paranoic
parapléjico,-a *adj* & *m,f* paraplegic
parar 1 *vi* ◆ to stop: **para de saltar,** stop jumping; **para un momento en la farmacia,** stop a minute at the chemist's; **no pares de hablar, por favor,** keep talking, please ◆ *(alojarse)* to stay ◆ *(finalizar, terminar)* **el cuadro fue a p. al rastro,** the painting ended up in the flea market | **2** *vtr* ◆ to stop ◆ *Dep* to save ◆ *LAm* to stand up
■ **pararse** *vtr* ◆ to stop; **p. a considerar algo,** to stop to consider sthg ➢ Ver nota en **stop** ◆ *LAm (ponerse en pie)* to stand up
pararrayos *m inv* lightning conductor
parásito,-a *adj* & *m,f* parasite
parcela *f* ◆ *(de tierra)* plot ◆ *(de conocimiento)* field; *(de influencia, poder)* area
parche *m* ◆ patch ◆ *Med (cataplasma)* plaster: **lleva un p. de nicotina,** she wears a nicotine patch ◆ *pey (chapuza, pegote)* botch-up
parchís *m* ludo
parcial 1 *adj* ◆ *(no ecuánime, no justo)* biased: **lo enfocas de un modo muy p.,** you approach it in a very biased way ◆ *(no completo)* partial; **un contrato a tiempo p.,** a part-time contract | **2** *m (examen)* mid-term exam
pardo,-a *adj (tostado oscuro)* brown; *(cielo, nubes)* dark grey

parecer¹ *m* ◆ *(juicio, opinión)* opinion; **cambiar de p.,** to change one's mind ◆ *frml (aspecto, presencia)* appearance
parecer² *vi* ◆ *(tener un parecido)* to look like: **pareces una reina,** you look like a queen; *(tener un aspecto)* to look: **pareces agotado,** you look exhausted ◆ *(causar una impresión)* to seem: **parecía tener prisa,** he seemed to be in a hurry; **su intención parece buena,** his intention seems good ◆ *(al emitir un juicio)* **le pareces un engreído,** he thinks you are a bighead; **me parece inoportuno,** it seems very ill-timed to me; **¿qué te parece si vamos al cine?,** what about going to the cinema? ◆ *(uso impersonal)* **parece que va a haber tormenta,** it looks as if there's going to be a storm; **no parece que le importe,** it doesn't seem to bother him
■ **parecerse** *vr* ◆ *(asemejarse, tener afinidad)* to be alike: **el catalán y el francés se parecen bastante,** Catalan and French are quite alike ◆ *(tener parecido físico)* to look like, resemble: **me parezco a mi padre,** I look like my father

> **¿To seem, to look** o **to appear?**
> En general, **to seem, to look** y **to appear** tienen el mismo significado. Los tres llevan adjetivos en lugar de adverbios: *Parece muy enfadado.* **He looks/ seems/ appears very angry.** Cuando van seguidos de un sustantivo, debes usar la construcción **to appear/seem + to be** + sustantivo o **look like** + sustantivo: *Parece (ser) un hombre muy religioso.* **He appears/ seems to be a very religious man** o **he looks like a very religious man.** Recuerda que tanto **to look** como **to look like** se refieren exclusivamente al aspecto físico.

parecido,-a *adj* ◆ alike, similar ◆ **bien p.,** good-looking | **2** *m* likeness, resemblance: **no guarda p. con el anterior,** it doesn't bear any resemblance to the previous one
pared *f* wall ◆ | LOC: **las paredes oyen,** walls have ears
paredón *m* thick wall; *(de fusilamiento)* wall
pareja *f* ◆ *(de objetos)* pair: **¿dónde está la p. de este calcetín?,** where's the other sock of this pair? ◆ *(hombre y mujer)* couple: **hacen muy buena pareja,** they

parentela

make a very nice couple ◆ *(compañero sentimental, de juego, baile)* partner ◆ | LOC: **vivir en p.,** to live with one's partner
parentela *f fam* relations *pl*, relatives *pl*
parentesco *m* relationship, kinship: **tenemos un p. lejano,** we are distant relatives
paréntesis *m inv* ◆ parenthesis, bracket; **entre p.,** in parentheses *o* brackets ◆ *(digresión)* digression ◆ *(descanso, pausa)* break, interruption
pariente *mf* relative, relation
parir *vtr & vi* to give birth (to)
parking *m* car park, *US* parking lot
parlamentario,-a *adj* parliamentary | 2 *m,f* member of parliament, *US (hombre)* congressman, *(mujer)* congresswoman
parlamento *m* parliament
parlanchín,-ina *adj fam* talkative
paro *m* ◆ *(desempleo)* unemployment: **ahora está en el p.,** he's unemployed now; **estoy cobrando el p.,** I'm on the dole ◆ *(huelga)* strike, stoppage ◆ **p. cardíaco,** heart failure
parodia *f* parody
parodiar *vtr* to parody
parpadear *vi* ◆ *(pestañear)* to blink ◆ *fig (una bombilla, las estrellas)* to flicker
parpadeo *m* ◆ *(pestañeo)* blinking ◆ *fig (de una bombilla, las estrellas)* flickering
párpado *m* eyelid
parque *m* ◆ *(terreno verde)* park: **dimos un paseo por el p.,** we went for a walk in the park; **p. de atracciones,** funfair; **p. zoológico,** zoo ◆ *(de un servicio público)* station; **p. de bomberos,** fire station ◆ *(corral de niños)* playpen ◆ **p. automovilístico,** total number of cars
parqué *m* parquet
parra *f* grapevine
párrafo *m* paragraph
parricidio *m* parricide
parrilla *f Culin* grill
párroco *m* parish priest
parroquia *f* parish; *(iglesia)* parish church
parroquiano,-a *m,f* ◆ *(cliente habitual)* regular ◆ *Rel* parishioner
parte 1 *f* ◆ *(porción, trozo)* part ◆ *(de dinero, herencia, etc)* share ◆ *(lado, sitio)* place, spot: **lo puedes encontrar en cualquier p.,** you can find it anywhere ◆ *(en un enfrentamiento, discusión)* side: **¿de qué p. estás?,** whose side are you on?, **está de mi p.,** he's on my side; **tomar p. en,** to take part in ◆ *Jur* party | 2 *m (informe, comunicación)* report: **tienes que dar p. a la policía,** you must inform the police; **p. médico/meteorológico,** medical/weather report ◆ *Rad Tel* news ◆ | LOC: **de p. de...,** on behalf of...; *Tel* **¿de p. de quién?,** who's calling?; **en gran p.,** to a large extent; **en p.,** partly; **por mi parte,** as far as I am concerned; **por otra p.,** on the other hand
partición *f* ◆ partition ◆ *(de bienes)* **fue una p. injusta de la herencia,** the division of the inheritance was unjust
participación *f* ◆ participation ◆ *(de un décimo de lotería)* part of a lottery ticket ◆ *Fin* share, *US* stock ◆ *(comunicación formal)* notice, notification
participante 1 *adj* participating | 2 *mf* participant
participar 1 *vi* ◆ to take part, participate [**en, in**] ◆ *Fin* to have shares [**en, in**] ◆ *(compartir)* **p. de,** to share | 2 *vtr (comunicar)* to notify
partícipe *mf* participant ◆ | LOC: **hacer p. de: me hizo p. de sus sentimientos,** he shared his feelings with me
participio *m Ling* participle
partícula *f* particle
particular 1 *adj* ◆ *(peculiar, característico)* special ◆ *(concreto, singular)* particular ◆ *(privado)* private, personal ◆ *(raro, extraordinario)* peculiar | 2 *m (persona)* private individual ◆ *(asunto, tema)* subject, matter ◆ | LOC: **de p.,** special, extraordinary; **en p.,** in special
particularidad *f* ◆ *(característica)* special feature ◆ *(pormenor)* detail
partida *f* ◆ *(del tren, de una persona)* departure ◆ *Com (cargamento, lote)* batch, consignment ◆ *(de ajedrez)* game ◆ *(de caza)* party ◆ *Jur (documento oficial)* certificate; **p. de defunción,** death certificate ◆ *Fin (de un presupuesto)* item
partidario,-a 1 *adj* **ser p. de,** to be in favor of; **no ser p. de,** to be against sthg | 2 *m,f* supporter, follower
partido,-a *m* ◆ *Pol* party ◆ *Dep* match, game; **p. de vuelta,** return match ◆ *(beneficio, oportunidades, jugo)* advantage, benefit: **sácale p. a la vida,** make the most of life ◆ **ser un buen p.,** to be a good catch ◆ | LOC: **tomar p. por,** to side with
partir 1 *vtr* ◆ *(romper, quebrar)* to break; **p. una nuez,** to shell a walnut ◆ *(dividir)* to split, divide; *(con un cuchillo)* to cut | 2 *vi (irse)* to leave, set out *o* off ◆ | LOC: **a p. de aquí/ahora,** from here on/now on
■ **partirse** *vr* to break (up)
partitura *f Mús* score

parto *m* childbirth, labour, *US* labor
parvulario *m* nursery school
pasa *f* raisin; **p. de Corinto,** currant
pasable *adj* passable, tolerable
pasada *f* ◆ *(repaso, retoque: de la lección, trabajo)* revision; *(: de pintura)* coat; *(: para limpiar)* wipe ◆ *fam (objeto o situación sorprendente)* **aquella boda fue una p.,** that wedding was amazing ◆ **mala p.,** dirty trick ◆ | LOC: **de p.,** in passing
pasadizo *m* passage
pasado,-a 1 *adj* ◆ *(último)* last ◆ *(sin actualidad, trasnochado)* old-fashioned: **le di un número p. de la revista,** I gave him a back number of the magazine ◆ *(estropeado, podrido)* bad ◆ *Culin* cooked; **un filete poco p.,** a rare steak ◆ **p. mañana,** the day after tomorrow | **2** *m* past
pasador *m* ◆ *(de corbata)* pin; *(del pelo)* (hair) slide ◆ *(de una puerta)* bolt
pasaje *m* ◆ passage ◆ *(pasajeros)* passengers *pl* ◆ *(billete)* ticket: **te regalan el p.,** they pay your fare
pasajero,-a 1 *adj* passing, temporary; **una alegría pasajera,** fleeting happiness | **2** *m,f* passenger
pasamanos *m inv* handrail; *(de una escalera)* banister
pasamontañas *m inv* balaclava
pasaporte *m* passport
pasar 1 *vtr* ◆ to pass ◆ *(trasladar)* to move ◆ *(dar)* to pass, give: **no me pasó el recado,** he didn't give me the message ◆ *(hojas de libro)* to turn ◆ *(el tiempo, la vida)* to spend, pass ◆ *(soportar, sufrir)* to suffer, endure: **está pasando una crisis personal,** she's going through a personal crisis; **pasamos sed y calor,** we suffered thirst and heat ◆ *(río, calle, frontera)* to cross ◆ *(tragar)* to swallow ◆ *(tolerar, aguantar)* to bear ◆ *(introducir)* to insert, put through ◆ *(un examen, una eliminatoria)* to pass ◆ *Cine* to run, show | **2** *vi* ◆ to pass: **¿a qué hora pasa el tren?,** what time does the train pass?; **Cervantes pasó por aquí,** Cervantes passed this way; **ya pasó,** it has already passed; **p. de largo,** to go by (without stopping) ◆ *(entrar)* to come in ◆ *(ser tolerable)* to be acceptable: **no está mal, puede p.,** it isn't bad, it will do ◆ *(exceder)* to surpass: **no pases de los 70 km/h,** don't exceed 70 km/h ◆ *(a otro asunto)* to go on to; **p. a ser,** to become ◆ *(tiempo)* to pass, go by ◆ *(arreglarse, apañarse)* **p. sin,** to do without: **puedo p. sin coche,** I can manage without a car ◆ *fam (no tener interés, prescindir)* **pasa de lo que digan,** don't mind what they say; **paso de ir al cine,** I'll give the cinema a miss ◆ *(suceder)* to happen: **¿qué pasa?,** what's going on?; **¿qué le pasa?,** what's the matter with him?; **pase lo que pase,** whatever happens, come what may ◆ | LOC: **p. algo a limpio,** to make a fair copy of sthg; **pasarlo bien/mal,** to have a good/difficult time

■ **pasarse** *vr* ◆ *(perder)* **se le pasó el turno,** she missed her turn; *(olvidar)* **se me pasó felicitarle el cumpleaños,** I forgot to wish him a happy birthday ◆ *(el momento, tiempo, etc)* to spend *o* pass time: **el tiempo se pasó volando,** time flew ◆ *(un alimento)* to go off ◆ *fam (excederse)* to go too far ◆ **pásate por mi casa,** call round to my place ◆ *(de bando)* **se pasó a la oposición,** she went over to the opposition
pasarela *f* ◆ *(puente pequeño)* footbridge; *(para embarcar)* gangway ◆ *(de desfile de moda)* catwalk
pasatiempo *m* pastime, hobby
pascua *f* ◆ Easter ◆ **pascuas,** Christmas *sing*
pase *m* ◆ pass, permit ◆ *Cine* showing
pasear 1 *vi* to go for a walk, take a walk | **2** *vtr (a una persona)* to take for a walk; *(a un animal)* to walk, to take for a walk
■ **pasearse** *vr* to go for a walk
paseo *m* ◆ *(caminando)* walk: **daremos un p. por la playa,** we'll go for a walk along the beach; *(en caballo, vehículo)* ride ◆ *(calle ancha)* avenue
pasillo *m* corridor
pasión *f* passion: **siente pasión por los caballos,** he is mad about horses
pasional *adj* passionate
pasividad *f* passiveness, passivity
pasivo,-a 1 *adj* passive | **2** *m Com* liabilities *pl*
pasmado,-a *adj (asombrado)* amazed: **¡me dejas p.!,** you amaze me!; **se quedó pasmada delante del cuadro,** she was stunned by the painting
paso *m* ◆ step: **caminaban a p. ligero,** they walked quickly; *(sonido de pisadas)* footstep; *(de un baile)* step ◆ *(camino, pasillo)* passage, way; *Auto* **ceda el p.,** give way; **prohibido el p.,** no entry; **p. a nivel,** level *o US* grade crossing; **p. de cebra,** zebra crossing; **p. de peatones,** pedestrian crossing, *US* crosswalk; **p. subterráneo,** *(para peatones)* subway; *(para vehículos)* under-

pasta

pass ◆ *(acción)* passage, passing; **a su p. por la Universidad,** when he was at University; **el lento p. de las horas,** the slow passing of the hours; **estamos de p. en la ciudad,** we are just passing through the town ◆ *Tel* unit ◆ *Geol (entre montañas)* mountain pass ◆ *Náut* strait ◆ | LOC: **abrirse p.,** *(entre la multitud, maleza)* to make one's way, *(en la vida)* to get ahead; **salir del p.,** to get out of trouble; **a cada p.,** constantly, every other minute

pasta *f* ◆ paste; **p. de dientes,** toothpaste ◆ *(italiana)* pasta ◆ *(de pastelería)* pastry ◆ *fam (dinero)* dough, cash

pastar *vtr & vi* to graze

pastel *m* ◆ cake; *(relleno de carne, compota, etc)* pie ◆ *Arte* pastel

pastelería *f* ◆ *(establecimiento) frml* confectioner's (shop), cake shop ◆ *(productos)* cakes

pastilla *f* ◆ *Med* tablet, pill ◆ *(de jabón)* bar; *(de chocolate)* piece

pasto *m* ◆ *(pastizal, pradera)* pasture; *(hierba)* grass ◆ *(alimento)* fodder

pastor,-ora 1 *m,f (hombre)* shepherd; *(mujer)* shepherdess; **perro p.,** sheepdog | **2** *m Rel* pastor, minister

pastoreo *m* shepherding

pastoso,-a *adj* doughy; *(boca, lengua)* furry

pata *f* leg: **el caballo se rompió la p. delantera,** the horse broke its foreleg ◆ *(suerte)* **buena/mala p.,** good/bad luck ◆ *(arrugas)* **patas de gallo,** crow's feet ◆ | LOC: **estirar la p.,** to kick the bucket; **ir a la p. coja,** to hop; **meter la p.,** to put one's foot in it; **patas arriba,** *(desordenado)* in a mess

patada *f* kick, *(pisotón)* stamp: **no le des patadas a la puerta,** don't kick the door ◆ | LOC: **dar la p. a alguien,** to give sb the boot

patalear *vi* to stamp one's feet

pataleo *m* ◆ kicking; *(de protesta, rabieta)* stamping ◆ *fam* **derecho al p.,** right to protest

pataleta *f fam* tantrum

patata *f* potato; **patatas fritas,** chips, *US* French fries; *(de bolsa)* crisps, *US* potato chips ➢ Ver nota en **potato**

patatús *m inv fam* ◆ | LOC: **darle a alguien un p.,** *(desmayarse)* to faint, pass out; *(tener un ataque de rabia)* to have a fit

paté *m* pâté

patear 1 *vtr* ◆ *(dar patada)* to kick ◆ *(recorrer a pie)* to walk | **2** *vi (en señal de protesta)* to stamp

■ **patearse** *vr fam (recorrer)* to walk: **nos pateamos todo el museo,** we went all round the museum

patentar *vtr* to patent

patente 1 *adj (claro, evidente)* patent, obvious | **2** *f (de un invento)* patent

paternal *adj* paternal, fatherly

paternalista *adj* paternalistic

paternidad *f* paternity, fatherhood

paterno,a *adj* paternal

patético,-a *adj* moving

patilla *f* ◆ *(de unas gafas)* arm ◆ **patillas,** *(de una persona)* sideboards, *US* sideburns

patín *m* ◆ *(para ponerse en el pie)* skate; *(de ruedas)* roller skate; *(de hielo)* ice skate ◆ *Náut* pedal boat

patinador,-ora *m,f* skater

patinaje *m* skating; **p. artístico,** figure skating

patinar *vi* ◆ to skate; **p. sobre ruedas/hielo,** to roller skate/ice-skate ◆ *(resbalar)* to slip; *(vehículo)* to skid ◆ *fam (equivocarse, meter la pata)* to put one's foot in it

patinazo *m* ◆ *(derrape, caída)* skid ◆ *fam (metedura de pata, error)* blunder, mistake

patinete *m* scooter

patio *m* ◆ *(de una casa)* yard, patio; *(de un colegio)* playground ◆ *Teat Cine* **p. de butacas,** stalls

pato *m* duck ◆ | LOC: **pagar el p.,** to carry the can

patológico,-a *adj* pathological

patoso,-a *adj* clumsy

patria *f* native country

patriarca *m* patriarch

patrimonio *m (cantidad de bienes)* wealth; **p. cultural,** cultural heritage

patriota *mf* patriot

patriotismo *m* patriotism

patrocinador,-ora 1 *adj* sponsoring | **2** *m,f* sponsor

patrocinar *vtr* to sponsor

patrocinio *m* sponsorship

patrón,-ona 1 *m,f (de una empresa, negocio)* employer; *fam (jefe)* boss ◆ *Rel* patron saint ◆ *(de un barco)* skipper ◆ *(de una pensión) (hombre)* landlord; *(mujer)* landlady | **2** *m (modelo)* pattern ◆ *(medida)* standard

patronal 1 *adj* employers' | **2** *f (empresarios)* employers; *(dirección de empresa)* management

patrono,-a *m,f* ◆ *Rel* patron saint ◆ *(de una empresa, negocio)* employer; *fam (jefe)* boss

patrulla *f* ◆ *Mil* patrol; **coche p.,** patrol car ◆ *(grupo de personas)* **p. de rescate/vigilancia,** rescue/surveillance party

patrullar 1 *vtr* to patrol | **2** *vi* to be on patrol

paulatino,-a *adj* gradual

pausa *f* ◆ *(descanso)* pause, break: **haremos una p. de diez minutos,** we'll have a ten minutes break ◆ *Mús* rest ◆ *(botón)* pause button

pausado,-a *adj* slow

pauta *f* ◆ *(directrices)* guidelines *pl*; **dar/marcar la p.,** to set the standard *o* to set out the guidelines ◆ *(líneas sobre papel)* lines

pavimento *m (de la calle)* paving; *(de la carretera)* road surface

pavo *m* ◆ *Zool* turkey; **p. real,** peacock ◆ | LOC: *fam* **estar en la edad del p.,** to be at an awkward age

pavonearse *vr fam (jactarse)* to show off, boast about

pavor *m* terror, dread

payasada *f loc* **hacer payasadas,** to clown around *o* to play the fool

payaso *m* clown

paz *f* ◆ *(concordia)* peace ◆ *(tranquilidad, apacibilidad)* peacefulness: **en este lugar hay mucha p.,** this place is very peaceful ◆ | LOC: *fam* **con estas mil pesetas estamos en p.,** if I give you these thousand pesetas we're quits; **¡déjame en p.!,** leave me alone!

peaje *m* ◆ *(pago, importe)* toll: **el p. en esta autopista es muy caro,** the toll on this motorway is very expensive ◆ *(lugar)* toll gate

peatón,-ona *m, f* pedestrian

peatonal *adj* pedestrian; **paso p.,** pedestrian crossing

peca *f* freckle

pecado *m* ◆ *Rel* sin; **el p. original,** original sin ◆ *(falta)* crime, sin: **es un p. dar esa carne al perro,** it's a crime to give that meat to the dog

pecador,-ora *m,f* sinner

pecar *vi* ◆ *Rel* to sin ◆ *(excederse en una cualidad)* **mi hermana peca de ingenua,** my sister is too naive

pecera *f* fishbowl, fishtank

pecho *m* ◆ chest; *(de animal)* breast; *(de mujer)* breast, bust: **dar el p. (a un bebé),** to breast-feed (a baby) ◆ *fig* heart, deep down: **guarda en su p. un gran rencor,** deep down he harbours a terrible grudge ◆ | LOC: **tomar(se) (algo) a p.,** to take (sthg) to heart; **a lo hecho, p.,** what's done, is done

pechuga *f (de ave)* breast

peculiar *adj* ◆ *(inusual, raro)* peculiar, odd: **esta comida tiene un sabor p.,** this meal has a peculiar taste ◆ *(que es propio de algo/alguien)* characteristic, distinctive: **tiene una p. manera de andar,** she has a distinctive way of walking

peculiaridad *f* peculiarity

pedagogía *f* pedagogy, teaching

pedagógico,-a *adj* pedagogical

pedal *m (en un mecanismo)* pedal

pedalear *vi* to pedal

pedante 1 *adj* pedantic | **2** *mf* pedant

pedantería *f* pedantry

pedazo *m* ◆ piece, bit ◆ *fam* **¡vaya p. de moto se ha comprado!,** what a fantastic motorbike he's bought! ◆ | LOC: **caerse a pedazos,** to fall to pieces; **estar hecho pedazos,** to be worn out; **romperse en mil pedazos,** to break/tear to pieces; **ser un p. de pan,** to have a heart of gold

pedestal *m* pedestal ◆ | LOC: **tener a alguien en un p.,** to idolize sb

pediatra *mf* paediatrician, *US* pediatrician

pediatría *f* paediatrics *sing*, *US* pediatrics *sing*

pedicura *f* pedicure

pedido *m Com* order: **tienes que hacer un p. a este proveedor,** you have to place an order with this supplier

pedir *vtr* ◆ *(un favor)* to ask: **me pidió que la ayudara,** he asked me to help her ◆ *(una cosa)* to ask for: **el niño le pidió unos caramelos,** the child asked him for some sweets ➢ Ver nota en *ask* ◆ *(en la tienda, en el bar, etc)* to order ◆ *(limosna)* to beg ◆ *(requerir, necesitar)* to need: **ese coche está pidiendo que lo laven,** that car needs washing ◆ | LOC: **p. a gritos,** to cry out; **p. disculpas,** to apologize; **p. prestado,** to borrow; **a p. de boca,** just fine

pedo *m fam* ◆ fart; **tirarse un p.,** to fart ◆ *fam (borrachera)* drunkenness; **estar p.,** to be pissed

pedrada *f (golpe)* blow from a stone; *(lanzamiento)* throw of a stone

pedregoso,-a *adj* rocky, stony

pega *f* objection, drawback: **siempre está poniendo pegas,** he's always raising objections ◆ | LOC: **de p.,** sham, false

pegadizo,-a *adj (ritmo, canción)* catchy

pegajoso,-a *adj* ◆ *(una cosa)* sticky ◆ *fam (una persona)* clingy

pegamento *m* glue

pegar

pegar 1 *vtr* ♦ *(adherir)* to stick; *(con pegamento)* to glue ♦ *(coser)* to sew on ♦ *(arrimar)* lean against: **es mejor que pegues la cuna a la pared,** you'd better put the cradle against the wall ♦ *(un susto, una enfermedad)* to give ♦ *(realizar una acción)* **pegó fuego a la casa,** he set the house on fire; **pegó saltos de alegría,** he jumped for joy ♦ *(maltratar)* to hit: **no pegues al niño,** don't hit the child | **2** *vi* ♦ *(combinar)* to match: **ese jersey no pega con esos pantalones,** that sweater doesn't go with those trousers; *(estar próximo a)* to be next to: **su casa está pegada al cine,** his house is next to the cinema ♦ *(sol)* to beat down ♦ | LOC: **no p. ojo,** not to sleep a wink ■ **pegarse** *vr* ♦ *(adherirse)* to stick ♦ *(una persona a otra)* to latch on to somebody ♦ *(comida)* to get burnt ♦ *(pelearse)* to fight ♦ *(una enfermedad, una manía)* to catch: **se le ha pegado el acento del sur,** he has picked up the southern accent ♦ *(realizar una acción)* **p. un tiro,** to shoot oneself ♦ | LOC: **p. las sábanas,** to oversleep
pegatina *f* sticker
peinado,-a *m* hairstyle, *fam* hairdo
peinar *vtr* ♦ *(el cabello)* to comb ♦ *(una zona)* to comb
■ **peinarse** *vr* to comb one's hair
peine *m* comb
pelado,-a *adj* ♦ *(sin cáscara o piel)* peeled ♦ *(rapado)* shorn ♦ *(terreno, pared)* bare ♦ *fam (justo, escaso)* bare, scarce: **sacó el curso p.,** he just scraped a pass ♦ | LOC: **a grito p.,** shouting at the top of one's voice
pelar *vtr* ♦ *(piel, fruta)* to peel ♦ *(un ave)* to pluck ♦ *fam (cortar el pelo a)* to cut the hair of ♦ | LOC: **hace un frío que pela,** it's freezing cold; **duro de p.,** a hard nut
■ **pelarse** *vr* ♦ *fam (cortarse el pelo)* to get one's hair cut ♦ *(caérsele a uno la piel)* to peel
peldaño *m* step, stair; *(en una escalera de mano)* rung
pelea *f* ♦ *(lucha)* fight ♦ *(discusión)* row, quarrel: **siempre está buscando p.,** he's always trying to pick a quarrel
pelear *vi* ♦ *(luchar)* to fight ♦ *(discutir)* to quarrel, argue ♦ *(esforzarse por algo)* to work hard
■ **pelearse** *vr* ♦ *(luchar)* to fight ♦ *(discutir)* to quarrel ♦ *(enemistarse)* to fall out: **mi amigo y yo nos hemos peleado,** my friend and I have fallen out
peletería *f* ♦ *(tienda)* furrier's ♦ *(industria, oficio)* fur trade
peletero,-a *m,f* furrier
peliagudo,-a *adj* tricky, difficult
pelícano *m* pelican
película *f* ♦ *Cine* film, movie; **echar una p.,** to show a film; **p. de miedo/terror,** horror film ♦ *(carrete, bobina)* film ♦ *(capa fina)* film, thin layer ♦ | LOC: **contar una p.,** to tell stories; **de p.,** fabulous, great
peligrar *vi* to be in danger, be threatened: **sus imprudencias hacen p. el negocio,** his carelessness is jeopardizing his business
peligro *m* ♦ *(situación)* danger, risk: **corrió el p. de caerse por la ventana,** he ran the risk of falling out of the window ♦ *(persona)* menace: **ese hombre es un p. público,** that man is a public menace ♦ *(amenaza, riesgo)* hazard; **p. de incendio,** fire hazard
peligroso,-a *adj* dangerous, risky
pelirrojo,-a 1 *adj* red-haired, ginger | **2** *m,f* redhead
pellejo *m (piel)* skin; *(padrastro)* hangnail ♦ | LOC: **arriesgar/jugarse el p.,** to risk one's neck; **estar en el p. de alguien,** to be in sb's shoes; **salvar el p.,** to save one's skin
pellizcar *vtr* ♦ *(a una persona)* to pinch, nip ♦ *(alimentos)* to nibble
pellizco *m* pinch, nip: **le tocó un buen p. en la lotería,** he won a tidy little sum on the lottery
pelo *m* ♦ *(de una persona)* hair ♦ *(de un animal)* coat, fur ♦ | LOC: **caérsele el p. a alguien: si te pescan, se te va a caer el pelo,** if they catch you, you'll get it; **no tener un p. de tonto,** to be no fool; **no tener pelos en la lengua,** not to mince words; **poner los pelos de punta,** to give the creeps; **tomarle el p. a alguien,** to pull sb's leg; **venir al p.,** to come just right; **con pelos y señales,** in full detail; **por los pelos,** by the skin of one's teeth
pelota 1 *f* ball | **2** *mf fam (adulador)* crawler ♦ | LOC: **devolver la p.,** to give tit for tat *o* to turn the tables on sb; **hacer la p. a alguien,** to butter sb up
pelotón *m* ♦ *Mil* squad ♦ *Dep (en ciclismo, atletismo)* pack, bunch ♦ *(tropel)* crowd, knot
peluca *f* wig
peluche *m* felt, plush; **muñeco de p.,** cuddly toy
peludo,-a *adj* ♦ *(una persona)* hairy ♦ *(un animal)* furry

peluquería *f* ◆ *(establecimiento)* hairdresser's ◆ *(oficio)* hairdressing
peluquero,-a *m,f* hairdresser
peluquín *m* toupee ◆ | LOC: **¡ni hablar del p.!,** no way!
pelusa, pelusilla *f* ◆ *(de polvo)* fluff ◆ *(en la fruta, en las plantas)* down ◆ *(en las personas)* fuzz ◆ *fam (envidia)* jealousy; **tener p.,** to be jealous
pelvis *f inv* pelvis
pena *f* ◆ *(castigo)* punishment, penalty: **fue condenado a p. de muerte,** he was sentenced to death ◆ *(tristeza)* grief, sorrow, sadness: **es una p. que no vengas,** it's a pity you're not coming ◆ *(dificultad)* hardships *pl*, trouble ◆ | LOC: **estar hecho una p.,** to be in a terrible state; **merecer** *o* **valer la p.,** to be worth; **a duras penas,** hardly; **sin p. ni gloria,** almost unnoticed
penal 1 *adj* penal, criminal | **2** *m (penitenciaría)* prison
penalidad *f (usu pl)* hardships *pl*, troubles *pl*: **pasar grandes penalidades,** to suffer great hardships
penalizar *vtr* to penalize
penalti, penalty *m Dep* penalty
pendiente 1 *adj* ◆ *(sin resolver)* unresolved, pending ◆ *(dinero)* unpaid, outstanding: **tiene algunas cuentas pendientes,** he has some bills outstanding ◆ *(estar atento)* **tienes que estar p. de la comida,** you must pay attention to the cooking ◆ *(esperar)* to be waiting for ◆ *(colgante)* hanging [**de,** from] | **2** *m (joya)* earring | **3** *f* ◆ *(del terreno)* incline, slope ◆ *(de techo, tejado)* pitch
péndulo *m* pendulum
pene *m* penis
penetrante *adj* ◆ *(mirada, voz)* penetrating ◆ *(dolor)* piercing ◆ *(olor)* pungent ◆ *(herida)* deep ◆ *(frío)* bitter, biting ◆ *(mente, observación)* incisive, sharp, acute
penetrar 1 *vtr* to penetrate | **2** *vi (en un recinto)* to go *o* get [**en,** in]
penicilina *f* penicillin
península *f* peninsula
penique *m* penny, *pl* pence
penitencia *f Rel* penance
penoso,-a *adj* ◆ *(un estado, una situación)* terrible, painful ◆ *(un trabajo, un esfuerzo)*, difficult, arduous
pensamiento *m* ◆ *(una idea)* thought ◆ *(un conjunto de ideas)* thinking ◆ *Bot* pansy ◆ | LOC: **leer el p.,** to read sb's mind; **pasársele a uno por el p.,** to come to one's mind

pensar 1 *vi* to think [**en,** of, about] [**sobre,** about, over] | **2** *vtr* ◆ *(formarse una idea)* to think [**de,** of] ◆ *(examinar una idea)* to think over *o* about ◆ *(tener una intención)* to intend: **pensamos ir a la playa este verano,** we plan to go to the beach this summer ◆ *(tomar una decisión)* to think: **he pensado que iré a la fiesta,** I've decided to go to the party ◆ | LOC: **en el momento menos pensado,** when least expected; **¡ni pensarlo!,** no way! ➢ Ver nota en **consider**
pensativo,-a *adj* pensive, thoughtful
pensión *f* ◆ *(establecimiento)* boarding house, guesthouse ◆ *(modo de alojamiento)* board: **fuimos de vacaciones con p. completa,** we had full board on our holiday ◆ *(cantidad de dinero, renta)* pension, allowance, maintenance; **p. de invalidez,** invalidity benefit
pensionista *mf* ◆ *(que cobra una pensión)* pensioner ◆ *(que se aloja en una pensión)* resident, lodger
pentágono *m* pentagon
pentagrama *m Mús* stave
penúltimo,-a *adj* & *m,f* penultimate, last but one
penumbra *f* half-light
penuria *f* shortage, poverty
peña *f* ◆ rock, crag ◆ *(de socios, de amigos)* club ◆ *fam (gente)* people; *(pandilla)* gang
peñón *m* rock; **el P. de Gibraltar,** the Rock of Gibraltar
peón *m* ◆ unskilled labourer *o US* laborer ◆ *Ajedrez* pawn
peonza *f* (spinning) top
peor 1 *adj* ◆ *(comparativo de malo)* worse: **esa marca es p. que esta otra,** that brand is worse than this one ◆ *(superlativo de malo)* worst: **es la p. película que he visto,** it's the worst film I've ever seen | **2** *adv* ◆ *(comparativo de mal)* worse: **con estas gafas veo p.,** I see worse with these glasses ◆ *(superlativo de mal)* worst: **esa cama es donde p. se duerme,** that is the worst bed to sleep in ◆ | LOC: **ir de mal en p.,** to go from bad to worse; **en el p. de los casos,** if the worst comes to the worst; **¡p. para mí** *o* **ti!,** too bad!
pepinillo *m* gherkin
pepino *m* cucumber ◆ | LOC: **importar un p.,** not to care *o* not to give a hoot
pepita *f* ◆ *(hueso de fruta)* pip, seed ◆ *(de oro, etc)* nugget
pequeño,-a 1 *adj* ◆ *(de tamaño)* small, little ◆ *(de estatura)* short ◆ *(de edad)* little,

pera

young ◆ *(en importancia)* small, slight: **tenemos un p. inconveniente,** we have a slight objection | **2** *m,f (de poca edad)* child, kid

> **Small** describe de forma neutral el tamaño: *Es muy pequeño.* **It's very small.** Significa lo contrario que **big** o **large**.
> **Little** (adjetivo) expresa emociones (afecto, desprecio, etc.), además de tamaño. Significa *corto* en expresiones de distancia o *pequeño comparado con los demás: Dije una copa pequeña, pero no así.* **I said a small glass, not such a little one.** *Tienen una preciosa casita en el campo.* **They've got a pretty little house in the country** (aquí, **pretty** no es un adverbio de intensidad, sino un adjetivo *(preciosa)*; sin embargo, se convertiría en uno con **small: pretty small,** *(bastante pequeño).* *¡Vaya pequeñajo más asqueroso!* **What a nasty little boy!;** *pobrecito;* **poor little thing;** *a poca distancia,* **a little way;** *mi hermanita,* **my little sister.**

pera *f* ◆ *Bot* pear ◆ *(objeto de goma)* bulb ◆ *(interruptor eléctrico)* switch ◆ | LOC: **es del año de la p.,** he's out of the ark; **eso es la p.,** that's the limit; **pedir peras al olmo,** to ask for the moon

peral *m* pear tree

percance *m* mishap

percatarse *vr* to realize, notice

percepción *f* ◆ perception ◆ *(de dinero)* payment

perceptible *adj* ◆ *(a los sentidos)* perceptible ◆ *Fin* receivable, payable

percha *f* ◆ *(para ropa)* hanger ◆ *(para aves)* perch ◆ | LOC: **tener buena p.,** to have a good figure

perchero *m* ◆ *(de pared)* clothes rack ◆ *(de pie)* clothes stand

percibir *vtr* ◆ *(con los sentidos)* to perceive, notice ◆ *(comprender)* to understand, perceive ◆ *(dinero)* to receive

percusión *f* percussion

perdedor,-ora 1 *adj* losing | **2** *m,f* loser

perder 1 *vtr* ◆ *(un objeto)* to lose ◆ *(un medio de transporte)* to miss ◆ *(el tiempo)* to waste ◆ *(oportunidad)* to miss ➢ Ver nota en **miss** ◆ *(una cualidad, costumbre, sentido)* to lose: **tienes que p. tus miedos,** you have to overcome your fears ◆ *(agua, aceite)* to leak | **2** *vi* ◆ *(disminuir una cualidad)* to lose ◆ *(estropear)* to ruin, go off ◆ *(en una competición, batalla)* to lose ◆ | LOC: **echar (algo) a p.,** to spoil (sthg); **llevar las de p.,** to be onto a loser

■ **perderse** *vr* ◆ *(extraviarse)* to get lost: **es fácil perderse en el metro,** it's easy to get lost on the underground ◆ *(desaparecer)* to disappear; **p. entre la multitud,** to disappear into the crowd ◆ *(pervertirse)* to go to rack and ruin

pérdida *f* ◆ loss: **su muerte supone una gran p. para nosotros,** his death is a great loss for us ◆ *(de tiempo, etc)* waste ◆ *(escape de agua, gas)* leak ◆ *(daños materiales)* *(usu pl)* damage ◆ | LOC: **no tiene p.,** you can't miss it

perdido,-a 1 *adj* ◆ lost ◆ *(desorientado)* confused ◆ *(perro, bala)* stray | **2** *adv fam (totalmente, rematadamente)* **es tonto p.,** he's completely stupid | **3** *mf (libertino)* degenerate, vicious ◆ | LOC: **ponerse p.,** to get dirty

perdigón *m* pellet *pl*

perdiz *f* partridge

perdón 1 *m* ◆ forgiveness: **me pidió p.,** she apologized to me ◆ *Jur* pardon, mercy | **2** *excl* ◆ *(al disculparse)* **le pido p.,** I'm so sorry! ◆ *(al pedir permiso)* **p., ¿puede decirme dónde está la catedral?,** excuse me, can you tell me where the cathedral is? ➢ Ver nota en **excuse**

> Decimos **sorry!** cuando queremos disculparnos por haber hecho algo (por ejemplo, has pisado a alguien). **Excuse me!** se usa más bien para pedir permiso o interrumpir a alguien: *Perdón, ¿puedo entrar?* **Excuse me, may I come in?**

perdonar *vtr* ◆ to forgive: **p. algo a alguien,** to forgive sb for sthg ◆ *(un castigo, una deuda)* **p. una deuda,** to write off a debt; **p. una deuda a alguien,** to let sb off a debt ◆ *(absolver de un delito)* to pardon ◆ *(una obligación)* to exempt

perdurable *adj* ◆ *(recuerdo, sentimiento)* lasting, everlasting ◆ *(objeto)* durable

perdurar *vi* ◆ *(continuar)* to remain, last ◆ *(persistir)* to endure, persist

perecedero,-a *adj* ◆ perishable ◆ *(vida, cuerpo)* transitory, mortal

perecer *vi* to perish, die

peregrinación *f*, **peregrinaje** *m* pilgrimage

peregrino,-a 1 *m,f* pilgrim | **2** *adj* ◆ *(ave)* migratory ◆ *(insólito, disparatado)* strange, odd

perejil *m* parsley

perenne *adj* ◆ *(perpetuo)* constant, perennial ◆ *Bot* perennial; **árbol de hoja p.,** evergreen tree

pereza *f* laziness, idleness

perezoso,-a *adj* lazy, idle

perfección *f* perfection: **habla inglés a la p.,** he speaks perfect English

perfeccionamiento *m* improvement

perfeccionar *vtr* ◆ *(mejorar)* to improve ◆ *(hacer perfecto)* to perfect

perfeccionista *adj & mf* perfectionist

perfectamente *adv* ◆ *(de manera perfecta)* perfectly: **toca el piano p.,** she plays the piano perfectly ◆ *(completamente)* **es p. absurdo,** it's perfectly absurd; **me encuentro p.,** I feel absolutely fine

perfecto,-a *adj* ◆ perfect; **estar p. de salud,** to be in perfect health ◆ *excl* **p.!,** fine!

perfil *m* ◆ profile ◆ *(contorno)* silhouette, outline, contour ◆ *Geom* cross section

perfilar *vtr* ◆ *(dibujo, plano, etc)* to draw the outline of ◆ *(una idea)* to shape
■ **perfilarse** *vr* ◆ *(destacar, dibujarse)* to be outlined ◆ *(concretarse)* to take shape: **se perfila como la ganadora,** she's beginning to look like the winner

perforación, perforado *m* ◆ perforation ◆ *(en roca, madera, pozo, etc.)* drilling, boring; *(en papel, tarjetas, etc)* perforation, punching; *(de la piel, carne)* piercing

perforadora *f* ◆ drill ◆ *(de papel, sellos, etc)* punch

perforar *vtr* ◆ to perforate: **le tienen que p. las orejas,** she has to have her ears pierced ◆ *(la tierra, un pozo, etc)* to drill, bore

perfumar *vtr & vi* to perfume
■ **perfumarse** *vr* to put perfume on

perfume *m* perfume, scent

perfumería *f* ◆ *(tienda)* perfumery ◆ *(industria)* perfume industry

pergamino *m* ◆ parchment ◆ *(documento, manuscrito)* scroll

pericia *f* skill, skillfulness, expertise

periferia *f* ◆ periphery ◆ *(de la ciudad)* outskirts *pl*

periférico,-a *adj* ◆ peripheral ◆ *(barrio)* outlying

perífrasis *f inv* periphrasis, roundabout expression

perímetro *m* perimeter

periódico,-a 1 *adj* periodic, periodical; **tabla periódica,** periodic table | **2** *m* newspaper

periodismo *m* journalism

periodista *mf* journalist

periodo, período *m* ◆ *(espacio de tiempo)* period ◆ *(menstruación)* **tener el p.,** to have one's period

periquito *m* budgerigar; *fam* budgie

periscopio *m* periscope

peritaje *m* ◆ *(informe, inspección)* survey, specialist's report ◆ *Educ* technical studies *pl*

perito,-a 1 *adj* expert, skilled | **2** *m,f* qualified person, expert; **p. agrónomo,** agronomist, **p. industrial,** engineer

peritonitis *f* peritonitis

perjudicar *vtr* to damage, harm: **el alcohol perjudica tu salud,** alcohol damages your health; **esa medida me perjudicaría,** that measure will be against my interests

perjudicial *adj* damaging, harmful: **esa amistad es p. para ti,** that friendship is bad for you

perjuicio *m* harm, damage: **tendrá que pagar daños y perjuicios,** he'll have to pay damages

perjurar *vi* ◆ *(jurar en falso)* to commit perjury ◆ *(insistir)* to swear: **juró y perjuró no haberlo visto,** he swore he hadn't seen it

perjurio *m* perjury

perla *f* ◆ pearl ◆ *fig (persona)* gem; **ser una p.,** to be a treasure ◆ | LOC: **de perlas: todo marcha de perlas,** everything's going well, **me viene de perlas,** it suits me very well

permanecer *vi* ◆ *(en un sitio, en una actividad)* to stay, remain: **permanecieron allí mucho tiempo,** they stayed there for a long time ◆ *(en una situación, en un estado)* to remain

permanencia *f* ◆ *(en un cargo) frml* continuance ◆ *(en un lugar)* stay ◆ *(en un estado)* permanence

permanente 1 *adj* permanent, constant | **2** *f (en peluquería)* perm; **hacerse la p.,** to have a perm

permisivo,-a *adj* permissive

permiso *m* ◆ *(autorización)* permission: **me pidió p.,** he asked my permission ◆ *(documento)* licence, permit; **p. de conducir,** driving licence, **p. de exportación/residencia,** export/residence permit ◆ *(días libres)* leave: **estoy de p.,** I'm on leave

permitir

permitir *vtr* ◆ to allow, permit: **no le permitas ir,** don't let him go; **no se permiten perros,** no dogs allowed ◆ *(consentir, tolerar)* **¿me permite hablar?,** may I speak?; **no permitiré que me insultes,** I will not allow you to insult me; **si me permite,** if you don't mind ◆ *(hacer posible)* to make possible

■ **permitirse** *vr* ◆ to permit *o* allow oneself: **me permito recordarle que,** may I remind you that ◆ to be allowed: **no se permite cantar,** singing is not allowed ◆ *(un gasto)* **no puedo permitirme comprar ese coche,** I can't afford to buy that car

> **¿To allow, to let o to permit?**
> Los tres verbos tienen significados muy parecidos. De los tres, **to permit** es el más formal y **to let** el más informal.
> Cuando se menciona a la persona a la que va dirigido el permiso (o la prohibición), tanto **to allow** como **to permit** exigen el uso de infinitivo: *El profesor no nos deja fumar en clase.* **The teacher doesn't allow/permit us to smoke in class.** Si no se menciona a nadie en particular, van seguidos de gerundio: *El profesor no permite fumar en clase.* **The teacher doesn't allow/permit smoking in class.** De todas maneras, recuerda que el uso de la voz pasiva es muy común: *No se permite fumar.* **Smoking is not allowed.** **To let** necesita un complemento y el infinitivo sin **to**: *El profesor no nos deja fumar en clase.* **The teacher doesn't let us smoke in class.** No se usa en voz pasiva. ➢ Ver nota en **let.**

pero 1 *conj* but; **llovía, p. fuimos a dar un paseo,** it was raining but we went for a walk; **p. ¿qué te has creído?,** but what do you take me for? | 2 *m* ◆ *(excusa)* objection: **¡no hay peros que valgan!,** I don't want any excuses! ◆ *(objeción)* bad point, fault: **le puso muchos peros al proyecto,** he found a lot of faults with the project

perpendicular *adj & f* perpendicular

perpetrar *vtr (cometer un delito)* to perpetrate, commit

perpetuar *vtr* to perpetuate

perpetuo,-a *adj* perpetual, everlasting: **le condenaron a cadena perpetua,** he was sentenced to life imprisonment

perplejidad *f* perplexity, puzzlement

perplejo,-a *adj* bewildered, perplexed: **se quedó p.,** he was puzzled

perra *f* ◆ *Zool* bitch ◆ *fam (rabieta, disgusto)* tantrum ◆ *fam (manía)* obsession, mania ◆ *fam (dinero)* coin, penny

perrera *f* kennel, dog's home

perrito,-a *m,f* little dog, puppy; **p. caliente,** hot dog

perro,-a 1 *m,f* dog; **p. callejero,** stray dog; **p. de compañía,** pet dog; **p. guía,** guide dog; **p. faldero,** *(animal)* lapdog; *(persona)* flatterer | 2 *adj* ◆ *(una persona)* swine ◆ *(una vida, etc)* wretched ◆ | LOC: **atar los perros con longaniza,** to have money to burn; **llevarse como el p. y el gato,** to fight like cat and dog; **tiempo de perros,** awful weather

alsatian

boxer

guide dog

greyhound

basset hound

persecución *f* ◆ pursuit ◆ *(por ideología, política)* persecution

perseguir *vtr* ◆ *(ir detrás de alguien)* to chase ◆ *(por ideas)* to persecute ◆ *(un objetivo)* to pursue ◆ *(acompañar)* **les persigue la mala suerte,** they are dogged by bad luck

perseverar *vi* ◆ to persevere, persist: **perseveran en esa actitud,** they persist in that attitude

persiana *f* blind
persignarse *vr* to cross oneself
persistencia *f* persistence
persistente *adj* persistent
persistir *vi* ◆ *(perdurar, durar)* to persist ◆ *(perseverar)* to persist [**en**, in]
persona *f* ◆ *(individuo)* person, people *pl*: **es una p. muy sensible,** he is a very sensitive person, **había demasiadas personas,** there were too many people; *fam* **p. mayor,** grown-up; **p. non grata,** persona non grata ◆ **p. jurídica,** legal entity ◆ *Ling* person; **tercera p. del singular,** third person singular ◆ | LOC: **en p.,** in person; **por p.,** per person
personaje *m* ◆ *(de cine, teatro, etc)* character ◆ *(persona importante o conocida)* celebrity, important figure ◆ *fam, irón (persona atípica)* **es todo un p.,** she's quite a character
personal 1 *adj* personal; **una carta p.,** a private letter | **2** *m (trabajadores)* staff, personnel
personalidad *f* personality
personificar *vtr (encarnar)* to personify, embody: **Adonis personifica la belleza,** Adonis is the personification of beauty
perspectiva *f* ◆ *Arte* perspective, **en p.,** in perspective ◆ *(panorama)* perspective, view ◆ *(apreciación)* point of view ◆ *(porvenir)* prospect, outlook
perspicacia *f* perceptiveness, shrewdness
perspicaz *adj* perceptive, sharp
persuadir *vtr* to persuade, convince
■ **persuadirse** *vr (convencerse)* to become convinced [**de**, of]
persuasión *f* persuasion
persuasivo,-a *adj* persuasive
pertenecer *vi* to belong [**a**, to]: **este libro pertenece a tu biblioteca,** this book belongs to your library
perteneciente *adj* belonging
pertenencia *f* ◆ *(propiedad)* property, possessions *pl*: **esa joya es de mi p.,** that jewel is mine ◆ **pertenencias,** belongings: **ha perdido sus pertenencias,** he has lost his possessions ◆ *(a un grupo, asociación, etc)* membership
pértiga *f* pole; *Dep* **salto con p.,** pole vault
pertinaz *adj* ◆ *(tos, lluvia, etc)* persistent, prolonged ◆ *(persona)* obstinate
pertinente *adj* ◆ *(relevante)* pertinent, relevant ◆ *(adecuado, oportuno)* appropriate
perturbado,-a 1 *adj* disturbed, unbalanced | **2** *m, f* mentally disturbed person
perturbar *vtr* ◆ *(el orden)* to disturb, disrupt ◆ *(inquietar)* to upset ◆ *(enloquecer)* to drive mad
perversión *f* perversion
perverso,-a 1 *adj* evil, wicked | **2** *m,f* wicked person
pervertir *vtr* ◆ to pervert, corrupt ◆ *(alterar, distorsionar)* to distort
■ **pervertirse** *vr* to become corrupted
pesa *f Dep* weight; *(pequeña)* dumbbell; **hacer pesas,** to do weight training
pesadez *f* ◆ *(corporal)* heaviness ◆ *(fastidio, aburrimiento)* nuisance, drag: **¡qué p.!,** what a pain!
pesadilla *f* nightmare, bad dream
pesado,-a 1 *adj* ◆ *(un objeto)* heavy ◆ *(sueño)* deep, heavy ◆ *(trabajo)* hard ◆ *(viaje)* tiring ◆ *(aburrido, molesto)* boring, tedious, dull | **2** *m, f* pain, pest
pesadumbre *f* affliction, sorrow
pésame *m* condolences *(en pl)*: **fuimos a darle el p.,** we went to offer him our condolences; **nuestro más sentido p.,** our deepest sympathies
pesar | **1** *vi* ◆ *(tener peso físico)* to weigh: **esa carne pesa dos kilos,** that meat weighs two kilos ◆ *(tener peso psíquico)* to have influence: **sus opiniones aún pesan en el grupo,** his opinions still carry weight in the group ◆ *(causar arrepentimiento, dolor)* to grieve: **me pesa no haber ido con vosotros,** I regret not having gone with you | **2** *vtr (determinar un peso)* to weigh | **3** *m* ◆ *(pena, pesadumbre)* sorrow, grief ◆ *(remordimiento)* regret ◆ | LOC: **a p. de,** in spite of; **a p. de que,** although ➢ Ver nota en **aunque**
pesca *f* fishing: **fuimos de pesca,** we went fishing; **p. de arrastre,** trawling
pescadería *f* fishmonger's
pescadero,-a *m,f* fishmonger
pescadilla *f* young hake
pescado *m* fish ➢ Ver nota en **fish**
pescador,-ora *m,f (hombre)* fisherman; *(mujer)* fisherwoman
pescar *vtr* ◆ to fish ◆ *fam (una enfermedad, a una persona)* to catch ◆ *(una idea, una broma)* to get
pescuezo *m* neck
pesebre *m* ◆ *Agr* manger ◆ *(de Navidad)* crib
peseta *f* peseta
pesimismo *m* pessimism
pesimista 1 *adj* pessimistic | **2** *mf* pessimist

pésimo,-a *adj* dreadful, terrible: **es un p. actor,** he's an awful actor

peso *m* ♦ weight; **ganar/perder p.,** to put on/lose weight; *Quím Fís* **p. específico,** specific gravity ♦ *(carga, preocupación)* weight, burden ♦ *(influencia)* importance ♦ *(utensilio)* scales ♦ | LOC: **quitarse un p. de encima,** to take a load off one's mind; **de p.,** *(una persona)* influential; *(un argumento)* convincing

pesquero,-a 1 *adj* fishing | 2 *m* fishing boat

pesquisa *f* inquiry

pestaña *f* eyelash

pestañear *vi* to blink ♦ | LOC: **sin p.,** without batting an eyelid

peste *f* ♦ *(mal olor)* stench, stink ♦ *Med* plague; **p. porcina,** swine fever ♦ | LOC: **echar pestes de algn,** to run sb down

pesticida *m* pesticide

pestilente *adj* foul

pestillo *m* ♦ *(cerrojo, pasador)* bolt ♦ *(de una cerradura)* latch

pétalo *m* petal

petardo *m* ♦ *(de una traca, para fiesta)* firecracker, banger ♦ *Mil* petard ♦ *fam (aburrido, pesado)* bore: **¡qué p. de libro!,** what a boring book!

petición *f* ♦ *(acción)* request; **p. de aumento de sueldo,** wage demand ♦ *(escrito, solicitud)* petition; **p. de divorcio,** divorce petition

peto *m* ♦ *(de un babero, delantal)* bib ♦ *Indum* **pantalones de p.,** dungarees *pl*

petrificar *vtr* ♦ to petrify ♦ *fig* **dejar/ quedarse petrificado,** to be thunderstruck

■ **petrificarse** *vr* to petrify

petróleo *m* petroleum, oil

petrolero,-a 1 *adj* oil; **compañía petrolera,** oil company | 2 *m* oil tanker

petunia *f* petunia

peyorativo,-a *adj* pejorative, derogatory

pez *m* ♦ fish; **p. de colores,** goldfish; **p. espada,** swordfish ♦ *fam* **p. gordo,** bigwig, big shot ♦ | LOC: **estar como p. en el agua,** to be in one's element; **estar p. (en algo),** to know nothing at all about sthg

pezón *m* nipple

pezuña *f* ♦ *Zool* hoof ♦ *fam (de persona)* paw

piadoso,-a *adj* ♦ *(devoto)* devout, pious ♦ *(caritativo)* kind, compassionate; **mentira piadosa,** white lie

pianista *mf* pianist

piano *m* piano; **p. de cola,** grand piano

piar *vi (pájaro)* to chirp, cheep, tweet

picadero *m* riding school

picadillo *m* mince, minced meat

picado,-a 1 *adj* ♦ *(ajo, cebolla, etc)* chopped ♦ *(carne)* minced ♦ *(fruta)* bad; **manzana picada,** rotten apple ♦ *(vino)* sour ♦ *(diente)* decayed; **un diente picado,** a bad tooth ♦ *(mar)* choppy ♦ *fam (ofendido, enojado)* offended, put out: **está picado conmigo,** he's in a huff with me | 2 *m (de avión, ave)* dive; **caer en p.,** to nosedive, plummet

picador *m* ♦ *(mina)* face worker ♦ *(adiestrador)* horse-trainer ♦ *(toros)* picador

picadora *f* mincer

picadura *f* ♦ *(de insecto, de serpiente)* bite ♦ *(de avispa, abeja)* sting

picante 1 *adj* ♦ *(comida)* hot, spicy ♦ *fig (espectáculo, comentario)* risqué, racy | 2 *m* ♦ *(alimentos)* hot spices *pl*: **le han prohibido el picante,** he has been told not to eat spicy food ♦ *(sabor)* hot taste

picaporte *m* ♦ *(pomo, tirador)* door handle ♦ *(aldaba)* door knocker

picar 1 *vtr* ♦ *(carne)* to mince ♦ *(cebolla, ajo, etc)* to chop up ♦ *(hielo)* to crush ♦ *(una avispa, abeja)* to sting: **me picó un escorpión,** I was stung by a scorpion ♦ *(una serpiente, un mosquito)* to bite ♦ *(tarjeta, billete)* to punch ♦ *(piedra)* to chip ♦ *(papel)* to perforate ♦ *(comer) (las aves)* to peck; *(una persona)* to nibble; **p. algo,** to have a snack/nibble ♦ *fam (incitar)* to incite ♦ *fam (molestar)* to annoy ♦ *(curiosidad)* **me picó la curiosidad,** it aroused my curiosity | 2 *vi* ♦ *(pez)* to bite ♦ *(comida)* to be hot ♦ *(escocer, irritar)* to itch: **este suéter pica,** this sweater is very itchy; **me pica la mano,** my hand is itching ♦ *fam (sol)* to burn, scorch: **hoy pica el sol,** the sun is scorching today

■ **picarse** *vr* ♦ *(fruta)* to rot ♦ *(vino)* to go sour ♦ *(dientes)* to decay ♦ *(el mar)* to become choppy ♦ *fam (enfadarse)* to get annoyed ♦ *(rivalizar)* to be at loggerheads ♦ *argot (drogadicto)* to shoot up

picardía *f* ♦ *(astucia)* craftiness ♦ *(dicho, acción)* mischievous comment *o* act

picatoste *m* crouton

pichón *m* young pigeon

pico *m* ♦ *(de ave)* beak ♦ *fam (boca)* mouth ♦ *Geog* peak ♦ *(herramienta)* pick ♦ *(de una jarra)* spout ♦ *(de una mesa, etc)* corner ♦ | LOC: **cerrar el p.,** to shut one's trap;

salir por un p., to cost a fortune; **tener un p. de oro,** to have the gift of the gab; **y p.,** over: **tiene treinta y p. años,** he's thirty something; **nos veremos a las tres y p.,** we'll meet just after three; **tiene ciento y p. discos,** she has a hundred-odd records
picor *m* itch, tingling
picotazo *m* (*de un pájaro*) peck
picotear 1 *vtr* (*un ave*) to peck | 2 *vi & vtr* (*una persona*) to nibble
pictórico,-a *adj* pictorial
pie *m* ◆ (*de una persona*) foot; **ponerse de p.,** to stand up; **pies planos,** flat feet ◆ (*de una columna, lámpara, etc*) base ◆ (*de una copa*) stem ◆ (*de una fotografía*) caption ◆ (*de un texto*) foot; **una nota a p. de página,** a footnote ◆ (*medida*) foot | LOC: **dar p. a,** to give cause for; **a pies juntillas,** blindly; **al p. de la letra,** to the letter; **con buen/mal p.,** on the right/wrong footing; **con pies de plomo,** cautiously; **de p.,** standing up; **de pies a cabeza,** from head to foot
piedad *f* ◆ (*fervor religioso*) devotion, piety ◆ (*lástima*) mercy ◆ *Arte* Pietà
piedra *f* ◆ stone ◆ (*de mechero*) flint ◆ | LOC: **menos da una p.,** it's better than nothing; **dejar** *o* **quedarse de p.,** to be stunned
piel *f* ◆ skin; **tener la p. de gallina,** to get goose pimples ◆ (*de frutas, etc*) skin, peel ◆ (*cuero curtido*) leather ◆ (*con pelo*) fur; **un chaquetón de piel,** a three-quarter length fur coat
pienso *m* fodder, feed
pierna *f* leg ◆ | LOC: **dormir a p. suelta,** to sleep soundly; **salir por piernas,** to take to one's heels
pieza *f* ◆ piece, part; **una p. de repuesto,** a spare part ◆ *Teat, Mús* piece ◆ (*en una casa*) room ◆ | LOC: **dejar de una p.,** to leave speechless
pigmento *m* pigment
pijama *m* pyjamas *pl*
pijo,-a *fam, pey* 1 *adj* posh, snooty | 2 *m,f* rich kid; spoilt brat
pila *f* ◆ *Elec* battery ◆ (*de fregar*) sink ◆ (*de lavabo*) basin ◆ (*montón de cosas*) pile, heap ◆ (*cantidad grande*) loads ◆ | LOC: **nombre de p.,** Christian name, first name
pilar *m* *Arquit* pillar
píldora *f* pill, tablet; (*anticonceptiva*) pill ◆ | LOC: **dorar la p.,** to sweeten the pill
pillaje *m* looting, pillage
pillar *vtr* ◆ (*una cosa, enfermedad*) to catch ◆ (*atropellar*) to run over ◆ (*sorprender*) to catch ◆ (*un chiste, una idea*) to get ◆ (*robar*) to steal ◆ | LOC: **me pilla de camino,** it's on my way ➤ Ver nota en **catch**
■ **pillarse** *vr* to catch; **p. un dedo,** to catch one's finger
pilotar *vtr* ◆ (*un avión*) to pilot, fly ◆ (*un coche*) to drive ◆ (*una moto*) to ride ◆ (*una nave*) to pilot, steer
piloto 1 *mf* ◆ (*de un avión, una nave*) pilot ◆ (*de un coche*) driver ◆ (*de una moto*) rider | 2 *m* (*luz*) pilot lamp, light | 3 *adj* pilot; **un piso p.,** a show flat
pimentón *m* ◆ (*dulce*) paprika ◆ (*picante*) cayenne *o* red pepper
pimienta *f* pepper; **p. blanca/negra,** white/black pepper
pimiento *m* ◆ (*fruto*) pepper; **p. morrón/verde,** sweet/green pepper ◆ (*planta*) pimento ◆ | LOC: **importar un p.,** not to give a damn: **le importa un p.,** he couldn't care less
pinacoteca *f* art gallery
pinar *m* pine wood *o* forest
pincel *m* ◆ *Arte* paintbrush ◆ (*de maquillaje*) brush
pincelada *f* brushstroke
pinchadiscos *mf inv fam* disc jockey, DJ
pinchar 1 *vtr* ◆ (*con algo punzante*) to prick ◆ (*un balón, globo, etc*) to burst ◆ (*una rueda*) to puncture ◆ *Med* to give an injection [to] ◆ (*un teléfono, etc*) to bug, tap ◆ (*discos*) to play ◆ (*provocar*) to needle, egg sb on | 2 *vi* ◆ (*una planta, espina, etc*) to prickle ◆ *Auto* to get a flat tyre ◆ | LOC: **ni p. ni cortar,** to cut no ice
pinchazo *m* ◆ (*con algo punzante*) prick ◆ (*de una rueda*) puncture, flat tyre ◆ (*de dolor*) sudden *o* sharp pain
pinche *m* (*de cocina*) kitchen assistant
pincho *m* ◆ (*de una planta*) prickle ◆ (*de un animal*) spine ◆ (*de un objeto*) spike ◆ (*de comida*) small portion; **p. moruno,** kebab
pingüino *m* penguin
pino *m* pine ◆ | LOC: **hacer el p.,** to do a handstand; **en el quinto p.,** in the back of beyond
pinta *f* ◆ *fam* (*aspecto*) look ◆ (*mancha, mota*) dot, spot ◆ (*medida*) pint
pintada *f* graffiti
pintado,-a *adj* painted; **papel p.,** wallpaper ◆ | LOC: **que ni p.,** very suitable: **nos viene que ni p.,** it's just what we needed
pintar 1 *vtr* ◆ (*una superficie*) to paint ◆ (*dibujar*) to draw, sketch ◆ (*una situación*) describe: **me pintó su viaje con**

pintor

todo detalle, he described his trip in graphic detail | **2** *vi* ♦ *(un bolígrafo, etc)* to write ♦ *(ser importante)* to count: **ella no pintaba nada allí,** she was out of place there ♦ *(en juegos de naipes)* to be trumps

■ **pintarse** *vr (con cosméticos)* to put make-up on; **p. las uñas,** to paint one's nails ♦ | LOC: **pintárse(las) solo para hacer algo,** to be an expert at doing sthg
pintor,-ora *m,f* painter
pintoresco,-a *adj* ♦ *(lugar)* picturesque, quaint; **un lugar muy p.,** a place full of local color ♦ *(persona)* bizarre
pintura 1 *f* ♦ *(material)* paint ♦ *(arte, representación)* painting; **p. al óleo,** oil painting, **p. rupestre,** cave painting ♦ *(cosmética)* makeup ♦ **pinturas,** coloured pencils *pl,* crayons *pl* | LOC: **no puedo verle ni en p.,** I can't stand the sight of him
pinza 1 *f* ♦ *(para ropa)* clothes peg ♦ *(para el pelo)* clip, hairgrip ♦ *(de langosta, cangrejo, etc)* claw ♦ *(en ropa)* dart; **pantalón de pinzas,** pleated trousers | **2** *fpl* **pinzas,** *(para hielo, azúcar)* tongs *pl* ♦ *(para depilar)* tweezers *pl*
piña *f* ♦ *(fruto tropical)* pineapple ♦ *(de pino)* pine cone ♦ *fam (grupo)* clan, group; **formar una p.,** to rally round, stick together
piñón *m* pine nut ♦ | LOC **estar a partir un p.,** to be bosom pals
pío *m* cheep, chirp ♦ | LOC: **no decir ni p.,** not to say a word
pío,-a *adj* pious, devout
piojo *m* louse
pionero,-a *m,f* pioneer
pipa 1 *f* ♦ *(de fumar)* pipe; **fumar en p.,** to smoke a pipe ♦ *(de fruta)* pip, seed; *(de girasol)* sunflower seed | **2** *adv fam* **pasarlo p.,** to have a great time
pique *m* ♦ *(rivalidad)* rivalry, needle ♦ *(resentimiento, enfado)* resentment, grudge ♦ | LOC: **irse a pique** *(un barco)* to sink; *(un plan)* to fall through; *(un negocio)* to go under
piquete *m* ♦ *(de soldados)* squad ♦ *(de huelga)* picket
pira *f* pyre
pirado,-a *adj fam* crazy, nuts: **está p.,** he's nuts
piragua *f* canoe
piragüismo *m* canoeing
piragüista *mf* canoeist
pirámide *f* pyramid
piraña *f* piranha

pirarse *vr fam* ♦ | LOC: **pirárselas,** to make oneself scarce, clear off: **me piro,** I'm off
pirata 1 *adj* ♦ pirate ♦ *(copia ilegal)* pirate, bootleg | **2** *m,f* pirate; **p. aéreo,** hijacker; **p. informático,** hacker ♦ *(literatura, música, etc)* plagiarist
piratear *vtr* to pirate
pirita *f* pyrite
pirómano,-a *m,f* pyromaniac; arsonist
piropo *m* compliment: **le echó un p.,** she paid him a compliment
pirueta *f* pirouette
pirulí *m* lollipop
pis *m fam* pee: **necesito hacer p.,** I need to have a pee
pisada *f* ♦ footstep: **oyeron pisadas en el salón,** they heard footsteps in the living room ♦ *(huella)* footprint: **había pisadas en el barro,** there were footprints in the mud
pisapapeles *m inv* paperweight
pisar 1 *vtr* ♦ to tread on, step on: **le pisé el vestido,** I stepped on her dress; **prohibido p. el césped,** keep off the grass ♦ *fig (ir a, estar en)* to set foot in: **nunca he pisado un restaurante japonés,** I've never set foot in a Japanese restaurant ♦ *fam (adelantarse)* **me pisó la idea,** he pinched the idea from me ♦ *(avasallar, humillar)* to walk all over sb | **2** *vi* to tread, step ♦ | LOC: **estar pisando los talones a alguien,** to be hot on the heels of sb; **ir pisando fuerte,** to be very self-confident
piscina *f* swimming pool; **p. climatizada,** heated swimming-pool, **p. cubierta,** indoor pool
Piscis *m* Pisces
piso *m* ♦ flat; **p. franco,** safe house; **p. piloto,** show flat ♦ *(planta)* floor: **vive en el tercer piso,** he lives on the third floor; **un edificio de diez pisos,** a ten-storey building ➢ Ver nota en **storey**; **un autobús de dos pisos,** a double-decker bus

> En general, el inglés no diferencia entre *piso* y *apartamento*. Recuerda que en EE.UU. no se usa la palabra **flat**.

pisotear *vtr* to stamp on, trample on
pisotón *m* **dar un p. a alguien,** *(accidentalmente)* to tread on sb's foot; *(intencionadamente)* to stand on sb's foot
pista *f* ♦ *(indicio)* clue ♦ *(rastro)* track, trail: **le he perdido la p. a María,** I've lost track of Maria; **siguen la p. del asesino,** they are on the killer's trail; **p. falsa,** false trail ♦ *(de casete, vídeo, etc)* track ♦ *Dep (de*

plastilina

carreras) track; **p. de atletismo,** athletics track; *(de tenis, etc)* court; **p. cubierta,** indoor track; **p. de hielo/patinaje,** ice/skating rink; **p. de hierba,** grass court ◆ **p. de baile,** dance floor ◆ **p. de aterrizaje/despegue,** landing strip/runway

pistacho *m* pistachio nut

pistola *f* ◆ pistol, gun; **p. de fogueo,** starting pistol ◆ *(para pintar)* spray gun ◆ *(engrasadora)* grease gun

pistolero *m* gunman

pitar 1 *vtr* ◆ *(silbato)* to blow ◆ *Dep (arbitrar)* to referee ◆ *Dep (una falta, etc)* **el árbitro no pitó la falta,** the referee didn't give the foul | **2** *vi* ◆ *(una olla, un tren)* to whistle ◆ *(tocar el pito)* to blow one's whistle, *(la bocina)* to toot one's horn ◆ *(abuchear, protestar)* to boo ◆ | LOC: *fam* **salir pitando,** to fly off

pitido *m* ◆ *(de silbato)* whistle ◆ *(de claxon)* hoot ◆ *(de una alarma, etc)* beep

pitillera *f* cigarette case

pitillo *m* cigarette

pito *m* ◆ *(de silbato)* whistle ◆ *(de claxon)* hooter, horn ◆ *fam (pene)* willy ◆ | LOC: **tomar (a alguien) por el p. del sereno,** to treat sb as nobody; **entre pitos y flautas,** what with one thing and another

pitón[1] *mf (serpiente)* python

pitón[2] *m* ◆ *(de toro)* horn ◆ *(de tetera, jarra)* spout ◆ *Bot* shoot

pívot *Dep mf* pivot

pizarra *f* ◆ *(en la escuela)* blackboard ◆ *Min* slate

pizca *f* bit, tiny amount: **una p. de sal,** a pinch of salt ◆ | LOC: **ni p.,** not a bit: **eso no tiene ni p. de gracia,** that's not at all funny

pizza *f Culin* pizza

placa *f* ◆ *(de metal)* plate ◆ *(con una inscripción)* plaque ◆ *(matrícula de un vehículo)* number plate ◆ *(de identificación personal)* badge ◆ *(dental)* plaque

placentero,-a *adj* pleasant, agreeable

placer *m* pleasure: **tengo el p. de informarles,** I have the pleasure to inform you

plácido,-a *adj* placid, calm

plaga *f* ◆ *(de insectos, malas hierbas, etc)* plague, pest ◆ *(desgracia, azote)* curse, menace

plagiar *vtr* to plagiarize

plagio *m* plagiarism

plan *m* ◆ *(intención)* plan ◆ *(conjunto de ideas, etc)* scheme, programme; **p. de estudios,** curriculum ◆ *fam (cita)* date ◆ | LOC: **no sigas en ese p.,** don't carry on like that; **no es p.,** that's not a good idea

plana *f* ◆ *(en un periódico)* page: **lo han publicado en primera p.,** it's on the front page ◆ *Mil* **p. mayor,** staff

plancha *f* ◆ *(para ropa)* iron ◆ *(para alimentos)* grill, griddle

planchar *vtr* to iron

planeador *m* glider

planeadora *f* speedboat

planear 1 *vtr (tramar, urdir)* to plot; *(preparar, pensar)* to plan | **2** *vi (un avión, ave)* to glide

planeta *m* planet

planetario,-a | **1** *adj* planetary | **2** *m* planetarium

planificación *f* planning

planificar *vtr* to plan

plano,-a 1 *m* ◆ *(de una ciudad)* map ◆ *(de un edificio, de calles)* plan, draft ◆ *Cine* shot; **primer p.,** close-up ◆ *(nivel, aspecto)* level ◆ *Mat* plane | **2** *adj* flat, even

planta *f* ◆ *Bot* plant ◆ *(piso)* floor: **está en la tercera p.,** it's on the third floor; **p. baja,** ground floor, *US* first floor ◆ *(del pie)* sole

plantación *f* ◆ plantation ◆ *(acción)* planting

plantar *vtr* ◆ *Bot Agr* to plant ◆ *(una cosa)* to put, place ◆ *(los estudios, un trabajo)* to quit, give up ◆ *(a una persona)* to dump, ditch; **dejar a alguien plantado,** to stand sb up ◆ | LOC: **p. cara (a alguien),** to stand up (to sb)

■ **plantarse** *vr* ◆ *(quedarse)* to stand: **se plantó ante la ventanilla de reclamaciones,** he planted himself at the complaints window ◆ *(llegar)* to arrive: **nos plantamos allí en cinco minutos,** we got there in five minutes ◆ *(en naipes)* to stick

planteamiento *m* ◆ *(enfoque)* approach ◆ *(exposición, desarrollo)* posing, raising

plantear *vtr* ◆ *(una duda, un problema)* to pose, raise ◆ *(hacer una sugerencia)* to suggest, propose ◆ *(causar)* to create, cause

■ **plantearse** *vtr & vr* ◆ *(considerar)* to consider, think about ◆ *(presentarse, surgir)* to arise

plantilla *f* ◆ *(de una empresa)* staff ◆ *(de calzado)* insole ◆ *(guía, modelo)* pattern; *(para dibujar)* template, stencil ◆ *Dep* team

plantón *m fam* **dar un p. a alguien,** to stand sb up

plástico,-a 1 *adj* ◆ *(un objeto)* plastic ◆ *(una idea, una imagen)* evocative, expressive | **2** *m* plastic

plastificar *vtr* to laminate

plastilina® *f* Plasticine®

plata

plata *f* ◆ *(metal)* silver: **hay que limpiar la p.,** we have to clean the silverware; **p. de ley,** sterling silver ◆ *LAm (dinero)* money ◆ | LOC: **hablar en p.,** to lay (it) on the line *o* to speak bluntly
plataforma *m* platform
plátano *m* ◆ *(fruta)* banana ◆ *(árbol frutal)* banana tree ◆ *(árbol ornamental)* plane tree
plateado,-a *adj* ◆ *(color)* silver ◆ *(con baño de plata)* silverplated
platillo *m* ◆ saucer ◆ *Mús* cymbal ◆ **p. volante,** flying saucer
platino *m (metal)* platinum
plato *m* ◆ *(pieza de vajilla)* plate, dish ◆ *(contenido)* plateful, dish ◆ *(parte de una comida)* course; **primer p.,** starter ◆ *(receta)* dish ◆ *(de balanza)* pan, tray ◆ *(de tocadiscos)* turntable
plató *m Cine TV* set
playa *f* ◆ beach ◆ *(lugar de veraneo)* seaside
playeras *fpl* plimsolls, *US* sneakers
plaza *f* ◆ *(espacio abierto)* square ◆ *(mercado)* market, marketplace ◆ *(de toros)* bullring ◆ *(asiento)* seat ◆ *(laboral)* post ◆ *Mil* garrison *o* fortified town
plazo *m* ◆ *(de tiempo)* term: **el p. termina mañana,** tomorrow is the deadline ◆ *(cuota)* instalment; *US* installment; **comprar a plazos,** to buy on hire purchase; *US* to buy on an installment plan
plebiscito *m* plebiscite
plegable *adj* folding; **mesa p.,** collapsible table
plegar *vtr* to fold
■ **plegarse** *vr* ◆ *(silla, mesa, etc)* to fold up ◆ *(acomodarse, ceder)* to submit [**a,** to]
plegaria *f* prayer, supplication
pleito *m Jur* lawsuit
plenilunio *m* full moon
plenitud *f* fullness: **está en la p. de su carrera,** he's at the peak of his career; **está en la p. de la vida,** he's in the prime of life
pleno,-a 1 *adj* ◆ *(completo, entero)* full; **miembro de p. derecho,** full member ◆ *(para intensificar)* **la rama le golpeó en plena cara,** the branch hit him full in the face; **nos fuimos en plena noche,** we left in the middle of the night; **a p. sol,** in the full sun, **en p. invierno,** in the depths of winter | **2** *m* ◆ *(reunión)* plenary *o* full session ◆ *(en quinielas)* maximum correct prediction ◆ | LOC: **en p.: la familia en p.,** the entire family
pliego *m* ◆ *(hoja)* sheet ◆ *(imprenta)* section ◆ *(documento)* document, sealed letter ◆ *Jur* **p. de cargos,** list of charges *o* accusations ◆ *Jur* **p. de descargo(s),** defense, depositions *pl*
pliegue *m* ◆ fold ◆ *(en tela, ropa)* pleat
plisar *vtr* to pleat
plomizo,-a *adj* ◆ leaden ◆ *(color)* lead-coloured ◆ *(cielo)* grey, *US* gray
plomo *m* ◆ *(metal)* lead ◆ *(plomada)* plumb line ◆ *(en electricidad)* fuses *pl* ◆ *fam (aburrido, pesado)* **ser un p.,** to be a pain in the neck *o* to be deadly boring ◆ | LOC: **caer a p.,** to fall heavily
pluma *f* ◆ *(de ave)* feather: **es tan ligera como una p.,** she's as light as a feather ◆ *(para escribir)* pen, fountain pen ◆ *(escritor)* writer, pen ◆ *fam (afeminamiento)* effeminacy: **tiene algo de p.,** he's a bit affected
plumaje *m* ◆ *(de ave)* plumage ◆ *(adorno)* plume, crest
plumazo *m* ◆ *(trazo enérgico)* stroke of the pen; **de un p.,** at a stroke
plumero *m (para limpiar)* feather duster ◆ | LOC: *fam* **se te ve el plumero,** I can see what you're up to
plural *adj* & *m* plural; **en p.,** in the plural
pluralismo *m* pluralism
pluriempleo *m* having more than one job, *fam* moonlighting
plus *m* bonus, extra pay; **p. de peligrosidad,** danger money
plusmarca *f* record
plusmarquista *mf* record holder *o* breaker
plusvalía *f Fin* added value, capital gain
Plutón *m* Pluto
población *f* ◆ *(habitantes)* population; **p. activa,** working population ◆ *(ciudad)* town; *(pueblo)* village
poblado,-a 1 *adj* ◆ *(ciudad, área)* populated ◆ *(barba, cejas)* bushy, thick | **2** *m* settlement: **fue arrasado un p. tutsi,** a tutsi village was devastated
pobre 1 *adj* poor: **su vocabulario es muy p.,** his vocabulary is very poor | **2** *mf* poor person; **los pobres,** the poor
pobreza *f* poverty
pocilga *f* pigsty
poco,-a 1 *adj* ◆ *(con el sustantivo en singular)* not much, little: **tengo p. apetito,** I haven't got much appetite ◆ *(con el sustantivo en plural)* not many, few: **conozco pocos lugares de Italia,** I don't know many places in Italy | **2** *pron (singular)* little, not much; *(plural) (objetos)* few, not many; *(personas)* few people, not many people ➢ Ver nota en **few** | **3** *adv* ◆ *(con verbo)* not (very) much, little: **entiendo p. del tema,** I don't understand much about

the issue ◆ *(con adjetivo)* not very: **está p. claro**, it's not very clear ◆ *(de tiempo)* **hace p. que nos conocemos**, we met a short time ago | **4** *m* ◆ *(acompañado de adjetivo o adverbio)* **lo noté un p. molesto**, I thought he was a bit annoyed ◆ *(acompañando a un sustantivo)* **dame un p. de agua**, give me a little water ➢ Ver nota en **little** ◆ | LOC: **a p. de**, shortly after; **dentro de p.**, soon ➢ Ver nota en **soon**; **p. a p.**, little by little, gradually; **p. antes/después**, shortly before/afterwards; **por p.**, almost
podar *vtr* to prune
poder[1] *m* power
poder[2] **1** *vtr* ◆ *(tener capacidad)* to be able to, can: **no puedo evitarlo**, I can't help it; **podías habernos avisado**, you could/might have warned us ◆ *(tener derecho o autorización)* may, might, can; **¿puedo repetir?**, may I have a second helping?; **no puede tomar carne de cerdo**, he can't eat pork; **las mujeres ya pueden votar**, women can already vote ◆ *(uso impers)* may, might: **puede que la vea luego**, I might see her later; **puede que sí, puede que no**, maybe, maybe not | **2** *vi* ◆ to cope [**con**, with]: **no puedo con todo**, I can't cope ◆ *(vencer, tener más fuerza)* to be stronger than

> En el presente, **can** y **to be able to** son sinónimos. Sin embargo, en el pasado **could** significa que *podías* hacer algo, mientras que **was** o **were able to** significa que, además de poder hacerlo, lo hiciste: **I could tell him the truth.** *Podía decirle la verdad* (no sabemos si lo hice). **I was able to tell him the truth.** *Fui capaz de decirle la verdad* (lo hice). En el futuro sólo podemos emplear **to be able to**: **I will be able to do it tomorrow.** *Podré hacerlo mañana*.
> Para expresar posibilidad puedes usar **may**, **could** o **might**. La diferencia consiste en el grado de probabilidad que sugieren. Recuerda que **may** se refiere a hechos más probables que **might** o **could**: *Puede que llueva mañana.* **It may rain tomorrow** (crees que es posible). **It might/could rain tomorrow** (crees que la posibilidad es más remota).

poderoso,-a *adj* powerful
podrido,-a *adj* ◆ *(una madera, fruta)* rotten ◆ *fig (corrupto)* corrupt

poema *m* poem
poesía *f* ◆ *(poema)* poem ◆ *(género, arte)* poetry
poeta *mf* poet
poético,-a *adj* poetic
poetisa *f* poet
polaco,-a 1 *adj* Polish | **2** *m,f* Pole | **3** *m (idioma)* Polish
polaridad *f* polarity
polea *f* pulley
polémica *f* controversy
polémico,-a *adj* controversial
polemizar *vi* to argue
polen *m* pollen
poli *fam* **1** *mf* cop | **2** *f* **la p.**, the fuzz *pl*
policía 1 *f* police (force); **p. nacional**, national police force | **2** *mf (hombre)* policeman; *(mujer)* policewoman
policiaco,-a, policíaco,-a *adj* police: **me gustan las novelas policiacas**, I like detective stories
polideportivo *m* sports centre *o US* center
poliéster *m* polyester
polifacético,-a *adj* versatile, many-sided
poligamia *f* polygamy
políglota *adj* & *m,f* polyglot
polígono *m* ◆ *Mat* polygon ◆ *(terreno)* area; **p. industrial**, industrial estate
polilla *f* moth
politécnico,-a *adj* & *m,f* polytechnic
política *f* ◆ politics *sing* ◆ *(forma de actuar)* policy

> Recuerda la diferencia entre **politics**, *política* (en general), y **policy**, *política* (un plan o una serie de medidas): *la política agrícola*, **the agricultural policy**. Aunque **politics** lleva una **s** final, es un sustantivo singular: **Politics is very interesting.** *La política es muy interesante.* El hombre o la mujer que se dedica a la política *(un político)* se llama **politician**.

político,-a 1 *adj* ◆ political ◆ *(parentesco)* in-law: **se lleva mal con su familia política**, he doesn't get on with his in-laws | **2** *m,f* politician
póliza *f* ◆ *(documento)* **p. de seguros**, insurance policy ◆ *(sello)* stamp
polizón *m* stowaway
pollito *m* chick
pollo *m* chicken; **p. asado**, roast chicken
polo[1] *m* ◆ *Elec Geog* pole; **P. Norte/Sur**, North/South Pole ◆ *(helado de hielo)* ice lolly, *US* Popsicle ◆ ◆ *(jersey)* polo shirt

polo² *Dep* polo
Polonia *f* Poland
polución *f* pollution
poltrona *f* easy chair
polvareda *f* ♦ cloud of dust ♦ *fig (escándalo, agitación pública)* outcry
polvo *m* ♦ *(de suciedad, tierra)* dust: **quítale el p. a los libros,** dust the books ♦ *(de una sustancia)* powder: **compré leche en p.,** I bought powdered milk; **polvos de talco,** talcum powder ♦ | LOC: *fam* **estar hecho p.,** *(cansado, agotado) fam* to be knackered; *(abatido, triste)* to be depressed; *(roto, destruido)* to be ruined
pólvora *f* gunpowder
polvoriento,-a *adj* dusty
polvorín *m Mil* powder magazine
pomada *f Med* ointment
pomelo *m* ♦ *(fruto)* grapefruit ♦ *(árbol)* grapefruit tree
pomo *m (de puerta, cajón)* knob
pompa *f* ♦ *(de jabón, etc)* bubble ♦ *(esplendor)* pomp ♦ **pompas fúnebres,** *(ceremonia)* funeral; *(empresa funeraria)* undertaker's
pompis *m inv fam* bottom
pomposo,-a *adj* pompous
pómulo *m* cheekbone
ponche *m* punch
poncho *m* poncho
ponencia *f* paper, address
ponente *mf* reader of a paper, speaker
poner *vtr* ♦ *(en un lugar, una situación)* to put: **me puso en un aprieto,** he put me in a tight corner; *(seguido de adjetivo)* to make: **me pone contento,** he makes me happy ♦ *(hacer funcionar)* to turn *o* switch on ♦ *(un fax, telegrama)* to send; **p. una conferencia,** to make a long-distance call ♦ *(una multa, un castigo)* to impose ♦ *(abrir un negocio)* to set up ♦ *(vestir)* to put on ♦ *(exponer)* **tienes que poner la planta al sol/a la sombra,** you have to put the plant in the sun/shade ♦ *(aportar)* **yo puse mil pesetas,** I contributed a thousand pesetas ♦ *(conjeturar, imaginar)* to suppose: **pongamos que...,** supposing (that)... ♦ *(estar escrito)* **lo pone aquí,** it's written here; **no pone nada de eso,** it doesn't say anything about that ♦ *TV Cine* to put on, show ♦ *Tel* **ponme con él,** put me through to him ♦ *(un nombre)* **le pondremos Tadeo,** we are going to call him Tadeo; **ya le puso título a la novela,** he has already given the novel a title
■ **ponerse** *vr* ♦ to put oneself: **nos pusimos más cerca,** we got closer; **ponte en la primera fila,** get in the front row ♦ *(vestirse)* to put on, wear: **nunca se pone sombrero,** she never wears a hat ♦ *(con adjetivo)* to become: **se puso enfermo,** he felt ill ♦ *(sol)* to set ♦ *Tel* **p. al teléfono,** to answer the phone ♦ *(empezar)* **p. a,** to start: **se puso a saltar,** she started jumping *o* she started to jump
poni *m* pony
poniente *m* ♦ *(oeste)* West ♦ *(viento)* westerly (wind)
pontífice *m* Pontiff; **el Sumo P.,** the Pope
popa *f Náut* stern
popular *adj* ♦ *(folclórico)* folk ♦ *(humilde)* **las clases populares,** the people, the working class ♦ *(bien aceptado)* popular ♦ *(conocido, famoso)* well-known
popularidad *f* popularity
por *prep* ♦ *(autoría)* by: **está escrito p. mí,** it was written by me ♦ *(camino, lugar)* through: **viajamos p. Castilla,** we travelled round Castilla ♦ *(medio)* **lo enviaron p. avión,** they sent it by plane; **me enteré p. el periódico,** I read about it in the newspaper ♦ *(motivo, causa)* because of; **p. tu culpa,** because of you; *(en favor de)* for: **hazlo p. ellos,** do it for their sake; **p. la libertad,** for freedom ♦ *(en torno a)* **p. San Juan,** near Saint John's Day ♦ *(durante)* **p. la mañana/noche,** in the morning/at night; **p. el momento,** for the time being ♦ *(a través)* **entramos p. la puerta,** we got in through the door; **miramos p. la ventana,** we looked out (of) the window; **pasamos p. la ciudad,** we went through the town ♦ *(sobre, por encima de)* **cruzaremos p. el puente,** we'll cross the bridge ♦ *(delante de)* **paso todos los días p. tu casa,** I go by your house every day ♦ *(a cambio de)* for: **te doy mi helado p. tu yogur,** I'll swap you my ice-cream for your yoghurt ♦ *(en una distribución, cálculo)* **p. cabeza,** a head, per person; **mil pesetas p. hora,** a thousand pesetas per hour; **dos mil revoluciones p. minuto,** two thousand revolutions per minute ♦ *(en una multiplicación)* **dos p. dos, cuatro,** two times two is four; **un diez p. ciento,** ten per cent ♦ *(con infinitivo)* in order to, so as to; **trabajar p. trabajar,** to work for the sake of it ♦ | LOC: **p. así decirlo,** so to speak; **p. más/muy que...,** no matter how...; **p. qué,** why
porcelana *f* porcelain; **una taza de p.,** a china cup
porcentaje *m* percentage
porcino,-a *adj* **ganado p.,** pigs

porción *f* portion, part
porche *m* porch
porno *adj inv fam* porn
pornografía *f* pornography
pornográfico,-a *adj* pornographic
poro *m* pore
poroso,-a *adj* porous
porque *conj causal* because; **¡p. sí/no!**, just because
porqué *m* reason: **no entiendo el p. de su reacción**, I don't understand the reason for her reaction
porquería *f* ◆ *(mugre, suciedad)* dirt, filth: **la p. se acumulaba en las calles,** the rubbish piled up in the streets ◆ *(birria)* rubbish ◆ *fam (chuchería, golosina)* rubbish, *US* junk food
porra *f* ◆ *(de policía)* truncheon ◆ *Culin* fritter ◆ | LOC: **mandar a alguien a la p.**, to send sb packing; **¡porras!,** damn!
porrazo *m* thump
porro *m argot* joint
portaaviones *m inv* aircraft carrier
portada *f (de un libro)* cover; *(de un periódico)* front page; *(de un disco)* sleeve
portador,-ora *m,f* ◆ *Com* bearer ◆ *Med* carrier
portaequipajes *m inv Auto (maletero)* boot, *US* trunk; *(baca)* roof rack
portafolios *m inv* briefcase
portal *m* ◆ *(puerta de la calle)* main door; *(de una finca)* gateway ◆ *(recinto de entrada)* entrance hall
portaminas *m* propelling pencil
portar *vtr frml* to carry, bear
■ **portarse** *vr* to behave: **pórtate bien,** behave yourself; **se portó mal con ella,** he behaved badly to her
portátil *adj* portable
portavoz *mf* spokesperson; *(hombre)* spokesman; *(mujer)* spokeswoman
portazo *m* slam (of a door): **dio un p. al salir**, he slammed the door when he went out
porte *m* ◆ *(presencia, apariencia)* bearing, appearance: **tiene el p. de un caballero**, he looks like a gentleman ◆ *(transporte)* carriage, freight: **no te cobran los portes,** they don't charge you for carriage
portería *f* ◆ *(de un edificio)* porter's lodge ◆ *Dep* goal
portero,-a *m,f* ◆ *(de una vivienda)* porter, caretaker; *(de un edificio público)* doorman; **p. automático,** entry-phone ◆ *Dep* goalkeeper
pórtico *m* ◆ *(portal)* portico, porch ◆ *(soportal)* arcade

portorriqueño,-a *adj & m,f* Puerto Rican
Portugal *m* Portugal
portugués,-guesa 1 *adj & m,f* Portuguese | **2** *m (idioma)* Portuguese
porvenir *m* future ◆ | LOC: **sin p.**, with no prospects
posada *f* inn
posadero,-a *m,f* innkeeper
posar 1 *vi (para una fotografía, un cuadro)* to pose | **2** *vtr* to put *o* lay down
■ **posarse** *vr* ◆ *(aves)* to alight, land [**en**, on] ◆ *(polvo, posos, etc)* to settle [**en**, on]
posavasos *m* coaster
posdata *f* postscript
pose *f* ◆ *(postura)* pose ◆ *(actitud fingida)* pose
poseedor,-ora *m,f* holder
poseer *vtr* to possess, own ➢ Ver nota en **possess**
poseído,-a *adj* possessed
posesión *f* possession: **el documento está en p. de su albacea,** the document is in the hands of his executor ◆ | LOC: **tomar p. (de un cargo),** to take up (a post)
posesivo,-a *adj* possessive
poseso,-a *adj & m,f* possessed
posgraduado,-a *adj & m,f* postgraduate
posguerra *f* postwar period
posibilidad 1 *f* possibility | **2** *mpl (recursos, medios)* means
posible 1 *adj* possible: **no me será p. viajar al Congo,** it won't be possible for me to go to the Congo | **2** *mpl* **posibles,** means ◆ | LOC: **hacer todo lo p.,** to do everything one can; **dentro de lo p.,** as far as possible
posición *f* position
positivo,-a *adj* positive
posmoderno,-a *adj* postmodern
poso *m* dregs *pl*
posponer *vtr* ◆ *(una decisión, un viaje)* to postpone, put off ◆ *(poner en segundo plano)* to put in second place *o* behind
postal 1 *adj* postal | **2** *f (tarjeta)* postcard
poste *m* ◆ pole ◆ *Dep (de una portería)* post
póster *m* poster
posteridad *f* posterity: **no pasaremos a la p.**, we shan't go down in history
posterior *adj* ◆ *(lugar)* back, rear ◆ *(tiempo)* later [**a**, than], subsequent [**a**, to]
posterioridad *f* ◆ | LOC: **con p.**, later
posteriormente *adv* subsequently, later
postizo,-a 1 *adj* false, artificial: **lleva uñas postizas,** she wears false nails | **2** *m* hairpiece
postor *m* bidder

postre *m* dessert, sweet
póstumo,-a *adj* posthumous
postura *f* ♦ *(física)* position, posture ♦ *(intelectual)* attitude
potable *adj* drinkable: **no había agua p.,** there wasn't any drinking water
potaje *m* vegetable stew, chickpea stew
potencia *f* ♦ power ♦ *Pol* power; **potencias extranjeras,** foreign powers ♦ | LOC: **un asesino en p.,** a potential murderer
potente *adj* powerful
potestad *f* authority, power
potra *f fam* luck; **¡qué p.!,** how lucky!
potro *m* ♦ *Zool* colt ♦ *(de gimnasia)* horse ♦ *Hist (de tortura)* rack
pozo *m* ♦ well ♦ *(de una mina)* shaft, pit
práctica *f* ♦ *(actividad)* practice ♦ *(aplicación)* **poner algo en p.,** to put sthg into practice ♦ *(costumbre)* **una p. habitual,** a common practice ♦ *(aprendizaje, formación)* **prácticas,** teaching practice ♦ *Educ (clases no teóricas)* practicals: **por la mañana tiene prácticas de Química,** in the morning he has chemistry practicals ➢ Ver nota en **practise**
prácticamente *adv* practically
practicante 1 *adj Rel* practising, *US* practicing | **2** *mf Med* medical assistant, nurse
practicar 1 *vtr* ♦ *(una profesión)* to practise, *US* practice ♦ *(una actividad)* to play, practise: **deberías p. el tenis más a menudo,** you should play tennis more regularly ♦ *(una operación, etc)* to carry out, do, perform: **tuvieron que practicarle una autopsia,** they had to perform a post mortem on him ♦ *Rel* to practise | **2** *vi* to practise: **si quieres hablar bien el inglés, debes practicar más,** if you want to speak good English, you must practise more ➢ Ver nota en **practise**
práctico,-a *adj* ♦ *(un objeto)* handy, useful ♦ *(una persona, disciplina)* practical
pradera *f* grassland
prado *m* meadow
pragmático,-a 1 *adj* pragmatic | **2** *m,f* pragmatist
preámbulo *m* ♦ *(a un escrito, discurso, etc)* preamble, introduction ♦ *(rodeo)* circumlocution: **andarse con preámbulos,** to beat about the bush; **sin más preámbulos,** without more ado
precalentamiento *m* warm-up
precalentar *vtr* to preheat
precario,-a *adj* ♦ *(circunstancias)* precarious, unstable ♦ *(medios)* poor, scarce, meagre

precaución *f* ♦ *(prudencia)* caution: **cruza la calle con p.,** cross the street carefully ♦ *(prevención)* precaution ♦ | LOC: **tomar precauciones,** to take precautions
precavido,-a *adj* cautious, prudent
precedente 1 *adj* previous | **2** *m* precedent; **sentar un p.,** to set a precedent
preceder *vtr* to precede
precepto *m* rule
preciado,-a *adj* ♦ *(un objeto)* prized, valued ♦ *(una persona)* valuable, esteemed
preciarse *vr* to pride oneself [**de,** on]
precintar *vtr* ♦ *(un objeto)* to seal ♦ *(un establecimiento)* to close down
precinto *m* seal
precio *m* price, cost: **¿qué p. tiene este abrigo?,** how much is this coat? ♦ | LOC: **no tener p.,** to be priceless
preciosidad *f (una persona, cosa)* gorgeous, lovely
precioso,-a *adj* ♦ *(de gran belleza)* lovely, beautiful ♦ *(de gran valor)* precious
precipicio *m* precipice
precipitación *f* ♦ *(prisa)* hurry, haste ♦ *Meteor (de lluvia)* rainfall, *(de nieve)* snowfall ♦ *Quím* precipitation
precipitado,-a 1 *adj* ♦ *(con prisa)* hasty, hurried ♦ *(sin pensar)* rash | **2** *m Quím* precipitate
precipitar *vtr* ♦ *(una acción, un acontecimiento)* to hurry, rush ♦ *(un objeto)* to throw, hurl ♦ *Quím* to precipitate
■ **precipitarse** *vr* ♦ *(con prisa)* to hurry ♦ *(sin pensar)* to rush ♦ *(en una caída)* to plunge, hurl oneself
precisamente *adv* ♦ *(de manera exacta)* precisely ♦ *(justamente)* just, exactly: **p. acabo de venir de allí,** I've just come from there; **p., eso es lo que quería decir,** exactly, that's what I meant
precisar *vtr* ♦ *(determinar)* to specify ♦ *(necesitar)* to require, need
precisión *m* ♦ *(exactitud)* precision, accuracy ♦ *(claridad, concreción)* precision ♦ *(puntualización)* clarification
preciso,-a *adj* ♦ *(exacto)* precise, accurate: **en ese p. momento se fue la luz,** at that very moment the light went off ♦ *(claro)* precise, clear ♦ *(necesario)* necessary, essential: **no es p. que vayas,** there's no need for you to go
precoz *adj* ♦ *(una persona)* precocious ♦ *(un diagnóstico, una cosecha, etc)* early
precursor,-ora *m,f* precursor
predecesor,-ora *m,f* predecessor

predecir *vtr* to predict
predestinado,-a *adj* predestined
predeterminar *vtr* to predetermine
predicado *m* predicate
predicador,-ora *m,f* preacher
predicar *vtr* to preach
predisponer *vtr* to predispose
predisposición *f* predisposition
predominante *adj* predominant
predominar *vi* to predominate
predominio *m* predominance
preescolar 1 *adj* preschool; **educación p.,** nursery education | 2 *m* nursery (school)
prefabricado,-a *adj* prefabricated
prefacio *m* preface
preferencia *f* preference
preferente *adj* preferential
preferible *adj* preferable: **es p. ir en tren,** it's better to go by train
preferido,-a *adj* & *m,f* favourite, *US* favorite
preferir *vtr* to prefer: **prefiero quedarme en casa,** I'd rather stay at home

> To prefer aparece en distintas construcciones. Puede llevar un sustantivo (**I prefer coffee**), un infinitivo con **to** (**I prefer to swim**) o un gerundio (**I prefer swimming**). Cuando comparas dos cosas, puede llevar un sustantivo más **to** más otro sustantivo (**I prefer coffee to tea**), un gerundio más **to** más otro gerundio (**I prefer swimming to running**) o un infinitivo con **to** más **rather than** más otro infinitivo sin **to** o un gerundio: **I prefer to swim rather than run** o **I prefer to swim rather than running**.
> Las estructuras con infinitivo expresan preferencias específicas y muchas veces se introducen sin **would: I would prefer to...** Si existe complemento directo, entonces sólo se puede emplear el infinitivo con **to: I would prefer you to...** *Preferiría que tú...*
> También puedes emplear **would rather** (**would** para todas las personas) más el infinitivo sin **to: I would rather go home.** *Preferiría irme a casa.* Si existe complemento directo, el verbo aparece en pasado simple: **I would rather you went home.** *Preferiría que te fueras a casa.*

prefijo *m* ◆ *Tel* (dialling) code, *US* area code ◆ *Ling* prefix

pregonar *vtr* ◆ *(un bando)* to proclaim, announce ◆ *(una mercancía)* to cry, hawk ◆ *(una noticia)* to make public, reveal: **no lo vayas pregonando por ahí,** don't go spreading it around ◆ *(cualidades)* to praise publicly, extol
pregunta *f* question
preguntar *vtr* to ask ◆ *(por una cosa)* to ask about sthg: **le pregunté por su viaje,** I asked him about his trip ◆ *(por una persona)* to ask about *o* for sb: **preguntaban por tu hermana,** they were asking for your sister ◆ *(por la salud de alguien)* to ask after sb: **¿has preguntado por (la salud de) su madre?,** have you asked after her mother?

■ **preguntarse** *vr* to wonder
prehistoria *f* prehistory
prehistórico,-a *adj* prehistoric
prejuicio *m* *(idea preconcebida)* prejudice: **no tengo prejuicios,** I'm not prejudiced
preliminar *adj* & *m* ◆ preliminary ◆ *(prueba, competición)* preliminary, qualifying game
preludio *m* prelude
prematrimonial *adj* premarital
prematuro,-a 1 *adj* premature, soon: **es p. comprar ahora,** it's too soon to buy now | 2 *mf* premature baby
premeditación *f* premeditation: **lo hizo con p.,** he did it deliberately
premeditado,-a *adj* premeditated, deliberate
premiado,-a *adj* ◆ prize-winning ◆ *(número)* winning
premiar *vtr* ◆ *(dar un premio)* to award *o* give a prize [**a, to**] ◆ *(recompensar un esfuerzo, sacrificio)* to reward
premio *m* ◆ *(sorteo, competición, galardón)* prize, award; **p. de consolación,** consolation prize; **el p. al mejor actor de reparto,** the award for the best supporting actor ◆ *(recompensa a esfuerzo, sacrificio)* reward, recompense
premisa *f* premise
premonición *f* premonition
prenatal *adj* antenatal, *US* prenatal
prenda *f* ◆ *(de vestir)* garment; **p. interior,** undergarment; **prendas de lana,** woollens; **prendas deportivas,** sportswear ◆ *(garantía)* security, pledge; **dejar algo en p.,** to leave sthg as security ◆ *(en juegos)* forfeit; **jugar a las prendas,** to play forfeits ◆ | LOC: **no soltar p.,** not to say a word

prender 1 *vtr* ◆ *(a una persona)* to catch, capture ◆ *(arrestar, detener)* to arrest ◆ *(sujetar)* to fasten, attach; *(con alfileres)* to pin ◆ *(una cerilla, un cigarro)* to light; **p. fuego a algo,** to set fire to sthg | 2 *vi* ◆ *(fuego)* to catch: **la leña mojada no prende,** wet wood doesn't catch fire ◆ *(planta)* to take root ◆ *(una idea, una opinión)* to catch on
■ **prenderse** *vr* to catch fire

prensa *f* ◆ *Mec* press; *(imprenta)* printing press; **p. hidráulica,** hidraulic press ◆ *(periódicos)* newspapers *pl;* **leer la p.,** to read the papers ◆ *(periodistas)* **la prensa,** the press ◆ *(periodismo)* press; **p. amarilla,** gutter press; **reportaje de p.,** press report ◆ | LOC: **tener buena/mala p.,** to have a good/bad press

prensar *vtr* to press

preñado,-a *adj (una mujer)* pregnant

preocupación *f* worry, concern: **tiene muchas preocupaciones,** he has a lot of problems

preocupado,-a *adj* worried, concerned

preocupar *vtr* to worry, bother: **les preocupa su futuro,** they are concerned about his future; **no le preocupa,** it doesn't bother him
■ **preocuparse** *vr* ◆ to worry, get worried [**por,** about] ◆ *(encargarse)* **tienes que preocuparte de tus cosas,** you should look after your own things

preparación *f* ◆ preparation ◆ *(formación)* training

preparado,-a 1 *adj* ◆ *(dispuesto, listo)* ready ◆ *(para ser consumido)* **comida preparada,** ready-cooked meal ◆ *(capacitado, experto)* trained, qualified | 2 *m Farm* preparation

preparador,-ora *m,f Dep* coach, trainer

preparar *vtr* ◆ to prepare, get ready; **p. una fiesta,** to prepare a party ◆ *Dep* to train, coach
■ **prepararse** *vr* ◆ to prepare oneself, get ready ◆ *Dep* to train

preparativos *m* preparations

preposición *f Ling* preposition

prepotente *adj* overbearing, arrogant

presa *f* ◆ *(de caza)* prey ◆ *(dique, embalse)* dam ◆ | LOC: **hacer p.,** to seize; **ser p. de,** to be a victim of: **los pasajeros fueron p. del pánico,** the passengers were seized with panic

presagio *m* ◆ *(anuncio)* omen: **la ausencia de nubes es un buen p.,** the lack of clouds is a good omen ◆ *(premonición, intuición)* premonition

prescindir *vi* ◆ *(arreglárselas sin)* to do without: **podemos p. del coche,** we can do without the car ◆ *(deshacerse de)* to dispense with: **debemos p. de lo superfluo,** we must dispense with unnecessary things ◆ *(no hacer caso)* to disregard: **prescindió de sus consejos,** he disregarded his advice

prescribir *vtr* to prescribe

prescripción *f* prescription; **por p. facultativa,** on doctor's orders

presencia *m* ◆ *(en un lugar)* presence ◆ *(aspecto exterior)* appearance ◆ **p. de ánimo,** presence of mind ◆ | LOC: **hacer acto de p.,** to appear

presenciar *vtr* ◆ *(un accidente, etc)* to witness ◆ *(un espectáculo, etc)* to attend

presentación *f* ◆ *(de un programa, de pruebas, etc)* presentation ◆ *(de un producto)* launch ◆ *(de personas)* introduction ◆ *(aspecto exterior)* presentation, appearance

presentador,-ora *m,f* ◆ presenter ◆ *(de un concurso, etc)* host, *(mujer)* hostess ◆ *(de un informativo)* newsreader

presentar *vtr* ◆ *(un programa, pruebas, etc)* to present ◆ *(un producto)* to launch ◆ *(a una persona)* to introduce ◆ *(síntomas, características, etc)* to have, show ◆ *(disculpas)* to give, present; *(condolencias)* to give, pay ◆ *(la dimisión)* to hand in ◆ *(una queja)* to file, make
■ **presentarse** *vr* ◆ *(para un cargo)* to stand for ◆ *(en un lugar)* to turn up, appear ◆ *(a un examen, una prueba)* to sit, take ◆ *(la ocasión, un problema)* to arise, come up: **si se me presenta la ocasión, iré,** I'll go if I get the chance ◆ *(a uno mismo)* to introduce oneself [**a,** to]

presente 1 *adj* ◆ *(en un lugar)* present: **el personal p. puede votar,** the staff here can vote ◆ *(en el tiempo)* present; **el p. año,** the current year | 2 *m* ◆ *(regalo)* gift, present ◆ *Ling* present tense ◆ | LOC: **hacer p.,** to declare, state; **tener p.,** to bear in mind

presentimiento *m* feeling

presentir *vtr* to have a feeling

preservar *vtr* to preserve, protect [**de,** from] [**contra,** against]

preservativo *m* condom

presidencia *f* ◆ *Pol* presidency ◆ *(en una empresa, reunión)* chairmanship

presidencial *adj* presidential

presidente,-a *m,f* ◆ *Pol* president; **p. del Gobierno,** prime minister, premier ◆ *(de una empresa, reunión)* *(hombre)* chairman, *(mujer)* chairwoman

presidiario,-a *m,f* prisoner, convict
presidio *m (establecimiento)* prison ◆ *(condena)* prison sentence
presidir *vtr* ◆ *Pol* to be president of ◆ *(una empresa, reunión)* to chair ◆ *(un tribunal)* to preside over ◆ *(una característica)* to prevail: **la bondad preside sus actos,** kindness is the keynote of all his acts ◆ *(una cosa)* to be the dominant element in: **un gran cuadro preside el salón,** a large picture dominates the living room
presión *f* pressure; **cerveza a p.,** draught beer
presionar *vtr* ◆ *(un timbre, etc)* to press ◆ *(a una persona)* to put pressure on
preso,-a 1 *adj* imprisoned: **se lo llevaron p.,** he was taken prisoner | **2** *m,f* prisoner, convict
prestación *f* ◆ *(de un servicio, ayuda)* provision, assistance; **p. por desempleo,** unemployment benefit ◆ **prestaciones,** *(de un coche)* performance, features *pl*
prestamista *mf* moneylender
préstamo *m* loan
prestar *vtr* ◆ *(un objeto, dinero)* to lend; *(pedir prestado)* to borrow ◆ *(auxilio, colaboración)* to give ◆ *(servicio)* to render ◆ | LOC: **p. atención,** to pay attention; **p. juramento,** to swear

> Recuerda que **to borrow** significa *coger, pedir prestado,* mientras que **to lend** significa *dar, prestar*: If I borrow money from you, then you lend me the money.

■ **prestarse** *vr* ◆ *(ofrecerse)* to offer oneself [**a, to**] ◆ *(inducir)* to cause, be open to: **tus palabras se prestan a confusión,** your words lend themselves to confusion ◆ *(ser idóneo)* to be suitable: **el tiempo se presta para ir a pasear,** the weather is ideal for going for a walk
prestidigitador,-ora *m,f* conjurer, magician
prestigio *m* prestige
prestigioso,-a *adj* prestigious
presumido,-a 1 *adj* vain | **2** *m,f* vain person, *fam* poser
presumir 1 *vtr (sospechar)* to predict, suppose | **2** *vi* ◆ *(de una cualidad)* to fancy oneself as: **presume de listo,** he thinks he's very smart ◆ *(de una posesión)* to boast [**de,** about]: **le gusta p. de coche,** he likes to show off his car

presunción *f* ◆ *(sospecha)* presumption, supposition ◆ *(vanidad)* vanity, conceit ◆ *(jactancia)* boasting
presunto,-a *adj* ◆ supposed ◆ *(un delincuente, criminal)* alleged
presupuestar *vtr* ◆ *(incluir en un presupuesto)* to budget for ◆ *(calcular gastos, ingresos)* to estimate for
presupuestario,-a *adj* budgetary
presupuesto *m* ◆ *Fin* budget ◆ *(cálculo aproximado)* estimate, *(más detallado)* quote ◆ *(presuposición)* supposition, assumption

> **Estimate** es el *presupuesto* que pides antes de encargar algún trabajo en un taller, tienda, etc. **Budget** es el *presupuesto* que te sirve para planificar tus gastos.

pretencioso,-a *adj* pretentious
pretender *vtr* ◆ *(aspirar, intentar)* to expect, try to: **pretendía que le diera la razón,** he was trying to make me agree with him; **pretende ser actriz,** she hopes to become an actress ◆ *(simular)* to try: **pretendió no habernos visto,** he pretended he hadn't seen us ◆ *frml (cortejar)* to woo, court
pretendiente,-a 1 *m,f* ◆ *(a un cargo)* applicant ◆ *(al trono)* pretender | **2** *m (de una mujer)* suitor
pretensión *f* ◆ *(deseo)* hope, wish: **tiene la p. de que vaya con ella,** she expects me to go with her ◆ *(objetivo)* aim, aspiration ◆ *(al trono)* claim ◆ *pey (aspiraciones desmedidas)* **pretensiones,** pretention; **una persona con pocas pretensiones,** a very unpretentious person
pretérito,-a 1 *adj (tiempo histórico)* past, former | **2** *m (tiempo verbal)* preterite (tense)
pretexto *m* pretext, excuse ◆ | LOC: **bajo ningún p.,** under no circumstances
prevalecer *vi* to prevail: **sus intereses prevalecen sobre los míos,** her interests prevail over mine
prevención *f* ◆ *(de enfermedades, etc)* prevention ◆ *(medidas)* precaution; **medidas de p.,** contingency plans
prevenir *vtr* ◆ *(enfermedades, etc)* to prevent ◆ *(advertir, alertar)* to warn
preventivo,-a *adj* preventive: **está en prisión preventiva,** he's on remand
prever *vtr* ◆ *(anticipar)* to foresee, predict: **no previó las consecuencias,** she

previo

didn't foresee the consequences ♦ *(disponer)* to plan, prepare: **la salida está prevista para las 9 horas,** departure is due at 9 a.m.

previo,-a *adj* ♦ *(anterior)* previous, prior: **se hará un sondeo p. a la votación,** an opinion poll will be held prior to voting ♦ *(después de)* after, following; **p. pago de la matrícula,** on receipt of registration fees

previsible *adj* predictable

previsión *f* ♦ *(predicción)* forecast; **según la p. de las ventas,** according to the sales forecast ♦ *(precaución)* precaution; **por falta de p.,** through lack of foresight

previsor,-ora *adj* far-sighted

prima *f* ♦ *(pago suplementario)* bonus ♦ *(cuota de seguro)* premium ♦ *(persona)* → **primo,-a**

primario,-a *adj* primary

primavera *f* spring

primer *adj (delante de m)* → **primero,-a**

primera *f* ♦ *(en viajes)* first class ♦ *(en vehículos)* first gear ♦ | LOC: **a la p.,** at the first attempt; **de p.,** great, first-class

primero,-a 1 *adj (en el espacio, en el tiempo)* first; **primera fila,** front row; **en los primeros años,** in the early years ♦ *(en calidad, en categoría)* first: **es el primer actor de la compañía,** he's the company's top actor ♦ *(en importancia)* basic, primary; **un artículo de primera necesidad,** an essential item | **2** *adv (orden)* first: **p., iremos al supermercado,** first, we'll go to the supermarket ♦ | LOC: **a primeros,** at the beginning of

primitivo,-a *adj* ♦ *(civilización, cultura)* primitive ♦ *(estado originario)* original; **la estructura primitiva de la casa,** the original structure of the house ♦ *(grosero)* rude, coarse

primo,-a 1 *m,f* ♦ *(pariente)* cousin; **p. carnal,** first cousin ♦ *fam (ingenuo)* fool, sucker | **2** *adj* ♦ *(materia)* raw ♦ *(número)* prime ♦ | LOC: **hacer el p.,** to be taken for a ride

primogénito,-a *adj & m,f* first-born

primordial *adj* essential, fundamental: **es de p. importancia,** it's of paramount importance

princesa *f* princess

principado *m* principality

principal *adj* main, principal

príncipe *m* prince; **P. Azul,** Prince Charming; **p. heredero,** crown prince

principiante *mf* beginner

principio *m* ♦ *(comienzo)* beginning, start: **nos hemos perdido el p. de la película,** we've missed the beginning of the film ♦ *(causa, origen)* premise, origin ♦ *(idea fundamental, norma)* principle ♦ **principios,** *(nociones)* rudiments, basics: **posee algunos principios de mecánica,** she has some rudiments of mechanics ♦ | LOC: **al p.,** at first; **en p.,** in principle; **por p.,** on principle

pringar 1 *vtr* ♦ *(manchar)* to cover in grease, dirty ♦ *fam (involucrar a alguien)* to get sb mixed up | **2** *vi fam (en el trabajo)* to work hard

■ **pringarse** *vr* ♦ *(mancharse)* to get greasy *o* dirty: **se pringó de mermelada,** he was covered in jam ♦ *fam (involucrarse)* to get involved, mixed up

pringoso,-a *adj* ♦ *(de grasa)* greasy ♦ *(pegajoso)* sticky, dirty

prioridad *f* priority

prisa *f* hurry, rush: **tengo mucha p.,** I'm in a hurry ♦ | LOC: **correr p.,** to be urgent; **darse p.,** to hurry up; **meter p.,** to hurry *o* rush sb

prisión *f* ♦ *(lugar)* prison, jail ♦ *(condena)* imprisonment

prisionero,-a *m,f* prisoner

prisma *m* prism

prismáticos *mpl* binoculars *pl*

privación *f* ♦ *(de libertad, cariño, etc)* deprivation ♦ *(escasez)* lack, hardship; **pasar privaciones,** to suffer hardship

privado,-a *adj* private

privar 1 *vt* ♦ *(despojar)* to deprive [**de,** of] ♦ *fam (gustar mucho)* **me priva la fruta,** I love fruit | **2** *vi argot (beber)* to booze

privilegiado,-a | **1** *adj* ♦ privileged ♦ *(excepcional)* exceptional | **2** *m,f* privileged person

privilegio *m* privilege

pro 1 *prep* for; **asociación p. animales en peligro de extinción,** association for the protection of endangered species; **campaña p. amnistía,** campaign for amnesty | **2** *m* advantage; **los pros y los contras,** the pros and cons ♦ | LOC: **en p. de,** in favour of

proa *f Náut* bow(s)

probabilidad *f* probability: **tenía pocas probabilidades de ganar,** he didn't have much chance of winning ♦ | LOC: **con toda p.,** in all likelihood

probable *adj* ♦ *(posible)* likely; probable: **es p. que llegue mañana,** she will probably arrive tomorrow ♦ *(demostrable)* provable

probador *m* changing *o* fitting room

probar 1 *vtr* ◆ *(una teoría, un hecho)* to prove ◆ *(una máquina, aparato, etc)* to test ◆ *(comida, bebida)* to try; *(sabor, etc)* to taste: **no prueba el alcohol,** he never touches alcohol | **2** *vi (intentar)* to try ➢ Ver nota en **try**

■ **probarse** *vr (la ropa)* to try on

probeta *f* test tube

problema *m* problem: **les está dando muchos problemas,** it is giving them a lot of trouble; **problemas económicos,** financial difficulties

problemático,-a *adj* problematic

procedencia *f* ◆ origin, source ◆ *Ferroc Av* **con p. de,** (arriving) from

procedente *adj* ◆ coming [**de**, from], arriving [**de**, from]; **el vuelo p. de Madrid,** the flight from Madrid ◆ *(pertinente)* appropriate

proceder 1 *vi* ◆ *(provenir)* **p. de,** to come from: **procede de una familia noble,** he comes from a a noble family ◆ *(actuar)* to act, proceed ◆ *(ser pertinente)* to be appropriate *o* right

procedimiento *m* ◆ *(método)* procedure, method ◆ *Jur (trámites)* proceedings *pl*

procesado,-a *m,f* accused, defendant

procesador *m* processor; **p. de datos/textos,** data/word processor

procesamiento *m* ◆ *Jur* prosecution, trial ◆ *Inform* processing; **p. de datos/textos,** data/word processing

procesar *vtr* ◆ *Jur* to prosecute ◆ *(información, productos)* to process

procesión *f* procession ◆ | LOC: **sufre mucho, pero la p. va por dentro,** he suffers a lot, but he doesn't show it

proceso *m* ◆ process ◆ *(transcurso de tiempo)* course; **en el p. de un año,** in the course of a year ◆ *Inform* processing ◆ *Jur* trial, proceedings

proclamación *f* proclamation

proclamar *vtr* to proclaim

procreación *f* procreation

procrear *vtr* to procreate

procurador,-ora *m,f Jur* attorney, solicitor

procurar *vtr* ◆ *(intentar)* to try: **procura que el niño coma,** try to make the child eat ◆ *(proporcionar)* to secure, get: **le procuró un trabajo,** she found him a job

prodigio *m* ◆ *(una persona, animal o cosa)* wonder, prodigy; **un p. de la naturaleza,** a wonder of nature ◆ *(un suceso)* miracle: **es un p. que siga vivo,** it's a miracle he's still alive

prodigioso,-a *adj* ◆ *(sin explicación)* incredible ◆ *(cualidades)* wonderful, marvellous, *US* marvelous: **es un pintor p.,** he's an exceptional painter

producción *f* ◆ *(proceso)* production; **p. en serie,** mass production ◆ *(resultado)* output, products; **p. lechera,** dairy produce ◆ *(de una película, disco, etc)* production

producir *vtr* ◆ *(bienes)* to produce: **las vacas producen leche,** cows give milk ◆ *(sensaciones, efectos)* to cause, generate: **la noticia le produjo tristeza,** the news made him sad ◆ *(una obra artística o audiovisual)* to produce

■ **producirse** *vr (un suceso)* to take place, happen

productividad *f* productivity

productivo,-a *adj* ◆ productive ◆ *Econ* profitable

producto *m* product; **productos alimenticios,** foodstuffs

productor,-ora 1 *adj* producing | **2** *m,f* producer

productora *f (de películas, discos)* production company

profanación *f* desecration

profanar *vtr* to desecrate

profano,-a | **1** *adj* ◆ *(no sacro)* profane, secular ◆ *(no experto)* ignorant, lay | **2** *m,f* layperson; *(hombre)* layman; *(mujer)* laywoman

profecía *f* prophecy

profesión *f* profession, occupation

profesional *adj & mf* professional

profesor,-ora *m,f* ◆ teacher; **p. de autoescuela,** driving instructor; **p. particular,** private tutor ◆ *Univ* lecturer

profesorado *m* ◆ *(plantilla)* teaching staff ◆ *(gremio)* teachers

profeta *m* prophet

profetizar *vtr* to prophesy

profiláctico,-a 1 *adj* prophylactic | **2** *m* condom, *US* prophylactic

profundidad *f* depth

profundizar *vtr & vi (en un asunto)* to study in depth

profundo,-a *adj* ◆ *(cavidad, recipiente)* deep ◆ *(idea, sensación)* profound, deep ◆ *(relaciones, amor)* strong ◆ *(conocimientos)* in-depth

progenitor,-ora *m,f* ◆ *(padre)* father; *(madre)* mother ◆ **progenitores,** parents

programa *m* ◆ *(de radio, televisión)* programme; **p. concurso,** quiz show ◆

programación

(plan, proyecto) programme, schedule ♦ *(de estudios)* curriculum ♦ *Inform* program

> Recuerda que en Estados Unidos se escribe **program**, mientras que los británicos prefieren la grafía **programme**, a menos que se trate de un programa informático.

programación *f* ♦ *(de radio, televisión)* programmes ♦ *(planificación)* planning, organization ♦ *Inform* programming

programador,-ora *m,f* programmer

programar *vtr* ♦ *(actividades, eventos)* to programme, draw up a programme for ♦ *(radio, televisión)* to schedule; *(medios de transporte, entradas/salidas)* to schedule, timetable ♦ *Inform* to program

progre *adj & mf fam* liberal, progressive, trendy

progresar *vi* to progress, make progress

progresista *adj & mf* progressive

progresivo,-a *adj* progressive; *(paulatino)* gradual

progreso *m* progress: **significó un gran p.**, it was a great step forward; **hacer progresos**, to make progress

prohibición *f* ♦ *(acción)* prohibition ♦ *(efecto)* ban

prohibido,-a *adj* forbidden, prohibited

> Algunas de las prohibiciones más corrientes:
> *prohibida la entrada*, **no admittance**
> *prohibido aparcar*, **no parking**
> *prohibido el paso*, **no entry**
> *prohibido fijar carteles*, **no fly-posting**
> *prohibido fumar*, **no smoking**
> *prohibido pisar el césped*, **keep off the grass**

prohibir *vtr* ♦ to forbid, prohibit: **le han prohibido el alcohol**, he's been told not to drink alcohol ♦ *(legalmente)* to ban

prohibitivo,-a *adj* prohibitive

prójimo *m* fellow man, neighbour, *US* neighbor

proletariado *m* proletariat

proletario,-a *adj & m,f* proletarian

prólogo *m* ♦ *(de un texto)* foreword, prologue, *US* prolog ♦ *(de una acción)* prelude, introduction

prolongación *f* extension, prolongation

prolongar *vtr* ♦ *(duración)* to prolong, extend ♦ *(longitud)* to extend

■ **prolongarse** *vr* ♦ *(duración)* to carry on, go on ♦ *(longitud)* to extend

promedio *m* average: **camino un p. de dos horas diarias**, I walk an average of two hours every day

promesa *f* ♦ *(palabra)* promise ♦ *(una persona)* hope, up-and-coming talent

prometedor,-ora *adj* promising

prometer 1 *vtr* to promise: **prometo que iré**, I promise I'll go ➢ Ver nota en **promise** | **2** *vi* to be promising: **promete como cantante**, she shows promise as a singer

■ **prometerse** *vr* ♦ *(una pareja)* to get engaged ♦ *(confiar, esperar)* to expect ♦ | LOC: **prometérselas muy felices**, to have high hopes

prometido,-a 1 *adj* ♦ promised ♦ *(una persona)* engaged | **2** *m,f (hombre)* fiancé; *(mujer)* fiancée

prominente *adj* prominent

promiscuo,-a *adj* promiscuous

promoción *f* ♦ *(de una persona)* promotion ♦ *(de estudios, etc)* year, class ♦ *(de un producto)* promotion, special offer

promocionar *vtr* ♦ *(un producto)* to promote ♦ *(a una persona)* to promote

promotor,-ora 1 *adj* **la causa promotora**, original cause; **la empresa promotora**, the promoters | **2** *m,f* ♦ promoter ♦ *(de una construcción)* developer ♦ *(de disturbios, etc)* instigator

promover *vtr* ♦ to promote ♦ *(una construcción)* to develop ♦ *(disturbios, etc)* to instigate, give rise to ♦ *(un pleito)* to bring

pronombre *m* pronoun

pronosticar *vtr (augurar, predecir)* to predict, forecast

pronóstico *m* ♦ forecast, prediction; **p. del tiempo**, weather forecast ♦ *Med* prognosis

pronto,-a 1 *adj* ♦ prompt, speedy; **una pronta respuesta**, a prompt reply | **2** *adv* ♦ *(en poco tiempo)* soon, quickly: **espero verte p.**, I hope to see you soon ♦ *(temprano)* early: **debemos levantarnos p.**, we must get up early | **3** *m (reacción repentina)* a fit of temper: **le dio un p. y se marchó**, he had a fit of temper and went away ♦ | LOC: **de p.**, suddenly; **por lo p.**, *(para empezar)* to start with; **tan p. como**, as soon as ➢ Ver nota en **soon**

pronunciación *f* pronunciation

pronunciar *vtr* ♦ *(una palabra)* to pronounce ♦ *(un discurso)* to deliver, give ♦ *(una sentencia)* to pronounce
■ **pronunciarse** *vr* ♦ *(opinión)* to declare oneself: **se pronunció a favor/en contra de la propuesta,** she declared herself in favour of/against the proposal ♦ *Mil* to rebel, revolt

propaganda *f* ♦ *(política)* propaganda ♦ *(comercial)* advertising

propagar *vtr* to propagate, spread
■ **propagarse** *vr* to spread

propano *m* propane

propasarse *vr* to go too far

propensión *f* tendency

propenso,-a *adj* prone [**a,** to]

propiamente *adv* exactly; **p. dicho,** strictly speaking

propiedad *f* ♦ *(de bienes)* ownership, property; **p. intelectual,** copyright ♦ *(cualidad, característica)* property, quality ♦ *(de lenguaje, comportamiento)* correctness

propietario,-a *m,f* owner

propina *f* tip

propio,-a *adj* ♦ *(posesión)* own: **tiene su p. apartamento,** he has his own apartment ♦ *(adecuado)* suitable, appropriate: **ese vestido no es p. para la fiesta,** that dress is not suitable for the party ♦ *(característico)* typical, peculiar; **el clima p. de la región,** the typical weather for the area ♦ *(intensificador) (hombre)* himself; *(mujer)* herself; *(animal, cosa)* itself: **se lo dijo el propio presidente,** the President himself told her so

proponer *vtr* ♦ *(una idea, etc)* to propose, suggest ♦ *(a una persona)* to nominate ➢ Ver nota en **propose**
■ **proponerse** *vr* to intend, decide

proporción *f* ♦ *(relación)* proportion; **la p. de nacimientos y muertes,** the proportion of births to deaths ♦ **proporciones,** *(tamaño)* size *sing*; **un desastre de grandes proporciones,** a huge disaster ♦ *Mat* ratio

proporcionado,-a *adj* proportionate, in proportion to

proporcional *adj* proportional

proporcionar *vtr* ♦ *(comida, etc)* to provide with, supply ♦ *(placer, preocupaciones, etc)* to give

proposición *f* ♦ proposal, proposition ♦ *Ling* clause

propósito *m* purpose, intention ♦ | LOC: **a p.,** *(por cierto)* by the way; *(adrede)* on purpose, intentionally; **a p. de,** speaking of

propuesta *f* proposal, offer

propulsar *vtr* ♦ *(un vehículo)* to drive, propel ♦ *(una idea, una actividad)* to promote

propulsión *f* propulsion

propulsor,-ora 1 *adj (mecanismo, etc)* propelling | **2** *m,f* ♦ *(de una idea, etc)* promoter ♦ *(de un mecanismo)* propellant

prórroga *f* ♦ *(de un plazo de tiempo)* extension ♦ *Dep* extra time, *US* overtime ♦ *(de una decisión, pago, etc)* deferral ♦ *Mil* deferment

prorrogar *vtr* ♦ *(el tiempo)* to extend ♦ *(una decisión, un pago)* to defer, postpone ♦ *Mil* to defer

prorrumpir *vi* to burst [**en,** into]

prosa *f* prose

proseguir *vtr* & *vi* to carry on, continue

prospección *f* ♦ *Min* prospecting ♦ *(de opinión)* survey ♦ *(de mercado)* research

prospecto *m* ♦ *(de medicamento)* patient information leaflet ♦ *(de propaganda)* leaflet ♦ *Fin* prospectus

prosperar *vi* ♦ *(una persona, empresa)* to prosper, thrive ♦ *(una idea, etc)* to be accepted *o* successful

prosperidad *f* prosperity

próspero,-a *adj* prosperous, thriving

prostíbulo *m* brothel

prostitución *f* prostitution

prostituir *vtr* to prostitute
■ **prostituirse** *vr* to prostitute oneself

prostituta *f* prostitute

protagonista *mf* ♦ *(personaje)* main character ♦ *(actor)* leading actor, *(actriz)* leading actress ♦ *(en una velada, etc)* main protagonist

protagonizar *vtr* to star in

protección *f* protection; **p. civil,** civil defence; **vivienda de p. oficial,** state subsidized housing

proteccionismo *m* protectionism

protector,-ora 1 *adj* protective | **2** *m,f* patron, protector

proteger *vtr* ♦ *(a una persona)* to protect ♦ *(un derecho, una propiedad)* to defend, protect ♦ *(a un artista)* to act as patron to
■ **protegerse** *vr* to protect oneself [**de,** from] [**contra,** against]; **p. de la lluvia,** to shelter from the rain

protegido,-a 1 *adj (especie animal)* protected | **2** *m,f (hombre)* protégé; *(mujer)* protégée

proteína *f* protein

prótesis *f inv* prosthesis

protesta *f* ♦ protest ♦ *Jur* objection

protestante *adj* & *mf Rel* Protestant

protestar *vi* ◆ *(manifestar desacuerdo)* to protest: **vamos a p. contra la subida de impuestos,** we're going to protest against the rise in taxes ◆ *(quejarse)* to complain: **siempre está protestando por el frío,** he's always complaining about the cold ◆ *Jur* to object ◆ *Com* to protest

protón *m* proton

prototipo *m* ◆ *(primer modelo)* prototype ◆ *(paradigma)* archetype: **es el p. de belleza sueca,** she's the typical Swedish beauty

provecho *m* ◆ *(beneficio, utilidad)* benefit; **sacar p. de algo,** to profit *o* benefit from sthg, **en p. propio,** to one's own advantage, **una visita de p.,** a worthwhile visit ◆ | LOC **¡buen p.!,** bon appetit! *o* enjoy your meal!

provechoso,-a *adj* ◆ beneficial, useful ◆ *Fin* profitable

proveedor,-ora *m,f* supplier; **p. habitual,** local *o* usual supplier

proveer 1 *vtr* ◆ *(suministrar, aportar)* to supply; **p. a alguien de algo,** to provide sb with sthg ◆ *(cubrir una vacante)* to fill | 2 *vi* to provide: **Dios proveerá,** the Lord will provide

provenir *vi* **p. de algo/alguien,** to come from sthg/sb

proverbio *m* proverb

providencia *f* ◆ *Rel* **(Divina) P.,** (Divine) Providence ◆ *Jur* ruling, decision ◆ *(medida, disposición, usu pl)* precaution

provincia *f* ◆ *(territorio)* province ◆ **provincias,** *(opuesto a capital)* provinces: **en provincias no es habitual,** it isn't usual in the provinces; **una ciudad de provincias,** a provincial city

provincial *adj* provincial

provinciano,-a *adj & m,f* provincial: **¡qué p. eres a veces!,** you can be so provincial sometimes!

provisión *f* ◆ provision, supply ◆ **provisiones,** *(víveres)* provisions *pl*

provisional *adj* provisional

provocación *f* provocation

provocador,-ora 1 *adj* provocative | 2 *m,f* instigator

provocar *vtr* ◆ *(causar)* to cause: **su decisión fue provocada por...,** his decision was prompted by..., **p. un incendio,** to start a fire ◆ *(un parto, etc)* to induce: **tuvieron que provocarle el vómito,** they had to make her vomit ◆ *(irritar, enfadar)* to provoke: **no lo provoques,** don't provoke him ◆ *(la ira, etc)* to rouse; *(un aplauso,* to provoke ◆ *(excitar el deseo sexual)* to arouse, provoke

provocativo,-a *adj* provocative

próximamente *adv* ◆ *(pronto)* soon; *Cine Teat (en letrero)* coming soon

proximidad 1 *f (cercanía)* nearness, proximity | 2 *fpl* **proximidades,** *(alrededores)* vicinity; **en las proximidades de la ciudad,** in the vicinity of the town

próximo,-a *adj* ◆ *(cercano)* near, close; **una calle próxima,** a nearby street; **en fechas próximas,** soon *o* in the near future ◆ *(siguiente)* next

proyección *f* ◆ projection ◆ *Cine* showing; **el tiempo de p.,** the running time ◆ *(alcance)* **un novelista de p. internacional,** a novelist of international renown

proyectar *vtr* ◆ *(luz)* to project, throw ◆ *(un chorro, etc)* to send out, give out [**hacia,** at] ◆ *(una película)* to show ◆ *(una casa, un edificio)* to design ◆ *(planear)* to plan

proyectil *m* missile, projectile

proyecto *m* ◆ *(idea)* plan; **tener algo en p.,** to be planning sthg ◆ *(de trabajo)* project; **director de p.,** project manager ◆ *(escrito, dibujo)* designs ◆ *(de una ley)* bill

proyector *m* ◆ *(de película)* projector; **p. de diapositivas,** slide projector ◆ *Teat (foco de luz)* spotlight

prudencia *f* ◆ *(sensatez)* prudence, good sense ◆ *(precaución, moderación)* care, caution

prudente *adj* ◆ *(opinión, carácter)* prudent, sensible ◆ *(actitud)* careful

prueba *f* ◆ proof; **corregir pruebas,** to proofread; **como p. de mi amistad,** as a sign of my friendship ◆ *(experimento, examen, etc)* test, trial; **poner algo a p.,** to put sthg to the test ◆ *(competición)* event ◆ *Jur* piece of evidence: **no tienes pruebas,** you have no evidence

psicoanálisis *m inv* psychoanalysis

psicología *f* psychology

psicológico,-a *adj* psychological

psicólogo,-a *m,f* psychologist

psicópata *mf* psychopath

psicosis *f inv* psychosis

psicotécnico,-a *adj* psychometric; **prueba/test p.,** aptitude test

psicoterapia *f* psychotherapy

psiquiatra *mf* psychiatrist

psiquiatría *f* psychiatry

psiquiátrico,-a 1 *adj* psychiatric | 2 *m* psychiatric hospital

psíquico,-a *adj* psychic

púa *f* ♦ *(de planta)* thorn ♦ *(de animal)* quill, spine ♦ *(de peine)* tooth ♦ *(de alambre)* barb ♦ *(para guitarra, etc)* plectrum
pub *m (nocturno)* pub ➢ Ver nota en **bar**
pubertad *f* puberty
pubis *m* pubis
publicación *f* publication
publicar *vtr* ♦ *(libro, etc)* to publish ♦ *(divulgar)* to publicize
publicidad *f* ♦ publicity ♦ *(propaganda)* advertising; **hacer p.,** to advertise ♦ *(anuncios)* advertisements *pl* ➢ Ver nota en **publicity**
publicitario,-a *adj* advertising
público,-a 1 *adj* ♦ public; **hacer p. algo,** to announce sthg ♦ *(de control estatal)* public; **un colegio p.,** a state school | **2** *m* ♦ public ♦ *Cine Teat* audience ♦ *(en deporte)* crowd, spectators *pl* ♦ *(de publicaciones)* readership
puchero *m* ♦ *(recipiente)* cooking-pot ♦ *(guiso)* stew ♦ | LOC: **hacer pucheros,** to pout
pudiente *adj* rich, wealthy
pudor *m (vergüenza)* shame: **no tiene p.,** he has no sense of decency
pudrirse *vr* ♦ *(alimentos, tela, etc)* to rot, decay ♦ *(un cadáver)* to decompose
pueblo *m* ♦ village, small town ♦ *(comunidad, nación)* people; **la voluntad del p.,** the will of the people ♦ *(clase popular)* common people
puente *m* ♦ bridge; **p. levadizo,** lifting bridge; *(de un castillo)* drawbridge ♦ *Av* **p. aéreo,** shuttle service ♦ *(entre dos fiestas)* long weekend ♦ | LOC: **tender un p.,** to build bridges
puerco,-a 1 *adj pey (sucio, cochino)* dirty, filthy | **2** *m,f* ♦ *(animal)* pig; *(macho)* hog, *(hembra)* sow; **p. espín,** porcupine ♦ *pey (persona sucia)* pig
puericultura *f* childcare
puerro *m* leek
puerta *f* ♦ door; *(en una valla, de una ciudad)* gate; **p. corredera,** sliding door; **p. de embarque,** (boarding) gate; **p. principal (de edificio),** main entrance ♦ *Dep* goal ♦ | LOC: *fam* **cogió la p.,** off he went; **dar con la p. en las narices a alguien,** to slam the door in sb's face; **a p. cerrada,** behind closed doors; **de puertas adentro,** in private; **de puertas afuera,** in public; **por la p. grande,** in triumph
puerto *m* ♦ *(de mar o río)* port, harbour, *US* harbor; **p. franco,** free port ♦ *(de montaña)* (mountain) pass ♦ *Inform* gate, port ♦ | LOC: **llegar a buen p.,** to solve a problem

pues 1 *conj* ♦ *(puesto que)* since, as: **no lo hagas, pues no lo necesitas,** don't do it, since you don't need it ♦ *(en consecuencia)* then ♦ *(vacilación)* well ♦ *(como pregunta)* **¿y p.?,** and so? ♦ *(uso enfático)* **pues entonces vamos,** we'll go then | **2** *excl* **¡pues claro que sí!,** well, of course!
puesta *f* ♦ *(de huevos)* laying ♦ **p. a punto,** tuning ♦ **p. al día,** updating ♦ **p. de sol,** sunset ♦ *Teat* **p. en escena,** staging ♦ **p. de largo,** coming-out (in society)
puesto,-a 1 *adj* ♦ *(la mesa)* set, laid: **la mesa está puesta,** the table is laid ♦ *(prenda de vestir)* to have on; **con el abrigo puesto,** with one's coat on; *fam* **ir muy p.,** to be all dressed up ♦ *fam (saber mucho)* **está muy p. en filosofía,** he's very well up in philosophy ♦ *fam (borracho)* drunk | **2** *m* ♦ *(lugar)* place ♦ *(empleo)* position, post: **es un p. fijo,** it's a permanent job ♦ *(tienda)* stall, stand ♦ *Mil* post; **p. de mando,** command post | **3** *conj* **p. que,** since, as
púgil *m* boxer
pujante *adj* booming, thriving
pulcro,-a *adj* ♦ *(aseado)* neat, tidy ♦ *(trabajo)* meticulous
pulga *f* flea ♦ | LOC: *fam* **tener malas pulgas,** to be bad-tempered
pulgada *f* inch
pulgar *m* thumb; *(del pie)* big toe ➢ Ver nota en **dedo**
pulir *vtr* ♦ *(metal, madera, etc)* to polish ♦ *(perfeccionar)* to polish up: **fueron a España a p. su español,** they went to Spain to brush up their Spanish
■ **pulirse** *vr* ♦ *(refinarse)* to become more refined ♦ *fam (dinero)* to squander
pulmón *m* lung
pulmonía *f* pneumonia
pulpa *f* pulp
púlpito *m* pulpit
pulpo *m* octopus
pulsación *f* ♦ *(latido, etc)* pulsation, beat ♦ *(en mecanografía)* keystroke
pulsar *vtr* ♦ *(timbre)* to ring; *(botón)* to press ♦ *Mús (una tecla)* to press; *(una cuerda)* to pluck
pulsera *f* ♦ *(aro)* bracelet ♦ *(de reloj)* strap; **reloj de p.,** wristwatch
pulso *m* ♦ pulse: **tomar el p. a alguien,** to take sb's pulse ♦ *(mano firme)* steady hand; **le temblaba el p.,** his hand was shaking; **un dibujo a p.,** a freehand drawing ♦ | LOC: **echar un p.,** to arm-wrestle; *fig (desafiar)* to challenge; **ganarse algo a p.,** to deserve *o* earn sthg; **levantar algo**

pulverizador

a p., to lift sthg up; **tomar el p. a la situación,** to size up the situation
pulverizador *m* spray, atomizer; *(de pintura)* spray gun
pulverizar *vtr* ◆ *(hacer polvo)* to pulverize, crush to pieces ◆ *(esparcir líquido)* to spray, atomize ◆ *(un récord, al contrario, etc)* to smash
puma *m* puma
punta *1 adj* **hora p.,** peak *o* rush hour; **tecnología p.,** high technology, *fam* hightech; **velocidad p.,** top *o* maximum speed | *2 f* ◆ *(extremo puntiagudo)* point; *(extremo)* end, tip; **p. del dedo,** fingertip; **p. del pie,** toe ◆ *(de un sitio)* **trabaja en la otra p. del país,** he works at the other side of the country ◆ *(del pelo)* **puntas,** ends *pl* ◆ | LOC **ir/ponerse de p. en blanco,** to be/get all dressed up; **sacar p.,** *(a un objeto)* to sharpen, *(a un comentario, suceso)* to twist; **tener algo en la p. de la lengua,** to have sthg on the tip of one's tongue; **a p. de pistola,** at gunpoint; **de p. a p.,** from end to end
puntapié *m* kick
puntería *f* aim; **tener buena/mala p.,** to be a good/bad shot
puntero,-a *1 adj* leading | *2 m* pointer
puntiagudo,-a *adj* pointed; *(afilado)* sharp
puntilla *f (encaje)* lace edging ◆ | LOC: **andar/ir de puntillas,** to tiptoe; **salir de puntillas,** to go out on tiptoes
punto *m* ◆ point; **p. de vista,** point of view; **p. flaco,** weak point; **p. muerto,** *(situación sin salida)* deadlock, *Auto* neutral ◆ *(lugar)* place, point ◆ *(pintado, dibujado)* dot; **línea de puntos,** dotted line ◆ *(en una competición)* point: **le dieron tres puntos a Irlanda,** Ireland scored three points ◆ *(en un examen)* mark: **la pregunta vale dos puntos,** the question is worth two marks ◆ *Cost Med* stitch: **se le infectó un p.,** one of the stitches became infected ◆ *(grado, medida)* point: **hasta cierto p.,** to a certain extent ◆ *Ling* full stop; **dos puntos,** colon; **p. y aparte,** full stop, new paragraph; **p. y coma,** semicolon; **puntos suspensivos,** dots ◆ | LOC: **hacer p.,** to knit; **a p.,** ready; **a p. de,** on the point of; **en p.,** sharp, on the dot: **a las seis en p.,** at six o'clock sharp; *Culin* **en su p.,** just right
puntuación *f* ◆ *(de un escrito)* punctuation ◆ *Educ (acción)* marking; *(nota)* mark ◆ *(en deportes)* score

puntual *1 adj* ◆ *(una persona)* punctual ◆ *(un informe, etc)* detailed, precise ◆ *(concreto)* specific | *2 adv* punctually, on time
puntualidad *f* punctuality
puntuar *1 vtr* ◆ *(un texto)* to punctuate ◆ *(exámenes, pruebas)* to mark | *2 vi Dep* ◆ to score ◆ *(ser puntuable)* to count [**para,** towards]
punzada *f (de dolor)* sharp pain, stab (of pain)
punzante *adj* ◆ *(dolor)* sharp, stabbing ◆ *(objeto)* sharp ◆ *fig (estilo, comentario)* caustic, biting
punzar *vtr* ◆ *(agujerear)* to punch, pierce ◆ *Med* to puncture
puñado *m* handful
puñal *m* dagger
puñalada *f* stab; *fig* **fue una p. por la espalda,** it was a stab in the back
puñetazo *m* punch
puño *m* ◆ *(mano cerrada)* fist ◆ *(de camisa, etc)* cuff ◆ *(de herramienta, bastón, etc)* handle ◆ *(de espada)* hilt ◆ | LOC: **decir verdades como puños,** to state the blindingly obvious; **tener en un p. a alguien,** to have sb under one's thumb; **de mi/tu/su p. (y letra),** in my/your/his/her own handwriting
pupa *f (pústula, llaga)* sore; *(en los labios)* cold sore ◆ *fam (lenguaje infantil)* **me hace p.,** it hurts
pupila *f Anat* pupil
pupitre *m* desk
puré *m* purée, thick soup; **p. de patatas,** mashed potatoes ◆ | LOC: **estar hecho p.,** to be exhausted *o fam* to be knackered
pureza *f* purity
purga *f* ◆ *Med* purgative ◆ *(ideológica)* purge
purgatorio *m* purgatory
purificación *f* purification
purificar *vtr* to purify
purista *mf* purist
puritano,-a *1 adj* puritanical | *2 m,f* ◆ puritan ◆ *Rel* Puritan
puro,-a *1 adj* ◆ *(un producto, color, sensación, etc)* pure ◆ *(enfático)* sheer, mere: **fue un p. trámite,** it was a mere formality ◆ *(una persona)* chaste, pure | *2 m* ◆ *(cigarro)* cigar ◆ *(reprimenda, castigo)* trouble: **si llegas tarde, te va a caer un p.,** if you are late, you're going to get into trouble
púrpura *adj inv* purple
pus *m* pus
puta *f pey* whore
puzzle *m* jigsaw puzzle
PVP *m (abr de precio de venta al público)* retail price

Q

Q, q *f (letra)* Q, q

que 1 *pron rel* ♦ *(de persona) (como sujeto)* who: **la mujer q. vendió el coche,** the woman who sold the car; *(como objeto de relativo)* who, *frml* whom: **su esposa, a la q. admiraba, era muy amable,** his wife, whom I admired, was very kind; **la niña con la q. juega,** the girl (that *o* who *o* nada) she plays with; **el hombre del q. hablé,** the man of whom I spoke ♦ *(de cosa) (como sujeto)* that, which; **lo que,** what: **esto es lo q. ocurrió,** this is what happened; **la casa q. se incendió,** the house (which *o* that) was burned down; *(como complemento)* **el reloj q. compró,** the watch (which *o* that) he bought; **la casa en la q. vive ahora,** the house where he lives now | **2** *conj* ♦ *(introducción de sujeto o complemento)* **creo q. va a llover,** I think (that) it's going to rain ♦ *(expresión de deseo, mandato, etc) (se omite)* **q. tengas un buen día,** have a nice day ♦ *(consecución) (se omite o that)* **hacía tanto frío q. me quedé en casa,** it was so cold (that) I stayed at home ♦ *(comparación)* than: **su coche es mejor q. el mío,** his car is better than mine ♦ *(condicional)* **yo q. tú iría,** if I were you, I would go ♦ *(uso enfático)* **q. sí, iré al cine contigo,** of course I'll go to the cinema with you

qué 1 *adj* ♦ *(pron interr)* what, which: **¿q. has comprado?,** what have you bought?; **¿q. color prefieres?,** which colour do you prefer? ♦ *(pron excl)* what, how: **¡q. de gente!,** what a lot of people!; **¡q. suerte tienes!** how lucky you are!; **¡q. vergüenza!,** what a disgrace! | **2** *adv excl* so: **¡q. buenas que son!,** they are so good!

quebrada *f* gully, ravine

quebradizo,-a *adj* ♦ *(uña, cristal, etc)* brittle ♦ *(salud, etc)* fragile

quebrado *m Mat* fraction

quebrantamiento *m Jur (incumplimiento, transgresión)* violation, infringement

quebrantar *vtr* ♦ to break ♦ *Jur* to violate, infringe

■ **quebrantarse** *vr* to break down

quebrar 1 *vtr* to break | **2** *vi Fin* to go bankrupt

■ **quebrarse** *vr* to break ♦ | LOC: **se me quebró la voz,** my voice cracked

quechua 1 *adj* Quechua | **2** *mf* Quechua | **3** *m (idioma)* Quechua

quedar *vi* ♦ *(en un estado)* **q. bien,** *(una persona)* to make a good impression; *(un objeto)* to look nice; **q. en ridículo,** to make a fool of oneself ♦ *(en un lugar)* to be: **mi casa no queda lejos,** my house is not far from here ♦ *(sobrar)* to be left: **¿queda más té?,** is there any tea left? ♦ *(faltar) (tiempo)* to go: **quedan dos días para las vacaciones,** there are two days to go till the holidays ♦ *(convenir)* to agree: **quedamos en ir al cine,** we agreed to go to the cinema ♦ *(citarse)* to meet: **quedaré con mi hermana,** I'll arrange to meet my sister ♦ *(una ropa, un peinado, etc)* to suit: **te queda grande,** it's too big for you

■ **quedarse** *vr* ♦ *(en un estado)* to remain: **me quedé sorprendida,** I was astonished ♦ *(en un lugar)* to stay: **se quedó en casa,** she stayed (at) home; **se quedó en el hotel,** she stayed at the hotel ♦ *(sin algo)* to run out of sthg; **q. sin trabajo,** to lose one's job ♦ *(con algo)* to keep, take: **me quedé con su abrigo,** I kept his coat; **se quedó con el tercer premio,** she took the third prize ♦ *(en la memoria)* to remember: **no me quedé con su número de teléfono,** I can't remember his telephone number ♦ *(con alguien) fam* to have sb on

quedo,-a 1 *adj* quiet, soft | **2** *adv* quietly, softly

quehacer *m* task, work

queja *f* ♦ *(reproche, protesta)* complaint ♦ *(de dolor)* groan, moan

quejarse *vr* to complain [**de,** about] ♦ *(de dolor)* to groan, moan

quejica *fam* **1** *adj* whining | **2** *mf* whinger, moaner

quejido *m* groan, moan, whine

quema *f* burning

quemado,-a *adj* ◆ *(físicamente)* burnt, burned; **q. por el sol**, sunburnt ◆ *fig (agotado)* burnt-out, finished ◆ *fam (harto)* fed up

quemador *m* burner

quemadura *f* ◆ *(de fuego, etc)* burn ◆ *(de líquido)* scald ◆ *(de sol)* sunburn

quemar 1 *vtr* ◆ *(con el sol, fuego, etc)* to burn ◆ *(con líquido)* to scald ◆ *(psíquicamente)* *fam* to burn out | 2 *vi (una bebida, etc)* to be boiling hot

■ **quemarse** *vr* ◆ *(una persona) (con fuego, etc)* to burn oneself ◆ *(con líquido)* to scald oneself ◆ *(con el sol)* to get burned ◆ *(una cosa)* to get burned, burn down ◆ *(psíquicamente) fam* to burn oneself out

quemazón *f* ◆ *(de calor)* burning ◆ *(picor)* itch

querella *f* ◆ *Jur* lawsuit ◆ *(conflicto)* dispute

querer 1 *vtr* ◆ *(a alguien)* to love ◆ *(algo)* to want, wish ➢ Ver nota en **want** ◆ *(intención, ruego, ofrecimiento)* to like: **¿quieres otra taza de té?**, would you like another cup of tea?; **¿quieres callarte?**, will you shut up? ◆ | LOC: **q. decir**, to mean; **sin q.**, by accident | 2 *m* love, affection

■ **quererse** *vr* to love each other

querido,-a 1 *adj* dear, beloved | 2 *m,f* ◆ darling ◆ *pey (hombre)* lover; *(mujer)* mistress

queroseno *m* kerosene, paraffin

queso *m* cheese

quicio *m* ◆ *(de puerta)* jamb ◆ | LOC: **estaba fuera de q.**, she was out of her mind; *fig* **sacar de q.**, *(las cosas)*, to get things out of all proportion; *(a alguien)* to drive sb mad

quid *m* crux; **el q. de la cuestión**, the crux of the matter

quiebra *f* ◆ *(de valores)* breakdown ◆ *(económica)* bankruptcy

quiebro *m* ◆ *(con el cuerpo)* dodge ◆ *(con la voz)* trill

quien *pron rel* ◆ *(sujeto)* who: **estuve con mi hermana, q. me contó sus problemas**, I was with my sister, who told me her problems ◆ *(complemento)* **es en él en q. pienso**, he's the one I'm thinking about; **la persona para q. trabajo es muy metódica**, the person for whom I work is very methodical; *(como negativa)* nobody: **no hay q. soporte este calor**, nobody can stand this heat; **no hubo q. le defendiera**, no one defended him ◆ *(indefinido)* whoever, anyone who: **q. lo haya visto, que lo diga**, anyone who has seen him should tell us ◆ | LOC: **no es q. para juzgarme**, he's not the person to judge me

quién *pron* ◆ *(interrogativo) (sujeto)* who?; **¿q. es?**, who is it?; *(complemento)* who; **aún no sé q. es el ganador**, I don't know yet who the winner is; **¿con q. fuiste?**, who did you go with?; **adivina en q. estoy pensando**, guess who I'm thinking about ◆ *(posesivo)* **de q.**, whose: **¿de quién es ese libro?** whose is that book? ◆ *(en exclamaciones)* **¡q. sabe!**, who knows!

quienquiera *pron indef* whoever

quieto,-a *adj* ◆ *(sin movimiento)* still: **¡estáte quieto!**, don't move ◆ *(tranquilo, pacífico)* placid, calm

quietud *f* ◆ stillness ◆ *(calma, tranquilidad)* calm, peace

quijada *f* jaw (bone)

quilate *m* carat

quilla *f* keel

quimera *f* pipe dream, wishful thinking

química *f* chemistry

químico,-a 1 *adj* chemical | 2 *m,f* chemist

quimioterapia *f* chemotherapy

quimono *m* kimono

quince *adj & m inv* fifteen

quinceañero,-a *adj & m,f* ◆ fifteen-year-old ◆ *fam (adolescente)* teenager

quincena *f* fortnight; **la primera q. de agosto**, the first two weeks of August

quincenal *adj* fortnightly

quiniela *f* (football) pools *pl*

quinientos,-as *adj & m,f* five hundred

quinina *f* quinine

quinqué *m* oil lamp

quinquenal *adj* five-year

quinqui *mf pey fam* delinquent

quinta *f* ◆ *(casa)* country house, country estate ◆ *Mús* fifth ◆ *Mil* call-up *US* draft ◆ | LOC: **ser de la misma q. de alguien**, to be the same age as sb

quintaesencia *f* quintessence

quintal *m Hist (medida)* 46 kg; **q. métrico**, 100 kg

quinteto *m* quintet

quinto,-a 1 *adj* fifth | 2 *m* ◆ *Mat* fifth ◆ *Mil (recluta)* conscript

quiosco *m* kiosk; **q. de periódicos**, newsstand ➢ Ver nota en **estanco**

quiquiriquí *m* cock-a-doodle-do

quirófano *m* operating theatre

quiromancia *f* palmistry

quirúrgico,-a *adj* surgical

quisquilloso,-a 1 *adj & m,f* ◆ *(meticuloso)* fussy ◆ *(suspicaz)* touchy

quiste *m* cyst
quitaesmalte *m* nail polish remover
quitamanchas *m inv* stain remover
quitanieves *m* (**máquina**) q., snowplough
quitar 1 *vtr* ◆ *(retirar, separar)* to remove: **quita todas esas cajas de aquí,** get all those boxes out of here; **q. la mesa,** to clear the table ◆ *(ropa, gafas, etc)* to take off ◆ *(eliminar)* (la sed) to quench; *(el hambre)* to take away: **el té me quita el sueño,** tea keeps me awake ◆ *(una mancha)* to remove, get out ◆ *(el dolor)* to relieve ◆ *(arrebatar, privar de)* **le quitó el lápiz,** he took the pencil away from him; **nos quitaron el asiento,** they took our seats; *(robar)* to steal ◆ *Mat (restar)* to substract; *fig* **q. importancia a algo,** to play sth down; *fig* **q. las ganas a alguien,** to put sb off; *fig* **le quita mucho tiempo,** it takes up a lot of her time | 2 *vi* **¡quita!,** get away ◆ | LOC: **de quita y pon,** removable; *fam (excepción hecha de)* **quitando,** except for

■ **quitarse** *vr* ◆ *(la ropa, las gafas, un postizo)* to take off: **quítate el sombrero,** take your hat off ◆ *(apartarse, retirarse)* to get out: **quítate de ahí,** get away from there ◆ *(un dolor)* to go away ◆ *(mancha)* to come out ◆ *(una costumbre, vicio)* **q. de** *(+ infinitivo)*, to give up: **me quité de fumar,** I gave up smoking ◆ | LOC: **q. a alguien de encima,** to get rid of sb

quizá(s) *adv* perhaps, maybe ➢ Ver nota en **maybe**

R, r *f (letra)* R, r
rábano *m* ◆ *Bot* radish ◆ | LOC: *fam* **me importa un r.,** I couldn't care less; *fam* **¡y un r.!,** no way!
rabia *f* ◆ *(fastidio)* **¡qué r.!,** how annoying! ◆ *(ira)* fury, anger; **con r.,** in a rage ◆ *Med* rabies *sing* ◆ *fam (manía)* dislike; **tenerle r. a alguien,** to have it in for sb
rabiar *vi fam* ◆ *(de enfado, disgusto, etc)* to be furious with sth *o* sb: **no le hagas r.,** don't torment him ◆ *(de dolor)* to be in great pain, suffer terribly ◆ *(de deseo)* to long for, be dying for ◆ | LOC: **a r.,** terribly: **le gusta el dulce a r.,** he's crazy about *o* loves sweets
rabieta *f fam* tantrum
rabino *m* rabbi
rabioso,-a *adj* ◆ *Med* rabid ◆ *fam (de enfado)* furious ◆ *fam (intensificador)* terrible; *(color)* bright ◆ | LOC: **poner r. (a alguien),** to enrage (sb)
rabo *m* ◆ *(de un animal)* tail ◆ *(de una hoja, fruto)* stalk
rácano,-a *fam pey* 1 *adj* ◆ *(con el dinero)* stingy, mean ◆ *(con el trabajo)* lazy | 2 *m,f* *(con el dinero)* scrooge, miser ◆ *(con el trabajo)* layabout, slacker

racial *adj* racial, race
racimo *m* bunch, cluster
ración *f* portion
racional *adj* rational
racionamiento *m* rationing
racionar *vtr* to ration
racismo *m* racism
racista *adj & mf* racist
radar *m Téc* radar
radiactividad *f* radioactivity
radiactivo,-a *adj* radioactive
radiador *m* radiator
radiante *adj* ◆ *(el sol)* bright ◆ *(una persona)* radiant [**de,** with]
radiar *vtr* ◆ *(una emisora)* to broadcast ◆ *Fís* to radiate, irradiate ◆ *Med* to treat with X-rays
radical *adj* radical
radicalizar *vtr* to make more radical, radicalize

■ **radicalizarse** *vr* ◆ *(una situación)* to worsen ◆ *(una persona)* to become more radical
radio 1 *f* ◆ *(transmisión)* radio; **por r.,** on the radio ◆ *(aparato receptor)* radio (set) | 2 *m* ◆ *Geom* radius ◆ *Quím* radium ◆ *Anat*

radioaficionado

radius ◆ *(de rueda)* spoke ◆ *(en el espacio)* radius, area; **r. de acción,** field of action, scope; *(de un barco, avión)* operational range

radioaficionado,-a *m,f* radio ham
radiocasete *m* radio cassette player
radiodifusión *f* broadcasting
radiografía *f (placa)* X-ray
radiología *f* radiology
radiólogo-a *m,f* radiologist
radioyente *mf* listener
ráfaga *f* ◆ *(de viento)* gust ◆ *(de luz)* flash ◆ *(de disparos)* burst
raído,-a *adj* worn (out)
raíl *m* rail
raíz *f* root ◆ | LOC: **a r. de,** as a result of
raja *f* ◆ *(de fruta, embutido)* slice ◆ *(herida)* cut ◆ *(en un objeto)* crack ◆ *(en confección)* split
rajar 1 *vtr* ◆ *(una fruta, un embutido)* to slice ◆ *(un objeto)* to crack, split; *(un neumático)* to slash ◆ *argot (a una persona)* to knife, stab | **2** *vi* to chat
■ **rajarse** *vr* ◆ *(un objeto)* to crack ◆ *(una tela)* to split ◆ *fam (acobardarse)* to back out, chicken out
rajatabla (a) ◆ | LOC: strictly, to the letter
ralentizar *vtr* to slow down
rallado,-a *adj* ◆ grated ◆ *(pan)* breadcrumbs
rallador *m Culin* grater
ralladura *f* grated rind
rallar *vtr* ◆ to grate ◆ *(pan)* to make breadcrumbs
rama *f* branch ◆ | LOC: **andarse** *o* **irse por las ramas,** to beat about the bush
ramaje *m* branches *pl*
ramificación *f* ramification, branch
ramificarse *vr* to ramify, branch
ramillete *m* posy
ramo *m* ◆ *(de flores)* bunch, bouquet ◆ *(de árbol)* branch ◆ *(de ciencia, actividad)* branch, industry
rampa *f* ramp
rana *f* ◆ *Zool* frog ◆ **(hombre) r.,** frogman ◆ | LOC: **cuando las ranas críen pelo,** when pigs learn to fly, **salir r.,** to be a disappointment
rancho *m* ◆ *(en el campo)* ranch ◆ *Mil & fam* mess, communal meal; *pey* bad food
rancio,-a *adj* ◆ *(un alimento)* stale, rancid ◆ *(linaje, tradición)* ancient ◆ *(una persona) pey* antiquated; unpleasant
rango *m* ◆ *(militar, profesional)* rank ◆ *(social)* status

ranura *f* slot
rapapolvo *m fam* telling-off
rapar *vtr* to shave; **r. el pelo,** to crop *o* cut sb's hair very short
rapaz *adj* predatory; **ave r.,** bird of prey
rape *m* ◆ *(pez)* monkfish ◆ | LOC: **al r.,** close-cropped
rapidez *f* speed, rapidity: **hazlo con r.,** do it quickly
rápido,-a 1 *adj* quick, fast, rapid ➢ Ver nota en **fast** | **2** *adv* quickly, fast: **¡rápido!,** hurry up! | **3** *m* ◆ **rápidos** *(de un río)* rapids *pl* ◆ *(tren)* fast train, express
rapiña *f* robbery, pillage
raptar *vtr* to kidnap
rapto *m* ◆ *(de un rehén)* kidnapping, abduction ◆ *(impulso)* fit; **en un r. de generosidad,** in a fit of generosity
raqueta *f* ◆ *(de tenis)* racket; *(de pimpón)* bat, *US* paddle ◆ *(para caminar sobre nieve)* snowshoe
raquítico,-a *adj* ◆ *fam (una cantidad)* small, paltry ◆ *fam (una planta, un árbol)* stunted ◆ *fam (una persona)* skinny, emaciated ◆ *Med* rachitic
raquitismo *m Med* rickets *pl*
rareza *f* ◆ *(objeto)* rarity ◆ *(cualidad)* rareness ◆ *(manía)* peculiarity, odd
raro,-a *adj* ◆ *(no frecuente)* rare: **es r. que no llame,** it's unusual for her not to telephone ◆ *(poco común)* odd, strange: **¡qué sombrero más r.!,** what a weird hat! ◆ | LOC: **Paco es un bicho r.,** Paco is a weirdo
ras *m* ◆ *(nivel)* level ◆ | LOC: **a r. de,** level with; **a r. de tierra,** at ground level; **cortar el césped al r.,** to cut the grass very short
rascacielos *m inv* skyscraper
rascar 1 *vtr (la piel, etc)* to scratch; *(la pintura, suciedad)* to scrape (off) | **2** *vi* to be scratchy; *fam (picar)* to itch: **este jersey rasca,** this sweater is very itchy
■ **rascarse** *vr* to scratch
rasero *m fig* **medir con el mismo r.,** to treat everyone the same
rasgado,-a *adj (ojos)* almond-shaped
rasgar *vtr* ◆ *(una tela, un papel)* to tear, rip ◆ *(una guitarra, etc)* to strum
rasgo *m* ◆ *(trazo)* stroke, *(con pincel)* brush-stroke: **nos explicó su proyecto a grandes rasgos,** he gave us a broad outline of his project ◆ *(aspecto distintivo)* characteristic, feature ◆ *(gesto)* gesture ◆ *(del rostro)* feature; *(facciones)* **rasgos,** features *pl*

rasguño *m* scratch, graze; *fam* **sin un r.,** unscathed

raso,-a 1 *adj (llano)* flat, level; *(hasta el borde)* **una cucharada rasa de sal,** a level spoonful of salt ♦ *(cielo)* clear ♦ *(vuelo)* low ♦ **soldado r.,** private | **2** *m* satin ♦ | LOC: **al r.,** out in the open

raspa *f (espina de pescado)* backbone

raspar 1 *vtr* ♦ *(rascar)* to scrape; *(pintura)* to scrape off; *(lijar a mano)* to sand (down) | **2** *vi (ropa, manos, etc)* to be rough

■ **rasparse** *vr* to scratch, graze

rastreador,-ora 1 *m,f* tracker | **2** *adj* **perro r.,** tracker dog

rastrear *vtr* ♦ *(seguir la pista a una persona, animal)* to trail, track ♦ *(una zona)* to comb ♦ *(los orígenes, las raíces, una pista)* to search for

rastrero,-a *adj* ♦ *Bot (de raíces superficiales)* creeping ♦ *pey fig (mezquino)* despicable

rastrillo *m* ♦ *Agr* rake ♦ *(mercadillo)* flea market; *(de objetos usados)* second-hand market

rastro *m* ♦ *(de un animal, etc)* trail, track ♦ *(vestigio)* trace, sign; **sin dejar r.,** without a trace ♦ *(mercado callejero)* flea market

rastrojo *m* ♦ *(hierba seca)* stubble ♦ *(mala hierba)* weeds *pl*

rata 1 *f* ♦ *Zool* rat ♦ *pey (persona despreciable)* swine, rat | **2** *mf fam (persona tacaña)* miser | **3** *adj (tacaño, avaro)* mean, stingy

ratero,-a *m,f* petty thief

raticida *m* rat poison

ratificar *vtr (un tratado)* to ratify; *(una decisión, opinión)* to confirm

rato *m* ♦ *(porción de tiempo)* while, time: **al poco r. llegó Juan,** shortly after Juan came; **me hizo pasar un mal r.,** she gave me an awful time; **ratos libres,** spare time *sing* ♦ | LOC: **no tengas prisa, hay para r.,** take it easy, it'll take a while; **pasar el r.,** to while away the time; **a cada r.,** every other minute; **a ratos,** at times, now and again; **un buen r.,** a long time; *fam* **un r. (largo),** very, a lot: **sabe un r. (largo) de ajedrez,** she knows a good deal about chess

ratón *m* ♦ *Zool* mouse; *fig* **es un r. de biblioteca,** he's a bookworm ♦ *Inform* mouse

ratonera *f* ♦ *(para cazar ratones)* mousetrap ♦ *(antro)* dive, dump

raudal *m* ♦ *(oleada, gran afluencia)* flow, stream; **un r. de sentimientos,** a stream of feelings ♦ | LOC: **a raudales,** in abundance

raya *f* ♦ line; *(del pelo)* parting; *(en un pantalón)* crease ♦ *Zool* skate, ray ♦ *(de cocaína, etc)* fix, dose ♦ | LOC: **mantener a r.,** to keep at bay; **pasarse de la r.,** to go too far; **a rayas,** striped

rayar 1 *vtr* ♦ *(un cristal, disco, etc)* to scratch | **2** *vi (lindar, rozar)* to border [**en/con,** on]

rayo *m* ♦ *(de una tormenta)* lightning ♦ *(haz de luz)* ray, beam; **un r. de esperanza,** a ray of hope; **r. láser,** laser beam; **rayos X,** X-rays

raza *f* ♦ *(humana)* race ♦ *(de un animal)* breed

razón *f* ♦ *(facultad)* reason ♦ *(verdad, acierto)* rightness; **dar la r. a alguien,** to say that sb is right; **tiene r.,** he's right; **no tienes r.,** you're wrong ♦ *(motivo)* reason: **no tienes r. alguna para enfadarte,** there is no reason to get angry ♦ *(argumento)* argument, reason ♦ *Mat* ratio: **avanzan a r. de diez kilómetros por día,** they are advancing at the rate of ten kilometres per day ♦ *(en un letrero)* '**r. portería**', 'details from caretaker' ♦ | LOC: **entrar en r.,** to see sense; **no atender a razones,** to refuse to see reason; **perder la r.,** to lose the power of reason, to lose one's mind

razonable *adj* reasonable

razonamiento *m* reasoning

razonar 1 *vtr (argumentar)* to reason out | **2** *vi (discurrir)* to reason

re *m Mús (en la escala diatónica)* D; **re bemol,** D-flat; **re major/menor,** D major/minor; **re sostenido,** D-sharp; *(en solfeo)* re

reacción *f* reaction; **r. en cadena,** chain reaction

reaccionar *vi* to react

reaccionario,-a *adj & m,f Pol* reactionary

reacio,-a *adj* reluctant, unwilling ➢ Ver nota en **averse**

reactor *m (motor de reacción)* jet engine; *(avión)* jet (plane)

readmitir *vtr (a un trabajador)* to re-employ; *(a un miembro de un grupo)* to re-admit

reafirmar *vtr* to reaffirm, reassert

reafirmarse *vr (ratificarse)* to stand by

reajuste *m* readjustment; **un r. de plantilla,** a staff reorganization

real[1] *adj (no ficticio)* real: **fue una sensación muy r.,** it was a very vivid feeling ➢ Ver nota en **actual**

real[2] *adj (relativo a la realeza)* royal

realeza f royalty; **un miembro de la r.,** a member of the royal family

realidad f ◆ reality; **r. virtual,** virtual reality ◆ *(hecho cierto, circunstancia clave)* fact, truth: **la r. es que tú no estabas allí,** the fact is that you weren't there ◆ | LOC: **en r.,** in fact, actually

realismo m realism

realista 1 adj realistic; **el arte r. del siglo XIX,** nineteenth-century realist art | **2** mf realist

realizable adj feasible

realización f ◆ *(ejecución, elaboración)* carrying out; *(consecución)* achievement ◆ *TV* production; *Cine* direction

realizador,-ora m,f TV producer; Cine director

realizar vtr ◆ *(llevar a cabo)* to carry out ◆ *(un sueño, deseo)* to achieve fulfil, US fulfill ◆ Cine to direct; TV to produce

■ **realizarse** vr ◆ *(un proyecto, una idea)* to come true ◆ *(sentirse satisfecho como persona)* to fulfil o US fulfill oneself

realmente adv ◆ *(verdaderamente)* really: **es r. caro,** it's really expensive ◆ *(de hecho, en realidad)* actually, in fact ➢ Ver nota en **actually**

realzar vtr ◆ *(un sabor, una idea)* to enhance ◆ *(destacar)* to bring out: **el maquillaje realza su mirada,** the makeup shows off her eyes

reanimación f Med resuscitation

reanimar vtr ◆ *(un medicamento, tratamiento)* to revive ◆ *(devolver a la consciencia)* to bring sb round ◆ *(animar)* to cheer up

■ **reanimarse** vr ◆ *(recobrar los ánimos, fortaleza)* to revive ◆ *(recuperar la consciencia)* to come round

reanudar vtr to resume, renew

■ **reanudarse** vr to start again, resume

rearme m rearmament

reavivar vtr to revive

rebaja f Com ◆ *(reducción de precio)* reduction, discount ◆ **rebajas,** sales: **mañana comienzan las r.,** the sales start tomorrow; **estamos de r.,** we are having a sale

rebajar vtr ◆ *(una superficie)* to lower ◆ *(un precio)* to cut, reduce: **nos ha rebajado dos mil pesetas,** he has taken two thousand pesetas off; **hemos rebajado las camisas,** we have cut the price of the shirts ◆ *(una sustancia)* to dilute; *(con agua)* to water: **rebajan el vino con agua,** they water the wine; *(un color, tono)* to soften ◆ *(hacer disminuir)* to diminish ◆ *(humillar)* to humiliate: **la corrupción rebaja a las personas,** corruption degrades people ◆ *(a un empleado, funcionario, etc)* to downgrade: **rebajaron a Gómez de categoría,** Gómez was downgraded ◆ *(una pena, multa)* to reduce

■ **rebajarse** vr *(humillarse)* to abase oneself, lower oneself

rebanada f slice

rebanar vtr ◆ *(el pan)* to slice, cut into slices ◆ *(una parte del cuerpo)* to cut off

rebañar vtr to wipe clean, mop up; *(con un cubierto)* to scrape

rebaño m ◆ *(de ovejas, cabras)* flock; *(de vacas, etc)* herd ◆ *Rel* flock ◆ *pey (mayoría conformista)* herd

rebasar vtr ◆ *(un límite, una marca, señal)* to exceed, go beyond ◆ *(desbordar)* **todo este asunto me rebasa,** all this business is beyond me ◆ *Auto* to overtake

rebatir vtr to refute

rebelarse vr to rebel, revolt [**contra,** against]

rebelde 1 adj ◆ rebellious: **es un niño muy r.,** he's a very unruly child ◆ **tiene un pelo muy r.,** her hair is quite unmanageable ◆ *(persistente)* stubborn; **una mancha r.,** a stubborn stain ◆ *Mil* rebel | **2** mf rebel

rebeldía f ◆ *(de una persona)* rebelliousness ◆ *Jur* default: **lo declararon en r.,** he was found to be in contempt of court

rebelión f rebellion, revolt

reblandecer vtr **reblandecerse** vr to soften

rebobinar vtr Téc to rewind

rebosante adj overflowing [**de,** with]: **estaba r. de alegría,** he was brimming with happiness

rebosar 1 vi *(un líquido)* to overflow, brim over; *(un recipiente)* to be overflowing: **la sala de espera rebosaba de gente,** the waiting room was bursting with people | **2** vtr *(rezumar, desbordar)* to ooze, exude: **Juan rebosa optimismo,** Juan oozes optimism

rebotar 1 vi *(una pelota, rueda, etc)* to bounce, rebound; *(una bala)* to ricochet | **2** vtr ◆ *fam (enfadar, mosquear)* to annoy

rebote m ◆ *(de una pelota)* rebound; *(de bala)* ricochet ◆ *fam (enfado, mosqueo)* anger: **no veas que r. se cogió,** you can't imagine how cross he got ◆ | LOC: *fam* **de r.,** *(a consecuencia de otra cosa, de paso)* on the rebound

rebozar *vtr (en pan rallado)* to coat in breadcrumbs; *(en huevo y harina)* to coat in batter

rebuscado,-a *adj* ◆ *(complicado, muy elaborado)* round-about ◆ *(con poca naturalidad, con afectación)* stilted, recherché

rebuznar *vi* to bray

recado *m* ◆ *(aviso oral o escrito)* message ◆ *(encargo, gestión)* errand

recaer *vi* ◆ *Med* to relapse ◆ *(en un vicio, hábito)* to relapse ◆ *(culpa, sospechas, responsabilidad)* to fall [**sobre,** on] ◆ *(premio)* to go to ◆ *(conversación, discusión, etc)* to be about

recaída *f* relapse

recalcar *vtr* to stress

recalcitrante *adj* recalcitrant

recalentar *vtr* ◆ *(calentar en exceso)* to overheat ◆ *(volver a calentar)* to reheat, warm up

recámara *f* ◆ *(de una pistola)* chamber; *(de una rueda)* tube ◆ *LAm (dormitorio)* bedroom

recambio *m* ◆ *(de bolígrafo, pluma, carpeta, ambientador, etc)* refill ◆ *(de una máquina)* spare (part) ◆ | LOC: **de r.,** spare: **no tengo pilas de r.,** I haven't any spare batteries

recapacitar *vi* to think over

recargable *adj (con cartucho, recambio)* refillable; *(con combustible, electricidad, etc)* rechargeable

recargado,-a *adj (decoración, gusto)* overdone, overelaborate

recargar *vtr* ◆ *(un decorado, una habitación)* to overelaborate ◆ *(una pila, batería, un mechero)* to recharge ◆ *(una estantería, etc)* to overload ◆ *Fin (un recibo, una factura, deuda)* to increase

recargo *m Fin* surcharge, extra charge

recaudación *f* ◆ *(de un comercio, del cine, teatro)* takings *pl* ◆ *Dep (en un espectáculo deportivo)* gate ◆ *(de impuestos, de una colecta, etc)* collection

recaudador,-ora *m,f* tax collector

recaudar *vtr* to collect

recelar *vi* & *vtr* **r. de,** to distrust

recelo *m* distrust, mistrust

receloso,-a *adj* distrustful, mistrustful

recepción *f* reception

recepcionista *mf* receptionist

receptivo,-a *adj* receptive

receptor,-ora **1** *m,f (persona)* recipient | **2** *adj* receiving | **3** *m Tel Rad TV* receiver

recesión *f Econ* recession

receta *f* ◆ *Culin* recipe: **no hay r. para la felicidad,** there isn't a recipe for happiness ◆ *Med* prescription: **no te lo despachan sin r.,** it's only available on prescription ◆ *Farm* preparation

recetar *vtr Med* to prescribe

rechazar *vtr* ◆ *(una idea, un plan, a una persona)* to reject; *(oferta, contrato)* turn down ◆ *Med (un órgano)* to reject ◆ *Mil* to repel

rechazo *m* ◆ *(de una idea, petición, un plan)* rejection ◆ *(desprecio)* contempt

rechinar **1** *vi* ◆ *(los goznes, bisagras)* to squeak, screech | **2** *vtr (los dientes)* to grind

rechistar *vi fam (protestar)* **su mujer no le deja ni r.,** his wife rules him with a firm hand; **aguantó el dolor sin r.,** she bore the pain without saying a word

rechoncho,-a *adj fam* chubby, tubby, dumpy

recibidor *m (vestíbulo de una casa)* (entrance) hall

recibimiento *m (de una persona)* welcome, reception

recibir **1** *vtr* ◆ *(un regalo, llamada, etc)* to receive, get; *(un premio)* to win ◆ *(en el despacho)* to receive; *(acoger)* to welcome; *(en el aeropuerto, etc)* to meet ◆ *(un consejo)* **no le gusta r. consejos,** she doesn't like taking advice ◆ *Telec* to receive ◆ *(un nombre)* **estas construcciones reciben el nombre de basílicas,** these buildings are called basilicas | **2** *vi (admitir visitas)* to receive, see visitors

recibo *m* ◆ *(de una transaccion comercial)* receipt ◆ *(factura)* bill; **r. del gas,** gas bill ◆ *(acción)* receipt ◆ | LOC: **acusar r. de,** to acknowledge receipt of; **no ser de r.,** to be unacceptable

reciclado,-a **1** *adj* recycled | **2** *m (acción)* recycling

reciclaje *m* ◆ *(de materiales)* recycling ◆ *(de personas)* retraining; **curso de r.,** refresher course

reciclar *vtr* ◆ *(materiales)* to recycle ◆ *(profesionales)* to retrain

recién *adv* ◆ *(antecediendo a un participio pasado)* **estoy r. afeitado,** I've just shaved; **ese libro está r. editado,** that's a recently published book; **la comida estaba r. hecha,** the food was freshly cooked; **r. nacido,** newborn baby ◆ *LAm (tan pronto como)* as soon as ◆ *LAm (hace poco)* recently

reciente *adj* recent

recinto *m* precincts; **r. ferial,** fairground

recio,-a 1 *adj* ◆ *(vigoroso)* strong, vigorous; *(de complexión robusta)* sturdy ◆ *(suceso, trabajo)* hard | 2 *adv* hard
recipiente *m* receptacle, container
recíproco,-a *adj* reciprocal
recital *m* ◆ *Mús* recital ◆ *Lit* reading, recital
recitar *vtr* to recite
reclamación *f* ◆ *(queja)* complaint; **hoja de reclamaciones,** complaints book ◆ *(petición)* claim, demand: **está tramitando la r. de la custodia de sus hijos,** she's claiming custody of the children
reclamar 1 *vtr* ◆ *(un derecho, una propiedad)* to claim, demand ◆ *(requerir)* to call; *Jur (a un testigo, inculpado)* to summon ◆ *(exigir)* **este trabajo reclama nuestra paciencia,** this work demands our patience | 2 *vi* ◆ to complain, protest [**contra,** against] ◆ *Jur* to appeal
reclamo *m* ◆ *Orn* mating call; *(simulador para caza)* birdcall; *(señuelo)* decoy ◆ *(gancho, objeto o idea que incita a hacer algo)* inducement: **el glamour de Hollywood es sólo un r.,** Hollywood's glamour is nothing but a lure; *(publicitario)* appeal
reclinar *vtr* ◆ *(un asiento)* to fold down ◆ *(la cabeza, el cuerpo)* to lean [**sobre,** on]
■ **reclinarse** *vr* to lean back, recline
recluir *vtr* ◆ to shut away, confine ◆ *(en una cárcel)* to imprison ◆ *(en un hospital, etc)* to intern
■ **recluirse** *vr* to shut oneself away
reclusión *f* ◆ seclusion, confinement ◆ *(en una cárcel)* imprisonment ◆ *(en un hospital, etc)* confinement, internment
recluso,-a *m,f* prisoner, inmate
recluta *mf* ◆ *(voluntario)* recruit ◆ *(forzoso)* conscript
reclutamiento *m* ◆ *(voluntario)* recruitment ◆ *(obligatorio)* conscription
recobrar *vtr* ◆ *(un objeto)* to recover, retrieve ◆ *(la salud, un sentido, etc)* to recover, regain: **espera, tengo que r. el aliento,** wait, I have to get my breath back
■ **recobrarse** *vr* to recover
recodo *m* twist, bend
recogedor *m* dustpan
recoger *vtr* ◆ *(un objeto caído)* to pick up ◆ *(información, dinero, basura, etc)* to gather, collect ◆ *(una casa)* to tidy up; **r. la mesa,** to clear the table ◆ *(en un sitio a alguien o algo)* to pick up, fetch, collect ◆ *(a una persona o animal necesitados)* to take in ◆ *(cosecha)* to harvest, gather in ◆ *(fruta)* to pick

■ **recogerse** *vr* ◆ *(en casa)* to go home ◆ *(en un lugar tranquilo)* to withdraw ◆ *(pelo)* to put up, tie back
recogida *f* ◆ *(de información, dinero, basura, etc)* collection ◆ *Agr* harvest ◆ *(de una persona)* withdrawal, retirement
recogido,-a *adj* ◆ *(el pelo)* tied up ◆ *(un lugar)* cosy, secluded ◆ *(una vida)* quiet
recolección *f* ◆ *(de datos, dinero, etc)* collection ◆ *Agr (acción)* harvest; *(temporada)* harvest time
recolectar *vtr* ◆ *(cosecha)* to harvest, gather in ◆ *(fruta)* to pick ◆ *(datos, dinero, etc)* to collect
recomendable *adj* advisable
recomendación *f* ◆ *(consejo)* recommendation, advice ◆ *(para un empleo)* reference, recommendation: **carta de r.,** letter of introduction
recomendar *vtr* to recommend ➢ Ver nota en **propose**
recompensa *f* reward
recompensar *vtr* to reward
reconciliación *f* reconciliation
reconciliar *vtr* to reconcile
■ **reconciliarse** *vr (con un amigo)* to be reconciled, to make it up [**con,** with]
recóndito,-a *adj* hidden, remote
reconfortante *adj* comforting
reconfortar *vtr* to comfort: **esa taza de té me ha reconfortado,** that cup of tea made me feel better
reconocer *vtr* ◆ *(una cara, una voz, etc)* to recognize ◆ *(un error, etc)* to admit ➢ Ver nota en **admit** ◆ *(a un paciente)* to examine ◆ *(un territorio)* to reconnoitre ◆ *(un estado, un derecho, a un hijo)* to recognize
■ **reconocerse** *vr* ◆ *(cualidades, defectos)* to admit to being ◆ *(parecido)* to see oneself [**en,** in]
reconocimiento *m* ◆ *(de un hecho)* recognition, acknowledgement ◆ *(de un paciente)* examination, checkup ◆ *(de un territorio)* reconnaissance ◆ *(gratitud)* appreciation
reconquista *f* ◆ recapture, reconquest ◆ *Hist* the Reconquest
reconsiderar *vtr* to reconsider
reconstituyente *m* tonic
reconstruir *vtr* ◆ *(un edificio)* to rebuild ◆ *(un suceso)* to reconstruct
reconversión *f* restructuring, rationalization; *(de un trabajador)* retraining
recopilar *vtr* to compile, gather together

récord *m* record: **batir un r.,** to break a record

recordar 1 *vtr* ♦ *(acordarse)* to remember, recall: **no recuerdo su nombre,** I can't remember his name ♦ *(hacer recordar)* to remind: **me recuerda a su madre,** she reminds me of her mother | **2** *vi* to remember: **si mal no recuerdo,** if I remember rightly ➢ Ver nota en **remember** y **remind**

> To remember significa recordar algo ocurrido en el pasado: *Recuerdo mi último cumpleaños.* **I remember my last birthday.** To remind significa recordar a alguien que tiene que hacer algo: *Recuérdame que mañana tengo que ir al banco.* **Please remind me to go to the bank tomorrow.**

recorrer *vtr* ♦ *(una distancia)* to cover, travel ♦ *(territorio)* to travel across; **r. el mundo,** to travel around the world ♦ *(un museo, etc)* to visit, go round ♦ *(con la vista) (una sala, etc)* to look around; *(un escrito)* to run one's eyes over, scan

recorrido *m* ♦ *(trayecto)* route; **tren de largo r.,** long-distance train ♦ *(viaje)* trip, tour

recortable *adj* & *m* cutout

recortar *vtr* ♦ *(una foto, un texto)* to cut out ♦ *(bordes, puntas del pelo)* to trim ♦ *(gastos)* to reduce, cut

recorte *m* ♦ *(de prensa)* cutting, clipping ♦ *(de bordes, pelo)* trim, cut ♦ *(de gastos)* reduction, cut

recostar *vtr* to lean, rest

■ **recostarse** *vr* ♦ *(en una cama)* to lie down ♦ *(en un asiento)* to lie back, recline

recoveco *m* ♦ *(en un camino, río, etc)* turn, bend ♦ *(en un lugar)* nook: **esa casa tiene muchos recovecos,** that house has lots of nooks and crannies ♦ **recovecos** *(en un discurso, comportamiento, etc)* ins and outs; **hablar sin recovecos,** to speak plainly *o* to get to the point

recrear *vtr* ♦ *(una época, un estilo, etc)* to recreate ♦ *(deleitar)* to give pleasure, entertain

■ **recrearse** *vr* to enjoy oneself, take pleasure in

recreativo,-a *adj* recreational

recreo *m* ♦ *(diversión)* entertainment, pleasure; **horas de r.,** leisure time ♦ *(en la escuela)* break

recriminar *vtr* to reproach

recrudecer(se) *vtr* & *vr* to worsen, intensify

recrudecimiento *m* worsening

recta *f* ♦ *Geom* straight line ♦ *(de una carretera, circuito, etc)* straight, stretch; **r. final,** *Dep* home straight *o* stretch; *fig (de un proyecto, etc)* final stage

rectangular *adj* rectangular

rectángulo *m* rectangle

rectificación *f* rectification, correction

rectificar *vtr* ♦ *(un error, un defecto)* to rectify, correct ♦ *(una conducta)* to change, reform ♦ *(una declaración)* to modify ♦ *(a alguien)* to correct

rectitud *f* ♦ *(de un trazado)* straightness ♦ *(de una persona)* rectitude, honesty

recto,-a 1 *adj* ♦ *(un trazado, una posición, dirección)* straight ♦ *(un ángulo)* right ♦ *(una persona)* upright, honest ♦ *(el sentido de una palabra)* proper, literal | **2** *m Anat* rectum ♦ | LOC: **todo r.,** straight (on): **siga todo r.,** go straight on

rector,-ora 1 *adj* guiding, governing | **2** *m,f Univ* vice-chancellor

recubrir *vtr* to cover, coat

recuento *m* count

recuerdo *m* ♦ *(en la mente)* memory ♦ *(objeto) (para recordar a alguien)* keepsake; *(para recordar un lugar)* souvenir ♦ **recuerdos** *(saludo)* regards

recuperación *f* ♦ recovery ♦ *(de una asignatura)* resit, retake

recuperar *vtr* *(un objeto)* to recover, retrieve ♦ *(la salud, un sentido, etc)* to recover, regain ♦ **r. las fuerzas,** to get one's strength back ♦ *(el tiempo)* to make up ♦ *(una asignatura)* to retake

■ **recuperarse** *vr* to recover, get over

recurrir 1 *vi* ♦ *(a una persona)* to turn to ♦ *(a una cosa)* to resort to ♦ *Jur* to appeal | **2** *vtr Jur* to appeal against

recurso *m* ♦ **recursos,** resources: **su familia no tiene recursos,** his family has no means of support ♦ *(medio, solución)* resort ♦ *Jur* appeal

red *f* ♦ *(de pesca, etc)* net; *(del pelo)* hairnet; *(malla)* mesh ♦ *(de comunicaciones, transporte, distribución, etc)* network; **r. de espionaje,** spy ring; **r. de seguridad,** safety net; *(eléctrica)* mains *pl* ♦ *(comercio, empresa)* chain; **r. hotelera,** hotel chain ♦ *fig (trampa)* trap

redacción *f* ♦ *(acción)* writing: **tiene muy buena r.,** he writes very well; *(de un diccionario)* compilation; *(de un borrador)* drafting ♦ *(escrito)* composition, essay ♦

redactar

Prensa (redactores) editorial staff; **departamento de r.,** editorial office

redactar *vtr* ◆ to write; *(contrato, etc)* to draw up; *(un diccionario)* to compile ◆ *(un periódico)* to edit

redactor,-ora *m,f* editor; **r. jefe,** editor in chief

redada *f* **r. policial,** raid

redentor,-ora 1 *adj* redeeming | **2** *m,f* redeemer; *Rel* **el R.,** the Saviour *o* Redeemer

redicho,-a *adj fam* affected

redil *m* fold, sheepfold

redimir *vtr* to redeem [**de,** from]

redoblar 1 *vtr (esfuerzos, etc)* to redouble; *(la vigilancia)* to step up | **2** *vi (tambor)* to roll

redoble *m (de tambor)* drumroll

redomado,-a *adj* utter

redonda *f Mús* semibreve ◆ | LOC: **a la r.,** around: **en cuatro metros a la r.,** within a four metre radius

redondear *vtr* ◆ *(un objeto)* to make round ◆ *Mat (cantidad por exceso)* to round up; *(por defecto)* to round down

redondel *m fam (círculo)* circle

redondo,-a *adj* ◆ *(cosa, forma, número)* round ◆ *(perfecto)* perfect, complete; **un negocio r.,** a great deal ◆ | LOC: **caer r.,** to collapse, keel over; **girar en r.,** to turn (right) around; **negarse en r.,** to refuse point blank

reducción *f* reduction

reducido,-a *adj (espacio, tiempo)* limited, small

reducir 1 *vtr* ◆ *(disminuir)* to reduce; **r. algo en algo,** to reduce sthg by sthg; *(gastos, consumo, etc)* to cut (down), minimize ◆ *(convertir, transformar)* to reduce: **el incendio redujo el bosque a cenizas,** the fire reduced the wood to ashes ◆ *(subyugar)* to subdue | **2** *vi Auto* to change down, *US* to downshift

■ **reducirse** *vr* ◆ *(mermar, disminuir)* to be reduced ◆ *(limitarse)* to be limited: **todo se reduce a ser educado,** it all comes down to being polite

redundancia *f* ◆ redundancy, superfluousness ◆ *Ling* tautology: **valga la r.,** if you'll forgive the repetition

redundar *vi (resultar bueno/malo)* **eso redundará en su beneficio,** that will benefit him *o* will be of advantage to him

reelegir *vtr Pol* to re-elect

reembolsar *vtr* ◆ to reimburse, refund ◆ *Fin (préstamo, deuda)* to repay

reembolso *m* ◆ reimbursement, refund ◆ *(pago de un envío)* **entrega contra r.,** cash on delivery, COD

reemplazar *vtr* ◆ to replace: **reemplazaremos la pieza vieja por ésta otra,** we'll replace the old part with this other one ◆ *(por tiempo limitado)* to substitute for

reemplazo *m* ◆ replacement, substitute ◆ *Mil* call-up

reencarnación *f* reincarnation

reestructuración *f* restructuring

reestructurar *vtr* to restructure, reorganize

referencia *f* ◆ *(alusión, mención)* reference: **no hicieron r. al caso,** they didn't mention the affair ◆ *(indicación, ficha)* reference; **número de r.,** reference number ◆ *(información)* information ◆ *(informes)* **referencias,** references *pl* ◆ **punto de r.,** point of reference

referéndum *m* referendum

referente *adj* **en lo r. a,** regarding; **r. a,** concerning

referir *vtr* ◆ *(relacionar, retrotraer)* to refer [**a,** to] ◆ *(contar)* to relate ◆ *(una nota de un libro)* to refer

■ **referirse** *vr* ◆ *(aludir)* **r. a algo** *o* **alguien,** to refer to sb/sthg: **se referían a tu hermano,** they were referring to your brother

refinado,-a *adj* ◆ *(aceite, petróleo, azúcar, etc)* refined ◆ *(con buen gusto, buenas maneras)* refined ◆ *(elaborado, penetrante)* extreme, refined; **una burla refinada,** a subtle joke; **una tortura refinada,** a refined torture

refinamiento *m* refinement

refinar *vtr* ◆ *(el petróleo, aceite, etc)* to refine ◆ *(el gusto, los modales)* to refine, polish

refinería *f* refinery

reflector,-ora 1 *adj* reflecting, reflective | **2** *m* ◆ *(dispositivo para reflejar la luz, el calor)* reflector ◆ *(foco de luz potente)* searchlight, spotlight

reflejar *vtr & vi* to reflect

■ **reflejarse** *vr* ◆ *(en una superficie)* to be reflected [**en,** in] ◆ *(cansancio, alegría, etc)* to show: **la desesperación se reflejaba en su rostro,** despair was reflected in his face

reflejo,-a 1 *adj* ◆ *(luz, imagen)* reflected ◆ *(movimiento, dolor)* reflex | **2** *m* ◆ *(imagen)* reflection: **su novela es un reflejo de su propia vida,** her novel is a reflection

reflejos, of her own life ♦ *(destello)* gleam ♦ **reflejos,** *(movimiento)* reflexes *pl;* **ser lento de reflejos,** to have slow reflexes; *(en el pelo)* highlights

reflexión *f* reflection; **actuar sin r.,** to act without thinking

reflexionar 1 *vi* to reflect; **r. sobre algo,** to think about *o* reflect on sthg | **2** *vtr* to think about, consider: **reflexiónalo con calma,** think about it carefully

reflexivo,-a *adj* ♦ *(persona, actitud)* reflective, thoughtful ♦ *Ling* reflexive

reforestación *f* reforestation

reforma *f* ♦ *(de leyes, etc)* reform ♦ *(en un edificio)* alteration, repair; **cerrado por reformas,** closed for alterations *o* refurbishment

reformar *vtr* ♦ *(una ley, empresa, etc)* to reform, change ♦ *(edificio, casa)* to make improvements *o* alterations to, to refurbish

■ **reformarse** *vr* to mend one's ways, reform oneself

reformatorio *m* reformatory

reforzar *vtr* ♦ *(fortalecer)* to reinforce, strengthen ♦ *(incrementar)* **han reforzado la vigilancia,** vigilance has been stepped up

refrán *m* proverb, saying

refrescante *adj* refreshing

refrescar 1 *vtr* ♦ to refresh; *(enfriar)* to cool ♦ *fam (la memoria, los conocimientos)* to refresh, brush up (on) | **2** *vi (el tiempo)* to get cooler

■ **refrescarse** *vr* to cool down

refresco *m* soft drink

refriega *f (enfrentamiento)* scuffle, brawl

refrigeración *f* ♦ *(de alimentos, bebidas)* refrigeration ♦ *(sistema técnico)* cooling (system); *(aire acondicionado)* air conditioning

refrigerador,-ora 1 *adj* cooling, refrigerating | **2** *m* ♦ *(de alimentos, bebidas)* refrigerator, fridge ♦ *Téc* cooling unit

refrigerar *vtr* ♦ *(alimentos, bebidas)* to refrigerate ♦ *(una sala)* to air-condition ♦ *Téc* to cool

refuerzo *m* ♦ *(acción)* reinforcement, strengthening ♦ *(de vitaminas, etc)* supplement ♦ **refuerzos** *(de personas)* reinforcements

refugiado,-a *adj & m,f* refugee

refugiar *vtr* to give refuge, shelter

■ **refugiarse** *vr* to take refuge, take shelter [**de,** from]

refugio *m* refuge, shelter

refundir *vtr* ♦ *(metales)* to recast ♦ *(un texto)* to adapt, rewrite

refunfuñar *vi* to grumble, grouch

refutar *vtr* to refute

regadera *f* watering can ♦ | LOC: **estar como una r.,** to be as mad as a hatter

regadío *m* irrigation; **tierras de r.,** irrigated land

regalado,-a *adj* ♦ *(vida, existencia)* easy, comfortable ♦ *(un objeto, ropa, etc) fam* dirt cheap

regalar *vtr* ♦ *(un obsequio) (a alguien concreto)* to give (as a present): **me regaló una pulsera,** he gave me a bracelet; *(en general, a nadie en concreto)* to give away: **estaban regalando globos,** they were giving balloons away ♦ *(objetos, ropa, etc en oferta) fam* to sell at bargain prices ♦ | LOC: **r. los oídos,** to flatter *o* delight (sb's ears)

regaliz *m* liquorice, *US* licorice

regalo *m* ♦ *(un obsequio)* gift, present; **entradas de r.,** complimentary tickets ♦ *(en ofertas) fam* bargain, dirt cheap ♦ *(para los sentidos)* pleasure, delight: **es un r. para el paladar,** it's a treat for the palate ♦ *(bienestar)* comfort

regañar 1 *vtr* to scold, tell off | **2** *vi* ♦ *(en una discusión)* to argue, quarrel ♦ *(romper una relación)* to split up, break up

regañina *f* scolding, telling-off

regar *vtr* ♦ *(una planta)* to water ♦ *(un terreno)* to irrigate ♦ *(un río)* to water ♦ *(una calle, un suelo, etc)* to hose down ♦ *(con objetos)* to scatter

regata *f Dep* boat race

regatear 1 *vi* ♦ *(al comprar algo)* to haggle, bargain ♦ *Dep* to dribble; *Náut* to participate in a boat-race | **2** *vtr* ♦ *(un precio)* to haggle over, bargain over ♦ *(esfuerzos, etc)* to spare

regateo *m* haggling, bargaining

regazo *m* lap

regeneración *f* regeneration

regenerar *vtr* to regenerate

regentar *vtr* ♦ *(un negocio)* to run, manage ♦ *(un cargo)* to hold

regente 1 *mf Pol* regent | **2** *m (de un negocio)* manager

régimen *m* ♦ *Med* diet; **a r.,** on a diet ♦ *Pol* regime ♦ *(de lluvias, etc)* pattern ♦ *(disposiciones)* system, regime; **r. de vida,** lifestyle

regimiento *m* ♦ *Mil* regiment ♦ *fam (multitud)* crowd, horde

regio,-a *adj* ♦ *(de la realeza)* royal, regal ♦ *(digno de reyes)* splendid, magnificent

región *f Geog Anat Mil* region

regional *adj* regional

regir 1 *vtr* ♦ *(un país, una conducta)* to govern, rule ♦ *(un negocio)* to manage, run ♦ *Ling* to take | 2 *vi* ♦ *(una ley, moda, un horario)* to be valid *o* in force, apply [**para**, to] ♦ *(la mente de alguien)* to have all one's faculties ♦ *(un mecanismo)* to work, go

■ **regirse** *vr* to be ruled, be guided [**por**, by]

registrado,-a *adj* registered

registrador,-ora 1 *adj* & *m,f* *(un aparato)* recorder; **caja registradora,** cash register | 2 *m,f* *(persona)* registrar

registrar *vtr* ♦ *(la policía una casa, a una persona, etc)* to search ♦ *(un nacimiento, una firma, marca)* to register ♦ *(información, datos, etc)* to include ♦ *(una imagen, un sonido)* to record ♦ *(una acción, un fenómeno)* to record, register

■ **registrarse** *vr* ♦ *(una persona en un hotel, etc)* to register, check in ♦ *(un suceso, fenómeno)* to be recorded, happen

registro *m* ♦ *(inspección policial, etc)* search ♦ *(de nacimientos, firmas, marcas)* register ♦ *(oficina)* registry office ♦ *Mús* register

regla *f* ♦ *(de medir)* ruler ♦ *(norma)* rule ♦ *Mat* ruler ♦ *fam (menstruación)* period ♦ | LOC: **en r.,** in order; **por r. general,** as a (general) rule

reglamentar *vtr* to regulate

reglamentario,-a *adj* ♦ *(una norma, disposición)* statutory ♦ *(un uniforme, arma, etc)* regulation ♦ *(un horario, tiempo)* set

reglamento *m* regulations *pl*, rules *pl*

reglar *vtr* to regulate

regocijar *vtr* to delight, amuse

■ **regocijarse** *vr* to be delighted, rejoice

regocijo *m* delight, joy

regodearse *vr fam* to (take) delight [**con**, in]

regordete,-a *adj fam* chubby

regresar *vi* to return; *(a un lugar lejano)* to go back; *(al punto de partida)* to come back

regreso *m* return

reguero *m* ♦ *(rastro)* trail ♦ *Agr* irrigation channel ♦ *(regato)* small stream ♦ | LOC: **como un r. de pólvora,** like wildfire

regulable *adj* adjustable

regular 1 *adj* ♦ regular; **un ejército r.,** a regular army ♦ *(metódico, sin alteraciones)* **la marcha r. de los acontecimientos,** the orderly progress of events ♦ *(habitual)* ♦ *(mediano)* average, regular; *(mediocre)* average | 2 *adv* so-so | 3 *vtr* ♦ *(organizar, someter a normas)* to regulate, control ♦ *(ajustar)* to adjust

regularidad *f* regularity; **con r.,** regularly

regularizar *vtr* to regularize

rehabilitación *f* ♦ *(de un criminal, enfermo)* rehabilitation ♦ *(de un edificio)* restoration ♦ *(a un cargo, puesto de trabajo)* reinstatement

rehabilitar *vtr* ♦ *(a un enfermo, preso)* to rehabilitate ♦ *(a un trabajador)* to reinstate ♦ *(una casa, edificio)* to restore

rehacer *vtr* to redo: **rehizo su vida con otra persona,** she rebuilt her life with another person

■ **rehacerse** *vr* ♦ *(después de un shock, pérdida, enfermedad)* to recover ♦ *Fin* to recuperate

rehén *m* hostage

rehogar *vtr Culin* to fry lightly

rehuir *vtr* to shun, avoid

rehusar *vtr* to refuse

reina *f* queen ➤ Ver nota en **rey**

reinado *m* reign

reinante *adj (gobernante)* reigning; *(clima, ambiente)* prevailing; **el tiempo r.,** the prevailing weather

reinar *vi* to reign: **en la iglesia reinaba el silencio,** silence reigned in the church ♦ *(clima)* to prevail

reincidente *adj* & *mf* recidivist, re-offender

reincidir *vi* ♦ *Jur* to reoffend ♦ *(en un comportamiento)* to relapse

reincorporarse *vr* to return, go back

reino *m* ♦ kingdom ♦ *frml* realm; **el r. de la ciencia,** the realm of science

reinserción *f* reintegration (into society)

reinsertar(se) *vtr* & *vr* to reintegrate, rehabilitate (into society)

reintegrar *vtr* ♦ *(una cantidad)* to refund, repay, reimburse ♦ *(a un trabajo, cargo, etc)* to reinstate; *(a la sociedad, comunidad)* to reintegrate

■ **reintegrarse** *vr (reincorporarse)* to return, go back

reintegro *m* ♦ *(devolución de un pago previo)* repayment, refund; *(en el banco)* withdrawal ♦ *(en lotería)* refund (of the ticket *o* stake price)

reír 1 *vi* to laugh; **echarse a r.,** to burst out laughing; **me hace r.,** he makes me laugh | 2 *vt* to laugh at: **no le rías las gracias al niño,** don't humour the boy

reloj

■ **reírse** *vr* ◆ to laugh; *(ruidosamente)* to guffaw ◆ *(tomar a risa, mofarse)* to laugh off, make fun of *o* laugh at sb

reiterar *vtr* to repeat, *frml* reiterate

reivindicación *f* ◆ *(laboral, política, etc)* claim, demand ◆ **r. de un atentado,** claiming of responsibility for an attack

reivindicar *vtr* ◆ *(reclamar, exigir)* to claim, demand ◆ *(recuperar la dignidad, esplendor)* to restore, vindicate: **hay que r. la historia de nuestros pueblos,** we must claim the right to the heritage of our people ◆ *(atribuirse)* to claim responsibility for

reja *f* ◆ *(de ventana, puerta, etc)* grille, bars ◆ |LOC: **entre rejas,** behind bars

rejuvenecer *vtr* to rejuvenate

relación *f* ◆ *(entre personas)* relationship; **estar en buenas relaciones con alguien,** to be on good terms with sb; **tener relaciones influyentes,** to have good contacts ◆ *(entre ideas o cosas)* connection, relation; **con r. a su pregunta,** regarding your question ◆ *(de nombres, elementos, etc)* list ◆ *(de un hecho o situación)* account ◆ *Mat* ratio, proportion ◆ **relaciones públicas,** *(actividad)* public relations; *(persona)* public relations officer

relacionar *vtr* ◆ *(una cosa, persona, etc, con otra)* to relate, link [**con,** to] ◆ *(hacer un listado)* to list

■ **relacionarse** *vr* ◆ *(una cosa, persona, etc, con otra)* to be related to, be connected with ◆ *(una persona con otra)* to mix [**con,** with], meet [**con,** -]; **saber r.,** to manage to make good contacts

relajación *f* ◆ *(de músculos, mente)* relaxation ◆ *(de moral, costumbres, etc)* laxity

relajante *adj* relaxing

relajar *vtr* ◆ *(los músculos, la mente)* to relax ◆ *(una ley, una norma)* to relax

■ **relajarse** *vr* ◆ *(físicamente, mentalmente)* to relax ◆ *(la moral, las costumbres, etc)* to decline, become lax

relamerse *vr* to lick one's lips

relamido,-a *adj fam pey* affected, hoity-toity

relámpago *m* ◆ *Meteo* flash of lightning ◆ *(persona o cosa)* **pasar como un r.,** to flash past; **ser como un r.,** to be as quick as lightning; **un viaje r.,** a flying *o* quick trip

relampaguear *vi* to flash

relanzar *vtr* to relaunch

relatar *vtr* to relate, recount

relatividad *f* relativity

relativo,-a 1 *adj* ◆ *(una cualidad, un valor)* relative: **es un asunto de relativa importancia,** it's a relatively important matter ◆ *(que se refiere a algo o alguien)* relating to, regarding: **es algo r. a un accidente,** it's something to do with an accident | 2 *adj & m,f Ling* relative

relato *m* ◆ *(de ficción)* tale, story ◆ *(de hecho real)* account

relax *m* relaxation; **un momento de r.,** a break

relegar *vtr* to relegate; **r. al olvido,** to consign to oblivion

relevancia *f* importance

relevante *adj* ◆ *(una persona)* prominent ◆ *(un asunto, trabajo)* important, outstanding

relevar *vtr* ◆ *(de una carga u obligación)* to exempt from, let off ◆ *(de un puesto o cargo)* to remove, relieve ◆ *(una persona a otra en una función)* to relieve, take over from ◆ *Dep* to substitute, replace

■ **relevarse** *vr* to take turns

relevo *m* ◆ *(acción)* changing: **tomar el r. (de alguien),** to take over (from sb) ◆ *(persona o grupo)* relief ◆ *Dep* **(carrera de) relevos,** relay (race)

relieve *m* ◆ *Geog* relief ◆ *Arte* relief: **en r.,** raised *o* embossed ◆ *(en importancia o valor)* prominence, importance ◆ |LOC: **poner de r.,** to underline, highlight

religión *f* religion

religioso,-a 1 *adj* ◆ religious ◆ *(puntualidad, exactitud, etc)* strict | 2 *m,f* member of a religious order

relinchar *vi* to neigh, whinny

reliquia *f* ◆ relic ◆ *(secuela de una enfermedad, accidente)* after-effect ◆ *fam intensificador (antigualla)* old relic

rellano *m* ◆ *(de la escalera)* landing ◆ *(explanada, llano en una pendiente)* flat area

rellenar *vtr* ◆ *(un recipiente, hueco)* to fill; *(volver a llenar)* to refill ◆ *(un cojín, muñeco)* to stuff ◆ *Culin (un ave, pimiento, etc)* to stuff; *(un pastel, una tarta)* to fill ◆ *(un impreso)* to fill in

relleno,-a 1 *m* ◆ *Culin (de ave, pimiento, etc)* stuffing; *(de pastel, tarta)* filling ◆ *(de cojín, muñeco)* stuffing ◆ *(de agujero, grieta)* filler ◆ *fam (de un texto, discurso)* waffle, padding | 2 *adj* ◆ *Culin (un ave, un pimiento, etc)* stuffed; *(un pastel, una tarta)* filled ◆ *fam (una persona)* plump

reloj *m* ◆ *(de pared, de pie)* clock ◆ *(de pulsera, de bolsillo)* watch ◆ *(de arena)* hour-

relojería

glass ◆ *(de sol)* sundial ◆ | LOC: **ir/marchar como un r.**, to go like clockwork; **contra r.**, against the clock

hourglass
sundial
clock
watch
alarm clock

relojería *f* ◆ *(tienda)* clock and watch shop ◆ *(taller)* watchmaker's, clockmaker's ◆ *(técnica)* clockmaking, watchmaking ◆ | LOC: **de r.**, clockwork: **bomba de r.**, time bomb
relojero,-a *m,f* watchmaker, clockmaker
reluciente *adj* ◆ *(el pelo, un zapato)* shining ◆ *(joyas, oro)* glittering ◆ *(el suelo, un coche)* sparkling, gleaming ◆ *(el día)* bright, sunny ◆ *(una persona)* glowing, sleek
relucir *vi* ◆ *(el pelo, un zapato, el sol)* to shine ◆ *(joyas, oro)* to glitter ◆ *(el suelo, un coche)* to sparkle, gleam ◆ *(una persona)* to glow, stand out ◆ | LOC: **sacar a r.**, to bring up, to bring into the open; **salir a r.**, to come out, come into the open
remachar *vtr* ◆ *(un clavo)* to clinch, hammer home; *(unir con remaches)* to rivet ◆ *fam (subrayar)* to hammer home
remache *m* rivet
remanente 1 *adj (resto)* remaining; *(de mercancía, producción)* surplus | 2 *m (sobrante)* remainder; *(de mercancía)* surplus
remangar(se) *vtr & vr (mangas, pantalones)* to roll up, tuck up: **se remangó para lavar el coche**, he rolled up his sleeves to wash the car; *(falda, vestido)* to hitch up
remanso *m* ◆ *(del agua)* pool, backwater ◆ *fig* **un r. de paz**, a peaceful backwater
remar *vi* to row
remarcar *vtr* to emphasize, underline
rematar 1 *vtr* ◆ *(terminar de matar)* to finish off, kill off ◆ *(concluir)* to finish off, round off: **tenía que r. el cuadro**, he had to put the finishing touches to the painting ◆ *(estar en el extremo)* to be at the top of, crown ◆ *Cost* to finish off ◆ *Com (liquidar)* to sell off | 2 *vtr & vi Dep* to shoot; *(en tenis)* to smash
remate *m* ◆ *(fin, colofón)* culmination, end ◆ *(de un edificio)* top ◆ *Dep* shot; **r. de cabeza**, header; *(en tenis)* smash ◆ *Com (liquidación, rebaja)* sale; **r. final**, clearance sale ◆ | LOC: **de r.**, utterly: **es tonto de r.**, he's completely stupid; **y para r.**, and to crown *o* cap it all
remediar *vtr* ◆ *(un daño, un perjuicio)* to repair, put right ◆ *(una necesidad, urgencia)* to find a remedy for, solve ◆ *(evitar)* to avoid ◆ | LOC: **no poder r.**, cannot help: **no he podido remediar reírme de él**, I couldn't help laughing at him
remedio *m* ◆ *(solución)* remedy, solution; **como último r.**, as a last resort ◆ *(para una enfermedad)* treatment, cure; **r. casero**, home-made remedy ◆ | LOC: **no hay** *o* **no queda más r. que...**, there is no alternative *o* choice but to...; **no tiene r.**, it's hopeless; **¡qué r.!**, what else can I/you/he/anybody, etc do?
remendar *vtr* ◆ *(zapatos, etc)* to mend ◆ *(pantalones, etc)* to patch ◆ *(calcetines)* to darn
remero,-a *m,f* rower
remesa *f (envío de objetos)* delivery, consignment
remiendo *m* ◆ *Cost* mend, patch; *(de calcetín)* darn ◆ *fam (en un desperfecto, en algo que no funciona)* provisional repair
remilgado,-a *adj pey (repipi, afectado)* fussy; *(con la comida)* picky
reminiscencia *f* ◆ reminiscence, memory ◆ *Arte* **reminiscencias**, influences
remiso,-a *adj* reluctant [**a**, to]
remite *m* sender's name and address, return address
remitente *mf* sender
remitir 1 *vtr* ◆ *(una cosa a alguien)* to send: **adjunto le remito la lista de pre-**

cios, please find enclosed the price list ◆ *(un asunto, trámite, etc, a otra persona)* to refer ◆ *(una condena)* to remit | **2** *vi* ◆ *(la intensidad de algo)* to subside, drop, go down ◆ *(un texto a otro texto)* to refer
■ **remitirse** *vr* to refer to
remo *m* ◆ *(largo)* oar; *(corto)* paddle ◆ *Dep* rowing
remodelación *f* ◆ *Arquit* remodelling, redesigning ◆ *(de un organismo)* reorganization, restructuring ê *Pol* reshuffle
remodelar *vtr* ◆ *Arquit* to remodel, redesign ◆ *(un organismo)* to reorganize, restructure ◆ *Pol* to reshuffle
remojar *vtr (una cosa)* to soak [en, in]
remojo *m* soaking ◆ | LOC: **a/en r.,** in water: **deja el mantel/los garbanzos a r.,** leave the tablecloth/chickpeas to soak
remolacha *f Bot* beetroot; **r. azucarera,** sugar beet
remolcar *vtr* to tow
remolino *m* ◆ *(de agua)* whirlpool ◆ *(de aire)* whirlwind ◆ *(de polvo)* swirl ◆ *(en el pelo)* cowlick ◆ *(de gente)* crowd, mass
remolón,-ona *fam* **1** *adj* lazy | **2** *m,f* slacker; **hacerse el r.,** to shirk, slack
remolque *m* ◆ *(acción)* towing ◆ *(vehículo)* trailer ◆ *Náut (soga, cabo)* towrope ◆ | LOC: **a r.,** *(por un vehículo)* on tow, being towed; *(a la fuerza, por insistencia)* reluctantly, unwillingly
remontar *vtr* ◆ *(una pendiente)* to go up, climb ◆ *(un río)* to go upriver ◆ *(en el aire) (un avión, una cometa)* to gain height; *(un ave)* to fly, soar (up) ◆ *(un problema, una dificultad)* to overcome, surmount, get over ◆ *(puestos, posiciones)* to move up
■ **remontarse** *vr* ◆ *(en el aire) (un avión, una cometa)* to gain height; *(un ave)* to soar (up) ◆ *(a una época pasada)* to go back, date back [**a,** to]
remorder *vtr* to feel bad about *o* guilty for sthg ◆ **r. la conciencia,** to get a guilty conscience
remordimiento *m* remorse: **tiene remordimientos,** he feels remorse
remoto,-a *adj* ◆ *(en el tiempo o en el espacio)* remote, distant ◆ *(una posibilidad, un peligro)* remote, slim ◆ | LOC: **no tener la más remota idea,** not to have the faintest idea
remover *vtr* ◆ *(objetos)* to move round, change over ◆ *(la tierra)* to turn over, dig up ◆ *(las brasas, cenizas)* to poke, stir ◆ *(un líquido)* to stir ◆ *(una ensalada)* to toss ◆ *(un asunto)* to bring up again, stir up ◆ *(un obstáculo)* to remove ◆ | LOC: **r. Roma con Santiago,** to move heaven and earth
■ **removerse** *vr* to shift
renacentista *adj* Renaissance
renacer *vi* ◆ to be reborn; **sentirse r.,** to feel renewed ◆ *(tras un accidente o enfermedad grave)* to revive, come back to life ◆ *Bot* to appear again
renacimiento *m* ◆ revival, rebirth ◆ *Arte Hist* **el R.,** the Renaissance
renacuajo *m* ◆ *Zool* tadpole ◆ *fam (niño pequeño)* shrimp
renal *adj* kidney, renal
rencor *m* rancour, *US* rancor, resentment; **guardar r.,** to bear a grudge [**a,** against]; **sentir r.,** to feel bitter
rencoroso,-a *adj* resentful
rendición *f* surrender
rendido,-a *adj* ◆ *(de cansancio)* exhausted ◆ *(de amor, admiración)* devoted, captivated
rendija *f* ◆ *(de persiana, ventana, puerta, etc)* gap ◆ *(en una pared, roca, etc)* crack, crevice
rendimiento *m* ◆ *(de una persona, máquina)* performance ◆ *Fin* yield, return
rendir **1** *vtr* ◆ *Mil (un delincuente, etc)* to hand over; *(una bandera, las armas: en señal de homenaje o respeto)* to lower ◆ *(de cansancio)* to exhaust, tire out ◆ *Fin* to yield | **2** *vi* ◆ *(el día)* to be productive ◆ *(en el trabajo, etc)* to make headway ◆ *(un negocio)* to be profitable ◆ | LOC: **r. culto,** to worship; **r. homenaje,** to pay homage; **r. tributo,** to pay tribute
■ **rendirse** *vr* ◆ *(a la policía, al enemigo)* to surrender ◆ *(desistir)* to give up ◆ *(a la evidencia)* to bow, accept
renegado,-a *adj & m,f* renegade
renegar **1** *vtr (negar con fuerza)* to deny vigorously | **2** *vi* ◆ *(de creencias, ideología, etc)* to renounce ◆ *(repudiar)* to disown: **reniega de su familia,** he disowns his family ◆ *fam (refunfuñar)* **r. de algo,** to grumble about sthg
renglón *m* line *(of writing)* ◆ | LOC: **a r. seguido,** immediately afterwards
reno *m Zool* reindeer
renombre *m* renown, fame
renovable *adj* renewable
renovación *f* ◆ *(de un documento)* renewal ◆ *(de una casa, edificio, etc)* renovation ◆ *Pol* restructuring, reorganization ◆ *(de equipamientos, sistemas)* updating; *(de existencias, mobiliario, etc)* complete change

renovar *vtr* ◆ *(un permiso, carné)* to renew ◆ *(un edificio, etc)* to renovate; *(sistemas, maquinaria, etc)* to update: **tengo que r. mi vestuario,** my wardrobe needs updating; *(modernizar)* to transform, reform ◆ *(las hostilidades, un esfuerzo, etc)* to renew; **con renovadas fuerzas,** with renewed energy

renta *f* ◆ *(ingresos)* income; *(por trabajo)* earned income; **vivir de las rentas,** to live off *o* on private income; **r. vitalicia,** annuity ◆ *(alquiler)* rent

rentable *adj* ◆ *(negocio, empresa)* profitable ◆ *(ventajoso, merecedor del esfuerzo)* worthwhile

renuncia *f* ◆ renunciation ◆ *(a un cargo)* resignation; *(documento)* letter of resignation

renunciar *vi* ◆ *(a un derecho, bien)* to renounce, give up: **renunció a la felicidad,** he renounced happiness; **renunciamos a la herencia,** we relinquished the inheritance ◆ *(a un vicio, placer, proyecto)* to give up: **renunciamos a ir de viaje,** we gave up travelling ◆ *(no aceptar)* to decline ◆ *(a un cargo)* to resign

reñido,-a *adj* ◆ **estar r.,** *(una cosa con otra)* to be incompatible; *(una persona con otra)* *(pelea, votación)* tough, hard-fought

reñir 1 *vi* *(tener una discusión)* to quarrel, argue; *(enfadarse, dejar de hablarse)* to fall out [**con,** with] | 2 *vtr* ◆ *(regañar)* to tell off: **mamá me riñó por romper el perchero,** mum told me off for breaking the hatstand ◆ *(una batalla)* to fight

reo 1 *mf* ◆ *(acusado de un delito)* defendant, accused ◆ *(declarado culpable)* guilty person, convicted criminal | 2 *m Zool (pez)* variety of trout

reojo (de) *loc adv* **la miraba de r.,** he was looking at her out of the corner of his eye

reparación *f* ◆ *(arreglo)* repair: **la r. del vídeo fue bastante barata,** the repairs on the video recorder were quite cheap; *(en letrero)* **r. del calzado,** shoe repairs ◆ *(por un insulto, daño, perjuicio)* amends *pl*

reparar 1 *vtr* ◆ *(una máquina, etc)* to repair, mend ◆ *(un daño, error, una pérdida)* to make good; *(una ofensa)* to make amends for: **no sé cómo r. el mal que te causé,** I don't know how to make amends for all the harm I did you ◆ *(fuerzas, energías)* **necesitas reparar fuerzas,** you need to get your strength back | 2 *vi* ◆ *(darse cuenta de, fijarse en)* to notice [**en,** -] ◆ *(considerar)* to consider

reparo *m* ◆ *(escrúpulo, duda)* qualm: **no tuvo reparos en humillarlo en público,** he had no scruples about humiliating him in public ◆ *(vergüenza)* shame; *(timidez)* embarrassment: **le da r. decírtelo,** she feels embarrassed to tell you

repartidor,-ora *m,f (hombre)* delivery man, *(mujer)* delivery woman

repartir *vtr* ◆ *(una tarta, los beneficios)* to share out, *US* to divide up ◆ *(distribuir)* to give out: **repartían golosinas entre los niños,** they were sharing out sweets amongst the children, **repartieron programas a los asistentes,** they handed out programmes to the audience; **repartió a sus hombres por el edificio,** he spread his men out all over the building; *(un pedido, el correo)* ◆ to deliver ◆ *(extender)* to spread ◆ *Teat Cine* to cast: **hoy reparten los papeles,** today they are doing the casting ◆ *Naipes* to deal

reparto *m* ◆ distribution, sharing out ◆ *(de regalos, etc)* sharing; *(de pedidos, encargos, correo)* delivery; **camioneta/furgoneta de r.,** delivery van ◆ *Cine Teat (elenco)* cast; *(entrega de papeles)* casting

repasar 1 *vtr* ◆ *(un trabajo)* to check, go over ◆ *(volver a estudiar la lección)* to revise, *US* to review; *(volver a explicar)* **repasaré el tema para que no queden dudas,** I'll explain the topic again to sort out any queries ◆ *Cost* to mend | 2 *vi* to revise

repaso *m* ◆ check, going over ◆ *Educ* revision, *US* review ◆ *Cost* mending ◆ | LOC: **darle un r. a alguien,** *(regañar)* to give sb a telling-off; *(para mostrar la superioridad)* to teach sb a lesson

repatriar *vtr* to repatriate

repecho *m* short steep slope

repelente 1 *m (para insectos)* repellent ◆ *fam (persona redicha)* affected person; *(sabelotodo)* know-all | 2 *adj* ◆ *(repugnante)* repulsive, repellent ◆ *fam (insoportable, intratable)* unbearable, obnoxious; *(redicho)* affected: **es la niña r. de la clase,** she's the class know-all

repeler *vtr* ◆ *(causar desagrado, asco)* to disgust: **me repelen sus métodos,** his methods make me sick ◆ *(un ataque)* to repel, repulse ◆ *Fís* to repel

repente *m fam (pronto, impulso)* fit, burst ◆ | LOC: **de r.,** suddenly, all of a sudden

repentino,-a *adj* sudden

repercusión *f* ◆ *(consecuencia)* repercussion ◆ *(resonancia, trascendencia)* impact

repercutir *vi* ◆ *(incidir, tener consecuencias)* to affect: **tu comportamiento repercutirá en tu expediente,** your behaviour will have repercussions on your record ◆ *(causar eco)* to resound, reverberate

repertorio *m* ◆ *Teat Mús* repertoire, repertory ◆ *(de discos, sombreros, etc)* collection ◆ *(catálogo)* index

repetición *f* ◆ repetition ◆ *TV (de una escena deportiva)* replay

repetido,-a *adj* ◆ **tengo este libro r.,** *(dos ejemplares)* I've got two copies of this book; *(varios ejemplares, sin determinar el número)* several ◆ *(varios)* several: **nos hemos visto en repetidas ocasiones,** we have met several times

repetir 1 *vtr* ◆ *(un gesto, acción, juicio, palabras)* to repeat ◆ *(un trabajo)* to do again: **tendrás que repetir la redacción,** you'll have to redo your composition ◆ *(volver a servirse algún alimento)* to have a second helping: **repetí arroz dos veces,** I had three helpings of rice ◆ *Educ* to repeat | **2** *vi* ◆ *Educ* to repeat a year ◆ *(volver a servirse el plato)* to have a second helping ◆ *(un alimento)* **el ajo me repite,** garlic repeats on me

■ **repetirse** *vr* ◆ *(una persona al hablar)* to repeat oneself ◆ *(un suceso, evento, sueño)* to recur: **estas tormentas se repiten cada vez más,** these storms are happening more and more often

repicar 1 *vi* to peal: **a las cinco las campanas repicaban con alegría,** at five o'clock the bells were pealing with joy | **2** *vtr (hacer sonar las campanas)* to peal

repipi 1 *adj fam (esp niño)* precocious; *(pedante)* pedantic; *(ñoño)* fussy; *(cursi)* affected; **es una niña r.,** she's a precocious brat | **2** *mf (pedante)* pedant; *(ñoño)* fussy person; *(cursi)* affected person; *(niño)* little know-all, show-off

repique *m (de campanas)* peal

repiquetear *vtr & vi (campanas)* to ring; *(con un bolígrafo, dedos, etc)* to tap

repisa *f* ledge

replantear *vtr* ◆ *(un problema, asunto)* to reconsider, redefine: **en la reunión se replanteó la venta del edificio,** the sale of the building was raised again during the meeting ◆ *Arquit* to redesign

■ **replantearse** *vr* to reconsider, rethink

replegarse *vr (las tropas)* to fall back, withdraw ◆ | LOC: **r. en sí mismo,** to withdraw into oneself

repleto,-a *adj* ◆ full (up) ◆ *(de gente) fam* jam-packed: **el autobús iba repleto (de gente),** the bus was packed (with people) ◆ *(una persona) frml* replete

réplica *f* ◆ *(a un discurso o escrito)* answer, reply ◆ *(imitación exacta)* replica ◆ *Jur* answer to a charge

replicar 1 *vi* ◆ *(a una afirmación)* to reply, retort ◆ *(a una orden)* to answer back | **2** *vtr Jur* to answer, reply

repliegue *m* ◆ *Mil* withdrawal ◆ *(de una superficie)* fold

repoblación *f* ◆ *(de personas)* repopulation ◆ *(de animales)* restocking ◆ *(de especies vegetales)* **r. forestal,** reforestation

repoblar *vtr* ◆ *(con personas)* to repopulate ◆ *(con animales)* to restock ◆ *(con especies vegetales)* to reforest

repollo *m Bot* cabbage

reponer *vtr* ◆ *(una cosa)* to put back, replace; **r. existencias,** to restock; **r. fuerzas,** to get one's strength back ◆ *(a una persona en un puesto)* to reinstate ◆ *(a una afirmación)* to reply ◆ *(una obra) (de teatro)* to put on again, revive; *(cinematográfica)* to rerun ◆ *(de TV)* to repeat

■ **reponerse** *vr* to recover from

reportaje *m* ◆ *(de prensa)* article; **r. gráfico,** illustrated report ◆ *(de radio o TV)* report, item

reportero,-a *m,f* reporter

reposar 1 *vi* ◆ *(una persona)* to rest, take a rest ◆ *(un muerto)* to be buried, lie ◆ *(el polvo, etc)* to lie ◆ *(un alimento, un líquido)* to settle, stand | **2** *vtr* to rest, lay [**en, on**] ◆ | LOC: **r. la comida,** to let one's meal go down

reposición *f* ◆ *(de objetos o productos)* replacement ◆ *(de una obra de teatro)* revival; *(cinematográfica)* rerun, reshowing; *(de TV)* repeat

reposo *m* ◆ *(de una persona)* rest: **guardar r.,** to rest ◆ *(de una vida, del alma, etc)* peace ◆ *(de un alimento o líquido)* **dejar en r.,** leave to stand ◆ *Fís* rest

repostar *vtr* ◆ *(provisiones)* to stock up with ◆ *(combustible) (un automóvil)* to fill up with; *(un avión, una embarcación)* to refuel

repostería *f* ◆ *(oficio)* confectionery, pastrymaking ◆ *(establecimiento)* confectioner's (shop), bakery ◆ *(productos)* confectionery

reprender *vtr* to reprimand, scold, tell off

represalia f reprisal, retaliation; **tomar represalias,** to take reprisals o retaliate [**contra,** against]

representación f ◆ *(de una imagen, idea, etc)* representation, illustration ◆ *(de personas)* delegation ◆ *Teat* performance ◆ *Com* dealership ◆ | LOC: **en r.,** as a representative o on behalf [**de,** of]

representante 1 adj representative | **2** mf ◆ representative ◆ *(de un artista)* agent, manager ◆ *Com* sales representative

representar vtr ◆ *(un símbolo)* to symbolize, represent: **la paloma representa la paz,** the dove stands for peace ◆ *(un cuadro, fotografía, ilustración)* to depict ◆ *(un ejemplo o modelo)* to represent ◆ *(a una persona, país, institución)* to represent ◆ *(una edad)* to look: **no representa la edad que tiene,** she doesn't look her age ◆ *(en la imaginación)* to imagine ◆ *(en valor, importancia)* to mean, represent: **su ascenso representó una gran alegría,** I/he/she, etc was overjoyed by his promotion; **ese chico no representa nada para mí,** that guy means nothing to me ◆ *Teat (una obra)* to perform; *(un papel)* to play

representativo,-a adj representative
represión f repression
represivo,-a adj repressive
represor,-ora adj oppressor
reprimenda f reprimand, telling-off
reprimido,-a adj & m,f repressed
reprimir vtr ◆ *(un impulso)* to suppress: **reprimió un bostezo,** she stifled a yawn ◆ *(un sentimiento)* to repress: **no pudo r. su desilusión,** he couldn't choke back his disappointment ◆ *(una rebelión, protesta)* to put down, suppress

■ **reprimirse** vr to control oneself
reprobar vtr to condemn, disapprove
reprochable adj reprehensible
reprochar vtr to reproach: **le reprochó su mala conducta,** she reproached him for his bad behaviour
reproche m reproach
reproducción f reproduction
reproducir vtr ◆ *(una imagen, sonido, objeto, etc)* to reproduce ◆ *(unas palabras)* to repeat

■ **reproducirse** vr ◆ *(las especies)* to reproduce, breed ◆ *(una situación, un fenómeno)* to occur o happen again

reproductor,-ora adj ◆ *Biol* reproductive ◆ *Zool* breeding ◆ *Téc* copying
reptar vi to crawl; *(una serpiente)* to slither
reptil m *Zool* reptile
república f republic
republicano,-a adj & m,f republican
repuesto m *Auto* spare part: **gafas de r.,** spare spectacles ◆ | LOC: **de r.,** as a spare: **me lo llevaré de r.,** I'll take it as a spare
repugnancia f ◆ *(física)* disgust, loathing, repugnance: **siente r. por los ratones,** she has an aversion to mice ◆ *(moral)* revulsion, repugnance
repugnante adj ◆ *(físicamente)* disgusting, revolting, repulsive ◆ *(moralmente)* repugnant
repugnar vi ◆ *(físicamente)* to disgust, revolt, fill with loathing ◆ *(moralmente)* to find repugnant o abhorrent
repulsa f condemnation, rejection
repulsión f repulsion, repugnance
repulsivo,-a adj ◆ *(físicamente)* disgusting, repulsive, revolting ◆ *(moralmente)* repugnant
reputación f reputation
requerir vtr ◆ *Jur (la presencia de alguien)* to summon ◆ *(necesitar)* to require ◆ *(pedir)* to request ◆ *(exigir)* to demand
requesón m cottage cheese
requisar vtr to requisition
requisito m requirement, requisite
res f *(de ganado)* head (of cattle): **dos de sus reses enfermaron,** two of his animals fell ill; *(de jabalí, venado)* animal
resabiado,-a adj ◆ *(desconfiado)* distrustful; *(taimado)* crafty ◆ *(animal)* **este perro está resabiado,** this dog has bad habits ◆ *Taur* crafty, clever
resabio m ◆ *(truco, vicio)* bad habit, *(rastro, vestigio)* trace: **tiene resabios de viejo,** he behaves like an old man ◆ *(mal sabor)* unpleasant o bad aftertaste
resaca f ◆ *Náut* undertow, undercurrent ◆ *fam (por culpa del alcohol)* hangover
resaltar 1 vi ◆ *(destacar)* to stand out: **resalta entre sus amigos por su sensatez,** he stands out from his friends because of his good sense ◆ *(en una construcción)* to project, jut out: **la nueva torre resalta entre las casas bajas,** the new building stands out above the houses | **2** vtr ◆ *(realzar)* to enhance, bring out: **este vestido resalta tu figura,** this dress shows off your figure ◆ *(acentuar, hacer más visible)* to emphasize: **su inmadurez resalta la diferencia de edad,** his immaturity accentuates the difference in age; **es preciso resaltar sus rasgos originales,** we should stress her unusual features

resarcir *vtr* to compensate
resbaladizo,-a *adj* ◆ *(deslizante)* slippery ◆ *(peliagudo, comprometido)* difficult, delicate
resbalar *vi* ◆ *(patinar y perder el control)* to slip ◆ *(caer lentamente)* to roll: **la lluvia resbala por el cristal,** the rain trickles down the window-pane ◆ *(ser deslizante)* **este suelo no resbala,** this floor isn't slippery ◆ *Auto* to skid ◆ *(meter la pata, equivocarse)* to slip up ◆ | LOC: **resbalarle algo a uno,** not to care about sthg, to be indifferent to sthg
resbalón *m* ◆ *(patinazo)* slip ◆ *(metedura de pata, indiscreción)* slip-up ◆ *(de una cerradura)* latch
rescatar *vtr* ◆ *(de un secuestrador, peligro)* to rescue ◆ *(del olvido)* to recover
rescate *m* ◆ *(liberación)* rescue ◆ *(pago exigido por un secuestrador)* ransom ◆ *(de un derecho, un bien, una tradición)* recovery
rescindir *vtr (un contrato)* to cancel
rescisión *f* cancellation
rescoldo *m* ◆ *(brasas bajo las cenizas)* embers *pl* ◆ *(resto de un sentimiento)* lingering feeling
resecarse *vr* to dry out
reseco,-a *adj* ◆ *(terreno, boca, tela)* parched; *(piel)* dry; *(el pelo, el pan)* dried up ◆ *(magro, flaco)* lean, skinny
resentido,-a *adj (persona)* resentful
resentimiento *m* resentment
resentirse *vr* ◆ *(volver a sentir dolor por una antigua dolencia)* to suffer [**de,** from], to feel the (after-) effects [**de,** of] ◆ *(debilitarse)* to weaken ◆ *(ofenderse)* to feel offended; **r. por algo,** to take offence at sthg, feel bitter about sthg
reseña *f* ◆ *Prensa* review ◆ *(breve relato)* summary, quick account
reserva 1 *f* ◆ *(en un hotel, restaurante, vuelo, etc)* reservation, booking ◆ *(depósito)* reserve, stock; *Auto* **el depósito del coche está en r.,** the tank is almost empty ◆ *(prudencia, discreción)* reserve, discretion ◆ *(objeción, duda, recelo)* reservation ◆ *(territorio acotado)* reserve; **r. natural,** nature reserve ◆ *Mil* reserve, reserves *pl* | 2 *m* vintage wine | 3 *mf Dep* reserve, substitute
reservado,-a 1 *adj* ◆ *(información, etc)* confidential ◆ *(callado, discreto)* reserved | 2 *m* private room
reservar *vtr* ◆ *(algo para más tarde)* to keep back; *(guardar para alguien)* to keep (aside): **le reservamos una sorpresa,** we have a surprise in store for him ◆ *(en un hotel, restaurante, etc)* to book, reserve
■ **reservarse** *vr* ◆ *(abstenerse para otra ocasión)* to save oneself ◆ *(un comentario, secreto, etc)* to reserve, keep to oneself ◆ *(un derecho, etc)* **el acusado se reserva el derecho de contestar más adelante,** the accused reserves the right to reply later on
resfriado,-a 1 *adj (constipado)* **está resfriado,** he has a cold | 2 *m (catarro, enfriamiento)* cold: **pillé un r.,** I caught (a) cold
resfriarse *vr* to catch (a) cold
resguardar *vtr (amparar, defender)* to protect, shelter [**de,** from]
resguardo *m* ◆ *(documento)* receipt: **he perdido el r. del carrete,** I've lost the ticket from the photo lab ◆ *(refugio, abrigo)* shelter
residencia *f* ◆ *(estancia, casa)* residence; **permiso de r.,** residence permit; **r. habitual,** normal place of residence ◆ *(hospital)* hospital ◆ *(en hostelería)* boarding house ◆ **r. de ancianos** *o* **de la tercera edad,** old people's home; **r. de estudiantes,** hall of residence
residencial *adj* residential
residente *adj* & *mf* resident
residir *vi* ◆ *(habitar)* to reside: **habitualmente reside en Estocolmo,** his usual place of residence is Stockholm; **reside en Bristol desde hace tres años,** he has been living in Bristol for three years ◆ *(consistir, radicar)* to reside, consist [**en,** in]: **el truco reside en ceder el primero,** the trick lies in being the first to give in ◆ *(estar depositado)* **la soberanía reside en el pueblo,** sovereignty resides in the people
residuo *m* ◆ residue ◆ **residuos,** waste *sing*; **eliminación de residuos tóxicos,** disposal of toxic waste; **recogida selectiva de residuos,** refuse collection (for recycling)
resignación *f* resignation
resignado,-a *adj* resigned
resignarse *vr* to resign oneself [**a,** to]: **no me resigno a no verle,** I can resign myself to not seeing him
resina *f* resin
resistencia *f* ◆ *(aguante de una persona)* endurance: **tiene mucha r. física,** he has a lot of stamina ◆ *(oposición a una fuerza, medida, acción)* resistance: **opusieron mucha r. a nuestro proyecto,** they put up a lot of resistance to our project ◆ *Elec* element ◆ *Hist Pol* **la R.,** the Resistance

resistente *adj* ◆ *(que soporta bien circunstancias adversas)* resistant: **emplea una pintura r. al agua,** use a water-resistant paint; *(duradero, fuerte)* strong, tough: **lleva un calzado muy r.,** he wears strong shoes ◆ *(persona)* tough, resilient; *(planta)* hardy

resistir 1 *vtr* ◆ *(soportar, tener paciencia)* to put up with: **no resisto que hablen a gritos,** I can't stand shouting; **no podrá r. otro golpe así,** he won't be able to stand another blow like this ◆ *(contener una tentación, impulso, curiosidad)* to resist ◆ *(un ataque, etc)* to resist ◆ ➢ Ver nota en **resist** | **2** *vi* ◆ *(mantenerse en pie, aguantar)* to hold (out): **me voy a la cama, no resisto más,** I'm going to bed, I can't last any longer; **espero que el estante resista,** I hope the shelf holds ◆ *(ante un enemigo, invasor)* to resist

■ **resistirse** *vr* ◆ *(a hacer algo)* to be reluctant: **me resisto a creerlo,** I am unwilling to believe it ◆ *(a una tentación, impulso)* to resist ◆ *(a la autoridad)* to offer resistance ◆ | LOC: **resistírsele a alguien algo: se me resiste el euskera,** I find Basque very difficult

resolución *f* ◆ *(determinación, decisión)* resolution ◆ *(de un problema, acertijo, etc)* solution

resolver *vtr* ◆ *(tomar una determinación)* to resolve ◆ *(un asunto, problema)* to solve, resolve ◆ *(zanjar)* to settle: **aquel gol resolvió el partido,** that goal settled the match

■ **resolverse** *vr* ◆ *(determinarse)* to resolve, make up one's mind [a, to] ◆ *(solucionarse)* to be solved: **la cuestión se resolvió a nuestro favor,** the matter was sorted out in our favour

resonancia *f* ◆ *(de un sonido)* resonance; *(eco)* echo ◆ *(de un suceso, noticia, etc)* impact, repercussions *pl*

resonar *vi* to resound

resoplar *vi* ◆ *(por cansancio)* to puff, gasp ◆ *(por disgusto)* to snort

resorte *m* ◆ *Mec* spring ◆ *(para lograr un fin)* means *pl*

respaldar *vtr* to support, back

respaldo *m* ◆ *(de un asiento)* back ◆ *(económico, moral)* support, backing

respectar *v impers* to concern: **en lo que respecta a las ventas,** with regard to sales; **por lo que a él respecta,** as for him

respectivo,-a *adj* respective: **todos llegaron en sus respectivos coches,** everybody arrived in his own car

respecto *m* ◆ | LOC: **al r.,** on the subject *o* matter: **no quiero oír nada al r.,** I don't want to hear anything about it; **(con) r. a/de,** with regard to, regarding

respetable 1 *adj* ◆ *(por edad, ideas, etc)* respectable ◆ *(por tamaño, cantidad, etc)* considerable | **2** *m fam* **el r.,** *(en un teatro)* the audience | *(en los toros)* the spectators *pl*

respetar *vtr* ◆ *(a una persona, una cosa)* to respect ◆ *(una orden, ley)* to observe, obey

respeto *m* ◆ *(consideración)* respect: **faltar al r.,** to be disrespectful [a, to]; **por r. a alguien/algo,** out of consideration for sb/sthg ◆ *(temor)* fear, nervousness: **el mar impone r.,** the sea commands respect ◆ **respetos,** respects *pl*: **presenté mis respetos a la viuda,** I paid my respects to the widow ◆ | LOC: **campar por sus respetos,** to do as one pleases *o* to make one's own rules

respetuoso,-a *adj* respectful

respingo *m* start; **pegar un r.,** to start

respingón,-ona *adj (nariz)* turned-up

respiración *f* ◆ breathing: **contener la r.,** to hold one's breath; **r. artificial,** artificial respiration; **r. boca a boca,** mouth-to-mouth resuscitation, the kiss of life ◆ | LOC: **sin r.,** out of breath

respirar 1 *vi* ◆ to breathe: **necesito r. un poco,** I need some fresh air ◆ *(después de una situación difícil)* to breathe again: **¡por fin puedo r!,** well, that's a relief! ◆ *(después de un trabajo)* to relax ◆ *fam (en una reunión)* **no r.,** not to say a word ◆ *(el vino, alimentos, una casa)* to breathe | **2** *vt* ◆ *(oxígeno, humo, etc)* to breathe (in), inhale ◆ *(una cualidad, un estado)* to exude, radiate: **aquí se respira tranquilidad,** you get a feeling of peace here ◆ | LOC: **no dejar r.,** not to give a moment's peace; **no poder r.,** to be all in *o* to be up to one's eyes

respiratorio,-a *adj* respiratory

respiro *m* ◆ breath ◆ *(en un trabajo o actividad)* break, breather ◆ *(en una situación de angustia o preocupación)* respite

resplandecer *vi* ◆ *(una luz, los astros)* to shine ◆ *(un objeto de metal, cristal)* to gleam, glitter ◆ *(una persona o cosa entre otras)* to stand out [entre, among] ◆ *(una persona por una cualidad)* to shine, be radiant [de, with]: **resplandece de orgullo,** he's glowing with pride

resplandeciente *adj* ◆ *(por luminoso)* shining, gleaming ◆ *(por limpio)* sparkling ◆ *(una persona)*, radiant, glowing

resplandor *m* ◆ *(de luz)* brightness ◆ *(de fuego)* glow ◆ *(de un metal, cristal)* gleam, glitter

responder 1 *vtr* to answer, reply | **2** *vi* ◆ *(a una acción, pregunta, etc)* to answer, reply ◆ *(a un tratamiento, estímulo, etc)* to respond ◆ *(de un error o falta)* to pay for: **el asesino debe r. de sus crímenes,** the murderer must pay for his crimes ◆ *(por una persona)* to vouch for: **yo respondo de su inocencia,** I will vouch for his innocence ◆ *(de un acto, de una cosa)* to be responsible for, answer for: **yo no puedo r. de sus actos,** I can't take responsibility for his actions ◆ *(un negocio)* to go well ◆ *(una cosa a otra)* to correspond: **los resultados no respondieron a las expectativas,** the results didn't fulfil the expectations

respondón,-ona 1 *adj fam (rebelde)* cheeky: **la niña le ha salido respondona,** her daughter is very rebellious; *(contestona)* **¡no seas r.!,** don't answer back! | **2** *m,f* **ser un r.,** to be always answering back

responsabilidad *f* responsibility, liability

responsabilizar *vtr* to hold responsible *o* liable [**de,** for]: **me responsabiliza de su fracaso,** he blames me for his failure
■ **responsabilizarse** *vr* to accept *o* take responsibility *o* liability [**de,** for]

responsable 1 *adj* responsible, liable | **2** *mf* ◆ *(en un establecimiento, oficina, etc)* the person in charge ◆ *(de otra persona, de una acción)* responsible person; *(de un delito, accidente, etc)* perpetrator, culprit

respuesta *f* ◆ answer, reply ◆ *(a un tratamiento, estímulo)* response

resquebrajarse *vr* to crack

resquicio *m* ◆ *(en una puerta, pared, etc)* chink, gap ◆ *fig (posibilidad)* chance: **aún queda un r. para la esperanza,** there's still a glimmer of hope

resta *f Mat* subtraction

restablecer *vtr* to re-establish, restore; *(la calma, el orden, etc)* to restore: **se restableció la democracia,** democracy was restored
■ **restablecerse** *vr Med* to recover

restablecimiento *m* ◆ re-establishment; *(del orden, calma, etc)* restoration ◆ *(de una enfermedad)* recovery

restante 1 *adj* remaining; **las restantes poblaciones,** the remaining villages | **2** *m* **lo r.,** the rest, the remainder

restar 1 *vtr* ◆ *Mat* to subtract, take away ◆ *(quitar)* to minimize: **me estáis restando autoridad,** you are undermining my authority; **le restó importancia,** she played down its importance ◆ *(en tenis)* to return | **2** *vi (quedar)* to be left, remain: **sólo me resta decir...,** it only remains for me to say...

> ¿Cómo se dice 8 – 2 = 6?
> **Two from eight leaves/is six.**
> **Eight take away two leaves/is six.**
> **What's two from eight?**
> **What's eight minus two?**

restauración *f* ◆ restoration ◆ *(en hostelería)* catering

restaurador,-ora 1 *adj* restoring | **2** *m,f* ◆ restorer ◆ *(en hostelería) frml* restaurateur

restaurante *m* restaurant

restaurar *vtr* to restore

restituir *vtr* ◆ *(a su antiguo dueño, anterior estado)* to restore ◆ *(el buen humor, la salud)* to restore

resto *m* ◆ rest, remainder ◆ *Mat* remainder ◆ *Tenis* return ◆ **restos,** remains; *Arqueol* remains; **restos mortales,** mortal remains; *(de alimento)* leftovers

restregar *vtr* ◆ *(con un paño, cepillo, etc)* to rub, scrub ◆ *fig fam (repasar, refregar)* to rub in: **ya sé que me timaron, no hace falta que me lo restriegues,** I know I was cheated, there is no need to rub it in

restricción *f* restriction

restrictivo,-a *adj* restrictive

restringir *vtr (el acceso a un lugar, derecho)* to restrict, limit; *(el consumo, distribución de algo)* to cut back, restrict

resucitar 1 *vtr* ◆ *(a un muerto)* to resurrect ◆ *(una tradición, costumbre)* to revive ◆ *(reanimar, dar nuevas energías)* **este caldo resucita a cualquiera,** this soup will revive anyone | **2** *vi* to resurrect

resuelto,-a *adj* ◆ *(determinado, valiente)* resolute, determined: **está resuelto a divorciarse,** he's determined to get divorced ◆ *(solucionado)* solved

resuello *m (aire, aliento)* breath, gasp

resultado *m* ◆ *(efecto, consecuencia)* result: **tu plan no dio r.,** your plan didn't work; *(de un experimento)* outcome ◆ *Mat Med* result

resultante *adj* resulting

resultar *vi* ◆ *(originarse, ser consecuencia)* to result, come ◆ *(ser, mostrarse)* to turn out, work out: **no resulta demasiado halagüeño,** it isn't very flattering; **me resulta**

más cómodo, it's more convenient for me; **resultó ser su mujer,** she turned out to be his wife ♦ *(tener éxito, funcionar)* to be successful: **tu consejo no resultó,** your advice didn't work ♦ *fam terciopersonal (suceder)* **resulta que...,** the thing is...; **y ahora resulta que no quieres hacerlo,** and now it turns out that you don't want to do it

resumen *m* summary ♦ | LOC: **en r.,** in short

resumir *vtr (una situación)* to sum up; *(un texto, informe, una noticia)* to summarize

■ **resumirse** *vr* ♦ *(condensarse, sintetizarse)* to be summed up ♦ *(reducirse)* to be reduced to

resurgir *vi* to reappear, reemerge
retablo *m Arte* altarpiece
retaguardia *f* rearguard
retahíla *f* string
retal *m* remnant
retar *vtr* to challenge
retardado,-a *adj* delayed
retazo *m* ♦ *(de tela)* remnant ♦ *(de información, etc)* snippet
retén *m* ♦ *(de soldados, bomberos, etc)* squad, reserves *pl* ♦ *(de alimentos, etc)* store
retención *f* ♦ retention ♦ *(de sueldo, capital)* deduction, withholding ♦ *(de vehículos)* hold-up, delay ♦ *Med* retention
retener *vtr* ♦ *(para sí)* to keep ♦ *(en sí)* to retain: **las esponjas retienen agua,** sponges retain water ♦ *(en un lugar)* to keep; *(en una comisaría)* to detain, keep in custody ♦ *(en la memoria)* to remember: **no puedo r. todos los nombres,** I can't remember all the names ♦ *(un sentimiento, impulso, etc)* to restrain, hold back ♦ *(el curso normal de algo)* to stop, hold back: **la presa retiene el agua del río,** the dam holds back the river ♦ *(un sueldo, capital)* to deduct, withhold
reticencia *f* ♦ *(para hacer algo)* reticence, reluctance ♦ *(al hablar)* hint, insinuation
reticente *adj* ♦ *(una persona)* reticent, reluctant ♦ *(un discurso, unas palabras)* insinuating, full of hints
retina *f Anat* retina
retintín *m fam* ♦ *(al hablar)* sarcasm; **con r.,** sarcastically ♦ *(de una campana, pulseras, etc)* tinkling, jingling
retirada *f* ♦ withdrawal ♦ *(de una actividad)* retirement, withdrawal ♦ *(de muebles viejos, etc)* collection, disposal ♦ *Mil* retreat

retirado,-a *adj* ♦ *(en un lugar apartado)* remote, secluded ♦ *(de una actividad)* retired
retirar *vtr* ♦ *(de un lugar)* to remove, move away ♦ *(de una actividad)* to retire from ♦ *(una ayuda, dinero)* to withdraw ♦ *(un comentario)* to take back ♦ *(el pasaporte, carné)* to take away

■ **retirarse** *vr* ♦ *(de la vida social, de una actividad)* to retire, withdraw ♦ *(de un lugar)* to move away, leave ♦ *(a casa, a dormir)* to retire, go to bed ♦ *Mil* to retreat

retiro *m* ♦ *(de una actividad)* retirement ♦ *(pensión)* (retirement) pension ♦ *(lugar)* retreat ♦ *Rel* retreat
reto *m* challenge
retocar *vtr* to touch up
retomar *vtr* to take up again
retoño *m* ♦ *Bot* sprout ♦ *fam* kid
retoque *m* retouching, touching up: **ya le ha dado los últimos retoques,** she has already put the final touches to it
retorcer *vtr* ♦ *(una cuerda, un brazo, etc)* to twist ♦ *(ropa)* to wring (out) ♦ *(las palabras)* to twist

■ **retorcerse** *vr* ♦ *(un cable, etc)* to twist up, become tangled (up) ♦ *(una persona de dolor)* to writhe in pain

retorcido,-a *adj* ♦ *fam (un lenguaje o estilo)* involved, convoluted ♦ *fam pey (una persona)* twisted, devious
retórica *f* rhetoric
retórico,-a *adj* rhetorical
retornable *adj* returnable
retornar 1 *vtr* to return, give back | **2** *vi* ♦ *(al lugar o situación original)* to return ♦ *(al dueño original)* to revert
retorno *m* return
retortijón *m fam* stomach cramp
retozar *vi* to frolic, gambol
retractarse *vr* to retract, withdraw
retraer *vtr* ♦ *(las uñas, etc)* to retract, draw in ♦ *(de un intento)* to dissuade, put off
retraído,-a *adj* shy, reserved
retransmisión *f* broadcast
retransmitir *vtr* to broadcast
retrasado,-a 1 *adj* ♦ *(en el desarrollo físico)* underdeveloped, immature ♦ *(en el desarrollo mental)* retarded, backward | **2** *m,f* **r. (mental),** mentally handicapped *o* retarded person
retrasar *vtr* ♦ *(hacer que algo vaya más lento)* to slow down: **las obras retrasaron el tráfico,** the road works held up the traffic ♦ *(algo para más tarde)* to delay, post-

pone: **tendremos que r. las vacaciones,** we will have to put off our holidays ➢ Ver nota en **delay** ◆ *(un reloj)* to put back

■ **retrasarse** *vr* ◆ *(ir más lento)* to fall behind: **me he retrasado con el trabajo,** I'm behind with work ◆ *(llegar más tarde)* to be late: **el tren se retrasará una hora,** the train will be one hour late ◆ *(suceder más tarde)* to be delayed, be postponed: **el concierto se retrasó por problemas técnicos,** the concert was delayed due to technical problems ◆ *(un reloj)* to be slow

retraso *m* ◆ *(en el tiempo)* delay: **llegó con r.,** he was late ◆ *(con el trabajo, etc)* behind schedule: **llevamos dos meses de retraso,** we are two months behind ◆ *(en el desarrollo físico o mental)* subnormality

retratar *vtr* ◆ *Fot* to take a photograph of; *(en un cuadro, dibujo)* to paint a portrait of ◆ *(hacer una descripción fiel)* to describe

■ **retratarse** *vr* ◆ *Arte* to have one's portrait painted; *Fot* to have one's photograph taken ◆ *(describirse)* to depict oneself [**como,** as]

retrato *m* ◆ *Arte* portrait; *Fot* photograph; **r. robot,** identikit picture ◆ *(descripción)* portrayal ◆ | LOC: **ser el vivo r. de alguien,** to be the spitting image of sb

retrete *m* ◆ *(cuarto de baño)* lavatory, toilet, *US* bathroom, restroom ◆ *(taza del baño)* bowl, pan, *US* toilet

retribuir *vtr* ◆ *(pagar)* to pay ◆ *(recompensar)* to reward

retroactivo,-a *adj* retroactive: **la ley se aplicará con efecto r.,** the law will be applied retrospectively

retroceder *vi* to move back, back away

retroceso *m* ◆ *(movimiento)* backward movement ◆ *Med* deterioration, worsening ◆ *Econ* recession

retrógrado,-a *adj* & *m,f (reaccionario)* reactionary

retrospectivo,-a *adj* & *m,f* retrospective

retrovisor *m* *Auto* rear-view mirror

retumbar *vi* ◆ *(hacer mucho ruido)* to thunder, boom; *(las pisadas, golpes)* to resound ◆ *(resonar, pervivir)* **sus insultos resonaban en mis oídos,** his abuse resounded in my head

reuma, reumatismo *m* rheumatism

reunión *f* ◆ *(de negocios, etc)* meeting ◆ *(de conocidos, familiares)* **organizamos una r. de antiguos alumnos,** we arranged a reunion of former students

reunir *vtr* ◆ *(juntar)* to collect: **si reúnes tres vales, te dan uno de regalo,** if you collect three vouchers, they'll give you another one; *(dinero)* to raise; *(información)* to gather; *(valor, fuerza)* to muster (up) ◆ *(congregar)* to gather together ◆ *(cualidades, características)* to have, possess; *(requisitos)* to fulfil

■ **reunirse** *vr* to meet, gather; **r. con alguien,** to meet sb

revalorizar *vtr (un terreno, cuadro, etc)* to increase the value of; *(un marco, dólar, etc)* to revalue

■ **revalorizarse** *vr* to go up in value

revancha *f* ◆ *(represalia, desquite)* revenge: **pienso tomarme la r.,** I intend to take revenge ◆ *fam Dep* return match

revanchista *adj* vengeful, vindictive

revelación *f* ◆ revelation; **la r. de un secreto,** the disclosure of a secret ◆ *(sorpresa, descubrimiento)* **un escritor r.,** a sensational new writer

revelado *m Fot* developing

revelar *vtr* ◆ *(un conocimiento, secreto)* to reveal, disclose ◆ *(mostrar)* to reveal, betray: **eso revela que no tiene interés,** that shows he's not interested ◆ *Fot (un carrete)* to develop

■ **revelarse** *vr* ◆ to show oneself to be: **se ha revelado como una gran escritora,** she has shown herself to be a great writer

revender *vtr* ◆ to resell ◆ *(entradas para un espectáculo)* to tout, *US* to scalp

reventa **1** *f (acción de revender entradas)* touting, *US* scalping | **2** *mf (persona)* tout

reventar **1** *vi* ◆ *(un globo, una rueda)* to burst ◆ *(un caballo)* to die of exhaustion ◆ *(una situación)* to blow up, *(una persona)* to explode: **está que revienta,** he is fuming; **reventábamos de orgullo,** we were bursting with pride ◆ *fam (de deseos, ganas)* to be dying: **revienta de ganas por preguntarnos,** he is dying to ask us | **2** *vtr* ◆ *(a un caballo)* to ride to death ◆ *(una propuesta, huelga)* to break ◆ *(molestar mucho, enfadar)* to annoy, bother ◆ *(un globo, las costuras)* to burst ◆ *(una puerta, cerradura, ventana, caja fuerte) (con explosivos)* to blow open; *(con palanca)* to lever open

■ **reventarse** *vr* ◆ *(un globo, una rueda)* to burst ◆ *(un tomate, huevo, etc)* to smash ◆ *(un caballo, etc)* to die of exhaustion ◆ *(una persona)* to work one's guts out

reventón *m* ◆ *(de neumático)* blowout, flat tyre *o US* tire ◆ *(de tubería)* burst

reverencia *f* ♦ *(sentimiento)* reverence ♦ *(física) (de un varón)* bow; *(de una mujer)* curtsy: **hacer una r.,** to bow/curtsy ♦ *(tratamiento)* **Su Reverencia,** Your/His Reverence

reverenciar *vtr* to revere, venerate

reversible *adj* reversible

reverso *m* ♦ *(de una moneda, medalla)* reverse ♦ *(de un sobre, folleto, etc)* back

revertir *vi* **r. en beneficio/perjuicio de,** to be to the advantage/detriment of

revés *m* ♦ *(de una materia u objeto)* back; *(de una prenda de vestir)* wrong side ♦ *(con la mano)* slap ♦ *(en juegos de raqueta)* backhand ♦ *(económico, sentimental, etc)* setback, misfortune ♦ | LOC: **al r.,** *(al contrario)* the other way round: **entender algo al r.,** to get the wrong end of the stick; **hacer algo al r.,** to do sthg the opposite way; **salir algo al r.,** to turn out wrong; **al r./del r.,** *(con lo de delante atrás)* back to front, *US* backwards; *(con lo de dentro fuera)* inside out; *(boca abajo)* upside down

revestimiento *m* ♦ covering, coating ♦ *(de un cable)* sheathing ♦ *(de madera)* (wooden) panelling ♦ *(de azulejos)* tiling

revestir *vtr* ♦ *(como protección o adorno)* to cover [**de,** with] ♦ *(presentar un aspecto, cualidad, carácter)* to have: **el asunto revestía gran importancia,** the matter was really serious ♦ *(encubrir)* to disguise [**de, in**]

revisar *vtr* ♦ *Téc* to check, overhaul; *(un coche)* to service ♦ *(la corrección de algo)* to check, revise ♦ *Mil* to review

revisión *f* ♦ *Téc* check, overhaul; *(de coche)* service ♦ *(de un texto)* revision, *US* checking ♦ *(de una cuenta)* audit ♦ *Med* check-up

revisor,-ora *m,f* inspector

revista *f* ♦ magazine; *(publicación técnica o especializada)* journal ♦ *Teat* revue, variety show ♦ | LOC: **pasar r.,** to review

revitalizar *vtr* to revitalize

revivir 1 *vi* ♦ *(un ser vivo)* to revive, come to life again ♦ *(un sentimiento, etc)* to revive | **2** *vtr (en la memoria, imaginación)* to relive

revocar *vtr* ♦ *Jur* to revoke, reverse ♦ *(una pared) (interior)* to plaster; *(exterior)* to render

revolcar *vtr* to knock down

■ **revolcarse** *vr* to roll around, roll over

revolotear *vi* to flutter

revoltijo *m* ♦ *(de cosas)* jumble, clutter ♦ *(situación)* chaos, mess

revoltoso,-a *adj & m,f* naughty

revolución *f* revolution

revolucionar *vtr* ♦ *(el orden, la tranquilidad)* to stir up ♦ *(ideas, industria, etc)* to revolutionize

revolucionario,-a *adj & m,f* revolutionary

revolver 1 *vtr* ♦ *(dando vueltas)* to stir ♦ *(disgustar, causar desagrado)* to make sick, upset ♦ *(un asunto)* to think over ♦ *(los cajones, una casa, etc)* to turn upside down | **2** *vi (en el pasado, etc)* to rummage through, dig around in ♦ | LOC: **r. el estómago,** to turn one's stomach

■ **revolverse** *vr* ♦ *(agitadamente)* to fidget; *(en la cama)* to toss and turn ♦ *(contra algo o alguien)* to turn on *o* against sb *o* sthg ♦ *(el tiempo)* to turn stormy ♦ *(el fondo de un río, etc)* to be disturbed ♦ | LOC: **r. en la tumba,** to turn over in one's grave

revólver *m* revolver

revuelo *m* ♦ *(situación)* stir, commotion ♦ *(de los pájaros, etc)* fluttering

revuelta *f* ♦ *(de personas)* revolt, riot ♦ *(en un camino, etc)* bend, turn

revuelto,-a 1 *adj* ♦ *(una cosa)* in a mess ♦ *(una persona)* restless ♦ *(el tiempo)* unsettled ♦ *(el mar)* rough | **2** *m Culin* **un r. de (espárragos, etc),** scrambled eggs with (asparagus, etc)

revulsivo,-a 1 *adj Med* revulsive | **2** *m* ♦ *Med* revulsive ♦ *(estímulo)* salutary lesson

rey *m* ♦ king ♦ *(mago, genio)* **es el r. de rock,** he's the king of rock ♦ *Rel* **(el día de) Reyes,** Epiphany *o* Twelfth Night *o* 6 January; **los Reyes Magos,** the (Three) Wise Men

---

Recuerda que el plural, **kings,** se refiere sólo al sexo masculino. *Los reyes de España*, es decir, *el rey y la reina*, se traduce por **the king and queen of Spain.**

Observa cómo se lee un nombre acompañado de un número: **Elizabeth II,** Elizabeth <u>the</u> Second; **Henry VIII,** Henry <u>the</u> Eighth.

---

rezagarse *vr* to linger behind: **no os rezaguéis,** don't fall behind

rezar 1 *vi* ♦ *(decir una plegaria)* to pray [**por,** for] ♦ *(hacer votos, desear)* **rezo para que no vengan,** I'm praying that they won't come ♦ *(una lápida, un párrafo)* to say: **la dedicatoria reza así:...**, the dedication goes as follows:... ◆ *(refunfuñar, gruñir)* to grumble | **2** *vtr* (*un rosario, una plegaria*) to say | LOC: *fig fam (ir con, aplicarse)* **eso no reza conmigo,** that has nothing to do with me; **ese comentario no reza contigo,** that comment isn't applicable to you

rezo *m* *(plegaria)* prayer

rezumar *vtr* to ooze: **Susana rezuma confianza,** Suzanne oozes confidence

ría *f* *Geog* ria

riachuelo *m* stream, brook

riada *f* flood

ribera *f* ◆ *(de río)* bank; *(del mar)* shore ◆ *(franja de tierra a orillas de un río)* riverside; *(del mar)* seaside ◆ *(vega)* fertile plain

ricamente *adv* ◆ *(suntuosamente)* richly ◆ *fam (apaciblemente)* **dormía tan r.,** he was sleeping like a baby; *(a gusto)* **estábamos charlando tan r. cuando apareció,** we were having a nice chat when he turned up

rico,-a 1 *adj* ◆ *(suntuoso)* sumptuous: **se puso un r. vestido,** she put on a gorgeous dress ◆ *(acaudalado)* wealthy: **es un hombre r.,** he's a rich man ◆ *(sabroso)* delicious ◆ *(un niño, bebé, una mascota)* lovely, adorable ◆ *(tierra, sustancia)* rich: **es un alimento r. en proteínas,** it's a high-protein food | **2** *m,f* rich *o* wealthy person; **los ricos,** the wealthy

ridiculez *f* ◆ *(cualidad)* ridiculousness; *(objeto o idea absurda)* ridiculous thing: **no pienses ridiculeces,** don't be silly ◆ *(cantidad despreciable, minúscula)* pittance: **se sirvió una r. de comida,** he served himself a tiny helping

ridiculizar *vtr* to ridicule

ridículo,-a 1 *adj* ridiculous | **2** *m* ridicule: **hizo el más espantoso de los ridículos,** she made an absolute fool of herself; **poner a alguien en r.,** to make a fool of sb; **ponerse en r.,** to make a fool of oneself

riego *m* ◆ *Agr (de una zona de cultivo)* irrigation; *(de un jardín, parque, etc)* watering ◆ *Med* **r. (sanguíneo),** (blood) circulation: **no le llega el r. a esa zona del cerebro,** the blood doesn't reach that part of her brain

riel *m* ◆ *(de cortinas)* rail ◆ *(de una puerta corredera)* slide

rienda *f* ◆ *(de un caballo)* rein ◆ **riendas,** direction, control; **él es quien lleva las riendas del negocio,** he's the one who is in control of the business ◆ | LOC: **dar r. suelta a,** to give free rein to

riesgo *m* risk ◆ | LOC: **correr el r. de,** to run the risk of; **seguro a todo r.,** fully-comprehensive insurance ➢ Ver nota en **risk**

rifa *f* raffle

rifar *vtr* to raffle (off)

rifle *m* rifle

rigidez *f* ◆ *(de un material)* rigidity; *Anat* stiffness: **siento cierta r. en el cuello,** my neck is a little stiff ◆ *(inflexibilidad)* *(de una persona)* strictness, *(de un horario, una costumbre, etc)* inflexibility

rígido,-a *adj* ◆ *(un material)* rigid; *Anat* stiff ◆ *(inflexible) (persona)* strict, intolerant; *(horario, costumbre)* inflexible

rigor *m* ◆ *(dureza, inflexibilidad)* severity; **el r. de la ley/del invierno,** the severity of the law/winter ◆ *(precisión, fundamento)* rigour, *US* rigor ◆ | LOC: **de r.,** indispensable, customary; **en r.,** strictly speaking

rigurosamente *adv* ◆ *(con rigor)* rigorously ◆ *(con rigurosidad)* severely

riguroso,-a *adj* ◆ *(inflexible)* severe, strict ◆ *(trabajo, investigador)* rigorous

rima *f* ◆ rhyme ◆ **rimas,** poems

rimar *vtr* & *vi* to rhyme [**con,** with]

rímel *m* *Cosm* mascara

rincón *m* ◆ *(ángulo de una estancia)* corner ◆ *(espacio pequeño)* small space ◆ *(lugar apartado)* spot ◆ ◆ *(espacio privado)* corner: **éste es el r. de papá,** this is dad's corner

rinoceronte *m* *Zool* rhinoceros

riña *f* ◆ *(pelea, discusión)* quarrel, argument ◆ *(reprimenda)* telling-off

riñón *m* ◆ *Anat* kidney; **r. artificial,** artificial kidney ◆ **riñones,** *fam (parte baja de la espalda)* **me duelen los riñones,** my back aches ◆ | LOC: **costar/valer un r.,** to cost/to be worth a fortune

río *m* river; **r. abajo,** downstream; **r. arriba,** upstream

riqueza *f* ◆ *(caudal, bienes)* wealth ◆ *(suntuosidad, concentración)* richness

risa *f* ◆ *(sonido producido al reír)* laughter: **se oía su r. desde el portal,** you could hear their laughter from the entrance; *(modo de reír)* laugh: **me da la r. cuando se pone serio,** it makes me laugh when he gets serious; **tiene una r. muy contagiosa,** she has a very infectious laugh ◆ *(persona o cosa divertida)* (good) laugh; *(risible)* **el**

risotada

argumento es de r., the argument is laughable ◆ | LOC: *fam fig* **tener algo muerto de r.: tiene el ordenador muerto de risa,** he has a computer just for show; **tomarse algo a r.,** to laugh sthg off: **no os lo toméis a risa,** it's not a laughing matter

risotada *f* guffaw

ristra *f* string

risueño,-a *adj* smiling

ritmo *m* ◆ *Mús Ling* rhythm: **no soy capaz de seguir el r.,** I can't keep time to the music ◆ *(marcha)* rate: **el r. de los acontecimientos era vertiginoso,** the pace of events was dramatic; **hazlo a tu r.,** do it at your own pace

rito *m* ◆ *Rel* rite ◆ ceremony: **se casaron por el r. judío,** they got married in a Jewish ceremony ◆ *(ritual)* ritual

ritual *adj* & *m* ritual

rival *adj* & *mf* rival

rivalidad *f* rivalry

rivalizar *vi* to rival [**en,** in]

rizado,-a *adj* ◆ *(pelo)* curly ◆ *(mar)* choppy

rizar *vtr* ◆ *(el pelo)* to curl ◆ *(una cinta)* to curl, loop ◆ | LOC: **r. el rizo,** *fig* to make things even more complicated

■ **rizarse** *vr* ◆ *(el pelo)* to curl, go curly ◆ *(el mar)* to ripple

rizo *m* *(de pelo)* curl

robar *vtr* ◆ *(cosas materiales)* to steal: **r. algo a alguien,** to steal sthg from sb; *(a una persona, un banco)* to rob: **me robaron en la calle,** I was robbed in the street; *(en una casa)* to burgle: **anoche robaron en casa de mi vecino,** my neighbour's house was burgled last night ◆ *(el tiempo)* to take up ◆ *(metros de un espacio)* to take off ◆ *Naipes* to draw, pick up

> To steal se aplica a lo que el ladrón se lleva (dinero, joyas, etc.). To rob se refiere al lugar desde donde se lo lleva (un banco, una casa). To burgle significa entrar en una casa con la intención de robar.
>
> | Persona | Acto | Verbo |
> |---|---|---|
> | **ladrón** | **robo** | **robar** |
> | thief | theft | |
> | robber | robbery | to rob |
> | | | to steal |
> | burglar | burglary | to burgle |

roble *m* *Bot* oak (tree)

robledal, robledo *m* oak grove *o* wood

robo *m* ◆ *(de cosas materiales)* theft; *(en un banco, etc)* robbery; *(en una casa)* burglary ◆ *(cosa robada)* stolen article ◆ *fam (de precios)* daylight robbery, rip-off ➢ Ver nota en **robar**

robot *m* robot; **r. de cocina,** food processor

robótica *f* robotics *sing*

robustecer *vtr* to strengthen

■ **robustecerse** *vr* to become stronger

robusto,-a *adj* ◆ *(una persona)* robust, sturdy ◆ *(una cosa)* strong, solid

roca *f* rock

rocambolesco,-a *adj* incredible, far-fetched

roce *m* ◆ *(acción)* rubbing, friction; **estar algo desgastado por el r.,** to be worn ◆ *(señal) (en la piel)* graze; *(en una superficie)* rub, scuff mark ◆ *(entre personas) (trato)* regular contact; *(discusión)* friction, brush

rociar *vtr* ◆ *(con un líquido)* to spray, sprinkle ◆ *fig (con una bebida, vino, etc)* to wash down

rocío *m* dew

rocoso,-a *adj* rocky

rodaballo *m* *Zool* turbot

rodado,-a *adj* ◆ *(transporte, tráfico)* road ◆ *(una frase, una acción)* **salir r.,** to go smoothly ◆ **canto r.,** boulder

rodaja *f* slice

rodaje *m* ◆ *(de una película)* filming, shooting ◆ *Auto (de un vehículo)* running in ◆ *fam (de una persona)* experience

rodamiento *m* *Auto* bearing

rodapié *m* skirting board, *US* baseboard

rodar **1** *vtr* ◆ *(una película)* to film, shoot ◆ *(un vehículo)* to run in | **2** *vi* ◆ to roll; **r. por la escalera,** to fall *o* tumble downstairs ◆ *(sobre ruedas)* to go ◆ *(alrededor de un eje)* to turn ◆ *(de un sitio a otro)* to go around

rodear **1** *vtr* ◆ *(con algo)* to surround; **r. con los brazos,** to put one's arms around ◆ *(un asunto)* to avoid | **2** *vtr* & *vi* ◆ *(un camino)* to go round, make a detour

■ **rodearse** *vr* to surround oneself [**de,** with]

rodeo *m* ◆ *(en el camino)* detour ◆ *pl (al hablar)* circumlocution: **déjate de rodeos,** stop beating about the bush; **hablar sin rodeos,** to speak out plainly ◆ *(de animales)* rodeo

rodilla *f* knee ◆ | LOC: **de rodillas,** *(en el suelo)* kneeling, on one's knees; *(suplicando)* on bended knee

rodillera *f* ◆ *(de remiendo)* knee patch ◆ *(de protección)* knee pad
rodillo *m* roller; **r. de cocina**, rolling pin
roedor *m* *Zool* rodent
roer *vtr* ◆ *(un hueso, una cosa)* to gnaw ◆ *(una galleta, queso)* to nibble ◆ *(la conciencia)* to gnaw at, nag at ◆ | LOC: **un hueso duro de r.**, a hard nut to crack
rogar *vtr* ◆ *(formalmente)* to request, ask: **se ruega confirmación**, please confirm ◆ *(con súplicas o humildad)* to beg: **te ruego que me perdones**, I beg you to forgive me ◆ *Rel* to pray | LOC: **hacerse de r.**, to play hard to get
rojizo,-a *adj* reddish
rojo,-a 1 *adj* ◆ *(de color)* red; **estar en números rojos**, to be in the red ◆ *(de ideología)* red | **2** *m (color)* red | **3** *m,f (en ideología)* red ◆ | LOC: **ponerse r.**, to go *o* turn red; **al r. vivo**, *(una cosa)* red-hot; *(una situación)* very tense, at boiling point
rol *m* ◆ *(de una persona, grupo, entidad)* role ◆ *(lista de nombres)* roll ◆ *Náut* crew list; *frml* muster roll
rollizo,-a *adj* chubby, plump
rollo *m* ◆ *(de papel, tela, etc)* roll ◆ *(de alambre, cuerda, etc)* coil, reel ◆ *Culin (para amasar)* rolling pin; *(para comer)* roll ◆ *fam (una persona, asunto)* drag, bore; **soltar el r.**, to give a speech *o* sermon ◆ *fam (asunto)* affair, matter ◆ | LOC: *fam* **ser algo un r. patatero**, to be a real bore
romance 1 *m* ◆ *Lit* ballad ◆ *(idilio)* romance ◆ *Ling* Romance language | **2** *adj Ling* Romance
románico,-a 1 *adj* ◆ *Arte Arquit* Romanesque ◆ *Ling* Romance | **2** *m Arte Arquit* Romanesque
romano,-a 1 *adj* Roman | **2** *m,f* Roman
romanticismo *m* romanticism
romántico,-a *adj* & *m,f* romantic
rombo *m* rhombus
romería *f* ◆ *(fiesta popular)* celebration of a saint's day held close to a country church or shrine ◆ *Rel* pilgrimage
romero,-a 1 *m,f* pilgrim | **2** *m Bot Culin* rosemary
romo,-a *adj (cuchillo, tijeras)* blunt
rompecabezas *m inv* ◆ *(juego para encajar piezas)* puzzle, jigsaw; *(para crear una figura geométrica, dividir un espacio, un laberinto, etc)* brain-teaser, puzzle ◆ *(problema, acertijo)* riddle, puzzle: **el reparto de la herencia es un auténtico r.**, the share-out of the inheritance is a complicated matter

rompeolas *m inv* breakwater
romper 1 *vtr* ◆ to break; *(un cristal, una pieza de loza)* to smash, shatter; *(una tela, un papel)* to tear (up): **rompió el contrato en pedazos**, he tore the contract into pieces ◆ *(relaciones, una negociación)* to break off ◆ *(una norma)* to fail to fulfil, break; *(una promesa, trato)* to break ◆ *(el ritmo, sueño, silencio)* to break | **2** *vi* ◆ *(empezar el día, etc)* to break: **al cabo de un rato rompió a hablar**, after a while she started talking ◆ *(poner un fin)* to break [**con**, with]: **he roto con el pasado**, I've broken with the past ➢ Ver nota en **break**
■ **romperse** *vr* ◆ to break; *(una falda, un documento)* to tear ◆ **r. un hueso**, to break a bone; **r. la crisma/cabeza**, to brain oneself ◆ *(una negociación, relacion)* to break down: **se ha roto la tregua**, the truce has been broken
ron *m* rum
roncar *vi* to snore
roncha *f (en la piel)* swelling
ronco,-a *adj* hoarse: **está r. de tanto fumar**, he's hoarse from smoking so much; **me he quedado ronca**, I've lost my voice
ronda *f* ◆ *(de muchachos, pretendientes)* group of serenaders ◆ *(grupo de vigilancia nocturna)* patrol: **hacer la r.**, *(una enfermera, un vigilante)* to do one's rounds; *(una pareja de policías)* to walk the beat; *(una patrulla del ejército)* to patrol ◆ *(carretera)* ring road; *(paseo)* avenue ◆ *(de bebidas, negociaciones)* round
rondar 1 *vtr* ◆ *(a una mujer)* to court *frml*; *(a alguien con algún fin)* to be after sb ◆ *(vagar, pasear de noche con un fin poco claro)* to loiter, prowl around ◆ *(vigilar)* to patrol ◆ *(estar en torno a, aproximarse a)* to be about: **el precio ronda los dos millones**, the price is about two million ◆ *(gripe, sueño, enfermedad)* to approach: **me está rondando la gripe**, I think I'm coming down with flu; *(una idea)* to think about: **no sé qué le está rondando en la cabeza**, I don't known what he has in his mind | **2** *vi* ◆ *(un vigilante, etc)* to do the rounds ◆ *(un delicuente, alguien sospechoso)* to loiter, prowl around
ronquera *f* hoarseness

ronquido *m* snore: **no me deja dormir con su ronquidos,** I can't sleep with all his snoring
ronronear *vi* to purr
roña *f* ◆ *(óxido, orín)* rust ◆ *(suciedad)* filth, dirt
roñoso,-a *adj* ◆ *(muy sucio)* filthy, dirty ◆ *(oxidado)* rusty ◆ *fam (tacaño, avariento)* stingy
ropa *f* clothes *pl*, clothing; **r. blanca,** household linen; **r. interior,** underwear

skirt, jumper, T-shirt, coat, waistcoat, tie, shirt, jacket, dress, suit, trousers

ropero *m (mueble)* wardrobe: **tiene un r. muy bien surtido,** she has a very well-stocked wardrobe
rosa 1 *adj inv* pink | **2** *f* ◆ *Bot (flor)* rose ◆ *(en la piel)* birthmark ◆ *Náut* **r. de los vientos,** compass card *o* rose | **3** *m* pink ◆ | LOC: **estar como una r.,** to be as fresh as a daisy
rosáceo,-a *adj* pinkish
rosado,-a 1 *adj* pink ◆ *(piel)* rosy ◆ *(vino)* rosé | **2** *m (vino)* rosé
rosal *m Bot* rosebush
rosaleda *f* rose garden
rosca *f* ◆ *Culin* ring-shaped cake, bread roll ◆ *(de un tornillo, tuerca, etc)* thread; **tapón de r.,** screw top ◆ | LOC: **hacerle la r. a alguien,** to butter up: **os hace la r.,** he's just buttering you up; **pasarse de r.,** *(un tornillo)* to have a stripped thread; *(una persona)* to go too far
rosco *m Culin* ring-shaped cake, bread roll
rosetón *m* ◆ *(en iglesias)* rose window ◆ *(en el techo)* ceiling rose
rosquilla *f* ring-shaped pastry
rostro *m* ◆ face ◆ *fam* cheek, nerve
rotación *f* rotation
rotar 1 *vi* ◆ *(alrededor de un eje)* to rotate ◆ *(en un trabajo o función)* to take it in turns | **2** *vtr Agr* to rotate
rotativo,-a 1 *adj* rotary | **2** *m* newspaper
roto,-a 1 *adj* ◆ broken; *(una camisa, un papel)* torn ◆ *(una persona)* worn-out | **2** *m* tear, hole
rotonda *f* ◆ roundabout, *US* traffic circle ◆ *Arquit* rotunda, circular gallery
rótula *f* ◆ *Anat* kneecap ◆ *Téc* ball-and-socket joint
rotulador *m* felt-tip pen; *(de punta gruesa)* marker
rotular *vtr* to label
rótulo *m* ◆ *(en carretera, etc)* sign; *(en museos, etc)* label ◆ *Arte* title, heading
rotundo,-a *adj* ◆ emphatic, categorical; **éxito r.,** resounding success ◆ *(una voz, un lenguaje)* expressive, well-rounded
rotura *f* ◆ *(de un objeto)* breakage; *(de un hueso)* fracture; **r. de ligamentos,** torn ligaments ◆ *(en un objeto)* break, crack; *(en una prenda)* tear, rip
roturar *vtr* to plough (up), *US* plow
rozadura *f* ◆ *(en la piel)* mark of rubbing, chafing ◆ *(en un objeto)* scratch; *(en una camisa, etc)* mark of wear
rozamiento *m* ◆ rubbing ◆ *Fís* friction
rozar 1 *vtr* ◆ *(una cosa o persona a otra)* to touch, brush ◆ *(produciendo daño)* to graze; *(un zapato)* to rub ◆ *(una cualidad o defecto, una cifra)* to border on, verge on: **su último cuadro roza la genialidad,** his last painting borders on genius ◆ *(por el uso)* to wear out | **2** *vi (una cosa o persona a otra)* to touch,

brush; **pasar rozando,** to brush past ◆ *(produciendo daño)* to rub: **estos zapatos me rozan,** these shoes are rubbing ◆ *(una cualidad o defecto, una cifra)* to border on, verge on: **su actitud rozaba en la mala educación,** his attitude verged on rudeness

■ **rozarse** *vr* ◆ *(una cosa por el uso)* to wear out ◆ *fam (entre personas)* to come into contact, to rub shoulders [**con,** with]: **yo no me rozo con esa gente,** I don't come into contact with those people

rubeola, rubéola *f* German measles *pl*, rubella

rubí *m* ruby

rubicundo,-a *adj* ruddy, rubicund

rubio,-a 1 *adj* ◆ *(pelo)* fair, blond ◆ *(una persona)* fair-haired; *(hombre)* blond, *(mujer)* blonde ◆ *(tabaco)* Virginia | **2** *m,f (hombre)* blond, *(mujer)* blonde

rubor *m* blush, flush

ruborizarse *vr* to blush, go *o* turn red

rúbrica *f* ◆ signature ◆ rubric

rubricar *vtr* ◆ *(una firma)* to sign (with a flourish) ◆ *(la veracidad de algo)* to endorse, ratify

rudeza *f* roughness, coarseness

rudimentario,-a *adj* rudimentary

rudimento *m* rudiment

rudo,-a *adj* ◆ *(una persona, un material)* rough, coarse ◆ *(un golpe, trabajo, etc)* hard

rueda *f* ◆ *Auto* wheel ◆ *(en un mueble)* roller, caster ◆ *(de personas o cosas)* ring, circle ◆ **r. de prensa,** press conference ◆ | LOC: **ir sobre ruedas,** to go *o* run smoothly

ruedo *m Taur* bullring

ruego *m* request; *(en una reunión)* **ruegos y preguntas,** any other business

rugby *m Dep* rugby

rugido *m* ◆ *(de un animal, persona, multitud)* roar ◆ *(del viento, etc)* howl, roaring ◆ *fam (de tripas)* rumbling

rugir *vi* ◆ *(un animal)* to roar ◆ *(el viento, etc)* to howl, roar ◆ *fam (las tripas)* to rumble

rugoso,-a *adj* rough

ruibarbo *m Bot* rhubarb

ruido *m* ◆ *(camino)* noise; **sin r.,** quietly ◆ *(jaleo)* fuss, row ◆ *fam* stir, commotion ◆ | LOC: **mucho r. y pocas nueces,** much ado about nothing

ruidoso,-a *adj* ◆ noisy, loud ◆ *fam (una noticia, etc)* sensational, much talked about *o* of

ruin *adj* ◆ mean, despicable ◆ *(con el dinero)* stingy, miserly

ruina *f* ◆ ruin; **amenazar r.,** to be about to fall down ◆ *(económica)* ruin: **la empresa está en la r.,** the company has collapsed *o* gone bankrupt ◆ *(de una persona)* downfall, ruin: **el juego fue su r.,** gambling was his downfall ◆ **estar hecho una r.,** to be a wreck ◆ **en ruinas,** in ruins

ruinoso,-a *adj* ◆ *(un edificio)* dilapidated, tumbledown ◆ *(un negocio)* ruinous, disastrous

ruiseñor *m Orn* nightingale

ruleta *f* roulette

rulo *m (para el pelo)* curler, roller; **ponerse los r.,** to curl one's hair

Rumania *f* Rumania, Romania

rumano,-a 1 *adj* Rumanian, Romanian | **2** *m,f (persona)* Rumanian, Romanian | **3** *m (idioma)* Rumanian, Romanian

rumba *f* rumba

rumbo *m* ◆ *(dirección)* direction, course; **poner r. a,** to head *o* be bound for; *Náut* course; **puso r. a Valencia,** he set a course for Valencia ◆ *(conducta, tendencia)* course; **perder el r.,** to lose one's way

rumiante *adj & m* ruminant

rumiar *vtr* ◆ *(la vaca, etc)* to ruminate, chew the cud ◆ *fig (meditar)* to think over, reflect on; *(refunfuñar)* to moan *o* grumble about

rumor *m* ◆ *(noticia imprecisa)* rumour ◆ *(sonido)* murmur

rumorearse *v impers* to be rumoured, *US* be rumored

rupestre *adj* cave; **pintura r.,** cave painting

ruptura *f (de relaciones)* breaking-off; *(de amistad, matrimonio, etc)* break-up

rural *adj* rural

Rusia *f* Russia

ruso,-a 1 *adj & m,f* Russian | **2** *m (idioma)* Russian

rústico,-a 1 *adj* ◆ rustic, country, rural ◆ *(tosco)* coarse | **2** *m,f pey* rustic, country person ◆ | LOC: **en rústica** *(encuadernación)* paperback

ruta *f* ◆ *(camino)* route ◆ *(conducta)* course of action

rutina *f* routine; **la r. diaria,** the daily routine; **por r.,** as a matter of course

rutinario,-a *adj* ◆ *(actividad)* routine; **inspección rutinaria,** routine inspection ◆ *(persona)* unadventurous

S, s *f (letra)* S, s
S. ◆ *(abr de **San** o **Santo**)* Saint, St ◆ *(abr de **Sur**)* South, S
S.A. *(abr de **Sociedad Anónima**)* GB Public Limited Company, PLC, US Incorporated, Inc.
sábado *m* Saturday
sabana *f* savannah
sábana *f* sheet; **s. bajera/encimera,** bottom/top sheet ◆ | LOC: **pegársele las sábanas,** to oversleep
sabandija *f* ◆ creepy-crawly ◆ *fam pey (persona)* louse
sabañón *m* chilblain ◆ | LOC: *fam* **comer como un s.,** to be a big eater
sabático,-a *adj* sabbatical
sabelotodo *adj & m,f inv* know-all, US know-it-all
saber[1] *m* knowledge
saber[2] **1** *vtr* ◆ *(una cosa)* to know: **no sé su dirección,** I don't know her address; **para que lo sepas,** for your information; **que yo sepa,** as far as I know; ◆ *(hacer algo)* to know how to: **no sabe nadar,** he can't swim ◆ *(comportarse, reaccionar)* can: **no sabe aguantar una broma,** she can't take a joke; **no sabe perder,** he's a bad loser ◆ *(enterarse)* to learn, find out: **lo llamé en cuanto lo supe,** I called him as soon as I heard about it ◆ *(imaginar)* **no sabes qué frío hacía,** you can't imagine how cold it was | **2** *vi* ◆ *(sobre una materia)* to know [**de,** of]: **sé de un restaurante buenísimo,** I know of a very good restaurant ◆ *(tener noticias) (de alguien por él mismo)* to hear from sb; *(de alguien por otros)* to have news of sb; *(de un asunto)* to hear about sthg ◆ *(tener sabor)* to taste [**a,** of]: **este guiso sabe a quemado,** this stew tastes burnt ◆ *(producir agrado o desagrado)* to like, please: **me supo mal que no viniera,** it upset me that he didn't come ◆ | LOC: **a s.,** namely; **quién sabe,** who knows; **vete a s.,** God knows
sabiduría *f* wisdom
sabiendas (a) *loc adv* deliberately; **a s. de que,** knowing full well that

sabi(h)ondo,-a *fam m,f* know-all
sabio,-a 1 *adj* ◆ *(una persona)* wise, learned ◆ *(una actitud, un consejo, etc)* wise, sensible | **2** *m,f* wise person
sablazo *m* ◆ *(con un sable)* blow of a sabre; *(en un brazo, etc)* sabre wound ◆ *fam* **dar un s. a alguien,** to scrounge money off sb
sable *m* sabre, US saber
sabor *m* ◆ *(de una sustancia)* taste, flavour, US flavor: **tenía un s. amargo,** it had a bitter taste; **tener un s. a,** to taste of; **con s. a menta,** mint-flavoured ◆ *(aire)* **estas calles tienen un ligero s. medieval,** these streets have a slight medieval flavour ◆ | LOC: **dejar mal s. de boca,** to leave a bad taste in one's mouth
saborear *vtr* ◆ *(un alimento, una bebida)* to savour, US savor ◆ *(una cosa, una sensación)* to relish, enjoy
sabotaje *m* sabotage
saboteador,-ora *m,f* saboteur
sabotear *vtr* to sabotage
sabroso,-a *adj* ◆ *(un alimento, una bebida)* tasty ◆ *fam (una anécdota, etc)* juicy
sabueso *m* ◆ *Zool* bloodhound ◆ *fam (una persona)* sleuth
sacacorchos *m inv* corkscrew
sacamuelas *mf inv fam* dentist
sacapuntas *m inv* pencil sharpener
sacar *vtr* ◆ *(de un sitio)* to take out; **s. la cabeza por la ventana,** to stick one's head out of the window; **s. dinero del banco,** to withdraw money from the bank ◆ *(un beneficio, etc)* to get ◆ *(una cosa de otra)* to extract, to get: **de la uva se saca vino,** you get wine from grapes ◆ *(una solución)* to work out; **s. conclusiones,** to draw conclusions ◆ *(un documento)* to get ◆ *(una entrada, un billete)* to buy, get ◆ *(de una mala situación)* **s. a alguien de algo,** to get sb out of sthg; **s. de la pobreza,** to save from poverty ◆ *(poner en circulación)* to bring out, release ◆ *fam (una fotografía)* to take ◆ *(un jugador una carta o una ficha)* to draw ◆ *(una mancha)* to get out ◆ *Cost (de largo)* to let down; *(de ancho)* to let out | **2** *vi Dep (en tenis)* to serve; *(en fútbol,*

baloncesto, etc) to kick off ◆ | LOC: **s. a alguien a bailar,** to ask sb to dance; **s. a relucir,** to point out; **s. adelante,** to keep going; **s. en claro** *o* **limpio,** to make sense of; **s. la lengua,** to stick one's tongue out
sacarina *f* saccharin
sacerdote *m* priest; **sumo s.,** high priest
sachar *vtr* to weed, hoe
saciar *vtr* ◆ (*el hambre*) to satisfy ◆ (*la sed*) to quench ◆ (*una ambición, etc*) to fulfill, satisfy
saciedad *f* satiety ◆ | LOC: **comer** *o* **beber hasta la s.,** to eat *o* drink one's fill; **decir algo hasta la s.,** to repeat sthg over and over again
saco *m* sack; **s. de dormir,** sleeping bag
sacramento *m* sacrament; **los últimos sacramentos,** the last rites
sacrificar *vtr* ◆ to sacrifice ◆ (*a un animal*) (*como ofrenda*) to sacrifice; (*para su consumo*) to slaughter; (*por enfermedad*) to put down
■ **sacrificarse** *vr* to make sacrifices [**por,** for]
sacrificio *m* sacrifice
sacrilegio *m* sacrilege
sacrílego,-a *adj* sacrilegious
sacristán *m* sacristan, verger
sacristía *f* vestry, sacristy
sacro,-a *adj* ◆ *Rel* sacred ◆ *Anat* sacrum
sacudida *f* ◆ (*movimiento brusco*) shake; **avanzar a sacudidas,** to go forwards in jerks, to jerk along; (*de terremoto*) tremor ◆ *fam* (*eléctrica*) electric shock ◆ (*fuerte impresión*) shock
sacudir *vtr* ◆ (*de un lado a otro*) to shake ◆ (*para limpiar*) to shake off; (*una alfombra*) to beat ◆ (*algo molesto*) to brush off ◆ *fam* (*pegar a alguien*) to wallop, beat sb up ◆ (*con una emoción intensa*) to shock, shake
sádico,-a 1 *adj* sadistic | 2 *m,f* sadist
sadismo *m* (*perversión sexual*) sadism; *fam* (*crueldad*) sadism
sadomasoquista 1 *adj* sadomasochistic | 2 *mf* sadomasochist
saeta *f* ◆ (*flecha*) dart, arrow ◆ (*copla devota flamenca*) devotional song sung in Holy Week in Andalusia
safari *m* ◆ (*expedición de caza mayor*) safari ◆ (*viaje*) **están de s. fotográfico en Madagascar,** they are on a photographic safari in Madagascar ◆ **s. park,** safari park
sagacidad *f* (*perspicacia*) shrewdness, astuteness
sagaz *adj* (*perspicaz, agudo*) shrewd, astute

Sagitario 1 *m Astron Astrol* Sagittarius | 2 *mf* (*persona*) Sagittarius, Sagittarian
sagrado,-a *adj* ◆ *Rel* holy, sacred; **las Sagradas Escrituras,** the Holy Scriptures *pl* ◆ *fam fig* (*que hay que respetar*) **la siesta es sagrada,** the siesta is a sacred tradition; **para ella la familia es sagrada,** for her the family is sacred
sagrario *m Rel* tabernacle
Sahara *m* Sahara
saharaui *adj & mf* Saharan
sainete *m Teat* one-act farce, comic sketch
sajón,-ona *adj & m,f* Saxon
sal *f* salt; **s. fina** *o* **de mesa,** table salt; **s. gruesa** *o* **gorda,** cooking salt; **sales de baño,** bath salts ◆ *fam* (*chispa, gracejo*) wit, sparkle; **la s. de la vida,** the spice of life
sala *f* ◆ (*para un uso concreto*) room; **s. de espera,** waiting room; (*en una casa*) **s.** *o* **salita de estar,** lounge, living room; (*de un hospital*) ward; **s. de justicia,** courtroom ◆ (*para espectáculos, actos públicos, etc*) **s. de conferencias,** conference *o* lecture hall; (*de cine, teatro, música*) auditorium; **un cine con seis salas,** a six-screen cinema; **s. de exposiciones,** exhibition hall, gallery ◆ **s. de fiestas,** night club
salado,-a *adj* ◆ *Culin* salted; (*con mucha sal*) salty ◆ (*no dulce*) savoury, *US* savory ◆ *fig fam* (*divertido, jovial*) amusing, witty: **¡qué niño más s.!,** what a funny little boy! ◆ *LAm* (*desafortunado*) unlucky; *fam* jinxed
salamandra *f Zool* salamander
salami *m* salami
salar *vtr* ◆ (*echar sal a una comida*) to add salt to ◆ (*poner en salazón*) to salt
salarial *adj* wage, salary: **los trabajadores exigieron un aumento s.,** the workers demanded a wage rise
salario *m* pay; wage; **s. base,** basic wage; (*sueldo mensual*) salary

> Hay una importante diferencia entre **salary** y **wage**. Aunque los dos significan *sueldo* o *salario*, **salary** se calcula anualmente, se paga mensualmente y se traduce en una cantidad constante que perciben los profesionales, mientras que **wage** se calcula por horas o días, se paga semanalmente y representa el salario de los trabajadores, obreros, oficinistas, etc.

salazón *f* ◆ (*producto*) salted meat *o* fish ◆ (*operación de salar*) salting

salchicha *f* sausage

salchichón *m* (salami-type) spiced sausage

saldar *vtr* ◆ *Fin (una deuda)* to settle, pay (off); *(una cuenta)* to settle ◆ *fig (un asunto, una discusión)* to settle: **las negociaciones se saldaron con un acuerdo**, the negotiations ended with an agreement ◆ *Com (liquidar una mercancía)* to sell off; *(libros)* to remainder

saldo *m* ◆ *Fin (de una cuenta)* balance; **s. negativo**, debit balance; **s. positivo**, credit balance; *(de una deuda, una factura)* settlement ◆ *Com* **saldos**, sales; **precios de s.**, sale prices; *(resto, remanente)* remainder, leftover ◆ *fig (resultado de una acción)* outcome: **la colisión dejó un s. de tres heridos**, three people were injured in the crash

salero *m* ◆ *(para poner la sal)* saltcellar *US* salt shaker ◆ *fam (desenfado, gracejo)* wittiness, sparkle

salida *f* ◆ *(lugar por donde se sale)* exit, way out: **nos pasamos diez minutos buscando la s.**, we spent ten minutes looking for the way out; **este carril tiene s. a la autopista**, this lane leads onto the motorway; **callejón sin s.**, dead end; *(de una tubería, desagüe)* outlet, outflow; *Inform* output ◆ *(acción de salir)* leaving; **a la s. del trabajo**, on leaving work; *(de un tren, un avión)* departure; *(del sol, la luna, etc)* rising; **s. del sol**, sunrise; *(viaje corto, excursión)* trip; **una s. al campo**, an outing to the country ◆ *Dep* start; **línea de s.**, starting line ◆ *(solución)* option, solution: **este problema no tiene salida**, there's no solution to this problem ◆ *Lab* prospect: **la filosofía no tiene muchas salidas**, there aren't many job opportunities in philosophy ◆ *fig (agudeza, ocurrencia)* witty remark

salido,-a *adj* ◆ *(saliente, prominente)* projecting; *(frente, pómulos, etc)* prominent; *(ojos)* bulging; *fam* sticky-out ◆ *fam pey (persona)* horny, randy

saliente **1** *adj* ◆ *(persona)* outgoing; **el ministro s.**, the outgoing minister ◆ *(pómulos, frente, etc)* prominent; *(ojos)* bulging | **2** *adj & m Arquit (de un balcón, edificio, etc)* projecting

salina *f* ◆ *(yacimiento, mina)* salt mine; *(instalación)* saltworks *pl* ◆ *(laguna)* salt marsh

salino,-a *adj* saline

salir *vi* ◆ *(de un lugar)* to go out: **nunca ha salido de su país**, he's never been out of his country; **el ladrón salió por la ventana**, the burglar got out through the window; *(si el hablante está fuera)* to come out: **¡sal de la habitación, por favor!** please, come out of the room! ◆ *Inform* to exit; *(de un sistema)* to log off ◆ *(partir)* to leave: **salí de casa a mediodía**, I left home at noon; **nuestro avión sale a las seis**, our plane departs at six ◆ *(para divertirse)* to go out: **siempre sale los viernes**, she always goes out on Friday ◆ *(tener una relación)* to go out: **está saliendo con Ana**, he's going out with Ana ◆ *Dep* to start; *(en juegos)* to lead ◆ *(manifestarse, emerger)* **le ha salido un grano en la cara**, he has got a spot on his face; **me salió sangre de la nariz**, my nose was bleeding; *(un astro)* to rise: **la Luna sale al atardecer**, the moon comes out in the evening; *(retoñar, germinar)* to sprout ◆ *(surgir)* **la idea salió de ti**, it was your idea ◆ *(aparecer)* **mi hermana salía en (la) televisión**, my sister appeared on television; *(un libro, un disco, etc)* to come out ◆ **salir a** *(parecerse)* **ha salido a su hermano**, he takes after his brother; *(costar)* **el almuerzo sale a 500 pesetas cada uno**, lunch works out at 500 pesetas a head ◆ *(resultar)* **su hija le ha salido muy estudiosa**, her daughter has turned out to be very studious; **salió premiado el número 5566**, the winning number was 5566; *(ser elegido)* **salió alcalde**, he was elected mayor; *(una operación matemática)* **a él le da 20, pero a mí me sale 25**, he gets 20, but I make it 25 ◆ *(costar)* **nos sale barato**, it works out cheap ◆ *(superar una situación, una gran dificultad)* to come through, get over: **estuvo muy enfermo, pero salió de esa**, he was very ill, but he pulled through ■ **salirse** *vr* ◆ *(irse)* to leave: **me salí antes de que acabase la película**, I left before the end of the film; *(dejar una asociación, un grupo)* **Juan se ha salido del partido**, John has left the party ◆ *(de un límite)* **el coche se salió de la calzada**, the car went off the road; *(desbordarse, rebosar)* to overflow; *(al hervir)* to boil over ◆ *(escaparse un gas o un líquido por una grieta)* to leak (out) ◆ *(no encajar bien, soltarse)* **se salió una pieza del motor**, a part of the engine came off | LOC: **s. con la suya**, to get one's own way

salitre *m* salpetre

saliva *f* saliva, *fam* spit ◆ | LOC: **no gastes s. con ese machista**, don't waste your breath on that sexist; **tragar s.**, to swallow hard

salivar *vi* to salivate
salmo *m* psalm
salmón 1 *m Zool* salmon | **2** *adj inv & m,f (color)* salmon-pink, salmon
salmonelosis *f inv Med* salmonella
salmonete *m Zool* red mullet
salmuera *f* brine
salobre *adj* salty, briny; **agua s.**, brackish water
salón *m* ◆ *(de una casa)* lounge, living *o* sitting room ◆ *(de un edificio para diversos usos)* hall; **s. de actos**, assembly hall, *US* auditorium; **s. de conferencias**, conference room ◆ *(establecimiento)* **s. de baile**, ballroom, dance hall; **s. de belleza**, beauty salon *o* parlour *US* parlor; **s. de té**, tearoom, teashop ◆ *(exposición)* exhibition; **s. del automóvil**, motor show

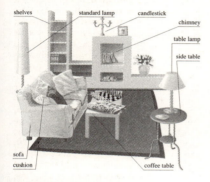

salpicadero *m Auto* dashboard
salpicadura *f* ◆ *(acción)* splashing, spattering ◆ *(mancha)* splash, spatter
salpicar *vtr* ◆ *(con un líquido, barro, etc)* to splash, spatter ◆ *(con especias, etc)* to sprinkle ◆ *(con anécdotas, bromas, etc)* to pepper ◆ *(un escándalo)* to affect, implicate
salpicón *m Culin* **s. de marisco**, seafood cocktail
salpimentar *vtr* to season, spice
salsa *f* ◆ sauce; *(de jugo de carne)* gravy ◆ *Mús* salsa ◆ | LOC: **estar** *o* **encontrarse en su s.**, to be in one's element
saltador,-ora *m,f Dep* jumper; **s. de pértiga**, pole vaulter
saltamontes *m inv Zool* grasshopper
saltar 1 *vi* ◆ to jump, leap; **s. con una pierna**, to hop; **s. en paracaídas**, to parachute ◆ *(el aceite, etc)* to spit ◆ *(una alarma, etc)* to go off ◆ *(con una explosión o estallido)* to explode, blow up ◆ *(con una frase)* to retort: **no me vuelvas a s. con esa tontería**, don't come out with such nonsense again ◆ *(a la mente)* to leap (to one's mind) | **2** *vtr* ◆ *(por encima de algo)* to jump (over) ◆ | LOC: **hacer s. por los aires**, to blow into the air; **s. a la vista**, to be obvious

■ **saltarse** *vr* ◆ *(un botón, un empaste, etc)* to come off ◆ *(una página, una comida, etc)* to skip, miss out ◆ *(una obligación, una norma)* to ignore; **s. el semáforo**, to jump the lights ◆ | LOC: **se me saltaron las lágrimas**, my eyes filled with tears
saltear *vtr* ◆ *(un camino)* to rob ◆ *(una actividad o cosa con otra)* to do things by turns ◆ *Culin* to sauté
saltimbanqui *mf fam* acrobat, tumbler
salto *m* ◆ jump, leap; **avanzar a saltos**, to hop along; **dar un s. de alegría**, to jump for joy; *(el corazón)* **dar un s.**, to pound [**de**, with] ◆ *Dep* jump; **s. de pértiga**, pole vault; **s. mortal**, somersault; *(en el agua)* dive ◆ *(por omisión, diferencia, vacío)* gap ◆ **s. atrás**, backward step ◆ **s. de agua**, waterfall ◆ **s. de cama**, negligée ◆ | LOC: *fam* **vivir a s. de mata**, to live from day to day
saltón,-ona *adj* prominent; **ojos saltones**, bulging eyes
salubre *adj frml & hum* salubrious
salubridad *f* healthiness; **normas de s.**, health regulations
salud *f* ◆ *(de un ser vivo)* health ◆ *(de una institución, etc)* welfare, health ◆ *excl* **¡s.!**, *(al brindar)* cheers!; *(al estornudar)* bless you!
saludable *adj* ◆ *(una persona, clima, alimentación, etc)* healthy ◆ *(provechoso)* good, helpful, beneficial
saludar *vtr* ◆ *(a alguien directamente) (de palabra)* to say hello to, greet; *(con la mano)* to wave to ◆ *(a alguien a través de otros)* to send regards to: **salúdales de nuestra parte**, give them our regards ◆ *(a alguien en una carta)* **le saluda atentamente**, Yours faithfully *o* sincerely ◆ *Mil* to salute ◆ *(un acontecimiento, una medida)* to welcome
saludarse *vr* to say hello to each other, greet each other ◆ | LOC: **no saludarse**, not to be on speaking terms
saludo *m* ◆ *(de palabra)* greeting ◆ *(con la mano)* wave ◆ *Mil* salute ◆ | LOC: **un s.** *o* **saludos**, best wishes, regards
salva *f* ◆ *Mil* salvo, salute ◆ **s. de aplausos**, burst of applause

salvación *f* salvation
salvado *m* bran
salvador,-ora 1 *m,f* saviour *US* savior | **2** *m Geog* **El Salvador,** El Salvador
salvadoreño,-a *adj* & *m,f* Salvadorean, Salvadoran
salvaguarda *f* → salvaguardia
salvaguardar *vtr* to safeguard [de, from]
salvajada *f* ◆ *(acción violenta)* atrocity ◆ *fam (actitud insensata)* stupid thing to do: **no dormir en 72 horas es una s.,** not to sleep for 72 hours is madness ◆ *fam (precio exagerado)* **les costó una s.,** it cost them an outrageous amount
salvaje 1 *adj* ◆ *Bot Zool* wild ◆ *(terreno)* uncultivated ◆ *(cultura, tribu)* savage ◆ *(comportamiento)* cruel, brutal ◆ *pey (inculto, maleducado)* uncouth; *(zoquete)* thick: **no seas s., claro que fue Colón,** don't be so thick, of course it was Columbus | **2** *m, f (cultura, tribu)* savage ◆ *fam (bruto)* animal, savage
salvajismo *m* savagery
salvamanteles *m inv* (table) mat
salvar *vtr* ◆ *(librar de un peligro)* to save [de, from] ◆ *(conservar)* **no salvaron nada de la tormenta,** they didn't save anything from the storm ◆ *Rel* to save ◆ *(pasar un obstáculo)* to cross ◆ *(superar una dificultad, un apuro)* to overcome ◆ *(hacer una excepción)* **salvando a José, todos fueron castigados,** except for José, everyone was punished ■ **salvarse** *vr* ◆ *(salvar la vida)* to survive: **se salvaron cinco personas,** five people survived *o* got out alive; *fam* **s. por poco** *o* **por los pelos,** to have a miraculous *o* narrow escape; *(librarse de algo)* **se salvó del castigo,** she escaped punishment ◆ *Rel* to be saved ◆ | LOC **¡sálvese quien pueda!,** every man for himself!
salvavidas *m inv* life belt; **bote s.,** lifeboat
salvedad *f (limitación)* exception: **están todos, con la s. de María,** all of them are here except Maria; **con una s.,** with one condition; **hecha esta s....,** aside from that...; *(condición)* proviso
salvia *f Bot* sage
salvo,-a 1 *adj (ileso)* safe, unharmed | **2** *prep (menos, excepto)* not including, except: **abre los sábados, salvo en agosto,** it's open on Saturdays, except in August ◆ | LOC **a s.,** out of danger; **s. que,** unless, except that
salvoconducto *m* safe-conduct
san *adj* saint; **San Pedro,** Saint Peter → **santo,-a**

sanar 1 *vtr (curar a un enfermo)* to cure | **2** *vi* ◆ *(recobrar la salud)* to recover [de, from], become healthy, get well ◆ *(una herida)* to heal
sanatorio *m* sanatorium *US* sanitarium
sanción *f* ◆ *(castigo)* punishment, sanction; **la s. por conducir ebrio...,** the penalty for drunken driving...; *(multa)* fine ◆ *(confirmación, validación)* sanction, *frml* approval
sancionar *vtr* ◆ *(imponer un castigo)* to penalize; *(a un jugador, un trabajador)* **ser sancionado,** to be suspended; *(multar)* to fine ◆ *(confirmar una ley, una costumbre)* to sanction
sandalia *f* sandal
sándalo *m* sandalwood
sandez *f fam* stupid thing: **no dijo más que sandeces,** he talked nothing but nonsense
sandía *f* watermelon
sandwich *m* sandwich
saneamiento *m* ◆ *(limpieza)* cleaning-up ◆ *fig (de una empresa)* reorganization ◆ *(instalación sanitaria)* plumbing; *(alcantarillado)* drainage
sanear *vtr* ◆ *(hacer más salubre)* to clean up ◆ *(un río, un terreno)* to drain ◆ *fig (una empresa)* to reorganise *o* reorganize
sangrar 1 *vtr* ◆ *Med (sacar sangre)* to bleed ◆ *(un párrafo)* to indent ◆ *fam (aprovecharse, abusar)* to bleed dry | **2** *vi (salir sangre)* to bleed
sangre *f* ◆ blood; **derramamiento de s.,** bloodshed ◆ *(familia)* blood: **son de la misma s.,** they are related *o* from the same family ◆ | LOC: **chupar la s. a alguien,** *fig* to bleed sb dry *o* white; **hervir la s. en las venas,** to make sb's blood boil; **no llegar la s. al río,** not to go beyond that: **han reñido, pero no llegó la s. al río,** they've fallen out, but it didn't go beyond that; **no tener s. en las venas** *o* **tener la s. de horchata,** to be very unemotional; **s. fría,** sangfroid, calmness; **a s. fría,** in cold blood
sangría *f* ◆ *Med* bloodletting, bleeding ◆ *(en un texto)* indentation ◆ *fig (gasto)* drain ◆ *(bebida)* sangria
sangriento,-a *adj* ◆ *(una herida)* bleeding ◆ *(un enfrentamiento, una guerra, etc)* bloody
sanguijuela *f* ◆ *Zool* leech ◆ *fam pey (persona)* bloodsucker
sanguinario,-a *adj* bloodthirsty: **fue un dictador s.,** he was a bloodthirsty dictator
sanguíneo,-a *adj* blood

sanidad *f (salud pública)* public health system

sanitario,-a 1 *adj* ◆ *(de la sanidad)* health; **asistencia sanitaria,** medical care ◆ *(instalaciones)* **ese lugar no reunía las condiciones sanitarias mínimas,** that place didn't meet the basic sanitary conditions | **2** *m & f* ◆ *(persona)* paramedic, health worker ◆ **sanitarios,** bathroom fittings

sano,-a *adj* ◆ *(con buena salud)* healthy ◆ *(beneficioso para la salud)* healthy, wholesome: **toma comida sana,** she eats healthy foods; **fumar no es sano,** smoking is not good for your health ◆ *(costumbres, ideas)* healthy: **leer es una costumbre muy sana,** reading is a very healthy habit ◆ *(indemne)* undamaged: **sólo quedó una copa sana,** only one glass was left intact | LOC **cortar por lo s.,** to take drastic measures; **s. y salvo,** safe and sound

San Salvador *m* San Salvador

sánscrito *m* Sanskrit

Santa Sede *f* **la Santa Sede,** the Holy See, the Vatican

Santiago de Chile *m* Santiago

santiamén *m fam* **en un s.,** in no time at all

santidad *f* ◆ *Rel (tratamiento al Papa)* **Su S.,** His Holiness ◆ *Rel (calidad de santo)* godliness, saintliness, holiness

santificar *vtr* ◆ *Rel (convertir en santo)* to sanctify ◆ *Rel (consagrar, bendecir)* to consecrate, hallow

santiguarse *vr Rel* to cross oneself

santo,-a 1 *adj* ◆ *Rel (lugar, hecho, vida, etc)* holy ◆ *(persona canonizada)* Saint; **Santo Tomás,** Saint Thomas ◆ **acabó haciendo su santa voluntad,** he ended up doing just as he wanted; *fam* **todo el santo día,** the whole blessed day | **2** *m,f* ◆ *(persona muy buena)* saint | **3** *m (onomástica)* **es mi santo,** it's my saint's day *o* name day ◆ | LOC: **se me/le fue el s. al cielo,** it went straight out of my/his head; **quedarse para vestir santos,** *fam* to be left on the shelf; **tener/no tener el santo de cara,** to be very lucky/unlucky; **¿a santo de qué?,** why on earth?

Santo Domingo *m* ◆ *Geog* Santo Domingo ◆ *Rel* St Dominic

santuario *m Rel* shrine, sanctuary; *fig (sitio seguro)* sanctuary

saña *f* ◆ *pey (crueldad)* cruelty, brutality: **nos pegaron con s.,** we were brutally beaten ◆ *(coraje)* rage, fury: **defendió con s. sus teorías,** he fought furiously for his ideas

São Paulo *m* São Paulo

sapo *m Zool* toad ◆ | LOC: *fam (despotricar)* **echar sapos y culebras,** to curse and swear: **echaba sapos y culebras contra su jefe,** he was ranting and raving about his boss

saque *m* ◆ *(en tenis, bádminton, voleibol, etc)* service; *Ftb* kick-off; **s. de banda,** throw-in; **s. de puerta,** goal-kick ◆ *fam* **tener buen s.,** to be a big eater

saquear *vtr* ◆ *Hist (una población)* to sack, plunder: **las tropas saquearon la aldea,** the troops plundered the village ◆ *fig (desvalijar una tienda, una casa)* to loot, rifle

saqueo *m Hist (de una localidad)* plundering, sacking ◆ *fig (en una tienda, una casa)* looting, ransacking

S.A.R. *(abr de Su Alteza Real)* His *o* Her Royal Highness, H.R.H.

sarampión *m* measles

sarcasmo *m* ◆ sarcasm ◆ **es un s. que...,** it is ironic that...

sarcástico,-a *adj* sarcastic

sarcófago *m* sarcophagus

sardina *f* sardine ◆ | LOC *fam (muy apretados)* **iban como sardinas en lata,** they were packed like sardines

sargento *m & f Mil* sergeant; *fam pey (persona dominante)* bossy person

sarmiento *m* vine shoot

sarna *f (en animales)* mange; *(en personas)* scabies

sarpullido *m* rash

sarro *m (en los dientes)* tartar; *(bajo la lengua)* fur; *(en un recipiente, una tubería)* fur, scale

sarta *f (ristra, hilera)* string; *fig (sucesión)* **una s. de tonterías,** a string of silly remarks

sartén *f* frying pan ◆ | LOC: *fam* **tener la s. por el mango,** to call the shots, have the upper hand

sastre *m & f* tailor

Satanás *m* Satan

satánico,-a *adj* satanic

satélite *m Astron* satellite; *fig (país sometido)* satellite (state)

satén *m* satin

satinar *vtr* to make glossy

sátira *f* satire

satírico,-a *adj* satirical

satirizar *vtr* to satirize

satisfacción *f* satisfaction: **fue una enorme s. para nosotros...,** it was a great pleasure for us...; **tuve la s. de decirle que había ganado,** I had the satisfaction *o* pleasure of telling him that he was the

satisfacer

winner ◆ *(de un deseo)* satisfaction, fulfilment *o US* fulfillment of a desire

satisfacer *vtr* ◆ *(colmar una aspiración, una necesidad)* to satisfy: **nunca satisfizo su sueño de ir a África,** she never fulfilled her dream of going to Africa; **s. la curiosidad,** to satisfy one's curiosity ◆ *(gustar, complacer)* **me satisface ayudarte,** I'm pleased to help you; **no le satisfacía su comportamiento,** he was not satisfied with his conduct ◆ *(reunir condiciones, requisitos)* to satisfy, meet ◆ *frml (una cantidad, una deuda)* to pay, settle

satisfactorio,-a *adj* satisfactory

satisfecho,-a *adj* ◆ *(contento, conforme)* satisfied: **está muy s. con su nueva casa,** he's very pleased with his new house; **darse por s.,** to be happy *o* satisfied ◆ *(harto de comida)* **no, gracias, estoy s.,** no, thanks, I'm full ◆ *(de uno mismo)* self-satisfied, smug

saturar *vtr* to saturate, flood; *Fís & Quím* to saturate

Saturno *m Astron* Saturn

sauce *m Bot* willow; **s. llorón,** weeping willow

saudí, saudita *adj & mf* Saudi

sauna *f* sauna

savia *f Bot* sap

saxo 1 *m (instrumento)* sax, saxophone | **2** *m,f (intérprete)* saxophonist, sax player

saxofón 1 *m* saxophone | **2** *m,f (intérprete)* saxophone, saxophonist

saxofonista *mf* saxophonist

sayo *m* smock

sazonar *vtr (aderezar)* to season

se¹ *pron pers* ◆ *(reflexivo)* 3.ª *pers sing (objeto directo) (a sí mismo)* himself; *(a sí misma)* herself: **se cuida mucho,** she takes good care of herself; *(un animal a sí mismo)* itself; *(objeto indirecto) (a sí mismo)* (for *o* to) himself; *(a sí misma)* (for *o* to) herself; *(un animal a sí mismo)* for *o* to itself: **el león se lamía las heridas,** the lion licked its wounds; *plural (objeto directo) (a sí mismos)* themselves; *(indirecto)* (for *o* to) themselves ◆ *frml* 2.ª *pers sing (objeto directo) (a usted mismo)* yourself; *plural (a ustedes mismos)* yourselves: **dejen de minusvalorarse,** stop underestimating yourselves ◆ *(recíproco)* each other, one another: **se adoran,** they adore each other ◆ *(impersonal)* **cualquiera se puede equivocar,** anyone can make a mistake; **se puede ir en tren,** you can go by train; **se prohíbe aparcar,** parking is forbidden ◆ *(pasiva)* **la casa se construyó en 1780,** the house was built in 1780

se² *pron pers* ◆ *(objeto indirecto)* 3.ª *persona sing (masculino)* (to *o* for) him; *(femenino)* (to *o* for) her; *(plural)* (to *o* for) them: **se lo dedicó a Carla,** he dedicated it to Clara; **se lo deletreé,** I spelt it for him; **se lo susurró al oído,** he whispered it in her ear ◆ 2.ª *persona (a usted o ustedes)* (to *o* for) you: **no se lo reprocho,** I don't reproach you

SE *(abr de sudeste o sureste)* southeast, SE

sebo *m* ◆ *(materia grasa)* fat ◆ *(de una vela)* tallow ◆ *(en la piel)* spot

secado *m* drying

secador,-ora 1 *m* **s. de manos,** hand-dryer; **s. de pelo,** hairdryer | **2** *f (de ropa)* tumble dryer

secano *m* unirrigated land

secante 1 *adj* ◆ drying; **papel s.,** blotting paper ◆ *Mat* secant | **2** *f Mat* secant

secar *vtr* to dry: **el sol secó la pintura,** the sun dried the paint

■ **secarse** *vr* ◆ *(una planta, un río)* to dry up: **la fuente se secó,** the fountain dried up ◆ *(una persona)* to dry oneself: **sécate bien las manos,** dry your hands well ◆ *(un objeto)* **espera a que se seque,** wait till it's dry

sección *f* ◆ *(parte, apartado, tramo)* section; *Com* **s. de bisutería,** costume jewellery department ◆ *(de un plano)* cross-sección ◆ *(incisión)* cut ◆ *Mat* section

seco,-a *adj* ◆ *(sin humedad)* dry; *(disecado)* dried; *(sin agua)* **el río está seco,** the river is dry ◆ *(planta)* dried up ◆ *(pelo, piel)* dry ◆ *(tos)* dry, hacking ◆ *(vino, alcohol)* dry ◆ *(poco afable)* curt, sharp; *(contestación)* crisp, terse ◆ *(golpe, ruido)* sharp ◆ *(delgado, con poca carne)* skinny ◆ *fam (atónito, parado)* stunned ◆ |LOC: **a secas** *(sin más)* **llámame Paco a secas,** just call me Paco; **en s.** *(de golpe, bruscamente)*: **estaba hablando y se paró en seco,** he was talking when he stopped dead

secreción *f* secretion

secretaría *f (oficina)* secretary's office; **s. de Estado,** State Department; *Pol* **s. general,** *(cargo)* secretaryship; *(sede de la secretaría)* general secretariat

secretariado *m* ◆ *Educ* secretarial course ◆ *(oficina)* secretariat

secretario,-a *m,f* secretary

secreto,-a 1 *adj* secret; **agente s.,** secret agent | **2** *m* ◆ secret: **no sabe guardar un s.,** he can't keep a secret; **la naturaleza**

tiene sus secretos, Nature has its own mysteries; **un s. a voces,** an open secret ♦ *(discreción, reserva)* secrecy; **s. profesional,** professional secrecy ♦ | LOC: **en s.,** in secret, secretly

secta *f* sect

sectario,-a 1 *adj* sectarian | **2** *m,f* sectarian

sector *m* ♦ *(de una ciudad, edificio, etc)* area ♦ *(de un grupo)* sector ♦ *Geom Econ* sector; **s. primario/secundario,** primary/secondary sector

sectorial *adj* sectorial

secuela *f* effect, consequence: **la enfermedad le ha dejado graves secuelas,** the illness has had serious after-effects

secuencia *f* sequence

secuestrador,-ora *m,f* ♦ *(raptor)* kidnapper; *(de un vehículo)* hijacker

secuestrar *vtr* ♦ *(a una persona)* to kidnap; *(un vehículo)* to hijack ♦ *Jur (una edición, etc)* to confiscate

secuestro *m* ♦ *(de una persona)* kidnapping; *(de un vehículo)* hijacking ♦ *Jur (de una edición, etc)* confiscation

secular *adj* ♦ *Rel* secular ♦ *(duradero, centenario)* age-old, centuries-old

secundar *vtr* to back, support

secundario,-a *adj* secondary

secuoya *f Bot* sequoia

sed *f* ♦ thirst: **tengo mucha sed,** I'm thirsty; **calmar la sed,** to quench one's thirst ♦ *fig (de justicia, libertad)* hunger, thirst; **tener s. de justicia,** to be hungry *o* thirsty for justice

seda *f* silk; **s. dental,** dental floss ♦ | LOC: **todo va como la s.,** everything goes smoothly

sedal *m* fishing line

sedante *adj & m* sedative

sede *f* ♦ *(de una organización, negocio)* headquarters, head office ♦ *(de un acontecimiento)* venue: **Lisboa es la s. de la exposición universal,** Lisbon is the venue for the World Fair ♦ *(de gobierno)* seat ♦ *Rel* **s. episcopal,** see; **la Santa S.,** the Holy See

sedentario,-a *adj* sedentary

sediento,-a *adj* thirsty

sedimentación *f* sedimentation

sedimentarse *vr* to settle

sedimentario,-a *adj* sedimentary

sedimento *m* sediment, deposit

sedoso,-a *adj* silky

seducción *f* seduction

seducir *vtr* ♦ *(físicamente)* to seduce ♦ *(tentar, atraer)* to tempt: **la idea me seduce,** the idea is tempting ♦ *(arrastrar, embaucar)* to take in: **no te dejes s. por su palabrería,** don't let yourself be taken in by all his talk

seductor,-ora 1 *adj (mirada, persona, etc)* seductive ♦ *(proyecto, idea, oferta)* tempting, seductive | **2** *m,f* seducer

sefardí, sefardita 1 *adj* Sephardic | **2** *mf* Sephardi; **los sefardí(e)s,** the Sephardim

segador,-ora *m,f* harvester

segadora *f Agr (máquina)* reaper

segar *vtr* to reap, cut

seglar 1 *adj* secular, lay | **2** *mf* layman, laywoman

segmento *m* segment

segregación *f* ♦ *(de una sustancia, un jugo gástrico, etc)* secretion ♦ *(separación)* segregation ♦ *(marginación)* **s. racial,** racial segregation

segregar *vtr* ♦ *(una sustancia, un jugo)* to secrete ♦ *(separar)* to segregate; *(marginar)* to marginalize

seguido,-a 1 *adj* ♦ *(sin interrupción)* continuous: **estuvo hablando durante tres horas seguidas,** she was talking non-stop for three whole hours ♦ *(uno tras otro)* consecutive: **he ido al cine cuatro fines de semana seguidos,** I have been to the cinema four weekends in a row; **se bebió tres vasos de agua seguidos,** she drank three glasses of water one after the other | **2 seguido** *adv* straight; **todo s.,** straight on, straight ahead

seguidor,-ora *m,f* ♦ follower ♦ *Dep* fan

seguimiento *m* ♦ *(de una enfermedad, proceso)* monitoring ♦ *(de una persona, vehículo)* tracking; **estación de s. (espacial),** tracking station

seguir 1 *vtr* ♦ to follow: **ésta es la hermana que me sigue,** she's the sister who comes after me; **me sigue a todas partes,** he follows me wherever I go; **me seguía con la mirada,** his eyes followed me ♦ *(comprender)* to understand, follow: **no soy capaz de s. el argumento,** I can't follow the plot ♦ *(una ruta, camino, consejo)* to follow ♦ *(el ritmo, la moda)* to keep: **no sigues el ritmo,** you aren't keeping time ♦ *(el rastro, las huellas)* to track | **2** *vi* ♦ *(continuar)* to keep (on), go on: **seguiremos mañana,** we'll continue tomorrow; **siguen casados,** they are still married; **sigue tirando de la cuerda,** keep (on) pulling at the rope ➢ Ver nota en **continue** y **keep** ♦ *(extenderse, llegar hasta)* to stretch (out): **los sembra-**

según

dos siguen hasta la ribera, the fields stretch down to the river-bank
■ **seguirse** *vr* to follow, ensue
según 1 *prep* ♦ *(de acuerdo con)* according to; **s. mis cálculos,** according to my calculations ♦ *(en la opinión de)* **s. los metodistas,** according to the Methodists; **s. tú, María es la mejor,** according to you, Maria is the best ♦ *(dependiendo de)* depending on: **el precio varía s. el peso,** the price varies according to the weight ♦ *(por el modo en que)* **s. lo dijo, parecía preocupada,** by the way she was speaking, she seemed worried | 2 *adv* ♦ *(tal como)* just as: **cóselo s. indica el patrón,** sew it just as the pattern shows ♦ *(a medida que)* as: **s. nos íbamos acercando...,** as we were coming closer...
segundero *m* second hand
segundo,-a 1 *adj* second | 2 *pron* second (one): **es siempre la segunda en levantarse,** she is always the second to get up; **viajaremos en segunda,** we'll travel second class | 3 *m* ♦ *(unidad de tiempo)* second; *fam fig* **dame un s.,** wait a second ♦ *(persona)* **es el s. (de a bordo) de la empresa,** he is second-in-command of the firm | 4 *f Auto* second (gear) | 5 *fpl (intención disimulada)* **su comentario iba con segundas,** his remark had a double meaning
seguramente *adv* ♦ *(con gran probabilidad)* probably: **s. estará en casa,** she's probably at home ♦ *(sin lugar a dudas)* surely
seguridad *f* ♦ *(confianza)* **hablaba con mucha s.,** he spoke with great self-confidence ♦ *(certeza)* sureness: **ten la s. de que no te engañará,** you can be certain that he won't deceive you; **con toda s.,** surely ♦ *(garantía)* **no me dan la s. de que me vayan a contratar,** they won't guarantee that they'll hire me ♦ *(contra accidentes)* safety; **s. en el empleo,** safety at work; **cinturón de s.,** safety belt ♦ *(contra robos, etc)* security; **cerradura de s.,** security lock ♦ **S. Social,** Social Security, *GB* National Health Service

> Recuerda que **safety** se refiere a la seguridad física, mientras que **security** hace referencia a la seguridad contra el delito.

seguro,-a 1 *adj* ♦ **es una persona muy segura (de sí misma),** he's very self-confident ♦ *(convencido, sin dudas)* sure, definite: **estaba segura de que vendrías,** I was sure you would come ♦ *(garantizado, cierto)* assured: **su dimisión es prácticamente segura,** his resignation is almost certain ♦ *(sin peligro)* safe; **un lugar s.,** a safe place ♦ *(sin temor, riesgo)* secure: **no se siente s.,** he doesn't feel secure; **es una inversión muy segura,** it's a safe investment ♦ *(paso, voz)* steady, firm | 2 *m* ♦ *Seg* insurance; **s. a todo riesgo,** fully comprehensive insurance; **s. de vida,** life insurance ♦ *(de un arma)* safety catch *o* device: **pásale el s. a la puerta,** bolt the door | 3 *adv* for sure, definitely ♦ | LOC: **ir sobre s.,** to play safe; **tener algo por s.,** to be sure of sthg
seis *adj & pron & m inv* six; **el s. de diciembre,** the sixth of December
seiscientos,-as *adj & pron & m,f* six hundred
seísmo *m (temblor de tierra)* (earth) tremor; *(de gran intensidad)* earthquake
selección *f* ♦ selection ♦ *Dep* team; **la s. nacional,** the national team
seleccionador,-ora *m,f* ♦ selector ♦ *Dep* manager
seleccionar *vtr* to select
selectividad *f* ♦ *(cualidad)* selectivity ♦ *Educ* **(prueba de) s.,** university entrance examination
selectivo,-a *adj* selective
selecto,-a *adj (escogido)* select; *(restaurante, etc)* exclusive
selector,-ora *m,f* selector
selva *f* jungle; **selva tropical,** rainforest
sellar *vtr* ♦ *(estampar un sello entintado)* to stamp ♦ *(poner un sello a una carta)* to stamp ♦ *(cerrar un acuerdo)* to seal ♦ *(un recipiente, una entrada)* to seal
sello *m* ♦ *(de correos)* stamp; *(para documentos)* seal, stamp ♦ *(precinto)* seal ♦ *(impronta)* mark, stamp
semáforo *m* ♦ *Auto* traffic lights *pl* ♦ *Ferroc* semaphore, signal
semana *f* week: **hace dos semanas que nos conocemos,** we met two weeks ago; **S. Santa,** Holy Week ♦ *(salario semanal)* (week's) wage ♦ | LOC: **entre s.,** during the week
semanal *adj* weekly
semanario *m Prensa* weekly magazine *o* newpaper
sembrado *m Agr* sown field
sembrar *vtr* ♦ *Agr* to sow ♦ *fig (esparcir)* to scatter; **s. el suelo de pétalos,** to scatter petals on the floor; *(dar inicio, causar)* to spread; **s. un rumor,** to spread a rumour
semejante 1 *adj* ♦ *(parecido)* similar: **no me había oído nada s.,** I had never heard

anything like it ◆ *(tal)* such: **¿de dónde sacó s. idea?**, where did he get such an idea from? | **2** *m (prójimo)* fellow man: **ama a tus semejantes**, love your fellow men
semejanza *f* likeness, resemblance
semen *m* Med semen
semental *adj* & *m* stud
semestral *adj* half-yearly
semestre *m* semester: **los datos económicos del segundo s.**, the figures for the second half of the year
semicírculo *m* semicircle
semifinal *f* semifinal
semifinalista *mf* semifinalist
semilla *f* seed; *fig* **la s. de la discordia**, the seeds of discord
semillero *m* seedbed
seminario *m* ◆ *Rel* seminary ◆ *Univ* seminar
semisótano *m* semibasement
sémola *f* semolina
senado *m* senate
senador,-ora *m,f* senator
sencillez *f* ◆ *(de un problema, de un diseño)* simplicity ◆ *(de una persona)* naturalness
sencillo,-a 1 *adj* ◆ *(una solución, un problema)* simple, easy ◆ *(un vestido, diseño)* simple, plain ◆ *(persona)* natural, unassuming ◆ *(habitación, billete)* single | **2** *m (billete, disco)* single
senda *f*, **sendero** *m* path
senil *adj* senile
seno *m* ◆ *(mama femenina)* breast ◆ *(vientre, entrañas)* **aquella criatura, nacida de su s.**, that child, to whom she gave birth ◆ *Mat* sine ◆ *fig (interior)* bosom, heart: **nació en el s. de una familia humilde**, he was born into a humble family; **la cuestión suscitó suspicacias en el s. de la organización**, the question raised suspicions within the organization
sensación *f* ◆ *(física)* sensation, feeling: **es una s. muy desagradable**, it's a very unpleasant feeling ◆ *(presentimiento, intuición)* feeling: **me da la s. de que tiene problemas**, I have a feeling he is in trouble ◆ *(emoción, impacto)* sensation: **la noticia ha causado s.**, the news has caused a sensation
sensacional *adj* sensational
sensacionalista *adj* & *mf* sensationalist
sensatez *f* good sense
sensato,-a *adj* sensible
sensibilidad *f* ◆ *(percepción sensorial)* feeling ◆ *(delicadeza, afectividad)* sensitivity, sensibility ◆ *(de un aparato)* sensitivity

sensibilizar *vtr (hacer consciente)* to make aware: **no están sensibilizados con el problema**, they aren't aware enough of the problem
sensible *adj* ◆ *(persona, aparato)* sensitive ◆ *(notable, evidente)* clear; **una s. diferencia**, a marked difference; **no supuso un cambio s. en sus vidas**, it meant no great change in their lives
sensiblería *f pey (de una persona)* mawkishness; *(de una obra, novela)* sentimentality
sensiblero,-a *adj (persona)* mawkish; *(obra, novela)* mushy
sensitivo,-a *adj* sense; **órgano s.**, sense organ
sensor *m* sensor
sensorial *adj* sensory
sensual *adj* sensual
sensualidad *f* sensuality
sentada *f* ◆ *fam (modo de manifestarse, protestar)* sit-in (demonstration), *US* sit-down | LOC: **de/en una s.**, in one sitting
sentado,-a *adj* ◆ *(persona)* wise, sensible; *(vida)* settled ◆ *(procedimiento, idea)* set: **dejó bien sentadas sus condiciones**, he made his conditions very clear ◆ | LOC: **dar algo por s.**, to take sthg for granted
sentar 1 *vtr* ◆ *(en una silla)* to sit: **nos sentaron en la mesa del fondo**, we sat at the back table ◆ *(establecer)* **s. las bases**, to lay the foundations; **s. precedente**, to establish a precedent | **2** *vi* ◆ **s. bien/mal algo a alguien**, *(un peinado, vestido)* to suit sb/not to suit sb; *(una comida, bebida, clima)* to agree/disagree with sb: **un baño caliente te sentará bien**, a hot bath will do you good ◆ *(un comentario, broma)* **¿cómo le sentó la noticia?**, how did he take the news?; **le sentó fatal**, he took it badly; **me sienta muy mal que haga esos comentarios**, it really upsets me that he makes those remarks

---

Cuando se habla de la moda (ropa o color), la traducción más común es **to suit**. Pero si te refieres únicamente a la talla, es mejor que uses el verbo **to fit**: *Este jersey no te sienta bien.* **This jersey doesn't suit you** (cuando el estilo o el color no son los adecuados). **This jersey doesn't fit you** (cuando estás hablando de la talla).

■ **sentarse** *vr* to sit (down): **deberíamos sentarnos a discutirlo con ellos**, we

sentencia

ought to sit down with them and talk about it

sentencia *f* ◆ *(dicho)* saying, maxim ◆ *Jur* sentence; **dictar s.,** to pass sentence

sentenciar *vtr* ◆ *Jur* to sentence [a, to] ◆ *(culpar, condenar)* to condemn ◆ *(condenar al fracaso)* **la falta de público sentenció la representación,** the performance was doomed by the lack of audience

sentido,-a **1** *adj* ◆ deeply felt: **su muerte ha sido muy sentida,** his death has been deeply felt ◆ *(susceptible)* sensitive | **2** *m* ◆ sense; **s. del gusto/olfato,** sense of taste/smell ◆ *(conocimiento, consciencia)* **recobrar/perder el s.,** to regain/lose consciousness ◆ *(lógica, razón)* sense: **no tiene s. que te despidas,** it makes no sense to leave the job ◆ *(apreciación, capacidad)* **no tiene s. de la medida,** he has no sense of moderation; **s. común,** common sense; **s. del humor,** sense of humour ◆ *(significado)* meaning: **la frase carece de sentido,** the sentence has no meaning ◆ *Auto* direction; **de doble s.,** two-way; **(de) s. único,** one-way

sentimental **1** *adj* sentimental: **su vida s. es un desastre,** her love life is a disaster | **2** *mf* sentimental person

sentimiento *m* ◆ feeling ◆ *(pena, aflicción)* grief, sorrow

sentir **1** *m* ◆ *(juicio, opinion)* opinion, view ◆ *(sentimiento)* feeling | **2** *vtr* ◆ to feel; **s. alegría/frío,** to feel happy/cold; **te lo digo como lo siento,** I speak my mind ➢ Ver nota en **feel** ◆ *(oír, percibir)* to hear: **la sentí llegar de madrugada,** I heard her come home in the small hours ◆ *(lamentar)* to regret, be sorry about: **siento haberte enfadado,** I'm sorry I made you angry

■ **sentirse** *vr* to feel: **me siento incapaz de hacerlo,** I don't feel able to do it; **se siente mejor,** he feels better; **se sintió traicionada,** she felt betrayed

seña *f* ◆ *(con la mano, el rostro)* sign: **me hizo señas para que me acercara,** he signalled to me to come closer ◆ *(contraseña)* secret sign ◆ *(huella, señal)* sign, mark ◆ **señas,** *(dirección)* address *sing; (descripción)* **le reconocí por las señas que diste,** I recognized him by the description you gave of him

señal *f* ◆ *(muestra)* sign; **en s. de respeto/duelo,** as a sign/token of respect/mourning ◆ *(con la mano, rostro)* sign; **hacer señales a alguien,** to signal to sb ◆ *(huella, indicio)* trace, sign: **la operación le dejó una señal,** the operation left a scar ◆ *Tel* tone; **s. de llamada,** dialling *o US* dial tone ◆ *Com* deposit ◆ *Auto* **s. de tráfico,** road sign

señalado,-a *adj* ◆ *(importante, relevante)* important ◆ *(con una cicatriz, un trauma)* scarred; *(con un golpe)* marked

señalar *vtr* ◆ *(con el dedo)* to point at; *(desprestigiar)* ◆ *(apuntar, subrayar)* **me gustaría s. que...,** I would like to point out that... ◆ *(señalizar)* to indicate: **la brújula señalaba el norte,** the compass was pointing North ◆ *(una fecha)* to fix

señalizar *vtr (carretera)* to signpost

señor *m* ◆ *(hombre)* man, gentleman ◆ *sir (en inglés británico indica una posición social inferior)* **s., se le ha caído la cartera,** excuse me, you have dropped your wallet; **señoras y señores,** ladies and gentlemen ◆ *(tratamiento)* Mr: **ha llegado el Sr. Gómez,** Mr Gómez is here; **el s. presidente está reunido,** the President is in a meeting ◆ *(en correspondencia)* **estimado s.,** Dear Sir ◆ *Hist* lord ◆ *Rel* **El S.,** the Lord

> Recuerda que no se usa **Mr** o **Mrs** sólo con el nombre de pila, excepto cuando un «criado» está hablando con su «señor». En todo caso debe decir **Mr Miguel** más el apellido o **Mr** más el apellido. La misma regla se aplica también a **Mrs** y **Ms**.

señora *f* ◆ *(mujer)* woman, lady: **deja salir a la señora,** make way for the lady ◆ *(directo, sin apellido)* madam ◆ *(tratamiento)* **la Sra. Pérez,** Mrs Pérez; **la s. embajadora,** the ambassador ➢ Ver nota en **señor** ◆ *(en correspondencia)* **estimada s.,** *(en carta)* Dear Madam ◆ *(esposa)* wife ◆ *Rel* **Nuestra S.,** Our Lady ➢ Ver nota en **lady**

señoría *f* ◆ *Jur (hombre)* lordship; *(mujer)* ladyship ◆ *Pol* honourable member

señorita *f* ◆ *(joven)* young woman; **disculpe s., ¿tiene hora?,** excuse me (miss), can you tell me the time? ◆ *(tratamiento)* Miss: **han ascendido a la s. Menéndez,** Miss Menéndez has been promoted ➢ Ver nota en **señor** ◆ *Educ fam* **la s.,** the teacher

señuelo *m* ◆ *(para aves)* decoy ◆ *(para personas)* lure

separación *f* ◆ separation ◆ *(distancia, espacio)* space; **una s. de dos centímetros,** a gap of two centimeters

separado,-a *adj* ◆ *(diferente, aparte)* separate ◆ *(persona casada)* separated ◆ | LOC: **por s.,** separately, individually

separar *vtr* ◆ *(aumentar la distancia física)* to move apart ◆ *(poner aparte)* to separate: **separa las rosas de los claveles,** separate the roses from the carnations ◆ *(reservar)* to save ◆ *(algo pegado, grapado)* to detach ◆ *(distanciar, disgregar)* to divide

■ **separarse** *vr* ◆ *(aumentar la distancia)* to move away [de, from]: **no te separes de mí,** stay with me ◆ *(coger rumbos distintos)* to part: **nos separamos para buscarte,** we split up to look for you ◆ *(una banda, un grupo, un partido)* to split up ◆ *(un matrimonio)* to separate

separatismo *m* separatism

separatista *adj & mf* separatist

sepia 1 *f* Zool cuttlefish | 2 *adj & m (color)* sepia

septentrional *adj* northern

septiembre *m* September

séptimo,-a *adj & m,f* seventh

sepulcral *adj* ◆ sepulchral ◆ *(silencio)* deathly

sepulcro *m* GB sepulchre, US sepulcher

sepultura *f* grave ◆ | LOC: **dar s. a alguien,** to bury sb

sepulturero,-a *m,f* gravedigger

sequía *f* drought

séquito *m* ◆ *(cortejo, escolta)* entourage, retinue ◆ **le seguía un s. de admiradores,** a flock of fans was following her

ser 1 *m* ◆ being: **es un s. despreciable,** he's despicable; **s. humano,** human being; **s. vivo,** living being ◆ *(esencia)* essence: **eso forma parte de su s.,** that is part of him | 2 *vi* ◆ *(cualidad)* to be: **eres muy modesto,** you are very modest ◆ *(fecha)* to be: **hoy es lunes,** today is Monday; **ya es la una,** it's one o'clock ◆ *(cantidad)* **eran unos cincuenta,** there were about fifty people; *(al pagar)* **¿cuánto es?,** how much is it?; **son doscientas,** it is two hundred pesetas; *Mat* **dos y tres son cinco,** two and three make five ◆ *(causa)* **aquella mujer fue su ruina,** that woman was his ruin ◆ *(oficio)* to be a(n): **Elvira es enfermera,** Elvira is a nurse ◆ *(pertenencia)* **esto es mío,** that's mine; **es de Pedro,** it is Pedro's ◆ *(afiliación)* to belong: **es del partido,** he's a member of the party; **es un chico del curso superior,** he is a boy from the higher year ◆ *(origen)* **es de Málaga,** she is from Málaga; **¿de dónde es esta fruta?** where does this fruit come from? ◆ *(composición, material)* to be made of: **este jersey no es de lana,** this sweater is not (made of) wool ◆ **s. de,** *(afinidad, comparación)* **lo que hizo fue de tontos,** what she did was a foolish thing ◆ *(existir)* **Madrid ya no es lo que era,** Madrid isn't what it used to be ◆ *(suceder)* **¿qué fue de ella?,** what became of her? ◆ *(tener lugar)* to be: **esta tarde es el entierro,** the funeral is this evening ◆ **s. para,** *(finalidad)* to be for: **es para pelar patatas,** it's for peeling potatoes; *(adecuación, aptitud)* **no es una película para niños,** the film is not suitable for children; **esta vida no es para ti,** this kind of life is not for you ◆ *(efecto)* **era para llorar,** it was painful; **es (como) para darle una bofetada,** it makes me want to slap his face; **no es para tomárselo a broma,** it is no joke ◆ *(auxiliar en pasiva)* to be: **fuimos rescatados por la patrulla de la Cruz Roja,** we were rescued by the Red Cross patrol ◆ **s. de (+** *infinitivo***) era de esperar que se marchase,** it was to be expected that she would leave ◆ | LOC: **a no s. que,** unless; **como sea,** anyhow; **de no s. por…,** had it not been for; **es más,** furthermore; **es que…,** it's just that…; **lo que sea,** whatever; **o sea,** that is (to say); **sea como sea,** in any case, be that as it may; **ser de lo que no hay,** to be the limit

Serbia *f* Serbia

serbio,-a 1 *adj & m,f* Serbian, Serb | 2 *m (idioma)* Serbian

serbocroata 1 *adj & mf* Serbo-Croat, Serbo-Croatian | 2 *m (idioma)* Serbo-Croat

serenar *vt* to calm, soothe

■ **serenarse** *vr* to calm down

serenidad *f* serenity; **perder la s.,** to lose one's temper

sereno,-a 1 *adj* ◆ *(tranquilo)* calm ◆ *(sobrio)* sober | 2 *m* night watchman ◆ | LOC: **al s.,** out in the open (at night)

serie *f* ◆ series *sing*; **asesino en s.,** serial killer ◆ *(de sellos, billetes)* issue; **número de s.,** serial number ◆ *(grupo)* **una s. de parlamentarios decidieron oponerse,** a group of M.P.'s decided to object ◆ *Rad TV* series *sing* ◆ | LOC: **en s.: los fabrican en s.,** they are mass-produced; **fuera de s.,** exceptional

seriedad *f* ◆ seriousness ◆ *(de una persona, empresa)* reliability; **falta de s.,** irresponsibility

serio

serio,-a *adj* ♦ *(taciturno, de consideración, grave)* serious ♦ *(comprometido, de confianza)* reliable ♦ | LOC: **en s.,** seriously: **hablaba en s.,** she was serious; **ponte a trabajar en s.,** you must start to work hard
sermón *m* ♦ *Rel* sermon ♦ *fam (reprimenda, monserga)* lecture: **nos soltó un s. sobre la sinceridad,** he gave us a lecture about honesty
sermonear *vi & vtr fam* to lecture
seropositivo,-a *adj* HIV-positive
serpentear *vi (una carretera, un río)* to wind, meander
serpentina *f (para fiestas)* streamer
serpiente *f Zool* snake, serpent; **s. de cascabel,** rattlesnake; **s. pitón,** python
serranía *f* mountainous region
serrano,-a *adj* ♦ *(de la sierra)* mountain ♦ *fam (hermoso, garrido)* attractive
serrar *vtr* to saw
serrín *m* sawdust
serrucho *m* handsaw
servicial *adj* helpful, obliging
servicio *m* ♦ service; **estar de s.,** to be on duty; **s. a domicilio,** delivery service; **s. doméstico,** domestic service; **s. militar,** military service; **fuera de servicio,** out of order ♦ *(utilidad)* use: **esa mesita me hace mucho s.,** this table is very useful ♦ *(conjunto)* **en esta mesa falta un s.,** we need to set another place at the table; **s. de café,** a coffee service ♦ *(cuarto de baño)* toilet *sing*, US rest room *sing*
servidor *m Inform* server
servil *adj* servile
servilleta *f* napkin, serviette
servilletero *m* napkin ring
servir 1 *vi* ♦ to serve; **s. a la patria,** to serve one's country ♦ *(ser útil)* to be useful, be suitable: **su fracaso no me sirve de consuelo,** his failure is no consolation to me; **el cine le servirá de distracción,** the film will keep you amused; **ahora ya no sirve para nada,** it's no use at all; **¿para qué sirve?,** what is it (used) for? ♦ *(ropa)* **los pantalones ya no le sirven,** the trousers don't fit him now ♦ *(tener capacidad)* **este muchacho sirve para estudiar,** this boy is good at studying ♦ *(actuar como sustituto)* **esta cacerola me servirá de casco,** this pot will serve as a helmet | **2** *vtr* ♦ to serve; **¿en qué puedo servirle?,** what can I do for you?, may I help you? ♦ *(comida)* to serve; *(bebida)* to pour
■ **servirse** *vr* ♦ *(utilizar, valerse)* to use ♦ *(un plato de comida)* to help oneself

sésamo *m Bot Culin* sesame
sesenta *adj & m inv* sixty
sesgar *vtr* ♦ *(cortar en diagonal)* to cut on the bias; *(poner en diagonal)* to slant ♦ *(un punto de vista, una opinión)* to slant
sesgo *m* ♦ *(cariz, rumbo)* turn ♦ *(enfoque)* slant
sesión *f* ♦ *(junta)* meeting, session; **s. plenaria,** plenary session ♦ *(de masaje, fotografía, etc)* session ♦ *Cine* showing; **s. continua,** continous showing ♦ *Jur* session, sitting
seso *m* ♦ *Anat* brain ♦ *(juicio, prudencia)* wit, prudence: **tiene muy poquito s.,** she has very little sense ♦ *Culin* **sesos,** brains ♦ | LOC: **calentarse** *o* **devanarse los sesos,** to rack one's brains
set *m Ten* set
seta *f* mushroom; **s. venenosa,** toadstool, poisonous mushroom
setecientos,-as *adj & pron & m* seven hundred
setenta *adj & pron & m* seventy; **los años s.,** the seventies
setiembre *m* → **septiembre**
seto *m* ♦ *Bot* hedge ♦ *(cerca, valla)* fence
seudónimo *m* pseudonym
severidad *f* ♦ *(de carácter, de trato)* strictness ♦ *(de un castigo, una pérdida)* severity ♦ *(del clima)* harshness
severo,-a *adj* ♦ *(actitud, carácter)* strict; *(gesto)* stern ♦ *(juicio, castigo, crítica)* severe; *(clima)* harsh
sexi *adj* sexy
sexismo *m* sexism
sexista *adj & m,f* sexist
sexo *m* ♦ *Biol* sex; **s. masculino/femenino,** male/female sex ♦ *(órganos sexuales)* sexual organs ♦ *(relación sexual)* sex; **s. seguro,** safe sex
sexólogo,-a *m,f* sexologist
sexto,-a 1 ♦ *adj & pron* sixth; **el sexto hijo,** the sixth son ♦ **una sexta parte,** a sixth | **2** *m (fracción)* **un sexto,** one sixth
sexual *adj* sexual; **acoso/discriminación s.,** sexual harassment/discrimination; **vida s.,** sex life
sexualidad *f* sexuality
show *m* show ♦ | LOC: *fam pey (llamar la atención)* **montar/dar un show,** to make a scene
si¹ *conj* ♦ *(expresando una condición)* if: **si vienes te lo cuento,** if you come I will tell you; **si pudiera, se lo daría,** if I could, I would give it to him ♦ *fam (uso enfático)* **¡si ya te lo decía yo!,** but I told you!; *(ex-*

presando deseo) if only: **¡si tuviera más tiempo!,** if only I had more time! ◆ *(en interrogativas indirectas)* if, whether: **me pregunto si llegará pronto,** I wonder if *o* whether she'll come soon; *(disyuntiva)* whether: **querría saber si te gusta o no,** I'd like to know whether you like it or not ◆ **si no,** otherwise, if not, or else: **ponte el abrigo, si no, cogerás un catarro,** put your coat on, otherwise you'll catch a cold ◆ | LOC: **como si,** as if: **camina como si estuviese herido,** he walks as if he were hurt; **por si acaso,** just in case

si² *m Mús (nota)* B; *(en solfeo)* te, ti

sí¹ *pron pers refl* ◆ *(3.ª persona de singular) (masculino)* himself: **logró hacerlo por sí solo,** he was able to do it by himself *o* on his own; *(femenino)* herself: **lo dijo para sí,** she said it to herself; *(3.ª persona de plural)* themselves: **tenían un gran parecido entre sí,** they all looked very similar ◆ *(referido a uno mismo)* **uno debe hacerlo por sí mismo,** one has to do it oneself ◆ *(usted)* **compruébelo por sí mismo,** see for yourself; *(ustedes)* yourselves ◆ | LOC: **dar de sí: no da más de sí,** he can't do any more; **de por sí: es de por sí amable,** she's kind by nature; **esta teoría es de por sí difícil,** this theory is in itself difficult

sí² 1 *adv* ◆ yes: **¿te gusta? - sí,** do you like it? - yes *o* yes, I do; **¿estás seguro? - sí,** are you sure? - yes *o* Yes, I am; **ellos no irán, pero yo sí,** they will not go, but I will; **creo que sí,** I think so; **dijo que sí,** he said yes *o* he accepted; **me temo que sí,** I'm afraid so; **¡sí que la has hecho buena!,** you've really done it!; **es un actor famoso -¿sí?,** he's a famous actor - really?; **un día sí y otro no,** every other day | **2** *m* yes: **con el sí de tu familia,** with your family's approval; *Pol* **los síes,** the ayes ◆ | LOC: **dar el sí,** to accept sb's proposal; *(el novio, la novia)* **me dio el sí,** she consented to marry me

siamés,-esa *adj & m,f* ◆ *(de Siam)* Siamese; *(gato)* Siamese (cat) ◆ *(gemelo)* Siamese; **hermanos siameses,** Siamese twins

sibarita 1 *adj* sybaritic | **2** *m,f* sybarite; *(con la comida, la bebida)* gourmet

sicario *m* hired killer, hired assassin; *fam* hit man

sida, SIDA *m (abr de síndrome de inmunodeficiencia adquirida)* acquired immune deficiency syndrome, AIDS, Aids

sidecar *m* sidecar

siderurgia *f* iron and steel industry

siderúrgico,-a *adj* iron and steel; **sector s.,** iron and steel sector

sidra *f* cider *US* hard cider

siembra *f (acción)* sowing; *(temporada)* sowing time, sowing season

siempre *adv* always: **s. ha vivido aquí,** he has always lived here; **llega tarde, como s.,** he's late, as usual; **para s.,** for ever; **por s. jamás,** for ever and ever ◆ | LOC: **de s.,** *(habitual)* usual: **ponme lo de s.,** give me my usual; *(desde siempre)* **son amigos de s.,** they are old friends; **s. que,** *(en cada ocasión)* whenever: **s. que te veo, estás estudiando,** whenever I see you, you are studying; *(a condición de que)* as long as, provided (that)

sien *f Anat* temple

sierra *f* ◆ *Geog (cadena de montañas)* mountain range; *(región montañosa)* the mountains *pl* ◆ *Téc* saw; **s. de marquetería,** coping saw; **s. mecánica,** power saw

siervo,-a *m,f* slave, serf

siesta *f* nap, siesta; **dormir la s./ echar una s.,** to have an afternoon nap *o* a siesta

siete *adj & pron & m* seven; *(en fechas)* seventh; **el s. de mayo,** the seventh of May

sietemesino,-a 1 *adj* premature, two months premature | **2** *m,f* premature baby, two-month-premature baby

sífilis *f inv* syphilis

sifón *m* ◆ *(tubo curvo)* siphon; *(en fontanería)* U-bend, trap ◆ *(botella para soda)* soda siphon; *(agua carbónica)* soda (water)

sigilo *m* ◆ *(silencio)* stealth: **el gato salió con mucho s.,** the cat went out very stealthily ◆ *(reserva)* **la policía actuó con s. para obtener información,** the police moved quietly to gather information; *(una negociación, un pacto)* **con gran s.,** in great secrecy

sigilosamente *adv* stealthily: **abrió la puerta s.,** she unlocked the door stealthily

sigiloso,-a *adj* stealthy

sigla *f (letras iniciales)* abbreviation; *(palabra formada con las siglas)* acronym

siglo *m* century; **a comienzos del s.** XV, at the beginning of the 15th century; **este tapiz data del s. cuarto,** this tapestry dates from the fourth century; **Siglo de las Luces,** Age of Enlightenment; *fam (mucho tiempo)* **hacía siglos que no la veía,** I had not seen her for ages ◆ | LOC **por los**

significación

siglos de los siglos, for ever and ever; **el crimen del s.,** the crime of the century
significación *f* ♦ *(significado)* meaning ♦ *(trascendencia)* importance, significance
significado 1 *adj (famoso, reputado)* well-known; **un s. político,** a noted politician | **2** *m* meaning: **no conozco el s. de este símbolo,** I don't know what this symbol means
significar 1 *vtr* ♦ *(querer decir)* to mean: **esa señal significa que continuemos,** that sign means that we must go on; **¿qué significa** *sextante?*, what does *sextante* mean? ♦ *(equivaler, suponer)* to mean: **esto significará la ruina,** this will mean ruin; **la intervención significaba un gran riesgo,** the operation was very risky | **2** *intr (importar, valer)* **sus palabras significan mucho para mí,** his words are very important to me ➢ Ver nota en **mean**
significativo,-a *adj (sintomático, que da a entender algo)* meaningful; **una mirada s.,** a meaningful look; *(notorio, destacable)* significant, noteworthy; **es muy s. que no te invitase,** it's very significant that he didn't invite you
signo *m* ♦ *(señal, símbolo)* sign: **una limusina es un s. de opulencia,** a limousine is a symbol of wealth ♦ *Mat* sign; **s. (de) más/(de) menos/(de) igual,** plus/minus/equals sign ♦ *Ling* mark; **s. de exclamación, s. de admiración,** exclamation mark *o US* point ♦ *Astrol* **s. del zodiaco,** sign (of the zodiac)
siguiente 1 *adj* following, next | **2** *m,f* next person, next one: **¡que entre el s.!,** next please!
sílaba *f* syllable
silbar 1 *vtr* ♦ *(una canción, una melodía)* to whistle ♦ *(en señal de rechazo)* to whistle at, catcall, boo | **2** *vi (dar silbidos)* to whistle; *(en señal de rechazo)* to whistle, catcall, boo ♦ *(el viento)* to whistle
silbato *m* whistle
silbido *m* whistle; *(del viento)* whistling
silenciador *m Auto* silencer, *US* muffler; *(de arma de fuego)* silencer
silenciar *vtr* ♦ *(hacer callar)* to silence ♦ *(ocultar un hecho, una noticia)* to keep quiet about: **los informativos silenciaron la manifestación,** the news hushed up the demonstration
silencio *m* ♦ silence; **en s.,** in silence; **¡s., por favor!,** quiet, please!; **un s. sepulcral,** a deathly silence ♦ *Mús* rest
silencioso,-a *adj* silent, quiet

silicio *m* silicon
silicona *f* silicone
silla *f* chair; **s. de montar,** saddle; **s. de ruedas,** wheelchair; **s. giratoria,** swivel chair; **s. plegable,** folding chair

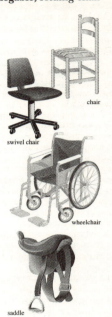

chair
swivel chair
wheelchair
saddle

sillín *m (de bicicleta, triciclo)* saddle
sillón *m* armchair
silo *m* silo
silueta *f (contorno, perfil)* silhouette ♦ *(tipo, cuerpo)* figure
silvestre *adj* wild; **flores silvestres,** wild flowers
simbólico,-a *adj* ♦ *(lenguaje, arte, etc)* symbolic, symbolical ♦ *(gesto, actitud)* symbolic; **una cantidad simbólica,** a symbolic *o* token sum; **un paro s.,** a token strike
simbolizar *vtr* to symbolize: **la calavera simboliza la muerte,** the skull is a symbol of death
símbolo *m* symbol
simetría *f* symmetry
simétrico,-a *adj* symmetrical
simiente *f* seed
similar *adj* similar
similitud *f* resemblance, similarity
simio,-a *m, f Zool* ape

simpatía *f* ♦ *(aprecio)* affection, liking: **se ganó nuestra s.,** he won our affection; **no le tiene mucha s.,** he doesn't like him ♦ *(atractivo)* charm, friendliness ♦ *Fís Med* sympathy

simpático,-a *adj* ♦ *(agradable)* pleasant, nice, likeable: **tu amigo me cayó s.,** I really liked your friend ♦ *(divertido)* amusing

simpatizante *mf Pol* sympathizer, supporter

simpatizar *vi (con alguien)* to get on [**con,** with], hit it off [**con,** with]; *(con unas ideas, un partido político)* to sympathise [**con,** with]

simple 1 *adj* ♦ *(sencillo)* simple: **estos ejercicios son muy simples,** these exercises are very easy; **una cámara de s. manejo,** an easy-to-use camera ♦ *(no complejo, no compuesto) Ling Quím* simple: **oración s.,** simple sentence ♦ *(mero, tan solo)* mere, pure: **somos simples espectadores,** we are mere observers; **fue s. casualidad,** it was pure coincidence; *pey* **es un s. secretario,** he's just a secretary ♦ *(cándido, sin malicia)* naive, innocent; *(tonto) pey* simple-minded, half-witted, foolish | **2** *m (ingenuo, inocente)* innocent, naive person; *(simplón, tonto) pey* simpleton, half-wit

simpleza *f* ♦ *(de una persona)* simpleness, simple-mindedness ♦ *(de una actitud)* piece of nonsense, silly thing ♦ *fam (nimiedad)* trifle, trifling matter

simplificar *vtr* to simplify

simposio *m* symposium

simulacro *m* sham, pretence *US* pretense; **un s. de combate,** a mock battle, a sham fight; **s. de incendio,** fire practice *o* drill

simular *vtr (aparentar, fingir)* to feign, sham: **simulaba estar enfermo,** he feigned illness, **simuló un accidente,** he pretended to have an accident; *(un decorado)* to represent; *(un vuelo, un sonido, un ataque)* to simulate, sham

simultanear *vtr* to combine: **pudo s. los dos trabajos,** he was able to keep both jobs at the same time

simultáneo,-a *adj* simultaneous

sin *prep* without: **se marchó sin ellos,** he left without them; **costó mil pesetas, sin contar el IVA,** it cost one thousand pesetas, not including VAT; **el edificio estaba s. terminar,** the building was unfinished; **entre sin llamar,** come in without knocking; **saldré sin que me vea,** I'll go out without him seeing; **una bebida sin alcohol,** a non-alcoholic drink

sinagoga *f* synagogue

sincerarse *vr* to open one's heart to sb, tell the truth

sinceridad *f* sincerity; **con toda s.,** in all honesty *o* sincerity: **con toda s., creo que no vendrán,** to be honest, I don't think they will come

sincero,-a *adj* sincere

sincronizar *vtr* to synchronize [**con,** with]

sindical *adj* trade union *US* labor union

sindicalista 1 *adj (relativo al sindicalismo)* syndicalist | **2** *m,f* trade unionist *US* labor unionist

sindicato *m* trade union *US* labor union: **me afilié al s.,** I joined the union

síndrome *m* syndrome; **s. de abstinencia,** withdrawal symptoms *pl;* **s. premenstrual,** premenstrual syndrome *o* tension

sinfín *m* **un s. de,** a great many, no end of

sinfonía *f* symphony

sinfónico,-a *adj* symphonic; **orquesta s.,** symphony orchestra

singular 1 *adj* ♦ *(raro, excepcional)* peculiar, odd ♦ *frml (único, inigualable)* **un dibujo de s. belleza,** a drawing of outstanding beauty | **2** *adj* & *m Ling* singular

siniestro,-a 1 *adj* ♦ *(de aspecto malvado)* sinister, evil; **un juego s.,** a wicked game ♦ *frml (del lado izquierdo)* left | **2** *m (accidente)* disaster, catastrophe | **3** *f (mano)* left hand

sino[1] *m* destiny, fate

sino[2] *conj* ♦ but: **no es un insecto, s. un arácnido,** it isn't an insect, but an arachnid ♦ *(salvo, excepto)* **nadie, s. tú, es responsable de lo que pasó,** no one but you is responsible for what happened; **no hace s. molestar,** she does nothing but be a nuisance

sinónimo,-a 1 *adj* synonymous | **2** *m* synonym

sinóptico,-a *adj* synoptic(al); **cuadro s.,** chart, diagram

sintético,-a *adj* ♦ *(material, producto)* synthetic, man-made; **seda sintética,** synthetic silk ♦ *(juicio, análisis)* synthetic

sintetizador *m* synthesizer

sintetizar *vtr* to synthesize

síntoma *m Med* symptom ♦ *(indicio, señal)* sign

sintonía f ◆ *Rad TV (melodía de un programa, una emisora)* theme o signature tune ◆ *Elec Rad (recepción, sintonización)* tuning ◆ *fig (armonía, entendimiento)* **hay una perfecta s. entre nosotros,** there is a perfect understanding between us

sintonizador *m Rad* tuner

sintonizar 1 *vtr* ◆ *Rad* to tune in to ◆ *Elec* to tune | 2 *vi* ◆ *Rad* to tune in [**con,** to] ◆ *(congeniar)* to be in tune [**con,** with]

sinuoso,-a *adj* ◆ *(río, trayecto)* winding ◆ *pey (disimulado, retorcido)* devious

sinvergüenza 1 *adj* ◆ *pey (granuja, inmoral)* shameless ◆ *hum (pillo)* cheeky: **pero que s. eres,** what a rogue you are | 2 *mf* ◆ *(inmoral, sin escrúpulos)* crook ◆ *(pillo, descarado)* rogue

siquiera 1 *adv* ◆ *(al menos)* at least ◆ *(con negativas)* even: **no me saludó s.,** she didn't even greet me | 2 *conj frml (aunque):* **hazlo s. sea por contentarla,** do it, if only to please her

sirena f ◆ *Mit* mermaid ◆ *(de una fábrica, un barco)* siren

Siria f Syria

sirimiri *m* drizzle

sirio,-a *adj & m,f* Syrian

siroco *m* sirocco

sirviente,-a *m,f* servant

sisa f ◆ *(de dinero)* pilfering ◆ *Cost* armhole

sisar *vtr* ◆ *(dinero)* to pilfer ◆ *Cost* to do the armhole

sísmico,-a *adj* seismic

sismógrafo *m* seismograph

sistema *m* ◆ system; **s. circulatorio,** circulatory system; **s. operativo,** operating system ◆ *(modo)* **tenemos que buscar un s. para hacerlo,** we have to find a way to do it ◆ | LOC: **por s.,** as a rule

sistemático,-a *adj* systematic

sitiar *vtr* to besiege

sitio[1] *m* ◆ *(espacio)* room: **no hay s. para tres,** there is no room for three; **hazme un s. en el sofá,** make room for me on the sofa ◆ *(lugar)* place: **lo he leído en algún s.,** I've read it somewhere; **en cualquier s.,** anywhere; **en todos los sitios,** everywhere ◆ *(posición, lugar, función)* place: **éste no es mi s.,** this isn't my place ◆ | LOC: **poner a alguien en su s.,** to put sb in his/her place; *fig* **quedarse en el s.,** to die

sitio[2] *m Mil* siege

sito,-a *adj frml* located, situated

situación f ◆ *(económica)* situation ◆ *(trance)* **me puso en una s. muy embarazosa,** he put me in an awkward situation ◆ *(emplazamiento)* location ◆ *(condiciones, disposición)* state: **no estamos en s. de rechazarlo,** we are in no position to refuse it

situado,-a *adj* ◆ *(ubicado)* located, situated ◆ *(boyante, acomodado)* **está muy bien s.,** he has a good position

situar *vtr* to locate

■ **situarse** *vr* ◆ *(una persona)* to place oneself, position oneself ◆ *(una casa, castillo)* to be situated o located ◆ *(alcanzar una posición social)* to achieve a good position

S.L. *(abr de Sociedad Limitada)* Ltd.

slogan *m* → **eslogan**

S.M. *(abr de Su Majestad)* His o Her Majesty

SME *m (abr de Sistema Monetario Europeo)* European Monetary System, EMS

SMI *m (abr de Sistema Monetario Internacional)* International Monetary System, IMS

s/n *(abr de sin número)* unnumbered (in an address)

so[1] *m fam pey* **¡so burro!,** you great oaf!

so[2] *prep (bajo)* under; **so pena de,** under penalty of; **so pretexto/color de,** under the guise of

SO *(abr de sudoeste)* southwest, SW

sobaco *m* armpit

sobar 1 *vtr* ◆ *(manosear)* to handle, touch: **deja de sobar las fotos,** stop fingering the photos; *(a una persona)* to paw, grope | 2 *vi fam (dormir)* to sleep

soberanía f sovereignty

soberano,-a 1 *adj* ◆ *(pueblo, estado)* sovereign ◆ *(insuperable)* superb ◆ *fam (enorme)* huge, tremendous | 2 *m,f (monarca)* sovereign

soberbia f pride

soberbio,-a *adj* ◆ *(altivo)* haughty ◆ *(espléndido, insuperable)* superb, splendid

sobón,-ona 1 *adj* **no seas s.,** keep your hands to yourself | 2 *m,f fam* **es una sobona,** she is all hands

sobornar *vtr* to bribe

soborno *m (cohecho)* bribery; *(dinero, favor aceptado)* bribe

sobra f ◆ *(excedente)* surplus ◆ *(remanente)* remainder; *(de comida)* **sobras,** leftovers ◆ | LOC: **de s.: aquí estamos de s.,** we aren't needed here; **tu comentario estaba de s.,** your remark was unnecessary;

hay comida de s., there is plenty of food; **tengo un ejemplar de s.,** I've got a spare copy; **tengo tiempo de s.,** I have plenty of time; **de s. sabes que no puedo ir,** you know only too well I can't go

sobradamente *adv* only too well

sobrado,-a 1 *adj* more than enough, plenty | **2** *m* (*altillo, desván*) loft

sobrante 1 *adj* (*restante, remanente*) spare, remaining, | **2** *m* surplus

sobrar *vi* ♦ (*quedar*) to be left (over): **si sobra tela hago un cojín,** if there's any fabric left, I'll make a cushion ♦ (*haber en exceso*) to be more than enough: **nos sobra espacio para ponerlo,** we have plenty of room to put it ♦ (*estar de más, ser innecesario*) **su marido sobraba en aquella reunión,** her husband wasn't wanted at that meeting; **sobran las disculpas,** there is no need for you to apologize

sobrasada *f* soft spicy sausage

sobre[1] *m* ♦ (*para meter papeles, cartas*) envelope ♦ (*para sopa*) packet; (*para medicina, etc*) sachet ♦ *fam hum* bed; **ir al s.,** to go to bed

sobre[2] *prep* ♦ (*encima de*) on, upon, on top of: **se puso un chal sobre los hombros,** she put a shawl over her shoulders; **toda la responsabilidad recae s. él,** the entire responsibility falls on him ♦ (*por encima*) over, above ♦ (*en torno a, hacia*) about: **llamaron s. las seis,** they phoned at about six o'clock ♦ (*a propósito de*) about, on: **hablaremos s. ello,** we'll talk about it; **un libro s. Napoleón,** a book on Napoleón ♦ (*además de*) upon ♦ (*para indicar el objeto de la acción*) **ejerce mucha influencia s. él,** he has a lot of influence on him ♦ | LOC: **s. todo,** above all

sobre- *pref* super-, over-

sobrecarga *f* overload: **tenemos s. de trabajo,** we are overloaded with work

sobrecargado,-a *adj* overloaded

sobrecargar *vtr* to overload

sobrecogedor,-ora *adj* eerie, awesome

sobrecubierta *f* ♦ (*de un libro*) jacket ♦ *Náut* upper deck

sobredosis *f inv* overdose

sobreentender *vtr* → sobrentender

sobrehumano,-a *adj* superhuman

sobreimpresión *f Cine Fot* superimposing, overprinting

sobrellevar *vtr* to bear, endure

sobremanera *adv* greatly

sobremesa *f* **la s. duró hasta las cinco,** we were talking (round the table) after lunch until five o'clock ♦ | LOC: **de s.: un reloj de s.,** a table clock; **un ordenador de s.,** a desktop computer

sobrenatural *adj* supernatural

sobrenombre *m* nickname

sobrentender *vt* to understand

■ **sobrentenderse** *vr* **se sobrentiende que una opción excluye la otra,** it is understood that one option excludes the other

sobrepasar *vtr* ♦ (*un límite, una cantidad*) to exceed: **no debemos sobrepasar ciertos límites,** we must not go beyond certain limits ♦ (*aventajar*) to be ahead of: **te sobrepasa en altura,** he's already taller than you

sobrepeso *m* ♦ (*exceso de carga*) overload, excess weight ♦ (*de una persona*) **tengo algo de s.,** I'm a bit overweight

sobreponer *vtr* (*superponer*) to superimpose

■ **sobreponerse** *vr* ♦ (*a un sentimiento*) to overcome: **se sobrepuso a su timidez,** she overcame her shyness ♦ (*recobrarse, superar*) to recover: **aún no se ha sobrepuesto de la muerte de su padre,** he still hasn't recovered from his father's death; **tienes que sobreponerte,** you have to pull yourself together

sobreproducción *f* overproduction

sobresaliente 1 *adj* (*excelente, destacado*) outstanding, excellent | **2** *m Educ* A

sobresalir *vi* ♦ (*asomar*) to protrude [**de,** from], stick out [**de,** from]; (*de una superficie horizontal, suelo*) to stand out: **Juan sobresale entre la multitud,** Juan stands out above the crowd; (*de un plano vertical, fachada*) to project [**de,** from] ♦ (*distinguirse, destacar*) to stand out

sobresaltar *vtr* to startle

■ **sobresaltarse** *vr* to start, be startled

sobresalto *m* start

sobresueldo *m* extra money

sobretodo *m* (*para proteger la ropa puesta*) overalls *pl*; (*gabán*) overcoat

sobrevalorar *vtr* to overestimate

sobrevenir *vi* ♦ (*acontecer repentinamente*) to happen all of a sudden ♦ (*venir tras, suceder*) to follow, come after

sobreviviente → superviviente

sobrevivir *vi* to survive

sobrevolar *vtr* to fly over

sobriedad *f* ♦ (*austeridad*) sobriety ♦ (*ausencia de embriaguez*) soberness

sobrina *f* niece

sobrino *m* nephew

> Recuerda que el plural de *nephew* se refiere únicamente al sexo masculino. Por tanto, la pregunta **¿cuántos sobrinos tiene** (ellos y ellas) **Juan?** debe traducirse por *how many nephews and nieces does Juan have?*

sobrio,-a *adj* sober
socarrón,-ona 1 *adj* mocking, ironic | 2 *m,f* ◆ *(burlón)* ironic person ◆ *(ladino, pícaro)* rogue
socavar *vtr* ◆ to undermine ◆ *fig (minar, destruir)* to undermine
socavón *m* (large) hole
sociable *adj* sociable, friendly
social *adj* ◆ social ◆ *Fin* **capital s.,** share capital; **domicilio s.,** registered address
socialdemócrata 1 *adj* social democratic | 2 *mf* Social Democrat
socialismo *m* socialism
socialista *adj* & *mf* socialist
socializar *vtr Fin* to nationalize
sociedad *f* ◆ society; **s. industrial/medieval,** industrial/medieval society ◆ *Fin* company; **s. anónima,** public limited company; **s. limitada,** limited company ◆ *(asociación)* society ◆ **alta s.,** (high) society ◆ | LOC: **presentarse en s.,** to have one's coming out
socio,-a *m,f* ◆ *(de una empresa, compañía)* partner ◆ *(de un club)* member
socioeconómico,-a *adj* socioeconomic
sociología *f* sociology
sociológico,-a *adj* sociological
sociólogo,-a *m,f* sociologist
socorrer *vtr* to help, aid: **se estaba muriendo pero nadie le socorrió,** he was dying, but no one came to his aid
socorrido,-a *adj (receta, peinado, remedio)* handy, useful; *(solución, excusa)* well-known, trite
socorrismo *m* lifesaving
socorrista *mf* lifeguard, lifesaver
socorro *m* ◆ help, aid; **pedir s.,** to ask for help ◆ *(medicinas, víveres)* aid
soda *f* soda (water)
soez *adj* crude, coarse, uncouth
sofá *m* sofa, settee; **s. cama,** sofa bed
sofisticado,-a *adj* sophisticated
sofocante *adj* suffocating, stifling
sofocar *vtr* ◆ *(un incendio)* to extinguish, smother; *(una rebelión)* to put out; *(una protesta)* to stifle; *(un grito, ruido)* to muffle, stifle; *(un sentimiento)* to control ◆ *(asfixiar)* to suffocate ◆ *(abochornar)* to embarrass
■ **sofocarse** *vr* ◆ *(por falta de aire, por calor)* to stifle ◆ *fam (enardecerse, alterarse)* to get upset; *(abochornarse)* to feel embarrassed
sofoco *m* ◆ *(sensación de ahogo)* difficulty in breathing; *(de calor intenso)* **le entran sofocos,** she gets hot flushes ◆ *fig (bochorno, vergüenza)* embarrassment ◆ *(disgusto enorme)* **menudo s. se va a llevar,** she is going to get really upset
sofocón *m fam* **se llevó un s.,** he got very upset
sofreír *vtr* to fry lightly
sofrito *m* chopped onion and garlic fried in oil
software *m* software
soga *f* rope ◆ | LOC: **estamos con la s. al cuello,** we are in dire straits
soja *f Bot (planta)* soya, *US* soy; *(semilla)* soyabean, *US* soybean
sol[1] *m* ◆ *(estrella)* sun ◆ *(luz)* sunlight: **el s. entraba por la ventana,** the sun was coming in through the window ◆ *(luz y calor)* sunshine: **no dejes eso al sol,** don't leave that in the sun; **hoy hace s.,** today the sun is shining ◆ *(unidad monetaria de Perú)* sol ◆ *fam* **eres un s.,** you are an angel ◆ | LOC: **no me deja ni a s. ni a sombra,** he won't leave me alone for a minute; **tomar el s.,** to sunbathe; **de s. a s.,** from sunrise to sunset
sol[2] *m Mús (en la escala diatónica)* G; **s. bemol,** G-flat; **s. major/menor,** G major/minor; **s. sostenido,** G-sharp; *(en solfeo)* soh
solamente *adv* only; **y no s. eso,** and not only that
solapa *f (de una chaqueta, abrigo)* lapel; *(de un libro, carpeta, etc)* flap
solapadamente *adv* stealthily
solapado,-a *adj (propósito, intención)* underhand
solapamiento *m* overlap
solapar 1 *vtr* ◆ *(superponerse a)* to overlap ◆ *(ocultar, disimular)* to conceal, cover up | 2 *vi* to overlap
solaparse *vr* to overlap
solar[1] *m (terreno para edificar)* plot
solar[2] *adj* solar; **energía s.,** solar energy; **luz s.,** sunlight
solárium, solario *m* solarium
solaz *m frml (esparcimiento)* relaxation
solazar *vt* to give pleasure

solazarse *vr (recrearse)* to enjoy oneself
soldado *m* soldier; **s. raso,** private
soldador,-ora 1 *m,f (oficio)* welder | **2** *m (aparato)* soldering iron
soldar *vtr* to weld
soldarse *vr (un hueso)* to set
soleado,-a *adj* sunny
soledad *f* ◆ *(tristeza, melancolía)* loneliness ◆ *(aislamiento)* solitude: **le gusta pasear en s.,** he likes to walk alone
solemne *adj* ◆ *(acontecimiento, promesa)* solemn ◆ *pey (enfático)* **una s. tontería,** a downright piece of nonsense
solemnidad *f* solemnity
soler *vi defect* ◆ *(en presente)* to be in the habit of: **solemos ir en coche,** we usually go by car; **sueles equivocarte,** you are usually wrong ◆ *(en pasado)* **solía pasear por aquí,** he used to walk round here

> En el presente, la traducción más común de *soler* es el verbo principal más **usually**: *Suele volver a las diez.* **He usually comes back at ten.**
> Para referirnos a costumbres en el pasado hay que usar **to use to** o **would**. Would expresa acciones repetidas, mientras que to use to describe también estados o situaciones: *Antes íbamos/solíamos ir a la playa en tren.* **We used to/would go to the beach by train.**
> No confundas **to use to (do sthg)** con **to be used to (doing sthg)**, que significa *estar acostumbrado* y, al contrario que **to use to**, puede usarse también en presente: *Estoy acostumbrado a coger el metro.* **I'm used to taking the metro.**
> ➤ Ver nota en **accustom**

solera *f fig* tradition
solfeo *m Mús* sol-fa, music theory
solicitar *vtr (opinión, información, consejo, canción)* to request
solícito,-a *adj* obliging, solicitous
solicitud *f (formulario)* application ◆ *(diligencia, interés y rapidez)* diligence
solidaridad *f* solidarity
solidario,-a *adj (persona)* supportive; *(actitud, medida)* **es una reivindicación solidaria cruzó la calle,** it's a gesture of solidarity with the Third World
solidarizarse *vr* to show one's solidarity [con, with]: **se solidarizan con nosotros,** they give us their support

solidez *f (de una propuesta, argumento)* soundness ◆ *Fís Quím* solidity ◆ *(de un material)* strength
sólido,-a 1 *adj* ◆ *Fís Quím* solid ◆ *(material)* strong | **2** *m* solid
soliloquio *m* soliloquy
solista *mf Mús* soloist
solitario,-a 1 *adj* ◆ *(paraje, calle)* solitary ◆ *(sin compañía)* alone: **una figura solitaria cruzó la calle,** a lonely figure crossed the street; *(al que le gusta la soledad)* loner | **2** *m Naipes* solitaire: **estaba haciendo un solitario,** I was playing patience
sollozar *vi* to sob
sollozo *m* sob
solo,-a 1 *adj* ◆ *(único)* only, single: **en la caja había una sola galleta,** there was a single biscuit in the box; **no me ha respondido ni una sola vez,** he hasn't answered once ◆ *(sin compañía)* alone: **me gusta estar sola,** I like to be alone; **iba hablando s. por la calle,** he was walking down the street talking to himself; **vive solo,** he lives alone ◆ *(sin protección, apoyo)* **se siente sola,** she feels lonely ◆ *(sin añadidos)* **un whisky solo,** a whisky on its own ➤ Ver nota en **alone** ◆ *(sin ayuda, sin intervención)* **se desconecta solo,** it switches itself off automatically; **podemos resolverlo (nosotros) solos,** we can solve it by ourselves | **2** *m Mús* solo ◆ black (coffee) ◆ | LOC: **a solas,** alone ➤ Ver nota en **alone**
sólo *adv* only: **s. con mirarle sabes que está mintiendo,** just by looking at him you can tell he is lying; **(tan) s. quiero hablar con él,** I only want to talk to him
solomillo *m* sirloin
soltar *vtr* ◆ *(dejar en libertad)* to release ◆ *(desasir)* to let go off: **soltó el perro por la finca,** he let the dog run loose around the estate; **¡suéltale!,** let him go!, **suelta esa cuerda,** undo that rope ◆ *(despedir)* to give off: **suelta un olor pestilente,** it stinks; *(un líquido)* to ooze ◆ *(decir inopinadamente)* **me soltó una fresca,** he answered me back; **soltó una tontería,** he made a silly remark ◆ *(dar de pronto)* to give: **me soltó una patada,** he gave me a kick; *(una carcajada, estornudo)* to let out
■ **soltarse** *vr* ◆ *(un perro, etc)* to get loose ◆ *(una cuerda, un tornillo, etc)* to come loose ◆ *(adquirir desenvoltura)* to gain in confidence ◆ *(desprenderse, caerse)* to come off ◆ *(empezar)* **ya se soltó a andar,** he has already started to walk

soltero,-a 1 *m (hombre)* bachelor, single man | 2 *f (mujer)* single woman, spinster | 3 *adj* single: **es madre soltera,** she is a single mother

solterón,-ona *pey* 1 *m (hombre)* confirmed bachelor | 2 *f (mujer)* old maid

soltura *f* ◆ *(agilidad)* agility; *(gracia, elegancia)* **hizo el gesto con mucha s.,** she gestured gracefully ◆ *(en un idioma, discurso)* fluency

soluble *adj* soluble; *(sopa, café)* instant

solución *f* solution

solucionar *vtr* ◆ to solve ◆ *(decidir, zanjar)* to settle

solvencia *f* ◆ *(crédito, responsabilidad)* reliability; *(capacidad, competencia)* competence ◆ *Fin* solvency: **no tiene s.,** he is insolvent

solventar *vtr* ◆ *(liquidar una deuda)* to settle, clear ◆ *(resolver un problema)* to solve: **tenemos que s. este asunto de una vez por todas,** we have to settle this matter once and for all

solvente *adj* ◆ *Fin* solvent ◆ *(capaz, competente)* competent ◆ *(digno de crédito, responsable)* reliable

sombra *f* ◆ *(ausencia de sol)* shade: **deja el coche a la s.,** park the car in the shade ◆ *(proyección de una silueta)* shadow; **sombras chinescas,** shadow theatre ◆ *(amparo, protección)* shelter ◆ *fig fam (pizca, traza)* **no tiene ni s. de vergüenza,** he has no shame; **sin la menor s. de duda,** without a shadow of a doubt ◆ *Cosm* **s. de ojos,** eyeshadow ◆ *(clandestinidad, desconocimiento público)* **dirige la empresa en la s.,** he manages the company behind the scenes ◆ | LOC: **hacer s.,** *(eclipsar, deslucir)* to put in the shade; **tener buena s.,** *(buen carácter)* to be cheerful; *(tener buena suerte)* to be lucky; **tener mala s.,** *(genio, carácter)* to be nasty, *(mala suerte)* to be jinxed; *fam* **a la s.,** in jail, inside

> Shade se refiere a la zona donde no llega la luz: *30 grados en la sombra,* **30 degrees in the shade;** *¿nos sentamos en la sombra (de este árbol)?,* **shall we sit in the shade (of this tree)?,** mientras que shadow describe la silueta creada por un objeto colocado delante de un foco de luz: *Su sombra era muy larga.* **His shadow was very long.**

sombreado,-a *adj* shady

sombrero *m* hat; **s. de copa,** top hat; **s. hongo,** bowler hat ◆ | LOC: **quitarse el s. ante algo/alguien,** to take one's hat off to sthg/sb

sombrilla *f* ◆ *(de paseo)* parasol, sunshade ◆ *(de playa, terraza)* (beach) umbrella

sombrío,-a *adj* ◆ *(umbrío, sin sol)* shadowy ◆ *(tétrico, desesperanzador)* sombre, bleak, gloomy ◆ *fig (preocupado, triste, abatido)* sullen, gloomy

somero,-a *adj* ◆ *(sucinto, insustancial)* slight, superficial: **una somera descripción de los hechos,** a brief description of the facts ◆ *(superficial)* superficial

someter *vtr* ◆ *(subyugar, sojuzgar)* to subdue, put down ◆ *(a votación, opinión, juicio)* **lo sometió a nuestro juicio,** he left it to us to judge ◆ *(a una prueba, experimento, interrogatorio, etc)* to subject **[a, to]** ■ **someterse** *vr* ◆ *(a un poder, ley, voluntad)* to submit: **nos sometimos a una investigación,** we submitted to an investigation ◆ *(a una acción física, tratamiento)* **se sometió a un régimen,** he went on a diet; **te someterás a la quimioterapia,** you will undergo chemotherapy

somier *m (de metal)* spring mattress; *(de lamas, madera forrada)* bed base

somnífero *m* sleeping pill

somnoliento,-a *adj* drowsy, sleepy

son *m (sonido)* sound ◆ | LOC: **bailar al s. que le tocan,** to toe the line *o* to do everything one is told to do; **hacer algo sin ton ni son,** to do sthg any old how; **venir en s. de paz,** to come in peace

sonado,-a *adj* ◆ *(un boxeador)* brain-damaged, punch-drunk ◆ *fam (chiflado)* mad ◆ *(célebre, muy comentado)* much talked of

sonajero *m* baby's rattle

sonámbulo,-a *m,f* sleepwalker

sonar *vi* ◆ *(un instrumento, melodía)* to sound: **su voz sonaba a preocupación,** her voice sounded worried; *(un despertador)* to ring, buzz ◆ *(dar una impresión)* to sound: **lo que dices me suena a chino,** what you are saying is Greek to me; **eso me suena a problemas,** that sounds like trouble; **su propuesta no suena mal,** I like the sound of her proposal ◆ *(ser familiar)* **su cara me suena,** his face rings a bell, **ese nombre no me suena de nada,** that name is completely unknown to me ■ **sonarse** *vr* **s. (la nariz),** to blow one's nose

sonda *f* ◆ *Med (para explorar)* probe; *(para introducir alimento, eliminar fluidos, etc)* catheter, tube ◆ *Náut* sounding line, plumb ◆ **s. espacial,** space probe

sondar *vtr* ◆ *Med* to sound, probe ◆ *Náut* to sound, plumb ◆ *Geol* to drill into

sondear *vtr* ◆ *Náut* to sound, plumb ◆ *Geol* to drill into ◆ *(a una persona, una situación)* to sound out

sondeo *m* ◆ *Náut* sounding ◆ *(de opinión)* poll

soneto *m Lit* sonnet

sonido *m* sound

sonoro,-a *adj* ◆ *(audible)* audible; **señal sonora,** audible signal; *Cine* sound ◆ *(que suena bien)* sonorous, rich ◆ *(que suena con fuerza)* loud: **un sonoro aplauso,** a big hand ◆ *Ling* voiced

sonotone, *m* hearing aid

sonreír *vi,* **sonreírse** *vr* to smile: **le sonreía,** she was smiling at him

sonriente *adj* smiling

sonrisa *f* smile

sonrojarse *vr* to blush

sonrojo *m* blush: **me produce s.,** it makes me blush

sonrosado,-a *adj* rosy, pink

sonsacar *vtr* ◆ *(una información)* to winkle out: **se lo sonsacó a María,** he coaxed it out of María ◆ *(dinero, un regalo, etc)* to wheedle

soñador,-ora *m,f* dreamer

soñar 1 *vtr* ◆ to dream: **soñé que vivía en una isla desierta,** I dreamt I was living on a desert island ◆ *(imaginar)* to imagine: **la boda fue tal como la había soñado,** her wedding was just like in her dreams | **2** *vi* ◆ *(dormido)* **sueñas en voz alta,** you talk in your sleep; **esta noche soñé con él,** last night I had a dream about him ◆ *(imaginar)* **deja de s. (despierto),** stop daydreaming; **no sueñes con que te invite,** don't expect to be invited ◆ *(desear)* **sueña con volver a su tierra natal,** she dreams of returning to her homeland

soñoliento,-a *adj* drowsy, sleepy

sopa *f (de verdura, fideos, etc)* soup ◆ | LOC: **dar sopas con honda,** to be clearly better: **en matemáticas le da sopas con honda,** he's miles better than her in maths; *fam* **estar hasta en la s.,** to be everywhere; **estar/quedarse sopa,** to be/fall sound asleep; *fig* **quedar hecho una s.,** to get soaked

sopapo *m fam (bofetada)* slap: **le di un s.,** I slapped her

sopera *f* soup tureen

sopero,-a *adj* **plato sopero,** soup dish

sopesar *vtr* ◆ *(tantear el peso de algo)* to try the weight of ◆ *fig (ponderar las ventajas, inconvenientes)* to weigh up

sopetón *m* slap ◆ | LOC: **de s.,** out of the blue

soplar 1 *vi* ◆ *(viento, persona)* to blow: **sopla por este tubo,** blow into this tube ◆ *fam* to drink alcohol | **2** *vtr* ◆ *(algo caliente)* to blow on ◆ *(una vela)* to blow out ◆ *(un fuego)* to fan ◆ *(un globo)* to blow up; *(vidrio)* to blow ◆ *(apartar con un soplo)* to blow away ◆ *(una respuesta, un cotilleo)* to whisper: **me sopló el resultado,** he passed the result on to me ◆ *fam (hurtar)* to pilfer: **me han soplado los rotuladores,** I have had my markers pinched

soplete *m* blowlamp, blowtorch

soplido *m* puff, blow

soplo *m* ◆ *(de persona)* blow, puff; *(de viento)* blow ◆ *(instante breve)* flash ◆ *fam (delación, chivatazo)* tip-off ◆ *Med* murmur

soplón,-ona *m,f fam (chivato)* grass, informer; *(acusica)* sneak, telltale

soporífero,-a *adj* ◆ *(que produce somnolencia)* soporific ◆ *(conferencia, libro)* boring, dull: **tu amigo es s.,** your friend is a real bore

soportable *adj* bearable

soportal 1 *m* porch | **2** *mpl* **soportales,** arcade *sing*

soportar *vtr* ◆ *(una carga, un peso)* to support, bear, carry ◆ *fig (sufrir, tolerar)* to bear: **no podía soportar el dolor,** he couldn't stand the pain; **no nos soportamos,** we can't stand each other ➢ Ver nota en **bear** y **stand**

soporte *m* ◆ *Arquit* support ◆ *(objeto en el que se apoya otro)* **un s. para los discos,** a record stand ◆ *Inform* medium ◆ *(apoyo)* support

soprano *mf* soprano

sorber *vtr* ◆ *(beber aspirando)* to sip; *(haciendo ruido)* to slurp ◆ *(absorber un líquido)* to absorb, soak up ◆ *(la nariz)* to sniff ◆ | LOC: **sorber el seso: te están sorbiendo el seso,** they are brainwashing you

sorbete *m* sorbet

sorbo *m* ◆ sip: **se lo bebió a sorbos,** he sipped it ◆ *(cantidad pequeña)* drop, sip

sordera *f* deafness

sórdido,-a *adj* sordid, squalid

sordo,-a 1 *adj* ◆ *(que no puede oír)* deaf ◆ *(golpe, ruido)* dull, low; *(dolor)* dull ◆ *(insensible a los consejos, súplicas)* deaf ◆ *Ling* voiceless | **2** *m,f* deaf person; **los sordos,** the deaf *pl* ◆ | LOC: *fam fig* **hacerse el s.,** to turn a deaf ear

sordomudo,-a 1 *adj* deaf and dumb | **2** *m,f* deaf-mute

soroche *m LAm* altitude sickness

sorprendente *adj* surprising, amazing

sorprendentemente *adv* surprisingly

sorprender *vtr* ♦ *(conmover, maravillar)* to wonder, marvel: **la puesta en escena sorprendió al público,** the audience was amazed by the production ♦ *(extrañar)* to surprise: **me sorprende que lo sepas,** I'm surprised that you know it ♦ *(coger desprevenido)* to catch unawares: **la sorprendimos fumando,** we caught her smoking; **la tormenta nos sorprendió en la montaña,** the storm caught us on the mountain

sorprendido,-a *adj* surprised

sorpresa *f* surprise; **para mi s.,** to my surprise; **la sorpresa la dejó muda,** she was really astonished ♦ | LOC: **nos atacaron por s.,** we were attacked by surprise; **llegaron por s.,** they arrived without warning

sorpresivo,-a *adj LAm* unexpected

sortear *vtr* ♦ *(un obstáculo, peligro)* to avoid, get round, overcome: **tuvimos que s. muchos peligros,** we had to overcome many dangers ♦ *(echar a suertes)* to draw lots for; *(rifar)* to raffle (off)

sorteo *m* draw; *(rifa)* raffle

sortija *f* ring

sortilegio *m* spell

sosa *f Quím* soda; **s. cáustica,** caustic soda

sosegado,-a *adj (ambiente, entorno, vida)* calm, quiet; *(carácter)* calm

sosegar *vtr* to calm

■ **sosegarse** *vr* to calm down

sosiego *m (quietud)* peace, calm; *(serenidad)* calm, serenity

soslayo *loc adv* **de s.,** sideways: **me miró de s.,** he looked sideways at me; **trató el tema de s.,** he only touched on the matter in passing

soso,-a 1 *adj* ♦ *(sin sal)* lacking in salt; *(sin sabor)* flavourless, tasteless ♦ *fig (sin gracia)* bland, insipid, dull | **2** *m,f* bore: **los dos son unos sosos,** both of them are dull and boring

sospecha *f* suspicion

sospechar 1 *vtr (conjeturar, intuir)* to suspect: **sospecho que le gustas,** I suspect he likes you | **2** *vi (recelar)* to suspect: **sospechaba de su mujer,** he suspected his wife; **sospechan que tú lo planeaste todo,** they suspect you of planning it all

sospechoso,-a 1 *m,f* suspect | **2** *adj* suspicious: **era s. de asesinato,** he was suspected of committing a murder

sostén *m* ♦ *(prenda femenina)* bra, brassiere ♦ *(apoyo, pilar)* support: **eres el s. de la familia,** you are the support of the family

sostener *vtr* ♦ *(un peso, cúpula, etc)* to support, hold up; *(con la mano)* **sostenme el paraguas un momento,** hold the umbrella for me for a moment ♦ *fig (un derecho, etc)* to uphold; *(una teoría)* to maintain ♦ *(a la familia)* to support ♦ *(negociaciones, una conversación)* to have

■ **sostenerse** *vr* ♦ *(en pie)* to support oneself ♦ *(descansar, permanecer)* to stay, remain

sostenido,-a *adj Mús* sharp

sota *f Naipes* jack, knave

sotana *f* cassock

sótano *m* cellar, basement

soviético,-a *adj & m,f Hist* Soviet

sport (de) *loc adj* casual, sports

spray *m (pl sprays)* spray

Sr. *(abr de señor)* Mister, Mr

Sra. *(abr de señora)* Mrs

Sres. *(abr de señores)* **Sres. de Rodríguez,** Mr and Mrs Rodríguez; *(en correspondencia comercial)* Messrs

Srta. *(abr de señorita)* Miss

SS *f (abr de Seguridad Social)* National Health Service, NHS

SS.MM. *(abr de Sus Majestades)* Their Majesties

Sta. *(abr de Santa)* Saint, St

stand *m (pl stands) Com* stand

standard *adj & nm* → **estándar**

status *m inv* status

stock *m (pl stocks)* stock

stop *m Auto* stop sign

su *adj pos* ♦ *(de él)* his: **vino con su hija,** he came with his daughter; *(de ella)* her: **sus amigos son italianos,** her friends are Italians; *(de ellos, de ellas)* their: **perdieron su coche,** they lost their car; *(de cosa, animal)* its: **su cola es naranja,** its tail is orange; *(de varios animales)* **sus cachorros son moteados,** their cubs are spotted; *(de usted, ustedes)* your: **su cena está lista,** your dinner is ready; **sus entradas, por favor,** your tickets, please ♦ *fam (más o menos)* **cuesta sus (buenos) dos millones,** it costs about two million

suave *adj* ♦ *(liso, terso)* smooth, soft; **s. al tacto,** soft *o* smooth to the touch ♦ *(tenue, poco fuerte)* soft; **una s. brisa,** a gentle breeze; **un sabor s.,** a delicate *o* mild taste; *(color)* pale; **un azul s.,** a pale blue; *(música, tono, luz)* soft; **una s. melodía,** a mellow *o* sweet melody; *(clima)* **esta región tiene un clima s.,** this region has a mild climate ◆ *(actitud agradable, poco severa)* mild, gentle, amiable

suavidad *f* ◆ *(de una superficie, de la piel, etc)* smoothness, softness ◆ *(de tono, luz, música, etc)* softness; *(de color)* paleness; *(de sabor)* mildness; *(de clima)* mildness; *(de trato, carácter)* gentleness, mildness, mellowness

suavizante *m (para tejidos)* fabric softener; *(para el cabello)* conditioner

suavizar *vtr* ◆ *(la piel, el pelo, etc)* to make soft, make smooth ◆ *(un sabor)* to make less strong; *(el color, el sonido)* to tone down ◆ *(el trato, el carácter)* to soften, temper

■ **suavizarse** *vr* ◆ *(el pelo, la piel)* to become softer *o* smoother; *(el clima)* to get milder ◆ *(el carácter)* to mellow: **se ha suavizado con los años,** she has mellowed with age ◆ *(una situación)* to calm down: **poco a poco se suavizó la tensión,** the tension gradually eased

subacuático,-a *adj* underwater; *Dep* sub-aqua

subalimentación *f* undernourishment
subalimentado,-a *adj* undernourished, underfed

subalterno,-a *adj & m,f* subordinate
subarrendar *vtr* to sublet
subasta *f* ◆ *(venta)* auction ◆ *(oferta de servicios, de obras públicas)* tender
subastar *vtr* ◆ *(vender)* to auction (off), sell at auction ◆ *(sacar a concurso un contrato)* to put out to tender
subcampeón,-ona *m,f Dep* runner-up
subconsciente *adj & m* subconscious
subdesarrollado,-a *adj* underdeveloped
subdesarrollo *m* underdevelopment
subdirector,-ora *m,f* assistant director *o* manager; *(en un colegio)* deputy headteacher, assistant principal; *(en una empresa: hombre)* vice-chairman; *(: mujer)* vice-chairwoman *US* vice-president
súbdito,-a *adj & m, f Hist Pol* subject: **es un s. alemán,** he's a German citizen
subdividir *vtr* to subdivide
subestimar *vtr* to underestimate
subida *f* ◆ *(incremento de precios, temperatura, etc)* rise, increase ◆ *(cuesta, pendiente)* slope, hill ◆ *(a una montaña)* ascent

subido,-a *adj fam (intenso)* **un rojo s.,** a deep red ◆ | LOC: **una conversación subida de tono,** a risqué conversation

subir 1 *vtr* ◆ *(una pendiente, las escaleras)* to go up; *(hacia el hablante)* to come up; *(una montaña)* to climb ◆ *(llevar arriba)* to take up: **voy a s. las cajas,** I'm going to take the boxes upstairs; *(hacia el hablante)* to bring up ◆ *(elevar)* to raise: **sube la mano izquierda,** lift your left hand; *(el sueldo, la temperatura, la voz, etc)* to raise: **sube (el volumen de) la radio,** turn the radio up | **2** *vi* ◆ *(ascender)* to go up: **¿por qué no subimos a verla?,** why don't we go up to see her?; *(acercándose al hablante)* to come up ➢ Ver nota en **ir** ◆ *(a un avión, tren, autobús)* to get on *o* onto: **subimos al tren,** we boarded the train; *(a un coche)* to get into *o* in ◆ *(la marea, las aguas)* to rise ◆ *(la temperatura)* to rise ◆ *(los precios, el sueldo, etc)* to rise, go up ◆ *(de categoría)* to go up

■ **subirse** *vr* ◆ *(ascender, trepar)* to climb up: **el gato se subió al árbol,** the cat climbed up the tree ◆ *(a un tren, un autobús, un avión)* to board, to get on *o* onto; *(a un coche)* to get into; *(a un caballo)* to get on, *frml* to mount ◆ *(los pantalones, los calcetines)* to pull up; *(la cremallera)* to do up; *(las mangas)* to roll up ◆ | LOC: **s. a la cabeza: el champán se le subió a la cabeza,** the champagne went to his head; **s. los colores: se le subieron los colores,** he blushed; **s. por las paredes,** to hit the roof, go through the roof

súbitamente *adv* suddenly
súbito,-a *adj* sudden ◆ | LOC: **de s.,** suddenly
subjetivo,-a *adj* subjective
subjuntivo *adj & m Ling* subjunctive
sublevación *f* rebellion, uprising
sublevar *vtr* ◆ to incite to revolt ◆ *fig (enojar, indignar)* to infuriate

■ **sublevarse** *vr* to rise up, revolt: **se sublevaron contra la dictadura militar,** they rose up against the military dictatorship
sublime *adj* sublime
submarinismo *m* skin-diving; *Dep* scuba diving
submarinista *mf* ◆ skin-diver; *Dep* scuba diver ◆ *(tripulante de submarino)* submariner
submarino,-a 1 *adj* underwater; **pesca s.,** underwater fishing | **2** *m* submarine
subnormal 1 *adj Psic* subnormal, mentally handicapped | **2** *mf* ◆ mentally handi-

suboficial

capped person ◆ *fam pey (necio)* moron, cretin
suboficial *m, f* noncommissioned officer; *Náut* petty officer
subordinado,-a *adj & m,f* subordinate
subordinar *vtr* to subordinate
subproducto *m* by-product, derivative, spin-off
subrayar *vtr (una palabra, frase, etc)* to underline ◆ *(poner énfasis, destacar)* to emphasize, underline: **subrayó la importancia de ese experimento,** he stressed the importance of that experiment
subrepticio,-a *adj* surreptitious
subsanar *vtr* ◆ *(enmendar un error)* to rectify, correct; *(resarcir)* to make up for, repair ◆ *(disculpar un desacierto)* to excuse
subsecretario,-a *m,f* undersecretary
subsidiario,-a *adj* subsidiary
subsidio *m* allowance, benefit; **s. de desempleo,** unemployment benefit *US* unemployment compensation
subsistencia *f* ◆ subsistence, survival ◆ *(provisiones, víveres)* **subsistencias,** supplies *pl*
subsistir *vi (un ser vivo)* to live: **subsisten a base de maíz,** they subsist *o* live on maize ◆ *(una costumbre, creencia, etc)* to remain, survive
subsuelo *m* subsoil
subterráneo,-a 1 *adj* underground, subterranean | **2** *m (túnel, paso)* tunnel, subway; underground passage
subtítulo *m* ◆ *(título secundario)* subtitle, subheading ◆ *(en una película)* subtitle; **versión original con subtítulos,** original version with subtitles
suburbano,-a 1 *adj* suburban | **2** *adj & m* **tren s.,** suburban train
suburbio *m*; *(barriada, periferia de la ciudad)* suburb; *(barrio marginal, barrio pobre)* slum
subvención *f* subsidy, subvention
subvencionar *vtr* to subsidize
subversión *f* subversion
subversivo,-a *adj* subversive
subyacente *adj* underlying
subyugar *vtr* ◆ *(someter)* to subjugate ◆ *(cautivar, fascinar)* to enthrall, captivate
succionar *vtr* to suck, suck up *o* in
sucedáneo,-a *adj & m* substitute
suceder 1 *vi* ◆ *(acontecer, pasar)* to happen: **nadie me explicó lo que sucedía,** no one explained to me what was going on: **¿qué sucede?,** what's the matter?; **suceda lo que suceda...,** whatever happens... ◆

342

(seguir, ir después) to follow | **2** *vtr (en un cargo)* to succeed ◆ | LOC: **por lo que pueda s.,** just in case

■ **sucederse** *vr* to follow one another
sucesión *f* ◆ *(en un cargo, en el trono)* sucesión: **el primero en la línea de s. al trono,** the first in line to the throne ◆ *(herederos, descendencia)* heirs *pl*, issue ◆ *(de hechos)* series *sing*; **una s. de acontecimientos,** a succession of events
sucesivamente *adv* successively; **y así s.,** and so on, and so forth
sucesivo,-a *adj* consecutive; successive ◆ | LOC: **en lo s.,** from now on
suceso *m* ◆ *(hecho)* happening, event: **fue un s. sin importancia,** it was an unimportant incident ◆ *Prensa* **sucesos,** accident and crime reports
sucesor,-ora *m,f (a un cargo, al trono)* successor; *(heredero)* heir
suciedad *f* ◆ *(basura)* dirt, filth ◆ *(estado)* dirtiness
sucinto,-a *adj* concise, succinct
sucio,-a 1 *adj* dirty: **tienes las manos sucias,** your hands are dirty ◆ *(obsceno)* filthy, dirty ◆ *(inmoral, deshonesto)* **juego s.,** foul play; **una jugada sucia,** a dirty trick; **negocio s.,** shady business *o* deal; **trabajo s.,** dirty work; *(fraudulento)* underhand | **2** *adv* unfairly; **jugar s.,** to play unfairly
sucre *m (unidad monetaria de Ecuador)* sucre
suculento,-a *adj* succulent
sucumbir *vi* ◆ *(ante el enemigo)* to succumb, surrender, yield; **s. a la tentación,** to give in *o* succumb to temptation ◆ *frml (perecer)* to die
sucursal *f Com* branch
sudadera *f* sweatshirt
Sudáfrica *f* South Africa
sudafricano,-a *adj & m,f* South African
Sudamérica *f* South America
sudamericano,-a *adj & m,f* South American
sudar *vtr & vi* ◆ to sweat, perspire ◆ *fam (esforzarse)* to work hard, make a big effort ◆ | LOC: *fam* **s. tinta/la gota gorda,** to sweat blood
sudeste *m* southeast
sudoeste *m* southwest
sudor *m* sweat, perspiration; *fam (esfuerzo)* effort: **me costó sudores,** it took me a lot of hard work; *fam (nerviosismo, temor)* **s. frío,** cold sweat ◆ | LOC: **con el s. de mi/tu/su frente,** by the sweat of one's brow

sudoroso,-a *adj* sweaty
Suecia *f* Sweden
sueco,-a 1 *adj* Swedish | **2** *m,f* Swede | **3** *m (idioma)* Swedish ◆ | LOC: *fam* **hacerse el s.,** to pretend not to have heard
suegra *f* mother-in-law ➢ Ver nota en **in-laws**
suegro *m* father-in-law; **sus suegros,** her in-laws ➢ Ver nota en **in-laws**
suela *f (de zapato)* sole ◆ | LOC: **no llegar a la s. del zapato,** not to be nearly as good as sb *o* not to be even fit to tie one's shoelaces; **este filete está más duro que una s.,** this steak is tough as old boots
sueldo *m* pay, wages *pl; (mensual)* salary ➢ Ver nota en **salario**
suelo *m* ◆ *(tierra)* ground ◆ *Agr* land; *(de cultivo)* soil ◆ *(de una casa)* floor; *(de la calle, carretera)* surface, road ◆ *(país, territorio)* soil ◆ *(edificable)* building land ◆ | LOC: **estar por los suelos,** *(precios)* to be rock-bottom *o* dirt cheap; *(el ánimo)* to be at rock bottom *o* down in the dumps
suelto,-a 1 *adj* ◆ *(no sujeto, con libertad de movimiento)* loose; *(un animal)* **el perro estaba s. en el jardín,** the dog was loose in the garden; *(libre, huido)* **el ladrón aún anda s.,** the burglar is still at large *o* free; *(los cordones)* undone; *(el pelo)* **lleva el pelo s.,** she wears her hair loose ◆ *(estilo, lenguaje)* loose, fluent ◆ *(ropa)* loose, loose-fitting ◆ *Med* **estar s. de vientre,** to have diarrhoea ◆ **dinero s.,** loose *o* small change ◆ *(por separado)* separate: **se venden sueltos,** they are sold separately; *(sin envasar)* **venden té s.,** tea is sold loose | **2** *m (dinero)* loose *o* small change
sueño *m* ◆ *(estado de dormir)* sleep: **tengo el s. ligero/pesado,** I'm a light/heavy sleeper ◆ *(necesidad de dormir)* sleepiness: **te caes de s.,** you can hardly keep your eyes open; **tenía s.,** she felt *o* was sleepy ◆ *(lo soñado)* dream: **tuve un s. espantoso,** I had a nightmare; *(ilusión, ambición)* dream: **se cumplieron sus sueños,** her dreams came true; *(fantasías)* fancy, delusion: **eso no son más que sueños,** that is nothing but dreams ◆ **s. eterno,** last sleep *o* eternal rest ◆ | LOC: **quitar el s.,** to be worried about sthg *o* sb
suero *m* ◆ *Med* serum ◆ *(alimenticio, fisiológico)* saline solution; *(de la leche)* whey
suerte *f* ◆ *(fortuna)* luck: **es un hombre de s.,** he's a lucky man; **tuviste mala s.,** you were unlucky; **por s.,** fortunately *o* luckily ◆ *(casualidad, azar)* chance: **depende de la s.,** it depends on chance ◆ *(sino, destino)* fate, destiny ◆ *frml (tipo, género)* sort, type: **es una s. de,** it's a kind of ◆ | LOC: **echar a suertes,** to draw lots; **la s. está echada,** the die is cast; **probar s.,** to try one's luck; **tentar (a) la s.,** to tempt fate
suéter *m* sweater
suficiencia *f* ◆ *(presunción)* arrogance, smugness, complacency ◆ *Educ* aptitude; **prueba de s.,** proficiency, aptitude test
suficiente 1 *adj* ◆ enough ➢ Ver nota en **bastante** ◆ *(presuntuoso)* smug, complacent | **2** *m Educ* pass, pass-mark
suficientemente *adv* sufficiently: **es lo s. grande para tres personas,** it's big enough for three people
sufijo *m* suffix
sufragar 1 *vtr (costear, pagar)* to defray | **2** *vi LAm* to vote [**por,** for]
sufragio *m Pol (sistema de elección)* suffrage; **s. universal,** universal suffrage
sufrido,-a *adj* ◆ *(resignado, conforme)* long-suffering ◆ *(ropa)* hard-wearing
sufrimiento *m* suffering
sufrir 1 *vi* to suffer: **sufre de reumatismo,** he suffers from rheumatism | **2** *vtr* ◆ *(un daño, un perjuicio)* to suffer: **sufría una extraña enfermedad,** he had a rare illness; *(un accidente)* to have; *(una derrota)* to suffer; *(una operación)* to undergo ◆ *(cambios)* to undergo ◆ *(soportar, aguantar)* to bear: **tuvimos que s. sus chistes machistas,** we had to put up with his sexist jokes
sugerencia *f* suggestion
sugerente *adj* suggestive
sugerir *vtr* to suggest ➢ Ver nota en **propose**
sugestión *f (acción de sugestionarse)* **no creo que sea un fantasma, es pura s.,** I don't think it can be a ghost, it's all in your mind; **tienes un gran poder de s.,** you are very persuasive
sugestionar *vtr* to influence
sugestionarse *vr* to get ideas into one's head, convince oneself
sugestivo,-a *adj* ◆ *(imagen, idea)* suggestive; *(lleno de sugerencias)* **una s. observación,** a suggestive comment ◆ *(atractivo, apetecible)* attractive
suicida 1 *mf* suicide | **2** *adj* suicidal
suicidarse *vr* to commit suicide
suicidio *m* suicide; **intento de s.,** suicide attempt
suite *f* ◆ *Mús* suite ◆ *(de hotel)* suite
Suiza *f* Switzerland

suizo,-a 1 *adj* & *m,f* Swiss | 2 *m Culin* bun
sujetador *m* bra, brassiere
sujetar *vtr* ♦ *(coger, agarrar)* to hold: **sujétalo fuerte,** hold it tight; **¿puedes sujetarme la escalera?,** can you hold the ladder for me?; *(retener)* to hold down; *(fijar)* to fasten, fix ♦ *(controlar, someter)* to restrain, keep in check

■ **sujetarse** *vr* ♦ *(agarrarse)* to hold on [a, to]: **se sujetó a la barandilla,** he held on to the banister; *(sostener)* to be held ♦ *(a unas reglas)* to abide by

sujeto,-a 1 *adj (fijo)* secure ♦ *(expuesto, sometido)* **s. a,** subject to: **s. a cambios,** subject to change | 2 *m* ♦ *(individuo)* individual, person ♦ *pey* sort; **un s. poco fiable,** an unreliable character ♦ *Ling* subject

sulfato *m* sulphate *US* sulfate
sulfurar *vtr fam (enfurecer)* to infuriate
■ **sulfurarse** *vr fam (enojarse)* to blow one's top, lose one's temper
sultán *m* sultan
suma *f* ♦ *Mat* addition: **la s. de cinco y dos da siete,** the sum of five plus two is five; **hacer sumas,** to do sums *o US* addition ➤ Ver nota en **sumar** ♦ *(cantidad)* sum; **la s. total,** the total amount
sumamente *adv* extremely
sumar *vtr* ♦ *Mat* to add (up): **seis y dos suman ocho,** six and *o* plus two add up to *o* make eight ♦ *(la cuenta, la factura)* **la factura suma tres mil pesetas,** the bill comes to three thousand pesetas

> ¿Cómo se dice 2 + 3 = 5?
> Two and three is/equals five.
> Two plus three is/equals five.
> What's two and three?

■ **sumarse** *vr* ♦ *(unirse)* **se sumó a la discusión,** he joined in the discussion ♦ *(a una propuesta, una huelga)* to join, subscribe
sumario,-a 1 *adj (resumido, breve)* concise, brief ♦ *Jur (juicio)* summary | 2 *m* ♦ *(índice)* contents *pl* ♦ *Jur* indictment
sumarísimo,-a *adj* swift; **juicio s.,** summary trial
sumergible 1 *adj (nave)* submersible; *(reloj, cámara)* waterproof | 2 *m* submarine
sumergir *vtr* to immerse, submerge, submerse
■ **sumergirse** *vr* ♦ to submerge, dive ♦ *fig (sumirse)* to become absorbed
sumidero *m* drain

suministrar *vtr* to supply: **esta guía me suministra mucha información,** this guide provides me with a lot of information
suministro *m* supply, provision
sumir *vtr* ♦ *(sumergir)* to submerge, sink, plunge ♦ *fig* **la noticia le sumió en la tristeza,** the news plunged him into sadness
sumiso,-a *adj* submissive, docile, obedient
sumo,-a *adj (muy grande)* extreme: **es tóxico, manéjalo con s. cuidado,** it's toxic, handle it with extreme care; **de s. importancia,** extremely important ♦ *(máximo en una jerarquía)* supreme ♦ | LOC: **a lo s.,** at the most
suntuoso,-a *adj* sumptuous
supeditar *vtr* to subordinate: **el contrato está supeditado a...,** the contract is subject to *o* depends on...; **supedita su familia a su trabajo,** he puts his work before his family
super- *pref* super-
súper 1 *adj fam (espléndido)* super, fantastic, great | 2 *adj* & *f (gasolina)* four-star petrol *US* super | 3 *m fam* supermarket
superado,-a *adj (una moda, una costumbre)* outdated, obsolete; *(un método)* superseded
superar *vtr* ♦ *(estar por encima de)* to exceed: **tu hermana te supera en altura,** your sister is taller than you; **la temperatura superó los treinta grados,** the temperature rose above thirty degrees; *(expectativas)* **esto supera todo lo imaginado,** this defies the imagination; *(un récord, una marca)* to beat, break ♦ *(pasar, sobreponerse)* to overcome; *(un examen)* to pass, get through
■ **superarse** *vr* ♦ *(ser mejor)* to improve *o* better oneself ♦ *(lucirse)* **te has superado (a ti mismo) con esa ocurrencia,** you have excelled yourself with that joke
superávit *m* surplus
superdotado,-a 1 *adj* exceptionally *o* highly gifted | 2 *m,f* exceptionally *o* highly gifted person
superficial *adj* ♦ superficial; **una herida s.,** a superficial wound ♦ *(una persona) pey* superficial, shallow
superficialidad *f* ♦ superficiality ♦ *(de una persona) pey* superficiality, shallowness
superficie *f* ♦ surface: **el delfín salió a la s.,** the dolphin surfaced; **la s. de la Luna,** the moon's surface ♦ *(extensión, área)* area; *Mat* area

superfluo,-a *adj* ◆ *(sobrante, innecesario)* superfluous ◆ *(medida, comentario, etc)* unnecessary

superior 1 *adj* ◆ *(que está más alto)* top, upper; **el piso s.,** the upper floor ◆ *(que es mejor)* superior, better: **su sueldo es s. al mío,** his salary is higher than mine ◆ *(en número)* **un número s. a 10,** a number greater *o* higher *o* more than 10 ◆ *(indicando grado: en enseñanza)* higher; *(en el ejército, la policía)* superior | **2** *m (rango militar, policial)* superior; *Rel* Superior

superioridad *f* superiority [**sobre,** above]

supermercado *m* supermarket

superpoblación *f* overpopulation; *(en la ciudad)* overcrowding

superpoblado,-a *adj* overpopulated; *(la ciudad)* overcrowded

superponer *vtr* to superimpose, put on top

superpotencia *f* superpower

superproducción *f* ◆ *Econ* overproduction ◆ *Cine* blockbuster, lavish production

supersónico,-a *adj* supersonic

superstición *f* superstition

supersticioso,-a *adj* superstitious

supervisar *vtr* to supervise, oversee

supervisor,-ora *m,f* supervisor

superviviente 1 *adj* surviving | **2** *mf* survivor

supino,-a *adj (posición)* supine, face up ◆ *fig* **tontería/ignorancia supina,** crass stupidity/ignorance

suplantar *vtr (sustituir)* to replace *frml* supplant; *(hacerse pasar por otro)* to impersonate

suplementario,-a *adj* supplementary, additional; **tiempo s.,** extra time

suplemento *m* ◆ *(cantidad extra)* surcharge, extra charge ◆ *(de un diario)* supplement

suplente 1 *adj* substitute; *(profesor)* supply *o US* substitute; *(jugador)* substitute, reserve | **2** *m, f* substitute; *(en enseñanza)* supply *o US* substitute teacher; *(en deporte)* reserve, substitute; *(en teatro)* understudy

supletorio,-a *adj* extra, additional; **teléfono s.,** extension

súplica *f* entreaty, plea

suplicar *vtr* to beg, implore: **te suplico que lo olvides,** I beseech you to forget it

suplicio *m* ◆ *(tortura)* torture ◆ *fam fig (muy molesto, fastidioso)* torment, ordeal

suplir *vtr* ◆ *(reemplazar a una persona)* to replace, substitute ◆ *(sustituir, compensar)* to make up for

suponer *vtr* ◆ *(creer, imaginar)* to suppose: **supongamos que...,** let's assume *o* suppose that...; **supongo que me llamarán,** I presume they're going to phone me **supongo que sí,** I suppose so; **se supone que acaba a las seis,** it's supposed to finish at six; **se supone que él es el entendido,** he's supposed to be the expert; **te suponía en París,** I thought you were in Paris ◆ *(conllevar, significar)* to mean, involve: **no supone ningún riesgo,** it doesn't involve any risk; *(la amistad, el aprecio)* to mean ➤ Ver nota en **mean** ◆ | LOC: **ser de s.: es de s. que se lo han contado,** presumably *o* I would imagine she's been told

suposición *f* supposition

supositorio *m* suppository

supremacía *f* supremacy

supremo,-a *adj* supreme

supresión *f* suppression; *(de una ley, un impuesto, etc)* abolition; *(de un servicio)* withdrawal; *(en un texto)* deletion

suprimir *vtr* ◆ to suppress; *(un derecho, una ley, etc)* to abolish; *(un servicio)* to withdraw; *(gastos)* to eliminate, cut out; *(en un texto)* to delete ◆ *(omitir, pasar por alto)* to omit; **suprime los detalles técnicos,** leave out the technicalities

supuesto,-a 1 *adj* ◆ *(presumiendo falsedad)* **ese s. artista,** that so-called artist; *(presumiendo inocencia)* alleged; **el s. asesino,** the alleged murderer | **2** *m (conjetura)* assumption; **en el s. de que,** on the assumption that: **en el s. de que te pregunten,** supposing you are asked ◆ | LOC:: **dar por s.,** to take sthg for granted; **por s.,** of course; **s. que,** since, inasmuch that

supurar *vi* to weep, fester, suppurate

sur 1 *adj* south, southern; **la cara s.,** the southern face | **2** *m* south; **al s. de Francia,** to the south of France; **hacia el s.,** southward(s)

Suráfrica *f* South Africa

surafricano,-a *adj & m,f* South African

Suramérica *f* South America

suramericano,-a *adj & m,f* South American

surcar *vtr* ◆ *Agr* to plough *US* to plow ◆ *(la piel, el rostro)* to furrow, crease ◆ *fig (el mar, las aguas)* to cross; *(el cielo, el aire)* to cross, fly through

surco *m (en la tierra)* furrow; *(en un disco)* groove; *(en la piel)* wrinkle

sureño,-a 1 *adj* southern | **2** *m,f* southerner

sureste *adj* & *m* → **sudeste**
surfista *m,f* surfer
surgir *vi* ♦ *(sobrevenir, aparecer)* to arise, come up: **surgió un imprevisto,** something cropped up *o* came up; **una extraña figura surgió de la oscuridad,** a strange shape loomed up out of the darkness ♦ *(manar)* to rise, spout out, spring forth
suroeste *adj* & *m* → **sudoeste**
surrealismo *m* surrealism
surrealista *adj* & *mf* surrealist
surtido,-a 1 *adj* ♦ *(bien provisto)* **una papelería bien/mal surtida,** a well stocked/poorly stocked stationer's ♦ *(variado)* assorted | **2** *m (de caramelos, galletas, etc)* assortment; *(de ropa, muebles, etc)* range, selection
surtidor *m* ♦ *(de gasolina)* petrol *o US* gas pump ♦ *(chorro de agua)* jet
surtir *vtr* ♦ *(aprovisionar)* to supply, provide ♦ *(producir)* **s. efecto,** to take effect
susceptible *adj* ♦ *(suspicaz)* touchy ♦ *frml (capaz)* susceptible, **s. de mejora,** capable of improvement
suscitar *vtr (originar)* to cause, arouse: **su postura suscitará polémica,** his attitude will provoke controversy
suscribir *vtr* ♦ *(una propuesta, una opinión)* to endorse, subscribe to ♦ *Fin (acciones)* to subscribe for ♦ *frml (un acuerdo, un tratado)* to sign
■ **suscribirse** *vr* to subscribe [**a,** to]
suscripción *f* subscription
susodicho,-a *adj* & *m,f* above-mentioned, aforesaid
suspender 1 *vtr* ♦ *(poner en alto, colgar)* to hang [**de,** from] ♦ *(interrumpir, cancelar)* **suspendieron el programa,** the show was cancelled; *(un viaje, un partido)* to cancel, call off; *(una reunión)* to adjourn; *(leyes, derechos)* to suspend ♦ *(un examen)* to fail: **suspendió matemáticas,** he failed maths ♦ *(en un cargo)* to suspend | **2** *vi Educ* to fail
suspense *m* suspense; **película de s.,** thriller
suspensión *f* ♦ *(en el aire)* hanging, suspension ♦ *(interrupción)* cancellation, halting ♦ *(en un cargo, un trabajo)* suspension; **s. de empleo y sueldo,** suspension without pay ♦ *Auto* suspension ♦ **s. de pagos,** temporary receivership
suspensivo,-a *adj* **puntos suspensivos,** suspension points, dots (...)
suspenso,-a 1 *adj Educ* fail | **2** *m* **suspenso** *Educ* fail ♦ | LOC: **en s.,** pending

suspicacia *f* suspiciousness, suspicion, distrust
suspicaz *adj* suspicious, distrustful
suspirar *vi* ♦ *(dar suspiros)* to sigh ♦ *fig (desear)* to yearn, long [**por,** for] ♦ *fig fam (por alguien)* **suspira por ella,** he's madly in love with her
suspiro *m* sigh ♦ | LOC: **dar el último s.,** to breathe one's last
sustancia *f* substance
sustancial *adj* ♦ *(de la sustancia)* substantial ♦ *(muy importante, esencial)* essential, fundamental
sustancioso,-a *adj (beneficios)* substantial; *(alimentos)* nourishing, wholesome
sustantivo,-a 1 *adj* ♦ *frml (muy importante)* substantive, fundamental ♦ *Ling* noun | **2** *m Ling* noun
sustentar *vtr* ♦ *(mantener)* to support, maintain: **gana lo suficiente para s. a la familia,** she earns enough to support her family ♦ *(una opinión, una teoría)* to uphold, maintain ♦ *(sujetar, soportar un peso)* to support, hold up
sustento *m (alimento)* sustenance; **ganarse el s.,** to earn one's living
sustitución *f* replacement; *(temporal)* substitution
sustituir *vtr* to replace: **sustituyeron el azúcar por la miel,** they replaced the sugar with honey *o* they substituted honey for the sugar ♦ *(a una persona)* to replace; *(temporalmente)* to stand in for
sustituto,-a *m, f* replacement; *(temporal)* substitute
susto *m* fright, scare: **me llevé un gran s.,** I got a terrible fright
sustraer *vtr* ♦ *(hurtar)* to steal ♦ *(papeletas)* to remove ♦ *Mat (restar)* to subtract
susurrar 1 *vi (una persona)* to whisper; *fig (el agua)* to murmur; *(el viento, las hojas)* to rustle | **2** *vtr* to whisper: **me lo susurró al oído,** he whispered it in my ear
susurro *m* whisper; *fig (del agua)* murmuring; *(del viento)* sighing, whispering; *(de las hojas)* rustling
sutil *adj* ♦ *(insinuación, argumento, diferencia)* subtle; *(inteligencia)* sharp; **una s. observación,** a subtle remark ♦ *(un tejido)* thin, fine ♦ *(una fragancia)* delicate, subtle
sutileza *f* subtlety
suyo,-a 1 *adj (de él)* his; *(de ella)* hers: **este libro no es s.,** this book is not hers; *(de usted, ustedes)* yours: **hablé con un her-**

mano s., I spoke with a brother of yours; *(de ellos, ellas)* theirs | **2** *pron (de él)* his: **éste no es el s.,** this is not his; *(de ella)* hers: **me dejó el s.,** she lent me hers; *(de usted, ustedes)* yours; *(de ellos, ellas)* theirs ◆ | LOC: **hacer de las suyas,** to get up to one's old tricks; **salirse con la suya,** to get one's own way; **ser muy s.,** *(una actitud, reacción, un gesto)* **esto es muy s.,** this is typical of him *o* her; **Juan es muy s.,** Juan is very peculiar

svástica *f* → **esvástica**

T, t *f (letra)* T, t
tabacalero,-a 1 *adj (industria)* tobacco | **2** *m, f (cultivador)* tobacco grower; *(vendedor, negociante)* tobacco trader
tabaco *m* ◆ *Bot* tobacco ◆ *(cigarrillos)* cigarettes *pl*; **t. negro/rubio,** dark/Virginia tobacco
tábano *m Zool* horsefly
tabaquismo *m* nicotine poisoning
tabarra *f fam pey* pest, bore ◆ | LOC: *fam pey* **dar la t.,** to pester, go on and on
tabasco *m* Tabasco◆
taberna *f* tavern, bar
tabernero,-a *m,f* tavern keeper
tabique *m* ◆ *(pared)* partition wall ◆ *(de la nariz)* **t. nasal,** septum
tabla *f* ◆ board; *(más gruesa)* plank; **t. de planchar,** ironing board ◆ *(para nadar)* float; *(de surf)* surfboard; *(de windsurf)* sailboard ◆ *(de una falda)* pleat ◆ *(lista, índice)* table; **t. periódica,** periodic table ◆ *Mat* table; **la t. del 4,** the 4 times table ◆ *(en ajedrez)* **tablas,** draw *sing*, stalemate *sing*; **hicieron tablas,** they drew ◆ *Teat (escenario)* **tablas,** stage *sing*. **es la primera vez que pisa las tablas,** it's the first time he's been on the stage ◆ *fig* **t. de salvación,** last resort, salvation ◆ | LOC: **tener tablas,** *(un artista)* to have presence, be an old hand; *fam (persona)* to have a lot of experience
tablado *m* ◆ *(entarimado)* platform ◆ *(escenario)* stage
tablao *m* flamenco bar *o* club; *(espectáculo)* flamenco show
tablero *m* ◆ *(tabla)* board, plank; **t. de dibujo,** drawing board; *(de una mesa)* top; *(panel)* panel ◆ *(de juegos de mesa)* board; **t. de ajedrez,** chessboard ◆ **t. de mandos,** instrument panel ◆ *Dep (de baloncesto)* backboard
tableta *f* ◆ *(de turrón, chocolate)* bar ◆ *Farm* tablet
tablón *m* ◆ *(de madera)* plank ◆ *(informativo)* **t. de anuncios,** notice *o* US bulletin board
tabú *adj & m* taboo
taburete *m* stool
tacaño,-a 1 *adj* mean, stingy, miserly, niggardly | **2** *m,f* miser, scrooge
tacatá, tacataca *m* baby-walker
tacha *f (imperfección)* flaw, stain, defect: **una reputación sin t.,** an unblemished *o* spotless reputation
tachar *vtr* ◆ *(en un escrito)* to cross out ◆ **t. de** *(tildar, acusar)* to brand: **me tachó de envidioso,** he accused me of being jealous; **le tachaban de soberbio,** they branded *o* labelled him as arrogant
tachón *m (en un escrito)* crossing out, deletion
tachuela *f (clavo corto)* tack; *(en cinturón, botas, etc)* stud
tácito,-a *adj* tacit; **un acuerdo t.,** a tacit *o* an unspoken agreement
taciturno,-a *adj* ◆ *(melancólico, triste)* gloom, gloomy ◆ *(silencioso, reservado)* silent, uncommunicative, taciturn
taco *m* ◆ *(de billetes, papeles)* wad; *(de entradas)* book ◆ *Dep (de bota)* stud *US* cleat ◆ *(de billar)* cue ◆ *(de tortilla, jamón, etc)* cube ◆ *(comida mejicana)* taco ◆ *fam (jaleo, follón)* hubbub, racket ◆ *fam (palabra malsonante)* swearword ◆ *fam* **tacos,** *(años)*

tacón

tiene veinte tacos, he's twenty (years old) ◆ | LOC: **hacerse o armarse un t.,** to get into a mess

tacón *m* heel: **lleva zapatos sin t..,** she wears flat shoes; **zapatos de t. alto,** high-heeled shoes

táctico,-a 1 *adj* tactical | 2 *m,f* tactician | 3 *f* **táctica,** tactics *pl*: **tu t. no resultó,** your tactics didn't work; **una buena t.,** a good tactic

táctil *adj* tactile

tacto *m* ◆ *(sentido corporal)* (sense of) touch ◆ *(acción de tocar)* touch; **reconocer al t.,** to recognize by touch ◆ *(cualidad del objeto)* feel: **esta tela tiene un t. áspero,** this cloth feels rough ◆ *fig (tiento, cuidado)* tact: **no tuvieron mucho t.,** they weren't very tactful

TAE *(abr de Tasa Anual Equivalente)* Annual Percentage Rate, APR

tailandés,-desa 1 *adj & m,f* Thai | 2 *m (idioma)* Thai

Tailandia *f* Thailand

taimado,-a *adj* astute, cunning, crafty

tajada *f* ◆ *(de un alimento)* slice, piece ◆ *fam (borrachera)* **cogió una buena t.,** he got stoned *o* completely drunk ◆ | LOC: *fig pey* **sacar t.,** to take one's share

tajante *adj (contundente)* categorical; **un "no" t.,** an emphatic "no"; *(brusco)* sharp

tajo *m* ◆ *(corte)* cut ◆ *fam (trabajo)* grind, drudgery, grindstone

tal 1 *adj* ◆ *(dicho, semejante)* such: **no dije t. cosa,** I never said such a thing *o* anything of the kind; **tales mariposas son corrientes aquí,** butterflies like that are common here; **de t. madre, t. hija,** like mother, like daughter; **de t. manera,** in such a way; **en tales condiciones,** in such conditions; **t. día como hoy,** on a day like today; *(uso enfático)* **nunca escuché t. algarabía,** I never heard such a racket; **tenía t. dolor de cabeza...,** I had such a headache... ◆ *(valor indeterminado)* such and such; **t. día, en t. sitio,** such and such a day at such and such a place; **ayer te llamó un t. Pedro,** someone called Pedro phoned you yesterday | 2 *pron* **él es el jefe, y como t. es el culpable,** he's the boss and, as such, he's to blame; **sois t. para cual,** you are two of a kind; **y t. y cual,** and so on | 3 *adv (en expresiones)* ◆ **¿qué t.?**: **¿qué t. tu familia?,** how is your family? ◆ **t. vez,** perhaps, maybe ➢ Ver nota en **maybe** ◆ **t. cual,** just as it is ◆ **t. como,** just as: **t. como lo contaba, parecía cierto,** the way he explained it, it seemed true; *(del mismo modo)* **escríbelo t. y como te lo cuento,** write it exactly as I tell you ◆ **con t. (de) que,** so long as, provided

tala *f* tree felling

taladradora *f* drill

taladrar *vtr* to drill, bore

taladro *m* ◆ *(instrumento)* drill ◆ *(agujero)* hole

talante *m* ◆ *(estado de ánimo, carácter)* temper, mood: **está de buen t.,** she's in a good mood ◆ *(disposición, gana)* willingness; **de buen t.,** willingly; **de mal t.,** unwillingly, reluctantly

talar *vtr* to fell, cut down

talco *m (mineral)* talc; **polvos de t.,** talcum powder

talego *m* ◆ *(saco de tela)* sack, long sack ◆ *fam (prisión)* nick, slammer, jail ◆ *fam (mil pesetas)* one thousand pesetas

talento *m (aptitud, capacidad)* talent; **un músico de t.,** a talented *o* gifted musician; *(persona)* talented person

talismán *m* lucky charm, talisman

talla *f* ◆ *(de ropa)* size; **¿cuál es tu t.?,** what size are you? ◆ *(altura)* height, stature: **no da la t. para jugar al baloncesto,** he's not tall enough to play basketball ◆ *(categoría, importancia)* standing; **un pintor de gran t.,** a painter of great stature ◆ *(acción de tallar: piedras preciosas)* cutting; *(madera)* carving; *(metal)* engraving ◆ *(escultura tallada)* sculpture, (wood) carving ◆ | LOC: *fig* **dar la t.,** to make the grade, measure up

tallar *vtr* ◆ *(dar forma, esculpir)* to sculpt; *(piedras preciosas)* to cut; *(la madera)* to carve; *(el metal)* to engrave ◆ *(medir a una persona)* to measure the height of

tallarines *mpl (italianos)* tagliatelle *sing*; *(chinos)* noodles *pl*

talle *m* ◆ *(cintura)* waist ◆ *(figura, planta)* figure, shape ◆ *(en una prenda)* chest and waist measurement

taller *m* ◆ *(lugar de trabajo)* workshop; *(de un artista)* studio; *Educ* workshop ◆ *Auto* **t. mecánico** *o* **de reparaciones,** garage *US* repair shop

tallo *m* stem, stalk

talón *m* ◆ *(del pie, del calzado)* heel ◆ *(cheque)* cheque, *US* check ◆ | LOC: *fig* **pisarle los talones a alguien,** to be on sb's heels

talonario *m* chequebook *US* checkbook

tamaño,-a 1 *adj pey (intensificador)* **jamás oí tamaña mentira,** I have never heard

tanto

such a lie | **2** *m* tamaño, size: **son del mismo t.,** they are the same size; **una rata del t. de un conejo,** a rat as big as a rabbit; **t. natural,** life-size

tambalearse *vr (persona)* to totter, stagger: **iba hacia la ventana tambaleándose,** he staggered towards the window; *(un objeto)* to wobble; *fig (un régimen, una relación)* to teeter

también *adv (por añadidura)* too, as well: **t. juegan al tenis,** they play tennis too *o* as well, they also play tennis ➢ Ver nota en *also*; *(además)* **es una trabajadora y también una estudiante,** she's a worker and a student too, she's a worker and also a student; *(como respuesta)* **él sabe italiano - yo también,** he knows Italian - so do I

tambor *m* ◆ *Mús (instrumento)* drum; *(músico)* drummer ◆ *(de freno, de lavadora, de detergente)* drum ◆ *Anat* eardrum

Támesis *m* **el Támesis,** the (River) Thames

tamiz *m* sieve; **pasar por el t.,** to sieve *o* sift

tamizar *vtr* to sieve, sift

tampoco *adv* ◆ neither, not ... either: **a él no le gustó, ni a mí t.,** he didn't like it and neither did I; **ella t. habló,** she didn't talk either ◆ *(aislado en una respuesta)* neither, nor: **Juan no lo sabe - Luisa t.,** Juan doesn't know it - neither *o* nor does Luisa; **no le visto esa película - yo t.,** I haven't seen that film - neither *o* nor have I

tampón *m* ◆ *Med Farm* tampon ◆ *(almohada entintada)* ink pad

tan *adv* ◆ *(para intensificar)* so, such, such a: **¡es t. sensible!,** he's so sensitive!; **¡tiene unas orejas t. grandes!,** he has such big ears!; **¡qué tipo t. extraño!,** what an odd guy!; *(valor consecutivo)* so: **estaba t. aburrida que se marchó,** she was so bored that she left ◆ *(en comparaciones)* **es t. inteligente como su hermano,** he's as intelligent as his brother ◆ | LOC: *(al menos)* **t. siquiera: si t. siquiera hubieras escuchado,** if only you'd listened ◆ **t. sólo,** only

> Observa que *tan* acompañado de un adjetivo y sustantivo se traduce por **such a,** pero delante de un adjetivo solo se traduce por **so:** *¡Es una chica tan bonita!* **She is such a beautiful girl!** *¡Es tan bonita!* **She is so beautiful!**

tanda *f* ◆ *(grupo)* batch: **pasaron al auditorio por tandas,** they went through to the auditorium in groups; **en dos tandas,** in two sittings; *(serie ininterrumpida)* series *pl*; **una t. de puñetazos,** a hail of punches

tándem *m* tandem

tangente *adj* & *f* tangent ◆ | LOC: *fig* **irse** *o* **salirse por la t.,** to go off at a tangent, to give an evasive answer

tangible *adj* tangible

tango *m* tango

tanque *m* ◆ *(carro de combate)* tank ◆ *(de petróleo, etc)* tank

tantear 1 *vtr* ◆ *(considerar, examinar: una situación)* to size up: **tanteamos varias soluciones,** we examined several solutions; *(a una persona)* to sound out ◆ *(calcular aproximadamente)* to estimate ◆ *(orientarse con el tacto)* to feel | **2** *vi (avanzar a tientas)* to feel one's way

tanteo *m* ◆ *(de una situación)* sizing up; *(de una persona)* sounding out ◆ *Dep* score

tanto,-a 1 *adj* & *pron* ◆ *(gran cantidad, mucho) (con singular)* so much; *(con plural)* so many: **¿cómo puedes ahorrar tanto (dinero)?,** how are you able to save so much money?; **no necesito tantos folios,** I don't need so many sheets of paper; **¡hace t. tiempo!,** it's been so long!; **no es para t.,** it's not that bad ◆ *(cantidad imprecisa)* **le costó cuarenta y tantos dólares,** it cost her forty-odd dollars; **tiene cincuenta y tantos años,** he's fifty something *o* fifty-odd ◆ *(en comparaciones: con singular)* as much; *(en plural)* as many: **tiene tantos amigos como tú,** he has as many friends as you | **2** *adv* tanto ◆ *(hasta tal punto)* so much: **no deberías beber t.,** you shouldn't drink so much; **si vienes con nosotros, t. mejor,** if you come with us, so much the better; **t. peor,** so much the worse ◆ *(referido a tiempo)* so long: **tardé un mes en escribirlo - ¿tanto?,** I spent one month writing it - so long?; *(a menudo)* **ya no sale t.,** nowadays he doesn't go out so often | **3** *m* tanto ◆ *Dep* point; *Ftb* goal ◆ *(una cantidad determinada)* a certain amount ◆ | LOC: *fig* **apuntarse un t.,** to score a point; **estar al t.,** to be up-to-date; **poner al t.,** to put sb in the picture; **a las tantas: me llamó a las tantas de la madrugada/de la noche,** she phoned me in the early hours of the morning/very late at night; **entre t.,** meanwhile; **otro t.,** as much again; **por lo t.,** therefore; **t. ... como,** both: **t. Pedro como María,** both Pedro and María; **t. por ciento,** percent-

tañer *vtr (una guitarra, un laúd, etc)* to strum; *(las campanas)* to toll, peal

tapa *f* ◆ *(de una cazuela, del piano, etc)* lid; *(de una botella)* cap, top; *Aut (del depósito, del radiador)* cap ◆ *(de un libro)* cover; **edición en tapas blandas/duras,** paperback/hardback edition ◆ *(del tacón)* heelpiece ◆ *(en los bares)* tapa, savoury snack, appetizer ◆ | LOC: **t. de los sesos,** skull: **volarse la t. de los sesos,** to blow one's brains out

tapadera *f* ◆ *(de un recipiente)* lid, cover ◆ *fig (de una actividad ilegal)* cover, front [**de,** for]

tapadillo *m* ◆ | LOC: **de t.,** secretly, surreptitiously

tapar *vtr* ◆ *(cubrir)* to cover; *(una botella)* to put the top on; *(un frasco, una caja, etc)* to put the lid on ◆ *(un orificio)* to plug, fill: **tapó el agujero con cemento,** he filled the hole with cement; *(obstruir)* to block: **una rama tapa la entrada del túnel,** a branch blocks the tunnel mouth ◆ *(abrigar, arropar)* to wrap up; *(en la cama)* to tuck in ◆ *fam (interponerse)* **me estás tapando el sol,** you're blocking out the sun ◆ *fig (ocultar una falta)* to cover up for sb
■ **taparse** *vr* ◆ *(abrigarse)* to wrap up; *(en la cama)* to cover oneself ◆ *(los ojos, oídos, etc)* to cover: **se tapó la cara,** he covered his face

taparrabos *m inv* loincloth

tapete *m* (protective) table cloth; *(para juegos)* **t. verde,** card table ◆ | LOC: **estar sobre el t.,** to be under discussion; *fig* **poner algo sobre el t.,** to bring out into the open

tapia *f* wall ◆ | LOC: *fam* **más sordo que una t.,** as deaf as a post

tapiar *vtr* ◆ *(limitar un espacio)* to wall in ◆ *(tapar un hueco)* to brick up, block off

tapicería *f* ◆ *(de un sofá, un coche, etc)* upholstery ◆ *(taller, tienda)* upholsterer's ◆ *Arte* tapestry making; **la refinada t. del Palacio,** the fine tapestry of the Palace

tapioca *f* tapioca

tapiz *m* tapestry

tapizar *vtr* to upholster

tapón *m* ◆ *(de una botella)* cap, top; *(de corcho)* cork; *(de un desagüe)* plug; *(de goma)* stopper; *(para los oídos)* earplug; **t. de rosca,** screw-on cap ◆ *(obstrucción)* blockage ◆ *Med* **tiene un t. en el oído,** he has wax in his ear ◆ *Auto fam (atasco)* traffic jam, tailback ◆ *fam (bajo)* shorty ◆ *(en baloncesto)* block

taponar *vtr* ◆ *(un orificio, una salida)* to plug, block ◆ *(una hemorragia)* to stop; *Med* to stop
■ **taponarse** *vr* to get blocked

taquigrafía *f* shorthand *US* stenography

taquígrafo,-a *m,f* shorthand typist *US* stenographer

taquilla *f* ◆ *(de billetes, de entradas)* ticket office, box office ◆ *(dinero recaudado)* takings *pl* ◆ *(armario individual)* locker ◆ *(casillero en un hotel, etc)* pigeonholes *pl*

taquillero,-a 1 *adj (un artista, una película, etc)* box office success *o* hit | **2** *m,f (que vende entradas)* box office *o* ticket clerk

tara *f* ◆ *(defecto en persona o cosa)* defect, fault ◆ *Auto (peso sin carga)* tare

tarántula *f Zool* tarantula

tararear *vtr* to sing to oneself; *(con la boca cerrada)* to hum

tardanza *f* delay

tardar *vi* ◆ *(un tiempo determinado)* to take time: **¿cuánto se tarda de aquí a Madrid?,** how long does it take from here to Madrid?; **no tardó mucho,** it didn't take long; **tardé dos horas en acabarlo,** it took me two hours to finish it ◆ *(demasiado tiempo)* to take a long time: **tardaron en abrir la puerta,** they took a long time to open the door; **he tardado por culpa del tráfico,** I'm late because of the traffic; **no tardes,** don't be long ◆ | LOC: **a más t.,** at the latest

tarde 1 *f* ◆ *(después de mediodía)* afternoon; *(cerca del anochecer)* evening; **por la t.,** in the afternoon, in the evening | **2** *adv* late: **no llegues t.,** don't be late; **se hizo t.,** it got late; **te veo más t.,** see you later ◆ | LOC: **de t. en t.,** not very often, from time to time ◆ **(más) t. o (más) temprano** *o* **más pronto o más t.,** sooner or later ◆ **más vale t. que nunca,** better late than never

> La diferencia entre **evening** y **afternoon** no está bien definida. **Afternoon** se refiere al periodo que abarca desde la hora de comer (las doce) hasta la hora de salir del trabajo o del colegio (sobre las cinco o las seis). A partir de entonces empieza **evening,** que dura hasta la hora de acostarse.

tardío,-a *adj* ◆ *(un fruto)* late ◆ *(una vocación, un acuerdo, etc)* late, belated

tardo,-a *adj* ◆ *(lento)* slow ◆ *(persona) pey* thick

tarea *f (labor)* job, task; **t. escolar,** homework *US* assignments *pl;* **tareas domésticas,** housework *sing*

tarifa *f* ◆ *(lista de precios)* tariff, price list ◆ *(precio unitario: en suministros)* price, rate; *(del autobús, metro, etc)* fare

tarima *f (plataforma, estrado)* dais, platform

tarjeta *f* card; **t. de crédito,** credit card; **t. de embarque,** boarding pass *o* card; **t. postal,** postcard; **t. telefónica,** phonecard; *Inform* **t. de sonido,** sound card; *Dep* **t. amarilla/roja,** yellow/red card

tarro *m* ◆ *(de barro, de vidrio)* jar, pot ◆ *AmL (bote de hojalata)* tin *US* can ◆ | LOC: *fam fig* **comer el t.,** to brainwash ◆ *fam fig* **comerse el t.,** to think a lot

tarta *f* tart; *(pastel)* cake: **t. de cumpleaños,** birthday cake

tartamudear *vi* to stammer, stutter

tartamudo,-a 1 *adj* stammering, stuttering: **Pedro es tartamudo,** Pedro has a stammer *o* stutter | 2 *m,f* stutterer, stammerer

tártaro,-a *adj & m, f* Tartar

tartera *f* lunch box *US* lunch pail

tarugo *m* ◆ *(de madera)* lump of wood ◆ *(de pan duro)* hunk ◆ *fam pey (tonto, zoquete)* oaf, blockhead

tarumba *adj fam* crazy, bonkers, nuts

tasa *f* ◆ *(proporción)* rate; **t. de desempleo,** rate of unemployment; **natalidad/mortalidad,** birth/ death rate ◆ *(precio establecido)* fee **tasas académicas,** course fees ◆ *Econ (precio fijo, impuesto)* tax ◆ *(valoración)* valuation

tasación *f* valuation

tasador,-ora *m,f* valuer, assesor

tasar *vtr* ◆ *(una casa, joya, etc)* to value ◆ *(fijar un precio máximo o mínimo)* to set *o* fix the price of

tasca *f fam* cheap bar

tatarabuelo,-a *m, f* **tatarabuelos,** great-great grandparents; *m* great-great-grandfather; *f* great-great-grandmother

tataranieto,-a *m,f* **tataranietos,** great-great-grandchildren; *m* great-great-grandson; *f* great-great-granddaughter

tatuaje *m (acción)* tattooing; *(marca, dibujo)* tattoo

tatuar *vtr* to tattoo

taurino,-a *adj* bullfighting

Tauro 1 *m (signo zodiacal, constelación)* Taurus | 2 *m,f (persona)* Taurean, Taurus

tauromaquia *f* (art of) bullfighting

taxativo,-a *adj* strict, precise

taxi *m* taxi, cab

taxímetro *m* taximeter, meter

taxista *mf* taxi driver, cab driver

taza *f* ◆ *(recipiente)* cup; **una bonita t. de café,** a nice cup of coffee; **una t. para café,** a coffee-cup; *(medida, contenido)* cupful: **¿quieres una t. de café?** would you like a cup of coffee? ◆ *(de una fuente)* basin ◆ *(del retrete)* bowl

tazón *m* bowl

te *pron pers* ◆ *(objeto directo)* you: **te quiero,** I love you ◆ *(objeto indirecto)* you, to you, for you: **no te lo venderá,** he won't sell it to you; **te lo guardaré,** I'll keep it for you; **te daré tu parte,** I'll give you your share ◆ *(con verbos reflexivos, a ti mismo)* yourself: **cuídate mucho,** look after yourself; *(sin traducción en verbos pronominales)* **no te preocupes,** don't worry

té *m* ◆ *Bot* tea ◆ *(infusión, reunión)* tea; **t. con limón,** lemon tea

tea *f* torch

teatral *adj* ◆ *(representación, grupo)* theatre; **obra t.,** play ◆ *fig (efectista, exagerado)* theatrical; **un gesto t.,** a theatrical gesture

teatro *m* ◆ theatre, *US* theater: **soy muy aficionada a ir al t.,** I'm a great theatregoer; **obra de t.,** play ◆ *Lit* drama, theatre ◆ *(escenario)* theatre: **Europa fue el t. de los acontecimientos,** Europe was the scene of the events ◆ *(fingimiento)* **lo suyo es puro t.,** he's merely playacting ◆ | LOC: **hacer (mucho) t.,** to playact

tebeo *m* (children's) comic

techo *m* ◆ *(tejado)* roof; *(de una estancia)* ceiling ◆ *fig (cobijo, refugio, domicilio)* roof ◆ *(límite máximo)* ceiling: **su capacidad de inversión ha tocado t.,** his investment capacity has reached its ceiling

tecla *f* key

teclado *m* keyboard

técnica *f* ◆ *(método)* technique ◆ *(tecnología)* technology

técnico,-a 1 *adj* technical; **un problema t.,** a technical hitch | 2 *m,f* technician, technical expert

tecno- *pref* techno

tecnócrata *mf Pol* technocrat

tecnología *f* technology; **t. punta,** high technology

tecnológico,-a *adj* technological

tedio *m* boredom, tedium *frml*

tedioso

tedioso,-a *adj* boring, tedious
teja 1 *f* Arquit tile | **2** *m (color)* russet ◆ | LOC: *fam fig* **pagar a toca t.**, to pay cash on the nail
tejado *m* roof
tejano,-a 1 *adj & m,f* Texan | **2** *mpl* jeans
tejemaneje *m fam* ◆ *(enredo turbio)* fiddle ◆ *(ajetreo, ir y venir)* activity, bustle
tejer *vtr* ◆ *(en el telar)* to weave: **la araña tejía su red**, the spider wove its web ◆ *(calcetar)* to knit: **me tejió un jersey**, he knitted me a pullover ◆ *fig (una fantasía, historia)* to weave; *(maquinar, urdir)* to plot, scheme
tejido *m* ◆ *(tela, paño)* fabric ◆ Anat Bot tissue
tejo *m* ◆ *(piedra para jugar)* counter, piece; *(juego)* hopscotch ◆ *Bot* yew tree ◆ | LOC: *fam* **tirarle los tejos a alguien**, to make a pass at someone
tejón *m Zool* badger
tel. *(abr de teléfono)* telephone, tel.
tela *f* ◆ *Tex* cloth; *(en sastrería, tapicería)* fabric: **he comprado la t. para hacer las cortinas**, I've bought the material for the curtains; **t. metálica**, wire mesh ◆ *Arte* canvas ◆ *fam (dinero, pasta)* dough ◆ *fig (trabajo o asunto pendiente)* job: **tengo t. para rato**, I've still got a lot of work to do ◆ *fam (dificultad)* **convencerle tenía t.**, it was a hard job to convince him ◆ | LOC: **hay t. (marinera)**, it's a tricky business; *fig* **tiene mucha t.**, it's not an easy thing; **poner en t. de juicio**, to question

> La traducción más común es **cloth** y se refiere de forma genérica al material del que están hechas las cosas. **Material** y **fabric** se aplican a las telas usadas en sastrería y tapicería. **Fabric** es una palabra más técnica y a menudo describe una tela de distintos colores. Como *tela*, **cloth** es incontable, mientras que **fabric** y **material** pueden ser tanto incontables como contables.

telar *m Tex* loom
telaraña *f* spider's web: **el desván está lleno de telarañas**, the loft is full of cobwebs
tele *f fam* telly
telecomunicaciones *fpl* telecommunications
telediario *m TV* television news bulletin
teledirigido,-a *adj* remote-controlled
teleférico *m* cable car *o* railway
telefonazo *m fam* ring: **le daré un t. a Charo**, I'll give Charo a ring
telefonear *vtr & vi* to telephone, phone

> También puedes usar otras expresiones:
> • **to ring sb**, **to ring sb up**;
> • **to call sb** se utiliza sobre todo en la expresión **to call sb. back**, *contestar una llamada*;
> • **to give sb a ring** y, sobre todo, **to give sb a tinkle** *(tintineo)* son más coloquiales, mientras que **to give sb a buzz** *(telefonazo)* procede del argot.

telefónico,-a *adj* telephone
telefonillo *m (en el portal)* Entryphone®; *(entre dos pisos, habitaciones)* intercom
telefonista *mf* telephonist, operator
teléfono *m* ◆ telephone, phone: **ahora se pone al t.**, he's coming to the phone; **estaba hablando por t.**, I was on the phone; **t. inalámbrico**, cordless phone; **t. móvil**, mobile ◆ *(número de teléfono)* **no tengo su t.**, I don't have his telephone number
telegrafiar *vtr* to telegraph, wire
telegráfico,-a *adj* ◆ *Tele* telegraphic ◆ *fig (breve, lacónico)* brief
telegrafista *mf* telegraphist
telégrafo *m* ◆ telegraph ◆ **telégrafos**, telegraph office *sing*
telegrama *m* telegram
telele *m fam* fainting fit: **cuando lo sepa le va a dar un t.**, he'll have a fit when he finds out
telemando *m* remote control
telenovela *f* serial, soap opera
teleobjetivo *m* zoom lens *sing*
telepatía *f* telepathy
telepático,-a *adj* telepathic
telescopio *m* telescope
teleserie *f* television series
telesilla *m* chair lift
telespectador,-ora *m,f TV* viewer
telesquí *m* ski lift
teletexto *m* teletext
teletipo *m* teleprinter
televidente *m,f TV* viewer
televisar *vtr* to televise
televisión *f* ◆ television: **no me gusta la t.**, I don't like television; **¿qué ponen hoy en la t.?**, what's on television today?; **saldrá por t.**, it'll be on television; **t. priva-**

da/pública, private/public television ◆ *(receptor de televisión)* television (set)
televisivo,-a *adj* television
televisor *m* television (set)
telón *m* ◆ *Teat Cine* curtain ◆ **t. de fondo,** *Teat & fig* backdrop
telonero,-a **1** *adj* support | **2** *m,f* **los teloneros eran muy buenos,** the support band was very good
tema *m* ◆ *(de un libro, una conversación)* subject, topic: **no cambies de t.,** don't change the subject ◆ *(de una tesis, clase, conferencia)* topic: **no me preparé ese t.,** I haven't studied that subject; **nos dio una conferencia sobre el t.,** he gave us a lecture on the topic ◆ *Mús* theme
temario *m (de estudios)* syllabus; *(de oposición, examen)* list of topics
temático,-a **1** *adj* thematic | **2** *f* themes, subject matter
temblar *vi* ◆ *(de emoción, la voz)* to quiver; *(el pulso)* to shake: **estoy tan nerviosa que me tiemblan las piernas,** I'm so nervous that my legs are shaking; *(de miedo, temor)* to tremble: **temblaba de miedo,** she was trembling with fear; **tiemblo sólo de pensarlo,** I shudder to think about it ◆ *(de frío)* to shiver: **temblaba por la fiebre,** he was shivering with fever ◆ *(la tierra, un edificio)* to shake ◆ *fam* **dejamos el jamón temblando,** we ate almost all the ham; **la factura me dejó la cuenta temblando,** the bill cleaned out my bank account
tembleque *m fam* shaking fit: **me entró el t.,** I got the shakes
temblor *m* ◆ *(de miedo, temor)* tremor, shudder; *(de frío)* shiver ◆ *Geol (de baja intensidad)* earth tremor; *(de gran intensidad)* earthquake, *fam* quake
tembloroso,-a *adj* shaking; *(voz)* quivering, *(de frío)* shivering; *(de miedo)* trembling; **manos temblorosas,** shaky hands
temer **1** *vtr* ◆ *(sentir miedo, temor)* to fear, be afraid: **temo que lo haya oído,** I'm afraid she heard it; **sus hijos lo temen,** his sons are afraid of him ◆ *(tener un presagio, presentir)* **temíamos que no viniera,** we were afraid he wouldn't come | **2** *vi* to be afraid: **temo por su vida,** I'm afraid for his life ➢ Ver nota en **afraid** y **fear**

■ **temerse** *vr (sospechar, creer)* to be afraid: **eso me temo,** I'm afraid so; **me temía lo peor,** I feared the worst
temerario,-a *adj (acción, modo de conducir)* reckless, *(comentario, hipótesis, acusación)* rash

temeridad *f* ◆ *(acción arriesgada e imprudente)* reckless act ◆ *(imprudencia, falta de reflexión)* recklessness, rashness
temeroso,-a *adj* ◆ *(que causa temor)* frightful ◆ *(que siente temor)* fearful, timid: **estaba temerosa de su reacción,** she was fearful of his reaction
temible *adj* fearsome
temor *m* ◆ fear ➢ Ver nota en **fear** ◆ *(sospecha desfavorable)* fear, worry
témpano *m (de hielo)* ice floe ◆ *fig* **la directora del colegio es un t.,** the headmistress is a cold fish
tempera *f Arte* tempera
temperamental *adj* temperamental
temperamento *m* ◆ *(modo de ser, naturaleza)* temperament: **tiene un t. muy dulce,** he has a sweet nature ◆ *(carácter, nervio)* spirit: **es una mujer de mucho t.,** she has a strong character
temperatura *f* temperature; **t. ambiente,** room temperature
tempestad *f* ◆ *Meteor* storm, tempest ◆ *fig (de aplausos, gritos, etc)* storm, uproar
tempestuoso,-a *adj* ◆ *Meteor* stormy ◆ *(relación)* stormy, tempestuous
templado,-a *adj* ◆ *(tibio)* warm: **lávalo en agua templada,** wash it in lukewarm water ◆ *Meteor* mild, temperate ◆ *(que tiene templanza)* restrained, sober; *(con temple)* courageous ◆ *Mús* tuned
templanza *f* ◆ *(moderación, comedimiento)* restraint, soberness ◆ *Meteor* mildness
templar **1** *vtr* ◆ *(un metal)* to temper ◆ *(una habitación)* to warm up ◆ *(moderar, suavizar)* to moderate: **templa tus nervios,** calm your nerves; **t. los ánimos,** to calm *o* cool everyone down ◆ *Mús (un instrumento)* to tune | **2** *vi (el tiempo)* to get warmer ◆ |LOC: **t. gaitas,** to compromise
temple *m* ◆ *(temperamento)* nature, temperament ◆ *(serenidad, coraje)* courage, calmness, fortitude ◆ *Arte* tempera
templete *m* ◆ *(para proteger una imagen, altar)* shrine ◆ *(en un parque, para la música)* bandstand
templo *m Rel* temple
temporada *f* ◆ *(espacio de tiempo)* time: **viví una t. con ellos,** I lived with them for some time ◆ *(época propicia)* season: **mañana comienza la t. de caza,** tomorrow the hunting season begins; **t.**

temporal

alta, high *o* peak season; **t. baja,** low *o* off season; **fruta de t.,** fruit of the season

temporal 1 *adj* ◆ *(no definitivo, transitorio)* temporary, provisional; **trabajo t.,** temporary job ◆ *(secular, profano)* temporal; *Rel* worldly | **2** *m* storm

temporero,-a *m,f* seasonal *o* temporary worker

tempranero,-a *adj* ◆ *(madrugador)* early-riser ◆ *(anticipado, temprano)* early

temprano,-a *adj* & *adv* early: **mi recuerdo más t. es ese,** that is my earliest memory; **tienes que levantarte más t.,** you must get up earlier; **por la mañana t.,** early in the morning

tenacidad *f (persistencia, constancia)* tenacity

tenaz *adj* ◆ *(persona)* tenacious ◆ *(constipado, sequía)* persistent

tenaza *f*, **tenazas** *fpl* ◆ *(de electricista)* pliers; *(de carpintero, albañil)* pincers; *(de herrero, chimenea)* tongs ◆ *Zool (de langosta, escorpión, etc)* pincers

tendedero *m (lugar donde se tiende ropa)* drying area; *(conjunto de cuerdas)* clothes line; *(para la casa, portátil)* clothes horse

tendencia *f* ◆ *(propensión)* tendency: **tiene t. a sentirse culpable,** he is prone to feeling guilty ◆ *Pol* tendency, leaning ◆ *(del mercado, moda, etc)* trend

tendencioso,-a *adj* tendentious

tender 1 *vtr* ◆ *(la ropa)* to hang out ◆ *(tumbar)* to lay: **la tendimos en el sofá,** we laid her on the sofa ◆ *(extender, desplegar)* to spread: **tendió la manta en el suelo,** he streched the blanket out on the floor ◆ *(cables, una vía)* to lay; *(puente)* to build ◆ *(ofrecer)* to hold out: **me tendió la mano,** he held out his hand; *(alargar, aproximar)* to pass, hand ◆ *(una emboscada, trampa)* to set | **2** *vi* to tend [a, to]: **tiende a ser pesimista,** he is prone to pessimism

■ **tenderse** *vr* to lie down

tenderete *m (puesto de venta callejero)* stall

tendero,-a *m,f* shopkeeper

tendido,-a 1 *m* ◆ *(acción de tender un puente)* building; *(un cable, una vía)* laying ◆ **t. eléctrico,** electrical installation ◆ *Taur (graderío)* terraces; *(público)* **el t. ovacionó al torero,** the spectators gave the bullfighter an ovation | **2** *adj* ◆ *(ropa)* hung out ◆ *(persona)* lying down ◆ *(galope)* full

354

tendón *m Anat* tendon, sinew

tenebroso,-a *adj* ◆ *(oscuro, sombrío)* dark, gloomy ◆ *(que produce miedo)* **un castillo t.,** a scary castle; **una silueta tenebrosa,** a shady figure ◆ *(perverso, malvado)* sinister

tenedor *m* fork

tenencia *f Jur* possession; **t. ilícita,** illegal possession

tener 1 *vtr* ◆ *(poseer, disfrutar)* to have, have got: **tengo muy buena memoria,** I have a very good memory; **no tiene coche,** he hasn't got a car; **tiene dos hermanas,** he has two sisters; **tiene mucho talento,** he's very talented; **no tenemos suficiente dinero,** we don't have enough money; *(ser dueño de)* to own: **tiene una cadena de hoteles,** he owns a chain of hotels ➢ Ver nota en *have* ◆ *(contener)* to contain: **esta bebida no tiene alcohol,** this drink doesn't contain alcohol ◆ *(asir, sujetar)* to hold: **la tenía en brazos,** she was carrying her in her arms ◆ *(hospedar)* **tiene a su suegra en casa,** his mother-in-law is staying with them ◆ *(juzgar, considerar)* **la tengo por imposible,** I regard her as a hopeless case; **nos tienen por tontos,** they think we are stupid; **tenlo por seguro,** you can be sure ◆ *(pasar el tiempo de cierta manera)* to have: **he tenido un día espantoso,** I've had a dreadful day ◆ *(padecer, sentir)* **tiene celos,** he's jealous; **tengo hambre/sed,** I'm hungry/thirsty; **ten paciencia conmigo,** be patient with me; **tengo un dolor de cabeza terrible,** I have a terrible headache ◆ *(profesar)* to have: **me tiene cariño,** he is very fond of me; **no le tengo ningún respeto,** I have no respect for him ◆ *(años, tiempo)* to be: **el bebé tiene ocho días,** the baby is eight days old; *(medidas)* **la cama tiene metro y medio de ancho,** the bed is one and a half metres wide ◆ *(mantener)* to keep: **no sabe t. la boca cerrada,** she can't keep her mouth shut; **nos tuvo dos horas esperando,** he kept us waiting for two hours; **tiene su habitación muy ordenada,** he keeps his room very tidy; **me tiene preocupada,** I'm worried about him ◆ (t. que + *inf*) **tengo que hacerlo,** I must do it; **tienes que tomarte las pastillas,** you have to take your pills; **tendrías que habérselo dicho,** you ought to have told her ➢ Ver nota en *must* | **2** *v aux* to have: **mira que te lo tengo di-**

cho veces, I've told you time and time again

> *Tener* tiene dos traducciones básicas: **to have** o **to have got**. Esta segunda se usa casi únicamente para expresar posesión y sólo en el presente: *Tengo un coche nuevo.* **I have got a new car.** La primera se usa en sentido más general: *Va a tener un problema.* **He's going to have a problem.** Recuerda que la forma interrogativa de **I have got** es **Have I got?**, mientras que la forma interrogativa de **I have** es **do I have?** Cuando *tener* significa *sentir*, se traduce por el verbo **to be**: *Tengo hambre.* **I am hungry.**

■ **tenerse** *vr* ◆ *(contenerse)* to control oneself ◆ **t. en pie,** to stand (up): **estoy tan cansada que no me tengo en pie,** I'm so exhausted I'm ready to drop ◆ *(valorarse, estimarse)* to consider oneself: **se tiene por el hombre más atractivo del mundo,** he thinks he's the most attractive man in the world; **te tienes en poco,** you underestimate yourself

teniente *m* ◆ *Mil* lieutenant ◆ *Pol (sustituto)* deputy; **t. de alcalde,** deputy mayor

tenis *m* tennis; **raqueta de t.,** tennis racquet

tenista *mf* tennis player

tenor *m* ◆ *Mús* tenor ◆ *(contenido literal de una carta, etc)* contents *pl* ◆ |LOC: **a/de este t.,** in a similar way; **a t. de,** according to

tensar *vtr* ◆ *(una cuerda, un cable, etc)* to tighten: **hay que t. la lona,** we must make the canvas taut; *(un arco)* to draw ◆ *(un músculo)* to tense

tensión *f* ◆ *Fís* strain: **estos cables soportarán la t.,** these cables will take the strain ◆ *Med (arterial)* blood pressure: **tiene la t. baja,** she has low blood pressure; *(nerviosa)* strain, stress: **no podrá soportar la t.,** he won't be able to stand the strain; **tiene mucha t.,** he's under a lot of stress ◆ *Elec* tension, voltage

tenso,-a *adj* ◆ *(persona)* tense: **se pone t. cuando la nombran,** he tenses up when she is mentioned; **últimamente estoy muy t.,** I've been very tense lately ◆ *(negociaciones, relaciones, etc)* strained ◆ *(cuerda, cable)* tight, taut

tentación *f* temptation

tentáculo *m* tentacle

tentador,-ora *adj* tempting

tentar *vtr* ◆ *(incitar)* to tempt: **estoy tentado a decírselo,** I'm tempted to tell him; **me tienta la idea,** I find the idea very tempting ◆ *(palpar con las manos)* to feel, touch

tentativa *f* ◆ attempt, try: **falló su segunda t.,** he failed on his second attempt ◆ *Jur* **t. de fuga/robo,** attempted escape/robbery

tentempié *m fam* ◆ *(piscolabis, ligero aperitivo)* snack, bite ◆ *(tentetieso, muñeco)* tumbler

tenue *adj* ◆ *(tejido, humo, niebla)* thin, light ◆ *(débil, apagado)* faint; **una t. luz,** a faint light; **un t. llanto,** a faint weeping

teñir *vtr* ◆ *(una prenda)* to dye: **teñiré la falda de azul,** I'll dye my skirt blue; *(el pelo)* to tint, dye ◆ *fig (impregnar)* to tinge with

■ **teñirse** *vr* ◆ to dye one's hair, tint one's hair ◆ *(colorearse, volverse)* **el cielo se tiñó de rojo,** the sky turned red

teología *f* theology

teorema *m* theorem

teoría *f* theory ◆ |LOC: **en t.,** theoretically

teórico,-a *adj* theoretical

teorizar *vi* to theorize [**sobre,** on]

tequila *m* tequila

terapeuta *mf* therapist

terapia *f* therapy; **t. ocupacional,** occupational therapy

tercer *adj* third; **el t. mundo,** the third world

tercermundista *adj* third world

tercero,-a 1 *adj* third: **está en la tercera planta,** he's on the third floor; **la tercera parte,** a third; **la tercera edad,** old age **2** *m,f (en una competición, serie, etc)* third **3** *m* ◆ *(mediador)* mediator: **pidamos opinión a un t.,** let's ask someone else's opinion ◆ *Jur* third party **4** *f Dep* third division

terceto *m Mús* trio

terciar *vi (intervenir)* to take part, intervene: **terció para decir que estábamos equivocados,** he intervened to say we were mistaken

■ **terciarse** *vr* ◆ *terciopersonal (presentarse la oportunidad)* **si se tercia les hacemos una visita,** we can visit them if the chance arises ◆ *(suceder inesperadamente)* to happen

tercio *m* ◆ *(tercera parte)* (one) third: **se llevó dos tercios de las ganacias,** he took

terciopelo

two thirds of the profits ◆ *Taur* stage, part (of a bullfight) ◆ *(de cerveza)* medium-size bottle of beer

terciopelo *m Tex* velvet

terco,-a *adj* stubborn

tergiversar *vtr (forzar, alterar)* to distort: **tergiversó los hechos,** he distorted the facts; **estás tergiversando mis palabras,** you are twisting my words

termal *adj* thermal; **aguas termales,** thermal spring; **baños termales,** hot baths

termas *fpl (baños)* hot baths *o* springs *pl*

térmico,-a *adj* thermal; **aislante t.,** insulating material

terminación *f* ◆ *(de un verbo, número)* ending ◆ *(acabamiento, finalización)* completion

terminal 1 *m Elec Inform* terminal | **2** *f Av* terminal; *(de autobús)* terminus: **está buscando la t. sur de autobuses,** he is looking for the Southern Bus Station | **3** *adj (fase, paciente, enfermedad)* terminal

terminante *adj* ◆ *(evidencia, prueba)* conclusive ◆ *(juicio, decisión)* categorical

terminantemente *adv* categorically: **se negó t. a hacerlo,** he flatly refused to do it; **está t. prohibido arrojar basuras,** dumping of rubbish is strictly forbidden

terminar 1 *vtr* ◆ *(una tarea, objeto)* to finish: **ya terminó el jersey,** she has already finished the pullover ➢ Ver nota en **finish** ◆ *(de comer, beber, gastar)* to finish: **te compraré otro cuando termines este frasco,** I'll buy you another one when you finish this bottle | **2** *vi* ◆ *(cesar, poner fin)* to finish, end: **mi trabajo termina a las seis,** I finish work at six o'clock; **no termina de creérselo,** he still can't believe it; *(dejar de necesitar, utilizar)* **¿has terminado con el ordenador?,** have you finished with the computer?; *(acabar la vida, carrera, etc)* to end up: **terminó amargada,** she ended up being embittered ◆ *(eliminar, acabar)* **este niño terminará con mi paciencia,** this boy is trying my patience; **tenemos que t. con esta situación,** we have to put an end to this situation; *(estar rematado)* to end: **termina en vocal,** it ends with a vowel; **terminaba en punta,** it had a pointed end ■ **terminarse** *vr* ◆ *(tener un fin, acabarse)* to finish, end, be over ◆ *(consumirse toda la reserva)* to run out: **se terminó el azúcar,** we have run out of sugar

término *m* ◆ *(vocablo)* term, word: **respondió en términos muy corteses,** he answered very politely; **un t. técnico,** a technical term ◆ *(fin, extremo)* end ◆ *(territorio)* **el t. municipal de Arganda,** Arganda municipal district ◆ *(plazo)* **contéstame en el t. de una semana,** give me an answer within a week ◆ **términos** *mpl (de un contrato, etc)* terms; **en términos generales,** generally speaking ◆ **por t. medio,** on average ◆ | LOC: *fig* **en último t.,** as a last resort

terminología *f* terminology

termo *m* flask, Thermos® (flask)

termodinámico,-a *adj* thermodynamic

termómetro *m* thermometer

termonuclear *adj* thermonuclear

termostato *m* thermostat

ternera *f* ◆ *Zool* calf ◆ *Culin* veal

> Recuerda que los anglohablantes emplean diferentes palabras cuando se refieren al animal y a su carne. La carne de *vaca,* cow, es **beef,** y la de su cría, *ternera,* es **veal.**

ternero *m Zool* calf

ternilla *f* cartilage

ternura *f* tenderness

terquedad *f* stubbornness, obstinacy

terracota *f* terracotta

terraplén *m* embankment

terráqueo,-a *adj* **globo t.,** *(tierra)* (the) earth; *(representación, bola de mundo)* globe

terrateniente *mf* landowner

terraza *f* ◆ *(azotea)* flat roof; *(balcón grande, mirador)* balcony, terrace ◆ *(de un bar, café)* terrace, pavement café, *US* sidewalk café ◆ *Agr* terrace

terremoto *m* earthquake

terrenal *adj (vida)* earthly; **el paraíso t.,** heaven on earth; *(posesiones, bienes)* wordly

terreno,-a 1 *adj* → **terrenal** | **2** *m* ◆ *Geol* terrain ◆ *(extensión de tierra)* (piece of) land, ground: **quiere cultivar su t.,** he wants to cultivate his land; **tiene un t. en Valencia,** he has land in Valencia; **un t. arenoso,** a sandy soil ◆ *fig (campo de acción, investigación)* field, sphere ◆ *Dep* **t. (de juego),** field, ground ◆ | LOC: **ganar/perder t.,** to gain/lose ground; **preparar el t.,** to prepare the ground; **le gusta saber que t. pisa,** he likes to know where he stands; **sobre el t.,** as one goes along

terrestre *adj* ◆ *Geol* terrestrial; **la corteza t.,** the earth's crust ◆ *(tierra firme)* land; **animal t.,** a land animal

terrible *adj* ◆ *(desagradable)* terrible, awful ◆ *(intensificador)* terrible ◆ *(travieso)* naughty

terrícola *mf Lit* earthling, earthman, earthwoman

territorio *m* territory; **t. nacional,** country

terrón *m (tierra compactada)* clod; *(de azúcar)* lump

terror *m* terror; **una novela/película de t.,** a horror novel/film

terrorífico,-a *adj* ♦ *(que causa miedo)* terrifying, frightening ♦ *(desastroso, desagradable)* dreadful, horrific

terrorismo *m Pol* terrorism

terrorista *adj & mf* terrorist

terroso,-a *adj (textura)* earthy; *(color)* earth-coloured, *US* earthcolored

terruño *m* ♦ *(tierra natal)* homeland ♦ *(terreno pequeño)* piece of land

terso,-a *adj* smooth

tersura *f* smoothness

tertulia *f* get-together, gathering; **t. literaria,** literary gathering

tesauro *m (diccionario)* thesaurus

tesina *f* (first degree) dissertation

tesis *f inv* ♦ *(opinión)* theory: **según tu t., todos estamos acomplejados,** in your view, everybody has a complex; **las tesis liberales,** liberal theories ♦ *Univ* thesis

tesón *m* tenacity, perseverance

tesorero,-a *m,f* treasurer

tesoro *m* ♦ *(bienes valiosos)* treasure ♦ *(fondos del Estado)* exchequer ♦ *fig (persona, objeto)* treasure ♦ *(diccionario)* thesaurus

test *m* test; **t. de calidad,** quality test

testaferro *m* front man

testamento *m* ♦ *(de un difunto)* will; **hacer** *o* **otorgar t.,** to make one's will ♦ *Rel* **Antiguo/Nuevo T.,** Old/New Testament

testar 1 *vi* to make *o* draw up one's will | **2** *vtr* to test

testarudo,-a *adj* stubborn, pigheaded

testículo *m Anat* testicle

testificar 1 *vtr* to testify | **2** *vi* **yo testificaré en contra de él,** I'll testify against him (necesita objeto)

testigo 1 *mf* ♦ *(en un juicio, boda, documento)* witness; *Jur* **t. de cargo/descargo,** witness for the prosecution/ defence; *Jur* **t. presencial,** eyewitness ♦ *(de un crimen, suceso)* witness: **eres t. de que me lo acaba de proponer,** you are a witness that he has just suggested it to me ♦ *Rel* **Testigos de Jehová,** Jehovah's Witnesses | **2** *m Dep* baton

testimoniar 1 *vi* to testify | **2** *vtr* to testify

testimonio *m (prueba)* evidence, proof ♦ *Jur* testimony; *Jur* **falso t.,** perjury; **levantar un falso t.,** to give false evidence

teta *f fam* ♦ boob; **niño de t.,** breast-feeding baby ♦ *(de animal)* teat

tétanos *m inv Med* tetanus

tetera *f* teapot

tetilla *f* ♦ *Anat (de varón)* nipple; *Zool* teat ♦ *(de un biberón)* teat ♦ *Culin* Galician cheese

tetina *f (de biberón)* teat

tétrico,-a *adj* gloomy, grim, dismal

textil *adj & m* textile

texto *m* text; **libro de t.,** textbook; **tratamiento de t.,** word processing

textual *adj* ♦ textual ♦ *(literal)* literal

textualmente *adv* literally: **te lo repetiré t.,** I will repeat it to you word for word

textura *f* ♦ *Tex* texture ♦ *(tacto)* feel ♦ *Geol* structure

tez *f* skin, complexion

ti *pron pers* you: **no se acordaba de ti,** she didn't remember you; **estaba delante de ti,** it was in front of you; **esos libros son para ti,** those books are for you; **no iré sin ti,** I won't go without you; *(reflexivo)* yourself: **deja de hablar de ti mismo,** stop talking about yourself; **siempre estás pensando en ti mismo,** you're always thinking of yourself

tía *f* ♦ aunt; **tía abuela,** great-aunt ♦ *fam (mujer)* woman, girl: **es una tía inteligente,** she's an intelligent woman ♦ | LOC: *fam* **cuéntaselo a tu tía,** tell it to the marines; *fam* **no hay tu t.,** it's no use, nothing doing

tibieza *f* ♦ *(del ambiente, la temperatura)* lukewarmness, tepidness ♦ *(de la persona, del recibimiento)* lukewarmness, lack of enthusiasm

tibio,-a *adj* ♦ *(templado)* tepid, lukewarm; **un baño t.,** a tepid bath ♦ *(poco entusiasta)* lukewarm, unenthusiastic, half-hearted ♦ | LOC: *fam (atiborrarse)* **ponerse t.: se puso t. de tarta,** he stuffed himself with cake

tiburón *m Zool* shark

tic *m (movimiento involuntario)* tic, twitch; *(manía, gesto peculiar)* mannerism

tictac, tic-tac *m* tick-tock, ticking

tiempo *m* ♦ *(indeterminado)* time: **llegó a t. para ver el espectáculo,** he got there in time to see the show; **hace mucho t.,** a long time ago; **me llevó mucho t.,** it took me a long time; **la vi poco t. después,** I saw her a short time after *o* soon afterwards; **¿cuánto t. tienes para acabarlo?,** how long have you got to finish it?; **es t. perdido,** it's a waste of time; **tómate tu t.,**

tienda

take your time; **no puedo quedarme más t.,** I can't stay any longer; **a su (debido) t.,** in due course; **a un t./al mismo t.,** at the same time; **de t. en t.,** from time to time; **t. libre,** free time ◆ *(de un bebé)* age; **¿cuánto** *o* **qué t. tiene?,** how old is she? ◆ *(época)* **en mis tiempos de estudiante,** in my student days; **nació en tiempos de Luis XIV,** he was born in the time of Louis XIV; **malos tiempos** *o fig* **tiempo de vacas flacas,** hard times, rainy days ◆ *Meteor* weather; **hace buen t.,** the weather is good; **t. tormentoso,** stormy weather ◆ *Mús* tempo ◆ *Dep* half; **primer t.,** first half; **t. muerto,** time out ◆ *Ling* tense ◆ | LOC: **dar t. al t.,** to let matters take their course; **hacer t.,** to while away the time; **matar el t.,** to kill time; **con el t.,** in the course of time; **de un t. a esta parte,** lately

tienda *f* ◆ *Com* shop *US* store: **t. de comestibles** *o* **ultramarinos,** grocer's (shop) *US* grocery; **t. de regalos,** gift shop; **t. libre de impuestos,** dutyfree shop ◆ **t. de campaña,** tent

tienta *f* **andar/ir a tientas,** to feel one's way, to grope; **buscar a tientas,** to feel around for

tiento *m* tact, care; **ir con t.,** to go carefully

tierno,-a *adj* ◆ *(carne, hortaliza, etc)* tender; *(pan)* fresh ◆ *(cariñoso, afectuoso)* affectionate; *(gesto, mirada)* tender

tierra *f* ◆ *(planeta)* **la T.,** (the) Earth *o* earth ◆ *(medio terrestre, terreno)* land; **viajar por t.,** to travel by land; **t. adentro,** inland; **t. de nadie,** no-man's-land; *(un avión)* **tomar t.,** to land; *Agr* land; **tiene tierras de cultivo,** he has cultivated land; **t. baldía,** wasteland ◆ *(país, lugar de origen)* homeland; *(territorio)* **nació en t. inglesa,** she was born on English soil ◆ *(superficie terrestre, suelo)* ground; **bajo t.,** below ground; *(materia)* soil, earth; **un puñado de t.,** a handful of earth *o* soil; **un camino de t.,** a dirt track ◆ *Elec* earth *US* ground ◆ | LOC: **echar por t.,** to ruin, spoil; **echar t. sobre,** to hush up

tieso,-a *adj* ◆ *(erguido)* upright, erect ◆ *(rígido)* stiff ◆ *fam (serio)* stiff *(orgulloso)* proud ◆ | LOC: *fam fig* **quedarse t.** *(sorprenderse)* to be amazed, stunned; *(morir)* to die

tiesto *m* flowerpot, plant pot

tifoideo,-a *f Med* typhoid; *(fiebre)* typhoid (fever)

tifón *m* typhoon

tifus *m Med* typhus; *(fiebre)* typhus *o* typhoid fever

tigre,-gresa *m,f Zool* tiger *m*, tigress *f*

tijeras *f* (pair of) scissors *pl*

tijereta *f* ◆ *Zool* earwig ◆ *(salto)* scissors kick

tila *f (infusión)* lime (blossom) tea; *Bot* lime blossom

tildar *vtr (tachar)* to brand; **lo tildó de cobarde,** he branded him a coward

tilde *mf Ling* written accent; *(de la letra ñ)* tilde

tilín *m (de la campanilla)* ting-a-ling, tinkle; *fam fig* **tu amigo le hace tilín,** she likes your friend

tilo *m* lime tree

timar *vtr (estafar)* to cheat, swindle, *fam* rip off; **te han timado,** you've been swindled *o* cheated

timbal *m* kettledrum

timbrar *vtr* to stamp

timbre *m* ◆ *Mús (de la voz, de un sonido)* timbre, tone ◆ *(para llamar, avisar)* bell; **llamar al t./tocar el t.,** to ring the bell ◆ *(en documento oficial)* fiscal stamp

timidez *f* shyness

tímido,-a 1 *adj (vergonzoso)* shy; *fig (reacción)* **una tímida acogida,** a tepid *o* lukewarm welcome | **2** *m,f* shy person

timo *m fam pey (estafa)* swindle, scam, *fam* rip-off ◆ *fam pey (sin calidad)* **¡vaya t. de película!,** this film is a real rip-off!

timón *m* ◆ *(de un barco, un avión)* rudder, helm ◆ *AmL (volante)* steering wheel ◆ *fig (mando)* **coger el t.,** to take the helm

timonel *m* helmsman

tímpano *m* ◆ *Anat* eardrum ◆ *Arquit* tympanum

tinaja *f* (large) earthenware jar

tinglado *m* ◆ *fam fig (enredo, lío)* mess; *fam fig (negocio sucio)* racket ◆ *(plataforma, tarima)* platform

tinieblas *fpl* darkness *sing*

tino *m* ◆ *(prudencia, sensatez)* good sense, sound judgement ◆ *(puntería)* aim

tinta *f* ◆ *(para escritura, dibujo)* ink; **t. china,** Indian ink ◆ *Zool (de calamar, pulpo, etc)* ink ◆ **medias tintas,** half-measures ◆ | LOC: **sudar t.,** to sweat blood, slog ◆ **saber de buena t.,** to know sthg on good authority

tintar *vtr* to dye

tinte *m* ◆ *(tintorería)* dry cleaner's ◆ *(teñido)* dyeing; *(sustancia)* dye ◆ *(carácter, matiz)* overtone; **un t. trágico,** a tragic tone

tintero *m* inkpot, inkwell ◆ | LOC: **quedarse** *o* **dejarse algo en el t.,** to remain unsaid, fail to get a mention

tinto 1 *adj (vino)* red | **2** *m (vino)* red wine

tintorería *f* dry-cleaner's
tintura *f* ◆ *(para teñir)* dye ◆ *Med (sustancia en líquido)* tincture; **t. de yodo,** tincture of iodine
tío *m* ◆ *(pariente)* uncle: **es mi tío-abuelo,** he's my great-uncle ◆ **tíos** *(hombres y mujeres)* aunts and uncles; *(sólo hombres)* uncles ◆ *fam (persona)* bloke, guy: **es un t. muy divertido,** he's a very amusing guy
tiovivo *m* merry-go-round, roundabout *US* carousel
típico,-a *adj (característico)* typical: **es t. de él**, it's typical of him; **la actriz lleva un t. traje de los sesenta,** the actress is wearing a typical sixties's suit; **una bebida t. de Escocia,** a typical Scottish drink; *(tradicional)* traditional, typical
tipificar *vtr* to categorize, class
tipismo *m (carácter típico)* local colour
tipo *m* ◆ *(modelo, clase)* type, kind, sort: **ese t. de coche,** that type *o* kind of car; **María no es mi t.,** María isn't my type; **me gusta ese t. de gente,** I like that kind of people; **no es de ese t. de personas,** he's not that sort of person ◆ *fam (individuo)* guy, bloke, fellow; **t. raro,** weirdo; **un buen t.,** a good sort; **un t. simpático,** a nice chap ◆ *(constitución física)* build, physique; *(de mujer)* figure: **tiene buen t.,** she has a good figure ◆ *Econ* rate; **t. de cambio,** exchange rate; **t. de descuento,** bank rate; **t. de interés,** interest rate ◆ *Tip (de letra)* type; *Tip Inform* font ◆ | LOC: *fig* **jugarse el t.,** to risk one's neck; **mantener** *o* **aguantar el t.,** to keep one's cool
tipografía *f* typography
tipográfico,-a *adj* typographic; **error t.,** misprint
tipógrafo,-a *m,f* typographer
tique, tíquet *m* ◆ *(entrada, billete)* ticket ◆ *(recibo, comprobante)* receipt
tiquismiquis *fam* **1** *adj (melindroso, escrupuloso)* fussy, finicky | **2** *m,f* fussyperson, *fam* fuss-pot | **3** *m (reparos)* fuss and bother
tira *f* ◆ *(de tela, papel, adhesiva, etc)* strip ◆ *(en periódico, revista)* strip cartoon, comic strip ◆ *fam (gran cantidad)* **hace la t. que no le veo,** I haven't seen him for ages
tirabuzón *m* ringlet
tirachinas *m inv* catapult, *US* slingshot
tirada *f* ◆ *(en el juego)* throw ◆ *(de un libro, un periódico)* print run ◆ | LOC: **de una t.,** in one go
tirado,-a *adj fam* ◆ *(muy barato)* dirt cheap ◆ *(muy sencillo)* very easy, dead easy

tirador,-ora *m, f* **1** *(que dispara)* marksman, *f* markswoman | **2** *m (de la puerta, del cajón)* knob, handle; *(de un timbre, una campanilla)* bell pull
tiralíneas *m inv* drawing *o* ruling pen
tiranía *f* tyranny
tiránico,-a *adj* tyrannical
tiranizar *vtr* to tyrannize
tirano,-a 1 *adj* tyrannical | **2** *m,f* tyrant
tirante 1 *adj* ◆ *(tenso: una cuerda, un cable etc)* tight, taut; *(una situación)* tense | **2** *m* ◆ *(de una prenda)* strap ◆ *(para sujetar el pantalón)* **tirantes,** braces *pl*, *US* suspenders *pl* ◆ *Téc (abrazadera)* brace
tirar 1 *vtr* ◆ *(arrojar, echar)* to throw: **lo tiró al agua,** he threw it into the water; **no tires la cáscara al suelo,** don't throw *o* drop the peel on the floor; *(enérgicamente)* to fling, hurl: **lo tiró al fuego,** she threw it on the fire ◆ *(deshacerse de)* to throw out *o* away; **tiré mis zapatos viejos,** I threw my old shoes away ◆ *(malgastar)* **tiraste el dinero con esa joya falsa,** you've wasted your money on that fake jewel; *(despilfarrar)* to squander ◆ *(hacer caer)* to knock over: **tiré el vaso,** I knocked the glass over; *(derribar a alguien)* to knock *o* push over; **t. abajo** *(una pared, una puerta)* to knock down; *(demoler)* to pull down ◆ *(una bomba)* to drop; *(un tiro, un cohete)* to fire ◆ *(una foto)* to take ◆ *Impr* to print | **2** *vi* ◆ *(hacer fuerza hacia sí)* to pull: **no le tires del pelo,** don't pull his hair; **¡tira de la cuerda!,** tug on the rope! ◆ *(disparar)* to shoot; *Dep* to shoot; *(dados, dardos)* to throw ◆ *fam (gustar)* **le tira mucho el baloncesto,** he's very keen on basketball ◆ *(tender)* **tira a azul,** it's bluish; *(parecerse)* **tira a su madre,** she takes after her mother ◆ *fam (arreglárselas)* **ir tirando,** to get by, manage ◆ *(ir)* **tira a la derecha,** turn right
■ **tirarse** *vr* ◆ *(saltar, arrojarse)* to throw *o* hurl oneself; **se tiró al agua,** he dived *o* jumped into the water; **se tiraron del tren,** they hurled themselves off the train ◆ *(tenderse, dejarse caer)* **se tiró en el sillón,** he flung himself into the armchair; *(tumbarse)* to lie down ◆ *fam (pasar un tiempo)* to spend: **se tiró un mes en Londres,** he was in London for a month
tirita *f* (sticking) plaster, Elastoplast®, *US* Band-Aid®,
tiritar *vi* to shiver [**de,** with]
tiro *m* ◆ *(balazo, disparo)* shot, **t. de gracia,** coup de grâce ◆ *Dep (a una canasta, a portería)* shot; **t. libre,** free shot; **t. al plato,** clay-

tirón

pigeon shooting *US* skeet shooting; **t. al blanco,** target shooting ◆ *(de la chimenea)* flue, draught: **tiene buen t.,** it draws well ◆ **animal de t.,** draught animal ◆ | LOC: *fam* **sentar** *o* **caer como un t.,** *(un comentario, etc)* **la bromita le sentó como un tiro,** the joke really upset him; *(la ropa)* **esta camisa me sienta como un t.,** I look awful in this shirt; *(la comida)* **el helado le cayó** *o* **sentó como un t.,** the ice-cream didn't agree with her; **a t. de piedra,** a stone's throw away; *fam* **ni a tiros,** not for love nor money: **no aprueba ni a tiros,** he just can't pass

tirón *m* ◆ tug; **un t. fuerte,** a hard pull *o* tug ◆ *(sacudida de un vehículo)* jerk ◆ *(de un músculo)* **le dio un t.,** he pulled a muscle ◆ *(robo)* **dar el t. a alguien,** to snatch sb's bag ◆ | LOC: *fam (sin parar)* **de un t.,** in one go: **leyó la novela de un t.,** she read the novel in one go

tirotear *vtr* to shoot (repeatedly)

tiroteo *m* shooting, shoot-out

tirria *f fam* grudge; **tener t. a,** to have a grudge against

tísico,-a *adj* & *m,f* consumptive

tisis *f inv* tuberculosis, consumption

tisú *m* ◆ lamé ◆ *(pañuelo)* tissue

títere *m* ◆ *(marioneta)* puppet; *fam pey (persona, gobierno)* puppet ◆ *(espectáculo)* **títeres,** puppet show *sing* ◆ | LOC: **no dejar t. con cabeza,** to spare nobody

titilar *vi (un cuerpo luminoso)* to twinkle

titiritero,-a *m,f* ◆ *(de títeres)* puppeteer ◆ *(acróbata)* acrobat

titubear *vi* ◆ *(mostrarse indeciso)* to hesitate ◆ *(balbucear)* to stammer, get tongue-tied

titubeo *m* ◆ *(vacilación)* hesitation, hesitancy

titulación *f Educ* qualifications *pl*

titulado,-a **1** *adj Educ* with a university degree | **2** *m, f* graduate

titular[1] **1** *adj Dep* first-team player; *Educ* permanent; **médico t.,** permanent doctor | **2** *m, f (de una cuenta, un cargo)* holder; *(de una propiedad, casa, etc)* owner | **3** *m Prensa* headline; *(en televisión)* **titulares,** main stories

titular[2] *vtr* to call, title

■ **titularse** *vr* ◆ *(película, etc)* to be called, be entitled ◆ *Educ* to get one's degree, graduate

título *m* ◆ *(de una obra, una ley)* title ◆ *Educ (cualificación)* qualification; *(universitario)* degree; *(documento impreso)* degree certificate ◆ **t. nobiliario,** title ◆ *(en cine)* **títulos de crédito,** credits ◆ | LOC: **a t. de,** by way of; **a t. de curiosidad,** as a matter of interest

tiza *f* chalk

tiznar *vtr* to blacken

■ **tiznarse** *vr* to get black, blacken oneself

tizne *m* soot

toalla *f* towel ◆ | LOC: **tirar/arrojar la t.,** to throw in the towel

toallero *m* towel rail

tobillera *f Med* ankle support

tobillo *m* ankle

tobogán *m* slide

toca *f (de monja)* wimple

tocadiscos *m inv* record player, phonograph

tocado[1] *m* ◆ *(adorno en la cabeza)* headdress ◆ *(peinado)* coiffure, hairdo

tocado,-a[2] *adj* ◆ *fam (loco)* nuts, crazy ◆ *Dep (lesionado)* slightly injured

tocador *m* ◆ *(cómoda)* dressing table ◆ *(cuarto)* dressing room

tocar 1 *vtr* ◆ *(entrar en contacto)* to touch: **el avión toca tierra,** the airplane touches down; *(a una persona)* to touch; *(manipular, manejar)* to handle; *(sentir al tacto)* to feel; *(mover, desordenar)* **yo no toqué tus papeles,** I didn't touch your papers ◆ *(hacer alusión)* to touch on ◆ *(un instrumento)* to play: **toca el violín,** she plays the violin ◆ *(el timbre, la campana)* to ring | **2** *vi* ◆ *(corresponder)* **a ti te toca decírselo,** you're the one who has to tell him; **los lunes te toca limpiar la casa,** you have to clean the house on Mondays; *(por turno)* **me toca,** it's my turn ◆ *(en el juego, en un concurso)* to win: **le tocaron dos millones,** he won two million pesetas ◆ *(afectar)* to concern, affect; **por lo que a ti te toca,** as far as you are concerned ◆ *(sonar)* **tocan las campanas,** the bells are ringing

■ **tocarse** *vr* ◆ to touch; *(uno a otro)* to touch each other

tocayo,-a *m,f* namesake

tocino *m* fatty pork; **t. de cielo,** sweet made with egg yolk and sugar

tocólogo,-a *m,f* obstetrician

todavía *adv* ◆ *(en afirmativas e interrogativas)* still: **t. viven en Francia,** they're still living in France; **t. puedes ganar,** you can still win; **¿t. me quieres?** do you still love me?; *(en negativas)* yet: **t. no he acabado,** I haven't finished yet ◆ *(en comparaciones)* **t. más/menos,** even more/less: **es t. más tonto que su novia,** he's still *o* even sillier than his girlfriend ◆ *(a pesar de eso)* **...y t. se queja,** and still he complains ➢ Ver nota en **still** y **yet**

todo,-a 1 *adj* ◆ *(la totalidad: singular)* all, whole: **recorrió toda España,** she travelled all over Spain; **toda la semana,** the whole week *o* all week; **toda tu vida,** your entire life *o* all your life; *(plural)* all: **todos sus hermanos,** all his brothers; **todos lo sabíamos,** we all knew; **se comió todas las fresas,** she ate all the strawberries; *(todo el mundo)* **todos están riendo,** everybody is laughing ◆ *(cada, cualquier)* every: **viene todos los meses,** he comes every month; **todo el que desee…,** anyone who wishes to… ◆ *fam (intensificador)* through and through: **es toda una atleta,** she is every inch an athlete | **2** *pron* ◆ *(sin excepciones, sin exclusiones)* everything: **lo perdió t.,** he lost everything; **lo sabe t.,** she knows everything; **lo compró t.,** he bought it all; **t. son problemas,** there's nothing but trouble; **eso es t.,** that's all; *(todo el mundo)* **todos piensan que eres muy lista,** everybody thinks you're very clever; **nos invitó a todos,** he invited all of us; **todos y cada uno,** each and every one | **3** *adv (por completo, totalmente)* **está t. nervioso,** he's terribly *o* all excited; **estaba t. convencido,** he was entirely convinced; **estás t. mojado,** you are all wet | **4** *m* **todo** *(total, suma)* whole; **en t. o en parte,** in whole or in part

> All y whole tienen significados parecidos, pero se usan en estructuras diferentes. All se coloca delante de un artículo, pronombre posesivo o demostrativo, mientras que whole se coloca después: **all the world,** pero **the whole world; all your family,** pero **your whole family; all this time,** pero **this whole time.** Recuerda que no puedes usar whole sin artículo o pronombre correspondiente ni con sustantivos que indican masa (incontables). Por tanto, la traducción de *todo el vino* es **all the wine** y no **the whole wine.**
> El plural *todos* o *todo el mundo* se traduce por **everybody** o **everyone.** Aunque el verbo acompañante aparezca en singular, cualquier pronombre que emplees debe estar en plural: *Todos deben traer sus propios bolígrafos.* **Everybody has to bring their (own) pens.**

todopoderoso,-a 1 *adj* all-powerful | **2** *m Rel* **el T.,** the Almighty

todoterreno *m* four-wheel drive vehicle, all-terrain vehicle
toga *f* gown, robe
toldo *m* awning
tolerancia *f* tolerance
tolerante *adj* tolerant
tolerar *vtr* ◆ *(una situación)* to tolerate, put up with ◆ *(un medicamento)* to tolerate; *(comida)* **no tolera las hamburguesas,** hamburgers don't agree with her
toma *f* ◆ *(acción de tomar)* taking; *(de datos)* gathering; *(de una ciudad, un edificio)* taking, occupation; *Mil* capture; **t. de posesión,** investiture ◆ *Cine Fot* shot; *(secuencia)* take ◆ *(dosis)* dose ◆ *Elec* **t. de corriente,** power point *US* socket; **t. de tierra,** earth, *US* ground ◆ **t. de conciencia,** awareness, realization
tomado,-a *adj* ◆ *(la voz)* hoarse, husky ◆ *LAm (ebrio)* drunk
tomadura *f fam* **t. de pelo,** practical joke; rip-off; **esto es una t. de pelo,** we're being messed around
tomar *vtr* ◆ *(coger, agarrar)* to take: **tomó mi mano,** he took my hand; **toma las llaves,** here are the keys ◆ *(autobús, taxi, etc)* to take, catch: **tomé el ascensor,** I took the lift *o* elevator; **tengo que tomar el próximo tren,** I have to catch the next train ◆ *(alimentos)* to have; *(bebidas)* to drink; *(medicinas)* to take ◆ *(adoptar)* to take, adopt: **tomaron medidas desesperadas,** they took desperate measures ◆ *(tener cierta reacción)* **no lo tomes a broma,** don't take it as a joke ◆ *(juzgar)* **no me tomes por idiota,** don't think I'm stupid; *(confundirse)* **le tomaron por Robert Redford,** they mistook him for Robert Redford ◆ *(el aire, el fresco, etc)* to get; **t. el sol,** to sunbathe ◆ *(en carretera)* **decidió tomar la autopista,** he decided to take the motorway ◆ *(apuntes, notas)* to take ◆ *(fotos)* to take ◆ *Av* **t. tierra,** to land, touch down

■ **tomarse** *vr* ◆ *(alimentos)* to have; *(bebida)* to drink ◆ *(reaccionar, interpretar)* **se lo ha tomado muy en serio,** he's taken it very seriously; **se lo tomó a mal,** he took it the wrong way ◆ *(un descanso, unas vacaciones, etc)* to take: **me tomé el día libre,** I took the day off
tomate *m* tomato; *(salsa)* tomato sauce ◆ | LOC: **ponerse como un t.,** to blush, go as red as a beetroot
tomillo *m* thyme
tomo *m* volume

ton *m* **sin t. ni son,** without rhyme or reason

tonada *f* ◆ *Mús (melodía)* tune; *(canción)* song

tonalidad *f* tonality

tonel *m* barrel, cask

tonelada *f* ton; **t. métrica,** metric ton, tonne

tonelaje *m* tonnage

tongo *m Dep (trampa)* fix

tónico,-a 1 *adj* ◆ *Ling* tonic, stressed ◆ *Mús Med* tonic | 2 *m Med* tonic | 3 *f* ◆ *(bebida)* tonic (water) ◆ *Mús* tonic ◆ *Ling* tonic *o* stressed syllable

tonificar *vtr* to tone up, invigorate

tono *m* ◆ *(de la voz: intensidad)* tone, pitch: **un t. alto/bajo,** a high/low pitch; *(modo)* **lo dijo en tono despectivo,** he said it in a contemptuous tone ◆ *(de un color)* shade, tone: **diferentes tonos de verde,** different shades of green ◆ *Mús* key ◆ *(del teléfono)* tone ◆ | LOC: *fam* **darse t.,** to put on airs; **a t. con,** in tune with; **a t. con los tiempos,** in keeping with the times; **de buen/mal t.,** in good/bad taste; **fuera de t.,** inappropiate, out of place

tontear *vi* ◆ *(hacer tonterías)* to play the fool, fool about ◆ *(coquetear)* to flirt

tontería *f* ◆ *(acción, cosa)* silly thing; **¡deja de decir tonterías!,** stop talking nonsense! *(cosa sin importancia)* trifle, small thing: **le compré una t.,** I bought her a little something; **me regañaron por una t.,** they told me off over something silly ◆ *(cualidad)* stupidity, foolishness, silliness

tonto,-a 1 *adj* silly, *fam* dumb: **¿cómo pude ser tan t.?,** how could I be so stupid?; **fue lo bastante t. como para decirle la verdad,** he was foolish enough to tell him the truth; **una observación t.,** a trivial remark | 2 *m,f* fool, idiot, *fam* dummy; **hacer el t.,** to play the fool; **hacerse el t.,** to play dumb; **t. de remate,** prize idiot

topacio *m* topaz

toparse *vr* **t. con,** to bump *o* run into: **me topé con ella en el ascensor,** I ran *o* bumped into her in the lift

tope 1 *m* ◆ *(límite, extremo)* limit; **fecha t.,** deadline ◆ *(pieza: en las puertas)* doorstop; *(para el tren)* buffer ◆ | LOC: *fig (lleno a rebosar)* **estar a tope** *o* **hasta los topes,** to be full to bursting; *(un estadio, el autobús, etc)* to be packed (out), be jam-packed; *fam (al límite)* **a t.: estaba trabajando a t.,** he was working very hard; **viven a t.,** they live life to the full

tópico,-a 1 *adj* ◆ *Med Farm* **uso t.,** for external use ◆ *(comentario)* trite | 2 *m (lugar común, frase hecha)* commonplace, cliché, platitude

topo *m* ◆ *Zool* mole ◆ *(infiltrado)* mole ◆ *fam* **más ciego que un t.,** as blind as a bat

topografía *f* topography

topónimo *m* place name

toque *m* ◆ *(golpe suave)* rap ◆ *(matiz, detalle)* touch; **un t. de buen gusto,** a touch of good taste ◆ *fam (aviso)* **un t. de atención,** warning; *(llamada)* call ◆ *Mil* **t. de queda,** curfew

toquetear *vtr* to finger

toquilla *f* shawl

tórax *m* thorax

torbellino *m* ◆ *(remolino de viento)* whirlwind *US* twister ◆ *fig (agitación)* whirl; *(de sentimientos)* turmoil

torcedura *f* twisting; *Med (esguince)* sprain

torcer 1 *vtr* ◆ *(curvar)* to bend ◆ *(retorcer)* to twist: **me he torcido el tobillo,** I've twisted my ankle ◆ *(tergiversar)* to twist | 2 *vtr & vi (girar)* to turn: **tuerce a la izquierda,** turn left

■ **torcerse** *vr* ◆ *(curvarse)* to bend ◆ *(el tobillo, etc)* to twist ◆ *(los planes)* to fall through, go wrong

torcido,-a *adj (curvo)* bent ◆ *(retorcido)* twisted ◆ *(un cuadro, la corbata, etc)* crooked

tordo,-a 1 *adj & m,f* dapple-grey | 2 *m (pájaro)* thrush

torear *vtr & vi* to fight

toreo *m* bullfighting

torera *f (chaqueta)* bolero jacket

torero,-a *m,f* bullfighter

tormenta *f Meteo* storm; *fam* **una t. en un vaso de agua,** a storm in a teacup *US* a tempest in a teapot

tormento *m* ◆ *(tortura)* torture ◆ *fam (sufrimiento)* torment, torture

tormentoso,-a *adj* stormy

tornado *m* tornado

tornar 1 *vtr frml (cambiar)* to turn [en, into] | 2 *vi (volver)* to return

■ **tornarse** *vr (volverse)* to become, turn: **el cielo azul se tornó gris,** the blue sky turned grey

torneo *m* tournament

tornillo *m* ◆ screw ◆ | LOC: *fam* **apretar los tornillos a alguien,** to put the screws on sb; *fam* **faltar un t.,** to have a screw loose

torniquete *m* ◆ *Med* tourniquet ◆ *(para pasar)* turnstile

torno *m* ◆ *(de dentista)* drill ◆ *(de carpintero)* lathe; *(de alfarero)* potter's wheel ◆ | LOC: **en t. a,** *(alrededor de: un sitio)* around; *(un asunto)* about, around

toro 1 *m Zool* bull; **t. de lidia,** fighting bull | **2** *mpl (espectáculo)* **los toros,** bullfighting ◆ | LOC: *fam* **coger el t. por los cuernos,** to take the bull by the horns; *fam (quedarse sin tiempo)* **pillar el t.,** to run out of time

torpe *adj* ◆ *(poco habilidoso)* clumsy ◆ *(comentario, gesto)* clumsy ◆ *(en el andar, etc)* slow, awkward ◆ *(de entendimiento)* **soy un poco t. para la física,** I'm not very good at physics; *(como insulto) pey* dim, dense, thick

torpedear *vtr* to torpedo

torpedo *m* torpedo

torpeza *f* ◆ *(falta de habilidad, de tacto)* clumsiness, *(en el andar, etc)* awkwardness, slowness ◆ *(equivocación)* blunder, mistake ◆ *(de entendimiento)* stupidity

torre *f* ◆ *(de iglesia, castillo)* tower ◆ *(pieza de ajedrez)* rook, castle ◆ *(del tendido eléctrico)* pylon ◆ *(edificio)* tower block *US* apartment block, high rise

torrefacto,-a *adj (café)* high roast

torrencial *adj* torrential

torrente *m* ◆ *(corriente de agua)* torrent ◆ *(flujo de personas, de cosas)* flood ◆ **t. sanguíneo,** bloodstream

tórrido,-a *adj* torrid

torsión *f* ◆ *(torcimiento)* twisting ◆ *Téc* torsion

torso *m* ◆ *Anat* trunk, torso ◆ *(en escultura)* bust

torta *f* ◆ *Culin* flat cake; *LAm* cake, tart ◆ *fam (bofetada)* slap ◆ *fam (golpe fuerte)* blow, thump, whack: **me di una t. con la mesa,** I bumped my head on the table; *(de coche, moto, etc)* crash, smash ◆ *fig* **ni t.,** not a thing: **no oía ni t.,** I couldn't hear a thing

tortazo *m fam* ◆ *(golpe fuerte)* blow, thump; *(accidente)* crash, smash ◆ *(bofetada)* slap: **se liaron a tortazos,** they came to blows

tortícolis *f inv* stiff neck

tortilla *f* ◆ *Culin* omelette, *US* omelet; **t. de patatas** *o* **española,** Spanish omelette; **t. francesa,** plain omelette

tórtola 1 *f Zool* turtledove | **2** *mpl fam* **tórtolos, tortolitos,** lovebirds

tortuga *f (terrestre)* tortoise, *US* turtle; *(marina)* turtle

tortuoso,-a *adj (camino, carretera)* tortuous, winding; *fig (plan, conducta)* devious

tortura *f* torture

torturar *vtr* to torture

tos *f (acción)* cough; *Med (enfermedad infantil)* **t. ferina,** whooping cough

tosco,-a *adj (aplicado a cosas)* crude, rough; *(comportamiento, modales)* uncouth, coarse

toser *vi* to cough

tosquedad *f (de un objeto)* roughness, crudeness; *(de los modales, de la piel)* coarseness, roughness

tostada *f Culin* (piece *o* slice of) toast

tostado,-a 1 *adj* ◆ *(pan)* toasted; *(café)* roasted ◆ *(color)* tan, brown, ochre; *(la piel)* tanned, suntanned | **2** *m (del pan)* toasting; *(del café)* roasting ◆ *(bronceado)* tan, suntan

tostador *m* **tostadora,** toaster

tostar *vtr (el pan, maíz, etc)* to toast; *(café)* to roast ◆ *(broncear la piel)* to tan

tostón *m fam (pesado, aburrido)* boring: **esta novela es un t.,** this novel is a real bore

total 1 *adj* total; **un desastre t.,** a complete *o* total disaster; **eclipse t.,** total eclipse | **2** *m* ◆ total; **el t. de la población,** the whole population; **el t. de los trabajadores,** all the workers; **en t. costó unas dos mil pesetas,** altogether it cost over two thousand pesetas ◆ *Mat* total | **3** *adv (en resumen)* so: **t., que al final María vino con nosotros,** so, in the end María came with us; *fam (con indiferencia)* **t., a mí no me gustaba,** I didn't like it anyway

totalidad *f* whole: **la casa fue reconstruida en su t.,** the house was totally rebuilt; *(con plural)* **la t. de los trabajadores,** all the workers

totalitario,-a *adj* totalitarian

totalizar *vtr* to total, add up

tóxico,-a 1 *adj* toxic | **2** *m* toxic substance, poison

toxicología *f* toxicology

toxicólogo,-a *m,f* toxicologist

toxicomanía *f* drug addiction

toxicómano,-a 1 *adj* addicted to drugs | **2** *m* drug addict

tozudo,-a *adj* stubborn, obstinate: **eres demasiado t.,** you're too obstinate

traba *f (impedimento)* hindrance, obstacle: **no me puso ninguna t.,** he didn't raise any objection

trabajador,-ora 1 *adj* hard-working | **2** *m,f* worker

trabajar 1 *vi* ◆ to work: **trabaja de secretaria,** she works as a secretary; **trabaja**

trabajo

en los astilleros, she works in the shipyard; **trabaja bien**, he's a good worker ♦ *Cine (actuar)* to act: **en esta película trabaja mi actriz favorita**, my favourite actress is in this movie | **2** *vtr* ♦ *(pulir, ejercitar, estudiar)* to work on: **tienes que t. más el estilo**, you have to work on your style ♦ *(la madera)* to work; *(un metal)* to work; *(la tierra)* to work, till; *(cuero)* to emboss ♦ *(comerciar)* to trade, sell: **nosotros no trabajamos ese artículo**, we don´t stock that item

■ **trabajarse** *vr* ♦ *(ganarse, esforzarse)* **si quieres mi respeto, tendrás que trabajártelo**, if you want my respect, you must work hard for it ♦ *fam (intentar convencer)* to work on: **me lo estoy trabajando para que acepte**, I'm working on him to accept

trabajo *m* ♦ work: **hoy tengo poco t.**, I have little work today ♦ *(empleo)* job: **no tiene t.**, he is unemployed ♦ *(esfuerzo)* work, effort: **nos costó mucho t. hacerlo**, it was hard to do it ♦ *Educ (sobre un tema)* paper; *(de manualidades)* craft work ♦ *(tarea)* task; **un trabajo de chinos**, a laborious job

trabajoso,-a *adj* laborious, arduous

trabalenguas *m inv* tongue twister

trabar *vtr* ♦ *(entrelazar dos piezas)* to bond, join ♦ *(impedir el movimiento)* to block; *(una acción, proyecto)* to obstruct ♦ *(empezar una conversación, disputa, amistad)* to strike up ♦ *Culin* to thicken

■ **trabarse** *vr* ♦ *fig* **se me traba la lengua**, I get tongue-tied ♦ *(enredarse)* to get tangled up

trabazón *f* ♦ *(de un discurso)* link ♦ *(juntura)* joint ♦ *Culin* thickness

trabilla *f Indum (de un pantalón)* belt loop; *(de un abrigo)* half-belt

trabuco *m* blunderbuss

traca *f* ♦ *(de fuegos artificiales)* firecrackers ♦ *fig (final explosivo, sorprendente)* spectacular finale

tracción *f* traction; *Auto* drive; **t. delantera/trasera**, front-/rear-wheel drive

tractor *m* tractor

tradición *f* tradition

tradicional *adj* traditional

traducción *f* translation; **t. libre**, free translation

traducir *vtr* ♦ *(un texto)* to translate [**a**, into] ♦ *fig (explicar)* to make clear

■ **traducirse** *vr fig* to result [**en**, in]

traductor,-ora *m,f* translator

traer *vtr* ♦ to bring ♦ *(causar, producir)* to cause: **me trae recuerdos**, it brings back old memories; **te traerá suerte**, it'll bring you good luck ♦ *(poner en una situación)* **este problema me trae loca**, this problem is driving me mad ♦ *(tener)* **traigo un dolor de cabeza horroroso**, I have a terrible headache; *(llevar puesto)* to wear ♦ *(una publicación)* **trae unas fotos muy buenas**, it has some very good photos; **trae un suplemento**, it comes with a supplement ♦ | LOC: **me trae al fresco/pairo**, I couldn't care less

■ **traerse** *vr* ♦ *(a una amiga,)* to bring along; *(un objeto)* to bring: **no se trajeron la cámara**, they didn't bring the camera ♦ *fig (tramar, planear)* **no sé qué se traen entre ellos/manos**, I don't know what they're up to ♦ | LOC: **traérselas**, to be very difficult *o* hard

traficante *mf* trafficker; *(de drogas)* dealer, pusher; *(de armas)* dealer

traficar *vi* to traffic [**con**, in]

tráfico *m* ♦ *Auto* traffic; **t. aéreo**, air traffic; **t. rodado**, road traffic ♦ *Com* traffic; **t. de drogas**, drug traffic; **t. de mercancías**, trade

tragaluz *m* skylight

tragaperras *f inv* slot machine

tragar *vtr* ♦ *(un trozo de comida, etc)* to swallow ♦ *fam (comer muy deprisa)* to gobble up, tuck away: **¡no veas cómo traga!**, he eats a lot! ♦ *Auto fam (combustible)* to use ♦ *(un desagüe)* to drain off; *(el mar, agua)* **el remolino se lo tragó**, it was sucked down by the whirlpool ♦ *(transigir, tolerar)* to put up with ♦ *fig (a alguien)* to stand, bear ♦ *fig (creer)* to believe, swallow

■ **tragarse** *vr* ♦ *(mentiras, excusas, el orgullo, comida)* to swallow ♦ *fig (soportar, tolerar)* to put up with

tragedia *f* tragedy

trágico,-a *adj* tragic

trago *m* ♦ *(cantidad de líquido)* gulp, swallow ♦ *(bebida alcohólica)* nip, drink ♦ *(rato, situación)* **fue un t. muy amargo**, it was a bitter pill to swallow

tragón,-ona *m,f* glutton, big eater

traición *f* ♦ *(a un amigo)* betrayal, treachery: **eso fue una t.**, that was a betrayal ♦ *(al Estado, patria)* treason, betrayal ♦ **a t.**, treacherously; **alta t.**, high treason

traicionar *vtr* to betray: **no me traiciones**, don't betray me

traicionero,-a *adj* treacherous

traidor,-ora 1 *adj* treacherous | **2** *m,f* traitor

traje *m* ◆ *(regional, de época)* costume; **t. de luces,** bullfighter's costume ◆ *(de hombre)* suit; *(de mujer)* dress; **t. de baño,** bathing suit *o* costume, swimsuit; **t. de novia,** wedding dress; **traje sastre,** women's tailored suit

trajearse *vr* to dress up

trajín *m fam* ◆ *(movimiento, trasiego de gente)* comings and goings *pl* ◆ *(trabajo)* work

trajinar *vi* to be busy

trama *f* ◆ *Lit Cine* plot ◆ *Tex* weft

tramar *vtr (un engaño, conspiración, plan)* to plot: **¿qué estará tramando?** what is he up to?

tramitar *vtr (un permiso, licencia, etc)* to process: **nos están tramitando el permiso,** they are processing our licence; **Juan está tramitando su divorcio,** Juan has started divorce proceedings

trámite *m* ◆ *(gestión)* step; *(procedimiento administrativo)* procedure; **t. de urgencia,** urgent channels ◆ *(formalidad)* formality: **la boda fue un mero t.,** the wedding was just a formality

tramo *m* ◆ *(de suelo, autopista)* stretch ◆ *(de una escalera)* flight

tramoya *f Teat* stage machinery

trampa *f* ◆ trap; **caer en la t.,** to fall into the trap; **tender una t.,** to set a trap ◆ *(puerta en el suelo, techo, trampilla)* trap door ◆ *(fullería, fraude)* fiddle: **eso es hacer t.,** that's cheating; **hizo una t. en la declaración de Hacienda,** he fiddled his tax return, *US* he cheated on his tax return ◆ *(deuda)* debt

trampilla *f* trap door

trampolín *m* ◆ *Natación* diving board; *Gim* springboard, trampoline; *Esquí* ski jump ◆ *fig* **este trabajo puede ser tu t. para el éxito,** this job could be your springboard to fame

tramposo,-a 1 *adj* deceitful | **2** *m,f* cheat

tranca *f* ◆ *(palo grueso, garrote)* cudgel ◆ *(para una puerta, ventana)* bar ◆ *(borrachera)* binge ◆ | LOC: *fam* **a trancas y barrancas,** with great difficulty

trance *m* ◆ *(situación, circunstancia crítica)* critical moment, difficult situation ◆ *(éxtasis)* trance; **entrar en t.,** to go into a trance

tranquilidad *f* ◆ *(sosiego, quietud)* stillness, tranquillity ◆ *(serenidad)* calmness, tranquillity, *US* tranquility ◆ *(despreocupación)* **se lo toma con una t. pasmosa,** he takes it incredibly calmly; **te puede despedir con toda t.,** he can fire you without a moment's worry

tranquilizante 1 *adj* calming | **2** *m Med* tranquillizer, *US* tranquilizer

tranquilizar *vtr* ◆ *(calmar)* to calm down ◆ *(eliminar el desasosiego)* to reassure

■ **tranquilizarse** *vr* to calm down

tranquilo,-a *adj* ◆ *(sosegado, sereno)* calm; *(sin turbulencias)* still: **todo está t. por aquí,** everything is quiet around here ◆ *(sin nervios, preocupación)* **dile que se esté t.,** tell her to not worry; *(conciencia: sin remordimientos)* clear ◆ *(despreocupado, con pachorra)* laid-back

tranquillo *m fig* knack: **ya le cogerás el t.,** you'll get the knack of it

transacción *f Fin* transaction, deal

transatlántico,-a 1 *adj* transatlantic | **2** *m Náut* (ocean) liner

transbordador *m* ferry; **t. espacial,** space shuttle

transbordar 1 *vi Ferroc* to change trains | **2** *vtr* to transfer; *(a otro barco)* to transship

transbordo *m* ◆ *Ferroc* change, *US* transfer; **hacer t.,** to change *o* transfer ◆ *Náut (de mercancías)* transshipment

transcribir *vtr Lit Mús* to transcribe

transcripción *f* transcription

transcurrir *vi* ◆ *(tiempo)* to pass, to go by ◆ *(una época de la vida, un suceso)* to pass

transcurso *m* ◆ course (of time): **el t. del tiempo le hizo olvidar,** as time went by he forgot ◆ *(plazo)* **deberá presentarse en comisaría en el t. de la semana,** he has to report to the police within a week

transeúnte *mf* ◆ *(viandante, peatón)* passer-by ◆ *(habitante temporal)* temporary resident, *US* transient

transferencia *f* ◆ *(de bienes, negocios)* transfer, transference; *(de dinero)* transfer; **t. bancaria,** bank transfer ◆ *Dep* transfer

transferir *vtr* to transfer

transformación *f* transformation

transformador *m Elec* transformer

transformar *vtr* ◆ to transform, change ◆ *(convertir, mudar)* to change

■ **transformarse** *vr* ◆ to change, to turn [**en,** into] ◆ *(convertirse)* to convert

transformista *mf* quick-change artist

tránsfuga *mf* ◆ deserter ◆ *Pol* turncoat

transfusión *f* transfusion

transgredir *vtr* to break

transgresión *f* breaking

transgresor,-ora *m,f* transgressor, lawbreaker

transición *f* transition; **una etapa de t.,** a period of transition

transigente *adj* tolerant: **eres demasiado t.,** you are too lenient

transigir *vi* to compromise: **no transigiré en ese punto,** I won't give in on that point

transistor *m* transistor

transitable *adj* passable

transitado,-a *adj (calle, carretera)* busy

transitar *vi* to pass

transitivo,-a *adj* transitive

tránsito *m (paso de un lugar a otro, proceso)* transition ◆ *(de personas)* movement, passage; *Auto* traffic

transitorio,-a *adj* transitory, temporary

translucir *vi* → **traslucir**

transmisión *f* ◆ transmission ◆ *(de bienes)* transfer ◆ *Rad TV* broadcast, transmission ◆ *Auto* transmission

transmisor *m* transmitter

transmitir *vtr* ◆ to transmit, pass on: **en el escenario no transmite nada,** he doesn't communicate well on stage **t. una orden,** to give an order ◆ *(comunicar)* **me transmitieron la noticia por teléfono,** I was informed of the news by phone ◆ *Rad TV* to broadcast ◆ *(un virus, una enfermedad)* to pass on: **ese insecto transmite la fiebre amarilla,** that insect trasmits yellow fever ◆ *Jur* to transfer

transparencia *f* ◆ *(de un cristal, tela)* transparency ◆ *(de una información, gestión)* openness, transparency ◆ *Fot* slide

transparentar 1 *vtr* to reveal | 2 *vi* to be transparent

■ **transparentarse** *vr* ◆ *(una prenda)* to show through ◆ *(una intención, la educación, etc)* to be apparent

transparente *adj* ◆ *(un cristal, las aguas, etc)* transparent ◆ *(gestión, información)* open, clear ◆ *(intención, mentira, etc)* clear

transpiración *f* perspiration

transpirar *vi* to perspire

transponer *vtr* → **trasponer**

transportador,-ora 1 *adj* transporting; **cinta transportadora,** conveyor belt | 2 *m Arte Téc (de ángulos)* protractor

transportar *vtr* ◆ *(llevar objetos, personas)* to transport: **el avión transporta a doscientas personas,** the plane carries two hundred people; *(en barco)* to ship

transporte *m* ◆ transport ◆ *Com (porte de mercancías)* freight

transportista *mf* carrier

transvasar *vtr* → **trasvasar**

transvase *m* → **trasvase**

transversal *adj* transverse, cross

tranvía *m* tram, tramcar, *US* streetcar

trapecio *m* ◆ *Geom* trapezium ◆ *(en el circo)* trapeze

trapecista *mf* trapeze artiste

trapo *m* ◆ *(para limpiar)* cloth; **t. de cocina,** dishcloth; **t. del polvo,** duster, dust cloth ◆ *(para tirar, andrajo)* rag ◆ *Náut* sails ◆ *fam* **trapos,** clothes ◆ | LOC: **poner (a alguien) como un t.,** to tear sb apart; **sacar a relucir los trapos sucios,** to wash one's dirty linen in public

tráquea *f Anat* trachea, windpipe

traqueteo *m* clatter

tras *prep* ◆ *(detrás de)* behind: **cuélgalo tras la puerta,** hang it behind the door ◆ *(después de)* after; **tras largos años de espera,** after years of waiting ◆ *(en busca de)* after: **iba tras sus pasos,** he was after him

trasatlántico,-a *adj & m* → **transatlántico,-a**

trasbordador *m* → **transbordador**

trasbordar *vtr & vi* → **transbordar**

trasbordo *m* → **transbordo**

trascendencia *f* ◆ *(relevancia)* significance, importance: **no tiene la menor t.,** it is of no importance ◆ *Fil* transcendence

trascendental, trascendente *adj* ◆ significant, very important ◆ *Fil* transcendental

trascender 1 *vi (salir a la luz, ser conocida)* to become known, get out | 2 *vtr* ◆ *(exceder)* to go beyond: **el problema trasciende los límites de mis competencias,** the problem is outside my area of responsibility ◆ *Fil* to transcend

trascribir *vtr* → **transcribir**

trascripción *f* → **transcripción**

trascurrir *vi* → **transcurrir**

trascurso *m* → **transcurso**

trasero,-a 1 *adj* back, rear; **en la parte trasera de la casa,** at the rear of the house | 2 *m* bottom, behind

trasferencia *f* → **transferencia**

trasferible *adj* → **transferible**

trasferir *vtr* → **transferir**

trasfondo *m* background; *(poso, regusto)* **su actitud tiene un t. de hipocresía,** there is an undercurrent of hypocrisy in her attitude

trasformación f→ transformación
trasformador adj & m → transformador
trasformar vtr → transformar
trasfusión f→ transfusión
trasgredir vtr → transgredir
trasgresión f→ transgresión
trasgresor,-ora m,f → transgresor,-ora
trashumancia f seasonal migration of livestock
trashumante adj migrating
trasiego m activity, hustle and bustle
trasladar vtr ◆ (cambiar de lugar) to move ◆ (a un empleado) to transfer; (a un enfermo) to move ◆ (una fecha, evento) to move
■ **trasladarse** vr to go, move
traslado m (de vivienda, oficina) removal, US move ◆ (de un trabajador) transfer; (de un enfermo) move ◆ (de un documento) transfer
traslucir vtr to reveal, show
■ **traslucirse** vr to show (through)
trasluz m **mirar algo al t.,** to hold sthg against the light
trasmano m **a trasmano,** out of reach: **la papelería me queda muy a t.,** the stationer's is well out of my way
trasmisión f→ transmisión
trasmisor,-ora adj & m → transmisor,-ora
trasmitir vtr → transmitir
trasnochado,-a adj (pasado de moda) out, old-fashioned
trasnochador,-ora 1 adj given to staying up late | 2 m,f night-owl
trasnochar vi to stay up (very) late o all night
traspapelar vtr to mislay
■ **traspapelarse** vr to get mislaid, go astray
trasparencia f→ transparencia
trasparentar vtr → transparentar
trasparente adj & m transparente
traspasar vtr ◆ (un muro, una madera, etc) to go through: **la flecha le traspasó el corazón,** the arrow went right through his heart ◆ (una frontera, un río) to cross (over) ◆ (una barrera, un límite) to go beyond: **traspasó la barrera del sonido,** it broke the sound barrier ◆ Com to transfer, sell
traspaso m ◆ (cesión) transfer ◆ Com (de negocio) transfer, sale
traspié m (tropezón) stumble, slip; (desliz, error) blunder, slip-up
traspiración f→ transpiración
traspirar vi → transpirar
trasplantar vt Bot Med to transplant

trasplante m transplant; **t. de médula,** bone-marrow transplant
trasponer vtr (un umbral) to pass through, surpass
trasportador,-ora adj & m → transportador,-ora
trasportar vtr → transportar
trasporte m → transporte
traspuesto,-a adj **quedarse t.,** to doze off
trasquilar vtr ◆ (a una oveja) to shear ◆ (a una persona) to crop, fam to scalp
trastabillar vi (tambalearse) to stagger, stumble
trastada f fam ◆ (de un niño, travesura) prank: **se pasa el día haciendo trastadas,** he's up to mischief all day long ◆ (faena, mala pasada) dirty trick
trastazo m fam bump: **se dio un t. contra la puerta,** she bumped against the door
traste m ◆ (de una guitarra) fret ◆ | LOC: **al t.: aquello dio al t. con mis planes,** that spoilt my plans; **el negocio se fue al t.,** the business collapsed
trastear vi ◆ (revolver tratos) to rummage about ◆ (enredar, hacer travesuras) to get up to mischief
trastero m boxroom, storage room, junk room
trastienda f back shop
trasto m ◆ (cosa vieja, inútil) piece of junk: **este coche es un t.,** this car is a pile of junk ◆ (objetos desordenados, cachivaches) junk: **recoge tus trastos y márchate,** take your things and clear off ◆ (niño travieso) naughty boy, little monkey
trastocar vtr (confundir, alterar) to change around; **t. el orden,** to mix up
trastornar vtr ◆ (volver loco) to drive mad ◆ (causar molestias) to trouble ◆ (alterar, desbartar) to disrupt
■ **trastornarse** vr (perder la razón) to go out of one's mind
trastorno m ◆ (molestia) trouble, nuisance ◆ Med disorder; **trastornos del aparato digestivo,** stomach disorder
trasvasar vtr ◆ (ríos, aguas, fluídos) to transfer
trasvase m transfer
trasversal adj → transversal
trata f slave trade
tratable adj amiable, congenial
tratado m ◆ (ensayo, libro) treatise ◆ (acuerdo, pacto) treaty

tratamiento *m* ◆ *Med* treatment ◆ *(al dirigirse a una persona)* form of address ◆ *(de basuras, un material)* processing ◆ *Inform* processing

tratar 1 *vtr* ◆ *(portarse)* to treat ◆ *(cuidar)* to look after, care: **trátame el libro bien,** look after my book ◆ *(dirigirse a una persona)* address: **nos tratamos de tú,** we call each other "tú" ≈ we're on first name terms ◆ *(considerar, llamar)* **me trató de tonto,** he called me stupid ◆ *(someter a un proceso)* to treat ◆ *(someter a tratamiento médico)* to treat: **le tienen que tratar la artritis,** they have to treat his arthritis ◆ *(tener relacion social)* **la he tratado muy poco,** I don't know her very well ◆ *(considerar, discutir)* to deal with: **no hemos tratado la cuestión,** we haven't discussed that subject | **2** *vi* ◆ **t. de,** *(un libro, una película)* to be about: **¿de qué trata?,** what is it about? ◆ *(intentar)* to try [**de,** to] ◆ *Com* **t. en,** to trade in *o* with ◆ **t. con,** *(negociar)* to negotiate with

■ **tratarse** *vr* ◆ *(tener contacto o relación)* to be on speaking terms [**con,** with] ◆ *(referirse)* **se trata de Juan,** it is about Juan; **se trata de nuestra vida,** I'm talking about our life

trato *m* ◆ *(pacto)* treaty ◆ *Com* deal ◆ *(relación)* **es una persona de t. muy agradable,** he's very pleasant; **no quiero tener t. con ellos,** I don't want anything to do with them

trauma *m* trauma

traumático,-a *adj* traumatic

traumatizar *vtr,* **traumatizarse** *vr Med* to traumatize

través *m* ◆ *(desgracia, avatar)* misfortune ◆ | LOC: **a t. de,** *(pasando por en medio)* through: **lo escuché a t. de la puerta,** I heard it through the door; **nos abrimos camino a través de la maleza,** we cleared a path through the scrub; *(por vía de)* from, through: **me enteré a t. del periódico,** I learnt it from the paper; **de t.,** crosswise

travesaño *m* ◆ *(de una escalera)* rung; *(de una puerta, ventana, silla)* crosspiece ◆ *(de una portería de fútbol)* crossbar

travesía *f (en un barco)* crossing; *(avión)* flight

travestí, travesti *mf* transvestite

travesura *f* prank, mischief

travieso,-a *adj* mischievous

trayecto *m* ◆ *(distancia)* distance ◆ *(viaje, recorrido)* way ◆ *(de un autobús, metro)* route: **este autobús cubre el t. Móstoles-Pozuelo,** this bus does the Móstoles-Pozuelo route

trayectoria *f* ◆ *(de un proyectil)* path, trajectory ◆ *fig (de una vida, carrera, etc)* course, path

traza 1 *f Arquit* plan, design | **2 trazas** *fpl (apariencia, facha, aspecto)* looks *pl,* appearance

trazado *m* ◆ *(de una carretera)* route; *(de un oleoducto, canal)* course ◆ *Arquit (diseño, plano)* design, layout

trazar *vtr* ◆ *(una línea, un dibujo)* to draw ◆ *(un plan)* to draw up ◆ *(describir a grandes rasgos)* to sketch, outline

trazo *m* ◆ *(línea, dibujo)* line ◆ *(de letra manuscrita)* stroke

trébol *m* ◆ *Bot* clover, trefoil ◆ *Naipes* club

trece *inv* **1** *adj* ◆ *(cardenal)* thirteen ◆ *(ordinal)* thirteenth: **vive en el piso trece,** he lives on the thirteenth floor | **2** *m* thirteen ◆ | LOC: **mantenerse** *o* **seguir uno en sus t.,** to stick to one's guns

treceavo,-a *adj & m* thirteenth

trecho *m (tramo, recorrido breve)* way, distance: **le acompañé un buen t.,** I accompanied him for quite a distance

tregua *f* ◆ *Pol Mil* truce ◆ *fig (respiro, descanso)* rest, break: **dame una t.,** give me a respite; **sin t.,** without a break

treinta *adj & m inv* thirty

treintañero,-a 1 *adj* in one's thirties | **2** *m,f* person in his/her thirties

treintavo,-a *adj & m* thirtieth

treintena *f (de objetos)* set of (about) thirty; *(de personas)* a group of (about) thirty

tremebundo,-a *adj* terrible

tremendo,-a *adj* ◆ *(muy grande, excesivo)* tremendous ◆ *(terrible)* terrible ◆ *(colmo)* limit: **tú marido es t., siempre se olvida de los cumpleaños,** your husband is the limit, he always forgets birthdays

trémulo,-a *adj* ◆ *(pulso, voz)* quivering ◆ *(luz)* flickering

tren *m* ◆ *Ferroc* train ◆ *Av* **t. de aterrizaje,** undercarriage, *US* landing gear ◆ *(nivel de vida)* life style ◆ | LOC: *fam* **estar como un t.,** to be very handsome; **a todo t.,** in style

trenca *f* duffle coat, hooded coat

trenza *f (de pelo)* plait, *US* braid

trenzar *vtr* to plait, *US* to braid

trepa 1 *adj* social-climbing | **2** *mf fam* social climber

trepador,-ora *adj Bot* climbing

trepar *vtr* & *vi* to climb: **trepó por el tronco,** he climbed up the trunk
trepidante *adj* vibrating, shaking; *fig (película, etc)* action-packed
tres 1 *adj inv (cardinal)* three; *(ordinal)* third | **2** *m* three; **t. en raya,** noughts and crosses, *US* tick-tack-toe
trescientos,-as *adj* & *m,f (cardinal)* three hundred; *(ordinal)* three hundredth
tresillo *m (sillón de tres plazas)* three seater settee, three-seat sofa; *(conjunto de tres sillones)* three-piece suite
treta *f* ruse
triangular *adj* triangular
triángulo *m* triangle
tribal *adj* tribal
tribu *f* tribe
tribulación *f* difficulty, tribulation
tribuna *f* ◆ *(de un orador)* rostrum ◆ *Teat* stalls; *Dep* grandstand, stand
tribunal *m* ◆ *Jur (órgano, edificio)* court; **T. Supremo,** High Court, *US* Supreme Court ◆ *(de una oposición, concurso)* board
tributar *vtr* ◆ *(impuestos)* to pay (tax) ◆ *(profesar, sentir)* to have
tributo *m* ◆ *(impuesto)* tax ◆ *fig (precio, contrapartida)* **es el t. que tienes que pagar por tu independencia,** it is the price you must pay for your independence ◆ *(homenaje)* **rendir t. a,** to pay tribute to
triciclo *m* tricycle
tricornio *m* three-cornered hat
tridente *m* trident
tridimensional *adj* three-dimensional
trienio *m (periodo)* three-year period
trifulca *f* row
trigésimo,-a *adj* & *m,f* thirtieth; **t. primero,** thirty-first
trigo *m Bot Agr* wheat ◆ | LOC: **no ser alguien t. limpio,** to be untrustworthy
trigonometría *f* trigonometry
trigueño,-a *adj* corn-coloured
trilogía *f* trilogy
trilla *f Agr* threshing
trilladora *f* threshing machine
trillar *vtr* to thresh
trillizo,-a *m,f* triplet: **dio a luz trillizos,** she give birth to triplets
trimestral *adj* quarterly, three-monthly
trimestre *m* quarter; *Educ* term
trinar *vi (un pájaro)* to warble, sing ◆ *fam* to rage, fume: **el jefe está que trina,** the boss is fuming
trinchar *vtr (un pollo, carne)* to carve
trinchera *f Mil* trench

trineo *m (para jugar)* sledge, *US* sled; *(tirado por perros)* sleigh, *US* dog sled
trinidad *f* **la Santísima T.,** the Holy Trinity
trino *m* ◆ *(de un pájaro)* warble, trill ◆ *Mús* trill
trío *m* trio
tripa *f* ◆ *Anat* gut, intestine; *fam (barriga)* tummy: **me duele la t.,** I've got tummy ache; **tiene mucha t.,** he has a big paunch ◆ *fam* **tripas,** innards, guts ◆ | LOC: **hacer de tripas corazón,** to pluck up courage; **su actitud me revuelve las t.,** his attitude makes me sick; **¿qué tripa se le habrá roto ahora?,** what's the matter with him now?
tripartito,-a *adj* tripartite; **un acuerdo t.,** a tripartite agreement
triple 1 *adj* triple | **2** *m* triple: **me costó el t. que a él,** I paid three times as much as he
triplicado,-a *adj* triplicate; **por t.,** in triplicate
triplicar *vtr* to triple, treble
trípode *m* tripod
tríptico *m* ◆ *Arte* triptych ◆ *(de publicidad)* leaflet
tripulación *f* crew; **una cápsula espacial sin t.,** an unmanned space capsule
tripulante *mf* crewmember
tripular *vtr* to man, crew
triquiñuela *f fam* dodge, ruse
triste *adj* ◆ sad ◆ *(paisaje, habitación, etc)* gloomy, dismal ◆ *(penoso)* **es t. reconocerlo,** it's sad to admit it ◆ *(insignificante, simple)* single: **no tenemos ni un t. limón en la nevera,** we haven't got a single lemon in the fridge
tristeza *f* ◆ sadness ◆ *(penas, desdichas)* woes
triturar *vtr* to grind (up)
triunfador,-ora 1 *adj* winning | **2** *m,f* winner
triunfal *adj* triumphant
triunfalismo *m* triumphalism
triunfar *vi* to triumph
triunfo *m (victoria, logro)* triumph, victory ◆ | LOC: **nos costó un t. conseguir las entradas,** we had a terrible job getting the tickets
trivial *adj* trivial
trivialidad *f* ◆ *(cualidad)* triviality ◆ *(nadería)* **sólo dice trivialidades,** he only makes trite remarks; **discutimos por una t.,** we argued about something silly
trivializar *vtr* to trivialize, minimize

triza f **el jarrón se hizo trizas,** the vase shattered; **está hecho trizas,** (anímicamente) he is devastated; (físicamente) he's worn out

trocar vtr to barter

trocear vtr to cut up (into pieces)

trofeo m trophy

trola f fam fib; **¡menuda t.!,** what a whopper!

tromba f (chaparrón copioso) downpour

trombón m Mús trombone

trombosis f inv Med thrombosis

trompa f ◆ (de un elefante) trunk; (de un mosquito, insecto) proboscis ◆ Anat tube ◆ fam (borrachera, cogorza) **se agarró una buena t.,** fam she got completely smashed ◆ Mús horn

trompazo m fam (golpe fuerte) bump; (con un coche) crash, smash: **me di un t. contra la puerta,** I bumped into the door

trompeta f trumpet

trompetista mf trumpet (player), trumpeter

trompicón m stumble

tronar v impersonal to thunder

tronchar vtr (la rama de un árbol, etc) to break off ◆ (frustrar, truncar) to cut short, shatter

■ **troncharse** vr (quebrarse) to break ◆ | LOC: **t. de risa,** to die laughing; to laugh one's head off

troncho m stem, stalk (of lettuce, etc)

tronco 1 m ◆ (de un árbol) trunk; (para la chimenea) log ◆ Anat trunk, torso | 2 m,f argot (en oración directa) mate, US buddy ◆ | LOC: **dormir como un t.,** to sleep like a log

tronera f ◆ (de un barco, fortaleza) loophole ◆ (ventanuco) small window ◆ (de una mesa de billar) pocket

trono m throne; **subir al t.,** to come to the throne

tropa f ◆ Mil troop; **t. de asalto,** assault troops ◆ fam (de niños, etc) mob, troop: **vino Juan con toda la t.,** Juan came with all his family

tropel m (de personas) mob; (de cosas) heap ◆ | LOC: **en t.,** in a mad rush: **entramos en t.,** we trooped in

tropezar vi ◆ (dar un traspié) to trip, stumble; (con algo) **tropezó con la caja,** he tripped over the box; (chocar) to bump ◆ (con dificultades, etc) **tropezamos con muchos problemas,** we ran into a lot of problems

tropezarse vr (encontrarse casualmente) to bump o run into: **me tropecé con tu madre en la librería,** I bumped o ran into your mother in the bookshop

tropezón m ◆ (traspié) trip, stumble; **dar un t.,** to stumble, trip ◆ (equivocación) slip-up, mistake

tropical adj tropical

trópico m tropic; **T. de Cáncer/Capricornio,** Tropic of Cancer/Capricorn

tropiezo m ◆ (traspié) trip ◆ (contratiempo) hindrance; **sin tropiezos,** without obstacles ◆ (equivocación) mistake, blunder

trotamundos mf inv globe-trotter

trotar vi (un caballo) to trot

trote m ◆ (de caballo) trot; (de persona) rushing around ◆ fam (fatiga, trabajo) **yo ya no estoy para estos trotes,** I'm not up to this sort of thing any more ◆ | LOC: **al t.** (muy deprisa) in a rush; (un caballo) trotting; **de/para (todo) t.,** everyday

trovador,-ora m, f troubadour

trozo m piece

trucar vtr ◆ (una fotografía) to touch up ◆ (un contador, etc) to fix, fiddle, US to rig ◆ Auto soup up

truco m ◆ (maña, magia, etc) trick: **aprenderás los trucos del oficio,** you will learn the tricks of the trade; **¿tienes algún t. para quitar las manchas de vino?,** do you know any trick to remove wine stains? ◆ (tranquillo) knack: **ya le cogerás el t.,** you'll get the knack

truculento,-a adj (sangriento) cruel, bloodthirsty; (sórdido) squalid

trucha f Zool trout

trueno m thunder

trueque m barter

trufa f ◆ (hongo) truffle ◆ (de chocolate) chocolate truffle

truhán,-ana m,f rogue

trullo m argot jail

truncado,-a adj truncated

truncar vtr ◆ (una pirámide, un cono) to truncate ◆ (una ilusión, esperanza) to shatter; (una vida, carrera profesional, etc) to cut short

tu adj pos your; **tu hermana,** your sister; **tus hermanas,** your sisters

tú pron you ◆ | LOC: **hablar de tú a tú,** to speak on equal terms; **tratar a alguien de tú,** to address sb using the familiar "tú" form

tuba f Mus tuba

tubérculo m Bot tuber

tuberculosis f inv tuberculosis

tubería f ◆ (conducto) pipe ◆ (conjunto de tubos) piping

tubo *m* ◆ tube; **t. de escape,** exhaust pipe ◆ *(de pasta de dientes, etc)* tube
tucán *m Zool* toucan
tuerca *f* nut
tuerto,-a 1 *adj* one-eyed | **2** *m,f* one-eyed person
tuétano *m (de un hueso)* bone marrow
tufo *m* ◆ *(de un tubo de escape)* fumes *pl*; *(mal olor)* stink ◆ *fam* **sus opiniones tienen un t. racista,** his opinions have a nasty whiff of racism
tugurio *m pey (antro, local de mala muerte)* dive: **vive en un t.,** he lives in a hovel
tul *m Tex* tulle
tulipa *f (de una lámpara)* (glass) lampshade
tulipán *m Bot* tulip
tullido,-a 1 *adj* crippled | **2** *m,f* cripple
tullir *vtr* to cripple
tumba *f* grave, tomb; **la t. de Cromwell,** Cromwell's tomb ◆ | LOC: **cavar su propia t.,** to dig one's own grave; **ser una t.,** to keep one's mouth shut
tumbar *vtr (hacer caer de un golpe)* to knock down ◆ *(acostar)* to lie down ◆ *fam (suspender)* **me tumbaron en matemáticas,** I failed maths
■ **tumbarse** *vr fam (echarse, acostarse)* to lie down ➢ Ver nota en **lie**
tumbo *m* ◆ *(vaivén)* **aquel hombre iba dando tumbos,** that man was staggering along; *(un vehículo)* **el coche iba dando tumbos,** the car was jolting around ◆ *(dificultad, tropiezo)* setback: **va dando tumbos por la vida,** he just muddles through life
tumbona *f (para la playa)* deck chair
tumor *m Med* tumour, *US* tumor; **t. benigno/maligno,** benign/malignant tumour
tumulto *m* tumult, uproar
tumultuoso,-a *adj* tumultuous, uproarious
tuna *f* music group made up of university student minstrels
tunante,-a *m,f (afectivo)* rascal; *(peyorativo)* rogue
túnel *m* tunnel; **un t. del tiempo,** a time tunnel
túnica *f* tunic
tuno,-a 1 *m,f (pillo)* rascal | **2** *m* member of a **tuna**
tuntún (al) *m* ◆ | LOC: **al (buen) t.,** *(al azar)* at random: **dije su nombre al buen t.,** I made a guess at his name; *(sin pensar, de cualquier manera)* thoughtlessly, anyhow: **hace las cosas al buen t.,** he does things any old how
tupido,-a *adj (alfombra, tela)* close-woven; *(bosque, vegetación)* dense
turba *f (carbón)* peat ◆ *pey* herd, crowd
turbante *m* turban
turbar *vtr* ◆ *(confundir, desconcertar)* to baffle, shock; *(causar torpeza, timidez)* to embarrass ◆ *(perturbar)* to unsettle; **t. la calma,** to disturb peace; **t. la razón,** to drive mad
■ **turbarse** *vr* ◆ *(azorarse)* to feel embarrassed; *(desconcertarse)* to become baffled ◆ *(alterarse)* to be altered; *(el silencio, la paz)* to be disturbed
turbina *f* turbine
turbio,-a *adj* ◆ *(agua del grifo)* cloudy; *(de un charco)* muddy ◆ *pey (intención, negocio)* shady
turbulencia *f* ◆ *Av Meteo* turbulence ◆ *Sociol* disorder
turbulento,-a *adj* ◆ *Meteo* turbulent ◆ *(pasión, actividad)* stormy ◆ *(persona, carárcter)* turbulent
turco,-a 1 *adj* ◆ Turkish ◆ **cama turca,** divan | **2** *m (idioma)* Turkish | **3** *m,f (persona)* Turk; *fig* **cabeza de t.,** scapegoat
turismo *m* ◆ tourism: **me gusta hacer t.,** I like travelling around; **t. rural,** country holidays; *(industria)* tourism trade ◆ *Auto* (saloon) car
turista *mf* ◆ tourist ◆ *Ferroc Av* economy class
turístico,-a *adj* tourist
turnarse *vr* to take turns
turno *m* ◆ *(en una cola, juego, etc)* turn ◆ *(de trabajo)* shift
turquesa *adj & f* turquoise
Turquía *f* Turkey
turrón *m* nougat candy
tute *m* ◆ *Naipes* card game ◆ *fam (esfuerzo muy intenso, paliza)* exhausting job; **darse un t.,** to work oneself to a standstill
tutear *vtr* to address as **tú**
■ **tutearse** *vr* ≈ to be on first-name terms

> Recuerda que en inglés no existe el concepto de **tutear(se)** y, por tanto, la traducción de este verbo no es fácil: *Me dijo que le tutease.* **He told me to use the *tú* form** o **he told me to use his first name.**

tutela *f* ◆ *Jur* guardianship, tutelage ◆ *fig (protección, supervisión)* guidance

tuteo *m* use of the **tú** form of address

tutor,-ora *m,f* ◆ *Jur* guardian ◆ *Educ* tutor

tuyo,-a 1 *adj pos* yours: **este dinero es tuyo,** this money is yours; **me encontré a una prima tuya,** I met a cousin of yours *o* I met one of your cousins; **tengo un libro tuyo,** I've got a book of yours | **2** *pron pos* yours; **el t. es el verde,** the green one is yours | **3** *mpl fam* **los tuyos,** your family

TV *(abr de televisión)* television, TV

TVE *f (abr de Televisión Española)* Spanish state television corporation

U, u *f (letra)* U, u

u *conj (antecediendo a palabras que comienzan por o u ho)* or; **siete u ocho,** seven or eight; **es belga u holandés,** he is either Belgian or Dutch

ubicación *f* location, position

ubicar *vtr LAm (situar)* to locate: **su cara me suena, pero no la ubico,** her face rings a bell, but I can't place her

■ **ubicarse** *vr* ◆ *(estar situado)* to be located ◆ *(orientarse)* to find one's way; *(darse cuenta, caer)* **ahora mismo no me ubico,** right now I'm a bit lost

ubicuo,-a *adj* ubiquitous

ubre *f Zool* udder

UCI f *(abr de Unidad de Cuidados Intensivos)* Intensive Care Unit, ICU

Ucrania *f* Ukraine

ucraniano,-a *adj & m,f* Ukrainian

ud. *(abr de usted)* you

uds *(abr de ustedes)* you

UE *(abr de Unión Europea)* EU

UEFA *f (abr de Unión de Asociaciones Europeas de Fútbol)* Union of European Football Associations, UEFA

ufanarse *vr (jactarse)* to boast [**de,** of]

ufano,-a *adj (contento)* cheerful; *(satisfecho, orgulloso)* proud; *(engreído, presuntuoso)* conceited, arrogant

ufología *f* ufology, study of UFO's

ujier *m* ◆ *(de un juzgado, palacio)* usher ◆ *(de una administración)* attendant

ukelele *m Mús* ukulele

úlcera *f Méd* ulcer

ulcerar *vtr,* **ulcerarse** *vr* to ulcerate

ulterior *adj (posterior, subsiguiente)* subsequent

últimamente *adv* lately, recently

ultimar *vtr* ◆ *(un proyecto, una tarea)* to finalize; **u. detalles,** to finalize details ◆ *LAm (rematar, asesinar)* to kill, finish off

ultimátum *m* ultimatum

último,-a 1 *adj* ◆ *(sin otro detrás)* last: **éste es el ú. caramelo,** this is the last sweet ◆ *(no preferente, peor de una serie)* last: **es el ú. lugar en que habría mirado,** it's the last place where I'd look ◆ *(más reciente)* latest; **última moda,** latest fashion; **según las últimas noticias,** according to the latest news ◆ *(más remoto)* farther: **la vacuna tiene que llegar hasta la última aldea del continente,** the vaccine must reach the most remote village on the continent ◆ *(más alto)* top; **el ú. piso,** the top floor ◆ *(definitivo)* last, final: **era su última oferta,** it was his final offer; **mi última oportunidad,** my last chance | **2** *pron* last one: **los últimos en llegar fuimos nosotros,** we were the last to arrive; **el ú. de la fila,** the last one in the queue ◆ | LOC: **estar en las últimas,** *(un enfermo)* to be at death's door; *fam (carecer de dinero, comida)* to be broke; *(estar acabándose)* to be about to run out; **a la última,** up to the minute; **de última hora: una decisión de última hora,** a last-minute decision; **una noticia de última hora,** a newsflash; **por último,** finally

ultra *mf fam* ◆ *Pol* right-wing extremist ◆ *Ftb* extremist supporter, hooligan

ultraderecha *f Pol* extreme right

ultraderechista *Pol* **1** *adj* extreme right-wing | **2** *mf* extreme right-winger

ultraizquierda *f* extreme left

ultrajar *vtr* to outrage
ultraje *m* outrage, insult
ultramar *m* overseas (countries): **tengo familia en u.**, I have relatives overseas
ultramarinos *m* groceries; **una tienda de u.**, a grocer's (shop)
ultranza (a) *f* ◆ | LOC: **a u.: defendió su postura a u.**, he fought tooth and nail to defend his position
ultrasónico,-a *adj* ultrasonic
ultratumba *f* afterlife: **se oyó una voz de u.**, a voice came from beyond the grave
ultravioleta *adj inv* ultraviolet
umbilical *adj* umbilical
umbral *m* ◆ *(de una puerta)* threshold ◆ *fig (inicio, despertar)* beginning: **estamos en el u. de una nueva era**, we are at the dawn of a new age; *(límite, borde)* threshold; **en el u. de una guerra civil**, on the verge of a civil war ➔ *Psicol Med Fin* threshold
umbrío,-a *adj* shady
un, una 1 *art indet* ◆ a; *(antes de vocal)* an; **un paraguas**, an umbrella; **una azafata**, a hostess ◆ **unos, -as**, some: **pasamos unos días en la playa**, we spent some days by the sea | **2** *adj (cardinal)* one: **sólo queda una**, there is only one; **un kilo de azúcar**, one kilo of sugar ➔ *tb* **uno,-a 1**
unánime *adj* unanimous
unanimidad *f* unanimity: **la moción se aprobó por u.**, the motion was approved unanimously
undécimo,-a *adj* eleventh
UNED *f (abr de Universidad Nacional de Educación a Distancia)* Spanish Open University
Unesco *f (abr de United Nations Educational, Scientific and Cultural Organization)* UNESCO
ungüento *m* ointment
únicamente *adv* only, solely
Unicef *f (abr de United Nations International Children's Emergency Fund)* UNICEF
único,-a *adj (exclusivo)* only: **tengo un ú. problema**, I only have one problem; **talla única**, one size; ◆ *(fuera de lo común, extraordinario)* unique: **es una ocasión única**, it is a unique opportunity
unidad *f* ◆ *Mat* unit ◆ *(cohesión, unión)* unity ◆ *Educ Fís* unit ◆ *(sección, departamento)* unit
unido,-a *adj (federado, asociado, etc)* united ◆ *(vinculado sentimentalmente)* close, attached: **nos sentimos muy unidos a él**, we are very close to him ◆ *(pegado, comunicado)* linked, jointed

unifamiliar *adj* single-family; **vivienda u.**, house
unificación *f* unification
unificar *vtr* to unify
uniformar *vtr* ◆ *(hacer uniforme)* to make uniform, standardize ◆ *(poner un uniforme)* to put into uniform
uniforme 1 *adj* ◆ uniform ◆ *(sin variaciones, cambios, rugosidades)* even ◆ *(común para todos)* standardized | **2** *m Indum* uniform
uniformidad *f* ◆ *(isomorfía, similitud)* uniformity ◆ *(de un color, una superficie)* evenness ◆ *(de planteamientos, reglas, precios, etc)* standardization
unilateral *adj* unilateral
unión *f* ◆ *(coalición)* union; **Unión Europea**, European Union ◆ *(asociación)* association; **u. de consumidores**, consumers' association ◆ *(cohesión)* unity ◆ *(matrimonio, ligazón)* union ◆ *(juntura)* joint
unir *vtr* ◆ *(cables, conexiones)* to join, unite ◆ *(esfuerzos, intereses)* to join; *(asociar, fusionar)* **unieron sus empresas**, they merged their companies ◆ *(comunicar)* to link: **ese camino une las dos aldeas**, that path links the two villages
■ **unirse** *vr* ◆ *(para defender un derecho, causa, etc)* to join forces: **se unió a los partisanos**, she joined the partisans ◆ *(juntarse)* to join: **a la situación de guerra se unió la carestía**, the war situation was aggravated by shortages
unisex *adj inv* unisex
unísono *m* unison; **lo dijeron al u.**, they said it in unison
unitario,-a 1 *adj (colectivo, de común acuerdo)* united; **una decisión u.**, a joint decision; *(de la unidad)* **precio u.**, unit price
Univ. *(abr de Universidad)* Univ., University
universal *adj* ◆ *(para todo el mundo: concepto, ley, etc)* universal; **Declaración U. de los Derechos Humanos**, Universal Declaration of Human Rights ◆ *(uso enfático)* **un actor de fama u.**, a world-famous actor ◆ *(del Universo)* universal; **gravitación u.**, universal gravitation
universidad *f (institución, edificio)* university
universitario,-a 1 *adj* university | **2** *m,f (estudiante)* university student, undergraduate; *(licenciado)* graduate
universo *m Astron* universe, cosmos

uno,-a 1 *adj* ♦ *(cardinal)* one; **una manzana y dos limones,** one apple and two lemons; **necesito unas zapatillas,** I need a pair of slippers; **unos árboles,** some trees ♦ *(ordinal)* first; **el uno de cada mes,** the first of every month | **2** *pron* one: **falta uno más,** we need one more; **hubo uno que dijo que no,** there was one person who said no; **vi unas de color verde,** I saw some green ones; **uno de ellos,** one of them; **unos cuantos,** a few; **unos cuantos nos arriesgamos,** some of us took the chance; **el uno al otro,** each other | **3** *f (hora)* **comimos a la una,** we had lunch at one o'clock ♦ *(impers)* you, one; **u. tiene que…,** you have to… | **4** *m Mat* one

untar *vtr* ♦ *(el pan, la tostada)* to spread; *(un molde, una bandeja, etc)* to grease ♦ *fam pey (sobornar)* to bribe

uña *f* ♦ *(de una persona)* nail; *(de la mano)* fingernail; *(del pie)* toenail ♦ *(de animal: en la garra, la zarpa)* claw; *(casco, pezuña)* hoof ♦ | LOC: **defender con uñas y dientes,** to defend tooth and nail, to defend firmly; **ponerse de uñas con alguien,** to get very angry with sb; **ser u. y carne,** *fam* to be as thick as thieves

uperizado,-a *adj* **leche uperizada,** UHT milk

uranio *m* uranium

Urano *m Astron* Uranus

urbanidad *f* courtesy

urbanismo *m* town planning

urbanístico,-a *adj* town-planning

urbanización *f* ♦ *(construcción)* development, urbanization ♦ *(zona residencial)* estate, (housing) development

urbanizar *vtr* to develop

urbano,-a *adj* urban: **no le gusta la vida urbana,** he doesn't like city life

urbe *f* large *o* major city

urdir *vtr (preparar en secreto)* to devise, scheme for

urgencia *f* ♦ urgency; **con u.,** urgently ♦ *(en medicina)* emergency; *(departamento de hospital)* **urgencias,** Accident and Emergency department *o* ward, US emergency room: **le enviaron a urgencias,** they sent him to casualty

urgente *adj* ♦ *(apremiante)* urgent: **tuvo que pagar sus deudas más urgentes,** he had to pay his most pressing debts ♦ *(correo)* express

urgir *vi* to be urgent: **les urge una ayuda financiera,** they are in urgent need of financial help; **me urge que vengas,** I urgently need you come here

urinario *m (lugar)* **urinarios,** public toilets; *(retrete para hombres)* urinal

urna *f* ♦ *(para depositar el voto)* ballot box ♦ *(vasija antigua)* urn; **u. cineraria/funeraria,** funerary urn ♦ *(para exhibir objetos)* glass case, display case

urólogo,-a *m,f Med* urologist

urraca *f* magpie

URSS *f Hist (abr de Unión de Repúblicas Socialistas Soviéticas)* Union of Socialist Soviet Republics, USSR

urticaria *f Med* hives *pl*

Uruguay *m* **(el) Uruguay,** Uruguay

uruguayo,-a *adj* & *m,f* Uruguayan

usado,-a *adj* ♦ used: **compraron una lavadora usada,** they bought a second-hand washing machine ♦ *(viejo)* worn

usanza *f (moda, costumbre)* custom; **trajes a la antigua u.,** old style costumes

usar 1 *vtr* ♦ *(hacer uso, emplear)* to use: **no uses mi maquinilla,** don't use my razor; **siempre usa el mismo método,** she uses always the same method ♦ *(llevar ropa, perfume, etc)* to wear | **2** *vi (utilizar)* to use

■ **usarse** *vr* to be used *o* in fashion

uso *m* ♦ use; *(aplicación)* **se compró el ordenador, pero no le da ningún u.,** he bought the computer, but he never makes use of it; *(modo de aplicación)* **instrucciones de u.,** instructions for use; **u. externo/tópico,** external/local application ♦ *(costumbre)* custom

usted, *pl* **ustedes** *pron pers frml* you: **u. disculpe, ¿a qué hora sale el tren?,** excuse me, what time does the train leave?

usual *adj* usual, common, normal

usuario,-a *m,f* user

usura *f* usury

usurero,-a *m,f* usurer

usurpar *vtr* ♦ *(las funciones, poder, etc)* to usurp ♦ *(una propiedad)* to misappropriate

utensilio *m (herramienta de labranza, de pesca, de costura)* tool; *(de uso frecuente)* utensil

útero *m* uterus, womb

útil 1 *adj* ♦ *(práctico)* useful ♦ *(laborable)* **día u.,** working day | **2** *m (de labranza, etc)* tool

utilidad *f* usefulness, utility: **su pretendida ayuda no es de ninguna u.,** her so-called help is of no use

utilitario,-a 1 *adj (práctico)* practical | **2** *m Auto* small (economical) car

utilización *f* use, utilization

utilizar *vtr* to use, utilize
utopía *f* utopia
utópico,-a *adj* & *m,f* utopian
uva *f* ◆ *Bot* grape; **u. pasa**, raisin ◆ *fam* **mala u.**, *(mala intención)* ill will; *(mal genio)* bad temper ◆ | LOC: **estar de mala u.**, to be in a foul mood; **tener mala u.** *(tener mal genio)* to be bad-tempered
UVI *f (abr de Unidad de Vigilancia Intensiva)* intensive care unit, ICU

V, v *f (letra)* V, v
vaca *f* ◆ *Zool* cow ◆ *Culin* beef
vacaciones *fpl Educ Lab* holidays *pl*, *US* vacation: **me cogí una semana de v.**, I took a week off; **José está de v.**, José is on holiday; **estuvimos de v. en Mallorca**, we spent our holidays in Mallorca
vacante 1 *adj* vacant | 2 *f (empleo, habitación, etc)* vacancy
vaciar *vtr* ◆ *(un cajón, una botella, un contenedor)* to empty: **vaciamos la piscina**, we emptied the pool ◆ *Arte (una escultura, etc)* to mould, *US* mold ◆ *(dejar hueco)* to hollow out
■ **vaciarse** *vr* to empty: **los pantanos se han vaciado**, the reservoirs have been emptied
vacilación *f* hesitation
vacilante *adj* ◆ *(al decidir)* hesitant, irresolute; *(al caminar)* unsteady ◆ *(voz)* faltering; *(luz)* flickering
vacilar *vi* ◆ *(titubear, dudar)* to hesitate: **vaciló en responder**, he hesitated before answering ◆ *(una voz)* to falter; *(una luz)* to flicker ◆ *argot (hacer burla soterradamente)* to tease: **¿me estás vacilando?**, are you winding me up? ◆ *argot (presumir, fanfarronear)* to boast, show off
vacilón,-ona 1 *adj argot* ◆ *(chachi, estupendo, molón)* great, fantastic ◆ *(persona engreída)* conceited; *(que le gusta tomar el pelo)* teasing | 3 *m, f (que le gusta tomar el pelo)* joker, tease
vacío,-a 1 *adj* ◆ *(sin contenido)* empty; *(sin interior, hueco)* hollow; **el tronco ya está v.**, the trunk is already hollow ◆ *(sin personas)* empty; *(sin ocupante)* vacant: **el piso está vacío**, the flat is unoccupied ◆ *(pensamiento, promesa, etc)* empty, hollow; *(superficial)* shallow | 2 *m* ◆ *Fís* vacuum; **envasado al v.**, vacuum-packed ◆ *(espacio, aire)* emptiness, void: **el camión se precipitó al v.**, the truck plunged into the void ◆ *(sensación, sentimiento)* **me dejó una sensación de v.**, it made me feel empty ◆ *(hueco sin ocupar)* gap, (empty) space ◆ | LOC: **de v.**, empty-handed
vacuidad *f* shallowness
vacuna *f Med* vaccine
vacuo,-a *adj* vacuous, empty
vacunación *f* vaccination
vacunar *vtr* ◆ *Med* to vaccinate [**contra**, against]: **los vacunaron contra la viruela**, they vaccinated them against smallpox ◆ *fig fam* to inure
■ **vacunarse** *vr* to get oneself vaccinated: **tenemos que vacunarnos contra el tétanos**, we have to get a tetanus vaccination
vacuno,-a *adj* bovine; **ganado v.**, cattle
vadear *vtr (atravesar un río a pie)* to ford: **vadeó el río para llegar a la cabaña**, she waded across the river to reach the hut
vado *m* ◆ *(de un río)* ford ◆ *(para entrada de vehículos)* dropped kerb; **'v. permanente'**, 'keep clear'
vagabundear *vi (ir sin rumbo fijo)* to roam, wander, drift; *(holgazanear)* to loaf around *o* about
vagabundo,-a 1 *adj (sin rumbo cierto)* wandering; *(perro)* stray dog | 2 *m,f (errante)* wanderer; *(sin hogar)* vagrant, tramp
vagancia *f* idleness, sluggishness, laziness
vagar *vi (ir sin rumbo fijo)* to wander, roam: **vagamos por la ciudad toda la noche**, we wandered around the town all

vagina

night long; **vagaba por el desierto,** he was wandering about in the desert

vagina *f Anat* vagina

vago,-a 1 *adj* ♦ *pey (holgazán)* lazy ♦ *(difuso)* slight, vague: **tiene una v. idea de lo que ocurrió,** he has a vague idea of what happened | **2** *m, f (gandul)* layabout

vagón *m Ferroc* carriage, coach; *(de mercancías, correo)* wagon; **v. restaurante,** dining car

vaguedad *f* ♦ *(cualidad)* vagueness ♦ *(comentario impreciso, superficial)* vague remark

vaho *m* ♦ *(vapor)* steam, vapour, *US* vapor ♦ *(baños de vapor)* **lo mejor es que hagas unos vahos de eucalipto,** you'd better have an eucalyptus inhalation

vaina 1 *f* ♦ *(funda de espada, puñal, etc)* scabbard, sheath ♦ *Bot (del guisante, la judía, etc)* pod ♦ *LAm fam (fastidio)* bother

vainilla *f Bot* vanilla

vaivén *m* ♦ *(movimiento oscilante: de un cuerpo suspendido)* swinging; *(de una cuna, de un tren)* rocking; *(de un barco)* rolling; *(de una persona)* swing ♦ *(cambio inesperado)* swing; **los vaivenes de la fortuna,** the ups and downs of fortune

vajilla *f (platos, loza suelta)* crockery: **le regalaron una v. nueva,** they gave her a new dinner service

vale 1 *m* ♦ *(bono, papeleta canjeable)* voucher ♦ *(compromiso de pago, pagaré)* promissory note, IOU | **2** *excl* all right, OK ➢ Ver nota en **all right**

valedero,-a *adj* valid; **un pase v. para tres meses,** a pass valid for three months

valentía *f* bravery: **no tuvo la v. de reconocerlo,** he did not have the courage to admit it

valer 1 *vtr* ♦ *(tener precio, costar)* to cost ♦ *(tener valor)* to be worth ➢ Ver nota en **worth** ♦ *(ser causa o motivo de)* to earn: **el suspenso le valió una reprimenda,** he was told off for failing ♦ *(merecer)* to be worth: **vale la pena leerlo,** it is worth reading | **2** *vi* ♦ *(ser meritorio)* **es una mujer que vale mucho,** she is a fine woman ♦ *(ser útil, capaz)* **vale para rastrillar hojas,** it is used to rake up leaves; **no vale para estudiar,** he is no good at studying; **de nada vale quejarse,** it is useless to complain ♦ *(ropa, zapatos)* to fit: **ya no me vale,** it doesn't fit me anymore

■ **valerse** *vr* ♦ *(desenvolverse)* to be able to manage on one's own ♦ *(utilizar)* to use, make use [de, of]

valeroso,-a *adj* brave, courageous, valiant

valía *f frml (de una persona)* value, worth

validez *f (vigencia, legalidad)* validity: **esa norma no tiene v.,** that regulation is not valid

válido,-a *adj* valid

valiente *adj* ♦ *(con coraje, arrojado)* brave, courageous, valiant ♦ *irón* **¡v. tontería acaba de decir!,** that was a pretty stupid thing to say!

valija *f (saca de correos)* mailbag; **v. diplomática,** diplomatic bag

valioso,-a *adj* valuable

valor *m* ♦ *(valentía, arrojo)* courage, bravery ♦ *(mérito, valor, etc)* value, worth; *(precio)* price: **ha invertido en joyas por v. de un millón de pesetas,** he has invested in a million pesetas' worth of jewels; **no le da ningún v. al dinero,** he attaches no importance to money; **objetos de v.,** valuables; **sin v.,** worthless ♦ *(vigencia, validez legal)* validity ♦ *Mat Mús* value ♦ *fam (jeta, caradura)* cheek; **tuvo el v. de preguntarme por ella,** he had the nerve to ask me about her ♦ **valores** *Fin* securities, bonds; *(éticos)* values

valoración *f* ♦ *(tasación)* valuation ♦ *(juicio de valor, evaluación, opinión)* evaluation

valorar *vtr* ♦ *(dar un valor, precio)* to value ♦ *(tener en estima, consideración)* to value: **no valora lo que estás haciendo,** he doesn't appreciate what you are doing

vals *m Mús* waltz: **bailaron un v.,** they danced a waltz

válvula *f* ♦ *Téc Anat* valve; **v. de seguridad,** safety valve ♦ **los paseos por la playa son su v. de escape,** walks along the beach are an outlet for him

valla *f* ♦ *(empalizada, cerca)* fence ♦ *(en atletismo)* hurdle; **los 400 metros vallas,** the 400 metres hurdles ♦ *(para anuncios)* **v. publicitaria,** hoarding, *US* billboard

vallado *m* fence

vallar *vtr* to fence in

valle *m* ♦ *Geog* valley ♦ *Lit, fig* vale, dale: **el mundo, este v. de lágrimas,** the world, this vale of tears

vampiro *m* ♦ *Zool* vampire bat ♦ *(criatura imaginaria)* vampire ♦ *fam pey (explotador)* bloodsucker

vanagloriarse *vr (jactarse)* to boast

vandalismo *m* vandalism

vándalo,-a *m, f* ♦ *pey (violento, bruto)* vandal ♦ *Hist* Vandal

vanguardia *f* ◆ *Arte Lit, etc* vanguard, avant-garde ◆ *Mil* vanguard | LOC: **a la v./en v.**, at the forefront of: **su estilo está a la v. de la poesía inglesa,** his style is in the vanguard of English poetry

vanguardismo *m Arte Lit (estilo innovador)* avant-garde movement

vanguardista **1** *adj* avant-garde: **el movimiento v.**, the avant-garde movement | **2** *m,f* member of the avant-garde

vanidad *f* vanity

vanidoso,-a *adj pey* vain, conceited

vano,-a *adj* ◆ *(sin resultado, inútil)* futile, vain: **son vanos tus esfuerzos por convencerme,** your efforts to convince me are futile ◆ *(sin fundamento, irreal)* vain, unreal ◆ *(vacuo, insustancial)* empty ◆ *(vanidoso)* vain, conceited | **2** *m Arquit* opening ◆ | LOC: **en v.**, in vain

vapor *m* ◆ steam, vapour, *US* vapor; **plancha de v.**, steam iron; **v. de agua,** water vapour *o* vapor ◆ **barco de v.**, steamship, steamboat, steamer ◆ | LOC: *Culin* **al v.**, steamed

vaporizador *m (pulverizador)* atomizer, spray

vaporizar *vtr (evaporar)* to vaporize

■ **vaporizarse** *vr Fís (evaporarse)* to vaporize, evaporate

vaporoso,-a *adj (un tejido, una prenda)* light, sheer, filmy

vapulear *vtr* ◆ *(golpear)* to beat ◆ *fam (criticar con dureza)* to slate, pan

vaquero,-a **1** *adj Indum* denim | **2** *m* ◆ *(oficio)* cowherd, *US* cowboy ◆ *Indum* jeans, pair *sing* of jeans

vara *f (palo, varilla)* rod, stick

varadero *m* dry dock

varar **1** *vi (embarrancar)* to run aground | **2** *vtr (sacar del agua una embarcación)* to beach

■ **vararse** *vr* to run aground

variable **1** *adj* variable; **un tiempo v.**, changeable weather; *(humor, carácter)* moody, changeable | **2** *f Mat* variable

variación *f* ◆ *(modificación)* change, variation ◆ *Mús* variation

variado,-a *adj (que tiene variedad)* varied; *(surtido)* assorted

variante *f* ◆ *(de una palabra, un problema)* variant ◆ *(diferencia)* variation, change ◆ *Auto (desviación)* detour, link road

variar *vtr & vi* to vary, change; **para v.**, just for a change; *(con ironía)* **llegará tarde, para v.**, he'll be late, as usual; **podríamos ver una película, para v.**, we could see a movie, just for a change

varice, **várice** *f* → **variz**

varicela *f* chickenpox

variedad *f* ◆ variety; **una gran v. de opiniones,** a wide range *o* variety of opinions ◆ *(espectáculo)* **variedades,** variety show *US* vaudeville

varilla *f* stick; *(de un abanico, paraguas, etc)* rib

varios,-as *adj* ◆ *(más de dos, algunos)* several ◆ *(distintos, diversos)* **me enseñó vestidos de varios colores,** he showed me dresses in different colours

varita *f* **v. mágica,** magic wand

variz *f Med* varicose vein

varón *m (hombre)* male; *(chico, niño)* male child, boy ➢ Ver nota en **male**

varonil *adj* virile, manly

vasallo,-a *m,f Hist* vassal

vasco,-a **1** *adj & m,f* Basque; **el País V.**, the Basque Country | **2** *m (idioma)* Basque

vaselina *f Cosm* Vaseline◆, petroleum jelly

vasija *f* ◆ *Arte Arqueol* vessel; **una v. etrusca,** an Etruscan vessel ◆ *(de barro, para cocinar)* pot

vaso *m* ◆ *(para beber)* glass ◆ *Anat* vessel; **v. linfático,** lymphatic vessel ◆ | LOC: **ahogarse en un v. de agua,** to make a mountain out of a molehill

vasto,-a *adj* vast; **una vasta extensión de tierra,** a vast area of land

vaticinar *vtr (predecir) frml* to foreshadow, predict

vaticinio *m* prediction

vatio *m Elec* watt

vaya *excl* ◆ *(uso enfático)* **¡v. calor hace!**, it's really hot! ◆ *(contrariedad)* **¡vaya (hombre), ahora tendremos que empezar de nuevo!**, oh no, now we have to start again; *(disgusto, ironía)* **¡vaya con el niño modosito!**, well! and he seems such a nice little boy!

Vd.,Vds. *(abr de usted, ustedes)* you

Vda. *(abr de viuda)* widow

vecinal *adj* local; **camino v.**, local track

vecindario *m* ◆ *(barrio)* neighbourhood, *US* neighborhood ◆ *(conjunto de residentes de una zona, casa)* residents *pl*, neighbours *pl*

vecino,-a **1** *m,f* ◆ *(de una casa, barrio)* neighbour, *US* neighbor ◆ *(de una población)* resident; **Juan Gómez, vecino de la villa de Madrid,** Juan Gómez, resident in Madrid | **2** *adj* ◆ *(países, ciudades)* neighbouring, *US* neighboring; *(próximo, cercano)* nearby ◆ *(semejante)* close, similar

veda *f* (*de caza, pesca*) close season, *US* closed season: **mañana se levanta la v. del percebe,** the barnacle fishing season starts tomorrow

vedado,-a 1 *adj* forbidden | **2** *m* **v. de caza,** private ground where hunting is forbbiden

vedar *vtr* to forbid, prohibit

vegetación 1 *f Bot* vegetation | **2** *fpl Med* **vegetaciones,** adenoids

vegetal 1 *adj* vegetable; **el reino v.,** plant *o* vegetable kingdom | **2** *m Bot* vegetable

cabbage
green bean
carrot
celery
radish

vegetar *vi fig* to vegetate
vegetariano,-a *adj & m,f* vegetarian
vehemencia *f* vehemence
vehemente *adj* vehement
vehículo *m* vehicle
veinte *adj & m inv* twenty
veintena *f* (*veinte*) twenty, score; **una v. de veces,** about twenty times; **una v. de personas,** a score of people
vejación *f frml* humiliation
vejar *vtr frml* to humiliate
vejatorio,-a *adj* humiliating
vejez *f* old age
vejiga *f Anat* bladder
vela *f* ◆ *Náut* sail; *Dep* sailing: **practica la v.,** he sails ◆ (*cirio*) candle ◆ (*vigilia*) wakefulness: **se pasó la noche en v.,** he had a sleepless night ◆ | LOC: *fam* **dar v. (en un entierro):** *¿y a ti quién te dio v. en este entierro?,* shut up, nobody asked for your opinion; *fam* **quedarse a dos velas,** to be broke

velada *f* (*reunión nocturna*) evening, soirée; (*fiesta cultural*) **v. musical,** a musical evening

velado,-a *adj* ◆ *Fot* blurred ◆ (*insinuación, amenaza*) veiled, hidden

velador *m* ◆ (*mesa pequeña*) (pedestal) table ◆ *LAm* (*mesilla de noche*) bedside table

veladora *f* ◆ *LAm* (*lamparilla de mesa*) bedside lamp ◆ *LAm* (*para un santo*) candle

velar¹ 1 *vi* ◆ (*cuidar, vigilar*) to watch [**por,** over]; **v. por los intereses de alguien,** to watch over sb's interests ◆ (*permanecer despierto*) to stay awake | **2** *vtr* (*a un enfermo*) to keep watch; (*a un muerto*) to hold a wake for

velar² *Fot vtr* to blur

■ **velarse** *vr* to become blurred

velatorio *m* vigil, wake
velero *m* sailing boat *o* ship
veleta 1 *f* weathervane, weathercock | **2** *mf fam* changeable person
velo *m* ◆ veil ◆ *Anat* **v. del paladar,** soft palate ◆ | LOC: **correr un tupido v. sobre algo,** to draw a veil over sthg
velocidad *f* ◆ (*rapidez, prontitud*) speed: **no puedo escribir a esa v.,** I can't write so quickly ◆ (*de un coche, avión, ordenador, etc*) speed; *Inform* **v. de transmisión,** bit rate ◆ *Fís* velocity ◆ *Auto* (*marcha*) gear
velocista *mf Dep* sprinter
velódromo *m* cycle track, velodrome
veloz *adj* (*persona, cosa*) fast, (*acción, movimiento*) quick, swift
vello *m* ◆ hair ◆ (*de un melocotón*) down, fuzz
vena *f* ◆ *Anat* vein ◆ (*disposición, talento*) vein: **toda la familia tiene v. musical,** the whole family has a gift for music ◆ | LOC: **dar la v.,** to act on an impulse, to be in the mood: **le dio la v. y se marchó a Cuba,** he suddenly decided to go to Cuba
venado *m* ◆ *Zool* deer, stag ◆ *Culin* venison
vencedor,-ora 1 *m,f* ◆ (*competidor, ganador*) winner ◆ (*ejército*) victor: **en esta guerra no hay vencedores ni vencidos,** there are no winners or losers in this war | **2** *adj* ◆ (*equipo, persona, propuesta*) winning ◆ (*ejército, bando*) victorious
vencejo *m Orn* swift
vencer 1 *vtr* ◆ *Mil* to defeat; *Dep* to beat ◆ (*resistir, dominar*) to restrain; **v. la tentación,** to overcome the temptation ◆ (*superar*) **v. un obstáculo/una dificultad,** to surmount an obstacle/a difficul-

ty ◆ *(ser dominado por)* **les venció la desesperación,** they were overcome by despair; **nos venció el sueño,** we were overcome by sleep | **2** *vi* ◆ *(una letra, factura)* to fall due ◆ *(un plazo, contrato)* to expire ◆ *Mil Dep* to win ◆ | LOC: **dejarse v.: no te dejes v., sigue adelante,** don't lose heart, go ahead

■ **vencerse** *vr (combar)* to warp: **con tanto peso se venció la balda,** the shelf warped with so much weight

vencido,-a 1 *adj* ◆ *Mil* defeated; *Dep* beaten ◆ *(plazo)* expired, out-of-date ◆ *(pase, vale, carné)* out-of-date ◆ *(letra, deuda)* due, payable | **2** *m,f* defeated person; **los vencidos,** the defeated ◆ | LOC: *fam* **a la tercera va la vencida,** third time lucky

vencimiento *m* ◆ *(de una letra, pagaré)* maturity ◆ *(de un plazo)* expiry

venda *f* ◆ *Med* bandage ◆ *(en los ojos)* blindfold; *fig* **tiene una v. en los ojos,** he is blind (to the truth); **quitarse la v. de los ojos,** to open one's eyes (to the truth)

vendaje *m Med* dressing

vendar *vtr* ◆ *Med* to bandage ◆ **v. los ojos a alguien,** to blindfold sb

vendaval *m* gale, strong wind

vendedor,-ora *m,f* ◆ *(hombre)* salesman; *(mujer)* saleswoman ◆ *(en un contrato, relación)* seller: **el v. y el comprador no se ponían de acuerdo,** the seller and the buyer didn't agree

vender *vtr* ◆ *(un objeto)* to sell; **v. al por mayor/menor,** to (sell) wholesale/retail ◆ *(traicionar a una persona)* to sell out, betray

■ **venderse** *vr* ◆ to sell: **no se vende bien,** it isn't selling well ◆ *(traicionar los propios principios)* to sell out ◆ *(aceptar un soborno)* to take a bribe

vendimia *f* vintage, grape harvest

vendimiar *vtr & vi (recoger la cosecha de uvas)* to pick, harvest

Venecia *f* Venice

veneno *m* ◆ *(sustancia nociva)* poison; *(de culebra, serpiente)* venom ◆ *fam (dañino)* **el tabaco es v. para tus pulmones,** tobacco is very bad for your lungs ◆ *fam (mala intención, mal sentimiento)* spite, venom

venenoso,-a *adj* ◆ poisonous, venomous ◆ *fam (persona, comentario)* venomous

venerable *adj* venerable

veneración *f* veneration, adoration

venerar *vtr* ◆ *(a una persona)* to adore, worship ◆ *Rel (rendir culto)* to venerate

venéreo,-a *adj* venereal

venezolano,-a *adj & m,f* Venezuelan

Venezuela *f* Venezuela

venga *excl fam (para meter prisa, animar, etc)* come on!; *fam (para expresar incredulidad)* **¡venga ya, eso es imposible!,** come on, I don't believe it!; *(para expresar insistencia)* **¡y él v. a hablar de fútbol!,** and he went on and on, talking about football!

venganza *f* revenge, vengeance

vengar *vtr* to avenge

■ **vengarse** *vr* to take *o* get revenge: **María se vengó de él,** María took revenge on him

vengativo,-a *adj* vindictive, vengeful

venida *f (retorno)* return; *(llegada)* arrival: **está ansioso por tu v.,** he can't wait for your arrival

venidero,-a *adj* future

venir *vi* ◆ to come; **ven y mira lo que he dibujado,** come and see what I´ve drawn ◆ *(llegar)* to come: **viene el invierno,** winter is coming; **acaba de v. de la tienda,** he's just come from the shop ◆ *(volver)* to come back: **vengo en un minuto,** I'll be back in a minute ◆ *(proceder)* to come from: **estos juguetes vienen de China,** these toys come from China ◆ *(surgir, sobrevenir)* **me vino la gripe,** I went down with flu; *(suceder)* **entonces vino la guerra civil,** then came the civil war ◆ *(quedar)* **este jersey me viene grande,** this sweater is too big for me ◆ *(aparecer, presentarse)* to come: **esa información viene en el capítulo dos,** that information comes in chapter two; **¿viene algo del terremoto?,** is there anything about the earthquake?; **viene en un estuche verde,** it comes in a green case ◆ *(indicando aproximación)* **este libro viene a tener unos cien años,** this book must be about a hundred years old ◆ | LOC: **v. al mundo,** to be born

■ **venirse** *vr* to come; *(volverse)* to come back; **v. abajo,** *(derrumbarse)* to collapse; *(fracasar)* to fall through

venta *f Com Fin* sale: **estará a la v. este fin de semana,** it will be on sale this weekend; **no está en v.,** it's not for sale; **v. a plazos,** hire purchase *US* installment plan; **v. al contado,** cash sale; **v. al por mayor/al por menor,** wholesale/retail

ventaja *f* ◆ advantage ◆ *Dep (en carrera)* **les lleva treinta segundos de v.,** he's thirty seconds ahead of them; *(tenis)* advantage

ventajoso,-a *adj (beneficioso)* advantageous, favourable

ventana *f* ◆ window ◆ *Inform* window ◆ *Anat (de la nariz)* nostril

ventanal *m* large window
ventanilla *f (de coche, banco, tren, etc)* window; *(taquilla)* box *o* ticket office
ventanuco *m* small window
ventilación *f* ventilation
ventilador *m* (electric) fan, ventilator
ventilar *vtr* ♦ *(un lugar)* to air, ventilate ♦ *fam (solucionar)* to clear up: **hemos ventilado el problema en diez minutos,** we've sorted out the problem in ten minutes
■ **ventilarse** *vr* ♦ *(un lugar, ropa, etc)* to air ♦ *fam (terminar deprisa)* to finish off: **se ventiló el trabajo en dos horas,** he finished off his work in two hours; *(una comida, bebida)* **se ventilaron el bocadillo,** they polished off the sandwich ♦ *fam (cargarse)* to kill, *fam* to bump off
ventisca *f* blizzard
ventosa *f* ♦ *Zool* sucker ♦ *(de plástico)* sucker, suction pad
ventoso,-a *adj* windy
ventrílocuo,-a *m,f* ventriloquist
ventura *f* ♦ *(fortuna, suerte)* fortune ♦ *(alegría, dicha)* happiness
venturoso,-a *adj (afortunado)* fortunate, lucky
Venus *m* Venus
ver[1] *m (aspecto exterior)* **aún estás de buen v.,** you're still good-looking
ver[2] **1** *vtr* ♦ to see: **vi tu cartera sobre la mesa,** I saw your wallet on the table; **no veo nada,** I can't see anything; **puede v. tu casa desde aquí,** he can see your house from here ➢ Ver nota en **see**; *(mirar la televisión)* to watch: **estamos viendo las noticias de las tres,** we are watching the three o'clock news; *(cine)* **me gustaría v. esa película,** I'd like to see that film ♦ *(entender)* **no veo por qué no te gusta,** I can't see why you don't like it; *(considerar)* **a mi modo de ver,** as far as I can see, as I see it; **tus padres no ven bien esa relación,** your parents don't agree with that relationship; *(parecer)* **se te ve nervioso,** you look nervous ♦ *(averiguar)* **ya veremos qué sucede,** we'll soon see what happens; *fam (enfático)* **¡no veas qué sitio tan bonito!,** you wouldn't believe what a beautiful place! ♦ **a v.,** let's see: **a v. si acabamos este trabajo,** let's see if we can finish this job; **me compré un compacto - ¿a ver?,** I bought a compact disc - let's have a look! ♦ *(ir a ver, visitar)* to see, visit: **le fui a ver al hospital,** I visited him in hospital | **2** *vi* ♦ to see: **no ve bien de lejos,** he's shortsighted, *US* nearsighted ♦ *(dudar, pensar)* **¿me prestas este libro? - ya veré,** will you lend me this book? - I'll see ♦ *(tener relación)* **no tengo nada que v. con ese asunto,** I have nothing to do with that business; **sólo tiene cincuenta años. - ¿y eso qué tiene qué v.?,** he's only fifty - so what? ♦ | LOC: **no poder v. a alguien: no puede (ni) verle,** she can't stand him

---

¿To see, to watch o to look?
Los tres verbos reflejan tres conceptos muy distintos. **To see** hace referencia a la capacidad visual y no es fruto de una acción deliberada. A menudo se usa con **can** o **could**: **I can see the mountains from my bedroom.** *Puedo ver las montañas desde mi dormitorio*. **To look at** implica una acción deliberada: **I saw an old atlas, so I opened it and looked at the maps.** *Vi un atlas antiguo, así que lo abrí y miré los mapas*. **To watch** también se refiere a una acción deliberada, a menudo cuando se tiene un interés especial por lo que ocurre: **I watched the planes in the sky with great interest.** *Miraba los aviones en el cielo con gran interés*. Igualmente puede indicar el paso del tiempo (**we watched the animals playing for half an hour,** *durante media hora observamos cómo jugaban los animales*), movimiento (**they stood there watching the cars drive off into the distance,** *se quedaron allí de pie viendo cómo se marchaban los coches*) o vigilancia (**the policemen have been watching this house because they thought we were thieves,** *los policías estaban vigilando la casa porque pensaban que éramos ladrones*). Para hablar de películas u obras de teatro usamos **to see**: **Have you seen Hamlet?,** *¿Has visto Hamlet?* **To watch** se refiere a la televisión y los deportes en general: **I always watch the television in the evening.** *Siempre veo la televisión por las noches*. **I like to watch football.** *Me gusta ver el fútbol*. Al hablar de programas o partidos específicos podemos usar tanto **to watch** como **to see**: **I like to see/watch the news at 9.00.** *Me gusta ver las noticias a las 9.00*. **Did you see/watch the match last night?,** *¿Viste el partido anoche?*

■ **verse** *vr* ♦ *(con alguien)* to meet: **nos vimos esta mañana,** we met this morning; **se ven los sábados,** they see each other on Saturdays; *fam (como despedida)* **¡nos vemos!,** see you! ◆ *(en un problema, una tesitura)* to find oneself: **se vieron obligados a aplazar la reunión,** they had no choice but to postpone the meeting

vera *f (orilla, margen)* edge; *(del río)* bank ◆ | LOC: **a la v. de alguien,** next to sb

veracidad *f* veracity, truthfulness

veraneante *m,f* holidaymaker, *US* (summer) vacationist, vacationer

veranear *vi* to spend one's summer holidays *US* to vacation

veraneo *m* summer holidays, *US* summer vacation

veraniego,-a *adj* summery

verano *m* summer

veras *fpl* **de v.,** really: **estoy cansado de v.,** I'm really tired; **¿lo dice de v.?,** is he serious?

veraz *adj* truthful

verbal *adj* verbal

verbo *m* verb

verborrea *f fam* verbal diarrhoea

verdad *f* ◆ truth; **debes decir la v.,** you must tell the truth; **eso no es v.,** that is not true; **la pura v.,** the plain truth ◆ *(buscando asentimiento: tras una afirmación)* **es una gran soprano, ¿v.?,** she's a great soprano, isn't she?; **¿v. que tocas el violín?,** you play the violin, don't you?; *(tras una negación)* **no eres racista, ¿v.?,** you're not racist, are you? ◆ | LOC: **a decir v.,** to tell the truth, **de v.,** *(ciertamente)* really: **de v. que lo lamento,** I really am sorry; *(en serio)* **están luchando de v.,** they are fighting for real; *(auténtico)* **un amigo de v.,** a real friend

verdaderamente *adv* really

verdadero,-a *adj* ◆ *(cierto)* true ◆ *(auténtico)* real; **un v. profesional,** a real professional; *(enfático)* **un v. idiota,** a real idiot

verde 1 *m* ◆ *(color)* green; **v. esmeralda,** emerald | **2** *m,f Pol* **los Verdes,** the Greens | **3** *adj (de ese color)* green; **verdes campos,** green fields ◆ *(fruto inmaduro)* unripe, green ◆ *Pol (ideología, partido)* green ◆ *fam* **estar v.,** *(tener poca experiencia)* to be green; *(estar en fase primeriza)* **su tesis está v.,** his thesis is in its early stages ◆ *fam (impúdico)* dirty; *pey* **viejo v.,** dirty old man ◆ | LOC: *fam* **poner v. a alguien,** to call sb every name under the sun

verdor *m* greenness

verdoso,-a *adj* greenish

verdugo,-a 1 *m (el que ejecuta)* executioner; *(el que ahorca)* hangman | **2** *m,f pey (cruel)* tyrant

verdulería *f* greengrocer's *US* fruit and vegetable store

verdulero,-a *m,f* greengrocer

verdura *f Culin* vegetable

vereda *f* ◆ *(sendero, camino)* lane, path ◆ *LAm (acera de una calle)* pavement, *US* sidewalk

veredicto *m* verdict

verga *f* ◆ *Náut (palo de mástil)* yard ◆ *(vara)* rod ◆ *Anat, Zool* penis, cock *vulgar*

vergonzoso,-a *adj* ◆ *(que siente vergüenza, timidez)* shy, timid, bashful ◆ *(lamentable, que causa vergüenza)* shameful, disgraceful; **una escena vergonzosa,** a shameful scene

vergüenza *f* ◆ *(pudor, azoramiento)* embarrassment; **estaba rojo** *o* **colorado de v.,** he was red with embarrassment; **me daba v. acercarme a ella,** I was embarrassed to go up to her ◆ *(dignidad, autoestima)* shame; **¡debía darte v.!,** shame on you!; **perder la v.,** to lose all sense of shame ◆ *(causa de indignación, escándalo)* disgrace: **es una v. para su familia,** he's a disgrace to his family ◆ | LOC: **sentir v. ajena,** to feel embarrassed for sb

verídico,-a *adj* true

verificar *vtr* to verify, check

■ **verificarse** *vr (un acuerdo, etc)* to take place; *(una previsión)* to come true

verja *f (valla, cerco)* railings *pl*

vermú, vermut *m* vermouth

verosímil *adj* credible, plausible

verruga *f* wart

versado,-a *adj* knowledgeable, well versed

versalita *f* small capital

versar *vi* **v. sobre,** to be about

versátil *adj* ◆ *(inconstante)* changeable ◆ *(con diversas aplicaciones, capacidades)* versatile

versículo *m* verse

versión *f* ◆ *(variante, punto de vista)* version ◆ *(traducción)* translation ◆ *(de una obra, película, canción, etc)* version; **una película en v. original,** a film in the original language

verso *m* ◆ *(género literario)* verse; **en v.,** in verse ◆ *(cada línea del poema)* line

vértebra *f* vertebra

vertebrado,-a *adj & m* vertebrate
vertebral *adj* vertebral, spinal
vertedero *m* tip, rubbish dump
verter 1 *vtr* ◆ *(pasar de un recipiente a otro)* to pour ◆ *(basura, escombros)* tip, dump ◆ *(dejar caer, derramar)* to spill ◆ *frml (traducir)* to translate
vertical *adj & f* vertical
vértice *m* vertex
vertiente *f* ◆ *(inclinación, declive)* slope; *Geog (de la montaña)* slope ◆ *(consideración, aspecto)* aspect, side
vertiginoso,-a *adj* vertiginous, giddy, dizzy
vértigo *m* ◆ *Med* vertigo; **le da v.**, it makes him giddy *o* dizzy; *(velocidad)* **conducir a una velocidad de v.**, to drive at breakneck speed ◆ *(ajetreo)* frenzy, hustle and bustle
vesícula *f Anat* vesicle; **v. biliar**, gall bladder
vespertino,-a *adj* evening; **diario v.**, evening newspaper
vestíbulo *m* hall; *(en un edificio público)* lobby; *(en el cine, el teatro)* foyer
vestido,-a 1 *adj* dressed; **bien v.**, well dressed; **v. de calle**, in casual clothes; **v. de paisano**, in plain clothes | 2 *m* ◆ *(prenda femenina)* dress ◆ *(vestimenta)* clothes *pl*
vestigio *m* trace, vestige
vestimenta *f* clothes *pl*, clothing
vestir 1 *vtr* ◆ *(poner la ropa a alguien)* to dress; *frml* to clothe ◆ *(llevar puesto)* to wear: **vestía un traje gris**, he was wearing a grey suit | 2 *vi* ◆ *(llevar)* to dress; **viste de rojo**, she's wearing red; **v. bien**, to dress well; *(ser apropiado, elegante)* to look smart

■ **vestirse** *vr* ◆ *(ponerse ropa)* to get dressed, dress; **se vistió de negro**, he wore black; *(ponerse elegante)* **se vistió para la ocasión**, he got dressed up for the occasion; *(disfrazarse)* to dress up, disguise oneself ◆ *(comprarse la ropa)* **se viste en mercadillos**, she buys her clothes in markets
vestuario *m* ◆ *(conjunto de ropa de alguien)* wardrobe ◆ *Dep (dependencia)* changing room *sing*; *Teat (camerino)* dressing room
veta *f* ◆ *Min Geol (filón)* vein, seam ◆ *(bandas: en la carne)* streak; *(en la madera)* grain
vetar *vtr* to veto
veterano,-a *adj & m,f* veteran
veterinario,-a 1 *adj* veterinarian | 2 *m,f* vet, veterinary surgeon, *US* veterinarian | 3 *f* veterinary medicine *o* science

veto *m* veto; **poner v.**, to veto
vetusto,-a *adj* ancient
vez *f* ◆ *(ocasión, tiempo en que sucede algo)* time; **una v.**, once; **dos veces**, twice; **tres veces seguidas**, three times running; **a veces/algunas veces**, sometimes ➤ Ver nota en **sometimes**; **a la v.**, at the same time; **cada v.**, every *o* each time; **cada v. más/cada v. menos**, more and more/less and less; **de v. en cuando/de v. en v./alguna que otra v.**, from time to time, every now and then; **de una v.**, *(sin interrupción)* in one go; *(expresando impaciencia)* ¡**terminemos de una v.!**, let's have done with it!; **de una v. por todas/de una v. para siempre**, once and for all; **en v. de**, instead of; **otra v.**, again; **otra v. será**, maybe next time; **rara v.**, seldom, rarely; **te lo he dicho repetidas veces**, I've told you time after time; **una y otra vez**, time and (time) again; **érase** *o* **había una v....**, once upon a time there was...; **tal v.**, perhaps, maybe ➤ Ver nota en **maybe** ◆ *Mat* **4 veces 6**, 4 times 6 ◆ *(funcionar como algo)* **hacer las veces de**, to act as, serve as ◆ *(turno en una cola, etc)* turn
v.g., v.gr. *(abr de* **verbigracia** *o* **verbi gratia)** e.g.
vía 1 *f* ◆ *(camino, ruta)* route, way ◆ *Ferroc (raíles)* line, track; **v. férrea**, railway track, *US* railroad track; *(en la estación)* **el tren entra por la v. dos**, the train arrives at platform *o US* track two ◆ *(modo de transporte)* **por v. aérea/terrestre/marítima**, by air/by land/by sea; **(correo) por v. aérea**, airmail ◆ *Anat (conducto)* tract ◆ *Med (administración de fármacos)* **v. oral**, orally ◆ *(procedimiento, sistema)* channel, means; **por v. diplomática**, through diplomatic channels | 2 *prep (a través de)* via: **vuelan a París v. Barcelona**, they fly to Paris via Barcelona; **v. satélite**, via satellite ◆ | LOC: **dejar/dar v. libre a algo**, to give the go-ahead to sthg; **en vías de**, in process of
viable *adj* viable
viaducto *m* viaduct
viajante *m,f* commercial traveller *o* representative, travelling salesman *o* saleswoman
viajar *vi* to travel: **odia viajar**, she hates travelling
viaje *m* journey, trip; **está de viaje**, he's away; **hicieron un viaje por toda España**, they travelled all around Spain; **se van de v.**, they are going on a trip; **v. de**

novios, honeymoon; **v. organizado,** package tour

> **Trip** se refiere a todo el recorrido del viaje (movimiento y estancia), mientras que **journey** se refiere únicamente al movimiento de un sitio a otro. **Did you have a good trip? - Yes, the journey there and the hotel were good but the journey back was awful.**
>
> **To travel** es un verbo; también puede ser un sustantivo, pero, en este caso, es incontable y no se puede usar con un artículo. Suele referirse a hechos históricos o épicos (*los viajes de Marco Polo*, **the travels of Marco Polo**). También existe la palabra **tour**, que se aplica a viajes organizados.

viajero,-a 1 *m,f* ◆ traveller, *US* traveler ◆ *(pasajero del tren, etc)* passenger | **2** *adj* **es muy v.,** he's very fond of travelling
vial *adj* road
viandante *m,f* passer-by
viario,-a *adj* road; **la red viaria,** the road network
víbora *f Zool* viper
vibración *f* vibration
vibrador *m* vibrator
vibrar *vi (objetos)* to vibrate; *(la voz)* to tremble; *(por la emoción)* to vibrate, quiver
vicario *m Rel* vicar
vicepresidente,-a *m,f* ◆ *Pol* vice-president; *Esp* deputy prime minister ◆ *(en una empresa: hombre)* deputy chairman; *(mujer)* deputy chairwoman, *US* vice-president
vicesecretario,-a *m,f* assistant secretary
viceversa *adv* vice versa
viciar *vtr* ◆ *(una persona)* to get into a bad habit ◆ *(un ambiente)* **el aire de este cuarto está muy viciado,** this room is very stuffy
■ **viciarse** *vr* ◆ *(una persona)* to get into a bad habit ◆ *(enviciarse)* to become addicted ◆ *(deformarse un objeto)* to lose its shape
vicio *m* ◆ *(afición excesiva)* vice: **la bebida es el peor de sus vicios,** drinking is his worst vice; **su único v.,** his only vice ◆ *(costumbre censurable)* bad habit ◆ | LOC: *fam* **estar algo de v.,** to be delicious: **el postre estaba de v.,** the dessert was great; **quejarse de v.,** to complain for no reason at all

vicioso,-a 1 *adj* ◆ depraved, profligate ◆ **círculo v.,** vicious circle | **2** *m,f* depraved person, dissolute person
vicisitud *f (usu pl)* ◆ *(contrariedades)* vicissitude, difficulty ◆ *(avatares, altibajos)* ups and downs
víctima *f* victim: **no hubo ninguna v. mortal,** nobody was killed
victoria *f* victory
victorioso,-a *adj* victorious
vid *f* vine
vida *f* ◆ *(existencia)* life: **no hay vida en Marte,** there is no life on Mars; **estar con v.,** to be alive; **quitarse la v.,** to take one's own life ◆ *(período vital)* life: **toda la v. ha sido socialista,** he's been a socialist all his life; **de corta v.,** short-lived; **toda una v.,** a lifetime ◆ *(modo de vida)* **¿cómo te va la v.?,** how's life?; **la literatura es su v.,** he lives for literature *o* literature is his life; **lleva una v. muy desordenada,** she lives *o* leads a very chaotic life; *fam* **v. de perros,** dog's life ◆ | LOC: **dar la v.,** to sacrifice *o* give one's life; **ganarse la v.,** to earn one's living; **de por v.,** for life; **de toda la v.,** lifelong; **de mi/tu/su...v.: el amor de mi v.,** the love of my life; **en la v.,** never in one's life
vidente *m,f* ◆ *(adivino)* clairvoyant ◆ *(que ve)* sighted person
vídeo *m (sistema, técnica, grabación)* video; *(aparato)* video, VCR, video cassette recorder
videocámara *f* video camera
videoclub *m* video club, video shop
videojuego *m* video game
videoteca *f* video library
vidriera *f* stained-glass window
vidrio *m* glass
vieira *f* scallop
viejo,-a 1 *adj* old; **una vieja iglesia,** an old church | **2** *m,f* old person; *(hombre)* old man; *fam (padre)* dad; *(mujer)* old woman; *fam (madre)* mum *US* mom; *fam (los padres)* **los viejos,** the parents *o* folks
viento *m* ◆ wind; **hacer v.,** to be windy; **un fuerte viento,** a strong wind ◆ *Mús (de la orquesta)* wind section ◆ | LOC: **beber los vientos por alguien,** to be in love; **contra v. y marea,** come hell or high water
vientre *m* abdomen; *(estómago)* stomach, *fam* belly; *(de una mujer embarazada)* womb ◆ | LOC: **hacer de v.,** to have a bowel movement
viernes *m inv* Friday

viga *f (de madera)* beam, joist; *(de hierro)* beam, girder

vigencia *f* validity, relevance; *(un decreto, ley, etc)* **entrar en v.**, to come into force *o* effect

vigente *adj (argumento, costumbre, etc)* valid; *(ley, decreto)* **estar v.**, to be in force

vigésimo,-a *adj & m,f* twentieth

vigía 1 *m,f (vigilante)* lookout | 2 *f (torre, atalaya)* watchtower

vigilancia *f* vigilance, watchfulness; **bajo v.**, under surveillance

vigilante 1 *m,f* watchman, guard; **v. jurado**, security guard | 2 *adj* watchful, on the alert

vigilar 1 *vtr* to watch, keep an eye on; *(un lugar, un preso, una frontera)* to guard | 2 *vi* ♦ *(gen)* to keep watch ♦ *(en un examen)* to invigilate, *US* to proctor

vigilia *f* ♦ *(vela)* wakefulness ♦ *Rel (abstinencia de carne)* abstinence; *(víspera de festividad)* vigil

vigor *m* ♦ *(fortaleza)* vigour, *US* vigor, energy ♦ *(una ley, decreto)* **entrar en v.**, to come into force *o* effect

vigoroso,-a *adj* vigorous

VIH *(abr de Virus de Inmunodeficiencia Humana)* Human Immunodeficiency Virus, HIV

vikingo,-a *adj & m,f* Viking

vil *adj* despicable, vile

vileza *f ♦ (propio de vil)* vileness ♦ *(acción)* despicable *o* vile act

vilipendiar *vtr* to insult, *frml* to revile, vilify

vilo *loc adv* **en vilo** *(suspendido en el aire)* up in the air; *(inquieto, expectante)* on tenterhooks

villa *f ♦ (población)* town ♦ *(casa en el campo)* villa ➢ Ver nota en **chalet**

villancico *m* (Christmas) carol

vinagre *m* vinegar

vinagrera 1 *f (recipiente para el vinagre)* vinegar bottle | 2 *fpl (para vinagre, aceite, sal y pimienta)* **vinagreras**, cruet *sing*

vinagreta *f* vinaigrette

vinculante *adj* binding

vincular *vtr ♦ (unir, relacionar)* to link, connect ♦ *(comprometer)* to bind

vínculo *m* link: **no había v. alguno entre ambos crímenes**, there was no link between the two murders; **el v. del matrimonio**, the bond of matrimony

vinícola *adj* wine; *(zona, región)* wine-producing

vinicultor,-ora *m,f* wine producer

vinicultura *f* wine production, viniculture

vinilo *m* vinyl

vino *m* wine; **v. de mesa**, table wine; **v. espumoso**, sparkling wine; **v. rosado/clarete**, rosé; **v. tinto/blanco/dulce**, red/white/sweet wine

viña *f* vineyard

viñedo *m* vineyard

viñeta *f ♦ (humorística, política)* cartoon ♦ *(cada recuadro de una historieta)* frame ♦ *Impr (adorno en un libro)* vignette

viola 1 *f (instrumento)* viola | 2 *m,f (intérprete)* viola, viola player

violación *f ♦ (de una ley, contrato, etc)* violation ♦ *(delito sexual)* rape

violador *m (agresor sexual)* rapist

violar *vtr ♦ (un contrato, ley, etc)* to violate, infringe ♦ *(a una persona)* to rape

violencia *f* violence

violentar *vtr ♦ (incomodar)* to embarrass; *(enfadar)* to infuriate; *(violar)* to rape ♦ *(forzar una puerta, cerradura, etc)* to force

violento,-a *adj ♦ (una persona, tormenta, muerte, etc)* violent ♦ *(una situación)* embarrassing: **se sintió muy violenta**, she felt very awkward

violeta *adj & mf* violet

violín 1 *m (instrumento)* violin | 2 *m,f (intérprete)* violin, violinist

violinista *mf* violinist

violón 1 *m (instrumento)* double bass | 2 *m,f (intérprete)* double bass player

violoncelista, violonchelista *mf* cellist

violoncelo, violonchelo 1 *m (instrumento)* violoncello, cello | 2 *m,f (intérprete)* cello, cellist

viraje *m ♦ (cambio brusco de dirección)* turn, swerve; *(en un barco)* (change of) tack ♦ *(cambio de ideas)* change

virar *vi ♦ (girar: un vehículo)* to turn; *(con brusquedad)* to swerve; *(un barco)* to tack, veer ♦ *(en las ideas)* to change, shift

virgen 1 *adj ♦ (hombre, mujer, aceite, selva)* virgin ♦ *(cinta)* blank | 2 *m,f (persona)* virgin | 3 *f Rel* **la Virgen**, the Virgin

virginidad *f* virginity

virgo *m* hymen

Virgo 1 *m (constelación, signo)* Virgo | 2 *m,f (del signo zodiacal)* Virgoan, Virgo

vírico,-a *adj* viral

viril *adj* virile, manly

virilidad *f* virility, manliness

virtual *adj ♦ (posible, muy probable)* virtual: **son los virtuales ganadores**, they are the virtual winners ♦ *(de existencia aparente)* virtual

virtud *f* ♦ *(cualidad moral)* virtue ♦ *(capacidad, propiedad)* property, power; **virtudes curativas,** curative *o* healing properties

virtuoso,-a 1 *adj (en su profesión)* virtuoso, expert; *(moralmente)* virtuous, righteous; *Mús* virtuoso,-a | **2** *m,f Mús* virtuoso

viruela *f* smallpox

virulencia *f* virulence

virulento,-a *adj* virulent

virus *m inv* virus

visa *f LAm (visado)* visa

visado *m* visa

visar *vtr (dar validez: a un documento)* to endorse; *(al pasaporte)* to visa

víscera 1 *f Anat* internal organ | **2** *fpl* **vísceras,** viscera *pl*, entrails *pl*

visceral *adj* ♦ *Anat* visceral, internal ♦ *(reacción, sentimiento)* deep, profound, intense

viscoso,-a *adj* viscous

visera *f (de un casco)* visor; *(en el coche)* visor; *(de una gorra)* peak

visibilidad *f* visibility; **curva con mala v.,** blind corner

visible *adj* ♦ *(que se puede ver)* visible ♦ *(notorio, evidente)* evident, obvious, clear

visillo *m* net curtain, lace curtain

visión *f* ♦ *(vista, sentido)* sight, vision; *(alucinación)* vision ♦ *(opinión)* viewpoint, view ♦ *(capacidad de anticipación)* sense; **v. de futuro,** forward-looking approach

visionario,-a *m,f* visionary

visita *f* ♦ visit: **me hizo una v.,** she paid me a visit, she visited me; **estar de v.,** to be visiting; **v. de cortesía,** courtesy call ♦ *(el invitado)* visitor: **tienen v.,** they have visitors

visitante 1 *m,f* visitor | **2** *adj Dep* **el equipo v.,** the visiting team

visitar *vtr* to visit

vislumbrar *vtr (ver sin precisión)* to glimpse: **empieza a v. la solución,** he's beginning to see the solution; **vislumbré una sonrisa en su cara,** I could discern a smile on his face; *(las cosas)* to make out, glimpse

viso *m* ♦ *(reflejos)* sheen, overtones ♦ *(apariencia)* **tiene visos de ser importante,** it seems to be important

visón *m* mink

visor *m (de la cámara fotográfica)* viewfinder

víspera 1 *f* day before, eve: **la v. de su boda,** the night before his wedding | **2** *fpl (poco antes de)* **en vísperas de,** on the eve of; *Rel* vespers *pl*

> Recuerda que **eve** sólo se aplica a días muy concretos del año: *Nochebuena,* **Christmas Eve;** *Nochevieja,* **New Year's Eve.** En los demás casos debes decir **the night before:** *Me gusta acostarme temprano la víspera de un examen.* **I like to go to bed early the night before an exam.**

vista *f* ♦ *(sentido, visión)* sight: **le conozco de v.,** I know him by sight; **ese edificio nos tapa la v. del río,** the river is hidden from view by that building; **tienes buena v.,** you have good eyesight; **corto de v.,** shortsighted *o US* nearsighted; *(los ojos)* **me hace daño a la v.,** it hurts my eyes ♦ *(perspectiva, panorama)* view; **con vistas a la calle,** overlooking the street ♦ *Jur* hearing, trial ♦ | LOC: *fam* **hacer la v. gorda,** to turn a blind eye; **perder de v.,** to lose sight of: **el tren se perdió de v.,** the train disappeared from view; *fam* **¡piérdete de mi vista!,** get out of here!, get lost!; *(recordar)* **volver/echar la v. atrás,** to look back; **a la v.,** *(dentro del campo visual)* visible, within sight; *(previsto)* **tienen un viaje a la v.,** they have a trip in mind; **a primera v./a simple v.** *(a la primera, directamente)* at first sight *o* glance: **amor a primera v.,** love at first sight; **detectó el error a simple v.,** he found the mistake straight away; *(con sólo mirar)* **esa estrella no es visible a simple v.,** that star isn't visible with the naked eye; *(en principio, al parecer)* on the face of it; **con vistas a,** with a view to; **en v. de,** in view of, considering

vistazo *m* **echar/dar un v. a algo,** to have a (quick) look at sthg

visto,-a 1 *adj* ♦ *(considerado socialmente)* **estar bien v.,** to be considered correct *o* acceptable; **estar mal v.,** to be frowned upon *o* frowned on ♦ *(común, poco original)* **estar muy v.,** not to be very original: **ese reloj está muy v.,** everybody is wearing watches like that ♦ *fam (obvio)* **estar v.,** to be obvious *o* clear ♦ *(al parecer)* **por lo v.,** apparently ♦ *Jur* **v. para sentencia,** ready for judgement | **2** *m* **v. bueno,** approval

vistoso,-a *adj* colourful, bright

visual 1 *adj* visual | 2 *f* line of sight

visualizar *vtr (representarse visualmente algo)* to visualize

vital *adj* ◆ *Biol (un órgano, etc)* vital **ciclo v.**, life cycle ◆ *(persona dinámica)* full of life, lively ◆ *(de extrema importancia)* **tu ayuda es de v. importancia para mí,** your help is vital to me

vitalicio,-a 1 *adj (para el resto de la vida)* life, for life; **un cargo v.**, a post held for life | 2 *f* **(renta) vitalicia,** (life) annuity

vitalidad *f* vitality

vitamina *f* vitamin

vitamínico,-a *adj* vitamin

viticultura *f* vine growing

viticultor,-ora *m,f* vine grower

vitorear *vtr* to cheer

vítreo,-a *adj* vitreous, glass-like

vitrina *f* ◆ *(mueble)* glass *o* display cabinet; *Com (para exponer productos)* showcase ◆ *LAm (escaparate)* shop window

vituallas *fpl* provisions

vituperar *vtr* to condemn, vituperate against

vituperio *m* condemnation, criticism

viudo,-a 1 *adj* widowed | 2 *m,f (hombre)* widower; *(mujer)* widow

viva 1 *m* cheer: **¡tres vivas por Baltasar!,** three cheers for Baltasar! | 2 *excl* hurray; **¡v. la Reina!,** long live the Queen!

vivacidad *f* vivacity

vivaracho,-a *adj fam* lively, sprightly

vivaz *adj* lively, vivacious

vivencia *f* experience

víveres *mpl* supplies, provisions

vivero *m* ◆ *(de peces, moluscos)* hatchery, fish farm; *(de plantas)* nursery ◆ *(causa)* breeding ground

viveza *f* ◆ *(agudeza mental)* sharpness, quick-wittedness ◆ *(expresividad, vivacidad)* liveliness, vivacity ◆ *(en los ojos)* sparkle ◆ *(ardor)* passion, strength ◆ *(brillantez, colorido)* brightness, vibrancy

vividor,-ora *m,f* ◆ *fam pey* one who enjoys life, bon viveur ◆ *fam pey (gorrón)* sponger, scrounger

vivienda *f* housing; **han perdido su v.,** they've lost their home; *(domicilio)* dwelling; *(piso)* flat, apartment

vivir 1 *vi* ◆ *(tener vida)* to live: **vivió ochenta años,** she lived to be eighty; **¡aún vive!,** he's still alive! ◆ *(estar residiendo)* to live: **viven en Australia,** they live in Australia ◆ *(en la memoria)* **su recuerdo aún vive en nosotros,** our memories of him still live on ◆ *(subsistir)* **no es suficiente para v.,** it's not enough to live on; **esa gente vive de la caza,** those people live from *o* by hunting | 2 *vtr (pasar una experiencia)* to live through

vivo,-a 1 *adj* ◆ alive: **todavía está vivo,** he's still alive; *(un espectáculo)* **en v.,** live ➤ Ver nota en **alive** ◆ *(persona: vital, alegre)* vivacious; *(astuta)* sharp ◆ *(intenso, brillante)* bright; **una camisa de un rojo v.,** a bright red shirt ◆ *(un relato, descripción)* lively, graphic; *(un sentimiento)* intense, deep | 2 *m,f (persona avispada, astuta)* sharp ◆ | LOC: **al rojo v.,** red-hot; *fam* **vivito y coleando,** alive and kicking

VO *Cine (abr de versión original)* **VO subtitulada,** subtitled version

vocablo *m* word, term

vocabulario *m* vocabulary

vocación *f* vocation; *(religiosa)* calling

vocacional *adj* vocational

vocal 1 *m,f (en un consejo, junta, etc)* member | 2 *f Ling* vowel | 3 *adj (de la voz)* vocal

vocalista *mf Mús* vocalist, singer

vocalizar *vtr & vi* to vocalize

vocerío *m* shouting, clamour

vocero,-a *m,f LAm (portavoz)* spokesperson; *m* spokesman; *f* spokeswoman

vociferante *adj* vociferous

vociferar *vi* to shout, scream, vociferate

vodka *m* vodka

vol. *(abr de volumen)* vol., volume

volador,-ora *adj* flying

volandas (en) *loc adv (por el aire)* in the air

volante 1 *adj* flying | 2 *m* ◆ *(de automóvil)* steering wheel; **coger/ponerse/ir al v.,** to take the wheel; **José iba al v.,** José was driving ◆ *Cost* ruffle, flounce, frill ◆ *(para el médico)* referral note

volar 1 *vi* ◆ *(un avión, ave, insecto)* to fly; **la mosca echó a volar,** the fly flew off ◆ *(apresuradamente)* **volando,** in a flash, in a hurry: **nos fuimos volando,** we rushed off ◆ *fam (terminarse, desaparecer)* to disappear, vanish | 2 *vtr (usando explosivos: una casa, fábrica, etc)* to blow up; *(una caja blindada, etc)* to blow open

■ **volarse** *vr* to blow away: **se le voló el sombrero,** her hat blew off

volátil *adj* volatile

volatinero,-a *m,f* acrobat

volcán *m* volcano

volcánico,-a *adj* volcanic

volcar 1 *vtr* ◆ to knock over: **el perro volcó el tiesto,** the dog knocked the flowerpot over ◆ *(vaciar)* to empty (out) ◆

(descargar) to dump ◆ *Inform* to dump | **2** *vi (un automóvil, remolque, etc)* to turn over, overturn; *(un barco)* to capsize

■ **volcarse** *vr fam (poner gran empeño)* **v. en algo,** to throw oneself into sthg; *(para ayudar, agradar)* to bend over backwards: **se volcaron con él,** they bent over backwards for him

voleibol *m* volleyball

voleo *m fam (sin pensarlo mucho)* **a/al v.,** at random

voltaje *m Elec* voltage

voltear 1 *vtr (en el aire)* to toss; *(la tortilla, la tierra)* to turn over | **2** *vi LAm* to turn

voltereta *f* somersault

voltio *m Elec* volt

voluble *adj (cambiante)* fickle, changeable

volumen *m* ◆ *(magnitud, capacidad)* volume ◆ *(sonido)* volume: **sube el v.,** turn the volume up ◆ *(de una enciclopedia, etc)* volume

voluminoso,-a *adj* voluminous, bulky, large

voluntad *f* ◆ will; **por mi propia v.,** of my own free will; **fuerza de v.,** willpower ◆ *(deseo)* wish; **contra la voluntad de su madre,** against his mother's wishes ◆ *(intención)* **con su mejor v.,** with the best of intentions

voluntario,-a 1 *adj* voluntary | **2** *m,f* volunteer

voluntarioso,-a *adj* willing, determined

voluptuoso,-a *adj* voluptuous

volver 1 *vi* ◆ *(retornar, regresar: hacia el hablante)* to return, come back: **volveremos mañana,** we'll come back tomorrow; *(a otro sitio)* to return, to go back: **volvió a su casa,** she went back to her home ◆ *(una acción, situación, etc)* **volveremos sobre ese asunto esta tarde,** we'll come back to that subject this afternoon; *(expresando repetición)* **lo volvió a hacer,** he did it again; **v. a empezar,** to start again *o US* over | **2** *vtr* ◆ *(dar la vuelta: a una tortilla, etc)* to turn over; *(a un calcetín, etc)* to turn inside out; *(a la esquina, la página)* to turn; *(la mirada, etc)* to turn; **volverle la espalda a alguien,** to turn one's back on sb ◆ | LOC: **v. en sí,** to come round; **v. la vista atrás,** *(mirar al pasado)* to look back **v. loco: me está volviendo loco,** she's driving me mad *o* crazy

■ **volverse** *vr* ◆ *(girar el cuerpo)* to turn round ◆ *(regresar: hacia el hablante)* to come back ◆ *(ir)* to go back, return ◆ *(cambiar el carácter)* to become; **se ha vuel-**to muy agresivo, he has become very aggressive

vomitar 1 *vi* to vomit, be sick | **2** *vtr (la comida)* to bring up, vomit

vómito *m (acción de devolver)* vomiting; *(lo devuelto)* vomit

voracidad *f* voracity

vorágine *f* ◆ *(ajetreo)* hustle and bustle, hurly-burly ◆ *(remolino de agua)* whirlpool

voraz *adj* voracious; *(el fuego)* fierce

vórtice *m* vortex

vos *pron pers* ◆ *LAm* you ◆ *arc (usted)* ye, you

vosotros,-as *pron pers pl* ◆ *(como sujeto)* you ◆ *(complemento)* you; **con v.,** with you; **entre v.,** among yourselves

votación *f (voto)* vote, ballot; **someter a v.,** to be put to the vote

votante *mf* voter

votar 1 *vi* to vote; **v. por correo,** to vote by post | **2** *vtr* to vote: **votó al partido X,** he voted for the X party

voto *m* ◆ *Pol* vote; **derecho de v.,** right to vote; **cinco votos a favor y un v. en contra,** fives votes for *o* in favour and one vote against; **v. en blanco,** blank ballot-paper; **v. nulo,** spoiled ballot-paper; **v. secreto,** secret ballot *o* vote ◆ *Rel* vow; **v. de castidad,** vow of chastity

voz *f* ◆ *(sonido)* voice; **a media v.,** in a low voice, softly; **de viva v.,** verbally; **en v. alta,** aloud, out loud; **en v. baja,** in a low voice, quietly ◆ *(grito)* shout: **dales una voz,** give them a shout; **a voces,** shouting ◆ *(opinión)* **no tener ni v. ni voto,** to have no say in the matter ◆ *Ling (palabra)* voice; *(forma verbal)* voice ◆ *Mús (persona que canta)* voice; **a tres voces,** for three voices ◆ | LOC: *fig* **llevar la v. cantante,** to rule the roost, to call the shots; **a v. en grito/a v. en cuello,** at the top of one's voice; *fig* **secreto a voces,** open secret; **pedir algo a voces,** to be crying out for sthg

vox populi *loc adj* **ser vox populi,** to be common knowledge

v.s. *Cine (abr de versión subtitulada)* subtitled version

vudú *m* voodoo

vuelco *m* ◆ **dar un v.,** *(un coche, camión)* to turn over, overturn; *(un barco)* to capsize ◆ *(las circunstancias)* to change drastically: **le dio un v. el corazón,** his heart missed *o* skipped a beat

vuelo *m* ◆ *(de un ave, avión, etc)* flight; **v. chárter,** charter flight; **v. espacial,** spaceflight; **v. regular,** scheduled flight; **v. sin motor,** glid-

vuelta

ing ◆ *Cost (amplitud de una falda)* **tiene mucho v.,** it's very full ◆ | LOC: **cazarlas/cogerlas al v.,** to be quick on the uptake

vuelta *f* ◆ *(regreso)* return: **ya estamos de v.,** we are back already ◆ *(giro, circunvolución)* turn; *(volverse)* **dar la v.** *(a un disco, una página)* to turn over; **dar la v. al mundo,** to go around the world; **dar media v.,** to turn round; **todo me da vueltas,** everything is spinning; **dar vueltas sobre su eje,** to spin on its axis; **a la v. de la esquina,** just around the corner; **v. de campana,** somersault; **v. en redondo,** complete turn ◆ *Dep (ciclista)* tour; *(en carreras)* lap ◆ *Com (cambio)* change ◆ | LOC: *(a un asunto, problema)* **darle vueltas a algo,** to think about sthg, be worried about sthg; **dar(se) una v.,** to go for a walk; *fam* **no hay/tiene v. de hoja,** there's no doubt about it; **poner de v. y media,** to insult; **a v. de correo,** by return of post

vuestro,-a *adj pos (delante del nombre)* your; **vuestro perro,** your dog; *(después del nombre)* of yours; **un obsequio v.,** a present of yours; **este libro es v.,** this book is yours | **2** *pron pos* yours: **éste es el vuestro,** this is yours; **los vuestros,** your people, your family

vulgar *adj* ◆ *(corriente, común)* common ◆ *(inelegante)* vulgar

vulgaridad *f* ◆ vulgarity ◆ *(comentario, etc)* vulgar remark, vulgar act

vulgarmente *adv* vulgarly

vulgo *m* **el vulgo,** the common people *pl,* the ordinary people *pl;* the masses *pl*

vulnerable *adj* vulnerable

vulnerar *vtr* ◆ *(incumplir una ley, acuerdo)* to infringe, violate ◆ *(la intimidad, el respeto, etc)* to hurt, damage

vulva *f Anat* vulva

W, w *f (letra)* W, w
walkie-talkie *m* walkie-talkie
walkman® *m* walkman®
wáter *m fam* toilet
waterpolo *m Dep* water polo
whisky *m* whisky, whiskey
windsurf *m Dep* windsurfing
windsurfista *mf* windsurfer
wolframio *m Quím* wolfram

X, x *f (letra)* X, x
xenofobia *f* xenophobia
xenófobo,-a 1 *adj* xenophobic | **2** *m,f* xenophobe
xenon *m Quím* xenon
xerografía *f* xerography
xilófago,-a *adj* xylophagous
xilofonista *mf* xylophonist
xilófono *m Mús* xylophone

Y, y *f (letra)* Y, y

y *conj* ♦ and: **se asustó y echó a correr,** he got scared and started to run; *(descripciones)* **un pueblecito tranquilo y acogedor,** a quiet, welcoming village; *(uso enfático)* **estuvimos días y días buscando la solución,** we were looking for a solution for days and days; *(al dar una hora)* past: **son las cinco y diez,** it's ten past five ♦ *(en preguntas)* **¿y bien?,** well?; **¿y eso?,** how come?; **¿y qué?,** so what?; **¿y si no lo pago?,** what if I don't pay it? → **e**

ya 1 *adv* ♦ already ♦ *(presente)* **ya lo sé,** I already know; **ya puedes empezar,** you can start now; *(inmediatamente)* now: **decídelo ya,** decide right now ♦ *(pasado)* already: **ya entonces nos conocíamos,** we already knew each other; **ya en 1213,** as early as 1213 ♦ *(futuro)* **ya veré lo que hago,** I'll see; **ya tendremos tiempo para hacerlo,** we'll have time to do it later ➢ Ver nota en **already** ♦ *(con frases negativas)* **ya no lo soporto más,** I can't bear him any more; **ya no trabaja aquí,** she no longer works here ♦ *(uso enfático)* **ya era hora,** about time too; **¡ya está bien!,** enough is enough! | **2** *conj* **ya que,** since: **llámale hoy, ya que mañana se irá de viaje,** call him today, because tomorrow he'll be away

> Como regla general, cuando *ya* se refiere al pasado se traduce por **already:** *Ya lo he hecho.* **I've already done it.** Cuando hace referencia al presente se traduce por **now** *(ya podemos irnos,* **we can go now)** y en el futuro se traduce por **later** o no se traduce: *Ya hablaremos.* **We'll talk about it (later).**

yacaré *m Zool* alligator, cayman (from South America)

yacer *vi* ♦ to lie, be lying ♦ *frml (un muerto)* to lie: **aquí yacen sus restos,** here lie his remains

yacimiento *m (minero)* bed, deposit; *(arqueológico)* site; **y. petrolífero,** oil field

yaguar *m Zool* jaguar

yanqui 1 *adj* Yankee | **2** *mf* Yankee, Yank

yarda *f Medida (91,4 cm)* yard

yate *m* yacht

yaya *f fam (abuela, bisabuela)* granny

yayo *m fam (abuelo, bisabuelo)* grandpa

yedra *f Bot* → **hiedra**

yegua *f Zool* mare

yelmo *m Hist* helmet

yema *f* ♦ *(de un huevo)* yolk ♦ *Culin* sweet made from egg yolks and sugar ♦ *Bot* bud ♦ *(de una mano)* fingertip

yen *m Fin* yen

yerba *f* → **hierba**

yerbatero,-a *LAm m,f (curandero)* witch doctor

yermo,-a 1 *adj* ♦ *(sin cultivar)* uncultivated, waste; *(estéril)* barren ♦ *(deshabitado)* uninhabited | **2** *m* wasteland

yerno *m* son-in-law

yerro *m* ♦ *(error, equivocación)* mistake ♦ *(falta, pecado)* fault

yeso *m* ♦ *Geol (mineral)* gypsum ♦ *Constr Med* plaster ♦ *Arte* plaster cast

yiddish *m* Yiddish

yo *pron pers* I: **¿quién está ahí? - soy yo,** who is there? - it's me; **no hay nada entre Paco y yo,** there's nothing between Paco and me; **yo mismo,** I myself

yodo *m* iodine

yoga *m* yoga

yogur *m* yogurt, yoghurt

yogurtera *f* yoghurt maker

yonqui *mf argot* junkie

yoyó *m* yo-yo

yuca *f Bot* yucca; *(en general)* manioc

Yucatán *m* Yucatan

yudo *m* judo

yudoca *mf* judoka

yugo *m Agr & fig* yoke

Yugoslavia *f* Yugoslavia

yugo(e)slavo,-a *adj & m,f* Yugoslav, Yugoslavian

yugular *f Anat* jugular

yunque *m* ♦ *(de herrero)* anvil ♦ *Anat* anvil

yunta *f* yoke *o* pair of oxen, mules

yuxtaponer *vtr* to juxtapose

yuxtaposición *f* juxtaposition

Z, z *f (letra)* Z, z

zacate *m LAm* ♦ *(hierba, pasto)* grass, feed; *(forraje)* fodder ♦ *(estropajo)* scourer

zafarrancho *m* ♦ *Náut* clearing of the decks; *Mil* cleaning of the barracks; **z. de combate,** call to action stations ♦ *fam (desastre, barullo)* havoc; *(riña, altercado, discusión)* row

zafarse *vr* ♦ *(de un peligro)* to get away, escape [**de,** from] ♦ *(de una persona)* to get rid of: **no logré zafarme de Ernesto,** I couldn't manage to get rid of Ernesto; *(de una tarea, castigo)* to get out [**de,** of]: **no intentes zafarte,** don't try to get out of it ♦ *LAm (un hueso)* to dislocate

zafio,-a *adj* coarse, uncouth

zafiro *m* sapphire

zaga *f* ♦ rear ♦ *Dep* defence ♦ | LOC: **a la z.,** behind, at the rear; **no irle a uno a la z.,** to be as good as sb: **su hermana no le va a la z. en inteligencia,** his sister is as intelligent as him

zaguán *m* hall, hallway

zaino,-a *adj (caballo, yegua)* bay; *(toro)* black

zalamería *f* flattery

zalamero,-a 1 *m,f* flatterer, fawner: **mi hija es una zalamera,** my daughter knows how to flatter people | **2** *adj* flattering, fawning

zamarra *f Indum* sheepskin jacket

zambo,-a 1 *adj* knock-kneed | **2** *m,f* ♦ knock-kneed person ♦ *LAm* person who is half Amerindian and half African

zambullida *f* dive, plunge

zambullirse *vr* ♦ *(en el agua)* to dive, plunge ♦ *fig (en una actividad)* to immerse oneself

zamparse *vr fam* to gobble up

zanahoria *f Ágr Bot* carrot

zanca *f* leg

zancada *f* stride

zancadilla *f* **ponerle la z. a alguien,** *(con el pie)* to trip sb (up), *fig (con un ardid, plan, etc)* to hinder

zanco *m* stilt

zancudo,-a 1 *adj* ♦ long-legged; **ave zancuda,** wading bird, wader | **2** *m LAm* mosquito

zángano,-a 1 *m Zool (de una colmena)* drone | **2** *m,f fam (persona)* idler, slacker, lazybones *inv*

zanja *f* ditch, trench; **abrir una z.,** to dig a ditch

zanjar *vtr (terminar, concluir un asunto)* to settle

zapata *f Auto* brake shoe

zapatear *vi* to tap one's feet

zapatería *f* shoe shop

zapatero,-a 1 *m,f (reparador)* shoe repairer, cobbler; *(fabricante)* shoemaker; *(vendedor)* shoe seller | **2** *adj* shoemaking

zapatilla *f* ♦ *(de casa)* slipper ♦ **zapatillas de deporte,** trainers

zapato *m* shoe; **zapatos de tacón,** high-heeled shoes

zar *m* czar, tsar

zarandajas *fpl (pamplinas)* nonsense, trifles

zarandear *vtr* to shake

zarandeo *m* shaking

zarcillo *m* ♦ *(pendiente)* earring ♦ *Bot* tendril

zarina *f* czarina, tsarina

zarpa *f Zool & fig* paw

zarpar *vi* to set sail: **mañana zarpamos con destino a Río,** tomorrow we set sail for Río

zarpazo *m* clawing

zarza *f* blackberry bush, bramble

zarzal *m* bramble patch

zarzamora *f (arbusto)* blackberry bush; *(fruto)* blackberry

zarzuela *f* ♦ *Mús* Spanish operetta ♦ *Culin* seafood casserole

zigzag *m* zigzag ♦ | LOC: **en z.: atravesad el campo en z.,** zigzag across the field

zigzaguear *vi* to zigzag

zinc *m* zinc

zipizape *m fam (follón)* hubbub; *(riña, cisco)* row

zócalo *m (rodapié)* skirting board

zodiaco, zodíaco *m* zodiac

zombi *mf* zombie

zona *f* ◆ zone ◆ *(de un territorio, gran extensión)* area, region; **z. verde,** park, green space ◆ *Dep* zone
zoo *m* zoo
zoología *f* zoology
zoológico,-a 1 *adj* zoological; **parque z.,** zoo | **2** *m* zoo
zoom *m Fot Cine* zoom
zopenco,-a *m,f fam* dope, half-wit
zopilote *m* buzzard
zoquete *mf fam* blockhead
zorra *f* ◆ *Zool* vixen ◆ *fam ofens (prostituta)* tart; *(fresca, golfa)* slut ◆ *(mujer astuta, taimada)* cunning woman
zorro,-a 1 *m* ◆ *Zool* fox ◆ *(hombre taimado, astuto)* cunning man: **es z. viejo,** he knows all the tricks | **2** *adj fam (astuto)* cunning, sly
zorzal *m Orn* thrush
zozobrar *vi* to capsize
zueco *m* clog
zumbado,-a *adj fam* crazy, mad
zumbar 1 *vi (un insecto, una máquina)* to buzz, hum | **2** *vtr fam* to thrash
zumbido *m* buzzing, humming
zumo *m* juice
zurcir *vtr Cost* to darn ◆ | LOC: *fam* **¡que te zurzan!,** go to hell!
zurdo,-a 1 *m,f (persona)* left-handed person | **2** *adj* left-handed
zurrar *vtr fam (pegar)* to beat, flog
zurrón *m* pouch

GUÍA DEL ESTUDIANTE DE INGLÉS

ENGLISH

El objetivo de estas páginas es ofrecerte algunos consejos básicos y ayudarte a superar los problemas más comunes originados por ciertos aspectos del inglés, que hemos agrupado en los siguientes apartados:

Cómo traducir correctamente .... (II)
Cómo evitar malentendidos .... (III)
La puntuación inglesa .... (IV)
Cómo dividir las palabras .... (VIII)
¿Qué hora es? .... (IX)
Cómo escribir una carta en inglés .... (XI)
Cómo escribir un *currículum vitae* en inglés .... (XIV)
¿De dónde eres? .... (XVI)
¿Macho, hembra o cachorro? .... (XVIII)

Guía del estudiante de inglés (II)

CÓMO TRADUCIR CORRECTAMENTE

Como sabes, los diccionarios de idiomas no pueden incluir todas las posibles traducciones de una misma palabra y muchas veces eres tú el que tiene que hacer un esfuerzo por encontrar la traducción más adecuada. Por ejemplo, la frase **insert the power cord into the mains outlet** se podría traducir literalmente como *introducir el cable eléctrico en la salida de la red*, pero seguramente la mejor traducción es *enchufar el aparato*.

Las siguientes frases son fáciles de traducir, pero exigen que pongas un poco de tu imaginación. Las palabras destacadas en negrita te ayudarán a detectar rápidamente dónde está la dificultad. Búscalas en el diccionario e intenta traducir las frases correctamente.

1. What on **earth** are you doing?
2. He works too hard. Yes, one day, he'll **overdo** it and have a **heart attack.**
3. Could I **ask** you **for** your opinion?
4. Can I **borrow** some money from you?
5. When did you **join** the company?
6. Smith **kicked** the ball to Jones who scored the first goal of the season.
7. He **ran out** of the room.
8. Can you **get** me that book **down,** please?
9. He **waved** his handkerchief at us.
10. Is Mr Smith in? No, I'm afraid he's **out.**

Respuestas

1. ¿Qué demonios estás haciendo?
2. *Trabaja demasiado.* Algún día se pasará de la raya y sufrirá un infarto.
3. ¿Puedo pedirte tu opinión?
4. ¿Me puedes prestar algo de dinero?
5. ¿Cuándo entraste en la empresa?
6. *Smith pasó la pelota a Jones, que consiguió el primer gol de la temporada.*
7. *Salió corriendo de la habitación.*
8. ¿Me podrías bajar ese libro, por favor?
9. *Nos saludó con el pañuelo.*
10. ¿Está el Sr. Smith? No, me temo que no está.

(III)

Guía del estudiante de inglés

CÓMO EVITAR MALENTENDIDOS

Algunas palabras inglesas se parecen mucho a las palabras españolas, pero tienen un significado muy distinto. No es lo mismo decir **I'm constipated** que **I've got a cold,** ya que **constipated** no significa *constipado* sino *estreñido*.

La presente lista incluye algunas de estas palabras "traicioneras". Estúdialas y te ahorrarás situaciones a veces cómicas y a veces incómodas.

palabra "traicionera" en inglés	traducción correcta al español	palabra parecida en español	traducción correcta al inglés
actual The actual answer is 25. *La verdadera respuesta es 25.*	*real, verdadero*	actual	**current, present**
actually Actually, I'm Spanish, not French. *De hecho, soy español y no francés.*	*realmente*	actualmente	**at present, now**
agenda I'm going to include it in the agenda. *Voy a incluirlo en el orden del día.*	*orden del día*	agenda	**diary**
disgrace What a disgrace! He is a disgrace to the company. *¡Qué vergüenza! Es la vergüenza de la empresa.*	*vergüenza*	desgracia	**bad luck**
embarrassed I felt to embarrassed, I didn't know where to look. *Me sentí tan avergonzada que no sabía dónde mirar.*	*avergonzada*	embarazada	**pregnant**
fabric What ugly fabric! *¡Qué tela más fea!*	*tela*	fábrica	**factory**
large The box is quitte large: 2 metres long, 1 metre wide and 3 high. *La caja es bastante grande: 2 metros de largo, 1 de ancho y 3 de alto.*	*grande*	largo	**long**
library I'm going to the library to get some books. *Voy a la biblioteca a sacar unos libros.*	*biblioteca*	librería	**bookshop**
sensible Don't worry. He's very sensible. He won't do anything stupid. *No te preocupes. Es muy sensato. No hará ninguna tontería.*	*sensato*	sensible	**sensitive**
sympathetic Why don't ask your boss? He's really quite sympathetic. *¿Por qué no se lo preguntas a tu jefe? Es muy comprensivo.*	*comprensivo*	simpático	**frinedly**

Guía del estudiante de inglés (IV)

LA PUNTUACIÓN INGLESA

En general, la puntuación inglesa es muy parecida a la española, aunque existen algunas diferencias importantes en relación al uso de la coma, el guión y las comillas. Además, los signos de exclamación e interrogación se escriben en inglés sólo al final de la frase.

(.) Full stop, *punto*

El punto sirve para marcar el final de la oración, exceptuando aquellos casos en que ésta termine con un signo de exclamación o interrogación:

>   **He is lucky.   What's the time?   Hurry up!**

Al igual que en español, el punto se utiliza también al final de las abreviaturas: **St. John Square, O. J. Simpson.**

(,) Comma, *coma*

El uso de la coma en inglés es mucho menos frecuente que en español. Normalmente se emplea sólo para indicar una pausa dentro de la frase (**Hello, John**) o para enumerar una serie de elementos:

>   **I bought a book, two pens and a pencil.**
>   **I like to play with Tom, Mary, Bill and Lee.**

Es muy importante saber cuándo hay que emplear la coma en frases relativas introducidas por **who** o **which**. Cuando la frase relativa no define al sujeto y tan sólo añade una información adicional, debemos separarla con comas:

>   **My sister Mary, who lives in New York, is a nurse.**
>   *Mi hermana Mary, que vive en Nueva York, es enfermera.*

Ahora bien, cuando la frase relativa define al sujeto de forma inseparable, las comas se omiten:

>   **The woman who / that lives in New York is a nurse.**
>   *La mujer que vive en Nueva York es enfermera.*

(;) Semicolon, *punto y coma*

El punto y coma se coloca entre dos (o más) frases para marcar una pausa de mayor duración que la coma y menor que el punto y, a diferencia de éste, no indica final de oración:

> **You must come to the party tonight; you'll love it.**

Para evitar la repetición, el punto y coma puede a veces sustituir a la coma:

> **Students are asked to bring pencils, both normal and coloured; textbooks and notebooks; a calculator and a ruler.**

(:) Colon, *dos puntos*

Los dos puntos inician una enumeración, una explicación o una cita:

> **I got everything ready: the tickets, traveller's cheques and my passport.**

(?) Question mark, *signo de interrogación*

El signo de interrogación se coloca al final de una pregunta, salvo que ésta sea indirecta:

> **Where do you live?**
> *¿Dónde vives?*
>
> **He asked where I lived.**
> *Me preguntó dónde vivía.*

(!) Exclamation mark, *signo de exclamación*

El signo de exclamación se coloca al final de una frase que expresa sorpresa, alegría, disgusto, miedo, enfado, etc., aunque en escritos informales también puedes ponerlo al final de una frase que consideras interesante, rara o sorprendente:

> **What!**
> **I actually spoke to him!**

Guía del estudiante de inglés

(') Apostrophe, *apóstrofo*

El apóstrofo nos sirve para unir dos palabras cuando omitimos una o más letras, como ocurre con las contracciones: **I'm, you're, don't, I've...** Recuerda que en inglés la contracción no se puede utilizar al final de una frase afirmativa: **he's English,** pero **yes, he is.**

En los casos en que se quiere denotar posesión, añadimos 's después del nombre del poseedor: **John - John's, Mary - Mary's.** Cuando el sustantivo es plural, sólo se añade el apóstrofo: **the girls - the girls'.** Los nombres propios que terminan en **s** también incorporaran **'s (Denis's)**, exceptuando los nombres propios antiguos, extranjeros o clásicos en los que se omite la **s** final: **Guy Fawke's night, Carlos' book, Aristophanes' works.**

(") Quotation marks o ("") inverted commas, *comillas*

Las comillas pueden ser simples ('') o dobles (""). Las comillas simples se utilizan en las citas y, particularmente, en la transcripción de citas directas. Observa que la cita directa siempre está separada por una coma y empieza con mayúscula:

> **'I'm very hungry', she said.**
> **They asked, 'Where are you going?'**

También podemos usar las comillas simples cuando empleamos una palabra fuera de su contexto habitual o queremos subrayar algún significado particular:

> **What he said was not 'politically correct'.**

Las comillas dobles se usan para introducir una cita dentro de otra o para mencionar el título de un libro, artículo, película, etc., aunque los títulos de libros, revistas, periódicos y películas también se pueden escribir en letra cursiva:

> **'What shall I say', thought Mary, _if he asks me "When's he coming"?'**
> **'Have you seen "Independence Day"?', she asked me.**
> **Which do you prefer: *The Times* or *The Guardian*?**

(–) Dash, *raya*

La raya, usada generalmente en el estilo informal, sustituye a veces a la coma, al punto y coma o a los dos puntos en su función de separar frases o partes de una misma frase en una oración:

She wasn't —which might not be absolutely true— too happy about all this.
You should buy this house —you won't regret it.

Al final de la oración, la raya suele introducir una reflexión o un resumen de su contenido:

First she said she was busy, then she said she had a headache —she just didn't want to come.

( ) **Brackets** o **parentheses,** *paréntesis*

El paréntesis encierra una aclaración o información adicional dentro de una frase u oración:

Mary (Jane's sister) is coming tonight.

En las siguientes frases hay algunos errores de puntuación. ¿Sabrías corregirlos?

1. Its John's dog.
2. He wanted to know, where we were going?
3. Help! he cried.
4. My father who is now retired is coming to see me.
5. Walking down the street I saw an old friend, who I hadn't seen for years: I asked him "What have you been doing", and he said, I've been working abroad, for my wifes family.

Respuestas

1. It's John's dog.
2. He wanted to know where we were going.
3. 'Help!' he cried.
4. My father, who is now retired, is coming to see me.
5. Walking down the street, I saw an old friend who I hadn't seen for years. I asked him, 'What have you been doing?' and he said, 'I've been working abroad, for my wife's family.'

Guía del estudiante de inglés (VIII)

CÓMO DIVIDIR LAS PALABRAS

Las reglas que rigen la división de las palabras en inglés pueden llegar a ser muy complicadas. Como norma general, puedes dividir las palabras siguiendo las reglas de su formación. Por ejemplo, **newspaper** se puede dividir en **news** y **paper**, **properly** en **proper** y **ly**, y **comfortable** en **comfort** y **able**. A continuación te damos algunas indicaciones sobre los posibles puntos de división:

a) Delante de un sufijo o después del prefijo que tenga más de dos letras: **establish-ment, com-position**.
Recuerda que cuando la consonante final que precede a la terminación **-ing** es doble, debes separarlas: **regret-ting, beginning**.

b) En el caso de dos o tres consonantes juntas, divide después de la primera: **protec-tionism, over-draw**.

c) Cuando no puedas aplicar ninguno de los apartados anteriores, divide según las sílabas: **pre-sen-ta-tion**.

Pero, sobre todo, recuerda lo que NO debes hacer:

- Dividir nombres de personas y lugares.
- Dividir palabras cortas de una o dos sílabas.
- Dejar sólo una o dos letras al principio o al final de una palabra.
- Dividir palabras en documentos legales.
- Dividir una palabra al final de la última línea de un párrafo o página.

¿Dónde dividirías las siguientes palabras? (¡Ojo!: una de ellas no se puede dividir.)

bookshop	compound	cordless	decision
politician	independent	international	kingdom
speech	policeman	presentation	garment
telephone	unemployed	unemployment	unnatural

Respuestas

book-shop, politi-cian, speech, deci-sion, com-pound, inde-pen-dent, police-man, cord-less, inter-na-tional, pre-sen-ta-tion, king-dom, gar-ment

¿QUÉ HORA ES?

Decir la hora en inglés es muy fácil. Sólo tienes que recordar que *y* se traduce por **past**, que *menos* corresponde a **to** y que, al contrario que en español, primero hay que decir los minutos y después la hora. Cuando los minutos se expresan con una cifra que no es múltiplo de 5, se añade la palabra minutes: **three minutes past twelve**, *las doce y tres (minutos)*. La abreviatura **am** se aplica al tiempo transcurrido antes del mediodía y **pm** al tiempo transcurrido después del mediodía.

Los relojes digitales popularizaron otra manera de decir la hora, que antes estaba reservada para el lenguaje militar y los horarios de trenes, aviones, etc.:

> **Whe took the sixteen-twenty (16.20) to London.**
> *Cogimos el (tren) de las 16,20 a Londres.*

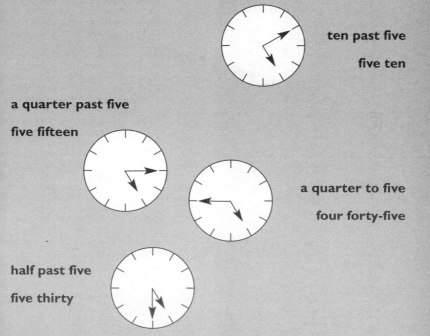

Guía del estudiante de inglés (X)

En el siguiente ejercicio hay tres opciones. Tienes que elegir la correcta:

A. 8.15
1. A quarter to eight
2. A quarter past eight
3. Eight past a quarter

B. 10.35
1. Thirty-five to ten
2. Twenty-five to ten
3. Twenty-five to eleven

C. 6.10
1. Ten minutes past six
2. Six hours past ten
3. Ten past six

D. 11.12
1. Eleven past twelve
2. Twelve minutes past eleven
3. Twelve past eleven

E. 7.30
1. Half past seven
2. Half to seven
3. Seven and half

Respuestas

A.2   B.3   C.1   D.2   E.1

Guía del estudiante de inglés

Cómo escribir una carta en inglés

A continuación encontrarás dos modelos de cartas comerciales (la segunda carta es la contestación a la primera):

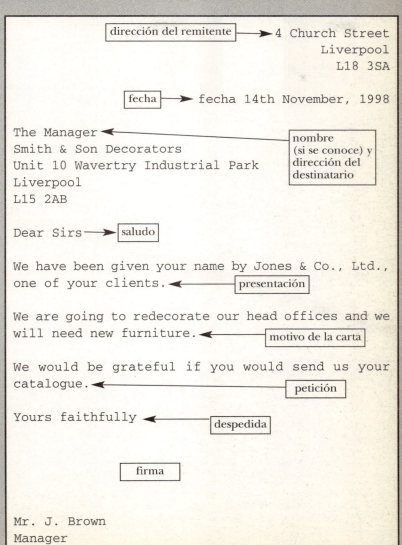

Guía del estudiante de inglés (XII)

```
                                    Smith & Son Decorator
                          Unit 10 Wavertry Industrial Park
                                                 Liverpool
                                                  L15 2AB


                                        17th November, 1998

Mr. Brown
4 Church Street
Liverpool
L18 3SA


Dear Mr Brown  ◄——— referencia al contacto anterior

In answer to your letter of last Noember 14th, we
have great pleasure in sending you our latest
catalogue.

Please note that there are special discounts for
large orders and prompt payment. ◄——— comentario

Please do not hesitate to ask us for more intention.
                           ◄——— referencia al contacto futuro
Yours faithfully



William Jones
Sales Manager
```

Recuerda que la dirección del remitente se escribe en la esquina superior derecha, a menos que uses un papel con membrete. Debajo se coloca la fecha, que se escribe del modo siguiente: día del mes expresado con un número ordinal (**4th, 21st**), nombre del mes, siempre con mayúscula (**8 January, February,** etc.), una coma y el año: 14th November, 1998.

En las cartas comerciales, en la esquina opuesta y una línea más abajo se escribe la dirección del destinatario, algo innecesario en una carta entre amigos.

A continuación viene el saludo. Casi todas las cartas, comerciales o no, empiezan con **Dear.** Para demostrar cierto afecto se puede emplear **Dearest, My dearest, Darling** o **My darling.**

Guía del estudiante de inglés

Finalmente, tienes que elegir la fórmula de despedida más adecuada, que siempre debe guardar relación con el saludo:

Situación: carta	Saludo	Despedida
a una empresa	Dear Sirs	Yours faithfully
a un hombre cuyo nombre desconoces	Dear Sir	Yours faithfully
a una mujer cuyo nombre desconoces	Dear Madam	Yours faithfully
a una persona cuyo nombre y sexo desconoces	Dear Sir or Madam	Yours faithfully
a personas poco conocidas	Dear (Mr Smith)	Yours sincerely
a personas conocidas	Dear (Mr Smith)	With all good whishes
a un amigo o pariente	Dear (John)	All the best *o* Yours
a un amigo o pariente con afecto o cariño	Dear (John)	With love from *o* Love from *o* Love
a un amigo o pariente con amor	My dearest (John)	Lots of love *o* With all my love

Casi todas las cartas comerciales incluyen las siguienets partes:

A. Referencia a una carta o conversación anterior.
B. Explicación del motivo de la carta.
C. Petición.
D. Respuesta positiva.
E. Respuesta negativa.
F. Documentación adjunta.
G. Comentarios finales.
H. Referencia a un futuro contacto.

¿Sabrías decidir a cuál de estas partes pertenecen las siguientes frases?:

1. I regret having to say...
2. I am writing to inquire...
3. We look forward to hearing from you...
4. We are pleased to inform you that...
5. Our ref: NDG/BD
6. With reference to...
7. I would appreciate it if you...
8. Please find enclosed...
9. I would be grateful if you could...
10. Thank you for your help.

Respuestas

A. 5, 6   B. 2   C. 7, 9   D. 4   E. 1   F. 8   G. 10   H. 3

Guía del estudiante de inglés (XIV)

CÓMO ESCRIBIR UN *CURRÍCULUM VITAE* EN INGLÉS

PERSONAL DETAILS

Name Ricardo <u>Pérez</u> García

Address Plaza Mayor, 56
La Puebla
28123 - Madrid
Spain

Telephone 91 - 123 45 67

Marital status Single

Nationality Spanish

QUALIFICATIONS

COU (University Entrance Course, Spanish equivalent to A-Levels) B.Sc. Mathematics, Madrid Complutense University (June 1990) MBA Cornell University (June 1994)

PRESENT POST

Senior Financial Analyst, ACME Investments, Madrid (since July 1996)

PREVIOUS EMPLOYMENT

Junior Analyst, Chemical Bank, New York (June 1995 to June 1996) Trainee Analyst, Chemical Bank, New York (June 1994 to June 1995)

OTHER DATA

Languages: Spanish (native speaker), fluent written and spoken English, some German.
Interests: Parachuting, sailing (member of Spanish Olympics team, Barcelona, 1992) and golf.
Spanish driving licence (clean).

REFERENCES

Sr. Tomás <u>Rodríguez</u> de la Torre, Senior Vice-President.
ACME Investments, Madrid
John Smith, Personnel and Training Manager, Chemical Bank, New York.

COMENTARIO:

Tanto en el Reino Unido como en Estados Unidos el *currículum vitae* se divide en varias secciones: **Personal Details** *(Datos personales:* nombre, dirección y teléfono, fecha de nacimiento, estado civil y nacionalidad); **Qualifications** *(Datos académicos:* formación y los títulos obtenidos); **Present Post** *(Puesto de trabajo actual:* nombre del puesto y domicilio laboral); **Previous Employment** o **Work Experience** *(Experiencia laboral:* todos los empleos anteriores, incluidos el puesto, nombre y dirección de las distintas empresas); **Other information** u **Other interest and Experience** *(Conocimientos adicionales* u *Otros intereses y experiencias:* donde puedes añadir otros datos relevantes, tales como los idiomas, los pasatiempos, el carné de conducir, etc.) y, finalmente, **References** *(Referencias:* nombres de dos o tres personas que pueden hablar bien de ti).

Los anglosajones suelen tener dos nombres y un apellido. Por tanto, Ricardo ha subrayado su primer apellido, ya que de lo contrario podrían llamarle Sr. García.

Procura no poner la dirección en una sola línea (Plaza Mayor, 12, La Puebla, 28123 - Madrid, Spain), porque alguien no habituado a la geografía y costumbres españolas podría pensar que Ricardo vive en una casa llamada Plaza Mayor, en el número 12 de la calle La Puebla (en el Reino Unido y Estados Unidos el número se coloca delante del nombre de la calle), o que vive en la ciudad de Madrid y no en la provincia de Madrid.

Ricardo está soltero. Si estuviese casado, habría escrito **married,** y si tuviese hijos habría añadido **with children.** Algunas personas prefieren usar la palabra **single** en lugar de *divorciado* (**divorced**) o *separado* (**separated**), aunque tratándose de mujeres divorciadas con hijos es siempre mejor emplear el término **divorced with children.**

Ricardo sabe que COU (Curso de Orientación Universitaria) no tiene significado fuera de España, así que lo traduce e incluye una explicación. En cuanto a sus títulos, incluye la fecha de graduación.

En el apartado que hace referencia a su puesto de trabajo actual, en vez de **since July 1996** también podría escribir **from July 1996 to present date.**

Asimismo, sabemos que tiene carné de conducir y que no ha tenido problemas con la Dirección General de Tráfico, ya que nos dice que su carné está **clean** *(limpio).*

Finalmente nos da dos referencias, primero la más reciente, y una vez más subraya el primer apellido.

Guía del estudiante de inglés (XVI)

¿DE DÓNDE ERES?

| Where are you from? ¿De dónde eres? | I am from Spain. I am Spanish/a Spaniard. Soy español. | I speak Spanish. Hablo español. |

Recuerda que en inglés tanto los sustantivos como los adjetivos referentes a nacionalidades, gentilicios, idiomas, etc., se escriben siempre con mayúscula: Dane, French, Croatian... Ten especial cuidado con los países de reciente creación.

país		nacionalidad	idioma
Albania	Albania	Albanian	Albanian
Alemania	Germany	German	German
Andorra	Andorra	Andorran	Andorran
Argelia	Algeria	Algerian	Algerian
Argentina	Argentina	Argentinian	Argentinian
Australia	Australia	Australian	Australian
Austria	Austria	Austrian	Austrian
Bélgica	Belgium	Belgian	Belgian
Bielorrusia	Belarus	from Belarus	Belarus
Bolivia	Bolivia	Bolivian	Bolivian
Bosnia	Bosnia	Bosnian	Bosnian
Brasil	Brazil	Brazilian	Brazilian
Bulgaria	Bulgaria	Bulgarian	Bulgarian
Canadá	Canada	Canadian	Canadian
Chile	Chile	Chilean	Chilean
China	China	Chinese	Chinese
Chipre	Cyprus	Cypriot	Cypriot/Cyprian
Colombia	Colombia	Colombian	Colombian
Croacia	Croatia	Croat/Croatian	Croat/Croatian
Cuba	Cuba	Cuban	Cuban
Dinamarca	Denmark	Dane	Danish
Ecuador	Ecuador	Ecuadorian	Ecuadorian
Egipto	Egypt	Egyptian	Egyptian
Escocia	Scotland	Sctosman/woman	Scottish
Eslovaquia	Slovakia	Slovak	Slovakian
Eslovenia	Slovenia	Slovene	Slovene
España	Spain	Spaniard	Spanish
Estados Unidos	United States	American	American
Estonia	Estonia	Estonian	Estonian
Finlandia	Finland	Finn	Finnish

Guía del estudiante de inglés

país		nacionalidad	idioma
Francia	France	Frenchman/woman	French
Gales	Wales	Welshman/woman	Welsh
Gran Bretaña	Britain	Briton	British
Grecia	Greece	Greek	Greek
Guinea Ecuatorial	Equatorial Guinea	Equatorial Guinean	Equatorial Guinea
Holanda	Holland	Dutchman/woman	Dutch
Hungría	Hungary	Hungarian	Hungarian
India	India	Indian	Indian
Inglaterra	England	Englishman/woman	English
Irlanda	Ireland	Irishman/woman	Irish
Islandia	Iceland	Icelander	Icelandic
Israel	Israel	Israeli	Israeli
Italia	Italy	Italian	Italian
Japón	Japan	Japanese	Japanese
Letonia	Latvia	Latvian	Latvian
Lituania	Lithuania	Lithuanian	Lithuatian
Luxemburgo	Luxembourg	Luxembourger	Luxembourg
Malta	Malta	Maltese	Maltese
Marruecos	Marocco	Moroccan	Moroccan
México	Mexico	Mexican	Mexican
Mónaco	Monaco	Monegasque	Monegasque
Noruega	Norway	Norwegian	Norwegian
Paraguay	Paraguay	Paraguayan	Paraguayan
Perú	Peru	Peruvian	Peruvian
Polonia	Poland	Pole	Polish
Portugal	Protugal	Portuguese	Portuguese
Puerto Rico	Puerto Rico	Puerto Rican	Puerto Rican
República Checa	Czech Republic	Czech	Czech
Rumania	Romania	Romanian	Romanian
Rusia	Russia	Russian	Russian
Serbia	Serbia	Serb	Serbian
Sudáfrica	South Africa	South African	South African
Suecia	Sweden	Swede	Swedish
Suiza	Switzerland	Swiss	Swiss
Turquía	Turkey	Turk	Turkish
Ucrania	Ukraine	Ukrainian	Ukrainian
Uruguay	Uruguay	Uruguayan	Uruguayan
Venezuela	Venezuela	Venezuelan	Venezuelan

Guía del estudiante de inglés (XVIII)

¿Macho, hembra o cachorro?

El siguiente cuadro recoge las diferentes formas de referirse a algunos animales, dependiendo de su edad y su sexo. ¿En qué se diferencia un **chick** de un **chicken** o de un **rooster**?

nombre genérico	macho	hembra	joven	recién nacido
bear *oso*	he-bear, bear	she-bear	(bear-)cub	(bear-)cub, cub
cat *gato*	tom, tomcat	tabby	kitten	kitten
chicken *pollo*	cock, rooster	hen	cockerel, chicken	chick
cow *vaca*	bull	cow	bullock	calf
deer *ciervo*	deer, buck	deer, doe	fawn	fawn
dog *perro*	dog	bitch	puppy, pup	puppy, pup
donkey *burro*	donkey	jenny		
duck *pato*	drake	duck	drake, duckling	duckling
elephant *elefante*	elephant	she-elephant cow elephant	calf	calf
fox *zorro*	fox	vixen	cub	cub
goat *cabra*	billy goat	nanny goat	kid	kid
goose *oca, ganso*	gander	goose	gosling	gosling
hare *liebre*	buck	doe	leveret	leveret
horse *caballo*	stallion	mare	colt *(m)*, filly *(f)*	yearling, foal
lion *león*	lion	lioness	cub	cub
pig *cerdo*	boar	sow	piglet	piglet
rabbit *conejo*	buck	doe	bunny	bunny
sheep *oveja*	ram	ewe	lamb	lamb

ENGLISH
SPANISH

A, a [eɪ] *n* ◆ *(letra)* A, a ◆ *Mús* la
AA [eɪ'eɪ] *GB (abr de* **Alcoholics Anonymous***)* Alcohólicos Anónimos ◆ *GB (abr de* **Automobile Association***)* ≈ RACE (Real Automóvil Club de España) *(asociación para la defensa de los intereses del automovilista)*
a [eɪ, forma débil ə] *art indef (delante de vocal o h muda* **an***)* ◆ un, una; **a man/a woman,** un hombre/una mujer; **he is a man,** es un hombre; **he has a loud voice,** tiene una voz fuerte ◆ *(profesión)* **my brother is a doctor,** mi hermano es médico ◆ *(se omite en español)* **have you got a dog?,** ¿tienes perro?; **what a lovely day!,** ¡qué día más bonito!; **a hundred dollars,** cien dólares; **half an hour,** media hora ◆ *(cada)* **once a day,** una vez al día; **two dollars a kilo,** dos dólares el kilo; **fifty kilometres an hour,** cincuenta kilómetros por hora
aback [ə'bæk] *adv* **to be taken a.,** quedarse desconcertado [**by,** por]

> Recuerda que **aback** sólo aparece en la expresión **to be taken aback** y sólo en la voz pasiva.

abandon [ə'bændən] **1** *n* despreocupación | **2** *vtr* ◆ *(a una persona)* abandonar ◆ *(el trabajo)* dejar ◆ *(un proyecto)* renunciar a
abate [ə'beɪt] *vi* ◆ *(cólera)* apaciguarse ◆ *(tormenta)* amainar
abbess ['æbes] *n Rel* abadesa
abbey ['æbɪ] *n* abadía
abbot ['æbət] *n* abad
abbreviate [ə'briːvɪeɪt] *vtr* abreviar
abbreviation [əbriːvɪ'eɪʃən] *n* abreviatura
ABC [eɪbiː'siː] *n lit & fig* abecé, abecedario ◆ *(abr de* **American Broadcasting Company***)* compañía americana de radiodifusión/televisión
abdicate ['æbdɪkeɪt] *vtr & vi* abdicar [**in favour of,** en]
abdication [æbdɪ'keɪʃən] *n* abdicación
abdomen ['æbdəmən] *n* abdomen

abduct [æb'dʌkt] *vtr* raptar, secuestrar
aberration [æbə'reɪʃən] *n* aberración
abhor [əb'hɔːʳ] *vtr* aborrecer
abhorrent [əb'hɒrənt] *adj frml* repugnante, aborrecible
abide [ə'baɪd] *vtr frml (con* **can** *en frases negativas)* soportar, aguantar: **I can't a. bad manners,** no aguanto la mala educación
■ **abide by** *vtr* ◆ *(promesa)* cumplir ◆ *(normas)* atenerse a, acatar
abiding [ə'baɪdɪŋ] *adj* perdurable, permanente
ability [ə'bɪlɪtɪ] *n* ◆ capacidad ◆ aptitud, talento
abject ['æbdʒekt] *adj* ◆ *(estado)* muy miserable ◆ *(cobardía, disculpa, etc)* abyecto,-a
ablaze [ə'bleɪz] *adj* en llamas, ardiendo

> Hay una serie de adjetivos en inglés que se usan sólo como predicado: por ejemplo, se dice **the house was ablaze,** pero no se puede decir **the ablaze house.**

able ['eɪbəl] *adj* capaz: **I wasn't a. to say goodbye,** no pude despedirme ➢ Ver nota en **poder**
abnormal [æb'nɔːməl] *adj* anómalo,-a, anormal
abnormally [æb'nɔːməlɪ] *adv* anormalmente; *(grande, etc)* extraordinariamente
aboard [ə'bɔːd] **1** *adv* a bordo; **to go a.,** *(barco)* embarcarse; *(tren)* subir | **2** *prep* a bordo de ◆ | LOC: **all aboard!,** ¡viajeros al tren!
abolish [ə'bɒlɪʃ] *vtr* abolir
abolition [æbə'lɪʃən] *n* abolición
abominable [ə'bɒmɪnəbəl] *adj* abominable; *(muy malo)* terrible, pésimo
aborigine [æbə'rɪdʒɪnɪ] *n* aborigen australiano,-a
abort [ə'bɔːt] **1** *vtr Med* hacer abortar; *fig (plan, etc)* archivar, suspender | **2** *vi Med* abortar

abortion [əˈbɔːʃən] *n Med (interrupción voluntaria del embarazo)* aborto; **to have an a.,** abortar

abortive [əˈbɔːtɪv] *adj (plan)* fracasado,-a; *(intento)* frustrado,-a

about [əˈbaʊt] *adv & prep* ◆ *(presenta un tema o un asunto)* acerca de, sobre; **a book a. Cervantes,** un libro sobre Cervantes; **to speak a. sthg,** hablar de algo; **what's all this a.?,** ¿qué pasa aquí?; *(película, etc)* ¿de qué trata? ◆ *(presenta un motivo, una causa)* por: **to be worried a. sthg,** estar preocupado,-a por algo ◆ |LOC: *fam* **how/what a. a game of tennis?,** ¿te apetece un partido de tenis?; **what a. grandfather?,** y el abuelo, ¿qué? ◆ *(aquí y allá, = around)* por todas partes; **to look a.,** mirar alrededor; **don't leave things lying a.,** no dejes las cosas por el medio; **there was nobody a.,** no había nadie; **to rush a.,** correr de un lado para otro; **we went for a walk a. the town,** dimos una vuelta por el pueblo ◆ *(aproximadamente)* más o menos; **at a. eight o'clock,** a eso de las ocho; **he's a. fifty,** tiene unos cincuenta años ◆ *(casi)* **it's just a. finished,** está casi terminado ◆ *(acción inmediata)* **I was a. to ring you,** estaba a punto de llamarte ◆ |LOC **it's a. time you bought a dictionary,** ya es hora de que te compres un diccionario

about-turn [əbaʊtˈtɜːn], *US* **about-face** [əbaʊtˈfeɪs] *n Mil* media vuelta; **to do an a.-t.,** dar media vuelta; *fig* cambiar radicalmente de opinión

above [əˈbʌv] *adv & prep* ◆ *(más alto)* encima de, sobre, arriba; **a. the clouds,** por encima de las nubes; **with his hands above his head,** con las manos sobre la cabeza; **200 metres a. sea level,** a 200 metros sobre el nivel del mar; **the floor a.,** la planta de arriba ◆ *(más grande)* superior,-ora; **distances a. 100 km,** distancias superiores a los 100 km ◆ **a. all,** sobre todo: **he's pleasant, but above all he's honest,** es agradable, pero sobre todo es honrado ◆ *(en libro, texto, etc)* más arriba; **as I said a...,** como dije más arriba...

above-board [əˈbʌvbɔːd] **1** *adj* honrado, legal: **it is all a.-b.,** todo es legal *o* todo está en regla | **2** *adv* abiertamente, a las claras

above-mentioned [əˈbʌvmenʃənd] *adj* mencionado,-a, susodicho,-a

abrasive [əˈbreɪsɪv] **1** ◆ *adj (materia)* abrasivo,-a ◆ *fig (voz, comentario, etc)* cáustico,-a, mordaz | **2** *n* abrasivo

abreast [əˈbrest] *adv* ◆ **to march three a.,** marchar en columna de a tres ◆ **to keep a. of things,** mantenerse al día

abridged [əˈbrɪdʒd] *adj (un libro, texto)* abreviado,-a

abroad [əˈbrɔːd] *adv* en el extranjero: **her husband is a.,** su marido está en el extranjero; **to go a.,** irse al extranjero

> Es un adverbio de lugar y, como tal, va directamente después del verbo: **He works abroad.** *Trabaja en el extranjero.*

abrupt [əˈbrʌpt] *adj* ◆ *(manera)* brusco,-a; *(tono)* áspero,-a ◆ *(cambio)* súbito,-a

abruptly [əˈbrʌptlɪ] *adv* ◆ *(actuar)* bruscamente; *(hablar)* con aspereza ◆ *(cambiar)* repentinamente

abscess [ˈæbses] *n Med* absceso; *(en la boca)* flemón

absence [ˈæbsəns] *n* ◆ *(de cosa, calidad)* falta ◆ *(de persona)* ausencia ◆ |LOC: **the boss was conspicuous by his a.,** el jefe brillaba por su ausencia

absent 1 *adj* [ˈæbsənt] ausente | **2** *vt* [æbˈsent] ausentarse [**from,** de]

> **Absent** es una palabra formal que indica ausencia. En situaciones menos formales puedes usar **not to be: The British representative was absent from the meeting** o **the British representative wasn't at the meeting.** *El representante británico no estaba en la reunión.*

absentee [æbsənˈtiː] *n* ausente

absenteeism [æbsənˈtiːɪzəm] *n (laboral)* absentismo

absently [ˈæbsəntlɪ] *adv* distraídamente

absent-minded [æbsəntˈmaɪndɪd] *adj* distraído,-a, despistado,-a

absolute [ˈæbsəluːt] *adj* ◆ total, absoluto,-a: **an a. beginner,** novato; **an a. idiot,** un auténtico imbécil

absolutely [æbsəˈluːtlɪ] **1** *adv (totalmente)* completamente: **that's a. untrue,** eso es totalmente falso; **a. not,** en absoluto; **a. wonderful,** totalmente maravilloso,-a | **2** *excl* **a.!,** ¡desde luego!

absolve [əbˈzɒlv] *vt* absolver [**from,** de]

absorb [əbˈzɔːb] *vt* ◆ *(líquido)* absorber ◆ *(sonido, golpe)* amortiguar ◆ *(tiempo)* exigir, llevar

absorbed [əbˈzɔːbd] *adj* absorto,-a [**in,** en]

absorbing [əb'zɔːbɪŋ] *adj* absorbente, fascinante
absorption [əb'zɔːpʃən] *n* absorción
abstain [əb'steɪn] *vi* abstenerse [**from, de**]
abstainer [əb'steɪnər] *n* abstemio
abstemious [əb'stiːmɪəs] *adj* abstemio,-a
abstention [əb'stenʃən] *n* abstención
abstinence ['æbstɪnəns] *n* abstinencia
abstract ['æbstrækt] 1 *adj* abstracto,-a | 2 *n (de tesis, artículo)* resumen ◆ | LOC: **in the a.,** en teoría
absurd [əb'sɜːd] *adj* absurdo,-a: **it sounds a. but…,** parece una tontería, pero…
abundance [ə'bʌndəns] *n* abundancia
abundant [ə'bʌndənt] *adj* abundante, rico,-a [**in, en**]
abuse [ə'bjuːs] 1 *n* ◆ malos tratos; **child a.,** maltrato infantil ◆ abuso; **drug a.,** abuso de drogas ◆ insultos, injurias | 2 [ə'bjuːz] *vtr* ◆ *(hacer daño a alguien)* maltratar ◆ *(decir palabras ofensivas a alguien)* insultar, injuriar ◆ *(hacer un mal uso de las drogas, del poder, etc)* abusar de
abusive [əb'juːsɪv] *adj (manera, palabras)* insultante, ofensivo,-a
abysmal [ə'bɪzməl] *adj* ◆ *(condiciones)* extremo,-a ◆ *fam (muy malo)* ínfimo,-a, pésimo,-a
abyss [ə'bɪs] *n* ◆ *Geog* abismo ◆ *fig* extremo
academic [ækə'demɪk] 1 *adj* ◆ académico,-a; *(carrera)* universitario,-a; **a. year,** año escolar ◆ *(discusión)* teórico,-a | 2 *n* académico,-a
academy [ə'kædəmɪ] *n* academia
accede [æk'siːd] *vi* acceder [**to, a**]
accelerate [æk'seləreɪt] *vtr* & *vi* acelerar
acceleration [ækselə'reɪʃən] *n* aceleración
accelerator [æk'seləreɪtər] *n* acelerador
accent ['æksənt] *n* acento; **to put the a. on,** hacer hincapié, subrayar
accentuate [æk'sentʃʊeɪt] *vtr* hacer hincapié, subrayar
accept [ək'sept] 1 *vtr* ◆ *(oferta, persona, regalo)* aceptar ◆ *(responsabilidad, un hecho)* admitir, reconocer: **I a. that you were right,** reconozco que tenías razón | 2 *vi* aceptar
acceptable [ək'septəbəl] *adj* ◆ *(positivo)* aceptable; *(tolerable)* admisible, asumible: **it's an a. risk,** es un riesgo razonable ◆ *(regalo, etc)* grato,-a, oportuno,-a

acceptance [ək'septəns] *n* ◆ *(acción)* aceptación ◆ *(acogida)* aprobación, reconocimiento
access ['ækses] 1 *n* ◆ acceso, entrada; **to gain a. (to),** entrar (en), acceder (a); **a. road,** carretera de acceso ◆ *Med frml* ataque | 2 *vtr Inform* entrar, acceder a
accessible [ək'sesəbəl] *adj (sitio)* accesible; *(persona)* asequible
accessory [ək'sesərɪ] *n* ◆ *Jur* cómplice ◆ *Aut Mec Inform, etc* **accessories** *pl,* accesorios; *(para ropa)* complementos
accident ['æksɪdənt] *n* ◆ accidente: **I broke it by a.,** lo rompí sin querer; **car a.,** accidente de carretera ◆ coincidencia, casualidad
accidental [æksɪ'dentəl] *adj* ◆ *(producto de la casualidad)* fortuito,-a ◆ *(sin intención)* accidental
accidentally [æksɪ'dentəlɪ] *adv* ◆ *(muerto, etc)* por accidente ◆ por casualidad, sin querer, por descuido: **he did it a.,** lo hizo sin querer
accident-prone ['æksɪdəntprəʊn] *adj* propenso,-a a los accidentes
acclaim [ə'kleɪm] 1 *n* aclamación | 2 *vtr* aclamar, aplaudir, vitorear
acclimatize [ə'klaɪmətaɪz] *vtr* aclimatar
acclimatized [ə'klaɪmətaɪzd] *adj* aclimatado,-a; **to become a. (to sthg),** aclimatarse (a algo)
accommodate [ə'kɒmədeɪt] *vtr* ◆ *(personas)* alojar ◆ *(cosas)* contener, tener espacio para ◆ **to a. sb's wishes,** complacer a alguien
accommodation [əkɒmə'deɪʃən] *n (US also accommodations)* alojamiento
accompaniment [ə'kʌmpənɪmənt] *n Mús* acompañamiento
accompany [ə'kʌmpənɪ] *vtr* acompañar; *Mús* **accompanied by his wife on the piano,** acompañado al piano por su mujer
accomplice [ə'kʌmplɪs] *n* cómplice
accomplish [ə'kʌmplɪʃ] *vtr* ◆ *(objetivo)* conseguir ◆ *(tarea)* llevar a cabo
accomplished [ə'kʌmplɪʃt] *adj* dotado,-a, experto,-a
accomplishment [ə'kʌmplɪʃmənt] *n* ◆ *(de una tarea)* realización, conclusión; *(del deber)* cumplimiento ◆ *(de un objetivo)* logro, éxito ◆ *(proeza)* hazaña ◆ **accomplishments** *pl,* talento, dotes
accord [ə'kɔːd] 1 *n* ◆ *(convenio)* acuerdo, decisión; **of one's own a.,** por decisión propia, espontáneamente ◆ armonía, acuerdo | 2 *vtr (honor, etc)* conceder, entregar

accordance [əˈkɔːdəns] *n* **in a. with,** de acuerdo con

according [əˈkɔːdɪŋ] *prep* **a. to,** según: **a. to the Bible,** según la Biblia

accordingly [əˈkɔːdɪŋli] *adv* ◆ *(adecuadamente)* como corresponde ◆ *(como consecuencia)* por consiguiente

accordion [əˈkɔːdɪən] *n* acordeón

account [əˈkaʊnt] *n* ◆ informe, relato: **he told me the account of his life,** me contó la historia de su vida; **by all accounts,** por lo que dicen todos *o* según se cuenta ◆ **it's of no a.,** no tiene importancia; **don't worry on my a.,** no te preocupes por mí ◆ **on a. of,** a causa de, por: **the train was late on a. of the snow,** el tren se retrasó debido a la nieve ◆ **on no a.,** bajo ningún concepto; **to take a. of** *o* **to take into a.,** tomar en cuenta ◆ *Fin* cuenta: **to keep the accounts,** llevar las cuentas; **to settle an a.,** liquidar una cuenta; **bank a.,** cuenta bancaria; **current a.,** cuenta corriente ◆ | LOC: *fig* **to settle accounts with sb,** ajustar las cuentas a alguien; **to turn sthg to a.,** aprovechar algo

account for *vtr* ◆ responder de ◆ explicar, justificar ◆ | LOC: **all the victims have been accounted for,** se sabe lo que les ha ocurrido a todas las víctimas

accountable [əˈkaʊntəbəl] *adj* **to be a. to sb for sthg,** ser responsable ante alguien de algo

accountancy [əˈkaʊntənsi] *n* contabilidad

accountant [əˈkaʊntənt] *n* contable

accrue [əˈkruː] *vi Fin (interés)* acumularse

accumulate [əˈkjuːmjʊleɪt] 1 *vtr* acumular; *(una fortuna)* amasar | 2 *vi* acumularse

accumulation [əkjuːmjʊˈleɪʃən] *n* ◆ *(acción)* acumulación ◆ *(de objetos)* montón

accuracy [ˈækjʊrəsi] *n* ◆ *(de cifras, etc)* exactitud ◆ *(de un arma, etc)* precisión

accurate [ˈækjərɪt] *adj* ◆ *(número)* exacto,-a ◆ *(puntería, golpe, crítica)* certero,-a; *(respuesta)* correcto,-a; *(comentario)* acertado,-a ◆ *(instrumento)* de precisión ◆ *(traducción)* fiel

accusation [ækjʊˈzeɪʃən] *n* acusación, denuncia

accuse [əˈkjuːz] *vtr* acusar

accused [əˈkjuːzd] *n* **the a.,** *(singular)* el/la acusado,-a; *(plural)* los/as acusados/as

accusingly [əˈkjuːzɪŋli] *adv* de manera acusadora

accustom [əˈkʌstəm] *vtr frml* acostumbrar; **to be accustomed to sthg/doing sthg,** estar acostumbrado,-a a algo/hacer algo

> **To be accustomed to** puede considerarse algo formal y en el inglés hablado suele sustituirse por **to be used to.** Va acompañado de un sustantivo o un gerundio: **I am not accustomed to hot weather.** *No estoy acostumbrado al tiempo caluroso.* **He is not accustomed to getting up early.** *No está acostumbrado a levantarse pronto.* Cuando **to be accustomed to** y la acción subordinada tienen sujetos distintos, se debe usar un adjetivo posesivo en el inglés formal. Sin embargo, en el inglés cotidiano se admite un pronombre personal: **We're still not accustomed to his/him living with us.** *Todavía no nos hemos acostumbrado a que viva con nosotros.*

ace [eɪs] *n* ◆ **as** ◆ *Ten* ace

acetate [ˈæsɪteɪt] *n* acetato

acetone [ˈæsɪtəʊn] *n* acetona

ache [eɪk] 1 *n* dolor; **head-a.,** dolor de cabeza; **tooth-a.,** dolor de muelas; **aches and pains,** achaques | 2 *vi* doler; **my ear aches,** me duele la oreja; **I a. all over,** tengo dolores por todas partes

achieve [əˈtʃiːv] *vtr* ◆ *(lograr)* conseguir, alcanzar ◆ *(cumplir)* llevar a cabo, realizar

achievement [əˈtʃiːvmənt] *n* ◆ *(acción)* realización ◆ *(objetivo realizado)* éxito, logro ◆ *(proeza)* hazaña

aching [ˈeɪkɪŋ] 1 *adj* ◆ *(diente, espalda)* dolorido ◆ *(corazón)* afligido | 2 *n* dolor

acid [ˈæsɪd] 1 *adj* ◆ *Quím* ácido,-a; lluvia ácida ◆ *(sabor)* ácido,-a, agrio,-a ◆ *(comentario)* mordaz | 2 *n Quím* ácido; *fig* **a. test,** prueba de fuego

acknowledge [əkˈnɒlɪdʒ] *vtr* ◆ reconocer: **she is acknowledged as the best painter in the country,** está considerada como la mejor pintora del país ◆ *(vencimiento, argumento)* admitir ◆ *(regalo)* agradecer ◆ *(carta)* acusar recibo de ◆ saludar

acknowledgement [əkˈnɒlɪdʒmənt] *n* ◆ reconocimiento ◆ confesión ◆ *(de carta)* acuse de recibo ◆ **acknowledgements** *pl, (en un libro)* agradecimientos

acne [ˈækni] *n* acné

acorn [ˈeɪkɔːn] *n* bellota

acoustic [əˈkuːstɪk] 1 *adj* acústico,-a | 2 *npl* **acoustics,** acústica

acquaint [əˈkweɪnt] *vtr frml* **we are acquainted,** nos conocemos; **to a. sb with sthg,** poner a alguien al tanto de algo; **to be acquainted with sthg/sb** saber algo/conocer a alguien

acquaintance [əˈkweɪntəns] *n* ◆ conocimiento; **to make sb's a.,** conocer a alguien ◆ *(persona)* conocido,-a

acquiesce [ækwɪˈes] *vi* consentir [**in,** en]

acquiescent [ækwɪˈesənt] *adj frml* aquiescente

acquire [əˈkwaɪəʳ] *vtr* adquirir

acquisition [ækwɪˈzɪʃən] *n* adquisición

acquisitive [əˈkwɪzɪtɪv] *adj* codicioso,-a

acquit [əˈkwɪt] *vtr* ◆ *Jur* **to a. sb of sthg,** absolver a alguien de algo ◆ **to a. oneself well/badly,** defenderse bien/mal

acre [ˈeɪkəʳ] *n (medida de superficie)* acre (4047 m²)

acrid [ˈækrɪd] *adj (sabor, olor)* acre

acrimonious [ækrɪˈməʊnɪəs] *adj* ◆ *(comentario)* cáustico,-a ◆ *(disputa)* enconado,-a

acrobat [ˈækrəbæt] *n* acróbata

across [əˈkrɒs] **1** *adv* ◆ a través, de un extremo a otro; **to go a.,** atravesar ◆ *(medidas)* **the road is 10 metres a.,** la calle mide 10 metros de ancho | **2** *prep* ◆ a través de; **to go a. the street,** cruzar la calle ◆ al otro lado de: **she lives a. the park,** ella vive al otro lado del parque

acrylic [əˈkrɪlɪk] *adj* acrílico,-a

act [ækt] **1** *n* acto, acción ◆ LOC: **I was in the act of ringing you,** precisamente te estaba llamando; **to catch sb in the act,** coger a alguien con las manos en la masa; **act of God,** caso de fuerza mayor ◆ *Jur* ley, decreto ◆ *Teat* acto; *(parte de un espectáculo)* número | **2** *vtr Teat (papel)* interpretar; *(personaje)* representar; *fig* **to a. the fool,** hacer el tonto | **3** *vi* ◆ *Teat* actuar, trabajar; *fig* fingir ◆ actuar, comportarse ◆ *(realizar una acción)* actuar, obrar: **the government must act now,** el Gobierno debe actuar ya ◆ funcionar: **this lever acts as a brake,** esta palanca funciona como freno ◆ *(una medicina)* tener efecto ◆ hacer de, servir de; **to a. as chairman of a meeting,** hacer de moderador en una reunión; **to a. as an incentive,** servir de aliciente

■ **act out** *vtr* ◆ *(pensamientos)* exteriorizar ◆ *Teat* representar

■ **act up** *vi fam* ◆ *(máquina)* funcionar mal ◆ *(persona)* dar guerra

acting [ˈæktɪŋ] **1** *adj* interino,-a | **2** *n (profesión)* teatro: **she does a bit of a.,** hace algo de teatro

action [ˈækʃən] *n* ◆ *(hecho)* acción; *Mil* acción de combate; **to be out of a.,** *(persona)* estar inactivo,-a; *(máquina)* estar estropeado,-a; **to take a.,** tomar medidas ◆ bullicio, actividad: **this is where the a. is,** aquí está la movida ◆ *Jur* demanda ◆ | LOC: **actions speak louder than words,** obras son amores y no buenas razones

activate [ˈæktɪveɪt] *vtr* activar

active [ˈæktɪv] *adj* ◆ activo,-a: **she plays an a. part in politics,** participa activamente en la vida política ◆ *(enérgico)* vigoroso,-a ◆ *(interés)* vivo,-a ◆ *Ling* **a. voice,** voz activa

activist [ˈæktɪvɪst] *n* activista

activity [ækˈtɪvɪtɪ] *n (persona)* actividad; *(calle, ciudad, etc)* bullicio

actor [ˈæktəʳ] *n* actor

actress [ˈæktrɪs] *n* actriz

actual [ˈæktʃʊəl] *adj* real, verdadero,-a: **give me an a. example,** deme un ejemplo concreto; **he has no a. job,** no tiene trabajo propiamente dicho

> **Actual** subraya el hecho de que algo es real o genuino y sólo se puede colocar delante de un sustantivo: **Everybody believed I would win but the actual result was very different.** *Todos pensaban que iba a ganar pero el resultado final (real) fue muy distinto.*
> Recuerda que jamás significa *actual*, que se traduce por **present** o **current**: **The current economic crisis will cause us many problems.** *La actual crisis económica nos causará muchos problemas.*

actually [ˈæktʃʊəlɪ] *adv* en efecto, realmente: **what do you a. think about it?,** ¿qué piensa de ello en realidad? ◆ de hecho: **you're English, aren't you? - no, a. I'm Irish,** eres inglés, ¿verdad? - no, de hecho soy irlandés ◆ incluso, hasta: **they a. stole the carpet,** robaron hasta la moqueta

> Recuerda que **actually** nunca significa *actualmente*. El adverbio español *actualmente* se traduce por **presently, at present** o **now: I'm living in Barcelona (right) now.** *Actualmente vivo en Barcelona.*

acupuncture [ˈækjʊpʌŋktʃəʳ] *n* acupuntura

acute [ə'kju:t] *adj* ◆ *(acento, ángulo, enfermedad, dolor)* agudo,-a ◆ *(oído, vista)* agudo,-a ◆ *(carencia)* grave ◆ *(comentario)* perspicaz

ad [æd] *n fam* anuncio; **small ads,** anuncios breves

AD [eɪ'di:] *(abr de **Anno Domini**)* después de Cristo, d.C.

adamant ['ædəmənt] *adj* firme, inflexible

adapt [ə'dæpt] 1 *vtr* adaptar | 2 *vi* adaptarse [**to,** a]

adaptable [ə'dæptəbəl] *adj* ◆ *(objeto)* adaptable ◆ *(persona)* flexible

adaptation [ædæp'teɪʃən] *n* adaptación

adapter, adaptor [ə'dæptə**r**] *n Elec (para conectar varios enchufes)* ladrón; *(para enchufes distintos)* adaptador

add [æd] 1 *vtr* ◆ *Mat* sumar ◆ añadir, agregar | 2 *vi Mat* sumar ➢ Ver nota en **sumar**
■ **add to** *vtr* aumentar: **to add to his problems he fell ill,** por si fuera poco, enfermó
■ **add up** 1 *vtr Mat* sumar | 2 *vi* ◆ *Mat* sumar ◆ tener lógica; *fig* **it doesn't a. up,** no tiene sentido

adder ['ædə**r**] *n Zool* víbora

addict ['ædɪkt] *n* adicto,-a

addicted [ə'dɪktɪd] *adj* adicto,-a; *fig* **to be a. to sthg,** ser un/una fanático,-a de algo: **he's addicted to football,** es un forofo del fútbol

addiction [ə'dɪkʃən] *n* dependencia, adicción

addictive [ə'dɪktɪv] *adj* adictivo,-a

addition [ə'dɪʃən] *n* ◆ *Mat* adición, suma ◆ *(extra)* adición; **in a. to,** además de ➢ Ver nota en **sumar**

additional [ə'dɪʃənəl] *adj* adicional

additive ['ædɪtɪv] *n* aditivo

address [ə'dres] 1 *n* ◆ *(de casa, etc)* dirección, señas ◆ *Inform* dirección ◆ conferencia, discurso | 2 *vtr* ◆ *(carta)* dirigir ◆ *(a una persona, al público)* dirigirse [**to,** a] ◆ *(tratamiento)* tratar de: **she likes to be addressed as Doctor Jones,** le gusta que se dirijan a ella como Doctora Jones

adenoids ['ædɪnɔɪdz] *npl* vegetaciones (adenoideas)

adept [ə'dept] 1 *adj* experto,-a, [**at, en**] | 2 *n* experto,-a

adequate ['ædɪkwɪt] *adj* ◆ *(en cantidad)* suficiente ◆ *(en calidad, etc.)* adecuado,-a

adhere [əd'hɪə**r**] *vi* ◆ adherirse, pegarse [**to,** a] ◆ *(principios)* mantenerse fiel (a)

adherent [əd'hɪərənt] *n* partidario,-a

adhesive [əd'hi:sɪv] 1 *adj* pegajoso,-a, adhesivo,-a; **a. tape,** cinta adhesiva | 2 *n* adhesivo, pegamento

adjacent [ə'dʒeɪsənt] *adj* ◆ *(edificio)* contiguo,-a [**to,** a] ◆ *(tierra)* colindante

adjective ['ædʒɪktɪv] *n* adjetivo

adjoining [ə'dʒɔɪnɪŋ] *adj (habitación)* contiguo,-a; *(tierra)* colindante

adjourn [ə'dʒɜ:n] 1 *vtr* ◆ *(un proyecto, una acción)* posponer, aplazar ◆ *Jur (una sesión)* levantar; *(un juicio)* aplazar | 2 *vi* aplazarse [**until,** hasta]

adjust [ə'dʒʌst] 1 *vtr* ◆ *(una máquina, etc)* ajustar, regular ◆ *(la ropa)* arreglar ◆ *(un horario, precio)* ajustar, variar, modificar | 2 *vi (persona)* adaptarse [**to,** a]

adjustable [ə'dʒʌstəbəl] *adj* ajustable; **a. spanner,** llave inglesa

adjustment [ə'dʒʌstmənt] *n* ◆ *(de una máquina, etc)* ajuste; *(de una persona)* adaptación ◆ *(cambio)* modificación

administer [əd'mɪnɪstə**r**] *vtr* ◆ *(país)* gobernar ◆ *(justicia)* administrar; **to a. punishment,** aplicar un castigo

administration [ədmɪnɪ'streɪʃən] *n* ◆ *(de un país)* gobierno ◆ *(burocracia, justicia)* administración ◆ *(de una empresa)* dirección

administrative [əd'mɪnɪstrɪtɪv] *adj* administrativo,-a

administrator [əd'mɪnɪstreɪtə**r**] *n* administrador,-ora

admirable [ædmərəbəl] *adj* admirable

admiral ['ædmərəl] *n* almirante

admiration [ædmə'reɪʃən] *n* admiración

admire [əd'maɪə**r**] *vtr* admirar

admirer [əd'maɪərə**r**] *n* admirador,-ora

admissible [əd'mɪsəbəl] *adj* admisible

admission [əd'mɪʃən] *n* ◆ *(en un colegio, etc)* ingreso; *(en un museo, teatro, etc)* entrada; **a. free,** entrada gratuita ◆ *(de un hecho)* reconocimiento; *(crimen, culpabilidad, pecado)* confesión

admit [əd'mɪt] *vtr* ◆ *(a una persona)* dejar entrar; **to be admitted (to hospital),** ingresar (en un hospital); *(letrero)* **dogs not admitted,** no se admiten perros ◆ *(un hecho)* reconocer; *(crimen, culpabilidad, pecado)* confesar: **I a. I drank your coffee,** confieso que me he bebido tu café

> Recuerda que cuando **to admit** significa *reconocer* o *confesar* va seguido de gerundio: **He admitted committing the crime** o **He admitted having committed the crime.** *Confesó que había cometido el crimen.*

admittance [əd'mɪtəns] *n* entrada; *(rótulo)* **no a.,** entrada prohibida

admittedly [əd'mɪtɪdlɪ] *adv* la verdad es que…
admonish [əd'mɒnɪʃ] *vtr* amonestar
ado [ə'du:] *n* **without further a.,** sin más ◆ LOC: **much a. about nothing,** mucho ruido y pocas nueces
adolescence [ædə'lesəns] *n* adolescencia
adolescent [ædə'lesənt] *n* adolescente
adopt [ə'dɒpt] *vtr* adoptar; *(sugerencia)* aceptar
adopted [ə'dɒptɪd] *adj* **a. child,** hijo,-a adoptivo,-a
adoption [ə'dɒpʃən] *n* adopción
adore [ə'dɔ:ʳ] *vtr* adorar
adorn [ə'dɔ:n] *vtr* adornar
adornment [ə'dɔ:nmənt] *n* adorno
adrenalin [ə'drenəlɪn] *n* adrenalina
adrift [ə'drɪft] **1** *adj Naút* a la deriva | **2** *adv* **to go a.,** irse a la deriva; *(planes)* fallar
adult ['ædʌlt] **1** *adj (persona)* adulto,-a, mayor; *(película, educación, etc)* para adultos | **2** *n* adulto,-a
adulterate [ə'dʌltəreɪt] *vtr* adulterar
adulterer [ə'dʌltərəʳ] *n* adúltero
adulteress [ə'dʌltrɪs] *n* adúltera
adultery [ə'dʌltərɪ] *n* adulterio
adulthood ['ædʌlthʊd] *n* mayoría de edad; edad adulta
advance [əd'vɑ:ns] **1** *n* ◆ *Mil* avance; *fig* progreso, adelanto ◆ *(de sueldo, etc)* anticipo ◆ **to do sthg in a.,** hacer algo con antelación | **2** *adj* adelantado,-a; *Cine Teat* **a. booking,** reserva anticipada | **3** *vtr* ◆ *Mil (tropas)* avanzar; *(tiempo, fecha)* adelantar ◆ *(idea)* proponer; *(opinión)* dar ◆ *Fin (dinero)* anticipar, dejar | **4** *vi (moverse)* avanzar, adelantarse; *fig* hacer progresos; *(carrera)* ascender ◆ | LOC: **to make advances,** *(a una persona)* insinuarse [**to,** a]
advanced [əd'vɑ:nst] *adj* ◆ *(ideas, etc)* avanzado,-a ◆ *(tecnología)* avanzado,-a, moderno,-a ◆ *(estudiante)* adelantado,-a ◆ *(curso)* superior
advancement [əd'vɑ:nsmənt] *n* ◆ fomento ◆ *(promoción)* ascenso ◆ *(de la ciencia)* avance
advantage [əd'vɑ:ntɪdʒ] *n* ventaja; **to take a. of sthg,** aprovechar algo; **we took a. of the good weather and went to the beach,** aprovechamos el buen tiempo y fuimos a la playa; *(en sentido negativo)* **to take a. of sb/sthg,** abusar de alguien/ algo; *Ten* **a. Becker,** ventaja para Becker

advantageous [ædvən'teɪdʒəs] *adj* ventajoso,-a
advent ['ædvent] *n* llegada; *(de Cristo)* advenimiento; **A.,** Adviento
adventure [əd'ventʃəʳ] *n* aventura
adventurous [əd'ventʃərəs] *adj* aventurero,-a
adverb ['ædvɜ:b] *n* adverbio
adversary ['ædvəsərɪ] *n* adversario,-a
adverse ['ædvɜ:s] *adj* ◆ *(opinión)* desfavorable, hostil ◆ *(efecto, condiciones)* adverso,-a, negativo,-a ◆ *(viento)* contrario,-a
adversity [əd'vɜ:sɪtɪ] *n* adversidad
advert ['ædvɜ:t] *n fam* anuncio
advertise ['ædvətaɪz] **1** *vtr* anunciar | **2** *vi (anunciarse)* hacer publicidad; **to a. for,** buscar mediante un anuncio
advertisement [əd'vɜ:tɪsmənt] *n* anuncio
advertiser ['ædvətaɪzəʳ] *n* anunciante
advertising ['ædvətaɪzɪŋ] **1** *n* publicidad, propaganda; *(periódico, TV)* anuncios ➢ Ver nota en **publicity** | **2** *adj* publicitario,-a: **a. agency,** agencia de publicidad
advice [əd'vaɪs] *n* consejos; **a piece of a.,** un consejo; **to take sb's a.,** seguir los consejos de alguien; *(profesional, técnico)* asesoramiento; **to take legal/medical a. (on sthg),** consultar (algo) con un abogado/médico ◆ notificación, aviso
advisable [əd'vaɪzəbəl] *adj* aconsejable
advise [əd'vaɪz] *vtr* aconsejar; *(un profesional, etc)* asesorar: **I a. you to go to the doctor,** te aconsejo que vayas al médico ◆ informar, notificar

> Cuando sabemos a quién va dirigido el consejo, debes usar el infinitivo con **to: Your doctor advised you to give up smoking.** *El médico te aconsejó que dejaras de fumar.* Cuando no lo sabemos, se emplea el gerundio: **Your doctor advised giving up smoking.** *El médico aconsejó dejar de fumar.*
> No debes confundir el verbo **to advise** con el sustantivo **advice.**

adviser [əd'vaɪzəʳ] *n* consejero,-a; *(un profesional)* asesor,-a
advisory [əd'vaɪzərɪ] *adj* asesor,-ora
advocacy ['ædvəkəsɪ] *n* apoyo
advocate ['ædvəkɪt] **1** *n* ◆ *Jur* abogado,-a ◆ *(partidario)* defensor,-ora ◆ | LOC: **The Devil's A.,** el abogado del Diablo | **2**

['ædvəkeɪt] *vtr* abogar por, recomendar, apoyar

aerial ['eərɪəl] **1** *adj* aéreo,-a | **2** *n* antena

aerobics [eə'rəʊbɪks] *n* aerobic

aerodrome ['eərədrəʊm] *n* aeródromo

aerodynamics [eərəʊdaɪ'næmɪks] *n* aerodinámica

aeroplane ['eərəpleɪn] *n GB* avión

aerosol ['eərəsɒl] *n* aerosol

aerospace ['eərəʊspeɪs] *n* aeroespacial

aesthetic [iːs'θetɪk] *adj* estético,-a

affair [ə'feəʳ] *n* ♦ (*tema*) asunto: **that's not your a.,** eso no es asunto suyo; **business affairs,** negocios; **foreign affairs,** asuntos exteriores ♦ (*caso*) acontecimiento, episodio; **the Watergate a.,** el caso Watergate ♦ (*también* **affaire**) **love a.,** aventura amorosa

affect [ə'fekt] *vtr* ♦ (*persona, salud*) afectar ♦ (*precios, futuro*) influir en ♦ (*emocionar*) conmover ♦ fingir

affectation [æfek'teɪʃən] *n* amaneramiento, afectación

affected [ə'fektɪd] *adj* ♦ amanerado,-a, afectado,-a ♦ (*emocionado*) conmovido,-a ♦ (*falso*) fingido,-a

affection [ə'fekʃən] *n* afecto, cariño

affectionate [ə'fekʃənɪt] *adj* cariñoso,-a

affiliated [ə'fɪlɪeɪtɪd] *adj* afiliado,-a; **to be** *o* **become a.,** afiliarse [**to, with,** a]

affinity [ə'fɪnɪtɪ] *n* afinidad

affirm [ə'fɜːm] *vtr* afirmar, aseverar, declarar

affirmation [æfə'meɪʃən] *n* afirmación

affirmative [ə'fɜːmətɪv] **1** *adj* afirmativo,-a | **2** *n* **to answer in the a.,** contestar que sí

affix [ə'fɪks] *vtr* (*sello*) pegar

afflict [ə'flɪkt] *vtr* afligir

affluence ['æfluəns] *n* opulencia

affluent ['æfluənt] *adj* ♦ (*sociedad*) opulento,-a ♦ (*persona*) rico,-a

afford [ə'fɔːd] *vtr* ♦ *frml* proporcionar: **this tree will a. us shade,** este árbol nos dará sombra ♦ poder pagar, permitirse el lujo de: **I can't a. a new computer,** no puedo pagar un ordenador nuevo ♦ poder, permitirse: **I can't a. to take chances,** no puedo correr riesgos

> Salvo en su uso formal, **to afford** suele ir acompañado de **can** (o **to be able to**): **This year we can afford to go on holiday.** *Este año podemos permitirnos el lujo de irnos de vacaciones.*

affront [ə'frʌnt] *n* afrenta, ofensa

afield [ə'fiːld] *adv* **far a.,** muy lejos

afloat [ə'fləʊt] **1** *adv* ♦ a flote ♦ a bordo, en el mar | **2** *adj* a flote ➢ Ver nota en **ablaze**

aforementioned [ə'fɔːmenʃənd], **aforesaid** [ə'fɔːsed] *adj* susodicho,-a, mencionado,-a

afraid [ə'freɪd] *adj* ♦ (*amedrentado*) **to be a. of sb/sthg,** tener miedo a alguien/de algo: **I'm a. of spiders,** me dan miedo las arañas; **I'm a. to speak,** no me atrevo a hablar ♦ (*lamentar, sentir*) **I'm a. Mr Smith is out,** lamento que el Sr Smith no esté; **I'm a. it's going to rain,** me temo que va a llover; **I'm a. so,** me temo que sí; **I'm a. not,** me temo que no ➢ Ver nota en **ablaze**

> **To be afraid to** expresa temor a hacer algo: **I'm afraid to talk to him, he might get angry.** *Tengo miedo a hablarle, podría enfadarse.* **To be afraid of** significa que temes que algo ocurra (sin mediar tu voluntad): **I'll be very careful with what I say, I'm afraid of hurting her feelings.** *Tendré mucho cuidado con lo que vaya a decir, temo herir sus sentimientos.*

afresh [ə'freʃ] *adv* de nuevo

Africa ['æfrɪkə] *n* África

African ['æfrɪkən] *adj* & *n* africano,-a

after ['ɑːftəʳ] **1** *prep* ♦ (*tiempo, orden*) después de: **we can go a. breakfast,** podemos ir después de desayunar; **soon a. leaving school,** al poco rato de salir del colegio; *US* **it's twenty a. eight,** son las ocho y veinte; **the day a. tomorrow,** pasado mañana ♦ (*posición*) detrás de, tras: **Q comes a. P,** la Q viene después de la P; **one a. the other,** uno tras otro; **a. you!,** ¡pase usted! *o* ¡usted primero! ♦ (*acerca de*) por: **she asked a. your parents,** preguntó por tus padres ♦ **she takes a. her mother,** se parece a su madre; **she was named a. Queen Victoria,** la llamaron así por la Reina Victoria ♦ | LOC: **he's only a. your money,** va tras tu dinero; **the Mafia are a. me,** la Mafia me busca | **2** *adv* después: **they had a son in 1980 and a daughter the year a.,** tuvieron un hijo en 1980 y una hija al año siguiente; **the day a.,** el día siguiente; **soon a.,** poco después | **3** *conj* después (de) que: **a. it finished,** después de que acabara

after-effect ['ɑːftərɪfekt] n efecto secundario

afterlife ['ɑːftəlaɪf] n vida eterna, vida después de la muerte

aftermath ['ɑːftəmæθ] n secuelas

afternoon [ɑːftə'nuːn] n tarde; **good a.!**, ¡buenas tardes!; **in the a.**, por la tarde ➢ Ver nota en **tarde**

afters ['ɑːftəz] npl fam postre

after-sales [ɑːftəseɪlz] n Com posventa

aftershave (lotion) ['ɑːftəʃeɪv('ləʊʃən)] n loción para después del afeitado, aftershave

afterthought ['ɑːftəθɔːt] n ocurrencia tardía, idea de último momento

afterwards ['ɑːftəwədz] adv después, más tarde: **we had lunch and a. we went to the cinema**, comimos y después fuimos al cine; **soon a.**, poco después; **straight a.**, acto seguido

again [ə'gen] adv ◆ otra vez, de nuevo: **I tried a. and a.**, lo intenté una y otra vez; **to do sthg a.**, volver a hacer algo: **she never saw him a.**, nunca volvió a verle; **never a.!**, ¡nunca más! o ¡nunca jamás!; **now and a.**, de vez en cuando; **once a.**, otra vez ◆ además; **then a.**, por otra parte

against [ə'genst] 1 prep ◆ (opuesto a) contra, en contra (de): **it's a. the law**, es ilegal; **a demonstration a. violence**, una manifestación en contra de la violencia ◆ (tocando, apoyando) contra: **he leant his bicycle a. the tree**, apoyó su bicicleta contra el árbol ◆ **(as) a. that**, en contraste con eso, por otra parte | 2 adv en contra; **he was in favour but she was a.**, él estaba a favor, pero ella (estaba) en contra

age [eɪdʒ] 1 n ◆ edad: **he died at the a. of 85**, murió a la edad de 85 años; **to come of a.**, llegar a la mayoría de edad; **old a.**, vejez; **under a.**, demasiado joven; Jur menor de edad ◆ (período) época; **the Stone A.**, la Edad de Piedra; **the Middle Ages** pl, la Edad Media ◆ fam mucho tiempo: **I haven't spoken to you for ages**, llevo muchísimo tiempo sin hablar contigo | 2 vtr & vi envejecer

aged [eɪdʒd] 1 adj **a man a. 45**, un hombre de 45 años | 2 ['eɪdʒɪd] npl **the a.**, los ancianos

ageing ['eɪdʒɪŋ] 1 n envejecimiento | 2 adj viejo,-a

agency ['eɪdʒənsɪ] n ◆ Com agencia ◆ (institución) organismo

agenda [ə'dʒendə] n orden del día

agent ['eɪdʒənt] n agente; (delegado) representante

aggravate ['ægrəveɪt] vtr ◆ empeorar, agravar ◆ fam fastidiar, molestar

aggravating ['ægrəveɪtɪŋ] adj ◆ Jur **a. circumstances**, circunstancia agravante ◆ fam molesto,-a, irritante: **he is really a.**, es un auténtico pesado

aggravation [ægrə'veɪʃən] n ◆ (empeoramiento) agravación ◆ irritación ◆ Jur circunstancia agravante

aggregate ['ægrɪgɪt] n conjunto; **on a.**, en conjunto

aggression [ə'greʃən] n agresión

aggressive [ə'gresɪv] adj ◆ agresivo,-a, violento,-a ◆ dinámico,-a: **he is a very a. salesman**, es un vendedor muy agresivo

aggrieved [ə'griːvd] adj apenado,-a

aghast [ə'gɑːst] adj horrorizado,-a ➢ Ver nota en **ablaze**

agile ['ædʒaɪl] adj ágil

agitate ['ædʒɪteɪt] 1 vtr ◆ (sacudir) agitar ◆ fig (preocupar) perturbar | 2 vi Pol **to a.**, hacer campaña [**against**, en contra de] [**for**, para]

agitation [ædʒɪ'teɪʃən] n ◆ (estado de ánimo) inquietud, perturbación, desasosiego ◆ Pol agitación

agitator ['ædʒɪteɪtər] n Pol agitador,-ora

agnostic [æg'nɒstɪk] n agnóstico,-a

ago [ə'gəʊ] adv hace: **how long a.?**, ¿hace cuánto tiempo?; **ages a.**, hace mucho tiempo; **ten years ago**, hace diez años ◆ | LOC: **as long a. as 1547**, ya en 1547

> **Ago** se usa con el pasado simple y continuo pero jamás con los tiempos compuestos: **She arrived two days ago.** *Llegó hace dos días.*

agonizing ['ægənaɪzɪŋ] adj ◆ (dolor) atroz ◆ (decisión) desesperante

agony ['ægənɪ] n ◆ dolor muy fuerte ◆ (sufrimiento mental) angustia ◆ frml agonía

agree [ə'griː] 1 vi ◆ estar de acuerdo: **he agrees with me**, está de acuerdo conmigo ◆ (llegar a un acuerdo) ponerse de acuerdo: **the two sides must a. before next week**, las dos partes tienen que ponerse de acuerdo para la semana que viene ◆ consentir; **to a. to do sthg**, consentir en hacer algo ◆ Ling concordar ◆ (personas) llevarse bien ◆ | LOC: **garlic doesn't**

agreeable 404

a. with me, el ajo me sienta mal | 2 *vtr* acordar

> Hay que tener cuidado con este verbo, porque, al contrario que en español, NO se forma con el verbo **to be:** *Estoy de acuerdo contigo.* **I agree with you.**
> Cuando existe un complemento, **to agree** se usa con **to** más gerundio. En este caso, el complemento se expresa mediante el adjetivo posesivo: **They agreed to <u>my</u> working on the project.** *Estaban de acuerdo en que yo trabajase en el proyecto.* Sin embargo, en situaciones menos formales se permite el uso del pronombre personal: **They agreed to me working on the project.** Si no hay complemento, se emplea el infinitivo en lugar de gerundio: **They agreed to work on the project.** *Acordaron trabajar en el proyecto.*

agreeable [ə'gri:əbəl] *adj* ♦ *(ambiente, masaje)* agradable; *(persona)* simpático,-a ♦ de acuerdo, conforme: **if you are a.,** si estás de acuerdo
agreement [ə'gri:mənt] *n* acuerdo; *Com* contrato; **to reach an a.,** llegar a un acuerdo
agricultural [ægrɪ'kʌltʃərəl] *adj* agrícola
agriculture ['ægrɪkʌltʃə'] *n* agricultura
aground [ə'graʊnd] *adv Náut* & *fig* **to run a.,** encallar [**on,** en]
ah! [ɑ:] *excl* ¡ah!, ¡ay!
ahead [ə'hed] *adv* ♦ *(posición en espacio, tiempo)* delante: **there are traffic lights a.,** hay semáforos delante; **there are troubles a.,** se avecinan problemas ♦ *(dirección)* hacia delante: **go straight a.,** siga todo recto; **to go a.,** ir adelante; *fig* **to go a. with sthg,** llevar algo adelante; **go a.!,** ¡adelante!; **to look a.,** pensar en el futuro ♦ *(ventaja)* **to be a.,** llevar la ventaja; **to get a.,** triunfar
aid [eɪd] 1 *n* ayuda, auxilio; **to come to the a. of sb,** acudir en ayuda de alguien; **first a.,** primeros auxilios; **in a. of,** a beneficio de ♦ LOC: **what's all this in a. of?** ¿a qué viene todo esto? | 2 *vtr* ayudar
aide [eɪd] *n* ayudante
Aids [eɪdz] *n (abr de Acquired Immune Deficiency Syndrome)* síndrome de inmunodeficiencia adquirida, sida
ailing ['eɪlɪŋ] *adj* achacoso,-a, debilitado,-a

ailment ['eɪlmənt] *n* enfermedad (leve), achaque
aim [eɪm] 1 *n* ♦ *(con arma)* puntería ♦ *(objetivo)* propósito | 2 *vtr* ♦ *(arma)* apuntar [**at,** a, hacia] ♦ *(ataque)* dirigir [**at,** a, hacia]
  ■ **aim at** *vtr* ♦ *(blanco)* tirar a ♦ **to a. at doing sthg,** pretender hacer algo
  ■ **aim to** *vtr* **to a. to do sthg,** tener la intención de hacer algo
aimless ['eɪmlɪs] *adj* sin rumbo, sin propósito
aimlessly ['eɪmlɪslɪ] *adv (errar)* sin rumbo fijo
ain't [eɪnt] *US fam* ♦ **is not** ♦ **are not** ♦ **has not** ♦ **have not**
air [eə'] 1 *n* ♦ *(elemento)* aire; **a. conditioning,** aire acondicionado; **a. freshener,** ambientador; **a. gun,** pistola de aire comprimido; **a. pocket,** bache; **a. pressure,** presión atmosférica; **fresh a.,** aire fresco ♦ *(medio de transporte)* **to travel by a.,** viajar en avión; **a. base,** base aérea; **a. force,** fuerzas aéreas; **a. hostess,** azafata; **a. raid,** ataque aéreo; **a. terminal,** terminal aérea; **a. traffic control,** control de tráfico aéreo; **a. traffic controller,** controlador,-ora aéreo,-a ♦ *Rad TV* **to be on the a.,** *(programa)* estar en antena; *(persona)* estar transmitiendo ♦ *(apariencia)* aspecto ♦ | LOC: *fig* **it's still in the a.,** todavía queda por resolver; **to clear the a.,** aclarar las cosas; **to give oneself airs,** presumir | 2 *vtr* ♦ *(cama, ropa)* airear; *(habitación)* ventilar ♦ *fig (queja)* airear ♦ *(conocimiento)* hacer alarde de
airborne ['eəbɔ:n] *adj* ♦ *(avión)* en vuelo, en el aire ♦ *Mil (tropas, etc)* aerotransportado,-a
air-conditioned ['eəkɒndɪʃənd] *adj* climatizado,-a
aircraft ['eəkrɑ:ft] *n inv* avión; **a. carrier,** porta(a)viones
airfield ['eəfi:ld] *n* campo de aviación
airlift ['eəlɪft] *n* puente aéreo
airline ['eəlaɪn] *n* línea aérea
airlock ['eəlɒk] *n* ♦ *(en radiador, etc)* bolsa de aire ♦ *(en nave espacial, etc)* esclusa de aire
airmail ['eəmeɪl] *n* correo aéreo; **by a.,** por avión
airplane ['eəpleɪn] *n US* avión
airport ['eəpɔ:t] *n* aeropuerto
airsick ['eəsɪk] *adj* **to be a.,** marearse en avión
airstrip ['eəstrɪp] *n* pista de aterrizaje

airtight ['eətaɪt] *adj* hermético,-a
airy ['eərɪ] *adj* (**airier, airiest**) ♦ *(habitación)* bien ventilado,-a ♦ *(persona)* despreocupado,-a
aisle [aɪl] *n (iglesia)* nave; *(teatro)* pasillo
ajar [ə'dʒɑːʳ] *adj* entreabierto,-a ➢ Ver nota en **ablaze**
akin [ə'kɪn] *adj* semejante ➢ Ver nota en **ablaze**
alarm [ə'lɑːm] **1** *n* ♦ alarma; **a. bell**, timbre de la alarma; **a. clock**, despertador ♦ *(preocupación)* inquietud; **to take a.**, alarmarse | **2** *vtr* alarmar
alas [ə'læs] **1** *excl* **a!**, ¡ay!, ¡ay de mí! | **2** *adv frml* desgraciadamente
albatross ['ælbətrɒs] *n Orn* albatros
albeit [ɔːl'biːɪt] *conj frml* aunque, no obstante
album ['ælbəm] *n* álbum
alcohol ['ælkəhɒl] *n* alcohol
alcoholic [ælkə'hɒlɪk] *adj & n* alcohólico,-a
ale [eɪl] *n* cerveza

> **Ale** es un tipo de *cerveza* (**beer**) fuerte y de color claro. **Stout** es oscura, a veces dulce y con fuerte sabor a malta, **lager** o **pale ale** es cerveza rubia, **brown ale** es cerveza negra, **mild** es suave, **bitter** es amarga, **special** es fuerte y espesa y **shandy** es cerveza con gaseosa.

alert [ə'lɜːt] **1** *adj* ♦ alerta ♦ listo,-a, despabilado,-a | **2** *adv* ♦ alarma; **to be on the a.**, estar alerta | **3** *vtr* alertar [**to, de**]
A-level ['eɪlevəl] *n GB Educ (abr de Advanced level)* ≈ Curso de Orientación Universitaria, COU
algae ['ældʒiː] *npl* algas
algebra ['ældʒɪbrə] *n* álgebra
alibi ['ælɪbaɪ] *n* coartada
alien ['eɪlɪən] **1** *adj* ♦ *frml (de otro país)* extranjero,-a ♦ *(de otro planeta)* extraterrestre ♦ **a. to**, ajeno a | **2** *n* ♦ *frml* extranjero,-a ♦ extraterrestre
alienate ['eɪlɪəneɪt] *vtr* ♦ **to a. sb**, ganarse la antipatía de alguien; **to a. oneself from sb**, distanciarse de alguien ♦ *Jur Pol* enajenar
alight[1] [ə'laɪt] *adj (en llamas)* ardiendo,-a ➢ Ver nota en **ablaze**
alight[2] [ə'laɪt] *vi frml (de un vehículo)* apearse [**from, de**]
align [ə'laɪn] *vtr* alinear

alike [ə'laɪk] **1** *adj* ♦ *(semejante)* parecido,-a ♦ *(idéntico)* igual ➢ Ver nota en **ablaze** | **2** *adv* del mismo modo, igualmente; **to look a.**, parecerse
alimony ['ælɪmənɪ] *n Jur* pensión alimenticia
alive [ə'laɪv] *adj* ♦ vivo,-a; **to be a.**, estar vivo,-a ♦ *fig (de insectos, etc)* lleno,-a [**with, de**] ➢ Ver nota en **ablaze**

> No puedes emplear **alive** delante de sustantivos, ya que sólo puede aparecer después de un verbo: *His parents are still alive. Sus padres viven todavía.* Delante de sustantivos se usa **living** con personas y **live** con animales: *I have few living relatives left. Me quedan pocos parientes vivos. There are even live horses on the stage. Incluso hay caballos vivos sobre el escenario.*

alkali ['ælkəlaɪ] *n* álcali
alkaline ['ælkəlaɪn] *adj* alcalino
all [ɔːl] **1** *adj* todo,-a, todos,-as, entero,-a; **all the children**, todos los niños; **all day**, todo el día, el día entero; **all England**, toda Inglaterra; **people of all kinds**, gente de todo tipo; **it's not as serious as all that**, no es para tanto ➢ Ver nota en **todo** | **2** *pron* ♦ todo,-a: **all of the bread**, todo el pan; **I'll do all I can**, haré todo lo que pueda; **all I know is that...**, lo único que sé es que...; **for all I know**, que yo sepa; **that's all**, eso es todo; **when all's said and done**, a fin de cuentas ♦ todos,-as; **all of us**, todos,-as nosotros,-as; **all together now**, todos juntos; **he's the worst of all**, él es el peor de todos ♦ **above all**, sobre todo; **after all**, al fin y al cabo; **in all**, en total; **all in all**, con todo; **most of all**, más que nada; **she didn't say anything at all**, no dijo nada en absoluto; **I'm not at all happy**, no estoy nada contento; **thanks - not at a.**, gracias - de nada | **3** *adv* ♦ totalmente: **she lived all alone**, vivía totalmente sola; **you're all wet**, estás empapado; **all through the night**, durante toda la noche; **all the same**, de todos modos; **it's all the more absurd because...**, es todavía más absurdo porque... ♦ **he loved her all along**, la quería desde el primer momento ♦ **if it's all the same to you**, si no te importa ♦ **it's all but finished**, está casi terminado ♦ **she's not all that beautiful**, tan guapa no es ♦ *Dep* **two all**, empate a dos

Allah ['ælə] *n Rel* Alá
allegation [ælɪ'geɪʃən] *n* alegato, alegación
allege [ə'ledʒ] *vtr* sostener, pretender [**that,** que]
alleged [ə'ledʒd] *adj* presunto,-a
allegedly [ə'ledʒɪdlɪ] *adv* supuestamente
allegiance [ə'liːdʒəns] *n* lealtad
allergic [ə'lɜːdʒɪk] *adj* alérgico,-a [**to,** a]
allergy ['ælədʒɪ] *n* alergia
alleviate [ə'liːvɪeɪt] *vtr* (*un dolor*) aliviar
alley ['ælɪ] *n* callejón
alliance [ə'laɪəns] *n* alianza
allied ['ælaɪd] *adj* aliado,-a
alligator ['ælɪgeɪtə'] *n* caimán
all-in ['ɔːlɪn] *adj* ♦ (*precio*) todo incluido ♦ *Dep* **a.-in wrestling,** lucha libre
all-night ['ɔːlnaɪt] *adj* (*café, garaje, etc*) abierto,-a toda la noche
allocate ['æləkeɪt] *vtr* destinar [**to,** para]
allocation [ælə'keɪʃən] *n* ♦ (*de un trabajo, tarea*) asignación ♦ (*cantidad asignada*) cuota
allot [ə'lɒt] *vtr* asignar, adjudicar
allotment [ə'lɒtmənt] *n* ♦ asignación ♦ (*tierra*) parcela, *GB* huerto alquilado
all-out ['ɔːlaʊt] **1** *adj* ♦ (*esfuerzo*) supremo,-a ♦ (*huelga*) general | **2 all out** *adv* **to go a. out to do sthg,** esforzarse mucho para hacer algo
allow [ə'laʊ] *vtr* ♦ permitir, dejar; **to a. sb to do sthg,** permitir que alguien haga algo ➢ Ver nota en **permitir** ♦ (*una petición*) acceder a ♦ (*tiempo*) dejar; (*dinero*) destinar

■ **allow for** *vtr* tener en cuenta, contar con

allowable [ə'laʊəbəl] *adj* permisible
allowance [ə'laʊəns] *n* ♦ (*pago*) pensión, subvención; (*de viaje*) dietas ♦ *Com* descuento ♦ (*fiscal*) desgravación ♦ concesión; **to make allowances for sb/sthg,** disculpar a alguien/tener algo en cuenta
alloy ['ælɔɪ] *n* aleación
all right [ɔːl'raɪt] **1** *adj* bien: **are you a. r.?,** ¿estás bien?; **thank you - that's a. r.,** gracias - de nada | **2** *adv* ♦ bien ♦ (*sí*) de acuerdo, vale
all-round [ɔːl'raʊnd] *adj* versátil, polifacético,-a
all-time ['ɔːltaɪm] *adj* sin precedentes
allusion [ə'luːʒən] *n* alusión
ally ['ælaɪ] **1** *n* aliado,-a | **2** *vtr* **to a. oneself to/with sb,** aliarse con alguien
almighty [ɔːl'maɪtɪ] **1** *adj* ♦ todopoderoso,-a ♦ *fam* tremendo,-a; **an a. fuss,** un jaleo tremendo | **2** *n Rel* **the A.,** El Todopoderoso
almond ['ɑːmənd] *n* ♦ (*fruto*) almendra ♦ (*árbol*) almendro
almost ['ɔːlməʊst] *adv* casi
alms [ɑːmz] *npl* limosna
aloft [ə'lɒft] *adv* arriba; *Av* en vuelo
alone [ə'ləʊn] **1** *adj* solo,-a: **I spoke to her a.,** le hablé a solas; **to be a.,** estar solo,-a; **let a.,** ni mucho menos ➢ Ver nota en **ablaze** | **2** *adv* solamente, sólo: **man shall not live by bread a.,** no sólo de pan vive el hombre

> **Alone** no se usa delante de sustantivos sino después de los verbos: **I live alone.** *Vivo solo.* Una mujer sola se traduce por **a woman on her own**.
> No debes confundir **alone** con **lonely**, que indica que no tienes amigos o no tienes con quien hablar y, por tanto, te sientes infeliz: **I spent a lonely night on my own in front of the telly.** *Pasé toda la noche solo delante de la tele.*

along [ə'lɒŋ] **1** *adv* **you can come a. with me,** puedes acompañarme; **the bus will be a. at eight o'clock,** el autobús llegará a las ocho; **a. with,** junto con | **2** *prep* (*movimiento, posición*) a lo largo de: **there are trees all a. the river,** hay árboles a lo largo del río; **a bit further a.,** un poco más adelante
alongside [ə'lɒŋsaɪd] **1** *prep* al lado de | **2** *adv* al lado; *Náut* de costado
aloof [ə'luːf] **1** *adj* (*persona*) frío,-a, distante | **2** *adv* **to keep oneself a.,** mantenerse apartado,-a [**from,** de]
aloud [ə'laʊd] *adv* en voz alta

> **Aloud** indica que hablas o lees de modo que los demás pueden oírte. Lo contrario sería **silently**: **You needn't read it aloud, you can read it silently.** *No tienes que leerlo en voz alta, puedes leerlo en silencio.*
> **Loudly** significa que hablas con una voz fuerte y lo contrario sería **quietly**: **Don't speak so loudly, I can hear you just as well if you speak more quietly.** *No hables tan alto, te oigo igual si hablas más bajo.*

alphabet ['ælfəbet] *n* alfabeto
alphabetical [ælfə'betɪkəl] *adj* alfabético,-a

alphabetically [ælfə'betɪkəlɪ] *adv* por orden alfabético
alpine ['ælpaɪn] *adj* alpino,-a
already [ɔ:l'redɪ] *adv* ya ➤ Ver nota en **ya**

> Recuerda que **already** sólo se usa en tiempos compuestos y se coloca entre el verbo auxiliar y el verbo principal: **We have already eaten.** *Ya hemos comido.*

alright [ɔ:l'raɪt] *US adj & adv* → **all right**
Alsatian [æl'seɪʃən] *n (perro)* pastor alemán
also ['ɔ:lsəʊ] *adv* también, además: **I a. can dance,** también yo sé bailar; **I can a. dance,** también sé bailar *(además de esquiar, etc)*; **it was not only stupid, but a. very dangerous,** no sólo fue estúpido, sino también muy peligroso

> **Also** y **too** son sinónimos, pero no los confundas, porque ocupan diferentes lugares dentro de la frase: **too** siempre aparece al final (**I want one too,** *también quiero uno;* **me too,** *yo también*), mientras que **also** se coloca delante de los verbos en tiempos simples (**I also want one,** *también quiero uno*), después de los verbos modales (**I can also sing,** *también sé cantar*) y después del primer verbo auxiliar en tiempos compuestos: **I have also bought one.** *También he comprado uno.*

altar ['ɔ:ltə'] *n* altar
alter ['ɔ:ltə'] **1** *vtr* ♦ *(plan, proyecto)* cambiar, modificar ♦ *(ropa)* arreglar | **2** *vi* cambiar(se)
alteration [ɔ:ltə'reɪʃən] *n* ♦ *(de un plan, proyecto)* cambio, modificación ♦ *(de ropa)* arreglo ♦ **alterations** *pl, (de edificio)* reformas
alternate [ɔ:l'tɜ:nət] **1** *adj* alterno,-a; **in a. months,** en meses alternos | **2** [ɔ:ltəneɪt] *vtr* alternar
alternately [ɔ:l'tɜ:nətlɪ] *adv* por turno, de forma alterna
alternative [ɔ:l'tɜ:nətɪv] **1** *adj* alternativo,-a | **2** *n* alternativa: **he had no a. but to resign,** no le quedó más remedio que dimitir
alternatively [ɔ:l'tɜ:nətɪvlɪ] *adv* o bien..., como alternativa: **a. I can call you tomorrow,** o bien te puedo llamar mañana

although [ɔ:l'ðəʊ] *conj* aunque ➤ Ver nota en **aunque**
altitude ['æltɪtju:d] *n* altitud
altogether [ɔ:ltə'geðə'] *adv* ♦ en conjunto, en total: **how much is that a.?,** ¿cuánto es en total? ♦ completamente, del todo: **I don't a. agree,** no estoy de acuerdo del todo
altruism ['æltru:ɪzəm] *n* altruismo
aluminium [ælju'mɪnɪəm], *US* **aluminum** [ə'lu:mɪnəm] *n* aluminio
always ['ɔ:lweɪz] *adv* siempre

> Como todos los adverbios de frecuencia, se coloca después del verbo **to be** en los tiempos simples (**he is always late,** *siempre llega tarde*), delante de los tiempos simples de otros verbos (**we always spend our holidays in Spain,** *siempre pasamos las vacaciones en España*) y después del primer verbo auxiliar en los tiempos compuestos: **I haven't always lived in Spain.** *No siempre he vivido en España.*

am [æm] *1.ª persona sing pres* → **be**
a.m. [eɪ'em] *(abr de ante meridiem)* de la mañana
amalgam [ə'mælgəm] *n* amalgama
amalgamate [ə'mælgəmeɪt] **1** *vtr Com (empresas)* fusionar | **2** *vi Com (empresas)* fusionarse
amateur ['æmətə'] **1** *n* amateur, aficionado,-a | **2** *adj* aficionado,-a; *pey* chapucero,-a
amateurish ['æmətərɪʃ] *adj* chapucero,-a, de aficionados
amaze [ə'meɪz] *vtr* asombrar, pasmar
amazement [ə'meɪzmənt] *n* asombro, sorpresa
amazing [ə'meɪzɪŋ] *adj* asombroso,-a, increíble
ambassador [æm'bæsədə'] *n* embajador,-ora
amber ['æmbə'] **1** *n* ámbar | **2** *adj* de color ámbar; *(semáforo)* ámbar
ambiguity [æmbɪ'gju:ɪtɪ] *n* ambigüedad
ambiguous [æm'bɪgjʊəs] *adj* ambiguo,-a
ambition [æm'bɪʃən] *n* ambición
ambitious [æm'bɪʃəs] *adj* ambicioso,-a
ambivalent [æm'bɪvələnt] *adj* ambivalente
amble ['æmbəl] *vi* deambular; **to a. along,** pasearse despacio
ambulance ['æmbjʊləns] *n* ambulancia

ambush ['æmbʊʃ] 1 *n* emboscada | 2 *vtr* tenderle una emboscada a

amen [ɑː'men] *excl* amén

amenable [ə'miːnəbəl] *adj* susceptible; **to be a. to doing sthg,** estar dispuesto,-a a hacer algo

amend [ə'mend] *vtr* ◆ *(ley)* enmendar ◆ *(error)* subsanar, corregir

amendment [ə'mendmənt] *n* enmienda

amends [ə'mendz] *npl* **to make a.,** compensar [**to sb for sthg,** a alguien por algo]

amenities [ə'miːnɪtɪz] *npl* ◆ *(de la vida)* comodidades ◆ *(de una casa, ciudad)* servicios, instalaciones

America [ə'merɪkə] *n* ◆ *(país)* Estados Unidos ◆ *(continente)* América; **Central A.,** América Central, **Latin A.,** América Latina, **South A.,** América del Sur, Sudamérica

American [ə'merɪkən] *adj & n* americano,-a; *(de EE.UU.)* norteamericano,-a, estadounidense

amiable ['eɪmɪəbəl] *adj* amable, afable

amicable ['æmɪkəbəl] *adj* amistoso,-a

ammonia [ə'məʊnɪə] *n* amoníaco

ammunition [æmjʊ'nɪʃən] *n* municiones

amnesia [æm'niːʒə] *n* amnesia

amnesty ['æmnɪstɪ] *n* amnistía

among(st) [ə'mʌŋ(st)] *prep* entre ➢ Ver nota en **entre**

amoral [eɪ'mɒrəl] *adj* amoral

amorphous [ə'mɔːfəs] *adj* amorfo,-a

amount [ə'maʊnt] *n* ◆ cantidad ◆ *(dinero)* suma; *(factura)* importe

■ **amount to** *vtr* ascender a; *fig* equivaler a

amphetamine [æm'fetəmiːn] *n* anfetamina

amphibian [æm'fɪbɪən] *adj & n* anfibio,-a

amphibious [æm'fɪbɪəs] *adj* anfibio,-a

amphitheatre ['æmfɪθɪətəʳ] *n* anfiteatro

ample ['æmpəl] *adj* ◆ *(más que suficiente)* abundante: **there was a. food,** había comida de sobra ◆ *(grande)* amplio,-a, extenso,-a

amplifier ['æmplɪfaɪəʳ] *n* amplificador

amplify ['æmplɪfaɪ] *vtr* ◆ *(sonido)* amplificar ◆ *(comentario)* ampliar, desarrollar, dar más detalles

amputate ['æmpjʊteɪt] *vtr* amputar

amuse [ə'mjuːz] *vtr* divertir, entretener

amusement [ə'mjuːzmənt] *n* ◆ *(entretenimiento)* diversión; **a. arcade,** salón de juegos; **a. park,** parque de atracciones ◆ *(carcajada)* regocijo, (son)risa: **the idea was received with a.,** la idea fue acogida con (son)risas

amusing [ə'mjuːzɪŋ] *adj* divertido,-a

an [æn, forma débil ən] *art indef* → **a**

anaemia [ə'niːmɪə] *n* anemia

anaemic [ə'niːmɪk] *adj Med* anémico,-a; *fig* débil

anaesthetic [ænɪs'θetɪk] *n* anestesia

anaesthetist [ə'niːsθətɪst] *n* anestesista

analog(ue) ['ænəlɒg] *n* analógico,-a

analogy [ə'nælədʒɪ] *n* analogía

analyse ['ænəlaɪz] *vtr* analizar

analysis [ə'nælɪsɪs] *n (pl analyses* [ə'nælɪsiːz]*)* análisis

analyst ['ænəlɪst] *n* ◆ analista ◆ psicoanalista

analyze ['ænəlaɪz] *vtr US* → **analyse**

analytic(al) [ænə'lɪtɪk(əl)] *adj* analítico,-a

anarchist ['ænəkɪst] *n* anarquista

anarchy ['ænəkɪ] *n* anarquía

anatomy [ə'nætəmɪ] *n* anatomía

ancestor ['ænsestəʳ] *n* antepasado,-a

ancestral [æn'sestrəl] *adj* ancestral; **a. home,** casa solariega

ancestry ['ænsestrɪ] *n* ascendencia, abolengo

anchor ['æŋkəʳ] 1 *n Náut* ancla; **to drop a.,** echar el ancla; **to weigh a.,** levar anclas, zarpar | 2 *vtr Náut* anclar; *fig (fijar)* sujetar | 3 *vi* anclar

anchovy ['æntʃəvɪ] *n* anchoa; *(fresco)* boquerón

ancient ['eɪnʃənt] *adj* antiguo,-a

and [ænd, forma débil ənd, ən] *conj* ◆ y, e: **father and son,** padre e hijo; **Caesar a. Cleopatra,** César y Cleopatra; **a. so on** etcétera ◆ *(repetición)* **the phone rang a. rang,** el teléfono no dejó de sonar ◆ cada vez: **I feel better a. better,** me siento cada vez mejor ◆ *(con números)* **a thousand a. three,** mil tres; **four a. a half,** cuatro y medio ◆ *(delante del infinitivo)* **come a. see me,** ven a verme; **try a. come,** intenta venir; **wait a. see,** espera a ver

Andes ['ændiːz] *npl* los Andes

anecdote ['ænɪkdəʊt] *n* anécdota

anemia [ə'niːmɪə] *n US* → **anaemia**

anesthetic [ænɪs'θetɪk] *n US* → **anaesthetic**

angel ['eɪndʒəl] *n* ángel

anger ['æŋgəʳ] 1 *n* enfado, ira | 2 *vtr* enfadar, enojar | 3 *vi* enfadarse, enojarse

angina [æn'dʒaɪnə] *n Med frml* angina (de pecho)

angle ['æŋgəl] *n* ♦ *Mat* ángulo ♦ *fig* punto de vista
angler ['æŋglə'] *n* pescador,-ora (de caña)
Anglican ['æŋglɪkən] *adj* & *n Rel* anglicano,-a
angling ['æŋglɪŋ] *n* pesca (con caña)
Anglo-Saxon ['æŋgləʊ'sæksən] *adj* & *n* anglosajón,-ona
angrily ['æŋgrɪlɪ] *adv* con enfado, airadamente
angry ['æŋgrɪ] *adj (angrier, angriest)* ♦ *(persona)* enfadado,-a; *(mirada, voz)* airado,-a; **to get a.**, enfadarse [**with sb about sthg**, con alguien por algo] ♦
anguish ['æŋgwɪʃ] *n* angustia
angular ['æŋgjʊlə'] *adj (forma)* angular; *(cara)* anguloso,-a
animal ['ænɪməl] 1 *adj* animal | 2 *n* animal; *fig* bestia
animate ['ænɪmɪt] 1 *adj* vivo,-a | 2 ['ænɪmeɪt] *vtr* animar; *fig* estimular
animated ['ænɪmeɪtɪd] *adj* ♦ animado,-a, vivo,-a ♦ *Cine, etc,* **a. cartoon,** dibujo animado
aniseed ['ænɪsiːd] *n* anís
ankle ['æŋkəl] *n Anat* tobillo; **a. bone,** hueso del tobillo; **a. sock,** calcetín corto
annex [æ'neks] *vtr Pol (territorio)* anexionar
annexe, *US* **annex** ['æneks] *n* ♦ *(edificio)* anexo ♦ *(documento)* apéndice
annihilate [ə'naɪəleɪt] *vtr* aniquilar
anniversary [ænɪ'vɜːsərɪ] *n* aniversario
announce [ə'naʊns] *vtr* ♦ *(resultado, vuelo)* anunciar ♦ *(una intención)* declarar ♦ *(hechos, noticias)* comunicar, dar a conocer
announcement [ə'naʊnsmənt] *n* ♦ anuncio ♦ declaración ♦ *(de prensa)* comunicado
announcer [ə'naʊnsə'] *n TV Rad* locutor,-ora
annoy [ə'nɔɪ] *vtr* molestar, fastidiar; **to get annoyed,** enfadarse, molestarse [**with,** con], [**about,** por]
annoyance [ə'nɔɪəns] *n* ♦ *(sentimiento)* enojo, disgusto ♦ *(cosa)* molestia
annoying [ə'nɔɪɪŋ] *adj* molesto,-a, fastidioso,-a
annual ['ænjʊəl] 1 *adj* anual | 2 *n* ♦ *(libro)* anuario ♦ *(planta)* anual
annually ['ænjʊəlɪ] *adv* anualmente
annul [ə'nʌl] *vtr* anular
annulment [ə'nʌlmənt] *n* anulación

anomaly [ə'nɒməlɪ] *n* anomalía
anonymity [ænə'nɪmɪtɪ] *n* anonimato
anonymous [ə'nɒnɪməs] *adj* anónimo,-a
anorak ['ænəræk] *n* anorak
anorexia [ænɒ'reksɪə] *n* anorexia
another [ə'nʌðə'] 1 *adj* otro,-a: *(sin artículo)* **I need a. hundred dollars,** necesito cien dólares más; **there is a. possibility,** hay otra posibilidad; **a. one,** otro,-a | 2 *pron* ♦ otro,-a; **would you like a.?,** ¿quieres otro? ♦ **they hate one a.,** se odian (el uno al otro) ➢ Ver nota en **otro**
ansaphone® ['ɑːnsəfəʊn] *n Tel* contestador automático
answer ['ɑːnsə'] 1 *n* ♦ *(a una carta, etc)* contestación: **there's no a.,** *(teléfono)* no contesta; *(puerta)* no abren; **in a. to,** contestando a *o* en respuesta a ♦ *(a una pregunta)* respuesta ♦ *(de un problema)* solución | 2 *vtr* ♦ *(pregunta, teléfono)* contestar; *(puerta)* abrir ♦ *(problema)* resolver | 3 *vi* contestar, responder
■ **answer back** *vi* ♦ replicar: **don't a. back!,** ¡no me contestes! ♦ responder (a críticas)
■ **answer for** *vtr* ♦ *(acciones, etc)* responder de ♦ *(avalar)* responder por
answering machine ['ɑːnsərɪŋməʃiːn] *n Tel* contestador automático
ant [ænt] *n* hormiga; **a. eater,** oso hormiguero; **a. hill,** hormiguero
antagonism [æn'tægənɪzəm] *n* antagonismo [**between,** entre], hostilidad [**towards,** hacia]
antagonize [æn'tægənaɪz] *vtr* enemistar, contrariar
Antarctic [ænt'ɑːktɪk] 1 *adj* antártico,-a; **A. Ocean,** océano Antártico | 2 *n* **the A.,** la región antártica
Antarctica [ænt'ɑːktɪkə] *n (continente)* Antártida
antecedent [æntɪ'siːdənt] *n* antecedente
antelope ['æntɪləʊp] *n* antílope
antenatal [æntɪ'neɪtəl] *adj* prenatal
antenna [æn'tenə] *n* ♦ *(pl antennae* [æŋ'teniː]*) Zool (de animal, insecto)* antena ♦ *(pl antennas) TV Rad* antena
anthem ['ænθəm] *n* himno nacional
anthology [æn'θɒlədʒɪ] *n* antología
anthracite ['ænθrəsaɪt] *n* antracita
anthropology [ænθrə'pɒlədʒɪ] *n* antropología
antibiotic [æntɪbaɪ'ɒtɪk] *n* antibiótico
antibody ['æntɪbɒdɪ] *n* anticuerpo

anticipate [æn'tɪsɪpeɪt] *vtr* ◆ *(confiar)* esperar ◆ *(predecir)* prever; *(acontecimientos, movimientos)* anticiparse a
anticipation [æntɪsɪ'peɪʃən] *n* expectación, ilusión
anticlimax [æntɪ'klaɪmæks] *n (contrario a lo esperado)* decepción
anticlockwise [æntɪ'klɒkwaɪz] *adv* en sentido contrario a las agujas del reloj
antics ['æntɪks] *npl* ◆ payasadas ◆ *(de niños, etc)* travesuras
anticyclone [æntɪ'saɪkləʊn] *n* anticiclón
antidote ['æntɪdəʊt] *n* antídoto
antifreeze ['æntɪfriːz] *n* anticongelante
antihistamine [æntɪ'hɪstəmɪn] *n* antihistamínico
antinuclear [æntɪ'njuːklɪəʳ] *adj* antinuclear
antipathy [æn'tɪpəθɪ] *n* antipatía [**between,** entre], [**to/towards,** hacia/por]
antiquated ['æntɪkweɪtɪd] *adj* anticuado,-a
antique [æn'tiːk] **1** *adj* ◆ antiguo,-a ◆ *(mobiliario)* de época | **2** *n* antigüedad
antiquity [æn'tɪkwɪtɪ] *n* antigüedad
anti-Semitism [æntɪ'semɪtɪzəm] *n* antisemitismo
antiseptic [æntɪ'septɪk] *adj & n* antiséptico,-a
antisocial [æntɪ'səʊʃəl] *adj* ◆ *(contrario al orden o bien social)* antisocial, incívico,-a ◆ *(frío, reservado)* insociable
antithesis [æn'tɪθɪsɪs] *n* antítesis
antler ['æntləʳ] *n* cuerno, cuerna ◆ **antlers** *pl*, cornamenta
anus ['eɪnəs] *n* ano
anvil ['ænvɪl] *n* yunque
anxiety [æŋ'zaɪɪtɪ] *n* ◆ inquietud, preocupación ◆ *(deseo)* ansia
anxious ['æŋkʃəs] *adj* ◆ inquieto,-a, preocupado,-a; **to be a. about sthg,** estar preocupado,-a por algo ◆ *(entusiasmado)* ansioso,-a; **I am a. to meet him,** tengo muchas ganas de conocerle
any ['enɪ] **1** *adj* ◆ *(en preguntas, frases condicionales)* algún,-una, algo de: **are there a. apples left?,** ¿queda alguna manzana?; **have you got a. food?,** ¿tienes algo de comer?; **if you have a. questions, call me,** si tienes alguna pregunta, llámame ◆ *(en frases negativas)* ningún,-una: **I don't feel a. pain,** no siento ningún dolor ◆ *(no importa cuál)* cualquier(a): **come a. day,** ven cualquier día; **a. child could do it,** un niño podría hacerlo; **in a. case,** de todas formas | **2** *pron* ◆ *(en preguntas)* alguno,-a:

do you have a.?, ¿tienes alguno? ◆ *(en frases negativas)* ninguno,-a: **we don't want a.,** no queremos ninguno,-a ◆ *(no importa cuál)* cualquiera: **you can choose a. (one),** coge el *o* la que quieras | **3** *adv* ◆ **Alice doesn't live here a. more,** Alice ya no vive aquí ◆ **is she a. better?,** ¿está mejor?
anybody ['enɪbɒdɪ] *pron* ◆ *(en preguntas, frases condicionales)* alguien, alguno,-a: **does a. know what's happening?,** ¿alguien sabe lo que está pasando?; **if a. calls, tell me,** si alguien llama, dímelo ◆ *(en frases negativas)* nadie, ninguno,-a: **there wasn't a. in the street,** no había nadie en la calle; **I can't see a.,** no veo a nadie ◆ *(no importa quién)* cualquiera: **he's the boss - he's not just a.,** es el jefe, no es un cualquiera; **a. could understand it,** cualquiera podría entenderlo; **that's a.'s guess,** nadie lo sabe
anyhow ['enɪhaʊ] *adv* ◆ *(sin embargo)* en todo caso, de todas maneras ◆ *(al cambiar de tema)* bueno, pues ◆ en desorden, de cualquier modo *o* forma
anyone ['enɪwʌn] *pron* → **anybody**
anyplace ['enɪpleɪs] *adv US* → **anywhere**
anything ['enɪθɪŋ] **1** *pron* ◆ *(en preguntas, frases condicionales)* algo, alguna cosa: **would you like a. to drink?,** ¿quieres beber algo?; **if you have a. to say, say it now,** si tienes algo que decir, dilo ahora ◆ **if a., things are worse than before,** las cosas van peor que antes, si cabe ◆ *(en frases negativas)* nada: **he didn't say a.,** no dijo nada; **hardly a.,** casi nada ◆ *(no importa qué)* cualquier cosa: **he was so desperate that he would eat a.,** estaba tan desesperado que comería cualquier cosa; **a. but that,** todo menos eso ◆ | LOC: **like a.,** a más no poder
anyway ['enɪweɪ] *adv* → **anyhow**
anywhere ['enɪweəʳ] *adv* ◆ *(en preguntas, frases condicionales) (situación)* en alguna parte: **is there a photocopier a.?,** ¿hay una fotocopiadora en alguna parte?; *(movimiento)* a alguna parte: **did you go a. at the weekend?,** ¿fuiste a algún sitio este fin de semana? ◆ *(en frases negativas) (situación)* en ninguna parte: **I can't find my keys a.,** no encuentro mis llaves por ningún sitio; *(movimiento)* a ninguna parte; **she isn't going anywhere,** ella no va a ir a ningún sitio ◆ *(no importa dónde)* dondequiera, en cualquier parte: **go a. you like,**

ve a donde quieras ♦ | LOC: **they aren't a. near ready,** no están listos, ni mucho menos

apart [ə'pɑːt] *adv* ♦ aparte; **to come/fall a.,** romperse, deshacerse; **to take a.,** desmontar; **to tear a.,** hacer trizas ♦ *(distancia)* alejado,-a; *(separación)* separado,-a: **the two towns are ten kilometres a.,** los dos pueblos están a diez kilómetros el uno del otro; **I can't tell them a.,** no los distingo (el uno del otro) ♦ *(exclusión)* **a. from,** aparte de; **joking a.,** ahora en serio ♦ | LOC: **he can't tell chalk from cheese,** no se entera de nada

apartment [ə'pɑːtmənt] *n* ♦ *US (vivienda)* piso, apartamento; **a. block,** bloque de pisos ➢ Ver nota en **piso** ♦ *frml* salón

apathetic [æpə'θetɪk] *adj* apático,-a

apathy ['æpəθɪ] *n* apatía

ape [eɪp] **1** *n* Zool mono, simio | **2** *vtr* imitar, copiar

aperture ['æpətʃər] *n* ♦ abertura; *(grieta)* rendija, ranura ♦ *Fot* abertura

apex ['eɪpeks] *n* ápice, cumbre

apiece [ə'piːs] *adv* cada uno,-a: **they had a biscuit a.,** comieron una galleta cada uno

aplomb [ə'plɒm] *n* aplomo

apocalypse [ə'pɒkəlɪps] *n* apocalipsis

apologetic [əpɒlə'dʒetɪk] *adj (carta, gesto)* de disculpa; **to be a.,** pedir perdón

apologetically [əpɒlə'dʒetɪklɪ] *adv* disculpándose *o* pidiendo perdón

apologize [ə'pɒlədʒaɪz] *vi* disculparse [**to sb for sthg**, con alguien por algo]; *(letrero)* **we a. for the inconvenience,** perdonen las molestias

apology [ə'pɒlədʒɪ] *n* disculpa, excusa: **you owe me an a.,** me debes una disculpa; *(a menudo pl)* **please accept my apologies,** le ruego me disculpe

apostle [ə'pɒsəl] *n* apóstol

apostrophe [ə'pɒstrəfɪ] *n* ♦ *(signo gráfico)* apóstrofo ♦ *(figura retórica)* apóstrofe

appal, *US* **appall** [ə'pɔːl] *vtr* horrorizar; **to be appalled by sthg,** quedar horrorizado,-a por algo

appalling [ə'pɔːlɪŋ] *adj* ♦ *(terrible)* atroz, horroroso,-a ♦ *(de ínfima calidad)* pésimo,-a, fatal

apparatus [æpə'reɪtəs] *n* aparato; equipo

apparent [ə'pærənt] *adj* ♦ *(obvio)* evidente, claro,-a: **it is a. that...,** está claro que... ♦ *(simulado)* aparente, pretendido,-a

apparently [ə'pærəntlɪ] *adv* ♦ por lo visto ♦ *(supuestamente)* aparentemente

apparition [æpə'rɪʃən] *n* ♦ *(acción)* aparición ♦ fantasma

appeal [ə'piːl] **1** *n* ♦ *(cuestación)* llamamiento, solicitud, súplica ♦ *(encanto)* atractivo ♦ *Jur* apelación | **2** *vi* ♦ pedir, rogar, suplicar [**to, a**]; **to a. to sb for sthg,** pedir algo a alguien ♦ *(al sentido común, etc)* apelar a ♦ atraer, interesar: **it doesn't a. to me,** no me llama la atención ♦ *Jur* apelar

appealing [ə'piːlɪŋ] *adj (persona)* atractivo,-a, atrayente; *(idea)* interesante

appear [ə'pɪər] *vi* ♦ *(hacerse visible)* aparecer ♦ *(en público)* presentarse, salir, actuar: **she has recently appeared in *King Lear*,** recientemente ha actuado en *El Rey Lear;* **to a. on television,** salir en la televisión ♦ **to a. before a court,** comparecer ante un tribunal ♦ *(semejar)* parecer; **they a. happy,** parecen contentos ➢ Ver nota en **parecer**

appearance [ə'pɪərəns] *n* ♦ *(acción)* aparición ♦ *(en público)* presentación, actuación; *(de libro)* publicación ♦ *(ante un tribunal)* comparecencia ♦ apariencia, aspecto; **to keep up appearances,** salvar las apariencias

appease [ə'piːz] *vtr frml* apaciguar, aplacar

appeasement [ə'piːzmənt] *n Pol* contemporización

appendicitis [əpendɪ'saɪtɪs] *n* apendicitis

appendix [ə'pendɪks] *n (pl* **appendices** [ə'pendɪsiːz]) apéndice ➢ Ver nota en **apéndice**

appetite ['æpɪtaɪt] *n* apetito; *fig* deseo

appetizer ['æpɪtaɪzər] *n* aperitivo

applaud [ə'plɔːd] *vtr & vi* aplaudir

applause [ə'plɔːz] *n* aplausos

apple ['æpəl] *n* ♦ manzana ♦ **a. tree,** manzano ♦ | LOC: **the Big A.,** Nueva York

appliance [ə'plaɪəns] *n* dispositivo

applicable [ə'plɪkəbəl] *adj* aplicable

applicant ['æplɪkənt] *n* ♦ *(a un puesto)* candidato,-a ♦ *(de una prestación, un crédito)* solicitante

application [æplɪ'keɪʃən] *n* ♦ *(de maquillaje, pomada, pintura, etc)* aplicación ♦ *Inform* aplicación ♦ *(para un trabajo, una beca)* solicitud [**for, de**]; **a. form,** (impreso de) solicitud ♦ *(entrega)* aplicación: **he lacks a.,** no se aplica

applied [ə'plaɪd] *adj* aplicado,-a

apply [ə'plaɪ] 1 *vtr* ◆ *(maquillaje, pomada, pintura, etc)* aplicar ◆ *Auto (freno)* poner ◆ *(la ley)* imponer; *(fuerza)* usar; **to a. oneself to,** dedicarse a | 2 *vi* ◆ *(referirse a)* aplicarse [**to,** a]: **delete what does not a.,** tacha lo que no sea pertinente ◆ *(puesto de trabajo)* solicitar, presentarse
■ **apply for** *vtr* ◆ *(trabajo, información)* solicitar ◆ *(entradas, etc)* pedir

appoint [ə'pɔɪnt] *vtr* ◆ *(persona)* nombrar, designar ◆ *(hora)* fijar, señalar

appointment [ə'pɔɪntmənt] *n* ◆ *(encuentro)* cita; **to make an a. with,** citarse con; *(peluquería, dentista, etc)* pedir hora a; **to keep an a.,** acudir a una cita ◆ *(a un puesto)* nombramiento ◆ *(puesto)* cargo

appraisal [ə'preɪzəl] *n* evaluación

appreciable [ə'priːʃəbəl] *adj* ◆ *(diferencia)* apreciable ◆ *(cantidad)* importante

appreciate [ə'priːʃɪeɪt] 1 *vtr* ◆ apreciar, valorar: **I a. good wine,** aprecio el buen vino ◆ *(reconocer)* entender: **we a. the problem,** nos damos cuenta del problema ◆ agradecer: **I a. your help,** agradezco tu ayuda | 2 *vi Fin* apreciarse, valorarse

> Cuando **to appreciate** significa *agradecer* o *entender* va seguido de un sustantivo, un gerundio o una frase subordinada introducida por **appreciate (it) that...** Cuando hay complemento directo, delante del gerundio debes usar un adjetivo posesivo, si bien en situaciones menos formales puedes optar por un pronombre personal: **I appreciate your/you wanting to help** o **I appreciate (it) that you want to help.** *Agradezco que quieras ayudar.*

appreciation [əpriːʃɪ'eɪʃən] *n* ◆ *(por un consejo)* agradecimiento ◆ *(de un problema)* apreciación, comprensión ◆ *(por el vino, el arte, etc)* aprecio ◆ *(estimación)* evaluación ◆ *Fin* apreciación, aumento en valor

appreciative [ə'priːʃɪətɪv] *adj* ◆ *(por un consejo)* agradecido,-a ◆ *(público)* atento,-a, apreciativo,-a

apprehend [æprɪ'hend] *vtr* ◆ *(arrestar)* detener ◆ *frml* recelar

apprehension [æprɪ'henʃən] *n* ◆ *(arresto)* detención ◆ *(miedo)* aprensión

apprehensive [æprɪ'hensɪv] *adj* aprensivo,-a

apprentice [ə'prentɪs] *n* aprendiz(a)

apprenticeship [ə'prentɪsʃɪp] *n* aprendizaje

approach [ə'prəʊtʃ] 1 *n* ◆ *(movimiento)* acercamiento ◆ *(a un sitio)* acceso ◆ *(de un problema)* enfoque ◆ *(oferta)* propuesta | 2 *vtr* ◆ *(movimiento)* acercarse a ◆ *fig (asunto)* abordar: **let's a. the problem from another angle,** enfoquemos el problema desde otro ángulo ◆ *(persona)* dirigirse a [**about,** a propósito de] | 3 *vi* acercarse: **the train now approaching...,** el tren que se está aproximando...

approachable [ə'prəʊtʃəbəl] *adj (persona)* accesible

appropriate¹ [ə'prəʊprɪɪt] *adj* ◆ apropiado,-a, adecuado,-a: **this film is not a. for children,** esta película no es apta para niños ◆ *(conveniente)* oportuno,-a: **come at a more a. moment,** venga en un momento más oportuno

appropriate² [ə'prəʊprɪeɪt] *vtr* ◆ *(partida de dinero)* asignar, destinar ◆ *(robar)* apropiarse de

approval [ə'pruːvəl] *n* aprobación, visto bueno

approve [ə'pruːv] 1 *vtr* aprobar | 2 *vi* estar de acuerdo
■ **approve of** *vtr* ◆ *(plan)* aprobar ◆ *(persona)* tener buena opinión de

approving [ə'pruːvɪŋ] *adj (gesto, mirada, etc)* de aprobación

approx. [ə'prɒks] *(abr de* **approximately)** aprox.

approximate [ə'prɒksɪmɪt] 1 *adj* aproximado,-a | 2 [ə'prɒksɪmeɪt] *vtr* aproximarse a

approximately [ə'prɒksɪmətlɪ] *adv* aproximadamente

APR *(abr de* **Annual Percentage Rate)** Tasa Anual Equivalente, TAE

apricot ['eɪprɪkɒt] *n* albaricoque

April ['eɪprəl] *n* abril; **A. Fools' Day,** uno de abril ≈ día de los Santos Inocentes (28 de diciembre)

apron ['eɪprən] *n* ◆ delantal ◆ *(de albañil, masón)* mandil ◆ *Av* pista ◆ *Teat* proscenio

apt [æpt] *adj* ◆ *(nombre, apodo)* apropiado,-a; *(comentario)* acertado,-a, oportuno,-a ◆ propenso,-a: **she is a. to forget,** a menudo se olvida

aptitude ['æptɪtjuːd] *n (habilidad)* aptitud, capacidad; **a. test,** prueba de aptitud

aptly ['æptlɪ] *adv* acertadamente; **a. named,** bien llamado,-a

aqualung® ['ækwəlʌŋ] *n* escafandra autónoma
aquamarine [ækwəmə'ri:n] **1** *n Min* aguamarina | **2** *adj* de color aguamarina
aquarium [ə'kweərɪəm] *n* acuario
Aquarius [ə'kweərɪəs] *n* Acuario
aquatic [ə'kwætɪk] *adj* acuático,-a
aqueduct ['ækwɪdʌkt] *n* acueducto
Arab ['ærəb] *adj* & *n* árabe
Arabian [ə'reɪbɪən] *adj* & *n* árabe
Arabic ['ærəbɪk] **1** *adj* árabe, arábigo,-a; **A. numeral,** número arábigo | **2** *n (idioma)* árabe
arbitrary ['ɑ:bɪtrərɪ] *adj* arbitrario,-a
arbitrate ['ɑ:bɪtreɪt] *vtr* & *vi* arbitrar
arbitration [ɑ:bɪ'treɪʃən] *n* arbitraje
arc [ɑ:k] *n* arco
arcade [ɑ:'keɪd] *n* ◆ arcada, soportales ◆ **shopping a.,** galería comercial
arch [ɑ:tʃ] **1** *n* ◆ *Arquit* arco ◆ *Anat* empeine | **2** *vtr (la espalda)* arquear
archaeologist [ɑ:kɪ'ɒlədʒɪst] *n* arqueólogo,-a
archaeology [ɑ:kɪ'ɒlədʒɪ] *n* arqueología
archaic [ɑ:'keɪɪk] *adj* arcaico,-a
archbishop [ɑ:tʃ'bɪʃəp] *n* arzobispo
archeology [ɑ:kɪ'ɒlədʒɪ] *n US* → **archaeology**
archer ['ɑ:tʃə'] *n* arquero,-a
archery ['ɑ:tʃərɪ] *n* tiro con arco
archetypal ['ɑ:kɪtaɪpəl] *adj* arquetípico,-a
archipelago [ɑ:kɪ'pelɪgəʊ] *n* archipiélago
architect ['ɑ:kɪtekt] *n* arquitecto,-a
architectural [ɑ:kɪ'tektʃərəl] *adj* arquitectónico,-a
architecture ['ɑ:kɪtektʃə'] *n* arquitectura
archives ['ɑ:kaɪvz] *npl* archivos
arctic ['ɑ:ktɪk] **1** *adj* ártico,-a; **A. Circle,** Círculo Polar Ártico | **2 the A.,** el Ártico
ardent ['ɑ:dənt] *adj* ◆ *(amante, partidario)* apasionado,-a ◆ *(deseo, súplica)* ferviente, ardiente
ardour, *US* **ardor** ['ɑ:də'] *n* pasión, ardor
arduous ['ɑ:djʊəs] *adj* arduo,-a, penoso,-a
are [ɑ:'] → **be**
area ['eərɪə] *n* ◆ área, superficie, extensión: **the a. of the room is...,** la superficie de la habitación es de... ◆ *Geog* región; **the Amazon a.,** la región del Amazonas; *(de ciudad)* zona; *fig (de ciencia, etc)* campo; *Tel* **a. code,** prefijo local
arena [ə'ri:nə] *n* ◆ *Dep* estadio; *Taur* plaza; *(circo)* pista ◆ *fig Pol Mil* campo de batalla
Argentina [ɑ:dʒən'ti:nə] *n* Argentina
Argentinian [ɑ:dʒən'tɪnɪən] *adj* & *n* argentino,-a
arguable [ɑ:gjʊəbəl] *adj* ◆ *(en sentido negativo)* discutible ◆ *(en sentido más positivo)* defendible
arguably [ɑ:gjʊəblɪ] *adv* **it's a. the worst,** podría decirse que es el peor
argue ['ɑ:gju:] **1** *vtr* ◆ *(un caso)* exponer ◆ *(opinion)* defender, sostener ◆ *(debatir)* discutir, razonar (acerca de) | **2** *vi* ◆ *(dos personas)* discutir ◆ *(tesis)* razonar, argumentar [**for,** a favor de, por] [**against,** contra]
argument ['ɑ:gjʊmənt] *n* ◆ *(debate)* argumento [**for,** a favor de] [**against,** en contra de] ◆ discusión, pelea; **to have an a.,** discutir, pelearse [**with,** con]
argumentative [ɑ:gjʊ'mentətɪv] *adj* discutidor,-ora
arid ['ærɪd] *adj* árido,-a
Aries ['eərɪ:z] *n* Aries
arise [ə'raɪz] *vi (ps arose; pp arisen* [ə'rɪzən]*)* ◆ *frml* levantarse ◆ *(aparecer)* surgir, presentarse: **if the question arises,** si se plantea la cuestión
aristocracy [ærɪ'stɒkrəsɪ] *n* aristocracia
aristocrat ['ærɪstəkræt] *n* aristócrata
arithmetic [ə'rɪθmətɪk] *n* aritmética
arm [ɑ:m] **1** *n* ◆ *Anat* brazo; **a. in a.,** cogidos del brazo ◆ *(de una prenda)* manga; *(de una silla)* brazo ◆ *Mil* **arms** *pl,* armas; **to be up in arms,** poner el grito en el cielo [**about,** a causa de] | **2** *vtr* armar
armaments ['ɑ:məmənts] *npl* armamentos
armchair ['ɑ:mtʃeə'] *n* sillón, butaca
armed ['ɑ:md] *adj* armado,-a; **a. robbery,** robo a mano armada
armistice ['ɑ:mɪstɪs] *n* armisticio
armour, *US* **armor** ['ɑ:mə'] **1** *n* ◆ *(de vehículo)* blindaje ◆ *(de persona)* armadura | **2** *vtr* blindar
armoured car, *US* **armored car** [ɑ:məd'kɑ:'] *n* carro blindado, tanqueta
armour-plated ['ɑ:məpleɪtɪd] *adj* acorazado,-a, blindado,-a
armoury, *US* **armory** ['ɑ:mərɪ] *n* arsenal
armpit ['ɑ:mpɪt] *n* axila, sobaco
army ['ɑ:mɪ] *n* ejército
aroma [ə'rəʊmə] *n* aroma

arose [əˈrəʊz] *ps* → **arise**
around [əˈraʊnd] **1** *adv* ◆ alrededor; **to look a.**, mirar (a su) alrededor; **all a.**, por todas partes ◆ **to turn a.**, dar la vuelta ◆ cerca: **is the boss a.?**, ¿está el jefe (por aquí)? | **2** *prep* ◆ alrededor de ◆ **just a. the corner**, a la vuelta de la esquina ◆ por; **a trip a. France**, una vuelta por Francia ◆ cerca; **a. here**, por aquí ◆ aproximadamente
arouse [əˈraʊz] *vtr* ◆ *frml* despertar ◆ *(sexualmente)* excitar ➢ Ver nota en **despertar**
arrange [əˈreɪndʒ] **1** *vtr* ◆ *(poner en orden)* ordenar; *(pelo, flores)* arreglar, colocar ◆ *Mús* arreglar ◆ *(reunión)* organizar; *(hora, precio)* fijar, quedar en: **we arranged to meet at six**, quedamos a las seis; **arranged marriage**, boda concertada por las familias de los novios | **2** *vi* **to a. for sthg to happen**, arreglar las cosas para que suceda algo
arrangement [əˈreɪndʒmənt] *n* ◆ arreglo, colocación ◆ *Mús* adaptación, arreglo ◆ *(trato)* acuerdo, convenio ◆ **arrangements** *pl*, planes: **what are your a.?**, ¿cuáles son tus planes?; *(arreglos)* preparativos: **the arrangements for the wedding**, los preparativos para la boda
array [əˈreɪ] *n* colección, selección
arrears [əˈrɪəz] *npl* ◆ atrasos; **to fall/get into a.**, atrasarse en los pagos ◆ **to be paid a month in a.**, cobrar a mes vencido
arrest [əˈrest] **1** *n* detención, arresto: **you're under a.**, queda detenido | **2** *vtr* ◆ *(a un criminal)* detener ◆ *frml (desarrollo)* frenar
arresting [əˈrestɪŋ] *adj* llamativo,-a
arrival [əˈraɪvəl] *n* ◆ llegada ◆ persona o cosa que llega
arrive [əˈraɪv] *vi* llegar [**at, in,** a]
arrogance [ˈærəgəns] *n* arrogancia
arrogant [ˈærəgənt] *adj* arrogante, prepotente
arrow [ˈærəʊ] *n* flecha
arse [ɑːs] *n vulgar* culo
arsenal [ˈɑːsənəl] *n* arsenal
arsenic [ˈɑːsənɪk] *n* arsénico
arson [ˈɑːsən] *n* incendio provocado
art [ɑːt] *n* ◆ arte; **a. gallery**, galería de arte ◆ *(destreza)* **the a. of public speaking**, el arte de la oratoria ◆ **the arts** *pl*, las bellas artes; **arts and crafts**, artes y oficios ◆ *(asignatura de colegio)* dibujo ◆ *Univ (a diferencia de las Ciencias)* Letras
artery [ˈɑːtərɪ] *n* arteria

artful [ˈɑːtfʊl] *adj* astuto,-a, ladino,-a
arthritis [ɑːˈθraɪtɪs] *n* artritis
artichoke [ˈɑːtɪtʃəʊk] *n* alcachofa
article [ˈɑːtɪkəl] *n* ◆ *(objeto)* artículo, cosa; **a. of clothing**, prenda (de vestir) ◆ *Prensa* artículo
articulate¹ [ɑːˈtɪkjʊlɪt] *adj* ◆ *(persona)* elocuente ◆ *(discurso)* claro,-a, bien construido,-a
articulate² [ɑːˈtɪkjʊleɪt] **1** *vtr* articular; *GB* **articulated lorry**, camión articulado ◆ *(palabras)* articular, pronunciar ◆ *(emociones)* expresar
artificial [ɑːtɪˈfɪʃəl] *adj* ◆ artificial; *(pelo)* postizo,-a; *(miembro, pierna)* ortopédico,-a ◆ *(sonrisa, etc)* forzado,-a
artillery [ɑːˈtɪlərɪ] *n* artillería
artisan [ˈɑːtɪzæn] *n* artesano,-a
artist [ˈɑːtɪst] *n* artista, pintor,-ora
artistic [ɑːˈtɪstɪk] *adj* artístico,-a
artistry [ˈɑːtɪstrɪ] *n* arte, maestría
artwork [ˈɑːtwɜːk] *n* material gráfico, ilustraciones
as [æz, forma débil əz] *adv* & *conj* ◆ *(comparación)* **as… as…**, tan… como…: **he's not as clever as you**, no es tan listo como tú; **as far as**, hasta; **as good as gold**, tan bueno como el pan; **stay as long as you want**, quédate todo el tiempo que quieras; **as many as**, tantos,-as como; **as much as**, tanto,-a como; **as soon as possible**, cuanto antes; **just as good**, igual de bueno,-a; **men such as him**, hombres como él; **the same as**, igual que; **twice as expensive**, dos veces más caro,-a ➢ Ver nota en **más** ◆ *(modo)* como: **he's working as a builder**, está trabajando de albañil; **it serves as a desk**, sirve de escritorio; **he was disguised as a fox**, iba disfrazado de zorro; **as you like/wish**, como quieras; **as I said**, como dije; **as a rule**, por regla general; **as usual**, como siempre; **as from, as of**, a partir de; **as yet**, aún, todavía ➢ Ver nota en **como** ◆ *(tiempo)* cuando, mientras (que): **as I was having lunch the phone rang**, mientras comía sonó el teléfono; **as they left the building they began to sing**, al salir del edificio se pusieron a cantar; **as a youth**, de joven ◆ *(concesión)* no obstante, aunque; **be that as it may**, por mucho que así sea ◆ *(causa)* como, ya que: **as it's so hot you can go home**, ya que hace tanto calor podéis iros a casa ◆ *(de la misma manera)* igual que: **as do I**, igual que yo; **as well**, también ◆ *(resultado)* para; **so as to do sthg**, para ha-

cer algo ♦ **to act as if,** actuar como si: **he acted as if he was drunk,** actuaba como si estuviera borracho; **it looks as if it's going to rain,** parece que va a llover ♦ **as it were,** por así decirlo ♦ **as long as,** *(sólo si)* siempre que: **as long as you're happy,** siempre que seas feliz ♦ *(relativo a)* **as far as I'm concerned,** por lo que a mí respecta; **as for my brother,** en cuanto a mi hermano; **as regards,** en cuanto a, por lo que se refiere a

asbestos [æz'bestəs] *n* amianto, asbesto
ascend [ə'send] *vi* subir, ascender
ascent [ə'sent] *n* subida
ascertain [æsə'teɪn] *vtr* averiguar, establecer
ascribe [ə'skraɪb] *vtr* atribuir [**to,** a]
aseptic [ə'septɪk] *adj* aséptico,-a
ash[1] [æʃ] *n Bot* fresno
ash[2] [æʃ] *n* ♦ ceniza ♦ *Rel* **A. Wednesday,** Miércoles de Ceniza
ashamed [ə'ʃeɪmd] *adj* avergonzado,-a; **to be a.,** avergonzarse [**at/of,** de], [**for,** por]: **I'm a. of you,** me avergüenzo de ti ➢ Ver nota en **ablaze**
ashen ['æʃən] *adj (cara)* pálido,-a
ashore [ə'ʃɔːr] *adv* ♦ *(posición)* en tierra ♦ *(dirección)* a o hacia tierra; **to go a.,** desembarcar; **to swim a.,** nadar hacia tierra
ashtray ['æʃtreɪ] *n* cenicero
Asia ['eɪʒə] *n* Asia; **A. Minor,** Asia Menor
Asian ['eɪʒən] *adj & n* asiático,-a
aside [ə'saɪd] **1** *adv* al lado, aparte; **to put a.,** poner a un lado; *(dinero)* guardar | **2** *prep* **a. from** aparte de: **a. from his wife he was alone,** aparte de su mujer estaba solo | **3** *n Teat* aparte
ask [ɑːsk] **1** *vtr* ♦ preguntar; **to a. sb a question,** preguntar algo a alguien ♦ *(un favor, etc)* pedir; **to a. sb to do sthg,** pedirle a alguien que haga algo ♦ invitar | **2** *vi* ♦ preguntar ♦ solicitar, pedir

Recuerda que cuando **to ask** significa *pedir (algo a alguien)* va acompañado de un complemento más el infinitivo con **to**: **He asked me to help him.** *Me pidió que le ayudase.*

■ **ask about/after** *vtr* **to a. after/about sb,** preguntar por alguien
■ **ask back** *vtr* volver a invitar
■ **ask for** *vtr* ♦ *(ayuda, dinero, etc)* pedir, solicitar; **to a. sb for sthg,** pedirle algo a alguien ♦ *(persona)* preguntar por: **ask for the boss,** pregunta por el jefe

■ **ask in** *vtr* **to a. sb in,** invitar a alguien a pasar
■ **ask out** *vtr* **to a. sb out,** invitar a alguien a salir
■ **ask round** *vtr* **to a. sb round,** invitar a alguien a casa
asleep [ə'sliːp] *adj* dormido,-a; **to fall a.,** quedarse dormido,-a ➢ Ver nota en **ablaze**

No puedes emplear **asleep** delante de sustantivos, ya que sólo aparece después de un verbo: **He was asleep.** *Estaba dormido.* **Un perro dormido** se traduce por **a sleeping dog.**

asparagus [ə'spærəgəs] *n inv* espárragos
aspect ['æspekt] *n* aspecto
asphalt ['æsfælt] *n* asfalto
asphyxiate [æs'fɪksɪeɪt] **1** *vtr* asfixiar | **2** *vi* asfixiarse
asphyxiation [æsfɪksɪ'eɪʃən] *n* asfixia
aspiration [æspə'reɪʃən] *n* aspiración
aspire [ə'spaɪər] *vi* aspirar [**to,** a]
aspirin ♦ ['æsprɪn] *n* aspirina®
ass[1] [æs] *n* ♦ *Zool* asno,-a ♦ *fam (persona)* burro,-a
ass[2] [æs] *n US vulgar* culo
assailant [ə'seɪlənt] *n* agresor,-ora
assassin [ə'sæsɪn] *n* asesino,-a (por motivos políticos), *(de una persona importante)* magnicida ➢ Ver nota en **asesinar**
assassinate [ə'sæsɪneɪt] *vtr* asesinar (por motivos políticos) ➢ Ver nota en **asesinar**
assassination [əsæsɪ'neɪʃən] *n* asesinato (por motivos políticos), *(de una persona importante)* magnicidio ➢ Ver nota en **asesinar**
assault [ə'sɔːlt] **1** *n* ♦ *Mil* asalto, ataque [**on,** a] ♦ *Jur* agresión | **2** *vtr* ♦ *Mil* asaltar, atacar ♦ *Jur* agredir; *(sexualmente)* acosar
assemble [ə'sembəl] **1** *vtr* ♦ *(a personas)* reunir, juntar ♦ *(una máquina, un mueble)* montar | **2** *vi (personas)* reunirse, juntarse
assembly [ə'semblɪ] *n* ♦ reunión, asamblea ♦ *Téc Ind* montaje
assent [ə'sent] **1** *n (acuerdo)* asentimiento; *(permiso)* consentimiento; *(visto bueno)* aprobación | **2** *vi* asentir, consentir [**to,** en]
assert [ə'sɜːt] *vtr* ♦ afirmar, declarar ♦ *(derechos, etc)* hacer valer ♦ **to a. oneself,** imponerse [**over,** sobre]
assertive [ə'sɜːtɪv] *adj* enérgico,-a, firme

assess [ə'ses] *vtr* ◆ *(el valor de algo)* valorar, tasar; *(una cantidad)* calcular ◆ *(impuestos)* gravar ◆ *(una situación)* evaluar

assessment [ə'sesmənt] *n* ◆ *(del valor de algo)* tasación, valoración; *(de una cantidad)* cálculo ◆ *(de impuestos)* gravamen ◆ *(de una situación)* juicio, evaluación

assessor [ə'sesəʳ] *n* asesor,-ora

asset ['æset] *n* ◆ ventaja, recurso: **she's a great a. to us,** nos es de gran valor ◆ *Fin* **assets** *pl,* activo; **fixed assets,** activo inmovilizado

assiduous [ə'sɪdjʊəs] *adj* asiduo,-a

assign [ə'saɪn] *vtr* ◆ *(una tarea)* asignar ◆ *(una propiedad)* ceder ◆ *(a una persona)* designar, nombrar

assignment [ə'saɪnmənt] *n* ◆ *(acción)* asignación ◆ *(trabajo)* tarea, misión ◆ *(encuentro)* cita

assimilate [ə'sɪmɪleɪt] *vtr* asimilar

assist [ə'sɪst] *vtr & vi* ayudar

assistance [ə'sɪstəns] *n* ayuda, auxilio

assistant [ə'sɪstənt] *n* ayudante ◆ **shop a.,** dependiente,-a ◆ *Educ* **(language) a.,** lector,-ora

associate[1] [ə'səʊʃieɪt] **1** *vtr* ◆ *(hechos, ideas)* relacionar, asociar ◆ *(empresas)* asociar ◆ vincular; **to be associated with sb/sthg,** estar vinculado,-a a alguien/algo | **2** *vi* **to a. with sb,** tratar/relacionarse con alguien

associate[2] [ə'səʊʃiɪt] **1** *adj* asociado,-a | **2** *n* ◆ *(colega)* compañero,-a, socio,-a ◆ *Jur (de un crimen)* cómplice

association [əsəʊsɪ'eɪʃəl] *n* ◆ *(conexión)* asociación, relación ◆ *(empresa)* sociedad

assorted [ə'sɔːtɪd] *adj* variado,-a

assortment [ə'sɔːtmənt] *n* surtido, variedad

assume [ə'sjuːm] **1** *vtr* ◆ suponer ◆ *frml (el poder, mando)* asumir; *(una postura, un nombre)* adoptar | **2** *vi* suponer

assumption [ə'sʌmpʃən] *n* ◆ *(idea)* suposición, supuesto ◆ *(de poder)* toma

assurance [ə'ʃʊərəns] *n* ◆ garantía: **can I have your a. that it is legal?,** ¿me garantiza que es legal? ◆ *(confianza en sí mismo)* seguridad, aplomo ◆ *Com* seguro (de vida)

assure [ə'ʃʊəʳ] *vtr* asegurar

asterisk ['æstərɪsk] *n* asterisco

asthma ['æsmə] *n* asma

astonish [ə'stɒnɪʃ] *vtr* asombrar, pasmar; **to be astonished,** quedarse asombrado,-a **[at,** de]

astonishing [ə'stɒnɪʃɪŋ] *adj* asombroso,-a, pasmoso,-a

astonishment [ə'stɒnɪʃmənt] *n* asombro; **to his a.,** para su gran asombro

astound [ə'staʊnd] *vtr* asombrar, dejar estupefacto,-a

astray [ə'streɪ] *adv* **to go a.,** extraviarse; *fig* equivocarse, descarriarse; **to lead a.,** llevar por el mal camino

astride [ə'straɪd] *prep* a horcajadas en

astrology [ə'strɒlədʒɪ] *n* astrología

astronaut ['æstrənɔːt] *n* astronauta

astronomer [ə'strɒnəməʳ] *n* astrónomo,-a

astronomical [æstrə'nɒmɪkəl] *adj* astronómico,-a

astronomy [ə'strɒnəmɪ] *n* astronomía

astute [ə'stjuːt] *adj* ◆ *(persona)* listo,-a, astuto,-a ◆ *(decisión)* inteligente

asylum [ə'saɪləm] *n* ◆ *(protección)* asilo; **to ask for political a.,** pedir asilo político ◆ **(mental) a.,** manicomio

at [æt] *prep* ◆ *(posición)* a, en; **at the airport,** en el aeropuerto; **at the door,** en la puerta; *(en ciertos casos sin artículo):* **at school/work/home/church/university/college,** en el instituto/el trabajo/casa/la iglesia/la universidad/el colegio ◆ *(hacia)* a; **to laugh at sb,** reírse de alguien; **to look at sthg/sb,** mirar algo/a alguien; **to throw sthg at sb,** tirarle algo a alguien ◆ *(tiempo)* a, en; **at Christmas,** en Navidad; **at ten o'clock,** a las diez; **at the weekend,** el fin de semana; **at first,** al principio; **at last,** por fin; **at once,** en seguida; **at the moment,** ahora ◆ *(al expresar la edad)* **he died at ninety,** murió con noventa años ◆ *(modo)* a, en; **at best/worst,** en el mejor/peor de los casos; **at least,** por lo menos ◆ *(velocidad, precio, etc)* a: **I sold them at a dollar each,** los vendí a un dólar la unidad; **at ten kilometres an hour,** a diez kilómetros por hora ◆ **she's good at tennis,** se le da bien el tenis

ate [et, eɪt] *ps* → **eat**

atheism ['eɪθɪɪzəm] *n* ateísmo

atheist ['eɪθɪɪst] *n* ateo,-a

athlete ['æθliːt] *n* atleta

athletic [æθ'letɪk] **1** *adj* atlético,-a | **2** *npl* **athletics,** atletismo

Atlantic [ət'læntɪk] *adj* **the A. (Ocean),** el (océano) Atlántico

atlas ['ætləs] *n* atlas

atmosphere ['ætməsfɪəʳ] *n* ◆ *Meteor* atmósfera ◆ *(entorno)* ambiente

atmospheric [ætməs'ferɪk] *adj* atmosférico,-a

atom ['ætəm] *n* átomo
atomic [ə'tɒmɪk] *adj* atómico,-a; **a. weapons,** armas nucleares
atrocious [ə'trəʊʃəs] *adj* atroz
atrocity [ə'trɒsɪtɪ] *n* atrocidad
attach [ə'tætʃ] *vtr* ◆ *(asegurar)* sujetar, atar ◆ *(documento)* adjuntar ◆ *(importancia, valor)* dar ◆ | LOC: **no strings attached,** sin compromiso
attaché [ə'tæʃeɪ] *n* agregado,-a; **a. case,** portafolios
attached [ə'tætʃt] *adj* ◆ *(documento)* adjunto ◆ *fig* **to be a. to,** *(querer)* tener cariño a; **to become a. to,** encariñarse con
attachment [ə'tætʃmənt] *n* ◆ *Téc* accesorio ◆ *(acción)* acoplamiento ◆ *(apego)* cariño [**to,** por]
attack [ə'tæk] **1** *n* ◆ *(físico)* ataque, asalto ◆ *(terrorista)* atentado [**on,** contra] ◆ *Med* ataque | **2** *vtr* ◆ *(físicamente)* atacar, asaltar ◆ *(un problema)* abordar, *(un trabajo)* emprender ◆ *fig* criticar, atacar
attacker [ə'tækəʳ] *n* asaltante, agresor,-ora
attain [ə'teɪn] *vtr* ◆ *(un objetivo)* lograr, conseguir ◆ *(una edad, etc)* alcanzar
attainment [ə'teɪnmənt] *n* logro
attempt [ə'tempt] **1** *n* ◆ intento, tentativa; **to make an a.,** intentar [**to,** -]; **at the first a.,** a la primera ◆ atentado [**on sb's life,** contra la vida de alguien] | **2** *vtr* ensayar, intentar; **to a. to do sthg,** intentar hacer algo
attend [ə'tend] **1** *vtr* ◆ *(una reunión, etc)* asistir a ◆ *(la mesa)* servir ◆ *Med, etc* atender, cuidar | **2** *vi* ◆ *(estar presente)* asistir ◆ prestar atención
■ **attend to** *vtr* ◆ *(un cliente)* atender a ◆ *(un negocio)* ocuparse de ◆ *Med* atender, cuidar
attendance [ə'tendəns] *n* asistencia
attendant [ə'tendənt] *n* ◆ *Cine Teat* acomodador,-ora ◆ *(en un museo, aparcamiento)* guarda
attention [ə'tenʃən] *n* ◆ atención: **to attract sb's a,** llamar la atención de alguien; **to pay a.,** prestar atención [**to,** a]: **he paid no a.,** no hizo caso; **pay a.!,** ¡atiende!; **for the a. of Mr X.,** a la atención del Sr X.
attentive [ə'tentɪv] *adj* ◆ *(oyente)* atento,-a ◆ cortés, solícito,-a
attic ['ætɪk] *n* ático, desván
attitude ['ætɪtjuːd] *n* ◆ *(pensamientos)* actitud ◆ *(del cuerpo)* postura
attorney [ə'tɜːnɪ] *n* US abogado,-a; **A. General** ≈ GB Fiscal General del Estado; US Ministro,-a de Justicia ➤ Ver nota en **abogado**
attract [ə'trækt] *vtr* ◆ atraer ◆ *(la atención)* llamar
attraction [ə'trækʃən] *n* ◆ *(sentimiento)* atracción ◆ *(una cosa interesante)* atractivo: **John's main a. is his money,** el principal atractivo de John es su dinero
attractive [ə'træktɪv] *adj* ◆ *(persona)* atractivo,-a; *(físicamente)* guapo,-a ◆ *(plan)* atractivo,-a, tentador,-ora
attribute[1] ['ætrɪbjuːt] *n* atributo
attribute[2] [ə'trɪbjuːt] *vtr* atribuir
aubergine ['əʊbəʒiːn] *n* berenjena
auburn ['ɔːbən] *adj (color)* caoba
auction ['ɔːkʃən] **1** *n* subasta | **2** *vtr* subastar
auctioneer [ɔːkʃə'nɪəʳ] *n* subastador,-ora
audacious [ɔː'deɪʃəs] *adj* ◆ audaz, atrevido,-a ◆ *(insolente)* descarado,-a
audible ['ɔːdɪbəl] *adj* audible
audience ['ɔːdɪəns] *n* ◆ *Cine Teat* público; *(de concierto, conferencia)* auditorio; *(televisión)* telespectadores ◆ *(entrevista formal)* audiencia
audio [ɔːdɪəʊ] *adj* audio; **a. equipment,** equipo de sonido
audit ['ɔːdɪt] **1** *n* auditoría | **2** *vtr* auditar, revisar
audition [ɔː'dɪʃən] **1** *n* prueba, audición | **2** *vtr* **to a. sb,** hacerle a alguien una prueba [**for,** para] | **3** *vi* hacer una prueba [**for,** para]
auditor ['ɔːdɪtəʳ] *n* revisor,-ora de cuentas, auditor,-ora
auditorium [ɔːdɪ'tɔːrɪəm] *n* auditorio
augment [ɔːg'ment] *vtr frml* aumentar
August ['ɔːgəst] *n* agosto
aunt [ɑːnt] *n (también fam* **auntie, aunty** ['ɑːntɪ]*)* tía
au pair [əʊ'peəʳ] *n* au pair
aura ['ɔːrə] *n frml* aura
austere [ɒ'stɪəʳ] *adj* austero,-a
austerity [ɒ'sterɪtɪ] *n* austeridad
Australia [ɒ'streɪlɪə] *n* Australia
Australian [ɒ'streɪlɪən] *adj & n* australiano,-a
Austria ['ɒstrɪə] *n* Austria
Austrian ['ɒstrɪən] *adj & n* austriaco,-a
authentic [ɔː'θentɪk] *adj* auténtico,-a
authenticity [ɔːθen'tɪsɪtɪ] *n* autenticidad
author ['ɔːθəʳ] *n* autor,-ora
authoritarian [ɔːθɒrɪ'teərɪən] *adj* autoritario,-a
authoritative [ɔː'θɒrɪtətɪv] *adj* ◆ *(de confianza, oficial)* autorizado,-a ◆ *Pol, etc,* autoritario,-a

authority [ɔːˈθɒrɪtɪ] *n* ♦ autoridad ♦ **authorities** *pl, (de un país, una ciudad)* autoridades
authorization [ɔːθəraɪˈzeɪʃən] *n* autorización
authorize [ˈɔːθəraɪz] *vtr* autorizar; **to a. sb to do sthg,** autorizar a alguien a hacer algo
auto [ˈɔːtəʊ] *n US* coche
autobiographical [ɔːtəʊbaɪəˈɡræfɪkəl] *adj* autobiográfico,-a
autobiography [ɔːtəʊbaɪˈɒɡrəfɪ] *n* autobiografía
autograph [ˈɔːtəɡrɑːf] **1** *n* autógrafo | **2** *vtr* firmar; *(un libro, una fotografía)* dedicar
automatic [ɔːtəˈmætɪk] **1** *adj* automático,-a | **2** *n* ♦ *Auto* coche automático ♦ *(arma)* pistola automática
automatically [ɔːtəˈmætɪklɪ] *adv* automáticamente
automation [ɔːtəˈmeɪʃən] *n* automatización
automaton [ɔːˈtɒmətɒn] *n (pl* **automata** [ɔːˈtɒmətə]*)* autómata
automobile [ˈɔːtəməbiːl] *n US* coche, automóvil
autonomous [ɔːˈtɒnəməs] *adj* autónomo,-a
autonomy [ɔːˈtɒnəmɪ] *n* autonomía
autopsy [ˈɔːtəpsɪ] *n* autopsia
autumn [ˈɔːtəm] *n* otoño
auxiliary [ɔːɡˈzɪljərɪ] *adj* auxiliar
Av, Ave *(abr de Avenue)* avenida, Avda
available [əˈveɪləbəl] *adj* ♦ *(cosa)* disponible ♦ *(persona)* libre
avalanche [ˈævəlɑːnʃ] *n* avalancha
avant-garde [ævɒŋˈɡɑːd] **1** *n Arte* vanguardia | **2** *adj* vanguardista, de vanguardia
avarice [ˈævərɪs] *n* avaricia
avenue [ˈævɪnjuː] *n* ♦ avenida ♦ *fig* vía, posibilidad
average [ˈævərɪdʒ] **1** *n* promedio, media; **above/below a.,** superior/inferior a la media; **on (the) a.,** por término medio | **2** *adj* medio,-a; **the a. man,** el hombre medio ♦ *(condición)* regular: **how are things?- oh, a.,** ¿qué tal? - pues, regular | **3** *vtr* ♦ *Mat* calcular la media de ♦ **sales a. 25 units a day,** la venta media es de 25 unidades al día

■ **average out at** *vtr* salir a una media de
averse [əˈvɜːs] *adj* **to be a. to,** sentir rechazo por: **he's not averse to a glass of wine,** no le hace ascos a una copita de vino ➢ Ver nota en **ablaze**

Usado con un verbo, va seguido de gerundio: **I'm not averse to driving at night.** *No soy reacio a conducir de noche.* Cuando el sujeto del verbo subordinado no coincide con el sujeto del verbo principal, debes usar un adjetivo posesivo o, en situaciones menos formales, un pronombre personal: **Are you averse to my/me leaving early?,** *¿No te gusta (a ti) que salga antes (yo)?*

aversion [əˈvɜːʃən] *n (sentimiento)* aversión
avert [əˈvɜːt] *vtr* ♦ *(los ojos, el pensamiento)* apartar [**from,** de] ♦ *(un accidente, peligro)* prevenir, evitar ♦ *(un golpe)* desviar
avid [ˈævɪd] *adj* ávido,-a; *(lector)* voraz
avidly [ˈævɪdlɪ] *adv* vorazmente
avocado [ævəˈkɑːdəʊ] *n (tb* **avocado pear**) aguacate
avoid [əˈvɔɪd] *vtr* ♦ evitar ♦ *(deber, pregunta)* eludir

Observa que **to avoid** habitualmente va seguido de gerundio: **He avoided hitting the fence.** *Evitó chocar contra la cerca.*

avoidable [əˈvɔɪdəbəl] *adj* evitable
await [əˈweɪt] *vtr* esperar, aguardar
awake [əˈweɪk] **1** *adj* ♦ despierto,-a ♦ *fig* consciente [**to,** de] ➢ Ver nota en **ablaze** | **2** *vtr frml (ps* **awoke, awaked;** *pp* **awoken, awaked)* despertar ➢ Ver nota en **despertar**
awaken [əˈweɪkən] *vtr & vi (ps* **awakened;** *pp* **awoken)** → **awake 2** ➢ Ver nota en **despertar**

Recuerda que tanto **to awake** como **to awaken** pertenecen al estilo formal. Es mejor que uses el verbo **to wake up.**

awakening [əˈweɪkənɪŋ] *n* despertar
award [əˈwɔːd] **1** *n* ♦ galardón, premio ♦ *(medalla)* condecoración ♦ *Jur* indemnización ♦ *(para estudiar)* beca | **2** *vtr* ♦ *(un premio)* conceder, otorgar ♦ *Jur* adjudicar
aware [əˈweə] *adj* consciente, enterado,-a; **to be a.,** ser consciente [**of,** de]; **to be (well) a. that...,** saber (muy bien) que...;

to become a., darse cuenta [**of,** de] ➢ Ver nota en **ablaze**
awareness [əˈweənɪs] *n* conciencia [**of,** de]
awash [əˈwɒʃ] *adj* inundado,-a [**with,** de]
away [əˈweɪ] *adv* ◆ *(posición)* lejos: **it's 20 kilometres a. from here,** está a 20 kilómetros de aquí; **to be a.,** estar ausente *o* estar fuera; **to keep a. from sthg,** apartarse de algo; *Dep* **to play a.,** jugar fuera ◆ *(movimiento)* **to go a.,** irse: **go a.!,** ¡lárgate!; **to look a.,** apartar la vista; **right a.,** en seguida ◆ *(como parte de verbos compuestos)* **to give sthg a.,** regalar algo; *(secreto)* revelar algo; **to run a.,** irse corriendo ◆ **to work a.,** trabajar sin parar
awe [ɔː] *n* sobrecogimiento; **to be in a. of sb,** sentirse intimidado,-a por alguien
awe-inspiring [ˈɔːɪnspaɪərɪŋ] *adj* impresionante, imponente
awesome [ˈɔːsəm] *adj* impresionante
awful [ˈɔːful] *adj* ◆ *(cantidad grande)* tremendo,-a ◆ horrible, fatal: **I feel a.,** me siento fatal
awfully [ˈɔːflɪ] *adv fam* terriblemente
awkward [ˈɔːkwəd] *adj* ◆ *(persona)* torpe, desmañado,-a ◆ difícil, pesado,-a; **don't be so a.!,** ¡no seas tan pesado! ◆ *(cosa)* incómodo,-a ◆ *(momento)* inoportuno,-a ◆ *(situación)* embarazoso,-a ◆ *(problema, pregunta)* difícil
awning [ˈɔːnɪŋ] *n* toldo, marquesina
awoke [əˈwəʊk] *ps* → **awake**
awoken [əˈwəʊkən] *pp* → **awake**
axe, ax [æks] **1** *n* hacha | **2** *vtr* ◆ *(los gastos)* recortar/reducir drásticamente ◆ *fam (a una persona)* despedir
axle [ˈæθliːt] *n* eje
Aztec [ˈæztek] *adj & n* azteca

B, b [biː] *n* ◆ *(letra)* B, b; *Auto* **B road,** carretera secundaria; *Cine* **B movie,** película de serie B ◆ *Mús* si; **B flat,** si bemol, **B sharp,** si sostenido
babble [ˈbæbəl] **1** *vi* ◆ *(hablar sin sentido)* balbucear ◆ *(arroyo)* murmurar | **2** *n (de voces)* parloteo
baby [ˈbeɪbɪ] *n* ◆ bebé; *(persona muy joven)* niño,-a; **b. carriage,** *US* **b. buggy,** cochecito de niño ◆ *(animal)* cría ◆ *fam US (término de cariño)* querido,-a
baby-sit [ˈbeɪbɪsɪt] *vi* cuidar niños
baby-sitter [ˈbeɪbɪsɪtə^r] *n* canguro
baby-walker [ˈbeɪbɪwɔːkə^r] *n* tacataca
bachelor [ˈbætʃələ^r] *n* ◆ soltero ◆ *Univ* ≈ licenciado,-a
back [bæk] **1** *n* ◆ espalda; *(de animal)* lomo; **b. to b.,** espalda con espalda; **b. to front,** al revés ◆ *(de libro)* final ◆ *(de silla)* respaldo ◆ *(de moneda)* reverso ◆ *(de mano)* dorso ◆ *(de casa, coche)* parte de atrás ◆ *(de plató, armario)* fondo ◆ *Ftb* defensa ◆ | LOC: **I know this town like the b. of my hand,** conozco esta ciudad como la palma de mi mano; *fig* **to get sb's b. up,** sacar de quicio a alguien; *fig* **to have one's b. to the wall,** estar contra las cuerdas | **2** *adj* ◆ trasero,-a, de atrás; **b. door,** puerta de atrás; **b. seat,** asiento de detrás; *Auto* **b. wheel,** rueda trasera ◆ **b. pay,** atrasos ◆ *Prensa* **b. number,** número atrasado | **3** *adv* ◆ *(sitio)* atrás; *(dirección)* hacia atrás; **b. and forth,** de acá para allá ◆ **some years b.,** hace unos años ◆ *(de nuevo)* de vuelta; **when will you be b.?,** ¿cuándo volverás?; **give it b.!** ¡devuélvelo! | **4** *vtr* ◆ *(ayudar)* apoyar, respaldar ◆ *Fin* financiar ◆ *(juegos)* apostar por ◆ *(coche, etc)* dar marcha atrás a | **5** *vi* ◆ *(ir hacia atrás)* retroceder ◆ *(coche, etc)* dar marcha atrás
■ **back away** *vi* retirarse
■ **back down** *vi* echarse atrás
■ **back off** *vi* desistir
■ **back out** *vi (salir de un compromiso)* retractarse, volverse atrás
■ **back up 1** *vtr* apoyar | **2** *vi Auto* ir marcha atrás

backache ['bækeɪk] *n* dolor de espalda
backbencher ['bækbentʃə'] *n GB* diputado,-a (sin cargo específico)
backbiting ['bækbaɪtɪŋ] *n* murmuraciones
backbone ['bækbəʊn] *n Anat* columna
backdrop ['bækdrɒp] *n Teat y fig* telón de fondo
backer ['bækə'] *n* ◆ *Fin* patrocinador,-ora ◆ *Pol* partidario,-a
backfire [bæk'faɪə'] *vi* ◆ *Auto* petardear ◆ *fig* fracasar: **their plan backfired,** les salió el tiro por la culata
background ['bækgraʊnd] *n* ◆ *(de una escena)* fondo; **to stay in the b.,** quedarse en segundo plano ◆ *(de persona)* origen, procedencia; *(educación)* formación ◆ *(circunstancias)* antecedentes; **the b. to the crisis,** los antecedentes de la crisis
backhand ['bækhænd] *n Dep* revés
backhanded ['bækhændɪd] *adj* ambiguo,-a; **a b. compliment,** un cumplido ambiguo
backing ['bækɪŋ] *n* ◆ *(ayuda)* apoyo; *Com Fin* respaldo, patrocinio ◆ *Mús* acompañamiento
backlash ['bæklæʃ] *n* reacción violenta, contragolpe
backlog ['bæklɒg] *n* trabajo atrasado
backpack ['bækpæk] *n* mochila
backpedal ['bækpedəl] *vi fam* dar marcha atrás
backside [bæk'saɪd] *n fam* trasero, culo
backstage [bæk'steɪdʒ] *adj & adv Teat* entre bastidores
backstroke ['bækstrəʊk] *n Natación (estilo)* espalda
backup ['bækʌp] *n* ◆ apoyo, respaldo ◆ *Inform* copia de seguridad
backward ['bækwəd] *adj* ◆ *(mirada, movimiento)* hacia atrás ◆ *(país, etc)* subdesarrollado,-a ◆ *(persona)* retrasado,-a
backwards ['bækwədz] *adv* ◆ hacia atrás; **to move b.,** retroceder ◆ al revés: **they showed the film b.,** pusieron la película al revés
backyard [bæk'jɑːd] *n* patio trasero
bacon ['beɪkən] *n* bacon, *LAm* tocino
bacteria [bæk'tɪərɪə] *npl* bacterias
bad [bæd] **1** *adj (worse, worst)* ◆ malo,-a; **a b. day,** un mal día ◆ *(dañino)* **smoking is b. for you,** fumar te hace daño ◆ *(inepto)* **he's very b. at languages,** es muy malo en idiomas ◆ *(en mal estado)* podrido,-a; **to go b.,** estropearse: **the milk's gone b.,** la leche se ha cortado; **a b. tooth,** un diente cariado ◆ *(moralmente)* malo,-a ◆ *(accidente)* grave; *(dolor de cabeza, etc)* fuerte ◆ *(de salud)* enfermo,-a ◆ **I feel b.,** me siento mal | **2** *n* lo malo
badge [bædʒ] *n* ◆ insignia ◆ *(disco de metal)* chapa
badger ['bædʒə'] *n Zool* tejón
badly ['bædlɪ] *adv* ◆ mal: **things are going b.,** las cosas van mal; **he sings very b.,** canta muy mal ◆ *(enfermo, etc)* gravemente: **he was b. wounded in the war,** fue gravemente herido durante la guerra ◆ mucho: **I b. need a rest,** me hace mucha falta un descanso ◆ | LOC: **to be b. off,** andar mal de dinero
badminton ['bædmɪntən] *n* bádminton
bad-mannered [bæd'mænəd] *adj* maleducado,-a
bad-tempered [bæd'tempəd] *adj* ◆ *(temperamento)* **he is b.,** tiene mal genio ◆ *(estado transitorio)* **he is b.,** está de mal humor
baffle ['bæfəl] *vtr* desconcertar
baffling ['bæflɪŋ] *adj* incomprensible, desconcertante
bag [bæg] *n* ◆ *(grande)* bolsa; *(de señora)* bolso ◆ ojeras: **he has bags under his eyes,** tiene ojeras ◆ | LOC: *fam* **bags of,** montones de
baggage ['bægɪdʒ] *n* ◆ equipaje; *Av* **b. reclaim,** recogida de equipajes
baggy ['bægɪ] *adj (baggier, baggiest) (ropa)* holgado,-a, suelto,-a, grande
bagpipes ['bægpaɪps] *npl* gaita
baguette [bæg'et] *n* baguette, barra de pan
bail [beɪl] *n Jur* fianza; **released on b.,** puesto,-a en libertad bajo fianza
■ **bail out 1** *vtr* ◆ pagar la fianza a alguien ◆ *fig* sacar a alguien de un apuro | **2** *vi* ◆ *Av* saltar en paracaídas ◆ *Náut* achicar
bailiff ['beɪlɪf] *n Jur* alguacil
bait [beɪt] **1** *n* cebo; *fig* **he didn't swallow the b.,** no se tragó el anzuelo | **2** *vtr* ◆ *(al pescar)* cebar ◆ *(a una persona)* provocar
bake [beɪk] **1** *vtr* cocer al horno; *(patatas, carne)* asar | **2** *vi fam* hacer mucho calor: **it's baking hot,** hace un calor achicharrante *o* ¡qué calor!
baked [beɪkt] *adj* ◆ al horno; **b. potato,** patata asada ◆ **b. beans,** alubias (en salsa de tomate)
baker ['beɪkə'] *n* panadero,-a
bakery ['beɪkərɪ] *n* panadería

baking ['beɪkɪŋ] *n (al horno, esp de pan o pasteles)* cocción; **b. dish,** fuente para el horno; **b. powder,** polvo Royal"

balaclava [bælə'klɑːvə] *n* pasamontañas

balance ['bæləns] 1 *n* ♦ equilibrio; *Pol* **b. of power,** equilibrio político ♦ *(aparato)* balanza ♦ *Fin (de una cuenta bancaria)* saldo; **b. sheet,** balance; *Econ* **b. of payments,** balanza de pagos ♦ | LOC: *fig* **it hangs in the b.,** pende de un hilo; **on b.,** bien pensado *o* tras pensarlo mucho | 2 *vtr* ♦ mantener en equilibrio [**on,** sobre] ♦ *(presupuesto)* equilibrar; **to b. the books,** hacer el balance ♦ sopesar | 3 *vi* ♦ mantener el equilibrio ♦ *Fin (las cuentas)* cuadrar

■ **balance out** *vi (cifras, cantidades)* compensarse, cuadrar

balanced ['bælənst] *adj* equilibrado,-a

balcony ['bælkəni] *n* ♦ balcón, terraza ♦ *Teat* galería

bald [bɔːld] *adj* ♦ *(persona)* calvo,-a ♦ *(neumático)* desgastado,-a

baldness ['bɔːldnɪs] *n* calvicie

baleful ['beɪlfʊl] *adj* torvo,-a, ceñudo,-a

ball [bɔːl] *n* ♦ *(tenis)* pelota; *Ftb* balón; *(billar, golf, etc)* bola ♦ *(de papel)* bola; *(de hilo, lana)* ovillo ♦ *US* béisbol ♦ *vulgar ofens* **balls** *pl,* pelotas ♦ | LOC: **that's another b. of wax** *o* **it's a whole new b. game,** eso es otra historia; *fam* **to be on the b.,** estar al tanto de todo; **to have a b.,** pasárselo bien

ballad ['bæləd] *n* balada

ballast ['bæləst] *n* ♦ *Náut* lastre ♦ *Ferroc* balasto

ballet ['bæleɪ] *n* ballet; **b. dancer,** bailarín,-ina

ballistic [bə'lɪstɪk] *adj* balístico,-a

ballistics [bə'lɪstɪks] *n* balística

balloon [bə'luːn] 1 *n* ♦ globo ♦ *(en un dibujo)* bocadillo | 2 *vi* hincharse, inflarse

ballot ['bælət] *n Pol* votación; **to hold a b. on sthg,** someter algo a votación; **b. box,** urna (electoral); **b. (paper),** papeleta

ballpoint (pen) ['bɔːlpɔɪnt ('pen)] *n* bolígrafo

ballroom ['bɔːlruːm] *n* salón de baile; **b. dancing,** baile de salón

balm [bɑːm] *n* bálsamo

balmy ['bɑːmɪ] *adj (balmier, balmiest) (clima)* suave

balustrade ['bæləstreɪd] *n* barandilla

bamboo [bæm'buː] *n* bambú

ban [bæn] 1 *n* prohibición | 2 *vtr* ♦ *(no permitir)* prohibir ♦ *(persona)* excluir [**from,** de]; *(de una profesión)* inhabilitar

banal [bə'nɑːl] *adj* banal

banana [bə'nɑːnə] *n* plátano, *LAm* banana ♦ | LOC: *fam* **he went absolutely bananas,** perdió la chaveta

band [bænd] *n* ♦ *Mús* banda, orquesta ♦ grupo; *(de amigos)* cuadrilla, pandilla; *(de criminales)* banda ♦ *(de tela)* tira, cinta ♦ *(de color)* lista, raya ♦ *Rad* banda, frecuencia

bandage ['bændɪdʒ] 1 *n* venda | 2 *vtr* vendar

Band-Aid ♦ ['bændeɪd] *n* tirita®

B & B [biːən 'biː] *n (abr de* **bed and breakfast***)* habitación y desayuno

bandit ['bændɪt] *n* bandido,-a

bandstand ['bændstænd] *n* quiosco de música

bandy ['bændɪ] 1 *vtr (ideas, chistes)* intercambiar | 2 *adj (bandier, bandiest)* arqueado,-a, torcido,-a; **b. legged,** patizambo,-a

■ **bandy about** *vtr (rumores)* difundir, hacer circular

bang [bæŋ] 1 *n* ♦ *(en una pelea, un choque)* golpe violento ♦ *(sonido)* ruido fuerte, estruendo; *(explosión)* estallido; *Astron* **the Big B. theory,** la teoría del Big Bang | 2 *vtr* golpear: **I banged my head,** me di un golpe en la cabeza; **she banged the box shut,** cerró la caja de golpe | 3 *vi* golpear; *(puerta)* **to b. shut,** cerrarse de golpe; **sb is banging on the door,** alguien está aporreando la puerta | 4 *excl (golpe)* ¡zas!; **b., b.!,** *(arma)* ¡pum, pum! | 5 *adv fam* justo; **b. on time,** a la hora exacta

banger ['bæŋəʳ] *n* ♦ *fam Culin GB* salchicha ♦ *(fuego artificial)* petardo ♦ *fam* **old b.,** *(coche)* viejo cacharro

bangle ['bæŋɡəl] *n* brazalete

banish ['bænɪʃ] *vtr* desterrar

banister ['bænɪstəʳ] *n* pasamanos, barandilla

banjo ['bændʒəʊ] *n* banjo

bank [bæŋk] 1 *n* ♦ *Com Fin* banco; **b. account,** cuenta bancaria; **b. balance,** saldo; **b. holiday,** fiesta nacional; **b. loan,** préstamo bancario; **b. statement,** extracto de cuenta ♦ *(en juegos)* banca ♦ *(de río)* ribera, orilla ♦ *(pequeña colina)* loma; *(artificial)* terraplén | 2 *vtr Com Fin* depositar, ingresar | 3 *vi* ♦ *Com Fin* **I b. with the County Bank,** tengo una cuenta en el Banco County ♦ *Av* ladearse

■ **bank on** *vtr* contar con

bankbook

bankbook ['bæŋkbʊk] *n* libreta de ahorros
banker ['bæŋkə'] *n* banquero,-a
banking ['bæŋkɪŋ] *n* banca: **the b. sector,** el sector de la banca, el sector bancario
banknote ['bæŋknəʊt] *n* billete de banco
bankrupt ['bæŋkrʌpt] 1 *adj Fin* en bancarrota, insolvente; **to go b.,** quebrar | 2 *vtr* llevar a la bancarrota
bankruptcy ['bæŋkrʌptsɪ] *n* quiebra, bancarrota
banner ['bænə'] *n* ◆ (*en manifestación, etc*) pancarta ◆ (*símbolo*) bandera
banning ['bænɪŋ] *n* prohibición
banquet ['bæŋkwɪt] *n* banquete
banter ['bæntə'] 1 *vi* bromear | 2 *n* bromas
bap [bæp] *n* bollo, panecillo
baptism ['bæptɪzəm] *n* bautismo
baptize [bæp'taɪz] *vtr* bautizar
bar [baː'] 1 *n* ◆ (*taberna*) bar, cantina; (*mostrador*) barra ➢ Ver nota en **bar** ◆ barra; (*de oro, plata*) lingote; (*de chocolate*) tableta; (*de jabón*) pastilla; (*de jaula*) barrote; (*de puerta*) tranca; *Dep* listón ◆ *Com* **b. chart,** gráfico de barras ◆ *Com* **b. code,** código de barras ◆ (*impedimento*) obstáculo ◆ *Jur* (*donde se sienta el acusado*) banquillo; (*sala de justicia*) tribunal ◆ *Jur* **the B.,** (*profesión*) abogacía; (*cuerpo profesional*) colegio de abogados ◆ *Mús* compás | 2 *vtr* ◆ (*puerta*) atrancar; (*el paso*) bloquear, cortar ◆ (*impedir la entrada*) excluir [**from,** de] ◆ (*no permitir*) prohibir | 3 *prep* salvo; **everyone b. me,** todos salvo yo
barbarian [baː'beərɪən] *adj* & *n* bárbaro,-a
barbaric [baː'bærɪk] *adj* bárbaro,-a
barbecue ['baːbɪkjuː] 1 *n* barbacoa | 2 *vtr* asar a la parrilla
barbed [baːbd] *adj* ◆ (*anzuelo*) con lengüeta ◆ *fig* (*comentario*) mordaz ◆ **b. wire,** alambre de espino
barber ['baːbə'] *n* barbero,-a; **b.'s shop,** peluquería de hombres
barbiturate [baː'bɪtjʊrɪt] *n* barbitúrico
bare [beə'] 1 *adj* ◆ desnudo,-a; (*cabeza*) descubierto,-a; (*pie*) descalzo,-a; (*árboles*) sin hojas; (*habitación*) con pocos muebles; (*armario*) vacío,-a ◆ escueto,-a; **the b. necessities,** lo mínimo | 2 *vtr* ◆ desnudar ◆ (*revelar*) descubrir
bareback ['beəæk] *adj* & *adv* **to ride b.,** montar un caballo a pelo

barefaced ['beəfeɪst] *adj* descarado,-a; **a b. lie,** una mentira descarada
barefoot ['beəfʊt] *adj* & *adv* descalzo,-a
barely ['beəlɪ] *adv* apenas
bargain ['baːgɪn] 1 *n* ◆ trato, pacto; **it's a b.!,** ¡trato hecho!; **to make a b.,** cerrar un trato; **into the b.,** por añadidura, además ◆ ganga, chollo; **b. price,** precio de oferta | 2 *vi* ◆ negociar ◆ (*al negociar*) regatear

■ **bargain for/on** *vtr* esperar, contar con
barge [baːdʒ] 1 *n* barcaza | 2 *vtr* entrar a empujones en

■ **barge in** *vi* ◆ (*irrumpir*) entrar sin permiso ◆ (*involucrarse*) entrometerse

■ **barge into** *vtr* ◆ (*habitación*) irrumpir en ◆ (*persona*) dar contra, chocar con
baritone ['bærɪtəʊn] *adj* & *n* barítono
bark [baːk] 1 *n* ladrido ◆ *Bot* corteza | 2 *vi* (*el perro*) ladrar
barley ['baːlɪ] *n* cebada
barmaid ['baːmeɪd] *n* camarera
barman ['baːmən] *n* camarero, barman
barmy ['baːmɪ] *adj fam* lelo,-a, chiflado,-a
barn [baːn] *n* ◆ granero; (*para animales*) establo ◆ *Orn* **b. owl,** lechuza
barnacle ['baːnəkl] *n* percebe
barnyard ['baːnjaːd] *n* corral
barometer [bə'rɒmɪtə'] *n* barómetro
baron ['bærən] *n* ◆ (*noble*) barón ◆ *fig* magnate
baroness ['bærənɪs] *n* baronesa
baroque [bə'rɒk] *adj* barroco,-a
barrack ['bærək] *vi* & *vtr* abuchear
barracks ['bærəks] *n Mil* cuartel
barrage ['bæraːdʒ] *n* ◆ (*en un río*) presa ◆ *Mil* descarga de artillería ◆ *fig* (*de preguntas*) aluvión
barrel ['bærəl] *n* ◆ (*de cerveza, petróleo*) barril; (*de vino*) tonel ◆ (*de arma de fuego*) cañón
barren ['bærən] *adj* estéril
barricade [bærɪ'keɪd] 1 *n* barricada | 2 *vtr* ◆ cerrar con barricadas ◆ **to b. oneself in,** atrincherarse
barrier ['bærɪə'] *n* barrera; **crash b.,** valla protectora
barrister ['bærɪstə'] *n GB* abogado,-a ➢ Ver nota en **abogado**
barrow ['bærəʊ] *n* carretilla
bartender ['baːtendə'] *n* camarero, barman
barter ['baːtə'] 1 *n* trueque | 2 *vtr* trocar, canjear [**for,** por]

base [beɪs] **1** *n* ♦ base; *(de montaña)* pie; *(de columna)* base ♦ *Dep (en béisbol)* base ♦ *Mil* base; *Com (de empresa)* sede | **2** *vtr* ♦ basar, fundar [**on,** en] ♦ *(organización)* basar | **3** *adj* ♦ *(persona)* vil, infame ♦ *(metal)* común
baseball [ˈbeɪsbɔːl] *n* béisbol
basement [ˈbeɪsmənt] *n* sótano
bash [bæʃ] **1** *n* ♦ *(golpe fuerte)* golpetazo ♦ *(resultado de un golpe)* bollo, abolladura ♦ | LOC: *fam* **let me have a b.,** déjame intentar | **2** *vtr* golpear: **I bashed my head,** me di un golpe en la cabeza
bashful [ˈbæʃfʊl] *adj* tímido,-a, vergonzoso,-a
basic [ˈbeɪsɪk] **1** *adj* ♦ *(concepto, necesidad)* básico,-a ♦ *(derecho)* fundamental ♦ *(sin lujo)* sencillo,-a ♦ *(imprescindible)* básico | **2** *npl* **basics,** lo fundamental; lo esencial
basically [ˈbeɪsɪklɪ] *adv* básicamente
basil [ˈbæzəl] *n Bot* albahaca
basin [ˈbeɪsən] *n* ♦ *(recipiente)* bol, tazón, cuenco ♦ *(para lavarse)* palangana; *(para fregar)* barreño; *(en cuarto de baño)* lavabo ♦ *Geog* cuenca
basis [ˈbeɪsɪs] *n (pl* **bases** [ˈbeɪsiːz]*)* base: **on the b. of,** sobre la base de; **on the b. that,** partiendo del hecho de que
basket [ˈbɑːskɪt] *n* cesta, cesto
basketball [ˈbɑːskɪtbɔːl] *n* baloncesto
Basque [bæsk, bɑːsk] **1** *adj* vasco,-a; **B. Country,** País Vasco, Euskadi | **2** *n* ♦ *(persona)* vasco,-a ♦ *(idioma)* vasco, euskera
bass[1] [bæs] *n inv Zool (de mar)* lubina; *(de río)* perca
bass[2] [beɪs] **1** *n* ♦ *Mús (cantante)* bajo ♦ *Mús (instrumento)* **(double) b.,** contrabajo ♦ *Audio (notas)* graves | **2** *adj Mús* bajo,-a; **b. clef,** clave de fa; **b. guitar,** bajo
bat [bæt] **1** *n* ♦ *Dep (críquet, béisbol)* bate; *(pimpón)* pala ♦ *Zool* murciélago ♦ LOC: **she's as blind as a b.,** es más ciega que un topo | **2** *vi (críquet, béisbol)* batear
batch [bætʃ] *n* ♦ *(de gente, de pan)* tanda ♦ *(de mercancías)* lote
bath [bɑːθ] *n* ♦ *(proceso)* baño; **to have** o **take a b.,** bañarse (en el baño); **b. towel,** toalla de baño ♦ *(tina)* bañera ♦ **(swimming) baths,** piscina pública ➢ Ver nota en **bañera** | **2** *vtr* bañar | **3** *vi* bañarse
bathe [beɪð] **1** *vi* bañarse (en el mar, la piscina) | **2** *vtr (una herida)* lavar
bather [ˈbeɪðər] *n* bañista
bathing [ˈbeɪðɪŋ] *n* baño; *(letrero)* **no b.,** prohibido bañarse; **b. costume,** traje de baño

bathrobe [ˈbɑːθrəʊb] *n* albornoz
bathroom [ˈbɑːθruːm] *n* cuarto de baño

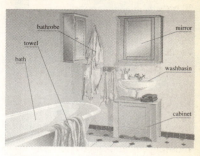

baton [ˈbætən, ˈbætɒn] *n* ♦ *Dep* testigo ♦ *Mil* bastón ♦ *Mús* batuta
battalion [bəˈtæljən] *n* batallón
batter [ˈbætər] **1** *vtr* ♦ apalear, golpear; *(a una mujer, un niño)* maltratar ♦ *Culin* rebozar | **2** *n* ♦ *Culin* pasta (para rebozar) ♦ *Dep (béisbol)* bateador,-ora
battered [ˈbætəd] *adj* ♦ *(coche)* abollado,-a ♦ *(persona)* maltratado,-a ♦ *Culin* rebozado,-a
battering [ˈbætərɪŋ] *n* paliza
battery [ˈbætərɪ] *n* ♦ *(para linterna, radio)* pila; *Auto* batería ♦ *Agr* **b. farm,** granja de cría intensiva
battle [ˈbætəl] **1** *n* ♦ *Mil* batalla ♦ lucha | **2** *vi* luchar
battle-cry [ˈbætəlkraɪ] *n* ♦ grito de de guerra ♦ *fig* lema
battlefield [ˈbætəlfiːld] *n* campo de batalla
battlements [ˈbætəlmənts] *npl Arquit* almenas
battleship [ˈbætəlʃɪp] *n* acorazado
batty [ˈbætɪ] *adj fam* chiflado,-a
bauble [ˈbɔːbəl] *n* chuchería, adorno
bawdy [ˈbɔːdɪ] *adj* subido,-a de tono
bawl [bɔːl] *vi* ♦ gritar, chillar ♦ *(llorar)* berrear
bay [beɪ] **1** *n* ♦ *Geog* bahía; *(grande)* golfo ♦ *Arquit* hueco, entrante; **b. window,** ventana saladiza ♦ *(espacio reservado)* **loading b.,** muelle de carga; **parking b.,** plaza de aparcamiento ♦ *Bot* laurel ♦ LOC: **at b.,** acorralado,-a; **to keep at b.,** mantener a raya | **2** *vi (perro)* aullar | **3** *adj (caballo)* zaino,-a
bazaar [bəˈzɑːr] *n* ♦ *(mercado oriental)* bazar ♦ venta benéfica

BBC [bi:bi:'si:] *(abr de **British Broadcasting Corporation**)* compañía británica de radiodifusión, BBC

BC [bi:'si:] *(abr de **before Christ**)* antes de Cristo, a.C.

be [bi:, forma débil bɪ] | 1 *vi* ◆ ser: **she is (she's) very clever,** es muy lista; **this book is very good,** este libro es buenísimo ◆ *(con la fecha, hora)* **it's the 10ᵗʰ of February,** es el 10 de febrero; **it's six o'clock,** son las seis ◆ *(profesión)* ser: **he's a doctor,** es médico ◆ *(nacionalidad, origen, propiedad)* ser: **I'm English,** soy inglés; **this is mine,** esto es mío; **this book is by Dickens,** este libro es de Dickens ◆ costar, ser: **how much is a newspaper?,** ¿cuánto cuesta un periódico?; **how much is it?,** ¿cuánto es? ◆ *(condición)* estar: **how are you?,** ¿cómo estás?; **he was angry,** estaba enfadado; **this room is dirty,** esta habitación está sucia; **my wife is ill,** mi mujer está enferma ◆ *(lugar)* estar: **Seattle is five thousand kilometres from Boston,** Seattle está a cinco mil kilómetros de Boston ◆ tener: **she is twenty (years old),** tiene veinte años; **to be cold/afraid/hungry/lucky,** tener frío/miedo/hambre/suerte; **to be in a hurry,** tener prisa ◆ tardar: **I won't be long,** no tardaré mucho ◆ *(en tiempos perfectos)* ir, estar: **have you ever been in Rome?,** ¿has estado alguna vez en Roma? ➢ Ver nota en **go** ◆ *(existir)* haber: **there is a woman/there are women in the garden,** hay una mujer/hay mujeres en el jardín; **there were ten of them,** eran diez ➢ Ver nota en **haber** ◆ *(tiempo)* **it's cold/hot,** hace frío/calor; **it's sunny,** hay sol | 2 *v aux* ◆ *(con participio presente)* estar: **they are waiting for a friend,** están esperando a un amigo; **I was eating,** estaba comiendo, comía; *(referente al futuro)* **we are coming back tomorrow,** volvemos mañana; **have you been waiting for long?,** ¿hace mucho que estáis esperando? ◆ *(en voz pasiva)* ser: **the house was demolished,** la casa fue derribada; **the company was founded in 1856,** la empresa se fundó en 1856 ◆ *(obligación)* **nobody is to leave until the police arrive,** nadie puede salir hasta que llegue la policía ◆ *(en las coletillas)* **this isn't yours, is it?,** esto no es tuyo, ¿verdad?; **look, it's snowing! – so it is!,** ¡mira, está nevando! - ¡sí, es verdad!

PRESENTE	CONTRACCIÓN	PASADO	CONTRACCIÓN	PARTICIPIO
I am you are he, she it is	I'm you're, you aren't he's, she's, it's he, she, it isn't	I was you were he, she, it was	I wasn't you weren't he, she, it wasn't	PRESENTE being
we are you are they are	we're, we aren't you're, you aren't they're, they aren't	we were you were they were	we weren't you weren't they weren't	PASADO been

beach [bi:tʃ] *n* playa

beacon ['bi:kən] *n* ◆ almenara ◆ *Náut* faro ◆ *Av* baliza

bead [bi:d] *n* ◆ cuenta, abalorio ◆ *(de líquido)* gota

beagle ['bi:gəl] *n Zool* beagle

beak [bi:k] *n* ◆ *(de pájaro)* pico ◆ *GB argot* magistrado

beam [bi:m] 1 *n* ◆ *Arquit* viga ◆ *(de luz)* rayo ◆ *Gimn* barra fija ◆ sonrisa radiante | 2 *vi* ◆ *(sol)* brillar ◆ sonreír (abiertamente) | 3 *vtr Rad TV* transmitir

beaming ['bi:mɪŋ] *adj (sonriente)* radiante

bean [bi:n] *n Bot Culin* ◆ *(secos)* alubia, judía, *LAm* frijol; **baked beans,** alubias en salsa de tomate ◆ *(frescos, en vaina)* **broad b.,** haba; **green b.,** judía verde ◆ *(de café)* grano ◆ |LOC: *fam* **to be full of beans,** estar lleno,-a de energía; **to spill the beans,** descubrir el pastel

beansprouts [bi:nspraʊt] *npl Culin* brotes de soja

bear¹ [beəʳ] *(ps bore; pp borne)* 1 *vtr* ◆ *frml* portar, llevar; **to b. sthg in mind,** tener algo presente ◆ tener, llevar: **the letter bears the King's signature,** la carta lleva la firma del Rey; **to b. a resemblance to,** parecerse a ◆ *(peso)* aguantar: **that branch won't b. your weight,** esa rama no aguantará tu peso ◆ aguantar, tolerar: **she bore the pain bravely,** aguantó el dolor con valentía; **I can't b. rudeness,** no aguanto la mala educación; **I can't bear snakes,** odio las culebras ◆ *(fruta)* dar ◆ *(gastos)* correr con ◆ *Fin (interés)* devengar ◆ *(pp born) (sólo en voz pasiva)* **to be born,** nacer [of, de] | **2** *vi* torcer, girar; **to b. left/right,** girar a la izquierda/derecha

> La expresión **can't bear/stand,** *no soportar, no aguantar,* es muy frecuente. Normalmente va seguida de un sustantivo (**I can't bear spiders,** *odio las arañas*) o, tratándose de los verbos, de un infinitivo: **I can't bear to arrive late.** *No soporto llegar tarde.* También podrás encontrar construcciones con gerundio: **I can't bear dancing.** *No soporto el baile.* **It doesn't bear thinking about.** *Da horror pensar en ello.*

■ **bear out** *vtr* corroborar, confirmar
■ **bear up** *vi* resistir, aguantar; *excl* **b. up!,** ¡ánimo!
■ **bear with** *vtr* tener paciencia con
bear² [beə^r] *n* oso; **b. cub,** osezno
beard [bɪəd] *n* barba
bearer ['beərə^r] *n* ◆ *(de noticias, de cheque)* portador,-ora ◆ *(de pasaporte, puesto)* titular
bearing ['beərɪŋ] *n* ◆ relación; **to have a b. on sthg,** tener relación con algo ◆ *(aspecto, prestancia)* porte ◆ *Náut fig (usu pl)* marcación; **to get one's bearings,** orientarse
beast [biːst] *n* ◆ bestia; **Beauty and the B.,** la Bella y la Bestia ◆ *fig* bestia, bruto
beat [biːt] **1** *vtr (ps* **beat;** *pp* **beaten** ['biːtən])* ◆ *(persona)* pegar, golpear: **he beats his wife,** pega a su mujer; *(lluvia)* golpear; *(una alfombra)* sacudir; *(tambor)* tocar ◆ *Mil Dep* ganarle a, batir: **United beat City 2-1,** el United ganó al City 2 a 1; *(un récord)* superar; **to b. a record,** batir un récord ➤ Ver nota en **ganar** ◆ *Culin* batir ◆ *Mús (compás)* marcar | **2** *vi (corazón)* latir ◆ dar golpes ◆ | LOC: **to b. about the bush,** andarse con rodeos | **3** *n* ◆ *(de corazón)* latido ◆ *Mús* ritmo, compás ◆ *(de policía)* ronda | **4** *adj fam* agotado,-a,
■ **beat down** **1** *vi (sol)* pegar fuerte | **2** *vtr* ◆ *(el precio)* regatear
■ **beat off** *vtr* rechazar
■ **beat up** *vtr* dar una paliza a
beating ['biːtɪŋ] *n* ◆ *(golpes, derrota)* paliza ◆ *(de tambor)* redoble

beautician [bjuː'tɪʃən] *n* esteticista
beautiful ['bjuːtɪfʊl] *adj* ◆ hermoso,-a, bello,-a, guapo,-a ◆ *(comida)* delicioso,-a ◆ *(tiempo)* estupendo,-a
beauty ['bjuːtɪ] *n* ◆ *(atributo)* belleza, hermosura; **b. contest,** concurso de belleza; **b. parlour** *o* **salon,** salón de belleza; **b. spot,** *(en el cuerpo)* lunar; *(lugar)* sitio pintoresco ◆ *(mujer)* belleza ◆ *fam* lo bueno: **the b. of my plan is this...,** lo bueno de mi plan es lo siguiente...
beaver ['biːvə^r] *n Zool* castor
became [bɪ'keɪm] *ps* → **become**
because [bɪ'kɒz] **1** *conj* porque | **2** *prep* **b. of,** a causa de, debido a, por
beckon ['bekən] *vtr & vi* llamar por señas [**to, a**]
become [bɪ'kʌm] *vi* ◆ *(profesiones, etc)* hacerse: **my uncle became a priest,** mi tío se hizo sacerdote ◆ *(cosas)* convertirse en: **my old school has b. a museum,** mi antiguo colegio se ha convertido en museo ◆ *(con adjetivo)* volverse, ponerse, hacerse: **he later became very religious,** más tarde se volvió muy religioso; **we became worried,** empezamos a preocuparnos
becoming [bɪ'kʌmɪŋ] *adj* ◆ *(ropa)* favorecedor,-ora ◆ *(comportamiento)* conveniente, apropiado,-a
bed [bed] *n* ◆ *(mueble)* cama; **to go to b.,** acostarse [**with,** con]; **to make the b.,** hacer la cama ◆ **b. and breakfast (B & B),** *(servicio)* cama y desayuno; *(casa)* ≈ pensión ◆ *(de río)* cauce, lecho; *(de mar)* fondo ◆ *(de jardín)* macizo ◆ | LOC: **to get out of b. on the wrong side,** levantarse con el pie izquierdo

> No es normal usar un artículo cuando hablamos de la cama en referencia a su uso principal: **I am going to bed.** *Me voy a la cama.* Pero: **The book is on <u>the</u> bed.** *El libro está en la cama.*

bedbug ['bedbʌg] *n Zool* chinche
bedclothes ['bedkləʊðz] *npl,* **bedding** ['bedɪŋ] *n* ropa de cama
bedlam ['bedləm] *n* **there was total b. when the news broke,** al anunciarse la noticia se armó la de San Quintín
bedroom ['bedruːm] *n* dormitorio
bedside ['bedsaɪd] *n fig* cabecera; **b. lamp,** lámpara de noche; **b. table,** mesilla de noche
bedsit ['bedsɪt] *n fam,* **bedsitter** [bed'sɪtə^r] *n (apartamento)* estudio

bedspread

bedspread ['bedspred] *n* colcha, cubrecama
bedtime ['bedtaɪm] *n* hora de acostarse
bee [biː] *n Zool* abeja
beech [biːtʃ] *n Zoo* haya
beef [biːf] *n* carne de vaca, *LAm* carne de res; **roast b.,** rosbif
beefburger ['biːfbɜːgəʳ] *n* hamburguesa
beefsteak ['biːfsteɪk] *n* bistec
beehive ['biːhaɪv] *n* colmena
beeline ['biːlaɪn] *n* **to make a b. for,** ir directamente hacia: **when he arrived at the party, he made a b. for the drink,** cuando llegó a la fiesta se abalanzó sobre la bebida
been [biːn, bɪn] *pp* → **be**
beep [biːp] *n* pitido
beer [bɪəʳ] *n* cerveza ➢ Ver nota en **ale**
beet [biːt] *n Bot* remolacha azucarera
beetle ['biːtəl] *n Zool* escarabajo
beetroot ['biːtruːt] *n* → **beet**
before [bɪ'fɔːʳ] **1** *prep* ◆ *(tiempo)* antes de, antes que: **he arrived b. her,** llegó antes que ella; **b. Christ,** antes de Cristo; **b. going to bed,** antes de acostarse; **b. lunch,** antes de comer ◆ *(orden, prioridad)* **work b. pleasure,** el deber antes que el placer ◆ *frml (posición)* **a guard stands b. the palace,** un guardia permanece delante del palacio; *(en presencia de)* ante | **2** *conj* ◆ *(tiempo)* antes de (que): **b. leaving, he made a speech,** antes de irse, pronunció un discurso; **I want to get home b. it rains,** quiero volver a casa antes de que llueva ◆ *(preferencia)* **I'd die b. I apologised,** prefiero morir antes que disculparme | **3** *adv* ◆ antes: **I have never seen her b.,** nunca la había visto antes; **an hour b.,** una hora antes ◆ anterior; **the day/year b.,** el día/año anterior
beforehand [bɪ'fɔːhænd] *adv* antes, de antemano, con anticipación
befriend [bɪ'frend] *vtr* hacerse amigo de
beg [beg] **1** *vtr* ◆ *(comida, dinero)* pedir ◆ *(favores, etc)* rogar, suplicar ➢ Ver **pardon** ◆| LOC: **to b. the question,** evitar contestar a una pregunta | **2** *vi* ◆ *(dinero, limosna)* mendigar, pedir; *(perro)* pedir ◆ **he begged me for mercy,** me imploró clemencia
began [bɪ'gæn] *ps* → **begin**
beggar ['begəʳ] *n* mendigo,-a
begin [bɪ'gɪn] *vtr & vi (ps* **began;** *pp* **begun)** ◆ empezar, comenzar: **it began to rain,** empezó a llover; **my classes begin tomorrow,** mis clases empiezan mañana; **to b. doing** *o* **to do sthg,** empezar a hacer algo; **to b. with…,** *(al principio)* para empezar…; **beginning from next week,** a partir de la semana que viene ◆ *(una tarea)* emprender

> El empleo de gerundio o infinitivo no varía sustancialmente el significado del verbo **to begin: They began to cut the grass** o **they began cutting the grass.** *Empezaron a cortar el césped.* El gerundio sugiere que la acción es larga y continua, mientras que el infinitivo sugiere una acción más bien corta. Sin embargo, recuerda que no debes usar el gerundio si **to begin** forma parte de un tiempo continuo.

beginner [bɪ'gɪnəʳ] *n* principiante
beginning [bɪ'gɪnɪŋ] *n* ◆ principio, comienzo: **at the b. of 1937,** a principios de 1937; **(right) from the b.,** desde el principio; **in the b.,** al principio ◆ origen, inicio ◆| LOC: **the b. of the end,** el principio del fin
begonia [bɪ'gəʊnjə] *n Bot* begonia
begrudge [bɪ'grʌdʒ] *vtr* ◆ tener envidia a ◆ dar, conceder de mala gana: **I b. every moment I spend at work,** lamento cada momento que paso en el trabajo
begun [bɪ'gʌn] *pp* → **begin**
behalf [bɪ'hɑːf] *n* ◆ **on b. of,** *US* **in b. of,** en nombre de, de parte de ◆| LOC: **I worry on your b.,** me preocupo por ti
behave [bɪ'heɪv] **1** *vi* ◆ *(persona)* portarse **[to, towards],** comportarse ◆ *(máquina)* funcionar | **2** *vtr* **to b. oneself,** (com)portarse bien
behaviour, *US* **behavior** [bɪ'heɪvjəʳ] *n* ◆ *(de persona)* comportamiento, conducta ◆ *(de máquina)* funcionamiento
behead [bɪ'hed] *vtr* decapitar
behind [bɪ'haɪnd] **1** *prep* ◆ detrás de: **I think Michael's b. all this,** creo que Michael está detrás de todo esto; **we are all b. you,** todos te apoyamos; **b. the door,** detrás de la puerta; **b. the scenes,** entre bastidores ◆ estar atrasado,-a en/con algo: **we are b. them in research,** en investigación somos muy inferiores a ellos | **2** *adv* ◆ *(sitio)* detrás, atrás: **they went to the pub but I stayed b.,** ellos se fueron al pub pero yo me quedé ◆ **to be b. with the rent,** *(tiempo)* tener atrasos de alquiler | **3** *n fam* trasero

beige [beɪʒ] *adj* & *n* beige
being ['biːɪŋ] *n* ◆ ser; **a human b.**, un ser humano ◆ existencia: **the company came into b. in 1968**, la empresa nació en 1968
belated [bɪ'leɪtɪd] *adj* tardío,-a
belch [beltʃ] **1** *vi (persona)* eructar | **2** *vtr (humo, llamas)* echar, arrojar | **3** *n* eructo
belfry ['belfrɪ] *n* campanario
Belgian ['beldʒən] *adj* & *n* belga
Belgium ['beldʒəm] *n* Bélgica
belief [bɪ'liːf] *n* ◆ creencia, opinión: **it was beyond b.**, fue increíble ◆ *Rel (creencia)* fe ◆ *(en algo, alguien)* confianza [**in, en**]
believe [bɪ'liːv] *vtr* creer: **b. me!**, ¡créeme!; **I don't b. you**, no te creo; **b. it or not**, aunque no te lo creas ◆ *(pensar)* **I b. he is rather stupid**, creo que es algo estúpido; **I b. not/so**, creo que no/sí | **2** *vi Rel* creer

■ **believe in** *vtr* ◆ *(estar a favor de)* **I don't b. in hitting children**, no soy partidario de pegar a los niños ◆ *(tener fe)* **to believe in God**, creer en Dios

believer [bɪ'liːvə'] *n* ◆ *Rel* creyente ◆ partidario,-a [**in, de**]
bell [bel] *n* ◆ *(de iglesia)* campana; *(pequeña)* campanilla ◆ *(eléctrico, de bicicleta)* timbre: **ring the b.**, toca el timbre ◆ | LOC: *fig* **his name rings a b.**, su nombre me suena
bell-bottoms ['belbɒtəmz] *npl* pantalones de campana
belligerent [bɪ'lɪdʒərənt] *adj* agresivo,-a
bellow ['beləʊ] *vi* ◆ *(animal)* bramar ◆ *(persona)* rugir, gritar
bellows ['beləʊz] *npl* fuelle
belly ['belɪ] *n* ◆ vientre; *pey (de persona)* barriga ◆ *(de animal)* panza
belly button ['belɪbʌtən] *n fam* ombligo
bellyache ['belɪeɪk] *n fam* dolor de tripa
belong [bɪ'lɒŋ] *vi* ◆ pertenecer [**to, a**]: **this car belongs to my mother**, este coche es de mi madre ◆ *(club, etc)* ser socio,-a [**to, de**] ◆ *(tener su sitio)* corresponder: **where does this file belong?**, ¿dónde pongo esta carpeta?
belongings [bɪ'lɒŋɪŋz] *npl* efectos personales, pertenencias
beloved [bɪ'lʌvɪd] *adj* & *n* amado,-a
below [bɪ'ləʊ] **1** *prep* ◆ *(sitio)* debajo de: **there is a cave b. the house**, debajo de la casa hay una cueva ◆ *(inferior)* **b. normal**, por debajo de lo normal; **twenty degrees b. zero** *o* **freezing**, veinte grados bajo cero | **2** *adv* abajo: **see b.**, véase más abajo; **the girl in the flat b.**, la chica del piso de abajo
belt [belt] *n* ◆ cinturón; **to fasten one's b.**, abrocharse el cinturón; **to tighten one's b.**, apretarse el cinturón ◆ *Téc* correa, cinta ◆ *(area)* zona

■ **belt out** *vtr fam (canción)* cantar a voz en grito

■ **belt up** *vi* ◆ *Auto Av* abrocharse el cinturón ◆ *fam* callarse

bemused [bɪ'mjuːzd] *adj* perplejo,-a
bench [bentʃ] *n* ◆ *(para sentarse)* banco ◆ *Pol* escaño ◆ *Jur* **the B.**, *(los jueces)* el tribunal ◆ *Dep* banquillo
benchmark ['bentʃmɑːk] *n* punto de referencia
bend [bend] **1** *vtr (ps* & *pp* **bent)** ◆ *(metal, madera)* curvar, doblar, torcer; *(espalda, pierna)* doblar; *(cabeza)* inclinar ◆ *(pensamientos)* dirigir | **2** *vi* ◆ doblarse ◆ **to b. (over)**, inclinarse ◆ | LOC: *fam* **we bent over backwards to help them**, hicimos todo lo posible para ayudarles | **3** *n* ◆ *(de carretera, río)* curva; *(de tubería)* codo ◆ *GB fam* **he's round the b.**, está chiflado

■ **bend down** *vi* inclinarse

beneath [bɪ'niːθ] **1** *prep frml* ◆ bajo, debajo de ◆ *fig* **it's b. her to complain**, quejarse es indigno de ella | **2** *adv frml* debajo
beneficial [benɪ'fɪʃəl] *adj* beneficioso,-a [**to, para**]
benefit ['benɪfɪt] **1** *vtr* beneficiar | **2** *vi* beneficiarse, sacar provecho [**by/from, de**] | **3** *n* ◆ ventaja, beneficio: **he did it for his own b.**, lo hizo por su propio interés; **for the b. of**, en beneficio de ◆ *(prestación social, subsidio)* ◆ *(acto)* función benéfica ➢ Ver nota en **beneficio**
benevolence [bɪ'nevələns] *n* benevolencia
benevolent [bɪ'nevələnt] *adj* benévolo,-a
benign [bɪ'naɪn] *adj* benigno,-a
bent [bent] **1** *adj* ◆ *(no recto)* curvado-a, torcido-a ◆ *fam* corrupto,-a, deshonesto,- | **2** *n frml (tendencia)* inclinación [**towards, hacia**]
bereaved [bɪ'riːvd] *npl frml* afligido,-a; **the b.**, los familiares de una persona difunta
beret ['bereɪ] *n* boina
berry ['berɪ] *n* baya

berserk [bə'zɜːk] *adj* **to go b.**, volverse loco,-a

berth [bɜːθ] 1 *n* ◆ *Náut* amarradero ◆ *(camastro)* litera ◆ | LOC: **to give sb/sthg a wide b.**, mantenerse lejos de alguien/algo | 2 *vi* amarrar, atracar

beset [bɪ'set] *vtr frml (ps & pp* **beset***)* acosar: **he was b. with doubts,** le asaltaban las dudas

beside [bɪ'saɪd] *prep* ◆ *(próximo a)* al lado de, junto a: **come and sit b. me,** ven a sentarte a mi lado ◆ comparado con ◆ **to be b. oneself,** *(de rabia)* estar fuera de sí; *(de placer, ansiedad, alegría)* estar loco-a

besides [bɪ'saɪdz] 1 *prep* ◆ *(amén de)* además de ◆ *(salvo)* excepto, menos: **he told no one b. his wife,** no se lo dijo a nadie excepto a su mujer | 2 *adv* además

besiege [bɪ'siːdʒ] *vtr* sitiar, asediar

best [best] 1 *adj (superlativo de* **good***)* mejor: **the b. wine I ever had,** el mejor vino que jamás he tomado; **my b. friend,** mi mejor amigo; **b. man** ~ padrino de boda; **the b. part of a month,** casi un mes; **the b. thing would be to forget it,** lo mejor sería olvidarlo; **b. wishes,** *(en carta)* un saludo | 2 *adv (superlativo de* **well***)* mejor: **I like spring b. of the whole year,** de todo el año me gusta más la primavera; **Mother knows b.,** tu madre sabe lo que te conviene; **the world's b. known actor,** el actor más conocido del mundo | 3 *n* ◆ lo mejor: **I'll do my b.,** haré todo lo posible; **at b.,** como mucho, en el mejor de los casos ◆ **he's not at his b.,** no está en plena forma ◆ | LOC: **to make the b. of a bad job,** poner al mal tiempo buena cara

bestow [bɪ'stəʊ] *vtr frml* conceder, otorgar [**on,** a]

best-seller [best'selə'] *n* éxito editorial

best-selling [best'selɪŋ] *adj* **a b. author,** un autor de éxito

bet [bet] 1 *n* apuesta | 2 *vtr (ps & pp* **bet** *o* **betted***)* apostar: **he b. me a hundred dollars that…,** me apostó cien dólares a que… | 3 *vi* apostar [**on,** por]; *fig* **I bet you're hungry,** seguro que tienes hambre

betray [bɪ'treɪ] *vtr* ◆ *(persona, país)* traicionar ◆ *(ser infiel a)* engañar ◆ *(un secreto)* revelar, delatar

betrayal [bɪ'treɪəl] *n* traición

better ['betə'] 1 *adj* ◆ *(comparativo de* **good***)* mejor: **her job is b. than mine,** su trabajo es mejor que el mío; **to get b.,** *(de salud)* mejorar | 2 *adv (comparativo de* **well***)* ◆ mejor: **I feel better today,** hoy me siento mejor; **she sings b. than him,** ella canta mejor que él ◆ **you had b. go home,** deberías volver a casa; **I'd b. ring you later,** más vale que te llame más tarde ◆ **later he thought b. of it,** más tarde cambió de idea ◆ | LOC: **b. and b.,** cada vez mejor; **b. off** mejor: **I'd be b. off staying at home,** lo mejor sería que me quedase en casa; **so much the b.,** tanto mejor; **the sooner the b.,** cuanto antes, mejor | 3 *n, pron* ◆ mejor (de dos): **the b. of the two,** el mejor de los dos ◆ **for the b.,** para bien: **things changed for the b.,** las cosas dieron un giro positivo

betting ['betɪŋ] *n* apuestas; *GB* **b. shop,** agencia de apuestas

between [bɪ'twiːn] 1 *prep* ◆ entre: **we bought it b. the four of us,** lo compramos entre nosotros cuatro; **b. ourselves,** entre nosotros ◆ *(tiempo)* **between Tuesday and Friday,** entre el lunes y el viernes ◆ **there is a bus b. the hotel and the beach,** hay un autobús del hotel a la playa ➢ Ver nota en **entre** | 2 *adv* **in b.,** *(posición)* en medio

beverage ['bevərɪdʒ] *n* bebida

beware [bɪ'weə'] *vi (sólo en imperativo e infinitivo)* tener cuidado [**of,** con]

bewildered [bɪ'wɪldəd] *adj* desconcertado,-a

bewitch [bɪ'wɪtʃ] *vtr* hechizar

bewitching [bɪ'wɪtʃɪŋ] *adj* fascinador,-ora

beyond [bɪ'jɒnd] 1 *prep* ◆ *(en el espacio)* más allá: **don't go b. the fence,** no vayas más allá de la valla ◆ *(en el tiempo)* **she won't stay b. tomorrow,** pasado mañana se irá ◆ | LOC: **it is b. me,** no lo entiendo *o* me sobrepasa; **they live b. their means,** viven por encima de sus posibilidades; *fig* **b belief,** increíble | 2 *adv* más allá, más lejos

bias ['baɪəs] *n* ◆ predisposición, tendencia [**towards,** hacia] ◆ prejuicio [**against,** contra]

biased ['baɪəst] *adj* parcial, predispuesto,-a [**in favour of** *o* **towards,** a favor de] [**against,** en contra de]

bib [bɪb] *n (para bebé)* babero

Bible ['baɪbəl] *n* Biblia

bibliography [bɪblɪ'ɒgrəfɪ] *n* bibliografía

bicarbonate [baɪ'kɑːbənɪt] *n Quím* bicarbonato; *Culin Med* **b. of soda,** bicarbonato sódico

biceps ['baɪseps] *n* bíceps

bicker ['bɪkəʳ] *vi (como niños)* reñir, discutir

bicycle ['baɪsɪkəl] *n* bicicleta: **I came by b.**, vine en bicicleta; **b. lane,** *fam* carril-bici

bid [bɪd] 1 *(ps bid; pp bid vtr & vi (en subasta)* pujar [**for,** por] | 2 *n* ◆ *(en subasta, etc)* oferta, puja ◆ intento, tentativa; **to make a b. for sthg,** tratar de conseguir algo

bidder ['bɪdəʳ] *n* postor,-ora

bidet ['biːdeɪ] *n* bidé

bifocals [baɪ'fəʊkəls] *npl* gafas bifocales

big [bɪg] 1 *adj* (**bigger, biggest**) ◆ gran, grande; **a b. dog,** un perro grande; **how b. is your house?**, ¿cómo es de grande tu casa? ◆ *fam* mayor; **my b. sister,** mi hermana mayor ◆ importante: **he is our biggest customer,** es nuestro cliente más importante | 2 *adv fam* ◆ **to think b.,** ser ambicioso,-a ◆ **to talk b.,** fanfarronear

bighead ['bɪghed] *n fam* creído,-a, engreído,-a

bigheaded [bɪg'hedɪd] *adj* creído,-a, engreído,-a

bigot ['bɪgət] *n* intolerante

bigoted ['bɪgətɪd] *adj* intolerante

bigotry ['bɪgətrɪ] *n* intolerancia

bigshot ['bɪgʃɒt], **bigwig** ['bɪgwɪg] *n fam* pez gordo

bike [baɪk] *n fam (abr de* **bicycle** *o* **motorbike***)* ◆ bici ◆ moto

bikini [bɪ'kiːnɪ] *n* bikini

bilateral [baɪ'lætərəl] *adj* bilateral

bile [baɪl] *n* ◆ *Anat* bilis ◆ *fig* mal genio

bilingual [baɪ'lɪŋgwəl] *adj* bilingüe

bill [bɪl] 1 *n* ◆ *esp GB (en restaurante)* cuenta, nota ◆ *Com* factura, recibo ◆ *US Fin* billete (de banco) ◆ *Pol* proyecto de ley ◆ *(de un pájaro)* pico | 2 *vtr* ◆ *Com* facturar ◆ **to b. sb for sthg,** pasarle la factura a alguien por algo

billboard ['bɪlbɔːd] *n US* valla, cartelera

billfold ['bɪlfəʊld] *n US* cartera, billetero

billiards ['bɪljədz] *n* billar

billion ['bɪljən] *n US* mil millones (10⁹); *GB (ahora menos frecuente)* billón (10¹²) ➢ Ver nota en **billón**

billionaire [bɪljə'neəʳ] *n* multimillonario,-a

billy goat ['bɪlɪgəʊt] *n* macho cabrío

bin [bɪn] *n* ◆ *(para la basura)* cubo; **litter b.,** papelera ◆ *(para el pan)* panera

binary ['baɪnərɪ] *adj Mat* binario

bind [baɪnd] 1 *vtr (ps & pp* **bound***)* ◆ *(con cuerda, etc)* atar ◆ *Med* vendar ◆ *(un libro)* encuadernar ◆ *(contrato)* obligar | 2 *n fam* **what a b.!**, ¡qué lata!

binder ['baɪndəʳ] *n (para archivar)* carpeta

binding ['baɪndɪŋ] 1 *adj (contrato)* vinculante | 2 *n* encuadernación

binge [bɪndʒ] *n fam* ◆ borrachera, juerga ◆ *(de comida)* comilona, atracón

bingo ['bɪŋgəʊ] *n* bingo

binoculars [bɪ'nɒkjʊləz] *npl* prismáticos, gemelos

biochemical [baɪəʊ'kemɪkəl] *adj* bioquímico,-a

biochemist [baɪəʊ'kemɪst] *n* bioquímico,-a

biochemistry [baɪəʊ'kemɪstrɪ] *n* bioquímica

biodegradable [baɪəʊdɪ'greɪdəbəl] *adj* biodegradable

biographical [baɪɒ'græfɪkəl] *adj* biográfico,-a

biography [baɪ'ɒgrəfɪ] *n* biografía

biological [baɪə'lɒdʒɪkəl] *adj* biológico,-a

biologist [baɪ'ɒlədʒɪst] *n* biólogo,-a

biology [baɪ'ɒlədʒɪ] *n* biología

biorhythm ['baɪəʊrɪðəm] *n* biorritmo

biosphere ['baɪəsfɪəʳ] *n* biosfera

birch [bɜːtʃ] *n Bot* abedul

bird [bɜːd] *n* pájaro, ave ◆ | LOC: **a little b. told me...**, me ha dicho un pajarito...; **to be an early b.,** ser madrugador,-ora

birdcage ['bɜːdkeɪdʒ] *n* jaula

bird's-eye view [bɜːdzaɪ'vjuː] *n* vista de pájaro

bird-watcher ['bɜːdwɒtʃəʳ] *n* ornitólogo,-a

Biro◆ ['baɪrəʊ] *n fam* boli

birth [bɜːθ] *n* ◆ nacimiento; *Med* parto; **to give b. to,** dar a luz a; **b. certificate,** partida de nacimiento; **b. control,** control de la natalidad, planificación familiar; **of humble b.,** de origen humilde ◆ *fig* nacimiento, origen

birthday ['bɜːθdeɪ] *n* cumpleaños; **happy b.!,** ¡feliz cumpleaños!

birthmark ['bɜːθmɑːk] *n* antojo, marca de nacimiento

birthplace ['bɜːθpleɪs] *n* lugar de nacimiento

biscuit ['bɪskɪt] *n* galleta

bisexual [baɪ'seksjʊəl] *adj* bisexual

bishop ['bɪʃəp] *n* ◆ *Rel* obispo ◆ *Ajedrez* alfil

bison ['baɪsən] *n inv* bisonte

bit¹ [bɪt] 1 *n* ◆ trozo, pedazo; **a b. of advice,** un consejo; **a b. of chocolate,** un

bit

trozo de chocolate; **a b. of news,** una noticia ◆ **a bit of a,** algo de: **I've got a b. of a cold,** estoy un poco resfriado; **he's a b. of an idiot,** es algo estúpido; **we have a b. of a problem,** tenemos un pequeño problema ◆ **bits and pieces,** trastos, cosas ◆ *US* **two bits,** moneda de 25 céntimos ◆ *(de taladro)* broca ◆ *Inform* bit ◆ *(para un caballo)* bocado | **2** *adv* ◆ **b. by b.,** poco a poco ◆ **a b.,** *(algo más, ligeramente)* un poco: **a b. later,** un poco más tarde

bit² [bɪt] *ps* → **bite**

bitch [bɪtʃ] *n* ◆ *Zool* perra ◆ *vulgar (mujer malévola)* bruja

bitchy ['bɪtʃɪ] *adj fam (persona)* maldiciente; *(comentario)* malicioso,-a, malintencionado,-a

bite [baɪt] **1** *n* ◆ *(acción)* mordisco ◆ *(de animal)* mordisco; *(de insecto, serpiente)* picadura ◆ *(de comida)* bocado, piscolabis ◆ *(de estilo)* mordacidad | **2** *vtr (ps* **bit**; *pp* **bitten)** morder; *(insecto)* picar; *(ácido)* corroer ◆ | LOC: **what's biting her?,** ¿qué mosca la ha picado?; **to b. off more than one can chew,** abarcar más de lo que se puede | **3** *vi* ◆ morder; *(insecto)* picar ◆ *fig (medidas, etc)* surtir efecto ◆ *Pesca* picar ➢ Ver nota en **sting**

biting ['baɪtɪŋ] *adj* ◆ *(viento)* cortante ◆ *(comentario)* mordaz

bitten ['bɪtən] *pp* → **bite** ◆ | LOC: **once b. twice shy,** gato escaldado del agua fría huye

bitter ['bɪtə'] **1** *adj* ◆ *(sabor, sentimiento)* amargo,-a ◆ *(persona)* amargado,-a, rencoroso,-a ◆ *(enemigo, odio)* implacable ◆ *(batalla)* encarnizado,-a ◆ *(tiempo)* glacial ◆ *(viento)* cortante | **2** *n (bebida)* cerveza amarga ➢ Ver nota en **ale**

bitterly ['bɪtəlɪ] *adv* ◆ *(llorar, hablar)* amargamente ◆ **it's b. cold,** hace un frío que pela

bitterness ['bɪtənɪs] *n* ◆ amargura ◆ *(de persona)* rencor ◆ *(de batalla)* saña

bittersweet [bɪtə'swiːt] *adj* agridulce

bitumen ['bɪtjumɪn] *n* betún

bizarre [bɪ'zɑː'] *adj* ◆ rarísimo,-a, extraño,-a ◆ *(persona)* estrafalario,-a, estrambótico,-a

black [blæk] **1** *adj* ◆ *(color)* negro,-a; **b. and white,** blanco,-a y negro,-a; **b. hole,** agujero negro; **in b. and white,** por escrito; **the b. sheep of the family,** la oveja negra de la familia; *(café)* sólo,-a; *(ojo)* morado,-a; **b. and blue,** amoratado,-a ◆ *(de raza)* negro,-a: **a b. singer,** un cantante negro ◆ oscuro,-a; **as b. as pitch,** tan oscuro,-a como boca de lobo ◆ *(poco alentador)* **it looks b.,** no tiene buena pinta; **things look b.,** las cosas se están poniendo feas; **to give sb a b. look,** ponerle mala cara a alguien | **2** *n* ◆ *(color)* negro ◆ *(persona)* negro,-a | **3** *vtr* ◆ ennegrecer ◆ *(zapatos)* lustrar ◆ *Pol* boicotear

■ **black out 1** *vtr* ◆ dejar a oscuras: **the town was blacked out for an hour,** la ciudad sufrió un apagón de una hora ◆ *(suprimir)* censurar | **2** *vi (perder el conocimiento)* desmayarse

blackberry ['blækbərɪ] *n* zarzamora

blackbird ['blækbɜːd] *n* mirlo

blackboard ['blækbɔːd] *n* pizarra

blackcurrant [blæk'kʌrənt] *n* grosella negra

blacken ['blækən] *vtr* ◆ ennegrecer ◆ *fig (difamar)* manchar

blackhead ['blækhed] *n* espinilla, punto negro

blackleg ['blækleg] *n Pol* esquirol

blacklist ['blæklɪst] *n* lista negra

blackmail ['blækmeɪl] **1** *n* chantaje | **2** *vtr* chantajear

blackout ['blækaʊt] *n* ◆ *(de luces)* apagón ◆ *TV* censura ◆ desmayo, pérdida de conocimiento

blacksmith ['blæksmɪθ] *n* herrero

bladder ['blædə'] *n* vejiga; **gall b.,** vesícula biliar

blade [bleɪd] *n* ◆ *(de cuchillo)* hoja ◆ *(de máquina)* cuchilla ◆ *(de hierba)* brizna ◆ *Lit* espada

blame [bleɪm] **1** *n* culpa; **to bear** *o* **take the b.,** asumir la responsabilidad [**for,** de]; **to lay** *o* **put the b. on sb,** culpar a alguien [**for,** de] | **2** *vtr* echar la culpa a: **don't b. me,** no me culpes a mí

blameless ['bleɪmlɪs] *adj* ◆ *(persona)* inocente ◆ *(acción)* intachable

bland [blænd] *adj* suave; *pey (comida)* soso,-a

blank [blæŋk] **1** *adj* ◆ *(papel)* en blanco: **leave this space b.,** deje este espacio en blanco ◆ *(cinta)* virgen ◆ *(cara, ojos)* vacío,-a, sin expresión: **my mind has gone b.,** no me acuerdo de nada | **2** *n* ◆ *(vacío)* espacio en blanco ◆ *Mil Dep* (bala) de fogueo

blanket ['blæŋkɪt] **1** *n* ◆ manta ◆ *fig* capa | **2** *adj* general

blare [bleə'] *vi* sonar muy fuerte

blasphemous ['blæsfɪməs] *adj* blasfemo,-a

blasphemy ['blæsfɪmɪ] *n* blasfemia
blast [blɑːst] 1 *n* ◆ explosión ◆ onda expansiva ◆ *(de viento)* ráfaga ◆ *(de bocina, trompeta)* toque ◆ **at full b.**, a todo volumen | 2 *vtr* ◆ *(hacer saltar)* volar ◆ arremeter contra | 3 *excl* **b. (it)!**, ¡maldita sea!
blasted ['blɑːstɪd] *adj* maldito,-a
blast-furnace ['blɑːstfɜːnɪs] *n* alto horno
blast-off ['blɑːstɒf] *n Astronáut* despegue
blatant ['bleɪtənt] *adj* ◆ *(incompetencia)* evidente ◆ *(mentira, corrupción)* descarado,-a
blaze [bleɪz] 1 *n* ◆ incendio, llamarada ◆ *(de luz, sol)* resplandor ◆ *fig* **a b. of anger**, un arranque de ira | 2 *vi* ◆ *(incendio)* arder ◆ *(sol, luz)* brillar | 3 *vtr* **to b. a trail**, abrir un camino
blazer ['bleɪzə'] *n* americana, chaqueta
bleach [bliːtʃ] 1 *n* lejía | 2 *vtr* ◆ *(quitar color)* blanquear ◆ *(pelo)* aclarar, teñir de rubio | 3 *vi* decolorarse, blanquearse
bleachers ['bliːtʃəz] *npl US Dep (asientos)* gradas al sol
bleak [bliːk] *adj* ◆ *(paisaje)* inhóspito,-a ◆ *(casa)* lóbrego,-a ◆ *(tiempo)* deprimente ◆ *(futuro)* sombrío,-a
bleary ['blɪərɪ] *adj (blearier, bleariest) (ojos)* legañoso,-a; *(con lágrimas)* lloroso,-a
bleary-eyed [blɪərɪ'aɪd] *adj* ◆ con los ojos legañosos *o* llorosos ◆ *fig* semidormido,-a
bleat [bliːt] 1 *n* balido | 2 *vi (oveja, cabra)* balar
bled [bled] *ps* & *pp* → **bleed**
bleed [bliːd] 1 *vi (ps* & *pp* **bled)** sangrar; **to b. to death**, morir desangrado | 2 *vtr Med* sangrar ◆ LOC: *fam* **to b. sb dry**, chuparle a alguien hasta la última gota de sangre
bleeding ['bliːdɪŋ] 1 *n (sangría)* pérdida de sangre | 2 *adj* ◆ *Med* sangrante ◆ *argot ofens* puñetero,-a *(también adv)*
bleep [bliːp] 1 *n* bip, pitido | 2 *vi* pitar
bleeper ['bliːpə'] *n fam* busca, buscapersonas
blemish ['blemɪʃ] *n* ◆ *(en la piel)* imperfección, mancha ◆ *(en la reputación)* mancha, tacha
blend [blend] 1 *n* mezcla | 2 *vtr* combinar, mezclar | 3 *vi (colores, sabores)* armonizar, encajar; **the palace blends in with its surroundings**, el palacio forma un conjunto armonioso con su entorno
blender ['blendə'] *n Culin* batidora

bless [bles] *vtr (ps* & *pp* **blessed** *o* **blest)** bendecir: **he is blessed with good health**, goza de buena salud ◆ | LOC: *excl* **b. you!**, *(al estornudar)* ¡Jesús!
blessing ['blesɪŋ] *n* ◆ bendición ◆ aprobación ◆ beneficio, ventaja: **count your blessings**, da gracias por lo que tienes; **it's a mixed b.**, tiene sus pros y sus contras
blew [bluː] *ps* → **blow**
blind [blaɪnd] 1 *adj* ◆ *(invidente)* ciego,-a; **to go b.**, quedarse ciego,-a; **b. in one eye**, tuerto,-a ◆ *fig (incondicional fe, rabia)* ciego,-a ◆ *(tapado)* **b. alley**, callejón sin salida ◆ *fam (uso enfático)* **to get b. drunk**, agarrar una cogorza | 2 *n* ◆ persiana, toldo ◆ **the b.** *pl*, los ciegos | 3 *vtr* ◆ *Med* cegar, dejar ciego; *fig* **blinded by love**, cegado,-a de amor ◆ *(luz brillante)* deslumbrar
blindfold ['blaɪndfəʊld] 1 *n* venda | 2 *vtr* vendar los ojos a
blinding ['blaɪndɪŋ] *adj* cegador,-ora, deslumbrante
blindly ['blaɪndlɪ] *adv* a ciegas, ciegamente
blindness ['blaɪndnɪs] *n* ceguera
blink [blɪŋk] 1 *vi (ojos)* parpadear ◆ *(luces)* parpadear, titilar | 2 *vtr* guiñar; **to b. one's eyes**, parpadear | 3 *n* parpadeo
blinkers ['blɪŋkəz] *npl* ◆ *(para caballo)* anteojeras ◆ *Auto* intermitentes
bliss [blɪs] *n* felicidad, éxtasis
blissful ['blɪsfʊl] *adj* ◆ *(estado)* feliz ◆ *(cosa)* maravilloso,-a
blister ['blɪstə'] 1 *n* ◆ *Med* ampolla ◆ *(en pintura)* burbuja | 2 *vi* ampollarse
blistering ['blɪstərɪŋ] *adj* ◆ *(calor)* abrasador,-ora ◆ *(comentario)* devastador,-ora
blitz [blɪts] 1 *n* bombardeo aéreo | 2 *vtr* bombardear
blizzard ['blɪzəd] *n* ventisca
bloated ['bləʊtɪd] *adj* hinchado,-a [**with**, de]
blob [blɒb] *n* ◆ *(de líquido viscoso)* gota ◆ *(en la reputación, etc)* mancha, tacha
bloc [blɒk] *n Pol* bloque
block [blɒk] 1 *n* ◆ bloque ◆ *(de pisos)* bloque, edificio ◆ *(de edificios)* manzana ◆ obstáculo, bloqueo; **a mental b.**, un bloqueo mental ◆ *Fin (de acciones)* paquete ◆ **b. capitals** *pl*, mayúsculas | 2 *vtr* ◆ *(bloquear)* obstruir: **you're blocking my way**, me estás cerrando el paso ◆ *Dep* obstaculizar ◆ *Fin Pol* bloquear

■ **block up** *vtr* ◆ obstruir: **the drains are blocked up**, el desagüe está atascado ◆ *(una puerta)* tapiar, cegar

blockade [blɒ'keɪd] *n* bloqueo
blockage ['blɒkɪdʒ] *n* ◆ bloqueo, obstrucción ◆ *(de tráfico)* atasco
blockbuster ['blɒkbʌstə'] *n fam* ◆ *(película)* gran éxito de taquilla ◆ *(libro)* éxito de ventas
bloke [bləʊk] *n GB fam* tío, tipo
blond, blonde [blɒnd] *adj & n* rubio, rubia ➢ Ver nota en **rubio**
blood [blʌd] *n* ◆ sangre: **music is in her b.,** lleva la música en la sangre; **b. bank,** banco de sangre; **b. group,** grupo sanguíneo; **b. test,** análisis de sangre; **bad b.,** mala uva; **in cold b.,** a sangre fría; **red/white b.-cell,** glóbulo rojo/blanco ◆ linaje, sangre: **he has blue b.,** tiene sangre azul
bloodbath ['blʌdbɑːθ] *n fig* carnicería, baño de sangre
blood-curdling ['blʌdkɜːdlɪŋ] *adj* espeluznante
bloodhound ['blʌdhaʊnd] *n* sabueso
bloodshed ['blʌdʃed] *n* derramamiento de sangre
bloodshot ['blʌdʃɒt] *adj* inyectado,-a de sangre
bloodthirsty ['blʌdθɜːsti] *adj* sanguinario,-a
bloody ['blʌdɪ] 1 *adj (bloodier, bloodiest)* ◆ manchado,-a de sangre ◆ *(batalla)* sangriento,-a ◆ *vulgar* maldito,-a, puñetero,-a: **where's my b. key?,** ¿dónde puñetas está mi llave? | 2 *adv vulgar* extremadamente: **it's b. expensive,** ¡qué pasada de precio!; **don't be b. silly,** no seas gilipollas
bloody-minded [blʌdɪ'maɪndɪd] *adj fam* ◆ terco,-a ◆ malintencionado,-a
bloom [bluːm] 1 *n* ◆ *frml* flor; **in full b.,** en flor ◆ *(de fruta, etc)* pelusa, vello | 2 *vi (plantas)* florecer
blooming ['bluːmɪŋ] *adj* ◆ *(en plena flor)* floreciente ◆ rebosante de salud
blossom ['blɒsəm] 1 *n Bot* flor de árbol frutal | 2 *vi Bot* florecer ◆ *(una persona, relación)* alcanzar su plenitud ◆ **to b. into,** transformarse en
blot [blɒt] 1 *n* mancha; *(de tinta)* borrón | 2 *vtr* ◆ emborronar, ensuciar ◆ secar | 3 *vi (la tinta)* correrse
■ **blot out** *vtr* ◆ *(una vista)* ocultar, tapar ◆ *(un recuerdo)* borrar
blotch ['blɒtʃ] *n* mancha, rojez
blotchy ['blɒtʃɪ] *adj* ◆ *(piel, etc)* enrojecido,-a ◆ *(superficie)* con manchas
blouse [blaʊz] *n* blusa

blow [bləʊ] 1 *n* ◆ golpe: **they soon came to blows,** pronto llegaron a las manos; **to strike a b.,** asestar un golpe *(tb fig)*; **a b. by b. account,** una narración pormenorizada ◆ desgracia; **a terrible b.,** un duro golpe [**to,** para] | 2 *vi (ps blew, pp blown)* ◆ *(viento)* soplar ◆ *Elec (los plomos)* fundirse ◆ *Auto (un neumático)* reventar ◆ *(una sirena)* sonar | 2 *vtr* ◆ *(un barco, las hojas)* llevar ◆ *(instrumento, bocina)* tocar ◆ *(un beso)* mandar ◆ *(la nariz)* sonarse ◆ *Elec (los plomos)* fundir ◆ *fam (el dinero)* despilfarrar ◆ *fam (una oportunidad)* desperdiciar ◆ *(a causa de una explosión)* volar: **the bomb blew a hole in the wall,** la bomba hizo un agujero en la pared ◆ | LOC: **you've really blown it!,** ¡la has fastidiado!; *fig* **he's always blowing his own trumpet,** no tiene abuela; **to b. one's top,** salirse de sus casillas
■ **blow away** → **blow off**
■ **blow down** *vtr* derribar
■ **blow off** 1 *vtr (por el viento)* llevarse: **the wind blew my beret off,** el viento se llevó mi boina | 2 *vi (un sombrero, etc)* salir volando
■ **blow out** 1 *vtr* apagar | 2 *vi* apagarse
■ **blow over** *vtr (por la fuerza del viento)* derribar
■ **blow up** 1 *vtr* ◆ *(un edificio)* volar ◆ *(un neumático, etc)* inflar ◆ *Fot* ampliar | 2 *vi* estallar, explotar
blowlamp ['bləʊlæmp] *n* soplete
blown [bləʊn] *pp* → **blow**
blowout ['bləʊaʊt] *n* ◆ *Auto* reventón ◆ *fam* comilona
blowtorch ['bləʊtɔːtʃ] *n US* soplete
blow-up ['bləʊʌp] *n Fot* ampliación
blue [bluː] 1 *adj* ◆ *(color)* azul; **b. jeans,** vaqueros, tejanos; **b. with cold,** amoratado,-a del frío ◆ *(melancólico)* triste, deprimido,-a ◆ *(obsceno)* verde; **b. joke,** chiste verde; **b. film,** película pornográfica ◆ **b. blood,** sangre azul; **true b.,** de lo más leal ◆ | LOC: *fam* **you can argue until you're b. in the face, but...,** puedes discutir hasta que revientes, pero...; **once in a b. moon,** de higos a brevas | 2 *n* ◆ *(color)* azul ◆ **the news came out of the b.,** la noticia llegó cuando menos se esperaba
bluebell ['bluːbel] *n Bot* campanilla
blueberry ['bluːbərɪ] *n* arándano
bluebottle ['bluːbɒtəl] *n* moscardón
blueprint ['bluːprɪnt] *n* anteproyecto [**for,** de]

blues [bluːz] *n* ◆ *Mús* the b., el blues ◆ *fam* tristeza, melancolía: **she's got the b.,** está con la depre

bluff [blʌf] 1 *n (trampa)* farol | 2 *adj (persona)* directo,-a | 3 *vi* tirarse un farol

blunder ['blʌndə] 1 *n* ◆ error garrafal ◆ metedura de pata | 2 *vi* ◆ meter la pata ◆ tropezar [**into,** con] ◆ andar torpemente

blunt [blʌnt] 1 *adj* ◆ *(cuchillo)* sin filo, desafilado,-a; *(lápiz)* despuntado,-a ◆ *(persona)* abrupto,-a, directo,-a ◆ *(declaración)* brusco,-a, tajante; **to be b.,** hablar con franqueza, sin rodeos | 2 *vtr (un lápiz)* despuntar; *(un cuchillo)* desafilar

bluntly ['blʌntlɪ] *adv* francamente, sin rodeos

blur [blɜː^r] 1 *n* imagen borrosa | 2 *vtr* ◆ *(un imagen)* hacer borroso,-a

blurred [blɜːd] *adj* borroso,-a

blush [blʌʃ] 1 *n* rubor | 2 *vi* ruborizarse

blusher ['blʌʃə^r] *n* colorete

boar [bɔː^r] *n* verraco ◆ **wild b.,** jabalí ➢ Ver nota en **cerdo**

board [bɔːd] 1 *n* ◆ *(de madera)* tabla, tablero; *Culin* **chopping b.,** tabla de cortar ◆ **notice b.,** tablón de anuncios ◆ *(del colegio)* pizarra ◆ *Dep* **diving b.,** trampolín; **score b.,** marcador; **surf b.,** tabla de surf; *(para juegos)* tablero ◆ *(alojamiento)* pensión; **full b.,** pensión completa; **half b.,** media pensión ◆ *Com* junta, consejo; **b. of directors,** junta directiva; **Gas/Water/Electricity B.,** compañía del gas/del agua/de la luz ◆ *Náut* **on b.,** a bordo ◆ *fig* **above b.,** en regla; **across-the-b.,** global | 2 *vtr (barco, avión, etc)* embarcarse en, subir a | 3 *vi* ◆ embarcar ◆ *(vivir)* alojarse [**with,** con] ◆ *(en un colegio)* estar interno,-a

boarder ['bɔːdə^r] *n* ◆ *(en pensión)* huésped(a) ◆ *(de colegio)* interno,-a

boarding ['bɔːdɪŋ] *n* ◆ *Náut Av* embarque; **b. card,** tarjeta de embarque ◆ *(vivienda)* alojamiento, pensión; **b. house,** pensión, casa de huéspedes; **b. school,** internado

boast [bəʊst] 1 *n* presunción, alarde | 2 *vi* presumir, jactarse [**about,** de] | 3 *vtr* ostentar, disponer de: **the hotel boasts three restaurants,** el hotel dispone de tres restaurantes

boastful ['bəʊstfʊl] *adj* fanfarrón,-ona

boat [bəʊt] *n* ◆ barco; *(pequeño)* barca; *(mediano)* lancha; *(grande)* buque, navío; **fishing b.,** barco de pesca ◆ | LOC: **we are all in the same b.,** todos estamos en el mismo barco; *fig* **to miss the b.,** perder el tren

boatyard ['bəʊtjɑːd] *n* astillero

bob [bɒb] *vi* **the boats bobbed up and down,** los barcos se balanceaban en el agua

bodice ['bɒdɪs] *n* ◆ *(ropa interior)* corpiño ◆ *(de vestido)* cuerpo

bodily ['bɒdɪlɪ] 1 *adj* físico,-a; **b. needs,** necesidades físicas | 2 *adv* **he picked her up b.,** la levantó por la fuerza

body ['bɒdɪ] *n* ◆ cuerpo; **b. and soul,** en cuerpo y alma ◆ *(muerto)* cadáver ◆ parte principal: **the b. of the work deals with philosophy,** el cuerpo del libro habla de filosofía ◆ *Auto* carrocería ◆ *Com (ente)* organismo; *(profesión)* cuerpo ◆ *(de gente)* grupo ◆ *(de datos, de evidencia)* colección, conjunto ◆ *(de vino, pelo)* volumen ◆ | LOC: *fam* **over my dead b.!,** ¡bajo ningún concepto! *o* ¡por encima de mi cadáver!

body-builder ['bɒdɪbɪldə^r] *n* culturista

body-building ['bɒdɪbɪldɪŋ] *n* culturismo

bodyguard ['bɒdɪgɑːd] *n* guardaespaldas

bodywork ['bɒdɪwɜːk] *n Auto* carrocería

bog [bɒg] *n* ◆ ciénaga ◆ *argot (servicio)* retrete

■ **bog down** *vtr* **to get bogged down,** atascarse, estancarse

bogeyman ['bəʊgɪmæn] *n* coco, hombre del saco

bogus ['bəʊgəs] *adj* falso,-a; **a b. argument,** un argumento falaz

boil [bɔɪl] 1 *n* ◆ **to bring to the b.,** llevar a ebullición ◆ *Med* furúnculo | 2 *vtr (agua)* hervir; *(alimentos)* cocer | 3 *vi* ◆ hervir ◆ *fig* **to b. with anger,** estar furioso,-a

■ **boil down** *vi reducirse* [**to,** a]: **what it all boils down to is this...,** al fin y al cabo, todo se reduce a lo siguiente...

■ **boil over** *vi (leche)* salirse

boiler ['bɔɪlə^r] *n* ◆ caldera ◆ **b. suit,** mono

boiling ['bɔɪlɪŋ] *adj* ◆ hirviendo; **b. point,** punto de ebullición ◆ muy caliente: **it's b. (hot),** *(comida)* quema; *(tiempo)* hace un calor agobiante; **I'm b.,** me estoy asando (de calor)

boisterous ['bɔɪstərəs] *adj (persona, reunión, etc)* bullicioso,-a

bold 434

bold [bəʊld] *adj* ◆ valiente ◆ audaz ◆ *pey* descarado,-a ◆ *(facciones)* marcado,-a ◆ *Tip* **b. face,** negrita

boldly ['bəʊldlɪ] *adv* audazmente, valientemente

boldness ['bəʊldnɪs] *n* audacia, osadía

Bolivia [bə'lɪvɪə] *n* Bolivia

Bolivian [bə'lɪvɪən] *adj & n* boliviano,-a

bolster ['bəʊlstə'] **1** *n* almohada, cabezal | **2** *vtr* ◆ *(dar fuerza)* reforzar ◆ *(sostener)* apoyar

bolt [bəʊlt] **1** *n* ◆ *(de una puerta)* cerrojo ◆ *Téc* perno, tornillo ◆ **b. of lightning,** rayo, relámpago ◆ **his resignation came like a b. from the blue,** su dimisión cayó como una bomba ◆ fuga precipitada | **2** *vtr* ◆ *(una puerta, etc)* cerrar con cerrojo ◆ *Téc* atornillar ◆ *fam* comer muy de prisa | **3** *vi* ◆ *(una persona)* irse corriendo ◆ *(un caballo)* desbocarse

bomb [bɒm] **1** *n* ◆ bomba: **a b. has gone off in the main square,** ha estallado una bomba en la plaza mayor; **car/letter b.,** coche/carta-bomba ◆ | LOC: *fam* **my new car goes like a b.,** mi nuevo coche va de maravillas ◆ *GB argot* **to cost a b.,** costar un ojo de la cara | **2** *vtr* ◆ *(una ciudad, etc)* bombardear ◆ *(en un ataque terrorista)* volar

bombard [bɒm'bɑ:d] *vtr* bombardear

bombardment [bɒm'bɑ:dmənt] *n* bombardeo

bombastic [bɒm'bæstɪk] *adj* rimbombante

bomber ['bɒmə'] *n* ◆ *Av* bombardero ◆ persona que coloca bombas

bombing ['bɒmɪŋ] *n* bombardeo

bombshell ['bɒmʃel] *n* ◆ *Mil* obús ◆ sorpresa: **the news was like a b.,** la noticia cayó como una bomba

bond [bɒnd] **1** *n* ◆ *(entre personas, cosas)* lazo, vínculo ◆ *Fin* bono, obligación ◆ acuerdo, contrato ◆ **bonds** *pl*, *(para un preso)* cadenas, cuerdas | **2** *vtr* ◆ *(unir)* pegar ◆ *(mercancías)* poner en depósito

bondage ['bɒndɪdʒ] *n* esclavitud

bone [bəʊn] **1** *n* ◆ hueso; *(de pescado)* espina ◆ **b. china,** porcelana fina ◆ *fig* **the bare bones,** el meollo ◆ | LOC: **to have a b. to pick with sb,** tener que arreglar las cuentas con alguien; **to work one's fingers to the b.,** trabajar como un esclavo; **b. of contention,** manzana de la discordia | **2** *vtr (carne)* deshuesar; *(pescado)* quitar las espinas a

■ **bone up on** *vtr fam* empollar

bone-dry [bəʊn'draɪ] *adj* totalmente seco,-a

bone-idle [bəʊn'aɪdəl] *adj* vago,-a

bonfire ['bɒnfaɪə'] *n* hoguera, fogata

bonnet ['bɒnɪt] *n* ◆ *(de niño)* gorro, capota ◆ *Auto* capó

bonus ['bəʊnəs] *n* ◆ *(sueldo)* plus, prima ◆ ventaja: **it has the added b. of being free,** y además, es gratis ◆ *Com* oferta especial

bony ['bəʊnɪ] *adj* **(bonier, boniest)** ◆ *(persona)* huesudo,-a; *(carne/pescado)* lleno,-a de huesos/espinas ◆ *(de hueso)* óseo,-a

boo [bu:] **1** *excl* ¡bu! | **2** *n* abucheo | **3** *vtr* abuchear; *Teat* patear

boob [bu:b] *n GB fam* ◆ metedura de pata; **to make a b.,** meter la pata ◆ **boobs** *pl*, *fam (pechos)* tetas

booby ['bu:bɪ] *n* ◆ **b. trap,** trampa explosiva ◆ *US fam* **b. hatch,** manicomio

book [bʊk] **1** *n* ◆ libro; **note b.,** cuaderno, **savings b.,** libreta de ahorros ◆ reglas; **according to** *o* **by the b.,** al pie de la letra ◆ *Com* **the books** *pl*, las cuentas; *fig* **to be in sb's good/bad books,** estar a buenas/malas con alguien | **2** *vtr* ◆ *(una mesa, un hotel, vuelo)* reservar ◆ *(persona)* contratar ◆ *fam (por infracciones de tráfico)* multar ◆ *Dep* amonestar, sacar la tarjeta amarilla/roja a | **3** *vi* reservar: **have you booked?,** ¿tiene reserva?

■ **book in 1** *vi (en un hotel, etc)* registrarse | **2** *vtr* **to b. sb in,** hacer una reserva para alguien

■ **book into** *vtr (en un hotel)* reservar una habitación en

■ **book out** *vi (de un hotel)* marcharse [**of,** de]

■ **book up** *vtr* **the hotel is booked up,** el hotel está completo

bookcase ['bʊkkeɪs] *n* librería, estantería

booking ['bʊkɪŋ] *n esp GB* ◆ *(hotel, viaje, etc)* reserva ◆ *(en una estación)* **b. office,** taquilla ◆ *Dep* amonestación

booklet ['bʊklɪt] *n* folleto

bookmaker ['bʊkmeɪkə'] *n* corredor,-ora de apuestas

bookseller ['bʊkselə'] *n* librero,-a

bookshelf ['bʊkʃelf] *n* estante

bookshop ['bʊkʃɒp] *n* librería

bookstore ['bʊkstɔ:'] *n US* librería

bookworm ['bʊkwɜ:m] *n fam* ratón de biblioteca

boom [bu:m] **1** *n* ◆ *Econ* boom, prosperidad repentina ◆ *(ruido)* estruendo, trueno | 2 *vi* ♦ estar en auge ♦ *(sonido)* retumbar

boomerang ['bu:məræŋ] *n* bumerán

booming ['bu:mɪŋ] *adj (próspero)* en auge: **the Spanish economy is b.,** la economía española está en auge

boost [bu:st] 1 *n* estímulo, empuje | 2 *vtr* ♦ empujar hacia arriba; *(los beneficios, precios)* aumentar ♦ *(la moral)* levantar ♦ *(el turismo, las exportaciones, etc)* fomentar

boot [bu:t] 1 *n* ♦ *Inform* arranque ♦ *GB Auto* maletero ♦ *Indum* bota ♦ | LOC: **the b. is on the other foot,** se han cambiado las tornas; *fam* **to give sb the b.,** echar a alguien; *fam* **to put the b. in,** atacar, pisotear *(a una persona indefensa)* | 2 *vtr fam* ♦ *Ftb (balón)* chutar ♦ **to b. (out),** echar a patadas ♦ *Inform* arrancar

bootblack ['bu:tblæk] *n esp US* limpiabotas

booth [bu:ð, bu:θ] *n* ♦ *(de votación, teléfono, etc)* cabina ♦ **photo b.,** fotomatón ♦ *(en una verbena)* caseta

bootleg ['bu:tleg] 1 *adj* ♦ *(licor, cigarrillos)* de contrabando ♦ *(cinta, programa)* pirata | 2 *vi (un licor, etc)* pasar de contrabando ♦ *(cintas)* piratear

bootlegger ['bu:tlegəʳ] *n* contrabandista

booty ['bu:tɪ] *n* botín

booze [bu:z] *fam* 1 *n fam (en general)* bebida alcohólica | 2 *vi* beber mucho

border ['bɔ:dəʳ] 1 *n* ♦ borde ♦ *Cos* ribete ♦ *(jardín)* arriate ♦ *Pol* frontera | 2 *vtr* ♦ rodear ♦ *Cos* ribetear

> Frontier y boundary son más o menos sinónimos de border y, a veces, son intercambiables. Frontier se refiere más bien a una división política (**we crossed the frontier at Hendaye,** *cruzamos la frontera en Hendaya*) y border a la división natural: **The Río Grande forms the border between the USA and Mexico.** *El Río Grande constituye la frontera entre EE.UU. y México.* Boundary se refiere a divisiones entre áreas más pequeñas, como pueblos o fincas.

■ **border on** *vtr* ♦ *Geog* lindar con, limitar con ♦ *fig* rayar en

borderline ['bɔ:dəlaɪn] 1 *n* ♦ línea divisoria ♦ *Pol* línea fronteriza | 2 *adj* ♦ *(en la frontera)* fronterizo,-a ♦ *fig (caso, historia, etc)* dudoso,-a

bore¹ [bɔ:ʳ] 1 *vtr* ♦ aburrir ♦ *Téc* taladrar, perforar | 2 *n* ♦ *(persona)* pesado,-a, pelma: **he's such a b.!,** ¡qué pesado es! ♦ *(cosa)* lata, rollo: **what a b.!,** ¡qué lata! ♦ *Téc (agujero)* taladro ♦ *(de arma de fuego)* calibre

bore² [bɔ:ʳ] *ps* → **bear¹**

bored [bɔ:d] *adj* aburrido,-a; **to be b. (stiff),** aburrirse *o* estar aburrido,-a (como una ostra)

boredom ['bɔ:dəm] *n* aburrimiento

boring ['bɔ:rɪŋ] *adj (libro, película)* aburrido,-a; **to be b,** ser aburrido,-a ♦ *(persona, etc)* pesado,-a

born [bɔ:n] 1 *pp* → **bear¹**; **to be b.,** nacer: **my father was b. in 1911,** mi padre nació en 1911; **do you think I was b. yesterday?,** ¿crees que nací ayer? | 2 *adj* ♦ *(con una habilidad natural)* nato,-a; **he's a b. leader,** es un líder nato ♦ | LOC: **he's a Briton b. and bred,** es Británico de casta y cuna

born-again ['bɔ:nəgen] *adj Rel* converso,-a

borough ['bʌrə] *n* ♦ municipio ♦ *GB Pol* ≈ distrito electoral

borrow ['bɒrəʊ] ♦ pedir *o* tomar prestado [**from,** a]; **I borrowed ten dollars from my father,** le pedí prestados diez dólares a mi padre ♦ *(ideas, etc)* adoptar, apropiarse ➢ Ver nota en **prestar**

borrower ['bɒrəʊə] *n Com* prestatario,-a

bosom ['bʊzəm] *n* ♦ *frml (general)* pecho; *(de mujer)* pechos ♦ *fig* seno; **in the b. of one's family,** en el seno de la familia ♦ | LOC: **b. friend,** *US* **buddy,** amigo,-a del alma

boss [bɒs] *n fam* ♦ jefe,-a; *(propietario de empresa)* patrón,-ona ♦ *esp US Pol* jefe; *pey* cacique ♦ | LOC: **who's the b. here?,** ¿quién manda aquí?

■ **boss about** *o* **around** *vtr* dar órdenes a

bossy ['bɒsɪ] *adj (bossier, bossiest) fam* mandón,-ona

botanic(al) [bə'tænɪk(əl)] *adj* botánico,-a; **b. garden,** jardín botánico

botany ['bɒtənɪ] *n* botánica

botch [bɒtʃ] 1 *n* chapuza, chapucería | 2 *vtr* ♦ *(trabajo)* chapucear ♦ *(plan)* estropear

both [bəʊθ] 1 *adj* ambos,-as, los/las dos: **he broke b. legs,** se rompió las dos piernas | 2 *pron* ambos,-as, los/las dos; **b. of us,** nosotros dos; **love to you b.,** recuer-

bother

dos a los dos | **3** *conj* ♦ **b. David and his wife speak Spanish,** tanto David como su mujer hablan español; **he is b. rude and arrogant,** es maleducado y además arrogante

bother ['bɒðə'] **1** *vtr* ♦ *(incomodar)* molestar; **does it b. you if I smoke?,** ¿le molesta si fumo? ♦ *(causar molestias a)* dar la lata a ♦ preocupar; *fam* **I can't be bothered,** no tengo ganas | **2** *vi* ♦ preocuparse [**about,** por] ♦ molestarse: **he didn't b. washing,** no se molestó en lavarse | **3** *n* ♦ molestia, lata ♦ *fam* problemas

bottle ['bɒtəl] **1** *n* botella; *(de medicina, perfume, tinta)* frasco; *(vacío)* envase; *(para bebé)* biberón; **b. opener,** abrebotellas | **2** *vtr* ♦ *(vino)* embotellar ♦ *(fruta)* envasar

■ **bottle up** *vtr (emociones)* reprimir

bottle-bank ['bɒtəlbæŋk] *n* contenedor de vidrio

bottled ['bɒtəld] *adj* ♦ *(vino, cerveza)* embotellado,-a ♦ *(fruta)* envasado,-a

bottle-fed ['bɒtəlfed] *adj* alimentado,-a con biberón

bottle-green ['bɒtəlgri:n] *adj* verde botella

bottleneck ['bɒtəlnek] *n* ♦ *Auto* atasco ♦ *fig* cuello de botella *(sitio estrecho donde se atasca el flujo de algo)*

bottom ['bɒtəm] **1** *n* ♦ parte inferior ♦ *(de un río, una calle, caja, escenario, etc)* fondo ♦ *(de una escalera, colina, página)* pie ♦ *fam (de una persona)* trasero, nalgas ♦ **at the b. of the list,** al final de la lista ♦ **the KGB is at the b. of this,** el KGB está detrás de todo esto ♦ **the b. has fallen out of the market,** el mercado se ha desplomado ♦ | LOC: **to get to the b. of sthg,** llegar al fondo de algo | **2** *adj* ♦ *(posición)* más bajo,-a, de abajo: **he lives in the b. flat,** vive en el piso de abajo ♦ *(en orden)* último,-a; *Fin fig* **the b. line,** el resultado final; *Auto* **b. gear,** primera ♦ | LOC: **b. drawer,** ajuar de novia

■ **bottom out** *vi Fin* tocar fondo

bottomless ['bɒtəmlıs] *adj* ♦ *(pozo)* sin fondo ♦ *(misterio)* insondable

bough [baʊ] *n* rama

bought [bɔːt] *ps* & *pp* → **buy**

boulder ['bəʊldə'] *n* pedrusco, canto rodado

bounce [baʊns] **1** *vi* ♦ *(un balón)* rebotar ♦ *fam (un cheque)* ser incobrable ♦ *(un niño)* dar brincos | **2** *vtr (un balón)* hacer (re)botar | **3** *n* ♦ *(de balón)* rebote ♦ *(energía)* vitalidad

■ **bounce back** *vi* ♦ rebotar ♦ *(persona, economía)* recuperarse, recobrarse

bouncer ['baʊnsə'] *n fam (de una discoteca, un club)* gorila

bound [baʊnd] **1** ♦ *ps* & *pp* → **bind** ♦ *(con cuerdas)* atado,-a ♦ **b. (up),** vinculado,-a [**with,** a] ♦ *(libro)* encuadernado,-a ♦ obligado,-a ♦ destinado,-a: **they were b. to lose,** estaban destinados a perder; *fig* **it's b. to rain,** seguro que va a llover; **to be b. for,** dirigirse a | **2** *n* ♦ salto, brinco ♦ **bounds** *pl*, límites: **her genius knows no bounds,** su genio no tiene límites; *(letrero)* **out of bounds,** prohibida la entrada | **3** *vi* dar un salto

boundary ['baʊndəri] *n* ♦ límite ♦ frontera ♦ *Dep* banda ➢ Ver nota en **border**

boundless ['baʊndlıs] *adj* ilimitado,-a

bouquet [buːˈkeı, bəʊˈkeı] *n* ♦ *(de flores)* ramillete ♦ [buːˈkeı] *(de vino)* aroma, buqué

bourgeois ['bʊəʒwɑː] *adj* & *n* burgués,-esa

bourgeoisie [bʊəʒwɑːˈziː] *n* burguesía

bout [baʊt] *n* ♦ *Boxeo* combate ♦ *(enfermedad)* ataque

bow¹ [baʊ] **1** *vi* ♦ inclinarse; *Teat* saludar ♦ *fig* **to b. to sb/sthg,** reconocer la superioridad de alguien/algo | **2** *vtr (la cabeza)* inclinar; *(por vergüenza)* bajar | **3** *n* ♦ *(con la cabeza, el cuerpo)* reverencia, saludo ♦ *Náut (a menudo pl)* proa

■ **bow out** *vi* retirarse [**of,** de]: **he bowed out of politics when he reached 70,** se retiró de la política cuando cumplió los setenta

bow² [bəʊ] ♦ *n Dep Mús* arco ♦ *(nudo)* lazo; **b. tie,** pajarita

bowel ['baʊəl] *n* ♦ *Anat* intestino ♦ *fig* **bowels** *pl*, entrañas

bowl¹ [bəʊl] *n* ♦ *Culin* bol, cuenco, tazón ♦ *(para lavar)* palangana, barreño ♦ *(de WC)* taza ♦ *Geol* cuenca

bowl² [bəʊl] **1** *n Dep* bola | **2** *vi* ♦ *Dep* jugar a los bolos ♦ *(críquet)* lanzar la pelota

■ **bowl over** *vtr* ♦ *(de un golpe)* derribar ♦ *fig* dejar boquiabierto,-a

bow-legged [bəʊˈlegıd] *adj* patizambo,-a; *LAm* chueco,-a

bowler ['bəʊlə'] *n (sombrero)* bombín

bowling ['bəʊlıŋ] *n Dep* bolos; **b. alley,** bolera

box¹ [bɒks] **1** *n* ♦ caja; *(grande)* cajón;

musical b., caja de música ◆ *(en un formulario)* casilla, recuadro ◆ *Jur* (**witness**) **b.,** estrado de los testigos ◆ *Teat* palco; **b. office,** taquilla ◆ *GB fam* tele: **what's on the b. tonight?,** ¿qué echan en la tele esta noche? | **2** *vtr (poner en una caja)* embalar

box[2] [bɒks] *Dep vi* boxear

boxer ['bɒksə'] *n* ◆ *Dep* boxeador ◆ *(perro)* bóxer

boxing ['bɒksɪŋ] *n* boxeo; **b. ring,** cuadrilátero

Boxing Day ['bɒksɪŋdeɪ] *n GB* el día de San Esteban (26 de diciembre)

> Es el día en que tradicionalmente se daban aguinaldos (**christmas boxes**) a los empleados y tenderos de las familias acomodadas.

boxroom ['bɒksru:m] *n* trastero

boy [bɔɪ] *n* ◆ *(muy joven)* niño; *(chico)* joven ◆ hijo ◆ **the boys** *pl*, los amigos, la pandilla: **jobs for the boys,** amiguismo ◆ *excl* (**oh**) **b.!,** ¡madre mía!

boycott ['bɔɪkɒt] **1** *n* boicot | **2** *vtr* boicotear

boyfriend ['bɔɪfrend] *n* amigo, novio

boyhood ['bɔɪhʊd] *n* niñez, juventud

boyish ['bɔɪɪʃ] *adj* ◆ *(por edad)* juvenil ◆ *(por sexo)* de muchacho

bra [brɑ:] *n abr de* **brassiere**

brace [breɪs] **1** *n* ◆ *Téc* abrazadera; *(herramienta)* berbiquí ◆ aparato (de ortodoncia) ◆ *GB* **braces** *pl*, tirantes | **2** *vtr* ◆ *(una pared)* apuntalar, reforzar ◆ **to b. oneself,** prepararse [**for,** para]

bracelet ['breɪslɪt] *n* pulsera, brazalete

bracing ['breɪsɪŋ] *adj* ◆ *(viento)* fresco,-a ◆ *(ejercicio)* tonificante: **we went for a b. walk along the beach,** dimos un tonificante paseo a lo largo de la playa

bracken ['brækən] *n* helecho

bracket ['brækɪt] **1** *n* ◆ *Tip* paréntesis; **in brackets,** entre paréntesis ◆ soporte; *(para estantes)* repisa ◆ *(división)* grupo, sector | **2** *vtr* ◆ *Tip* poner entre paréntesis ◆ agrupar [**with,** con]

brag [bræg] *vi* jactarse, presumir [**about,** de]

braid [breɪd] **1** *vtr* trenzar | **2** *n* ◆ *Cos* galón ◆ *esp US (pelo)* trenza

brain [breɪn] *n* ◆ *Anat* cerebro; **to have sthg on the b.,** estar obsesionado,-a por algo ◆ *fam* **brains** *pl*, inteligencia; cerebro: **he's the brains behind the party,** es el cerebro del partido ◆ *Culin* **brains** *pl*, sesos

brainchild ['breɪntʃaɪld] *n* invento, creación

brainless ['breɪnlɪs] *adj* descerebrado,-a

brainstorm ['breɪnstɔ:m] *n* ◆ *GB* confusión: **to have a b.,** despistarse ◆ *US* idea genial, lluvia de ideas

brainwash ['breɪnwɒʃ] *vtr* lavarle el cerebro a

brainwashing ['breɪnwɒʃɪŋ] *n* lavado de cerebro

brainwave ['breɪnweɪv] *n* idea genial

brainy ['breɪnɪ] *adj* (**brainier, brainiest**) *fam* listo,-a

braise [breɪz] *vtr* cocer a fuego lento, estofar

brake [breɪk] **1** *n Auto (tb pl)* freno; **hand b.,** freno de mano | **2** *vi* frenar, echar el freno

bramble ['bræmbəl] *n* zarza, zarzamora

bran [bræn] *n* salvado

branch [brɑ:ntʃ] **1** *n* ◆ *(de un árbol, la ciencia)* rama ◆ *Ferroc* ramal; *(carretera)* bifurcación ◆ *Com* sucursal | **2** *vi (carretera)* bifurcarse

■ **branch off** *vi* desviarse

■ **branch out** *vi* ◆ *(empresa)* diversificarse ◆ *(persona)* **to b. out on one's own,** empezar a trabajar por su cuenta

brand [brænd] **1** *n* ◆ *Com* marca ◆ *(clase)* tipo | **2** *vtr* ◆ *(al ganado)* marcar ◆ *(a una persona)* tildar: **he was branded a coward,** le tildaron de cobarde

brandish ['brændɪʃ] *vtr* blandir

brand-new [brænd'nju:] *adj* completamente nuevo,-a

brandy ['brændɪ] *n* coñac, brandy

brash [bræʃ] *adj* ◆ descarado,-a ◆ hortera, chillón,-ona

brass [brɑ:s] **1** *n* ◆ latón ◆ *Mús* instrumentos de metal; **b. band,** banda de música ◆ | LOC: *Mil Com* **the top b.,** los jefazos

brassiere ['bræzɪə'] *n (prenda interior)* sostén, sujetador

brat [bræt] *n fam* mocoso,-a

bravado [brə'vɑ:dəʊ] *n* bravuconería

brave [breɪv] **1** *adj* valiente | **2** *vtr (un peligro)* desafiar; **to b. the storm,** capear el temporal *o* aguantar la tempestad

bravely ['breɪvlɪ] *adv* valientemente

bravery ['breɪvərɪ] *n* valentía, valor

bravo [brɑ:'vəʊ] *excl* ¡bravo!

brawl [brɔ:l] **1** *n* reyerta | **2** *vi* pelearse

brawn

brawn [brɔːn] *n* ◆ fuerza física ◆ *GB Culin* carne picada en gelatina
bray [breɪ] 1 *n* rebuzno | 2 *vi* rebuznar
brazen ['breɪzən] *adj* descarado,-a
Brazil [brə'zɪl] *n* Brasil
Brazilian [brə'zɪlɪən] *adj* brasileño,-a
breach [briːtʃ] 1 *n* ◆ brecha, grieta ◆ *Jur (de la ley)* incumplimiento; **b. of contract,** incumplimiento de contrato; **b. of the peace,** alteración del orden público ◆ *Pol (de relaciones)* ruptura | 2 *vtr* incumplir
bread [bred] *n* ◆ pan; **a loaf of b.,** una barra de pan; **a slice of b.,** una rebanada de pan; **white/brown b.,** pan blanco/integral; *fig* **our daily b.,** el pan nuestro de cada día ◆ *argot* dinero, pasta; *LAm* plata ◆ | LOC: **he knows what side his b. is buttered on,** sabe aprovechar sus oportunidades

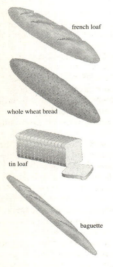

french loaf

whole wheat bread

tin loaf

baguette

breadboard ['bredbɔːd] *n* tabla (para cortar el pan)
breadcrumbs ['bredkrʌmz] *npl* pan rallado
breadline ['bredlaɪn] *n fam* **to be on the b.,** vivir en la miseria
breadth [bredθ] *n* ◆ *frml (de un lado a otro)* anchura; **a mile in b.,** una milla de ancho ◆ *(superficie)* amplitud
breadwinner ['bredwɪnəʳ] *n* cabeza de familia

break [breɪk] 1 *n* ◆ rotura, grieta; **a b. in the clouds,** un claro ◆ *Med* fractura ◆ pausa, interrupción; **without a b.,** sin parar ◆ descanso, vacaciones ◆ *(de relaciones)* ruptura ◆ **b. of day,** amanecer ◆ oportunidad: **give me a b.,** dame un respiro; **a lucky b.,** un golpe de suerte | 2 *vi (ps broke; pp broken)* ◆ romperse ◆ *(máquina, etc)* averiarse, estropearse ◆ descansar, parar ◆ *(voz) (por la pubertad)* mudar; *(por la emoción)* quebrar ◆ *(noticias)* hacerse público ◆ *(día)* amanecer ◆ *(tormenta)* desatarse ◆ *(ola)* romper ◆ *Fin* **to b. even,** salir sin ganar ni perder | 3 *vtr* ◆ romper: **I broke a glass,** rompí una copa; **she has broken her arm,** se ha roto el brazo; *fig* **to b. the ice,** romper el hielo ◆ **to b. sb's heart,** partirle el corazón a alguien ◆ *(una máquina)* estropear, romper ◆ *(una promesa, ley)* incumplir ◆ *(una cita)* no acudir a ◆ *(voluntad)* quebrantar ◆ *(a una persona)* destrozar, arruinar ◆ *(un hábito, una situación)* acabar con ◆ *(un viaje, silencio)* interrumpir ◆ *(una caída)* amortiguar ◆ *(un récord)* batir ◆ *(un código)* descifrar ◆ *(un caballo)* domar ◆ *Ten* **to b. sb's serve,** romper el servicio de alguien

> **To break,** en el sentido de *romper*, se aplica normalmente a materiales duros como cristal, plástico, hueso. Con materiales blandos (papel, tela, etc.) usamos preferentemente el verbo **to tear.**

■ **break away** *vi* ◆ desprenderse, separarse [**from,** de] ◆ escaparse [**from,** de]
■ **break down** 1 *vi* ◆ *(una persona)* sufrir un colapso ◆ *(una máquina)* averiarse ◆ fracasar: **talks have broken down,** las negociaciones han fracasado | 2 *vtr* ◆ *(una puerta)* derribar ◆ *(la resistencia)* acabar con ◆ *Fin* desglosar
■ **break in** *vi* ◆ *(para robar)* forzar la entrada ◆ interrumpir
■ **break into** *vtr* ◆ *(una casa, un coche)* entrar en (para robar) ◆ *(caja fuerte)* forzar ◆ **to b. into tears,** romper a llorar
■ **break off** 1 *vtr* ◆ *(relaciones)* romper ◆ partir | 2 *vi* ◆ *(dejar de hablar)* interrumpirse ◆ desprenderse
■ **break out** *vi* ◆ evadirse *(de la cárcel)* ◆ *(la violencia)* estallar ◆ *(un sarpullido)* salir
■ **break through** 1 *vtr* ◆ atravesar | 2 *vi* ◆ *(la luna, el sol)* salir ◆ abrirse paso

■ **break up 1** *vi* ◆ hacerse pedazos ◆ *(una reunión, un matrimonio)* terminar ◆ *(una multitud)* disolverse ◆ *GB Educ* terminar el trimestre | **2** *vtr* ◆ romper, quebrar ◆ *(el chocolate, pan)* partir ◆ *(un coche)* desguazar ◆ *(una multitud)* disolver
■ **break with** *vtr (el pasado)* romper con
breakable ['breɪkəbəl] *adj* frágil
breakage ['breɪkɪdʒ] *n* rotura
breakaway ['breɪkəweɪ] *adj* disidente; **b. group**, un grupo disidente
breakdown ['breɪkdaʊn] *n* ◆ *Auto* avería; **b. crane/truck**, grúa ◆ **(nervous) b.**, crisis nerviosa ◆ *(de un servicio)* interrupción ◆ *(estudio)* análisis ◆ *Fin* desglose
breaker ['breɪkə] *n (en el mar)* ola grande
breakfast ['brekfəst] **1** *n* desayuno; **to have b.**, desayunar | **2** *vi* desayunar
break-in ['breɪkɪn] *n* robo (con allanamiento de morada)
breakthrough ['breɪkθruː] *n (avance)* gran paso adelante
breakwater ['breɪkwɔːtə] *n* rompeolas
breast [brest] *n* ◆ *(general)* pecho; *(de mujer)* pecho, seno ◆ *Culin (de pollo, etc)* pechuga ◆ | LOC: *fig* **to make a clean b. of it**, confesarlo todo
breast-feed ['brestfiːd] *vtr* dar el pecho a, amamantar a
breaststroke ['breststrəʊk] *n Natación* braza
breath [breθ] *n* ◆ aliento; **to be out of b.**, estar sin aliento; **to hold one's b.**, contener la respiración; **to speak under one's b.**, hablar en voz baja; *fig* **the scenery took my b. away**, el paisaje me dejó boquiabierto,-a; **bad b.**, halitosis; *Auto* **b. test**, test de alcoholemia ◆ | LOC: **a b. of scandal**, una sospecha de escándalo
Breathalyzer® ['breθəlaɪzə'] *n GB* alcoholímetro
breathe [briːð] **1** *vtr* ◆ respirar ◆ hablar en voz baja: **I won't b. a word!**, ¡no diré nada!; **to b. a sigh**, suspirar con alivio | **2** *vi* respirar; **to b. in/out**, aspirar/espirar
breathless ['breθlɪs] *adj* sin aliento, jadeante
breathtaking ['breθteɪkɪŋ] *adj* impresionante
breed [briːd] **1** *n* ◆ *(de animal)* raza ◆ *fig (de persona)* clase ◆ *(de ordenadores, etc)* generación | **2** *vtr (ps & pp bred)* ◆ *(animales)* criar ◆ *fig* engendrar, producir | **3** *vi (animales)* procrearse: **they are breeding like flies**, se multiplican como conejos

breeder ['briːdə'] *n* criador,-ora; *(de ganado)* ganadero,-a
breeding ['briːdɪŋ] *n* ◆ reproducción ◆ *(de animales)* cría ◆ *(de persona)* educación, cultura
breeze [briːz] *n* ◆ *Meteor* brisa ◆ *fam* **this exam is a b.**, este examen es pan comido
breezy ['briːzɪ] *adj (breezier, breeziest)* ◆ *(tiempo)* **it's b.**, hace aire ◆ *(persona)* despreocupado,-a
brevity ['brevɪtɪ] *n* brevedad
brew [bruː] **1** *vtr (cerveza)* elaborar; *(café, infusión, etc)* preparar | **2** *vi (infusión)* dejar reposar ◆ *fig* **there is trouble brewing**, se avecina un buen lío; *fam* **something's brewing**, algo se está tramando | **3** *n* ◆ poción, brebaje ◆ *(té, etc)* infusión ◆ *fam (cerveza)* birra
brewer ['bruːə'] *n* cervecero,-a
brewery ['brʊərɪ] *n* cervecería, fábrica de cerveza
brewing ['bruːɪŋ] **1** *adj* cervecero,-a | **2** *n (cerveza)* elaboración de la cerveza
bribe [braɪb] **1** *vtr* sobornar | **2** *n* soborno
bribery ['braɪbərɪ] *n* soborno
bric-a-brac ['brɪkəbræk] *n* chucherías
brick [brɪk] *n* ◆ ladrillo ◆ | LOC: **to drop a b.**, meter la pata
bricklayer ['brɪkleɪə'] *n* albañil
bridal ['braɪdəl] *adj* nupcial
bride [braɪd] *n* novia; **the b. and groom**, los novios
bridegroom ['braɪdgruːm] *n* novio
bridesmaid ['braɪdzmeɪd] *n* ≈ *(en una boda)* dama de honor
bridge [brɪdʒ] **1** *n* ◆ puente ◆ *(de la nariz)* caballete ◆ *Naipes* bridge ◆ *(de barco)* puente de mando ◆ | LOC: **don't cross your bridges until you come to them**, no vendas la piel del oso antes de matarlo | **2** *vtr (río)* tender un puente sobre
bridle ['braɪdəl] **1** *n* brida; *(bocado)* freno; **b. path**, camino de herradura | **2** *vi* ◆ molestarse [**at**, por] ◆ embridar
brief [briːf] **1** *adj (de duración)* breve; **a brief rest**, un breve descanso ◆ *(de tamaño)* conciso,-a; **in b.**, en resumen | **2** *n* ◆ *(noticia)* informe ◆ *Jur* escrito ◆ **briefs** *pl*, *(hombres)* calzoncillos; *(mujeres)* bragas | **3** *vtr* ◆ *(dar información)* informar ◆ *Mil Jur* informar a
briefcase ['briːfkeɪs] *n* maletín, portafolios
briefing ['briːfɪŋ] *n* ◆ sesión informativa ◆ información

briefly ['bri:flɪ] *adv* brevemente
bright [braɪt] *adj* ◆ *(luz, sol)* brillante ◆ *(color)* vivo,-a ◆ *(día)* soleado,-a ◆ *(edificio)* con mucha luz ◆ inteligente, listo,-a ◆ *(cara, sonrisa)* feliz, alegre ◆ *(de buen augurio)* optimista: **look on the b. side of life,** mira el lado bueno de la vida
brighten ['braɪtən] *vi* ◆ *(futuro)* mejorarse ◆ *(cara)* iluminarse
■ **brighten up 1** *vtr (una habitación)* alegrar | **2** *vi* ◆ *(el tiempo)* despejarse ◆ *(una persona)* animarse
brightly ['braɪtlɪ] *adv* ◆ brillantemente ◆ alegremente
brightness ['braɪtnɪs] *n* ◆ *(del sol)* resplandor ◆ *(del día)* claridad, luminosidad ◆ *(de un color)* viveza ◆ *(de una persona)* inteligencia
brilliance ['brɪljəns] *n* ◆ *(de la luz)* resplandor ◆ *(de un color)* viveza ◆ *(de una persona)* brillantez
brilliant ['brɪljənt] *adj* ◆ *(con brillo)* brillante ◆ *(idea, persona)* brillante, genial ◆ *(muy bueno)* fenomenal
brim [brɪm] **1** *n* ◆ *(sombrero)* ala ◆ *(de recipiente)* borde; **full to the b.,** lleno hasta el borde | **2** *vi* rebosar [**with,** de]
■ **brim over** *vi* rebosar [**with,** de], desbordarse
brine [braɪn] *n Culin* salmuera
bring [brɪŋ] *vtr (ps & pp **brought**)* ◆ traer: **please b. me a glass of water,** por favor, tráeme un vaso de agua; **I've brought John to meet you,** he traído a John para que te conozca ◆ traer, atraer: **what brings you to Quito?,** ¿qué te trae por Quito? ➢ Ver nota en **llevar** ◆ provocar, traer: **it will b. problems,** traerá problemas: **he has brought it on himself,** se lo ha buscado ◆ *(persuadir)* **we couldn't b. ourselves to say goodbye,** no tuvimos fuerzas para despedirnos
■ **bring about** *vtr* provocar, ocasionar
■ **bring along** *vtr* traer: **b. a friend along!,** ¡tráete a un amigo!
■ **bring back** *vtr* ◆ devolver: **I'll lend you the car, but b. it back tomorrow,** te dejo el coche, pero devuélvemelo mañana ◆ traer a la memoria: **that music brings back my youth,** esa música me recuerda mi juventud
■ **bring down** *vtr* ◆ traer, bajar ◆ *(gobierno)* derribar ◆ *(un precio, etc)* rebajar: **they've brought their prices down,** han bajado sus precios

■ **bring forward** *vtr* ◆ adelantar ◆ *(una idea, un tema)* presentar
■ **bring in** *vtr* ◆ ganar: **he only brings in $800 a month,** sólo gana $800 al mes ◆ *(hacer entrar)* **please b. in the next candidate,** por favor, haga pasar al próximo candidato ◆ *(ley, etc)* introducir; *(moda)* lanzar
■ **bring off** *vtr* lograr, conseguir
■ **bring on** *vtr* provocar: **the spring brings on her allergies,** la primavera le provoca alergias
■ **bring out** *vtr* ◆ sacar: **she brought out a large handkerchief,** sacó un gran pañuelo ◆ *(un libro)* publicar; *(un producto)* lanzar, sacar ◆ acentuar: **alcohol brings out his violent side,** el alcohol acentúa su lado violento
■ **bring round** *vtr* ◆ reanimar ◆ persuadir, convencer
■ **bring up** *vtr* ◆ *(a un niño)* educar ◆ *(un asunto)* plantear ◆ vomitar
brink [brɪŋk] *n* borde; *fig* **the world was again on the b. of war,** el mundo estuvo de nuevo al borde de la guerra
brisk [brɪsk] *adj* ◆ enérgico,-a; *(paso)* rápido,-a: **he went for a brisk walk after lunch,** dio un vigoroso paseo después de comer ◆ *(comercio)* activo,-a ◆ *(tiempo)* fresco,-a ◆ *(persona)* dinámico,-a
bristle ['brɪsəl] **1** *n* cerda | **2** *vi* ◆ *(pelo)* erizarse ◆ enfadarse [**at,** con]
■ **bristle with** *vtr fig* estar lleno,-a de
Brit [brɪt] *n fam* británico,-a
Britain ['brɪtən] *n* (**Great**) **B.,** Gran Bretaña
British ['brɪtɪʃ] **1** *adj* británico,-a; **the B. Isles,** las Islas Británicas | **2** *npl* **the B.,** los británicos
brittle ['brɪtəl] *adj* ◆ *(cosa)* quebradizo,-a, frágil ◆ *(manera)* crispado,-a
broach [brəʊtʃ] *vtr (un asunto)* abordar
broad [brɔːd] **1** *adj* ◆ ancho,-a, extenso,-a; **b. bean,** haba ◆ *fig (mentalidad)* tolerante ◆ claro,-a, inequívoco,-a; **a b. hint,** una indirecta clara ➢ Ver nota en **ancho**
broadcast ['brɔːdkɑːst] *Rad TV* **1** *n* emisión | **2** *vtr (ps & pp **broadcast**)* emitir, transmitir
broadcasting ['brɔːdkɑːstɪŋ] *n Rad* radiodifusión; *TV* transmisión
broaden ['brɔːdən] *vtr &vi* ensanchar
broadly ['brɔːdlɪ] *adv* en términos generales
broad-minded [brɔːd'maɪndɪd] *adj* liberal, tolerante

broadsheet ['brɔːdʃiːt] *n* periódico de gran formato

> En Gran Bretaña los periódicos de este formato suelen considerarse más *serios* que los llamados **tabloids** (de pequeño formato).

broccoli ['brɒkəlɪ] *n* brécol
brochure ['brəʊfjʊə'] *n* folleto
broil [brɔɪl] *vtr US* asar a la parrilla
broke [brəʊk] *adj fam* **to be b.,** estar sin un duro
broken ['brəʊkən] **1** *pp* → **break** | **2** *adj* ◆ roto,-a ◆ *(máquina)* averiado,-a, roto,-a ◆ *(pierna, etc)* fracturado,-a ◆ *(voz)* entrecortado,-a ◆ *(sueño, viaje)* interrumpido,-a ◆ *(hogar, matrimonio)* deshecho,-a ◆ *(persona)* arruinado,-a
broken-hearted [brəʊkən'hɑːtɪd] *adj fig* desolado,-a, con el corazón partido
broker ['brəʊkə'] *n* corredor,-ora *o* agente de Bolsa
bronchitis [brɒŋ'kaɪtɪs] *n* bronquitis
bronze [brɒnz] **1** *n* bronce | **2** *adj* ◆ *(material)* de bronce ◆ *(color)* bronceado,-a
bronzed [brɒnzd] *adj (por el sol)* bronceado,-a
brooch [brəʊtʃ] *n* broche
brood [bruːd] **1** *n* ◆ *Orn* nidada ◆ *Zool* camada ◆ *hum pey (niños)* prole | **2** *vi* ◆ *Orn* empollar ◆ rumiar, meditar melancólicamente; **to b. over sthg,** obsesionarse con algo
broody ['bruːdɪ] *adj* ◆ *Orn* clueca ◆ *fam (mujer)* con ganas de tener hijos ◆ meditabundo,-a, melancólico,-a
brook [brʊk] *n* arroyo
broom [bruːm] *n* ◆ escoba ◆ *Bot* retama
broomstick ['bruːmstɪk] *n* palo de escoba
broth [brɒθ] *n* caldo
brothel ['brɒθəl] *n* burdel
brother ['brʌðə'] *n* ◆ hermano ◆ *Pol* compañero ➢ Ver nota en **hermano**
brotherhood ['brʌðəhʊd] *n* ◆ hermandad ◆ fraternidad
brother-in-law ['brʌðərɪnlɔː] *n* cuñado ➢ Ver nota en **in-laws** y **cuñado**
brotherly ['brʌðəlɪ] *adj* fraternal
brought [brɔːt] *ps & pp* → **bring**
brow [braʊ] *n* ◆ *Anat frml* frente ◆ **(eye) b.,** ceja ◆ *(de colina)* cima
brown [braʊn] **1** *adj* ◆ marrón; *(piel, ojos)* castaño,-a; **b. bear,** oso pardo; **b. paper,** papel de embalar; **b. sugar,** azúcar moreno ◆ *(al sol)* bronceado,-a, moreno,-a; **to get b.,** ponerse moreno,-a | **2** *n (color)* marrón | **3** *vtr* ◆ *Culin* dorar ◆ *(al sol)* broncear | LOC: **to be browned off,** estar hasta las narices [**with,** de]
Brownie ['braʊnɪ] *n* ◆ niña exploradora ◆ *US* bizcocho de chocolate y nueces
brownish ['braʊnɪʃ] *adj* parduzco,-a
browse [braʊz] *vi* ◆ *(en una tienda)* mirar, echar un vistazo ◆ *(libro)* hojear
bruise [bruːz] **1** *n* ◆ *Med* moratón, cardenal, hematoma ◆ *(en una fruta)* maca | **2** *vtr (en un cuerpo)* magullar ◆ *(una fruta)* mazar | **3** *vi* ◆ *Med* magullarse: **I b. easily,** me salen moratones con facilidad ◆ *(fruta)* estropearse
brunch [brʌntʃ] *n (esp US)* combinación de desayuno y almuerzo
brunette [bruː'net] *adj & n (mujer)* morena
brunt [brʌnt] *n* **to bear/take the b. of sthg,** sufrir (lo peor de) algo
brush[1] [brʌʃ] **1** *n* ◆ *(para el pelo, los dientes)* cepillo ◆ *(para limpiar)* escoba ◆ *Arte* pincel; *(grande)* brocha ◆ encontronazo; **to have a b. with sb/sthg,** tener un roce con alguien/algo ◆ *Bot* broza, maleza | **2** *vtr* ◆ cepillar; **to b. one's hair/teeth,** cepillarse el pelo/los dientes ◆ rozar: **her hand brushed mine,** su mano rozó la mía | **3** *vi* **to b. against,** rozar al pasar
■ **brush aside** *vtr* dejar de lado: **she brushed aside my protests,** hizo caso omiso de mis protestas
■ **brush off** *vtr* ◆ *(polvo)* quitar con un cepillo ◆ *(una sugerencia)* rechazar, ignorar
■ **brush up** *vtr* repasar: **b. up your English,** repasa tu inglés
brushoff ['brʌʃɒf] *n* **I asked him to dinner, but he gave me the b.,** le invité a cenar, pero no me hizo caso
brushwood ['brʌʃwʊd] *n* maleza
brusque [bruːsk, brʊsk] *adj* brusco,-a
brutal ['bruːtəl] *adj* brutal, cruel
brute [bruːt] **1** *adj* bruto,-a | **2** *n* ◆ *(animal) pey* bestia ◆ *(persona) pey* animal
BSc [biːes'siː] *(abr de Bachelor of Science)* diplomado,-a en Ciencias
bubble ['bʌbəl] **1** *n* ◆ *(en un líquido)* burbuja ◆ *(de jabón)* pompa; **to blow bubbles,** hacer pompas; **b. bath,** gel de baño *o* baño de espuma ◆ **b. gum,** chicle ◆ *(en dibujos)* bocadillo | **2** *vi (líquido)* burbujear ◆ **she was bubbling with happiness,** rebosaba de felicidad

bubbly ['bʌblɪ] 1 *adj (bubblier, bubbliest)* efervescente | 2 *n fam* champán, cava
buck [bʌk] 1 *n* ◆ *US fam* dólar; **to make a fast b.,** ganar dinero rápidamente ◆ *Zool (general)* macho ◆ | LOC: *fam* **to pass the b.,** pasar la pelota [**to,** a] | 2 *vi (caballo)* corcovear
■ **buck up** 1 *vtr fam* animar | 2 *vi* ◆ *(una persona)* animarse ◆ esforzarse más ◆ darse prisa
bucket ['bʌkɪt] 1 *n* cubo ◆ | LOC: *fam* **it's raining buckets,** llueve a cántaros; *fam* **to kick the b.,** estirar la pata | 2 *vi fam* llover a cántaros
buckle ['bʌkəl] 1 *n* hebilla | 2 *vtr* ◆ abrochar con hebilla ◆ torcer, combar | 3 *vi* ◆ combarse, torcerse ◆ *(rodillas)* doblarse
bud [bʌd] 1 *n Bot (de hoja)* brote; *(de flor)* capullo | 2 *vi* echar brotes
Buddhism ['bʊdɪzəm] *n* budismo
Buddhist ['bʊdɪst] *n* budista
budding ['bʌdɪŋ] *adj* en ciernes; **a b. artist,** un artista en ciernes
buddy ['bʌdɪ] *n US fam* amigote, compinche
budge [bʌdʒ] 1 *vi* ◆ moverse ◆ ceder: **the unions wouldn't b.,** los sindicatos no quisieron ceder
budgerigar ['bʌdʒərɪgɑː^r] *n Orn* periquito
budget ['bʌdʒɪt] 1 *n* presupuesto; *Pol* **the B.,** los Presupuestos Generales del Estado ➢ Ver nota en **presupuesto** | 2 *vi* hacer un presupuesto [**for,** para] | 3 *adj* económico,-a
budgie ['bʌdʒɪ] *n fam* → **budgerigar**
buff [bʌf] 1 *adj (color)* beige | 2 *n fam* aficionado,-a; **he's a computer b.,** es aficionado a los ordenadores | 3 *vtr* dar brillo a
buffalo ['bʌfələʊ] *n (pl* **buffaloes** *o* **buffalo)** búfalo
buffer ['bʌfə^r] 1 *n* ◆ amortiguador ◆ *Ferroc* tope ◆ *Inform* memoria intermedia | 2 *vtr* amortiguar
buffet ['bʊfeɪ] 1 *n* ◆ *(para comer algo, etc)* bar; *(en estación de ferrocarril)* cafetería; *Ferroc* **b. car,** coche restaurante ◆ *(autoservicio)* bufet libre ◆ *(mueble)* aparador
buffoon [bəˈfuːn] *n* bufón, payaso
bug [bʌg] 1 *n* ◆ chinche, bicho ◆ *Med fam* microbio, virus ◆ *fig* manía, obsesión: **he's got the travel b.,** se ha vuelto loco por los viajes ◆ *(espionaje, etc)* micrófono oculto ◆ *Inform* error, virus | 2 *vtr fam*

to b. a phone, pinchar un teléfono; **this room is bugged,** en esta habitación hay micrófonos ocultos ◆ *US* molestar: **that guy really bugs me,** ese tío me saca de quicio
buggy ['bʌgɪ] *n* cochecito de niño
build [bɪld] 1 *vtr & vi (ps & pp* **built)** construir | 2 *n (de persona)* tipo, físico
■ **build on** 1 *vtr (edificio)* agregar
■ **build up** 1 *vtr* ◆ *(experiencia, una fortuna)* acumular ◆ *(una reputación)* labrarse, forjarse ◆ *(los músculos)* fortalecer, desarrollar | 2 *vi* ◆ *(suciedad, etc)* acumularse ◆ *(tensión)* aumentar
builder ['bɪldə^r] *n* ◆ *(empresa)* constructora ◆ *(empresario)* constructor,-ora ◆ *(obrero)* albañil
building ['bɪldɪŋ] *n* ◆ edificio, inmueble ◆ construcción ◆ **b. site,** obra ◆ *GB Fin* **b. society,** entidad financiera que concede principalmente créditos hipotecarios
build-up ['bɪldʌp] *n* ◆ *(de la tensión)* aumento ◆ *(de un gas)* acumulación ◆ propaganda, bombo
built [bɪlt] *ps & pp* → **build**
built-in [bɪlt'ɪn] *adj* ◆ *(armario)* empotrado,-a; *(aparato)* incorporado,-a ◆ *(ventajas, problemas)* intrínseco,-a
built-up [bɪltˈʌp] *adj* urbanizado,-a
bulb [bʌlb] *n* ◆ *Bot* bulbo ◆ *Elec* bombilla
Bulgaria [bʌlˈgeərɪə] *n* Bulgaria
Bulgarian [bʌlˈgeərɪən] 1 *adj* búlgaro,-o | 2 *n* ◆ *(persona)* búlgaro,-a ◆ *(idioma)* búlgaro
bulge [bʌldʒ] 1 *n* ◆ protuberancia ◆ bulto | 2 *vi* ◆ *(los ojos)* sobresalir ◆ *(el bolsillo, la maleta)* estar repleto,-a [**with,** de]
bulk [bʌlk] *n* ◆ *(atributo)* masa, volumen ◆ *(cosa grande)* mole ◆ *Com* **in b.,** a granel, al por mayor ◆ mayoría, mayor parte: **the b. of the work was done by his assistant,** la mayor parte del trabajo la realizó su ayudante
bulky ['bʌlkɪ] *adj (bulkier, bulkiest)* ◆ voluminoso,-a ◆ **this sofa is very b.,** este sofá abulta mucho
bull [bʊl] *n* ◆ toro ◆ *(elefante)* macho ◆ *Fin* alcista ◆ | LOC: *fig* **so he took the b. by the horns,** así que agarró el toro por los cuernos
bulldog ['bʊldɒg] *n* buldog
bulldoze ['bʊldəʊz] *vtr* ◆ *(un edificio)* derribar, arrasar ◆ **to b. sb into doing sthg,** forzar a alguien a hacer algo

bulldozer ['bʊldəʊzə'] *n* bulldozer
bullet ['bʊlɪt] *n* bala
bulletin ['bʊlɪtɪn] *n* ◆ *(periódico)* boletín ◆ comunicado, anuncio; **b. board,** tablón de anuncios; *Rad TV* **news b.,** boletín informativo
bullet-proof ['bʊlɪtpruːf] *adj* antibalas
bullfight ['bʊlfaɪt] *n* corrida de toros
bullfighter ['bʊlfaɪtə'] *n* torero,-a
bullfighting ['bʊlfaɪtɪŋ] *n* los toros, toreo
bullion ['bʊljən] *n* oro y/o plata en lingotes
bullish ['bʊlɪʃ] *adj Fin (mercado)* en alza
bullock ['bʊlək] *n* buey
bullring ['bʊlrɪŋ] *n* plaza de toros
bull's-eye ['bʊlzaɪ] *n* ◆ *(de una diana)* blanco; **to score a b.,** dar en el blanco ◆ ≈ caramelo de menta
bullshit ['bʊlʃɪt] *n vulgar* sandeces, gilipolleces
bully ['bʊlɪ] 1 *n* matón | 2 *vtr (meter miedo)* intimidar; **to b. sb into doing sthg,** obligar a alguien a hacer algo *(con amenazas, etc)*
bum [bʌm] 1 *n* ◆ *fam* trasero, culo ◆ *fam US* vagabundo,-da ◆ holgazán,-ana | 2 *vt fam* gorronear: **can I b. a cigarette from you?,** ¿puedo gorronearte un cigarrillo?
■ **bum around** *vi fam* vaguear
bumblebee ['bʌmbəlbiː] *n* abejorro
bumbling ['bʌmblɪŋ] *adj* torpe, incompetente
bump [bʌmp] 1 *n* ◆ *(impacto)* choque, golpe ◆ *(ruido)* golpe ◆ *(movimiento)* sacudida ◆ *(en la cabeza, etc)* chichón; *(de la carretera)* bache | 2 *vtr* golpear: **I bumped my knee on the table,** me di con la rodilla en la mesa | 3 *vi* chocar [**into,** contra]
■ **bump into** *vtr* ◆ chocar contra ◆ toparse con: **I bumped into your brother yesterday,** ayer me topé con tu hermano
■ **bump off** *vtr fam* liquidar
bumper ['bʌmpə'] 1 *adj* ◆ *(cosecha)* extraordinario,-a ◆ *(envase, etc)* gigante | 2 *n* ◆ *Auto* parachoques ◆ **b. car,** auto de choque
bumptious ['bʌmpʃəs] *adj* presuntuoso,-a
bumpy ['bʌmpɪ] *adj (bumpier, bumpiest)* ◆ *(carretera)* lleno,-a de baches ◆ *(vuelo)* agitado,-a
bun [bʌn] *n* ◆ *(pan)* panecillo; *(dulce)* bollo ◆ *(de pelo)* moño, rodete

bunch [bʌntʃ] *n* ◆ *(flores)* ramo; *(plátanos, uvas)* racimo; *(llaves)* manojo ◆ *(personas)* grupo; *(pey)* pandilla
■ **to bunch together/up** *vi* juntarse, agruparse
bundle ['bʌndəl] 1 *n* ◆ *(de leña)* haz ◆ *(de papeles)* fajo ◆ *(de ropa)* bulto, fardo | 2 *vtr* ◆ *(hacer un fardo, fajo, etc)* liar, atar ◆ poner bruscamente: **he bundled her into the plane,** la metió a empujones en el avión
bung [bʌŋ] 1 *n* tapón | 2 *vtr fam* ◆ tirar: **b. it over,** tíralo por aquí ◆ poner: **just b. your bag on the bed,** pon tu maleta encima de la cama
■ **bung up** *vtr fam* atascar | LOC: **I feel very bunged up,** tengo la nariz taponada
bungalow ['bʌŋgələʊ] *n* chalé, bungalow
bungle ['bʌŋgəl] 1 *vtr (oportunidad)* estropear | 2 *vi fam* meter la pata, fastidiarla
bunion ['bʌnjən] *n* juanete
bunk [bʌŋk] *n* ◆ *(cama)* litera; *Náut* camastro ◆ | LOC: *fam* **to do a b.,** largarse
bunker ['bʌŋkə'] *n* ◆ carbonera ◆ *Mil Golf* búnker
bunny ['bʌnɪ] *n fam (diminutivo)* **b. (rabbit),** gazapo, gazapillo
buoy [bɔɪ] 1 *n* boya | 2 *vtr* mantener a flote [**up,** a]
■ **buoy up** *vtr fig* alentar, animar
buoyancy ['bɔɪənsɪ] *n* ◆ *(de un objeto)* flotabilidad ◆ optimismo ◆ *Fin (mercado)* tendencia al alza
buoyant ['bɔɪənt] *adj* ◆ *(objeto)* flotante ◆ optimista ◆ *Fin (mercado)* alcista
burble ['bɜːbəl] *vi* ◆ *(un bebé)* balbucear ◆ *(una persona)* farfullar ◆ *(un arroyo)* murmurar
burden ['bɜːdən] 1 *n* carga | 2 *vtr* cargar [**with,** con]
bureau ['bjʊərəʊ] *n (pl bureaux)* ◆ *(mueble) GB* escritorio, *US* cómoda ◆ agencia, oficina ◆ *US Pol* departamento; **Federal B. of Investigation (FBI),** Oficina Federal de Investigación
bureaucracy [bjʊə'rɒkrəsɪ] *n* burocracia
bureaucrat ['bjʊərəkræt] *n* burócrata
bureaucratic [bjʊərə'krætɪk] *adj* burocrático,-a
burger ['bɜːgə'] *n fam abr de* **hamburger**
burglar ['bɜːglə'] *n* ladrón,-ona ➢ Ver nota en **ladrón** y **robar**

burglar alarm ['bɜːgləralɑːm] *n* alarma antirrobo
burglary ['bɜːglərɪ] *n* robo (en una casa) ➢ Ver nota en **robar**
burgle ['bɜːgəl] *vtr* robar, desvalijar
burgundy ['bɜːgəndɪ] *n* ◆ vino de Borgoña ◆ *(color)* burdeos
burial ['berɪəl] *n* entierro
burly ['bɜːlɪ] *adj (burlier, burliest)* fornido,-a, fuerte
burn [bɜːn] 1 *n* quemadura | 2 *vtr (ps & pp burnt o burned)* quemar | 3 *vi (un edificio, fuego)* arder ◆ *(una comida)* quemarse ◆ *(una lámpara, luz)* estar encendido,-a ◆ *fig (de pasión)* arder ◆ *(herida, etc)* escocer
■ **burn down** 1 *vtr* incendiar | 2 *vi* incendiarse
■ **burn out** *vi* ◆ *(motor, persona)* quemarse ◆ *(vela)* apagarse
■ **burn up** *vtr* ◆ *(calorías)* quemar ◆ *(combustible)* consumir
burner ['bɜːnəʳ] *n* quemador; *(de cocina)* fuego; **to put sthg on the back b.,** dejar algo para más tarde
burning ['bɜːnɪŋ] *adj* ◆ en llamas ◆ *(caliente)* abrasador,-ora ◆ *(cuestión, asunto)* candente
burnt [bɜːnt] *adj* quemado,-a
burp [bɜːp] 1 *n* eructo | 2 *vi* eructar
burrow ['bʌrəʊ] 1 *n* madriguera; *(de conejos)* conejera | 2 *vi* cavar: **she burrowed in her bag,** hurgó en su bolso
burst [bɜːst] 1 *n* ◆ *(explosión)* estallido ◆ *(de neumático, tubería)* reventón ◆ *(de aplausos)* salva ◆ *(de cólera, energía, velocidad)* arranque ◆ *(de tiros)* ráfaga ◆ *(de risa)* carcajada | 2 *vtr (ps & pp burst)* ◆ *(globo, pompa)* reventar ◆ *fig* **the river has b. its banks,** el río se ha desbordado | 3 *vi* ◆ *(un neumático, globo)* reventar(se) ◆ *(un obús)* estallar
■ **burst in** *vi* irrumpir, entrar bruscamente
■ **burst into** *vi* ◆ irrumpir en ◆ **to b. into laughter/song,** echarse a reír/ponerse a cantar
■ **burst open** *vi* abrirse violentamente
■ **burst out** *vi* **he suddenly b. out laughing,** de repente se echó a reír
bursting ['bɜːstɪŋ] *adj (sitio)* atestado,-a [**with,** de] ◆ **she was bursting to tell me,** se moría por contármelo
bury ['berɪ] *vtr* enterrar, sepultar; **to b. oneself in one's books/work,** enfrascarse en los libros/el trabajo
bus [bʌs] *n (de ciudad)* autobús, bus; *(de largo recorrido)* autocar; **b. conductor,** cobrador,-ora de autobús; **b. depot,** cochera; **b. driver,** conductor,-ora; **b. route,** línea de autobús; **b. station,** estación de autobuses; **b. stop,** parada de autobús
bush [bʊʃ] *n* ◆ *Bot* arbusto ◆ *(en África y Australia)* **the b.,** el monte ◆ | LOC: **to beat about the b.,** andarse con rodeos
bushy ['bʊʃɪ] *adj* espeso,-a, tupido,-a
busily ['bɪzɪlɪ] *adv* enérgicamente
business ['bɪznɪs] 1 *n* ◆ comercio, negocios; **to do b. with,** comerciar con; **to go out of b.,** quebrar; **to travel on b.,** hacer un viaje de negocios; **b. hours,** horas de oficina; *fig* **let's get down to b.,** vayamos al grano ◆ empresa: **a family b.,** una empresa familiar ◆ responsabilidad, asunto: **it's not my b. to ask,** no me corresponde preguntar; **mind your own b.,** no te metas en lo que no te incumbe ◆ situación, asunto: **this is an unpleasant b.,** es un asunto desagradable | 2 *adj* ◆ *(actividad, dirección)* comercial ◆ económico,-a ◆ **b. studies,** estudios empresariales
businesslike ['bɪznɪslaɪk] *adj* ◆ formal, serio ◆ eficiente ◆ metódico,-a
businessman ['bɪznɪsmən] *n* hombre de negocios
businesswoman ['bɪznɪswʊmən] *n* mujer de negocios
busk [bʌsk] *vi* tocar música en la calle
busker ['bʌskəʳ] *n fam* músico,-a callejero,-a
bust [bʌst] 1 *n* ◆ *(de mujer)* busto, pecho ◆ *Arte* busto | 2 *vtr* ◆ *fam* romper ◆ *argot (a una persona)* arrestar; *(un sitio)* registrar, hacer una redada en | 3 *adj fam* ◆ roto,-a ◆ *Com* **to go b.,** quebrar
■ **bust up** *vi fam (una relación)* romper [**with,** con]
bustle ['bʌsəl] *n* ajetreo, bullicio
bustling ['bʌslɪŋ] *adj* bullicioso,-a
bust-up ['bʌstʌp] *n fam* ◆ ruptura ◆ pelea, bronca
busy ['bɪzɪ] 1 *adj* ◆ *(persona)* ocupado,-a, atareado,-a; *(vida)* ajetreado,-a ◆ *(sitio)* animado,-a, concurrido,-a ◆ *Tel* ocupado,-a, comunicando | 2 *vtr* **he busied himself painting the door,** se entretuvo pintando la puerta
busybody ['bɪzɪbɒdɪ] *n* metomentodo, cotilla
but [bʌt] 1 *conj* ◆ pero: **I rang, but you were out,** llamé, pero no estabas; **but where were you?,** ¿pero dónde estabas? ◆ **it's not the best, b. then it is cheap,** no

es el mejor, pero al fin y al cabo es barato ◆ *(después de negativo)* sino: **my name is not James b. John**, no me llamo James sino John | **2** *adv frml* sólo: **he is b. a dreamer**, no es más que un soñador; **if you had b. told me**, si tan sólo me lo hubieras dicho; **you can b. try**, en todo caso inténtalo | **3** *prep* salvo, menos: **Madrid's anything b. quiet**, Madrid es todo menos tranquilo; **she hates everyone b. you**, odia a todos menos a ti | **4** *npl* **no buts!**, ¡no hay pero que valga!

butane ['bju:teɪn] *n* butano; **b. gas**, gas butano

butcher ['bʊtʃə'] **1** *n* carnicero,-a; **b.'s (shop)**, carnicería | **2** *vtr* ◆ *(ganado)* matar ◆ *(personas)* masacrar

butler ['bʌtlə'] *n* mayordomo

butt [bʌt] **1** *n* ◆ extremo ◆ *(de rifle)* culata ◆ *(de cigarrillo)* colilla ◆ *US fam (trasero)* culo ◆ *(de bromas, crítica)* blanco ◆ *(golpe)* cabezazo ◆ *(para vino)* tonel | **2** *vtr* *(cabra, etc)* topetar; *(persona)* dar un cabezazo a

■ **butt in** *vi* interrumpir

butter ['bʌtə'] **1** *n* ◆ mantequilla ◆ | LOC: **b. wouldn't melt in her mouth**, es una mosquita muerta | **2** *vtr* untar con mantequilla

buttercup ['bʌtəkʌp] *n* botón de oro

butterfingers ['bʌtəfɪŋɡəz] *n fam* manazas

butterfly ['bʌtəflaɪ] *n* mariposa

buttock ['bʌtək] *n* nalga

button ['bʌtən] **1** *n* botón | **2** *vtr* **to b. (up)**, abrochar(se), abotonar(se)

buttonhole ['bʌtənhəʊl] *n* ojal

buttress ['bʌtrɪs] **1** *n* ◆ *Arquit* contrafuerte ◆ *fig* apoyo | **2** *vtr* ◆ *Téc* apuntalar ◆ *fig* apoyar

buxom ['bʌksəm] *adj (mujer)* pechugona

buy [baɪ] **1** *n* compra: **this coat was a good b.**, este abrigo fue una buena compra | **2** *vtr (ps & pp bought)* ◆ comprar: **money can't b. you love**, el dinero no compra el amor; **to b. sthg from sb**, comprar algo a alguien ◆ *argot (creer)* tragar

■ **buy off** *vtr (sobornar)* comprar

■ **buy out** *vtr (socio)* comprar la parte de

■ **buy up** *vtr* acaparar

buyer ['baɪə'] *n* comprador,-ora

buzz [bʌz] **1** *n* ◆ *(sonido) (de abeja)* zumbido ◆ *(de conversación)* rumor ◆ *fam (llamada)* telefonazo: **give me a b. next week**, dame un telefonazo la semana que viene | **2** *vi* zumbar

■ **buzz off** *vi argot* largarse: **b. off!**, ¡lárgate!; **he buzzed off without saying a word**, se fue sin decir palabra

buzzard ['bʌzəd] *n* águila ratonera

buzzer ['bʌzə'] *n* timbre

by [baɪ] **1** *prep* ◆ *(agente)* por: **this was painted by Velázquez**, esto fue pintado por Velázquez; **a poster by Picasso** ◆ *(manera)* **by bus/car/train**, en autobús/coche/tren; **to pay by cheque**, pagar con talón; **made by hand**, hecho,-a a mano ◆ *(vía)* **he went in by the front door**, entró por la puerta principal ◆ *(resultado)* **he got his job by bribing the boss**, consiguió el trabajo sobornando al jefe; **by accident**, por accidente; **by chance**, por casualidad ◆ *(cantidad, ritmo)* **eggs are sold by the dozen**, los huevos se venden por docenas; **this film is better by far**, esta película es mejor con diferencia; **she's paid by the hour**, cobra por horas; **it increased by 10%**, aumentó en un 10%; **day by day**, día a día; **little by little**, poco a poco ◆ *(espacio)* al lado de, junto-a: **she sat by my side**, se sentó a mi lado; *(movimiento)* **he passed by the church**, pasó delante *o* al lado de la iglesia ◆ **to be by oneself**, estar solo,-a; **to do sthg by oneself**, hacer algo sin ayuda ◆ *(tiempo)* para: **I need it by six**, lo necesito para las seis ◆ de: **by day/night**, de día/noche ◆ según: **do it by the rules**, hazlo según las reglas; **that's fine by me**, por mí, vale ◆ **by the way**, por cierto ◆ *Mat* **ten by ten is one hundred**, diez por diez son cien | **2** *adv* ◆ **as time goes by**, con el paso del tiempo; **to walk by**, pasar de largo; **two cars went by**, pasaron dos coches ◆ **I'll stop by and see you tomorrow**, pasaré a verte mañana

bye [baɪ], **bye-bye** ['baɪbaɪ] *n fam* ¡adiós!, ¡hasta luego!

by-law ['baɪlɔː] *n* ordenanza municipal

bypass ['baɪpɑːs] **1** *n* ◆ carretera de circunvalación ◆ *Med* bypass | **2** *vtr* ◆ *(problema)* evitar ◆ *(ciudad)* circunvalar

by-product ['baɪprɒdʌkt] *n* ◆ *Quím Ind* subproducto ◆ *fig* consecuencia

by-road ['baɪrəʊd] *n* carretera secundaria

bystander ['baɪstændə'] *n* ◆ transeúnte ◆ mirón

byte [baɪt] *n Inform* byte

byword ['baɪwɜːd] *n* ◆ | LOC: **his name is a b. for bravery**, es famoso por su valentía

C

C, c [siː] *n* ◆ *(letra)* C, c ◆ *Mús* do; **C-flat,** do bemol, **C-sharp,** do sostenido ◆ *(abr de Celsius)*, C ◆ *(abr de Centigrade)* C

cab [kæb] *n* ◆ *US* taxi ◆ *(de camión)* cabina

cabbage [ˈkæbɪdʒ] *n* ◆ col, repollo ◆ *fam fig (persona)* vegetal

cabin [ˈkæbɪn] *n* ◆ cabaña ◆ *Náut* camarote ◆ *(camión, avión)* cabina

cabinet [ˈkæbɪnɪt] *n* ◆ *(mueble)* armario ◆ *Pol* consejo de ministros, gabinete

cable [ˈkeɪbəl] *n* cable; **c. car,** teleférico

cache [kæʃ] *n* ◆ alijo ◆ *Inform* **c. memory,** memoria caché

cackle [ˈkækəl] *vi* cacarear

cactus [ˈkæktəs] *n (pl cacti* [ˈkæktaɪ]*)* cactus

cadet [kəˈdet] *n Mil* cadete

cadge [kædʒ] *fam vtr & vi* gorronear

Caesarean [siːˈzeərɪən] *n Med* **C. (section),** *(operación)* cesárea

café [ˈkæfeɪ] *n* café

cafeteria [kæfɪˈtɪərɪə] *n* cafetería

caffeine [ˈkæfiːn] *n* cafeína

cage [keɪdʒ] **1** *n* jaula | **2** *vtr* enjaular

cagey [ˈkeɪdʒɪ] *adj (cagier, cagiest) fam* cauteloso,-a, reservado,-a

cake [keɪk] **1** *n* ◆ pastel, tarta; **c. shop,** pastelería ◆ *(de jabón)* pastilla ◆ |LOC: **it's a piece of c.,** está chupado; **you can't have your c. and eat it,** no puedes estar en misa y repicando | **2** *vi (barro)* endurecerse | **3** *vtr* her shoes were caked with mud, sus zapatos estaban cubiertos de barro

calamity [kəˈlæmɪtɪ] *n* calamidad

calcium [ˈkælsɪəm] *n* calcio

calculate [ˈkælkjʊleɪt] *vtr* calcular

calculated [ˈkælkjʊleɪtɪd] *adj* intencionado,-a

calculating [ˈkælkjʊleɪtɪŋ] *adj pey (persona)* calculador,-ora

calculation [kælkjʊˈleɪʃən] *n* cálculo

calculator [ˈkælkjʊleɪtə] *n* calculadora

calendar [ˈkælɪndə] *n* calendario

calf [kɑːf] *n (pl calves* [kɑːvz]*)* ◆ *(vacuno)* becerro,-a, ternero,-a; *(otros animales)* cría ◆ *Anat* pantorrilla

calfskin [ˈkɑːfskɪn] *n (piel de)* becerro

caliber, *US* **calibre** [ˈkælɪbə] *n* calibre

call [kɔːl] **1** *vtr* ◆ llamar: **are you calling me an idiot?,** ¿me estás llamando imbécil?; **c. the fire brigade!,** ¡llame a los bomberos!; **my daughter's called Alison,** mi hija se llama Alison; **to c. sb names,** insultar a alguien ◆ gritar: **desperately he called her name,** desesperadamente gritó su nombre ◆ *(una reunión, huelga, etc)* convocar ◆ **to call sb's attention to sthg,** llamar la atención de alguien sobre algo ◆ **to c. sthg to mind,** traer algo a la memoria | **2** *vi* ◆ gritar, dar voces ◆ llamar: *Tel* **who's calling?,** ¿de parte de quién? ◆ **to c. at sb's (house),** pasar por casa de alguien; **to c. for sthg/sb,** pasar a recoger algo/a alguien ◆ *(tren, autobús)* parar: **the next train calls at Croydon and Gatwick,** el próximo tren para en Croydon y Gatwick ◆ **to c. for,** exigir: **the opposition called for more action,** la oposición exigió más acción | **3** *n* ◆ llamada, grito: **the c. of the wild,** la llamada de la selva ◆ visita; **to pay a c.,** visitar [**on,** a] ◆ llamamiento: **the king made a c. for calm,** el rey hizo un llamamiento a la calma ◆ *Tel* llamada ◆ *Med* **to be on c.,** estar de guardia ◆ motivo: **you had no c. to shout,** no tenías por qué chillar

■ **call back** *vi* ◆ devolver la llamada ◆ *(visitar de nuevo)* volver

■ **call in 1** *vtr (al médico)* llamar | **2** *vi* ◆ visitar: **c. in later,** pásate luego ◆ *Náut* hacer escala [**at,** en]

■ **call off** *vtr* suspender

■ **call on** *vtr* ◆ visitar ◆ apelar a: **the police called on the public for their cooperation,** la Policía hizo un llamamiento a la colaboración ciudadana

■ **call out 1** *vtr* ◆ *(a la policía, al médico)* llamar, hacer venir ◆ *(palabras)* gritar ◆ *Pol (a los obreros)* convocar a la huelga

■ **call up** *vtr* ◆ *Tel* llamar (por teléfono) ◆ evocar ◆ *Mil* llamar a filas, reclutar

caller [ˈkɔːlə] *n* ◆ *(en una casa)* visita; *(en una tienda)* cliente ◆ *Tel* persona que llama

callous ['kæləs] *adj* insensible, cruel
calm [kɑ:m] **1** *adj* ◆ *(tiempo, mar)* en calma ◆ *(persona)* tranquilo,-a: **keep c.!,** ¡tranquilo,-a! | **2** *n* ◆ calma, silencio ◆ *(de una persona)* tranquilidad | **3** *vtr* calmar, tranquilizar | **4** *vi* **to c. (down),** calmarse, tranquilizarse
calorie ['kælərı] *n* caloría
calves [kɑ:vz] *npl* → **calf**
came [keım] *ps* → **come**
camel ['kæməl] *n Zool* camello
camera ['kæmərə] *n* cámara; *fam* máquina (de fotos); *Cine TV* cámara
cameraman ['kæmərəmən] *n (persona)* cámara
camomile ['kæməmaıl] *n Bot* camomila; **c. tea,** *(infusión de)* manzanilla
camouflage ['kæməflɑ:ʒ] **1** *n* camuflaje | **2** *vtr* camuflar; *fig* disfrazar
camp [kæmp] *n* campamento; **c. site,** camping | **2** *vi* acampar | **3** *adj fam (persona)* afeminado,-a, amanerado,-a
campaign [kæm'peın] **1** *n* campaña | **2** *vi* **to c. for/against sthg,** hacer una campaña a favor/en contra de de algo, abogar por algo
campaigner [kæm'peınər] *n* defensor,-ora [**for,** de]
camper ['kæmpər] *n* ◆ *(persona)* campista ◆ *US Auto* caravana
camping ['kæmpıŋ] *n* **to go c.,** ir de camping; **c. ground,** camping
campus ['kæmpəs] *n* campus, ciudad universitaria
can[1] [kæn] *v aux (ps could)* ◆ *(ser capaz de)* poder: **he can't do it,** no puede hacerlo; **I c. call you tomorrow,** puedo llamarte mañana; **I cannot understand it,** *(frml & enfático)* no lo entiendo; **you c. see the sea from my room,** se puede ver el mar desde mi habitación ◆ saber: **c. you play the guitar?,** ¿sabes tocar la guitarra? ◆ *(permiso)* poder: **can Jimmy come out to play?,** ¿puede Jimmy salir a jugar? ◆ *(posibilidad)* poder: **he could be a bit deaf,** puede que esté un poco sordo; **she can't have gone already,** no puede haberse ido ya; **what c. it be?,** ¿qué será? ➢ Ver nota en **poder**

Recuerda que **can** no tiene infinitivo, ni participios, para los cuales se usa el verbo **to be able to**.

can[2] [kæn] **1** *n* ◆ *(de aceite)* bidón ◆ *(de comida)* lata, bote ◆ | LOC: **to carry the c.,** pagar el pato ➢ Ver nota en **lata** | **2** *vtr (pescado, fruta, etc)* envasar, enlatar
Canada ['kænədə] *n* Canadá
Canadian [kə'neıdıən] *adj & n* canadiense
canal [kə'næl] *n* canal
canary [kə'neərı] *n* ◆ *Orn* canario ◆ **C. Islands,** Islas Canarias
cancel ['kænsəl] *vtr* ◆ *(un vuelo, contrato, una reunión)* cancelar ◆ *(partido, espectáculo)* suspender
cancellation [kænsı'leıʃən] *n* cancelación
cancer ['kænsər] *n* ◆ *Med* cáncer; **skin c.,** cáncer de piel ◆ *Astrol* **C.,** Cáncer
candelabra [kændı'lɑ:brə] *n* candelabro
candid ['kændıd] *adj* franco,-a, sincero,-a
candidate ['kændıdeıt] *n* candidato,-a
candle ['kændəl] *n* vela; *(en una iglesia)* cirio
candlelight ['kændəllaıt] *n* **by c.,** a la luz de una vela
candlestick ['kændəlstık] *n* candelero, palmatoria; *(en la iglesia)* cirial
candour, *US* **candor** ['kændər] *n* franqueza
candy ['kændı] *n US* caramelo
candyfloss ['kændıflɒs] *n GB* algodón de azúcar
cane [keın] **1** *n* ◆ *Bot* caña; **c. sugar,** azúcar de caña ◆ mimbre ◆ *(para castigos)* palmeta, vara | **2** *vtr* castigar con la palmeta
canine ['keınaın] **1** *adj Zool* canino,-a | **2** *n Anat* **c. (tooth),** colmillo
canister ['kænıstər] *n* bote
canned [kænd] *adj* ◆ *(comida)* enlatado,-a ◆ *fig (música, risas)* grabado,-a, enlatado,-a
cannibal ['kænıbəl] *adj & n* caníbal
cannon ['kænən] **1** *n (pl* **cannons** *o* **cannon)** cañón | **2** *vi* chocar violentamente [**into,** contra]
cannonball ['kænənbɔ:l] *n* bala de cañón
cannot ['kænɒt, kæ'nɒt] *v aux* → **can**[1]
canoe [kə'nu:] *n* canoa, piragua
canopy ['kænəpı] *n* ◆ *(encima de trono, etc)* dosel ◆ toldo ◆ *Rel* palio
can't [kɑ:nt] *v aux* → **can**[1]
cantankerous [kæn'tæŋkərəs] *adj* irritable, irascible
canteen [kæn'ti:n] *n* ◆ cantina, comedor ◆ juego de cubiertos ◆ *(para agua)* cantimplora

canter ['kæntə'] 1 *n* medio galope | 2 *vi* ir a medio galope
canvas ['kænvəs] *n* ◆ *Tex* lona ◆ *Náut* velamen ◆ *(de un cuadro)* lienzo
canvass ['kænvəs] *vi* ◆ *Pol* hacer campaña electoral ◆ *Com* hacer encuestas
canyon ['kænjən] *n Geol* cañón
cap [kæp] 1 *n* ◆ gorra ◆ *(de botella)* chapa ◆ *(de pluma)* capuchón ◆ *Auto* **petrol c.,** tapa del depósito | 2 *vtr* tapar ◆ | LOC: *fig* **to c. it all,** para colmo
capability [keɪpə'bɪlɪtɪ] *n* habilidad
capable ['keɪpəbəl] *adj* ◆ capaz [**of,** de] ◆ hábil
capacity [kə'pæsɪtɪ] *n* ◆ capacidad ◆ *Auto* cilindrada ◆ trabajo, puesto: **in my c. as mayor,** en mi calidad de alcalde
cape [keɪp] *n* ◆ *(prenda)* capa ◆ *Geol* cabo, promontorio
caper ['keɪpə'] *n* ◆ *Bot* alcaparra ◆ *(broma)* travesura
capillary [kə'pɪlərɪ] 1 *adj* capilar | 2 *n* vaso capilar
capital ['kæpɪtəl] 1 *n* ◆ *Pol* capital ◆ *Fin* capital; **c. reserves,** reservas de capital ◆ **in capitals,** en letra mayúscula | 2 *adj* ◆ *Pol Jur* capital; **c. punishment,** pena capital ◆ *frml* primordial ◆ *Tip* **c. letter,** mayúscula
capitalism ['kæpɪtəlɪzəm] *n* capitalismo
capitalist ['kæpɪtəlɪst] *adj & n* capitalista
capitalize ['kæpɪtəlaɪz] *vi* ◆ *Fin* capitalizar ◆ *fig* **to c.,** sacar provecho [**on,** de]
capitulate [kə'pɪtjʊleɪt] *vi* capitular
capricious [kə'prɪʃəs] *adj* caprichoso,-a
Capricorn ['kæprɪkɔːn] *n Astrol* Capricornio
capsize [kæp'saɪz] *Náut vi* zozobrar, volcar(se)
capsule ['kæpsjuːl] *n* cápsula
captain ['kæptɪn] 1 *n* capitán | 2 *vtr* capitanear
caption ['kæpʃən] *n* ◆ leyenda, pie de foto ◆ *Cine* subtítulo
captivate ['kæptɪveɪt] *vtr* encantar, seducir
captivating ['kæptɪveɪtɪŋ] *adj* seductor,-ora
captive ['kæptɪv] 1 *n* cautivo,-a | 2 *adj* cautivo,-a; **to hold sb c.,** mantener prisionero a alguien
captivity [kæp'tɪvɪtɪ] *n* cautiverio
captor ['kæptə'] *n* captor,-ora
capture ['kæptʃə'] 1 *vtr* ◆ capturar, apresar ◆ *Mil* tomar ◆ *(interés)* captar ◆ *fig* captar: **this book captures the atmosphere of pre-war Berlin,** este libro capta el ambiente del Berlín de antes de la guerra | 2 *n* ◆ *(de una persona)* captura ◆ *(de un sitio)* toma
car [kɑː'] *n* ◆ *Auto* coche, *LAm* carro; **c. bomb,** coche bomba; **c. hire,** alquiler de coches; *GB* **c. park,** parking, aparcamiento; **c. wash,** túnel de lavado ◆ *Ferroc* coche, vagón; **dining c.,** coche restaurante, **sleeping c.,** coche-cama
carafe [kə'ræf, kə'rɑːf] *n* garrafa
caramel ['kærəmel] *n* ◆ azúcar quemado ◆ *(dulce)* caramelo
carat, *US* **karat** ['kærət] *n* kilate, quilate
caravan ['kærəvæn] *n* ◆ *(vehículo)* caravana, rulot ◆ *(en el desierto)* caravana
carbohydrate [kɑːbəʊ'haɪdreɪt] *n Quím* hidrato de carbono, carbohidrato
carbon ['kɑːbən] *n* ◆ *Quím* carbono; **c. dating,** datación mediante la técnica del carbono 14; **c. dioxide,** dióxido de carbono (CO_2) ◆ **c. copy,** copia al papel carbón; *fig* copia exacta: **each murder was a c. copy of the last,** cada asesinato fue una réplica del anterior; **c. fibre,** fibra de carbón; **c. paper,** papel carbón
carburettor [kɑːbjʊ'retə'], *US* **carburetor** ['kɑːbjʊretə'] *n* carburador
carcass, carcase ['kɑːkəs] *n* ◆ res muerta ◆ *fig fam* cadáver
card [kɑːd] *n* ◆ *(de crédito, de visita)* tarjeta; **birthday/greetings c.,** tarjeta de cumpleaños/de felicitaciones; **post c.,** tarjeta postal ◆ ficha; **c. index,** fichero ◆ *(de identidad)* carné ◆ **(playing) c.,** naipe, carta; **pack of cards,** baraja ◆ | LOC: *fam GB* **he got his cards,** le despidieron; *fig* **it was on the cards,** se veía venir
cardamom ['kɑːdəməm] *n* cardamomo
cardboard ['kɑːdbɔːd] *n* cartón, cartulina
cardholder ['kɑːdhəʊldə'] *n* ◆ *(de tarjeta de crédito)* titular ◆ *(de sindicato, partido)* militante
cardiac ['kɑːdɪæk] *adj Med* cardiaco,-a
cardigan ['kɑːdɪgən] *n* chaqueta (de punto); *(de mujer)* rebeca
cardinal ['kɑːdɪnəl] 1 *adj* cardinal, fundamental | 2 *n Rel* cardenal
care [keə'] 1 *n* ◆ cuidado, atención ◆ **to take c. of,** *(personas)* cuidar: **he's taking c. of the children,** está cuidando a los niños; *(animales, cosas)* encargarse de, ocuparse de: **I'll take c. of the house,** yo me

encargo de la casa ◆ cuidado, atención: **take c. with that knife,** ten cuidado con ese cuchillo; *(letrero)* **handle with c.,** frágil ◆ preocupación; **without a c. in the world,** sin problema alguno | 2 *vi* ◆ preocuparse [**about,** por]: **he doesn't c. about his health,** no se preocupa por su salud; **I don't c.,** me da igual *o* me es indiferente ◆ *frml (usu en frases interrogativas o negativas)* **would you c. to join me?,** ¿le gustaría acompañarme? | 3 *vtr* importar: **I don't c. what you think,** no me importa lo que pienses

■ **care for** *vtr* ◆ *(a una persona, un animal)* cuidar ◆ sentir cariño hacia ◆ *frml (usu en frases interrogativas o negativas)* gustar, interesar: **I don't c. for champagne,** no me gusta el champán; **would you c. for a walk?,** ¿le apetece un paseo?

career [kə'rɪəʳ] 1 *n* carrera, profesión | 2 *vi* ir a toda velocidad
carefree ['keəfriː] *adj* despreocupado,-a
careful ['keəfʊl] *adj* ◆ cuidadoso,-a, prudente; **to be c.,** tener cuidado [**with,** con] ◆ meticuloso,-a
carefully ['keəfʊlɪ] *adv* ◆ cuidadosamente, detenidamente: **read the instructions c.,** lee las instrucciones detenidamente ◆ con cuidado: **please drive c.!,** ¡por favor, conduce con cuidado!
careless ['keəlɪs] *adj* ◆ *(persona)* poco atento,-a, descuidado,-a ◆ *(trabajo)* poco cuidado,-a ◆ *(conducción)* negligente ◆ *(comentario)* imprudente ◆ *frml* despreocupado,-a
carelessly ['keəlɪslɪ] *adv* ◆ sin prestar atención ◆ despreocupadamente
carelessness ['keəlɪsnɪs] *n* descuido
carer ['keərəʳ] *n* cuidador,-ora *(persona que cuida a los ancianos o enfermos, normalmente sin cobrar)*
caress [kə'res] 1 *n* caricia | 2 *vtr* acariciar
caretaker ['keəteɪkəʳ] *n* ◆ *(de casa, colegio)* portero,-a ◆ **c. government,** gobierno provisional
cargo ['kɑːgəʊ] *n (pl* **cargoes** *o* **cargos**) carga; **c. boat/plane,** buque/avión de carga ◆ cargamento
Caribbean [kærɪ'bɪən], *US* [kə'rɪbɪən] 1 *adj* caribe, caribeño,-a; **a C. island,** una isla caribeña | 2 *n* el Caribe; **the C.(Sea),** el (Mar) Caribe
caricature ['kærɪkətjʊəʳ] *n* caricatura
caring ['keərɪŋ] *adj* ◆ solidario,-a ◆ comprensivo,-a, cariñoso,-a

carnal ['kɑːnəl] *adj* carnal
carnation [kɑː'neɪʃən] *n Bot* clavel
carnival ['kɑːnɪvəl] *n* carnaval
carnivore ['kɑːnɪvɔːʳ] *adj* carnívoro,-a
carnivorous [kɑː'nɪvərəs] *adj* carnívoro,-a
carol ['kærəl] *n* villancico
carp [kɑːp] *n (pez)* carpa
carpenter ['kɑːpɪntəʳ] *n* carpintero,-a
carpentry ['kɑːpɪntrɪ] *n* carpintería
carpet ['kɑːpɪt] 1 *n* moqueta, alfombra | 2 *vtr* alfombrar
carriage ['kærɪdʒ] *n* ◆ carruaje ◆ *GB Ferroc* vagón ◆ **baby c.,** cochecito ◆ *(de mercancías)* porte, transporte; **c. paid,** portes pagados
carriageway ['kærɪdʒweɪ] *n GB* calzada; **dual c.,** autovía
carrier ['kærɪəʳ] *n* ◆ *GB* **c. bag,** bolsa de plástico ◆ *Med (de enfermedad)* portador,-ora ◆ empresa de transportes
carrot ['kærət] *n* zanahoria
carry ['kærɪ] 1 *vtr* ◆ llevar; *(mercancías)* transportar ◆ *(responsabilidad, pena)* conllevar, implicar: **the charges c. a penalty of two years in prison,** los cargos suponen una pena de dos años de prisión ◆ *(ley, moción)* aprobar ◆ *(enfermedad)* ser portador,-ora de | 2 *vi (sonido)* oírse: **his voice carries a long way,** su voz se oye desde lejos

■ **carry about/around** *vtr* llevar consigo
■ **carry along** *vtr* arrastrar
■ **carry away** *vtr* llevarse; **to get carried away,** dejarse llevar
■ **carry off** *vtr* ◆ *(premio, botín)* llevarse ◆ llevar a cabo: **it was dangerous, but he carried it off,** fue peligroso, pero lo hizo *o* tuvo éxito
■ **carry on** 1 *vtr* ◆ continuar, seguir: **c. on taking the pills,** sigue tomando las píldoras ◆ *(un negocio)* llevar ◆ *(la conversación)* mantener | 2 *vi* ◆ continuar, seguir adelante; **c. on!,** ¡prosigue! ◆ *fam* insistir [**about,** en]; quejarse [**about,** de]
■ **carry out** *vtr* ◆ *(un proyecto)* llevar a cabo, realizar ◆ *(el deber)* cumplir

carry-on ['kærɪ'ɒn] *n* lío: **there was a terrible c.-o. about who should do what,** se armó un lío terrible acerca de quién debería hacer qué
carsick ['kɑːsɪk] *adj* mareado,-a (en el coche)
cart [kɑːt] *n* ◆ *(de caballos)* carro ◆ *(de mano)* carretilla

carton ['kɑːtən] *n (leche, zumo, etc)* caja, Tetrabrik®

cartoon [kɑːˈtuːn] *n* ◆ caricatura ◆ *(en periódico, etc)* chiste, viñeta ◆ tira cómica, historieta ◆ *Cine TV* dibujos animados

cartoonist [kɑːˈtuːnɪst] *n* ◆ caricaturista ◆ dibujante

cartridge ['kɑːtrɪdʒ] *n* cartucho

carve [kɑːv] *vtr* ◆ *(la madera)* tallar; *(una piedra, un metal)* cincelar, esculpir: **the mayor's name was carved in large letters on the wall,** el nombre del alcalde fue esculpido en letra grande en la pared ◆ *(la carne)* trinchar

■ **carve up** *vt* repartir, dividir

carving [kɑːvɪŋ] *n* escultura, obra de talla

cascade [kæsˈkeɪd] *n* cascada

case [keɪs] *n* ◆ *Med* caso; **a c. of smallpox,** un caso de viruela ◆ *Jur* caso; **a c. of fraud,** un caso de fraude; **to present a c.,** exponer un argumento ◆ situación: **in any c.,** en cualquier caso; **in c. of,** en caso de; **in that c.,** en ese caso; **(just) in c.,** por si acaso ◆ *Ling* caso ◆ *(de vino, etc)* caja ◆ maleta ◆ estuche; **cigarette c.,** pitillera; **pencil c.,** estuche de lápices; **pillow c.,** funda de almohada ◆ *Tip* **lower c.,** minúscula; **upper c.,** mayúscula

cash [kæʃ] **1** *n* dinero en efectivo: **we buy cars for c.,** compramos coches al contado; **c. box,** caja; **c. card,** tarjeta (de cajero automático); **c. dispenser/machine,** cajero automático; **c. flow,** flujo de fondos | **2** *vtr (un cheque)* cobrar: **can I c. this traveller's cheque?,** ¿puedo cobrar este cheque de viaje?

■ **cash in 1** *vi fam fig* **to c. in on sthg,** aprovecharse de algo | **2** *vtr* canjear, cobrar

cash-and-carry [kæʃənˈkærɪ] *n* almacén de venta al por mayor

cashew [ˈkæʃuː] *n Bot* **c. (nut),** anacardo

cashier [kæˈʃɪər] *n* cajero,-a

cashmere [ˈkæʃmɪər] *n* cachemira

casino [kəˈsiːnəʊ] *n* casino

cask [kɑːsk] *n* barril

casket [ˈkɑːskɪt] *n* ◆ cofre ◆ *US* ataúd

casserole [ˈkæsərəʊl] *n* ◆ cazuela ◆ *Culin* guiso

cassette [kæˈset] *n* cinta, casete; **c. recorder,** grabadora

cast [kɑːst] **1** *n* ◆ *Téc* molde ◆ *Med* escayola ◆ *Teat* reparto, elenco | **2** *vtr (ps & pp cast)* ◆ *(el ancla, la culpa, red, un hechizo)* echar ◆ *(una piedra)* arrojar, tirar ◆ *(la luz)* arrojar ◆ *(una sombra)* proyectar ◆ *(una mirada)* lanzar; *(un vistazo)* echar [over, a] ◆ **to c. doubt(s) on,** poner en duda ◆ *(el voto)* emitir ◆ *(el metal)* moldear ◆ *Teat* **he was cast as Macbeth,** le dieron el papel de Macbeth | **3** *vi Pesca* lanzar

■ **cast aside** *vtr* abandonar, desechar
■ **cast off** *vi* ◆ **to c. sthg off,** deshacerse de algo ◆ *Náut* soltar (las) amarras

castanets [kæstəˈnets] *npl* castañuelas

castaway [ˈkɑːstəweɪ] *n* náufrago,-a

caste [kɑːst] *n* casta

Castile [kæˈstiːl] *n* Castilla

Castilian [kæˈstɪljən] **1** *adj* castellano,-a | **2** *n* **C. (Spanish),** *(idioma)* castellano

casting [ˈkɑːstɪŋ] *n* ◆ *Téc* pieza fundida ◆ *(proceso)* fundición ◆ *Cine Teat* selección de reparto, casting

cast-iron [ˈkɑːstaɪən] *adj* de hierro fundido; *fig* **a cast iron excuse,** una defensa irrebatible

castle [ˈkɑːsəl] **1** *n* ◆ castillo ◆ *Ajedrez* torre | **2** *vi Ajedrez* enrocar

caster [ˈkɑːstər] *n (de muebles)* ruedecilla

cast-offs [ˈkɑːstɒfsaɪən] *npl* **he wears his brother's c.-o.,** hereda la ropa de su hermano

castor [ˈkɑːstər] *n* ◆ **c. oil,** aceite de ricino ◆ → **caster**

castrate [kæˈstreɪt] *vtr* castrar

casual [ˈkæʒjʊəl] *adj* ◆ *(encuentro)* fortuito,-a ◆ *(visita)* ocasional ◆ *(persona)* despreocupado,-a, tranquilo ◆ *(charla)* informal ◆ *(trabajo)* eventual; *Agr* **c. worker,** jornalero,-a ◆ *(ropa)* (de) sport, informal

casually [ˈkæʒjʊəlɪ] *adv* ◆ de modo informal ◆ con aire de indiferencia

casualty [ˈkæʒjʊəltɪ] *n* ◆ *Mil* baja ◆ *(persona)* herido,-a ◆ *GB (hospital)* **C.,** Urgencias

cat [kæt] *n* ◆ gato,-a ◆ felino,-a ◆ | LOC: **when the c.'s away, the mice will play,** cuando el gato no está, los ratones bailan; **curiosity killed the c.,** la curiosidad mató al gato; **he thinks he's the c.'s whiskers,** se cree el ombligo del mundo; **to let the c. out of the bag,** levantar la liebre;

Catalan [ˈkætəlæn] **1** *adj* catalán,-ana | **2** *n* ◆ *(persona)* catalán,-ana ◆ *(idioma)* catalán

catalogue, *US* **catalog** [ˈkætəlɒg] **1** *n* catálogo | **2** *vtr* catalogar

Catalonia [kætəˈləʊnɪə] *n* Cataluña

catalyst ['kætəlɪst] *n* catalizador
catapult ['kætəpʌlt] *n* tirachinas
cataract ['kætərækt] *n Geog Med* catarata
catarrh [kəˈtɑːʳ] *n* catarro
catastrophe [kəˈtæstrəfɪ] *n* catástrofe
catastrophic [kætəˈstrɒfɪk] *adj* catastrófico,-a
catch [kætʃ] **1** *vtr (ps & pp* **caught)** ◆ *(la pelota)* agarrar, coger, parar ◆ asir, agarrar: **he caught me by the arm,** me agarró del brazo ◆ *(a un ladrón, ratón)* atrapar, capturar ◆ *(un pez)* pescar ◆ pillar, sorprender: **they caught him selling drugs,** le sorprendieron vendiendo droga; **to c. sb redhanded,** pillar a alguien con las manos en la masa ◆ *(el autobús, avión, tren)* coger, tomar ◆ entender, oír ◆ *(una enfermedad)* contagiarse de ◆ lograr ver *u* oír: **hurry, I want to c. the news,** date prisa, quiero ver las noticias ◆ *(en un clavo, etc)* enganchar ◆ *(en una puerta)* pillar: **he caught his knee on the table,** se dio con la rodilla en la mesa ◆ *(la atención)* atraer ◆ *(la imaginación, el ambiente)* captar ◆ *(la luz)* reflejar ◆ | LOC: **to c. fire,** incendiarse; **to c. hold of,** agarrar; **to c. sight of,** ver; **to c. wind of,** enterarse de | **2** *vi* engancharse [**on,** en] | **3** *n* ◆ *(de pelota, balón)* parada ◆ *(caza, pescado)* captura ◆ *(de caja, puerta)* pestillo ◆ inconveniente, pega: **there must be a c.,** debe de haber alguna pega ◆ **with a c. in one's voice,** con la voz entrecortada

> Recuerda que cuando **to catch** significa *pillar a alguien,* debe ir seguido de gerundio: **We caught him taking the money.** *Le pillamos cogiendo el dinero.*

■ **catch on** *vi fam* ◆ ganar popularidad: **the idea didn't c.,** la idea no cuajó ◆ darse cuenta
■ **catch out** *vtr fam* coger en una falta
■ **catch up** *vi* ◆ **to c. up with (one's) work,** ponerse al día con el trabajo ◆ alcanzar, ponerse al nivel [**with,** de]: **we will never c. up with the USA,** nunca nos pondremos al nivel de EEUU ◆ *(las noticias)* ponerse al corriente [**on,** de] ◆ *(sueño, tiempo perdido)* recuperar ◆ *(en un escándalo)* **to get caught up,** verse envuelto,-a [**in,** en]
catching ['kætʃɪŋ] *adj (enfermedad, risa, etc)* contagioso,-a

catchphrase ['kætʃfreɪz] *n* eslogan; *Rad TV, etc* frase de moda
catchword ['kætʃwɜːd] *n* lema
catchy ['kætʃɪ] *adj (catchier, catchiest) fam (música)* pegadizo,-a
catechism ['kætəkɪzəm] *n* catecismo
categorical [kætɪˈgɒrɪk(əl)] *adj* categórico,-a
categorize ['kætɪgəraɪz] *vtr* clasificar
category ['kætɪgərɪ] *n* categoría
cater ['keɪtəʳ] *vi* ◆ **to c. for,** *(boda, etc)* proveer comida para ◆ **to c. for** *o* **to,** *(gustos)* atender a: **we only c. for the discerning clients,** solo atendemos a los clientes más exigentes
caterer ['keɪtərəʳ] *n* proveedor,-ora (de comida)
catering ['keɪtərɪŋ] *n* abastecimiento (de comidas por encargo), catering
caterpillar ['kætəpɪlə'] *n Ent* oruga
cathedral [kəˈθiːdrəl] *n* catedral
Catholic ['kæθəlɪk] *adj & n* católico,-a
Catholicism [kəˈθɒlɪsɪzəm] *n* catolicismo
cattle ['kætəl] *npl* ganado (vacuno)
catty ['kætɪ] *adj (cattier, cattiest) fam* ◆ *(comentario)* sarcástico,-a ◆ *(persona)* malicioso,-a
catwalk ['kætwɔːk] *n* pasarela
caught [kɔːt] *ps & pp* → **catch**
cauldron ['kɔːldrən] *n (olla grande)* caldera
cauliflower ['kɒlɪflauəʳ] *n Bot* coliflor
cause [kɔːz] **1** *n* ◆ *(de un suceso)* causa ◆ *(para una acción)* motivo ◆ *(ideal, fin)* causa | **2** *vtr (un accidente, etc)* causar, provocar
causeway ['kɔːzweɪ] *n* calzada elevada
caustic ['kɔːstɪk] *adj* cáustico,-a; *fig* mordaz
caution ['kɔːʃən] **1** *n* ◆ cautela, prudencia ◆ aviso, advertencia ◆ *Dep Jur* amonestación ◆ | LOC: **to throw c. to the winds,** abandonar toda prudencia | **2** *vtr* advertir, amonestar
cautious ['kɔːʃəs] *adj* cauteloso,-a, prudente
cavalcade [kævəlˈkeɪd] *n* cabalgata
cavalier [kævəˈlɪəʳ] **1** *adj* arrogante | **2** *n Hist Lit* caballero
cavalry ['kævəlrɪ] *n* caballería
cave [keɪv] *n* cueva
■ **cave in** *vi* ◆ *(techo)* derrumbarse, hundirse ◆ *fam (persona)* ceder
caveman ['keɪvmæn] *n* cavernícola
cavern ['kævən] *n* caverna

caviar(e) ['kævɪɑːʳ] n caviar
cavity ['kævɪtɪ] n ◆ cavidad ◆ *(en un diente)* caries
CD [siːˈdiː] *(abr de compact disc)*, CD
cease [siːs] 1 vtr frml cesar; **to c. doing/to do sthg**, dejar de hacer algo | 2 vi frml terminar

> El uso de infinitivo o gerundio no altera su significado: **It ceased raining** o **it ceased to rain**. *Dejó de llover.*

ceasefire [siːsˈfaɪəʳ] n alto el fuego
ceaseless ['siːslɪs] adj incesante
cedar ['siːdəʳ] n Bot cedro
ceiling ['siːlɪŋ] n techo
celebrate ['selɪbreɪt] vtr ◆ celebrar, festejar; **we had champagne to c. her birthday**, tomamos champán para celebrar su cumpleaños ◆ *(tener lugar)* celebrar: **the wedding was celebrated in private**, la boda se celebró en privado
celebrated ['selɪbreɪtɪd] adj célebre
celebration [selɪˈbreɪʃən] n celebración
celebrity [sɪˈlebrɪtɪ] n celebridad, famoso,-a
celery ['selərɪ] n Bot apio
celibate ['selɪbɪt] adj & n célibe
cell [sel] n ◆ *(cárcel, convento)* celda ◆ Biol Pol célula ◆ Elec pila
cellar ['seləʳ] n sótano; *(para vino)* bodega
cellist ['tʃelɪst] n violonchelista
cello ['tʃeləʊ] n violonchelo
Cellophane® ['seləfeɪn] n celofán
cellular ['seljʊləʳ] adj celular; Tel **c. phone**, teléfono móvil
celluloid ['seljʊlɔɪd] n celuloide
cellulose ['seljʊləʊs] n celulosa
Celt [kelt] n celta
Celtic ['keltɪk] 1 adj celta | 2 n *(idioma)* celta
cement [sɪˈment] 1 n ◆ *(para ladrillos)* cemento; **c. mixer**, hormigonera ◆ *(para plástico)* pegamento ◆ | 2 vtr ◆ Constr unir con cemento ◆ *fig (la amistad, relaciones)* consolidar
cemetery ['semɪtrɪ] n cementerio
censor ['sensəʳ] 1 n censor,-ora | 2 vtr censurar
censorship ['sensəʃɪp] n censura
censure ['senʃəʳ] 1 n censura | 2 vtr censurar
census ['sensəs] n censo
cent [sent] n centavo, céntimo; **per c.**, por ciento

centenary [senˈtiːnərɪ] n centenario
center ['sentəʳ] n & vtr US → **centre**
centigrade ['sentɪgreɪd] adj centígrado,-a
centilitre, US **centiliter** ['sentɪliːtəʳ] n centilitro
centimetre, US **centimeter** ['sentɪmiːtəʳ] n centímetro
centipede ['sentɪpiːd] n ciempiés
central ['sentrəl] adj ◆ *(problema, tema)* principal ◆ central; **c. heating**, calefacción central ◆ *(piso, etc)* céntrico,-a
centralize ['sentrəlaɪz] vtr centralizar
centrally ['sentrəlɪ] adv centralmente: **our flat is small but very c. situated**, nuestro piso es pequeño pero céntrico
centre ['sentəʳ] 1 n ◆ centro, núcleo; **town c.**, centro de la ciudad; Pol **c. party**, partido de centro ◆ Ftb **c. forward**, delantero centro ◆ *(de bombón)* relleno | 2 vtr ◆ *(la atención, etc)* centrar [**on**, en] | 3 vi centrarse [**on**, en]
century ['sentʃərɪ] n siglo; **the eleventh c.**, el siglo once
ceramic [sɪˈræmɪk] 1 n cerámica | 2 adj de cerámica
ceramics [sɪˈræmɪks] n sing cerámica
cereal ['sɪərɪəl] n ◆ Bot cereal ◆ Culin **(breakfast) c.**, cereales
cerebral ['serɪbrəl] adj cerebral
ceremonial [serɪˈməʊnɪəl] adj ceremonial
ceremony ['serɪmənɪ] n ceremonia
certain ['sɜːtən] 1 adj ◆ seguro,-a: **I'm c. she's pregnant**, estoy seguro de que está embarazada; **to make c.**, asegurarse [**of**, de] ◆ *(hablando del futuro)* **it is c. to rain**, seguro que llueve; **a c. defeat**, una derrota segura ◆ **for c.**, con certeza; **to know for c.**, saber a ciencia cierta ◆ cierto,-a, *(determinado)* **I have c. reasons to believe that...**, tengo ciertos motivos para creer que...; *(algo de)* **she has a c. charm**, tiene cierto encanto; **to a c. extent**, hasta cierto punto ◆ frml **a c. Ms Podd rang**, llamó una tal señorita Podd | 2 pron frml **c. of these matters are urgent**, algunos de estos asuntos son urgentes
certainly ['sɜːtənlɪ] adv ◆ ciertamente; **it c. is hot today**, hoy sí que hace calor ◆ *(respuesta afirmativa)* desde luego ◆ *(respuesta negativa)* **c. not**, de ninguna manera
certainty ['sɜːtəntɪ] n ◆ certeza, seguridad ◆ cosa segura
certificate [səˈtɪfɪkɪt] n certificado

certify ['sɜːtɪfaɪ] *vtr* ◆ certificar ◆ *Med* declarar demente ◆ *(copia)* compulsar

cervix ['sɜːvɪks] *n Anat* cuello del útero

chain [tʃeɪn] **1** *n* ◆ cadena; *fig (de acontecimientos)* serie; *fam (inodoro)* **to pull the chain,** tirar de la cadena ◆ *Com* cadena; **c. store,** tienda que pertenece a una cadena | **2** *vtr* encadenar

chain-smoke ['tʃeɪnsməʊk] *vi* fumar un cigarrillo tras otro

chair [tʃeə'] **1** *n* ◆ silla; *(con brazos)* sillón, butaca; **c. lift,** telesilla ◆ *(puesto)* presidencia ◆ *Univ* cátedra | **2** *vtr* ◆ *(un comité)* presidir ◆ *(una reunión)* moderar

chairman ['tʃeəmən] *n* presidente

chairperson ['tʃeəpɜːsən] *n* presidente,-a

chairwoman ['tʃeəwʊmən] *n* presidenta

chalet ['ʃæleɪ] *n* chalet, chalé *(esp en Suiza)* ➢ Ver nota en **chalet**

chalk [tʃɔːk] *n* ◆ *(para escribir)* tiza ◆ *(piedra)* creta

■ **chalk up** *vtr fam (una victoria, etc)* apuntarse: **Real Madrid chalked up another victory today,** Real Madrid se apuntó hoy otra victoria

challenge ['tʃælɪndʒ] **1** *vtr* ◆ retar, desafiar: **I c. you to prove it,** te reto a que lo demuestres ◆ *(autoridad)* desafiar ◆ *(hecho)* cuestionar | **2** *n* reto, desafío

challenging ['tʃælɪndʒɪŋ] *adj* ◆ *(manera)* desafiante ◆ *(tarea)* que exige mucho esfuerzo, exigente

chamber ['tʃeɪmbə'] *n* ◆ cámara, aposento; *Mús* **c. music,** música de cámara ◆ *(grupo)* **C. of Commerce,** Cámara de Comercio ◆ *GB Jur* **chambers** *pl*, bufete

chambermaid ['tʃeɪmbəmeɪd] *n* camarera

chameleon [kəˈmiːlɪən] *n* camaleón

champagne [ʃæmˈpeɪn] *n (vino francés)* champán *(se usa erróneamente para hablar de otros vinos espumosos, como el cava)*

champion ['tʃæmpɪən] **1** *n* ◆ *Dep* campeón,-ona ◆ defensor,-ora | **2** *vtr* apoyar, abogar por

championship ['tʃæmpɪənʃɪp] *n* campeonato

chance [tʃɑːns] **1** *n* ◆ azar, casualidad: **are you English, by any c.?,** ¿es usted inglés, por casualidad?; **game of c.,** juego de azar ◆ posibilidad: **there's a c. of rain,** cabe la posibilidad de que llueva; **on the off c.,** por si acaso ◆ oportunidad: **this is your last c.,** esta es tu última oportunidad ◆ riesgo: **don't take chances,** no tientes la suerte | **2** *vtr* ◆ arriesgarse: **let's c. it,** vamos a correr el riesgo ◆ **if you c. to see him,** si por casualidad lo ves | **3** *adj* fortuito,-a

chancellor ['tʃɑːnsələ'] *n* ◆ *GB Pol* **C. of the Exchequer,** ministro,-a de Economía y Hacienda ◆ *(jefe de Estado)* canciller ◆ *GB Univ* rector,-ora

chandelier [ʃændɪˈlɪə'] *n* araña (de luces)

change [tʃeɪndʒ] **1** *vi* ◆ cambiar(se): **I'll get changed,** me cambiaré de ropa ◆ *(transportes)* cambiar, hacer transbordo ◆ **to c. into,** convertirse en | **2** *vtr* ◆ cambiar [**for,** por] ◆ *(color, dirección, dueño, idea, opinión, ropa, tema)* cambiar de: **I've changed my mind,** he cambiado de opinión; **let's c. the subject,** cambiemos de tema ◆ **to c. the baby,** cambiar al bebé ◆ convertir [**into,** en] | **3** *n* ◆ cambio, transformación; **for a c.,** para variar ◆ *(texto)* modificación ◆ *(de ropa)* muda ◆ *(transportes)* transbordo ◆ *(dinero)* cambio, vuelta; **(small) c.,** monedas sueltas

■ **change around** *vtr* cambiar de sitio

■ **change over 1** *vi* ◆ cambiarse [**to, a**] ◆ *TV fam* cambiar de canal | **2** *vtr* trocar

changeable ['tʃeɪndʒəbəl] *adj* ◆ *(clima)* variable ◆ *(persona)* inconstante

changeover ['tʃeɪndʒəʊvə'] *n* conversión

changing room ['tʃeɪndʒɪŋ ruːm] *n* vestuario

channel ['tʃænəl] **1** *n* ◆ *Geog* canal, estrecho ◆ *(de río)* cauce ◆ *(para riego)* acequia ◆ *TV* canal, cadena ◆ *(administrativo)* vía; **the proper channels,** los cauces adecuados | **2** *vtr fig (ideas, etc)* encauzar, canalizar

chant [tʃɑːnt] **1** *n* ◆ *Mús Rel* cántico ◆ *(de manifestantes)* consigna | **2** *vtr & vi* ◆ *Mús Rel* cantar ◆ *(una consigna, reivindicación)* corear

chaos ['keɪɒs] *n* caos

chaotic [keɪˈɒtɪk] *adj* caótico,-a

chap [tʃæp] *n GB fam* tipo, tío

chapel ['tʃæpəl] *n* capilla

chaplain ['tʃæplɪn] *n* capellán

chapped ['tʃæpt] *adj* agrietado,-a

chapter ['tʃæptə'] *n (de un libro, etc)* capítulo

char [tʃɑː'] *vtr* chamuscar, carbonizar

charade [ʃəˈrɑːd] *n (juego)* charada; *fig* farsa: **the negotiations were a c.,** las negociaciones fueron una farsa

character ['kærɪktə^r] *n* ◆ carácter ◆ *fam* personaje: **he's a real c.,** es todo un carácter ◆ *Teat* personaje

characteristic [kærɪktə'rɪstɪk] **1** *n* característica | **2** *adj* característico,-a

characterize ['kærɪktəraɪz] *vtr* caracterizar

charcoal ['tʃɑ:kəʊl] *n* ◆ *Min* carbón vegetal ◆ *Arte* carboncillo ◆ *(color)* **c. grey,** gris marengo

charge [tʃɑ:dʒ] **1** *n* ◆ precio; *(de un banco)* comisión; *(de un servicio)* tarifa; *(de un abogado)* honorarios; **free of c.,** gratis; *US* **c. account/card,** cuenta/tarjeta de crédito ◆ responsabilidad, cargo: **I'm in c.,** yo mando; **to be in the c. of,** estar a cargo de; **to take c. of,** hacerse cargo de ◆ *Jur* acusación, cargo: **to bring charges,** presentar cargos [**against,** contra] ◆ *Mil* ataque, carga; *(toro)* embiste ◆ *(electricidad, explosivo)* carga | **2** *vtr* ◆ *Fin* cobrar [**for,** por]; **c. it to my account,** cárguelo a mi cuenta ◆ *Jur* acusar [**of,** de] ◆ *frml* encomendar ◆ *Mil* atacar, cargar contra ◆ *(un toro)* embestir contra ◆ *(una pila, batería)* cargar | **3** *vi* ◆ cobrar ◆ correr ◆ embestir [**at,** contra]

charged [tʃɑ:dʒd] *adj fig* emotivo,-a

chariot ['tʃærɪət] *n Hist* carro

charisma [kæ'rɪzmə] *n* carisma

charismatic [kærɪz'mætɪk] *adj* carismático,-a

charitable ['tʃærɪtəbəl] *adj* ◆ *(persona)* caritativo,-a ◆ *(obra, organización)* benéfico,-a ◆ *fig* generoso,-a

charity ['tʃærɪtɪ] *n* caridad: **c. begins at home,** la caridad bien entendida empieza por uno mismo ◆ organización benéfica

charlatan ['ʃɑ:lətən] *n* charlatán,-ana; *(médico)* curandero,-a

charm [tʃɑ:m] **1** *n* ◆ encanto ◆ hechizo | **2** *vtr* encantar

charming ['tʃɑ:mɪŋ] *adj* encantador,-ora

chart [tʃɑ:t] **1** *n* ◆ *(de información)* cuadro, gráfico, tabla ◆ *Náut* carta de navegación ◆ *Mús* **the charts,** la lista de éxitos | **2** *vtr Av Náut (la trayectoria)* trazar

charter ['tʃɑ:tə^r] **1** *n* ◆ *(de institución)* estatutos ◆ *(de derechos)* carta, fuero ◆ fletamento; **c. flight,** vuelo chárter | **2** *vtr Av Náut* fletar

chartered accountant [tʃɑ:tədə'kaʊntənt] *n GB* contable auditor,-ora

chase [tʃeɪs] **1** *vtr* perseguir, cazar | **2** *n* persecución, caza

chasm ['kæzəm] *n Geog* sima; *fig* abismo

chassis ['ʃæsɪ] *n* chasis

chaste [tʃeɪst] *adj* casto,-a

chasten ['tʃeɪsən] *vtr* corregir, escarmentar

chastened ['tʃeɪsnd] *adj* escarmentado

chastity ['tʃæstɪtɪ] *n* castidad

chat [tʃæt] **1** *n* ◆ charla ◆ *GB TV* **c. show,** tertulia, programa de entrevistas | **2** *vi* charlar

■ **chat up** *vtr fam* (intentar) ligar con alguien

chatter ['tʃætə^r] **1** *vi* ◆ *(persona)* parlotear ◆ *(pájaro)* trinar ◆ *(dientes)* castañetear | **2** *n* ◆ *(de persona)* parloteo ◆ *(de pájaro)* trino ◆ *(de dientes)* castañeteo

chatterbox ['tʃætəbɒks] *n fam* parlanchín,-ina, cotorra

chatty ['tʃætɪ] *adj* (**chattier, chattiest**) hablador,-ora

chauffeur ['ʃəʊfə^r] *n* chófer

chauvinism ['ʃəʊvɪnɪzəm] *n* chovinismo; **male c.,** machismo

chauvinist ['ʃəʊvɪnɪst] *adj* & *n* chovinista; **male c.,** machista

cheap [tʃi:p] *adj* ◆ barato,-a; *(hotel, viaje)* económico,-a; *pey* de baratillo; **c. and cheerful,** bonito y barato; *fam* **dirt c.,** tirado,-a (de precio) ◆ sin valor: **I feel so c.,** me siento humillado ◆ *(chiste)* de mal gusto ◆ *(comentario)* injusto y cruel ◆ *US* tacaño,-a ◆ | LOC: **to do sthg on the c.,** hacer algo gastando lo mínimo posible *o* en plan barato

cheapen ['tʃi:pən] *vtr* ◆ *(precios)* abaratar ◆ *(a una persona)* rebajar

cheaply ['tʃi:plɪ] *adv* barato

cheat [tʃi:t] **1** *n* ◆ tramposo,-a ◆ estafador,-ora ◆ estafa, fraude | **2** *vtr* ◆ engañar, timar ◆ evitar, burlar | **2** *vi* ◆ *(en un juego)* hacer trampa ◆ *(en un examen)* copiar ◆ *(a un esposo)* engañar [**on,** a]

check [tʃek] **1** *n* ◆ *(de coche, frenos)* inspección, revisión ◆ *(de aduana, policía)* control; **security c.,** control de seguridad ◆ control, freno: **to hold/keep in c.,** contener ◆ *Ajedrez* jaque ◆ *(diseño)* cuadro ◆ *US (recibo)* cuenta, nota → **cheque** | **2** *vtr* ◆ *(una cantidad, cualidad)* comprobar ◆ *(cifras, documentos, frenos, un motor)* revisar ◆ asegurarse de ◆ *(un impulso, movimiento)* frenar | **3** *vi* comprobar

■ **check in** *vi Av* facturar; *(al llegar al hotel)* registrarse [**at,** en]

■ **check out 1** *vi (al salir del hotel)* pagar y marcharse | **2** *vtr (los hechos, etc)* verificar

■ **check up on** *vtr* investigar

checked [tʃekt] *adj (diseño)* a cuadros
checker ['tʃekəʳ] *n US* cajero,-a
checkered ['tʃekəd] *adj US* → **chequered**
checkers ['tʃekəz] *n US (juego)* damas
check-in ['tʃekɪn] *n Av* facturación
checklist ['tʃeklɪst] *n* lista
checkmate ['tʃekmeɪt] **1** *n Ajedrez* jaque mate | **2** *vtr Ajedrez* dar jaque mate a
checkout ['tʃekaʊt] *n (de supermercado)* caja
checkpoint ['tʃekpɔɪnt] *n* puesto de control
checkup ['tʃekʌp] *n Med* chequeo, revisión médica
cheek [tʃiːk] *n* ◆ mejilla ◆ *fam (audacia)* cara: **what a c.!**, ¡qué cara!
cheekbone ['tʃiːkbəʊn] *n* pómulo
cheeky ['tʃiːkɪ] *adj (cheekier, cheekiest) fam* fresco,-a, descarado,-a
cheer [tʃɪəʳ] **1** *vi* aplaudir, aclamar | **2** *vtr* ◆ *(con aplausos)* vitorear, aclamar ◆ *frml (dar esperanza)* animar | **3** *n* ovación ◆ **three cheers for Willy!**, ¡viva Willy! | **4** *excl* **cheers!**, *fam* ¡gracias!; *fam* ¡hasta luego!; *(como brindis)* ¡salud!

■ **cheer up 1** *vi* animarse: **c. up!**, ¡anímate! | **2** *vtr* **to c. sb up,** animar a alguien
cheerful ['tʃɪəfʊl] *adj* alegre
cheering ['tʃɪərɪŋ] **1** *n* vítores | **2** *adj* esperanzador,-ora
cheery ['tʃɪərɪ] *adj* alegre
cheese [tʃiːz] *n* queso ◆ |LOC: *(al sacar una foto)* **say c.!**, ¡di pa-ta-ta!
cheesecake ['tʃiːzkeɪk] *n* tarta de queso
cheetah ['tʃiːtə] *n Zool* guepardo
chef [ʃef] *n* chef, cocinero,-a
chemical ['kemɪkəl] **1** *n* sustancia química | **2** *adj* químico,-a
chemist ['kemɪst] *n* ◆ químico,-a ◆ *GB* farmacéutico,-a; **c.'s (shop)**, farmacia
chemistry ['kemɪstrɪ] *n* química
cheque [tʃek] *n* cheque, talón; **to pay by c.,** pagar con cheque; **a c. for $5,000,** un cheque de $5.000
chequered ['tʃekəd] *adj* a cuadros; **a c. skirt,** una falda a cuadros ◆ |LOC: **he had a c. career,** tuvo una carrera con muchos altibajos
cherish ['tʃerɪʃ] *vtr* ◆ *(a una persona)* querer ◆ *(una tradición)* mantener ◆ *fig (esperanza)* abrigar
cherry ['tʃerɪ] *n Bot* ◆ *(fruto)* cereza ◆ *(árbol)* cerezo
chess [tʃes] *n* ajedrez

chessboard ['tʃesbɔːd] *n* tablero de ajedrez
chest [tʃest] *n* ◆ *Anat* pecho ◆ arca, cofre; **c. of drawers,** cómoda ◆ |LOC: **to get sthg off one's c.,** desahogarse
chestnut ['tʃesnʌt] *n* ◆ *(árbol, color)* castaño ◆ *(fruto)* castaña ◆ **horse c.,** castaño de Indias
chew [tʃuː] *vtr* ◆ masticar, mascar ◆ *(las uñas)* morder ◆ **to c. sthg over,** rumiar algo
chewing gum ['tʃuːɪŋɡʌm] *n* chicle
chic [ʃiːk] *adj* elegante
chick [tʃɪk] *n* ◆ pollito ◆ *US fam* chica, chavala
chicken ['tʃɪkɪn] *n* ◆ pollo ◆ *fam (cobarde)* gallina ◆ |LOC: **she's no c.,** no es ninguna jovencita

■ **chicken out** *vi fam* acobardarse [**of,** de]
chickenpox ['tʃɪkɪnpɒks] *n* varicela
chickpea ['tʃɪkpiː] *n* garbanzo
chicory ['tʃɪkərɪ] *n* achicoria
chief [tʃiːf] **1** *n* jefe,-a | **2** *adj* principal
chiefly ['tʃiːflɪ] *adv* ◆ principalmente ◆ sobre todo
chieftain ['tʃiːftən] *n* jefe,-a, cacique
child [tʃaɪld] *n (pl children)* niño,-a, hijo,-a; **c.'s play,** juego de niños
childbirth ['tʃaɪldbɜːθ] *n* parto
childhood ['tʃaɪldhʊd] *n* infancia, niñez
childish ['tʃaɪldɪʃ] *adj* ◆ infantil ◆ pueril, aniñado
childlike ['tʃaɪldlaɪk] *adj (inocencia)* infantil
children ['tʃɪldrən] *npl* → **child**
Chile ['tʃɪlɪ] *n* Chile
Chilean ['tʃɪlɪən] *adj & n* chileno,-a
chill [tʃɪl] **1** *n* ◆ *Med* resfriado ◆ *(sensación de frío)* fresco | **2** *adj* frío,-a | **3** *vtr (la carne)* refrigerar; *(el vino)* enfriar: **serve chilled,** sírvase frío
chilli ['tʃɪlɪ] *n* chile, *LAm* ají
chilling ['tʃɪlɪŋ] *adj (aterrador)* escalofriante
chilly ['tʃɪlɪ] *adj (chillier, chilliest)* frío,-a, fresquito,-a
chime [tʃaɪm] **1** *n* campanada, repique | **2** *vtr* **to c. midnight,** *(un reloj)* dar las doce | **3** *vi* sonar, repicar
chimney ['tʃɪmnɪ] *n* chimenea ➢ Ver nota en **chimenea**
chimpanzee [tʃɪmpæn'ziː] *n Zool* chimpancé
chin [tʃɪn] *n* barbilla, mentón
china ['tʃaɪnə] *n* loza, porcelana
chink [tʃɪŋk] **1** *vi* tintinear | **2** *n* ◆ *(sonido)* tintineo ◆ *(de puerta)* resquicio ◆ *(en pared)* grieta ◆ **a c. of light,** un rayito de luz

chip [tʃɪp] 1 n ♦ *GB Culin* patata frita *(caliente)* ♦ *US* patata frita *(en bolsa)* ♦ *(de madera)* astilla ♦ *(en taza)* desportilladura, desconchado ♦ *Inform* chip ♦ *(en un casino)* ficha ♦ | LOC: **to have a c. on one's shoulder**, ser un resentido,-a; **a c. off the old block**, de tal palo tal astilla | 2 vtr ♦ *(la madera)* astillar ♦ *(la pintura, vajilla)* desconchar | 3 vi ♦ *(madera)* astillarse ♦ *(pintura, vajilla)* desconcharse

■ **chip in** vi fam ♦ *(dinero)* contribuir: **we all chipped in to buy you a present**, te compramos un regalo entre todos ♦ *(en una conversación)* meterse, interrumpir

chirp [tʃɜːp] vi *(los pájaros)* gorjear
chirpy ['tʃɜːpɪ] adj animado: **you seem very c. today**, te veo muy animado hoy
chisel ['tʃɪzəl] 1 n ♦ *(para madera)* formón, escoplo ♦ *(para metal, piedra)* cincel | 2 vtr ♦ cincelar, tallar ♦ *fam* timar, estafar
chivalry ['ʃɪvəlrɪ] n caballerosidad
chives [tʃaɪvz] npl *Bot* cebollino
chlorine ['klɔːriːn] n *Quím* cloro
chock-a-block [tʃɒkə'blɒk], **chock-full** [tʃɒk'fʊl] adj fam abarrotado,-a, a tope
chocolate ['tʃɒkəlɪt] 1 n ♦ chocolate; **milk/plain c.**, chocolate con leche/amargo ♦ **chocolates** pl, bombones | 2 adj de chocolate
choice [tʃɔɪs] 1 n ♦ elección ♦ surtido ♦ remedio: **you have no c. but to resign**, no tienes más remedio que dimitir | 2 adj frml selecto,-a
choir ['kwaɪəʳ] n coro
choke [tʃəʊk] 1 vtr ♦ *(a una persona)* ahogar, estrangular ♦ *(un canal)* obstruir | 2 vi asfixiarse; **to c. on sthg**, atragantarse con algo | 3 n *Auto* estárter
cholera ['kɒlərə] n cólera
cholesterol [kə'lestərɒl] n colesterol
choose [tʃuːz] 1 vtr *(ps chose; pp chosen)* ♦ elegir, escoger [**between**, entre] ♦ decidir, optar por; **to c. to do sthg**, optar por hacer algo | 2 vi escoger, elegir

> Usado con un verbo, **to choose** va acompañado de infinitivo o de un complemento directo más infinitivo: **He chose to do it.** *Él eligió hacerlo.* **Why did you choose him to do the job?**, *¿Por qué le escogiste a él para el trabajo?*

choosey ['tʃuːzɪ] adj *(choosier, choosiest)* fam exigente, melindroso,-a

chop [tʃɒp] 1 vtr ♦ *(leña)* cortar ♦ *Culin* cortar en pedacitos, picar | 2 n ♦ *Culin* chuleta ♦ hachazo ♦ | LOC: **to give sb the c.**, despedir a alguien

■ **chop down** vtr talar
chopper ['tʃɒpəʳ] n ♦ *Culin* tajadera ♦ *fam* helicóptero
choppy ['tʃɒpɪ] adj *(choppier, choppiest)* *(mar)* picado,-a
chopsticks ['tʃɒpstɪks] npl palillos
choral ['kɔːrəl] adj coral
chord [kɔːd] n *Mús* acorde; **to strike the right c.**, acertar el tono
chore [tʃɔːʳ] n faena, tarea
choreography [kɒrɪ'ɒgrəfɪ] n coreografía
chorus ['kɔːrəs] n ♦ *Mús Teat (personas)* coro; **c. girl**, corista ♦ *(de canción)* estribillo
chose [tʃəʊz] ps → **choose**
chosen ['tʃəʊzən] pp → **choose**, escogido; **the c. people**, el pueblo escogido
Christ [kraɪst] n Cristo, Jesucristo
christen ['krɪsən] vtr bautizar
christening ['krɪsənɪŋ] n bautizo
Christian ['krɪstʃən] 1 n cristiano,-a | 2 adj cristiano,-a; **c. name**, nombre de pila
Christianity [krɪstɪ'ænɪtɪ] n cristianismo
Christmas ['krɪsməs] n Navidad; **C. card**, tarjeta de Navidad; **C. Day**, día de Navidad; **C. Eve**, Nochebuena; **Happy/Merry C.**, Feliz Navidad
chrome [krəʊm], **chromium** ['krəʊmɪəm] n *(metal)* cromo
chromosome ['krəʊməsəʊm] n cromosoma
chronic ['krɒnɪk] adj crónico,-a
chronicle ['krɒnɪkəl] n crónica
chronological [krɒnə'lɒdʒɪkəl] adj cronológico,-a
chrysalis ['krɪsəlɪs] n *Ent* crisálida
chrysanthemum [krɪ'sænθəməm] n *Bot* crisantemo
chubby ['tʃʌbɪ] adj *(chubbier, chubbiest)* gordinflón,-ona
chuck [tʃʌk] vtr fam tirar

■ **chuck away/out** vt fam tirar algo: **I'm going to c. away these old clothes**, voy a tirar esta ropa vieja
■ **chuck in** vtr *(una actividad, trabajo)* dejar
■ **chuck out** vt echar a alguien
chuckle ['tʃʌkəl] 1 vi reír entre dientes | 2 n risita
chum [tʃʌm] n amigo,-a, compinche
chunk [tʃʌŋk] n fam cacho, pedazo

church [tʃɜːtʃ] *n* iglesia: **I don't go to C.**, no voy a misa

churchyard ['tʃɜːtʃjɑːd] *n* cementerio

churn [tʃɜːn] 1 *n* ◆ lechera ◆ *(para la mantequilla)* mantequera | 2 *vtr* ◆ *(la mantequilla)* hacer ◆ *(el agua, barro)* agitar | 3 *vi* ◆ *(estómago)* revolverse ◆ *(agua)* agitarse

■ **churn out** *vtr fam* producir como salchichas: **they c. out a million shoes a week,** producen un millón de zapatos a la semana

chute [ʃuːt] *n* ◆ *(para carga, descarga, etc)* tolva ◆ *(para niños, etc)* tobogán

chutney ['tʃʌtnɪ] *n* Culin conserva agridulce de frutas o vegetales

CIA [siːaɪ'eɪ] *US (abr de Central Intelligence Agency)*, Agencia Central de Inteligencia, CIA

cider ['saɪdə^r] *n* sidra

cigar [sɪ'gɑː'] *n* puro, cigarro

cigarette [sɪgə'ret] *n* cigarrillo

cinder ['sɪndə^r] *n* ceniza

cinema ['sɪnɪmə] *n* cine

cinnamon ['sɪnəmən] *n* canela

circle ['sɜːkəl] 1 *n* ◆ *(forma)* círculo ◆ *(de gente agarrada de la mano)* corro ◆ ◆ mundo, círculo; **in political c.,** en el mundo de la política ◆ Teat anfiteatro ◆ | LOC: **to come full c.,** volver al punto de partida | 2 *vtr* rodear, dar vueltas a | 3 *vi* dar vueltas

circuit ['sɜːkɪt] *n* ◆ Elec circuito; **short c.,** cortocircuito ◆ Dep *(en una carrera)* circuito, pista, vuelta ◆ *(de un viaje)* recorrido

circular ['sɜːkjʊlə^r] *adj & n* circular

circulate ['sɜːkjʊleɪt] 1 *vtr (una información)* hacer circular | 2 *vi (rumor, sangre, tráfico)* circular

circulation [sɜːkjʊ'leɪʃən] *n* ◆ *(de sangre)* circulación ◆ *(de periódico)* tirada

circumcise ['sɜːkəmsaɪz] *vtr* circuncidar

circumcision [sɜːkəm'sɪʒən] *n* circuncisión

circumference [sə'kʌmfərəns] *n* circunferencia

circumstance ['sɜːkəmstəns] *n (usu pl)* circunstancia; **in/under the circumstances,** en las presentes circunstancias; **under no circumstances,** en ningún caso

circus ['sɜːkəs] *n* circo

cirrhosis [sɪ'rəʊsɪs] *n* cirrosis

cistern ['sɪstən] *n* cisterna

cite [saɪt] *vtr* citar

citizen ['sɪtɪzən] *n* ciudadano,-a

citizenship ['sɪtɪzənʃɪp] *n* ciudadanía

citrus ['sɪtrəs] *adj* cítrico

city ['sɪtɪ] *n* ◆ ciudad ◆ *GB Fin* **the C.,** el centro financiero de Londres ◆ **c. hall,** ayuntamiento ➤ Ver nota en **ciudad**

civic ['sɪvɪk] *adj* ◆ *(deber, sentido)* cívico,-a ◆ *(instalaciones)* municipal

civil ['sɪvəl] *adj* ◆ civil; **c. rights,** derechos civiles; *Pol* **c. servant,** funcionario,-a; **c. service,** administración pública ◆ cortés, educado,-a

civilian [sɪ'vɪljən] 1 *n (no militar)* civil | 2 *adj* ◆ civil ◆ **c. casualties,** víctimas entre la población civil

civilization [sɪvɪlaɪ'zeɪʃən] *n* civilización

civilized ['sɪvɪlaɪzd] *adj* civilizado,-a

claim [kleɪm] 1 *n* ◆ *(de salarios)* reivindicación; *(de un seguro)* reclamación; *Jur* demanda; **to put in a c.,** reclamar una indemnización ◆ derecho [**to,** a] ◆ alegación: **the court disallowed his c.,** el tribunal no aceptó su alegación | 2 *vtr* ◆ *(un derecho)* reclamar, reivindicar; *Jur (una compensación)* exigir ◆ afirmar: **she claims to be his daughter,** afirma ser su hija ◆ **the accident claimed two lives,** el accidente se cobró dos vidas

claimant ['kleɪmənt] *n Jur* demandante

clairvoyant [kleə'vɔɪənt] *n* clarividente

clam [klæm] *n* Zool almeja

■ **clam up** *vi fam* callarse por completo

clammy ['klæmɪ] *adj (clammier, clammiest)* ◆ *(ambiente)* bochornoso,-a ◆ *(mano)* frío,-a y húmedo,-a

clamour ['klæmə^r], *US* **clamor** ['klæmə^r] 1 *n* clamor | 2 *vi* **to c. for,** pedir a gritos

clamp [klæmp] 1 *n* ◆ grapa ◆ Téc abrazadera ◆ cepo | 2 *vtr* sujetar con abrazaderas

■ **clamp down** *vi* tomar medidas drásticas [**on,** contra]

clan [klæn] *n* clan

clandestine [klæn'destɪn] *adj* clandestino,-a

clang [klæŋ] 1 *vi* sonar | 2 *n* sonido metálico

clanger ['klæŋə^r] *n fam* **to drop a c.,** meter la pata

clank [klæŋk] 1 *vtr* hacer sonar con sonido metálico: **the prisoner clanked his chains,** el preso hizo sonar sus cadenas | 2 *vi* hacer un sonido metálico | 3 *n* sonido metálico

clap [klæp] 1 *vi & vtr* aplaudir | 2 *n* ◆ aplauso ◆ **a c. of thunder,** un trueno ◆ *argot vulgar* gonorrea

clapping ['klæpɪŋ] *n* aplausos
clarify ['klærɪfaɪ] *vtr* aclarar
clarinet [klærɪ'net] *n* clarinete
clarity ['klærɪtɪ] *n* claridad
clash [klæʃ] **1** *n* ◆ *(de intereses)* conflicto ◆ *(entre personas)* enfrentamiento ◆ *(contra un obstáculo sólido)* choque ◆ sonido metálico | **2** *vi* ◆ estar en conflicto ◆ *(personas)* enfrentarse; *(con violencia)* chocar ◆ *(colores, estilos)* desentonar ◆ *(platillos)* sonar ◆ *(planes)* coincidir: **the dates of the two meetings c.,** las fechas de las dos reuniones coinciden
clasp [klɑːsp] **1** *n* ◆ *(de un collar)* broche, cierre; *(de un cinturón)* hebilla ◆ *(de manos)* apretón | **2** *vtr* ◆ abrochar ◆ agarrar, sujetar ◆ **they clasped hands emotionally,** se dieron un emocionado apretón de manos
class [klɑːs] **1** *n* ◆ *(grupo social)* clase; **middle/upper/working c.,** clase media/alta/obrera; **c. struggle,** lucha de clases ◆ tipo, clase ◆ categoría, clase; *Av Ferroc* **first c. ticket,** billete de primera (clase) ◆ *Educ* clase, promoción | **2** *vtr* clasificar, considerar [**as,** como]
classic ['klæsɪk] **1** *adj* ◆ clásico,-a, típico,-a ◆ *fig* memorable | **2** *n* ◆ *(obra)* clásico ◆ *(autor)* clásico,-a ➢ Ver nota en **clásico**
classical ['klæsɪkəl] *adj* clásico,-a ➢ Ver nota en **clásico**
classification [klæsɪfɪ'keɪʃən] *n* clasificación
classified ['klæsɪfaɪd] *adj* ◆ *(información)* secreto,-a ◆ clasificado,-a; **c. advertisements,** anuncios por palabras
classify ['klæsɪfaɪ] *vtr* clasificar
classmate ['klɑːsmeɪt] *n* compañero,-a de clase
classroom ['klɑːsruːm] *n* aula, clase
classy ['klɑːsɪ] *adj fam* con clase, elegante
clatter ['klætə'] **1** *n* estrépito | **2** *vi* hacer estrépito
clause [klɔːz] *n* ◆ *Jur* cláusula ◆ *Ling* oración
claw [klɔː] **1** *n* ◆ *(de un águila, tigre, etc)* garra; *(de una mascota)* uña ◆ *(de un centollo)* pinza ◆ *fig* **she's got her claws into him,** le tiene sorbido el seso | **2** *vtr* arañar
■ **claw at** *vtr* arañar
■ **claw back** *vtr (inversiones)* recuperar
clay [kleɪ] *n* arcilla
clean [kliːn] **1** *adj* ◆ *(manos, ropa)* limpio,-a ◆ *(papel)* nuevo,-a, limpio,-a ◆ *(juego)* limpio,-a ◆ *(humor, vida)* decente, inocente ◆ *Jur* **he has a c. record,** no tiene antecedentes penales | **2** *adv* ◆ **to play c.,** jugar limpio ◆ *fam* por completo: **I c. forgot about it,** se me olvidó por completo ◆ | LOC: **to come c.,** confesarlo todo | **3** *vtr* ◆ *(una habitación, etc)* limpiar ◆ *(la ropa)* limpiar en seco ◆ *(los dientes)* lavar(se) | **4** *vi* limpiar | **5** *n fam* limpieza: **this room needs a c.,** esta habitación necesita una limpieza
■ **clean out** *vtr* ◆ *(una habitación)* limpiar a fondo ◆ *(un cajón)* vaciar ◆ *fam (a una persona)* desplumar
■ **clean up** *vtr* & *vi* limpiar
clean-cut ['kliːnkʌt] *adj* ◆ *(decisión)* claro,-a ◆ *(persona)* pulcro,-a
cleaner ['kliːnə'] *n* limpiador,-ora
cleaning ['kliːnɪŋ] *n* limpieza; **to do the c.,** limpiar
cleanliness ['klenlɪnɪs] *n* ◆ limpieza ◆ aseo personal
cleanse [klenz] *vtr* limpiar
cleanser ['klenzə'] *n* producto para la limpieza
clean-shaven ['kliːn'ʃeɪvən] *adj* sin barba ni bigote
cleansing ['klenzɪŋ] *n* ◆ limpieza; **c. lotion,** leche limpiadora ◆ *Pol* **ethnic c.,** limpieza étnica
clean-up ['kliːnʌp] *n* limpieza
clear [klɪə'] **1** *adj* ◆ claro,-a: **he made a c. decision,** tomó una decisión inequívoca; **it is c. that he was lying,** está claro que mentía; **let's get this c.,** pongamos las cosas claras ◆ *(agua, aire, cristal)* transparente ◆ *(mente)* lúcido,-a, despejado,-a ◆ *(conciencia)* tranquilo,-a ◆ *(carretera, cielo, día)* despejado,-a ◆ **she has c. skin,** tiene buen cutis ◆ *(imagen)* nítido,-a ◆ *(de compromisos, deudas, sospechas)* libre ◆ seguro: **I'm not c. I want to do it,** no estoy seguro de querer hacerlo ◆ *Pol (mayoría)* absoluto,-a ◆ *(beneficio)* neto ◆ | LOC: **that explanation was as c. as mud,** esa explicación no fue nada clara | **2** *adv* **keep c. of the doors,** no se acerquen a las puertas; **to stay c. of,** evitar | **3** *n* **in the c.,** libre de sospecha *o* fuera de peligro | **4** *vi* ◆ *(cabeza, cielo, tráfico)* despejarse ◆ *(niebla)* disiparse ◆ *(líquido)* aclararse | **5** *vtr* ◆ *(la mesa)* quitar; *(una superficie)* despejar ◆ *(la carretera)* despejar, desbloquear ◆ *(un edificio)* evacuar ◆ **to c. the air,** aclarar las cosas ◆ **to c. one's throat,** carraspear ◆ *(aduana)* pasar ◆ *(un obstáculo)* salvar ◆ *(una deuda)* liquidar ◆ *(el cutis)* limpiar ◆

close

Jur absolver [**of,** de] ◆ *(un permiso)* **I have to c. it with my boss,** tengo que obtener el visto bueno de mi jefe; **my boss has to c. it first,** antes tiene que darle el visto bueno mi jefe
■ **clear away 1** *vtr* quitar | **2** *vi* recoger
■ **clear off** *vi fam* largarse
■ **clear out** *vtr* ◆ *(una habitación)* limpiar a fondo ◆ *(un armario)* vaciar
■ **clear up 1** *vtr* ◆ recoger, ordenar ◆ *(un misterio)* esclarecer; *(dudas)* aclarar | **2** *vi* ◆ *(tiempo)* despejarse ◆ *(enfermedad)* curarse ◆ *(objetos)* recoger
clearance ['klɪərəns] *n* ◆ *(de zona)* despeje ◆ *(de edificio)* evacuación ◆ *Com* **c. sale,** liquidación ◆ autorización ◆ *Fin (de un cheque)* compensación ◆ *Téc Arquit* espacio libre, holgura
clear-cut ['klɪə'kʌt] *adj* claro,-a
clear-headed ['klɪə'hedɪd] *adj* lúcido,-a
clearing ['klɪərɪŋ] *n* ◆ *(en un bosque)* claro ◆ *Fin (de un cheque)* compensación
clearly ['klɪəlɪ] *adv* ◆ claramente ◆ evidentemente
clear-sighted ['klɪə'saɪtɪd] *adj* perspicaz
cleavage ['kliːvɪdʒ] *n* escote
clef [klef] *n Mús* clave
clementine ['klemǝntaɪn] *n Bot* clementina
clench [klentʃ] *vtr (dientes, puño)* apretar
clergy ['klɜːdʒɪ] *n* clero *(usu protestante)*
clergyman ['klɜːdʒɪmǝn] *n* ◆ clérigo ◆ pastor protestante
clerical ['klerɪkǝl] *adj* ◆ *(empleados, trabajo)* de oficina ◆ *Rel* clerical
clerk [klɑːk], *US* [klɜːrk] *n* ◆ oficinista; *(de banco)* empleado,-a ◆ *US Com* dependiente,-ta, vendedor,-ora ◆ *(en hotel)* recepcionista
clever ['klevǝ] *adj* ◆ *(persona)* listo,-a, inteligente ◆ hábil; **to be c. at sthg,** tener aptitud para algo ◆ *(argumento)* ingenioso,-a
cliché ['kliːʃeɪ] *n* cliché
click [klɪk] **1** *n (sonido)* clic | **2** *vtr (dedos, lengua)* chasquear | **3** *vi fam* ◆ **you still haven't clicked,** aún no has caído en la cuenta ◆ *(personas)* congeniar
client ['klaɪǝnt] *n* cliente,-a
cliff [klɪf] *n* acantilado
climate ['klaɪmɪt] *n* clima
climax ['klaɪmæks] *n* ◆ clímax, punto culminante ◆ *(sexual)* orgasmo
climb [klaɪm] **1** *n* subida, ascensión | **2** *vtr (un árbol)* trepar(se) a; *(una escalera)* subir *(por)*; *(una montaña)* escalar | **3** *vi* ◆ *(planta)* trepar ◆ *(avión, carretera, sol)* subir
■ **climb down** *vi* ◆ bajar ◆ *(rectificar)* ceder
climber ['klaɪmǝ] *n* ◆ *Dep* alpinista, *LAm* andinista ◆ *Bot* trepadora ◆ *pey* **social c.,** arribista
climbing ['klaɪmɪŋ] *n Dep* montañismo, alpinismo, *LAm* andinismo
clinch [klɪntʃ] **1** *vtr* ◆ *(un trato)* cerrar ◆ *(una duda)* resolver ◆ | LOC: **that clinches it!,** ¡ni una palabra más! | **2** *n fam* abrazo apasionado
cling [klɪŋ] *vi* ◆ *(ps & pp clung) (una persona a otra)* agarrarse, aferrarse ◆ *(ropa)* ajustarse ◆ *(olor)* pegarse
clinic ['klɪnɪk] *n (público)* consultorio; *(privado)* clínica
clinical ['klɪnɪkǝl] *adj* ◆ *Med* clínico,-a ◆ *(desapasionado)* frío,-a
clink [klɪŋk] **1** *vi* tintinear | **2** *n* tintineo
clip [klɪp] **1** *vtr* ◆ *(el pelo, césped, etc)* cortar; *(un papel)* recortar; *(un árbol, arbusto)* podar ◆ *(un billete)* picar ◆ sujetar (una cosa a otra) | **2** *n* ◆ *(de película)* extracto ◆ *(para papel)* clip, sujetapapeles; **c. board,** tablilla con sujetapapeles
clippers ['klɪpǝz] *npl* **hair c.,** maquinilla para rapar; **hedge c.,** tijeras de podar; **nail c.,** cortaúñas
clipping ['klɪpɪŋ] *n* recorte de prensa
clique [kliːk, klɪk] *n pey* camarilla
cloak [klǝʊk] **1** *n* ◆ capa ◆ *fig* tapadera; **a c. of secrecy,** un manto de confidencialidad | **2** *vtr* encubrir
cloakroom ['klǝʊkruːm] *n* ◆ guardarropa ◆ *euf* aseos, baño
clock [klɒk] **1** *n* reloj | **2** *vtr (una carrera)* cronometrar
■ **clock in/on** *vi* fichar a la llegada
■ **clock off/out** *vi* fichar a la salida
■ **clock up** *vtr (kilometraje)* hacer: **he clocks up 10,000 km a year,** hace 10.000 km al año
clockwise ['klɒkwaɪz] *adj & adv* en el sentido de las agujas del reloj
clockwork ['klɒkwɜːk] **1** *n* mecanismo de relojería | **2** *adj* de cuerda
clog [klɒg] **1** *vtr* atascar | **2** *n* zueco
cloister ['klɔɪstǝ] *n* claustro
close[1] [klǝʊs] **1** *adj* ◆ *(nunca antes del sustantivo)* cercano,-a: **the station is quite c.,** la estación está bastante cercana ◆ *(relación, conexión)* íntimo,-a, estrecho,-a: **there is a c. connection between poverty and crime,** hay una íntima conexión entre la

close

pobreza y el crimen; **I haven't got many c. friends,** no tengo muchos amigos íntimos ◆ *(solo antes del sustantivo)* cuidadoso: **we must pay c. attention,** tenemos que estar muy atentos ◆ *(casi igual)* **the game was very c.,** el partido fue muy reñido ◆ directo: **a c. contact,** un contacto directo; **a c. encounter,** un encuentro cara a cara ◆ *(ambiente)* bochornoso: **it's very c., I think it's going to rain,** hace bochorno, creo que va a llover ◆ fiel: **the translation is very c. to the original,** la traducción es muy fiel al original ◆ *(carácter)* reservado,-a ◆ *(letra, tela)* compacto,-a ◆ **c. season,** veda (de caza) ◆ | LOC: **to have a close shave/call,** salvarse por los pelos | **2** *adv* cerca: **she lives c. by,** vive cerca ◆ | LOC: **c. on,** casi

close² [kləʊz] **1** *vtr* ◆ cerrar ◆ concluir, terminar; *(una reunión)* levantar ◆ *(un agujero, etc)* tapar ◆ *(un trato)* cerrar: **we closed the deal the same day,** cerramos el trato el mismo día | **2** *vi* ◆ *(puerta, etc)* cerrarse ◆ *(conferencia, programa, etc)* concluirse, terminarse ➢ Ver nota en **cerrar** | **3** *n* fin, final ◆ | LOC: **to come to a c.,** llegar a su fin

■ **close down** *vtr & vi (un negocio)* cerrar (para siempre)

■ **close in** *vi* **to c. in on sb,** rodear a alguien

■ **close off** *vtr* clausurar

closed [kləʊzd] *adj* cerrado,-a ➢ Ver nota en **cerrar**

close-knit [kləʊs'nɪt] *adj fig* unido,-a

closely ['kləʊsli] *adv* ◆ estrechamente, muy: **the two things are c. related,** las dos cosas están estrechamente relacionadas; **we are c. related,** somos parientes próximos; **a c. fought match,** un partido muy reñido ◆ con atención: **read the instructions c.,** lee detenidamente las instrucciones ◆ *(seguir)* de cerca

closet ['klɒzɪt] *n US* armario ◆ | LOC: **a c. drinker,** un bebedor secreto

close-up ['kləʊsʌp] *n* primer plano

closing ['kləʊzɪŋ] *n* cierre; **c. date,** fecha tope; **c. time,** hora de cierre; *Fin* **c. price,** cotización de cierre

closure ['kləʊʒəʳ] *n* cierre

clot [klɒt] **1** *n* ◆ *Med (de sangre)* coágulo ◆ *GB fam* tonto,-a | **2** *vi* ◆ *(sangre)* coagularse ◆ *(leche)* cuajar

cloth [klɒθ] *n* ◆ tela, paño ◆ *(de cocina, etc)* trapo ◆ **(table) c.,** mantel ➢ Ver nota en **tela**

clothe [kləʊð] *vtr* ◆ vestir [**in, with,** de] ◆ revestir, cubrir [**in, with,** de]

clothes [kləʊðz] *npl* ropa: **to put one's c. on,** vestirse; **to take one's c. off,** desnudarse; **c. hanger,** percha; **c. line,** tendedero; **c. peg,** pinza (para tender la ropa)

clothing ['kləʊðɪŋ] *n* ropa; **an item of c.,** una prenda de vestir

cloud [klaʊd] *n* nube ◆ | LOC: **every c. has a silver lining,** no hay mal que por bien no venga | **2** *vtr* ◆ *(la visión)* nublar ◆ *(un líquido)* enturbiar ◆ *(un asunto)* embrollar | **3** *vi Meteor* **to c. over,** nublarse

cloudy ['klaʊdi] *adj* (**cloudier, cloudiest**) ◆ *(cielo)* nublado,-a ◆ *(líquido)* turbio,-a

clout [klaʊt] *fam* **1** *n* ◆ tortazo ◆ influencia: **he has a lot of c. in the town hall,** tiene mucha influencia en el ayuntamiento | **2** *vtr* dar un tortazo a

clove [kləʊv] *n* ◆ *(especia)* clavo ◆ *(de ajo)* diente

clover ['kləʊvəʳ] *n Bot* trébol

clown [klaʊn] *n* payaso

club [klʌb] **1** *n* ◆ *(sociedad)* club; **tennis c.,** club de tenis ◆ garrote, porra; *Golf* palo ◆ *Naipes* trébol ◆ | LOC: *fam* **she's in the c.,** está en estado | **2** *vtr* aporrear; **to c. to death,** matar a palos | **3** *vi* **we clubbed together to get her a present,** le compramos un regalo entre todos

clubhouse ['klʌbhaʊs] *n* sede de un club

cluck [klʌk] **1** *n* cloqueo | **2** *vi* cloquear

clue [kluː] *n* ◆ indicio; *(para resolver un misterio)* pista ◆ *(de un crucigrama)* clave, pista ◆ | LOC: *fam* **he hasn't a c.,** no tiene ni la menor idea

clump [klʌmp] *n* ◆ *(de árboles)* grupo; *(de plantas)* mata ◆ *(de tierra)* terrón

clumsy ['klʌmzi] *adj* (**clumsier, clumsiest**) ◆ *(persona)* patoso,-a, torpe ◆ *(cosa)* tosco,-a, chapucero,-a

clung [klʌŋ] *ps & pp →* **cling**

cluster ['klʌstəʳ] **1** *n* ◆ *(de personas, estrellas)* grupo ◆ *(de bayas, uvas)* racimo ◆ *Inform* clúster | **2** *vi* agruparse

clutch [klʌtʃ] **1** *n* ◆ *Auto* embrague: **to engage/disengage the c.,** embragar/desembragar ◆ apretón; *fig* **to fall into sb's clutches,** caer en las garras de alguien | **2** *vtr* agarrar | **3** *vi fig* **to c. at,** tratar de agarrarse a

clutter ['klʌtəʳ] **1** *n (de papeles, etc)* revoltijo, desorden: **can you move your c.?,** ¿puedes quitar tus trastos? | **2** *vtr* **to c. (up),** abarrotar, atestar: **his desk is always cluttered,** su mesa siempre está desordenada

Co [kəʊ] *Com (abr de **Company**)*, C., C.ª, Cía

coach [kəʊtʃ] **1** *n* ◆ carruaje, coche de caballos ◆ *Auto* autocar ◆ *Ferroc* coche, vagón ◆ *Dep* entrenador,-ora ◆ profesor,-ora (particular) | **2** *vtr* ◆ *Dep* entrenar ◆ *Educ* preparar, dar clases particulares a

coagulate [kəʊˈægjʊleɪt] *vi* coagularse

coal [kəʊl] *n* carbón, hulla; **c. miner,** minero ◆ | LOC: **to carry coals to Newcastle,** llevar leña al monte

coalfield [ˈkəʊlfiːld] *n* cuenca minera

coalition [kəʊəˈlɪʃən] *n* coalición

coarse [kɔːs] *adj* ◆ *(tela)* basto,-a ◆ *(piel)* áspero,-a ◆ *(sal)* gordo,-a, grueso,-a ◆ *(modales, lenguaje)* grosero,-a, ordinario,-a ◆ *(chiste)* verde

coast [kəʊst] **1** *n* costa, litoral ◆ | LOC: *fam* **the c. is clear,** no hay moros en la costa | **2** *vi Auto* ir en punto muerto

coastal [ˈkəʊstəl] *adj* costero,-a

coaster [ˈkəʊstəʳ] *n* ◆ *(para vasos)* posavasos ◆ buque costero

coastguard [ˈkəʊstgɑːd] *n* guardacostas

coastline [ˈkəʊstlaɪn] *n* litoral, costa

coat [kəʊt] **1** *n* ◆ *(largo)* abrigo; *(corto)* chaquetón; **c. hanger,** percha ◆ *(de médico)* bata ◆ *(de animal)* pelo, lana ◆ *(de grasa, polvo)* capa ◆ *(de pintura)* mano ◆ **c. of arms,** escudo de armas | **2** *vtr* cubrir [**with,** de]

coating [ˈkəʊtɪŋ] *n* capa, baño

coax [kəʊks] *vtr* ◆ **to c. sb into doing sthg,** convencer a alguien para que haga algo ◆ **to c. sthg out of sb,** sonsacar algo a alguien

cob [kɒb] *n* mazorca

cobble [ˈkɒbəl] *n* adoquín

cobbler [ˈkɒbləʳ] *n* zapatero

cobweb [ˈkɒbweb] *n* telaraña

cocaine [kəˈkeɪn] *n* cocaína

cock [kɒk] **1** *n* ◆ *Orn* gallo; *(ave)* macho ◆ *Téc* grifo, válvula | **2** *vtr* ◆ *(un arma)* amartillar ◆ *(la cabeza)* ladear ◆ *(una pierna)* levantar

■ **cock up** *vtr GB argot* fastidiar, jorobar

cockcrow [ˈkɒkkrəʊ] *n* canto del gallo; **at c.** al amanecer

cocker [ˈkɒkəʳ] *n* **c. spaniel,** cocker

cockle [ˈkɒkəl] *n Zool* berberecho

Cockney [ˈkɒknɪ] *n* ◆ habitante de los barrios obreros de Londres ◆ dialecto del Cockney

cockpit [ˈkɒkpɪt] *n* cabina del piloto

cockroach [ˈkɒkrəʊtʃ] *n* cucaracha

cocktail [ˈkɒkteɪl] *n* cóctel; **c. party,** cóctel; **Molotov c.,** cóctel Molotov

cock-up [ˈkɒkʌp] *n fam* ◆ lío, follón: **the company has made a c. over my tax,** la empresa ha hecho la pifia con mis impuestos

cocky [ˈkɒkɪ] *adj (cockier, cockiest) fam* chulo,-a

cocoa [ˈkəʊkəʊ] *n* cacao

coconut [ˈkəʊkənʌt] *n* coco

cocoon [kəˈkuːn] *n* capullo

cod [kɒd] *n Zool* bacalao

code [kəʊd] **1** *n* ◆ código; *Tel* prefijo | **2** *vtr* ◆ *(un mensaje)* cifrar, poner en clave ◆ *Inform* codificar

co-ed [kəʊˈed] *fam* **1** *adj Educ* mixto,-a | **2** *n* ◆ colegio mixto ◆ *US* alumna de un colegio mixto

coerce [kəʊˈɜːs] *vtr* coaccionar

coercion [kəʊˈɜːʃən] *n* coacción

coexist [kəʊɪgˈzɪst] *vi* coexistir, convivir [**with,** con]

coffee [ˈkɒfɪ] *n* café; **black c.,** café solo; **c. bean,** grano de café; **c. grinder,** molinillo de café

coffeepot [ˈkɒfɪpɒt] *n* cafetera

coffer [ˈkɒfəʳ] *n* ◆ arca ◆ **coffers** *pl*, fondos

coffin [ˈkɒfɪn] *n* ataúd

cogent [ˈkəʊdʒənt] *adj (argumento)* convincente

cognac [ˈkɒnjæk] *n* coñac

coherent [kəʊˈhɪərənt] *adj* coherente, congruente

coil [kɔɪl] **1** *n* ◆ *(de cuerda)* rollo ◆ *(de humo)* espiral ◆ *Med (anticonceptivo)* DIU ◆ *Elec* bobina, carrete | **2** *vtr* **to c. (up),** enrollar | **2** *vi (serpiente)* enroscarse

coin [kɔɪn] **1** *n* moneda | **2** *vtr* ◆ *(una moneda)* acuñar

coincide [kəʊɪnˈsaɪd] *vi* coincidir [**with,** con]

coincidence [kəʊˈɪnsɪdəns] *n* coincidencia

Coke® [kəʊk] *n fam (abr de **Coca-Cola**®),* Coca-Cola®

coke [kəʊk] *n* ◆ *(derivado del carbón)* coque ◆ *fam* coca

colander [ˈkɒləndəʳ] *n* escurridor

cold [kəʊld] **1** *n* ◆ frío ◆ *Med* catarro, constipado, resfriado: **I've got a c.,** estoy resfriado; **to catch/get a c.,** resfriarse | **2** *adj* ◆ *(temperatura)* frío,-a: **I'm c.,** tengo frío; **it's c. here,** aquí hace frío; **this coffee is c.,** este café está frío; **c. sweat,** sudor frío; **in c. blood,** a sangre fría ◆ *(aco-*

cold-blooded

gida, persona) frío,-a ◆ indiferente: **it leaves me c.,** me deja frío; **that's c. comfort!,** ¡menudo consuelo! ◆ *argot (droga)* **c. turkey,** el mono ➤ Ver nota en **fresco**
cold-blooded [kəʊld'blʌdɪd] *adj* ◆ *Zool* de sangre fría ◆ *(persona)* frío,-a ◆ *(criminal)* despiadado,-a ◆ *(crimen)* a sangre fría
coleslaw ['kəʊlslɔː] *n* ensalada de col
collaborate [kə'læbəreɪt] *vi* colaborar [**with,** con]
collaborator [kə'læbəreɪtə'] *n Pol* colaboracionista
collapse [kə'læps] 1 *vi* ◆ *(edificio)* derrumbarse, hundirse ◆ *(persona)* desplomarse ◆ *Med* sufrir un colapso ◆ *Fin (precios)* desplomarse ◆ *(empresa)* ir a la quiebra | 2 *n* ◆ *(de edificio)* derrumbamiento, hundimiento ◆ *Med* colapso ◆ *Fin* caída; **stock market c.,** desplome de la bolsa (de valores) ◆ *(de una empresa)* quiebra
collapsible [kə'læpsəbəl] *adj* plegable
collar ['kɒlə'] 1 *n* ◆ *(ropa)* cuello ◆ *(para perro)* collar | 2 *vtr fam* pescar, agarrar
collarbone ['kɒləbəʊn] *n* clavícula
colleague ['kɒliːg] *n* colega; *(de trabajo)* compañero,-a
collect [kə'lekt] 1 *vtr* ◆ recoger: **I'll c. you from the airport,** te iré a buscar al aeropuerto ◆ *(información)* recopilar ◆ *(deudas)* cobrar ◆ *(impuestos)* recaudar ◆ *(libros, sellos)* coleccionar ◆ *(polvo)* acumular | 2 *vi* ◆ *(personas)* reunirse ◆ *(para obras caritativas)* hacer una colecta [**for,** para] ◆ *(polvo)* acumularse | 3 *adv US Tel* **to call c.,** llamar a cobro revertido
collection [kə'lekʃən] *n* ◆ *(de basura, correos)* recogida ◆ *(de información)* recopilación ◆ *(de deudas)* cobro ◆ *(de impuestos)* recaudación ◆ *(de libros, sellos)* colección ◆ *(para obra benéfica)* colecta ◆ *(de personas)* grupo
collective [kə'lektɪv] 1 *adj* colectivo,-a | 2 *n (grupo)* colectivo
collector [kə'lektə'] *n* ◆ debt. c, cobrador,-ora; **tax c.,** recaudador,-ora (de impuestos) ◆ *(de sellos, etc)* coleccionista
college ['kɒlɪdʒ] *n* ◆ universidad ◆ instituto, escuela
collide [kə'laɪd] *vi* chocar, colisionar [**with,** con]
collie ['kɒli] *n* collie
colliery ['kɒljərɪ] *n GB* mina de carbón
collision [kə'lɪʒən] *n* choque
colloquial [kə'ləʊkwɪəl] *adj* coloquial
collusion [kə'luːʒən] *n* conspiración
cologne [kə'ləʊn] *n* (agua de) colonia

Colombia [kə'lɒmbɪə] *n* Colombia
Colombian kə'lɒmbɪən] *adj & n* colombiano,-a
colon ['kəʊlən] *n* ◆ *Anat* colon ◆ *Tip* dos puntos
colonel ['kɜːnəl] *n* coronel
colonial [kə'ləʊnɪəl] *adj* colonial
colonize ['kɒlənaɪz] *vtr* colonizar
colony ['kɒlənɪ] *n* colonia
color ['kʌlə'] *n & vtr & vi US* → **colour**
colossal [kə'lɒsəl] *adj* colosal
colour ['kʌlə'] 1 *n* ◆ color: **what c. are her eyes?,** ¿de qué color son sus ojos?; **in c.,** en color; **in full c.,** a todo color ◆ color, tez; **c. bar,** discriminación racial ◆ colorido: **local c.,** color local ◆ *Mil* **colours** *pl*, bandera; *fig* **to show one's true colours,** mostrar uno su verdadero carácter ◆ | LOC: **to feel off-c.,** sentirse indispuesto,-a | 2 *vtr* ◆ colorear; **to c. sthg green,** colorear algo de verde ◆ *(opinión)* influir en | 3 *vi* ponerse colorado,-a
colour-blind ['kʌləblaɪnd] *adj* daltónico,-a
coloured ['kʌləd] *adj* ◆ *(foto)* en color ◆ *(persona)* de color
colourful ['kʌləful] *adj* ◆ *(cuadro, ropa)* de colores muy vivos ◆ *(descripción)* lleno,-a de color, colorista ◆ *(persona)* pintoresco,-a
colouring ['kʌlərɪŋ] *n* ◆ colorido ◆ *Culin* colorante
colourless ['kʌləlɪs] *adj* ◆ incoloro,-a ◆ *fig* soso,-a
colt [kəʊlt] *n Zool* potro
Columbus [kə'lʌmbəs] *n* **Christopher C.,** Cristóbal Colón
column ['kɒləm] *n* columna
columnist ['kɒləmnɪst] *n* columnista
coma ['kəʊmə] *n Med* coma
comb [kəʊm] 1 *n* peine | 2 *vtr* peinar; **to c. one's hair,** peinarse
combat ['kɒmbæt] 1 *n* combate | 2 *vtr (una plaga, a un enemigo)* combatir, luchar contra
combination [kɒmbɪ'neɪʃən] *n* combinación
combine [kəm'baɪn] 1 *vtr* combinar | 2 *vi* combinarse ◆ *Com (grupos, empresas)* asociarse, fusionarse | 3 ['kɒmbaɪn] *n Com* asociación, grupo
combustion [kəm'bʌstʃən] *n* combustión
come [kʌm] *vi (ps* **came;** *pp* **come)** ◆ venir: **c. with me,** ven conmigo ◆ llegar: **spring has c. at last,** por fin ha llegado la prima-

vera ◆ acudir: **c. to the demonstration tomorrow!**, ¡acudid mañana a la manifestación! ➢ Ver nota en **ir** ◆ *Dep* **to c. first/last**, llegar el primero/el último ◆ *(hacerse)* **to c. loose**, soltarse; **a dream come true**, un sueño hecho realidad ◆ *(disponibilidad)* **they c. in blue and green**, se hacen en azul y verde ◆ llegar a: **you'll c. to hate him**, llegarás a odiarlo; **c. to think of it...**, ahora que lo pienso... ◆ pasar: **c. what may**, pase lo que pase; **that's what comes of...**, es la consecuencia de... ◆ venidero,-a; **in years to c.**, en años venideros

■ **come about** *vi* ocurrir, suceder

■ **come across** *vtr (una cosa)* dar con: **I came across this article in the paper**, encontré este artículo en el periódico ◆ *(una persona)* encontrarse con

■ **come along** *vi* ◆ presentarse, venir: **the bus came along after ten minutes**, el autobús vino al cabo de diez minutos ◆ venir también: **you can c. along with us**, puedes venir con nosotros; **c.!**, ¡venga! ◆ progresar: **her English is coming along well**, su inglés está mejorando mucho

■ **come away** *vi* ◆ salir(se), apartarse ◆ *(una parte de otra)* desprenderse [**from,** de]

■ **come back** *vi* volver

■ **come by** 1 *vi (tiempo)* pasar | 2 *vtr* adquirir, conseguir

■ **come down** *vi* ◆ bajar [**from,** de] ◆ *(lluvia)* caer ◆ *(precios)* bajar ◆ *(edificio)* derrumbarse ◆ *(una enfermedad)* **to c. down with**, enfermar de: **he came down with measles**, cogió el sarampión

■ **come forward** *vi* ◆ moverse hacia adelante, avanzar ◆ *(un voluntario)* ofrecerse

■ **come in** *vi* ◆ entrar: **c.!**, ¡pase! ◆ *(un tren)* llegar ◆ *(la marea)* subir ◆ hacer: *fig* **where does she c. in in the company?**, y ella, ¿qué pinta en la empresa? ◆ **to c. in handy/useful**, venir bien: **this extra money will c. in handy**, este dinero extra me vendrá bien

■ **come in for** *vtr* ser blanco de

■ **come into** *vtr* ◆ *(espacio)* entrar en ◆ *(recibir)* heredar ◆ ser relevante: **bananas don't c. into it**, los plátanos no tienen nada que ver

■ **come off** 1 *vtr* ◆ *(de un caballo, etc)* caerse ◆ *(una droga, etc)* dejar de tomar ◆ *fam* **c. off it!**, ¡venga ya! | 2 *vi* ◆ caerse ◆ *(la suciedad)* quitarse ◆ tener lugar: **the conference never came off**, la conferencia nunca tuvo lugar ◆ **to c. off well/badly**, salir bien/mal

■ **come on** *vi* ◆ *(lluvia, enfermedad)* comenzar: **the rain came on just as we left**, empezó a llover justo cuando salimos ◆ progresar ◆ **c. on!**, *(darse prisa)* ¡date prisa!, ¡vamos! ◆ *(un actor)* salir a escena

■ **come on to** *vtr* pasar a, proceder a

■ **come out** *vi* ◆ salir [**of,** de] ◆ *(un color)* desteñir ◆ *(flor, foto, libro, sol)* salir ◆ *(hechos)* revelarse ◆ *(una mancha)* quitarse ◆ *(el pelo)* caerse ◆ *(un producto)* lanzarse ◆ declararse [**in favour of,** a favor de] [**against,** en contra de] ◆ *GB Ind* **to c. out (on strike)**, declararse en huelga ◆ *(homosexual)* declararse (como tal) ◆ *(resultar)* salir: **it all came out well**, todo salió bien

■ **come over** 1 *vi* ◆ venir (a visitar): **my aunt is coming over tomorrow**, mi tía viene mañana ◆ *fam* ponerse: **I came over dizzy**, de repente me mareé | 2 *vtr fam* **what's c. over you?**, ¿qué te pasa? ◆ **I don't know what came over me**, no se qué me pasó

■ **come round** 1 *vtr (una esquina)* doblar | 2 *vi* ◆ *(después de un golpe, etc)* volver en sí ◆ **I finally came round to David's way of thinking**, finalmente me dejé convencer por David ◆ *(visitar)* venir ◆ **my birthday comes round so fast!**, ¡mi cumpleaños llega tan deprisa!

■ **come through** 1 *vtr* ◆ *(un túnel)* cruzar ◆ *(un accidente)* sobrevivir a ◆ *(una enfermedad)* recuperarse de | 2 *vi* ◆ *(un mensaje)* llegar ◆ *(la luz, el sonido)* penetrar

■ **come to** 1 *vi (después de un golpe, etc)* volver en sí | 2 *vtr* ◆ costar en total, ascender a: **how much does all that c. to?** ¿cuánto cuesta todo esto? ◆ llegar a: **what's the world coming to!**, ¡adónde vamos a ir a parar!

■ **come up** 1 *vtr* subir: **the bus came up the hill**, el autobús subió la cuesta | 2 *vi* ◆ acercarse [**to,** a]: **a man came up and said...**, un hombre se acercó y dijo... ◆ *(un problema, una pregunta)* surgir ◆ *(el sol)* salir ◆ *fam* **ten beers, coming up!**, ¡marchando diez cervezas!

■ **come up against** *vtr* enfrentarse a

■ **come up to** *vtr* ◆ *(agua, nieve, etc)* llegar hasta ◆ *(expectativas, previsiones)* alcanzar ◆ aproximarse: **the time is coming up to three o'clock**, son cerca de las tres

■ **come up with** *vtr (una idea, solución)* proponer

comeback ['kʌmbæk] *n fam* ♦ reaparición ♦ *(a un comentario, etc)* réplica, contestación

comedian [kə'mi:dɪən] *n* cómico

comedienne [kəmi:dɪ'en] *n (actriz)* cómica

comedy ['kɒmɪdɪ] *n* comedia

comet ['kɒmɪt] *n* cometa

comfort ['kʌmfət] 1 *n* ♦ comodidad ♦ *(en dolor, etc)* consuelo; **to take c.** consolarse [**in/from,** con] | 2 *vtr* consolar

comfortable ['kʌmftəbəl] *adj* ♦ *(cama, ropa)* cómodo,-a ♦ *(estado mental)* tranquilo,-a, relajado,-a, a gusto ♦ *(familia, persona)* acomodado,-a

comfortably ['kʌmftəblɪ] *adv* ♦ cómodamente: **the cat slept c. on the sofa,** el gato dormía cómodamente sobre el sofá ♦ *(ganar)* con facilidad: **Athletic won c.,** el Athletic ganó fácilmente ♦ | LOC: **c. off,** acomodado,-a

comforter ['kʌmfətə'] *n* ♦ *(para un bebé)* chupete ♦ *US* edredón

comforting ['kʌmfətɪŋ] *adj* consolador,-ora, reconfortante

comic ['kɒmɪk] 1 *adj* cómico,-a, divertido,-a; **c. book,** libro de cómics | 2 *n* ♦ *(persona)* cómico,-a ♦ *Prensa* tebeo, cómic

coming ['kʌmɪŋ] 1 *adj (año, generación)* venidero,-a, próximo,-a | 2 *n* ♦ llegada ♦ *Rel* advenimiento

comma ['kɒmə] *n* coma

command [kə'mɑ:nd] 1 *vtr* ♦ ordenar [**sb to do sthg,** a alguien que haga algo] ♦ *Mil Náut* mandar ♦ *(respeto)* inspirar ♦ *(precio)* venderse por | 2 *n* ♦ orden ♦ *(autoridad)* mando; **to have at one's c.,** tener a su mando ♦ *(de idioma)* dominio; **a good c. of Japanese,** buen dominio del japonés ♦ *Inform* instrucción

commander [kə'mɑ:ndə'] *n* ♦ comandante ♦ *Mil* capitán de fragata

commanding [kə'mɑ:ndɪŋ] *adj* ♦ dominante ♦ *Mil* **c. officer,** comandante

commandment [kə'mɑ:ndmənt] *n Rel* mandamiento

commando [kə'mɑ:ndəʊ] *n* comando

commemorate [kə'meməreɪt] *vtr* conmemorar

commence [kə'mens] *vtr & vi frml* comenzar

commend [kə'mend] *vtr* ♦ *frml* elogiar [**for,** por] ♦ *frml* encomendar ♦ recomendar

comment ['kɒment] 1 *n* comentario; **no c.,** sin comentarios | 2 *vi* hacer comentarios

commentary ['kɒməntərɪ] *n* comentario

commentator ['kɒmənteɪtə'] *n* comentarista

commerce ['kɒmɜ:s] *n* comercio

commercial [kə'mɜ:ʃəl] 1 *adj* comercial; **c. law,** derecho mercantil | 2 *n TV* anuncio, spot publicitario

commission [kə'mɪʃən] 1 *n* ♦ *(grupo de personas)* comisión; **European C.,** Comisión Europea ♦ *Fin* comisión ♦ | LOC: **out of c.,** fuera de servicio | 2 *vtr* encargar; **to c. a painting from sb,** encargar un cuadro a alguien

commissioner [kə'mɪʃənə'] *n (oficial)* comisario

commit [kə'mɪt] *vtr* ♦ *(un crimen, error)* cometer ♦ comprometer: **to c. oneself (to do sthg),** comprometerse (a hacer algo) ♦ *(fondos, recursos)* destinar, asignar ♦ *frml* entregar; **to c. sb to an asylum,** enviar a alguien a un manicomio; **to c. sthg to sb's charge,** confiar algo a alguien

commitment [kə'mɪtmənt] *n* compromiso

committee [kə'mɪtɪ] *n* comisión, comité

commodity [kə'mɒdɪtɪ] *n* artículo, mercancía

common ['kɒmən] 1 *adj* ♦ común: **foxes are c. in England,** los zorros son muy comunes en Inglaterra; **the c. cold,** el resfriado común ♦ corriente; **the c. man,** el hombre de la calle ♦ de todos: **that's c. knowledge,** eso lo sabe todo el mundo ♦ *(persona) pey* ordinario,-a, vulgar | 2 *n* ♦ campo comunal ♦ *GB Pol* **the (House of) Commons,** (la Cámara de) los Comunes ♦ | LOC: **in c.,** en común

commonplace ['kɒmənpleɪs] 1 *adj* corriente, banal | 2 *n frml* ♦ cosa frecuente ♦ tópico, lugar común

Commonwealth ['kɒmənwelθ] *n* mancomunidad; *GB* **the C.,** la Commonwealth; **C. of Independent States,** Comunidad de Estados Independientes

commotion [kə'məʊʃən] *n* alboroto

communal ['kɒmjunəl] *adj* comunal

commune [kə'mju:n] 1 *n* comuna | 2 *vi* ♦ *frml* conversar íntimamente ♦ *(con la naturaleza)* estar en comunión [**with,** con]

communicate [kə'mju:nɪkeɪt] 1 *vi* comunicarse [**with,** con] | 2 *vtr* comunicar

communication [kəmju:nɪ'keɪʃən] *n* ◆ comunicación ◆ *frml* comunicado
communion [kə'mju:njən] *n Rel* comunión; **to take c.,** comulgar
communiqué [kə'mju:nɪkeɪ] *n* comunicado oficial
communism ['kɒmjʊnɪzəm] *n* comunismo
communist ['kɒmjʊnɪst] *adj* & *n* comunista
community [kə'mju:nɪtɪ] *n* comunidad; **c. centre,** centro social
commute [kə'mju:t] **1** *vi* viajar cada día para ir al trabajo | **2** *vtr Jur* conmutar
commuter [kə'mju:tə^r] *n* persona que viaja diariamente al lugar de trabajo
compact [kəm'pækt] **1** *adj* ◆ compacto,-a ◆ *(estilo)* conciso,-a | **2** ['kɒmpækt] *n* ◆ *(para maquillaje en polvo)* polvera ◆ *Pol* pacto
compact disc (CD) ['kɒmpækt'dɪsk] *n* disco compacto, compact disc
companion [kəm'pænjən] *n* compañero,-a
companionship [kəm'pænjənʃɪp] *n* compañerismo
company ['kʌmpənɪ] *n* ◆ compañía; **to keep sb c.,** hacerle compañía a alguien ◆ *Com* empresa, compañía
comparable ['kɒmpərəbəl] *adj* comparable [**to, with,** con]
comparative [kəm'pærətɪv] **1** *adj* comparativo,-a; relativo,-a | **2** *n Ling* comparativo
comparatively [kəm'pærətɪvlɪ] *adv* relativamente
compare [kəm'peə^r] **1** *vtr* ◆ comparar [**to, with,** con]; **(as) compared with,** en comparación con ◆ *(textos)* cotejar | **2** *vi* compararse
comparison [kəm'pærɪsən] *n* comparación; **by c.,** en comparación
compartment [kəm'pɑ:tmənt] *n* compartimiento
compass ['kʌmpəs] *n* ◆ brújula ◆ *(para trazar círculos) (a menudo pl)* compás ◆ *fig (de una investigación, etc)* límites
compassion [kəm'pæʃən] *n* compasión
compassionate [kəm'pæʃənət] *adj* compasivo,-a
compatible [kəm'pætəbəl] *adj* compatible
compel [kəm'pel] *vtr* ◆ forzar, obligar; **to c. sb to do sthg,** obligar a alguien a hacer algo ◆ *frml (respeto)* imponer
compelling [kəm'pelɪŋ] *adj* irresistible

compensate ['kɒmpenseɪt] **1** *vtr* compensar [**for,** por] | **2** *vi* compensar
compensation [kɒmpen'seɪʃən] *n* ◆ compensación ◆ *(por daños)* indemnización
compete [kəm'pi:t] *vi* competir
competence ['kɒmpɪtəns] *n* ◆ aptitud, competencia ◆ *Jur* competencia
competent ['kɒmpɪtənt] *adj* competente
competition [kɒmpɪ'tɪʃən] *n* ◆ concurso; **a singing c.,** un concurso de canción ◆ *Com* competencia
competitive [kəm'petɪtɪv] *adj* competitivo,-a
competitor [kəm'petɪtə^r] *n* competidor,-ora
compilation [kɒmpɪ'leɪʃən] *n* recopilación
compile [kəm'paɪl] *vtr* compilar, recopilar
complacency [kəm'pleɪsənsɪ] *n* autocomplacencia
complacent [kəm'pleɪsənt] *adj* satisfecho,-a consigo mismo,-a
complain [kəm'pleɪn] *vi* quejarse [**of, about,** de]
complaint [kəm'pleɪnt] *n* ◆ queja; *Com* reclamación ◆ *Med* dolencia
complement ['kɒmplɪmənt] **1** *n* complemento | **2** *vtr* complementar
complementary [kɒmplɪ'mentərɪ] *adj* complementario,-a [**to,** a]
complete [kəm'pli:t] **1** *adj* ◆ *(entero)* completo,-a ◆ *(confianza, sorpresa)* total | **2** *vtr* ◆ acabar, terminar: **the building was completed in 1746,** el edificio se terminó en 1746 ◆ *(un formulario)* rellenar
completely [kəm'pli:tlɪ] *adv* completamente, por completo
completion [kəm'pli:ʃən] *n* finalización, conclusión; **on c.,** al terminarse
complex ['kɒmpleks] **1** *adj* complejo,-a | **2** *n* complejo
complexion [kəm'plekʃən] *n* ◆ tez ◆ *fig* aspecto
compliance [kəm'plaɪəns] *n* conformidad; **in c. with,** conforme a
complicate ['kɒmplɪkeɪt] *vtr* complicar
complicated ['kɒmplɪkeɪtɪd] *adj* complicado,-a
complication [kɒmplɪ'keɪʃən] *n* complicación
complicity [kəm'plɪsɪtɪ] *n* complicidad
compliment ['kɒmplɪmənt] **1** *n* ◆ cumplido; **to pay sb a c.,** hacerle un cumpli-

complimentary 466

do a alguien ♦ **compliments** *pl,* saludos: *(en tarjeta, etc)* **with c.,** un cordial saludo │ **2** ['kɒmplɪment] *vtr* felicitar [**on,** por]
complimentary [kɒmplɪ'mentərɪ] *adj* ♦ *(comentario)* elogioso,-a ♦ gratis; *Teat* **c. ticket,** invitación
comply [kəm'plaɪ] *vi* **to c. with,** *(orden)* cumplir con; *(solicitud)* acceder a
component [kəm'pəʊnənt] **1** *n* ♦ componente ♦ *Auto* pieza │ **2** *adj* componente; **c. part,** parte integrante
compose [kəm'pəʊz] *vtr* ♦ *Mús* componer ♦ *(una carta)* redactar ♦ **to c. oneself,** serenarse
composed [kəm'pəʊzd] *adj* tranquilo,-a, sereno,-a
composer [kəm'pəʊzəʳ] *n* compositor,-ora
composite ['kɒmpəzɪt] *adj* compuesto,-a
composition [kɒmpə'zɪʃən] *n* composición
compost ['kɒmpɒst] *n* abono
composure [kəm'pəʊʒəʳ] *n* calma, serenidad
compound ['kɒmpaʊnd] **1** *n* ♦ compuesto ♦ *Ling* nombre compuesto ♦ *(zona)* recinto │ **2** *adj* ♦ compuesto,-a ♦ *Med (fractura)* complicado,-a │ **3** [kəm'paʊnd] *vtr (un problema)* agravar
comprehend [kɒmprɪ'hend] *vtr* comprender
comprehensible [kɒmprɪ'hensəbəl] *adj* comprensible
comprehension [kɒmprɪ'henʃən] *n* comprensión
comprehensive [kɒmprɪ'hensɪv] *adj* ♦ *(conocimiento)* extenso,-a; *(estudio)* exhaustivo,-a ♦ *Com (seguro)* a todo riesgo ♦ *GB* **c. school** ≈ instituto de enseñanza secundaria
compress [kəm'pres] *vtr* comprimir, condensar
comprise [kəm'praɪz] *vtr* ♦ comprender; constar de: **the staff comprises ten teachers,** la plantilla consta de diez profesores ♦ constituir, componer: **women c. more than half the population,** las mujeres constituyen más de la mitad de la población
compromise ['kɒmprəmaɪz] **1** *n* acuerdo │ **2** *vi (dos o más personas)* llegar a un acuerdo; *(una persona)* ceder, transigir │ **3** *vtr* ♦ *(a una persona)* comprometer ♦ *(una cosa)* poner en peligro
compulsion [kəm'pʌlʃən] *n* obligación

compulsive [kəm'pʌlsɪv] *adj* compulsivo,-a
compulsory [kəm'pʌlsərɪ] *adj* obligatorio,-a
computer [kəm'pjuːtəʳ] **1** *n* ordenador; **c. program,** programa informático; **personal c.,** ordenador personal │ **2** *adj* informático,-a; **c. department,** departamento de informática; **c. science,** informática

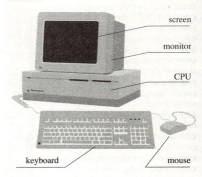

screen
monitor
CPU
keyboard
mouse

computerize [kəm'pjuːtəraɪz] *vtr* informatizar
computing [kəm'pjuːtɪŋ] *n* informática
comrade ['kɒmreɪd] *n* ♦ compañero,-a ♦ *Pol* camarada
comradeship ['kɒmreɪdʃɪp] *n* camaradería
con [kɒn] *argot* **1** *vtr* ♦ estafar, timar ♦ engatusar │ **2** *n* estafa, camelo; **c. man,** estafador
concave ['kɒnkeɪv] *adj* cóncavo,-a
conceal [kən'siːl] *vtr* ♦ ocultar ♦ *(las emociones)* disimular
concealed [kən'siːld] *adj* oculto,-a
concede [kən'siːd] *vtr* conceder
conceit [kən'siːt] *n* presunción, vanidad
conceited [kən'siːtɪd] *adj* vanidoso,-a
conceivable [kən'siːvəbəl] *adj* concebible
conceivably [kən'siːvəblɪ] *adv* posiblemente
conceive [kən'siːv] *vtr & vi* concebir
concentrate ['kɒnsəntreɪt] **1** *vtr* concentrar │ **2** *vi* concentrarse [**on,** en]
concentration [kɒnsən'treɪʃən] *n* concentración
concept ['kɒnsept] *n* concepto
conception [kən'sepʃən] *n* ♦ *Med* concepción ♦ concepto, idea

concern [kən'sɜːn] 1 *vtr* ◆ concernir, incumbir: **as far as dogs are concerned,** en lo que respecta a los perros ◆ preocupar: **he is concerned about his health,** se preocupa mucho por su salud | 2 *n* ◆ preocupación ◆ *Com* negocio ◆ **it's no c. of yours,** no es asunto tuyo

concerned [kən'sɜːnd] *adj* ◆ afectado,-a ◆ preocupado,-a [**about,** por]: **everybody looked very c.,** todo el mundo parecía muy preocupado

concerning [kən'sɜːnɪŋ] *prep* acerca de, con respecto a

concert ['kɒnsət] *n Mús* concierto; **c. hall,** sala de conciertos

concerted [kən'sɜːtɪd] *adj* ◆ coordinado,-a ◆ decidido,-a

concerto [kən'tʃeətəʊ] *n Mús* **violin/piano c.,** concierto para violín/piano

concession [kən'seʃən] *n* concesión

conciliation [kənsɪlɪ'eɪʃən] *n* conciliación

conciliatory [kən'sɪlɪətərɪ] *adj* conciliador-ora

concise [kən'saɪs] *adj* conciso,-a

conclude [kən'kluːd] *vtr & vi* concluir

conclusion [kən'kluːʒən] *n* conclusión

conclusive [kən'kluːsɪv] *adj* ◆ *(evidencia)* concluyente ◆ *(victoria)* definitivo,-a

concoct [kən'kɒkt] *vtr* ◆ *(la bebida, comida)* preparar ◆ *(una historia)* inventar ◆ *(un plan)* tramar

concoction [kən'kɒkʃən] *n* ◆ *pey hum* mejunje; *(bebida)* brebaje: **what's this c.?,** ¿qué es este mejunje?

concourse ['kɒŋkɔːs] *n (de estación, aeropuerto, etc)* explanada

concrete ['kɒŋkriːt] 1 *n* hormigón | 2 *adj* ◆ *(definido)* concreto,-a ◆ de hormigón | 3 *vtr* revestir de hormigón

concur [kən'kɜː'] *vi frml* estar de acuerdo, coincidir [**with,** con]

concurrent [kən'kʌrənt] *adj* simultáneo,-a

concurrently [kən'kʌrəntlɪ] *adv* al mismo tiempo

concussion [kən'kʌʃən] *n Med* conmoción cerebral

condemn [kən'dem] *vtr* condenar [**for,** por]

condemnation [kɒndem'neɪʃən] *n* condena

condensation [kɒnden'seɪʃən] *n* condensación

condense [kən'dens] 1 *vtr* condensar | 2 *vi* condensarse

condescend [kɒndɪ'send] *vi* **to c. to do sthg.,** dignarse hacer algo

condescending [kɒndɪ'sendɪŋ] *adj* condescendiente: **don't be so c.!,** ¡no seas tan condescendiente!

condition [kən'dɪʃən] 1 *n* ◆ estado; **to be in good/bad c.,** estar en buen/mal estado ◆ *Med (del corazón, riñón)* enfermedad ◆ condición: **the conditions of the contract,** las condiciones del contrato; **on c. that…,** con la condición de que… ◆ **conditions** *pl,* circunstancias; **in the present conditions,** bajo las actuales circunstancias | 2 *vtr* condicionar

conditional [kən'dɪʃənəl] *adj* condicional

conditioner [kən'dɪʃənə'] *n* suavizante

condolences [kən'dəʊlənsɪz] *npl* condolencias, pésame: **please accept our c.,** le acompañamos en el sentimiento

condom ['kɒndəm] *n* preservativo

condone [kən'dəʊn] *vtr* justificar, consentir

condor ['kɒndɔː'] *n Orn* cóndor

conducive [kən'djuːsɪv] *adj* propicio,-a [**to,** a]

conduct ['kɒndʌkt] 1 *n* ◆ conducta, comportamiento ◆ *(de un asunto)* gestión | 2 [kən'dʌkt] *vtr* ◆ *(a turistas)* guiar, acompañar ◆ *(una encuesta, un experimento)* llevar a cabo ◆ *Mús* dirigir ◆ *frml* **to c. oneself,** comportarse ◆ *(calor, electricidad)* conducir | 3 *vi Mús* dirigir

conductor [kən'dʌktə'] *n* ◆ *(de autobús)* cobrador ◆ *US Ferroc* revisor,-ora ◆ *Mús* director,-ora ◆ *Elec Fís* conductor

conductress [kən'dʌktrɪs] *n (de autobús)* cobradora

cone [kəʊn] *n* ◆ cono; *(de helado)* cucurucho ◆ *Bot* piña

confectioner [kən'fekʃənə'] *n* pastelero,-a, confitero,-a; **c.'s (shop),** confitería, pastelería

confectionery [kən'fekʃənərɪ] *n* dulces

confederation [kənfedə'reɪʃən] *n* confederación

confer [kən'fɜː'] 1 *vtr frml* otorgar; **to c. sthg on sb,** otorgarle algo a alguien | 2 *vi* consultar [**about,** sobre]

conference ['kɒnfərəns] *n* congreso, conferencia

confess [kən'fes] 1 *vi* confesar; *Rel* confesarse | 2 *vtr* confesar

confession [kən'feʃən] *n* confesión

confessional [kən'feʃənəl] *n* confesionario

confetti

confetti [kənˈfetɪ] *n* confeti
confide [kənˈfaɪd] *vi* confiar [**in,** en]
confidence [ˈkɒnfɪdəns] *n* ◆ confianza [**in,** en] [**that,** en que]; **in c.,** en confianza ◆ *(secreto)* confidencia
confident [ˈkɒnfɪdənt] *adj* seguro,-a
confidential [kɒnfɪˈdenʃəl] *adj* ◆ *(secreto)* confidencial ◆ *(persona)* de confianza: **he is my confidential assistant,** es mi ayudante de confianza
confine [kənˈfaɪn] *vtr* ◆ restringir, limitar ◆ encerrar, recluir
confined [kənˈfaɪnd] *adj* reducido,-a; **a c. space,** un espacio reducido
confinement [kənˈfaɪnmənt] *n* ◆ reclusión, prisión ◆ *Med* parto
confines [ˈkɒnfaɪnz] *npl* confines
confirm [kənˈfɜːm] *vtr* ◆ *(un hecho)* confirmar ◆ *(un tratado)* ratificar
confirmation [kɒnfəˈmeɪʃən] *n* ◆ *Rel & gen* confirmación ◆ *(de un tratado)* ratificación
confirmed [kənˈfɜːmd] *adj (fumador, jugador, etc)* empedernido,-a
confiscate [ˈkɒnfɪskeɪt] *vtr* confiscar, decomisar
conflict [ˈkɒnflɪkt] **1** *n* conflicto | **2** [kənˈflɪkt] *vi* chocar [**with,** con]
conflicting [kənˈflɪktɪŋ] *adj* ◆ *(evidencia)* contradictorio,-a ◆ *(interés)* encontrado,-a
conform [kənˈfɔːm] *vi* ◆ conformarse ◆ ajustarse [**to/with,** a] ◆ *(leyes)* cumplir [**with,** con]
conformist [kənˈfɔːmɪst] *n & adj* conformista
conformity [kənˈfɔːmɪtɪ] *n* conformidad
confound [kənˈfaʊnd] *vtr* confundir, desconcertar
confront [kənˈfrʌnt] *vtr* hacer frente a
confrontation [kɒnfrʌnˈteɪʃən] *n* confrontación
confuse [kənˈfjuːz] *vtr* ◆ *(a una persona)* desconcertar; **to get confused,** confundirse ◆ *(una situación)* complicar ◆ *(una cosa/persona con otra)* tomar por, confundir [**with,** con]: **I confused you for a policeman,** te tomé por policía; **I confused him with his brother,** lo confundí con su hermano
confused [kənˈfjuːzd] *adj* ◆ *(persona)* confundido,-a ◆ *(idea)* confuso,-a
confusing [kənˈfjuːzɪŋ] *adj* confuso,-a, poco claro,-a
confusion [kənˈfjuːʒən] *n* confusión
congeal [kənˈdʒiːl] *vi (la sangre)* coagularse; *(la grasa)* solidificarse

congenial [kənˈdʒiːnjəl] *adj* agradable
congenital [kənˈdʒenɪtəl] *adj* congénito,-a
congested [kənˈdʒestɪd] *adj* ◆ *(sitio)* repleto,-a de gente; *(ciudad)* congestionado,-a, colapsado,-a ◆ *Med* congestionado,-a
congestion [kənˈdʒestʃən] *n* congestión
conglomerate [kənˈɡlɒmərət] *n Com* conglomerado
conglomeration [kənɡlɒməˈreɪʃən] *n* conglomeración
congratulate [kənˈɡrætjʊleɪt] *vtr* felicitar [**on,** por]: **the Queen congratulated him on his bravery,** la Reina le felicitó por su valentía
congratulations [kənɡrætjʊˈleɪʃənz] *npl* ◆ felicitaciones ◆ *excl* **c.!,** ¡enhorabuena!
congregate [ˈkɒŋɡrɪɡeɪt] *vi* congregarse
congregation [kɒŋɡrɪˈɡeɪʃən] *n Rel* fieles, feligreses
congress [ˈkɒŋɡres] *n* congreso
conifer [ˈkɒnɪfəʳ] *n* conífera
conjecture [kənˈdʒektʃəʳ] **1** *n* conjetura | **2** *vtr & vi frml* hacer conjeturas
conjugal [ˈkɒndʒʊɡəl] *adj* conyugal
conjugate [ˈkɒndʒʊɡeɪt] *vtr* conjugar
conjunction [kənˈdʒʌŋkʃən] *n* conjunción; **in c. with,** conjuntamente con
conjunctivitis [kəndʒʌŋktɪˈvaɪtɪs] *n Med* conjuntivitis
conjure [ˈkʌndʒəʳ] **1** *vtr* **to c. (up),** *(mago)* hacer aparecer ◆ *(memorias, una imagen)* evocar | **2** *vi* hacer juegos de manos
conjurer [ˈkʌndʒərəʳ] *n* prestidigitador,-ora
conker [ˈkɒŋkəʳ] *n fam* castaña (de Indias)
connect [kəˈnekt] **1** *vtr* ◆ juntar, unir; *(cables)* empalmar; *(habitaciones)* comunicar ◆ instalar ◆ *Elec* conectar ◆ *Tel (a una persona)* poner en comunicación, conectar: **I'm trying to c. you,** estoy intentando pasarle la llamada ◆ *fig (relacionar)* asociar: **these matters are not connected,** estas cuestiones no tienen relación entre sí | **2** *vi* unirse; *(habitaciones)* comunicarse; *(un vuelo, un tren)* enlazar [**with,** con]

■ **connect up** *vtr* conectar

connected [kəˈnektɪd] *adj* ◆ unido,-a: **London is c. to Edinburgh by rail,** Londres está unido a Edimburgo por tren ◆ *(acontecimientos)* relacionado,-a ◆ *fig* **to be well c.,** *(persona) fam* tener enchufe

connection [kə'nekʃən] *n* ◆ *(de una cosa con otra)* juntura, unión ◆ *Elec* conexión ◆ *Tel* instalación ◆ *(de tren, avión)* conexión, enlace ◆ *(de ideas)* relación; **in c. with,** con respecto a ◆ *(persona)* contacto

connoisseur [kɒnɪ'sɜː^r] *n* conocedor,-ora [**of,** de]

connotation [kɒnə'teɪʃən] *n* connotación

conquer ['kɒŋkə^r] *vtr* ◆ *(a un enemigo, vicio)* vencer ◆ *(un territorio)* conquistar

conqueror ['kɒŋkərə^r] *n* conquistador; **William the C.,** Guillermo el Conquistador

conquest ['kɒŋkwest] *n* conquista

conscience ['kɒnʃəns] *n* conciencia: **I have a guilty c. about it,** me está remordiendo la conciencia; **to have a clear c.,** tener la conciencia tranquila

conscientious [kɒnʃɪ'enʃəs] *adj* ◆ concienzudo,-a ◆ **c. objector,** objetor de conciencia

conscious ['kɒnʃəs] *adj* ◆ *(estado)* consciente ◆ consciente [**of,** de] ◆ *(esfuerzo, etc)* deliberado,-a

consciousness ['kɒnʃəsnɪs] *n* ◆ *Med* conocimiento ◆ *(estado de la mente)* conciencia

conscript ['kɒnskrɪpt] *n* recluta

conscription [kən'skrɪpʃən] *n* servicio militar obligatorio

consecrate ['kɒnsɪkreɪt] *vtr* consagrar

consecutive [kən'sekjʊtɪv] *adj* consecutivo,-a

consensus [kən'sensəs] *n* consenso

consent [kən'sent] **1** *n* consentimiento [**to,** a] | **2** *vi* consentir [**to,** en], acceder [**to,** a]

consequence ['kɒnsɪkwəns] *n* consecuencia

consequent ['kɒnsɪkwənt] *adj* consiguiente

consequently ['kɒnsɪkwəntlɪ] *adv* por consiguiente

conservation [kɒnsə'veɪʃən] *n* conservación

conservative [kən'sɜːvətɪv] **1** *adj* cauteloso,-a, prudente | **2** *adj & n Pol* **C.,** conservador,-ora

conservatory [kən'sɜːvətrɪ] *n* ◆ *(para plantas)* invernadero ◆ *Mús* conservatorio

conserve [kən'sɜːv] **1** *vtr* conservar | **2** ['kɒnsɜːv] *n* conserva

consider [kən'sɪdə^r] *vtr* ◆ *frml* considerar: **I c. her to be a great singer,** considero que es una gran cantante ◆ **to c. doing sthg,** contemplar *o* considerar la posibilidad de hacer algo ◆ tener en cuenta

> Usado con un verbo, **to consider** debe ir seguido de gerundio: **Have you ever considered giving up the job?,** ¿Alguna vez has pensado dejar el trabajo?

considerable [kən'sɪdərəbəl] *adj* considerable

considerably [kən'sɪdərəblɪ] *adv* bastante

considerate [kən'sɪdərɪt] *adj* considerado,-a

consideration [kənsɪdə'reɪʃən] *n* ◆ consideración ◆ reflexión, estudio; **to give c. to,** estudiar; **after due c.,** después de la debida reflexión ◆ factor; **an important c.,** un factor importante ◆ pago; **for a c.,** previo pago ◆ | LOC: **to take sthg into c.,** tener algo en cuenta

considering [kən'sɪdərɪŋ] *prep* teniendo en cuenta

consign [kən'saɪn] *vtr* ◆ *Com* consignar ◆ *fig* enviar

consignment [kən'saɪnmənt] *n* envío

consist [kən'sɪst] *vi* consistir [**of,** en]

consistency [kən'sɪstənsɪ] *n* ◆ *(de acciones)* coherencia, consecuencia ◆ *(de una sustancia)* consistencia: **the soup had the c. of glue,** la sopa tenía la consistencia de un pegamento

consistent [kən'sɪstənt] *adj* ◆ consecuente ◆ **to be c. with,** concordar con

consolation [kɒnsə'leɪʃən] *n* consuelo

console [kən'səʊl] **1** *vtr* consolar | **2** *n* consola

consolidate [kən'sɒlɪdeɪt] **1** *vtr* consolidar | **2** *vi* consolidarse

consonant ['kɒnsənənt] *n* consonante

consortium [kən'sɔːtɪəm] *n* consorcio

conspicuous [kən'spɪkjʊəs] *adj* ◆ *(obvio)* evidente ◆ llamativo,-a, visible ◆ destacado,-a, sobresaliente; *frml* conspicuo,-a ◆ | LOC: **his wife was c. by her absence,** su mujer brillaba por su ausencia

conspicuously [kən'spɪkjʊəslɪ] *adv* visiblemente, notablemente

conspiracy [kən'spɪrəsɪ] *n* conjura

conspire [kən'spaɪə^r] *vi* conspirar

constable ['kʌnstəbəl] *n* policía, guardia

constant ['kɒnstənt] 1 *adj* ♦ *(que no cambia)* constante ♦ *(que no para)* incesante ♦ fiel, leal | 2 *n Mat etc* constante

constantly ['kɒnstəntlɪ] *adv* constantemente

constellation [kɒnstɪ'leɪʃən] *n* constelación

consternation [kɒnstə'neɪʃən] *n* consternación

constipated ['kɒnstɪpeɪtɪd] *adj* estreñido,-a

constipation [kɒnstɪ'peɪʃən] *n* estreñimiento

constituency [kən'stɪtjʊənsɪ] *n Pol* circunscripción electoral

constituent [kən'stɪtjʊənt] 1 *n* ♦ *Pol* elector,-ora ♦ *(parte)* componente | 2 *adj (componente)* constituyente, integrante

constitute ['kɒnstɪtjuːt] *vtr* constituir

constitution [kɒnstɪ'tjuːʃən] *n* constitución

constitutional [kɒnstɪ'tjuːʃənəl] *adj* constitucional

constrained [kən'streɪnd] *adj frml* obligar: **I feel c. to protest,** me siento obligado a protestar

constraint [kən'streɪnt] *n* ♦ coacción, fuerza ♦ reserva, restricción; **without c.,** sin restricciones

construct [kən'strʌkt] *vtr* construir

construction [kən'strʌkʃən] *n* construcción

constructive [kən'strʌktɪv] *adj* constructivo,-a

consul ['kɒnsəl] *n* cónsul

consulate ['kɒnsjʊlɪt] *n* consulado

consult [kən'sʌlt] *vtr & vi* consultar [**about,** sobre]

consultant [kən'sʌltənt] *n* ♦ *Med* especialista ♦ *Fin Com Ind* asesor,-ora

consultation [kɒnsəl'teɪʃən] *n* consulta

consulting [kən'sʌltɪŋ] *adj* **c. room,** *(consultorio)* consulta

consume [kən'sjuːm] *vtr* consumir

consumer [kən'sjuːməʳ] *n* consumidor,-ora; **c. goods,** bienes de consumo; **c. research,** encuesta del mercado; **c. society,** sociedad de consumo

consummate ['kɒnsəmeɪt] 1 *vtr* consumar | 2 ['kɒnsəmɪt] *adj* ♦ *(escritor, mentiroso)* consumado,-a ♦ *(destreza)* sumo,-a

consumption [kən'sʌmpʃən] *n (de comida, etc)* consumo: **this meat is unfit for human c.,** esta carne no es apta para el consumo humano

contact ['kɒntækt] 1 *n* ♦ contacto; **c. lenses,** lentillas ♦ *pey* enchufe ♦ *Elec* contacto | 2 *vtr* ponerse en contacto con

contagious [kən'teɪdʒəs] *adj* contagioso,-a

contain [kən'teɪn] *vtr* contener; **to c. oneself,** contenerse

container [kən'teɪnəʳ] *n* ♦ recipiente, envase ♦ *Transp* contenedor

contaminate [kən'tæmɪneɪt] *vtr* contaminar

contamination [kəntæmɪ'neɪʃən] *n* contaminación

contemplate ['kɒntempleɪt] *vtr* ♦ considerar ♦ *(mirar)* contemplar

contemporary [kən'tempərɪ] *adj & n* contemporáneo,-a

contempt [kən'tempt] *n* ♦ desprecio, desdén ♦ *Jur* **c. of court,** desacato al tribunal

contemptible [kən'temptəbəl] *adj* despreciable, deleznable

contemptuous [kən'temptjʊəs] *adj* despectivo,-a

contend [kən'tend] 1 *vi* ♦ *frml* competir [**with,** con] [**for,** por] ♦ *(problemas, etc)* enfrentarse [**with,** a] | 2 *vtr* sostener: **we c. that ...,** sostenemos que

contender [kən'tendəʳ] *n* contendiente

contentious [kən'tenʃəs] *adj* contencioso, discutible

content¹ ['kɒntent] *n* ♦ contenido; **low calorie c.,** bajo contenido en calorías ♦ *(en un libro)* **contents** *pl*, índice de materias

content² [kən'tent] 1 *adj* contento,-a, satisfecho,-a | 2 *vtr* contentar | 3 *n* contento, satisfacción

contented [kən'tentɪd] *adj* contento,-a, satisfecho,-a

contention [kən'tenʃən] *n* ♦ *(disputa)* controversia [**over,** sobre] ♦ punto de vista: **it's my c. that...,** yo sostengo que...
♦ | LOC: **a bone of c.,** la manzana de la discordia

contest ['kɒntest] 1 *n* ♦ concurso; *Dep* prueba ♦ *(liderazgo, etc)* lucha | 2 [kən'test] *vtr* ♦ *(un argumento)* refutar ♦ *(una decisión, un testamento)* impugnar ♦ *Pol (un escaño)* luchar por

contestant [kən'testənt] *n* concursante

context ['kɒntekst] *n* contexto

continent ['kɒntɪnənt] *n* ♦ continente ♦ *GB* **the C.,** el continente europeo, Europa

continental [kɒntɪ'nentəl] *adj* ♦ continental ♦ *GB* **C.,** europeo,-a; **c. breakfast,**

desayuno continental; **c. quilt,** edredón nórdico
contingency [kən'tındʒənsı] *n* contingencia, eventualidad
contingent [kən'tındʒənt] *adj & n* contingente
continual [kən'tınjʊəl] *adj* continuo,-a, constante ➢ Ver nota en **continuo**
continually [kən'tınjʊəlı] *adv* continuamente, constantemente
continuation [kəntınjʊ'eıʃən] *n* secuela, continuación ◆ *(calle, etc)* prolongación
continue [kən'tınjuː] *vtr & vi* continuar, seguir; **to c. to do sthg,** continuar haciendo algo

> El uso de infinitivo o gerundio no altera el significado del verbo **to continue**: I continued working o I continued to work. *Seguí trabajando.*

continuous [kən'tınjʊəs] *adj* continuo,-a ➢ Ver nota en **continuo**
continuously [kən'tınjʊəslı] *adv* continuamente
contort [kən'tɔːt] *vtr* retorcer
contortion [kən'tɔːʃən] *n* contorsión
contour ['kɒntʊər] *n* contorno
contraband ['kɒntrəbænd] *n* contrabando
contraception [kɒntrə'sepʃən] *n* anticoncepción
contraceptive [kɒntrə'septıv] *adj & n* anticonceptivo
contract [kən'trækt] **1** *vi* ◆ *Anat Fís* contraerse ◆ *Jur* hacer un contrato [**to,** para] | **2** *vtr* ◆ *(una deuda, un músculo)* contraer ◆ *(a una persona)* contratar ◆ *Med* contraer: **he contracted malaria,** contrajo el paludismo | **3** ['kɒntrækt] *n* contrato; **to draw up a c.,** redactar un contrato
contraction [kən'trækʃən] *n* contracción
contractor [kən'træktər] *n* contratista
contradict [kɒntrə'dıkt] *vtr* contradecir
contradiction [kɒntrə'dıkʃən] *n* contradicción
contradictory [kɒntrə'dıktərı] *adj* contradictorio,-a
contrary ['kɒntrərı] **1** *adj* contrario,-a | **2** *n* **the c.,** lo contrario: **I've heard nothing to the c.,** no he oído nada que indique lo contrario; **on the c.,** por el contrario | **3** *adv* **c. to,** en contra de: **c. to what you said,** en contra de lo que dijiste

contrast [kən'trɑːst] **1** *vi* contrastar | **2** ['kɒntrɑːst] *n* ◆ contraste ◆ comparación
contrasting [kən'trɑːstıŋ] *adj* opuesto,-a; **c. opinions,** opiniones opuestas
contravene [kɒntrə'viːn] *vtr* contravenir
contribute [kən'trıbjuːt] **1** *vtr* ◆ *(dinero)* contribuir ◆ *(ayuda, ideas)* aportar | **2** *vi* ◆ contribuir [**to,** a]; participar [**in,** en] ◆ *Prensa* escribir [**to,** para]
contribution [kɒntrı'bjuːʃən] *n* ◆ *(de dinero)* contribución, donativo ◆ *(de ayuda, ideas, etc)* aportación ◆ *Prensa* artículo, colaboración
contributor [kən'trıbjʊtər] *n* ◆ *(de dinero)* donante ◆ *(de un periódico)* colaborador,-ora
contributory [kən'trıbjʊtərı] *adj* contributivo
contrive [kən'traıv] **1** *vtr* ◆ inventar ◆ efectuar, conseguir: **she contrived a meeting with the president,** consiguió un encuentro con el presidente | **2** *vi* **to c. to do sthg,** lograr hacer algo *o* ingeniárselas para hacer algo
contrived [kən'traıvd] *adj* artificial
control [kən'trəʊl] **1** *n* ◆ control, autoridad: **who's in c.?,** ¿quién manda aquí?; **to be in c. of sthg,** controlar algo; **out of c.,** fuera de control, descontrolado,-a; *(caballo)* desbocado,-a; **under c.,** bajo control; **under the c. of,** bajo el control de ◆ *Av Auto* **controls** *pl,* mandos ◆ *Elec* **remote c.,** mando a distancia ◆ *(oficina)* **passport c.,** control de pasaportes | **2** *vtr* ◆ *(a personas)* controlar, gobernar, mandar ◆ *(la emoción)* dominar: **c. yourself!,** ¡domínate! ◆ *Auto* manejar ◆ *(una máquina, la temperatura)* regular, controlar ◆ *(un negocio, el tráfico)* dirigir
controversial [kɒntrə'vɜːʃəl] *adj* controvertido,-a, polémico,-a
controversy ['kɒntrəvɜːsı, kən'trɒvəsı] *n* controversia, polémica
convalesce [kɒnvə'les] *vi* convalecer
convalescence [kɒnvə'lesəns] *n* convalecencia
convalescent [kɒnvə'lesənt] *n & adj* convaleciente
convene [kən'viːn] **1** *vtr* convocar | **2** *vi* reunirse
convenience [kən'viːnıəns] *n* ◆ conveniencia, comodidad ◆ comodidad(es), facilidad: **the house has every modern c.,** la casa tiene todas las comodidades modernas; *GB euf* **public c.,** aseo público

convenient [kən'viːnɪənt] *adj* ◆ *(hora, acuerdo)* conveniente, oportuno,-a ◆ *(sitio)* bien situado,-a, cómodo,-a: **c. for the station,** cerca de la estación ◆ *(cosa)* práctico,-a
convent ['kɒnvənt] *n* convento
convention [kən'venʃən] *n* convención
conventional [kən'venʃənəl] *adj* ◆ *(comportamiento, arma)* convencional ◆ *(estilo)* clásico,-a
converge [kən'vɜːdʒ] *vi* converger
convergence [kən'vɜːdʒəns] *n* convergencia
conversant [kən'vɜːsənt] *adj frml* versado,-a [**with,** en]
conversation [kɒnvə'seɪʃən] *n* conversación
conversational [kɒnvə'seɪʃənəl] *adj* coloquial
converse [kən'vɜːs] *vi* conversar [**on/about,** sobre/acerca de]
conversely [kən'vɜːslɪ] *adv* a la inversa, en cambio
conversion [kən'vɜːʃən] *n Mat Rel* conversión [**to,** a] [**into,** en]
convert [kən'vɜːt] **1** *vtr* convertir [**into,** en]: **coal can be converted into gas,** el carbón puede convertirse en gas | **2** *vi* convertirse: **this sofa converts into a bed,** este sofá se convierte en cama | **3** ['kɒnvɜːt] *n* converso,-a
convertible [kən'vɜːtəbəl] **1** *adj* convertible | **2** *n Auto* descapotable
convex ['kɒnveks, kɒn'veks] *adj* convexo,-a
convey [kən'veɪ] *vtr* ◆ *(mercancías, pasajeros)* transportar ◆ *(sonido)* transmitir ◆ *(una idea)* comunicar
conveyor [kən'veɪə'] *n* transportador; **c. belt,** cinta transportadora
convict [kən'vɪkt] **1** *vtr Jur* declarar culpable [**of,** de], condenar | **2** ['kɒnvɪkt] *n Jur* presidiario,-a
conviction [kən'vɪkʃən] *n* ◆ creencia, convicción ◆ *Jur* condena
convince [kən'vɪns] *vtr* convencer [**of,** de]
convincing [kən'vɪnsɪŋ] *adj* convincente
convulse [kən'vʌls] *vtr (usu en voz pasiva)* convulsionar; *fam* **convulsed with laughter,** muerto,-a de risa
convulsion [kən'vʌlʃən] *n* convulsión
coo [kuː] *vi (paloma)* arrullar
cook [kʊk] **1** *vtr* ◆ *(comida)* hacer, preparar ◆ *fam (cifras, cuentas)* amañar | **2** *vi* ◆ cocinar, guisar ◆ *(alimentos)* cocerse, hacerse | **3** *n* cocinero,-a
■ **cook up** *vtr* ◆ *(una historia)* inventarse ◆ *(un plan)* tramar
cookbook ['kʊkbʊk] *n* libro de cocina
cooker ['kʊkə'] *n (electrodoméstico)* cocina
cookery ['kʊkərɪ] *n (arte de cocinar)* cocina; **c. book,** libro de cocina
cookie ['kʊkɪ] *n US* galleta
cooking ['kʊkɪŋ] *n (actividad)* cocina; **home c.,** comida casera
cool [kuːl] **1** *n* ◆ fresco, frescor ◆ *fam* calma: **to keep/loose one's c.,** mantener/perder la calma | **2** *adj* ◆ *(algo frío)* fresco,-a: **it was c. last night,** hacía fresco anoche ➢ Ver nota en **fresco** ◆ *(agradable)* **a c. drink,** una bebida fresca; **a c. place,** un sitio fresquito ◆ sereno,-a, tranquilo,-a; **to keep c.,** mantener la calma ◆ *fam* guay ◆ *fam* **a c. billion dollars,** la friolera de mil millones de dólares | **3** *vi* enfriarse | **4** *vtr* enfriar
■ **cool down/off** *vi* ◆ *(comida)* enfriarse ◆ *(persona)* refrescarse ◆ calmarse
cooling ['kuːlɪŋ] **1** *adj* refrescante | **2** *n* refrigeración, enfriamiento
coolness ['kuːlnɪs] *n* ◆ frescor ◆ *fig* calma, sangre fría ◆ *(enemistad)* frialdad
cooperate [kəʊ'ɒpəreɪt] *vi* cooperar, colaborar
cooperation [kəʊɒpə'reɪʃən] *n* cooperación
cooperative [kəʊ'ɒpərətɪv] **1** *adj* ◆ cooperativo,-a ◆ servicial | **2** *n* cooperativa
coordinate [kəʊ'ɔːdɪnət] **1** *vtr* coordinar | **2** [kəʊ'ɔːdɪnɪt] *n Mat* coordenada
coordination [kəʊɔːdɪ'neɪʃən] *n* coordinación
cop [kɒp] **1** *n* ◆ *fam (policía)* poli ◆ *GB fam* **it's not much c.,** no es nada del otro jueves | **2** *vtr* ◆ *GB* **you'll c. it if she sees you,** te caerá una buena si te ve
■ **cop out** *vi* escabullirse [**of,** de]
cope [kəʊp] *vi* arreglárselas, poder [**with,** con]
copious ['kəʊpɪəs] *adj* copioso,-a, abundante
copper ['kɒpə'] **1** *n* ◆ *Min* cobre ◆ *fam* poli | **2** *adj (color)* cobrizo,-a
copulate ['kɒpjʊleɪt] *vi* copular
copy ['kɒpɪ] **1** *n* ◆ *(documento)* copia; *(libro)* ejemplar; *(revista)* número ◆ *Prensa* texto | **2** *vtr & vi* copiar
copycat ['kɒpɪkæt] **1** *n fam* copión,-ona | **2** *adj* **a c. crime,** un crimen que imita a otro

copyright ['kɒpɪraɪt] n derechos de autor

coral ['kɒrəl] 1 n coral; **c. reef,** arrecife de coral | 2 adj de coral

cord [kɔːd] n ◆ (hilo) cuerda; Elec cordón, cable ◆ Tex pana ◆ **cords** pl, pantalones de pana

cordon ['kɔːdən] 1 n cordón | 2 vtr **to c. sthg off,** acordonar algo

corduroy ['kɔːdərɔɪ] n pana

core [kɔːʳ] 1 n ◆ (de fruta) corazón ◆ Elec núcleo ◆ (de un argumento) centro, lo esencial ◆ Inform **c. memory,** memoria central | 2 vtr (a una fruta, etc) quitarle el corazón

coriander [kɒrɪ'ændəʳ] n Bot cilantro

cork [kɔːk] 1 n ◆ (de un corcho; **c. oak,** alcornoque | 2 vtr (a una botella) poner el corcho

corkscrew ['kɔːkskruː] n sacacorchos

corn [kɔːn] n ◆ (GB esp trigo) granos ◆ (US) maíz ◆ Med callo

cornea ['kɔːnɪə] n córnea

corner ['kɔːnəʳ] 1 n ◆ (interior) rincón ◆ (de la calle) esquina; (**just**) **round the c.,** a la vuelta de la esquina ◆ (de carretera) curva ◆ Ftb **c. kick,** córner | 2 vtr ◆ (a un adversario) arrinconar ◆ Com acaparar, monopolizar; **to c. the market,** hacerse con el mercado | 3 vi Auto tomar una curva

cornerstone ['kɔːnəstəʊn] n piedra angular

cornet ['kɔːnɪt] n ◆ Mús corneta ◆ GB (de helado) cucurucho

cornflakes ['kɔːnfleɪks] npl copos de maíz

cornflour ['kɔːnflaʊəʳ], US ['kɔːnstɑːtʃ] n maicena®

coronation [kɒrə'neɪʃən] n coronación

coroner ['kɒrənəʳ] n ≈ juez de instrucción

corporal ['kɔːpərəl] 1 adj corporal | 2 n Mil cabo

corporate ['kɔːpərɪt] adj corporativo,-a

corporation [kɔːpə'reɪʃən] n ◆ Com sociedad anónima ◆ GB Pol ayuntamiento

corps [kɔːʳ] n (pl **corps** [kɔːz]) Mil Pol Arte cuerpo; **diplomatic c.,** cuerpo diplomático

corpse [kɔːps] n cadáver

corpulent ['kɔːpjʊlənt] adj corpulento,-a

correct [kə'rekt] 1 vtr corregir | 2 adj correcto,-a

correction [kə'rekʃən] n corrección

correlation [kɒrə'leɪʃən] n correlación

correspond [kɒrɪ'spɒnd] vi ◆ corresponder, coincidir [**with,** con], equivaler [**to,** a] ◆ cartearse [**with,** con]

correspondence [kɒrɪ'spɒndəns] n correspondencia

correspondent [kɒrɪ'spɒndənt] n corresponsal

corridor ['kɒrɪdɔːʳ] n pasillo

corroborate [kə'rɒbəreɪt] vtr corroborar

corrode [kə'rəʊd] 1 vtr corroer | 2 vi corroerse

corrosion [kə'rəʊʒən] n corrosión

corrugated ['kɒrʊgeɪtəd] adj ondulado,-a

corrupt [kə'rʌpt] 1 adj ◆ (persona) corrupto,-a ◆ (acción) deshonesto,-a | 2 vtr ◆ corromper ◆ sobornar ◆ Inform corromper

corruption [kə'rʌpʃən] n corrupción

corset ['kɔːsɪt] n (prenda) faja, corsé

cosh [kɒʃ] n GB porra

cosmetic [kɒz'metɪk] 1 n cosmético | 2 adj cosmético,-a; **c. surgery,** cirugía estética

cosmic ['kɒzmɪk] adj cósmico,-a

cosmonaut ['kɒzmənɔːt] n cosmonauta

cosmopolitan [kɒzmə'pɒlɪtən] adj cosmopolita

cost [kɒst] 1 n ◆ precio, coste; **at c.,** a precio de coste ◆ **costs** pl, Fin costes; Jur costas ◆ | LOC: fig **at all costs,** a toda costa; **at the cost of,** a costa de; **I know to my c.,** lo sé por experiencia o lo padecí en carne propia | 2 vtr (ps & pp **cost**) costar: **it c. a dollar,** costó un dólar; **his laziness c. him his life,** su pereza le costó la vida ◆ | LOC: fam **to c. an arm and a leg,** costar un ojo de la cara ◆ | 3 vtr (ps & pp **costed**) Com calcular el coste de

co-star ['kəʊstɑːʳ] n Cine Teat coprotagonista

Costa Rica [kɒstə'riːkə] n Costa Rica

Costa Rican [kɒstə'riːkən] adj & n costarricense, costarriqueño,-a

cost-effective [kɒstɪ'fektɪv] adj rentable

costly ['kɒstlɪ] adj (**costlier, costliest**) costoso,-a

costume ['kɒstjuːm] n traje

cosy ['kəʊzɪ] adj (**cosier, cosiest**) ◆ (ambiente) acogedor,-ora: **this is a c. place,** aquí se está bien ◆ (ropa) calentito,-a

cot [kɒt] n cuna

cottage ['kɒtɪdʒ] n casa pequeña (usu de campo) ➢ Ver nota en **chalet**

cotton ['kɒtən] n ◆ Tex algodón ◆ Bot algodonero ◆ **c. wool,** algodón (hidrófi-

couch

lo) ◆ *US* **c. candy,** algodón de azúcar ◆ *Cost* hilo
couch [kaʊtʃ] *n* ◆ sofá; *(de médico)* diván ◆ *fam* **c. potato,** teleadicto,-a
couchette [kuːˈʃet] *n Ferroc* litera
cough [kɒf] **1** *vi* toser | **2** *n* tos; **c. mixture/syrup,** jarabe para la tos
■ **cough up** *vtr* ◆ escupir ◆ *fam (dinero)* soltar
could [kʊd] *v aux* → **can**[1]
council [ˈkaʊnsəl] *n* ◆ *(administrativo)* consejo: **C. of Europe,** Consejo de Europa ◆ **(town/city) c.,** ayuntamiento ◆ *GB* **c. housing,** viviendas de protección oficial
councillor, *US* **councilor** [ˈkaʊnsələ'] *n* concejal
counsel [ˈkaʊnsəl] **1** *n* ◆ *frml* consejo ◆ *Jur* abogado,-a | LOC: **to keep one's c.,** guardar silencio | **2** *vtr frml* aconsejar
counsellor, *US* **counselor** [ˈkaʊnsələ'] *n* ◆ asesor,-ora ◆ *US Jur* abogado,-a ➢ Ver nota en **abogado**
count [kaʊnt] **1** *vtr* ◆ *Mat* contar ◆ incluir; **not counting,** sin incluir ◆ considerar: **I c. myself fortunate,** me considero afortunado | **2** *vi* ◆ *Mat* contar ◆ tener importancia: **what he says doesn't c.,** lo que él dice no tiene importancia | **3** *n* ◆ cuenta ◆ *(de votos)* escrutinio ◆ *Jur frml* cargo ◆ *(noble)* conde
■ **count on** *vtr* contar con
■ **count out** *vtr* ◆ excluir: **we can c. him out,** no podemos contar con él ◆ **he counted out ten dollar bills,** contó diez billetes de un dólar uno por uno
countdown [ˈkaʊntdaʊn] *n* cuenta atrás
countenance [ˈkaʊntənəns] **1** *n* semblante, rostro | **2** *vtr frml* aprobar, tolerar
counter [ˈkaʊntə'] **1** *n* ◆ *(de tienda)* mostrador ◆ *(de banco)* ventanilla ◆ *(de bar)* barra ◆ *fig (medicina)* **over the c.,** sin receta médica ◆ *(de juegos, etc)* ficha ◆ *Téc* contador | **2** *adv* en contra [**to,** de] | **3** *vtr* ◆ *(una tendencia)* contrarrestar ◆ *(las críticas)* rebatir | **4** *vi* contestar
counteract [kaʊntərˈækt] *vtr* contrarrestar
counterattack [ˈkaʊntərətæk] *n* contraataque
counterfeit [ˈkaʊntəfɪt] **1** *vtr* falsificar | **2** *n* falsificación | **3** *adj (moneda, billete)* falso,-a
counterpart [ˈkaʊntəpɑːt] *n* homólogo,-a
counterproductive [kaʊntəprəˈdʌktɪv] *adj* contraproducente

countess [ˈkaʊntɪs] *n (noble)* condesa
countless [ˈkaʊntlɪs] *adj* innumerable, incontable
country [ˈkʌntrɪ] **1** *n* ◆ *Pol* país, nación ◆ región, zona ◆ *(zona rural)* campo | **2** *adj* de campo; **c. cottage,** casita de campo; **c. dancing,** baile regional; **c. house,** finca
countryman [ˈkʌntrɪmən] *n* ◆ campesino ◆ compatriota
countryside [ˈkʌntrɪsaɪd] *n* ◆ campiña, campo ◆ paisaje
countrywoman [ˈkʌntrɪwʊmən] *n* ◆ campesina ◆ compatriota
county [ˈkaʊntɪ] *n* condado
coup [kuː] *n* golpe; **c. d'état** [kuːdeˈta] golpe de Estado
couple [ˈkʌpəl] **1** *n* ◆ *(dos)* par [**of,** de]; *fam* **a c. of weeks,** un par de semanas ◆ *(personas)* pareja; **a married c.,** un matrimonio | **2** *vtr* ◆ unir ◆ *Ferroc (vagones)* enganchar
coupon [ˈkuːpɒn] *n* ◆ cupón ◆ *GB Ftb (quiniela)* boleto
courage [ˈkʌrɪdʒ] *n* coraje, valentía, valor
courageous [kəˈreɪdʒəs] *adj* valeroso,-a, valiente
courgette [kʊəˈʒet] *n Bot* calabacín
courier [ˈkʊərɪə'] *n* ◆ mensajero,-a ◆ guía turístico,-a
course [kɔːs] **1** *n* ◆ dirección, ruta ◆ *Av Náut* rumbo; **to go off c.,** perder el rumbo ◆ *(carretera)* recorrido ◆ *(proyectil)* trayectoria ◆ *(río)* curso ◆ *(tiempo)* transcurso; **in the c. of,** durante ◆ *Educ* curso; *Univ* carrera ◆ *Med* tratamiento ◆ *Culin* plato ◆ *Dep* **golf c.,** campo de golf; **race c.,** hipódromo ◆ | LOC: **of c.,** por supuesto, naturalmente | **2** *vi frml* fluir
court [kɔːt] **1** *n* ◆ *Jur* tribunal, juzgado; **to go to c.,** acudir a los tribunales; **to take sb to c.,** demandar a alguien ◆ *Arquit* patio ◆ *(del Rey)* corte, palacio ◆ *Dep* pista, cancha | **2** *vtr frml* cortejar ◆ *fig (un peligro, etc)* exponerse a | **3** *vi frml (pareja)* ser novios
courteous [ˈkɜːtɪəs] *adj* cortés
courtesy [ˈkɜːtɪsɪ] *n* ◆ cortesía: **it's common c.,** es pura educación ◆ | LOC: **by c. of,** por gentileza de
courthouse [ˈkɔːthaʊs] *n* palacio de justicia
courtroom [ˈkɔːtruːm] *n* sala de justicia
courtyard [ˈkɔːtjɑːd] *n* patio

cousin ['kʌzən] *n* primo,-a; **first c.,** primo,-a hermano,-a

cove [kəʊv] *n Geog* cala, ensenada

covenant ['kʌvənənt] *n* convenio, pacto

cover ['kʌvəʳ] **1** *vtr* ◆ cubrir, revestir [**with,** de] ◆ *(la cara, orejas)* tapar ◆ *(un campo)* abarcar ◆ incluir ◆ informar acerca de ◆ *(un gasto, riesgo)* cubrir ◆ abrigar ◆ *(con un arma)* apuntar, proteger ◆ *(una distancia)* recorrer; *(una extensión)* cubrir ◆ *Ftb* cubrir, marcar | **2** *vi (por ausencia)* sustituir [**for,** a] | **3** *n* ◆ cubierta, tapa ◆ *(de almohada, silla)* funda; *(de cama)* cobertor, colcha ◆ *(de un libro)* tapa; *(de un periódico)* portada ◆ abrigo; **to take c.,** abrigarse; **under c.,** al abrigo, bajo techo; **under c. of darkness,** al amparo de la noche; **under separate c.,** por separado ◆ *(de un crimen)* tapadera ◆ *Fin* cobertura
■ **cover up 1** *vtr* ◆ tapar ◆ *(un crimen)* encubrir ◆ *(una emoción)* disimular | **2** *vi* ◆ *(persona)* taparse ◆ **to c. up for sb,** encubrir a alguien

coverage ['kʌvərɪdʒ] *n* cobertura

coveralls ['kʌvərɔːlz] *npl (prenda de trabajo) US* mono

covering ['kʌvərɪŋ] **1** *n* cubierta, envoltura | **2** *adj (carta)* explicatorio,-a

covert ['kʌvət] *adj* disimulado,-a, secreto,-a

cover-up ['kʌvərʌp] *n* encubrimiento

covet ['kʌvɪt] *vtr* codiciar

cow [kaʊ] **1** *n* ◆ vaca ◆ *pey (mujer)* arpía, bruja | **2** *vtr* intimidar

coward ['kaʊəd] *n* cobarde

cowardice ['kaʊədɪs] *n* cobardía

cowardly ['kaʊədlɪ] *adj* cobarde

cowboy ['kaʊbɔɪ] *n* ◆ vaquero ◆ *fig pey (obrero, etc)* pirata, poco honrado,-a

coy [kɔɪ] *adj* ◆ tímido,-a ◆ coquetón,-ona

cozy ['kəʊzɪ] *adj US* → **cosy**

crab [kræb] *n* cangrejo

crabby ['kræbɪ] *adj* malhumorado,-a

crack [kræk] **1** *n* ◆ *(en loza, crista)* raja; *(en pared, tierra)* grieta; *(de hueso)* fractura ◆ *(de látigo)* restallido ◆ golpe ◆ *fam* comentario agudo ◆ *fam (droga)* crack ◆ | LOC: *fam* **to have a c. at sthg,** intentar algo | **2** *vtr* ◆ *(un cristal)* romper; *(una pared, el suelo)* agrietar; *(un hueso)* fracturar: **I've cracked a rib,** me he fracturado una costilla ◆ *(una caja fuerte)* forzar; *(un fruto seco, huevo)* cascar ◆ *(un misterio)* resolver ◆ *(un látigo)* hacer restallar ◆ *(un chiste)* contar ◆ golpear: **he cracked his head on the ceiling,** se dio con la cabeza contra el techo | **3** *vi* ◆ *(cristal, loza)* rajarse: **the mirror cracked from side to side,** el espejo se rajó de lado a lado; *(hueso)* fracturarse; *(pared, pintura, suelo)* agrietarse ◆ *(voz)* quebrarse ◆ *(un látigo)* restallar ◆ *(una persona)* sufrir una crisis nerviosa ◆ | LOC: **to get cracking,** ponerse manos a la obra
■ **crack down** *vi* tomar medidas duras [**on,** contra]
■ **crack up** *vi* ◆ sufrir un ataque de nervios ◆ partirse de risa

crackdown ['krækdaʊn] *n* **the government has promised a c. on drugs,** el gobierno se ha comprometido a tomar medidas enérgicas contra la droga

cracker ['krækəʳ] *n* ◆ *Culin* galleta salada ◆ *(fuego artificial)* petardo ◆ *GB* Navidad paquete sorpresa que contiene un petardo

crackle ['krækəl] *vi* ◆ *(papel)* crujir ◆ *(fuego)* crepitar

cradle ['kreɪdəl] *n (de bebé)* cuna; *fig* **the c. of civilization,** la cuna de la civilización

craft [krɑːft] *n* ◆ oficio: **the bookbinder's c.,** el oficio de encuadernador ◆ *(habilidad especial)* arte, destreza ◆ *Náut* embarcación; *Av* nave ◆ **crafts** *pl*, manualidades, artesanía

craftsman ['krɑːftsmən] *n* artesano

craftsmanship ['krɑːftsmənʃɪp] *n* artesanía

crafty ['krɑːftɪ] *adj (craftier, craftiest)* astuto,-a

crag [kræg] *n* peñasco

craggy ['krægɪ] *adj* ◆ escarpado,-a ◆ *(cara)* de facciones muy marcadas

cram [kræm] **1** *vtr* atiborrar [**with,** de] | **2** *vi Educ fam* empollar

cramp [kræmp] **1** *n* ◆ *Med* calambre; **cramps** *pl, (estómago)* retortijones ◆ *Téc* grapa | **2** *vtr* ◆ *(el desarrollo, etc)* estorbar ◆ | LOC: **to c. sb's style,** cortar las alas a alguien

cramped [kræmpt] *adj* ◆ *(habitación)* estrecho,-a: **this office is very c.,** este despacho es muy pequeño ◆ *(letra)* apretado,-a

cranberry ['krænbərɪ] *n* arándano

crane [kreɪn] **1** *n* ◆ *Zool* grulla común ◆ *Téc* grúa | **2** *vtr* estirar; **to c. one's neck,** estirar el cuello

crank [kræŋk] **1** *n* ◆ *Téc* manivela ◆ excéntrico,-a | **2** *vtr (motor)* arrancar con manivela

crap [kræp] *n fam* mierda ◆ | LOC: **he talks c.**, dice gilipolleces

crash [kræʃ] **1** *vtr* **to c. one's car**, tener un accidente con el coche | **2** *vi* ◆ *(coche, avión)* estrellarse [**into**, contra]; *(colisionar)* chocar [**into**, con] ◆ *Com* quebrar ◆ *Inform* fallar, colgarse; *(la red)* caerse | **3** *n* ◆ *(ruido)* estrépito ◆ *(percance)* choque; **c. barrier**, valla protectora; **car/plane c.**, accidente de coche/avión ◆ *Com* quiebra | **4** *adj* intensivo,-a; **c. course**, curso intensivo

crash-land [kræʃˈlænd] *vi Av* hacer un aterrizaje forzoso

crass [kræs] *adj* ◆ insensible ◆ *(error)* craso,-a, garrafal

crate [kreɪt] *n* caja (para botellas), cajón (para embalar)

crater [ˈkreɪtəʳ] *n* cráter

crave [kreɪv] *vi* ansiar: **I'm craving for a cigarette**, me muero por un cigarrillo

craving [ˈkreɪvɪŋ] *n* ◆ ansia ◆ *(durante el embarazo)* antojo

crawl [krɔːl] **1** *vi* ◆ *(bebé)* gatear ◆ *(insecto)* andar, reptar, trepar ◆ *(coche, etc)* avanzar lentamente ◆ humillarse [**to**, ante] ◆ | LOC: **the town is crawling with spies**, la ciudad está plagada de espías | **2** *n (natación)* crol

crayfish [ˈkreɪfɪʃ] *n Zool* ◆ cangrejo de río ◆ cigala

crayon [ˈkreɪɒn] *n* lápiz de colores

craze [kreɪz] *n (tendencia)* moda, locura

crazy [ˈkreɪzɪ] *adj (crazier, craziest)* ◆ *fam (persona)* loco,-a, chalado,-a ◆ *(idea)* disparatado,-a

creak [kriːk] *vi (el suelo)* crujir; *(una bisagra)* chirriar

cream [kriːm] **1** *n* ◆ *(de leche)* nata; **whipped c.**, nata montada ◆ color crema ◆ *(en cosmética)* crema ◆ | LOC: **the c. (of society)**, la flor y nata | **2** *vtr* ◆ *(la leche)* desnatar ◆ *Culin* batir; **creamed potatoes**, puré de patatas | **3** *adj* (de color) crema

creamy [ˈkriːmɪ] *adj (creamier, creamiest)* cremoso,-a

crease [kriːs] **1** *n* ◆ *(no deseado)* arruga ◆ *(de pantalón)* raya ◆ *(de un papel, libro, etc)* pliegue | **2** *vtr* ◆ *(la ropa)* arrugar ◆ *(en un pantalón)* hacer la raya ◆ *(un papel)* plegar | **3** *vi* arrugarse

create [kriːˈeɪt] *vtr* crear

creation [kriːˈeɪʃən] *n* creación

creative [kriːˈeɪtɪv] *adj* ◆ *(persona)* creativo,-a ◆ *(obra)* original

creativity [kriːeɪˈtɪvɪtɪ] *n* creatividad

creator [kriːˈeɪtəʳ] *n* creador,-ora

creature [ˈkriːtʃəʳ] *n* criatura ◆ | LOC: **c. comforts**, bienestar material

crèche [kreɪʃ, kreʃ] *n GB* guardería

credentials [krɪˈdenʃəlz] *npl* credenciales

credibility [kredɪˈbɪlɪtɪ] *n* credibilidad

credible [ˈkredɪbəl] *adj* creíble

credit [ˈkredɪt] **1** *n* ◆ *Com* crédito: **my account is in c.**, mi cuenta tiene un saldo positivo; **c. account/card**, cuenta/tarjeta de crédito; **on c.**, a crédito ◆ *Fin* **c. side**, haber ◆ honor: **he is a c. to his profession**, le hace honor a su profesión ◆ reconocimiento; **c. where it's due**, en honor a la verdad ◆ *Cine TV* **credits** *pl*, créditos ◆ *US Univ* crédito | **2** *vt* ◆ *frml* creer ◆ **to c. sb with money** *o* **to c. money to sb**, abonar dinero a la cuenta de alguien ◆ atribuir: **she is credited with psychic powers**, se le atribuyen poderes psíquicos

creditable [ˈkredɪtəbəl] *adj* encomiable

creditor [ˈkredɪtəʳ] *n* acreedor,-ora

creek [kriːk] *n* ◆ *GB* cala ◆ *US* riachuelo

creep [kriːp] **1** *vi* (*ps & pp* **crept**) ◆ *(un animal, insecto)* reptar, arrastrarse ◆ *(planta)* trepar ◆ *(una hora, persona, reloj)* moverse lentamente; **to c. up**, acercarse sigilosamente [**on**, a] ◆ *fam (persona)* hacer la pelota [**to**, a] ◆ | LOC: **to give sb the creeps**, darle escalofríos a alguien | **2** *n fam (persona)* pelota, trepa

creeper [ˈkriːpəʳ] *n Bot* trepadora

creepy [ˈkriːpɪ] *adj (creepier, creepiest) fam* ◆ espeluznante ◆ *(persona)* asqueroso,-a

cremate [krɪˈmeɪt] *vtr* incinerar

cremation [krɪˈmeɪʃən] *n* incineración (de cadáveres)

crematorium [kreməˈtɔːrɪəm] *n* crematorio

crepe, crêpe [kreɪp] *n* ◆ *Tex* crepe, crespón ◆ *Culin* crepe, panqueque

crept [krept] *ps & pp* → **creep**

crescendo [krɪˈʃendəʊ] *n* crescendo

crescent [ˈkresənt] *n* ◆ *(forma)* medialuna ◆ *GB* calle en forma semicircular

cress [kres] *n Bot* mastuerzo; **water c.**, berro

crest [krest] *n* ◆ *(de gallo)* cresta; *(de pavo)* moco; *(de plumas)* penacho ◆ *(de colina)* cima; *(de ola)* cresta ◆ *(heráldico)* blasón

crestfallen [ˈkrestfɔːlən] *adj* alicaído,-a

cretin [ˈkretɪn] *n* cretino,-a

crevice [ˈkrevɪs] *n* grieta, hendidura

crew [kru:] *n* ◆ *Av Náut* tripulación ◆ *Cine TV* **camera/sound c.,** equipo de cámara/sonido
crib [krɪb] **1** *n* ◆ *(for baby)* cuna ◆ *(Navidad)* pesebre, Belén ◆ *(para examen, etc)* chuleta | **2** *vi & vtr fam* ◆ *(hacer trampas)* copiar: **to c. (sthg) off sb,** copiar (algo) a alguien
cricket ['krɪkɪt] *n* ◆ *Zool* grillo ◆ *Dep* críquet
crime [kraɪm] *n* ◆ *(en general)* delincuencia: **c. is on the increase,** la delincuencia está aumentando ◆ *(específico)* delito: **the c. of murder,** el delito de asesinato ◆ *(acción)* **it was clear that a c. had been committed,** era evidente que se había cometido un crimen
criminal ['krɪmɪnəl] **1** *n* criminal | **2** *adj* ◆ criminal; **c. damage,** daños y perjuicios; **c. law,** derecho penal; **c. record,** antecedentes penales ◆ *fam* vergonzoso,-a
crimson ['krɪmzən] *adj* & *n* carmesí
cringe [krɪndʒ] *vi* ◆ encogerse ◆ avergonzarse: **her manners make me c.,** sus modales me hacen sentir vergüenza ajena ◆ *fig* reptar
crinkle ['krɪŋkəl] *vtr* fruncir, arrugar
cripple ['krɪpəl] **1** *n* lisiado,-a, mutilado,-a | **2** *vtr* ◆ lisiar, dejar cojo,-a ◆ *fig (industria, país, etc)* paralizar
crisis ['kraɪsɪs] *n (pl crises* ['kraɪsi:z]*)* crisis
crisp [krɪsp] **1** *adj* ◆ *(tostada, fritos, fruta)* crujiente ◆ *(verduras)* fresco,-a ◆ *(billete de banco, etc)* nuevo,-a ◆ *(aire)* frío,-a y vigorizante ◆ *(persona)* seco,-a, tajante | **2** *n GB* **(potato) c.,** patata frita *(de bolsa)*
crispy ['krɪspɪ] *adj* crujiente
criterion [kraɪ'tɪərɪən] *n (pl criteria* [kraɪ'tɪərɪə]*)* criterio
critic ['krɪtɪk] *n* crítico,-a
critical ['krɪtɪkəl] *adj* ◆ crítico,-a ◆ *(enfermedad, herida)* muy grave
critically ['krɪtɪklɪ] *adv* ◆ críticamente ◆ *(enfermo, herido)* gravemente
criticism ['krɪtɪsɪzəm] *n* crítica
criticize ['krɪtɪsaɪz] *vtr* criticar
Croat [krəʊæt] *n & adj* croata
Croatia [krəʊ'eɪʃə] *n* Croacia
Croatian [krəʊ'eɪʃən] *n & adj* croata
croak [krəʊk] **1** *n* ◆ *(de cuervo)* graznido; *(de rana)* croar; *(de persona)* voz ronca | **2** *vi* ◆ *(un cuervo)* graznar; *(una rana)* croar; *(una persona)* hablar con voz ronca ◆ *argot* morirse
crochet ['krəʊʃeɪ] *n* ganchillo

crockery ['krɒkərɪ] *n* loza, vajilla
crocodile ['krɒkədaɪl] *n* cocodrilo
crocus ['krəʊkəs] *n* azafrán
crony ['krəʊnɪ] *n* compinche, amiguete
crook [krʊk] **1** *n* ◆ *(de pastor)* cayado; *(de obispo)* báculo ◆ *fam* criminal ◆ curva | **2** *vtr (un dedo, etc)* encorvar, doblar
crooked ['krʊkɪd] *adj* ◆ *(espalda)* encorvado,-a ◆ *(sonrisa)* torcido,-a ◆ *(sendero)* tortuoso,-a ◆ *(persona o acción)* deshonesto,-a
crop [krɒp] **1** *n* ◆ cultivo ◆ *(de cereales, uvas, etc)* cosecha ◆ corte de pelo muy corto | **2** *vtr* ◆ *(el pelo)* rapar ◆ pacer
■ **crop up** *vi fam (aparecer)* surgir
croquet ['krəʊkeɪ] *n Dep* croquet
cross [krɒs] **1** *n* ◆ cruz ◆ *Biol* cruce [**between X and Y,** de X e Y]; *fig* mezcla | **2** *vtr* ◆ cruzar: *(poner en diagonal)* **to c. one's arms,** cruzarse de brazos ◆ *(ir a través de)* **to c. the river,** salvar el río; **to c. the road,** cruzar la calle ◆ *Rel* **to c. oneself,** santiguarse; *fam* **c. my heart!,** ¡te lo juro! ◆ contrariar ◆ *Biol* cruzar | **3** *vi (ir al otro lado)* cruzar; *(calles)* cruzarse; **to c. over,** cruzar | **4** *adj* ◆ enfadado,-a, malhumorado,-a: **don't get c.,** no te enfades ◆ | LOC: *fig* **they are at c. purposes,** hablan de cosas distintas
■ **cross off/out** *vtr* tachar, rayar

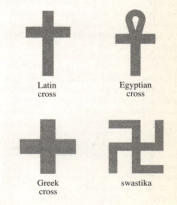

Latin cross

Egyptian cross

Greek cross

swastika

crossbar ['krɒsbɑː'] *n* travesaño
crossbow ['krɒsbəʊ] *n* ballesta
crosscheck ['krɒs tʃek] **1** *n* comprobación | **2** *vtr* comprobar, cotejar [**against, con**]

cross-country [kɒs'kʌntrɪ] **1** *adj* campo a través; **c. skiing,** esquí de fondo | **2** *adv* campo a través: **he had to go c. to the village,** tuvo que ir campo a través hasta el pueblo

cross-examine [kɒsɪg'zæmɪn] *vtr* interrogar

cross-eyed ['kɒsaɪd] *adj* bizco,-a

crossfire ['kɒsfaɪəʳ] *n* fuego cruzado

crossing ['kɒsɪŋ] *n* ♦ *(de carreteras, etc)* cruce ♦ paso; **pedestrian c.,** paso de peatones; *Ferroc* **level c.,** paso a nivel ♦ *(de mar)* travesía

cross-legged [kɒs'legɪd] *adj* con las piernas cruzadas

cross-reference [kɒs'refərəns] *n* remisión

crossroads ['kɒsrəʊdz] *n* ♦ cruce ♦ *fig* encrucijada

cross section ['kɒs'sekʃən] *n* sección transversa

crossword ['kɒsw3:d] *n* **c. (puzzle),** crucigrama

crotch [krɒtʃ] *n* entrepierna

crouch [kraʊtʃ] *vi* agacharse, ponerse en cuclillas

crow [krəʊ] **1** *vi* ♦ *(gallo)* cantar ♦ *fig* alardear [**about/over,** de] | **2** *n* ♦ *(de gallo)* canto ♦ *Orn* cuervo ♦ | LOC: **as the c. flies,** en línea recta

crowbar ['krəʊbɑːʳ] *n* palanca

crowd [kraʊd] **1** *n* ♦ muchedumbre ♦ *Dep* público ♦ *fam* grupo, pandilla | **2** *vtr (las calles)* llenar | **3** *vi* ♦ agolparse ♦ ir en tropel: **to c. in/out,** entrar/salir en tropel: **they crowded for the exit,** se abalanzaron (en tropel) hacia la salida

crowded ['kraʊdɪd] *adj* atestado,-a, lleno,-a: **the streets were c. with tourists,** las calles estaban llenas de turistas

crown [kraʊn] **1** *n* ♦ corona; **C. Prince,** príncipe heredero ♦ *Anat* coronilla ♦ *(de árbol, sombrero)* copa ♦ *(de colina)* cima ♦ *(de diente)* corona ♦ *GB Jur* **the C.,** el Estado | **2** *vtr* ♦ coronar ♦ *(un diente)* poner una corona a

crucial ['kruːʃəl] *adj* decisivo,-a, crucial

crucifix ['kruːsɪfɪks] *n* crucifijo

crucify ['kruːsɪfaɪ] *vtr* crucificar

crude [kruːd] **1** *adj* ♦ *(persona, lenguaje)* ordinario,-a, grosero,-a ♦ *(ropa, refugio, utensilio)* primitivo,-a ♦ *(petróleo)* crudo | **2** *n* crudo

cruel [krʊəl] *adj* cruel [**to,** con]

cruelty ['krʊəltɪ] *n* crueldad [**to,** hacia]

cruise [kruːz] **1** *vi* ♦ *Náut* hacer un crucero ♦ *Auto Av* viajar a velocidad constante; **c. speed,** velocidad de crucero | **2** *n Náut* crucero

cruiser ['kruːzəʳ] *n* crucero

crumb [krʌm] *n* miga, migaja

crumble ['krʌmbəl] **1** *vtr* desmenuzar | **2** *vi* ♦ *(galleta, pan, tierra)* desmenuzarse ♦ *(muro, imperio, la esperanza)* desmoronarse

crumbly ['krʌmblɪ] *adj (crumblier, crumbliest)* que se desmigaja con facilidad

crumple ['krʌmpəl] *vtr* arrugar

crunch [krʌntʃ] **1** *vtr* ♦ *(al comer)* morder algo crujiente ♦ *(la tierra)* hacer crujir | **2** *vi* crujir | **3** *n* punto decisivo: **when it comes to the c.,** a la hora de la verdad

crunchy ['krʌntʃɪ] *adj (crunchier, crunchiest)* crujiente

crusade [kruː'seɪd] *n* cruzada

crusader [kruː'seɪdəʳ] *n Hist* cruzado

crush [krʌʃ] **1** *vtr* ♦ aplastar; *(el ajo)* machacar; *(el hielo)* picar; *(la ropa)* arrugar; *(uvas)* prensar | **2** *n* ♦ *(mucha gente)* aglomeración ♦ enamoramiento: **to have a c. on sb,** perder la cabeza por alguien ♦ *(de fruta)* jugo

crushing ['krʌʃɪŋ] *adj fig (golpe, contestación)* aplastante

crust [krʌst] *n* corteza

crusty ['krʌstɪ] *adj* malhumorado

crutch [krʌtʃ] *n* ♦ *Med* muleta ♦ *fig* apoyo, sostén ♦ entrepierna

crux [krʌks] *n (de un asunto)* quid

cry [kraɪ] **1** *vi (ps & pp cried)* ♦ llorar ♦ gritar ➤ Ver nota en **gritar** ♦ | LOC: **it's no use crying over spilt milk,** a lo hecho, pecho | **2** *n* ♦ grito ♦ llanto: **to have a c.,** desahogarse llorando ♦ | LOC: **it's a far c. from Paris,** es muy distinto de París

■ **cry out** *vi* gritar ➤ Ver nota en **gritar**
■ **cry out for** *vtr* pedir a gritos

crying ['kraɪɪŋ] **1** *n* llanto | **2** *adj* ♦ *(necesidad)* urgente ♦ | LOC: **it's a c. shame,** es una verdadera lástima

crypt [krɪpt] *n* cripta

cryptic ['krɪptɪk] *adj* enigmático,-a

crystal ['krɪstəl] *n* cristal

crystal-clear [krɪstəl'klɪəʳ] *adj* claro,-a como el agua

crystallize ['krɪstəlaɪz] **1** *vtr* cristalizar | **2** *vi* cristalizarse

cub [kʌb] *n* ♦ *(animal)* cachorro ♦ niño explorador

Cuba ['kjuːbə] *n* Cuba

Cuban ['kju:bən] *adj & n* cubano,-a
cube [kju:b] **1** *n* ◆ cubo; *(azúcar)* terrón ◆ *Mat* **c. root**, raíz cúbica | **2** *vtr Mat* elevar al cubo
cubic ['kju:bɪk] *adj* cúbico,-a
cubicle ['kju:bɪkəl] *n* cubículo
cuckoo ['kuku:] **1** *n Orn* cuco
cucumber ['kju:kʌmbə'] *n* pepino
cuddle ['kʌdəl] **1** *vtr* abrazar | **2** *vi* abrazarse
cuddly ['kʌdlɪ] *adj* ◆ *(persona)* mimoso,-a ◆ **c. toy**, muñeco de peluche
cue [kju:] *n* ◆ *Teat* entrada ◆ *Dep (billar)* taco ◆ | LOC: **right on c.**, en el momento justo
cuff [kʌf] **1** *n* ◆ *(de manga)* puño ◆ *US (de pantalón)* dobladillo ◆ bofetada ◆ | LOC: *(como adj o adv)* **off the c.**, sin pensarlo | **2** *vtr* abofetear
cufflinks ['kʌflɪŋks] *npl* gemelos
cuisine [kwɪ'zi:n] *n (arte de cocinar)* cocina: **Spanish c. is very varied**, la cocina española es muy variada
cul-de-sac ['kʌldəsæk] *n* callejón sin salida
culminate ['kʌlmɪneɪt] *vi* culminar [**in, en**]
culmination [kʌlmɪ'neɪʃən] *n* culminación, punto culminante
culottes [kju:'lɒts] *npl* falda-pantalón
culprit ['kʌlprɪt] *n* culpable
cult [kʌlt] *n* culto; **c. movie**, película de culto; **the c. of money**, el culto al dinero
cultivate ['kʌltɪveɪt] *vtr* cultivar
cultivated ['kʌltɪveɪtɪd] *adj* ◆ *(persona)* culto,-a ◆ *(tierra)* cultivado,-a
cultivation [kʌltɪ'veɪʃən] *n* cultivo (de la tierra)
cultural ['kʌltʃərəl] *adj* cultural
culture ['kʌltʃə'] *n* cultura
cultured ['kʌltʃəd] *adj* ◆ *(persona)* culto,-a ◆ **c. pearl**, perla cultivada
cumbersome ['kʌmbəsəm] *adj* ◆ *(difícil)* incómodo,-a, engorroso,-a: **bureaucracy in Spain is very c.**; la burocracia en España es muy pesada ◆ *(que abulta mucho)* voluminoso,-a
cumin ['kʌmɪn] *n* comino
cumulative ['kju:mjʊlətɪv] *adj* ◆ acumulativo,-a ◆ acumulado,-a
cunning ['kʌnɪŋ] **1** *adj* astuto,-a | **2** *n* astucia
cup [kʌp] **1** *n* ◆ taza; **paper c.**, vaso de papel ◆ *Dep (premio)* copa ◆ | LOC: **football isn't my c. of tea**, el fútbol no es lo mío | **2** *vtr (las manos)* ahuecar

cupboard ['kʌbəd] *n* ◆ armario ◆ despensa ◆ | LOC: **c. love**, amor interesado
cupful ['kʌpfʊl] *n (contenido)* taza
curate ['kjʊərɪt] *n Rel* coadjutor
curative ['kjʊərətɪv] *adj* curativo,-a
curator [kjʊə'reɪtə'] *n (de museo, galería)* conservador,-ora
curb [kɜ:b] **1** *n (tb US* **kerb**) *(de la acera)* bordillo | **2** *vtr* ◆ *(la emoción)* dominar ◆ *fig (gastos)* poner freno a, contener
curd [kɜ:d] *n* cuajada
curdle ['kɜ:dəl] *vi* cuajarse
cure [kjʊə'] **1** *vtr* curar | **2** *n (para una enfermedad)* cura, remedio
curfew ['kɜ:fju:] *n* toque de queda
curiosity [kjʊərɪ'ɒsɪtɪ] *n* curiosidad
curious ['kjʊərɪəs] *adj* ◆ *(inquisitivo)* curioso,-a [**about**, por] ◆ extraño,-a
curl [kɜ:l] **1** *n* ◆ *(de pelo)* rizo ◆ *(de humo)* espiral | **2** *vtr (el pelo)* rizar | **3** *vi* ◆ *(pelo)* rizarse: **her hair curls when it gets wet,** su pelo se riza al mojarse ◆ *(humo)* subir en espirales

■ **curl up** *vi* enroscarse
curly ['kɜ:lɪ] *adj (**curlier, curliest**)* rizado,-a
currant ['kʌrənt] *n* ◆ *Culin* pasa ◆ *Bot* grosella
currency ['kʌrənsɪ] *n* ◆ moneda; **foreign c.**, divisa; **the single European c.**, la moneda única europea ◆ *(creencia, opinión)* **to gain c.**, extenderse
current ['kʌrənt] **1** *adj* ◆ actual, corriente: **the c. rate of inflation is 6%**, el tipo actual de inflación es del 6%; **c. affairs**, temas de actualidad; **the c. year**, el año en curso ◆ *(opinión)* general ◆ *(palabra)* en uso ◆ *Fin* **c. account**, cuenta corriente | **2** *n* ◆ corriente ◆ *Elec* corriente, fluido
currently ['kʌrəntlɪ] *adv* actualmente
curriculum [kə'rɪkjʊləm] *n (pl* **curricula** [kə'rɪkjʊlə]*)* ◆ *Educ* plan de estudios ◆ **c. vitae**, currículum (vitae)
curry ['kʌrɪ] *n Culin* curry; **chicken c.**, pollo al curry
curse [kɜ:s] **1** *n* ◆ taco, palabrota ◆ maldición; *fig* azote, desgracia: **poverty is the c. of modern times**, la pobreza es el azote de los tiempos actuales | **2** *vi & vtr* maldecir
cursor ['kɜ:sə'] *n Inform* cursor
cursory ['kɜ:sərɪ] *adj* rápido,-a, superficial
curt [kɜ:t] *adj (al hablar)* brusco,-a, seco,-a

curtail [kɜː'teɪl] *vtr* ♦ abreviar ♦ *(gastos)* reducir, acortar
curtain ['kɜːtən] *n* ♦ cortina ♦ *Teat* telón
curts(e)y ['kɜːtsɪ] 1 *n* reverencia | 2 *vi (mujer)* hacer una reverencia
curve [kɜːv] 1 *n* curva | 2 *vtr* doblar | 3 *vi* torcerse, doblarse, hacer/describir una curva: **the road curves towards the West,** la carretera gira hacia el oeste
curved [kɜːvd] *adj* curvo,-a
cushion ['kʊʃən] 1 *n* ♦ cojín; *(grande)* almohadón ♦ protección | 2 *vtr* ♦ *(la caída, el choque)* amortiguar ♦ proteger
cushy ['kʊʃɪ] *adj (cushier, cushiest) fam* cómodo,-a; **a c. job,** *(trabajo)* un chollo
custard ['kʌstəd] *n* ♦ *Culin* natillas; **c. powder,** natillas en polvo ♦ **c. pie,** tarta de crema ♦ *Bot* **c. apple,** chirimoya
custody ['kʌstədɪ] *n* custodia; **in c.,** bajo custodia
custom ['kʌstəm] *n* ♦ costumbre ♦ *Com* clientela
customary ['kʌstəmərɪ] *adj* habitual
customer ['kʌstəmə'] *n* cliente
customs ['kʌstəmz] *n sing o pl* ♦ aduana ♦ derechos de aduana
cut [kʌt] 1 *n* ♦ *(acción)* corte ♦ *(en la piel)* corte, herida ♦ recorte, reducción [**in, de**] ♦ *Teat Cine Lit* corte ♦ *(carne)* pieza, trozo ♦ **short c.,** atajo ♦ | LOC: *fam* **to take a cut,** quedarse con una parte [**of, de**]; **a c. above sb/sthg,** superior a alguien/algo | 2 *adj* cortado,-a; **c. flowers,** flores cortadas ♦ *(precio)* rebajado,-a ♦ *(cristal)* cristal tallado,-a ♦ | LOC: **c. and dried,** sencillo,-a, rutinario,-a | 3 *vtr (ps & pp cut)* ♦ cortar ♦ *(un cristal, una piedra)* tallar ♦ *(un disco)* grabar ♦ *(los gastos, un precio)* reducir ♦ *(llave)* hacer ♦ *Cine TV* editar ♦ *(para repartir)* dividir [**into, en**] ♦ | LOC: **the baby's cutting a tooth,** al bebé le está saliendo un diente; **to c. sb (dead),** dejar a alguien con el saludo en la boca; **to c. short,** acortar, interrumpir | 4 *vi* ♦ *(cuchillo, etc)* cortar ♦ *(materia)* **this wood cuts easily,** esta madera es fácil de cortar ♦ *Naipes* cortar

■ **cut across** *vtr* ♦ tomar un atajo por ♦ *(límites)* trascender
■ **cut back** *vtr* ♦ *(gastos)* reducir ♦ *(la producción)* disminuir ♦ *(una planta)* podar
■ **cut down** 1 *vtr* ♦ *(árboles)* talar ♦ *(gastos, el consumo)* reducir | 2 *vi* ♦ economizar ♦ restringir el consumo [**on, de**]

■ **cut in** *vi* ♦ interrumpir ♦ *Auto* colarse peligrosamente
■ **cut off** *vtr* ♦ *(el agua, gas)* cortar ♦ *Tel* **we've been c. off,** se ha cortado la línea ♦ *(un sitio, pueblo)* aislar, dejar incomunicado ♦ *(a un hijo)* desheredar
■ **cut out** 1 *vtr* ♦ *(papel)* recortar ♦ excluir, eliminar: **he's been cut out of the team,** le han excluido del equipo; **I have to c. out sugar,** tengo que dejar de comer azúcar; *excl fam* **cut it out!,** ¡basta ya! ♦ *(persona)* **to be c. out for sthg,** estar hecho,-a para algo | 2 *vi* ♦ *(motor)* calarse ♦ *(luz)* apagarse
■ **cut up** *vtr* ♦ cortar en pedazos ♦ **to be cut up,** estar disgustado,-a [**about, por**]

cutback ['kʌtbæk] *n* reducción [**in, de**]
cute [kjuːt] *adj (un niño, animalito)* mono,-a, lindo,-a, rico,-a
cuticle ['kjuːtɪkəl] *n* cutícula
cutlery ['kʌtlərɪ] *n* cubiertos, cubertería
cutlet ['kʌtlɪt] *n* chuleta
cut-off ['kʌtɒf] *n* **c. point,** punto límite
cut-price [kʌt'praɪs] *adj (mercancías)* a precio rebajado
cut-throat ['kʌtθrəʊt] 1 *n* asesino,-a, matón | 2 *adj* ♦ *(persona)* cruel, despiadado,-a ♦ *(competencia)* encarnizado,-a, feroz
cutting ['kʌtɪŋ] 1 *n* ♦ *Prensa* recorte ♦ *Bot* esqueje | 2 *adj* ♦ cortante ♦ *(comentario)* mordaz
CV [siː'viː] *(abr de curriculum vitae)*, currículum vitae, CV
cyanide ['saɪənaɪd] *n* cianuro
cycle ['saɪkəl] 1 *n* ♦ ciclo ♦ bicicleta | 2 *vi* ir en bicicleta
cycling ['saɪklɪŋ] *n* ciclismo; **to go c.,** ir de paseo en bicicleta
cyclist ['saɪklɪst] *n* ciclista
cyclone ['saɪkləʊn] *n* ciclón
cylinder ['sɪlɪndə'] *n* ♦ cilindro ♦ *(para gas)* bombona
cylindrical [sɪ'lɪndrɪkəl] *adj* cilíndrico
cymbal ['sɪmbəl] *n* *Mús* címbalo, platillo
cynic ['sɪnɪk] *n* cínico,-a
cynical ['sɪnɪkəl] *adj* cínico,-a
cynicism ['sɪnɪsɪzəm] *n* cinismo
cypress ['saɪprəs] *n* *Bot* ciprés
cyst [sɪst] *n* *Med* quiste
czar [zɑː'] *n* zar
Czech [tʃek] 1 *adj* checo,-a; **The C. Republic,** República Checa | 2 *n* ♦ *(persona)* checo,-a ♦ *(idioma)* checo

d D d D D d d D

D, d [di:] *n* ♦ *(letra)* D, d ♦ *Mús* re

dab [dæb] 1 *n (pintura, perfume, etc)* toque | 2 *vtr* ♦ aplicar; **d. on the nose and cheeks,** aplique sobre la nariz y las mejillas ♦ tocar ligeramente: **she dabbed her eyes with her handkerchief,** se llevó el pañuelo a los ojos

dachshund ['dækshʊnd] *n* perro salchicha

dad [dæd], **daddy** ['dædɪ] *n fam* papá, papi

daffodil ['dæfədɪl] *n* narciso

daft [dɑ:ft] *adj GB fam* chalado,-a; *(idea)* ridículo,-a

dagger ['dægə] *n* puñal, daga

dahlia ['deɪljə] *n* dalia

daily ['deɪlɪ] 1 *adj* diario,-a, cotidiano,-a | 2 *adv* diariamente; **twice d.,** dos veces al día | 3 *n* ♦ *(periódico)* diario ♦ *GB fam (en la casa)* asistenta

dainty ['deɪntɪ] *adj (daintier, daintiest) (flor)* delicado,-a; *(comida)* exquisito,-a

dairy ['deɪrɪ] *n (de granja)* establo; *(tienda)* lechería; **d. farm,** vaquería; **d. produce,** productos lácteos

dais ['deɪɪs] *n* estrado

daisy ['deɪzɪ] *n* margarita

daisywheel ['deɪzɪwi:l] *n (para máquina de escribir, impresora)* margarita

Dalmatian [dæl'meɪʃən] *n (perro)* dálmata

dam [dæm] 1 *n (muro de contención)* dique, presa | 2 *vtr (agua)* embalsar, represar

■ **dam up** *vtr fig & lit (emoción, agua)* contener

damage ['dæmɪdʒ] 1 *n* ♦ daño: **the storm caused terrible d.,** la tormenta causó graves daños; *(para la salud, reputación)* perjuicio; *(de una relación)* deterioro ♦ *Jur* **damages,** daños y perjuicios | 2 *vtr (físicamente)* dañar, hacer daño a; *(aparato, etc)* estropear: **my camera is damaged,** mi cámara está estropeada; *(afectar negativamente)* perjudicar: **smoking damages your health,** fumar perjudica la salud

damaging ['dæmɪdʒɪŋ] *adj* perjudicial

damn [dæm] 1 *vtr* condenar | 2 *excl fam* **d. (it)!,** ¡maldito,-a sea! | 3 *n fam* **I don't give a d.,** me importa un comino | 4 *adj fam* maldito,-a | 5 *adv fam* muy: **don't be so d. stupid,** no seas tan estúpido

damned [dæmd] *adj & adv* → **damn** 4 & 5

damning ['dæmɪŋ] *adj (evidencia)* irrefutable; *(crítica)* mordaz

damp [dæmp] 1 *adj (ambiente, etc)* húmedo,-a; *(suelo, trapo)* mojado,-a | 2 *n* humedad | 3 *vtr* ♦ *(para planchar)* humedecer ♦ **to d. (down),** *(fuego)* sofocar; *fig (alegría)* aguar

dampen ['dæmpən] *vtr* ♦ humedecer ♦ *fig (entusiasmo)* aguar

damper ['dæmpə] *n fig* **to put a d. on sthg,** estropear, aguar algo

damson ['dæmzən] *n* ciruela damascena

dance [dɑ:ns] 1 *n* baile; *(clásico, ritual)* danza; **d. band,** orquesta de baile; **d. floor,** pista de baile; **d. hall,** salón de baile | 2 *vi & vtr* bailar; **do you want to d.?,** ¿quieres bailar?

dancer ['dɑ:nsə] *n (profesional)* bailarín,-ina; *(de flamenco)* bailaor,-ora

dancing ['dɑ:nsɪŋ] *n* baile; **ballroom d.,** baile de salón; **country d.,** baile folklórico/regional

dandelion ['dændɪlaɪən] *n* diente de león

dandruff ['dændrəf] *n* caspa

Dane [deɪn] *n (persona)* danés,-esa

danger ['deɪndʒə] *n* ♦ *(situación)* peligro; **'d.',** 'peligro'; **to be in d.,** estar en peligro; **to be out of d.,** estar fuera de peligro ♦ riesgo; **to be in d. of doing sthg,** correr el riesgo de hacer algo; *(de guerra, etc)* amenaza

dangerous ['deɪndʒərəs] *adj* peligroso,-a, arriesgado,-a; *(dañino)* nocivo,-a; *(enfermedad)* grave

dangerously ['deɪndʒərəslɪ] *adv* peligrosamente

dangle ['dæŋgəl] 1 *vi* colgar, pender: **his keys dangled on a chain,** sus llaves colgaban de una cadena | **2** *vtr* colgar; *(las piernas)* balancear en el aire; *(como cebo)* dejar colgado,-a

Danish ['deɪnɪʃ] **1** *adj* danés,-esa; **D. pastry,** pastel de hojaldre | **2** *n (idioma)* danés

dank [dæŋk] *adj* húmedo y frío; **the d. walls of the cellar,** las paredes frías y húmedas de la cueva

dare [deəʳ] **1** *vi* atreverse [**to,** a]: **how d. you!,** ¡cómo se atreve!; *esp GB* **I d. say,** quizás: **I d. say he's very clever, but...,** será muy listo, pero... | **2** *vtr (lanzar un reto)* desafiar: **I d. you to jump!,** ¡a que no te atreves a saltar! | **3** *n* desafío; **to do sthg. for a d.,** hacer algo como desafío

> **To dare** puede funcionar como un verbo normal o como un verbo modal. Cuando es un verbo normal, necesita el auxiliar **do** y le sigue el infinitivo con **to**: **Do you dare to do it?,** *¿Te atreves a hacerlo?* Cuando es un verbo modal, el mismo desempeña el papel del auxiliar **do** y le sigue el infinitivo sin **to**: **Dare you do it?,** *¿Te atreves a hacerlo?*

daredevil ['deədevəl] *adj & n* atrevido,-a, temerario,-a

daring ['deərɪŋ] **1** *adj ♦ (persona, hazaña)* audaz, osado,-a *♦ (ropa, idea)* atrevido,-a | **2** *n* atrevimiento, osadía

dark [dɑːk] **1** *adj ♦ (color, sitio)* oscuro,-a; **d. blue,** azul oscuro; *(tez, pelo)* moreno,-a; *(ojos, pronóstico)* negro,-a *♦ fig (humor)* negro *♦ fig* siniestro,-a *♦* | LOC: **he's a d. horse,** no se sabe nada de él; *(discreto)* es una caja de sorpresas | **2** *n ♦ (falta de luz)* oscuridad, tinieblas: **he's afraid of the d.,** tiene miedo de la oscuridad; **after d.,** después del anochecer *♦* | LOC: **to keep sb in the d.,** ocultar la verdad a alguien [**about,** sobre]

darken ['dɑːkən] **1** *vtr (cielo)* oscurecer; *(color)* hacer más oscuro,-a | **2** *vi* oscurecerse; *(cielo)* nublarse

darkness ['dɑːknɪs] *n* oscuridad, tinieblas

darkroom ['dɑːkruːm] *n Fot* cuarto oscuro

darling ['dɑːlɪŋ] *adj & n* querido,-a

darn [dɑːn] **1** *vtr* zurcir | **2** *n* zurcido | **3** *excl US* **d.!,** ¡jolín!

dart [dɑːt] **1** *n ♦ (proyectil)* dardo *♦* **darts** *Dep sing,* dardos | **2** *vi (mover rápidamente)* revolotear

dartboard ['dɑːtbɔːd] *n* diana

dash [dæʃ] **1** *n ♦ (precipitado)* carrera *♦ Dep US (carrera)* esprint *♦ (pequeña cantidad)* poquito, pizca, gota: **add a d. of pepper and a d. of lemon juice,** añade una pizca de pimienta y una gota de limón *♦ Tip* guión *♦* estilo: **she has more d. than cash,** tiene más estilo que dinero | **2** *vtr ♦ (tirar)* arrojar *♦ (romper)* estrellar | **3** *vi (moverse)* correr; **to d. around,** correr de un lado a otro; *fam* **I really must d.,** tengo que irme corriendo

■ **dash off** *vi* salir corriendo

dashboard ['dæʃbɔːd] *n Auto* salpicadero

dashing ['dæʃɪŋ] *adj (apariencia)* gallardo,-a, elegante

data ['deɪtə, 'dɑːtə] *npl* datos; *Inform* **d. base,** base de datos; **d. processing,** *(acción)* proceso de datos; *(ciencia)* informática; **d. processor,** ordenador ➢ Ver nota en **dato**

date¹ [deɪt] *n ♦* fecha: **what's the d. today?,** ¿a qué día estamos?; **d. of birth,** fecha de nacimiento; **to d.,** hasta la fecha *♦* **out of d.,** *(ideas)* anticuado,-a; *(billete)* caducado,-a; *fig* **I must get my files up to d.,** tengo que poner mis archivos al día *♦* compromiso; *fam (con chico/a)* cita; **blind d.,** cita a ciegas *♦ US fam (persona)* ligue | **2** *vt ♦ (una carta)* fechar *♦ US (una persona)* salir con (chicos/as) | **3** *vi ♦ (tener origen)* datar *♦ (ideas, modas)* quedar anticuado,-a *♦ US* salir (con chicos/as)

■ **date back to/from** *vtr* remontar a, datar de: **this law dates back to 1606,** esta ley data del año 1606

date² [deɪt] *n (fruta)* dátil; **d. palm,** datilera

dated ['deɪtɪd] *adj* obsoleto,-a; *(idea, persona)* anticuado,-a; *(ropa)* pasado,-a de moda; *(palabra)* desusado,-a

daub [dɔːb] *vtr* embadurnar

daughter ['dɔːtəʳ] *n* hija

daughter-in-law ['dɔːtərɪnlɔː] *n* nuera, hija política

daunting ['dɔːntɪŋ] *adj* desalentador,-ora

dawdle ['dɔːdəl] *vi fam* perder el tiempo: **come on! don't d.!,** ¡venga, no te entretengas!

dawn [dɔːn] **1** *n* alba, amanecer | **2** *vi ♦ (día)* amanecer *♦ fig (época)* comenzar *♦* | LOC: **it dawned on her that...,** cayó en la cuenta de que...

day [deɪ] *n* ♦ *(periodo de 24 horas)* día; **d. after d.,** día tras día; **the d. after tomorrow,** pasado mañana; **the d. before yesterday,** anteayer; **d. by d.,** diariamente; **every d.,** todos los días; **the next d.,** al día siguiente; **once a day,** una vez al día; **one of these days,** un día de éstos; *GB Ferroc* **d. return (ticket),** billete de ida y vuelta para el mismo día; **d. trip,** excursión de un día; *fig* **to live from d. to d.,** vivir al día ♦ | LOC: *fam* **let's call it a d.,** *(dar por acabado)* dejémoslo ya por hoy; **to make sb's d.,** alegrarle a alguien el día ♦ *(periodo de luz)* **by d.,** de día; **d. and night,** día y noche; *GB Lab* **d. shift,** turno de día ♦ *(periodo de trabajo)* jornada; **a ten-hour d.,** una jornada de diez horas; **d. off,** día libre: **you can have a d. off tomorrow,** mañana puedes librar ♦ *(era)* época; **in my father's day(s),** en la época de mi padre; **these days,** hoy (en) día ♦ | LOC: **those were the days!,** ¡qué tiempos aquellos!

daybreak ['deɪbreɪk] *n* amanecer

daydream ['deɪdri:m] **1** *n* ensueño, fantasía | **2** *vi* soñar despierto,-a; *(esperar)* hacerse ilusiones

daylight ['deɪlaɪt] *n* luz del día; **they were attacked in broad d.,** les atacaron en pleno día ♦ | LOC: **these bank charges are d. robbery!,** ¡estas comisiones bancarias son un robo!

day off *n* día libre

daytime ['deɪtaɪm] *n* día; **in the d.,** de día

day-to-day ['deɪtədeɪ] *adj* cotidiano,-a, diario,-a

day trip *n* excursión que dura un día

daze [deɪz] *n* aturdimiento; **in a d.,** aturdido,-a

dazed [deɪzd] *adj* aturdido,-a, atontado,-a

dazzle ['dæzəl] *vtr* deslumbrar

deacon ['di:kən] *n* diácono

dead [ded] **1** *adj* ♦ *(sin vida)* muerto,-a; **to be d.,** estar muerto,-a; **to shoot sb d.,** matar a alguien a tiros; **d. body,** cadáver; *fam fig* **over my d. body!,** ¡por encima de mi cadáver! ♦ *fam* **I'm dead,** estoy muerto de cansancio ♦ *(máquina)* averiado,-a; *(teléfono)* cortado,-a: **the line is d.,** no hay línea ♦ *(sin sensibilidad: por el frío)* entumecido,-a; *(pierna)* dormido,-a, adormecido,-a: **my foot has gone d.,** se me ha dormido el pie ♦ total, absoluto; **d. silence,** silencio absoluto ♦ | LOC: **d. end,** callejón sin salida; *fam* **d. loss,** inútil, desastre | **2** *adv* ♦ *(exactamente)* justo; **d. straight,** absolutamente recto ♦ *(de repente)* **to stop d.,** pararse en seco ♦ muy; *fam* **d. stupid,** imbécil; *Auto* **"d. slow",** "muy despacio" | **3** *npl* **the d.,** los muertos ♦ | LOC: **at d. of night,** a altas horas de la noche

deaden ['dedən] *vtr* ♦ *(choque, sonido)* amortiguar ♦ *(dolor)* calmar, aliviar

deadline ['dedlaɪn] *n* fecha tope *o* límite: **when's the d. for registration?,** ¿cuándo acaba el plazo para las matrículas?

deadlock ['dedlɒk] *n (en una conversación, acuerdo)* punto muerto

deadly ['dedlɪ] **1** *adj (deadlier, deadliest)* ♦ mortal; *(arma)* mortífero,-a ♦ *(puntería)* certero,-a ♦ **the seven d. sins,** los siete pecados capitales ♦ *fam* aburridísimo: **this book is d.,** este libro es aburridísimo | **2** *adv (muy)* terriblemente

deadpan ['dedpæn] *adj fam (cara)* inexpresivo,-a

deaf [def] **1** *adj* sordo,-a; **to go d.,** quedarse sordo; **d.-and-dumb,** sordomudo,-a | **2** *npl* **the d.,** los sordos

deafen ['defən] *vtr* ensordecer

deafening ['defənɪŋ] *adj* ensordecedor,-ora

deafness ['defnɪs] *n* sordera

deal [di:l] **1** *n* ♦ *Com Pol* transacción ♦ acuerdo; **to make a d. with sb,** llegar a un acuerdo con alguien; *fam* **it's a d.!,** ¡trato hecho!; *(condiciones)* trato: **they got a very bad d.,** les trataron muy mal ♦ | LOC: **a good d.,** mucho, bastante: **a good d. more expensive,** bastante más caro; **a good d. of rain,** mucha lluvia ♦ *Naipes* reparto | **2** *vtr (ps & pp dealt)* ♦ *Naipes* repartir, dar [**to, a**] ♦ **to d. sb a blow,** asestarle un golpe a alguien

■ **deal in** *vtr (mercancías)* comerciar en

■ **deal out** *vtr* repartir

■ **deal with** *vtr* ♦ *(persona, empresa)* tratar con: **I usually d. with the manager,** suelo tratar con el jefe; *(en una tienda)* atender ♦ *(asunto, problema)* abordar, ocuparse de: **how can we d. with unemployment?,** ¿cómo abordamos el paro? ♦ *(libro, artículo, etc)* versar, tratar sobre ♦ castigar: **thieves will be dealt with severely,** los ladrones serán severamente castigados

dealer ['di:lə*r*] *n* ♦ *Com (mercancías)* comerciante; *(droga)* traficante ♦ *Naipes* persona que reparte/da las cartas

dealings ['di:lɪŋz] *npl* ♦ *(relaciones)* trato ♦ *Com* negocios

dealt [delt] *ps* & *pp* → **deal**
dean [diːn] *n* ◆ *Rel* deán ◆ *Univ* decano
dear [dɪəʳ] **1** *adj* ◆ *(amado)* querido,-a: **she is a very d. friend,** es una amiga muy querida; **this house is very d. to me,** le tengo un gran cariño a esta casa ◆ apreciado; **to hold sthg/sb d.,** apreciar mucho algo/a alguien ◆ *(en correspondencia) (con amigos)* Querido,-a; **D. Juan,** Querido Juan; *(más formal)* Estimado,-a; **D. Mr. Jones,** Estimado Sr. Jones; **D. Madam,** Estimada señora; *frml* **D. Sir(s),** Muy señor(es) mío(s) ◆ *GB* costoso, caro,-a | **2** *n (tratamiento personal)* querido,-a; **yes, my d.,** sí, mi vida *o* cariño *o* querido,-a | **3** *excl* **oh d.!, d. me!,** *(sorpresa)* ¡vaya!; *(desilusión, etc)* ¡qué pena!
dearly [ˈdɪəlɪ] *adv* muchísimo; *fig* **they paid d. for their cruelty,** su crueldad les costó caro
death [deθ] *n* ◆ muerte; *frml* fallecimiento, defunción; **to put sb to d.,** dar muerte a alguien; **d. certificate,** certificado de defunción; **d. penalty,** pena de muerte; **d. rate,** índice de mortalidad; **d. toll,** número de víctimas ◆ *fam* **to be bored to d.,** aburrirse como una ostra; *fam* **to be scared to d.,** estar muerto,-a de miedo; *fam* **to be sick to d. of sthg/doing sthg,** estar hasta el moño de algo/hacer algo ◆ *fig* fin
deathbed [ˈdeθbed] *n* lecho de muerte
deathly [ˈdeθlɪ] *adj (deathlier, deathliest) (silencio)* sepulcral: **he was d. pale,** estaba blanco como un papel
debase [dɪˈbeɪs] *vtr* ◆ degradar ◆ **to d. oneself,** rebajarse
debate [dɪˈbeɪt] **1** *n* debate: **that's open to d.,** eso es discutible | **2** *vtr* ◆ discutir, debatir ◆ *(dudar)* considerar: **I'm debating whether to change jobs,** dudo si cambiar de empleo o no | **3** *vi* discutir
debatable [dɪˈbeɪtəbəl] *adj* discutible
debauchery [dɪˈbɔːtʃərɪ] *n* libertinaje
debilitating [dɪˈbɪlɪteɪtɪŋ] *adj* debilitante
debit [ˈdebɪt] **1** *n* débito; **d. balance,** saldo negativo | **2** *vtr Fin* cargar, anotar: **d. it to my account,** cárguelo a mi cuenta
debris [ˈdebriː, ˈdeɪbriː] *n sing* escombros
debt [det] *n* deuda; **to be in d.,** tener deudas; **to run up debts,** contraer deudas; *fig* **to be in sb's d.,** sentirse en deuda con alguien
debtor [ˈdetəʳ] *n* deudor,-ora

debug [diːˈbʌɡ] *vtr Inform* depurar, eliminar fallos
decade [deˈkeɪd, ˈdekeɪd] *n* decenio, década
decadence [ˈdekədəns] *n* decadencia
decadent [ˈdekədənt] *adj* decadente
decaffeinated [dɪˈkæfɪneɪtɪd] *adj* descafeinado,-a
decapitate [dɪˈkæpɪteɪt] *vtr* decapitar
decay [dɪˈkeɪ] **1** *n* ◆ *(de cuerpo, de comida)* descomposición ◆ *(de cultura)* decadencia; *(de dientes)* caries; *(de edificios)* desmoronamiento | **2** *vi* pudrirse, descomponerse; *(dientes)* picarse; *(edificio)* deteriorarse
deceased [dɪˈsiːst] *frml adj* difunto,-a, fallecido,-a
deceit [dɪˈsiːt] *n* engaño, mentira
deceitful [dɪˈsiːtful] *adj* falso,-a
deceive [dɪˈsiːv] *vtr* mentir a, engañar: **he is deceiving his wife,** está engañando a su mujer
December [dɪˈsembəʳ] *n* diciembre
decency [ˈdiːsənsɪ] *n* ◆ decencia; *(modestia)* pudor ◆ cortesía, buena educación: **he didn't even have the d. to apologise,** ni siquiera tuvo la educación para disculparse
decent [ˈdiːsənt] *adj* ◆ decente; *(persona)* honrado,-a; *fam (agradable)* simpático,-a ◆ *(fam)* bastante bueno: **he earns a d. salary,** gana un buen sueldo
decentralize [diːˈsentrəlaɪz] *vtr* descentralizar
deception [dɪˈsepʃən] *n* engaño
deceptive [dɪˈseptɪv] *adj* engañoso,-a
deceptively [dɪˈseptɪvlɪ] *adv* aparentemente: **it looks d. peaceful,** aparentemente es tranquilo
decide [dɪˈsaɪd] **1** *vtr* ◆ decidir; **to d. to do sthg,** decidir hacer algo ◆ *(un asunto)* resolver | **2** *vi (llegar a una decisión)* decidirse: **have you decided yet?,** ¿(te) has decidido ya?; **to d. against sthg,** decidirse en contra de algo

■ **decide on** *vtr* optar por
decided [dɪˈsaɪdɪd] *adj* ◆ claro-a, marcado,-a; **a d. change for the better,** una clara mejora ◆ *(resuelto)* decidido,-a; *(opinión)* categórico,-a
decidedly [dɪˈsaɪdɪdlɪ] *adv frml* ◆ *(claramente)* indudablemente ◆ *(de manera resuelta)* decididamente
decimal [ˈdesɪməl] **1** *adj* decimal; **d. point,** coma decimal; **d. system,** sistema decimal | **2** *n* decimal

decipher [dɪˈsaɪfəʳ] *vtr* descifrar
decision [dɪˈsɪʒən] *n* ◆ decisión; **to come to/reach a d.,** llegar a una decisión ◆ *(cualidad personal)* resolución, decisión
decisive [dɪˈsaɪsɪv] *adj* ◆ *(persona)* decidido,-a, resuelto,-a ◆ *(batalla, trato, etc)* decisivo,-a
deck [dek] **1** *n* ◆ *(de un barco)* cubierta ◆ *(del autobús)* piso ◆ *esp US Naipes* baraja ◆ *(de equipo de música) (para discos)* plato; *(para cintas)* pletina | **2** *vtr* adornar
declaration [dekləˈreɪʃən] *n* declaración
declare [dɪˈkleəʳ] *vtr* ◆ *(la guerra)* declarar ◆ *(hacer algo público y oficial)* proclamar: **I declare Mr Pérez elected,** proclamo elegido al Sr Pérez; *(intención)* manifestar
declared [dɪˈkleəd] *adj (partidario)* declarado,-a; *(intención)* manifiesto,-a
decline [dɪˈklaɪn] **1** *n* ◆ disminución; **the d. of petrol prices,** la bajada de los precios de la gasolina ◆ *(de calidad)* deterioro; *(de salud)* empeoramiento ◆ ocaso; **the d. of the British Empire,** el ocaso del Imperio Británico | **2** *vi* ◆ *(tamaño)* disminuir; *(cantidad)* bajar; *(negocio)* decaer ◆ *(perder calidad)* deteriorarse; *(salud)* empeorar ◆ *frml* negarse: **she declined to comment,** se negó a hacer cualquier comentario | **3** *vtr* ◆ *(invitación, etc)* rechazar ◆ *Ling* declinar
decode [diːˈkəʊd] *vtr* descifrar
decompose [diːkəmˈpəʊz] *vi* descomponerse
décor [ˈdeɪkɔːʳ] *n* decoración; *Teat* decorado
decorate [ˈdekəreɪt] *vtr* ◆ *(árbol, calle)* decorar, adornar **[with,** con**]** ◆ *(casa) (con pintura)* pintar; *(con papel pintado)* empapelar ◆ *Pol Mil* condecorar
decoration [dekəˈreɪʃən] *n* ◆ *(decorado)* decoración; **Christmas decorations,** adornos navideños ◆ *(medalla)* condecoración
decorative [ˈdekərətɪv] *adj* decorativo,-a
decorator [ˈdekəreɪtəʳ] *n* decorador,-ora, pintor,-ora
decoy [ˈdiːkɔɪ] *n fig* señuelo
decrease [ˈdiːkriːs] **1** *n* disminución; *(de tamaño, velocidad, precio)* reducción | **2** [dɪˈkriːs] *vi* disminuir; *(temperatura, precio)* bajar; *(tamaño, velocidad)* reducir; *(fuerza)* menguar | **3** *vtr* disminuir, reducir; *(temperatura, precio)* bajar

decree [dɪˈkriː] **1** *n* ◆ *Pol* decreto ◆ *Jur* sentencia, fallo | **2** *vtr Pol* decretar, pronunciar
decrepit [dɪˈkrepɪt] *adj* decrépito,-a
dedicate [ˈdedɪkeɪt] *vtr* consagrar, dedicar
dedicated [ˈdedɪkeɪtɪd] *adj* ardiente; **d. to,** entregado,-a a
dedication [dedɪˈkeɪʃən] *n* ◆ *(acción)* dedicación ◆ *(compromiso)* entrega: **she shows total d. to her work,** se entrega por completo a su trabajo ◆ *(en un libro)* dedicatoria
deduce [dɪˈdjuːs] *vtr* deducir **[from,** de**]**
deduct [dɪˈdʌkt] *vtr* descontar **[from,** de**]**
deduction [dɪˈdʌkʃən] *n* ◆ deducción ◆ *Fin Com* descuento; *(de impuesto)* retención
deed [diːd] *n* ◆ acto; *(heroico)* hazaña ◆ *Jur* escritura
deem [diːm] *vtr frml* estimar
deep [diːp] **1** *adj* ◆ profundo,-a: **it's a hundred metres d.,** tiene cien metros de profundidad; *fig* **a d. emotion/thought,** un pensamiento/una emoción profundo,-a ◆ *(suspiro)* hondo,-a: **take a d. breath,** respire hondo ◆ *(voz, nota)* grave ◆ *(interés)* vivo,-a ◆ *(color)* intenso y/o oscuro,-a ◆ *(persona)* grave, serio,-a ◆ | LOC: **to go off (at) the d. end,** subirse por las paredes | **2** *adv* **to be d. in thought,** estar absorto,-a; **to dig d.,** cavar hondo
deeply [ˈdiːplɪ] *adv* ◆ profundamente; *(respirar)* hondo ◆ **he is d. hurt by your attitude,** tu actitud le ha herido profundamente
deepen [ˈdiːpən] **1** *vtr (pozo)* profundizar, ahondar; *fig (conocimientos)* profundizar, aumentar | **2** *vi* ◆ *(río, lago)* hacerse más hondo *o* profundo; *fig (conocimientos)* aumentar ◆ *(color, emoción)* intensificarse ◆ *(sonido, voz)* hacerse más grave
deep-freeze [diːpˈfriːz] **1** *n* congelador | **2** *vtr* congelar
deep-fry [diːpˈfraɪ] *vtr* freír en abundante aceite
deep-rooted [diːpˈruːtɪd] *adj* arraigado,-a
deep-set [diːpˈset] *adj (ojos)* hundido,-a
deer [dɪəʳ] *n inv* ciervo
defamation [defəˈmeɪʃən] *n* difamación
default [dɪˈfɔːlt] **1** *n* ◆ *(por inacción)* omisión ◆ *(de pagos)* mora, impago ◆ *Dep* **to win by d.,** ganar por incomparecencia del

defeat

adversario ◆ *Inform* **d. setting,** opción por defecto | **2** *vi* ◆ *(incumplir)* faltar a un compromiso ◆ *Jur* estar en rebeldía ◆ *Fin* no pagar

defeat [dɪ'fiːt] **1** *vtr* ◆ *(a un adversario)* derrotar, vencer ◆ *(una proposición, etc)* rechazar ◆ *fig* frustrar | **2** *n* ◆ *(de un ejército, equipo)* derrota; *(de una proposición)* rechazo ◆ *fig* fracaso

defect ['diːfekt] **1** *n* defecto; *(de diamante, etc)* impureza, imperfección | **2** [dɪ'fekt] *vi* desertar [**from,** de]; *(de un país)* huir

defective [dɪ'fektɪv] *adj* ◆ *(mercancías)* defectuoso,-a; *(con pequeñas imperfecciones)* con desperfectos; *(carente)* incompleto,-a ◆ *(persona)* anormal

defector [dɪ'fektər] *n Pol* tránsfuga

defence, *US* **defense** [dɪ'fens] *n* ◆ defensa; *GB* **Ministry** *US* **Department of D.,** Ministerio de Defensa; **witness for the d.,** testigo de la defensa ◆ *Jur* defensa

defenceless [dɪ'fenslɪs] *adj* indefenso,-a

defend [dɪ'fend] *vtr* defender

defendant [dɪ'fendənt] *n Jur* acusado,-a

defender [dɪ'fendə] *n* defensor,-ora; *Dep* defensa

defense [dɪ'fens, 'diːfens] *n US* → **defence**

defensive [dɪ'fensɪv] **1** *adj* defensivo,-a | **2** *n* **to be/go on the d.,** estar/ir a la defensiva

defer[1] [dɪ'fɜː] *vtr* aplazar, retrasar, diferir

defer[2] [dɪ'fɜː] *vi* **to d. to sb/sthg,** hacer algo en deferencia a alguien/algo

deference ['defərəns] *n frml* deferencia, respeto; **out of** *o* **in d. to,** por respeto *o* por deferencia a

defiance [dɪ'faɪəns] *n* ◆ desafío; **in d. of,** a despecho de ◆ resistencia

defiant [dɪ'faɪənt] *adj* desafiante; *(audaz)* insolente

deficiency [dɪ'fɪʃənsɪ] *n* ◆ *(de una cosa)* falta, carencia; **vitamin d.,** avitaminosis ◆ *(en una cosa)* defecto

deficient [dɪ'fɪʃənt] *adj* deficiente [**in,** en]

deficit ['defɪsɪt] *n* déficit

define [dɪ'faɪn] *vtr* ◆ *(un concepto)* definir ◆ *(un problema, responsabilidades)* delimitar

definite ['defɪnɪt] *adj* ◆ definitivo,-a; *(progreso)* evidente ◆ *(sitio, hora)* determinado,-a

definitely ['defɪnɪtlɪ] *adv* sin duda: **he was d. guilty,** no cabe duda de que era culpable

definition [defɪ'nɪʃən] *n* ◆ definición; **by d.,** por definición ◆ *TV Cine* nitidez, definición

definitive [dɪ'fɪnɪtɪv] *adj* definitivo,-a

deflate [dɪ'fleɪt] *vtr* ◆ *(globo)* desinflar ◆ desalentar; *fig* bajar los humos a alguien

deflationary [dɪ'fleɪʃənərɪ] *adj Econ* **d. measures,** medidas deflacionistas

deflect [dɪ'flekt] *vtr* desviar

deflection [dɪ'flekʃən] *n* desviación

deforestation [diːfɒrɪs'teɪʃən] *n* deforestación

deform [dɪ'fɔːm] *vtr* deformar

deformed [dɪ'fɔːmd] *adj* deforme

deformity [dɪ'fɔːmɪtɪ] *n* deformidad

defraud [dɪ'frɔːd] *vtr* estafar

defrost [diː'frɒst] **1** *vtr* ◆ *(comida)* descongelar ◆ *Auto (parabrisas)* desempañar | **2** *vi* descongelarse

deft [deft] *adj* hábil, diestro,-a

defunct [dɪ'fʌŋkt] *adj frml* ◆ *(persona)* difunto,-a ◆ *(cosa, idea)* caduco,-a

defuse [diː'fjuːz] *vtr* ◆ *(una bomba)* desactivar ◆ *(una situación)* distender, calmar

defy [dɪ'faɪ] *vtr* ◆ *(a una persona)* desafiar; *(a la ley)* desacatar ◆ retar, desafiar: **I d. you to repeat that,** te desafío a repetir eso ◆ **it defies belief,** resulta imposible creerlo

degenerate [dɪ'dʒenəreɪt] **1** *vi* degenerar [**into,** en] | **2** [dɪ'dʒenərɪt] *adj & n* degenerado,-a

degeneration [dɪdʒenə'reɪʃən] *n* degeneración

degrade [dɪ'greɪd] **1** *vtr* degradar | **2** *vi* degenerar

degrading [dɪ'greɪdɪŋ] *adj* degradante

degree [dɪ'griː] *n* ◆ *Mat Meteor, etc* grado; **an angle of 90 degrees,** un ángulo de 90 grados; **a temperature of 40 degrees,** una temperatura de 40 grados ◆ *(etapa)* grado, punto; **to some d.,** hasta cierto punto; **by degrees,** poco a poco, gradualmente ◆ *Univ* título; **to have a d. in languages,** ser licenciado,-a en Filología; **bachelor's d.** ≈ diplomatura, licenciatura; **doctor's d.,** doctorado; **master's d.** ≈ licenciatura superior

dehydrated [diːhaɪ'dreɪtɪd] *adj (persona)* deshidratado,-a; *(comida)* seco,-a

de-ice [diː'aɪs] *vtr* quitar el hielo a, deshelar

de-icer [diː'aɪsər] *n* anticongelante

deign [deɪn] *vi* dignarse

deity ['deɪɪtɪ] *n* deidad

dejected [dɪ'dʒektɪd] *adj* desalentado,-a, abatido,-a

delay [dɪ'leɪ] **1** *vtr* ◆ *(el vuelo, tren)* retrasar; *(a una persona)* entretener ◆ *(posponer)* aplazar | **2** *vi* tardar | **3** *n* retraso, demora

> Recuerda que el verbo **to delay** suele ir seguido de gerundio: **They have delayed opening the new shopping centre.** *Han retrasado la apertura del nuevo centro comercial.* Cuando el verbo subordinado y **to delay** tienen sujetos diferentes, debes usar un adjetivo posesivo o, en situaciones menos formales, un pronombre personal: **They have delayed our/us opening the new shopping centre.** *Nos han hecho (ellos) retrasar (nosotros) la apertura del nuevo centro comercial.*

delayed [dɪ'leɪd] *adj (tren, vuelo, etc)* retrasado

delegate ['delɪgɪt] **1** *n* delegado,-a | **2** ['delɪgeɪt] *vtr* delegar **(to,** en**); to d. sb to do sthg,** delegar en alguien una tarea

delegation [delɪ'geɪʃən] *n* delegación

delete [dɪ'liːt] *vtr* suprimir, tachar, borrar

deliberate [dɪ'lɪbərɪt] **1** *adj* ◆ *(a propósito)* deliberado,-a, intencionado,-a, premeditado,-a; **a d. attempt to kill sb,** un intento premeditado para matar a alguien ◆ *(con cuidado)* prudente; *(sin prisas)* pausado,-a | **2** *vtr* [dɪ'lɪbəreɪt] deliberar | **3** *vi* deliberar **[on, about,** sobre**]**

deliberately [dɪ'lɪbərɪtlɪ] *adv* ◆ a propósito: **you did that d.!,** ¡has hecho eso a propósito! ◆ pausadamente

deliberation [dɪlɪbə'reɪʃən] *n* ◆ *esp pl (proceso)* deliberación ◆ pausa

delicacy ['delɪkəsɪ] *n* ◆ delicadeza ◆ *(comida)* manjar

delicate ['delɪkɪt] *adj* delicado,-a; *(artesanía)* fino,-a; *(sabor)* delicado,-a, sutil

delicatessen [delɪkə'tesən] *n* charcutería

delicious [dɪ'lɪʃəs] *adj* delicioso,-a, riquísimo,-a

delight [dɪ'laɪt] **1** *n* ◆ placer; **to take d. in sthg,** disfrutar con algo ◆ *(fuente de placer)* encanto, delicia: **the show was a d.,** el espectáculo fue una delicia | **2** *vtr* encantar

delighted [dɪ'laɪtɪd] *adj* encantado,-a: **I'm d. to meet you,** encantado,-a de conocerle; *(sonrisa)* de alegría

delightful [dɪ'laɪtful] *adj* encantador,-ora; *(vista, persona)* muy agradable; *(comida, día)* delicioso,-a

delinquency [dɪ'lɪŋkwənsɪ] *n Jur Soc* delincuencia

delinquent [dɪ'lɪŋkwənt] *adj* & *n* delincuente

delirious [dɪ'lɪrɪəs] *adj* ◆ *Med* delirante ◆ *fam* loco,-a de alegría

deliver [dɪ'lɪvər] *vtr* ◆ *(mercancías, cartas)* repartir, entregar: **the postman delivers the letters in the morning,** el cartero reparte las cartas por la mañana; *(un pedido)* despachar; *(un recado)* dar ◆ *(un golpe)* asestar ◆ *(una conferencia, un veredicto)* pronunciar ◆ *Med* asistir en el parto ◆ *frml (rescatar)* liberar, librar: **"d. us from evil",** "líbranos del mal"

delivery [dɪ'lɪvərɪ] *n* ◆ *(de mercancías)* reparto, entrega; **free home delivery,** entrega a domicilio gratis; **d. note,** albarán; *GB* **d. van,** furgoneta de reparto ◆ *(conferencia)* declamación ◆ *(de bebé)* parto

delta ['deltə] *n Geog* delta

delude [dɪ'luːd] *vtr* engañar; **to d. oneself,** hacerse ilusiones

deluge ['deljuːdʒ] **1** *n (de agua)* inundación; *(de lluvia)* diluvio; *fig (de cartas, flores, etc)* avalancha | **2** *vtr frml* inundar

delusion [dɪ'luːʒən] *n* ◆ *(estado, acción)* engaño ◆ *(falsa creencia)* ilusión (vana); **delusions of grandeur,** delirios de grandeza

de luxe [də'lʌks, də'luks] *adj* de lujo

delve [delv] *vi* **to d. into,** *(bolsillo)* hurgar en; *(un asunto)* profundizar en

demand [dɪ'mɑːnd] **1** *n* ◆ demanda: **to be in d.,** estar solicitado,-a; **the d. for woollen hats,** la demanda de gorras de lana ◆ *(solicitud urgente)* exigencia; *(de subida de sueldo)* reclamación; *(de derechos)* reivindicación ◆ necesidad; **on d.,** disponible ◆ *(usu npl)* **demands,** requerimientos, exigencias: **my children make great demands on my time,** mis hijos me exigen mucho tiempo | **2** *vtr* ◆ *(solicitar enérgicamente)* exigir; *(derechos, etc)* reclamar, reivindicar ◆ *(precisar)* exigir, requerir

demanding [dɪ'mɑːndɪŋ] *adj* ◆ *(persona)* exigente ◆ *(trabajo)* agotador,-ora

demeaning [dɪ'miːnɪŋ] *adj frml* humillante

demeanour, *US* **demeanor** [dɪ'miːnər] *n frml* comportamiento, conducta

demented [dɪ'mentɪd] *adj Med* demente; *fam* loco,-a

demise [dɪ'maɪz] *n (muerte) frml* fallecimiento; *fig (de una cosa)* desaparición; **the d. of steam trains**, la desaparición de los trenes a vapor

demo ['deməʊ] *n fam abr de **demonstration*** ◆ *(grupo de personas)* manifestación, mani ◆ *(exhibición)* demostración, muestra

demobilize [di:'məʊbɪlaɪz] *vtr* desmovilizar

democracy [dɪ'mɒkrəsɪ] *n* democracia

democrat ['deməkræt] *n* demócrata

democratic [demə'krætɪk] *adj* democrático,-a

demographic [demɒ'græfɪk] *adj* demográfico,-a

demolish [dɪ'mɒlɪʃ] *vtr* ◆ *(un edificio)* derribar, demoler ◆ *(una teoría, un argumento)* echar por tierra

demolition [demə'lɪʃən] *n* demolición

demon ['di:mən] *n* demonio

demonstrate ['demənstreɪt] **1** *vtr* demostrar | **2** *vi Pol* manifestarse

demonstration [demən'streɪʃən] *n* ◆ *(comprobación)* demostración, prueba ◆ explicación ◆ *Pol* manifestación

demonstrative [dɪ'mɒnstrətɪv] *adj* expresivo

demonstrator ['demənstreɪtə'] *n* manifestante

demoralize [dɪ'mɒrəlaɪz] *vtr* desmoralizar

demoralizing [dɪ'mɒrəlaɪzɪŋ] *adj* desmoralizador,-ora

demure [dɪ'mjʊə'] *adj* recatado,-a

den [den] *n* ◆ *(de animal)* guarida, cubil ◆ *fam US* estudio ◆ *pey* antro

denial [dɪ'naɪəl] *n* ◆ *(de un cargo)* desmentido ◆ *(de derechos)* denegación ◆ *(de solicitud)* negativa

denim ['denɪm] *n* tela de vaqueros; **denims**, tejanos, vaqueros

Denmark ['denmɑːk] *n* Dinamarca

denomination [dɪnɒmɪ'neɪʃən] *n* ◆ *Rel* confesión ◆ *Fin (de billetes, monedas)* denominación, valor

denominator [dɪ'nɒmɪneɪtə'] *n* denominador

denote [dɪ'nəʊt] *vtr* indicar, significar

denounce [dɪ'naʊns] *vtr* denunciar; *(a una persona)* acusar

dense [dens] *adj* ◆ *(bosque, tráfico)* denso,-a; *(grupo)* numeroso,-a ◆ *fam (persona)* torpe

densely ['denslɪ] *adv* densamente

density ['densɪtɪ] *n* densidad

dent [dent] **1** *n (metal)* abolladura | **2** *vtr (carrocería)* abollar

dental ['dentəl] *adj* dental; **d. floss**, hilo dental; **d. surgeon**, odontólogo,-a, dentista; **d. surgery**, *(sitio)* clínica dental; *(tratamiento)* cirugía dental

dentist ['dentɪst] *n* dentista

dentistry ['dentɪstrɪ] *n* odontología

denture ['dentʃə'] *n (usu pl)* dentadura postiza

denunciation [dɪnʌnsɪ'eɪʃən] *n* denuncia

deny [dɪ'naɪ] *vtr* ◆ *(afirmación)* negar: **I d. stealing your ideas**, niego haber plagiado tus ideas; *(una noticia)* desmentir; *(un cargo)* rechazar ◆ *(algo a alguien)* negar: **he denied me his help**, me negó su ayuda

> Recuerda que el verbo **to deny** va seguido de un sustantivo en función de complemento:
> **He denied the accusation.**
> *Rechazó la acusación.*
> o de un verbo, habitualmente en forma de gerundio:
> **He didn't deny making a mistake.**
> *No negó haber cometido un error.*
> o, para evitar frases demasiado formales, de una frase introducida por **that**:
> **He didn't deny that he had made a mistake.**
> *No negó que había cometido un error.*

deodorant [di:'əʊdərənt] *n* desodorante

depart [dɪ'pɑːt] *vi* ◆ *(de un sitio)* marcharse, irse, salir: **the train will d. from platform three**, el tren saldrá de la vía tres ◆ *(de un tema)* desviarse [**from,** de]

department [dɪ'pɑːtmənt] *n (en una tienda)* sección; *(de universidad, empresa)* departamento; *(de gobierno)* ministerio, secretaría ➢ Ver nota en **ministerio** ◆ | LOC: **d. store**, grandes almacenes

departmental [di:pɑːt'mentəl] *adj* departamental; **d. manager**, jefe de sección

departure [dɪ'pɑːtʃə'] *n* partida; *Av Ferroc* salida; *Av* **d. gate**, puerta de embarque

depend [dɪ'pend] *vi* ◆ *(tener confianza)* contar con, fiarse [**on, upon,** de] ◆ *(estar subordinado)* depender [**on, upon,** de]: **it depends on the time available**, depende del tiempo de que se disponga; **it (all) depends**, depende *o* según

dependable [dɪ'pendəbəl] *adj (persona)* formal, fiable; *(máquina)* fiable; *(ingresos)* seguro,-a

dependant, *US* **dependent** [dɪ'pendənt] *n* dependiente

dependence [dɪ'pendəns] *n* dependencia

dependent [dɪ'pendənt] **1** *adj* dependiente: **he is d. on his parents**, depende de sus padres | **2** *n US* → **dependant**

depict [dɪ'pɪkt] *vtr Arte* representar

deplete [dɪ'pli:t] *vtr* reducir, mermar

depleted [dɪ'pli:tɪd] *adj* reducido,-a, agotado,-a

deplorable [dɪ'plɔ:rəbəl] *adj* lamentable, deplorable

deplore [dɪ'plɔ:ʳ] *vtr* deplorar

deploy [dɪ'plɔɪ] *vtr* ◆ *Mil (un ejército)* desplegar ◆ *fig* utilizar

depopulate [di:'pɒpjʊleɪt] *vtr* despoblar

deport [dɪ'pɔ:t] *vtr* deportar, expulsar [**from,** de] [**to,** a]

deportation [di:pɔ:'teɪʃən] *n* deportación

depose [dɪ'pəʊz] *vtr* deponer

deposit [dɪ'pɒzɪt] **1** *n* ◆ *Fin* depósito; **d. account**, cuenta de ahorros ◆ *Com (compra pequeña)* señal; **a 10% deposit**, una señal del 10%; *(compra grande)* entrada ◆ *(para un alquiler)* depósito, fianza ◆ sedimento; *Min* yacimiento | **2** *vtr* ◆ depositar ◆ *Fin (en cuenta bancaria)* ingresar

depositor [dɪ'pɒzɪtəʳ] *n* depositante

depot ['depəʊ] *n* almacén; *Mil* depósito; *(de autobuses, trenes)* cochera; *US* estación de trenes

depraved [dɪ'preɪvd] *adj (persona)* depravado,-a

depreciate [dɪ'pri:ʃɪeɪt] **1** *vtr Fin* depreciar | **2** *vi* depreciarse

depreciation [dɪpri:ʃɪ'eɪʃən] *n* depreciación, amortización

depress [dɪ'pres] *vtr* ◆ abatir, deprimir ◆ *Econ (el mercado)* deprimir; *(los precios, costes)* reducir ◆ *frml (un interruptor)* pulsar; *(un pedal)* pisar

depressed [dɪ'prest] *adj* ◆ *(persona)* deprimido,-a ◆ *(mercado)* bajo ◆ *(superficie)* hundido,-a

depressing [dɪ'presɪŋ] *adj* deprimente

depression [dɪ'preʃən] *n* depresión

deprivation [deprɪ'veɪʃən] *n* ◆ *(pobreza, etc)* privaciones ◆ *(de derechos, etc)* pérdida

deprive [dɪ'praɪv] *vtr* privar [**of,** de]

deprived [dɪ'praɪvd] *adj* necesitado,-a

Dept *(abr de Department)*, dpto (departamento)

depth [depθ] *n* ◆ *(medida)* profundidad ◆ *(de conocimientos)* profundidad; **to be out of one's d.**, no entender nada [**in,** de]; **in d.,** a fondo ◆ *(de emoción, color)* intensidad ◆ **depths** *pl*, lo más profundo; **in the depths of the forest,** en la espesura de la selva

deputation [depjʊ'teɪʃən] *n* delegación

deputize ['depjʊtaɪz] *vi* **to d. for,** representar (por poderes) a, actuar en representación de

deputy ['depjʊtɪ] *n* ◆ *(que sigue al jefe principal en una jerarquía)* segundo (de a bordo); **d. director,** subdirector,-ora ◆ *(suplente)* sustituto,-a ◆ *US* **d. (sheriff),** ayudante del sheriff ◆ *Pol* diputado,-a

derail [dɪ'reɪl] **1** *vi (tren)* descarrilarse | **2** *vtr* ◆ hacer descarrilar ◆ *fig* desbaratar

deranged [dɪ'reɪndʒd] *adj* trastornado,-a

derby ['dɑ:bɪ] *n* ◆ *Ftb* partido entre dos equipos locales ◆ ['dɜ:rbɪ] *US* sombrero hongo

derelict ['derɪlɪkt] *adj (edificio)* abandonado,-a, en ruinas

deride [dɪ'raɪd] *vtr* ridiculizar, burlarse de

derision [dɪ'rɪʒən] *n* irrisión

derisive [dɪ'raɪsɪv] *adj* burlón,-ona

derisory [dɪ'raɪsərɪ] *adj* irrisorio,-a

derivation [derɪ'veɪʃən] *n* derivación

derivative [de'rɪvətɪv] **1** *adj (libro)* poco original | **2** *n* ◆ *Ind* derivado ◆ *Ling* derivado: **Spanish is a d. of Latin,** el castellano es un derivado del latín

derive [dɪ'raɪv] **1** *vtr* obtener | **2** *vi (palabra)* derivarse [**from,** de]; *(destreza)* provenir [**from,** de]

derogatory [dɪ'rɒgətərɪ] *adj (comentario)* despectivo,-a; *(sentido)* peyorativo,-a

descend [dɪ'send] **1** *vi* descender; **to d. from,** *(de la estirpe de)* descender de | **2** *vtr (cuesta, escalera)* bajar

descendant [dɪ'sendənt] *n* descendiente

descent [dɪ'sent] *n* ◆ descenso ◆ *(origen)* ascendencia

describe [dɪ'skraɪb] *vtr* ◆ describir ◆ *(línea)* trazar

description [dɪ'skrɪpʃən] *n* ◆ descripción ◆ *(tipo)* clase; **fruit of every d.,** fruta de todo tipo

desecrate ['desɪkreɪt] *vtr* profanar

desert[1] ['dezət] *n* desierto

desert² [dɪ'zɜːt] **1** *vtr (sitio, familia)* abandonar | **2** *vi Mil* desertar [**from,** de]
deserter [dɪ'zɜːtəʳ] *n* desertor,-ora
desertion [dɪ'zɜːʃən] *n* ◆ abandono ◆ *Mil* deserción
deserts [dɪ'zɜːts] *npl* **to get one's d.,** recibir uno su merecido
deserve [dɪ'zɜːv] *vtr* merecer(se): **you d. a holiday,** te mereces unas vacaciones

> La estructura más común es el infinitivo con **to**: He deserves to go to jail. *Merece ir a la cárcel.* Sin embargo, existe una construcción más formal que usa el gerundio en vez de infinitivo pasivo: **He deserves to be promoted** o **he deserves promoting.** *Merece un ascenso (ser ascendido).*

deservedly [dɪ'zɜːvɪdlɪ] *adv* merecidamente
deserving [dɪ'zɜːvɪŋ] *adj* meritorio,-a
design [dɪ'zaɪn] **1** *n* ◆ *Arte* diseño, dibujo ◆ *(dibujo)* plano; **the d. for the new suburb,** el plano del nuevo barrio ◆ *(interior)* disposición: **the d. of their house is very strange,** la disposición de su casa es muy rara ◆ *fig (plan)* intención; **by d.,** a propósito | **2** *vtr* diseñar
designate [_'dezɪgneɪt_] **1** *vtr* ◆ *(a un puesto)* designar, nombrar ◆ *frml (el límite)* señalar | **2** ['dezɪgnɪt] *adj* designado,-a
designer [dɪ'zaɪnəʳ] **1** *n* ◆ *Arte* diseñador,-ora ◆ *(dibujo)* delineante | **2** *adj* de diseño; **d. clothes,** ropa de diseño
desirable [dɪ'zaɪərəbəl] *adj* deseable; *(oferta)* atractivo,-a
desire [dɪ'zaɪəʳ] **1** *n* deseo [**for,** de] [**to** + *inf*, de + *inf*] | **2** *vtr* desear
desist [dɪ'zɪst] *vi frml* desistir [**from,** de]
desk [desk] *n (en el colegio)* pupitre; *(en la oficina, casa)* escritorio; **cash d.,** caja; *Av* **check-in d.,** mostrador de facturación; **news d.,** redacción; **reception d.,** recepción
desktop ['desktɒp] *adj Inform* **d. computer,** ordenador de mesa; **d. publishing,** autoedición
desolate ['desəlɪt] *adj* ◆ *(sitio)* desierto,-a ◆ *(persona)* desconsolado,-a
desolation [desə'leɪʃən] *n* ◆ *(de un lugar)* desolación ◆ *(de una persona)* desconsuelo
despair [dɪ'speəʳ] **1** *n* desesperación; **to be in d.,** estar desesperado,-a | **2** *vi* desesperar(se): **we d. of ever seeing her again,** perdimos la esperanza de volver a verla
despairing [dɪ'speərɪŋ] *adj* desesperado,-a
despatch [dɪ'spætʃ] *n* & *vtr* → **dispatch**
desperate ['despərət] *adj* ◆ desesperado,-a; *(lucha)* encarnizado,-a ◆ *(necesidad)* apremiante
desperately ['despərətlɪ] *adv* ◆ desesperadamente ◆ *(necesitar)* urgentemente ◆ *(luchar)* heroicamente, encarnizadamente ◆ *(muy)* **d. difficult,** extremadamente difícil; **d. ill,** gravemente enfermo; **d. in love,** locamente enamorado
desperation [despə'reɪʃən] *n* desesperación
despicable [dɪ'spɪkəbəl] *adj* despreciable
despise [dɪ'spaɪz] *vtr* despreciar, menospreciar
despite [dɪ'spaɪt] *prep* a pesar de
despondent [dɪ'spɒndənt] *adj* abatido,-a
dessert [dɪ'zɜːt] *n* postre
dessertspoon [dɪ'zɜːtspuːn] *n* ◆ *GB* cuchara de postre ◆ **d. (ful),** *(medida)* cucharada (de postre) ➢ Ver nota en **cuchara**
destination [destɪ'neɪʃən] *n* destino
destined ['destɪnd] *adj* ◆ predestinado,-a, [**to,** a] ◆ *(transporte)* con destino [**for,** a]
destiny ['destɪnɪ] *n* destino
destitute ['destɪtjuːt] *adj* indigente
destroy [dɪ'strɔɪ] *vtr* ◆ destruir ◆ *(la vida, reputación)* destrozar
destroyer [dɪ'strɔɪəʳ] *n Náut* destructor
destruction [dɪ'strʌkʃən] *n* destrucción; *fig* ruina
destructive [dɪ'strʌktɪv] *adj* ◆ *(explosión, etc)* destructor,-ora ◆ *(comentario, pensamiento)* destructivo,-a
detach [dɪ'tætʃ] *vtr* separar [**from,** de]
detachable [dɪ'tætʃəbəl] *adj* separable [**from,** de], de quita y pon
detached [dɪ'tætʃt] *adj* ◆ *(suelto)* separado,-a; **d. house,** chalet ◆ *(observador, etc)* objetivo,-a, imparcial
detachment [dɪ'tætʃmənt] *n* ◆ objetividad, imparcialidad ◆ *(reserva)* indiferencia ◆ *Mil* destacamento
detail ['diːteɪl] **1** *n* ◆ detalle, pormenor; **to go into detail(s),** entrar en detalles ◆ **details** *pl*, información: **ask your bank for details,** pida información en su banco ◆ *Mil* destacamento | **2** *vtr* ◆ detallar, enumerar ◆ *Mil* delegar, destacar

detailed ['di:teɪld] *adj* detallado,-a, minucioso,-a

detain [dɪ'teɪn] *vtr* ◆ *Jur* detener ◆ *(a una persona)* retener: **I won't d. you any longer,** no le retengo más

detainee [di:teɪ'ni:] *n Pol* preso,-a

detect [dɪ'tekt] *vtr* ◆ detectar, notar; *(olor, sabor, sonido)* percibir ◆ descubrir: **the police detected poison in the soup,** la policía descubrió huellas de veneno en la sopa; *(por radar, etc)* detectar

detection [dɪ'tekʃən] *n* ◆ descubrimiento; *(de olor, etc)* percepción ◆ *(por radar, etc)* detección

detective [dɪ'tektɪv] *n* detective; **d. story,** novela policíaca

detector [dɪ'tektər] *n (aparato)* detector

detention [dɪ'tenʃən] *n (de sospechoso, etc)* detención, arresto

deter [dɪ'tɜ:r] *vtr* ◆ desalentar, disuadir [**from,** de] ◆ *(dificultar)* impedir

detergent [dɪ'tɜ:dʒənt] *n* detergente

deteriorate [dɪ'tɪərɪəreɪt] *vi* deteriorarse

deterioration [dɪtɪərɪə'reɪʃən] *n* ◆ *(de condición)* empeoramiento; *(de materia, relaciones)* deterioro

determination [dɪtɜ:mɪ'neɪʃən] *n* resolución

determine [dɪ'tɜ:mɪn] *vtr* determinar

determined [dɪ'tɜ:mɪnd] *adj (persona)* decidido,-a, resuelto,-a [**to,** a]

determiner [dɪ'tɜ:mɪnər] *n Ling* determinante

deterrent [dɪ'terənt] **1** *adj* disuasivo,-a, disuasorio,-a | **2** *n* fuerza *o* elemento disuasorio,-a

detest [dɪ'test] *vtr* detestar, odiar: **I detest lies,** odio las mentiras

> Recuerda que el verbo **to detest** sólo puede ir seguido de un gerundio: **I detest having to listen to old jokes.** *Odio tener que escuchar chistes viejos.*

detonate ['detəneɪt] *vtr & vi* detonar

detonation [detə'neɪʃən] *n* detonación

detour ['di:tʊər] *n* desvío

detract [dɪ'trækt] *vi* restar mérito *o* valor [**from,** a]

detractor [dɪ'træktər] *n* detractor,-ora

detriment ['detrɪmənt] *n* perjuicio [**to, de**]

deuce [dju:s] *n Ten* cuarenta iguales

devaluation [di:vælju:'eɪʃən] *n* devaluación

devalue [di:'vælju:] **1** *vtr* devaluar | **2** *vi* devaluarse

devastate ['devəsteɪt] *vtr* ◆ asolar, devastar ◆ *fig (persona)* desolar

devastating ['devəsteɪtɪŋ] *adj* ◆ devastador,-ora ◆ *(belleza)* irresistible ◆ *(argumento)* arrollador,-ora

devastation [devə'steɪʃən] *n* devastación

develop [dɪ'veləp] **1** *vtr* ◆ desarrollar; *(el comercio)* fomentar; *(la destreza)* perfeccionar ◆ *(un plan, sistema, una teoría)* elaborar: **she developed a theory of evolution,** elaboró una teoría sobre la evolución ◆ *(una enfermedad, etc)* contraer: **she developed bronchitis,** contrajo una bronquitis; *(el interés)* mostrar ◆ *Constr (solar)* urbanizar ◆ *Fot* revelar | **2** *vi* ◆ *(país, industria, organismo vivo)* desarrollarse; *(sistema)* perfeccionarse; *(interés)* crecer ◆ *(aparecer)* producirse, darse

developed [dɪ'veləpt] *adj* desarrollado,-a

developer [dɪ'veləpər] *n* ◆ *(empresa)* inmobiliaria ◆ *(persona)* promotor,-ora inmobiliario,-a

developing [dɪ'veləpɪŋ] **1** *adj (pueblo, país)* en vías de desarrollo | **2** *n Fot* revelado

development [dɪ'veləpmənt] *n* ◆ *(de un plan, sistema, teoría, producto)* desarrollo; *(de comercio)* fomento; *(de destreza)* perfección; *(de personalidad)* formación ◆ *(avance)* progreso ◆ *(noticia) (sing o pl)* **there is no d.,** no hay ninguna novedad ◆ *(de recursos naturales)* explotación ◆ *Constr* urbanización

deviant ['di:vɪənt] *n & adj* pervertido,-a

deviate ['di:vɪeɪt] *vi* desviarse [**from,** de]

deviation [di:vɪ'eɪʃən] *n (de lo normal)* desviación; *(de la verdad)* alejamiento

device [dɪ'vaɪs] *n* ◆ aparato, mecanismo ◆ *(artimaña)* estratagema, ardid

devil ['devəl] *n* diablo, demonio; **you lucky d.!,** ¡vaya suerte que tienes! ◆ |LOC: *fam* **what the d. do you mean?,** ¿qué demonios quieres decir?

devious ['di:vɪəs] *adj* ◆ *(camino, sendero)* tortuoso,-a ◆ *(plan, etc)* enrevesado ◆ *pey (persona)* taimado,-a, ladino,-a

devise [dɪ'vaɪs] *vtr* idear, concebir

devoid [dɪ'vɔɪd] *adj* desprovisto,-a [**of,** de]

devolution [di:və'lu:ʃən] *n Pol* traspaso de competencias a las regiones autónomas

devote [dɪ'vəʊt] *vtr* dedicar; **to d. oneself to sthg,** dedicarse a algo
devoted [dɪ'vəʊtɪd] *adj* fiel, leal [**to,** a]
devotee [devə'ti:] *n Rel* devoto,-a; *Dep* aficionado,-a; *Pol* partidario,-a
devotion [dɪ'vəʊʃən] *n* devoción; *(a una causa)* dedicación
devour [dɪ'vaʊə'] *vtr* devorar
devout [dɪ'vaʊt] *adj* devoto,-a
dew [dju:] *n* rocío
dexterity [dek'sterɪtɪ] *n* destreza
diabetes [daɪə'bi:ti:z] *n* diabetes
diabetic [daɪə'betɪk] *adj & n* diabético,-a
diabolic(al) [daɪə'bɒlɪk(əl)] *adj* ◆ *(malévolo)* diabólico,-a ◆ *fam (inaguantable)* espantoso,-a
diagnose ['daɪəgnəʊz] *vtr* diagnosticar
diagnosis [daɪəg'nəʊsɪs] *n (pl* **diagnoses** [daɪəg'nəʊsi:z]*)* diagnóstico
diagonal [daɪ'ægənəl] *adj & n* diagonal
diagonally [daɪ'ægənlɪ] *adv* en diagonal, diagonalmente
diagram ['daɪəgræm] *n* diagrama; *(de sistema)* esquema; *(de cálculos)* gráfico
dial ['daɪəl, daɪl] 1 *n (de instrumento, radio)* cuadrante, dial; *(de teléfono)* disco; *(de reloj)* esfera | 2 *vi & vtr Tel* marcar; **dial code,** prefijo; **dial tone,** señal de marcar
dialect [daɪə'lekt] *n* dialecto
dialogue, *US* **dialog** ['daɪəlɒg] *n* diálogo
diameter [daɪ'æmɪtə'] *n* diámetro
diamond ['daɪəmənd] *n* ◆ *Geol* diamante ◆ *(forma)* rombo ◆ *Naipes* **diamonds** *pl,* diamantes
diaper ['daɪəpə'] *n US* pañal
diaphragm ['daɪəfræm] *n* diafragma
diarrhoea, *US* **diarrhea** [daɪə'rɪə] *n* diarrea
diary ['daɪərɪ] *n* ◆ *(personal)* diario ◆ *(libro para citas, etc)* agenda
dice [daɪs] 1 *npl* dados | 2 *vi* **to d. with death,** jugar con la muerte
dictate [dɪk'teɪt] 1 *vtr* ◆ *(palabras)* dictar ◆ *(órdenes)* imponer | 2 *vi* **to d. to sb,** darle órdenes a alguien
dictation [dɪk'teɪʃən] *n* dictado
dictator [dɪk'teɪtə'] *n* dictador,-ora
dictatorship [dɪk'teɪtəʃɪp] *n* dictadura
dictionary ['dɪkʃənərɪ] *n* diccionario
did [dɪd] *ps* → **do**
didactic [dɪ'dæktɪk] *adj* didáctico
didn't ['dɪdənt] → **did not**
die [daɪ] *vi* ◆ morir(se); *fam fig* **I'm dying to meet her,** me muero de ganas de conocerla ◆ *fig (llama, luz)* extinguirse ◆ *(motor)* calarse
■ **die away** *vi (sonido)* irse apagando
■ **die down** *vi (fuego)* extinguirse; *(tormenta)* amainar; *(ruido)* disminuir
■ **die off** *vi* ir muriendo (uno tras otro)
■ **die out** *vi* ◆ extinguirse ◆ *(tradiciones)* caer en desuso
diesel ['di:zəl] *n* ◆ *(combustible)* gasoil; **d. engine,** motor diesel ◆ *fam (vehículo)* diesel
diet ['daɪət] 1 *n (comida normal)* dieta; **the Mediterranean d.,** la dieta mediterránea; *(para adelgazar, etc)* régimen; **to be on a d.,** estar a régimen | 2 *vi* estar a régimen
dietician [daɪɪ'tɪʃən] *n* especialista en dietética
differ ['dɪfə'] *vi* ◆ *(no parecerse)* diferir, ser distinto,-a: **the sisters d. greatly,** las hermanas son muy distintas ◆ *(tener opinión diferente)* diferir, discrepar [**on, over, sobre**]
difference ['dɪfərəns] *n* ◆ *(falta de parecido)* diferencia: **it won't make any d. to you,** no te afectará ◆ *(discrepancia)* desacuerdo, diferencia
different ['dɪfərənt] *adj* diferente, distinto,-a [**from,** de]: **she looks d.,** parece otra ◆ | LOC: **they're as d. as chalk and cheese,** se parecen como un huevo a una castaña
differentiate [dɪfə'renʃɪeɪt] 1 *vtr* distinguir, diferenciar [**from,** de] | 2 *vi* distinguir [**between,** entre]
differently ['dɪfərəntlɪ] *adv* de otra manera
difficult ['dɪfɪkəlt] *adj* difícil
difficulty ['dɪfɪkəltɪ] *n* dificultad; *(pega)* problema; **to be in difficulties,** estar en apuros; **to get into difficulties,** meterse en líos
diffident ['dɪfɪdənt] *adj* tímido,-a
diffuse [dɪ'fju:s] 1 *adj* difuso,-a | 2 [dɪ'fju:z] *vtr (el calor)* difundir; *(la luz)* tamizar
dig [dɪg] 1 *n* ◆ *(empujón)* codazo ◆ *fam (una indirecta)* pulla; **to make a d. at sb.,** aludir irónicamente a alguien ◆ *Arq* excavación ◆ *GB* **digs** *pl, (esp de estudiantes)* alojamiento | 2 *vtr (ps & pp* **dug**) ◆ *(la tierra)* cavar, remover; *(un túnel)* excavar ◆ *(las uñas)* clavar | 3 *vi* ◆ *(persona)* cavar; *(animal)* escarbar ◆ *(presionar)* clavarse
■ **dig in** *vi Mil & fig* atrincherarse

■ **dig out** *vtr fig (algo viejo)* sacar: **he dug out his photos again,** sacó otra vez sus fotos; *(información)* descubrir

■ **dig up** *vtr (plantas)* arrancar; *(algo enterrado)* desenterrar ◆ | LOC: *fig (problemas anteriores)* sacar a relucir

digest ['daɪdʒest] **1** *n* resumen | **2** [dɪ'dʒest] *vtr (la comida)* digerir; *fig (los hechos)* asimilar

digestion [dɪ'dʒestʃən] *n* digestión

digestive [dɪ'dʒestɪv] *adj* digestivo,-a; *GB* **d. biscuit,** galleta integral

digger ['dɪgə'] *n* excavadora

digit ['dɪdʒɪt] *n* ◆ *Mat* dígito ◆ *frml Anat* dedo

digital ['dɪdʒɪtəl] *adj* digital

dignified ['dɪgnɪfaɪd] *adj* ◆ digno, solemne, serio,-a ◆ *(apariencia)* majestuoso,-a

dignitary ['dɪgnɪtərɪ] *n* dignatario

dignity ['dɪgnɪtɪ] *n* dignidad

digression [daɪ'greʃən] *n* digresión

dike [daɪk] *n US* → **dyke**

dilapidated [dɪ'læpɪdeɪtɪd] *adj (edificio)* deteriorado,-a, ruinoso,-a; *(vehículo)* destartalado,-a

dilemma [dɪ'lemə, daɪ'lemə] *n* dilema

diligent ['dɪlɪdʒənt] *adj* ◆ *(trabajador)* diligente ◆ *(investigación)* concienzudo,-a; **d. enquiries,** una investigación exhaustiva

dilute [daɪ'luːt] **1** *vtr* ◆ diluir ◆ *fig* adulterar | **2** *adj* diluido,-a

dim [dɪm] **1** *adj (dimmer, dimmest)* ◆ *(habitación)* oscuro,-a; *(luz)* débil, tenue; *(memoria)* vago,-a; *(perfil)* indistinto,-a *(vista)* turbio,-a ◆ *(futuro)* nada prometedor,-ora ◆ *fam* corto,-a de luces, tonto,-a | **2** *vtr (la luz)* atenuar | **3** *vi (luz)* irse atenuando ◆ *(la vista)* debilitarse

dime [daɪm] *n Canadá, US* moneda de diez centavos

dimension [daɪ'menʃən] *n* dimensión

diminish [dɪ'mɪnɪʃ] *vtr & vi* disminuir

diminutive [dɪ'mɪnjʊtɪv] **1** *adj* diminuto,-a, minúsculo,-a | **2** *n Ling* diminutivo

dimple ['dɪmpəl] *n* hoyuelo

din [dɪn] *n* estruendo, estrépito

dine [daɪn] *vi frml* cenar; **to d. out,** cenar fuera

diner ['daɪnə'] *n* ◆ *(persona)* comensal ◆ *US* restaurante económico

dinghy ['dɪŋɪ] *n Náut* bote; **(rubber) d.,** bote neumático

dingy ['dɪndʒɪ] *adj (dingier, dingiest)* ◆ lúgubre ◆ sucio,-a ◆ *(tela)* deslucido,-a

dining car ['daɪnɪŋkɑː'] *n Ferroc* vagón restaurante

dining room ['daɪnɪŋruːm] *n* comedor

dinner ['dɪnə'] *n (a mediodía) fam* comida; *(por la tarde)* cena; **to have d.,** cenar; **d. jacket,** esmoquin; **d. party,** cena (en casa de alguien) ➢ Ver nota en **comida**

> **Dinner** puede significar *cena* o *comida*. Normalmente se aplica a la comida principal del día. Las personas que usan **dinner** cuando hablan de su comida del mediodía suelen decir **tea** o **supper** para referirse a la última comida del día. **Dinner** como *cena* puede hacer referencia a una situación social más formal de lo habitual.

dinosaur ['daɪnəsɔː'] *n* dinosaurio

diocese ['daɪəsɪs] *n* diócesis

dioxide [daɪ'ɒksaɪd] *n* bióxido

dip [dɪp] **1** *n* ◆ *fam* baño, chapuzón; **to have/take a d.,** darse un chapuzón ◆ *(de carretera)* pendiente; *(en el suelo)* depresión ◆ *Culin* salsa; **avocado d.** = guacamole | **2** *vtr* ◆ bañar; **dates dipped in chocolate,** dátiles bañados en chocolate; *(cuchara, mano)* meter ◆ *GB Auto* **to d. one's headlights,** poner las luces cortas | **3** *vi (carretera)* bajar

■ **dip into** *vtr* ◆ *(un libro)* hojear ◆ *(los ahorros)* echar mano de

diphthong ['dɪfθɒŋ] *n* diptongo

diploma [dɪ'pləʊmə] *n* diploma

diplomacy [dɪ'pləʊməsɪ] *n* diplomacia

diplomat ['dɪpləmæt] *n* diplomático,-a

diplomatic [dɪplə'mætɪk] *adj* diplomático,-a

dire [daɪə'] *adj* extremo,-a, grave ◆ | LOC: **in d. straits,** en una situación desesperada

direct [dɪ'rekt, 'daɪrekt] **1** *adj* ◆ directo,-a; **d. current,** corriente continua ◆ *(equivalente)* exacto,-a | **2** *adv* directamente | **3** *vtr* ◆ *(una película, mirada, carta, un comentario, etc)* dirigir: **Hitchcock directed many famous films,** Hitchcock dirigió muchas películas famosas ◆ **could you d. me to the station?,** ¿podría indicarme dónde está la estación? ◆ *frml (dar órdenes)* mandar

direction [d(a)ɪ'rekʃən] *n* ◆ dirección; **in the opposite d.,** en el sentido contrario ◆ **directions** *pl, (indicaciones)* señas; **directions for use,** modo de empleo ◆ *Teat* puesta en escena

directive [d(a)ɪ'rektɪv] *n* directiva

directly [d(a)ɪ'rektlɪ] *adv* ◆ *(al lado de, etc)* exactamente, justo ◆ *(hablar)* francamente ◆ *(sin parar)* directamente: **this road goes d. to the church,** esta carretera va directamente a la iglesia ◆ *(acudir)* en seguida, ahora mismo

directness [dɪ'rektnəs] *n* franqueza

director [dɪ'rektər] *n* director,-ora

directorate [dɪ'rektər(e)ɪt] *n* junta directiva, consejo de administración

directory [d(a)ɪ'rektərɪ] *n Tel* guía telefónica; **d. enquiries,** información

dirt [dɜːt] *n* suciedad, mugre

dirt-cheap [dɜːt'tʃiːp] *adv* & *adj fam (muy barato)* tirado,-a (de precio)

dirty ['dɜːtɪ] **1** *adj* *(dirtier, dirtiest)* ◆ sucio,-a, mugriento,-a ◆ *(chiste)* verde; *(mente)* pervertido,-a; **d. old man,** viejo verde ◆ **d. trick,** mala jugada ◆ | LOC: **a d. look,** una mirada asesina | **2** *vtr* ensuciar

disability [dɪsə'bɪlɪtɪ] *n* incapacidad, invalidez; **d. pension/allowance,** pensión por invalidez

disable [dɪ'seɪbəl] *vtr* ◆ *(a una persona)* dejar inválido,-a ◆ *(máquina, arma)* inutilizar

disabled [dɪ'seɪbəld] **1** *adj* minusválido,-a | **2** *npl* **the d.,** los minusválidos

disadvantage [dɪsəd'vɑːntɪdʒ] *n* desventaja, inconveniente

disagree [dɪsə'griː] *vi* ◆ no estar de acuerdo [**with,** con]; **to d. with sb,** discutir con alguien [**about/on/over,** por] ◆ *(cifras, etc)* discrepar, no coincidir ◆ *(comida)* sentar mal: **wine disagrees with me,** el vino me sienta mal

disagreeable [dɪsə'grɪəbəl] *adj* desagradable

disagreement [dɪsə'griːmənt] *n* ◆ *(diferentes opiniones)* desacuerdo ◆ discusión, riña: **they've had a little d.,** han discutido un poco ◆ *(falta de coincidencia)* discrepancia

disallow [dɪsə'laʊ] *vtr* ◆ *Dep (gol)* anular ◆ *(reivindicación)* rechazar

disappear [dɪsə'pɪə'] *vi* desaparecer

disappearance [dɪsə'pɪərəns] *n* desaparición

disappoint [dɪsə'pɔɪnt] *vtr* ◆ *(a una persona)* decepcionar ◆ *(un plan)* frustrar ◆ *(la esperanza)* defraudar

disappointed [dɪsə'pɔɪntɪd] *adj* decepcionado,-a, desilusionado,-a

disappointing [dɪsə'pɔɪntɪŋ] *adj* decepcionante

disappointment [dɪsə'pɔɪntmənt] *n* decepción, desilusión

disapproval [dɪsə'pruːvəl] *n* desaprobación

disapprove [dɪsə'pruːv] *vi* desaprobar [**of,** -]

disarm [dɪs'ɑːm] **1** *vtr* desarmar | **2** *vi* desarmarse

disarmament [dɪs'ɑːməmənt] *n* desarme

disarray [dɪsə'reɪ] *n* desorden, confusión

disassociate [dɪsə'səʊʃɪeɪt] → **dissociate**

disaster [dɪ'zɑːstə'] *n* desastre

disastrous [dɪ'zɑːstrəs] *adj* desastroso,-a

disband [dɪs'bænd] **1** *vtr* disolver | **2** *vi* disolverse

disbelief [dɪsbɪ'liːf] *n* incredulidad

disc [dɪsk] *n* disco; **d. jockey,** pinchadiscos; *Inform* **floppy d.,** disquete; **hard d.,** disco duro

discard [dɪs'kɑːd] *vtr (viejos trastos)* deshacerse de; *(plan)* descartar

discern [dɪ'sɜːn] *vtr* percibir, distinguir

discernible [dɪ'sɜːnɪbəl] *adj* perceptible

discerning [dɪ'sɜːnɪŋ] *adj* ◆ *(persona)* perspicaz, exigente ◆ *(gusto)* refinado,-a

discharge [dɪs'tʃɑːdʒ] **1** *vtr* ◆ *(a un preso)* liberar; *Med* dar de alta a; *(a un soldado)* licenciar; *(a un empleado)* despedir ◆ *(una deuda)* liquidar; *(un compromiso)* cumplir ◆ *(un barco)* descargar ◆ *(humo)* emitir; *(líquido)* echar | **2** ['dɪstʃɑːdʒ] *n (de preso)* liberación; *(del hospital)* alta; *(del ejército)* baja ◆ *(de una deuda)* descargo ◆ *(del deber)* cumplimiento ◆ *(de un barco)* descarga ◆ *Elec* descarga; *(de gases)* escape ◆ *Med* pus

disciple [dɪ'saɪpəl] *n* discípulo,-a

discipline ['dɪsɪplɪn] **1** *n* disciplina | **2** *vtr* disciplinar

disclose [dɪs'kləʊz] *vtr* revelar

disclosure [dɪs'kləʊʒə'] *n* revelación

disco ['dɪskəʊ] *n (abr de discotheque), fam* disco

discolour, *US* **discolor** [dɪs'kʌlə'] **1** *vtr* de(s)colorar | **2** *vi* de(s)colorarse, desteñirse

discomfort [dɪs'kʌmfət] *n* incomodidad, malestar

disconcert [dɪskən'sɜːt] *vtr* desconcertar

disconcerted [dɪskən'sɜːtɪd] *adj* desconcertado,-a

disconcerting [dɪskən'sɜːtɪŋ] *adj* desconcertante
disconnect [dɪskə'nekt] *vtr* desconectar [**from,** de]; *(gas, luz, agua)* cortar
disconnected [dɪskə'nektɪd] *adj* inconexo,-a
disconsolate [dɪs'kɒnsəlɪt] *adj* desconsolado,-a
discontent [dɪskən'tent] *n* descontento,-a
discontented [dɪskən'tentɪd] *adj* descontento,-a
discontinue [dɪskən'tɪnjuː] *vtr frml* interrumpir, suspender
discord ['dɪskɔːd] *n* ♦ *frml* discordia ♦ *Mús* disonancia
discordant [dɪs'kɔːdənt] *adj* discordante
discotheque ['dɪskətek] *n* discoteca
discount ['dɪskaʊnt] 1 *n* descuento | 2 [dɪs'kaʊnt] *vtr* ♦ *(el precio)* rebajar ♦ *(una opinión, sugerencia)* descartar, pasar por alto
discourage [dɪs'kʌrɪdʒ] *vtr* ♦ *(quitar ánimos)* desanimar ♦ *(desaconsejar)* **to d. sb from doing sthg,** disuadir a alguien de hacer algo
discouraging [dɪs'kʌrɪdʒɪŋ] *adj* desalentador,-ora
discover [dɪ'skʌvəʳ] *vtr* ♦ descubrir ♦ *(un objeto perdido, etc)* encontrar
discovery [dɪ'skʌvərɪ] *n* descubrimiento
discredit [dɪs'kredɪt] 1 *n* descrédito | 2 *vtr* desacreditar
discreet [dɪ'skriːt] *adj* ♦ *(persona)* discreto,-a ♦ *(distancia, silencio)* prudente ♦ *(cosa)* modesto,-a
discrepancy [dɪ'skrepənsɪ] *n* diferencia
discretion [dɪ'skreʃən] *n* discreción; **at one's d.,** a discreción
discriminate [dɪ'skrɪmɪneɪt] *vi* discriminar [**between,** entre] [**contra,** against]
discriminating [dɪ'skrɪmɪneɪtɪŋ] *adj* ♦ *(persona)* entendido,-a, exigente ♦ *(gusto)* refinado,-a
discrimination [dɪskrɪmɪ'neɪʃən] *n* ♦ *(parcialidad)* discriminación ♦ *(juicio)* buen gusto
discuss [dɪ'skʌs] *vtr* ♦ *(hablar)* discutir ♦ *(por escrito)* tratar de
discussion [dɪ'skʌʃən] *n* discusión
disdain [dɪs'deɪn] *frml* 1 *n* desdén | 2 *vtr* desdeñar
disdainful [dɪs'deɪnfʊl] *adj frml* desdeñoso,-a

disease [dɪ'ziːz] *n* enfermedad, dolencia

> Recuerda que **disease** se refiere a una enfermedad específica y no a la enfermedad como estado (**illness**).

diseased [dɪ'ziːzd] *adj* ♦ *(persona, planta)* enfermo,-a ♦ *(mente)* pervertido,-a, enfermizo,-a
disembark [dɪsɪm'bɑːk] *vtr & vi* desembarcar
disenchanted [dɪsɪn'tʃɑːntɪd] *adj* desencantado,-a, desilusionado,-a
disengage [dɪsɪn'geɪdʒ] 1 *vtr* ♦ soltar ♦ *Téc* desconectar; *Auto* **to d. the clutch,** soltar el embrague | 2 *vi Mil* retirarse
disentangle [dɪsɪn'tæŋgəl] *vtr* desenredar
disfigure [dɪs'fɪgəʳ] *vtr* desfigurar
disgrace [dɪs'greɪs] 1 *n* ♦ vergüenza: **he's a d. to his family,** es la vergüenza de su familia; **it's a d.!,** ¡es un escándalo! ♦ desgracia; **to fall into d.,** caer en desgracia | 2 *vtr* deshonrar, desacreditar
disgraceful [dɪs'greɪsfʊl] 1 *adj* vergonzoso,-a | 2 *excl* **d.!,** ¡qué vergüenza!
disgruntled [dɪs'grʌntəld] *adj* contrariado,-a, disgustado,-a
disguise [dɪs'gaɪz] 1 *n* disfraz | 2 *vtr* ♦ *(a una persona)* disfrazar [**as,** de] ♦ *(emociones)* disimular
disgust [dɪs'gʌst] 1 *n* ♦ repugnancia, asco: **I looked at him with d.,** le miré con asco ♦ indignación: **he left in d.,** salió indignado | 2 *vtr* ♦ repugnar, dar asco a ♦ indignar
disgusting [dɪs'gʌstɪŋ] *adj* asqueroso,-a, repugnante; *(comportamiento, situación)* vergonzoso,-a
dish [dɪʃ] *n* ♦ *(para servir)* fuente ♦ *(comida)* plato; **the main d.,** el plato fuerte ♦ **to wash/do the dishes,** lavar los platos
■ **dish out** *vtr fam* ♦ *Culin* servir ♦ *fig (consejos, cosas)* repartir
■ **dish up** *vtr Culin* servir
dishcloth ['dɪʃklɒθ] *n* paño de cocina
dishearten [dɪs'hɑːtən] *vtr* desanimar
dishevelled, *US* **disheveled** [dɪ'ʃevəld] *adj (pelo)* despeinado,-a; *(apariencia general)* desaliñado,-a
dishonest [dɪs'ɒnɪst] *adj (persona)* deshonesto,-a; *(medida)* fraudulento,-a
dishonour, *US* **dishonor** [dɪs'ɒnəʳ] 1 *n frml* deshonra | 2 *vtr* deshonrar
dishonourable [dɪs'ɒnərəbəl] *adj* deshonroso,-a

dish-towel ['dɪʃtaʊəl] *n US* trapo de cocina
dishwasher ['dɪʃwɒʃəʳ] *n* lavaplatos
disillusion [dɪsɪ'lu:ʒən] *vtr* desilusionar
disinfect [dɪsɪn'fekt] *vtr* desinfectar
disinfectant [dɪsɪn'fektənt] *n* desinfectante
disinherit [dɪsɪn'herɪt] *vtr* desheredar
disintegrate [dɪs'ɪntɪgreɪt] *vi* desintegrarse
disintegration [dɪsɪntɪ'greɪʃən] *n* desintegración
disinterested [dɪs'ɪntrɪstɪd] *adj* desinteresado,-a
disjointed [dɪs'dʒɔɪntɪd] *adj* inconexo,-a
disk [dɪsk] *n US* disco; *Inform* **d. drive,** disquetera; **floppy d.,** disquete; **hard d.,** disco duro
diskette [dɪs'ket] *n Inform* disquete
dislike [dɪs'laɪk] 1 *n* antipatía, aversión [**for, to** + *ing,* a, hacia] | 2 *vtr* **I d. noise,** no me gusta el ruido
dislocate ['dɪsləkeɪt] *vtr (una articulación)* dislocar
dislocation [dɪslə'keɪʃən] *n* dislocación
dislodge [dɪs'lɒdʒ] *vtr* sacar, desplazar
disloyal [dɪs'lɔɪəl] *adj* desleal
dismal ['dɪzməl] *adj* ♦ *(futuro)* sombrío,-a; *(sitio)* lúgubre; *(persona)* triste ♦ *(fracaso)* total
dismantle [dɪs'mæntəl] *vtr* desmontar
dismay [dɪs'meɪ] 1 *n* consternación | 2 *vtr* consternar
dismember [dɪs'membəʳ] *vtr* descuartizar, desmembrar
dismiss [dɪs'mɪs] *vtr* ♦ *(una idea)* descartar; *(una reivindicación)* rechazar; *Jur* desestimar; *(un caso)* sobreseer ♦ *(a un empleado)* despedir ♦ dejar ir o mandar retirarse
dismissal [dɪs'mɪsəl] *n* ♦ *(de reivindicación)* rechazo; *Jur* desestimación ♦ *(de empleado)* despido, destitución
dismount [dɪs'maʊnt] *vi frml* apearse [**from,** de]
disobedience [dɪsə'bi:dɪəns] *n* desobediencia
disobedient [dɪsə'bi:dɪənt] *adj* desobediente
disobey [dɪsə'beɪ] *vtr & vi* desobedecer
disorder [dɪs'ɔ:dəʳ] *n* ♦ *(de cosas)* desorden ♦ *(de orden público)* disturbio ♦ *Med* trastorno
disorderly [dɪs'ɔ:dəlɪ] *adj* ♦ *(persona, cosas)* desordenado,-a ♦ *(gente)* turbulento,-a; *(conducta)* escandaloso,-a

disorganized [dɪs'ɔ:gənaɪzd] *adj* desorganizado,-a
disorient [dɪs'ɔ:rɪent], **disorientate** [dɪs'ɔ:rɪenteɪt] *vtr* desorientar
disown [dɪs'əʊn] *vtr* ♦ desconocer ♦ repudiar
disparaging [dɪ'spærɪdʒɪŋ] *adj* despectivo,-a
dispatch [dɪ'spætʃ] 1 *n* ♦ informe; *Mil* parte ♦ *(de correos)* envío; *(de mercancías)* consignación | 2 *vtr* ♦ *(correos)* enviar; *(mercancías)* expedir
dispel [dɪ'spel] *vtr* disipar
dispense [dɪ'spens] *vtr* ♦ *(cosas)* repartir ♦ *(la justicia)* administrar
  ■ **dispense with** *vtr* prescindir de
dispenser [dɪ'spensəʳ] *n* máquina expendedora; **cash d.,** cajero automático
dispersal [dɪ'spɜ:səl] *n* dispersión
disperse [dɪ'spɜ:s] 1 *vtr* dispersar | 2 *vi* dispersarse; *(niebla)* disiparse
displace [dɪs'pleɪs] *vtr* ♦ *(a una person)* sustituir ♦ *(mover)* desplazar; **displaced person,** desterrado,-a
display [dɪ'spleɪ] 1 *n* ♦ exposición; *(de emociones)* manifestación; *(de fuerza)* despliegue; *(de habilidades)* exhibición; **firework d.,** fuegos artificiales ♦ *Inform* visualización | 2 *vtr* ♦ *Inform* visualizar ♦ mostrar; *(mercancías)* exponer; *(emociones)* manifestar
displeasure [dɪs'pleʒəʳ] *n* disgusto
disposable [dɪ'spəʊzəbəl] *adj* ♦ *(de un solo uso)* desechable ♦ *(persona, cosa)* disponible
disposal [dɪ'spəʊzəl] *n* ♦ *(de basura)* eliminación ♦ *(de bomba)* desactivación ♦ disponibilidad; **at your d.,** a su disposición ♦ *(de bienes)* venta; *(de inmobiliario)* traspaso ♦ *frml (de herencia, etc)* disposición
dispose [dɪ'spəʊz] *vtr frml* ordenar, disponer
  ■ **dispose of** *vtr* ♦ deshacerse de; *(bienes)* vender; *(inmobiliario)* traspasar ♦ *(asunto)* resolver
disposed [dɪ'spəʊzd] *adj* **to be d. to do sthg,** estar dispuesto,-a a hacer algo
disposition [dɪspə'zɪʃən] *n* ♦ temperamento, genio ♦ *frml (arreglo)* disposición
disproportionate [dɪsprə'pɔ:ʃənɪt] *adj* desproporcionado,-a
disprove [dɪs'pru:v] *vtr* refutar, desmentir
dispute ['dɪspju:t] 1 *n* ♦ disputa; **under d,** en litigio ♦ conflicto; **industrial d.,** con-

flicto laboral | **2** [dɪ'spjuːt] *vtr* ♦ *(un asunto)* discutir, cuestionar ♦ *(un territorio)* disputar | **3** *vi* discutir [**about, over,** de, sobre] [**whether,** si]
disqualify [dɪs'kwɒlɪfaɪ] *vtr* ♦ *Dep* descalificar ♦ *(inhabilitar)* incapacitar
disregard [dɪsrɪ'gɑːd] **1** *n* indiferencia, despreocupación | **2** *vtr* ♦ descuidar ♦ hacer caso omiso de
disreputable [dɪs'repjʊtəbəl] *adj (persona, barrio)* de mala fama; *(comportamiento)* vergonzoso,-a
disrepute [dɪsrɪ'pjuːt] *n* descrédito; **to fall into d.,** caer en descrédito
disrespect [dɪsrɪ'spekt] *n* falta de respeto
disrespectful [dɪsrɪ'spektfʊl] *adj* irrespetuoso,-a
disrupt [dɪs'rʌpt] *vtr* ♦ *(una reunión, un trabajo)* interrumpir ♦ *(planes)* desbaratar, trastornar
disruption [dɪs'rʌpʃən] *n* ♦ *(de reunión, transporte)* interrupción ♦ *(planes)* desbaratamiento
disruptive [dɪs'rʌptɪv] *adj* perjudicial, negativo,-a
dissatisfaction [dɪssætɪs'fækʃən] *n* descontento, insatisfacción
dissatisfied [dɪs'sætɪsfaɪd] *adj* descontento,-a
disseminate [dɪ'semɪneɪt] *vtr frml* diseminar
dissent [dɪ'sent] **1** *n* disensión | **2** *vi* disentir
dissertation [dɪsə'teɪʃən] *n* disertación; *Univ* tesis, tesina [**on,** sobre]
dissident ['dɪsɪdənt] *adj & n* disidente
dissimilar [dɪ'sɪmɪləʳ] *adj* distinto,-a
dissipate ['dɪsɪpeɪt] **1** *vtr frml* ♦ *(hacer desaparecer algo)* disipar ♦ *(despilfarrar)* derrochar | **2** *vi (niebla, etc)* disiparse
dissociate [dɪ'səʊʃɪeɪt] *vtr* **to d. oneself,** desligarse [**from,** de]
dissolution [dɪsə'luːʃən] *n* disolución
dissolve [dɪ'zɒlv] **1** *vtr* disolver | **2** *vi* disolverse
dissuade [dɪ'sweɪd] *vtr* disuadir [**from,** de]
distance ['dɪstəns] **1** *n* distancia; **in the d.,** a lo lejos | **2** *vr* distanciarse
distant ['dɪstənt] *adj* ♦ *(sitio, tiempo)* lejano,-a ♦ *(mirada, manera)* ausente ♦ *(reservado)* distante, frío,-a
distaste [dɪs'teɪst] *n* repugnancia
distasteful [dɪs'teɪstfʊl] *adj* desagradable

distend [dɪ'stend] *frml* **1** *vtr* dilatar | **2** *vi* dilatarse
distil, *US* **distill** [dɪs'tɪl] *vtr* destilar
distillery [dɪ'stɪləri] *n* destilería
distinct [dɪ'stɪŋkt] *adj* ♦ diferente, distinto,-a ♦ *(sensación, cambio)* marcado,-a; **a d. smell of fish,** un inconfundible olor a pescado ♦ *(idea, plan)* claro,-a
distinction [dɪ'stɪŋkʃən] *n* ♦ diferencia, distinción; **to draw a d. between A and B,** distinguir entre A y B ♦ *(excelencia)* distinción ♦ *Educ* sobresaliente
distinctive [dɪ'stɪŋktɪv] *adj* distintivo,-a
distinguish [dɪ'stɪŋgwɪʃ] *vtr* distinguir [**between,** entre]
distinguished [dɪ'stɪŋgwɪʃt] *adj* distinguido,-a
distinguishing [dɪ'stɪŋgwɪʃɪŋ] *adj* distintivo,-a, característico,-a
distort [dɪ'stɔːt] *vtr* ♦ deformar ♦ *fig* distorsionar, tergiversar
distortion [dɪ'stɔːʃən] *n* deformación; *fig* distorsión
distract [dɪ'strækt] *vtr* distraer
distracted [dɪ'stræktɪd] *adj* distraído,-a
distraction [dɪ'strækʃən] *n* ♦ *(interrupción)* distracción ♦ | LOC: **the noise drives me to d.,** el ruido me saca de quicio
distraught [dɪ'strɔːt] *adj (persona)* afligido,-a, angustiado,-a
distress [dɪ'stres] **1** *n* ♦ *(mental)* angustia ♦ *(físico)* dolor ♦ **d. signal,** señal de socorro | **2** *vtr* afligir, apenar
distressing [dɪ'stresɪŋ] *adj* penoso,-a
distribute [dɪ'strɪbjuːt] *vtr* distribuir, repartir
distribution [dɪstrɪ'bjuːʃən] *n* distribución
distributor [dɪ'strɪbjʊtəʳ] *n* ♦ *Com* distribuidor,-ora ♦ *Auto* delco®
district ['dɪstrɪkt] *n (de ciudad)* barrio; *(de país)* región; *US Jur* **d. attorney,** fiscal del distrito; *GB Pol* **d. council** ≈ ayuntamiento
distrust [dɪs'trʌst] **1** *n* desconfianza, recelo | **2** *vtr* desconfiar de
disturb [dɪ'stɜːb] *vtr* ♦ molestar: **"do not d.",** "no molestar" ♦ *(la orden, paz, el silencio)* perturbar; *(el sueño)* interrumpir ♦ *(preocupar)* perturbar ♦ *(documentos, etc)* tocar, desordenar: **please do not d. these papers,** por favor, no toque estos papeles
disturbance [dɪ'stɜːbəns] *n* ♦ *Pol* disturbio ♦ *(de rutina)* alteración ♦ *(ruido, etc)* alboroto

disturbed [dɪˈstɜːbd] *adj* ◆ preocupado; **to be d. by sthg,** quedarse preocupado,-a por algo ◆ *Psic* perturbado,-a ◆ *(sueño)* interrumpido

disturbing [dɪˈstɜːbɪŋ] *adj* inquietante

disuse [dɪsˈjuːs] *n* desuso

disused [dɪsˈjuːzd] *adj* abandonado,-a

ditch [dɪtʃ] 1 *n* zanja; *(de carretera)* cuneta; *(para riego)* acequia | 2 *vtr fam* ◆ *(a un/a novio,-a)* plantar ◆ *(cosa)* deshacerse de

ditto [ˈdɪtəʊ] *n* ídem, lo mismo

dive [daɪv] 1 *n* ◆ zambullida, salto de cabeza; *(de buzo)* inmersión; *(de avión)* picado; *Dep* salto ◆ *(movimiento rápido)* **he made a dive for the ball,** se lanzó sobre el balón ◆ *fam (bar)* antro | 2 *vi* ◆ *(al agua)* tirarse de cabeza, zambullirse; *(buzo)* bucear, sumergirse; *Dep* saltar; *(avión)* descender en picado ◆ *(moverse rápidamente)* **he dived for the ball,** se lanzó sobre el balón

diver [ˈdaɪvəʳ] *n (persona)* buceador,-ora; *(profesional)* buzo; *Dep* saltador,-ora

diverge [daɪˈvɜːdʒ] *vi* divergir

diverse [daɪˈvɜːs] *adj* diverso,-a

diversion [daɪˈvɜːʃən] *n* ◆ distracción ◆ *GB (de carretera)* desvío

diversity [daɪˈvɜːsɪtɪ] *n* diversidad

divert [daɪˈvɜːt] *vtr* ◆ *(tráfico)* desviar ◆ *(entretener)* divertir

divide [dɪˈvaɪd] 1 *vtr* ◆ dividir [**into,** en] [**between/among,** entre] Ver nota en **dividir** ◆ separar [**from,** de] | 2 *vi (carretera, río)* bifurcarse

dividend [ˈdɪvɪdend] *n Com* dividendo

divine [dɪˈvaɪn] *adj* divino,-a

diving [ˈdaɪvɪŋ] *n* ◆ buceo, submarinismo ◆ *(competición)* saltos; **d. board,** trampolín

divinity [dɪˈvɪnɪtɪ] *n* ◆ *(atributo)* divinidad ◆ *(asignatura)* teología

division [dɪˈvɪʒən] *n* ◆ *Mat Mil gen* división ◆ reparto ◆ *(de una empresa)* sección; **international d.,** sección internacional

divorce [dɪˈvɔːs] 1 *n* divorcio | 2 *vtr* divorciarse de | 3 *vi* divorciarse

divorcé [dɪˈvɔːseɪ] *n* divorciado

divorcée [dɪvɔːˈsiː] *n* divorciada

divulge [daɪˈvʌldʒ] *vtr frml* divulgar, revelar

DIY [diːaɪˈwaɪ] *n GB (abr de do-it-yourself),* bricolaje

dizziness [ˈdɪzɪnɪs] *n* vértigo, mareo

dizzy [ˈdɪzɪ] *adj (dizzier, dizziest)* ◆ *(enfermo)* mareado,-a: **I feel d.,** me está dando vueltas la cabeza ◆ *(altura, paso)* vertiginoso,-a ◆ *fam* casquivano,-a

DJ [ˈdiːdʒeɪ] *n fam abr de disc jockey*

DNA [diːenˈeɪ] *n (abr de deoxyribonucleic acid),* ácido desoxirribonucleico, ADN

do[1] [duː, forma débil dʊ, də] *v aux irregular (3.ª persona sing pres does; pasado did).*

> No hay traducción del verbo auxiliar **do** en español. Se usa normalmente para formar frases negativas, interrogativas e imperativos negativos. En frases afirmativas sólo se emplea para enfatizar el verbo o para sustituir al verbo principal, como en las respuestas abreviadas y las **tags** o *coletillas*. No se usa con otros auxiliares (**can, must, should, ought, have**[1]) ni en el caso de preguntas donde la palabra interrogativa es el sujeto del verbo.

◆ *(preguntas)* **do you live near here?,** ¿vives cerca de aquí?; **when does our plane leave?,** ¿cuándo sale nuestro avión?; **did you come by train?,** ¿viniste en tren?; **what did you say?,** ¿qué has dicho?; *(pero* **who spoke to you?,** ¿quién te habló? *ver nota arriba)* ◆ *(frases negativas)* (en uso corriente se suelen abreviar: do not = don't, does not = doesn't, did not = didn't): **I don't want to go out,** no quiero salir; **she doesn't eat meat,** ella no come carne; **he didn't read the instructions,** no leyó las instrucciones ◆ *(preguntas negativas)* **why don't you stop smoking?,** ¿por qué no dejas de fumar?; **doesn't she speak English?,** ¿no habla inglés?; **why didn't you ring?,** ¿por qué no llamaste? ◆ *(imperativo negativo)* **don't be silly!,** ¡no seas tonto!; **don't touch that!,** ¡no toques eso! ◆ *(afirmativo enfático) (se acentúa al hablar):* **he does talk nonsense,** él sí que dice tonterías; **but I did ring you!,** ¡pero sí que te llamé!; *(también suaviza un imperativo):* **do come in!,** ¡pase, por favor! ◆ *(sustitución del verbo principal)* **do you speak English? - yes, I do,** ¿hablas inglés? - sí, lo hablo; **she smokes a lot but he doesn't,** ella fuma mucho pero él no: **he cooks very well and so does she,** él cocina bien y ella también; **I didn't understand - nor did I,** yo no entendí - yo tampoco ◆ *(confirmación de un comentario):* **you live at home, don't you?,** vives en casa, ¿verdad?; **he doesn't look happy, does he?,** no parece muy contento, ¿verdad?

do² (3.ª *persona sing pres* **does**, *ps* **did**, *pp* **done**) **1** *vtr irregular* ♦ hacer: **what does she do?- she's a lawyer,** ¿a qué se dedica?- es abogada; **do what you can,** haz lo que puedas; **I'll do my best,** haré todo lo posible; **what can I do for you?,** ¿en qué puedo ayudarle?; **to do one's homework,** hacer los deberes; **to do a job,** hacer un trabajo; **to do a translation,** hacer una traducción ♦ cumplir; **to do one's duty,** cumplir con el deber ♦ (+ *ing*) **to do the cleaning/cooking,** limpiar/cocinar; **to do the shopping,** ir de compras; **to do the washing,** hacer la colada ♦ *Teat* representar: **they are doing** *King Lear,* representan *El rey Lear* ♦ *(estudiar)* **he's doing maths at university,** está estudiando matemáticas en la universidad ♦ *(prepararse, arreglarse)* **do your hair,** péinate; **to do one's face,** maquillarse; **to have one's hair done,** arreglarse el pelo ♦ *(distancia)* recorrer: **he does about 100 km a day,** recorre alrededor de 100 km al día; *(velocidad)* **my new car does 200 kph,** mi nuevo coche alcanza los 200 km/hora; **we were only doing fifty,** solo íbamos a cincuenta ♦ *(beneficiar)* **a bit of exercise does you good,** un poco de ejercicio viene bien ♦ *(vender, tener)* **that restaurant does a good paella,** ese restaurante tiene una buena paella ➤ Ver nota en **hacer** | **2** *vi* ♦ *(actuar)* hacer; **do as I tell you,** haz lo que te digo; **you did right,** hiciste bien ♦ *(ir bien o mal)* **to do well,** tener éxito: **the company is doing well,** la empresa va bien; **how are you doing?,** ¿qué tal?; **he did badly in the exams,** los exámenes le salieron mal ♦ *(ser suficiente)* **fifty dollars will do,** con cincuenta dólares será suficiente; *fam* **that will do!,** ¡basta ya! ♦ *(servir de)* **this cave will do as a shelter,** esta cueva servirá de cobijo ♦ | LOC: *frml (al saludar por primera vez a alguien)* **how do you do? - how do you do?,** ¿cómo está usted? - mucho gusto *(la pregunta sirve a la vez de respuesta)* | **4** *n fam* ♦ *GB (guateque)* fiesta; *(acto)* ceremonia ♦ | LOC: **a list of do's and don'ts,** algunas normas

■ **do away with** *vtr* ♦ abolir: **they did away with the Inquisition years ago,** hace años que abolieron la Inquisición; *(cosas viejas, etc)* deshacerse de ♦ *fam* asesinar

■ **do for** *fam vtr* arruinar; *fig* **we're done for if they catch us,** estamos perdidos si nos cogen

■ **do in** *vtr argot* ♦ *(matar)* cargarse ♦ **I'm done in,** estoy hecho,-a polvo

■ **do over** *vtr fam* ♦ *US (una tarea, etc)* repetir ♦ *GB (golpear)* dar una paliza a

■ **do up** *vtr* ♦ *(un regalo)* envolver ♦ *(el cinturón, etc)* abrochar; *(los zapatos)* atar ♦ *fam (vestirse)* arreglar: **you're all done up,** vas muy vestido,-a ♦ *fam (la casa)* renovar, reformar

■ **do with** *vtr* ♦ **I could do with a holiday,** *(necesitar)* unas vacaciones no me vendrían mal ♦ **to have to do with,** tener que ver con: **this has nothing to do with you,** esto no te concierne

■ **do without** *vtr* pasar sin, prescindir de: **we can do without your help,** podemos prescindir de tu ayuda

docile ['dəʊsaɪl] *adj* dócil

dock [dɒk] **1** *n* ♦ *Jur* banquillo (de los acusados) ♦ *Náut* muelle, dársena ♦ **docks** *pl,* puerto ♦ | **2** *vi* ♦ *Náut* atracar ♦ *Aeroesp* acoplarse

docker ['dɒkəʳ] *n* estibador

doctor ['dɒktəʳ] **1** *n* ♦ *Med* médico,-a ♦ *Univ* doctor,-ora | **2** *vtr* ♦ *(cifras)* amañar; *(texto)* cambiar; *(bebida, etc)* adulterar

doctorate ['dɒktərɪt] *n* doctorado

doctrine ['dɒktrɪn] *n* doctrina

document ['dɒkjʊmənt] **1** *n* documento | **2** *vtr* documentar

documentary [dɒkjʊ'mentərɪ] *adj & n* documental

dodge [dɒdʒ] **1** *vtr* ♦ *(un golpe, una pregunta)* esquivar; *(a un persecutor)* eludir ♦ *(los impuestos, etc)* evadir | **2** *vi* escabullirse | **3** *n* ♦ *(movimiento)* regate ♦ *fam* truco

dodgy ['dɒdʒɪ] *adj (dodgier, dodgiest) GB fam* ♦ arriesgado,-a ♦ difícil ♦ *(de mala calidad, etc) fam* poco fiable: **the roof is a bit d.,** el tejado está un pelín chungo ♦ *(persona)* no fiable: **watch him, he's very d.,** ojo, que no te puedes fiar de él

doe [dəʊ] *n inv* ♦ *(hembra de ciervo)* cierva ♦ *(hembra de conejo)* coneja

does [dʌz] → **do¹** & **do²**

doesn't ['dʌzənt] ♦ **does not** ♦ → **do¹**

dog [dɒg] **1** *n* ♦ perro; **d. collar,** *(de perro)* collar de perro; *(de sacerdote)* alzacuello ♦ *(zorro, lobo, etc)* macho ♦ | LOC: **to go to the dogs,** irse a pique; *fam* **a d.'s life,** una vida de perros; **d. in the manger,** el perro del hortelano | **2** *vtr* perseguir; **to d. sb's footsteps,** pisarle los talones a alguien

dog-eared ['dɒgɪəd] *adj (libro, etc)* muy manoseado,-a

dogged ['dɒgɪd] *adj* tenaz
doggie, doggy [dɒgɪ] *n fam* perrito
doghouse ['dɒghaus] *n US fam* caseta del perro, perrera; *fig* **to be in the d.**, haber caído en desgracia
dogsbody ['dɒgzbɒdɪ] *n GB fam* burro de carga
dogmatic [dɒg'mætɪk] *adj* dogmático,-a
doh [dəu] *n Mús* do
doing ['du:ɪŋ] *n* ◆ *(acción)* obra; **was this your d.**, ¿tuviste algo que ver con esto?; *fig* **it will take some d.**, va a dar mucho trabajo ◆ **doings** *pl*, actividades
do-it-yourself [du:ɪtjə'self] *n* bricolaje
dole [dəul] *n GB fam* subsidio de paro; **to be on the d.**, estar parado,-a
■ **dole out** *vtr* distribuir, repartir
doleful ['dəulful] *adj* triste, lúgubre
doll [dɒl] 1 *n* muñeca | 2 *vtr fam* **to d. oneself up**, acicalarse
dollar ['dɒlə'] *n* dólar
dolly ['dɒlɪ] *n* ◆ *fam* muñequita ◆ *TV Cine* plataforma rodante
dolphin ['dɒlfɪn] *n* delfín
domain [də'meɪn] *n* ◆ campo, ámbito; **in the public d.**, de dominio público
dome [dəum] *n (por fuera)* cúpula; *(por dentro)* bóveda
domestic [də'mestɪk] *adj* ◆ *(aparato, animal, vida)* doméstico,-a ◆ casero,-a, hogareño,-a ◆ *(vuelo, noticias, producto)* nacional ◆ *Fin Com* interno,-a
domesticate [də'mestɪkeɪt] *vtr* domesticar
domesticated [də'mestɪkeɪtɪd] *adj* ◆ *(animal)* domesticado,-a ◆ *(persona)* hogareño,-a
dominant ['dɒmɪnənt] *adj* dominante
dominate ['dɒmɪneɪt] *vtr & vi* dominar
domineering [dɒmɪ'nɪərɪŋ] *adj* dominante
Dominican [də'mɪnɪkən] *adj & n (de la República Dominicana)* dominicano,-a; **D. Republic**, República Dominicana
dominion [də'mɪnjən] *n* dominio
domino ['dɒmɪnəu] *n (pl dominoes)* ficha de dominó ◆ **dominoes** *pl, (juego)* dominó
don [dɒn] *n GB Univ* catedrático,-a
donate [dəu'neɪt] *vtr* donar
donation [dəu'neɪʃən] *n* donativo
done [dʌn] 1 *adj* ◆ hecho,-a, terminado,-a ◆ *fam (cansado)* rendido,-a ◆ *(carne)* hecho,-a; *(verduras)* cocido,-a ◆ **it's just not d.**, eso no se hace | 2 *pp* → **do¹** & **do²**
donkey ['dɒŋkɪ] *n* burro,-a

donor ['dəunə'] *n* donante
don't [dəunt] ◆ **do not** ◆ → **do¹**
doom [du:m] 1 *n* ◆ *(terrible destino)* perdición, fatalidad ◆ muerte | 2 *vtr usu pasivo* condenar: **we are all doomed**, estamos perdidos
doomsday ['du:mzdeɪ] *n* día del Juicio Final
door [dɔ:'] *n* puerta; **behind closed doors**, a puerta cerrada; **out of doors**, al aire libre ◆ | LOC: **to answer the d.**, abrir la puerta; **to lay sthg at sb's d.**, echar a alguien la culpa de algo; **to show sb the d.**, enseñarle la puerta a alguien, echar a alguien
doorbell ['dɔ:bel] *n* timbre (de la puerta)
doorknob ['dɔ:nɒb] *n* pomo
doorman ['dɔ:mən] *n* portero
doormat ['dɔ:mæt] *n* ◆ felpudo ◆ *fam fig* persona que se deja pisotear
doorstep ['dɔ:step] *n* umbral; *fig* **on one's d.**, a la vuelta de la esquina
door-to-door [dɔ:tə'dɔ:'] *adj* a domicilio
doorway ['dɔ:weɪ] *n* entrada
dope [dəup] 1 *n* ◆ *argot* droga, hachís ◆ *fam (persona)* imbécil | 2 *vtr Dep* dopar, drogar
dopey ['dəupɪ] *adj (dopier, dopiest) fam* ◆ atontado,-a, grogui ◆ *(estúpido)* bobo,-a, lelo,-a
dormant ['dɔ:mənt] *adj* ◆ *(volcán)* inactivo,-a ◆ *(emoción, enfermedad)* latente
dormitory ['dɔ:mɪtərɪ] *n* ◆ *(en un internado)* dormitorio ◆ *US (en la universidad)* colegio mayor ◆ **d. town**, barrio dormitorio
dosage ['dəusɪdʒ] *n Med* dosis
dose [dəus] 1 *n* dosis | 2 *vtr fam (paciente)* medicar
dossier ['dɒsɪeɪ] *n* expediente
dot [dɒt] 1 *n* punto; **at six on the d.**, a las seis en punto | 2 *vtr* ◆ salpicar: **the hills were dotted with sheep**, las colinas estaban salpicadas de ovejas
double ['dʌbəl] 1 *adj* doble; **d. bed**, cama de matrimonio; **d. glazing**, ventana doble; *(en un hotel)* **d. room**, habitación doble | 2 *adv* doble; **to pay d.**, pagar el doble | 3 *n* ◆ *Cine Teat* doble ◆ *fam* **at** *o* **on the d.**, a toda prisa ◆ *Ten* **doubles** *pl*, (partido de) dobles | 4 *vtr* doblar; *fig (esfuerzos)* redoblar | 5 *vi* ◆ *(precio, cantidad)* doblarse ◆ **to d. as**, tener dos usos: **the hall doubles as a dining room**, el recibidor también sirve de comedor

■ **double back** *vi* volver uno sobre sus pasos

■ **double up 1** *vtr (plegar)* doblar | **2** *vi* ◆ *(de risa)* troncharse ◆ *(de dolor)* retorcerse

double-barrelled ['dʌbəlbærəld] *adj* ◆ *(escopeta)* de dos cañones ◆ *GB (apellido)* compuesto,-a

double bass [dʌbəl'beɪs] *n Mús* contrabajo

double-breasted ['dʌbəlbrestɪd] *adj* cruzado,-a

double-check [dʌbəl'tʃek] *vtr & vi* verificar dos veces

double-cross [dʌbəl'krɒs] *fam* **1** *vtr* engañar, traicionar | **2** *n* engaño, traición

double-decker [dʌbəl'dekəʳ] *n GB* **d.-d. (bus)**, autobús de dos pisos

double-edged [dʌbəl'edʒd] *adj* de doble filo

doubly ['dʌblɪ] *adv* doblemente

doubt [daʊt] **1** *n* duda; **in case of d.,** en caso de duda; **no d.** *o* **without a d.,** sin duda: **there's no d. about it,** no cabe la menor duda | **2** *vtr* ◆ desconfiar de ◆ *(no estar seguro)* dudar; **I d. if** *o* **whether I'll go,** dudo que vaya

doubtful ['daʊtfʊl] *adj* ◆ *(futuro, resultado)* dudoso,-a, incierto,-a ◆ *(mirada, voz)* dubitativo,-a: **it's d. that…,** es poco probable que…; **to be d.,** tener dudas [**about,** acerca de] ◆ *(persona)* sospechoso,-a

doubtfully ['daʊtfʊlɪ] *adv* ◆ sin convicción

doubtless ['daʊtlɪs] *adv* sin duda, seguramente

dough [dəʊ] *n* ◆ *Culin* masa, pasta ◆ *argot (dinero)* pasta

doughnut ['dəʊnʌt] *n* rosquilla, dónut®

dour [dʊəʳ] *adj* severo,-a

douse [daʊs] *vtr* ◆ empapar, mojar: **he doused himself with cologne,** se bañó en colonia ◆ *(fuego)* apagar

dove [dʌv] *n* paloma

dowdy ['daʊdɪ] *adj (dowdier, dowdiest)* poco elegante

down¹ [daʊn] **1** *prep* ◆ *(a un nivel más bajo)* **to go d. the stairs,** bajar la escalera; **d. the hill,** cuesta abajo; **halfway d. the road,** hacia la mitad de la calle ◆ *(a lo largo de)* por; **to walk d. the street,** andar por la calle | **2** *adv* ◆ *(movimiento)* (hacia) abajo; **to bend d.,** inclinarse hacia abajo; *(echarse, caer)* al suelo: **get down!,** ¡todos al suelo!; **to fall d.,** caerse; **to go d.,** *(pre- cio, persona, avión, etc)* bajar; *(sol)* ponerse ◆ *(posición)* abajo; **d. here,** aquí abajo; **d. on the beach,** abajo en la playa; *fam fig* **d. under,** Australia, Nueva Zelanda ◆ **profits are d. by ten percent,** los beneficios han bajado un diez por ciento; **we're d. to our last dollar,** no nos queda más que un solo dólar ◆ **to take/write sthg d.,** *(por escrito)* apuntar algo ◆ | LOC: *fig* **to be d. with a cold,** estar resfriado,-a | **3** *adj* ◆ *Fin* **cash d.,** pago al contado; **d. payment,** *(depósito)* entrada ◆ *fam* deprimido,-a: **I feel d.,** estoy deprimido,-a ◆ *Inform Mec Elec* averiado,-a: **the computer is d.,** el ordenador no funciona | **4** *vtr fam* ◆ beberse/comerse muy rápidamente ◆ *Pol Ind* **to d. tools,** ir de huelga | **5** *n* **ups and downs,** altibajos | **6** *excl* **d. with capitalism!,** ¡abajo el capitalismo!

down² [daʊn] *n* ◆ *Orn* plumón ◆ *Bot* pelusa ◆ *Anat* vello

down-and-out ['daʊnənaʊt] **1** *adj* extremadamente pobre | **2** *n* vagabundo,-a

downbeat ['daʊnbiːt] *adj fam* ◆ *(triste)* deprimido,-a ◆ relajado,-a: **his new film is very d.,** su nueva película es muy modesta

downcast ['daʊnkɑːst] *adj* abatido,-a

downfall ['daʊnfɔːl] *n* ◆ *(de régimen)* caída ◆ *(de persona)* perdición: **alcohol was his downfall,** el alcohol fue su perdición

downgrade ['daʊngreɪd] *vtr* degradar

downhearted [daʊn'hɑːtɪd] *adj* desalentado,-a

downhill [daʊn'hɪl] **1** *adj* ◆ *(esquí)* de descenso ◆ *(pendiente)* cuesta abajo | **2** *adv* **to go d.,** ir cuesta abajo; *fig* ir de mal en peor

down-market [daʊn'mɑːkɪt] **1** *adj* barato,-a; *fig* inferior | **2** *adv* **to move d.,** *(una empresa)* buscar clientes en el sector más popular

downpour ['daʊnpɔːʳ] *n* aguacero

downright ['daʊnraɪt] *fam* **1** *adj* ◆ *(persona)* franco,-a ◆ *(malhechor)* redomado,-a ◆ *(mentira)* descarado,-a | **2** *adv* completamente

downside ['daʊnsaɪd] *n* inconveniente

downstairs [daʊn'steəz] **1** *adv* ◆ *(en una casa)* hacia una planta inferior; **to go d.,** bajar la escalera ◆ *(en una casa)* en una planta inferior: **I left my glasses d.,** dejé mis gafas abajo | **2** *adj (de posición)* de la planta baja

downstream [daʊn'striːm] *adv* río abajo

down-to-earth [daʊntʊ'ɜːθ] *adj* realista

downtown [daʊn'taʊn] *adj US* del centro (de la ciudad)

downtrodden ['daʊntrɒdən] *adj* oprimido,-a

downturn ['daʊntɜːn] *n Fin* baja, descenso

downward ['daʊnwəd] *adj (cuesta)* descendente; *(mirada)* hacia abajo; *Fin (tendencia)* a la baja

downward(s) ['daʊnwəd(z)] *adv* hacia abajo

doze [dəʊz] **1** *vi* dormitar | **2** *n* cabezada, siestecita; **to have a d.**, echar una cabezada

■ **doze off** *vi* quedarse dormido,-a

dozen ['dʌzən] *n* docena; *fam* **dozens of**, un montón de, docenas de

dozy ['dəʊzɪ] *adj* ◆ somnoliento,-a ◆ tonto,-a

Dr *(abr de Doctor)*, Doctor,-ora, Dr., Dra.

drab [dræb] *adj (drabber, drabbest)* ◆ monótono,-a, gris: **it was a d. little town,** era un pueblecito gris ◆ *(color)* apagado,-a

draft [drɑːft] **1** *n* ◆ borrador ◆ *Com* letra de cambio, cheque ◆ *US* llamamiento a filas ◆ *US* → **draught** | **2** *vtr* ◆ hacer un borrador de ◆ *US Mil* reclutar

draftsman ['drɑːftsmən] *n US* → **draughtsman**

drag [dræg] **1** *vtr* ◆ *(tirar)* arrastrar ◆ *(un lago, río)* rastrear, dragar | **2** *vi* ◆ arrastrar ◆ *(persona)* rezagarse ◆ *fam (el tiempo)* pasar lentamente | **3** *n* ◆ *Téc* resistencia ◆ *fam (persona o cosa)* lata, pesado: **what a d.!,** ¡qué lata! ◆ *fam (de cigarillo)* calada ◆ *argot* **to be in d.,** ir vestido de mujer

■ **drag off** *vtr* llevar arrastrando

■ **drag on** *vi* hacerse interminable: **the war dragged on,** la guerra se hizo interminable

■ **drag out** *vtr (un discurso, chiste, etc)* alargar

dragon ['drægən] *n* dragón

dragonfly ['drægənflaɪ] *n* libélula

drag queen ['drægkwiːn] *n* travesti, reinona

drain [dreɪn] **1** *n* ◆ *(para agua)* desagüe; *(para aguas residuales)* alcantarilla ◆ *(en la calle, etc)* sumidero ◆ **drains** *pl*, alcantarillado ◆ *fig* **unemployment is a great d. on the country's resources,** el paro es una sangría para el país | **2** *vtr* ◆ *(una ciénaga, etc)* avenar; *(un embalse)* desecar ◆ *(la vajilla)* escurrir ◆ *(un vaso, una bebida)* apurar; *fig (el capital, etc)* agotar | **3** *vi* ◆ *(vajilla)* escurrirse ◆ **to d. (away),** *(líquido)* irse

drainage ['dreɪnɪdʒ] *n Agr Med* drenaje; *(de embalse, edificio)* desagüe; *(de ciudad)* alcantarillado

drainpipe ['dreɪnpaɪp] *n* tubo de desagüe

drama ['drɑːmə] *n* ◆ obra de teatro; *fig* drama ◆ *Educ (asignatura)* teatro

dramatic [drə'mætɪk] *adj* ◆ espectacular ◆ *Teat* dramático,-a, teatral

dramatically [drə'mætɪklɪ] *adv* drásticamente, de modo espectacular

dramatist ['dræmətɪst] *n* dramaturgo,-a

dramatization [dræmətaɪ'zeɪʃən] *n* adaptación teatral

dramatize ['dræmətaɪz] *vtr* ◆ *Teat* escenificar ◆ exagerar, dramatizar

drank [dræŋk] *ps* → **drink**

drape [dreɪp] **1** *vtr* cubrir [in, with, de] | **2** *n* ◆ *(de tela)* caída ◆ *US* cortina

drastic ['dræstɪk] *adj* ◆ *(medidas)* drástico,-a ◆ *(cambio)* radical

draught [drɑːft] **1** *n* ◆ corriente (de aire) ◆ *(de líquido)* trago ◆ **d. (beer),** cerveza de barril ◆ *GB* **draughts** *pl*, juego de damas | **2** *adj (caballo, etc)* de tiro

draughtsman ['drɑːftsmən] *n* delineante

draughty ['drɑːftɪ] *adj* con muchas corrientes de aire

draw [drɔː] **1** *vtr (ps drew; pp drawn)* ◆ *(un cuadro)* dibujar; *(una línea)* trazar ◆ *(tren, carroza)* arrastrar: **the coach was drawn by four white horses,** la carroza era arrastrada por cuatro caballos blancos; *(cortinas) (abrir)* descorrer; *(cerrar)* correr; *(persianas)* bajar ◆ *(a gente, aplausos, etc)* atraer: **his remarks drew applause,** sus comentarios levantaron aplausos; **the musicians drew a crowd,** los músicos atrajeron a mucha gente; *(la atención)* llamar ◆ *(un arma, una conclusión, confesión, fuerza, un diente, dinero del banco, etc)* sacar; *(un talón)* librar; *(un sueldo)* cobrar ◆ **to d. breath,** respirar ◆ **to d. lots,** echar a suertes ◆ *(comparación)* hacer | **2** *vi Arte* dibujar ◆ *(moverse)* **to d. apart (from),** separarse (de); **to d. to a halt/stop,** parar; **to d. to an end,** acabarse ◆ *Dep* **they drew three all,** empataron a tres | **3** *n* ◆ sorteo ◆ *Dep* empate ◆ *fig (exposición, espectáculo)* atracción

■ **draw back** ◆ *vt* retirar (algo) ◆ *vi* retroceder

■ **draw in** *vi* ◆ *(días)* acortarse ◆ *(tren)* llegar

■ **draw on** *vtr (ahorros)* recurrir a; *(experiencia)* aprovecharse de
■ **draw out** 1 *vtr* ◆ *(un discurso)* alargar ◆ *(a una persona)* desatar la lengua a ◆ *(de bolsillo, caja, etc)* sacar | 2 *vi* ◆ *(días)* alargarse ◆ *(tren)* salir (de la estación)
■ **draw up** 1 *vtr (contrato)* preparar | 2 *vi (coche, tren)* detenerse: **the car drew up opposite the cathedral,** el coche se paró delante de la catedral
drawback ['drɔːbæk] *n* inconveniente, pega
drawer ['drɔːəʳ] *n* cajón
drawing ['drɔːɪŋ] *n* ◆ dibujo; *GB* **d. pin,** chincheta ◆ **d. room,** salón
drawl [drɔːl] 1 *vi* hablar arrastrando las palabras | 2 *n US* **a Southern d.,** un acento sureño
drawn [drɔːn] *adj (cara)* demacrado,-a, ojeroso,-a
dread [dred] 1 *vtr* temer a, tener pavor a: **I dread to think what it cost,** no quiero ni pensar en cuánto costó | 2 *n* temor

Puedes usar el gerundio para casos generales (**I dread living in the country,** *tengo pavor a vivir en el campo*) o el infinitivo para casos más específicos: **I dread to tell him.** *Temo decírselo.* También puedes introducir una frase subordinada que empieza con what: **I dread what will happen.** *Temo lo que va a pasar.*

dreadful ['dredful] *adj* ◆ espantoso,-a, atroz ◆ *fam* fatal: **I feel d.,** me siento fatal; **how d.!,** ¡qué horror!
dreadfully ['dredfulɪ] *adv* ◆ espantosamente ◆ *fam* sumamente, terriblemente: **I'm d. sorry,** lo siento muchísimo
dream [driːm] 1 *n* ◆ sueño ◆ *(de día)* ensueño ◆ *fam (cosa buena)* maravilla | 2 *vtr (ps & pp* **dreamed** *o* **dreamt)** soñar | 3 *vi* soñar [**of, about, con**]
dreamer ['driːməʳ] *n* soñador,-ora
dreamy [driːmɪ] *adj (dreamier, dreamiest)* ◆ distraído,-a ◆ *(maravilloso)* de ensueño
dreary ['drɪərɪ] *adj (drearier, dreariest)* ◆ lúgubre ◆ *fam* aburrido,-a, pesado,-a: **this town is so d.,** este pueblo es tan aburrido
dredge [dredʒ] *vtr & vi* dragar
■ **dredge up** *vtr* ◆ *(el cadáver, etc)* sacar del agua ◆ *fam fig* sacar a relucir
drench [drentʃ] *vtr* empapar

dress [dres] 1 *n* ◆ vestido ◆ *(en general)* ropa, atuendo; *Teat* **d. rehearsal,** ensayo general | 2 *vtr* ◆ *(a una persona)* vestir; **she was dressed in a white bikini,** llevaba un bikini blanco ◆ *(la ensalada)* aliñar ◆ *(una herida)* vendar | 3 *vi* vestirse
■ **dress up** 1 *vi* ◆ disfrazarse [**as,** de] ◆ vestirse elegantemente | 2 *vtr fig* disfrazar [**as,** de]: **he was d. up as Napoleon,** iba disfrazado de Napoleón
dresser ['dresəʳ] *n* ◆ *GB (mueble de cocina)* aparador ◆ *US (mueble de dormitorio)* tocador ◆ *Teat* ayudante de camerino
dressing ['dresɪŋ] *n* ◆ *Med* vendaje ◆ *(de ensalada)* aliño ◆ **d. gown,** bata, albornoz; **d. room,** *Teat* camerino; **d. table,** tocador
dressmaker ['dresmeɪkəʳ] *n* modisto,-a
dressy ['dresɪ] *adj (dressier, dressiest)* vistoso,-a
drew [druː] *ps* → draw
dribble ['drɪbəl] 1 *vi* ◆ babear ◆ *(líquido)* gotear | 2 *vtr Dep (el balón)* regatear | 3 *n fam (de saliva)* baba; *(de otro líquido)* hilo
dried [draɪd] *adj (flor, pescado)* seco,-a; *(leche)* en polvo
drier ['draɪəʳ] *n* → dryer
drift [drɪft] 1 *vi* ◆ *(barco & fig)* ir a la deriva ◆ *(persona)* vagar; *(gentío)* marcharse lentamente ◆ *(nieve, arena)* amontonarse | 2 *n* ◆ *(de gente, etc)* flujo; **the drift from the country,** el éxodo rural ◆ *(de nieve, arena)* montón ◆ *fig* idea: **do you get my d.?,** ¿entiendes lo que te digo?
drill [drɪl] 1 *n* ◆ *(herramienta)* taladro; **d. (bit),** broca; **dentist's d.,** torno; *Mil* instrucción, ejercicios | 2 *vtr* ◆ *(la madera, etc)* taladrar, perforar ◆ *(a soldados, niños)* entrenar, instruir | 3 *vi* taladrar, perforar
drink [drɪŋk] 1 *vtr (ps* **drank;** *pp* **drunk)** beber | 2 *vi* beber; **to d. to sthg/sb,** brindar por algo/alguien | 3 *n* bebida; *(con alcohol)* copa: **let's have a d.,** vámonos a tomar algo
■ **drink up** *vt* terminar de beber
drinker ['drɪŋkəʳ] *n* bebedor,-ora
drinking ['drɪŋkɪŋ] *n* **d. water,** agua potable
drip [drɪp] 1 *n* ◆ goteo ◆ *Med* suero ◆ *fam (persona)* soso,-a | 2 *vi* gotear: **we were dripping wet,** estábamos calados
drip-dry ['drɪpdraɪ] *adj* de lava y pon
drive [draɪv] 1 *vtr (ps* **drove;** *pp* **driven)** ◆ *(un vehículo)* conducir, *LAm* manejar ◆ *(a una persona)* llevar, forzar, obligar: **his ambition drove him to his death,** su ambición lo llevó a la muerte ◆ *(energía)* im-

drive-in

pulsar: **it is driven by steam,** funciona a vapor ◆ *Dep* lanzar ◆ *(un palo)* hincar; *(un clavo)* clavar ◆ llevar en coche ◆ LOC: **to d. sb mad,** volver loco,-a a alguien | 2 *vi Auto* conducir, *LAm* manejar | 3 *n* ◆ *(excursión)* paseo en coche; **to go for a d.,** dar una vuelta en coche ◆ *(delante de una casa)* camino de entrada ◆ *Mec* transmisión; *Auto* tracción; **front-wheel d.,** tracción delantera ◆ *Golf* golpe inicial ◆ *(de ventas, etc)* campaña ◆ empuje, vigor ◆ instinto; **sex d.,** instinto sexual ◆ *Inform* disquetera

■ **drive off** 1 *vt* repeler, ahuyentar | 2 *vi (persona)* irse en coche; *(coche)* alejarse

drive-in ['draɪvɪn] *n US Cine* autocine

driven ['drɪvən] *pp* → **drive**

driver ['draɪvəʳ] *n (de coche, autobús)* conductor,-ora; *(de tren)* maquinista; *(de camión)* camionero,-a; *(de coche de carreras)* piloto; *US* **d.'s license,** carné de conducir

driveway ['draɪvweɪ] *n (para casa)* camino de entrada

driving ['draɪvɪŋ] 1 *n* ◆ *GB* **d. licence,** carné de conducir; **d. school,** autoescuela; **d. test,** examen de conducir | 2 *adj (lluvia)* torrencial

drizzle ['drɪzəl] 1 *n* llovizna | 2 *vi* lloviznar

drone [drəʊn] 1 *n (abeja & fig)* zángano | 2 *vi (abeja)* zumbar; *fig* hablar monótonamente

drool [druːl] *vi* babear; **to d. over sthg/sb,** caérsele la baba a uno por algo/alguien

droop [druːp] *vi (flor)* marchitarse; *(párpados)* caerse

drop [drɒp] 1 *n* ◆ *(de líquido)* gota; **eye drops,** colirio ◆ *Geog* desnivel ◆ *(de precio)* bajada; *(de temperatura)* descenso ◆ *Med* **drops** *pl,* gotas | 2 *vtr* ◆ *(a propósito)* dejar caer; *(por accidente)* caérsele a uno: **you've dropped your handkerchief,** se le ha caído el pañuelo; *(precios)* bajar; *(el viento)* disminuir ◆ *(una bomba, observación, etc)* lanzar, soltar; **to d. a hint,** soltar una indirecta ◆ *(un asunto, cargo, a una persona, etc)* abandonar, dejar | 3 *vi (objeto)* caerse; *(con paracaídas, etc)* tirarse; *(voz, precio, temperatura)* bajar; *(viento)* amainar; *(velocidad)* disminuir

■ **drop behind** *vi* quedarse atrás, rezagarse

■ **drop in, drop round** *vi fam (visitar)* pasarse [**at,** por]

■ **drop off** 1 *vi fam* quedarse dormido,-a | 2 *vtr fam* entregar, dejar

■ **drop out** *vi* ◆ *Educ* dejar los estudios ◆ *(de la sociedad)* marginarse ◆ *(de un concurso)* retirarse

dropout ['drɒpaʊt] *n fam pey (de la sociedad)* marginado,-a

droppings ['drɒpɪŋz] *npl* excrementos

drought [draʊt] *n* sequía

drown [draʊn] 1 *vtr* ◆ *(a una persona)* ahogar ◆ *(un sitio)* inundar | LOC: **to d. one's sorrows,** ahogar las penas (en alcohol) | 2 *vi* ahogarse; **to be drowned,** morir ahogado,-a

drowsy ['draʊzɪ] *adj (drowsier, drowsiest)* somnoliento,-a; **to feel d.,** tener sueño

drudgery ['drʌdʒərɪ] *n* trabajo penoso

drug [drʌg] 1 *n* ◆ fármaco, medicamento ◆ droga, estupefaciente; **d. abuse,** consumo de drogas; **d. addict,** toxicómano,-a; **d. addiction,** toxicomanía | 2 *vtr (a una persona)* drogar; *(alimentos)* adulterar con drogas

drugstore ['drʌgstɔːʳ] *n US* farmacia donde también se compran periódicos, comestibles, etc

drum [drʌm] 1 *n* ◆ tambor; **to play the drums,** tocar la batería ◆ *(para aceite)* bidón | 2 *vi fig (con los dedos)* tamborilear | 3 *vtr* **to d. sthg into sb,** hacer aprender algo a alguien a fuerza de repetírselo

■ **drum up** *vtr fam* solicitar

drummer ['drʌməʳ] *n (de orquesta)* tambor; *(de grupo pop)* batería

drumstick ['drʌmstɪk] *n* ◆ *Mús* baqueta, *fam* palillo ◆ *Culin* muslo

drunk [drʌŋk] 1 *adj* borracho,-a; **to get d.,** emborracharse | 2 *n* borracho,-a

drunkard ['drʌŋkəd] *n* borracho,-a

drunken ['drʌŋkən] *adj (persona)* borracho,-a, de borrachos; **d. driving,** conducción bajo los efectos del alcohol

dry [draɪ] 1 *adj (drier, driest o dryer, dryest)* ◆ seco,-a; *(clima)* árido,-a ◆ *(humor)* lacónico,-a ◆ **d. wine,** vino seco ◆ sediento,-a; **to be d.,** tener sed | 2 *vtr (ps & pp dried)* secar | 3 *vi* **to d. (off),** secarse

dry-clean [draɪ'kliːn] *vtr* limpiar en seco

dryer ['draɪəʳ] *n* secadora

dryness ['draɪnəs] *n* sequedad; *(de clima)* aridez

dub [dʌb] *vtr* ◆ *Cine TV* doblar [**into,** a] ◆ apodar

dubious ['djuːbɪəs] *adj* ◆ *(moral, etc)* dudoso,-a, sospechoso,-a ◆ **to be d.,** tener dudas [**about,** sobre, acerca de]

duchess ['dʌtʃɪs] *n* duquesa
duck¹ [dʌk] *n Orn & Culin* pato,-a
duck² [dʌk] **1** *vtr* ◆ sumergir, hundir ◆ *(una pregunta, un deber, etc)* eludir │ **2** *vi* agacharse
■ **duck out** *vi* escabullirse [**of, from, de**]
duckling ['dʌklɪŋ] *n* patito
duct [dʌkt] *n (para petróleo, etc)* conducto
dud [dʌd] *fam* **1** *adj* ◆ *(objeto)* inútil; *(defectuoso)* estropeado,-a ◆ *(dinero)* falso,-a; *(cheque)* sin fondos │ **2** *n (objeto inútil)* porquería; *(persona)* inútil
due [dju:] **1** *adj* ◆ *frml (adecuado)* debido,-a; **with all d. respect**, con todo respeto; **in d. course**, en su debido momento ◆ *(deuda)* pagadero,-a; **how much are you d.?**, ¿cuánto te deben? ◆ *(no se antepone al nombre)* esperado,-a: **the flight is d. at seven**, el vuelo se espera a las siete ◆ **d. to**, debido a │ **2** *adv* **d. south**, directamente hacia el sur │ **3** *n* ◆ **to give him his d.**, para ser justo con él ◆ **dues** *pl*, cuota
duel ['dju:əl] *n* duelo
duet [dju:'et] *n Mús* dúo
duffel, duffle ['dʌfəl] *n Mil* **d. bag**, petate; **d. coat**, trenca
dug [dʌg] *ps & pp* → **dig**
duke [dju:k] *n* duque
dull [dʌl] **1** *adj* ◆ *(libro, persona, sitio)* aburrido,-a ◆ *(luz)* apagado,-a ◆ *(tiempo)* gris, nublado,-a ◆ *(pintura)* mate ◆ *(dolor, sonido)* sordo,-a ◆ *(cuchillo)* desafilado,-a ◆ *(sentidos)* embotado,-a ◆ *fig (persona)* lerdo,-a, corto,-a │ LOC: **as d. as ditchwater**, de lo más aburrido │ **2** *vtr* ◆ *(dolor)* aliviar ◆ *fig (facultad)* embotar
duly ['dju:lɪ] *adv frml* debidamente; **a form d. completed**, un formulario debidamente cumplimentado
dumb [dʌm] **1** *adj* ◆ *Med* mudo,-a ◆ *fam* tonto,-a │ **2** *npl* **the d.**, los mudos
dumbfounded [dʌm'faʊndɪd], **dumbstruck** ['dʌmstrʌk] *adj* estupefacto,-a, mudo,-a de asombro
dummy ['dʌmɪ] *n* ◆ imitación; **d. run**, ensayo, prueba ◆ *(en escaparate, de modista)* maniquí; *(de ventrílocuo)* muñeco ◆ *GB (para bebé)* chupete ◆ *fam* bobo,-a
dump [dʌmp] **1** *n* ◆ *(para basura)* vertedero ◆ *fam pey* sitio de mala muerte; *(ciudad)* poblachón; *(bar, casa)* tugurio, pocilga ◆ *Mil* depósito ◆ │LOC: **to be down in the dumps**, estar deprimido,-a │ **2** *vtr* ◆ *(basura)* verter; *(contenido de un camión)* descargar ◆ dejar: **my girlfriend dumped me last week**, mi novia me abandonó la semana pasada ◆ *Com* inundar el mercado con ◆ *Inform* volcar
dumping ['dʌmpɪŋ] *n* ◆ *(de basura)* vertedero ◆ *Com* dumping
dumpling ['dʌmplɪŋ] *n Culin* bola de masa guisada
dumpy ['dʌmpɪ] *adj (dumpier, dumpiest) fam* rechoncho,-a
dunce [dʌns] *n* burro,-a (de la clase)
dune [dju:n] *n* duna
dung [dʌŋ] *n* estiércol
dungarees [dʌŋgə'ri:z] *npl* pantalón de peto; *(para trabajar)* mono
dungeon ['dʌndʒən] *n* calabozo, mazmorra
duo ['dju:əʊ] *n Mús* dúo; *fam* pareja
dupe [dju:p] **1** *vtr* engañar, timar │ **2** *n* ingenuo,-a
duplex ['dju:pleks] *n* ◆ *US* casa adosada ◆ *US* **d. apartment**, dúplex
duplicate ['dju:plɪkeɪt] **1** *vtr* ◆ *(copiar)* duplicar ◆ *(película, cinta)* reproducir, grabar ◆ *(acción)* repetir: **the experiment was never duplicated**, nunca se repitió el experimento │ **2** ['dju:plɪkɪt] *n* duplicado; **in d.**, por duplicado
durable ['djʊərəbəl] *adj* duradero,-a
duration [djʊ'reɪʃən] *n* duración
duress [djʊ'res] *n frml Jur* coacción; **under d.**, por coacción
during ['djʊərɪŋ] *prep* durante ➤ Ver nota en **durante**
dusk [dʌsk] *n* crepúsculo; **at d.**, al atardecer
dusky ['dʌskɪ] *adj (piel)* moreno,-a; *(color)* oscuro,-a
dust [dʌst] **1** *n* polvo; **cloud of d.**, polvareda │ **2** *vtr* ◆ *(la casa)* quitar el polvo a ◆ *(talco, etc)* espolvorear
dustbin ['dʌstbɪn] *n GB* cubo de la basura
duster ['dʌstə'] *n* ◆ *GB* trapo, bayeta; **feather d.**, plumero ◆ *US* guardapolvo
dustman ['dʌstmən] *n GB* basurero
dustpan ['dʌstpæn] *n* recogedor
dusty ['dʌstɪ] *adj (dustier, dustiest)* polvoriento,-a, cubierto,-a de polvo
Dutch [dʌtʃ] **1** *adj* holandés,-esa │ **2** *n pl* **the D.**, los holandeses ◆ *(idioma)* holandés; **it's double D. to me**, me suena a chino │ **3** *adv fig* **to go D.**, pagar a escote
Dutchman ['dʌtʃmən] *n* holandés
Dutchwoman ['dʌtʃwʊmən] *n* holandesa

dutiful ['djuːtɪfl] *adj* obediente, sumiso,-a

duty ['djuːtɪ] *n* ◆ *(moral)* deber: **he was doing his d.,** cumplía con su deber ◆ *(trabajo)* función ◆ **to be on d.,** estar de servicio; *Med Mil* estar de guardia; **d. chemist,** farmacia de guardia ◆ *Fin* impuesto(s)

duty-free ['djuːtɪfriː] 1 *adj* libre de impuestos | 2 *n* tienda libre de impuestos

duvet ['duːveɪ] *n* edredón nórdico

dwarf [dwɔːf] 1 *n* (*pl* **dwarves** [dwɔːvz]) *(persona)* enano,-a | 2 *adj* enano,-a, diminuto,-a | 3 *vtr* hacer parecer pequeño,-a

■**dwell on** *vtr* hacer hincapié en, preocuparse por: **we won't d. on that,** no insistiremos en eso

dwelling ['dwelɪŋ] *n frml* & *hum* morada, vivienda

dwindle ['dwɪndəl] *vi* menguar, disminuir

dye [daɪ] 1 *n* tinte, colorante | 2 *vtr* (*p pres* **dyeing**; *ps* & *pp* **dyed**) teñir; **to d. sthg blue,** teñir algo de azul ◆ | LOC: **dyed-in-the-wool,** recalcitrante

dying ['daɪɪŋ] 1 *adj* ◆ *(persona)* moribundo,-a, agonizante ◆ *fig (arte, tradición)* en vías de extinción | 2 *npl* **the d.,** los moribundos

dyke [daɪk] *n* ◆ dique ◆ *ofens argot* tortillera

dynamic [daɪ'næmɪk] *adj* dinámico,-a

dynamics [daɪ'næmɪks] *n* dinámica

dynamism ['daɪnəmɪzəm] *n fig* dinamismo

dynamite ['daɪnəmaɪt] *n* dinamita

dynamo ['daɪnəməʊ] *n* dinamo

dynasty ['dɪnəstɪ] *n* dinastía

dysentery ['dɪsəntrɪ] *n* disentería

dyslexia [dɪs'leksɪə] *n* dislexia

dystrophy ['dɪstrəfɪ] *n Med* distrofia

E, e [iː] *n* ◆ *(letra)* E, e ◆ *Mús* mi

E *(abr de East)* Este, E

each [iːtʃ] 1 *adj* cada: **e. time I speak to her,** cada vez que hablo con ella; **he gave $10,000 to each of his children,** dio $10.000 a cada uno de sus hijos; **e. person,** cada cual; **e. week,** cada semana ➢ Ver nota en **cada** | 2 *pron* ◆ cada uno,-a; **five pesos e.,** cinco pesos cada uno; **they ate two cakes each,** cada uno se comió dos pasteles ◆ **e. other,** el uno al otro, mutuamente: **they love e. other,** se aman

eager ['iːgəʳ] *adj* ansioso,-a, deseoso,-a: **we are e. to learn,** tenemos muchas ganas de aprender; **to be e. for sthg,** codiciar algo

eagerly ['iːgəlɪ] *adv* ansiosamente, con impaciencia; *(entusiasmadamente)* con ilusión

eagle ['iːgəl] *n* águila

ear [ɪəʳ] *n* ◆ *(órgano)* oreja; *(sentido)* oído; **to be all ears,** ser todo oídos ◆ *(de cereal)* espiga

earache ['ɪəreɪk] *n* dolor de oídos

earl [ɜːl] *n* conde

earlobe ['ɪələʊb] *n* lóbulo

early ['ɜːlɪ] *(earlier, earliest)* 1 *adj* ◆ *(antes de la hora prevista)* temprano,-a, anticipado,-a: **the bus was e.,** el autobús llegó antes de tiempo; **you were 10 minutes e.,** llegaste 10 minutos antes de tiempo; **we had an e. diner,** cenamos pronto; **an e. death,** una muerte prematura ◆ *(en la primera etapa)* **it's still e. days,** aún es pronto; **at an e. age,** a una edad temprana; **early Mayan art,** arte primitivo maya; **in the e. days of the century,** en los primeros días del siglo; **in her e. twenties,** a los veinte y pocos ◆ *(en un futuro cercano)* pronto; **an e. decision,** una decisión pronta | 2 *adv* ◆ *(antes de la hora prevista)* temprano, pronto: **passengers should check in an hour e.,** los pasajeros deberán facturar con una hora de adelanto; **they left e.,** se fueron pronto; **at the earliest,** como muy pronto; **earlier on,** antes

◆ *(cerca del principio)* **don't forget to book e.,** no te olvides de reservar con tiempo; **e. in the book,** en las primeras páginas del libro; **e. in the morning,** de madrugada; **e. on this year,** al principio de este año; **in e. summer,** a principios del verano

earmark ['ɪɑmɑːk] *vtr* destinar [**for,** para, a]

earn [ɜːn] *vtr* ◆ *(dinero)* ganar: **she earns her living,** se gana la vida ◆ *(respeto)* ganarse ◆ *(intereses)* devengar, dar ➤ Ver nota en **ganar**

earnest ['ɜːnɪst] *adj* serio,-a ◆ | LOC: **in e.,** *adj* serio,-a; *adv* en serio, seriamente

earnestly ['ɜːnɪstlɪ] *adv* con gran seriedad

earnings ['ɜːnɪŋz] *npl* ingresos

earphones ['ɪəfəʊnz] *npl* auriculares, audífono

earring ['ɪərɪŋ] *n* pendiente

earshot ['ɪəʃɒt] *n* ◆ | LOC: **he was out of-/within e.,** no pudo/pudo oír *o* no se le oía/se le oía

earth [ɜːθ] **1** *n* ◆ **the E.,** la Tierra ◆ tierra; *fig* **he is down to e.,** tiene los pies en la tierra ◆ *Elec* toma de tierra ◆ | LOC: *fam* **where on e. have you put it?,** ¿dónde demonios lo has puesto? | **2** *vtr Elec* conectar a tierra

earthenware ['ɜːðənweər] **1** *adj* de barro | **2** *n* vajilla de barro cocido

earthly ['ɜːθlɪ] *adj* ◆ terrenal; **an e. paradise,** un paraíso terrenal ◆ | LOC: **it is of no e. use to me,** no me sirve para nada en absoluto

earthquake ['ɜːθkweɪk] *n* terremoto

earthshattering ['ɜːθʃætərɪŋ] *adj* que causa impacto; **e. news,** noticia bomba

earthworm ['ɜːθwɜːm] *n* lombriz de tierra

earthy ['ɜːθɪ] *adj* ◆ *(persona)* poco sofisticado,-a ◆ *(historia, canción)* grosero,-a ◆ *(sabor)* a tierra

earwig ['ɪəwɪg] *n Zool* tijereta

ease [iːz] **1** *n* ◆ *(ausencia de preocupaciones)* tranquilidad; **to be at e.,** estar relajado,-a/a gusto ◆ *(sin dificultades)* facilidad; **e. of use,** facilidad de empleo ◆ *(bienestar económico)* desahogo | **2** *vtr* ◆ *(dolor)* aliviar, mitigar ◆ mover con cuidado: **he eased his car into the parking space,** aparcó el coche con cuidado

■ **ease off/up** *vi* ◆ *(reducirse)* disminuir ◆ *(conductor, etc)* ir más despacio

easel ['iːzəl] *n* caballete

easily ['iːzɪlɪ] *adv* fácilmente: **e. the nicest person I know,** con mucho la persona más simpática que conozco

East [iːst] **1** *n* este; **the Middle E.,** el Oriente Medio | **2** *adj* del este, oriental | **3** *adv* al *o* hacia el este

Easter ['iːstər] *n* Semana Santa, Pascua; **E. egg,** huevo de Pascua; **E. Sunday,** Domingo de Resurrección

eastern ['iːstən] *adj* oriental, del este; **E. Europe,** Europa Oriental

eastward(s) ['iːstwəd(z)] *adv* hacia el este

easy ['iːzɪ] *(easier, easiest)* **1** *adj* ◆ fácil, sencillo,-a; **e. to use,** de fácil manejo ◆ *(sin preocupaciones)* cómodo,-a, tranquilo,-a: **he has an e. life,** tiene la vida muy cómoda; *fam* **I'm e.!,** me da igual; **e. chair,** sillón | **2** *adv fam* **go e. on her,** no seas demasiado duro con ella; **go e. on the whisky,** no te pases con el whisky; *fam* **to take it/things e.,** tomarse las cosas con calma

easy-going [iːzɪ'gəʊɪŋ] *adj* ◆ *(relajado)* tranquilo,-a ◆ *(un poco vago)* despreocupado,-a ◆ *(poco severo)* poco exigente

eat [iːt] *(ps* ate, *pp* eaten) *vtr* comer ◆ | LOC: **what's eating her?,** ¿qué mosca le ha picado?

■ **eat away** *vtr* desgastar; *(ácido)* corroer

■ **eat into** *vtr* ◆ *(madera)* roer ◆ *fig (ahorros)* consumir, comerse

■ **eat out** *vi* comer fuera

■ **eat up** *vtr* ◆ *(comida)* terminar: **eat up your beans,** cómete los frijoles ◆ *fig (electricidad, gasolina)* consumir

eatable ['iːtəbəl] *adj & n* comestible

eaten ['iːtən] *pp* → **eat**

eaves [iːvz] *npl* alero

eavesdrop ['iːvzdrɒp] *vi* escuchar a escondidas

ebb [eb] **1** *n* reflujo; **e. and flow,** flujo y reflujo

ebony ['ebənɪ] **1** *n* ébano | **2** *adj* de ébano

eccentric [ɪk'sentrɪk] *adj & nm,f* excéntrico,-a

ecclesiastic [ɪkliːzɪ'æstɪk] *adj & nm,f* eclesiástico,-a

echo ['ekəʊ] **1** *n (pl* echoes) eco | **2** *vtr (palabras)* repetir | **3** *vi* resonar, hacer eco

eclipse [ɪ'klɪps] **1** *n* eclipse | **2** *vtr* eclipsar

ecological [iːkə'lɒdʒɪkəl] *adj* ecológico,-a

ecology [ɪˈkɒlədʒɪ] *n* ecología
economic [iːkəˈnɒmɪk] *adj* económi-co,-a; *(que trae beneficios)* rentable ➢ Ver nota en **económico**
economical [iːkəˈnɒmɪkəl] *adj* económico,-a ➢ Ver nota en **económico**
economics [iːkəˈnɒmɪks] *n sing (ciencia)* economía; *Educ* (ciencias) económicas ➢ Ver nota en **economía**
economist [ɪˈkɒnəmɪst] *n* economista
economize [ɪˈkɒnəmaɪz] *vi* ahorrar, economizar
economy [ɪˈkɒnəmɪ] *n* ◆ *Pol & Econ* economía; **free market e.,** economía de libre mercado ➢ Ver nota en **economía** ◆ ahorro; **e. class,** clase turista; **e. size,** tamaño familiar
ecosystem [ˈiːkɒsɪstəm] *n* ecosistema
ecstasy [ˈekstəsɪ] *n* éxtasis
ecstatic [ekˈstætɪk] *adj* extático,-a
Ecuador [ˈekwədɔːʳ] *n* Ecuador
Ecuadorean [ˈekwəˈdɔːrɪən] *n & adj* ecuatoriano,-a
eczema [ˈeksɪmə] *n* eczema
eddy [ˈedɪ] 1 *n* remolino | 2 *vi* arremolinarse
edge [edʒ] 1 *n* ◆ borde; **on the e. of town,** en las afueras de la ciudad ◆ *(de cuchillo)* filo; *(de moneda)* canto; *(del agua)* orilla ◆ | LOC: *fig* **to be on e.,** tener los nervios de punta, estar nervioso,-a | 2 *vi* **to e. away,** alejarse poco a poco; **to e. closer,** acercarse lentamente; **to e. forward,** avanzar poco a poco
edgy [ˈedʒɪ] *adj* (**edgier, edgiest**) nervioso,-a
edible [ˈedɪbəl] *adj* comestible
edict [ˈiːdɪkt] *Hist n* edicto; *Jur* decreto
edit [ˈedɪt] *vtr* ◆ *(libro, periódico)* corregir, editar ◆ *Prensa* ser redactor,-ora jefe de: **he edits an important newspaper,** es redactor jefe de un periódico importante ◆ *Cine Rad TV* montar, cortar
edition [ɪˈdɪʃən] *n* edición
editor [ˈedɪtəʳ] *n (de libro)* editor,-ora; *Prensa* redactor,-ora; *Cine TV* montador,-ora
editorial [edɪˈtɔːrɪəl] 1 *adj* editorial; **e. line,** línea editorial | 2 *n (artículo de opinión)* editorial
educate [ˈedjʊkeɪt] *vtr* educar
educated [ˈedjʊkeɪtɪd] *adj* culto,-a
education [edjʊˈkeɪʃən] *n* ◆ enseñanza; **primary/secondary/higher e.,** enseñanza primaria/secundaria/superior; **Ministry of E.,** Ministerio de Educación ◆ *(universidad, etc)* estudios ◆ *(general)* cultura
educational [edjʊˈkeɪʃənəl] *adj* educativo,-a, pedagógico
eel [iːl] *n* anguila
eerie [ˈɪərɪ] *adj* (**eerier, eeriest**) espeluznante, que da miedo
effect [ɪˈfekt] 1 *n* ◆ efecto; **to be of little e.,** surtir poco efecto; **to come into e.,** entrar en vigor; **to have an e. on,** surtir efecto en; **to take e.,** *(medicina)* surtir efecto; *(ley)* entrar en vigor; **in e.,** en realidad, de hecho; **to no e.,** sin resultado ◆ impresión: **the film had a great e. on her,** la película le hizo una gran impresión ◆ **effects** *pl*, enseres, efectos personales | 2 *vtr frml* efectuar, llevar a cabo
effective [ɪˈfektɪv] *adj* ◆ *(que funciona bien)* eficaz: **it is a very e. way of reducing noise,** es una manera muy eficaz de reducir el ruido ◆ *(real)* efectivo,-a: **the e. loss to the company is huge,** la pérdida real para la empresa es enorme ◆ *(que impresiona)* impresionante
effectively [ɪˈfektɪvlɪ] *adv* ◆ *(con éxito)* eficazmente: **this cream will e. eliminate wrinkles,** esta crema eliminará eficazmente las arrugas ◆ *(en efecto)* de hecho: **she e. refused to listen,** de hecho, se negó a escuchar
effeminate [ɪˈfemɪnɪt] *adj* afeminado,-a
effervescent [efəˈvesənt] *adj* efervescente
efficiency [ɪˈfɪʃənsɪ] *n* ◆ *(de una persona)* eficiencia ◆ *(de una máquina)* eficacia, rendimiento
efficient [ɪˈfɪʃənt] *adj* ◆ *(persona)* eficiente, *(sistema)* eficaz ◆ *(máquina)* de buen rendimiento, eficaz
efficiently [ɪˈfɪʃəntlɪ] *adv* eficientemente
effort [ˈefət] *n* ◆ esfuerzo ◆ **to make an e.,** hacer un esfuerzo, esforzarse ◆ intento: **we will make every e. to help you,** intentaremos ayudarle en todo lo posible
effortless [ˈefətlɪs] *adj* sin esfuerzo
e.g. [iːˈdʒiː] *(abr de exempli gratia)* p. ej (por ejemplo)
egalitarian [ɪɡælɪˈteərɪən] *adj* igualitario,-a
egg [eg] *n* huevo; **e. cup,** huevera; **e. white,** clara de huevo **e. yolk,** yema de huevo ◆ | LOC: *fam fig* **to put all one's eggs in one basket,** jugárselo todo a una carta
■ **egg on** *vtr* **to e. sb on (to do sthg),** incitar a alguien (a hacer algo)

eggplant ['egplɑːnt] *n US* berenjena
eggshell ['egʃel] **1** *n* cáscara de huevo | **2** *adj (pintura)* semi-mate
egocentric [iːgəʊ'sentrɪk] *adj* egocéntrico,-a
egoism ['iːgəʊɪzəm] *n* egoísmo
Egypt ['iːdʒɪpt] *n* Egipto
eiderdown ['aɪdədaʊn] *n* edredón
eight [eɪt] *adj & n (número)* ocho ♦ | LOC: **to have one over the e.,** tomar una copa de más
eighteen [eɪ'tiːn] *adj & n* dieciocho
eighteenth [eɪ'tiːnθ] **1** *adj & n* decimoctavo | **2** *n Mat (fracción)* decimoctavo
eighth [eɪtθ] **1** *adj & n* octavo,-a **2** *n Mat (fracción)* octavo
eighty ['eɪtɪ] *adj & n* ochenta
either ['aɪðər, 'iːðər] **1** *pron det (uno de dos)* ♦ *(afirmativo)* cualquiera; **e. of them,** cualquiera de los/las dos: **there's bread or cake, you can have e. (of them),** hay pastel o pan, puedes tomar cualquiera (de los dos) ♦ *(negativo)* ninguno,-a (de los dos): **she doesn't want e. (of them),** no quiere ninguno (de los dos) | **2** *adj* cualquier(a), cada: **there is a house on e. side,** hay una casa a cada lado; **in e. case,** en cualquier de los dos casos | **3** *conj (afirmativo)* **e. ... or ...,** o... o...: **e. you can go or you can stay,** puedes irte o (bien) quedarte; puedes tanto irte como quedarte | **4** *adv (después de negativo)* tampoco: **I don't want to go, and my wife doesn't e.,** yo no quiero ir y mi mujer tampoco
ejaculate [ɪ'dʒækjʊleɪt] *vi* eyacular
eject [ɪ'dʒekt] **1** *vtr* expulsar | **2** *vi Av* eyectarse
elaborate [ɪ'læbəreɪt] **1** *vtr* ♦ idear, elaborar: **I have elaborated the perfect escape plan,** he elaborado el plan perfecto para escapar ♦ dar más detalles, explicar detalladamente | **2** *vi* explicarse; **to e. on/upon sthg,** explicar algo con mayor detalle | **3** [ɪ'læbərɪt] *adj* ♦ *(explicación)* complicado,-a ♦ *(plan)* detallado,-a ♦ *(trabajo, estilo)* esmerado,-a ♦ *(obra de arte, etc)* elaborado,-a, trabajado,-a; **an e. iron gate,** una elaborada puerta de hierro
elapse [ɪ'læps] *vi* transcurrir, pasar
elastic [ɪ'læstɪk] **1** ♦ *adj* elástico,-a; **e. band,** goma (elástica); *fig* flexible | **2** *n* elástico
Elastoplast® [ɪ'lɑːstəplɑːst] *n* tirita
elated [ɪ'leɪtɪd] *adj* eufórico,-a
elation [ɪ'leɪʃən] *n* euforia

elbow ['elbəʊ] **1** *n* ♦ codo ♦ *fig* **e. room,** espacio ♦ *(en un río)* recodo | **2** *vtr* **to e. sb,** dar un codazo a alguien
elder ['eldər] **1** *adj* mayor *(de dos personas)* **she is my e. sister,** ella es mi hermana mayor | **2** *n* el *o* la mayor *(de dos personas)* | **3** *npl* **the elders,** los ancianos, los mayores
elderly ['eldəlɪ] **1** *adj* anciano,-a | **2** *npl* **the e.,** los ancianos
eldest ['eldɪst] **1** *adj* mayor | **2** *n* el *o* la mayor
elect [ɪ'lekt] **1** *vtr* ♦ *Pol* elegir ♦ **to e. to do sthg,** optar por hacer algo | **2** *adj* **the president e.,** el presidente electo
election [ɪ'lekʃən] **1** *n* elección; **general e.,** elecciones generales | **2** *adj* electoral
elector [ɪ'lektər] *n* elector,-ora
electoral [ɪ'lektərəl] *adj* electoral
electorate [ɪ'lektərɪt] *n* electorado
electric [ɪ'lektrɪk] *adj* eléctrico,-a; **e. blanket,** manta eléctrica; **e. chair,** silla eléctrica; **e. current,** corriente eléctrica; **e. guitar,** guitarra eléctrica; **e. shock,** descarga eléctrica ♦ *fig* electrizante
electrical [ɪ'lektrɪkəl] *adj* eléctrico,-a
electrician [ɪlek'trɪʃən] *n* electricista
electricity [ɪlek'trɪsɪtɪ] *n* electricidad; **e. bill,** recibo de la luz
electrify [ɪ'lektrɪfaɪ] *vtr* ♦ *(línea de ferrocarril)* electrificar ♦ *fig (excitar)* electrizar
electrocute [ɪ'lektrəkjuːt] *vtr* electrocutar
electrode [ɪ'lektrəʊd] *n* electrodo
electron [ɪ'lektrɒn] *n* electrón
electronic [ɪlek'trɒnɪk] **1** *adj* electrónico,-a | **2** *npl* **electronics** ♦ *(ciencia)* electrónica ♦ *(de una máquina)* sistema electrónico
elegant ['elɪgənt] *adj* elegante
element ['elɪmənt] *n* ♦ elemento ♦ *(componente)* parte ♦ *Elec* resistencia ♦ *fam fig* **to be in one's e.,** estar como pez en el agua
elementary [elɪ'mentərɪ] *adj* elemental, básico, fácil; **e. physics,** física básica
elephant ['elɪfənt] *n* elefante
elevate ['elɪveɪt] *vtr* ♦ elevar, subir ♦ *(promover)* ascender: **he has been elevated to the board of directors,** lo han elevado al consejo de administración
elevation [elɪ'veɪʃən] *n* ♦ *(la acción de elevar)* elevación ♦ *Arquit* alzado ♦ *Geog* altitud
elevator ['elɪveɪtər] *n US* ascensor
eleven [ɪ'levən] *adj & n* once

eleventh

eleventh [ɪ'levənθ] **1** *adj & nm,f* undécimo,-a ◆ | LOC: **at the e. hour,** en el último momento | **2** *n (fracción)* undécimo
elicit [ɪ'lɪsɪt] *vtr* obtener
eligible ['elɪdʒəbəl] *adj* apto,-a; **an e. bachelor,** un soltero casadero
eliminate [ɪ'lɪmɪneɪt] *vtr* eliminar
elite [ɪ'liːt] *n* elite
elitist [ɪ'liːtɪst] *adj* elitista
elk [elk] *n* Zool *(Europa, Asia)* alce; *LAm* uapití
elm [elm] *n* olmo
elocution [elə'kjuːʃən] *n* elocución
elongate ['iːlɒŋgeɪt] *vtr* alargar
eloquent ['eləkwənt] *adj* elocuente
else [els] *adv (otro)* ◆ **anyone e.,** alguien más; **anything e.?,** ¿algo más?; **everything e.,** todo lo demás; **no-one e.,** nadie más; **someone e.,** otro,-a; **something e.,** otra cosa, algo más; **somewhere e.,** en otra parte; **what e.?,** ¿qué mas?; **where e.?,** ¿en qué otro sitio? ◆ **or e.,** si no: **pay me now or else I'll call the police,** págame ahora, si no llamo a la policía
elsewhere [els'weəʳ] *adv* en otro lugar
elucidate [ɪ'luːsɪdeɪt] *vtr* aclarar, dilucidar
elude [ɪ'luːd] *vtr* ◆ *(escapar)* eludir: **his name eludes me,** no consigo acordarme de su nombre; *(golpe)* esquivar ◆ *(responsabilidad)* eludir
elusive [ɪ'luːsɪv] *adj* ◆ *(persona)* escurridizo,-a, difícil de localizar: **you've been very e. this week,** ha sido muy difícil localizarte esta semana ◆ *(éxito)* esquivo,-a ◆ *(solución)* evasivo,-a
emaciated [ɪ'meɪsɪeɪtɪd] *adj* demacrado,-a, consumido,-a
emanate ['emaneɪt] *vi* emanar, provenir *(from,* de]
emancipate [ɪ'mænsɪpeɪt] *vtr* emancipar
emancipation [ɪmænsɪ'peɪʃən] *n* emancipación
embankment [ɪm'bæŋkmənt] *n* ◆ *(para carretera, ferrocarril, etc)* terraplén ◆ *(al lado de un río)* dique
embargo [em'bɑːgəʊ] **1** *n (pl* **embargoes)** embargo | **2** *vtr* ◆ *(bienes)* embargar ◆ *(comercio)* prohibir
embark [em'bɑːk] **1** *vtr (mercancías)* embarcar | **2** *vi* embarcar, embarcarse ◆ *(una tarea difícil)* **to e. upon sthg,** emprender algo, embarcarse en algo
embarkation [embɑː'keɪʃən] *n* embarque

embarrass [ɪm'bærəs] *vtr* avergonzar
embarrassed [ɪm'bærəst] *adj* avergonzado,-a
embarrassing [ɪm'bærəsɪŋ] *adj* embarazoso,-a
embarrassment [ɪm'bærəsmənt] *n* vergüenza
embassy ['embəsɪ] *n* embajada
embed [ɪm'bed] *vtr* incrustar
embellish [ɪm'belɪʃ] *vtr* ◆ embellecer ◆ *(una historia)* exagerar, adornar
embers ['embəʳ] *npl* brasas
embezzle [ɪm'bezəl] *vtr* malversar, desfalcar
embezzlement [ɪm'bezəlmənt] *n* malversación, desfalco
embitter [ɪm'bɪtəʳ] *vtr* amargar
embittered [ɪm'bɪtəd] *adj* amargado,-a, resentido,-a
emblem ['embləm] *n* emblema
embody [ɪm'bɒdɪ] *vtr* ◆ *(una idea)* plasmar, expresar ◆ abarcar ◆ personificar, encarnar: **he embodies all that is evil,** es la personificación del mal
embossed [ɪm'bɒst] *adj* en relieve
embrace [ɪm'breɪs] **1** *vtr* ◆ abrazar ◆ *(una idea)* adoptar, abrazar ◆ incluir, abarcar | **2** *vi* abrazarse | **3** *n* abrazo
embroider [ɪm'brɔɪdəʳ] *vtr* ◆ *Cos* bordar ◆ *(una historia, la verdad)* adornar, exagerar, embellecer
embroidery [ɪm'brɔɪdərɪ] *n* bordado
embryo ['embrɪəʊ] *n* embrión
emerald ['emərəld] *n* esmeralda
emerge [ɪ'mɜːdʒ] *vi* ◆ salir ◆ *(problema)* surgir ◆ resultar: **it emerged that…,** resultó que…
emergence [ɪ'mɜːdʒəns] *n* aparición
emergency [ɪ'mɜːdʒənsɪ] *n* ◆ emergencia; *Med* urgencia; **in an e.,** en caso de emergencia
emery ['emərɪ] *n* **e. board,** lima de uñas
emigrant ['emɪgrənt] *n* emigrante
emigrate ['emɪgreɪt] *vi* emigrar
emigration [emɪ'greɪʃən] *n* emigración
eminent ['emɪnənt] *adj* eminente
emission [ɪ'mɪʃən] *n* emisión
emit [ɪ'mɪt] *vtr* ◆ *(radiaciones: sonido, luz, calor)* emitir, producir ◆ *(olor, gas)* despedir
emotion [ɪ'məʊʃən] *n* emoción
emotional [ɪ'məʊʃənəl] *adj* ◆ *(persona)* sensible, emocionado,-a: **she became very e. when he left,** se emocionó mucho cuando él se fue ◆ *(relacionado con el comportamiento)* emocional, afectivo,-a: **he has**

an e. problem, tiene un problema afectivo ♦ *(una escena, un discurso)* conmovedor,-ora

emotive [ɪˈməʊtɪv] *adj* emotivo,-a

emperor [ˈempərəʳ] *n* emperador

emphasis [ˈemfəsɪs] *n (pl emphases* [ˈemfəsiːz]*)* énfasis; **to lay/place e. on sthg,** hacer hincapié en algo

emphasize [ˈemfəsaɪz] *vtr* ♦ enfatizar, hacer hincapié en: **we must e. the importance of honesty,** hay que subrayar la importancia de la honestidad ♦ (hacer) resaltar: **the sun emphasizes the shapes of the building,** el sol resalta las formas del edificio

emphatic [emˈfætɪk] *adj (tono)* enfático,-a; *(aserción)* categórico,-a, tajante

emphatically [emˈfætɪklɪ] *adv* categóricamente, tajantemente

empire [ˈempaɪəʳ] *n* imperio

employ [ɪmˈplɔɪ] *vtr* emplear

employee [emˈplɔɪiː, emplɔɪˈiː] *n* empleado,-a

employer [ɪmˈplɔɪəʳ] *n* ♦ empleador,-ora ♦ patrón,-ona

employment [ɪmˈplɔɪmənt] *n* empleo; **e. agency,** agencia de colocaciones; **full-time e.,** empleo a jornada completa

empress [ˈemprɪs] *n* emperatriz

emptiness [ˈemptɪnɪs] *n* vacío

empty [ˈemptɪ] **1** *adj (emptier, emptiest)* ♦ vacío,-a, deshabitado,-a; **an e. room,** una habitación vacía ♦ *(palabras, promesas)* vano,-a | **2** *vtr* vaciar | **3** *vi* ♦ vaciarse ♦ *(río)* desembocar [**into,** en] | **4** *npl* **empties,** envases vacíos

empty-handed [emptɪˈhændɪd] *adj* con las manos vacías

EMU [iːemˈjuː] *n (abr de European Monetary Union)* Unión Monetaria Europea

emulate [ˈemjʊleɪt] *vtr* emular

emulsion [ɪˈmʌlʃən] *n* ♦ emulsión ♦ **e. paint,** pintura al agua

enable [ɪnˈeɪbəl] *vtr* permitir

enact [ɪnˈækt] *vtr* ♦ *(una escena, un papel)* representar ♦ *(una ley)* promulgar

enamel [ɪˈnæməl] *n* esmalte

enchant [ɪnˈtʃɑːnt] *vtr* encantar

enchanting [ɪnˈtʃɑːntɪŋ] *adj* encantador,-ora

encircle [ɪnˈsɜːkəl] *vtr* rodear

enclave [ˈenkleɪv] *n* enclave

enclose [ɪnˈkləʊz] *vtr* ♦ rodear, encerrar: **the village is enclosed by mountains,** la aldea está rodeada de montañas ♦ *(una zona con una valla)* cercar ♦ *(en un sobre)* adjuntar: **please find enclosed,** adjunto le enviamos

enclosure [ɪnˈkləʊʒəʳ] *n* ♦ *(para ganado)* cercado ♦ *(en sobre)* documento adjunto ♦ *Dep (zona para espectadores)* recinto

encore [ˈɒŋkɔːʳ] **1** *excl* **e. !,** ¡otra!, ¡bis! | **2** *n* repetición, bis

encounter [ɪnˈkaʊntəʳ] **1** *n (de personas)* encuentro | **2** *vtr* ♦ *(personas)* encontrarse con ♦ *(problemas)* tropezar con

encourage [ɪnˈkʌrɪdʒ] *vtr* ♦ *(a una persona)* **to e. sb to do sthg),** animar (a alguien a hacer algo): **we e. employees to be innovative,** animamos a los empleados a ser innovadores ♦ *(turismo, industria, etc)* fomentar

encouragement [ɪnˈkʌrɪdʒmənt] *n* estímulo, aliento; *(de industria)* fomento

encouraging [ɪnˈkʌrɪdʒɪŋ] *adj* ♦ *(noticia, etc)* esperanzador,-ora ♦ *(situación)* halagüeño,-a

encrusted [ɪnˈkrʌstɪd] *adj* incrustado,-a [**with,** de]

encyclop(a)edia [ensaɪkləʊˈpiːdɪə] *n* enciclopedia

end [end] **1** *n* ♦ *(gen)* extremo; *(de una cuerda, de un palo, de la nariz)* punta; *(de una calle)* final; *(de un pasillo, jardín)* fondo; **at the e., on the right,** al fondo a la derecha ♦ *(en el tiempo)* fin, final; **to bring an e. to sthg,** poner fin a algo; **to come to an e.,** llegar a su fin; **to put an e. to,** acabar con; **in the e.,** al final, finalmente ♦ objetivo, fin ♦ | LOC: **to make ends meet,** llegar a final de mes | **2** *vtr* acabar, terminar | **3** *vi* acabarse, terminarse: **the story ends happily,** la historia tiene una final feliz

■ **end up** *vi* terminar, acabar: **he ended up in Madrid,** fue a parar a Madrid; **to e. up doing sthg,** terminar/acabar por hacer algo

endanger [ɪnˈdeɪndʒəʳ] *vtr* poner en peligro

endangered [ɪnˈdeɪndʒəd] *adj* en peligro, en vías de extinción

endear [ɪnˈdɪəʳ] *vt* **to e. oneself to sb,** hacerse querer por alguien

endearing [ɪnˈdɪərɪŋ] *adj* simpático,-a, entrañable

endeavour, US endeavor [ɪnˈdevəʳ] **1** *n* esfuerzo | **2** *vtr* intentar, procurar

ending [ˈendɪŋ] *n* final, desenlace; **a happy e.,** un final feliz

endive [ˈendaɪv] *n Bot* ♦ endibia ♦ *US* escarola

endless ['endlɪs] *adj* interminable
endorse [ɪn'dɔːs] *vtr* ♦ *Fin* endosar ♦ *(dar el visto bueno a)* aprobar ♦ *(respaldar)* apoyar, abogar por ♦ *(hacer publicidad)* promocionar
endorsement [ɪn'dɔːsmənt] *n* ♦ *Fin (de un cheque)* endoso; *(de un documento)* aval ♦ *Auto GB* nota de sanción ♦ *(visto bueno)* aprobación ♦ *(respaldo)* apoyo ♦ *(publicidad)* promoción
endow [ɪn'daʊ] *vtr* dotar; **to be endowed with,** estar dotado,-a de
endowment [ɪn'daʊmənt] *n* ♦ dotación ♦ *Fin* **e. insurance,** seguro de inversión
endurance [ɪn'djʊərəns] *n* resistencia
endure [ɪn'djʊəʳ] **1** *vtr* aguantar, soportar | **2** *vi* perdurar
enduring [ɪn'djʊərɪŋ] *adj* duradero, perdurable
enemy ['enəmɪ] *adj* & *n* enemigo,-a
energetic [enə'dʒetɪk] *adj* enérgico,-a
energy ['enədʒɪ] *n* energía
enforce [ɪn'fɔːs] *vtr (una ley)* hacer cumplir; *(disciplina, orden)* imponer
enforcement [ɪn'fɔːsmənt] *n* aplicación
engage [ɪn'geɪdʒ] *vtr* ♦ *(dar empleo)* contratar ♦ *(la atención)* llamar ♦ *Auto (marcha)* meter; **to e. the clutch,** pisar el embrague ♦ *(una conversación)* entablar

■ **engage in** *vt* dedicarse a, tomar parte en

engaged [ɪn'geɪdʒd] *adj* ♦ *(para casarse)* prometido,-a; **to get e.,** prometerse ♦ *(persona)* ocupado,-a [**in,** en] ♦ *Tel* **the line's e.,** está comunicando; **e. tone,** *GB* señal de comunicando
engagement [ɪn'geɪdʒmənt] *n* ♦ *(para casarse)* compromiso; *(periodo)* noviazgo; **e. ring,** anillo de compromiso ♦ *(para ver a alguien, para hacer algo)* cita, compromiso; **a prior e.,** un compromiso anterior
engaging [ɪn'geɪdʒɪŋ] *adj* atractivo,-a, agradable
engine ['endʒɪn] *n* ♦ motor ♦ *GB Ferroc* locomotora; **e. driver,** maquinista

> **Engine** se aplica a un motor de gasolina (de un coche, por ejemplo). Si quieres referirte a un motor eléctrico (de una aspiradora), debes usar la palabra **motor**.

engineer [endʒɪ'nɪəʳ] **1** *n* ♦ ingeniero,-a ♦ *US Ferroc* maquinista | **2** *vtr fig* manipular, maquinar
engineering [endʒɪ'nɪərɪŋ] *n* ingeniería

England ['ɪŋglənd] *n* Inglaterra
English ['ɪŋglɪʃ] **1** *adj* inglés,-esa | **2** *n (idioma)* inglés ♦ **the E.** *pl,* los ingleses
Englishman ['ɪŋglɪʃmən] *n* inglés
Englishwoman ['ɪŋglɪʃwʊmən] *n* inglesa
engrave [ɪn'greɪv] *vtr* grabar
engraving [ɪn'greɪvɪŋ] *n* grabado
engrossed [ɪn'grəʊst] *adj* absorto,-a [**in, en**]
engulf [ɪn'gʌlf] *vtr* tragarse
enhance [ɪn'hɑːns] *vtr* aumentar; *(la belleza)* realzar; *(posición social, prestigio, etc)* elevar
enjoy [ɪn'dʒɔɪ] **1** *vtr* ♦ disfrutar de: **e. your holiday!,** ¡que disfrutes de tus vacaciones! ♦ gozar de: **Lisbon enjoys a mild climate,** Lisboa goza de un clima templado ♦ |LOC: **e. yourself!,** ¡pásatelo bien! *(también puede ser una forma de despedida)*

> El verbo **to enjoy** va seguido de gerundio: **I enjoy playing the piano.** *Me gusta tocar el piano.* Cuando el verbo subordinado y el verbo principal tienen sujetos diferentes, se emplea adjetivo posesivo: **I enjoy your playing the piano,** *Me gusta (a mí) cuando tocas el piano (tú).* Este último es un uso algo formal y es más común decir: **I enjoy it when you play the piano.**

enjoyable [ɪn'dʒɔɪəbəl] *adj* ♦ *(una comida, etc)* agradable ♦ *(compañía, película)* divertido,-a
enjoyment [ɪn'dʒɔɪmənt] *n* placer
enlarge [ɪn'lɑːdʒ] **1** *vtr* extender, agrandar; *Fot* ampliar | **2** *vi* **to e. on/upon a subject,** extenderse sobre un tema, ampliar un tema
enlargement [ɪn'lɑːdʒmənt] *n Fot* ampliación
enlighten [ɪn'laɪtən] *vtr* iluminar
enlightened [ɪn'laɪtənd] *adj* ♦ culto,-a ♦ *Hist* ilustrado,-a
enlist [ɪn'lɪst] **1** *vtr Mil* reclutar | **2** *vi Mil* alistarse [**in,** en]
enmity ['enmɪtɪ] *n* enemistad
enormous [ɪ'nɔːməs] *adj* enorme
enormously [ɪ'nɔːməslɪ] *adv* enormemente
enough [ɪ'nʌf] **1** *adj* bastante, suficiente: **have you got e. money?,** ¿tienes suficiente dinero?; **e. glasses,** bastantes vasos; **e. time,** bastante/suficiente tiempo | **2** *adv* ♦ bastante, suficientemente:

this house isn't big e., esta casa no es lo suficientemente grande; **that's not good e.**, eso no vale ◆ *(después de algunos adverbios)* **clearly e. ...**, claro está que...; **interestingly e. ...**, lo interesante es que...; **oddly e. ...**, lo curioso es que...; **sure e.**, en efecto | **3** *pron* lo bastante, lo suficiente ◆ | LOC: **e. is e.**, ¡ya basta!; **I've had e.!**, ¡me tienes harto! ➢ Ver nota en **bastante**

enquire [ɪn'kwaɪəʳ] *vi* preguntar
enquiry [ɪn'kwaɪərɪ] *n* ◆ pregunta ◆ *(de la policía, jueces)* investigación ◆ *(letrero)* "**enquiries**", "información"
enrage [ɪn'reɪdʒ] *vtr* enfurecer
enrich [ɪn'rɪtʃ] *vtr* enriquecer
enrol, *US* **enroll** [ɪn'rəʊl] **1** *vtr* matricular; *Mil* alistar | **2** *vi* matricularse; *Mil* alistarse
enrolment [ɪn'rəʊlmənt] *n* matrícula, inscripción; *Mil* alistamiento
enslave [ɪn'sleɪv] *vtr* esclavizar
ensue [ɪn'sjuː] *vi* ◆ seguir; **in the weeks that ensued**, durante las semanas siguientes ◆ resultar [**from**, de]: **the poverty that ensued from the war**, la pobreza producida por la guerra
ensuing [ɪn'sjuːɪŋ] *adj* consiguiente *o* subsiguiente
ensure [ɪn'ʃʊəʳ] *vtr* asegurar
entail [ɪn'teɪl] *vtr* suponer
entangle [ɪn'tæŋgəl] *vtr* enredar
enter ['entəʳ] **1** *vtr* ◆ *frml* entrar en: **do not e. this area without permission**, no entre en esta zona sin autorización ◆ ingresar en: **he entered the company in 1970**, ingresó en la empresa en 1970 ◆ apuntar, anotar ◆ inscribir ◆ *Inform* dar entrada a, meter | **2** *vi* entrar

■ **enter into** *vtr* ◆ *(un acuerdo)* firmar; *(un trato)* cerrar ◆ *(negociaciones, relaciones)* iniciar ◆ *(una conversación)* entablar
enterprise ['entəpraɪz] *n* ◆ *(negocio, compañía)* empresa ◆ *(espíritu)* empuje, iniciativa
enterprising ['entəpraɪzɪŋ] *adj* emprendedor,-ora
entertain [entə'teɪn] **1** *vtr* ◆ entretener, divertir ◆ recibir: **the king will e. the president to lunch**, el rey recibirá al presidente para comer ◆ considerar, contemplar | **2** *vi* tener invitados
entertainer [entə'teɪnəʳ] *n* artista
entertaining [entə'teɪnɪŋ] *adj* divertido,-a
entertainment [entə'teɪnmənt] *n* ◆ diversión ◆ *Teat* espectáculo

enthralling [ɪn'θrɔːlɪŋ] *adj* fascinante
enthuse [ɪn'θjuːz] *vi* entusiasmarse [**over**, por]
enthusiasm [ɪn'θjuːzɪæzəm] *n* entusiasmo
enthusiast [ɪn'θjuːzɪæst] *n* entusiasta
enthusiastic [ɪnθjuːzɪ'æstɪk] *adj* ◆ *(persona)* entusiasta: **she was very e. about it**, se entusiasmó mucho (por ello) ◆ *(aplausos)* caluroso,-a
entice [ɪn'taɪs] *vtr* seducir, atraer
enticing [ɪn'taɪsɪŋ] *adj* tentador,-ora, atractivo,-a
entire [ɪn'taɪəʳ] *adj* ◆ entero,-a; **the e. day**, todo el día ◆ intacto
entirely [ɪn'taɪəlɪ] *adv* ◆ por completo, totalmente ◆ únicamente, exclusivamente
entirety [ɪn'taɪərɪtɪ] *n* **in its e.**, en su totalidad
entitle [ɪn'taɪtəl] *vtr* ◆ dar derecho a, autorizar; **to be entitled to sthg**, tener derecho a algo ◆ *(un libro)* titular, llamar
entity ['entɪtɪ] *n* entidad
entrails ['entreɪlz] *npl* tripas; *fig* entrañas
entrance¹ ['entrəns] *n* ◆ entrada; **e. fee**, *(a un museo, etc)* entrada; *(a una organización)* cuota; **to gain e.**, lograr acceso a ◆ *(admisión)* ingreso; **e. examination**, examen de ingreso
entrance² [ɪn'trɑːns] *vtr* encantar
entrant ['entrənt] *n (de concurso)* participante
entrepreneur [ɒntrəprə'nɜːʳ] *n* empresario,-a
entrust [ɪn'trʌst] *vtr* encargar [**with**, de]; **to e. sb with sthg** *o* **to e. sthg to sb**, confiar algo a alguien
entry ['entrɪ] *n* ◆ *(derecho a entrar)* entrada; **no e.**, prohibida la entrada *o* dirección prohibida ◆ *(en un concurso)* participante
enumerate [ɪ'njuːməreɪt] *vtr* enumerar
enunciate [ɪ'nʌnsɪeɪt] *vtr (palabras)* articular; *(ideas, planes)* formular
envelop [ɪn'veləp] *vtr* envolver
envelope ['envələʊp] *n* sobre
enviable ['envɪəbəl] *adj* envidiable
envious ['envɪəs] *adj* envidioso,-a: **he is/feels e.**, tiene envidia; **you make me very e.**, me das mucha envidia
environment [ɪn'vaɪərənmənt] *n* medio ambiente
environmental [ɪnvaɪərən'mentəl] *adj* medioambiental

envisage [ɪn'vɪzɪdʒ] *vtr* ◆ imaginarse ◆ prever
envoy ['envɔɪ] *n* enviado,-a
envy ['envɪ] **1** *n* envidia ◆ | LOC: **to be green with e.**, estar muerto de envidia | **2** *vtr* envidiar, tener envidia de
enzyme ['enzaɪm] *n* enzima
epic ['epɪk] **1** *n* epopeya | **2** *adj* épico,-a
epidemic [epɪ'demɪk] **1** *n* ◆ *Med* epidemia ◆ *(de crimen, etc)* ola | **2** *adj* epidémico,-a
epilepsy ['epɪlepsɪ] *n* epilepsia
epilogue, *US* **epilog** ['epɪlɒg] *n* epílogo
episode ['epɪsəʊd] *n* episodio
epitaph ['epɪtɑːf] *n* epitafio
epitome [ɪ'pɪtəmɪ] *n frml* personificación; **to be the e. of sthg**, ser la personificación de algo
epitomize [ɪ'pɪtəmaɪz] *vtr frml* personificar
equable ['ekwəbəl] *adj* ◆ *(tranquilo)* ecuánime ◆ *(invariable)* uniforme, constante
equal ['iːkwəl] **1** *adj (del mismo tamaño)* igual: **we are all e. before the law**, todos somos iguales ante la ley; **e. rights**, igualdad de derechos; **two men of e. size**, dos hombres de igual tamaño ◆ | LOC: **to be e. to**, estar a la altura de | **2** *n* igual; **between equals**, entre iguales, de igual a igual | **3** *vtr* ◆ *Mat* equivaler: **five times six equals thirty**, cinco veces seis (es) igual a treinta ◆ *Dep (partido)* igualar
equality [iː'kwɒlɪtɪ] *n* igualdad
equalize ['iːkwəlaɪz] **1** *vi Ftb* empatar | **2** *vtr* igualar
equalizer ['iːkwəlaɪzəʳ] *n* ◆ *Ftb* gol del empate ◆ *(de sonido)* ecualizador
equally ['iːkwəlɪ] *adv* ◆ igualmente; **e. stupid**, igual de estúpido ◆ a partes iguales; **to divide sthg e.**, dividir algo en partes iguales
equanimity [ekwə'nɪmɪtɪ] *n* ecuanimidad
equate [ɪ'kweɪt] *vtr* equiparar, comparar [**to**, a, con]
equation [ɪ'kweɪʃən] *n Mat* ecuación
equator [ɪ'kweɪtəʳ] *n Geog* ecuador
equatorial [ekwə'tɔːrɪəl] *adj* ecuatorial
equestrian [ɪ'kwestrɪən] *adj* ecuestre
equilibrium [iːkwɪ'lɪbrɪəm] *n* equilibrio
equinox ['iːkwɪnɒks] *n* equinoccio
equip [ɪ'kwɪp] *vtr* ◆ *(de maquinaria, etc)* equipar [**with**, de] ◆ *(de alimentos)* proveer [**with**, de]

equipment [ɪ'kwɪpmənt] *n* equipo, material; **laboratory e.**, equipo de laboratorio
equipped [ɪ'kwɪpt] *adj* ◆ *(de maquinaria, etc)* equipado,-a ◆ *fig* dotado,-a: **she is well e. to do the job**, está bien dotada para hacer el trabajo
equitable ['ekwɪtəbəl] *adj* equitativo,-a
equivalent [ɪ'kwɪvələnt] *adj & n* equivalente; **to be e. to**, equivaler a
equivocal [ɪ'kwɪvəkəl] *adj* equívoco,-a
era ['ɪərə] *n* era
eradicate [ɪ'rædɪkeɪt] *vtr* erradicar
erase [ɪ'reɪz] *vtr* borrar
eraser [ɪ'reɪzəʳ] *n US* goma de borrar
erect [ɪ'rekt] **1** *adj* ◆ erguido,-a ◆ *(pene)* erecto,-a | **2** *vtr (monumento)* erigir, levantar
erection [ɪ'rekʃən] *n* ◆ *(de edificio)* construcción ◆ *(de pene)* erección
erode [ɪ'rəʊd] *vtr* ◆ *Geol* erosionar ◆ *(el metal)* corroer, desgastar ◆ *(la confianza)* hacer perder, mermar
erosion [ɪ'rəʊʒən] *n* ◆ *Geol* erosión ◆ *(de metal)* desgaste ◆ *(de confianza)* merma
erotic [ɪ'rɒtɪk] *adj* erótico,-a
err [ɜːʳ] *vi* errar; **to e. on the side of caution**, pecar de prudente
errand ['erənd] *n* recado; **to run an e.**, hacer un recado
erratic [ɪ'rætɪk] *adj* ◆ *(comportamiento)* irregular, errático ◆ *(clima)* muy variable ◆ *(persona)* caprichoso,-a
erroneous [ɪ'rəʊnɪəs] *adj* erróneo,-a
error ['erəʳ] *n* error, equivocación ➢ Ver nota en **error**
erupt [ɪ'rʌpt] *vi* ◆ *(volcán)* entrar en erupción ◆ *(violencia)* estallar ◆ **her skin erupted in a rash**, le salió una erupción
eruption [ɪ'rʌpʃən] *n* erupción
escalate ['eskəleɪt] *vi* ◆ *(conflicto)* intensificarse ◆ *(precios)* aumentar, subir
escalation [eskə'leɪʃən] *n* ◆ *(de un conflicto)* intensificación, escalada ◆ *(de precios)* subida, escalada
escalator ['eskəleɪtəʳ] *n* escalera mecánica
escapade ['eskəpeɪd] *n* aventura
escape [ɪs'keɪp] **1** *n* ◆ *(de prisión, etc)* huida, fuga; **to have a narrow e.**, salvarse por los pelos ◆ *(de gas, agua)* escape | **2** *vi* ◆ *(un preso, refugiado)* escaparse, fugarse ◆ *(de un accidente)* salvarse | **3** *vtr* ◆ escapar a; **to e. persecution**, librarse de la perse-

cución ◆ *fig* **your name escapes me**, no recuerdo su nombre

> Normalmente, el verbo **to escape** va seguido de gerundio, a menudo acompañado de la preposición **from**: **He just escaped (from) being arrested.** *Se libró de ser detenido.* Con el infinitivo con **to** expresa finalidad (*escaparse para hacer otra cosa*): **He escaped to fight another day.** *Huyó para luchar otro día.*

escort ['eskɔːt] **1** *n* ◆ escolta ◆ *(compañero,-a)* acompañante | **2** [ɪsˈkɔːt] *vtr* ◆ acompañar ◆ *(proteger)* escoltar
especially [ɪˈspeʃlɪ] *adv* especialmente, sobre todo
espionage ['espɪɑːʒ] *n* espionaje
espresso [eˈspresəʊ] *n* café exprés
esquire [ɪˈskwaɪəʳ] *n* GB *frml* (*como título, casi siempre se usa la abreviatura Esq.*) señor; **J. Morrison Milne, Esq.,** Sr. Don J. Morrison Milne
essay ['eseɪ] *n Educ* redacción
essence ['esəns] *n* esencia; **in e.,** esencialmente
essential [ɪˈsenʃəl] **1** *adj* ◆ *(necesario)* esencial, imprescindible ◆ *(básico)* fundamental | **2** *npl* **the essentials,** lo imprescindible
essentially [ɪˈsenʃəlɪ] *adv* esencialmente
establish [ɪˈstæblɪʃ] *vtr* establecer, fundar
established [ɪˈstæblɪʃt] *adj* ◆ *(costumbre)* arraigado,-a ◆ *(persona, empresa)* establecido,-a, sólido,-a ◆ *(un hecho)* conocido,-a
establishment [ɪˈstæblɪʃmənt] *n* ◆ *(tienda)* establecimiento ◆ **the E.,** el sistema
estate [ɪˈsteɪt] *n* ◆ *(terreno)* finca ◆ herencia ◆ GB **e. agent,** agente inmobiliario,-a ◆ GB **e. car,** coche familiar ◆ *(conjunto de casas)* urbanización ◆ bienes, patrimonio
esteem [ɪˈstiːm] **1** *n* estima; **to hold sb in high/low e.,** apreciar mucho a/tener mala opinión de alguien | **2** *vtr* estimar
esthetic [esˈθetɪk] *adj US* estético,-a
estimate ['estɪmɪt] **1** *n* ◆ cálculo; **rough e.,** cálculo aproximado ◆ *(coste probable du un proyecto)* presupuesto ➢ Ver nota en **presupuesto** | **2** ['estɪmeɪt] *vtr* ◆ calcular, estimar
estimation [estɪˈmeɪʃən] *n* ◆ juicio, opinión ◆ cálculo

estuary ['estjʊərɪ] *n* estuario
etching ['etʃɪŋ] *n* aguafuerte
eternal [ɪˈtɜːnəl] *adj* eterno,-a
eternity [ɪˈtɜːnɪtɪ] *n* eternidad
ether ['iːθəʳ] *n* éter
ethical ['eθɪkəl] *adj* ético,-a
ethics ['eθɪks] *n* ética
ethnic ['eθnɪk] *adj* étnico,-a
etiquette ['etɪket] *n* protocolo, etiqueta
eucalyptus [juːkəˈlɪptəs] *n* eucalipto
euphemism ['juːfɪmɪzəm] *n* eufemismo
euro ['jʊərəʊ] *n (moneda única europea)* euro
Euro-MP ['jʊərəʊempiː] *n* eurodiputado,-a
Europe ['jʊərəp] *n* Europa
European [jʊərəˈpɪən] *adj* & *n* europeo,-a; **E. Monetary System,** Sistema Monetario Europeo; **e. monetary unit,** unidad monetaria europea, euro; **E. Parliament,** Parlamento Europeo; **E. Union,** Unión Europea
euthanasia [juːθəˈneɪzɪə] *n* eutanasia
evacuate [ɪˈvækjʊeɪt] *vtr* evacuar
evacuation [ɪvækjʊˈeɪʃən] *n* evacuación
evacuee [ɪvækjʊˈiː] *n* evacuado,-a
evade [ɪˈveɪd] *vtr* evadir
evaluate [ɪˈvæljʊeɪt] *vtr* evaluar
evaluation [ɪvæljʊˈeɪʃən] *n* evaluación
evangelical [iːvænˈdʒelɪkəl] *adj* evangélico,-a
evangelist [ɪˈvændʒɪlɪst] *n* ◆ *Rel* evangelista ◆ predicador,-ora de una iglesia protestante
evaporate [ɪˈvæpəreɪt] **1** *vtr* evaporar; **evaporated milk,** leche evaporada | **2** *vi* ◆ evaporarse ◆ *(esperanza, miedo, etc)* desvanecerse, esfumarse
evasion [ɪˈveɪʒən] *n* ◆ evasión ◆ *(declaración poco directa)* evasiva
evasive [ɪˈveɪsɪv] *adj* evasivo,-a
eve [iːv] *n* víspera; **on the e. of,** en vísperas de ➢ Ver nota en **víspera**
even ['iːvən] **1** *adj* ◆ *(textura)* liso,-a ◆ *(superficie)* nivelado,-a, llano,-a ◆ *(color, velocidad, temperatura)* uniforme, constante ◆ *(equilibrado)* igual ◆ *Dep* **to be e.,** ir empatados,-as ◆ *Mat (número)* par ◆ *(cantidad)* exacto,-a; **an e. kilo,** un kilo exacto ◆ | LOC: **to break e.,** salir sin ganar ni perder; **to get e. with sb,** desquitarse con alguien | **2** *adv* ◆ incluso, hasta, aun; **e. his boss knew,** hasta su jefe lo sabía ◆ *(negativo)* ni siquiera: **he can't e. walk,** ni siquiera puede andar; **wit-**

hout e. looking, sin mirar siquiera ♦ *(antes del comparativo)* aun, todavía: **he's e. richer than me,** es aun más rico que yo | **3** *conj* **e. as,** incluso mientras; **e. if,** incluso si; **e. so,** aun así; **e. though,** aunque ➢ Ver nota en **aunque** | **4** *vtr* igualar

evening ['i:vnɪŋ] *n* ♦ *(a partir de aproximadamente las cinco o las seis de la tarde)* tarde; *(después de anochecer)* noche; **in the e.,** por la tarde; **e. dress,** *(de hombre)* traje de etiqueta; *(de mujer)* traje de noche; **e. gown,** vestido de noche ♦ *(saludo)* **good e.!,** *(a partir de las cinco o las seis de la tarde)* ¡buenas tardes!; *(después de anochecer)* ¡buenas noches! ➢ Ver nota en **tarde**

evenly ['i:vənlɪ] *adv* ♦ *(distribuido)* a partes iguales ♦ uniformemente ♦ *(hablar)* sin alterar la voz ♦ *(respirar)* regularmente

event [ɪ'vent] *n* ♦ suceso, acontecimiento; **the events of the day,** los acontecimientos del día ♦ caso; **in any e.,** en todo caso; **in the e. of accident,** en caso de accidente ♦ *Dep* prueba

eventful [ɪ'ventful] *adj* **it was an e. year,** *(digno de recordar)* fue un año memorable; *(ocupado)* fue un año lleno de acontecimientos

eventual [ɪ'ventʃʊəl] *adj* ♦ final: **the e. result of the match was...,** el resultado final del partido fue... ♦ consiguiente; **his trial and e. imprisonment,** su proceso y consiguiente ingreso en prisión

> **Eventual** expresa un resultado o algo final y definitivo: **He died before he saw his e. success.** *Murió antes de ver su éxito final.* Cuando quieres decir *posible (es un resultado eventual),* puedes emplear **possible** (**it's a possible result**), y cuando quieres indicar *casualidad,* puedes usar **fortuitous** y **casual** (o **temporary** si te refieres al trabajo): **He's a casual/temporary worker.** *Es un obrero eventual.*
> El adverbio es **eventually** y recuerda que significa *finalmente:* **We eventually arrived at midnight.** *Llegamos finalmente a medianoche.*

eventuality [ɪventʃʊ'ælɪtɪ] *n* eventualidad

eventually [ɪ'ventʃʊəlɪ] *adv* finalmente ➢ Ver nota en **eventual**

ever ['evər] *adv* ♦ nunca, jamás; **better than e.,** mejor que nunca ➢ Ver nota en **nunca** ♦ *(interrogativo o negativo)* alguna vez: **have you e. been in Quito?,** ¿has estado alguna vez en Quito?; **nothing e. happens here,** aquí nunca sucede nada ♦ **hardly e.,** casi nunca ♦ siempre: **they lived happily e. after,** vivieron felices y comieron perdices; **for e.,** para siempre; **for e. and e.,** para siempre jamás ♦ *(después de superlativos)* de todos los tiempos; **the greatest footballer e.,** el mejor futbolista de todos los tiempos ♦ *(enfático)* **what e. do you mean?,** ¿qué diablos quieres decir?; **why e. not?,** ¿y por qué no?

evergreen ['evəgri:n] **1** *adj* de hoja perenne | **2** *n* ♦ árbol *o* planta de hoja perenne ♦ *(canción, etc)* favorito,-a

everlasting [evə'lɑ:stɪŋ] *adj* eterno,-a

every ['evrɪ] *adj* ♦ cada, todo,-a: **e. day is a new adventure,** cada día es una nueva aventura; **I wish you e. success,** te deseo todo el éxito posible; **e. one of us,** todos,-as (y cada uno,-a de) nosotros,-as ♦ *(indica repetición)* **e. day,** todos los días; **e. now and then,** de vez en cuando; **e. other day,** cada dos días ➢ Ver nota en **cada**

everybody ['evrɪbɒdɪ] *pron* todo el mundo, todos,-as ➢ Ver nota en **todo**

everyday ['evrɪdeɪ] *adj* diario,-a, cotidiano,-a; **an e. event,** un suceso cotidiano

> No debes confundir este adjetivo con el adverbio **every day,** que significa *todos los días:* **Every day I wake up early.** *Todos los días me levanto temprano.*

everyone ['evrɪwʌn] *pron* todo el mundo, todos,-as ➢ Ver nota en **todo**

everything ['evrɪθɪŋ] *pron* ♦ todo: **e. is very quiet,** todo está muy tranquilo; **e. valuable was stolen,** fueron robados todos los objetos de valor ♦ todo lo que: **tell me e. you know about her,** dime todo lo que sabes de ella

everywhere ['evrɪweər] *adv* en todas partes

evict [ɪ'vɪkt] *vtr* desahuciar

evidence ['evɪdəns] **1** *n* ♦ evidencia, pruebas ♦ *Jur* testimonio; **to give e.,** prestar declaración ♦ indicio, señal; **to be in e.,** hacerse notar

evident ['ɛvɪdənt] *adj* evidente, manifiesto,-a

evidently ['ɛvɪdəntlɪ] *adv* evidentemente, al parecer, por lo visto

evil ['iːvəl] 1 *adj* ♦ *(una persona, un diablo, etc)* malo,-a, malvado,-a, maléfico,-a; **an e. spirit,** un espíritu maligno ♦ *(efecto)* nocivo,-a, nefasto,-a ♦ *(día, momento)* aciago,-a, fatídico,-a. | 2 *n* mal

evocative [ɪ'vɒkətɪv] *adj* evocador,-ora

evoke [ɪ'vəʊk] *vtr* evocar

evolution [iːvə'luːʃən] *n* ♦ *Biol* evolución ♦ desarrollo

evolve [ɪ'vɒlv] 1 *vi (especies)* evolucionar; *(ideas)* desarrollarse | 2 *vtr* desarrollar

ewe [juː] *n* oveja ➤ Ver nota en **cordero**

ex [eks] *n* **her e.,** su ex marido; **his e.,** su ex mujer

ex- [eks] *pref* ex, antiguo,-a; **ex-minister,** ex ministro

exact [ɪɡ'zækt] 1 *adj* ♦ *(número, hora, tamaño, etc)* exacto,-a; **in 1946, to be e.,** en 1946, para ser exacto ♦ *(definición, descripción)* preciso,-a | 2 *vtr* exigir

exacting [ɪɡ'zæktɪŋ] *adj* exigente

exactitude [ɪɡ'zæktɪtjuːd] *n frml* exactitud

exactly [ɪɡ'zæktlɪ] 1 *adv* exactamente, precisamente | 2 *excl* **e.!,** ¡exacto!

exaggerate [ɪɡ'zædʒəreɪt] *vi & vtr* exagerar

exaggeration [ɪɡzædʒə'reɪʃən] *n* exageración

exam [ɪɡ'zæm] *n fam* examen ➤ Ver nota en **examen**

examination [ɪɡzæmɪ'neɪʃən] *n* ♦ *Educ* examen ♦ *Med* reconocimiento ♦ *Jur* interrogatorio

examine [ɪɡ'zæmɪn] *vtr* ♦ *Educ* examinar ♦ *(aduana, la policía)* registrar ♦ *Med* hacer un reconocimiento médico a ♦ *Jur* interrogar

examiner [ɪɡ'zæmɪnəʳ] *n* examinador,-ora

example [ɪɡ'zɑːmpəl] *n* ♦ ejemplo; **to set an e.,** dar ejemplo; **for e.,** por ejemplo ♦ *(espécimen)* ejemplar

exasperate [ɪɡ'zɑːspəreɪt] *vtr* exasperar

exasperation [ɪɡzɑːspə'reɪʃən] *n* exasperación

excavate ['ɛkskəveɪt] *vtr* excavar

excavation [ɛkskə'veɪʃən] *n* excavación

exceed [ek'siːd] *vtr* exceder, sobrepasar

exceedingly [ek'siːdɪŋlɪ] *adv* extremadamente

excel [ɪk'sel] 1 *vi* sobresalir | 2 *vtr* aventajar, superar

excellency ['ɛksələnsɪ] *n* **His/Her/Your E.,** Su Excelencia

excellent ['ɛksələnt] *adj* excelente

except [ɪk'sept] 1 *prep* ♦ excepto, salvo; **e. for Wednesdays,** salvo los miércoles ♦ **e. that…,** salvo que… | 2 *vtr* exceptuar

exception [ɪk'sepʃən] *n* excepción; **to make an e.,** hacer una excepción; **with the e. of,** a excepción de; **without e.,** sin excepción

exceptional [ɪk'sepʃənəl] *adj* excepcional

excerpt [ek'sɜːpt] *n* extracto

excess [ɪk'ses] 1 *n* ♦ exceso ♦ **excesses** *pl*, excesos | 2 *adj* ['ɛkses] excedente; **e. baggage,** exceso de equipaje; **e. fare,** suplemento

excessive [ɪk'sesɪv] *adj* excesivo,-a

excessively [ɪk'sesɪvlɪ] *adv* excesivamente, en exceso

exchange [ɪks'tʃeɪndʒ] 1 *n* ♦ intercambio; **e. of opinions,** intercambio de opiniones; **in e. for,** a cambio de ♦ *Fin* **e. rate,** tipo de cambio ♦ **(telephone) e.,** centralita | 2 *vtr* ♦ intercambiar ♦ *(presos, rehenes)* canjear

exchequer [ɪks'tʃekəʳ] *n GB* **the E.,** Hacienda; **Chancellor of the E.,** ≈ Ministro de Hacienda

excite [ɪk'saɪt] *vtr* ♦ excitar, poner nervioso,-a; **don't e. the baby,** no pongas nervioso al bebé ♦ entusiasmar, emocionar: **she's very excited about the wedding,** está muy emocionada con la boda ♦ *(una reacción)* provocar, suscitar

excitement [ɪk'saɪtmənt] *n* excitación, nerviosismo: **the children were in a state of e.,** los niños estaban muy excitados ♦ emoción ♦ agitación: **what's all the e.?,** ¿a qué viene tanto jaleo?

exciting [ɪk'saɪtɪŋ] *adj* apasionante, emocionante

exclaim [ɪk'skleɪm] 1 *vi* exclamar | 2 *vtr* gritar

exclamation [eksklə'meɪʃən] *n* ♦ exclamación ♦ **e. mark,** *US* **e. point,** signo de admiración

exclude [ɪk'skluːd] *vtr* ♦ *(no incluir)* excluir ♦ *(en un club)* no admitir

excluding [ɪk'skluːdɪŋ] *prep* excepto

exclusion [ɪk'skluːʒən] *n* exclusión

exclusive [ɪk'skluːsɪv] 1 *adj* ♦ *(derechos, propiedad)* exclusivo,-a ♦ *(barrio)* selecto,-a | 2 *n Press* exclusiva

exclusively [ɪk'sklu:sɪvlɪ] *adv* exclusivamente
excommunicate [ekskə'mju:nɪkeɪt] *vtr* excomulgar
excrement ['ekskrɪmənt] *n* excremento
excruciating [ɪk'skru:ʃıeɪtɪŋ] *adj (dolor, ruido)* insoportable
excursion [ɪk'skɜ:ʃən] *n* excursión
excusable [ɪk'skju:zəbəl] *adj* perdonable, excusable
excuse [ɪk'skju:s] **1** *n* excusa; **to make an e.,** dar excusas | **2** [ɪk'skju:z] *vtr* ♦ perdonar, disculpar, excusar; **e. me!,** con permiso ➢ Ver nota en **perdón** ♦ dispensar, eximir: **he is excused from military service,** está exento del servicio militar ♦ justificar, excusar: **nothing can e. your lateness,** nada puede justificar tu retraso

> Formalmente, **to excuse** va acompañado de un gerundio: **Excuse my disturbing you.** *Perdone por haberle molestado.* Sin embargo, es más normal usar el pronombre personal en función de complemento directo más la preposición for: **Excuse me for disturbing you.**

execute ['eksɪkju:t] *vtr* ♦ *(una orden)* cumplir; *(una tarea)* realizar ♦ *Jur* cumplir ♦ *(matar)* ejecutar
execution [eksɪ'kju:ʃən] *n* ♦ *(de una orden)* cumplimiento; *(de una tarea)* realización ♦ *Jur* cumplimiento ♦ *(de una persona)* ejecución
executioner [eksɪ'kju:ʃənər] *n* verdugo
executive [ɪg'zekjʊtɪv] **1** *adj* ejecutivo,-a | **2** *n* ejecutivo,-a
executor [ɪg'zekjʊtər] *n Jur* albacea
exemplary [ɪg'zemplərɪ] *adj* ejemplar
exemplify [ɪg'zemplɪfaɪ] *vtr* ilustrar
exempt [ɪg'zempt] **1** *vtr* eximir [**from, de**] | **2** *adj* exento,-a [**from, de**]
exemption [ɪg'zempʃən] *n* exención
exercise ['eksəsaɪz] **1** *n* ♦ *(físico, práctico)* ejercicio ♦ **e. book,** cuaderno de ejercicios ♦ operación: **what's the object of this e.?,** ¿cuál es el objetivo de esa operación? | **2** *vtr* ♦ *(derechos, deberes)* ejercer ♦ *(a un perro)* sacar de paseo | **3** *vi* hacer ejercicio
exert [ɪg'zɜ:t] *vtr* ♦ *(influencia)* ejercer ♦ **to e. oneself,** esforzarse
exertion [ɪg'zɜ:ʃən] *n* esfuerzo

exhale [eks'heɪl] **1** *vtr* exhalar, espirar | **2** *vi* espirar
exhaust [ɪg'zɔ:st] **1** *vtr* agotar | **2** *n* gases de combustión; *Auto* **e. pipe,** tubo de escape
exhausted [ɪg'zɔ:stɪd] *adj* agotado,-a
exhaustion [ɪg'zɔ:stʃən] *n* agotamiento
exhaustive [ɪg'zɔ:stɪv] *adj* exhaustivo,-a
exhibit [ɪg'zɪbɪt] **1** *n* ♦ *Arte* objeto expuesto ♦ *Jur* prueba instrumental | **2** *vtr* ♦ *Arte* exponer ♦ *(emoción)* mostrar, manifestar
exhibition [eksɪ'bɪʃən] *n* exposición
exhilarating [ɪg'zɪləreɪtɪŋ] *adj* estimulante
exhilaration [ɪgzɪlə'reɪʃən] *n* alegría, regocijo
exile ['eksaɪl] **1** *n* ♦ destierro, exilio ♦ *(persona)* exiliado,-a | **2** *vtr* exiliar
exist [ɪg'zɪst] *vi* ♦ existir ♦ *(sobrevivir con poco dinero)* malvivir
existence [ɪg'zɪstəns] *n* existencia
existing [ɪg'zɪstɪŋ] *adj* existente, actual
exit ['eksɪt] **1** *n* ♦ *(de un edificio, de una autopista)* salida ♦ *Teat (salida del plató)* mutis | **2** *vi Teat* hacer mutis
exotic [ɪg'zɒtɪk] *adj* exótico,-a
expand [ɪk'spænd] **1** *vtr* ♦ ampliar, extender, ensanchar: **the shop has been expanded,** la tienda ha sido ampliada | **2** *vi* ♦ *(un negocio, una ciudad)* ampliarse, crecer ♦ *(metal)* dilatarse
■ **expand on** *vtr* ampliar: **can you e. on your statement?,** ¿puede ampliar su declaración?
expanse [ɪk'spæns] *n* extensión
expansion [ɪk'spænʃən] *n* ♦ *(del tamaño de una ciudad, etc)* expansión, crecimiento ♦ *(de gas, metal)* dilatación
expansive [ɪks'pænsɪv] *adj* expansivo,-a, comunicativo,-a
expatriate [eks'pætrɪɪt] **1** *adj & n* expatriado,-a | **2** [eks'pætrɪeɪt] *vtr* expatriar
expect [ɪk'spekt] **1** *vtr* ♦ esperar, anticipar: **I expected to find you at home,** esperaba encontrarte en casa; **we are expecting a storm very soon,** esperamos una tormenta dentro de muy poco ♦ contar con, exigir: **her boss expects her to be in the office until seven,** su jefe exige que esté en la oficina hasta las siete; **I e. you to come to the meeting,** cuento con que vengas a la reunión ♦ suponer: **I e. they'll be hungry,** supongo que ten-

drán hambre ➢ Ver nota en **esperar** | **2** *vi fam* **to be expecting,** estar embarazada

> Usado con un verbo, **to expect** va seguido del infinitivo con **to** (**I expect to arrive late,** *creo que llegaré tarde*) o de un complemento directo más el infinitivo con **to: I expect my pupils to arrive on time.** *Espero que mis alumnos lleguen puntualmente.*
> También se emplea con frecuencia en la forma pasiva: **Employees are not expected to work every day.** *Los empleados no tienen obligación de trabajar cada día.*

expectancy [ɪk'spektənsɪ] *n* expectación
expectant [ɪk'spektənt] *adj* ◆ ilusionado,-a ◆ **e. mother,** mujer embarazada
expectation [ekspek'teɪʃən] *n* ◆ esperanza; expectativa ◆ **expectations** *pl;* **against/contrary to all expectations,** contrariamente a lo que se esperaba
expedient [ɪk'spiːdɪənt] **1** *adj* conveniente, oportuno,-a | **2** *n* expediente, recurso
expedition [ekspɪ'dɪʃən] *n* expedición
expel [ɪk'spel] *vtr* expulsar
expend [ɪk'spend] *vtr* gastar
expendable [ɪk'spendəbəl] *adj* prescindible
expenditure [ɪk'spendɪtʃər] *n* gasto, desembolso
expense [ɪk'spens] *n* ◆ gasto; **all expenses paid,** con todos los gastos pagados ◆ dietas, gastos de viaje; **e. account,** cuenta de gastos de representación ◆ | LOC: **at sb's e.** *o* **at the e. of sb,** a costa de alguien
expensive [ɪk'spensɪv] *adj* caro,-a
experience [ɪk'spɪərɪəns] **1** *n* experiencia | **2** *vtr* ◆ *(placer, alivio, etc)* experimentar ◆ *(una pérdida, dificultad, un retraso)* sufrir
experienced [ɪk'spɪərɪənst] *adj* experimentado,-a
experiment [ɪk'sperɪmənt] **1** *n* experimento | **2** *vi* experimentar, hacer experimentos [**on, with,** con]
experimental [ɪksperɪ'mentəl] *adj* experimental
expert ['ekspɜːt] **1** *adj* experto,-a | **2** *n* experto,-a, especialista
expertise [ekspɜː'tiːz] *n* pericia
expire [ɪk'spaɪər] *vi* ◆ *euf (morir)* expirar ◆ *(mandato)* terminar ◆ *Com (un plazo,*

una prima) vencer ◆ *(billete, pasaporte, etc)* caducar
expiry [ɪk'spaɪərɪ] *n* ◆ *(de un contrato, etc)* vencimiento ◆ *(de un documento, etc)* caducidad; **e. date,** fecha de caducidad
explain [ɪk'spleɪn] **1** *vtr* ◆ explicar, aclarar: **he explained his plan,** explicó su proyecto ◆ **to e. oneself,** dar explicaciones | **2** *vi* explicarse
explanation [eksplə'neɪʃən] *n* explicación, aclaración
explanatory [ɪk'splænətərɪ] *adj* explicativo,-a, aclaratorio,-a
explicit [ɪk'splɪsɪt] *adj* explícito,-a
explode [ɪk'spləʊd] **1** *vtr* ◆ *(una bomba)* hacer explotar ◆ *fig (una teoría)* echar por tierra | **2** *vi (una bomba)* estallar, explotar
exploit ['eksplɔɪt] **1** *n* proeza, hazaña | **2** [ek'splɔɪt] *vtr* explotar
exploitation [eksplɔɪ'teɪʃən] *n* explotación
exploratory [ek'splɒrətərɪ] *adj* exploratorio,-a
explore [ɪk'splɔːr] *vtr* explorar
explorer [ɪk'splɔːrər] *n* explorador,-ora
explosion [ɪk'spləʊʒən] *n* explosión
explosive [ɪk'spləʊsɪv] **1** *adj* explosivo,-a | **2** *n* explosivo
exponent [ɪk'spəʊnənt] *n* ◆ intérprete, exponente ◆ partidario,-a
export [ɪk'spɔːt] **1** *vtr* exportar | **2** ['ekspɔːt] *n* ◆ *(comercio)* exportación ◆ *(mercancía)* artículo de exportación
exporter [eks'pɔːtər] *n* exportador,-ora
expose [ɪk'spəʊz] *vtr* ◆ exponer: **do not e. children to too much sunlight,** no exponga a los niños demasiado al sol ◆ *(secreto)* revelar; *(corrupción)* descubrir, destapar ◆ *(a una persona)* desenmascarar
exposed [ɪk'spəʊzd] *adj* expuesto,-a
exposure [ɪk'spəʊʒər] *n* ◆ *(a la luz, al calor, al frío)* exposición ◆ *Fot* exposición ◆ *(de un secreto)* revelación ◆ *(de un criminal)* descubrimiento ◆ *(de un edificio)* orientación
express [ɪk'spres] **1** *adj* ◆ explícito,-a, expreso,-a: **her e. wish was to be cremated,** su deseo explícito fue ser incinerada ◆ *GB (carta)* urgente ◆ **e. train,** expreso | **2** *n Ferroc* expreso | **3** *vtr* expresar | **4** *adv* urgente
expression [ɪk'spreʃən] *n* expresión
expressive [ɪk'spresɪv] *adj* expresivo,-a
expressly [ɪk'spreslɪ] *adv frml* expresamente
expulsion [ɪk'spʌlʃən] *n* expulsión

exquisite [ɪk'skwɪzɪt] *adj* exquisito,-a
extend [ɪk'stend] **1** *vtr* ♦ *(hacer más grande)* extender, ampliar: **they are extending the city towards the North,** están ampliando la ciudad hacia el norte ♦ *(una carretera, línea)* alargar, prolongar ♦ *(la mano, una cuerda)* tender ♦ *(un contrato)* prorrogar ♦ *(la bienvenida, pleitesía)* brindar | **2** *vi* ♦ *(terreno, autoridad, responsabilidad)* extenderse: **his influence even extends to the police,** su influencia se extiende incluso a la policía ♦ prolongarse: **the good weather will e. into October,** el buen tiempo se prolongará hasta octubre
extension [ɪk'stenʃən] *n* ♦ *(de espacio)* extensión; **e. cable,** alargador ♦ *(de tiempo)* prórroga ♦ *Constr* anexo, ampliación
extensive [ɪk'stensɪv] *adj* extenso,-a
extensively [ɪks'tensɪvlɪ] *adv* extensamente
extent [ɪk'stent] *n* ♦ *(área)* extensión ♦ **to a large e.,** en gran medida; **to a lesser e.,** en menor grado; **to some e.,** hasta cierto punto
exterior [ɪk'stɪərɪər] **1** *adj* exterior, externo,-a | **2** *n* exterior
exterminate [ɪk'stɜ:mɪneɪt] *vtr* exterminar
extermination [ɪkstɜ:mɪ'neɪʃən] *n* exterminación, exterminio
external [ek'stɜ:nəl] *adj* externo,-a, exterior
extinct [ɪk'stɪŋkt] *adj* extinguido,-a
extinction [ɪk'stɪŋkʃən] *n* extinción
extinguish [ɪk'stɪŋgwɪʃ] *vtr* extinguir, apagar
extinguisher [ɪk'stɪŋgwɪʃər] *n* extintor
extort [ɪk'stɔ:t] *vtr* extorsionar, obtener por amenazas
extortion [ɪk'stɔ:ʃən] *n* extorsión
extortionate [ɪk'stɔ:ʃənɪt] *adj* abusivo,-a, desorbitado,-a
extra ['ekstrə] **1** *adj* ♦ extra, adicional; **no e. charge,** sin recargo ♦ de más, de sobra: **there's an e. sandwich - do you want it?,** sobra un sándwich - ¿lo quieres? | **2** *adv* extra; **e. soft,** extra suave | **3** *n* ♦ *(cobro adicional)* suplemento, recargo ♦ *Cine* extra ♦ *(periódico)* edición especial
extract ['ekstrækt] **1** *n* ♦ *(de una sustancia)* extracto; **e. of cloves,** extracto de clavo ♦ *(de un texto, libro)* fragmento; **an e. from** *El Cid,* un fragmento de *El Cid* | **2** [ɪk'strækt] *vtr* ♦ *(un diente, información)* extraer ♦ *(confesión)* arrancar
extraction [ɪk'strækʃən] *n* extracción
extradite ['ekstrədaɪt] *vtr* extraditar
extraordinary [ɪk'strɔ:dənərɪ] *adj* ♦ *(acontecimiento, comportamiento)* extraño,-a: **it's e. that he won the prize,** es extraño que él haya ganado el premio ♦ excepcional, extraordinario: **they made an e. effort,** hicieron un esfuerzo excepcional ♦ *(reunión)* extraordinario,-a
extravagance [ɪk'strævɪgəns] *n* ♦ *(gasto de dinero)* derroche ♦ *(comportamiento)* extravagancia
extravagant [ɪk'strævɪgənt] *adj* ♦ *(que gasta mucho dinero)* derrochador,-ora ♦ excesivo,-a, exagerado,-a ♦ lujoso,-a
extreme [ɪk'stri:m] **1** *adj* ♦ *(no superable)* extremo,-a ♦ *(ideas, opiniones)* radical, extremo,-a: **he represents the e. right,** representa a la extrema derecha | **2** *n* extremo ♦ | LOC **in the e.,** en sumo grado, en extremo
extremely [ɪk'stri:mlɪ] *adv* extremadamente: **she's e. rich,** es extremadamente rica
extremist [ɪk'stri:mɪst] *n* extremista
extremity [ɪk'stremɪtɪ] *n* extremidad
extricate ['ekstrɪkeɪt] *vtr* sacar (con dificultad); **to e. oneself,** lograr salirse [**from,** de]
extrovert ['ekstrəvɜ:t] *adj* & *n* extrovertido,-a
exude [ɪg'zju:d] *vtr* & *vi* ♦ *(líquido, olor)* exudar ♦ *(sentimiento, cualidad)* rebosar, emanar: **he exudes charm,** rebosa encanto
eye [aɪ] **1** *n* ♦ *(de una persona, aguja, tormenta)* ojo: **she has green eyes,** tiene los ojos verdes; ♦ | LOC: *expresiones con verbos:* **I couldn't believe my eyes,** no podía creerlo; **to be up to one's eyes in work,** estar hasta arriba de trabajo; **to catch sb's e.,** llamar la atención de alguien; **to cry one's eyes out,** llorar a lágrima viva; **to feast one's e. on sthg,** regalarse la vista con algo; **to have an e. for,** tener buen ojo para; **she can't keep her eyes off you,** no te quita la vista de encima; **to keep an e. on sb/sthg,** echarle un ojo a algo/alguien; **to keep an e. out for,** estar pendiente de; **to make eyes at sb,** echar miraditas a alguien; **to turn a blind e.,** hacer la vista gorda [**to,** a] ♦ | LOC: **an e. for an e.,** ojo por ojo; **before your very eyes,** delante de tus propios ojos; **black e.,** ojo morado; **in the eyes of,** según; **in the public eye,** en el punto de mira; **with an e. to,** con miras a | **2** *vtr* observar, mirar

eyeball ['aɪbɔːl] *n* globo ocular
eyebrow ['aɪbraʊ] *n* ceja
eyecatching ['aɪkætʃɪŋ] *adj* llamativo,-a
eyelash ['aɪlæʃ] *n* pestaña
eyelid ['aɪlɪd] *n* párpado
eyeliner ['aɪlaɪnə] *n* lápiz de ojos
eye-level ['aɪlevəl] *n* altura de la vista
eye-opener ['aɪəʊpənəʳ] *n* revelación

eyeshadow ['aɪʃædəʊ] *n* sombra de ojos
eyesight ['aɪsaɪt] *n* vista
eyesore ['aɪsɔːʳ] *n* engendro, monstruosidad
eyestrain ['aɪstreɪn] *n* vista cansada
eyewash ['aɪwɒʃ] *n* ◆ colirio ◆ *GB* tonterías, disparates
eyewitness ['aɪwɪtnɪs] *n* testigo ocular

fFff F Ff f F

F, f [ef] *n* ◆ *(letra)* F, f ◆ *Mús* fa
fable ['feɪbəl] *n* fábula
fabric ['fæbrɪk] *n* ◆ *Tex* tela, tejido ➤ Ver nota en **tela** ◆ *Constr* estructura
fabricate ['fæbrɪkeɪt] *vtr* ◆ *(mercancías)* fabricar ◆ *(mentiras)* inventar
fabrication [fæbrɪˈkeɪʃən] *n fig* fabricación, mentira
fabulous ['fæbjʊləs] *adj* fabuloso,-a
façade *n* [fəˈsɑːd, fæˈsɑːd] *n* fachada
face [feɪs] **1** *n* ◆ *(persona)* cara, rostro; **to fall (flat) on one's f.**, caerse de bruces; **a happy f.**, una cara feliz; **f. down**, boca abajo; **f. to f.**, cara a cara; **f. up**, boca arriba ◆ expresión; **to pull/make a f.**, hacer muecas; **a long f.: you have a long f.**, pareces triste, traes la cara larga ◆ superficie; *(de un edificio)* fachada; *(de una moneda, naipe)* cara; *(de una montaña)* pared; *(de un reloj)* esfera; *(de la tierra)* cara, haz ◆ apariencia; **on the f. of it**, a primera vista ◆ *Fin* **f. value**, valor nominal; *fig* **to take sthg at f. value**, tomar algo en serio ◆ dignidad; **to lose f.**, perder prestigio; **to save f.**, salvar las apariencias/la cara ◆ | LOC: **he was left with egg on his f.**, quedó en ridículo; **to keep a straight f.**, contener la risa | **2** *vtr* ◆ *(una persona)* mirar hacia: **f. the camera**, mire a la cámara ◆ *(orientación)* dar a: **the palace faces the south**, el palacio da al sur; *(posición)* estar enfrente a: **my office faces the park**, mi despacho está frente al parque ◆ *(a una persona, un enemigo)* encararse, enfrentarse: **they will have to f. the voters**, tendrán que enfrentarse a los votantes; *(la verdad)* reconocer, afrontar: **let's f. it**, seamos realistas, afrontémoslo; *(un reto, un gasto, etc)* afrontar: **he was faced with a huge bill**, recibió una factura enorme; **Europe faces a great challenge**, Europa se enfrenta a un gran reto ◆ **I can't f. going to work today**, no soporto la idea de ir a trabajar hoy ◆ | LOC: **to f. the music**, afrontar las consecuencias | **3** *vi* orientarse
faceless ['feɪslɪ] *adj* anónimo,-a; **a f. bureaucrat**, un burócrata anónimo
facelift ['feɪslɪft] *n Med* lifting; *fig* renovación
facet ['fæsɪt] *n* faceta
facetious [fəˈsiːʃəs] *adj* bromista, burlón,-ona
facial ['feɪʃəl] *adj* facial
facile ['fæsaɪl] *adj* superficial
facilitate [fəˈsɪlɪteɪt] *vtr* facilitar
facility [fəˈsɪlɪtɪ] *n (habilidad)* facilidad | **2** *npl* ◆ *(medidas)* facilidades; **credit facilities**, facilidades de crédito ◆ *(de una casa, ciudad, etc)* instalaciones; **sports facilities**, instalaciones deportivas
facing ['feɪsɪŋ] *adj* **f. the sea**, orientado,-a hacia el mar
facsimile [fækˈsɪmɪlɪ] *n Arte (réplica)* facsímil
fact [fækt] *n* ◆ hecho: **let's make sure of the facts**, cerciorémonos de los hechos; **as a matter of f.**, de hecho ◆ realidad: **f. is stranger than fiction**, la realidad supera a la ficción; *(película)* **based on f.**, ba-

factor

sado,-a en hechos reales; **in f.,** en realidad

factor ['fæktə'] *n* factor

factory ['fæktərɪ] *n* fábrica

factual ['fæktʃʊəl] *adj* factual, fáctico

faculty ['fækəltɪ] *n* ◆ facultad ◆ *US Univ* profesorado

fad [fæd] *n fam* moda pasajera

fade [feɪd] *vi (color)* perder intensidad; *(flor, gloria)* marchitarse; *(luz, sonido)* atenuarse

■ **fade away** *vi* apagarse lentamente
■ **fade in/out** *vtr Cine TV* fundir

faded ['feɪdɪd] *adj* descolorido,-a; *(flor, gloria)* marchito,-a

fag [fæg] *n* ◆ *GB fam (cigarillo)* pitillo ◆ *US pey ofens* marica

fail [feɪl] **1** *n* ◆ *Educ* suspenso ◆ **without f.,** sin falta | **2** *vtr* ◆ *(un examen)* suspender ◆ fallar, decepcionar; **to f. to do sthg,** no conseguir hacer algo | **3** *vi* ◆ *(película, intento)* fracasar; *(frenos)* fallar ◆ *(negocio)* quebrar ◆ *(ser incapaz)* no lograr: **we failed to arrive in time,** no logramos llegar a tiempo ◆ *(la salud)* empeorar ◆ *Educ* suspender

failing ['feɪlɪŋ] **1** *n* ◆ defecto, punto débil | **2** *prep* a falta de; **f. that...,** si eso no es posible...

failure ['feɪljə] *n* ◆ fracaso: **their marriage was doomed to f.,** su matrimonio estaba condenado al fracaso ◆ *(fallo mecánico)* avería; **engine f.,** fallo mecánico; **power f.,** apagón; *Med* **kidney f.,** insuficiencia renal ◆ *Educ* suspenso ◆ *(persona)* fracasado,-a ◆ *(dejadez)* falta: **your f. to come,** el hecho de que no vinieras ◆ *Com* quiebra

faint [feɪnt] **1** *adj* ◆ *(sonido, voz)* débil: **we heard a f. sound of sobbing,** oímos unos débiles sollozos; *(línea)* tenue; *(color)* pálido,-a; *(forma)* indistinto,-a; *(memoria)* vago,-a: **they don't have the faintest idea what to do,** no tienen la más mínima idea de qué hacer ◆ *(sensación)* mareado,-a: **I feel f. at the sight of blood,** me mareo al ver la sangre | **2** *n* desmayo | **3** *vi* desmayarse

faint-hearted [feɪnt'hɑːtɪd] *adj* pusilánime

faintly ['feɪntlɪ] *adv* débilmente, ligeramente: **that name is f. familiar,** ese nombre me suena vagamente

fair[1] [feə'] **1** *adj* ◆ imparcial, justo,-a: **it's not f.,** no hay derecho; **we have a right to a f. trial,** tenemos derecho a un juicio imparcial; **a f. deal,** un trato equitativo ◆ *(partido, elección)* limpio,-a ◆ *(considerable)* **a f. amount,** una buena cantidad; **they have a f. chance,** tienen bastantes probabilidades ◆ *Met* bueno,-a ◆ *(pelo)* rubio,-a (natural) ➢ Ver nota en **rubio** ◆ *Lit (hermoso)* bello,-a ◆ *(trabajo, película, etc)* pasable, aceptable ◆ | LOC: **by f. means or foul,** por las buenas o por las malas | **2** *adv* **to play f.,** jugar limpio

fair[2] [feə'] *n* ◆ parque de atracciones ◆ **trade f.,** feria de muestras

fairground ['feəɡraʊnd] *n* recinto de una feria

fair-haired ['feə'eəd] *adj* rubio,-a

fairly ['feəlɪ] *adv* ◆ *(con justicia)* justamente ◆ bastante ➢ Ver nota en **bastante**

fairness ['feənɪs] *n* justicia, equidad

fairy ['feərɪ] *n* ◆ hada; **f. godmother,** hada madrina; **f. story/tale,** cuento de hadas ◆ *argot ofens* marica

faith [feɪθ] *n* ◆ confianza, fe; **to put one's f. in sb/sthg,** confiar en alguien/algo; **in bad/good f.,** de mala/buena fe ◆ *Rel* fe

faithful ['feɪθfʊl] **1** *adj* fiel | **2** *npl* **the f.,** los fieles

faithfully ['feɪθfʊlɪ] *adv* ◆ fielmente, con exactitud ◆ | LOC: **yours f.,** *(en una carta)* atentamente

fake [feɪk] **1** *adj* falso,-a, sintético,-a; **f. fur,** piel sintética | **2** *n* ◆ *(objeto)* imitación, falsificación: **this Goya is a f.,** este Goya es una falsificación ◆ *(persona)* farsante | **3** *vtr* ◆ *(hacer una copia)* falsificar ◆ *(simular)* fingir | **4** *vi* fingir

falcon ['fɔːlkən] *n* halcón

Falklands ['fɔːlkləndz] *npl* **the F.,** las (islas) Malvinas

fall [fɔːl] **1** *n* ◆ caída ◆ *(de nieve)* nevada; *(de tierra)* corrimiento ◆ *(de precio, temperatura)* bajada, descenso ◆ *Mil* caída, rendición ◆ *US* otoño ◆ *(usu pl)* cataratas; **Victoria Falls,** las cataratas Victoria | **2** *vi (ps fell; pp fallen)* ◆ caer, caerse: **a light rain was falling,** caía una lluvia fina; **to f. down a well,** caerse a un pozo; **to f. downstairs,** caerse por la escalera ◆ dividirse: **the book falls into six parts,** el libro se divide en seis partes ◆ *Mil* caer ◆ *(temperatura, precios)* bajar ◆ *(el viento)* amainar ◆ *(un cambio de estado)* **to f. asleep,** dormirse; **to f. in love,** enamorarse [with, de]; **to f. silent,** quedarse callado,-a ◆ | LOC: **to f. flat,** caerse de espaldas; *fig* no surtir

el efecto deseado; **to f. to pieces,** hacerse pedazos
- ■ **fall back** *vi* retroceder
- ■ **fall back on** *vtr* recurrir a
- ■ **fall behind** *vi* ◆ *(en el trabajo)* retrasarse ◆ *(en una carrera)* quedarse atrás
- ■ **fall down** *vi* ◆ *(persona)* caerse ◆ *(edificio)* hundirse
- ■ **fall for** *vtr* ◆ *(persona)* enamorarse de ◆ *(una mentira)* tragarse
- ■ **fall off 1** *vi* ◆ desprenderse, caerse ◆ *(cantidad, actividad)* decaer | **2** *vtr* **to f. off a horse,** caerse de un caballo ◆ *(una cosa de otra)* desprenderse de: **the wheel has fallen off my bike,** la rueda se ha desprendido de mi bici
- ■ **fall out** *vi* ◆ *(pelo)* caerse ◆ *(entre amigos, etc)* discutir, reñir ◆ *Mil* romper filas
- ■ **fall over 1** *vi* caerse | **2** *vtr* **to f. over sthg,** tropezar con algo
- ■ **fall through** *vi (acuerdo, plan)* fracasar

fallacy ['fæləsɪ] *n* falacia
fallen ['fɔːlən] *pp* → **fall**
fallout ['fɔːlaʊt] *n* lluvia radiactiva; **f. shelter,** refugio antinuclear
false [fɔːls] *adj* ◆ *(no verdadero)* falso,-a ◆ *(dientes, pelo)* postizo,-a ◆ erróneo,-a, falso,-a; **f. alarm,** falsa alarma; **f. move,** paso en falso
falsehood ['fɔːlshʊd] *n* falsedad
falsify ['fɔːlsɪfaɪ] *vtr* falsificar
falter ['fɔːltə*r*] *vi* ◆ vacilar, dudar ◆ *(voz)* temblar
faltering ['fɔːltərɪŋ] *adj* vacilante
fame [feɪm] *n* fama
familiar [fə'mɪlɪə*r*] *adj* ◆ familiar, conocido,-a: **your face is f.,** tu cara me suena; **that's a f. excuse,** esa es una excusa (muy) manida, (muy) habitual ◆ **to be f. with,** estar familiarizado,-a con ◆ **to be on f. terms with sb,** *(conocer bien)* tener confianza con
familiarity [fəmɪlɪ'ærɪtɪ] *n* ◆ familiaridad [**with,** con], conocimiento [**with,** de] ◆ *pey (informalidad excesiva)* confianzas ◆ | LOC: **f. breeds contempt,** lo que se tiene no se aprecia
familiarize [fə'mɪljəraɪz] *vtr* familiarizar; **to f. oneself with,** familiarizarse con
family ['fæmɪlɪ] **1** *n* ◆ familia; **to run in the family,** venir de familia | **2** *adj (antes del sustantivo)* ◆ de familia, familiar; **f. doctor,** médico de cabecera; **f. name,** apellido; **a f. party,** una fiesta familiar; **f.**

planning, planificación familiar; **f. tree,** árbol genealógico ◆ **a f. film,** una película apta para toda la familia
famine ['fæmɪn] *n* hambre, hambruna
famished ['fæmɪʃt] *adj fam* hambriento: **we're f.!,** ¡estamos muertos de hambre!
famous ['feɪməs] *adj* célebre, famoso,-a [**for,** por]
fan [fæn] **1** *n* ◆ abanico; *Elec Aut* ventilador ◆ aficionado,-a; *(de un artista)* fan, admirador,-ora; *Ftb* hincha | **2** *vtr* ◆ abanicar ◆ *(el fuego)* avivar
fanatic [fə'nætɪk] *adj* & *n* fanático,-a
fanatical [fə'nætɪkəl] *adj* fanático,-a
fanciful ['fænsɪfʊl] *adj* ◆ *(persona)* soñador,-ora ◆ *(idea)* extravagante
fancy ['fænsɪ] **1** *adj* ◆ *(fancier, fanciest) (ropa, género)* de fantasía; **f. dress,** disfraz; *(ideas, ropa)* extravagante, estrambótico,-a; *(precios)* exorbitante; *(comida)* elaborado,-a | **2** *n* ◆ capricho, antojo: **the chocolate cake took my f.,** me apeteció el pastel de chocolate; **to take a f. to sb/sthg,** encapricharse de alguien/algo ◆ fantasía | **3** *vtr* ◆ *frml* imaginarse, creer; *fam* **f. (that)!,** ¡mira tú por dónde!; *fam* **f. meeting you here!,** ¡qué casualidad encontrarte por aquí! ◆ *(apetecer)* tener ganas de, querer: **I f. a coffee,** me apetece un café; *fam (persona)* **I really f. him,** él me gusta mucho ◆ | LOC: **he really fancies himself,** se quiere muchísimo

> Cuando **to fancy** significa *tener ganas* y se usa con un verbo, tiene que ser un gerundio: **I didn't fancy going out for a meal.** *No me apetecía salir a comer.*

fang [fæŋ] *n* colmillo
fantastic [fæn'tæstɪk] *adj* fantástico,-a
fantasy ['fæntəsɪ] *n* fantasía
far [fɑː*r*] *(farther o further, farthest o furthest)* ➢ Ver nota en **further 1** *adv* ◆ *(distancia) (en frases afirmativas es algo formal y se suele sustituir por* **f. away** *o* **a long way)** lejos: **she lives f. from here,** vive lejos de aquí; **f. off,** a lo lejos; **farther south,** más al sur; *(en preguntas y en frases negativas)* **how f. is your house? - it isn't f.,** ¿cuánto hay de aquí a tu casa? - no está lejos; **not f. from Madrid,** no lejos de Madrid ◆ *(futuro)* **to go f.: that girl will go f.,** esa chica llegará lejos; *(dinero, comida, etc)* **one dollar won't go f.,** un dólar no dará para mucho; **to go too f.,** pasarse de la raya ◆ mucho: **he has f. too much work,** tiene de-

faraway

masiado trabajo; **he's by f. the best,** es con mucho el mejor ◆ **we'll help as f. as we can,** ayudaremos en lo que podamos; **as f. as I'm concerned,** por lo que a mí se refiere; **as f. as I know,** que yo sepa; **as f. as possible,** en lo posible ◆ **I am f. from satisfied,** no estoy satisfecho, ni mucho menos ◆ **f. from apologising, they began to insult us,** lejos de disculparse, empezaron a insultarnos ◆ *fig* **in so f. as…,** en la medida en que… ◆ *(en el tiempo)* **as f. back as 1066,** ya en 1066; **f. into the night,** hasta muy entrada la noche; **so f.,** hasta ahora; **so f. so good,** por el momento, bien │ 2 *adj* ◆ *(distante)* lejano,-a; **in the f. distance,** a lo lejos ◆ *(al otro extremo)* **the F. West,** el Lejano Oeste; **at the f. end of the room,** en el otro extremo de la habitación ◆ *Pol* **f. right/left,** extrema derecha/izquierda

faraway ['fɑːrəweɪ] *adj* lejano,-a, remoto,-a

farce [fɑːs] *n* farsa

farcical ['fɑːsɪkəl] *adj* absurdo,-a

fare [feə^r] *n* ◆ *(transporte)* tarifa, precio del billete ◆ comida

farewell [feə'wel] 1 *excl* **f.!,** ¡adiós! │ 2 *n* despedida; **to say f. to sb,** despedirse de alguien

farm [fɑːm] 1 *n* granja, cortijo, *LAm* hacienda │ 2 *vtr* cultivar, labrar

■ **farm out** *vtr (trabajo)* mandar fuera, encargar

farmer ['fɑːmə^r] *n* granjero,-a, agricultor,-ora

farmhand ['fɑːmhænd] *n* peón, jornalero,-a

farmhouse ['fɑːmhaʊs] *n* cortijo, granja, *LAm* hacienda

farming ['fɑːmɪŋ] 1 *n* ◆ agricultura ◆ *(de la tierra)* cultivo ◆ *(de animales)* ganadería │ 2 *adj* agrícola

farmyard ['fɑːmjɑːd] *n* corral

far-reaching ['fɑːriːtʃɪŋ] *adj* de gran alcance

far-sighted [fɑːˈsaɪtɪd] *adj* previsor,-ora

fart [fɑːt] *vulgar* 1 *n* pedo │ 2 *vi* tirarse un pedo

farther ['fɑːðə^r] *adj* & *adv comp* → **far**

farthest ['fɑːðɪst] *adj* & *adv superl* → **far**

fascinate ['fæsɪneɪt] *vtr* fascinar

fascinating ['fæsɪneɪtɪŋ] *adj* fascinante

fascination [fæsɪ'neɪʃən] *n* fascinación

fascism ['fæʃɪzəm] *n* fascismo

fascist ['fæʃɪst] *adj* & *n* fascista

fashion ['fæʃən] *n* ◆ *(ropa, estilo)* moda; **to go/be out of f.,** pasar/no estar de moda; **in f.,** de moda; **f. designer,** diseñador,-ora de modas; **f. show,** pase de modelos ◆ manera, modo; **after a f.,** en cierto modo │ 2 *vtr* crear

fashionable ['fæʃənəbəl] *adj* ◆ de moda ◆ *(sitio, persona)* elegante

fast¹ [fɑːst] 1 *adj* ◆ rápido,-a: **she likes f. cars,** le gustan los coches rápidos ◆ *(reloj)* adelantado,-a ◆ *(color)* inalterable │ 2 *adv* ◆ rápido, rápidamente: **how f. does this car go?,** ¿qué velocidad alcanza este coche? ◆ firmemente; **to be f. asleep,** estar profundamente dormido,-a; **to stand f.,** mantenerse firme

> **Fast** es sinónimo de **quick**. Sin embargo, **fast** se refiere a la velocidad mientras que **quick** se refiere al tiempo: *He's a fast runner. Es un corredor rápido.* *We made a quick stop in Paris. Hicimos una breve parada en París.*

fast² [fɑːst] 1 *n* ayuno │ 2 *vi* ayunar

fasten ['fɑːsən] 1 *vtr* ◆ sujetar, fijar ◆ *(ropa, cinturón)* abrochar; *(cuerdas de los zapatos)* atar; *(una maleta)* cerrar │ 2 *vi (un vestido)* abrocharse

fastener ['fɑːsənə^r] *n* cierre

fastidious [fæ'stɪdɪəs] *adj* meticuloso,-a, pedante

fat [fæt] 1 *adj (fatter, fattest)* ◆ gordo,-a; **to get/grow f.,** engordar ◆ *(libro, puro, etc)* grueso,-a ◆ *(carne)* con mucha grasa │ 2 *n* ◆ grasa ◆ *(de una persona)* carnes

fatal ['feɪtəl] *adj* ◆ *(que acaba en la muerte)* mortal ◆ *(con malas consecuencias)* funesto,-a, fatídico,-a, nefasto,-a

fatalistic [feɪtə'lɪstɪk] *adj* fatalista

fatality [fə'tælɪtɪ] *n* víctima mortal

fatally ['feɪtəlɪ] *adv* mortalmente; **f. wounded,** herido,-a de muerte

fate [feɪt] *n* ◆ destino, sino ◆ *Mit* **the Fates,** las Parcas

fateful ['feɪtfʊl] *adj* fatídico,-a, aciago,-a

father ['fɑːðə^r] 1 *n* ◆ padre; **his f. and mother,** sus padres ➤ Ver nota en **padre** ◆ *Rel (Dios)* **Our F.,** Padre nuestro; *(sacerdote)* padre ◆ │ LOC: **F. Christmas,** Papá Noel; **like f., like son,** de tal palo tal astilla │ 2 *vtr* engendrar

father-in-law ['fɑːðərɪnlɔː] *n* suegro ➤ Ver nota en **in-laws**

fatherland ['fɑːðəlænd] *n* patria

fatherly ['fɑːðəlɪ] *adj* paternal

fathom ['fæðəm] 1 *n Náut* braza │ 2 *vtr* descifrar

fatigue [fə'ti:g] *n* ◆ cansancio, fatiga ◆ *Mil* **fatigues** *pl*, traje de faena
fatten ['fætən] *vtr* engordar
fattening ['fætənɪŋ] *adj (alimento)* que engorda
fatty ['fæti] *adj Culin* graso,-a; *Anat (tejido)* adiposo,-a
faucet ['fɔ:sɪt] *n US* grifo
fault [fɔ:lt] 1 *n* ◆ *(de una persona)* defecto: **her only f. is her shyness,** su único defecto es la timidez ◆ error ◆ *(de mercancías)* desperfecto; *(mecánico)* avería ◆ *(responsabilidad)* culpa: **this is all your f.,** tú tienes la culpa de todo ◆ *Geol* falla ◆ *Dep (tenis)* falta ◆ | LOC: **to find f. with,** poner reparos a | 2 *vtr* criticar
faultless ['fɔ:ltlɪs] *adj* intachable, impecable
faulty ['fɔ:lti] *adj* defectuoso,-a
fauna ['fɔ:nə] *n* fauna
faux pas [fəʊ'pɑ:] *n inv frml* error, paso en falso
favour, *US* **favor** ['feɪvə'] 1 *n* ◆ *(acción amable)* favor: **I'll do it as a f.,** lo haré como favor; **to ask sb a f.,** pedirle un favor a alguien ◆ *(aprobación)* favor; **to fall out of f.,** caer en desgracia; **in f. of,** a favor de; *(favoritismo)* **to show f. for sb,** favorecer a alguien | 2 *vtr* ◆ *(a una persona)* favorecer a ◆ *(aprobar)* ser partidario,-a de
favourable ['feɪvərəbəl] *adj* favorable
favourite ['feɪvərɪt] *adj* & *n* favorito,-a
favouritism ['feɪvərɪtɪzəm] *n* favoritismo
fawn[1] [fɔ:n] 1 *adj* beige | 2 *n* ◆ *Zool* cervatillo ◆ *(color)* beige
fawn[2] [fɔ:n] *vi* adular, lisonjear [**on,** a]
fax [fæks] 1 *n (aparato, mensaje)* fax | 2 *vtr* mandar por fax
fear [fɪə'] 1 *n* ◆ miedo, temor, aprensión; **f. of spiders,** miedo a las arañas; **for f. of,** por temor a ◆ riesgo: **there is no f. of rain this week,** no hay riesgo de que llueva esta semana; *fam* **no f.!,** ¡ni hablar! | 2 *vtr* temer | 3 *vi* temer [**for,** por]

El verbo **to fear** es formal, sobre todo con complemento sustantivo o verbal (**I f. the dark,** *temo la oscuridad;* **I f. to tell her,** *temo decírselo*) y se suele sustituir por **to be afraid/frightened (to + inf** *o* **of + ...ing).** Asimismo se dice a veces **I fear that...,** *me temo que...,* pero hoy en día se prefiere **to be afraid (that).**

fearless ['fɪəlɪs] *adj* intrépido,-a
fearsome ['fɪəsəm] *adj* temible, pavoroso,-a
feasible ['fi:zəbəl] *adj* ◆ *(en la práctica)* realizable, factible ◆ *(en teoría)* viable
feasibility [fi:zə'bɪlɪti] *n* viabilidad
feast [fi:st] 1 *n* ◆ banquete, festín ◆ *Rel* fiesta, festividad | 2 *vi* **to f. on sthg,** darse un banquete/festín de algo
feat [fi:t] *n* hazaña, proeza
feather ['feðə'] *n* pluma, **f. duster,** plumero; *Dep* **f. weight,** peso pluma ◆ | LOC: **it's as light as a f.,** es ligero como una pluma
feature ['fi:tʃə'] 1 *n* ◆ *(de la cara)* rasgo, facción ◆ *(atributo)* característica, rasgo: **irony is a f. of his books,** la ironía es una característica de sus libros; **a redeeming f.,** un punto a favor ◆ *Cine* **f. film,** largometraje ◆ *Prensa* artículo | 2 *vtr* ◆ poner de relieve ◆ *Cine* **featuring Pepe Isbert,** con Pepe Isbert | 3 *vi* figurar [**among,** entre]
February ['februəri] *n* febrero
fed [fed] 1 *ps & pp* → **feed** | 2 *adj fam* **f. up,** harto,-a [**with,** de] | 3 *npl* **the feds,** *US fam* los agentes del FBI (policía federal de EE.UU.)
federal ['fedərəl] *adj* federal
federation [fedə'reɪʃən] *n* federación
fee [fi:] *n* ◆ *(pago por servicios profesionales)* honorarios ◆ **entrance f.,** entrada
feeble ['fi:bəl] *adj* débil, enclenque
feed [fi:d] 1 *vtr (ps & pp* **fed***)* ◆ alimentar, darle de comer a; *fig (fuego)* alimentar; *(a un bebé)* dar de pecho) darle de mamar; *(con biberón)* darle el biberón ◆ *Elec* alimentar ◆ *(suministrar)* introducir | 2 *vi* alimentarse [**on,** de], comer [**on,** -] | 3 *n* ◆ *(para un bebé)* comida: **it's time for her f.,** es la hora de su comida; **cattle f.,** pienso ◆ *Téc* alimentación
■ **feed up** *vtr* engordar
feedback ['fi:dbæk] *n* ◆ *Téc* feedback, retroalimentación ◆ *fig* reacción
feeding ['fi:dɪŋ] *n* **f. bottle,** biberón, *LAm* mamadera; **f. time,** hora de comer
feel [fi:l] *(ps & pp* **felt***)* 1 *vtr* ◆ tocar, palpar: **f. this silk!,** ¡toca esta seda! ◆ *(darse cuenta de algo)* notar, sentir: **I felt the floor shake,** sentí temblar el suelo | 2 *vi* ◆ *(emoción, sensación)* sentir: **I feel (like) an idiot,** me siento como un imbécil; **to f. cold/hot/sleepy,** tener frío/calor/sueño; **to f. sad,** sentirse triste; **to f. sorry for**

feeler

sb, compadecerle a alguien ♦ *(parecer, dar una impresión)* **this house feels damp,** esta casa parece húmeda; **my ears f. hot,** tengo las orejas calientes; **it feels like winter,** parece invierno ♦ opinar: **I f. we should be careful,** creo que deberíamos tener cuidado; **what does he f. about it?,** ¿qué piensa él de eso? ♦ explorar, palpar: **she felt in her handbag for the keys,** hurgó en su bolso en busca de las llaves ♦ querer: **I f. like an ice cream,** me apetece un helado; **to f. like doing sthg,** tener ganas de hacer algo | **3** *n* ♦ *(sentido)* tacto, sensación ♦ *(de un sitio)* ambiente ♦ | LOC: *fig* **to get the f. for sthg,** acostumbrarse a algo

El uso de gerundio o infinitivo no altera sustancialmente el significado del verbo **to feel**. El gerundio indica que la acción no está terminada (**I felt the ground moving under my feet,** *sentía la tierra moviéndose bajo mis pies*), mientras que el infinitivo sugiere una acción terminada: **He felt the bullet graze his arm.** *Sintió cómo la bala le rozaba el brazo*. En ambos casos hay que usar un complemento directo (**it**) y no un adjetivo posesivo (**its**).

feeler ['fi:lə^r] *n* ♦ *Zool* antena ♦ sondeo; **to put a f. out,** tantear el terreno
feeling ['fi:lɪŋ] **1** *n* ♦ *(físico)* sensación ♦ *(emocional)* sentimiento ♦ impresión; **to have/get the f. (that)...,** tener la impresión de que... ♦ sensibilidad ♦ opinión: **my feeling is that...,** opino que... | **2** *adj* sensible
feet [fi:t] *npl* → **foot**
fell[1] [fel] *ps* → **fall**
fell[2] [fel] *vtr* ♦ *(un árbol)* talar ♦ *fig (a una persona, de un golpe)* derribar
fellow ['feləʊ] **1** *n* ♦ *(de una asociación)* socio,-a ♦ *GB Univ* ≈ profesor,-ora miembro de la junta de gobierno de la universidad | **2** *adj (antes del sustantivo)* ♦ compañero,-a; *(que comparte condición)* **f. citizen,** conciudadano,-a; **f. countryman/ countrywoman,** compatriota; **f. man/ men,** prójimo(s); **f. passenger /worker,** compañero de viaje/trabajo
fellowship ['feləʊʃɪp] *n* ♦ compañerismo, camaradería ♦ *(colectivo)* asociación ♦ *Univ* beca de investigación

felony ['felənɪ] *n* delito grave
felt[1] [felt] *ps & pp* → **feel**
felt[2] [felt] *n Tex* fieltro
felt-tip(ped) ['felttɪp(t)] *adj* **f.-t. pen,** rotulador, marcador
female ['fi:meɪl] **1** *adj* ♦ *Zool Bot* (de) hembra ♦ femenino,-a; *Téc* hembra | **2** *n* ♦ *Zool Bot* hembra ♦ mujer

Female puede ser un adjetivo o un sustantivo. Como adjetivo describe a personas o animales: **The female employees claim they are discriminated against.** *Las empleadas afirman que las están discriminando*. **What's the correct name for a female toad?,** *¿Cómo se llama la hembra del sapo?* Como sustantivo sólo se refiere a los animales: **Look at those lions, the female is on the right.** *Mirad esos leones, la hembra está a la derecha*. Al hablar de las personas es mejor usar la palabra **woman**. ➢ Ver nota en **feminine**.

feminine ['femɪnɪn] *adj* femenino,-a

Feminine es un adjetivo e indica que algo es típico de la mujer: **a feminine look,** *un aspecto femenino* o *una mirada femenina*; **feminine handwriting,** *letra femenina*. ➢ Ver nota en **female**.

feminism ['femɪnɪzəm] *n* feminismo
feminist ['femɪnɪst] *adj* & *n* feminista
fence [fens] **1** *n* cerca, valla ♦ | LOC: **to sit on the f.,** nadar entre dos aguas | **2** *vi Dep* practicar la esgrima | **3** *vtr* cercar, vallar
■ **fence in** *vtr* cercar, vallar
■ **fence off** *vtr* separar con una valla
fencing ['fensɪŋ] *n* ♦ *Dep* esgrima ♦ cercado, vallado
fend [fend] *vi* **to f. for oneself,** arreglárselas
■ **fend off** *vtr (un golpe, una pregunta)* esquivar; *(un ataque)* rechazar
fender ['fendə^r] *n* ♦ *(de la chimenea)* guardafuego ♦ *US Auto* parachoques ♦ *Náut* defensa
ferment ['fɜ:ment] **1** *n fig* agitación, conmoción; **to be in f.,** estar en ebullición | **2** [fə'ment] *vtr* & *vi* fermentar
fern [fɜ:n] *n Bot* helecho
ferocious [fə'rəʊʃəs] *adj* feroz

ferocity [fə'rɒsɪtɪ] *n* ferocidad
ferry ['ferɪ] **1** *n* ◆ transbordador, ferry; *(pequeño)* balsa, barca | **2** *vtr* transportar
fertile ['fɜːtaɪl] *adj* fértil
fertility [fə'tɪlɪtɪ] *n* fertilidad
fertilization [fɜːtəlaɪ'zeɪʃən] *n* fecundación; **in vitro f.**, fecundación in vitro
fertilize ['fɜːtɪlaɪz] *vtr* ◆ *Agr* abonar ◆ *Med Zool* fecundar, fertilizar
fertilizer ['fɜːtɪlaɪzə] *n* abono
fervent ['fɜːvənt] *adj* ferviente
fervour, *US* **fervor** ['fɜːvə] *n* fervor
festival ['festɪvəl] *n* ◆ *Rel & gen* fiesta ◆ *(de cine, teatro, música, etc)* festival
festive ['festɪv] *adj* ◆ festivo,-a, alegre ◆ | LOC: **the f. season,** las Navidades
festivity [fes'tɪvɪtɪ] *n* ◆ festividad ◆ **festivities** *pl*, festejos
fetch [fetʃ] **1** *vtr* ◆ traer ◆ ir por: **she's gone to f. her mother,** ha ido a buscar a su madre ◆ **his house fetched $150,000,** su casa se vendió por $150.000
fête [feɪt] **1** *n GB* fiesta al aire libre | **2** *vtr* festejar
fetish ['fetɪʃ, 'fiːtɪʃ] *n* fetiche
fetus ['fiːtəs] *n US* → **foetus**
feud [fjuːd] **1** *n* ◆ disputa familiar, *frml* enemistad heredada | **2** *vi* pelear
feudal ['fjuːdəl] *adj* feudal
feudalism ['fjuːdəlɪzəm] *n* feudalismo
fever ['fiːvə] *n* ◆ *Med* fiebre, calentura; **hay f.,** fiebre del heno ➢ Ver nota en **fiebre**
feverish ['fiːvərɪʃ] *adj* febril
few [fjuː] **1** *adj* ◆ *(no muchos)* pocos,-as: **there were too f. chairs,** no había suficientes sillas; **I have f. friends,** tengo pocos amigos; **f. people know that,** poca gente lo sabe; **in/for the last f. weeks,** en las últimas semanas ◆ **fewer,** menos; **fewer men than women,** menos hombres que mujeres; **the fewer the better,** cuanto menos, mejor ◆ **fewest,** los menos ◆ **a f.,** algunos,-as, unos,-as cuantos,-as; **a f. years ago,** hace algunos años ◆ **quite a f.,** bastantes, no pocos,-a | LOC: **good dentists are f. and far between,** los buenos dentistas escasean | **2** *pron* ◆ *(no muchos)* pocos,-as: **f. would agree with you,** pocos estarían de acuerdo contigo; **there are f. like him,** hay pocos como él ◆ **fewer than 10% of people,** menos del 10% de la gente ◆ **as f. as,** solamente ◆ **a f.,** algunos,-as, unos,-as cuantos,-as: ; **a f. of the students stayed,** algunos de los estudiantes se quedaron; **have you got any cigarettes?** - **yes, a few,** ¿tienes cigarillos? - sí, unos cuantos

> Siempre se usa con un verbo plural. En la conversación, **few**, en sentido de *pocos*, no se emplea mucho: se suele decir **not many**. Para expresar una cantidad *(mucho,-a)* no usamos **few**, sino **little**. Observa que **a few** *(algunos)* hace referencia a una cantidad mayor que **few** *(pocos)*: **She has few friends.** *Tiene pocos amigos.* (es decir, está sola). **She has a few good friends.** *Tiene algunos buenos amigos.*

fiancé [fɪ'ɒnseɪ] *n* prometido
fiancée [fɪ'ɒnseɪ] *n* prometida
fiasco [fɪ'æskəʊ] *n* fiasco
fib [fɪb] *fam* **1** *n* trola, mentirijilla | **2** *vi* contar mentirijillas
fibre, *US* **fiber** ['faɪbə] *n* fibra
fibreglass, *US* **fiberglass** ['faɪbəɡlɑːs] *n* fibra de vidrio
fiction ['fɪkʃən] *n* ficción
fictional ['fɪkʃənəl] *adj Lit* novelesco,-a, relativo,-a a la ficción ◆ inventado,-a
fictitious [fɪk'tɪʃəs] *adj* ficticio,-a
fiddle ['fɪdəl] *fam* **1** *n* ◆ *Mús fam* violín ◆ superchería, trampa | **2** *vtr* ◆ estafar; **to f. one's tax,** defraudar a Hacienda ◆ *(cifras, cuentas)* amañar | **3** *vi* juguetear

■ **fiddle around** *vi* perder el tiempo
fiddler ['fɪdələ] *n* violinista *(esp música tradicional)*
fiddly ['fɪdlɪ] *adj fam (un trabajo)* complejo,-a
fidelity [fɪ'delətɪ] *n* fidelidad [**to**, a]
fidget ['fɪdʒɪt] *vi* moverse nerviosamente
field [fiːld] **1** *n* ◆ *Agr* campo ◆ *Dep* campo, cancha; **football f.,** campo de fútbol ◆ *(de trabajo)* campo, esfera; **f. work,** trabajo de campo ◆ *Geol* yacimiento; **an oil f.,** un yacimiento petrolífero ◆ *Fís* campo; **magnetic f.,** campo magnético | **2** *vtr Dep* ◆ *(una pelota)* parar ◆ *(a un equipo)* presentar
fiend [fiːnd] *n* ◆ *(diablo)* demonio ◆ desalmado,-a, malvado,-a ◆ *fam* fanático,-a
fiendish ['fiːndɪʃ] *adj* ◆ desalmado,-a ◆ diabólico,-a
fierce [fɪəs] *adj* ◆ *(animal)* feroz, fiero,-a ◆ *(discusión)* virulento,-a; *(ataque)* furioso,-a; *(amor, odio)* intenso,-a ◆ *(viento)* violento,-a; *(sol)* implacable

fiery

fiery ['faɪərɪ] *adj* ◆ ardiente; *(temperamento, discurso)* apasionado,-a, fogoso,-a ◆ *(color)* encendido,-a ◆ *(sabor)* picante
fifteen [fɪf'tiːn] *adj & n* quince
fifteenth [fɪf'tiːnθ] **1** *adj & n* decimoquinto,-a | **2** *n (fracción)* quinceavo
fifth [fɪfθ] **1** *adj & n* quinto,-a | **2** *n (fracción)* quinto
fifty ['fɪftɪ] **1** *adj* cincuenta ◆ | LOC: **f.-f.,** mitad y mitad: **a f.-f. chance,** un 50% de posibilidades | **2** *npl* ◆ *(edad)* **a man in his fifties,** un cincuentón ◆ *(década)* **the fifties,** los años cincuenta
fig [fɪg] *n* ◆ higo ◆ **f. (tree),** higuera
fight [faɪt] **1** *vtr (ps & pp fought)* ◆ *(un enemigo)* luchar contra, combatir: **he fought the Germans,** luchó contra los alemanes; *(otra persona)* enfrentarse a, pelearse con; *fig (enfermedad, etc)* combatir [**against,** -] ◆ *(batalla)* dar, librar; *(guerra)* hacer ◆ *(decisión)* recurrir contra ◆ | LOC: **to f. an election,** presentarse a unas elecciones | **2** *vi* ◆ pelear(se), batir(se), reñir(se): **the children are fighting,** los niños se están peleando ◆ **to f. over sthg,** disputar algo a golpes ◆ *fig (por un ideal, etc)* luchar [**for/against,** por/contra], combatir [**against,** -] | **3** *n* ◆ pelea, lucha, combate ◆ riña, disputa [**over,** por] ◆ *(del espíritu)* combatividad ◆ | LOC: **to pick a f. with sb,** meterse con alguien, provocar a alguien

■ **fight back 1** *vtr (las emociones)* reprimir | **2** *vi* contraatacar
fighter ['faɪtə^r] *n* ◆ combatiente; *fig* luchador,-ora; *Boxeo* púgil ◆ **f. (plane),** (avión de) caza
fighting ['faɪtɪŋ] **1** *n* enfrentamientos: **the meeting was followed by f.,** el mitin fue seguido de enfrentamientos | **2** *adj* **f. bull,** toro de lidia; **a f. chance,** buenas posibilidades; **f. man,** guerrero
figurative ['fɪgərətɪv] *adj Arte* figurativo,-a; *Lit* figurado,-a
figure ['fɪgə], *US* ['fɪgjər] **1** *n* ◆ *(de cuerpo)* forma, silueta: **she has a good f.,** tiene buen tipo ◆ personaje, figura; **a leading f. in politics,** un personaje destacado en la política ◆ *(estatua)* figura ◆ *(en un texto)* figura, dibujo ◆ *Mat* cifra ◆ **f. of speech,** figura retórica ◆ **f. skating,** patinaje artístico ◆ **figures** *pl,* estadísticas | **2** *vtr US fam* imaginarse | **3** *vi* ◆ figurar

■ **figure out** *vtr fam* comprender, explicarse algo: **can you f. it out?,** ¿lo entiendes?

file [faɪl] **1** *n* ◆ *(para guardar papeles)* carpeta, archivador ◆ *(para datos)* archivo, expediente; **on f.,** archivado,-a ◆ *Inform* fichero, archivo ◆ *(herramienta)* lima; **nail f.,** lima de uñas ◆ *(una línea)* fila; **in single f.,** en fila india | **2** *vtr* ◆ limar ◆ *Inform & gen* archivar ◆ *Jur* presentar; **to f. a complaint,** presentar una queja | **3** *vi* **to f. past,** desfilar
filing ['faɪlɪŋ] *n* clasificación; **to do the f.,** archivar documentos; **cabinet,** archivador
fill [fɪl] **1** *vi* llenarse: **the room filled with people,** la sala se llenó de gente | **2** *vtr* ◆ *(el espacio)* llenar [**with,** de]: **he filled his house with flowers,** llenó su casa de flores; *(el tiempo)* llenar, ocupar ◆ *Culin* rellenar ◆ *(un diente)* empastar ◆ *(un puesto)* desempeñar | **3** *n* **to have one's f.,** estar harto,-a [**of,** de]

■ **fill in 1** *vtr* ◆ *(un formulario, blanco, una grieta)* rellenar ◆ poner: **f. your name in here,** escriba su nombre aquí ◆ *fam* poner al corriente [**on,** de]: **f. me in on the news,** ponme al corriente de las noticias ◆ *(el rato)* pasar, ocupar | **2** *vi* **to f. in (for sb),** sustituir (a alguien)

■ **fill out 1** *vtr (fórmula)* rellenar | **2** *vi fam* echar carnes

■ **fill up 1** *vtr* llenar (hasta el borde) | **2** *vi* ◆ llenarse ◆ *Auto fam* llenar el depósito, repostar

fillet ['fɪlɪt] **1** *n* filete; **f. steak,** filete | **2** *vtr* ◆ *(pescado)* quitar las espinas de ◆ cortar en filetes
filling ['fɪlɪŋ] **1** *n* ◆ *(de diente)* empaste, obturación ◆ *Culin* relleno ◆ *GB* **f. station,** gasolinera | **2** *adj (comida)* sólido,-a, que llena mucho
film [fɪlm] **1** *n* ◆ película; *(de grasa, polvo)* capa ◆ *Cine Fot* película; **a roll of f.,** un carrete; **f. director,** director de cine; **f. fan,** cinéfilo; **f. set,** plató; **f. star,** estrella de cine | **2** *vtr Cine* filmar | **3** *vi Cine* rodar
filter ['fɪltə^r] **1** *n* filtro | **2** *vtr* filtrar

■ **filter out/through** *vi fig* filtrarse [**to,** a]; *(noticias)* llegar a conocerse

filth [fɪlθ] *n* ◆ mugre, porquería ◆ *fig* obscenidad, guarradas: **the TV is full of filth,** no hay más que guarradas en la tele
filthy ['fɪlθɪ] *adj (filthier, filthiest)* ◆ *(muy sucio)* mugriento,-a ◆ *fig* obsceno,-a, indecente ◆ *fam (desagradable)* asqueroso,-a: **what f. weather!,** ¡qué tiempo más asqueroso!

fin [fɪn] n Zool Av aleta
final ['faɪnəl] 1 adj ◆ último,-a, final; **the f. episode of** *Dallas*, el último episodio de *Dallas* ◆ definitivo,-a; **the f. version of the treaty**, la versión definitiva del tratado; *(decisión)* inapelable | 2 n ◆ Dep final
finalist ['faɪnəlɪst] n finalista
finalize ['faɪnəlaɪz] vtr ultimar: **we met to f. our plans**, nos reunimos para ultimar nuestros planes
finally ['faɪnəlɪ] adv ◆ por fin; **peace at last!**, ¡por fin, la paz! ◆ *(en una secuencia)* por último ◆ definitivamente
finance ['faɪnæns, fɪ'næns] 1 n ◆ finanzas, asuntos financieros ◆ recursos financieros | 2 vtr financiar
financial [f(a)ɪ'nænʃəl] adj ◆ financiero,-a, económico,-a; **f. year**, ejercicio o año fiscal
financier [f(a)ɪ'nænsɪəʳ] n financiero,-a
find [faɪnd] 1 vtr *(ps & pp found)* ◆ encontrar, hallar: **she has found a new job**, ha encontrado un nuevo trabajo ◆ descubrir: **they have found a cure for the flu**, han descubierto un remedio contra la gripe ◆ *(opinión)* encontrar: **I f. her very aggressive**, la encuentro muy agresiva ◆ sacar, conseguir: **and where will you f. $1,000?**, ¿y de dónde vas a sacar $1.000? ◆ *Jur* fallar, declarar; **to f. sb guilty/not guilty**, declarar culpable/inocente a alguien | 2 vr **to f. oneself**, encontrarse: **he found himself alone**, se encontró solo | 3 n hallazgo; **a lucky f.**, un hallazgo fortuito

■ **find out** 1 vtr ◆ *(un hecho)* averiguar, descubrir: **I found out her name from the papers**, descubrí su nombre en la prensa ◆ *(un criminal)* descubrir, pillar | 2 vi informarse [**about**, sobre]: **I have found out about him**, me he informado sobre él ◆ enterarse [**about**, de]: **we didn't f. out about the party**, no nos enteramos de la fiesta

findings ['faɪndɪŋz] npl conclusiones, fallo
fine[1] [faɪn] 1 adj ◆ Meteor bueno-a ◆ *(de muy buena calidad)* excelente, magnífico,-a: **he's a f. pianist**, es un excelente pianista; *(edificios, ropa)* elegante, magnífico,-a ◆ *(porcelana, tela)* fino,-a, delicado,-a ◆ *(granos de polvo, arena, etc)* fino,-a, menudo,-a ◆ sutil; **a f. distinction**, una distinción sutil ◆ **f. arts**, bellas artes ◆ *(en ciertas frases hechas)* bien: **how are you? - I'm fine**, ¿qué tal estás? - bien | 2 adv ◆ *fam* muy bien ➢ Ver nota en **bien** ◆ | LOC: **to cut it f.**, dejarse muy poco tiempo | 3 excl ¡vale!
fine[2] [faɪn] 1 n multa | 2 vtr multar
finely ['faɪnlɪ] adv ◆ finamente; **f. chopped**, picado en trocitos finos ◆ elegantemente ◆ delicadamente
finesse [fɪ'nes] n ◆ delicadeza, finura ◆ diplomacia, sutileza
finger ['fɪŋgəʳ] 1 n dedo (de la mano) ◆ | LOC: **keep your fingers crossed**, cruza los dedos; **to have green fingers**, ser buen(a) jardinero,-a; **to work one's fingers to the bone**, matarse trabajando ➢ Ver nota en **dedo** | 2 vtr tocar; *pey* manosear
fingernail ['fɪŋgəneɪl] n uña
fingerprint ['fɪŋgəprɪnt] n huella dactilar
fingertip ['fɪŋgətɪp] n yema del dedo ◆ | LOC: **he has the law at his fingertips**, se sabe la ley al dedillo
finish ['fɪnɪʃ] 1 n ◆ fin; *Dep* llegada, meta ◆ *(de un mueble, etc)* acabado | 2 vtr ◆ *(una tarea)* acabar, terminar; **to f. doing sthg**, terminar de hacer algo ◆ *(un producto)* agotar | 3 vi acabar, terminar

> Recuerda que **to finish** *(terminar)* va seguido de gerundio: **They haven't finished eating yet.** *Todavía no han terminado de comer.*

■ **finish off** vtr ◆ terminar completamente ◆ *(a una persona o animal heridos) fam* rematar
■ **finish up** 1 vtr *(comida, etc)* terminar | 2 vi acabar: **you'll f. up in hospital**, acabarás en el hospital
finished ['fɪnɪʃt] adj ◆ *(tarea, objeto)* acabado,-a, terminado,-a ◆ *(sin futuro)* acabado,-a
finishing ['fɪnɪʃɪŋ] adj ◆ Dep **f. line**, (línea de) meta ◆ **to put the f. touches to sthg**, dar últimos toques a algo
finite ['faɪnaɪt] adj finito,-a; *Ling (verbo)* conjugado
Finland ['fɪnlənd] n Finlandia
Finn [fɪn] n finlandés,-esa
Finnish ['fɪnɪʃ] 1 adj finlandés,-esa | 2 n *(idioma)* finlandés
fir [fɜː] n Bot abeto
fire ['faɪəʳ] 1 n ◆ *(el elemento)* fuego; **to catch f.**, encenderse; **to set f.**, prender fuego [**to**, a], incendiar; *GB* **f. brigade**, *US* **f. department**, cuerpo de bomberos;

firearm

f. engine, coche de bomberos; f. station, parque de bomberos; on fire, ardiendo ♦ *(de un edificio, bosque)* incendio; f. alarm, alarma de incendios; f. escape, escalera de incendios; f. exit, salida de incendios o de emergencia; f. extinguisher, extintor ♦ | LOC: to spread like wild f., extenderse como un reguero de pólvora ♦ *(de una casa)* fuego, chimenea; electric/gas f., estufa eléctrica/de gas ♦ *Mil* fuego; to open f. (on sb), abrir fuego (sobre alguien); *fig* to be under f., ser criticado,-a | 2 *vtr* ♦ *(arma de fuego)* disparar [at, a]; *(misil)* lanzar; *fig* to f. questions at sb, lanzar preguntas a alguien ♦ *fam* despedir, echar: you're fired!, ¡quedas despedido! ♦ *(entusiasmo, interés)* despertar | 3 *vi* ♦ disparar [at, a] [on, sobre] | 4 *excl Mil & gen* f.!, ¡fuego!

firearm ['faɪərɑːm] *n* arma de fuego
fire-fighter ['faɪəfaɪtə'] *n US* bombero,-a
fireman ['faɪəmən] *n* bombero
fireplace ['faɪəpleɪs] *n* chimenea ➢ Ver nota en **chimenea**
firewood ['faɪəwʊd] *n* leña, astillas
fireworks ['faɪəwɜːks] *npl* fuegos artificiales
firing ['faɪərɪŋ] *n Mil* tiroteo, disparos; f. line, línea de fuego; f. squad, pelotón de ejecución
firm [fɜːm] 1 *adj* ♦ *(postura, apoyo)* firme ♦ *(amistad)* sólido,-a: we are f. friends, somos muy amigos ♦ estricto, firme | 2 *n Com* empresa, firma
firmly ['fɜːmlɪ] *adv* firmemente, estrictamente
firmness ['fɜːmnɪs] *n* firmeza
first [fɜːst] 1 *adj* ♦ *(en orden)* primer, primero,-a; f. aid, primeros auxilios; the f. day of the year, el primer día del año; f. name, nombre de pila; *Teat Cine* f. night, estreno; in the f. place, en primer lugar ♦ *(en la historia)* primitivo,-a, original; the f. men, los hombres primitivos | 2 *adv* ♦ *(en una serie de acciones o de cosas)* primero: f. you peel the potatoes, primero pelas las patatas; f. of all *o* f. and foremost, antes de nada ♦ por primera vez: we f. met in Istanbul, nos conocimos en Estambul ♦ delante: you f.!, ¡usted primero! | 3 *n* ♦ *(en orden)* the f., el primero, la primera: the f. of May is a holiday, el uno de mayo es fiesta; am I the first to arrive?, ¿soy el primero en llegar?; Elizabeth the First, Isabel I ♦ at f., al principio; from the (very) f., desde el principio ♦ *Auto* f. gear, primera (velocidad)
first-class ['fɜːstklɑːs] 1 *adj (billete)* de primera clase ♦ excelente, de primera | 2 *adv* to travel f.-c., viajar en primera
first-hand ['fɜːsthænd] *adv & adj* de primera mano, directo,-a: she has f. experience, tiene experiencia personal
firstly ['fɜːstlɪ] *adv* en primer lugar
first-rate ['fɜːstreɪt] *adj* de primera, excelente
fiscal ['fɪskəl] *adj* fiscal; f. policy, política económica
fish [fɪʃ] 1 *n (pl fish)* ♦ *Zool* pez ♦ *Culin* pescado; f. and chips, pescado frito con patatas fritas; *GB* f. finger, *US* f. stick, palito de pescado; f. shop, pescadería ♦ | LOC: he drinks like a f., bebe como un cosaco; *fig* a big f., un pez gordo; like a f. out of water, como un pulpo en un garaje | 2 *vi* ♦ pescar [for, -]; *fig* (re)buscar: she fished in her handbag for the keys, buscó las llaves en su bolsa

> No olvides que el plural de **fish** es **fish**. También existe la forma **fishes**, pero es una palabra anticuada.

fishbone ['fɪʃbəʊn] *n* espina, raspa
fisherman ['fɪʃəmən] *n* pescador
fish-hook ['fɪʃhʊk] *n* anzuelo
fishing ['fɪʃɪŋ] *n* ♦ pesca; to go f., ir de pesca ♦ f. boat, barco pesquero; f. fleet, flota pesquera; f. net, red de pesca; f. rod, caña de pescar
fishmonger ['fɪʃmʌŋgə'] *n GB (persona)* pescadero,-a; f.'s (shop), pescadería
fishy ['fɪʃɪ] *adj (fishier, fishiest) (sabor, olor)* a pescado ♦ | LOC: there's something f. going on, huele a chamusquina
fist [fɪst] *n* puño
fit[1] [fɪt] 1 *vtr* ♦ *(ropa)* ser de la talla de alguien, quedar bien a: this skirt doesn't f. me, esta falda no me queda bien ➢ Ver nota en **sentar** ♦ instalar, poner: I've fitted a new lock, he puesto una nueva cerradura ♦ encajar en: her key doesn't f. the lock, su llave no encaja en la cerradura ♦ to f. sthg/sb with, equipar algo/a alguien con ♦ ajustar, cuadrar: he fits the police's description, cuadra con la descripción de la policía ♦ | LOC: that will f. the bill, eso vendrá muy bien, será perfecto | 2 *vi* ♦ encajar: this plug doesn't f., este enchufe no encaja ♦ *(ropa)* quedar bien: these shoes f. very

well, estos zapatos me están muy bien ◆ caber: **can we all f. into the taxi?,** ¿cabemos todos en el taxi? | **3** *adj* ◆ digno,-a; **a meal f. for a king,** una comida digna de un rey ◆ adecuado,-a, apto,-a, conveniente; **to be f. for,** valer para, ser adecuado,-a para: **this film is not f. for children,** esta película no es apta para niños; **he's not f. for the job,** no es adecuado para el trabajo; **f. to eat,** apto,-a para el consumo, bueno,-a ◆ capaz, en condiciones; **f. to work,** en condiciones para trabajar ◆ de buena salud, *Dep* en forma; **to keep f.,** mantenerse en forma | **4** *n* ◆ ajuste, encaje; **to be a good f.,** encajar bien; *(ropa)* **to be a good/bad f.,** quedar bien/mal; **a tight f.,** muy ajustado,-a

■ **fit in 1** *vi* adaptarse **(with,** a]: **he fits in well,** se integra bien | **2** *vtr* encontrar tiempo o espacio para: **can we f. one more person in the car?** ¿cabe una persona más en el coche?

■ **fit out** *vtr* equipar, acondicionar

fit[2] [fɪt] *n* ◆ *(físico)* ataque, acceso, arranque; **a f. of laughter,** un ataque de risa; **a f. of rage,** un arranque de ira; **an epileptic f.,** un ataque epiléptico

fitful ['fɪtful] *adj* discontinuo,-a, irregular

fitness ['fɪtnɪs] *n* ◆ idoneidad ◆ *(salud)* buena forma, buen estado físico

fitted ['fɪtɪd] *adj* hecho,-a a medida, empotrado,-a; **f. carpet,** moqueta; **f. wardrobe,** armario empotrado

fitter ['fɪtə'] *n* instalador,-ora

fitting ['fɪtɪŋ] **1** *adj* apropiado,-a, adecuado,-a | **2** *n* ◆ *(de ropa)* prueba ◆ *(usu pl: de edificio, tienda)* accesorios, muebles; **bathroom fittings,** aparatos *o* accesorios de baño

five [faɪv] *adj & n* cinco

fiver ['faɪvə'] *n fam GB* billete de cinco libras

fix [fɪks] **1** *n* ◆ *fam* aprieto ◆ *argot (de droga)* dosis, chute | **2** *vtr* ◆ fijar, sujetar: **he fixed the sign on the door,** fijó el rótulo a la puerta ◆ *(un precio, una hora)* decidir, fijar ◆ *(la atención, una mirada)* fijar, clavar ◆ organizar, arreglar: **I've fixed it so that you see him,** lo he arreglado para que lo veas ◆ amañar: **the contest was fixed,** el concurso estaba amañado ◆ reparar, arreglar: **can you f. my car?,** ¿puedes arreglar mi coche?; *fam* **I must f. my face,** tengo que maquillarme ◆ *US (co-*

mida, bebida) servir, preparar: **f. me a black coffee,** ponme un café solo

■ **fix up** *vtr* ◆ reparar, arreglar ◆ proveer: **I can f. you up with a flat,** puedo encontrarte un piso ◆ *(una cita)* concretar

fixation [fɪk'seɪʃən] *n* fijación, manía

fixed [fɪkst] *adj* ◆ fijo,-a ◆ *fam (un resultado)* amañado,-a

fixture ['fɪkstʃə'] *n* ◆ *Dep* partido, encuentro ◆ *Fin pl* **fixtures (and fittings),** *(de edificio, empresa)* enseres

fizz [fɪz] **1** *n* efervescencia | **2** *vi* burbujear

fizzy ['fɪzɪ] **1** *adj (fizzier, fizziest) (agua, refresco)* con gas | **2** *n fam* champán

flabbergasted ['flæbəgɑːstɪd] *adj* atónito,-a

flabby ['flæbɪ] *adj (flabbier, flabbiest)* fofo,-a

flag [flæg] **1** *n* ◆ *(de un país)* bandera; *Náut* pabellón | **2** *vi (perder fuerzas) (una persona)* flaquear; *(interés, conversación)* decaer

N flag down *vtr* **to f. sb down,** hacer señales a alguien para que pare

flagpole ['flægpəʊl] *n* asta de bandera

flagrant ['fleɪgrənt] *adj* flagrante

flagship ['flægʃɪp] *n* buque insignia

flagstone ['flægstəʊn] *n* losa

flair [fleə'] *n* ◆ don, facilidad; **a f. for languages,** un don para los idiomas ◆ estilo

flake [fleɪk] **1** *n* ◆ *(de nieve, cereales)* copo; *(de pintura, piel)* escama | **2** *vi* ◆ *(la piel)* descamarse ◆ *(la pintura, etc)* desconcharse

flamboyant [flæm'bɔɪənt] *adj* extravagante

flame [fleɪm] *n* ◆ llama; **in flames,** en llamas, ardiendo ◆ | LOC: **she's an old f. of mine,** es una antigua enamorada mía

flameproof ['fleɪmpruːf] *adj* resistente al fuego, ignífugo,-a

flamingo [flə'mɪŋgəʊ] *n Zool* flamenco

flammable ['flæməbəl] *adj* inflamable

flan [flæn] *n* tarta

flank [flæŋk] **1** *n* ◆ *(entre costillas y cadera)* ijada ◆ *(lado)* costado ◆ *Mil* flanco | **2** *vtr* flanquear

flannel ['flænəl] *n* ◆ *Téx* franela ◆ *(para lavarse)* toallita

flap [flæp] **1** *n* ◆ *(de un bolsillo, sobre)* solapa; *(de una tienda de campaña)* faldón ◆ *(movimiento de un ala)* aletazo ◆ *Av* flap ◆ *fam* conmoción, crisis: **she's in a terrible**

flare

f., está nerviosísima | 2 *vtr (las alas, los brazos)* batir, agitar | 3 *vi (las alas)* aletear; *fam* ponerse nervioso

flare [fleə^r] 1 *n* ◆ destello, llamarada ◆ *Mil Náut* bengala ◆ **flares** *pl*, pantalones de campana | 2 *vi* **to f. (up),** *(un fuego)* llamear; *(violencia)* estallar

flash [flæʃ] 1 *n* ◆ *(de luz, inspiración)* destello, ráfaga; *(en una tormenta)* relámpago; *fig* **in a f.,** en un instante ◆ *news f.,* resumen informativo ◆ *Fot* flas ◆ | LOC: **a f. in the pan,** un éxito pasajero | 2 *adj* argot chulo,-a, hortera | 3 *vtr* ◆ *(la luz)* proyectar: **f. the light this way,** dirige la linterna hacia aquí ◆ mostrar: **he flashed his wallet,** enseñó rápidamente su cartera | 4 *vi* ◆ *(luz)* destellar ◆ **a flashing light,** una luz destellante ◆ moverse como un rayo: **the news flashed round the world,** la noticia dio la vuelta al mundo ◆ *fam* exhibirse

flashlight ['flæʃlaɪt] *n US* linterna

flashy ['flæʃɪ] *adj (flashier, flashiest) fam* chillón,-ona, hortera

flask [flɑːsk, flæsk] *n (botella)* frasco; **(thermos) f.,** termo; **hip f.,** petaca

flat [flæt] 1 *adj (flatter, flattest)* ◆ *(paisaje)* llano,-a; *(superficie)* plano,-a, horizontal, liso,-a; *(pintura)* liso,-a, mate ◆ sin vida; *(refresco, cerveza)* sin gas; *(sabor)* soso,-a, insípido,-a; *Auto* **a f. battery,** una batería descargada; **a f. tyre,** neumático desinflado, un pinchazo ◆ *(tipo de interés, honorarios)* fijo,-a ◆ categórico,-a, rotundo,-a; **a f. refusal,** una negativa rotunda ◆ *Mús* **B f.,** si bemol, desafinado,-a | 2 *adv* ◆ *(persona)* **to fall f. (on one's face),** caer de bruces; *(sugerencia, etc)* caer en el vacío ◆ *Mús* **to sing/play f.,** desafinar ◆ | LOC: **to be f. broke,** estar sin blanca; **to go f. out,** ir a todo gas | 3 *n* ◆ *GB* piso, apartamento ➢ Ver nota en **piso** ◆ *US Auto* pinchazo

flatly ['flætlɪ] *adv* de plano, rotundamente

flatmate ['flætmeɪt] *n GB* compañero,-a de piso

flatten ['flætən] *vtr* ◆ *(terreno, mantel, etc)* allanar, alisar ◆ *(destruir)* aplastar

flatter ['flætə^r] *vtr* ◆ *(decir cosas para agradar a alguien)* adular, halagar ◆ *(ropa)* sentar bien a, favorecer; *(retrato)* favorecer ◆ **to f. oneself,** congratularse [**on,** de/por] [**that,** de/por] ◆ | LOC: **don't f. yourself!,** ¡no te hagas ilusiones!

flattering ['flætərɪŋ] *adj* ◆ *(palabras)* adulador,-ora, lisonjero,-a ◆ *(ropa, foto)* favorecedor,-ora

flattery ['flætərɪ] *n* adulación, halagos

flaunt [flɔːnt] *vtr* ostentar: **he loves to f. his money,** le encanta hacer ostentación de su dinero

flavour, *US* **flavor** ['fleɪvə^r] 1 *n* sabor, gusto | 2 *vtr Culin* sazonar, condimentar [**with,** con]

flavouring, *US* **flavoring** ['fleɪvərɪŋ] *n* condimento, aderezo

flaw [flɔː] *n* ◆ *(en un producto, una persona)* defecto ◆ *(en un diamante, etc)* imperfección, desperfecto

flawless ['flɔːlɪs] *adj* perfecto,-a

flea [fliː] *n* ◆ *Zool* pulga ◆ **f. market,** rastro, mercadillo

flee [fliː] 1 *vtr (ps & pp fled)* huir de | 2 *vi* huir, fugarse [**from,** de]

fleece [fliːs] 1 *n* ◆ *(en la oveja)* lana ◆ *(la na esquilada)* vellón | 2 *vtr fam* timar

fleet [fliːt] *n* flota

fleeting ['fliːtɪŋ] *adj* fugaz, efímero,-a

flesh [fleʃ] *n* ◆ *(de animal, persona)* carne; **f. coloured,** de color carne; **f. wound,** herida superficial ◆ **I'm only f. and blood,** soy de carne y hueso; **she's my own f. and blood,** es de mi propia sangre; *fig* **to meet/see sb in the f.,** encontrar/ver a alguien en persona ◆ *(de fruta)* pulpa

flew [fluː] *ps* → **fly**

flex [fleks] 1 *n Elec* cable, cordón | 2 *vtr (la rodilla)* doblar; *(los músculos)* flexionar

flexible ['fleksɪbəl] *adj* flexible

flexibility [fleksɪ'bɪlɪtɪ] *n* flexibilidad

flick [flɪk] 1 *n* movimiento rápido; *(con el dedo)* capirotazo; *(con un látigo)* latigazo | 2 *vtr* ◆ *(golpear con el dedo)* dar un capirotazo a ◆ mover rápidamente: **the horse flicked its tail,** el caballo movió su cola ◆ quitar: **he flicked the dust from his coat,** sacudió el polvo de su chaqueta | 3 *vi* mover rápidamente

■ **flick through** *vtr (un libro, una revista)* hojear

flicker ['flɪkə^r] 1 *vi (luz, ojos)* parpadear | 2 *n* ◆ parpadeo

flier ['flaɪə^r] *n* aviador,-ora

flight [flaɪt] *n* ◆ *(de avión, pájaro)* vuelo: **did you have a good f.?,** ¿has tenido un buen vuelo?; **f. BA460,** el vuelo BA460; **in f.,** en vuelo, volando; *(de proyectil)* trayectoria ◆ huida, fuga; **to take f.,** darse a la fuga ◆ escalera, tramo: **you have to go up two flights of stairs,** tienes que subir dos pisos por la escalera

flight-deck ['flaɪtdek] *n Av* cubierta de vuelo

flimsy ['flɪmzɪ] *adj (flimsier, flimsiest)* ♦ frágil ♦ *(ropa)* muy ligero,-a ♦ *(construcción)* endeble ♦ *(una excusa)* endeble, pobre

flinch [flɪntʃ] *vi* acobadarse, estremecerse

fling [flɪŋ] 1 *vtr (ps & pp flung)* arrojar, tirar | 2 *vi* arrojarse | 3 *n fam* ♦ aventura amorosa ♦ juerga

flint [flɪnt] *n* ♦ *(material)* sílex; *(un trozo)* pedernal ♦ *(de mechero)* piedra

flip-flop ['flɪpflɒp] *n* chancleta

flippant ['flɪpənt] *adj* frívolo,-a, poco serio,-a

flipper ['flɪpər] *n* aleta

flirt [flɜːt] 1 *n* coqueto,-a | 2 *vi* flirtear, coquetear ♦ | LOC: **to f. with an idea**, acariciar un idea

flirtation [flɜː'teɪʃən] *n* coqueteo

float [fləʊt] 1 *n* ♦ *Pesca* corcho; *Av* flotador ♦ *(para gastos)* cambio, calderilla ♦ *(en desfile de carnaval, etc)* carroza; *Rel* paso | 2 *vtr* ♦ hacer flotar ♦ *(sacar una empresa a la bolsa)* lanzar en bolsa; *(acciones)* emitir | 3 *vi* flotar

floating ['fləʊtɪŋ] *adj* flotante; *fig (en elecciones)* **f. voter**, indeciso,-a

flock [flɒk] 1 *n* ♦ *Zool (de ovejas, etc)* rebaño; *Orn (de aves)* bandada ♦ *(gran grupo de gente)* multitud, tropel; *Rel* rebaño | 2 *vi* acudir en gran número

flog [flɒg] *vtr* ♦ azotar ♦ | LOC: **to f. a dead horse**, hablar con la pared ♦ *argot* vender

flood [flʌd] 1 *n* ♦ inundación; *fig* avalancha, diluvio ♦ *Rel* **the F.**, el Diluvio Universal | 2 *vtr lit & fig* inundar: **she was flooded with offers**, la inundaron de ofertas | 3 *vi (río)* desbordarse; *(mina)* inundarse

flooding ['flʌdɪŋ] *n* inundación

floodlight ['flʌdlaɪt] *n* foco

floor [flɔːr] 1 *n* ♦ *(de una habitación, etc)* suelo ♦ *(de un edificio)* piso, planta; **first-/second f.**, *US* planta baja/primera, *GB* planta primera/segunda, *GB* **ground f.**, planta baja ➢ Ver nota en **storey** ♦ *(del océano)* fondo ♦ *(en una conferencia)* los asistentes | 2 *vtr* ♦ solar, entarimar ♦ *Boxeo* derribar ♦ *fig* anonadar

floorboard ['flɔːbɔːd] *n* tabla (del suelo)

flop [flɒp] 1 *n fam* fracaso: **the show was a f.**, el espectáculo fue un fracaso | 2 *vi* ♦ dejarse caer pesadamente ♦ *fam* fracasar estrepitosamente

floppy ['flɒpɪ] *adj (floppier, floppiest)* ♦ flexible, blando,-a ♦ *Inform* **f. disk**, disquete, floppy

floral ['flɔːrəl] *adj* floral

florid ['flɒrɪd] *adj* ♦ *(estilo)* florido,-a ♦ *(cara)* rojizo,-a

florist ['flɒrɪst] *n (persona)* florista; *(tienda)* **f.'s**, floristería

flounce [flaʊns] *vi* **to f. in/out**, entrar-/salir enfadado,-a

flounder ['flaʊndər] 1 *vi* ♦ *(en el agua)* luchar para mantenerse a flote ♦ estar confuso,-a, no saber qué decir o hacer | 2 *n (pez)* platija

flour [flaʊər] *n* harina

flourish ['flʌrɪʃ] 1 *vi* ♦ *(persona, empresa, etc)* prosperar, florecer ♦ *(planta)* crecer bien | 2 *vtr* blandir, agitar | 3 *n* ♦ gesto dramático ♦ *(después de la firma)* rúbrica; *(adorno)* floritura

flourishing ['flʌrɪʃɪŋ] *adj* floreciente, próspero,-a

flow [fləʊ] 1 *n* ♦ movimiento, flujo; **f. of funds**, flujo de fondos; *(de río)* corriente; *(cantidad de líquido)* caudal; *(de tráfico)* circulación; *(de personas, mercancías)* afluencia ♦ *Inform* organigrama | 2 *vi (un líquido)* fluir; *(tráfico, personas)* circular

flower ['flaʊər] 1 *n* flor; **f. bed**, arriate, parterre | 2 *vi* florecer

azalea

carnation

tulip

rose

flowering ['flaʊər»ŋ] **1** *adj* floreciente | **2** *n (de una planta)* floración; *(de la cultura)* florecimiento

flowerpot ['flaʊəpɒt] *n* maceta, tiesto

flowery ['flaʊrı] *adj fig* florido,-a

flowing ['fləʊɪŋ] *adj* ◆ *(cabello, vestido, barba)* largo,-a y suelto,-a ◆ *(estilo)* fluido,-a

flown [fləʊn] *pp* → **fly**

flu [flu:] *n (abr de influenza)* gripe

fluctuate ['flʌktjʊeɪt] *vi* fluctuar

fluctuation [flʌktjʊ'eɪʃən] *n* fluctuación

fluent ['flu:ənt] *adj* ◆ *(un discurso)* fluido, elocuente ◆ *(habilidad para hablar)* **she speaks f. French** *o* **she is f. in French**, domina el francés

fluff [flʌf] *n* pelusa

fluffy ['flʌfı] *adj (fluffier, fluffiest)* ◆ *(tela)* afelpado,-a, suave, esponjoso,-a ◆ **f. toy**, juguete de peluche

fluid ['flu:ɪd] **1** *adj* ◆ *(materia, estilo)* fluido ◆ *(idea, coyuntura)* incierto,-a, flexible | **2** *n* fluido, líquido

fluke [flu:k] *n fam* chiripa; **to win by a f.**, ganar de chiripa *o* por casualidad

flung [flʌŋ] *ps & pp* → **fling**

fluoride ['flʊəraɪd] *n* flúor (para uso dental)

flurry ['flʌrı] *n* ◆ *(de viento, nieve, granizo)* ráfaga ◆ agitación: **there has been a f. of protests**, hubo una oleada de protestas

flush [flʌʃ] **1** *adj* ◆ nivelado, a ras [**with, de**]; **f. with the surface**, a ras de la superficie | **2** *fam* muy bien de dinero | **2** *n* rubor | **3** *vtr* **to f. the toilet**, tirar de la cadena | **4** *vi* ◆ **the toilet doesn't f.**, la cisterna del WC no funciona ◆ *(la cara)* ponerse colorado,-a

flushed [flʌʃt] *adj* ◆ *(la cara)* sonrojado,-a ◆ *fig (con cara de satisfacción)* **f. with pride**, enardecido,-a por el orgullo

fluster ['flʌstə'] *vtr* poner nervioso,-a, aturrullar; **to get flustered**, ponerse nervioso,-a

flute [flu:t] *n* flauta

flutter ['flʌtə'] **1** *vi* ◆ *(pájaro, insecto, hoja)* revolotear ◆ *(bandera)* ondear ◆ *(corazón)* latir, palpitar | **2** *vtr* ◆ *(alas)* batir, agitar; **to f. one's eyelashes**, hacer ojitos | **3** *n* ◆ revoloteo, palpitación ◆ *fam GB Dep* apuesta pequeña

fly[1] [flaɪ] *n* ◆ *Zool* mosca; **f. spray**, spray insecticida ◆ **flies** *pl, Cost* bragueta

fly[2] [flaɪ] **1** *vi* ◆ *(pájaro, mosca, avión)* volar ◆ ir en avión: **I'm flying to Rome**, voy a Roma en avión ◆ mover deprisa: **time flies**, el tiempo va volando; **to f. into a temper**, montar en cólera ◆ *(bandera, pelo)* ondear | **2** *vtr (ps flew; pp flown)* ◆ *Av* pilotar ◆ transportar/llevar en avión ◆ *(una distancia)* recorrer

flying ['flaɪɪŋ] **1** *adj* ◆ *(antes del sustantivo)* rápido,-a, veloz; **a f. visit**, una visita relámpago ◆ *Pol* **f. picket**, piquete informativo; **f. saucer**, platillo volante ◆ volador,-ora; **f. fish**, pez volador ◆ | LOC: *fig* **to get off to a f. start**, empezar bien | **2** *n* ◆ **I hate f.**, odio viajar en avión ◆ *(profesión)* aviación

flyover ['flaɪəʊvə'] *n* paso elevado

flyweight ['flaɪweɪt] *n Boxeo* peso mosca

FM *(abr de Frequency Modulation)* Frecuencia Modulada, FM

foal [fəʊl] *n* potro,-a

foam [fəʊm] **1** *n* espuma; **f. rubber**, goma espuma

focus ['fəʊkəs] **1** *vtr* ◆ centrar [**on, en**] ◆ *Fot* enfocar | **2** *vi (cámara, ojos)* enfocar | **3** *n* ◆ *(pl focuses)* foco; **to be out of f.**, estar desenfocado,-a, borroso,-a

fodder ['fɒdə'] *n* pienso, forraje

foetus *US* **fetus** ['fi:təs] *n* feto

fog [fɒg] *n* niebla

foggy ['fɒgɪ] *adj (foggier, foggiest)* ◆ de niebla, nebuloso,-a: **it is f.**, hay niebla ◆ | LOC: *fam* **she doesn't have the foggiest (idea)**, no tiene la menor idea

foglamp ['fɒglæmp], *US* **foglight** ['fɒglaɪt] *n* faro antiniebla

foil [fɔɪl] **1** *n* ◆ **kitchen** *o* **aluminium f.**, papel de aluminio ◆ contraste | **2** *vtr* frustrar: **they've foiled our plans**, han frustrado nuestros planes

fold [fəʊld] **1** *n* doblez, pliegue | **2** *vtr* ◆ *(papel, ropa)* doblar ◆ *(los brazos)* cruzar | **3** *vi* ◆ **to f. (up)**, *(silla, cama)* plegarse ◆ *Com* quebrar

folder ['fəʊldə'] *n* carpeta

folding ['fəʊldɪŋ] *adj (silla, cama)* plegable, de tijera

foliage ['fəʊlɪɪdʒ] *n* follaje

folk [fəʊk] **1** *n* ◆ tribu, pueblo ◆ *fam* gente ◆ *fam US* **folks**, padres; **my folks**, mi familia | **2** *adj* popular, folclórico,-a; **f. dance**, baile tradicional; **f. music**, música tradicional *o* folk; **f. song**, canción popular

follow ['fɒləʊ] **1** *vtr* ◆ *gen* seguir: **f. his example**, haz como él; **she followed me**, me siguió ◆ *(una explicación, un argumento)* entender, seguir ◆ | LOC: **to f. suit: she screamed and I followed suit**, ella gritó y yo hice lo mismo | **2** *vi* ◆ seguir; **as follows**, como sigue ◆ ser lógico: **it follows that...**, es lógico que...

follow through *vtr* ♦ *(un plan)* concluir, llevar a cabo ♦ *Dep* acompañar el golpe

follow up *vtr* ♦ poner en práctica ♦ *(una pista)* seguir, investigar

follower ['fɒləʊəʳ] *n* seguidor,-ora

following ['fɒləʊɪŋ] **1** *adj* siguiente | **2** *n* seguidores

follow-up ['fɒləʊʌp] *n* seguimiento

fond [fɒnd] *adj* ♦ **to be f. of sb/sthg,** tenerle mucho cariño a alguien/algo: **I'm very f. of you,** te tengo mucho cariño ♦ **to be f. of doing sthg,** ser aficionado,-a a hacer algo ♦ cariñoso,-a, tierno,-a; **a f. look,** una mirada cariñosa

fondness ['fɒndnɪs] *n* ♦ cariño [**for,** a] ♦ afición [**for,** a]

fondle ['fɒndəl] *vtr* acariciar, *pey* sobar

food [fuːd] *n* comida; **fast f.,** comida rápida; **f. processor,** robot de cocina ♦ |LOC: **f. for thought,** algo en que pensar ➢ Ver nota en **comida**

foodstuffs ['fuːdstʌfs] *npl* comestibles

fool [fuːl] **1** *n* ♦ tonto,-a, idiota: **he is nobody's f.,** no tiene un pelo de tonto; **to make a f. of sb,** dejar a alguien en ridículo; **to play the f.,** hacer payasadas | **2** *vtr* engañar: **you can't f. me,** a mí no me engañas | **3** *vi* **to f. about** *o* **around,** hacer el tonto

foolish ['fuːlɪʃ] *adj* ♦ *(persona)* estúpido,-a ♦ *(acción)* imprudente

foolproof ['fuːlpruːf] *adj* ♦ *(plan)* infalible ♦ *(aparato)* fácil de manejar

foot [fʊt] **1** *n* (*pl feet* [fiːt]) ♦ *(medida)* pie (30,48 cm) ♦ *(miembro)* pie; *Zool* pata; **on f.,** a pie, andando ♦ |LOC: **to be back on one's feet,** recuperarse; **to find one's feet,** habituarse; **to get cold f.,** dar marcha atrás; **to get to one's feet,** ponerse de pie; **to put one's f. in it,** meter la pata; **to put one's feet up,** descansar | **2** *vtr* **to f. the bill,** pagar la cuenta

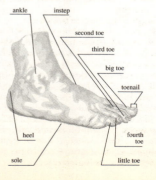

ankle
instep
second toe
third toe
big toe
toenail
heel
fourth toe
sole
little toe

football ['fʊtbɔːl] *n* ♦ fútbol; **bar f.,** futbolín; **f. field/ground/pitch,** campo de fútbol; **f. match,** partido de fútbol; ➢ Ver nota en **fútbol** ♦ balón, pelota

footballer ['fʊtbɔːləʳ] *n GB* futbolista

footbridge ['fʊtbrɪdʒ] *n* puente peatonal, pasarela

foothold ['fʊthəʊld] *n* ♦ *(en alpinismo)* punto de apoyo para el pie ♦ *fig* **to gain a f.,** introducirse, afianzarse

footing ['fʊtɪŋ] *n* ♦ equilibrio; **to lose/miss one's f.,** perder el pie ♦ **on an equal f.,** en pie de igualdad

footnote ['fʊtnəʊt] *n* nota a pie de página

footpath ['fʊtpɑːθ] *n* sendero, camino

footprint ['fʊtprɪnt] *n* pisada, huella

footstep ['fʊtstep] *n* paso

footwear ['fʊtweəʳ] *n* calzado

for [fɔːʳ] **1** *prep* ♦ *(destinatario)* para: **I left a note f. her,** dejé una nota para ella; **a bone f. the dog,** un hueso para el perro ♦ *(uso, propósito)* para: **this knife is f. peeling potatoes,** este cuchillo es para pelar patatas; **f. sale,** en venta ♦ *(motivo, resultado)* por: **she's famous f. her beauty,** es célebre por su belleza; **he was executed f. murder,** fue ejecutado por asesinato; **f. this reason,** por este motivo ♦ *(en búsqueda de)* a por: **she's gone f. some milk,** ha ido a por leche ♦ *(trabajar, jugar, etc)* para: **I work f. the government,** trabajo para el Gobierno ♦ *(en vez de)* por: **could you ring the doctor f. me?,** ¿podrías llamar al médico por mí? ♦ *(como)* para: **they left him f. dead,** lo dieron por muerto; **we're having rice f. lunch,** hay arroz para comer ♦ *(equivalente)* **"bost" is Basque f. "five",** en vasco, "cinco" es "bost" ♦ *(parte de conjunto)* de: **f. every ten dollars spent, six are for defence,** por cada diez dólares que se gastan, seis son para la defensa ♦ *(compra o venta)* por: **he sold his car f. $2,500,** vendió su coche por $2.500 ♦ *(a favor de)* **I'm neither f. nor against,** no estoy ni a favor ni en contra; **to vote f. sb,** votar a alguien ♦ *(emociones)* por, hacia: **she feels sorry f. him,** siente compasión por él ♦ *(referente a)* por; **as f. me,** en cuanto a mí, por mí; **f. all I know,** que yo sepa; **f. now,** por ahora ♦ *(a pesar de)* **she's clever for her age,** es muy lista para su edad; **f. all his promises,** a pesar de sus promesas ♦ *(destino: sitio)* para; **the train f. New York,** el tren para Nueva York ♦ *(para especificar un momento)* para, por: **I'll have it ready f. tomorrow,** lo tendré preparado para mañana; **f. the first time,** por primera vez ◆ *(periodo de tiempo)* por, durante: **we've lived here f. two years,** vivimos aquí desde hace dos años; **they lived in India f. the whole of the war,** vivieron en la India durante toda la guerra ➢ Ver nota en **durante** ◆ *(distancia)* **we walked f. several miles,** caminamos varias millas ◆ *(en frases con el infinitivo) (después de adjetivo)* **it's difficult f. me to explain,** me resulta difícil explicar; **there is no time f. us to have lunch,** no tenemos tiempo para comer

forbid [fə'bɪd] *vtr (ps* **forbade;** *pp* **forbidden** [fə'bɪdən]*)* prohibir; **to f. sb to do sthg,** prohibirle a alguien hacer algo; **smoking is forbidden here,** aquí no se permite fumar ➢ Ver nota en **prohibido**
forbidding [fə'bɪdɪŋ] *adj (persona)* adusto,-a; *(paisaje, casa)* amenazador,-ora
force [fɔːs] **1** *n* ◆ fuerza; **to come into f.,** entrar en vigor; *Meteor* fuerza; **f. eight winds,** vientos de fuerza ocho ◆ cuerpo; **the police f.,** la policía | **2** *vtr* ◆ forzar, obligar; **to f. sb to do sthg,** obligar a alguien a hacer algo ◆ *(abrir con violencia)* forzar
forced [fɔːst] *adj (sonrisa)* forzado,-a; *Av (aterrizaje)* forzoso,-a
forceful ['fɔːsful] *adj* ◆ *(temperamento)* enérgico,-a, vigoroso,-a ◆ *(argumento)* convincente
forceps ['fɔːseps] *npl* fórceps
forcible ['fɔːsəbəl] *adj* ◆ contundente ◆ a/por la fuerza; *Jur* **f. entry,** allanamiento de morada
forcibly ['fɔːsəbli] *adv* a o por la fuerza
ford [fɔːd] **1** *n* vado | **2** *vtr* vadear
fore [fɔːʳ] *fig* **to come to the f.,** pasar a primera plana
forearm ['fɔːrɑːm] *n* antebrazo
foreboding [fɔː'bəudɪŋ] *n* premonición
forecast ['fɔːkɑːst] **1** *n Met* pronóstico; *Econ* previsión | **2** *vtr (ps & pp* **forecast** *o* **forecasted)** pronosticar, prever
forefathers ['fɔːfɑːðəz] *npl* antepasados
forefinger ['fɔːfɪŋgəʳ] *n* (dedo) índice
forefront ['fɔːfrʌnt] *n (de la moda, etc)* vanguardia
foregone ['fɔːgɒn] *adj (resultado)* inevitable
forehead ['fɒrɪd, 'fɔːhed] *n* frente
foreign ['fɒrɪn] *adj* ◆ *(de otro país)* extranjero,-a; **f. exchange,** divisas ◆ *(trato con otros países)* exterior; **the F. Office,** el Ministerio de Asuntos Exteriores

foreigner ['fɒrɪnəʳ] *n* extranjero,-a
foreman ['fɔːmən] *n* ◆ *Ind* capataz ◆ *Jur* presidente del jurado
foremost ['fɔːməust] **1** *adj* principal, más destacado,-a; **the f. writer of his generation,** el escritor más destacado de su generación | **2** *adv* **first and f.,** en primer lugar
forename ['fɔːneɪm] *n* nombre de pila
forensic [fə'rensɪk] *adj* forense
forerunner ['fɔːrʌnəʳ] *n* precursor,-ora
foresee [fɔː'siː] *vtr (ps* **foresaw;** *pp* **foreseen)** prever
foreseeable [fɔː'siːəbəl] *adj* previsible; **in the f. future,** en el futuro inmediato
foresight ['fɔːsaɪt] *n* previsión
forest ['fɒrɪst] *n* bosque, selva
forestall [fɔː'stɔːl] *vtr* ◆ anticiparse a ◆ prevenir, impedir
foretaste ['fɔːteɪst] *n* muestra [**of,** de]
foretell [fɔː'tel] *vtr (ps & pp* **foretold)** presagiar, predecir
forever [fə'revəʳ] *adv* ◆ para siempre: **I shall love you for ever,** te querré para siempre ◆ constantemente: **she's f. changing her plans,** siempre anda cambiando de planes ◆ *fam* mucho tiempo; **to take f.,** llevar una eternidad
foreword ['fɔːwɜːd] *n* prefacio
forgave [fɔː'geɪv] *ps* → **forgive**
forge [fɔːdʒ] **1** *n* ◆ forja | **2** *vtr* ◆ *(dinero, cuadros, etc)* falsificar ◆ *(metal)* forjar ◆ *fig (relaciones)* fraguar | **3** *vi* **to f. ahead,** seguir adelante
forger ['fɔːdʒəʳ] *n* falsificador,-ora
forgery ['fɔːdʒərɪ] *n* falsificación
forget [fə'get] **1** *vtr (ps* **forgot;** *pp* **forgotten)** olvidar, olvidarse de: **you forgot my birthday,** te olvidaste de mis cumpleaños | **2** *vi* olvidarse

> Recuerda que, acompañado de gerundio, **to forget** significa *olvidar algo ocurrido en el pasado:* **I will never forget meeting the King.** *Nunca olvidaré el momento en que conocí al Rey.* Sin embargo, con un infinitivo con **to** significa *olvidarse de hacer algo:* **I mustn't forget to post this letter.** *No debo olvidarme de echar esta carta al correo.*

forgetful [fə'getful] *adj* olvidadizo,-a, despistado,-a
forget-me-not [fə'getmɪnɒt] *n Bot* nomeolvides

forgive [fə'gɪv] *vtr (ps forgave; pp forgiven* [fə'gɪvən]*)* perdonar [**sb for sthg,** algo a alguien]: **I'll never f. you for that,** nunca te lo perdonaré

forgiveness [fə'gɪvnɪs] *n* perdón

forgiving [fə'gɪvɪŋ] *adj* indulgente, comprensivo,-a

forgot [fə'gɒt], *ps forgotten* [fə'gɒtən] *pp* → forget

fork [fɔːk] 1 *n* ◆ *Culin* tenedor ◆ *Agr* horca ◆ *(de río, carretera)* bifurcación | 2 *vi* ◆ *(río, carretera)* bifurcarse

■ **fork out** 1 *vtr fam (dinero)* pagar, desembolsar | 2 *vi fam* aflojar la pasta

forlorn [fə'lɔːn] *adj* ◆ *(persona, casa, etc)* desolado,-a, abandonado,-a

form [fɔːm] 1 *n* ◆ forma; **in the f. of a cross,** en la forma de la cruz ◆ clase, tipo; **a f. of knot,** un tipo de nudo ◆ condición física o mental; **to be in/on good f.,** estar en buena forma; **to be off f.,** estar en baja forma ◆ *(formalidad)* **for the sake of f.,** para salvaguardar las formas ◆ formulario, impreso | 2 *vtr* formar | 3 *vi* formarse, tomar forma

formal ['fɔːməl] *adj* ◆ *(personalidad)* formal, ceremonioso,-a ◆ *(lenguaje)* formal ◆ *(invitación)* oficial ◆ *(acto, ropa)* de etiqueta

formality [fɔː'mælɪti] *n* formalidad

formally ['fɔːməlɪ] *adv* ◆ oficialmente ◆ ceremoniosamente

format ['fɔːmæt] 1 *n* formato | 2 *vtr Inform* formatear

formation [fɔː'meɪʃən] *n* formación

formative ['fɔːmətɪv] *adj* formativo,-a

former ['fɔːmə'] 1 *adj* ◆ anterior, antiguo,-a; *(persona)* ex; **my f. wife,** mi ex mujer | 2 *pron (la primera de dos referencias)* aquél, aquélla(s), aquello(s), el/la/lo primero,-a, los/las primeros,-as: **I like cats and dogs, but I prefer the f.,** me gustan los gatos y los perros, pero prefiero los primeros

> Recuerda que, entre dos elementos, **former** hace referencia al primero y **latter** al segundo.

formerly ['fɔːməlɪ] *adv* antiguamente

formidable ['fɔːmɪdəbəl] *adj* ◆ *(reto)* imponente ◆ *(acción, atributo)* formidable, extraordinario

formula ['fɔːmjʊlə] *n* fórmula

fort [fɔːt] *n* fortaleza

forth [fɔːθ] *adv frml* **and so f.,** y así sucesivamente

forthcoming [fɔː'θkʌmɪŋ] *adj* ◆ *(acontecimiento)* próximo,-a, venidero; *(libro, película)* de próxima aparición ◆ disponible: **no help was f.,** no se ofreció ninguna ayuda ◆ *(persona)* comunicativo,-a

forthright ['fɔːθraɪt] *adj* franco,-a

fortification [fɔːtɪfɪ'keɪʃən] *n* fortificación

fortify ['fɔːtɪfaɪ] *vtr* fortificar

fortitude ['fɔːtɪtjuːd] *n* fortaleza

fortnight ['fɔːtnaɪt] *n GB* quincena, dos semanas

fortnightly ['fɔːtnaɪtlɪ] *GB* 1 *adj* quincenal | 2 *adv* cada dos semanas

fortress ['fɔːtrɪs] *n* fortaleza

fortunate ['fɔːtʃənɪt] *adj* afortunado,-a; **that was f. for us,** en eso tuvimos suerte

fortunately ['fɔːtʃənɪtlɪ] *adv* afortunadamente

fortune ['fɔːtʃən] *n* ◆ fortuna, suerte; **to tell sb's f.,** decir a alguien la buenaventura ◆ *(dinero)* fortuna ◆ | LOC: **it cost a f.,** costó un dineral

fortune-teller ['fɔːtʃəntelə'] *n* adivino,-a

forty ['fɔːtɪ] *adj & n* cuarenta

forum ['fɔːrəm] *n* foro

forward ['fɔːwəd] 1 *adv* ◆ *(tb forwards)* *(en el espacio)* hacia adelante ◆ *(en el tiempo) frml* **from this day f.,** de ahora en adelante | 2 *adj* ◆ *(movimiento)* hacia adelante ◆ adelantado,-a; **f. planning,** planificación a largo plazo ◆ *(persona)* descarado,-a | 3 *n Dep* delantero,-a | 4 *vtr (correos)* remitir

fossil ['fɒsəl] *n* fósil; **f. fuel,** combustible fósil

foster ['fɒstə'] 1 *vtr* ◆ acoger a un(a) niño,-a en una familia *(sin adoptar legalmente)* ◆ *frml (una esperanza)* abrigar; *(relaciones)* fomentar | 2 *adj* de acogida; **f. child,** niño,-a acogido temporalmente por una familia; **f. home,** casa de acogida; **f. parents,** padres de acogida

fought [fɔːt] *ps & pp* → fight

foul [faʊl] 1 *adj* ◆ nauseabundo,-a; *(agua)* infecto,-a; *(aire)* viciado,-a; *(olor)* fétido,-a; *(sabor)* asqueroso,-a ◆ *(crimen, calumnia)* vil ◆ *(humor, tiempo)* de perros ◆ *Dep* **f. play,** juego sucio ◆ *(lenguaje)* obsceno,-a, grosero,-a | 2 *n Dep* falta | 3 *vtr* ◆ ensuciar; *(el agua, aire)* contaminar ◆ *Dep* cometer una falta contra | 4 *vi Dep* cometer una falta

found[1] [faʊnd] *ps & pp* → find

found[2] [faʊnd] *vtr* ◆ fundar ◆ fundamentar; **founded on,** basado en

foundation [faʊn'deɪʃən] *n* ◆ *(de una institución)* fundación ◆ *(de una sospecha, rumor)* fundamento ◆ *(en maquillaje)* **f. (cream),** crema base ◆ *Constr* **foundations** *pl,* cimientos
founder ['faʊndə'] *n* fundador,-ora
foundry ['faʊndrɪ] *n* fundición
fountain ['faʊntɪn] *n* ◆ *(construcción ornamental)* fuente, surtidor ◆ **drinking f.,** fuente, bebedero ◆ **f. pen,** pluma estilográfica
four [fɔːʳ] *adj & n* ◆ cuatro ◆ | LOC: **f.-letter word,** palabrota; **on all fours,** a gatas
four-door ['fɔːdɔːʳ] *adj Auto* de cuatro puertas
foursome ['fɔːsəm] *n* grupo de cuatro personas
fourteen [fɔː'tiːn] *adj & n* catorce
fourteenth [fɔː'tiːnθ] **1** *adj & n* decimocuarto,-a | **2** *n (fracción)* catorceavo
fourth [fɔːθ] **1** *adj & n* cuarto,-a | **2** *n* ◆ *(fracción)* cuarto ◆ *Auto* **f. gear,** cuarta (velocidad) | **3** *adv* en cuarta posición
four-wheel drive ['fɔːwiːl'draɪv] *n Téc* tracción a cuatro ruedas; *(vehículo)* todoterreno
fowl [faʊl] *n* ave de corral
fox [fɒks] **1** *n Zool* zorro,-a; **f. cub,** cachorro de zorro | **2** *vtr* ◆ dejar perplejo,-a ◆ engañar
foyer ['fɔɪeɪ, 'fɔɪə] *n Teat Cine* vestíbulo
fraction ['frækʃən] *n* ◆ *Mat* fracción, quebrado ◆ una parte muy pequeña
fracture ['fræktʃə'] **1** *n* fractura | **2** *vtr* fracturar | **3** *vi* fracturarse
fragile ['frædʒaɪl] *adj* frágil, delicado,-a
fragment ['frægmənt] *n* fragmento
fragrance ['freɪgrəns] *n* fragancia, perfume
fragrant ['freɪgrənt] *adj* fragante, aromático,-a
frail [freɪl] *adj* frágil, delicado,-a
frame [freɪm] **1** *n* ◆ estructura; *(de bicicleta)* cuadro; *(de cuadro, puerta, ventana)* marco; *(de edificio, máquina)* armazón; *(de gafas)* montura; *fig* **f. of mind,** estado de ánimo ◆ *(de una persona)* constitución | **2** *vtr* ◆ *(un cuadro)* enmarcar ◆ *(una ley, declaración)* formular ◆ *fam (inculpar a una persona inocente)* incriminar, tender una trampa
framework ['freɪmwɜːk] *n* ◆ *Téc* armazón ◆ *(normas, etc)* estructura, marco; **within the f. of the law,** dentro del marco de la ley

franc [fræŋk] *n* franco
France [frɑːns] *n* Francia
franchise ['fræntʃaɪz] *n* ◆ *Pol* derecho al voto, sufragio ◆ *Com* franquicia
frank [fræŋk] **1** *adj* franco,-a | **2** *vtr (correos)* franquear
frankly ['fræŋklɪ] *adv* francamente
frankness ['fræŋknɪs] *n* franqueza
frantic ['fræntɪk] *adj* ◆ *(persona)* desesperado,-a ◆ *(día, actividad)* frenético,-a
fraternal [frə'tɜːnəl] *adj* fraterno,-a
fraternity [frə'tɜːnɪtɪ] *n* ◆ fraternidad ◆ *(grupo)* asociación; *Rel* cofradía; *US Univ* club de estudiantes ◆ gremio, comunidad; **the medical f.,** la comunidad médica
fraud [frɔːd] *n* ◆ *(acción)* fraude, estafa ◆ *(persona)* farsante, impostor,-ora
fraught [frɔːt] *adj* ◆ cargado,-a [**with,** de]; **a situation f. with danger,** una situación muy peligrosa ◆ *(ambiente, persona)* nervioso,-a
fray [freɪ] *vi* ◆ *(tela, cuerda)* deshilacharse ◆ *(nervios)* crisparse
freak [friːk] **1** *n* ◆ monstruo ◆ *fam* estrafalario,-a ◆ *fam* fanático,-a; **a music f.,** un fanático de la música ◆ **a f. of nature,** un capricho de la naturaleza | **2** *adj* ◆ insólito,-a; **a f. storm,** una tormenta inesperada
freckle ['frekəl] *n* peca
free [friː] **1** *adj* ◆ libre: **it's a f. country,** es un país libre; *Dep* **f. kick,** tiro libre; **f. trade,** libre cambio ◆ sin; **f. from fear,** sin/libre de miedo ◆ *(habitación, mesa, taxi, tiempo)* libre, desocupado,-a: **is this seat f.?,** ¿está libre esta silla? ◆ gratis, gratuito,-a: **entrance is f.,** la entrada es gratis | **2** *adv* ◆ sin pagar: **they got in f.,** entraron gratis ◆ suelto; **to go f.,** andar suelto | **3** *vtr* ◆ *(a un preso, rehén)* dejar o poner en libertad ◆ **to f. sb of sthg,** liberar a alguien de algo ◆ *(a alguien o algo que está atrapado)* soltar
freedom ['friːdəm] *n* libertad; **f. of speech,** libertad de expresión
freelance ['friːlɑːns] *adj* independiente
freely ['friːlɪ] *adv* ◆ libremente ◆ abiertamente
Freemason ['friːmeɪsən] *n* masón,-ona
free-range ['friːreɪndʒ] *adj GB (pollos, huevos)* de granja
free-style ['friːstaɪl] *n Natación* estilo libre
freeway ['friːweɪ] *n US* autopista
freeze [friːz] **1** *vtr (ps froze; pp frozen)* ◆ *(líquido)* helar ◆ *(comida, precios, sueldos)*

congelar | **2** *n Meteor* helada; **wages f.,** congelación salarial | **3** *vi* helarse, congelarse; **to f. to death,** morir de frío ◆ quedarse inmóvil

freezer ['friːzə'] *n* congelador

freezing ['friːzɪŋ] **1** *adj* ◆ *(temperaturas)* bajo cero; glacial: **my feet are f.,** mis pies están helados | **2** *n* congelación; **f. point,** punto de congelación

freight [freɪt] *n* ◆ *(medio)* transporte ◆ carga, mercancías; **f. train,** tren de mercancías ◆ *(precio)* flete

French [frentʃ] **1** *adj* francés,-esa; **F. bean,** judía (verde); **F. bread,** baguette; **F. door/window,** puerta acristalada; **F. dressing,** vinagreta; *US* **F. fries,** patatas fritas | **2** *n* ◆ *(idioma)* francés ◆ *pl* **the F.,** los franceses

Frenchman ['frentʃmən] *n* francés

Frenchwoman ['frentʃwʊmən] *n* francesa

frenetic [frɪ'netɪk] *adj* frenético,-a

frenzied ['frenzɪd] *adj* frenético,-a

frenzy ['frenzɪ] *n* frenesí

frequency ['friːkwənsɪ] *n* frecuencia

frequent ['friːkwənt] **1** *adj* frecuente, habitual | **2** [frɪ'kwent] *vtr* frecuentar

frequently ['friːkwəntlɪ] *adv* frecuentemente, a menudo

fresh [freʃ] **1** *adj* ◆ nuevo, reciente ◆ *(comida: no congelada)* fresco,-a; **f. bread,** pan del día ◆ *(ropa, etc)* limpio,-a ◆ *(temperatura, aire)* fresco,-a ◆ *(agua)* dulce ◆ *(complexión)* sano, vigoroso ◆ *(viento)* fuerte | **2** *adv* → **freshly**

freshen ['freʃən] *vi (viento)* arreciar

■ **freshen up** *vi* asearse

freshly ['freʃlɪ] *adv* recién, recientemente; **f. made,** recién hecho

freshman ['freʃmən] *n Univ* novato,-a

freshness ['freʃnɪs] *n* frescura

freshwater ['freʃwɔːtə'] *adj (pez, etc)* de agua dulce

friar ['fraɪə'] *n* fraile

friction ['frɪkʃən] *n* fricción

Friday ['fraɪdɪ] *n* viernes; **Good F.,** Viernes Santo

fridge [frɪdʒ] *n fam* nevera, frigorífico

friend [frend] *n* amigo,-a; **to make friends,** trabar amistad ◆ | LOC: **to have friends in high places,** tener enchufes

friendliness ['frendlɪnɪs] *n* amabilidad, simpatía

friendly ['frendlɪ] *adj (friendlier, friendliest)* ◆ *(persona)* amable, simpático,-a ◆ *(sitio, ambiente)* acogedor,-ora ◆ *(tono, manera)* cordial ◆ *Pol* amigo,-a ◆ *Dep (partido)* amistoso

friendship ['frendʃɪp] *n* amistad

frigate ['frɪgɪt] *n* fragata

fright [fraɪt] *n (sorpresa)* susto: **what a f. you gave me!,** ¡qué susto me has dado!; *(terror)* miedo

frighten ['fraɪtən] *vtr* asustar

■ **frighten away/off** *vtr* ahuyentar

frightened ['fraɪtənd] *adj* asustado,-a; **to be f. of sb,** tenerle miedo a alguien ➢ Ver nota en **fear**

frightening ['fraɪtənɪŋ] *adj* espantoso,-a

frightful ['fraɪtfʊl] *adj* aterrador,-ora, espantoso,-a, horroroso,-a

frigid ['frɪdʒɪd] *adj* frígido,-a

frill [frɪl] *n* ◆ *Cost* volante ◆ *fig* **frills** *pl,* florituras, adornos

fringe [frɪndʒ] *n* ◆ *(de pelo)* flequillo; *Cost* fleco ◆ borde, margen, contorno ◆ **f. benefits,** extras; **f. theatre,** teatro experimental

frisk [frɪsk] *vtr* registrar, cachear

frisky ['frɪskɪ] *adj (friskier, friskiest)* ◆ *(animales, niños)* juguetón,-a ◆ *(persona mayor)* activo,-a ◆ *(caballo)* fogoso,-a

fritter ['frɪtə'] *n* buñuelo

■ **fritter away** *vtr* malgastar, derrochar

frivolity [frɪ'vɒlɪtɪ] *n* frivolidad

frivolous ['frɪvələs] *adj* frívolo,-a

frizzy ['frɪzɪ] *adj (frizzier, frizziest)* crespo,-a

frock [frɒk] *n* vestido (de mujer)

frog [frɒg] *n* ◆ *Zool* rana ◆ | LOC: *fig* **I've got a f. in my throat,** tengo carraspera

frogman ['frɒgmən] *n* hombre rana, buceador

from [frɒm, forma débil frəm] *prep* ◆ *(origen) (sitio)* de: **he is f. Mars,** es de Marte; *(remitente)* de; **a letter f. my aunt,** una carta de mi tía; *(ingredientes)* de; **a drink made f. barley,** una bebida elaborada a base de cebada ◆ quitar, sacar; **to take candies f. a child,** quitarle caramelos a un niño; **take the letters f. the mailbox,** saca las cartas del buzón ◆ *Mat* **5 f. 8 is 3,** de cinco a ocho van tres ◆ *(posición)* de, desde: **the coat hung f. a hook,** el abrigo colgaba de una percha; **I can see it f. my house,** lo veo desde mi casa ◆ *(distancia)* de; **600 km f. the coast,** a 600 km de la costa; *(extensión)* desde, de: **the road goes f. Alaska to Seattle,** la carretera va desde Alaska a Seattle; *(tiempo)* de, desde; **f. Monday to Friday,** de lunes a viernes ◆ *(gama)* **aged f. nine to ninety,** con

front 540

edades entre nueve y noventa años ◆ *(tiempo)* antes; **two minutes f. the end,** dos minutos antes del final; *(tiempo)* después; **twenty years f. now,** dentro de veinte años; **f. now on,** a partir de ahora ◆ *(estar de vuelta)* **he is back f. work,** ha vuelto del trabajo ◆ *(resultado)* por: **my eyes hurt f. the smoke,** me pican los ojos por el humo; *(deducción)* por, según: **f. what she says...,** por lo que dice... ◆ *(diferenciar)* de: **I can't tell Juan f. his brother,** no distingo a Juan de su hermano ◆ *(contra)* de; **to shelter f. the snow,** abrigarse de la nieve ◆ *(con otras preposiciones)* **f. under his coat,** de debajo de su abrigo

front [frʌnt] **1** *n* ◆ parte delantera; *(de una camisa)* pechera; *(de una casa)* fachada; *(de un libro)* principio ◆ apariencias: **his friendliness is all a f.,** su amabilidad es una fachada ◆ *Meteor Mil Pol* frente ◆ tapadera; **a f. for drugs,** una tapadera para la droga | **2** *adj* ◆ delantero,-a, anterior; **f. door,** puerta de la calle; **f. seat,** asiento delantero; **f. tooth,** incisivo | **3** *adv & prep* ◆ *(con in como adverbio)* **in f.,** por delante ◆ *(como preposición)* **in f. of,** delante, enfrente de | **4** *vtr* estar al frente de, liderar

frontier ['frʌntɪə'] *n* frontera ➢ Ver nota en **border**

front-page ['frʌntpeɪdʒ] **1** *adj* de primera página | **2** *n* primera plana

frost [frɒst] *n* ◆ escarcha ◆ helada

■ **frost over, frost up** *vi* cubrirse de escarcha

frostbite ['frɒstbaɪt] *n* congelación

frosted ['frɒstɪd] *adj* **f. glass,** cristal esmerilado,-a ◆ *US Culin* glaseado,-a

frosty ['frɒstɪ] *adj (frostier, frostiest)* ◆ de helada: **it was a f. day yesterday,** ayer hubo helada ◆ *(mirada, etc)* glacial

froth [frɒθ] **1** *n* espuma | **2** *vi* espumar; **to f. at the mouth,** echar espumarajos por la boca

frothy ['frɒθɪ] *adj (frothier, frothiest)* espumoso,-a

frown [fraʊn] **1** *n* ceño | **2** *vi* fruncir el ceño

■ **frown on** *vtr* desaprobar; **to be frowned on,** estar muy mal visto,-a

froze [frəʊz] *ps* → **freeze**

frozen ['frəʊzən] *adj (líquido, pies, etc)* helado,-a; *(alimentos)* congelado,-a

fruit [fruːt] *n* ◆ fruta; **a piece of f.,** una fruta; **f. juice,** zumo de fruta; **f. machine,** máquina tragaperras; **f. salad,** macedonia de frutas ◆ *Bot* fruto; *fig* **the f. of our work,** el fruto de nuestro trabajo ◆ **fruits,** *(recompensa, resultados)* frutos

fruitful ['fruːtfʊl] *adj fig* provechoso,-a

fruition [fruːˈɪʃən] *n frml* realización

fruitless ['fruːtlɪs] *adj* vano,-a, infructuoso,-a

frustrate [frʌˈstreɪt] *vtr* frustrar

frustrated [frʌˈstreɪtɪd] *adj* frustrado,-a

frustration [frʌˈstreɪʃən] *n* frustración

fry [fraɪ] **1** *vtr (ps & pp fried)* freír | **2** *vi* freírse

frying pan ['fraɪɪŋpæn], *US* **fry-pan** ['fraɪpæn] *n* sartén

fuck [fʌk] **1** *vtr & vi vulgar ofens* joder, follar: **f. (it)!,** ¡joder! | **2** *n vulgar ofens* polvo

> La palabra **fuck,** como muchas palabrotas inglesas, es extremadamente fuerte. No existe equivalente directo en español, ya que la traducción joder no tiene el mismo efecto. No se recomienda su uso, ya que podría tener consecuencias imprevistas. En inglés normal se suele emplear el eufemismo **f** o **eff** [ef], **effing** y **eff all.**

fucking ['fʌkɪŋ] **1** *adj vulgar ofens* puñetero

fudge [fʌdʒ] **1** *n* ◆ *Culin* dulce de azúcar y mantequilla ◆ chapuza | **2** *vtr (cifras)* amañar

fuel ['fjʊəl] **1** *n (para calefacción, luz)* combustible; *(para motores)* carburante; **f. oil,** fuel oil | **2** *vtr* ◆ impulsar; **fuelled by electricity,** impulsado,-a por electricidad ◆ *fig* echar leña; *(la ambición)* estimular; *(una mala situación)* empeorar

fugitive ['fjuːdʒɪtɪv] *n* fugitivo,-a

fulfil, *US* **fulfill** [fʊlˈfɪl] *vtr* ◆ *(una ambición, un sueño)* realizar ◆ *(una condición)* satisfacer ◆ *(un compromiso)* cumplir ◆ *(un papel)* desempeñar

fulfilment, *US* **fulfillment** [fʊlˈfɪlmənt] *n* ◆ *(de una ambición)* realización ◆ *(de un acuerdo)* cumplimiento

full [fʊl] **1** *adj* ◆ lleno,-a [**of,** de]: **I'm f.,** no puedo comer más; **the hotel is f.,** el hotel está lleno; **f. moon,** luna llena ◆ completo, total, pleno; **f. agreement,** acuerdo total; **f. stop,** punto; **f. support,** pleno apoyo; **at f. speed,** a toda velocidad; **in f. colour,** a todo color ◆ *(descripción)* detallado,-a ◆ *(texto)* íntegro,-a ◆

(día) apretado,-a | **2** *adv* ◆ de lleno: **the sun shone f. in my face,** el sol me daba de lleno en la cara ◆ **the music is on f.,** la música está a tope ◆ **in f.,** en su totalidad

full-length ['fʊl'eŋθ] **1** *adj (espejo, retrato)* de cuerpo entero; *(vestido, falda)* largo,-a | **2** *adv* **she lay f.-l. on the bed,** estaba tumbada a la cama cuan larga era

full-scale ['fʊlskeɪl] *adj* ◆ *(maqueta, dibujo)* de tamaño natural ◆ *(ataque, guerra)* a gran escala, generalizado,-a ◆ *(investigación)* exhaustivo,-a

full-time ['fʊltaɪm] **1** *adv* a tiempo/jornada completo,-a | **2** *adj* de jornada completa

fully ['fʊlɪ] *adv* completamente, totalmente

fully-fledged ['fʊlɪfledʒd] *adj* hecho,-a y derecho,-a

fulsome ['fʊlsəm] *adj* excesivo,-a, exagerado,-a

fumble ['fʌmbəl] *vi* hurgar; **to f. for sthg,** buscar algo a tientas; **to f. with,** manejar torpemente

fume [fjuːm] **1** *npl* humo, gases | **2** *vi fig (estar furioso)* echar humo

fun [fʌn] **1** *n* fun ◆ diversión; **to have f.,** divertirse; **to make f. of,** reírse de; **in. f,** en broma; **(just) for f.,** (sólo) para divertirse; **what f!,** ¡qué divertido! ◆ alegría: **she's full of f.,** está llena de alegría | **2** *adj* divertido,-a ➤ Ver nota en **funny**

function ['fʌŋkʃən] **1** *n* ◆ función ◆ *(acto)* recepción | **2** *vi* funcionar

functional ['fʌŋkʃənəl] *adj* funcional

fund [fʌnd] **1** *n* ◆ *Com* fondo ◆ **funds** *pl,* fondos | **2** *vtr* pagar, patrocinar

fundamental [fʌndə'mentəl] **1** *adj* fundamental | **2 fundamentals** *pl,* los fundamentos

funeral ['fjuːnərəl] **1** *n* funeral, entierro ◆ |LOC: **that's his f.,** allá él | **2** *adj* funerario,-a, *US* **f. parlor,** funeraria

funfair ['fʌnfeə'] *n GB* parque de atracciones

fungus ['fʌŋgəs] *n (pl* **fungi** ['fʌŋgaɪ]*) Bot Med* hongo

funnel ['fʌnəl] *n* ◆ *(para líquidos)* embudo ◆ *Náut* chimenea ➤ Ver nota en **chimenea**

funnily ['fʌnɪlɪ] *adv fam* **f. enough,** *(de modo extraño)* casualmente, curiosamente

funny ['fʌnɪ] *adj* **(funnier, funniest)** ◆ raro,-a, curioso,-a: **that's f.!,** ¡qué raro! ◆ divertido,-a, gracioso,-a: **I found it very f.,** me hizo mucha gracia

> No confundas **fun** con **funny**. **Fun** es algo que divierte, que es placentero, y **funny** te hace reír: p. ej., una fiesta sería **fun,** y una película, **funny.**

fur [fɜː'] **1** *n* ◆ *(de animal vivo)* pelo ◆ *(de animal muerto)* piel ◆ **fun f.,** piel sintética ◆ *(en caldera, sobre la lengua)* sarro | **2** *adj* de piel; **f. coat,** abrigo de pieles

furious ['fjʊərɪəs] *adj* ◆ furioso,-a ◆ violento,-a, frenético,-a

furnace ['fɜːnɪs] *n Ind* horno

furnish ['fɜːnɪʃ] *vtr* ◆ *(una casa)* amueblar ◆ *frml* suministrar, facilitar

furnishings ['fɜːnɪʃɪŋz] *npl* muebles, mobiliario, accesorios

furniture ['fɜːnɪtʃə'] *n* muebles; **a piece of f.,** un mueble

furrow ['fʌrəʊ] *n Agr* surco; *(en la cara)* arruga

furry ['fɜːrɪ] *adj* **(furrier, furriest)** ◆ *(animal, etc)* peludo,-a; *(juguete)* de peluche

further ['fɜːðə'] → **far 1** *adv* ◆ más lejos: let's go f., vayamos más lejos; **the sun is f. than the moon,** el sol está más lejos que la luna; **f. back/on,** más atrás/adelante ◆ más: **the situation is f. complicated by...,** la situación se complica más por... ◆ más: **I know nothing f.,** no sé nada más; *frml* **f. to.,** con referencia a | **2** *adj* ◆ más lejos ◆ otro,-a, adicional | **3** *vtr* promover

> Aunque en principio **farther** y **further** son intercambiables cuando se refieren a las distancias, sólo **further** puede significar *extra, más, adicional, complementario*: **until further notice,** *hasta nuevo aviso;* **further education,** *estudios superiores;* **without further delay,** *sin más retraso.*

furthermore ['fɜːðəmɔː'] *adv frml* además

furthest ['fɜːðɪst] *adj* → **far;** más lejano,-a

furtive ['fɜːtɪv] *adj* furtivo,-a

fury ['fjʊərɪ] *n* furia, furor

fuse [fjuːz] **1** *n* ◆ *Elec* fusible, plomo ◆ *(de bomba, fuego artificial)* mecha | **2** *vi* ◆ *Elec* **the lights have fused,** han saltado los plomos ◆ *fig* fusionarse | **3** *vtr* ◆ *Elec* hacer saltar los plomos de ◆ *fig* fusionar, amalgamar

fuselage ['fjuːzɪlɑːʒ] *n* fuselaje

fusion

fusion ['fju:ʒən] *n* fusión
fuss [fʌs] 1 *n* ◆ alboroto, escándalo, jaleo; **to make a f.,** armar un escándalo ◆ protesta, queja, lío; **to make a f. about sthg,** protestar por algo ◆ atención; **to make a f. of,** mimar | 2 *vi* preocuparse
■ **fuss over** *vtr* mimar con exceso a alguien, preocuparse obsesivamente por algo
fussy ['fʌsɪ] *adj* (*fussier, fussiest*) ◆ exigente; *(en exceso)* quisquilloso,-a

futile ['fju:taɪl] *adj* inútil, vano,-a, infructuoso,-a
futility [fju:'tɪlɪtɪ] *n* inutilidad
future ['fju:tʃə'] 1 *n* futuro, porvenir; **in the f.,** en el futuro; **in f.,** en lo sucesivo, de ahora en adelante | 2 *adj* futuro,-a, venidero,-a
futuristic [fju:tʃə'rɪstɪk] *adj* futurista
fuzzy ['fʌzɪ] *adj* (*fuzzier, fuzziest*) ◆ *(pelo)* muy rizado,-a ◆ *(poco claro)* borroso,-a, confuso,-a

g **G** g g **G** g g *g* G

G, g [dʒi:] *n* ◆ *(letra)* G, g ◆ *Mús* **G,** sol ◆ *abr de* ***gram(s), gramme(s)*** g.
gabble ['gæbəl] *vtr* & *vi* farfullar
gadget ['gædʒɪt] *n* artilugio, chisme
Gaelic ['geɪlɪk] 1 *adj* gaélico,-a | 2 *n* (*idioma*) gaélico
gag [gæg] 1 *n* ◆ mordaza ◆ *fam* chiste, gag | 2 *vtr* amordazar
gage [geɪdʒ] *n* & *vtr* US → **gauge**
gaiety ['geɪətɪ] *n* alegría
gaily ['geɪlɪ] *adv* alegremente
gain [geɪn] 1 *n* ◆ ganancia, beneficio ◆ *(de valor)* aumento ◆ *(en una elección, etc)* triunfo | 2 *vtr* ◆ *(el control, un objetivo)* conseguir; *(experiencia, un territorio)* adquirir ◆ *(fuerza, velocidad, terreno, tiempo)* ganar; **to g. weight,** ganar peso | 3 *vi* ◆ beneficiarse [**from,** con] ◆ *(reloj)* adelantarse
gait [geɪt] *n* manera de andar
gal (*pl* **gal** *o* **gals**) (*abr de* ***gallon***) galón (4,55 litros; US 3,79 litros)
gala ['gɑ:lə] *n* gala, fiesta
galaxy ['gæləksɪ] *n* galaxia
gale [geɪl] *n* vendaval, temporal; **g. force nine,** viento de fuerza nueve
gall [gɔ:l] 1 *n fam* descaro | 2 *vtr* molestar, irritar
gallant ['gælənt] *adj* ◆ valiente, gallardo,-a ◆ (*[gə'lænt]*) galante, cortés
gallantry ['gæləntrɪ] *n* ◆ valentía, gallardía ◆ cortesía, galantería
galleon ['gælɪən] *n* galeón

gallery ['gælərɪ] *n* ◆ galería ◆ *(de arte)* museo, galería ◆ *Teat* galería, gallinero
galley ['gælɪ] *n* ◆ *Náut* galera ◆ *(en barco o avión)* cocina
gallon ['gælən] *n* galón (4,55 litros; US 3,79 litros)
gallop ['gæləp] 1 *n* galope | 2 *vi* galopar
gallows ['gæləʊz] *npl* horca
gallstone ['gɔ:lstəʊn] *n* cálculo biliar
gambit ['gæmbɪt] *n Ajedrez* gambito; *fig* táctica
gamble ['gæmbəl] 1 *vi* ◆ *(apostar)* jugar ◆ correr el riesgo ◆ *Fin* especular | 2 *vtr* ◆ *(apostar)* jugarse ◆ arriesgarse | 3 *n* ◆ apuesta ◆ riesgo; **to take a g.,** arriesgarse
gambler ['gæmblə'] *n* jugador,-ora
gambling ['gæmblɪŋ] *n* juego
game [geɪm] 1 *n* ◆ juego, deporte ◆ *(de fútbol, etc)* partido; *Naipes* partida; *Ten* juego ◆ **games** *pl*, *Dep* juegos; **Olympic G.,** Juegos Olímpicos; *GB Educ* ≈ educación física ◆ *(animales, pájaros)* caza ◆ *(engaño)* **I can see your little g.!,** ¡veo lo que estás tramando! | 2 *adj* dispuesto,-a [**for,** a]: **I'm g.,** me apunto
gamekeeper ['geɪmki:pə'] *n* guardabosque(s)
gammon ['gæmən] *n GB* jamón de York
gang [gæŋ] *n* ◆ *(de criminales)* banda ◆ *(de niños, jóvenes)* pandilla ◆ *(de obreros)* cuadrilla
■ **gang up** *vi fam* confabularse [**on, contra**]

gangrene ['gæŋgriːn] *n* gangrena
gangster ['gæŋstə'] *n* gángster
gangway ['gæŋweɪ] *n Náut* pasarela; *Teat* pasillo
gap [gæp] *n* ◆ espacio, hueco: **there was a g. in the fence,** había un hueco en la valla; *(en un texto)* espacio en blanco ◆ *(en el tiempo)* intervalo ◆ *(en los conocimientos)* laguna ◆ *(diferencia)* distancia, brecha ◆ vacío
gape [geɪp] *vi* ◆ *(una persona)* mirar boquiabierto,-a ◆ *(una puerta, un abismo)* abrirse de par en par
gaping ['geɪpɪŋ] *adj (hueco)* enorme
garage ['gæraːʒ, 'gærɪdʒ] *n* ◆ garaje ◆ taller mecánico ◆ gasolinera
garbage ['gaːbɪdʒ] *n* ◆ *US* basura; **g. truck,** camión de la basura ◆ *fig* tonterías
garbled ['gaːbəld] *adj* enrevesado,-a, confuso,-a
garden ['gaːdən] *n* ◆ jardín; **g. centre,** centro de jardinería ◆ **gardens** *pl,* parque
gardener ['gaːdənə'] *n* jardinero,-a
gardening ['gaːdənɪŋ] *n* jardinería
gardenia [gaːˈdiːnɪə] *n* gardenia
gargle ['gaːgəl] *vi* hacer gárgaras
gargoyle ['gaːgɔɪl] *n* gárgola
garish ['geərɪʃ] *adj (color, etc)* chillón,-ona
garland ['gaːlənd] *n* guirnalda
garlic ['gaːlɪk] *n* ajo
garment ['gaːmənt] *n (ropa)* prenda
garnish ['gaːnɪʃ] 1 *vtr* adornar; *Culin* aderezar | 2 *n Culin* guarnición
garrison ['gærɪsən] *n Mil* guarnición
garrulous ['gærʊləs] *adj* locuaz, charlatán,-ana
gas [gæs] 1 *n* ◆ gas: **hydrogen is a g.,** el hidrógeno es un gas; **g. chamber,** cámara de gas; **g. fire,** estufa de gas; **g. mask,** careta antigás ◆ *fam* **g. bag,** bocazas ◆ *US* gasolina; **g. station,** gasolinera ◆ | LOC: *fam* **what a g.!,** ¡qué guay! | 2 *vtr* asfixiar con gas | 3 *vi fam* estar de cháchara
gash [gæʃ] 1 *n* herida profunda | 2 *vtr* hacer un corte (profundo) en: **I gashed my hand on some glass,** me corté la mano con algún cristal
gasoline ['gæsəliːn] *n US* gasolina
gasp [gaːsp] 1 *n* ◆ *(de asombro)* grito sofocado ◆ *(de aire)* bocanada; *fig* **at one's last g.,** en las últimas | 2 *vi* ◆ *(de asombro)* quedar boquiabierto,-a ◆ *(respirar con dificultad)* jadear
gassy ['gæsɪ] *adj (gassier, gassiest)* gaseoso,-a

gastric ['gæstrɪk] *adj* gástrico,-a
gastronomic [gæstrəˈnɒmɪk] *adj* gastronómico,-a
gate [geɪt] *n* ◆ *(a un espacio abierto: parque, jardín, etc)* puerta; *(de metal)* verja ◆ *(a un estadio de fútbol)* entrada; **g. (money),** recaudación
gateau ['gætəʊ] *n* tarta, pastel
gatecrash ['geɪtkræʃ] 1 *vtr* colarse en | 2 *vi* colarse
gateway ['geɪtweɪ] *n* puerta, entrada
gather ['gæðə] 1 *vtr* ◆ *(un grupo de gente o de cosas)* reunir, juntar; *(polvo)* acumular ◆ *Agr* cosechar; *(flores, leña)* coger; *(información, fruta)* recoger ◆ *(pensamientos)* poner en orden ◆ *(fuerza)* cobrar; *(velocidad)* ganar, ir ganando ◆ deducir: **I g. that…,** aparentemente… ◆ *Cost* fruncir | 2 *vi (personas)* reunirse; *(nubes, una tormenta)* formarse

■ **gather round** *vi* agruparse
gathering ['gæðərɪŋ] 1 *adj* creciente | 2 *n* reunión
gauche [gəʊʃ] *adj (físicamente)* torpe; *(socialmente)* patoso,-a, inoportuno,-a
gaudy ['gɔːdɪ] *adj (gaudier, gaudiest) (color)* chillón,-ona
gauge [geɪdʒ] 1 *n* ◆ medida estándar; *(de una pistola)* calibre; *Ferroc* ancho; **narrow g.,** vía estrecha ◆ indicador; **fuel g.,** indicador de la gasolina ◆ *fig* indicación, indicio | 2 *vtr* ◆ medir, calibrar ◆ *fig* estimar, juzgar
gaunt [gɔːnt] *adj (muy delgado, muy cansado)* demacrado,-a
gauntlet ['gɔːntlɪt] *n Mil* & *Hist* guantelete ◆ | LOC: **to run the g. of sthg…,** tener que someterse a algo; **to throw down the g.,** arrojar el guante
gauze [gɔːz] *n* gasa
gave [geɪv] *ps* → **give**
gay [geɪ] *adj* ◆ *(homosexual)* gay ◆ *en desuso* feliz, alegre ➢ Ver nota en **gay** y **queer**
gaze [geɪz] 1 *n* mirada fija | 2 *vi* mirar fijamente
gazelle [gəˈzel] *n* gacela
gazette [gəˈzet] *n* gaceta; *US* periódico
GB [dʒiːˈbiː] *(abr de Great Britain)* Gran Bretaña
GCE [dʒiːsiːˈiː] *(abr de General Certificate of Education (A-Level)* ≈ COU
GCSE [dʒiːsiːesˈiː] *(abr de General Certificate of Secondary Education)* ≈ BUP
gear [gɪə'] 1 *n* ◆ *Téc* engranaje; **g. (wheel),** rueda dentada ◆ *Auto* velocidad, marcha; **to change g.,** cambiar de marcha ◆

gearbox

(para deportes, trabajo, etc) equipo, herramientas, pertrechos ◆ *fam* cosas, bártulos: **can I leave my g. here?**, ¿puedo dejar mis cosas aquí? ◆ *fam* ropa | **2** *vtr (acoplar)* adaptar

gearbox ['gɪəbɒks] *n* caja de cambios

gearstick ['gɪəstɪk], *US* **gearshift** ['gɪəʃɪft] *n* palanca de cambio

geese [giːs] *npl* → **goose**

gel [dʒel] **1** *n* gel; **hair g.**, gomina | **2** *vi fig (ideas)* cuajar | **3** *vtr (pelo)* engominar

gelatin(e) ['dʒelətɪn] *n* gelatina

gem [dʒem] *n* ◆ gema, piedra preciosa ◆ *fig (persona)* tesoro

Gemini ['dʒemɪnaɪ] *n* Géminis

gender ['dʒendə] *n* género

gene [dʒiːn] *n* gen

general ['dʒenərəl] **1** *adj* ◆ *(no específico)* general; **g. election**, elecciones generales; **g. knowledge**, cultura general; **g. practitioner (GP)**, médico de cabecera ◆ *(normal)* general; **in g.**, en general | **2** *n Mil* general

generalization [dʒenərəlaɪ'zeɪʃən] *n* generalización

generalize ['dʒenərəlaɪz] *vtr & vi* generalizar

generally ['dʒenrəlɪ] *adv* generalmente, en general

generate ['dʒenəreɪt] *vtr* generar

generation [dʒenə'reɪʃən] *n* generación

generator ['dʒenəreɪtə'] *n* generador

generosity [dʒenə'rɒsɪtɪ] *n* generosidad

generous ['dʒenərəs] *adj* ◆ *(persona)* generoso,-a ◆ *(cantidad)* generoso,-a, abundante

genetic [dʒɪ'netɪk] *adj* genético,-a; **g. engineering**, ingeniería genética

genetics [dʒɪ'netɪks] *n* genética

genial ['dʒiːnɪəl] *adj* cordial, simpático,-a

genitals ['dʒenɪtəlz] *npl* genitales

genius ['dʒiːnɪəs] *n* ◆ *(persona)* genio ◆ *(atributo)* don

genocide ['dʒenəsaɪd] *n* genocidio

genre ['ʒɒnrə] *n* género

gent [dʒent] *n (abr de* **gentleman***)* ◆ *fam* señor, caballero ◆ **the gents**, *GB (aseo)* el servicio (de caballeros)

genteel [dʒen'tiːl] *adj* fino,-a, distinguido,-a; *pey* cursi

gentle ['dʒentəl] *adj* ◆ *(persona)* dulce, tierno,-a ◆ *(temperatura, brisa)* suave

gentleman ['dʒentəlmən] *n* ◆ caballero; **g.'s agreement**, pacto de caballeros ◆ *(aseo)* **Gentlemen**, Caballeros

gently ['dʒentlɪ] con cuidado, suavemente

gentry ['dʒentrɪ] *n* pequeña nobleza, alta burguesía

genuine ['dʒenjʊɪn] *adj* ◆ *(objeto)* auténtico,-a, genuino,-a ◆ *(persona)* sincero,-a, sin dobleces

genuinely ['dʒenjʊɪnlɪ] *adv* auténticamente, sinceramente

geographic(al) [dʒɪə'græfɪk(əl)] *adj* geográfico,-a

geography [dʒɪ'ɒgrəfɪ, 'dʒɒgrəfɪ] *n* geografía

geologic(al) [dʒɪə'lɒdʒɪk(əl)] *adj* geológico,-a

geology [dʒɪ'ɒlədʒɪ] *n* geología

geometric(al) [dʒɪə'metrɪk(əl)] *adj* geométrico,-a

geometry [dʒɪ'ɒmɪtrɪ] *n* geometría

geopolitical [dʒiːəʊpə'lɪtɪkəl] *adj* geopolítico,-a

geranium [dʒɪ'reɪnɪəm] *n* geranio

geriatric [dʒerɪ'ætrɪk] *adj* geriátrico,-a

germ [dʒɜːm] *n* ◆ *Biol & fig* germen ◆ *Med* microbio, germen

German ['dʒɜːmən] **1** *n* ◆ alemán,-ana ◆ *(idioma)* alemán | **2** *adj* alemán,-ana

Germany ['dʒɜːmənɪ] *n* Alemania

germinate ['dʒɜːmɪneɪt] *vi* germinar

gestation [dʒe'steɪʃən] *n* gestación

gesticulate [dʒe'stɪkjʊleɪt] *vi* gesticular

gesture ['dʒestʃə'] **1** *n* ◆ *(movimiento)* gesto, ademán ◆ *(símbolo)* gesto: **what a nice g.!**, ¡qué detalle! | **2** *vi* gesticular, hacer gestos

get [get] **1** *vtr (ps & pp* **got***, pp US also* **gotten***)* ◆ obtener, conseguir; **to g. a job**, encontrar trabajo ◆ buscar: **g. me a coffee**, tráeme un café; **g. the fire brigade**, llama a los bomberos ◆ tener: **I've got a new car**, tengo un coche nuevo → **have** ◆ recibir: **did you g. my letter?**, ¿recibiste mi carta? ◆ ganar: **she gets $100,000 a year**, gana $100.000 al año ◆ *(enfermedad)* coger; **to g. flu**, coger la gripe ◆ *(transporte)* coger: **g. a taxi**, coge un taxi; *(persona)* coger, pillar: **they got the thief**, pillaron al ladrón ◆ preparar: **I'll g. breakfast**, prepararé el desayuno ◆ poder: **I can't g. the door open**, no puedo abrir la puerta ◆ *(con pp)* **he's getting the children ready**, está preparando a los niños; **to g. one's hair cut**, cortarse el pelo ◆ pedir: **g. her to call me**, dile que me llame; **to g. sb to do sthg**, conseguir que alguien haga algo ◆ empezar, iniciar: **we got chat-**

ting, nos pusimos a charlar ♦ *fam* entender: **I don't g. it,** no lo entiendo ♦ *fam* fastidiar: **it really gets me,** me fastidia | 2 *vi* ♦ *(con matiz reflexivo)* **to g. angry,** enfadarse; **to g. cold,** enfriarse; **to g. dressed,** vestirse; **to g. drunk,** emborracharse, **to g. married,** casarse; **to g. used to,** acostumbrarse a; **to g. wet,** mojarse ♦ *(en voz pasiva)* ser; **to g. fired,** ser despedido ♦ llegar; **to g. home,** llegar a casa ♦ llegar a: **he got to hear about it,** llegó a saberlo; **I got to know her well,** llegué a conocerla bien

> Normalmente, el verbo **to get** se emplea con el infinitivo con **to** después de un complemento directo (**I got him to go,** conseguí que fuese), pero también se puede usar con un complemento y un gerundio cuando quieres decir *poner en marcha, iniciar, hacer que algo empiece a funcionar:* **Can you get the car going, please?,** ¿Puedes arrancar el coche, por favor?

■ **get about** *vi* ♦ *(una persona)* salir, viajar ♦ *(una noticia)* circular
■ **get across** 1 *vtr* ♦ *(una idea)* comunicar ♦ *(un río, puente, obstáculo)* atravesar, cruzar | 2 *vi* ♦ ser comprendido ♦ *(un río)* lograr cruzar
■ **get ahead** *vi* tener éxito
■ **get along** *vi* ♦ arreglárselas ♦ progresar, mejorar ♦ *(salir)* irse ♦ *(dos o mas personas)* llevarse bien [**with,** con]
■ **get around** 1 *vi* → **get about** | 2 *vtr* → **get round**
■ **get at** *vtr* ♦ alcanzar ♦ *(la causa, el origen, móvil de algo, etc)* establecer ♦ *(una persona)* meterse con ♦ insinuar: **what's she getting at?,** ¿qué quiere decir?
■ **get away** *vi* ♦ *(salir)* irse ♦ escaparse
■ **get away with** *vtr* salir impune: **she won't g. away with it,** no se saldrá con la suya
■ **get back** 1 *vi* ♦ volver, regresar ♦ mover atrás | 2 *vtr* ♦ *(una cosa perdida, robada)* recuperar ♦ *(cosa prestada)* devolver
■ **get by** *vi* ♦ arreglárselas ♦ lograr pasar
■ **get down** 1 *vi* bajar [**from,** de] | 2 *vtr* bajar ♦ *(notas)* apuntar ♦ deprimir: **this weather gets me down,** este tiempo me deprime
■ **get down to** *vtr* **to g. down to work,** ponerse a trabajar

■ **get in** 1 *vi* ♦ entrar, llegar: **when does the train g. in?,** ¿cuándo llega el tren? ♦ *(en una votación)* ser elegido | 2 *vtr* ♦ **I can't g. this key in,** no puedo meter esta llave ♦ comprar, obtener: **I'll g. in the drinks,** yo me encargo de la bebida ♦ *(al médico, fontanero, etc)* llamar
■ **get into** *vtr* ♦ llegar a: **I got into work late,** llegué tarde al trabajo ♦ *(un vehículo)* subir a ♦ meterse en; **to g. into politics,** meterse en política
■ **get off** 1 *vi* ♦ *(de un vehículo)* apearse, bajar ♦ salir, irse ♦ *(de un castigo, una tarea)* librarse | 2 *vtr* ♦ *(un vehículo, caballo, etc)* bajar de ♦ *(ropa)* quitarse ♦ *(una mancha)* quitar ♦ *(una tema)* **to g. off the subject,** alejarse del tema
■ **get on** 1 *vi* ♦ *(a bordo)* subir ♦ progresar [**with,** con] ♦ seguir [**with,** con] ♦ llevarse [**with,** con] ♦ hacerse viejo | 2 *vtr* ♦ subir(se) a ♦ *(ropa)* ponerse
■ **get on to/onto** *vtr* ♦ subirse a ♦ contactar con ♦ *(otro tema)* pasar a
■ **get out** 1 *vi* ♦ salir [**of,** de] ♦ *(noticias)* filtrarse | 2 *vtr* sacar; *(una mancha)* quitar
■ **get over** *vtr* ♦ *(un obstáculo)* vencer, superar ♦ *(una enfermedad)* recuperarse de, superar ♦ *(una tarea)* acabar ♦ olvidar
■ **get past** 1 *vtr (un obstáculo)* superar | 2 *vi* lograr pasar: **can I g. past?,** ¿me deja pasar?
■ **get round** *vtr* ♦ evitar, sortear ♦ convencer, persuadir
■ **get round to** *vtr* **to g. round to doing sthg,** sacar tiempo para hacer algo
■ **get through** 1 *vtr* ♦ *(un examen)* aprobar ♦ *(una mala experiencia)* pasar ♦ acabar, terminar: **I'll never g. through all this work,** nunca terminaré todo este trabajo ♦ *(una idea)* comunicar | 2 *vi* ♦ hacerse comprender ♦ *(por teléfono)* comunicar
■ **get together** 1 *vi* reunirse | 2 *vtr* reunir
■ **get up** 1 *vi* ♦ *(de la cama, de una silla, etc)* levantarse; *(viento)* levantarse | 2 *vtr* ♦ levantar, despertar ♦ subirse a
■ **get up to** *vtr* ♦ llegar hasta, a: **we got up to page 54,** llegamos hasta la página 54 ♦ *fam* hacer: **what did you get up to at weekend?,** ¿qué estuviste haciendo el fin de semana?

getaway ['getəweɪ] *n* huida; **to make one's g.,** huir

get-together

get-together ['getəgeðə'] *n* reunión
geyser ['gi:zə, US 'gaɪzə'] *n* ♦ *Geog* géiser ♦ calentador de agua
gherkin ['gɜ:kɪn] *n* pepinillo
ghetto ['getəʊ] *n* gueto
ghost [gəʊst] *n* fantasma, espíritu
ghostwriter ['gəʊstraɪtə'] *n (escritor)* negro,-a
giant ['dʒaɪənt] *adj & n* gigante
gibberish ['dʒɪbərɪʃ] *n* galimatías, sandeces
gibe [dʒaɪb] **1** *n* pulla | **2** *vi* burlarse [at, de]
giblets ['dʒɪblɪts] *npl* menudillos
giddiness ['gɪdɪnɪs] *n* mareo
giddy ['gɪdɪ] *adj (giddier, giddiest)* mareado,-a: **I feel g.**, la cabeza me da vueltas; **it makes me g.**, me marea
gift [gɪft] *n* ♦ regalo; **g. voucher**, vale ♦ don; **to have a g. for sthg**, estar muy dotado,-a para algo ♦ | LOC: **to have the g. of the gab**, tener un pico de oro
gifted ['gɪftɪd] *adj* dotado,-a
gift-wrap ['gɪft ræp] *vtr* envolver para regalo
gig [gɪg] *n Mús* actuación
gigantic [dʒaɪ'gæntɪk] *adj* gigantesco,-a
giggle ['gɪgəl] **1** *n* risita tonta; **to have a fit of the giggles**, darle/entrarle a alguien la risa tonta/floja | **2** *vi* reírse tontamente
gild [gɪld] *vtr* dorar
gilded ['gɪldɪd] *adj* dorado,-a
gill [gɪl] *n (de un pez)* agalla, branquia
gilt [gɪlt] **1** *adj* dorado,-a | **2** *n (color)* dorado
gilt-edged ['gɪltedʒd] *adj* **g.-e. securities**, valores del Estado
gimmick ['gɪmɪk] *n* truco, ardid
gin [dʒɪn] *n* ginebra
ginger ['dʒɪndʒə'] **1** *n* ♦ *Bot & Culin* jengibre ♦ *(color)* rojo anaranjado | **2** *adj* ♦ de jengibre ♦ *(pelo)* pelirrojo,-a
gingerbread ['dʒɪndʒəbred] *n* pan *o* galleta de jengibre
gingerly ['dʒɪndʒəlɪ] *adv* con cautela
gipsy ['dʒɪpsɪ] *adj & n* gitano,-a
giraffe [dʒɪ'rɑːf] *n* jirafa
girder ['gɜːdə'] *n* viga (de metal)
girdle ['gɜːdəl] *n* faja
girl [gɜːl] *n* ♦ niña, chica, joven ♦ hija: **they have a g. and a boy**, tienen una niña y un niño ♦ *GB* **g. guide**, *US* **g. scout**, exploradora
girlfriend ['gɜːlfrend] *n* ♦ *(compañera sentimental)* novia ♦ *(de mujer)* amiga

girlish ['gɜːlɪʃ] *adj* de niña
gist [dʒɪst] *n* lo esencial; **to get the g. of sthg**, entender lo esencial de algo
give [gɪv] **1** *n* elasticidad; **g. and take**, toma y daca | **2** *vtr (ps gave; pp given)* ♦ dar: **g. me a kiss**, dame un beso ♦ regalar: **she gave me another tie**, me regaló otra corbata ♦ donar; **to g. blood**, donar sangre ♦ dejar: **give me your pen**, déjame tu boli ♦ pagar: **I'll g. you $5 for those shoes**, te doy $5 por esos zapatos ♦ *(un susto)* pegar ♦ *(ayuda, atención)* prestar ♦ *(celebrar)* **to g. a party**, dar una fiesta ♦ **to give way**, *(en una argumentación)* ceder ♦ *Auto* ceder el paso ♦ soltar: **she gave a sigh**, suspiró ♦ | LOC: **I don't give a damn**, me importa un comino | **3** *vi* ♦ *(tela)* dar de sí, ceder ♦ *(suelo, etc)* romperse, ceder

■ **give away** *vtr* ♦ regalar, obsequiar ♦ *(un secreto)* revelar; *(a una persona)* delatar, traicionar

■ **give back** *vtr* devolver

■ **give in 1** *vi* ♦ ceder [**to**, ante], darse por vencido,-a ♦ sucumbir [**to**, a] | **2** *vtr* entregar

■ **give off** *vtr (humo, luz, olor)* emitir, despedir

■ **give out 1** *vtr* ♦ *(repartir)* distribuir ♦ anunciar | **2** *vi* agotarse, acabarse, fallar: **at last her heart gave out**, finalmente le falló el corazón

■ **give up 1** *vtr* ♦ dejar; **to g. up drinking**, dejar de beber ♦ *(un puesto, etc)* ceder ♦ *(la vida, el tiempo)* dedicar ♦ **to g. sb up for lost**, dar a alguien por perdido,-a | **2** *vi* ♦ *(ante un reto)* darse por vencido,-a ♦ *(a las autoridades)* entregarse, rendirse

> Recuerda que **to give up** va seguido de gerundio: **I gave up smoking years ago.** *Dejé de fumar hace años.*

given ['gɪvən] **1** *adj* ♦ *(específico)* determinado,-a; **on any g. day**, en un día determinado ♦ **g. to**, dado,-a a | **2** *conj* **g. that**, ya que
glacial ['gleɪsɪəl] *adj* glacial
glacier ['glæsɪə'] *n* glaciar
glad [glæd] *adj (gladder, gladdest)* contento,-a, alegre: **I'm g. about your promotion**, me alegro por tu ascenso; **I'm g. you're here**, me alegro de que estés aquí; **she was g. to help him**, estaba encantada de poder ayudarle
gladly ['glædlɪ] *adv* con mucho gusto

glamor ['glæməʳ] *n US* → **glamour**
glamorous ['glæmərəs] *adj* atractivo,-a
glamour ['glæməʳ] *n* glamour
glance [glɑːns] **1** *n* mirada, vistazo; **to see at a g.,** ver de inmediato; **at first g.,** a primera vista | **2** *vi* mirar, ojear [**at,** -]
glancing ['glɑːnsɪŋ] *adj (golpe)* inclinado,-a
gland [glænd] *n* glándula
glandular ['glændjʊləʳ] *adj* glandular
glare [gleəʳ] **1** *n* ♦ mirada feroz *o* llena de odio ♦ luz deslumbrante, resplandor | **2** *vi* ♦ mirar enfurecido,-a [**at,** a] ♦ deslumbrar
glaring ['gleərɪŋ] *adj* ♦ *(luz)* deslumbrante ♦ *(obvio)* manifiesto,-a; **a g. omission,** una omisión evidente ♦ *(color)* chillón,-ona
glass [glɑːs] **1** *n* ♦ vidrio, cristal; *(en lámina, de ventana, etc)* **pane of g.,** cristal ♦ *(para agua, cerveza)* vaso; *(para vino)* copa ♦ **glasses** *pl*, gafas | **2** *adj* de cristal; **g. case,** vitrina
glasshouse ['glɑːshaʊs] *n* invernadero
glassware ['glɑːsweəʳ] *n* cristalería
glassy ['glɑːsɪ] *adj (glassier, glassiest)* ♦ *(agua)* cristalino,-a ♦ *(mirada, ojos)* vidrioso,-a
glaze [gleɪz] **1** *n* ♦ *(sobre la cerámica)* vidriado ♦ *Culin* glaseado | **2** *vtr* ♦ *(a una ventana)* poner cristales ♦ *(una cerámica)* vidriar ♦ *Culin* glasear
glazed [gleɪzd] *adj (mirada, ojos)* vidrioso,-a
gleam [gliːm] **1** *n* ♦ reflejo, brillo, destello ♦ *(en el ojo)* chispa | **2** *vi* brillar, relucir
gleaming ['gliːmɪŋ] *adj* brillante, reluciente
glee [gliː] *n* regocijo
gleeful ['gliːfʊl] *adj* alegre
gleefully ['gliːfʊlɪ] *adv* alegremente
glen [glen] *n* cañada
glib [glɪb] *adj (glibber, glibbest) pey* ♦ *(explicación)* simplista ♦ *(persona)* con mucha labia
glide [glaɪd] *vi* ♦ *(por una superficie)* deslizarse ♦ *Av* planear
glider ['glaɪdəʳ] *n* planeador
gliding ['glaɪdɪŋ] *n* vuelo sin motor
glimmer ['glɪməʳ] *n* ♦ luz trémula ♦ *fig* **a g. of hope,** un rayo de esperanza
glimpse [glɪmps] **1** *n* vislumbre | **2** *vtr* vislumbrar
glint [glɪnt] **1** *n* destello, centelleo: **there was a wicked g. in his eye,** había un destello pícaro en sus ojos | **2** *vi* destellar, centellear
glisten ['glɪsən] *vi* brillar
glitter ['glɪtəʳ] **1** *n* ♦ brillo ♦ *(superficial)* oropel | **2** *vi* relucir
gloat [gləʊt] *vi* relamerse [**over,** por], regodearse [**over,** con, en]
global ['gləʊbəl] *adj* ♦ mundial; **g. warming,** calentamiento del planeta ♦ global
globe [gləʊb] *n* globo, esfera
gloom [gluːm] *n* ♦ penumbra ♦ melancolía, tristeza
gloomy ['gluːmɪ] *adj (gloomier, gloomiest)* ♦ oscuro,-a, sombrío,-a; *(un día)* gris ♦ *(deprimente)* pesimista, triste
glorify ['glɔːrɪfaɪ] *vtr* glorificar
glorious ['glɔːrɪəs] *adj* ♦ glorioso,-a ♦ *(día, vista, etc)* magnífico,-a, espléndido,-a
glory ['glɔːrɪ] *n* ♦ fama, gloria ♦ belleza, esplendor
gloss [glɒs] *n* ♦ brillo, lustre; **g. (paint),** pintura brillante ♦ *Lit* glosa
■ **gloss over** *vtr fig* ♦ encubrir ♦ pasar por alto
glossary ['glɒsərɪ] *n* glosario
glossy ['glɒsɪ] *adj (glossier, glossiest) Fot* brillante; *(pelo, etc)* lustroso,-a
glove [glʌv] *n* guante; *Auto* **g. compartment,** guantera
glow [gləʊ] **1** *n (de luz)* brillo, resplandor; *(de la cara)* rubor | **2** *vi* ♦ *(sol, joya, etc)* brillar, resplandecer; *(fuego)* arder ♦ *fig* **to g. with health,** rebosar de salud
glower ['glaʊəʳ] *vi* mirar con el ceño fruncido, lanzar una mirada de ira
glowing ['gləʊɪŋ] *adj* ♦ *(fuego, etc)* incandescente; *(color, luz)* intenso,-a, brillante ♦ *(cara)* encendido,-a ♦ *(opinión)* entusiasta
glucose ['gluːkəʊz] *n* glucosa
glue [gluː] **1** *n* pegamento, cola | **2** *vtr* pegar [**to,** a], encolar
glum [glʌm] *adj (glummer, glummest)* abatido,-a, desanimado,-a
glutton ['glʌtən] *n* glotón,-ona
GMT [dʒiːemˈtiː] *(abr de Greenwich mean time)* hora media de Greenwich, GMT
gnarled [nɑːld] *adj* nudoso,-a, torcido,-a
gnash [næʃ] *vtr* rechinar
gnat [næt] *n* mosquito
gnaw [nɔː] *vtr & vi* roer
gnome [nəʊm] *n* gnomo
GNP [dʒiːenˈpiː] *(abr de Gross National Product)* producto nacional bruto, PNB
go [gəʊ] **1** *n* ♦ *fam* energía, dinamismo ♦ intento: **can I have a go?,** ¿puedo pro-

go

bar?, ¿me dejas que lo intente? ◆ turno: **it's your go,** te toca a ti ◆ ataque; **to have a go at sb,** meterse con alguien ◆ | LOC: **to make a go of sthg,** tener éxito en algo; **from the word go,** desde el principio | 2 *vi (3.ª persona sing pres* **goes;** *ps* **went;** *pp* **gone)** ◆ ir: **I go to work by bus,** voy al trabajo en (el) autobús ◆ viajar: **she has gone to Paris,** se ha ido a París ◆ irse, salir: **our plane goes at three,** nuestro avión sale a las tres; **let's go!,** ¡vamos!; **to let sb/sthg go,** soltar algo/a alguien ◆ ir a hacer algo; **to go shopping,** ir de compras; **to go swimming,** ir a nadar; **to go for a walk,** ir de paseo ➢ Ver nota en **ir** ◆ desaparecer, agotarse: **the wine has all gone,** no queda vino ◆ tener su sitio: **where does this go?,** ¿dónde va esto? ◆ caber: **my car won't go in that space,** mi coche no cabe en ese espacio ◆ extender: **this road goes to Valencia,** esta carretera va hacia Valencia ◆ pasar: **those days have gone,** estos días han pasado ◆ quedar: **there is a week to go,** queda una semana ◆ marchar, ir: **Spain is going well,** España va bien; **it all went wrong,** todo salió mal ◆ venderse: **it went for $50,** se vendió por $50 ◆ funcionar: **this clock doesn't go,** este reloj no funciona; **to get sthg going,** poner algo en marcha ◆ quedarse, volverse; **to go blind/deaf,** quedarse ciego/sordo; **to go mad,** enloquecer ◆ fallar: **the brakes went,** fallaron los frenos; **his memory is going,** le está fallando la memoria ◆ decir: **as the song goes,** como dice la canción | 3 *vtr* recorrer: **we went 100 miles,** recorrimos 100 millas | 4 *v aux (sólo en forma –ing)* ◆ *(predicción)* **it's going to rain,** va a llover ◆ *(propósito)* **we are going to have a party,** vamos a dar una fiesta ◆ *(plan fijo)* **I'm seeing her next week,** la voy a ver la semana que viene

> Cuando **to go** significa *ir* puedes usar dos participios pasados: **been** y **gone**. **Been** indica que alguien se había marchado y ya ha vuelto: **I've been to London two or three times.** *He ido a Londres dos o tres veces.* Mientras que **gone** indica que todavía sigue allí: **Where's John? He's gone to lunch. He'll be back soon.** *¿Dónde está Juan? Se ha ido a comer. Volverá pronto.*

■ **go about 1** *vi (un rumor)* correr, circular: **there's a lot of flu going about,** hay mucha gripe | 2 *vtr* ◆ *(una tarea)* emprender: **how do I go about voting?,** ¿qué tengo que hacer para votar? ◆ ocuparse de

■ **go across** *vtr* cruzar

■ **go after** *vtr* ◆ *(ir tras)* perseguir ◆ intentar conseguir: **he went after a job in Albania,** buscó un trabajo en Albania

■ **go against** *vtr* ◆ ir en contra de: **it goes against my principles,** va en contra de mis principios ◆ *(una decisión)* ser desfavorable a

■ **go ahead** *vi* ◆ ir delante: **I'll go ahead and get the tickets,** me adelantaré para comprar las entradas ◆ seguir, continuar

■ **go along 1** *vi* proceder: **he makes it up as he goes along,** improvisa sobre la marcha | 2 *vtr (una calle, un río)* pasar por

■ **go along with** *vtr* estar de acuerdo con

■ **go around** *vi* ◆ → **go about 1** ◆ ser suficiente: **is there enough wine to go around?,** ¿hay vino para todos?

■ **go away** *vi* marcharse: **go away!,** ¡lárgate!

■ **go back** *vi* ◆ volver, regresar ◆ datar de: **his family goes back to the Normans,** su familia se remonta a los Normandos

■ **go back on** *vtr (promesa, palabra)* faltar a

■ **go back to** *vtr* volver a

■ **go by 1** *vi* pasar: **a car went by,** pasó un coche | 2 *vtr* ◆ pasar por/cerca de ◆ atenerse a; **to go by the rules,** atenerse a las normas

■ **go down 1** *vi* ◆ bajar ◆ *(un neumático)* desinflarse ◆ *(un barco, una empresa)* hundirse ◆ *(el sol, la luna)* ponerse ◆ **to go down well/badly,** ser bien/mal acogido,-a ◆ **to go down in history,** ser recordado | 2 *vtr* bajar

■ **go down with** *vtr (una enfermedad)* coger

■ **go for** *vtr* ◆ ir a buscar: **he's gone for the paper,** ha ido a por el periódico ◆ atacar ◆ entusiasmarse por ◆ optar por ◆ aplicarse a: **that goes for everyone,** eso vale para todos

■ **go in** *vi* entrar, caber

■ **go in for** *vtr* ◆ *(una actividad)* dedicarse a ◆ *(un concurso)* presentarse a

■ **go into** *vtr* ◆ entrar en ◆ *(recursos)* invertir en ◆ investigar ◆ **to go into politics,** dedicarse a la política

■ **go off 1** *vi* ◆ marcharse ◆ *(una bomba)* explotar ◆ *(una alarma)* sonar ◆ *(ali-*

mentos) estropearse, pasarse ◆ *(una luz, máquina)* apagarse | **2** *vtr* ◆ **to go off the subject,** salirse del tema ◆ **I've gone off her,** ya no me gusta

■ **go on 1** *vi* ◆ *(ocurrir)* pasar, suceder: **what's going on?,** ¿qué está pasando? ◆ continuar ◆ *(el tiempo)* pasar, transcurrir ◆ *(una luz, máquina)* encenderse ◆ hablar sin parar [**about,** de] ◆ quejarse constantemente [**about,** de] | **2** *vtr* basarse en

> Puedes usar **to go on** con un infinitivo si quieres decir *hacer algo a continuación* (**he went on to talk about his adventures in the war,** *después habló de sus aventuras en la guerra*) o con un gerundio cuando quieres decir *continuar, seguir*: **He went on talking for two hours.** *Siguió hablando durante dos horas.*

■ **go out** *vi* ◆ salir; **to go out to eat,** comer *o* cenar fuera ◆ *(chico y chica)* salir juntos ◆ *(una luz, un fuego)* apagarse ◆ *TV Rad* transmitirse ◆ pasar de moda

■ **go over** *vtr* ◆ *(un puente, río)* cruzar ◆ *(revisar)* repasar

■ **go over to** *vtr* acercarse a: **he's gone over to Labour,** se ha pasado a los Laboristas

■ **go past** *vtr* & *vi* → **go by**

■ **go round** *vi* → **go around**

■ **go through 1** *vtr* ◆ *(un bosque, campo, etc)* pasar por ◆ *(dificultades)* experimentar, pasar ◆ gastar: **we've gone through $300 this week,** nos hemos gastado $300 esta semana ◆ *(un texto)* revisar | **2** *vi (una ley, etc)* aprobarse

■ **go through with** *vtr* llevar a cabo, seguir adelante

■ **go together** *vi* ir juntos, armonizar

■ **go under 1** *vi (un barco, una empresa)* hundirse | **2** *vtr* pasar por debajo de ◆ **to go under the name of,** conocerse por

■ **go up** *vi* ◆ subir ◆ *(una persona a otra)* acercarse ◆ *(un edificio)* construirse

■ **go with** *vtr* ◆ acompañar, ir con ◆ *(colores, ropa)* armonizar con

■ **go without 1** *vtr* ◆ pasarse sin, prescindir de: **you'll have to go without it,** tendrás que arreglártelas sin ello | **2** *vi* pasárselas, aguantar sin nada

goad [gəʊd] *vtr* aguijonear

go-ahead ['gəʊəhed] *fam n* luz verde

goal [gəʊl] *n* ◆ *Dep* gol; **g. kick,** saque de puerta; **(g.) post,** poste; **g. scorer,** goleador,-ora ◆ meta, objetivo

goalkeeper ['gəʊlkiːpə'] *n* portero,-a

goat [gəʊt] *n (hembra)* cabra; *(macho)* macho cabrío

gobble ['gɒbəl] *vtr* engullir, tragarse

go-between ['gəʊbɪtwiːn] *n* intermediario,-a

goblet ['gɒblɪt] *n* copa

god [gɒd] *n* ◆ dios; **G.,** Dios; **G. willing,** Dios mediante; **thank G. that...,** menos mal que... *o* gracias a Dios que... ◆ *Teat* **the gods** *pl,* el gallinero ◆ *(en exclamaciones)* **for G.'s sake!,** ¡por Dios!; **G. forbid,** ¡Dios no lo quiera!; **G. knows why/who/when/what/how,** sabe Dios por qué/quién/cuándo/qué/cómo; **good G.!,** *o* **(my) G.!,** ¡Dios mío!, ¡Dios santo!

godchild ['gɒdtʃaɪld] *n* ahijado,-a

goddaughter ['gɒddɔːtə'] *n* ahijada

goddess ['gɒdɪs] *n* diosa

godfather ['gɒdfɑːðə'] *n* padrino

godforsaken ['gɒdfəseɪkən] *adj* dejado,-a de la mano de Dios

godmother ['gɒdmʌðə'] *n* madrina

godparents ['gɒdpeərənts] *npl* padrinos

godsend ['gɒdsend] *n* bendición del cielo

godson ['gɒdsʌn] *n* ahijado

goggles ['gɒgəlz] *npl* gafas (protectoras)

going ['gəʊɪŋ] **1** *adj* ◆ *(precio, tipo)* vigente, corriente ◆ *Com* **a g. concern,** un negocio en marcha ◆ **to keep g.,** aguantar ◆ disponible: **is there any work g.?,** ¿hay trabajo? | **2** *n* ◆ progreso, paso: **that's good g.,** no está nada mal; **this book is heavy g.,** este libro es muy pesado ◆ *fig* **let's buy it while the g.'s good,** vamos a comprarlo mientras podamos

goings-on [gəʊɪŋz'ɒn] *npl fam* tejemanejes

gold [gəʊld] **1** *n* oro; **g. digger,** cazafortunas; **g. disc,** disco de oro; **g. dust,** oro en polvo; **g. leaf,** pan de oro | **2** *adj* de oro; *(color)* oro, dorado,-a

golden ['gəʊldən] *adj* de oro; *(color)* dorado,-a; *Orn* **g. eagle,** águila real; *fig* **g. handshake,** gratificación al jubilarse; **g. rule,** regla de oro; **g. wedding,** bodas de oro

goldfish ['gəʊldfɪʃ] *n* pez de colores; **g. bowl,** pecera

gold-plated [gəʊld'pleɪtɪd] *adj* chapado,-a en oro

goldsmith ['gəʊldsmɪθ] *n* orfebre
golf [gɒlf] *n Dep* golf; **g. ball,** pelota de golf; **g. club,** *(implemento)* palo de golf; *(sociedad, sitio)* club de golf; **g. course,** campo *o* cancha de golf
golfer ['gɒlfə'] *n* golfista
gone [gɒn] ◆ *pp* → **go** ◆ *adj* desaparecido,-a
gonna ['gɒnə] *fam* → **going to** *(futuro)*
good [gʊd] **1** *adj (better, best)* ◆ bueno,-a; **a g. book,** un buen libro; **a g. memory,** buena memoria; **a g. mood,** buen humor; **have a g. time,** que lo pases bien ◆ *(moralmente)* bueno,-a; **she's a g. person,** es una buena persona; **he's no good,** es malo, es mala gente; **G. Friday,** Viernes Santo ➢ Ver nota en **bien** ◆ provechoso,-a: **oranges are g. for you,** las naranjas son buenas para la salud; **g. to eat,** bueno para comer ◆ bien: **I feel g.,** me siento bien; **you look g.,** tienes buen aspecto; **it smells g.,** huele bien ◆ útil: **a g. advice,** un buen consejo ◆ oportuno: **it's a g. job that...,** menos mal que... ◆ suficiente; **in g. time,** con suficiente tiempo ◆ hábil: **she's g. at drawing,** dibuja bien ◆ amable: **that was g. of you,** fue muy amable de tu parte; **g. old Juan,** el bueno de Juan ◆ educado,-a; **to be g.,** portarse bien ◆ *(con números/cantidades)* al menos: **it will take a g. hour,** llevará al menos una hora; **a g. deal of,** mucho(s) ◆ *(uso enfático)* **they gave him a g. beating,** le dieron una buena paliza ◆ casi: **he was as g. as dead,** estaba prácticamente muerto ◆ *(saludos)* **g. afternoon, g. evening,** buenas tardes; **g. morning,** buenos días; **g. night,** buenas noches ◆ *excl* **g.!,** ¡bien!; **g for you!** ¡bien hecho!; **g. God, g. Lord,** ~ Dios mío!; **g. heavens,** ~ Santo cielo ◆ **to make g.** *(un daño)* reparar; *(una pérdida)* compensar; *(tener éxito)* triunfar | **2** *n* ◆ *(moral)* to be up to no g., estar tramando algo malo; **to do g.,** hacer el bien; **g. and evil,** el bien y el mal ◆ beneficio: **it will do you g.,** te hará bien; **what's the good of lying?,** ¿de qué sirve mentir?; **for the good of...,** por el bien de... ◆ utilidad: **this computer is no g.,** este ordenador no sirve para nada ◆ **for g.,** para siempre ◆ **goods** *pl,* mercancías, bienes, géneros
goodbye ['gʊdbaɪ] **1** *excl* ¡adiós! | **2** *n* adiós, despedida; **to say g. to sb,** despedirse de alguien

good-for-nothing ['gʊdfənʌθɪŋ] *adj & n* inútil
good-humoured [gʊd'hju:məd] *adj* afable, jovial, de buen humor
good-looking [gʊd'lʊkɪŋ] *adj* guapo,-a
good-natured [gʊd'neɪtʃəd] *adj* afable, bondadoso,-a
goodness ['gʊdnɪs] *n* ◆ bondad ◆ **my g.!,** ¡Dios mío!; **thank g. (that...),** , gracias a Dios (que...)
good-tempered [gʊd'tempəd] *adj* apacible, ecuánime
goodwill [gʊd'wɪl] *n* buena voluntad
goose [gu:s] *n (pl* **geese** [gi:s]) ganso, oca
gooseberry ['gʊzbərɪ] *n* grosella espinosa ◆ | LOC: *fam* **she always plays g.,** siempre hace de carabina
goosepimples ['gu:spɪmpəlz] *npl,* **gooseflesh** ['gu:sfleʃ] *n* carne/piel de gallina
gore[1] [gɔ:'] *n Cine, etc* sangre (espesa)
gore[2] [gɔ:'] *vtr Taur* cornear
gorge [gɔ:dʒ] **1** *n Geol* cañón, desfiladero | **2** *vtr & vi* **to g. (oneself),** atiborrarse [**on,** de]
gorgeous ['gɔ:dʒəs] *adj (día)* magnífico,-a, estupendo,-a; *(persona)* precioso,-a, guapísimo,-a
gorilla [gə'rɪlə] *n* gorila
gory ['gɔ:rɪ] *adj (gorier, goriest)* sangriento,-a
gosh [gɒʃ] *excl fam* ¡cielos!, ¡Dios mío!
go-slow [gəʊ'sləʊ] *n* huelga de celo
gospel ['gɒspəl] *n* evangelio; **the G.,** el Evangelio
gossip ['gɒsɪp] **1** *n* ◆ *(persona)* cotilla, chismoso,-a ◆ *(rumor)* chismes, cotilleo | **2** *vi* cotillear, chismorrear [**about,** de]
got [gɒt] *ps & pp* → **get**
Gothic ['gɒθɪk] *adj* gótico,-a
gotten ['gɒtən] *pp US* → **get**
gout [gaʊt] *n* gota
govern ['gʌvən] *vtr* ◆ gobernar ◆ *(una decisión)* guiar ◆ *Ling* regir
governess ['gʌvənɪs] *n* institutriz, gobernanta
government ['gʌvənmənt] *n* gobierno
governmental [gʌvən'mentəl] *adj* gubernamental
governor ['gʌvənə'] *n (de un país, banco)* gobernador,-ora; *(de cárcel, castillo)* alcaide, director,-ora
gown [gaʊn] *n* vestido largo; *Jur Univ* toga; *(de un hospital, etc)* bata
GP [dʒi:'pi:] *(abr de **general practitioner**)* médico de cabecera

grab [græb] **1** *vtr* ♦ asir, agarrar ♦ *fig* comer deprisa: **I've got time to g. a sandwich,** tengo tiempo para comerme un sándwich ♦ | LOC: **how does that g. you?,** ¿qué te parece eso? | **2** *n* ♦ agarre ♦ | LOC: **the job's up for grabs,** el trabajo está a disposición de quien lo quiera

grace [greɪs] *n* ♦ gracia, elegancia ♦ cortesía: **he accepted defeat with good g.,** aceptó su derrota de buen grado ♦ bendición; **to say g.,** bendecir la mesa; **by the g. of God,** por la gracia de Dios ♦ *Fin* gracia; **a month's g.,** un mes de gracia ♦ *(a un arzobispo)* **Your G.,** (Su) Ilustrísima

graceful ['greɪsfʊl] *adj* ♦ elegante, grácil ♦ cortés

gracefully ['greɪsfʊlɪ] *adv* ♦ con gracia, con elegancia ♦ con cortesía

gracious ['greɪʃəs] **1** *adj* ♦ *(estilo de vida)* elegante, lujoso,-a ♦ cortés | **2** *excl* **good g. (me)!,** ¡Dios mío!

grade [greɪd] **1** *n* ♦ calidad ♦ *(en una escala)* grado; **grade A cherries,** cerezas de primera; *(de jerarquía)* categoría ♦ *Educ* nota ➢ Ver nota en **nota** ♦ *US Educ* clase; *US* **g. school,** escuela primaria ♦ nivel: **she finally made the g.,** al fin llegó al nivel deseado ♦ *US* cuesta | **2** *vtr* clasificar

gradient ['greɪdɪənt] *n* cuesta, pendiente

gradual ['grædjʊəl] *adj* gradual, paulatino,-a

gradually ['grædjʊəlɪ] *adv* poco a poco

graduate ['grædjʊɪt] **1** *n* ♦ *Univ* licenciado,-a; *US* **to go to g. school,** hacer un curso de posgrado ♦ *US Educ* ≈ bachiller | **2** *vi* ['grædjʊeɪt] ♦ *Univ* licenciarse [**in,** en] ♦ *US Educ* ≈ terminar los estudios de bachillerato ♦ ascender: **he graduated to professor in 1989,** ascendió a catedrático en 1989 | **3** *vtr* graduar

graduation [grædjʊ'eɪʃən] *n* (ceremonia de) graduación

graffiti [grə'fiːtiː] *npl* grafiti

graft [grɑːft] **1** *n* ♦ *Bot Med* injerto ♦ corrupción ♦ *fam* trabajo duro | **2** *vtr Bot Med* injertar [**into, on to,** en] | **3** *vi fam (trabajar duro)* currar

grain [greɪn] *n* ♦ *Bot Agr* cereal ♦ *(de arena, sal)* grano; *fig* **he hasn't got a g. of intelligence,** no tiene un ápice de inteligencia ♦ *(de madera)* veta, veteado ♦ | LOC: **it goes against the g.,** va en contra de mis principios

gram [græm] *n* gramo

grammar ['græməʳ] *n* ♦ *Ling* gramática; **g. (book),** libro de gramática ♦ **g. school,** colegio/instituto de enseñanza secundaria (con examen de ingreso)

grammatical [grə'mætɪkəl] *adj* gramatical

gramme [græm] *n* gramo

gramophone ['græməfəʊn] *n* gramófono

granary ['grænərɪ] *n* granero

grand [grænd] **1** *adj* ♦ *(edificio, etc)* magnífico,-a, grandioso,-a; **G. Canyon,** Gran Cañón ♦ *(persona)* distinguido,-a, importante ♦ global; **g. total,** total ♦ especial, grande; **g. opera,** (gran) ópera; **g. piano,** piano de cola ♦ *fam* estupendo,-a | **2** *n* ♦ piano de cola ♦ *argot US* mil dólares

grandchild ['græntʃaɪld] *n* nieto,-a

granddad ['grændæd] *n fam* abuelito

granddaughter ['grændɔːtəʳ] *n* nieta

grandeur ['grændʒəʳ] *n* grandeza, esplendor

grandfather ['grænfɑːðəʳ] *n* abuelo; **g. clock,** reloj de pie

grandiose ['grændɪəʊs] *adj* ostentoso,-a

grandma ['grænmɑː] *n fam* abuelita

grandmother ['grænmʌðəʳ] *n* abuela

grandpa ['grænpɑː] *n fam* abuelito

grandparents ['grænpeərənts] *npl* abuelos

grandson ['grænsʌn] *n* nieto

grandstand ['grænstænd] *n Dep* tribuna

granite ['grænɪt] *n* granito

granny ['grænɪ] *n fam* abuelita

grant [grɑːnt] **1** *vtr* ♦ *(un derecho)* conceder, otorgar ♦ admitir: **I g. that she has big ears, but...,** de acuerdo, tiene las orejas grandes, pero... ♦ **I take it for g. that you will come,** doy por sentado que vendrás | **2** *n* ♦ *Educ* beca ♦ *(para un proyecto)* subvención

granulated ['grænjʊleɪtɪd] *adj* granulado,-a

granule ['grænjuːl] *n* gránulo

grape [greɪp] *n* uva

grapefruit ['greɪpfruːt] *n* pomelo

grapevine ['greɪpvaɪn] *n* ♦ *Bot* parra ♦ | LOC: **we heard on the g. that...,** un pajarito nos dijo que...

graph [grɑːf, græf] *n* gráfica

graphic ['græfɪk] *adj* gráfico,-a; **g. account,** relato gráfico; **g. designer,** diseñador,-ora gráfico,-a

graphics ['græfɪks] *n Inform Arte* gráficos

grapple ['græpəl] *vi (con una persona)* forcejear; *(con un problema)* tratar de resolver

grasp [grɑːsp] 1 *vtr* ◆ *(asir)* agarrar ◆ comprender | 2 *n* ◆ agarrón, apretón ◆ conocimientos, comprensión ◆ alcance: **it is within your g.,** está a tu alcance

grasping ['grɑːspɪŋ] *adj* codicioso,-a

grass [grɑːs] 1 *n* ◆ *Bot* hierba; *(en un parque)* césped; *Agr* pasto; *Dep* **g. court,** pista de hierba ◆ *Pol (de un partido)* **g. roots,** las bases ◆ *argot* soplón,-ona ◆ *argot* marijuana, hierba | 2 *vi GB argot* delatar [**on, a**]

grasshopper ['grɑːʃɒpəʳ] *n* saltamontes

grassland ['grɑːslænd] *n* pradera, dehesa

grassy ['grɑːsɪ] *adj (grassier, grassiest)* cubierto,-a de hierba

grate[1] [greɪt] 1 *vtr Culin* rallar | 2 *vi* rechinar

grate[2] [greɪt] *n* chimenea, hogar

grateful ['greɪtfʊl] *adj* agradecido,-a: **I would be g. for your help,** agradecería tu ayuda

grater ['greɪtəʳ] *n Culin* rallador

gratification [grætɪfɪ'keɪʃən] *n* ◆ placer, satisfacción ◆ gratificación, recompensa

gratify ['grætɪfaɪ] *vtr* ◆ complacer, gratificar ◆ *(un capricho, etc)* satisfacer

gratifying ['grætɪfaɪɪŋ] *adj* grato,-a

grating[1] ['greɪtɪŋ] *n* rejilla, reja

grating[2] ['greɪtɪŋ] *adj (voz)* áspero,-a, chillón,-ona

gratitude ['grætɪtjuːd] *n* gratitud, agradecimiento

gratuitous [grə'tjuːɪtəs] *adj* gratuito,-a

grave[1] [greɪv] *adj (mirada)* solemne; *(peligro, etc)* grave

grave[2] [greɪv] *n* ◆ sepultura, tumba ◆ | LOC: **Shakespeare would turn in his g.,** si Shakespeare levantara la cabeza...

gravel ['grævəl] *n* grava, gravilla

gravestone ['greɪvstəʊn] *n* lápida

graveyard ['greɪvjɑːd] *n* cementerio, camposanto

gravity ['grævɪtɪ] *n* gravedad

gravy ['greɪvɪ] *n* salsa, jugo (de la carne asada)

gray [greɪ] *adj & n US* → **grey**

graze[1] [greɪz] 1 *vtr (herirse)* arañar, raspar; *(tocar de paso)* rozar | 2 *n* rasguño

graze[2] [greɪz] *vi Agr* pacer, pastar

grease [griːs] 1 *n* ◆ grasa ◆ lubricante | 2 *vtr* engrasar

greasy ['griːsɪ] *adj (greasier, greasiest)* ◆ *(sucio)* grasiento,-a ◆ *(pelo, piel)* graso,-a ◆ *(comida)* graso,-a, aceitoso,-a ◆ *fam* pelotillero,-a

great [greɪt] 1 *adj* ◆ grande; **G. Britain,** Gran Bretaña; **the g. majority,** la gran mayoría; **a g. many,** muchos,-as ◆ importante: **he was a g. writer,** fue un gran escritor ◆ *(emoción, calor, etc)* fuerte, intenso,-a ◆ *fam* estupendo,-a, magnífico,-a: **we had a g. time,** lo pasamos fenomenal | 2 *adv fam* fenomenal

great-aunt [greɪt'ɑːnt] *n* tía abuela

great-grandchild [greɪt'græntʃaɪld] *n* bisnieto,-a

great-grandfather [greɪt'grænfɑːðəʳ] *n* bisabuelo

great-grandmother [greɪt'grænmʌðəʳ] *n* bisabuela

greatly ['greɪtlɪ] *adv* muy, mucho

greatness ['greɪtnɪs] *n* grandeza

great-uncle [greɪt'ʌŋkəl] *n* tío abuelo

Greece [griːs] *n* Grecia

greed [griːd], **greediness** ['griːdɪnɪs] *n* ◆ *(por la comida)* glotonería, gula ◆ *(por el dinero)* codicia, avaricia ◆ *(por el poder)* avidez

greedily ['griːdɪlɪ] *adv* ◆ ávidamente ◆ con gula

greedy ['griːdɪ] *adj (greedier, greediest)* ◆ *(de comida)* glotón,-ona ◆ *(de dinero)* codicioso,-a [**for,** de] ◆ *(de poder)* ávido,-a

Greek [griːk] 1 *adj* griego,-a | 2 *n* ◆ *(persona)* griego,-a ◆ *(idioma)* griego

green [griːn] 1 *n* ◆ *(color)* verde ◆ césped; *Golf* green ◆ verdura(s); *Pol* **the Greens,** los verdes | 2 *adj* ◆ verde; **g. bean,** judía verde; **g. pepper,** pimiento verde; **g. salad,** ensalada verde ◆ *(sin experiencia)* novato,-a, ingenuo,-a ◆ | LOC: **to be g. with envy,** morirse de envidia

greenery ['griːnərɪ] *n* follaje

greengage ['griːngeɪdʒ] *n* ciruela claudia

greengrocer ['griːngrəʊsəʳ] *n* ◆ frutero,-a ◆ **g.'s (shop),** frutería

greenhouse ['griːnhaʊs] *n* invernadero; **g. effect,** efecto invernadero

greenish ['griːnɪʃ] *adj* verdoso,-a

greet [griːt] *vtr* ◆ *(a otra persona)* saludar, dar la bienvenida ◆ *(reacción)* recibir, acoger

greeting ['gri:tɪŋ] *n* ◆ saludo, bienvenida; **greetings card,** tarjeta de felicitación ◆ recibimiento

gregarious [grɪ'geərɪəs] *adj* gregario,-a, sociable

grenade [grɪ'neɪd] *n* granada

grew [gru:] *ps* → **grow**

grey [greɪ] **1** *adj (color, cielo)* gris; *(pelo)* cano,-a: **he's going g.,** le están saliendo canas; *(caballo)* rucio,-a; **a g. area,** zona gris, asunto poco definido | **2** *n (color)* gris

grey-haired ['greɪheəd] *adj* canoso,-a

greyhound ['greɪhaʊnd] *n* galgo

greyish ['greɪɪʃ] *adj* grisáceo,-a

grid [grɪd] *n* ◆ reja ◆ *Geog* cuadrícula; **g. reference,** coordenadas ◆ *(electricidad)* red de suministro

grief [gri:f] *n* dolor, pena; **good g.!,** ¡cielo santo! ◆ | LOC: **you'll come to g. one day,** vas a acabar mal

grief-stricken ['gri:fstrɪkən] *adj* desconsolado,-a

grievance ['gri:vəns] *n* (motivo de) queja

grieve [gri:v] **1** *vtr* dar pena a | **2** *vi* apenarse, afligirse; **to g. for sb,** llorar a alguien

grievous ['gri:vəs] *adj* ◆ *(pérdida)* penoso,-a ◆ *(crimen, error)* grave

grill [grɪl] **1** *n* ◆ grill, parrilla ◆ *(plato)* parrillada | **2** *vtr* ◆ *Culin* asar a la parrilla ◆ *fam* interrogar sin piedad

grill(e) [grɪl] *n* reja, rejilla

grim [grɪm] *adj (grimmer, grimmest)* ◆ *(persona, aire)* adusto,-a, severo,-a ◆ *(perspectiva)* desalentador,-ora ◆ *(sitio)* lúgubre, sombrío,-a ◆ *(determinación)* inexorable ◆ *(lucha, batalla)* denodado,-a ◆ *fam* mal, enfermo; **to feel g.,** encontrarse fatal

grimace [grɪ'meɪs] **1** *n* mueca | **2** *vi* hacer una mueca

grime [graɪm] *n* mugre, suciedad

grimy ['graɪmɪ] *adj (grimier, grimiest)* mugriento,-a

grin [grɪn] **1** *vi* ◆ sonreír abiertamente ◆ | LOC: **to g. and bear it,** poner al mal tiempo buena cara | **2** *n* sonrisa abierta

grind [graɪnd] **1** *vtr (ps & pp* **ground***) (café, trigo)* moler; *(carne)* picar; *(un cuchillo)* afilar; *(los dientes)* hacer rechinar | **2** *vi (hacer ruido)* rechinar, chirriar: **the factory ground to a halt,** poco a poco la fábrica se paró | **3** *n fam* trabajo pesado *o* aburrido: **back to the g.!,** ¡de vuelta al yugo!; **what a g.!,** ¡qué rollo!

grinder ['graɪndə'] *n* **coffee g.,** molinillo de café

grip [grɪp] **1** *n* ◆ *(asimiento)* apretón: **keep a firm g. on your handbag,** agarra fuerte el bolso ◆ *(de un neumático)* adherencia, agarre ◆ control: **the town is in the g. of an epidemic,** la ciudad está paralizada por una epidemia; **to get a g. on sthg,** llegar a controlar algo ◆ empuñadura ◆ bolsa de viaje ◆ horquilla, pasador | **2** *vtr* ◆ agarrar, asir; *(la mano)* apretar ◆ *fig* absorber la atención de: **the audience was gripped by the film,** la película acaparó la atención del público

gripe [graɪp] **1** *vi fam* refunfuñar | **2** *n fam* queja

gripping ['grɪpɪŋ] *adj* apasionante

grisly ['grɪzlɪ] *adj (grislier, grisliest)* espeluznante, horripilante, macabro,-a

gristle ['grɪsəl] *n* cartílago, ternilla

grit [grɪt] **1** *n* ◆ gravilla, arena ◆ *fam* valor, agallas | **2** *vtr (los dientes)* hacer rechinar ◆ | LOC: **he gritted his teeth,** apretó los dientes

gritty ['grɪtɪ] *adj (grittier, grittiest)* ◆ arenoso,-a ◆ valiente

grizzly ['grɪzlɪ] **grizzly bear** ['grɪzlɪbə'] *n* oso pardo

groan [grəʊn] **1** *n* ◆ *(de sufrimiento)* gemido ◆ *fam (de irritación)* rezongo, gruñido | **2** *vi* ◆ *(de dolor)* gemir ◆ *fam* refunfuñar *(about,* de]

grocer ['grəʊsə'] *n* ◆ tendero,-a ◆ **g.'s (shop),** tienda de ultramarinos

groceries ['grəʊsərɪz] *npl* provisiones

grocery ['grəʊsərɪ] *n* tienda de ultramarinos; *US* **g. store,** supermercado

groggy ['grɒgɪ] *adj (groggier, groggiest) fam* grogui, aturdido,-a

groin [grɔɪn] *n* ingle

groom [gru:m] **1** *n* ◆ *(para caballos)* mozo,-a de cuadra ◆ *(en una boda)* novio | **2** *vtr* ◆ arreglar *(en voz pasiva)* **she is always beautifully groomed,** siempre está muy elegante ◆ *(un caballo)* almohazar ◆ preparar: **they began to g. her for stardom,** empezaron a prepararla para el estrellato

groove [gru:v] *n* ◆ *(de un tornillo, etc)* ranura ◆ *(de un disco)* surco

grope [grəʊp] *vi* ◆ andar a tientas: **I'm groping for an example,** estoy buscando un ejemplo ◆ *argot* sobar, meter mano

gross [grəʊs] **1** *adj* ◆ *(exageración)* burdo,-a; *(ignorancia)* craso,-a; *(injusticia)* flagrante ◆ *(persona, comentario)* asquero-

grossly

so,-a; *(chiste)* soez ◆ obeso,-a ◆ *Com Econ* bruto,-a; **G. National Product,** producto nacional bruto | 2 *vtr* **he grossed a million dollars,** ganó un millón de dólares brutos

grossly ['grəʊslɪ] *adv* extremadamente
grotesque [grəʊ'tesk] *adj* grotesco,-a
ground[1] [graʊnd] *adj (café)* molido,-a; *US (carne)* picado,-a
ground[2] [graʊnd] 1 *n* ◆ suelo, tierra; **g. floor,** planta baja; **g. level,** nivel del suelo; **on/under the g.,** en/bajo el suelo; **to get off the g.,** *Av* despegar, *fig* realizarse *o* poner en marcha ◆ terreno; **to gain-/lose g.,** ganar/perder terreno ◆ asunto: **we covered this g. earlier,** hablamos antes de este asunto ◆ *US Eléc* tierra ◆ **grounds** *pl*, jardines; *Dep* **football g.,** campo de fútbol; **sports g.,** campo deportivo ◆ motivo; **on health grounds,** por motivos de salud ◆ **coffee grounds,** posos de café | 2 *vtr* ◆ *Av* retirar del servicio; *Naut* encallar ◆ *US Elec* conectar a tierra

grounding ['graʊndɪŋ] *n (conocimiento previo, elemental)* base
groundless ['graʊndlɪs] *adj* infundado,-a
groundswell ['graʊndswlel] *n* ◆ *Náut* mar de leva/de fondo ◆ *(de opinión)* oleada
groundwork ['graʊndwɜːk] *n* trabajo preliminar
group [gruːp] 1 *n* agrupación, grupo, conjunto | 2 *vtr* agrupar [**into,** en] | 3 *vi* **to g. (together),** agruparse
grouping ['gruːpɪŋ] *n* agrupación
grouse[1] [graʊs] *n Orn* urogallo
grouse[2] [graʊs] *fam* 1 *vi* quejarse [**about, de**] | 2 *n* queja
grove [grəʊv] *n* arboleda; **olive g.,** olivar; **orange g.,** naranjal
grovel ['grɒvəl] *vi* humillarse [**to,** ante]; postrarse [**to,** ante]
grow [grəʊ] 1 *vi* ◆ *(el pelo, una persona, planta)* crecer ◆ *(hacerse más grande)* aumentar ◆ hacerse, volverse; **to g. cold,** enfriarse *o* empezar a tener frío; **to g. dark,** oscurecer; **to g. worse,** empeorar | 2 *vtr (ps* **grew;** *pp* **grown)** *(plantas)* cultivar; **to g. a beard/one's hair,** dejarse crecer la barba/el pelo

■ **grow out of** *vtr* ◆ **she grew out of her clothes,** la ropa se le quedó pequeña ◆ *fig (un hábito, etc)* perder con el tiempo

■ **grow up** *vi* ◆ criarse ◆ hacerse mayor, madurar

growing ['grəʊɪŋ] *adj (cantidad)* cada vez mayor; *(ciudad, problema)* creciente ◆ *(niño)* en edad de crecer
growl [graʊl] 1 *n* gruñido, rugido | 2 *vi* gruñir, rugir
grown [grəʊn] *adj* crecido,-a, adulto,-a; **a g. man,** un hombre hecho y derecho
grown-up ['grəʊnʌp] *adj & n* ◆ adulto,-a ◆ maduro,-a
growth [grəʊθ] *n* ◆ *(de número)* aumento; *(de tamaño)* crecimiento; *(de economía)* desarrollo, expansión ◆ *Med* bulto, tumor
grub [grʌb] *n* ◆ *Zool* larva ◆ *argot* comida
grubby ['grʌbɪ] *adj* (**grubbier, grubbiest**) sucio,-a; *(papel, etc)* manoseado,-a
grudge [grʌdʒ] 1 *n* rencilla, rencor; **to hold a g. against sb,** guardarle rencor a alguien | 2 *vtr* ◆ dar de mala gana ◆ **to g. sb sthg,** envidiar algo a alguien
grudgingly ['grʌdʒɪŋlɪ] *adv* a regañadientes
gruelling, *US* **grueling** ['gruːəlɪŋ] *adj* agotador,-ora, penoso,-a
gruesome ['gruːsəm] *adj* espantoso,-a, horripilante
gruff [grʌf] *adj* ◆ *(voz)* áspero,-a ◆ *(persona)* brusco,-a
grumble ['grʌmbəl] 1 *vi* refunfuñar | 2 *n* queja
grumpy ['grʌmpɪ] *adj* (**grumpier, grumpiest**) gruñón,-ona, malhumorado,-a
grunt [grʌnt] 1 *vi* gruñir | 2 *n* gruñido
G-string ['dʒiːstrɪŋ] *n* tanga
guarantee [gærən'tiː] 1 *n* ◆ garantía | 2 *vtr* ◆ garantizar ◆ *Fin* avalar ◆ asegurar
guard [gɑːd] 1 *vtr* ◆ *(un preso, edificio)* vigilar ◆ *(una persona, reputación)* defender, proteger [**from,** de *o* contra] | 2 *n* ◆ *(vigilancia)* guardia; **to be on g. (duty),** estar de guardia; **to drop one's g.,** bajar la guardia ◆ *(persona)* guardia; **g. dog,** perro guardián; **security g.,** guardia jurado; *(grupo)* guardia; **g. of honour,** guardia de honor ◆ *GB Ferroc* jefe,-a del tren

■ **guard against** *vtr (protegerse)* guardarse de

guarded ['gɑːdɪd] *adj* precavido,-a, cauteloso,-a
guardhouse ['gɑːdhaʊs] *n Mil* ◆ cuartel ◆ prisión militar
guardian ['gɑːdɪən] *n* ◆ guardián,-ana: **she's my g. angel,** es mi ángel de la guarda ◆ *Jur (de un menor)* tutor,-ora

Guatemala [gwɑːtəˈmɑːlə] *n* Guatemala
Guatemalan [gwɑːtəˈmɑːlən] *adj* & *n* guatemalteco,-a
guer(r)illa [gəˈrɪlə] *n* guerrillero,-a; **g. war**, guerra de guerrillas
guess [ges] 1 *vtr* & *vi* ◆ adivinar: **g. what's happened!**, ¡adivina lo que ha pasado!; **she guessed right/wrong**, acertó/no acertó ◆ *fam* suponer: **I g. not**, supongo que no | 2 *n* conjetura: **have a g.**, adivina ◆ | LOC: **your g. is as good as mine**, vete tú a saber *o* a saber quién tiene razón
guesswork [ˈgeswɜːk] *n* conjeturas
guest [gest] *n* ◆ *(visitante)* invitado,-a ◆ *(de un hotel)* huésped(a) cliente,-a; **g. star**, estrella invitada
guesthouse [ˈgesthaʊs] *n* casa de huéspedes
guffaw [gʌˈfɔː] *vi* reírse a carcajadas
guidance [ˈgaɪdəns] *n* orientación, consejos; **to give sb g. (on sthg)**, aconsejar a alguien sobre algo
guide [gaɪd] 1 *vtr* guiar, dirigir | 2 *n* ◆ *(persona)* guía; *GB* **G.**, exploradora; **g. dog**, perro lazarillo ◆ *(libro)* guía
guidebook [ˈgaɪdbʊk] *n* guía
guided [ˈgaɪdɪd] *adj* dirigido,-a, guiado,-a; **g. missile**, misil teledirigido; **g. tour**, visita/excursión guiada
guideline [ˈgaɪdlaɪn] *n* pauta
guild [gɪld] *n* gremio
guillotine [ˈgɪlətiːn] *n* guillotina
guilt [gɪlt] *n* ◆ culpa ◆ *Jur* culpabilidad
guilty [ˈgɪltɪ] *adj (guiltier, guiltiest)* culpable **(of**, de); **to plead g.**, confesarse culpable
guinea-pig [ˈgɪnɪpɪg] *n* ◆ *Zool* conejillo de Indias, cobaya ◆ *fig (persona objeto de experimentos)* cobaya
guitar [gɪˈtɑːʳ] *n* guitarra
guitarist [gɪˈtɑːrɪst] *n* guitarrista
gulf [gʌlf] *n* ◆ golfo; **G. Stream**, Corriente del Golfo; **Persian G.**, Golfo Pérsico ◆ *fig* abismo
gull [gʌl] *n* gaviota
gull(e)y [ˈgʌlɪ] *n* barranco
gullible [ˈgʌləbəl] *adj* crédulo,-a
gulp [gʌlp] 1 *n* trago; **to drink sthg at one gulp**, beberse algo de un trago | 2 *vtr* tragar; *(un líquido)* beber de un trago; *(comida)* engullir | 3 *vi* tragar saliva
gum[1] [gʌm] 1 *n* goma; **chewing g.**, chicle | 2 *vtr* pegar con goma
gum[2] [gʌm] *n Anat* encía

gumboots [ˈgʌmbuːts] *npl* botas de goma
gun [gʌn] *n* arma de fuego (pistola, revólver; rifle, fusil, etc); *(de artillería)* cañón; **machine g.**, ametralladora, metralleta; **shot g.**, escopeta
■ **gun down** *vtr* matar a tiros
gunfire [ˈgʌnfaɪəʳ] *n* disparos, tiroteo; *(de artillería)* cañonazos
gunman [ˈgʌnmən] *n* pistolero
gunpoint [ˈgʌnpɔɪnt] *n* **to rob sb at g.**, robar a alguien a punta de pistola
gunpowder [ˈgʌnpaʊdəʳ] *n* pólvora
gunrunner [ˈgʌnrʌnəʳ] *n* traficante de armas
gunshot [ˈgʌnʃɒt] *n* disparo, tiro
gunsmith [ˈgʌnsmɪθ] *n* armero
gurgle [ˈgɜːgəl] 1 *vi (un líquido)* gorgotear; *(un bebé)* balbucir, cantar | 2 *n (de un líquido)* gorgoteo; *(de un bebé)* balbuceo
guru [ˈgʊruː] *n* gurú
gush [gʌʃ] 1 *vi* ◆ *(un líquido)* chorrear ◆ hablar efusivamente | 2 *n (de un líquido)* chorro
gushing [ˈgʌʃɪŋ] *adj fig (persona)* muy efusivo,-a
gust [gʌst] *n* ráfaga, racha
gusto [ˈgʌstəʊ] *n* entusiasmo
gut [gʌt] 1 *n* ◆ *Anat* intestino, tripa ◆ *argot* barriga ◆ *Med* & *Mús* cuerda de tripa ◆ **guts** *pl*, tripas ◆ | LOC: **he's got real guts**, tiene agallas; **to have a gut reaction**, tener una reacción visceral | 2 *vtr* ◆ *(un pez)* limpiar ◆ destruir el interior de: **the hotel was gutted by fire**, el interior del hotel fue destruido por el incendio
gutter [ˈgʌtəʳ] *n* ◆ *(de una casa)* canalón ◆ *(en la calle)* alcantarilla, cuneta ◆ (los) barrios bajos ◆ | LOC: **the g. press**, la prensa amarilla
guttural [ˈgʌtərəl] *adj* gutural
guy [gaɪ] *n fam* tipo, tío
guzzle [ˈgʌzəl] *vtr fam (comer)* zamparse, engullir; *(beber)* tragar
gym [dʒɪm] *fam* ◆ *(edificio)* gimnasio ◆ *(actividad)* gimnasia
gymnasium [dʒɪmˈneɪzɪəm] *n* gimnasio
gymnast [ˈdʒɪmnæst] *n* gimnasta
gymnastics [dʒɪmˈnæstɪks] *n* gimnasia
gymslip [ˈdʒɪmslɪp] *n (vestido)* pichi
gynaecologist, *US* **gynecologist** [gaɪnɪˈkɒlədʒɪst] *n* ginecólogo,-a
gypsy [ˈdʒɪpsɪ] *adj* & *n* gitano,-a
gyrate [dʒaɪˈreɪt] *vi* girar

H, h [eɪtʃ] *n (letra)* H, h
haberdashery [hæbə'dæʃərɪ] *n* ◆ *GB* artículos de mercería; *(tienda)* mercería ◆ *US* (tienda de) ropa masculina
habit ['hæbɪt] *n* ◆ costumbre, hábito; **bad h.**, vicio ◆ *Rel* hábito
habitable ['hæbɪtəbəl] *adj* habitable
habitat ['hæbɪtæt] *n* hábitat
habitual [hə'bɪtjʊəl] *adj* ◆ habitual ◆ *(mentiroso, jugador)* empedernido,-a
habitually [hə'bɪtjʊəlɪ] *adv* habitualmente
hack [hæk] 1 *n* ◆ corte ◆ *pey & hum (periodista)* gacetillero,-a ◆ *(caballo)* jamelgo | 2 *vtr* cortar a hachazos; **to h. sthg/sb to pieces**, hacer trizas algo/a alguien | 3 *vi Inform* piratear (**into**, -]
hacker ['hækə'] *n Inform* pirata informático,-a
hacksaw ['hæksɔː] *n* sierra para metales
had [hæd] *ps & pp* → **have**
haddock ['hædək] *n* abadejo
hadn't ['hædənt] → **had not**
haemoglobin [hiːməʊ'gləʊbɪn] *n* hemoglobina
haemophilia [hiːməʊ'fɪlɪə] *n* hemofilia
haemophiliac [hiːməʊ'fɪlɪæk] *adj & n* hemofílico,-a
haemorrhage ['hemərɪdʒ] *n* hemorragia
haemorrhoids ['hemərɔɪdz] *npl* hemorroides
hag [hæg] *n pey* bruja, arpía
haggard ['hægəd] *adj* demacrado,-a
haggle ['hægəl] *vi* regatear
hail¹ [heɪl] 1 *n* ◆ *Meteor* granizo ◆ **a h. of bullets**, una lluvia de balas | 2 *vi* granizar
hail² [heɪl] 1 *n* saludo; **H. Mary**, Ave María | 2 *vtr* ◆ *(un taxi)* llamar ◆ *(a una persona)* aclamar [**as**, como] | 2 *vi* **she hails from Wales**, es natural de Gales
hailstone ['heɪlstəʊn] *n* granizo
hailstorm ['heɪlstɔːm] *n* granizada
hair [heə'] *n* ◆ *(de la cabeza)* pelo, cabello; **to get/have one's h. cut**, cortarse el pelo ◆ *(del cuerpo)* vello
hairbrush ['heəbrʌʃ] *n* cepillo de pelo

haircut ['heəkʌt] *n* corte de pelo; **to get a h.**, cortarse el pelo
hairdo ['heəduː] *n fam* peinado: **I like your new h.**, me gusta tu nuevo peinado
hairdresser ['heədresə'] *n* peluquero,-a; **h.'s (shop)**, peluquería
hairdryer, hairdrier ['heədraɪə'] *n* secador (de pelo)
hair-grip ['heəgrɪp] *n* horquilla, pasador
hairline ['heəlaɪn] 1 *adj* muy fino,-a; **a h. crack**, una grieta muy fina | 2 *n* nacimiento del pelo; **to have a receding h.**, tener entradas
hairpiece ['heəpiːs] *n (para hombre)* peluquín; *(para mujer)* postizo
hairpin ['heəpɪn] *n* horquilla; **h. bend**, curva muy cerrada
hair-raising ['heəreɪzɪŋ] *adj* espeluznante
hair-remover ['heərɪmuːvə'] *n* depilatorio
hairspray ['heəspreɪ] *n* laca
hairstyle ['heəstaɪl] *n* peinado
hairy ['heərɪ] *adj* (**hairier, hairiest**) ◆ peludo,-a, velludo,-a ◆ *fam* espeluznante: **what a h. journey!**, ¡vaya viaje más espantoso!
hake [heɪk] *n* merluza
half [hɑːf] 1 *n* (*pl* **halves**) mitad; **an hour and a h.**, hora y media; *Dep (primer/segundo)* tiempo, parte; *fam* **my better/other h.**, mi media naranja | 2 *adj* medio,-a; *Dep* **h. time**, descanso | 3 *pron* medio, la mitad: **just give me h.**, dame sólo la mitad | 4 *adv* medio, a medias; **h. dead**, medio muerto,-a
half-brother ['hɑːfbrʌðə'] *n* hermanastro
half-caste ['hɑːfkɑːst] *adj & n pey* mestizo,-a
half-hearted [hɑːf'hɑːtɪd] *adj* poco entusiasta, desganado,-a
half-mast [hɑːf'mɑːst] *n* **the flag was at h.**, la bandera estaba a media asta
half-sister ['hɑːfsɪstə'] *n* hermanastra
half-time [hɑːf'taɪm] *n Dep* descanso
half-way [hɑːf'weɪ] 1 *adv* ◆ a medio camino, a mitad de camino ◆ | LOC: **to meet**

sb h., llegar a un compromiso con alguien | **2** *adj* intermedio,-a
halfwit ['hɑːfwɪt] *m,f* bobo,-a, imbécil
halibut ['hælɪbət] *n Zool* mero
hall [hɔːl] *n* ♦ *(entrada)* vestíbulo ♦ sala; **concert h.,** sala de conciertos, auditorio ♦ *Univ* residencia de estudiantes ♦ mansión
hallmark ['hɔːlmɑːk] *n* ♦ *(oro, plata)* contraste ♦ *(distintivo)* sello
hallo [hə'ləʊ] *excl* ¡hola!
Hallowe(')en [hæləʊ'iːn] *n* fiesta que se celebra el día 31 de octubre, víspera de la festividad de Todos los Santos
hallucinate [hə'luːsɪneɪt] *vi* alucinar
hallucination [həluːsɪ'neɪʃən] *n* alucinación
hallucinogenic [həluːsɪnəʊ'dʒenɪk] *adj* alucinógeno,-a
hallway ['hɔːlweɪ] *n (entrada)* vestíbulo, recibidor
halo ['heɪləʊ] *n* ♦ *Rel Arte* aureola ♦ *Astron* halo
halt [hɔːlt] **1** *n* ♦ *(stop)* alto; **to come to a h.,** parar(se) ♦ *Ferroc* apeadero | **2** *vtr* parar | **3** *vi* pararse: **h.!,** ¡alto!
halting ['hɔːltɪŋ] *adj* vacilante
halve [hɑːv] *vtr* ♦ *(gasto, etc)* reducir en un 50% ♦ partir por la mitad
halves [hɑːvz] *pl* → **half: we'll go h.,** iremos a medias
ham [hæm] *n* ♦ jamón; **boiled h.,** jamón de York; **cured h.,** jamón serrano ♦ *Teat* actor histriónico
hamburger ['hæmbɜːgəʳ] *n* hamburguesa
hamlet ['hæmlɪt] *n* aldea
hammer ['hæməʳ] **1** *n* ♦ *(herramienta)* martillo; *Dep* martillo ♦ *(de arma de fuego)* percutor ♦ | LOC: **to come under the h.,** subastarse | **2** *vtr* ♦ martillear, batir; *(un clavo)* clavar ♦ *fam Dep* dar una paliza a | **3** *vi* martillear, dar golpes
hammering ['hæmərɪŋ] *n* ♦ *(golpes de martillo)* martilleo ♦ *fam* paliza
hammock ['hæmək] *n* hamaca
hamper¹ ['hæmpəʳ] *n* cesta
hamper² ['hæmpəʳ] *vtr* dificultar, obstaculizar
hamster ['hæmstəʳ] *n* hámster
hand [hænd] **1** *n* ♦ mano: **give me a h.,** échame una mano; **the solution is in your hands,** la solución está en tus manos; **to get sthg/sb off one's hands,** deshacerse de algo/alguien; **to have one's hands full,** estar muy ocupado,-a; **to lay one's hands on,** dar con; **to shake hands,** dar la mano; **by h.,** a mano: **made/delivered by h.,** hecho/entregado,-a a mano; **h. in h.,** cogidos de la mano ♦ **to have first h. experience,** tener experiencia directa ♦ control, cuidado; **in h./out of h.,** bajo/fuera de control; **in good hands,** en buenas manos ♦ lado; **left/right h.,** izquierda/derecha; **on one h...., on the other h...,** por un lado..., por otro lado... ♦ *(cerca)* **at h.,** cerca, a mano; **in h.,** de reserva; **on/to h.,** al alcance de la mano ♦ *Teat fam* aplauso: **a big h. for Estrellita!,** ¡un gran aplauso para Estrellita! ♦ *(persona)* operario, obrero; **an old h.,** veterano,-a ♦ *(de reloj)* manecilla | **2** *vtr* dar, entregar
■ **hand back** *vtr* devolver
■ **hand down** *vtr (una historia)* transmitir; *(una herencia)* legar
■ **hand in** *vtr (un billete, un trabajo)* entregar; *(una solicitud, la dimisión)* presentar
■ **hand out** *vtr* repartir
■ **hand over** *vtr* entregar, transferir
■ **hand round** *vtr* repartir, distribuir

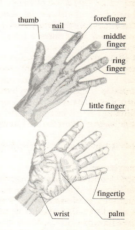

handbag ['hændbæg] *n* bolso
handball ['hændbɔːl] *n Dep* balonmano
handbook ['hændbʊk] *n* manual
handbrake ['hændbreɪk] *n* freno de mano
handcuff ['hændkʌf] **1** *vtr* esposar | **2** *npl* **handcuffs,** esposas
handful ['hændfʊl] *n* puñado

handicap

handicap ['hændɪkæp] 1 *n* ◆ *Med* minusvalía ◆ *Dep* desventaja; *(equitación)* hándicap | 2 *vtr* perjudicar

handicapped ['hændɪkæpt] *adj* ◆ *(físico)* minusválido,-a; *(mental)* disminuido,-a psíquico,-a ◆ *Dep* en desventaja ◆ desaventajado,-a, desfavorecido,-a

handicraft ['hændɪkrɑːft] *n* artesanía

handiwork ['hændɪwɜːk] *n* ◆ trabajo: **it was the KGB's h.**, fue obra del KGB ◆ artesanía

handkerchief ['hæŋkətʃiːf] *n* pañuelo

handle ['hændəl] 1 *n (de cajón)* tirador; *(de cesta, taza)* asa; *(de cuchillo, escoba)* mango; *(de espada)* puño; *(de máquina)* manivela, palanca; *(de puerta)* manilla, pomo | 2 *vtr* ◆ tocar, manosear: **do not h. the fruit**, no tocar la fruta ◆ *(una máquina)* manejar, manipular ◆ *(un negocio)* encargarse de, llevar ◆ *(a la gente)* tratar; *fam (tolerar)* poder con: **I can't h. these children**, no puedo con estos niños | 3 *vi (un coche)* responder

handlebar ['hændəlbɑːʳ] *n* manillar

handmade [hænd'meɪd] *adj* hecho,-a a mano

hand-out ['hændaʊt] *n* ◆ *(publicidad)* folleto; *(para acompañar una conferencia)* hoja informativa, programa ◆ limosna, dádiva

hand-picked [hænd'pɪkt] *adj* cuidadosamente seleccionado,-a

handrail ['hændreɪl] *n* pasamanos

handshake ['hændʃeɪk] *n* apretón de manos

handsome ['hænsəm] *adj* ◆ guapo,-a ◆ *(pago, recompensa)* generoso,-a, considerable

handwriting ['hændraɪtɪŋ] *n* escritura, letra

handwritten ['hændrɪtən] *adj* manuscrito,-a, escrito,-a a mano

handy ['hændɪ] *adj (handier, handiest)* ◆ útil, práctico,-a; **to come in h.**, venir bien, resultar útil ◆ *(cerca)* a mano, accesible ◆ *(mañoso)* hábil

handyman ['hændɪmæn] *n* **he's a bit of a h.**, es un manitas

hang [hæŋ] 1 *vtr (ps & pp hung)* ◆ colgar, suspender ◆ *(papel pintado)* pegar ◆ *(la cabeza)* bajar, agachar ◆ *frml* adornar ◆ *(ps & pp hanged) (a un criminal)* ahorcar; **to h. oneself**, ahorcarse ➢ Ver nota en **ahorcar** | 2 *vi (ps & pp hung)* colgar, pender, estar suspendido,-a [**from**, de] [**on**,

en] **a coat hung from a hook on the wall**, un abrigo colgaba de un gancho en la pared | 3 *n* **to get the h. of sthg**, cogerle el truco a algo

■ **hang about/around** *vi fam* ◆ perder el tiempo ◆ *fam* esperar sin hacer nada

■ **hang on** *vi* ◆ agarrarse [**to**, a] ◆ esperar ◆ *(un contratiempo)* resistir, aguantar

■ **hang out** 1 *vtr (la ropa)* tender | 2 *vi fam* vivir, pasar el tiempo

■ **hang up** 1 *vtr (un cuadro, el teléfono)* colgar | 2 *vi Telef* colgar: **don't h. up**, no cuelgue

hangar ['hæŋəʳ] *n* hangar

hanger ['hæŋəʳ] *n* percha

hang-glider ['hæŋglaɪdəʳ] *n* ala delta

hang-gliding ['hæŋglaɪdɪŋ] *n* ala delta, vuelo sin motor

hangman ['hæŋmən] *n* verdugo

hangover ['hæŋəʊvəʳ] *n* resaca

hang-up ['hæŋʌp] *n fam (inhibición)* complejo ◆ contratiempo

hanker ['hæŋkəʳ] *vi* **to h. after/for sthg**, anhelar algo

hankie, hanky ['hæŋkɪ] *n fam* pañuelo (de mano)

haphazard [hæp'hæzəd] *adj* caótico,-a, desordenado,-a; **in a h. way**, al azar

happen ['hæpən] *vi* ◆ suceder, ocurrir, pasar: **what's happening?**, ¿qué pasa? ◆ *(casualidad)* **I happened to see her yesterday**, la vi ayer por casualidad; **it so happens that…**, da la casualidad que…

happening ['hæpənɪŋ] *n* acontecimiento

happily ['hæpɪlɪ] *adv* ◆ *(con alegría)* felizmente ◆ *(con suerte)* afortunadamente

happiness ['hæpɪnɪs] *n* felicidad

happy ['hæpɪ] *adj (happier, happiest)* ◆ *(acontecimiento)* feliz; **H. New Year**, Feliz Año Nuevo ◆ *(persona)* alegre, feliz ◆ *(satisfecho)* contento,-a ◆ *(apropiado)* feliz, oportuno ◆ **by a h. chance**, por una feliz casualidad

happy-go-lucky [hæpɪgəʊ'lʌkɪ] *adj* despreocupado,-a

harass ['hærəs] *vtr* acosar

harassment ['hærəsmənt, hə'ræsmənt] *n* hostigamiento, acoso; **sexual h.**, acoso sexual

harbour, *US* **harbor** ['hɑːbəʳ] 1 *n* puerto | 2 *vtr* ◆ *(a un criminal)* esconder ◆ *(dudas)* abrigar

hard [hɑːd] 1 *adj* ◆ *(al tacto & fig)* duro, firme: **this cheese is very h.**, este queso está durísimo; *Inform* **h. copy**, copia impresa; **h. disk**, disco duro; *Fin* **h. cash**, dinero contante y sonante; **h. currency**, divisa fuerte ◆ difícil; **a h. problem**, un problema difícil; **h. of hearing**, duro,-a de oído ◆ **she's a h. worker**, es muy trabajadora ◆ *(desagradable) (trabajo)* agotador,-ora; *(golpe)* duro,-a; *(tiempo, castigo)* duro,-a, severo,-a; **h. luck**, mala suerte ◆ *(persona)* severo,-a, insensible; **a h. master**, un dueño cruel ◆ *(excesivo, extremado)* duro,-a; **a h. drinker**, un bebedor empedernido; **h. drugs**, droga dura; **h. line**, línea dura; **h. porn**, porno duro ◆ **to be h. up**, no tener dinero | 2 *adv* ◆ *(con fuerza) (golpear)* fuerte; *(trabajar)* mucho, duro; *(llover)* mucho, fuerte ◆ *(con concentración)* **to look h.**, mirar fijamente; **to think h.**, pensar detenidamente; **to study hard**, estudiar mucho

hardback ['hɑːdbæk] *n (libro)* edición en tapas duras

hard-boiled ['hɑːdbɔɪld] *adj* ◆ *(huevo)* duro,-a ◆ *(persona)* insensible, endurecido,-a

hard-core ['hɑːdkɔːʳ] *adj* ◆ *(porno)* duro ◆ *(aficionado)* incondicional

harden ['hɑːdən] 1 *vtr* endurecer | 2 *vi* endurecerse

hardened ['hɑːdənd] *adj* ◆ *(criminal, etc)* habitual ◆ *(inconmovible)* insensible

hard-headed [hɑːd'hedɪd] *adj* realista

hard-hearted [hɑːd'hɑːtɪd] *adj* insensible

hardly ['hɑːdlɪ] *adv* ◆ apenas: **I had h. arrived when…**, apenas había llegado cuando…; **he can h. read**, apenas sabe leer ◆ *(casi no)* **h. anybody**, casi nadie; **h. anything**, casi nada; **h. ever**, casi nunca

hardship ['hɑːdʃɪp] *n* privación, apuro

hardware ['hɑːdweəʳ] *n* ◆ *(mercancías)* ferretería; **h. shop**, ferretería ◆ *Inform* hardware

hardwearing [hɑːd'weərɪŋ] *adj* duradero,-a

hardworking [hɑːd'wɜːkɪŋ] *adj* muy trabajador,-ora

hardy ['hɑːdɪ] *adj (hardier, hardiest)* *(persona, animal)* robusto,-a; *(planta)* resistente

hare [heəʳ] *n* liebre

haricot ['hærɪkəʊ] *n* **h. (bean)**, alubia

harm [hɑːm] 1 *n* daño, perjuicio: **there's no h. in calling him**, con llamarle no se pierde nada | 2 *vtr* hacer daño a, perjudicar

harmful ['hɑːmfʌl] *adj* perjudicial [**to**, para]

harmless ['hɑːmlɪs] *adj* inofensivo,-a

harmonize ['hɑːmənaɪz] *vtr & vi* armonizar

harmony ['hɑːmənɪ] *n* armonía

harness ['hɑːnɪs] 1 *n (para caballo, en paracaídas)* arnés | 2 *vtr* ◆ *(un caballo)* poner los arreos, arrear ◆ *fig (energía, etc)* aprovechar

harp [hɑːp] *n* arpa
■ **harp on** *vi fam* no parar de hablar [**about, de**]

harpoon [hɑː'puːn] 1 *n* arpón | 2 *vtr* arponear

harsh [hɑːʃ] *adj (condiciones)* duro,-a; *(persona, castigo)* severo,-a; *(sonido)* discordante; *(voz)* áspero,-a

harshly ['hɑːʃlɪ] *adv* severamente, duramente

harvest ['hɑːvɪst] 1 *n (cereales, etc)* cosecha; *(uvas)* vendimia | 2 *vtr* cosechar, recoger

harvester ['hɑːvɪstəʳ] *n* ◆ *(persona)* segador,-ora, recolector,-ora ◆ *(máquina)* cosechadora

has [hæz] → **have**

hash[1] [hæʃ] *n* ◆ *Culin* ≈ sofrito de carne ◆ *fam* **he made a h. of the work**, hizo el trabajo muy mal

hash[2] [hæʃ] *n argot* hachís

hashish ['hæʃiːʃ] *n* hachís

hasn't ['hæznt] → **has not**

hassle ['hæsəl] *fam* 1 *n* ◆ *(problema, dificultad)* rollo, lío: **it's not worth the h.**, no vale la pena | 2 *vtr* fastidiar, jorobar

hasten ['heɪsən] *vi* apresurarse

hastily ['heɪstɪlɪ] *adv* deprisa, apresuradamente

hasty ['heɪstɪ] *adj (hastier, hastiest)* ◆ *(comida, salida, etc)* rápido,-a, apresurado,-a ◆ *(decisión)* precipitado,-a

hat [hæt] *n* sombrero

hatch[1] [hætʃ] *n* ◆ *Av Náut* escotilla ◆ **serving h.**, ventanilla

hatch[2] [hætʃ] 1 *vtr* ◆ *(huevos)* empollar, incubar ◆ *fig (un plan)* tramar | 2 *vi* salir del cascarón

hatchback ['hætʃbæk] *n (coche)* tres puertas *o* cinco puertas

hatchet ['hætʃɪt] *n* ◆ hacha ◆ *fam* **h. man**, sicario

hate [heɪt] 1 *n* odio | 2 *vtr* odiar

> Con el verbo **to hate** puedes usar el infinitivo con **to** o un gerundio: **I hate to play football in the rain. I hate playing football in the rain.** *Odio jugar al fútbol cuando llueve.* En teoría, el gerundio se refiere al placer (o más bien su fase) y el infinitivo es más neutro, aunque, en la práctica, hay muy poca diferencia. ➢ Ver nota en **like**.

hateful ['heɪtfʌl] *adj* odioso,-a
hatred ['heɪtrɪd] *n* odio
haughty ['hɔːtɪ] *adj* (**haughtier, haughtiest**) altivo,-a, arrogante
haul [hɔːl] 1 *n* ◆ *(distancia)* trayecto, recorrido ◆ *Pesca* redada ◆ *(de un crimen)* botín; *(de droga)* alijo ◆ *(de una cuerda)* tirón | 2 *vtr* ◆ tirar, arrastrar: **the coach was hauled by a black horse,** la carroza iba tirada por un caballo negro ◆ transportar
haulage ['hɔːlɪdʒ] 1 *n* transporte; **h. contractor,** transportista
haunt [hɔːnt] 1 *n* ◆ lugar favorito ◆ *(refugio)* guarida | 2 *vtr* ◆ *(fantasma)* aparecerse en ◆ *fig* atormentar, obsesionar ◆ frecuentar
haunted ['hɔːntɪd] *adj* (*castillo, casa*) encantado,-a, embrujado,-a
have [hæv] 1 *vtr* (*3.ª persona sing pres* **has**) (*ps* & *pp* **had**) 1 *vtr* ◆ poseer: **he doesn't h. any relatives/he hasn't got any relatives,** no tiene familia; **I h. a flat in London,** tengo un piso en Londres ➢ Ver nota en **tener** ◆ tener: **I h. nothing against politicians, but...,** no tengo nada en contra de los políticos, pero...; **what h. you got in your hand?,** ¿qué tienes en la mano? ◆ recibir: **I had a postcard from Joe,** recibí un postal de Joe ◆ *(pedir prestado)* **can I h. the car tonight?,** ¿me dejas el coche esta noche? ◆ *(pasar por una experiencia, enfermedad, etc)* **to h. an accident,** sufrir/tener un accidente; **to h. a cold,** estar resfriado,-a ◆ *(comer, beber, etc)* tomar; **to h. a beer,** tomar una cerveza; **to h. a shower,** ducharse, darse una ducha; **to h. breakfast/dinner,** desayunar/cenar ◆ *fam* pillar: **I've got you!,** ¡te he pillado! ◆ *(hacer que algo se haga)* **he had his hair cut,** se cortó el pelo ◆ *(un bebé)* tener ◆ *(una fiesta, reunión)* tener, celebrar ◆ *(usu en la voz pasiva) fam* engañar: **you've been had!,** ¡te han timado! ◆ **to h. to do with,** tener que ver con ◆ *(obligación)* **to h. to,** tener que: **I h. to wear a tie to work,** tengo que llevar una corbata al trabajo; **you don't h. to come,** no tienes por qué venir

> Cuando **to have** expresa obligación, no se usan las formas débiles: **I've, you've, he's,** etc.
> Aunque actualmente no es muy corriente el uso de **to have** sin el verbo auxiliar **do** (**have you a car?,** *¿tienes coche?*), suele significar una posesión permanente, mientras que el verbo auxiliar implica una posesión temporal: **I don't have a car, it's in the garage.** *No tengo coche, está en el taller.* **I haven't a car, I haven't bought one.** *No tengo coche, no me he comprado uno.*

| 2 *v aux* ◆ *(con tiempos compuestos)* haber: **h. you been here long?,** ¿llevas mucho tiempo aquí?; **he's gone home,** se ha ido a casa; **we had already spoken,** ya habíamos hablado ◆ *(en las coletillas)* **you haven't seen him, h. you?,** no lo has visto, ¿verdad?; **you've forgotten your umbrella - so I h.!,** has olvidado tu paraguas - ¡sí, es verdad!
■ **have in** *vtr* **we had to h. the doctor in,** tuvimos que llamar al médico
■ **have on** *vtr* ◆ **to h. sb on,** tomarle el pelo a alguien ◆ *(ropa)* llevar: **what did she h. on?,** ¿qué llevaba?
■ **have off** *vtr* **to h. time off,** tener tiempo libre
■ **have out** *vtr* **to h. a tooth out,** sacarse una muela
haven ['heɪvən] *n* puerto; *fig* refugio; **tax h.,** paraíso fiscal
haven't ['hævnt] → **have not**
havoc ['hævək] *n* caos: **the snow played h. with our plans,** la nieve desbarató nuestros planes
hawk [hɔːk] *n Orn Pol* halcón
hawker ['hɔːkə'] *n* vendedor,-ora ambulante
hay [heɪ] *n* heno; **h. fever,** fiebre del heno
hazard ['hæzəd] 1 *n* peligro, riesgo; *Golf* obstáculo | 2 *vtr frml* arriesgar; **to h. a guess,** aventurar una respuesta
hazardous ['hæzədəs] *adj* peligroso,-a, arriesgado,-a
haze [heɪz] *n* bruma, neblina; **heat h.,** calima

hazel ['heɪzəl] 1 *n Bot (árbol)* avellano | 2 *adj* (de color) avellana
hazelnut ['heɪzəlnʌt] *n* avellana
hazy ['heɪzɪ] *adj (hazier, haziest)* ♦ *Meteor* brumoso,-a, nebuloso,-a ♦ *(recuerdo)* vago,-a, difuso,-a
he [hi:] *pron pers* él: **he is my brother**, (él) es mi hermano; *frml* **he who...**, quien... o el que...
head [hed] 1 *n* ♦ *Anat* cabeza ♦ *mente*: **he's off his h.**, está loco; **economics goes over my h.**, de economía no entiendo nada; **he has a good h. for figures**, tiene cabeza para los números; **keep your h.**, mantén la calma ♦ *(de empresa, colegio)* director,-ora ♦ *(de mesa, cama)* cabecera ♦ *(de vídeo)* cabezal ♦ **h. of state**, jefe de Estado ♦ *(de moneda)* cara: **heads or tails?**, ¿cara o cruz? ♦ *(cada persona)* $50 a h., $50 por cabeza ♦ | LOC: **I can't make h. or tail of this note**, no le veo ni pies ni cabeza a esta nota; **to come to a h.**, llegar a un punto crítico; **h. over heels (in love)**, locamente enamorado,-a; **off the top of one's h.**, sobre la marcha | 2 *adj* principal; **the h. waiter**, maître, jefe de comedor | 3 *vtr* ♦ *(una lista, procesión)* encabezar ♦ *(un libro)* titular ♦ *Ftb* cabecear | 4 *vi* dirigirse [**for**, a] [**towards**, hacia]

■ **head off** 1 *vi* marcharse | 2 *vtr* evitar, desviar

headache ['hedeɪk] *n* ♦ dolor de cabeza, jaqueca ♦ *fig* quebradero de cabeza
header ['hedər] *n Ftb* cabezazo
head-first [hed'fɜ:st] *adv* de cabeza
head-hunter ['hedhʌntər] *n* ♦ *Antrop* cazador de cabezas ♦ *fig* cazatalentos
heading ['hedɪŋ] *n* título; *(de una carta)* membrete
headlamp ['hedlæmp] *n* faro
headland ['hedlənd] *n Geog* punta, cabo
headlight ['hedlaɪt] *n* faro
headline ['hedlaɪn] *n Prensa* titular
headmaster [hed'mɑ:stər] *n* director
headmistress [hed'mɪstrɪs] *n* directora
head-on ['hedɒn] 1 *adj (choque)* frontal | 2 *adv* de frente
headphones ['hedfəʊnz] *npl* auriculares, cascos
headquarters ['hedkwɔ:təz] *npl* ♦ sede, oficina central ♦ *Mil* cuartel general
headrest ['hedrest] *n* reposacabezas
headscarf ['hedskɑ:f] *n* pañuelo, pañoleta
headstrong ['hedstrɒŋ] *adj* testarudo,-a

headway ['hedweɪ] *n* progreso; **to make h.**, avanzar, progresar
headwind ['hedwɪnd] *n* viento contrario
heady ['hedɪ] *adj (headier, headiest) (perfume)* embriagador,-ora; *(vino)* fuerte
heal [hi:l] 1 *vi* cicatrizar | 2 *vtr (una herida, enfermedad)* curar
health [helθ] *n* salud: **I'm in bad/good h.**, estoy mal/bien de salud; *(brindis)* **good h.!**, ¡salud!; **h. care**, asistencia sanitaria; **h. food shop**, herbolario; **h. foods**, alimentos naturales; **h. service**, servicio de salud (estatal) (≈ Seguridad Social)
healthy ['helθɪ] *adj (healthier, healthiest)* ♦ *(persona)* sano,-a ♦ *(clima, comida, etc)* saludable, salubre ♦ *(economía)* próspero,-a
heap [hi:p] 1 *n* ♦ montón ♦ *fam (coche)* cacharro | 2 *vtr* ♦ amontonar, apilar ♦ *fig* **to h. favours on sb**, colmar a alguien de favores; *Culin* **a heaped spoonful**, una cucharada colmada
hear [hɪər] 1 *vtr (ps & pp heard* [hɜ:rd]*)* ♦ *(percibir el sonido)* oír ♦ *(prestar atención)* escuchar ♦ enterarse, saber: **I h. (that) you're getting married**, he oído que te casas ♦ *Jur (un caso)* ver | 2 *vi* ♦ oír ♦ tener noticias [**from**, de]

■ **hear of** *vtr* conocer: **I've never heard of her**, nunca he oído hablar de ella

> El uso de gerundio o infinitivo no altera sustancialmente el significado del verbo **to hear**. El gerundio indica que sólo oímos parte de lo ocurrido (**I heard the burglar entering the house**, *oí cómo el ladrón entraba en casa*) y el infinitivo sugiere que lo oímos todo, desde el principio hasta el final: **I heard the burglar enter the house**. *Oí al ladrón entrar en casa*. Recuerda que **burglar** en ambos casos es un complemento directo.

hearing ['hɪərɪŋ] *n* ♦ *(sentido)* oído; **h. aid**, audífono ♦ *Jur (de un caso)* vista; *fig* **give me a fair h.!**, ¡deje que me explique! o ¡déjeme explicárselo!
hearsay ['hɪəseɪ] *n* rumores
hearse [hɜ:s] *n* coche fúnebre
heart [hɑ:t] *n* ♦ *Anat* corazón; **h. attack/failure**, infarto ➢ Ver nota en **infarto** ♦ *(emociones)* **he's all h.**, es todo corazón; **to die of a broken h.**, morirse de pena ♦ *(ánimos)* **my h. isn't in it**, lo hago

heartbeat 562

sin ganas; **to take h.,** animarse ◆ *(de una ciudad)* centro, corazón; *(de un asunto)* meollo; *(de una lechuga)* cogollo; **at h.,** en el fondo ◆ *Naipes* corazón ◆ | LOC: **to learn sthg by h.,** aprender algo de memoria

heartbeat ['hɑ:tbi:t] *n* latido del corazón

heart-breaking ['hɑ:tbreɪkɪŋ] *adj* desgarrador,-ora

heart-broken ['hɑ:tbrəʊkən] *adj* hundido,-a, destrozado,-a: **she's h.-b.,** tiene el corazón partido

heartburn ['hɑ:tbɜ:n] *n* ardor de estómago

heartening ['hɑ:tənɪŋ] *adj* alentador,-ora

heartfelt ['hɑ:tfelt] *adj* sincero,-a

hearth [hɑ:θ] *n* chimenea, hogar

heartless ['hɑ:tlɪs] *adj* cruel, inhumano,-a

hearty ['hɑ:tɪ] *adj (heartier, heartiest)* ◆ *(persona)* campechano,-a ◆ *(acogida, saludo)* cordial, caluroso,-a ◆ *(comida)* abundante

heat [hi:t] 1 *n* ◆ calor ◆ *Culin* fuego ◆ *Dep* eliminatoria ◆ *Dep* **dead h.,** empate ◆ *Zool* **on h.,** en celo | 2 *vtr* calentar ■ **heat up** 1 *vtr* calentar | 2 *vi* calentarse; *(actividad, discusión)* acalorarse

heated ['hi:tɪd] *adj* ◆ *(piscina)* climatizado,-a ◆ *(discusión)* acalorado,-a

heater ['hi:tə'] *n* calentador

heath [hi:θ] *n* brezal

heathen ['hi:ðən] *adj* & *n* pagano,-a

heather ['heðə'] *n* brezo

heating ['hi:tɪŋ] *n* calefacción

heatproof ['hi:tpru:f] *adj* refractario,-a, antitérmico

heatwave ['hi:tweɪv] *n* ola de calor

heave [hi:v] 1 *n* tirón, empujón | 2 *vtr* ◆ *(mover con esfuerzo)* tirar, empujar, levantar ◆ arrojar, lanzar | 3 *vi* ◆ *(agua, hombros)* subir y bajar ◆ tener arcadas

heaven ['hevən] 1 *n* ◆ *Rel* cielo: **thank h. you're all right!,** ¡gracias a Dios estás bien! ◆ *(atmósfera)* **heavens,** cielo | 2 *excl* **good heavens!,** ¡por Dios!

heavenly ['hevənlɪ] *adj* ◆ celestial ◆ *fam* divino,-a

heavily ['hevɪlɪ] *adv* ◆ *(andar)* pesadamente; **to breathe h.,** jadear ◆ mucho; **to rain/snow h.,** llover/nevar mucho

heavy ['hevɪ] 1 *adj (heavier, heaviest)* ◆ *(que pesa mucho)* pesado,-a: **how h. are you?,** ¿cuánto pesas? ◆ *(tela, papel, mar)* grueso,-a ◆ *(comida, golpe, lluvia)* fuerte ◆ cuantioso,-a: **he's a h. drinker/smoker,** bebe/fuma mucho; **the traffic is h.,** hay mucho tráfico; **h. losses,** pérdidas cuantiosas ◆ *(día)* apretado,-a | 2 *n argot* matón

heavyweight ['hevɪweɪt] *n Dep* & *fig* peso pesado

Hebrew ['hi:bru:] 1 *adj* hebreo,-a | 2 *n (idioma)* hebreo

heckle ['hekəl] *vtr (a un orador)* interrumpir

hectare ['hektɑ:'] *n* hectárea

hectic ['hektɪk] *adj* agitado,-a

he'd [hi:d] ◆ *he had* ◆ *he would*

hedge [hedʒ] 1 *n* seto | 2 *vtr* ◆ cercar con un seto ◆ *(una apuesta, inversión)* cubrir, compensar | 3 *vi* evitar contestar, dar rodeos

hedgehog ['hedʒhɒg] *n* erizo (de tierra)

heedless ['hi:dlɪs] *adj* desatento,-a; **to be h. of ,** no hacer caso a

heel [hi:l] 1 *n* ◆ *Anat* talón: **the police are on his heels,** la policía le está pisando los talones ◆ *(de un zapato)* tacón; **high-/low heels,** tacones altos/bajos ◆ *fam* canalla | 2 *vtr* poner tacón a

heeled [hi:ld] *adj fam fig* **well-h.,** acomodado,-a, ricachón,-ona

hefty ['heftɪ] *adj (heftier, heftiest)* ◆ *(persona)* fornido,-a; *(bulto)* pesado,-a ◆ *(multa, precio)* considerable

height [haɪt] *n* ◆ *(de un objeto)* altura; **at a h. of 5000 metres,** a la altura de 5.000 metros ◆ *(de una persona)* estatura, talla: **what h. is she?,** ¿cuánto mide? ◆ *(punto alto)* colmo, cumbre, cima; **at the h. of summer,** en pleno verano; **the h. of fashion,** el último grito (de la moda) ◆ *Geol* **heights** *pl,* cumbre

heighten ['haɪtən] *vtr (un efecto)* realzar; *(la esperanza, etc)* aumentar

heir [eə'] *n* heredero

heiress ['eərɪs] *n* heredera ➢ Ver nota en heredero

held [held] *ps* & *pp* → *hold*

helicopter ['helɪkɒptə'] *n* helicóptero

helium ['hi:lɪəm] *n* helio

hell [hel] *n* ◆ *Rel* & *fig* infierno: **her life was h.,** su vida era un infierno ◆ *fam* **a h. of a,** mucho: **a h. of a nice guy,** un tío estupendo; **a h. of a noise,** un ruido atroz ◆ *vulgar* **what the h.'s happening?,** ¿qué demonios pasa aquí? ◆ *vulgar ofens* **go to h.!,** ¡vete a la mierda!

hellish ['helɪʃ] *adj fam* infernal

hello [hə'ləʊ] *excl* ♦ ¡hola!; *(al cruzarse con alguien)* ¡adiós! ♦ *Tel* ¡diga!
helmet ['helmɪt] *n* casco
help [help] 1 *n* ♦ ayuda, auxilio: **can I be of any h.?**, ¿puedo ayudar en algo? ♦ *(en la casa)* asistenta | 2 *vtr* ♦ ayudar: **can I h. you?**, ¿qué desea? ♦ *(un dolor)* aliviar ♦ *(comida, etc)* servir: **h. yourself!**, ¡sírvete! ♦ evitar: **he can't h. being stupid**, no tiene la culpa de ser tonto; **I can't h. thinking that...**, no puedo evitar pensar que...; **it can't be helped**, no hay más remedio | 3 *excl* **h.!**, ¡socorro!

■ **help out** *vi* & *vtr* **to h. (sb) out**, ayudar (a alguien)

> Después de un complemento directo puedes usar infinitivo con o sin **to**: **Can you help me (to) do this?**, *¿Puedes ayudarme a hacerlo?*

helper ['helpə'] *n* ayudante,-a
helpful ['helpfʊl] *adj* ♦ *(persona)* amable ♦ *(cosa)* útil: **this guidebook is very h.**, esta guía es muy útil
helping ['helpɪŋ] *n* ración, porción: **does anyone want another h.?**, ¿alguien quiere repetir?
helpless ['helplɪs] *adj* ♦ desamparado,-a, indefenso,-a ♦ incapaz, impotente ♦ indeciso,-a: **don't be so h.!**, ¡no seas tan inútil!
helplessly ['helplɪslɪ] *adv* inútilmente, en vano
helter-skelter [heltə'skeltə'] 1 *n* tobogán | 2 *adv* atropelladamente
hem [hem] 1 *n Cos* doblillo | 2 *vtr Cos* hacer un doblillo a

■ **hem in** *vtr* rodear, encerrar
hemisphere ['hemɪsfɪə'] *n* hemisferio
hemo- *US* → **haemo-**
hen [hen] *n* ♦ *Orn* gallina; *(pájaro)* hembra ♦ *fam* **h. party**, despedida de soltera, reunión de mujeres
hence [hens] *adv frml* de ahí: **h. my surprise**, de ahí mi sorpresa ♦ por lo tanto ♦ *(desde ahora)* **two years h.**, de aquí a dos años
henceforth [hens'fɔːθ] *adv frml* de ahora en adelante
henchman ['hentʃmən] *n pey* secuaz
henna ['henə] *n* ♦ *Bot* alheña ♦ *(tinte)* henna
hepatitis [hepə'taɪtɪs] *n* hepatitis
her [hɜː'] 1 *pron* ♦ *(objeto directo)* la: **I don't know h.**, no la conozco ♦ *(objeto indirecto)* le (a ella): **I told h. everything**, le conté todo; *(con otros pron de 3.ª persona)* se; **he gave them to h.**, se los dio ♦ *(después de prep)* ella; **with h.**, con ella ♦ *(complemento)* ella: **it was h.**, fue ella | 2 *adj pos* su(s), de ella: **are they h. books or his?**, ¿los libros son de ella o de él?; *(se omite en español)* **she has cut h. finger**, se ha cortado el dedo
herald ['herəld] 1 *n* heraldo | 2 *vtr* anunciar
heraldry ['herəldrɪ] *n* heráldica
herb [hɜːb] *n Bot Culin* hierba; **h. tea**, infusión (de hierbas)
herbal ['hɜːbəl] *adj (cura, infusión)* de hierbas
herd [hɜːd] 1 *n (de ganado)* manada; *(de personas)* multitud, tropel; **h. instinct**, instinto gregario; **the common h.**, el vulgo | 2 *vtr* arrear
here [hɪə'] 1 *adv* ♦ aquí, acá: **come h.**, ven aquí; **in/out h.**, aquí dentro/fuera ♦ *(para darle algo a alguien)* **h. is/are...**, aquí tienes...; *(sin objeto)* **h. you are!**, ¡toma!, ¡ten!, ¡aquí tienes! | 2 *excl* **h., you!**, ¡oye, tú!
hereafter [hɪər'ɑːftə'] *frml* 1 *adv* de ahora en adelante, en el futuro | 2 *n* **the h.**, el más allá
hereditary [hɪ'redɪtərɪ] *adj* hereditario,-a
heresy ['herəsɪ] *n* herejía
heretic ['herətɪk] *n* hereje
heritage ['herɪtɪdʒ] *n* patrimonio; *Jur* herencia
hermetically [hɜː'metɪklɪ] *adv* **h. sealed**, herméticamente cerrado,-a
hermit ['hɜːmɪt] *n* ermitaño,-a
hermitage ['hɜːmɪtɪdʒ] *n* ermita
hernia ['hɜːnɪə] *n* hernia
hero ['hɪərəʊ] *n (pl* **heroes***)* ♦ héroe ♦ *(de una película, novela)* protagonista, héroe
heroic [hɪ'rəʊɪk] *adj* heroico,-a
heroin ['herəʊɪn] *n (droga)* heroína
heroine ['herəʊɪn] *n* ♦ heroína ♦ *(de una película, novela)* protagonista, heroína
heron ['herən] *n Orn* garza
herring ['herɪŋ] *n Zool* arenque
hers [hɜːz] *pron pos* (el/la) suyo,-a, (los/las) suyos,-as; de ella: **my house is small but h. is bigger**, mi casa es pequeña pero la suya es más grande; **these are h., not mine**, éstos son de ella, no míos; **a friend of h.**, un amigo suyo
herself [hɜː'self] *pron pers* ♦ *(reflexivo)* se: **she bought h. a coat**, se compró un abri-

he's 564

go; **she looked at h.,** se miró ◆ *(enfático)* **she did it h.,** lo hizo ella misma ◆ *(reflexivo)* sí misma: **she only thinks of h.,** sólo piensa en sí misma ◆ **by h.,** sola, por sí misma
he's [hiːz] ◆ **he is** ◆ **he has**
hesitant ['hezɪtənt] *adj* vacilante
hesitate ['hezɪteɪt] *vi* vacilar, dudar
hesitation [hezɪ'teɪʃən] *n* indecisión
heterogeneous [hetərəʊ'dʒiːnɪəs] *adj* heterogéneo,-a
heterosexual [hetərəʊ'seksjʊəl] *adj* & *n* heterosexual
hexagon ['heksəgən] *n* hexágono
hey [heɪ] *excl* ¡oye!, ¡oiga!
heyday ['heɪdeɪ] *n* apogeo; **in the h. of Real Madrid,** en los buenos tiempos del Real Madrid
hi [haɪ] *excl fam* ¡hola!
hibernate ['haɪbəneɪt] *vi* hibernar
hibernation [haɪbə'neɪʃən] *n* hibernación
hiccup, hiccough ['hɪkʌp] **1** *n* ◆ hipo: **I've got hiccups,** tengo hipo ◆ *fam* pequeño contratiempo | **2** *vi* hipar
hidden ['hɪdən] *adj* oculto,-a; escondido,-a
hide[1] [haɪd] **1** *vi* esconderse, ocultarse | **2** *vtr (ps* **hid** [hɪd] *pp* **hidden** ['hɪdən]*)* esconder, ocultar [**from sb,** de alguien]
hide[2] [haɪd] *n (de animal)* piel; *(curtido)* cuero
hide-and-seek [haɪdən'siːk] *n* escondite
hideous ['hɪdɪəs] *adj* ◆ *(crimen, herida)* atroz, horrible ◆ *(muy feo)* espantoso,-a, horroroso,-a
hide-out ['haɪdaʊt] *n* escondrijo, guarida
hiding[1] ['haɪdɪŋ] *n* **to be in/go into h.,** esconderse
hiding[2] ['haɪdɪŋ] *n fam* paliza
hierarchy ['haɪərɑːkɪ] *n* jerarquía
hieroglyphics [haɪərə'glɪfɪks] *npl* jeroglíficos
hi-fi ['haɪfaɪ] *n* alta fidelidad; **hi-fi equipment,** equipo de música/sonido
high [haɪ] **1** *adj* ◆ alto,-a: **how h. is Everest?,** ¿qué altura tiene el Everest?; **it's 8.848 metres h.,** tiene 8.848 metros de alto; **a h. building,** un edificio alto ◆ *(más de lo normal)* alto,-a, elevado,-a: **I have a h. opinion of her,** tengo buena opinión de ella; **h. prices,** precios elevados; **h. speed,** alta velocidad; **h. temperature,** alta temperatura; **h. wind,** viento fuerte; *fig* **h. profile,** prominente, llamativo ◆ *(importante)* superior,-ora, principal; **H. Court,** Tribunal Supremo; **h. priest,** sumo sacerdote; **h. road,** carretera principal; **h. school,** ≈ instituto de enseñanza secundaria; **h. season,** temporada alta; **H. Street,** Calle Mayor ◆ *Mús* alto,-a, agudo,-a ◆ *argot (drogado)* colocado,-a ◆ | LOC: **it's h. time we met,** ya era hora de que nos viéramos | **2** *adv* ◆ alto, a gran altura | **3** *n* punto máximo

> En el sentido literal, **high** no se aplica a los seres vivos: en su lugar empleamos la palabra **tall**.

highbrow ['haɪbraʊ] *adj* & *n* intelectual
high-class ['haɪklɑːs] *adj* de mucha categoría, de lujo
higher ['haɪər] *adj* superior; **h. education,** enseñanza superior
high-handed [haɪ'hændɪd] *adj* despótico,-a, prepotente
highland ['haɪlənd] **1** *adj* montañoso,-a | **2** *npl* **the Highlands,** las tierras altas (de Escocia)
high-level ['haɪləvəl] *adj* de alto nivel
highlight ['haɪlaɪt] **1** *n* ◆ *(de un acontecimiento)* lo más destacado, el plato fuerte ◆ *(en el pelo)* reflejo, mecha | **2** *vtr* realzar, subrayar, marcar (con un rotulador fosforescente)
highly ['haɪlɪ] *adv* ◆ sumamente; **h. likely,** muy probable ◆ muy bien: **they speak h. of him,** hablan muy bien de él; **a h. paid job,** un trabajo muy bien pagado
highly-strung [haɪlɪ'strʌŋ] *adj* muy nervioso,-a
Highness ['haɪnɪs] *n* alteza; **Your/His/Her H.,** Su Alteza
high-pitched ['haɪpɪtʃt] *adj* estridente, agudo,-a
high-powered ['haɪpaʊəd] *adj (persona)* dinámico,-a
high-rise ['haɪraɪz] *adj (edificio)* de muchas plantas
high-speed ['haɪspiːd] *adj* ◆ *(viaje)* muy rápido,-a; *(tren, coche)* de alta velocidad
high-tech ['haɪtek] *adj fam* de alta tecnología
highway ['haɪweɪ] *n* carretera, *US* autopista; *GB* **h. code,** código de circulación
hijack ['haɪdʒæk] **1** *vtr* secuestrar | **2** *n* secuestro
hijacker ['haɪdʒækər] *n* secuestrador,-ora

hike [haɪk] 1 *n* ◆ caminata, excursión a pie ◆ *(de precios)* aumento | 2 *vi* dar una caminata

hiker ['haɪkə'] *n* excursionista, senderista

hilarious [hɪ'leərɪəs] *adj* divertidísimo,-a

hill [hɪl] *n* colina

hillside ['hɪlsaɪd] *n* ladera

hilltop ['hɪltɒp] *n* cima (de una colina)

hilly ['hɪlɪ] *adj (hillier, hilliest) (paisaje)* accidentado,-a

hilt [hɪlt] *n* puño, empuñadura; **to back sb to the h.,** dar a alguien un apoyo incondicional

him [hɪm] *pron* ◆ *(objeto directo)* lo, le: **we saw h.,** lo/le vimos ◆ *(objeto indirecto)* le: **I gave h. my address,** le di mi dirección; *(con otros pron de 3.ª persona)* se: **she gave them to h.,** ella se los dio ◆ *(después de prep)* él; **with h.,** con él ◆ *(complemento)* él; **it was h.,** fue él

himself [hɪm'self] *pron pers* ◆ *(reflexivo)* se: **he bought h. a coat,** se compró un abrigo; **he looked at h.,** se miró ◆ *(enfático)* **he did it h.,** lo hizo él mismo; *(reflexivo)* sí mismo: **he only thinks of h.,** sólo piensa en sí mismo ◆ **by h.,** solo, por sí mismo

hind[1] [haɪnd] *adj (patas, etc)* trasero,-a

hind[2] [haɪnd] *n Zool* cierva

hinder ['hɪndə'] *vtr (el progreso, trabajo)* dificultar, entorpecer; *(a una persona)* estorbar

hindrance ['hɪndrəns] *n* estorbo

hindsight ['haɪndsaɪt] *n* **with h.,** en retrospectiva

Hindu ['hɪndu] *n & adj* hindú

Hinduism ['hɪnduɪzəm] *n* hinduismo

hinge [hɪndʒ] *n* bisagra; *fig* eje

■ **hinge on** *vtr* depender de

hint [hɪnt] 1 *n* ◆ indirecta; **to drop a h.,** soltar una indirecta; **to take a h.,** darse por aludido ◆ consejo ◆ *(indicio)* pista | 2 *vtr* insinuar

hip [hɪp] *n* cadera; **h. flask,** petaca

hippie ['hɪpɪ] *adj & n fam* hippy

hippopotamus [hɪpə'pɒtəməs] *n* hipopótamo

hire ['haɪə'] 1 *n* alquiler; **boats for h.,** se alquilan barcos; **car h.,** alquiler de coches; *(taxi)* **"For h.",** "Libre" | 2 *vtr* ◆ *(un coche, aparato)* alquilar ◆ *(a una persona)* contratar ➢ Ver nota en **alquilar**

■ **hire out** *vtr (coche)* alquilar: **Avis® hire out cars,** Avis® alquila coches; *(a una persona)* contratar

his [hɪz] 1 *adj pos* su(s) de él: **are they h. books or hers?,** ¿los libros son de él o de ella?; *(se omite en español)* **he has broken h. nose,** se ha roto la nariz | 2 *pron pos* (el/la) suyo,-a, (los/las) suyos,-as; de él: **my car is small but h. is smaller,** mi coche es pequeño pero el suyo lo es aún más: **these are h., not mine,** éstos son de él, no míos; **a friend of h.,** un amigo suyo

Hispanic [hɪ'spænɪk] 1 *adj* hispánico,-a | 2 *n US* hispano,-a, latino,-a

hiss [hɪs] 1 *n* siseo; *Teat* silbido | 2 *vtr & vi* silbar

historian [hɪ'stɔːrɪən] *n* historiador,-ora

historic [hɪ'stɒrɪk] *adj* histórico,-a ➢ Ver nota en **histórico**

historical [hɪ'stɒrɪkəl] *adj* histórico,-a ➢ Ver nota en **histórico**

history ['hɪstərɪ] *n* historia

hit [hɪt] 1 *n* ◆ *(de artillería)* impacto; *(de diana)* blanco ◆ éxito; **to be a big h.,** tener un exitazo ◆ *Dep* golpe | 2 *vtr* ◆ *(a una persona)* pegar, golpear; *(con una bala)* dar, herir ◆ darse un golpe con: **he hit his head on a tree,** se dio con la cabeza contra un árbol ◆ *(un coche, etc)* chocar contra ◆ afectar ◆ | LOC: **to h. the headlines,** ser noticia

■ **hit back** *vi* devolver el golpe, defenderse

■ **hit on, hit upon** *vtr (una idea, un plan)* dar con

■ **hit out** *vi* atacar [**at**, a]

hit-and-run [hɪtən'rʌn] *adj* **h.-and-r. driver,** conductor que atropella a alguien y huye

hitch [hɪtʃ] 1 *n* dificultad, pega | 2 *vtr* ◆ *(atar)* enganchar ◆ *fam* **to get hitched,** casarse | 3 *vi fam* hacer autostop

■ **hitch up** *vtr* remangarse

hitch-hike ['hɪtʃhaɪk] *vi* hacer autostop o dedo

hitch-hiker ['hɪtʃhaɪkə'] *n* autoestopista

HIV [eɪtʃaɪ'viː] *(abr de* **human immunodeficiency virus***)* virus de la inmunodeficiencia humana, VIH; **HIV positive/negative,** seropositivo,-a/seronegativo,-a

hive [haɪv] *n* ◆ colmena ◆ **a h. of activity,** un hervidero de actividad

HM *(abr de* **His** *o* **Her Majesty***)* Su Majestad, SM

hoard [hɔːd] 1 *n (de provisiones)* reserva secreta; *(de oro, joyas, dinero)* tesoro | 2 *vtr (posesiones)* acumular; *(provisiones)* acaparar; *(dinero)* atesorar

hoarding ['hɔːdɪŋ] *n* valla publicitaria
hoarse [hɔːs] *adj* ronco,-a; **to get h.,** quedarse ronco,-a
hoax [həʊks] **1** *n* broma pesada; engaño | **2** *vtr* engañar
hob [hɒb] *n (de una cocina)* quemadores
hobble ['hɒbəl] *vi* cojear
hobby ['hɒbɪ] *n* hobby, pasatiempo
hobbyhorse ['hɒbɪhɔːs] *n* ◆ *(juguete)* caballito de madera ◆ *fig (tema favorito)* caballo de batalla
hobo ['həʊbəʊ] *n US* vagabundo,-a
hockey ['hɒkɪ] *n* hockey
hoe [həʊ] *n* azada, azadón
hog [hɒɡ] **1** ◆ *n* cerdo, puerco ◆ | LOC: *fam* **to go the whole h.,** poner toda la carne en el asador | **2** *vtr fam* ◆ acaparar ◆ devorar
hoist [hɔɪst] **1** *n* montacargas | **2** *vtr* levantar, subir; *(una bandera)* izar
hold [həʊld] **1** *vtr (ps & pp held)* ◆ llevar, tener: **he was holding a gun,** tenía una pistola en la mano ◆ *(una cuerda)* agarrar ◆ **to h. sb's hand,** cogerle la mano a alguien ◆ abrazar: **she held me tight,** me abrazó fuerte ◆ *(ser titular de)* **he holds the world record,** tiene el récord mundial; **to h. office,** ocupar un puesto ◆ *(una conversación)* mantener; *(una fiesta, reunión)* celebrar ◆ *fam* **h. it!,** ¡para el carro! ◆ *Tel* **h. the line,** no cuelgue ◆ mantener: **he held his arms above his head,** mantuvo los brazos por encima de la cabeza ◆ retener: **they held him for a year,** le retuvieron un año ◆ **to h. one's breath,** contener la respiración ◆ contener: **this bottle holds a litre,** es una botella de un litro ◆ *(el futuro)* deparar ◆ guardar ◆ *(peso)* soportar ◆ *frml* **I h. that...,** sostengo que... ◆ | LOC: **to h. one's own,** defenderse | **2** *vi* aguantar, mantenerse: **the weather won't h.,** el tiempo va a cambiar; *(una promesa, oferta)* ser válido, mantenerse | **3** *n* ◆ agarre; **to get/catch h. of,** coger, agarrar; *fig* conseguir ◆ control: **she has a h. over him,** lo tiene dominado ◆ *Av Náut* bodega

■ **hold against** *vtr* **to h. sthg against sb,** guardar rencor a alguien por algo
■ **hold back 1** *vtr* ◆ *(a la gente, las lágrimas)* contener ◆ *(la verdad)* ocultar, no revelar ◆ *(un pago)* retener, retrasar ◆ *(a una persona)* retrasar, entretener | **2** *vi* vacilar
■ **hold down** *vtr* ◆ sujetar ◆ *(control)* dominar ◆ *fam (un trabajo)* desempeñar

■ **hold off** *vtr* mantener a distancia, resistir
■ **hold on** *vi* ◆ agarrarse bien [**to,** a] ◆ esperar; *Tel* **h. on!,** ¡no cuelgue! ◆ aguantar
■ **hold out 1** *vtr (la mano, una cuerda)* tender | **2** *vi* ◆ durar, aguantar, resistir ◆ **to h. out for,** insistir en
■ **hold up** *vtr* ◆ *(el techo)* sostener ◆ *(la mano, una pancarta)* levantar ◆ retrasar: **our flight has been held up,** nuestro vuelo ha sido retrasado ◆ asaltar, atracar

holdall ['həʊldɔːl] *n GB* bolsa de viaje
holder ['həʊldə'] *n* ◆ *(de cuenta, pasaporte, permiso, etc)* titular; *(de billete, etc)* poseedor,-ora ◆ *Dep* **record h.,** plusmarquista, campeón,-ona ◆ recipiente; **cigarette h.,** boquilla
holding ['həʊldɪŋ] *n* ◆ *(de acciones, etc)* participación ◆ **h. company,** holding
hold-up ['həʊldʌp] *n* ◆ atraco ◆ retraso; *(de tráfico)* atasco
hole [həʊl] *n* ◆ agujero, hoyo; *(en la carretera)* bache; *(en la pared)* boquete; *(de conejos)* madriguera; *(de ratones)* ratonera ◆ *Golf* hoyo ◆ *argot (sitio horrible)* antro
holiday ['hɒlɪdeɪ] **1** *n (un día)* día festivo, fiesta; *GB (varios días)* vacaciones: **I'm on h.,** estoy de vacaciones; **to take a h.,** tomarse unas vacaciones; **bank h.,** *GB* fiesta nacional | **2** *vi GB* pasar las vacaciones; *(de verano)* veranear
holiday-maker ['hɒlɪdeɪmeɪkə'] *n GB* turista; *(de verano)* veraneante
holiness ['həʊlɪnɪs] *n* santidad
Holland ['hɒlənd] *n* Holanda
hollow ['hɒləʊ] **1** *adj (árbol, diente, sonido)* hueco,-a; *(voz)* apagado,-a; *(cara, ojos)* hundido,-a; *(promesa)* falso,-a; *(persona)* vacío,-a; *(victoria)* huero,-a, pírrico,-a | **2** *n* ◆ hueco ◆ *Geog* hondonada, depresión | **3** *vtr* **to h. (out),** ahuecar
holly ['hɒlɪ] *n* acebo
holocaust ['hɒləkɔːst] *n* holocausto
holster ['həʊlstə'] *n* pistolera
holy ['həʊlɪ] *adj* sagrado,-a, santo,-a; bendito,-a; **H. Bible,** Santa Biblia; **h. man,** santo varón
homage ['hɒmɪdʒ] *n* homenaje; **to pay h. to sb,** rendir homenaje a alguien
home [həʊm] **1** *n* ◆ casa; hogar; *frml* domicilio; **at h.,** en casa: **make yourself at h.!,** ¡estás en tu casa!; **to feel at h.,** sentirse como en casa; *Dep* **to play at h.,** jugar en casa ◆ origen, patria ◆ **old people's h.,** residencia de ancianos | **2** *adv*

a casa; **to get h.,** llegar a casa; **to go h.,** ir a casa ♦ en casa: **to be h.,** estar en casa; **to stay h.,** quedarse en casa | 3 *adj* ♦ casero, de casa ♦ *(no extranjero)* nacional; *(política)* doméstica, interior; *GB Pol* **H. Secretary** ≈ Ministro,-a del Interior
■ **home in** *vi (un misil, etc)* dirigirse [**on,** hacia]

homeland ['həʊmlænd] *n* patria; *(origen)* tierra natal, lugar de nacimiento

homeless ['həʊmlɪs] **1** *adj* sin techo | **2** *npl* **the h.,** los sin techo

homely ['həʊmlɪ] *adj* (**homelier, homeliest**) ♦ *GB (persona)* casero,-a, honesto,-a; *(ambiente)* familiar, acogedor,-ora ♦ *US* poco atractivo,-a

home-made ['həʊmmeɪd] *adj* casero,-a

homeopathy [həʊmɪ'ɒpəθɪ] *n US* → **homoeopathy**

homesick ['həʊmsɪk] *adj* **to be h.,** tener morriña

homework ['həʊmwɜːk] *n* deberes

homicide ['hɒmɪsaɪd] *n* homicidio

homoeopathy [həʊmɪ'ɒpəθɪ] *n* homeopatía

homogeneous [hɒmə'dʒiːnɪəs] *adj* homogéneo,-a

homosexual [hɒməʊ'seksjʊəl] *adj & n* homosexual ➤ Ver nota en **queer**

Honduran [hɒn'djʊərən] *adj & n* hondureño,-a

Honduras [hɒn'djʊərəs] *n* Honduras

honest ['ɒnɪst] *adj* ♦ honrado,-a, honesto,-a ♦ franco,-a, sincero,-a; **to be h...,** si digo la verdad.. *o* para ser francos....

honestly ['ɒnɪstlɪ] **1** *adv* ♦ *(con honestidad)* honradamente ♦ *(con franqueza)* sinceramente | **2** *excl* **well, h.!,** ¡hay que ver!

honesty ['ɒnɪstɪ] *n* ♦ *(honestidad)* honradez ♦ *(franqueza)* sinceridad

honey ['hʌnɪ] *n* ♦ miel ♦ *US fam (apelativo)* cariño

honeycomb ['hʌnɪkəʊm] *n* panal

honeymoon ['hʌnɪmuːn] *n* luna de miel

honeysuckle ['hʌnɪsʌkəl] *n* madreselva

honk [hɒŋk] *vi Auto* tocar la bocina

honor ['ɒnə'] *n & vtr US* → **honour**

honorary ['ɒnərərɪ] *adj* ♦ *(socio, presidente)* de honor, honorífico,-a; **h. doctorate,** doctorado honoris causa ♦ *(secretario, etc, no remunerado)* honorario,-a

honour ['ɒnə'] **1** *n* ♦ honor: **it is an h. to meet you,** es un honor conocerle ♦ orgullo: **he is an h. to his family,** es un orgullo para su familia ♦ *Jur* **Her/His/Your H.,** Su Señoría ♦ *Mil* **honours** *pl*, honores ♦ *GB Univ* **Honours degree** ≈ licenciatura | **2** *vtr* ♦ *(a una persona)* honrar ♦ *(un compromiso)* cumplir con

honourable ['ɒnərəbəl] *adj* ♦ *(persona)* de honor, honrado,-a ♦ *(acuerdo, acción)* honroso,-a ♦ *(como título)* ilustre

hood [hʊd] *n* ♦ *(ropa)* capucha; *(de penitente)* capirote ♦ *Auto GB* capota ♦ *Auto US* capó

hoof [huːf] *n (pl* **hoofs** *o* **hooves** [huːvz]) *Zool (de caballo)* casco; *(de ganado)* pezuña

hook [hʊk] **1** *n* ♦ gancho; *Pesca* anzuelo; *Cos* corchete ♦ | LOC: **the phone's off the h.,** el teléfono está descolgado ♦ *Boxeo* gancho | **2** *vtr* ♦ enganchar ♦ *Pesca* coger ♦ *Boxeo* hacer un gancho a
■ **hook up** *vtr & vi Rad TV Inform* conectar [**with,** con]

hooked [hʊkt] *adj* ♦ *(nariz)* aguileño,-a ♦ *argot (adicto)* enganchado,-a [**on,** a]; **to get h.,** engancharse

hook-up ['hʊkʌp] *n* ♦ *TV Inform* conexión ♦ *Rad TV* emisión múltiple

hooligan ['huːlɪgən] *n fam* gamberro,-a

hoop [huːp] *n* ♦ aro ♦ *(de barril)* fleje

hooray [huː'reɪ] *excl* ¡hurra!

hoot [huːt] **1** *n (de barco)* toque de sirena; *(de búho)* ululato, ulular; *(de coche)* bocinazo; *(de tren)* pitido; *fam* **a h. of laughter,** una risotada | **2** *vi (un búho)* ulular; *(un coche)* dar un bocinazo; *(un tren)* silbar; *(una sirena)* pitar

hooter ['huːtə'] *n esp GB (de un coche)* claxon; *(de una fábrica)* sirena

Hoover♦ ['huːvə'] **1** *n GB* aspiradora | **2** *vtr* **to h.,** pasar la aspiradora por

hop[1] [hɒp] **1** *vi* ♦ saltar a la pata coja ♦ *fam* **h. on a bus/plane,** coger un autobús/avión | **2** *n* ♦ saltito, brinco ♦ *fam* vuelo corto

hop[2] [hɒp] *n Bot* lúpulo

hope [həʊp] **1** *n* esperanza; *(optimista)* ilusión: **don't give up h.,** no pierdas la esperanza | **2** *vtr & vi* esperar: **I h. so/not,** espero que sí/no; **I h. you agree that..,** espero que esté de acuerdo en que... ➤ Ver nota en **esperar**

> El verbo **to hope** a menudo va seguido de una frase subordinada que empieza por **that**: I hope that you'll be on time. *Espero que llegues a tiempo.* También le puede seguir el infinitivo con **to**: I hope to be on time. *Espero llegar a tiempo.*

hopeful ['həʊpfʊl] *adj* ♦ *(persona)* optimista ♦ *(pronóstico)* prometedor,-ora

hopefully ['həʊfʊlɪ] *adv* ♦ con optimismo ♦ con un poco de suerte: **h. we'll be there by six,** esperamos estar allí para las seis

hopeless ['həʊplɪs] *adj* ♦ desesperado,-a ♦ *fam* **to be h. at sthg,** ser negado,-a para algo

hopelessly ['həʊplɪslɪ] *adv* ♦ desesperadamente ♦ **h. confused,** completamente despistado,-a

horde [hɔːd] *n* multitud

horizon [həˈraɪzən] *n* horizonte

horizontal [hɒrɪˈzɒntəl] *adj* horizontal

hormone ['hɔːməʊn] *n* hormona

horn [hɔːn] *n* ♦ *Zool* cuerno, asta ♦ *Auto* bocina ♦ *Mús* **French h.,** trompa

hornet ['hɔːnɪt] *n* avispón

horny ['hɔːnɪ] *adj* (**hornier, horniest**) ♦ *(piel)* calloso,-a ♦ *argot* caliente, cachondo,-a

horoscope ['hɒrəskəʊp] *n* horóscopo

horrendous [hɒˈrendəs] *adj* horrendo,-a

horrible ['hɒrəbəl] *adj* horrible

horrid ['hɒrɪd] *adj* horrible

horrific [həˈrɪfɪk] *adj* horrendo,-a

horrify ['hɒrɪfaɪ] *vtr* horrorizar

horror ['hɒrə'] *n* ♦ horror ♦ *fam* **that boy is a little h.,** ese niño es un pequeño monstruo; **h. film,** película de terror

hors d'oeuvre [ɔːˈdɜːvr] *n* entremeses

horse [hɔːs] *n* ♦ caballo; **h. race,** carrera de caballos; *fig* **I could eat a h.,** me comería un buey ♦ *Gim* potro ♦ *Téc* caballete ♦ *Bot* **h. chestnut,** castaño de Indias

horseback ['hɔːsbæk] *n* **on h.,** a caballo

horseman ['hɔːsmən] *n* jinete

horseplay ['hɔːspleɪ] *n* payasadas

horsepower ['hɔːspaʊə'] *n* caballo (de vapor); **a hundred-h. engine,** un motor de cien caballos

horseradish ['hɔːsrædɪʃ] *n* rábano picante

horseshoe ['hɔːsʃuː] *n* herradura

horsewoman ['hɔːswʊmən] *n* amazona

horticulture ['hɔːtɪkʌltʃə'] *n* horticultura

hose [həʊz] *n* manguera, manga de riego

hospice ['hɒspɪs] *n* residencia para enfermos terminales

hospitable [hɒˈspɪtəbəl] *adj (persona)* hospitalario,-a; *(ambiente)* acogedor,-ora

hospital ['hɒspɪtəl] *n* hospital

hospitality [hɒspɪˈtælɪtɪ] *n* hospitalidad

host¹ [həʊst] 1 *n* ♦ anfitrión ♦ *Teat TV* presentador | 2 *vtr Teat TV* presentar

host² [həʊst] *n* gran cantidad, montón

Host [həʊst] *n Rel* hostia

hostage ['hɒstɪdʒ] *n* rehén

hostel ['hɒstəl] *n* hostal

hostess ['həʊstɪs] *n* ♦ anfitriona ♦ *Teat TV* presentadora ♦ (**air**) **h.,** azafata; *(en exposiciones, ferias, etc)* azafata ♦ *(en un club)* chica de alterne

hostile ['hɒstaɪl] *adj* hostil

hostility [hɒˈstɪlɪtɪ] *n* hostilidad

hot [hɒt] *adj* (**hotter, hottest**) ♦ caliente; *fig* **h. line,** teléfono rojo ♦ *(clima)* cálido,-a; *(tiempo)* caluroso,-a: **I am h.,** tengo calor; **it's very h.,** hace mucho calor; ➢ Ver nota en **calor** ♦ *Culin* picante, caliente; **h. dog,** perrito caliente ♦ **he has a h. temper,** tiene mal genio ♦ **h. news,** noticias de último momento ♦ *fam* bueno,-a: **the hotel's OK, but the food is not so h.,** el hotel está bien pero la comida no es nada del otro mundo ♦ *fam* robado,-a ♦ peligroso,-a ♦ | LOC: *fig* **to get oneself into h. water,** meterse en un lío; **to sell like h. cakes,** venderse como rosquillas

■ **hot up** *vi fam (una situación, un partido)* ponerse al rojo vivo

hotbed ['hɒtbed] *n fig* semillero, caldo de cultivo

hotel [həʊˈtel] *n* hotel

hotelier [həʊˈteljeɪ] *n* hotelero,-a

hot-headed [hɒtˈhedɪd] *adj* ♦ impetuoso,-a ♦ irascible

hothouse ['hɒthaʊs] *n* invernadero

hotly ['hɒtlɪ] *adv* ♦ *(negar, decir)* con vehemencia ♦ *(seguir)* muy de cerca

hotplate ['hɒtpleɪt] *n* ♦ *(para cocinar)* placa de cocina ♦ *(en el comedor)* calientaplatos

hotshot ['hɒtʃɒt] *n fam* as

hot-water bottle [hɒtˈwɔːtəˈbɒtəl] *n* bolsa de agua caliente

hound [haʊnd] 1 *n* perro de caza | 2 *vtr* acosar

hour ['aʊə'] *n* hora; **half an h.,** media hora; **120 kilometres an h.,** 120 kilómetros por hora; **the lunch h.,** la hora de comer; **working hours,** horas de trabajo

hourly ['aʊəlɪ] 1 *adj* cada hora | 2 *adv* ♦ por horas ♦ cada hora

house [haʊs] 1 *n* ♦ casa: **they've bought a new h.,** han comprado una nueva casa; *fig* **on the h.,** invita la casa; ➢ Ver nota en **chalet** ♦ *Pol* cámara; *GB* **H. of Commons/Lords,** Cámara de los Comunes/los Lores; *US* **H. of Representatives,** Cámara de los Representantes; *GB* **the**

Houses of Parliament, el Parlamento; **the upper/lower h.,** la cámara alta/baja ◆ empresa; **publishing h.,** editorial ◆ *Teat* sala: **"house full",** "no hay localidades" | 2 [haʊz] *vtr* ◆ alojar, hospedar ◆ almacenar, guardar

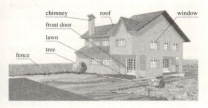

housebreaking ['haʊsbreɪkɪŋ] *n* allanamiento de morada
household ['haʊshəʊld] *n* hogar, familia; **h. expenses,** gastos de la casa
housekeeper ['haʊskiːpə'] *n* ama de llaves
housekeeping ['haʊskiːpɪŋ] *n* ◆ administración de la casa ◆ *fam* dinero para los gastos domésticos
house-train ['haʊstreɪn] *vtr (a un animal)* domesticar
housewarming ['haʊswɔːmɪŋ] *n* **h. (party),** fiesta que se da al estrenar una casa
housewife ['haʊswaɪf] *n* ama de casa
housework ['haʊswɜːk] *n* tareas domésticas
housing ['haʊzɪŋ] *n* ◆ vivienda ◆ **h. estate,** urbanización
hovel ['hɒvəl] *n* casucha
hover ['hɒvə'] *vi* ◆ *(un pájaro)* planear; *(un helicóptero)* quedarse suspendido en el aire ◆ *fam* merodear
hovercraft ['hɒvəkrɑːft] *n* aerodeslizador
how [haʊ] *adv* ◆ *(en preguntas directas e indirectas)* ¿cómo?: **h. did you get here?,** ¿cómo llegaste?; **h. is it that...?,** ¿cómo es que...?; **I know h. they do that,** sé cómo hacen eso ◆ *(en preguntas sobre cantidades, frecuencia, etc)* cuánto: **h. heavy is it?,** ¿cuánto pesa?; **I don't remember h. much it cost,** no me acuerdo de cuánto costó; **h. often do you cook?,** ¿cada cuánto cocinas?; **h. wide is the river?,** ¿qué anchura tiene el río? ◆ qué: **h. extraordinary!,** ¡qué extraordinario! ◆ *(sugerencia)* **h. about a cup of coffee?,** ¿te apetece un café?; **I'm hungry - h. about you?,** tengo hambre, ¿y tú?

however [haʊ'evə'] *adv* ◆ no obstante, sin embargo ◆ comoquiera: **h. you pronounce it,** comoquiera que lo pronuncies ◆ *(sorpresa - en preguntas directas)* cómo: **h. did you do that?,** ¿cómo diablos has hecho eso? ◆ *(con adjetivo o adverbio)* **h. beautiful she may be,** por guapa que sea; **h. much you complain...,** por mucho que te quejes...
howl [haʊl] 1 *n* aullido | 2 *vi* aullar
HQ [eɪtʃ'kjuː] *abr de* **headquarters**
hub [hʌb] *n* ◆ *Auto* cubo ◆ *fig* centro
hubbub ['hʌbʌb] *n* alboroto
hubcap ['hʌbkæp] *n Auto* tapacubos
huddle ['hʌdəl] 1 *n* grupo | 2 *vi* **to h. (up** *o* **together),** acurrucarse
huff [hʌf] *n* mal humor, rabieta
hug [hʌg] 1 *vtr* abrazar | 2 *n* abrazo
huge [hjuːdʒ] *adj* enorme
hugely ['hjuːdʒlɪ] *adv* enormemente
hulk [hʌlk] *n* ◆ *Náut* casco, barco viejo ◆ *(cosa o persona)* armatoste
hull [hʌl] *n Náut* casco
hullabaloo [hʌləbə'luː] *n fam* follón
hullo [hʌ'ləʊ] *excl GB* ¡hola!
hum [hʌm] 1 *vtr* tararear, canturrear | 2 *vi (una abeja, máquina)* zumbar; *(cantar)* tararear, canturrear | 3 *n (de abejas)* zumbido
human ['hjuːmən] 1 *adj* humano,-a; **h. being,** ser humano; **h. race,** raza humana; **h. rights,** derechos humanos | 2 *n* ser humano
humane [hjuː'meɪn] *adj* humano,-a, compasivo,-a
humanitarian [hjuːmænɪ'teərɪən] *adj* humanitario,-a
humanity [hjuː'mænɪtɪ] *n* ◆ humanidad, la raza humana ◆ *Univ* **the humanities,** las humanidades
humble ['hʌmbəl] 1 *adj* humilde | 2 *vtr* humillar
humbug ['hʌmbʌg] *n* ◆ *fam* disparates ◆ *GB* caramelo de menta
humid ['hjuːmɪd] *adj (clima)* húmedo,-a
humidity [hjuː'mɪdɪtɪ] *n* humedad
humiliate [hjuː'mɪlɪeɪt] *vtr* humillar
humiliation [hjuːmɪlɪ'eɪʃən] *n* humillación
humility [hjuː'mɪlɪtɪ] *n* humildad
hummingbird ['hʌmɪŋbɜːd] *n* colibrí
humor ['hjuːmə'] *n US* → **humour**
humorous ['hjuːmərəs] *adj* ◆ *(novela, obra)* humorístico,-a ◆ *(conversación, gente)* gracioso,-a, divertido,-a

humour ['hju:mə'] 1 *n* humor; **sense of h,** sentido del humor | 2 *vtr* seguirle la corriente a
hump [hʌmp] 1 *n* ◆ *(de persona, camello)* joroba ◆ *Geog* montículo | 2 *vtr GB fam* llevar, cargar con
humus ['hju:məs] *n* mantillo, humus
hunch [hʌntʃ] *n fam* corazonada: **I have a h. that...,** me da que...
hunchback ['hʌntʃbæk] *n* jorobado,-a
hundred ['hʌndrəd] 1 *n* cien, ciento; *(aproximadamente)* centenar; **a h. and ten,** ciento diez; **two h.,** doscientos | 2 *adj* cien; **a h. dalmatians,** cien dálmatas; **a h. per cent,** cien por cien; **six h. pounds,** seiscientas libras
hundredth ['hʌndrədθ] *adj & n* centésimo,-a
Hungarian [hʌŋ'geəriən] *adj & n* húngaro,-a
Hungary ['hʌŋgəri] *n* Hungría
hunger ['hʌŋgə'] 1 *n* hambre; **h. strike,** huelga de hambre | 2 *vi fig* tener hambre [**for,** de]
hungry ['hʌŋgri] *adj (hungrier, hungriest)* ◆ hambriento,-a: **I'm h.,** tengo hambre; **to go h.,** pasar hambre ◆ *fig* **h. for power,** ávido,-a de poder
hunk [hʌŋk] *n* ◆ trozo, pedazo ◆ *fam* machote
hunt [hʌnt] 1 *vtr* cazar | 2 *vi* ◆ *(animales)* cazar ◆ buscar | 3 *n* ◆ caza ◆ búsqueda
■ **hunt down** *vtr* perseguir
hunter ['hʌntə'] *n* cazador,-ora
hunting ['hʌntɪŋ] *n* caza
hurdle ['hɜ:dəl] *n* ◆ *Dep* valla ◆ *fig* obstáculo
hurl [hɜ:l] *vtr* arrojar, lanzar
hurrah [hʊ'rɑ:], **hurray** [hʊ'reɪ] *excl* ¡hurra!, ¡viva!
hurricane ['hʌrɪkən] *n* huracán
hurried ['hʌrɪd] *adj* apresurado,-a; *(trabajo)* hecho,-a de prisa
hurriedly ['hʌrɪdlɪ] *adv* deprisa, apresuradamente
hurry ['hʌrɪ] 1 *vi* darse prisa; **h. up!,** ¡date prisa! | 2 *vtr* meter prisa | 3 *n* prisa: **I'm in a h.,** tengo prisa; **what's the h.?,** ¿qué prisa hay?
hurt [hɜ:t] 1 *vtr (ps & pp* **hurt**) lastimar, hacer daño; *(los sentimientos)* herir, ofender | 2 *vi* doler: **my feet h.,** me duelen los pies; *fam* **it wouldn't h. you to be friendly,** no te costaría nada ser amable | 3 *adj* ◆ herido,-a, lesionado,-a ◆ dolido,-a

hurtful ['hɜ:tfʊl] *adj (comentario)* hiriente
husband ['hʌzbənd] *n* marido, esposo
hush [hʌʃ] 1 *vtr* callar | 2 *n* silencio | 3 *excl* ¡chitón!
■ **hush up** *vtr (un escándalo)* encubrir
hush-hush [hʌʃ'hʌʃ] *adj fam* confidencial
husky¹ ['hʌskɪ] *adj (huskier, huskiest)* ronco,-a
husky² ['hʌskɪ] *n Zool* perro esquimal
hustings ['hʌstɪŋz] *npl Pol* campaña electoral
hustle ['hʌsəl] 1 *vtr* ◆ mover a empujones ◆ *fam* meter prisa | 2 *n* bullicio; **h. and bustle,** ajetreo
hut [hʌt] *n* ◆ cabaña, casucha ◆ *Mil* barraca
hutch [hʌtʃ] *n* conejera
hyacinth ['haɪəsɪnθ] *n* jacinto
hybrid ['haɪbrɪd] *adj & n* híbrido,-a
hydrant ['haɪdrənt] *n* **fire h.,** boca de incendio
hydraulic [haɪ'drɒlɪk] *adj* hidráulico,-a
hydrocarbon [haɪdrəʊ'kɑ:bən] *n* hidrocarburo
hydroelectric [haɪdrəʊɪ'lektrɪk] *adj* hidroeléctrico,-a
hydrogen ['haɪdrɪdʒən] *n* hidrógeno
hyena [haɪ'i:nə] *n* hiena
hygiene ['haɪdʒi:n] *n* higiene
hygienic [haɪ'dʒi:nɪk] *adj* higiénico,-a
hymn [hɪm] *n* himno
hype [haɪp] *n fam* promoción exagerada, bombo
hyper- ['haɪpə'] *pref* hiper-; **hyperactive,** hiperactivo,-a
hypermarket ['haɪpəmɑ:kɪt] *n GB* hipermercado
hypersensitive [haɪpə'sensɪtɪv] *adj* hipersensible
hyphen ['haɪfən] *n* guión
hypnosis [hɪp'nəʊsɪs] *n* hipnosis
hypnotism ['hɪpnətɪzəm] *n* hipnotismo
hypnotist ['hɪpnətɪst] *n* hipnotizador,-ora
hypnotize ['hɪpnətaɪz] *vtr* hipnotizar
hypochondriac [haɪpə'kɒndrɪæk] *adj & n* hipocondríaco,-a
hypocrisy [hɪ'pɒkrəsɪ] *n* hipocresía
hypocrite ['hɪpəkrɪt] *n* hipócrita
hypocritical [hɪpə'krɪtɪkəl] *adj* hipócrita
hypodermic [haɪpə'dɜ:mɪk] *adj Med* hipodérmico,-a; **h. needle,** aguja hipodérmica

hypothesis [haɪ'pɒθɪsɪs] *n (pl* ***hypotheses*** [haɪ'pɒθɪsiːz]*)* hipótesis
hypothetic(al) [haɪpə'θetɪk(əl)] *adj* hipotético,-a
hysteria [hɪ'stɪərɪə] *n* histeria

hysterical [hɪ'sterɪkəl] *adj* histérico,-a
hysterics [hɪ'sterɪks] *n & npl* ◆ ataque de nervios ◆ *fam* ataque de risa; **to be in h. (about sthg),** morirse de risa (por algo)

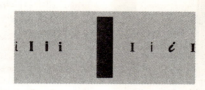

I, i [aɪ] *n (letra)* I, i
I [aɪ] *pron pers* yo: **I am English,** (yo) soy inglés
ice [aɪs] **1** *n* hielo: **my feet are like i.,** tengo los pies helados; **i. cream,** helado; **i. cube,** cubito de hielo; **i. hockey,** hockey sobre hielo; **i. lolly,** polo; **i. rink,** pista de patinaje | **2** *vtr Culin* glasear

■ **ice over/up** *vi* ◆ *(el agua)* helarse ◆ *(un coche, avión)* cubrirse de hielo/escarcha

iceberg ['aɪsbɜːg] *n* iceberg
icebox ['aɪsbɒks] *n* ◆ *GB (de frigorífico)* congelador ◆ *US* nevera, frigorífico
icecap ['aɪskæp] *n Geog* casquete glaciar
Iceland ['aɪslənd] *n* Islandia
ice-skate ['aɪs'skeɪt] **1** *n* patín (de cuchilla) | **2** *vi* patinar sobre hielo
ice-skating ['aɪsskeɪtɪŋ] *n* patinaje sobre hielo
icicle ['aɪsɪkəl] *n* carámbano
icing ['aɪsɪŋ] *n Culin* glaseado; **i. sugar,** azúcar glas
icon ['aɪkɒn] *n* icono
icy ['aɪsɪ] *adj (icier, iciest)* ◆ *(suelo)* helado,-a ◆ *(lluvia, viento)* helado,-a, gélido,-a ◆ *(sonrisa)* glacial
I'd [aɪd] → ◆ **I would** ◆ **I had**
ID [aɪ'diː] *US (abr de* ***identification, identity****)* identificación; **ID card,** documento nacional de identidad, DNI
idea [aɪ'dɪə] *n* ◆ idea: **that's a good i.,** esa es una buena idea ◆ propósito, intención ◆ impresión, concepto; **my i. of luxury,** mi concepto del lujo
ideal [aɪ'dɪəl] *adj & n* ideal
idealist [aɪ'dɪəlɪst] *n* idealista

idealistic [aɪdɪə'lɪstɪk] *adj* idealista
idealize [aɪ'dɪəlaɪz] *vtr* idealizar
ideally [aɪ'dɪəlɪ] *adv* ◆ *(a la perfección)* perfectamente ◆ **i., we'd all be rich,** lo ideal sería que todos fuéramos ricos
identical [aɪ'dentɪkəl] *adj* idéntico,-a
identification [aɪdentɪfɪ'keɪʃən] *n* ◆ identificación ◆ documentación
identify [aɪ'dentɪfaɪ] **1** *vtr* identificar [**as,** como] | **2** *vi* identificarse [**with,** con]
identity [aɪ'dentɪtɪ] *n* identidad; **i. card,** carné de identidad; **i. papers,** documentacion
ideological [aɪdɪə'lɒdʒɪkəl] *adj* ideológico,-a
ideology [aɪdɪ'ɒlədʒɪ] *n* ideología
idiom ['ɪdɪəm] *n* ◆ *Ling* modismo ◆ *fig* estilo, lenguaje
idiomatic [ɪdɪə'mætɪk] *adj* idiomático,-a
idiosyncrasy [ɪdɪəʊ'sɪŋkrəsɪ] *n* idiosincrasia
idiot ['ɪdɪət] *n* idiota, imbécil
idiotic [ɪdɪ'ɒtɪk] *adj* ◆ *(comportamiento)* idiota, tonto,-a ◆ *(idea)* estúpido,-a
idle ['aɪdəl] *adj* ◆ holgazán,-ana ◆ *(sin trabajo)* parado,-a ◆ *(capacidad)* sin utilizar ◆ *(máquina, fábrica)* parado,-a ◆ *(palabras)* frívolo,-a, vano,-a

■ **idle away** *vtr (el tiempo)* pasar; *pey* desperdiciar

idleness ['aɪdəlnɪs] *n* ◆ holgazanería ◆ desempleo ◆ *(de una máquina)* paro, inactividad
idol ['aɪdəl] *n* ídolo
idolize ['aɪdəlaɪz] *vtr* idolatrar
idyllic [ɪ'dɪlɪk] *adj* idílico,-a
i.e. *(abr de* ***id est****)* esto es, es decir

if [ɪf] *conj* ♦ *(condición)* si: **if she had time,** si tuviera tiempo; **if you're good..,** si te portas bien; **if I were you,** yo que tú; **if necessary,** si hace falta; **if not,** si no; **if so,** de ser así ♦ cuando, siempre que: **if I see her, I always say hello,** siempre que la veo, la saludo ♦ aunque: **even if he's out,** aunque no esté ♦ *excl* **if only...!,** ¡ojalá!: **if only I could!,** ¡ojalá pudiera!; **if only he had read the warning,** si (al menos) hubiera leído el aviso

igloo ['ɪɡluː] *n* iglú

ignite [ɪɡ'naɪt] **1** *vtr* encender | **2** *vi* encenderse

ignition [ɪɡ'nɪʃən] *n* ♦ ignición ♦ *Auto* encendido

ignominious ['ɪɡnə'mɪnɪəs] *adj* ignominioso,-a

ignorance ['ɪɡnərəns] *n* ignorancia

ignorant ['ɪɡnərənt] *adj* ♦ ignorante [of, de]; **to be i. of sthg,** ignorar *o* desconocer algo ♦ maleducado,-a

ignore [ɪɡ'nɔː^r] *vtr* ♦ *(un problema)* hacer caso omiso de ♦ *(un consejo)* no hacer caso de ♦ *(a una persona)* ignorar, no hacer caso

I'll [aɪl] → ♦ **I shall** ♦ **I will**

ill [ɪl] **1** *adj* ♦ enfermo,-a: **I'm i.,** estoy enfermo; **he was taken i.,** se puso enfermo,-a; **do you feel i.?,** ¿te encuentras mal?; **you look i.,** tienes mala cara ➢ Ver nota en **enfermo** ♦ malo,-a; **i. effects,** efectos negativos; **i. feeling,** rencor; **i. health,** mala salud | **2** *npl* **the i.,** los enfermos | **3** *adv* ♦ difícilmente ♦ mal

ill-advised [ɪləd'vaɪzd] *adj (persona)* imprudente ♦ *(decisión)* desacertado,-a, desatinado,-a: **she'd be i.-a. to go alone,** haría mal en ir sola

ill-disposed [ɪldɪ'spəʊzd] *adj* **to be i.-d. towards sb,** estar mal predispuesto,-a hacia alguien

illegal [ɪ'liːɡəl] *adj* ilegal

illegible [ɪ'ledʒɪbəl] *adj* ilegible

illegitimate [ɪlɪ'dʒɪtɪmɪt] *adj* ilegítimo,-a

ill-fated [ɪl'feɪtɪd] *adj* funesto,-a, malogrado,-a

ill-founded ['ɪl'faʊndɪd] *adj* infundado,-a

illicit [ɪ'lɪsɪt] *adj* ilícito,-a

illiteracy [ɪ'lɪtərəsɪ] *n* analfabetismo

illiterate [ɪ'lɪtərɪt] *adj* ♦ analfabeto,-a ♦ *fam* inculto,-a

illness ['ɪlnɪs] *n* enfermedad ➢ Ver nota en **disease**

illogical [ɪ'lɒdʒɪkəl] *adj* ilógico,-a

ill-treat [ɪl'triːt] *vtr* maltratar

ill-treatment ['ɪl'triːtmənt] *n* maltrato

illuminate [ɪ'luːmɪneɪt] *vtr* ♦ *(una habitación, calle)* iluminar, alumbrar ♦ *(una duda)* aclarar

illuminating [ɪ'luːmɪneɪtɪŋ] *adj* revelador,-ora

illumination [ɪluːmɪ'neɪʃən] *n* ♦ *(de una calle, casa)* iluminación ♦ *(de una duda)* aclaración

illusion [ɪ'luːʒən] *n* ♦ *(falsa idea)* ilusión: **he's under the i. that...,** cree erróneamente que... ♦ *(falsa imagen)* ilusión; **an i. of hope,** una falsa esperanza

illusory [ɪ'luːsərɪ] *adj* ilusorio,-a

illustrate ['ɪləstreɪt] *vtr* ilustrar

illustration [ɪlə'streɪʃən] *n* ♦ ilustración ♦ ejemplo

illustrious [ɪ'lʌstrɪəs] *adj* ilustre

I'm [aɪm] → **I am**

image ['ɪmɪdʒ] *n* imagen

imagery ['ɪmɪdʒərɪ] *n Lit* imágenes

imaginary [ɪ'mædʒɪnərɪ] *adj* imaginario,-a

imagination [ɪmædʒɪ'neɪʃən] *n* ♦ imaginación: **it's all in your i.,** son imaginaciones tuyas ♦ inventiva

imaginative [ɪ'mædʒɪnətɪv] *adj* imaginativo,-a

imagine [ɪ'mædʒɪn] *vtr* ♦ imaginarse: **i. a tropical beach,** imagínate una playa tropical ♦ suponer, imaginarse: **I i. he's the boss,** supongo que él es el jefe ♦ pensar erróneamente: **she's imagining things,** se lo está imaginando

> Usado con un verbo, **to imagine** va seguido de gerundio: **I can't imagine living there.** *No puedo imaginarme viviendo allí.* Si el sujeto del verbo subordinado no coincide con el sujeto del verbo principal, debes añadir un complemento directo: **I can't imagine you living there.** *No puedo (yo) imaginarte (a ti) viviendo allí.*

imbalance [ɪm'bæləns] *n* desequilibrio

imbecile ['ɪmbɪsiːl] *n* imbécil

IMF *(abr de* **International Monetary Fund***)* Fondo Monetario Internacional, FMI

imitate ['ɪmɪteɪt] *vtr* imitar

imitation [ɪmɪ'teɪʃən] **1** *n* ♦ *(acción)* imitación ♦ *(resultado)* copia, imitación | **2** *adj* de imitación

immaculate [ɪ'mækjʊlɪt] *adj* ♦ *(una habitación, etc)* limpísimo,-a, perfectamente ordenado,-a ♦ *(ropa, trabajo)* impecable, perfecto,-a ♦ *(conducta)* intachable
immaterial [ɪmə'tɪərɪəl] *adj* irrelevante
immature [ɪmə'tjʊəʳ] *adj* inmaduro,-a
immeasurable [ɪ'meʒərəbəl] *adj* inconmensurable
immediate [ɪ'miːdɪət] *adj* ♦ inmediato,-a ♦ *(ayuda, etc)* urgente ♦ *(futuro)* cercano,-a, inminente ♦ *(familia)* directo,-a ♦ **the i. cause,** la causa directa
immediately [ɪ'miːdɪətlɪ] **1** *adv* ♦ inmediatamente ♦ directamente: **it affects us i.,** nos afecta directamente | **2** *conj* en cuanto
immense [ɪ'mens] *adj* inmenso,-a, enorme
immensely [ɪ'menslɪ] *adv* ♦ *(popular)* enormemente ♦ *(difícil)* sumamente
immerse [ɪ'mɜːs] *vtr* sumergir [**in,** en]
immersion [ɪ'mɜːʃən] *n* inmersión
immigrant ['ɪmɪgrənt] *adj & n* inmigrante
immigration [ɪmɪ'greɪʃən] *n* inmigración
imminent ['ɪmɪnənt] *adj* inminente
immobile [ɪ'məʊbaɪl] *adj* inmóvil
immobilize [ɪ'məʊbɪlaɪz] *vtr* inmovilizar
immodest [ɪ'mɒdɪst] *adj* ♦ *(persona)* presuntuoso,-a ♦ *(acción, ropa)* indecente
immoral [ɪ'mɒrəl] *adj* inmoral
immortal [ɪ'mɔːtəl] *adj* inmortal
immortality [ɪmɔː'tælɪtɪ] *n* inmortalidad
immortalize [ɪ'mɔːtəlaɪz] *vtr* inmortalizar
immovable [ɪ'muːvəbəl] *adj* inamovible
immune [ɪ'mjuːn] *adj* ♦ *Med* inmune ♦ *(de un deber, impuesto)* exento,-a
immunity [ɪ'mjuːnɪtɪ] *n* inmunidad
immunize ['ɪmjʊnaɪz] *vtr* inmunizar [**against,** contra]
imp [ɪmp] *n fam* diablillo
impact ['ɪmpækt] *n* ♦ *(de una noticia, un libro)* impresión, impacto ♦ *(de una colisión)* choque, impacto
impair [ɪm'peəʳ] *vtr* perjudicar, dañar; **impaired hearing,** oído dañado
impart [ɪm'pɑːt] *vtr frml* comunicar, transmitir
impartial [ɪm'pɑːʃəl] *adj* imparcial
impassable [ɪm'pɑːsəbəl] *adj* ♦ *(carretera, puente)* intransitable ♦ *(obstáculo)* infranqueable, insalvable
impasse [æm'pɑːs] *n* punto muerto
impassioned [ɪm'pæʃənd] *adj* apasionado,-a
impassive [ɪm'pæsɪv] *adj* impasible
impatience [ɪm'peɪʃəns] *n* impaciencia
impatient [ɪm'peɪʃənt] *adj* ♦ impaciente: **I'm i. to begin,** estoy impaciente por empezar ♦ irritable
impeccable [ɪm'pekəbəl] *adj* impecable
impede [ɪm'piːd] *vtr* impedir, dificultar
impediment [ɪm'pedɪmənt] *n* ♦ impedimento, obstáculo ♦ *(de una persona, del habla)* defecto
impel [ɪm'pel] *vtr* impulsar
impending [ɪm'pendɪŋ] *adj frml* inminente
impenetrable [ɪm'penɪtrəbəl] *adj* ♦ *(bosque, etc)* impenetrable ♦ *(libro, concepto)* incomprensible, abstruso,-a
imperative [ɪm'perətɪv] **1** *adj frml* imperativo,-a, imprescindible | **2** *n Ling* imperativo
imperceptible [ɪmpə'septəbəl] *adj* imperceptible
imperfect [ɪm'pɜːfɪkt] **1** *adj* ♦ imperfecto,-a, defectuoso,-a | **2** *n Ling* imperfecto
imperfection [ɪmpə'fekʃən] *n* defecto
imperial [ɪm'pɪərɪəl] *adj* ♦ imperial ♦ *(en el antiguo sistema británico de medidas)* **i. mile,** milla inglesa
imperialism [ɪm'pɪərɪəlɪzəm] *n* imperialismo
imperialist [ɪm'pɪərɪəlɪst] *adj & n* imperialista
imperious [ɪm'pɪərɪəs] *adj* imperioso,-a
impersonal [ɪm'pɜːsənəl] *adj* impersonal
impersonate [ɪm'pɜːsəneɪt] *vtr* ♦ hacerse pasar por ♦ copiar, imitar
impersonation [ɪmpɜːsə'neɪʃən] *n* ♦ *(engaño)* suplantación ♦ imitación
impertinent [ɪm'pɜːtɪnənt] *adj* impertinente
impervious [ɪm'pɜːvɪəs] *adj* ♦ *(al agua)* impermeable ♦ *(a la crítica)* insensible
impetuous [ɪm'petjʊəs] *adj* impetuoso,-a
impetus ['ɪmpɪtəs] *n* ímpetu, impulso
implant [ɪm'plɑːnt] *Med* **1** *vtr* implantar | **2** ['ɪmplɑːnt] *n* ♦ *(operación)* implantación ♦ *(lo implantado)* implante
implement ['ɪmplɪmənt] **1** *n* herramienta, implemento, instrumento | **2** ['ɪmplɪment] *vtr* ♦ *(proyecto)* llevar a cabo ♦ *(una ley)* poner en práctica
implicate ['ɪmplɪkeɪt] *vtr* implicar [**in,** en]

implication [ɪmplɪ'keɪʃən] *n* ♦ implicación ♦ consecuencia
implicit [ɪm'plɪsɪt] *adj* ♦ *(amenaza, crítica)* implícito,-a ♦ *(fe, confianza)* absoluto,-a, incondicional
implore [ɪm'plɔːʳ] *vtr* implorar, suplicar
imply [ɪm'plaɪ] *vtr* ♦ insinuar ♦ significar, suponer
impolite [ɪmpə'laɪt] *adj* maleducado,-a
import ['ɪmpɔːt] **1** *n* ♦ *(acción)* importación ♦ *(mercancía)* artículo importado ♦ *frml* significado | **2** [ɪm'pɔːt] *vtr Com* importar
importance [ɪm'pɔːtəns] *n* importancia; **a politician of little i.**, un político de poca monta
important [ɪm'pɔːtənt] *adj* importante
importer [ɪm'pɔːtəʳ] *n Com* importador,-ora
impose [ɪm'pəʊz] **1** *vtr* imponer [**on, upon,** a] | **2** *vi* abusar [**on,** de]
imposing [ɪm'pəʊzɪŋ] *adj* imponente, impresionante
imposition [ɪmpə'zɪʃən] *n* ♦ *(multa, impuesto)* imposición ♦ abuso: **it's rather an i.**, es algo molesto
impossibility [ɪmpɒsə'bɪlɪtɪ] *n* imposibilidad
impossible [ɪm'pɒsəbəl] *adj* ♦ *(acción)* imposible ♦ *(persona)* insoportable
impossibly [ɪm'pɒsəblɪ] *adv* ♦ increíblemente ♦ de manera insoportable
impostor [ɪm'pɒstəʳ] *n* impostor,-ora
impotence ['ɪmpətəns] *n* impotencia
impotent ['ɪmpətənt] *adj* impotente
impoverished [ɪm'pɒvərɪʃt] *adj* empobrecido,-a
impracticable [ɪm'præktɪkəbəl] *adj* impracticable, irrealizable
impractical [ɪm'præktɪkəl] *adj* ♦ *(persona)* poco práctico,-a, desmañado,-a ♦ *(idea, plan)* poco viable
imprecise [ɪmprɪ'saɪs] *adj* impreciso,-a
impregnable [ɪm'pregnəbəl] *adj* inexpugnable
impregnate ['ɪmpregneɪt] *vtr* ♦ empapar, impregnar [**with,** de] ♦ *frml* fecundar
impress [ɪm'pres] *vtr* ♦ impresionar: **it impressed me greatly,** me impresionó mucho ♦ convencer: **your argument doesn't i. me,** tu argumento no me convence ♦ *(sobre papel, tela, cera)* imprimir, estampar
impression [ɪm'preʃən] *n* ♦ *(idea)* impresión: **my first i. was favourable,** mi primera impresión fue favorable; **to make a good i.,** causar buena impresión ♦ **to give the i.,** dar la impresión [**of,** de] [**that,** que] ♦ *(de un pie, una mano)* huella ♦ imitación ♦ *(de un libro)* edición
impressionist [ɪm'preʃənɪst] *adj & n* impresionista
impressive [ɪm'presɪv] *adj* impresionante
imprint [ɪm'prɪnt] **1** *vtr* dejar huella [**on, en**] | **2** ['ɪmprɪnt] *n* ♦ *(en papel, tela)* sello ♦ *(de pie, mano)* huella
imprison [ɪm'prɪzən] *vtr* encarcelar
imprisonment [ɪm'prɪzənmənt] *n* encarcelamiento
improbable [ɪm'prɒbəbəl] *adj* ♦ *(en el futuro)* improbable ♦ *(historia)* inverosímil
impromptu [ɪm'prɒmptjuː] **1** *adj (actuación, declaración)* improvisado,-a; *(comentario)* espontáneo,-a | **2** *adv* de improviso
improper [ɪm'prɒpəʳ] *adj* ♦ *(erróneo)* impropio,-a, incorrecto,-a ♦ *(comportamiento, sugerencia)* deshonesto,-a ♦ *(lenguaje, ropa)* indecoroso,-a, indecente
improve [ɪm'pruːv] **1** *vtr* ♦ mejorar; *(un conocimiento, una destreza)* perfeccionar ♦ *(un sitio)* hacer mejoras en ♦ *(los beneficios)* aumentar | **2** *vi* ♦ mejorarse ♦ aumentar
■ **improve on** *vtr* mejorar, superar
improvement [ɪm'pruːvmənt] *n* ♦ mejora ♦ *(de destreza)* perfeccionamiento ♦ aumento
improvise ['ɪmprəvaɪz] *vtr & vi* improvisar
imprudent [ɪm'pruːdənt] *adj* imprudente
impudence ['ɪmpjʊdəns] *n* insolencia
impudent ['ɪmpjʊdənt] *adj* insolente
impulse ['ɪmpʌls] *n* impulso: **I said it on i.,** lo dije sin pensar
impulsive [ɪm'pʌlsɪv] *adj* impulsivo,-a, irreflexivo,-a
impunity [ɪm'pjuːnɪtɪ] *n* impunidad
impure [ɪm'pjʊəʳ] *adj* ♦ *(acto, pensamiento)* impuro,-a ♦ *(agua, aire, etc)* contaminado,-a, impuro,-a ♦ *(producto)* adulterado,-a
impurity [ɪm'pjʊərɪtɪ] *n* ♦ *(de un acto, pensamiento)* falta de pudor ♦ *Quím* impureza
in [ɪn] **1** *prep* ♦ *(espacio) (posición)* en, a, de; **in Berlin,** en Berlín; **in place,** en su sitio; **in private,** en privado; **in the dis-**

tance, a lo lejos; **in there,** allí dentro; **in town,** en la ciudad; **in sight,** a la vista; **the man in the photo,** el hombre de la foto; *(con superlativo)* **the biggest pub in Europe,** el pub más grande de Europa; *(movimiento)* en, a: **he jumped in the river,** saltó al río; **to arrive in,** llegar a; *(después de)* **in two miles, turn left,** pasadas las dos millas, gire a la izquierda ◆ *(con números)* **in half,** por la mitad, en dos; **two in five,** dos de cada cinco; **two metres in width,** dos metros de ancho ◆ *Meteor etc* a, bajo; **in the dark,** en la oscuridad; **in the rain/snow,** bajo la lluvia/nieve; **in the sun/wind,** al sol/viento ◆ *(tiempo)* durante; **in the afternoon,** por la tarde; **in December,** en diciembre; **in the war,** durante la guerra; *(dentro de)* **I'll see you in a week,** te veo dentro de una semana; *(un momento específico)* **in the end,** al final; **in time,** a tiempo ◆ *(situación)* **in the army,** en el ejército; **in danger,** en peligro; **in debt,** endeudado,-a; **in difficulties,** en dificultades; **in a hurry,** con prisa; **in love,** enamorado,-a; **in order,** en orden; **in stock,** en existencia ◆ *(manera)* **in common,** en común; **in ink,** con tinta; **in other words,** en otras palabras; **in Russian,** en ruso; **in secret,** en secreto; **in tears,** llorando; **in a way,** de alguna manera; *(vestido de)* **a lady in red,** una mujer vestida de rojo ◆ *(empleo)* **I'm in banking,** trabajo en la banca ◆ **he's blind in one eye,** está ciego de un ojo ◆ *(en frases)* **in addition,** además; **in all,** en total; **in any case,** de todas maneras; **in case,** por si acaso; **in fact,** de hecho; **in order for sthg to happen,** para que suceda algo; **in order to do sthg,** para hacer algo; **in particular,** en particular ◆ *(con gerundio)* **in so doing,** al hacerlo | **2** *adv* **is the boss in?,** ¿está el jefe?; **the plane isn't in yet,** el avión aún no ha llegado; **can I come in?,** ¿puedo entrar?; *Pol* **the nationalists have got in,** los nacionalistas han ganado las elecciones | **3** *adj fam* ◆ de moda: **short skirts are in,** las faldas cortas están de moda; **the in place,** el sitio de moda ◆ exclusivo,-a; **an in joke,** un chiste para iniciados | **4** *n fam* **ins and outs,** los pormenores

inability [ɪnə'bɪlɪtɪ] *n* incapacidad
inaccessible [ɪnæk'sesəbəl] *adj* inaccesible
inaccurate [ɪn'ækjʊrɪt] *adj* ◆ *(palabras)* inexacto,-a, impreciso,-a ◆ *(suma, estadística)* incorrecto,-a

inaction [ɪn'ækʃən] *n* pasividad
inactivity [ɪnæk'tɪvɪtɪ] *n* inactividad
inadequate [ɪn'ædɪkwɪt] *adj* ◆ *(recurso)* insuficiente, inadecuado,-a ◆ *(persona)* incapaz, inadecuado,-a; **to be i. for sthg,** no estar a la altura de algo
inadvertent [ɪnəd'vɜːtənt] *adj* involuntario,-a
inadvertently [ɪnəd'vɜːtəntlɪ] *adv* involuntariamente
inanimate [ɪn'ænɪmɪt] *adj* inanimado,-a
inappropriate [ɪnə'prəʊprɪɪt] *adj* poco apropiado,-a
inarticulate [ɪnɑː'tɪkjʊlɪt] *adj* ◆ *(sonido)* inarticulado,-a ◆ *(persona)* que se expresa con dificultad
inattentive [ɪnə'tentɪv] *adj* desatento,-a
inaugurate [ɪn'ɔːgjʊreɪt] *vtr* ◆ *(un proyecto, una temporada)* inaugurar ◆ *(a un presidente)* investir
inauguration [ɪnɔːgjʊ'reɪʃən] *n* ◆ *(de un proyecto, una temporada)* inauguración ◆ *(del presidente)* investidura
inborn ['ɪnbɔːn] *adj* innato,-a
inbred ['ɪnbred] *adj* ◆ *(atributo)* innato,-a ◆ *(grupo social)* endogámico,-a
Inc. *US Com (abr de Incorporated)* ≈ S.A.
incapable [ɪn'keɪpəbəl] *adj* incapaz
incapacitate [ɪnkə'pæsɪteɪt] *vtr frml* incapacitar
incapacity [ɪnkə'pæsɪtɪ] *n* incapacidad
incarcerate [ɪn'kɑːsəreɪt] *vtr frml* encarcelar
incarnation [ɪnkɑː'neɪʃən] *n* encarnación
incendiary [ɪn'sendɪərɪ] **1** *adj* incendiario,-a | **2** *n* bomba incendiaria
incense ['ɪnsens] **1** *n* incienso | **2** [ɪn'sens] *vtr frml* indignar, enfurecer
incensed [ɪn'senst] *adj* furioso,-a, indignado,-a
incentive [ɪn'sentɪv] *n* incentivo, aliciente
incessant [ɪn'sesənt] *adj (lluvia, ruido)* incesante; *(esfuerzo)* constante
incessantly [ɪn'sesəntlɪ] *adv* sin cesar
incest ['ɪnsest] *n* incesto
inch [ɪntʃ] *n* pulgada (2,54 cm) ◆ | LOC: *fig* **I won't budge an i.,** no cederé ni un palmo; *fig* **to miss sthg by inches,** fallar por muy poco
incidence ['ɪnsɪdəns] *n* frecuencia, incidencia [**of,** de]
incident ['ɪnsɪdənt] *n* incidente

incidental [ɪnsɪ'dentəl] *adj* ◆ *(riesgo, etc)* fortuito,-a ◆ *(de poca importancia)* accesorio,-a, secundario,-a

incidentally [ɪnsɪ'dentəli] *adv* a propósito

incipient [ɪn'sɪpɪənt] *adj frml* incipiente

incision [ɪn'sɪʒən] *n* incisión

incisive [ɪn'saɪsɪv] *adj* ◆ *(comentario)* incisivo,-a, mordaz ◆ *(persona, mente)* penetrante

incite [ɪn'saɪt] *vtr* incitar [**to,** a]

inclination [ɪnklɪ'neɪʃən] *n* ◆ *(pendiente)* inclinación ◆ *(voluntad)* inclinación [**to,** a]: **follow your inclinations,** déjate llevar por tus instintos ◆ tendencia

incline [ɪn'klaɪn] **1** *vtr* ◆ *(la cabeza, etc)* inclinar ◆ **to i. sb to do sthg,** predisponer a alguien a hacer algo | **2** *vi* inclinarse; **to i. towards,** tener una tendencia hacia | **3** ['ɪnklaɪn] *n* cuesta, pendiente

inclined [ɪn'klaɪnd] *adj* ◆ tener tendencia a: **he's inclined to get drunk,** tiende a emborracharse ◆ estar dispuesto,-a a: **I am not inclined to forgive her,** no estoy dispuesto a perdonarla

include [ɪn'klu:d] *vtr* ◆ incluir [**in,** en]; **to be included in a list,** figurar en una lista ◆ *(con una carta)* adjuntar

including [ɪn'klu:dɪŋ] *prep* incluso, inclusive

inclusion [ɪn'klu:ʒən] *n* inclusión

inclusive [ɪn'klu:sɪv] *adj* ◆ *(precios, etc)* **i. of service,** incluyendo el servicio ◆ *(en una gama)* inclusive; **1956 to 1973 i.,** de 1956 a 1973, ambos inclusive

incoherent [ɪnkəʊ'hɪərənt] *adj* incoherente

income ['ɪnkʌm] *n* ingresos; *(de las inversiones)* rentas; **i. tax,** impuesto sobre la renta

incoming ['ɪnkʌmɪŋ] *adj* ◆ *(vuelo)* de llegada ◆ *(correos, recados)* que se reciben; *Tel* **for i. calls only,** sólo para recibir llamadas ◆ *(gobierno, etc)* nuevo,-a, entrante

incompatible [ɪnkəm'pætəbəl] *adj* incompatible [**with,** con]

incompetence [ɪn'kɒmpɪtəns] *n* incompetencia

incompetent [ɪn'kɒmpɪtənt] *adj* incompetente

incomplete [ɪnkəm'pli:t] *adj* incompleto,-a

incomprehensible [ɪnkɒmprɪ'hensəbəl] *adj* incomprensible

inconceivable [ɪnkən'si:vəbəl] *adj* inconcebible

inconclusive [ɪnkən'klu:sɪv] *adj* ◆ *(votación)* no decisivo,-a ◆ *(evidencia)* no concluyente

incongruous [ɪn'kɒŋgruəs] *adj* incongruente

inconsiderate [ɪnkən'sɪdərɪt] *adj* desconsiderado,-a; **to be i.,** actuar con poca consideración

inconsistency [ɪnkən'sɪstənsɪ] *n* ◆ contradicción ◆ inconsecuencia

inconsistent [ɪnkən'sɪstənt] *adj* ◆ *(hecho)* contradictorio,-a, incoherente ◆ *(persona)* inconsecuente, inconstante

inconspicuous [ɪnkən'spɪkjʊəs] *adj* ◆ *(objeto)* apenas visible, discreto,-a ◆ *(persona)* que no llama la atención

inconvenience [ɪnkən'vi:nɪəns] **1** *n* ◆ inconveniente ◆ molestia: *(letrero)* **we apologise for any i.,** disculpen las molestias | **2** *vtr* ◆ molestar ◆ incomodar

inconvenient [ɪnkən'vi:nɪənt] *adj* ◆ *(momento)* inoportuno,-a ◆ *(viaje, casa, diseño)* incómodo,-a, poco práctico,-a

incorporate [ɪn'kɔ:pəreɪt] *vtr* ◆ incorporar [**in, into,** a] ◆ *(incluir)* comprender

incorporated [ɪn'kɔ:pəreɪtɪd] *adj* US *Com* **i. company,** ≈ sociedad anónima

incorrect [ɪnkə'rekt] *adj* incorrecto,-a

incorrigible [ɪn'kɒrɪdʒəbəl] *adj* incorregible

increase ['ɪnkri:s] **1** *n* aumento, incremento; *(de precios)* subida | **2** [ɪn'kri:s] *vtr* aumentar; *(precios)* subir | **3** *vi* aumentar

increasing [ɪn'kri:sɪŋ] *adj* creciente

increasingly [ɪn'kri:sɪŋlɪ] *adv* cada vez más: **it is i. important,** es cada vez más importante

incredible [ɪn'kredəbəl] *adj* increíble

incredulous [ɪn'kredjʊləs] *adj* incrédulo,-a

incubation [ɪnkjʊ'beɪʃən] *n* incubación

incubator ['ɪnkjʊbeɪtə^r] *n* incubadora

incur [ɪn'kɜ:^r] *vtr* ◆ *(indignación, enfado)* provocar ◆ *(daños)* sufrir ◆ *(deudas)* contraer ◆ *(gastos)* incurrir en

indebted [ɪn'detɪd] *adj* ◆ endeudado,-a ◆ agradecido,-a, en deuda [**to,** con]

indecent [ɪn'di:sənt] *adj* indecente; **i. assault,** abusos deshonestos

indecision [ɪndɪ'sɪʒən] *n* indecisión

indecisive [ɪndɪ'saɪsɪv] *adj* ◆ *(persona)* indeciso,-a ◆ *(resultado)* no concluyente

indeed [ɪn'di:d] *adv* ◆ *(uso enfático)* **thank you very much i.,** muchísimas gracias; **very good i.,** buenísimo; **yes, i.,** sí, efectivamente ◆ *frml* es más: **I like her, i. I love her,** me gusta, es más, la quiero

indefensible [ɪndɪ'fensɪbəl] *adj* ◆ *(comportamiento)* intolerable ◆ *(teoría)* indefendible, insostenible

indefinite [ɪn'defɪnɪt] *adj* indefinido,-a

indemnify [ɪn'demnɪfaɪ] *vtr* indemnizar [**for,** por]

indemnity [ɪn'demnɪti] *n* ◆ *Com (seguros)* indemnidad [**against,** contra] ◆ *Jur* indemnización

independence [ɪndɪ'pendəns] *n* independencia

independent [ɪndɪ'pendənt] *adj* independiente

in-depth ['ɪndepθ] *adj* minucioso,-a, exhaustivo,-a

indescribable [ɪndɪs'kraɪbəbəl] *adj* indescriptible

index ['ɪndeks] **1** *n (pl* **indexes** *o* **indices)** ◆ *(de un libro)* índice; *(una lista)* catálogo, índice ➢ Ver nota en **índice** ◆ *Mat* exponente │ *Econ* índice │ **2** *vtr* catalogar

index finger ['ɪndeksfɪŋgəʳ] *n* dedo índice ➢ Ver nota en **dedo**

index-linked ['ɪndekslɪŋkt] *adj* sujeto,-a al coste de la vida

Indian ['ɪndɪən] *adj & n* indio,-a; **I. ink,** tinta china; **I. summer** ≈ veranillo de San Martín

indicate ['ɪndɪkeɪt] **1** *vtr* indicar │ **2** *vi Auto* poner el intermitente

indication [ɪndɪ'keɪʃən] *n* ◆ indicio ◆ indicación

indicative [ɪn'dɪkətɪv] **1** *adj* indicativo,-a │ **2** *n Ling* indicativo

indicator ['ɪndɪkeɪtəʳ] *n* ◆ indicador ◆ *Auto* intermitente

indices ['ɪndɪsi:z] *npl* → **index**

indict [ɪn'daɪt] *vtr* acusar [**for,** de]

indictment [ɪn'daɪtmənt] *n* ◆ *Jur* acusación ◆ *fig* crítica

indifference [ɪn'dɪfərəns] *n* indiferencia

indifferent [ɪn'dɪfərənt] *adj* ◆ *(sin cuidado)* indiferente ◆ *(no muy bueno)* mediocre

indigenous [ɪn'dɪdʒɪnəs] *adj* indígena

indigestion [ɪndɪ'dʒestʃən] *n* indigestión

indignant [ɪn'dɪgnənt] *adj* ◆ *(persona)* indignado,-a; **to grow/get i.,** indignarse [**about,** por] ◆ *(comentario, mirada)* de indignación

indignation [ɪndɪg'neɪʃən] *n* indignación

indignity [ɪn'dɪgnɪti] *n* humillación

indigo ['ɪndɪgəʊ] **1** *n* añil │ **2** *adj* (de color) añil

indirect [ɪndɪ'rekt, ɪndaɪ'rekt] *adj* indirecto,-a

indiscreet [ɪndɪ'skri:t] *adj* indiscreto,-a

indiscretion [ɪndɪ'skreʃən] *n* indiscreción

indiscriminate [ɪndɪ'skrɪmɪnɪt] *adj* ◆ *(crimen, etc)* indiscriminado,-a ◆ *(persona)* sin criterio

indispensable [ɪndɪ'spensəbəl] *adj* indispensable, imprescindible

indisposed [ɪndɪ'spəʊzd] *adj frml* indispuesto,-a

indisputable [ɪndɪ'spju:təbəl] *adj* indiscutible, irrefutable

indistinct [ɪndɪ'stɪŋkt] *adj* ◆ *(voz)* poco claro,-a, indistinto,-a ◆ *(memoria)* confuso,-a, vago,-a

individual [ɪndɪ'vɪdjʊəl] **1** *adj* ◆ *(para una persona)* individual; **i. classes,** clases particulares; **i. portions,** raciones individuales ◆ *(uno a uno)* **you can get i. cups or sets of six,** puedes comprar tazas sueltas o en juegos de seis ◆ *(atributo, estilo)* particular, original │ **2** *n* ◆ *(persona)* individuo ◆ *fam* tipo,-a

individualism [ɪndɪ'vɪdjʊəlɪzəm] *n* individualismo

individualist [ɪndɪ'vɪdjʊəlɪst] *n* individualista

indoctrinate [ɪn'dɒktrɪneɪt] *vtr* adoctrinar

indoctrination [ɪndɒktrɪ'neɪʃən] *n* adoctrinamiento

indolent ['ɪndələnt] *adj frml* indolente

indoor ['ɪndɔ:ʳ] *adj* ◆ *(planta)* de interior ◆ *Dep (piscina, cancha de tenis)* cubierto,-a

indoors [ɪn'dɔ:z] *adv* ◆ *(situación)* dentro (de casa) ◆ *(movimiento)* hacia dentro

induce [ɪn'dju:s] *vtr* ◆ persuadir, inducir ◆ *(sensaciones)* producir ◆ *Med (el parto)* provocar

inducement [ɪn'dju:smənt] *n* incentivo, aliciente

induction [ɪn'dʌkʃən] *n* ◆ *Med (del parto)* provocación ◆ *Elec* inducción ◆ *Educ* iniciación

indulge [ɪn'dʌldʒ] **1** *vtr* ◆ *(a un niño)* mimar ◆ *(un deseo)* satisfacer ◆ **go on, i.**

indulgence

yourself!, ¡anda, date un capricho! | 2 *vi* darse el gusto [**in,** de]

indulgence [ɪnˈdʌldʒəns] *n* ◆ *(de un niño)* mimo ◆ tolerancia, indulgencia ◆ *(de un deseo)* satisfacción

indulgent [ɪnˈdʌldʒənt] *adj* indulgente

industrial [ɪnˈdʌstrɪəl] *adj* ◆ industrial; **i. area,** zona industrial ◆ *(accidente, conflicto, relaciones)* laboral; **i. action,** huelga

industrialist [ɪnˈdʌstrɪəlɪst] *n* industrial, empresario,-a

industrialization [ɪndʌstrɪəlaɪˈzeɪʃən] *n* industrialización

industrialize [ɪnˈdʌstrɪəlaɪz] *vtr* industrializar

industrious [ɪnˈdʌstrɪəs] *adj* trabajador,-ora

industry [ˈɪndəstrɪ] *n* ◆ industria; **the chemical i.,** la industria química ◆ aplicación, diligencia

inedible [ɪnˈedəbəl] *adj* no comestible

ineffective [ɪnɪˈfektɪv] *adj* ◆ *(medida)* ineficaz ◆ *(intento)* infructuoso,-a

inefficiency [ɪnɪˈfɪʃənsɪ] *n* ◆ *gen* ineficacia ◆ *(de una persona)* incompetencia

inefficient [ɪnɪˈfɪʃənt] *adj* ◆ *gen* ineficaz ◆ *(persona)* inepto,-a, incompetente

ineligible [ɪnˈelɪdʒəbəl] *adj* **to be i. for sthg,** no tener derecho a algo

inept [ɪnˈept] *adj* ◆ *(persona)* inepto,-a ◆ *(acción, comentario)* inoportuno,-a, torpe

inequality [ɪnɪˈkwɒlɪtɪ] *n* desigualdad

inert [ɪnˈɜːt] *adj* inerte

inertia [ɪnˈɜːʃə] *n* inercia

inescapable [ɪnɪˈskeɪpəbəl] *adj* ineludible

inevitable [ɪnˈevɪtəbəl] *adj* inevitable

inexcusable [ɪnɪkˈskjuːzəbəl] *adj* inexcusable, imperdonable

inexhaustible [ɪnɪgˈzɔːstəbəl] *adj* inagotable

inexpensive [ɪnɪkˈspensɪv] *adj (barato)* económico,-a

inexperience [ɪnɪkˈspɪərɪəns] *n* inexperiencia

inexperienced [ɪnɪkˈspɪərɪənst] *adj* inexperto,-a

inexplicable [ɪnɪkˈsplɪkəbəl] *adj* inexplicable

infallible [ɪnˈfæləbəl] *adj* infalible

infamous [ˈɪnfəməs] *adj* ◆ infame ◆ tristemente célebre; **the i. Inquisition,** la tristemente célebre Inquisición

infancy [ˈɪnfənsɪ] *n* infancia

infant [ˈɪnfənt] *n* bebé, niño,-a pequeño,-a; *GB* **i. school,** preescolar

infantile [ˈɪnfəntaɪl] *adj* infantil

infantry [ˈɪnfəntrɪ] *n* infantería

infatuated [ɪnˈfætjʊeɪtɪd] *adj* encaprichado,-a [**with,** con *o* de]

infatuation [ɪnfætjʊˈeɪʃən] *n* encaprichamiento

infect [ɪnˈfekt] *vtr* ◆ *(una herida)* infectar ◆ *(los alimentos, el agua)* contaminar ◆ *(una enfermedad)* contagiar; **to i. sb with sthg,** contagiarle algo a alguien

infection [ɪnˈfekʃən] *n* ◆ *(de una herida)* infección ◆ *(de alimentos, agua)* contaminación ◆ *(de una enfermedad)* contagio

infectious [ɪnˈfekʃəs] *adj (una enfermedad)* infeccioso,-a; *fig* contagioso,-a

infer [ɪnˈfɜː] *vtr* deducir [**from,** de]

inference [ˈɪnfərəns] *n* deducción

inferior [ɪnˈfɪərɪə] *adj* inferior [**to,** a]

inferiority [ɪnfɪərɪˈɒrɪtɪ] *n* inferioridad

inferno [ɪnˈfɜːnəʊ] *n* incendio; *lit* infierno; *fig* **the church was an i.,** la iglesia era una hoguera

infertile [ɪnˈfɜːtaɪl] *adj* estéril

infertility [ɪnfəˈtɪlɪtɪ] *n* esterilidad

infest [ɪnˈfest] *vtr* infestar, plagar [**with,** de]

infidelity [ɪnfɪˈdelɪtɪ] *n* infidelidad

infiltrate [ˈɪnfɪltreɪt] *vtr* infiltrarse [**into,** en]

infinite [ˈɪnfɪnɪt] *adj* infinito,-a

infinitive [ɪnˈfɪnɪtɪv] *n* infinitivo

infinity [ɪnˈfɪnɪtɪ] *n* ◆ infinidad ◆ *Mat* infinito

infirm [ɪnˈfɜːm] *adj* ◆ enfermizo,-a ◆ débil

infirmary [ɪnˈfɜːmərɪ] *n* hospital

infirmity [ɪnˈfɜːmɪtɪ] *n frml* ◆ enfermedad ◆ debilidad

inflame [ɪnˈfleɪm] *vtr* ◆ *Med & gen* inflamar ◆ *(una pasión)* encender

inflamed [ɪnˈfleɪmd] *adj Med* inflamado,-a ◆ *fig* **to be i. with,** arder de

inflammable [ɪnˈflæməbəl] *adj* ◆ inflamable ◆ *fig (una situación)* explosivo,-a

inflammation [ɪnfləˈmeɪʃən] *n* inflamación

inflate [ɪnˈfleɪt] **1** *vtr* inflar | **2** *vi* inflarse

inflated [ɪnˈfleɪtɪd] *adj* ◆ *(globo)* hinchado,-a ◆ *(opinión)* exagerado,-a ◆ *(precio)* excesivo,-a

inflation [ɪnˈfleɪʃən] *n* inflación

inflexible [ɪnˈfleksəbəl] *adj* inflexible

inflict [ɪnˈflɪkt] *vtr* ◆ *(un daño, dolor)* causar, ocasionar [**on,** a] ◆ *(un castigo)* infligir [**on,** a]

influence ['ɪnfluəns] 1 n ◆ influencia ◆ *fig* enchufe | 2 *vtr* influir en
influential [ɪnflu'enʃəl] *adj* influyente; **i. friends,** enchufes
influenza [ɪnflu'enzə] n gripe
influx ['ɪnflʌks] n afluencia
inform [ɪn'fɔ:m] 1 *vtr* informar [**of, about,** de, sobre] | 2 *vi* **to i. against** *o* **on sb,** delatar a alguien
informal [ɪn'fɔ:məl] *adj* ◆ *(ambiente, ropa)* informal ◆ *(trato)* familiar ◆ *(acuerdo, reunión)* no oficial, informal
informality [ɪnfɔ:'mælɪtɪ] n ◆ *(de ambiente)* informalidad ◆ *(de trato)* familiaridad
information [ɪnfə'meɪʃən] n información [**about,** sobre, acerca de]; **a piece of i.,** un dato; *(letrero)* **i. desk,** información; **i. technology,** informática
informative [ɪn'fɔ:mətɪv] *adj* informativo,-a
informed [ɪn'fɔ:md] *adj* enterado,-a: **I like to keep myself i.,** me gusta mantenerme al corriente; **well-i.,** bien informado,-a
informer [ɪn'fɔ:mə^r] n soplón,-ona, chivato,-a
infrared [ɪnfrə'red] *adj* infrarrojo,-a
infrastructure ['ɪnfrəstrʌktʃə^r] n infraestructura
infrequent [ɪn'fri:kwənt] *adj* poco frecuente
infringe [ɪn'frɪndʒ] *vtr (la ley, etc)* infringir, violar
infringement [ɪn'frɪndʒmənt] n ◆ *(de una ley, etc)* infracción, violación; **i. of copyright,** violación de los derechos de autor ◆ *Dep* falta
infuriate [ɪn'fjʊərɪeɪt] *vtr* enfurecer, poner furioso,-a
infuriating [ɪn'fjʊərɪeɪtɪŋ] *adj* exasperante
infusion [ɪn'fju:ʒən] n infusión
ingenious [ɪn'dʒi:nɪəs] *adj* ingenioso,-a
ingenuity [ɪndʒɪ'nju:ɪtɪ] n ingenio
ingenuous [ɪn'dʒenjʊəs] *adj* ingenuo,-a
ingot ['ɪŋgət] n lingote
ingrained [ɪn'greɪnd] *adj fig* arraigado,-a
ingratiate [ɪn'greɪʃɪeɪt] *vtr pey* **to i. oneself with sb,** congraciarse con alguien
ingratitude [ɪn'grætɪtju:d] n ingratitud
ingredient [ɪn'gri:dɪənt] n ingrediente
inhabit [ɪn'hæbɪt] *vtr* habitar
inhabitant [ɪn'hæbɪtənt] n habitante

inhale [ɪn'heɪl] 1 *vtr Med* inhalar; *(aire)* aspirar | 2 *vi* ◆ aspirar ◆ *(fumador)* tragarse el humo: **I smoke but I don't i.,** fumo pero no me trago el humo
inherent [ɪn'hɪərənt] *adj* inherente
inherit [ɪn'herɪt] *vtr* heredar [**from,** de]
inheritance [ɪn'herɪtəns] n herencia
inhibit [ɪn'hɪbɪt] *vtr* ◆ *(el crecimiento, un proceso, etc)* dificultar, impedir ◆ *(a una persona)* cohibir ◆ *(detener)* inhibir ◆ **to i. sb from doing sthg,** impedir a alguien hacer algo
inhibited [ɪn'hɪbɪtɪd] *adj* cohibido,-a
inhibition [ɪnhɪ'bɪʃən] n cohibición
inhospitable [ɪnhɒ'spɪtəbəl] *adj* ◆ *(persona)* inhospitalario,-a ◆ *(sitio)* inhóspito,-a
inhuman [ɪn'hju:mən] *adj* inhumano,-a, cruel
initial [ɪ'nɪʃəl] 1 *adj* inicial, primero,-a | 2 n ◆ inicial, letra inicial ◆ **initials** *pl,* iniciales; *(como abreviatura)* siglas
initially [ɪ'nɪʃəlɪ] *adv* al principio, inicialmente
initiate [ɪ'nɪʃɪeɪt] *vtr* ◆ iniciar ◆ *frml* entablar ◆ *(cambios)* promover
initiation [ɪnɪʃɪ'eɪʃən] n ◆ inicio, principio ◆ *(ceremonia)* iniciación
initiative [ɪ'nɪʃətɪv] n iniciativa
inject [ɪn'dʒekt] *vtr* ◆ *Med* inyectar ◆ *Fin (dinero)* invertir ◆ | LOC: **to i. sb with hope,** infundirle esperanza a alguien
injection [ɪn'dʒekʃən] n ◆ inyección ◆ *Fin* inversión
injure ['ɪndʒə^r] *vtr* ◆ *(físicamente)* herir, lesionar ◆ *(los sentimientos)* herir, lastimar ◆ *(la reputación, salud)* dañar, perjudicar ➢ Ver nota en **herida**
injured ['ɪndʒəd] *adj* ◆ herido,-a ◆ *fig (expresión, tono)* ofendido,-a
injury ['ɪndʒərɪ] n ◆ herida, lesión ◆ *(en la reputación, salud)* daño ➢ Ver nota en **herida**
injustice [ɪn'dʒʌstɪs] n injusticia
ink [ɪŋk] n tinta; *Inform* **i.-jet printer,** impresora de inyección de tinta
inkling ['ɪŋklɪŋ] n indicio, noción: **I had an i. that you would come,** tenía el presentimiento de que vendrías
inlaid [ɪn'leɪd] *adj* ◆ con incrustaciones, incrustado,-a ◆ *(diseño)* de marquetería
inland ['ɪnlənd] 1 *adj* (del) interior; *GB* **I. Revenue,** Hacienda | 2 [ɪn'lænd] *adv* tierra adentro: **they left the ship and went i.,** dejaron el barco y fueron tierra adentro

in-laws ['ɪnlɔːz] *npl fam* familia política

> La familia política y los suegros que se suman a la familia inmediatamente después de la boda son los **in-laws**: **father-in-law**, *suegro*; **mother-in-law**, *suegra*; **brother-in-law**, *cuñado*; **sister-in-law**, *cuñada*. Si los padres se divorcian y vuelven a casarse, el hijo tendrá los siguientes familiares: **step-father**, *padrastro*; **step-mother**, *madrastra*, **step-brother**, *hermanastro*; **step-sister**, *hermanastra*.

inlet ['ɪnlet] *n* ◆ *Geog* ensenada, cala ◆ *Téc* entrada

inmate ['ɪnmeɪt] *n* ◆ *(de una cárcel)* preso,-a, interno,-a ◆ *(de un hospital, etc)* paciente, interno,-a

inn [ɪn] *n* ◆ taberna ◆ *(con habitaciones)* posada

innate [ɪ'neɪt] *adj* innato,-a

inner ['ɪnə'] *adj* ◆ *(sitio, parte)* interior ◆ *(estructura)* interno,-a ◆ *(emociones)* íntimo,-a, secreto,-a

innermost ['ɪnəməʊst] *adj* ◆ *(lugar)* recóndito ◆ *(emociones)* más íntimo,-a, más secreto,-a

innocence ['ɪnəsəns] *n* inocencia

innocent ['ɪnəsənt] *adj & n* inocente

innocuous [ɪ'nɒkjʊəs] *adj* inocuo,-a

innovate ['ɪnəveɪt] *vi* innovar

innovation [ɪnə'veɪʃən] *n* novedad, innovación

innuendo [ɪnjʊ'endəʊ] *n* insinuación, indirecta

inoculate [ɪ'nɒkjʊleɪt] *vtr* inocular

inoculation [ɪnɒkjʊ'leɪʃən] *n* inoculación

input ['ɪnpʊt] **1** *n* ◆ *Com* aportación, inversión ◆ *Elec* entrada ◆ *Inform (datos)* entrada | **2** *vtr Inform* entrar, introducir

inquest ['ɪnkwest] *n* investigación

inquire [ɪn'kwaɪə'] **1** *vtr* preguntar, informarse | **2** *vi* preguntar [**about,** por], informarse [**about,** de]

■ **inquire after** *vtr* preguntar por: **she inquired after you,** preguntó por ti

■ **inquire into** *vtr* investigar, indagar

inquiry [ɪn'kwaɪərɪ] *n* ◆ *frml* pregunta; *(letrero)* **inquiries,** oficina de información ◆ investigación

inquisition [ɪnkwɪ'zɪʃən] *n* ◆ *frml* interrogatorio ◆ **the Spanish I.,** la Inquisición

inquisitive [ɪn'kwɪzɪtɪv] *adj* ◆ *(mente)* inquisitivo,-a ◆ *(persona)* curioso,-a

insane [ɪn'seɪn] *adj* ◆ *(persona)* loco,-a, demente ◆ *(acción)* insensato,-a ◆ | LOC: **to drive sb i.,** volver loco,-a a alguien

insanity [ɪn'sænɪtɪ] *n* demencia, locura

insatiable [ɪn'seɪʃəbəl] *adj* insaciable

inscribe [ɪn'skraɪb] *vtr frml (grabar)* inscribir

inscription [ɪn'skrɪpʃən] *n* ◆ *(en una lápida, etc)* inscripción ◆ *(en un libro)* dedicatoria

insect ['ɪnsekt] *n* insecto; **i. spray,** insecticida (en aerosol)

insecticide [ɪn'sektɪsaɪd] *n* insecticida

insecure [ɪnsɪ'kjʊə'] *adj* inseguro,-a

insecurity [ɪnsɪ'kjʊərɪtɪ] *n* inseguridad

insemination [ɪnsemɪ'neɪʃən] *n* inseminación

insensitive [ɪn'sensɪtɪv] *adj* insensible

inseparable [ɪn'sepərəbəl] *adj* inseparable

insert ['ɪnsɜːt] **1** *n Impr* encarte | **2** [ɪn'sɜːt] *vtr* introducir, insertar

insertion [ɪn'sɜːʃən] *n* introducción, inserción

inside [ɪn'saɪd] **1** *adv* dentro, adentro: **I opened the envelope but there was nothing i.,** abrí el sobre pero no había nada dentro; **to come/go i.,** entrar | **2** *prep* **what was i. the box?,** ¿qué había dentro de la caja? | **3** *n* ◆ el interior: **the i. of the house was beautiful,** el interior de la casa era precioso ◆ **insides** *pl*, *fam* tripas ◆ | LOC: **i. out,** del/al revés: **she knows Paris i. out,** conoce París al dedillo | **4** ['ɪnsaɪd] *adj* interior; **i. cabin,** camarote interior; **i. information,** información privilegiada

insider [ɪn'saɪdə'] *n (en una empresa)* persona de dentro, con acceso a información privilegiada

insidious [ɪn'sɪdɪəs] *adj* insidioso,-a

insight ['ɪnsaɪt] *n* perspicacia

insignificant [ɪnsɪg'nɪfɪkənt] *adj* insignificante

insincere [ɪnsɪn'sɪə'] *adj* poco sincero,-a, falso,-a

insinuate [ɪn'sɪnjʊeɪt] *vtr* insinuar

insipid [ɪn'sɪpɪd] *adj* ◆ *(comida)* soso,-a, insípido,-a ◆ *(persona)* insulso,-a, soso,-a

insist [ɪn'sɪst] *vi* ◆ insistir [**on,** en] ◆ empeñarse [**on,** en]

insistence [ɪn'sɪstəns] *n* insistencia

insistent [ɪn'sɪstənt] *adj* insistente

insolent ['ɪnsələnt] *adj* insolente

insoluble [ɪn'sɒljʊbəl] *adj* insoluble

insomnia [ɪn'sɒmnɪə] *n* insomnio

insomniac [ɪn'sɒmnɪæk] *n* insomne

inspect [ɪn'spekt] *vtr* inspeccionar, examinar

inspection [ɪn'spekʃən] *n* inspección

inspector [ɪn'spektə'] *n* ◆ inspector,-ora ◆ *(en el tren, autobús)* revisor,-ora

inspiration [ɪnspɪ'reɪʃən] *n* inspiración, estímulo; **to find i. in sb/sthg,** inspirarse en alguien/algo

inspire [ɪn'spaɪə'] *vtr* ◆ inspirar ◆ **to i. sb with sthg,** infundir algo en alguien; **he doesn't i. me with excitement,** no es capaz de ilusionarme ◆ animar; **to i. sb to do sthg,** animar a alguien a hacer algo

inspired [ɪn'spaɪəd] *adj* inspirado,-a

instability [ɪnstə'bɪlɪtɪ] *n* inestabilidad

install, *US* **instal** [ɪn'stɔːl] *vtr* instalar

installation [ɪnstə'leɪʃən] *n* instalación

instalment, *US* **installment** [ɪn'stɔːlmənt] *n* ◆ *Fin* plazo; **to pay by instalments,** pagar a plazos; **monthly instalments,** plazos mensuales ◆ *(de telenovela)* episodio ◆ *(de un libro)* entrega

instance ['ɪnstəns] *n* ◆ caso; **in this i.,** en este caso ◆ ejemplo; **for i.,** por ejemplo

instant ['ɪnstənt] **1** *n* instante, momento | **2** *adj* inmediato,-a; **i. coffee,** café instantáneo

instantaneous ['ɪnstən'teɪnɪəs] *adj* instantáneo,-a

instantly ['ɪnstəntlɪ] *adv* inmediatamente

instead [ɪn'sted] **1** *adv* en cambio | **2** *prep* **i. of sb/sthg,** en vez de, en lugar de alguien/algo

instep ['ɪnstep] *n* ◆ *(del pie)* arco ◆ *(del zapato)* empeine

instigate ['ɪnstɪgeɪt] *vtr* instigar

instigation [ɪnstɪ'geɪʃən] *n* instigación

instil, *US* **instill** [ɪn'stɪl] *vtr* ◆ *(una idea)* inculcar [**in, into,** a, en] ◆ *(esperanza, valentía, etc)* infundir [**in, into,** a]

instinct ['ɪnstɪŋkt] *n* instinto

instinctive [ɪn'stɪŋktɪv] *adj* instintivo,-a

institute ['ɪnstɪtjuːt] **1** *n* ◆ instituto, centro ◆ *(de profesionales)* colegio | **2** *vtr fml* ◆ fundar, establecer ◆ *(una investigación, un proceso, etc)* iniciar

institution [ɪnstɪ'tjuːʃən] *n* ◆ *(acción)* introducción ◆ *(costumbre)* tradición, institución ◆ *(de gobierno, social, etc)* institución, organismo ◆ *(de acogida)* asilo; *(para enfermos mentales)* manicomio

institutional [ɪnstɪ'tjuːʃənl] *adj* institucional

instruct [ɪn'strʌkt] *vtr* ◆ enseñar, instruir ◆ ordenar, mandar

instruction [ɪn'strʌkʃən] *n* ◆ enseñanza, instrucción ◆ **instructions** *pl,* instrucciones; **instructions (for use),** modo de empleo

instructive [ɪn'strʌktɪv] *adj* instructivo,-a

instructor [ɪn'strʌktə'] *n* instructor,-ora; **driving i.,** profesor,-ora de autoescuela

instrument ['ɪnstrəmənt] *n* instrumento; *US Auto* **i. panel,** salpicadero

instrumental [ɪnstrə'mentəl] *adj* ◆ *Mús* instrumental ◆ **to be i. in (doing) sthg,** contribuir materialmente a (hacer) algo

insubordinate [ɪnsə'bɔːdɪnɪt] *adj* insubordinado,-a

insufferable [ɪn'sʌfərəbəl] *adj* insoportable, insufrible

insufficient [ɪnsə'fɪʃənt] *adj* insuficiente

insular ['ɪnsjʊlə'] *adj* ◆ *Geog* insular ◆ *fig pey* estrecho,-a de miras

insulate ['ɪnsjʊleɪt] *vtr* aislar

insulating tape ['ɪnsjʊleɪtɪŋteɪp] *n* cinta aislante

insulation [ɪnsjʊ'leɪʃən] *n* ◆ *(proceso)* aislamiento ◆ *(materia)* (materia) aislante

insulin ['ɪnsjʊlɪn] *n* insulina

insult ['ɪnsʌlt] **1** *n* ◆ *(palabras ofensivas)* insulto, injuria ◆ afrenta, ofensa | **2** [ɪn'sʌlt] *vtr* insultar, ofender

insulting [ɪn'sʌltɪŋ] *adj* insultante, ofensivo,-a

insurance [ɪn'ʃʊərəns] *n* seguro; **i. agent,** agente de seguros; **i. company,** compañía de seguros; **i. policy,** póliza (de seguros); **i. premium,** prima de seguro; **life i.,** seguro de vida

insure [ɪn'ʃʊə'] *vtr* asegurar [**against,** contra]

intact [ɪn'tækt] *adj* intacto,-a

intake ['ɪnteɪk] *n* ◆ *Téc (de aire)* entrada; *(de electricidad)* toma ◆ *(de alimentos)* consumo, ingestión ◆ *(de aire)* inspiración; **a sharp i. of breath,** una honda inspiración ◆ *(de personas)* número admitido

integral ['ɪntɪgrəl] **1** *adj* ◆ *(una parte)* integrante, incorporado,-a ◆ entero, íntegro,-a ◆ *Mat* integral | **2** *n Mat* integral

integrate ['ɪntɪgreɪt] **1** *vtr* integrar | **2** *vi* integrarse

integration [ɪntɪ'greɪʃən] *n* integración

integrity [ɪn'tegrɪtɪ] *n* integridad, honradez

intellect ['ɪntɪlekt] *n* intelecto

intellectual [ɪntɪ'lektʃʊəl] *adj & n* intelectual

intelligence [ɪn'telɪdʒəns] *n* ♦ inteligencia ♦ *(datos)* información; **i. agent,** agente secreto
intelligent [ɪn'telɪdʒənt] *adj* inteligente
intelligible [ɪn'telɪdʒəbəl] *adj* inteligible
intend [ɪn'tend] *vtr* ♦ pensar (hacer algo), tener la intención [**to,** de] ♦ **intended for,** destinado,-a a: **his comments were intended for me,** sus comentarios iban dirigidos a mí

> El verbo **to intend** va seguido de infinitivo (**what do you intend to do?,** *¿qué te propones hacer?*) o de gerundio (**I intend writing to the press,** *tengo la intención de escribir a la prensa*) sin cambio de significado. Sin embargo, recuerda que el uso de gerundio es muy formal y poco común.

intended [ɪn'tendɪd] *adj* ♦ *(planned)* previsto,-a ♦ *(deseado)* pretendido,-a
intense [ɪn'tens] *adj* ♦ *(mirada, discurso)* intenso,-a ♦ *(persona)* muy serio,-a, exagerado,-a ♦ *(deseo)* ardiente
intensely [ɪn'tenslɪ] *adv* intensamente
intensify [ɪn'tensɪfaɪ] 1 *vtr* intensificar, aumentar | 2 *vi* intensificarse, aumentarse
intensity [ɪn'tensɪtɪ] *n* intensidad
intensive [ɪn'tensɪv] *adj* ♦ intensivo,-a; **i. course,** curso intensivo; *Med* **i. care (unit),** (unidad de) cuidados intensivos
intent [ɪn'tent] 1 *adj* ♦ *(persona)* absorto,-a, concentrado,-a [**on,** en] ♦ *(expresión)* atento,-a, concentrado,-a ♦ **he is i. on learning Greek,** está resuelto a aprender griego | 2 *n frml* intento, propósito ♦ | LOC: **to all intents and purposes,** a todos los efectos
intention [ɪn'tenʃən] *n* intención
intentional [ɪn'tenʃənəl] *adj* deliberado,-a
intentionally [ɪn'tenʃənəlɪ] *adv* a propósito, intencionadamente
intently [ɪn'tentlɪ] *adv* ♦ *(escuchar)* atentamente ♦ *(mirar)* intensamente
interact [ɪntər'ækt] *vi* ♦ *Quím* reaccionar ♦ *(personas)* relacionarse
interaction [ɪntər'ækʃən] *n* interacción
interactive [ɪntər'æktɪv] *adj* interactivo,-a
intercept [ɪntə'sept] *vtr* interceptar
interchange ['ɪntətʃeɪndʒ] 1 *n* ♦ *(de ideas, rehenes, etc)* intercambio ♦ *Auto (de autopista)* cruce | 2 [ɪntə'tʃeɪndʒ] *vtr* intercambiar

interchangeable [ɪntə'tʃeɪndʒəbəl] *adj* intercambiable
intercom ['ɪntəkɒm] *n* ♦ interfono ♦ *(en una casa)* portero automático
interconnect [ɪntəkə'nekt] *vtr* interconectar
intercontinental [ɪntəkɒntɪ'nentəl] *adj* intercontinental
intercourse ['ɪntəkɔːs] *n frml* coito, relaciones sexuales
interest ['ɪntrɪst] 1 *n* ♦ *(intelectual)* interés; **to be of i.,** interesar, ser de interés ♦ ventaja, provecho; **in one's own i.,** en beneficio propio ♦ afición ♦ *Fin* interés; **i. rate,** tipo de interés ♦ *Com* participación: **she has an i. in a shop,** tiene una participación en una tienda | 2 *vtr* interesar: **I'm not interested in football,** no me interesa el fútbol
interested ['ɪntrestɪd] *adj* interesado,-a
interesting ['ɪntrɪstɪŋ] *adj* interesante
interfere [ɪntə'fɪər] *vi* ♦ *(en los asuntos de otro)* entrometerse [**in,** en] ♦ **to i. with sthg,** dificultar, impedir algo ♦ *Rad TV* interferir [**with,** con]
interference [ɪntə'fɪərəns] *n* ♦ intromisión, injerencia ♦ *Rad TV* interferencia
interim ['ɪntərɪm] 1 *adj* interino,-a, provisional | 2 *n* interín ♦ | LOC: *frml* **in the i.,** entretanto, en el interín
interior [ɪn'tɪərɪəʳ] 1 *adj* interior | 2 *n* interior; **Minister of the I.,** Ministro del Interior
interlude ['ɪntəluːd] *n* ♦ *Cine Teat* intermedio ♦ *Mús* interludio ♦ pausa, intervalo
intermediary [ɪntə'miːdɪərɪ] *n* intermediario,-a
intermediate [ɪntə'miːdɪɪt] *adj* intermedio,-a
interminable [ɪn'tɜːmɪnəbəl] *adj* interminable
intermission [ɪntə'mɪʃən] *n Cine Teat* intermedio, descanso
intermittent [ɪntə'mɪtənt] *adj* intermitente
intern [ɪn'tɜːn] 1 *vtr* internar | 2 ['ɪntɜːn] *n US Med (médico)* interno,-a
internal [ɪn'tɜːnəl] *adj* interior, interno,-a; **i. combustion engine,** motor de explosión; **i. market,** mercado interior; **not for i. use,** no apto para uso interno
internally [ɪn'tɜːnəlɪ] *adv* interiormente, internamente
international [ɪntə'næʃənəl] 1 *adj* internacional | 2 *n Dep* ♦ *(jugador,-ora)* in-

ternacional ◆ (partido o encuentro) internacional

Internet ['ɪntənet] n Internet

interpret [ɪn'tɜːprɪt] 1 vtr ◆ interpretar ◆ traducir | 2 vi hacer de intérprete

interpretation [ɪntɜːprɪ'teɪʃən] n interpretación

interpreter [ɪn'tɜːprɪtəʳ] n intérprete

interrelated [ɪntərɪ'leɪtɪd] adj ◆ (acontecimientos) interrelacionado,-a ◆ (personas) estrechamente relacionado,-a

interrogate [ɪn'terəgeɪt] vtr interrogar

interrogation [ɪnterə'geɪʃən] n interrogatorio

interrogative [ɪntə'rɒgətɪv] Ling 1 adj interrogativo,-a | 2 n palabra interrogativa

interrupt [ɪntə'rʌpt] vtr & vi interrumpir

interruption [ɪntə'rʌpʃən] n interrupción

intersect [ɪntə'sekt] 1 vtr cruzar | 2 vi cruzarse

intersection [ɪntə'sekʃən] n ◆ (de carreteras) cruce ◆ Geom intersección

intersperse [ɪntə'spɜːs] vtr entremezclar [with, con]

intertwine [ɪntə'twaɪn] 1 vtr entrelazar [with, con] | 2 vi entrelazarse [with, con]

interval ['ɪntəvəl] n ◆ intervalo; **at hourly intervals,** cada hora ◆ GB Cine Teat intermedio ◆ Dep descanso

intervene [ɪntə'viːn] vi ◆ (una persona) intervenir [in, en] ◆ (un acontecimiento) interponerse

intervening [ɪntə'viːnɪŋ] adj intermedio

intervention [ɪntə'venʃən] n intervención

interview ['ɪntəvjuː] 1 n entrevista; **to have an i. with sb,** entrevistarse con alguien | 2 vtr entrevistar

interviewer ['ɪntəvjuːəʳ] n entrevistador,-ora

intestine [ɪn'testɪn] n (a menudo pl) intestino; **large/small i.,** intestino grueso/delgado

intimacy ['ɪntɪməsɪ] n ◆ intimidad ◆ euf & frml relaciones íntimas

intimate[1] ['ɪntɪmɪt] adj ◆ (relación) íntimo,-a, estrecho,-a ◆ (sitio) íntimo ◆ (conocimientos) profundo,-a

intimate[2] ['ɪntɪmeɪt] vtr frml dar a entender, indicar

intimidate [ɪn'tɪmɪdeɪt] vtr intimidar

intimidating [ɪn'tɪmɪdeɪtɪŋ] adj atemorizante, intimidante

into ['ɪntuː] prep ◆ (movimiento) en, a, con: **I bumped i. John,** me tropecé con John; **I'll change i. my jeans,** me pondré los vaqueros; **come i. my office,** entra en mi despacho; **she jumped i. the lake,** se tiró al lago ◆ (impacto) contra: **I walked i. a tree,** me di contra un árbol ◆ (cambio, división) en, a: **he turned i. a frog,** se convirtió en rana; **translate this i. English,** traduce esto al inglés; **to change dollars i. euros,** cambiar dólares a euros; Mat **five i. ten is two,** diez entre cinco son dos ◆ (distancia, tiempo) **deep i. the wood,** hasta el corazón del bosque; **late i. the night,** hasta bien entrada la noche ◆ | LOC: fam **he's really i. horses,** es muy aficionado a los caballos

intolerable [ɪn'tɒlərəbəl] adj intolerable

intolerance [ɪn'tɒlərəns] n intolerancia

intolerant [ɪn'tɒlərənt] adj intolerante

intonation [ɪntəʊ'neɪʃən] n entonación

intoxicated [ɪn'tɒksɪkeɪtɪd] adj borracho,-a, ebrio,-a

intoxicating [ɪn'tɒksɪkeɪtɪŋ] adj ◆ (bebida) alcohólico,-a ◆ (perfume, ambiente) embriagador,-ora

intoxication [ɪntɒksɪ'keɪʃən] n embriaguez

intransigent [ɪn'trænsɪdʒənt] adj frml intransigente, intolerante

intransitive [ɪn'trænsɪtɪv] adj intransitivo,-a

intrepid [ɪn'trepɪd] adj intrépido,-a, audaz

intricate ['ɪntrɪkɪt] adj intrincado,-a, complicado,-a

intrigue [ɪn'triːg, 'ɪntriːg] 1 n intriga | 2 [ɪn'triːg] vtr intrigar, fascinar | 3 vi conspirar

intriguing [ɪn'triːgɪŋ] adj ◆ fascinante, intrigante ◆ (persona) enredador,-ora, liante

intrinsic [ɪn'trɪnsɪk] adj frml intrínseco,-a

introduce [ɪntrə'djuːs] vtr ◆ insertar, introducir ◆ (a una persona, un programa de TV, producto) presentar [to, a]; (un producto) lanzar ◆ (una reforma, ley) introducir [into, to, en]

introduction [ɪntrə'dʌkʃən] n ◆ (de una persona, un programa de TV, producto) presentación; Com (de un producto) lanzamiento ◆ (de un libro) introducción ◆ (de una ley) introducción

introductory

introductory [ɪntrə'dʌktərɪ] *adj* ◆ introductorio,-a, preliminar ◆ *Com (oferta, etc)* de lanzamiento
introspective [ɪntrə'spektɪv] *adj* introspectivo,-a
introvert ['ɪntrəvɜːt] *n* introvertido,-a
intrude [ɪn'truːd] *vi* ◆ molestar, importunar ◆ entrometerse [**into, on,** en]
intruder [ɪn'truːdə^r] *n* intruso,-a
intrusion [ɪn'truːʒən] *n* intromisión
intuition [ɪntjʊ'ɪʃən] *n* intuición
intuitive [ɪn'tjuːɪtɪv] *adj* intuitivo,-a
inundate ['ɪnʌndeɪt] *vtr* inundar [**with,** de]
invade [ɪn'veɪd] *vtr* invadir
invader [ɪn'veɪdə^r] *n* invasor,-ora
invalid ['ɪnvəlɪd] **1** *n Med* inválido,-a | **2** [ɪn'vælɪd] *adj* inválido,-a, nulo,-a
invalidate [ɪn'vælɪdeɪt] *vtr* invalidar
invaluable [ɪn'væljʊəbəl] *adj* inestimable, inapreciable
invariable [ɪn'veərɪəbəl] *adj* invariable
invariably [ɪn'veərɪəblɪ] *adv* invariablemente
invasion [ɪn'veɪʒən] *n* invasión
invent [ɪn'vent] *vtr* inventar, idear
invention [ɪn'venʃən] *n* ◆ *(cosa)* invento ◆ *(mentira)* invención
inventive [ɪn'ventɪv] *adj* inventivo,-a
inventor [ɪn'ventə^r] *n* inventor,-ora
inventory ['ɪnvəntərɪ] *n* inventario
invert [ɪn'vɜːt] *vtr* invertir; *GB* (**in**) **i. commas,** (entre) comillas
invertebrate [ɪn'vɜːtɪbrɪt] **1** *adj* invertebrado,-a | **2** *n* invertebrado
invest [ɪn'vest] **1** *vtr* ◆ *Fin* invertir [**in, en**] ◆ *(dar)* **he invests the story with mystery,** envuelve la historia en misterio | **2** *vi* invertir [**in,** en]
investigate [ɪn'vestɪgeɪt] *vtr* investigar, estudiar
investigation [ɪnvestɪ'geɪʃən] *n* investigación [**into,** de]
investigator [ɪn'vestɪgeɪtə^r] *n* investigador,-ora
investment [ɪn'vestmənt] *n* inversión
investor [ɪn'vestə^r] *n* inversor,-ora
inveterate [ɪn'vetərɪt] *adj* empedernido,-a, incurable
invidious [ɪn'vɪdɪəs] *adj* ◆ *(trabajo)* odioso,-a, ingrato,-a ◆ *(comentario)* injusto,-a
invigorating [ɪn'vɪgəreɪtɪŋ] *adj* vigorizante
invincible [ɪn'vɪnsəbəl] *adj* invencible
invisible [ɪn'vɪzəbəl] *adj* invisible
invitation [ɪnvɪ'teɪʃən] *n* invitación

invite [ɪn'vaɪt] *vtr* ◆ invitar, convidar [**to, for,** a] ◆ *(consejo, comentarios)* pedir, solicitar ◆ *(críticas, problemas)* provocar, buscarse

> Usado con un verbo, **to invite** va seguido de infinitivo: **I invited him to have lunch with me.** *Le invité a comer.*

inviting [ɪn'vaɪtɪŋ] *adj* ◆ atractivo,-a, tentador,-ora ◆ *(comida)* apetitoso,-a
invoice ['ɪnvɔɪs] **1** *n* factura | **2** *vtr* facturar
invoke [ɪn'vəʊk] *vtr frml* invocar
involuntary [ɪn'vɒləntərɪ] *adj* involuntario,-a
involve [ɪn'vɒlv] *vtr* ◆ implicar, involucrar: **I was involved in an accident,** me vi envuelto en un accidente; **don't i. me in your problems,** no me metas en tus problemas ◆ suponer, implicar, acarrear: **what does the job i.?**; ¿en qué consiste el trabajo?
involved [ɪn'vɒlvd] *adj (un asunto)* complicado,-a, complejo,-a
involvement [ɪn'vɒlvmənt] *n* ◆ *(en una actividad)* participación ◆ *(en un crimen)* implicación ◆ *(emocional)* relación
inward ['ɪnwəd] **1** *adj* interior | **2** *adv* → **inwards**
inwardly ['ɪnwədlɪ] *adv* interiormente, por dentro
inwards ['ɪnwədz] *adv* hacia dentro
iodine ['aɪədiːn] *n* yodo
IQ [aɪ'kjuː] *(abr de* **intelligence quotient***)* coeficiente intelectual, CI
IRA [aɪɑːr'eɪ] *(abr de* **Irish Republican Army***)* Ejército Republicano Irlandés, IRA
irascible [ɪ'ræsɪbəl] *adj frml* irascible
irate [aɪ'reɪt] *adj* airado,-a, furioso,-a
Ireland ['aɪələnd] *n* Irlanda; **Republic of I.,** República de Irlanda
iris ['aɪərɪs] *n* ◆ *Bot* lirio ◆ *Anat* iris
Irish ['aɪrɪʃ] **1** *adj* irlandés,-esa | **2** *n* ◆ *(idioma)* irlandés ◆ *pl* **the I.,** los irlandeses
Irishman ['aɪrɪʃmən] *n* irlandés
Irishwoman ['aɪrɪʃwʊmən] *n* irlandesa
iron ['aɪən] **1** *n* ◆ hierro; **the I. Age,** la Edad de Hierro ◆ *(para la ropa)* plancha ◆ **irons** *pl*, grilletes | **2** *adj* ◆ de hierro ◆ fuerte; **an i. will,** una voluntad de hierro | **3** *vtr (la ropa)* planchar
■ **iron out** *vtr* ◆ *(una arruga)* planchar ◆ *fam fig (una dificultad)* resolver
ironic(al) [aɪ'rɒnɪk(əl)] *adj* irónico,-a

ironing ['aɪənɪŋ] *n* ◆ planchado; **to do the i.**, planchar; **i. board**, tabla de planchar ◆ ropa por planchar *o* ropa planchada

ironmonger ['aɪənmʌŋgəʳ] *n GB* ferretero,-a; **i.'s (shop)**, ferretería

irony ['aɪrənɪ] *n* ironía

irrational [ɪ'ræʃənəl] *adj* irracional

irreconcilable [ɪrekən'saɪləbəl] irreconciliable

irregular [ɪ'regjʊləʳ] *adj* ◆ irregular, anormal ◆ *(superficie)* desigual

irrelevance [ɪ'reləvəns] *n* irrelevancia

irrelevant [ɪ'reləvənt] *adj* no pertinente, irrelevante

irreparable [ɪ'repərəbəl] *adj* irreparable

irrepressible [ɪrɪ'presəbəl] *adj* incontenible, imparable

irresistible [ɪrɪ'zɪstəbəl] *adj* irresistible

irresolute [ɪ'rezəluːt] *adj frml* indeciso,-a

irrespective [ɪrɪ'spektɪv] *adj* **i. of**, sin tener en cuenta, con independencia de

irresponsible [ɪrɪ'spɒnsəbəl] *adj* irresponsable

irreverent [ɪ'revərənt] *adj* irreverente

irrigate ['ɪrɪgeɪt] *vtr* regar

irrigation [ɪrɪ'geɪʃən] *n Agr* riego, irrigación; **i. channel**, acequia ◆ *Med* irrigación

irritable ['ɪrɪtəbəl] *adj* irritable

irritate ['ɪrɪteɪt] *vtr* ◆ fastidiar, molestar ◆ *Med* irritar

irritating ['ɪrɪteɪtɪŋ] *adj* irritante, molesto,-a

irritation [ɪrɪ'teɪʃən] *n* ◆ fastidio, irritación, molestia ◆ *Med* irritación, picor

is [ɪz] *3.ª persona sing pres* → **be**

Islam ['ɪzlɑːm] *n* Islam

Islamic [ɪz'læmɪk] *adj* islámico,-a

island ['aɪlənd] *n* ◆ *Geog* isla ◆ *Auto* isleta

islander ['aɪləndəʳ] *n* isleño,-a

isle [aɪl] *n frml* isla

isn't ['ɪzənt] → **is not**

isolate ['aɪsəleɪt] *vtr* aislar [**from,** de]

isolated ['aɪsəleɪtɪd] *adj* aislado,-a

isolation [aɪsə'leɪʃən] *n* aislamiento; **in i.**, aislado,-a

issue ['ɪʃjuː] 1 *n* ◆ tema, cuestión; **the key i.**, la cuestión clave ◆ *(de una revista)* número ◆ *(de billetes)* venta ◆ *(de dinero)* emisión; *(de documentos)* expedición ◆ | LOC: **the point at i. is...**, se trata de...; **to face the i.**, afrontar el problema; **to make an i. of sthg**, concederle demasiada importancia a algo; **to take i. with sb**, no estar de acuerdo con alguien [**on/over,** sobre] | 2 *vtr* ◆ *(dinero)* emitir ◆ *(una revista)* publicar ◆ *(billetes, documentos)* expedir ◆ *(instrucciones)* dar ◆ *(provisiones, armas)* distribuir, repartir | 3 *vi* salir

isthmus ['ɪsməs] *n* istmo

it [ɪt] *pron pers* ◆ *(sujeto) (a menudo se omite en español)* él, ella, ello: **it's ridiculous**, es ridículo; **what a pretty baby - is it a boy or a girl?**, qué bebé más bonito - ¿es niño o niña? ◆ *(objeto directo)* lo, la: **put it away**, guárdalo/la ◆ *(objeto indirecto)* le: **he gave it a kick**, le dio una patada ◆ *(después de preposición)* él, ella, ello: **I don't know what to do with it**, no sé qué hacer con él/ella/ello ◆ *(uso impersonal)* **it's a long way to Tipperary**, Tipperary queda muy lejos; **it's cold, it's raining, it's Tuesday, and it's horrible!**, hace frío, está lloviendo, es martes, y ¡es horrible!; **it is said that...**, se dice que... ◆ *(para sustituir a otros pronombres)* **who is it? - it's me!**, ¿quién es? - ¡soy yo! ◆ | LOC: **that's it!**, *(afirmación)* ¡eso es!; *(enfado)* ¡ya está bien!; *(al acabar)* ¡listo!

Italian [ɪ'tæljən] 1 *adj* italiano,-a | 2 *n* ◆ *(persona)* italiano,-a ◆ *(idioma)* italiano

italics [ɪ'tælɪk] *n* cursiva

Italy ['ɪtəlɪ] *n* Italia

itch [ɪtʃ] 1 *vi* ◆ picar: **my foot itches**, me pica el pie ◆ anhelar, tener ganas [**to,** de]; **to be itching to do sthg**, tener muchas ganas de hacer algo | 2 *n* ◆ picor, picazón ◆ ansia

itchy ['ɪtʃɪ] *adj* *(itchier, itchiest)* que pica: **my jumper is i.**, mi jersey pica

it'd ['ɪtəd] → ◆ **it would** ◆ **it had**

item ['aɪtəm] *n* ◆ artículo ◆ *(para definir incontables)* **i. of clothing**, prenda de vestir; **i. of furniture**, mueble; **news i.**, noticia ◆ *(en el orden del día)* punto, asunto

itemize ['aɪtəmaɪz] *vtr* detallar

itinerant [ɪ'tɪnərənt] *adj frml* itinerante

itinerary [aɪ'tɪnərərɪ] *n* itinerario

it'll ['ɪtəl] → **it will**

it's [ɪts] → ◆ **it is** ◆ **it has**

its [ɪts] *adj pos* su(s)

itself [ɪt'self] *pron pers* ◆ *(reflexivo)* se: **the Government has made i. popular**, el Gobierno se ha hecho popular ◆ *(uso enfático) (sujeto)* él/ella/ello mismo,-a; *(después de preposición)* sí (mismo,-a) **by i.**, solo, automáticamente; **the door closes by i.**, la puerta se cierra sola; **in i.**, en sí: **the city i. is ugly**, la ciudad en sí es fea

IUD [aɪjuːˈdiː] *(abr de **intrauterine (contraceptive) device**)* dispositivo intrauterino, DIU

I've [aɪv] → **I have**
ivory [ˈaɪvərɪ] *n* marfil
ivy [ˈaɪvɪ] *n* hiedra

J, j [dʒeɪ] *n (letra)* J, j
jab [dʒæb] **1** *n* ◆ pinchazo; *Med fam* inyección: **I had a flu j.**, me vacuné contra la gripe ◆ golpe | **2** *vtr* ◆ *(con una aguja)* pinchar ◆ *(con el puño)* dar un puñetazo a
jabber [ˈdʒæbər] *fam vi* ◆ *(hablar de manera ininteligible)* farfullar ◆ *(hablar deprisa)* hablar atropelladamente
jack [dʒæk] *n* ◆ *Auto Téc* gato ◆ *Naipes* sota; *(baraja francesa)* jota ◆ | LOC: **I'm all right, Jack**, a mí qué me cuentas
■ **jack in** *vtr GB fam* dejar: **he's jacked in his job**, ha dejado su trabajo
■ **jack up** *vtr Auto Téc* levantar con un gato
jackal [ˈdʒækɔːl] *n* chacal
jackdaw [ˈdʒækdɔː] *n Orn* grajilla
jacket [ˈdʒækɪt] *n* ◆ chaqueta ◆ *(de hombre)* **sports j.**, americana, *LAm* saco ◆ *(de un libro)* sobrecubierta ◆ *Culin* **potatoes in their jackets**, patatas asadas con piel
jack-knife [ˈdʒæknaɪf] *n* navaja
jack-of-all-trades [dʒækəvˈɔːltreɪdz] *n* factótum, persona de muchos oficios
jackpot [ˈdʒækpɒt] *n (premio)* gordo: **he hit the j.**, le tocó el gordo
jade [dʒeɪd] *n* jade
jaded [ˈdʒeɪdɪd] *adj* hastiado,-a, sin entusiasmo
jagged [ˈdʒægɪd] *adj* dentado,-a
jaguar [ˈdʒægjʊər] *n Zool* jaguar
jail [dʒeɪl] **1** *n* cárcel, prisión; **j. sentence**, pena de prisión | **2** *vtr* encarcelar
jailer [ˈdʒeɪlər] *n* carcelero,-a
jam [dʒæm] **1** *n* ◆ *Culin* mermelada ◆ atasco; **traffic j.**, embotellamiento ◆ *fam* apuro, aprieto ◆ *Mús* **j. session**, improvisación | **2** *vtr* ◆ meter a la fuerza ◆ atascar ◆ *Rad* interferir | **3** *vi* atascarse: **the door has jammed**, la puerta se ha atascado

jam-packed [dʒæmˈpækt] *adj fam* ◆ *(de gente)* atestado,-a ◆ *(de cosas)* repleto, lleno a rebosar
janitor [ˈdʒænɪtər] *n* portero, conserje; *(en una escuela)* bedel
January [ˈdʒænjʊərɪ] *n* enero
jar [dʒɑːr] **1** *n* ◆ tarro, bote ◆ tinaja, jarra | **2** *vi* ◆ *(colores)* desentonar, chillar ◆ | LOC: **to j. on sb**, crisparle a alguien los nervios | **2** *vtr* golpear(se)
jargon [ˈdʒɑːgən] *n* jerga
jasmin(e) [ˈdʒæzmɪn] *n Bot* jazmín
jaundice [ˈdʒɔːndɪs] *n* ictericia
jaundiced [ˈdʒɔːndɪst] *adj* amargado,-a, desilusionado,-a
jaunty [ˈdʒɔːntɪ] *adj (jauntier, jauntiest)* ◆ *(persona)* garboso,-a, desenfadado,-a ◆ *(música)* alegre
javelin [ˈdʒævəlɪn] *n* jabalina
jaw [dʒɔː] **1** *n* mandíbula | **2** *vi fam* hablar sin parar
jazz [dʒæz] *n* jazz
■ **jazz up** *vtr* alegrar, animar
jazzy [ˈdʒæzɪ] *adj (jazzier, jazziest) fam* ◆ llamativo,-a ◆ de colores chillones
jealous [ˈdʒeləs] *adj* ◆ celoso,-a ◆ envidioso,-a; **to be j. of sb**, tenerle envidia a alguien *o* tener celos de alguien
jealousy [ˈdʒeləsɪ] *n* ◆ celos ◆ envidia
jeans [dʒiːnz] *npl* vaqueros, tejanos
jeep [dʒiːp] *n* jeep, todo terreno, *LAm* campero
jeer [dʒɪər] **1** *n* ◆ grito de protesta, abucheo ◆ mofa | **2** *vi* ◆ abuchear ◆ burlarse, mofarse [**at**, de]
jeering [ˈdʒɪərɪŋ] **1** *adj* burlón,-ona | **2** *n* ◆ mofas ◆ abucheos
Jehovah [dʒɪˈhəʊvə] *n Rel* Jehová; **J.'s Witness**, testigo de Jehová
jelly [ˈdʒelɪ] *n* gelatina

jellyfish [ˈdʒelɪfɪʃ] *n* medusa
jeopardize [ˈdʒepədaɪz] *vtr* hacer peligrar
jeopardy [ˈdʒepədɪ] *n* riesgo, peligro
jerk [dʒɜːk] 1 *n* ♦ sacudida; **to stop with a j.,** parar bruscamente ♦ tirón ♦ *pey* imbécil, gilipollas | 2 *vtr* ♦ sacudir ♦ dar un tirón a | 3 *vi* dar una sacudida, mover bruscamente
jest [dʒest] 1 *n frml* & *hum* broma | 2 *vi* bromear
jet [dʒet] 1 *n* ♦ azabache; **j. black,** negro,-a azabache ♦ *(de agua, aire)* chorro ♦ caño, surtidor ♦ *Av* avión (a reactor); **j. engine,** reactor; **j. lag,** desfase horario | 2 *vi fam* volar
jet-set [ˈdʒetset] *n* **the j.-s.,** la jet
jettison [ˈdʒetɪsən] *vtr* ♦ *Náut* echar por la borda ♦ deshacerse de, abandonar
jetty [ˈdʒetɪ] *n* embarcadero, malecón
Jew [dʒuː] *n* judío,-a
jewel [ˈdʒuːəl] *n* ♦ joya, alhaja ♦ piedra preciosa
jeweller, *US* **jeweler** [ˈdʒuːələʳ] *n* joyero,-a; **j.'s (shop),** joyería
jewellery, *US* **jewelry** [ˈdʒuːəlrɪ] *n* joyas, alhajas
Jewess [ˈdʒuːɪs] *n* judía
Jewish [ˈdʒuːɪʃ] *adj* judío,-a
jiffy [ˈdʒɪfɪ] *n fam* momento, segundo; **in a j.,** en un santiamén
jiffy bag" [ˈdʒɪfɪbæg] *n* sobre alcolchado
jigsaw [ˈdʒɪgsɔː] *n* ♦ puzzle, rompecabezas ♦ sierra de vaivén
jilt [dʒɪlt] *vtr fam* dejar plantado,-a
jingle [ˈdʒɪŋgəl] 1 *n* ♦ tintineo ♦ *Rad TV* canción publicitaria | 2 *vi* tintinear
jingoistic [dʒɪŋgəʊˈɪstɪk] *adj* patriotero, -a
jinx [dʒɪŋks] 1 *n* ♦ maldición ♦ *(persona)* gafe | 2 *vtr* gafar
jitters [ˈdʒɪtəz] *npl fam* **to get the j.,** ponerse nervioso,-a
job [dʒɒb] *n* ♦ trabajo, empleo ♦ trabajo, tarea: **I've got a little j. for you,** tengo un pequeño trabajo para ti ♦ **you made a good j. of that report,** has hecho muy bien el informe ♦ responsabilidad, deber, propósito: **it's your j. to...,** te corresponde a ti... ♦ dificultad: **I have a j. getting up,** me cuesta levantarme ♦ | LOC: **it's a good j. that...,** menos mal que...; **this is just the j.,** esto es ideal; *fam* **jobs for the boys,** enchufismo
jobless [ˈdʒɒblɪs] *adj* parado,-a

jockey [ˈdʒɒkɪ] *n* jinete, jockey
jog [dʒɒg] 1 *n* ♦ pequeño empujón ♦ **to go for a j.,** hacer footing | 2 *vtr* ♦ *(el codo, la mesa)* empujar ♦ *(la memoria)* refrescar | 3 *vi* ♦ *Dep* hacer footing ♦ | LOC: *fig* **to j. along,** ir tirando
jogger [ˈdʒɒgəʳ] *n* persona que hace footing
jogging [ˈdʒɒgɪŋ] *n* footing
join [dʒɔɪn] 1 *vtr* ♦ *(dos cosas)* juntar, unir; **to j. hands,** cogerse de la mano ♦ *(gente)* reunirse con: **will you j. me for a drink?,** ¿quieres tomar algo conmigo? ♦ *(una carretera)* empalmar ♦ *(un río)* desembocar en ♦ *(un club)* hacerse socio de ♦ *(una cola)* ponerse en/a ♦ *(el ejército)* alistarse en ♦ *(una organización)* entrar en, ingresar en; *(un grupo)* unirse a; *(un partido político)* afiliarse a ♦ *(una actividad, diversión)* tomar parte en | 2 *vi* ♦ unirse ♦ *(carreteras)* empalmar ♦ *(ríos)* confluir ♦ *(un club)* hacerse socio ♦ *(un partido)* afiliarse | 3 *n* juntura
■ **join in** 1 *vi* participar, tomar parte | 2 *vtr* participar en, intervenir en
■ **join up** 1 *vtr* juntar, unir | 2 *vi Mil* alistarse
joint [dʒɔɪnt] 1 *n* ♦ *Anat* articulación ♦ *Téc* juntura, junta; *(de piezas que encajan)* ensambladura ♦ *Culin* trozo de carne asada ♦ *fam (sitio)* antro ♦ *fam* porro | 2 *adj* ♦ conjunto,-a, colectivo,-a; *Fin* **j. account,** cuenta conjunta ♦ *(premio)* compartido,-a ♦ *(comité)* mixto,-a
jointly [ˈdʒɔɪntlɪ] *adv* conjuntamente, en común
joke [dʒəʊk] 1 *n* ♦ *(palabras)* chiste; **to make a j.,** hacer un chiste; **to tell a j.,** contar un chiste ♦ *(acción)* **to play a j.,** gastar una broma [**on,** a]; **(practical) j.,** broma ♦ *fam (persona)* hazmerreír; *(cosa, situación)* broma, ridiculez | 2 *vi* bromear [**with,** con]: **you are joking!,** ¡no lo dirás en serio!
joker [ˈdʒəʊkəʳ] *n* ♦ bromista ♦ *Naipes* comodín
jolly [ˈdʒɒlɪ] 1 *adj (jollier, jolliest) (persona)* alegre, jovial | 2 *adv GB fam* muy; **j. interesting,** muy interesante.
jolt [dʒəʊlt] 1 *n* ♦ sacudida ♦ *fig* susto | 2 *vi* moverse a sacudidas, traquetear | 3 *vtr* sacudir
joss-stick [ˈdʒɒstɪk] *n* varita de incienso
jostle [ˈdʒɒsəl] *vtr* darle empujones a, empujar

jot [dʒɒt] *n (usu con negativo)* **not a j.**, ni jota, ni pizca, ni un ápice
■ **jot down** *vtr* apuntar, tomar nota de
jotter ['dʒɒtə'] *n GB* bloc de notas
journal ['dʒɜːnəl] *n* ♦ revista ♦ *(periódico)* diario
journalism ['dʒɜːnəlɪzəm] *n* periodismo
journalist ['dʒɜːnəlɪst] *n* periodista
journey ['dʒɜːnɪ] *n* ♦ viaje ♦ *(distancia)* recorrido ➤ Ver nota en **viaje**
jovial ['dʒəʊvɪəl] *adj* jovial
joy [dʒɔɪ] *n (emoción)* alegría ♦ | LOC: **to jump for j.**, dar saltos de alegría
joyful ['dʒɔɪfʊl] *adj* alegre, contento,-a
joyous ['dʒɔɪəs] *adj Lit* alegre
joyride ['dʒɔɪraɪd] *n fam* **to go for a j.**, ir a dar una vuelta en un coche robado
joystick ['dʒɔɪstɪk] *n* ♦ *Av* palanca de mando ♦ *Inform* joystick
Jr *abr de* **junior**
jubilant ['dʒuːbɪlənt] *adj* jubiloso,-a
jubilation [dʒuːbɪ'leɪʃən] *n* júbilo
jubilee ['dʒuːbɪliː] *n* aniversario; **silver j.**, vigesimoquinto aniversario
Judaism ['dʒuːdeɪzəm] *n* judaísmo
judge [dʒʌdʒ] **1** *n* ♦ *Jur* juez(a); *Dep* árbitro, juez ♦ conocedor,-ora: **he's a good j. of wines**, entiende de vinos | **2** *vtr* ♦ *Jur* juzgar ♦ considerar | **3** *vi* juzgar, dar una opinión; **judging by/from his face**, a juzgar por su cara
judg(e)ment ['dʒʌdʒmənt] *n* ♦ *Jur* sentencia, fallo; **to pass j.**, dictar sentencia [**on**, sobre] ♦ *Jur* juicio ♦ opinión, juicio; **against my better j.**, sabiendo que era un error ♦ *(capacidad)* criterio
judicial [dʒuː'dɪʃəl] *adj* judicial
judiciary [dʒuː'dɪʃɪərɪ] *n* magistratura
judicious [dʒuː'dɪʃəs] *adj frml* juicioso,-a
judo ['dʒuːdəʊ] *n* judo
jug [dʒʌg] *n* jarra
juggle ['dʒʌgəl] *vtr & vi* hacer malabarismos [**with**, con]; *pey* **to j. figures**, amañar las cifras/cuentas
juggler ['dʒʌglə'] *n* malabarista
juice [dʒuːs] *n* ♦ *(de carne)* jugo ♦ *(de fruta)* zumo
juicy ['dʒuːsɪ] *adj (juicier, juiciest)* ♦ jugoso,-a ♦ *fam fig* picante, jugoso,-a; **a j. piece of news**, una noticia jugosa
jukebox ['dʒuːkbɒks] *n* máquina de discos
July [dʒuː'laɪ, dʒə'laɪ] *n* julio
jumble ['dʒʌmbəl] **1** *n* ♦ revoltijo ♦ *GB* objetos de segunda mano que se venden con fines benéficos | **2** *vtr* revolver

jumbo ['dʒʌmbəʊ] **1** *adj fam* gigante | **2** *n* **j. (jet)**, jumbo
jump [dʒʌmp] **1** *n* ♦ salto, brinco: **I woke with a j.**, me desperté sobresaltado ♦ subida (repentina) ♦ *Dep* valla, obstáculo ♦ *Av* salto | **2** *vtr* ♦ *(un obstáculo)* salvar ♦ *(el semáforo)* saltarse ♦ **to j. a queue**, colarse | **3** *vi* ♦ saltar, dar un salto; **to j. to conclusions**, sacar conclusiones precipitadas ♦ **you made me j.!**, ¡qué susto me has dado! ♦ *(un precio, etc)* aumentar ♦ *Dep* saltar ♦ *Av* lanzarse (en paracaídas)
■ **jump at** *vtr* aceptar con entusiasmo
■ **jump off** *vi & vtr* bajar de un salto (de)
■ **jump on** *vi & vtr* subir de un salto (a)
jumper ['dʒʌmpə'] *n* ♦ jersey ♦ saltador,-ora
jumpy ['dʒʌmpɪ] *adj (jumpier, jumpiest) fam* nervioso,-a
junction ['dʒʌŋkʃən] *n* ♦ *(de carreteras)* cruce ♦ *Ferroc Elec* empalme
June [dʒuːn] *n* junio
jungle ['dʒʌŋgəl] *n* jungla, selva; **the law of the j.**, la ley de la selva
junior ['dʒuːnjə'] **1** *adj* ♦ más joven, menor, hijo; **José Ruiz J.**, José Ruiz hijo ♦ *GB* **j. school**, escuela primaria ♦ subalterno,-a; **j. minister**, subsecretario | **2** *n* ♦ menor, joven; **to be sb's j.**, ser más joven que alguien ♦ *GB Educ* ≈ alumno de primaria ♦ subalterno,-a; **office j.**, botones
junk [dʒʌŋk] **1** *n* ♦ *Náut* junco ♦ trastos viejos, baratijas ♦ basura | **2** *adj pey* basura; **j. food**, comida basura; **j. mail**, propaganda postal
junkie ['dʒʌŋkɪ] *n argot* yonqui, drogadicto,-a
Jupiter ['dʒuːpɪtə'] *n* Júpiter
jurisdiction [dʒʊərɪs'dɪkʃən] *n frml* jurisdicción
juror ['dʒʊərə'] *n* miembro del jurado,-a
jury ['dʒʊərɪ] *n* jurado
just [dʒʌst] **1** *adj* ♦ *(ético)* justo,-a, recto ♦ | LOC: **to get one's j. deserts**, llevarse su merecido | **2** *adv* ♦ justo, precisamente: **that's j. what I need**, eso es precisamente lo que necesito ♦ *(en el mismo momento)* **I'm j. coming**, ya voy; **we're j. leaving**, ahora mismo salimos ♦ a punto de: **I'm j. about to have lunch**, estoy a punto de comer ♦ por poco: **you j. missed me**, no me viste por poco; **j. in time**, justo a tiempo ♦ recientemente: **I've j. arrived**, acabo de llegar ♦ solamente: **they are j. friends**, no son más que amigos; **j. a mo-**

ment, un momento ◆ igual: **he is j. as clever as her,** es tan listo como ella ◆ *(uso enfático)* **she's j. crazy about you,** está sencillamente loca por ti ◆ | LOC: **it's j. as well that...,** menos mal que...; **j. in case,** por si acaso

justice ['dʒʌstɪs] *n* ◆ justicia; **to do j. to sb/sthg,** hacerle justicia a alguien/algo ◆ *Jur* justicia; **to bring sb to j.,** llevar a alguien ante los tribunales

justifiable ['dʒʌstɪfaɪəbəl] *adj* justificable

justification [dʒʌstɪfɪ'keɪʃən] *n* justificación

justified ['dʒʌstɪfaɪd] *adj* justificado,-a: **my doubts were j.,** mis dudas eran fundadas; **to be j. in doing sthg,** tener motivos para hacer algo

justify ['dʒʌstɪfaɪ] *vtr* justificar

jut [dʒʌt] *vi* sobresalir

juvenile ['dʒuːvənaɪl] **1** *adj* ◆ juvenil; *Jur* **j. court,** tribunal de menores ◆ *pey* infantil | **2** *n* menor

juxtapose [dʒʌkstə'pəʊz] *vtr* yuxtaponer

K, k [keɪ] *n (letra)* K, k

kaleidoscope [kə'laɪdəskəʊp] *n* caleidoscopio

kangaroo ['kæŋɡə'ruː] *n Zool* canguro

karat ['kærət] *n US* quilate

karate [kə'rɑːtɪ] *n* kárate

kebab [kə'bæb] *n Culin* brocheta

keel [kiːl] *n Náut* quilla ◆ | LOC: **on an even k.,** estable

■ **keel over** *vi* ◆ *Náut* volcar ◆ *fam* caer en redondo

keen [kiːn] *adj* ◆ *(cuchillo)* afilado,-a ◆ *(inteligencia)* agudo,-a ◆ *(competencia)* fuerte ◆ *(viento)* penetrante ◆ *(interés)* profundo,-a, vivo,-a ◆ *(persona)* entusiasta; **to be k. on sthg,** ser aficionado a algo; **to be k. to do sthg,** estar deseando hacer algo

keep [kiːp] **1** *vtr (ps & pp kept)* ◆ *(no perder, no tirar)* guardar, conservar: **k. your receipt,** conserva el recibo ◆ **k. the change!,** ¡quédese con la vuelta! ◆ guardar, tener: **he keeps his money under the bed,** guarda el dinero debajo de la cama ◆ *(un secreto)* guardar ◆ poner aparte, reservar: **can you k. one for me?,** ¿puedes reservarme uno? ◆ *(animales)* criar ◆ *(a una familia)* mantener ◆ *(un negocio)* ser propietario de, tener ◆ *(un diario, una agenda)* escribir ◆ *(cuentas)* llevar ◆ *(retrasar)* entretener ◆ *(un preso, rehén)* detener ◆ *(con adjetivo)* mantener: **k. your city clean,** mantén limpia tu ciudad; **to k. sb awake,** no dejar dormir a alguien ◆ impedir; **to k. sb from doing sthg,** impedir que alguien haga algo ◆ *(un compromiso)* cumplir ◆ *(una cita)* acudir a ◆ *(una regla)* observar ◆ *(una orden, ley)* imponer | **2** *vi (alimentos)* conservarse ◆ permanecer: **k. still,** no te muevas; **to k. fit,** mantenerse en forma ◆ seguir, continuar: **k. taking the pills,** sigue tomando las pastillas ◆ no dejar de: **this computer keeps breaking down,** este ordenador no para de estropearse; **I k. forgetting,** nunca me acuerdo | **3** *n* manutención, sustento

> Observa que el verbo **to keep** va seguido de gerundio, a menudo en compañía de la preposición **on**: He kept (on) asking me questions. *Siguió haciéndome preguntas.*

■ **keep away 1** *vtr* mantener a distancia | **2** *vi* mantenerse a distancia

■ **keep back 1** *vtr* ◆ *(datos)* no divulgar ◆ *(dinero)* retener ◆ *(personas)* alejar | **2** *vi* mantenerse alejado,-a

■ **keep down 1** *vtr* ◆ **to k. sthg down,** mantener algo bajo ◆ *(comida)* retener | **2** *vi* no levantar la cabeza

■ **keep in** *vtr* ◆ *(a un niño, etc)* no dejar salir

keeper

■ **keep off** *vtr* ◆ **to k. sthg off**, proteger de algo ◆ *(letrero)* **k. off**, no acercarse o no tocar

■ **keep on 1** *vtr (a empleados)* no despedir a | **2** *vi* seguir; **to k. on doing sthg**, continuar haciendo algo

■ **keep out 1** *vtr* ◆ no dejar pasar; **to k. the cold out**, no dejar pasar el frío ◆ **k. me out of this**, no me metas en esto | **2** *vi* no entrar; *(letrero)* **k. out**, prohibida la entrada

■ **keep to** *vtr* ◆ *(una regla)* atenerse a ◆ *(un asunto)* limitarse a ◆ *(letrero)* **k. to the left**, circule por la izquierda

■ **keep up 1** *vi* ◆ mantenerse al ritmo [**with**, con] ◆ **to k. up with sb**, mantener contacto con alguien | **2** *vtr* ◆ continuar: **k. it up!**, ¡sigue así! ◆ mantener: **I've kept up my French**, he mantenido mi nivel de francés ◆ **to k. sb up**, tener despierto,-a a alguien

keeper ['ki:pə'] *n* ◆ *(de un zoo)* cuidador,-ora ◆ *(de un museo)* conservador,-ora ◆ vigilante
keeping ['ki:pɪŋ] *n* ◆ consonancia; **in k. with**, de acuerdo con ◆ cuidado; **in safe k.**, en buenas manos
keg [keg] *n* barrica
kennel ['kenəl] *n* ◆ caseta para perros ◆ **kennels** *pl*, perrera
kept [kept] *ps & pp* → **keep**
kerb [kɜ:b] *n* bordillo
kernel ['kɜ:nəl] *n (de fruta, fruto)* semilla; *(de cereales)* grano
kerosene ['kerəsi:n] *n* queroseno
kettle ['ketəl] *n* hervidor (de agua)
kettledrum ['ketəldrʌm] *n* timbal
key [ki:] **1** *n* ◆ *(de una puerta, etc)* llave ◆ *(de un misterio, asesinato)* clave ◆ *(de un piano, ordenador)* tecla ◆ *Mús* tono | **2** *adj* clave; **the k. issue**, el factor clave | **3** *vtr Inform* teclear

■ **key in** *vtr Inform* introducir
keyboard ['ki:bɔ:d] *n Mús Inform* teclado
keyed up [ki:d'ʌp] *adj* nervioso,-a [**about**, por]
keyhole ['ki:həʊl] *n* ojo de la cerradura
khaki ['kɑ:kɪ] *adj & n* caqui
kick [kɪk] **1** *n* ◆ *(de animal)* coz; *(de persona)* patada, puntapié ◆ *fam* placer: **I get a k. out of skiing**, me encanta el esquí; **just for kicks**, sólo por placer | **2** *vi (animal)* cocear; *(persona)* dar patadas | **3** *vtr* dar un puntapié a

■ **kick off** *vi* ◆ *Ftb* hacer el saque inicial ◆ *fam* empezar

■ **kick out** *vtr* echar a patadas
■ **kick up** *vtr* ◆ *(hojas, polvo)* levantar ◆ *fam* **(un lío)** armar
kick-off ['kɪkɒf] *n Ftb* saque inicial
kid [kɪd] **1** *n* ◆ *Zool* cabrito ◆ *(tipo de cuero)* cabritilla ◆ *fam* niño,-a, crío,-a ◆ | LOC: **that's kids' stuff**, es juego de niños | **2** *vi fam* bromear: **no kidding!**, ¡¿en serio?! o ¡no me digas! | **3** *vtr* ◆ **to k. sb**, tomarle el pelo a alguien [**about**, con] ◆ **to k. oneself**, hacerse ilusiones
kidnap ['kɪdnæp] *vtr* secuestrar
kidnapper ['kɪdnæpə'] *n* secuestrador,-ora
kidnapping ['kɪdnæpɪŋ] *n* secuestro
kidney ['kɪdnɪ] *n Anat* riñón
kill [kɪl] **1** *vtr* ◆ matar ◆ *fig* hacer daño: **these shoes are killing me**, estos zapatos me están matando ◆ | LOC: **to k. time**, matar el tiempo | **2** *n (animal)* pieza
killer ['kɪlə'] *n* asesino,-a
killing ['kɪlɪŋ] *n* asesinato ◆ | LOC: *Fin* **to make a k.**, ganar una fortuna
killjoy ['kɪldʒɔɪ] *n* aguafiestas
kiln [kɪln] *n* horno (para cerámica)
kilo ['ki:ləʊ] *n* kilo
kilogram(me) ['kɪləʊgræm] *n* kilogramo
kilometre, US kilometer [kɪ'lɒmɪtə'] *n* kilómetro
kilt [kɪlt] *n* falda escocesa
kin [kɪn] *n* familiares, parientes; **next of k.**, pariente(s) más próximo
kind [kaɪnd] **1** *n* ◆ tipo, clase ◆ especie; **to pay in k.**, pagar en especie; *fig* pagar con la misma moneda | **2** *adv fam* **k. of**, en cierto modo | **3** *adj* ◆ amable, simpático,-a
kindergarten ['kɪndəgɑ:tən] *n* jardín de infancia
kind-hearted [kaɪnd'hɑ:tɪd] *adj* bondadoso,-a
kindly ['kaɪndlɪ] **1** *adj (kindlier, kindliest)* bondadoso,-a | **2** *adv frml* por favor: **k. do not smoke**, se ruega no fumar ◆ con amabilidad ◆ | LOC: **to take k. to sthg**, apreciar algo
kindness ['kaɪndnɪs] *n* bondad, amabilidad
king [kɪŋ] *n* rey ➤ Ver nota en **rey**
kingdom ['kɪŋdəm] *n* reino
kingfisher ['kɪŋfɪʃə'] *n Orn* martín pescador
king-size ['kɪŋsaɪz] *adj (tamaño)* extragrande, gigante
kinship ['kɪnʃɪp] *n* parentesco

kiosk ['kiːɒsk] *n* quiosco
kipper ['kɪpəʳ] *n* arenque ahumado
kiss [kɪs] **1** *n* beso ♦ | LOC: **the k. of life,** el boca a boca | **2** *vtr* besar | **3** *vi* besarse
kit [kɪt] *n* ♦ equipo, cosas; **first-aid k.,** botiquín ♦ *(para deporte, etc)* ropa, equipo ♦ *(para construir a escala)* maqueta
■ **kit out** *vtr* equipar
kitchen ['kɪtʃɪn] *n* cocina

cooker hood
owen
hotplate
sink
water tap
cupboard

kite [kaɪt] *n* ♦ *(juguete)* cometa ♦ *Orn* milano
kitten ['kɪtən] *n* gatito,-a
kitty ['kɪtɪ] *n* ♦ *Naipes* banca ♦ *(dinero)* fondo común
kiwi ['kiːwiː] *n Bot Orn* kiwi
knack [næk] *n* truco: **you'll get the k. of it,** ya le cogerás el tranquillo
knapsack ['næpsæk] *n* mochila
knee [niː] **1** *n* rodilla | **2** *vtr* dar un rodillazo a
kneecap ['niːkæp] *n* rótula
kneel [niːl] *vi (ps & pp* **knelt)** ♦ estar arrodillado ♦ **to k. (down),** arrodillarse
knelt [nelt] *ps & pp* → **kneel**
knew [njuː] *ps* → **know**
knickers ['nɪkəz] *npl* ♦ bragas ♦ | LOC: *fam* **don't get your k. in twist!,** ¡no te pongas nervioso,-a!

knife [naɪf] **1** *n (pl* ***knives*** [naɪvz]) cuchillo | **2** *vtr* apuñalar
knight [naɪt] **1** *n* ♦ *Hist & GB Pol* caballero ♦ *Ajedrez* caballo | **2** *vtr* nombrar caballero
knighthood ['naɪthʊd] *n Hist & GB Pol* título de caballero
knit [nɪt] **1** *vtr (ps & pp* **knit)** tejer, tricotar | **2** *vi* hacer punto
knitting ['nɪtɪŋ] *n (labor)* punto; **k. needle,** aguja de hacer punto
knitwear ['nɪtweəʳ] *n* géneros de punto
knob [nɒb] *n* ♦ protruberancia ♦ *(de un cajón)* tirador ♦ *(de control, etc)* botón ♦ *(de una puerta)* pomo
knock [nɒk] **1** *n (sonido, impacto, tb fig)* golpe | **2** *vi* ♦ *(a la puerta)* llamar | **3** *vtr* ♦ golpear, dar un golpe a: **he knocked his head on the ceiling,** se dio con la cabeza contra el techo ♦ *(un clavo)* clavar [**into, en**] ♦ *fam* criticar
■ **knock back** *vtr* beberse (de un trago)
■ **knock down** *vtr* ♦ *(un edificio)* derribar ♦ *Auto* atropellar ♦ *(un precio)* rebajar
■ **knock off 1** *vtr* ♦ tirar: **he knocked it off the table,** lo tiró de la mesa ♦ *fam* birlar ♦ *argot* matar, liquidar | **2** *vi fam* terminar de trabajar
■ **knock out** *vtr* ♦ dejar sin conocimiento; *Boxeo* dejar K.O. a alguien ♦ *Dep* eliminar ♦ *fig* dejar boquiabierto,-a
■ **knock over** *vtr* ♦ tirar, volcar ♦ *Auto* atropellar
knocker ['nɒkəʳ] *n* aldaba
knockout ['nɒkaʊt] *n* ♦ *Boxeo* KO ♦ *Dep* eliminatoria
knot [nɒt] **1** *n* ♦ nudo ♦ *(de personas)* grupo ♦ *Náut (velocidad)* nudo | **2** *vtr* anudar
knotty ['nɒtɪ] *adj* **(knottier, knottiest)** ♦ *(madera)* nudoso,-a ♦ *(pelo)* enredado,-a ♦ *(problema)* espinoso,-a
know [nəʊ] *vtr & vi (ps* **knew;** *pp* **known)** ♦ *(hechos, idioma)* saber: **I don't k. what you mean,** no sé qué quieres decir; **to get to k. sthg,** enterarse de algo; **to let sb k.,** avisar a alguien; **as far as I k.,** que yo sepa ♦ *(a una persona, un sitio)* conocer: **I've known him since 1992,** lo conozco desde 1992 ♦ reconocer
know-all ['nəʊɔːl] *n fam* sabelotodo
know-how ['nəʊhaʊw] *n* conocimientos (prácticos)
knowing ['nəʊɪŋ] *adj* **a k. wink,** un guiño de complicidad
knowingly ['nəʊɪŋlɪ] *adv* ♦ adrede, intencionadamente ♦ con complicidad

knowledge ['nɒlɪdʒ] *n* ◆ conocimiento: **it is common k. that...,** todo el mundo sabe que...; **(not) to my k.,** que yo sepa (no) ◆ conocimientos

knowledgeable ['nɒlɪdʒəbəl] *adj* erudito,-a [**about,** en]

known [nəʊn] *adj* conocido,-a

knuckle ['nʌkəl] *n Anat* nudillo
■ **knuckle down** *vi fam* ponerse a trabajar en serio
■ **knuckle under** *vi* pasar por el aro

KO [keɪ'əʊ] *fam (abr de knockout)* K.O.

Koran [kɔː'rɑːn] *n* Corán

L, l [el] *n (letra)* L, l

lab [læb] *n fam abr de laboratory*

label ['leɪbəl] **1** *n* etiqueta | **2** *vtr* ◆ *(un producto, artículo, etc)* etiquetar ◆ *fig (a una persona)* tachar [**as,** de]

labor ['leɪbə*r*] *n & vi US* → **labour**

laboratory [lə'bɒrətərɪ], *US* ['læbrətɔːrɪ] *n* laboratorio

laborious [lə'bɔːrɪəs] *adj* ◆ penoso,-a ◆ trabajoso,-a

labour ['leɪbə*r*] **1** *n* ◆ *frml* trabajo, tarea ◆ mano de obra; **a shortage of skilled l.,** una escasez de mano de obra cualificada ◆ *GB Pol* **L. (Party),** Partido Laborista ◆ *Med* parto; **to go into l.,** ponerse de parto; **l. pains,** dolores de parto | **2** *adj* laboral; **l. relations,** relaciones laborales | **3** *vi* ◆ *frml* trabajar ◆ moverse penosamente: **he laboured up the hill,** se arrastró cuesta arriba | **4** *vtr (un punto)* insistir en, machacar: **don't l. the point,** no insistas tanto en eso

laboured ['leɪbəd] *adj* ◆ *(respiración)* fatigoso,-a ◆ *(estilo)* pesado,-a ◆ *(movimiento)* torpe, lento,-a

labourer ['leɪbərə*r*] *n* peón; **farm l.,** labriego, labrador

labour-saving ['leɪbəseɪvɪŋ] *adj* **l.-s. devices,** máquinas que ahorran trabajo

labyrinth ['læbərɪnθ] *n* laberinto

lace [leɪs] **1** *n* ◆ *Tex* encaje ◆ *(para los zapatos)* cordón | **2** *vtr* ◆ **to l. (up) one's shoes,** atarse los zapatos ◆ *(una bebida)* echar licor [**with,** a]: **I like my coffee laced with brandy,** me gusta echarle unas gotas de coñac al café

lack [læk] **1** *n* falta, escasez: **there is no l. of interest,** no es que falte interés; **for/through l. of,** por falta de | **2** *vtr* no tener, carecer de | **3** *vi (usu en forma con -ing)* carecer [**in,** de]: **the book is rather lacking in imagination,** el libro muestra poca imaginación

lacquer ['lækə*r*] **1** *n* laca | **2** *vtr (el pelo)* poner laca en

lacy ['leɪsɪ] *adj* ◆ de encaje ◆ parecido,-a al encaje ◆ *fig* diáfano,-a

lad [læd] *n* ◆ chaval, muchacho ◆ **he's one of the lads,** es uno de los nuestros, es uno más

ladder ['lædə*r*] **1** *n* ◆ escalera (de mano) ◆ *(social, etc)* escala ◆ *(en las medias)* carrera | **2** *vtr* **she laddered her tights,** se le hizo una carrera en las medias

laden ['leɪdən] *adj frml* cargado,-a, repleto,-a [**with,** de]

ladle ['leɪdəl] *n* cucharón, cazo ➢ Ver nota en **cuchara**

lady ['leɪdɪ] **1** *n* ◆ señora, dama; **ladies and gentlemen!,** ¡señoras y señores! ◆ *(letrero: servicios)* **Ladies,** Señoras ◆ *GB Pol (título de nobleza)* lady

> En el Reino Unido la palabra **lady** no se usa en el singular como tratamiento directo sin nombre. En este caso se emplea **madam** (aunque sólo en situaciones formales).

ladybird ['leɪdɪbɜːd], *US Canadá* **ladybug** ['leɪdɪbʌg] *n Ent* mariquita

ladylike ['leɪdɪlaɪk] *adj* ◆ *(una mujer)* elegante, refinada ◆ *(un comportamiento)* propio,-a de una dama

lag [læg] **1** *n (de tiempo)* lapso, demora | **2** *vtr Téc* revestir con aislante térmico

■ **lag behind** *vi* rezagarse, retrasarse, quedarse atrás

lager ['lɑːgəʳ] *n* cerveza rubia ➢ Ver nota en **ale**

lagoon [lə'guːn] *n* laguna

laid [leɪd] *ps & pp* **lay**

laid-back [leɪd'bæk] *adj fam* tranquilo,-a

lain [leɪn] *pp de* **lie**

lair [leəʳ] *n* guarida

lake [leɪk] *n Geog* lago

lamb [læm] *n* ◆ *Zool* cordero, borrego ◆ *Culin* (carne de) cordero; **l. chop**, chuleta de cordero ➢ Ver nota en **cordero**

lame [leɪm] *adj* ◆ cojo,-a; **to be l.**, cojear ◆ *(argumento, excusa)* poco convincente

lament [lə'ment] **1** *n* ◆ lamento ◆ *Mús Lit* elegía | **2** *vtr* ◆ deplorar, lamentarse de ◆ *(una pérdida)* llorar | **3** *vi frml* llorar; **to l. over sthg**, llorar algo

lamentable ['læmentəbəl] *adj* lamentable

laminated ['læmɪneɪtɪd] *adj* ◆ *(metal, plástico)* laminado,-a ◆ *(cristal)* inastillable ◆ *(madera)* contrachapado,-a ◆ *(cubierto de plástico)* plastificado,-a

lamp [læmp] *n* lámpara; *Auto* faro

fluorescent lamp / tube

standard lamp

spotlight   table lamp

lamp-post ['læmppəʊst] *n* farola

lampshade ['læmpʃeɪd] *n (de una lámpara)* pantalla

land [lænd] **1** *n* ◆ tierra; **by l.**, por tierra; **on (dry) l.**, en tierra (firme) ◆ *Agr* tierra; **to live off the l.**, vivir de la tierra ◆ tierras, finca: **this is private l.**, estas tierras son privadas; **a plot of l.**, una parcela ◆ país, nación | **2** *vi* ◆ *Av* aterrizar; *(sobre agua)* amerizar; *(sobre la luna)* alunizar ◆ *(de un barco)* desembarcar ◆ caer: **he landed in the mud**, se cayó en el barro ◆ *(insecto, etc)* posarse | **3** *vtr* ◆ *(un barco) (mercancías)* descargar; *(pasajeros)* desembarcar ◆ *Av* hacer aterrizar ◆ pescar; *fig* conseguir ◆ *(problema, etc)* **to get landed with**, tener que cargar con; **to l. sb with sthg**, endilgarle algo a alguien: **she landed me with the cleaning**, me endilgó la limpieza

■ **land up** *vi fam* ir a parar

landing ['lændɪŋ] *n* ◆ *Av* aterrizaje; **l. strip**, pista de aterrizaje ◆ *Náut Mil* desembarque, desembarco ◆ *(de una escalera)* descansillo, rellano

landlady ['lændleɪdɪ] *n* ◆ *(de una casa alquilada)* dueña, propietaria, casera ◆ *(de una pensión)* dueña, patrona ◆ *(de una taberna)* dueña ◆ terrateniente

landlord ['lændlɔːd] *n* ◆ *(de una casa alquilada)* dueño, propietario, casero ◆ *(de una pensión)* dueño, patrón ◆ *(de una taberna)* dueño ◆ terrateniente

landmark ['lændmɑːk] *n* ◆ *Geog* punto de referencia; *fig* lugar muy conocido ◆ *Hist* hito

landowner ['lændəʊnəʳ] *n* terrateniente

landscape ['lændskeɪp] **1** *n* paisaje | **2** *vtr* ajardinar | **3** *adj (papel, libro, etc)* apaisado,-a

landslide ['lændslaɪd] *n* ◆ corrimiento de tierras ◆ *Pol* **l. victory**, victoria aplastante

lane [leɪn] *n* ◆ camino vecinal, sendero ◆ *(para el tráfico)* carril; **bus-l.**, carril-bus; *Náut* ruta; *Dep* calle

language ['læŋgwɪdʒ] *n* ◆ lenguaje; **to use bad l.**, ser mal hablado,-a ◆ *(de un pueblo o nación)* idioma, lengua ◆ *Inform* lenguaje

languid ['læŋgwɪd] *adj* lánguido,-a

languish ['læŋgwɪʃ] *vi* ◆ languidecer ◆ *(en la cárcel)* pudrirse ◆

lank [læŋk] *adj (pelo)* lacio,-a

lanky ['læŋkɪ] *adj (lankier, lankiest)* larguirucho,-a

lantern ['læntən] *n* farol

lap [læp] 1 *n* ♦ *Anat* regazo; **to sit on sb's l.**, sentarse en las rodillas de alguien ♦ *Dep (de un circuito de carreras)* vuelta; *fig* etapa | 2 *vtr (ps & pp lapped)* ♦ *Dep* doblar ♦ *(un animal)* beber a lengüetazos | 2 *vi (el mar, el río)* lamer, besar

■ **lap up** *vtr* ♦ *(animal)* beber a lengüetazos ♦ *fig (un cumplido, piropo, etc)* recibir con entusiasmo

lapel [lə'pel] *n* solapa

lapse [læps] 1 *n* ♦ *(periodo de tiempo)* lapse; *(en una conversación)* silencio ♦ *(de comportamiento)* error, desliz ♦ *(de memoria)* fallo | 2 *vi* ♦ *(principios, valores, etc)* decaer; *(tradición)* caer en desuso; *(volver a antiguas malas costumbres)* recaer [**into,** en] ♦ cometer un error ♦ *(contrato, permiso, etc)* caducar ♦ *(tiempo)* transcurrir

laptop ['læptɒp] *n Inform* (ordenador) portátil

lard [lɑːd] *n* manteca de cerdo

larder ['lɑːdəʳ] *n* despensa

large [lɑːdʒ] 1 *adj* ♦ *(de tamaño)* grande, extenso,-a, amplio,-a ♦ *(de cantidad)* grande, importante; **a l. family,** una familia numerosa | 2 *n* **at l.: the world at l.,** el mundo en general; *(un criminal)* **to be at l.,** andar suelto

largely ['lɑːdʒlɪ] *adv* en gran parte

large-scale ['lɑːdʒskeɪl] *adj* ♦ *(mapa, maqueta)* a gran escala ♦ *(proyecto)* de gran envergadura

lark [lɑːk] *n* ♦ *Orn* alondra ♦ broma

■ **lark about/around** *vi fam* hacer el tonto

laryngitis [lærɪn'dʒaɪtɪs] *n* laringitis

larynx ['lærɪŋks] *n Anat* laringe

laser ['leɪzəʳ] *n* láser; **l. beam,** rayo láser; **l. printer,** impresora láser

lash [læʃ] 1 *n* ♦ *(golpe)* latigazo ♦ **eye l.,** pestaña | 2 *vtr* ♦ azotar; *fig* **the rain lashed the house,** la lluvia azotaba la casa ♦ atar, amarrar

■ **lash out** *vi* ♦ tirar la casa por la ventana; **to l. out on...,** gastarse un montón de dinero en... ♦ golpear; **to l. out at,** emprenderla a golpes [**at, against,** con]; *(verbalmente)* arremeter [**at, against,** contra]

lass [læs] *n fam* chavala, muchacha

lasso [læ'suː] 1 *n* lazo | 2 *vtr* coger con el lazo

last [lɑːst] 1 *adj* ♦ *(más reciente)* último,-a: **I saw him l. week,** lo vi la semana pasada; **the l. time we met...,** la última vez que nos vimos ♦ *(al final de una serie)* último,-a: **this is your l. chance,** ésta es tu última oportunidad; **the l. door on the left,** la última puerta a la izquierda ♦ | LOC: **this is the l. straw,** esto es el colmo ♦ *(lo que queda)* último,-a: **she took the l. biscuit,** tomó la última galleta | 2 *n, pron* ♦ *(más reciente)* **the night before l.,** anteanoche ♦ *(de una serie)* el/la último,-a: **he was the l. to leave,** fue el último en irse; **that's the l. we'll see of him,** no volveremos a verle nunca ♦ *(lo que queda)* **the l. of the wine,** todo lo que queda del vino | 3 *adv* ♦ *(más reciente)* **I last saw her in 1994,** la vi por última vez en 1994 ♦ *(de una serie)* **he was born l.,** fue el último en nacer ♦ *(por fin)* **at l.,** por fin; **l. of all,** por último | 4 *vi* ♦ durar: **the film lasted three hours,** la película duró tres horas ♦ aguantar ♦ *(comida, etc)* ser suficiente, alcanzar ♦ *(materia, etc)* resistir

last-ditch ['lɑːstdɪtʃ] *adj (esfuerzo)* último,-a y desesperado,-a

lasting ['lɑːstɪŋ] *adj* duradero,-a

lastly ['lɑːstlɪ] *adv* por último, finalmente

last-minute ['lɑːstmɪnɪt] *adj* de última hora

latch [lætʃ] *n (de una cerradura)* pestillo

late [leɪt] 1 *adj* ♦ *(más tarde de lo previsto)* tarde, tardío,-a, retrasado,-a: **the train is always l.,** el tren siempre viene tarde; **you're an hour l.!,** ¡llegas con una hora de retraso!; *(más tarde de lo normal)* tarde, tardío,-a: **we had a l. lunch,** comimos tarde; *(plantas, etc)* tardío,-a; *(la hora)* avanzado,-a ♦ *(hacia el final)* **in l. May,** a finales de mayo ♦ *(muerto) (antes del nombre)* difunto,-a; **my l. father,** mi difunto padre | 2 *adv* ♦ *(más tarde de lo previsto)* tarde; **to arrive l.,** llegar tarde; **too l.,** demasiado tarde ♦ *(hacia el final)* tarde; **l. at night,** a altas horas de la noche; **l. in 1968,** a finales de 1968

latecomer ['leɪtkʌməʳ] *n* el/la que llega tarde, tardón,-ona

lately ['leɪtlɪ] *adv* últimamente

later ['leɪtəʳ] 1 *adj* ♦ *(en una serie)* posterior; **his l. poems,** sus poemas de última época ♦ más reciente | 2 *adv* ♦ más tarde ♦ posteriormente, luego: **we'll talk l.,** luego hablamos; **see you l.!,** ¡hasta luego!

lateral ['lætərəl] *adj* lateral

latest ['leɪtɪst] 1 *adj* ♦ *(en una serie)* último,-a ♦ *(más reciente)* último,-a; **my l. book,** mi último libro | 2 *n* ♦ lo último: **this is the l. in printers,** esto es lo último en impresoras; **what's the l.?,** ¿qué noti-

cias hay? ◆ *(tiempo)* **at the l.,** como más tarde, a más tardar
lather ['lɑːðəʳ] **1** *n* ◆ *(de jabón)* espuma ◆ sudor; *fig* **to get into a l.,** ponerse nervioso,-a | **2** *vtr* enjabonar
Latin ['lætɪn] **1** *adj* & *n* latino,-a; **L. America,** América Latina, Latinoamérica; **L. American,** latinoamericano,-a | **2** *n (idioma)* latín
latitude ['lætɪtjuːd] *n* latitud
latter ['lætəʳ] **1** *adj* ◆ último,-a; *(de dos)* segundo,-a ◆ tarde; **in the l. part of June,** a finales de junio | **2** *pron* éste,-a; **the former … the l.,** aquél … éste, aquélla … ésta
laudable ['lɔːdəbəl] *adj* loable
laugh [lɑːf] **1** *n* ◆ risa; *(en alto)* carcajada ◆ *fam (cosa divertida)* broma, risa; *(persona)* **he's a l.,** es divertidísimo | **2** *vi* reír(se)
■ **laugh at** *vi* reírse de, burlarse de
■ **laugh off** *vtr* tomar a risa: **he laughs off criticism,** no se toma en serio las críticas
laughable ['lɑːfəbəl] *adj* ridículo,-a, irrisorio,-a
laughter ['lɑːftəʳ] *n* risa
launch [lɔːntʃ] **1** *vtr* ◆ *Náut (un barco nuevo)* botar; *(la mesa)* echar al agua, lanzar ◆ *(cohete, campaña, producto)* lanzar ◆ *(empresa)* fundar | **2** *n* ◆ *Náut (buque)* lancha ◆ → **launching**
launching ['lɔːntʃɪŋ] *n* ◆ *(de buque)* botadura ◆ *(de cohete, campaña, producto)* lanzamiento ◆ *(de empresa)* fundación
launchpad ['lɔːntʃpæd] *n* plataforma de lanzamiento
launder ['lɔːndəʳ] *vtr* ◆ lavar y planchar ◆ *(dinero negro)* blanquear
launderette [lɔːndəˈret], *US* **Laundromat** ◆ ['lɔːndrəmæt] *n* lavandería (automática)
laundry ['lɔːndrɪ] *n* ◆ lavandería ◆ ropa sucia ◆ ropa recién lavada, colada; **to do the l.,** hacer la colada
lavatory ['lævətərɪ] *n* ◆ cuarto de baño, retrete ◆ *(público)* baños, servicios, aseos ◆ *(pieza de porcelana)* inodoro, taza
lavender ['lævəndəʳ] *n Bot* lavanda, espliego
lavish ['lævɪʃ] *adj* ◆ *(persona, hospitalidad)* generoso,-a, pródigo,-a ◆ *(banquete)* espléndido,-a, lujoso,-a
law [lɔː] *n* ◆ *(regla, norma, etc)* ley; **to pass a l.,** aprobar una ley ◆ *(conjunto de leyes)* ley; **to break the l.,** infringir la ley; **to take the l. into one's own hands,** tomarse al-

guien la justicia por su mano; **according to l.** *o* **by l.,** según la ley; **against the l.,** ilegal ◆ *(profesión)* abogacía; *Univ (asignatura)* Derecho
lawful ['lɔːfʊl] *adj* ◆ *(contrato)* legal ◆ *(gobernante, acción)* legítimo,-a ◆ *(autorizado, no ilegal)* lícito,-a
lawn [lɔːn] *n* césped
lawnmower ['lɔːnməʊəʳ] *n* cortacésped
lawsuit ['lɔːsjuːt] *n* pleito, juicio
lawyer ['lɔːjəʳ] *n* abogado,-a ➢ Ver nota en **abogado**
lax [læks] *adj* ◆ *(supervisión)* poco estricto, poco exigente ◆ *(moralmente)* relajado,-a
laxative ['læksətɪv] *adj* & *n* laxante
lay[1] [leɪ] **1** *vtr (ps & pp* **laid***)* ◆ *(gen)* poner; *(la mesa)* poner; *(ladrillos, moqueta, piedras)* colocar, poner ◆ *(cables)* tender ◆ *(una tubería)* instalar ◆ *(una trampa)* tender ◆ *(un plan)* hacer ◆ *(una denuncia)* presentar ◆ *(huevos)* poner ◆ *(la culpa)* echar [**on,** a] ◆ *vulgar* follar | **2** *adj* ◆ *Rel* laico,-a ◆ *(lector, usuario, etc)* lego,-a, profano,-a
■ **lay aside** *vtr* ◆ ahorrar ◆ poner a un lado
■ **lay down** *vtr* ◆ *(la pluma, un libro)* dejar (a un lado) ◆ *(las armas)* deponer, rendir ◆ *(pautas, procedimientos, reglas)* establecer, sentar ◆ | LOC: **to l. down the law,** dar órdenes
■ **lay in** *vtr (agua, provisiones)* proveerse de
■ **lay into** *vtr fam* ◆ atacar ◆ arremeter contra
■ **lay off** *vtr* ◆ *Lab* despedir ◆ *fam* dejar de: **lay off complaining!,** ¡deja ya de quejarte! ◆ dejar en paz
■ **lay on** *vtr* ◆ *(provisiones, comida)* proporcionar ◆ *(el gas, la luz, el agua)* conectar ◆ *(una pintura)* aplicar ◆ | LOC: **he really laid it on thick,** cargó demasiado las tintas
■ **lay out** *vtr* ◆ *(ropa, etc)* preparar, disponer ◆ diseñar; *(una ciudad)* trazar; *(un jardín)* diseñar, trazar; *(una casa)* **I like the way your house is laid out,** me gusta la distribución de tu casa ◆ *fam* gastar ◆ *fam* dejar KO
■ **lay up** *vtr* ◆ *frml* almacenar ◆ *(un barco)* amarrar ◆ *fig (una persona) (usu en voz pasiva)* **to be laid up,** tener que guardar cama
lay[2] [leɪ] *ps de* **lie**[2]
layabout ['leɪəbaʊt] *n fam* vago,-a

lay-by ['leɪbaɪ] *n Trans* área de descanso
layer ['leɪəʳ] *n* capa
layman ['leɪmən] *n* lego,-a
layout ['leɪaʊt] *n* ♦ *(de una casa)* distribución ♦ *(de una ciudad)* trazado ♦ *Tip* composición, diseño
laze [leɪz] *vi* ♦ no hacer nada ♦ *pey* holgazanear
laziness ['leɪzɪnɪs] *n* ♦ pereza ♦ holgazanería
lazy ['leɪzɪ] *adj* (*lazier*, *laziest*) ♦ *(persona)* perezoso,-a ♦ *(paso)* lento,-a ♦ **a l. weekend,** un fin de semana sin hacer nada en particular
lb *(abr de pound)* libra (peso)
lead¹ [led] *n* ♦ *(metal)* plomo ♦ *Náut* sonda ♦ *(de lápiz)* mina
lead² [liːd] **1** *vi* (*ps & pp led*) ♦ *Dep & fig* ir a la cabeza, ir delante ♦ **to l. to,** *(puerta)* dar a; *(carretera)* llevar/conducir a | **2** *vtr* (*ps & pp led*) ♦ *(una organización, un grupo, etc)* encabezar, dirigir, conducir; **to l. the world,** ser líder mundial [**in,** en] ♦ *(vida)* llevar ♦ *(a una persona, un animal)* guiar, llevar: **he is easily led,** es muy dócil *o* se deja llevar ♦ **to l. the way,** ir delante | **3** *n* ♦ *Dep & fig* primera posición; liderato, ventaja ♦ ejemplo, iniciativa; **to follow sb's l.,** seguir el ejemplo de alguien ♦ *(para perro)* correa ♦ *Elec* cable ♦ *Teat Cine* papel principal ♦ *Prensa* **l. story,** noticia principal ♦ *(de un criminal)* pista
■ **lead away** *vtr* **to l. sb. away,** llevarse a alguien
■ **lead on 1** *vi* ir adelante | **2** *vtr* engañar, timar
■ **lead to** *vt* ♦ llevar a: **drugs led him to an early death,** la droga lo condujo a una muerte prematura ♦ inducir: **this leads me to believe that...,** esto me hace creer que...
■ **lead up to** *vtr* ♦ preceder ♦ llevar a
leaden ['ledən] *adj* ♦ *(cielo)* plomizo,-a ♦ *fig* pesado,-a, triste
leader ['liːdəʳ] *n* ♦ jefe,-a, líder; *Dep* líder, primero,-a ♦ *Prensa* editorial
leadership ['liːdəʃɪp] *n* ♦ dirección, liderazgo ♦ *(colectivo)* dirigentes, cúpula
lead-free ['ledfriː] *adj* sin plomo
leading ['liːdɪŋ] *adj* ♦ destacado,-a, importante ♦ principal; *Teat Cine* **l. man/lady,** actor/actriz principal, protagonista
leaf [liːf] *n* (*pl leaves* [liːvz]) ♦ hoja ♦ | LOC: **I'm going to turn over a new l.,** voy a pasar la página
■ **leaf through** *vtr* hojear

leaflet ['liːflɪt] *n* folleto
league [liːg] *n* ♦ liga ♦ alianza; *fam* **to be in l.,** estar confabulado,-a [**with,** con] ♦ *Dep* liga
leak [liːk] **1** *vi* ♦ *(un barco)* hacer agua ♦ *(un tejado, tanque)* gotear ♦ *(unos zapatos)* dejar pasar el agua, calar ♦ *(un líquido)* salirse; *(gas)* escaparse ♦ *(una información)* filtrarse **2** *vtr* ♦ perder: **my car is leaking oil,** mi coche pierde aceite ♦ *(una información)* filtrar | **3** *n* ♦ *(en un tejado)* gotera ♦ *(en un contenedor)* agujero ♦ *(de líquido, gas)* escape ♦ *(de información)* filtración
leaky ['liːkɪ] *adj* (*leakier*, *leakiest*) *(cubo, tanque, etc)* agujereado,-a; *(tejado)* con goteras
lean [liːn] **1** *adj* ♦ *(persona)* delgado,-a; *(animal)* flaco,-a ♦ *(carne)* magro,-a ♦ *(periodo)* difícil, malo,-a **2** *vi* (*ps & pp leaned o leant*) ♦ inclinarse, ladearse [**towards,** hacia] ♦ apoyarse [**on/against,** en/contra] | **3** *vtr* apoyar [**on/against,** en/contra]
■ **lean back** *vi* reclinarse, echarse hacia atrás
■ **lean forward** *vi* inclinarse hacia delante
■ **lean on** *vtr* presionar
■ **lean out** *vi* asomarse: *(letrero)* **do not l. out of the window,** es peligroso asomarse por la ventana
■ **lean over** *vi* inclinarse [**to/towards,** hacia]
leaning ['liːnɪŋ] *n fig* inclinación [**towards,** hacia, por]
leant [lent] *ps & pp* → **lean**
leap [liːp] **1** *n* ♦ salto, brinco ♦ **a l. in the dark,** un salto al vacío ♦ *(de precios, etc)* aumento súbito | **2** *vi* (*ps & pp leaped o leapt*) ♦ saltar; **to l. out of bed,** saltar de la cama | **3** *vtr* saltar
■ **leap at** *vtr fig (una oportunidad)* no dejar escapar
leapt [lept] *ps & pp* → **leap**
leap year ['liːpjəʳ] *n* año bisiesto
learn [lɜːn] **1** *vtr* (*ps & pp learned o learnt*) ♦ aprender; **to l. (how) to do sthg,** aprender a hacer algo; **to l. sthg by heart,** aprender algo de memoria ♦ enterarse: **I learnt from the press that...,** me enteré por la prensa de que... | **2** *vi* ♦ aprender ♦ enterarse [**about, of,** de]
learned ['lɜːnɪd] *adj* erudito,-a
learner ['lɜːnəʳ] *n* ♦ estudiante ♦ **he's a l. (driver),** está aprendiendo a conducir

learning ['lɜːnɪŋ] *n* ◆ *(acción)* aprendizaje ◆ conocimientos, saber

learnt [lɜːnt] *ps & pp* → **learn**

lease [liːs] 1 *n* contrato de arrendamiento | 2 *vtr* arrendar

leash [liːʃ] *n* correa

least [liːst] 1 *adj* menor, mínimo,-a, más pequeño,-a, menos importante: **it's at l. forty degrees,** hace por lo menos cuarenta grados; **I'm not in the l. surprised,** no me extraña en absoluto; **he's lucky, to say the l.,** tiene suerte, y me quedo corto; **I haven't the l. idea,** no tengo la más mínima idea | 2 *pron* lo menos, lo mínimo: **she ate l. of all,** ella comió menos que nadie | 3 *adv* menos: **that is the l. dangerous option,** ésa es la opción menos peligrosa

leather ['leðər] 1 *n* piel, cuero | 2 *adj* de piel, de cuero

leave [liːv] 1 *n* ◆ *(ausencia)* licencia, permiso, vacaciones; **l. of absence,** excedencia ◆ *frml (autorización)* permiso ◆ *frml* despedida; **to take one's l.,** despedirse [of, de] | 2 *vtr (ps & pp left)* ◆ *(un sitio)* dejar, irse de, salir de: **he left home in 1976,** se marchó de casa en 1976 ◆ *(a una persona)* dejar, abandonar: **she's left her husband,** abandonó a su marido; **l. me alone!,** ¡déjame en paz! ◆ poner, dejar: **leave it there,** déjalo ahí ◆ legar ◆ dejarse, olvidarse: **I've left my wallet at home,** me he dejado en casa la cartera ➢ Ver nota en **olvidar** ◆ **to be left,** quedar: **she has no friends left,** no le quedan amigos; **there is no wine left,** no queda vino; **to be left over,** sobrar | 3 *vi* ◆ irse, marcharse ◆ *(tren, avión)* salir

> Puedes acompañar **to leave** de un infinitivo o de **off** más gerundio. El infinitivo indica la finalidad: **he left to make a phone call,** *se marchó para hacer una llamada.* El gerundio le da el significado de *dejar de hacer algo:* **He left (off) calling her.** *Dejó de llamarla.*

■ **leave behind** *vtr* ◆ dejar atrás ◆ olvidarse: **he left his umbrella behind,** se olvidó el paraguas

■ **leave on** *vtr* ◆ *(ropa)* no quitarse, dejarse puesto,-a ◆ *(la luz, etc)* dejar encendido,-a

■ **leave out** *vtr* ◆ omitir ◆ excluir ◆ *(juguetes, papeles, etc)* no guardar

leaves [liːvz] *npl* → **leaf**

lecture ['lektʃər] 1 *n* ◆ conferencia, charla ◆ *Univ* clase ◆ **l. theatre,** sala de conferencias; *Univ* aula ◆ *fig* sermoneo, sermón | 2 *vi* ◆ dar una conferencia ◆ *Educ* dar clases | 3 *vtr fig* sermonear

lecturer ['lektʃərər] *n* ◆ conferenciante ◆ *Univ* profesor,-ora

led [led] *ps & pp* → **lead**

ledge [ledʒ] *n* ◆ cornisa ◆ repisa; **window-l.,** alféizar ◆ *(de acantilado)* saliente

ledger ['ledʒər] *n* libro de contabilidad

leech [liːtʃ] *n* sanguijuela

leek [liːk] *n* puerro

leeway ['liːweɪ] *n* libertad de acción

left[1] [left] 1 *n* ◆ izquierda; **on the l.,** a la izquierda; *Auto* **keep l.,** circulen por la izquierda ◆ *Pol* **the Left,** la izquierda | 2 *adj* izquierdo,-a; *Pol* **the l. wing,** la izquierda | 3 *adv* a la izquierda

left[2] [left] *ps & pp* → **leave**[1]

left-hand ['lefthænd] *adj* **on the l.-h. side,** a mano izquierda

left-handed [left'hændɪd] *adj* zurdo,-a

left-luggage [left'lʌgɪdʒ] *n Ferroc Av* **l.-l. office,** consigna

leftovers ['leftəʊvəz] *npl* sobras

left-wing ['leftwɪŋ] *adj* de izquierdas, izquierdista

leg [leg] *n* ◆ *Anat* pierna ◆ *(de animal, pájaro)* pata ◆ *(de mueble)* pata ◆ *Culin (de cordero)* pierna; *(de ave)* muslo ◆ *(de pantalones)* pernera ◆ *(de una carrera)* etapa ◆ |LOC: **to pull sb's l.,** tomarle el pelo a alguien

legacy ['legəsi] *n* legado, herencia

legal ['liːgəl] *adj* ◆ *(permitido)* lícito,-a, legal; *US* **l. holiday,** fiesta nacional; **l. tender,** moneda de curso legal ◆ *(basado en la ley) (contrato, derechos, etc)* legal ◆ *(relacionado con la ley)* jurídico,-a, legal; **l. adviser,** asesor,-ora jurídico,-a; **the l. profession,** los abogados, la abogacía

legalize ['liːgəlaɪz] *vtr* legalizar, despenalizar

legally ['liːgəli] *adv* legalmente

legend ['ledʒənd] *n* leyenda, mito

legendary ['ledʒəndəri] *adj* legendario,-a

leggings ['legɪŋz] *npl* mallas

legible ['ledʒəbəl] *adj* legible

legion ['liːdʒən] *n* legión

legislate ['ledʒɪsleɪt] *vi* legislar

legislation [ledʒɪs'leɪʃən] *n* legislación

legislative ['ledʒɪslətɪv] *adj* legislativo,-a
legislator ['ledʒɪsleɪtəʳ] *n* legislador,-ora
legislature ['ledʒɪsleɪtʃəʳ] *n* asamblea legislativa
legitimacy [lɪ'dʒɪtɪməsɪ] *n* legitimidad
legitimate [lɪ'dʒɪtɪmɪt] *adj* legítimo,-a
leisure ['leʒəʳ], *US* ['liːʒəʳ] *n* ◆ ocio: **you can study it at your l.**, puedes estudiarlo cuando te convenga ◆ **l. centre**, polideportivo; **l. time**, tiempo libre; **l. wear**, ropa deportiva
leisurely ['leʒəlɪ], *US* ['liːʒəlɪ] **1** *adj* ◆ lento,-a ◆ relajado,-a │ **2** *adv* tranquilamente
lemon ['lemən] *n* ◆ *Bot* limón ◆ *(color)* amarillo limón
lemonade [lemə'neɪd] *n* ◆ limonada ◆ gaseosa
lend [lend] *vtr (ps & pp lent)* ◆ prestar, dejar: **l. me your pen**, déjame tu boli ◆ *fig* dar: **it lends you a touch of elegance**, te da un toque de elegancia; **this car lends itself to family use**, ese coche se presta al uso familiar ➢ Ver nota en **prestar**
lending ['lendɪŋ] *adj Fin* **l. rate**, tipo de interés
length [leŋθ] *n* ◆ *(espacio, línea)* longitud, largo: **the river is a hundred miles in l.**, el río mide cien millas de largo ◆ *(tiempo)* duración; **at l.**, finalmente *o* extensamente *o* detenidamente ◆ *Dep (natación)* largo ◆ *(de hilo, madera)* trozo; *(de una calle)* tramo; **a l. of cloth**, un corte de tela ◆ |LOC: **he went to great lengths to be pleasant**, hizo lo posible para ser agradable
lengthen ['leŋθən] **1** *vtr* ◆ *(tamaño)* alargar ◆ *(duración)* prolongar │ **2** *vi* alargarse
lengthways ['leŋθweɪz] *adv* a lo largo
lengthy ['leŋθɪ] *adj (lengthier, lengthiest)* ◆ largo,-a ◆ *pey* largo,-a y pesado,-a, prolongado,-a
lenient ['liːnɪənt] *adj* indulgente
lens [lenz] *n* ◆ lente ◆ *Anat* cristalino ◆ *(de gafas)* cristal; *Fot* objetivo
Lent [lent] *n* Cuaresma
lent [lent] *ps & pp* → **lend**
lentil ['lentɪl] *n* lenteja
Leo ['liːəʊ] *n Astrol* Leo
leopard ['lepəd] *n Zool* leopardo
leotard ['liːətɑːd] *n* leotardo
leper ['lepəʳ] *n* leproso,-a
leprosy ['leprəsɪ] *n* lepra
lesbian ['lezbɪən] *adj & n* lesbiana
less [les] **1** *adj* menos: **I eat l. sugar than before**, tomo menos azúcar que antes │ **2** *pron* menos: **the l. he does the more he earns**, cuanto menos trabaja, más gana │ **3** *adv* menos: **I'm l. ambitious than him**, soy menos ambicioso que él; **l. and l.**, cada vez menos │ **4** *prep* menos: **six l. two is four**, seis menos dos son cuatro
lessen ['lesən] *vtr & vi* disminuir
lesser ['lesəʳ] *adj* menor; **the l. of two evils**, un mal menor; **to a l. extent**, en menor medida
lesson ['lesən] *n* ◆ clase; **driving l.**, clase de conducir ◆ *(en libro, experiencia)* lección
let [let] **1** *vtr (ps & pp let)* ◆ dejar, permitir: **l. me see**, déjame ver; **her father lets her smoke**, su padre le deja fumar ➢ Ver nota en **permitir** ◆ **to l. sb know (about) sthg**, avisar a alguien de algo ◆ *(una casa)* alquilar; **"to l."**, "se alquila" ◆ dejar: **l. her alone!**, ¡déjala en paz! ◆ **l. go of my hand**, suelta mi mano ◆ **l. alone**, ni mucho menos │ **2** *v aux (imperativo) (1.ª persona pl)* **let's go!**, ¡vamos!; *(3.ª persona)* **let that be clear!**, ¡que quede claro!

> El verbo **to let** se usa acompañado de un complemento directo más el infinitivo sin **to**: **Did you let them go home early?**, *¿Dejaste que se fueran a casa temprano?*
> **Let's** (**let us**) emplea la misma estructura y no se debe confundir con **to let us**, que significa literalmente *dejar que nosotros*: **Let us go.** *Déjanos marchar* o *deja que nos marchemos.*

■ **let down** *vtr* ◆ bajar ◆ defraudar: **she l. her family down**, decepcionó a su familia ◆ *(un globo, neumático)* desinflar
■ **let in** *vtr* ◆ dejar entrar ◆ **to l. sb in for sthg**, meter a alguien en algo
■ **let off** *vtr* ◆ *(una bomba, un petardo)* hacer estallar ◆ perdonar ◆ *(de un autobús)* dejar bajar
■ **let on** *vi fam* **don't l. on**, no digas nada [**about**, de]
■ **let out** *vtr* ◆ *(una noticia, un secreto)* revelar ◆ *(algo/a alguien encerrado)* dejar salir, liberar ◆ *(un grito)* soltar
■ **let through** *vtr* dejar pasar: **l. the doctor through**, dejad que pase el médico
letdown ['letdaʊn] *n* decepción
lethal ['liːθəl] *adj* letal
lethargic [lɪ'θɑːdʒɪk] *adj* aletargado,-a

let's [lets] → **let us**
letter ['letə'] n ◆ *(del alfabeto)* letra: **I followed his instructions to the l.**, seguí sus instrucciones al pie de la letra; **the l. of the law**, la letra de la ley ◆ *(mensaje escrito)* carta; **l. bomb**, carta bomba; *GB* **l. box**, buzón
letterhead ['letəhed] n membrete
lettuce ['letɪs] n lechuga
leukaemia, *US* **leukemia** [luːˈkiːmɪə] n leucemia
level ['levəl] **1** n ◆ nivel, altura: **he has a good l. of English**, tiene un buen nivel de inglés; **at eye l.**, a la altura de los ojos ◆ llano; *fig* **he's on the l.**, es honrado ◆ *(herramienta)* **(spirit) l.**, nivel (de burbuja) | **2** *adj* ◆ *(superficie)* llano,-a, plano,-a; **l. ground**, terreno llano ◆ nivelado,-a, horizontal; **that shelf isn't l.**, ese estante no está recto ◆ *(de altura)* **to be l. with**, estar al mismo nivel que; **l. with the ground**, a ras de la tierra; *GB Ferroc* **l. crossing**, paso a nivel ◆ *(temperamento, voz)* desapasionado,-a, ecuánime | **3** *vtr* ◆ *(la tierra, etc)* nivelar, allanar ◆ *(un edificio)* demoler ◆ dirigir: **that comment was levelled at me**, ese comentario iba dirigido a mí; *(un arma)* apuntar

■ **level off/out 1** *vi* ◆ *(los precios)* estabilizarse ◆ *(un avión)* enderezarse | **2** *vtr (una superficie)* nivelar

■ **level with** *vtr fam* ser sincero,-a con
level-headed [levəl'hedɪd] *adj* sensato,-a
lever ['liːvə'] **1** n palanca | **2** *vtr* hacer palanca; **l. sthg open**, apalancar algo
levy ['levɪ] **1** *vtr (impuesto, multa)* imponer | **2** n impuesto
liability [laɪə'bɪlɪtɪ] n ◆ *Jur* responsabilidad ◆ *fam* incordio ◆ *Fin* **liabilities** *pl*, exigible, pasivo
liable ['laɪəbəl] *adj* ◆ responsable; **to be l. for**, ser responsable de; **to hold sb l.**, responsabilizar a alguien [**for**, de] ◆ *(cosa)* **hotels are l. to 16% VAT**, los hoteles están sujetos al 16% del IVA ◆ propenso,-a [**to**, a] ◆ probable: **it's l. to rain**, es probable que llueva
liaison [lɪ'eɪzɒn] n ◆ enlace, vinculación ◆ relación amorosa
liar ['laɪə'] n mentiroso,-a, embustero,-a
libel ['laɪbəl] **1** n libelo, difamación | **2** *vtr* difamar, calumniar
liberal ['lɪbərəl] **1** *adj* ◆ liberal; *Pol* **L. Party**, Partido Liberal ◆ abundante ◆ generoso,-a | **2** n *Pol* liberal

liberate ['lɪbəreɪt] *vtr* liberar
liberation [lɪbə'reɪʃən] n liberación
liberty ['lɪbətɪ] n ◆ libertad; **to be at l. to + inf**, ser libre de + inf ◆ **to take the l. of doing sthg**, tomarse la libertad de hacer algo ◆ **to take liberties**, tomarse libertades
Libra ['liːbrə] n *Astrol* Libra
librarian [laɪ'breərɪən] n bibliotecario,-a
library ['laɪbrərɪ] n biblioteca
lice [laɪs] *npl* → **louse**
licence ['laɪsəns] n ◆ licencia, permiso; **driving l.**, carné de conducir; *Auto* **l. number**, matrícula ◆ **poetic l.**, libertad poética ◆ *(en exceso)* libertinaje
license ['laɪsəns] **1** *vtr* autorizar | **2** n *US* → **licence**
licensed ['laɪsənst] *adj* ◆ autorizado,-a; **l. software**, software autorizado; *GB* **l. trade** ≈ hostelería
lichen ['laɪkən] n *Bot* liquen
lick [lɪk] **1** *vtr* ◆ lamer ◆ *fig* **to l. one's lips**, relamerse ◆ *fam* derrotar, machacar | **2** n ◆ lametón ◆ *fam (de pintura)* una mano
licorice ['lɪkərɪs, 'lɪkərɪʃ] n *US* → **liquorice**
lid [lɪd] n ◆ *(de un contenedor)* tapa ◆ *(del ojo)* párpado
lie[1] [laɪ] **1** *vi* mentir | **2** n mentira
lie[2] [laɪ] *vi (ps* lay; *pp* lain) ◆ *(acción)* echarse, tumbarse ◆ estar *o* quedar tendido,-a, tumbado,-a: **she was lying on the grass**, estaba tendida sobre la hierba; *frml* yacer; *(en una lápida)* **here lies X**, aquí yace X ◆ encontrarse, hallarse: **Brixton lies to the south of London**, Brixton se encuentra al sur de Londres ◆ *(un paisaje)* extenderse ◆ permanecer, estar: **the snow lay a metre deep**, había un metro de nieve ◆ *(problema)* radicar

> El verbo regular (**lie, lied, lied**) significa *mentir*; el irregular (**lie, lay, lain**) significa *echarse, acostarse, tumbarse*. El uso del participio pasado del verbo irregular no es muy corriente: **I have lain here for three hours.** *Llevo tres horas tumbado aquí*. En su lugar se emplea normalmente la forma continua: **I have been lying here for three hours.**

■ **lie about, lie around** *vi* ◆ *(una persona)* estar tumbado,-a sin hacer nada ◆ *(cosas)* estar tirado,-a

lie-in

■ **lie back** *vi* recostarse
■ **lie down** *vi* ◆ acostarse, echarse ◆ estar echado,-a *o* acostado,-a
lie-in ['laɪɪn] *n fam* **to have a l.-in,** levantarse muy tarde
lieutenant [lef'tenənt, US luː'tenənt] *n Mil* teniente
life [laɪf] *n (pl* **lives** [laɪvz]*)* ◆ vida: **she spent her l. in Bogotá,** pasó su vida en Bogotá; **that's l.,** así es la vida; *(de una pila)* duración; **l. belt,** salvavidas; **l. insurance,** seguro de vida; **l. jacket,** chaleco salvavidas ◆ vitalidad: **he's full of l.,** está lleno de energía; **there's no l. in this town,** este pueblo está muerto ◆ biografía; **the l. of Lorca,** la vida de Lorca ◆ *Jur* **a l. sentence,** cadena perpetua ◆ *Arte* **drawn from l.,** dibujado del natural; **still l.,** bodegón
lifeboat ['laɪfbəʊt] *n* ◆ *(de rescate)* lancha de socorro ◆ *(de barco)* bote salvavidas
lifeguard ['laɪfgɑːd] *n* socorrista
lifeless ['laɪflɪs] *adj* sin vida
lifelike ['laɪflaɪk] *adj* natural, realista
lifelong ['laɪflɒŋ] *adj (amigo, etc)* de toda la vida
life-size(d) ['laɪfsaɪz(d)] *adj* (de) tamaño natural
lifestyle ['laɪfstaɪl] *n* estilo de vida
lifetime ['laɪftaɪm] *n* vida; **once in a l.,** una vez en la vida; **the chance of a l.,** una oportunidad única
lift [lɪft] **1** *vtr* ◆ *(un bloqueo, una cabeza, caja, un peso, sitio, etc)* levantar ◆ *fam* birlar; *(ideas, etc)* plagiar | **2** *vi (niebla)* disiparse | **3** *n* ◆ estímulo ◆ *GB* ascensor ◆ **can you give me a l.?,** ¿puedes llevarme en tu coche?
■ **lift down** *vtr* bajar
■ **lift off** *vi* despegar
■ **lift up** *vtr* levantar, alzar
lift-off ['lɪftɒf] *n* despegue
light [laɪt] **1** *n* ◆ luz; **l. year,** año luz; **moon/sun l.,** luz de la luna/del sol ◆ luz, lámpara; **to put on the l.,** encender la luz; **l. bulb,** bombilla; **l. switch,** interruptor ◆ *Auto* luz, faro ◆ semáforo ◆ fuego: **have you got a l.?,** ¿tienes fuego?; **to set l. to,** prender fuego a ◆ aspecto: **now I see her in a different l.,** ahora la veo con otros ojos ◆ LOC: *fig* **to come to l.,** salir a la luz; **to see the l.,** abrir los ojos | **2** *adj* ◆ ligero,-a, liviano,-a; **to make l. of,** dar poca importancia a; **a l. jacket,** una chaqueta ligera; **a l. meal,** una comida ligera ◆ *(color)* claro; **l. green,** verde claro; *(brisa, voz)* suave; *(casa)* luminoso,-a | **3** *adv* **to travel l.,** viajar con poco equipaje | **4** *vtr (ps & pp* **lighted** *o* **lit)** ◆ encender ◆ alumbrar, iluminar | **5** *vi* encenderse
■ **light up 1** *vi* ◆ iluminarse ◆ *fam* encender un cigarrillo | **2** *vtr* iluminar, alumbrar
lighten ['laɪtən] **1** *vtr* ◆ *(un color)* aclarar ◆ *(un peso)* aligerar ◆ *fig* reducir; *(el espíritu)* alegrar | **2** *vi* ◆ aligerarse ◆ *(el cielo)* despejarse ◆ alegrarse
lighter ['laɪtəʳ] *n* **(cigarette) l.,** mechero
light-headed [laɪt'hedɪd] *adj* ◆ *(de personalidad)* casquivano,-a ◆ exaltado,-a ◆ mareado,-a
light-hearted ['laɪthɑːtɪd] *adj* alegre
lighthouse ['laɪthaʊs] *n* faro
lighting ['laɪtɪŋ] *n* ◆ *(acción)* iluminación ◆ *(conjunto de lámparas)* alumbrado
lightly ['laɪtlɪ] *adv* ◆ *(dormir, tocar)* ligeramente ◆ **to take sthg l.,** tomar algo a la ligera ◆ con indulgencia: **he got off very l.,** fue castigado con poca severidad
lightness ['laɪtnɪs] *n* ◆ luminosidad, claridad ◆ ligereza ◆ delicadeza
lightning ['laɪtnɪŋ] **1** *n* relámpago: **he was struck by l.,** fue alcanzado por un rayo; **bolt of l.,** rayo; **flash of l.,** relámpago | **2** *adj (huelga, ataque, etc)* relámpago
lightweight ['laɪtweɪt] *adj* ◆ *(ropa)* ligero,-a ◆ *Boxeo* de peso ligero ◆ *fig* superficial, de poco peso
like [laɪk] **1** *vtr* ◆ *(disfrutar)* gustar: **I l. getting up early,** me gusta levantarme temprano ◆ **I l. to get up early,** prefiero levantarme pronto; **she likes the cinema,** le gusta el cine ➤ Ver nota en **gustar** ◆ *(con gente)* **I l. you, but I don't love you,** me gustas, pero no te quiero ◆ querer *(se usa con* **would** *o* **should)** **I would l. a beer,** quiero *o* me gustaría una cerveza | **2** *vi* querer: **you can come if you l.,** puedes venir si quieres | **3** *adj frml* parecido,-a; **of l. minds,** de mentalidades parecidas | **4** *prep* ◆ como, parecido,-a a, igual que: **I want a job l. yours,** quiero un trabajo como el tuyo; **she's l. her mother,** se parece a su madre; *(después de los verbos* **feel, look, smell, sound, taste)** **it looks l. gold,** parece oro ◆ **that's just l. him,** eso es típico de él ➤ Ver nota en **como** ◆ **l. this/that,** así ◆ *(en preguntas directas e indirectas después de* **what)** **tell me what the traffic was l.,** dime

liquidate

cómo estaba el tráfico; **what is she l.?**, ¿cómo es? | **5** *n* gusto, preferencia ◆ | LOC: **I feel l. a coffee,** me apetece un café
likeable ['laɪkəbəl] *adj* simpático,-a
likelihood ['laɪklɪhʊd] *n* probabilidad
likely ['laɪklɪ] **1** *adj (likelier, likeliest)* ◆ probable: **it is l. to rain later,** es probable que llueva más tarde; **no change is l.,** no se prevé ningún cambio ◆ prometedor,-ora | **2** *adv* probablemente; **as l. as not,** probablemente; **not l.!,** ¡ni hablar!
liken ['laɪkən] comparar [**to,** a/con]
likeness ['laɪknɪs] *n* ◆ parecido; **family l.,** aire de familia ◆ retrato
likewise ['laɪkwaɪz] *adv* ◆ también, asimismo ◆ lo mismo, igual
liking ['laɪkɪŋ] *n* ◆ afición, gusto; **I have a great l. for Bach,** me gusta mucho Bach ◆ *(hacia una persona)* simpatía, cariño: **she's taken a l. to you,** te ha cogido cariño
lilac ['laɪlək] **1** *n Bot* ◆ *(flor)* lila ◆ *(árbol)* lilo, lila | **2** *adj* lila, de color lila
lily ['lɪlɪ] *n Bot* lirio, azucena
limb [lɪm] *n* ◆ *Anat* miembro ◆ *Bot* rama ◆ | LOC: **to go out on a l.,** arriesgarse *o* quedarse solo,-a (en una discusión)
lime [laɪm] *n* ◆ *Chem* cal ◆ *Bot (fruto)* lima; *(frutal)* limero ◆ *(árbol)* tilo
limelight ['laɪmlaɪt] *n fig* **to be in the l.,** estar en primer plano
limestone ['laɪmstəʊn] *n Geol* piedra caliza
limit ['lɪmɪt] **1** *n* límite; *fam* **to be over the l.,** haber bebido demasiado como para conducir | **2** *vtr* limitar, restringir
limitation [lɪmɪ'teɪʃən] *n* limitación
limited ['lɪmɪtɪd] *adj* limitado,-a; *Com* **public l. company (p.l.c.),** sociedad anónima (S. A.)
limitless ['lɪmɪtlɪs] *adj* ilimitado,-a
limousine ['lɪməziːn, lɪmə'ziːn] *n* limusina
limp [lɪmp] **1** *vi* cojear | **2** *n* cojera | **3** *adj (mano)* flojo,-a; *(pelo)* lacio,-a, débil, sin fuerzas
limpet ['lɪmpɪt] *n* lapa
line [laɪn] *n* ◆ línea, raya ◆ *Anat* arruga ◆ *(de un escrito)* línea, renglón; *fam* nota: **drop me a l.,** escríbeme unas palabras; *(de un poema)* verso ◆ límite, línea; **to draw the l. at sthg,** no tolerar algo ◆ fila, hilera; *US (de espera)* cola ◆ cuerda, hilo, cable; *Pesc* sedal ◆ *Elec Telec* línea; **on-l.,** en línea, conectado,-a ◆ *Ferroc* vía; *(ruta)* línea ◆ política, línea; **the party l.,** la línea del partido; **to step out of l.,** saltarse las normas ◆ conformidad; **to be in l.,** estar conforme; **to be out of l.,** no conformarse ◆ trabajo: **what l. are you in?,** ¿a qué te dedicas? ◆ *Com* empresa de transportes; **air l.,** línea aérea; **shipping l.,** naviera ◆ *Com* gama, línea; **a new l. of products,** una nueva línea de productos ◆ *Mil* línea ◆ *Teat* **lines** *pl,* papel | **2** *vtr* ◆ rayar, trazar líneas sobre ◆ bordear; **a road lined with hedges,** una carretera bordeada de setos ◆ forrar, revestir ◆ | LOC: **to l. one's pockets,** forrarse

■ **line up 1** *vi* ◆ ponerse en fila ◆ alinearse [**with,** con] ◆ *US* hacer cola | **2** *vtr* ◆ alinear [**with,** con] ◆ poner en filas ◆ *fig* organizar
lineage ['lɪnɪɪdʒ] *n* linaje
linear ['lɪnɪər] *adj* lineal
lined [laɪnd] *adj* ◆ *(papel)* rayado,-a ◆ *(cara)* arrugado,-a ◆ *Cost* forrado,-a
linen ['lɪnɪn] *n* ◆ *(tela)* lino ◆ *(de hogar)* ropa blanca
liner ['laɪnər] *n* transatlántico
linger ['lɪŋgər] *vi* ◆ *(olor, sospecha)* tardar en desaparecer, persistir ◆ *(en la memoria)* perdurar ◆ **we like to l. over our lunch,** nos gusta comer sin prisas
lingerie ['lænʒəriː] *n frml* lencería
lingering ['lɪŋgərɪŋ] *adj* ◆ *(sentimiento, olor)* persistente ◆ *(enfermedad)* lento,-a, prolongado,-a
linguist ['lɪŋgwɪst] *n* lingüista: **she's a good l.,** tiene facilidad para los idiomas
lining ['laɪnɪŋ] *n* forro
link [lɪŋk] **1** *n* ◆ eslabón; **the weak l.,** el punto débil ◆ conexión, vínculo ◆ *Transp* enlace ◆ *Dep* **(golf) links** *pl,* campo de golf | **2** *vtr* ◆ unir ◆ vincular

■ **link up 1** *vi* ◆ reunirse [**with,** con] ◆ *(aeronaves)* acoplarse
link-up ['lɪŋkʌp] *n* ◆ *Telec TV* conexión ◆ *(de aeronaves)* acoplamiento
lino ['laɪnəʊ] *n fam* linóleo
lion ['laɪən] *n* león
lioness ['laɪənɪs] *n* leona
lip [lɪp] *n Anat* labio ◆ | LOC: **to pay l. service to sthg,** hacer algo de boquilla
lip-read ['lɪpriːd] *vtr* & *vi* leer los labios
lipstick ['lɪpstɪk] *n* lápiz de labios
liqueur [lɪ'kjʊər] *n* licor
liquid ['lɪkwɪd] *adj* & *n* líquido,-a
liquidate ['lɪkwɪdeɪt] *vtr* liquidar

liquidation [lɪkwɪ'deɪʃən] *n Fin* liquidación

liquidize ['lɪkwɪdaɪz] *vtr* licuar

liquidizer ['lɪkwɪdaɪzə'] *n* licuadora

liquor ['lɪkə'] *n* ◆ *GB* alcohol ◆ *US* bebidas alcohólicas

liquorice ['lɪkərɪs] *n* regaliz

lisp [lɪsp] **1** *n* ceceo | **2** *vi* cecear

list [lɪst] **1** *n* ◆ lista ◆ catálogo ◆ *Náut* escora | **2** *vtr* ◆ enumerar, hacer una lista de ◆ incluir en una lista ◆ *Fin* cotizar ◆ *Inform* listar | **3** *vi Náut* escorar(se)

listen ['lɪsən] *vi* ◆ escuchar ◆ prestar atención

> El uso de gerundio o infinitivo no altera sustancialmente el significado del verbo to listen. El gerundio indica que sólo escuchamos parte de lo ocurrido (**I listened to them coming in,** *les oí mientras entraban*) y el infinitivo sugiere que lo oímos todo, desde el principio hasta el final: **I listened to them come in.** *Les oí entrar.* En ambos casos necesitas un complemento directo (**them**) y no un adjetivo posesivo (**their**).

■ **listen (out) for** *vtr* estar atento,-a a

listener ['lɪsənə'] *n* oyente

listing ['lɪstɪŋ] *n* ◆ listado ◆ *Fin* cotización bursátil

lit [lɪt] *ps & pp* → **light¹**

liter ['liːtə'] *n US* → **litre**

literal ['lɪtərəl] *adj* literal

literally ['lɪtərəlɪ] *adv* literalmente

literary ['lɪtərərɪ] *adj* literario,-a

literate ['lɪtərɪt] *adj* que sabe leer y escribir

literature ['lɪtərɪtʃə'] *n* ◆ literatura ◆ *fam* documentación, impresos

litre ['liːtə'] *n* litro

litter ['lɪtə'] **1** *n* ◆ basura, desperdicios; **l. bin,** papelera ◆ *Zool* camada | **2** *vtr* ensuciar: **the floor was littered with papers,** el suelo estaba cubierto de papeles

little ['lɪtəl] **1** *adj* ◆ pequeño,-a; **l. finger,** dedo meñique ◆ joven; **a l. boy,** un niño ◆ *(con sentido diminutivo)* **a l. cat,** un gatito; **a l. man,** un hombrecito; **poor l. thing!,** ¡pobrecito! ➢ Ver nota en **pequeño** ◆ poco,-a; **a l.,** algo de: **a l. water,** un poco de agua; **l. hope,** poca esperanza ◆ | **2** *pron* poco: **let me have a l. of your wine,** déjame probar un poco de tu vino | **3** *adv* ◆ poco; **l. by l.,** poco a poco ◆ **a l.,** un poco: **we were a l. late,** llegamos un poco tarde

> Observa que **a little** *(algo de)* hace referencia a una cantidad mayor que **little** *(poco):* **We found little food.** *Encontramos poca comida.* **We found a little food.** *Encontramos algo de comida.*

live¹ [lɪv] **1** *vi* ◆ *(existir)* vivir: **he lived for a hundred years,** vivió cien años ◆ residir: **she lived in France,** vivía en Francia | **2** *vtr* vivir, llevar: **you l. a healthy life,** llevas una vida sana

■ **live down** *vtr* lograr que se olvide

■ **live in** *vi* vivir en el lugar de trabajo, ser interno,-a

■ **live off** ◆ *(rentas, etc)* vivir de ◆ *(comida)* alimentarse de

■ **live on 1** *vtr* ◆ *(comida)* alimentarse de ◆ *(dinero)* arreglárselas con | **2** *vi (memoria)* persistir

■ **live through** *vtr* ◆ *(una experiencia)* vivir ◆ *(un periodo)* sobrevivir

■ **live up to** *vtr* ◆ *(una promesa)* cumplir con ◆ *(una esperanza, expectativa)* estar a la altura de

live² [laɪv] *adj* ◆ vivo,-a; **real l. star,** una estrella en carne y hueso ◆ *TV Rad (emisión)* en directo, en vivo ◆ *(activo) (bomba)* sin estallar; *Elec (alambre)* cargado,-a

livelihood ['laɪvlɪhʊd] *n* sustento

lively ['laɪvlɪ] *adj* (**livelier, liveliest**) ◆ *(persona)* vivo,-a ◆ *(paso)* rápido,-a ◆ *(sitio)* animado,-a, marchoso,-a

liven ['laɪvən] *vtr* **to l. (up),** animar

liver ['lɪvə'] *n* hígado

livestock ['laɪvstɒk] *n* ganado

livid ['lɪvɪd] *adj* ◆ lívido,-a ◆ *fam* furioso,-a

living ['lɪvɪŋ] **1** *adj* ◆ vivo,-a ◆ viviente | *n* vida; **to earn one's l.,** ganarse la vida; **l. conditions/standards,** condiciones/nivel de vida; **l. room,** cuarto de estar

lizard ['lɪzəd] *n Zool* lagarto, lagartija

llama ['lɑːmə] *n* llama

load [ləʊd] **1** *n* ◆ *(de camión, etc)* carga ◆ peso: **that's a l. off my mind,** es un alivio ◆ **a l. of washing,** una colada ◆ *Elec* carga ◆ **a l. of,** mucho,-a(s), un montón de: **she talks a l. of nonsense,** dice muchas tonterías | **2** *vtr* cargar [**with,** de]

■ **load up** *vi & vtr* cargar [**with,** de]

loaded ['ləʊdɪd] *adj* ◆ *(arma, cámara, camión)* cargado,-a [**with,** de] ◆ *(pregunta)* tendencioso,-a ◆ *fam* rico,-a, forrado,-a

loading ['ləʊdɪŋ] *n* **l. bay,** muelle de carga

loaf [ləʊf] **1** *n (pl* **loaves)** pan, barra de pan; *(en rebanadas)* pan de molde | **2** *vi* **to l. (about** *o* **around),** gandulear

loan [ləʊn] **1** *n* ◆ préstamo; *Fin* crédito ◆ **you can have a l. of my bike,** te dejo mi bici; **this car is on l.,** este coche está prestado,-a | **2** *vtr* prestar

loath, loth [ləʊθ] *adj* **to be l. to** + *inf,* resistirse a + *inf*

loathe [ləʊð] *vtr* detestar, odiar

loathing ['ləʊðɪŋ] *n* aversión, odio

loathsome ['ləʊðsəm] *adj* odioso,-a, repugnante

loaves [ləʊvz] *npl* → **loaf**

lobby ['lɒbɪ] **1** *n* ◆ vestíbulo ◆ grupo de presión, lobby | **2** *vtr* presionar | **3** *vi* ejercer presiones

lobe [ləʊb] *n* lóbulo

lobster ['lɒbstə^r] *n* langosta, bogavante

local ['ləʊkəl] **1** *adj* ◆ local, del barrio *o* de la zona; *Tel* **l. call,** llamada urbana; **l. council** ≈ ayuntamiento ◆ *Med (anestesia)* local | **2** *n* ◆ vecino,-a ◆ bar del barrio

locality [ləʊ'kælɪtɪ] *n* localidad

locally ['ləʊkəlɪ] *adv* localmente; **we shop l.,** compramos en las tiendas del barrio

locate [ləʊ'keɪt] *vtr* ◆ situar, ubicar ◆ localizar

location [ləʊ'keɪʃən] *n* ◆ lugar ◆ *Cine* lugar de rodaje: **the film was made on l. in Madrid,** los exteriores de la película se rodaron en Madrid

lock [lɒk] **1** *n* ◆ *(de una puerta)* cerradura; *(de una ventana, etc)* cerrojo; **pad-l.,** candado ◆ *(de un canal)* esclusa ◆ *(de pelo)* mechón | **2** *vtr* cerrar con llave | **3** *vi* ◆ *(puerta)* cerrarse ◆ *Auto (ruedas)* bloquearse

■ **lock away** *vtr* guardar bajo llave

■ **lock in** *vtr* encerrar

■ **lock up 1** *vtr* ◆ *(un sitio)* cerrar ◆ *(a una persona)* encerrar | **2** *vi* echar la llave

locker ['lɒkə^r] *n* ◆ armario particular ◆ *US* **l. room,** vestuario

lockout ['lɒkaʊt] *n* cierre patronal

locksmith ['lɒksmɪθ] *n* cerrajero

lockup ['lɒkʌp] *n* cárcel, calabozo

locomotive [ləʊkə'məʊtɪv] *n* locomotora

locust ['ləʊkəst] *n* langosta

lodge [lɒdʒ] **1** *n* ◆ *(en un parque, una finca)* casa del guarda; *(en un edificio de pisos)* portería; *(de caza, esquí, montaña)* refugio ◆ *(de masones, etc)* logia | **2** *vtr* ◆ alojar ◆ *(denuncia, queja)* presentar | **3** *vi* ◆ *(persona)* alojarse ◆ *(cosa)* fijarse, alojarse

lodger ['lɒdʒə^r] *n* huésped(a)

lodging ['lɒdʒɪŋ] *n* ◆ alojamiento ◆ **lodgings** *pl,* habitaciones

loft [lɒft] *n* desván

log [lɒg] **1** *n* ◆ tronco; **to sleep like a l.,** dormir como un tronco ◆ *Náut* diario de a bordo ◆ *Mat* logaritmo | **2** *vtr (record)* registrar

■ **log in/on** *vi Inform* entrar (en el sistema)

■ **log out/off** *vi Inform* salir (del sistema)

logarithm ['lɒgərɪðəm] *n* logaritmo

logic ['lɒdʒɪk] *n* lógica

logical ['lɒdʒɪkəl] *adj* lógico,-a

logistics [lə'dʒɪstɪks] *npl* logística

logo ['ləʊgəʊ] *n* logotipo

loin [lɔɪn] *n Culin (de cerdo)* lomo; *(de ternera, vaca)* solomillo

loiter ['lɔɪtə^r] *vi* ◆ holgazanear ◆ merodear

lollipop ['lɒlɪpɒp] *n* chupa-chups®, piruleta

lolly ['lɒlɪ] *n fam* chupa-chups®, piruleta; **ice l.,** polo

loneliness ['ləʊnlɪnɪs] *n* soledad

lonely ['ləʊnlɪ] *adj* **(lonelier, loneliest)** ◆ *(persona)* solo,-a, solitario,-a ◆ *(sitio)* aislado,-a ➢ Ver nota en **alone**

long [lɒŋ] **1** *adj* ◆ *(espacio)* largo,-a: **how l. is the Amazon?,** ¿cuánto mide el Amazonas (de largo)?; **it's 7000 km long,** tiene 7.000 km de largo; **it's a l. way to Tipperary,** Tipperary está muy lejos ◆ *(tiempo)* largo,-a: **how l. is the play?,** ¿cuánto dura la obra? ◆ *(extensión)* **the book is 250 pages l.,** el libro tiene 250 páginas | **2** *adv* ◆ mucho tiempo: **how l. are you staying?,** ¿cuánto tiempo te vas a quedar?; **I won't be l.,** no tardaré mucho; **l. ago,** hace mucho; **before l.,** dentro de poco ◆ **no longer,** ya no ◆ **as l. as the war lasted,** mientras duró la guerra; **as l. as you're happy,** con tal que estés contenta | **3** *vtr* **to l. to do sthg,** anhelar hacer algo | **4** *vi* **to l. for,** añorar

long-distance ['lɒŋdɪstəns] *adj* ◆ *(tren)* de largo recorrido ◆ *(llamada)* interurbana ◆ *Dep (corredor)* de fondo

longing ['lɒŋɪŋ] *n* ◆ deseo, anhelo ◆ añoranza, nostalgia

longitude ['lɒŋgɪtjuːd] *n* longitud

long-life ['lɒŋ'laɪf] *adj* de larga duración

long-range ['lɒŋreɪndʒ] *adj* ◆ *(misil)* de largo alcance ◆ *(predicción)* a largo plazo

long-sighted

long-sighted [lɒŋ'saɪtɪd] *adj* ◆ *Med* hipermétrope ◆ previsor,-ora
long-standing ['lɒŋstændɪŋ] *adj (acuerdo)* que viene de antiguo, de hace mucho tiempo
long-suffering ['lɒŋsʌfrɪŋ] *adj* sufrido,-a
long-term ['lɒŋtɜ:m] *adj* a largo plazo
loo [lu:] *n GB fam* baño, váter
look [lʊk] 1 *n* ◆ mirada, vistazo; **to have a l.**, echar un vistazo [at, a] ◆ aspecto, apariencia ◆ moda ◆ búsqueda; **to have a l. for sthg**, buscar algo ◆ **looks** *pl*, belleza | 2 *vi* ◆ mirar ◆ parecer: **she looks happy**, parece contenta; **he looks like a schoolboy**, tiene pinta de colegial; **I l. like my mother**, me parezco a mi madre ➢ Ver nota en **parecer** ◆ buscar | 3 *vtr* ◆ aparentar: **he looks his age**, aparenta su edad ◆ mirar: **l. where you're going**, mira por dónde vas ➢ Ver nota en **ver**
■ **look after** *vtr* cuidar a, ocuparse de
■ **look at** *vtr* mirar
To look at necesita un complemento directo y un gerundio: **Look at her running across the road!** *¡Mira cómo cruza la calle corriendo!*
■ **look away** *vi* apartar la mirada
■ **look back** *vi* ◆ mirar hacia atrás ◆ **to l. back on sthg**, recordar algo
■ **look down** *vi* mirar por abajo
■ **look down on** *vtr (a una persona)* despreciar
■ **look for** *vtr* buscar
■ **look forward to** *vtr* ◆ tener ganas de ◆ | LOC: *(en una carta)* **I l. forward to hearing from you**, espero noticias suyas

> To look forward to va seguido de gerundio y no de infinitivo a pesar de la presencia de **to**: **I'm looking forward to going away on holiday.** *Tengo ganas de irme de vacaciones.*

■ **look into** *vtr* examinar, investigar
■ **look on** 1 *vtr* plantearse | 2 *vi* quedarse mirando
■ **look onto** *vtr* dar a: **the balcony looks onto the park**, el balcón da al parque
■ **look out** *vi* ◆ tener cuidado: **l. out!**, ¡cuidado!, ¡ojo! ◆ mirar por fuera
■ **look out for** *vtr* buscar
■ **look over** *vtr* ◆ *(un documento)* examinar ◆ *(un edificio, etc)* inspeccionar
■ **look round** 1 *vi* ◆ mirar alrededor ◆ volver la cabeza | 2 *vtr (una casa, tienda)* ver, mirar: **can we l. round the house?**, ¿podemos ver la casa?
■ **look through** *vtr* ◆ *(un libro)* hojear ◆ *(un documento)* revisar
■ **look up** 1 *vi* ◆ alzar la vista ◆ mejorar: **things are looking up**, las cosas van mejor | 2 *vtr (en un libro, etc)* buscar
■ **look upon** *vtr* plantearse [**as**, como]
■ **look up to** *vtr (a una persona)* admirar
lookout ['lʊkaʊt] *n* ◆ *(persona)* guardia, vigía ◆ *(lugar)* puesto de observación, vigía; **to be on the l. for**, estar al acecho de!
loom [lu:m] *vi* ◆ avecinarse ◆ amenazar [**over**, -]
loony ['lu:nɪ] *adj* & *n* **(loonier, looniest)** *fam* loco,-a, chiflado,-a
loop [lu:p] 1 *n* ◆ *Cost* lazo ◆ *(de carretera, río)* curva ◆ *Inform* bucle | 2 *vtr* pasar alrededor de, rodear: **l. the rope**, haz un nudo en la cuerda ◆ | LOC: *Av* **to l. the l.**, rizar el rizo
loophole ['lu:phəʊl] *n* laguna jurídica
loose [lu:s] 1 *adj* ◆ *(conexión, monedas, pelo, perro, ropa)* suelto,-a; **to set/let l.**, soltar ◆ *(botón, nudo, tornillo, etc)* flojo,-a; **to come/work l.**, aflojarse ◆ *(vestido)* suelto,-a, holgado,-a ◆ *(mercancías)* a granel ◆ *(descripción)* inexacto,-a | 2 *n* **to be on the l.**, andar suelto,-a: **there's a wild lion on the l.**, un león salvaje anda suelto por ahí
loosely ['lu:slɪ] *adv* ◆ *(atadura)* sin apretar ◆ aproximadamente ◆ indirectamente
loosen [lu:sən] 1 *vtr* aflojar; *(un nudo, zapato)* desatar | 2 *vi* aflojarse
loot [lu:t] 1 *n* botín | 2 *vi* & *vtr* saquear
lopsided [lɒp'saɪdɪd] *adj* ladeado,-a
lord [lɔ:d] *n* ◆ *Rel* **the L.**, El Señor; **good L.!**, ¡Dios mío! ◆ *Pol Hist (nobleza británica)* lord; **the House of Lords**, la Cámara de los Lores ◆ *GB (al dirigirse a un juez)* **my l.**, señoría
lorry ['lɒrɪ] *n GB* camión; *(medida)* **a l. load of sand**, un camión de arena
lose [lu:z] 1 *vtr (ps & pp lost)* perder: **she lost her purse**, perdió su monedero; **we lost our way**, nos perdimos | 2 *vi Mil Dep* perder [**against/to**, contra]: **City lost to United**, el City perdió contra el United
loser ['lu:zə^r] *n* perdedor,-ora
loss [lɒs] *n* ◆ pérdida ◆ | LOC: **he's a dead l.**, es un desastre; **I was at a l. for words**, no supe qué decir
lost [lɒst] *adj* perdido,-a; **to be l. at sea**, perecer en el mar; **to get l.**, perderse ◆

fam **get l.!**, ¡piérdete! ◆ desorientado,-a; **to be l. in thought**, estar ensimismado,-a
lot [lɒt] 1 *n* ◆ **a l. of**, mucho,-a(s); **a l. of money**, mucho dinero ◆ *fam* **lots of** *pl*, mucho,-a(s); **lots of people**, mucha gente ◆ *fam* **the l.**, todo,-a(s): **take the l.**, llévatelos todos ◆ *(en subasta)* lote ◆ *US* parcela, terreno ◆ suerte; **to draw lots for sthg**, echar algo a suertes | 2 *adv* **a l.**, mucho: **that's a l. better!**, ¡así es mucho mejor!; **thanks a l.**, muchas gracias ➢ Ver nota en **mucho**
lotion ['ləʊʃən] *n* loción
lottery ['lɒtərɪ] *n* lotería; **l. ticket**, billete de lotería
loud [laʊd] 1 *adj* ◆ *(aplauso, ruido)* fuerte; *(música, voz)* alto,-a ◆ *(fiesta, máquina)* ruidoso,-a, estrepitoso,-a ◆ *(color, ropa)* chillón,-ona; *pey* hortera | 2 *adv* alto: **he talks too l.**, habla demasiado alto; **out l.**, en voz alta
loudspeaker [laʊd'spiːkər] *n* altavoz
lounge [laʊndʒ] *n* ◆ *(en casa)* sala de estar ◆ sala; *Av* **departure l.**, sala de embarque
louse [laʊs] *n (pl lice* [laɪs]*)* piojo
lousy ['laʊzɪ] *adj (lousier, lousiest) fam* pésimo,-a, fatal
lout [laʊt] *n fam* gamberro
lovable ['lʌvəbəl] *adj* encantador,-ora
love [lʌv] 1 *n* ◆ amor **[for/of,** por]; **to fall in l.**, enamorarse **[with,** de]; **to make l.**, hacer el amor; **l. affair**, aventura amorosa; **l. life**, vida sentimental ◆ pasión **[for/of,** por]; **his l. of trains**, su pasión por los trenes ◆ *(en una carta)* **l. to John and Mary**, recuerdos a John y Mary; **with l.**, un abrazo ◆ *(persona)* amor; **my first l.**, mi primer amor ◆ *(trato personal)* **my l.**, cariño, mi amor ◆ *Dep* cero | 2 *vtr* ◆ *(persona)* querer a, amar a ◆ *(cosa, actividad)* **I l. skiing**, me encanta esquiar

Usado con un verbo, **to love** va seguido de gerundio o infinitivo (**I love playing the piano** o **I love to play the piano**, *me encanta tocar el piano*), aunque el gerundio expresa mejor la idea de *disfrutar haciendo algo*. En el modo condicional (**I would love**) sólo puedes usar el infinitivo: **I would love to go out tonight**. *Me encantaría salir esta noche.*

lovely ['lʌvlɪ] *adj (lovelier, loveliest)* ◆ encantador,-ora ◆ hermoso,-a, precioso,-a ◆ *(comida)* riquísimo,-a ◆ **we had a l. time**, lo pasamos muy bien
lover ['lʌvər] *n* ◆ amante ◆ aficionado,-a, amigo,-a
loving ['lʌvɪŋ] *adj* cariñoso,-a
low [ləʊ] 1 *adj* ◆ *(altura, intensidad, número, presión, velocidad, volumen)* bajo,-a; *(existencias)* escaso,-a; *(fuego)* lento,-a; *Mús* bajo,-a, grave; *(precio)* bajo,-a, módico,-a ◆ *(golpe)* sucio,-a ◆ *(opinión)* malo,-a ◆ *(vestido)* escotado,-a ◆ *(pila)* gastado,-a ◆ *fam* deprimido,-a | 2 *adv* bajo: **I wouldn't sink so l.**, no caería tan bajo | 3 *n* ◆ *Meteor* borrasca ◆ *Fin* mínimo; **an all-time l.**, un mínimo histórico ➢ Ver nota en **bajo**
low-alcohol [ləʊ'ælkəhɒl] *adj* bajo,-a en alcohol
low-calorie [ləʊ'kælərɪ] *adj* bajo,-a en calorías
low-cost [ləʊ'kɒst] *adj* de bajo coste
lower ['ləʊər] 1 *adj (comp de low)* ◆ inferior; **l. jaw**, mandíbula inferior ◆ bajo,-a; **L. Egypt**, Bajo Egipto ◆ *Tip* **l. case**, minúscula, caja baja | 2 *adv comp* → **low** | 3 *vtr* ◆ *(el volumen)* bajar ◆ *(la temperatura, tensión, velocidad, etc)* disminuir, reducir ◆ *Com (el precio)* rebajar ◆ *(una bandera)* arriar
lower-class ['ləʊəklɑːs] *adj* de clase baja
lowest ['ləʊɪst] *adj (superl de low)* más bajo,-a; *(precio)* mínimo,-a
low-fat [ləʊ'fæt] *adj* desnatado,-a
low-key [ləʊ'kiː] *adj* ◆ sin ceremonia ◆ discreto,-a
low-necked [ləʊ'nekt] *adj (vestido)* escotado,-a
loyal ['lɔɪəl] *adj* leal, fiel
loyalty ['lɔɪəltɪ] *n* lealtad, fidelidad
lozenge ['lɒzɪndʒ] *n Farm* pastilla
Ltd *GB Com (abr de* **Limited (Liability)** S.A. (Sociedad Anónima)
lubricant ['luːbrɪkənt] *n* lubricante
lubrication [luːbrɪ'keɪʃən] *n* lubricación
luck [lʌk] *n* suerte; **bad/good l.**, buena-/mala suerte; **best of l.!**, ¡suerte!; **you're in l.**, estás de suerte; **no such l.!**, ¡no caerá esa breva!; **that's tough l.!**, ¡mal asunto!
luckily ['lʌkɪlɪ] *adv* por suerte, afortunadamente
lucky ['lʌkɪ] *adj (luckier, luckiest)* ◆ *(persona)* afortunado,-a; **I should be so l.!**, ¡qué más quisiera yo! ◆ *(momento)* de suerte, de buen agüero ◆ *(amuleto, número)* de la suerte ◆ **a l. break**, un golpe de suerte
lucrative ['luːkrətɪv] *adj* lucrativo,-a

ludicrous ['lu:dɪkrəs] *adj* absurdo,-a
luggage ['lʌgɪdʒ] *n* ◆ equipaje ◆ **l. rack,** *Auto* baca; *Ferroc* portaequipajes
lukewarm ['lu:kwɔ:m] *adj* tibio,-a; *fig* indiferente
lull [lʌl] **1** *n Meteor* calma; *(en una batalla)* tregua; *(en conversación)* pausa | **2** *vtr* ◆ adormecer ◆ calmar
lullaby ['lʌləbaɪ] *n* canción de cuna, nana
lumber ['lʌmbə^r] **1** *n* ◆ *GB* trastos viejos ◆ *US* madera | **2** *vtr fam* **I was lumbered with the bill,** tuve que cargar con la factura
luminous ['lu:mɪnəs] *adj* luminoso,-a
lump [lʌmp] *n* ◆ trozo; *(de tierra, azúcar)* terrón ◆ *Culin* grumo ◆ *Med* bulto ◆ *fam* **a l. in the throat,** un nudo en la garganta ◆ **they paid me in a l. sum,** me pagaron todo el dinero de una vez
lumpy ['lʌmpɪ] *adj (lumpier, lumpiest)* ◆ *(cama, etc)* lleno,-a de bultos ◆ *Culin* grumoso,-a
lunacy ['lu:nəsɪ] *n* locura
lunar ['lu:nə^r] *adj* lunar
lunatic ['lu:nətɪk] *adj & n* loco,-a, lunático,-a; **l. asylum,** manicomio
lunch [lʌntʃ] **1** *n* comida, almuerzo; **l. hour,** hora de comer ➢ Ver nota en **comida** y **dinner** | **2** *vi* comer, almorzar
lunchtime ['lʌntʃtaɪm] *n* hora de comer
lung [lʌŋ] *n* pulmón
lunge [lʌndʒ] **1** *n* embestida, arremetida; **to make a l. for,** lanzarse hacia, abalanzarse sobre | **2** *vi (tb l. forward)* embestir, arremeter; **to l. at sb,** arremeter contra alguien
lurch [lɜ:tʃ] **1** *n* ◆ *(de un vehículo)* bandazo, sacudida ◆ *(de una persona)* tambaleo, tumbo | **2** *vi* ◆ *(vehículo)* dar bandazos ◆ *(persona)* tambalearse, ir dando tumbos
lure [lʊə^r] **1** *n* ◆ atractivo, aliciente ◆ señuelo, cebo | **2** *vtr* atraer *(a menudo con engaños)*
lurid ['lʊərɪd] *adj* ◆ *(imagen)* espeluznante ◆ *(cuento)* escabroso,-a ◆ *(color)* chillón,-ona
lurk [lɜ:k] *vi* ◆ merodear ◆ estar al acecho ◆ estar escondido,-a
lush [lʌʃ] *adj* ◆ *(planta)* exuberante ◆ *(decorado)* suntuoso,-a
lust [lʌst] **1** *n* ◆ lujuria ◆ deseo; **l. for power,** ansia de poder | **2** *vi* **to l. after** *(cosa)* codiciar, *(a una persona)* desear
lute [lu:t] *n* laúd
luxuriant [lʌgˈzjʊərɪənt] *adj* ◆ *(planta)* exuberante ◆ *(pelo)* abundante
luxurious [lʌgˈzjʊərɪəs] *adj* lujoso,-a
luxury ['lʌkʃərɪ] *n* lujo; **l. car,** coche de lujo
lying ['laɪɪŋ] **1** *adj* mentiroso,-a | **2** *n* mentiras
lynch [lɪntʃ] *vtr* linchar
lyric ['lɪrɪk] **1** *adj* lírico,-a | **2** *n* ◆ poema lírico ◆ *Mús* **lyrics** *pl*, *(de una canción)* letra
lyrical ['lɪrɪkəl] *adj* lírico,-a

M, m [em] *n* ◆ *(letra)* M, m ◆ *abr de metre(s)*, m ◆ *abr de million(s)*, m ◆ *(abr de male)* de sexo masculino ◆ M *(ropa) (abr de medium)* talla mediana
MA [emˈeɪ] *(abr de Master of Arts)* licenciado en Filosofía y Letras
mac [mæk] *n GB fam* gabardina, impermeable
macabre [məˈkɑ:brə] *adj* macabro,-a
mac(c)aroni [mækəˈrəʊnɪ] *n* macarrones
machine [məˈʃi:n] **1** *n* ◆ *Téc* máquina; *Inform* **m. code,** código máquina ◆ *Pol* **the party m.,** el aparato del partido | **2** *vtr Cost* coser a máquina
machine-gun [məˈʃi:ngʌn] *n* ametralladora
machinery [məˈʃi:nərɪ] *n Téc* maquinaria ◆ sistema, aparato

mackerel ['mækrəl] *n (pl mackerel)* caballa

mac(k)intosh ['mækɪntɒʃ] *n* impermeable

macroeconomics [mækrəʊiː'kəˈnɒmɪks] *n* macroeconomía

mad [mæd] *adj (madder, maddest)* ♦ loco,-a, demente; **to be m.,** estar loco,-a; **to drive/send sb m.,** volver loco,-a a alguien; *fig* poner los nervios de punta a alguien; **to go m.,** volverse loco,-a; **to work like m.,** trabajar como un loco ♦ *(proyecto, idea)* disparatado,-a ♦ entusiasmado,-a: **he's m. about/on the cinema,** está loco por el cine ♦ *US* enfadado,-a [**with/at,** con]; **to get m.,** enfadarse ♦ *(carrera)* desenfrenado,-a ♦ *Vet* **m. cow disease,** mal de las vacas locas

madam ['mædəm] *n* ♦ *frml* señora ♦ *fam* **little m.,** niña repipi

madden ['mædən] *vtr* exasperar, enloquecer

maddening ['mædənɪŋ] *adv* exasperante

made [meɪd] *ps & pp* → **make**

made-to-measure [meɪdtəˈmeʒər] *adj* hecho,-a a (la) medida

made-up ['meɪdʌp] *adj* ♦ maquillado,-a ♦ *(historia)* inventado,-a

madly ['mædlɪ] *adv* ♦ como loco,-a ♦ *GB fam* terriblemente, locamente; **m. in love,** locamente enamorado,-a

madman ['mædmən] *n* loco

madness ['mædnɪs] *n* locura

madwoman ['mædwʊmən] *n* loca

magazine [mægəˈziːn] *n* ♦ revista ♦ *(de un arma)* recámara

maggot ['mægət] *n* gusano

magic ['mædʒɪk] **1** *n* ♦ magia ♦ *fig* encanto ♦ LOC: **as if by m.,** como por arte de magia | **2** *adj* ♦ mágico,-a ♦ *fam* estupendo,-a

magical ['mædʒɪkəl] *adj* mágico,-a

magician [məˈdʒɪʃən] *n* ♦ mago,-a ♦ prestidigitador,-ora

magistrate ['mædʒɪstreɪt] *n GB* ≈ juez de primera instancia

magnanimous [mægˈnænɪməs] *adj* magnánimo,-a

magnet ['mægnɪt] *n* imán

magnetic [mægˈnetɪk] *adj* ♦ *(campo, cinta, polo)* magnético,-a ♦ *(personalidad)* carismático,-a

magnetism ['mægnɪtɪzəm] *n* magnetismo

magnificence [mægˈnɪfɪsəns] *n* magnificencia

magnificent [mægˈnɪfɪsənt] *adj* magnífico,-a

magnify ['mægnɪfaɪ] *vtr* ♦ ampliar, aumentar ♦ exagerar

magnifying glass ['mægnɪfaɪɪŋglɑːs] *n* lupa

magnitude ['mægnɪtjuːd] *n* magnitud

magpie ['mægpaɪ] *n Orn* urraca

mahogany [məˈhɒgənɪ] **1** *n Bot* caoba | **2** *adj* de caoba

maid [meɪd] *n* ♦ *(en casa)* criada ♦ *(en un hotel)* camarera

maiden ['meɪdən] **1** *n Lit* doncella | **2** *adj (antes del sustantivo)* ♦ soltera, de soltera; **m. name,** apellido de soltera ♦ *(viaje, etc)* inaugural

mail [meɪl] **1** *n* ♦ correo; **by m.,** por correo ♦ correspondencia ♦ *Inform* **e-m.,** correo electrónico, e-mail | **2** *vtr* ♦ *US* echar al buzón ♦ enviar por correo

mailbox ['meɪlbɒks] *n US* buzón

mailman ['meɪlmən] *n US* cartero

maim [meɪm] *vtr* mutilar

main [meɪn] **1** *adj (carretera, objetivo, puerta, plato)* principal; **the m. thing,** lo fundamental; *(calle, plaza)* mayor; *(oficina)* central | **2** *n* ♦ *(de agua, electricidad, gas)* conducto principal ♦ **mains** *pl*, *(agua, electricidad, gas)* la red de suministro ♦ | LOC: **in the m.,** por lo general

mainland ['meɪnlənd] *n* la masa principal de un país o de un continente, excluyendo las islas; **from Easter Island to the m.,** desde la Isla de Pascua al continente; **from Ibiza to the m.,** de Ibiza a la Península

mainly ['meɪnlɪ] *adv* principalmente, sobre todo

mainstream ['meɪnstriːm] **1** *n* corriente dominante | **2** *adj* ♦ *(cultura)* establecido,-a ♦ *(política, religión)* dominante

maintain [meɪnˈteɪn] *vtr* ♦ *(una familia, ideología, un nivel, progreso)* mantener ♦ *(las apariencias, silencio)* guardar ♦ *(una carretera, máquina, un edificio)* mantener, conservar en buen estado

maintenance ['meɪntənəns] *n* ♦ *(cuidado)* mantenimiento ♦ *Jur* pensión alimenticia

maize [meɪz] *n* maíz

majestic [məˈdʒestɪk] *adj* majestuoso,-a

majesty ['mædʒɪstɪ] *n* majestad

major ['meɪdʒər] **1** *adj* ♦ *(importancia, trascendencia)* mayor ♦ *(ayuda, cambio, cliente, operación, reparación)* importante ♦ *(daño)* considerable; *(enfermedad)* grave; *(problema)* serio,-a ◆ *Mús* mayor | **2** *n Mil* comandante

majority [mə'dʒɒrɪtɪ] *n* mayoría

> Después de **majority** el verbo puede ser singular (**the majority of the party wants reform,** *la mayoría del partido quiere la reforma*) o plural (**the majority of my friends are English,** *la mayoría de mis amigos son ingleses*). ➢ Ver nota en **mayoría**

make [meɪk] **1** *n* marca; **a new m. of jeans,** una nueva marca de vaqueros | **2** *vtr (ps & pp made)* ◆ *(un cambio, una llamada, reputación, un ruido, viaje)* hacer ◆ *(un café, una comida)* hacer, preparar ◆ *(coches, productos)* fabricar [**from,** de]; **it's made from steel,** es de acero ◆ *Cost* hacer, confeccionar ◆ *(una decisión)* tomar ◆ *(dinero)* ganar ◆ *(un disco)* grabar, hacer ◆ *(un discurso)* hacer, pronunciar ◆ *(un error)* cometer ◆ *(un pago)* efectuar ◆ *(una película)* rodar ➢ Ver nota en **hacer** ◆ calcular ◆ poner, volver: **he makes me laugh,** me hace reír; **this music makes me sad,** esta música me pone triste ◆ poder asistir a: **I can't m. the meeting,** no puedo asistir a la reunión ◆ nombrar: **they made him chairman,** le nombraron presidente ◆ obligar: **he made me get out of the car,** me obligó a salir del coche ◆ opinar: **what do you m. of this?,** ¿qué te parece esto? ◆ ser: **this will m. a nice souvenir,** esto será un buen recuerdo ◆ sumar; **two and two m. four,** dos más dos son cuatro ◆ **m. friends,** trabar amistad [**with,** con] ◆ **to m. an enemy,** granjearse *o* hacer un enemigo ê **to m. sense,** tener sentido ◆ **to m. sure,** asegurarse [**of,** de] ◆ llegar a ser: **he won't make president,** no llegará a (ser) presidente ◆ | LOC: **to m. do,** apañárselas [**with,** con]

> Recuerda que cuando **to make** significa *obligar (a alguien a hacer algo)* se usa con un complemento directo más el infinitivo sin **to: He made us get up early.** *Nos obligó a levantarnos temprano.*

■ **make for** *vtr* ◆ dirigirse hacia ◆ conllevar: **his attitude will m. for problems,** su actitud acarreará problemas
■ **make off** *vi* ◆ salir corriendo ◆ **to m. off with sthg,** llevarse, robar algo
■ **make out 1** *vtr* ◆ entender ◆ *(oír, ver)* distinguir ◆ *(leer)* descifrar ◆ *(un caso, una lista)* escribir, preparar ◆ **to m. out a case for/against sthg,** presentar argumentos a favor/en contra de algo ◆ *frml (un talón, cheque)* extender ◆ fingir, pretender: **she made out she was rich,** se hizo la rica | **2** *vi* tener éxito
■ **make up 1** *vtr* ◆ *(una historia)* inventar ◆ *(un grupo)* componer ◆ *(una comida, un paquete, receta)* preparar ◆ ensamblar, montar ◆ *(la cara)* maquillar ◆ *(una pérdida)* compensar ◆ *(tiempo perdido)* recuperar ◆ | LOC: **I can't m. up my mind,** no puedo decidirme | **2** *vi* ◆ maquillarse ◆ reconciliarse [**with,** con]
■ **make up for** *vtr* compensar: **nothing can m. up for the loss of my dignity,** nada puede compensarme por la pérdida de mi dignidad

make-believe ['meɪkbɪliːv] **1** *n* fantasía, invención | **2** *adj* ◆ de fantasía, de ensueño ◆ simulado,-a | **3** *vi* fingir
maker ['meɪkə'] *n* ◆ fabricante ◆ *Rel* **the M.,** el Creador
makeshift ['meɪkʃɪft] *adj* ◆ improvisado,-a ◆ provisional
make-up ['meɪkʌp] *n* ◆ maquillaje ◆ composición, estructura ◆ *(de una persona)* carácter
making ['meɪkɪŋ] *n* ◆ creación, producción, fabricación; *(disco)* grabación; *(película)* rodaje; *(ropa)* confección ◆ preparación ◆ **makings** *pl,* los ingredientes, lo necesario: **she has the makings of a great singer,** es una gran cantante en ciernes
malaria [mə'leərɪə] *n* malaria, paludismo
male [meɪl] **1** *adj* ◆ *(humano)* varón ◆ *Bot Zool* macho ◆ *(hormona, género, sexo)* masculino,-a ◆ *(ideas)* masculino,-a; *pey* machista | **2** *n* ◆ *(humano)* varón ◆ *Bot Zool* macho

> **Male** puede ser un adjetivo o un sustantivo. Como adjetivo describe a personas o animales: **male nurses,** *enfermeros;* **male chimpanzee,** *chimpancé macho.* Como sustantivo, normalmente se refiere a los animales: **The males court the females.** *Los machos cortejan a las hembras.* Al hablar de las personas es mejor usar **man** o **boy.** ➢ Ver nota en **masculine.**

malevolent [mə'levələnt] *adj* malévolo,-a

malfunction [mæl'fʌŋkʃən] **1** *n* ◆ fallo, mal funcionamiento ◆ *Med* disfunción | **2** *vi* funcionar mal

malice ['mælɪs] *n* ◆ mala intención ◆ *Jur* dolo

malicious [mə'lɪʃəs] *adj* malévolo,-a, malintencionado,-a

malign [mə'laɪn] **1** *adj* maligno,-a | **2** *vtr* calumniar, difamar

malignant [mə'lɪgnənt] *adj* maligno,-a

mall [mɔːl, mæl] *n US* centro comercial

malleable ['mælɪəbəl] *adj* maleable

mallet ['mælɪt] *n* mazo

malnutrition [mælnjuː'trɪʃən] *n* desnutrición

malpractice [mæl'præktɪs] *n Jur* ◆ abuso de autoridad ◆ negligencia

malt [mɔːlt] *n* malta

mammal ['mæməl] *n* mamífero

mammoth ['mæməθ] **1** *n Zool* mamut | **2** *adj* colosal, gigantesco,-a

man [mæn] **1** *n (pl men)* ◆ hombre, varón; **a m. of the world**, un hombre de mundo; **young m.**, joven ◆ persona: **I'm your m.!**, ¡yo soy el que buscas!; **every m. for himself!**, ¡sálvese quien pueda!; **the m. in the street**, el ciudadano de a pie ◆ **Man**, la humanidad, el hombre ◆ empleado ◆ *Mil* soldado raso ◆ marido, pareja; **m. and wife**, marido y mujer ◆ *Ajedrez* pieza; *(damas)* ficha | **2** *vtr* ◆ *(una tienda, un teléfono)* atender ◆ *(un barco, avión)* tripular | **3** *excl US* **hey, man!**, ¡oye, amigo!

manage ['mænɪdʒ] **1** *vtr* ◆ *(empresa)* dirigir, administrar ◆ *(la casa, el dinero, las finanzas)* llevar, manejar ◆ *(personas)* controlar ◆ conseguir, lograr: **he managed to open the door**, logró abrir la puerta | **2** *vi* poder (con algo), arreglárselas

> Observa que cuando **to manage** significa *conseguir hacer algo a pesar de la dificultad existente*, va seguido del infinitivo con **to**: **I managed to read his letter despite his awful handwriting.** *Conseguí leer su carta a pesar de su horrible letra.*

manageable ['mænɪdʒəbəl] *adj* manejable

management ['mænɪdʒmənt] *n* ◆ *(acción)* gestión ◆ *(personas)* dirección; senior m., altos cargos ◆ *Educ* **m. studies**, estudios de gestión de empresas

manager ['mænɪdʒər] *n* ◆ *(de una gran empresa)* director, gerente ◆ *(de una empresa pequeña)* encargado ◆ *(de un departamento)* jefe ◆ *(de un grupo pop, boxeador)* mánager ◆ *Ftb* entrenador

manageress [mænɪdʒə'res] *n* ◆ *(de una gran empresa)* directora, gerente ◆ *(de una empresa pequeña)* encargada ◆ *(de un departamento)* jefa ◆ *(de un grupo pop, boxeador)* mánager ◆ *Ftb* entrenadora

managerial [mænɪ'dʒɪərɪəl] *adj* directivo,-a

managing ['mænɪdʒɪŋ] *adj* **m. director**, director,-ora general

mandate ['mændeɪt] *n* mandato

mandatory ['mændətərɪ] *adj frml* obligatorio,-a

mane [meɪn] *n* ◆ *(de león, persona)* melena ◆ *(de caballo)* crin

maneuver [mə'nuːvər] *n & vtr US* → **manoeuvre**

manfully ['mænfʊlɪ] *adv* valientemente

manger ['meɪndʒər] *n* pesebre ◆ | LOC: **don't be a dog in the m.**, no seas como el perro del hortelano

mangle ['mæŋgəl] *vtr* destrozar

mango ['mæŋgəʊ] *n (pl mangoes) Bot* mango

mangy ['meɪndʒɪ] *adj (mangier, mangiest)* ◆ *(perro)* sarnoso,-a ◆ *fam (tela)* raído,-a

manhandle ['mænhændəl] *vtr* ◆ *(a una persona)* maltratar ◆ *(un mueble, bulto)* mover a pulso

manhood ['mænhʊd] *n (de un hombre)* ◆ madurez ◆ virilidad

mania ['meɪnɪə] *n* manía

maniac ['meɪnɪæk] *n* maníaco,-a, loco,-a

manic ['mænɪk] *adj* maníaco,-a

manic-depressive [mænɪkdɪ'presɪv] *adj & n* maníaco,-a depresivo,-a

manicure ['mænɪkjʊər] **1** *n* manicura | **2** *vtr* hacer la manicura a

manifest ['mænɪfest] *fml* **1** *adj* manifiesto,-a | **2** *vtr* manifestar

manifesto [mænɪ'festəʊ] *n Pol* manifiesto; programa electoral

manipulate [mə'nɪpjʊleɪt] *vtr* manipular

mankind [mæn'kaɪnd] *n* la humanidad

man-made

man-made ['mænmeɪd] *adj* ◆ *(fibra)* sintético,-a ◆ *(colina, lago)* artificial
manned [mænd] *adj* tripulado
manner ['mænəʳ] *n* ◆ forma, manera, modo; **in a m. of speaking,** por así decirlo *o* hasta cierto punto ◆ actitud, aire ◆ *frml* clase ◆ **manners** *pl,* modales, educación
mannerism ['mænərɪzəm] *n* ◆ peculiaridad ◆ *pey* amaneramiento
manoeuvre [mə'nu:vəʳ] **1** *n* maniobra | **2** *vtr* ◆ maniobrar ◆ *(a una persona)* manipular | **3** *vi* maniobrar
manor ['mænəʳ] *n* **m. house,** casa solariega
manpower ['mænpaʊəʳ] *n* mano de obra
mansion ['mænʃən] *n* mansión
manslaughter ['mænslɔ:təʳ] *n* homicidio
mantelpiece ['mæntəlpi:s] *n* repisa de la chimenea
manual ['mænjʊəl] *adj & n* manual
manufacture [mænjʊ'fæktʃəʳ] **1** *vtr* fabricar | **2** *n* fabricación
manufacturer [mænjʊ'fæktʃərəʳ] *n* fabricante
manure [mə'njʊəʳ] *n* abono, estiércol
manuscript ['mænjʊskrɪpt] *n* manuscrito
many ['menɪ] **1** *adj (more, most)* ◆ muchos,-as: **m. experts agree,** muchos expertos están de acuerdo; **a good/great m.,** muchísimos,-as ◆ **as/so m.,** tantos,-as ◆ **how m.?,** ¿cuántos,-as? ◆ **too m.,** demasiado,-as | **2** *pron* muchos,-as ➢ Ver nota en **mucho**
map [mæp] **1** *n* ◆ *(de un país, una región)* mapa ◆ *(de una ciudad)* plano | **2** *vtr* trazar un mapa/plano de
■ **map out** *vtr* planear
maple ['meɪpəl] *n Bot* arce
mar [mɑ:ʳ] *vtr* estropear
marathon ['mærəθən] *n* maratón
marble ['mɑ:bəl] **1** *n* ◆ *Geol* mármol ◆ *(juego)* canica ◆ | LOC: **she's lost her marbles,** ha perdido un tornillo *o* está majareta | **2** *adj* de mármol
March [mɑ:tʃ] *n* marzo
march [mɑ:tʃ] **1** *n* ◆ *Mil Mús* marcha ◆ manifestación, marcha | **2** *vi* ◆ marchar: **she marched into my office,** entró resueltamente en mi despacho; **to m. past,** desfilar [-, ante] ◆ manifestarse | **3** *vtr Mil* hacer marchar
mare [meəʳ] *n Zool* yegua

margarine [mɑ:dʒə'ri:n] *n* margarina
margin ['mɑ:dʒɪn] *n* ◆ *(de papel, de beneficios)* margen ◆ *(estadística)* margen de error
marginal ['mɑ:dʒɪnəl] *adj* ◆ *Fin (inversión)* marginal, poco rentable ◆ *Pol* **m. seat,** escaño ganado por escaso margen de votos
marginally ['mɑ:dʒɪnəlɪ] *adv* ligeramente
marina [mə'ri:nə] *n* puerto deportivo
marinade ['mærɪneɪd] *n Culin* adobo
marinate ['mærɪneɪt] *vtr Culin* adobar
marine [mə'ri:n] **1** *adj* marino,-a | **2** *n* soldado de infantería de marina
marital ['mærɪtəl] *adj* matrimonial, conyugal; **m. status,** estado civil
maritime ['mærɪtaɪm] *adj* marítimo,-a
marjoram ['mɑ:dʒərəm] *n Bot* mejorana
mark [mɑ:k] **1** *n* ◆ huella: **the cup left a m. on the table,** la taza dejó cerco en la mesa; *fig* **to leave one's m.,** dejar su impronta [in/on, en] ◆ mancha ◆ *(de un golpe)* marca ◆ **the temperature hit the forty degree m.,** la temperatura llegó hasta los cuarenta grados ◆ **as a m. of respect,** en señal de respeto ◆ serie, modelo ◆ blanco: **his forecast was wide of the m.,** su previsión estaba lejos de ser correcta; **to hit the m.,** dar en el blanco ◆ *Educ* nota ➢ Ver nota en **nota** ◆ *Dep* punto ◆ *Fin* marco | **2** *vtr* ◆ manchar, dejar una huella en ◆ señalar, marcar: **a stone marks his grave,** una losa marca su tumba ◆ caracterizar ◆ celebrar, señalar; **to m. the anniversary,** para celebrar el aniversario ◆ *Educ (un examen)* corregir; *(al estudiante)* dar las notas ◆ *Dep* marcar
■ **mark down** *vtr (un precio)* rebajar
■ **mark out** *vtr (un área)* delimitar
■ **mark up** *vtr (un precio)* aumentar
marked [mɑ:kt] *adj* marcado,-a
markedly ['mɑ:kɪdlɪ] *adv* considerablemente
marker ['mɑ:kəʳ] *n* ◆ marca, señal; **m. pen,** rotulador
market ['mɑ:kɪt] **1** *n* ◆ mercado; **m. forces,** leyes del mercado; **m. research,** estudio de mercado; **street m.,** mercadillo, rastro ◆ **(stock) m.,** bolsa (de valores) | **2** *vtr* ◆ comercializar ◆ promocionar
marketable ['mɑ:kɪtəbəl] *adj* comercializable

marketing ['mɑːkɪtɪŋ] *n* marketing, mercadotecnia
marketplace ['mɑːkɪtpleɪs] *n* (plaza del) mercado
marmalade ['mɑːməleɪd] *n* mermelada

> Observa que **marmalade** sólo se aplica a la naranja u otros cítricos. Con otro tipo de fruta (fresa, frambuesa, etc.), en el Reino Unido se usa la palabra **jam** y en Estados Unidos **jelly**. El nombre de la fruta se coloca siempre delante de **marmalade**, **jam** o **jelly**: *orange marmalade, strawberry jam, raspberry jelly*.

maroon [mə'ruːn] *adj* (de color) granate
marooned [mə'ruːnd] *adj* ◆ abandonado,-a (en una isla desierta) ◆ aislado,-a
marquee [mɑː'kiː] *n* carpa, entoldado
marquess, marquis ['mɑːkwɪs] *n* marqués
marriage ['mærɪdʒ] *n* ◆ (*ceremonia*) boda ◆ (*estado*) matrimonio
married ['mærɪd] *adj* casado,-a
marrow ['mærəʊ] *n* ◆ *Bot* calabacín grande ◆ *Anat* médula ◆ *Culin* tuétano
marry ['mærɪ] **1** *vtr* ◆ (*dos personas*) casarse con; **to get married**, casarse ◆ (*dar en matrimonio*) casar [**to**, con] ◆ (*el sacerdote, etc*) casar | **2** *vi* casarse ➢ Ver nota en **casar**
Mars [mɑːz] *n* Marte
marsh [mɑːʃ] *n* pantano
marshal ['mɑːʃəl] **1** *n* ◆ *Mil* mariscal ◆ (*en pruebas deportivas, manifestaciones*) oficial ◆ *US* jefe,-a de Policía | **2** *vtr* ◆ (*a las personas*) organizar; *Mil* formar ◆ (*ideas, etc*) ordenar
martial ['mɑːʃəl] *adj* marcial
Martian ['mɑːʃən] *n & adj* marciano,-a
martyr ['mɑːtə'] **1** *n* mártir | **2** *vtr* martirizar
martyrdom ['mɑːtədəm] *n* martirio
marvel ['mɑːvəl] **1** *n* maravilla | **2** *vi* maravillarse [**at**, de]
marvellous, *US* **marvelous** ['mɑːvələs] *adj* maravilloso,-a
Marxism ['mɑːksɪzəm] *n* marxismo
Marxist ['mɑːksɪst] *adj & n* marxista
marzipan ['mɑːzɪpæn] *n* mazapán
mascara [mæ'skɑːrə] *n* rímel
mascot ['mæskət] *n* mascota

masculine ['mæskjʊlɪn] *adj* masculino,-a

> **Masculine** es un adjetivo e indica que algo es típico del hombre: **masculine pride**, *orgullo masculino*; **masculine handwriting**, *letra masculina*. ➢ Ver nota en **male**.

mash [mæʃ] **1** *n* ◆ puré ◆ salvado | **2** *vtr Culin* aplastar, hacer puré; **mashed potatoes**, puré de patatas
mask [mɑːsk] **1** *n* ◆ máscara ◆ (*contra el polvo, las bacterias, etc*) mascarilla ◆ (*para disfrazarse*) antifaz, careta | **2** *vtr* ◆ enmascarar ◆ ocultar, tapar
masochist ['mæsəkɪst] *adj & n* masoquista
mason ['meɪsən] *n* ◆ albañil, mampostero,-a ◆ masón
masonic [mə'sɒnɪk] *adj* masónico,-a
masonry ['meɪsənrɪ] *n* ◆ albañilería, mampostería ◆ masonería
masquerade [mæskə'reɪd] **1** *n* mascarada | **2** *vi* **to m. as sthg**, hacerse pasar por algo
mass [mæs] **1** *n* ◆ *Rel* misa ◆ *Fís* masa ◆ (*de cosas*) montón, masa; (*de personas*) multitud ◆ **the masses** *pl*, las masas | **2** *adj* (*antes del sustantivo*) (*apoyo, paro, protesta*) masivo,-a, de masas; **m. media**, medios de comunicación de masas | **3** *vi* (*personas*) congregarse
massacre ['mæsəkə'] **1** *n* masacre, matanza | **2** *vtr* masacrar
massage ['mæsɑːʒ] **1** *n* masaje | **2** *vtr* masajear
masseur [mæ'sɜː'] *n* (*hombre*) masajista
masseuse [mæ'sɜːz] *n* (*mujer*) masajista
massive ['mæsɪv] *adj* ◆ (*tarea*) enorme ◆ (*muro*) sólido,-a, macizo,-a ◆ (*sobredosis*) masivo,-a; **m. heart attack**, infarto generalizado
mast [mɑːst] *n* ◆ *Naut* mástil ◆ *Rad TV* torre
master ['mɑːstə'] **1** *n* ◆ (*de una casa*) señor, amo ◆ (*de un animal, criado*) amo ◆ *GB* (*de una escuela*) profesor ◆ experto,-a, maestro,-a ◆ *Univ* **master's degree**, máster → **MA, MSc, MBA** ◆ *Náut* capitán ◆ (*grabación, programa, etc*) original | **2** *adj* ◆ (*grabación, programa, etc*) original ◆ (*interruptor*) general; (*llave, plan*) maestro,-a; (*dormitorio*) principal ◆ experto, maestro; **m. baker**, maestro panadero | **3** *vtr* llegar a dominar

masterful ['mɑːstəful] *adj* ◆ autoritario,-a ◆ dominante

masterly ['mɑːstəli] *adj* genial, magistral

mastermind ['mɑːstəmaɪnd] **1** *n (persona)* cerebro | **2** *vtr (un plan, crimen)* dirigir, planear

masterpiece ['mɑːstəpiːs] *n* obra maestra

mastery ['mɑːstəri] *n (de un idioma, una técnica)* dominio [**of, de**] ◆ maestría

masturbation ['mæstə'beɪʃən] *n* masturbación

mat [mæt] **1** *n* ◆ estera, alfombra; *(delante de la puerta)* felpudo ◆ *(para la mesa)* salvamanteles ◆ *(en un gimnasio)* colchoneta | **2** *vtr* enmarañar

match [mætʃ] **1** *n* ◆ cerilla ◆ *Dep* partido; *Box* combate ◆ igual: **he is no m. for his opponent,** no está a la altura de su contrincante ◆ combinación: **they're a perfect m.,** hacen una pareja perfecta | **2** *vtr* ◆ *(colores, ropa, etc)* hacer juego con, combinar con, armonizar con: **that that doesn't m. your shirt,** esa corbata no hace juego con tu camisa ◆ *(una cosa de un par)* ser el compañero de ◆ *(una descripción)* encajar con ◆ *(emparejar)* **m. the words with the definitions,** encuentre la definición más adecuada para cada palabra | **3** *vi* hacer juego

■ **match up 1** *vt* cotejar, emparejar | **2** *vi* concordar, coincidir

matchbox ['mætʃbɒks] *n* caja de cerillas

matching ['mætʃɪŋ] *adj* haciendo juego, a juego

mate [meɪt] **1** *n* ◆ *(de trabajo, piso)* compañero,-a ◆ *(de fontanero, albañil)* ayudante ◆ *GB fam* amigo,-a, amiguete ◆ *(trato personal a un hombre) (a un amigo)* chico, tío; *(a un desconocido)* jefe ◆ *Náut* oficial de cubierta ◆ *Zool* pareja (sexual) ◆ *Ajedrez* (**check**) **m.,** (jaque) mate | **2** *vi Zool* aparearse

material [mə'tɪərɪəl] **1** *adj* ◆ *(no espiritual)* material; **m. goods,** bienes materiales ◆ *(evidencia, diferencia)* sustancial | **2** *n* ◆ sustancia, materia: **the walls were of a porous m.,** las paredes eran de una materia porosa ◆ tela: **this m. is ideal for curtains,** esta tela es ideal para las cortinas ➢ Ver nota en **tela** ◆ *(para un libro, etc)* material ◆ **materials** *pl, (para hacer un trabajo)* material; **cleaning materials,** productos de limpieza

materialism [mə'tɪərɪəlɪzəm] *n* materialismo

materialistic [mətɪərɪə'lɪstɪk] *adj* materialista

materialize [mə'tɪərɪəlaɪz] *vi* ◆ hacerse realidad, materializarse: **the promised subsidy never materialized,** la subvención prometida nunca se materializó ◆ aparecer

maternal [mə'tɜːnəl] *adj* ◆ *(sentimiento)* maternal ◆ *(pariente)* materno,-a; **my m. grandfather,** mi abuelo materno

maternity [mə'tɜːnɪti] *n* maternidad; **m. clothes,** ropa premamá; **m. ward,** sala de partos

math [mæθ] *n US* → **maths**

mathematical [mæθə'mætɪkəl] *adj* matemático,-a

mathematician [mæθəmə'tɪʃən] *n* matemático,-a

mathematics [mæθə'mætɪks] *n* matemáticas

maths [mæθs] *n fam* matemáticas

matinée ['mætɪneɪ] *n Cine Teat* sesión *o* función de tarde.

mating ['meɪtɪŋ] *n* ◆ *Zool* apareamiento; **m. season,** época de celo ◆ *fig* unión

matrimonial [mætrɪ'məʊnɪəl] *adj* matrimonial

matrimony ['mætrɪməni] *n* ◆ *Jur Soc* matrimonio ◆ vida conyugal

matrix ['meɪtrɪks] *n (pl* **matrices** ['meɪtrɪsiːz]) matriz

matron ['meɪtrən] *n* ◆ matrona ◆ *Med* enfermera jefa

matt [mæt] *adj* mate

matted ['mætɪd] *adj (pelo)* enmarañado,-a

matter ['mætə'] **1** *n* ◆ *Fís* materia, sustancia ◆ *Med* pus ◆ material; **printed m.,** impresos; **reading m.,** material de lectura ◆ asunto, cuestión; **as a m. of fact,** en realidad; **a m. of life or death,** una cuestión de vida o muerte; **a m. of taste,** una cuestión de gusto ◆ problema: **what's the m. with you?,** ¿qué te pasa? ◆ *(importancia)* **no m. how expensive it is,** por muy caro que sea; **no m. what you say,** digas lo que digas; **no m. who you ask,** no importa a quién preguntes ◆ **matters** *pl,* **to make matters worse,** para colmo de males | **2** *vi* importar, tener importancia: **it doesn't m.,** da igual, no importa; **your opinions don't m.,** tus opiniones no tienen importancia

matter-of-fact ['mætərəvfækt] *adj* ◆ flemático,-a, ◆ práctico,-a, realista

mattress ['mætrɪs] *n* colchón

mature [mə'tʃʊəʳ] **1** *adj* ◆ *(persona, vino)* maduro,-a ◆ *(queso)* curado,-a ◆ *Fin* vencido,-a | **2** *vi* ◆ madurar ◆ *Fin* vencer | **3** *vtr* madurar

maturity [mə'tʃʊərɪti] *n* madurez

maul [mɔːl] *vtr* ◆ *(un animal)* herir, magullar ◆ *fig* maltratar ◆ *(a una persona)* sobar

mauve [məʊv] *adj* & *n (color)* malva

maverick ['mævərɪk] *n* & *adj* inconformista; *Pol* disidente

max [mæks] *(abr de maximum)* máximo, max.

maxim ['mæksɪm] *n* máxima

maximize ['mæksɪmaɪz] *vtr* maximizar

maximum ['mæksɪməm] **1** *n (pl maxima* ['mæksɪmə]*)* máximo | **2** *adj* máximo,-a

may [meɪ] *v aux (ps might) (posibilidad, probabilidad)* poder: **it m./might be true,** puede ser cierto; **she m./might not come,** puede que no venga ◆ *(para expresar concesión)* **she m. be pretty, but she's evil,** será guapa, pero es perversa ◆ **I m./might as well tell you that...,** más vale que te diga que... ◆ *(para dar/pedir permiso)* poder: **m. I come in?,** ¿puedo entrar?; **you m. leave,** puede irse ◆ | LOC: **be that as it m.,** sea como sea; **come what m.,** pase lo que pase

> **Might** implica un grado menor de probabilidad que **may**.

May [meɪ] *n* mayo

maybe ['meɪbiː] *adv* quizá(s), tal vez, a lo mejor

> Normalmente se coloca sólo al principio de la frase: Maybe he was right. *Quizás tenía razón.* Perhaps tiene el mismo significado, pero se puede colocar en otras posiciones: Perhaps he was right, he was perhaps right o he was right perhaps.

mayonnaise [meɪə'neɪz] *n Culin* mayonesa, mahonesa

mayor [meəʳ] *n Pol* alcalde, alcaldesa

mayoress ['meərɪs] *n* alcaldesa

maze [meɪz] *n* laberinto

MBA [embiː'eɪ] *(abr de Master in Business Administration)* máster en gestión de empresas

MD [em'diː] ◆ *fam (abr de Managing Director)* director,-ora ejecutivo,-a ◆ *(abr de Doctor of Medicine)* Dr(a). en Medicina

me [miː] *pron* ◆ *(como objeto directo o indirecto)* me: **can you hear me?,** ¿puedes oírme?; **she told me the news,** me contó la noticia ◆ *(con preposición)* mí: **he's richer than me,** es más rico que yo; **she's not as clever as me,** no es tan lista como yo; **behind me,** detrás de mí; **with me,** conmigo ◆ *(enfático)* yo: **it's me,** soy yo; **who, me?,** ¿quién, yo?

meadow ['medəʊ] *n* prado

meagre, *US* **meager** ['miːgəʳ] *adj* exiguo,-a

meal [miːl] *n* comida ➢ Ver nota en **comida**

mealtime ['miːltaɪm] *n* hora de comer

mean[1] [miːn] *vtr (ps & pp meant)* ◆ significar: **what does *abadejo* m.?,** ¿qué significa *abadejo*?; **you m. a lot to me,** eres muy importante para mí ◆ *(persona)* querer decir [**by,** con]: **she didn't m. it,** no lo dijo en serio; **what did he m. by that?,** ¿qué quiso decir con eso?; **yes, I m. no,** sí, es decir, no ◆ querer, tener la intención de: **I didn't m. to kill him,** no quería matarlo; **to m. well,** tener buenas intenciones ◆ destinar [**for,** a, para] ◆ implicar, suponer: **that means getting up early,** eso significa levantarse pronto ◆ *(fama)* **he's meant to be a ladies' man,** tiene fama de mujeriego

> Cuando **to mean** significa *tener la intención*, va seguido de infinitivo con **to** (I'm very sorry, I didn't mean to hurt you, *lo siento mucho, no era mi intención hacerte daño*) o complemento directo más el infinitivo con **to**: I'm afraid I meant you to do it. *Lo siento, pero quería que lo hicieses tú.*
> Cuando expresa *querer decir* o *significar,* necesita un sustantivo (U.K. means United Kingdom, *R.U. significa Reino Unido*) o una frase introducida por **that**: I thought you meant (that) you were going to stay. *Pensé que querías decir que ibas a quedarte.*
> Cuando significa *suponer,* va seguido de sustantivo (working more means more money, *trabajar más supone más dinero*) o gerundio: That will mean working more. *Eso supondrá trabajar más.*

mean[2] [miːn] *adj (meaner, meanest)* ◆ *(de dinero)* tacaño,-a ◆ *(de espíritu)* mez-

mean quino,-a, malo,-a; **don't be m. to him,** no lo trates mal ◆ *US* malhumorado,-a ◆ *fam* excelente ◆ *(casa, nacimiento)* humilde ◆ medio; **m. rainfall,** precipitación media ◆ | LOC: **she's no m. athlete,** es una atleta nada despreciable

mean[3] [mi:n] *n* promedio; *Mat* media

meaning ['mi:nɪŋ] *n* ◆ sentido, significado ◆ propósito

meaningful ['mi:nɪŋfʊl] *adj* significativo,-a

meaningless ['mi:nɪŋlɪs] *adj* sin sentido

meanness ['mi:nnɪs] *n* ◆ tacañería ◆ maldad, mezquindad

means [mi:nz] *n* ◆ *(sing o pl)* medio, manera: **the end justifies the m.,** el fin justifica los medios ◆ *(pl)* medios (económicos), recursos: **we live within our m.,** vivimos dentro de nuestras posibilidades ◆ | LOC: **by m. of,** por medio de; **by no m.,** de ninguna manera

meant [ment] *ps & pp* → **mean**[1]

meantime ['mi:ntaɪm] 1 *n* ◆ | LOC: **for the m.,** por ahora; **in the m.,** mientras tanto | 2 *adv fam* → **meanwhile**

meanwhile ['mi:nwaɪl] *adv* mientras tanto

measles ['mi:zəlz] *n Med* sarampión

measurable ['meʒərəbəl] *adj* ◆ *(medible)* que puede ser medido,-a ◆ *(perceptible)* apreciable

measure ['meʒəʳ] 1 *n* ◆ *(acción, cantidad, unidad)* medida; **to take measures,** tomar medidas; **an unpopular m.,** una medida impopular; **made to m.,** hecho,-a a medida ◆ regla; **tape m.,** cinta métrica ◆ *Mús* compás | 2 *vtr* medir

■ **measure up** *vi* **to m. up (to sthg),** estar a la altura de (algo)

measured ['meʒəd] *adj* ◆ *(movimiento)* acompasado,-a ◆ *(palabras, tono)* moderado,-a

measurement ['meʒəmənt] *n* medida

meat [mi:t] *n* carne

meatball ['mi:tbɔ:l] *n* albóndiga

meaty ['mi:tɪ] *adj (meatier, meatiest)* ◆ con mucha carne ◆ *fig* sustancioso,-a, jugoso,-a

mechanic [mɪ'kænɪk] *n* mecánico,-a

mechanical [mɪ'kænɪkəl] *adj* mecánico,-a

mechanics [mɪ'kænɪks] *n* ◆ *(sing) Fís Ing* mecánica ◆ *(pl) (de un aparato)* mecanismo

mechanism ['mekənɪzəm] *n* mecanismo

medal ['medəl] *n* medalla

medallion [mɪ'dæljən] *n* medallón

medallist, *US* **medalist** ['medəlɪst] *n* medallista

meddle ['medəl] *vi* ◆ entrometerse [**in, en**] ◆ toquetear [**with,** con]

media ['mi:dɪə] *npl* medios de comunicación; **m. studies,** ciencias de la Información

mediaeval [medɪ'i:vəl] *adj GB* medieval

median ['mi:dɪən] 1 *adj* mediano,-a. | 2 *n Geom* mediana

mediate ['mi:dɪeɪt] *vi* mediar

mediator ['mi:dɪeɪtəʳ] *n* mediador,-ora

medic ['medɪk] *n fam* 1 médico,-a | 2 *Univ* estudiante de Medicina

medical ['medɪkəl] 1 *adj* ◆ *(asistencia, cuidados, examen)* médico,-a ◆ *(caso)* clínico,-a ◆ *(estudiante, libro)* de medicina | 2 *n fam* chequeo

medicated ['medɪkeɪtɪd] *adj* medicinal

medication [medɪ'keɪʃən] *n* medicación

medicinal [me'dɪsɪnəl] *adj* medicinal

medicine ['medsɪn, 'medɪsɪn] *n* ◆ *(sustancia)* medicina, medicamento ◆ *(ciencia)* medicina

medieval [medɪ'i:vəl] *adj US* medieval

mediocre [mi:dɪ'əʊkəʳ] *adj* mediocre

meditate ['medɪteɪt] *vi* meditar [**on,** sobre]

meditation [medɪ'teɪʃən] *n* meditación

Mediterranean [medɪtə'reɪnɪən] 1 *adj* mediterráneo,-a | 2 *n* **the M. (sea),** el (mar) Mediterráneo

medium ['mi:dɪəm] 1 *adj (antes del sustantivo)* mediano,-a; **of m. size,** de tamaño medio | 2 *n* ◆ *(pl media)* medio ◆ punto medio ◆ *(pl mediums)* médium

meek [mi:k] *adj* dócil, manso,-a, sumiso,-a

meet [mi:t] 1 *vtr (ps & pp met)* ◆ conocer: **I first met her in Paris,** la conocí en París ◆ encontrarse con: **I met my brother in the park,** me encontré con mi hermano en el parque; **she met her death in an accident,** encontró la muerte en un accidente ◆ quedar con, reunirse con: **I'm meeting him at six,** he quedado con él a las seis ◆ ir a buscar: **I'll m. you at the station,** te iré a buscar a la estación ◆ tocar: **his eyes met mine,** nuestras miradas se cruzaron ◆ *Dep* enfrentarse con: **Barça meets Atlético tomorrow,** El Barça se enfrenta con el

mention

Atlético mañana ◆ *(un deber)* cumplir con ◆ *(un requerimiento)* satisfacer ◆ *(un gasto)* correr con | **2** *vi* ◆ encontrarse ◆ conocerse ◆ reunirse: **the committee meets every week,** el comité se reúne cada semana ◆ juntarse: **his eyebrows m.,** sus cejas se juntan ◆ *Dep* enfrentarse

■ **meet up** *vi fam* encontrarse, reunirse [**with,** con]

■ **meet with** *vtr* ◆ *(un problema)* tropezar con ◆ *(un accidente)* sufrir ◆ *US (una persona)* reunirse con

meeting ['miːtɪŋ] *n* ◆ *(casual)* encuentro ◆ *(acordado)* cita ◆ reunión ◆ *Pol* mitin ◆ *Com (de accionistas)* junta

megabyte ['megəbaɪt] *n Inform* megabyte

megaphone ['megəfəʊn] *n* megáfono

melancholy ['melənkəlɪ] **1** *n* melancolía | **2** *adj* melancólico,-a

mêlée, melee ['meleɪ] *n* tumulto

mellow ['meləʊ] **1** *adj* ◆ *(fruta)* maduro,-a, dulce ◆ *(vino, licor)* añejo,-a ◆ *(color, sonido)* suave ◆ *(persona)* apacible, tranquilo,-a | **2** *vi* ◆ *(fruta, vino)* madurar ◆ *(color, sonido)* suavizarse ◆ *(persona)* serenarse

melodious [mɪ'ləʊdɪəs] *adj* melodioso,-a

melodramatic [melədrə'mætɪk] *adj* melodramático,-a, *fig* trágico,-a: **don't be m.,** no seas trágico

melody ['melədɪ] *n* melodía

melon ['melən] *n Bot* melón

melt [melt] **1** *vtr (un metal)* fundir; *(hielo, chocolate)* derretir | **2** *vi* ◆ *(un metal)* fundirse; *(el hielo, chocolate)* derretirse ◆ *(una persona)* enternecerse

■ **melt away** *vi* ◆ *(el hielo)* derretirse ◆ *(la confianza, el dinero)* esfumarse ◆ *(persona)* desaparecer, esfumarse

■ **melt down** *vtr (metal)* fundir

melting point ['meltɪŋ pɔɪnt] *n* punto de fusión

member ['membəʳ] *n* ◆ *(de un comité, una junta)* miembro; *(de un partido, sindicato)* afiliado,-a, militante; *(de una sociedad)* socio,-a ◆ **m. of staff,** empleado,-a ◆ **crew m.,** tripulante ◆ **family m.,** familiar ◆ **M. of Congress,** miembro del Congreso; **M. of Parliament,** diputado,-a

membership ['membəʃɪp] *n* ◆ calidad de socio *o* miembro ◆ *(partido, sindicato)* afiliación, militancia ◆ pertenencia; **Spain's m. of the European Union,** la pertenencia de España a la Unión Europea ◆ número de socios

membrane ['membreɪn] *n* membrana

memento [mə'mentəʊ] *n* recuerdo

memo ['meməʊ] *n fam (abr de **memorandum**)* memorándum

memoirs ['memwɑːz] *npl* memorias

memorable ['memərəbəl] *adj* memorable

memorandum [memə'rændəm] *n (pl **memoranda**)* memorándum, nota

memorial [mɪ'mɔːrɪəl] **1** *adj* conmemorativo,-a | **2** *n* monumento conmemorativo

memorize ['meməraɪz] *vtr* memorizar, aprender de memoria

memory ['memərɪ] *n* ◆ *(facultad)* memoria ◆ recuerdo

men [men] *npl* → **man**

menace ['menɪs] **1** *n* ◆ amenaza, peligro ◆ *(de voz)* tono amenazador ◆ *(persona)* peligro público, amenaza | **2** *vtr* amenazar

menacing ['menɪsɪŋ] *adj* amenazador,-ora

menagerie [mɪ'nædʒərɪ] *n* reserva de animales salvajes

mend [mend] **1** *vtr (una calle, pared, un coche,)* reparar, arreglar; *(la ropa, los zapatos)* arreglar, remendar | **2** *vi (una herida)* curarse; *(un hueso fracturado)* soldarse | **3** *n* remiendo, zurcido

mending ['mendɪŋ] *n* ropa para remendar

menfolk ['menfəʊk] *npl* hombres

menopause ['menəpɔːz] *n* menopausia

menstrual ['menstrʊəl] *adj* menstrual

menstruation [menstrʊ'eɪʃən] *n* menstruación

menswear ['menzweəʳ] *n* ropa de caballero

mental ['mentəl] *adj* ◆ *(habilidad, salud)* mental ◆ *(enfermo, hospital)* psiquiátrico,-a ◆ *(minusvalía)* psíquico,-a ◆ *fam* chiflado,-a

mentality [men'tælɪtɪ] *n* mentalidad

mentally ['mentəlɪ] *adv* mentalmente; **m. disturbed,** trastornado,-a; **m. handicapped,** disminuido,-a psíquico,-a; **m. ill,** enfermo,-a mental

mention ['menʃən] **1** *n* mención | **2** *vtr* mencionar: **it's expensive, not to m. dangerous,** es caro, amén de peligroso

menu

◆ | LOC: **thanks! - don't m. i**, ¡gracias! - de nada

> Si quieres usar **to mention** con un verbo como complemento, tiene que ser un gerundio: **I mentioned going but he didn't say anything.** *Mencioné que iba, pero no dijo nada.* Cuando el verbo subordinado y **to mention** tienen sujetos diferentes, puedes usar un adjetivo posesivo: **I mentioned your going but he didn't say anything.** *Mencioné (yo) que ibas (tú), pero no dijo nada.* Sin embargo, es una construcción algo formal, y lo natural sería decir: **I mentioned that you were going...**

menu ['menjuː] *n* ◆ *(con los platos y precios)* carta; *(plato del día)* menú; **today's m.**, menú del día ◆ *Comput* menú
mercantile ['mɜːkəntaɪl] *adj* mercantil
mercenary ['mɜːsɪnərɪ] *adj & n* mercenario,-a
merchandise ['mɜːtʃəndaɪz] *n* mercancías
merchant ['mɜːtʃənt] *n* ◆ *Com Fin* comerciante ◆ **m. bank**, *GB* banco comercial | **2** *adj (marina, buque)* mercante
merciful ['mɜːsɪful] *adj* ◆ *(persona)* misericordioso,-a, clemente, compasivo,-a [**towards,** con] ◆ *(acontecimiento)* afortunado,-a
mercifully ['mɜːsɪfulɪ] *adv* ◆ compasivamente, con clemencia ◆ afortunadamente
merciless ['mɜːsɪlɪs] *adj* despiadado,-a
mercury ['mɜːkjʊrɪ] *n* mercurio
Mercury ['mɜːkjʊrɪ] *n* Mercurio
mercy ['mɜːsɪ] *n* ◆ misericordia, compasión; **to have m.**, tener piedad [**on,** de]; **m. killing**, eutanasia ◆ bendición, suerte
mere [mɪəʳ] *adj* mero,-a, simple; **a m. formality**, una simple formalidad
merely ['mɪəlɪ] *adv* simplemente
merge [mɜːdʒ] **1** *vtr* combinar, mezclar; *(organizaciones, archivos)* fusionar | **2** *vi* unirse; *(carreteras)* empalmar; *(organizaciones)* fusionarse; *(colores)* fundirse
merger ['mɜːdʒəʳ] *n Com* fusión
meringue [məˈræŋ] *n* merengue
merit ['merɪt] **1** *n* ◆ *(de una persona)* mérito ◆ *(de un plan)* cualidad, ventaja ◆ *GB Educ* ≈ mención especial | **2** *vtr frml* merecer
mermaid ['mɜːmeɪd] *n* sirena
merry ['merɪ] *adj* **(merrier, merriest)** ◆ *(persona)* alegre ◆ **M. Christmas!**, ¡Feliz Navidad! ◆ *fam (achispado)* alegre
merry-go-round ['merɪɡəʊraʊnd] *n* tiovivo
mesh [meʃ] *n* malla
mesmerize ['mezməraɪz] *vtr* hipnotizar
mess [mes] **1** *n* ◆ confusión, desorden; **in a m.**, *(casa)* desordenado,-a, revuelto,-a ◆ suciedad; **to make a m. of sthg**, ensuciar algo; **in a m.**, *(suelo, etc)* sucio,-a ◆ lío, aprieto: **the country's in a m.**, el país está en una situación difícil; **he got into a m. with money**, se metió en un lío de dinero; **to make a m. of sthg**, hacer algo muy mal ◆ *fam* **she looks a m.**, está hecha un cuadro ◆ *fam euf GB* **dog m.**, caca de perro ◆ *Mil Náut* comedor
■ **mess about/around 1** *vi* entretenerse, pasar el rato: **I like messing about in the kitchen**, me gusta entretenerme en la cocina ◆ hacer el tonto ◆ **m. about with sthg**, manosear algo | **2** *vtr* ◆ fastidiar ◆ *(a la pareja, cónyuge)* engañar
■ **mess up** *vtr* ◆ desordenar ◆ ensuciar ◆ estropear
■ **mess with** *vtr* meterse con
message ['mesɪdʒ] *n* ◆ mensaje; *Inform* **error m.**, mensaje de error ◆ *(nota, etc)* recado
messenger ['mesɪndʒəʳ] *n* mensajero,-a
Messiah [mɪˈsaɪə] *n Rel* Mesías
Messrs ['mesəz] *Com (abr de pl de Mr)* Sres.
messy ['mesɪ] *adj* **(messier, messiest)** ◆ *(casa, habitación)* desordenado,-a ◆ *(suelo, etc)* sucio,-a ◆ *fig (un asunto)* turbio,-a
met [met] *ps & pp* → **meet**
metabolism [meˈtæbəlɪzəm] *n* metabolismo
metal ['metəl] **1** *n* metal | **2** *adj* metálico,-a
metallic [mɪˈtælɪk] *adj* metálico,-a; **m. paint**, pintura metalizada
metallurgy [meˈtælədʒɪ] *n* metalurgia
metalwork ['metəlwɜːk] *n* ◆ trabajo en metal, carpintería en metal
metamorphosis [metəˈmɔːfəsɪs] *n* metamorfosis
metaphor ['metəfəʳ] *n* metáfora
meteor ['miːtɪəʳ] *n* meteoro
meteoric [miːtɪˈɒrɪk] *adj* meteórico,-a
meteorite ['miːtɪəraɪt] *n* meteorito
meter ['miːtəʳ] *n* ◆ contador ◆ *US* → **metre**

method ['meθəd] *n* método
methodical [mɪ'θɒdɪkəl] *adj* metódico,-a
Methodist ['meθədɪst] *adj & n* metodista
meticulous [mə'tɪkjʊləs] *adj* meticuloso,-a
metre ['miːtə'] *n* metro
metric ['metrɪk] *adj* métrico,-a
metropolis [mɪ'trɒpəlɪs] *n* metrópoli
metropolitan [metrə'pɒlɪtən] *adj* metropolitano,-a
mew [mjuː] → miaow
Mexican ['meksɪkən] *adj & n* mejicano,-a, mexicano,-a
Mexico ['meksɪkəʊ] *n* Méjico, México
miaow [miːˈaʊ] **1** *vi* maullar | **2** *n* maullido
mice [maɪs] *npl* → mouse
mickey ['mɪkɪ] *n* ♦ | LOC: *GB fam* **to take the m. (out of sb),** tomar el pelo (a alguien)
micro ['maɪkrəʊ] *n Comput* microordenador
microbe ['maɪkrəʊb] *n* microbio
microchip ['maɪkrəʊtʃɪp] *n* microchip
microcomputer [maɪkrəʊkəm'pjuːtə'] *n Inform* microordenador
microorganism ['maɪkrəʊ'ɔːrgənɪzəm] *n* microorganismo
microphone ['maɪkrəfəʊn] *n* micrófono
microprocessor [maɪkrəʊ'prəʊsesə'] *n Inform* microprocesador
microscope ['maɪkrəskəʊp] *n* microscopio
microwave ['maɪkrəʊweɪv] *n* ♦ *Fís Tel* microonda ♦ **m. (oven),** (horno) microondas
mid [mɪd] *adj & pref* medio,-a: **she's in her m.-fifties,** tiene cincuenta y tantos; **in m.-September,** a mediados de septiembre; **the m. morning sun,** el sol de media mañana
midair [mɪd'eə'] *adj* en el aire; **m. collision,** colisión en el aire
midday [mɪd'deɪ] *n* mediodía
middle ['mɪdəl] **1** *n* ♦ centro, medio; **in the m. of July,** a mediados de julio; **in the m. of the road,** en medio de la calle ♦ **I'm in the m. of getting dressed,** ahora mismo me estoy vistiendo ♦ *fam* cintura ♦ | LOC: *fam* **in the m. of nowhere,** en el quinto pino | **2** *adj* medio, central, de en medio: **my house is the m. one,** mi casa es la de en medio; **the M. Ages,** la Edad Media; **the M. East,** el Oriente Medio
middle age [mɪdəl'eɪdʒ] *n* madurez, mediana edad
middle-aged [mɪdəl'eɪdʒd] *adj* de mediana edad
middle-class [mɪdəl'klɑːs] *adj* de clase media
middleman ['mɪdəlmæn] *n* intermediario
middleweight ['mɪdəlweɪt] *n Dep* peso medio
midfielder [mɪd'fiːldə'] *n Dep* centrocampista
midge [mɪdʒ] *n* mosquito pequeño
midget ['mɪdʒɪt] *n* enano,-a
midnight ['mɪdnaɪt] *n* medianoche
midriff ['mɪdrɪf] *n* estómago
midst [mɪdst] *prep* medio; **in the m. of,** en medio de
midsummer [mɪd'sʌmə'] *n* ♦ solsticio de verano ♦ *fig* pleno verano
midway ['mɪdweɪ] *adv* a mitad de camino
midweek [mɪd'wiːk] *adj* de entre semana
midwife ['mɪdwaɪf] *n* comadrona, partera
midwinter [mɪd'wɪntə'] *n* ♦ solsticio de invierno ♦ pleno invierno
miffed [mɪft] *adj fam* ofendido,-a
might[1] [maɪt] *v aux* → may
might[2] [maɪt] *n frml* fuerza, poder
mighty ['maɪtɪ] **1** *adj (mightier, mightiest)* ♦ *(persona, imperio)* poderoso,-a ♦ *(mar, río)* imponente | **2** *adv US fam* muy
migraine ['miːgreɪn], *US* ['maɪgreɪn] *n* migraña, jaqueca
migrant ['maɪgrənt] **1** *adj* ♦ *Zool* migratorio,-a ♦ *(obrero)* emigrante | **2** *n* ♦ nómada ♦ emigrante ♦ *Zool* ave migratoria
migrate [maɪ'greɪt] *vi* emigrar
migration [maɪ'greɪʃən] *n* migración
migratory ['maɪgrətrɪ] *adj* migratorio,-a
mike [maɪk] *n fam (abr de microphone)* micro
mild [maɪld] *adj* ♦ *(clima)* templado,-a, agradable ♦ *(crítica)* poco severo,-a, benigno,-a ♦ *(persona)* apacible, bondadoso,-a ♦ *(sabor, sensación)* suave
mildew ['mɪldjuː] *n* moho
mildly ['maɪldlɪ] *adv* suavemente ♦ ligeramente; **m. astringent,** ligeramente astringente ♦ | LOC: **to put it m.,** por no decir algo peor

mildness ['maɪldnɪs] *n* ◆ *(de persona)* bondad ◆ *(de clima, sabor)* suavidad

mile [maɪl] *n* milla (1.609 metros) ◆ | LOC: **you were miles away,** se te fue al santo al cielo; **miles better,** mucho mejor

mileage ['maɪlɪdʒ] *n* ≈ kilometraje

milestone ['maɪlstəʊn] *n* hito

militant ['mɪlɪtənt] *adj* & *n* militante

military ['mɪlɪtərɪ] *adj* militar

militia [mɪ'lɪʃə] *n* milicia

milk [mɪlk] **1** *n* leche | **2** *adj* lácteo,-a; **m. products,** productos lácteos | **3** *vtr* ◆ *(a un animal)* ordeñar ◆ *fam* aprovechar, explotar

milkman ['mɪlkmən] *n* lechero

milky ['mɪlkɪ] *adj* (*milkier, milkiest*) ◆ *(café, té)* con mucha leche ◆ lechoso,-a ◆ *Astron* **M. Way,** Vía Láctea

mill [mɪl] **1** *n* ◆ molino ◆ *(para pimienta, café)* molinillo ◆ *(de algodón, papel)* fábrica; **saw m.,** aserradero | **2** *vtr* ◆ moler ◆ *Téc* fresar
■ **mill about/around** *vi* (*gentío*) pulular

millennium [mɪ'lenɪəm] *n* (*pl* **milleniums** *o* **millenia** [mɪ'lenɪə]) milenio

miller ['mɪlə^r] *n* molinero,-a

millet ['mɪlɪt] *n* mijo

million ['mɪljən] *n* millón

millionaire [mɪljə'neə^r] *n* millonario,-a

millstone ['mɪlstəʊn] *n* ◆ rueda de molino ◆ *fig* carga, cruz

mime [maɪm] **1** *n* ◆ *(artista)* mimo ◆ *(arte)* mímica ◆ *(acción)* pantomima | **2** *vtr* imitar

mimic ['mɪmɪk] **1** *adj* & *n* mímico,-a, imitador,-ora | **2** *vtr* imitar

minaret ['mɪnəret] *n* alminar, minarete

mince [mɪns] **1** *vtr* ◆ *(carne)* picar, moler ◆ | LOC: **not to m. one's words,** no tener pelos en la lengua | **2** *n* GB carne picada

mincemeat ['mɪnsmiːt] *n* ◆ GB conserva de fruta picada y especias ◆ carne picada ◆ | LOC: **to make m. of sb,** hacer picadillo a alguien

mincer ['mɪnsə^r] *n* picadora

mind [maɪnd] **1** *n* ◆ mente, inteligencia: **he has a very quick m.,** tiene una mente muy ágil; **keep your m. on the job,** concéntrate en el trabajo; **to bear/keep sthg in m.,** tener algo presente; **to have sthg in m.,** tener algo en mente ◆ juicio: **you're out of your m.!,** ¡estás loco!; **to lose one's m.,** volverse loco,-a ◆ opinión; **to change one's m.,** cambiar de opinión; **to make up one's m.,** decidirse; **to speak one's m.,** decir lo que uno piensa ◆ intención: **I had a good m. to go home,** me faltó poco para marcharme a casa ◆ *Fil* espíritu ◆ **I can't see it, never m. read it,** no puedo verlo, mucho menos leerlo | **2** *vtr* ◆ tener objeciones: **I don't m. her, but he's awful,** ella no me molesta, pero él me repugnante; **I wouldn't m. a drink,** no me importaría tomar algo ◆ tener cuidado: **m. you come straight home,** acuérdate de que tienes que volver directamente a casa; **m. your head!,** ¡cuidado con la cabeza! ◆ cuidar: **can you m. the children tomorrow?,** ¿puedes cuidar a los niños mañana?; **to m. one's own business,** no entrometerse (en asuntos ajenos) | **3** *vi* ◆ preocuparse: **never m.,** no te preocupes ◆ importar *(usu negativo o interrogativo)* **do you m. if I smoke?,** ¿te importa si fumo?; **I don't m.,** me da igual ◆ *excl* (*indignación*) **do you m.!,** ¡hágame el favor!

> Cuando quieres decir que algo no tiene importancia, debes usar el gerundio: **I don't mind answering your questions.** *No me importa contestar a tus preguntas.* Cuando el sujeto del verbo subordinado no coincide con el sujeto del verbo principal, debes usar un adjetivo posesivo o, en situaciones menos formales, un complemento directo: **I don't mind your/you asking me any questions.** *No me importa (a mí) que me hagas preguntas (tú).*

minder ['maɪndə^r] *n fam* guardaespaldas

mindless ['maɪndlɪs] *adj* ◆ *(actividad)* mecánico,-a ◆ *(violencia)* absurdo,-a ◆ *(persona)* estúpido,-a

mine¹ [maɪn] *pron pos* (el) mío, (la) mía, (los) míos, (las) mías, lo mío: **m. is bigger than yours,** el mío es más grande que el tuyo; **that car is m.,** ese coche es mío; **this is a friend of m.,** éste es un amigo mío

mine² [maɪn] **1** *n* Geol & Mil & *fig* mina | **2** *vtr* ◆ Geol (*mineral*) extraer ◆ *Mil* minar

minefield ['maɪnfiːld] *n* campo de minas

miner ['maɪnə^r] *n* minero,-a

mineral ['mɪnərəl] **1** *adj* mineral; **m. water,** agua mineral | **2** *n* mineral

mingle ['mɪŋgəl] *vi* mezclarse [**with,** con]

miniature ['mɪnɪtʃəʳ] 1 *n* miniatura | 2 *adj* ◆ *(maqueta)* en miniatura ◆ *fig* diminuto,-a

minibus ['mɪnɪbʌs] *n GB* microbús

minimal ['mɪnɪməl] *adj* mínimo,-a

minimize ['mɪnɪmaɪz] *vtr* minimizar

minimum ['mɪnɪməm] 1 *adj* mínimo,-a | 2 *n* mínimo

mining ['maɪnɪŋ] 1 *n* ◆ *Geol* minería | 2 *adj* minero,-a

miniskirt ['mɪnɪskɜːt] *n* minifalda

minister ['mɪnɪstəʳ] *n* ◆ *Pol* ministro,-a ➤ Ver nota en **secretary** ◆ *Rel* pastor,-ora

ministerial [mɪnɪ'stɪərɪəl] *adj Pol* ministerial

ministry ['mɪnɪstrɪ] *n* ◆ *Pol* ministerio ➤ Ver nota en **ministerio** ◆ *Rel* sacerdocio

mink [mɪŋk] *n* visón

minor ['maɪnəʳ] 1 *adj* ◆ *(carretera, papel)* secundario,-a ◆ *(operación)* sin gravedad, menor, leve; *(detalle)* sin importancia ◆ *Mús* menor | 2 *n Jur* menor de edad

minority [maɪ'nɒrɪtɪ] 1 *n* minoría | 2 *adj (opinión, partido)* minoritario,-a

mint [mɪnt] 1 *n* ◆ *Bot* menta ◆ *Fin* casa de la moneda ◆ pastilla de menta | 2 *adj* ◆ **in m. condition,** en perfecto estado, sin estrenar ◆ de menta | 2 *vtr (una moneda, palabra, etc)* acuñar

minus ['maɪnəs] 1 *prep* ◆ *Mat* menos; **ten m. six,** diez menos seis ◆ *Meteor* **m. forty degrees,** cuarenta grados bajo cero ◆ *fam hum* sin: **he came m. his wife,** vino sin su mujer | 2 *adj* negativo,-a | 3 *n* ◆ *Mat* **m. (sign),** (signo) menos ◆ *fam* desventaja

minute¹ ['mɪnɪt] *n* ◆ minuto; **one m. to five,** las cinco menos un minuto ◆ momento: **wait a m.,** espera un momento; **any m. now,** de un momento a otro; **at the last m.,** a última hora; ◆ **minutes** *pl, (de una reunión)* actas

minute² [maɪ'njuːt] *adj* ◆ diminuto,-a ◆ minucioso,-a

miracle ['mɪrəkəl] *n* milagro

miraculous [mɪ'rækjʊləs] *adj* milagroso,-a

mirage [mɪ'rɑːʒ] *n* espejismo

mirror ['mɪrəʳ] 1 *n* ◆ espejo; *(de coche)* retrovisor; **m. image,** reflejo ◆ *(de opinión)* reflejo | 2 *vtr* reflejar

misadventure [mɪsəd'ventʃəʳ] *n* desgracia; *Jur* **death by m.,** muerte accidental

misanthropist [mɪ'zænθrəpɪst] *n* misántropo,-a

misbehave [mɪsbɪ'heɪv] *vi* portarse mal

miscalculate [mɪs'kælkjʊleɪt] *vtr & vi* calcular mal

miscalculation [mɪskælkjʊ'leɪʃən] *n* error de cálculo

miscarriage ['mɪskærɪdʒ] *n* ◆ *Med* aborto (espontáneo) ➤ Ver nota en **abortion** ◆ | LOC: **m. of justice,** error judicial

miscellaneous [mɪsɪ'leɪnɪəs] *adj* diverso,-a, variado,-a

mischief ['mɪstʃɪf] *n* ◆ *(de niño)* travesura ◆ *frml* malicia

mischievous ['mɪstʃɪvəs] *adj* ◆ *(niño)* travieso,-a ◆ *(sonrisa)* pícaro,-a ◆ *frml* malicioso,-a

misconceived [mɪskən'siːvd] *adj* ◆ erróneo,-a ◆ *(plan)* descabellado,-a

misconception [mɪskən'sepʃən] *n* idea equivocada

misconduct [mɪs'kɒndʌkt] *n frml* mala conducta

miscount [mɪs'kaʊnt] *vtr* contar mal

misdeed [mɪs'diːd] *n* fechoría

miser ['maɪzəʳ] *n* avaro,-a

miserable ['mɪzərəbəl] *adj* ◆ *(persona)* triste, afligido,-a ◆ *(sitio, tiempo)* deprimente ◆ desgraciado,-a, desdichado,-a ◆ despreciable, vil ◆ *(sueldo, etc)* miserable

miserably ['mɪzərəblɪ] *adv* ◆ *(hacer, decir algo)* tristemente ◆ *(fracasar)* rotundamente

miserly ['maɪzəlɪ] *adj* avaro,-a, tacaño,-a

misery ['mɪzərɪ] *n* ◆ tristeza ◆ desgracia ◆ aflicción, sufrimiento ◆ miseria ◆ *fam* **he's a real m.,** es un auténtico aguafiestas

misfire [mɪs'faɪəʳ] *vi* ◆ *(arma, motor, plan)* fallar ◆ **the joke misfired,** la broma no hizo gracia

misfit ['mɪsfɪt] *n* inadaptado,-a

misfortune [mɪs'fɔːtʃən] *n* desgracia

misgiving [mɪs'gɪvɪŋ] *n* ◆ recelo ◆ duda

misguided [mɪs'gaɪdɪd] *adj* equivocado,-a

mishandle [mɪs'hændəl] *vtr (un asunto)* llevar *o* manejar mal

mishap ['mɪshæp] *n* contratiempo, percance

misinform [mɪsɪn'fɔːm] *vtr* informar mal

misinterpret [mɪsɪn'tɜːprɪt] *vtr* ◆ interpretar mal, malinterpretar ◆ *(a propósito)* tergiversar

misjudge [mɪs'dʒʌdʒ] *vtr* ◆ juzgar mal ◆ calcular mal

mislay [mɪsˈleɪ] *vtr* extraviar, perder
mislead [mɪsˈliːd] *vtr* ◆ despistar ◆ *(a propósito)* engañar
misleading [mɪsˈliːdɪŋ] *adj* ◆ erróneo,-a ◆ *(a propósito)* engañoso,-a
mismanagement [mɪsˈmænɪdʒmənt] *n* mala administración
misogynist [mɪˈsɒdʒɪnɪst] *n* misógino,-a
misplaced [mɪsˈpleɪst] *adj* ◆ *(una cosa)* extraviado,-a ◆ *(confianza)* no merecido,-a ◆ *(entusiasmo)* inapropriado,-a, fuera de lugar
misprint [ˈmɪsprɪnt] *n* errata, error de imprenta
misread [mɪsˈriːd] *vtr* ◆ leer mal ◆ interpretar mal
misrepresent [mɪsrɛprɪˈzɛnt] *vtr* ◆ *(sucesos)* deformar ◆ *(opiniones, palabras)* tergiversar
miss [mɪs] 1 *vtr* ◆ *(un golpe, tiro)* errar, fallar; **to m. the ball**, no dar a la pelota ◆ *(un avión, tren)* perder ◆ *(una experiencia, oportunidad)* perder(se), dejar pasar ◆ no percibir: **I missed her at the station**, no la vi en la estación; **I missed what he said**, no oí lo que dijo; **to m. the point**, no captar la idea ◆ omitir, saltarse ◆ *(gentío, tráfico)* evitar ◆ *(un país, una persona)* echar de menos ◆ *(algo perdido)* echar en falta | 2 *n* ◆ fallo ◆ tiro fallido ◆ *fam* **I'm giving the party a m.**, no voy a la fiesta ◆ **Miss**, señorita; **Miss World**, Miss Mundo | 3 *vi* fallar

> Cuando **to miss** significa *echar de menos* o *perder* y quieres usar un verbo, tiene que ser un gerundio: **I'll miss hearing her voice.** *Echaré de menos oír su voz.* **I'm sorry I missed seeing you the other day.** *Siento no haberte visto el otro día.*

■ **miss out** 1 *vtr* ◆ omitir, saltarse ◆ excluir | 2 *vi* **to m. out**, perdérselo; **to m. out on sthg**, perderse algo
misshapen [mɪsˈʃeɪpən] *adj* deforme
missile [ˈmɪsaɪl] *US* [ˈmɪsəl] *n* ◆ *Mil* misil ◆ *(piedra, etc)* proyectil
missing [ˈmɪsɪŋ] *adj* ◆ *(objeto)* perdido,-a ◆ *(persona)* desaparecido,-a ◆ ausente; **to be m.**, faltar: **who is m.?**, ¿quién falta?
mission [ˈmɪʃən] *n* misión
missionary [ˈmɪʃənrɪ] *n* misionero,-a
mist [mɪst] *n* neblina, niebla; **sea m.**, bruma

■ **mist over/up** *vi (ojos, espejo)* empañar(se)
mistake [mɪˈsteɪk] 1 *n* error, equivocación; **to make a m.**, cometer un error, equivocarse; **spelling m.**, falta de ortografía ➢ Ver nota en **error** ◆ | LOC: **by m.**, por error, sin querer | 2 *vtr (ps mistook; pp mistaken)* ◆ confundir [**A for B**, A con B]
mistaken [mɪˈsteɪkən] *adj* ◆ *pp* → **mistake** ◆ *(persona)* equivocado,-a ◆ *(concepto, creencia)* erróneo,-a
mister [ˈmɪstə*r*] *n (generalmente se usa la forma abreviada **Mr**)* señor
mistletoe [ˈmɪsəltəʊ] *n Bot* muérdago
mistook [mɪˈstʊk] *ps* → **mistake**
mistreat [mɪsˈtriːt] *vtr* maltratar
mistress [ˈmɪstrɪs] *n* ◆ *(de una casa, de un criado)* señora, ama ◆ *(de un animal)* dueña, ama ◆ amante ◆ *Educ* maestra, profesora
mistrust [mɪsˈtrʌst] 1 *n* desconfianza, recelo | 2 *vtr* desconfiar de, recelar de
misty [ˈmɪstɪ] *adj (mistier, mistiest)* ◆ *(día)* de niebla, brumoso,-a ◆ *(cristal)* empañado,-a ◆ *(ojos)* empañado,-a, lloroso,-a
misunderstand [mɪsʌndəˈstænd] *vtr* & *vi* entender mal
misunderstanding [mɪsʌndəˈstændɪŋ] *n* ◆ confusión, malentendido ◆ desacuerdo, diferencia
misuse [mɪsˈjuːs] 1 *n* ◆ *(de un aparato, una palabra)* uso incorrecto ◆ *(de la autoridad)* abuso ◆ *(de fondos)* malversación | 2 [mɪsˈjuːz] *vtr* ◆ *(un aparato, una palabra)* emplear mal ◆ *(la autoridad)* abusar de ◆ *(fondos, dinero)* malversar, despilfarrar
mitigate [ˈmɪtɪgeɪt] *vtr* atenuar, mitigar
mitten [ˈmɪtən] *n* manopla
mix [mɪks] 1 *n* mezcla | 2 *vtr* ◆ mezclar ◆ *(un cóctel, etc)* preparar | 3 *vi* ◆ *(sustancias)* mezclarse [**with**, con] ◆ *(personas)* relacionarse [**with**, con]: **she doesn't m.**, no sabe relacionarse con los demás *o* es poco sociable

■ **mix up** *vtr* ◆ confundir [**with**, con] ◆ desordenar, revolver ◆ involucrar, meter: **don't m. me up in this business**, no me metas en esto
mixed [mɪkst] *adj* ◆ surtido,-a, variado,-a ◆ *Educ Dep* mixto,-a ◆ *(opinión)* ambivalente, contradictorio,-a
mixed-up [mɪkstˈʌp] *adj* ◆ confuso,-a ◆ revuelto,-a
mixer [ˈmɪksə*r*] *n* ◆ *Culin* batidora ◆ *Rad TV Cine* operador,-ora de sonido ◆ **to be a good/bad m.**, ser muy/poco sociable

mixture ['mɪkstʃəʳ] *n* mezcla
mix-up ['mɪksʌp] *n fam* confusión, lío
moan [məʊn] **1** *n* ◆ gemido ◆ *fam* queja | **2** *vi* ◆ gemir ◆ *fam* quejarse [**about, de**]
moat [məʊt] *n Hist* foso
mob [mɒb] **1** *n* ◆ multitud; *pey* turba ◆ **the M.,** la Mafia | **2** *vtr* acosar, asediar
mobile ['məʊbaɪl, US 'məʊbəl] **1** *adj* móvil | **2** *n* (teléfono) móvil, portátil
mobility [məʊ'bɪlɪtɪ] *n* movilidad
mobilize ['məʊbɪlaɪz] *vtr* movilizar
mock [mɒk] **1** *adj* ◆ simulado,-a ◆ *Educ* (examen) de práctica | **2** *vtr* burlarse de | **3** *vi* burlarse, mofarse [**at, de**]
mockery ['mɒkərɪ] *n* ◆ burla ◆ farsa: **this is a m. of justice,** esto es una parodia de la justicia
mode [məʊd] *n* ◆ modo, estilo ◆ *Inform* modalidad ◆ *(ropa)* moda
model ['mɒdəl] **1** *n* ◆ ejemplo, modelo ◆ *(en una pasarela de moda)* modelo ◆ *(a escala)* maqueta | **2** *adj* ◆ ejemplar, modelo ◆ *(tren, avión)* miniatura | **3** *vtr* ◆ *(arcilla)* modelar ◆ basar [**on,** en] ◆ *(ropa, colección de moda)* presentar | **4** *vi* ◆ hacer maquetas, modelar ◆ trabajar de modelo
modem ['məʊdem] *n Inform* módem
moderate ['mɒdərət] **1** *adj* ◆ *(precio)* módico,-a, aceptable ◆ *(opinión, temperatura, viento)* moderado,-a ◆ *(habilidad)* regular | **2** *n Pol* moderado,-a | **3** ['mɒdəreɪt] *vtr* moderar | **4** *vi* ◆ moderarse ◆ *(lluvia, viento, etc)* calmarse, amainar ◆ arbitrar
moderately ['mɒdərətlɪ] *adv* medianamente
moderation [mɒdə'reɪʃən] *n* moderación ◆ | LOC: **in m.,** con moderación
modern ['mɒdən] *adj* moderno,-a
modernize ['mɒdənaɪz] *vtr* modernizar
modest ['mɒdɪst] *adj* ◆ *(casa, persona)* modesto,-a ◆ recatado,-a
modesty ['mɒdɪstɪ] *n* ◆ modestia ◆ pudor
modification [mɒdɪfɪ'keɪʃən] *n* modificación
modify ['mɒdɪfaɪ] *vtr* modificar
module ['mɒdjuːl] *n* módulo
mogul ['məʊgʌl] *n* magnate
moist [mɔɪst] *adj* húmedo,-a
moisten ['mɔɪsən] *vtr* humedecer
moisture ['mɔɪstʃəʳ] *n* humedad
moisturizer ['mɔɪstʃəraɪzəʳ] *n* crema hidratante
mold [məʊld] *n US* → **mould**

mole [məʊl] *n* ◆ *(en la piel)* lunar ◆ *Zool* topo ◆ *fig* topo, espía
molecule ['mɒlɪkjuːl] *n* molécula
molest [mə'lest] *vtr* ◆ acosar sexualmente ◆ importunar
molten ['məʊltən] *adj* ◆ *(cosas como metal o vidrio que se funden a muy altas temperaturas)* fundido,-a ◆ *(lava)* líquido,-a
mom [mɒm] *n US fam* mamá
moment ['məʊmənt] *n* ◆ momento; **at that m.,** en ese momento; **at the m.,** en este momento; **for the m.,** por el momento; **in a m.,** en seguida, dentro de un momento ◆ *frml* importancia, trascendencia
momentarily ['məʊməntərɪlɪ] *adv* ◆ momentáneamente ◆ *US* dentro de un momento
momentary ['məʊməntərɪ] *adj* momentáneo,-a, pasajero,-a
momentous [məʊ'mentəs] *adj* trascendental
momentum [məʊ'mentəm] *n* ◆ velocidad; **to gain/gather m.,** cobrar velocidad ◆ *Fís* momento
mommy ['mɒmɪ] *n US fam* mamá
monarch ['mɒnək] *n* monarca
monarchy ['mɒnəkɪ] *n* monarquía
monastery ['mɒnəstərɪ] *n* monasterio
monastic [mə'næstɪk] *adj* monástico,-a
Monday ['mʌndɪ] *n* lunes
monetarism ['mʌnɪtərɪzəm] *n* monetarismo
monetary ['mʌnɪtərɪ] *adj* monetario,-a
money ['mʌnɪ] *n* dinero; moneda: **it's worth the m.,** tiene muy buena relación calidad-precio; **to make m.,** ganar *o* hacer dinero ◆ | LOC: *fam* **it's m. for old rope,** es dinero regalado; **m. talks,** poderoso caballero es don Dinero
mongrel ['mʌŋgrəl] *n* perro mestizo, chucho
monitor ['mɒnɪtəʳ] **1** *n* ◆ *Inform* monitor ◆ *Educ* encargado,-a, monitor,-ora | **2** *vtr* ◆ controlar ◆ observar, seguir ◆ *Rad* escuchar
monk [mʌŋk] *n* monje
monkey ['mʌŋkɪ] *n* ◆ *Zool* mono ◆ | LOC: **m. business,** tejemanejes
monochrome ['mɒnəkrəʊm] *adj* monocromo,-a; *TV Cine* en blanco y negro
monogamy [mɒ'nɒgəmɪ] *n* monogamia
monolithic [mɒnə'lɪθɪk] *adj* monolítico,-a
monologue, *US* **monolog** ['mɒnəlɒg] *n* monólogo

monopolize [məˈnɒpəlaɪz] *vtr* ◆ *Fin* monopolizar ◆ *fig* acaparar
monopoly [məˈnɒpəlɪ] *n* monopolio
monotonous [məˈnɒtənəs] *adj* monótono,-a
monotony [məˈnɒtənɪ] *n* monotonía
monoxide [mɒˈnɒksaɪd] *n* monóxido
monsoon [mɒnˈsuːn] *n* monzón
monster [ˈmɒnstəʳ] **1** *n* monstruo | **2** *adj fam* gigantesco,-a
monstrosity [mɒnˈstrɒsɪtɪ] *n* monstruosidad
monstrous [ˈmɒnstrəs] *adj* ◆ enorme ◆ monstruoso,-a ◆ **this is m.!**, ¡esto es una vergüenza!
montage [ˈmɒntɑːʒ] *n* montaje
month [mʌnθ] *n* mes
monthly [ˈmʌnθlɪ] **1** *adj* mensual; **m. payment**, mensualidad | **2** *n* revista mensual | **3** *adv* mensualmente, una vez al mes
monument [ˈmɒnjʊmənt] *n* monumento
monumental [mɒnʊˈmentəl] *adj* monumental; monumental
moo [muː] **1** *n* mugido | **2** *vi* mugir
mood [muːd] *n* ◆ humor, disposición: **he's not in the m. for jokes**, no está (de humor) para bromas; **I'm in the m. to go to the cinema**, tengo ganas de ir al cine; **to be in a good/bad m.**, estar de buen-/mal humor ◆ **to be in a m.**, estar de mal humor ◆ *Ling* modo
moody [ˈmuːdɪ] *adj (moodier, moodiest)* ◆ de humor variable ◆ malhumorado,-a
moon [muːn] *n* luna; **m. landing**, alunizaje ◆ | LOC: **once in a blue m.**, de Pascuas a Ramos; *fam* **over the m.**, loco,-a de contento
moonlight [ˈmuːnlaɪt] **1** *n* luz de la luna | **2** *vi fam* tener un segundo empleo (extraoficial)
moonlighting [ˈmuːnlaɪtɪŋ] *n fam* pluriempleo
moonlit [ˈmuːnlɪt] *adj* ◆ iluminado,-a por la luna ◆ **a m. night**, una noche de luna
moor [mʊəʳ] **1** *n* ◆ páramo ◆ **Moor**, moro,-a | **2** *vtr Náut* amarrar
moorland [ˈmʊələnd] *n* páramo
moose [muːs] *n Zool inv* alce
mop [mɒp] **1** *n* ◆ fregona ◆ *(de pelo)* greña(s) | **2** *vtr* ◆ *(el suelo)* fregar ◆ *(la frente)* secar
■ **mop up** *vtr* ◆ *(líquidos)* enjugar, secar ◆ *(suciedad)* limpiar

mope [məʊp] *vi* estar abatido,-a/desanimado,-a
■ **mope about/around** *vi* andar alicaído,-a/desanimado,-a
moped [ˈməʊped] *n* ciclomotor
moral [ˈmɒrəl] **1** *adj* moral, ético,-a | **2** *n* ◆ *(de una historia)* moraleja ◆ **morals** *pl*, moral, moralidad
morale [məˈrɑːl] *n* moral, estado de ánimo
morality [məˈrælɪtɪ] *n* moralidad
morbid [ˈmɔːbɪd] *adj* ◆ *(curiosidad, mente)* morboso,-a ◆ *Med* patológico,-a
more [mɔːʳ] **1** *adv (comparativo de much)* ◆ *(para formar comparativos)* más: **she is m. intelligent than him**, ella es más inteligente que él; **you should drive m. carefully**, debes conducir con más cuidado; **m. and m.**, cada vez más; **m. or less**, más o menos ◆ **I don't smoke any m.**, ya no fumo | **2** *adj (comparativo de much y many)* ◆ más: **give me m. money**, dame más dinero; **we need two m. days**, necesitamos dos días más; **one m. thing**, una cosa más ➤ Ver nota en **otro** | **3** *pron (comparativo de much y many)* ◆ más: **the m. you eat the m. you want**, cuanto más comes, más quieres; **the m. the merrier**, cuántos más, mejor; **what's more**, lo que es más
moreover [mɔːˈrəʊvəʳ] *adv* además
morgue [mɔːg] *n US* depósito de cadáveres
morning [ˈmɔːnɪŋ] *n* ◆ mañana; **in the m.**, por la mañana; **at seven in the m.**, a las siete de la mañana; **tomorrow m.**, mañana por la mañana ◆ madrugada ◆ | LOC: **good m.!**, ¡buenos días!
moron [ˈmɔːrɒn] *n fam* idiota
morose [məˈrəʊs] *adj* taciturno,-a
morphine [ˈmɔːfiːn] *n* morfina
mortal [ˈmɔːtəl] **1** *adj* mortal | **2** *n* mortal
mortality [mɔːˈtælɪtɪ] *n* mortalidad
mortally [ˈmɔːtəlɪ] *adv* mortalmente; **m. offended**, mortalmente ofendido,-a; **m. wounded**, herido,-a de muerte
mortar [ˈmɔːtəʳ] *n* mortero
mortgage [ˈmɔːgɪdʒ] **1** *n Fin* hipoteca | **2** *vtr Fin* hipotecar
mortify [ˈmɔːtɪfaɪ] *vtr* avergonzar, humillar: **I was mortified**, me sentí avergonzado,-a
mortuary [ˈmɔːtʃʊərɪ] *n GB* depósito de cadáveres
mosaic [məˈzeɪɪk] *n* mosaico
Moslem [ˈmɒzləm] *adj & n* musulmán,-ana

mosque [mɒsk] *n* mezquita
mosquito [mɒsˈkiːtəʊ] *n (pl mosquitoes)* mosquito
moss [mɒs] *n* musgo
most [məʊst] 1 *adv* ◆ *(para formar superlativos)* más: **he is the m. promising student,** es el estudiante más prometedor ◆ el/la que más: **he weighs m.,** él es quien más pesa ◆ muy: **that is m. strange,** eso es muy raro; **what she likes m.,** lo que más le gusta | 2 *adj* ◆ el que más: **he has the m. money,** él es que tiene más dinero ◆ la mayoría de: **m. people like the beach,** a la mayoría de la gente le gusta la playa ➤ Ver nota en **mayoría** ◆ | LOC: **for the m. part,** por lo general | 3 *pron* ◆ el/la más ◆ la mayoría de: **m. would agree that...,** la mayoría estaría de acuerdo en que... ◆ **m. of us,** la mayoría de nosotros ◆ **to make the m. of sthg,** aprovechar algo al máximo ◆ | LOC: **at the m.,** como mucho; **m. of all,** más que nada, sobre todo
mostly [ˈməʊstli] *adv* ◆ en su mayor parte: **they are m. young,** en su mayoría son jóvenes ◆ generalmente, normalmente
moth [mɒθ] *n* ◆ mariposa nocturna ◆ *(de ropa)* polilla
mother [ˈmʌðəʳ] 1 *n* ◆ madre; **m. tongue,** lengua materna ◆ *Rel* **Mother,** Madre | 2 *vtr* mimar
motherhood [ˈmʌðəhʊd] *n* maternidad
mother-in-law [ˈmʌðərɪnlɔː] *n* suegra ➤ Ver nota en **in-laws**
motherly [ˈmʌðəli] *adj* maternal
mother-to-be [ˈmʌðətəˈbiː] *n* futura madre
motif [məʊˈtiːf] *n* ◆ *Arte Mús* motivo ◆ tema
motion [ˈməʊʃən] 1 *n* ◆ movimiento; **in m.,** en marcha ◆ ademán, gesto ◆ *Jur Pol* moción | 2 *vtr & vi* hacer señas [**to sb to do sthg,** a alguien para que haga algo]
motionless [ˈməʊʃənlɪs] *adj* inmóvil
motivate [ˈməʊtɪveɪt] *vtr* motivar
motivation [məʊtɪˈveɪʃən] *n* motivación
motive [ˈməʊtɪv] 1 *n* ◆ motivo ◆ *Jur* móvil | 2 *adj (fuerza)* motriz
motor [ˈməʊtəʳ] *n* ◆ motor ◆ coche; **m. racing,** carreras de coches ➤ Ver nota en **engine**
motorbike [ˈməʊtəbaɪk] *n fam* motocicleta, moto
motorboat [ˈməʊtəbəʊt] *n* lancha motora
motor-car [ˈməʊtəkɑːʳ] *n frml* automóvil

motorcycle [ˈməʊtəsaɪkəl] *n* motocicleta, moto
motorcyclist [ˈməʊtəsaɪklɪst] *n* motociclista, motorista
motoring [ˈməʊtərɪŋ] *n* automovilismo
motorist [ˈməʊtərɪst] *n* automovilista
motorway [ˈməʊtəweɪ] *n GB* autopista
mottled [ˈmɒtəld] *adj* ◆ *(piel)* con manchas ◆ *(piedra)* moteado,-a
motto [ˈmɒtəʊ] *n* lema
mould, *US* **mold** [məʊld] 1 *n* ◆ *Bot* moho ◆ molde | 2 *vtr* ◆ *(un metal, plástico)* moldear ◆ *(la personalidad, el carácter)* modelar
mouldy, *US* **moldy** [ˈməʊldi] *adj (mouldier, mouldiest)* mohoso,-a
moult, *US* **molt** [məʊlt] *vi (de piel, pelo, etc)* mudar
mound [maʊnd] *n* ◆ montón, pila ◆ *Geol* montículo
mount [maʊnt] 1 *n* ◆ monte; **M. Kilimanjaro,** (Monte) Kilimanjaro ◆ caballo, montura ◆ *(de joya)* montura, engaste ◆ *(para foto, cuadro)* marco o passpartú | 2 *vtr* ◆ *(un caballo)* montar; *(a un trono)* subirse a ◆ *(una cuesta)* subir ◆ *(una joya)* engastar ◆ *(un cuadro, una foto)* enmarcar ◆ *(un espectáculo)* montar; *(un acto, una campaña, protesta)* montar, organizar | 3 *vi* ◆ *(a un caballo)* montar ◆ *(la tensión)* aumentar

■ **mount up** *vi* acumularse

mountain [ˈmaʊntɪn] 1 *n* montaña ◆ | LOC: **to make a m. out of a molehill,** hacer una montaña de un grano de arena | 2 *adj* de montaña, montañés,-esa; **m. range,** sierra
mountaineer [maʊntɪˈnɪəʳ] *n* alpinista, *LAm* andinista
mountaineering [maʊntɪˈnɪərɪŋ] *n* alpinismo, *LAm* andinismo
mountainous [ˈmaʊntɪnəs] *adj* montañoso,-a
mountainside [ˈmaʊntɪnsaɪd] *n* ladera (de la montaña)
mourn [mɔːn] *vtr & vi* **to m. (for) sb,** llorar la muerte de alguien, llevar luto (por alguien)
mourner [ˈmɔːnəʳ] *n* ◆ doliente ◆ *(pagado, contratado)* plañidera
mournful [ˈmɔːnfʊl] *adj* ◆ *(persona)* afligido,-a ◆ lúgubre
mourning [ˈmɔːnɪŋ] *n* luto; **to be dressed in m.,** ir de luto
mouse [maʊs] *n (pl mice)* ◆ *Zool Inform* ratón

mousetrap ['maʊstræp] *n* ratonera
mousse [muːs] *n Culin* mousse
moustache [məˈstɑːʃ] *n* bigote(s)
mousy ['maʊsɪ] *adj (mousier, mousiest)* ♦ *(color de pelo)* castaño claro ♦ *(persona)* tímido,-a
mouth [maʊθ] **1** *n (pl mouths* [maʊðz])
♦ boca; **m. to m. resuscitation,** el boca a boca ♦ *(de un río)* desembocadura ♦ *(de una cueva, un túnel)* entrada ♦ | LOC: **you're very down in the m.,** andas muy alicaída; **to make one's m. water,** hacerse la boca agua a alguien | **2** *vtr* [maʊð] ♦ hablar exagerando con los movimientos de la boca ♦ decir de boquilla
mouthful ['maʊθfʊl] *n* ♦ *(de comida)* bocado ♦ *(de bebida)* sorbo
mouth organ ['maʊθɔːgən] *n* armónica
mouthpiece ['maʊθpiːs] *n* ♦ *Mús* boquilla ♦ *Tel* micrófono ♦ portavoz
mouthwash ['maʊθwɒʃ] *n* elixir, enjuague bucal
mouthwatering ['maʊθwɔːtərɪŋ] *adj* muy apetitoso,-a
movable ['muːvəbəl] *adj* movible, móvil
move [muːv] **1** *n* ♦ movimiento, ademán; **to make a m. to do sthg,** hacer ademán de hacer algo ♦ *(de una casa)* mudanza ♦ *(trabajo, etc)* traslado ♦ paso, movimiento; **the next m.,** el próximo paso ♦ *Ajedrez, etc* jugada, turno ♦ | LOC: **to get a m. on,** darse prisa | **2** *vtr* ♦ *(muebles, etc)* mover, cambiar de sitio: **m. the table to the left,** mueve la mesa a la izquierda ♦ trasladar: **they moved him to Seattle,** le trasladaron a Seattle ♦ *Ajedrez, etc* mover ♦ *frml (una ley, etc)* proponer ♦ inducir, persuadir: **what moved her to say that?,** ¿qué la indujo a decir eso? ♦ conmover, emocionar | **3** *vi*
♦ moverse, desplazarse ♦ mudarse ♦ trasladarse ♦ *fam* irse ♦ jugar, mover ♦ estar en marcha: **the train was already moving,** el tren ya estaba en marcha ♦ avanzar
■ **move about/around 1** *vtr (muebles, etc)* cambiar de sitio (a menudo) | **2** *vi* desplazarse (a menudo)
■ **move along 1** *vi* ♦ avanzar ♦ circular
♦ hacerse a un lado | **2** *vtr* hacer avanzar
■ **move away 1** *vi* ♦ alejarse, irse ♦ mudarse (a un sitio lejano) | **2** *vtr* alejar [**from,** de]
■ **move back 1** *vi* ♦ retroceder ♦ volver a su lugar | **2** *vtr* ♦ mover hacia atrás
♦ devolver a su lugar
■ **move down** *vi & vtr* bajar
■ **move in 1** *vi (en casa)* instalarse | **2** *vtr* hacer entrar

■ **move off** *vi* irse, marcharse; *(tren)* salir
■ **move on 1** *vi* ♦ seguir adelante ♦ *(tiempo)* transcurrir | **2** *vtr (tráfico)* hacer circular
■ **move out 1** *vi* ♦ *(de casa)* mudarse ♦ marcharse | **2** *vtr* hacer salir
■ **move over 1** *vi* apartarse, moverse a un lado | **2** *vtr* apartar
■ **move up 1** *vi* ♦ subir ♦ hacer sitio | **2** *vtr* subir
movement ['muːvmənt] *n* ♦ movimiento ♦ *(capacidad de moverse)* movilidad ♦ gesto, ademán ♦ tendencia ♦ *Arte Lit Mús Pol* movimiento ♦ transporte ♦ *(de un reloj)* mecanismo ♦ *(de capital, mercancías)* circulación
movie ['muːvɪ] *n US* película; **let's go to the movies,** vámonos al cine
moving ['muːvɪŋ] *adj* ♦ móvil: **he jumped from a m. train,** saltó de un tren en marcha ♦ conmovedor,-ora
mow [məʊ] *vtr (ps mowed; pp mown o mowed) (el césped)* cortar
mower ['məʊər] *n* cortacésped
MP [emˈpiː] *(abr de Member of Parliament) GB Pol* diputado,-a
mph [empiːˈeɪtʃ] *(abr de miles per hour)* millas por hora
MPhil [emˈfɪl] *(abr de Master of Philosophy)* ≈ licenciado en Filosofía
Mr ['mɪstər] *(abr de mister)* Sr. (señor) ➤ Ver nota en **señor**
Mrs ['mɪsɪs] señora, Sra. ➤ Ver nota en **señor**
Ms [məz, mɪz] señora, Sra, señorita, Srta. ➤ Ver nota en **señor**
MSc [emesˈsiː] *(abr de Master of Science)* ≈ licenciado en Ciencias
much [mʌtʃ] **1** *adv* ♦ mucho: **she feels m. better,** se encuentra mucho mejor; **I like her very m.,** me gusta mucho; **we don't go out m.,** no salimos mucho; **you smoke too m.,** fumas demasiado; **m. though I love you,** por mucho que te quiera; **as/so m.,** tanto: **the car is as m. yours as his,** el coche es tan tuyo como suyo; **as m. as possible,** todo lo posible; **thank you very m.,** muchas gracias | **2** *adj*
♦ mucho,-a: **you've got as m. time as me,** tienes tanto tiempo como yo; **how m. sugar do you want?,** ¿cuánto azúcar quieres?; **I haven't got m. time,** no tengo mucho tiempo; **not so m. milk!,** ¡no tanta leche!; **she wears too m. makeup,** lleva demasiado maquillaje | **3** *pron* mucho, -a:

have you eaten? - not m., ¿has comido? - no mucho; **how m. does it cost?,** ¿cuánto cuesta?; **I don't think m. of her dress,** no me gusta su vestido; **m. of the time,** la mayor parte del tiempo ➢ Ver nota en **mucho** ♦ | LOC: *fam* **not up to m.,** regular

muck [mʌk] *n* ♦ mugre ♦ *Agr fam* estiércol

■ **muck about/around** *fam* 1 *vi* ♦ perder el tiempo ♦ hacer el tonto | 2 *vtr* tratar con poca seriedad, tomar el pelo a

■ **muck up** *vtr* ♦ ensuciar ♦ echar a perder, estropear

mucky ['mʌki] *adj* (**muckier, muckiest**) mugriento,-a

mucus ['mju:kəs] *n* moco, mucosidad

mud [mʌd] *n* lodo, barro, fango ♦ | LOC: **that's as clear as m.,** eso no está nada claro; **your name will be m. if she finds out,** si ella llega a enterarse, estás perdido

muddle ['mʌdəl] *n* ♦ desorden ♦ embrollo, lío; **to be in a m.,** estar hecho,-a un lío; **to get into a m.,** hacerse un lío

■ **muddle through** *vi fam* arreglárselas

muddy ['mʌdi] *adj* (**muddier, muddiest**) ♦ (*sendero*) embarrado,-a ♦ (*botas, manos*) cubierto,-a de barro ♦ (*agua*) turbio,-a

mudguard ['mʌdgɑ:d] *n* guardabarros

muffin ['mʌfɪn] *n* (*tipo de bollo*) ≈ mollete

muffle ['mʌfəl] *vtr* (*un sonido*) amortiguar

■ **muffle up** *vtr* abrigar, envolver

muffled ['mʌfəld] *adj* (*sonido, voz*) sordo,-a, apagado,-a

muffler ['mʌflə'] *n US Auto* silenciador

mug [mʌg] 1 *n* ♦ *fam* bobo,-a ♦ *fam* jeta ♦ (*para café*) tazón ♦ (*para cerveza*) jarra | 2 *vtr fam* atracar, asaltar

mugger ['mʌgə'] *n fam* atracador,-ora

mugging ['mʌgɪŋ] *n* asalto

muggy ['mʌgi] *adj* (**muggier, muggiest**) bochornoso,-a

mulberry ['mʌlbəri] *n Bot* ♦ (*fruta*) mora ♦ (*árbol*) morera

mule [mju:l] *n Zool* mulo,-a

multicoloured, *US* **multicolored** ['mʌltɪkʌləd] *adj* multicolor

multinational [mʌltɪ'næʃənəl] *adj & nf* multinacional

multiple ['mʌltɪpəl] 1 *adj* múltiple | 2 *n Mat* múltiplo

multiplication [mʌltɪplɪ'keɪʃən] *n* multiplicación; **m. sign/table,** signo/tabla de multiplicar ➢ Ver nota en **multiplicar**

multiplicity [mʌltɪ'plɪsɪti] *n* multiplicidad [**of,** de]

multiply ['mʌltɪplaɪ] 1 *vtr* multiplicar [**by,** por] | 2 *vi* multiplicarse ➢ Ver nota en **multiplicar**

multipurpose [mʌltɪ'pɜ:pəs] *adj* multiuso

multistorey, *US* **multistory** [mʌltɪ'stɔ:ri] *adj* (*edificio*) de varios pisos

multitude ['mʌltɪtju:d] *n* multitud, muchedumbre

mum [mʌm] *n fam* mamá

mumble ['mʌmbəl] 1 *vi* farfullar | 2 *vtr* farfullar, mascullar

mummy ['mʌmi] *n* ♦ *fam* mamá, mami ♦ *Hist* momia

mumps [mʌmps] *n sing Med* paperas

munch [mʌntʃ] *vtr & vi* mascar (con ganas y haciendo ruido)

mundane [mʌn'deɪn] *adj pey* banal

municipal [mju:'nɪsɪpəl] *adj* municipal

municipality [mju:nɪsɪ'pælɪti] *n* municipio

mural ['mjʊərəl] *adj & n* mural

murder ['mɜ:də'] 1 *n* asesinato, homicidio | 2 *vtr* asesinar ➢ Ver nota en **asesinar**

murderer ['mɜ:dərə'] *n* asesino

murderess ['mɜ:dərɪs] *n* asesina

murderous ['mɜ:dərəs] *adj* homicida

murky ['mɜ:ki] *adj* (**murkier, murkiest**) ♦ (*casa, pasado*) oscuro,-a ♦ (*agua*) turbio,-a

murmur ['mɜ:mə'] 1 *n* ♦ murmullo ♦ (*de tráfico*) rumor ♦ *Med* **heart m.,** soplo en el corazón | 2 *vtr & vi* murmurar

muscle ['mʌsəl] 1 *n* ♦ *Anat* músculo ♦ *fig* fuerza | 2 *vi fam* **to m. in,** entrometerse [**on,** en]

muscular ['mʌskjʊlə'] *adj* ♦ (*persona*) musculoso,-a ♦ (*tejido, etc*) muscular

muse [mju:z] 1 *n Mit & fig* musa (*tb* **Muse**) | 2 *vi* meditar [**about, on** *o* **over,** -]

museum [mju:'zɪəm] *n* museo

mushroom ['mʌʃru:m] 1 *n* hongo, seta; *Culin* champiñón | 2 *vi fig* crecer rápidamente

mushy ['mʌʃi] *adj* ♦ (*fruta*) blando,-a ♦ (*libro, película*) sentimentaloide

music ['mju:zɪk] *n* ♦ música; **m. box,** caja de música ♦ partitura

musical ['mju:zɪkəl] 1 *adj* musical: **he's very m.,** tiene dotes musicales | 2 *n* musical

musician [mju:'zɪʃən] *n* músico,-a

musk [mʌsk] *n* almizcle

Muslim ['mʊzlɪm] *adj & n* musulmán,-ana

muslin ['mʌzlɪn] *n* muselina

mussel ['mʌsəl] *n* mejillón

must [mʌst] 1 *v aux* ♦ deber, tener que: **it must be pointed out that...,** hay que señalar que...; **you m. stop smo-**

king, debes dejar de fumar ♦ *(probabilidad)* deber de: **she m. be crazy,** debe de estar loca; **they m. have gone home,** han debido de volver a casa | **2** *n fam* necesidad

> **Must** expresa una obligación fuerte y suele implicar alguna autoridad por parte del hablante (un médico, un profesor, etc.). Por tanto, en el contexto normal puede sonar algo fuerte y generalmente se prefiere emplear **to have to.**
> **Must** va seguido de infinitivo sin to: **You must help me.** *Tienes que ayudarme.* Este verbo sólo existe en el presente y en otros tiempos hay que usar **to have to: He had to go to work early.** *Tuvo que irse a trabajar temprano.* **We have had to dismiss several workers.** *Hemos tenido que despedir a varios trabajadores.* **You'll have to work harder.** *Tendrás que trabajar más.*
> Recuerda que **must not** o **mustn't** expresa una prohibición **(you mustn't smoke here,** *está prohibido fumar aquí)*, mientras que la forma negativa de **to have to** sólo significa que no estás obligado a hacer algo: **You don't have to answer my questions.** *No tienes que contestar a mis preguntas.*

mustard ['mʌstəd] *n* mostaza
mustn't ['mʌsənt] → **must not**
musty ['mʌsti] *adj (mustier, mustiest)* rancio,-a; *(habitación)* que huele a cerrado o a humedad
mute ['mju:t] **1** *adj* mudo,-a | **2** *n* ♦ *(persona)* mudo,-a ♦ *Mús* sordina
muted ['mju:tɪd] *adj* ♦ *(color)* apagado,-a ♦ *(sonido)* sordo,-a
mutilate ['mju:tɪleɪt] *vtr* mutilar
mutiny ['mju:tɪni] **1** *n* motín | **2** *vi* amotinarse
mutter ['mʌtəʳ] **1** *n* murmullo | **2** *vtr* murmurar, farfullar | **3** *vi* ♦ hablar entre dientes ♦ refunfuñar
mutton ['mʌtən] *n Culin* carne de oveja ➤ Ver nota en **cordero**
mutual ['mju:tʃʊəl] *adj* ♦ *(sentimiento)* mutuo,-a ♦ *(amigo)* común
mutually ['mju:tʃʊəli] *adv* mutuamente
muzzle ['mʌzəl] **1** *n* ♦ hocico ♦ bozal ♦ *(de arma de fuego)* boca | **2** *vtr* ♦ poner bozal ♦ *(a un crítico)* amordazar
my [maɪ] *adj pos* mi, mis: **my parents are English,** mis padres son ingleses; **this is my house,** ésta es mi casa; **I lost my keys,** perdí las llaves; **I took off my shoes,** me quité los zapatos
myopia [maɪ'əʊpɪə] *n* miopía
myself [maɪ'self] *pron personal* ♦ *(reflexivo)* me: **I'm annoyed at m.,** estoy enfadado conmigo mismo; **I bought m. a cake,** me compré un pastel; **I burnt m.,** me quemé; **I was talking to m.,** hablaba para mí ♦ *(uso enfático)* yo mismo,-a, personalmente: **I did it all myself,** lo hice todo yo mismo; **I m. do not eat chocolate,** yo personalmente no como chocolate
mysterious [mɪ'stɪərɪəs] *adj* misterioso,-a
mystery ['mɪstəri] *n* misterio
mystical ['mɪstɪkəl] *adj* místico,-a
mystify ['mɪstɪfaɪ] *vtr* dejar perplejo,-a: **I'm mystified,** estoy perplejo
mystique [mɪ'sti:k] *n* mística
myth [mɪθ] *n* mito
mythology [mɪ'θɒlədʒɪ] *n* mitología

N, n [en] *n* ♦ *(letra)* N, n ♦ *Mat (número indeterminado)* n; **to the nth degree,** a la enésima (potencia) ♦ **N** *(abr de North)* Norte, N
n/a [en'neɪ] *(abr de not applicable)* no corresponde
nag [næg] **1** *vtr* fastidiar, dar la lata a: **he kept nagging at me to give him money,** no dejaba de darme la lata para que le diera dinero | **2** *vi* quejarse | **3** *n* ♦ *(persona)* gruñón,-ona ♦ *(caballo)* jamelgo

nagging ['nægɪŋ] *adj* ◆ *(dolor, preocupación)* insistente, persistente ◆ *(persona)* gruñón,-ona

nail [neɪl] **1** *n* ◆ *Const* clavo ◆ *Anat* uña; **to bite one's nails,** comerse las uñas ◆ | LOC: *fig* **to hit the n. on the head,** dar en el clavo; **to pay on the n.,** pagar a toca teja | **2** *vtr* ◆ clavar ◆ *fam (a un criminal)* pillar, coger

nailbrush ['neɪlbrʌʃ] *n* cepillo de uñas

nailfile ['neɪlfaɪl] *n* lima de uñas

naïve [naɪ'iːv] *adj* ◆ *(persona)* ingenuo,-a ◆ *(idea)* simplista ◆ *Arte* naíf

naked ['neɪkɪd] *adj* ◆ *(persona)* desnudo,-a; **stark n.,** en cueros ◆ *(fuego)* sin protección ◆ *(agresividad, ambición)* manifiesto,-a ◆ | LOC: **with the n. eye,** a simple vista

name [neɪm] **1** *n* ◆ nombre, apellido: **what's his n.?,** ¿cómo se llama?; **his n. is Braulio Pérez,** se llama Braulio Pérez; **my n. Bond,** me llamo Bond; **to put one's n. down for sthg,** apuntarse a algo ➢ Ver nota en **apellido** ◆ fama, reputación: **to give sb/sthg a bad n.,** dar mala fama a alguien/algo; **to have a good n.,** tener buena reputación; **to make a n. for oneself,** darse a conocer [**as, como**] | **2** *vtr* ◆ llamar, poner nombre a ◆ *(para un puesto)* nombrar ◆ identificar ◆ *(una fecha, un precio)* fijar

> Recuerda que **name** puede significar tanto *apellido* como *nombre*. La respuesta a la pregunta **what's your name?** (¿cómo se llama? o ¿cómo te llamas?) podría ser **Smith** en el Ejército, **Tom** en una fiesta o **Smith, Tom Smith,** en un hotel.

nameless ['neɪmlɪs] *adj* ◆ *(persona)* anónimo,-a ◆ *(horror, sufrimiento)* indescriptible

namely ['neɪmlɪ] *adv* a saber

namesake ['neɪmseɪk] *n* tocayo,-a, homónimo,-a

nanny ['nænɪ] *n* niñera

nap [næp] **1** *n* siesta, sueñecito; **to take a n.,** echarse una siesta | **2** *vi* dormir la siesta; *fig* **you caught me napping,** me cogiste desprevenido

napalm ['neɪpɑːm] *n* napalm

nape [neɪp] *n* nuca

napkin ['næpkɪn] *n* servilleta

nappy ['næpɪ] *n GB* pañal

narcissus [nɑː'sɪsəs] *n Bot* narciso

narcotic [nɑː'kɒtɪk] **1** *adj Med* narcótico,-a | **2** *n* narcótico

narrate [nə'reɪt] *vtr frml* narrar, contar

narration [nə'reɪʃən] *n* ◆ *Lit frml* narración, relato

narrative ['nærətɪv] **1** *n* ◆ *frml* narrativa ◆ relato | **2** *adj* narrativo,-a

narrator [nə'reɪtər] *n* narrador,-ora

narrow ['nærəʊ] **1** *adj* ◆ estrecho,-a; *Ferroc* **n.-gauge,** de vía estrecha ◆ limitado,-a; *(selección)* reducido,-a | LOC: **we had a n. escape,** nos salvamos por los pelos | **2** *vtr (una distancia)* estrechar | **3** *vi (carretera, río, etc)* estrecharse

■ **narrow down 1** *vtr* reducir, limitar | **2** *vi* reducirse [**to,** a]

narrowly ['nærəʊlɪ] *adv* por poco: **the car n. missed a tree,** el coche casi se estrella contra un árbol

narrow-minded [nærəʊ'maɪndɪd] *adj* intolerante, estrecho,-a de miras

nasal ['neɪzəl] *adj* ◆ nasal ◆ *(voz)* gangoso,-a

nasty ['nɑːstɪ] *adj (nastier, nastiest)* ◆ *(persona)* antipático,-a, desagradable, malo,-a ◆ *(acción, situación)* feo,-a, desagradable; **that was a n. trick,** eso fue una canallada ◆ *(olor, sabor)* horrible, asqueroso,-a ◆ **to turn n.,** *(persona)* ponerse desagradable; *(tiempo)* ponerse feo ◆ *(accidente, herida)* grave

nation ['neɪʃən] *n* nación

national ['næʃnəl] **1** *adj* nacional; **n. costume,** traje nacional; **n. park,** parque nacional; *GB* **N. Insurance,** Seguridad Social | **2** *n* ciudadano,-a

nationalism ['næʃnəlɪzəm] *n* nacionalismo

nationalist ['næʃnəlɪst] *adj & n* nacionalista

nationality [næʃə'nælɪtɪ] *n* nacionalidad

nationalization [næʃnəlaɪ'zeɪʃən] *n* nacionalización

nationalize ['næʃnəlaɪz] *vtr* nacionalizar

nationally ['næʃnəlɪ] *adv* a escala nacional

nationwide ['neɪʃənwaɪd] **1** *adj* a escala nacional | **2** *adv* por todo el país

native ['neɪtɪv] **1** *adj* ◆ *(inteligencia)* innato,-a ◆ *(ciudad)* natal; **n. land,** patria; *(idioma)* materno,-a ◆ *(especie)* originario,-a [**to, de**] ◆ *(persona)* autóctono,-a, indígena | **2** *n* ◆ nativo,-a, natural: **he's a n. of Cádiz,** es nativo de Cádiz ◆ autóctono,-a, indígena

NATO, Nato ['neɪtəʊ] *(abr de North Atlantic Treaty Organization)* Organización del Tratado del Atlántico Norte, OTAN

natural ['nætʃərəl] **1** *adj* ◆ natural; **n.**

childbirth, parto natural ◆ normal, lógico ◆ *(líder, artista, deportista)* nato,-a; *(aptitud)* innato,-a | 2 *n fam* **he's a n.,** tiene talento natural

naturalist ['nætʃərəlɪst] *n* naturalista

naturalize ['nætʃərəlaɪz] *vtr* nacionalizar, naturalizar

naturally ['nætʃərəlɪ] *adv* ◆ por naturaleza: **I'm n. shy,** soy tímido por naturaleza ◆ naturalmente: **can I come with you? - n.!,** ¿puedo acompañarte? - ¡naturalmente! ◆ *(comportarse)* con naturalidad ◆ *(curarse)* de manera natural

nature ['neɪtʃə'] *n* ◆ *Biol Fís* naturaleza ◆ *(de persona)* naturaleza, carácter; **by n.,** por naturaleza ◆ *frml* índole, clase

naughty ['nɔːtɪ] *adj* (**naughtier, naughtiest**) ◆ *(niño)* travieso,-a ◆ *(canción, chiste)* atrevido,-a

nausea ['nɔːzɪə] *n Med* náusea

nauseate ['nɔːzɪeɪt] *vtr* ◆ producir náuseas a ◆ *fig* asquear

nauseating ['nɔːzɪeɪtɪŋ] *adj* nauseabundo,-a

nautical ['nɔːtɪkəl] *adj* náutico,-a, marítimo,-a

naval ['neɪvəl] *adj* naval

nave [neɪv] *n Arquit* nave

navel ['neɪvəl] *n Anat* ombligo

navigate ['nævɪgeɪt] 1 *vtr* ◆ *(un mar, río)* navegar por ◆ *Náut* gobernar ◆ *fig* guiar | 2 *vi* ◆ *Av Náut* navegar ◆ *Auto* hacer de copiloto

navigation [nævɪ'geɪʃən] *n Náut* navegación

navigator ['nævɪgeɪtə'] *n* ◆ *Náut Av* navegante ◆ *Auto* copiloto

Nazi ['nɑːtsɪ] *adj & n* nazi

Nazism ['nɑːtsɪzəm] *n* nazismo

near [nɪə'] 1 *adv* ◆ *(espacio)* cerca: **I live very n.,** vivo muy cerca; **to come n.,** acercarse ◆ *(tiempo)* **to come/draw n.,** acercarse: **Christmas is n.,** se acerca la Navidad | 2 *prep* ◆ *(espacio)* cerca de, junto a: **my parents live n. the station,** mis padres viven cerca de la estación ◆ *(tiempo)* **his birthday is n. mine,** su cumpleaños es poco antes *(o después)* del mío; **n. the end of June,** a finales de junio | 3 *adj* ◆ *(espacio: a menudo en superlativo)* cercano,-a, próximo,-a, inmediato,-a: **where's the nearest bank?,** ¿dónde está el banco más cercano? ◆ *(tiempo)* cercano,-a, próximo,-a, inmediato,-a; **in the n. future,** en un futuro inmediato | 4 *vtr* acercarse a | 5 *vi* acercarse

nearby [nɪə'baɪ] 1 *adj* cercano,-a | 2 *adv* cerca

nearly ['nɪəlɪ] *adv* ◆ casi; **he n. killed me,** por poco me mata ◆ **the meal is not n. ready,** a la comida le falta mucho todavía

nearside ['nɪəsaɪd] *n Auto* lado del pasajero

near-sighted [nɪə'saɪtɪd] *adj* miope

neat [niːt] *adj* ◆ *(persona)* pulcro,-a ◆ *(casa)* ordenado,-a; *(jardín)* bien cuidado,-a ◆ *(letra)* claro,-a, nítido,-a ◆ *(idea, plan, invento)* sencillo,-a y efectivo,-a, ingenioso,-a ◆ *US fam* estupendo,-a ◆ *(alcohol)* solo,-a; **n. whisky,** whisky solo

neatly ['niːtlɪ] *adv* ◆ *(ordenar)* cuidadosamente, con esmero ◆ *(vestir)* pulcramente ◆ *(escribir)* claramente, nítidamente ◆ **the video fits n. on the shelf,** el vídeo cabe perfectamente en el estante

necessarily [nesɪ'serəlɪ] *adv* necesariamente, por fuerza

necessary ['nesɪsərɪ] 1 *adj* ◆ necesario,-a, preciso,-a; **to be n.,** hacer falta: **what changes are n.?,** ¿qué cambios hacen falta?; **absolutely n.,** imprescindible ◆ **a n. evil,** un mal necesario | 2 *n* lo necesario

necessitate [nɪ'sesɪteɪt] *vtr* necesitar, exigir

necessity [nɪ'sesɪtɪ] *n* ◆ necesidad [**for, of**]; **in case of n.,** en caso de urgencia ◆ *(cosa, atributo)* requisito indispensable: **English is a n. for the job,** se exige inglés; **the bare necessities,** lo imprescindible ◆ *(animal)* pescuezo, cuello ◆ *(de botella, guitarra, prenda)* cuello ◆ | LOC: **he's a pain in the n.,** es un pesado; **I'll stick my n. out for you,** me juego el tipo por ti; **you've got a lot of n.!,** ¡tienes mucha cara!; **to be up to one's n.,** estar hasta el cuello [**in, de**] | 2 *vi fam* besuquearse

neck [nek] 1 *n Anat* cuello; *(animal)* pescuezo, cuello ◆ *(de botella, guitarra, prenda)* cuello ◆ | LOC: **he's a pain in the n.,** es un pesado; **I'll stick my n. out for you,** me juego el tipo por ti; **you've got a lot of n.!,** ¡tienes mucha cara!; **to be up to one's n.,** estar hasta el cuello [**in, de**] | 2 *vi fam* besuquearse

necklace ['neklɪs] *n* collar

neckline ['neklaɪn] *n Cost* escote

necktie ['nektaɪ] *n US* corbata

nectar ['nektə'] *n* néctar

nectarine ['nektərɪn] *n* nectarina

need [niːd] 1 *n* ◆ necesidad: **there's no n. to be stupid,** no hace falta ponerse tonto; **your n. is greater than mine,** tú lo necesitas más que yo; **to be in n.,** estar necesitado,-a; **to be in n. of sthg,** necesitar algo ◆ adversidad, carestía; **in times of n.,** en tiempos de necesidad | 2 *vtr* ◆ *(persona)* necesitar: **I n. $5,000,** necesito $5.000 ◆ tener que: **she needs to speak to you,** tiene que hablar contigo; *lit e irón* **just what I needed!,** ¡justo lo que necesitaba! ◆ *(cosa, situación)* requerir, exigir: **it needs a lot of patience,** requiere mucha paciencia ◆ | LOC: **I n. that like a hole in the head,** eso me sienta como un tiro | 3 *v aux* tener que, deber: **n. I stay?,** ¿tengo que quedarme?; **I n. hardly say that...,** sobra decir que...; **you needn't come if you don't want to,** no hace falta que vengas si no quieres

---

To **need** puede funcionar como un verbo normal o como un verbo modal. Cuando es un verbo normal, necesita el auxiliar **do** y le sigue un infinitivo con **to: Do you need to do it?,** *¿Tienes que hacerlo?* Como verbo modal, él mismo desempeña el papel del auxiliar **do** y le sigue el infinitivo sin **to: Need you do it?,** *¿Tienes que hacerlo?*
Recuerda que, seguido de gerundio, este verbo adquiere un significado pasivo: **The flat needs decorating.** *Hay que pintar el piso* (lit.: *el piso necesita ser pintado*).

---

needle ['ni:dəl] 1 *n* ◆ *Cost Téc* aguja; *Med* **hypodermic n.,** aguja hipodérmica ◆ *Bot* hoja | 2 *vtr fam* irritar, pinchar
needless ['ni:dlɪs] *adj* innecesario,-a; **n. to say,** huelga decir *o* ni que decir tiene
needlessly ['ni:dlɪslɪ] *adv* innecesariamente
needlework ['ni:dəlwɜ:k] *n* ◆ *(actividad)* costura, bordado ◆ *(el producto)* costura, bordado, labor
needy ['ni:dɪ] *adj (needier, neediest)* necesitado,-a
negate [nɪ'geɪt] *vtr* ◆ invalidar, anular ◆ negar
negative ['negətɪv] 1 *adj* negativo,-a | 2 *n* ◆ *Ling* negación ◆ *Fot* negativo ◆ *Elec* (polo) negativo
neglect [nɪ'glekt] 1 *vtr* ◆ *(a una persona, un animal)* desatender, no ocuparse de ◆ *(un deber)* no cumplir con, desatender ◆ **to n. to do sthg,** no hacer algo | 2 *n* ◆ abandono; **in a state of n.,** abandonado,-a, en estado de abandono ◆ negligencia ◆ *(personal)* dejadez
neglectful [nɪ'glektfʊl] *adj* descuidado,-a, negligente
negligence ['neglɪdʒəns] *n* negligencia, descuido
negligent ['neglɪdʒənt] *adj* negligente, descuidado,-a
negligible ['neglɪdʒɪbəl] *adj* insignificante
negotiate [nɪ'gəʊʃɪeɪt] 1 *vtr* ◆ *(un contrato)* negociar; *(un préstamo)* gestionar ◆ *(un obstáculo)* sortear, salvar | 2 *vi* negociar

negotiation [nɪgəʊʃɪ'eɪʃən] *n* negociación
negro ['ni:grəʊ] *n (pl* **negroes***) (persona) (puede ser ofensivo)* negro,-a
neigh [neɪ] 1 *n* relincho | 2 *vi* relinchar
neighbour, *US* **neighbor** ['neɪbə'] *n* ◆ vecino,-a ◆ *Rel* prójimo
neighbourhood, *US* **neighborhood** ['neɪbəhʊd] *n* ◆ barrio, distrito ◆ *(personas)* vecindario ◆ | LOC: **in the n. of two hundred dollars,** alrededor de doscientos dólares
neighbouring, *US* **neighboring** ['neɪbərɪŋ] *adj* vecino,-a
neither ['naɪðə', 'ni:ðə'] 1 *adj & pron* ninguno (de los dos), ninguna (de las dos): **n. of those girls has a job,** ninguna de esas dos chicas tiene trabajo; **n. of them were here,** ni el uno ni el otro estuvieron aquí | 2 *adv & conj* ◆ ni; **n. ... nor,** ni ... ni: **I n. drink nor smoke,** ni bebo ni fumo ◆ tampoco: **I can't swim - n. can I,** no sé nadar - yo tampoco

---

Neither o **neither of** expresan una negación que se refiere a dos personas o cosas. **Neither** se usa delante de sustantivos contables en singular (**neither man was hurt,** *ninguno de los dos hombres resultó herido*) y **neither of** delante de pronombres en plural, posesivos o grupos que empiezan por **the, these, those: Neither of the/these/those/my children was hurt.** Observa que el verbo está en singular. **Neither ... nor** se usa en situaciones más formales para unir dos palabras o dos frases del mismo tipo. En vez de decir **the teacher did not know the answer and the students did not know the answer** *(el profesor no sabía la respuesta y los alumnos no sabían la respuesta),* puedes decir **neither the teacher nor the students knew the answer** *(ni el profesor ni los alumnos sabían la respuesta).* Las palabras que vienen después de **neither** y **nor** deben pertenecer a la misma categoría gramatical. Por tanto, no podemos decir **he neither plays football nor tennis,** ya que **plays** es un verbo y **tennis** es un sustantivo. La frase correcta es: **He plays neither football nor tennis.** *No juega ni al fútbol ni al tenis.*

---

neon ['ni:ɒn] *n Quím* neón
nephew ['nevju:, 'nefju:] *n* sobrino ➣ Ver nota en **sobrino**

Neptune ['neptjuːn] *n* Neptuno
nerve [nɜːv] *n* ♦ *Anat* nervio ♦ valor, coraje ♦ *fam (exceso de confianza, desenvoltura)* cara, frescura, descaro: **you've got a n.!**, ¡qué cara tienes! ♦ **nerves** *pl*, nervios: **that noise gets on my nerves**, ese ruido me pone los nervios de punta; **nerves of steel**, nervios de acero ♦ *(para enfrentarse a un peligro)* valor
nerve-racking ['nɜːvrækɪŋ] *adj* angustioso,-a
nervous ['nɜːvəs] *adj* ♦ *Anat* nervioso,-a; **n. breakdown**, crisis nerviosa; **n. system**, sistema nervioso ♦ aprensivo,-a, nervioso,-a
nest [nest] **1** *n* ♦ *Orn* nido ♦ *Zool* madriguera ♦ |LOC: **to feather one's n.**, barrer para casa | **2** *vi Orn* anidar
net [net] **1** *n* ♦ red ♦ *fam Inform* **the Net**, Internet | **2** *adj Com Fin* neto,-a
Netherlands ['neðələndz] *npl* **the N.**, los Países Bajos
nettle ['netəl] **1** *n Bot* ortiga | **2** *vtr fam* molestar
network ['netwɜːk] **1** *n Elec Inform Rad TV* red | **2** *vtr Inform* interconectar
neurosis [njʊəˈrəʊsɪs] *n* neurosis
neurotic [njʊˈrɒtɪk] *adj* & *n* neurótico,-a
neuter ['njuːtəʳ] **1** *adj* neutro,-a | **2** *n Ling* neutro | **3** *vtr (gato, perro)* castrar
neutral ['njuːtrəl] **1** *adj* ♦ neutro,-a ♦ *Pol* neutral | **2** *n Auto* **to be in n.**, estar en punto muerto
neutrality [njuːˈtrælɪtɪ] *n* neutralidad
neutralize ['njuːtrəlaɪz] *vtr* neutralizar
neutron ['njuːtrɒn] *n Fís* neutrón
never ['nevəʳ] *adv* ♦ nunca, jamás: **I n. see her**, nunca la veo; **as n. before**, como nunca; **n. again**, nunca más; **never ever**, nunca jamás: **I'll n. ever forget you**, no te olvidaré nunca jamás; **n. once**, ni una vez ♦ *(expresa sorpresa)* **you n. believed all that!**, ¿pero lo has creído de veras? ♦ *(uso enfático)* **he n. came**, no vino; *fam* **n. mind**, da igual, no importa ➢ Ver nota en **nunca**

> Never se coloca después del verbo **to be** en los tiempos simples (**the children are never still**, *los niños nunca están quietos*), pero delante de los tiempos simples de otros verbos (**he never complains**, *nunca se queja*) o después del primer verbo auxiliar en los tiempos compuestos: **I have never been invited.** *Nunca me han invitado.*

never-ending [nevərˈendɪŋ] *adj* sin fin, interminable

nevertheless [nevəðəˈles] *adv* sin embargo, no obstante
new [njuː] *adj* ♦ nuevo,-a: **what's n.?**, ¿qué hay (de nuevo)?; **as (good as) n.**, como nuevo; **brand n.**, flamante, a estrenar ♦ *(otro)* nuevo,-a: **we have a n. teacher**, tenemos una nueva profesora
newborn ['njuːbɔːn] *adj* recién nacido,-a
newcomer ['njuːkʌməʳ] *n* recién llegado,-a
newly ['njuːlɪ] *adv* recién, recientemente
newlywed ['njuːlɪwed] *n* recién casado,-a
news [njuːz] **1** *n* noticias: **I've got some good n.**, tengo una buena noticia; **an item/a piece of n.**, una noticia; **n. agency**, agencia de información ♦ *TV Rad* (el) informativo ♦ |LOC: **no n. is good n.**, no hay noticias, buenas noticias | **2** *adj* informativo,-a; **n. bulletin**, boletín informativo; **n. letter**, hoja informativa
newsagent ['njuːzeɪdʒənt] *n* vendedor,-ora de periódicos
newsflash ['njuːzflæʃ] *n* noticia de última hora
newspaper ['njuːzpeɪpəʳ] *n* periódico, diario
newsreader ['njuːzriːdəʳ] *n TV Rad* presentador,-ora de los informativos
news-stand ['njuːzstænd] *n* quiosco de periódicos ➢ Ver nota en **estanco**
newt [njuːt] *n Zool* tritón
next [nekst] **1** *adj* ♦ *(sitio)* próximo,-a, vecino,-a, de al lado; **the n. room**, la habitación de al lado ♦ *(en orden)* próximo,-a, siguiente: **who's n.?**, ¿quién es el siguiente?; **the n. stop**, la próxima parada ♦ *(tiempo)* próximo,-a, siguiente; *(semana, año)* que viene; **n. Monday**, el lunes que viene | **2** *adv* ♦ *(en secuencia, sitio)* después, luego: **what did he do n.?**, ¿y luego qué hizo? ♦ la próxima vez: **when shall we meet n.?**, ¿cuándo volvemos a vernos? ♦ *(segundo)* **the n. best thing**, la mejor alternativa | **3** *uso preposicional con* **to** ♦ **n. to**, al lado de, junto a: **sit n. to John**, siéntate al lado de John ♦ **n. to last**, penúltimo,-a; **n. to nothing**, casi nada
next door [neksˈdɔːʳ] *adj* & *adv* de al lado: **he lives n. door**, vive al lado
NHS [eneɪtʃˈes] *GB (abr de National Health Service)* ≈ Seguridad Social, SS
nibble ['nɪbəl] *vtr* & *vi* mordisquear, picar
nice [naɪs] *adj* ♦ agradable: **n. to meet you**, encantado,-a de conocerle ♦ *(persona) (carácter)* amable, simpático,-a: **that's**

very n. of you, eres muy amable ◆ *(apariencia)* guapo,-a: **you look n.!,** ¡estás muy guapo,-a! ◆ *(actitud)* decente ◆ *(sitio, ropa)* bonito,-a ◆ *(tiempo)* bueno,-a ◆ *(comida)* rico,-a; **to smell/taste n.,** oler/saber bien ◆ *(enfático) (antes del sustantivo)* **would you like a n. cup of tea?,** ¿te apetece una tacita de té?; **a n. cold beer,** una cervecita bien fría; *(como predicado)* **I like beer n. and cold,** me gusta la cerveza bien fría

nicely ['naɪslɪ] *adv* muy bien

niche [niːtʃ] *n* ◆ *Arquit* hornacina, nicho ◆ *Com fig* hueco

nick [nɪk] **1** *n* ◆ muesca; rasguño ◆ *GB fam* **in good/bad n.,** en buen/mal estado ◆ *GB argot* chirona, trullo ◆ | LOC: **in the n. of time,** justo a tiempo | **2** *vtr GB fam* robar, birlar

nickel ['nɪkəl] *n* ◆ níquel ◆ *US* moneda de cinco centavos

nickname ['nɪkneɪm] **1** *n* apodo | **2** *vtr* apodar

nicotine ['nɪkətiːn] *n* nicotina

niece [niːs] *n* sobrina

nifty ['nɪftɪ] *adj (niftier, niftiest) fam* ◆ ágil, rápido,-a ◆ ingenioso,-a

nigger ['nɪgə'] *n ofens* negro,-a

night [naɪt] **1** *n* noche; **to have a n. out,** irse de juerga; **all n.,** toda la noche; **at/by n.,** de noche; **last n.,** anoche; **n. after n.,** noche tras noche; **the n. before,** la víspera (de); **Saturday n.,** sábado por la noche; *(sólo al despedirse)* **good n.!,** ¡buenas noches! | **2** *adj* nocturno,-a

nightclub ['naɪtklʌb] *n* club nocturno, discoteca

nightdress ['naɪtdres] *n* camisón

nightfall ['naɪtfɔːl] *n* anochecer

nightgown ['naɪtgaʊn] *n* camisón

nightingale ['naɪtɪŋgeɪl] *n Orn* ruiseñor

nightly ['naɪtlɪ] **1** *adj* de cada noche, nocturno,-a | **2** *adv* todas las noches

nightmare ['naɪtmeə'] *n* pesadilla

night-time ['naɪttaɪm] *n* noche; **at n.,** por la noche

nil [nɪl] *n* nada; *Dep* cero: **we lost one n.,** perdimos por uno a cero

nimble ['nɪmbəl] *adj* ágil

nine [naɪn] *adj & n* nueve; **n. times out of ten,** nueve de cada diez veces ◆ | LOC: **she was dressed up to the nines,** iba de punta en blanco

nineteen [naɪn'tiːn] *adj & n* diecinueve

nineteenth [naɪn'tiːnθ] *adj* decimonoveno,-a

ninety ['naɪntɪ] *adj & n* noventa

ninth [naɪnθ] **1** *adj & n* noveno,-a | **2** *n (fracción)* noveno

nip [nɪp] **1** *vtr* ◆ pellizcar ◆ morder | **2** *n* ◆ pellizco ◆ mordisco ◆ *fam* traguito ◆ *(frío)* **there's a n. in the air,** hace fresco

nipple ['nɪpəl] *n* ◆ *Anat (de mujer)* pezón; *(de hombre)* tetilla ◆ *(de biberón)* tetina

nippy ['nɪpɪ] *adj (nippier, nippiest) fam* ◆ rápido,-a ◆ *(temperatura)* fresquito,-a

nit [nɪt] *n Zool* liendre

nitrogen ['naɪtrədʒən] *n Quím* nitrógeno

nitroglycerin(e) [naɪtrəʊ'glɪsəriːn] *n Quím* nitroglicerina

nitwit ['nɪtwɪt] *n fam* imbécil, memo,-a

no [nəʊ] **1** *excl* no: **come here - no.,** ven aquí - no; **yes and no,** sí y no | **2** *adj* ◆ ninguno,-a: **I am no expert,** no soy ningún experto; **I have no money,** no tengo dinero; **no priest would do that,** ningún sacerdote haría eso; **no two of them are the same,** no hay dos iguales ◆ *(prohibición)* **no dogs,** no se admiten perros; **no smoking,** prohibido fumar | **3** *adv* **no bigger than a pea,** del tamaño de un guisante; **no longer,** ya no; **no more than three,** no más de tres | **4** *n (pl noes* [nəʊz]*)* ◆ no; **to say no,** decir que no; **a definite no,** un no rotundo ◆ *(voto negativo)* no

no. *(pl nos.) (abr de number)* número, n.º, núm

nobility [nəʊ'bɪlɪtɪ] *n* nobleza

noble ['nəʊbəl] *adj* noble

nobleman ['nəʊbəlmən] *n (hombre)* noble

noblewoman ['nəʊbəlwʊmən] *n (mujer)* noble

nobody ['nəʊbədɪ] **1** *pron* nadie: **n. came to my party,** nadie vino a mi fiesta; **who's there? - n.,** ¿quién está ahí? - nadie; **n. else,** nadie más | **2** *n* nadie; **to be (a) n.,** ser un don nadie

nocturnal [nɒk'tɜːnəl] *adj* nocturno,-a

nod [nɒd] **1** *n* ◆ saludo con la cabeza ◆ asentimiento con la cabeza ◆ | LOC: **to give sb the n.,** dar luz verde a alguien | **2** *vi* ◆ saludar con la cabeza ◆ asentir con la cabeza ◆ *(por cansancio)* dar cabezadas | **3** *vtr* **to n. one's head,** asentir con la cabeza

■ **nod off** *vi* dormirse, quedarse dormido,-a

noise [nɔɪz] *n* ruido

noiseless ['nɔɪzlɪs] *adj* silencioso,-a

noisy ['nɔɪzɪ] *adj (noisier, noisiest)* ruidoso,-a

nomad

nomad ['nəumæd] *n* nómada
nominal ['nɒmɪnəl] *adj* ◆ nominal ◆ *(pago, cantidad)* simbólico,-a
nominate ['nɒmɪneɪt] *vtr* ◆ *(como candidato)* proponer ◆ *(para un puesto)* nombrar
nomination [nɒmɪ'neɪʃən] *n* ◆ *(candidatura)* propuesta ◆ nombramiento
nominative ['nɒmɪnətɪv] *n Ling* nominativo
nominee [nɒmɪ'ni:] *n* ◆ candidato ◆ persona nombrada
non-alcoholic [nɒnælkə'hɒlɪk] *adj* sin alcohol
nonchalant ['nɒnʃələnt] *adj* ◆ despreocupado,-a ◆ indiferente
noncommittal ['nɒnkəmɪtəl] *adj* evasivo,-a
nonconformist [nɒnkən'fɔ:mɪst] *n* inconformista
nondescript ['nɒndɪskrɪpt] *adj* anodino,-a, soso,-a
none [nʌn] 1 *pron* nadie, nada, ninguno,-a: **give me some water - there is n. left,** dame agua - no queda nada; **none of us smokes,** ninguno de nosotros fuma | 2 *adv* **I'm n. the wiser for your explanation,** tu explicación no me ha aclarado nada
nonentity [nɒ'nentɪtɪ] *n (persona)* don nadie
nonetheless [nʌnðə'les] *adv* no obstante, sin embargo
nonexistent [nɒnɪg'zɪstənt] *adj* inexistente
nonfiction [nɒn'fɪkʃən] *n* no ficción
nonsense ['nɒnsəns] *n* tonterías, disparates; **to talk n.,** decir tonterías
nonsensical [nɒn'sensɪkəl] *adj* absurdo,-a
nonsmoker [nɒn'sməukəʳ] *n* no fumador,-ora
nonstick [nɒn'stɪk] *adj* antiadherente
nonstop [nɒn'stɒp] 1 *adj* ◆ *(vuelo)* sin escalas; *(tren)* directo,-a ◆ *(ruido)* incesante | 2 *adv* ◆ *(hablar, trabajar)* sin parar ◆ *(volar)* sin escalas ◆ *(hacer un trayecto)* sin transbordo
noodles ['nu:dəlz] *npl Culin* fideos
noon [nu:n] *n* mediodía
no-one ['nəʊwʌn] *pron* → **nobody** 1
noose [nu:s] *n* lazo
nor [nɔ:ʳ] *conj* ◆ ni; **neither … n.,** ni … ni: **I neither drink n. smoke,** ni bebo ni fumo ◆ tampoco: **I can't swim - n. can I,** no sé nadar - yo tampoco
norm [nɔ:m] *n* norma
normal ['nɔ:məl] *adj* normal

normality [nɔ:'mælɪtɪ] *n* normalidad
normally ['nɔ:məlɪ] *adv* normalmente
north *tb* **North** [nɔ:θ] 1 *n* norte; **to the n.,** al norte; **N. America,** América del Norte, Norteamérica | 2 *adv* hacia el norte, al norte | 3 *adj* del norte, norte, septentrional
northeast [nɔ:θ'i:st] *n* nor(d)este
northern ['nɔ:ðən] *adj (región)* del norte, norteño,-a, septentrional; **n. Chile,** Chile septentrional; **N. Ireland,** Irlanda del Norte
northerner ['nɔ:ðənəʳ] *n* norteño,-a
northward ['nɔ:θwəd] *adj & adv* hacia el norte
northwest [nɔ:θ'west] *n* noroeste
Norway ['nɔ:weɪ] *n* Noruega
Norwegian [nɔ:'wi:dʒən] 1 *adj* noruego,-a | 2 *n (persona)* noruego,-a ◆ *(idioma)* noruego
nose [nəuz] *n* ◆ *Anat* nariz; **to blow one's n.,** sonarse la nariz ◆ olfato; *fig* **he has a n. for bargains,** tiene buen olfato para las gangas ◆ *Auto Av* morro ◆ | LOC: *fam* **follow your n.,** sigue todo recto; **he gets up my n.,** me pone enfermo; **keep your n. out of this,** no te metas en esto
■ **nose about/around** *vi* fisgonear [**in,** en]
nosebleed ['nəuzbli:d] *n* hemorragia nasal
nosedive ['nəuzdaɪv] 1 *n Av* picado | 2 *vi* descender en picado
nostalgia [nɒ'stældʒə] *n* nostalgia
nostalgic [nɒ'stældʒɪk] *adj* nostálgico,-a
nostril ['nɒstrɪl] *n Anat* ventana de la nariz
nosy ['nəuzɪ] *adj (nosier, nosiest) fam* fisgón,-ona, cotilla
not [nɒt] *adv* ◆ no: **I have n. seen him,** no lo he visto; **it's Monday, n. Tuesday,** es lunes, no martes; **it's n. that I don't like her,** no es que no me guste ◆ *(antes de all o every)* **not all politicians are corrupt,** no todos los políticos son corruptos ◆ **n. at all,** en absoluto: **thank you - n. at all,** gracias - de nada ◆ *(en respuestas)* **is he ill? - I hope n.,** ¿está enfermo? - espero que no; **absolutely n.!,** ¡de ninguna manera! ◆ *(uso enfático)* ni: **n. another penny!,** ¡ni un duro más!
notable ['nəutəbəl] *adj* notable
notably ['nəutəblɪ] *adv* notablemente
notary ['nəutərɪ] *n* notario
notch [nɒtʃ] *n* muesca, corte
■ **notch up** *vtr fig* **Brazil notched up five goals,** Brasil se apuntó cinco goles

note [nəʊt] 1 *n* ♦ *(escrito)* nota ♦ atención; **to take n.**, prestar atención [**of,** a] ♦ *frml* **a writer of n.**, un escritor de renombre; **worthy of n.**, digno,-a de mención ♦ *Mús* nota ♦ *Fin* billete (de banco) ♦ **notes** *pl*, apuntes; **to take notes**, tomar apuntes | 2 *vtr* ♦ apuntar ♦ fijarse en

■ **note down** *vtr* apuntar

notebook ['nəʊtbʊk] *n* cuaderno, libreta

noted ['nəʊtɪd] *adj* célebre

notepad ['nəʊtpæd] *n* bloc de notas

noteworthy ['nəʊtwɜːðɪ] *adj* digno,-a de mención

nothing ['nʌθɪŋ] 1 *pron* ♦ nada: **n. worries him**, no le preocupa nada; **I have n. to do**, no tengo nada que hacer; **n. else**, nada más; **n. much**, poca cosa ♦ **there's n. for it**, no hay más remedio; **it's n. like real cream**, no se parece en nada a la nata auténtica; **I said n. of the kind**, no dije nada semejante; **there's n. to it**, es facilísimo; **to have n. to do with sb/sthg**, no tener nada que ver con alguien/algo; **n. but**, nada más que; **for n.**, gratis *o* en vano | 2 *n* ♦ cero ♦ *Fil* nada

notice ['nəʊtɪs] 1 *n* ♦ aviso, letrero ♦ *(en un periódico)* anuncio ♦ aviso; **n. to quit**, aviso de desalojo; **at short n.**, con poca antelación; **until further n.**, hasta nuevo aviso; **without n.**, sin aviso previo; *(de dimisión o despido)* preaviso: **I have to give a month's n.**, tengo que avisar con un mes de antelación ♦ atención, conocimiento: **it has come to my n. that**, me he enterado de que; **to take (no) n.**, (no) hacer caso *(cosa)* [**of,** de], *(persona)* [**of,** a] | 2 *vtr* darse cuenta de, fijarse en, notar, observar | 3 *vi* darse cuenta

Para describir acciones simultáneas este verbo necesita un complemento directo más gerundio (**I noticed two children running towards me**, *vi cómo dos niños corrían hacia mí*) o un complemento con el participio pasado para indicar una acción pasiva: **I noticed some words painted on the wall.** *Me fijé en algunas palabras pintadas en la pared.*

noticeable ['nəʊtɪsəbəl] *adj (perceptible)* notable

noticeboard ['nəʊtɪsbɔːd] *n* tablón de anuncios

notification [nəʊtɪfɪ'keɪʃən] *n* notificación

notify ['nəʊtɪfaɪ] *vtr* avisar

notion ['nəʊʃən] *n* idea, noción

notorious [nəʊ'tɔːrɪəs] *adj pey* muy conocido,-a [**for,** por], tristemente célebre [**for,** por]

notwithstanding [nɒtwɪθ'stændɪŋ] 1 *prep frml* a pesar de | 2 *adv frml* sin embargo, no obstante

nought [nɔːt] *n* cero

noun [naʊn] *n Ling* nombre, sustantivo

nourish ['nʌrɪʃ] *vtr* alimentar, nutrir

nourishing ['nʌrɪʃɪŋ] *adj* nutritivo,-a

nourishment ['nʌrɪʃmənt] *n* alimentación, nutrición

novel ['nɒvəl] 1 *n* novela | 2 *adj* original, novedoso,-a

novelist ['nɒvəlɪst] *n* novelista

novelty ['nɒvəltɪ] *n* novedad

November [nəʊ'vembər] *n* noviembre

novice ['nɒvɪs] *n* ♦ novato,-a, principiante ♦ *Rel* novicio,-a

now [naʊ] 1 *adv* ♦ ahora, actualmente, ya: **give it to me n.!**, ¡dámelo ya!; **by now**, ya; **from n. on**, de ahora en adelante; **just n.**, hace poco; **(every) n. and again/then**, de vez en cuando; **right n.**, ahora mismo; **ten years from n.**, dentro de diez años; **until n.**, hasta ahora ♦ *(hablando del pasado)* entonces, ya ♦ **n. n., stop crying!**, ¡vamos, deja de llorar!; **well n.**, ahora bien | 2 *conj* **n. (that)**, ahora que

En el presente continuo se suele omitir: **Where are you going?**, ¿*Adónde vas (ahora)?* Se usa sólo cuando es necesario subrayar la diferencia entre ahora y antes: **I didn't understand but now I do.** *No lo entendía (antes), pero ahora sí.*

nowadays ['naʊədeɪz] *adv* hoy (en) día, actualmente

nowhere ['nəʊweər] 1 *adv* ♦ a/en ninguna parte: **where are you going? - n.**, ¿adónde vas? - a ninguna parte; **we're getting n.**, no estamos consiguiendo nada ♦ **that will be n. near enough**, eso no será de ningún modo suficiente | 2 *pron* ningún sitio: **n. is open on Sunday**, los domingos no hay nada abierto

noxious ['nɒkʃəs] *adv* nocivo,-a

nozzle ['nɒzəl] *n* boquilla

nuance [njuː'ɑːns] *n* matiz

nuclear ['njuːklɪər] *adj* nuclear

nucleus

nucleus ['nju:klɪəs] *n* núcleo
nude [nju:d] **1** *adj* desnudo,-a | **2** *n Arte Fot* desnudo
nudge [nʌdʒ] **1** *n* codazo | **2** *vtr* dar un codazo a ◆ | LOC: **to n. sb's memory,** refrescar la memoria a alguien
nudist ['nju:dɪst] *adj* & *n* nudista
nudity ['nju:dɪtɪ] *n* desnudez
nuisance ['nju:səns] *n* ◆ *(cosa, suceso)* incordio, molestia ◆ *(persona)* pesado,-a, incordio
nullify ['nʌlɪfaɪ] *vtr (ps & pp nullified)* anular
numb [nʌm] **1** *adj* ◆ *(de frío)* entumecido,-a ◆ *fig (de miedo)* paralizado,-a ◆ *(por falta de circulación)* dormido,-a | **2** *vtr* ◆ *(frío)* entumecer ◆ *(droga)* adormecer
number ['nʌmbər] **1** *n* ◆ número, cifra; **lucky n.,** número de la suerte; *(de teléfono, fax)* número ◆ cantidad: **a n. of people have been arrested,** varias personas han sido arrestadas ◆ *(revista)* número ◆ *(música pop)* actuación ◆ *fam* vestido ◆ *frml* grupo: **among their n. were three women,** entre ellos había tres mujeres ◆ **opposite n.,** homólogo,-a | **2** *vtr* ◆ numerar ◆ contar: **I n. him among my best friends,** lo cuento entre mis mejores amigos; **the staff numbers 120,** la plantilla consta de 120 personas
numberplate ['nʌmbəpleɪt] *n GB Auto* matrícula, placa
numeral ['nju:mərəl] *n* número, cifra
numerical [nju:'merɪkəl] *adj* numérico,-a
numerically [nju:'merɪklɪ] *adv* numéricamente
numerous ['nju:mərəs] *adj* numeroso,-a
nun [nʌn] *n* monja

nurse [nɜ:s] **1** *n* ◆ *(de un hospital)* enfermero,-a ◆ *(para niños)* niñera | **2** *vtr* ◆ *(a un paciente)* cuidar (de), atender ◆ *(a un bebé)* tener en brazos ◆ *(a un bebé)* amamantar ◆ *fig (ambición)* tener
nursery ['nɜ:sərɪ] *n* ◆ *(en casa)* cuarto de los niños ◆ guardería; **n. school,** jardín de infancia ◆ *(para plantas)* vivero
nursing ['nɜ:sɪŋ] *n* ◆ enfermería ◆ *(al paciente)* atención, cuidado ◆ **n. home,** residencia de la tercera edad
nurture ['nɜ:tʃər] *vtr* ◆ *(un animal, una planta)* criar ◆ *fig (un sentimiento)* abrigar ◆ *(una amistad)* cultivar
nut [nʌt] *n* ◆ *Bot Culin* fruto seco ◆ *fig (persona)* **a tough n..** un tipo duro; *(un problema)* **a hard n. to crack,** un hueso duro de roer ◆ *argot* cabeza, coco: **he's off his n.,** está chiflado ◆ *fam* loco,-a ◆ *Téc* tuerca
nutcase ['nʌtkeɪs] *n fam* chiflado,-a
nutcracker ['nʌtkrækər] *n* cascanueces
nutmeg ['nʌtmeg] *n* nuez moscada
nutrient ['nju:trɪənt] *n* nutriente
nutrition [nju:'trɪʃən] *n* nutrición
nutritional [nju:'trɪʃənəl] *adj* nutritivo,-a
nutritious [nju:'trɪʃəs] *adj* nutritivo,-a, alimenticio,-a
nuts [nʌts] *adj fam* chiflado,-a; **to be n.,** estar chiflado,-a [**about,** por]; **to drive sb n.,** volver loco a alguien; **to go n.,** volverse loco,-a [**about,** por]
nutshell ['nʌtʃel] *n* cáscara (de nuez); *fig* **in a n.,** en dos palabras
nutter ['nʌtər] *n GB fam* loco,-a de remate
nutty ['nʌtɪ] *adj* ◆ *(sabor)* a nueces ◆ chiflado,-a
nymph [nɪmf] *n* ninfa
nymphomaniac [nɪmfə'meɪnɪæk] *n* ninfómana

O, o [əʊ] *n* ◆ *(letra)* O, o ◆ *(al decir un número)* cero
oak [əʊk] *n* roble
oar [ɔ:ʳ] *n* remo
oasis [əʊ'eɪsɪs] *n (pl oases* [əʊ'eɪsi:z]*)* oasis

oath [əʊθ] *n* (*pl oaths* [əʊðz]) ◆ *Jur* juramento; **to break one's o.**, romper un juramento; **to swear an o.**, prestar juramento; **under o.**, bajo juramento ◆ *frml* palabrota

oatmeal ['əʊtmiːl] *n* harina de avena

oats [əʊt] *npl* ◆ *Bot* avena ◆ | LOC: **to know one's o.**, ser un experto

obedience [ə'biːdɪəns] *n* obediencia

obedient [ə'biːdɪənt] *adj* obediente

obese [əʊ'biːs] *adj* obeso,-a

obey [ə'beɪ] *vtr* ◆ (*una persona, orden*) obedecer (a) ◆ (*los instintos*) seguir ◆ (*la ley*) cumplir con

obituary [ə'bɪtjʊərɪ] *n* necrología

object[1] ['ɒbdʒɪkt] *n* ◆ objeto, cosa ◆ objeto, blanco: **he was an o. of ridicule**, fue el hazmerreír ◆ objetivo, propósito ◆ inconveniente: **money is no o.**, el dinero no es problema ◆ *Ling* complemento

object[2] [əb'dʒekt] **1** *vi* poner objeciones, oponerse [**to**, a]: **if you don't o.**, si no te molesta | **2** *vtr* objetar

> Observa que **to object to** va seguido de gerundio: **I object to working long hours.** *Me opongo a trabajar muchas horas.* Cuando el gerundio y **to object to** tienen sujetos diferentes, debes usar un adjetivo posesivo o, en situaciones informales, un complemento directo: **I object to your/you giving me orders.** *Me molesta (a mí) que me des órdenes (tú).*

objection [əb'dʒekʃən] *n* ◆ objeción, reparo ◆ inconveniente: **I see no o. to that**, no veo ningún inconveniente en eso

objectionable [əb'dʒekʃənəbəl] *adj* ◆ (*comentario*) reprensible ◆ (*persona*) ofensivo,-a, pesado,-a

objective [əb'dʒektɪv] **1** *adj* objetivo,-a | **2** *n* objetivo

objector [əb'dʒektər] *n* objetor,-ora

obligation [ɒblɪ'geɪʃən] *n* ◆ obligación [**to**, para con] ◆ *Com* compromiso

obligatory [ɒ'blɪgətərɪ] *adj* obligatorio,-a

oblige [ə'blaɪdʒ] **1** *vtr* ◆ *frml* obligar; **to be obliged to do sthg**, verse obligado,-a a hacer algo; **to o. sb to do sthg**, obligar a alguien a hacer algo ◆ hacer un favor a ◆ *frml* **I would be obliged**, estaría agradecido,-a | **2** *vi* hacer un favor

obliging [ə'blaɪdʒɪŋ] *adj* solícito,-a, servicial

oblique [ə'bliːk] **1** *adj* ◆ (*comentario*) indirecto,-a ◆ (*línea*) oblicuo,-a, inclinado,-a | **2** *n Tip* barra oblicua

obliterate [ə'blɪtəreɪt] *vtr* ◆ destruir, eliminar ◆ (*un recuerdo, una vivencia*) borrar

oblivion [ə'blɪvɪən] *n* ◆ olvido; **to fall into o.**, caer en el olvido ◆ inconsciencia

oblivious [ə'blɪvɪəs] *adj* inconsciente, ignorante

oblong ['ɒblɒŋ] **1** *adj* rectangular | **2** *n* rectángulo

obnoxious [əb'nɒkʃəs] *adj* ◆ (*olor, sabor*) repugnante ◆ (*persona*) odioso,-a

oboe ['əʊbəʊ] *n Mús* oboe

obscene [əb'siːn] *adj* obsceno,-a

obscure [əb'skjʊər] **1** *adj* ◆ (*sentido, significado*) oscuro,-a, poco claro,-a ◆ (*sentimiento*) oscuro,-a, vago,-a ◆ (*persona*) poco conocido,-a | **2** *vtr* ocultar

observance [əb'zɜːvəns] *n* ◆ (*de la ley*) cumplimiento ◆ *Rel* práctica

observant [əb'zɜːvənt] *adj* observador,-ora

observation [ɒbzə'veɪʃən] *n* ◆ observación, vigilancia; **under o.**, (*de la policía*) vigilado,-a; *Med* en observación ◆ comentario

observatory [əb'zɜːvətərɪ] *n* observatorio

observe [əb'zɜːv] *vtr* ◆ observar, ver ◆ vigilar ◆ comentar, observar ◆ (*una ley, tradición*) cumplir ◆ (*una festividad, silencio*) guardar

> Cuando **to observe** significa *observar, ver*, va acompañado de un complemento directo más gerundio: **I observed him taking the money.** *Le vi coger el dinero.* También puedes añadir **how** si quieres indicar el modo: **I observed how he took the money.** *Observé cómo cogió el dinero.*

observer [əb'zɜːvər] *n* observador,-ora

obsess [əb'ses] *vtr* obsesionar: **her face obsessed him**, su cara le obsesionó; **to be obsessed**, estar obsesionado,-a [**with, by, con**]

obsession [əb'seʃən] *n* obsesión, manía [**about/with, de**]

obsessive [əb'sesɪv] *adj* obsesivo,-a

obsolete ['ɒbsəliːt] *adj* obsoleto,-a

obstacle ['ɒbstəkəl] *n* obstáculo, estorbo [**to, para**]; *fig* impedimento; **o. course**, pista de obstáculos

obstetrician [ɒbste'trɪʃən] *n Med* tocólogo,-a

obstinate ['ɒbstɪnɪt] *adj* ◆ *(persona)* terco,-a, testarudo,-a ◆ *(esfuerzo)* tenaz

obstruct [əb'strʌkt] *vtr* ◆ obstruir; atascar; *(la vista)* tapar ◆ *(el progreso)* obstaculizar; *(el tráfico)* bloquear, obstruir ◆ *Dep* bloquear

obstruction [əb'strʌkʃən] *n* ◆ obstrucción ◆ obstáculo

obtain [əb'teɪn] *vtr* obtener, conseguir

obtainable [əb'teɪnəbəl] *adj* que se puede conseguir: **it is no longer o.**, ya no se puede conseguir; **o. in black and yellow,** se hace en negro y amarillo

obtrusive [əb'truːsɪv] *adj* ◆ *(persona)* entrometido,-a ◆ *(edificio)* demasiado prominente ◆ *(olor, sonido)* molesto,-a

obvious ['ɒbvɪəs] *adj* ◆ obvio,-a, evidente ◆ más indicado: **that's the o. choice,** ésa es la opción más indicada ◆ **to state the o.,** afirmar lo obvio

obviously ['ɒbvɪəslɪ] *adv* obviamente, evidentemente: **o. he is drunk,** evidentemente está borracho; **he is o. drunk,** está visiblemente borracho

occasion [ə'keɪʒən] 1 *n* ◆ ocasión, vez; **on two occasions,** dos veces; *frml* **on o.,** de vez en cuando ◆ *frml* momento propicio: **this is not the o. to argue,** ahora no es el momento de discutir ◆ *(en el momento)* **on the o. of his retirement,** con motivo de su jubilación ◆ acontecimiento: **what's the big o.?,** ¿qué se celebra? ◆ *(razón, causa)* motivo: **you had no o. to say that,** no tuviste por qué decir eso | 2 *vtr frml* ocasionar

occasional [ə'keɪʒənəl] *adj* esporádico,-a: **I have an o. drink,** bebo de vez en cuando

occasionally [ə'keɪʒənəlɪ] *adv* de vez en cuando, ocasionalmente

occupant ['ɒkjʊpənt] *n* ocupante

occupation [ɒkjʊ'peɪʃən] *n* ◆ profesión, ocupación ◆ pasatiempo ◆ *(de un territorio, edificio)* ocupación

occupational [ɒkjʊ'peɪʃənəl] *adj* ◆ profesional, laboral ◆ *hum* **it's an o. hazard,** son gajes del oficio

occupied ['ɒkjʊpaɪd] *adj* ocupado,-a

occupier ['ɒkjʊpaɪər] *n GB* ocupante

occupy ['ɒkjʊpaɪ] *vtr* ◆ *(un asiento, puesto, lugar, una oficina, habitación)* ocupar ◆ *(una casa)* ocupar, habitar ◆ *(el tiempo)* pasar, ocupar: **how do you o. your time?,** ¿cómo pasas el tiempo? ◆ *Mil* ocupar; *Pol (como protesta)* ocupar, tomar posesión de

occur [ə'kɜːr] *vi* ◆ *(un caso)* ocurrir, suceder ◆ *(un cambio)* producirse ◆ ocurrirse: **did it ever o. to you that...?,** ¿se te ocurrió alguna vez que...? ◆ *frml* encontrarse: **snakes do not o. in Ireland,** las serpientes no se dan en Irlanda

occurrence [ə'kʌrəns] *n* acontecimiento

ocean ['əʊʃən] *n* océano

ochre, *US* **ocher** ['əʊkər] *n & adj* ocre

o'clock [ə'klɒk] *adv* **it's one o'c.,** (es) la una; **it's ten o'c.,** (son) las diez; **at exactly three o'c.,** a las tres en punto

October [ɒk'təʊbər] *n* octubre

octogenarian [ɒktəʊdʒɪ'neərɪən] *adj & n* octogenario,-a

octopus ['ɒktəpəs] *n* pulpo

odd [ɒd] *adj* ◆ curioso,-a, extraño,-a, raro,-a: **the o. thing is that...,** lo curioso es que... ◆ desparejado,-a; **an o. sock,** un calcetín sin pareja ◆ *Mat* impar: **5 and 7 are o. numbers,** 5 y 7 son números impares ◆ algún que otro: **we have the o. visitor,** tenemos alguna que otra visita; **o. job,** trabajito ◆ *fam (después de un número)* alrededor de; **twenty-odd,** veintitantos

oddity ['ɒdɪtɪ] *n* ◆ *(de cosa)* rareza, singularidad; *(de persona)* excentricidad, manía ◆ cosa rara; *(persona)* bicho raro

oddly ['ɒdlɪ] *adv* ◆ *(comportarse, vestirse,* de una manera rara ◆ curiosamente; **o. enough,** aunque parezca mentira

odds [ɒdz] *npl* ◆ probabilidades: **the o. are that he will win,** lo más probable es que gane ◆ **against the o.,** a pesar de los pronósticos ◆ *(en apuestas)* **the o. are two to one,** están dando dos contra uno [**on,** a favor de] [**against,** contra] ◆ **it makes no o.,** lo mismo da ◆ *(dos personas, cosas)* **to be at o.,** estar en desacuerdo; **to be at o. with sb,** estar reñido,-a con alguien ◆ **o. and ends,** cachivaches, chismes

ode [əʊd] *n* oda

odious ['əʊdɪəs] *adj* odioso,-a

odour, *US* **odor** ['əʊdər] *n* ◆ olor [**of,** a] ◆ perfume, fragancia

of [ɒv] *prep* ◆ *(posesivo)* **a friend of mine** un amigo mío; **the head of state,** el jefe de Estado; **the wife of my best friend,** la mujer de mi mejor amigo ◆ *(partitivo)* **there are only two of us,** sólo somos dos **most of them,** la mayoría de ellos ◆ *(materia)* **a chain of gold,** una cadena de oro **made of wood,** hecho de madera ◆ *(con* *tenedor)* **a glass of water,** un vaso de agua ◆ *(cantidad)* **a kilo of rice,** un kilo de arroz ◆ *(relación)* **a map of Madrid,** un plano de Madrid; **a picture of a dog,** un dibujo de un perro; **a smell of flowers,** un olor a flores ◆ *(descriptivo)* **an increase of 5%,** un aumento de un 5%; **a man of thirty,** un hombre de treinta años; **the city of Quito,** la ciudad de Quito; *(en fechas)* **the first of May,** el uno de mayo; *(hora) US* **a quarter of three,** tres menos cuarto ◆ *(objeto de acción)* **the kidnapping of Moro,** el secuestro de Moro ◆ *(agente)* **the killer of Kennedy,** el asesino de Kennedy; **the writer of the book,** el escritor del libro ◆ *(causa)* **what did she die of?,** ¿de qué murió?; **of necessity,** por necesidad ◆ *de parte de:* **that was nice of you,** eso fue muy amable de tu parte

off [ɒf] **1** *adv* ◆ *(movimiento)* **the train stopped and he got off,** el tren paró y él bajó ◆ *(alejamiento, separación)* **I took off my coat,** me quité el abrigo; **the door handle fell off,** el pomo de la puerta se cayó ◆ *(movimiento)* **he ran off,** se fue corriendo ◆ *(distancia, tiempo)* **a long way off,** muy lejos; **it's a long time off,** falta mucho tiempo ◆ *(extinción)* **turn off the light,** apaga la luz; **to call off,** anular ◆ *(ausencia)* **she's off on holiday,** está de vacaciones; **to have a day off,** tomar un día libre ◆ *(mal estado)* **the meat smells off,** la carne huele mal ◆ *(terminación)* **finish off your work,** termina tu trabajo ◆ |LOC: **off and on,** alguna que otra vez, de vez en cuando | **2** *prep* ◆ *(movimiento)* **he fell off his chair,** se cayó de la silla; *(desde)* **they eat off gold plates,** comen en platos de oro ◆ *(separación)* **a button came off my coat,** se me descosió un botón del abrigo ◆ **she's off work,** está de baja ◆ *al lado de, apartado* ◆ *a de:* **to go off course,** desviarse; **an island off Florida,** una isla frente a Florida; **a road o. the square,** una calle que sale de la plaza ◆ *(dejar de usar o querer)* **she's off amphetamines,** ha dejado de tomar anfetaminas; *fam* **I'm off him,** ya no me gusta | **3** *adj* ◆ *(sólo como predicado) (luz, gas)* apagado,-a ◆ *(reunión)* anulado,-a ◆ *(comida)* en mal estado, malo,-a; *(leche)* agrio,-a ◆ *(comportamiento)* inaceptable: **that's a bit off!,** ¡qué desagradable! ◆ *(temporada)* baja ◆ *(persona)* **well-off,** *(rico)* acomodado,-a; *(situación)* **he'd be better off at home,** estaría mejor en casa ◆ **an off day,** un mal día | **4** *n Dep* & *fig fam* comienzo: **they're ready for the off,** están listos para la salida

offal ['ɒfəl] *n Culin* asadura

off-colour, *US* **off-color** ['ɒfkʌlər] *adj* ◆ *GB* indispuesto,-a, pachucho,-a ◆ *(anécdota, chiste)* subido,-a de tono

off-duty ['ɒf'djuːtɪ] *adj (persona)* fuera de servicio; **an off-duty policeman,** un policía fuera de servicio

offence [ə'fens] *n* ◆ *Jur* delito, infracción ◆ *(insulto)* ofensa; **to give o.,** ofender; **to take o.,** ofenderse [at, por]

offend [ə'fend] *vtr* ofender

offender [ə'fendər] *n* delincuente: **he is a first o.,** no tiene antecedentes penales

offense [ə'fens] *n US* → **offence**

offensive [ə'fensɪv] **1** *adj* ◆ *(comentario, acción)* ofensivo,-a ◆ *(cosa, olor)* repugnante | **2** *n Mil* ofensiva

offer ['ɒfər] **1** *vtr* ◆ ofrecer: **I offered her a chocolate,** le ofrecí un bombón; **she offered to help,** se ofreció a ayudar ◆ *(una idea, sugerencia)* proponer ◆ *(una oportunidad)* brindar | **2** *n* oferta, propuesta ◆ *Com* **on o.,** de oferta

offering ['ɒfərɪŋ] *n* ◆ ofrecimiento ◆ *Rel* ofrenda

offhand [ɒf'hænd] **1** *adj* brusco,-a, descortés | **2** *adv* **I can't tell you o.,** así, de pronto, no puedo decírtelo

office ['ɒfɪs] *n* ◆ *(edificio)* oficina(s); *(pieza)* oficina, despacho; *Com* **head o.,** sede; **o. worker,** oficinista, administrativo,-a ◆ *GB Pol* ministerio ◆ *Com Pol* cargo: *(partido)* **to be in o.,** estar en el poder; **to take o.,** tomar posesión del cargo; **the o. of president,** el cargo de presidente ◆ *Rel* oficio

officer ['ɒfɪsər] *n* ◆ *Mil Náut Av* oficial ◆ **(police) o.,** policía; *(como trato)* agente ◆ funcionario,-a ◆ *(de sindicato)* delegado,-a

official [ə'fɪʃəl] **1** *adj* oficial, autorizado,-a | **2** *n* ◆ funcionario,-a ◆ directivo,-a

officious [ə'fɪʃəs] *adj pey* mandón,-ona

off-licence ['ɒflaɪsəns] *n GB* bodega, licorería (con despacho de bebidas sólo para llevar)

off-line ['ɒflaɪn] *adj Inform* desconectado,-a

off-peak [ɒf'piːk] *adj* ◆ *(electricidad, teléfono)* de tarifa reducida ◆ *(turismo)* de temporada baja

off-putting ['ɒfpʊtɪŋ] *adj GB fam* ◆ desagradable ◆ molesto,-a ◆ desalentador,-ora

offset [ɒf'set] *vtr (ps & pp offset)* compensar, contrarrestar

offshoot ['ɒfʃuːt] *n* ♦ *Bot* retoño ♦ *fig (de una familia)* rama ♦ *(de una empresa)* filial

offshore [ɒf'ʃɔːʳ] **1** *adj* ♦ *(brisa)* del interior ♦ *(isla)* cercano,-a a la costa ♦ *(actividad)* submarino,-a ♦ *Fin* en el exterior | **2** *adv* **a hundred metres o.,** a cien metros de la costa

offside [ɒf'saɪd] **1** *adv Dep* fuera de juego | **2** *n Auto* lado del conductor

offspring ['ɒfsprɪŋ] *n inv frml & hum (singular)* vástago; *(plural)* prole

offstage [ɒf'steɪdʒ] **1** *adv Teat* entre bastidores | **2** *adj* de entre bastidores ♦ **o. voice,** voz en off

often ['ɒfən, 'ɒftən] *adv* a menudo, con frecuencia: **I go as o. as possible,** voy siempre que puedo ♦ LOC: **as o. as not,** la mayor parte *o* la mayoría de las veces

> **Often** se coloca después del verbo **to be** en los tiempos simples (**he is often late for work,** *a menudo llega tarde a trabajar*), delante de los tiempos simples de otros verbos (**we often go to the cinema,** *vamos al cine a menudo*) o después del primer verbo auxiliar en tiempos compuestos: **I have often wondered...** *A menudo me he preguntado...*

ogle ['əʊgəl] *vtr & vi* **to o. (at) sb,** comerse a alguien con los ojos

oh [əʊ] *excl* ♦ ¡oh!; **oh, really?,** ¡no me digas!; **oh yes?,** ¿ah sí? ♦ ¡ay!

oil [ɔɪl] **1** *n* ♦ aceite; **olive oil,** aceite de oliva ♦ *Min* petróleo; **o. platform,** plataforma petrolera; **o. well,** pozo petrolero ♦ *Arte* oils *pl*, pinturas al óleo ♦ **o. painting,** *(técnica)* pintura al óleo; *(cuadro)* óleo: **he's no o.-painting,** no es ninguna belleza | **2** *vtr* engrasar, lubrificar

oilfield ['ɔɪlfiːld] *n* yacimiento petrolífero

oilskin ['ɔɪlskɪn] *n* ♦ *Tex* hule ♦ **oilskins** *pl*, chubasquero

oily ['ɔɪlɪ] *adj (oilier, oiliest)* ♦ *(que contiene aceite)* aceitoso,-a ♦ *(cubierto de aceite)* grasiento,-a; *(pelo, piel)* graso,-a ♦ *(persona) pey* empalagoso,-a

ointment ['ɔɪntmənt] *n* ungüento, pomada

OK, okay [əʊ'keɪ] *fam* **1** *excl* vale, muy bien, de acuerdo | **2** *adj* bien: **how are you? - OK,** ¿cómo estás? - bien; **is it OK with you if...?,** ¿te importa si...? | **3** *adv* bastante bien | **4** *n* visto bueno | **5** *vtr* dar el visto bueno a

old [əʊld] **1** *adj* ♦ *(edad)* **he's ten years o.,** tiene diez años ♦ *(persona)* mayor, viejo,-a; **to get o.,** envejecer; **o. age,** vejez; **o. woman,** anciana ♦ **an o. friend,** un viejo amigo ♦ *(coche, ropa)* viejo,-a; *(ciudad, civilización, tradición)* antiguo,-a; *(vino)* añejo,-a ♦ *pey* anticuado,-a ♦ **o. green,** anticuado,-a ♦ **he preferred his o. job,** prefería su anterior trabajo; **that's my o. school,** ése es mi antiguo instituto | **2** *n npl* ancianos

old-fashioned [əʊld'fæʃənd] ♦ tradicional, a la antigua ♦ anticuado,-a, pasado,-a de moda

olive [ɒlɪv] **1** *n* ♦ aceituna, oliva ♦ *(árbol)* ♦ **o.** *(tb adj)* verde oliva

Olympic [ə'lɪmpɪk] **1** *adj* olímpico,-a | **2** *npl* **the Olympics,** los Juegos Olímpicos

omelette, *US* **omelet** ['ɒmlɪt] *n Culin* tortilla (francesa)

omen ['əʊmen] *n* augurio, presagio

ominous ['ɒmɪnəs] *adj* de mal agüero siniestro,-a

omission [əʊ'mɪʃən] *n* ♦ omisión ♦ descuido

omit [əʊ'mɪt] *vtr* ♦ omitir ♦ olvidarse [to, de]: **she omitted to give me her name,** se olvidó de darme su nombre

omnipotent [ɒm'nɪpətənt] *adj* omnipotente

on [ɒn] **1** *prep* ♦ *(posición)* a, en, cerca de sobre: **I live on the main road,** vivo en la calle principal; **on the left/right,** a la izquierda/derecha; **on the table,** sobre la mesa; *(teléfono)* **I'm on 539 7604,** estoy en el 539 7604 ♦ **there's nothing on TV,** no hay nada en la tele ♦ *(transporte)* **on the bus,** en (el) autobús; **on foot,** a pie ♦ *(blanco)* **he hit her on the nose,** le dio un golpe a la nariz; **an attack on the government,** un ataque al gobierno ♦ *(tiempo)* **on April 14th,** el 14 de abril; **on Sunday,** el domingo ♦ acerca de, sobre; **a book on golf,** un libro sobre golf ♦ según; **on average,** por término medio; **on condition that,** a condición de que; **on your advice,** siguiendo tus consejos ♦ después de; **on his arrival,** a su llegada; **on receiving his letter,** al recibir su carta ♦ *(miembro)* **he's on the staff,** está en plantilla; **on the committee,** miembro del comité ♦ *(medicinas, etc)* **she's on tranquillizers,** toma tranquilizantes ♦ *(dinero)* **I'm on £25,000 a year,** gano £25.000 al año *(comida)* **he lives on rice,** se alimenta de arroz ◆ encima: **I never carry cash on me,** nunca llevo dinero encima; **that shirt looks good on you,** esa camisa te queda bien ◆ *(manejar)* **she's on the phone,** está hablando por teléfono; *(instrumento)* **with his wife on the piano,** con su mujer al piano ◆ *(actividad)* **on holiday,** de vacaciones; **on a trip,** de viaje ◆ **the drinks are on me!,** ¡yo invito! ◆ *(comparación)* **sales are up 10% on last year,** las ventas han subido un 10% respecto al año pasado | **2** *adv* ◆ *(movimiento)* **a bus stopped and he got on,** un autobús paró y él subió ◆ *(continuidad)* **we worked on until midnight,** seguimos trabajando hasta medianoche; **and so on,** y así sucesivamente; *(tiempo/espacio)* **from June on,** a partir de junio; **from now on,** a partir de ahora; **further on,** más lejos; **later on,** más tarde ◆ *(ropa)* **she had nothing on,** estaba desnuda *o* no llevaba nada encima; **he kept his hat on,** no se quitó el sombrero *o* se dejó puesto el sombrero ◆ *(en su sitio)* **that cover isn't on properly,** esa tapa no está bien puesta *(ver también verbos compuestos* **get on, go on, put on,** *etc)* | **3** *adj (sólo como predicado)* ◆ *(luz)* encendido,-a ◆ *(acto)* planificado,-a: **I haven't got anything on tomorrow,** no tengo nada planificado para mañana; **what's on at the cinema?,** ¿qué ponen en el cine? ◆ *(persona)* de servicio: **she's on for the next two days,** está de servicio los dos próximos días; *Teat Dep* **you're on next,** te toca a ti ◆ *(aceptable)* **that is just not on!,** ¡eso no se puede tolerar!

once [wʌns] ◆ una (sola) vez; **o. a year,** una vez al año; **o. again/more,** una vez más; **o. and for all,** de una vez por todas; **o. in a while,** de vez en cuando; **o. or twice,** alguna que otra vez; **o. upon a time there was...,** había una vez... **for o.,** por una vez ◆ **all at o.,** de repente; **at o.,** en seguida, a la vez | **2** *conj* una vez que...

oncoming ['ɒnkʌmɪŋ] *adj* ◆ *(acontecimiento)* que se acerca ◆ *(tráfico)* en dirección contraria

one [wʌn] **1** *adj* ◆ *(número)* un, una; **o. woman,** una mujer ➢ Ver nota en **un** ◆ algún, alguna: **come and see us o. day,** ven a visitarnos algún día ◆ mismo,-a: **we all went in o. car,** todos fuimos en el mismo coche ◆ único,-a: **he is the o. person I dislike,** él es la única persona que no me gusta; **the o. and only Houdini,** el único, el irrepetible Houdini | **2** *n* ◆ *(número)* uno ◆ *(edad)* **she's one,** tiene un año ◆ *(hora)* **it's one o'clock,** es la una | **3** *pron* ◆ uno,-a: **it could be any o.,** podría ser cualquiera; **o. of us is lying,** uno de nosotros miente; **the o. on the left,** el (la) de la izquierda; **the o. who knows is John,** el que lo sabe es John; **o. by o.,** de uno en uno ◆ *(pron dem)* **this o.,** éste, ésta; **that o.,** ése, ésa, aquél, aquélla *(pl* **these ones, those ones)**; **which o.?,** ¿cuál? ◆ *(con adjetivo)* **I prefer the old o.,** yo prefiero el antiguo; **the pink ones,** los/las de color rosa ◆ *(impersonal) frml* uno, una: **o. should clean one's teeth,** uno debe lavarse los dientes ◆ **o. another,** el uno al otro: **we know o. another,** nos conocemos

one-armed ['wʌnɑːmd] *adj* ◆ manco,-a ◆ *fig* **o.-a. bandit,** máquina tragaperras

one-off ['wʌnɒf] *adj* ◆ *(acontecimiento, pago)* extraordinario,-a ◆ *(producto)* fuera de serie

oneself [wʌn'self] *pron frml (reflexivo)* se, sí; **to talk to o.,** hablar para sí; **to wash o.,** lavarse; *(uso enfático)* uno,-a mismo,-a, sí mismo,-a ◆ *(sólo)* **to do sthg o.,** hacer algo uno,-a mismo,-a

one-sided ['wʌnsaɪdɪd] *adj (opinión, versión)* parcial, tendencioso,-a

one-way ['wʌnweɪ] *adj* ◆ *(calle)* de sentido único ◆ *(billete)* de ida

ongoing ['ɒngəʊɪŋ] *adj (negociaciones, situación)* en curso, actual

onion ['ʌnjən] *n* cebolla

on-line [ɒn'laɪn] **1** *adj Inform* conectado,-a

onlooker ['ɒnlʊkə'] *n* espectador,-ora

only ['əʊnlɪ] **1** *adv* ◆ sólo, solamente, no más que: **I'm o. the tenant,** no soy más que el inquilino; **only two days ago,** hace sólo dos días ◆ **you'll o. have an accident,** lo único que conseguirás es tener un accidente ◆ **not only... but also...,** no sólo... sino también ◆ *(apenas)* **I can o. just see you,** apenas te veo; **I've o. just arrived,** acabo de llegar ahora mismo ◆ *(uso enfático)* **it was o. too clear,** estaba clarísimo | **2** *adj* único,-a: **it's the o. answer,** es la única solución; **o. child,** hijo,-a único,-a | **3** *conj* pero, sólo que

onset ['ɒnset] *n* comienzo

onslaught ['ɒnslɔːt] *n* ◆ ataque violento ◆ *fig (de preguntas, gente)* avalancha

onto ['ɒntʊ] *prep* → **on**

onus ['əʊnəs] *n* responsabilidad: **the o. is on you to check it,** te corresponde a ti verificarlo

onward ['ɒnwəd] *adj (antes del sustantivo)* hacia adelante

onward(s) ['ɒnwəd(z)] *adv* ◆ hacia adelante ◆ **from now o.,** a partir de ahora

oops! [ʊps] *excl fam (al hacerse algo torpe o decirse algo inoportuno)* ¡uy!

ooze [uːz] **1** *vi* rezumar | **2** *vtr* rezumar; *fig* **he oozes confidence,** rebosa confianza

opaque [əʊ'peɪk] *adj* opaco,-a

open ['əʊpən] **1** *adj* ◆ *(boca, brazos, flor, libro, ojo, puerta)* abierto,-a; **half o.,** entreabierto,-a ◆ *(coche, barco, patio)* descubierto,-a; *(aire)* libre; **in the o. air,** al aire libre; *(campo)* abierto,-a ◆ *(secreto)* a voces ◆ *(ropa)* abierto,-a desabrochado,-a ◆ *(tienda)* abierto,-a ◆ *(cuestión)* pendiente, sin decidir ◆ *(reunión)* abierto,-a, público,-a; *Dep (no restringido)* abierto,-a, open; *Av (billete)* abierto,-a; *Fin (mercado)* libre ◆ *(persona)* sincero,-a ◆ *(mentalidad)* abierto,-a; **o. to suggestions,** abierto,-a a todo tipo de sugerencias ◆ *(admiración, odio)* manifiesto,-a ◆ *(acción, palabras)* **o. to criticism,** expuesto,-a a la crítica | **2** *n* ◆ **in the o.,** al aire libre; *fig* público,-a ◆ *Dep* open | **3** *vtr* ◆ abrir ◆ *(un edificio, monumento)* inaugurar ◆ *(una reunión)* iniciar; *(negociaciones)* entablar, iniciar ◆ *Mil* **to o. fire,** abrir fuego | **4** *vi* ◆ *(una boca, flor, puerta)* abrirse; *(una tienda)* abrir ◆ *(un relato)* empezar, comenzar ◆ *Cine Teat* estrenarse: **the film opens tomorrow,** la película se estrena mañana ◆ dar acceso [**into, onto,** a]

■ **open out 1** *vtr* desplegar, extender | **2** *vi* ◆ *(una flor)* abrirse; *(un mapa, una hoja plegada)* desplegarse ◆ *(una calle, un valle)* ensancharse ◆ *(una empresa, vista)* extenderse

■ **open up 1** *vtr* ◆ *(un negocio)* abrir, establecer ◆ *(un mercado)* desarrollar ◆ *(un país)* **China is being opened up to capitalism,** China se está abriendo al capitalismo | **2** *vi* ◆ establecerse ◆ abrir: *fam* **o. up!,** ¡abra la puerta!

opener ['əʊpənə^r] *n* **tin o.,** *US* **can o.,** abrelatas

opening ['əʊpənɪŋ] **1** *n* ◆ apertura, comienzo; *(de una exposición)* inauguración; *Cine Teat* estreno ◆ *(de una superficie)* abertura, brecha ◆ oportunidad | **2** *adj* ◆ *(palabras)* inicial ◆ *(acto)* inaugural; *Teat* **o. night,** noche de estreno

openly ['əʊpənlɪ] *adv* abiertamente

open-minded [əʊpən'maɪndɪd] *adj* sin prejuicios

openness ['əʊpənnɪs] *n* franqueza, sinceridad

opera ['ɒpərə] *n* ópera

operate ['ɒpəreɪt] **1** *vtr* ◆ *(una máquina)* manejar ◆ *(un negocio)* dirigir | **2** *vi* ◆ *(cosa)* funcionar: **it operates by electricity,** funciona con electricidad ◆ *(persona)* obrar, actuar ◆ *Med* operar; **to o. on sb for sthg,** operar a alguien de algo ➤ Ver nota en **operar**

operating ['ɒpəreɪtɪŋ] *adj* ◆ *Com (gastos, etc)* de explotación ◆ *Med* **o. theatre,** *US* **o. room,** quirófano

operation [ɒpə'reɪʃən] *n* ◆ *(de una máquina)* funcionamiento ◆ *(de una persona)* manejo ◆ *Med* operación, intervención quirúrgica; **to have an o.,** ser operado,-a [**for,** de] ◆ *Mil* maniobra

operational [ɒpə'reɪʃənəl] *adj* operativo,-a, en funcionamiento

operative ['ɒpərətɪv] **1** *n frml* operario,-a | **2** *adj* ◆ *Jur (norma)* vigente; **to be o.,** estar en vigor ◆ significativo,-a, clave ◆ | LOC: **the o. word,** la palabra clave

operator ['ɒpəreɪtə^r] *n* ◆ *(de una máquina)* operario,-a ◆ *Tel* operador,-ora, telefonista ◆ *Com* agente; **tour o.,** agente de viajes ◆ | LOC: **he's a smart o.,** es un tío muy listo

opinion [ə'pɪnjən] *n* opinión: **what's your o.?,** y tú, ¿qué opinas?; **to have a high/low o. of sb,** tener buen/mal concepto de alguien; **in my o.,** a mi juicio; **(public) o. poll,** encuesta

opium ['əʊpɪəm] *n* opio

opponent [ə'pəʊnənt] *n* adversario,-a

opportune ['ɒpətjuːn] *adj* oportuno,-a

opportunist [ɒpə'tjuːnɪst] *adj & n* oportunista

opportunity [ɒpə'tjuːnɪtɪ] *n* oportunidad, ocasión; **a golden o.,** una oportunidad de oro

> Las expresiones más comunes son **opportunity for** más un complemento (**this is an opportunity for a new product,** *es una oportunidad para un nuevo producto*) y **opportunity to** más un infinitivo: **This is an opportunity to introduce a new product.** *Es una oportunidad para introducir un nuevo producto.*

oppose [ə'pəʊz] *vtr* oponerse a, resistir

opposed [ə'pəʊzd] *adj* ◆ opuesto,-a [**to, a**]: **I'm o. to capital punishment,** estoy en contra de la pena de muerte ◆ | LOC: **as o. to,** a diferencia de

> To be opposed to normalmente va seguido de gerundio: **I am opposed to negotiating with them.** *Me opongo a negociar con ellos.* Sin embargo, si el sujeto del verbo subordinado no coincide con el sujeto del verbo principal, debes añadir un adjetivo posesivo o, en situaciones menos formales, un complemento directo: **I am opposed to your/you travelling by plane.** *Me opongo (yo) a que te vayas en avión (tú).*

opposing [ə'pəʊzɪŋ] *adj* ◆ *(equipo, partido)* adversario,-a ◆ *(opinión)* contrario,-a
opposite ['ɒpəzɪt] **1** *n* lo contrario | **2** *adj* ◆ *(dirección, opinión)* opuesto,-a, contrario,-a ◆ de enfrente: **the house o. is for sale,** la casa de enfrente está en venta ◆ **o. number,** homólogo,-a | **3** *adv* enfrente: **she sat down o.,** se sentó enfrente | **4** *prep* enfrente de, frente a
opposition [ɒpə'zɪʃən] *n* ◆ oposición, resistencia ◆ *Com* competencia; *Pol* oposición; *Dep* adversario,-a
oppress [ə'pres] *vtr* oprimir
oppression [ə'preʃən] *n* opresión
oppressive [ə'presɪv] *adj* ◆ *Pol* opresivo,-a, tiránico,-a ◆ *(calor, ambiente)* agobiante, sofocante
opt [ɒpt] *vi* optar [**for,** por]; **to o. to do sthg,** optar por hacer algo
■ **opt out** *vi* decidir no participar [**from, en**]
optical ['ɒptɪkəl] *adj* óptico,-a
optician [ɒp'tɪʃən] *n* ◆ óptico,-a ◆ **optician's** *(establecimiento)* óptica
optics ['ɒptɪks] *n* óptica
optimism ['ɒptɪmɪzəm] *n* optimismo
optimist ['ɒptɪmɪst] *n* optimista
optimistic [ɒptɪ'mɪstɪk] *adj* optimista
optimistically [ɒptɪ'mɪstɪklɪ] *adv* con optimismo
optimum ['ɒptɪməm] **1** *adj* óptimo,-a | **2** *n* grado óptimo
option ['ɒpʃən] *n* ◆ opción, posibilidad, remedio: **I'll keep my options open,** dejo las puertas abiertas; **to have no o.,** no tener más remedio [**but to,** que] ➢ Ver nota en **nariz** ◆ *Com (en un coche, etc)* extra ◆ *Fin* opción

optional ['ɒpʃənəl] *adj* opcional, optativo,-a
opulence ['ɒpjʊləns] *n* opulencia
or [ɔː^r] *conj* ◆ o, u: **are you coming or not?,** ¿vienes o no?; **would you like coffee or tea?,** ¿quieres café o té?; **either black or white,** o blanco o negro; **or else,** si no: **be good or else I'll be angry,** pórtate bien, si no, me enfado; **a kilometre or so,** un kilómetro más o menos ◆ *(después de negativo)* ni: **I don't drink or smoke,** no bebo ni fumo → **nor**
oral ['ɔːrəl] **1** *adj* oral | **2** *n fam* examen oral
orally ['ɔːrəlɪ] *adv* ◆ verbalmente ◆ *Med* por vía oral
orange ['ɒrɪndʒ] **1** *n* ◆ *(fruta)* naranja; **o. juice,** zumo de naranja ◆ *(árbol)* naranjo; **o. blossom,** azahar | **2** *adj* de color naranja
orator ['ɒrətə^r] *n* orador,-ora
oratory ['ɒrətərɪ] *n Arte* oratoria
orbit ['ɔːbɪt] **1** *n Astron* órbita | **2** *vtr* girar alrededor de
orchard ['ɔːtʃəd] *n* huerto
orchestra ['ɔːkɪstrə] *n* orquesta
orchestral [ɔː'kestrəl] *adj* orquestal
orchid ['ɔːkɪd] *n Bot* orquídea
ordeal [ɔː'diːl] *n* experiencia terrible y traumática
order ['ɔːdə^r] **1** *n* ◆ *(colocación)* orden; **in alphabetical/chronological o.,** por orden alfabético/cronológico; **in o.,** ordenado,-a; **out of o.,** *(cosas, papeles)* desordenado,-a ◆ estado; *(pasaporte)* **in o.,** en regla; *(máquina)* **out of o.,** averiado,-a ◆ *(institucional)* orden; **to keep o.,** mantener el orden; **the forces of o.,** las fuerzas del orden ◆ mandato, orden; **to obey orders,** cumplir las órdenes; **under orders,** bajo órdenes ◆ *Com* pedido, encargo: **it is on o.,** ya está pedido ◆ *Rel Hist* orden ◆ *Biol* orden, clase; *fig* calidad ◆ **in o. that sthg is *o* be done,** para que algo se haga; **in o. to do sthg,** para hacer algo ➢ Ver nota en **para** | **2** *vtr* ◆ *frml* poner en orden ◆ mandar; **to o. sb to do sthg,** mandar a alguien hacer algo ◆ *Com* pedir, encargar: **waiter, can I o. now?,** camarero, ¿puedo pedir ya?
orderly ['ɔːdəlɪ] **1** *adj* ◆ *(cosas)* ordenado,-a ◆ *(persona)* metódico,-a ◆ *(multitud)* disciplinado,-a | **2** *n* ◆ *Med* camillero ◆ *Mil* ordenanza
ordinary ['ɔːdənrɪ] **1** *adj* ◆ usual, normal ◆ corriente, común: **he's just an o.**

ore

man, es un hombre del montón | **2** *n* **out of the o.,** fuera de lo común

ore [ɔːʳ] *n* mineral; **iron o.,** mineral de hierro

oregano [ɒrɪˈgɑːnəʊ] *n Bot Culin* orégano

organ [ˈɔːgən] *n Mús Anat etc* órgano

organic [ɔːˈgænɪk] *adj* orgánico,-a

organism [ˈɔːgənɪzəm] *n* organismo

organization [ɔːgənaɪˈzeɪʃən] *n* organización

organize [ˈɔːgənaɪz] *vtr* organizar

organizer [ˈɔːgənaɪzəʳ] *n* organizador,-ora

orgasm [ˈɔːgæzəm] *n* orgasmo

orgy [ˈɔːdʒɪ] *n* orgía

Orient [ˈɔːrɪənt] *n* **the O.,** el Oriente

Oriental [ɔːrɪˈentəl] *adj & n* oriental

orientate [ˈɔːrɪənteɪt] *vtr* orientar

origin [ˈɒrɪdʒɪn] *n* origen

original [əˈrɪdʒɪnəl] **1** *adj* ◆ original, primero,-a; **the o. inhabitants of Europe,** lo primitivos habitantes de Europa ◆ *(creativo, fuera de lo común)* original | **2** *n* original

originality [ərɪdʒɪˈnælɪtɪ] *n* originalidad

originally [əˈrɪdʒɪnəlɪ] *adv* ◆ *(antes de los cambios sufridos)* en un principio ◆ *(de manera distinta a la habitual)* con originalidad

originate [əˈrɪdʒɪneɪt] **1** *vtr* originar | **2** *vi* ◆ originarse ◆ **to o. from** *o* **in,** tener su origen en

ornament [ˈɔːnəmənt] *n* ornamento, adorno

ornamental [ɔːnəˈmentəl] *adj* decorativo,-a

ornate [ɔːˈneɪt] *adj* vistoso,-a

ornithology [ɔːnɪˈθɒlədʒɪ] *n* ornitología

orphan [ˈɔːfən] **1** *n* huérfano,-a | **2** *vtr* dejar huérfano,-a

orphanage [ˈɔːfənɪdʒ] *n* orfanato

orthodox [ˈɔːθədɒks] *adj* ortodoxo,-a

orthopaedic, *US* **orthopedic** [ɔːθəʊˈpiːdɪk] *adj* ortopédico,-a

oscillate [ˈɒsɪleɪt] *vi* oscilar

ostensible [ɒˈstensɪbəl] *adj* aparente, supuesto,-a

ostentatious [ɒstenˈteɪʃəs] *adj* ostentoso,-a

osteopath [ˈɒstɪəpæθ] *n* osteópata

ostrich [ˈɒstrɪtʃ] *n* avestruz

other [ˈʌðəʳ] **1** *adj* ◆ otro,-a: **there are two o. problems,** hay dos problemas más; **the o. day,** el otro día **the o. road,** la otra carretera ◆ **o. people,** los otros, los demás; **o. people's rights,** los derechos ajenos; ◆ segundo; **every o. day,** cada dos días | **2** *adv* **somehow or o.,** de alguna manera u otra | **3** *pron* **the o.,** el otro, la otra; **the others,** los otros, las otras, los/las demás: **the others are coming later,** los demás vienen más tarde; **many others,** otros,-as muchos,-as; **one after the o.,** uno tras otro ◆ **each o.,** el uno al otro: **we love each o.,** nos queremos ➤ Ver nota en **otro**

otherwise [ˈʌðəwaɪz] **1** *adv* ◆ de lo contrario ◆ aparte de eso, por lo demás ◆ de otra manera: **I can't go, I'm o. engaged,** no puedo asistir, tengo otro compromiso

otter [ˈɒtəʳ] *n* nutria

ouch [aʊtʃ] *excl (de dolor)* ¡ay!

ought [ɔːt] *v aux* ◆ *(deber moral)* **I o. to call my parents,** debería llamar a mis padres; **you o. not to say that,** no deberías decir eso ◆ *(consejo)* **he o. to have a holiday,** debería tomarse unas vacaciones ◆ *(probabilidad)* **we o. to see him from here,** seguro que le vemos desde aquí

ounce [aʊns] *n* ◆ onza (28,35 gr) ◆ *fig* **if she had an o. of shame,** si tuviera una pizca de vergüenza

our [aʊəʳ] *adj pos* nuestro(s),-a(s)

ours [aʊəz] *pron pos* ◆ (el) nuestro, (la) nuestra; (los) nuestros, (las) nuestras: **the red car is o.,** el coche rojo es nuestro ◆ *(de entre varios)* **they are friends of o.,** son amigos nuestros

ourselves [aʊəˈselvz] *pron pers pl* ◆ *(reflexivo)* nos: **we admired o. in the mirror,** nos admiramos en el espejo ◆ *(uso enfático)* nosotros,-as mismos,-as: **we can do it o.,** podemos hacerlo nosotros mismos; **we o. saw it,** nosotros mismos lo vimos ◆ **we sat by o.,** nos sentamos solos

out [aʊt] **1** *adv* ◆ fuera, afuera: **I live a long way o.,** vivo lejos del centro; **it's cold o.,** hace frío en la calle; **John is o.,** John no está; **my grandfather still gets o. and about,** mi abuelo sigue saliendo por ahí; **to eat o.,** comer fuera; **to have a night o.,** ir de juerga; **o. here,** aquí fuera; *fam Lab* en huelga: **we are o.,** estamos en huelga ◆ hacia fuera; **to go/come o.,** salir; **to take o.,** sacar; **he took o. a gold lighter,** sacó un mechero de oro ◆ para afuera: **I sat by the window and looked o.,** me senté al lado de la ventana y miré hacia afuera ◆ *(conocido)* público: **the news is o.,** (la noticia) es de dominio público ◆ visible: **the roses are o.,** las rosas están en flor; **the sun is o.,** brilla el sol ◆ *fam* existente: **the best dictionary o.,** el mejor diccionario en el mercado ◆ *(hablando)* **he read o. a note,** leyó una nota en voz alta; **o. loud,** en voz alta ◆ *(determinación)* **he's o. for revenge,** quiere venganza; **she's to beat the record,** está decidida a batir el récord | **2** *adj (sólo como predicado)* ◆ *(fuego, luz)* apagado,-a ◆ *fam (persona)* inconsciente, K.O. ◆ *(cifras, etc)* erróneo,-a: **the forecast was miles o.,** el pronóstico fue muy equivocado ◆ *(periodo de tiempo)* pasado,-a: **before the year is o.,** antes de que acabe el año; *fam (ropa, etc)* pasado,-a de moda ◆ *(marea)* bajo,-a ◆ *fam* inaceptable: **bad language is o.,** las palabrotas no son aceptables ◆ *Dep* fuera: **that ball was o.,** esa pelota cayó fuera | **3** *prep* por: **he threw it o. the window,** lo tiró por la ventana

out of *prep* ◆ *(sitio)* fuera de; **o. of doors,** en la calle; **o. of reach,** fuera de alcance; **o. of town,** fuera de la ciudad ◆ *(dirección)* de, por: **I jumped o. of the window,** salté por la ventana; **the bird fell o. of the nest,** el pájaro se cayó del nido ◆ entre; **two o. of three men,** dos de cada tres hombres ◆ *(materia)* de; **made o. of wood,** hecho,-a de madera ◆ *(origen)* like sthg **o. of a film,** como algo salido de una película ◆ *(motivo)* por; **o. of curiosity,** por curiosidad ◆ *(falta)* sin: **I'm o. of breath,** estoy sin aliento ◆ *(exclusión)* **I feel o. of it,** me siento excluido; **they are o. of the final,** quedan eliminados de la final

outboard ['aʊtbɔːd] *adj* **o. motor,** fueraborda

outbreak ['aʊtbreɪk] *n (de guerra)* comienzo, estallido, *(enfermedad, violencia)* brote

outburst ['aʊtbɜːst] *n (de emoción, rabia)* arrebato, arranque

outcast ['aʊtkɑːst] *n* marginado,-a

outcome ['aʊtkʌm] *n* resultado

outcry ['aʊtkraɪ] *n* protesta [**about, over, por**]

outdated [aʊt'deɪtɪd] *adj* anticuado,-a, obsoleto,-a

outdo [aʊt'duː] *vtr* **to o. sb,** superar a alguien

outdoor ['aʊtdɔːʳ] *adj* ◆ al aire libre; *(piscina)* descubierto,-a ◆ *(ropa)* de calle

outdoors [aʊt'dɔːz] *adv* fuera, al aire libre

outer ['aʊtəʳ] *adj* exterior, externo,-a

outfit ['aʊtfɪt] *n* ◆ *(ropa)* conjunto ◆ equipo ◆ *fam* organización

outgoing ['aʊtgəʊɪŋ] **1** *adj* ◆ que sale ◆ extrovertido,-a | **2** *Fin* **outgoings** *pl,* gastos

outgrow [aʊt'grəʊ] *vtr* **she'll soon o. her jeans,** pronto los vaqueros le quedarán pequeños

outing ['aʊtɪŋ] *n* excursión

outlandish [aʊt'lændɪʃ] *adj* estrafalario,-a, extravagante

outlast [aʊt'lɑːst] *vtr* durar más que, sobrevivir a

outlaw ['aʊtlɔː] **1** *n* forajido,-a | **2** *vtr* prohibir, proscribir

outlet ['aʊtlet, 'aʊtlɪt] *n* ◆ salida ◆ *Com* mercado ◆ *Com* punto de venta ◆ *fig* válvula de escape

outline ['aʊtlaɪn] **1** *n* ◆ contorno, perfil ◆ esbozo ◆ resumen | **2** *vtr* ◆ *(dibujar)* perfilar ◆ esbozar ◆ resumir

outlive [aʊt'lɪv] *vtr* sobrevivir a

outlying ['aʊtlaɪɪŋ] *adj* periférico,-a

outlook ['aʊtlʊk] *n* ◆ perspectiva ◆ *Meteor* pronóstico ◆ opinión, punto de vista

outnumber [aʊt'nʌmbəʳ] *vtr* superar en número

outpatient ['aʊtpeɪʃənt] *n* paciente externo,-a

output ['aʊtpʊt] *n* ◆ *(de una fábrica)* producción ◆ *(de una máquina, un trabajador)* rendimiento ◆ *Inform* salida ◆ *Elec* potencia

outrage ['aʊtreɪdʒ] *n* ◆ *(acción)* atrocidad ◆ *(sentimiento)* indignación

outrageous [aʊt'reɪdʒəs] *adj* ◆ *(comportamiento)* escandaloso,-a: **this is o.!,** ¡esto es intolerable! ◆ *(precio)* exorbitante ◆ *(ropa)* estrafalario,-a

outright ['aʊtraɪt] **1** *adj* ◆ *(ganador)* indiscutible ◆ *(negativa)* rotundo,-a | **2** [aʊt'raɪt] *adv* ◆ por completo ◆ *(sin reservas)* abiertamente ◆ instantáneamente

outset ['aʊtset] *n* comienzo, principio

outside [aʊt'saɪd] **1** *n* exterior; **from the o.,** desde fuera ◆ | LOC: **on the o.,** aparentemente | **2** *adv* fuera, afuera | **3** *prep* fuera de: **we live just o. Madrid,** vivimos en las afueras de Madrid ◆ *(puerta)* al otro lado de ◆ *(horas)* fuera de; **o. normal hours,** fuera del horario habitual ◆ *US* aparte de | **4** *adj* ◆ exterior, externo,-a ◆ *(piscina)* descubierto,-a ◆ *(posibilidad)* remoto,-a

outsider [aʊt'saɪdəʳ] *n* ◆ forastero,-a ◆ *pey* intruso,-a ◆ *(en un concurso, etc)* parti-

outskirts

cipante que tiene pocas posibilidades de ganar

outskirts ['aʊtskɜːts] *npl* afueras

outspoken [aʊt'spəʊkən] *adj* franco,-a, abierto,-a

outstanding [aʊt'stændɪŋ] *adj* ◆ destacado,-a ◆ *(deuda, problema)* pendiente

outstretched [aʊt'stretʃt] *adj* extendido,-a

outward ['aʊtwəd] *adj* ◆ exterior, externo,-a ◆ *(viaje, vuelo)* de ida

outwardly ['aʊtwədlɪ] *adv* aparentemente

outward(s) ['aʊtwəd(z)] *adv* hacia fuera

outweigh [aʊt'weɪ] *vtr* pesar más que

oval ['əʊvəl] **1** *n* óvalo | **2** *adj* oval, ovalado,-a

ovary ['əʊvərɪ] *n Anat* ovario

ovation [əʊ'veɪʃən] *n* ovación

oven ['ʌvən] *n* horno

ovenproof ['ʌvənpruːf] *adj* refractario,-a

over ['əʊvə'] **1** *prep* ◆ encima de: **there is a number o. the door**, hay un número encima de la puerta ◆ *(tapando)* sobre: **she put a cloth o. the table**, puso un mantel sobre la mesa ◆ *(movimiento)* a través de, por encima de: **he jumped o. the hedge**, saltó por encima del seto ◆ *(posición)* **they live o. the road**, viven al otro lado de la calle ◆ *(dirección)* **she looked o. her glasses**, miró por encima de sus gafas ◆ **all o. the world**, por todo el mundo ◆ *(medio)* **we heard it o. the radio**, lo oímos en la radio ◆ *(control)* sobre ◆ *(recuperación)* **he's o. the operation**, se ha recuperado de la operación ◆ *(motivo)* **we argued o. money**, discutimos por dinero ◆ más de; **o. a thousand**, más de mil ◆ durante; **o. the weekend**, durante el fin de semana | **2** *adv* ◆ (por) encima ◆ *(movimiento o posición)* **she came o. to greet me**, vino a saludarme; **he looked o. at her and smiled**, la miró y sonrió; **o. here**, aquí; **o. there**, allí ◆ **all o.**, por todas partes: **I ache all o.**, me duele todo el cuerpo ◆ *(en vertical)* **to fall o.**, caerse ◆ más: **boys of four and o.**, niños de cuatro años en adelante ◆ de más: **I've got a bit of money o.**, me queda un poco de dinero ◆ excesivamente: **she's o. anxious**, es demasiado ansiosa ◆ terminado,-a: **the war is o.**, la guerra ha terminado ◆ *US* otra vez: **you'll have to do it o.**, tendrás que hacerlo otra vez; **o. and o.**, repetidas veces

overall ['əʊvərɔːl] **1** *adj* total, global | **2** [əʊvər'ɔːl] *adv* en conjunto | **3** ['əʊvərɔːl] *n* ◆ *GB* bata ◆ **overalls** *pl*, *(prenda)* mono

overawe [əʊvər'ɔː] *vtr* intimidar

overbearing [əʊvə'beərɪŋ] *adj* autoritario,-a, dominante

overboard ['əʊvəbɔːd] *adv* ◆ *Náut* por la borda; **man o.!**, ¡hombre al agua! ◆ *fam* **to go o.**, pasarse [**with**, con]

overcast ['əʊvəkɑːst] *adj* nublado,-a

overcharge [əʊvə'tʃɑːdʒ] *vtr & vi* ◆ cobrar de más ◆ *Téc* sobrecargar

overcoat ['əʊvəkəʊt] *n* abrigo

overcome [əʊvə'kʌm] *vtr* ◆ *(a un adversario, una emoción)* vencer; *(un problema)* superar ◆ *(el dolor)* abrumar

overconfident [əʊvə'kɒnfɪdənt] *adj* demasiado seguro,-a de sí mismo,-a; *pey* presumido,-a

overcrowded [əʊvə'kraʊdɪd] *adj* ◆ *(bar, habitación)* abarrotado,-a (de gente) ◆ *(país)* superpoblado,-a

overdo [əʊvə'duː] *vtr* ◆ exagerar, pasarse con: **he overdoes the charm**, se pasa de encantador ◆ *Culin* cocer/hacer demasiado ◆ *Culin* usar en exceso: **I overdid the salt**, se me fue la mano con la sal

overdose ['əʊvədəʊs] *n* sobredosis

overdraft ['əʊvədrɑːft] *n Fin* descubierto

overdraw [əʊvə'drɔː] *vtr* **I'm overdrawn**, tengo la cuenta en números rojos

overdue [əʊvə'djuː] *adj* ◆ *Com (deuda)* vencido,-a y no pagado,-a ◆ *(tren)* atrasado,-a ◆ **this reform is long o.**, hace mucho que se necesita esta reforma

overestimate [əʊvər'estɪmeɪt] *vtr* sobrestimar

overflow [əʊvə'fləʊ] **1** *vi* ◆ *(río)* desbordarse ◆ *(contenedor)* rebosar | **2** ['əʊvəfləʊ] *n* ◆ desbordamiento ◆ desagüe ◆ *fig* exceso

overgrown [əʊvə'grəʊn] *adj* ◆ *(niño)* demasiado grande para su edad ◆ *(jardín)* cubierto,-a de vegetación

overhang ['əʊvəhæŋ] **1** *vtr* ◆ sobresalir por encima de ◆ *(peligro)* amenazar | **2** *vi* sobresalir | **3** *n* saliente; *(de un tejado)* alero

overhaul [əʊvə'hɔːl] **1** *vtr* revisar, poner a punto | **2** ['əʊvəhɔːl] *n* revisión y reparación, puesta a punto

overhead ['əʊvəhed] **1** *adj* ◆ *(cable)* aéreo,-a; *Ferroc* elevado,-a ◆ *Dep (pase)* (por) encima de la cabeza | **2** [əʊvə'hed] *adv* por encima (de la cabeza), por lo alto

overheads ['əʊəhedz] *npl Com* gastos generales
overhear [əʊə'hɪə'] *vtr* oír (por casualidad)
overheat [əʊə'hiːt] *vi* recalentarse
overjoyed [əʊə'dʒɔɪd] *adj* encantado,-a, rebosante de alegría
overland [əʊə'lænd] *adj & adv* por tierra
overlap [əʊə'læp] *vi* ◆ *(tejas, tablas)* montarse, solaparse ◆ *fig* coincidir parcialmente
overleaf [əʊə'liːf] *adv* al dorso
overload [əʊə'ləʊd] **1** *vtr* sobrecargar | **2** *n* sobrecarga
overlook [əʊə'lʊk] *vtr* ◆ *(por accidente)* saltarse, pasar por alto ◆ perdonar, hacer la vista gorda a ◆ *(una casa, ventana)* dar a, tener vistas a
overnight [əʊə'naɪt] **1** *adv* ◆ por la noche; **to stay o.**, hacer noche ◆ de la noche a la mañana | **2** ['əʊənaɪt] *adj* ◆ *(viaje)* de noche ◆ repentino,-a
overpay [əʊə'peɪ] *vtr* pagar demasiado
overpopulated ['əʊə'pɒpjʊleɪtɪd] *adj* superpoblado,-a
overpower [əʊə'paʊə'] *vtr* ◆ dominar ◆ *(una emoción)* abrumar ◆ *(el humo, un olor)* marear
overrate [əʊə'reɪt] *vtr* sobrestimar, sobrevalorar
override [əʊə'raɪd] **1** *vtr* ◆ *(una decisión)* anular ◆ hacer caso omiso de ◆ tener más importancia que ◆ *Téc* anular | **2** *n* *Téc* **manual o.**, control manual
overriding [əʊə'raɪdɪŋ] *adj* primordial
overrule [əʊə'ruːl] *vtr* ◆ *(una decisión)* invalidar ◆ *(a una persona)* desautorizar ◆ *Jur* denegar
overrun [əʊə'rʌn] **1** *vtr* ◆ *(país, sitio)* invadir ◆ *(el tiempo previsto)* excederse de | **2** *vi* *(reunión, programa)* alargarse, prolongarse
overseas [əʊə'siːz] **1** *adv* ◆ *(posición)* en el extranjero ◆ *(dirección)* al extranjero | **2** ['əʊəsiːz] *adj* ◆ *(persona)* extranjero,-a ◆ *(comercio)* exterior
oversee [əʊə'siː] *vtr* supervisar
overshadow [əʊə'ʃædəʊ] *vtr* ◆ hacer sombra a ◆ *fig* eclipsar
overshoot [əʊə'ʃuːt] *vtr* ◆ *(un cruce)* pasarse ◆ *Av (la pista)* salirse
oversight ['əʊəsaɪt] *n* descuido
oversleep [əʊə'sliːp] *vi* quedarse dormido,-a
overspend [əʊə'spend] *vi* gastar más de la cuenta
overspill ['əʊəspɪl] *n* exceso de población
overstate [əʊə'steɪt] *vtr* exagerar
overstep [əʊə'step] *vtr* exceder ◆ | LOC: **to o. the mark**, pasarse de la raya
overt ['əʊvɜːt] *US* [əʊ'vɜːt] *adj* patente
overtake [əʊə'teɪk] **1** *vtr* ◆ *GB Auto* adelantar ◆ *(en el progreso, etc)* superar a | **2** *vi* ◆ adelantar ◆ *(la noche, el alba)* sorprender
overthrow [əʊə'θrəʊ] *vtr (un gobierno)* derrocar
overtime ['əʊətaɪm] *n* horas extras
overtone ['əʊətəʊn] *n* matiz
overture ['əʊətjʊə'] *n* ◆ *Mús* obertura ◆ **overtures** *pl*, propuesta; **to make overtures to sb**, hacer una propuesta a alguien
overturn [əʊə'tɜːn] *vtr & vi* volcar
overview ['əʊəvjuː] *n* visión general
overweight [əʊə'weɪt] *adj* gordo,-a, obeso,-a; **to be o.**, tener exceso de peso *o* estar gordo,-a
overwhelm [əʊə'welm] *vtr* ◆ *(al adversario)* aplastar ◆ *(la emoción)* abrumar ◆ *fig* inundar
overwhelming [əʊə'welmɪŋ] *adj* ◆ *(victoria)* aplastante ◆ *(dolor)* inconsolable ◆ *(deseo)* irresistible, irrefrenable
overwork [əʊə'wɜːk] **1** *vi* trabajar demasiado | **2** *vtr* hacer trabajar demasiado | **3** *n* ◆ exceso de trabajo ◆ agotamiento
owe [əʊ] *vtr* deber
owing ['əʊɪŋ] **1** *adj (deuda)* pendiente | **2** *adv* **o. to**, debido a, a causa de
owl [aʊl] *n* búho; **barn o.**, lechuza
own [əʊn] **1** *adj* ◆ propio,-a: **we have our o. pool**, tenemos piscina propia; **in his o. time**, en su tiempo libre ◆ *Dep* **o. goal**, gol en propia meta, autogol | **2** *pron* ◆ **my-/your/his/her, etc o.**, lo mío, lo tuyo, lo suyo, etc: **I want a dog of my o.**, quiero tener mi propio perro; **this house is my o.**, esta casa es mía ◆ **on one's o.**, *(sin ayuda)* solo,-a ◆ | LOC: *fam* **I'll get my o. back one day**, un día me vengaré | **3** *vtr* poseer, ser dueño,-a de
owner ['əʊnə'] *n* propietario,-a, dueño,-a
ownership ['əʊnəʃɪp] *n (titularidad)* propiedad, posesión
ox [ɒks] *n (pl* **oxen**) buey
oxide ['ɒksaɪd] *n Quím* óxido
oxygen ['ɒksɪdʒən] *n Quím* oxígeno
oyster ['ɔɪstə'] *n* ostra
ozone ['əʊzəʊn] *n* ozono; **o. layer**, capa de ozono

pPpP Pp *p* P

P, p [piː] *n (letra)* P, p ◆ *(pl* **pp)** *(abr de page)* pág., p. ◆ *GB fam (abr de penny, pence)* penique(s)
PA [piːˈeɪ] *fam* ◆ *(abr de personal assistant)* ayudante personal ◆ *abr de public-address (system)*, sistema de megafonía
pace [peɪs] **1** *n* ◆ *(del pie, distancia)* paso ◆ *(velocidad)* ritmo; **to keep p.**, avanzar al mismo ritmo [**with,** que]; **to set the p.**, marcar la pauta [**for,** a/para] ◆ | LOC: **to put sb through their paces**, comprobar las aptitudes de alguien | **2** *vi & vtr* **to p. up and down,** pasearse de un lado a otro
pacemaker [ˈpeɪsmeɪkəʳ] *n* ◆ *Med* marcapasos ◆ *Com* líder
Pacific [pəˈsɪfɪk] *adj* **the P. (Ocean),** el (océano) Pacífico
pacifist [ˈpæsɪfɪst] *adj & n* pacifista
pacify [ˈpæsɪfaɪ] *vtr* ◆ *(restaurar la paz)* pacificar ◆ *(a una persona)* tranquilizar
pack [pæk] **1** *n* ◆ *(de productos)* paquete; **a p. of cigarettes,** un paquete *o* una cajetilla de cigarrillos ◆ mochila ◆ *GB Naipes* baraja ◆ *(de lobos)* manada; *Dep* pelotón; *fig* pandilla ◆ *(maquillaje)* **face p.,** mascarilla | **2** *vtr* ◆ *(en un paquete)* embalar, empaquetar; *(en un envase)* envasar; *(en una maleta)* poner ◆ llenar; **to p. one's suitcase,** hacer la maleta ◆ *(en exceso)* atestar ◆ compactar, apretar ◆ *Pol (mitin)* llenar de partidarios | **3** *vi* ◆ hacer las maletas ◆ *(personas)* apiñarse [**into, en**]

■ **pack away** *vtr* ◆ guardar ◆ *fam* zamparse

■ **pack in** *vtr* ◆ introducir: **it's a small car, but we can p. in six people,** es un coche pequeño, pero caben seis ◆ *GB fam* dejar: *excl* **p. it in!,** ¡para ya!

■ **pack off** *vtr fam* enviar, mandar

■ **pack up** *fam* **1** *vtr* ◆ recoger ◆ dejar | **2** *vi fam* ◆ recoger ◆ *(una persona)* dejar de trabajar ◆ *(una máquina)* pararse, estropearse
package [ˈpækɪdʒ] **1** *n* ◆ paquete, bulto ◆ *Com* envase ◆ *(conjunto)* paquete; **p. tour,** viaje organizado; **software p.,** paquete informático; **wages p.,** convenio salarial | **2** *vtr* envasar, empaquetar
packet [ˈpækɪt] *n* ◆ paquete; *(de patatas)* bolsa ◆ *fam* dineral
packing [ˈpækɪŋ] *n* ◆ envasado, embalaje ◆ **to do one's p.,** hacer las maletas
pact [pækt] *n* pacto
pad [pæd] **1** *n* ◆ almohadilla; **shoulder p.,** hombrera ◆ *(de papel)* bloc ◆ *Astron* **launch p.,** plataforma de lanzamiento ◆ *fam* casa: **come round to my p.,** ven a mi casa | **2** *vtr* acolchar

■ **pad about/around** *vi* andar silenciosamente

■ **pad out** *vtr fig fam (un texto)* meter paja en
padding [ˈpædɪŋ] *n* ◆ *(para ropa, etc)* relleno ◆ *fig (en un texto)* paja, relleno
paddle [ˈpædəl] **1** *n (remo)* pala, canalete; **p. steamer,** (barco de) vapor de ruedas ◆ **to go for a p.,** mojarse los pies (en el lago, mar) | **2** *vtr (una canoa, etc)* impulsar con remo | **3** *vi* ◆ remar ◆ chapotear
paddling pool [ˈpædəlɪŋpuːl] *n* piscina infantil
padlock [ˈpædlɒk] **1** *n* candado | **2** *vtr* cerrar con candado
paediatrician [piːdɪəˈtrɪʃən] *n* pediatra
pagan [ˈpeɪɡən] *adj & n* pagano,-a
page [peɪdʒ] **1** *n* ◆ página ◆ *Hist (tb* **p. boy)** paje; *Hist* escudero ◆ *(en un hotel)* botones | **2** *vtr* llamar por el altavoz *o* buscapersonas
pager [ˈpeɪdʒəʳ] *n Tel* buscapersonas
paid [peɪd] *adj* ◆ *(persona)* a sueldo, asalariado,-a ◆ *(trabajo)* remunerado,-a ◆ *(deuda, vacaciones)* pagado,-a ◆ | LOC: **to put p. to sthg,** acabar con algo
pail [peɪl] *n* cubo
pain [peɪn] **1** *n* ◆ *(físico)* dolor; *(mental)* sufrimiento ◆ *fam* **a p. (in the neck),** *(persona)* un pesado, *(cosa)* una lata, *fam* un coñazo ◆ **pains** *pl*, esfuerzos; **to go to great pains,** esforzarse mucho [**over,** en] [**to do sthg,** para hacer algo] | **2** *vtr frml* apenar, doler

pained [peɪnd] *adj (mirada, respuesta)* de reproche
painful ['peɪnfʊl] *adj* ◆ doloroso,-a ◆ *fam* nefasto,-a
painfully ['peɪnfʊli] *adv* ◆ *(moverse)* con mucho dolor ◆ terriblemente
painkiller ['peɪnkɪlə'] *n* analgésico
painless ['peɪnlɪs] *adj* ◆ sin dolor ◆ sin dificultad
painstaking ['peɪnzteɪkɪŋ] *adj* ◆ *(persona)* meticuloso,-a ◆ *(trabajo)* concienzudo,-a
paint [peɪnt] 1 *n* pintura; *(letrero)* **wet p.,** recién pintado *o* pintura fresca | 2 *vtr* ◆ pintar; **to p. sthg blue/red,** pintar algo de azul/rojo ◆ describir | 3 *vi* pintar
paintbrush ['peɪntbrʌʃ] *n* ◆ *(para la pared)* brocha ◆ *Arte* pincel
painter ['peɪntə'] *n* pintor,-ora
painting ['peɪntɪŋ] *n* ◆ cuadro ◆ *(acción)* pintura
paintwork ['peɪntwɜːk] *n* pintura
pair [peə'] *n* ◆ *(de cosas)* par; *(no se traduce en español)* **a p. of glasses,** unas gafas; **a. p. of scissors,** unas tijeras; **a p. of trousers,** un pantalón, unos pantalones ◆ *(de personas)* pareja ◆ **in pairs,** de dos en dos
pajamas [pə'dʒæməz] *npl US* → **pyjamas**
pal [pæl] *n fam* amigo,-a, colega
palace ['pælɪs] *n* palacio
palatable ['pælətəbəl] *adj frml* ◆ *(comida)* apetecible ◆ *(idea)* aceptable
palate ['pælɪt] *n* paladar
palatial [pə'leɪʃəl] *adj* suntuoso,-a, lujoso,-a
pale [peɪl] 1 *adj* ◆ *(piel)* pálido,-a; **to go p.,** palidecer ◆ *(color)* claro,-a, pálido,-a; **p. blue,** azul claro | 2 *vi* palidecer
palette ['pælɪt] *n* paleta
pall [pɔːl] 1 *n* ◆ paño mortuorio ◆ nube; **a p. of smoke,** una capa de humo | 2 *vi (libro, etc)* perder su interés, cansar
pallid ['pælɪd] *adj* pálido,-a
pallor ['pælə'] *n* palidez
palm [pɑːm] *n* ◆ *Anat* palma ◆ *Bot* palmera; *(hoja)* palma; **coconut p.,** cocotero ◆ | LOC: **to have sb in the p. of one's hand,** tener a alguien en el bolsillo

■ **palm off** *vtr* **to p. sthg off on sb,** endilgarle *o* encasquetarle algo a alguien
palmistry ['pɑːmɪstri] *n* quiromancia
palpable ['pælpəbəl] *adj* palpable
palpitate ['pælpɪteɪt] *vi* palpitar
palpitation [pælpɪ'teɪʃən] *n* palpitación

paltry ['pɔːltri] *adj (paltrier, paltriest) pey* ◆ *(suma)* irrisorio,-a ◆ *(excusa)* baladí
pamper ['pæmpə'] *vtr* mimar
pamphlet ['pæmflɪt] *n* folleto
pan [pæn] 1 *n* ◆ cazuela, cacerola; **frying p.,** sartén ◆ *(de WC)* taza ◆ | LOC: **to go down the p.,** irse al traste | 2 *vtr fam* criticar muy duramente
panacea [pænə'sɪə] *n* panacea
Panama ['pænəmɑː] *n* Panamá; **P. Canal,** Canal de Panamá
Panamanian [pænə'meɪnɪən] *n & adj* panameño,-a
pancake ['pænkeɪk] *n Culin* crepe, *LAm* panqueque ◆ | LOC: **as flat as a p.,** liso,-a como una tabla
panda ['pændə] *n Zool* panda
pandemonium [pændɪ'məʊnɪəm] *n* alboroto
pander ['pændə'] *vi pey* ◆ *(una persona)* complacer a ◆ *(los caprichos)* satisfacer
pane [peɪn] *n* cristal, vidrio
panel ['pænəl] *n* ◆ *Arquit* panel; **control p.,** tablero de mandos ◆ *(grupo de expertos, etc)* jurado, comisión
panelling, *US* **paneling** ['pænəlɪŋ] *n (revestimiento)* paneles
pang [pæŋ] *n* ◆ *(de dolor)* punzada; *(de hambre)* retortijones ◆ *(de concienciad)* remordimiento
panic ['pænɪk] 1 *n* pánico; **in a p.,** aterrado,-a | 2 *vi* aterrarse, dejarse llevar por el pánico; **don't p.!,** ¡cálmate!
panicky ['pænɪki] *adj* lleno,-a de pánico
panic-stricken ['pænɪkstrɪkən] *adj* aterrado,-a
panorama [pænə'rɑːmə] *n* panorama
pansy ['pænzi] *n* ◆ *Bot* pensamiento ◆ *fam ofens* mariquita
pant [pænt] 1 *n* jadeo | 2 *vi* jadear
panther ['pænθə'] *n Zool* pantera
panties ['pæntɪz] *npl* bragas
pantomime ['pæntəmaɪm] *n Teat GB* comedia musical navideña
pantry ['pæntri] *n* despensa
pants [pænts] *npl* ◆ *(de mujer)* bragas; *(de hombre)* calzoncillos ◆ *US* pantalones, pantalón
paper ['peɪpə'] 1 *n* ◆ papel; **a sheet of p.,** una hoja de papel; **p. money,** papel moneda ◆ periódico; **p. shop ≈** kiosco ◆ *(en una conferencia)* ponencia; *(en una publicación)* artículo ◆ *GB Pol* **white p.,** libro blanco ◆ examen ◆ **papers** *pl,* documentos | 2 *vtr* empapelar

paperback ['peɪpəbæk] *n* libro en rústica

paperclip ['peɪpəklɪp] *n* clip, sujetapapeles

paperweight ['peɪpəweɪt] *n* pisapapeles

paperwork ['peɪpəwɜːk] *n* papeleo

papier-mâché [pæpjeɪ'mæʃeɪ] *n* cartón piedra, papel maché

paprika ['pæprɪkə] *n Culin* pimentón dulce

par [pɑːʳ] *n* ◆ *Golf* par; **below p.**, *(trabajo)* no satisfactorio,-a; *(persona)* indispuesto,-a ◆ *(nivel)* **to be on a p. with,** estar al mismo nivel que ◆ *Com* valor nominal

parable ['pærəbəl] *n* parábola

parachute ['pærəʃuːt] **1** *n* paracaídas | **2** *vi* saltar en paracaídas

parade [pə'reɪd] **1** *n* ◆ desfile; *Mil* parada ◆ *GB* **a p. of houses/shops,** una hilera de casas/tiendas | **2** *vtr* ◆ *Mil* hacer desfilar ◆ hacer alarde de | **3** *vi* ◆ desfilar ◆ *fam (una persona)* pasearse

paradise ['pærədaɪs] *n* paraíso

paradox ['pærədɒks] *n* paradoja

paradoxical [pærə'dɒksɪkəl] *adj* paradójico,-a

paraffin ['pærəfɪn] *n* ◆ *(cera)* parafina ◆ *(aceite)* queroseno

paragraph ['pærəgrɑːf] *n* párrafo

Paraguay ['pærəgwaɪ] *n* Paraguay

Paraguayan [pærə'gwaɪən] *adj & n* paraguayo,-a

parallel ['pærəlel] **1** *adj* paralelo,-a [**to**, **with,** a] | **2** *n* ◆ *Geog* paralelo ◆ *(parecido)* paralelo; **to draw a p.**, establecer un paralelo [**between,** entre] ◆ *Elec* **in p.**, en paralelo ◆ *Geom* paralela | **3** *vtr fig* ser análogo,-a a

paralyse, *US* **paralyze** ['pærəlaɪz] *vtr* paralizar

paralysis [pə'rælɪsɪs] *n* parálisis

parameter [pə'ræmɪtəʳ] *n* parámetro

paramilitary [pærə'mɪlɪtərɪ] *adj* paramilitar

paramount ['pærəmaʊnt] *adj frml* supremo; **of p. importance,** de suma importancia

paranoid ['pærənɔɪd] *adj & n* paranoico,-a

paraphrase ['pærəfreɪz] *vtr* parafrasear

parasite ['pærəsaɪt] *n* parásito

parasol ['pærəsɒl] *n* sombrilla

paratrooper ['pærətruːpəʳ] *n* paracaidista

parcel ['pɑːsəl] *n* ◆ paquete; **p. bomb,** paquete bomba ◆ *(terreno)* parcela ◆ | LOC: **this is part and p. of my plan,** esto forma parte integrante de mi plan

■ **parcel up** *vtr* envolver, empaquetar

parched [pɑːtʃt] *adj* ◆ *(boca)* seco,-a; *fam (persona)* sediento,-a, loco,-a *o* muerto,-a de sed ◆ *(tierra)* reseco,-a

parchment ['pɑːtʃmənt] *n* pergamino

pardon ['pɑːdən] **1** *n* ◆ *Jur* indulto ◆ perdón: *frml (disculpa)* **I beg your p.,** perdone; *(pidiendo repetición)* **(I beg your) p.?,** ¿cómo (dice)? | **2** *vtr* ◆ *Jur* indultar ◆ perdonar: **p. me !,** ¡disculpe!, ¡perdone! ➤ Ver nota en **perdón**

parent ['peərənt] *n* ◆ *Fin* **p. company,** empresa matriz ◆ **parents** *pl,* padres: **he lives with his parents,** vive con sus padres ➤ Ver nota en **padre**

parental [pə'rentəl] *adj* paternal

parenthesis [pə'renθɪsɪs] *n (pl parentheses* [pə'renθɪsiːz]*)* paréntesis

parish ['pærɪʃ] *n* parroquia

parity ['pærɪtɪ] *n* ◆ igualdad ◆ *Fin Inform* paridad

park [pɑːk] **1** *n* parque | **2** *vtr* aparcar, *LAm* parquear

parking ['pɑːkɪŋ] *n* aparcamiento; *(letrero)* **no p.,** prohibido aparcar; *US* **p. lot,** aparcamiento; **p. ticket,** multa por aparcamiento indebido

parliament ['pɑːləmənt] *n* parlamento

parliamentary [pɑːlə'mentərɪ] *adj* parlamentario,-a

parochial [pə'rəʊkɪəl] *adj* ◆ parroquial ◆ *pey* pueblerino,-a

parody ['pærədɪ] *n* parodia

parole [pə'rəʊl] *n Jur* libertad condicional

parrot ['pærət] *n Zool* loro, papagayo

parsimonious [pɑːsɪ'məʊnɪəs] *adj* mezquino,-a

parsley ['pɑːslɪ] *n Bot* perejil

parsnip ['pɑːsnɪp] *n Bot* chirivía

part [pɑːt] **1** *n* ◆ parte, división: **the worst p. is over,** lo peor ha pasado ya; **this is your p.,** esta parte es tuya; **what p. of Spain are you from?,** ¿de qué parte de España eres?; **in p.,** en parte; **the best p.,** la mayor parte ◆ *Cine Teat* papel; *fig* **to take p.,** participar [**in,** en]; **to play a p.,** contribuir [**in,** a] ◆ *(responsabilidad)* **she looks the p.,** da la imagen adecuada; **what's your p. in this?,** ¿qué tienes que ver con esto? ◆ *(lado)* parte: **he took my p.,** se puso de mi parte; **for my p.,** por mi parte; **on my p.,** de mi parte ◆ **to take sthg in good p.,** tomarse algo bien ◆ *Auto*

passionate

Téc pieza, repuesto ◆ **parts** *pl, (lugar)* **from all parts,** de todas partes; **in these parts,** por aquí | 2 *vtr* ◆ separar ◆ **p. company,** separarse [**with,** de] ◆ *(el pelo)* hacerse la raya | 3 *vi* ◆ *(personas)* separarse [**from,** de] ◆ despedirse [**from,** de] ◆ *(cortinas)* abrirse | 4 *adv* en parte: **she's p. Russian,** tiene sangre rusa *o* es medio rusa | 5 *adj (pago, etc)* parcial
■ **part with** *vtr* deshacerse de
partial ['pɑːʃəl] *adj* ◆ parcial ◆ *fam* **to be p. to sthg,** tener debilidad por algo
participant [pɑːˈtɪsɪpənt] *n* participante
participate [pɑːˈtɪsɪpeɪt] *vi* participar [**in,** en]
participation [pɑːtɪsɪˈpeɪʃən] *n* participación
participle ['pɑːtɪsɪpəl] *n Ling* participio
particle ['pɑːtɪkəl] *n* partícula
particular [pəˈtɪkjʊləʳ] 1 *adj* ◆ específico,-a, particular, concreto,-a: **I don't like that p. colour,** ese color en concreto no me gusta; **in p.,** en particular ◆ especial: **he took a p. interest in her,** se interesó sobre todo por ella ◆ exigente [**about, con**] | 2 *n* detalle: **fill in your particulars here,** escriba aquí sus datos; **in every p.,** en cada detalle
particularly [pəˈtɪkjʊləlɪ] *adv* particularmente, especialmente
parting ['pɑːtɪŋ] 1 *n* ◆ separación, despedida ◆ *(del pelo)* raya | 2 *adj* ◆ *(regalo)* de despedida ◆ *(comentario)* al despedirse
partisan [pɑːtɪˈzæn, 'pɑːtɪzæn] 1 *n* ◆ partidario,-a ◆ *Mil* partisano,-a, guerrillero,-a | 2 *adj (opinión)* parcial, sesgado,-a
partition [pɑːˈtɪʃən] 1 *n* ◆ *Pol* partición ◆ *Arquit* tabique, mampara | 2 *vtr* dividir
partly ['pɑːtlɪ] *adv* en parte
partner ['pɑːtnəʳ] 1 *n* ◆ compañero,-a, pareja; *(en un matrimonio)* cónyuge ◆ *Com* socio,-a | 2 *vtr* acompañar
partnership ['pɑːtnəʃɪp] *n* ◆ *Com* sociedad ◆ *(trabajo)* asociación ◆ *(sentimental)* vida en común
partridge ['pɑːtrɪdʒ] *n* perdiz
part-time [pɑːtˈtaɪm] *adj & adv* a tiempo parcial
party ['pɑːtɪ] 1 *n* ◆ fiesta; **dinner p.,** cena ◆ *(de turistas, etc)* grupo ◆ *Pol* partido; **p. line,** la línea oficial del partido ◆ *Jur* parte | 2 *adj* de fiesta
pass [pɑːs] 1 *vtr* ◆ pasar; *Auto* adelantar: **we passed each other,** nos cruzamos ◆ *(dar)* pasar: **p. me the salt,** pásame la sal ◆ *(poner)* **p. the rope round the tree,** pasa la cuerda alrededor del árbol ◆ *(el tiempo, un viaje)* pasar ◆ *(una ley)* aprobar ◆ *(un examen)* aprobar, pasar ◆ *(un juicio)* emitir; *(una sentencia)* dictar; *(un comentario)* hacer ◆ | LOC: **to p. the buck,** escurrir el bulto | 2 *vi* ◆ *(mover)* pasar: **a cat passed silently,** un gato pasó silenciosamente; **his fortune passed to his son,** su fortuna pasó a su hijo; **let it p.,** no hagas caso; **time passes,** el tiempo pasa ◆ *Auto* adelantar ◆ *(una emoción, el dolor)* pasar(se) ◆ *(un examen)* aprobar | 3 *n* ◆ *(examen)* aprobado ◆ *(de seguridad)* permiso, pase ◆ *(para el autobús, etc)* bono ◆ *Dep* pase ◆ *Geog* puerto (de montaña); desfiladero ◆ **to make a p.,** intentar ligar [**at, con**] ◆ | LOC: **a pretty p.,** una situación crítica
■ **pass away** *vi euf* fallecer
■ **pass back** *vtr* devolver
■ **pass by** 1 *vi* pasar, pasar cerca (de) | 2 *vtr* pasar de largo
■ **pass for** *vtr* pasar por
■ **pass off** 1 *vi* ◆ *(acontecimiento)* transcurrir ◆ *(emoción, dolor)* pasarse | 2 *vtr* hacer pasar [**as,** por]
■ **pass on** 1 *vtr* ◆ *(legar)* transmitir ◆ *(recado)* dar | 2 *vi* → **pass away**
■ **pass out** 1 *vi* ◆ desmayarse ◆ *Mil* graduarse | 2 *vtr (papeles, etc)* distribuir
■ **pass over** 1 *vtr* ◆ pasar por alto, olvidar ◆ entregar, dar; *Tel* **p. me over to your boss,** pásame con tu jefe | 2 *vi* → **pass away**
■ **pass up** *vtr fam (una oportunidad)* dejar pasar
passable ['pɑːsəbəl] *adj* ◆ *(camino)* transitable ◆ *(calidad, etc)* aceptable
passage ['pæsɪdʒ] *n* ◆ *(exterior)* callejón; *(interior)* pasillo ◆ *(acción)* paso ◆ *Náut* travesía ◆ *Mús Lit* pasaje
passageway ['pæsɪdʒweɪ] *n (exterior)* callejón; *(interior)* pasillo
passenger ['pæsɪndʒəʳ] *n* pasajero,-a
passer-by [pɑːsəˈbaɪ] *n* transeúnte
passing ['pɑːsɪŋ] 1 *adj* ◆ *(persona, etc)* que pasa ◆ *(mirada)* rápido,-a ◆ *(capricho, moda)* pasajero,-a ◆ *(comentario)* hecho,-a de paso | 2 *n* ◆ paso ◆ *(de ley)* aprobación ◆ | LOC: **in p.,** de pasada
passion ['pæʃən] *n* ◆ pasión ◆ *Rel* **the P.,** la Pasión
passionate ['pæʃənɪt] *adj* apasionado,-a

passive

passive ['pæsɪv] *adj* pasivo,-a
passport ['pɑːspɔːt] *n* pasaporte
password ['pɑːswɜːd] *n* contraseña
past [pɑːst] **1** *n* pasado | **2** *adj* ◆ anterior ◆ último; **the p. few days,** los últimos días ◆ pasado; **in p. years,** en años pasados | **3** *adv (movimiento)* **to drive/walk p.,** pasar en coche/andando | **4** *prep* ◆ al lado de, delante de: **we drove p. the church,** pasamos delante de la iglesia ◆ más allá de; **just p. the lights,** justo al otro lado del semáforo ◆ *(hora)* **it's p. ten,** son las diez pasadas; **half p. one,** la una y media
pasta ['pæstə] *n Culin* pasta
paste [peɪst] **1** *n* ◆ *(masa)* pasta ◆ *Culin* paté ◆ engrudo, cola ◆ **p. jewellery,** bisutería | **2** *vtr* ◆ pegar ◆ encolar ◆ *Inform* pegar
pastime ['pɑːstaɪm] *n* pasatiempo
pastor ['pɑːstə'] *n* pastor
pastoral ['pɑːstərəl] *adj* pastoral
pastry ['peɪstrɪ] *n* ◆ masa, pasta ◆ bollo, pastel
pasture ['pɑːstʃə'] *n* pasto
pat [pæt] **1** *n* ◆ palmadita; *fig* **he got a p. on the back from his boss,** su jefe le felicitó ◆ *(de mantequilla)* porción ◆ *fam* **cow p.,** boñiga | **2** *vtr* ◆ *(a un perro, etc)* acariciar ◆ dar palmadítas a: **he patted the child on the head,** dio al niño unas palmaditas en la cabeza | **3** *adv (saber)* **off p.,** a dedillo
patch [pætʃ] **1** *n* ◆ *(en la ropa, un ojo)* parche ◆ *(de color, aceite, humedad)* mancha ◆ *(terreno)* pequeña parcela ◆ **a bad p.,** una mala racha ◆ | LOC: *fig* **he's not a p. on his brother,** no le llega a su hermano a la altura del zapato | **2** *vtr* remendar
■ **patch up** *vtr* ◆ *(la ropa)* remendar ◆ *(un tejado)* arreglar (provisionalmente) ◆ *fig* **to p. up a quarrel,** hacer las paces [**with,** con]
patchwork ['pætʃwɜːk] *n* ◆ labor de retales; **p. quilt,** edredón de retales ◆ *fig* mosaico
patchy ['pætʃɪ] *adj (patchier, patchiest)* ◆ *(pintura)* desigual ◆ *(trabajo)* irregular ◆ *(conocimientos)* incompleto,-a
patent ['peɪtənt] **1** *n Com* patente | **2** *adj* ◆ patente, evidente ◆ patentado,-a; **p. leather,** charol; **p. office,** registro de patentes y marcas | **3** *vtr Com* patentar
paternal [pə'tɜːnəl] *adj* ◆ *(sentimiento, etc)* paternal ◆ *(pariente)* paterno,-a
paternity [pə'tɜːnɪtɪ] *n* paternidad

path [pɑːθ] *n* ◆ sendero, camino; **to cross sb's p.,** tropezarse con alguien ◆ *(de misil)* trayectoria
pathetic [pə'θetɪk] *adj* ◆ patético,-a ◆ *fam (de mala calidad)* lamentable, penoso,-a ◆ *fam* **he's p.,** es un blandengue
pathological [pæθə'lɒdʒɪkəl] *adj* patológico,-a
pathologist [pə'θɒlədʒɪst] *n* patólogo,-a
pathology [pə'θɒlədʒɪ] *n* patología
pathos ['peɪθɒs] *n* patetismo
pathway ['pɑːθweɪ] *n* camino, sendero
patience ['peɪʃəns] *n* ◆ paciencia ◆ *GB Naipes* solitario
patient ['peɪʃənt] **1** *adj* paciente [**with,** con] | **2** *n Med* paciente
patio ['pætɪəʊ] *n* patio
patriarch ['peɪtrɪɑːk] *n* patriarca
patriot ['pætrɪət] *n* patriota
patrol [pə'trəʊl] **1** *n* patrulla; **on p.,** de patrulla; **p. car,** coche patrulla | **2** *vtr & vi* patrullar
patrolman [pə'trəʊlmən] *n US* policía
patron ['peɪtrən] *n* ◆ *GB (de organización benéfica)* presidente,-a de honor ◆ *Com* patrocinador,-ora; *Arte* mecenas ◆ **p. saint,** (santo,-a) patrón,-ona ◆ cliente,-a (habitual)
patronize ['pætrənaɪz] *vtr* ◆ *pey (a una persona)* tratar con condescendencia ◆ *frml (negocio)* ser cliente,-a habitual de
patronizing ['pætrənaɪzɪŋ] *adj pey* condescendiente
pattern ['pætən] *n* ◆ diseño; *(en tela, etc)* dibujo, estampado ◆ *Cost* patrón; *Téc* modelo; *fig* modelo ◆ pauta; **to set a p.,** establecer una pauta
paunch [pɔːntʃ] *n* panza
pauper ['pɔːpə'] *n* pobre
pause [pɔːz] **1** *n* ◆ *(en una acción)* pausa ◆ *(en una conversación)* silencio | **2** *vi* ◆ hacer una pausa ◆ callarse
pave [peɪv] *vtr* ◆ pavimentar; *(con losas)* enlosar ◆ *fig* **to p. the way,** allanar el camino [**for,** para]
pavement ['peɪvmənt] *n* ◆ *GB* acera; **p. artist,** artista callejero ◆ *US* pavimento
pavilion [pə'vɪljən] *n* ◆ pabellón ◆ *GB Dep* vestuarios
paving ['peɪvɪŋ] *n* ◆ pavimento ◆ **p. stone,** *(grande)* losa; *(pequeño)* adoquín
paw [pɔː] **1** *n* ◆ *Zool* pata; *(de león, tigre)* zarpa ◆ *pey & hum (de persona)* mano | **2** *vtr* ◆ *Zool* tocar con la pata ◆ *(un caballo)* **to p. the ground,** piafar ◆ *pey (a una persona)* manosear

pawn [pɔːn] 1 *n* ◆ *Ajedrez* peón; *fig* títere ◆ **in p.,** empeñado,-a | 2 *vtr* empeñar
pawnbroker ['pɔːnbrəʊkəʳ] *n* prestamista
pawnshop ['pɔːnʃɒp] *n* casa de empeños, monte de piedad
pay [peɪ] 1 *n* ◆ sueldo, paga; **p. agreement,** convenio salarial; **p. increase,** subida salarial ◆ **in the p. of sb,** al servicio de alguien | 2 *vtr (ps & pp* **paid)** ◆ pagar: **she paid a fortune for that ring,** ese anillo le costó una fortuna; **to be paid,** cobrar; **to p. sb for sthg,** pagar a alguien por algo ◆ **that account pays no interest,** esa cuenta no produce interés ◆ *(una deuda, factura)* pagar ◆ *(atención)* prestar ◆ *(un cumplido, una visita)* hacer; *(los respetos)* presentar | 3 *vi* pagar **[for,** -**]: they'll p. for this!,** ¡lo pagarán! ◆ *(inversión)* ser rentable; *(una acción, un comportamiento)* convenir: **it pays to advertise,** merece la pena anunciarse
■ **pay back** *vtr* ◆ *(dinero)* devolver ◆ *(a una persona)* pagar ◆ | LOC: *fig* **to p. sb back,** vengarse de alguien **[for,** por]
■ **pay in** *vtr (en una cuenta)* ingresar
■ **pay off** 1 *vtr* ◆ *(una deuda)* pagar, cancelar ◆ *(a los empleados)* dar el finiquito ◆ *fam* sobornar | 2 *vi* valer la pena
■ **pay out** *vtr* gastar **[on,** en]
■ **pay up** *vi* pagar (de mala gana)
payable ['peɪəbəl] *adj* pagadero,-a
payee [peɪ'iː] *n* beneficiario,-a
payment ['peɪmənt] *n* ◆ pago; **p. on account,** pago a cuenta; *(con periodicidad)* plazo ◆ *(de cheque)* cobro
payoff ['peɪɒf] *n* ◆ recompensa ◆ *fam* soborno
payroll ['peɪrəʊl] *n* nómina
pc [piːˈsiː] *abr de* ◆ ***personal computer,*** ordenador personal, PC ◆ ***politically correct,*** políticamente correcto, PC, *GB* ***police constable,*** agente de policía
PE [piːˈiː] *(abr de **physical education**)* educación física
pea [piː] *n* guisante
peace [piːs] *n* ◆ paz; **at** *o* **in p.,** en paz; **rest in p.,** descanse en paz ◆ tranquilidad; **for one's p. of mind,** para estar tranquilo,-a ◆ **p. talks/treaty,** conversaciones/tratado de paz ◆ | LOC: **to make p.,** hacer las paces **[with,** con]
peaceful ['piːsfʊl] *adj* ◆ *(vida, sitio)* tranquilo,-a ◆ *(persona, protesta)* pacífico,-a
peach [piːtʃ] *n* ◆ melocotón ◆ **p. tree,** melocotonero

peacock ['piːkɒk] *n* pavo real
peak [piːk] 1 *n* ◆ *Geog* pico, cima ◆ punto más alto: **sales reached a p. in May,** las ventas llegaron a su punto más alto en mayo ◆ *(de gorra)* visera | 2 *adj* máximo,-a; **p. demand,** máxima demanda; **p. hours,** horas punta; **p. season,** temporada alta
peal [piːl] *n* ◆ *(de campanas)* repique ◆ **p. of laughter,** carcajadas
peanut ['piːnʌt] *n* ◆ cacahuete; **p. butter,** mantequilla de cacahuete ◆ *fam (dinero)* **peanuts** *pl,* una miseria
pear [peəʳ] *n* ◆ pera ◆ **p. tree,** peral
pearl [pɜːl] *n* perla
peasant ['pezənt] 1 *n* ◆ campesino,-a ◆ *pey* paleto,-a | 2 *adj* campesino,-a
peat [piːt] *n Geol* turba
pebble ['pebəl] *n* guijarro, china
peck [pek] 1 *n* ◆ *Orn* picotazo ◆ *fam* besito | 2 *vtr* ◆ *Orn* picotear ◆ *fam* dar un besito
peckish ['pekɪʃ] *adj fam* **to feel p.,** tener un poco de hambre
peculiar [pɪˈkjuːlɪəʳ] *adj* ◆ extraño,-a ◆ característico,-a **[to,** de]
peculiarity [pɪkjuːlɪˈærɪtɪ] *n* ◆ rareza ◆ característica, peculiaridad ◆ *(de persona)* manía
pedal ['pedəl] 1 *n* pedal | 2 *vi* pedalear
pedantic [pɪˈdæntɪk] *adj* pedante
peddle ['pedəl] *vtr Com* vender (en la calle o de puerta en puerta) ◆ *(drogas)* traficar con
peddler ['pedləʳ] *n* ◆ vendedor,-ora ambulante ◆ **drug p.,** traficante; *US* → **pedlar**
pedestal ['pedɪstəl] *n* pedestal
pedestrian [pɪˈdestrɪən] 1 *n* peatón,-ona; **p. crossing,** paso de peatones | 2 *adj* ◆ pedestre ◆ *pey* prosaico,-a
pediatrician [piːdɪəˈtrɪʃən] *n US* → **paediatrician**
pedigree ['pedɪɡriː] 1 *n* ◆ pedigrí ◆ linaje, árbol genealógico | 2 *adj* de raza, de pura sangre
pedlar ['pedləʳ] *n* vendedor,-ora ambulante
pee [piː] *fam* 1 *n* pis | 2 *vi* hacer pis
peek [piːk] 1 *n* vistazo | 2 *vi* mirar a hurtadillas **[at,** -]
peel [piːl] 1 *n (de manzana, pera, patata)* piel; *(de cítricos)* cáscara | 2 *vtr* ◆ *(una fruta, patata)* pelar | 3 *vi* ◆ *(persona)* pelar ◆ *(una pintura)* desconcharse ◆ *(el papel pintado)* despegarse

peeler ['pi:lə'] *n* pelador
peelings ['pi:lɪŋz] *npl* peladuras, mondas, pieles
peep¹ [pi:p] *n (de pájaro)* pío
peep² [pi:p] 1 *n* ♦ ojeada | 2 *vi* ♦ echar una ojeada [**at,** a] ♦ *fam* **to p. out from behind/beneath sthg,** asomar por detrás/por debajo de algo
peephole ['pi:phəʊl] *n* mirilla
peer [pɪə'] 1 *n* ♦ *Pol Hist GB* par, lord ♦ *frml* igual; **p. group,** grupo paritario | 2 *vi* ♦ tratar de ver, esforzarse por ver
peerage ['pɪərɪdʒ] *n* la nobleza
peeved [pi:vd] *adj fam* molesto,-a
peevish ['pi:vɪʃ] *adj* malhumorado,-a
peg [peg] 1 *n* ♦ clavija; *(de tienda)* estaca, clavo; *(para tender ropa)* pinza ♦ | LOC: **to bring sb down a p. (or two),** bajarle los humos a alguien | 2 *vtr* ♦ *Fin* vincular; *(los precios)* fijar ♦ *(ropa)* tender
pejorative [pɪ'dʒɒrətɪv] *adj* peyorativo,-a
pelican ['pelɪkən] *n Orn* pelícano
pellet ['pelɪt] *n* ♦ bola pequeña ♦ *(para escopeta)* perdigón
pelt [pelt] 1 *n* ♦ *(de animal)* piel ♦ *(velocidad)* **at full p.,** a toda pastilla | 2 *vtr* arrojarle a; **to p. sb with sthg,** arrojarle algo a alguien | 3 *vi fam* ♦ **to p. (down) (with rain),** llover a cántaros ♦ ir a todo correr
pelvis ['pelvɪs] *n* pelvis
pen [pen] 1 *n* ♦ pluma (estilográfica) ♦ bolígrafo ♦ *Agr* corral; *(para ovejas)* redil | 2 *vtr* ♦ *frml* escribir ♦ acorralar
penal ['pi:nəl] *adj* penal
penalize ['pi:nəlaɪz] *vtr* ♦ *Dep* sancionar ♦ *Jur* castigar
penalty ['penəltɪ] *n* ♦ *Dep* castigo; *Ftb* penalti ♦ *(castigo)* pena; **to pay the p.,** sufrir el castigo [**for,** de]; **on p. of,** so pena de
penance ['penəns] *n* penitencia
pence [pens] *npl* → **penny**
pencil ['pensəl] *n* lápiz; **p. sharpener,** sacapuntas
pendant ['pendənt] *n* colgante
pending ['pendɪŋ] 1 *adj (en trámite)* pendiente | 2 *prep frml (esperando)* **p. further information,** hasta que se reciba más información
pendulum ['pendjʊləm] *n* péndulo
penetrate ['penɪtreɪt] 1 *vtr* ♦ penetrar ♦ *Com (un mercado)* introducirse en | 2 *vi* ♦ atravesar ♦ entrar, penetrar
penetrating ['penɪtreɪtɪŋ] *adj* ♦ *(mirada, sonido)* penetrante ♦ *(mente)* perspicaz

penfriend ['penfrend] *n* amigo,-a por carta: **we're penfriends,** nos carteamos
penguin ['peŋgwɪn] *n* pingüino
penicillin [penɪ'sɪlɪn] *n* penicilina
peninsula [pɪ'nɪnsjʊlə] *n* península
penis ['pi:nɪs] *n* pene
penitent ['penɪtənt] *adj* ♦ arrepentido,-a ♦ *Rel* penitente
penitentiary [penɪ'tenʃərɪ] *n US* cárcel, penal
penknife ['pennaɪf] *n* navaja, cortaplumas
penniless ['penɪlɪs] *adj* sin dinero
penny ['penɪ] *n (pl* **pennies, pence** [pens]*)* penique
pension ['penʃən] *n* pensión, jubilación; **p. plan,** plan de jubilación
■ **pension off** *vtr* jubilar
pensioner ['penʃənə'] *n* jubilado,-a
pensive ['pensɪv] *adj* pensativo,-a
pentagon ['pentəgɒn] *n* ♦ *Geom* pentágono ♦ *US Pol* **the P.,** el Pentágono
Pentecost ['pentɪkɒst] *n* Pentecostés
penthouse ['penthaʊs] *n* ático *(generalmente lujoso)*
pent-up ['pentʌp] *adj* reprimido,-a
penultimate [pɪ'nʌltɪmɪt] *adj* penúltimo,-a
people ['pi:pəl] 1 *n frml* pueblo, nación; **the Zulu p.,** el pueblo zulú | 2 *npl* ♦ gente: **not many p. know that,** poca gente lo sabe ♦ *(categoría)* **rich/young p.,** los ricos-/jóvenes ♦ personas: **there were two p. in the bar,** había dos personas en el bar ♦ **the p.,** los ciudadanos; *pey* la plebe ♦ *(impersonal)* **p. believe that...,** se cree que... | 3 *vtr* poblar
pepper ['pepə'] 1 *n* ♦ *Bot* pimiento; **red-/green p.,** pimiento rojo/verde ♦ *(especia)* pimienta; **black/white p.,** pimienta negra/blanca | 2 *vtr* ♦ sazonar con pimienta ♦ salpicar [**with,** de]
peppermint ['pepəmɪnt] *n* ♦ *Bot* menta ♦ caramelo *o* pastilla de menta
per [pɜ:'] *prep* por, a; **p. cent,** por ciento; **£5 p. hour,** £5 a la hora; **two tickets p. person,** dos entradas por persona; **p. year/annum,** al año
perceive [pə'si:v] *vtr* percibir, observar
percentage [pə'sentɪdʒ] *n* porcentaje
perceptible [pə'septəbəl] *adj* perceptible, apreciable
perception [pə'sepʃən] *n* percepción
perceptive [pə'septɪv] *adj* perspicaz
perch [pɜ:tʃ] 1 *n* ♦ *Zool* perca ♦ *(para un pájaro)* percha | 2 *vi* ♦ *(un pájaro)* posarse

personal

[on, en] ◆ *(una persona)* sentarse | **3** *vtr fam* colocar
percolator ['pɜːkəleɪtə'] *n* cafetera (eléctrica)
percussion [pə'kʌʃən] *n* percusión
perennial [pə'renɪəl] *adj Bot* perenne
perfect ['pɜːfɪkt] **1** *adj* ◆ perfecto,-a: **your English is almost p.**, tu inglés es casi perfecto; **a p. day**, un día perfecto ◆ total; **a p. idiot**, un imbécil total ◆ *Ling* perfecto | **2** *n Ling* perfecto | **3** [pə'fekt] *vtr* perfeccionar
perfection [pə'fekʃən] *n* perfección
perfectly ['pɜːfɪktlɪ] *adv* ◆ *(a la perfección)* perfectamente ◆ *(evidente, sincero, etc)* absolutamente
perforate ['pɜːfəreɪt] *vtr* perforar
perforation [pɜːfə'reɪʃən] *n* perforación
perform [pə'fɔːm] **1** *vtr* ◆ *(un trabajo)* efectuar, llevar a cabo ◆ *Teat* representar ◆ *Mús* interpretar | **2** *vi* ◆ *(aparato)* funcionar ◆ *Teat* actuar ◆ *Mús* interpretar
performance [pə'fɔːməns] *n* ◆ *(de un trabajo)* ejecución, realización ◆ *Teat* representación, función; *Mús* interpretación; **first p.**, estreno ◆ *(de un actor)* interpretación; *Dep* actuación ◆ *Auto* prestaciones; *(de una máquina, persona)* rendimiento
performer [pə'fɔːmə'] *n* ◆ *Mús* intérprete ◆ *Teat* actor, actriz
perfume ['pɜːfjuːm] *n* perfume
perhaps [pə'hæps, præps] *adv* tal vez, quizá(s), a lo mejor ➢ Ver nota en **maybe**
peril ['perɪl] *n frml* ◆ riesgo; **at your p.**, bajo tu responsabilidad ◆ peligro
perilous ['perɪləs] *adj frml* ◆ arriesgado,-a ◆ peligroso,-a
perilously ['perɪləslɪ] *adv* peligrosamente
perimeter [pə'rɪmɪtə'] *n* perímetro
period ['pɪərɪəd] **1** *n* ◆ periodo, época ◆ regla; **p. pain**, dolor menstrual ◆ *Educ* clase ◆ *Dep* tiempo ◆ *US Tip* punto | **2** *adj (ropa, etc)* de época
periodic [pɪərɪ'ɒdɪk] *adj* periódico,-a
periodical [pɪərɪ'ɒdɪkəl] **1** *adj* periódico,-a | **2** *n* revista
periodically [pɪərɪ'ɒdɪklɪ] *adv* periódicamente, de vez en cuando
peripheral [pə'rɪfərəl] **1** *adj* periférico,-a | **2** *n Inform* unidad periférica
perish ['perɪʃ] *vi* ◆ *frml* perecer ◆ *(material)* deteriorarse; *(comida)* estropearse
perishable ['perɪʃəbəl] *adj* perecedero,-a

perjury ['pɜːdʒərɪ] *n Jur* perjurio
perk [pɜːk] *n fam (beneficio)* extra, ventaja

■ **perk up** *vi* reanimarse
perky ['pɜːkɪ] *adj (perkier, perkiest)* animado,-a, alegre
perm [pɜːm] **1** *n* permanente | **2** *vtr* **she's had her hair permed**, se ha hecho la permanente
permanent ['pɜːmənənt] *adj* ◆ permanente ◆ *(trabajo)* fijo,-a
permeate ['pɜːmɪeɪt] *vtr & vi* impregnar [**with**, de]; extenderse (por)
permissible [pə'mɪsəbəl] *adj* admisible
permission [pə'mɪʃən] *n* permiso
permissive [pə'mɪsɪv] *adj* permisivo,-a
permit ['pɜːmɪt] **1** *n* permiso | **2** [pə'mɪt] *vtr frml* permitir; **to p. sb to do sthg**, permitir a alguien hacer algo ◆ LOC: **weather permitting**, si el tiempo lo permite ➢ Ver nota en **permitir**
perpendicular [pɜːpən'dɪkjʊlə'] *adj* perpendicular, vertical
perpetrate ['pɜːpɪtreɪt] *vtr frml* perpetrar, cometer
perpetual [pə'petʃʊəl] *adj* ◆ perpetuo,-a ◆ *(ruido, movimiento)* continuo,-a; **p. motion**, movimiento perpetuo
perpetuate [pə'petʃʊeɪt] *vtr frml* perpetuar
perplex [pə'pleks] *vtr* desconcertar
perplexed [pə'plekst] *adj* perplejo,-a
perplexing [pə'pleksɪŋ] *adj* desconcertante
persecute ['pɜːsɪkjuːt] *vtr* ◆ perseguir ◆ *fig* acosar
persecution [pɜːsɪ'kjuːʃən] *n* ◆ persecución ◆ *fig* acoso
perseverance [pɜːsɪ'vɪərəns] *n* perseverancia
persevere [pɜːsɪ'vɪə'] *vi* perseverar
persist [pə'sɪst] *vi* ◆ *(una persona)* empeñarse [**in**, en] ◆ *(un sentimiento, dolor)* persistir
persistence [pə'sɪstəns] *n* ◆ empeño ◆ persistencia
persistent [pə'sɪstənt] *adj* ◆ *(persona)* perseverante ◆ *(tos, etc)* persistente; *(ruido)* continuo
person ['pɜːsən] *n* ◆ *(pl* **people** ['piːpəl] o ***persons)*** persona; **in p.**, en persona ◆ *Jur Ling* persona ◆ individuo
personable ['pɜːsənəbəl] *adj frml* agradable
personal ['pɜːsənəl] *adj* ◆ personal, privado,-a; **p. computer**, ordenador perso-

personality

nal; **a p. matter**, un asunto personal; *Ling* **p. pronoun**, pronombre personal ◆ *(amigo)* íntimo,-a ◆ *(asistencia)* en persona ◆ *pey (comentario)* indiscreto,-a ◆ | LOC: **to get p.**, hacer comentarios personales [**about**, sobre]

personality [pɜːsəˈnælɪti] *n* personalidad

personally [ˈpɜːsənəlɪ] *adv* ◆ personalmente ◆ en persona ◆ | LOC: **to take sthg p.**, darse por aludido,-a

personify [pɜːˈsɒnɪfaɪ] *vtr* personificar, encarnar

personnel [pɜːsəˈnel] *n* personal

perspective [pəˈspektɪv] *n* perspectiva

perspiration [pɜːspəˈreɪʃən] *n* transpiración

perspire [pəˈspaɪəʳ] *vi* transpirar

persuade [pəˈsweɪd] *vtr* persuadir, convencer; **to p. sb to do sthg**, persuadir a alguien para que haga algo

persuasion [pəˈsweɪʒən] *n* ◆ *(acción)* persuasión ◆ creencia

persuasive [pəˈsweɪsɪv] *adj* persuasivo,-a

pertinent [ˈpɜːtɪnənt] *adj frml* pertinente; **to be p. to**, guardar relación con

perturb [pəˈtɜːb] *vtr* perturbar

perturbing [pəˈtɜːbɪŋ] *adj* inquietante

Peru [pəˈruː] *n* Perú

Peruvian [pəˈruːvɪən] *adj & n* peruano,-a

pervade [pɜːˈveɪd] *vtr* ◆ *(un olor)* impregnar: **the smell of fried food pervaded the house**, la casa estaba impregnada del olor a fritura ◆ *(una idea)* dominar

pervasive [pɜːˈveɪsɪv] *adj* ◆ *(olor, sabor)* penetrante ◆ *(idea)* dominante ◆ **all-p.**, omnipresente

perverse [pəˈvɜːs] *adj* ◆ perverso,-a ◆ contrario,-a a todo ◆ **a p. pleasure**, un placer malsano

perversion [pəˈvɜːʃən] *n* ◆ *(de la verdad)* tergiversación ◆ *Psic* perversión

pervert [ˈpɜːvɜːt] **1** *n Psic* pervertido,-a (sexual) | **2** [pəˈvɜːt] *vtr* ◆ pervertir ◆ *(la verdad)* tergiversar

pessimist [ˈpesɪmɪst] *n* pesimista

pessimistic [pesɪˈmɪstɪk] *adj* pesimista

pest [pest] *n* ◆ *Zool* plaga ◆ *fam (persona)* pesado,-a; *(cosa)* lata

pester [ˈpestəʳ] *vtr* molestar, dar la lata a

pet [pet] **1** *n* ◆ mascota ◆ *(persona)* favorito,-a, preferido,-a | **2** *adj* ◆ *(animal)* doméstico,-a ◆ *(persona)* preferido,-a | **3** *vtr* acariciar | **4** *vi* besuquearse

petal [ˈpetəl] *n* pétalo

petition [pɪˈtɪʃən] *n* petición

petrol [ˈpetrəl] *n* gasolina; **p. bomb**, cóctel molotov; **p. pump**, surtidor de gasolina; **p. station**, gasolinera; **p. tank**, depósito de gasolina

petroleum [pəˈtrəʊlɪəm] *n* petróleo

petticoat [ˈpetɪkəʊt] *n* enaguas, combinación

petty [ˈpetɪ] *adj (pettier, pettiest)* ◆ insignificante ◆ *(persona)* mezquino,-a ◆ *Com* **p. cash**, dinero para gastos menores

petulant [ˈpetjʊlənt] *adj* malhumorado,-a

pew [pjuː] *n* banco (de iglesia)

phantom [ˈfæntəm] *adj & n* fantasma

pharmaceutical [fɑːməˈsjuːtɪkəl] *adj* farmacéutico,-a

pharmacist [ˈfɑːməsɪst] *n* farmacéutico,-a

pharmacy [ˈfɑːməsɪ] *n* farmacia

phase [feɪz] **1** *n* fase | **2** *vtr* **to p. in/out**, introducir/retirar paulatinamente

PhD [piːeɪtʃˈdiː] *(abr de Doctor of Philosophy)* Doctor,-ora en Filosofía

pheasant [ˈfezənt] *n Orn* faisán

phenomenal [fɪˈnɒmɪnəl] *adj* fenomenal

phenomenon [fɪˈnɒmɪnən] *n (pl phenomena* [fɪˈnɒmɪnə]*)* fenómeno

phew [fjuː] *fam (excl de alivio, de calor)* ¡uf!

philanthropist [fɪˈlænθrəpɪst] *n* filántropo,-a

philately [fɪˈlætəlɪ] *n* filatelia

philosopher [fɪˈlɒsəfəʳ] *n* filósofo,-a

philosophical [fɪləˈsɒfɪkəl] *adj* filosófico,-a

philosophy [fɪˈlɒsəfɪ] *n* filosofía

phlegm [flem] *n* flema

phlegmatic [flegˈmætɪk] *adj* flemático,-a

phobia [ˈfəʊbɪə] *n* fobia

phone [fəʊn] *n* → **telephone**

phonecard [ˈfəʊnkɑːd] *n* tarjeta telefónica

phone-in [ˈfəʊnɪn] *n fam* programa de radio o televisión con llamadas del público

phonetic [fəˈnetɪk] **1** *adj* fonético,-a | **2** *npl* **phonetics**, fonética

phoney [ˈfəʊnɪ] **1** *adj (phonier, phoniest)* ◆ *(cosa)* falso,-a ◆ *(persona)* farsante | **2** ◆ *(cosa)* falsificación ◆ *(persona)* farsante

phonograph [ˈfəʊnəgrɑːf] *n US* tocadiscos

phosphate ['fɒsfeɪt] n fosfato
photo ['fəʊtəʊ] n (abr de **photograph**) foto
photocopier ['fəʊtəʊkɒpɪəʳ] n fotocopiadora
photocopy ['fəʊtəʊkɒpɪ] 1 n fotocopia | 2 vtr fotocopiar
photogenic [fəʊtəʊ'dʒenɪk] adj fotogénico,-a
photograph ['fəʊtəgrɑːf] 1 frml n fotografía; **to take a p.,** sacar una foto | 2 vtr fotografiar
photographer [fə'tɒgrəfəʳ] n fotógrafo,-a
photography [fə'tɒgrəfɪ] n fotografía
phrase [freɪz] 1 n frase, locución ♦ | LOC: **to coin a p.,** por así decirlo | 2 vtr frml formular
physical ['fɪzɪkəl] adj ♦ físico,-a; **p. education,** educación física ♦ (inspección, posibilidad) material
physically ['fɪzɪklɪ] adv ♦ físicamente; **p. fit,** en forma; **p. handicapped,** minusválido,-a ♦ materialmente
physician [fɪ'zɪʃən] n médico,-a
physicist ['fɪzɪsɪst] n físico,-a
physics ['fɪzɪks] n física
physiological [fɪzɪə'lɒdʒɪkəl] adj fisiológico,-a
physiology [fɪzɪ'ɒlədʒɪ] n fisiología
physiotherapist [fɪzɪəʊ'θerəpɪst] n fisioterapeuta
physiotherapy [fɪzɪəʊ'θerəpɪ] n fisioterapia
physique [fɪ'ziːk] n físico
pianist ['pɪənɪst] n pianista
piano [pɪ'ænəʊ] n piano
pick [pɪk] 1 n ♦ (herramienta) pico ♦ elección: **take your p.,** escoge el/la que quieras ♦ lo mejor; **the p. of the crop,** lo mejor de la cosecha | 2 vtr ♦ elegir; Dep seleccionar; **to p. one's way,** andar con cuidado ♦ (fruta) recoger; (flores) cortar, coger ♦ coger, recoger; **he picked his coat from the hook,** cogió su abrigo de la percha ♦ (la nariz) hurgarse; (los dientes) mondarse ♦ (pelea) buscar; **to p. a fight with sb,** meterse con alguien ♦ (una cerradura) forzar ♦ **to p. sb's pocket,** robarle la cartera a alguien ♦ (un agujero) picar; fig **to p. holes,** buscar defectos [in, en] | 3 vi **to p. and choose,** ser exigente

■ **pick at** vtr **to p. at one's food,** picar, comer sin ganas
■ **pick on** vtr meterse con, criticar
■ **pick out** vtr ♦ elegir (cuidadosamente) ♦ distinguir ♦ reconocer, identificar

■ **pick up** 1 vtr ♦ (del suelo, etc) recoger, levantar ♦ (la nota) fam pagar ♦ buscar, recoger: **I'll p. you up at the airport,** te iré a recoger al aeropuerto ♦ ligar con ♦ aprender casualmente ♦ (radio) captar | 2 vi ♦ **to p. up speed,** acelerarse | 2 vi ♦ (salud, tiempo) mejorar; (economía) repuntar ♦ (conversación, etc) seguir, reanudarse
picket ['pɪkɪt] 1 n Pol piquete | 2 vtr & vi organizar piquetes
pickle ['pɪkəl] 1 n ♦ Culin encurtidos ♦ fam lío, apuro | 2 vtr Culin conservar en vinagre y especias; **pickled gherkins,** pepinillos en vinagre
pickpocket ['pɪkpɒkɪt] n carterista
pickup ['pɪkʌp] n ♦ (de tocadiscos) brazo ♦ Auto **p.-up (truck),** furgoneta ♦ fam ligue
picnic ['pɪknɪk] 1 n picnic | 2 vi ir de excursión
pictorial [pɪk'tɔːrɪəl] adj ilustrado,-a
picture ['pɪktʃəʳ] 1 n ♦ cuadro, dibujo; (de una persona) retrato; (en un libro) ilustración, lámina; foto; TV imagen ♦ (ejemplo) **he's a p. of contentment,** es la imagen de la felicidad ♦ idea, imagen ♦ Cine película, el cine ♦ GB **the pictures,** el cine ♦ situación, panorama ♦ | LOC: fam **to get the p.,** enterarse; **to put sb in the p.,** poner a alguien al tanto [about, de] | 2 vt ♦ imaginarse ♦ representar, dibujar
picturesque [pɪktʃə'resk] adj pintoresco,-a
pie [paɪ] n ♦ (dulce) tarta, pastel ♦ (salado) empanada ♦ **p. chart,** gráfico circular
piece [piːs] n ♦ pedazo, trozo ♦ Mec pieza, parte; (puzzle) pieza ♦ (no se traduce en español) **p. of advice,** consejo; **p. of furniture,** mueble; **p. of news,** noticia; **p. of work,** trabajo ♦ Arte Teat Lit obra; Prensa artículo ♦ moneda ♦ (juegos) ficha; Ajedrez pieza ♦ **to fall to pieces,** hacerse pedazos; **to take to pieces,** desmontar; fig **to go to pieces,** perder el control ♦ | LOC: **it's a p. of cake,** es pan comido; **in one p.,** en buen estado

■ **piece together** vtr ♦ Mec montar ♦ (partes) juntar ♦ (hechos) reconstruir
piecemeal ['piːsmiːl] 1 adv ♦ poco a poco ♦ sin sistema fijo | 2 adj ♦ gradual ♦ poco sistemático,-a
piecework ['piːswɜːk] n trabajo a destajo
pier [pɪəʳ] n ♦ Náut embarcadero, muelle ♦ paseo marítimo sobre un muelle (con atracciones)

pierce [pɪəs] *vtr* ◆ agujerear ◆ penetrar en

piercing ['pɪəsɪŋ] *adj (mirada, sonido)* penetrante

pig [pɪg] *n* cerdo ➢ Ver nota en **cerdo** ◆ *fam (persona)* cochino ◆ *argot pey* policía

pigeon ['pɪdʒɪn] *n* ◆ *Orn* paloma ◆ *Culin Dep* pichón

pigeonhole ['pɪdʒɪnhəʊl] *n* casilla

piglet ['pɪglɪt] *n* cochinillo, lechón ➢ Ver nota en **cerdo**

pigment ['pɪgmənt] *n* pigmento

pigskin ['pɪgskɪn] *n* piel de cerdo

pigsty ['pɪgstaɪ] *n* pocilga

pigtail ['pɪgteɪl] *n* trenza; *(de un torero)* coleta

pile [paɪl] 1 *n* ◆ montón ◆ *fam* fortuna ◆ *Tex* pelo ◆ *Med* **piles** *pl*, almorranas | 2 *vtr* amontonar, apilar
■ **pile in** *vi fam (a un vehículo, etc)* subir
■ **pile into** *vtr* ◆ apiñarse en ◆ *fam Auto* estrellarse contra
■ **pile on** *vtr* **to p. it on,** exagerar
■ **pile up** 1 *vtr* ◆ apilar ◆ acumular | 2 *vi* amontonarse

pile-up ['paɪlʌp] *n Auto* choque múltiple

pilfer ['pɪlfə'] *vtr & vi* hurtar

pilgrim ['pɪlgrɪm] *n* peregrino,-a

pilgrimage ['pɪlgrɪmɪdʒ] *n* peregrinación

pill [pɪl] *n* ◆ píldora, pastilla ◆ **the p.,** la píldora (anticonceptiva)

pillage ['pɪlɪdʒ] *vtr & vi* pillar, saquear

pillar ['pɪlə'] *n* ◆ pilar, columna ◆ *GB* **p. box,** buzón

pillow ['pɪləʊ] *n* almohada

pillowcase ['pɪləʊkeɪs] *n* funda de almohada

pilot ['paɪlət] 1 *n* piloto | 2 *adj* ◆ experimental, de muestra; **p. light,** piloto | 3 *vtr* pilotar

pimple ['pɪmpəl] *n* grano, espinilla

pin [pɪn] 1 *n* ◆ alfiler ◆ broche; **safety p.,** imperdible ◆ *Elec Téc* clavija ◆ *fam* **pins** *pl*, piernas ◆ | LOC: **pins and needles,** hormigueo | 2 *vtr* ◆ prender con alfileres ◆ sujetar, inmovilizar
■ **pin down** *vtr* ◆ sujetar con alfileres ◆ *(a una persona)* inmovilizar; *fig* intentar que se comprometa ◆ determinar, precisar: **I can't p. the problem down,** no puedo precisar el problema
■ **pin on** *vtr* ◆ prender con alfileres ◆ *fam* **to p. sthg on sb,** culpar a alguien de algo ◆ **to p. one's hopes on,** poner las esperanzas en
■ **pin up** *vtr (un papel)* sujetar *o* clavar (con chinchetas)

pincers ['pɪnsəz] *npl* ◆ *Zool* pinzas ◆ *Téc* tenazas

pinch [pɪntʃ] 1 *vtr* ◆ pellizcar ◆ *fam* robar | 2 *vi (zapatos)* apretar | 3 *n* ◆ pellizco ◆ *(de sal, etc)* pizca ◆ *(necesidad)* **to feel the p.,** pasar estrecheces ◆ | LOC: **at a p.,** si no queda más remedio, en último extremo

pincushion ['pɪnkʊʃən] *n* acerico

pine [paɪn] 1 *n Bot* pino; **p. cone,** piña | 2 *vi* ◆ **to p. (away),** languidecer ◆ **to p. for,** suspirar por, añorar

pineapple ['paɪnæpəl] *n* piña

ping-pong ['pɪŋpɒŋ] *n* pimpón

pink [pɪŋk] 1 *n* ◆ *(color)* rosa ◆ *Bot* clavelina | 2 *adj* rosa, rosado,-a

pinpoint ['pɪnpɔɪnt] *vtr* señalar

pinstripe(d) ['pɪnstraɪp(t)] *adj* **p. suit,** traje de raya diplomática

pint [paɪnt] *n* ◆ *(medida)* pinta *(US* 0,47 l, *GB* 0,57 l*)* ◆ *GB fam* **a p. (of beer)** ≈ una caña (de cerveza)

pioneer [paɪə'nɪə'] 1 *n* pionero,-a | 2 *vtr* ser pionero,-a en

pious ['paɪəs] *adj* ◆ piadoso,-a ◆ *pey* beato,-a

pip [pɪp] *n* ◆ *Bot* pepita, semilla ◆ *Rad Telec* pitido, señal

pipe [paɪp] 1 *n* ◆ tubo; *(de gas, agua)* tubería, cañería ◆ pipa; **to smoke a p.,** fumar en pipa ◆ *Mús* flauta ◆ *Mús* **(bag) pipes** *pl*, gaita ◆ | LOC: **p. dream,** castillos en el aire | 2 *vtr* ◆ *(agua)* transportar por cañería; *(gas)* transportar por gaseoducto; *(petróleo)* transportar por oleoducto ◆ **piped music,** música ambiental
■ **pipe down** *vi fam* callarse
■ **pipe up** *vi* empezar a hablar

pipeline ['paɪplaɪn] *n* tubería de distribución; *(de gas)* gaseoducto; *(de petróleo)* oleoducto

piping ['paɪpɪŋ] 1 *n (en un edificio)* tuberías, cañerías | 2 *adj (voz)* agudo,-a | 3 *adv* ◆ | LOC: *fam* **p. hot,** bien caliente

pirate ['paɪrɪt] 1 *n* pirata | 2 *adj* pirata | 3 *vtr* piratear

pirouette [pɪrʊ'et] 1 *n* pirueta | 2 *vi* hacer piruetas

Pisces ['paɪsiːz] *n* Piscis

piss [pɪs] *argot* 1 *vi* mear | 2 *n* ◆ meada ◆ meados ◆ | LOC: **to take the p.,** cachondearse [**out of,** de]

pissed [pɪst] *adj* ◆ *GB argot* borracho,-a ◆ *US argot* cabreado,-a ◆ **p. off,** *GB argot* cabreado,-a

pistachio [pɪsˈtɑːʃɪəʊ] *n* pistacho
pistol [ˈpɪstəl] *n* pistola
piston [ˈpɪstən] *n* pistón
pit [pɪt] **1** *n* ◆ hoyo, foso ◆ mina de carbón ◆ *(del estómago)* boca ◆ *Teat* platea; **orchestra p.,** foso de orquesta ◆ *(en carreras de coches)* **the pits** *pl*, box(es) ◆ *fam* **the pits** *pl*, lo peor que hay ◆ *Bot* hueso | **2** *vtr* ◆ **to p. X against Y,** oponer X a Y ◆ **to p. oneself against,** competir con ◆ *(una superficie)* marcar, picar ◆ *(una aceituna, cereza)* deshuesar
pitch [pɪtʃ] **1** *n* ◆ lanzamiento ◆ *fam* **(sales) p.: he has a very good sales p.,** sabe vender ◆ *Dep* campo, terreno ◆ *Mús* tono ◆ inclinación, pendiente ◆ *Náut* cabeceo ◆ brea, pez | **2** *vtr* ◆ arrojar, tirar ◆ *Mús (una nota)* dar ◆ *(a un público determinado)* dirigir ◆ *(tienda de campaña)* armar | **3** *vi* ◆ caerse ◆ *Náut* cabecear
■ **pitch in** *vi* ayudar
■ **pitch into** *vtr* arremeter contra
pitch-black [pɪtʃˈblæk], **pitch-dark** [pɪtʃˈdɑːk] *adj* negro,-a como boca de lobo
pitched [pɪtʃt] *adj* ◆ inclinado,-a ◆ **p. battle,** batalla campal
pitcher [ˈpɪtʃəʳ] *n* ◆ cántaro, jarro ◆ *Dep (béisbol)* pítcher, lanzador,-ora
piteous [ˈpɪtɪəs] *adj* lastimoso,-a
pitfall [ˈpɪtfɔːl] *n* escollo, obstáculo
pith [pɪθ] *n* ◆ *(de cítricos)* corteza blanca; *(de juncos, palmas, etc)* corazón, médula ◆ *(de un argumento)* meollo
pitiful [ˈpɪtɪfʊl] *adj* ◆ lastimoso,-a ◆ lamentable
pitiless [ˈpɪtɪlɪs] *adj* despiadado,-a, implacable
pittance [ˈpɪtəns] *n* miseria
pity [ˈpɪtɪ] **1** *n* ◆ compasión, piedad; **to have p.,** tener piedad [**on,** de]; **to take p.,** apiadarse [**on,** de]; **out of p.,** por compasión ◆ lástima: **what a p.!,** ¡qué lástima! | **2** *vtr* apiadarse de, compadecerse de
pivot [ˈpɪvət] **1** *n* ◆ *Téc* pivote ◆ *Dep (baloncesto)* pívot | **2** *vi* girar [**on,** sobre]
placard [ˈplækɑːd] *n* pancarta
placate [pləˈkeɪt] *vtr* aplacar, apaciguar
place [pleɪs] **1** *n* ◆ lugar, sitio: **this is a nice p.,** éste es un sitio agradable; **to go places,** viajar: **he's going places,** va a llegar lejos; **all over the p.,** por todas partes ◆ **p. of birth,** lugar de nacimiento; *(ciudad)* **Madrid is a big p.,** Madrid es una ciudad grande ◆ **in p.,** en su lugar; **in p. of,** en lugar de; **out of p.,** fuera de lugar, inapropiado,-a; **to hold in p.,** sujetar; **to take the p. of,** sustituir ◆ asiento, sitio: **is this p. free?,** ¿este sitio está libre?; *(en la mesa)* cubierto ◆ **it's not my p. to,** yo no soy quién para; **to feel out of p.,** sentirse fuera de lugar; **to put sb in their p.,** bajarle los humos a alguien; **in your p.,** yo que tú ◆ *(en un libro)* página ◆ *fam* casa; **a p. by the sea,** una casa en la playa; **at Juan's p.,** en casa de Juan ◆ *(orden)* **in first p.** en primer puesto ◆ *(trabajo, equipo)* puesto; *Educ* plaza ◆ **in the first p.,** en primer lugar *o* para empezar ◆ **to take p.,** tener lugar, ocurrir | **2** *vtr* ◆ poner, colocar; *(en un puesto de trabajo)* colocar ◆ **to be placed third,** clasificarse en tercer lugar ◆ *(un pedido)* hacer ◆ reconocer: **I can't p. you,** no sé de qué te conozco
placid [ˈplæsɪd] *adj* apacible
plagiarize [ˈpleɪdʒəraɪz] *vtr* plagiar
plague [pleɪg] **1** *n* ◆ *Med* peste ◆ *(de langostas, etc, tb fig)* plaga | **2** *vtr* ◆ acosar ◆ afligir, asolar
plaice [pleɪs] *n inv Zool* platija
plain [pleɪn] **1** *adj* ◆ claro,-a, evidente ◆ simple, sencillo,-a; *(chocolate)* amargo,-a; *(tela)* liso,-a; *(yogur)* natural; *(verdad)* pura; **a policeman in p. clothes,** un policía vestido de paisano ◆ *(persona)* poco atractivo,-a ◆ *(habla, persona)* directo,-a, franco,-a | **2** *adv fam* totalmente | **3** *n Geog* llanura, llano
plainly [ˈpleɪnlɪ] *adv* ◆ claramente ◆ sencillamente ◆ *(enunciar)* con claridad; *(opinar)* con franqueza
plaintiff [ˈpleɪntɪf] *n Jur* demandante
plaintive [ˈpleɪntɪv] *adj* lastimero,-a
plait [plæt] **1** *n* trenza | **2** *vtr* trenzar
plan [plæn] **1** *n* ◆ plano ◆ plan; **according to p.,** según lo previsto | **2** *vtr* ◆ planear ◆ *(economía, familia)* planificar ◆ *(una casa, ciudad)* proyectar, diseñar ◆ *(tener la intención)* pensar; **to p. to do sthg,** pensar hacer algo | **3** *vi* hacer planes; **to p. ahead,** planear las cosas de antemano *o* con anticipación
■ **plan on** *vtr* ◆ tener intención de ◆ contar con
plane [pleɪn] **1** *n* ◆ *Av* avión ◆ *Téc* cepillo *(de carpintero)* ◆ *Mat* plano ◆ nivel ◆ *Bot* **p. (tree),** plátano | **2** *adj Geom* plano,-a | **3** *vtr* cepillar | **4** *vi (avión)* planear
planet [ˈplænɪt] *n* planeta
plank [plæŋk] *n* tabla, tablón
planner [ˈplænəʳ] *n* planificador,-ora

planning

planning ['plænɪŋ] *n* planificación; **family p.,** planificación familiar; **town p.,** urbanismo

plant [plɑːnt] **1** *n* ◆ *Bot* planta ◆ *Ind* planta, fábrica ◆ *Mec* maquinaria | **2** *vtr* ◆ *(plantas)* plantar; *(semillas)* sembrar ◆ *(una bomba)* colocar ◆ *(a un espía)* infiltrar

plantation [plæn'teɪʃən] *n* plantación

plaque [plæk] *n* ◆ placa ◆ *(dental)* sarro

plaster ['plɑːstə'] **1** *n* ◆ *Arte Med* yeso; *(en la pared)* enlucido ◆ *Arte Med* escayola | **p.,** escayolado,-a; **p. cast,** *Med* escayola, *Arte* vaciado de yeso ◆ *GB* **sticking p.,** esparadrapo, tirita | **2** *vtr* ◆ *Const* enlucir ◆ *fig* cubrir de

plastered ['plɑːstəd] *adj fam* muy borracho,-a, cocido,-a, pedo

plastic ['plæstɪk, 'plɑːstɪk] **1** *n* plástico | **2** *adj* ◆ de plástico ◆ *Téc* maleable ◆ *Arte* plástico,-a ◆ **p. surgery,** cirugía estética

Plasticine® ['plæstɪsiːn] *n* plastilina®

plate [pleɪt] **1** *n* ◆ *(para comer)* plato; **p. rack,** escurreplatos ◆ *(de metal)* chapa ◆ *(en libro)* lámina, ilustración ◆ *fam* dentadura postiza | **2** *vtr* ◆ chapar ◆ blindar

plateau ['plætəʊ] *n* meseta

platform ['plætfɔːm] *n* ◆ plataforma, tribuna; *Ferroc* andén, vía ◆ *Pol* programa

platinum ['plætɪnəm] *n* platino

platoon [plə'tuːn] *n Mil* sección

play [pleɪ] **1** *n* ◆ *(diversión)* juego; **at p.,** jugando; **p. on words,** juego de palabras ◆ *Dep* juego; **in p.,** en juego; **out of p.,** fuera de juego; *fig* **to bring into p.,** poner en juego ◆ *Dep & fig* jugada; **fair p,** juego limpio; **foul p.,** juego sucio ◆ *Teat* obra, pieza ◆ *Téc* holgura | **2** *vi* ◆ jugar: *fig* **what's he playing at?,** ¿qué pretende? *o* ¿a qué está jugando?; **you're playing with fire,** estás jugando con fuego; **to p. at,** jugar a ◆ *Dep* jugar ◆ *Cine Teat (un actor)* actuar; *(una obra, película)* estar en cartel; *fig* **to play dead/stupid,** hacerse el muerto/el tonto ◆ *fig* **to p. a part,** participar [**in,** en] ◆ *Mús (músico)* tocar; *(instrumento, música)* oírse | **3** *vtr* ◆ *Dep* jugar a; *(un partido)* jugar; *(contra un oponente)* jugar contra ◆ *(una pelota)* golpear ◆ *(un naipe)* jugar; *fig* **to p. it safe,** jugar *o* apostar *o* ir sobre seguro ◆ *(una broma)* gastar ◆ *Cine Teat (una obra)* representar; *(el papel)* interpretar, hacer de; *fig* **to p. the innocent,** hacerse el inocente ◆ *Mús (un instrumento)* tocar; *(una pieza)* interpretar ◆ *(un CD, disco)* poner ◆ | LOC: *fig* **p. it by ear,** sigue tus instintos

■ **play around** *vi* ◆ juguetear [**with,** con] ◆ divertirse

■ **play along** *vi* cooperar [**with,** con]

■ **play down** *vtr* quitar importancia a

■ **play on/upon 1** *vtr* aprovecharse de | **2** *vi* ◆ *Dep* seguir jugando ◆ *Mús* seguir tocando

■ **play up 1** *vtr* dar la lata, fastidiar | **2** *vi* ◆ *(niño)* dar guerra ◆ *fam (máquina)* marchar mal

player ['pleɪə'] *n* ◆ *Dep* jugador,-ora ◆ *Mús* músico,-a ◆ *frml Teat* actor, actriz

playful ['pleɪfʊl] *adj* juguetón,-ona

playground ['pleɪgraʊnd] *n* patio de recreo

playgroup ['pleɪgruːp] *n* jardín de infancia, guardería

playing ['pleɪɪŋ] *n* ◆ *Dep* juego ◆ *Mús Teat* interpretación ◆ **p. card,** naipe; **p. field,** campo de deportes

playmate ['pleɪmeɪt] *n* compañero,-a de juegos, amiguito,-a

play-off ['pleɪɒf] *n Dep* desempate

plaything ['pleɪθɪŋ] *n* juguete

playwright ['pleɪraɪt] *n* dramaturgo,-a

PLC, plc [piːel'siː] *GB (abr de Public Limited Company)* Sociedad Anónima, S.A.

plea [pliː] *n* ◆ petición, súplica; **a p. for mercy,** una petición de clemencia ◆ *frml* pretexto ◆ *Jur* alegato

plead [pliːd] **1** *vi* ◆ rogar, suplicar [**for,** -]: **she pleaded with me to help her,** me suplicó que le ayudara ◆ *Jur (inocente/culpable)* declararse | **2** *vtr* ◆ *(como excusa, pretexto)* alegar ◆ *Jur* **to p. a case,** defender una causa

pleasant ['plezənt] *adj* agradable

pleasantly ['plezəntlɪ] *adv* ◆ de manera agradable, gratamente ◆ amablemente

please [pliːz] **1** *vt* dar gusto a, complacer, satisfacer: **p. yourself!,** ¡como quieras!; **he's difficult to p.,** es exigente | **2** *vi* ◆ agradar, satisfacer ◆ querer: **I'll do as I p.,** haré lo que me dé la gana; **do as you p.,** haz como quieras | **3** *interj* por favor: **may I sit down? - p. do!,** ¿puedo sentarme? - ¡cómo no!; **yes p.,** sí, gracias; *(letrero)* **p. do not touch,** se ruega no tocar

pleased [pliːzd] *adj* ◆ satisfecho,-a: **I am very p. with my progress,** estoy muy satisfecho con mis progresos ◆ contento,-a; **to be p.,** alegrarse [**about,** de]; **p. to meet you,** encantado,-a (de conocerle)

pleasing ['pliːzɪŋ] *adj* ◆ satisfactorio,-a ◆ agradable, grato,-a

pleasure ['pleʒə'] *n* placer, gusto: **it's always a p. to see you**, siempre es un placer verte; **to take p. in sthg**, disfrutar con algo; **with p.**, con mucho gusto ◆ **thank you - it's a p.**, gracias - de nada

pleat [pli:t] 1 *n* pliegue | 2 *vtr* hacer pliegues en

pledge [pledʒ] 1 *n frml* ◆ promesa, compromiso ◆ *(de amor, etc)* señal | 2 *vtr frml* comprometerse

plentiful ['plentɪfʊl] *adj* abundante

plenty ['plentɪ] *n* ◆ *frml* abundancia; **in p.**, en abundancia ◆ mucho, más que suficiente: **have a sandwich - I've got p.**, toma un sandwich - tengo de sobra; **I have p. to do**, tengo mucho que hacer ◆ **p. of**, más que suficiente: **you have p. of time**, tienes tiempo de sobra

pliable ['plaɪəbəl] *adj* flexible

pliers ['plaɪəz] *npl* alicates, tenazas

plight [plaɪt] *n* situación apremiante

plod [plɒd] *vi* ◆ andar con paso lento y pesado; *fig* **to p. on**, perseverar ◆ trabajar laboriosamente

plonk [plɒŋk] 1 *vtr fam* colocar (con fuerza y sin cuidado): **she plonked the report on my desk**, me plantó el informe encima de la mesa | 2 *n GB fam* vino peleón

plot [plɒt] 1 *n* ◆ *Agr* terreno; *Constr* solar ◆ complot, conjura ◆ *Lit (de una historia, película)* argumento, trama ◆ | LOC: **the p. thickens**, las cosas se complican | 2 *vtr* ◆ *(una línea)* trazar ◆ *(un crimen, etc)* tramar | 3 *vi* conspirar [**against**, contra]

plough [plaʊ] 1 *n Agr* arado | 2 *vtr* ◆ *Agr* arar ◆ **to p. money into sthg**, invertir dinero en algo | 3 *vi* ◆ *Agr* arar ◆ chocar: **the car ploughed into the crowd**, el coche chocó contra la multitud

■ **plough back** *vtr (los beneficios)* reinvertir

■ **plough through** *vtr (la nieve, el barro, las olas)* abrirse paso a través de; *fig (un libro largo, aburrido)* intentar leer; *(un comida copiosa)* comer

plow [plaʊ] *n US* → **plough**

pluck [plʌk] 1 *vtr* ◆ arrancar [**out of**, de] ◆ *(un ave)* desplumar ◆ *(las cejas)* depilar ◆ *(una flor, fruta)* coger ◆ *(una guitarra)* puntear | 2 *n* valor, ánimo

■ **pluck up** *vtr* **to p. up courage**, armarse de valor [**to**, para]

plucky ['plʌkɪ] *adj (pluckier, pluckiest)* valiente

plug [plʌg] 1 *n* ◆ *Elec (macho)* clavija; *(hembra)* toma ◆ *(de un lavabo, etc)* tapón ◆ *Auto* **(spark) p.**, bujía ◆ *(libro, disco)* propaganda | 2 *vtr* ◆ tapar ◆ *(un libro, disco)* hacerle propaganda a

■ **plug in** *vtr & vi* enchufar

plum [plʌm] 1 *n* ◆ *Bot* ciruela ◆ *(color)* ciruela | 2 *adj* ◆ de color ciruela ◆ *fam* **a p. job**, un chollo

plumage ['plu:mɪdʒ] *n* plumaje

plumb [plʌm] 1 *n* ◆ *Téc* plomada ◆ *Náut* sonda | 2 *adj Téc* vertical, a plomo | 3 *adv* ◆ *Téc* a plomo ◆ *US fam* **p. crazy**, totalmente chiflado,-a | 4 *vtr* ◆ sondear

plumber ['plʌmə'] *n* fontanero,-a

plumbing ['plʌmɪŋ] *n* ◆ *(actividad)* fontanería ◆ *(sistema)* instalación de tuberías *o* cañerías

plume [plu:m] *n* ◆ *(de plumas)* penacho ◆ *(de humo)* columna

plummet ['plʌmɪt] *vi* caer en picado

plump [plʌmp] 1 *adj* ◆ *(persona)* regordete ◆ *(pollo, cerdo, etc)* gordo,-a | 2 *vtr* → **plonk 1**

■ **plump for** *vtr* optar por

■ **plump up** *vtr (una almohada, etc)* ahuecar

plunder ['plʌndə'] 1 *vtr* saquear | 2 *n* ◆ *(acción)* saqueo ◆ *(cosas)* botín

plunge [plʌndʒ] 1 *n* ◆ zambullida; *(de un buzo)* inmersión ◆ desplome ◆ | LOC: *fig* **to take the p.**, arriesgarse; *hum* casarse | 2 *vi* ◆ zambullirse ◆ *fig* caerse; *(un precio, etc)* desplomarse | 3 *vtr* ◆ *(en el agua, etc)* sumergir, hundir ◆ *(en la miseria, oscuridad)* sumir

plural ['plʊərəl] *adj & n* plural

plus [plʌs] 1 *prep* más: **one plus one are two**, uno más uno es igual a dos | 2 *n* ◆ *Mat* signo (de) más ◆ *fam* punto a favor | 3 *adj* positivo,-a | 4 *conj fam* además

plush [plʌʃ] 1 *n* felpa, peluche | 2 *adj* ◆ de peluche ◆ *fam* lujoso,-a

plutonium [plu:'təʊnɪəm] *n* plutonio

ply [plaɪ] 1 *vtr* ◆ acosar: **she plied me with food and drink**, no dejaba de ofrecerme comida y bebida; **they plied him with questions**, le acosaron con preguntas ◆ *frml (un oficio)* ejercer ◆ *frml (una ruta)* recorrer | 2 *vi (barco)* hacer la ruta [**between**, entre] | 3 *n* ◆ *(de hilo)* hebra ◆ *(de madera)* capa

plywood ['plaɪwʊd] *n* contrachapado

p.m. [piː'em] *(abr de post meridiem)* de la tarde; **at five p.m.**, a las cinco de la tarde

PM [piː'em] *GB (abr de Prime Minister)* primer,-era ministro,-a

PMT [piːemˈtiː] *Med (abr de **premenstrual tension**)* tensión premenstrual

pneumatic [njʊˈmætɪk] *adj* neumático,-a

pneumonia [njuːˈməʊnɪə] *n* pulmonía

PO [piːˈəʊ] *(abr de **Post Office**)* oficina de correos

poach [pəʊtʃ] 1 *vtr* ◆ *Culin (huevo)* escalfar; *(pescado)* cocer ◆ cazar o pescar furtivamente; *fig (empleados, ideas)* robar

poacher [ˈpəʊtʃəʳ] *n* cazador,-ora/pescador,-ora furtivo,-a

pocket [ˈpɒkɪt] 1 *n* ◆ *(en la ropa)* bolsillo ◆ *(de aire, pobreza, resistencia)* bolsa ◆ | LOC: **to be out of p.,** salir perdiendo | 2 *adj (diccionario, dinero)* de bolsillo | 3 *vtr* guardarse en el bolsillo; *(pey)* embolsarse

pocketknife [ˈpɒkɪtnaɪf] *n* navaja

pod [pɒd] *n Bot* vaina

poem [ˈpəʊɪm] *n* poema

poet [ˈpəʊɪt] *n* poeta

poetic [pəʊˈetɪk] *adj* poético,-a

poetry [ˈpəʊɪtrɪ] *n* poesía

poignant [ˈpɔɪnjənt] *adj* conmovedor,-ora, patético,-a

point [pɔɪnt] 1 *n* ◆ *(de aguja, lápiz)* punta ◆ *Geog* cabo ◆ punto: **we're at the p. of no return,** ya no podemos volvernos atrás; **p. of departure/view,** punto de partida/vista ◆ momento; **at this p. (in time),** en este momento; **at the p. of death,** a las puertas de la muerte; **on the p. of leaving,** a punto de salir ◆ *(en una escala)* punto; **boiling p,** punto de ebullición; *(temperatura)* grado: **he is frank to the p. of rudeness,** es tan franco que resulta maleducado; **up to a p.,** hasta cierto punto ◆ *(en un concurso)* punto, tanto ◆ argumento: **he has a p.,** tiene razón; **that's a good p.,** eso es interesante ◆ tema central: **that's beside the p.,** eso no viene al caso; **that's not the p.,** no se trata de eso; **the p. is that...,** el hecho es que...; **to get/miss the p.,** entender/no entender; **to get to the p.,** ir al grano; **the main points of the news,** las noticias principales ◆ *(finalidad)* **there's no p. (in) +** *(gerundio),* no sirve de nada; **what's the p. of arguing?,** ¿de qué sirve discutir? ◆ *(cualidad)* **bad p.,** defecto; **strong/weak p.,** punto fuerte/flaco ◆ *Mat Tip* **(decimal) p.,** punto o coma *(según país)* ◆ **points** *pl, Ferroc* agujas; *Auto* platinos | 2 *vtr* señalar, indicar; **to p. a finger at sb,** señalar a alguien con el dedo ◆ **I pointed my gun at him,** le apunté con la pistola | 3 *vi* señalar [**at,** -]; indicar [**to,** -]

■ **point out** *vtr* ◆ indicar, señalar ◆ observar

point-blank [pɔɪntˈblæŋk] 1 *adj* ◆ *(disparo)* a bocajarro ◆ *(negativa)* rotundo,-a | 2 *adv* ◆ *(disparar)* a bocajarro ◆ *(negarse)* rotundamente

pointed [ˈpɔɪntɪd] *adj* ◆ *(palo, nariz)* puntiagudo,-a ◆ *fig (comentario)* mordaz; *(alusión)* directo,-a

pointedly [ˈpɔɪntɪdlɪ] *adv fig* ◆ con mordacidad ◆ deliberadamente

pointer [ˈpɔɪntəʳ] *n* ◆ aguja indicadora ◆ puntero ◆ consejo, sugerencia

pointless [ˈpɔɪntlɪs] *adj* sin sentido

poise [pɔɪz] *n* ◆ porte ◆ aplomo, desenvoltura

poised [pɔɪzd] *adj* ◆ ecuánime ◆ listo,-a, preparado,-a [**for,** para]: **the cat was p. to jump,** el gato estaba listo para saltar

poison [ˈpɔɪzən] 1 *n* veneno | 2 *vtr* envenenar

poisoning [ˈpɔɪzənɪŋ] *n* envenenamiento, intoxicación

poisonous [ˈpɔɪzənəs] *adj* ◆ *(animal, planta)* venenoso,-a ◆ *(sustancia)* tóxico,-a ◆ *(idea)* pernicioso,-a

poke [pəʊk] 1 *n (con el codo)* codazo; *(con un objeto punzante)* pinchazo; **to give sb a p. in the ribs,** dar a alguien un codazo en las costillas | 2 *vtr* ◆ *(un fuego)* atizar ◆ *(con el dedo, un objeto, etc)* **she poked a finger up her nose,** se metió el dedo en la nariz

■ **poke about/around** *vi* fisgonear, curiosear

■ **poke out** *vtr* ◆ *(la cabeza, etc)* asomar ◆ *(el ojo)* sacar

poker [ˈpəʊkəʳ] *n* ◆ *Naipes* póquer ◆ *(para el fuego)* atizador

poker-faced [ˈpəʊkəfeɪst] *adj fam* con cara de póquer

poky [ˈpəʊkɪ] *adj (pokier, pokiest) fam pey* muy pequeño; **a p. little hovel,** un cuchitril

Poland [ˈpəʊlənd] *n* Polonia

polar [ˈpəʊləʳ] *adj* polar; **p. bear,** oso polar

Pole [pəʊl] *n* polaco,-a

pole [pəʊl] *n* ◆ palo; **telegraph p.,** poste; *Dep (para saltar)* pértiga ◆ *Fís Geog* polo; *fig* **they are poles apart,** son polos opuestos

police [pəˈliːs] 1 *npl* ◆ policía ◆ **p. car,** coche patrulla; *GB* **p. constable,** agente

US **p. department,** distrito policial; **p. dog,** perro policía; **p. force,** cuerpo de policía; **p. officer,** agente; **p. record,** antecedentes penales; **p. state,** estado policial; **p. station,** comisaría | **2** *vtr* vigilar, patrullar

policeman [pəˈliːsmən] *n* policía, agente

policewoman [pəˈliːswʊmən] *n* (mujer) policía, agente

policy [ˈpɒlɪsɪ] *n* ◆ *Pol* política ➤ Ver nota en **política** ◆ *(de organización)* norma, principio ◆ *Com Seg* póliza

polio [ˈpəʊlɪəʊ] *n Med* poliomielitis, polio

polish [ˈpɒlɪʃ] **1** *vtr (cristales, zapatos)* limpiar; *(madera, muebles, suelo)* encerar; *(un objeto de metal)* sacar brillo a; *(una piedra)* pulir | **2** *n* ◆ *(para cristal)* limpiacristales; *(para metal)* limpiametales; *(para madera, muebles)* cera; *(para zapatos)* crema, betún ◆ *(de una superficie)* brillo ◆ *(de estilo)* refinamiento

■ **polish off** *vtr fam (una comida, un trabajo)* despachar

■ **polish up** *vtr* ◆ sacar brillo a ◆ *fig* perfeccionar

Polish [ˈpəʊlɪʃ] ◆ *adj* polaco,-a | **2** *n* ◆ *(idioma)* polaco ◆ **the P.** *pl,* los polacos

polished [ˈpɒlɪʃt] *adj* ◆ *(madera)* brillante; *(piedra)* pulido,-a ◆ *(modales)* fino,-a ◆ *(estilo)* pulido,-a

polite [pəˈlaɪt] *adj* educado,-a

politeness [pəˈlaɪtnɪs] *n* educación

political [pəˈlɪtɪkəl] *adj* político,-a ➤ Ver nota en **política**

politician [pɒlɪˈtɪʃən] *n* político,-a ➤ Ver nota en **política**

politics [ˈpɒlɪtɪks] *n sing* política ➤ Ver nota en **política**

poll [pəʊl] **1** *n* ◆ votación; **to go to the polls,** acudir a las urnas ◆ número de votos ◆ encuesta, sondeo | **2** *vtr* ◆ *(votos)* obtener ◆ *(la opinión)* sondear

pollen [ˈpɒlən] *n* polen

polling [ˈpəʊlɪŋ] *n* votación; **p. day,** día de elecciones; **p. station,** colegio electoral

pollute [pəˈluːt] *vtr* contaminar

pollution [pəˈluːʃən] *n* contaminación, polución

polo [ˈpəʊləʊ] *n* ◆ *Dep* polo ◆ *(ropa)* **p. neck,** cuello alto

polyester [pɒlɪˈestər] *n* poliéster

polystyrene [pɒlɪˈstaɪriːn] *n* poliestireno

polythene [ˈpɒlɪθiːn] *n* polietileno; **p. bag,** bolsa de plástico

pomegranate [ˈpɒmɪgrænɪt] *n* granada

pomp [pɒmp] *n* pompa

pompous [ˈpɒmpəs] *adj* ◆ *(discurso)* grandilocuente ◆ *(persona)* presuntuoso,-a

pond [pɒnd] *n* estanque

pontoon [pɒnˈtuːn] *n* ◆ pontón ◆ *Naipes* veintiuna

pony [ˈpəʊnɪ] *n* poni

ponytail [ˈpəʊnɪteɪl] *n* cola de caballo

poodle [ˈpuːdəl] *n* caniche

poof [pʊf] *n GB argot ofens* marica

pool [puːl] *n* ◆ *(de líquido)* charco, estanque; **swimming p.,** piscina ◆ *US* billar americano ◆ *frml* fondo común ◆ **car** *o* **vehicle p.,** parque móvil ◆ *GB* **(football) pools** *pl,* quinielas | **2** *vtr (ideas, recursos)* juntar, reunir

poor [pʊər, pɔːr] **1** *adj* ◆ pobre ◆ *(calidad)* malo,-a, bajo,-a ◆ *(que mueve a compasión)* pobre: **p. you!,** ¡pobrecito! | **2** *npl* **the p.,** los pobres

poorly [ˈpʊəlɪ] **1** *adv* mal | **2** *adj (poorlier, poorliest) GB fam* pachucho,-a

pop [pɒp] **1** *n* ◆ pequeña explosión ◆ *fam (refresco)* gaseosa ◆ *fam US* papá ◆ *Mús* música pop; **p. singer,** cantante pop | **2** *vtr* ◆ *(un balón, globo)* hacer reventar ◆ *(un tapón)* hacer saltar | **3** *vi* ◆ *(un globo)* reventar ◆ *(un tapón)* saltar ◆ *(un oído)* desentaponarse ◆ *fam* poner: **p. it on the table,** ponlo sobre la mesa

■ **pop in** *vi fam* entrar un momento, visitar brevemente

■ **pop out** *vi fam* salir un momento

■ **pop over** *vi fam* ir un momento

■ **pop up** *vi fam* aparecer

popcorn [ˈpɒpkɔːn] *n* palomitas

pope [pəʊp] *n* papa

poplar [ˈpɒplər] *n Bot* álamo

poppy [ˈpɒpɪ] *n Bot* amapola

popular [ˈpɒpjʊlər] *adj* ◆ popular; **to be p. with,** gozar de la simpatía de ◆ *(sitio)* de moda, muy frecuentado,-a

popularity [pɒpjʊˈlærɪtɪ] *n* popularidad

popularize [ˈpɒpjʊləraɪz] *vtr* popularizar

populate [ˈpɒpjʊleɪt] *vtr* poblar

population [pɒpjʊˈleɪʃən] *n* población; **p. growth,** crecimiento demográfico

porcelain [ˈpɔːslɪn] *n* porcelana

porch [pɔːtʃ] *n Arquit (entrada)* porche; *US* terraza

porcupine ['pɔːkjʊpaɪn] n puerco espín
pore [pɔːʳ] **1** n Anat poro | **2** vi **to p. over sthg**, estudiar algo detenidamente
pork [pɔːk] n carne de cerdo ➢ Ver nota en **cerdo**
porn [pɔːn] n fam porno
pornography [pɔːˈnɒgrəfi] n pornografía
porous ['pɔːrəs] adj poroso,-a
porpoise ['pɔːpəs] n Zool marsopa
porridge ['pɒrɪdʒ] n Culin gachas de avena
port [pɔːt] n ◆ Geog puerto ◆ vino de Oporto, oporto ◆ Náut Av babor, izquierda
portable ['pɔːtəbəl] adj portátil
porter ['pɔːtəʳ] n ◆ (de una casa, un hotel) portero,-a ◆ Av Ferroc (mozo) maletero,-a ◆ (hospital) camillero
portfolio [pɔːtˈfəʊliəʊ] n ◆ carpeta ◆ (de artista) muestra ◆ Pol cartera
porthole ['pɔːthəʊl] n portilla
portion ['pɔːʃən] n ◆ parte, porción ◆ Culin ración
■ **portion out** vtr repartir
portrait ['pɔːtrɪt, 'pɔːtreɪt] n retrato
portray [pɔːˈtreɪ] vtr ◆ Arte retratar ◆ fig describir ◆ Cine Teat representar
Portugal ['pɔːtjʊgəl] n Portugal
Portuguese [pɔːtjʊˈgiːz] **1** adj portugués,-esa | **2** n ◆ (persona) portugués,-esa ◆ (idioma) portugués
pose [pəʊz] **1** vi ◆ Arte Fot posar; fig pey darse tono ◆ **to p. as**, hacerse pasar por | **2** vtr ◆ (a un modelo) colocar ◆ (un problema, una cuestión) plantear ◆ (una amenaza) suponer | **3** n Arte Fot pose, postura; pey (actitud fingida) pose, afectación
posh [pɒʃ] GB fam **1** adj ◆ (hotel, casa, coche) elegante, de lujo ◆ (persona) de clase alta ◆ pey pijo,-a
position [pəˈzɪʃən] **1** n ◆ (social) posición, rango ◆ (físico) posición, situación, sitio; **to be/stay in p.**, estar/mantenerse en su sitio; (del cuerpo) postura ◆ situación: **I'm not in a p. to complain**, no estoy en situación de quejarme ◆ opinión, postura ◆ Dep **she finished in first p.**, acabó en primera posición ◆ frml puesto, trabajo | **2** vtr poner, colocar
positive ['pɒzɪtɪv] adj ◆ Mat Elec Med positivo,-a ◆ (persona) seguro,-a [**about,** de] ◆ (actitud) positivo,-a ◆ (prueba) concluyente ◆ auténtico,-a: **it's a p. pleasure**, es un auténtico placer

possess [pəˈzes] vtr ◆ poseer ◆ (una emoción) apoderarse de

> Recuerda que **to possess** es un verbo muy formal y que en una conversación debes usar **to have** o **to have got**: **Have you got a car?** o **Do you have a car?**, ¿Tienes un coche? ➢ Ver nota en **tener**

possessed [pəˈzest] adj poseído,-a
possession [pəˈzeʃən] n ◆ posesión ◆ **possessions** pl, pertenencias, bienes
possessive [pəˈzesɪv] adj posesivo,-a
possibility [pɒsɪˈbɪlɪti] n posibilidad
possible ['pɒsɪbəl] adj posible; **as far as p.**, en lo posible; **as much as p.**, todo lo posible; **as soon as p.**, cuanto antes; **if p.**, si es posible
possibly ['pɒsɪbli] adv ◆ posiblemente, quizá(s) ◆ **could you p. help me?**, ¿te sería posible ayudarme?
post [pəʊst] **1** n ◆ (de madera) poste ◆ correo; **p. office**, oficina de correos; **P. Office Box**, apartado de correos; **by return of p.**, a vuelta de correo; **the first p.**, el primer reparto ◆ frml (trabajo) puesto ◆ Mil Com puesto | **2** vtr ◆ Com Mil destinar ◆ (una carta) echar al correo, mandar por correo
postage ['pəʊstɪdʒ] n franqueo
postal ['pəʊstəl] adj postal, de correos; **p. worker,** trabajador,-ora de correos
postbox ['pəʊstbɒks] n GB buzón
postcard ['pəʊstkɑːd] n (tarjeta) postal
postcode ['pəʊstkəʊd] n GB código postal
poster ['pəʊstəʳ] n póster, cartel
posterity [pɒˈsterɪti] n posteridad
postgraduate [pəʊstˈgrædjʊɪt] **1** n posgraduado,-a | **2** adj de posgrado
posthumous ['pɒstjʊməs] adj póstumo,-a
posting ['pəʊstɪŋ] n Com Mil destino
postman ['pəʊstmən] n GB cartero
postmark ['pəʊstmɑːk] n matasellos
postmortem [pəʊstˈmɔːtəm] n autopsia
postpone [pəʊstˈpəʊn] vtr aplazar
postscript ['pəʊsskrɪpt] n posdata
posture ['pɒstʃəʳ] **1** n postura | **2** vi pey adoptar una pose afectada
postwar ['pəʊstwɔː] adj de la posguerra
postwoman ['pəʊstˌwʊmən] n (mujer) cartero
posy ['pəʊzi] n ramillete

pot [pɒt] *n* ◆ *(para conservas)* tarro ◆ *(para la cocina)* olla, puchero ◆ *(para plantas)* maceta, tiesto ◆ **coffee p.**, cafetera; **tea p.**, tetera ◆ *fam* hachís ◆ | LOC: **to go to p.**, echarse a perder

potassium [pə'tæsɪəm] *n* potasio

potato [pə'teɪtəʊ] *n (pl potatoes)* patata

> En el Reino Unido la patata es un alimento muy corriente y hay muchas maneras de prepararla: **roast potatoes** (patatas peladas, cortadas en trocitos y asadas junto con la carne, etc.), **boiled potatoes** (patatas cocidas), **chipped potatoes** o **chips** (patatas fritas), **mashed potatoes** (puré de patatas), **baked potatoes** (patatas enteras asadas), **stuffed potatoes** (patatas rellenas), **crisps** (patatas fritas de bolsa).

potency ['pəʊtənsɪ] *n* potencia

potent ['pəʊtənt] *adj* potente

potential [pə'tenʃəl] 1 *adj* potencial, posible | 2 *n* potencial

potentially [pə'tenʃəlɪ] *adv* potencialmente

pothole ['pɒtʰəʊl] *n* ◆ *Geol* cueva ◆ *(de carretera)* bache

potholing ['pɒtʰəʊlɪŋ] *n GB* espeleología

potion ['pəʊʃən] *n* poción, pócima

potted ['pɒtɪd] *adj* ◆ *(comida)* en conserva ◆ *(planta)* en maceta o tiesto

potter ['pɒtə'] 1 *n* alfarero,-a; **p.'s wheel**, torno de alfarero | 2 *vi GB (tb* **to p. about** *o* **around)** no hacer nada en particular, entretenerse

pottery ['pɒtərɪ] *n* ◆ *(arte, taller)* alfarería ◆ *(objetos)* cerámica

potty ['pɒtɪ] 1 *n fam* orinal de niño | 2 *adj (pottier, pottiest) GB fam* chiflado,-a

pouch [paʊtʃ] *n* ◆ bolsa (pequeña) ◆ *Zool* bolsa abdominal, marsupio

poultry ['pəʊltrɪ] *n* ◆ *Agr* aves de corral ◆ *Culin* carne de ave

pounce [paʊns] *vi* saltar; **to p. on/upon**, abalanzarse sobre

pound [paʊnd] 1 *n* ◆ *(moneda, peso)* libra ◆ *(para coches)* depósito ◆ *(para perros)* perrera | 2 *vtr* ◆ machacar ◆ *(una puerta, etc)* aporrear | 2 *vi* ◆ *(el corazón)* palpitar ◆ *(mover)* andar/correr pesadamente ◆ *(olas)* romper [**against**, -]

pounding ['paʊndɪŋ] *n (de corazón)* latidos fuertes

pour [pɔː'] 1 *vtr* verter; *(una bebida)* servir: **I poured myself a drink,** me serví una copa | 2 *vi* ◆ *(agua)* correr; *(sangre)* manar ◆ **it's pouring (with rain),** está lloviendo a cántaros

■ **pour down** *vi* llover a cántaros

■ **pour out** *vtr* verter; *(bebida)* servir ◆ | LOC: **to p. one's heart out to sb**, desahogarse con alguien

pout [paʊt] 1 *n* puchero | 2 *vi* hacer pucheros

poverty ['pɒvətɪ] *n* pobreza

poverty-stricken ['pɒvətɪstrɪkən] *adj* necesitado,-a, sumido,-a en la pobreza

powder ['paʊdə'] 1 *n* ◆ polvo; **washing p.**, detergente ◆ *(maquillaje)* polvos | 2 *vtr* **to p. one's nose**, retocarse el maquillaje

powdered ['paʊdəd] *adj (leche)* en polvo

power ['paʊə'] 1 *n* ◆ *Pol* poder; **to be in p.**, estar en el poder; **to come to p.**, llegar al poder; **to return sb to p.**, elegir a alguien; **to seize p.**, hacerse con el poder ◆ *(nación)* potencia; **in sb's p.**, en manos de alguien; **the p. that be**, los que mandan *o* los poderes fácticos ◆ *(mental)* facultad ◆ *(capacidad)* fuerza, poder ◆ *Elec etc* energía; **p. point**, toma de corriente; **p. station**, central eléctrica ◆ *Mec* potencia ◆ *Mec* rendimiento ◆ *Mat* potencia | 2 *vtr* impulsar, propulsar

powered ['paʊəd] *adj* ◆ con motor ◆ **p. by gas**, que funciona con gas

powerboat ['paʊəbəʊt] *n* lancha (motora)

powerful ['paʊəfʊl] *adj* ◆ *(persona, gobierno)* poderoso,-a ◆ *(físicamente)* fuerte ◆ *(emoción)* fuerte ◆ *(máquina, droga)* potente ◆ *(argumento)* convincente ◆ *(libro, interpretación)* impactante ◆ *(olor)* fuerte

powerless ['paʊəlɪs] *adj* impotente, ineficaz

pp *(abr de pages)* págs., pp.

practicable ['præktɪkəbəl] *adj* factible

practical ['præktɪkəl] *adj* ◆ práctico,-a ◆ *(cosa)* útil, práctico,-a ◆ | LOC: **p. joke**, inocentada, broma

practicality [præktɪ'kælɪtɪ] *n* ◆ *(de una persona)* sentido práctico ◆ *(de una idea)* viabilidad ◆ *(de una cosa)* detalle práctico

practically ['præktɪklɪ] *adv* ◆ casi, prácticamente ◆ de manera práctica

practice, *US* **practise** ['præktɪs] *n* ◆ *(ejercitación)* práctica; *Dep* entrenamiento; *Mús* ejercicios, ensayo: **I'm out of p.**, me

practise

falta práctica ◆ *(realidad)* práctica: **we put the plan into p.,** llevamos el plan a la práctica; **in p.,** en la práctica ◆ costumbre, uso ◆ *(de profesión)* práctica, ejercicio; **to be in p.,** ejercer ◆ *(local) Jur* bufete; *Med* consulta

practise, *US* **practice** ['præktɪs] 1 *vtr* ◆ *(un deporte, una destreza)* practicar; *Mús Teat* ensayar ◆ *Med Jur* ejercer ◆ *(una religión)* practicar ◆ *frml (un uso)* seguir | 2 *vi* ◆ practicar; *Dep* entrenar(se) ◆ *Med Jur* ejercer [**as,** como]

> **To practise** siempre va seguido de gerundio: **Why don't you practise playing the piano?** *¿Por qué no practicas el piano?* En inglés británico no hay que confundir el verbo **to practise** con el sustantivo **practice**: **I need a lot of practice.** *Necesito mucha práctica.*

practised, *US* **practiced** ['præktɪst] *adj* experto,-a [**at,** en]
practising, *US* **practicing** ['præktɪsɪŋ] *adj* ◆ *(un profesional)* en ejercicio ◆ *(cristiano, musulmán, etc)* practicante
practitioner [præk'tɪʃənəʳ] *n* ◆ profesional ◆ médico; **general p.,** médico,-a de cabecera
pragmatic [præg'mætɪk] *adj* pragmático,-a
prairie ['preərɪ] *n* pradera; *US* llanura
praise [preɪz] 1 *n* alabanza, elogio | 2 *vtr* alabar, elogiar
praiseworthy ['preɪzwɜːðɪ] *adj* loable
pram [præm] *n GB* cochecito de niño
prance [prɑːns] *vi* ◆ *(caballo)* hacer cabriolas ◆ *(persona)* andar con afectación
prank [præŋk] *n* broma; *(de niño)* travesura; **to play a p.,** gastar una broma
prawn [prɔːn] *n* gamba
pray [preɪ] *vi* rezar, orar
prayer [preəʳ] *n* rezo, oración
preach [priːtʃ] *vi* ◆ *Rel* predicar ◆ *fig pey* sermonear
preacher ['priːtʃəʳ] *n* predicador,-ora
precarious [prɪ'keərɪəs] *adj* precario,-a
precaution [prɪ'kɔːʃən] *n* precaución
precautionary [prɪ'kɔːʃənərɪ] *adj* preventivo,-a
precede [prɪ'siːd] *vtr* preceder
precedence ['presɪdəns] *n* preferencia, prioridad; **to take p.,** tener prioridad [**over,** sobre]
precedent ['presɪdənt] *n* precedente
preceding [prɪ'siːdɪŋ] *adj* precedente

precinct ['priːsɪŋkt] *n* ◆ recinto ◆ zona; **pedestrian p.,** zona peatonal
precious ['preʃəs] 1 *adj* ◆ precioso,-a; **p. stones,** piedras preciosas ◆ querido,-a ◆ *frml (estilo)* afectado,-a | 2 *adv fam* muy; **p. little/few,** muy poco/pocos
precipice ['presɪpɪs] *n* precipicio
precipitate [prɪ'sɪpɪteɪt] 1 *vtr* precipitar | 2 [prɪ'sɪpɪtət] *adj* precipitado,-a
precise [prɪ'saɪs] *adj* ◆ preciso,-a, exacto,-a ◆ *(instrucciones)* claro,-a ◆ *(trabajo)* meticuloso,-a
precisely [prɪ'saɪslɪ] *adv* ◆ *(medir)* con precisión ◆ exactamente: **p.!,** ¡eso es!, ¡exacto!
precision [prɪ'sɪʒən] *n* precisión
preclude [prɪ'kluːd] *vtr frml* excluir, descartar
precocious [prɪ'kəʊʃəs] *adj* precoz
preconceived [priːkən'siːvd] *adj* preconcebido,-a
preconception [priːkən'sepʃən] *n* idea preconcebida
precondition [priːkən'dɪʃən] *n* condición previa
precursor [prɪ'kɜːsəʳ] *n* precursor,-ora
predator ['predətəʳ] *n* depredador,-ora
predatory ['predətərɪ] *adj* ◆ *(animal)* depredador,-ora ◆ *(persona)* rapaz
predecessor ['priːdɪsesəʳ] *n* antecesor,-ora
predetermine [priːdɪ'tɜːmɪn] *vtr* predeterminar
predicament [prɪ'dɪkəmənt] *n* apuro, aprieto
predict [prɪ'dɪkt] *vtr* predecir, pronosticar
predictable [prɪ'dɪktəbəl] *adj* previsible
prediction [prɪ'dɪkʃən] *n* pronóstico, predicción
predispose [priːdɪ'spəʊz] *vtr frml* predisponer; **predisposed to sthg/doing sthg,** predispuesto,-a a algo/a hacer algo
predominant [prɪ'dɒmɪnənt] *adj* predominante
predominantly [prɪ'dɒmɪnəntlɪ] *adv* predominantemente
predominate [prɪ'dɒmɪneɪt] *vi* predominar
pre-empt [prɪ'empt] *vtr* adelantarse a
prefab ['priːfæb] *n GB fam* casa prefabricada
prefabricated [priː'fæbrɪkeɪtɪd] *adj* prefabricado,-a
preface ['prefɪs] *n* ◆ *(de un libro)* prólogo ◆ *(de un discurso)* introducción

prefer [prɪˈfɜːʳ] *vtr* preferir: **I p. water to wine,** prefiero el agua al vino; **she prefers me to you,** le gusto más que tú ➢ Ver nota en **preferir**

preferable [ˈprefərəbəl] *adj* preferible [**to,** a]

preferably [ˈprefərəblɪ] *adv* preferentemente

preference [ˈprefərəns] *n* preferencia; **to give p. to sb/sthg,** dar preferencia a alguien/a algo

preferential [prefəˈrenʃəl] *adj* preferente

prefix [ˈpriːfɪks] *n* prefijo

pregnancy [ˈpregnənsɪ] *n* embarazo

pregnant [ˈpregnənt] *adj* ◆ *(mujer)* embarazada ◆ *(animal)* preñada ◆ *(pausa, silencio)* elocuente

prehistoric(al) [priːhɪˈstɒrɪk(əl)] *adj* prehistórico,-a

prejudice [ˈpredʒʊdɪs] 1 *n* ◆ prejuicio ◆ menoscabo | 2 *vtr* ◆ *(a alguien)* predisponer ◆ *(un caso, etc)* perjudicar

prejudiced [ˈpredʒʊdɪst] *adj* parcial: **he is p.,** tiene muchos prejuicios; **to be p. against sb,** estar predispuesto,-a en contra de alguien

preliminary [prɪˈlɪmɪnərɪ] 1 *adj* preliminar | 2 *n (usu pl)* preliminares

prelude [ˈpreljuːd] *n* preludio

premarital [priːˈmærɪtəl] *adj* prematrimonial

premature [preməˈtjʊəʳ] *adj* prematuro,-a

prematurely [preməˈtjʊəlɪ] *adv* prematuramente, antes de tiempo

premeditation [priːmedɪˈteɪʃən] *vtr* ◆ premeditación ◆ *Jur* alevosía

premenstrual [priːˈmenstruəl] *adj* premenstrual; **p. tension,** tensión premenstrual

premier [ˈpremjəʳ] 1 *n Pol* primer,-era ministro,-a | 2 *adj* primero,-a, principal

première [ˈpremɪeəʳ] *n Cine Teat* estreno

premise [ˈpremɪs] *n* ◆ *Fil* premisa ◆ **premises** *pl,* local, establecimiento

premium [ˈpriːmɪəm] *n* ◆ *Com Fin Ind* prima ◆ recargo ◆ | LOC: **to be at a p.,** estar muy solicitado,-a

premonition [preməˈnɪʃən] *n* presentimiento

preoccupation [priːɒkjʊˈpeɪʃən] *n* preocupación

preoccupied [priːˈɒkjʊpaɪd] *adj* preocupado,-a; **to be p.,** preocuparse [**with,** por]

preparation [prepəˈreɪʃən] *n* ◆ preparación ◆ **preparations** *pl,* preparativos

preparatory [prɪˈpærətərɪ] *adj* preparatorio,-a, preliminar

prepare [prɪˈpeəʳ] 1 *vtr* preparar | 2 *vi* prepararse [**for,** para]

prepared [prɪˈpeəd] *adj* ◆ preparado,-a ◆ dispuesto,-a: **I'm p. to do what you ask,** estoy dispuesto a hacer lo que tú me pidas

preposition [prepəˈzɪʃən] *n* preposición

preposterous [prɪˈpɒstərəs] *adj* absurdo,-a, ridículo,-a

prerequisite [priːˈrekwɪzɪt] *n* condición previa

prerogative [prɪˈrɒgətɪv] *n* prerrogativa

preschool [priːˈskuːl] *adj* preescolar

prescribe [prɪˈskraɪb] *vtr* ◆ *Med* recetar ◆ *frml* prescribir

prescription [prɪˈskrɪpʃən] *n Med* receta

presence [ˈprezəns] *n* ◆ presencia ◆ *(a un acto)* asistencia ◆ | LOC: **p. of mind,** sangre fría

present [ˈprezənt] 1 *adj* ◆ presente; **to be p.,** estar presente [**at,** en] ◆ actual; **the p. government,** el gobierno actual | 2 *n* ◆ regalo ◆ **the p.,** el presente; **at p.,** actualmente | 3 [prɪˈzent] *vtr* ◆ regalar; *(un premio)* entregar; *frml* **to p. sb with sthg,** obsequiar a alguien con algo ◆ *(documentos, el pasaporte)* presentar, mostrar ◆ *(una oportunidad)* ofrecer; *(un problema)* plantear ◆ *(un informe)* presentar; *TV Rad (programa)* presentar ◆ *(persona) frml* presentar

presentable [prɪˈzentəbəl] *adj* presentable

presentation [prezənˈteɪʃən] *n* ◆ presentación ◆ **p. (ceremony),** ceremonia de entrega ◆ *Rad TV Teat* representación

present-day [ˈprezəntdeɪ] *adj* actual, de hoy en día

presenter [prɪˈzentəʳ] *n* presentador,-ora

presently [ˈprezəntlɪ] *adv* ◆ dentro de poco ◆ *esp US* ahora

preservation [prezəˈveɪʃən] *n* conservación

preservative [prɪˈzɜːvətɪv] *n* conservante

preserve [prɪˈzɜːv] 1 *vtr* ◆ *(animales, edificios)* conservar ◆ *Culin* conservar ◆ *(apariencias)* mantener | 2 *n* ◆ dominio ◆ *Culin* conserva

preside [prɪˈzaɪd] *vi* presidir

presidency [ˈprezɪdənsɪ] *n* presidencia

president ['prezɪdənt] *n* ◆ *Pol* presidente,-a ◆ *US Com* director,-ora, gerente

presidential [prezɪ'denʃəl] *adj* presidencial

press [pres] **1** *n* ◆ prensa; **to get a good/bad p.,** tener buena/mala prensa; **p. conference,** rueda de prensa; **p. cutting,** recorte de prensa; **the freedom of the p.,** la libertad de prensa ◆ *(máquina)* imprenta, prensa ◆ *(empresa)* editorial ◆ *Mec* prensa │ **2** *vtr* ◆ *(un botón, etc)* apretar, pulsar; *(con el pie)* pisar; *(la mano, el gatillo)* apretar; *(fuerte)* apretujar ◆ *(aceitunas, flores, uvas)* prensar; *(ropa)* planchar ◆ presionar; **to p. sb for sthg,** exigir algo a alguien; **to p. sb to do sthg,** presionar a alguien para que haga algo ◆ *Jur* **to p. charges,** presentar cargos │ **3** *vi* ◆ apretar [**on/down on,** sobre] ◆ *(gentío)* apretujarse [**for, por**] │ LOC: **time presses,** el tiempo apremia

■ **press ahead** *vi* seguir adelante

pressed [prest] *adj* **to be p. for,** andar escaso,-a de

pressing ['presɪŋ] *adj* apremiante, urgente

press-up ['presʌp] *n (ejercicio)* flexión

pressure ['preʃə'] *n* ◆ presión; **p. cooker,** olla a presión; **high/low p.,** altas/bajas presiones ◆ *Med* **blood p.,** presión sanguínea ◆ *fig* **to bring p. to bear,** ejercer presión [**on,** sobre], presionar [**on,** a]; **p. group,** grupo de presión

pressurize ['preʃəraɪz] *vtr* ◆ *Téc* presurizar ◆ presionar

prestige [pre'stiːʒ] *n* prestigio

presumably [prɪ'zjuːməblɪ] *adv* se supone que: **p. you know her,** supongo que la conoces

presume [prɪ'zjuːm] **1** *vtr frml* suponer, presumir │ **2** *vi frml* suponer: **I p. so,** supongo que sí

presumption [prɪ'zʌmpʃən] *n* ◆ suposición ◆ atrevimiento ◆ arrogancia, presunción

presumptuous [prɪ'zʌmptjʊəs] *adj* atrevido,-a

presuppose [priːsə'pəʊz] *vtr* presuponer

pretence, *US* **pretense** [prɪ'tens] *n* ◆ pretensión ◆ fingimiento, ficción; *Jur* **under false pretences,** de manera fraudulenta; **under (the) p. of,** con el pretexto de

pretend [prɪ'tend] **1** *vtr* ◆ fingir, aparentar; **to p. to be,** hacerse pasar por; **to p. to do sthg,** fingir hacer algo ◆ *frml* pretender │ **2** *vi* fingir

pretense [prɪ'tens] *n US* → **pretence**

pretention [prɪ'tenʃən] *n* pretensión

pretentious [prɪ'tenʃəs] *adj* presuntuoso,-a, pretencioso,-a

pretext ['priːtekst] *n* pretexto; **on/under the p. of,** con el pretexto de

pretty ['prɪtɪ] **1** *adj (prettier, prettiest)* bonito,-a, guapo,-a │ **2** *adv fam* bastante: **he's p. stupid,** él es bastante estúpido; **p. much,** más o menos ➢ Ver nota en **bastante**

prevail [prɪ'veɪl] *vi* ◆ *(opinión, sentimiento)* predominar, reinar ◆ *(justicia, etc)* prevalecer ◆ *frml* **to p. on/upon sb to do sthg,** convencer a alguien para que haga algo

prevailing [prɪ'veɪlɪŋ] *adj* ◆ **p. wind,** viento predominante ◆ *(opinión)* general ◆ *(moda)* reinante

prevalent ['prevələnt] *adj frml* frecuente, común; *(enfermedad)* extendido,-a

prevent [prɪ'vent] *vtr* ◆ impedir, evitar: **he will p. you from passing,** te impedirá pasar; **we can't p. it happening,** no podemos evitarlo *o* no podemos evitar que suceda ◆ *(accidente, enfermedad)* evitar, prevenir

prevention [prɪ'venʃən] *n* prevención

preventive [prɪ'ventɪv] *adj* preventivo,-a

preview ['priːvjuː] *n Cine Teat* preestreno

previous ['priːvɪəs] **1** *adj* ◆ *(ocasión)* anterior; **the p. day,** el día anterior ◆ *(experiencia, etc)* previo,-a; **a p. engagement,** un compromiso previo │ **2** *prep frml* antes de

previously ['priːvɪəslɪ] *adv* anteriormente, previamente

prewar ['priːwɔː'] *adj* de antes de la guerra

prey [preɪ] *n* presa; *fig* víctima; **bird of p.,** ave de rapiña

■ **prey on** *vi* ◆ *(un animal)* alimentarse de ◆ *fig* explotar

price [praɪs] **1** *n* ◆ precio: **they're the same p.,** cuestan lo mismo; **at half p.,** a mitad de precio ◆ *fig* precio; **peace at any p.,** la paz a toda costa ◆ *Fin* cotización │ **2** *vtr* ◆ poner un precio a ◆ valorar [**at,** en]

priceless ['praɪslɪs] *adj* ◆ que no tiene precio ◆ *fam* divertidísimo,-a

prick [prɪk] **1** *vtr* ◆ pinchar, agujerear ◆ *(la conciencia)* remorder │ **2** *n* ◆ pinchazo ◆ *argot vulgar* pene ◆ *argot ofens* gilipollas

■ **prick up** *vtr* **to p. up one's ears,** levantar las orejas; *fig* aguzar el oído

prickle ['prɪkəl] **1** *n* ◆ *Bot* espina ◆ *Zool* púa ◆ *(sensación)* picor │ **2** *vtr & vi* pinchar, picar

prickly ['prɪklɪ] *adj (pricklier, prickliest)*
◆ *(planta)* espinoso,-a ◆ *(animal)* con púas
◆ *(ropa, etc)* que pica ◆ *(persona)* irritable
pride [praɪd] 1 *n* ◆ orgullo; **to take p. in sthg,** enorgullecerse de algo ◆ *pey* arrogancia, soberbia | 2 *vtr* **to p. oneself on,** enorgullecerse de
priest [pri:st] *n* sacerdote, cura
priestess ['pri:stɪs] *n* sacerdotisa
priesthood ['pri:sthʊd] *n* ◆ *(oficio)* sacerdocio ◆ *(personas)* clero
prig [prɪg] *n* mojigato,-a
prim [prɪm] *adj (primmer, primmest)* remilgado,-a
primaeval [praɪ'mi:vəl] *adj* primitivo,-a
primarily [praɪ'merɪlɪ] *adv* ante todo
primary ['praɪmərɪ] 1 *adj* ◆ *(consideración)* fundamental, principal; *(importancia)* primordial ◆ *(color, enseñanza, escuela)* primario,-a | 2 *n Pol* (elección) primaria
primate ['praɪmeɪt] *n* ◆ *Rel* primado ◆ *Zool* primate
prime [praɪm] 1 *adj (sólo antes del sustantivo)* ◆ primero,-a, principal; *(ejemplo)* perfecto,-a; *(importancia)* primordial; **P. Minister,** primer,-era ministro,-a ◆ *(calidad)* de primera ◆ *Mat (número)* primo | 2 *n* apogeo; **in the p. of life** en la flor de la vida | 3 *vtr* ◆ *(a una persona)* preparar ◆ *Mec* cebar
primitive ['prɪmɪtɪv] *adj* primitivo,-a
primrose ['prɪmrəʊz] *n* primavera
prince [prɪns] *n* príncipe; **P. Charming,** Príncipe Azul ➢ Ver nota en **infante**
princess [prɪn'ses] *n* princesa ➢ Ver nota en **infante**
principal ['prɪnsɪpəl] 1 *adj* principal | 2 *n* ◆ *Educ* director,-ora ◆ *Teat* protagonista ◆ *Mús* primer violín ◆ *Fin* capital
principle ['prɪnsɪpəl] *n* principio; **in p.,** en principio; **on p.,** por principio
print [prɪnt] 1 *n* ◆ *Imprent* letra; **in p.,** publicado,-a o disponible; **out of p.,** agotado,-a; **the small p.,** la letra pequeña ◆ *Arte* grabado, lámina; *Fot* copia; *Tex* estampado ◆ *(de dedo, mano, pie)* huella | 2 *vtr* ◆ imprimir; *(libro)* publicar; **printed matter,** impresos ◆ *Fot* imprimir; *Tex* estampar ◆ escribir en letra de imprenta
■ **print out** *vtr Inform* imprimir
printer ['prɪntər] *n* ◆ *(persona)* impresor,-ora ◆ *Inform* impresora
printing ['prɪntɪŋ] *n* ◆ *(proceso, resultado)* impresión ◆ *(cantidad)* edición, tirada ◆ *(industria)* imprenta

print-out ['prɪntaʊt] *n Inform* copia impresa
prior ['praɪər] 1 *adj* previo,-a, anterior | 2 *prep* antes de | 3 *n Rel* prior
priority [praɪ'ɒrɪtɪ] *n* prioridad
prise [praɪz] *vtr* **to p. sthg open/off,** abrir/separar, etc algo haciendo palanca, apalancar
prism ['prɪzəm] *n* prisma
prison ['prɪzən] *n* cárcel, prisión
prisoner ['prɪzənər] *n* ◆ *Jur* preso,-a, recluso,-a; **to take sb p.,** detener a alguien ◆ *(de un enemigo)* prisionero,-a
privacy ['prɪvəsɪ] *n* intimidad
private ['praɪvɪt] 1 *adj* ◆ *(baño, coche, jardín, profesor)* particular, propio,-a; **p. income,** renta personal ◆ privado,-a; *(letrero)* **p. property,** propiedad privada ◆ *(colegio, clínica)* privado,-a, de pago ◆ *(no relacionado con el trabajo)* personal ◆ *(documento)* confidencial ◆ *(pensamiento)* íntimo,-a; *(opinión)* personal ◆ *(sitio)* privado,-a, tranquilo,-a ◆ **in p.,** en privado ◆ *(persona)* reservado,-a | 2 *n Mil* soldado raso
privately ['praɪvɪtlɪ] *adv* en privado
privatize ['praɪvɪtaɪz] *vtr* privatizar
privilege ['prɪvɪlɪdʒ] *n* privilegio
privileged ['prɪvɪlɪdʒd] *adj* privilegiado,-a
prize [praɪz] 1 *n* premio | 2 *adj* ◆ *(animal, flor, etc)* premiado,-a; *fig* de primera ◆ *fam* **a p. idiot,** un(a) tonto,-a de remate | 3 *vtr* apreciar, estimar
prize-giving ['praɪzgɪvɪŋ] *n* entrega de premios
prizewinner ['praɪzwɪnər] *n* ganador,-ora del premio
pro [prəʊ] *n* ◆ *(abr de professional) fam* profesional ◆ **pros** *pl,* ventajas; **the pros and cons,** los pros y los contras
probability [prɒbə'bɪlɪtɪ] *n* probabilidad
probable ['prɒbəbəl] *adj* probable
probably ['prɒbəblɪ] *adv* probablemente
probation [prə'beɪʃən] *n* ◆ *Jur* libertad condicional; **p. officer,** funcionario,-a que vigila a las personas en libertad condicional ◆ *Lab* periodo de prueba; **to be on a months' p.,** trabajar un mes de prueba
probe [prəʊb] 1 *n* ◆ *Med Astron* sonda ◆ encuesta, sondeo | 2 *vtr* ◆ *Med* sondar ◆ investigar
■ **probe into** *vtr* investigar
problem ['prɒbləm] *n* problema
problematic(al) [prɒblə'mætɪk(əl)] *adj* problemático,-a, difícil

procedure [prəˈsiːdʒəʳ] *n* ♦ procedimiento: **the usual p. is ...,** lo normal es... ♦ *Com Jur* gestión, trámite

proceed [prəˈsiːd] *vi* ♦ *frml* avanzar ♦ *frml* seguir, proceder: **let's p. to the next matter,** pasemos a la siguiente cuestión ♦ *(a continuación)* **he proceeded to tell us all his problems,** pasó a contarnos todos sus problemas

proceedings [prəˈsiːdɪŋz] *npl* ♦ acto, evento ♦ *frml (de una reunión)* actas ♦ medidas; *Jur* **to take p.,** entablar juicio [**against,** contra]

proceeds [ˈprəʊsiːdz] *npl* recaudación, ganancias

process [ˈprəʊses] 1 *n* ♦ *(natural)* proceso; *fig* **the peace p.,** el proceso de la paz ♦ método, sistema ♦ **in the p.: he rescued her, but broke his arm in the p.,** la rescató, pero a costa de romperse el brazo; **in the p. of,** en vías de ♦ *Jur* proceso | 2 *vtr* ♦ *Fot* revelar ♦ *(comida)* elaborar ♦ *(documentos, información)* tramitar ♦ *Inform* procesar

processing [ˈprəʊsesɪŋ] *n* ♦ *Fot* revelado ♦ *(de materias)* tratamiento ♦ *(de documentos)* tramitación ♦ *Inform* tratamiento

procession [prəˈseʃən] *n* ♦ desfile ♦ *Rel* procesión; **funeral p.,** cortejo fúnebre

processor [ˈprəʊsesəʳ] *n Inform* procesador

proclaim [prəˈkleɪm] *vtr frml* ♦ proclamar ♦ revelar

proclamation [prɒkləˈmeɪʃən] *n frml* proclamación

prod [prɒd] 1 *n* pinchazo | 2 *vtr* ♦ pinchar ♦ **to p. sb into doing sthg,** empujar a alguien a hacer algo

prodigal [ˈprɒdɪɡəl] *adj* pródigo,-a

prodigious [prəˈdɪdʒəs] *adj* prodigioso,-a

prodigy [ˈprɒdɪdʒɪ] *n* prodigio

produce [prəˈdjuːs] 1 *vtr* ♦ producir; *(coches, etc)* fabricar ♦ *(hijos)* tener ♦ *(un documento, etc)* presentar; *(una evidencia)* aportar ♦ *(del bolsillo, etc)* sacar ♦ *Cine* producir; *TV* realizar; *Teat* poner en escena | 2 [ˈprɒdjuːs] *n Agr* productos; **p. of Portugal,** producto de Portugal

producer [prəˈdjuːsəʳ] *n* ♦ productor,-ora; *Ind* fabricante ♦ *Cine* productor,-ora; *Rad TV* realizador,-ora ♦ *Teat* director,-ora de escena

product [ˈprɒdʌkt] *n* producto

production [prəˈdʌkʃən] *n* ♦ producción; *Ind* fabricación; **p. line,** cadena de fabricación ♦ *(de documento, etc)* presentación ♦ *Cine* producción; *Rad TV* realización; *Teat* producción, representación

productive [prəˈdʌktɪv] *adj* productivo,-a

productivity [prɒdʌkˈtɪvɪtɪ] *n* productividad

profess [prəˈfes] *vtr* ♦ *(una fe)* profesar ♦ *(una emoción)* expresar, manifestar ♦ afirmar; **to p. to be sthg,** declararse algo

professed [prəˈfest] *adj* ♦ declarado,-a ♦ *pey* supuesto,-a

profession [prəˈfeʃən] *n* profesión

professional [prəˈfeʃənəl] 1 *adj* profesional; **p. fees,** honorarios | 2 *n* profesional

professor [prəˈfesəʳ] *n* catedrático,-a

proficiency [prəˈfɪʃənsɪ] *n* competencia

profile [ˈprəʊfaɪl] 1 *n* perfil | 2 *vtr (a una persona)* retratar

profit [ˈprɒfɪt] 1 *n* ♦ *Fin* ganancias, beneficios; **to make a p.,** obtener beneficios; **p. and loss account,** cuenta de ganancias y pérdidas ♦ provecho, utilidad ➢ Ver nota en **beneficio** | 2 *vi fig* sacar provecho [**from,** de]

profitability [prɒfɪtəˈbɪlɪtɪ] *n* rentabilidad

profitable [ˈprɒfɪtəbəl] *adj* ♦ *Com* rentable ♦ *fig* provechoso,-a

profound [prəˈfaʊnd] *adj* profundo,-a

profoundly [prəˈfaʊndlɪ] *adv* profundamente

profuse [prəˈfjuːs] *adj* profuso,-a, abundante

profusely [prəˈfjuːslɪ] *adv* ♦ *(sangrar, sudar, etc)* copiosamente ♦ *(dar las gracias)* efusivamente

profusion [prəˈfjuːʒən] *n* profusión, abundancia

prognosis [prɒɡˈnəʊsɪs] *n Med* pronóstico

program [ˈprəʊɡræm] *Inform* 1 *n* programa ➢ Ver nota en **programa** | 2 *vi & vtr* programar

programme, *US* **program** [ˈprəʊɡræm] 1 *n* programa ➢ Ver nota en **programa** | 2 *vtr* ♦ planear, planificar ♦ programar

programmer, *US* **programer** [ˈprəʊɡræməʳ] *n* programador,-ora

progress [ˈprəʊɡres] 1 *n* ♦ avance ♦ *(de un estudiante)* progresos; *Med* mejora ♦ *(sociedad, etc)* desarrollo, evolución; **in the name of P.,** en nombre del Progreso ♦ **in p.,** empezado,-a, en curso | 2 [prəʊˈɡres] *vi* ♦ avanzar, progresar ♦ *(estudiante)* hacer progresos, mejorar; *Med* mejorar ♦ *(sociedad)* desarrollar

progressive [prə'gresıv] *adj* ◆ progresivo,-a ◆ *Pol* progresista

progressively [prə'gresıvlı] *adv* progresivamente

prohibit [prə'hıbıt] *vtr* prohibir; **to p. sb from doing sthg,** prohibir a alguien hacer algo ➢ Ver nota en **prohibido**

prohibition [prəʊı'bıʃən] *n* prohibición

prohibitive [prə'hıbıtıv] *adj* prohibitivo,-a

project ['prɒdʒekt] **1** *n* ◆ proyecto ◆ *US* conjunto de viviendas subvencionadas ◆ *Educ* trabajo | **2** [prə'dʒekt] *vtr* ◆ planear ◆ pronosticar ◆ *(una luz, imagen)* proyectar | **3** *vi* sobresalir

projectile [prə'dʒektaıl] *n frml* proyectil

projection [prə'dʒekʃən] *n* ◆ pronóstico ◆ *Cine* proyección ◆ *(de una superficie)* saliente

projector [prə'dʒektə'] *n Cine* proyector

proletariat [prəʊlı'eərıət] *n Pol* proletariado

prologue ['prəʊlɒg] *n* prólogo

prolong [prə'lɒŋ] *vtr* extender, prolongar

promenade [prɒmə'nɑ:d] **1** *n* ◆ *frml* paseo marítimo ◆ *GB Mús* **p. concert,** concierto sinfónico tradicional durante el cual parte del público está de pie | **2** *vi frml* pasearse

prominence ['prɒmınəns] *n* ◆ prominencia ◆ importancia

prominent ['prɒmınənt] *adj* ◆ importante, destacado,-a ◆ saliente, prominente

promiscuous [prə'mıskjʊəs] *adj* promiscuo,-a

promise ['prɒmıs] **1** *n* promesa; **to keep /break a p.,** cumplir/no cumplir una promesa | **2** *vtr* & *vi* prometer

> Usado con un verbo, **to promise** va seguido de infinitivo: **I promise to send it to you tomorrow.** *Prometo enviártelo mañana.* Cuando tiene un complemento directo, puedes introducir una frase subordinada: **I promised your boss (that) I would send it tomorrow.** *Le prometí a tu jefe que lo enviaría mañana.*

promising ['prɒmısıŋ] *adj* prometedor,-ora

promote [prə'məʊt] *vtr* ◆ ascender; *Dep* **the team has been promoted,** el equipo ha subido de categoría ◆ *(la amistad, el arte, comercio)* fomentar ◆ *(un producto)* promocionar ◆ *(un concierto, etc)* organizar

promoter [prə'məʊtə'] *n* ◆ *Com* promotor,-ora ◆ *(de concierto, etc)* organizador,-ora

promotion [prə'məʊʃən] *n* ◆ promoción, ascenso; *Dep* promoción ◆ *(del arte, comercio)* fomento ◆ *(de un producto)* promoción

prompt [prɒmpt] **1** *adj* ◆ *(respuesta, etc)* pronto,-a, rápido,-a ◆ puntual | **2** *adv* en punto; **at 5 o'clock p.,** a las 5 en punto | **3** *vtr* ◆ *(una reacción)* provocar ◆ **to p. sb to do sthg,** mover a alguien a hacer algo ◆ *Teat* apuntar | **4** *n* ◆ *Teat* apunte ◆ *Inform* aviso

promptly ['prɒmptlı] *adv* ◆ puntualmente ◆ *(pagar, etc)* sin demora ◆ en seguida; **I took her address and p. lost it,** apunté su dirección y la perdí en seguida

prone [prəʊn] *adj* ◆ *frml (persona)* boca abajo ◆ propenso,-a [**to,** a]

pronoun ['prəʊnaʊn] *n* pronombre

pronounce [prə'naʊns] **1** *vtr* ◆ pronunciar ◆ *frml* declarar | **2** *vi frml* pronunciarse [**on,** sobre]

pronounced [prə'naʊnst] *adj* marcado,-a, pronunciado,-a

pronunciation [prənʌnsı'eıʃən] *n* pronunciación

proof [pru:f] **1** *n* ◆ prueba ◆ comprobación ◆ graduación alcohólica: **this whisky is 70º p.,** este whisky tiene *US* 35º de alcohol *o GB* 40º de alcohol | **2** *sufijo* **-p.,** a prueba de; **bullet-p.,** a prueba de balas; **water-p.,** impermeable | **3** *vtr* impermeabilizar

prop [prɒp] **1** *n* ◆ *Arquit* puntal ◆ apoyo ◆ *Teat* accesorio; **props,** atrezzo | **2** *vtr* apoyar

■ **prop up** *vtr* apoyar

propaganda [prɒpə'gændə] *n* propaganda

propel [prə'pel] *vtr* propulsar

propeller [prə'pelə'] *n* hélice

propelling pencil [prəpelıŋ'pensəl] *n* portaminas

propensity [prə'pensıtı] *n frml* propensión [**to,** a]

proper ['prɒpə'] *adj* ◆ *(antes del sustantivo) (sitio, tratamiento, procedimiento)* adecuado,-a, correcto,-a ◆ verdadero,-a; **a p. job,** un trabajo de verdad ◆ *(persona)* correcto,-a; *pey* remilgado,-a; *frml (comportamiento)* decente ◆ *frml (después del nombre)* propiamente dicho

properly ['prɒpəlɪ] *adv* ◆ correctamente, adecuadamente ◆ bien: **this isn't done p.,** esto no está bien hecho ◆ decorosamente

property ['prɒpətɪ] *n* ◆ *(posesión)* propiedad ◆ propiedad inmobiliaria; **p. developer,** promotor,-ora inmobiliario,-a ◆ inmueble; **country p.,** finca ◆ *(calidad)* propiedad

prophecy ['prɒfɪsɪ] *n* profecía

prophesy ['prɒfɪsaɪ] *vtr* ◆ *Rel* profetizar ◆ predecir

prophet ['prɒfɪt] *n* profeta

proportion [prə'pɔ:ʃən] *n* proporción: **his reaction was out of p.,** su reacción fue desproporcionada; **the p. of men to women,** la proporción entre hombres y mujeres

proportional [prə'pɔ:ʃənəl] *adj* proporcional [**to,** a]; *Pol* **p. representation,** representación proporcional

proportionate [prə'pɔ:ʃənɪt] *adj* proporcional

proposal [prə'pəʊzəl] *n* ◆ propuesta ◆ proyecto, plan

propose [prə'pəʊz] **1** *vtr* ◆ proponer, sugerir ◆ *frml* tener la intención [**to,** de] | **2** *vi (pedir en matrimonio)* declararse [**to,** a]

> Puedes emplear el infinitivo con **to** (**I propose to do it myself,** *tengo la intención de hacerlo yo mismo*) o, en situaciones más formales, un gerundio: **I propose doing it myself** (la forma negativa sería **I do not propose to do it myself**). Si **to propose** tiene un complemento directo, debes añadir **that** más el infinitivo sin **to**: **The shareholders proposed that a new chairman be nominated.** *Los accionistas propusieron que se nombrase un nuevo presidente.* En realidad, no se trata de un infinitivo, sino de subjuntivo (que tiene la misma forma). Sin embargo, es muy formal (especialmente en la tercera persona del singular) y muchos anglohablantes prefieren sustituirlo por el verbo auxiliar **should** (**the shareholders proposed that a new chairman should be nominated**). Los verbos **to recommend** y **to suggest** se construyen de la misma manera.

proposition [prɒpə'zɪʃən] **1** *n* ◆ propuesta, sugerencia ◆ *Mat* proposición | **2** *vtr* hacer proposiciones deshonestas a

proprietor [prə'praɪətə'] *n* propietario,-a

propriety [prə'praɪətɪ] *n* decoro

propulsion [prə'pʌlʃən] *n* propulsión

prosaic [prəʊ'zeɪɪk] *adj* prosaico,-a

prose [prəʊz] *n* ◆ *Lit* prosa ◆ *Educ* texto para traducción inversa

prosecute ['prɒsɪkju:t] *vtr* procesar

prosecution [prɒsɪ'kju:ʃən] *n* ◆ *Jur (caso)* proceso, juicio ◆ *Jur (abogado)* acusación

prosecutor ['prɒsɪkju:tə'] *n* acusador,-ora; **public p.,** fiscal

prospect ['prɒspekt] **1** *n* ◆ posibilidad: **the p. of peace,** las posibilidades de paz ◆ perspectiva; **an exciting p.,** una perspectiva emocionante ◆ *(de empresa, persona, trabajo)* **prospects** *pl*, futuro, perspectivas | **2** [prə'spekt] *vtr* explorar | **3** *vi (clientes, oro, petróleo)* buscar [**for,** -]

prospective [prə'spektɪv] *adj* ◆ *(padres)* futuro,-a ◆ *(cliente)* eventual, posible

prospectus [prə'spektəs] *n* prospecto

prosper ['prɒspə'] *vi* prosperar

prosperity [prɒ'sperɪtɪ] *n* prosperidad

prosperous ['prɒspərəs] *adj* próspero,-a

prostitute ['prɒstɪtju:t] *n* prostituta

prostitution [prɒstɪ'tju:ʃən] *n* prostitución

prostrate ['prɒstreɪt] *adj frml* ◆ postrado,-a ◆ abatido,-a [**with,** por]

protagonist [prəʊ'tægənɪst] *n* protagonista

protect [prə'tekt] *vtr* ◆ proteger [**against/from,** contra/de] ◆ *(derechos,* salvaguardar

protection [prə'tekʃən] *n* protección

protective [prə'tektɪv] *adj* protector,-ora

protégé(e) ['prəʊteʒeɪ] *n* protegido,-a

protein ['prəʊti:n] *n* proteína

protest ['prəʊtest] **1** *n* protesta [**against,** contra] | **2** [prə'test] *vtr* ◆ *(la inocencia)* afirmar, declarar ◆ *US* protestar contra | **3** *vi* protestar [**about,** por] [**against,** contra] [**at,** de]; **to p. to sb,** protestar ante alguien

Protestant ['prɒtɪstənt] *adj & n* protestante

protester [prə'testə'] *n* manifestante

protocol ['prəʊtəkɒl] *n* protocolo

prototype ['prəʊtətaɪp] *n* prototipo

protrude [prə'tru:d] *vi* sobresalir

protuberance [prə'tju:bərəns] *n frm* protuberancia

proud [praʊd] *adj* ◆ orgulloso,-a [**of,** de] ◆ *pey* altanero,-a, soberbio,-a ◆ *frml (momento)* glorioso,-a

proudly ['praʊdlɪ] *adv* ◆ con orgullo ◆ *pey* arrogantemente

prove [pruːv] 1 *vtr* ◆ *(afirmación)* probar: **can you p. that?**, ¿puedes probarlo?; *(la inocencia, valentía)* demostrar ◆ *Mat* comprobar | 2 *vi* resultar: **it proved to be a mistake,** resultó ser un error

proverb ['prɒvɜːb] *n* refrán, proverbio

provide [prə'vaɪd] 1 *vtr* ◆ proporcionar, proveer (de) ◆ *frml Jur* estipular | 2 *vi* proveer

■ **provide against** *vtr* prevenirse contra

■ **provide for** *vtr* ◆ *(a una familia, etc)* mantener ◆ estipular

provided [prə'vaɪdɪd] *conj* **p. (that)**, siempre que

providing [prə'vaɪdɪŋ] *conj* → **provided**

province ['prɒvɪns] *n* ◆ *Geog Pol* provincia ◆ *(de estudio, investigación, etc)* esfera, área

provincial [prə'vɪnʃəl] 1 *adj* provincial; *pey* provinciano,-a | 2 *n pey (persona)* provinciano,-a

provision [prə'vɪʒən] *n* ◆ provisión, suministro ◆ **provisions** *pl*, víveres

provisional [prə'vɪʒənəl] *adj* provisional

provocation [prɒvə'keɪʃən] *n* provocación

provocative [prə'vɒkətɪv] *adj* ◆ provocador,-ora ◆ provocativo,-a

provoke [prə'vəʊk] *vtr* provocar

prow [praʊ] *n Náut* proa

prowess ['praʊɪs] *n frml* destreza

prowl [praʊl] *vtr & vi* **to p. about** *o* **around,** rondar, merodear

prowler ['praʊlə^r] *n* merodeador,-ora

proximity [prɒk'sɪmɪtɪ] *n* proximidad; **in (close) p. to,** cerca de

proxy ['prɒksɪ] *n* ◆ *Jur* poder; **to vote by p.,** votar por poderes ◆ *(persona)* apoderado,-a

prude [pruːd] *n* mojigato,-a

prudent ['pruːdənt] *adj* prudente

prudish ['pruːdɪʃ] *adj* remilgado,-a

prune [pruːn] 1 *n Culin* ciruela pasa | 2 *vtr* ◆ *(plantas)* podar ◆ *(gastos)* reducir

pry [praɪ] *vi* fisgonear, husmear; **to p. into sthg,** entrometerse en algo

psalm [sɑːm] *n* salmo

pseud [sjuːd] *n GB fam* intelectualoide

pseudo- ['sjuːdəʊ] *pref* seudo-

pseudonym ['sjuːdənɪm] *n* seudónimo

psyche ['saɪkɪ] *n* psique

psychiatric [saɪkɪ'ætrɪk] *adj* psiquiátrico,-a

psychiatrist [saɪ'kaɪətrɪst] *n* psiquiatra

psychiatry [saɪ'kaɪətrɪ] *n* psiquiatría

psychic ['saɪkɪk] 1 *adj* psíquico,-a | 2 *n* médium

psychoanalysis [saɪkəʊə'nælɪsɪs] *n* psicoanálisis

psychoanalyst [saɪkəʊ'ænəlɪst] *n* psicoanalista

psychological [saɪkə'lɒdʒɪkəl] *adj* psicológico,-a

psychologist [saɪ'kɒlədʒɪst] *n* psicólogo,-a

psychology [saɪ'kɒlədʒɪ] *n* psicología

psychopath ['saɪkəʊpæθ] *n* psicópata

pub [pʌb] *n GB fam* bar, pub ➢ Ver nota en **bar**

puberty ['pjuːbətɪ] *n* pubertad

pubic ['pjuːbɪk] *adj* púbico,-a

public ['pʌblɪk] 1 *adj* ◆ público,-a; **p. opinion,** opinión pública; **p. outcry,** protesta generalizada ◆ *(uso general)* público,-a; **p. conveniences,** servicios; **p. library,** biblioteca pública; **p. school,** *GB* colegio de pago; *US* escuela pública; **p. transport,** transporte colectivo ◆ *(del Estado)* **p. employee** ≈ funcionario,-a; **p. funds,** erario público ◆ *(noticia, persona)* público,-a, conocido,-a; **to make sthg p.,** hacer algo público ◆ *Fin (empresa)* salir a la bolsa | 2 *n* público; **in p.,** en público

public-address system [pʌblɪkə'dressɪstəm] *n* megafonía

publication [pʌblɪ'keɪʃən] *n* publicación

publicity [pʌ'blɪsɪtɪ] *n* publicidad

> No confundas **publicity** con **advertising**. **Publicity** se refiere a la publicidad que se consigue sin buscarla (**accusing this bank of unfair competition has only given them some publicity,** *acusar a este banco de competencia desleal les ha dado cierta publicidad*), mientras que **advertising** hace referencia a la publicidad por la cual se paga: **How much did they spend on their advertising campaign?,** *¿Cuánto gastaron en su campaña publicitaria?*

publicize ['pʌblɪsaɪz] *vtr* ◆ hacer público,-a ◆ promocionar

publicly ['pʌblɪklɪ] *adv* públicamente

publish ['pʌblɪʃ] *vtr* publicar, editar

publisher ['pʌblɪʃə^r] *n* ◆ *(persona)* editor,-ora ◆ *(empresa)* (casa) editorial

publishing [ˈpʌblɪʃɪŋ] *n* ◆ el mundo o la industria editorial: **she's in p.**, trabaja en una editorial ◆ **p. company**, casa editorial

pucker [ˈpʌkəʳ] *vtr (frente, labios)* fruncir, arrugar

Puerto Rican [pweətəʊˈriːkən] *n & adj* puertorriqueño,-a

Puerto Rico [pweətəʊˈriːkəʊ] *n* Puerto Rico

pudding [ˈpʊdɪŋ] *n* ◆ *Culin* pudín; **rice p.**, arroz con leche ◆ postre

puddle [ˈpʌdəl] *n* charco

puff [pʌf] 1 ◆ *(de aire, viento)* soplo; *(de la boca)* bocanada ◆ *(de humo)* nube ◆ *(sonido)* resoplido ◆ *Culin* **p. pastry**, hojaldre | 2 *vi* ◆ soplar ◆ *(por el esfuerzo)* resoplar, jadear | 3 *vtr* ◆ soplar; **to p. smoke at sb**, echar humo en la cara de alguien ◆ *(un cigarrillo, una pipa)* fumar
■ **puff up** *vi* hincharse

puffed [pʌft] *adj fam* sin aliento

puffy [ˈpʌfɪ] *adj (puffier, puffiest)* hinchado,-a

pull [pʊl] 1 *n* ◆ tirón ◆ atracción, fuerza; **the p. of gravity**, la fuerza de la gravedad ◆ *fam* influencia ◆ *(de una pipa, un cigarrillo)* chupada, calada; *(de una bebida)* trago ◆ *(de un cajón)* tirador, *(de una puerta)* pomo | 2 *vtr* ◆ mover, acercar: **she pulled her chair to the window**, acercó su silla a la ventana ◆ *(las cortinas)* correr ◆ *(el gatillo)* apretar ◆ tirar de: **p. this rope**, tira de esta cuerda ◆ *fig* **to p. sb's leg**, tomarle el pelo a alguien ◆ *(una caravana, un coche, tren)* arrastrar, empujar, remolcar, tirar de ◆ atraer: **he pulled a crowd**, atrajo a mucha gente ◆ sacar: **she pulled a pen out of her bag**, sacó una pluma del bolso; **to p. a knife**, sacar una navaja ◆ *Med* **to p. a muscle**, torcerse un músculo ◆ *(hacer)* **to p. a face**, hacer una mueca ◆ **to p. sthg to pieces**, *(lit & fig)* hacer trizas algo | 3 *vi* ◆ tirar [**at/on**, de] ◆ *(en un vehículo)* **to p. to a halt**, parar
■ **pull about** *vtr* maltratar
■ **pull along** *vtr* arrastrar
■ **pull apart** *vtr* ◆ desmontar ◆ separar ◆ *(un libro, una teoría)* echar por tierra
■ **pull away** 1 *vi* ◆ soltarse ◆ *Auto* arrancar; *(tren)* salir | 2 *vtr* arrancar [**from**, a]
■ **pull down** *vtr* ◆ *(un edificio)* derribar ◆ *(un pantalón, una persiana)* bajar
■ **pull in** 1 *vtr* ◆ *fam (la policía)* detener ◆ *(a la gente, dinero)* atraer ◆ *(una cuerda)* recoger | 2 *vi* ◆ *(un tren, autobús)* llegar ◆ *Auto* parar

■ **pull off** 1 *vtr* ◆ *(la ropa)* quitarse; *(una tapa)* quitar ◆ *fam* lograr, llevar a cabo ◆ *Auto* salir de (la carretera) | 2 *vi Auto* arrancar
■ **pull on** 1 *vtr (ropa)* ponerse | 2 *vi* tirar de
■ **pull out** 1 *vtr* ◆ sacar; *(un diente)* sacar, extraer ◆ *(equipo)* retirar | 2 *vi* ◆ *Auto* salir; **to p. out to overtake**, salir para adelantar ◆ retirarse
■ **pull over** 1 *vtr* ◆ tirar (para abajo) ◆ *Auto (la Policía, etc)* hacer parar | 2 *vi* ◆ *Auto* hacerse a un lado ◆ detenerse (en el arcén, etc)
■ **pull through** 1 *vtr (una crisis)* sacar | 2 *vi (de una enfermedad, un apuro)* recuperarse
■ **pull together** 1 *vtr* **to p. oneself together**, calmarse | 2 *vi* trabajar juntos
■ **pull up** 1 *vtr* ◆ *(una silla, etc)* acercar ◆ subirse, levantar; *fig* **pull your socks up!**, ¡esfuérzate un poco! ◆ *(planta)* arrancar ◆ *(la Policía, etc)* parar ◆ regañar [**on, por**] | 2 *vi* detenerse

pulley [ˈpʊlɪ] *n* polea

pullover [ˈpʊləʊvəʳ] *n* jersey

pulp [pʌlp] 1 *n* ◆ *Bot* pulpa ◆ *(de madera, papel)* pasta ◆ *fam* **p. fiction**, ficción barata | 2 *vtr* reducir a pulpa

pulpit [ˈpʊlpɪt] *n* púlpito

pulsate [pʌlˈseɪt] *vi* latir, palpitar

pulse [pʌls] *n* ◆ *Anat* pulso ◆ *Bot Culin* legumbre

pumice (stone) [ˈpʌmɪs(stəʊn)] *n* piedra pómez

pump [pʌmp] 1 *n* ◆ *Mec* bomba ◆ zapatilla | 2 *vtr* bombear; *fam* **to p. sb for information**, sonsacarle información a alguien
■ **pump out** *vtr* ◆ *(una piscina, etc)* vaciar (con una bomba) ◆ *(un líquido)* sacar
■ **pump up** *vtr (un globo, neumático)* inflar

pumpkin [ˈpʌmpkɪn] *n Bot* calabaza

pun [pʌn] *n* juego de palabras

punch [pʌntʃ] 1 *n* ◆ *(para billetes)* taladradora; *(para cuero)* punzón; *(para papel)* perforadora; *(herramienta)* botador ◆ puñetazo, golpe ◆ empuje, fuerza ◆ *(bebida)* ponche | 2 *vtr* ◆ *(un billete)* picar; *(un cuero)* punzar; *(un papel)* perforar ◆ pegar, dar un puñetazo a

punch-up [ˈpʌntʃʌp] *n fam* pelea, reyerta

punctual [ˈpʌŋktjʊəl] *adj* puntual

punctuate [ˈpʌŋktjʊeɪt] *vtr* ◆ puntuar ◆ interrumpir, salpicar [**with**, con]

punctuation [pʌŋktjʊ'eɪʃən] *n* puntuación

puncture ['pʌŋktʃəʳ] **1** *n* pinchazo | **2** *vtr* ◆ perforar ◆ *Auto* pinchar

pundit ['pʌndɪt] *n fam* experto,-a

pungent ['pʌndʒənt] *adj* ◆ *(olor)* acre ◆ *(sabor)* picante

punish ['pʌnɪʃ] *vtr* castigar [**for,** por]

punishment ['pʌnɪʃmənt] *n* castigo

punitive ['pju:nɪtɪv] *adj* ◆ punitivo,-a ◆ *(castigo, etc)* excesivo,-a

punk [pʌŋk] *n fam* ◆ punk ◆ *US* gamberro,-a

punter ['pʌntəʳ] *n fam GB Com* cliente,-a

puny ['pju:nɪ] *adj* (*punier, puniest*) enclenque, endeble

pup [pʌp] *n* cachorro,-a

pupil ['pju:pəl] *n* ◆ *Anat* pupila ◆ *Educ* alumno,-a

puppet ['pʌpɪt] *n* títere

puppy ['pʌpɪ] *n* cachorro,-a, perrito,-a

purchase ['pɜ:tʃɪs] **1** *n frml* compra | **2** *vtr frml* comprar

purchaser ['pɜ:tʃɪsəʳ] *n frml* comprador,-ora

purchasing ['pɜ:tʃɪsɪŋ] *n* ◆ *Com* **p. department,** departamento de compras ◆ *Econ* **p. power,** poder adquisitivo

pure [pjʊəʳ] *adj* puro,-a

purée ['pjʊəreɪ] *n* puré

purely ['pjʊəlɪ] *adv* simplemente

purge [pɜ:dʒ] **1** *n* purga | **2** *vtr* purgar

purify ['pjʊərɪfaɪ] *vtr* purificar

purple ['pɜ:pəl] *adj* ◆ *(color)* morado,-a ◆ *(estilo)* grandilocuente

purpose ['pɜ:pəs] *n* ◆ propósito, intención; **on p.,** a propósito ◆ fin, utilidad; **to serve a p.,** servir para el caso ◆ determinación

purposeful ['pɜ:pəsfʊl] *adj* decidido,-a, resuelto,-a

purr [pɜ:ʳ] **1** *n* ronroneo | **2** *vi* ronronear

purse [pɜ:s] **1** *n* ◆ *GB* monedero ◆ *US (de mujer)* bolso ◆ **the public p.,** el erario público ◆ *Dep* premio | **2** *vtr* **to p. one's lips,** fruncir los labios

pursue [pə'sju:] *vtr* ◆ seguir; *(a un criminal)* perseguir ◆ *(felicidad)* búsqueda ◆ *(profesión)* ejercer

pursuit [pə'sju:t] *n* ◆ *(de un criminal)* persecución ◆ *(de la felicidad)* busca, búsqueda ◆ *(de una profesión)* ejercicio ◆ pasatiempo

pus [pʌs] *n Anat* pus

push [pʊʃ] **1** *n* ◆ empujón; **to give sthg/sb a p.,** dar un empujón a algo/alguien ◆ presión; **at a p.,** si fuera necesario ◆ *Mil* ofensiva ◆ esfuerzo; **a sales p.,** una campaña de ventas ◆ *(de una persona)* ambición, dinamismo ◆ *GB* despido; **to get the p.,** ser despedido; **to give sb the p.,** despedir a alguien; *(novios)* dejar a alguien | **2** *vtr* ◆ empujar: **he pushed me downstairs,** me empujó escaleras abajo; **she pushed the door,** empujó la puerta ◆ *(un botón, una tecla)* apretar, pulsar: **p. the red button,** pulsa el botón rojo; *(un pedal)* pisar ◆ meter: **she pushed her pencil into her ear,** se metió el lápiz en la oreja ◆ *(precios, etc)* **the drought pushed up fruit prices,** la sequía hizo subir el precio de la fruta ◆ *(a una persona)* presionar; **to p. sb to do sthg,** presionar a alguien para que haga algo ◆ *(un producto, etc)* promocionar ◆ *(la droga)* traficar con, pasar | **3** *vi* ◆ empujar ◆ presionar [**for,** para]

■ **push ahead** *vi* seguir adelante

■ **push around** *vtr* ◆ *(a una persona)* mandonear ◆ *(una cosa)* empujar

■ **push aside** *vtr* ◆ *(un objeto)* apartar ◆ *fig* hacer caso omiso de

■ **push back** *vtr* hacer retroceder

■ **push in** *vi* colarse

■ **push off 1** *vtr (una tapa)* quitar (empujando) | **2** *vi* marcharse: *fam* **p. off!,** ¡lárgate!

■ **push on** *vi fam* seguir adelante

■ **push out** *vtr* empujar hacia fuera

■ **push over** *vtr* hacer caer (a empujones)

■ **push through** *vtr* ◆ *(un bosque, una multitud)* abrirse paso entre ◆ *Com (contrato)* tratar con prioridad ◆ *Pol (una medida)* hacer aprobar

■ **push to** *vtr (una puerta)* cerrar

pushchair ['pʊʃtʃeəʳ] *n GB* sillita (de niño)

pusher ['pʊʃəʳ] *n argot (de droga)* camello

push-up ['pʊʃʌp] *n US Dep* flexión

pushy ['pʊʃɪ] *adj* (*pushier, pushiest*) *fam* agresivo,-a

puss [pʊs], **pussy** ['pʊsɪ] *n fam* gatito,-a

put [pʊt] **1** *vtr* ◆ poner, colocar: **she p. the books on the shelf,** colocó los libros en la estantería; *(leche, sal)* echar; *(la calefacción, un mueble, etc)* instalar, poner: **they've p. a fan in the bedroom,** han instalado un ventilador en el dormitorio ◆ meter: **he p. the key in the lock,** metió la llave en la cerradura; *fig* **to p. one's foot in it,** meter la pata ◆ asomar: **he p. his head out of the window,** asomó la cabeza por la ventana ◆ invertir: **p. your mo-**

putrid

ney into property, invierte en el sector inmobiliario ◆ poner: **he puts me in a bad mood,** me pone de mal humor; **they p. him on a diet,** le pusieron a régimen; **to p. an end to,** poner fin a; **to put to death,** ejecutar a ◆ traducir [**into,** a] ◆ expresar: **as Shakespeare p. it,** como dijo Shakespeare ◆ *(una pregunta)* hacer; *frml (opinión)* **I p. it to you that...,** le sugiero que... ◆ escribir: **p. your name here,** escribe tu nombre aquí ◆ calcular [**at,** en]

■ **put about** 1 *vtr (un rumor)* hacer circular | 2 *vi Náut* virar

■ **put across** *vtr (una idea)* comunicar

■ **put aside** *vtr* ◆ dejar a un lado ◆ *(dinero)* ahorrar; *(mercancías, tiempo)* reservar

■ **put away** *vtr* ◆ recoger ◆ *(dinero)* ahorrar ◆ *(a un criminal)* encerrar

■ **put back** *vtr* ◆ volver a poner ◆ *(un reloj)* retrasar ◆ *(una reunión, etc)* aplazar, posponer

■ **put by** *vtr* ◆ *(dinero)* ahorrar ◆ *(mercancías)* reservar

■ **put down** *vtr* ◆ dejar ◆ *(una rebelión)* sofocar ◆ *(a una persona)* rebajar, menospreciar ◆ *(a un animal)* sacrificar ◆ *(anotar)* apuntar

■ **put down to** *vtr* atribuir a

■ **put forward** *vtr* ◆ *(a un candidato)* nombrar ◆ *(una teoría)* exponer ◆ *(una idea)* proponer

■ **put in** 1 *vtr* ◆ *(en una caja, etc)* introducir ◆ *(en un texto, etc)* insertar ◆ instalar ◆ *(una reclamación)* presentar ◆ *(para un puesto)* presentarse [**for,** a] | 2 *vi Náut* hacer escala [**at,** en]

■ **put off** *vtr* ◆ *(la luz)* apagar ◆ aplazar ◆ **to p. sb off (doing) sthg,** disuadir a alguien de (hacer) algo ◆ dar asco, matar el gusto: **the smell of the cheese puts me off,** el olor del queso me repugna

> **To put off** sin complemento directo (en forma de persona o pronombre personal) significa *aplazar, posponer* y va seguido de gerundio: **They have put off launching the new product.** *Han aplazado el lanzamiento del nuevo producto.* Un complemento directo, entre **put** y **off** (**they put us off leaving**), cambia su significado a *disuadir* o *convencer*: *Nos convencieron de que no nos marchásemos.*

■ **put on** *vtr* ◆ *(ropa)* ponerse ◆ **to p. on weight,** engordar ◆ *Teat* presentar; *Mús (un concierto)* dar ◆ *(el gas)* abrir; *(la luz)* encender; *(la radio)* poner ◆ **to p. on the brakes,** frenar

■ **put out** 1 *vtr* ◆ poner fuera, sacar; **to p. the rubbish out,** sacar la basura; *(la colada)* tender ◆ *(la lengua)* sacar; *(la mano)* tender ◆ *(noticias)* publicar ◆ *(el fuego, la luz)* apagar ◆ molestar: **don't p. yourself out,** no se moleste ◆ ofender: **he was very p. out,** estaba muy ofendido | 2 *vi Náut* hacerse a la mar [**from,** de]

■ **put over** *vtr* ◆ comunicar ◆ | LOC: **to p. one over on sb.,** engañar a alguien

■ **put through** *vtr Tel* **to p. sb through,** pasar a alguien [**to,** con]

■ **put together** *vtr* ◆ *(personas)* reunir ◆ *(una máquina, un mueble, etc)* montar, armar ◆ *(una colección)* juntar, reunir

■ **put up** 1 *vtr* ◆ alojar, hospedar ◆ *(una mano)* levantar; *(un paraguas)* abrir; *(una bandera)* izar; *(un edificio)* construir, levantar ◆ *(un precio)* aumentar ◆ *(una cortina, un cuadro)* colgar; *(un cartel)* pegar ◆ *(a un candidato)* nombrar; *(un plan)* presentar ◆ *(resistencia)* ofrecer | 2 *vi* hospedarse

■ **put up to** *vtr* **to p. sb up to sthg,** incitar a alguien a hacer algo

■ **put up with** *vtr* aguantar, soportar

putrid ['pju:trɪd] *adj frml* putrefacto,-a

putt [pʌt] 1 *n Golf* tiro al hoyo, putt | 2 *vtr* & *vi Golf* tirar al hoyo

putting ['pʌtɪŋ] *n Golf* tiro al hoyo; **p. green,** green

putty ['pʌtɪ] *n* masilla

puzzle ['pʌzəl] 1 *n* ◆ rompecabezas; **crossword p.,** crucigrama; **jigsaw p.,** puzzle ◆ misterio | 2 *vtr* dejar perplejo,-a: **I'm puzzled by her attitude,** me extraña su actitud

■ **puzzle over** *vtr* dar vueltas a (en la cabeza)

puzzling ['pʌzəlɪŋ] *adj* extraño,-a, misterioso,-a

pygmy ['pɪgmɪ] 1 *n* pigmeo,-a | 2 *adj* enano-a

pyjamas [pə'dʒɑːməz] *npl* pijama

pylon ['paɪlən] *n Elec* torre de alta tensión

pyramid ['pɪrəmɪd] *n* pirámide

python ['paɪθən] *n Zool* pitón

Q, q [kju:] *n (letra)* Q, q
quack [kwæk] **1** *n* ◆ *(de pato)* graznido ◆ *fam (médico)* curandero,-a | **2** *vi* graznar
quadruple ['kwɒdrʊpəl] *US* [kwɒ'dru:pəl] **1** *n* cuádruplo | **2** *adj* cuádruple | **3** *vtr* cuadruplicar | **4** *vi* cuadruplicarse
quadruplet ['kwɒdrʊplɪt] *US* [kwɒ'dru:plɪt] *n* cuatrillizo,-a
quagmire ['kwɒgmaɪəʳ] *n* cenegal; *fig* atolladero
quail [kweɪl] **1** *n Orn* codorniz | **2** *vi fig* acobadarse [**before,** ante]
quaint [kweɪnt] *adj* ◆ *(sitio, etc)* pintoresco,-a ◆ *(idea)* curioso,-a
quake [kweɪk] **1** *vi* temblar | **2** *n fam* temblor de tierra
qualification [kwɒlɪfɪ'keɪʃən] *n* ◆ *(para un puesto)* requisito ◆ *(de una persona)* capacidad; **academic q.,** título académico ◆ reserva, salvedad
qualified ['kwɒlɪfaɪd] *adj* ◆ capacitado,-a, cualificado,-a ◆ titulado,-a; **q. physiotherapist,** fisioterapeuta titulado,-a ◆ *(aprobación, éxito)* con reservas, limitado,-a
qualify ['kwɒlɪfaɪ] **1** *vtr* ◆ *(habilidad)* capacitar [**for,** para] ◆ *(derecho)* dar derecho [**for,** a]: **his age qualifies him for subsidized travel,** su edad le da derecho a viajes subvencionados ◆ *(comentario)* matizar, modificar ◆ *Ling* calificar | **2** *vi* ◆ *(profesión)* obtener el título [**as,** de]: **she qualified in 1989,** sacó el título en 1989 ◆ *(puesto, derecho)* cumplir los requisitos [**for,** para] ◆ *Dep* clasificarse
qualifying ['kwɒlɪfaɪɪŋ] *adj (examen, prueba)* eliminatorio,-a
qualitative ['kwɒlɪtətɪv] *adj* cualitativo,-a
quality ['kwɒlɪtɪ] **1** *n* ◆ *(nivel)* calidad; **q. control,** control de calidad; **q. of life,** calidad de vida ◆ cualidad, característica | **2** *adj* de (buena) calidad; **q. car,** coche de buena calidad; **q. newspaper,** periódico serio
qualm [kwɑ:m] *n* ◆ escrúpulo, reparo [**about,** en] ◆ duda

quantitative ['kwɒntɪtətɪv] *adj* cuantitativo,-a
quantity ['kwɒntɪtɪ] *n* cantidad
quarantine ['kwɒrənti:n] *n* cuarentena
quarrel ['kwɒrəl] **1** *n* ◆ disputa, riña; **to have a q.,** reñir [**with,** con] ◆ desacuerdo | **2** *vi* ◆ *(personas)* pelearse, reñir ◆ *(una idea, etc)* discrepar [**with,** de]
quarrelsome ['kwɒrəlsəm] *adj* pendenciero,-a
quarry ['kwɒrɪ] **1** *n* ◆ *(caza)* presa ◆ *Min* cantera | **2** *vtr Min* extraer
quart [kwɔ:t] *n (medida)* cuarto de galón (*GB aprox* 1,14 litros; *US aprox* 0,94 litros) ◆ | LOC: **you can't get a q. into a pint pot,** no se puede meter a España en Portugal
quarter ['kwɔ:təʳ] **1** *n* ◆ cuarta parte, cuarto: **give me a q. of almonds,** dame un cuarto (de libra) de almendras; **a kilo and a q.,** un kilo y cuarto ◆ *(hora)* cuarto; **q. of an hour,** cuarto de hora; **q. past two,** las dos y cuarto ◆ *(de la Luna)* cuarto ◆ trimestre ◆ *US* moneda de 25 centavos ◆ barrio; **the French q.,** el barrio francés ◆ parte; **help came from all quarters,** la ayuda vino de todas partes; **at close quarters,** de cerca ◆ **quarters** *pl*, alojamiento; *Mil* casa cuartel | **2** *vtr* ◆ dividir en cuatro partes; *Hist (a una persona)* descuartizar ◆ *Mil* alojar | **3** *adj* cuarto; **a q. hour,** un cuarto de hora; *US Mús* **q. note,** negra
quarter-final ['kwɔ:təfaɪnəl] *n Dep* cuarto de final
quarterly ['kwɔ:təlɪ] **1** *adj* trimestral | **2** *n* publicación trimestral | **3** *adv* trimestralmente
quartet [kwɔ:'tet] *n* cuarteto
quartz [kwɔ:ts] *n* cuarzo; **q. clock,** reloj de cuarzo
quash [kwɒʃ] *vtr* ◆ *Jur (un veredicto)* anular ◆ *(una rebelión)* aplastar
quaver ['kweɪvəʳ] **1** *n* ◆ *(de voz)* temblor ◆ *Mús* corchea | **2** *vi* ◆ *(voz: hablando)* temblar ◆ *(voz: cantando)* vibrar
quay(side) ['ki:(saɪd)] *n* muelle
queasy ['kwi:zɪ] *adj (queasier, queasiest)* mareado,-a

queen [kwi:n] *n* ◆ *Pol Zool Ajedrez* reina; *Naipes* dama ➢ Ver nota en **rey** ◆ *argot ofens* homosexual ➢ Ver nota en **queer**

queer [kwɪəʳ] **1** *adj* ◆ *argot ofens* maricón ◆ *(cosa)* extraño,-a, raro,-a; *(persona)* excéntrico,-a ◆ *fam* pachucho,-a | **2** *n argot ofens* marica, maricón

> La aceptación de **queer** como *homosexual* es ahora tan extendida que casi no se usan las otras.

quench [kwentʃ] *vtr* ◆ *(un fuego)* apagar ◆ *(la sed)* saciar

querulous ['kwerʊləs] *adj frml* quejumbroso,-a, lastimero,-a

query ['kwɪəri] **1** *n* ◆ pregunta ◆ duda | **2** *vtr* cuestionar

question ['kwestʃən] **1** *n* ◆ pregunta; **to ask a q.**, hacer una pregunta; **q. mark**, signo de interrogación; **without q.**, sin rechistar ◆ asunto, cuestión, problema: **it is a q. of**, se trata de; **it's out of the q.**, es imposible; **the Basque q.**, el problema vasco; **the lady in q.**, la dama en cuestión; **no q. of**, ninguna posibilidad de ◆ duda; **to call into q.**, poner en entredicho; **beyond q.**, incuestionable | **2** *vtr* ◆ hacer preguntas a; *(Policía)* interrogar ◆ cuestionar, poner en duda ◆ *(una decisión)* impugnar

questionable ['kwestʃənəbəl] *adj* ◆ dudoso,-a ◆ discutible

questioning ['kwestʃənɪŋ] **1** *adj* interrogativo,-a | **2** *n* interrogatorio

questionnaire ['kwestʃə'neəʳ] *n* cuestionario

queue [kju:] *GB* **1** *n* cola: **join the q.**, ponte a la cola; **to jump the q.**, colarse | **2** *vi* **to q. (up)**, hacer cola

quibble ['kwɪbəl] **1** *n* objeción de poco peso | **2** *vi* discutir [**with**, con] [**over**, por] (por nimiedades): **you can't q. over ten cents!**, ¡no puedes discutir por diez centavos!

quick [kwɪk] **1** *adj* ◆ rápido,-a: **be q.!**, ¡date prisa!; **a q. snack**, un bocado; **q. as lightning**, rápido,-a como un relámpago ➢ Ver nota en **fast** ◆ breve: **can I have a q. word?**, ¿puedo hablarte un momento?; **a q. look**, un vistazo ◆ listo,-a, agudo,-a ◆ **to have a q. temper**, tener mucho genio ◆ | LOC: **he's very q. on the uptake**, las coge al vuelo | **2** *adv fam* rápido | **3** *n* ◆ | LOC: **to cut sb to the q.**, herir a alguien en lo más profundo

quicken ['kwɪkən] **1** *vtr* acelerar | **2** *vi* acelerarse

quickly ['kwɪklɪ] *adv* rápidamente, de prisa

quickness ['kwɪknɪs] *n* rapidez

quicksand ['kwɪksænd] *n* arenas movedizas

quick-witted [kwɪk'wɪtɪd] *adj* agudo,-a, ingenioso,-a

quid [kwɪd] *n GB argot* libra (esterlina)

quiet ['kwaɪət] **1** *adj* ◆ silencioso,-a; **to be/keep q.**, callarse, no hacer ruido ◆ *(voz)* suave ◆ *(vida, sitio)* tranquilo,-a; *pey* aburrido,-a ◆ *(persona)* callado,-a, reservado,-a; impasible ◆ *(color, ropa)* discreto,-a ◆ *(boda, etc)* íntimo,-a | **2** *n* ◆ silencio; **peace and q.**, paz y tranquilidad ◆ | LOC: **on the q.**, a hurtadillas | **3** *vtr & vi US* → **quieten**

quieten ['kwaɪətən] **1** *vtr* ◆ *(protestas)* acallar ◆ *(a una persona)* tranquilizar | **2** *vi* ◆ callarse ◆ tranquilizarse ◆ *(tormenta, etc)* amainar

■ **quieten down** → **quieten**

quietly ['kwaɪətlɪ] *adv* ◆ *(hablar)* en voz baja ◆ *(moverse)* silenciosamente, sin hacer ruido ◆ tranquilamente ◆ discretamente

quietness ['kwaɪətnɪs] *n* ◆ *(de voz)* suavidad ◆ silencio ◆ tranquilidad

quilt [kwɪlt] **1** *n* colcha, edredón | **2** *vtr* acolchar

quinine ['kwɪni:n] *US* ['kwaɪnaɪn] *n* quinina

quintet(te) [kwɪn'tet] *n* quinteto

quintuple ['kwɪntjʊpəl, kwɪn'tju:pəl] **1** *adj* quíntuplo,-a | **2** *n* quíntuplo | **3** *vtr* quintuplicar

quirk [kwɜ:k] *n* ◆ *(persona)* rareza, peculiaridad ◆ *(del destino)* arbitrariedad, capricho

quit [kwɪt] **1** *vtr* (*ps* & *pp* **quitted**, *esp US* **quit**) ◆ dejar, abandonar: **she q. her job yesterday**, dimitió ayer ◆ dejar de: **I q. smoking ten years ago**, dejé de fumar hace diez años | **2** *vi* ◆ irse, marcharse: **I q.!**, ¡me voy! ◆ *(del trabajo)* dimitir ◆ dejar de hacer algo | **3** *adj* **let's call it quits**, hagamos las paces *o* pelillos a la mar

quite [kwaɪt] *adv* ◆ bastante; **q a lot of**, mucho(s),-a(s); **q. good**, bastante bueno; **q. often**, bastante a menudo; **q. well**, bastante bien ◆ totalmente: **I q. agree**, estoy totalmente de acuerdo; **not q.**, no del todo, no exactamente; *excl* **q.!**, ¡exactamente! ◆ *(uso enfático)* **q. a**, todo,-a un,-a;

he's q. a hero, es todo un héroe; **that was q. a match!,** ¡vaya partido!

> Si el adjetivo es predicativo, se pone **quite** delante: **the book is quite long**, *el libro es bastante largo*; si el adjetivo precede al sustantivo, hay que añadir **a** o **an**: It's quite **a long book**. *Es un libro bastante largo*. Observa que normalmente **quite** significa *bastante*, pero con ciertos adjetivos que tienen un sentido intenso (**absurd, amazing, fantastic, fascinating,** etc.) o absoluto (**right, wrong, sure, true, impossible, different,** etc.) significa *totalmente*: **It's quite interesting.** *Es bastante interesante.* **It's quite fascinating.** *Es totalmente fascinante.* Si no estás seguro, puedes usar **very** o **really**: **It's really interesting.** *Es realmente interesante.*

quiver ['kwɪvə'] 1 *vi* temblar │ 2 *n* temblor
quiz [kwɪz] 1 *n Rad TV* **q. show,** concurso │ 2 *vtr* hacer preguntas a
quizzical ['kwɪzɪkəl] *adj* ◆ burlón,-ona ◆ inquisitivo,-a
quorum ['kwɔːrəm] *n* quórum
quota ['kwəʊtə] *n* ◆ *(participación)* cuota, parte ◆ *(límite)* cupo
quotation [kwəʊ'teɪʃən] *n* ◆ *Lit* cita ◆ *Tip* **q. marks,** comillas ◆ *Fin* cotización ◆ *Com* presupuesto
quote [kwəʊt] 1 *vtr* ◆ citar: **and I q.,** y lo cito textualmente ◆ *Com* **to q. a price,** dar un presupuesto ◆ *Fin* cotizar │ 2 *n* ◆ *Lit* cita ◆ *Com* presupuesto ◆ **quotes** *pl*, comillas
quotient ['kwəʊʃənt] *n* cociente

R, r [ɑːʳ] *n (letra)* R, r
rabbi ['ræbaɪ] *n* rabí, rabino
rabbit ['ræbɪt] 1 *n* conejo,-a; **r. hole,** hura de conejos │ 2 *vi GB fam* **to r. (on),** enrollarse
rabid ['ræbɪd] *adj* rabioso,-a
rabies ['reɪbiːz] *n* rabia
race [reɪs] 1 *n* ◆ *Biol* raza ◆ *Dep* carrera; **a r. against time,** una carrera contrarreloj │ 2 *vtr* ◆ competir con: **I'll r. you!,** ¡te echo una carrera! ◆ *(caballo, coche)* hacer correr ◆ *(motor)* acelerar excesivamente │ 3 *vi* ◆ correr deprisa ◆ competir ◆ *(el corazón, pulso)* latir aceleradamente; *(motor)* acelerarse
racecourse ['reɪskɔːs] *n GB* hipódromo
racehorse ['reɪshɔːs] *n* caballo de carreras
racer ['reɪsəʳ] *n Dep* corredor,-ora
racetrack ['reɪstræk] *n* ◆ *(para atletismo)* pista ◆ *(para caballos)* hipódromo ◆ *(para coches, motos)* circuito
racial ['reɪʃəl] *adj* racial

racing ['reɪsɪŋ] 1 *n* carreras │ 2 *adj* de carreras; **r. car,** coche de carreras; **r. driver,** piloto de carreras
racism ['reɪsɪzəm] *n* racismo
racist ['reɪsɪst] *adj & n* racista
rack [ræk] 1 *n* ◆ estante; **clothes r.,** perchero; *Trans* **luggage r.,** portaequipajes, **plate r.,** escurreplatos, *Auto* **roof r.,** baca; **wine r.,** botellero ◆ *Mec Ferroc* cremallera ◆ *Hist* potro *(de tortura)* ◆ **to go to r. and ruin,** echarse a perder │ 2 *vtr* ◆ *(el dolor, remordimiento, etc)* atormentar *(usu pasivo)* ◆ **to r. one's brains,** quebrarse la cabeza
racket ['rækɪt] *n* ◆ *Dep* raqueta ◆ ruido, jaleo ◆ fraude, chanchullo
racquet ['rækɪt] *n* → **racket**
racy ['reɪsɪ] *adj (racier, raciest) (cuento, chiste, etc)* picante
radar ['reɪdɑːʳ] *n* radar
radiance ['reɪdɪəns] *n* resplandor
radiant ['reɪdɪənt] *adj* radiante, resplandeciente
radiate ['reɪdɪeɪt] *vtr* ◆ *Fís* irradiar ◆ *(salud, felicidad, etc)* difundir, rebosar (de)

radiation [reɪdɪ'eɪʃən] *n* radiación
radiator ['reɪdɪeɪtə'] *n* radiador
radical ['rædɪkəl] *adj & n* radical
radio ['reɪdɪəʊ] *n* radio; **to hear sthg on the r.,** oír algo por la radio; **r. programme/station,** programa/emisora de radio
radioactive [reɪdɪəʊ'æktɪv] *adj* radiactivo,-a
radioactivity [reɪdɪəʊæk'tɪvɪtɪ] *n* radiactividad
radiography [reɪdɪ'ɒgrəfɪ] *n* radiografía
radiology [reɪdɪ'ɒlədʒɪ] *n* radiología
radiotherapy [reɪdɪəʊ'θerəpɪ] *n* radioterapia
radish ['rædɪʃ] *n* rábano
radius ['reɪdɪəs] *n (pl* **radii** ['reɪdɪaɪ]*)* radio
raffle ['ræfəl] 1 *n* rifa | 2 *vtr* rifar
raft [rɑːft] *n Náut* balsa
rafter ['rɑːftə'] *n* viga
rag [ræg] *n* ♦ trapo; **it's like a red r. to a bull,** es lo que más le enfurece ♦ **rags** *pl,* harapos, andrajos; **in rags,** harapiento,-a ♦ *pey* periodicucho
rag-and-bone man [rægən'bəʊnmæn] *n* trapero
ragbag ['rægbæg] *n* mezcolanza, cajón de sastre
rage [reɪdʒ] 1 *n* ♦ rabia, cólera; **in a r.,** furioso,-a ♦ *fam* moda: **it's all the r.,** es el último grito | 2 *vi* ♦ rabiar, estar furioso,-a [**about,** por] ♦ protestar furiosamente [**against,** contra] ♦ *(tormenta, etc)* bramar, rugir ♦ *(incendio)* arder
ragged ['rægɪd] *adj* ♦ *(ropa)* andrajoso,-a ♦ *(persona)* harapiento,-a ♦ *(corte)* desigual
raging ['reɪdʒɪŋ] *adj* ♦ *(persona)* furioso,-a [**about,** por] ♦ *(mar)* embravecido,-a; *(tormenta)* fiero,-a ♦ *(dolor)* atroz, agudo,-a
raid [reɪd] 1 *n* ♦ *Mil* asalto, incursión ♦ robo, atraco ♦ *(de la policía)* redada | 2 *vtr* ♦ *Mil* asaltar ♦ atracar, asaltar ♦ *(la policía)* hacer una redada en
raider ['reɪdə'] *n* invasor,-ora
rail [reɪl] 1 *n* ♦ **(hand) r.,** barandilla, pasamanos ♦ barra, riel; **curtain r.,** riel de cortina; **towel r.,** toallero ♦ *Ferroc* raíl ♦ **by r.,** *(envío)* por ferrocarril; *(viaje)* en tren ♦ **to go off the rails,** descarriarse *o* enloquecer | 2 *adj* ferroviario,-a
railcard ['reɪlkɑːd] *n GB* tarjeta de descuento para viajes en tren
railing ['reɪlɪŋ] *n (usu pl)* verja, enrejado
railroad ['reɪlrəʊd] *n US* ferrocarril
railway ['reɪlweɪ] 1 *n* ♦ *GB* ferrocarril ♦ vía férrea | 2 *adj* ferroviario,-a, de ferrocarril; **r. line,** vía férrea; **r. station,** estación de ferrocarril
railwayman ['reɪlweɪmən] *n GB* ferroviario
rain [reɪn] 1 *n* lluvia; **singing in the r.,** cantando bajo la lluvia | 2 *vi* ♦ llover: **it is raining,** llueve ♦ | LOC: **it never rains but it pours,** las desgracias nunca vienen solas, cuando llueve, diluvia
rainbow ['reɪnbəʊ] *n* arco iris
raincoat ['reɪnkəʊt] *n* impermeable, gabardina
raindrop ['reɪndrɒp] *n* gota de lluvia
rainfall ['reɪnfɔːl] *n* ♦ precipitación ♦ *(cantidad)* pluviosidad
rainforest ['reɪnfɒrɪst] *n* selva tropical
rainy ['reɪnɪ] *adj (***rainier, rainiest***)* lluvioso,-a
raise [reɪz] 1 *n esp US* aumento (de sueldo) | 2 *vtr* ♦ levantar; *(una bandera)* izar; *(polvo)* levantar; *(el sombrero)* quitarse; *fig* **to r. one's glass,** brindar [**to,** por] ♦ *frml (un edificio, una estatua, un monumento)* erigir ♦ *(el precio, alquiler)* aumentar, subir ♦ *(la voz)* levantar ♦ *(la calidad)* mejorar ♦ *(fondos)* reunir, recaudar; *(un préstamo)* obtener ♦ *(niños, ganado)* criar; *(plantas)* cultivar ♦ *(un asunto, cuestión)* plantear ♦ *(dudas, risas)* provocar; **to r. sb's hopes,** dar esperanzas a alguien

> No confundas **to raise** con **to rise.** El primero siempre lleva un complemento (**he raised his glass in a silent toast,** *levantó su copa en un brindis silencioso*), mientras que el segundo no lo lleva nunca: **The sun always rises in the East.** *El sol siempre sale por el Este.*

raisin ['reɪzən] *n* pasa
rake [reɪk] 1 *n (herramienta)* rastrillo; **as thin as a r.,** flaco,-a como un fideo | 2 *vtr* ♦ *(hojas)* rastrillar ♦ *(con ametralladora)* barrer

■ **rake together** *vtr (personas, dinero)* lograr reunir

■ **rake up** *vtr* ♦ *(hojas)* recoger con el rastrillo ♦ *fig* volver a mencionar; **to r. up the past,** remover el pasado
rally ['rælɪ] 1 *n* ♦ *Pol* reunión, mitin ♦ *Auto* rallye ♦ *Tenis* peloteo | 2 *vtr* ♦ *(apoyo)* conseguir ♦ *(grupo)* reunir | 3 *vi* ♦ *(grupo)* reunirse [**round,** en torno a] ♦ *(enfermo, economía, etc)* recuperarse

■ **rally round** *vi* juntarse

ram [ræm] 1 n Zool carnero ➤ Ver nota en **cordero** | 2 vtr ◆ chocar con ◆ *(un palo)* clavar (con fuerza) ◆ *fam* **to r. a lesson home,** hacer aprender una lección a la fuerza

RAM [ræm] *Comput (abr de random access memory)* memoria de acceso directo, memoria RAM

ramble ['ræmbəl] 1 n paseo por el campo | 2 vi ◆ pasear por el campo ◆ divagar

rambler ['ræmblə'] n ◆ excursionista (a pie) ◆ *Bot* rosal trepador

rambling ['ræmblɪŋ] adj ◆ *(discurso, artículo)* incoherente, enmarañado,-a ◆ *(casa, ciudad)* laberíntico,-a ◆ *Bot* trepador,-ora

ramp [ræmp] n ◆ rampa ◆ *(en carretera)* desnivel ◆ *Av* escalerilla

rampage [ræm'peɪdʒ] 1 n **to go on the r.,** alborotarse | 2 vi alborotarse, comportarse como un loco

rampant ['ræmpənt] adj ◆ *(crecimiento)* desenfrenado,-a ◆ *(crimen, enfermedad)* **to be r.,** proliferar

ramshackle ['ræmʃækəl] adj destartalado,-a

ran [ræn] ps → **run**

ranch [rɑːntʃ] n *US* rancho, hacienda

rancher ['rɑːntʃə'] n *US* ranchero,-a

rancid ['rænsɪd] adj rancio,-a

rancour, *US* **rancor** ['ræŋkə'] n *frml* rencor

R&D [ɑːrən'diː] n *(abr de Research and Development)* Investigación y Desarrollo, I+D

random ['rændəm] 1 n **at r.,** al azar | 2 adj aleatorio,-a, al azar

randy ['rændɪ] adj *(randier, randiest) GB fam* cachondo,-a, caliente

rang [ræŋ] ps → **ring**

range [reɪndʒ] 1 n ◆ *(de productos)* gama, línea; *(selección)* surtido; *(precios)* escala ◆ *(montañas)* sierra, cadena; *(árboles)* hilera ◆ *US Agr* pradera ◆ *Av Náut* autonomía ◆ *Mil Rad* alcance; **r. of vision,** campo de visión ◆ campo *o* galería de tiro | 2 vi ◆ *(precios, tamaño, etc)* oscilar, variar; **their ages r. from 25 to 40,** sus edades oscilan entre los 25 y los 40 años ◆ extenderse [over, sobre] [from, desde] [to, hasta] | 3 vtr *frml* colocar, alinear

ranger ['reɪndʒə'] n ◆ guardabosques ◆ *US* policía montado

rank [ræŋk] 1 n ◆ categoría; *Mil* grado, rango; **to pull r.,** abusar de su autoridad [on, sobre] ◆ fila, hilera, línea; *(de sindicato, etc)* **the r. and file,** la base ◆ **ranks** pl, la gente común; *Mil* los soldados rasos ◆ **taxi r.,** parada de taxis | 2 vtr *(esp pasivo)* clasificar, ordenar | 3 vi ◆ *(nivel)* estar, figurar: **he ranks among the greatest actors,** figura entre los mejores actores ◆ **to r. with,** estar al mismo nivel que | 4 adj *frml pey* ◆ *(injusticia, principiante)* absoluto,-a, total ◆ *(plantas)* demasiado exuberante ◆ fétido,-a

ransack ['rænsæk] vtr ◆ registrar ◆ saquear

ransom ['rænsəm] n rescate; **to hold sb to r.,** exigir rescate por alguien; *fig* chantajear

rap [ræp] 1 n ◆ golpe seco ◆ *Mús* rap ◆ *fam* culpa; **to take the r.,** pagar el pato | 2 vtr golpear; **to r. sb over the knuckles,** echar un rapapolvo a alguien [for, por] | 3 vi golpear

rape [reɪp] 1 n ◆ *Jur* violación ◆ *Bot* colza | 2 vtr *Jur* violar

rapid ['ræpɪd] 1 adj rápido,-a | 2 npl **rapids,** rápidos

rapidity [rə'pɪdɪtɪ] n rapidez

rapist ['reɪpɪst] n violador,-ora

rapport [ræ'pɔː'] n compenetración

rapt [ræpt] adj embelesado,-a

rapture ['ræptʃə'] n éxtasis

rapturous ['ræptʃərəs] adj muy entusiasta

rare [reə'] adj ◆ raro,-a, poco frecuente ◆ *Culin (carne)* poco hecho,-a

rarefied ['reərɪfaɪd] adj enrarecido,-a

rarely ['reəlɪ] adv raras veces

raring ['reərɪŋ] adj *fam* **to be r. to do sthg,** tener muchas ganas de hacer algo

rarity ['reərɪtɪ] n rareza

rascal ['rɑːskəl] n granuja, pillo,-a

rash [ræʃ] 1 n ◆ *Med* erupción, sarpullido ◆ *fig (de crímenes, quejas)* brote, serie | 2 adj ◆ precipitado,-a, imprudente; *fig* **in a r. moment,** en un arrebato

raspberry ['rɑːzbərɪ] n frambuesa

rasping ['rɑːspɪŋ] adj *(voz, etc)* áspero,-a

rat [ræt] n ◆ rata; **r. poison,** raticida ◆ | LOC: **I smell a r.,** aquí hay gato encerrado ◆ *(persona)* canalla

rate [reɪt] 1 n ◆ índice, tasa, tipo; **exchange r.,** tasa de cambio; **inflation r.,** tipo de inflación ◆ velocidad, ritmo; **at any r.,** por lo menos; en todo caso; **at the r. of,** a razón de; **at this r.,** a este paso ◆ **first r.,** de primera categoría; **third r.,** de tercera, mediocre ◆ precio, tarifa: **what's the r. of pay?,** ¿a cuánto se paga? ◆ *GB*

rates pl ≈ contribución municipal | 2 *vtr* ◆ considerar, estimar: **I don't r. him very highly,** no tengo muy buen concepto de él ◆ merecer: **he rates our interest,** merece nuestra atención

ratepayer ['reɪtpeɪəʳ] *n GB* contribuyente

rather ['rɑːðəʳ] *adv* ◆ más bien, bastante: **she's r. nice,** es bastante simpática; muy: **she sings r. well,** canta muy bien ➢ Ver nota en **bastante** ◆ mejor dicho: **he's English, or r. Welsh,** es inglés, o mejor dicho, galés ◆ **r. than,** más que: **they are friends r. than lovers,** son amigos más que amantes ◆ *(preferencia)* **I would r. go by train,** prefiero ir en tren ➢ Ver nota en **preferir**

ratify ['rætɪfaɪ] *vtr* ratificar

rating ['reɪtɪŋ] *n* ◆ clasificación; *TV* (programme) **r.** *(usu pl)*, índice de audiencia ◆ valoración, tasación ◆ *GB Náut* marinero

ratio ['reɪʃɪəʊ] *n* razón, proporción; **in the r. of two to three,** a razón de dos a tres

ration ['ræʃən] 1 *n* ◆ ración, parte ◆ **rations** *pl*, víveres | 2 *vtr* racionar

rational ['ræʃənəl] *adj* racional

rationalize ['ræʃənəlaɪz] *vtr* racionalizar

rattle ['rætəl] 1 *n* ◆ *(juguete)* sonajero; *(de serpiente)* cascabel; *(para fiestas)* matraca ◆ ruido; *(de tren, carro)* traqueteo; *(de cadena, monedas, llaves)* repiqueteo | 2 *vtr* ◆ *(llaves, monedas)* hacer sonar ◆ *fam* desconcertar, poner nervioso,-a | 3 *vi* ◆ *(tren)* traquetear: **the train rattled past,** el tren pasó traqueteando; *(metal)* repiquetear; *(ventana)* vibrar

rattlesnake ['rætəlsneɪk] *n* serpiente de cascabel

ravage ['rævɪdʒ] 1 *n frml (de la guerra, tiempo)* **ravages** *pl*, estragos | 2 *vtr* devastar

rave [reɪv] 1 *vi* ◆ delirar ◆ despotricar [**about,** contra] ◆ *fam* entusiasmarse [**about,** por] | 2 *adj fam (crítica)* muy favorable

raven ['reɪvən] *n* cuervo

ravenous ['rævənəs] *adj* hambriento,-a

ravine [rəˈviːn] *n* barranco

raving ['reɪvɪŋ] *adj & adv fam* total; **r. idiot,** imbécil perdido; **r. mad,** loco,-a de atar

ravishing ['rævɪʃɪŋ] *adj (persona)* embelesador,-ora

raw [rɔː] 1 *adj* ◆ *(comida)* crudo,-a; *(cuero, seda)* crudo,-a; *(azúcar)* sin refinar; **r. material,** materia prima ◆ *(tiempo)* áspero,-a; *(herida)* abierto,-a; *(trato)* injusto,-a

ray [reɪ] *n* ◆ *(de luz, esperanza)* rayo ◆ *Zool* raya

rayon ['reɪɒn] *n* rayón

raze [reɪz] *vtr* arrasar

razor ['reɪzəʳ] *n* ◆ maquinilla de afeitar; **cut-throat r.,** navaja; **electric r.,** maquinilla eléctrica; **r. blade,** hoja de afeitar

Rd *(abr de Road)* calle, c/

re [riː] 1 *prep* respecto a, con referencia a | 2 *n Mús* re

reach [riːtʃ] 1 *vtr* ◆ *(una posición, un sitio, acuerdo, etc)* llegar a, alcanzar; *(a un nivel)* alcanzar: **I can't r. the top shelf,** no alcanzo el estante de arriba; *(edad)* cumplir ◆ *(a una persona)* localizar | 2 *vi* ◆ *(persona, escalera, cuerda, etc)* llegar ◆ extenderse ◆ alargar la mano; **to r. for sthg,** intentar coger con la mano | 3 *n* ◆ alcance; **within my r.,** a mi alcance; **out of my r.,** fuera de mi alcance ◆ *(de río)* tramo

react [rɪˈækt] *vi* reaccionar [**to,** a/ante]

reaction [rɪˈækʃən] *n* reacción

reactor [rɪˈæktəʳ] *n* reactor

read [riːd] 1 *vtr (ps & pp* read [red]*)* ◆ leer; *(letra, código)* descifrar ◆ *(noticias)* **I read that he was dead,** leí en el periódico que había muerto ◆ *(una situación)* interpretar ◆ *(indicador)* mostrar, marcar; *(letrero)* decir ◆ *GB Univ frml* estudiar | 2 *vi* leer

■ **read out** *vtr* leer en voz alta
■ **read over/through** *vtr* repasar
■ **read up** *vtr* estudiar

readable ['riːdəbəl] *adj* ◆ interesante ◆ legible

reader ['riːdəʳ] *n* ◆ lector,-ora ◆ libro de lectura ◆ *GB Univ* profesor,-ora adjunto,-a

readership ['riːdəʃɪp] *n Prensa (personas)* lectores; *(cantidad)* tirada

readily ['redɪlɪ] *adv* ◆ fácilmente; **r. available,** fácilmente disponible ◆ de buena gana

readiness ['redɪnɪs] *n* ◆ preparación; **in r.,** preparado,-a [**for,** para] ◆ buena disposición [**to do sthg,** para hacer algo]

reading ['riːdɪŋ] *n* ◆ lectura ◆ interpretación ◆ *(de indicador)* indicación ◆ *GB Pol* presentación

readjust [riːəˈdʒʌst] 1 *vtr* reajustar | 2 *vi* readaptarse

ready ['redɪ] 1 *adj* ◆ listo,-a, preparado,-a: **are you r.?,** ¿nos vamos?; **to get r.,** prepararse; **r. to use,** listo,-a para usar; *(ropa)*

r. to wear, de confección ◆ **to be r. to,** estar a punto de ◆ **a mano; r. cash,** dinero en efectivo ◆ dispuesto,-a [**to, a**] | **2** *n* ◆ **at the r.,** en ristre ◆ *fam* **the readies** *pl,* el dinero, la pasta

ready-cooked [redɪˈkʊkt] *adj* precocinado,-a

ready-made [redɪˈmeɪd] *adj* ◆ confeccionado,-a ◆ *(comida)* preparado,-a

real [rɪəl] *adj* ◆ real; **for r.,** de veras; **in r. life,** en la vida real; **in r. terms,** en términos reales ◆ *(motivo)* verdadero,-a; *(enfático)* **a r. pleasure,** un verdadero placer ◆ *(cuero, oro)* auténtico,-a; *(cerveza)* tradicional ◆ *US Com* **r. estate,** bienes inmuebles

realism [ˈrɪəlɪzəm] *n* realismo

realistic [ˈrɪəlɪstɪk] *adj* realista

reality [rɪˈælɪtɪ] *n* realidad; **in r.,** en realidad

realization [rɪəlaɪˈzeɪʃən] *n* ◆ comprensión ◆ *(de plan, de bienes)* realización

realize [ˈrɪəlaɪz] *vtr* ◆ darse cuenta de ◆ *(plan, bienes)* realizar

really [ˈrɪəlɪ] *adv* ◆ verdaderamente, realmente: **she's r. pretty,** es realmente bonita ◆ en realidad: **I don't know r.,** de verdad, no lo sé ◆ *excl (interés)* **r.?,** ¿ah, sí?; *(disgusto)* **well, r.!,** ¡por favor!

reap [riːp] *vtr* ◆ *Agr* cosechar ◆ | LOC: **to r. the benefits,** llevarse los beneficios [**of,** de]

reappear [riːəˈpɪər] *vi* reaparecer

reappraisal [riːəˈpreɪzəl] *n* revaluación

rear [rɪər] **1** *n* ◆ parte de atrás ◆ *(de procesión)* retaguardia ◆ *fam Anat* trasero | **2** *adj (asiento, rueda)* de atrás, trasero,-a | **3** *vtr* ◆ *(animales)* criar ◆ *frml (la cabeza)* levantar | **3** *vi (caballo)* encabritarse

rearguard [ˈrɪəgɑːd] *n* retaguardia

rearmament [riːˈɑːməmənt] *n* rearme

rearrange [riːəˈreɪndʒ] *vtr* ◆ *(muebles)* cambiar de lugar ◆ *(cita)* cambiar la hora/fecha de

rear-view [ˈrɪəvjuː] *adj Auto* **r.-v. mirror,** (espejo) retrovisor

reason [ˈriːzən] **1** *n* ◆ motivo, razón: **I have r. to believe that,** tengo motivos para creer que...; **for some r.,** por alguna razón ◆ *(facultad)* razón; **to lose one's r.,** perder la razón ◆ sentido común; **to see r.,** entrar en razón; **within r.,** dentro de lo razonable | **2** *vtr* pensar | **3** *vi* ◆ razonar ◆ **to r. with sb,** intentar convencer a alguien

reasonable [ˈriːzənəbəl] *adj* ◆ *(argumento, precio)* razonable; *(persona)* sensato,-a ◆ *(probabilidad)* bastante bueno,-a: **there's a r. probability,** la probabilidad es bastante alta

reasonably [ˈriːzənəblɪ] *adv* ◆ *(actuar, hablar, etc)* razonablemente ◆ bastante

reasoning [ˈriːzənɪŋ] *n* razonamiento

reassurance [riːəˈʃʊərəns] *n* consuelo

reassure [riːəˈʃʊər] *vtr* ◆ tranquilizar ◆ asegurar

reassuring [riːəˈʃʊərɪŋ] *adj* tranquilizador,-ora

rebate [ˈriːbeɪt] *n* reembolso, devolución; **tax r.,** devolución fiscal

rebel [ˈrebəl] **1** *adj* & *n* rebelde | **2** [rɪˈbel] *vi* rebelarse, sublevarse [**against,** contra]

rebellion [rɪˈbeljən] *n* rebelión

rebellious [rɪˈbeljəs] *adj* rebelde

rebound [ˈriːbaʊnd] **1** *n* ◆ rebote ◆ *fig* **to get married on the r.,** casarse por despecho | **2** [rɪˈbaʊnd] *vi* rebotar

rebuff [rɪˈbʌf] **1** *n* desaire | **2** *vtr* desairar

rebuild [riːˈbɪld] *vtr* reconstruir

rebuke [rɪˈbjuːk] **1** *n* reproche | **2** *vtr* reprochar

recalcitrant [rɪˈkælsɪtrənt] *adj frml* recalcitrante

recall [rɪˈkɔːl] **1** *vtr* ◆ *(soldados, embajador)* retirar ◆ *(productos)* retirar del mercado ◆ recordar | **2** *vi* recordar | **3** *n* ◆ *(embajador, productos)* retirada ◆ *frml* memoria

recap [ˈriːkæp] **1** *n* recapitulación | **2** *vi* & *vtr* resumir

recapture [riːˈkæptʃər] *vtr* ◆ *(preso)* detener (de nuevo) ◆ *(el pasado)* revivir, recuperar

recd *Com (abr de received)* recibido,-a

recede [rɪˈsiːd] *vi* ◆ *(peligro, etc)* alejarse ◆ *(memoria)* desvanecerse ◆ **his hair is receding,** tiene entradas

receipt [rɪˈsiːt] *n* ◆ *Com (documento)* recibo ◆ *(acción)* recepción; **to acknowledge r. of sthg,** acusar recibo de algo ◆ **receipts** *pl,* ingresos

receive [rɪˈsiːv] *vtr* ◆ *(una carta, una visita)* recibir; *(dinero)* recibir, cobrar ◆ *(una persona)* acoger, recibir ◆ *TV Rad* captar ◆ *Jur (objetos robados)* reducir

receiver [rɪˈsiːvər] *n* ◆ *(de una carta)* destinatario,-a ◆ *GB Jur* (**official**) **r.,** síndico; **to call in the r.,** solicitar la suspensión de pagos ◆ *Tel* auricular ◆ *TV Rad* receptor ◆ *Jur (de objetos robados)* perista

recent ['ri:sənt] *adj* reciente; **in r. times,** en los últimos tiempos

recently ['ri:sntli] *adv* ♦ hace poco: **I saw her r.,** la vi hace poco ♦ últimamente: **I haven't seen him r.,** últimamente no lo veo

reception [rɪ'sepʃən] *n* ♦ *(de un hotel, etc)* recepción ♦ *(acto, fiesta)* recepción; **wedding r.,** banquete de bodas ♦ *(manera de recibir)* acogida, recibimiento ♦ *Rad TV* recepción

receptionist [rɪ'sepʃənɪst] *n* recepcionista

receptive [rɪ'septɪv] *n* receptivo,-a

recess ['ri:ses, rɪ'ses] *n* ♦ *Arquit* hueco ♦ *Educ* recreo ♦ *Pol* descanso (parlamentario) ♦ **recesses** *pl fig (de la mente)* lo más recóndito

recession [rɪ'seʃən] *n* recesión

recharge [ri:'tʃɑ:dʒ] *vtr* recargar

rechargeable [ri:'tʃɑ:dʒəbəl] *adj* recargable

recipe ['resɪpɪ] *n* ♦ *Culin* receta [**for,** de] ♦ *fig* fórmula, receta [**for,** para]

recipient [rɪ'sɪpɪənt] *n* ♦ *(contenedor)* recipiente ♦ receptor,-ora; *(de una carta)* destinatario,-a

reciprocal [rɪ'sɪprəkəl] *adj* recíproco,-a

reciprocate [rɪ'sɪprəkeɪt] **1** *vtr frml (amor, amabilidad, etc)* devolver, corresponder a | **2** *vi* ♦ *frml* corresponder ♦ *Téc* oscilar

recital [rɪ'saɪtəl] *n* recital

recite [rɪ'saɪt] *vtr & vi* recitar

reckless ['reklɪs] *adj* ♦ *(persona)* imprudente ♦ *(acción)* temerario,-a; *Jur* **r. driving,** imprudencia temeraria (al conducir)

reckon ['rekən] **1** *vtr* ♦ calcular, contar ♦ *(usu pasivo)* considerar ♦ *fam* creer | **2** *vi* ♦ calcular ♦ *fam* creer
■ **reckon on** *vtr* contar con

reckoning ['rekənɪŋ] *n* ♦ cálculo ♦ *Rel* **the Day of R.,** el día del Juicio Final

reclaim [rɪ'kleɪm] **1** *vtr* ♦ *Av (equipaje)* recoger ♦ *(objetos perdidos)* recuperar ♦ *(gastos)* reclamar ♦ *(tierra)* ganado,-a al mar; recuperado,-a | **2** *n Av* **baggage r.,** recogida de equipaje

recline [rɪ'klaɪn] *vi* recostarse, reclinarse

reclining [rɪ'klaɪnɪŋ] *adj* ♦ *frml* tumbado,-a ♦ **r. chair,** sillón reclinable

recognition [rekəg'nɪʃən] *n* ♦ reconocimiento ♦ apreciación, reconocimiento

recognizable [rekəg'naɪzəbəl] *adj* reconocible

recognize ['rekəgnaɪz] *vtr* reconocer

recoil ['ri:kɔɪl] **1** *n (de un arma)* culatazo | **2** [rɪ'kɔɪl] *vi* ♦ *(con arma de fuego)* dar un culatazo ♦ *(por miedo, asco)* retroceder

recollect [rekə'lekt] *vtr* recordar

> Usado con un verbo, **to recollect** va seguido de gerundio: **I don't recollect saying that.** *No recuerdo haber dicho eso.* Cuando el gerundio y **to recollect** tienen sujetos diferentes, se añade un adjetivo posesivo o, en situaciones menos formales, un complemento directo: **I recollect his/him promising you he would.** *Recuerdo (yo) que te prometió (él) que lo haría.*

recollection [rekə'lekʃən] *n* recuerdo

recommend [rekə'mend] *vtr* recomendar ➣ Ver nota en **propose**

recommendation [rekəmen'deɪʃən] *n* recomendación

recompense ['rekəmpens] **1** *n* recompensa [**for,** por] | **2** *vtr* recompensar

reconcile ['rekənsaɪl] *vtr* ♦ *(personas)* reconciliar ♦ *(opiniones)* conciliar ♦ **to r. oneself to,** resignarse a

recondition [ri:kən'dɪʃən] *vtr* reparar, reacondicionar

reconnaissance [rɪ'kɒnɪsəns] *n Mil* reconocimiento

reconsider [ri:kən'sɪdər] *vtr* reconsiderar

reconstruct [ri:kən'strʌkt] *vtr* reconstruir

reconstruction [ri:kən'strʌkʃən] *n* reconstrucción

record ['rekɔ:d] **1** *n* ♦ *(de gastos, etc)* relación; *(oficial)* documento, archivo; *Jur* acta: **he is on r. as saying...,** dijo públicamente que...; **to put the r. straight,** dejar las cosas claras; **for the r.,** que conste; **off the r.,** confidencialmente; **the best on r.,** el mejor de los que se tiene constancia ♦ *(académico, médico)* historial; **police r.,** antecedentes penales ♦ *Dep* récord, plusmarca ♦ disco | **2** [rɪ'kɔ:d] *vtr* ♦ apuntar; tomar nota de ♦ *(un sonido)* grabar ♦ *(instrumento)* medir, registrar | **3** *vi* grabar

recorded [rɪ'kɔ:dɪd] *adj* ♦ *(sonido)* grabado ♦ *(correo)* certificado,-a

recorder [rɪ'kɔ:də'] ♦ *Mús* flauta dulce ♦ *(persona)* registrador,-ora ♦ *GB Jur* magistrado,-a ♦ **cassette r.,** grabadora

recording [rɪ'kɔ:dɪŋ] *n* ♦ grabación ♦ *(de hechos)* registro

recount [rɪ'kaʊnt] *vtr frml* contar
recourse [rɪ'kɔːs] *n* recurso; **to have r. to,** recurrir a
recover [rɪ'kʌvəʳ] **1** *vtr* ♦ *(lo perdido)* recuperar ♦ *(el conocimiento)* recobrar ♦ *(una deuda)* cobrar | **2** *vi* reponerse
recovery [rɪ'kʌvərɪ] *n* recuperación
recreation [rekrɪ'eɪʃən] *n* ♦ diversión, pasatiempo ♦ *Educ* recreo ♦ **r. ground,** terreno de juegos
recreational [rekrɪ'eɪʃənəl] *adj* recreativo,-a
recrimination [rɪkrɪmɪ'neɪʃən] *n* reproche, recriminación
recruit [rɪ'kruːt] **1** *n* ♦ *Mil* recluta ♦ *(en una empresa)* nuevo,-a empleado,-a | **2** *vtr* ♦ *Mil* reclutar ♦ *(empleados)* contratar
recruitment [rɪ'kruːtmənt] *n* ♦ *Mil* reclutamiento ♦ *(de empleados)* contratación
rectangle ['rektæŋɡəl] *n* rectángulo
rectangular [rek'tæŋɡjʊləʳ] *adj* rectangular
rectify ['rektɪfaɪ] *vtr* rectificar
rector ['rektəʳ] *n* ♦ *GB Rel* ≈ párroco ♦ *Univ* rector,-ora
recuperate [rɪ'kuːpəreɪt] *vi* reponerse
recur [rɪ'kɜːʳ] *vi* repetirse
recurrence [rɪ'kʌrəns] *n* repetición, reaparición
recurrent [rɪ'kʌrənt] *adj* constante; *Med* recurrente
recycle [riː'saɪkəl] *vtr* reciclar
recycling [riː'saɪklɪŋ] *n* reciclaje
red [red] **1** *adj (redder, reddest)* ♦ rojo,-a, colorado,-a; *(cara)* encarnado,-a; *(ojo)* enrojecido,-a; *(vino)* tinto: **he has r. hair,** es pelirrojo; **they rolled out the r. carpet for us,** nos recibieron con todos los honores; **to go r.,** sonrojarse ♦ *pey* comunista | **2** *n* ♦ *(color)* rojo, colorado; **dressed in r.,** vestido,-a de rojo; *fig* **to see r.,** salirse de sus casillas ♦ *Fin* **in the r.,** en números rojos
redcurrant ['redkʌrənt] *n Bot* grosella roja
redden ['redən] **1** *vi* enrojecerse, ponerse colorado,-a | **2** *vtr* teñir de rojo
reddish ['redɪʃ] *adj* rojizo,-a
redeem [rɪ'diːm] *vtr* ♦ *(un defecto)* compensar ♦ *(reputación)* rescatar ♦ *(un bono)* canjear ♦ *(cosas empeñadas)* desempeñar; *(deuda)* cancelar ♦ *Rel* redimir
redeeming [rɪ'diːmɪŋ] *adj* **she has only two r. features,** sólo tiene dos puntos a su favor
redemption [rɪ'dempʃən] *n frml* redención

red-handed [red'hændɪd] *adj* **to catch sb r.-h.,** coger a alguien con las manos en la masa *o* pillar a alguien in fraganti
redhead ['redhed] *n* pelirrojo,-a
red-hot [red'hɒt] *adj* ♦ candente, al rojo vivo ♦ *fam (noticia)* muy excitante; de última hora ♦ *fam* ardiente
redirect [riːdɪ'rekt] *vtr* ♦ *(una carta)* remitir (a otra dirección) ♦ *(el tráfico)* desviar
red light [red'laɪt] *adj* ♦ semáforo en rojo; **to jump a r. l.,** saltarse una luz roja ♦ *fam* **r.-l. district,** barrio chino
redo [riː'duː] *(ps redid, pp redone) vtr* rehacer
redouble [riː'dʌbəl] *vtr* redoblar, intensificar
redress [rɪ'dres] *frml* **1** *n* reparación | **2** *vtr* reparar
redskin ['redskɪn] *n fam* piel roja
red tape [red'teɪp] *n* papeleo
reduce [rɪ'djuːs] *vtr* ♦ reducir; *(el dolor)* aliviar; *(un precio)* rebajar; *(la velocidad)* disminuir ♦ **to be reduced to doing sthg,** verse obligado,-a a hacer algo; **to r. sb to tears,** hacer llorar a alguien
reduction [rɪ'dʌkʃən] *n* ♦ reducción ♦ *Com* descuento, rebaja
redundancy [rɪ'dʌndənsɪ] *n* ♦ superfluidad ♦ *Lab* despido; **r. pay,** indemnización por despido
redundant [rɪ'dʌndənt] *adj* ♦ superfluo,-a ♦ *Lab* **to make sb r.,** despedir a alguien (por reducción de plantilla)
reed [riːd] *n* ♦ *Bot* caña, junco ♦ *Mús* lengüeta
reef [riːf] *n* arrecife
reek [riːk] **1** *n* tufo | **2** *vi* apestar [**of,** a]
reel [riːl] **1** *n* ♦ bobina, carrete ♦ *Mús* danza tradicional escocesa | **2** *vi* tambalearse
■ **reel off** *vtr (poema, etc)* recitar de un tirón
re-elect [riːɪ'lekt] *vtr* reelegir
re-enter [riː'entəʳ] *vtr* & *vi* volver a entrar (en)
ref [ref] *n* ♦ *Dep fam (abr de referee)* árbitro ♦ *Com (abr de reference)* referencia, ref
refectory [rɪ'fektərɪ] *n* refectorio
refer [rɪ'fɜːʳ] **1** *vtr GB Educ frml* suspender: **I've been referred,** me han suspendido
■ **refer to** *vtr* ♦ hacer referencia a, aludir a ♦ referirse a ♦ *(un diccionario, etc)* consultar ♦ calificar [**as,** de] ♦ *Med Jur* mandar a, enviar a; **to r. sb to a specialist,** mandar a alguien a un especialista

◆ remitir a: **he referred me to his latest book,** me remitió a su último libro
referee [refə'ri:] 1 *n* ◆ *Dep* árbitro,-a ◆ persona que da una referencia personal | 2 *vtr Dep* arbitrar
reference ['refərəns] *n* ◆ referencia; **with r. to,** referente a, con referencia a ◆ consulta; **for future r.,** para futura consulta; **r. book/library,** libro/biblioteca de consulta ◆ informe, referencia
referendum [refə'rendəm] *n* referéndum
refill ['ri:fɪl] 1 *n* ◆ *(para bolígrafo)* recambio; *(para mechero)* carga ◆ *fam* otra copa | 2 [ri:'fɪl] *vtr* rellenar
refine [rɪ'faɪn] *vtr* refinar
refined [rɪ'faɪnd] *adj* refinado,-a
refinement [rɪ'faɪnmənt] *n* refinamiento
refinery [rɪ'faɪnərɪ] *n* refinería
reflect [rɪ'flekt] 1 *vtr* reflejar | 2 *vi* ◆ reflexionar, meditar [**on,** sobre] ◆ *(luz, etc)* reflejarse
reflection [rɪ'flekʃən] *n* ◆ *Fís* reflejo ◆ *(pensamiento)* reflexión; **on/upon r.,** pensándolo bien ◆ crítica: **this is no r. on her, but...,** no la critico, pero...
reflector [rɪ'flektə'] *n* ◆ reflector ◆ *Auto* catafaros
reflex ['ri:fleks] *n* reflejo
reflexive [rɪ'fleksɪv] *adj* reflexivo,-a
reform [rɪ'fɔ:m] 1 *n* reforma | 2 *vtr* reformar
reformation [refə'meɪʃən] *n* reforma
reformatory [rɪ'fɔ:mətərɪ] *n* reformatorio
reformer [rɪ'fɔ:mə'] *n* reformador,-ora
refrain [rɪ'freɪn] 1 *n Lit Mús* estribillo | 2 *vi frml* abstenerse [**from,** de]
refresh [rɪ'freʃ] *vtr* refrescar; **to r. sb's memory,** refrescarle la memoria a alguien
refresher [rɪ'freʃə'] *n* **r. course,** cursillo de actualización
refreshing [rɪ'freʃɪŋ] *adj (bebida, baño, etc)* refrescante; *(sueño)* reparador,-ora
refreshment [rɪ'freʃmənt] *n* refresco
refrigerator [rɪ'frɪdʒəreɪtə'] *n* nevera, frigorífico
refuel [ri:'fju:əl] 1 *vi* repostar combustible | 2 *vtr* poner combustible a
refuge ['refju:dʒ] *n* refugio; **to take r.,** refugiarse [**from,** de]
refugee [refju'dʒi:] *n* refugiado,-a
refund ['ri:fʌnd] 1 *n* reembolso; **no refunds,** no se admiten devoluciones | 2 [rɪ'fʌnd] *vtr* reembolsar, devolver

refusal [rɪ'fju:zəl] *n* ◆ *(a hacer algo)* negativa ◆ *(oferta)* rechazo ◆ *(solicitud)* denegación ◆ opción; **first r.,** primera opción
refuse[1] [rɪ'fju:z] 1 *vtr* ◆ *(oferta)* rechazar ◆ **to r. to,** negarse a ◆ **to r. sthg to sb** *o* **sb sthg,** denegar algo a alguien | 2 *vi* negarse

> Usado con un verbo, **to refuse** va seguido del infinitivo con **to: He refused to answer our questions.** *Se negó a contestar a nuestras preguntas.*

refuse[2] ['refju:s] *n frml* basura; **r. collection,** recogida de basuras
regain [rɪ'geɪn] *vtr* recuperar, recobrar
regal ['ri:gəl] *adj* majestuoso,-a
regard [rɪ'gɑ:d] 1 *n* ◆ buena opinión [**for,** de] ◆ consideración, respeto [**for,** por]; **in that r.,** en ese aspecto; **with r. to,** respecto a ◆ **regards** *pl,* recuerdos; **regards to Mary,** mis recuerdos a Mary | 2 *vtr* ◆ considerar [**as,** -] ◆ **as regards,** respecto a ◆ *frml* mirar
regarding [rɪ'gɑ:dɪŋ] *prep* respecto a
regardless [rɪ'gɑ:dlɪs] 1 *prep* **r. of,** a pesar de: **r. of your opinion,** pienses lo que pienses | 2 *adv* a toda costa
regime [reɪ'ʒi:m] *n* régimen
regiment ['redʒɪmənt] 1 *n* regimiento | 2 *vtr* regimentar
region ['ri:dʒən] *n* ◆ región ◆ **in the r. of,** alrededor de
regional ['ri:dʒənəl] *adj* regional
regionalism ['ri:dʒənəlɪzəm] *n* regionalismo
register ['redʒɪstə'] 1 *n* registro | 2 *vtr* ◆ *(un nacimiento, una muerte, etc)* registrar ◆ *(un coche)* matricular ◆ *(una carta)* certificar ◆ *(indicador)* mostrar: **her face registered no fear,** su cara no acusaba miedo ◆ *(protesta)* presentar | 3 *vi* ◆ inscribirse, matricularse ◆ *(en un hotel)* registrarse
registered ['redʒɪstəd] *adj* certificado,-a; **r. office,** domicilio social; **r. post,** correo certificado; **r. trademark,** marca registrada
registrar [redʒɪ'strɑ:', 'redʒɪstrɑ:'] *n* ◆ registrador,-ora; *GB* ≃ juez de paz encargado del registro civil ◆ *Univ* secretario,-a general ◆ *GB Med (en hospital)* médico,-a de grado superior
registration [redʒɪ'streɪʃən] *n* ◆ inscripción; *Univ* matrícula ◆ *GB Auto* **r. (number),** (número de) matrícula

registry ['redʒɪstrɪ] *n* ◆ registro ◆ *GB* **r. office,** registro civil; **to get married in a r. office,** casarse por lo civil

regret [rɪ'gret] **1** *n* ◆ remordimiento: **I have no regrets,** no me arrepiento de nada ◆ pesar; **to my r.,** (muy) a mi pesar ◆ **regrets** *pl,* excusas | **2** *vtr* ◆ arrepentirse de ◆ *frml* lamentar

> **To regret** más gerundio significa *arrepentirse de haber hecho algo:* **I immediately regretted telling him what had happened.** *En seguida me arrepentí de haberle contado lo sucedido.* Acompañado de infinitivo significa *lamentar tener que hacer algo:* **I regret to tell you that…** *Lamento tener que decirte que…*

regretful [rɪ'gretful] *adj* arrepentido,-a
regretfully [rɪ'gretfulɪ] *adv* con pesar
regrettable [rɪ'gretəbəl] *adj* lamentable
regroup [riː'gruːp] **1** *vtr* reagrupar | **2** *vi* reagruparse
regular ['regjʊləʳ] **1** *adj* ◆ regular; **at r. intervals,** con regularidad ◆ *(cliente, lector)* habitual, asiduo,-a ◆ *(empleado)* permanente ◆ *(acontecimiento)* frecuente ◆ *(tamaño, modelo, etc)* normal ◆ *GB* **r. army,** ejército regular | **2** *n Com* cliente habitual
regularity [regjʊ'lærɪtɪ] *n* regularidad
regularly ['regjʊləlɪ] *adv* con regularidad
regulate ['regjʊleɪt] *vtr* regular
regulation [regjʊ'leɪʃən] **1** *n* ◆ regulación ◆ norma, regla; **against the regulations,** contra el reglamento | **2** *adj* reglamentario,-a
rehabilitate [riːə'bɪlɪteɪt] *vtr* rehabilitar
rehabilitation [riːəbɪlɪ'teɪʃən] *n* rehabilitación
rehearsal [rɪ'hɜːsəl] *n Teat Mús* ensayo
rehearse [rɪ'hɜːs] *vtr & vi Teat Mús* ensayar
reign [reɪn] **1** *n* reinado | **2** *vi* reinar
reigning ['reɪnɪŋ] *adj* ◆ *(monarca)* reinante ◆ *Dep (campeón)* actual
reimburse [riːɪm'bɜːs] *vtr* reembolsar
rein [reɪn] *n* ◆ *(para caballo)* rienda ◆ **to give free r. to,** dar rienda suelta a; **to keep a tight r. on,** llevar un estricto control sobre
reindeer ['reɪndɪəʳ] *n Zool* reno
reinforce [riːɪn'fɔːs] *vtr* ◆ *Téc* reforzar; **reinforced concrete,** hormigón armado ◆ *Mil* reforzar ◆ *(teoría)* apoyar, reforzar

reinforcement [riːɪn'fɔːsmənt] *n* ◆ refuerzo ◆ *(de una creencia)* afirmación, consolidación ◆ *Mil* **reinforcements** *pl,* refuerzos
reinstate [riːɪn'steɪt] *vtr* ◆ *(empleado)* readmitir ◆ *(servicio)* restablecer
reiterate [riː'ɪtəreɪt] *vtr & vi* reiterar
reject ['riːdʒekt] **1** *n* ◆ *Com* **rejects** *pl,* artículos defectuosos ◆ *(persona)* marginado,-a | **2** [rɪ'dʒekt] *vtr* ◆ rechazar, no aceptar ◆ *Jur* desestimar
rejection [rɪ'dʒekʃən] *n* rechazo
rejoice [rɪ'dʒɔɪs] *vi* regocijarse [**at, over, de**]
rejuvenate [rɪ'dʒuːvɪneɪt] *vtr* rejuvenecer
relapse [rɪ'læps] **1** *n* ◆ *Med* recaída; **to suffer a r.,** sufrir una recaída ◆ *(vicios)* reincidencia | **2** *vi* ◆ *Med* recaer ◆ *(vicios)* reincidir [**into, en**]
relate [rɪ'leɪt] **1** *vtr* ◆ relacionar ◆ *(un cuento)* relatar | **2** *vi* relacionarse
related [rɪ'leɪtɪd] *adj* ◆ *(personas)* **to be r. to sb,** ser pariente de alguien ◆ *(asuntos)* relacionado,-a [**to, con**]
relation [rɪ'leɪʃən] *n* ◆ *(persona)* pariente ◆ relación; **that bears no r. to the problem,** eso no guarda ninguna relación con el problema; **in r. to,** con relación a
relationship [rɪ'leɪʃənʃɪp] *n* ◆ *(familia)* parentesco ◆ *(entre personas)* relaciones; **to have a good r. with sb,** llevarse bien con alguien; **working r.,** relación laboral ◆ *(entre cosas, acontecimientos)* relación
relative ['relətɪv] **1** *n* pariente | **2** *adj* relativo,-a
relatively ['relətɪvlɪ] *adv* relativamente
relax [rɪ'læks] **1** *vtr* relajar | **2** *vi* relajarse
relaxation [riːlæk'seɪʃən] *n* ◆ relajación ◆ distracción, esparcimiento ◆ *(de la disciplina)* relajación
relaxed [rɪ'lækst] *adj* ◆ *(persona)* relajado,-a, tranquilo,-a ◆ *(ambiente)* informal
relaxing [rɪ'læksɪŋ] *adj* relajante
relay ['riːleɪ] **1** *n* ◆ *(de personas)* relevo; *Dep* **r. (race),** carrera de relevos ◆ *Rad TV Tel* retransmisión ◆ *Elec* relé | **2** [rɪ'leɪ] *vtr* ◆ *Rad TV Tel* retransmitir ◆ *(un recado)* transmitir, dar
release [rɪ'liːs] **1** *vtr* ◆ *(a un preso)* poner en libertad ◆ *(de trabajo, obligaciones)* dispensar ◆ *(la mano, el freno, etc)* soltar ◆ *(un disco, libro)* sacar, poner en venta; *(una película)* estrenar ◆ *(una información)* hacer público ◆ *(gas)* despedir | **2** *n* ◆ liberación, puesta en libertad

press r., comunicado de prensa ◆ *(de disco, libro)* puesta en venta; *(de película)* estreno; **on general r.**, de estreno en todos los cines ◆ *(de una noticia)* publicación ◆ *(gas)* escape; emisión ◆ *fig (muerte)* **a merciful r.**, una liberación

relegate ['relɪgeɪt] *vtr* ◆ relegar ◆ *Ftb* descender; **to be relegated**, bajar a una división inferior

relent [rɪ'lent] *vi* ◆ ceder ◆ *(tormenta)* amainar

relentless [rɪ'lentlɪs] *adj* implacable

relevant ['relǝvǝnt] *adj* pertinente [**to,** a]

reliability [rɪlaɪǝ'bɪlɪtɪ] *n* ◆ *(de máquina, datos)* fiabilidad ◆ *(de persona)* formalidad

reliable [rɪ'laɪǝbǝl] *adj* ◆ *(máquina)* fiable ◆ *(datos)* fidedigno,-a ◆ *(persona)* de fiar

reliably [rɪ'laɪǝblɪ] *adv* **we are r. informed that,** sabemos de buena fuente que

reliance [rɪ'laɪǝns] *n* ◆ dependencia [**on,** de] ◆ confianza

reliant [rɪ'laɪǝnt] *adj* **to be r. on,** depender de

relic ['relɪk] *n* ◆ reliquia ◆ vestigio

relief [rɪ'liːf] *n* ◆ alivio: **what a r.!,** ¡qué alivio! ◆ ayuda, socorro ◆ sustituto,-a ◆ *Arte Geog* relieve

relieve [rɪ'liːv] *vtr* ◆ *(el dolor)* aliviar, mitigar; *(la tensión)* aliviar; *(la monotonía)* romper ◆ **to r. sb of sthg,** quitar algo a alguien ◆ *(en un puesto)* relevar ◆ *euf* **to r. oneself,** orinar

relieved [rɪ'liːvd] *adj* aliviado,-a, tranquilizado,-a

religion [rɪ'lɪdʒǝn] *n* religión

religious [rɪ'lɪdʒǝs] *adj* religioso,-a

relinquish [rɪ'lɪŋkwɪʃ] *vtr frml (una reivindicación, un derecho)* renunciar a

relish ['relɪʃ] **1** *n* ◆ deleite, gusto; **with r.,** con placer ◆ *Culin* condimento | **2** *vtr* **I don't r. the idea,** no me gusta la idea

relocate [riːlǝʊ'keɪt] *vtr* trasladar

reluctance [rɪ'lʌktǝns] *n* desgana

reluctant [rɪ'lʌktǝnt] *adj* reacio,-a: **he is r. to leave,** es reacio a marcharse

reluctantly [rɪ'lʌktǝntlɪ] *adv* de mala gana, a regañadientes

rely [rɪ'laɪ] *vi* ◆ contar [**on,** con], confiar [**on,** en] ◆ depender [**on,** de]

remain [rɪ'meɪn] **1** *vi* ◆ permanecer, continuar: **he remained standing,** permaneció de pie ◆ quedarse ◆ quedar: **the fact remains that...,** no es menos cierto que... | **2** *npl* **remains,** restos

remainder [rɪ'meɪndǝʳ] *n* resto

remaining [rɪ'meɪnɪŋ] *adj* restante

remand [rɪ'mɑːnd] *Jur* **1** *vtr* detener; **remanded in custody,** en prisión preventiva; **remanded on bail,** en libertad bajo fianza | **2** *n* detención; **on r.,** en prisión preventiva

remark [rɪ'mɑːk] **1** *n* comentario | **2** *vtr* comentar, observar | **3** *vi* comentar; **to r. on sthg,** comentar algo

remarkable [rɪ'mɑːkǝbǝl] *adj* notable, extraordinario,-a

remedial [rɪ'miːdɪǝl] *adj* ◆ *Med* terapéutico,-a ◆ *Educ (clase)* de refuerzo, de recuperación

remedy ['remɪdɪ] **1** *n* remedio [**for,** para] | **2** *vtr* remediar

remember [rɪ'membǝʳ] **1** *vtr* ◆ acordarse de, recordar: **I r. you,** me acuerdo de ti; **a night to r.,** una noche memorable ◆ *(saludo)* **r. me to your family,** dale recuerdos a tu familia | **2** *vi* acordarse, recordar: **as far as I r.,** que yo recuerde ➢ Ver nota en **recordar**

> Observa que, acompañado de gerundio, **to remember** significa *recordar algo ocurrido en el pasado*: **I remember buying that book when I was 12 years old.** *Recuerdo haber comprado aquel libro cuando tenía doce años.* Sin embargo, con un infinitivo con **to**, significa *acordarse de hacer algo*: **Remember to buy some milk.** *Acuérdate de comprar leche.*

remind [rɪ'maɪnd] *vtr* recordar: **I reminded her to go to the bank,** le recordé que fuera al banco; **you r. me of Napoleon,** me recuerdas a Napoleón; **that reminds me,** a propósito ➢ Ver nota en **recordar**

> **To remind** lleva un complemento directo más el infinitivo con **to**: **Remind me to post this letter.** *Recuérdame que eche esta carta al correo.* Si quieres usarlo con un sustantivo, debes añadir la preposición **of**: **Don't remind me of my mistakes.** *No me recuerdes mis errores.* También puedes emplear una frase subordinada introducida por **that**: **May I remind you that we are discussing your future?,** *¿Puedo recordarte que estamos hablando de tu futuro?*

reminder [rɪ'maɪndǝʳ] *n* ◆ recuerdo ◆ recordatorio, aviso

reminisce [remɪ'nɪs] *vi* rememorar [**about,** -]
reminiscent [remɪ'nɪsənt] *adj frml* ♦ *(humor)* nostálgico,-a ♦ **to be r. of,** recordar, guardar semejanza con
remiss [rɪ'mɪs] *adj frml* negligente [**of,** de parte de]
remission [rɪ'mɪʃən] *n* ♦ *Med* remisión ♦ *Jur* reducción de pena
remittance [rɪ'mɪtəns] *n* ♦ *(acción)* envío ♦ *(suma)* dinero, pago
remnant ['remnənt] *n* ♦ resto, vestigio ♦ *Tex* retal
remorse [rɪ'mɔːs] *n* remordimiento
remorseful [rɪ'mɔːsfʌl] *adj* lleno,-a de remordimiento
remorseless [rɪ'mɔːslɪs] *adj* despiadado,-a, implacable
remote [rɪ'məut] *adj* ♦ *(sitio, tiempo)* remoto,-a, lejano,-a; aislado,-a ♦ *(posibilidad)* remoto,-a ♦ *(persona)* reservado,-a, frío,-a ♦ **r. control,** mando a distancia
remote-controlled [rɪməutkən'trəuld] *adj* teledirigido,-a
remotely [rɪ'məutlɪ] *adv* ♦ vagamente: **we're r. related,** tenemos un lejano parentesco ♦ **not r.,** de ninguna manera, en absoluto, ni remotamente ♦ en lugar aislado
removable [rɪ'muːvəbəl] *adj* desmontable, que se puede quitar
removal [rɪ'muːvəl] *n* ♦ *(de una mancha, etc)* eliminación ♦ *Med* extirpación ♦ *(de casa)* mudanza; **r. van,** camión de mudanzas ♦ *(de un puesto)* despido
remove [rɪ'muːv] *vtr* ♦ *(una mancha)* quitar; *(el vello)* eliminar ♦ *Med* extirpar, extraer ♦ *(de una lista)* tachar ♦ *(de un puesto)* despedir ♦ alejar: **that is far removed from what he said before,** eso tiene poco que ver con lo que decía antes
remover [rɪ'muːvə'] *n* **hair r.,** depilatorio; **make-up r.,** desmaquillador; **nail varnish r.,** quitaesmalte; **stain r.,** quitamanchas
remuneration [rɪmjuːnə'reɪʃən] *n frml* remuneración
renaissance [rə'neɪsəns] 1 *n* ♦ renacimiento ♦ **the R.,** el Renacimiento | 2 *adj* renacentista
render ['rendə'] *vtr* ♦ hacer, volver; **to r. sthg useless,** hacer inútil algo ♦ *Com* presentar; *frml* dar ♦ *frml* traducir, verter ♦ *Arquit* enlucir
rendering ['rendərɪŋ] *n* ♦ *Mús frml* interpretación ♦ *frml* traducción ♦ *Arquit* enlucido

rendezvous ['rɒndɪvuː] 1 *n* ♦ encuentro, cita ♦ lugar de encuentro | 2 *vi* encontrarse [**with,** con]
renegade ['renɪgeɪd] *n* renegado,-a
renew [rɪ'njuː] *vtr* ♦ *(un documento, pase)* renovar ♦ *(unas negociaciones)* reanudar
renewal [rɪ'njuːəl] *n* ♦ *(de documento)* renovación ♦ *(de negociaciones)* reanudación
renounce [rɪ'nauns] *vtr* renunciar
renovate ['renəveɪt] *vtr* renovar, hacer reformas en
renown [rɪ'naun] *n* renombre
renowned [rɪ'naund] *adj* renombrado,-a, célebre
rent [rent] 1 *n* ♦ *(de una casa, un coche)* alquiler ♦ *(un terreno)* arriendo | 2 *vtr* ♦ *(una casa, un coche)* alquilar ♦ *(un terreno)* arrendar ➢ Ver nota en **alquilar**
■ **rent out** *vtr (el propietario)* alquilar, arrendar
rental ['rentəl] *n (casa, coche)* alquiler
renunciation [rɪnʌnsɪ'eɪʃən] *n frml* renuncia
reorganize [riː'ɔːgənaɪz] *vtr* reorganizar
rep [rep] *fam* ♦ representante; **sales r.,** representante (comercial); **union r.,** representante sindical ♦ *Teat* teatro de repertorio
repair [rɪ'peə'] 1 *vtr* ♦ *(ropa, etc)* arreglar; *(un coche, una máquina)* reparar ♦ *(un fallo, daño)* reparar | 2 *n* ♦ *(de la ropa, etc)* arreglo; *(de coche, máquina)* reparación ♦ **beyond r.,** sin arreglo; **in good/bad r.,** en buen/mal estado
repatriate [riː'pætrɪeɪt] *vtr* repatriar
repay [riː'peɪ] *vtr* (ps & pp **repaid**) ♦ *(un préstamo)* devolver, pagar ♦ *(una deuda)* liquidar ♦ *(un favor, etc)* devolver
repayment [riː'peɪmənt] *n* pago
repeal [rɪ'piːl] *Jur Pol* 1 *n* revocación | 2 *vtr* revocar
repeat [rɪ'piːt] 1 *vtr* ♦ repetir ♦ *(un secreto)* contar ♦ *TV* volver a echar, reponer | 2 *vi (ajo, cebolla)* repetir [**on,** a] | 3 *n* ♦ repetición ♦ *TV* reposición
repeated [rɪ'piːtɪd] *adj* repetido,-a
repeatedly [rɪ'piːtɪdlɪ] *adv* repetidas veces, repetidamente
repel [rɪ'pel] *vtr* ♦ *(ataque, insectos)* repeler ♦ repugnar
repellent [rɪ'pelənt] 1 *adj* ♦ repelente, repulsivo,-a ♦ **water-r.,** impermeable | 2 *n* **(insect) r.,** repelente para insectos
repent [rɪ'pent] *vtr & vi* arrepentirse (de)
repentance [rɪ'pentəns] *n* arrepentimiento

repercussion [ri:pə'kʌʃən] *n (usu pl)* repercusión

repertoire ['repətwɑːʳ] *n* repertorio

repertory ['repətəri] *n Teat* teatro de repertorio

repetition [repɪ'tɪʃən] *n* repetición

repetitive [rɪ'petɪtɪv] *adj* repetitivo,-a

replace [rɪ'pleɪs] *vtr* ◆ volver a colocar o poner; *Tel (auricular)* colgar ◆ *(a una persona, etc)* sustituir, reemplazar ◆ *(una pieza, etc)* cambiar

replacement [rɪ'pleɪsmənt] *n* ◆ sustitución, reemplazo ◆ *(de una persona)* sustituto,-a ◆ pieza de recambio

replay ['riːpleɪ] *n TV Dep* repetición

replica ['replɪkə] *n* réplica, copia

reply [rɪ'plaɪ] 1 *n* contestación, respuesta | 2 *vi* contestar, responder

report [rɪ'pɔːt] 1 *n* ◆ informe; **to commission a r.,** encargar un informe [**on,** sobre]; *Fin* **annual r.,** memoria; **medical r.,** parte médico; *Educ* informe escolar ◆ rumor; noticia ◆ *TV Prensa* reportaje ◆ *frml* estallido, detonación | 2 *vtr* ◆ *(un accidente)* informar de; *(un crimen)* denunciar ◆ *(a una persona)* quejarse de, denunciar ◆ contar; *TV Prensa* informar sobre ◆ *(usu pasivo)* **he is reported to be ill,** se dice que está enfermo; **it is reported that...,** se dice que | 3 *vi* ◆ presentar un informe [**on,** sobre] ◆ *TV Prensa* informar ◆ *(ir en persona)* presentarse ◆ *Com* **to r. to,** depender de: **he reports to the chairman,** depende del presidente

reported [rɪ'pɔːtɪd] *adj Ling* **r. speech,** estilo indirecto

reportedly [rɪ'pɔːtɪdlɪ] *adv* según se informa

reporter [rɪ'pɔːtəʳ] *n* periodista

represent [reprɪ'zent] *vtr* ◆ representar ◆ *frml* presentar [**as,** como]

representation [reprɪzen'teɪʃən] *n* ◆ representación ◆ *frml* **representations** *pl*, protesta formal

representative [reprɪ'zentətɪv] 1 *adj* representativo,-a | 2 *n* ◆ representante ◆ *US Pol* diputado,-a; **House of Representatives,** Cámara de Representantes

repress [rɪ'pres] *vtr* reprimir, contener

repression [rɪ'preʃən] *n* represión

repressive [rɪ'presɪv] *adj* represivo,-a

reprieve [rɪ'priːv] 1 *n* ◆ *Jur (temporal)* aplazamiento; *(permanente)* indulto, conmutación ◆ *fig* respiro | 2 *vtr* ◆ *Jur* indultar ◆ *fig* salvar

reprimand ['reprɪmɑːnd] *frml* 1 *n* reprimenda | 2 *vtr* reprender

reprisal [rɪ'praɪzəl] *n* represalia

reproach [rɪ'prəʊtʃ] 1 *n* reproche; **beyond r.,** irreprochable | 2 *vtr* reprochar

reproachful [rɪ'prəʊtʃfʊl] *adj* de reproche

reproduce [riːprə'djuːs] 1 *vtr* reproducir | 2 *vi* reproducirse

reproduction [riːprə'dʌkʃən] *n* reproducción

reproductive [riːprə'dʌktɪv] *adj* reproductor,-ora

reptile ['reptaɪl] *n* reptil

republic [rɪ'pʌblɪk] *n* república

republican [rɪ'pʌblɪkən] *adj & n* republicano,-a; *US Pol* **R. Party,** Partido Republicano

repudiate [rɪ'pjuːdɪeɪt] *vtr frml* ◆ *(una acusación, etc)* negar ◆ negarse a reconocer ◆ *(ley, paz, familia)* repudiar

repugnant [rɪ'pʌgnənt] *adj* repugnante

repulse [rɪ'pʌls] *vtr* rechazar

repulsive [rɪ'pʌlsɪv] *adj* repulsivo,-a

reputable ['repjʊtəbəl] *adj* ◆ *(empresa, producto)* acreditado,-a ◆ *(persona)* de confianza, honrado,-a

reputation [repjʊ'teɪʃən] *n* reputación

repute [rɪ'pjuːt] *n frml* reputación; **of ill r.,** de mala fama

reputed [rɪ'pjuːtɪd] *adj* ◆ *frml* acreditado,-a ◆ supuesto,-a ◆ **to be r. to be,** ser considerado,-a como

reputedly [rɪ'pjuːtɪdlɪ] *adv* según se dice

request [rɪ'kwest] 1 *n* ◆ petición, solicitud [**for,** de]; **by popular r.,** a petición del público; **copies available on r.,** se pueden pedir copias ◆ *GB Trans* **r. stop,** parada discrecional ◆ *Rad TV (canción)* petición | 2 *vtr* pedir, solicitar

require [rɪ'kwaɪəʳ] *vtr* ◆ necesitar, requerir ◆ exigir, requerir

required [rɪ'kwaɪəd] *adj* ◆ necesario,-a ◆ *Educ (curso, lectura)* obligatorio,-a

requirement [rɪ'kwaɪəmənt] *n* ◆ necesidad ◆ requisito

requisite ['rekwɪzɪt] *frml* 1 *adj* requerido,-a | 2 *n* requisito

requisition [rekwɪ'zɪʃən] 1 *n* requisa | 2 *vtr* requisar

rescue ['reskjuː] 1 *n* rescate; **to go to sb's rescue,** ir a socorrer a alguien | 2 *vtr* rescatar

research [rɪ'sɜːtʃ] 1 *n* investigación [**into/on,** sobre]; **R. and Development,** Investigación más Desarrollo | 2 *vtr & vi* investigar

researcher [rɪˈsɜːtʃəʳ] *n* investigador,-ora

resemblance [rɪˈzembləns] *n* semejanza

resemble [rɪˈzembəl] *vtr* parecerse a

resent [rɪˈzent] *vtr* ◆ *(actitud, comentario)* ofenderse por ◆ **I r. you telling me what to do,** no me gusta que me digas qué hacer

resentful [rɪˈzentfʊl] *adj* ofendido,-a

resentment [rɪˈzentmənt] *n* resentimiento

reservation [rezəˈveɪʃən] *n* reserva

reserve [rɪˈzɜːv] 1 *n* ◆ reserva: **we should keep some money in r.,** deberíamos tener algo de dinero en reserva ◆ *Geog* **hunting r.,** coto de caza; **nature r.,** reserva natural ◆ *Dep* suplente | 2 *vtr* reservar

reserved [rɪˈzɜːvd] *adj* reservado,-a

reservoir [ˈrezəvwɑːʳ] *n* ◆ *Geog* embalse, pantano ◆ reserva

reshape [riːˈʃeɪp] *vtr* ◆ *(organización)* reorganizar ◆ *(política)* reformar

reshuffle [riːˈʃʌfəl] *n Pol* remodelación

residence [ˈrezɪdəns] *n* ◆ residencia. **r. permit,** permiso de residencia; **place of r.,** domicilio ◆ *(periodo)* permanencia ◆ *Univ* **(hall of) r.,** colegio mayor ◆ *frml (casa)* residencia

resident [ˈrezɪdənt] 1 *n* ◆ *(en un país)* residente ◆ *(en una ciudad, barrio)* vecino,-a ◆ *(en un hotel)* huésped | 2 *adj* ◆ residente ◆ *frml* domiciliado,-a [**in,** en]

residential [rezɪˈdenʃəl] *adj* residencial

residue [ˈrezɪdjuː] *n* residuo

resign [rɪˈzaɪn] 1 *vi (trabajo)* dimitir [**from,** -]; renunciar [**from,** a] | 2 *vtr* ◆ dimitir ◆ **to r. oneself,** resignarse [**to,** a]

resignation [rezɪgˈneɪʃən] *n* ◆ dimisión, renuncia ◆ resignación

resigned [rɪˈzaɪnd] *adj* resignado,-a

resilience [rɪˈzɪlɪəns] *n* ◆ *(persona)* resistencia ◆ *(materia)* elasticidad

resilient [rɪˈzɪlɪənt] *adj* ◆ *(persona)* fuerte ◆ *(materia)* elástico,-a, fuerte

resin [ˈrezɪn] *n* resina

resist [rɪˈzɪst] *vtr* ◆ no ceder a, resistir ◆ oponerse a

> Existe una expresión muy corriente, **could (not) resist,** que requiere la presencia de un gerundio: **I couldn't resist eating all the biscuits.** *No pude resistir la tentación de comerme todas las galletas.*

resistance [rɪˈzɪstəns] *n* resistencia

resit [riːˈsɪt] *vtr (examen)* volver a presentarse a

resolute [ˈrezəluːt] *adj* resuelto,-a, decidido,-a

resolution [rezəˈluːʃən] *n* ◆ resolución, determinación ◆ *(de problema)* resolución ◆ propósito; **New Year's R.,** buen propósito de Año Nuevo

resolve [rɪˈzɒlv] 1 *n frml* resolución | 2 *vtr* ◆ *(un problema)* resolver ◆ resolver [**to** + *inf*, + *inf*]

resort [rɪˈzɔːt] 1 *n* ◆ lugar de vacaciones; **ski r.,** estación de esquí ◆ recurso; **as the last r.,** como último recurso | 2 *vi* recurrir [**to,** a]

resound [rɪˈzaʊnd] *vi* resonar [**with,** con]

resounding [rɪˈzaʊndɪŋ] *adj* ◆ *(aplauso)* resonante ◆ **a r. failure,** un fracaso estrepitoso; **a r. success,** un éxito rotundo

resource [rɪˈsɔːs] *n* recurso

resourceful [rɪˈsɔːsfʊl] *adj* ingenioso,-a

respect [rɪˈspekt] 1 *n* ◆ *(a una persona)* respeto; **to have r. for,** respetar ◆ **respects** *pl*, respetos; **to pay one's respects,** presentar los respetos ◆ sentido, respecto; **in every r.,** desde todo punto de vista; **in this r.,** en este sentido; **with r. to,** en cuanto a | 2 *vtr* respetar

respectable [rɪˈspektəbəl] *adj* ◆ *(persona, idea)* respetable ◆ decente ◆ *(cantidad)* respetable, aceptable

respectful [rɪˈspektfʊl] *adj* respetuoso,-a

respective [rɪˈspektɪv] *adj* respectivo,-a

respectively [rɪˈspektɪvlɪ] *adv* respectivamente

resplendent [rɪˈsplendənt] *adj* resplandeciente, deslumbrante

respond [rɪˈspɒnd] *vi* responder

response [rɪˈspɒns] *n* ◆ respuesta ◆ reacción

responsibility [rɪspɒnsəˈbɪlɪtɪ] *n* responsabilidad; **to accept** *o* **take r. for,** responsabilizarse de

responsible [rɪˈspɒnsəbəl] *adj* ◆ responsable [**for,** de] [**to sb,** ante alguien] ◆ formal, serio,-a ◆ *(puesto)* de responsabilidad

responsive [rɪˈspɒnsɪv] *adj* ◆ *(coche)* sensible ◆ *(público)* receptivo,-a

rest [rest] 1 *n* ◆ descanso; **to give sthg a r.,** dejar de hacer algo; **to have a r.,** tomar un descanso [**from,** de]; **to set sb's mind at r.,** tranquilizar a alguien; *US euf* **r. room,** aseos ◆ reposo; **to come to r.,** pa-

restaurant

rarse; **at r.,** inmóvil ◆ apoyo; **head r.,** reposacabezas ◆ *Mús* pausa ◆ lo que queda, el resto: **drink some and leave the r.,** bebe algo y deja el resto; **the r. of the journey,** el resto del viaje ◆ *(personas)* los/las demás: **the r. of the sisters went into a convent,** las demás hermanas ingresaron en un convento | **2** *vi* ◆ descansar ◆ estar apoyado,-a [**on,** sobre]; *(teoría)* basarse [**on,** en] ◆ quedar: **there the matter rests,** ahí queda el asunto | **3** *vtr* ◆ descansar; **to r. one's eyes,** descansar los ojos ◆ apoyar [**against,** contra] [**on,** sobre/en]

restaurant ['restərɒnt] *n* restaurante ◆ *Ferroc* **r. car,** vagón restaurante

restful ['restful] *adj* relajante

restitution [restɪ'tjuːʃən] *n fml* ◆ restitución ◆ indemnización

restless ['restlɪs] *adj* ◆ agitado,-a, inquieto,-a ◆ impaciente

restoration [restə'reɪʃən] *n* ◆ *(de un edificio, cuadro, etc)* restauración ◆ *(acto de devolver)* devolución ◆ *(de la democracia, monarquía, etc)* restauración

restore [rɪ'stɔː'] *vtr* ◆ *(un edificio, cuadro)* restaurar ◆ devolver ◆ *(la democracia, etc)* restablecer

restrain [rɪ'streɪn] *vtr* ◆ contener ◆ *(la cólera)* dominar ◆ **to r. sb from doing sthg,** impedir que alguien haga algo

restrained [rɪ'streɪnd] *adj* ◆ *(persona)* moderado,-a ◆ *(estilo)* sobrio,-a

restraint [rɪ'streɪnt] *n* ◆ moderación ◆ limitación, restricción [**on,** a]

restrict [rɪ'strɪkt] *vtr* restringir, limitar

restriction [rɪ'strɪkʃən] *n* restricción, limitación

restrictive [rɪ'strɪktɪv] *adj* restrictivo,-a

result [rɪ'zʌlt] **1** *n* ◆ resultado, consecuencia; **as a r.,** como consecuencia [**of,** de] ◆ *Dep* resultado | **2** *vi* resultar [**from,** de]

■ **result in** *vtr* dar como resultado

resume [rɪ'zjuːm] **1** *vtr* ◆ *(un trabajo, viaje, etc)* reanudar ◆ *(el control)* reasumir ◆ *(asiento)* volver a | **2** *vi* continuar, recomenzar

résumé ['rezjʊmeɪ] *n* resumen

resumption [rɪ'zʌmpʃən] *n (de trabajo, viaje, etc)* reanudación

resurface [riː'sɜːfɪs] **1** *vtr* repavimentar | **2** *vi (submarino)* volver a la superficie

resurgence [rɪ'sɜːdʒəns] *n* resurgimiento

resurrection [rezə'rekʃən] *n* resurrección

resuscitate [rɪ'sʌsɪteɪt] *vtr* ◆ *Med* reanimar ◆ *fig* dar nueva vida a

retail ['riːteɪl] **1** *n* venta al por menor o al detalle; **r. outlet,** punto de venta; **r. price,** precio de venta al público; **R. Price Index (RPI),** Índice de Precios al Consumo (IPC) | **2** *vtr* vender al por menor | **3** *vi* venderse al público | **4** *adv* al por menor, al detalle

retailer ['riːteɪlə'] *n* detallista

retain [rɪ'teɪn] *vtr* ◆ *(agua, autoridad, información)* retener ◆ *(calor, sabor)* conservar ◆ *(dignidad)* mantener ◆ quedarse con, guardar

retainer [rɪ'teɪnə'] *n* ◆ *Com* anticipo sobre los honorarios ◆ *frml & hum* criado,-a

retaliate [rɪ'tælɪeɪt] *vi* ◆ *Mil* tomar represalias [**against,** contra] ◆ responder, vengarse

retaliation [rɪtælɪ'eɪʃən] *n* ◆ represalias; **in r.,** como represalia [**for,** por] ◆ respuesta

retarded [rɪ'tɑːdɪd] *adj* retrasado,-a

retch [retʃ] *vi* hacer arcadas

retentive [rɪ'tentɪv] *adj* retentivo,-a

rethink ['riːθɪŋk] *vtr* reconsiderar, volver a pensar sobre

reticent ['retɪsənt] *adj* reticente

retina ['retɪnə] *n* retina

retinue ['retɪnjuː] *n frml & hum* séquito, comitiva

retire [rɪ'taɪə'] **1** *vtr* jubilar | **2** *vi* ◆ jubilarse ◆ *Dep* abandonar, retirarse ◆ *frml & hum* acostarse

retired [rɪ'taɪəd] *adj* jubilado,-a

retirement [rɪ'taɪəmənt] *n* jubilación

retiring [rɪ'taɪərɪŋ] *adj* ◆ *(persona)* retraído,-a ◆ *(de un puesto)* saliente

retort [rɪ'tɔːt] **1** *n* ◆ réplica ◆ *Quím* retorta | **2** *vi* replicar

retrace [rɪ'treɪs] *vtr* ◆ volver a trazar ◆ *(los pasos, el pasado)* volver sobre

retract [rɪ'trækt] **1** *vtr* ◆ *(afirmación)* retirar ◆ *Av (tren de aterrizaje)* replegar ◆ *Zool (las uñas de un gato)* retraer | **2** *vi* ◆ *(tren de aterrizaje)* replegarse ◆ *(uñas)* retraerse ◆ *frml* retractarse

retreat [rɪ'triːt] **1** *n* ◆ *Mil* retirada ◆ refugio ◆ *Rel* retiro | **2** *vi* retirarse [**from,** de]

retrial [riː'traɪəl] *n Jur* nuevo juicio

retribution [retrɪ'bjuːʃən] *n* justo castigo; pena merecida; **Divine R.,** castigo divino

retrieval [rɪ'triːvəl] *n* ◆ *(de un error)* remedio ◆ *(de datos)* recuperación; *Inform*

information r. system, sistema de recuperación de datos

retrieve [rɪ'tri:v] *vtr* ◆ *(una cosa, datos)* recuperar ◆ *(en una cacería)* cobrar ◆ *(una situación)* salvar

retriever [rɪ'tri:vəʳ] *n* perro cobrador

retrograde ['retrəʊgreɪd] *adj* retrógrado,-a

retrospect ['retrəʊspekt] *n* **in r.,** retrospectivamente

retrospective [retrəʊ'spektɪv] **1** *adj* ◆ retrospectivo,-a ◆ retroactivo,-a | **2** *n Arte* retrospectiva

return [rɪ'tɜːn] **1** *vi* ◆ volver, regresar ◆ volver a aparecer | **2** *vtr* ◆ devolver; *Dep* devolver ◆ *(un sentimiento)* corresponder a; *(un favor)* devolver ◆ *Pol* elegir ◆ *Jur (veredicto)* emitir | **3** *n* ◆ regreso, vuelta ◆ devolución; **by r. of post,** a vuelta de correo ◆ cambio; **in r.,** a cambio [**for,** de] ◆ *Inform (tecla)* retorno ◆ **r. ticket,** billete de ida y vuelta; *Dep* **r. match,** partido de vuelta ◆ beneficio, rendimiento ◆ reaparición; **many happy returns,** que cumplas muchos más ◆ *GB Fin* declaración de la renta ◆ **returns** *pl,* datos; *GB Pol* resultados de una elección

returnable [rɪ'tɜːnəbəl] *adj (envase)* retornable

reunion [riː'juːnjən] *n* ◆ reencuentro ◆ *(de familia)* reunión

reunite [riːjuː'naɪt] *vtr* reunir; **to be reunited with,** reunirse con

rev [rev] *fam* **1** *n Auto* revolución | **2** *vi* **to r. (up),** acelerar el motor

Rev *(abr de Reverend)* Reverendo

revalue [riː'væljuː] *vtr* revalorizar

revamp [riː'væmp] *vtr* modernizar, renovar

reveal [rɪ'viːl] *vtr* ◆ *(secretos, etc)* revelar ◆ mostrar, dejar ver

revealing [rɪ'viːlɪŋ] *adj* ◆ *(palabras)* revelador,-ora ◆ *(ropa)* atrevido,-a

revel ['revəl] *vi* ◆ deleitarse [**in,** con/en] ◆ **to r. in doing sthg,** deleitarse haciendo algo

revelation [revə'leɪʃən] *n* revelación

revelry ['revəlrɪ] *n frml & hum* jarana, jolgorio

revenge [rɪ'vendʒ] *n* venganza; **to take r. on sb for sthg,** vengarse de alguien por algo ◆ | LOC: **r. is sweet,** no hay nada más dulce que la venganza

revenue ['revɪnjuː] *n* renta

reverberate [rɪ'vɜːbəreɪt] *vi* reverberar, resonar

reverberation [rɪvɜːbə'reɪʃən] *n* ◆ resonancia ◆ *fig* repercusión

revere [rɪ'vɪəʳ] *vtr* reverenciar

reverence ['revərəns] *n* reverencia

reverend ['revərənd] *Rel* **1** *adj (en títulos)* reverendo,-a; **R. Jane Knox,** la reverenda Jane Knox | **2** *n fam* ◆ *(protestante)* pastor ◆ *(católico)* padre

reverent ['revərənt] *adj* reverente

reversal [rɪ'vɜːsəl] *n* ◆ *(de opinión, política)* cambio total ◆ *Jur (de un veredicto, una ley, etc)* revocación ◆ *(de una serie, sucesión)* inversión

reverse [rɪ'vɜːs] **1** *n* ◆ *Auto* **r. (gear),** marcha atrás; **in r.,** al revés ◆ **the r.,** lo contrario ◆ *(moneda)* reverso; *(página, paquete)* dorso; *(ropa)* revés | **2** *adj* ◆ inverso,-a ◆ *(problema) frml* revés | **3** *vi* ◆ *Auto* dar marcha atrás | **4** *vtr* ◆ *Auto* conducir en marcha atrás ◆ *(posición)* invertir ◆ *(decisión, veredicto)* revocar ◆ *(destino, opinión)* cambiar totalmente ◆ *GB Tel* **to r. the charges,** llamar a cobro revertido

revert [rɪ'vɜːt] *vi* ◆ volver [**to,** a] ◆ *(propiedad)* revertir

review [rɪ'vjuː] **1** *n* ◆ revisión, estudio: **salaries are under r.,** los sueldos están bajo estudio ◆ *(libro, película, etc)* crítica, reseña ◆ *Mil* revista ◆ *Prensa* revista ◆ *Teat* revista | **2** *vtr* ◆ examinar ◆ *(libro, película, etc)* hacer una crítica de ◆ *Mil* pasar revista a

reviewer [rɪ'vjuːəʳ] *n* crítico,-a

revise [rɪ'vaɪz] *vtr* ◆ revisar ◆ modificar ◆ *Educ* repasar

revision [rɪ'vɪʒən] *n* ◆ revisión ◆ modificación ◆ *Educ* repaso

revitalize [riː'vaɪtəlaɪz] *vtr* reanimar; *(economía)* reactivar

revival [rɪ'vaɪvəl] *n* ◆ *(de una cultura, religión)* renacimiento ◆ *(de la economía)* reactivación ◆ *(de una ideología, moda)* resurgimiento ◆ *(de una ley, tradición)* restablecimiento ◆ *Med* reanimación, resucitación ◆ *Teat* reestreno

revive [rɪ'vaɪv] **1** *vtr* ◆ *(una cultura, ideología, religión)* reavivar ◆ *(la economía)* reactivar ◆ *(una ley, tradición)* restablecer ◆ *Med* reanimar, resucitar ◆ *Teat* reestrenar | **2** *vi* ◆ *(el interés, la esperanza)* resurgir ◆ *(la economía)* reactivarse ◆ *(una planta)* revivir ◆ *Med* volver en sí, resucitar

revoke [rɪ'vəʊk] *vtr* revocar

revolt [rɪ'vəʊlt] **1** *n* revuelta, sublevación | **2** *vi* rebelarse, sublevarse [**against,** contra] | **3** *vtr* repugnar, dar asco a

revolting [rɪˈvəʊltɪŋ] *adj* repugnante
revolution [revəˈluːʃən] *n* revolución
revolutionary [revəˈluːʃənərɪ] *adj & n* revolucionario,-a
revolve [rɪˈvɒlv] 1 *vi* ♦ girar [**on**, sobre] [**around**, alrededor de] ♦ *fig* **she thinks the world revolves around her,** se cree el centro del mundo | 2 *vtr* girar, hacer girar
revolver [rɪˈvɒlvəʳ] *n* revólver
revolving [rɪˈvɒlvɪŋ] *adj* giratorio,-a
revue [rɪˈvjuː] *n Teat* revista
revulsion [rɪˈvʌlʃən] *n* repulsión
reward [rɪˈwɔːd] 1 *n* recompensa | 2 *vtr* recompensar
rewarding [rɪˈwɔːdɪŋ] *adj* ♦ provechoso,-a ♦ gratificante
rewire [riːˈwaɪəʳ] *vtr Elec (casa)* cambiar la instalación eléctrica a
reword [riːˈwɜːd] *vtr* formular con otras palabras
rewrite [riːˈraɪt] *vtr (ps rewrote* [riːˈrəʊt] *pp rewritten* [riːˈrɪtən]*)* reescribir
rhetoric [ˈretərɪk] *n* retórica
rhetorical [rɪˈtɒrɪkəl] *adj* retórico,-a
rheumatism [ˈruːmətɪzəm] *n* reuma, reúma
rhinoceros [raɪˈnɒsərəs] *n* rinoceronte
rhododendron [rəʊdəˈdendrən] *n* rododendro
rhubarb [ˈruːbɑːb] *n* ruibarbo
rhyme [raɪm] 1 *n* ♦ *(consonancia)* rima ♦ poema ♦ | LOC: **without r. or reason,** sin ton ni son | 2 *vi* rimar
rhythm [ˈrɪðəm] *n* ritmo
rib [rɪb] 1 *n* ♦ *Anat* costilla; **r. cage,** tórax ♦ *Bot (de una hoja)* nervio | 2 *vtr fam* tomar el pelo a
ribbon [ˈrɪbən] *n* ♦ cinta; *(en el pelo)* lazo ♦ **ribbons** *pl*, jirones; **torn to ribbons,** hecho,-a jirones
rice [raɪs] *n* arroz; **brown/white r.,** arroz integral/blanco; **r. field,** arrozal; **r. pudding,** arroz con leche
rich [rɪtʃ] 1 *adj* ♦ *(persona)* rico,-a ♦ *(abundante)* **r. in vitamins,** rico,-a en vitaminas ♦ *(mueble, tela, etc)* suntuoso,-a ♦ *(comida)* hecho,-a con muchos huevos, nata y azúcar; *pey* empalagoso,-a ♦ *(tierra)* fértil ♦ *(color)* vivo,-a ♦ *(voz)* sonoro,-a | 2 *npl* **the r.,** los ricos
riches [ˈrɪtʃɪz] *npl* riquezas
richly [ˈrɪtʃlɪ] *adv* ♦ *(decorado, etc)* suntuosamente ♦ **her r. deserved punishment,** su bien merecido castigo
richness [ˈrɪtʃnɪs] *n* ♦ riqueza ♦ *(de muebles, etc)* suntuosidad ♦ *(comida)* riqueza en hidratos de carbono, grasas y huevos ♦ *(tierra)* fertilidad ♦ *(color)* viveza ♦ *(voz)* sonoridad
rickets [ˈrɪkɪts] *n Med* raquitismo
rickety [ˈrɪkətɪ] *adj* desvencijado,-a
ricochet [ˈrɪkəʃeɪ] 1 *n* rebote | 2 *vi* rebotar
rid [rɪd] *vtr (ps & pp rid)* librar; **to get r. of,** deshacerse de; **to r. oneself of,** librarse de
ridden [ˈrɪdən] *pp* → **ride.**
riddle [ˈrɪdəl] *n* ♦ adivinanza ♦ enigma
riddled [ˈrɪdəld] *adj* **r. with bullets,** acribillado,-a a balazos; **r. with corruption,** plagado,-a de corrupción; **r. with disease,** plagado,-a de enfermedades
ride [raɪd] 1 *n* ♦ *(a caballo)* paseo, cabalgata; *(en autobús, bicicleta, coche, moto, etc)* paseo; **to give sb a r.,** llevar a alguien ♦ *(distancia)* viaje, recorrido ♦ **to take sb for a r.,** engañar a alguien | 2 *vi (ps rode; pp ridden)* ♦ *(a caballo)* montar ♦ *(en bicicleta, en coche, en moto)* ir | 3 *vtr* ♦ *(caballo)* montar a ♦ *(bicicleta, moto)* montar en ♦ *US (autobús, tren)* viajar en
  ■ **ride away** *vi* irse (a caballo, etc)
  ■ **ride by** *vtr* pasar (a caballo, etc)
  ■ **ride out** *vtr* aguantar; **to r. out the storm,** capear el temporal
  ■ **ride up** *vi* ♦ acercarse (a caballo, etc) ♦ *(la falda, el abrigo)* subirse
rider [ˈraɪdəʳ] *n* ♦ *(de un caballo) (hombre)* jinete, *(mujer)* amazona ♦ *(de una bicicleta)* ciclista; *(de una moto)* motociclista ♦ *Com Jur* condición
ridge [rɪdʒ] *n* ♦ *(de colinas)* cadena ♦ *(de una colina)* cresta ♦ *(de nariz, tejado)* caballete ♦ *Agr* caballón ♦ *Meteor* **r. of high pressure,** cuña de alta presión
ridicule [ˈrɪdɪkjuːl] 1 *n* burlas | 2 *vtr* burlarse de
ridiculous [rɪˈdɪkjʊləs] *adj* ridículo,-a
riding [ˈraɪdɪŋ] *n* equitación; **r. lesson,** clase de equitación; **r. boots,** botas de montar
rife [raɪf] *adj* abundante; **corruption was r.,** abundaba la corrupción; **the country is r. with corruption,** en el país abunda la corrupción
riffraff [ˈrɪfræf] *n fam* chusma, gentuza
rifle [ˈraɪfəl] 1 *n* fusil, rifle; **r. range,** *Mil* campo de tiro; *(en una verbena)* tiro al blanco | 2 *vtr* desvalijar, saquear
rift [rɪft] *n* ♦ *Geol* falla ♦ *fig (entre amigos)* desavenencia ♦ *Pol* escisión
rig [rɪg] 1 *n* ♦ *Ind* **(oil) r.,** *(en tierra)* torre de perforación; *(en la mar)* platafor-

ma petrolífera ◆ *Náut* aparejo | 2 *vtr* ◆ *Náut* aparejar ◆ falsificar
■ **rig out** *vtr fam* equipar
■ **rig up** *vtr* ◆ instalar ◆ improvisar
rigging ['rɪgɪŋ] *n Náut* jarcias
right [raɪt] 1 *n* ◆ *(lado)* derecha; **on the r.,** a la derecha ◆ *Pol* derecha ◆ *(moral)* bien; **r. and wrong,** el bien y el mal; **to be in the r.,** llevar la razón ◆ justicia ◆ derecho; **by right(s),** en justicia; **in one's own r.,** por derecho propio; *Auto* **r. of way,** prioridad ◆ **rights** *pl*, derechos; **"all rights reserved",** "reservados los derechos"; **human rights,** derechos humanos; **within one's rights,** en su derecho ◆ **to put sthg to rights,** arreglar | 2 *adj* ◆ derecho,-a ◆ bueno,-a; justo,-a; *(precio)* razonable; **to do the r. thing,** hacer lo que se debe hacer ◆ correcto,-a, exacto,-a; *(hecho)* cierto,-a; *(respuesta)* correcto,-a; *(hora)* exacto,-a; *(persona)* más indicado,-a, apropiado,-a; *(momento)* oportuno,-a: **is this the r. house?,** ¿es ésta la casa?; **this isn't the r. key,** no es ésta la llave buena; **that's r.,** eso es; **to be r.,** tener razón ◆ en orden; **to put r.,** arreglar; *(persona)* bien; *(mente)* cuerdo,-a ◆ *(como excl)* **r.!,** ¡vale!; **all r.!,** ¡de acuerdo! ◆ *fam (uso enfático)* auténtico: **he's a r. idiot,** es un auténtico idiota ◆ *Mat (ángulo)* recto,-a | 3 *adv* ◆ a/hacia la derecha ◆ exactamente, justo: **go r. on,** sigue todo recto; **r. after,** inmediatamente después de; **r. at the end,** justo al final; **r. away,** en seguida; **r. next to,** justo al lado de; **r. now,** ahora mismo ◆ bien, correctamente: **have I done it r.?,** ¿lo he hecho bien? | 4 *vtr* ◆ enderezar ◆ *(un error, un daño)* corregir
righteous ['raɪtʃəs] *adj frml* recto,-a
rightful ['raɪtfʊl] *adj* legítimo,-a
right-hand ['raɪthænd] *adj* ◆ derecho,-a; **r.-h. side,** lado derecho ◆ *fam* **r.-h. man,** hombre de confianza
right-handed [raɪt'hændɪd] *adj* ◆ *(persona)* diestro,-a ◆ *(utensilio, etc)* para la mano derecha
rightly ['raɪtlɪ] *adv* ◆ correctamente: **if I remember r.,** si no recuerdo mal ◆ justamente; **and r. so,** y con toda la razón
right-wing ['raɪtwɪŋ] *Pol* 1 *adj* de derechas | 2 *n* derecha
right-winger [raɪt'wɪŋər] *n Pol* derechista
rigid ['rɪdʒɪd] *adj* rígido,-a, inflexible
rigidity [rɪ'dʒɪdɪtɪ] *n* rigidez, inflexibilidad
rigorous ['rɪgərəs] *adj* riguroso,-a

rigour, US rigor ['rɪgər] *n* rigor, severidad
rile [raɪl] *vtr fam* irritar
rim [rɪm] *n* ◆ *(de taza, vaso, etc)* borde ◆ *(de gafas)* montura ◆ *Auto* llanta
rind [raɪnd] *n (de melón, naranja, queso, etc)* corteza
ring¹ [rɪŋ] 1 *n* ◆ anillo, sortija; **r. finger,** dedo anular ◆ aro; **curtain r.,** anilla; **napkin r.,** servilletero; **r. binder,** carpeta de anillas; **the rings of Saturn,** los anillos de Saturno ◆ círculo; *(en torno a los ojos)* ojeras; **to run rings round,** dar mil vueltas a ◆ *(de personas)* círculo; *(de niños)* corro; *(de criminales)* banda ◆ *Culin* hornillo ◆ *Boxeo* cuadrilátero; *Taur* plaza; *(circo)* pista | 2 *vtr (ps pp ringed)* ◆ cercar ◆ marcar con un círculo ◆ *(aves)* anillar
ring² [rɪŋ] 1 *n* ◆ *(de campana)* tañido, repique ◆ *(de timbre)* sonido, timbrazo: **there was a r. at the door,** llamaron a la puerta ◆ *GB Tel* llamada; **to give sb a ring,** llamar a alguien | 2 *vtr (ps rang; pp rung)* ◆ *(timbre)* tocar; **his face rings a bell,** su cara me suena ◆ *GB Tel* llamar, telefonear ➢ Ver nota en **telefonear** | 3 *vi* ◆ *(campana)* repicar; *(timbre, teléfono)* sonar ◆ resonar [**with,** con]; *(los oídos)* zumbar ◆ llamar, telefonear ◆ | LOC: **to r. true,** ser convincente
■ **ring back** *vtr* & *vi GB Tel* volver a llamar (a)
■ **ring off** *vi GB Tel* colgar
■ **ring out** *vi* resonar
■ **ring up** *vtr* & *vi GB Tel* llamar por teléfono (a)
ringing ['rɪŋɪŋ] *n* ◆ repique, tañido ◆ *(en las orejas)* zumbido
ringleader ['rɪŋliːdər] *n* cabecilla
ringlet ['rɪŋlɪt] *n* tirabuzón
rink [rɪŋk] *n* pista; **skating r.,** pista de patinaje
rinse [rɪns] 1 *n* ◆ aclarado, enjuague ◆ *(para el pelo)* tinte | 2 *vtr* aclarar, enjuagar; *(la boca)* enjuagar
riot ['raɪət] 1 *n* ◆ *(en la calle)* disturbio; *(en una cárcel, etc)* motín ◆ **to run r.,** desmadrarse; **r. police,** policía antidisturbios ◆ *fig (de color)* profusión | 2 *vi* ◆ *(en la calle)* causar disturbios ◆ *(en cárcel, etc)* amotinarse
rioter ['raɪətər] *n* alborotador,-ora
riotous ['raɪətəs] *adj* ◆ *(gentío)* desenfrenado,-a ◆ *(fiesta)* bullicioso,-a
R.I.P. *(abr de rest in peace o requiescat in pace)* en paz descanse, EPD
rip [rɪp] 1 *n* rasgón | 2 *vtr* rasgar, rajar | 3 *vi* rasgarse, rajarse

■ **rip off** *vtr* ◆ arrancar ◆ *fam* timar ◆ *fam* robar
■ **rip up** *vtr* hacer pedazos
rip cord ['rɪpkɔːd] *n Av* cordón de apertura
ripe [raɪp] *adj* ◆ *(fruta, etc)* maduro,-a ◆ listo,-a; **when the time is r.,** cuando llegue el momento oportuno
ripen ['raɪpən] *vtr & vi* madurar
rip-off ['rɪpɒf] *n fam* timo
ripple ['rɪpəl] 1 *n* ◆ *(en agua)* onda ◆ *(de sonido)* murmullo; **a r. of applause,** unos cuantos aplausos | 2 *vtr* ◆ rizar, ondular | 3 *vi* ◆ *(agua)* ondularse, rizarse ◆ *(músculo)* tensarse
rise [raɪz] 1 *n* ◆ *(sueldo, valor)* aumento; *(precio, temperatura)* subida; *(río)* crecida ◆ *(de un país, etc)* surgimiento; *(persona)* ascenso ◆ *Geog* colina; pendiente ◆ *(sol)* salida; *(río)* nacimiento; **to give r. to,** ocasionar | 2 *vi* (*ps* **rose**; *pp* **risen** ['rɪzən]) ◆ *(precio, temperatura)* aumentar; *(cortina, humo, mar)* subir; *(montaña)* elevarse; *(río)* crecer; *(viento)* arreciar; *(voz)* alzarse; *fig* **to r. to the bait,** picar el cebo ◆ ascender; **to r. to fame,** alcanzar la fama ◆ *(persona)* ponerse en pie; *frml (de la cama)* levantarse; **to r. to the occasion,** ponerse a la altura de las circunstancias ◆ *(sol)* salir; *(río)* nacer ◆ *Pol* sublevarse [**against,** contra]
➤ Ver nota en **raise**
■ **rise above** *vtr* estar por encima de
■ **rise up** *vi* sublevarse [**against,** contra]
rising ['raɪzɪŋ] 1 *adj* ◆ *(sol)* naciente; *(marea)* creciente; *(suelo)* en pendiente ◆ *(precios)* en alza; *(tensión, interés, etc)* creciente | 2 *n* ◆ *(de un río)* nacimiento ◆ *(del sol)* salida ◆ sublevación
risk [rɪsk] 1 *n* ◆ riesgo, peligro; **to run the r. of,** correr el riesgo de; **at one's own r.,** bajo su propia responsabilidad; **at r.,** en peligro | 2 *vtr* ◆ arriesgar ◆ arriesgarse a

> Usado con un verbo, **to risk** va seguido de gerundio: **I can't risk losing my job.** *No puedo arriesgarme a perder mi empleo.* Si la acción subordinada y **to risk** tienen sujetos diferentes, se emplea un adjetivo posesivo o un complemento directo en situaciones menos formales: **We can't risk the police arresting you.** *No podemos arriesgarnos (nosotros) a que la policía te detenga (a ti).*

risky ['rɪskɪ] *adj* (**riskier, riskiest**) arriesgado,-a

risqué ['rɪskeɪ] *adj* ◆ *(ropa)* atrevido,-a ◆ *(chiste)* picante
rite [raɪt] *n* ◆ rito ◆ *Rel* **the last rites** *pl,* la extremaunción
ritual ['rɪtjʊəl] *adj & n* ritual
rival ['raɪvəl] 1 *adj & n* rival | 2 *vtr* rivalizar con
rivalry ['raɪvəlrɪ] *n* rivalidad
river ['rɪvəʳ] *n* río; **down/up r.,** río abajo/arriba
river-bank ['rɪvəbæŋk] *n* orilla, ribera
river-bed ['rɪvəbed] *n* lecho
rivet ['rɪvɪt] 1 *n Téc* remache | 2 *vtr* ◆ *Téc* remachar ◆ *fig* fascinar
riveting ['rɪvɪtɪŋ] *adj fig* fascinante
road [rəʊd] *n* ◆ carretera; *(en ciudad)* calle; *(pequeño)* camino; **by r.,** por carretera; **main r.,** carretera principal; **on the r. to,** de camino a ◆ **r. accident,** accidente de tráfico; **r. junction,** empalme; **r. safety,** seguridad vial; **r. sign,** señal de tráfico
roadblock ['rəʊdblɒk] *n* control policial (de carretera)
roadhog ['rəʊdhɒg] *n fam* loco,-a del volante
roadside ['rəʊdsaɪd] *n* borde de la carretera
roadway ['rəʊdweɪ] *n* calzada
roadworthy ['rəʊdwɜːðɪ] *adj (vehículo)* apto para circular
roam [rəʊm] 1 *vtr* vagar por, recorrer | 2 *vi* vagar
roar [rɔːʳ] 1 *n* ◆ *(de león)* rugido; *(de toro, persona)* bramido ◆ *(de tráfico, de trueno)* estruendo ◆ *(de multitud)* clamor | 2 *vi* ◆ *(león)* rugir; *(toro, persona)* bramar ◆ *(mar, tráfico, viento)* rugir, bramar ◆ | LOC: **to r. with laughter,** reírse a carcajadas | 3 *vtr* rugir
roaring ['rɔːrɪŋ] *adj* ◆ *(fuego)* crepitante ◆ *fam* **to do a r. trade,** hacer su agosto
roast [rəʊst] 1 *adj Culin* asado | 2 *n* ◆ *(carne, patata)* asado,-a ◆ *(café)* torrefacto,-a | 3 *vtr* ◆ *(carne)* asar ◆ *(café)* tostar | 4 *vi* ◆ *(carne)* asarse ◆ *fam* asarse (de calor)
rob [rɒb] *vtr* ◆ robar; **to r. sthg from sb** *o* **to r. sb of sthg,** robar algo a alguien ◆ *(banco)* atracar ➤ Ver nota en **robar**
robber ['rɒbəʳ] *n* ◆ ladrón,-a ◆ **bank r.,** atracador,-ora ➤ Ver nota en **ladrón** y **robar**
robbery ['rɒbərɪ] *n* robo ➤ Ver nota en **robar**
robe [rəʊb] *n* ◆ *(de ceremonia)* toga ◆ *(de casa)* bata
robin ['rɒbɪn] *n Orn* petirrojo
robot ['rəʊbɒt] *n* robot

robust [rəʊ'bʌst] *adj* robusto,-a

rock [rɒk] 1 *n* ◆ *(materia)* roca ◆ *(en tierra)* peñón; *(en la mar)* roca, escollo; **on the rocks,** *(barco)* encallado,-a; *(whisky)* con hielo; **their marriage is on the rocks,** su matrimonio anda mal ◆ *Mús* rock | 2 *vtr* ◆ *(una cuna, mecedora, etc)* mecer; *(a un niño)* acunar ◆ *(un barco, etc)* balancear; *fig* **to r. the boat,** hacer olas ◆ *(noticia, etc)* conmover | 3 *vi* ◆ mecerse ◆ *(barco)* balancearse

rock-bottom [rɒk'bɒtəm] *adj* ◆ *(precio)* bajísimo,-a ◆ *(ánimos)* por los suelos

rocker ['rɒkə'] *n* ◆ roquero ◆ *fam* **he's off his r.,** está majareta

rocket ['rɒkɪt] 1 *n* ◆ cohete ◆ **to give sb a r.,** echar un rapapolvo a alguien | 2 *vi fam (precios)* dispararse

rocking-chair ['rɒkɪŋtʃeə'] *n* mecedora
rocking-horse ['rɒkɪŋhɔ:s] *n* caballito balancín

rocky ['rɒkɪ] *adj* (**rockier, rockiest**) ◆ *fam fig* inseguro,-a ◆ rocoso,-a; **the R. Mountains,** las Montañas Rocosas

rod [rɒd] *n* ◆ barra, vara ◆ (**fishing**) **r.,** caña (de pescar)

rode [rəʊd] *ps* → **ride**

rodent ['rəʊdənt] *n* roedor

roe [rəʊ] *n Zool* ◆ **r.** (**deer**), corzo ◆ *(de pescado)* hueva

rogue [rəʊg] *n* granuja, pícaro,-a

role, rôle [rəʊl] *n Teat & fig* papel; **to play a r.,** desempeñar un papel

roll [rəʊl] 1 *n* ◆ *(papel)* rollo; *(película)* carrete, rollo; *(tela)* pieza; *fam (grasa)* michelín ◆ panecillo; *(relleno)* bocadillo ◆ *(de nombres)* lista ◆ *(sonido)* redoble; *(trueno)* retumbo ◆ *(moción)* (*barco)* balanceo; *(persona)* bamboleo; *(coche)* voltereta | 2 *vtr* ◆ hacer rodar ◆ empujar, mover ◆ *(los ojos)* poner en blanco ◆ *(cigarrillo)* liar ◆ *Culin (masa)* estirar ◆ *(calle, tierra)* apisonar | 3 *vi* ◆ rodar; *(animal)* revolcarse; *(barco)* balancearse; *fam* **to be rolling in it,** nadar en la abundancia ◆ *(sonido) (tambor)* redoblar; *(trueno)* retumbar

■ **roll about/around** *vi* ◆ rodar (de acá para allá); *fam (de risa)* desternillarse ◆ *Náut* balancearse

■ **roll back** *vtr* ◆ *(la alfombra)* enrollar ◆ **to r. back the years,** remontarse en el tiempo

■ **roll by** *vi (los años)* pasar

■ **roll in** *vi fam* ◆ llegar ◆ *(dinero)* entrar a raudales

■ **roll over** *vi* dar una vuelta

■ **roll up** 1 *vtr* ◆ *(mapa, papel)* enrollar; *(persiana)* subir ◆ **to r. up one's sleeves,** (ar)remangarse | 2 *vi fam* ◆ *(coche)* llegar ◆ *(persona)* acudir, presentarse

roller ['rəʊlə'] *n* ◆ *(en máquina, para pintar)* rodillo; **road/steam r.,** apisonadora ◆ *(para el pelo)* rulo ◆ *(para muebles, etc)* rueda ◆ *US* **r. coaster,** montaña rusa; **r. skate,** patín de ruedas ◆ ola grande

rolling ['rəʊlɪŋ] 1 *adj* ◆ *(campo)* ondulado,-a ◆ *Ferroc* **r. stock,** material rodante | 2 *n* ◆ *(del suelo)* apisonamiento ◆ *Culin* **r. pin,** rodillo

ROM [rɒm] *Inform (abr de read only memory)* memoria ROM

Roman ['rəʊmən] *adj & n* romano,-a; **R. law,** derecho romano; **R. numerals,** números romanos

romance [rəʊ'mæns] 1 *n* ◆ novela romántica ◆ idilio ◆ lo romántico; **the r. of Paris,** el encanto de París | 2 *vi frml* fantasear

romantic [rəʊ'mæntɪk] *adj & n* romántico,-a

roof [ru:f] 1 *n* (*pl* **roofs** [ru:fs, ru:vz]) ◆ *Arquit* tejado, techo ◆ *fam* **to go through the r.,** *(precios)* estar por las nubes; *(persona)* **to hit the r.,** subirse por las paredes ◆ *Auto* techo ◆ *Anat (del paladar)* cielo | 2 *vtr* techar

rooftop ['ru:ftɒp] *n* ◆ tejado ◆ azotea

rook [rʊk] 1 *n* ◆ *Orn* grajo ◆ *Ajedrez* torre | 2 *vtr* estafar

room [ru:m] *n* ◆ habitación, cuarto, pieza ◆ *(en hotel)* **double r.,** habitación doble ◆ **r. temperature,** temperatura ambiente ◆ sitio, espacio: **there's no r. for you,** no cabes; **there is r. for improvement,** eso podría ser mejor

rooming-house ['ru:mɪŋhaʊs] *n US* pensión

roommate ['ru:mmeɪt] *n* compañero,-a de habitación

roomy ['ru:mɪ] *adj* (**roomier, roomiest**) ◆ *(espacio)* amplio,-a ◆ *(ropa)* holgado,-a

rooster ['ru:stə'] *n esp US* gallo

root [ru:t] 1 *n* raíz; **to take r.,** echar raíces | 2 *vtr* arraigar | 3 *vi* arraigar

■ **root about/around** *vi* hurgar [**for,** en busca de]

■ **root for** *vtr* apoyar, alentar

■ **root out/up** *vtr* arrancar de raíz

rope [rəʊp] 1 *n* ◆ cuerda; soga; *Náut* cabo ◆ *fam (en un trabajo, etc)* **to show sb the ropes,** enseñar a alguien cómo fun-

ciona todo | **2** *vtr* ♦ atar con una cuerda ♦ *Alpinismo* encordar
■ **rope in** *vtr fam* enganchar [**to do sthg**, para hacer algo]
■ **rope off** *vtr* acordonar
rop(e)y ['rəupɪ] *adj* (**ropier, ropiest**) *GB fam* (*de mala calidad*) chungo,-a ♦ pachucho,-a
rosary ['rəʊzərɪ] *n* rosario
rose[1] [rəʊz] *ps* → **rise**
rose[2] [rəʊz] *n* ♦ *Bot* rosa; **r. bush**, rosal ♦ (*color*) rosa; **to see life through r.-coloured glasses**, ver la vida de color de rosa
rosé ['rəʊzeɪ] *adj* (vino) rosado, clarete
rosebud ['rəʊzbʌd] *n* capullo de rosa
rosemary ['rəʊzmərɪ] *n* romero
rosette [rəʊ'zet] *n* escarapela
rostrum ['rɒstrəm] *n* tribuna
rosy ['rəʊzɪ] *adj* (**rosier, rosiest**) ♦ (*mejilla*) sonrosado,-a ♦ (*perspectiva*) prometedor,-ora
rot [rɒt] **1** *n* ♦ putrefacción; *fig* **to stop the r.**, cortar por lo sano ♦ *fam* tonterías | **2** *vtr* pudrir
■ **rot away** *vi* pudrirse
rotary ['rəʊtərɪ] *adj* ♦ rotatorio,-a, giratorio,-a ♦ **R. Club**, Sociedad Rotaria
rotate [rəʊ'teɪt] **1** *vtr* ♦ hacer girar ♦ (*trabajo, cultivos*) alternar | **2** *vi* ♦ girar ♦ (*cultivo*) alternarse
rotating [rəʊ'teɪtɪŋ] *adj* rotativo,-a
rotation [rəʊ'teɪʃən] *n* rotación
rotten ['rɒtən] *adj* ♦ podrido,-a; (*diente*) cariado,-a ♦ *fam* (*día, tiempo, etc*) terrible; (*persona*) malo,-a ♦ *fam* **to feel r.**, encontrarse fatal
rouge [ruːʒ] *n* colorete
rough [rʌf] **1** *adj* ♦ (*piel, superficie*) áspero,-a; (*tela*) basto,-a ♦ (*tierra, camino*) desigual, en mal estado; (*mar*) bravo,-a; (*tiempo*) tormentoso,-a ♦ (*persona*) brusco,-a; tosco,-a; (*barrio*) peligroso,-a, violento,-a ♦ (*vida*) duro,-a; *fam* pachucho,-a; **to be r. on**, ser injusto con ♦ (*construcción, etc*) rudo,-a, chapucero,-a; (*documento*) en borrador; (*cifra, cálculo*) aproximado,-a ♦ **r. and ready**, (*cosa*) improvisado,-a; (*persona*) tosco,-a pero honrado,-a | **2** *adv fam* ♦ con violencia; **to play it r.**, jugar duro; **to treat sb r.**, maltratar a alguien ♦ (*dormir, vivir*) a la intemperie | **3** *n* ♦ (*golf*) rough ♦ *fam* matón ♦ borrador; **in r.**, en borrador ♦ **r. and tumble**, juegos bruscos | **4** *vtr fam* **to r. it**, pasar apuros
■ **rough out** *vtr* esbozar
■ **rough up** *vtr fam* darle una paliza a

roughen ['rʌfən] *vtr* poner áspero,-a
roughly ['rʌflɪ] *adv* ♦ aproximadamente ♦ bruscamente, violentamente ♦ toscamente
roulette [ruː'let] *n* ruleta
round [raʊnd] **1** *adj* ♦ redondo,-a; **a r. number**, un número redondo ♦ (*viaje*) de ida y vuelta | **2** *adv* ♦ alrededor; **to go r.**, dar vueltas; **to travel r.**, viajar; **all year r.**, todo el año ♦ **the tree is a meter r.**, el árbol tiene un metro de circunferencia ♦ (*tb* **r. about**) aproximadamente, alrededor de, en los alrededores ♦ (*cambio de dirección*) **this picture is the wrong way r.**, este cuadro está al revés; **to turn r.**, dar media vuelta ♦ **to invite sb r.**, invitar a alguien a casa | **3** *prep* ♦ alrededor de, en torno a, por; **a fence r. the garden**, una valla alrededor del jardín; **a trip r. the bay**, un paseo por la bahía; **r. the sun**, en torno al sol ♦ (*cerca*) **r. here**, por aquí; **r. the corner**, a la vuelta de la esquina | **4** *n* ♦ secuencia, serie; **a r. of talks**, una serie de conferencias; **the daily r.**, la rutina cotidiana ♦ *Dep Boxeo* asalto; *Golf* round; (*de torneo*) vuelta ♦ (*cartero, etc*) ronda; (*médico*) visitas ♦ (*de bebidas*) ronda ♦ (*de pistola, etc*) bala, cartucho | **5** *vtr* ♦ (*una esquina, etc*) doblar ♦ (*un número*) redondear
■ **round down** *vtr* (*número*) redondear (en menos)
■ **round off** *vtr* acabar, concluir
■ **round on** *vtr* volverse contra
■ **round up** *vtr* ♦ (*número*) redondear (en más) ♦ (*ganado*) acorralar ♦ (*personas*) reunir
roundabout ['raʊndəbaʊt] **1** *n* ♦ tiovivo ♦ *GB Auto* glorieta | **2** *adj* indirecto,-a
roundly ['raʊndlɪ] *adv* rotundamente
round-up ['raʊndʌp] *n* ♦ (*de ganado*) rodeo ♦ (*de la policía*) redada ♦ resumen
rouse [raʊz] *vtr* ♦ despertar ♦ (*emoción, etc*) excitar ♦ (*al público, etc*) enardecer
rousing ['raʊzɪŋ] *adj* ♦ (*acogida*) entusiasta ♦ (*canción, discurso*) enardecedor,-ora
rout [raʊt] **1** *n* aniquilación | **2** *vtr* ♦ aniquilar ♦ *Téc* fresar
route [ruːt] **1** *n* ♦ ruta, itinerario; **r. map**, mapa de carreteras ♦ *US* **R.**, carretera nacional ♦ (*de autobús*) línea; *Náut* rumbo | **2** *vtr* (*un envío, un vuelo*) enviar
routine [ruː'tiːn] **1** *n* ♦ rutina ♦ *Teat* número | **2** *adj* rutinario,-a
routinely [ruː'tiːnlɪ] *adv* rutinariamente

row¹ [rəʊ] 1 n ◆ fila, hilera ◆ sucesión: **the team has lost twice in a r.,** el equipo ha perdido dos veces seguidas | 2 vtr & vi remar

row² [raʊ] 1 n ◆ follón, escándalo; **to make a r.,** armar un follón ◆ bronca, pelea ◆ disputa | 2 vi pelearse

rowboat ['rəʊbəʊt] n US bote de remos

rowdy ['raʊdɪ] 1 adj (**rowdier, rowdiest**) ◆ ruidoso,-a, escandaloso,-a ◆ pendenciero,-a | 2 n camorrista

rowing ['rəʊɪŋ] n ◆ remo ◆ **r. boat,** bote de remos

royal ['rɔɪəl] 1 adj real; **r. blue,** azul marino; **the R. Academy,** la Real Academia | 2 n ◆ fam un personaje real ◆ **the royals** pl, la realeza (esp británica)

royally ['rɔɪəlɪ] adv fig magníficamente

royalty ['rɔɪəltɪ] n ◆ realeza ◆ (usu pl) derechos de autor, royalties

RPI [ɑːpiː'aɪ] n (abr de **Retail Price Index**) Índice de Precios al Consumo, IPC

rpm [ɑːpiː'em] (abr de **revolutions per minute**) revoluciones por minuto, rpm

rub [rʌb] 1 n ◆ **to give sthg a r.,** frotar algo ◆ pega: **there's the r.,** ahí está el problema | 2 vtr ◆ frotar; **to r. hard,** restregar ◆ friccionar | 3 vi rozar (**against,** contra)
  ■ **rub down** vtr ◆ (caballo) almohazar; fig secar frotando ◆ (una superficie) lijar
  ■ **rub in** vtr ◆ (crema) aplicar (frotando) ◆ **fam don't r. it in,** no me lo eches a la cara
  ■ **rub off** 1 vtr (una mancha) borrar | 2 vi ◆ (pintura, etc) quitarse por el roce ◆ fig **I hope his rudeness doesn't r. off on his son,** espero que su mala educación no se le pegue a su hijo
  ■ **rub out** 1 vtr borrar | 2 vi borrarse
  ■ **rub up** vtr ◆ pulir ◆ fam fig **to r. sb up the wrong way,** caer gordo a alguien

rubber ['rʌbə'] n ◆ (materia) caucho, goma; **r. band,** goma; **r. plant,** ficus ◆ GB goma (de borrar) ◆ US argot condón

rubber stamp [rʌbə'stæmp] 1 n sello de caucho | 2 vtr fam autorizar (maquinalmente)

rubbery ['rʌbərɪ] adj ◆ elástico,-a ◆ (comida) correoso,-a

rubbish ['rʌbɪʃ] n ◆ GB basura; **household r.,** residuos domésticos; **r. bin,** cubo de la basura; **r. dump,** vertedero ◆ fam porquería ◆ fam (palabras) tonterías

rubble ['rʌbəl] n escombros

ruby ['ruːbɪ] n rubí

rucksack ['rʌksæk] n mochila

rudder ['rʌdə'] n timón

ruddy ['rʌdɪ] adj (**ruddier, ruddiest**) (cara) rubicundo,-a

rude [ruːd] adj ◆ (persona) maleducado,-a, grosero,-a; descortés [**to, con**] ◆ (comportamiento) grosero,-a; (chiste, lenguaje) indecente ◆ **a r. shock,** una sorpresa desagradable ◆ frml poco sofisticado,-a

rudimentary [ruːdɪ'mentərɪ] adj rudimentario,-a

rudiments ['ruːdɪmənts] npl rudimentos

rueful ['ruːfʊl] adj ◆ arrepentido,-a ◆ triste

ruffle ['rʌfəl] vtr ◆ (el pelo) despeinar; (las plumas) erizar; Cost fruncir ◆ fig alterar

ruffled ['rʌfəld] adj ◆ (pelo) alborotado,-a; (plumas) erizado,-a; (ropa) en desorden ◆ alterado,-a

rug [rʌg] n alfombra, alfombrilla

rugby ['rʌgbɪ] n Dep rugby

rugged ['rʌgɪd] adj ◆ (terreno) accidentado,-a, áspero,-a ◆ (facciones, rostro) duro,-a ◆ (carácter) fuerte

rugger ['rʌgə'] n fam rugby

ruin ['ruːɪn] 1 n ◆ (de edificios, etc) ruina (usu pl) ◆ ruina, perdición: **politics was the r. of him,** la política fue su perdición ◆ Fin ruina, bancarrota | 2 vtr ◆ arruinar ◆ estropear

rule [ruːl] 1 n ◆ regla, norma; **against the rules,** prohibido,-a; **r. of thumb,** regla general; **the golden r.,** la regla de oro; Lab **work to r.,** huelga de celo ◆ **as a r.,** por lo general ◆ gobierno; (de un monarca) reinado; (control) dominio ◆ regla, metro | 2 vtr ◆ gobernar ◆ Jur dictaminar ◆ trazar con una regla | 3 vi gobernar
  ■ **rule out** vtr descartar

ruled [ruːld] adj (papel) rayado,-a

ruler ['ruːlə'] n ◆ gobernante, soberano,-a ◆ regla, metro

ruling ['ruːlɪŋ] 1 adj ◆ (partido, persona) gobernante; (monarca) reinante ◆ predominante | 2 n Jur fallo, decisión

rum [rʌm] n ron

rumble ['rʌmbəl] 1 n ◆ ruido sordo; (de trueno) estruendo ◆ ruido (de tripas) | 2 vi ◆ hacer un ruido sordo; (trueno) retumbar ◆ fam **his stomach rumbled,** le sonaron las tripas

ruminate ['ruːmɪneɪt] vi rumiar

rummage ['rʌmɪdʒ] vi hurgar [**through, en**]

rumour, US **rumor** ['ruːmə'] 1 n rumor: **r. has it that...,** se rumorea que... | 2 vtr

it is rumoured that, se dice que; **she is rumoured to be ill,** se rumorea que está enferma

rump [rʌmp] *n* ◆ *Anat (animal)* ancas, grupa ◆ *fam (de person)* trasero

rumpus ['rʌmpəs] *n fam (ruido)* escándalo, jaleo

run [rʌn] 1 *vtr* ◆ correr: **I ran 12 km yesterday,** ayer corrí 12 km ◆ *(una carrera)* tomar parte en ◆ *pasar*: **he ran his hands through his hair,** se pasó la mano por el pelo; **to r. one's eyes over,** echar una ojeada a ◆ llevar (en coche): **can I r. you home?,** ¿puedo llevarte a casa? ◆ mover: **he ran the car into a tree,** empotró el coche en un árbol ◆ *(bloqueo)* burlar; *US (semáforo rojo)* saltarse ◆ *(armas, droga)* pasar ◆ *(casa)* llevar; *(empresa)* dirigir; *(servicio)* operar; *(máquina)* operar; *Inform (programa)* ejecutar ◆ tener: **they r. two cars,** tienen dos coches ◆ *(agua)* dejar correr ◆ publicar | 2 *vi* ◆ correr, huir ◆ *(un candidato)* presentarse [**for,** para] ◆ *(un río)* pasar, fluir; *(agua)* correr; *(sangre)* manar; **the tap is running,** el grifo está abierto; **your nose is running,** tienes mocos ◆ *(color)* desteñirse; *(hielo)* derretirse ◆ *(rumor)* correr; *(pensamiento)* ir; *(cuento, refrán)* decir ◆ *Náut frml* navegar; **to r. aground,** encallar [**on,** en] ◆ *(autobús, tren)* circular ◆ *(máquina)* funcionar; **to r. on batteries,** funcionar con pilas ◆ *(ser/estar) (calle, etc)* **the streets r. parallel,** las calles son paralelas; *(en una familia)* **it runs in the family,** viene de familia; **inflation is running at 2.5%,** la tasa de inflación es de 2,5% ◆ *Teat* mantenerse en cartelera; *(un contrato, etc)* durar, ser válido,-a ◆ *(hacerse)* **to r. low on, r. short of,** andar escaso,-a de; **time is running low,** el tiempo escasea; *(pozo, río)* **to r. dry,** secarse | 3 *n* ◆ carrera; **to give sb a r. for his money,** hacer sudar tinta a alguien; **to go for a r.,** ir a correr; **to make a r. for it,** intentar huir; **on the r.,** huyendo (de la justicia) ◆ *(en coche, etc)* paseo, vuelta ◆ tendencia; **in the long r.,** a la larga ◆ *Teat* temporada ◆ *(de mala suerte)* racha ◆ *Com Fin* gran demanda [**on,** de] ◆ *Prensa, etc* tirada ◆ *(de esquí)* pista; *(de aves)* corral

■ **run across** *vtr* encontrarse con
■ **run along** *vi fam* irse
■ **run around** *vi* corretear
■ **run away** *vi* ◆ fugarse ◆ **don't let your imagination r. away with you,** no te dejes llevar por tu imaginación

■ **run down** 1 *vtr* ◆ *Auto* atropellar ◆ criticar ◆ *(la plantilla)* ir reduciendo | 2 *vi* ◆ *(pila)* agotarse ◆ *(reloj)* pararse
■ **run in** 1 *vtr* ◆ *Auto* rodar ◆ *fam* llevar preso | 2 *vi* entrar corriendo
■ **run into** *vtr* ◆ *(una persona, un problema)* toparse con ◆ *Auto* chocar contra ◆ *(coste)* ascender a
■ **run off** 1 *vtr* ◆ *Impr (copias)* tirar ◆ *Fot* sacar | 2 *vi* escaparse corriendo
■ **run on** *vi* ◆ seguir corriendo ◆ *(reunión, etc)* alargarse
■ **run out** *vi* ◆ salir corriendo ◆ *(existencias)* agotarse ◆ *(persona)* quedarse sin: **we've r. out of gin,** nos hemos quedado sin ginebra ◆ *(contrato)* vencer
■ **run over** 1 *vtr* ◆ *Auto* atropellar ◆ *(plan)* repasar; *Teat* ensayar | 2 *vi* ◆ *(agua)* rebosar ◆ *(programa, reunión, etc)* excederse
■ **run through** *vtr* ◆ *(libro)* hojear a ◆ *(plan)* repasar ◆ *Teat* ensayar
■ **run up** *vtr* ◆ *(deudas)* acumular ◆ *(bandera)* izar ◆ *fam Cost (vestido)* hacer rápidamente
■ **run up against** *vtr* tropezar con

runaway ['rʌnəweɪ] 1 *n* fugitivo,-a | 2 *adj* ◆ fugitivo,-a ◆ *(caballo)* desbocado,-a; *(tren, vehículo)* fuera de control ◆ *(inflación)* galopante; *(éxito)* clamoroso,-a

rundown ['rʌndaʊn] *n* ◆ *(de industria, etc)* cierre gradual ◆ *fam* **to give sb a r.,** poner a alguien al día

run-down [rʌn'daʊn] *adj* ◆ *(persona)* agotado,-a ◆ *(casa)* destartalado,-a ◆ *(empresa)* venido,-a a menos

rung¹ [rʌŋ] *n* escalón, peldaño
rung² [rʌŋ] *pp* → **ring**

runner ['rʌnə'] *n* ◆ corredor,-ora: **he's a fast r.,** corre rápido ◆ alfombrilla ◆ **table r.,** tapete ◆ **r. bean,** judía verde ◆ | LOC: *GB fam* **to do a r.,** esfumarse

runner-up [rʌnər'ʌp] *n* subcampeón,-ona

running ['rʌnɪŋ] 1 *adj* ◆ para correr; **r. shoes,** zapatillas para correr; **r. track,** pista ◆ *(agua)* corriente; *(comentario)* en directo; **r. costs,** gastos de explotación ◆ *Pol* **r. mate,** candidato,-a a la vicepresidencia ◆ **two days r.,** dos días seguidos | 2 *n* ◆ correr, footing; *fig* **to be in the r. for sthg,** tener posibilidades de conseguir algo ◆ *(de empresa)* gestión ◆ *(de máquina)* funcionamiento

runny ['rʌnɪ] *adj* (**runnier, runniest**) ◆ *(ojos)* lloroso,-a; *(nariz)* que moquea ◆ *(huevo, miel, salsa)* líquido,-a; *(helado, mantequilla)* derretido,-a

run-up ['rʌnʌp] *n* preliminares [**to, para**]
runway ['rʌnweɪ] *n Av* pista
rupture ['rʌptʃəʳ] **1** *n* ◆ *Med* hernia ◆ ruptura | **2** *vtr* ◆ **to r. oneself,** causarse una hernia ◆ reventar, romper | **3** *vi* (*vaso sanguíneo, apéndice*) reventar
rural ['rʊərəl] *adj* rural
ruse [ruːz] *n* ardid, astucia
rush [rʌʃ] **1** *n* ◆ *Bot* junco ◆ prisa, apuro: **it got lost in the r.,** se perdió en la confusión; **to be in a r.,** tener prisa ◆ (*de agua*) torrente; (*de aire*) ráfaga ◆ *Com* demanda [**for, on,** de] ◆ *Cine* copión | **2** *vtr* ◆ (*a una persona*) apresurar, apurar ◆ (*una tarea*) hacer a todo correr ◆ (*a un enfermo, etc*) llevar urgentemente; (*mercancías*) enviar rápidamente ◆ asaltar | **3** *vi* ◆ precipitarse ◆ **the blood rushed to his cheeks,** la sangre le subió a las mejillas | **4** *adj* (*trabajo, pedido*) urgente
■ **rush around** *vi* correr de acá para allá
■ **rush into** *vtr fig* **to r. into sthg,** hacer algo precipitadamente

■ **rush off** *vi* irse corriendo
rush-hour ['rʌʃaʊəʳ] *n* hora punta
Russia ['rʌʃə] *n* Rusia
Russian ['rʌʃən] **1** *adj* ruso,-a | **2** *n* ◆ (*persona*) ruso,-a ◆ (*idioma*) ruso
rust [rʌst] **1** *n* ◆ óxido, herrumbre ◆ (*color*) color teja | **2** *vtr* oxidar | **3** *vi* oxidarse
rustic ['rʌstɪk] *adj* rústico,-a
rustle ['rʌsəl] **1** *n* (*de hojas*) susurro; (*de papel*) crujido | **2** *vtr* ◆ (*hojas*) hacer susurrar; (*papel*) hacer crujir ◆ (*ganado*) robar | **3** *vi* (*hojas*) susurrar; (*papel*) crujir
rustproof ['rʌstpruːf] *adj* inoxidable
rusty ['rʌstɪ] *adj* (**rustier, rustiest**) ◆ oxidado,-a ◆ falto de práctica; *fam fig* **my Quechua is very r.,** tengo muy olvidado el quechua
rut [rʌt] *n* ◆ ranura; *Agr* surco ◆ *fig* **to get into a r.,** estancarse en una rutina ◆ *Zool* celo
ruthless ['ruːθlɪs] *adj* despiadado,-a
rye [raɪ] *n* ◆ *Bot* centeno ◆ **r. bread,** pan de centeno; *US* **r. (whiskey),** whisky de centeno

S, s [es] *n* ◆ (*letra*) S, s ◆ (*abr de* **south**) sur
Sabbath ['sæbəθ] *n* (*judío*) sábado; (*cristiano*) domingo
sabbatical [sə'bætɪkəl] *adj* sabático,-a
sabotage ['sæbətɑːʒ] **1** *n* sabotaje | **2** *vtr* sabotear
saccharin ['sækərɪn] *n* sacarina
sachet ['sæʃeɪ] *n* sobrecito
sack [sæk] **1** *n* ◆ saco ◆ *fam* despido; **to get the s.,** ser despedido,-a; **to give sb the s.,** despedir a alguien ◆ *fam* **to hit the s.,** acostarse | **2** *vtr* ◆ *fam* despedir ◆ *Mil* saquear
sacrament ['sækrəmənt] *n* sacramento
sacred ['seɪkrɪd] *adj* sagrado,-a
sacrifice ['sækrɪfaɪs] **1** *n* sacrificio | **2** *vtr* sacrificar
sacrilege ['sækrɪlɪdʒ] *n* sacrilegio

sad [sæd] *adj* (**sadder, saddest**) ◆ (*persona*) triste ◆ (*situación*) lamentable, penoso,-a
sadden ['sædən] *vtr* entristecer
saddle ['sædəl] **1** *n* ◆ (*para un caballo*) silla (de montar); (*de bicicleta, etc*) sillín | **2** *vtr* ◆ (*caballo*) ensillar ◆ *fam* **to s. sb with sthg,** endilgarle algo a alguien
saddlebag ['sædəlbæg] *n* alforja
sadist ['seɪdɪst] *n* sádico,-a
sadistic [sə'dɪstɪk] *adj* sádico,-a
sadly ['sædlɪ] *adv* ◆ tristemente ◆ desgraciadamente, lamentablemente
sadness ['sædnɪs] *n* tristeza
sadomasochism [seɪdəʊ'mæsəkɪzəm] *n* sadomasoquismo
safari [sə'fɑːrɪ] *n* safari; **on s.,** de safari
safe [seɪf] **1** *adj* ◆ (*fuera de peligro*) a salvo [**from,** de] ◆ (*sin daños*) ileso,-a; **s. and sound,** sano,-a y salvo,-a ◆ (*no peligroso*)

safe-conduct

inocuo,-a ◆ *(sin riesgo)* seguro,-a: **it is s. to say that...**, se puede decir con confianza que...; **to be on the s. side,** por precaución ◆ *(conductor, etc)* prudente | **2** *n* caja fuerte

safe-conduct [seɪfˈkɒndʌkt] *n* salvoconducto

safe-deposit [seɪfdɪˈpɒzɪt] *n* **s.-d. (box)**, caja de seguridad

safeguard [ˈseɪfgɑːd] **1** *n* salvaguarda, garantía [**against,** contra]; **as a s.,** por precaución | **2** *vtr* proteger, salvaguardar

safely [ˈseɪflɪ] *adv* ◆ *(llegar, viajar)* sin incidentes; *(conducir)* con prudencia ◆ **we can s. say that...**, podemos decir con confianza que...

safety [ˈseɪftɪ] *n* ◆ seguridad; **a place of s.,** un lugar seguro; **s. first!,** ¡la seguridad ante todo! ◆ **s. belt,** cinturón de seguridad; *(de una pistola, etc)* **s. catch,** seguro; **s. net,** protección; **s. pin,** imperdible ➢ Ver nota en **seguridad**

saffron [ˈsæfrən] *n* azafrán

sag [sæg] *vi* ◆ *(estante, techo)* combarse ◆ *(cama)* hundirse ◆ *(pechos, etc)* caerse ◆ *fig (ánimos)* flaquear, decaer

sage [seɪdʒ] **1** *adj* sabio,-a | **2** *n* ◆ sabio,-a ◆ *Bot* salvia

Sagittarius [sædʒɪˈteərɪəs] *n Astrol* Sagitario

said [sed] **1** *ps & pp* → **say** | **2** *adj* dicho,-a

sail [seɪl] **1** *n* ◆ *Náut* vela; **to set s.,** hacerse a la mar ◆ paseo en barco ◆ *(de molino de viento)* aspa | **2** *vtr* pilotar, gobernar | **3** *vi (persona)* navegar ◆ *(barco) (salir)* zarpar; *(viajar)* navegar ◆ *fig (nube)* flotar; *(pájaro, pelota, etc)* volar

■ **sail through** *vtr fam (un examen, etc)* aprobar sin problemas

sailing [ˈseɪlɪŋ] *n* ◆ navegación; vela; **s. ship,** barco de vela ◆ salida, partida ◆ | LOC: **it's all plain s.,** es todo coser y cantar

sailor [ˈseɪlə^r] *n* marinero

saint [seɪnt] *n* ◆ santo,-a; **All Saints' Day,** Día de Todos los Santos ◆ [sɪnt] *(título)* **S., San, Santo, Santa; S. George,** San Jorge; **S. Mary,** Santa María *(su abreviatura normal es St)*

saintly [ˈseɪntlɪ] *adj (saintlier, saintliest)* santo,-a

sake [seɪk] *n* ◆ bien; **for the s. of,** por (el bien de) ◆ propósito; **art for art's s.,** el arte por el arte; **for the s. of argument,** pongamos por caso

salad [ˈsæləd] *n Culin* ensalada; **s. bowl,** ensaladera; **s. dressing,** aliño

salami [səˈlɑːmɪ] *n* salchichón, salami

salary [ˈsælərɪ] *n* salario, sueldo ➢ Ver nota en **salario**

sale [seɪl] *n* ◆ venta; **for s.,** en venta; **on s.,** a la venta ◆ **sales** *pl,* ventas; **sales department/manager,** departamento/jefe de ventas ◆ *Com (usu pl)* liquidación, rebaja

saleroom [ˈseɪlruːm] *n* sala de subastas

salesclerk [ˈseɪlzklɑːk] *n US* dependiente,-a

salesman [ˈseɪlzmən] *n* ◆ vendedor, representante ◆ *(de tienda)* dependiente

salesperson [ˈseɪlzpɜːsən] *n* ◆ vendedor,-ora ◆ dependiente,-a

saleswoman [ˈseɪlzwʊmən] *n* ◆ vendedora, representante ◆ *(de tienda)* dependienta

saliva [səˈlaɪvə] *n* saliva

sallow [ˈsæləʊ] *adj* amarillento,-a, cetrino,-a

salmon [ˈsæmən] **1** *n* salmón | **2** *adj* de color salmón

salon [ˈsælɒn] *n* salón

saloon [səˈluːn] *n* ◆ *Auto* turismo ◆ *Náut* cámara ◆ *US* taberna, bar ◆ *GB* **s. (bar),** bar de primera categoría

salt [sɔːlt] **1** *n* ◆ *Culin Quím* sal ◆ **salts** *pl,* sales; **smelling salts,** sales (para reanimar) ◆ | LOC: **to take sthg with a pinch of s.,** no creerse algo al pie de la letra | **2** *adj* salado,-a | **3** *vtr Culin* ◆ salar ◆ echar sal a

saltcellar [ˈsɔːltselə^r] *n* salero

saltwater [ˈsɔːltwɔːtə^r] *adj* de agua salada

salty [ˈsɔːltɪ] *adj (saltier, saltiest)* salado,-a

salubrious [səˈluːbrɪəs] *adj frml & hum* salubre

salutary [ˈsæljʊtərɪ] *adj* saludable

salute [səˈluːt] **1** *n* ◆ saludo ◆ *(de cañonazos)* salva | **2** *vtr* ◆ *Mil* saludar ◆ rendir homenaje a | **3** *vi Mil* saludar

Salvador [ˈsælvədɔː^r] *n* Salvador

Salvadorean, Salvadorian [ˌsælvəˈdɔːrɪən] *n & adj* salvadoreño,-a

salvage [ˈsælvɪdʒ] **1** *n* ◆ *(acción)* salvamento, rescate ◆ objetos recuperados | **2** *vtr* rescatar

salvation [sælˈveɪʃən] *n* salvación; **S. Army,** Ejército de Salvación

same [seɪm] **1** *adj* ◆ mismo,-a: **they are one and the s. person,** son la mismísima persona; **the s. person,** la misma perso-

na ♦ idéntico,-a, igual [**as**, a, que]: **all his songs are the s.,** todos sus canciones son iguales | **2** *pron* ♦ **the s.,** el/lo mismo, la misma: **it's all the s. to me,** me da lo mismo; **s. here,** yo también; **(the) s. to you!,** ¡lo mismo digo!, ¡igualmente!; **all/just the s.,** de todas maneras, así y todo | **3** *adv* **the s.,** igual: **I feel the s.,** me siento igual

sample ['sɑ:mpəl] **1** *n* muestra | **2** *vtr* ♦ *(comida)* probar ♦ *(vino)* catar ♦ *Estad* muestrear

sanatorium [sænə'tɔ:rɪəm] *n* sanatorio

sanctimonious [sæŋktɪ'məʊnɪəs] *adj* beato,-a, mojigato,-a

sanction ['sæŋkʃən] **1** *n* ♦ *frml* permiso ♦ *Jur Pol* sanción; **to impose sanctions on,** imponer sanciones a | **2** *vtr frml* sancionar

sanctity ['sæŋktɪtɪ] *n* ♦ *Rel* santidad ♦ *(de un juramento, etc)* inviolabilidad

sanctuary ['sæŋktjʊərɪ] *n* ♦ *Rel* santuario ♦ *Pol* asilo ♦ *(para la fauna)* reserva

sand [sænd] **1** *n* arena | **2** *vtr* **to s. (down),** lijar

sandal ['sændəl] *n* sandalia

sandalwood ['sændəlwʊd] *n* sándalo

sandbag ['sændbæg] *n* saco de arena

sandpaper ['sændpeɪpəʳ] *n* (papel de) lija

sandpit ['sændpɪt] *n (para niños)* cajón de arena

sandstone ['sændstəʊn] *n Geol* arenisca

sandwich ['sænwɪdʒ, 'sænwɪtʃ] **1** *n* ♦ bocadillo; *(con pan de molde)* sándwich ♦ *Educ* **s. course,** curso medio teórico, medio práctico | **2** *vtr (usu pasivo)* encajonar, apretujar [**between,** entre]

sandy ['sændɪ] *adj (sandier, sandiest)* ♦ *(tierra)* arenoso,-a ♦ *(color)* rojizo,-a; *(pelo)* rubio rojizo

sane [seɪn] *adj* ♦ *(persona)* cuerdo,-a, sensato,-a ♦ *(conducta)* prudente

sang [sæŋ] *ps* → **sing**

sanitarium [sænɪ'teərɪəm] *n US* sanatorio

sanitary ['sænɪtərɪ] *adj* ♦ *(sistema, etc)* sanitario,-a ♦ *(condiciones, etc)* higiénico,-a; **s. towel,** *US* **s. napkin,** compresa

sanitation [sænɪ'teɪʃən] *n* ♦ sanidad (pública) ♦ servicios sanitarios

sanity ['sænɪtɪ] *n* ♦ cordura, juicio ♦ sensatez

sank [sæŋk] *ps* → **sink**

sap [sæp] **1** *n* ♦ *Bot* savia ♦ *fam US* inocente | **2** *vtr (la confianza, fuerza, salud)* minar

sapphire ['sæfaɪəʳ] *n* zafiro

sarcasm ['sɑ:kæzəm] *n* sarcasmo

sarcastic [sɑ:'kæstɪk] *adj* sarcástico,-a

sardine [sɑ:'di:n] *n* sardina

sardonic [sɑ:'dɒnɪk] *adj* sardónico,-a

sash [sæʃ] *n* ♦ faja ♦ *Arquit (de ventana)* marco; **s. window,** ventana de guillotina

sat [sæt] *ps & pp* → **sit**

Satan ['seɪtən] *n* Satanás

satanic [sə'tænɪk] *adj* satánico,-a

satchel ['sætʃəl] *n* cartera (de colegial)

satellite ['sætəlaɪt] *n* satélite; **s. dish,** antena parabólica; **s. TV,** televisión vía satélite

satin ['sætɪn] *n* ♦ *Tex* satén, raso ♦ *(pintura)* **s. finish,** (acabado) satinado

satire ['sætaɪəʳ] *n* sátira

satirical [sə'tɪrɪkəl] *adj* satírico,-a

satisfaction [sætɪs'fækʃən] *n* satisfacción

satisfactory [sætɪs'fæktərɪ] *adj* satisfactorio,-a

satisfied ['sætɪsfaɪd] *adj* satisfecho,-a

satisfy ['sætɪsfaɪ] *vtr* ♦ satisfacer ♦ *(una exigencia)* cumplir con, satisfacer; *(una deuda)* pagar ♦ convencer

satisfying ['sætɪsfaɪɪŋ] *adj* ♦ satisfactorio,-a, gratificante ♦ *(comida)* bueno,-a y que llena

saturate ['sætʃəreɪt] *vtr* saturar [**with,** de]

Saturday ['sætədɪ] *n* sábado

Saturn ['sætɜ:n] *n* Saturno

sauce [sɔ:s] *n* ♦ *Culin* salsa ♦ *fam* descaro

saucepan ['sɔ:spən] *n* cacerola

saucer ['sɔ:səʳ] *n* platillo; **flying s.,** platillo volante, OVNI

saucy ['sɔ:sɪ] *adj (saucier, sauciest) fam* fresco,-a

sauna ['sɔ:nə] *n* sauna

saunter ['sɔ:ntəʳ] **1** *n* paseo tranquilo | **2** *vi* pasearse tranquilamente

sausage ['sɒsɪdʒ] *n* ♦ salchicha ♦ embutido, salchichón; *(picante)* chorizo ♦ *fam* **s. dog,** perro salchicha | LOC: *fam* **not a s.,** nada de nada

savage ['sævɪdʒ] **1** *adj* ♦ *(animal, ataque)* feroz, salvaje ♦ *(persona)* brutal, cruel ♦ *(tribu, etc)* salvaje | **2** *n* salvaje | **3** *vtr* ♦ atacar, morder ♦ *fig* atacar ferozmente

save [seɪv] **1** *vtr* ♦ *Rel* redimir ♦ salvar, rescatar [**from,** de]: **I couldn't do it to s. my life,** no podría hacerlo por nada del mundo; **to s. face,** guardar las apariencias; **to s. sb from drowning,** salvar a alguien de morir ahogado ♦ *(dinero, tiempo)* ahorrar ♦ *(despilfarro, problemas)* evi-

saving

tar; **to s. doing sthg,** evitar tener que hacer algo ◆ guardar, reservar; *Inform* guardar; *fam* **s. your breath,** no gastes saliva ◆ *Dep (gol)* parar | **2** *vi* ◆ ahorrar ◆ *Rel* salvar | **3** *n Dep* parada

saving ['seɪvɪŋ] *n* ◆ ahorro ◆ **savings** *pl*, ahorros; **s. account,** cuenta de ahorros; **s. bank,** caja de ahorros

saviour, *US* **savior** ['seɪvjəʳ] *n* salvador,-ora

savour, *US* **savor** ['seɪvəʳ] **1** *n* sabor, gusto | **2** *vi* saborear

savoury, *US* **savory** ['seɪvərɪ] *adj* ◆ sabroso,-a ◆ salado,-a

saw[1] [sɔː] **1** *n* sierra | **2** *vtr* & *vi (ps sawed; pp sawed o sawn)* serrar

■ **saw up** *vtr* serrar [**into,** en]

saw[2] [sɔː] *ps* → **see**

sawdust ['sɔːdʌst] *n* serrín

sawmill ['sɔːmɪl] *n* aserradero

sawn-off ['sɔːnɒf] *adj* **s.-o. shotgun,** escopeta de cañones recortados

saxophone ['sæksəfəʊn] *n* saxofón

say [seɪ] **1** *vtr (ps & pp said)* ◆ decir: **it's easier said than done,** es fácil decirlo; **let's s (that)...,** pongamos por caso que...; **that is to s.,** es decir; **they s.,** dicen que, se dice que; **what did you s.?,** ¿qué has dicho?; **you can s. that again,** ya lo creo que sí; **to s. the least,** como mínimo; **to s. yes/no,** decir que sí/no ◆ *(letrero, texto)* decir, poner; *(reloj)* marcar ➢ Ver nota en **decir** | **2** *vi* ◆ decir ◆ **you don't s.,** no me digas | **3** *n* **to have a s.,** tener voz y voto [**in,** en]: **let me have my s.,** déjame hablar | **4** *excl US* **s.!,** ¡oiga!

saying ['seɪɪŋ] *n* refrán, dicho

scab [skæb] *n* ◆ *Med* costra ◆ *fam pey* esquirol

scaffold ['skæfəld] *n* ◆ *Constr* andamio ◆ *(de una ejecución)* patíbulo

scaffolding ['skæfəldɪŋ] *n Constr* andamiaje

scald [skɔːld] **1** *n* escaldadura | **2** *vtr* escaldar

scale [skeɪl] **1** *n* ◆ escala; **on a large/small s.,** a gran/pequeña escala; **to s.,** a escala ◆ *(de un problema, etc)* escala, magnitud ◆ *Mús* escala ◆ *(de un pez)* escama ◆ *(en las tuberías)* sarro ◆ **scales** *pl*, balanza; *(para personas)* báscula | **2** *vtr* escalar

■ **scale down** *vtr* ◆ *(un dibujo)* reducir a escala ◆ *(producción)* reducir

scallop ['skɒləp] *n (molusco)* vieira

scalp [skælp] **1** *n* cuero cabelludo | **2** *vtr* arrancar el cuero cabelludo a alguien

scalpel ['skælpəl] *n* bisturí

scamper ['skæmpəʳ] *vi* corretear

scampi ['skæmpɪ] *npl* langostinos (rebozados), *fam* gambas con gabardina

scan [skæn] **1** *vtr* ◆ *(el horizonte)* escudriñar ◆ *(un texto)* ojear ◆ *(radar)* explorar ◆ *Med* hacer un escáner de, hacer una ecografía de | **2** *n Med* escáner, ecografía ◆ *Inform* escanear

scandal ['skændəl] *n* ◆ escándalo: **it's a s.!,** ¡es una vergüenza! ◆ chismorreos

scanner ['skænəʳ] *n* ◆ *Med* escáner, ecógrafo ◆ *Inform* escáner

scant [skænt] *adj* escaso,-a

scanty ['skæntɪ] *adj (scantier, scantiest)* ◆ *(información)* escaso,-a ◆ *(evidencia, comida)* insuficiente ◆ *(ropa)* ligero,-a

scapegoat ['skeɪpgəʊt] *n* chivo expiatorio

scar [skɑːʳ] *n* ◆ cicatriz ◆ *fig* señal, marca

scarce [skeəs] *adj* ◆ escaso,-a; **to be s.,** escasear ◆ *fig* **to make oneself s.,** esfumarse

scarcely ['skeəslɪ] *adv* apenas

scarcity ['skeəsɪtɪ] *n* escasez

scare [skeəʳ] **1** *n* ◆ susto; **to give sb a s.,** asustar a alguien ◆ pánico; **the meningitis s.,** el pánico a la meningitis | **2** *vtr* asustar, espantar; *fam* **to s. sb stiff,** pegar un susto de muerte a alguien | **3** *vi* asustarse: **he doesn't s. easily,** no se asusta fácilmente

■ **scare away/off** *vtr* ahuyentar

scarecrow ['skeəkrəʊ] *n* espantapájaros

scarf [skɑːf] *n (pl* **scarfs** *o* **scarves** [skɑːvz]) ◆ *(de lana)* bufanda ◆ *(de seda, etc)* pañuelo

scarlet ['skɑːlɪt] **1** *adj* escarlata; **s. fever,** escarlatina | **2** *n* escarlata

scarves [skɑːvz] *npl* → **scarf**

scary ['skeərɪ] *adj fam (película, etc)* de miedo

scathing ['skeɪðɪŋ] *adj* mordaz, cáustico,-a

scatter ['skætəʳ] **1** *vtr* ◆ *(semillas)* esparcir, sembrar ◆ *(ropa, papeles)* desparramar ◆ *(una multitud)* dispersar | **2** *vi* dispersarse

scatterbrained ['skætəbreɪnd] *adj fam* atolondrado,-a, despistado,-a

scattered ['skætəd] *adj* ◆ *(una comunidad)* disperso,-a ◆ *Meteor (chubasco)* aislado,-a

scavenge ['skævɪndʒ] **1** *vi* hurgar (en la basura) [**for,** en busca de] | **2** *vtr* robar de la basura

scavenger ['skævɪndʒəʳ] n ◆ *(animal)* carroñero,-a ◆ persona que hurga en la basura

scenario [sɪ'nɑːrɪəʊ] n ◆ *Cine* guión ◆ perspectiva, posibilidad; *fam* escenario

scene [siːn] n ◆ lugar, escenario; **the s. of the crime,** el lugar del crimen; **on the s.,** en el lugar de la acción ◆ panorama ◆ **to make a s.,** montar un número ◆ *Teat Cine TV* escena ◆ |LOC: **behind the scenes,** entre bastidores

scenery ['siːnərɪ] n ◆ paisaje ◆ *Teat* decorado

scenic ['siːnɪk] adj pintoresco,-a

scent [sent] 1 n ◆ *(de una flor, etc)* olor, perfume; *(de comida, etc)* aroma ◆ perfume, fragancia ◆ *(caza)* pista; **to put sb off the s.,** despistar a alguien ◆ *(sentido)* olfato | 2 vtr ◆ perfumar ◆ olfatear ◆ *(peligro, etc)* presentir

sceptic ['skeptɪk] n escéptico,-a

sceptical ['skeptɪkəl] adj escéptico,-a

scepticism ['skeptɪsɪzəm] n escepticismo

schedule ['ʃedjuːl], *US* ['skedʒʊəl] 1 n ◆ programa ◆ horario; **on s.,** a la hora prevista; **behind s.,** con retraso ◆ *Com fur frml* lista | 2 vtr programar

scheduled ['ʃedjuːld], *US* ['skedʒʊəld] adj ◆ previsto,-a, programado,-a ◆ *Av* **s. flight,** vuelo regular

scheme [skiːm] 1 n ◆ *(de colores)* combinación ◆ plan, proyecto; **pension s.,** plan de pensiones ◆ idea ◆ estratagema, ardid ◆ confabulación | 2 vi intrigar, conspirar

scheming ['skiːmɪŋ] 1 adj intrigante, maquinador,-ora | 2 n intrigas

schizophrenic [skɪtsəʊ'frenɪk] adj & n esquizofrénico,-a

scholar ['skɒləʳ] n ◆ erudito,-a ◆ alumno,-a, estudiante ◆ becario,-a

scholarship ['skɒləʃɪp] n ◆ erudición ◆ beca

school [skuːl] 1 n ◆ colegio, escuela, instituto; **night s.,** clases nocturnas; **s. year,** año escolar ◆ *(de bellas artes, baile, teatro)* academia; *Mús* conservatorio ◆ *Univ* facultad; *US* universidad ◆ *Arte* escuela; **a s. of thought,** una corriente de opinión ◆ *(de peces)* banco; *(de ballenas)* grupo | 2 vtr frml *(a un animal)* adiestrar; *(a una persona)* instruir

schoolbook ['skuːlbʊk] n libro de texto

schoolboy ['skuːlbɔɪ] n alumno

schoolchild ['skuːltʃaɪld] n alumno,-a

schooldays ['skuːldeɪz] npl años de colegio

schoolgirl ['skuːlgɜːl] n alumna

schooling ['skuːlɪŋ] n educación, estudios

school-leaver ['skuːlliːvəʳ] n joven que termina el colegio

schoolmaster ['skuːlmɑːstəʳ] n ◆ *(de instituto)* profesor ◆ *(de escuela primaria)* maestro

schoolmistress ['skuːlmɪstrɪs] n ◆ *(de instituto)* profesora ◆ *(de escuela primaria)* maestra

schoolteacher ['skuːltiːtʃəʳ] n ◆ *(de instituto)* profesor,-ora ◆ *(de escuela primaria)* maestro,-a

science ['saɪəns] n ◆ ciencia ◆ **the Sciences** pl, las ciencias ◆ **s. fiction,** ciencia-ficción

scientific [saɪən'tɪfɪk] adj científico,-a

scientist ['saɪəntɪst] n científico,-a

sci-fi ['saɪfaɪ] *fam* 1 n ciencia-ficción | 2 adj de ciencia-ficción

scintillating ['sɪntɪleɪtɪŋ] adj *(actuación)* brillante

scissors ['sɪzəz] npl tijeras; **a pair of s.,** unas tijeras

scoff [skɒf] 1 vi burlarse [at, de] | 2 vtr fam zamparse

scold [skəʊld] vtr regañar

scone [skəʊn, skɒn] n *GB Culin* ≈ bollo

scoop [skuːp] 1 n ◆ *(para el grano, etc)* pala; *(para el helado)* cuchara ◆ *(cantidad de helado)* bola ◆ *TV Prensa* exclusiva, primicia | 2 vtr ◆ sacar (con pala, cuchara) ◆ *Prensa (a un rival)* robar una primicia a

■ **scoop out** vtr ◆ sacar (con pala, cuchara) ◆ *(un melón, una calabaza, etc)* vaciar

■ **scoop up** vtr recoger

scooter ['skuːtəʳ] n ◆ *(juguete de niño)* patinete ◆ *(de adulto)* Vespa◆

scope [skəʊp] n ◆ *(de una ley, etc)* alcance; *(de la investigación, etc)* ámbito ◆ oportunidades; **a job with lots of s.,** un trabajo con muchas oportunidades

scorch [skɔːtʃ] vtr chamuscar

scorching ['skɔːtʃɪŋ] adj fam abrasador,-ora

score [skɔːʳ] 1 n ◆ *(en test, examen)* puntuación ◆ *Dep* resultado, tanteo: **what's the s.?,** ¿cómo van?; **s. draw,** empate ◆ *Mús (copia)* partitura; *(para una película, etc)* música ◆ *frml* veintena; *fig* **scores of people were killed,** decenas de personas murieron ◆ **don't worry on that s.,** no te preocupes por eso; **to know the s.,** estar al tanto; **to settle an old s.,** ajustar cuentas | 2 *vtr* ◆ *Dep* (gol) marcar; *(puntos)* ganar, anotarse; *fig* **to s. a hit,** anotarse un exitazo; **to s. points off sb,** mostrarse más listo que alguien ◆ *(en examen, etc: puntos)* sacar: **I scored 95%,** saqué un 95% ◆ *(papel, madera)* rayar | 3 *vi* ◆ *Dep* anotarse un tanto ◆ llevar el marcador ◆ *fam* ligar [**with,** con]

■ **score out** *vtr (una palabra)* tachar
scoreboard ['skɔːbɔːd] *n* marcador
scorer ['skɔːrə'] *n Dep* ◆ persona que marca un tanto; *Ftb* goleador,-ora ◆ encargado,-a del marcador
scorn [skɔːn] 1 *n* desdén | 2 *vtr* desdeñar
scornful ['skɔːnful] *adj* desdeñoso,-a
Scorpio ['skɔːpɪəʊ] *n Astrol* Escorpión
scorpion ['skɔːpɪən] *n Zool* alacrán, escorpión
Scot [skɒt] *n* escocés,-esa
Scotch [skɒtʃ] 1 *adj* escocés,-esa; **S. broth,** sopa de carne y verduras; **S. tape®,** cinta adhesiva, celo® | 2 *n* whisky escocés

Para hablar de personas no debes usar el adjetivo **Scotch**, sino **Scots** o **Scottish**.

Scotland ['skɒtlənd] *n* Escocia
Scots [skɒts] 1 *adj* escocés,-esa | 2 *n* **the S.,** *pl* los escoceses
Scotsman ['skɒtsmən] *n* escocés
Scotswoman ['skɒtswʊmən] *n* escocesa
Scottish ['skɒtɪʃ] *adj* escocés,-esa
scoundrel ['skaʊndrəl] *n* sinvergüenza, canalla
scour [skaʊə'] 1 *vtr* ◆ fregar, restregar ◆ *(una zona)* rastrear, peinar; *(un edificio)* registrar; *(un periódico)* leer detenidamente
scourge [skɜːdʒ] *fig n* azote
scout [skaʊt] 1 *n* ◆ *Mil* explorador,-ora ◆ *Dep Cine* cazatalentos ◆ **boy s.,** boy scout, explorador; *US* **girl s.,** exploradora ◆ **to have a s. around,** echar un vistazo | 2 *vi* ◆ *Mil* reconocer el terreno

■ **scout around** *vi* buscar [**for,** -]
scowl [skaʊl] 1 *n* ceño | 2 *vi* fruncir el ceño; **to s. at sb,** mirar a alguien con ceño
scrabble ['skræbəl] 1 *vi* ◆ *(animal)* escarbar; *fig* **to s. about for sthg,** revolver todo para encontrar algo | 2 *n* **S.®,** Scrabble®
scraggy ['skrægɪ] *adj (scraggier, scraggiest)* escuálido,-a, flacucho,-a

scramble ['skræmbəl] 1 *vtr* ◆ mezclar; **scrambled eggs,** huevos revueltos ◆ *Tele (mensaje)* codificar | 2 *vi* ◆ ir gateando; **to s. across a field,** cruzar un campo gateando; **to s. up a tree,** trepar a un árbol ◆ pelearse [**for,** por]; andar a la rebatiña [**for,** por] ◆ *Dep* hacer motocross | 3 *n* ◆ subida *o* escalada difícil ◆ confusión, rebatiña ◆ *Dep* carrera de motocross
scrap [skræp] 1 *n* ◆ *fam* pelea ◆ chatarra; **s. dealer,** chatarrero,-a; **s. paper,** papel para apuntes ◆ pedacito: **he hasn't eaten a s.,** no ha comido nada ◆ **scraps** *pl, (de comida)* sobras | 2 *vtr* ◆ *(coche, etc)* desguazar ◆ *(plan)* abandonar ◆ *(idea)* descartar | 3 *vi* pelearse [**with,** con]
scrapbook ['skræpbʊk] *n* álbum de recortes
scrape [skreɪp] 1 *vtr* ◆ *(patatas, zanahorias, madera)* raspar; *(la pintura)* rayar; *(la rodilla)* arañarse ◆ *(la pared, etc)* rozar | 2 *vi* ◆ chirriar ◆ rozar [**against,** contra] | 3 *n* ◆ *(pintura)* raya ◆ *(en la piel)* rasguño ◆ *fam* lío

■ **scrape through** *vi fam (examen)* aprobar por los pelos
■ **scrape together/up** *vtr* reunir a duras penas
scrapheap ['skræphiːp] *n* ◆ *(para coches)* desguace ◆ montón de desechos ◆ *fig* **to throw sb on the s.,** dejar a alguien sin trabajo y sin perspectivas
scratch [skrætʃ] 1 *vtr* ◆ *(la pintura, etc)* rayar ◆ *(con la uña)* arañar ◆ *(tela basta, etc)* rascar ◆ *(la piel, una picazón)* rascarse | 2 *n* ◆ *(en la pintura)* raya ◆ *(con la uña, etc)* arañazo ◆ *(ruido)* chirrido ◆ | LOC: **to be up to s.,** dar la talla; *fig* **to start from s.,** partir de cero
scrawl [skrɔːl] 1 *n* garabatos | 2 *vtr* garabatear | 3 *vi* hacer garabatos
scrawny ['skrɔːnɪ] *adj (scrawnier, scrawniest)* esquelético,-a, flaco,-a
scream [skriːm] 1 *n* ◆ chillido, alarido ◆ *fam* **he's a s.,** es divertidísimo | 2 *vtr (injurias)* gritar | 3 *vi* ◆ chillar [**at,** a] ◆ **to s. with laughter,** reírse a carcajadas
screech [skriːtʃ] 1 *n* ◆ *(de persona, animal)* alarido ◆ *(de un coche)* chirrido, (sonido de) frenazo | 2 *vi* ◆ *(persona, animal)* chillar ◆ *(coche)* chirriar; **to s. to a halt,** parar dando un frenazo (sonoro)
screen [skriːn] 1 *n* ◆ *Cine Inform TV* pantalla ◆ mampara; *(plegable)* biombo ◆ *fig (de árboles, etc)* cortina | 2 *vtr* ◆ *(con árboles, etc)* ocultar, tapar ◆ *(los ojos)* proteger

screen *Cine TV (película, programa)* echar, proyectar ◆ *Med* someter a una revisión ◆ *(por razones de seguridad, etc)* investigar los antecedentes de
■ **screen off** *vtr* separar con biombos *o* mamparas
screening ['skri:nɪŋ] *n* ◆ *(de película)* proyección ◆ *Med* exploración ◆ investigación de antecedentes
screenplay ['skri:npleɪ] *n Cine TV* guión
screw [skru:] **1** *n* ◆ *Téc* tornillo ◆ *Av Náut* hélice ◆ *vulgar* polvo | **2** *vtr* ◆ atornillar ◆ *vulgar* follar
■ **screw down** *vtr* sujetar con tornillos
■ **screw on** *vtr (tapa, tuerca)* enroscar
■ **screw together 1** *vtr* unir con tornillos | **2** *vi* atornillarse
■ **screw up** *vtr* ◆ *(tornillo)* atornillar; *(tuerca)* apretar ◆ *(papel)* arrugar ◆ *(los ojos)* entornar ◆ *fam* estropear, fastidiar
screwdriver ['skru:draɪvəʳ] *n* destornillador
scribble ['skrɪbəl] **1** *n* garabatos | **2** *vtr* garabatear | **3** *vi* hacer garabatos
script [skrɪpt] *n* ◆ *(alfabeto)* escritura; **Arabic s.,** escritura árabe ◆ *Cine TV* guión ◆ *Educ* escrito, examen
Scripture ['skrɪptʃəʳ] *n* **Holy S.,** Sagrada Escritura
scroll [skrəʊl] **1** *n* rollo de pergamino | **2** *vi Inform* **to s. up/down,** desplazarse hacia arriba/abajo en el texto
scrounge [skraʊndʒ] *fam* **1** *vtr* gorronear [from/off, a]: **can I s. a cigarette off you?,** ¿me das un cigarrillo? | **2** *vi* gorronear; **to s. on/off sb,** vivir a costa de alguien
scrub [skrʌb] **1** *n* ◆ *Bot* maleza, matorrales ◆ fregado | **2** *vtr* ◆ fregar, restregar ◆ *fam* anular, borrar
scruff [skrʌf] *n* ◆ *fam* zarrapastroso,-a ◆ **s. of the neck,** pescuezo
scruffy ['skrʌfɪ] *adj (scruffier, scruffiest) fam* desaliñado,-a, zarrapastroso,-a
scruple ['skru:pəl] *n (usu pl)* escrúpulo [about, en]
scrupulous ['skru:pjʊləs] *adj* escrupuloso,-a
scrupulously ['skru:pjʊləslɪ] *adv* escrupulosamente
scrutinize ['skru:tɪnaɪz] *vtr* escudriñar, examinar
scrutiny ['skru:tɪnɪ] *n* escrutinio, examen
scuff [skʌf] *vtr (los zapatos)* raspar; *(el suelo)* rayar
scuffle ['skʌfəl] *n* escaramuza
sculptor ['skʌlptəʳ] *n* escultor
sculpture ['skʌlptʃəʳ] *n* escultura
scum [skʌm] *n* ◆ *(sobre agua, etc)* capa de suciedad ◆ *fig* escoria
scupper ['skʌpəʳ] *vtr* ◆ *Náut* hundir ◆ *GB fam (plan)* desbaratar
scuttle ['skʌtəl] **1** *n* ◆ **coal s.,** cubo del carbón | **2** *vtr Náut* hundir, barrenar | **3** *vi* **to s. away** *o* **off,** escabullirse
scythe [saɪð] **1** *n* guadaña | **2** *vtr* segar con guadaña
SE [e'si»:] *n (abr de south east)* sudeste, SE
sea [si:] *n* ◆ mar; **North Sea,** Mar del Norte; **Red S.,** Mar Rojo; **to head out to s.,** hacerse a la mar; **at s.,** en el mar; **all at s.,** despistado,-a; **by s.,** por mar; **by the s.,** a la orilla del mar; **s. bird,** ave marina; **s. level,** nivel del mar; **s. water,** agua de mar ◆ oleada, marejada ◆ *fig* **a s. of faces,** una multitud de caras
seabed ['si:bed] *n* fondo del mar
seaboard ['si:bɔ:d] *n* costa, litoral
seafood ['si:fu:d] *n* marisco
seafront ['si:frʌnt] *n* paseo marítimo
seagull ['si:gʌl] *n* gaviota
seahorse ['si:hɔ:s] *n* caballito de mar
seal [si:l] **1** *n* ◆ *Zool* foca ◆ sello; *fig* **s. of approval,** aprobación, visto bueno ◆ cierre hermético; *(de seguridad)* precinto | **2** *vtr* ◆ *(paquete, etc)* cerrar; *(con cinta)* precintar; *(con lacre)* lacrar ◆ *(tarro, botella)* cerrar herméticamente ◆ *(acuerdo, documento)* sellar ◆ *(destino)* decidir
■ **seal off** *vtr* ◆ *(salida)* cerrar ◆ *(zona)* acordonar
■ **seal up** *vtr* ◆ *(paquete)* cerrar ◆ *(puerta, etc)* cerrar, precintar
sea lion ['si:laɪən] *n* león marino
seam [si:m] *n* ◆ *Cost* costura; **to b. at the seams,** *(ropa)* descoserse, reventar; *(habitación, tren, etc)* estar a tope ◆ *Téc* juntura ◆ *Geol Min* veta, filón
seaman ['si:mən] *n* marinero
seamy ['si:mɪ] *adj (seamier, seamiest) fig* sórdido,-a
séance ['seɪɑ:ns] *n* sesión de espiritismo
seaplane ['si:pleɪn] *n* hidroavión
seaport ['si:pɔ:t] *n* puerto marítimo
search [sɜ:tʃ] **1** *n* ◆ búsqueda; **in s. of,** en busca de ◆ *(de la policía, etc)* registro; *(de una persona)* cacheo | **2** *vtr* ◆ *(archivos)* buscar en ◆ *(un sitio)* registrar: **we searched the house,** registramos la casa ◆ *(una persona)* registrar, cachear; *fig fam* **s.**

searching

me!, ¡yo, qué sé! ¡a mí que me registren! ◆ *(la conciencia)* examinar | **3** *vi* buscar; *Inform* **s. (and replace)**, buscar (y reemplazar)

■ **search for** *vtr* buscar

■ **search out** *vtr (un motivo, secreto)* intentar descubrir

■ **search through** *vtr* registrar

searching ['sɜːtʃɪŋ] *adj* ◆ *(mirada)* penetrante ◆ *(pregunta)* perspicaz

searchlight ['sɜːtʃlaɪt] *n* reflector

seashell ['siːʃel] *n* concha marina

seashore ['siːʃɔː'] *n* orilla del mar

seasick ['siːsɪk] *adj* mareado,-a; **to get s.**, marearse

seaside ['siːsaɪd] *n* playa, costa: **we're going to the s.**, vamos a la playa; **s. town**, pueblo costero,-a

season ['siːzən] **1** *n* ◆ época ◆ *(del año)* estación; **rainy s.**, estación de lluvias ◆ *(para una actividad)* temporada; **the holiday s.**, las vacaciones; *(turismo)* **high/low s.**, temporada alta/baja; **off s.**, temporada baja ◆ *(fruta, etc)* época, temporada; **in s.**, en temporada; **out of s.**, fuera de temporada ◆ *Cine Teat* ciclo | **2** *vtr Culin* sazonar

seasonal ['siːzənəl] *adj* ◆ *(demanda, paro, etc)* estacional ◆ *(fruta)* del tiempo ◆ *(empleo)* temporal

seasoned ['siːzənd] *adj* ◆ *Culin* sazonado,-a ◆ *(madera)* seco,-a ◆ *(persona)* avezado,-a

seasoning ['siːzənɪŋ] *n Culin* condimento, aderezo

seat [siːt] **1** *n* ◆ asiento: **take a s.**, siéntate ◆ plaza; *Cine Teat* localidad ◆ *(de bicicleta)* sillín; *(de pantalón)* fondillos; *(de silla)* asiento ◆ *Pol* escaño; *GB* distrito electoral ◆ *(de gobierno, etc)* sede; *(de familia)* residencia | **2** *vtr (teatro, sala, etc)* tener cabida para ◆ sentar; *frml* **please be seated**, tome asiento, por favor

seating ['siːtɪŋ] *n* ◆ asientos ◆ **s. capacity**, cabida, aforo

seaweed ['siːwiːd] *n* alga marina

seaworthy ['siːwɜːðɪ] *adj* en condiciones de navegar

secede [sɪ'siːd] *vi* separarse [**from**, de]

secluded [sɪ'kluːdɪd] *adj* ◆ *(sitio)* retirado,-a ◆ *(vida)* solitario,-a

second ['sekənd] **1** *adj* ◆ segundo,-a, otro,-a; **a s. Caruso**, un nuevo Caruso; **every s. year**, cada dos años; **s. to none**, insuperable; **the s. time**, la segunda vez | **2** *adv* ◆ *(con superlativo)* **the s. oldest**, el segundo más alto; **s.-best**, inferior: **I won't take s.-best**, sólo me conformo con lo mejor ◆ en segundo lugar: **he came s.**, quedó en segundo lugar; **in the first place (...), and in the s. place...**, en primer lugar (...), y en segundo... | **3** *n* ◆ *(en una serie)* segundo,-a ◆ *(del mes)* dos; **the s. of May**, el dos de mayo ◆ *(con título)* **Philip the Second**, Felipe II ◆ *Auto* segunda ◆ *Boxeo* segundo; *(en un duelo)* padrino ◆ **seconds** *pl*, artículos defectuosos; *(comida, etc)* **who wants seconds?**, ¿quién quiere repetir? ◆ *(del tiempo)* segundo: **it was over in ten seconds**, se acabó en diez segundos; **wait a s.**, espera un momento | **4** *vtr (una moción, etc)* secundar

secondary ['sekəndərɪ] *adj* secundario,-a; **s. school**, instituto (de enseñanza secundaria)

second-class [sekənd'klɑːs] **1** *adj* ◆ de segunda clase ◆ de calidad inferior | **2** *adv* ◆ **to travel s.-c.**, viajar en segunda ◆ **to send s.-c.**, enviar por correo regular

second-hand ['sekəndhænd] *adj & adv* de segunda mano

secondly ['sekəndlɪ] *adv* en segundo lugar

second-rate ['sekəndreɪt] *adj* de segunda categoría

secrecy ['siːkrəsɪ] *n* secreto

secret ['siːkrɪt] **1** *adj* ◆ secreto,-a; *(documento)* confidencial; **to keep sthg s. from sb**, ocultar algo a alguien ◆ *(un misterio)* oculto,-a | **2** *n* ◆ secreto; **to keep a s.**, guardar un secreto; **an open s.**, un secreto a voces; **in s.**, en secreto ◆ *(de la naturaleza, etc)* misterio

secretarial [sekrɪ'teərɪəl] *adj* de secretario,-a

secretary ['sekrətrɪ] *n* ◆ secretario,-a ◆ *Pol* ministro,-a; **S. of State**, *GB* ministro,-a [**for/of**, de]; *US* Ministro,-a de Asuntos Exteriores

> Recuerda que **Secretary of State** debe traducirse por *ministro* y no por *secretario*: en el Reino Unido el término se refiere a los ministros más importantes del gabinete, y en Estados Unidos al ministro de Asuntos Exteriores (**Secretary of State**) o al jefe de uno de los 14 departamentos *(ministerios)* en que se divide el gobierno federal.

secrete [sɪ'kriːt] *vtr* ◆ *Med Biol* secretar ◆ *frml* ocultar, esconder

secretion [sɪ'kriːʃən] *n* secreción
secretive ['siːkrɪtɪv] *adj* reservado,-a
secretly ['siːkrɪtlɪ] *adv* en secreto
sect [sekt] *n* secta
sectarian [sek'teərɪən] *adj & n* sectario,-a
section ['sekʃən] *n* ♦ *(de una empresa, una orquesta, un periódico, etc)* sección ♦ *(de una máquina, etc)* parte ♦ *(de una carretera, etc)* tramo ♦ *(de la sociedad)* sector ♦ *(de una ley)* artículo ♦ *(en un diagrama, etc)* sección, corte
sector ['sektər] *n* sector
secular ['sekjʊlər] *adj* ♦ *Educ* laico,-a ♦ *Arte Mús* profano,-a
secure [sɪ'kjʊər] **1** *adj* ♦ *(inversión, sitio)* seguro,-a; *(persona)* **to feel s.,** sentirse seguro,-a ♦ *(puerta)* bien cerrado,-a ♦ *(estante, escalera)* bien sujeto,-a; *(creencia)* firme | **2** *vtr* ♦ *frml* obtener ♦ *(una puerta, etc)* cerrar bien ♦ *(un estante, etc)* sujetar ♦ *(una casa, etc)* proteger [**against,** contra]
security [sɪ'kjʊərɪtɪ] *n* ♦ seguridad; **S. Council,** *(de las Naciones Unidas)* Consejo de Seguridad; **s. forces,** fuerzas de seguridad; **s. guard,** guarda jurado ➢ Ver nota en **seguridad** ♦ *Fin* garantía ♦ *Fin* **securities** *pl*, valores
sedan [sɪ'dæn] *n* ♦ *US Auto* turismo ♦ **s. chair,** palanquín
sedate [sɪ'deɪt] **1** *adj* tranquilo,-a | **2** *vtr Med* sedar
sedation [sɪ'deɪʃən] *n* sedación
sedative ['sedətɪv] *adj & n* sedante
sedentary ['sedəntrɪ] *adj* sedentario,-a
sediment ['sedɪmənt] *n* ♦ *Geol* sedimento ♦ *(de vino)* poso
sedition [sɪ'dɪʃən] *n* sedición
seduce [sɪ'djuːs] *vtr* seducir
seduction [sɪ'dʌkʃən] *n* seducción
seductive [sɪ'dʌktɪv] *adj* seductor,-ora
see [siː] **1** *n Rel* sede; **the Holy S.,** la Santa Sede | **2** *vtr* (*ps* **saw**; *pp* **seen**) ♦ ver; *fig* **I'll be glad to s. the back of him,** me alegraré de que se vaya; **to s. the light,** ver la luz; **to s. red,** salirse de sus casillas ➢ Ver nota en **ver** ♦ imaginar: **I can't s. her as a nun,** no me la imagino como monja; creer, considerar: **she sees herself as a saint,** se cree una santa; *frml* **to s. fit to do sthg,** estimar pertinente hacer algo ♦ ver, tener cita con: **s. you later/tomorrow,** hasta luego/mañana; visitar; *(a un abogado, médico, etc)* consultar; *(una pareja)* salir con: **can I s. you?,** ¿puedo hablarte? ♦ descubrir, ver: **let's s. if we can help,** vamos a ver si podemos ayudar ♦ *(un acontecimiento)* presenciar; *fam* **these shoes have seen better days,** estos zapatos han conocido mejores días ♦ acompañar; **to s. sb home,** acompañar a alguien a casa ♦ **to s. that,** asegurarse de que | **3** *vi* ♦ ver: **let me s.,** **let's s.,** a ver, vamos a ver; **we'll s.,** ya veremos ♦ entender: **I s.,** entiendo; **he was a fraud, you s.,** fue un farsante, ¿sabes?

> El uso de gerundio o infinitivo no altera sustancialmente el significado del verbo **to see**. El gerundio indica que sólo presenciamos parte de lo ocurrido (**I saw him running across the road,** *le vi cuando cruzaba la carretera*) y el infinitivo sugiere que lo vimos todo, desde el principio hasta el final: **I saw him cross the road.** *Le vi cruzar la carretera.* Recuerda que, en ambos casos, necesitas un complemento directo (**him**) y jamás un adjetivo posesivo (**his**).

■ **see about** *vtr* encargarse de
■ **see off** *vtr (a la estación, etc)* ir a despedir
■ **see out** *vtr* ♦ acompañar hasta la puerta ♦ sobrevivir
■ **see through** *vtr* ♦ calar: **I can s. t. you,** conozco tu juego ♦ *(ser suficiente)* **$150 a week is enough to s. you through,** con $150 a la semana te las apañas ♦ **to s. sthg through,** llevar algo a cabo
■ **see to** *vtr* ♦ ocuparse de ♦ arreglar
seed [siːd] **1** *n* ♦ *Agr Bot* semilla; **to go to s.,** granar; *fig (persona, sitio, etc)* ir a menos ♦ *(de fruta)* pepita ♦ *fig* germen; **to sow the seeds of doubt,** sembrar la duda ♦ *Dep (tenis: jugador)* cabeza de serie | **2** *vtr* ♦ *(la tierra, etc)* sembrar [**with,** de] ♦ *Dep (tenis)* preseleccionar | **3** *vi Bot* granar
seedling ['siːdlɪŋ] *n* planta de semillero
seedy ['siːdɪ] *adj* (**seedier, seediest**) *fam* ♦ *(persona)* pachucho,-a: **you look a bit s. today,** pareces un poco pachucho,-a hoy ♦ *(apariencia)* desaseado,-a ♦ *(sitio)* cutre, sórdido,-a
seek [siːk] **1** *vtr* (*ps & pp* **sought**) *frml* ♦ buscar ♦ *(ayuda, consejo)* pedir ♦ *(paz, trabajo, etc)* intentar conseguir | **2** *vi frml* buscar; **to s. to do sthg,** esforzarse por hacer algo
■ **seek after** *vtr* buscar ♦ | LOC: *(pp como adj)* (**much**) **sought-after,** en demanda

seem [si:m] *vi* parecer: **how did she s. to you?**, ¿qué te pareció?; **I s. to remember her face**, creo recordar su cara; **it seems to be raining**, parece que está lloviendo; **so it seems/so it would s.**, así/eso parece; **they s. very cheerful**, parecen muy alegres ➢ Ver nota en **parecer**

seeming ['si:mɪŋ] *adj* aparente

seemingly ['si:mɪŋlɪ] *adv* aparentemente, al parecer

seen [si:n] *pp* → **see**[1]

seep [si:p] *vi* filtrarse [**through/into/out of,** por/en/de]

seesaw ['si:sɔ:] **1** *n* balancín, subeibaja | **2** *vi* columpiarse ◆ *fig* oscilar

seethe [si:ð] *vi* ◆ estar furioso,-a ◆ bullir, hervir: **the square was seething with tourists,** la plaza rebosaba de turistas

see-through ['si:θru:] *adj* transparente

segment ['segmənt] *n* ◆ *Mat* segmento ◆ *(de naranja, etc)* gajo

segregate ['segrɪgeɪt] *vtr* segregar [**from,** de]

segregation [segrɪ'geɪʃən] *n* segregación

seize [si:z] *vtr* ◆ *(una mano, etc)* agarrar, asir; *(una oportunidad)* aprovechar ◆ *Mil Pol (el poder)* hacerse con; *(territorio, etc)* tomar ◆ *(a una persona)* detener ◆ *Jur (armas, droga)* incautar, incautarse de; *(bienes)* embargar, secuestrar; *(contrabando)* confiscar, decomisar ◆ **to be seized by fear/panic,** ser presa del miedo/pánico ■ **seize on/upon** *vtr* ◆ *(una oferta, etc)* aceptar ◆ *(una oportunidad)* aprovechar ◆ *(una idea, un plan)* entusiasmarse por ■ **seize up** *vi* ◆ *(motor, etc)* agarrotarse ◆ *(tráfico)* paralizarse

seizure ['si:ʒə'] *n* ◆ *Med* ataque (de apoplejía) ◆ *Mil Pol (el poder)* toma ◆ *Jur (de armas, droga)* incautación; *(de bienes)* confiscación, embargo

seldom ['seldəm] *adv* rara vez, raramente

select [sɪ'lekt] **1** *vtr* ◆ escoger, elegir ◆ *Dep* seleccionar | **2** *adj* selecto,-a

selection [sɪ'lekʃən] *n* ◆ *(acción, cosa elegida)* elección, selección ◆ *(de artículos)* surtido; **a wide s. of cakes,** un gran surtido de pasteles

selective [sɪ'lektɪv] *adj* selectivo,-a

self [self] *n* (*pl* **selves** [selvz]) ◆ uno,-a mismo,-a, sí mismo,-a: **I'm not feeling my normal s.,** no me siento tan bien como de costumbre ◆ *Psiq* **the s.,** el yo

self- [self] *pref* auto-; de sí mismo,-a

self-adhesive ['selfəd'hi:sɪv] *adj* autoadhesivo,-a

self-appointed [selfə'pɔɪntɪd] *adj* autoproclamado,-a; *pey* sedicente

self-assured [selfə'ʃʊəd] *adj* seguro,-a de sí mismo,-a

self-catering [self'keɪtərɪŋ] *adj* ◆ *(apartamento, etc)* equipado,-a con cocina ◆ *(vacaciones)* sin comida

self-centred, *US* **self-centered** [self'sentəd] *adj* egocéntrico,-a

self-confidence [self'kɒnfɪdəns] *n* confianza en sí mismo,-a

self-confident [self'kɒnfɪdənt] *adj* seguro,-a de sí mismo,-a

self-conscious [self'kɒnʃəs] *adj* ◆ tímido,-a; acomplejado,-a [**about,** por] ◆ *pey (comportamiento)* afectado,-a

self-contained [selfkən'teɪnd] *adj (apartamento)* con baño y cocina propios

self-control [selfkən'trəʊl] *n* autocontrol

self-defeating [selfdɪ'fi:tɪŋ] *adj* contraproducente

self-defence, *US* **self-defense** [selfdɪ'fens] *n* autodefensa

self-determination ['selfdɪtɜ:mɪ'neɪʃən] *n* autodeterminación

self-discipline [self'dɪsɪplɪn] *n* autodisciplina

self-employed [selfɪm'plɔɪd] *adj (trabajador)* autónomo,-a

self-esteem [selfɪ'sti:m] *n* amor propio, autoestima

self-governing [self'gʌvənɪŋ] *adj* autónomo,-a

self-important [selfɪm'pɔ:tənt] *adj* engreído,-a

self-interest [self'ɪntrɪst] *n* interés personal

selfish ['selfɪʃ] *adj* egoísta

selfishness ['selfɪʃnɪs] *n* egoísmo

selfless ['selflɪs] *adj* desinteresado,-a

self-made ['selfmeɪd] *adj* **he's a s.-m. man,** ha llegado adonde está por sus propios esfuerzos

self-pity [self'pɪtɪ] *n* autocompasión

self-portrait [self'pɔ:treɪt] *n* autorretrato

self-possessed [selfpə'zest] *adj* sereno,-a, dueño,-a de sí mismo,-a

self-preservation [selfprezə'veɪʃən] *n (instinto)* supervivencia

self-reliant [selfrɪ'laɪənt] *adj* autosuficiente

self-respect [selfrɪ'spekt] *n* amor propio, dignidad

self-respecting [selfrɪ'spektɪŋ] *adj* que se precie
self-satisfied [self'sætɪsfaɪd] *adj* satisfecho,-a de sí mismo,-a
self-service [self'sɜːvɪs] *adj* de autoservicio, self-service
self-sufficient [selfsə'fɪʃənt] *adj* autosuficiente
self-taught [self'tɔːt] *adj* autodidacto,-a
sell [sel] **1** *vtr (ps & pp sold)* ◆ vender ◆ *(la personalidad, una idea, etc)* comunicar ◆ **to be sold on sthg,** estar entusiasmado,-a por algo | **2** *vi* venderse: **this book will s. a million,** se venderán un millón de copias de este libro | **3** *n* **hard/soft s.,** *Com* venta agresiva/persuasiva
  ■ **sell off** *vtr* vender; *(mercancías)* liquidar
  ■ **sell out 1** *vi* ◆ *(usu pasivo)* agotar las existencias [**of,** de]: **they are sold out of peanuts,** se les han agotado los cacahuetes; *Cine Teat* **'sold out',** 'agotadas las localidades' ◆ *fig (al enemigo, etc)* venderse | **2** *vtr* traicionar
sell-by date ['selbaɪdeɪt] *n Com* fecha de caducidad
seller ['selə^r] *n* vendedor,-ora
selling ['selɪŋ] *n* venta; **s. point,** atractivo comercial; **s. price,** precio de venta
sellotape◆, Sellotape◆ ['seləteɪp] **1** *n* celo◆, cinta adhesiva | **2** *vtr* pegar con celo◆
sell-out ['selaʊt] *n* ◆ *Dep Teat* lleno, venta total ◆ traición, capitulación
semblance ['sembləns] *n frml* apariencia
semen ['siːmen] *n* semen
semester [sɪ'mestə^r] *n US* semestre
semicircle ['semɪsɜːkəl] *n* semicírculo
semicolon [semɪ'kəʊlən] *n* punto y coma
semiconductor [semɪkən'dʌktə^r] *n Fís* semiconductor
semidetached [semɪdɪ'tætʃt] *GB adj (casa)* adosado,-a
semifinal [semɪ'faɪnəl] *n* semifinal
seminar ['semɪnɑː^r] *n Educ* seminario
seminary ['semɪnərɪ] *n Rel* seminario
senate ['senɪt] *n* ◆ *Pol* senado ◆ *GB Univ* claustro, rectorado
senator ['senətə^r] *n* senador,-ora
send [send] *vtr (ps & pp sent)* ◆ *(una carta, fax, paquete)* enviar, mandar ◆ *(a una persona)* mandar; **to s. sb for sthg,** mandar a alguien a por algo; **to send sb to do sthg,** mandar a alguien a hacer algo ◆ *(tener un efecto)* **it sent a shiver down my spine,** me dio un escalofrío; **she sent everything flying,** echó todo a rodar; **to s. sb mad,** volver loco a alguien; **to s. sb packing,** mandar a alguien a freír espárragos; **to s. sb to sleep,** dormir a alguien ◆ | LOC: **to s. sb to Coventry,** hacerle el vacío a alguien
  ■ **send away** *vtr* ◆ despedir, decir a alguien que se vaya ◆ enviar fuera: **they sent their son away to school,** mandaron a su hijo a un internado
  ■ **send away for** *vtr (información, mercancías, etc)* pedir por correo
  ■ **send back** *vtr* ◆ *(documentos, mercancías, etc)* devolver ◆ *(a una persona)* hacer volver
  ■ **send for** *vtr* ◆ *(una cosa)* pedir, encargar ◆ *(a un médico, una ambulancia, etc)* hacer llamar
  ■ **send in** *vtr* ◆ *(en una habitación)* hacer pasar ◆ *(tropas, etc)* enviar, mandar ◆ *(un documento, una solicitud, etc)* enviar, mandar
  ■ **send off** *vtr* ◆ *(carta, etc)* enviar; *(mercancías)* despachar ◆ *Ftb* expulsar
  ■ **send off for** *vtr* pedir por correo
  ■ **send on** *vtr* ◆ *(una carta, etc)* remitir, hacer seguir ◆ *(equipaje)* enviar por adelantado ◆ mandar más tarde
  ■ **send out** *vtr* ◆ *(una señal, etc)* emitir ◆ *(a una persona)* mandar afuera ◆ *(documentos, invitaciones)* enviar
  ■ **send up** *vtr* ◆ *(a una persona)* hacer subir; *(un cohete)* lanzar; *(humo)* echar ◆ *GB fam* parodiar, burlarse de
sender ['sendə^r] *n* remitente
send-off ['sendɒf] *n fam* despedida
senile ['siːnaɪl] *adj* senil
senior ['siːnjə^r] **1** *adj (de edad)* mayor; *euf* **s. citizen,** jubilado,-a; *(en una empresa, etc)* de mayor antigüedad ◆ *(en una jerarquía)* superior,-ora: **he is s. to me,** está por encima de mí; **s. manager,** alto directivo; *Mil* **s. officer,** oficial de alto rango ◆ *(usu abr de Sr.)* padre; **Matthew Lloyd Sr.,** Matthew Lloyd padre | **2** *n* ◆ *frml* **he's twenty years her s.,** le lleva veinte años a ella ◆ *(en jerarquía)* **Mrs Wells is my s.,** la señora Wells tiene categoría superior a la mía ◆ *Educ GB (colegio)* secundario,-a; *(alumno,-a)* mayor; *US* estudiante del último curso
seniority [siːnɪ'ɒrɪtɪ] *n* ◆ antigüedad ◆ jerarquía

sensation [sen'seɪʃən] *n* ◆ sensación; **a strange s.,** una extraña sensación; *fig* **to cause a s.,** causar sensación ◆ *Cine Teat, etc* éxito ◆ *(facultad)* sensibilidad

sensational [sen'seɪʃənəl] *adj* ◆ estupendo,-a, sensacional ◆ *(noticia, etc)* que causa sensación ◆ *(periodismo, etc)* sensacionalista

sense [sens] **1** *n* ◆ *(facultad)* sentido; **s. of hearing/sight/smell/taste/touch,** sentido del oído/de la vista/del olfato/del gusto/del tacto ◆ *(de la orientación, justicia, del humor, del ritmo)* sentido ◆ *(de miedo, pérdida, satisfacción, traición, etc)* sensación ◆ sentido, juicio; **common s.,** sentido común ◆ *(de una palabra, etc)* significado, sentido: **there is no s. in being violent,** no tiene sentido ser violento; **to make s.,** ser comprensible, tener sentido; **to make s. of sthg,** entender algo; **in a s.,** en cierto modo ◆ **senses** *pl,* (sano) juicio; **to come to one's senses,** entrar en razón | **2** *vtr* ◆ sentir, notar ◆ *Téc* detectar

senseless ['senslɪs] *adj* ◆ *(acción, etc)* absurdo,-a, sin sentido ◆ inconsciente, sin sentido

sensibility [sensɪ'bɪlɪtɪ] *n frml (usu pl)* sensibilidad, delicadeza

sensible ['sensɪbəl] *adj* ◆ *(persona, decisión)* sensato,-a ◆ *(decisión)* prudente, razonable ◆ *(ropa, etc)* práctico,-a, cómodo,-a ◆ *frml* perceptible

sensitive ['sensɪtɪv] *adj* ◆ *(a las emociones)* sensible: **he is very s. to poetry,** tiene mucha sensibilidad para la poesía; *(la crítica, etc)* susceptible ◆ *(la piel)* delicado,-a; *(dientes, película, etc)* sensible [**to,** a] ◆ *(asunto)* delicado,-a

sensitivity [sensɪ'tɪvɪtɪ] *n* sensibilidad
sensor ['sensə^r] *n* sensor
sensual ['sensjʊəl] *adj* sensual
sensuality [sensjʊ'ælɪtɪ] *n* sensualidad
sensuous ['sensjʊəs] *adj* sensual
sent [sent] *ps* & *pp* → **send**
sentence ['sentəns] **1** *n* ◆ frase; *Ling* oración ◆ *Jur* fallo, sentencia: **he got a five-year s.,** le condenaron a cinco años de prisión; **death s.,** pena de muerte | **2** *vtr Jur* condenar [**to,** a]

sentiment ['sentɪmənt] *n* ◆ opinión, sentimiento ◆ sentimentalismo; *pey* sensiblería

sentimental [sentɪ'mentəl] *adj* ◆ sentimental ◆ *pey* sensiblero,-a

sentry ['sentrɪ] *n* centinela; **s. box,** garita de centinela

separate 1 ['sepərɪt] *adj* ◆ *(camas, vidas, etc)* separado,-a ◆ distinto,-a, otro,-a: **that's a s. matter,** ése es otro asunto ◆ aparte; **in a s. account,** en una cuenta aparte ◆ individual, particular | **2** ['sepəreɪt] *vtr* ◆ separar [**from,** de] ◆ dividir [**into,** en] ◆ distinguir [**from,** de] ◆ *Téc* extraer | **3** *vi* ◆ *(pareja)* separarse ◆ *(mayonesa, etc)* cortarse

separately ['sepərɪtlɪ] *adv* por separado
separation [sepə'reɪʃən] *n* separación
separatist ['sepərətɪst] *n* separatista
September [sep'tembə^r] *n* septiembre
septic ['septɪk] *adj* ◆ séptico,-a; *Med* **to become/go s.,** infectarse ◆ **s. tank,** fosa séptica

sequel ['siːkwəl] *n* ◆ *Cine Lit TV* continuación [**to,** de] ◆ *(acontecimiento)* secuela, consecuencia [**to,** de]

sequence ['siːkwəns] *n* ◆ secuencia, orden ◆ serie, sucesión ◆ *Cine TV* secuencia ◆ *Ling* **s. of tenses,** concordancia de tiempos verbales

Serbia ['sɜːbɪə] *n* Serbia
Serbian ['sɜːbɪən] *n* & *adj* serbio,-a
Serbo-Croat ['sɜːbəʊ'krəʊæt] *n (idioma)* serbocroata
serene [sɪ'riːn] *adj* sereno,-a, tranquilo,-a
sergeant ['sɑːdʒənt] *n* ◆ *Mil* sargento; **s. major** ≈ brigada ◆ *(policía)* cabo
serial ['sɪərɪəl] **1** *n Rad TV* serial | **2** *adj* ◆ **s. number,** número de serie ◆ **s. killer,** asesino,-a en serie ◆ *Inform (impresora, interface, etc)* en serie

series ['sɪəriːz] *n inv* ◆ *(de acontecimientos)* serie, sucesión ◆ *TV* serial, serie ◆ *(de conciertos, etc)* ciclo ◆ *Elec* **in s.,** en serie

serious ['sɪərɪəs] *adj* ◆ *(carácter)* serio,-a, formal: **let's be s.,** hablemos en serio ◆ *(estudiante, etc)* dedicado,-a ◆ *(enfermedad, herida, situación)* grave, serio,-a

seriously ['sɪərɪəslɪ] *adv* ◆ en serio; **to take sthg s.,** tomar algo en serio ◆ *(enfermo, herido)* gravemente

seriousness ['sɪərɪəsnɪs] *n* ◆ *(de una persona)* seriedad, formalidad ◆ *(de una enfermedad, situación)* gravedad

sermon ['sɜːmən] *n* sermón
serpent ['sɜːpənt] *n* serpiente
serrated [sɪ'reɪtɪd] *adj* serrado,-a, dentado,-a
serum ['sɪərəm] *n* suero

servant ['sɜːvənt] *n* ◆ criado,-a ◆ *frml fig* servidor,-ora

serve [sɜːv] **1** *vtr* ◆ *(al país, al partido, a un dios, etc)* servir [**as**, de] ◆ *(una cosa)* ser útil, servir [**as**, de] [**for**, para]: **this will s. you as a guide**, esto te servirá de pauta ◆ *(transporte)* **the town is served by buses and trains**, el pueblo tiene servicio de autobús y tren ◆ *(comida)* servir ◆ *(a un cliente en una tienda)* atender, despachar ◆ *(un aprendizaje)* hacer; *(una condena)* cumplir ◆ *Dep* sacar, servir ◆ | LOC: **if my memory serves me right**, si mi memoria no me falla; **it serves you right**, bien merecido lo tienes | **2** *vi* ◆ *(en un trabajo, el ejército, etc)* servir; *(de un comité, etc)* ser miembro ◆ *(una cosa)* servir [**as**, de] [**for**, para] ◆ *(comida)* servir ◆ *(en una tienda)* atender, despachar ◆ *Dep* sacar, servir | **3** *n Dep* servicio

■ **serve out** *vtr* ◆ *(comida)* servir ◆ *(una condena)* cumplir en total

■ **serve up** *vtr* ◆ *(comida)* servir; *fig (excusa, etc)* presentar

server [ˈsɜːvəʳ] *n* ◆ *Culin* cubierto para servir ◆ *Dep* saque ◆ *Inform* servidor

service [ˈsɜːvɪs] **1** *n* ◆ *(deber, trabajo)* servicio; **length of s.**, antigüedad ◆ *(ayuda, utilidad, etc)* servicio: **I am at your s.**, estoy a su disposición; **you need the services of a lawyer**, necesitas los servicios de un abogado; **in s.**, en uso; **"out of s."**, "no funciona"; *GB (en una autopista)* **s. area** *tb* **services** *pl*, área de servicios; **s. charge**, servicio, comisión; **s. road**, vía de acceso; **s. sector**, sector de los servicios ◆ *(de autobuses, aviones, etc)* servicio; *(organización, sistema, etc)* servicio; **customer s.**, atención al cliente; *GB* **National Health S.** ≈ Insalud; *Mil* **the Services** *pl*, las fuerzas armadas ◆ *Auto Mec* revisión; **s. contract**, contrato de mantenimiento ◆ *Rel* oficio (religioso) ◆ *(juego de platos, vajilla)* ◆ *Dep* servicio, saque | **2** *vtr Auto Mec* hacer una revisión a, revisar

serviceable [ˈsɜːvɪsəbəl] *adj* ◆ útil, servible ◆ resistente, duradero,-a ◆ práctico,-a

serviceman [ˈsɜːvɪsmən] *n* militar

serviette [sɜːvɪˈet] *n GB* servilleta

sesame [ˈsesəmɪ] *n* ajonjolí, sésamo

session [ˈseʃən] *n* ◆ *Adm Com Jur Pol* sesión; **to be in s.**, estar en sesión ◆ *Univ* año académico ◆ *Educ* clase

set [set] **1** *n* ◆ *(de ajedrez, copas, herramientas, palos de golf, tazas, etc)* juego; *(de libros, obras)* colección; *(de monedas, sellos)* serie; *Mat* conjunto ◆ *(de personas)* grupo; *pey* pandilla; *fam* **the jet-s.**, el jet ◆ aparato; **TV s.**, televisor ◆ *Teat* escenario, decorado; *Cine* plató ◆ *Dep* set ◆ *(del pelo)* marcado | **2** *adj* ◆ *(frase)* hecho,-a; *(hora, sitio)* determinado,-a, señalado,-a; *(precio)* fijo,-a; *(tarea)* asignado,-a; *Educ* **s. book**, libro de lectura obligatoria ◆ listo,-a, preparado,-a [**for sthg**, para algo] [**to do sthg**, para hacer algo] ◆ determinado,-a: **he's (dead) s. on marrying her**, está empeñado en casarse con ella (pase lo que pase); **to have one's heart s. on sthg/doing sthg**, estar resuelto a tener/hacer algo ◆ *(idea)* fijo,-a; *(opinión)* inflexible; *(sonrisa)* forzado,-a | **3** *vtr (ps & pp set)* ◆ colocar, poner *(usu with adv y/o prep)* **he s. the vase on the table**, colocó el florero en la mesa; **to s. (one's) eyes on sthg/sb**, ver algo/a alguien; **to s. foot in**, poner los pies en ◆ *(un criterio, objetivo, récord)* establecer; *(un ejemplo)* dar; *(un examen)* poner; *(una hora, fecha, un sitio)* acordar; *(la pauta)* marcar; *(un precio)* fijar; *(una tarea)* asignar ◆ *(un libro, una película, etc) (usu pasivo)* ambientar; *(un edificio)* ubicar ◆ *(causar algo)* **to s. sb free**, liberar a alguien; **to s. sb to work**, poner a alguien a trabajar; **to s. fire to**, plantar/prender fuego a; **to s. sthg moving**, poner algo en movimiento ◆ *(arreglar, preparar) (un despertador, el horno)* poner; *(una piedra preciosa, etc)* montar, engarzar; *(un hueso)* encajar; *(la mesa)* poner; *(el pelo)* marcar; *(una trampa)* tender; **to s. a poem to music**, poner música a un poema ◆ *Náut* **to s. sail**, zarpar ◆ | LOC: **to s. sb's teeth on edge**, darle dentera a alguien | **4** *vi* ◆ *(hueso)* soldarse ◆ *(hormigón)* fraguar; *(yogurt)* cuajarse ◆ *(la luna, el sol)* ponerse

■ **set about** *vtr* ◆ emprender; **to s. about doing sthg**, ponerse a hacer algo ◆ *frml* agredir

■ **set apart** *vtr* diferenciar [**from**, de]

■ **set against** *vtr* ◆ contraponer ◆ enemistar; **to s. A against B**, poner a A en contra de B, indisponer a A con B

■ **set aside** *vtr* ◆ *(comida, dinero)* ahorrar, guardar ◆ *(tiempo)* reservar ◆ *(un libro, proyecto)* dejar a un lado ◆ *(una norma)* prescindir de

setback

■ **set back** *vtr* ◆ *(el progreso)* retrasar, entorpecer; *(un reloj)* atrasar ◆ *fam* costar ◆ *(usu pasivo)* apartar: **the school is s. back from the road,** el colegio está apartado de la calle

■ **set down** *vtr frml* ◆ poner por escrito ◆ *(vehículo)* dejar: **the bus s. us down in the square,** el autobús nos dejó en la plaza ◆ *(un cargo)* depositar, poner en tierra ◆ *(una norma)* establecer

■ **set in** *vi* ◆ *(el invierno, la lluvia, etc)* comenzar ◆ *(la depresión, etc)* extenderse; *(el pánico)* cundir

■ **set off 1** *vi* salir, ponerse en camino | **2** *vtr* ◆ *(una alarma)* hacer sonar; *(una bomba)* accionar; *(fuegos artificiales)* encender ◆ *(una reacción)* desencadenar, hacer empezar: **her expression s. me off laughing,** su expresión me hizo reír ◆ *(la belleza, etc)* hacer resaltar

■ **set on / upon** *vtr* atacar, agredir

■ **set out 1** *vi* ◆ salir, ponerse en camino [**for,** hacia] ◆ proponerse: **the author sets out to shock,** el autor quiere impactar | **2** *vtr* ◆ arreglar, disponer ◆ *(explicaciones, normas, etc)* exponer, presentar

■ **set up 1** *vtr* ◆ *(una tienda)* montar; *(un monumento)* erigir, levantar ◆ *(una empresa, etc)* establecer, montar; *(una conferencia, reunión, etc)* convocar ◆ *(a una persona)* instalar: **she s. him up in a small flat,** lo instaló en un pequeño apartamento ◆ *fam* **to s. sb up,** tenderle una trampa a alguien | **2** *vi* (en una empresa, etc) establecerse [**as,** como]

setback ['setbæk] *n* contratiempo, revés

settee [se'tiː] *n* sofá

setting ['setɪŋ] *n* ◆ *(del sol)* puesta ◆ entorno, marco ◆ *(de un libro, una película, etc)* escenario ◆ *(de una joya)* engaste, montura ◆ *Mús* arreglo ◆ *(de un aparato, instrumento)* ajuste

settle ['setəl] **1** *vtr* ◆ decidir; *(una fecha, un precio)* fijar ◆ *(una diferencia, un problema)* resolver; *(una riña)* zanjar: **that's all settled,** eso está resuelto; **that settles it,** no hay más que decir ◆ *(una amenaza, actitud, etc)* acabar con ◆ *(una cuenta)* pagar; *(una deuda)* saldar ◆ *(una duda)* disipar, desvanecer ◆ *(los nervios)* calmar; *(el estómago)* asentar ◆ *(a un niño enfermo, uno mismo, etc)* poner cómodo,-a ◆ *(un país)* colonizar; *(un lugar deshabitado)* poblar | **2** *vi* ◆ *(en una casa, un trabajo, etc)* establecerse, instalarse; *(en un país, un pueblo)* afincarse, establecerse; *(en una colonia)* asentarse ◆ *(un insecto, pájaro)* posarse; *(un líquido)* aclararse; *(la nieve)* cuajar; *(el polvo)* asentarse, posarse; *(un sedimento)* precipitarse ◆ *(los nervios, una persona)* calmarse; *(una situación)* volver a la normalidad ◆ ponerse cómodo,-a: **she settled into the sofa,** se puso cómoda en el sofá ◆ pagar [**with sb,** a alguien]; llegar a un acuerdo

■ **settle down** *vi* ◆ *(una persona)* calmarse; *(una situación)* volver a la normalidad ◆ *(una persona joven y activa)* sentar la cabeza ◆ *(a un sitio, trabajo, una vida)* acostumbrarse, adaptarse [**in,** a] ◆ acomodarse ◆ *(al trabajo)* aplicarse [**to,** a]

■ **settle for** *vtr* conformarse con, aceptar

■ **settle in** *vi* ◆ *(en una casa)* instalarse ◆ *(en un trabajo, etc)* adaptarse

■ **settle on** *vtr (una fecha, un lugar)* decidirse por

■ **settle up** *vi fam* arreglar las cuentas

settlement ['setəlmənt] *n* ◆ acuerdo; **to reach a s.,** llegar a un acuerdo ◆ *(de una deuda)* liquidación ◆ *(acción de colonizar)* colonización ◆ asentamiento; poblado

settler ['setlə^r] *n* colono

set-up ['setʌp] *n fam* ◆ organización, sistema: **let me explain the s.-u.,** déjame explicar el sistema ◆ situación: **what a peculiar s.-u.,** vaya tinglado más raro

seven ['sevən] *adj & n* siete

seventeen [sevən'tiːn] *adj & n* diecisiete, diez y siete

seventeenth [sevən'tiːnθ] **1** *adj & n* decimoséptimo,-a | **2** *n* ◆ *Mat (quebrado)* diecisieteavo ◆ decimoséptima parte

seventh ['sevənθ] **1** *adj* séptimo,-a | **2** *n* ◆ *Mat (quebrado)* séptimo ◆ séptima parte

seventy ['sevəntɪ] *adj & n* setenta

sever ['sevə^r] *vtr* ◆ *(una cuerda)* cortar; *(un miembro)* amputar ◆ *fig (relaciones)* romper

several ['sevərəl] **1** *adj* varios,-as: **s. people were hurt,** varias personas resultaron heridas | **2** *pron* varios,-as

severe [sɪ'vɪə^r] *adj* ◆ *(medida, persona)* severo,-a; *(disciplina)* riguroso,-a ◆ *(clima)* severo,-a, duro,-a; *(problema)* serio,-a, grave ◆ *(enfermedad, herida)* grave; *(dolor)* intenso,-a ◆ *(estilo)* austero,-a

severity [sɪ'verɪtɪ] *n* ◆ *(de una medida, persona)* severidad; *(de disciplina)* rigor ◆ *(del clima)* rigor ◆ *(de una enfermedad, una herida)* gravedad; *(del dolor)* intensidad ◆ *(de estilo)* austeridad

sew [səʊ] *vtr & vi (ps sewed; pp sewed o sewn)* coser

■ **sew up** *vtr* ◆ *Cost* coser, zurcir ◆ *Med* coser, suturar ◆ *fam (un trato, etc)* arreglar

sewage ['suːɪdʒ] *n* aguas residuales

sewer ['suːəʳ] *n* alcantarilla, cloaca

sewerage ['suːərɪdʒ] *n (sistema)* alcantarillado

sewing ['səʊɪŋ] *n* costura; **s. machine,** máquina de coser

sewn [səʊn] *pp* → **sew**

sex [seks] *n* ◆ *(género)* sexo; **the opposite s.,** el sexo opuesto ◆ *(actividad)* sexo; **s. education,** educación sexual ◆ relaciones sexuales; **to have s.,** tener relaciones sexuales [**with,** con]

sexism ['seksɪzəm] *n* sexismo

sexist ['seksɪst] *adj & n* sexista

sexual ['seksjʊəl] *adj* sexual; **s. harassment,** acoso sexual

sexuality [seksjʊ'ælɪtɪ] *n* sexualidad

sexy ['seksɪ] *adj (sexier, sexiest) fam* sexy, erótico,-a

shabby ['ʃæbɪ] *adj (shabbier, shabbiest)* ◆ *(ropa)* gastado,-a, viejo,-a, raído,-a ◆ *(barrio, casa)* pobre, en mal estado ◆ *(persona)* desharrapado,-a ◆ *(una acción)* mezquino,-a

shack [ʃæk] *n* chabola, choza

shackles ['ʃækəlz] *npl* grilletes; *fig* trabas

shade [ʃeɪd] **1** *n* ◆ sombra; **forty degrees in the s.;** cuarenta grados a la sombra ➢ Ver nota en **sombra** ◆ *US* persiana; **(lamp)-s.,** pantalla ◆ *(de color)* tonalidad, tono, matiz; *(de significado)* matiz; **all shades of opinion,** toda clase de opiniones ◆ *fam* un pelín; **a s. boring,** un pelín aburrido ◆ *fam* **shades** *pl*, gafas de sol | **2** *vtr* ◆ dar sombra ◆ *(los ojos)* proteger del sol

shadow ['ʃædəʊ] **1** *n* ◆ sombra; **to cast a s.,** proyectar una sombra ➢ Ver nota en **sombra** ◆ *GB Pol* **s. cabinet,** el gabinete de la oposición; **s. Home Secretary,** portavoz de la oposición para asuntos de política interior ◆ | LOC: **without a s. of a doubt,** sin lugar a dudas | **2** *vtr* seguir de cerca

shadowy ['ʃædəʊɪ] *adj* ◆ *(sitio)* oscuro,-a ◆ *(forma)* indistinto,-a ◆ *(persona)* enigmático,-a, misterioso,-a

shady ['ʃeɪdɪ] *adj (shadier, shadiest)* ◆ *(sitio)* sombreado,-a ◆ *(un árbol)* que da sombra ◆ *fam (persona)* sospechoso,-a; *(negocio, pasado)* turbio,-a

shaft [ʃɑːft] *n* ◆ *Geol (de una mina)* pozo ◆ *(de un ascensor)* hueco ◆ *Téc* eje ◆ *(de luz)* rayo ◆ *(de una flecha)* astil; *(de un hacha, un martillo, palo de golf)* mango; *(de un carro)* vara

shaggy ['ʃægɪ] *adj (shaggier, shaggiest)* ◆ *(un animal)* peludo,-a ◆ *(una persona, barba)* desgreñado,-a

shake [ʃeɪk] **1** *n* ◆ sacudida ◆ *Culin US* **(milk) s.,** batido ◆ | LOC: **he is no great shakes,** no es gran cosa | **2** *vtr (ps shook; pp shaken)* ◆ *(una alfombra, una manta)* sacudir; *(una botella)* agitar; *(un edificio)* hacer temblar, sacudir ◆ **she shook her head,** negó con la cabeza; **to s. hands,** darse la mano; **to s. hands with sb,** estrechar la mano a alguien ◆ *(la fe)* debilitar ◆ *(a una persona)* conmocionar | **3** *vi* temblar: **she was shaking with anger,** estaba temblando de rabia

■ **shake off** *vtr* ◆ *(un catarro)* quitarse de encima ◆ *(un perseguidor)* zafarse de ◆ *(el polvo)* sacudirse ◆ *(un vicio)* quitarse

■ **shake up** *vtr* ◆ *(un líquido)* agitar ◆ *(a una persona)* conmocionar ◆ *(una organización)* reestructurar radicalmente

shake-up ['ʃeɪkʌp] *n fig* reorganización radical

shaken ['ʃeɪkən] *pp* → **shake**

shaky ['ʃeɪkɪ] *adj (shakier, shakiest)* ◆ *(estructura, mesa)* poco firme, tambaleante; *(gobierno, etc)* débil ◆ *(mano, voz)* tembloroso,-a; *(paso)* inseguro,-a

shall [ʃæl, unstressed ʃəl] *v aux* ◆ *frml (para formar el futuro de la 1.ª persona) (forma abreviada 'll, negativa shan't)* **I shan't be able to go,** no podré ir; **we s. be happy to meet her,** estaremos encantados de conocerla ◆ *frml (uso enfático, en todas las personas; tiene la fuerza de una orden o de una promesa)* **Cinderella, you s. go to the ball!,** Cenicienta, ¡tú sí irás al baile!; **they s. not pass!,** ¡no pasarán! ◆ *(en preguntas)* **when s. we meet?,** ¿a qué hora nos vemos? ◆ *(para hacer ofertas o sugerencias)* **s. I help you with your cases?,** ¿te ayudo con las

shallow

maletas?; **s. we go for a little walk?**, ¿damos un paseíto?

> Hoy en día, el uso de **shall** (forma negativa **shan't**) en la formación del futuro se considera algo formal, aunque todavía se emplea en ciertas zonas y seguramente lo encontrarás en muchos libros. En este caso, recuerda que sólo se usa con **I** o **we** (**I shan't help you**, *no te ayudaré*), si bien lo normal ahora sería decir: **I won't help you.** Antes se usaba **shall** con otras personas para indicar una promesa (**you shall receive it tomorrow**, *lo recibirás mañana*), pero hoy en día se prefiere **will**: **You will have it tomorrow.**
>
> Sin embargo, sí usamos **shall** con **we** para hacer sugerencias (**shall we go to the cinema tomorrow?**, *¿Vamos al cine mañana?*), con **I** para ofrecer algo (**you look very hot, shall I open the window?**, *parece que tienes mucho calor; ¿abro la ventana?* o *¿quieres que abra la ventana?*) y con **I** o **we** para pedir consejo: **Where shall I put it?**, *¿Dónde lo pongo?;* **When shall we go?**, *¿Cuándo nos vamos?* Usar **will** en estos casos sería incorrecto, ya que las preguntas se convertirían en simples peticiones de información sobre el futuro: *¿Iremos al cine mañana?*, *¿Abriré la ventana?*, *¿Dónde lo pondré?*, *¿Cuándo nos iremos?*

shallow ['ʃæləʊ] *adj* ◆ *(agua, un pozo)* poco profundo,-a; *(un plato)* llano,-a ◆ *(persona)* superficial

sham [ʃæm] **1** *adj* ◆ *(joyería, etc)* falso,-a ◆ *(emoción, enfermedad)* fingido,-a | **2** *n* ◆ engaño, farsa ◆ *(persona)* farsante, impostor,-ora | **3** *vtr* fingir, simular | **4** *vi* fingir

shambles ['ʃæmbəlz] *n* caos, confusión, desastre: **his flat was a s.**, su apartamento estaba hecho un desastre

shame [ʃeɪm] **1** *n* ◆ *(emoción)* vergüenza: **have you no s.?**, ¿no te da vergüenza? ◆ deshonra; *fig* **your garden puts mine to s.**, tu jardín eclipsa el mío; **to bring s. on sb**, deshonrar a alguien ◆ lástima, pena; **it's a s. he's so stupid**, es una lástima que sea tan estúpido; **what a s.!**, ¡qué lástima!, ¡qué pena! | **2** *vtr* ◆ avergonzar ◆ deshonrar

shamefaced ['ʃeɪmfeɪst] *adj* avergonzado,-a

shameful ['ʃeɪmfʊl] *adj* vergonzoso,-a

shameless ['ʃeɪmlɪs] *adj* descarado,-a

shampoo [ʃæm'puː] **1** *n* champú | **2** *vtr* ◆ *(el pelo)* lavar (con champú) ◆ *(una alfombra, etc)* limpiar

shamrock ['ʃæmrɒk] *n* trébol

shandy ['ʃændɪ] *n GB* clara, cerveza con gaseosa ➢ Ver nota en **ale**

shan't [ʃɑːnt] → **shall not**

shantytown ['ʃæntɪtaʊn] *n* barrio de chabolas

shape [ʃeɪp] **1** *n* ◆ forma, configuración; **in all shapes and sizes**, de todos los tipos; **in the s. of a circle**, en forma de círculo; **to take s.**, tomar forma ◆ bulto, forma: **I saw a s. in the shadows**, vi una forma en la sombra ◆ *(de una persona)* salud, forma; **in good/bad s.**, en buena/mala forma; *(de una cosa)* condición | **2** *vtr* ◆ formar, moldear; *(la arcilla)* modelar; *(la madera)* tallar ◆ *(el futuro, etc)* determinar; *(las ideas)* formar

■ **shape up** *vi* tomar forma, desarrollarse: **our plans are shaping up well**, nuestros planes empiezan a tomar buen cariz

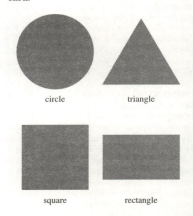

circle   triangle

square   rectangle

shapeless ['ʃeɪplɪs] *adj* amorfo,-a, informe, sin forma

shapely ['ʃeɪplɪ] *adj* (**shapelier, shapeliest**) bien proporcionado,-a; *(una mujer)* de buen tipo

share ['ʃeəʳ] **1** *n* ◆ parte, porción; **my/your/his fair s.**, mi/tu/su parte correspondiente; lo que en justicia me/te/le corresponde ◆ *Fin* acción; **s. price,** cotización (de una acción) ◆ *Com Fin (de un barco, una empresa, una finca, etc)* participación | **2** *vtr* ◆ compartir ◆ dividir: **we'll s. the cake between us,** dividiremos el pastel entre nosotros ◆ *(las experiencias, opiniones)* intercambiar | **3** *vi* compartir

■ **share out** *vtr* repartir

shareholder [ˈʃeəhəʊldəʳ] *n Fin* accionista

shark [ʃɑːk] *n* ◆ *Zool* tiburón ◆ *fam fig* estafador,-ora, ave de rapiña

sharp [ʃɑːp] **1** *adj* ◆ *(una aguja, nariz)* puntiagudo,-a; *(un cuchillo, etc)* afilado,-a ◆ *(palabras)* mordaz, severo,-a; *(un olor)* acre; *(un sabor)* ácido,-a; *(el viento)* cortante ◆ *(la mente, vista)* agudo,-a; *(el oído)* fino,-a ◆ *(una persona)* listo,-a, astuto,-a, avispado,-a; *pey* mañoso,-a; *(la personalidad)* rudo,-a ◆ *(un dolor, grito)* agudo,-a; *(un movimiento)* brusco,-a, súbito,-a ◆ *(un ángulo)* agudo,-a; *(una curva)* cerrado,-a; *(una diferencia)* marcado,-a; *(una foto, imagen)* nítido,-a; *(una impresión)* claro,-a ◆ *Mús* sostenido,-a; desafinado,-a | **2** *adv* ◆ **at 6 p.m. s.,** a las seis en punto de la tarde ◆ *Mús (cantar, tocar)* desafinadamente | **3** *n* ◆ *Mús* sostenido ◆ *(persona)* **card-s.,** fullero,-a

sharpen [ˈʃɑːpən] *vtr* ◆ *(un cuchillo)* afilar ◆ *(un lápiz)* sacar punta a ◆ *fig (el apetito)* abrir ◆ *(una emoción)* agudizar

sharpener [ˈʃɑːpənəʳ] *n* ◆ *(para cuchillos)* afilador ◆ *(para lápices)* sacapuntas

sharp-eyed [ʃɑːpˈaɪd] *adj* con ojos de lince

sharply [ˈʃɑːplɪ] *adv* ◆ *(caer, subir)* bruscamente ◆ *(variar)* marcadamente ◆ *(hablar)* con dureza

shatter [ˈʃætəʳ] **1** *vtr* ◆ *(cristal, etc)* hacer añicos ◆ *(la confianza, esperanza)* destruir, echar por tierra ◆ *(una persona, usu pasivo) (una noticia, etc)* destrozar; *(el esfuerzo)* agotar: **I'm absolutely shattered,** estoy hecho polvo | **2** *vi* hacerse añicos

shave [ʃeɪv] **1** *vtr (ps shaved; pp shaved o shaven)* ◆ *(a una persona)* afeitar: **he shaved (off) his beard,** se afeitó la barba ◆ *(la madera)* cepillar | **2** *vi* afeitarse | **3** *n* ◆ afeitado; **to have a s.,** afeitarse ◆ | LOC: *fig* **to have a close s.,** escaparse por los pelos

shaven [ˈʃeɪvən] *adj & pp irreg de* **shave** ◆ *(barba)* afeitado,-a ◆ *(cabeza)* rapado,-a

shaver [ˈʃeɪvəʳ] *n* **(electric) s.,** máquina de afeitar

shaving [ˈʃeɪvɪŋ] *n* ◆ *(de madera o metal)* viruta ◆ el afeitado; **s. brush/foam/soap,** brocha/espuma/jabón de afeitar

shawl [ʃɔːl] *n* chal

she [ʃiː] *pers pron* ◆ *(persona, animal)* ella ◆ *(con referencia a un barco)* él: **the Titanic sank after s. hit an iceberg,** el Titanic se hundió al chocar contra un iceberg

she- [ʃiː] *pref (de un animal)* hembra; **s.-elephant,** elefanta

sheaf [ʃiːf] *n (pl sheaves* [ʃiːvz]*)* ◆ *Agr* gavilla ◆ *(de papeles)* fajo ◆ *(de flechas)* haz

shear [ʃɪəʳ] **1** *vtr (ps sheared; pp shorn o sheared)* ◆ *(una oveja)* esquilar ◆ *(el pelo, la lana)* **to s. off,** cortar | **2** *vi* esquilar ovejas

shears [ʃɪəz] *npl* ◆ tijeras (grandes) ◆ *Agr Hort* podaderas, tijeras de jardín ◆ *Téc* cizallas

sheath [ʃiːθ] *n* ◆ *(para una espada)* vaina; *(para un puñal)* funda ◆ *(para un cable)* cubierta ◆ preservativo, condón

sheaves [ʃiːvz] *npl* → **sheaf**

she'd [ʃiːd] ◆ **she had** ◆ **she would**

shed [ʃed] **1** *n* ◆ barraca, cabaña; **garden s.,** cobertizo; **cattle s.,** establo ◆ *(de fábrica)* nave | **2** *vtr (ps & pp shed)* ◆ *(hojas, ropa)* despojarse de; *(peso)* perder; *(piel de serpiente)* mudar de ◆ deshacerse de: **the banks want to s. a thousand staff,** la banca quiere deshacerse de mil empleados; *(un cargo, etc)* perder ◆ *(lágrimas, sangre)* derramar, verter ◆ *(la luz)* emitir; *fig* **to s. light on a mystery,** arrojar luz sobre un misterio

sheen [ʃiːn] *n* brillo

sheep [ʃiːp] *n inv* oveja ➢ Ver nota en **cordero**

sheepdog [ˈʃiːpdɒɡ] *n* perro pastor

sheepish [ˈʃiːpɪʃ] *adj* avergonzado,-a

sheer [ʃɪəʳ] *adj* ◆ *(casualidad, suerte, etc)* total, puro,-a ◆ *(acantilado, pared)* escarpado,-a; *(caída)* vertical ◆ *(tela)* muy fino,-a, transparente

sheet [ʃiːt] *n* ◆ *(de papel)* hoja ◆ *(de metal)* chapa; *(de vidrio)* lámina; *(de hielo)* capa; *(de agua)* extensión ◆ *(cama)* sábana ◆ | LOC: **to be as white as a s.,** estar pálido,-a como un muerto

sheik (h) [ʃeɪk] *n* jeque

shelf [ʃelf] *n (pl shelves* [ʃelvz]*)* ◆ *(en un armario)* anaquel, balda ◆ *(para libros, etc)* balda, estante ◆ **shelves** *pl,* estantería

◆ | LOC: **to be left on the s.,** quedarse para vestir santos

she'll [ʃiːl] → **she will**

shell [ʃel] 1 *n* ◆ *(de bogavante, centollo, tortuga)* caparazón; *(de caracol, molusco)* concha; *(de huevo, fruto seco)* cáscara; *(de legumbre)* vaina ◆ *Mil* obús, proyectil; cartucho ◆ *Arquit* armazón, esqueleto | 2 *vtr* ◆ *Culin (legumbres)* desenvainar; *(frutos secos)* pelar ◆ *Mil* bombardear
■ **shell out** 1 *vtr fam (dinero)* soltar | 2 *vi fam* soltar [**for,** -]

shellfish [ˈʃelfɪʃ] *n inv* marisco, mariscos

shelter [ˈʃeltəʳ] 1 *n* ◆ *(edificio, estructura)* refugio, cobijo ◆ *(para los necesitados)* asilo, refugio ◆ protección; *(del frío, viento)* abrigo; *(del sol)* sombra; **to take s.,** cobijarse, refugiarse [**from,** de]; **bus s.,** marquesina ◆ **to give sb. s.,** acoger a alguien | 2 *vtr* ◆ abrigar, proteger [**from,** de] ◆ acoger ◆ *(a un criminal, etc)* darle cobijo a | 3 *vi* ◆ *(del peligro, etc)* refugiarse [**from,** de] ◆ *(del tiempo)* guarecerse [**from,** de]

sheltered [ˈʃeltəd] *adj* ◆ *(sitio)* abrigado,-a ◆ *(vida)* protegido,-a ◆ *(para gente mayor)* **s. accommodation,** residencia vigilada

shelve [ʃelv] 1 *vtr (un proyecto, una reivindicación)* archivar, arrinconar | 2 *vi (una playa)* descender

shelves [ʃelvz] *npl* → **shelf**

shelving [ˈʃelvɪŋ] *n* estanterías

shepherd [ˈʃepəd] 1 *n* pastor | 2 *vtr* guiar

sherry [ˈʃerɪ] *n* jerez

she's [ʃiːz] ◆ **she is** ◆ **she has**

shield [ʃiːld] 1 *n* ◆ escudo; **riot s.,** escudo antidisturbios ◆ *Téc* pantalla protectora | 2 *vtr* proteger [**from,** de]

shift [ʃɪft] 1 *n* ◆ *(de opinión, del viento, etc)* cambio [**in,** de]; *(de sitio)* desplazamiento; **s. key,** tecla de mayúsculas ◆ turno; **to work in shifts,** trabajar por turnos; **day-/night s.,** turno de día/noche ◆ *US Auto* palanca de cambio; **manual s.,** cambio manual | 2 *vtr (muebles, etc)* mover, cambiar de sitio ◆ *(una mancha, etc)* quitar ◆ *fig (a una persona)* hacer cambiar de opinión | 3 *vi* ◆ moverse, cambiarse de sitio ◆ *(opinión, viento)* cambiar ◆ *fig (persona)* cambiar de opinión

shiftwork [ˈʃɪftwɜːk] *n* trabajo por turnos

shifty [ˈʃɪftɪ] *adj* (**shiftier, shiftiest**) ◆ *(persona)* sospechoso,-a ◆ *(actividad, mirada)* furtivo,-a

shimmer [ˈʃɪməʳ] 1 *vi* brillar; *Poét* rielar | 2 *n* reflejo *o* resplandor trémulo

shin [ʃɪn] *n Anat* espinilla; **s. pad,** espinillera

shine [ʃaɪn] 1 *vi* (*ps & pp* **shone**) ◆ *(luz, ojos, sol)* brillar ◆ *(cristal, metal, etc)* relucir ◆ *fig (una persona)* destacar(se) [**at, en**] | 2 *vtr* ◆ *(una linterna, etc)* dirigir; *(luz)* proyectar ◆ (*pp* **shined**) *(los zapatos, el metal)* limpiar, sacar brillo a | 3 *n* brillo ◆ | LOC: *fam fig* **to take a s. to,** tomar simpatía a

shingle [ˈʃɪŋɡəl] *n* ◆ *(en una playa, etc)* guijarros ◆ *Arquit US* tablilla

shingles [ˈʃɪŋɡəlz] *n Med* herpes (zóster)

shining [ˈʃaɪnɪŋ] *adj* brillante, reluciente

shiny [ˈʃaɪnɪ] *adj* (**shinier, shiniest**) brillante

ship [ʃɪp] 1 *n* barco, buque; **sailing s.,** velero | 2 *vtr* ◆ transportar (en barco) ◆ enviar, mandar

shipbuilding [ˈʃɪpbɪldɪŋ] *n* construcción naval

shipment [ˈʃɪpmənt] *n* ◆ *(acción)* transporte ◆ *(mercancías)* consignación, envío

shipping [ˈʃɪpɪŋ] *n* ◆ barcos ◆ tráfico marítimo, navegación; **dangerous to s.,** peligroso para la navegación; **s. lane,** ruta de navegación ◆ transporte *(usu marítimo)* **s. agent,** agente marítimo; **s. company/line,** naviera

shipwreck [ˈʃɪprek] 1 *n* naufragio | 2 *vtr* **to be shipwrecked,** naufragar

shipyard [ˈʃɪpjɑːd] *n* astillero

shirt [ʃɜːt] *n* camisa; **in s. sleeves,** en mangas de camisa ◆ | LOC: *fam* **he's a real stuffed s.,** es un estirado

shit [ʃɪt] *vulgar* 1 *n* ◆ mierda ◆ **I don't give a s. what you say,** me importa un carajo lo que digas ◆ **the shits,** la cagadera | 2 *excl* ¡mierda! | 3 *vi* cagar

shiver [ˈʃɪvəʳ] 1 *vi* ◆ *(de frío)* tiritar ◆ *(de miedo)* temblar | 2 *n* escalofrío

shoal [ʃəʊl] *n* ◆ *Pesc* banco (de peces) ◆ *Geol* banco de arena

shock [ʃɒk] 1 *n* ◆ *(emoción)* conmoción; *(miedo)* susto ◆ *(físico)* choque, sacudida; *(de la tierra)* seísmo; **s. wave,** onda expansiva ◆ *Elec* descarga (eléctrica), calambre ◆ *Med* shock | 2 *vtr* ◆ *(moralmente)* escandalizar, indignar ◆ *(físicamente)* asustar, sobresaltar ◆ *(emocionalmente)* conmover, impresionar | 3 *vi* impresionar

shocking [ˈʃɒkɪŋ] *adj* ◆ *(comportamiento, lenguaje)* escandaloso,-a, vergonzoso,-a ◆

(un accidente, una noticia, etc) espantoso,-a, horrible ◆ *fam (muy malo)* terrible, pésimo,-a ◆ **s. pink,** rosa fosforito
shod [ʃɒd] *ps & pp* → **shoe**
shoddy [ˈʃɒdɪ] *adj* (**shoddier, shoddiest**) ◆ *(mercancía)* de muy mala calidad; **s. work,** chapuza ◆ *(trato)* mezquino,-a
shoe [ʃuː] 1 *n* ◆ zapato; **horse-s.,** herradura; **s. polish,** betún, cera para zapatos; **s. repairer,** zapatero ◆ **shoes** *pl,* calzado: **they sell shoes,** venden calzado ◆ |LOC: **I'm glad I'm not in his shoes,** me alegro de no estar en su pellejo | 2 *vtr (ps & pp shod) (a un caballo)* herrar

moccasin
slipper
trainer
boot
ankle boot
sandal
flip-flop

shoebrush [ˈʃuːbrʌʃ] *n* cepillo para los zapatos
shoelace [ˈʃuːleɪs] *n* cordón (de zapatos)
shoestring [ˈʃuːstrɪŋ] *n fig* **to do sthg on a s.,** hacer algo con poquísimo dinero
shone [ʃɒn, US ʃəʊn] *ps & pp* → **shine**
shoo [ʃuː] 1 *excl* ¡fuera! | 2 *vtr* **to s. (away/off),** ahuyentar
shook [ʃʊk] *ps* → **shake**
shoot [ʃuːt] 1 *n* ◆ *Bot* brote, retoño ◆ *Cine* rodaje | 2 *vtr (ps & pp shot)* ◆ *(una bala, un balón, una flecha, una pistola, etc)* disparar; *(una mirada, un proyectil)* lanzar ◆ *(a alguien, algo)* pegar un tiro a; **he has been s.,** le han pegado un tiro ◆ **to s. sb (dead),** matar a tiros a alguien; *(ejecutar)* fusilar ◆ cazar ◆ *Cine* rodar; *Fot* fotografiar ◆ *(los rápidos)* salvar; *(un semáforo)* saltarse ◆ *argot (droga)* chutarse | 3 *vi* ◆ disparar [**at,** a, sobre] ◆ cazar ◆ *Cine* rodar ◆ *Ftb* chutar, tirar ◆ mover rápidamente: **he shot out of the room,** salió disparado de la habitación

■ **shoot down** *vtr* ◆ *(un avión)* derribar ◆ *(a una persona)* matar de un tiro ◆ *fig (una idea)* rebatir

■ **shoot out** 1 *vi* ◆ *(una persona)* salir disparado,-a; *(el agua, las llamas)* salir con gran fuerza | 2 *vtr* ◆ *(la mano, etc)* extender rápidamente ◆ *(chispas, etc)* arrojar

■ **shoot up** *vi* ◆ *fam (un niño, una planta)* crecer mucho ◆ *(los precios)* dispararse ◆ *(el agua, las llamas)* subir con fuerza ◆ *argot* chutarse, pincharse

shooting [ˈʃuːtɪŋ] 1 *n* ◆ tiroteo ◆ asesinato ◆ fusilamiento ◆ caza ◆ *Cine* rodaje | 2 *adj* ◆ *(dolor)* punzante ◆ **s. star,** estrella fugaz
shoot-out [ˈʃuːtaʊt] *n* tiroteo
shop [ʃɒp] 1 *n* ◆ *Com* tienda, negocio; **s. assistant,** dependiente,-a ◆ *Ind* taller; *GB* **s. steward,** representante sindical ◆ |LOC: **to talk s.,** hablar del trabajo | 2 *vi* hacer compras; **to go shopping,** ir de compras | 3 *vtr fam* delatar

■ **shop around** *vi fam* comparar precios
shopkeeper [ˈʃɒpkiːpə*ʳ*] *n* tendero,-a
shoplifter [ˈʃɒplɪftə*ʳ*] *n* ladrón,-ona (de tiendas)
shoplifting [ˈʃɒplɪftɪŋ] *n* hurto en tiendas
shopper [ˈʃɒpə*ʳ*] *n* comprador,-ora
shopping [ˈʃɒpɪŋ] *n* ◆ compras; **to do the s.,** hacer la compra ◆ **s. bag,** bolsa de la compra; **s. centre,** centro comercial
shore [ʃɔː*ʳ*] 1 *n* ◆ *(del mar, de un lago)* orilla; *(de la tierra)* costa; **on s.,** en tierra (firme) ◆ playa | 2 *vtr* **to s. (up),** apuntalar
shorn [ʃɔːn] *pp* → **shear**
short [ʃɔːt] 1 *adj* ◆ *(persona)* bajo,-a ◆ *(no alto, no largo)* corto,-a ➢ Ver nota en **bajo** ◆ *(período)* breve, corto: **Mo is s. for Maureen,** Mo es el diminutivo de Maureen; **for s.,** para abreviar; **in s.,** en resumen; **in the s. term,** a corto plazo ◆ *(una cosa)* escaso,-a: **he is s. on tact,** le falta tacto; **food is s.** *o* **in s. supply,** escasea

shortage

la comida; *(de una cosa)* **to be s. of,** andar corto,-a *o* escaso,-a de ◆ *(comportamiento)* brusco,-a: **he has a s. temper,** tiene mal genio ◆ | LOC: **s. and sweet,** lo bueno, si breve, dos veces bueno | **2** *adv* ◆ *(un objetivo)* **to fall s. of,** no alcanzar; *(comida, sueño)* **to go s. of,** pasarse sin ◆ *(agua, comida, gasolina, etc)* **to run s.,** agotarse: **this printer is running s. of ink,** a esta impresora se le está acabando la tinta; **to stop s.,** parar en seco ◆ **nothing s. of a miracle can help,** sólo un milagro puede ayudar | **3** *n* ◆ *Cine* cortometraje ◆ *fam* copa

shortage ['ʃɔːtɪdʒ] *n* escasez

shortbread ['ʃɔːtbred] *n Culin* ≈ mantecada

short-change [ʃɔːt'tʃeɪndʒ] *vtr* ◆ *(en una tienda)* dar de menos, dar mal el cambio ◆ *fig* defraudar

short-circuit [ʃɔːt'sɜːkɪt] **1** *n Elec* cortocircuito | **2** *vtr* ◆ provocar un cortocircuito en ◆ *fig fam (un proceso)* atajar | **2** *vi* tener un cortocircuito

shortcomings ['ʃɔːtkʌmɪŋz] *npl* defectos

shorten ['ʃɔːtən] *vtr* ◆ *(la ropa, un programa, un texto)* acortar ◆ *(una palabra)* abreviar ◆ *(una condena, un horario)* reducir

shorthand ['ʃɔːthænd] *n* taquigrafía; *GB* **s. typist,** taquimecanógrafo,-a

short-list ['ʃɔːtlɪst] **1** *n* lista de candidatos preseleccionados | **2** *vtr* preseleccionar

short-lived [ʃɔːt'lɪvd] *adv* efímero,-a

shortly ['ʃɔːtlɪ] *adv* ◆ dentro de poco ◆ **s. before mid-day,** poco antes de mediodía ◆ *(hablar)* bruscamente

short-range ['ʃɔːtreɪndʒ] *adj* de corto alcance

shorts [ʃɔːts] *npl* ◆ bermudas, pantalones cortos, short ◆ *US* calzoncillos

short-sighted [ʃɔːt'saɪtɪd] *adj* ◆ *Med* miope ◆ *fig (persona)* imprudente; *(plan, etc)* con poca visión de futuro

short-tempered [ʃɔːt'tempəd] *adj* de mal genio

short-term ['ʃɔːttɜːm] *adj* a corto plazo

shot [ʃɒt] **1** *ps & pp* → **shoot** | **2** *n* ◆ *(de un arma)* disparo, tiro: **he accepted like a s.,** aceptó sin dudar; **a parting s.,** palabras de despedida; **a s. in the dark,** un tiro a ciegas ◆ *(de escopeta)* perdigones ◆ *(persona)* tirador,-ora ◆ tentativa; **to have a s. at doing sthg,** intentar hacer algo ◆ **a long s.,** una posibilidad remota ◆ *Dep* peso ◆ *Dep Ftb* tiro a gol; *(golf, tenis)* tiro, golpe ◆ *Cine* toma; *Fot* foto ◆ *Med fam* inyección; *fig* **a s. in the arm,** un estímulo

shotgun ['ʃɒtgʌn] *n* escopeta

should [ʃʊd, unstressed ʃəd] *v aux* ◆ *frml (para formar el condicional de I y we)* **if it rained, I should get wet,** si lloviera, me mojaría; **I s. like to know...,** me gustaría saber ◆ *(deber)* **you s. always tell the truth,** siempre deberías decir la verdad; **I shouldn't have said it,** no debiera haberlo dicho ◆ *(consejo)* **you s. have a holiday,** deberías tomarte unas vacaciones ◆ *(probabilidad)* **this s. be very easy,** esto debería (de) ser muy fácil ◆ *(uso subjuntivo)* **if you s. happen to see her...,** si llegaras a verla...; **it's strange he s. say that,** es raro que diga eso

> Hoy en día, el uso de **should** (forma negativa **shouldn't**) en la formación del condicional se considera algo pedante, aunque todavía se emplea en ciertas zonas y seguramente lo encontrarás en algunos libros. En este caso, recuerda que sólo se emplea con **I** o **we** (**I should help you,** *te ayudaría*), si bien lo normal ahora sería decir: **I would help you** o **I'd help you.** Sin embargo, sí usamos **should** para indicar un deber no necesariamente cumplido o un consejo (**you should go to the doctor,** *deberías ir al médico*) o con los verbos **recommend, propose** o **suggest** para evitar el uso del subjuntivo: **We recommend that the company (should) close its factory in London.** *Recomendamos que la empresa cierre su fábrica en Londres.* También puedes emplearlo en una frase condicional para expresar la duda y, en este caso, es posible invertir el orden entre **should** y el sujeto: **If you should visit her** o **should you visit her, she would be very pleased.** *Si la visitaras, estaría muy contenta.* Asimismo, sirve para hacer una petición u oferta formal: **I should be very grateful if you could send me your catalogue.** *Estaría muy agradecida si me mandase su catálogo.* Finalmente, puedes emplear **should** con **like** para iniciar un aviso de manera muy formal (**I should like to inform you that...,** *quisiera decirles que...*), aunque en este caso también podrías decir **would.**

shoulder ['ʃəʊldə'] **1** *n* ◆ *Anat* hombro; **s. blade,** omóplato ◆ *(de ropa)* hombro;

s. pad, hombrera; **s. strap,** *(de vestido, etc)* tirante; *(de bolso)* correa ◆ *Culin* paletilla ◆ *Auto* **hard s.,** arcén ◆ |LOC: **a s. to cry on,** un paño de lágrimas | 2 *vtr fig (la culpa, etc)* cargar con

shout [ʃaʊt] 1 *n* grito | 2 *vtr* gritar | 3 *vi* gritar: **don't s. at me,** no me grites ➢ Ver nota en **gritar**

■ **shout down** *vtr* hacer callar a gritos

shouting ['ʃaʊtɪŋ] *n* gritos, voceterío

shove [ʃʌv] 1 *n* empujón, empellón | 2 *vi* & *vtr* empujar

■ **shove along/up** *vi fam (moverse)* correrse

■ **shove off** 1 *vi* ◆ *fam* largarse ◆ *Náut* desatracar | 2 *vtr Náut* desatracar

shovel ['ʃʌvəl] 1 *n* pala | 2 *vtr* ◆ *(arena, nieve)* mover con pala ◆ *fam (comida)* **s. down,** zamparse

show [ʃəʊ] 1 *vtr (ps* **showed;** *pp* **shown** *o* **showed)** ◆ mostrar, enseñar; **to s. one's face,** aparecer; *(el camino)* indicar, mostrar; *(una emoción, un sentimiento)* mostrar; *(la verdad, un sentimiento)* demostrar: **I'll s. you!,** ¡te vas a enterar! ◆ *(compasión, respeto)* tener ◆ *(un cuadro)* exhibir; *(mercancías)* exponer; *(un proyecto)* presentar ◆ *(termómetro, etc)* marcar, indicar ◆ enseñar, explicar; **to s. sb how to do sthg,** enseñar a alguien cómo hacer algo ◆ acompañar: **I'll s. you to your room,** te acompaño hasta tu habitación ◆ *Cine Teat TV* dar, poner | 2 *vi* ◆ *(una mancha, emoción)* notarse ◆ *(un espectáculo, una película)* ponerse ◆ *fam* aparecer | 3 *n* ◆ *Teat* espectáculo; **tonight's s.,** la función de hoy; *TV* programa ◆ *Arte* exposición; *(de barcos, coches)* salón; *Com (de mercancías)* feria; *(de moda)* desfile; **to be on s.,** estar expuesto,-a ◆ *(de fuerza)* despliegue; *(de cariño, interés)* demostración; *(fingido)* apariencia; **for s.,** para aparentar ◆ **s. of hands,** votación a mano alzada ◆ *fam (organización, etc)* asunto, negocio; **he runs the s.,** él lleva la voz cantante ◆ *excl* **good s.!,** ¡bravo!

■ **show off** 1 *vtr* ◆ *fam* hacer alarde de ◆ hacer resaltar | 2 *vi fam* farolear

■ **show round** *vtr* **the agent showed us round the house,** el agente nos enseñó la casa

■ **show up** 1 *vtr* ◆ *(un fallo, defecto)* poner de manifiesto, revelar; *(la belleza, etc)* hacer resaltar ◆ *(una estafa)* descubrir ◆ *fam* avergonzar, poner en evidencia ◆ *(a una visita)* hacer subir/entrar/pasar | 2 *vi* ◆ *(una mancha, etc)* notarse ◆ *(un hecho)* ponerse de manifiesto ◆ *fam* aparecer

showdown ['ʃaʊdaʊn] *n* enfrentamiento

shower ['ʃaʊər] 1 *n* ◆ ducha; **to have a s.,** ducharse ◆ *Meteo* chubasco, chaparrón ◆ *fig (de preguntas, etc)* lluvia ◆ *fam (personas)* gentuza ◆ *US* fiesta | 2 *vtr* ◆ rociar [**with,** con] ◆ **to s. sthg on sb,** colmar a alguien de algo | 3 *vi* ◆ ducharse ◆ *Meteo* llover

showerproof ['ʃaʊəpruːf] *adj* impermeable

showing ['ʃəʊɪŋ] *n* ◆ *Cine* pase ◆ actuación

shown [ʃəʊn] *pp* → **show**

show-off ['ʃəʊɒf] *n fam* fanfarrón,-ona

showroom ['ʃəʊruːm] *n Com (de coches, muebles, etc)* sala de exposición y venta

shrank [ʃræŋk] *ps* → **shrink**

shrapnel ['ʃræpnəl] *n* metralla

shred [ʃred] 1 *n* ◆ *(de papel, tela)* tira ◆ *fig* pizca: **there is not a s. of proof,** no hay ni la más mínima prueba | 2 *vtr* ◆ *(papel)* triturar ◆ *(verduras)* cortar en tiras

shredder ['ʃredər] *n (para el papel)* trituradora

shrewd [ʃruːd] *adj* ◆ *(persona)* astuto,-a ◆ *(argumento, comentario)* perspicaz ◆ *(decisión)* acertado,-a

shriek [ʃriːk] 1 *n* chillido; **shrieks of laughter,** carcajadas | 2 *vi* chillar

shrift [ʃrɪft] *n* **to give sthg short s.,** desechar algo de plano

shrill [ʃrɪl] *adj* agudo,-a, estridente

shrimp [ʃrɪmp] *n* ◆ *Zool GB* camarón; *US* gamba ◆ *fam pey (persona)* enano,-a

shrine [ʃraɪn] *n* ◆ sepulcro ◆ santuario, lugar santo

shrink [ʃrɪŋk] 1 *vtr (ps* **shrank;** *pp* **shrunk)** encoger | 2 *vi* ◆ *(la tela)* encoger(se) ◆ *(los beneficios, la influencia, etc)* disminuir ◆ **to s. (back)** *o* **(away) from sb/sthg,** retroceder ante alguien/algo; **to s. from doing sthg,** vacilar en hacer algo | 3 *n fam* psiquiatra

shrinkage ['ʃrɪŋkɪdʒ] *n* ◆ *(de la tela)* encogimiento ◆ *(del metal)* contracción ◆ *(de los beneficios, la influencia)* disminución

shrivel ['ʃrɪvəl] 1 *vtr* ◆ *(una planta)* secar ◆ *(la piel)* arrugar | | 2 *vi (tb* **s. up)** ◆ marchitarse, secarse ◆ *(la piel)* arrugarse

shroud [ʃraʊd] 1 *n Rel* sudario | 2 *vtr fig* envolver [**in,** en]

Shrove Tuesday

Shrove Tuesday [ʃrəʊv 'tjuːzdɪ] *n* martes de Carnaval
shrub [ʃrʌb] *n* arbusto
shrubbery ['ʃrʌbərɪ] *n* arbustos, matas
shrug [ʃrʌg] 1 *vtr* **to s. one's shoulders**, encogerse de hombros | 2 *vi* encogerse de hombros | 3 *n* encogimiento de hombros
■ **shrug off** *vtr* negar la importancia de
shrunk [ʃrʌŋk] *pp* → **shrink**
shudder ['ʃʌdə'] 1 *n* ♦ (*de una persona*) escalofrío, estremecimiento ♦ (*de una máquina, etc*) sacudida | 2 *vi* ♦ (*una persona*) estremecerse: **I s. to think what will happen**, no quiero ni pensar qué pasará ♦ (*una máquina*) dar sacudidas *o* bandazos
shuffle ['ʃʌfəl] 1 *vtr* ♦ (*los pies*) arrastrar ♦ *Naipes* barajar; (*papeles*) revolver | 2 *vi* caminar arrastrando los pies ♦ *Naipes* barajar
shun [ʃʌn] *vtr* ♦ (*a una persona*) rechazar ♦ (*la publicidad, responsabilidad*) rehuir
shunt [ʃʌnt] 1 *vtr Ferroc* maniobrar | 2 *n fam Auto* percance
shut [ʃʌt] 1 *vtr* (*ps & pp* **shut**) ♦ cerrar ♦ **I s. my finger in the door**, me pillé el dedo con la puerta | 2 *vi* cerrarse | 3 *adj* cerrado,-a
■ **shut down** 1 *vtr* ♦ (*un negocio, etc*) cerrar (para siempre) ♦ (*una máquina*) apagar | 2 *vi* (*un negocio, etc*) cerrar
■ **shut in** *vtr* encerrar
■ **shut off** *vtr* ♦ (*el suministro de algo*) cortar ♦ (*una máquina*) apagar ♦ aislar [**from**, de]
■ **shut out** *vtr* ♦ (*a una persona*) dejar fuera a: **I've s. myself out**, me he dejado las llaves dentro ♦ (*el frío, la luz*) aislar, no dejar pasar
■ **shut up** 1 *vtr* ♦ (*un edificio*) cerrar ♦ (*a una persona, un perro*) encerrar ♦ *fam* hacer callar | 2 *vi* ♦ (*un negocio*) cerrar ♦ *fam* callarse
shutdown ['ʃʌtdaʊn] *n* cierre
shutter ['ʃʌtə'] *n* ♦ contraventana, postigo ♦ *Fot* obturador
shuttle ['ʃʌtəl] 1 *n* ♦ *Cost* lanzadera ♦ *Av* puente aéreo; *Ferroc* servicio lanzadera ♦ **(space) s.**, transbordador espacial | 2 *vtr* trasladar | 3 *vi* ir y venir
shuttlecock ['ʃʌtəlkɒk] *n Dep* volante
shy [ʃaɪ] 1 *adj* (**shyer, shyest** *o* **shier, shiest**) ♦ (*una persona*) tímido,-a, reservado,-a: **I'm s.!**, ¡me da vergüenza! ♦ (*animal*) asustadizo,-a | 2 *vi* (*caballo*) respingar
■ **shy away** *vi* asustarse de, rehuir

shyness ['ʃaɪnɪs] *n* timidez
sibling ['sɪblɪŋ] *n frml* hermano,-a
sick [sɪk] *adj* ♦ enfermo,-a: **he's off s., está ausente por enfermedad**; *fig* **to be s. with fear**, estar muerto,-a de miedo; **s. leave**, baja por enfermedad ♦ **I feel s.**, estoy mareado,-a *o* tengo náuseas; **to be s.**, devolver, vomitar ➣ Ver nota en **enfermo** ♦ *fam* harto,-a [**of**, de]: **I'm s. and tired of him**, estoy hasta el moño de él ♦ (*mente*) morboso,-a; (*comentario*) de muy mal gusto; (*humor*) negro,-a, malsano,-a
sickbay ['sɪkbeɪ] *n* enfermería
sicken ['sɪkən] 1 *vtr* ♦ poner enfermo ♦ asquear | 2 *vi frml* enfermar
sickening ['sɪkənɪŋ] *adj* ♦ (*espectáculo, olor, etc*) asqueroso,-a ♦ (*acontecimiento*) que da rabia *o* asco ♦ (*idea, etc*) escalofriante
sickle ['sɪkəl] *n* hoz
sickly ['sɪklɪ] *adj* (**sicklier, sickliest**) ♦ (*niño, etc*) enfermizo,-a ♦ (*sabor, comportamiento*) empalagoso,-a
sickness ['sɪknɪs] *n* ♦ enfermedad ♦ náuseas
side [saɪd] 1 *n* ♦ lado; (*de una carretera*) lado; (*de una colina*) falda, ladera; (*de una moneda, disco, hoja de papel*) cara; (*de un mueble*) lado, costado; **he's got a job on the s.**, tiene un trabajo suplementario; (*de un río, lago*) orilla: **he lives on the other s. of town**, vive en la otra parte del pueblo; **left (hand) s.**, izquierda ♦ *fam* **it's on the expensive s.**, es algo caro; **to be on the safe s.**, por si acaso ♦ (*persona*) lado, costado; (*animal*) flanco; **we sat s. by s.**, nos sentamos juntos; **by my s.**, a mi lado ♦ (*en un argumento*) aspecto ♦ (*en un conflicto*) bando; *Pol* partido; *Dep* equipo; **he's on our s.**, es de los nuestros; **to change sides**, pasarse al otro bando; **to take sides**, tomar partido ♦ (*de familia*) parte | 2 *adj* ♦ (*calle, puerta*) lateral ♦ (*carretera, efecto, problema*) secundario,-a | 3 *vi* **to s. with sb**, ponerse del lado de alguien
sideboard ['saɪdbɔːd] *n* aparador
sideburns ['saɪdbɜːnz] *npl* patillas
sidelight ['saɪdlaɪt] *n Auto* luz de posición
sideline ['saɪdlaɪn] *n* ♦ *Dep* línea de banda ♦ *Com* (*actividad*) trabajo suplementario
sidelong ['saɪdlɒŋ] *adj* (*mirada*) de reojo
sidestep ['saɪdstep] 1 *vtr* (*golpe, asunto*) esquivar | 2 *vi* hacerse a un lado

sidetrack ['saɪdtræk] *vtr fig (a una persona)* apartar de su propósito
sidewalk ['saɪdwɔːk] *n US* acera
sideways ['saɪdweɪz] **1** *adj (movimiento)* lateral ◆ *(mirada)* de reojo | **2** *adv* ◆ *(mover)* de lado ◆ *(mirar)* de reojo
siding ['saɪdɪŋ] *n Ferroc* vía muerta
siege [siːdʒ] *n* sitio, asedio; **to lay s. to,** sitiar
sieve [sɪv] **1** *n* ◆ *Culin* tamiz ◆ *Hort* criba | **2** *vtr* ◆ *Culin* tamizar ◆ *Hort* cribar
sift [sɪft] *vtr* ◆ *Culin* tamizar ◆ *fig (datos)* **to s. (through),** escudriñar
sigh [saɪ] **1** *vi* suspirar | **2** *n* suspiro
sight [saɪt] **1** *n* ◆ *(el sentido)* vista, visión ◆ *(acción)* vista; **to catch s. of,** avistar; **to know sb by s.,** conocer a alguien de vista; **love at first s.,** amor a primera vista ◆ cosa vista: **he was a familiar s.,** se le veía mucho (por aquí); **he was a real s.,** estaba hecho un cuadro; **she was a s. for sore eyes,** daba gusto verla; **the s. of blood makes me ill,** sólo con ver la sangre me mareo ◆ *(al alcance de la vista)* **to be out of s.,** no estar visible; **to come into s.,** aparecer; **in s.,** a la vista ◆ **sights** *pl, (de un arma)* mira; *fig* expectaciones; *(de un sitio)* lugares de interés turístico ◆ *fam* mucho: **a** *(GB* **damned, far,** *US* **darn) s. better,** muchísimo mejor | **2** *vtr* divisar, ver
sightseeing ['saɪtsiːɪŋ] *n* turismo; **to go s.,** hacer turismo
sign [saɪn] **1** *n* ◆ símbolo; *(del Zodiaco)* signo ◆ *(con la mano)* señal, seña; **s. language,** lenguaje de gestos ◆ letrero, cartel; **road s.,** señal vial ◆ indicio; *Med* síntoma, indicio; **to show signs of,** dar muestras de; **as a s. of,** en señal de ◆ huella, rastro | **2** *vtr* ◆ firmar ◆ *(empleado)* contratar; *Ftb* fichar | **3** *vi* firmar
■ **sign away** *vtr (un derecho, etc)* ceder por escrito
■ **sign in** *vi (en un hotel, etc)* registrarse
■ **sign on 1** *vtr (empleado)* contratar | **2** *vi* ◆ *(empleado)* firmar un contrato ◆ *Educ* matricularse ◆ *GB fam* apuntarse al paro
■ **sign up 1** *vtr* ◆ *Mil* alistar ◆ *Ftb* fichar | **2** *vi* ◆ *Mil* alistarse ◆ *Dep* fichar ◆ *Educ* matricularse
signal ['sɪɡnəl] **1** *n* ◆ seña, señal ◆ *Ferroc & Tele* señal | **2** *vtr* ◆ comunicar por señales ◆ indicar, señalar | **3** *vi* ◆ hacer señales ◆ *Auto* señalizar, poner el intermitente
signature ['sɪɡnɪtʃəʳ] *n* firma
significance [sɪɡ'nɪfɪkəns] *n* ◆ significado ◆ importancia

significant [sɪɡ'nɪfɪkənt] *adj* ◆ significativo,-a ◆ importante
significantly [sɪɡ'nɪfɪkəntlɪ] *adv* ◆ de una manera significativa ◆ considerablemente
signify ['sɪɡnɪfaɪ] *vtr* ◆ significar ◆ indicar
signpost ['saɪnpəʊst] **1** *n* poste indicador | **2** *vtr (un camino)* señalizar
silence ['saɪləns] **1** *n* silencio | **2** *vtr* ◆ hacer callar, acallar ◆ *Téc* silenciar
silencer ['saɪlənsəʳ] *n* silenciador
silent ['saɪlənt] *adj* ◆ silencioso,-a; callado,-a; **the s. majority,** la mayoría silenciosa; **to remain s.,** guardar silencio ◆ *(película, letra)* mudo,-a
silently ['saɪləntlɪ] *adv* silenciosamente
silhouette [sɪluː'et] *n* silueta
silicon ['sɪlɪkən] *n* ◆ *Quím* silicio ◆ **s. chip,** chip (de silicio)
silk [sɪlk] **1** *n* seda | **2** *adj* de seda
silky ['sɪlkɪ] *adj (silkier, silkiest)* sedoso,-a
sill [sɪl] *n Arquit* alféizar
silly ['sɪlɪ] *adj (sillier, silliest)* ridículo,-a, tonto,-a ◆ | LOC: **to scare sb. s.,** darle a alguien un susto de muerte
silo ['saɪləʊ] *n* silo
silver ['sɪlvəʳ] **1** *n* ◆ *(metal)* plata ◆ monedas (de color plata) ◆ platería, plata | **2** *adj* ◆ de plata; **s. foil/paper,** papel de aluminio; **s. wedding,** bodas de plata ◆ *(el pelo)* canoso,-a
silver birch [sɪlvə'bɜːtʃ] *n Bot* abedul
silver-plated [sɪlvə'pleɪtɪd] *adj* plateado,-a
silversmith ['sɪlvəsmɪθ] *n* platero,-a
silverware ['sɪlvəweəʳ] *n* vajilla de plata
silvery ['sɪlvərɪ] *adj* plateado,-a
similar ['sɪmɪləʳ] *adj* parecido,-a, semejante [**to,** a]; **to be s.,** parecerse
similarity [sɪmɪ'lærɪtɪ] *n* parecido, semejanza
similarly ['sɪmɪləlɪ] *adv* ◆ de modo parecido ◆ igualmente ◆ asimismo
simile ['sɪmɪlɪ] *n* símil
simmer ['sɪməʳ] **1** *vtr* hervir a fuego lento | **2** *vi* hervirse a fuego lento
■ **simmer down** *vi fam* calmarse
simple ['sɪmpəl] *adj* ◆ *(problema, etc)* sencillo,-a ◆ *(ropa, comida, etc)* sencillo,-a, simple ◆ *(la verdad)* pura ◆ *(persona) (poco sofisticado)* sencillo,-a, ingenuo,-a; *pey* bobo,-a ◆ *Fin Mat* **s. interest,** interés simple
simplicity [sɪm'plɪsɪtɪ] *n* ◆ sencillez ◆ ingenuidad
simplify ['sɪmplɪfaɪ] *vtr* simplificar

simplistic [sɪm'plɪstɪk] *adj* simplista
simply ['sɪmplɪ] *adv* ♦ *(vivir, vestir)* sencillamente ♦ sólo ♦ **this is s. ridiculous!**, ¡esto es completamente ridículo!
simulate ['sɪmjʊleɪt] *vtr* simular
simulator ['sɪmjʊleɪtə^r] *n* simulador
simultaneous [sɪməl'teɪnɪəs] *adj* simultáneo,-a
simultaneously [sɪməl'teɪnɪəslɪ] *adv* simultáneamente
sin [sɪn] **1** *n* pecado | **2** *vi* pecar
since [sɪns] **1** *adv* ♦ desde entonces: **we separated in 1985 and we haven't spoken s.**, nos separamos en 1985 y no nos hablamos desde entonces ♦ **I've s. re-married**, en el interín he vuelto a casarme | **2** *prep* **s. 1900**, desde 1900; **s. when?**, ¿desde cuándo? | **3** *conj* ♦ desde que: **(ever) s. I saw her**, desde que la vi ♦ ya que, puesto que: **s. you're so clever...**, ya que eres tan listo...
sincere [sɪn'sɪə^r] *adj* sincero,-a
sincerely [sɪn'sɪəlɪ] *adv* ♦ sinceramente ♦ *(en una carta)* **Yours s.**, (le saluda) atentamente
sincerity [sɪn'serɪtɪ] *n* sinceridad
sinew ['sɪnjuː] *n* ♦ *Anat* tendón ♦ *Culin* nervio
sinful ['sɪnfʊl] *adj* ♦ *(persona)* pecador,-ora ♦ *(acción)* pecaminoso,-a
sing [sɪŋ] **1** *vtr (ps sang; pp sung)* cantar | **2** *vi* cantar
singe [sɪndʒ] *vtr* chamuscar
singer ['sɪŋə^r] *n* cantante
singing ['sɪŋɪŋ] *n* ♦ *(arte)* canto; *(andaluz)* cante ♦ *(acción)* canto, cantar
single ['sɪŋgəl] **1** *adj* ♦ solo,-a, único,-a; **s. currency**, moneda única; **I see her every s. day**, la veo todos los días sin excepción ♦ *(cama, habitación, etc)* individual ♦ soltero,-a; **s. parent**, madre o padre sin pareja ♦ *Tip (interlineado)* sencillo | **2** *n* ♦ *Av Ferroc* billete de ida ♦ *(disco)* single ♦ *Dep* **singles** *pl*, individuales
■ **single out** *vtr* ♦ escoger ♦ distinguir
single-handed [sɪŋgəl'hændɪd] *adj & adv* sin ayuda de nadie
single-minded [sɪŋgəl'maɪndɪd] *adj* resuelto,-a
singlet ['sɪŋglɪt] *n GB* camiseta
singly ['sɪŋglɪ] *adv* por separado, uno por uno
singular ['sɪŋgjʊlə^r] **1** *adj* ♦ *Ling* singular ♦ *frml* excepcional, singular ♦ *frml* extraño,-a | **2** *n Ling* singular

singularly ['sɪŋgjʊləlɪ] *adv* excepcionalmente
sinister ['sɪnɪstə^r] *adj* siniestro,-a
sink [sɪŋk] **1** *vtr (ps sank; pp sunk)* ♦ *(un barco)* hundir; *fig (un proyecto, una persona)* acabar con ♦ *(dinero)* invertir [**in/into**, en] ♦ *(una mina, un pozo)* excavar ♦ *(los dientes, una navaja)* clavar [**into**, en] ♦ *fam* beberse | **2** *vi* ♦ *(un barco)* hundirse; *(una persona)* caer, hundirse; *(el sol)* ponerse; *(valor, cantidad)* disminuir ♦ caer ♦ | LOC: **her heart sank**, se le fue el alma a los pies | **3** *n* fregadero
■ **sink in** *vi* ♦ *(pintura, agua, etc)* penetrar ♦ *fig* **the news hasn't sunk in yet**, todavía no he *(ha/hemos, etc)* asumido la noticia
sinner ['sɪnə^r] *n* pecador,-ora
sinus ['saɪnəs] *n* seno
sip [sɪp] **1** *n* sorbo | **2** *vtr* sorber, beber a sorbos
siphon ['saɪfən] *n* sifón
■ **siphon off** *vtr* ♦ sacar con sifón ♦ *fig (tráfico)* desviar; *(fondos)* malversar
sir [sɜː^r] *n frml* ♦ señor; **yes, s.**, sí, señor; *(en una carta)* **Dear S.**, Muy señor mío ♦ *GB (título:* siempre con mayúscula y con nombre de pila*)* sir; **S. Winston Churchill**, sir Winston Churchill
siren ['saɪərən] *n* sirena
sirloin ['sɜːlɔɪn] *n Culin* solomillo
sister ['sɪstə^r] *n* ♦ hermana ♦ *GB Med* enfermera jefe ♦ *Rel* hermana; **S. Mary**, sor Mary
sister-in-law ['sɪstərɪnlɔː] *n* cuñada ➤ Ver nota en **in-laws**
sit [sɪt] **1** *vtr (ps & pp sat)* ♦ *(a una persona)* sentar ♦ *(un objeto)* colocar ♦ *(un examen)* hacer | **2** *vi* ♦ sentarse ♦ estar/quedarse sentado: **he was sitting on the floor**, estaba sentado en el suelo; *fam* **s. tight**, no te muevas ♦ *(cosa, sitio)* hallarse ♦ *(comité, tribunal)* reunirse (en sesión) ♦ *Arte* posar [**for**, para]
■ **sit about/around** *vi* quedarse sentado sin hacer nada
■ **sit back** *vi* ♦ recostarse ♦ *fam (no hacer nada)* cruzarse de brazos
■ **sit down** *vi* sentarse
■ **sit in** *vi* sustituir [**for**, a]
■ **sit in on** *vtr (una reunión)* asistir sin participar a
■ **sit out** *vtr* ♦ *(hasta el fin)* aguantar ♦ *fam (un baile)* no bailar
■ **sit through** *vtr (una película aburrida, etc)* aguantar hasta el final

■ **sit up** *vi* ◆ incorporarse ◆ no acostarse; **to s. up for sb,** esperar sin acostarse a que vuelva alguien

site [saɪt] **1** *n* ◆ *(para un futuro edificio, etc)* emplazamiento, solar ◆ *Arqueo* yacimiento ◆ *Hist* **the battle s.,** el lugar de la batalla | **2** *vtr* situar

sit-in ['sɪtɪn] *n fam (manifestación)* sentada, encierro

sitting ['sɪtɪŋ] **1** *n* ◆ *(de un comité, con un pintor)* sesión ◆ *(en un comedor)* turno | **2** *adj* ◆ sentado,-a ◆ **s. duck,** presa fácil

sitting-room ['sɪtɪŋruːm] *n* sala de estar

situated ['sɪtjʊeɪtɪd] *adj* situado,-a, ubicado,-a

situation [sɪtjʊ'eɪʃən] *n* ◆ situación, circunstancias ◆ situación, ubicación ◆ *frml* puesto; **'situations vacant',** 'ofertas de empleo'

six [sɪks] *adj & n* seis

sixteen [sɪks'tiːn] *adj & n* dieciséis, diez y seis

sixteenth [sɪks'tiːnθ] **1** *adj & n* decimosexto,-a | **2** *n (quebrado)* dieciseisavo

sixth [sɪksθ] **1** *adj* sexto,-a | **2** *n* sexto, sexta parte

sixty ['sɪkstɪ] *adj & n* sesenta

size [saɪz] *n* ◆ tamaño; *(de un problema)* envergadura ◆ *(de ropa, etc)* talla; *(de zapatos)* número; *(de una persona)* estatura

■ **size up** *vtr* ◆ *(una persona)* formarse una opinión sobre ◆ *(una situación)* evaluar

siz(e)able ['saɪzəbəl] *adj* considerable

sizzle ['sɪzəl] *vi* chisporrotear

skate [skeɪt] **1** *n* ◆ *Zool* raya ◆ patín | **2** *vtr* patinar

skateboard ['skeɪtbɔːd] *n* monopatín

skater ['skeɪtə'] *n* patinador,-ora

skating ['skeɪtɪŋ] *n* patinaje; **s. rink,** pista de patinaje

skeleton ['skelɪtən] **1** *n* ◆ *Anat* esqueleto ◆ *(de edificio, coche)* armazón ◆ *(de un plan)* esquema ◆ | LOC: **to have a s. in the cupboard,** tener un secreto vergonzoso, guardar un cadáver en el armario | **2** *adj* ◆ *(servicio)* mínimo,-a; *(plantilla)* reducido,-a ◆ **s. key,** llave maestra

skeptic ['skeptɪk] *n US* → **sceptic**

sketch [sketʃ] **1** *n* ◆ bosquejo, esbozo; *(acabado)* dibujo ◆ *(de un proyecto)* esbozo ◆ *Lit* composición, descripción ◆ *TV Teat* sketch | **2** *vtr* ◆ hacer un bosquejo de ◆ dibujar

sketch-book ['sketʃbʊk], **sketch-pad** ['sketʃpæd] *n* bloc de dibujo

sketchy ['sketʃɪ] *adj (sketchier, sketchiest)* ◆ *(conocimientos)* superficial ◆ *(descripción)* poco preciso,-a

skewer ['skjʊə'] *n* pincho, broqueta

ski [skiː] **1** *n* esquí | **2** *adj* de esquí; **s. boot,** bota de esquiar; **s. instructor,** instructor,-ora de esquí; **s. lift,** telesquí; **s. resort,** estación de esquí; **s. slope/run,** pista de esquí; **s. stick** *o* **pole,** bastón de esquiar | **3** *vi* esquiar; **to go skiing,** ir a esquiar

skid [skɪd] **1** *n* derrape, patinazo | **2** *vi* ◆ *(vehículo)* derrapar, patinar ◆ *(persona)* resbalar

skier ['skiːə'] *n* esquiador,-ora

skiing ['skiːɪŋ] *n* esquí

skilful, *US* **skillful** ['skɪlful] *adj* hábil, diestro,-a **[at,** en]

skill [skɪl] *n* ◆ habilidad, destreza ◆ arte, técnica ◆ **skills** *pl,* aptitudes; **social s.,** don de gentes

skilled [skɪld] *adj* ◆ hábil; *(práctico)* diestro,-a, experto,-a ◆ *(trabajador)* cualificado,-a ◆ *(trabajo)* especializado,-a

skim [skɪm] **1** *vtr* ◆ *(la leche)* desnatar; *(el caldo)* espumar ◆ rozar, rasar: **the bird skimmed the waves,** el pájaro pasó casi rozando las olas ◆ *(un libro, etc)* leer por encima | **2** *vi fig* **to s. through a book,** hojear un libro

skimp [skɪmp] *vi* escatimar **[on,** -]

skimpy ['skɪmpɪ] *adj (skimpier, skimpiest)* ◆ *(falda, etc)* muy corto,-a ◆ *(ración, etc)* mezquino,-a, miserable

skin [skɪn] **1** *n* ◆ piel; *(esp de la cara)* cutis; *(color)* tez ◆ *(de animal)* piel; *(curtido)* cuero, piel ◆ *(de fruta)* piel; *(de cítrico, plátano)* cáscara, monda ◆ *(de un embutido)* tripa, pellejo ◆ *(de la leche)* nata ◆ *fam* → **skinhead** ◆ | LOC: **by the s. of one's teeth,** por los pelos | **2** *vtr* ◆ *(fruta)* pelar ◆ *(animal)* despellejar

skin-deep [skɪn'diːp] *adj* superficial

skin-diving ['skɪndaɪvɪŋ] *n* buceo, submarinismo

skinhead ['skɪnhed] *n* cabeza rapada

skinny ['skɪnɪ] *adj (skinnier, skinniest) fam* flaco,-a

skin-tight ['skɪntaɪt] *adj (ropa)* muy ajustado,-a

skip [skɪp] **1** *n* ◆ salto, brinco ◆ *(para escombros, etc)* contenedor | **2** *vi* ◆ saltar, brincar ◆ *(juego)* saltar a la comba | **3** *vtr fig (omitir)* saltarse; *fam* **s. it!,** ¡olvídalo!

skipper ['skɪpə'] *n fam* ◆ *Náut* capitán,-ana ◆ *Náut* patrón,-ona ◆ *Dep* capitán,-ana ◆ *Dep* entrenador,-ora

skirmish ['skɜːmɪʃ] *n* escaramuza
skirt [skɜːt] **1** *n* falda | **2** *vtr* ◆ *(un pueblo)* pasar ◆ *(un bosque, un río, etc)* bordear ◆ *(un problema)* eludir
skirting ['skɜːtɪŋ] *GB n* **s. (board),** rodapié
skittle ['skɪtəl] *n* ◆ bolo ◆ **skittles** *(sing),* (juego de los) bolos
skive [skaɪv] *vi GB fam* ◆ escaquearse ◆ *(del colegio)* hacer novillos
skulk [skʌlk] *vi* ◆ merodear ◆ esconderse
skull [skʌl] *n Anat* cráneo; calavera
skunk [skʌŋk] *n Zool* mofeta
sky [skaɪ] *n* cielo; **s. blue,** (azul) celeste
skylight ['skaɪlaɪt] *n Arquit* tragaluz, claraboya
skyline ['skaɪlaɪn] *n* (línea del) horizonte
skyscraper ['skaɪskreɪpəʳ] *n* rascacielos
slab [slæb] *n (de hormigón, etc)* bloque; *(de madera)* tabla; *(de pan, etc)* trozo; *(de piedra)* losa
slack [slæk] **1** *adj* ◆ *(cable, cuerda)* flojo,-a ◆ *(disciplina)* laxo,-a, descuidado,-a; *(persona)* vago,-a ◆ *(mercado)* flojo,-a | **2** *n (de cuerda)* parte floja, comba ◆ **to take up the s.,** tensar la cuerda
slacken ['slækən] **1** *vtr* ◆ *(una cuerda)* aflojar ◆ *(la velocidad)* aminorar, disminuir | **2** *vi* ◆ *(cable, cuerda)* aflojarse ◆ *(viento)* amainar
■ **slacken off** *vi* ◆ *(demanda, etc)* disminuir ◆ *(el negocio)* flojear
slag [slæg] *n* ◆ escoria; **s. heap,** escorial ◆ *GB vulgar ofens* putilla
■ **slag off** *vtr fam GB* ◆ *(a una persona)* poner verde a ◆ *(una película, etc)* poner por los suelos
slam [slæm] **1** *n* portazo | **2** *vtr* ◆ *(puerta, tapa)* cerrar de golpe: **don't s. the door,** cierra la puerta despacio ◆ golpear: **she slammed the cake down on the table,** tiró el pastel violentamente sobre la mesa ◆ **I slammed on my brakes,** di un frenazo ◆ *fig* criticar violentamente | **3** *vi (puerta)* cerrarse de golpe
slander ['slɑːndəʳ] **1** *n* difamación, calumnia | **2** *vtr* difamar, calumniar
slang [slæŋ] *n* argot, jerga
slant [slɑːnt] **1** *n* ◆ inclinación, pendiente ◆ punto de vista ◆ sesgo | **2** *vtr fig (una noticia)* presentar sesgadamente | **3** *vi* inclinarse
slanted ['slɑːntɪd] *adj (informe, etc)* sesgado,-a

slanting ['slɑːntɪŋ] *adj* inclinado,-a
slap [slæp] **1** *n* ◆ *(en la cara)* bofetada; *(en la espalda)* palmada ◆ | LOC: **a s. on the wrist,** un tirón de orejas | **2** *vtr (en la cara)* pegar una bofetada a; **to s. sb on the back,** dar una palmada en la espalda a alguien | **3** *adv fam* ◆ **s. in the middle,** en pleno centro ◆ **I walked s. into her,** me di de bruces con ella
■ **slap on** *vtr fam (maquillaje, pintura)* aplicar de cualquier manera
slapdash [slæp'dæʃ] *adj fam* ◆ *(persona)* descuidado,-a ◆ *(trabajo)* chapucero,-a
slapstick ['slæpstɪk] *n* bufonadas, payasadas
slash [slæʃ] **1** *n* ◆ *Tip* barra oblicua ◆ cuchillada | **2** *vtr* ◆ *(a una persona)* acuchillar ◆ *(un neumático, etc)* rajar ◆ *fig (precios)* rebajar drásticamente
slate [sleɪt] **1** *n* pizarra ◆ | LOC: **let's wipe the s. clean,** hagamos borrón y cuenta nueva | **2** *vtr fam* criticar duramente
slaughter ['slɔːtəʳ] **1** *n* ◆ *(de animales)* matanza ◆ *(de personas)* carnicería, masacre | **2** *vtr* ◆ *(animales)* matar ◆ *(personas)* matar salvajemente, masacrar
slaughterhouse ['slɔːtəhaʊs] *n* matadero
slave [sleɪv] **1** *n* esclavo,-a | **2** *vi fam* **to s. (away),** trabajar como un burro
slavery ['sleɪvərɪ] *n* esclavitud
sleazy ['sliːzɪ] *adj (sleazier, sleaziest)* ◆ *(sitio)* sórdido,-a ◆ *(persona)* de mala pinta
sled [sled] **1** *n US* trineo | **2** *vi* ir en trineo
sledge [sledʒ] *n GB* trineo
sleek [sliːk] *adj* ◆ *(piel)* lustroso,-a ◆ *(persona)* pulcro,-a ◆ *(coche)* elegante
sleep [sliːp] **1** *n* ◆ sueño ◆ **to go to s.,** dormirse ◆ **to put to s.,** dormir; *euf (animal)* sacrificar | **2** *vi* dormir ◆ | LOC: **let me s. on it,** déjame consultarlo con la almohada; **to s. like a log,** dormir como un lirón
■ **sleep in** *vi GB* dormir hasta tarde
■ **sleep together** *vi* acostarse juntos; *euf* tener relaciones sexuales
■ **sleep with** *vtr fam* acostarse con
sleeper ['sliːpəʳ] *n* ◆ *(persona)* durmiente; **he's a heavy/light s.,** tiene el sueño pesado/ligero ◆ *Ferroc* traviesa ◆ *Ferroc* coche-cama ◆ *Ferroc* litera
sleeping ['sliːpɪŋ] *adj* ◆ durmiente; **S. Beauty,** la Bella durmiente; *fig (socio)* comanditario,-a ◆ **s. bag,** saco de dormir; *Ferroc* **s. car,** coche-cama; **s. pill,** somnífero

sleepless ['sli:plɪs] *adj* ◆ *(persona)* insomnio ◆ *(noche)* en blanco

sleepwalker ['sli:pwɔ:kəʳ] *n* sonámbulo,-a

sleepy ['sli:pɪ] *adj (sleepier, sleepiest)* soñoliento,-a; **to be/feel s.,** tener sueño

sleet [sli:t] **1** *n* aguanieve | **2** *vi* **it's sleeting,** cae aguanieve

sleeve [sli:v] *n* ◆ *(de una prenda)* manga ◆ *(de un disco)* funda ◆ | LOC:: **to have an ace up one's s.,** tener un as en la manga; **to have sthg up one's s.,** estar tramando algo

sleigh [sleɪ] *n* trineo

sleight [slaɪt] *n* **s. of hand,** prestidigitación, juegos de manos

slender ['slendəʳ] *adj* ◆ *(persona)* esbelto,-a ◆ *(posibilidad)* remoto,-a ◆ *(recursos)* escaso,-a

slept [slept] *ps & pp* → **sleep**

slice [slaɪs] **1** *n* ◆ *(de carne asada)* tajada; *(de embutido, jamón, queso)* loncha; *(de limón)* rodaja; *(de melón)* raja; *(de pan)* rebanada; *(de pastel)* trozo; *(de pizza)* porción ◆ *(utensilio)* pala ◆ *fig* parte, porción ◆ *Dep Golf* slice | **2** *vtr* ◆ cortar (en tajadas, rebanadas, lonchas, etc) ◆ **to s. sthg in half,** cortar algo por la mitad

slick [slɪk] **1** *adj* ◆ *(presentación, etc)* logrado,-a ◆ *(persona)* hábil; *pey* de mucha labia, mañoso,-a | **2** *n* **(oil) s.,** mancha, marea negra

slide [slaɪd] **1** *vtr (ps & pp slid)* deslizar: **she slid her hand through the gap,** introdujo la mano cuidadosamente por la grieta | **2** *vi* ◆ *(a propósito)* deslizarse ◆ *(por accidente)* resbalar | **3** *n* ◆ *(acción)* resbalón ◆ *(de precios)* baja ◆ *(para niños)* tobogán ◆ *Fot* diapositiva ◆ *(para un microscopio)* portaobjetos ◆ *GB (para el pelo)* pasador

sliding ['slaɪdɪŋ] *adj* ◆ *(una puerta)* corredizo,-a ◆ *Mat* **s. scale,** escala móvil

slight [slaɪt] **1** *adj* ◆ *(cambio)* ligero,-a ◆ *(esperanza)* lejano,-a, leve ◆ *(herida)* leve ◆ *(persona) (no grande)* menudo,-a; *(no gordo)* delgado,-a; *(no fuerte)* delicado,-a ◆ **slightest,** mínimo,-a: **I haven't got the slightest idea,** no tengo la más mínima idea | **2** *n* desaire | **3** *vtr frml* ◆ desairar ◆ hablar desdeñosamente de

slightly ['slaɪtlɪ] *adv* ligeramente, algo

slim [slɪm] **1** *adj (slimmer, slimmest)* ◆ *(persona)* delgado,-a ➤ Ver nota en **delgado** ◆ *(posibilidad)* remoto,-a ◆ *(recursos)* escaso,-a | **2** *vi* adelgazar

slime [slaɪm] *n* ◆ limo, cieno ◆ *(de los peces, etc)* baba

slimming ['slɪmɪŋ] **1** *adj* ◆ *(régimen)* para adelgazar ◆ *(alimento)* que no engorda | **2** *n* adelgazamiento

slimy ['slaɪmɪ] *adj (slimier, slimiest)* ◆ *(sustancia)* viscoso,-a ◆ *(un pez, etc)* baboso,-a ◆ *fig fam (persona)* zalamero,-a, falso,-a

sling [slɪŋ] **1** *n* ◆ *Med* cabestrilla ◆ *(para levantar pesos)* eslinga ◆ *(arma)* honda; *(juego)* tirador | **2** *vtr (ps & pp slung)* ◆ tirar ◆ colgar

■ **sling out** *vtr* ◆ *(una cosa)* tirar ◆ *(a una persona)* echar

slink [slɪŋk] *vi (ps & pp slunk) (con adv)* mover sigilosamente; **to s. away,** escabullirse

slip [slɪp] **1** *n* ◆ resbalón ◆ error; **a s. of the tongue,** un lapsus (linguae); *(moral)* desliz ◆ *(de papel)* papelito ◆ *(ropa interior de mujer)* combinación ◆ | LOC: **to give sb the s.,** lograr escaparse de alguien | **2** *vi* ◆ resbalar(se) ◆ *(precios)* bajar; *(la moral)* decaer; *(calidad)* deteriorar | **3** *vtr* ◆ dar disimuladamente ◆ **it completely slipped my mind,** se me olvidó por completo

■ **slip away** *vi (persona)* escabullirse

■ **slip off** *vtr (ropa, zapatos)* quitarse

■ **slip on** *vtr (ropa, zapatos)* ponerse

■ **slip out** *vi* ◆ escabullirse: **I slipped out while he was talking,** me escabullí mientras hablaba; *fig* **sorry, it just slipped out,** perdón, lo dije sin querer

■ **slip up** *vi fam* cometer un desliz

slipped disc [slɪpt'dɪsk] *n Med* hernia discal

slipper ['slɪpəʳ] *n* zapatilla

slippery ['slɪpərɪ] *adj* resbaladizo,-a

slip-road ['slɪprəʊd] *n GB* vía de acceso

slip-up ['slɪpʌp] *n fam* metedura de pata

slipway ['slɪpweɪ] *n Náut* grada

slit [slɪt] **1** *n* ◆ hendidura ◆ corte, raja | **2** *vtr (ps & pp slit)* cortar, rajar

slither ['slɪðəʳ] *vi* deslizarse

sliver ['slɪvəʳ] *n* ◆ *(de carne)* loncha ◆ *(de cristal, madera)* astilla

slob [slɒb] *n fam* dejado,-a, vago,-a

slog [slɒg] **1** *n fam* **it's a (hard) s.,** cuesta (mucho) trabajo | **2** *vi* ◆ caminar trabajosamente ◆ *fam* **to s. away,** sudar tinta, trabajar duro | **3** *vtr* golpear fuerte

slogan ['sləʊgən] *n* eslogan, lema

slop [slɒp] **1** *vi* ◆ *(un líquido)* **to s. (over),** derramarse ◆ *(una persona)* **to s. about,** chapotear | **2** *vtr* derramar

slope [sləʊp] 1 *n* ♦ cuesta, pendiente ♦ *(de una colina)* ladera; *(de un tejado)* vertiente | 2 *vi* inclinarse; **to s. up/down,** subir/descender en pendiente

sloping ['sləʊpɪŋ] *adj* ♦ *(lo que normalmente está vertical)* inclinado,-a ♦ *(un camino, una pradera)* en declive, en pendiente

sloppy ['slɒpɪ] *adj (sloppier, sloppiest) fam* ♦ *(una sustancia)* casi líquido,-a ♦ *(trabajo)* descuidado,-a, chapucero,-a ♦ *(apariencia)* desaliñado,-a ♦ sensiblero,-a

slot [slɒt] 1 *n* ♦ ranura; **s. machine,** *(para jugar)* (máquina) tragaperras; *(para tabaco, café, etc)* máquina expendedora ♦ *Rad TV* espacio | 2 *vtr* **to s. A into B,** encajar A en B | 3 *vi* **to s. together,** encajar

sloth [sləʊθ] *n* ♦ *frml* pereza ♦ *Zool* perezoso

slouch [slaʊtʃ] 1 *vi* andar *o* sentarse encorvado | 2 *n* **with a s.,** con los hombros caídos, encorvado ♦ | LOC: *fam* **she's no s.,** no es manca

Slovak ['sləʊvæk] *adj & n* eslovaco,-a

Slovakia [sləʊ'vækɪə] *n* República Eslovaca

Slovakia [sləʊ'vækɪən] *adj & n* eslovaco,-a

Slovene ['sləʊviːn] 1 *adj & n* esloveno,-a | 2 *n (idioma)* esloveno

Slovenia [sləʊ'viːnɪə] *n* Eslovenia

Slovenian [sləʊ'viːnɪən] *adj & n* esloveno

slow [sləʊ] 1 *adj* ♦ lento,-a: **he's a s. learner,** aprende despacio; **I was s. to realise,** tardé en darme cuenta ♦ lento,-a, torpe ♦ *(clock)* atrasado,-a | 2 *adv* despacio, lentamente | 3 *vtr (un coche)* reducir *o* aminorar la velocidad de; *(el paso)* aflojar; *(el progreso)* retrasar | 4 *vi* **to s. (down),** *(al hablar)* hablar más despacio; *(al andar)* ir más despacio; *(en un coche)* reducir la velocidad

slowly ['sləʊlɪ] *adv* despacio, lentamente

slow-motion [sləʊ'məʊʃən] *n* cámara lenta; **in s. m.,** a cámara lenta

sludge [slʌdʒ] *n* ♦ fango, lodo ♦ sedimento

slug [slʌɡ] 1 *n* ♦ *Zool* babosa ♦ *US fam* posta ♦ *fam (de alcohol)* trago | 2 *vtr fam* pegar

sluggish ['slʌɡɪʃ] *adj* ♦ *(una persona)* perezoso,-a, indolente ♦ *(un río)* lento,-a ♦ *(el negocio)* flojo,-a

sluicegate ['sluːsɡeɪt] *n* compuerta

slum [slʌm] *n* ♦ *(usu pl)* barrio bajo, barriada ♦ *fig* pocilga

slump [slʌmp] 1 *n* ♦ *(de la economía)* profunda depresión ♦ *(en las ventas)* bajón | 2 *vi* ♦ *(las ventas)* caer en picado; *(los precios)* desplomarse ♦ *(los ánimos, la economía)* decaer ♦ *(una persona)* caer, desplomarse: **she slumped to the ground,** se desplomó en el suelo

slung [slʌŋ] *ps & pp* → **sling**

slur [slɜː^r] 1 *n* difamación, calumnia | 2 *vtr (las palabras)* arrastrar

slush [slʌʃ] *n* ♦ nieve medio derretida ♦ *fam* sensiblería ♦ *fam* **s. fund,** fondos para sobornos

sly [slaɪ] 1 *adj* **(slyer, slyest** *o* **slier, sliest)** ♦ *(persona)* astuto,-a, taimado,-a ♦ *(acción)* sigiloso,-a | 2 *n* ♦ | LOC: **on the s.,** a hurtadillas

smack [smæk] 1 *n* ♦ *(golpe)* bofetada ♦ *(sonido)* ruido sonoro ♦ *argot* heroína | 2 *vtr* ♦ dar una bofetada a ♦ *fam* pegar ♦ *fig* **to s. one's lips,** relamerse | 3 *vi fig* **to s. of,** tener un saborcillo a

small [smɔːl] 1 *adj* ♦ pequeño,-a, chico,-a; *(también equivale al diminutivo español)* **a s. car,** un cochecito ♦ *(persona: no alto)* bajo,-a ♦ *(cantidad)* escaso,-a, insignificante ♦ *(voz)* tímido,-a, humilde ♦ **s. ad,** anuncio clasificado; **s. arms,** armas cortas; **s. change,** cambio, calderilla; *fam* **s. hours,** altas horas (de la madrugada); **s. print,** letra pequeña; **s. talk,** conversación banal; **(it's) s. wonder that,** no es de extrañar que ➢ Ver nota en **pequeño** | 2 *n* ♦ **the s. of the back,** la parte más estrecha de la espalda; los riñones ♦ *GB fam* **smalls** *pl,* ropa interior

smallholding ['smɔːlhəʊldɪŋ] *n* minifundio

smallpox ['smɔːlpɒks] *n Med* viruela

small-scale ['smɔːlskeɪl] *adj* ♦ *(dibujo, maqueta)* a pequeña escala ♦ *(un proyecto)* de poca envergadura

smart [smɑːt] 1 *adj* ♦ *(apariencia)* elegante ♦ *(una persona)* listo,-a; *(una decisión)* inteligente ♦ *fam vulgar* **s. ass/arse,** listillo,-a, sabelotodo ♦ *(paso)* rápido,-a; *(una reacción)* pronto,-a | 2 *vi* ♦ picar, escocer ♦ *fig* **to s. from sthg,** resentirse de algo

smarten ['smɑːtən] 1 *vtr* arreglar
■ **smarten up** 1 *vtr* arreglar | 2 *vi* arreglarse

smash [smæʃ] 1 *n* ♦ accidente, choque: **he was hurt in a car s.,** fue herido en un

accidente de tráfico ◆ *(ruido)* estrépito ◆ *Tenis* smash ◆ *Mús Cine Teat fam* **s. (hit)**, exitazo | **2** *vtr* ◆ romper, quebrar; *fam* **I'll s. your face,** te parto la cara ◆ *(un cristal, la vajilla, etc)* hacer pedazos ◆ *(un coche)* *(tb* **to s. up)** destrozar ◆ *(al enemigo)* derrotar; *(a un grupo de criminales)* desarticular ◆ *(un récord)* batir ◆ *Dep (el balón, la pelota)* golpear violentemente | **3** *vi* ◆ romperse ◆ hacerse pedazos ◆ chocar, estrellarse [**against/into,** con/contra]
■ **smash in** *vtr fam* **to s. sb's face in,** partirle la cara a alguien

smashed [smæʃt] *adj* **to be s.,** estar borracho,-a; **to get s.,** emborracharse

smashing ['smæʃɪŋ] *adj GB fam* estupendo,-a

smattering ['smætərɪŋ] *n* nociones: **I have a s. of Norwegian,** chapurreo el noruego

smear [smɪəʳ] **1** *n* ◆ *(en la pared, ropa, etc)* mancha ◆ difamación; **s. campaign,** campaña de desprestigio ◆ *Med* frotis; **s. test,** citología | **2** *vtr* ◆ *(aceite, grasa)* untar [**with,** de, con, en], embadurnar [**with,** de] ◆ *(ensuciar)* manchar ◆ *(maquillaje, pintura)* correrse ◆ *fig* desprestigiar

smell [smel] **1** *n* ◆ olor; *(de una flor)* perfume ◆ *(sentido)* olfato | **2** *vtr (ps & pp* **smelled** *o* **smelt)** ◆ *(una flor, fragancia, un aroma)* olfatear ◆ *(el peligro)* oler | **3** *vi* oler [**of, like,** a]: **this soap smells of apples,** este jabón huele a manzanas; **those cakes s. good,** esos pasteles huelen bien

smelly ['smelɪ] *adj (smellier, smelliest) fam* que huele mal; *(fuerte)* apestoso,-a

smile [smaɪl] **1** *n* sonrisa | **2** *vi* sonreír [**at,** a]

smiling ['smaɪlɪŋ] *adj* sonriente, risueño,-a

smirk [smɜːk] **1** *n* ◆ sonrisa de suficiencia | **2** *vi* sonreír con satisfacción

smith [smɪθ] *n* herrero,-a

smithy ['smɪðɪ] *n* herrería

smock [smɒk] *n* ◆ *(vestido)* blusón de premamá ◆ *(de niño)* delantal ◆ *(de artista, pescador)* blusón, bata

smog [smɒg] *n* niebla tóxica, smog

smoke [sməʊk] **1** *n* ◆ humo; **s. alarm,** detector de incendios ◆ **to go up in s.,** quemarse totalmente; *fig (de intenciones, planes, etc)* quedar en agua de borrajas | **2** *vi* ◆ *(tabaco, etc)* fumar ◆ *(una chimenea, etc)* echar humo | **3** *vtr* ◆ fumar ◆ *(el pescado, etc)* ahumar

smoked [sməʊkt] *adj* ahumado,-a

smokeless ['sməʊklɪs] *adj (combustible)* que no produce humo; **s. zone,** zona libre de humos

smoker ['sməʊkəʳ] *n (persona)* fumador,-ora: **I was a heavy s.,** fumaba mucho

smoking ['sməʊkɪŋ] *n* **'no s.',** 'prohibido fumar'

smoky ['sməʊkɪ] *adj (smokier, smokiest)* ◆ *(un espacio)* lleno,-a de humo; *(un ambiente)* cargado,-a (de humo) ◆ *(olor, sabor)* a humo ◆ *(fuego, etc)* humeante

smolder ['sməʊldəʳ] *vi US* → **smoulder**

smooth [smuːð] **1** *adj* ◆ *(una superficie)* liso,-a; *(la piel)* suave; *(un lago, el mar)* tranquilo,-a ◆ *(un líquido)* sin grumos ◆ *(un sabor)* suave ◆ *(un movimiento)* suave; *(un viaje, un proceso)* sin problemas ◆ *(una persona) pey* zalamero,-a, meloso,-a | **2** *vtr* ◆ *(el pelo, un vestido)* alisar ◆ *(una superficie)* pulir
■ **smooth out** *vtr* ◆ *(la tela)* alisar ◆ *fig (problemas)* allanar, resolver
■ **smooth over** *vtr fig (un problema, etc)* restar importancia a

smoothly ['smuːðlɪ] *adv* ◆ *(moverse)* suavemente ◆ *(desarrollarse)* sin problemas

smother ['smʌðəʳ] *vtr* ◆ *(a una persona)* asfixiar; *(las llamas)* sofocar ◆ *(un bostezo)* reprimir ◆ *fig (de besos, salsa, etc)* cubrir [**with,** de]

smoulder ['sməʊldəʳ] *vi* ◆ arder sin llama ◆ *fig (las emociones, los ojos)* arder

smudge [smʌdʒ] **1** *n* mancha | **2** *vtr* ◆ manchar ◆ *(la tinta)* emborronar

smug [smʌg] *adj (smugger, smuggest)* engreído,-a, pagado,-a de sí mismo,-a

smuggle ['smʌgəl] *vtr* ◆ pasar de contrabando ◆ *fig* pasar a escondidas

smuggler ['smʌgləʳ] *n* contrabandista

smuggling ['smʌgəlɪŋ] *n* contrabando

snack [snæk] *n* tentempié; **s. bar,** cafetería

snag [snæg] **1** *n* inconveniente, pega | **2** *vtr (la tela, etc)* enganchar

snail [sneɪl] *n* caracol

snake [sneɪk] *n* serpiente, culebra

snap [snæp] **1** *n* ◆ ruido seco, chasquido, clic ◆ *Fot fam* instantánea ◆ *(de un bolso, etc)* broche ◆ *(del tiempo)* intervalo; **cold s.,** ola de frío | **2** *adj (decisión)* repentino,-a | **3** *vi* ◆ romperse, partirse ◆ hacer un ruido seco ◆ **to s. open/shut,** abrirse/cerrarse (de un golpe) ◆ *(un animal)* intentar morder; *(una persona)* hablar bruscamente ◆ *fam* sacar fotos | LOC: *fam* **s. out of it!,** ¡espabílate! | **4** *vtr* ◆ partir, rom-

snappy

per ◆ *(los dedos)* chasquear ◆ decir bruscamente ◆ **to s. open/shut,** abrir/cerrar (de un golpe) ◆ *fam* sacar una foto de

■ **snap back** *vi & vtr* contestar bruscamente

■ **snap off** 1 *vtr* ◆ romper ◆ | LOC: **he snapped my head off,** me echó un buen rapapolvo | 2 *vi* desprenderse

■ **snap up** *vtr fam (una ganga, oportunidad)* no dejar escapar

snappy ['snæpɪ] *adj* (**snappier, snappiest**) *fam* ◆ *(un animal)* que muerde; *(una persona)* irritable; *(una respuesta)* cortante ◆ *fam* rápido,-a: **make it s.!,** ¡rápido! ◆ *fam (ropa, etc)* elegante ◆ *(un eslogan)* conciso

snapshot ['snæpʃɒt] *n* (foto) instantánea

snare [sneə^r] 1 *n* trampa, cepo | 2 *vtr* atrapar ◆ *fig (a una persona)* hacer caer en la trampa

snarl [snɑːl] 1 *n* gruñido | 2 *vi* gruñir | 3 *vtr* decir gruñendo

■ **snarl up** *vi & vtr* ◆ *(la lana, los planes)* enmarañar(se) ◆ *(el tráfico)* atascar(se)

snatch [snætʃ] 1 *n* ◆ *fam* robo ◆ secuestro ◆ *(de música, de conversación)* fragmento ◆ *Dep (halterofilia)* arrancada | 2 *vtr* arrebatar, quitar [**from,** a] ◆ *fam* robar ◆ *(una oportunidad, etc)* no dejar pasar; *(la felicidad, el sueño)* conseguir | 3 *vi* arrebatar

sneak [sniːk] 1 *n fam* soplón,-ona, chivato,-a | 2 *adj* ◆ *fam (visita, etc)* furtivo,-a ◆ *Cine Teat* preestreno informal | 3 *vtr* ◆ *fam* pasar a escondidas ◆ **to s. a look at,** mirar disimuladamente | 3 *vi* ◆ *(mover furtivamente)* **to s. away/off,** escabullirse; **to s. out,** salir a hurtadillas; **to s. up,** acercarse sigilosamente [**on,** a] ◆ **to s. on sb,** chivarse de alguien

sneakers ['sniːkəz] *npl US* zapatillas de deporte

sneaking ['sniːkɪŋ] *adj* ◆ *(respeto, cariño)* secreto,-a ◆ **I have a s. suspicion that...,** tengo la ligera sospecha de que...

sneaky ['sniːkɪ] *adj* (**sneakier, sneakiest**) ◆ *(una persona)* solapado,-a ◆ soplón,-ona ◆ *(una acción)* furtivo,-a

sneer [snɪə^r] 1 *n* ◆ sonrisa sarcástica ◆ comentario despectivo ◆ **to poner cara de desprecio; to s. at,** burlarse de

sneeze [sniːz] 1 *n* estornudo | 2 *vi* estornudar

sniff [snɪf] 1 *n* ◆ *(sonido)* lloriqueo; *(acción)* inhalación ◆ **to have a s. at sthg,** oler algo | 2 *vtr* ◆ *(una persona)* oler; *(un animal)* olfatear ◆ inhalar por la nariz; *(droga, etc) fam* esnifar | 3 *vi* ◆ *(por catarro)* sorberse la nariz; *(por emoción)* sorberse las lágrimas ◆ **to s. at,** *(una persona)* oler; *(un animal)* olisquear ◆ *fig* **to s. at sb/sthg,** desdeñar a alguien/algo

snigger ['snɪgə^r] 1 *n* risilla | 2 *vi* reírse con disimulo [**at,** de]

snip [snɪp] 1 *n* ◆ *(sonido)* tijeretazo; *(corte)* tijeretada ◆ recorte ◆ *GB fam* ganga | 2 *vtr* cortar con tijeras

sniper ['snaɪpə^r] *n* francotirador,-ora

snivel ['snɪvəl] *vi pey* lloriquear

snivelling ['snɪvəlɪŋ] 1 *adj pey* llorón,-ona | 2 *n* lloriqueo

snob [snɒb] *n* (e)snob

snobbery ['snɒbərɪ] *n* (e)snobismo

snobbish ['snɒbɪʃ] *adj* (e)snob

snooker ['snuːkə^r] *n* snooker, billar ruso

snoop [snuːp] 1 *vi* fisgar, fisgonear | 2 *n* fisgón,-ona

snooty ['snuːtɪ] *adj* (**snootier, snootiest**) *fam* esnob, estirado,-a

snooze [snuːz] *fam* 1 *n* cabezada, siestecita; **to have a s.,** echar una cabezada | 2 *vi* dormitar

snore [snɔː^r] 1 *n* ronquido | 2 *vi* roncar

snoring ['snɔːrɪŋ] *n* ronquidos

snorkel ['snɔːkəl] *n* esnórquel, tubo de buceo

snot [snɒt] *n fam* mocos

snotty ['snɒtɪ] *adj fam* ◆ *(niño, pañuelo)* mocoso,-a ◆ *(persona)* estirado,-a

snort [snɔːt] 1 *n* resoplido | 2 *vi* resoplar | 3 *vtr* ◆ bramar ◆ *(droga) argot* esnifar

snout [snaʊt] *n* morro

snow [snəʊ] 1 *n* ◆ nieve ◆ *argot* cocaína | 2 *vi* nevar | 3 *vtr fig* **to be snowed under,** estar inundado,-a [**with,** de]

snowball ['snəʊbɔːl] 1 *n* bola de nieve | 2 *vi fig (la demanda, un problema, etc)* aumentar rápidamente

snowbound ['snəʊbaʊnd] *adj* incomunicado,-a, aislado,-a por la nieve

snowdrift ['snəʊdrɪft] *n* montón de nieve, ventisquero

snowdrop ['snəʊdrɒp] *n Bot* campanilla de invierno

snowfall ['snəʊfɔːl] *n* nevada

snowflake ['snəʊfleɪk] *n* copo de nieve

snowman ['snəʊmæn] *n* muñeco de nieve

snowplough, *US* **snowplow** ['snəʊplaʊ] *n* quitanieves

snowstorm ['snəʊstɔːm] *n* nevasca

snowy ['snəʊɪ] *adj* (*snowier, snowiest*) ◆ (*montaña*) nevado,-a ◆ (*clima*) nevoso,-a; (*día*) de nieve

snub [snʌb] **1** *n* desaire, rechazo | **2** *vtr* ◆ (*a una persona*) hacer un desaire ◆ (*una oferta*) rechazar

snub-nosed ['snʌbnəʊzd] *adj* de nariz respingona

snug [snʌg] *adj* (*snugger, snuggest*) ◆ (*un sitio*) cómodo,-a y acogedor,-ora ◆ (*ropa*) ajustado,-a

snuggle ['snʌgəl] *vi* ◆ **to s. down** *o* **up in bed**), acurrucarse (en la cama) ◆ **to s. up to sb**, arrimarse a alguien

snugly ['snʌglɪ] *adv* ◆ cómodamente ◆ **to fit s.**, (*la ropa*) ajustarse bien

so [səʊ] **1** *adv* ◆ (*con adj o adv*) tan: **this is so difficult**, esto es tan difícil; **he talks so fast!**, ¡habla tan deprisa!; **she was so ill (that) she couldn't talk**, estaba tan enferma que no podía hablar ➤ Ver nota en **tan** ◆ (*con un verbo*) tanto: **I miss you so (much)**, te echo mucho de menos ◆ (*en comparación*) **he is not so clever as his wife**, no es tan listo como su mujer ◆ **a month or so**, alrededor de un mes ◆ así: **it so happens that...**, da la casualidad que...; **is that so?**, ¿de veras?; **she likes things to be just so**, quiere que todo esté muy ordenado; **if so...**, si es así...; **so be it**, así sea; (*señalando con las manos*) **take the rabbit, (like) so...**, toma el conejo, así...; **and so on**, etcétera ◆ **so they say**, eso dicen; **I hope/think so**, espero/creo que sí; **I told you so**, ya te avisé; **is she rich? - very much so**, ¿es rica? - sí, y mucho ◆ (*con el auxiliar*) también: (*para confirmar*) **you're late - so are you**, llegas tarde - tú también; **I like cats - so do I**, me gustan los gatos - a mí también; **he has green eyes - so he has!**, tiene los ojos verdes - ¡es cierto! ◆ bueno: **so, let's begin**, bueno, empecemos; entonces: **so she got up and said...**, entonces se levantó y dijo... ◆ así que, conque: **so you're Basque, are you?**, ¿así que eres vasco?; **so what?**, ¿y qué? ◆ | LOC: **so long!**, ¡hasta siempre! | **2** *conj* ◆ para: **ring me so (that) I can explain it to you**, llámame para que te lo pueda explicar; **so as to arrive in time**, para llegar a tiempo ◆ de modo que: **paint it blue so (that) it's obvious**, píntalo de azul de modo que destaque ◆ (*resultado*) **she was ill, so she didn't come**, estaba enferma, así que no asistió

so-and-so ['səʊənsəʊ] *n fam* ◆ **So-and-so, Fulano** ◆ *pey* **the rotten so-and-so!**, ¡el muy sinvergüenza!

soak [səʊk] **1** *vtr* ◆ (*la ropa, los garbanzos*) remojar ◆ empapar [**in**, en]: **I was soaked**, estaba empapado | **2** *vi* (*la ropa, los garbanzos*) estar en remojo

■ **soak in** *vi* penetrar

■ **soak up** *vtr* absorber

soaking ['səʊkɪŋ] *adj* **s. (wet)**, (*una cosa*) empapado,-a; (*una persona*) calado,-a hasta los huesos

soap [səʊp] **1** *n* ◆ jabón; **s. powder**, jabón *o* detergente en polvo ◆ *TV* **s. opera**, culebrón | **2** *vtr* enjabonar

soapy ['səʊpɪ] *adj* (*soapier, soapiest*) (*agua*) jabonoso,-a; (*manos*) cubierto,-a de jabón

soar [sɔːʳ] *vi* ◆ (*una ave, un avión*) volar alto, planear ◆ *fig* (*los precios*) dispararse ◆ (*un edificio*) alzarse

sob [sɒb] **1** *n* sollozo | **2** *vi* sollozar

sober ['səʊbəʳ] *adj* ◆ (*no borracho*) sobrio,-a ◆ (*persona*) formal, serio,-a; (*ropa*) discreto,-a ◆ (*un acto*) solemne ◆ | LOC: **it's a sobering thought**, te hace pensar

■ **sober up** *vi* espabilar la borrachera

so-called ['səʊkɔːld] *adj* ◆ llamado,-a ◆ *pey* supuesto,-a, presunto,-a

soccer ['sɒkəʳ] *n* fútbol (europeo) ➤ Ver nota en **fútbol**

sociable ['səʊʃəbəl] *adj* sociable

social ['səʊʃəl] **1** *adj* social; **s. climber**, arribista; **S. Democrat**, socialdemócrata; *US* **s. insurance, s. welfare**, seguro social; **s. sciences**, ciencias sociales; *GB* **s. security**, seguridad social; **s. services**, servicios sociales; **s. worker**, asistente,-a social | **2** *n fam* reunión social

socialism ['səʊʃəlɪzəm] *n* socialismo

socialist ['səʊʃəlɪst] *adj & n* socialista

socialize ['səʊʃəlaɪz] **1** *vi* alternar, hacer vida social | **2** *vtr Pol Psiq* socializar

socially ['səʊʃəlɪ] *adv* socialmente

society [sə'saɪətɪ] **1** *n* ◆ sociedad: **she is a danger to s.**, es un peligro para la sociedad; **the values of Western s.**, los valores de la sociedad occidental ◆ **(high) s.**, *tb* **S.**, alta sociedad ◆ asociación, compañía; **the S. of Jesus**, la Compañía de Jesús | **2** *adj* de la alta sociedad

sociological [səʊsɪəʊ'lɒdʒɪkəl] *adj* sociológico,-a

sociologist [səʊsɪ'ɒlədʒɪst] *n* sociólogo,-a

sociology [səʊsɪ'ɒlədʒɪ] *n* sociología

sock [sɒk] *n* calcetín

socket ['sɒkɪt] *n* ◆ *Anat (del ojo)* cuenca; *(de una articulación)* fosa ◆ *Elec (para un enchufe)* toma; *(para una bombilla)* casquillo

sod [sɒd] 1 *n* ◆ *frml* terrón ◆ *vulgar ofens (persona odiosa)* cabrón,-ona; *(cosa)* coñazo ◆ *fam* **he's a cheeky s.,** tiene mucho morro; *(expresa compasión)* **some poor s. will get the blame,** le echarán la culpa a algún pobre diablo ◆ *fam* **s. all,** nada de nada | LOC: *fam* **S.'s Law,** *(tb* **Murphy's Law)** la ley de la maldad de los objetos inanimados | 2 *excl vulgar* **s. it!,** ¡mierda! **s. off!,** ¡vete a la mierda!

soda ['səʊdə] *n* ◆ *Quím* sosa ◆ *Culin* bicarbonato (sódico) ◆ soda, seltz ◆ *US* refresco con gas

sodden ['sɒdən] *adj* empapado,-a

sodium ['səʊdɪəm] *n* sodio

sofa ['səʊfə] *n* sofá; **s. bed,** sofá cama

soft [sɒft] *adj* ◆ *(agua, droga, materia, porno, etc)* blando,-a; **to go s.,** ablandarse ◆ *(la luz, música, piel, el pelo)* suave; *(un sonido, una voz)* bajo,-a; *(una brisa)* ligero,-a; *(un corazón)* compasivo,-a ◆ *(de la disciplina)* indulgente (**on** *o* **with,** con) ◆ *fam* **s. in the head,** estúpido,-a ◆ *fam* fácil; **the s. option,** la opción fácil ◆ **s. drink,** refresco

soften ['sɒfən] 1 *vtr* ◆ *(el corazón, la mantequilla)* ablandar ◆ *(el color, la piel, la ropa)* suavizar ◆ *(un golpe)* amortiguar ◆ *(un contorno)* difuminar | 2 *vi* ◆ *(una persona)* enternecerse ◆ *(la mantequilla)* ablandarse ◆ *(la piel)* suavizarse ◆ *(un contorno)* difuminarse

softly ['sɒftlɪ] *adv* ◆ *(tocar)* suavemente ◆ *(mover)* silenciosamente ◆ *(hablar)* bajito

softness ['sɒftnɪs] *n* ◆ blandura ◆ *(del pelo, de la piel)* suavidad ◆ *(moral)* debilidad

soft-soap [sɒft'səʊp] *vtr fam* dar coba a

soft-spoken [sɒft'spəʊk»ən] *adj* de voz suave

software ['sɒftweə^r] *n Inform* software; **s. package,** paquete de aplicaciones

soggy ['sɒgɪ] *adj (soggier, soggiest) (el suelo, etc)* empapado,-a; *(verduras)* pasado,-a

soil [sɔɪl] 1 *n* ◆ *(materia en que crecen las plantas)* tierra ◆ *Pol* suelo: **this is Spanish s.,** esto es suelo español | 2 *vtr* ensuciar, manchar

soiled [sɔɪld] *adj (ropa)* sucio,-a; *(mercancías)* dañado,-a, estropeado,-a

solace ['sɒlɪs] *n frml* consuelo

solar ['səʊlə^r] *adj* solar

sold [səʊld] *ps* & *pp* → **sell**

solder ['sɒldə^r] 1 *n* soldadura | 2 *vtr* soldar

soldier ['səʊldʒə^r] *n* soldado; *(oficial)* militar

■ **soldier on** *vi fig* seguir en la brecha

sole [səʊl] 1 *n* ◆ *(del pie)* planta; *(de un zapato)* suela ◆ *Zool* lenguado | 2 *adj* ◆ único,-a ◆ *(derechos)* exclusivo,-a | 3 *vtr (los zapatos)* poner suelas (y tapas) a

solemn ['sɒləm] *adj* solemne

solicit [sə'lɪsɪt] 1 *vtr frml* solicitar | 2 *vi (una prostituta)* ejercer la prostitución

solicitor [sə'lɪsɪtə^r] *n GB* abogado,-a; notario,-a ➢ Ver nota en **abogado**

solid ['sɒlɪd] 1 *adj* ◆ *(comida, elemento)* sólido,-a ◆ *(no hueco)* macizo,-a; *(no adulterado)* macizo,-a, puro,-a ◆ *(casa, mueble)* sólido,-a; *(roca)* vivo,-a; *(tierra)* firme ◆ *(persona) (físico)* fornido,-a; *(de carácter)* formal ◆ *(apoyo, voto)* unánime ◆ *(periodo)* continuo: **the traffic is s.,** el tráfico está colapsado | 2 *n* ◆ *Fís Quím* sólido ◆ **solids** *pl,* alimentos sólidos

solidarity [sɒlɪ'dærɪtɪ] *n* solidaridad

solidify [sə'lɪdɪfaɪ] *vi* solidificarse

solidity [sə'lɪdɪtɪ] *n* solidez

solidly ['sɒlɪdlɪ] *adv* ◆ sólidamente; **s. built,** *(edificio, mueble)* de construcción sólida ◆ *(dormir)* sin interrupción ◆ *(trabajar)* sin descanso

solitaire ['sɒlɪteə^r] *n* solitario

solitary ['sɒlɪtərɪ] *adj* ◆ *(una persona)* solitario,-a ◆ *(un sitio)* apartado,-a ◆ solo,-a

solitude ['sɒlɪtjuːd] *n* soledad

solo ['səʊləʊ] *n* solo

soloist ['səʊləʊɪst] *n* solista

solstice ['sɒlstɪs] *n* solsticio

soluble ['sɒljʊbəl] *adj* soluble

solution [sə'luːʃən] *n* solución

solve [sɒlv] *vtr* resolver, solucionar

solvent ['sɒlvənt] *adj* & *n* solvente

sombre, *US* **somber** ['sɒmbə^r] *adj* ◆ *(color)* sombrío,-a ◆ *(música, sitio)* lúgubre ◆ *(perspectiva)* pesimista

some [sʌm] 1 *adj* ◆ *(una cantidad no definida; no siempre se traduce)* uno(s),-a(s), alguno(s),-a(as), algo de: **I'll give you some books,** te daré unos libros; **there are s. marks on the carpet,** hay (algunas) manchas en la alfombra; **would you like s. coffee?,** ¿quieres café? ◆ bastante, varios: **that was s. days ago,** eso fue hace varios días ◆ alguno,-a, cierto,-a: **I**

hope it had s. effect, espero que haya tenido algún efecto; **s. people think it's unlucky,** algunos dicen que trae mala suerte; **to s. extent,** hasta cierto punto ◆ *(partitivo)* alguno(s),-a(s): **s. poisons are more dangerous than others,** algunos venenos son más peligrosos que otros ◆ *(una o más cosas o personas no definidas)* algún,-uno(s),-una(s): **I'll be back s. day,** algún día volveré; **s. idiot has left the door open,** algún idiota ha dejado la puerta abierta ◆ **s... or other,** algún que otro: **I often see him in s. bar or other,** a menudo lo veo en algún que otro bar ◆ *fam (expresa admiración o sorpresa)* ¡vaya...!: **that's s. job!,** ¡vaya trabajo!; *(irónico)* menudo,-a: **s. friend she is!,** ¡valiente amiga es ella! | 2 *pron* ◆ *(personas sin especificar)* algunos,-as: **s. of my friends live in London and s. in Paris,** algunos de mis amigos viven en Londres y algunos en París; **s. say he's mad,** algunos dicen que está loco ◆ *(parte de una cantidad)* **s. of the apples,** algunas de las manzanas; **s. of the wine was off,** parte del vino estaba picado; **that coffee smells good - can I have s.?,** ese café huele bien - ¿puedo tomar un poco? | 3 *adv* ◆ unos,-as, alrededor de: **London is s. sixty miles from the coast,** Londres está a unas sesenta millas de la costa ◆ *US fam* **he sure drinks s.,** él sí que bebe mucho

somebody ['sʌmbədɪ] **1** *pron* alguien; **s. else,** otro,-a, otra persona ◆ | LOC: **s. up there likes him,** tiene mucha suerte | 2 *n* **to be (a) s.,** ser alguien

somehow ['sʌmhaʊ] *adv* ◆ de alguna manera; **s. or other,** de algún modo u otro ◆ por alguna razón

someone ['sʌmwʌn] *pron & n* → **somebody**

somersault ['sʌməsɔːlt] **1** *n* ◆ *(de niño)* voltereta ◆ *(en el circo, etc)* salto mortal ◆ *Auto* vuelta de campana ◆ **to turn somersaults,** hacer volteretas; *Auto* dar vueltas de campana | 2 *vi* ◆ *(un niño)* dar volteretas ◆ *(en el circo)* dar un salto mortal ◆ *Auto* dar una vuelta de campana

something ['sʌmθɪŋ] **1** *pron* ◆ algo, alguna cosa: **s. is wrong,** algo no va bien; **well, that's s.,** bueno, algo es algo; **s. else,** otra cosa, algo más; **s. or other,** algo ◆ **s. of,** algo: **he is s. of a reactionary,** es algo reaccionario ◆ **are you crazy or s.?,** ¿estás loco o qué? ◆ | LOC: *fam* **that group is really s. o s. else!,** ¡ese grupo es demasiado! | 2 *n* ◆ **it has a certain s.,** tiene cierto no sé qué ◆ **I always give her a little s. for Christmas,** siempre le doy algún regalito por Navidad | 3 *adv* ◆ *fam* **my feet ache s. awful,** me duelen los pies que no puedo con ellos

sometime ['sʌmtaɪm] *adv* algún día: **come up and see me s.,** ven a verme algún día; **s. next year,** en algún momento del año que viene ➢ Ver nota en **sometimes**

sometimes ['sʌmtaɪmz] *adv* a veces, de vez en cuando

> No confundas **sometimes** (a veces) con **sometime** (alguna vez, en algún momento): **I'll visit you sometime this week.** Iré a verte algún día de esta semana.

somewhat ['sʌmwɒt] *adv frml* algo, un tanto

somewhere ['sʌmweəʳ] *adv* ◆ *(ubicación)* en algún sitio; **s. in la Mancha,** un algún sitio de la Mancha; *(dirección)* a alguna parte ◆ **s. else,** a o en otra parte; **s. or other,** no sé dónde ◆ **s. around/about,** más o menos

son [sʌn] *n* ◆ hijo (varón) ◆ *vulgar* **s. of a bitch,** hijo de puta

song [sɒŋ] *n* ◆ canción; *Lit* cantar ◆ *(de un pájaro)* canto

songwriter ['sɒŋraɪtəʳ] *n* ◆ compositor,-ora ◆ *singer* s., cantautor,-ora

son-in-law ['sʌnɪnlɔː] *n* yerno

sonnet ['sɒnɪt] *n* soneto

soon [suːn] *adv* ◆ pronto, dentro de poco: **I'll ring you s.,** te llamaré dentro de poco; **he died s. afterwards,** murió poco después; **see you s.!,** ¡hasta pronto!; ◆ pronto: **how s. will you be ready?,** ¿cuándo estarás preparado?; **tomorrow is too s.,** mañana es muy pronto; **to speak too s.,** hablar antes de tiempo, cantar victoria; **as s. as possible,** cuanto antes; **no sooner said than done,** lo dicho hecho; **sooner or later,** tarde o temprano; **the sooner the better,** cuanto antes, mejor; ◆ *(como conj)* **no sooner had I sat down than the phone rang,** apenas me había sentado, cuando sonó el teléfono; **as s. as,** en cuanto ◆ *(preferencia) frml* **I would just as soon** *o* **would**

sooner you didn't smoke, prefiero que no fumes

> Soon se coloca a menudo al principio o al final de la frase (**I'll be leaving soon,** *me voy dentro de poco*; **soon it will be dark,** *pronto será de noche*), pero también después del primer verbo auxiliar: **I'll <u>soon</u> be leaving** o **it'll <u>soon</u> be dark.**

soot [sʊt] *n* hollín
soothe [suːð] *vtr* ◆ *(a una persona)* tranquilizar ◆ *(un dolor)* aliviar
sophisticated [sə'fɪstɪkeɪtɪd] *adj* sofisticado,-a
soporific [sɒpə'rɪfɪk] *adj* soporífero,-a
sopping ['sɒpɪŋ] *adj fam tb* **s. wet,** empapado,-a
soppy ['sɒpɪ] *adj* (*soppier, soppiest*) *fam* sentimentaloide
soprano [sə'prɑːnəʊ] *n* soprano
sorcerer ['sɔːsərər] *n* brujo, hechicero
sorceress ['sɔːsərɪs] *n* bruja, hechicera
sordid ['sɔːdɪd] *adj* sórdido,-a
sore [sɔːr] **1** *adj* ◆ dolorido,-a; *(los ojos)* irritado,-a; **to have a s. throat,** tener dolor de garganta ◆ *(necesidad) frml* urgente ◆ *US fam* **to be s. at sb.,** estar enfadado,-a con alguien; **to be s. about sthg.,** estar resentido,-a por algo ◆ | LOC: **a s. point,** un asunto delicado | **2** *n* llaga
sorely ['sɔːlɪ] *adv frml* muy: **she was s. tempted,** sintió una gran tentación [**to, de**]; **we are s. in need of money,** necesitamos urgentemente dinero ◆ *(herido)* gravemente
sorrow ['sɒrəʊ] *n* pena, dolor
sorrowful ['sɒrəʊfʊl] *adj* afligido,-a, triste
sorry ['sɒrɪ] **1** *adj* (*sorrier, sorriest*) ◆ triste; **to be s. about sthg,** sentir algo: **I'm s. you are ill,** siento que estés enferma; **we are s. we missed you,** lamentamos no haberte visto ◆ compasivo,-a; **to feel s. for sb,** compadecer a alguien ◆ arrepentido,-a: **I am sorry I did it,** me arrepiento de haberlo hecho; **to be s. about sthg.,** sentir algo; ◆ *frml (apariencia)* lamentable | **2** *excl* ◆ *(para disculparse)* **s.!,** ¡perdón!; **to say s.,** pedir perdón [**for,** por] ◆ *(cuando no se ha entendido)* **s.?,** ¿cómo?
➤ Ver nota en **perdón**
sort [sɔːt] **1** *n* ◆ tipo, clase: **what s. of food do you like?,** ¿qué tipo de comida te gusta? ◆ *fam (uso adverbial)* **s. of,** en cierto modo: **is he clever? - s. of,** ¿es inteligente? - en cierto modo sí ◆ **of sorts,** mediocre: **she's a singer of sorts,** es cantante, si puedes llamarla así | LOC: **out of sorts,** pachucho,-a | **2** *vtr* clasificar
■ **sort out** *vtr* ◆ *(los papeles, etc)* poner en orden ◆ separar [**from,** de] ◆ *(un problema)* resolver, arreglar ◆ *fam (a una persona)* arreglar
SOS [esəʊ'es] *n* S.O.S.
so-so ['səʊsəʊ] *adv fam* regular, así así
sought [sɔːt] *ps & pp* → **seek**
soul [səʊl] *n* ◆ alma ◆ *(persona)* **don't tell a s.!,** ¡no lo digas a nadie! ◆ *Mus* (música) soul
soul-destroying ['səʊldɪstrɔɪɪŋ] *adj* ◆ monótono,-a ◆ desmoralizador,-ora
soulful ['səʊlfʊl] *adj* conmovedor,-ora
sound [saʊnd] **1** *n* ◆ sonido; **the s. of music,** el sonido de la música ◆ ruido: **don't make a s.!,** ¡no hagas ruido!; **s. effects,** efectos sonoros ◆ *(idea)* **I don't like the s. of this,** esto no me parece bien; **by-/from the s. of it,** por lo que se oye ◆ *Geog* estrecho ◆ *Med Náut* sonda | **2** *adj* ◆ *(una construcción)* sólido,-a ◆ *(de la salud)* sano,-a; **safe and s.,** sano,-a y salvo,-a ◆ *(una persona)* responsable; *(un argumento)* sensato,-a ◆ *(una victoria)* contundente ◆ **s. asleep,** profundamente dormido,-a | **3** *vi* ◆ sonar, resonar: **a bell sounded,** sonó un timbre ◆ *(parecer)* **that sounds absurd,** eso parece absurdo | **4** *vtr* ◆ *(una alarma, un claxon, etc)* tocar, hacer sonar ◆ *(un sonido)* pronunciar ◆ *Med Náut & fig* sondar
■ **sound out** *vtr (las opiniones, etc)* sondear
sounding ['saʊndɪŋ] *n* ◆ *Náut* sondeo ◆ **to take soundings,** sondear la opinión
soundproof ['saʊndpruːf] *adj* insonorizado,-a
soundtrack ['saʊndtræk] *n Cine TV* banda sonora
soup [suːp] *n* ◆ *Culin* puré, sopa, caldo; **s. bowl,** plato hondo ◆ | LOC: *fam* **to be in the s.,** estar en apuros
sour [saʊər] *adj* ◆ *(fruta)* ácida, *(vino)* picado, avinagrado ◆ *(leche, nata)* agrio,-a, cortado,-a ◆ **to go/turn s.,** *(el vino)* picarse, avinagrarse; *(la leche)* agriarse, cortarse; *fig (el ambiente)* estropearse ◆ *(una persona)* agrio,-a, amargado,-a
source [sɔːs] *n* ◆ *(de un río)* nacimiento ◆ *fig (de información, ingresos)* fuente ◆ *(de una cultura)* origen ◆ *Med (de una enfermedad)* foco

south [saʊθ] 1 *n* sur; **in the s. of Spain,** en el sur de España | 2 *adj* del sur; **S. Pole,** Polo Sur | 3 *adv (dirección)* hacia el sur; *(posición)* al sur

South Africa [saʊθ'æfrɪkə] *n* Sudáfrica

South African [saʊθ'æfrɪkən] *n & adj* sudafricano,-a

South America [saʊθə'merɪkə] *n* América del Sur, Suramérica

South American [saʊθə'merɪkən] *n & adj* suramericano,-a

south-east [saʊθ'i:st] 1 *n* sudeste | 2 *adj* sudeste | 3 *adv (dirección)* hacia el sureste; *(dirección)* al sureste

south-easterly [saʊθ'i:stəlɪ] 1 *adj* ♦ *(punto)* sureste ♦ *(viento)* del sureste | 2 *n Náut fam* (viento del) sureste

southerly ['sʌðəlɪ] *adj* ♦ *(punto)* sur ♦ *(viento)* del sur

southern ['sʌðən] *adj* del sur, meridional; **the S. Cross,** la Cruz del Sur; **the S. Hemisphere,** el hemisferio sur

Southerner ['sʌðənə*r*] *n* sureño,-a

southward ['saʊθwəd] *adj & adv* hacia el sur

south-west [saʊθ'west] 1 *n* suroeste | 2 *adj* suroeste | 3 *adv (dirección)* hacia el suroeste; *(dirección)* al suroeste

south-westerly [saʊθ'westəlɪ] 1 *adj* ♦ *(punto)* sudoeste ♦ *(viento)* del sudoeste | 2 *n Náut fam* (viento del) sudoeste

souvenir [su:və'nɪə*r*] *n* recuerdo, souvenir

sovereign ['sɒvrɪn] 1 *n & adj* soberano,-a

sow[1] [saʊ] *vtr (ps sowed; pp sowed o sown)* sembrar

sow[2] [saʊ] *n Zool* cerda ➤ Ver nota en **cerdo**

soy [sɔɪ] *n US* soja; **s. sauce,** salsa de soja

soya ['sɔɪə] *n GB* soja

spa [spɑ:] *n* balneario

space [speɪs] 1 *n* ♦ espacio, sitio: **there is s. for three people,** hay sitio para tres; **to take up s.,** ocupar espacio; *Inform* **s. bar,** barra espaciadora ♦ *Astron Fís* espacio; **to stare into s.,** mirar al vacío; **s. craft/shuttle/station,** nave/transbordador/estación espacial | 2 *vtr (tb* **s. out)** espaciar, separar

spaceman ['speɪsmən] *n* astronauta, cosmonauta

spacing ['speɪsɪŋ] *n* espaciado; **in double s.,** a doble espacio

spacious ['speɪʃəs] *adj* amplio,-a, espacioso,-a

spade [speɪd] *n* ♦ *(herramienta)* pala ♦ *Naipes (internacional)* pica; *(baraja española)* espada ♦ | LOC: **to call a s. a s.,** llamar al pan, pan, y al vino, vino

spaghetti [spə'getɪ] *n Culin* espaguetis

Spain [speɪn] *n* España

span [spæn] 1 *n* ♦ *(de las alas)* envergadura; *(de la mano)* palmo ♦ *(de tiempo)* lapso, espacio ♦ *Arquit (de un puente, etc)* **the bridge has a s. of 100 metres,** el puente tiene 100 metros de largo; arco; **a bridge with four spans,** un puente con cuatro ojos | 2 *vtr* ♦ *(un arco, puente, etc)* cruzar ♦ *(en el tiempo)* abarcar

Spanglish ['spæŋglɪʃ] *n hum (idioma: mezcla de inglés y español)* espanglis

Spaniard ['spænjəd] *n* español,-a

Spanish ['spænɪʃ] 1 *adj* español,-a | 2 *n* ♦ **the S.** *pl,* los españoles ♦ *(idioma)* español, castellano

spank [spæŋk] *vtr* darle unas palmadas en el trasero a

spanner ['spænə*r*] *n (herramienta)* llave de tuercas; **adjustable s.,** llave inglesa ♦ | LOC: *GB fam* **to throw a s. in the works,** echar un jarro de agua fría

spare [speə*r*] 1 *vtr* ♦ dejar, dar: **can you s. a dollar?,** ¿me dejas un dólar?; **can you s. me five minutes?,** ¿tienes 5 minutos? ♦ prescindir de: **we can't s. anybody this week,** no podemos prescindir de nadie esta semana ♦ **to s. sb sthg,** ahorrarle algo a alguien; **s. me the embarrassment,** ahórrame la vergüenza ♦ **to s.** *(uso adjetivo)* de sobra; **money/time to s.,** dinero/tiempo de sobra ♦ perdonar; **to s. sb's feelings,** respetar los sentimientos de alguien | 2 *adj* ♦ de más, de sobra: **have you got a s. pen?,** ¿tienes un bolígrafo de sobra?; **to be (going) s.,** sobrar ♦ *(tiempo)* libre ♦ *(bombilla, neumático, pieza, plomo, rueda, etc)* de recambio ♦ *frml* enjuto,-a ♦ | LOC: *hum fam* **s. tyre,** michelín | 3 *n Auto Téc* (pieza) de recambio; *Auto fam* neumático de recambio

sparing ['speərɪŋ] *adj* parco,-a **[with,** en]; **to be s. with sthg,** escatimar algo, usar algo con moderación

sparingly ['speərɪŋlɪ] *adv* en poca cantidad

spark [spɑ:k] 1 *n* ♦ chispa; *US Auto* **s. plug,** bujía ♦ *fam* **a bright s.,** un listillo | 2 *vi* echar chispas

■ **spark off** *vtr* desatar, provocar

sparking ['spɑ:kɪŋ] *adj GB Auto* **s. plug,** bujía

sparkle ['spɑːkəl] 1 *vi* ◆ *(los ojos)* brillar; *(cristal, diamante, etc)* centellear, destellar | 2 *n* ◆ *(de los ojos)* brillo; *(del cristal, un diamante)* centelleo, destello ◆ *(de una persona, conversación)* chispa

sparkling ['spɑːklɪŋ] *adj* ◆ *(ojos)* brillante; *(cristal, diamante)* centelleante ◆ *(vino)* espumoso; *(agua)* con gas ◆ *fig (persona, conversación)* chispeante

sparrow ['spærəʊ] *n Orn* gorrión

sparse [spɑːs] *adj* ◆ *(el pelo)* ralo,-a ◆ *(población, vegetación)* escaso,-a, poco denso,-a

Spartan ['spɑːtən] *adj & n* espartano,-a

spasm ['spæzəm] *n* ◆ *Med* espasmo ◆ *(de dolor, de miedo)* acceso

spasmodic [spæz'mɒdɪk] *adj* ◆ *Med* espasmódico,-a ◆ irregular

spat [spæt] *ps & pp* → **spit**¹

spate [speɪt] *n* ◆ *(de cartas, pedidos)* avalancha, torrente ◆ *(de accidentes, delitos, etc)* racha ◆ *GB Geog (río)* **to be in s.**, estar crecido,-a

spatial ['speɪʃəl] *adj* espacial

spatter ['spætə'] *vtr* salpicar [**with**, de]

spatula ['spætjʊlə] *n* espátula

spawn [spɔːn] *n* ◆ *(de pez)* hueva; *(de rana)* huevas ◆ *(de hongos)* semillas ◆ *pey* prole | 2 *vtr* engendrar | 3 *vi* desovar

speak [spiːk] 1 *vtr (ps spoke; pp spoken)* ◆ decir; **to s. one's mind**, hablar con franqueza | 2 *vi* ◆ *(un idioma)* hablar | 2 *vi* ◆ hablar [**to**, con] [**about**, de] ◆ **generally speaking**, en términos generales; **so to s.**, por así decirlo ◆ pronunciar un discurso [**on/about**, sobre]; *(en un debate)* tomar la palabra ◆ *Tele* hablar; **speaking!**, ¡al habla!; **who's speaking?**, ¿de parte de quién? ➤ Ver nota en **hablar**

■ **speak for** *vtr* ◆ *(representar)* hablar en nombre de ◆ **the facts s. for themselves**, los hechos hablan por sí solos

■ **speak out** *vi* ◆ hablar claro ◆ **to s. out for/against sthg**, hablar a favor/en contra de algo

■ **speak up** *vi* ◆ hablar más fuerte ◆ *fig* **to s. up for sb**, defender a alguien

speaker ['spiːkə'] *n* ◆ persona que habla, interlocutor,-ora ◆ *(de un idioma)* hablante ◆ *(en una conferencia)* conferenciante, ponente; *(en público)* orador,-ora ◆ *Pol GB* **the S.**, el/la Presidente,-ta de la Cámara de los Comunes; *US* **the S. of the House**, el Presidente de la Cámara de los Representantes ◆ *Audio* altavoz, bafle

spear [spɪə'] *n* ◆ *(arma)* lanza ◆ *(para pescar)* arpón

spec [spek] *n GB fam* **on s.**, por si las moscas

special ['speʃəl] 1 *adj* ◆ *(caso, día, efecto, trato, etc)* especial ◆ *(característico)* particular: **what's so s. about him?**, ¿qué tiene él de particular? ◆ *(edición, reunión)* extraordinario,-a; **s. delivery**, *(carta)* exprés | 2 *n* ◆ *Rad TV* programa especial; *Prensa* número extraordinario ◆ *Culin* **today's s.**, especialidad del día

specialist ['speʃəlɪst] *n* especialista

speciality [speʃɪ'ælɪtɪ] *n* especialidad

specialize ['speʃəlaɪz] *vi* especializarse [**in**, en]

specially ['speʃəlɪ] *adv* ◆ especialmente, sobre todo ◆ a propósito

specialty ['speʃəltɪ] *n US* → **speciality**

species ['spiːʃiːz] *n (pl **species**)* especie

specific [spɪ'sɪfɪk] *adj* ◆ específico,-a, explícito,-a ◆ *(un caso, ejemplo)* concreto,-a, preciso,-a ◆ propio,-a [**to**, de]

specifically [spɪ'sɪfɪkəlɪ] *adv* ◆ específicamente ◆ expresamente ◆ en concreto

specification [spesɪfɪ'keɪʃən] *n (usu pl)* ◆ especificación ◆ requisito

specify ['spesɪfaɪ] *vtr* especificar, precisar

specimen ['spesɪmɪn] *n* ◆ ejemplar ◆ *Med* muestra

speck [spek] *n (de polvo)* mota, pizca

speckled ['spekəld] *adj* moteado,-a

spectacle ['spektəkəl] *n* ◆ espectáculo; **to make a s. of oneself**, ponerse en ridículo ◆ *frml* **spectacles** *pl*, gafas

> Recuerda que **spectacle** no tiene nada que ver con una representación teatral, circense, etc., y se refiere a *lo espectacular* (algo que nos llama la atención o nos impresiona). La palabra *espectáculo* se traduce por **show**: *¿Quieres ir a ver algún espectáculo esta noche?*, **Would you like to go to a show this evening?**

spectacular [spek'tækjʊlə'] 1 *adj* espectacular, impresionante | 2 *n Cine TV* show *o* espectáculo extraordinario

spectator [spek'teɪtə'] *n* espectador,-ora

spectre, *US* **specter** ['spektə'] *n* espectro, fantasma

spectrum ['spektrəm] *n Fís* espectro

speculate ['spekjʊleɪt] *vi* especular

speculation [spekjʊ'leɪʃən] *n* especulación

speculative ['spekjʊlətɪv] *adj* especulativo,-a

speculator ['spekjʊleɪtəʳ] *n* especulador,-ora

speech [spiːtʃ] *n* ◆ *(facultad)* habla, palabra; **s. defect,** defecto del habla; **freedom of s.,** libertad de expresión ◆ manera de hablar, lenguaje, habla; **in formal s.,** en el habla formal ◆ discurso; **to give/make a s.,** pronunciar un discurso ◆ *Ling* **direct/indirect s.,** discurso directo/indirecto; **part of s.,** parte de la oración

speechless ['spiːtʃlɪs] *adj* mudo,-a, boquiabierto,-a

speed [spiːd] 1 *n* ◆ *(de movimiento)* velocidad; **s. limit,** límite de velocidad ◆ *(de acción)* rapidez ◆ *argot* anfetaminas | 2 *vi* ◆ *(ps & pp sped)* ◆ mover rápidamente: **he sped away,** se fue corriendo; **time sped past,** el tiempo pasó volando ◆ conducir con exceso de velocidad: **I was speeding,** excedía la velocidad permitida | 3 *vtr frml* ◆ *(un proceso)* acelerar ◆ *(a una persona)* meterle prisa
■ **speed up** 1 *vtr (ps & pp speeded up)* ◆ *(un proceso, un motor)* acelerar ◆ *(a una persona)* meter prisa a | 2 *vi* ◆ *(una persona)* darse prisa ◆ *(un motor)* acelerarse

speedometer [spɪ'dɒmɪtəʳ] *n* velocímetro

speedily ['spiːdɪlɪ] *adv* rápidamente

speedy ['spiːdɪ] *adj (speedier, speediest)* veloz, rápido,-a

spell [spel] 1 *n* ◆ *(magia)* hechizo, encanto ◆ *(de tiempo)* periodo; *(corto)* rato ◆ *Meteor* **warm s.,** ola de calor ◆ turno | 2 *vtr (ps & pp spelt o spelled)* ◆ deletrear, escribir: **s. it for me, please,** por favor, deletréamelo; **how do you s. that?,** ¿como se escribe eso? ◆ significar: **the battle spelt defeat for Napoleon,** la batalla supuso la derrota para Napoleón | 2 *vi* **I can't s.,** mi ortografía es muy mala
■ **spell out** *vtr* ◆ deletrear ◆ explicar con detalle

spellbound ['spelbaʊnd] *adj* embelesado,-a

spelling ['spelɪŋ] *n* ortografía

spend [spend] *vtr (ps & pp spent)* ◆ *(dinero)* gastar [**on,** en] ◆ *(el tiempo)* pasar

spending ['spendɪŋ] *n* gastos; **public s.,** gastos públicos ◆ **s. cut,** recorte presupuestario; **s. power,** poder adquisitivo

spent [spent] 1 *ps & pp* → **spend** | 2 *adj* ◆ *(fuerza)* agotado,-a ◆ *(bala)* gastado,-a

sperm [spɜːm] *n* ◆ esperma ◆ **s. whale,** cachalote

sphere [sfɪəʳ] *n* ◆ *Astron Geom* esfera ◆ *fig* esfera, campo; **s. of influence,** esfera de influencia

spice [spaɪs] 1 *n* ◆ especia ◆ *fig* sabor, picante; **to add s. to a story,** hacer un relato más picante | 2 *vtr* ◆ *Culin* sazonar ◆ *(un relato, etc)* **to s. (up),** darle más sabor a

spic(k)-and-span [spɪkən'spæn] *adj* ◆ *(objeto)* limpísimo,-a ◆ *(persona)* pulcro,-a, acicalado,-a

spicy ['spaɪsɪ] *adj (spicier, spiciest)* ◆ *Culin* sazonado,-a; picante ◆ *fig (relato)* picante

spider ['spaɪdəʳ] *n* araña; **s.'s web,** telaraña

spike [spaɪk] *n* ◆ *(barra de metal)* pincho ◆ punta, púa ◆ *Dep (para los zapatos)* clavo ◆ *Bot* espiga

spiky ['spaɪkɪ] *adj (spikier, spikiest)* ◆ *(objeto)* puntiagudo,-a ◆ *(pelo)* de punta

spill [spɪl] 1 *vtr (ps & pp spilled o spilt)* derramar | 2 *vi (un líquido)* derramarse
■ **spill out** *vi (personas)* **people spilt out into the road,** la gente se echó a la calle
■ **spill over** *vi* desbordarse

spin [spɪn] 1 *vtr (ps & pp spun)* ◆ *(hacer hilo)* hilar; *(una telaraña)* tejer; *fig* **to s. a yarn,** contar una historia ◆ *(una rueda, peonza)* hacer girar ◆ *(la colada)* centrifugar | *vi* 2 ◆ hilar ◆ *(rueda, peonza)* girar: **my head is spinning,** la cabeza me da vueltas | 3 *n* ◆ vuelta, giro ◆ *Dep* efecto ◆ *Av* barrena; **to go into a s.,** entrar en barrena; *fig* estar muy confuso,-a ◆ *GB* **to go for a s.,** dar un paseo (en coche)
■ **spin out** *vtr fam* ◆ *(un cuento, unas vacaciones)* alargar, prolongar ◆ *(el dinero)* estirar

spinach ['spɪnɪtʃ] *n* espinacas

spinal ['spaɪnəl] *adj* espinal, vertebral; **s. cord,** médula espinal; **s. tap,** punción lumbar

spin-dryer [spɪn'draɪəʳ] *n* centrifugadora

spine [spaɪn] *n* ◆ *Anat* columna vertebral, espinazo ◆ *(de un libro)* lomo ◆ *Zool* púa

spineless ['spaɪnlɪs] *adj fig (persona)* sin carácter, sin nervio

spinning ['spɪnɪŋ] *n Tex* hilado; **s. wheel,** rueca

spin-off ['spɪnɒf] *n* producto derivado

spinster ['spɪnstəʳ] *n* soltera

spiral ['spaɪərəl] 1 *n* espiral | 2 *adj* en espiral; **s. staircase,** escalera de caracol
spire ['spaɪəʳ] *n Arquit* chapitel
spirit ['spɪrɪt] *n* ◆ alma, espíritu ◆ fantasma; **evil s.,** espíritu maligno ◆ *(actitud)* espíritu, humor; **team s.,** espíritu de equipo ◆ *(estado de ánimo usu pl* **to keep one's spirits up,** animarse; **high spirits,** alegría; **low spirits,** depresión ◆ carácter; **a man of great s.,** un hombre de carácter ◆ alcohol; **s. level,** nivel de aire ◆ **spirits** *pl*, bebidas alcohólicas, licores | 2 *vtr* **to s. away,** llevarse a alguien/algo como por arte de magia
spirited ['spɪrɪtɪd] *adj* ◆ *(defensa, discurso)* enérgico,-a ◆ *(caballo)* fogoso,-a ◆ *(actuación)* con brío
spiritual ['spɪrɪtjʊəl] *adj* espiritual
spit [spɪt] 1 *n* ◆ saliva ◆ *Culin* asador | 2 *vtr (ps & pp* **spat)** escupir | 3 *vi* ◆ escupir ◆ *(el aceite)* chisporrotear ◆ | LOC: *fam* **to be the spitting image of sb,** ser el vivo retrato de alguien; **it's spitting with rain,** está chispeando
spite [spaɪt] 1 *n* ◆ rencor, ojeriza, despecho; **to do sthg out of s.,** hacer algo por despecho ◆ **in s. of,** a pesar de; **in s. of the fact that,** pese a que | 2 *vtr* fastidiar
spiteful ['spaɪtfʊl] *adj* ◆ *(una persona)* malo,-a, rencoroso,-a ◆ *(un comentario)* malicioso,-a
spittle ['spɪtəl] *n* saliva, baba
splash [splæʃ] 1 *vtr* salpicar | 2 *vi* ◆ *(el agua)* esparcirse, salpicar ◆ **to s. (about),** *(en el agua)* chapotear | 3 *n* ◆ *(sonido)* chapoteo ◆ *(de agua)* salpicadura ◆ *fig* **a s. of colour,** un toque de color
■ **splash out** *vi fam* tirar la casa por la ventana
splatter ['splætəʳ] *vtr* salpicar [**with,** de]
spleen [spli:n] *n* ◆ *Anat* bazo ◆ *fig frml* rencor
splendid ['splendɪd] *adj* espléndido,-a
splendour, *US* **splendor** ['splendəʳ] *n* esplendor
splint [splɪnt] *n* tablilla
splinter ['splɪntəʳ] 1 *n* ◆ *(de madera)* astilla; *(de cristal, hueso, metal)* esquirla ◆ **s. group,** grupo disidente | 2 *vi* ◆ *(madera, etc)* astillarse ◆ **to s. off,** *Pol* escindirse
split [splɪt] 1 *n* ◆ *(en una pared, la madera, etc)* grieta, hendidura ◆ *(en la ropa)* descosido, desgarrón ◆ *(entre personas)* división, ruptura ◆ *Pol* escisión | 2 *adj* ◆ partido,-a, dividido,-a ◆ *(madera)* agrietado,-a ◆ *(ropa)* descosido,-a ◆ | LOC: **s. second,** fracción de segundo | 3 *vtr (ps & pp* **split)** ◆ *(la madera, piedra)* partir; *(una prenda)* reventar; *(el átomo)* desintegrar ◆ dividir [**into,** en] ◆ | LOC: **to s. hairs,** buscarle tres pies al gato; **to s. one's sides,** troncharse de risa | 4 *vi* ◆ *(la tela)* rajarse, romperse; *(una costura)* descoserse; *(la madera)* rajarse ◆ *(un grupo)* dividirse, escindirse ◆ *argot* chivarse [**on,** de] ◆ | LOC: **a splitting headache,** un fuerte dolor de cabeza
■ **split up** 1 *vtr* ◆ dividir ◆ repartir ◆ separar | 2 *vi (una pareja)* separarse
splutter ['splʌtəʳ] *vi* ◆ *(una persona)* balbucear ◆ *(el aceite, la cera)* chisporrotear
spoil [spɔɪl] 1 *vtr (ps & pp* **spoiled** o **spoilt)** ◆ *(una cosa)* estropear, echar a perder; *(el apetito)* quitar ◆ *(a un niño)* consentir, mimar ◆ *fam* **to s. oneself,** mimarse, darse un capricho | 2 *vi (la comida, etc)* estropearse | 3 *n usu pl* botín
spoilsport ['spɔɪlspɔ:t] *n fam* aguafiestas
spoilt [spɔɪlt] *adj* ◆ *(mercancías, etc)* estropeado,-a ◆ *(un niño)* mimado,-a ◆ | LOC: **I was s. for choice,** tenía muchísimas posibilidades
spoke[1] [spəʊk] *ps* → **speak**
spoke[2] [spəʊk] *n (de una rueda)* radio, rayo
spoken ['spəʊkən] *pp* → **speak**
spokesman ['spəʊksmən] *n* portavoz
spokesperson ['spəʊkspɜ:sən] *n* portavoz
spokeswoman ['spəʊkswʊmən] *n* portavoz
sponge [spʌndʒ] 1 *n* ◆ esponja; *fig* **to throw in the s.,** tirar la toalla ◆ *GB* **s. (cake),** bizcocho | 2 *vtr* lavar con esponja | 3 *vi fam* gorronear
■ **sponge off/on** *vtr* vivir a costa de
spongy ['spʌndʒɪ] *adj (spongier, spongiest)* esponjoso,-a
sponsor ['spɒnsəʳ] 1 *vtr* ◆ patrocinar ◆ *Pol (una moción, etc)* proponer | 2 *n* ◆ patrocinador,-ora ◆ *Pol (de una moción)* proponente
sponsorship ['spɒnsəʃɪp] *n* patrocinio
spontaneous [spɒn'teɪnɪəs] *adj* espontáneo,-a
spooky ['spu:kɪ] *adj (spookier, spookiest) fam* espeluznante
spool [spu:l] *n* bobina, carrete
spoon [spu:n] 1 *n* cuchara ➤ Ver nota en **cuchara** | 2 *vtr* sacar con cuchara
spoon-feed ['spu:nfi:d] *vtr* ◆ *(a un bebé, enfermo)* dar de comer con cuchara a ◆ *fig* mimar excesivamente

spoonful ['spu:nful] *n* cucharada
sporadic [spəˈrædɪk] *adj* esporádico,-a
sport [spɔ:t] **1** *n* ◆ deporte ◆ *fam* **go on, be a s.!**, ¡vamos, como amigo!; **to be a good s.**, ser comprensivo,-a ◆ *Aust (vocativo)* macho, tío | **2** *vtr* ostentar
sporting ['spɔ:tɪŋ] *adj* deportivo,-a
sports [spɔ:ts] **1** *npl* deportes, deporte | **2** *adj* **s. car**, coche deportivo; **s. centre**, polideportivo; **s. jacket**, americana
sportsman ['spɔ:tsmən] *n* deportista
sportsmanship ['spɔ:tsmənʃɪp] *n* deportividad
sportswear ['spɔ:tsweəʳ] *n* ropa de deporte
sportswoman ['spɔ:tswʊmən] *n* deportista
sporty ['spɔ:tɪ] *adj* (**sportier, sportiest**) *fam* deportivo,-a
spot [spɒt] **1** *n* ◆ *(en la tela, etc)* punto, lunar ◆ *(de un leopardo, etc)* mancha ◆ *(en la piel)* grano, espinilla ◆ *(de suciedad)* mancha ◆ sitio, lugar; **I resigned on the s.**, dimití en el acto; **there was a doctor on the s.**, había un médico allí mismo ◆ **to have a soft s. for sb**, tener debilidad por alguien ◆ un poquito ◆ **a s. of bother**, un problemilla; *(de lluvia)* gota ◆ **to be in a (tight) s.**, estar en un apuro; **to put sb on the s.**, poner a alguien en la encrucijada ◆ *Rad TV* espacio ◆ *TV* anuncio | **2** *vtr* ◆ salpicar [**with,** de] ◆ notar; *(a una persona)* reconocer, ver
spotless ['spɒtlɪs] *adj* ◆ *(ropa, casa, etc)* impecable, limpísimo,-a ◆ *(una reputación)* intachable
spotlight ['spɒtlaɪt] *n* ◆ *Teat* foco; *fig* **to be in the s.**, ser el centro de la atención pública ◆ *Auto* faro auxiliar
spot-on [spɒtˈɒn] *adj fam* exacto,-a
spotted ['spɒtɪd] *adj* ◆ con puntos; *(tela)* de lunares ◆ *(animal)* con manchas
spotty ['spɒtɪ] *adj* (**spottier, spottiest**) *pey* con granos
spouse [spaʊs] *n frml* cónyuge
spout [spaʊt] **1** *n* ◆ *(de jarra, etc)* pico; *(de tetera)* pitorro; *(de cañería)* caño ◆ *(de fuente)* chorro ◆ | LOC: *(planes)* **to be/go up the s.**, irse al garete | **2** *vtr fam (tonterías)* soltar | **3** *vi* ◆ **to s. (out/up)**, *(líquido)* brotar ◆ *pey* perorar
sprain [spreɪn] **1** *n* esguince | **2** *vtr* torcer; **to s. one's wrist**, torcerse la muñeca
sprang [spræŋ] *ps* → **spring**
sprawl [sprɔ:l] **1** *vi* ◆ repanchingarse ◆ *(una ciudad, etc)* extenderse | **2** *n (de una ciudad)* extensión; **urban s.**, expansión descontrolada de la ciudad
spray [spreɪ] **1** ◆ rocío, rociada; *(del mar)* espuma ◆ *Agr* riego por aspersión ◆ *(de insecticida)* pulverización ◆ *(contenedor)* aerosol, pulverizador; *(para perfumar)* atomizador ◆ *(de flores)* ramillete | **2** *vtr* ◆ *Agr (las plantas con insecticida)* fumigar; *(con agua)* rociar ◆ *(insecticida)* pulverizar ◆ *(perfume)* echar; *(pintura)* aplicar
spread [spred] **1** *n* ◆ extensión; *(de las alas)* envergadura ◆ *(de una enfermedad, un incendio)* propagación; *(de las ideas)* difusión; *(de las armas)* proliferación ◆ *(de cifras, intereses, etc)* gama ◆ *Prensa* **two-page s.**, artículo o anuncio a doble página ◆ *fam* comilona ◆ *Culin* pasta, paté | **2** *vi* (*ps* & *pp* **spread**) ◆ *(una ciudad, un terreno, periodo de tiempo)* extenderse ◆ *(una enfermedad, un incendio)* propagarse; *(las noticias)* difundirse; *(el pánico)* cundir | **3** *vtr* ◆ *(los brazos, etc)* extender; *(las alas, un mapa)* desplegar ◆ *(una enfermedad, un incendio)* propagar; *(una noticia, un rumor)* difundir ◆ *(la mantequilla, etc)* extender; *(una tostada)* untar
spreadsheet ['spredʃi:t] *n Inform* hoja de cálculo
spree [spri:] *n* juerga; **to go on a s.**, ir de juerga
sprig [sprɪg] *n* ramita
sprightly ['spraɪtlɪ] *adj* (**sprightlier, sprightliest**) enérgico,-a; animado,-a
spring [sprɪŋ] **1** *n* ◆ primavera; **in (the) s.**, en (la) primavera ◆ *(de agua)* manantial, fuente ◆ *(de un colchón)* muelle; *(de relojería)* resorte; *Auto* ballesta ◆ elasticidad; **with a s. in one's step**, con brío ◆ brinco | **2** *adj (sólo antes del sustantivo)* primaveral; **s. flower**, flor primaveral | **3** *vi* (*ps* **sprang**; *pp* **sprung**) ◆ saltar, mover con un salto, **to s. into the air**, saltar al vacío; **to s. open**, abrirse de golpe ◆ *(gato, etc)* abalanzarse [**at/on,** sobre] ◆ *(el agua)* brotar; *fig* aparecer: **where did you s. from?**, ¿de dónde has salido? | **4** *vtr* ◆ *(un barco, cubo, etc)* **to s. a leak**, empezar a hacer aguas ◆ *(una noticia, etc)* dar de golpe; **to s. a surprise on sb**, darle una sorpresa a alguien
■ **spring up** *vi* ◆ *(un animal, una persona)* levantarse de un salto; *(una brisa)* levantarse de repente ◆ *(edificios)* surgir, elevarse ◆ *(plantas)* brotar
springboard ['sprɪŋbɔ:d] *n* trampolín

spring-clean [sprɪŋˈkliːn] *vtr* limpiar a fondo
springtime [ˈsprɪŋtaɪm] *n* primavera
springy [ˈsprɪŋi] *adj* (**springier, springiest**) ◆ *(superficie)* elástico,-a ◆ *fig (paso)* ligero,-a
sprinkle [ˈsprɪŋkəl] *vtr* ◆ *(de un líquido)* rociar [**with**, de] ◆ *(de harina, etc)* espolvorear [**with**, con]
sprint [sprɪnt] 1 *n* esprint | 2 *vi* esprintar
sprinter [ˈsprɪntəʳ] *n* esprínter, velocista
sprout [spraʊt] 1 *vi* ◆ *Bot* brotar ◆ *fig* crecer rápidamente | 2 *vtr Bot (una hoja, un retoño)* echar | 3 *n* ◆ *Bot* brote, retoño ◆ *Bot Culin* (**Brussels**) **s.**, col de Bruselas
spruce [spruːs] 1 *n Bot* picea | 2 *adj (persona)* pulcro,-a; *(casa, jardín, etc)* muy cuidado,-a
  ■ **spruce up** *vtr* acicalar
sprung [sprʌŋ] *pp* → **spring**
spun [spʌn] *ps & pp* → **spin**
spur [spɜːʳ] 1 *n* ◆ espuela; **on the s. of the moment**, de improviso ◆ *fig* estímulo, acicate | 2 *vtr* ◆ *(un caballo)* espolear ◆ *fig (tb* **s. on**) incitar, acuciar
spurious [ˈspjʊəriəs] *adj* falso,-a, espurio,-a
spurn [spɜːn] *vtr frml* desdeñar, rechazar
spurt [spɜːt] 1 *n* ◆ último esfuerzo; **to put a s. on**, hacer un último esfuerzo ◆ *(de líquido)* chorro; *fig (de actividad)* racha | 2 *vi* ◆ *(un líquido)* chorrear ◆ hacer un último esfuerzo
spy [spaɪ] 1 *n* espía | 2 *vtr frml* divisar | 3 *vi* espiar [**on**, a]
spyhole [ˈspaɪhəʊl] *n* mirilla
spying [ˈspaɪɪŋ] *n* espionaje
squabble [ˈskwɒbəl] 1 *n* riña, disputa | 2 *vi* reñir, pelearse [**over, about**, por]
squad [skwɒd] *n* ◆ *Mil* pelotón; **death s.**, escuadrón de la muerte ◆ *(de policía)* brigada; **drugs s.**, brigada antidroga ◆ *Dep fam* equipo
squadron [ˈskwɒdrən] *n* ◆ *Av Mil* escuadrón; *Náut* escuadra ◆ *GB Av* **s. leader**, comandante de aviación
squalid [ˈskwɒlɪd] *adj* ◆ *(casa, vida)* asqueroso,-a, miserable ◆ *(acción)* bajo,-a, vil
squall [skwɔːl] 1 *n Meteor* ráfaga | 2 *vi* chillar, berrear
squalor [ˈskwɒləʳ] *n* ◆ mugre, suciedad ◆ pobreza, miseria
squander [ˈskwɒndəʳ] *vtr* ◆ *(el dinero)* malgastar, despilfarrar ◆ *(una herencia)* dilapidar ◆ *(el tiempo, una oportunidad)* desperdiciar
square [skweəʳ] 1 *n* ◆ *Geom (forma)* cuadrado, cuadro ◆ *Mat* cuadrado ◆ *(de un tablero de ajedrez, gráfico, etc)* casilla: **mark the s. with a cross**, marque la casilla con una cruz ◆ *(de una ciudad)* plaza ◆ *Arquit* escuadra ◆ *(de seda, etc)* pañuelo | 2 *adj* ◆ *(forma)* cuadrado,-a: **it is two metres s.**, mide dos metros cuadrados *o* dos por dos metros; **s. brackets**, corchetes ◆ *Mat (metro, raíz, etc)* cuadrado,-a ◆ *(trato)* justo,-a; **a s. deal**, justicia ◆ | LOC: **a s. meal**, una comida decente | 3 *adv* directamente; **to look sb s. in the eye**, mirar a alguien a los ojos | 4 *vtr* ◆ cuadrar ◆ *Mat* elevar al cuadrado ◆ *(las cuentas)* ajustar, saldar | 5 *vi* cuadrar [**with**, con]
squarely [ˈskweəli] *adv* ◆ directamente, de lleno ◆ *(tratar)* como es debido
squash [skwɒʃ] 1 *n* ◆ *(de gente)* agolpamiento ◆ *Dep* squash ◆ *GB (bebida)* zumo concentrado ◆ *Bot Culin US* calabacín | 2 *vtr* ◆ aplastar ◆ *(una protesta)* acallar ◆ *(a una persona)* apabullar | 3 *vi* aplastarse
  ■ **squash in** 1 *vi* apretujarse, entrar apretadamente (con dificultad) | 2 *vtr (en una maleta, etc)* meter, hacer caber
squat [skwɒt] 1 *adj* ◆ *(persona)* rechoncho,-a ◆ *(edificio)* achaparrado,-a | 2 *vi* ◆ agacharse, sentarse en cuclillas ◆ *fam (en un edificio)* ocupar ilegalmente | 3 *n fam* vivienda ocupada por okupas
squatter [ˈskwɒtəʳ] *n* ocupante ilegal, okupa
squawk [skwɔːk] 1 *n* graznido | 2 *vi* graznar
squeak [skwiːk] 1 *n* ◆ *(de un animal, una persona)* chillido; *(de una puerta, rueda)* chirrido; *(de zapatos)* crujido ◆ | LOC: **to have a narrow s.**, escaparse por un pelo | 2 *vi (un animal, una persona)* chillar; *(una puerta, rueda)* chirriar, rechinar; *(un zapato)* crujir
squeaky [ˈskwiːki] *adj* (**squeakier, squeakiest**) ◆ *(puerta)* chirriante; *(voz)* chillón,-ona; *(zapatos)* que crujen ◆ *fam* **s. clean**, requetelimpio,-a
squeal [skwiːl] 1 *n (de un animal, una persona)* chillido | 2 *vi* ◆ *(sonido)* chillar ◆ *fam* chivarse, delatarse [**on**, de]
squeamish [ˈskwiːmɪʃ] *adj* muy sensible
squeeze [skwiːz] 1 *n* ◆ *(fuerte)* estrujón; *(de manos)* apretón; *fam* abrazo ◆ *(de gente)* apiñamiento ◆ *Culin fam* **a s. of lemon**, unas gotas de limón ◆ *Fin* **credit s.**, res-

stalwart

tricción de créditos | 2 *vtr (la mano, etc)* apretar; *(una naranja, etc)* exprimir; *(esponja)* estrujar
■ **squeeze in** *vi & vtr* → **squash in**
squelch [skweltʃ] *vi* chapotear
squid [skwɪd] *n* calamar, chipirón
squiggle ['skwɪgəl] *n* garabato
squint [skwɪnt] 1 *n* ◆ *Med* estrabismo, bizquera; **to have a s.**, ser bizco,-a ◆ *fam* vistazo | 2 *adj GB fam (un cuadro, etc)* torcido,-a | 3 *vi* ◆ ser bizco,-a ◆ entornar los ojos; **to s. at sthg**, mirar algo con los ojos entornados
squirm [skwɜːm] *vi* ◆ retorcerse ◆ *fig* **I squirmed with embarrassment**, no sabía dónde meterme de la vergüenza; **I'll make them s.!**, ¡los haré sufrir!
squirrel ['skwɪrəl] *n* ardilla
squirt [skwɜːt] 1 *n* chorro | 2 *vtr* lanzar a chorro | 3 *vi* **to s. out**, salir a chorros
St ◆ [sɪnt] *(abr de Saint)* San, Sta ◆ [striːt] *(abr de Street)* calle, c/
stab [stæb] 1 *n* ◆ *(de un cuchillo, etc)* puñalada ◆ *(de dolor, remordimiento)* punzada ◆ | LOC: *fam* **to have a s. at (doing) sthg**, intentar (hacer) algo | 2 *vtr* apuñalar
stabbing ['stæbɪŋ] 1 *n* apuñalamiento | 2 *adj (dolor)* punzante
stability [stə'bɪlɪtɪ] *n* estabilidad
stable ['steɪbəl] 1 *adj* estable, sólido,-a | 2 *n (para caballos)* cuadra, caballeriza; *(para otros animales)* establo
stack [stæk] 1 *n* ◆ montón, pila ◆ *fam (mucho)* montón (tb pl) **I've got a s. of work**, tengo un montón de trabajo ◆ *Arquit* **(chimney) s.**, (cañón de) chimenea | 2 *vtr* ◆ amontonar, apilar; *(en un almacén, supermercado)* **to s. shelves**, colocar mercancías en los estantes ◆ | LOC: **the cards are stacked against us**, la suerte está en nuestra contra
stadium ['steɪdɪəm] *n* estadio
staff [stɑːf] *n* ◆ *Com* personal, plantilla ◆ empleados; **a member of s.**, un empleado ◆ *Mil* estado mayor ◆ *GB* **s. nurse**, enfermero,-a jefe,-fa ◆ bastón ◆ **(flag) s.**, asta | 2 *vtr* proveer de personal
staffroom ['stɑːfruːm] *n* sala de profesores
stag [stæg] *n* ◆ *Zool* ciervo, venado; *fam* **s. party**, despedida de soltero ◆ *Fin* especulador,-ora con nuevas emisiones
stage [steɪdʒ] 1 *n* ◆ tablado, plataforma ◆ *Teat* escenario; *(la profesión)* **the s.**, el teatro; **to go on the s.**, hacerse actor *o* actriz; **s. hand**, tramoyista; **s. manager**, director,-ora de escena ◆ **to set the s.**, crear el marco **(for**, para) ◆ etapa, fase: **what s. have you reached?**, ¿a qué punto habéis llegado?; **at this s.**, a estas alturas | 2 *vtr* ◆ *Teat* representar, poner en escena ◆ *fig* **to s. a comeback**, hacer una reaparición; **to s. a demonstration**, organizar una manifestación
stagger ['stægə] 1 *vi* tambalearse | 2 *vtr* ◆ asombrar ◆ *(el trabajo, las vacaciones)* escalonar
staggering ['stægərɪŋ] *adj* asombroso,-a
stagnant ['stægnənt] *adj* estancado,-a
stagnate [stæg'neɪt] *vi* estancarse
stain [steɪn] 1 *n* ◆ mancha: **she has a s. on her dress**, tiene una mancha en el vestido; **s. remover**, quitamanchas ◆ *(para la madera, etc)* tinte | 2 *vtr* ◆ *(la ropa, reputación)* manchar ◆ *(la madera)* teñir | 3 *vi* mancharse
stained [steɪnd] *adj* ◆ *(ropa, reputación)* manchado,-a ◆ *(madera)* teñido,-a ◆ **s. glass window**, vidriera de colores
stainless ['steɪnlɪs] *adj (acero)* inoxidable
stair [steə] *n* ◆ escalón, peldaño ◆ **stairs** *pl*, escalera
staircase ['steəkeɪs] *n* escalera
stake [steɪk] 1 *n* ◆ *(palo)* estaca; *(para una planta)* rodrigón, poste ◆ apuesta; **to be at s.**, estar en juego; **the issue at s.**, el asunto en cuestión ◆ *Fin* interés, participación | 2 *vtr* ◆ **to s. (out)**, cercar con estacas; *fig* **to s. a claim to sthg**, reclamar algo ◆ apostar ◆ invertir
stale [steɪl] *adj* ◆ *(comida)* pasado,-a, rancio,-a; *(pan)* duro,-a ◆ *(idea)* trasnochado,-a
stalemate ['steɪlmeɪt] *n Ajedrez* tablas; *fig* estancamiento; **to reach s.**, llegar a un punto muerto
stalk [stɔːk] 1 *n Bot (de planta)* tallo; *(de cereza, etc)* rabo | 2 *vtr* ◆ acechar ◆ *(a una persona)* seguir los pasos a ◆ *(a una persona)* acosar sexualmente | 2 *vi* **she stalked off**, se fue airada
stalker ['stɔːkə] *n* acosador,-ora
stall [stɔːl] 1 *n* ◆ *(de mercado)* puesto, caseta ◆ *(casilla de)* establo ◆ *Teat* **stalls** *pl*, platea | 2 *vtr* ◆ *Auto* calar ◆ *(a una persona)* entretener, mantener a raya ◆ *(una negociación)* paralizar | 3 *vi* ◆ *Auto* calarse ◆ *Av* entrar en pérdida ◆ *(negociaciones)* estancarse ◆ andar con rodeos
stallion ['stæljən] *n* semental
stalwart ['stɔːlwət] *adj & n* incondicional

stamina ['stæmɪnə] *n* resistencia
stammer ['stæməʳ] **1** *n* tartamudeo | **2** *vi* tartamudear
stamp [stæmp] **1** *n* ◆ *(de correos)* sello; **s. collecting,** filatelia ◆ *(de madera, caucho)* sello; *(marca oficial)* sello ◆ *(para el metal)* cuño ◆ impronta; **to bear the s. of,** llevar la impronta de ◆ *(movimiento del pie)* patada | **2** *vtr* ◆ *(una carta)* franquear ◆ *(el pie)* **to s. one's foot,** patear; *(caballo)* piafar ◆ *(un documento)* sellar | **3** *vi* ◆ patear; *(caballo)* piafar; **to s. on sthg,** pisotear algo ◆ **he stamped off,** se fue enojado
■ **stamp out** *vtr fig* ◆ *(una injusticia)* acabar con ◆ *(una epidemia)* controlar ◆ *(una rebelión)* sofocar
stampede [stæm'pi:d] **1** *n (de animales)* estampida; *(de personas)* desbandada | **2** *vi (los animales)* desbandarse; *(las personas)* precipitarse
stance [stæns] *n* postura
stand [stænd] **1** ◆ posición, postura; **to make a s.,** resistir; **to take a s.,** adoptar una postura ◆ *(en un mercado)* puesto; *(en una verbena)* caseta, barraca; *(en una exposición)* stand ◆ *(mueble)* **coat** *o* **hat s.,** perchero; *(para una lámpara)* base, pie; *(para música)* atril ◆ *Jur* estrado; *Dep (tb pl)* tribuna | **2** *vi* ◆ estar (de pie): **she stood by the door,** estaba de pie junto a la puerta ◆ quedar de pie: **I had to s. on the bus,** tuve que quedarme de pie en el autobús ◆ quedarse inmóvil; **to s. and stare,** quedarse mirando; **s. still!,** ¡estáte quieto! ◆ levantarse: **he stood as she approached,** se levantó cuando ella se acercó ◆ ponerse: **s. here,** ponte aquí ◆ **to s. on,** *(una silla)* subir a; *(una alfombra, un pie)* pisar ◆ estar, encontrarse: **the castle stands outside the village,** el castillo está fuera del pueblo ◆ seguir en pie: **it still stands after 1000 years,** sigue en pie después de mil años ◆ *(postura)* **where do you s. on this?,** ¿cuál es tu opinión sobre eso? ◆ *(un contrato, una ley)* seguir vigente ◆ *(a un nivel)* estar: **inflation stands at 3%,** la inflación está en un 3%; **as things s.,** tal y como están las cosas; *(marcar)* **the clock stands at ten o'clock,** el reloj marca las diez ◆ medir: **I s. six feet tall,** mido seis pies ◆ *(un líquido, una mezcla, etc)* reposar ◆ *(como candidato)* presentarse ◆ **we s. to lose everything,** estamos en peligro de perderlo todo ◆ | LOC: **to s. on one's own two feet,** valer por sí mismo | **3** *vtr* ◆ colocar, poner: **he stood his glass on the table,** puso su copa encima de la mesa ◆ **to s. one's ground,** mantenerse en sus trece ◆ *(a un choque, un examen)* resistir (a); *(el peso)* aguantar ◆ aguantar, soportar: **I can't s. any more!,** ¡no aguanto más!; **she can't s. children,** no aguanta a los niños ◆ invitar; **to s. sb sthg,** invitar a alguien a algo

> Observa que cuando **to stand** significa *soportar, aguantar,* se usa con **can** o **could** (en forma negativa) y el gerundio: **I can't stand sitting on the floor.** *No soporto estar sentado en el suelo.* Cuando el verbo subordinado y **to stand** tienen sujetos diferentes, debes añadir un adjetivo posesivo o, en situaciones menos formales, un complemento directo: **I could never stand your/you crying.** *Nunca pude soportar (yo) que lloraras (tú).*

■ **stand about/around** *vi* quedar en un sitio sin propósito fijo
■ **stand aside** *vi* apartarse
■ **stand back** *vi* ◆ retroceder: **s. back!,** ¡abran paso! ◆ *(una casa, etc)* estar apartado [**from,** de]
■ **stand by 1** *vi* ◆ estar listo,-a ◆ mantenerse al margen | **2** *vtr* ◆ *(a una persona)* apoyar, no abandonar ◆ *(a una decisión, un compromiso)* atenerse a
■ **stand down** *vi fig* retirarse
■ **stand for** *vtr* ◆ significar: **what does "CIA" s. for?,** ¿qué significa "CIA"? ◆ representar ◆ tolerar: **I won't s. for it,** eso no lo tolero ◆ *(un puesto)* presentarse a
■ **stand in** *vi* sustituir [**for,** a, por]
■ **stand out** *vi* ◆ *(una forma)* destacarse [**against,** contra] ◆ *(una persona)* destacar
■ **stand up** *vi* ◆ levantarse, ponerse en pie ◆ estar de pie ◆ **to s. up for sb,** defender a alguien ◆ **to s. up to sb,** hacer frente a alguien; **to s. up to sthg,** resistir algo ◆ *(un argumento)* resistir un examen
standard ['stændəd] **1** *n* ◆ criterio; *(usu pl)* valores ◆ norma, pauta, estándar ◆ *(de vida, etc)* nivel, calidad; **to set a high s.,** establecer un buen nivel ◆ estandarte | **2** *adj* normal, estándar; *(un equipo, etc)* de serie
standardize ['stændədaɪz] *vtr* normalizar
standby ['stændbaɪ] *n* ◆ *(cosa)* recurso: **I keep the old one as a s.,** guardo el viejo por si acaso ◆ *(persona)* suplente ◆ alerta; **to be on s.,** estar en estado de alerta ◆ *Av* lista de espera; **s. ticket,** billete standby

stand-in ['stændɪn] *n* suplente [**for,** de]; *Cine* doble [**for,** de]

standing ['stændɪŋ] **1** *adj* ◆ de pie; derecho,-a, recto,-a; **"s. room only"**, "no quedan asientos" ◆ *(comité, ejército, invitación, etc)* permanente; **s. charge,** cuota fija; *GB Fin* **s. order,** orden permanente de pago | **2** *n* ◆ *(social)* prestigio; **to be in good s. with sb,** ser apreciado,-a por alguien ◆ duración; **friends of long s.,** amigos desde hace mucho tiempo

standoffish [stænd'ɒfɪʃ] *adj fam* distante, estirado,-a

standpoint ['stændpɔɪnt] *n* punto de vista

standstill ['stændstɪl] *n* parada: **talks are at a s.**; las negociaciones se han paralizado; *(un coche)* **to come to a s.,** pararse; *(una industria)* paralizarse

stank [stæŋk] *ps* → **stink**

staple ['steɪpəl] **1** *adj (alimento)* básico,-a; *(producto)* de primera necesidad | **2** *n* ◆ alimento básico ◆ grapa | **3** *vtr* grapar

stapler ['steɪpələʳ] *n* grapadora

star [stɑːʳ] **1** *n* ◆ *Astron Cine* estrella ◆ *Tip* asterisco ◆ **stars** *pl, Astrol fam* astros; **to thank one's lucky stars,** dar gracias al cielo | **2** *adj* estelar | **3** *vtr Cine* presentar como protagonista | **4** *vi Cine* **to s. in a film,** protagonizar una película

starboard ['stɑːbəd] *n Náut* estribor

starch [stɑːtʃ] **1** *n* almidón | **2** *vtr* almidonar

stardom ['stɑːdəm] *n* estrellato

stare [steəʳ] **1** *n* mirada fija | **2** *vi* mirar fijamente: **who are you staring at?,** ¿a quién miras?

starfish ['stɑːfɪʃ] *n* estrella de mar

stark [stɑːk] **1** *adj* ◆ *(casa, decorado)* austero,-a ◆ *(paisaje)* inhóspito,-a ◆ *(realidad)* duro,-a, crudo,-a | **2** *adv* totalmente; **s. naked,** en cueros; **s. (staring) mad,** loco,-a de atar

starling ['stɑːlɪŋ] *n* estornino

starry ['stɑːrɪ] *adj (starrier, starriest)* estrellado,-a

starry-eyed [stɑːrɪ'aɪd] *adj* ◆ idealista, poco práctico,-a ◆ arrobado,-a

start [stɑːt] **1** *n* ◆ comienzo, principio; **to make a fresh s.,** empezar de nuevo; **for a s.,** para empezar ◆ *Dep (de una carrera)* salida ◆ susto: **I woke with a s.,** me desperté sobresaltado; **you gave me a s.,** me diste un susto ◆ ventaja; **to have a ten-minute s. [on** *o* **over sb],** llevar una ventaja de diez minutos [sobre alguien]; llevarle diez minutos de ventaja [a alguien] | **2** *vtr* ◆ empezar, comenzar: **I s. working** *o* **to work at eight,** empiezo a trabajar a las ocho; *(una conversación)* entablar; *(un incendio, etc)* provocar; *(una guerra)* desencadenar ◆ *Dep (una carrera)* dar comienzo a ◆ *(una organización)* fundar; *(un negocio)* montar ◆ *(una máquina)* poner en marcha; *Auto* arrancar | **3** *vi* empezar, comenzar; **starting (from) tomorrow,** a partir de mañana; **to s. with,** para empezar ◆ *(un incendio, etc)* originar; *(una guerra)* estallar ◆ *(una organización)* fundarse ◆ *(una máquina)* ponerse en marcha; *Auto* arrancar ◆ *(una persona)* sobresaltarse, asustarse

> El uso de infinitivo o gerundio no cambia el significado del verbo **to start: When did you start to learn English?** o **when did you start learning English?** *¿Cuándo empezaste a aprender inglés?* Sin embargo, en los tiempos continuos sólo puedes usar el infinitivo, ya que dos gerundios juntos suenan mal y podrían causar confusión: **I am starting to feel tired.** *Empiezo a sentirme cansado.*

■ **start off 1** *vi* empezar, comenzar [**by-/with,** por/con]; **he started off in a bank,** su primer trabajo fue en un banco | **2** *vtr* ◆ empezar, comenzar: **she started off the lesson with a song,** empezó la clase con una canción ◆ | LOC: **don't s. him off!,** ¡no le des cuerda!

■ **start out** *vi* ◆ *(en un viaje)* salir ◆ *(tener su origen)* **this theatre started out as a church,** este teatro empezó siendo una iglesia

■ **start up 1** *vtr* ◆ *Auto* arrancar ◆ *(un negocio)* montar | **2** *vi* empezar

starter ['stɑːtəʳ] *n* ◆ *Auto* motor de arranque ◆ *Culin fam* entrada ◆ *Dep* competidor,-ora; *(oficial)* juez de salida

starting ['stɑːtɪŋ] *adj* **s. block,** taco de salida; **s. line,** línea de salida; **s. point,** punto de partida

startle ['stɑːtəl] *vtr* asustar

startling ['stɑːtlɪŋ] *adj* ◆ alarmante ◆ asombroso,-a

starvation [stɑː'veɪʃən] *n* hambre, inanición

starve [stɑːv] **1** *vtr* ◆ privar de comida ◆ **to s. sb of sthg,** privar a alguien de algo | **2** *vi* pasar hambre; **to s. to death,** morirse de hambre

starving ['stɑ:vɪŋ] *adj* ♦ hambriento,-a ♦ *fam* **I'm s.!**, me muero de hambre
state [steɪt] 1 *n* ♦ condición, estado: **I'm not in a (fit) s. to go out,** no estoy en condiciones de salir; **s. of mind,** estado de ánimo ♦ *fam (mal estado)* **this room is in a real s.!,** ¡esta habitación está hecha una pocilga!; *(una persona)* **to get in a s.,** ponerse nervioso,-a [**about/over,** por] ♦ *Pol* país, estado; *(parte de un país)* estado; **affairs of s.,** asuntos de estado; **the s. of Ohio,** el estado de Ohio; *(el gobierno)* estado ♦ *fam* **the States** *pl,* Estados Unidos ♦ **to lie in s.,** yacer en capilla ardiente | 2 *adj (fondos, etc)* estatal; *(enseñanza, salud)* público,-a ♦ *(banquete)* de gala; *(acto)* solemne; *(visita)* oficial | 3 *vtr* ♦ *(decir)* afirmar, declarar ♦ *(una opinión)* dar; *(un argumento)* exponer; *(una objeción) frml* plantear ♦ *(una ley)* estipular
stated ['steɪtɪd] *adj* indicado,-a
stately ['steɪtlɪ] *adj (statelier, stateliest)* majestuoso,-a; *GB* **s. home,** casa solariega
statement ['steɪtmənt] *n* ♦ *(gen y Jur)* declaración; *Jur* **to make a s.,** prestar declaración ♦ *(oficial)* comunicado; *(de los hechos, de una opinión)* exposición ♦ *Fin* **bank s.,** extracto de cuenta
statesman ['steɪtsmən] *n* estadista
static ['stætɪk] 1 *adj* ♦ inmóvil, estacionario,-a ♦ *(electricidad)* estático,-a | 2 *n* ♦ *Elec* electricidad estática ♦ *Tele* ruido
station ['steɪʃən] 1 *n* ♦ *(sitio) Trans* estación; **petrol s.,** gasolinera; **police s.,** comisaría ♦ *Radio* estación, emisora; *TV* emisora ♦ puesto: **action stations!,** ¡zafarrancho de combate! ♦ *frml o hum* posición social | 2 *vtr* ♦ *(a una persona: usu pasivo)* destinar ♦ colocar; *Mil* apostar
stationary ['steɪʃənərɪ] *adj* ♦ *(sin moverse)* inmóvil, parado,-a ♦ *(sin cambiar)* estacionario,-a

> No confundas **stationary** con **stationery**. El primero es un adjetivo y significa que algo está inmóvil: **Do not get off the train until it is stationary.** *No bajes del tren hasta que no esté parado.* El segundo es un sustantivo y se refiere a papel, sobres, plumas, bolígrafos, etc., que se compran en **stationer's** o **stationer**: **We buy all our stationery in Smith's the stationer's.** *Compramos todos los artículos de escritorio en la papelería Smith.*

stationer ['steɪʃənər] *n* papelero,-a; **s.'s (shop),** papelería

stationery ['steɪʃənərɪ] *n* ♦ artículos de papelería ♦ papel y sobres de carta ➢ Ver nota en **stationary**
statistic [stə'tɪstɪk] *n* ♦ estadística ♦ **statistics** *pl, (datos)* estadísticas
statistical [stə'tɪstɪkəl] *adj* estadístico,-a
statistics [stə'tɪstɪks] *n (con verbo singular) (la ciencia)* estadística
statue ['stætjuː] *n* estatua
stature ['stætʃər] *n* estatura
status ['steɪtəs] *n* ♦ estado, situación; **marital s.,** estado civil ♦ status, prestigio; **s. symbol,** signo de prestigio ♦ **s. quo,** statu quo
statute ['stætjuːt] *n* estatuto
statutory ['stætjʊtərɪ] *adj frml* ♦ reglamentario,-a ♦ *(delito, derecho)* establecido,-a por la ley ♦ *(organismo)* creado,-a por la ley
staunch [stɔːntʃ] *adj* incondicional, acérrimo
stave [steɪv] *n Mús* pentagrama
 ■ **stave off** *vtr* ♦ *(un ataque)* rechazar ♦ *(una amenaza)* evitar ♦ *(temporalmente)* aplazar
stay [steɪ] 1 *n* ♦ estancia, visita ♦ *Jur* **s. of execution,** aplazamiento de una sentencia | 2 *vi* ♦ quedarse, permanecer: **s. there,** no te muevas de ahí; **to s. in bed,** guardar cama ♦ *(vivir temporalmente)* alojarse, hospedarse: **I'm staying with friends,** me alojo con unos amigos ➢ Ver nota en **estar** | 3 *vtr* ♦ *Jur frml* aplazar ♦ *(una carrera, el paso)* aguantar; **staying power,** resistencia
 ■ **stay away** *vi* ♦ *(reunión, acto)* no asistir [**from,** a] ♦ alejarse: **s. away from that machine!,** ¡aléjate de esa máquina!
 ■ **stay in** *vi* quedarse en casa
 ■ **stay on** *vi* ♦ *(una persona: en un trabajo, etc)* quedarse ♦ *(un sombrero, una tapa, etc)* quedarse en su sitio, no moverse
 ■ **stay out** *vi* ♦ quedarse fuera; **to s. out all night,** pasar toda la noche fuera ♦ *fam Lab* seguir en huelga
 ■ **stay up** *vi* ♦ no acostarse ♦ *(no caerse)* sostenerse
steadfast ['stedfəst, 'stedfɑːst] *adj* firme
steadily ['stedɪlɪ] *adv* ♦ *(cambiar)* a ritmo constante ♦ *(llover, trabajar)* sin cesar, continuamente ♦ *(andar)* con paso seguro; *(mirar)* fijamente
steady ['stedɪ] 1 *adj (steadier, steadiest)* ♦ *(una escalera, mesa)* firme, seguro,-a; *(mirada)* fijo,-a ♦ *(los precios)* estable; *(la llu-*

stewardess

steak [steɪk] *n Culin* bistec
steal [stiːl] *(ps stole; pp stolen)* **1** *vtr* ◆ robar [**from sb**, a alguien] ◆ **to s. the scene/show**, robar el espectáculo ◆ **to s. a glance at**, mirar de soslayo | **2** *vi* ◆ robar ➢ Ver nota en **robar** ◆ moverse sigilosamente; **to s. away** *o* **off**, escabullirse
stealth [stelθ] *n* sigilo
stealthily ['stelθɪlɪ] *adv* a hurtadillas
stealthy ['stelθɪ] *adj (stealthier, stealthiest)* sigiloso,-a, furtivo,-a
steam [stiːm] **1** *n* ◆ vapor, vaho; **s. engine**, máquina de vapor ◆ *fam* **to let off s.**, desahogarse; **under one's own s.**, por sus propios medios | **2** *vtr Culin* cocer al vapor | **3** *vi* echar vapor; *(comida, etc)* humear
■ **steam up** *vi* ◆ *(un espejo, etc)* empañarse ◆ *fam* **to get steamed up**, indignarse [**about**, por]
steamer ['stiːmə'] *n Náut* (barco de) vapor
steamroller ['stiːmrəʊlə'] *n* apisonadora
steamy ['stiːmɪ] *adj (steamier, steamiest)* ◆ *(ambiente)* lleno,-a de vapor ◆ *fam (película, libro)* erótico,-a
steel [stiːl] **1** *n* acero; **s. industry**, industria siderúrgica | **2** *adj* de acero | **3** *vtr fig* **to s. oneself for sthg/to do sthg**, armarse de valor para algo/para hacer algo
steelworks ['stiːlwɜːks] *n* acería
steep [stiːp] **1** *adj* ◆ *(cuesta, pendiente)* empinado,-a ◆ *fam (precio)* excesivo,-a
steeple ['stiːpəl] *n Arquit* aguja
steeplechase ['stiːpəltʃeɪs] *n* carrera de obstáculos
steeply ['stiːplɪ] *adv* ◆ *(una carretera: subir o bajar)* abruptamente ◆ *(precios: subir, caer)* considerablemente
steer [stɪə'] **1** *vtr* ◆ dirigir; *Auto* conducir; *Náut* gobernar ◆ *(a una persona)* guiar, llevar | **2** *vi* ◆ *(en un coche)* ir al volante ◆ *(un coche)* conducirse; *fig* **to s. clear of sthg/sb**, evitar algo/a alguien
steering ['stɪərɪŋ] *n* dirección; **power s.**, dirección asistida; **s. wheel**, volante
stem [stem] **1** *n* ◆ *Bot (de una planta)* tallo; *(de una hoja)* pedúnculo; *(de una copa)* pie ◆ *Ling* raíz | **2** *vi* provenir [**from**, de] | **3** *vtr* ◆ *(un ataque, la sangre)* contener ◆ *(la decadencia, etc)* detener, refrenar

stench [stentʃ] *n* hedor
stencil ['stensəl] **1** *n (para pintar)* plantilla, estarcido | **2** *vtr* estarcir, dibujar/pintar con plantilla
step [step] **1** *n* ◆ *(acción, distancia, sonido)* paso: **the next s. is to...**, ahora hay que...; **to keep in s.**, llevar el paso; **s. by s.**, paso a paso ◆ *(de una escalera)* peldaño, escalón: **mind the s.!**, ¡cuidado con el escalón! ◆ medida; **to take steps**, tomar medidas ◆ **steps** *pl*, → **stepladder**; *Arquit* escalinata; *Av* escalerilla | **2** *vi* dar un paso; **to s. on sthg**, pisar algo
■ **step aside** *vi* apartarse
■ **step down** *vi* dimitir
■ **step forward** *vi* ◆ dar un paso adelante ◆ *fig* ofrecerse
■ **step in** *vi* intervenir, tomar cartas en el asunto
■ **step up** *vtr* aumentar
stepbrother ['stepbrʌðə'] *n* hermanastro ➢ Ver nota en **in-laws**
stepchild ['steptʃaɪld] *n* hijastro,-a ➢ Ver nota en **in-laws**
stepdaughter ['stepdɔːtə'] *n* hijastra ➢ Ver nota en **in-laws**
stepfather ['stepfɑːðə'] *n* padrastro ➢ Ver nota en **in-laws**
stepladder ['steplædə'] *n* escalera de tijera
stepmother ['stepmʌðə'] *n* madrastra ➢ Ver nota en **in-laws**
stepsister ['stepsɪstə'] *n* hermanastra ➢ Ver nota en **in-laws**
stepson ['stepsʌn] *n* hijastro ➢ Ver nota en **in-laws**
stereo ['sterɪəʊ] **1** *n* estéreo | **2** *adj* estéreo, estereofónico,-a
stereotype ['sterɪətaɪp] *n* estereotipo
sterile ['steraɪl] *adj* estéril
sterilize ['sterɪlaɪz] *vtr* esterilizar
sterling ['stɜːlɪŋ] **1** *n* libra esterlina | **2** *adj* ◆ **s. silver**, plata de ley ◆ *fig (persona, trabajo)* excelente
stern [stɜːn] **1** *adj* severo,-a | **2** *n Náut* popa
stew [stjuː] **1** *n* estofado, cocido | **2** *vtr* ◆ *(carne)* guisar, estofar ◆ *(fruta)* cocer ◆ | LOC: **to let sb s. in his/her own juice**, dejar a alguien que se las componga
steward ['stjʊəd] *n* ◆ *Náut* camarero; *Av* auxiliar de vuelo ◆ *frml (de una finca)* administrador,-ora ◆ *Dep* juez ◆ *(en una manifestación, etc)* encargado,-a de seguridad
stewardess ['stjʊədɪs] *n Náut* camarera; *Av (en desuso)* azafata

stick [stɪk] *n* ◆ palo; **(walking) s.,** bastón ◆ *(de un árbol)* ramita; *(de apio)* rama; *(de dinamita)* cartucho ◆ | LOC: **to get the wrong end of the s.,** coger el rábano por las hojas; **to give sb. s.,** dar un palo a alguien; **to live (out) in the sticks,** vivir en el quinto pino | 2 *vtr (ps & pp stuck)* ◆ clavar: **he stuck a knife into my leg,** me clavó una navaja en la pierna ◆ *fam* meter; **to s. one's nose into sthg,** entrometerse en algo; poner: **s. it on the table,** ponlo en la mesa; *vulgar* **you can s. your money!,** ¡sabes dónde te puedes meter el dinero! ◆ pegar (con cola) ◆ *fam* aguantar: **I can't s. him,** no lo aguanto | 3 *vi* ◆ *(con pegamento)* pegar; *(barro, comida, etiquetas, etc)* pegarse ◆ *(no poder mover)* atascarse ◆ *(un cuchillo)* clavarse ◆ | LOC: **to s. at nothing,** no detenerse ante nada

■ **stick at** *vtr* perseverar en
■ **stick by** *vtr* ◆ *(a un amigo)* ser fiel a ◆ *(un compromiso)* atenerse a
■ **stick out** 1 *vi* ◆ sobresalir ◆ resaltar: **it sticks out a mile,** se ve a la legua | 2 *vtr* ◆ *(el pecho, la lengua)* sacar; *fig* **to s. one's neck out,** jugársela ◆ aguantar
■ **stick to** *vtr* ◆ *(un principio, compromiso)* atenerse a ◆ *(los hechos, etc)* ceñirse a: **let's s. to the point,** ciñámonos al asunto
■ **stick up** 1 *vi* ◆ *(el pelo)* ponerse de punta ◆ *(un edificio, etc)* alzarse | 2 *vtr* ◆ *(un póster, un anuncio)* fijar ◆ *fam (la mano, etc)* levantar ◆ *argot* robar, atracar
■ **stick up for** *vtr* defender

sticker ['stɪkə'] *n* ◆ etiqueta adhesiva ◆ pegatina
stick-in-the-mud ['stɪkɪnðəmʌd] *n* persona rutinaria y rígida
stick-up ['stɪkʌp] *n US fam* atraco, asalto
sticky ['stɪkɪ] *adj (stickier, stickiest)* ◆ *(superficie)* pegajoso,-a ◆ *(líquido)* viscoso,-a ◆ *(papel)* engomado,-a; **s. tape,** cinta adhesiva ◆ *(clima, día)* bochornoso,-a ◆ *fam (situación)* difícil
stiff [stɪf] 1 *adj* ◆ *(cartón, papel, tela)* duro,-a, rígido,-a, tieso,-a ◆ *(músculos)* entumecido,-a, anquilosado,-a: **I've got a s. neck,** tengo tortícolis ◆ *(cerradura, etc)* duro,-a ◆ *(persona)* estirado,-a; *(sonrisa)* forzado,-a ◆ *(examen)* difícil; *(sentencia)* severo,-a; *(condición)* duro,-a; *(brisa, bebida)* fuerte ◆ *Culin (pasta)* consistente; *(claras de huevo)* firme ◆ | LOC: *fam* **bored s.,** aburrido,-a como una ostra; **frozen s.,** tieso,-a de frío; **scared s.,** muerto,-a de miedo | 2 *n fam (cadáver)* fiambre
stiffen ['stɪfən] 1 *vtr* ◆ reforzar; *(la tela)* almidonar ◆ *fig (la moral)* fortalecer | 2 *vi* ◆ *(una persona)* ponerse tenso,-a ◆ *(los músculos, etc)* anquilosarse ◆ *fig (la moral, etc)* fortalecerse ◆ *(el viento)* refrescarse
stiffness ['stɪfnɪs] *n* ◆ rigidez ◆ *(de los músculos)* agarrotamiento ◆ *(de persona)* frialdad
stifle ['staɪfəl] 1 *vtr* ◆ sofocar ◆ *(un bostezo)* reprimir; *(un ruido)* ahogar; *(una rebelión)* aplastar | 2 *vi* ahogarse, sofocarse
stifling ['staɪflɪŋ] *adj* sofocante, agobiante
stigma ['stɪgmə] *n* estigma
stiletto [stɪ'letəʊ] *n* ◆ estilete ◆ *fam* zapato con tacón de aguja
still [stɪl] 1 *adv* ◆ todavía, aún: **I s. don't believe it,** sigo sin creerlo; **there is s. time,** aún queda tiempo ◆ *(con adj & adv comp)* aún; **s. worse,** peor aún | 2 *conj* aun así, con todo, sin embargo | 3 *adj* ◆ *(agua, aire)* tranquilo,-a ◆ silencioso,-a ◆ inmóvil: **stand s.,** no te muevas; *Arte* **s. life,** bodegón ◆ *(refresco, agua)* sin gas | 4 *n* ◆ *Cine* fotograma ◆ *Quím* alambique | 5 *vtr frml* acallar

> En una frase afirmativa **still** se coloca después de los verbos auxiliares o modales, pero delante de otros verbos: **I still live in Madrid.** *Todavía vivo en Madrid.* **It is still too dark.** *Todavía está demasiado oscuro.* **I can still see you.** *Todavía puedo verte.*
> En una frase negativa puedes poner **still** delante del primer verbo auxiliar para subrayar el hecho de que algo debería haber ocurrido, pero no fue así: **I've explained this ten times and you still don't understand.** *Lo he explicado diez veces y sigues sin entenderlo.* Además, recuerda que en una situación normal y corriente no se puede emplear **still** con el significado de *todavía no*. En este caso hay que usar **yet** después de **not** o al final de la frase: *Son sólo las seis, todavía no es hora de irnos.* **It's only six, it's not time to go yet** o **it's not yet time to go.**

stillborn ['stɪlbɔːn] *adj* nacido,-a muerto,-a
stillness ['stɪlnɪs] *n* ◆ tranquilidad ◆ silencio
stilted ['stɪltɪd] *adj (estilo)* forzado,-a, artificial

stimulant ['stɪmjʊlənt] n estimulante
stimulate ['stɪmjʊleɪt] vtr estimular
stimulating ['stɪmjʊleɪtɪŋ] adj estimulante
stimulus ['stɪmjʊləs] n (pl **stimuli** ['stɪmjʊlaɪ]) estímulo
sting [stɪŋ] 1 n ◆ (de insecto, etc) aguijón ◆ (acción, herida) picadura; fig sarcasmo ◆ (sensación) escozor; fig (de remordimiento) punzada | 2 vtr (ps & pp **stung**) ◆ (insecto, planta) picar ◆ fig (consciencia) remorder ◆ fig (comentario) herir ◆ **to s. sb into action,** incitar a alguien a actuar ◆ fam cobrar, clavar | 3 vi ◆ (insecto, planta) picar ◆ (una herida, etc) escocer

> Usamos el verbo **to sting** para hablar de las picaduras de **bees** (abejas), **wasps** (avispas) y **scorpions** (escorpiones). Con **mosquitoes** (mosquitos), **ants** (hormigas) y animales con dientes empleamos el verbo **to bite: A dog/mosquito bit me.** Me mordió un perro o me picó un mosquito.

stinging-nettle ['stɪŋɪŋnetl] n Bot ortiga
stingy ['stɪndʒɪ] adj (**stingier, stingiest**) fam ◆ (persona) tacaño,-a ◆ (porción) mezquino,-a, miserable
stink [stɪŋk] 1 n ◆ peste, hedor ◆ fam escándalo; **to make a s.,** armar un escándalo | 2 vi (ps **stank;** pp **stunk**) apestar, heder [**of,** a]
stinking ['stɪŋkɪŋ] 1 adj apestoso,-a ◆ LOC: fam **to have a s. cold,** tener un catarro espantoso | 2 adv fam **s. rich,** podrido,-a de dinero
stint [stɪnt] 1 vtr escatimar; **to s. oneself,** privarse [**of,** de] | 2 vi **to s. on sthg,** escatimar algo | 3 n ◆ periodo, temporada ◆ turno ◆ frml **without s.,** sin restricciones
stipulate ['stɪpjʊleɪt] vtr estipular
stipulation [stɪpjʊ'leɪʃən] n estipulación
stir [stɜːʳ] 1 n fig revuelo | 2 vtr ◆ (un líquido) remover ◆ agitar ◆ (la compasión, la emoción) despertar ◆ (la imaginación) estimular | 3 vi moverse

■ **stir up** vtr ◆ (un líquido) remover, revolver; (el polvo) levantar ◆ (memorias) despertar ◆ (odio, rabia) provocar ◆ (revolución) fomentar ◆ | LOC: **she's always stirring it up,** siempre está buscando problemas

stirring ['stɜːrɪŋ] adj conmovedor,-ora
stirrup ['stɪrəp] n estribo

stitch [stɪtʃ] 1 n ◆ Cost puntada; (en el tejido) punto ◆ Med punto (de sutura) ◆ (dolor) punzada; fig fam **to be in stitches,** troncharse de risa | 2 vtr ◆ Cost coser, bordar ◆ Med suturar, dar puntos a
stock [stɒk] 1 n ◆ (de recursos - a menudo pl) reserva ◆ (de un negocio) existencias, estoc, stock; **to be in s.,** tener en existencias; **to be out of s.,** estar agotado,-a(s); surtido ◆ Fin títulos, valores; **government s.,** bonos del Estado; **s. exchange,** bolsa (de valores) ◆ linaje ◆ Agr ganado ◆ Culin caldo ◆ Bot alhelí | 2 adj ◆ (mercancía) estándar, de serie ◆ (comentario) banal; (respuesta) típico,-a | 3 vtr ◆ (una tienda) tener, vender: **we don't s. toys,** no vendemos juguetes ◆ abastecer, proveer [**with,** de]; (un estante) llenar [**with,** de]

■ **stock up** vi abastecerse [**on, with,** de]
stockbroker ['stɒkbrəʊkəʳ] n corredor,-ora de Bolsa
stockholder ['stɒkhəʊldəʳ] n US accionista
stocking ['stɒkɪŋ] n media; **a pair of stockings,** unas medias, un par de medias
stockist ['stɒkɪst] n distribuidor,-ora
stockpile ['stɒkpaɪl] 1 n reservas | 2 vtr acumular, hacer acopio de
stocktaking ['stɒkteɪkɪŋ] n Com inventario
stocky ['stɒkɪ] adj (**stockier, stockiest**) achaparrado,-a
stodgy ['stɒdʒɪ] adj (**stodgier, stodgiest**) ◆ (comida) indigesto,-a ◆ (libro, persona) pesado,-a
stoical ['stəʊɪkəl] adj estoico,-a
stoke [stəʊk] vtr ◆ (una lumbre) echar carbón o leña a ◆ fig (la tensión) avivar
stole[1] [stəʊl] ps → **steal**
stole[2] [stəʊl] n estola
stolen ['stəʊlən] pp → **steal**
stolid ['stɒlɪd] adj impasible
stomach ['stʌmək] 1 n estómago; **to lie on one's s.,** tumbarse boca abajo; **s. ache,** dolor de estómago | 2 vtr (usu neg) aguantar, soportar
stone [stəʊn] 1 n ◆ piedra; fig **it's only a s.'s throw away,** está a un paso ◆ (de tumba) lápida ◆ Med cálculo ◆ (de fruta, aceituna) hueso ◆ GB (medida) aprox 6,35 kg ◆ **s. cold,** totalmente frío,-a; **s. dead,** más muerto,-a que una piedra; **s. deaf,** sordo,-a como una tapia | 2 adj de piedra; **the S. Age,** la Edad de Piedra | 3 vtr ◆ lapidar ◆ GB fam **s. the crows!,** ¡caray!

stoned [stəʊnd] *adj fam* ♦ *(por droga)* colocado,-a ♦ *(por alcohol)* como una cuba
stonework ['stəʊnwɜːk] *n* mampostería
stony ['stəʊnɪ] *adj* (**stonier, stoniest**) ♦ *(tierra)* pedregoso,-a ♦ *fig (mirada, persona)* glacial
stood [stʊd] *ps* & *pp* → **stand**
stool [stuːl] *n* ♦ taburete ♦ *Med frml* deposición
stoop [stuːp] *vi* ♦ andar encorvado,-a ♦ agacharse [**down,** -] ♦ *fig* **to s. to,** rebajarse a: **I wouldn't s. to stealing,** no me rebajaría a robar
stop [stɒp] 1 *n* ♦ parada, alto; **to bring to a s.,** *Auto* parar; *(fábrica, etc)* paralizar ♦ *Av Náut* escala ♦ fin; **to put a s. to,** poner fin a ♦ *Trans* parada, apeadero ♦ *Tip* punto; *Tele* stop ♦ *Mús (de órgano)* registro; *fig* **to pull out all the stops,** tocar todos los registros | 2 *vtr* ♦ *(un coche, una máquina, persona)* parar, detener ♦ *(una acción, un hábito)* dejar: **I've stopped smoking,** he dejado de fumar ♦ *(un proceso)* terminar, poner fin a ♦ impedir; **to s. sb doing sthg,** impedir a alguien hacer algo *o* prohibir a alguien hacer algo ♦ *(un pago)* suspender; *(una suscripción)* cancelar ♦ *(del sueldo, etc)* descontar ♦ *(un agujero, grieta)* tapar | 3 *vi* ♦ *(un coche, una persona)* parar, detenerse; **to s. dead,** parar en seco; *(una máquina)* pararse ♦ *Av Náut* hacer escala ♦ *fam* alojarse

> Recuerda que el empleo de infinitivo o gerundio altera sustancialmente el significado del verbo **to stop**. Usado con el infinitivo significa *parar para hacer algo* (**we stopped to buy some petrol,** *paramos para comprar gasolina*), mientras que el gerundio le da el significado de *dejar de hacer algo*: **Please stop shouting, I'm trying to study.** *Deja de gritar, por favor, estoy intentando estudiar.*

■ **stop by** *vi fam* visitar: **the doctor will s. by tomorrow,** el médico pasará por aquí mañana
■ **stop off** *vi* pararse un rato, hacer escala
■ **stop out** *vi fam* no volver a casa
■ **stop over** *vi* ♦ pasar la noche ♦ *Av* hacer escala
■ **stop up** *vtr (hole)* tapar
stopgap ['stɒpgæp] *n* ♦ *(cosa)* recurso provisional ♦ *(persona)* sustituto,-a

stopover ['stɒpəʊvə^r] *n* parada; *Av* escala
stoppage ['stɒpɪdʒ] *n* ♦ *(en una cañería, etc)* obstrucción ♦ *Lab* huelga ♦ *Fin* retención
stopper ['stɒpə^r] *n* tapón
stop-press [stɒp'pres] *n* noticias de última hora
stopwatch ['stɒpwɒtʃ] *n* cronómetro
storage ['stɔːrɪdʒ] *n* ♦ almacenaje, almacenamiento; **s. heater,** placa acumuladora; **s. space,** sitio para guardar cosas ♦ *Inform* almacenamiento
store [stɔː^r] 1 *n* ♦ reserva, provisión; *fig* **what does the future hold in s.?,** ¿qué nos depara el futuro? ♦ almacén, depósito ♦ **(department) s.,** gran almacén ♦ *US* tienda ♦ | LOC: **to set great/little s. by sthg,** dar mucha/poca importancia a algo | **stores** *pl*, víveres, provisiones | 2 *vtr* ♦ guardar ♦ *Com Inform* almacenar ♦ *Elec* acumular
storekeeper ['stɔːkiːpə^r] *n US* tendero,-a
storeroom ['stɔːruːm] *n* despensa
storey ['stɔːrɪ] *n* piso

> **Storey** se refiere a la altura de un edificio: **I work in a 30-storey building.** *Trabajo en un edificio de 30 pisos.* Si quieres indicar en qué piso trabajas, vives, etc., debes usar la palabra **floor**: **I work on the tenth floor.** *Trabajo en el décimo piso.*

stork [stɔːk] *n* cigüeña
storm [stɔːm] 1 *n* ♦ tormenta; *(de viento)* vendaval; **snow s.,** ventisca ♦ *fig* revuelo; **s. of abuse,** torrente de injurias ♦ *Mil* asalto; *fig* **she took Edinburgh by s.,** cautivó a todo Edimburgo | 2 *vtr* tomar al asalto | 3 *vi* ♦ despotricar ♦ **he stormed in/out,** entró/salió furioso
stormy ['stɔːmɪ] *adj* (**stormier, stormiest**) ♦ *Meteor* tormentoso,-a ♦ *(relación)* tempestuoso,-a
story ['stɔːrɪ] *n* ♦ historia, relato; *(para niños)* cuento; *Lit* **(short) s.,** cuento: **it's a long s.,** sería largo de contar ♦ *Cine Teat* argumento ♦ *Prensa* noticia ♦ anécdota, chiste, leyenda: **the s. goes that...,** cuentan que... ♦ mentira, pretexto; **tall s.,** cuento chino ♦ *US* → **storey**
stout [staʊt] 1 *adj* ♦ *(persona)* corpulento,-a ♦ *(cuerda, palo, etc)* fuerte ♦ *(defensa)* firme, tenaz | 2 *n* cerveza negra ➢ Ver nota en **ale**

stoutly ['staʊtli] *adv* resueltamente
stove [stəʊv] *n* ◆ *(para calefacción)* estufa ◆ *(para cocinar)* cocina
stow [stəʊ] *vtr* ◆ guardar ◆ *Náut* estibar
■ **stow away** *vi* viajar de polizón
stowaway ['stəʊəweɪ] *n* polizón
straddle ['strædəl] *vtr* ◆ *(sobre un caballo)* montar a horcajadas ◆ *fig* **the village straddles the river,** el pueblo se extiende a ambos lados del río
straggle ['strægəl] *vi* ◆ *(una planta, ciudad, el pelo)* crecer en desorden ◆ ir rezagado,-a
straggler ['stræglə'] *n* rezagado,-a
straight [streɪt] **1** *adj* ◆ *(una línea, etc)* recto,-a; *(un cuadro, una corbata, etc)* derecho,-a; *(el pelo)* liso,-a; *(la espalda)* erguido,-a ◆ *(en orden)* **let's get this s.,** a ver si nos entendemos; **I have to put my papers s.,** tengo que ordenar mis papeles ◆ *(rechazo)* rotundo,-a; *(respuesta)* claro,-a ◆ *(persona)* honrado,-a, serio,-a, conformista; *fam* hetero(sexual) ◆ *(whisky, etc)* solo,-a ◆ *(días, horas, etc)* consecutivo,-a ◆ |LOC: **to keep a s. face,** contener la risa | **2** *adv* ◆ en línea recta: **go s. ahead,** sigue todo recto ◆ *(sin parar, sin vacilar)* directamente, derecho,-a: **I'll be s. back,** en seguida vuelvo; **he drank the bottle s. off,** se bebió la botella de un tirón; **let's get s. to the point,** vayamos directamente al grano; **s. away,** enseguida ◆ *(hablar)* francamente ◆ *(un criminal)* **to go s.,** reformarse | **3** *n* ◆ *Dep* & *fig* **the home s.,** la recta final ◆ *fam* hetero(sexual)
straighten ['streɪtən] *vtr* ◆ enderezar, poner derecho,-a; *(el pelo)* alisar ◆ arreglar, ordenar
■ **straighten out** *vtr* ◆ *(algo torcido)* enderezar ◆ *(un malentendido)* aclarar ◆ *(un problema)* resolver
■ **straighten up 1** *vi* ponerse derecho | **2** *vtr* ◆ *(un cuadro, la corbata)* enderezar ◆ *(una habitación, etc)* ordenar
straightforward [streɪt'fɔːwəd] *adj* ◆ *(persona)* honrado,-a; *(persona, respuesta)* franco,-a ◆ sencillo,-a
strain [streɪn] **1** *vtr* ◆ *Med (un músculo)* torcerse; *(la vista)* cansar, forzar ◆ *(la paciencia)* poner a prueba; *(una relación)* volver tenso,-a; *(los recursos)* abusar de ◆ *Culin* colar, escurrir, filtrar | **2** *vi* ◆ esforzarse **[to do sthg,** por hacer algo] ◆ tirar **[at, de]** | **3** *n* ◆ *(mental)* tensión, estrés; *(físico)* esfuerzo ◆ *Med (tobillo, etc)* esguince; *(un músculo)* torcedura ◆ *Fís* tensión ◆ *Mús* **strains** *pl*, son ◆ *Bot Zool* variedad
strained ['streɪnd] *adj* ◆ *Med (músculo)* torcido,-a; *(la vista)* cansado,-a ◆ *(comportamiento, voz)* forzado,-a ◆ *(ambiente, relación)* tenso,-a
strainer ['streɪnə'] *n Culin* colador
strait [streɪt] *n* ◆ *(tb pl) Geog* estrecho ◆ **straits** *pl*, apuros; **in dire straits,** en una situación desesperada
straitjacket ['streɪtdʒækɪt] *n* camisa de fuerza
strand [strænd] **1** *vtr* ◆ *Náut (usu pasivo)* varar ◆ *fig (una persona)* dejar tirado: **I missed the train and I'm stranded here,** perdí el tren y me he quedado aquí colgado | **2** *n* ◆ *frml* playa ◆ *(de hilo)* hebra; **a s. of hair,** un pelo ◆ tendencia
stranded ['strændɪd] *adj* ◆ *(barco, ballena)* varado,-a ◆ *(un turista)* con problemas para volver a casa
strange [streɪndʒ] *adj* ◆ curioso,-a, raro,-a, extraño,-a: **I find it s. that…,** me extraña que…; **it tastes s.,** sabe raro ◆ *(persona, sensación)* desconocido,-a
strangely ['streɪndʒli] *adv* ◆ de una manera rara ◆ **s. enough,** por raro que parezca
stranger ['streɪndʒə'] *n* ◆ desconocido,-a: **don't talk to any strangers,** no hables con ningún desconocido ◆ forastero,-a
strangle ['stræŋgəl] *vtr* estrangular
strangulation [stræŋgjʊ'leɪʃən] *n* estrangulación, estrangulamiento
strap [stræp] **1** *n* ◆ *(para cámara, reloj, etc)* correa; *(de bolso)* asa ◆ *(de vestido)* tirante | **2** *vtr* atar con correa
strapping ['stræpɪŋ] *adj* robusto,-a
strategic [strə'tiːdʒɪk] *adj* estratégico,-a
strategy ['strætɪdʒɪ] *n* estrategia
stratosphere ['strætəsfɪə'] *n* estratosfera
stratum ['strɑːtəm] *n (pl* **strata**) estrato
straw [strɔː] *n* ◆ paja ◆ *(para beber)* pajita ◆ |LOC: *fig* **to clutch at straws,** agarrarse a un clavo ardiendo; *fam* **this is the last s.!,** ¡esto es el colmo!
strawberry ['strɔːbərɪ] *n* fresa, fresón
stray [streɪ] **1** *vi* ◆ *(de un camino)* apartarse **[from,** de]; *(del tema)* desviarse **[from,** de] ◆ extraviarse | **2** *n* ◆ perro/gato callejero *o* perdido | **3** *adj* ◆ *(animal)* perdido,-a, callejero,-a ◆ *(bala)* perdido,-a
streak [striːk] **1** *n* ◆ raya; **s. of lightning,** rayo ◆ *fig (de locura, etc)* vena; *fig (de suer-*

te) racha ◆ *(en el pelo)* reflejo | 2 *vtr* ◆ rayar [**with,** con] ◆ *(el pelo)* poner mechas a | 3 *vi* ◆ **to s. past,** pasar como un rayo ◆ *fam* correr desnudo,-a

stream [stri:m] 1 *n* ◆ *Geog* arroyo, riachuelo ◆ *(en el mar)* corriente ◆ flujo; *(de agua, sangre)* chorro; *(de insultos)* sarta; *(de luz)* raudal; *(de personas)* multitud; *(de tráfico)* riada ◆ *GB Educ* clase | 2 *vi* ◆ *(líquido)* salir; *(sangre)* manar ◆ *(el pelo, una bandera)* ondear ◆ *fig (la gente)* **to s. out/past,** salir/pasar en tropel

streamer ['stri:məʳ] *n* serpentina

streamlined ['stri:mlaɪnd] *adj* ◆ *(coche, tren, etc)* aerodinámico,-a ◆ *(proceso)* racionalizado,-a

street [stri:t] *n* ◆ calle; **the man in the s.,** el hombre de la calle ◆ **s. cleaner,** barrendero,-a; **s. map,** (plano) callejero; **at s. level,** en la calle ◆ LOC: **A is streets ahead of B,** A está a años luz de B; *fam* **to be right up sb's s.,** ser ideal para alguien

streetcar ['stri:tkɑːʳ] *n US* tranvía

streetlamp ['stri:tlæmp] *n* farol

streetwise ['stri:twaɪz] *adj* espabilado,-a

strength [streŋθ] *n* ◆ *(de personas) (física)* fuerza; *(mental)* fortaleza, entereza; **s. of will,** fuerza de voluntad ◆ *(de alcohol)* graduación; *(de economía)* solidez; *(de emoción)* intensidad; *(de materias)* resistencia; *(de viento)* fuerza; *(de una solución)* concentración; **on the s. of,** basándose en ◆ punto fuerte; **to go from s. to s.,** marchar viento en popa ◆ *(de personal)* número: **we are below s.,** estamos cortos de personal; **in s.,** en masa

strengthen ['streŋθən] 1 *vtr* ◆ *(un edificio)* reforzar; *(los músculos, la personalidad)* fortalecer ◆ *(una relación)* consolidar, intensificar | 2 *vi* ◆ fortalecerse ◆ *(una relación)* consolidarse, intensificarse

strenuous ['strenjʊəs] *adj* ◆ *(actividad)* agotador,-ora ◆ *(rechazo)* enérgico,-a ◆ *(esfuerzo)* intenso,-a

stress [stres] 1 *n* ◆ *Téc* tensión; *Med* estrés ◆ énfasis, hincapié ◆ *Ling* acento (tónico) | 2 *vtr* ◆ hacer hincapié en ◆ *Ling* acentuar

stretch [stretʃ] 1 *vtr* ◆ *(el dinero, las piernas)* estirar ◆ *(las alas)* desplegar ◆ *(una lona, una sábana, etc)* extender ◆ *(los hechos)* exagerar ◆ **to s. a point,** hacer concesiones | 2 *vi* ◆ *(una persona)* estirarse, desperezarse ◆ *(la ropa)* dar de sí ◆ *(la influencia, el terreno)* extenderse ◆ *(recursos)* llegar: **her salary won't s. to luxuries,** su sueldo no da para lujos | 3 *n* ◆ *(de carretera, río, etc)* trecho, tramo ◆ *(de terreno)* extensión; *(del tiempo)* periodo ◆ | LOC: **by no s. of the imagination,** de ningún modo | 4 *adj* **s. fabric,** tela elástica

■ **stretch out** 1 *vtr* ◆ *(la mano)* tender ◆ *(las piernas)* estirar | 2 *vi* ◆ *(persona)* estirarse ◆ *(espacio, tiempo)* extenderse

stretcher ['stretʃəʳ] *n* camilla

stricken ['strɪkən] *adj* ◆ *(de dolor)* afligido,-a ◆ *(una zona)* asolado,-a, damnificado,-a ◆ *(de una enfermedad)* aquejado,-a [**with,** de]

strict [strɪkt] *adj* ◆ estricto,-a ◆ *(secreto, etc)* absoluto,-a

strictly ['strɪktlɪ] *adv* ◆ estrictamente; **s. speaking,** en sentido estricto ◆ **that's not s. true,** eso no es del todo verdad ◆ *(prohibido, etc)* rigurosamente

stride [straɪd] 1 *n* ◆ zancada, tranco ◆ **to take sthg in one's s.,** tomar algo con calma | 2 *vi (ps* **strode;** *pp* **stridden** ['strɪdən]) **to s. (along),** andar a zancadas

strident ['straɪdənt] *adj* ◆ *(sonido)* estridente ◆ *(queja, etc)* enérgico,-a

strike [straɪk] 1 *n* ◆ *Lab* huelga; **to go on s.,** ir a la huelga; **hunger s.,** huelga de hambre ◆ *(de petróleo, etc)* descubrimiento ◆ *Dep* golpe ◆ *Mil* ataque | 2 *vtr (ps & pp* **struck)** ◆ *(a una persona)* pegar, golpear; *(una tecla)* pulsar; *(un golpe)* asestar ◆ *(una bala, un rayo)* alcanzar ◆ parecer: **they s. me as honest,** me parecen sinceros ◆ ocurrirse: **it struck me that...,** se me ocurrió que... ◆ *(oro, petróleo)* descubrir; **to s. it rich,** hacer fortuna ◆ *(un reloj)* dar: **the clock struck two,** el reloj dio las dos ◆ *(un equilibrio)* encontrar; *(un acuerdo)* cerrar ◆ *(cerilla, fuego)* encender; *(una moneda)* acuñar; **to s. fear into,** infundir miedo a ◆ **to s. sb blind/dumb,** dejar ciego,-a/mudo,-a a alguien | 3 *vi* ◆ golpear; *(un rayo)* caer ◆ *Mil* atacar [**against/at,** a] ◆ *(un desastre)* sobrevenir, ocurrir ◆ *Lab* hacer huelga ◆ *(reloj)* dar la hora

■ **strike back** *vi* contraatacar [**at,** a]

■ **strike off** *vtr* ◆ tachar ◆ *GB (usu pasivo) (a un abogado, médico)* inhabilitar

■ **strike out** 1 *vtr* tachar | 2 *vi* ◆ arremeter [**at,** contra] ◆ emprender el camino [**for,** hacia]

■ **strike up** *vtr* ♦ *(una amistad)* trabar; *(una conversación)* entablar ♦ *(una banda - tb vi)* empezar a tocar

striker ['straɪkə'] *n* ♦ *Lab* huelguista ♦ *fam Ftb* marcador,-ora

striking ['straɪkɪŋ] *adj* ♦ llamativo,-a destacado,-a ♦ *Lab* en huelga

string [strɪŋ] 1 *n* ♦ cordel, cuerda; *(de títere)* hilo; *fig* **to pull strings,** mover hilos o resortes; **no strings attached,** sin condiciones ♦ *(de instrumento, raqueta)* cuerda ♦ *(de acontecimientos)* serie; *(de ajos)* ristra; *(de insultos, perlas)* sarta | 2 *vtr* **(ps & pp strung)** ♦ *(un instrumento, etc)* encordar ♦ *(perlas, etc)* ensartar

■ **string up** *vt* ♦ *(luces)* colgar ♦ *fam* linchar

stringent ['strɪndʒənt] *adj* severo,-a, estricto,-a

strip [strɪp] 1 *n* ♦ *(de papel, etc)* tira; *(de metal)* cinta; *(de tierra)* franja ♦ **s. cartoon,** historieta; **s. light,** luz fluorescente ♦ | LOC: **to tear sb off a s.,** echar una bronca a alguien | 2 *vtr* ♦ *(a una persona)* desnudar ♦ *(una cama)* deshacer; *(una superficie)* quitar la pintura a ♦ *Téc* **to s. (down),** desmontar | 3 *vi* ♦ desnudarse ♦ hacer un striptease

■ **strip off** 1 *vtr* ♦ *(pintura, etc)* quitar | 2 *vi* desnudarse

stripe [straɪp] *n* raya; *Mil* galón
striped [straɪpt] *adj* rayado,-a, a rayas
stripper ['strɪpə'] *n* artista de striptease
strive [straɪv] *vi* (ps **strove**; pp **striven** ['strɪvən]) *frml* **to s. to do sthg,** esforzarse por hacer algo

strode [strəʊd] *ps* → **stride**
stroke [strəʊk] 1 *n* ♦ *Dep* golpe; *(en el remo)* remada; *Nat* brazada ♦ golpe; *fig* **a s. of luck,** un golpe de suerte; **on the s of six,** al dar las seis ♦ *(de la pluma)* trazo; *(del pincel)* pincelada ♦ *Tip* barra ♦ caricia ♦ *Med* apoplejía | 2 *vtr* acariciar

stroll [strəʊl] 1 *vi* dar un paseo | 2 *n* paseo

stroller ['strəʊlə'] *n* ♦ *(para niños)* cochecito ♦ *(persona)* paseante

strong [strɒŋ] 1 *adj* ♦ *(persona) (física o mentalmente)* fuerte; *(en circunstancias adversas)* entero,-a ♦ *(un país)* poderoso,-a ♦ *(bebida)* fuerte; *(café)* cargado,-a; *(economía, moneda)* sólido,-a; *(emoción, color)* intenso,-a; *(luz)* brillante; *(materia)* resistente, sólido,-a; *(solución)* concentrado,-a ♦ *(acento)* marcado,-a ♦ *(creencia)* firme ♦ *(en número)* **the crowd was a thousand s.,** la multitud era de mil personas | 2 *adv* **to be going s.,** ir bien

strongbox ['strɒŋbɒks] *n* caja fuerte
stronghold ['strɒŋhəʊld] *n Mil* fortaleza; *fig* baluarte
strongly ['strɒŋlɪ] *adv* fuertemente
strong-minded ['strɒŋ'maɪndɪd] *adj* decidido,-a
strongroom ['strɒŋruːm] *n* cámara acorazada
stroppy ['strɒpɪ] *adj* (**stroppier, stroppiest**) *fam* malhumorado,-a, borde
strove [strəʊv] *ps* → **strive**
struck [strʌk] *ps & pp* → **strike**
structural ['strʌktʃərəl] *adj* estructural
structure ['strʌktʃə'] *n* ♦ estructura ♦ construcción
struggle ['strʌgəl] 1 *vi* ♦ luchar ♦ moverse con dificultad: **he struggled up the hill,** subió penosamente la cuesta | 2 *n* lucha, pelea
strum [strʌm] *vtr (una guitarra)* rasguear
strung [strʌŋ] *ps & pp* → **string**
strut [strʌt] *vi* pavonearse
stub [stʌb] 1 *n* ♦ *(de cigarrillo)* colilla; *(de vela, lápiz)* cabo ♦ *(de talonario)* matriz | 2 *vtr* ♦ *(el pie, etc)* golpear ♦ *(un cigarrillo)* **to s. (out),** apagar
stubble ['stʌbəl] *n* ♦ *Agr* rastrojo ♦ *fig* barba de varios días
stubborn ['stʌbən] *adj* ♦ *(persona)* terco,-a, testarudo,-a; *(insistencia)* pertinaz ♦ *(una mancha)* rebelde; *(un catarro)* persistente
stucco ['stʌkəʊ] *n* estuco
stuck [stʌk] *ps & pp* → **stick**
stuck-up [stʌk'ʌp] *adj fam* creído,-a
stud [stʌd] 1 *n* ♦ *(en la ropa)* tachón; *(en una camisa)* gemelo ♦ *Dep (en botas)* taco ♦ pendiente ♦ *(caballo y pey hombre)* semental | 2 *vtr* ♦ tachonar [**with,** de] ♦ *(de diamantes)* incrustar
student ['stjuːdənt] 1 *n* estudiante, alumno,-a | 2 *adj* estudiantil
studied ['stʌdɪd] *adj (actitud)* estudiado,-a
studio ['stjuːdɪəʊ] *n* ♦ *TV Cine* estudio ♦ *(de artista)* taller ♦ *(vivienda)* **s. (flat),** estudio
studious ['stjuːdɪəs] *adj* estudioso,-a
study ['stʌdɪ] 1 *vtr* ♦ *(aprender)* estudiar ♦ *(hechos)* examinar, investigar ♦ *(un proceso)* observar | 2 *vi* estudiar; **to s. for an exam,** preparar un examen | 3 *n* ♦ estu-

stuff

dio; **s. group,** grupo de trabajo ♦ *(cuarto)* despacho, estudio

> **To study** va seguido de gerundio cuando te refieres al objeto de tu estudio (**I studied dancing,** *estudié baile*) o de un infinitivo para explicar el objetivo: **I studied to pass the exam.** *Estudié para aprobar el examen.* Ahora bien, si el sujeto del gerundio no coincide con el sujeto de **to study,** debes usar un posesivo o un complemento directo, pero recuerda que formalmente hay una diferencia en el significado: **I studied his dancing** significa que *estudié su forma de bailar,* mientras que **I studied him dancing** significa que *le estudié a él mientras bailaba.*

stuff [stʌf] 1 *vtr* ♦ *(una almohada, etc)* rellenar [**with,** de] ♦ *Culin* rellenar [**with,** con *o* de] ♦ *(taxidermia)* disecar ♦ *(los bolsillos, la cabeza, etc)* atiborrar [**with,** de] ♦ *vulgar* **get stuffed!,** ¡vete a la porra! | 2 *n* ♦ *fam* material, producto; **s. for cleaning the floor,** productos para limpiar el suelo ♦ *fam* cosas: **can I leave my s. here?,** ¿puedo dejar mis cosas aquí?; **I don't believe all that astrology s.,** no creo nada en eso de la astrología

stuffed-up [stʌftʌp] *adj (persona)* acatarrado,-a; *(nariz)* tapado,-a
stuffing ['stʌfɪŋ] *n Culin* relleno
stuffy ['stʌfɪ] *adj (stuffier, stuffiest)* ♦ *(cuarto)* mal ventilado,-a: **it's very s. here,** falta aire fresco aquí ♦ *(persona)* estirado,-a, de miras estrechas
stumble ['stʌmbəl] *vi* ♦ tropezar [**over/across,** con], dar un traspié ♦ *fig* tropezar [**across/on/upon,** con]
stumbling-block ['stʌmblɪŋblɒk] *n* escollo
stump [stʌmp] 1 *n (de árbol)* tocón; *(de lápiz)* cabo; *(de miembro)* muñón | 2 *vtr (usu pasivo)* confundir: **I'm stumped,** estoy perplejo
stun [stʌn] *vtr* ♦ *(un golpe)* aturdir ♦ *fig* dejar pasmado,-a
stung [stʌŋ] *ps* & *pp* → **sting**
stunk [stʌŋk] *ps* & *pp* → **stink**
stunning ['stʌnɪŋ] *adj* ♦ *(un golpe)* contundente ♦ *(una noticia)* sensacional ♦ *fam (una persona, un vestido)* impresionante

750

stunt [stʌnt] 1 *vtr* atrofiar | 2 *n* ♦ truco, montaje; **publicity s.,** truco publicitario ♦ *Cine* escena peligrosa; **s. man,** especialista
stupefy ['stju:pɪfaɪ] *vtr (usu pasivo)* dejar estupefacto,-a
stupendous [stju:'pendəs] *adj* estupendo,-a
stupid ['stju:pɪd] *adj* estúpido,-a, imbécil
stupidity [stju:'pɪdɪtɪ] *n* estupidez
sturdy ['stɜ:dɪ] *adj (sturdier, sturdiest)* ♦ *(persona)* robusto,-a, fuerte ♦ *(mueble, ropa)* resistente, sólido,-a
stutter ['stʌtə'] 1 *vi* tartamudear | 2 *n* tartamudeo
sty [staɪ] *n* ♦ pocilga ♦ → **stye**
stye [staɪ] *n Med* orzuelo
style [staɪl] 1 *n* ♦ estilo ♦ *(de ropa, zapatos)* modelo; moda: **mink is out of s.,** el visón está pasado de moda ♦ *(como adv: viajar, vivir, etc)* **in s.,** a lo grande ♦ | LOC: **it's not my s.,** no es lo mío | 2 *vtr* peinar
stylish ['staɪlɪʃ] *adj* con estilo
stylist ['staɪlɪst] *n* peluquero,-a
stylus ['staɪləs] *n (de tocadiscos)* aguja
suave [swɑ:v] *adj (persona, manera)* amable, afable; *pey* zalamero,-a
subconscious [sʌb'kɒnʃəs] 1 *adj* subconsciente | 2 **the s.,** el subconsciente
subdivide [sʌbdɪ'vaɪd] *vtr* subdividir [**into,** en]
subdue [səb'dju:] *vtr* ♦ *(una emoción)* dominar ♦ *(un pueblo, nación)* avasallar ♦ *(color)* atenuar
subdued [səb'dju:d] *adj* ♦ *(persona)* callado,-a, poco animado,-a ♦ *(tono, voz)* bajo,-a ♦ *(color, luz)* apagado,-a, tenue
subheading ['sʌbhedɪŋ] *n* subtítulo
subject ['sʌbdʒɪkt] 1 *n* ♦ tema; **to change the s.,** cambiar de tema ♦ *Educ* asignatura, materia ♦ *Pol* súbdito,-a ♦ *Ling* sujeto | 2 *adj* ♦ **to be s. to,** *(cambio, retrasos)* estar sujeto,-a a *o* ser susceptible de; *(enfermedad, depresión)* ser propenso,-a a ♦ *(riesgo) (inundaciones)* estar expuesto,-a a ♦ *(condición)* **this offer is s. to the approval of the board,** esta oferta está sujeta a la aprobación del consejo | 3 [səb'dʒekt] *vtr* someter [**to,** a]
subjective [səb'dʒektɪv] *adj* subjetivo,-a
subjunctive [səb'dʒʌŋktɪv] 1 *adj* subjuntivo,-a | 2 *n* subjuntivo
sublet [sʌb'let] *vtr* & *vi* subarrendar
sub-machine-gun [sʌbmə'ʃi:ngʌn] *n* ametralladora

submarine ['sʌbməri:n] *n* submarino
submerge [səb'mɜ:dʒ] **1** *vtr* sumergir | **2** *vi (un submarino)* sumergirse
submission [səb'mɪʃən] *n* ♦ sumisión ♦ *(de un informe)* presentación
submissive [səb'mɪsɪv] *adj* sumiso,-a
submit [səb'mɪt] **1** *vtr* ♦ presentar ♦ **to s. sthg/sb to sthg**, someter algo/a alguien a algo ♦ sostener | **2** *vi (al enemigo, a la evidencia)* rendirse
subnormal [sʌb'nɔ:məl] *adj* subnormal
subordinate [sə'bɔ:dɪnɪt] *adj* & *n* subordinado,-a
subscribe [səb'skraɪb] *vi* ♦ *(revista, periódico)* suscribirse [**to**, a] ♦ *(teoría)* adherirse [**to**, a]
subscriber [səb'skraɪbəʳ] *n* abonado,-a
subscription [səb'skrɪpʃən] *n* ♦ *(a, de una revista)* suscripción ♦ *(para conciertos, etc)* abono ♦ *(de una asociación)* cuota
subsequent ['sʌbsɪkwənt] *adj* subsiguiente, posterior
subsequently ['sʌbsɪkwəntlɪ] *adv* posteriormente
subside [səb'saɪd] *vi* ♦ *(una carretera, etc)* hundirse ♦ *(una tormenta)* amainar; *(una inundación)* bajar; *(el dolor)* remitir
subsidence [səb'saɪdəns] *n* hundimiento
subsidiary [sʌb'sɪdɪərɪ] **1** *adj* secundario,-a | **2** *n* Com sucursal, filial
subsidize ['sʌbsɪdaɪz] *vtr* subvencionar
subsidy ['sʌbsɪdɪ] *n* subvención
subsistence [səb'sɪstəns] *n* subsistencia
substance ['sʌbstəns] *n* ♦ sustancia ♦ fundamento: **there is no s. in the accusations**, las acusaciones carecen de fundamento ♦ | LOC: **a person of s.**, una persona acaudalada
substantial [səb'stænʃəl] *adj* ♦ *(suma)* considerable ♦ *(edificio, etc)* sólido,-a; *(comida)* abundante ♦ *(cambio)* sustancial
substantiate [səb'stænʃɪeɪt] *vtr* corroborar, probar
substitute ['sʌbstɪtju:t] **1** *vtr* sustituir; **to s. A for B**, sustituir A por B | **2** *n* ♦ *(cosa, materia)* sucedáneo ♦ *(persona)* suplente
subtitle ['sʌbtaɪtəl] *n* subtítulo
subtle ['sʌtəl] *adj* ♦ sutil; *(sabor)* ligero,-a, suave; *(perfume)* delicado,-a ♦ *(mente)* perspicaz; *(ironía, ocurrencia)* fino,-a
subtlety ['sʌtəltɪ] *n* ♦ sutileza, delicadeza ♦ *(de la mente)* ingenio; *(de la ironía, de una ocurrencia)* finura
subtract [səb'trækt] *vtr* restar ➢ Ver nota en **restar**

subtraction [səb'trækʃən] *n* resta ➢ Ver nota en **restar**
suburb ['sʌbɜ:b] *n* barrio residencial periférico; **the suburbs**, las afueras
suburban [sə'bɜ:bən] *adj* suburbano,-a
suburbia [sə'bɜ:bɪə] *n* barrios residenciales periféricos
subversive [səb'vɜ:sɪv] *adj* & *n* subversivo,-a
subway ['sʌbweɪ] *n* ♦ *GB* paso subterráneo ♦ *US* metro
succeed [sək'si:d] **1** *vi* ♦ *(un plan)* dar resultado, salir bien ♦ *(una persona)* tener éxito, triunfar; **to s. in doing sthg**, conseguir *o* lograr hacer algo ♦ *frml* seguir, suceder ♦ **to s. to sthg**, heredar algo | **2** *vtr (en un puesto, cargo)* suceder a
succeeding [sək'si:dɪŋ] *adj* sucesivo,-a
success [sək'ses] *n* éxito
successful [sək'sesful] *adj* ♦ *(persona)* de éxito, triunfador,-ora; **to be s.**, tener éxito ♦ *(negocio)* próspero,-a ♦ *(esfuerzo)* fructuoso,-a, exitoso,-a
successfully [sək'sesfəlɪ] *adv* con éxito
succession [sək'seʃən] *n* sucesión, serie; **in s.**, sucesivamente
successive [sək'sesɪv] *adj* sucesivo,-a, consecutivo,-a
successor [sək'sesəʳ] *n* sucesor,-ora
such [sʌtʃ] **1** *adj (antes de un sustantivo)* ♦ semejante, tal: **there's no s. person**, no existe tal persona; **gold, jewels and other s. luxuries**, oro, joyas y otros lujos semejantes; **at s. times**, en tales momentos; **some s. thing**, algo parecido ♦ tan, tanto: **don't be s. an idiot**, no seas tan tonto | **2** *adv* ♦ tan, tanto: **he's s. a good boy**, es un niño tan bueno; **he's not s. an idiot as he looks**, no es tan tonto como parece; **in s. a hurry**, con tanta prisa | **3** *pron* ♦ **tourists and s.**, los turistas y tal ♦ **s. as**, como, tal(es) como: **a woman s. as yourself**, una mujer como tú ♦ **as s.**, como tal (es): **I have no family as s.**, familia, (lo que se dice) familia, no tengo *o* no tengo familia como tal ♦ | LOC: **s. is life**, así es la vida ➢ Ver nota en **tan**
suchlike ['sʌtʃlaɪk] **1** *adj* tal | **2** *pron* cosas por el estilo; gente por el estilo
suck [sʌk] **1** *vtr* ♦ *(un caramelo, el dedo)* chupar ♦ *(un líquido, con paja)* sorber; *(la sangre)* chupar ♦ *(el polvo, etc)* aspirar ♦ *(plantas)* absorber | **2** *vi* ♦ chupar [**at/on**, -] ♦ *(bebé)* mamar
■ **suck in** *vtr (un remolino)* tragar
■ **suck out** *vtr* succionar

sucker

■ **suck up 1** *vtr* aspirar, absorber | **2** *vi fam* hacer la pelota [**to,** a]

sucker ['sʌkə'] *n* ◆ *fam* primo,-a, bobo,-a: **he's a s. for blondes,** no puede resistirse a las rubias ◆ *Zool* ventosa ◆ *Bot* chupón

suckle ['sʌkəl] *vtr* amamantar

suction ['sʌkʃən] *n* succión

sudden ['sʌdən] *adj* ◆ súbito,-a, repentino,-a ◆ imprevisto,-a; **all of a s.,** de repente ◆ *(movimiento)* brusco,-a

suddenly ['sʌdənlɪ] *adv* de repente

suds [sʌdz] *npl* espuma de jabón

sue [su:, sju:] *Jur* **1** *vtr* demandar [**for,** por] | **2** *vi* poner pleito

suede [sweɪd] *n* ante, gamuza

suffer ['sʌfə'] **1** *vtr* ◆ sufrir; **to s. a defeat,** sufrir una derrota ◆ aguantar, soportar | **2** *vi* ◆ sufrir; **to s. from,** sufrir de ◆ **to s. for sthg,** pagar las consecuencias de algo

sufferer ['sʌfərə'] *n Med* enfermo,-a [**from,** de]

suffering ['sʌfərɪŋ] *n* sufrimiento, dolor

suffice [sə'faɪs] *vi frml* bastar, ser suficiente ◆ | LOC: **s. it to say that...,** baste con decir que

sufficient [sə'fɪʃənt] *adj* suficiente, bastante

sufficiently [sə'fɪʃəntlɪ] *adv* suficientemente, bastante

suffocate ['sʌfəkeɪt] **1** *vtr* asfixiar | **2** *vi* asfixiarse

suffocating ['sʌfəkeɪtɪŋ] *adj* ◆ *(calor)* agobiante, sofocante ◆ *(ambiente)* asfixiante

suffrage ['sʌfrɪdʒ] *n* sufragio

sugar ['ʃʊgə'] **1** *n* azúcar; **s. cane,** caña de azúcar; **s. cube** *o* **lump,** terrón de azúcar | **2** *vtr* echar azúcar a

sugary ['ʃʊgərɪ] *adj* ◆ azucarado,-a, dulce ◆ *(estilo)* meloso,-a ◆ *(libro, película)* empalagoso,-a

suggest [sə'dʒest] *vtr* ◆ sugerir: **I s. that you leave,** sugiero que te vayas ◆ aconsejar ◆ insinuar: **what are you suggesting?,** ¿qué insinúas? ◆ indicar ➢ Ver nota en **propose**

suggestion [sə'dʒestʃən] *n* ◆ sugerencia; **at sb's s.,** a instancias de alguien ◆ insinuación ◆ indicio, sombra

suggestive [sə'dʒestɪv] *adj* ◆ *(gesto, comentario)* indecente ◆ *frml* **it is s. of...,** hace pensar en...

suicidal [sju:ɪ'saɪdəl] *adj* suicida

suicide ['sju:ɪsaɪd] *n* suicidio; **to commit s.,** suicidarse

suit [su:t, sju:t] **1** *n* ◆ traje (de chaqueta) ◆ *Naipes* palo, color; *fig* **to follow s.,** hacer lo mismo ◆ *Jur* pleito | **2** *vtr* ◆ convenir a, venir bien a: **s. yourself!,** ¡haz lo que quieras!; **would it s. you to come tomorrow?,** ¿te viene bien venir mañana? ◆ *(ser apropiado para)* **he suits Mary perfectly,** está hecho para Mary; *(la ropa)* favorecer, sentar bien: **that jacket doesn't s. you,** esa chaqueta no te sienta bien ➢ Ver nota en **sentar** ◆ **to s. sthg to sb/sthg,** adaptar algo a alguien/algo

suitability [sju:tə'bɪlɪtɪ] *n* lo apropiado, idoneo

suitable ['sju:təbəl] *adj* ◆ conveniente ◆ apropiado,-a, apto: **not s. for children,** no apto para menores ◆ adecuado,-a, idóneo-a: **you are the most s. person for the job,** eres la persona más indicada para el puesto

suitably ['sju:təblɪ] *adv* de manera adecuada, como es debido

suitcase ['su:tkeɪs] *n* maleta

suite [swi:t] *n* ◆ *(muebles)* juego; **bedroom s.,** juego de dormitorio ◆ *(de hotel)* suite ◆ *Mús* suite

suited [swi:t] *adj* apropiado,-a, idóneo,-a [**to/for,** para]

sulk [sʌlk] *vi* enfurruñarse

sulky ['sʌlkɪ] *adj* (**sulkier, sulkiest**) mohíno,-a, enfurruñado,-a

sullen ['sʌlən] *adj* ◆ *(persona, manera)* hosco,-a ◆ *(cielo)* plomizo,-a

sulphur ['sʌlfə'] *n* azufre

sulphuric [sʌl'fjʊərɪk] *adj* sulfúrico,-a

sultan ['sʌltən] *n* sultán

sultana [sʌl'tɑ:nə] *n* ◆ sultana ◆ *Culin* pasa de Esmirna

sultry ['sʌltrɪ] *adj* (**sultrier, sultriest**) ◆ *Meteor* bochornoso,-a ◆ *(persona, voz)* sensual

sum [sʌm] *n* ◆ *Mat* cuenta, cálculo ◆ suma, cantidad ◆ suma, total; *(de dinero)* importe ➢ Ver nota en **sumar**

■ **sum up 1** *vtr* resumir | **2** *vi* resumir; **to s. up...,** en resumen,...

summarize ['sʌməraɪz] *vtr & vi* resumir

summary ['sʌmərɪ] **1** *n* resumen | **2** *adj* sumario,-a

summer ['sʌmə'] **1** *n* verano; **a summer's day,** un día de verano | **2** *adj* (*casa, sitio*) de veraneo; *(tiempo)* veraniego,-a, estival; *(vacaciones)* de verano

summerhouse ['sʌməhaʊs] *n* cenador, glorieta

summertime ['sʌmətaɪm] *n* verano

summit ['sʌmɪt] *n* ◆ *Geog* cima, cumbre ◆ *Pol* s. (meeting), cumbre
summon ['sʌmən] *vtr* ◆ *(a una persona, una reunión)* convocar ◆ *frml (ayuda)* pedir ◆ *Jur* citar
■ **summon up** *vtr* ◆ *(fuerzas)* reunir; *(valor)* armarse de ◆ evocar
summons ['sʌmənz] **1** *n* ◆ *frml* llamada, llamamiento ◆ *Jur* citación judicial | **2** *vtr Jur* citar
sumptuous ['sʌmptjʊəs] *adj* suntuoso,-a
sun [sʌn] **1** *n* sol: **the sun is shining**, brilla el sol; **she bought everything under the s.**, compró de todo | **2** *vtr* **to s. oneself**, tomar el sol
sunbathe ['sʌnbeɪð] *vi* tomar el sol
sunbeam ['sʌnbi:m] *n* rayo de sol
sunbed ['sʌnbed] *n* ◆ *(para el jardín)* tumbona ◆ *(con lámpara solar)* cama solar
sunblock ['sʌnblɒk] *n* filtro solar
sunburn ['sʌnbɜ:n] *n* quemadura de sol
sunburnt ['sʌnbɜ:nt] *adj* ◆ bronceado,-a ◆ quemado,-a por el sol
Sunday ['sʌndɪ] *n* domingo; **in one's S. best**, endomingado,-a; **S. driver**, dominguero
sundry ['sʌndrɪ] **1** *adj* diversos,-as, varios,-as | **2** *pron fam* **all and s.**, todo el mundo | **3** *npl Com* **sundries**, artículos diversos
sunflower ['sʌnflaʊə^r] *n* girasol
sung [sʌŋ] *pp* → **sing**
sunglasses ['sʌnglɑ:sɪz] *npl* gafas de sol
sunk [sʌŋk] *pp* → **sink**
sunken ['sʌŋkən] *adj* ◆ *(barco, tesoro)* hundido,-a, sumergido,-a ◆ *(ojos, mejillas)* hundido,-a
sunlamp ['sʌnlæmp] *n* lámpara solar
sunlight ['sʌnlaɪt] *n* sol, luz del sol
sunlit ['sʌnlɪt] *adj* iluminado,-a por el sol
sunny ['sʌnɪ] *adj (sunnier, sunniest)* ◆ *(día)* de sol ◆ *(sitio)* soleado,-a ◆ **it is s.**, hace sol ◆ *fig* alegre
sunrise ['sʌnraɪz] *n* salida del sol; **at s.**, al amanecer
sunroof ['sʌnru:f] *n Auto* techo corredizo
sunset ['sʌnset] *n* puesta del sol; **at s.**, al atardecer
sunshade ['sʌnʃeɪd] *n* sombrilla
sunshine ['sʌnʃaɪn] *n* ◆ sol, luz del sol ◆ *(vocativo)* **what do you want, s.?**, ¿qué quieres, majo?
sunstroke ['sʌnstrəʊk] *n* insolación

suntan ['sʌntæn] *n* bronceado; **s. lotion**, bronceador
super ['su:pə^r] *adj fam* fenomenal, genial
superb [sʊ'pɜ:b] *adj* espléndido,-a
supercilious [su:pə'sɪlɪəs] *adj* altanero,-a, desdeñoso,-a
superficial [su:pə'fɪʃəl] *adj* superficial
superfluous [su:'pɜ:fluəs] *adj* sobrante, superfluo,-a
superhuman [su:pə'hju:mən] *adj* sobrehumano,-a
superintendent [su:pərɪn'tendənt] *n* ◆ *(de policía)* comisario,-a ◆ *(de parque, edificio, etc)* encargado,-a ◆ *(de una organización)* director,-ora
superior [su:'pɪərɪə^r] **1** *adj* ◆ superior [**to, a**] ◆ de gran calidad ◆ *(actitud, trato)* arrogante, altivo,-a | **2** *n* superior,-ora
superiority [su:pɪərɪ'ɒrɪtɪ] *n* superioridad
superlative [su:'pɜ:lətɪv] **1** *adj* superlativo,-a | **2** *n Ling* superlativo
supermarket ['su:pəmɑ:kɪt] *n* supermercado
supernatural [su:pə'nætʃərəl] **1** *adj* sobrenatural | **2** *n* **the s.**, lo sobrenatural
superpower ['su:pəpaʊə^r] *n Pol* superpotencia
supersede [su:pə'si:d] *vtr frml* suplantar
supersonic [su:pə'sɒnɪk] *adj* supersónico,-a
superstition [su:pə'stɪʃən] *n* superstición
superstitious [su:pə'stɪʃəs] *adj* supersticioso,-a
superstore ['su:pəstɔ:^r] *n GB* hipermercado
supervise ['su:pəvaɪz] *vtr* ◆ supervisar ◆ vigilar
supervision [su:pə'vɪʒən] *n* supervisión
supervisor [su:pə'vaɪzə^r] *n* supervisor,-ora
supper ['sʌpə^r] *n* cena; **to have s.**, cenar ➢ Ver nota en **dinner**
supple ['sʌpəl] *adj* flexible
supplement ['sʌplɪmənt] **1** *n* suplemento | **2** ['sʌplɪment] *vtr* complementar
supplementary [sʌplɪ'mentərɪ] *adj* adicional
supplier [sə'plaɪə^r] *n Com* proveedor,-ora; suministrador,-ora
supply [sə'plaɪ] **1** *vtr* ◆ *(mercancías, etc)* proveer, suministrar; **to s. sb with sthg, to s. sthg to sb**, proveer a alguien de algo, suministrar algo a alguien ◆ *(datos)* facilitar, proporcionar | **2** *n* ◆ suministro,

support

abastecimiento; **to be in short s.,** escasear ◆ *Econ* **s. and demand,** oferta y demanda ◆ **supplies** *pl,* provisiones; *Com* existencias, reservas; **office supplies,** material de oficina

support [sə'pɔːt] **1** *vtr* ◆ *(gen)* apoyar: **I s. the independents,** apoyo a los independientes; *Dep* ser hincha de ◆ *(a la familia)* mantener, alimentar ◆ *Téc* apoyar, sostener ◆ *(una declaración)* respaldar ◆ *Inform (programa, etc)* admitir | **2** *n* ◆ apoyo, ayuda, respaldo: **he has no means of s.,** no tiene ingresos ◆ *(persona)* sostén ◆ **in s. of,** en apoyo de, a favor de ◆ *(a una asociación, creencia)* apoyo, adhesión ◆ *Com* apoyo, servicio; **customer s.,** servicio al cliente ◆ *Téc* soporte, pilar

supporter [sə'pɔːtəʳ] *n Pol* partidario,-a; *Dep* hincha

suppose [sə'pəʊz] *vtr* ◆ suponer, imaginarse: **I suppose so/not,** supongo que sí/no ◆ *(en pasivo)* deber: **you are supposed to wear a crash helmet,** deberías llevar un casco; *fam* **it's supposed to be a good film,** dicen que es una buena película ◆ *(como conj)* → **supposing**

supposed [sə'pəʊzd] *adj* supuesto,-a

supposedly [sə'pəʊzədlɪ] *adv* teóricamente

supposing [sə'pəʊzɪŋ] *conj* si, en el caso de que: **s. he doesn't come?,** ¿y si no viene?

suppress [sə'pres] *vtr* ◆ suprimir ◆ *(una noticia)* ocultar ◆ *(una rebelión)* aplastar ◆ *(un bostezo)* ahogar; *(la emoción)* contener

supremacy [sʊ'preməsɪ] *n* supremacía

supreme [sʊ'priːm] *adj* supremo,-a

supremely [sʊ'priːmlɪ] *adv* sumamente

surcharge ['sɜːtʃɑːdʒ] *n* recargo

sure [ʃʊəʳ] **1** *adj* ◆ *(antes del sustantivo)* seguro,-a **[about/of,** de**] [that,** de que**]** ◆ *(predicativo)* seguro, seguramente: **it's s. to rain,** seguro que lloverá ◆ **to be s. of oneself,** estar seguro,-a de uno mismo; **to be sure of sb,** tener confianza en alguien ◆ **be s. to ring me,** no olvides llamarme; **to make s.,** asegurarse **[of,** de**]** | **2** *adv* ◆ *US (para enfatizar)* **that vodka s. is strong,** ese vodka sí que es fuerte ◆ sí: **can I sit here?- s.!,** ¿puedo sentarme aquí?- sí, ¡cómo no! ◆ *(como conj)* **s. enough,** efectivamente

surely ['ʃʊəlɪ] *adv* ◆ sin duda ◆ *(expresa incredulidad)* **s. it's not that difficult,** no será tan difícil, ¿no?; **s. not!,** ¡no puede ser! ◆ *US* claro que sí

surf [sɜːf] **1** *n* ◆ olas ◆ espuma | **2** *vi Dep* hacer surf

surface ['sɜːfɪs] **1** *n* superficie; *(de carretera)* firme; **on the s.,** a primera vista | **2** *adj* superficial; **s. tension,** tensión superficial; **by s. mail,** por vía terrestre/marítima | **3** *vtr (una carretera)* asfaltar, revestir | **4** *vi* ◆ *(una ballena, etc)* salir a la superficie ◆ *fam* aparecer; *hum* levantarse

surfboard ['sɜːfbɔːd] *n* tabla de surf

surfer ['sɜːfəʳ] *n* surfista

surfing ['sɜːfɪŋ] *n* surf, surfing

surge [sɜːdʒ] **1** *n* ◆ *(del mar, de gente, de compasión)* oleada ◆ *Com (de demanda, etc)* repentino aumento | **2** *vi* ◆ *(una ola)* levantarse ◆ *(demanda, ventas)* aumentar repentinamente ◆ *(gente)* **to s. forward/in/out,** avanzar/entrar/salir en tropel

surgeon ['sɜːdʒən] *n* cirujano,-a

surgery ['sɜːdʒərɪ] *n* ◆ *(ciencia)* cirugía: **he's in s.,** está en el quirófano; **to undergo s.,** ser operado ◆ *GB* consultorio, consulta

surgical ['sɜːdʒɪkəl] *adj* ◆ *(sala, equipo)* quirúrgico,-a ◆ *(bota)* ortopédico,-a ◆ **s. spirit,** alcohol de 96°

surly ['sɜːlɪ] *adj* **(surlier, surliest)** hosco,-a, maleducado,-a

surmount [sɜː'maʊnt] *vtr* superar, vencer

surname ['sɜːneɪm] *n* apellido ➤ Ver nota en **apellido**

surpass [sɜː'pɑːs] *vtr* superar

surplus ['sɜːpləs] **1** *n* ◆ *Com* excedente ◆ *Fin* superávit | **2** *adj* excedente, que sobra

surprise [sə'praɪz] **1** *n* sorpresa; **to take sb by s.,** pillar desprevenido,-a a alguien | **2** *adj* inesperado,-a, imprevisto,-a, sorpresa | **3** *vtr* sorprender, extrañar

surprising [sə'praɪzɪŋ] *adj* sorprendente

surprisingly [sə'praɪzɪŋlɪ] *adv* ◆ sorprendentemente ◆ *(como conj)* cosa sorprendente; **not s.,** como es lógico

surrealism [sə'rɪəlɪzəm] *n* surrealismo

surrealist [sə'rɪəlɪst] *adj & n* surrealista

surrender [sə'rendəʳ] **1** *n* ◆ rendición, capitulación ◆ *(de armas)* entrega | **2** *vtr* ◆ rendir; *(las armas)* entregar ◆ *(un derecho, etc)* renunciar a | **3** *vi* rendirse

surreptitious [sʌrəp'tɪʃəs] *adj* subrepticio,-a

surrogate ['sʌrəgɪt] *n frml* sucedáneo,-a; **s. mother,** madre de alquiler

surround [səˈraʊnd] **1** *n* marco, borde | **2** *vtr* rodear

surrounding [səˈraʊndɪŋ] **1** *adj* circundante | **2** *npl* **surroundings** ◆ *(de un sitio)* alrededores ◆ *(ambiente)* entorno

surveillance [sɜːˈveɪləns] *n* vigilancia

survey [ˈsɜːveɪ] **1** *n* ◆ encuesta, investigación ◆ vista general ◆ *(de un edificio, etc)* inspección, peritaje; *Geog (del terreno)* medición | **2** [sɜːˈveɪ] *vtr* ◆ contemplar, mirar ◆ encuestar, sondear ◆ *(un edificio)* inspeccionar; *(el terreno)* medir

surveyor [sɜːˈveɪəʳ] *n* agrimensor,-ora, perito,-a; **quantity s.**, aparejador,-ora

survival [səˈvaɪvəl] *n* supervivencia

survive [səˈvaɪv] **1** *vtr* sobrevivir a | **2** *vi* ◆ sobrevivir ◆ perdurar

survivor [səˈvaɪvəʳ] *n* superviviente

susceptible [səˈseptəbəl] *adj* ◆ susceptible [**to**, a] ◆ *Med* propenso,-a [**to**, a]

suspect [ˈsʌspekt] **1** *adj* sospechoso,-a | **2** *n* sospechoso,-a | **3** [səˈspekt] *vtr* ◆ *(de una persona)* sospechar [**of**, de] ◆ *(la sinceridad)* dudar de ◆ *(una acción)* recelar de ◆ imaginarse

suspend [səˈspend] *vtr* suspender

suspended [səˈspendɪd] *adj* ◆ suspendido,-a ◆ *Dep* sancionado,-a ◆ *Jur* **s. sentence**, libertad condicional

suspender [səˈspendəʳ] *n (usu pl)* ◆ *GB (para las medias)* liga; **s. belt**, liguero ◆ *US* **suspenders** *pl*, tirantes

suspense [səˈspens] *n* ◆ incertidumbre; **to keep sb in s.**, mantener a alguien en vilo ◆ *Cine Teat* suspense

suspension [səˈspenʃən] *n* ◆ suspensión ◆ *(de un empleado, etc)* expulsión temporal; *Dep* suspensión ◆ **s. bridge**, puente colgante

suspicion [səˈspɪʃən] *n* ◆ sospecha ◆ recelo, desconfianza ◆ traza, huella

suspicious [səˈspɪʃəs] *adj* ◆ *(acciones, personas)* sospechoso,-a ◆ *(sentimiento)* receloso,-a; **I am s. of his motives**, recelo de sus motivos

sustain [səˈsteɪn] *vtr* ◆ *(un peso, un esfuerzo)* sostener ◆ *(el interés)* mantener ◆ *(a la familia)* sustentar ◆ *(daño, etc)* sufrir

sustained [səˈsteɪnd] *adj* sostenido,-a

sustenance [ˈsʌstənəns] *n* sustento

SW [esˈdʌbəljuː] *n (abr de south west)* sudoeste, SO

swagger [ˈswægəʳ] **1** *n* pavoneo | **2** *vi* pavonearse

swallow [ˈswɒləʊ] **1** *n* ◆ *(de un alimento)* trago ◆ *Orn* golondrina | **2** *vtr* ◆ tragar ◆ *fig (creer)* tragarse | **3** *vi* tragar

■ **swallow up** *vtr fig* ◆ tragarse ◆ *(los recursos, el tiempo)* consumir

swam [swæm] *ps* → **swim**

swamp [swɒmp] **1** *n* ciénaga, pantano | **2** *vtr* inundar [**with, by**, de]

swan [swɒn] *n Orn* cisne

■ **swan about/around** *vi fam* hacer el vago

swap [swɒp] **1** *n* ◆ intercambio ◆ *Fin* swap | **2** *vtr* cambiar | **3** *vi* cambiar [**with, con**]

■ **swap round** *vtr* cambiar de sitio

swarm [swɔːm] **1** *n* enjambre | **2** *vi* ◆ *(las abejas)* enjambrar ◆ *(insectos, personas, etc)* pulular: **the hotel was swarming with reporters**, los periodistas pululaban por el hotel

swastika [ˈswɒstɪkə] *n* esvástica, cruz gamada

swat [swɒt] *vtr* aplastar

sway [sweɪ] **1** *n* ◆ balanceo ◆ influencia, dominio; **to hold s. over sb**, dominar a alguien | **2** *vi* ◆ balancearse, mecerse ◆ *(un borracho, etc)* tambalearse | **3** *vtr* convencer

swear [sweəʳ] **1** *vtr (ps swore; pp sworn)* jurar; *(un juramento)* prestar; **I could have sworn it was blue**, hubiera jurado que era azul | **2** *vi* ◆ *Jur* jurar, prestar juramento ◆ soltar tacos, decir palabrotas; **to s. at sb**, decir palabrotas a alguien, echar pestes de alguien

■ **swear by** *vtr* **my granny swore by garlic for colds**, mi abuelita tenía una fe ciega en la eficacia del ajo contra los catarros

swear-word [ˈsweəwɜːd] *n* palabrota

sweat [swet] **1** *n* ◆ sudor ◆ *fig* trabajo duro ◆ *fam* **no s.!**, ¡ningún problema! | **2** *vi* ◆ sudar ◆ *fig* sudar la gota gorda

■ **sweat out** *vtr fam* aguantar

sweater [ˈswetəʳ] *n* suéter

sweatshirt [ˈswetʃɜːt] *n* sudadera

sweaty [ˈswetɪ] *adj (sweatier, sweatiest)* sudoroso,-a

swede [swiːd] *n Bot* nabo sueco

Swede [swiːd] *n (persona)* sueco,-a

Sweden [ˈswiːdən] *n* Suecia

Swedish [ˈswiːdɪʃ] **1** *adj* sueco,-a | **2** *n* ◆ *(idioma)* sueco ◆ **the S.** *pl*, los suecos

sweep [swiːp] **1** *n* ◆ *(con escoba)* barrido; *(del brazo)* gesto amplio ◆ *(de un río)* curva; *(del paisaje)* extensión ◆ *(de la policía)*

redada ◆ *(persona)* deshollinador,-ora | 2 *vtr (ps & pp swept)* ◆ *(el suelo)* barrer; *(una chimenea)* deshollinar ◆ *(el viento)* azotar; *(una epidemia)* extenderse por, azotar; *(un reflector)* recorrer ◆ arrastrar: **the river swept him to his death,** el río lo arrastró hasta que murió ◆ rastrear | 3 *vi* ◆ **to s. in/out,** entrar/salir rápidamente *o* con aire majestuoso ◆ extenderse [**across/through,** por] ◆ barrer
  ■ **sweep aside** *vtr* ◆ apartar con la mano ◆ *(una sugerencia, una protesta)* rechazar
  ■ **sweep away** *vtr* ◆ *(el polvo)* barrer ◆ *(una tormenta)* arrebatar
  ■ **sweep up** *vi* barrer, recoger
sweeper ['swi:pə^r] *n* ◆ barrendero,-a ◆ *(máquina)* barredora ◆ *Ftb* líbero
sweeping ['swi:pɪŋ] *adj* ◆ *(gesto)* dramático,-a ◆ *(cambio)* radical ◆ *(comentario)* dogmático,-a: **that's rather a s. statement,** eso es mucho decir
sweet [swi:t] 1 *adj* ◆ *(sabor)* dulce, azucarado,-a; *(olor)* fragante, bueno,-a; *(sonido)* melodioso ◆ *(persona, naturaleza)* dulce, encantador,-ora; *(bebé, animal)* rico,-a, mono,-a ◆ | LOC: **to have a s. tooth,** ser goloso,-a; **to keep sb s.,** ganar la buena voluntad de alguien | 2 *n Culin* ◆ postre ◆ *GB* caramelo, golosina; **s. shop,** bombonería, *Lam* dulcería
sweet-and-sour ['swi:tənsaʊə^r] *adj* agridulce
sweetcorn ['swi:tkɔ:n] *n* maíz tierno
sweeten ['swi:tən] *vtr* ◆ azucarar ◆ *(el aire, el aliento)* refrescar ◆ *(a alguien)* ablandar
sweetener ['swi:tənə^r] *n* ◆ *Culin* edulcorante ◆ *fam* soborno
sweetheart ['swi:thɑ:t] *n* ◆ novio,-a ◆ *(trato)* cariño, mi vida, amor
sweetness ['swi:tnɪs] *n* ◆ *(de sabor)* dulzura; *(de olor)* fragancia ◆ *(de una persona)* dulzura
swell [swel] 1 *n Náut* marejada, oleaje | 2 *adj US fam* fenomenal | 3 *vi (ps swelled; pp swollen)* ◆ *Med* hincharse ◆ *(un río)* crecer ◆ *(una cantidad, multitud, el aplauso)* aumentar
  ■ **swell up** *vi* hincharse
swelling ['swelɪŋ] *n* hinchazón; *Med* tumefacción
swept [swept] *ps & pp* → **sweep**
swerve [swɜ:v] 1 *n* ◆ *(coche, etc)* viraje brusco ◆ *Dep* regate | 2 *vi* dar un viraje brusco

swift [swɪft] 1 *adj* rápido,-a, veloz | 2 *n Orn* vencejo
swiftly ['swɪftlɪ] *adv* rápidamente
swig [swɪg] *fam* 1 *n* trago | 2 *vtr* beber a tragos
swill [swɪl] 1 *n* ◆ comida para cerdos ◆ *fam* bazofia | 2 *vtr* ◆ enjuagar ◆ *fam pey* beber a grandes tragos
swim [swɪm] 1 *vi (ps swam; pp swum)* ◆ nadar; **to go swimming,** ir a nadar ◆ *(la cabeza)* dar vueltas | 2 *vtr (un lago, río, etc)* cruzar a nado | 3 *n* baño; **to have a s.,** bañarse, darse un baño
swimmer ['swɪmə^r] *n* nadador,-ora
swimming ['swɪmɪŋ] *n* natación; **s. costume,** traje de baño, bañador; **s. pool,** piscina; **s. trunks,** bañador (de hombre)
swimsuit ['swɪmsu:t] *n* traje de baño, bañador
swindle ['swɪndəl] 1 *n* estafa | 2 *vtr* estafar, timar
swindler ['swɪndələ^r] *n* estafador,-ora
swine [swaɪn] *n* ◆ *(pl swine) Zool* cerdo, puerco ◆ *(pl swines) fam (persona)* canalla, cabrón,-ona
swing [swɪŋ] 1 *n* ◆ balanceo, oscilación ◆ cambio, giro, viraje; **a s. towards Labour,** un giro hacia los laboristas ◆ ritmo; **to get into the s. of sthg,** cogerle el ritmo a algo; **to go with a s.,** marchar sobre ruedas ◆ *Mús* swing ◆ columpio ◆ *Dep* swing | 2 *vtr (ps & pp swung)* ◆ *(los brazos, las piernas)* balancear; *(las caderas)* menear; *(en un columpio)* columpiar ◆ *(una votación)* virar, inclinar ◆ *(levantar)* **he swung the box up onto the table,** con un esfuerzo subió la caja a la mesa ◆ *(un coche)* hacer girar | 2 *vi* ◆ balancearse; *(en un columpio)* columpiarse; *(un péndulo)* oscilar ◆ *(una puerta)* pivotar; **to s. open/shut,** abrirse/cerrarse ◆ *(la dirección, opinión, etc)* cambiar, virar; **to s. round,** dar la vuelta, girar ◆ *fam (una fiesta)* estar muy animado,-a ◆ **to s. into action,** ponerse en marcha
swirl [swɜ:l] 1 *n* remolino; *(forma)* espiral | 2 *vi* arremolinarse
swish [swɪʃ] 1 *n* ◆ *(una falda)* frufrú ◆ *(de un látigo)* silbido, restallido | 2 *adj fam* elegante | 3 *vtr* ◆ *(la cola)* sacudir ◆ *(un látigo)* agitar (produciendo un silbido) | 3 *vi* ◆ *(látigo)* restallar, chascar ◆ *(una falda)* crujir
Swiss [swɪs] 1 *adj* suizo,-a | 2 *n inv (persona)* suizo,-a; **the S.** *pl,* los suizos

switch [swɪtʃ] 1 *n* ◆ *Elec* interruptor ◆ *US Ferroc* agujas ◆ cambio brusco ◆ intercambio ◆ vara | 2 *vtr* ◆ *(dirección, asunto)* cambiar de ◆ *(la atención)* desviar [**to**, hacia]; *(la política)* cambiar [**to**, por]
- **switch off** *vtr* apagar
- **switch on** *vtr* encender
- **switch over** *vi* cambiar [**to**, a]

switchboard ['swɪtʃbɔːd] *n Tele* centralita
Switzerland ['swɪtsələnd] *n* Suiza
swivel ['swɪvəl] 1 *n* pivote; **s. chair**, silla giratoria | 2 *vtr* & *vi* girar
swollen ['swəʊlən] *adj* ◆ *Med* hinchado,-a ◆ *(un río)* crecido,-a
swoop [swuːp] 1 *n* ◆ *(ave, avión)* descenso en picado ◆ *(de la policía)* redada ◆ | LOC: **in one fell s.**, de un solo golpe | 2 *vi* ◆ *(ave de rapiña)* abatirse [**on**, sobre] ◆ *Av* bajar en picado ◆ *(policía)* hacer una redada
swop [swɒp] *vtr* → **swap**
sword [sɔːd] *n* espada
swordfish ['sɔːdfɪʃ] *n* pez espada
swore [swɔːʳ] *ps* → **swear**
sworn [swɔːn] *adj* ◆ *(declaración)* jurado,-a ◆ *(enemigo)* acérrimo,-a
swot [swɒt] *fam vi* empollar
swum [swʌm] *pp* → **swim**
swung [swʌŋ] *ps* & *pp* **swing**
sycamore ['sɪkəmɔːʳ] *n Bot* sicomoro
syllable ['sɪləbəl] *n* sílaba
syllabus ['sɪləbəs] *n* programa de estudios
symbol ['sɪmbəl] *n* símbolo
symbolic [sɪm'bɒlɪk] *adj* simbólico,-a
symbolize ['sɪmbəlaɪz] *vtr* simbolizar
symmetry ['sɪmɪtrɪ] *n* simetría
sympathetic [sɪmpə'θetɪk] *adj* ◆ compasivo,-a ◆ comprensivo,-a ◆ amable
sympathize ['sɪmpəθaɪz] *vi* ◆ compadecerse [**with**, de] ◆ comprender
sympathizer ['sɪmpəθaɪzəʳ] *n* simpatizante
sympathy ['sɪmpəθɪ] *n* ◆ compasión ◆ pésame: **you have my deepest s.**, te acompaño en el sentimiento; **to express one's s.**, dar el pésame ◆ comprensión ◆ *Pol* **sympathies** *pl*, tendencias
symphony ['sɪmfənɪ] *n* sinfonía
symposium [sɪm'pəʊzɪəm] *n* simposio
symptom ['sɪmptəm] *n* síntoma
symptomatic [sɪmptə'mætɪk] *adj* sintomático,-a
synagogue ['sɪnəgɒg] *n* sinagoga
synchronize ['sɪŋkrənaɪz] *vtr* sincronizar
syndicate 1 ['sɪndɪkɪt] *n* ◆ *Com Pol* consorcio ◆ **crime s.**, mafia | 2 ['sɪndɪkeɪt] *vtr Prensa* sindicar, distribuir
syndrome ['sɪndrəʊm] *n* síndrome
synonym ['sɪnənɪm] *n* sinónimo
syntax ['sɪntæks] *n* sintaxis
synthesis ['sɪnθɪsɪs] *n* (*pl* **syntheses** ['sɪnθɪsiːz]) síntesis
synthesizer ['sɪnθɪsaɪzəʳ] *n* sintetizador
synthetic [sɪn'θetɪk] *adj* sintético,-a
syphilis ['sɪfɪlɪs] *n* sífilis
syphon ['saɪfən] *n* → **siphon**
syringe [sɪ'rɪndʒ] *n* jeringa, jeringuilla
syrup ['sɪrəp] *n* jarabe, almíbar
system ['sɪstəm] *n* ◆ sistema; *fam* **the s.**, el orden establecido; *Inform* **systems analyst**, analista de sistemas ◆ *Med* organismo ◆ método
systematic [sɪstɪ'mætɪk] *adj* sistemático,-a

T, t [tiː] *n* ◆ *(letra)* T, t ◆ *abr de* ***ton(s)***, **tonne(s)**, tonelada, t
ta [tɑː] *excl GB fam* gracias
tab [tæb] *n* ◆ lengüeta, etiqueta ◆ *US fam* cuenta ◆ *Inform* **t. key**, tecla de tabulación ◆ | LOC: *fam* **to keep tabs on**, vigilar
table ['teɪbəl] 1 *n* ◆ *(mueble)* mesa; **to clear the t.**, quitar la mesa; **to lay** *o* **set the t.**, poner la mesa; **t. cloth**, mantel; **t. mat**,

tablespoon 758

salvamanteles ◆ *(en un texto)* tabla, cuadro | **2** *vtr* presentar

tablespoon ['teɪbəlspuːn] *n* cucharón, cuchara de servir ➤ Ver nota en **cuchara**

tablespoonful ['teɪbəlspuːnfʊl] *n* cucharada grande ➤ Ver nota en **cuchara**

tablet ['tæblɪt] *n* ◆ *Med* pastilla, comprimido ◆ *(de chocolate)* tableta; *(de jabón)* pastilla ◆ *(piedra: conmemorativa)* placa, lápida

table-tennis ['teɪbəltenɪs] *n Dep* pimpón

tableware ['teɪbəlweə'] *n* vajilla

tabloid ['tæblɔɪd] *n* periódico de pequeño formato, tabloide; **t. press**, prensa sensacionalista ➤ ver nota en **broadsheet**

taboo [tə'buː] *adj & n* tabú

tacit ['tæsɪt] *adj* tácito,-a

taciturn ['tæsɪtɜːn] *adj* taciturno,-a

tack [tæk] **1** *n* ◆ tachuela ◆ *Cost* hilván ◆ *Náut* bordada; *fig* **to change t.**, cambiar de táctica ◆ arreos | **2** *vtr* ◆ *Cost* hilvanar ◆ **to t. (down)**, clavar con tachuelas | **3** *vi Náut* hacer una bordada

■ **tack on** *vtr* agregar, añadir

tackle ['tækəl] **1** *n* ◆ aparejo, equipo; **fishing t.**, aparejo de pescar ◆ *Ftb* entrada; *Rugby* placaje | **2** *vtr* ◆ *(un problema)* afrontar; *(un trabajo)* abordar ◆ *Ftb* hacerle una entrada a; *Rugby* placar

tacky ['tækɪ] *adj (tackier, tackiest)* ◆ pegajoso,-a ◆ chabacano,-a, hortera

tact [tækt] *n* tacto

tactful ['tæktfʊl] *adj* diplomático,-a, discreto,-a

tactical ['tæktɪkəl] *adj* táctico,-a

tactic ['tæktɪk] *n* ◆ táctica ◆ **tactics** *pl*, táctica

tactless ['tæktlɪs] *adj* poco diplomático,-a

tadpole ['tædpəʊl] *n Zool* renacuajo

tag [tæg] *n* ◆ etiqueta ◆ *Ling* coletilla (interrogativa) ◆ *(juego)* corre que te pillo

■ **tag along** *vi fam* acompañar [**with**, a]
■ **tag on** *vtr* agregar, añadir (al final)

tail [teɪl] **1** *n* ◆ *Anat* cola, rabo; *Av* cola ◆ *(de ropa)* faldón; **t. coat**, frac ◆ *US fam* culo ◆ | LOC: **heads or tails**, cara o cruz | **2** *vtr fam* seguir (de cerca)

■ **tail away/off** *vi* ir disminuyendo

tailback ['teɪlbæk] *n Auto* caravana

tailor ['teɪlə'] **1** *n* sastre; **t.'s (shop)**, sastrería | **2** *vtr* ◆ *(la ropa)* confeccionar ◆ *fig* adaptar

tailor-made [teɪlə'meɪd] *adj* hecho,-a a medida

tailspin ['teɪlspɪn] *n* **to go into a t.**, caer en picado

taint [teɪnt] *vtr* ◆ *(el agua, etc)* contaminar ◆ *(una reputación, etc)* empañar

tainted ['teɪntɪd] *adj* ◆ *(agua, etc)* contaminado,-a ◆ *(una reputación)* manchado,-a

take [teɪk] **1** *vtr (ps took; pp taken)* ◆ coger, tomar: **I took her hand**, le cogí la mano; **t. a piece of cake!**, ¡toma un trozo de pastel!; **to t. hold of**, agarrar ◆ quitar; **to take sthg from sb**, quitarle algo a alguien ◆ *(un rehén)* tomar; **to t. prisoner**, hacer prisionero ◆ llevar: **you'd better t. an umbrella**, será mejor que lleves un paraguas; **can I t. you home?**, ¿puedo llevarte a casa? ➤ Ver nota en **llevar** ◆ llevarse, robar: **my car has been taken**, me han robado el coche ◆ *(un baño, respiro, una decisión, unas vacaciones)* tomar; *(una clase)* dar; *(un examen)* hacer; *(una foto)* sacar; *(un juramento)* prestar; *(una oportunidad)* aprovechar; *(un paseo, paso)* dar; **t. care!**, ¡ten cuidado! ◆ *(un autobús, tren, etc)* coger, tomar; *(una carretera)* coger, tomar: **t. the next right**, toma la próxima a la derecha ◆ *(una casa)* alquilar ◆ admitir: **this car takes five people**, en este coche caben cinco personas ◆ *(en el espacio)* ocupar: **that seat is taken**, ese asiento está ocupado ◆ *(en el tiempo)* durar, tardar: **the journey takes six hours**, el viaje dura seis horas; **the paint takes an hour to dry**, la pintura tarda una hora en secarse ◆ necesitar, usar: **he's got what it takes**, tiene lo que hace falta; **it takes two people to lift it**, se necesitan dos personas para levantarlo; **my car takes diesel**, mi coche usa diesel ◆ *(zapatos)* calzar; *(ropa)* usar: **she takes an eight**, usa la talla ocho ◆ *(comida, droga, etc)* tomar: **do you t. sugar?**, ¿tomas azúcar? ◆ **to t. a liking to sb**, encariñarse con alguien ◆ *(un cheque, desafío, trabajo, etc)* aceptar; *(un consejo)* seguir; *(un premio)* ganar ◆ aguantar, soportar: **he can't t. the pressure**, no aguanta la presión ◆ reaccionar; **to t. sthg well/badly**, llevar algo bien/mal ◆ mirar (como ejemplo): **t. Albania, for instance...**, mira Albania, por ejemplo ◆ suponer: **I t. it that...**, supongo que...; **we t. the view that...**, consideramos que... ◆ **to t. sb by surprise**, sorprender a alguien: **to be taken ill**, enfermar | **2** *n Cine* toma

■ **take aback** *vtr (usu pasivo)* sorprender
■ **take after** *vtr (un niño a su padre)* parecerse a, salir a
■ **take apart** *vtr* ◆ *(una máquina)* desmontar ◆ *(un argumento)* desbaratar
■ **take away** *vtr* ◆ llevarse ◆ quitar; **to t. sthg away from sb**, quitarle algo a alguien ◆ *Mat* restar ◆ *GB (comida)* llevar
■ **take back** *vtr* ◆ *(lo recibido)* devolver ◆ *(lo dado)* recuperar ◆ *(una declaración)* retirar
■ **take down** *vtr* ◆ *(una estructura)* desmontar ◆ *(los pantalones, etc)* bajar; *(algo de un estante)* bajar ◆ *(tomar nota de)* apuntar
■ **take in** *vtr* ◆ *(a una persona, etc)* alojar, acoger ◆ *(un tópico)* abarcar ◆ *(información)* asimilar ◆ *(con apariencias, promesas, etc)* engañar ◆ *Cost (a una prenda)* meterle
■ **take off** 1 *vtr* ◆ *(la ropa)* quitar; **to t. off one's clothes**, quitarse la ropa ◆ *(el tiempo)* tomarse: **I'm taking a day off**, me tomo un día libre ◆ *Com* descontar; *(el pelo, etc)* cortar ◆ *fam* imitar, parodiar | 2 *vi Av* despegar
■ **take on** *vtr* ◆ *(a un trabajador)* contratar ◆ *(un trabajo)* encargarse de ◆ *(una apariencia)* asumir ◆ *(a un contrincante)* enfrentarse
■ **take out** *vtr* ◆ *(del bolsillo, una maleta, etc)* sacar, quitar; *(dinero del banco)* retirar ◆ *(con fines románticos)* salir con; *(con fines sociales)* llevar a cenar, etc; *(a un perro)* llevar a pasear ◆ *(frustración, rabia, etc)* **to t. out sthg on sb.**, descargar algo en alguien
■ **take over** 1 *vtr* ◆ *(el control)* asumir ◆ *(de un país)* apoderarse ◆ *Fin (una empresa)* absorber | 2 *vi* ◆ tomar el mando ◆ **to t. over from sb**, sustituir a alguien
■ **take to** *vtr* ◆ *(a una persona, etc)* coger cariño; *(a una cosa)* tomar gusto ◆ *(a un hábito)* darse
■ **take up** *vtr* ◆ *(hacia arriba)* llevar ◆ *(un puesto)* asumir; *(un deporte, un hobby)* empezar a hacer; *(un reto)* aceptar ◆ *(el suelo)* levantar ◆ *(una actividad interrumpida)* reanudar ◆ *Cost* acortar ◆ *(espacio, tiempo)* ocupar: **it takes up all my time**, me ocupa todo el tiempo
takeaway ['teɪkəweɪ] *GB* 1 *n Culin* comida para llevar *o* un restaurante que la vende | 2 *adj Culin* para llevar
take-home pay ['teɪkhəʊmpeɪ] *n* sueldo neto

takeoff ['teɪkɒf] *n* ◆ *Av* despegue ◆ *fam* parodia
takeover ['teɪkəʊvə'] *n* ◆ *Com* absorción; **t. bid**, oferta pública de adquisición, OPA ◆ *Pol* toma del poder
takings ['teɪkɪŋz] *npl Com* recaudación
talc [tælk] *n* talco
talcum powder ['tælkəmpaʊdə'] *n* (polvos de) talco
tale [teɪl] *n* cuento, relato ◆ | LOC: *fig* **to tell tales**, venir con cuentos, chismorrear
talent ['tælənt] *n* talento
talented ['tæləntɪd] *adj* dotado,-a
talk [tɔːk] 1 *n* ◆ conversación ◆ *(en público)* charla [**about/on**, sobre] ◆ **talks** *pl*, negociaciones; **peace talks**, negociaciones de paz ◆ *pey* chismorreo, rumor, palabrería: **it's only t.**, sólo son habladurías | 2 *vi* ◆ hablar [**about**, de, acerca de]; *pey* chismorrear: **they aren't talking**, no se hablan ◆ *(por cierto)* **talking of parents, how's your mother?**, hablando de los padres, ¿qué tal tu madre? | 3 *vtr* ◆ hablar, decir; **to t. nonsense**, decir tonterías; **to t. shop**, hablar del trabajo ➢ Ver nota en **hablar** ◆ convencer, persuadir; **to t. sb into/out of doing sthg**, convencer a alguien para que haga/no haga algo
■ **talk down** *vtr* ◆ hablar en tono condescendiente [**to**, con] ◆ *Av* ayudar a aterrizar desde tierra
■ **talk over** *vtr* discutir
talkative ['tɔːkətɪv] *adj* hablador,-ora, parlanchín,-ina
talking ['tɔːkɪŋ] *n* ◆ **let him do the t.**, déjale hablar a él; **no t.!**, ¡silencio! ◆ **t. point**, tema de conversación
talking-to ['tɔːkɪŋtuː] *n fam* rapapolvo
talk-show ['tɔːkʃəʊ] *n Radio TV* programa de entrevistas; *fam* tertulia
tall [tɔːl] *adj* ◆ alto,-a: **Juan is nearly two metres t.**, Juan mide casi dos metros (de altura); **how t. is she?**, ¿cuánto mide? ◆ | LOC: **a t. order**, mucho pedir; **a t. story**, un cuento chino ➢ Ver nota en **high**
tally ['tælɪ] 1 *vi* coincidir [**with**, con] | 2 *n Com* cuenta; **to keep a t. of**, llevar la cuenta de
talon ['tælən] *n* garra
tambourine [tæmbə'riːn] *n Mús* pandereta
tame [teɪm] 1 *adj* ◆ *(animal)* domesticado,-a; *(por naturaleza)* manso,-a ◆ *(estilo, etc)* insulso,-a | 2 *vtr* domar

tamper ['tæmpəʳ] *vi* **to t. with,** *(una cerradura, etc)* intentar forzar; *(un documento)* falsificar, alterar; *(una máquina)* escacharrar

tampon ['tæmpɒn] *n* tampón

tan [tæn] **1** *vtr* ◆ *(el cuero)* curtir ◆ *(la piel)* broncear | **2** *vi* broncearse | **3** *n* ◆ *(color)* canela ◆ *(de la piel)* bronceado | **4** *adj* color canela

tang [tæŋ] *n* sabor fuerte

tangent ['tændʒənt] *n* tangente ◆ | LOC: *fig* **to fly off at a t.,** irse por las ramas

tangerine [tændʒə'ri:n] *n Bot* clementina

tangible ['tændʒəbəl] *adj* tangible

tangle ['tæŋgəl] **1** *n* ◆ *(el hilo, la lana)* maraña ◆ lío, enredo; **to get into a t.,** armarse un lío | **2** *vtr* enredar, enmarañar | **3** *vi* enredarse

■ **tangle up 1** *vtr* enredar | **2** *vi* enredarse

■ **tangle with** *vtr fam* meterse con

tangled ['tæŋgəld] *adj* ◆ *(hilos)* enredado,-a ◆ *(situación)* complicado,-a

tank [tæŋk] *n* ◆ depósito, cisterna ◆ *Mil* tanque

tanker ['tæŋkəʳ] *n* ◆ *Náut* buque cisterna; *(para el petróleo)* petrolero ◆ *Auto* camión cisterna

tantalize ['tæntəlaɪz] *vtr* atormentar

tantalizing ['tæntəlaɪzɪŋ] *adj* tentador,-ora, atormentador,-ora

tantrum ['tæntrəm] *n* rabieta

tap [tæp] **1** *vtr* ◆ dar un golpecito a; **to t. one's fingers,** tamborilear con los dedos ◆ *(una tecla)* pulsar ◆ *(un mercado, recurso)* explotar ◆ *(un teléfono)* pinchar | **2** *vi* dar golpecitos: **I tapped on the door,** llamé suavemente a la puerta | **3** *n* ◆ golpecito; **t. dancing,** claqué ◆ *(del agua)* grifo; *(del gas)* llave ◆ *(fondos, etc)* **to be on t.,** estar disponible

tape [teɪp] **1** *n* ◆ cinta ◆ **(sticky** *o* **adhesive) t.,** cinta adhesiva; *Med* esparadrapo ◆ **t. measure,** cinta métrica, metro ◆ *Audio, Inform, Video* cinta (magnetofónica); **t. deck,** pletina; **t. recorder,** grabadora; **t. recording,** grabación | **2** *vtr* ◆ grabar (en cinta) ◆ pegar (con cinta adhesiva) ◆ | LOC: **to have sb taped,** tener calado a alguien; **to have sthg taped,** coger el tranquillo a algo

taper ['teɪpəʳ] **1** *vi* estrecharse: **the stick tapers to a point,** el palo acaba en punta | **2** *n* vela, candela

■ **taper off** *vi* disminuir

tapestry ['tæpɪstrɪ] *n* tapiz

tapping ['tæpɪŋ] *n* ◆ *(de un recurso)* explotación ◆ *Tel* intervención ilegal de un teléfono ◆ *(sonido)* repiqueteo

tar [tɑːʳ] *n* alquitrán

target ['tɑːgɪt] *n* ◆ *Mil* & *fig* blanco; *Dep* diana ◆ objetivo, meta

tariff ['tærɪf] *n* tarifa, arancel; **t. barrier,** barrera arancelaria

tarmac® ['tɑːmæk] **1** *n* ◆ *(materia)* asfalto ◆ *(superfice)* pista; asfaltado | **2** *vtr* asfaltar

tarnish ['tɑːnɪʃ] *vtr* deslustrar

tart [tɑːt] *fam* **1** *n* ◆ *GB Culin* tarta ◆ *fam* fulana | **2** *adj* ◆ *(sabor)* ácido,-a, agrio,-a ◆ *(comentario)* áspero,-a

■ **tart up** *vtr GB fam pey* ◆ *(una casa)* renovar (superficialmente) ◆ **to t. oneself up,** emperifollarse

tartan ['tɑːtən] *n* tartán, tela de cuadros

tartar ['tɑːtəʳ] *n* ◆ *Dent* sarro ◆ *Culin* **tartar(e) sauce,** salsa tártara

task [tɑːsk] *n* ◆ tarea ◆ *Mil* **t. force,** destacamento especial; *Com* grupo de trabajo | LOC: **to take sb to t.,** reprender a alguien [**for,** por]

tassel ['tæsəl] *n* borla

taste [teɪst] **1** *n* ◆ *(sentido)* gusto ◆ *(atributo)* sabor; **a t. of honey,** un sabor a miel ◆ *(una cantidad, para probar)* *(de comida)* **give me a t. of that wine,** déjame probar ese vino ◆ *(preferencia)* gusto: **there's no accounting for t.,** sobre gustos no hay nada escrito; **a t. for the exotic,** una preferencia por lo exótico ◆ *(discriminación)* gusto: **she has good t.,** tiene buen gusto | **2** *vtr* ◆ probar ◆ *(vino)* catar | **3** *vi* saber [**of, a**]

tasteful ['teɪstfʊl] *adj* de buen gusto

tasteless ['teɪstlɪs] *adj* ◆ *(comida)* insípido,-a ◆ *(comentario, ropa, etc)* de mal gusto

tasty ['teɪstɪ] *adj* *(tastier, tastiest)* sabroso,-a

tattered ['tætəd] *adj* hecho,-a jirones

tatters ['tætəz] *npl* **to be in t.,** *(la ropa)* estar hecho,-a jirones; *(una reputación)* destrozado,-a

tattoo [tæ'tuː] **1** *vtr* tatuar | **2** *n* ◆ tatuaje ◆ *Mil* espectáculo militar

tatty ['tætɪ] *adj* *(tattier, tattiest)* ◆ *GB (ropa, etc)* gastado,-a ◆ *(un bar, etc)* cutre

taught [tɔːt] *ps* & *pp* → **teach**

taunt [tɔːnt] **1** *n* pulla | **2** *vtr* mofarse de; **to t. sb with sthg,** echarle algo en cara a alguien

Taurus ['tɔ:rəs] *n* Tauro
taut [tɔ:t] *adj* tenso,-a, tirante
tavern ['tævən] *n* taberna
tawdry ['tɔ:drı] *adj (tawdrier, tawdriest)* hortera
tax [tæks] **1** *n* impuesto [**on**, sobre]: **I pay too much t.**, pago demasiados impuestos; **t. evasion**, fraude fiscal; **t. free**, libre de impuestos; **t. haven**, paraíso fiscal; **t. return**, declaración de la renta; **income t.**, impuesto sobre la renta; **value added t.**, impuesto sobre el valor añadido | **2** *vtr* ◆ *Fin* gravar ◆ *(la fuerza, paciencia)* poner a prueba
taxable ['tæksəbəl] *adj* imponible, sujeto,-a a impuestos
taxation [tæk'seıʃən] *n* impuestos
taxi ['tæksı] **1** *n* ◆ **t. (cab)**, taxi ◆ **t. driver**, taxista; **t. rank** *GB* **t. stand** *US*, parada de taxis | **2** *vi Av* rodar por la pista
taxing ['tæksıŋ] *adj* exigente
taxpayer ['tækspeıər] *n* contribuyente
tea [ti:] *n* ◆ *Bot Culin* té; **t. bag**, bolsita de té; **t. cloth** *o* **towel**, trapo de cocina; **t. set**, juego de té de cocina ◆ *(comida)* merienda ➢ Ver nota en **dinner** ◆ | LOC: **it's not my cup of t.**, no es santo de mi devoción
teach [ti:tʃ] **1** *vtr (ps & pp taught)* ◆ enseñar, dar clases de; **to t. sb (how) to do sthg**, enseñar a alguien a hacer algo ◆ | LOC: **to t. sb a lesson**, dar un escarmiento a alguien | **2** *vi* enseñar, dar clases, ser profesor,-ora

> Puedes usar el verbo **to teach** con un complemento directo más infinitivo (**I taught them how to sing** *Yesterday*, les enseñé a cantar *Yesterday* o con un gerundio: **My sister teaches singing**. *Mi hermana enseña canto.*

teacher ['ti:tʃər] *n* ◆ profesor,-ora; *(en la escuela primaria)* maestro,-a ◆ **he's an English t.**, es profesor de inglés *o* es un profesor inglés
teaching ['ti:tʃıŋ] *n* enseñanza
teacup ['ti:kʌp] *n* taza de té ◆ | LOC: **it was all a storm in a t.**, una tormenta en un vaso de agua
teak [ti:k] *n* teca
team [ti:m] *n* equipo
team-mate ['ti:mmeıt] *n* compañero,-a de equipo
teamwork ['ti:mwɜ:k] *n* trabajo de equipo

teapot ['ti:pɒt] *n* tetera
tear[1] [tıər] *n* lágrima: **we were bored to tears**, nos aburrimos como ostras; **he burst into tears**, se echó a llorar
tear[2] [teər] **1** *vtr (ps tore; pp torn)* ◆ *(papel, tela)* romper, rasgar ◆ arrancar [**from**, de]: **she tore herself free**, se liberó violentamente ◆ dividir *(usu pasivo)*; **to be torn between two possibilities**, debatir entre dos opciones | **2** *vi* ◆ *(papel, tela)* romperse, rajarse ◆ moverse de prisa | **3** *n* rasgón, desgarrón
■ **tear apart** *vtr* destrozar
■ **tear away** *vtr* ◆ *(una envoltura)* arrancar ◆ **to t. oneself away from sb**, dejar de mirar, hacer, etc, algo un momento
■ **tear down** *vtr (un edificio)* derribar
■ **tear off 1** *vtr* arrancar | **2** *vi* salir disparado
■ **tear out** *vtr* arrancar
■ **tear up** *vtr* ◆ *(papel)* romper, hacer pedazos ◆ *(una planta)* arrancar de raíz
tearful ['tıəfʊl] *adj* lloroso,-a
tearoom ['ti:ru:m] *n GB* → **teashop**
tease [ti:z] **1** *vtr* ◆ tomar el pelo a ◆ burlarse de ◆ *pey (sexualmente)* provocar | **2** ◆ bromista ◆ una persona (sexualmente) provocativa
teashop ['ti:ʃɒp] *n GB* salón de té
teaspoon ['ti:spu:n] *n* cucharilla ➢ Ver nota en **cuchara**
teaspoonful ['ti:spu:nfʊl] *n* cucharadita ➢ Ver nota en **cuchara**
teat [ti:t] *n* ◆ *Anat* tetilla ◆ *(de biberón)* tetina
teatime ['ti:taım] *n* hora del té
technical ['teknıkəl] *adj* técnico,-a
technically ['teknıklı] *adv* en teoría
technician [tek'nıʃən] *n* técnico,-a
technique [tek'ni:k] *n* técnica
technological [teknə'lɒdʒıkəl] *adj* tecnológico,-a
technology [tek'nɒlədʒı] *n* tecnología
teddy bear ['tedıbeər] *n* osito de peluche
tedious ['ti:dıəs] *adj* tedioso,-a, aburrido,-a
tedium ['ti:dıəm] *n* tedio, aburrimiento
teem [ti:m] *vi* ◆ *(una calle, etc)* **to t. with**, rebosar de ◆ *(lluvia)* **to t. (down) with rain**, llover a cántaros
teenage ['ti:neıdʒ] *adj* adolescente
teenager ['ti:neıdʒər] *n* adolescente
teens [ti:nz] *npl* adolescencia
tee-shirt ['ti:ʃɜ:t] *n* camiseta

teeth [ti:θ] *npl* → **tooth**
teethe [ti:ð] *vi (usu en tiempo continuo)* **the baby is teething,** el bebé está echando los dientes
teething ['ti:ðɪŋ] *n* ◆ dentición ◆ *fig* **t. troubles,** dificultades iniciales
teetotaller [ti:'təʊtələʳ] *n* abstemio,-a
telecommunications ['telɪkəmju:nɪ-'keɪʃənz] *n* telecomunicaciones
telegram ['telɪgræm] *n* telegrama
telegraph ['telɪgræf, 'telɪgrɑ:f] 1 *n* telégrafo; **t. pole,** poste telegráfico | 2 *vtr* & *vi* telegrafiar
telepathy [tɪ'lepəθɪ] *n* telepatía
telephone ['telɪfəʊn] 1 *n* teléfono; **t. book/directory,** guía telefónica; *GB* **t. box,** cabina (telefónica); **t. call,** llamada telefónica; **t. number,** número de teléfono | 2 *vtr* telefonear, llamar por teléfono ➢ Ver nota en **telefonear**
telephonist [tɪ'lefənɪst] *n GB* telefonista
telephoto ['telɪfəʊtəʊ] *adj Fot* **t. lens,** teleobjetivo
telesales ['telɪseɪlz] *npl* televentas
telescope ['telɪskəʊp] 1 *n* telescopio; *(pequeño)* catalejo | 2 *vi* plegarse (como un catalejo) | 3 *vtr* plegar
telescopic [telɪ'skɒpɪk] *adj* telescópico,-a; *(paraguas)* plegable
teletext ['telɪtekst] *n TV* teletexto
televise ['telɪvaɪz] *vtr* televisar
television ['telɪvɪʒən] *n* ◆ *(el medio)* televisión: **what's on television?,** ¿qué hay en la televisión?; **t. programme,** programa de televisión ◆ *(el aparato)* **t. (set),** televisor
telex ['teleks] 1 *n* télex | 2 *vtr* enviar por télex
tell [tel] 1 *vtr (ps & pp told)* ◆ decir, informar: **she told me she loved me,** me dijo que me amaba; **I told you so!,** ¿no te lo dije?; **(I'll) t. you what...,** se me ocurre una idea; **to t. a lie,** mentir; **to t. the truth,** decir la verdad ➢ Ver nota en **decir** ◆ avisar, indicar: **this dial tells the temperature,** este cuadrante indica la temperatura ◆ *(un cuento, etc)* contar: **t. me about it,** cuéntamelo ◆ *(aconsejar, mandar)* decir: **he told me to go home,** me dijo que fuera a casa ◆ saber, deducir: **you can't t. her age,** no sabrías decir qué edad tiene; **to t. the time,** decir la hora ◆ distinguir [**A from B,** A de B]; **to t. the difference,** ver la diferencia ◆ | LOC: **all told,** en total | 2 *vi* ◆ *frml* **to t. of,** contar algo ◆ chivarse, soplar ◆ saber: **you never can t.,** nunca se sabe ◆ *frml (la edad, el estrés)* notarse; **to t. against,** obrar contra; **to t. on,** afectar; **time will t.,** ya veremos *o* el tiempo dirá

> El verbo **to tell** se construye de diferentes maneras: con un complemento directo más una frase subordinada introducida por **that, what, where, when,** etc. (**can you tell me when the train arrives?,** *¿puedes decirme cuándo llega el tren?* (**can you tell what it is?,** *¿puedes decirme qué es?*), con un complemento directo más el infinitivo con **to** (**they told us to be there on time,** *nos dijeron que estuviésemos allí a la hora*) o con **can, could** o **to be able to** más una frase subordinada introducida por **that, what, where, when,** etc.: **I can easily tell which way is North.** *Puedo distinguir fácilmente dónde está el Norte.*

■ **tell apart** *vtr* distinguir
■ **tell off** *vtr fam* regañar, reñir
telling ['telɪŋ] *adj* ◆ *(argumento)* contundente ◆ *(comentario, mirada, etc)* elocuente, revelador,-ora
telling-off [telɪŋ'ɒf] *n GB fam* rapapolvos
telly ['telɪ] *n GB fam* **the t.,** la tele
temp [temp] *n (abr de* **temporary***) fam* trabajador,-ora temporal
temper ['tempəʳ] 1 *n* ◆ *(pasajero)* humor: **he's in a bad t.,** está de mal humor; **to lose one's t.,** enojarse ◆ *(carácter)* **to have a (bad) t.,** tener (mal) genio | 2 *vtr* ◆ *(la crítica, etc)* suavizar ◆ *Téc* templar
temperament ['tempərəmənt] *n* temperamento
temperamental [tempərə'mentəl] *adj* temperamental
temperate ['tempərɪt] *adj* ◆ *(persona)* mesurado,-a ◆ *(clima)* templado,-a
temperature ['temprɪtʃəʳ] *n* ◆ temperatura ◆ *Med* **to have a t.,** tener fiebre ➢ Ver nota en **fiebre**
template ['templeɪt] *n* plantilla
temple ['tempəl] *n* ◆ *Arquit* templo ◆ *Anat* sien
tempo ['tempəʊ] *n* tempo
temporary ['tempərərɪ] *adj* ◆ *(medida)* provisional ◆ *(trabajo, empleado)* eventual ◆ *(situación)* transitorio,-a
tempt [tempt] *vtr* tentar; **to be tempted to do sthg,** estar tentado,-a de hacer algo

to t. fate, tentar la suerte; **to t. sb into doing sthg**, incitar a alguien a hacer algo
temptation [temp'teɪʃən] *n* tentación
tempting ['temptɪŋ] *adj* tentador,-ora
ten [ten] *adj* & *n* diez
tenacious [tə'neɪʃəs] *adj* tenaz
tenacity [tə'næsɪtɪ] *n* tenacidad
tenancy ['tenənsɪ] *n* ♦ *(de una casa)* alquiler ♦ periodo de alquiler; **t. agreement**, contrato de alquiler
tenant ['tenənt] *n* ♦ *(de una casa)* inquilino,-a ♦ *(de una granja)* arrendatario,-a
tend [tend] 1 *vi* tender, tener tendencia [**to**, a]: **it tends to rain in May**, suele llover en mayo | 2 *vtr frml* cuidar (de)
tendency ['tendənsɪ] *n* tendencia
tender ['tendə'] 1 *adj* ♦ *(una persona, recuerdo)* cariñoso,-a, compasivo,-a ♦ *(un punto)* sensible ♦ *(la carne)* tierno,-a | 2 *vtr frml (la dimisión, una disculpa, etc)* ofrecer | 3 *vi Com* hacer una oferta | 4 *n* ♦ *Com* oferta; **to put sthg out to t.**, sacar algo a concurso ♦ **(legal) t.**, moneda de curso legal
tenderness ['tendənɪs] *n* ternura
tendon ['tendən] *n Anat* tendón
tenement ['tenɪmənt] *n (algo pey)* casa de vecinos
tenet ['tenɪt] *n* principio
tenner ['tenə'] *n GB fam* billete de diez libras
tennis ['tenɪs] *n* tenis; **t. court**, pista de tenis; **t. elbow**, sinovitis del codo; **t. player**, tenista; **t. racquet** raqueta de tenis; **t. shoe**, zapatilla de tenis
tenor ['tenə'] *n Mús* tenor
tense [tens] 1 *adj* tenso,-a | 2 *n Ling* tiempo; **future t.**, tiempo futuro
tension ['tenʃən] *n* tensión
tent [tent] *n* tienda (de campaña), carpa; **t. peg**, estaca
tentacle ['tentəkəl] *n* tentáculo
tentative ['tentətɪv] *adj* ♦ *(no definido)* provisional ♦ indeciso,-a
tenterhooks ['tentəhʊks] *npl fig* **to be on t.**, estar en vilo *o* en ascuas
tenth [tenθ] 1 *adj* & *n* décimo,-a | 2 *n (fracción)* décimo
tenuous ['tenjʊəs] *adj* ♦ *(argumento)* poco convincente ♦ *(conexión)* poco claro,-a
tenure ['tenjʊə'] *n* ♦ *(de un edificio, terreno, etc)* tenencia ♦ *(de un puesto)* ocupación
tepid ['tepɪd] *adj* tibio,-a

term [tɜːm] 1 *n* ♦ periodo; *Educ* trimestre; *Jur* pena; *Pol* mandato ♦ plazo; **in the long/short t.**, a largo/corto plazo ♦ *Ling* término | 2 *npl* **terms** ♦ *(de trabajo, pago)* condiciones; **to come to terms**, conformarse [**with**, con] ♦ relaciones; **to be on first-name terms** ≈ tutearse; **to be on good terms**, llevarse bien [**with**, con] ♦ **in terms of**, en cuanto a; **in real terms**, en términos reales | 3 *vtr* calificar de
terminal ['tɜːmɪnəl] 1 *adj* terminal: **life is a t. disease**, la vida es una enfermedad incurable | 2 *n* terminal
terminate ['tɜːmɪneɪt] 1 *vtr* ♦ *(un contrato)* rescindir; *(una relación)* poner fin a; *US (a un empleado)* despedir ♦ *(un embarazo)* interrumpir | 2 *vi* terminarse
terminology [tɜːmɪ'nɒlədʒɪ] *n* terminología
terminus ['tɜːmɪnəs] *n (pl* **termini** ['tɜːmɪnaɪ]*)* terminal (de autobuses, etc)
terrace ['terəs] *n* ♦ terraza; *Agr* bancal ♦ *GB* hilera de casas adosadas ♦ *Ftb* **the terraces** *pl*, las gradas
terraced ['terəst] *adj GB* **t. houses**, casas adosadas en hilera
terrain [tə'reɪn] *n* terreno
terrible ['terəbəl] *adj* malísimo,-a, fatal; **to feel t.**, sentirse fatal
terribly ['terəblɪ] *adv* terriblemente
terrific [tə'rɪfɪk] *adj* ♦ *(ruido, etc)* tremendo,-a ♦ *fam* fenomenal, genial
terrify ['terɪfaɪ] *vtr* aterrorizar
terrifying ['terɪfaɪɪŋ] *adj* aterrador,-ora
territory ['terɪtərɪ] *n* territorio
terror ['terə'] *n* terror
terrorism ['terərɪzəm] *n* terrorismo
terrorist ['terərɪst] *adj* & *n* terrorista
terrorize ['terəraɪz] *vtr* aterrorizar
terse [tɜːs] *adj* lacónico,-a
tertiary ['tɜːʃɪərɪ] *adj Educ* **t. education**, educación superior
test [test] 1 *n* ♦ *Educ* prueba, examen ♦ *Téc, etc* prueba; **to put to the t.**, poner a prueba; **t. pilot**, piloto de pruebas ♦ *Med* análisis | 2 *vtr* ♦ *Educ* someter a una prueba ♦ *(proceso, producto)* probar ♦ *Med (sangre)* analizar; *(la vista)* examinar
testament ['testəmənt] *n* ♦ testamento ♦ *Rel* **Old/New T.**, Antiguo/Nuevo Testamento
testicle ['testɪkəl] *n* testículo
testify ['testɪfaɪ] 1 *vtr* declarar | 2 *vi frml* **to t. to sthg**, atestiguar algo
testimonial [testɪ'məʊnɪəl] *n* ♦ recomendación ♦ homenaje

testimony ['testɪmənɪ] *n* testimonio, declaración

test-tube ['testtju:b] *n* probeta; **t.-t. baby**, niño,-a probeta

tetanus ['tetənəs] *n* tétano(s)

tether ['teðə'] 1 *n* atadura ♦ |LOC: **he was at the end of his t.**, no pudo más | 2 *vtr (a un animal)* atar

text [tekst] *n* texto

textbook ['tekstbʊk] *n* libro de texto

textile ['tekstaɪl] 1 *n* tejido | 2 *adj* textil

texture ['tekstʃə'] *n* textura

than [ðæn, forma débil ðən] *conj* ♦ que: **she is richer t. him**, es más rica que él ♦ *(con números)* de; **more t. a hundred**, más de cien ♦ *(con frase)* de: **it tastes better t. it looks**, sabe mejor de lo que parece ♦ *(alternativa)* **I'd rather die t. go to prison**, prefiero morir antes que ir a la cárcel

thank [θæŋk] *vtr* ♦ dar las gracias a ♦ **to t. sb for sthg**, agradecerle algo a alguien ♦ **t. God/goodness/Heavens**, menos mal, a Dios gracias; **t. you**, gracias

thankful ['θæŋkfʊl] *adj* agradecido,-a

thankless ['θæŋklɪs] *adj (tarea)* ingrato,-a

thanks [θæŋks] *npl* ♦ agradecimiento ♦ gracias [**for**, por]; **no, t.**, no, gracias; **t. to**, gracias a

thanksgiving [θæŋks'gɪvɪŋ] *n US* **T. Day**, Día de Acción de Gracias

that [ðæt, forma débil ðət] 1 *adj dem* ese,-a, aquel, aquella; *pl* **those** [ðəʊz] esos,-as, aquellos,-as; **t. house**, esa *o* aquella casa; **those shoes**, esos *o* aquellos zapatos | 2 *pron* ♦ *dem* ése,-a, eso, aquél, aquélla, aquello; *pl* **those** [ðəʊz] ésos,-as; aquéllos,-as: **who is t.?**, ¿quién es ése?; **give me one of those (over there)**, dame uno de aquéllos; **those who..**, los/las que; **t. is**, es decir; **t.'s impossible**, es imposible; **like t.**, así ♦ *rel* [ðət, forma fuerte ðæt] que: **the men t. you saw**, los hombres que viste; *(después de preposición)* el/la/los/las que, el/la cual, los/las cuales: **the film t. he appears in**, la película en la cual sale; *(tiempo)* en que, cuando | 3 *adv* [ðæt] tan, tanto: **I'm not t. stupid**, no soy tan estúpido; **it's not t. hot**, no hace tanto calor | 4 *conj* [ðət, forma fuerte ðæt] que: **they said t. it would rain**, dijeron que llovería ♦ *(tb* **in order t.** *y* **so t.***)* para que

thatch [θætʃ] *n* (techo de) paja

thatched [θætʃt] *adj* ♦ *(techo)* de paja ♦ *(casa, etc)* con techo de paja

thaw [θɔ:] 1 *vtr* ♦ *(hielo)* derretir ♦ *(comida, etc)* descongelar | 2 *vi* ♦ *(hielo)* derretirse ♦ *(comida)* descongelarse ♦ *(relaciones)* distenderse | 3 *n* deshielo

the [ðə, antes de una vocal ðɪ, enfático ðɪ:] 1 *art def* ♦ el, la, los, las; **t. man in black**, el hombre (vestido) de negro ♦ *(enfático)* **is that *the* Mrs Boyer?**, ¿es la mismísima sra. de Boyer?; **t. cheek of the man!**, ¡qué cara tiene el hombre! ♦ *(no se traduce en español)* **Elizabeth t. First**, Isabel I; **Friday t. thirteenth**, viernes 13 ♦ por; **to sell sthg by t. metre**, vender algo por metros ♦ *(con adjetivos)* **t. young**, los jóvenes; *(con superlativo) frml* lo; **t. best of Dickens**, lo mejor de Dickens ♦ indicado,-a: **he is t. person for the job**, es la persona más indicada para el puesto ♦ suficiente: **she hasn't t. courage to complain**, no tiene suficiente valentía para quejarse | 2 *adv* cuanto: **t. more you have t. more you want**, cuanto más tienes, más quieres; **t. sooner t. better**, cuanto antes, mejor

theatre, *US* **theater** ['θɪətə'] *n* teatro

theft [θeft] *n* robo; **petty t.**, hurto ➢ Ver nota en **robar**

their [ðeə'] *adj posesivo* ♦ su, sus (de ellos,-as) ♦ *(con partes del cuerpo)* el/la/los/las: **they painted t. nails**, se pintaron las uñas

theirs [ðeəz] *pron posesivo* (el) suyo, (la) suya; *pl* (los) suyos, (las) suyas (de ellos,-as)

them [ðem, forma débil ðəm] *pron pers pl* ♦ *(objeto directo)* los, las: **I saw t. yesterday**, los vi ayer ♦ *(objeto indirecto)* les, se: **give it (to) t.**, dáselo; **tell t. the truth**, diles la verdad ♦ *(uso enfático)* **that's t.!**, ¡son ellos!; **all of t.**, todos ellos; **both of t.**, los dos ♦ *(con preposición)* ellos, ellas; **by/for /with t.**, por/para/con ellos,-as; **none of t.**, ninguno de ellos

theme [θi:m] *n* tema; **t. park**, parque temático

themselves [ðəm'selvz] 1 *pron pers pl* ♦ *(sujeto)* ellos mismos, ellas mismas: **the generals t. did not fight**, los generales mismos no lucharon ♦ *(reflexivo)* se ♦ *(con preposición)* sí mismos,-as

then [ðen] 1 *adv* ♦ *(próximamente)* luego ♦ entonces; **by/since/until t.**, para/desde/hasta entonces; **there and t.**, en el acto ♦ *(pasado)* en aquel entonces ♦ *(concesivo)* **but t.**, pero claro ♦ así que, entonces: **t. you're an idiot**, entonces eres

imbécil | **2** *conj* entonces, pues: **what shall we do, t.?**, entonces, ¿qué hacemos? | **3** *adj* **the t. dictator,** el entonces dictador
theology [θɪ'ɒlədʒɪ] *n* teología
theoretic(al) [θɪə'retɪk(əl)] *adj* teórico,-a
theoretically [θɪə'retɪklɪ] *adv* teóricamente
theory ['θɪərɪ] *n* teoría
therapeutic [θerə'pju:tɪk] *adj* terapéutico,-a
therapist ['θerəpɪst] *n* terapeuta
therapy ['θerəpɪ] *n* terapia
there [ðeə'] **1** *adv* ♦ ahí, allí, allá: **and t. is the problem,** y ahí está el problema; *fam* **are we t.?,** ¿hemos llegado?; **he's isn't t.,** no está; **in/out t.,** ahí dentro/fuera; **up/down t.,** allí arriba/abajo ♦ | LOC: *(al darle algo a alguien)* **t. you are,** aquí tienes; **t. he goes again,** ya empieza otra vez; *(al acabar algo)* **t. we are!,** ¡ya está! | **2** *pron (sin acento)* ♦ **t. is/are,** hay…; **t.'s no food left,** no queda comida; **t. are only two of us,** sólo somos dos; **t. must be,** debe haber: **t. was/were,** había; **t. will be trouble,** habrá problemas | **2** *excl* **t.!,** ¡ya está!; **t. t.,** vamos, cálmate
thereabouts ['ðeərəbauts], *US* **thereabout** ['ðeərəbaut] *adv* por ahí, cerca: **he is fifty or t.,** tiene alrededor de cincuenta años
thereafter [ðeər'ɑ:ftə'] *adv frml* a partir de entonces
thereby ['ðeəbaɪ] *adv frml* de ese modo
therefore ['ðeəfɔ:'] *adv* por tanto, por eso
thermal ['θɜ:məl] **1** *adj (fuente)* termal | **2** *n Av Meteo* corriente térmica
thermometer [θə'mɒmɪtə'] *n* termómetro
Thermos® ['θɜ:məs] *n* **T. (flask),** termo®
thermostat ['θɜ:məstæt] *n* termostato
thesaurus [θɪ'sɔ:rəs] *n* tesauro
these [ði:z] **1** *adj & pron dem* → **this**
thesis ['θi:sɪs] *n* tesis
they [ðeɪ] *pron pl* ♦ ellos, ellas: **where are t.?,** ¿dónde están? ♦ *frml* **t. who…,** los/las que ♦ *(impersonal)* **t. say that…,** se dice que… ♦ *(para no tener que especificar el sexo del sujeto)* **someone said t. had seen him,** alguien dijo que lo había visto
they'd [ðeɪd] ♦ **they had** ♦ **they would**
they'll [ðeɪl] ♦ **they will** ♦ **they shall**
they're [ðeə'] → **they are**
they've [ðeɪv] → **they have**
thick [θɪk] **1** *adj* ♦ *(libro, pared, tela)* grueso,-a: **it's a metre t.,** tiene un metro de grosor ♦ *(líquido)* espeso,-a; *(niebla, vegetación)* denso,-a; *(nieve)* profundo,-a ♦ *(el aire)* **t. with smoke,** lleno de humo ♦ *(acento)* marcado,-a ♦ *fam* burro,-a | **2** *adv* ♦ *(untar)* copiosamente ♦ **he cut the bread very t.,** cortó el pan en trozos muy gruesos | **3** *n* ♦ **through t. and thin,** contra viento y marea ♦ **to be in the t. of things,** estar donde está la acción
thicken ['θɪkən] **1** *vtr* espesar | **2** *vi* espesarse, hacerse más denso,-a ♦ | LOC: **the plot thickens,** esto se pone más interesante o complicado,-a
thickness ['θɪknɪs] *n* grosor
thick-skinned [θɪk'skɪnd] *adj fig* poco sensible
thief [θi:f] *n (pl* **thieves** [θi:vz]*)* ladrón,-ona ➢ Ver nota en **ladrón** y **robar**
thigh [θaɪ] *n* muslo
thimble ['θɪmbəl] *n* dedal
thin [θɪn] **1** *adj (thinner, thinnest)* ♦ *(persona)* delgado,-a, flaco,-a ➢ Ver nota en **delgado** ♦ *(líquido)* claro,-a; *(loncha, capa, etc)* fino,-a; *(pelo)* ralo,-a; *(voz)* débil ♦ | LOC: **to be t. on the ground,** escasear | **2** *vtr* **to t. (down),** *(la sopa, etc)* diluir
thing [θɪŋ] *n* ♦ cosa, objeto ♦ **things** *pl*, ropa, cosas, enseres, posesiones, etc ♦ *(objeto sin definir)* cosa, chisme, cacharro ♦ *(abstracto)* **the t. is…,** el caso es que…; **the important/interesting/silly t. is that…,** lo importante/interesante/tonto es que…; **for one t.,** para empezar; **the only t.,** lo único; **no such t.,** nada parecido; **some such t.,** algo parecido ♦ **first t. in the morning,** a primera hora (de la mañana) ♦ **you poor t.!,** ¡pobre de ti!
think [θɪŋk] **1** *vtr (ps & pp* **thought***)* ♦ creer, pensar: **I t. so,** creo que sí; **I don't t. so,** creo que no; **I t. you're wrong,** creo que te equivocas; **what do you t. about** *o* **of it?,** ¿qué piensas de ello? ♦ imaginarse: **who would have thought it?,** ¿quién se lo hubiera imaginado? | **2** *vi* ♦ pensar: **I'll t. about it,** me lo pensaré ♦ *(un plan)* **I'm thinking of changing jobs,** estoy pensando en cambiar de trabajo ♦ acordarse de: **I can't t. of his name,** no me acuerdo de su nombre ♦ *(opinión)* **they t. very highly of him,** tienen muy buena opinión de él ♦ | LOC: **she thought better of it,** se lo pensó mejor
■ **think ahead** *vi* ser previsor,-ora
■ **think back** *vi* recordar [**to,** -]
■ **think out** *vtr (un plan)* elaborar; *(un problema)* estudiar

■ **think over** *vtr* considerar detenidamente: **I'll t. it over,** lo consultaré con la almohada

■ **think up** *vtr* imaginar, idear

thinker ['θɪŋkəʳ] *n* pensador,-ora

thinking ['θɪŋkɪŋ] 1 *adj* racional | 2 *n* ◆ pensamiento ◆ **to my way of t.,** a mi juicio ◆ **good t.!,** ¡buena idea!

think-tank ['θɪŋktæŋk] *n fam* grupo de expertos

thinly ['θɪnlɪ] *adv* poco, ligeramente

third [θɜːd] 1 *adj* tercero,-a; **t. time lucky,** a la tercera va la vencida; **the T. World,** el Tercer Mundo | 2 *n* ◆ *(en orden)* tercero,-a ◆ *(fracción)* tercio, tercera parte ◆ *Auto* tercera

thirdly ['θɜːdlɪ] *adv* en tercer lugar

third-rate ['θɜːdreɪt] *adj* de calidad inferior

thirst [θɜːst] *n* sed

■ **thirst for** *vtr* ansiar

thirsty ['θɜːstɪ] *adj (thirstier, thirstiest)* sediento,-a; **to be t.,** tener sed

thirteen [θɜːˈtiːn] *adj & n* trece

thirteenth [θɜːˈtiːnθ] 1 *adj & n* decimotercero,-a | 2 *n (parte)* treceavo

thirtieth ['θɜːtɪɪθ] 1 *adj & n* trigésimo,-a | 2 *n (parte)* trigésima parte | *Mat* treintavo

thirty ['θɜːtɪ] *adj & n* treinta

this [ðɪs] 1 *adj dem* este, esta; *pl* **these** [ðiːz] estos,-as; **this house,** esta casa; **these shoes,** estos zapatos | 2 *pron dem (tb this one, these ones)* éste,-ta; *pl* **these,** éstos,-as: **that car is better than t.,** ese coche es mejor que éste; *(para presentar a alguien)* **t. is my wife,** le presento a mi mujer; **and these are my children,** y éstos son mis hijos; *(al teléfono)* **t. is Higinio,** soy Higinio ◆ esto: **t. is not the right moment,** ahora no es el momento; *(sitio)* **t. is where I work,** aquí es donde trabajo; **what is t.?,** ¿qué es esto?; **at t.,** al oír esto; **like t.,** así | 3 *adv* así de, tan, tanto: **do you have to be t. noisy?,** ¿tienes que hacer tanto ruido?; **t. far,** hasta aquí

thistle ['θɪsəl] *n Bot* cardo

thorax ['θɔːræks] *n* tórax

thorn [θɔːn] *n* espina

thorough ['θʌrə] *adj* ◆ *(investigación)* minucioso,-a; *(trabajador)* concienzudo,-a ◆ *(conocimiento)* profundo,-a

thoroughbred ['θʌrəbred] 1 *adj* de pura sangre | 2 *n* purasangre

thoroughfare ['θʌrəfeəʳ] *n* ◆ *frml* vía pública, carretera, calle ◆ **"no t.",** "prohibido el paso"

thoroughly ['θʌrəlɪ] *adv* ◆ *(investigar)* a fondo; *(investigar)* minuciosamente; *(entender)* perfectamente ◆ **I t. enjoyed it,** lo disfruté muchísimo

those [ðəʊz] *dem adj & pron pl* → **that**

though [ðəʊ] 1 *conj* ◆ aunque, si bien: **absurd t. it may seem,** por ridículo que parezca; **(even) t. it's Christmas,** aunque sea Navidad ◆ **as t.,** como si | 2 *adv* sin embargo ➢ Ver nota en **aunque**

thought [θɔːt] *n* ◆ *(acción)* pensamiento ◆ reflexión; **on second thoughts,** pensándolo bien ◆ idea: **what an awful t.,** qué idea más horrible; detalle: **that was a nice t.,** eso fue un detalle | LOC: **it's the t. that counts,** la intención es lo que cuenta

thoughtful ['θɔːtfʊl] *adj* ◆ pensativo,-a ◆ atento,-a

thoughtless ['θɔːtlɪs] *adj* ◆ *(persona)* desconsiderado,-a ◆ *(acción)* irreflexivo,-a

thousand ['θaʊzənd] *adj & n* mil

thousandth ['θaʊzənθ] 1 *adj* milésimo,-a | 2 *n* ◆ *(en orden)* milésimo,-a ◆ *(fracción)* milésima

thrash [θræʃ] *vtr* ◆ azotar ◆ *Dep* darle una paliza a

■ **thrash about/around** *vi* retorcerse

■ **thrash out** *vtr* discutir largamente

thread [θred] 1 *n* ◆ hilo; **to lose the t. of sthg,** perder el hilo de algo ◆ *Téc* rosca | 2 *vtr* ◆ *(una aguja)* enhebrar ◆ *(cuentas)* ensartar ◆ **to t. one's way,** colarse [**through,** a través de]

threadbare ['θredbeəʳ] *adj* raído,-a

threat [θret] *n* amenaza

threaten ['θretən] *vtr* amenazar; **to t. to do sthg,** amenazar con hacer algo

threatening ['θretənɪŋ] *adj* amenazador,-ora

threateningly ['θretənɪŋlɪ] *adv* de modo amenazador, amenazadoramente

three [θriː] *adj & n* tres; **the Three Kings** *o* **Wise Men,** los Reyes Magos

three-dimensional [θriːdɪˈmenʃənəl] *adj* tridimensional

threefold ['θriːfəʊld] 1 *adj* triple | 2 *adv* tres veces

three-piece ['θriːpiːs] *adj (ropa)* **t.-p. suit,** traje con chaleco; *(muebles)* **t.-p. suite,** tresillo

thresh [θreʃ] *vtr Agr* trillar

threshold ['θreʃəʊld] *n* umbral

threw [θruː] *ps* → **throw**

thrifty ['θrɪftɪ] *adj (thriftier, thriftiest)* económico,-a, ahorrativo,-a

thrill [θrɪl] 1 *n* ◆ emoción: **what a t.!,** ¡qué ilusión! ◆ estremecimiento | 2 *vtr* emocionar, entusiasmar

thrilled [θrɪld] *adj* encantado,-a: **I'm t. to be here,** me hace muchísima ilusión estar aquí

thriller ['θrɪlə'] *n* novela/película de suspense

thrilling ['θrɪlɪŋ] *adj* emocionante

thrive [θraɪv] *vi* ◆ *(económicamente)* prosperar ◆ *(planta)* crecer con fuerza

thriving ['θraɪvɪŋ] *adj fig* próspero,-a

throat [θrəʊt] *n* garganta

throb [θrɒb] 1 *n* ◆ *(del corazón)* latido ◆ *(de una máquina)* vibración | 2 *vi* ◆ *(corazón)* latir ◆ *(máquina)* vibrar

throne [θrəʊn] *n* trono

throng [θrɒŋ] 1 *n* multitud, gentío | 2 *vi* **to t. in/out,** entrar/salir en tropel | 3 *vtr* atestar

throttle ['θrɒtəl] 1 *n* ◆ *Mec* válvula reguladora ◆ *Auto fam* acelerador | 2 *vtr* estrangular

through [θruː] 1 *prep* ◆ a través de, por; de un lado a otro de: **we walked t. the woods,** paseamos por el bosque; **half-way t. lunch,** en medio de la comida ◆ *(en el tiempo)* durante; **all t. the war,** durante toda la guerra; *(esp US)* **Monday t. Friday,** de lunes a viernes inclusive ◆ *(causa)* por medio de, por causa de, por: **he died t. your neglect,** murió a causa de tu negligencia; **I got the job t. a friend,** conseguí el trabajo por medio de un amigo | 2 *adj (una ruta, un tren)* directo,-a; *(tráfico)* de paso | 3 *adv* ◆ *(en un sitio)* de un lado a otro: **let me t.!,** ¡déjenme pasar! ◆ *(en el tiempo)* **to work t.,** trabajar sin descanso ◆ *(completamente)* **wet t.,** mojado,-a hasta los huesos ◆ **I'm British t. and t.,** soy británico,-a hasta la médula ◆ *fam* acabado,-a: **are you t.?,** ¿has terminado?; **to be t. with sb,** haber terminado con alguien ◆ *Tel* **I'll put you t.,** le pongo [**to**, con]; **you're t.,** ¡puede hablar!

throughout [θruː'aʊt] 1 *prep* ◆ *(en el tiempo)* durante todo,-a ◆ *(en el espacio)* por/en todo,-a; **t. Europe,** por toda Europa | 2 *adv* ◆ *(en el tiempo)* desde el principio hasta el fin ◆ *(en el espacio)* totalmente, en/por todas partes

throw [θrəʊ] 1 *n* ◆ *(de pelota)* tiro; *(de jabalina)* lanzamiento; *(de los dados)* tirada ◆ *Dep (lucha)* derribo ◆ *US* cubrecama | 2 *vtr (ps* **threw;** *pp* **thrown)** ◆ *(una pelota, etc)* tirar, arrojar; **to t. sthg to sb,** tirarle algo a alguien; *(jabalina, etc)* lanzar; *(los dados)* echar ◆ *fam* desconcertar ◆ *(un interruptor)* darle a; *(una fiesta)* dar ◆ *Med & fig* **she'll t. a fit,** le dará un ataque

■ **throw about** *o* **around** *vtr* ◆ *(los brazos)* agitar; *(el dinero)* despilfarrar ◆ | LOC: **to t. one's weight about,** mangonear

■ **throw away** *vtr* ◆ *(basura)* tirar ◆ *(el dinero)* despilfarrar; *(una oportunidad)* desperdiciar

■ **throw back** *vtr* ◆ *(una pelota)* devolver

■ **throw in** *vtr* ◆ *Dep* sacar de banda ◆ **to t. in the towel,** arrojar la toalla ◆ *Com fam* regalar: **buy the PC and we'll t. in the printer,** compra el PC y te regalamos la impresora ◆ *fam (un trabajo)* abandonar

■ **throw off** *vtr* ◆ *(la ropa)* quitarse rápidamente ◆ *(a un perseguidor)* despistar

■ **throw out** *vtr* ◆ *(la basura)* tirar ◆ *(a una persona)* echar, expulsar ◆ *(los planes)* desbaratar

■ **throw up** 1 *vtr* ◆ *(las manos)* levantar ◆ *Const* construir rápidamente y mal ◆ *(ideas, sugerencias, problemas)* producir ◆ vomitar | 2 *vi fam* vomitar, devolver

throwaway ['θrəʊəweɪ] *adj* desechable

throw-in ['θrəʊɪn] *n Dep* saque de banda

thrown [θrəʊn] *pp* → **throw**

thru [θruː] *prep US* → **through**

thrush [θrʌʃ] *n* ◆ *Orn* tordo ◆ *Med* afta

thrust [θrʌst] 1 *vtr (ps & pp* **thrust)** empujar (con fuerza): **he t. his head out of the window,** asomó la cabeza bruscamente por la ventana | 2 *n* ◆ empujón ◆ *Av Fís* empuje ◆ *(de un informe, etc)* idea central, quid

thud [θʌd] *n* ruido sordo

thug [θʌg] *n* matón, bruto

thumb [θʌm] 1 *n* ◆ pulgar ➢ Ver nota en **dedo** ◆ | LOC: **she has him under her t.,** lo tiene en un puño | 2 *vtr (un libro)* hojear ◆ **to t. a lift,** hacer autostop

■ **thumb through** *vtr* hojear

thumbtack ['θʌmtæk] *n US* chincheta

thump [θʌmp] 1 *n* ◆ *(sonido)* ruido sordo ◆ golpazo; *fam* torta | 2 *vtr* golpear | 3 *vi* ◆ **she thumped on the door,** dio unos golpes en la puerta ◆ *(el corazón)* latir con fuerza

thunder ['θʌndə'] 1 *n* ◆ *Meteo* trueno ◆ *(ruido)* estruendo | 2 *vi* tronar

thunderbolt ['θʌndəbəʊlt] *n* ◆ *Meteo* rayo ◆ *fig (noticia)* bomba

thunderclap ['θʌndəklæp] *n* trueno

thunderous ['θʌndərəs] *adj fig* ensordecedor,-ora

thunderstorm ['θʌndəstɔːm] *n* tormenta eléctrica

thundery ['θʌndərɪ] *adj (tiempo)* tormentoso,-a

Thursday ['θɜːzdɪ] *n* jueves

thus [ðʌs] *adv frml* así, de esta manera; **t. far,** hasta aquí

thwart [θwɔːt] *vtr* frustrar, desbaratar

thyme [taɪm] *n Bot* tomillo

tiara [tɪ'ɑːrə] *n* diadema; *Rel* tiara

tic [tɪk] *n* tic

tick [tɪk] 1 *n* ◆ *(sonido)* tic-tac ◆ *GB fam* segundito: **I'll be back in a t.,** en seguida vuelvo ◆ *(con un lápiz, etc)* señal, visto (bueno) ◆ *Ent* garrapata | 2 *vi* hacer tic-tac | 3 *vtr* marcar: **t. the appropriate box,** marca la casilla correspondiente

■ **tick off** *vtr* ◆ *GB fam* regañar ◆ marcar

■ **tick over** *vi Auto* marchar al ralentí

ticket ['tɪkɪt] *n* ◆ *Trans* billete; *Cine Teat* entrada; *(de lotería)* billete, décimo; **t. office** *Teat* taquilla; *Trans* ventanilla ◆ recibo; resguardo ◆ etiqueta ◆ *Auto* multa

tickle ['tɪkəl] 1 *vtr* hacer cosquillas a | 2 *vi* hacer cosquillas | 3 *n* cosquilleo

ticklish ['tɪklɪʃ] *adj* ◆ *(persona)* que tiene cosquillas ◆ *(problema)* delicado,-a

tidal ['taɪdəl] *adj* de la marea; **t. wave,** maremoto

tidbit ['tɪdbɪt] *n US* → **titbit**

tide [taɪd] *n* ◆ marea: **the t. is going out/turning/coming in,** la marea está bajando/cambiando/subiendo ◆ *fig* corriente; **a t. of violence,** una oleada de violencia

■ **tide over** *vtr (dinero, etc)* ayudar a alguien a salir de un apuro

tidy ['taɪdɪ] 1 *adj* (**tidier, tidiest**) ◆ *(habitación, etc)* ordenado,-a ◆ *(apariencia)* arreglado,-a ◆ *fam* considerable; **a t. profit,** un sustancioso beneficio | 2 *vtr* arreglar, ordenar

■ **tidy away** *vtr* recoger

■ **tidy up** 1 *vtr* arreglar, recoger | 2 *vi* ordenar las cosas

tie [taɪ] 1 *n* ◆ corbata ◆ **ties** *pl,* lazos, vínculos; **the ties of friendship,** los lazos de la amistad ◆ atadura, estorbo ◆ *Dep* partido; *Dep* & *fig* empate | 2 *vtr* ◆ *(una cosa a otra, etc)* atar ◆ *(un nudo, lazo)* hacer ◆ *fig* vincular | 3 *vi* ◆ *Dep* empatar ◆ *(ropa, etc)* atarse

■ **tie back** *vtr (el pelo)* recogerse

■ **tie down** *vtr* ◆ *(una carga, un preso)* atar, sujetar ◆ *fig* atar, restringir; **to t. oneself down to sthg,** comprometerse a algo

■ **tie up** 1 *vtr* ◆ *(animal, paquete)* atar ◆ *(un capital)* invertir, inmovilizar; *(un trato)* concluir ◆ **to be tied up,** estar ocupado,-a ◆ vincular | 2 *vi Náut* atracar

tie-break ['taɪbreɪk] *n Dep* desempate

tier [tɪəʳ] *n* ◆ grada, fila ◆ *(de pastel, etc)* piso ◆ *(de jerarquía)* escalón

tiger ['taɪgəʳ] *n* tigre

tight [taɪt] 1 *adj* ◆ *(ropa)* ajustado,-a, estrecho,-a; *(cierre)* hermético,-a; *(cajón, tuerca)* apretado,-a ◆ *(cuerda, etc)* tirante, tieso,-a ◆ *(horario)* apretado,-a; *(control, seguridad)* riguroso,-a; **to be in a t. spot,** estar en un aprieto ◆ *fam* tacaño,-a ◆ *fam* borracho,-a | 2 *adv* ◆ *(agarrarse)* fuerte ◆ *(cerrar los ojos)* fuerte, bien; *(cerrar con un tapón)* herméticamente ◆ | LOC: **to sit t.,** no moverse | 3 *npl* **tights** *(finos)* pantis, medias; *(grueso)* leotardos; *(para bailar)* mallas

tighten ['taɪtən] 1 *vtr* ◆ *(nudo, tuerca)* apretar; *(una cuerda)* tensar ◆ *(el control, la seguridad)* intensificar ◆ *fig* **to t. one's belt,** apretarse el cinturón | 2 *vi* apretarse; *(cuerda)* tensarse

tightfisted [taɪt'fɪstɪd] *adj* tacaño,-a

tightrope ['taɪtrəʊp] *n* cuerda floja; **t. walker,** funámbulo,-a

tile [taɪl] 1 *n* ◆ *(suelo)* baldosa; *(pared)* azulejo ◆ *(tejado)* teja | 2 *vtr* ◆ *(el suelo)* embaldosar; *(la pared)* revestir de azulejos, alicatar ◆ *(el tejado)* tejar

till [tɪl] 1 *n Com* caja | 2 *vtr Agr* labrar, cultivar | 3 *conj, prep* hasta, hasta que ➢ Ver **until**

tilt [tɪlt] 1 *n* ◆ *(ángulo)* inclinación ◆ **(at) full t.,** a toda máquina | 2 *vi* inclinarse; **to t. over,** volcarse | 3 *vtr* inclinar; *(la cabeza)* ladear, echar atrás

timber ['tɪmbəʳ] *n* ◆ madera (de construcción), viga; *Náut* cuaderna ◆ árboles

time [taɪm] 1 *n* ◆ tiempo: **t. flies,** el tiempo vuela; **to kill t.,** matar el tiempo ◆ *fam* **to do t.,** cumplir una condena; *(periodo)* **all the t.,** todo el tiempo; **a long t.,** mucho tiempo; **a long/short t. ago,** hace mucho/poco; **a short t.,** un (breve) rato; **in a week's/month's t.,** dentro de una semana/un mes; **in no t.,** en un santiamén ◆ momento; **at any t.,** en cualquier momento; **at the t.,** en ese momento; **for the t. being,** por ahora ◆ temporada; **at this**

t. of year, en esta temporada; **this t. next year,** el año que viene por estas fechas ◆ época; **behind the times,** desfasado,-a; **in Roman times,** en la época Romana; **in the t. of Cervantes,** en la época de Cervantes ◆ hora: **it's (about) time you left,** ya es hora de que te vayas; **what's the t.?,** ¿qué hora es?; **to tell the t.,** decir la hora; **in t. (to do sthg),** a tiempo (para hacer algo); **on t.,** puntualmente ◆ vez; **at the same t.,** a la vez, al mismo tiempo; *(como conj)* de todas formas; **at times,** a veces; **every t.,** cada vez; **from t. to t.,** de vez en cuando; **next t.,** la próxima vez; **one at a t.,** uno a uno; **this t.,** esta vez; **t. after t.,** repetidas veces; **two at a t.,** de dos en dos ◆ *Mat* **three times as big,** tres veces más grande; **two times two is four,** dos por dos son cuatro ◆ *(experiencia)* **we had a lovely t.,** lo pasamos pipa; **to have a good t.,** pasarlo bien ◆ *Mús* compás, ritmo | **2** *vtr* ◆ *(una máquina, actividad)* programar ◆ *(una acción)* elegir el momento para ◆ *(un evento)* calcular la duración de; *Dep* cronometrar

time-consuming ['taɪmkənsjuːmɪŋ] *adj* que requiere mucho tiempo

time-keeping ['taɪmkiːpɪŋ] *n* puntualidad

time-lag ['taɪmlæg] *n* intervalo

timely ['taɪmlɪ] *adj (timelier, timeliest)* oportuno,-a

timer ['taɪmə'] *n* temporizador

timetable ['taɪmteɪbəl] *n* horario

time-zone ['taɪmzəʊn] *n* huso horario

timid ['tɪmɪd] *adj* tímido,-a

timing ['taɪmɪŋ] *n* ◆ *(de una acción)* lo oportuno, coordinación; *Teat* **the t. is perfect,** está perfectamente coordinado ◆ *Dep* ritmo, cronometraje ◆ *Auto* encendido

tin [tɪn] **1** *n* ◆ *(metal)* estaño ◆ **t. (plate),** hojalata ◆ *(para las conservas)* lata ➢ Ver nota en **lata** | **2** *vtr* ◆ *(las conservas)* enlatar ◆ *Téc* estañar

tinfoil ['tɪnfɔɪl] *n* papel de aluminio

tinge [tɪndʒ] **1** *n frml* matiz | **2** *vtr* teñir *(usu fig)* **tinged with sadness,** con un dejo de tristeza

tingle ['tɪŋgəl] **1** *n* hormigueo | **2** *vi* **my ears are tingling,** me zumban los oídos

tinker ['tɪŋkə'] *vi* juguetear [**with,** con]

tinkle ['tɪŋkəl] *vi* tintinear

tin-opener ['tɪnəʊpənə'] *n* abrelatas

tinny ['tɪnɪ] *adj* ◆ *(sonido, sabor)* metálico,-a ◆ *(coche) pey* de lata

tint [tɪnt] **1** *n* tinte, matiz | **2** *vtr* teñir; **to t. one's hair,** teñirse el pelo

tiny ['taɪnɪ] *adj (tinier, tiniest)* pequeñito,-a, diminuto,-a, minúsculo,-a

tip [tɪp] **1** *n* ◆ punta; *(de cigarrillo)* filtro; *(de bastón)* regatón: **it was on the t. of my tongue,** lo tenía en la punta de la lengua ◆ propina ◆ consejo (práctico); *Dep* & *fig* pronóstico ◆ **(rubbish-) t.,** vertedero | **2** *vtr* ◆ poner regatón *o* punta a ◆ dar propina ◆ pronosticar ◆ verter ◆ inclinar | **3** *vi* inclinarse [**backwards, forwards, sideways,** hacia atrás, hacia adelante, hacia un lado], ladearse

■ **tip off** *vtr (a la policía)* avisar
■ **tip over 1** *vtr* volcar | **2** *vi* volcarse
■ **tip up 1** *vtr* voltear | **2** *vi (un asiento)* levantarse

tip-off ['tɪpɒf] *n* advertencia

tipsy ['tɪpsɪ] *adj (tipsier, tipsiest)* achispado,-a

tiptoe ['tɪptəʊ] **1** *vi* andar de puntillas | **2** *n* **on t.,** de puntillas

tiptop ['tɪptɒp] *adj fam* de primera

tire¹ ['taɪə'] *n US* → **tyre**

tire² [taɪə'] **1** *vtr* cansar | **2** *vi* cansarse [**of, de**]

■ **tire out** *vtr* agotar

tired ['taɪəd] *adj* cansado,-a; **t. out,** rendido,-a ◆ harto,-a [**of, de**]

tireless ['taɪəlɪs] *adj* incansable

tiresome ['taɪəsəm] *adj* fastidioso,-a

tiring ['taɪərɪŋ] *adj* cansado,-a, fatigoso,-a

tissue ['tɪʃuː, 'tɪsjuː] *n* ◆ *Anat Bot* tejido ◆ pañuelo de papel, kleenex® ◆ tisú; **t. paper,** papel de seda; **toilet t.,** papel higiénico

tit [tɪt] *n* ◆ *Orn* paro ◆ *fam vulgar* teta

tit for tat [tɪtfət'æt] *n* ojo por ojo | **2** *adj* en represalia

titbit ['tɪdbɪt] *n* ◆ golosina ◆ *fig* chisme

title ['taɪtəl] *n* ◆ *(de una obra)* título ◆ *(de una persona)* tratamiento; *GB* título de nobleza ◆ *Dep* título, campeonato ◆ *Jur* derecho, título

titter ['tɪtə'] **1** *vi* reírse nerviosamente | **2** *n* risita ahogada

titular ['tɪtjʊlə'] *adj* titular

TM *o* ™ *(abr de **trade mark**)* marca registrada

to [tuː; forma débil delante de una vocal tʊ, antes de una consonante tə] **1** *prep* ◆ *(dirección, destino)* **I'm going to Paris,** voy a París; **this is the road to Oviedo,** ésta es la carretera de/a Oviedo; hacia:

toad

he turned **to** me, se volvió hacia mí; **from place to place,** de un lado a otro; **to the left/right,** hacia/a la izquierda/derecha ◆ *(posición)* **to the left,** a la izquierda; **to the North,** al norte ◆ *(con números)* hasta; **10 to 15 years later,** entre 10 y 15 años más tarde; *(tiempo)* **we stayed to the end,** nos quedamos hasta el final ◆ *(objeto indirecto)* **give that to me!,** ¡dame eso!; **they were very nice to her,** fueron muy amables con ella; *(opinión)* **to me, it's absurd,** para mí, es absurdo ◆ *(la hora, el tiempo)* **he works from nine to five,** trabaja de nueve a cinco; **it's five to six,** son las seis menos cinco ◆ *(relación)* **Athletic won by two to one,** el Athletic ganó por dos a uno; **there are about 167 pesetas to the euro,** son alrededor de 167 pesetas por euro ◆ *(comparación)* **she prefers coffee to tea,** prefiere el café al té; **this is nothing to what will happen next year,** esto no es nada comparado con lo que sucederá el año que viene ◆ *(referencia)* **what do you say to a beer?,** ¿qué te parece una cerveza? ◆ *(pertenencia)* de; **the heir to the throne,** el heredero al trono; **the key to the door,** la llave de la puerta ◆ *(según)* **...sung to the tune of** *Greensleeves,* ...cantado con la melodía de *Greensleeves;* **to all appearances,** a juzgar por las apariencias ◆ *(resultado)* **to my surprise,** para mi asombro; **to put to death,** ejecutar | **2** *adv* ◆ cerrado,-a; **to push a door to,** cerrar una puerta (de un empujón) ◆ **to come to,** volver en sí ◆ **to and for,** acá y allá | **3** *partícula del infinitivo* ◆ *(para formar el infinitivo - sin traducción)* **to be or not to be,** ser o no ser ◆ *(sin verbo)* **I'm going home, but you don't have to,** me voy a casa, pero tú no tienes que hacerlo ◆ *(propósito)* **they do it to annoy you,** lo hacen para fastidiarte; **they went to see her,** fueron a verla ➢ Ver nota en **para** ◆ *(con adj y n)* **he's slow to anger,** es difícil hacerle enfadar; **it's easy to do,** es fácil de hacer; **is it good to eat?,** ¿es bueno para comer?; **it's too big to move,** es demasiado grande para mover; **the first to go,** el primero en ir ◆ *(como orden) frml* **passengers are to wait here,** los pasajeros deben esperar aquí; *(tiempo futuro - jerga de periodistas)* **"Prime Minister to resign",** "el Primer Ministro dimitirá" ◆ *(hecho subsiguiente)* **he arrived at work to find the office closed,** al llegar al trabajo se encontró la oficina cerrada

toad [təud] *n Zool* sapo
toadstool ['təudstu:l] *n* seta venenosa
toast [təust] **1** *n* ◆ *Culin* pan tostado; **a slice of t.,** una tostada ◆ brindis [**to, por**] | **2** *vtr* ◆ tostar ◆ brindar por
toaster ['təustə'] *n* tostador (de pan)
tobacco [tə'bækəu] *n* tabaco
tobacconist [tə'bækənɪst] *n GB* estanquero,-a; **t.'s (shop),** estanco
today [tə'deɪ] **1** *n (este día)* hoy; *(los tiempos actuales)* hoy en día | **2** *adv (en este día)* hoy; *(actualmente)* hoy en día
toddler ['tɒdlə'] *n* niño,-a pequeño,-a (que empieza a andar)
to-do [tə'du:] *n fam* lío, jaleo
toe [təu] **1** *n* ◆ dedo del pie; **big t.,** dedo gordo ➢ Ver nota en **dedo** ◆ *fig* **to keep on one's toes,** mantenerse alerta | **2** *vtr* **to t. the line,** atenerse a las instrucciones
toenail ['təuneɪl] *n* uña del dedo gordo del pie
toffee ['tɒfɪ] *n* caramelo
together [tə'geðə'] *adv* ◆ junto, juntos,-as: **we came t.,** vinimos juntos; **all t.,** todos juntos ◆ unidos,-as: **we must fight the enemy t.,** tenemos que luchar unidos contra el enemigo ◆ *(hablar, gritar)* todos a la vez ◆ **to come t.,** juntarse
toil [tɔɪl] *n frml* trabajo duro
toilet ['tɔɪlɪt] *n* ◆ *(aparato)* váter, inodoro ◆ *(cuarto)* retrete, baño; *(público)* servicios, aseos ◆ **t. paper,** papel higiénico; **t. roll,** rollo de papel higiénico ◆ *frml* aseo *(personal);* **t. bag,** neceser; **t. soap,** jabón de tocador; **t. water,** colonia
toiletries ['tɔɪlɪtrɪz] *npl* artículos de aseo
token ['təukən] **1** *n* ◆ señal; **as a t. of respect,** en señal de respeto ◆ *Com* ficha, vale, cheque-regalo | **2** *adj* simbólico,-a
told [təuld] *ps & pp* → **tell**
tolerance ['tɒlərəns] *n* tolerancia
tolerant ['tɒlərənt] *adj* tolerante
tolerate ['tɒləreɪt] *vtr* tolerar
toll [təul] **1** *vtr (una campana)* tocar | **2** *vi* doblar | **3** *n* ◆ *Auto* peaje ◆ mortalidad; **the death t.,** el número de víctimas mortales
tomato [tə'mɑ:təu, *US* tə'meɪtəu] *n (pl tomatoes)* tomate; **t. sauce,** salsa de tomate
tomb [tu:m] *n* tumba
tombstone ['tu:mstəun] *n* lápida
tomcat ['tɒmkæt] *n* gato (macho)
tomorrow [tə'mɒrəu] **1** *n* mañana: **t. is Monday,** mañana es lunes; **tomorrow's papers,** los periódicos de mañana | **2** *adv*

mañana; **a week t.**, de mañana en ocho días, de aquí a una semana; **see you t.!**, ¡hasta mañana!; **t. morning**, mañana por la mañana

ton [tʌn] *n* ◆ *(medida)* tonelada (US 907 kg, GB 1.016 kg) ◆ *fam* **tons of**, montones de

tone [təʊn] **1** *n* tono | **2** *vi* **to t. with sthg**, armonizar con algo

■ **tone down** *vtr* atenuar

tongs [tɒŋz] *npl* pinzas; *(para el pelo)* tenacillas

tongue [tʌŋ] *n* ◆ *Anat* lengua; **t. twister**, trabalenguas ◆ *(de un zapato)* lengüeta ◆ *frml* idioma ◆ | LOC: **to bite one's t.**, morderse la lengua; **he said it with his t. in his cheek**, lo dijo con la boca pequeña

tonic ['tɒnɪk] **1** *n* ◆ *Mús* tónica ◆ *Med* tónico ◆ *(bebida)* tónica | **2** *adj* tónico,-a; *Mús* **t. sol-fa**, solfeo

tonight [tə'naɪt] *adv & n* esta noche

tonnage ['tʌnɪdʒ] *n Náut* tonelaje

tonne [tʌn] *n (tb* **metric tonne)** tonelada (1.000 kg)

tonsil ['tɒnsəl] *n* amígdala

tonsillitis [tɒnsɪ'laɪtɪs] *n* amigdalitis

too [tu:] *adv* ◆ también: **you can come t.**, tú también puedes venir; **me t.**, yo también ➢ Ver nota en *also* ◆ demasiado, muy: **it's t. early for me**, es muy temprano para mí; **you're too late**, llegas demasiado tarde; **t. many people**, demasiada gente; **t. much traffic**, demasiado tráfico;

took [tʊk] *ps* → take

tool [tu:l] *n* herramienta

toolbox ['tu:lbɒks] *n* caja de herramientas

toot [tu:t] **1** *vtr (la bocina)* tocar | **2** *vi* pitar | **3** *n* bocinazo

tooth [tu:θ] *n (pl* **teeth** [ti:θ]) ◆ **(front) t.**, diente; **back t.**, muela ◆ *(de una sierra)* diente; *(de un peine)* púa ◆ | LOC: *fam* **to be fed up to the back teeth**, estar hasta las narices [with, de]; **to have a sweet t.**, ser goloso,-a

toothache ['tu:θeɪk] *n* dolor de muelas

toothbrush ['tu:θbrʌʃ] *n* cepillo de dientes

toothpaste ['tu:θpeɪst] *n* pasta dentífrica

toothpick ['tu:θpɪk] *n* palillo, mondadientes

top [tɒp] **1** *n* ◆ parte superior; *(de un árbol)* copa; *(de la cabeza)* coronilla; *(de una colina)* cima; *(de un edificio)* último piso; *(de una lista, página, etc)* cabeza; *(de una mesa, etc)* superficie; *(de una profesión)* cima; **to talk at the t. of one's voice**, hablar a voz en cuello/grito; *fig fam (comportamiento, ropa, etc)* **over the t.**, exagerado,-a ◆ **on t.** *(como adv)* encima, arriba; **with a cherry on t.**, con una guinda encima ◆ **on t. of** *(como prep)* encima de: *fig* **he lets things get on t. of him**, deja que las cosas le afecten; *fig* **on t. of it all...**, para colmo... ◆ *(de botella, etc)* tapón; *(de pluma)* capuchón; *fig fam* **to blow one's t.**, subirse por las paredes ◆ *Auto* directa ◆ *(ropa)* top, corpiño ◆ *(juguete)* peonza | **2** *adj* ◆ *(estante, parte)* de arriba, superior; *(escalón, piso)* último,-a, más alto,-a; *(velocidad)* máximo,-a; **at t. speed**, a toda pastilla ◆ *(calidad)* de primera; **t. management**, los altos cargos; *Mús* **the t. twenty**, los 20 principales | **3** *vtr* ◆ *(un nivel)* superar ◆ *(una lista, el reparto)* encabezar ◆ *(un edificio, etc)* coronar

■ **top up** *vtr* llenar hasta el tope; **to t. up the petrol tank**, llenar el depósito; *fig* **and to t. it all**, y para colmo

topic ['tɒpɪk] *n* tema

topical ['tɒpɪkəl] *adj* de actualidad

top-level ['tɒplevəl] *adj* de alto nivel

topmost ['tɒpməʊst] *adj (antes del sustantivo)* (el) más alto, (la) más alta; **the t. shelf**, el estante más alto

topple ['tɒpəl] **1** *vi (persona)* caerse; *(un edificio)* venirse abajo | **2** *vtr* ◆ volcar ◆ *(a un dictador)* derrocar

top-secret [tɒp'si:krɪt] *adj* de alto secreto

topsy-turvy [tɒpsɪ'tɜ:vɪ] *adj & adv* patas arriba

torch [tɔ:tʃ] *n* ◆ *(eléctrica)* linterna ◆ *(de fuego)* antorcha

tore [tɔ:ʳ] *ps* → tear²

torment [tɔ:'ment] **1** *vtr* atormentar | **2** *n* ['tɔ:ment] tormento, suplicio

torn [tɔ:n] *pp* → tear²

tortoise ['tɔ:təs] *n* tortuga

tortoiseshell ['tɔ:təsʃel] **1** *n* carey | **2** *adj* ◆ de carey ◆ *(gato)* atigrado,-a

torture ['tɔ:tʃəʳ] **1** *vtr* torturar; *fig (las dudas, la culpa)* atormentar | **2** *n* tortura; *fig* tormento

Tory ['tɔ:rɪ] *adj & n GB Pol* conservador,-ora

toss [tɒs] **1** *vtr* ◆ *(una pelota)* tirar, lanzar; **to t. a coin (for sthg)**, echar (algo) a cara o cruz ◆ *Culin (la ensalada)* mezclar, revolver ◆ *(un barco)* sacudir | **2** *vi* ◆ *(un barco)* bambolearse ◆ *(persona)* **to t. and turn**,

dar vueltas en la cama | 3 *n* ◆ lanzamiento ◆ *(con una moneda)* sorteo (a cara o cruz) ◆ *(de la cabeza)* sacudida ◆ *GB argot vulgar* **I don't give a t.,** me importa un carajo
■ **toss away** *vtr* tirar
tot [tɒt] *n* ◆ **(tiny) t.,** pequeñito,-a ◆ *(de alcohol)* copita
■ **tot up** *vtr GB fam* sumar
total ['təʊtəl] 1 *n* total | 2 *adj* total | 3 *vtr* sumar | 4 *vi* ascender a
totalitarian [təʊtælɪ'teərɪən] *adj* totalitario,-a
totally ['təʊtəlɪ] *adv* totalmente
totem ['təʊtəm] *n* tótem
totter ['tɒtə^r] *vi* tambalearse
touch [tʌtʃ] 1 *n* ◆ *(sentido)* tacto ◆ *(acción)* toque, roce ◆ pizca, deje, toque ◆ detalle, toque; **finishing t.,** el último toque; **what a nice t.!,** ¡qué detalle! ◆ *(sólo sing)* habilidad; *fam* **he's losing his t.,** está perdiendo facultades ◆ contacto; **to be out of t.,** no estar al corriente [**with**, de]; **to get/keep in t.,** ponerse/mantenerse en contacto [**with**, con] ◆ *Dep* fuera de banda | 2 *vtr* ◆ tocar: **he never touches alcohol,** no prueba el alcohol; **t. wood,** toca madera ◆ emocionar: **I was touched by his story,** su historia me emocionó ◆ *(en calidad, etc)* igualar | 3 *vi* ◆ tocarse, rozarse ◆ **to t. on sthg,** mencionar algo | LOC: **it's t. and go,** está en vilo, es dudoso
■ **touch down** *vi Av* aterrizar
■ **touch off** *vtr* desencadenar
■ **touch up** *vtr* ◆ *Arte Fot* retocar ◆ *fam* sobar
touchdown ['tʌtʃdaʊn] *n* ◆ *Av* aterrizaje; *(nave espacial)* alunizaje, aterrizaje; *(un hidroavión)* amerizaje ◆ *Dep* ensayo
touched [tʌtʃt] *adj* ◆ emocionado,-a ◆ *fam* tocado,-a
touching ['tʌtʃɪŋ] *adj* conmovedor,-ora
touchline ['tʌtʃlaɪn] *n Dep* línea de banda
touchy ['tʌtʃɪ] *adj* **(touchier, touchiest)** *fam* ◆ *(persona)* susceptible ◆ *(tema)* delicado,-a
tough [tʌf] 1 *adj* ◆ *(carne)* duro,-a ◆ *(tela, ropa)* fuerte, resistente ◆ *(examen)* difícil ◆ *(persona)* fuerte; *pey* bravucón,-ona ◆ *(juez, profesor, etc)* severo,-a | 2 *n fam* matón | 3 *excl* **t.!,** ¡pues te aguantas/fastidias!
toughen ['tʌfən] *vtr* endurecer
tour [tʊə^r] 1 *n* ◆ viaje largo [**of** *o* **round,** por]; **package t.,** viaje organizado; **t. operator,** agencia de viajes ◆ visita turística; **guided t.,** visita guiada ➢ Ver nota en **viaje** ◆ *Dep Mús Teat* gira; **on t.,** de gira ◆ **t. of duty,** periodo de servicio | 2 *vtr* recorrer, visitar | 3 *vi* viajar
tourism ['tʊərɪzəm] *n* turismo
tourist ['tʊərɪst] 1 *n* ◆ turista; **t. office,** oficina de turismo ◆ *Av* **t. class,** clase turista | 2 *adj* turístico,-a
tournament ['tʊənəmənt] *n* torneo
tousled ['taʊzəld] *adj* despeinado,-a
tout [taʊt] 1 *vtr* ◆ tratar de vender ◆ *(entradas)* revender | 2 *vi* **to t. for business,** andar a la caza de clientes | 3 *n* **ticket t.,** revendedor de entradas
tow [təʊ] 1 *n* **to take in t.,** remolcar | 2 *vtr* remolcar
towards [tə'wɔːdz, tɔːdz] *prep* ◆ *(en el espacio, tiempo)* hacia ◆ *(respecto a)* hacia, para con: **what are your feelings t. nationalism?,** ¿cuáles son tus sentimientos para con el nacionalismo? ◆ **I gave him some money t. a new suit,** le di dinero para un traje nuevo
towel ['taʊəl] 1 *n* toalla; **t. rail,** toallero ◆ | LOC: **to throw in the t.,** tirar la toalla | 2 *vtr* **to t. (dry),** secar con una toalla
tower ['taʊə^r] 1 *n* torre | 2 *vi* **to t. over/above sthg,** dominar algo
towering ['taʊərɪŋ] *adj* ◆ *(edificio)* altísimo,-a ◆ *(personaje)* destacado,-a ◆ *(inteligencia)* impresionante
town [taʊn] *n* ◆ ciudad; *(pequeño)* pueblo, población; **to go into t.,** ir al centro; **out of t.,** en las afueras; **t. centre,** casco urbano; **t. council,** *(personas)* ayuntamiento; **t. hall,** *(edificio)* ayuntamiento; **t. planning,** urbanismo ➢ Ver nota en **ciudad** ◆ *fam* **to go to t.,** tirar la casa por la ventana
townspeople ['taʊnzpiːpəl] *npl* ciudadanos
towrope ['təʊrəʊp] *n* cable de remolque
toxic ['tɒksɪk] *adj* tóxico,-a
toy [tɔɪ] 1 *n* juguete | 2 *adj* ◆ de juguete ◆ *(perro)* enano,-a
■ **toy with** *vtr* ◆ *(una idea)* darle vueltas a ◆ *(la comida, un lápiz, etc)* juguetear con
trace [treɪs] 1 *n* ◆ *(de sangre, etc)* vestigio ◆ rastro; **to vanish without t.,** desaparecer sin dejar rastro ◆ *Quím* **t. element,** oligoelemento | 2 *vtr* ◆ *(una idea)* exponer ◆ *(a una persona)* localizar ◆ *(una historia)* examinar ◆ calcar
tracing ['treɪsɪŋ] *n* **t. paper,** papel de calco
track [træk] 1 *n* ◆ camino, sendero; *fig* **to be on the right/wrong t.,** ir por buen/

mal camino; *(un sitio)* **off the beaten t.**, apartado,-a ◆ *(de un animal)* huella(s), rastro; *(de una persona)* pista; **to cover one's tracks**, no dejar rastro ◆ contacto; **to keep/lose t. of sb**, mantener/ perder el contacto con alguien; **to keep/ lose t. of a conversation**, seguir/perder el hilo de una conversación ◆ *Dep* pista ◆ *Mús (de disco o CD)* canción, corte ◆ *Ferroc* vía | 2 *vtr* seguirle la pista a
■ **track down** *vtr (locate)* localizar

tracksuit ['træksuːt] *n* chándal

tract [trækt] *n* ◆ *(de terreno)* extensión ◆ *Anat* tracto ◆ folleto

traction ['trækʃən] *n* tracción

tractor ['træktə'] *n* tractor

trade [treɪd] 1 *n* ◆ comercio; **foreign-/domestic t.**, comercio exterior/interior; **t. union**, sindicato ◆ industria; **the tourist t.**, la industria turística ◆ oficio: **he's a plumber by t.**, es fontanero de oficio ◆ cambio | 2 *vi* comerciar [**in**, en] | 3 *vtr* intercambiar, canjear [**sthg for sthg**, algo por algo]
■ **trade in** *vtr* **I traded in my old car**, entregué mi viejo coche como pago parcial de uno nuevo

trademark ['treɪdmɑːk] *n* marca registrada

trader ['treɪdə'] *n* comerciante

trading ['treɪdɪŋ] *n* ◆ comercio; *GB* **t. estate**, polígono industrial ◆ *(en la bolsa)* operaciones

tradition [trə'dɪʃən] *n* tradición

traditional [trə'dɪʃənəl] *adj* tradicional

traffic ['træfɪk] 1 ◆ *Auto* tráfico, circulación; *Av* tráfico (aéreo) ◆ **t. jam**, atasco, caravana; **t. light(s)**, semáforo; **t. warden**, controlador,-ora de estacionamiento ◆ *(de armas, droga)* tráfico | 2 *vi* (ps & pp **trafficked**) traficar [**in**, con]

trafficker ['træfɪkə'] *n* traficante

tragedy ['trædʒɪdɪ] *n* tragedia

tragic ['trædʒɪk] *adj* trágico,-a

trail [treɪl] 1 *n* ◆ huellas, rastro; **to be on the t.**, seguir la pista [**of**, de *o* a] ◆ *(de humo, polvo)* estela ◆ senda, sendero | 2 *vtr* ◆ seguir la pista de *o* a ◆ arrastrar | 2 *vi* ◆ arrastrar ◆ ir a la zaga ◆ *(una planta)* trepar

trailer ['treɪlə'] *n* ◆ *Auto* remolque ◆ *Cine* avance, tráiler

train [treɪn] 1 *n* ◆ *Ferroc* tren ◆ *(de sucesos)* serie, sucesión; **t. of thought**, hilo (de las ideas) ◆ *(de vestido)* cola ◆ **(mule) t.**, recua | 2 *vtr* ◆ enseñar; *Dep* entrenar; *Mil* adiestrar; *(profesional)* formar; *(un animal)* amaestrar; *(la voz)* educar ◆ *(un arma de fuego)* apuntar [**on**, a]; *(una cámara)* enfocar [**on**, a]; *(una planta)* guiar | 3 *vi* ◆ estudiar, prepararse ◆ *Dep* entrenarse ◆ *Mil* adiestrarse

trainee [treɪ'niː] *n* aprendiz,-a

trainer ['treɪnə'] *n* ◆ *Dep* entrenador,-ora; *(de animales)* amaestrador,-ora ◆ zapatilla de deporte

training ['treɪnɪŋ] *n* ◆ *(profesional, etc)* formación, capacitación ◆ *Dep* entrenamiento; *(de animales)* amaestramiento

trait [treɪt] *n* rasgo

traitor ['treɪtə'] *n* traidor,-ora

trajectory [trə'dʒektərɪ] *n* trayectoria

tram [træm], **tramcar** ['træmkɑː'] *n GB* tranvía

tramp [træmp] 1 *n* ◆ vagabundo,-a ◆ *US pey* golfa ◆ caminata | 2 *vi* ◆ caminar ◆ andar penosamente | 3 *vtr* andar por

trample ['træmpəl] 1 *vtr* pisotear | 2 *vi* pisotear [**on**, -]

trance [trɑːns] *n* trance

tranquil ['træŋkwɪl] *adj* tranquilo,-a

tranquillity [træŋ'kwɪlɪtɪ] *n* tranquilidad

tranquillize ['træŋkwɪlaɪz] *vtr* tranquilizar

tranquillizer ['træŋkwɪlaɪzə'] *n* tranquilizante

transaction [træn'zækʃən] *n* transacción, operación

transatlantic [trænzət'læntɪk] *adj* transatlántico,-a

transcend [træn'send] *vtr* trascender

transcription [træn'skrɪpʃən] *n* transcripción

transfer ['trænsfɜː'] 1 *n* ◆ *(de una persona)* traslado; *(de fondos)* transferencia; *Ftb* traspaso ◆ *Av* transbordo ◆ calcomanía | 2 [træns'fɜː'] *vtr* ◆ *(a una persona)* trasladar; *(fondos)* transferir; *Ftb* traspasar; *Tele* pasar [**to**, con] ◆ *Tele* **transferred charges call**, llamada a cobro revertido

transform [træns'fɔːm] *vtr* transformar [**into**, en]

transformation [trænsfə'meɪʃən] *n* transformación

transfusion [træns'fjuːʒən] *n Med* transfusión (de sangre)

transient ['trænzɪənt] *adj* transitorio,-a

transistor [træn'zɪstə'] *n* transistor

transit ['trænzɪt] *n* tránsito; **lost in t.**, extraviado,-a en el trayecto ◆ *Av* **t. lounge**, sala de tránsito

transition [træn'zɪʃən] *n* transición

transitive ['trænzɪtɪv] *adj* transitivo,-a
transitory ['trænzɪtərɪ] *adj* transitorio,-a
translate [træns'leɪt] *vtr* traducir
translation [træns'leɪʃən] *n* traducción
translator [træns'leɪtəʳ] *n* traductor,-ora
transmission [trænz'mɪʃən] *n* transmisión
transmit [trænz'mɪt] *vtr* transmitir
transmitter [trænz'mɪtəʳ] *n* ◆ *Rad (aparato)* transmisor ◆ *Rad TV* emisora
transparency [træns'pærənsɪ] *n* ◆ transparencia ◆ *Fot* diapositiva
transparent [træns'pærənt] *adj* transparente
transpire [træn'spaɪəʳ] *vi* ◆ resultar ◆ *Biol Bot* transpirar
transplant [træns'plɑːnt] 1 *vtr Med Bot* trasplantar | 2 ['trænsplɑːnt] *n* trasplante
transport [træns'pɔːt] 1 *vtr* transportar | 2 ['trænspɔːt] *n* transporte; **public t.,** transporte público; *GB* **t. café,** restaurante de carretera
transportation [trænspɔː'teɪʃən] *n* transporte
transvestite [trænz'vestaɪt] *n* travestí
trap [træp] 1 *n* ◆ trampa; **to lay a t.,** tender una trampa ◆ *(for,* a] ◆ **t. door,** trampilla | 2 *vtr* atrapar
trapeze [trə'piːz] *n* trapecio
trash [træʃ] 1 *n* ◆ *US* basura; *US* **t. can,** cubo de la basura ◆ *(cosas sin valor)* bazofia, porquería | 2 *vtr* ◆ *US* destrozar ◆ *US* tirar a la basura ◆ *US fam* poner verde a
trashy ['træʃɪ] *adj (trashier, trashiest)* de ínfima calidad
trauma ['trɔːmə] *n* trauma
traumatic [trɔː'mætɪk] *adj* traumático,-a
travel ['trævəl] 1 *vi* ◆ viajar: **he's travelling round China,** está viajando por *o* recorriendo China ◆ *(un vehículo)* desplazarse, ir ◆ *(la electricidad, luz, las noticias)* propagarse | 2 *vtr* recorrer, viajar por | 3 *n* el viajar, viajes; **t. agency,** agencia de viajes ➤ Ver nota en **viaje**
traveller, *US* **traveler** ['trævələʳ] *n* ◆ viajero,-a; **t.'s cheque,** cheque de viaje ◆ **(commercial) t.,** viajante
travelling, *US* **traveling** ['trævəlɪŋ] 1 *adj* ◆ *(circo, músico, etc)* ambulante, itinerante ◆ *(vendedor)* viajante | 2 *n* viajes, (el) viajar: **I'm fond of t.,** me gusta viajar; **t. expenses,** gastos de viaje

travel-sick ['trævəlsɪk] *adj* mareado,-a
trawler ['trɔːləʳ] *n Náut* pesquero de arrastre
tray [treɪ] *n* ◆ bandeja ◆ *(para el hielo)* cubitera
treacherous ['tretʃərəs] *adj* ◆ *(persona)* traidor,-ora, traicionero,-a ◆ *(carretera, etc)* peligroso,-a
treachery ['tretʃərɪ] *n* traición
tread [tred] 1 *vi (ps trod; pp trod o trodden)* pisar; **to t. in/on,** pisar | 2 *vtr* ◆ pisar ◆ **to t. water,** mantenerse a flote verticalmente | 3 *n* ◆ paso, ruido de pasos ◆ *Auto (de un neumático)* dibujo ◆ *(de escalera)* peldaño
treadmill ['tredmɪl] *n* ◆ *Hist* rueda de molino movida por hombres ◆ *fig* rutina
treason ['triːzən] *n* traición
treasure ['treʒəʳ] 1 *n* tesoro | 2 *vtr* ◆ apreciar muchísimo ◆ guardar como un tesoro
treasurer ['treʒərəʳ] *n* tesorero,-a
treasury ['treʒərɪ] *n* ◆ *Pol* **the T.,** Ministerio de Hacienda ◆ tesorería
treat [triːt] 1 *n* ◆ regalo; **to give oneself a t.,** permitirse un lujo ◆ *(un manjar, etc)* delicia ◆ *fam* invitación | 2 *vtr* ◆ tratar ◆ considerar: **he treats it all as a joke,** se lo toma todo a broma ◆ invitar; **to t. sb to lunch,** invitar a alguien a comer
treatise ['triːtɪz] *n* tratado [**on,** sobre, de]
treatment ['triːtmənt] *n* ◆ trato, tratamiento ◆ *Med* tratamiento, cura
treaty ['triːtɪ] *n* tratado
treble ['trebəl] 1 *adj* ◆ triple ◆ *Mús* tiple; **t. clef,** clave de sol | 2 *vtr* triplicar | 3 *vi* triplicarse
tree [triː] *n* árbol; **family t.,** árbol genealógico ◆ LOC: **to bark up the wrong t.,** tomar el rábano por las hojas
trek [trek] 1 *n* ◆ caminata ◆ **it's quite a t. to the station,** hay un largo paseo hasta la estación | 2 *vi (ps & pp **trekked**)* ◆ caminar, hacer senderismo ◆ andar penosamente
tremble ['trembəl] *vi* temblar, estremecerse
trembling ['tremblɪŋ] *adj* tembloroso,-a
tremendous [trɪ'mendəs] *adj* ◆ tremendo,-a ◆ *fam* estupendo,-a
tremendously [trɪ'mendəslɪ] *adv* tremendamente
tremor ['tremməʳ] *n* temblor
trench [trentʃ] *n* ◆ zanja; *Mil* trinchera ◆ **t. coat,** trinchera

trend [trend] n ◆ tendencia [**towards, hacia**]; **to set the t.**, marcar la pauta ◆ moda

trendy ['trendɪ] adj *(trendier, trendiest) fam* ◆ *(persona)* (ultra) moderno,-a; *fam* **t. lefty**, progre ◆ *(ropa)* a la última moda

trepidation [trepɪ'deɪʃən] n *frml* turbación

trespass ['trespəs] vi entrar sin autorización; **"no trespassing"**, "propiedad privada"

trespasser ['trespəsər] n intruso,-a

trestle ['tresəl] n caballete

trial ['traɪəl] n ◆ *Jur* proceso, juicio ◆ *(de un producto, etc)* prueba; **clinical t.**, ensayo clínico; **on t.**, en periodo de prueba ◆ **by t. and error**, a fuerza de equivocarse, por ensayo y error ◆ *Dep (usu pl)* prueba de selección ◆ aflicción, dificultad: **she's a real t.**, es un auténtico problema

triangle ['traɪæŋgəl] n triángulo

equilateral triangle

scalene triangle

Isosceles triangle

right-angled triangle

tribe [traɪb] n tribu

tribulation [trɪbjʊ'leɪʃən] n *frml* tribulación

tribunal [traɪ'bjuːnəl] n tribunal

tributary ['trɪbjʊtərɪ] n *Geog* afluente

tribute ['trɪbjuːt] n ◆ homenaje; **to pay t. to**, rendir homenaje a ◆ tributo

trice [traɪs] n *fam* **in a t.**, en un abrir y cerrar de ojos

trick [trɪk] 1 n ◆ *(de magia, destreza)* truco: **that will do the t.**, eso es lo que hace falta; **the tricks of the trade**, los trucos del oficio ◆ broma; **to play a t.**, gastar una broma [**on**, a] ◆ **dirty t.**, mala pasada ◆ ardid, trampa; **a t. photo**, un trucaje; **a t. question**, una pregunta con segundas | 2 vtr engañar [**into doing sthg**, para que se haga algo]; **to t. sb out of sthg**, estafar algo a alguien ◆ *Naipes* baza

trickery ['trɪkərɪ] n artimañas

trickle ['trɪkəl] 1 n ◆ hilo | 2 vi *(agua, sudor)* correr gota a gota; **to t. away**, escurrirse

tricky ['trɪkɪ] adj *(trickier, trickiest)* ◆ *(problema)* difícil ◆ *(situación)* delicado,-a ◆ *(persona)* astuto,-a

tricycle ['traɪsɪkəl] n triciclo

tried [traɪd] ps & pp → **try**

trifle ['traɪfəl] 1 n ◆ nimiedad ◆ *(como adv) frml* & *hum* **they are a t. mean**, son un pelín tacaños ◆ *GB Culin* postre de bizcocho, nata, gelatina y frutas empapados en jerez | 2 vi jugar [**with**, con]

trifling ['traɪflɪŋ] adj insignificante, trivial

trigger ['trɪgər] 1 n *(de pistola)* gatillo; *Téc* disparador | 2 vtr **to t. (off)**, provocar, desencadenar

trill [trɪl] n ◆ *(de pájaro)* trino ◆ *Ling* vibración

trilogy ['trɪlədʒɪ] n trilogía

trim [trɪm] 1 adj *(trimmer, trimmest)* ◆ arreglado,-a ◆ **a t. figure**, un buen tipo | 2 vtr ◆ *(el pelo, la barba, tb fig)* recortar ◆ *(la carne)* quitar la grasa, etc ◆ *Cost* adornar ◆ *Náut (las velas)* orientar | 3 n ◆ buen estado; **to keep in t.**, mantenerse en forma ◆ *(el pelo)* un corte de puntas ◆ *Cost* adorno, ribete ◆ *Auto* tapicería

trimming ['trɪmɪŋ] n ◆ *Cost* adorno, ribete ◆ *Culin* **trimmings** *pl*, guarnición

trinket ['trɪŋkɪt] n baratija

trio ['triːəʊ] n trío

trip [trɪp] 1 n ◆ viaje, excursión, visita ◆ *argot (de droga)* colocón | 2 vi tropezar [**on/over**, con] | 3 vtr ◆ poner la zancadilla a ◆ *(una alarma)* activar
■ **trip along** vi andar con paso ligero
■ **trip up** 1 vi ◆ tropezarse [**on/over**, con] ◆ *fig* meter la pata | 2 vtr ◆ poner la zancadilla a ◆ coger en falta a

tripe [traɪp] n ◆ *Culin* callos ◆ *fam* chorradas

triple ['trɪpəl] 1 adj triple | 2 vtr triplicar | 3 vi triplicarse

triplet ['trɪplɪt] n trillizo,-a

triplicate ['trɪplɪkɪt] adj **in t.**, por triplicado

tripod ['traɪpɒd] *n* trípode
triumph ['traɪəmf] 1 *n* triunfo | 2 *vi* triunfar
triumphant [traɪ'ʌmfənt] *adj* triunfante
trod [trɒd] *ps* & *pp* → **tread**
trodden ['trɒdən] *pp* → **tread**
trolley ['trɒlɪ] *n* ◆ *GB* carrito ◆ *US* tranvía
trombone [trɒm'bəʊn] *n* trombón
troop [tru:p] 1 *n* ◆ *Mil* compañía; **troops** *pl*, tropas ◆ *(de personas)* grupo ◆ *Mil* **troops,** tropas | 2 *vi* **to t. in/out/off,** entrar/salir/marcharse en tropel
trooping ['tru:pɪŋ] *n GB* **T. the Colour,** presentación al soberano de la bandera de un regimiento
trophy ['trəʊfɪ] *n* trofeo
tropic ['trɒpɪk] *n* trópico
tropical ['trɒpɪkəl] *adj* tropical
trot [trɒt] 1 *vi* trotar | 2 *n* trote; *fam* **two days on the t.,** dos días seguidos
trouble ['trʌbəl] 1 *n* ◆ problemas: **he's in t.,** está en un apuro *o* lío; **the t. is that...,** el problema es que...; **what's the t.?,** ¿qué pasa?; **to ask for t.,** buscarse problemas; **to get into t.,** meterse en problemas *o* en un lío; **to make t.,** causar problemas ◆ dificultad: **I have t. understanding,** me cuesta entender ◆ *(laboral)* conflicto; *(violento)* disturbios ◆ esfuerzo, molestia: **it's not worth the t.,** no merece la pena; **to take the t. to do sthg,** molestarse en hacer algo ◆ *Med (de corazón, estómago)* enfermedad | 2 *vtr* ◆ *frml* preocupar: **what's troubling you?,** ¿qué te preocupa? ◆ molestar: **sorry to t. you,** siento molestarle | 3 *vi frml* molestarse
troubled ['trʌbəld] *adj* agitado,-a
trouble-free ['trʌbəlfri:] *adj* ◆ sin problemas ◆ *Mec* sin averías
troublemaker ['trʌbəlmeɪkə'] *n* alborotador,-ora
troubleshooter ['trʌbəlʃu:tə'] *n* apaciguador,-ora, mediador,-ora
troublesome ['trʌbəlsəm] *adj* molesto,-a
trough [trɒf] *n* ◆ *(para beber)* abrevadero; *(para comer)* pesebre ◆ *Geog Meteo* depresión
troupe [tru:p] *n Teat* compañía
trousers ['traʊzəz] *npl* pantalón, pantalones
trousseau ['tru:səʊ] *n* ajuar
trout [traʊt] *n* trucha

truant ['tru:ənt] *n* **to play t.,** hacer novillos
truce [tru:s] *n* tregua
truck [trʌk] *n* ◆ *GB Ferroc* vagón ◆ *US Auto* camión; **t. driver,** camionero,-a ◆ *US* verduras; **t. farm,** huerta ◆ *frml* trato; **to have no t. with sthg/sb,** no querer saber nada de algo/alguien
trudge [trʌdʒ] 1 *vi* caminar con dificultad | 2 *vtr (las calles)* recorrer penosamente
true [tru:] 1 *adj (truer, truest)* ◆ cierto,-a: **it's not t.,** no es cierto ◆ verdadero,-a: **he is a t. friend,** es un verdadero amigo; **her wish came t.,** su sueño se hizo realidad; **a t. story,** una historia real ◆ fiel; **t. to life,** realista; **t. to his word,** fiel a su palabra ◆ *Téc* recto,-a | 2 *n* **out of t.,** desalineado,-a
truffle ['trʌfəl] *n* trufa
truly ['tru:lɪ] *adv* ◆ verdaderamente, sinceramente ◆ fielmente; *(en una carta)* **yours t.,** atentamente
trump [trʌmp] 1 *n Naipes* triunfo; *fig* **to play a t.,** jugar una baza | 2 *vtr Naipes* matar con un trinfo

■ **trump up** *vtr (evidencia) (usu en pasivo)* falsificar
trumpet ['trʌmpɪt] *n* trompeta
truncheon ['trʌntʃən] *n GB* porra (de policía)
trundle ['trʌndəl] 1 *vi* rodar (lenta y ruidosamente) | 2 *vtr* hacer rodar (lenta y ruidosamente)
trunk [trʌŋk] *n* ◆ *Anat Bot* tronco ◆ *(de elefante)* trompa ◆ baúl; *US Auto* maletero ◆ *GB Tel* **t. call,** conferencia; *GB* **t. road,** carretera principal ◆ **trunks** *pl*, bañador
trust [trʌst] 1 *n* ◆ confianza [**in,** en] ◆ *(organización)* fundación; *Fin* trust; *Jur* fideicomiso | 2 *vtr* ◆ *frml* esperar ◆ confiar en; **to t. sb with sthg,** confiar algo a alguien | 3 *vi* confiar [**in,** en]
trusted ['trʌstɪd] *adj* de confianza
trustee [trʌ'sti:] *n* ◆ *Jur* fideicomisario,-a ◆ *(de una fundación)* miembro del consejo de administración
trustful ['trʌstfʊl], **trusting** ['trʌstɪŋ] *adj* confiado,-a
trustworthy ['trʌstwɜ:ðɪ] *adj* ◆ *(persona)* digno,-a de confianza ◆ *(información)* fidedigno,-a
trusty ['trʌstɪ] *adj (trustier, trustiest)* fiel, leal

truth [tru:θ] *n* verdad; **to tell the t.,** decir la verdad
truthful ['tru:θful] *adj* ◆ *(persona)* veraz, sincero,-a ◆ *(evidencia)* verídico,-a
truthfully ['tru:θfulɪ] *adv* sinceramente
try [traɪ] **1** *vtr* (*ps* & *pp* **tried**) ◆ intentar: **I'll t. my best,** intentaré hacer todo lo posible; **to t. to do sthg,** tratar de *o* intentar hacer algo ◆ *(la comida, un aparato, etc)* probar: **he tried the door,** probó la puerta; **t. this ham,** prueba este jamón ◆ ensayar ◆ *(la paciencia, valentía de alguien)* poner a prueba; **to t. one's luck,** probar suerte ◆ *Jur* juzgar | **2** *vi* intentar | **3** *n* ◆ tentativa, intento: **it's worth a t.,** vale la pena intentarlo ◆ *Dep* ensayo

> Recuerda que el empleo de infinitivo o gerundio altera sustancialmente el significado del verbo **to try**. Usado con el infinitivo significa *intentar, hacer un esfuerzo:* **He tried to find the book I had asked for.** *Intentó encontrar el libro que yo había pedido.* **Try and** puede sustituir a **try to** (pero nunca a **tries to, trying to** o **tried to**): **Why don't you try to do it yourself?** o **why don't you try and do it yourself?,** *¿Por qué no intentas hacerlo tú?*
> El gerundio le da el significado de hacer un experimento, comprobar si algo es útil, eficaz o placentero: **Have you tried using this shampoo?,** *¿Has probado a usar este champú?*

■ **try on** *vtr* ◆ *(vestido)* probarse ◆ *fam* **to t. it on with sb,** tratar de engañar a alguien
■ **try out** *vtr* probar
trying ['traɪɪŋ] *adj* ◆ *(una experiencia)* difícil ◆ *(persona)* pesado,-a
tsar [zɑ:ʳ] *n* zar
T-shirt ['ti:ʃɜ:t] *n* camiseta
tub [tʌb] *n* ◆ *(grande, para los líquidos)* tina, cuba; *(pequeño, para el helado, etc)* tarrina ◆ bañera
tuba ['tju:bə] *n* tuba
tubby ['tʌbɪ] *adj* (**tubbier, tubbiest**) rechoncho,-a
tube [tju:b] *n* ◆ tubo ◆ *fam fig* **to go down the t.,** ir al traste ◆ *(de neumático)* cámara (de aire) ◆ *GB fam* **the T.,** el metro
tuberculosis [tjʊbɜ:kjʊ'ləʊsɪs] *n* tuberculosis
tubing ['tju:bɪŋ] *n* tubería
tubular ['tju:bjʊləʳ] *adj* tubular

tuck [tʌk] **1** *vtr* meter: **I tucked the money into my wallet,** guardé el dinero cuidadosamente en mi cartera; **t. the sheets under the mattress,** remete las sábanas bajo el colchón | **2** *n* **Cost** pliegue
■ **tuck in 1** *vi fam* devorar | **2** *vtr* ◆ *(a un niño)* arropar ◆ *(la camisa)* meter (dentro del pantalón)
■ **tuck up** *vtr* arropar
Tuesday ['tju:zdɪ] *n* martes; **Shrove T.,** martes de Carnaval
tuft [tʌft] *n (de pelo)* mechón
tug [tʌg] **1** *vtr* ◆ tirar de ◆ arrastrar | **2** ◆ tirón; **to give sthg a t.,** tirar de algo ◆ *Náut* **t. (boat),** remolcador
tug-of-war [tʌgəv'wɔ:ʳ] *n* juego de la lucha de la cuerda
tuition [tju:'ɪʃən] *n frml* instrucción; **private t.,** clases particulares; **t. fees,** matrícula
tulip ['tju:lɪp] *n* tulipán
tumble ['tʌmbəl] **1** *vi* ◆ *(persona)* caerse ◆ *(una construcción)* venirse abajo ◆ *(acróbata)* dar volteretas; *(niño)* revolcarse | **2** *vtr* **to t. dry,** secar en secadora | **3** *n* ◆ caída ◆ **t. dryer,** secadora
■ **tumble down** *vi* desplomarse, venirse abajo
tumbledown ['tʌmbəldaʊn] *adj* en ruinas
tumbler ['tʌmbləʳ] *n* vaso
tummy ['tʌmɪ] *n fam (lenguaje infantil)* barriguita; **t. ache,** dolor de tripas
tumour, *US* **tumor** ['tju:məʳ] *n* tumor
tumult ['tju:mʌlt] *n* tumulto
tuna ['tju:nə] *n* atún, bonito
tune [tju:n] **1** *n* ◆ *Mús* melodía; *fig* **to call the t.,** llevar la voz cantante; **to change one's t.,** cambiar de opinión ◆ *Mús* tono; *fig* **to be in t. with,** estar en sintonía con; **to play out of t.,** desafinar; **in/out of t.,** afinado,-a/desafinado,-a ◆ **LOC: to the t. of a million pesetas,** por la friolera de un millón de pesetas | **2** *vtr* ◆ *Mús* afinar ◆ *Auto* poner a punto ◆ *Rad TV* sintonizar
■ **tune in** *vi* sintonizar [**to, con**]
■ **tune up** *vi Mús* afinar
tuneful ['tju:nfʊl] *adj* melodioso,-a
tuner ['tju:nəʳ] ◆ *Mús* afinador,-ora ◆ *Rad TV* sintonizador
tunic ['tju:nɪk] *n* túnica
tuning ['tju:nɪŋ] *n* ◆ *Mús* afinación; **t. fork,** diapasón ◆ *Rad TV* sintonización ◆ *Auto* puesta a punto

tunnel ['tʌnəl] **1** *n* túnel; *Min* galería | **2** *vi* construir *o* excavar un túnel
turban ['tɜ:bən] *n* turbante
turbine ['tɜ:baɪn] *n* turbina
turbot ['tɜ:bət] *n* rodaballo
turbulence ['tɜ:bjʊləns] *n* turbulencia
turbulent ['tɜ:bjʊlənt] *adj* turbulento,-a
turf [tɜ:f] *n* ♦ césped ♦ turba
■ **turf out** *vtr GB fam* ♦ *(a una persona)* poner de patitas en la calle ♦ *(las cosas)* tirar
turkey ['tɜ:kɪ] *n* pavo
turmoil ['tɜ:mɔɪl] *n* confusión
turn [tɜ:n] **1** *n* ♦ *(de una rueda, etc)* vuelta, revolución; *fig (la carne)* **done to a t.,** en su punto ♦ cambio de dirección, giro: **take the next t.,** toma la próxima calle; **left t.,** giro a la izquierda; *(de la calle)* curva ♦ *(de los acontecimientos)* giro; **to take a t. for the better/worse,** empezar a mejorar/empeorar; **t. of the century,** comienzo *o* final del siglo ♦ turno: **it's my t.,** me toca a mí; **to take turns at doing sthg,** turnarse para hacer algo; **in t.,** sucesivamente ♦ favor; **to do a good t.,** hacer un favor, una buena acción ♦ *(forma)* **a practical t. of mind,** una mente muy práctica. **t. of phrase,** giro, expresión ♦ susto; *Med* ataque ♦ *Teat* número | **2** *vi* ♦ girar, dar vueltas ♦ dar la vuelta, volverse ♦ *(una carretera)* torcer ♦ recurrir [**to,** a] ♦ convertirse [**into** *o* **to,** en]; volverse, ponerse; **it turned black,** se puso negro ♦ *(la conversación)* versar [**on,** sobre]; *(hojas)* dorarse; *(leche)* agriarse; *(marea)* repuntar ♦ *(de un libro)* pasar página | **3** *vtr* ♦ girar, darle vueltas a ♦ *(la cabeza, la espalda)* volver [**towards,** hacia] ♦ *(la atención)* dirigir; *(una esquina)* doblar; *(el estómago)* revolver; *(un horno, etc)* poner [**to,** a]; *(la mente)* trastornar; *(una página)* pasar; *(el tobillo)* torcer ♦ *(los años)* cumplir: **she will soon t. thirty,** pronto cumplirá los treinta; *(la hora)* **it has turned ten,** ya dieron las diez ♦ convertir, transformar [**into/to,** en] ♦ *Téc* tornear
■ **turn against** *vtr* volverse en contra de
■ **turn aside 1** *vtr* desviar | **2** *vi* desviarse
■ **turn away 1** *vtr (a una persona)* rechazar | **2** *vi* apartarse
■ **turn back 1** *vtr* ♦ hacer regresar ♦ *(un reloj)* atrasar | **2** *vi* volverse

■ **turn down** *vtr* ♦ *(la radio, la calefacción)* bajar ♦ *(una petición)* rechazar ♦ doblar
■ **turn in 1** *vtr* ♦ entregar (a la policía) ♦ doblar hacia adentro | **2** *vi fam* acostarse
■ **turn off 1** *vtr* ♦ *(el agua)* cerrar; *(la corriente)* desconectar; *(la luz, una máquina)* apagar ♦ *fam* repugnar | **2** *vi* salir (de la carretera): **t. off at junction 3,** toma la salida 3
■ **turn on** *vtr* ♦ *(el agua)* abrir; *(la luz)* encender; *(una máquina)* poner en marcha ♦ *fam* **it turns me on,** me chifla ♦ atacar, volverse contra
■ **turn out 1** *vtr* ♦ *(la luz)* apagar ♦ *(un armario, etc)* vaciar ♦ *(a una persona)* echar a la calle ♦ producir; *fig* **well turned out,** con buena presencia | **2** *vi* ♦ acudir ♦ resultar; **to t. out well,** salir bien
■ **turn over 1** *vtr* ♦ *(a un colchón, etc)* dar la vuelta ♦ *(una página)* volver: **"please t. over",** "ver al dorso" ♦ *Com* facturar | **2** *vi* ♦ volcarse ♦ *Auto* dar vueltas de campana
■ **turn round 1** *vtr* volver | **2** *vi* girar, dar vueltas
■ **turn up 1** *vtr* ♦ *(el volumen, la calefacción)* subir ♦ *(el cuello)* levantar, estirar ♦ *(información)* revelar ♦ | LOC: **to t. up one's nose at sthg,** hacerle ascos a algo | **2** *vi* ♦ *(una persona)* acudir, presentarse; *(una cosa)* aparecer ♦ *(a una reunión, un concierto)* asistir [**to,** a]
turning ['tɜ:nɪŋ] *n* ♦ bocacalle, calle ♦ *fig* **t. point,** punto decisivo
turnip ['tɜ:nɪp] *n* nabo
turnout ['tɜ:naʊt] *n* ♦ asistencia ♦ *GB Ferroc* aguja
turnover ['tɜ:nəʊvə'] *n* ♦ *Com* facturación ♦ *(de mercancías, de personal)* movimiento
turnpike ['tɜ:npaɪk] *n US* autopista de peaje
turnstile ['tɜ:nstaɪl] *n* torniquete
turntable ['tɜ:nteɪbəl] *n* ♦ *Audio* plato (giratorio) ♦ *Ferroc* placa giratoria
turn-up ['tɜ:nʌp] *n GB* ♦ *Cost* dobladillo; *(de pantalón)* vuelta ♦ *GB fam* acontecimiento: **there's a t.-up (for the books)!,** ¡qué sorpresa!
turpentine ['tɜ:pəntaɪn] *n* aguarrás
turquoise ['tɜ:kwɔɪz] **1** *n* turquesa | **2** *adj* **t. (blue),** azul turquesa

turret ['tʌrɪt] *n* torrecilla
turtle ['tɜːtəl] *n* tortuga
turtledove ['tɜːtəldʌv] *n* tórtola
turtleneck ['tɜːtəlnek] *n* **a t. (sweater),** un jersey de cuello alto
tusk [tʌsk] *n* colmillo
tussle ['tʌsəl] *n* pelea, lucha
tutor ['tjuːtə^r] *n* ◆ profesor,-ora particular ◆ *Univ* tutor,-ora
tutorial [tjuː'tɔːrɪəl] *n Univ* tutoría, seminario
tuxedo [tʌk'siːdəʊ] *n (chaqueta) US* smoking
twang [twæŋ] **1** *n* ◆ *(de guitarra)* tañido ◆ *(de voz)* gangueo | **2** *vtr Mús* puntear | **3** *vi Mús* vibrar
tweak [twiːk] *vtr* pellizcar
tweed [twiːd] *n (tela)* tweed
tweezers ['twiːzəz] *npl* pinzas
twelfth [twelfθ] **1** *adj* & *n* duodécimo,-a; **T. Night,** Noche de Reyes | **2** *n (fracción)* duodécimo; doceava parte
twelve [twelv] *adj* & *n* doce
twentieth ['twentɪɪθ] **1** *adj* & *n* vigésimo,-a | **2** *n (fracción)* vigésimo; veinteava parte
twenty ['twentɪ] *adj* & *n* veinte
twice [twaɪs] *adv* ◆ dos veces; **t. a day,** dos veces al día ◆ **this one is t. as expensive,** esto es el doble de caro
twiddle ['twɪdəl] *vi* juguetear [**with,** con]
twig [twɪg] **1** *n* ramilla | **2** *vi GB fam* caer en la cuenta
twilight ['twaɪlaɪt] *n* crepúsculo
twin [twɪn] **1** *n* mellizo,-a; **identical twins,** gemelos,-as (idénticos,-as) | **2** *adj* mellizo,-a, gemelo,-a: **she's my t. sister,** es mi hermana gemela; **t. beds,** camas gemelas | **3** *vtr (una ciudad, etc)* hermanar
twine [twaɪn] **1** *n* bramante | **2** *vtr* entretejer | **3** *vi* **to t. around sthg,** enroscarse alrededor de algo
twinge [twɪndʒ] *n* ◆ *(de dolor)* punzada ◆ *fig* **t. of conscience,** remordimiento de conciencia
twinkle ['twɪŋkəl] **1** *vi* ◆ *(la luz)* centellear ◆ *(los ojos)* brillar | **2** *n* ◆ *(de luz)* centelleo ◆ *(en los ojos)* brillo
twinkling ['twɪŋklɪŋ] *n* **in the t. of an eye,** en un abrir y cerrar de ojos
twirl [twɜːl] **1** *vtr (un bastón, etc)* girar, dar vueltas a | **2** *vi* girar | **3** *n* giro, vuelta, pirueta ◆ | LOC: ◆ *fam* **let's give it a t.,** vamos a intentarlo
twist [twɪst] **1** *vtr* ◆ *(un botón, grifo)* girar ◆ distorsionar, retorcer; *Med* **I've twisted my ankle,** me he torcido el tobillo ◆ *(las palabras)* tergiversar | **2** *vi* ◆ *(una carretera, un río)* serpentear ◆ distorsionarse, retorcerse | **3** *n* ◆ *(de papel)* cucurucho ◆ *(en una carretera)* vuelta; *fig* giro; **the story has a t. in the tail,** la historia acaba con un giro inesperado ◆ **a t. of lemon,** una rodaja de limón

twit [twɪt] *n GB fam* imbécil
twitch [twɪtʃ] **1** *vtr* ◆ *(una cortina)* dar un tirón a ◆ *(la nariz)* mover nerviosamente | **2** *vi (las cejas, la nariz)* moverse nerviosamente | **3** *n* tic
twitter ['twɪtə^r] **1** *vi (pájaro)* gorjear; *fam (persona)* parlotear | **2** *n* gorjeo, parloteo
two [tuː] **1** *adj* dos | **2** *n* dos; *fig* **they are t. of a kind,** son tal para cual; **to put t. and t. together,** atar cabos; **t. by t.,** de dos en dos
two-faced ['tuːfeɪst] *adj* hipócrita
twopence ['tʌpəns] *n GB* dos peniques
two-piece ['tuːpiːs] **1** *adj* de dos piezas | **2** *n* traje de dos piezas, conjunto
two-seater ['tuːsiːtə^r] *adj* & *n* biplaza
two-way ['tuːweɪ] *adj (tráfico)* de doble sentido ◆ **t.-w. radio,** transmisor-receptor
tycoon [taɪ'kuːn] *n* magnate
type [taɪp] **1** *n* ◆ tipo, clase; **a t. of...,** una especie de... ◆ *fam (persona)* sujeto ◆ *Tip* carácter, caracteres | **2** *vtr* & *vi* escribir a máquina
typecast ['taɪpkɑːst] *vtr (ps* & *pp* **typecast)** encasillar
typeface ['taɪpfeɪs] *n* tipo de letra, fuente
typescript ['taɪpskrɪpt] *n* texto escrito a máquina
typewriter ['taɪpraɪtə^r] *n* máquina de escribir
typewritten ['taɪprɪtən] *adj* escrito,-a a máquina
typhoid ['taɪfɔɪd] *n* (fiebre) tifoidea
typhoon [taɪ'fuːn] *n* tifón
typical ['tɪpɪkəl] *adj* típico,-a
typify ['tɪpɪfaɪ] *vtr* tipificar
typing ['taɪpɪŋ] *n* mecanografía
typist ['taɪpɪst] *n* mecanógrafo,-a
tyrannical [tɪ'rænɪkəl] *adj* tiránico,-a
tyrannize ['tɪrənaɪz] *vtr* tiranizar
tyranny ['tɪrənɪ] *n* tiranía
tyrant ['taɪrənt] *n* tirano,-a
tyre [taɪə^r] *n Auto* neumático; **t. pressure,** presión de los neumáticos

U, u [juː] *n (la letra)* U, u
ubiquitous [juːˈbɪkwɪtəs] *adj* ubicuo,-a
ubiquity [juːˈbɪkwɪtɪ] *n* ubicuidad
udder [ˈʌdəʳ] *n* ubre
ugh [ʊx, ɜːx, ʌx] *excl* ¡uf!, ¡puaj!
ugly [ˈʌglɪ] *adj* (**uglier, ugliest**) ◆ *(persona, sitio)* feo,-a; *fig* **u. duckling,** patito feo ◆ *(situación)* desagradable ◆ *(rumor)* alarmante
UK [juːˈkeɪ] *(abr de United Kingdom)* Reino Unido, R.U.
Ukraine [juːˈkreɪn] *n* Ucrania
Ukrainian [juːˈkreɪnɪən] **1** *adj & n* ucraniano,-a **2** *n (idioma)* ucraniano
ulcer [ˈʌlsəʳ] *n* ◆ *(externa)* llaga ◆ *(interna)* úlcera
ulterior [ʌlˈtɪərɪəʳ] *adj (motivo)* oculto,-a
ultimate [ˈʌltɪmɪt] *adj* ◆ *(autoridad)* máximo,-a ◆ *(objetivo)* final ◆ *(causa)* primordial
ultimately [ˈʌltɪmɪtlɪ] *adv frml* ◆ al final ◆ en última instancia

> Recuerda que **ultimately** se usa únicamente cuando hablamos del resultado de una serie de acontecimientos: **The Versailles Treaty and the Depression of the 30's ultimately brought about the Second World War.** *El Tratado de Versalles y la depresión de los años 30 finalmente condujeron al mundo a la Segunda Guerra Mundial.* Cuando quieres decir *últimamente* o *recientemente,* debes usar el adverbio lately: *Últimamente hay muchas huelgas.* **There have been many strikes lately.**

ultimatum [ʌltɪˈmeɪtəm] *n* ultimátum
ultrasound [ˈʌltrəsaʊnd] *n* ◆ ultrasonido ◆ *Med* ecografía
ultraviolet [ʌltrəˈvaɪəlɪt] *adj* ultravioleta
umbilical [ʌmˈbɪlɪkəl, ʌmbɪˈlaɪkəl] *adj Anat* **u. cord,** cordón umbilical
umbrella [ʌmˈbrelə] *n* paraguas
umpire [ˈʌmpaɪəʳ] **1** *n Dep* árbitro | **2** *vtr* arbitrar

umpteen [ʌmpˈtiːn] *adj fam* tropecientos,-as
umpteenth [ʌmpˈtiːnθ] *adj* enésimo,-a
UN [juːˈen] *(abr de United Nations)* Naciones Unidas, ONU
unabashed [ʌnəˈbæʃt] *adj* ◆ inmutable, imperturbable ◆ descarado,-a
unable [ʌnˈeɪbəl] *adj* incapaz; **to be u. to do sthg,** no poder hacer algo: **I am u. to help,** no puedo ayudar
unacceptable [ʌnəkˈseptəbəl] *adj* inaceptable
unaccompanied [ʌnəˈkʌmpənɪd] *adj* solo,-a
unaccountable [ʌnəˈkaʊntəbəl] *adj* inexplicable
unaccounted for [ʌnəˈkaʊntɪdfɔːʳ] *adj* **to be u. f.,** faltar
unaccustomed [ʌnəˈkʌstəmd] *adj* ◆ **to be u. to sthg,** no estar acostumbrado,-a a ◆ poco habitual, insólito,-a
unaffected [ʌnəˈfektɪd] *adj* ◆ no afectado,-a [**by,** por] ◆ *(persona)* natural; *(comportamiento)* sin afectación
unaided [ʌnˈeɪdɪd] *adj & adv* sin ayuda
unambiguous [ʌnæmˈbɪgjʊəs] *adj* inequívoco,-a
unanimous [juːˈnænɪməs] *adj* unánime
unannounced [ʌnəˈnaʊnst] *adj* inesperado,-a
unanswered [ʌnˈɑːnsəd] *adj* sin contestar
unapproachable [ʌnəˈprəʊtʃəbəl] *adj* inabordable, inaccesible
unarmed [ʌnˈɑːmd] *adj* desarmado,-a; **u. combat,** combate sin armas
unashamed [ʌnəˈʃeɪmd] *adj* ◆ desvergonzado,-a ◆ no avergonzado,-a
unasked [ʌnˈɑːskt] *adv* ◆ *(pregunta)* sin formular ◆ *(consejos)* no solicitado,-a ◆ **to do sthg u.,** hacer algo espontáneamente
unassuming [ʌnəˈsjuːmɪŋ] *adj* sin pretensiones
unattached [ʌnəˈtætʃt] *adj* ◆ *(parte)* suelto,-a ◆ independiente ◆ *(persona)* soltero,-a y sin compromiso

unattended [ʌnə'tendɪd] *adj* desatendido,-a ◆ **"do not leave luggage u.",** "no pierda de vista su equipaje"

unattractive [ʌnə'træktɪv] *adj* poco atractivo,-a

unauthorized [ʌn'ɔːθəraɪzd] *adj* no autorizado,-a

unavailable [ʌnə'veɪləbəl] *adj* no disponible

unavoidable [ʌnə'vɔɪdəbəl] *adj* inevitable

unaware [ʌnə'weər] *adj* inconsciente; **to be u. of sthg,** ignorar algo *o* no tener conciencia de algo

unawares [ʌnə'weəz] *adv* ◆ **to catch sb u.,** coger a alguien desprevenido,-a ◆ sin darse cuenta

unbalanced [ʌn'bælənst] *adj* desequilibrado,-a

unbearable [ʌn'beərəbəl] *adj* insoportable

unbeatable [ʌn'biːtəbəl] *adj* ◆ *(calidad, precio)* inmejorable ◆ *(un equipo)* invencible

unbeaten [ʌn'biːtən] *adj* invicto,-a

unbelievable [ʌnbɪ'liːvəbəl] *adj* increíble

unbend [ʌn'bend] *vi fam fig* relajarse

unbia(s)sed [ʌn'baɪəst] *adj* imparcial

unborn [ʌn'bɔːn] *adj* nonato,-a; **generations yet u.,** las generaciones venideras

unbreakable [ʌn'breɪkəbəl] *adj* irrompible

unbroken [ʌn'brəʊkən] *adj* ◆ *(un huevo, etc)* intacto,-a ◆ *(un periodo, silencio, etc)* continuo,-a ◆ *Dep (récord)* imbatido,-a

uncalled-for [ʌn'kɔːldfɔːr] *adj* ◆ *(crítica)* inmerecido,-a ◆ *(comentario)* fuera de lugar, innecesario,-a

uncanny [ʌn'kænɪ] *adj* extraño,-a, misterioso,-a; **an u. ability,** una capacidad extraordinaria

unceasing [ʌn'siːsɪŋ] *adj* incesante

uncertain [ʌn'sɜːtən] *adj* ◆ **to be u.,** no estar seguro,-a [**of,** de] ◆ *(un hecho)* incierto,-a ◆ *(sinceridad, etc)* dudoso,-a ◆ *(persona, voz)* vacilante

uncertainty [ʌn'sɜːtəntɪ] *n* ◆ incertidumbre ◆ duda

unchanged [ʌn'tʃeɪndʒd] *adj* igual, sin cambios

unchecked [ʌn'tʃekt] *adj* ◆ sin restricción ◆ no comprobado,-a

uncivilized [ʌn'sɪvɪlaɪzd] *adj* ◆ *(país, pueblo)* no civilizado,-a; *(sin cultura)* inculto,-a ◆ *(comportamiento)* inaceptable, incivilizado,-a

uncle ['ʌŋkəl] *n* tío

unclear [ʌn'klɪər] *adj* poco claro,-a, confuso,-a

uncomfortable [ʌn'kʌmftəbəl] *adj* ◆ *(físicamente)* incómodo,-a ◆ *(una situación, etc)* molesto,-a

uncommon [ʌn'kɒmən] *adj* ◆ poco común ◆ **it's u. to see a black sheep,** no es muy normal ver una oveja negra

uncommonly [ʌn'kɒmənlɪ] *adv* **not u.,** con cierta frecuencia

uncompromising [ʌn'kɒmprəmaɪzɪŋ] *adj* inflexible, intransigente

unconcerned [ʌnkən'sɜːnd] *adj* indiferente [**about,** a]

unconditional [ʌnkən'dɪʃənəl] *adj* incondicional, sin condiciones

unconscious [ʌn'kɒnʃəs] **1** *adj* ◆ inconsciente [**of,** de]; *(acción)* involuntario,-a ◆ *Med* inconsciente, sin sentido | **2** *n Psiqu* **the u.,** el inconsciente

unconsciousness [ʌn'kɒnʃəsnɪs] *n Med* pérdida de conocimiento

uncontested [ʌnkən'testɪd] *adj* ◆ incontestado,-a ◆ *Pol* **u. election,** elección unánime *o* sin oposición

uncontrollable [ʌnkən'trəʊləbəl] *adj* ◆ *(deseo)* irresistible ◆ *(movimiento, etc)* incontrolable ◆ *(risa)* incontenible

unconventional [ʌnkən'venʃənəl] *adj* poco convencional, original

unconvincing [ʌnkən'vɪnsɪŋ] *adj* poco convincente

uncouth [ʌn'kuːθ] *adj* ◆ grosero,-a ◆ inculto,-a

uncover [ʌn'kʌvər] *vtr* ◆ *(un tarro)* destapar ◆ *(un complot)* descubrir

undamaged [ʌn'dæmɪdʒd] *adj* ◆ *(objeto)* sin desperfectos, en perfecto estado ◆ *(reputación)* intacto,-a, sin tacha

undecided [ʌndɪ'saɪdɪd] *adj* ◆ *(cuestión)* pendiente ◆ *(persona)* indeciso,-a

undefeated [ʌndɪ'fiːtɪd] *adj* invicto,-a

undefined [ʌndɪ'faɪnd] *adj* no definido,-a

undeniable [ʌndɪ'naɪəbəl] *adj* innegable

undeniably [ʌndɪ'naɪəblɪ] *adv* sin lugar a dudas

under ['ʌndər] **1** *prep* ◆ debajo de: **it's under the tree,** está bajo el árbol ◆ por debajo de: **the tunnel goes u. the park,** el túnel pasa por debajo del parque ◆

bajo: **u. the water,** bajo el agua ◆ menos de; **u. age,** menor de edad; **in u. four minutes,** en menos de cuatro minutos ◆ *(arresto, juramento, órdenes)* bajo: **she has six people u. her,** tiene seis personas bajo su mando ◆ *(la ley)* conforme a, según; **u. Spanish law,** según la ley española | **2** *adv* abajo, debajo

under- [ˈʌndəʳ] *pref* sub-, infra-
undercarriage [ʌndəˈkærɪdʒ] *n Av* tren de aterrizaje
undercharge [ʌndəˈtʃɑːdʒ] *vi* & *vtr* cobrar menos de lo debido
underclothes [ˈʌndəkləʊðz] *npl* ropa interior
undercoat [ˈʌndəkəʊt] *n* ◆ pintura de base ◆ *(capa)* primera mano
undercover [ʌndəˈkʌvəʳ] *adj* secreto,-a, clandestino,-a
undercurrent [ˈʌndəkʌrənt] *n* ◆ contracorriente ◆ *fig (de descontento, etc)* trasfondo
underdeveloped [ʌndədɪˈveləpt] *adj* subdesarrollado,-a
underestimate [ʌndərˈestɪmeɪt] *vtr* subestimar, infravalorar
underfed [ʌndəˈfed] *adj* desnutrido,-a
undergo [ʌndəˈgəʊ] *vtr* ◆ experimentar, sufrir ◆ *(una operación)* someterse a
undergraduate [ʌndəˈgrædjʊɪt] *n* estudiante universitario,-a
underground [ˈʌndəgraʊnd] **1** *adj* ◆ subterráneo,-a ◆ *fig* clandestino,-a | **2** *n* ◆ *Pol* movimiento clandestino ◆ *GB Ferroc* **the u.,** el metro | **3** [ʌndəˈgraʊnd] *adv* bajo tierra: **he's three metres u.,** está a tres metros bajo tierra ◆ *Pol* en la clandestinidad
undergrowth [ˈʌndəgrəʊθ] maleza
underhand [ˈʌndəhænd] *adj* ◆ *(método)* poco limpio ◆ *(persona)* taimado,-a, solapado,-a
underline [ʌndəˈlaɪn] *vtr* subrayar
underlying [ʌndəˈlaɪɪŋ] *adj* subyacente; *fig* esencial
undermine [ʌndəˈmaɪn] *vtr* socavar, minar
underneath [ʌndəˈniːθ] **1** *prep* bajo, debajo de, por debajo de | **2** *adv* abajo, por debajo ◆ *fig* en el fondo | **3** *adj* inferior, de abajo | **4** *n* parte inferior
underpaid [ʌndəˈpeɪd] *adj* mal pagado,-a
underpants [ˈʌndəpænts] *npl* calzoncillos
underpass [ˈʌndəpɑːs] *n* paso subterráneo

underprivileged [ʌndəˈprɪvɪlɪdʒd] **1** *adj* desfavorecido,-a | **2** *npl* **the u.,** los desamparados
undershirt [ˈʌndəʃɜːt] *n US* camiseta
underside [ˈʌndəsaɪd] *n* parte inferior
underskirt [ˈʌndəskɜːt] *n* combinación
understand [ʌndəˈstænd] *vtr* & *vi* (*ps* & *pp* **understood**) ◆ entender, comprender: **do you u. what I mean?,** ¿entiendes lo que quiero decir? ◆ *(llegar a saber)* **I u. that...,** tengo entendido que... ◆ **to u. one another,** entenderse ◆ sobrentender: **it was understood that he would pay for it,** se sobrentendió que él lo pagaría

> El verbo **to understand** se construye de diferentes maneras: con una frase subordinada introducida por that (I understand that you are Spanish, *tengo entendido que eres español*), con una frase subordinada que empieza por what, why, etc. (I don't understand why you wanted to do that, *no entiendo por qué querías hacer eso*), con un adjetivo posesivo o, en situaciones menos formales, un complemento directo: I don't understand you wanting to do that. *No entiendo por qué querías hacer eso.*

understandable [ʌndəˈstændəbəl] *adj* comprensible
understanding [ʌndəˈstændɪŋ] **1** *adj* comprensivo,-a [**with,** con] | **2** *n* ◆ comprensión, entendimiento; **a good u. of French,** unos buenos conocimientos de francés ◆ acuerdo; **to come to an u.,** llegar a un acuerdo; **on the u. that,** a condición de que ◆ *(entre personas)* comprensión mutua
understate [ʌndəˈsteɪt] *vtr* subestimar
understatement [ʌndəˈsteɪtmənt] *n* ◆ descripción insuficiente: **it would be an u. to say that Madrid is noisy,** decir que Madrid es ruidoso sería quedarse corto ◆ modestia
undertake [ʌndəˈteɪk] *vtr* (*ps* **undertook**; *pp* **undertaken** [ʌndəˈteɪkən]) ◆ *(un trabajo)* emprender ◆ *(la responsabilidad)* asumir ◆ comprometerse a
undertaker [ˈʌndəteɪkəʳ] *n* empresario,-a de pompas fúnebres; **u.'s,** funeraria
undertaking [ʌndəˈteɪkɪŋ] *n* ◆ *Com* empresa ◆ garantía

undertone ['ʌndətəʊn] *n* ♦ *(de descontento, etc)* trasfondo ♦ **in an u.**, en voz baja

underwater [ʌndə'wɔːtəʳ] **1** *adj* submarino,-a | **2** *adv* bajo el agua

underwear ['ʌndəweəʳ] *n inv* ropa interior

underworld ['ʌndəwɜːld] *n* ♦ *Mit* infierno ♦ hampa, bajos fondos

undesirable [ʌndɪ'zaɪrəbəl] *adj & n* indeseable

undeterred [ʌndɪ'tɜːd] *adj* ♦ **he continued u.**, siguió sin inmutarse ♦ **she was u. by the storm**, no se dejó desanimar por la tormenta

undisciplined [ʌn'dɪsɪplɪnd] *adj* indisciplinado,-a

undiscovered [ʌndɪ'skʌvəd] *adj* ♦ *(un crimen, etc)* no descubierto,-a ♦ *(un país, etc)* desconocido,-a

undisguised [ʌndɪs'gaɪzd] *adj fig* no disimulado,-a

undisputed [ʌndɪ'spjuːtɪd] *adj* incontestable, indiscutible

undisturbed [ʌndɪ'stɜːbd] *adj* ♦ *(las cosas)* sin tocar ♦ *(el sueño)* ininterrumpido ♦ *(una persona)* tranquilo,-a, no molestado [**by, por**]

undivided [ʌndɪ'vaɪdɪd] *adj* íntegro,-a; **to give one's u. attention**, prestar toda la atención [**to, a**]

undo [ʌn'duː] *vtr* (*ps* **undid**; *pp* **undone**) ♦ deshacer; *(ropa)* desabrochar ♦ enmendar

undone [ʌn'dʌn] *adj* ♦ inacabado,-a, sin hacer ♦ *(cremallera)* abierto,-a; *(nudo, etc)* deshecho,-a; *(ropa)* desabrochado,-a; *(zapato)* desatado,-a ♦ **to come u.**, abrirse, deshacerse, etc

undoubted [ʌn'daʊtɪd] *adj* indudable

undoubtedly [ʌn'daʊtɪdlɪ] *adv* indudablemente

undreamt-of [ʌn'dremtɒv] *adj* nunca soñado,-a

undress [ʌn'dres] **1** *vtr* desnudar | **2** *vi* desnudarse

undressed [ʌn'drest] *adj* desnudo,-a

undrinkable [ʌn'drɪŋkəbəl] *adj* imbebible

undue [ʌn'djuː] ♦ *adj* excesivo,-a ♦ *(no adecuado)* indebido,-a

undulate ['ʌndjʊleɪt] *vi* ondular, ondear

unduly [ʌn'djuːlɪ] *adv* excesivamente

unearth [ʌn'ɜːθ] *vtr* desenterrar

unearthly [ʌn'ɜːθlɪ] *adj* ♦ sobrenatural ♦ *fam* tremendo,-a ♦ | LOC: **at this u. hour**, a esta hora intempestiva

uneasy [ʌn'iːzɪ] *adj* ♦ *(conciencia)* intranquilo,-a ♦ *(paz)* inseguro,-a ♦ *(persona)* preocupado,-a [**about, por**]

uneducated [ʌn'edjʊkeɪtɪd] *adj* inculto,-a

unemployed [ʌnɪm'plɔɪd] **1** *adj* ♦ *(persona)* en paro, parado,-a ♦ *(recurso)* sin utilizar | **2** *npl* **the u.**, los parados

unemployment [ʌnɪm'plɔɪmənt] *n* ♦ paro, desempleo ♦ *GB* **u. benefit**, *US* **u. compensation**, subsidio de desempleo

unequal [ʌn'iːkwəl] *adj* desigual

uneven [ʌn'iːvən] *adj* ♦ *(calidad)* irregular ♦ *(carretera)* con baches, en mal estado ♦ *(terreno)* accidentado,-a

uneventful [ʌnɪ'ventfʊl] *adj* ♦ *(día)* tranquilo,-a ♦ *(una vida)* sin acontecimientos, sin incidentes

unexceptional [ʌnɪk'sepʃənəl] *adj* corriente, normal

unexpected [ʌnɪk'spektɪd] *adj* ♦ *(regalo, visita)* inesperado,-a ♦ *(resultado)* imprevisto,-a

unfailing [ʌn'feɪlɪŋ] *adj* indefectible, constante

unfair [ʌn'feəʳ] *adj* ♦ *(crítica, trato)* injusto,-a [**to/on, para**] ♦ *Com* **u. competition**, competencia desleal ♦ *Lab Jur* **u. dismissal**, despido improcedente

unfaithful [ʌn'feɪθfʊl] *adj* ♦ *(cónyuge)* infiel; **to be u. to**, engañar a ♦ *(seguidor)* desleal

unfamiliar [ʌnfə'mɪljəʳ] *adj* ♦ *(hecho, cosa, etc)* desconocido,-a ♦ *(persona)* no familiarizado,-a [**with, con**]

unfashionable [ʌn'fæʃənəbəl] *adj* ♦ que no está de moda ♦ *(barrio)* poco elegante

unfasten [ʌn'fɑːsən] *vtr* ♦ *(un nudo)* desatar ♦ *(la ropa)* desabrochar

unfavourable, *US* **unfavorable** [ʌn'feɪvərəbəl] *adj* ♦ *(condiciones)* desfavorable ♦ *(crítica)* adverso,-a

unfeeling [ʌn'fiːlɪŋ] *adj* insensible

unfinished [ʌn'fɪnɪʃt] *adj* ♦ inacabado,-a, incompleto,-a ♦ | LOC: **u. business**, un asunto pendiente

unfit [ʌn'fɪt] *adj* ♦ *(físicamente)* incapacitado,-a [**for, para**]: **you're u.**, no estás en forma ♦ inadecuado,-a, no apto,-a; **u. for human consumption**, no apto para el consumo humano ♦ incompetente, indigno

unflattering [ʌnˈflætərɪŋ] *adj* ♦ *(retrato)* poco favorecedor,-ora ♦ *(comentario)* poco halagador,-ora

unfold [ʌnˈfəʊld] **1** *vtr* ♦ *(un mapa, periódico, las alas)* desplegar ♦ *(una sábana)* desdoblar, extender ♦ *(un plan)* revelar | **2** *vi* ♦ *(terreno)* extenderse ♦ *(una flor)* abrirse ♦ *(un cuento)* desarrollarse

unforeseen [ʌnfɔːˈsiːn] *adj* imprevisto,-a

unforgettable [ʌnfəˈgetəbəl] *adj* inolvidable

unforgivable [ʌnfəˈgɪvəbəl] *adj* imperdonable

unfortunate [ʌnˈfɔːtʃənɪt] *adj* ♦ *(persona)* desgraciado,-a; **to be u.,** tener mala suerte ♦ *(acontecimiento)* desafortunado,-a, funesto,-a ♦ *(comentario)* desafortunado,-a, inoportuno,-a

unfortunately [ʌnˈfɔːtʃənɪtlɪ] *adv* desafortunadamente, por desgracia

unfounded [ʌnˈfaʊndɪd] *adj* infundado,-a

unfriendly [ʌnˈfrendlɪ] *adj (unfriendlier, unfriendliest)* poco amistoso,-a, antipático,-a [**to/towards,** con]

unfurnished [ʌnˈfɜːnɪʃt] *adj* sin amueblar

ungainly [ʌnˈgeɪnlɪ] *adj* desgarbado,-a

ungodly [ʌnˈgɒdlɪ] *adj (ungodlier, ungodliest)* ♦ impío,-a, malvado,-a ♦ *fig (ruido, lío)* tremendo,-a; *(una hora)* intempestivo,-a

ungrateful [ʌnˈgreɪtfʊl] *adj* ♦ *(persona)* desagradecido,-a ♦ *frml (trabajo)* ingrato,-a

unguarded [ʌnˈgɑːdɪd] *adj* ♦ sin protección, desatendido,-a ♦ *(comentario)* imprudente; **in an u. moment,** en un momento de descuido

unhappiness [ʌnˈhæpɪnɪs] *n* ♦ tristeza ♦ desdicha ♦ descontento

unhappy [ʌnˈhæpɪ] *adj (unhappier, unhappiest)* ♦ *(cara, persona)* triste ♦ *(juventud, matrimonio)* infeliz, desgraciado,-a ♦ descontento,-a [**about,** con], preocupado,-a; **to be u. about sthg,** inquietarse por algo ♦ *(coyuntura)* desafortunado,-a

unharmed [ʌnˈhɑːmd] *adj* ileso,-a, indemne

unhealthy [ʌnˈhelθɪ] *adj (unhealthier, unhealthiest)* ♦ *(persona)* enfermizo,-a ♦ *(sitio, vicio)* malsano,-a

unheard [ʌnˈhɜːd] *adj* ♦ *(un sonido)* no oído,-a ♦ *(una petición, etc)* no atendido,-a: **her complaints went u.,** hicieron caso omiso de sus quejas

unheard of [ʌnˈhɜːdɒv] *adj* insólito,-a

unhelpful [ʌnˈhelpfʊl] *adj* ♦ *(persona)* poco servicial ♦ *(comentario)* inútil

unhook [ʌnˈhʊk] *vtr* ♦ *(cortinas, cuadro)* descolgar ♦ *(vestido)* desabrochar

unhurt [ʌnˈhɜːt] *adj* ileso,-a, indemne

unhygienic [ʌnhaɪˈdʒiːnɪk] *adj* antihigiénico,-a

unidentified [ʌnaɪˈdentɪfaɪd] *adj* no identificado,-a; **u. flying object (UFO),** objeto volador no identificado (OVNI)

unification [juːnɪfɪˈkeɪʃən] *n* unificación

uniform [ˈjuːnɪfɔːm] **1** *adj* uniforme; **at a u. speed,** a una velocidad constante | **2** *n* uniforme

uniformity [juːnɪˈfɔːmɪtɪ] *n* uniformidad

unify [ˈjuːnɪfaɪ] *vtr* unificar

unilateral [juːnɪˈlætərəl] *adj* unilateral

unimportant [ʌnɪmˈpɔːtənt] *adj* sin importancia

uninhabited [ʌnɪnˈhæbɪtɪd] *adj (pueblo)* despoblado,-a; *(casa)* deshabitado,-a

uninspired [ʌnɪnˈspaɪəd] *adj* ♦ *(persona)* sin inspiración ♦ *(actuación)* insulso,-a

uninspiring [ʌnɪnˈspaɪərɪŋ] *adj* aburrido,-a

unintelligible [ʌnɪnˈtelɪdʒəbəl] *adj* ininteligible, incomprensible

unintentional [ʌnɪnˈtenʃənəl] *adj* involuntario,-a

unintentionally [ʌnɪnˈtenʃənəlɪ] *adv* sin querer

uninterested [ʌnˈɪntrestɪd] *adj* indiferente [**in,** a]

uninteresting [ʌnˈɪntrɪstɪŋ] *adj* poco interesante

uninterrupted [ʌnɪntəˈrʌptɪd] *adj* ininterrumpido,-a

union [ˈjuːnjən] **1** *n* ♦ unión, enlace ♦ *Lab* sindicato ♦ *Pol US* **the U.,** los Estados Unidos; **U. Jack,** bandera del Reino Unido | **2** *adj* sindical

unionist [ˈjuːnjənɪst] *adj & n GB Irl* unionista *(partidario de mantener el control británico en el Ulster)*

unique [juːˈniːk] *adj* único,-a

unison [ˈjuːnɪsən] *n* unísono; **in u. with,** al unísono con

unit [ˈjuːnɪt] *n* ♦ *Com Mat Téc, etc* unidad; **u. of measurement,** unidad de medida; *Fin* **u. trust,** fondo de inversiones ♦ *(de contador)* paso ♦ departamento, servicio; *Med* **intensive care u. (ICU),** unidad de vigilancia intensiva (UVI) o unidad de cuidados intensivos (UCI) ♦

equipo, unidad ◆ *Téc* equipo, grupo, módulo; *Inform* unidad; **visual display u.**, pantalla ◆ *(mueble)* módulo, elemento
unite [juːˈnaɪt] **1** *vtr* unir | **2** *vi* unirse
united [juːˈnaɪtɪd] *adj* unido,-a; **U. Kingdom**, Reino Unido; **U. Nations**, Naciones Unidas; **U. States (of America)**, Estados Unidos (de América); **U. States of Mexico**, Estados Unidos de México
unity [ˈjuːnɪtɪ] *n* unidad
universal [juːnɪˈvɜːsəl] *adj* universal; *Téc* **u. joint**, junta de cardán
universe [ˈjuːnɪvɜːs] *n* universo
university [juːnɪˈvɜːsɪtɪ] **1** *n* universidad | **2** *adj* universitario,-a
unjust [ʌnˈdʒʌst] *adj* injusto,-a
unkempt [ʌnˈkempt] *adj* ◆ *(apariencia)* descuidado,-a ◆ *(pelo)* despeinado,-a
unkind [ʌnˈkaɪnd] *adj* ◆ poco amable, desagradable ◆ *(comentario)* cruel, hiriente
unknown [ʌnˈnəʊn] **1** *adj* desconocido,-a; *Mat & fig* **u. quantity**, incógnita | **2** *n* **the u.**, lo desconocido | **3** *adv* **u. to me/him (etc)**, sin saberlo yo/él (etc)
unlawful [ʌnˈlɔːfʊl] *adj* ilegal, ilícito,-a
unleash [ʌnˈliːʃ] *vtr* ◆ *(un perro)* desatar ◆ *(la imaginación)* liberar, desatar, dejar correr ◆ *(la guerra)* desencadenar
unless [ʌnˈles] *conj* a menos que, a no ser que, si no
unlike [ʌnˈlaɪk] **1** *adj* diferente, distinto,-a | **2** *prep* ◆ a diferencia de ◆ poco característico,-a de: **it's u. her to be late**, no suele llegar tarde ◆ distinto,-a de
unlikely [ʌnˈlaɪklɪ] *adj* ◆ poco probable ◆ *(una historia)* inverosímil ◆ raro,-a, insólito,-a
unlimited [ʌnˈlɪmɪtɪd] *adj* ilimitado,-a
unload [ʌnˈləʊd] *vtr & vi* descargar
unlock [ʌnˈlɒk] *vtr* abrir (con llave)
unluckily [ʌnˈlʌkɪlɪ] *adv* desafortunadamente, por desgracia
unlucky [ʌnˈlʌkɪ] *adj* (**unluckier, unluckiest**) ◆ *(persona)* desafortunado,-a: **you were u.**, tuviste mala suerte ◆ *(día)* funesto; *(cosa)* que trae mala suerte
unmanageable [ʌnˈmænɪdʒəbəl] *adj* ◆ *(por grande, etc)* inmanejable ◆ *(por rebelde)* incontrolable
unmanned [ʌnˈmænd] *adj (avión, nave espacial)* no tripulado,-a
unmarried [ʌnˈmærɪd] *adj* soltero,-a
unmask [ʌnˈmɑːsk] *vtr* desenmascarar

unmistakable [ʌnmɪsˈteɪkəbəl] *adj* inconfundible
unmistakably [ʌnmɪsˈteɪkəblɪ] *adv* sin lugar a dudas
unmitigated [ʌnˈmɪtɪgeɪtɪd] *adj* ◆ *(dolor)* profundo,-a ◆ *(desastre, fracaso, etc)* absoluto,-a ◆ *(canalla, etc)* redomado,-a
unmoved [ʌnˈmuːvd] *adj* impasible [**by**, ante]
unnamed [ʌnˈneɪmd] *adj* sin nombre
unnatural [ʌnˈnætʃərəl] *adj* ◆ *(comportamiento, etc)* antinatural ◆ *(color, sonido, etc)* anormal, no natural ◆ *(tono)* afectado,-a, forzado,-a
unnecessary [ʌnˈnesɪsərɪ] *adj* innecesario,-a, inútil: **it's u. to say that…**, huelga decir que…
unnerve [ʌnˈnɜː] *vtr* ◆ desconcertar ◆ poner nervioso,-a a
unnoticed [ʌnˈnəʊtɪst] *adj* desapercibido,-a; **to go u.**, pasar inadvertido,-a
unobserved [ʌnɒbˈzɜːvd] *adj* inadvertido,-a; **to pass u.**, pasar desapercibido,-a
unobtainable [ʌnəbˈteɪnəbəl] *adj* ◆ que no se puede conseguir ◆ *Tel (número)* no conectado,-a
unobtrusive [ʌnəbˈtruːsɪv] *adj* discreto,-a
unoccupied [ʌnˈɒkjʊpaɪd] *adj* desocupado,-a, libre
unofficial [ʌnəˈfɪʃəl] *adj* no oficial
unorthodox [ʌnˈɔːθədɒks] *adj* ◆ poco ortodoxo,-a ◆ *Rel* heterodoxo,-a
unpack [ʌnˈpæk] **1** *vtr* ◆ *(una maleta)* deshacer ◆ *(un paquete)* desembalar | **2** *vi* deshacer las maletas
unpaid [ʌnˈpeɪd] *adj* ◆ *(trabajo)* no remunerado,-a; *(vacaciones)* sin sueldo ◆ *(deuda)* pendiente; *(empleado)* sin cobrar sueldo
unpardonable [ʌnˈpɑːdənəbəl] *adj* imperdonable
unperturbed [ʌnpəˈtɜːbd] *adj* impasible, impertérrito,-a
unpleasant [ʌnˈplezənt] *adj* desagradable [**to/towards**, con], antipático,-a [**to/towards**, con]
unpleasantness [ʌnˈplezəntnɪs] *n* ◆ disgusto ◆ *(característica)* antipatía
unplug [ʌnˈplʌg] *vtr* desenchufar
unpopular [ʌnˈpɒpjʊlə] *adj* impopular; **to be u. with sb**, caerle mal a alguien
unprecedented [ʌnˈpresɪdentɪd] *adj* sin precedentes
unpredictable [ʌnprɪˈdɪktəbəl] *adj* ◆ *(acontecimiento, reacción)* imprevisible ◆ *(persona)* de reacciones imprevisibles

unprepared [ˌʌnprɪ'peəd] *adj* ◆ *(persona)* no preparado,-a [**for**, para]: **you caught me u.**, me cogiste desprevenido ◆ *(discurso)* improvisado,-a

unproductive [ˌʌnprə'dʌktɪv] *adj* ◆ *(inversión, etc)* improductivo,-a ◆ *(reunión, gestión)* infructuoso,-a

unprofessional [ˌʌnprə'feʃənəl] *adj* ◆ *(comportamiento)* poco profesional, contrario,-a a la ética profesional ◆ *(trabajo)* inexperto,-a

unprotected [ˌʌnprə'tektɪd] *adj* sin protección

unprovoked [ˌʌnprə'vəʊkt] *adj* no provocado,-a

unpunished [ʌn'pʌnɪʃt] *adj* impune

unqualified [ʌn'kwɒlɪfaɪd] *adj* ◆ *(persona)* sin título, sin experiencia, incompetente ◆ *(éxito, fracaso)* absoluto,-a, total ◆ *(acuerdo, aprobación)* incondicional, sin reservas

unquestionable [ʌn'kwestʃənəbəl] *adj* incuestionable

unquestioning [ʌn'kwestʃənɪŋ] *adj* ◆ *(partidario)* incondicional ◆ *(fe)* ciego,-a

unravel [ʌn'rævəl] **1** *vtr* desenmarañar | **2** *vi* desenmarañarse

unreadable [ʌn'riːdəbəl] *adj* ◆ ilegible ◆ imposible de leer: **this book is u.**, este libro es un ladrillo

unreal [ʌn'rɪəl] *adj* irreal

unrealistic [ˌʌnrɪə'lɪstɪk] *adj* poco realista

unreasonable [ʌn'riːzənəbəl] *adj* ◆ *(persona)* poco razonable ◆ *(comportamiento)* inaceptable, poco razonable ◆ *(precio)* excesivo,-a

unrefined [ˌʌnrɪ'faɪnd] *adj* ◆ *(material)* no refinado,-a, sin refinar ◆ *(persona)* inculto,-a

unrelated [ˌʌnrɪ'leɪtɪd] *adj* ◆ no relacionado,-a ◆ sin parentesco

unrelenting [ˌʌnrɪ'lentɪŋ] *adj* ◆ inexorable ◆ implacable

unreliable [ˌʌnrɪ'laɪəbəl] *adj* ◆ *(persona)* de poca confianza, poco formal ◆ *(noticia)* poco fidedigno,-a ◆ *(coche)* poco fiable

unremitting [ˌʌnrɪ'mɪtɪŋ] *adj* constante, incesante

unreserved [ˌʌnrɪ'zɜːvd] *adj* ◆ *(plaza)* no reservado,-a ◆ *(apoyo)* sin reservas, incondicional

unreservedly [ˌʌnrɪ'zɜːvədlɪ] *adv* sin reserva

unrest [ʌn'rest] *n* malestar; **social u.**, tensiones sociales; **violent u.**, disturbios

unripe [ʌn'raɪp] *adj* verde, inmaduro,-a

unrivalled, *US* **unrivaled** [ʌn'raɪvəld] *adj* sin par, sin rival

unroll [ʌn'rəʊl] *vtr* desenrollar

unruffled [ʌn'rʌfəld] *adj* ecuánime

unruly [ʌn'ruːlɪ] *adj* (**unrulier, unruliest**) ◆ *(grupo)* indisciplinado,-a; *(persona)* revoltoso,-a ◆ *(pelo)* rebelde

unsafe [ʌn'seɪf] *adj* ◆ *(barrio, máquina, etc)* inseguro,-a ◆ *(estructura)* peligroso,-a ◆ *(comida)* **u. to eat/drink**, no apto para el consumo ◆ *(persona)* inseguro,-a

unsaid [ʌn'sed] *adj* sin decir: **it is better left u.**, es mejor no decirlo

unsatisfactory [ˌʌnsætɪs'fæktərɪ] *adj* insatisfactorio,-a

unsavoury, *US* **unsavory** [ʌn'seɪvərɪ] *adj* desagradable; *(persona)* indeseable

unscathed [ʌn'skeɪðd] *adj* ileso,-a, indemne

unscrew [ʌn'skruː] *vtr* destornillar, desenroscar

unscrupulous [ʌn'skruːpjʊləs] *adj* sin escrúpulos

unseemly [ʌn'siːmlɪ] *adj frml* indecoroso,-a

unselfish [ʌn'selfɪʃ] *adj* desinteresado,-a

unsettle [ʌn'setəl] *vtr* perturbar, inquietar

unsettled [ʌn'setəld] *adj* ◆ *(situación)* inestable; *Meteo* variable ◆ *(persona)* inquieto,-a; *(vida)* movido,-a ◆ *(asunto, deuda)* pendiente ◆ *(tierra)* deshabitado,-a, sin colonizar

unsettling [ʌn'setlɪŋ] *adj* inquietante

unshaven [ʌn'ʃeɪvən] *adj* sin afeitar

unsightly [ʌn'saɪtlɪ] *adj* feo,-a, antiestético,-a

unskilled [ʌn'skɪld] *adj* ◆ *Lab (trabajador)* no cualificado,-a ◆ *(trabajo)* no especializado,-a

unsociable [ʌn'səʊʃəbəl] *adj* poco sociable, insociable, huraño,-a

unsophisticated [ˌʌnsə'fɪstɪkeɪtɪd] *adj* ◆ *(persona)* ingenuo,-a ◆ *(gusto, máquina)* poco sofisticado,-a

unspeakable [ʌn'spiːkəbəl] *adj* incalificable, atroz

unspoilt [ʌn'spɔɪlt] *adj* ◆ *(persona)* natural ◆ *(paisaje)* sin estropear

unspoken [ʌn'spəʊkən] *adj* ◆ *(acuerdo)* tácito,-a ◆ *(sentimiento)* interior, secreto,-a

unstable [ʌn'steɪbəl] *adj* inestable

unsteady [ʌnˈstedɪ] *adj* ♦ *(escalera, mueble)* inestable, poco firme ♦ *(mano, voz)* tembloroso,-a ♦ *(persona, paso)* tambaleante

unstuck [ʌnˈstʌk] *adj* despegado,-a ♦ | LOC: **to come u.**, *(proyecto)* fracasar, fallar; *(persona)* meter la pata

unsuccessful [ʌnsəkˈsesfʊl] *adj* ♦ *(persona, negociación)* fracasado,-a ♦ *(esfuerzo)* infructuoso,-a, vano,-a ♦ **to be u. in doing sthg,** no lograr hacer algo

unsuccessfully [ʌnsəkˈsesfəlɪ] *adv* en vano, sin éxito

unsuitable [ʌnˈsuːtəbəl] *adj* ♦ no apto,-a, no adecuado,-a; *(medicina, etc)* **u. for children,** no adecuado,-a para niños *(película: moralmente)* no recomendado,-a a menores ♦ *(persona)* inapropiado,-a ♦ *(comentario, momento)* inoportuno

unsuited [ʌnˈsuːtɪd] *adj (uso predicativo)* ♦ *(para un trabajo)* no apto,-a [to, para] ♦ *(pareja)* incompatible ♦ *(para un propósito)* inadecuado,-a

unsure [ʌnˈʃʊəʳ] *adj* poco seguro,-a [about, de]

unsuspecting [ʌnsəˈspektɪŋ] *adj* confiado,-a

unsympathetic [ʌnsɪmpəˈθetɪk] *adj* ♦ *(persona)* poco comprensivo,-a ♦ *(respuesta)* negativo,-a

untapped [ʌnˈtæpt] *adj (recurso, etc)* sin explotar

untarnished [ʌnˈtɑːnɪʃt] *adj fig* sin mancha

unthinkable [ʌnˈθɪŋkəbəl] *adj* impensable, inconcebible

untidy [ʌnˈtaɪdɪ] *adj* (**untidier, untidiest**) ♦ *(mesa, habitación)* desordenado,-a ♦ *(trabajo)* descuidado,-a ♦ *(persona: apariencia)* desaliñado,-a; *(hábitos)* desorganizado,-a

untie [ʌnˈtaɪ] *vtr* desatar

until [ʌnˈtɪl] 1 *prep* hasta; **u. mid-day,** hasta las doce (del mediodía); **u. tomorrow,** hasta mañana | 2 *conj* hasta que: **wait here until I call you,** espera aquí hasta que te llame; **u. he died,** hasta que murió

untold [ʌnˈtəʊld] *adj* ♦ *(historia)* sin contar ♦ *(riqueza)* incalculable; *(miseria)* indecible

untouchable [ʌnˈtʌtʃəbəl] *adj & n* intocable

untouched [ʌnˈtʌtʃt] *adj* ♦ intacto,-a: **his meal was u.,** no había probado la comida ♦ no afectado,-a [by, por]

untrained [ʌnˈtreɪnd] *adj* ♦ sin preparación profesional, inexperto,-a ♦ *(animal)* sin amaestrar

untrue [ʌnˈtruː] *adj* ♦ *(información)* falso,-a, inexacto,-a ♦ *frml* infiel [to, a]

untrustworthy [ʌnˈtrʌstwɜːðɪ] *adj* ♦ *(persona)* de poca confianza ♦ *(información)* no fidedigno,-a

unused [ʌnˈjuːzd] *adj* ♦ nuevo, sin usar; *(cinta)* virgen ♦ que no se utiliza ♦ [ʌnˈjuːst] *(sólo predicativo)* desacostumbrado,-a [to, a]

unusual [ʌnˈjuːʒʊəl] *adj* ♦ poco común, raro,-a: **it's u. to see you here,** no solemos verte por aquí ♦ *(diseño)* original ♦ excepcional

unusually [ʌnˈjuːʒʊəlɪ] *adv* excepcionalmente

unveil [ʌnˈveɪl] *vtr* descubrir, revelar

unwanted [ʌnˈwɒntɪd] *adj (persona)* no deseado,-a; *(objeto)* superfluo,-a

unwarranted [ʌnˈwɒrəntɪd] *adj* injustificado,-a

unwary [ʌnˈweərɪ] *adj* incauto,-ta, imprudente

unwavering [ʌnˈweɪvərɪŋ] *adj* firme, inquebrantable

unwelcome [ʌnˈwelkəm] *adj* ♦ *(sugerencia, visita)* inoportuno,-a, molesto,-a ♦ *(noticia)* desagradable

unwell [ʌnˈwel] *adj frml (predicativo)* indispuesto,-a

unwilling [ʌnˈwɪlɪŋ] *adj* poco dispuesto,-a: **they are u. to talk,** no quieren hablar

unwillingly [ʌnˈwɪlɪŋlɪ] *adv* de mala gana

unwind [ʌnˈwaɪnd] *(ps & pp unwound)* 1 *vtr* desenrollar | 2 *vi* ♦ desenrollarse ♦ *fig* relajarse

unwise [ʌnˈwaɪz] *adj* imprudente, desaconsejable

unwitting [ʌnˈwɪtɪŋ] *adj* inconsciente

unwittingly [ʌnˈwɪtɪŋlɪ] *adv* sin querer, sin darse cuenta

unworkable [ʌnˈwɜːkəbəl] *adj* impracticable

unworthy [ʌnˈwɜːðɪ] *adj* indigno,-a [of, de]

unwrap [ʌnˈræp] *vtr* desenvolver, abrir

up [ʌp] 1 *adv* ♦ *(dirección: más alto)* hacia arriba, para arriba; **to come/go up,** subir; **to pick up,** levantar, recoger; *(al norte o a la capital)* **I'm going up to Washington,** voy a Washington ♦ *(dirección: acercarse)* **a man came up and said...,** un hombre se me acercó y dijo...; **up and**

up-and-coming

down, de acá para allá ◆ *(posición)* arriba, en lo alto: **what are you doing up there?,** ¿qué haces allí arriba?; **halfway up,** a mitad de camino ◆ *(diferencia)* **inflation is up,** la inflación ha subido; *(ventaja)* **Juventus is two up,** el Juventus está ganando por dos goles ◆ *(levantado)* **I was up early,** me levanté pronto; **the road is up,** la calle está en obras; **the sun is up,** ha salido el sol; *fam* **up and about,** recuperado,-a ◆ *(acabado)* **our time is up,** ya no nos queda tiempo ◆ **sthg's up,** pasa algo malo *o* sospechoso; *fam* **what's up with you?,** ¿qué te pasa a ti? | **2** *prep* ◆ *(dirección)* **we walked up the hill,** subimos la colina; **up the road/river,** calle/río arriba ◆ *(posición)* en lo alto de: **I live just up the street,** vivo un poco más allá (en esta calle); **up the tree,** en lo alto del árbol; **halfway up,** a mitad de | **3 up to** *frase preposicional* ◆ hasta; **up to now,** hasta ahora; **up to a thousand,** hasta mil ◆ *(nivel)* **he's not up to the job,** no está a la altura del trabajo; **it's not up to much,** no vale para mucho; **it's not up to standard,** no alcanza la calidad ◆ *(corresponder)* **it's up to you,** como tú quieras; **if it were up to me…,** si yo tuviera que decidir… ◆ *(tramando)* **what are they up to?,** ¿qué están tramando? | **4** *adj* ◆ *fam* **to be/feel up,** estar/sentirse en plena forma ◆ que sube; **the up escalator,** la escalera mecánica para subir; *GB Ferroc* **the up train,** el tren hacia la ciudad | **4** *n* **ups and downs,** altibajos; **on the up (and up),** en alza, cada vez mejor | **5** *vtr fam* aumentar | **6** *vi fam* hacer algo sin más: **she upped and went,** cogió y se fue

up-and-coming [ˌʌpənˈkʌmɪŋ] *adj* (joven y) prometedor,-ora

upbringing [ˈʌpbrɪŋɪŋ] *n* educación

update [ʌpˈdeɪt] *vtr* actualizar, poner al día

updating [ʌpˈdeɪtɪŋ] *n* puesta al día

upgrade [ʌpˈɡreɪd] *vtr* ◆ *(a una persona)* ascender ◆ mejorar; *Inform* modernizar

upheaval [ʌpˈhiːvəl] *n* trastorno, agitación

uphill [ˈʌphɪl] **1** *adv* cuesta arriba | **2** *adj* ◆ *(camino)* en cuesta ◆ *fig (tarea)* arduo,-a

uphold [ʌpˈhəʊld] *vtr* (ps & pp **upheld**) sostener

upholstery [ʌpˈhəʊlstəri] *n* tapicería

upkeep [ˈʌpkiːp] *n* mantenimiento

uplifting [ʌpˈlɪftɪŋ] *adj frml* edificante

upon [əˈpɒn] *prep* ◆ *frml* en, encima de, sobre ◆ | LOC: **once u. a time…** ≈ érase una vez…

upper [ˈʌpə] **1** *adj* ◆ superior; **u. lip,** labio superior; *fig* **to have the u. hand,** llevar la delantera ◆ *Pol* alto,-a; **the u. house,** la cámara alta; *Geog* alto,-a: **U. Egypt,** Alto Egipto ◆ *Tip* **u.-case letter,** letra mayúscula | **2** *n (de zapato)* pala ◆ | LOC: **to be on one's uppers,** estar sin un céntimo

upper class [ˈʌpəklæs] *adj* clase alta

uppermost [ˈʌpəməʊst] *adj* más alto,-a; *fig* **your happiness is u. in my mind,** tu felicidad es lo que más me preocupa

upright [ˈʌpraɪt] **1** *adj* ◆ vertical ◆ honrado,-a | **2** *adv (andar, tenerse)* derecho | **3** *n* montante; *Ftb* poste

uprising [ˈʌpraɪzɪŋ] *n* levantamiento

uproar [ˈʌprɔːʳ] *n* tumulto, alboroto

uproot [ʌpˈruːt] *vtr* desarraigar

upset [ʌpˈset] **1** *vtr* (ps & pp **upset**) ◆ afectar: **her death really upset me,** su muerte me afectó mucho ◆ disgustar ◆ ofender, enfadar ◆ *(la comida)* sentarle mal a ◆ *(un barco)* hacer zozobrar; *(una mesa, etc)* volcar; *(un líquido)* derramar ◆ *(los planes)* desbaratar | **2** *adj (persona)* ◆ apenado,-a [**about,** por] ◆ disgustado,-a [**about,** por] ◆ ofendido,-a [**about,** por] ◆ *(estómago)* **I have an u. stomach,** estoy mal del estómago ◆ volcado,-a | **3** [ˈʌpset] *n* ◆ revés, contratiempo ◆ *Med (del estómago)* trastorno ◆ *Dep Pol* resultado inesperado

upshot [ˈʌpʃɒt] *n* resultado

upside [ˈʌpsaɪd] *n* ◆ **u. down,** al revés ◆ *fam* **the upside was that…,** lo bueno fue que del caso fue que…

upstage [ʌpˈsteɪdʒ] *vtr Teat* quitar protagonismo a; *fig* eclipsar

upstairs [ʌpˈsteəz] **1** *adv* arriba: **there is somebody u.,** hay alguien arriba | **2** *adj* de arriba | **3** *n* piso de arriba

upstream [ʌpˈstriːm] *adv* río arriba

uptight [ʌpˈtaɪt] *adj fam* nervioso,-a [**about,** por]

up-to-date [ˌʌptəˈdeɪt] *adj* ◆ *(equipo, información)* actualizado,-a ◆ *(persona)* al día, al corriente [**with,** de]

upturn [ˈʌptɜːn] *n* mejora

upturned [ˈʌptɜːnd] *adj (nariz)* respingón,-ona

upward [ˈʌpwəd] *adj* ascendente

upward(s) [ˈʌpwəd(z)] *adv* hacia arriba; **to lay face u.,** tumbarse boca arriba; **from**

a million pesetas u., a partir de un millón de pesetas; **u. of,** más de

uranium [jʊˈreɪnɪəm] *n* uranio

Uranus [jʊˈreɪnəs] *n* Urano

urban [ˈɜːbən] *adj* urbano,-a

urbane [ɜːˈbeɪn] *adj* fino,-a, cortés

urchin [ˈɜːtʃɪn] *n* ◆ *(niño)* golfillo,-a ◆ *Zool* **sea u.,** erizo de mar

urge [ɜːdʒ] 1 *vtr* ◆ instar, exhortar; **to u. sb to do sthg,** instar a alguien a que haga algo ◆ **to u. that sthg should be done,** recomendar encarecidamente que se haga algo | 2 *n* impulso

■ **urge on** *vtr* animar a

urgency [ˈɜːdʒənsɪ] *n* urgencia

urgent [ˈɜːdʒənt] *adj* ◆ *(asunto)* urgente ◆ *(tono)* apremiante

urinate [ˈjʊərɪneɪt] *vi* orinar

urine [ˈjʊərɪn] *n* orina

urn [ɜːn] *n* ◆ urna ◆ **tea u.,** tetera grande

Uruguay [ˈjʊərəgwaɪ] *n* Uruguay

Uruguayan [jʊərəˈgwaɪən] *adj* & *n* uruguayo,-a

us [ʌs] *pron pers* ◆ *(objeto directo e indirecto)* nos: **he's seen us,** nos ha visto; **give us the money,** danos el dinero ◆ *(después de prep)* nosotros,-as: **come with us,** ven con nosotros; **there are three of us,** somos tres ◆ *(después de to be)* nosotros,-as: **who is it? - it's us!,** ¿quién es? - ¡somos nosotros! ◆ *fam* me: **give us a job!,** ¡dame un trabajo!

US [juːˈes] *(abr de United States)* Estados Unidos, EE.UU.

USA [juːesˈeɪ] *(abr de United States of America)* Estados Unidos de América, EE.UU.

usage [ˈjuːsɪdʒ] *n* ◆ *Ling* uso ◆ *frml* costumbre, usanza

use [juːz] 1 *vtr* ◆ emplear, usar, utilizar [**as,** de]: **I u. a fountain pen,** utilizo una estilográfica; **what's this thing used for?,** ¿para qué sirve este chisme? ◆ *(un servicio, etc)* hacer uso de: **may I u. your phone?,** ¿puedo usar tu teléfono? ◆ *(gasolina, electricidad)* consumir, gastar ◆ *pey (explotar)* utilizar ◆ *fam* **I could use a sandwich,** no me vendría mal un bocadillo | 2 [juːs] *n* ◆ uso, empleo: **this word is no longer in u.,** esta palabra ya no se usa; **to make good u. of sthg,** sacar partido de algo; **"instructions for u.",** "modo de empleo"; **out of u.,** fuera de servicio, en desuso ◆ **to have the u. of sthg,** poder utilizar algo ◆ utilidad: **is this of any u. to you?,** ¿esto te sirve para algo?; **it's no u.,** es inútil; **this key is no u.,** esta llave no sirve para nada; **what's the u. of arguing?,** ¿de qué sirve discutir?

■ **use up** *vtr* acabar

used [juːzd] *adj* ◆ usado,-a, viejo,-a ◆ [juːst] **to be u. to,** estar acostumbrado,-a a ➢ Ver nota en **soler**

use to [juːs] *v. aux (sólo en ps)* soler, acostumbrar: **I used to live here,** vivía aquí; **did you u. to watch Dallas?,** ¿veías Dallas? ➢ Ver nota en **soler**

useful [ˈjuːsfʊl] *adj* ◆ útil, *(consejo)* práctico,-a ◆ **to come in u.,** venir bien; **to make oneself u.,** ayudar en algo

usefulness [ˈjuːsfʊlnɪs] *n* utilidad

useless [ˈjuːslɪs] *adj* ◆ inútil, *(persona)* **to be u. at sthg,** ser negado,-a para algo

user [ˈjuːzəʳ] *n* ◆ usuario,-a ◆ *fam* drogadicto,-a

user-friendly [ˈjuːzəˈfrendlɪ] *adj Inform* fácil para el usuario

usher [ˈʌʃəʳ] 1 *n* ◆ *Cine Teat* acomodador,-ora ◆ *Jur* ujier | 2 *vtr* **to u. sb in,** hacer pasar; **to u. sb out,** acompañar a alguien hasta la puerta

usual [ˈjuːʒʊəl] 1 *adj* ◆ normal, corriente: **it's u. to leave a tip,** es normal dejar una propina ◆ habitual: **he went to his u. table,** fue a su mesa habitual; **...and ordered his u. whisky,** y pidió el whisky de costumbre; **as u.,** como siempre; **more than u.,** más que de costumbre | 2 *n fam (bebida)* lo de siempre

usually [ˈjuːʒʊəlɪ] *adv* normalmente

utensil [juːˈtensəl] *n* utensilio; **kitchen utensils,** batería de cocina

uterus [ˈjuːtərəs] *n Anat* útero

utilitarian [juːtɪlɪˈteərɪən] *adj* utilitario,-a

utility [juːˈtɪlɪtɪ] *n* ◆ utilidad; *Com* **(public) u.,** empresa de servicio público ◆ **u. room,** cuarto para lavar y planchar

utilize [ˈjuːtɪlaɪz] *vtr frml* utilizar

utmost [ˈʌtməʊst] 1 *adj* mayor, sumo,-a; **with the u. care,** con sumo cuidado | 2 *n* **to do** *o* **try one's u.,** hacer todo lo posible [**to** + *inf*, por + *inf*]; **to the u.,** hasta más no poder

utopian [juːˈtəʊpɪən] *adj* utópico,-a

utter [ˈʌtəʳ] 1 *vtr* pronunciar; *(un grito)* dar, lanzar: **he didn't u. a word,** no dijo ni pío; *(un grito, una amenaza)* lanzar | 2 *adj* total, completo,-a

U-turn [ˈjuːtɜːn] *n Auto* cambio de sentido; *Pol* giro de ciento ochenta grados

V, v [vi:] *n* ◆ *(letra)* V, v ◆ **V-sign,** signo de la victoria ◆ *(gesto obsceno)* ≃ corte de mangas
vacancy ['veɪkənsɪ] *n* ◆ *Lab* vacante ◆ *(en hotel, pensión)* habitación libre
vacant ['veɪkənt] *adj* ◆ *Lab* vacante; *GB* **'situations v.',** 'ofertas de trabajo' ◆ *(habitación, etc)* vacío,-a; *(W.C., etc)* libre ◆ *(mirada)* ausente
vacate [və'keɪt] *vtr* desalojar
vacation [və'keɪʃən] 1 *n* vacaciones; **on v.,** de vacaciones | 2 *vi US* estar de vacaciones **[in, at,** en]
vacationer [və'keɪʃənə'], **vacationist** [və'keɪʃənɪst] *n US* veraneante
vaccinate ['væksɪneɪt] *vtr* vacunar
vaccination [væksɪ'neɪʃən] *n Med* vacunación
vaccine ['væksi:n] *n* vacuna
vacuum ['vækjʊəm] 1 *n* vacío; **v. cleaner,** aspiradora; **v. flask,** termo | 2 *vtr fam* pasar la aspiradora por
vacuum-packed ['vækjʊəmpækt] *adj* envasado,-a al vacío
vagina [və'dʒaɪnə] *n Anat* vagina
vagrant ['veɪgrənt] *adj & n* vagabundo,-a
vague [veɪg] *adj* ◆ *(concepto, etc)* vago,-a, impreciso,-a ◆ *(forma)* borroso,-a ◆ *(persona)* distraído,-a
vain [veɪn] *adj* ◆ *(persona)* vanidoso,-a, presumido,-a ◆ *(esfuerzo)* vano,-a; **in v.,** en vano
valentine ['væləntaɪn] *n* ◆ **St. V.'s Day,** el día de los enamorados ◆ tarjeta que se manda el día de San Valentín ◆ novio,-a
valet ['væleɪ] *n* ayuda de cámara
valiant ['væljənt] *adj* valiente
valid ['vælɪd] *adj* ◆ *(argumento)* legítimo,-a ◆ *(documento)* válido,-a; **no longer v.,** caducado,-a
validity [və'lɪdɪtɪ] *n* validez
valley ['vælɪ] *n* valle
valuable ['væljʊəbəl] 1 *adj* valioso,-a, de valor | 2 *npl* **valuables,** objetos de valor
valuation [væljʊ'eɪʃən] *n* valoración, tasación

value ['vælju:] 1 *n* ◆ valor: **it is of no v.,** no tiene ningún valor; **v. added tax,** impuesto sobre el valor añadido ◆ **that car is good v. for money,** ese coche tiene una buena relación calidad-precio ◆ **values** *pl*, valores | 2 *vtr* valorar [**at,** en]
valve [vælv] *n* ◆ *Anat Téc* válvula ◆ *Rad* lámpara
vampire ['væmpaɪə'] *n* vampiro
van [væn] *n GB* ◆ *Auto* furgoneta ◆ *Ferroc* furgón
vandal ['vændəl] *n* vándalo,-a, gamberro,-a
vandalism ['vændəlɪzəm] *n* vandalismo, gamberrismo
vandalize ['vændəlaɪz] *vtr* dañar, destrozar *(a propósito)*
vanguard ['vængɑːd] *n* vanguardia
vanilla [və'nɪlə] *n* vainilla
vanish ['vænɪʃ] *vi* desaparecer
vanity ['vænɪtɪ] *n* vanidad; **v. bag,** neceser
vantage ['vɑːntɪdʒ] *n* ◆ *Tenis* ventaja ◆ **v. point,** posición estratégica; *(para turistas, etc)* mirador
vaporize ['veɪpəraɪz] 1 *vtr* vaporizar, evaporar | 2 *vi* evaporarse
vapour, *US* **vapor** ['veɪpə'] *n* vapor; *(en un cristal)* vaho; *Av* **v. trail,** estela de humo
variable ['veərɪəbəl] 1 *adj* ◆ *Mat Meteo* variable ◆ *(calidad)* desigual | 2 *n* variable
variance ['veərɪəns] *n frml* **to be at v.** *(los hechos)* no concordar; *(las personas)* discrepar [**with,** de]
variant ['veərɪənt] *n* variante
variation [veərɪ'eɪʃən] *n* variación
varicose ['værɪkəʊs] *adj* **v. veins,** varices
varied ['veərɪd] *adj* variado,-a, diverso,-a
variety [və'raɪɪtɪ] *n* ◆ variedad, diversidad ◆ surtido; **for a v. of reasons,** por diversas razones ◆ *Bot Zool* clase, variedad ◆ *Teat* **v. show,** espectáculo de variedades
various ['veərɪəs] *adj* diversos,-as, varios,-as
varnish ['vɑːnɪʃ] 1 *n* barniz; *GB* **nail v.,** laca de uñas | 2 *vtr* barnizar; *(las uñas)* pintar

vary ['veərɪ] 1 vtr variar, cambiar | 2 vi ◆ variar, oscilar: **the temperature varies between 30 and 40 degrees,** la temperatura oscila entre 30 y 40 grados ◆ *(personas)* discrepar [**from,** de] ◆ *(de la norma)* desviarse [**from,** de]
vase [vɑːz] n florero, jarrón
Vaseline◆ ['væsɪliːn] n vaselina◆
vast [vɑːst] adj vasto,-a, enorme; **the v. majority,** la inmensa mayoría
VAT, Vat [viːeɪˈtiː, væt] *(abr de value added tax)* impuesto sobre el valor añadido, IVA
vat [væt] n cuba, tinaja
Vatican ['vætɪkən] n **the V.,** el Vaticano
vault [vɔːlt] 1 vtr & vi saltar | 2 n ◆ *Dep* salto ◆ *Arquit* bóveda; *(tumba)* cripta ◆ cámara acorazada
VDU [viːdiːˈjuː] n *Inform (abr de visual display unit)* unidad de representación visual, monitor
veal [viːl] n ternera
veer [vɪəʳ] vi virar
vegetable ['vedʒtəbəl] n ◆ *Bot* vegetal ◆ *Culin* verdura, hortaliza
vegetarian [vedʒɪˈteərɪən] adj & n vegetariano,-a
vegetation [vedʒɪˈteɪʃən] n vegetación
vehement ['viːɪmənt] adj vehemente
vehicle ['viːɪkəl] n vehículo
veil [veɪl] 1 n velo | 2 vtr velar
veiled [veɪld] adj ◆ *(cara)* tapado,-a, cubierto,-a ◆ *(amenaza, crítica)* velado,-a
vein [veɪn] n ◆ *Anat Bot Zool* vena ◆ *Geol* veta
velocity [vɪˈlɒsɪtɪ] n velocidad
velvet ['velvɪt] n terciopelo
velvety ['velvɪtɪ] adj aterciopelado,-a
vending ['vendɪŋ] n **v. machine,** máquina expendedora
vendor ['vendɔːʳ] n vendedor,-ora; **street v.,** vendedor ambulante
veneer [vɪˈnɪəʳ] 1 n ◆ chapa ◆ *fig* apariencia, barniz | 2 vtr *(un mueble, joya, etc)* chapar
venerable ['venərəbəl] adj venerable
venereal [vɪˈnɪərɪəl] adj venéreo,-a
Venetian [vɪˈniːʃən] adj & n veneciano,-a; **v. blind,** persiana veneciana
Venezuela [venɪˈzweɪlə] n Venezuela
Venezuelan [venɪˈzweɪlən] adj & n venezolano,-a
vengeance ['vendʒəns] n venganza; **to take one's v. on sb,** vengarse de alguien, tomar represalias contra alguien ◆ | LOC: **with a v.,** *fam* con ganas

venison ['venzən, 'venɪsən] n *Culin* carne de venado
venom ['venəm] n veneno
venomous ['venəməs] adj ◆ *(serpiente, planta)* venenoso,-a ◆ *(mirada)* maligno,-a; *(lengua)* viperino,-a
vent [vent] 1 n ◆ rejilla de ventilación; **air v.,** respiradero ◆ *Cost* abertura | 2 vtr *fig (la rabia, etc)* descargar [**on,** sobre]
ventilate ['ventɪleɪt] vtr ventilar
ventilation [ventɪˈleɪʃən] n ventilación
ventilator ['ventɪleɪtəʳ] n ventilador
ventriloquist [venˈtrɪləkwɪst] n ventrílocuo,-a
venture ['ventʃəʳ] 1 n empresa, aventura; *Com* operación; **joint v.,** empresa conjunta | 2 vtr *(una opinión)* aventurar, expresar | 3 vi atreverse, aventurarse; **to v. into a forest,** osar entrar en un bosque; **to v. out of doors,** atreverse a salir
venue ['venjuː] n ◆ lugar de reunión ◆ *(para un concierto)* local
Venus ['viːnəs] n *Astron* & *Mit* Venus
verb [vɜːb] n verbo
verbal ['vɜːbəl] adj verbal
verbatim [vəˈbeɪtɪm] 1 adj textual | 2 adv palabra por palabra
verbose [vɜːˈbəʊs] adj verboso,-a
verdict ['vɜːdɪkt] n ◆ *Jur* veredicto, fallo, sentencia ◆ opinión, juicio
verge [vɜːdʒ] 1 n ◆ borde; **to be on the v. of doing sthg,** estar a punto de hacer algo; **on the v. of a nervous breakdown,** al borde de un ataque de nervios ◆ *GB Auto* arcén

■ **verge on** vtr rayar en
verification [verɪfɪˈkeɪʃən] n verificación, comprobación
verify ['verɪfaɪ] vtr verificar, comprobar
veritable ['verɪtəbəl] adj auténtico,-a
vermin ['vɜːmɪn] npl ◆ *(animales)* alimañas ◆ *(insectos)* bichos ◆ *fig (personas)* chusma
versatile ['vɜːsətaɪl] adj ◆ *(objeto)* versátil ◆ *(persona)* polifacético,-a
verse [vɜːs] n ◆ versos, poesía ◆ *(género)* verso ◆ *Lit* & *Mús* estrofa ◆ *(de la Biblia)* versículo
versed [vɜːst] adj versado,-a; **to be well v. in,** ser versado en
version ['vɜːʃən, 'vɜːʒən] n versión
versus ['vɜːsəs] prep contra
vertebra ['vɜːtɪbrə] n *(pl vertebras o vertebrae* ['vɜːtɪbriː]*)* vértebra
vertical ['vɜːtɪkəl] adj & n vertical
vertigo ['vɜːtɪgəʊ] n vértigo

verve [vɜːv] *n* brío

very ['verɪ] 1 *adv* ◆ muy, mucho, -ísimo: **are you happy? - very,** ¿estás contenta? - mucho; **it's v. hot,** hace mucho calor; **v. interesting,** muy interesante; **v. much,** muchísimo ◆ *(enfático)* **at the v. latest,** como muy tarde; **the v. best,** el mejor (de todos): **it's the v. best way,** sin lugar a dudas es la mejor manera; **the v. same place,** el mismísimo sitio | 2 *adj* ◆ mismo: **she's the v. person for the job,** es la persona ideal para el trabajo; **that's the v. thing I need,** eso es justo lo que necesito; **at that v. moment,** en ese mismo momento ◆ **from the v. beginning,** desde el principio ◆ solo,-a: **the v. idea!,** ¡ni hablar!

vessel ['vesəl] *n* ◆ vasija ◆ *Náut* buque, nave; **cargo v.,** carguero ◆ *Anat Bot* vaso

vest [vest] *n* ◆ *GB* camiseta ◆ *US* chaleco

vested ['vestɪd] *adj* ◆ **v. interest,** interés personal ◆ **v. interests,** intereses creados

vestige ['vestɪdʒ] *n* vestigio

vestry ['vestrɪ] *n* sacristía

vet [vet] 1 *n fam* ◆ *(abr de veterinary surgeon)* veterinario,-a ◆ *US (abr de veteran)* excombatiente | 2 *vtr GB* someter a investigación

veteran ['vetərən] 1 *n* ◆ veterano,-a ◆ *US* **(war) v.,** excombatiente | 2 *adj* veterano,-a

veterinarian [vetərɪ'neərɪən] *n US* veterinario,-a

veterinary ['vetərɪnərɪ] *adj* veterinario,-a; *GB* **v. surgeon,** veterinario,-a

veto ['viːtəʊ] 1 *n (pl vetoes)* veto | 2 *vtr Pol* vetar

vexed [vekst] *adj* ◆ *(cuestión)* controvertido,-a ◆ *(persona)* enfadado,-a [about, por] ◆ desconcertado,-a

via ['vaɪə] *prep* por, a través de, vía

viable ['vaɪəbəl] *adj* viable, factible

viaduct ['vaɪədʌkt] *n* viaducto

vibrant ['vaɪbrənt] *adj* ◆ *(sonido, ambiente)* vibrante ◆ *(luz)* brillante

vibrate [vaɪ'breɪt] *vi* vibrar [with, de]

vibration [vaɪ'breɪʃən] *n* vibración

vicar ['vɪkər] *n Rel GB (anglicano)* párroco, pastor,-ora *(católico)* vicario

vicarage ['vɪkərɪdʒ] *n GB* casa del párroco

vicarious [vɪ'keərɪəs] *adj (sentimiento)* indirecto,-a; **v. pleasure,** placer al ver disfrutar a otra persona

vice [vaɪs] 1 *n* ◆ vicio ◆ *Téc* torno de banco | 2 *pref* vice-; **v. president,** vicepresidente,-a

vice versa [vaɪsɪ'vɜːsə] *adv* viceversa

vicinity [vɪ'sɪnɪtɪ] *n* ◆ inmediaciones, alrededores ◆ vecindad ◆ **in the v. of a hundred dollars,** alrededor de cien dólares

vicious ['vɪʃəs] *adj* ◆ *(perro)* fiero,-a; *(persona)* despiadado,-a, cruel; *(crimen)* atroz ◆ *(comentario)* malintencionado,-a ◆ **v. circle,** círculo vicioso

victim ['vɪktɪm] *n* víctima

victimize ['vɪktɪmaɪz] *vtr* perseguir, tratar injustamente

victor ['vɪktər] *n* vencedor,-ora

victorious [vɪk'tɔːrɪəs] *adj* victorioso,-a

victory ['vɪktərɪ] *n* victoria

video ['vɪdɪəʊ] 1 *n (aparato, película)* vídeo; **v. camera,** videocámara; **v. cassette,** videocasete; **v. game,** videojuego | 2 *vtr* → **video-tape**

video-tape ['vɪdɪəʊteɪp] *vtr* grabar (en vídeo)

view [vjuː] 1 *n* ◆ panorama, vista; **a beautiful v.,** un hermoso panorama; **with a sea v.,** con vistas al mar ◆ **in view,** visible, a la vista; **in full v. of sb,** a la vista de alguien; **to come into v.,** aparecer; *(cuadro, etc)* **to be on v.,** estar expuesto,-a ◆ opinión; **in my v.,** a mi parecer; **point of v.,** punto de vista; *fam* **to take a dim v. of sthg,** ver algo con malos ojos ◆ **in v. of sthg,** en vista de; **in v. of the fact that...,** dado que... ◆ **with a v. to,** con miras a | 2 *vtr* ◆ mirar, ver ◆ *(con miras a comprar)* examinar, ver ◆ considerar

viewer ['vjuːər] *n* ◆ *TV* telespectador,-ora ◆ *Fot* visor

viewfinder ['vjuːfaɪndər] *n Fot* visor

viewpoint ['vjuːpɔɪnt] *n* punto de vista

vigil ['vɪdʒɪl] *n* vigilia

vigilant ['vɪdʒɪlənt] *adj* alerta

vigilante [vɪdʒɪ'læntɪ] *n* **v. group,** patrulla ciudadana

vigorous ['vɪgərəs] *adj* vigoroso,-a, enérgico,-a; *(rechazo)* rotundo,-a

vigour, *US* **vigor** ['vɪgər] *n* vigor

vile [vaɪl] *adj* ◆ *(acción)* vil, infame ◆ *(olor, sabor)* asqueroso,-a ◆ *(color, diseño)* horroroso,-a

villa ['vɪlə] *n* ◆ *Hist* villa ◆ casa de campo ◆ *GB* chalet

village ['vɪlɪdʒ] *n* ◆ *(grande)* pueblo; *(pequeño)* aldea, lugar ◆ **v. hall,** sala comunal del pueblo

villager ['vɪlɪdʒər] *n* aldeano,-a

villain ['vɪlən] *n* ◆ villano,-a; *Cine Lit Teat* malo,-a ◆ *GB fam* maleante
vinaigrette [vɪneɪ'gret] *n* vinagreta
vindicate ['vɪndɪkeɪt] *vtr* justificar, reivindicar
vindictive [vɪn'dɪktɪv] *adj* vengativo,-a
vine [vaɪn] *n* vid, parra
vinegar ['vɪnɪɡəʳ] *n* vinagre
vineyard ['vɪnjəd] *n* viña, viñedo
vintage ['vɪntɪdʒ] **1** *n* ◆ *(de la uva)* vendimia, cosecha: **1985 was an excellent v.,** la cosecha de 1985 fue excelente | **2** *adj* ◆ *(vino)* añejo,-a ◆ *(año, temporada)* excelente ◆ *(película)* clásico,-a; *(coche)* de época
vinyl ['vaɪnɪl] *n* vinilo
viola [vɪ'əʊlə] *n* viola
violate ['vaɪəleɪt] *vtr (un lugar sagrado, un precepto, una ley)* violar
violence ['vaɪələns] *n* violencia
violent ['vaɪələnt] *adj* ◆ *(persona, comportamiento)* violento,-a ◆ *(emoción, dolor)* intenso,-a, violento,-a
violet ['vaɪəlɪt] **1** *n* ◆ *Bot* violeta ◆ *(color)* violeta; **v. seller,** violetera | **2** *adj* violeta
violin [vaɪə'lɪn] *n* violín
violinist [vaɪə'lɪnɪst] *n* violinista
VIP [viː'aɪ'piː] *fam (abr de **very important person**)* personaje muy importante, VIP
viper ['vaɪpəʳ] *n* víbora
virgin ['vɜːdʒɪn] **1** *n* virgen; **the V. Mary,** la Virgen María | **2** *adj* virgen; **the v. birth,** el misterio de la concepción de Cristo
virginity [və'dʒɪnɪtɪ] *n* virginidad
Virgo ['vɜːɡəʊ] *n Astrol* Virgo
virile ['vɪraɪl] *adj* viril
virtual ['vɜːtʃʊəl] *adj* ◆ *Inform (realidad)* virtual ◆ efectivo,-a: **he was a v. slave,** era prácticamente un esclavo
virtually ['vɜːtʃʊəlɪ] *adv* prácticamente
virtue ['vɜːtjuː, 'vɜːtʃuː] *n* ◆ virtud ◆ *frml* **by/in v. of,** en virtud de
virtuous ['vɜːtʃʊəs] *adj* virtuoso,-a
virulent ['vɪrʊlənt] *adj* virulento,-a
virus ['vaɪrəs] *n* virus
visa ['viːzə] *n* visado, *LAm* visa
vis-à-vis [viːzɑː'viː] *prep frml* con respecto a, en relación con
viscose ['vɪskəʊs] *n* viscosa
viscount ['vaɪkaʊnt] *n* vizconde
visibility [vɪzɪ'bɪlɪtɪ] *n* visibilidad
visible ['vɪzɪbəl] *adj* visible
vision ['vɪʒən] *n* ◆ *(facultad)* visión, vista ◆ clarividencia ◆ sueño, visión
visit ['vɪzɪt] **1** *vtr* visitar, hacer una visita a | **2** *vi* hacer visitas | **3** *n* visita; **to pay sb a v.,** hacerle una visita a alguien; **on a v.,** de visita

visiting ['vɪzɪtɪŋ] *adj* ◆ *Dep* visitante ◆ *(horas, tarjeta)* de visita
visitor ['vɪzɪtəʳ] *n* ◆ *(social)* invitado,-a: **you've got a v.,** tienes visita ◆ *(de un museo, ciudad)* visitante ◆ *(en un hotel)* cliente ◆ *(en un país, estado)* forastero,-a
visor ['vaɪzəʳ] *n* visera
vista ['vɪstə] *n* vista, panorama
visual ['vɪʒʊəl, 'vɪzjʊəl] *adj* visual; **v. aids,** medios visuales; **the v. arts,** las artes plásticas
visualize ['vɪʒʊəlaɪz, 'vɪzjʊəlaɪz] *vtr* ◆ imaginar(se) ◆ prever
vital ['vaɪtəl] *adj* ◆ esencial, fundamental; *(decisión)* crítico,-a, vital ◆ *frml* enérgico,-a ◆ **v. statistics** *pl, (de la población)* estadísticas demográficas; *fam (de una mujer)* medidas ◆ *Med* vital
vitality [vaɪ'tælɪtɪ] *n* vitalidad
vitally ['vaɪtəlɪ] *adv* **it's v. important,** es de vital importancia
vitamin ['vɪtəmɪn, US 'vaɪtəmɪn] *n* vitamina
vivacious [vɪ'veɪʃəs] *adj* vivaz
vivacity [vɪ'væsɪtɪ] *n* viveza, vivacidad
vivid ['vɪvɪd] *adj* ◆ *(color)* vivo,-a, intenso,-a ◆ *(recuerdo)* vívido,-a ◆ *(descripción)* gráfico,-a ◆ *(imaginación)* fértil
vividly ['vɪvɪdlɪ] *adv* ◆ *(acordarse, describir)* vívidamente ◆ *(decorar)* vistosamente
vixen ['vɪksən] *n Zool* zorra
vivisection [vɪvɪ'sekʃən] *n* vivisección
V-neck(ed) ['viːnek(t)] *adj (jersey)* de (cuello de) pico
vocabulary [və'kæbjʊlərɪ] *n* vocabulario
vocal ['vəʊkəl] *adj* ◆ *Anat Mús* vocal ◆ *(minoría, etc)* ruidoso,-a
vocalist ['vəʊkəlɪst] *n* cantante, vocalista
vocation [vəʊ'keɪʃən] *n* vocación
vocational [vəʊ'keɪʃənəl] *adj* profesional; **v. guidance/training,** orientación/ formación profesional
vociferous [vəʊ'sɪfərəs] *adj* ◆ *(persona)* vociferante ◆ *(protesta)* enérgico,-a
vodka ['vɒdkə] *n* vodka
vogue [vəʊg] *n* boga, moda; **in v.,** de moda
voice [vɔɪs] **1** *n* ◆ voz: **keep your v. down,** baja la voz ◆ | LOC: **to lose one's v.,** quedarse afónico; **at the top of one's v.,** a voz en grito | **2** *vtr (una opinión)* manifestar ◆ *Ling* sonorizar
void [vɔɪd] **1** *adj* ◆ *Jur* nulo,-a, inválido,-a ◆ *frml* **v. of,** desprovisto,-a de | **2** *n* vacío
volatile ['vɒlətaɪl] *adj* volátil
volcanic [vɒl'kænɪk] *adj* volcánico,-a

volcano [vɒlˈkeɪnəʊ] *n* (*pl volcanoes*) volcán

volition [vəˈlɪʃən] *n frml* **of one's own v.,** por voluntad propia, motu proprio

volley [ˈvɒlɪ] **1** *n* ◆ (*de artillería*) descarga ◆ (*de insultos*) sarta ◆ *Ten is* volea | **2** *vtr Ten* volear

volleyball [ˈvɒlɪbɔːl] *n* voleibol

volt [vəʊlt] *n* voltio

voltage [ˈvəʊltɪdʒ] *n* voltaje

volume [ˈvɒljuːm] *n* ◆ *Áudio Fís* volumen; **v. control,** control de volumen; (*de un recipiente*) capacidad; (*de un río*) caudal ◆ (*libro*) volumen, tomo; *fig* **to speak volumes,** decirlo todo [**about,** de]

voluminous [vəˈljuːmɪnəs] *adj* voluminoso,-a

voluntary [ˈvɒləntərɪ] *adj* voluntario,-a; **v. organization,** organización benéfica; **v. worker,** voluntario,-a

volunteer [vɒlənˈtɪər] **1** *n* voluntario,-a | **2** *vtr* (*ayuda, consejo*) ofrecer ◆ (*comentario*) hacer | **3** *vi* ◆ ofrecerse [**for,** para] ◆ *Mil* alistarse como voluntario

voluptuous [vəˈlʌptjʊəs] *adj* voluptuoso,-a

vomit [ˈvɒmɪt] **1** *vtr & vi* vomitar | **2** *n* vómito

vomiting [ˈvɒmɪtɪŋ] *n* vómito(s)

voracious [vɒˈreɪʃəs] *adj* voraz

vortex [ˈvɔːteks] *n* (*pl* **vortices** [ˈvɔːtɪsiːz]) vórtice; *fig* vorágine

vote [vəʊt] **1** *n* ◆ voto; (*acción*) votación; **v. of censure/confidence,** voto de censura/confianza | **2** *vtr* ◆ (*a un partido*) votar ◆ (*a una persona*) elegir | **3** *vi* votar; **to v. for sb,** votar a alguien; **to v. for/against sthg,** votar por/en contra de algo; **to v. on sthg,** someter algo a votación

voter [ˈvəʊtər] *n* votante

voting [ˈvəʊtɪŋ] *n* votación

vouch [vaʊtʃ] *vi* **to v. for sthg/sb,** responder de algo/por alguien

voucher [ˈvaʊtʃər] *n GB* vale, cupón

vow [vaʊ] **1** *n* voto | **2** *vtr* jurar

vowel [ˈvaʊəl] *n Ling* vocal

voyage [ˈvɔɪɪdʒ] *n* viaje (en barco *o* nave espacial); **sea v.,** travesía ➢ Ver nota en **viaje**

vulgar [ˈvʌlgər] *adj* ◆ vulgar, ordinario,-a ◆ de mal gusto, hortera

vulgarity [vʌlˈgærɪtɪ] *n* ◆ vulgaridad, ordinariez ◆ mal gusto

vulnerable [ˈvʌlnərəbəl] *adj* vulnerable

vulture [ˈvʌltʃər] *n* buitre

vulva [ˈvʌlvə] *n Anat* vulva

W, w [ˈdʌbəljuː] *n* ◆ (*letra*) W, w ◆ (*abr de West*) oeste, O ◆ *abr de* **watt(s)** vatio W

wad [wɒd] *n* ◆ (*de algodón*) bolita, copo ◆ (*de papeles*) fajo

wade [weɪd] *vi* caminar por el agua
■ **wade across** *vtr* vadear
■ **wade through** *vtr* ◆ (*el agua, fango*) caminar por ◆ *fam* (*un libro*) leerse a duras penas

wafer [ˈweɪfər] *n* barquillo; *Rel* hostia

waffle [ˈwɒfəl] **1** *n* ◆ *Culin* gofre ◆ (*hablado*) palabrería ◆ (*escrito*) paja | **2** *vi* ◆ hablar sin decir gran cosa ◆ (*al escribir*) meter paja

wag [wæg] **1** *vtr* menear | **2** *vi* (*el rabo*) menearse

wage [weɪdʒ] **1** *n* (*usu pl*) salario, sueldo; **w. earner,** asalariado,-a ➢ Ver nota en **salario** | **2** *vtr* (*la guerra*) hacer [**on,** a]; (*una campaña*) proseguir [**against,** contra]

wager [ˈweɪdʒər] **1** *n* apuesta | **2** *vtr* apostar

waggle [ˈwægəl] → **wag**

wa(g)gon [ˈwægən] *n* ◆ (*tirado por caballos*) carro, carreta; **covered w.,** carromato ◆ *GB Ferroc* vagón

wail [weɪl] **1** *n* ◆ (*de un bebé*) llanto, vagido ◆ (*de pena, tristeza*) lamento ◆ (*de una sirena de un barco, etc*) ulular | **2** *vi* ◆ (*persona*) lamentarse, gemir ◆ (*sirena de un barco, etc*) ulular

waist [weɪst] *n* ♦ *Anat* cintura, talle ♦ *Cost* talle

waistcoat ['weɪstkəʊt] *n GB* chaleco

waistline ['weɪstlaɪn] *n* cintura; *fig* línea

wait [weɪt] 1 *n* espera: **we'll have a long w.,** tenemos para rato; **to lie in w.,** estar al acecho [**for,** de] | 2 *vi* esperar: **w. a moment,** espera un momento; **while you w.,** en el acto; **he can't wait to meet you,** se muere de ganas de conocerte; **to w. until sthg happens** *o* **for sthg to happen,** esperar a que pase algo | 2 *vtr* (*el turno, la oportunidad*) esperar ➤ Ver nota en **esperar** ♦ (*un camarero*) servir

■ **wait about/around** *vi* esperar, perder el tiempo

■ **wait on** *vtr* servir a

■ **wait up** *vi* no acostarse: **don't w. up for me,** no me esperes levantado,-a

waiter ['weɪtə'] *n* camarero

waiting ['weɪtɪŋ] *n* espera; **w. list/room,** lista/sala de espera; **'no w.',** 'prohibido aparcar'

waitress ['weɪtrɪs] *n* camarera

waive [weɪv] *vtr frml* prescindir de

wake [weɪk] 1 *vtr* (*ps* woke; *pp* woken) despertar | 2 *vi* despertar (se) ➤ Ver nota en **despertar** | 3 *n* ♦ estela, consecuencia: **the war brought misery in its w.,** la guerra dejó una estela de miseria ♦ (*de un muerto*) velatorio

■ **wake up** *vi* ♦ despertarse ♦ espabilarse | 2 *vtr* despertar

Wales [weɪlz] *n* (el país de) Gales

walk [wɔːk] 1 *n* ♦ paseo; (*más arduo*) caminata; **to go for a w.,** ir de paseo ♦ (*distancia*) **it's a ten-minute w.,** está a diez minutos a pie ♦ paso, andar ♦ *fig* **w. of life,** profesión, clase social | 2 *vi* andar, ir andando; **to w. in one's sleep,** ser somnámbulo,-a | 3 *vtr* ♦ **to w. the streets,** andar por las calles ♦ (*una distancia*) recorrer (a pie) ♦ (*un perro*) pasear; (*a una persona*) **to w. sb home,** acompañar a alguien a casa

■ **walk about** *vi* pasearse, ir y venir
■ **walk away** *vi* alejarse, marcharse
■ **walk into** *vtr* ♦ (*un sitio*) entrar en ♦ (*un árbol, etc*) darse contra ♦ *fig* (*una trampa*) caer en
■ **walk off** *vi* marcharse
■ **walk off/with** *vtr* llevarse
■ **walk out** *vi* ♦ salir ♦ (*de una reunión*) retirarse, abandonar; *Lab* ir a la huelga ♦ **to w. out on sb,** abandonar a alguien
■ **walk up** *vi* ♦ subir andando ♦ acudir

walker ['wɔːkə'] *n* ♦ *Dep* marchador,-ora ♦ **I'm a slow w.,** ando despacio

walking ['wɔːkɪŋ] 1 *n* excursionismo | 2 *adj* ♦ (*paso*) de marcha; **w. stick,** bastón ♦ ambulante: **she's a w. encyclopaedia,** es una enciclopedia ambulante

walkout ['wɔːkaʊt] *n Lab* huelga

walkover ['wɔːkəʊvə'] *n Dep* victoria fácil; *fig* pan comido

walkway ['wɔːkweɪ] *n* pasarela

wall [wɔːl] 1 *n* ♦ (*interior*) pared; (*delgado*) tabique ♦ (*exterior*) muro; (*de ciudad*) muralla; (*de jardín*) tapia, muro ♦ | LOC: *Com* **to drive sb. up the w.,** volver loco a alguien; **to go to the w.,** irse a pique; **walls have ears,** las paredes oyen

■ **wall off** *vt* separar con un muro
■ **wall up** *vtr* ♦ (*una puerta, etc*) tapiar ♦ (*a una persona*) emparedar

walled [wɔːld] *adj* (*ciudad*) amurallado,-a; (*jardín*) tapiado,-a

wallet ['wɒlɪt] *n* cartera

wallflower ['wɔːlflaʊə'] *n Bot* alhelí

wallop ['wɒləp] *fam* 1 *n* golpazo | 2 *vtr* pegar fuerte

wallow ['wɒləʊ] *vi* revolcarse [**en,** in] ♦ | LOC: *fig* **to w. in self-pity,** regodearse en la autocompasión

wallpaper ['wɔːlpeɪpə'] 1 *n* papel pintado | 2 *vtr* empapelar

wally ['wɒlɪ] *n fam* imbécil

walnut ['wɔːlnʌt] *n* (*fruto*) nuez; (*árbol, madera*) nogal

walrus ['wɔːlrəs] *n Zool* morsa

waltz [wɔːls] 1 *n* vals | 2 *vi* ♦ valsar, bailar vals ♦ *fam* **to w. in/out,** entrar/salir tan fresco,-a

wan [wɒn] *adj* (**wanner, wannest**) ♦ pálido,-a ♦ triste

wand [wɒnd] *n* (**magic**) **w.,** varita (mágica)

wander ['wɒndə'] 1 *vtr* (*las calles, el mundo*) vagar por | 2 *vi* ♦ vagar, deambular; **to w. in/out,** entrar/salir como si tal cosa ♦ alejarse [**away from,** de], desviarse [**off,** de]: **his glance wandered round the room,** recorrió el cuarto con la mirada

wane [weɪn] *vi* (*la luna*) menguar; (*el interés*) decaer, decrecer

wank [wæŋk] *argot vulgar* 1 *n* paja | 2 *vi* hacerse una paja

wanker ['wæŋkə'] *argot vulgar n* gilipollas, pendejo,-a

want [wɒnt] 1 *n* ♦ *frml* miseria ♦ carencia, falta; **for want of sthg,** por falta de algo ♦ **wants** *pl,* necesidades | 2 *vtr* ♦ que-

wanting

rer, desear: **I w. to go home,** quiero irme a casa ◆ *(la policía, etc)* buscar; **"wanted"**, "se busca" ◆ *(precio)* pedir ◆ *fam (persona)* deber, necesitar: **you w. to be careful,** debes tener cuidado ◆

> Normalmente, el verbo **to want** va seguido de infinitivo (**I want to buy a new car,** *quiero comprar un coche nuevo*) o de complemento directo más infinitivo: **I want you to buy me some matches.** *Quiero que me compres cerillas.* Sin embargo, recuerda que **to want** seguido de gerundio significa *necesitar* y adquiere un matiz pasivo: **The room wants cleaning.** *Hay que limpiar la habitación* (lit.: *la habitación necesita ser limpiada*).

wanting ['wɒntɪŋ] *adj frml* ◆ deficiente [**in,** en] ◆ **to be found w.,** no dar la talla
wanton ['wɒntən] *adj* ◆ *(violencia, crueldad)* gratuito,-a ◆ *frml (vida)* disipado,-a, lascivo,-a
war [wɔː^r] 1 *n* ◆ guerra: **the w. broke out in 1939,** la guerra estalló en 1939; **to be at w.,** estar en guerra [**with,** con]; *fig* **to declare w. on,** declarar la guerra a ◆ *(entre las clases, contra la delincuencia)* lucha | 2 *adj* de guerra; **w. crimes,** crímenes de guerra
ward [wɔːd] 1 *n* ◆ *(de un hospital)* sala ◆ *Jur* pupilo,-a ◆ *GB Pol* distrito electoral
■ **ward off** *vtr* ◆ *(una enfermedad)* prevenir ◆ *(un ataque)* rechazar ◆ *(un golpe)* desviar
warden ['wɔːdən] *n* ◆ *(de una residencia)* guardián,-ana ◆ *(de una cárcel)* alcaide ◆ *Rel* **church w.,** coadjutor,-ora; *Auto* **traffic w.,** controlador,-ora de estacionamiento
warder ['wɔːdə^r] *n GB* celador,-ora
wardrobe ['wɔːdrəʊb] *n* ◆ *(mueble)* armario ◆ *(ropa)* guardarropa ◆ *Teat* vestuario
warehouse ['weəhaʊs] *n* almacén
wares [weəz] *npl* mercancías
warfare ['wɔːfeə^r] *n* guerra; **germ w.,** guerra bacteriológica
warhead ['wɔːhed] *n* **(nuclear) w.,** cabeza nuclear
warm [wɔːm] 1 *adj* ◆ *(agua, comida)* templado,-a, tibio,-a; *(día)* cálido,-a: **it is quite w.,** hace bastante calor; *(ni frío ni caliente)* tibio,-a ➢ Ver nota en **calor** ◆ *(ropa)* de abrigo ◆ *(persona)* cariñoso,-a; *(acogida)* caluroso,-a; *(color)* cálido,-a | 2 *n fam*

796

come into the w., entra y caliéntate | 3 *vtr* calentar | 4 *vi* ◆ calentarse ◆ **to w. to sb,** cogerle simpatía a alguien
■ **warm up** 1 *vtr* ◆ *(la comida, un sitio)* calentar ◆ *(un coche)* calentar ◆ *(el ambiente)* animar | 2 *vi* ◆ *(comida, sitio)* calentarse; *(persona)* entrar en calor ◆ *(el ambiente)* animarse ◆ *(deportista)* hacer ejercicios de calentamiento, calentar
warm-blooded [wɔːm'blʌdɪd] *adj* de sangre caliente
warm-hearted [wɔːm'hɑːtɪd] *adj* afectuoso,-a
warmly ['wɔːmlɪ] *adv fig* ◆ **w. dressed,** bien abrigado,-a ◆ *(agradecer, saludar)* calurosamente
warmth [wɔːmθ] *n Fís* calor; *fig* cordialidad
warn [wɔːn] *vtr* ◆ advertir, alertar [**about,** sobre], avisar [**of,** de], prevenir [**against,** contra]: **she warned me that it would be dangerous,** me advirtió que sería peligroso
warning ['wɔːnɪŋ] 1 ◆ advertencia: **let this be a w.,** que esto sirva de advertencia ◆ aviso; **without w.,** sin previo aviso ◆ *(policía, etc)* amonestación ◆ **w. light,** piloto; **w. sign,** señal de aviso; **w. triangle,** triángulo de señalización
warp [wɔːp] 1 *vtr* ◆ *(una madera, un metal)* combar ◆ *fig (una mente)* pervertir | 2 *vi* combarse
warrant ['wɒrənt] 1 *n* ◆ *Jur* orden; **arrest w.,** orden de búsqueda y captura; **search w.,** orden de registro ◆ *Com* vale | 2 *vtr* ◆ *frml* justificar ◆ *Com* garantizar
warranty ['wɒrəntɪ] *n Com* garantía
warren ['wɒrən] *n* conejera; *fig* laberinto
warrior ['wɒrɪə^r] *n* guerrero,-a
warship ['wɔːʃɪp] *n* buque de guerra
wart [wɔːt] *n* verruga
wartime ['wɔːtaɪm] *n* tiempo de guerra
wary ['weərɪ] *adj* (**warier, wariest**) cauteloso,-a; **I am w. of saying anything,** no quiero decir nada; **to be w. of sb/sthg,** tener dudas acerca de alguien/algo
was [wɒz] *ps* → **be**
wash [wɒʃ] 1 *n* ◆ lavado; **to have a w.,** lavarse ◆ colada: **it's in the w.,** se está lavando *o* está para lavar ◆ *Náut* estela ◆ *Arte* aguada | 2 *vtr* ◆ lavar; *(la vajilla)* fregar ◆ *(un río, etc)* arrastrar | 3 *vi* ◆ *(persona)* lavarse ◆ *(detergente, jabón)* lavar ◆ *(el mar)* moverse
■ **wash away** *vtr* ◆ *(el agua)* llevarse ◆ *(la suciedad)* quitar lavando

■ **wash off** vi quitarse lavando
■ **wash out 1** vtr ◆ *(una mancha)* quitar lavando ◆ *(la boca, etc)* enjuagar | **2** vi quitarse lavando
■ **wash up 1** vtr ◆ *GB (los platos)* fregar ◆ *(usu pasivo)* **the body was washed up near Cádiz,** el mar arrojó el cadáver a una playa próxima a Cádiz | **2** vi ◆ *GB* fregar los platos ◆ *US* lavarse
washable ['wɒʃəbəl] adj lavable
washbasin ['wɒʃbeɪsən], **washbowl** ['wɒʃbəʊl] n palangana
washer ['wɒʃəʳ] n ◆ lavadora ◆ *Téc* arandela
washing ['wɒʃɪŋ] n ◆ *(acción)* lavado ◆ *(de ropa)* colada ◆ ropa para lavar ◆ ropa lavada, colada; **w. line,** cuerda de tender la ropa; **w. machine,** lavadora; **w. powder,** detergente
washing-up [wɒʃɪŋ'ʌp] n GB ◆ fregado: **I'll do the w.-u.,** yo fregaré; **w.-u. liquid,** lavavajillas ◆ platos para fregar
washout ['wɒʃaʊt] n fam desastre, fracaso
washroom ['wɒʃruːm] n US servicios
wasp [wɒsp] n Zool avispa
wastage ['weɪstɪdʒ] n desperdicio, pérdidas
waste [weɪst] **1** n ◆ *(de tiempo, etc)* pérdida ◆ *(de recursos)* derroche, despilfarro: **it's a w. of money,** eso es tirar el dinero; **to go to w.,** desperdiciarse ◆ residuos, desechos; **w. pipe,** desagüe ◆ **wastes** pl, tierra baldía | **2** adj ◆ *(productos)* desechado,-a; *(agua)* residual; **w. food,** restos de comida ◆ *(tierra)* baldío,-a | **3** vtr ◆ *(el tiempo)* perder ◆ *(recursos)* derrochar, despilfarrar ◆ *(el esfuerzo, etc)* desperdiciar, malgastar ◆ *(una oportunidad)* perder, no aprovechar
■ **waste away** vi consumirse
wasteful ['weɪstfʊl] adj ◆ *(persona)* derochador,-ora ◆ *(método, etc)* poco económico,-a
wastepaper [weɪst'peɪpəʳ] n papeles viejos; **w. basket,** papelera
watch [wɒtʃ] **1** n ◆ *(aparato)* reloj ◆ Mil *persona)* centinela; *(del estado, una compañía)* guardia; **to be on w.,** estar de guardia ◆ vigilancia; **to be on the w. for sb/sthg,** estar alerta por si viene alguien/sucede algo; **to keep w. on sthg/sb,** vigilar algo/a alguien | **2** vtr ◆ mirar, ver, observar ➤ Ver nota en **ver** ◆ *(la televisión, deportes)* ver, mirar ◆ *(a una persona)* vigilar ◆ cuidar, vigilar: **please w. my luggage,** por favor, vigila mi equipaje ◆ tener cuidado con: **w. where you're going!,** ¡mira por dónde vas!; **w. it!,** ¡cuidado!, ¡ojo! | **3** vi mirar, observar
■ **watch out** vi ◆ tener cuidado: **w. out!,** ¡cuidado! ◆ estar atento,-a: **w. out for mistakes,** estate atento por si acaso hay errores
watchdog ['wɒtʃdɒg] n ◆ perro guardián ◆ *(persona)* guardián,-ana; *(organización)* organismo de control
watchful ['wɒtʃfʊl] adj vigilante
watchmaker ['wɒtʃmeɪkəʳ] n relojero,-a
watchman ['wɒtʃmən] n vigilante; **night w.,** vigilante nocturno, sereno
watchstrap ['wɒtʃstræp] n correa de reloj
watchtower ['wɒtʃtaʊəʳ] n atalaya
water ['wɔːtəʳ] **1** n ◆ agua: **he's fallen in the w.,** se ha caído al agua; **fresh w.,** agua dulce; **salt w.,** agua salada ◆ *frml* **to pass w.,** orinar ◆ | LOC: **that excuse doesn't hold w.,** esa excusa no cuela; **to get into hot w.,** meterse en un lío [for/over, por] | **2** adj *(deporte, planta)* acuático,-a | **3** vtr ◆ *(una planta)* regar ◆ *(vino)* aguar | **4** vi **my eyes began to w.,** empezaron a llorarme los ojos; **his mouth watered,** se le hizo la boca agua
■ **water down** *(una bebida)* aguar
watercolour, *US* **watercolor** ['wɔːtəkʌlə] n Arte acuarela
watercress ['wɔːtəkres] n berro
waterfall ['wɔːtəfɔːl] n *(de un río)* catarata
waterfront ['wɔːtəfrʌnt] n ◆ zona ribereña ◆ *Ind US* **the w.,** los muelles
watering ['wɔːtərɪŋ] n **w. can,** regadera; *(para animales)* **w. place,** abrevadero
waterline ['wɔːtəlaɪn] n línea de flotación
waterlogged ['wɔːtəlɒgd] adj *(tierra)* anegado,-a
watermark ['wɔːtəmɑːk] n filigrana
watermelon ['wɔːtəmelən] n sandía
waterproof ['wɔːtəpruːf] **1** adj *(tela)* impermeable; *(reloj)* sumergible | **2** n impermeable | **3** vtr impermeabilizar
watershed ['wɔːtəʃed] n ◆ *Geog* línea divisoria de aguas ◆ *fig* **to mark a w.,** marcar un hito
water-skiing ['wɔːtəskiːɪŋ] n esquí acuático
watertight ['wɔːtətaɪt] adj hermético,-a
waterway ['wɔːtəweɪ] n vía fluvial, canal

waterworks ['wɔːtəwɜːks] *npl* ◆ planta de tratamiento de aguas, (planta) depuradora ◆ *Med fam* vías urinarias

watery ['wɔːtərɪ] *adj* ◆ *(sopa, vino)* aguado,-a ◆ *(color)* pálido,-a ◆ *(los ojos)* lloroso,-a

watt [wɒt] *n* vatio

wave [weɪv] **1** *n* ◆ *(en el mar)* ola ◆ *fig (de personas, emoción, etc)* oleada, ola ◆ *(en el pelo)* onda ◆ saludo con la mano ◆ *Fís* onda | **2** *vtr* ◆ *(una bandera, un palo, etc)* agitar; **to wave sb. goodbye**, hacerle adiós a alguien con la mano ◆ *(el pelo)* ondular, rizar | **3** *vi* ◆ saludar con la mano ◆ decir adiós con la mano ◆ hacer señas con la mano ◆ *(un árbol)* mecerse; *(una bandera)* ondear

wavelength ['weɪvleŋθ] *n Fís Rad* longitud de onda

waver ['weɪvəʳ] *vi* ◆ dudar, vacilar [**between**, entre] ◆ *(el ánimo)* flaquear ◆ *(la voz)* temblar

wavy ['weɪvɪ] *adj* (**wavier, waviest**) ondulado,-a

wax [wæks] **1** *n* ◆ cera ◆ **sealing w.**, lacre | **2** *vtr* ◆ encerar ◆ *(las piernas, etc)* depilar con cera

way [weɪ] **1** *n* ◆ camino: **he is on his w.**, está en camino; **his house is rather out of the w.**, su casa está algo apartada *o* su casa queda bastante a trasmano; **I know the w.**, conozco el camino; **is this the w. to the beach?**, ¿es éste el camino a la playa?; **to lead the w.**, ir delante, mostrar el camino; **to lose one's w.**, perderse; **to make one's w.**, encaminarse, abrirse camino; **to stop on on the w.**, parar en el camino; **the w. back**, el camino de regreso; **w. down**, bajada; **w. in**, entrada; **w. out**, salida; **w. up**, subida ◆ paso: **it's on my w.**, me pilla de paso; **to give w.**, ceder el paso; **to make w.**, dejar paso [**for**, a]; *Auto* **right of w.**, prioridad ◆ camino, vía; **by w. of Bangkok**, vía Bangkok; **over the w.**, enfrente ◆ **to be in the w.**, estorbar *o* bloquear el camino: **get out of the w.!**, ¡quítate de en medio!; **to keep out of sb's w.**, evitar *o* esquivar a alguien ◆ **let's get this out of the w.**, quitemos esto de en medio; **she has a baby on the w.**, está esperando un niño; *fig* **to go out of one's w. to do sthg**, desvivirse por hacer algo; **to pave the w. for sthg**, preparar el terreno para algo; **by the w.**, a propósito, por cierto ◆ distancia: **it's a long w. from here**, está lejos de aquí; **to go some/a long w. towards sthg**, contribuir en cierta/gran medida a algo; *fig* **to go a long w.**, *(comida, etc)* cundir; *(persona)* ir muy lejos; **to go all the w.**, ir hasta el final ◆ *(dirección)* **is this the right w.?**, ¿es por aquí?; **come this w.**, ven por aquí; **which w.?**, ¿por dónde?; **the wrong w. up/round**, al revés; **"this w. up"**, "este lado hacia arriba"; *fig* **to look the other w.**, hacer la vista gorda ◆ manera, modo, forma: **I did it my w.**, lo hice a mi manera; **you can't have it all ways**, no se puede estar en misa y repicando; **the w. he speaks**, su forma de hablar; **the w. we were**, tal como éramos; **to get one's w.**, salirse con la suya; **to learn the hard w.**, aprender a fuerza de escarmentar; **a good w. to clean leather**, una buena manera de limpiar el cuero; **a w. of life**, una forma de vida; **in a w.**, en cierto modo; **(in) one w. or another**, de un modo o de otro; **in no w.**, de ninguna manera; **no w.!**, ¡ni hablar! ◆ estado: **he's in a bad w.**, está muy mal; **that's the w. it is**, así es ◆ don: **he has a w. with words**, tiene facilidad de palabra ◆ progreso, movimiento; **under w.**, en marcha ◆ costumbre *(usu pl)*: **she has some strange ways**, tiene algunos hábitos raros; **I'm rather set in my ways**, tengo unas costumbres bastante arraigadas | **2** *adv fam* mucho, muy: **they are w. ahead**, están muy por delante; **w. back in 1957**, allá por 1957; **w. past bedtime**, mucho después de la hora de acostarse

wayside ['weɪsaɪd] *n fig* **to fall by the w.**, quedarse por el camino

WC [dʌbljuːˈsiː] *(abr de* **water closet**) váter, WC

we [wiː] *pron pers* nosotros,-as

weak [wiːk] *adj* ◆ *(físicamente)* débil ◆ *(carácter, economía, etc)* débil ◆ *(trabajo)* flojo,-a ◆ *(argumento)* poco convincente ◆ *(café)* poco cargado,-a

weaken ['wiːkən] **1** *vtr* debilitar | **2** *vi* debilitarse ◆ ceder, ablandarse

weakling ['wiːklɪŋ] *n* enclenque

weakness ['wiːknɪs] *n* ◆ *(física)* debilidad ◆ *(de carácter)* flaqueza ◆ *(en un argumento, etc)* punto flaco ◆ **to have a w. for sthg**, tener debilidad por algo

wealth [welθ] *n* riqueza

wealthy ['welθɪ] *adj* (**wealthier, wealthiest**) rico,-a

wean [wiːn] *vtr* ◆ *(a un bebé)* destetar ◆ *fig* **to w. sb off sthg**, quitarle a alguien costumbre de hacer algo

weapon ['wepən] *n* arma

wear [weəʳ] **1** *vtr (ps* **wore**; *pp* **worn**) ♦ *(gafas, perfume, ropa)* llevar (puesto,-a), vestir; *(zapatos)* calza, ponerse: **I'm going to w. a suit**, voy a ponerme un traje ♦ desgastar | **2** *vi (tela, etc)* durar; **to w. well**, ser muy resistente ♦ **to w. thin** *(una alfombra)* desgastarse; *(la paciencia)* agotarse | **3** *n* ♦ desgaste; **w. and tear**, desgaste natural ♦ *(ropa)* uso; **for everyday w.**, para uso diario ♦ *frml* ropa; **ladies'/men's w.**, ropa de señoras/caballeros

■ **wear away 1** *vtr* ♦ *(piedra)* desgastar ♦ *(una inscripción)* borrar | **2** *vi* ♦ *(una piedra)* desgastarse ♦ *(una inscripción)* borrarse

■ **wear down 1** *vtr* ♦ (des)gastar ♦ *(la resistencia)* vencer; *(a una persona)* agobiar | **2** *vi* desgastarse

■ **wear off** *vi* ♦ *(el dolor)* calmarse ♦ *(un efecto)* pasar ♦ *(pintura)* desgastarse

■ **wear out 1** *vtr* ♦ gastar ♦*(a una persona, etc)* agotar | **2** *vi* gastarse

wearily ['wɪərɪlɪ] *adv* con cansancio

weary ['wɪərɪ] **1** *adj* (**wearier**, **weariest**) ♦ cansado,-a ♦ *frml* harto,-a [**of**, de] | **2** *vtr* cansar | **3** *vi* cansarse [**of**, de]

weasel ['wi:zəl] *n* Zool comadreja

weather ['weðəʳ] **1** *n* tiempo; **what's the w. like?**, ¿qué tiempo hace?; **in cold w.**, cuando hace frío; **w. forecast**, pronóstico del tiempo ♦ | LOC: **to be under the w.**, estar pachucho,-a | **2** *vtr* ♦ *(madera, etc)* desgastar ♦ **to w. a storm**, capear el temporal

weather-beaten ['weðəbi:tən] *adj* curtido,-a

weathercock ['weðəkɒk] *n* veleta

weatherman ['weðəmæn] *n* hombre del tiempo

weave [wi:v] **1** *vtr (ps* **wove**; *pp* **woven**) ♦ *(tela, etc)* tejer; *(cestería)* hacer, tejer ♦ entretejer | **2** *vi* ♦ tejer ♦ *(camino, persona)* zigzaguear | **3** *n* tejido

weaver ['wi:vəʳ] *n* tejedor,-ora

web [web] *n* ♦ Zool telaraña ♦ *(de mentiras)* maraña, red

we'd [wi:d] ♦ **we had** ♦ **we would**

wedding ['wedɪŋ] *n* boda, casamiento; **w. cake/present**, pastel/regalo de boda; **w. day**, día de la boda; **w. dress**, traje de novia; **w. reception**, banquete de bodas; **w. ring**, alianza

wedge [wedʒ] **1** *n* ♦ cuña ♦ *(de queso)* trozo (grande) | **2** *vtr* ♦ *(una puerta)* poner una cuña a ♦ apretar, meter a presión

Wednesday ['wenzdɪ] *n* miércoles

wee [wi:] *fam* **1** *n* pipí | **2** *vi* hacer pipí | **3** *adj* pequeñito,-a

weed [wi:d] **1** *n* ♦ Bot mala hierba ♦ *(persona)* debilucho,-a | **2** *vtr* ♦ escardar ♦ *fig* **to w. out**, eliminar | **3** *vi* escardar

weedkiller ['wi:dkɪləʳ] *n* herbicida

weedy ['wi:dɪ] *adj* (**weedier**, **weediest**) *pey (persona)* debilucho,-a

week [wi:k] *n* semana; **in a week's time**, dentro de una semana; **last/next w.**, la semana pasada/que viene; **twice a w.**, dos veces por semana; **w. in, w. out**, semana tras semana

weekday ['wi:kdeɪ] *n* día laborable

weekend [wi:k'end] *n* fin de semana

weekly ['wi:klɪ] **1** *adj* semanal | **2** *adv* semanalmente | **3** *n (revista)* semanario

weep [wi:p] **1** *vi (ps & pp* **wept**) ♦ llorar ♦ *(una herida)* supurar | **2** *vtr (lágrimas)* llorar, derramar

weeping ['wi:pɪŋ] *adj* **w. willow**, sauce llorón

weigh [weɪ] **1** *vtr* ♦ pesar ♦ *fig (argumentos, etc)* sopesar | **2** *vi* **to w. against sb**, perjudicar a alguien ♦ **to w. on sb's mind**, preocupar a alguien

■ **weigh down** *vtr* (sobre)cargar

■ **weigh in** *vi Dep* pesarse

■ **weigh up** *vtr (una situación)* evaluar; *(los pros y los contras)* sopesar

weight [weɪt] **1** *n* ♦ peso; **to lose w.**, adelgazar; **to put on w.**, engordar ♦ *(de una opinión)* peso ♦ *Mec* pesa

weighting ['weɪtɪŋ] *n GB* prima, plus

weighty ['weɪtɪ] *adj* (**weightier**, **weightiest**) ♦ *(asunto)* importante; *(problema)* serio,-a ♦ pesado,-a

weir [wɪəʳ] *n* presa

weird [wɪəd] *adj* raro,-a, extraño,-a

welcome ['welkəm] **1** *adj* ♦ *(persona)* bienvenido,-a: **you're w. to come with me**, puedes venir conmigo si quieres; **thanks - you're w.**, gracias - de nada; **to make sb w.**, acoger bien a alguien ♦ *(noticia, etc)* grato,-a | **2** *n* bienvenida, acogida | **3** *vtr* ♦ *(a una persona)* acoger; darle la bienvenida a ♦ *(noticia)* acoger con agrado

welcoming ['welkəmɪŋ] *adj* ♦ *(persona)* acogedor,-ora ♦ *(palabras, etc)* de bienvenida

weld [weld] *vtr* soldar

welfare ['welfeəʳ] *n* ♦ bienestar; **child w.**, protección de menores; **w. state**, estado del bienestar ♦ asistencia social; **w. work-**

we'll

er, asistente social ◆ prestaciones de la seguridad social

we'll [wi:l] ◆ we will ◆ we shall

well[1] [wel] 1 *n* ◆ pozo ◆ **(stair) w.,** hueco de la escalera | 2 *vi (líquido)* manar ■ **well up** *vi* brotar, manar

well[2] [wel] 1 *adj (better, best)* ◆ *(de salud)* bien: **he's not w.** no está bien; **to get w.,** reponerse ◆ *(satisfactorio)* bien: **it's just as w. (that),** menos mal (que) ◆ **it's all very w. to talk,** es fácil decirlo | 2 *adv (better, best)* ◆ bien: **Spain is doing w.,** España va bien; **they may w. decide to stay,** es muy posible que decidan quedarse; **you sing w.,** cantas bien; *(persona)* **to do w.,** prosperar: **w. done!,** ¡muy bien! ◆ mucho: **it cost w. over a million,** costó mucho más de un millón ◆ fácilmente: **you might as w. go home,** más vale que vuelvas a casa; **I couldn't very w. leave,** difícilmente podría irme; **he might w. die,** puede que muera ◆ oportuno: **it's just as w. (that) you came,** menos mal que viniste ◆ **as w.,** también; **as w. as,** además de | 3 *excl* bueno: *(para introducir un discurso)* **w., let's begin,** bien, empecemos; *(concesión)* **w., if you insist,** bueno, si te empeñas; *(sorpresa)* **w., w.!,** ¡vaya!; *(duda)* **w...,** pues...; *(expectación)* **w.?,** ¿y entonces?

well-behaved ['welbɪheɪvd] *adj (niño)* formal, educado,-a; *(animal)* manso,-a, dócil

well-being ['welbi:ɪŋ] *n* bienestar

well-built ['welbɪlt] *adj* ◆ *(persona)* fornido,-a ◆ *(barco, edificio)* de construcción sólida

well-earned ['welɜ:nd] *adj* merecido,-a

well-educated [wel'edʊkeɪtɪd] *adj* culto,-a

wellingtons ['welɪŋtənz] *npl* botas de goma

well-informed ['welɪnfɔ:md] *adj* bien informado,-a

well-kept [wel'kept] *adj* ◆ *(jardín)* bien cuidado,-a ◆ *(secreto)* bien guardado,-a

well-known ['welnəʊn] *adj* conocido,-a, famoso,-a

well-meaning [wel'mi:nɪŋ] *adj* bien intencionado,-a

well-off [wel'ɒf] *adj* acomodado,-a, pudiente

well-read [wel'red] *adj* culto,-a, leído,-a

well-spoken [wel'spəʊkən] *adj* bienhablado,-a

well-to-do [weltə'du:] *adj* acomodado,-a, pudiente

well-wisher ['welwɪʃə[r]] *n* admirador,-ora

Welsh [welʃ] 1 *adj* galés,-esa | 2 *n* ◆ *(idioma)* galés ◆ **the W.** *pl*, los galeses

Welshman ['welʃmən] *n* galés

Welshwoman ['welʃwʊmən] *n* galesa

went [went] *ps* → go

wept [wept] *ps* & *pp* → weep

we're [wɪə[r]] → we are

were [wɜ:[r], forma débil wə[r]] *ps* → be

west [west] 1 *n* ◆ oeste; **in the w. of London,** en el oeste de Londres; **to the w. of London,** al oeste de Londres ◆ *Pol* **the W.,** Occidente; *(de los EE.UU.)* el Oeste | 2 *adj* oeste, occidental | 3 *adv* al oeste, hacia el oeste

western ['westən] 1 *adj* del oeste, occidental; **W. Europe,** Europa Occidental | 2 *n Cine* western, película del oeste

West Indian [west'ɪndɪən] *adj* & *n* antillano,-a

West Indies [west'ɪndɪz] *npl* Antillas

westward ['westwəd] *adj* **in a w. direction,** hacia el oeste *o* en dirección al oeste

westward(s) ['westwəd(z)] *adv* hacia el oeste

wet [wet] 1 *adj (wetter, wettest)* ◆ *(la ropa, el papel)* mojado,-a; *(una persona)* calado,-a; **w. through** *(una persona)* calado, hasta los huesos; *(una cosa)* empapado,-a *(la pintura etc)* fresco,-a: **"w. paint",** "recién pintado" ◆ *(día, etc)* lluvioso,-a ◆ *pey (persona)* blandengue ◆ **w. blanket,** aguafiestas; **w. suit,** traje isotérmico | 2 *n* ◆ *Meteor* **the w.,** la lluvia; **out in the w.,** a la intemperie ◆ *pey (persona)* timorato,-a ◆ *GB Pol* conservador moderado | 3 *vtr (ps* & *pp wet)* ◆ mojar ◆ **to w. oneself,** orinarse; **to w. the bed,** orinarse en la cama

we've [wi:v] → we have

whack [wæk] 1 *vtr* golpear (fuertemente) | 2 *n* ◆ golpe, porrazo ◆ *GB fam* porción

whale [weɪl] *n (pl whale o whales) Zool* ballena

wharf [wɔ:f] *n (pl wharves* [wɔ:vz]) *(para embarcaciones)* muelle

what [wɒt, forma débil wət] 1 *adj* ◆ *(en preguntas directas e indirectas)* ¿qué?: **don't know w. day it is,** no sé qué día es; **w. sort of meat do you want?,** ¿qué tipo de carne quieres? ◆ *(relativo) frml* **w. little I have is yours,** lo poco que tengo es tuyo ◆ *(excl)* qué: **w. big teeth!,** ¡qué dientes más grandes! | 2 *pron* ◆ *(en preguntas directas)* ¿qué?, ¿cuál?, ¿cómo

¿cuánto?: **w.?**, ¿qué?, ¿cómo?; **w. did you say?**, ¿qué has dicho?; **w. does it cost**, ¿cuánto cuesta?; **w. is his name?**, ¿cuál es su nombre?; **w. is that?**, ¿qué es eso?; **w.'s the matter?**, ¿qué pasa?; **w. is she like?**, ¿cómo es?; **w. about a coffee?**, ¿qué te parece un café?; **w. if...?**, ¿y si...?; **w. of it?**, ¿y qué?; *fam* **are you deaf or w.?**, ¿eres sordo,-a o qué? ◆ *(en preguntas indirectas)* qué: **I don't know w. he said**, no sé qué dijo; **I asked w. she thought**, le pregunté qué pensaba; **tell you w....**, se me ocurre una idea... ◆ *(relativo)* lo que: **that's not w. I said**, eso no es lo que dije; **w. we want is peace**, lo que queremos es la paz | 3 *excl* **w.?**, ¿qué?, ¿qué me dices?; **w. a cheek!**, ¡vaya morro!; **w. a nice man!**, ¡qué hombre más simpático!; *fam GB* **you w.?**, ¿que qué?

whatever [wɒt'evəʳ, forma débil wət'evəʳ] 1 *adj* cualquier(a): **you can study w. subject you like**, puedes estudiar cualquier asignatura que te guste; **for w. reason**, por cualquier motivo | 2 *pron* lo que, todo lo que: **he will do w. you say**, hará todo lo que le digas; *(en preguntas: enfático)* qué: *(tb* **what ever)** **w. are you doing?**, ¿qué diablos estás haciendo?; *fam* algo: **use a screwdriver or w.**, usa un destornillador o algo semejante; **w. you do, don't forget her birthday**, sobre todo, no te olvides de su cumpleaños | 3 *adv (con negativo)* **no money w.**, absolutamente nada de dinero; **nobody/nothing w.**, nadie/nada en absoluto

whatsoever [wɒtsəʊ'evəʳ] *adj frml* **nothing w.**, nada en absoluto

wheat [wi:t] *n* trigo; **w. field**, trigal

wheel [wi:l] 1 *n* ◆ rueda ◆ *(de alfarero)* torno ◆ *Náut* timón | 2 *vtr (bicicleta, etc)* empujar | 3 *vi* ◆ *(pájaro)* revolotear ◆ **to w. round**, girar sobre los talones

wheelbarrow ['wi:lbærəʊ] *n* carretilla
wheelchair ['wi:ltʃeəʳ] *n* silla de ruedas
wheeze [wi:z] *vi* resollar

when [wen] 1 *adv* ◆ *(en preguntas directas e indirectas)* cuándo: **w. were you born?**, ¿cuándo naciste?; **I don't know w. I'm leaving**, no sé cuándo me voy ◆ *(uso relativo)* cuando, en que: **one of those days w. you can't get up**, uno de esos días en los que no puedes levantarte; **the day w. we met**, el día en que nos conocimos | 2 *conj* ◆ cuando: **w. I was young...**, de joven...; **tell me w. you see me**, dímelo cuando me veas ◆ si, como: **why complain now w. it's all settled?**, ¿por qué quejarte ahora que todo está arreglado?

whenever [wen'evəʳ] 1 *conj* ◆ siempre que ◆ cuando: **w. you like**, cuando quieras | 2 *adv* ◆ *(en preguntas: enfático)* cuándo ◆ **come on Tuesday or w.**, ven el martes o cuando sea

where [weəʳ] 1 *adv* ◆ *(en preguntas directas e indirectas)* dónde; adónde: **w. do you live?**, ¿dónde vives?; **w. is she going?**, ¿adónde va?; **do you know w. we are?**, ¿sabes dónde estamos?; **I don't know w. to go**, no sé adónde ir ◆ *(relativo)* donde, en que: **the street w. you live**, la calle en que vives | 2 *conj* cuando: **w. food is concerned...**, cuando se trata de comida...

whereabouts [weərə'baʊts] 1 *adv* **w. in Spain do you live?**, ¿en qué parte de España vives? | 2 ['weərəbaʊts] *n* paradero

whereas [weər'æz] *conj frml* ◆ mientras que ◆ *Jur* en tanto que

whereupon [weərə'pɒn] *conj frml* con lo cual

wherever [weər'evəʳ] 1 *conj* dondequiera que: **I use my card w. I go**, uso mi tarjeta dondequiera que vaya; **sit w. you like**, siéntate donde quieras | 2 *adv (en preguntas: enfático)* ¿dónde?, ¿adónde?: **w. did I leave my keys?**, ¿dónde habré dejado mis llaves?

whet [wet] *vtr* **to w. sb's appetite**, abrir el apetito a alguien

whether ['weðəʳ] *conj* si: **I don't know w. he's in (or not)**, no sé si está (o no); **w. you like it or not**, te guste o no; **I doubt w. she knows**, dudo que lo sepa

which [wɪtʃ] 1 *adj (en preguntas directas e indirectas)* qué: ?; **tell me w. button to press**, dime qué botón hay que apretar; **w. book does she want?**, ¿qué libro quiere; **w. one?**, ¿cuál?; **w. way?**, ¿por dónde?; **in w. case**, en cuyo caso | 2 *pron* ◆ *(en preguntas)* cuál, cuáles: **w. is her room?**, ¿cuál es su habitación?; **w. is w.?** ¿cuál es cuál?; **can you tell me w. are the best hotels?**, ¿puede decirme cuáles son los mejores hoteles? ◆ *(relativo: determinante)* que: **the company w. publishes this book**, la empresa que publica este libro; *(no determinante)* **this map, w. was very expensive, is useless**, este plano, que fue muy caro, es inútil; *(con preposición)* que, el/la cual, los-/las cuales: **the house in w. she lives**, la casa en la cual vive ◆ lo cual, lo que: **he was very late, w. annoyed me**, llegó muy tarde, lo que me fastidió

whichever

whichever [wɪtʃ'evəʳ] **1** *adj* el/la que, los/las que, cualquiera que: **choose w. book you want,** escoge el libro que quieras; **w. party is in power..,** sea cual sea el partido en el poder | **2** *pron* ◆ *(en preguntas: enfático)* cuál, cuáles ◆ el/la que, los/las que: **w. is best,** el que sea mejor

whiff [wɪf] *n* ◆ olorcillo [**of,** a] ◆ *fam* tufillo [**of,** a]

while [waɪl] **1** *conj* ◆ mientras: **w. you were asleep,** mientras dormías ◆ a pesar de que, aunque ◆ **w. I have great respect for him..,** aunque le tengo gran respeto... ◆ **in Paris it is snowing, w. in Madrid the sun is shining,** en París está nevando, mientras que en Madrid hace sol | **2** *n* ◆ rato, tiempo; **for a w.,** (durante) un rato; **in a little w.,** dentro de un ratito; **once in a w.,** de vez en cuando ◆ ➢ Ver **worth**

■ **while away** *vtr* to w. away the time, pasar el rato

whilst [waɪlst] *conj* → **while**

whim [wɪm] *n* capricho, antojo

whimper ['wɪmpəʳ] **1** *n* quejido | **2** *vi* lloriquear

whine [waɪn] **1** *vi* ◆ *(perro)* aullar, gañir; *(niño)* lloriquear ◆ *pey* quejarse [**about,** de] ◆ *(una bala)* pasar silbando | **2** *n* ◆ *(de perro)* aullido ◆ *(de persona) pey* quejido ◆ *(de una bala)* silbido ◆ *(de un motor)* chirrido

whip [wɪp] **1** *n* ◆ látigo; *(de jinete)* fusta ◆ *GB Pol* oficial disciplinario de un partido político ◆ *Culin* batido | **2** *vtr* ◆ azotar; *(a un caballo)* fustigar ◆ *Culin* batir ◆ *fam* mover rápidamente: **he whipped out a lighter,** sacó rápidamente el mechero ◆ *fam* birlar

■ **whip away** *vtr* arrebatar

■ **whip off** *vtr* quitar (rápidamente)

■ **whip up** *vtr* ◆ *(las emociones)* avivar; *(el apoyo)* conseguir ◆ *Culin fam* preparar rápidamente

whipping ['wɪpɪŋ] *n* ◆ paliza ◆ **w. boy,** cabeza de turco

whip-round ['wɪpraʊnd] *n fam* colecta

whirl [wɜːl] **1** *n* giro; *(de polvo)* remolino, torbellino; *fig* torbellino; *fam* **to give sthg a w.,** intentar algo | **2** *vi* ◆ *(el polvo, etc)* arremolinarse ◆ *(una persona)* girar ◆ *(la cabeza)* dar vueltas | **3** *vtr* hacer girar

whirlpool ['wɜːlpuːl] *n* remolino

whirlwind ['wɜːlwɪnd] *n* torbellino

whir(r) [wɜːʳ] *vi* runrunear, zumbar

whisk [wɪsk] **1** *n Culin* batidor | **2** *vtr* ◆ *Culin* batir ◆ *(la cola)* mover, menear

■ **whisk away/off** *vtr* llevarse de repente

whisker ['wɪskəʳ] *n* ◆ pelo ◆ **whiskers** *pl*, *(de un gato)* bigotes; *(de una persona)* patillas

whisky, US Irl whiskey ['wɪskɪ] *n* whisky

whisper ['wɪspəʳ] **1** *n* ◆ susurro ◆ rumor | **2** *vtr* decir en voz baja | **3** *vi* susurrar

whistle ['wɪsəl] **1** *n* ◆ *(instrumento)* pito, silbato ◆ *(sonido)* pitido, silbido | **2** *vtr* silbar | **3** *vi* ◆ *(persona, viento)* silbar ◆ *(árbitro, tren)* pitar ◆ **to w. by,** pasar silbando

white [waɪt] **1** *adj* blanco,-a; *(café)* con leche; *(cara)* pálido,-a; *(pelo)* cano,-a; *(piel)* blanco,-a; **to go w.,** *(la cara)* palidecer; *(el pelo)* encanecer ◆ | LOC: **w. lie,** mentira piadosa | **2** *n* ◆ *(color)* blanco ◆ *(persona)* blanco,-a ◆ *(de un huevo)* clara ◆ *(del ojo)* blanco ◆ **whites** *pl*, ropa blanca

white-collar ['waɪtkɒləʳ] *adj* **w.-c. worker,** empleado,-a de oficina

whiteness ['waɪtnɪs] *n* blancura

whitewash ['waɪtwɒʃ] **1** *n* ◆ cal ◆ *fig* encubrimiento ◆ *Dep fam* paliza | **2** *vtr* ◆ encalar ◆ *fig* encubrir

whiz(z) [wɪz] **1** *n* ◆ zumbido ◆ *fam (persona)* genio [**at,** de] ◆ **w. kid,** *fam* joven genio | **2** *vi* ◆ silbar ◆ **to w. by/past,** pasar zumbando

who [huː] *pron* ◆ *(en preguntas directas e indirectas)* quién, quiénes: **w. are they?,** ¿quiénes son?; **w. will you support?,** ¿a quién apoyarás?; **he won't say w. did it,** no quiere decir quién lo hizo ◆ *(relativo: determinante)* que: **the man w. lives next door,** el hombre que vive al lado; *(no determinante)* que, quien, quienes, el/la cual, los/las cuales: **my father, w. is 87, is still active,** mi padre, que tiene 87 años, sigue activo; *(con una preposición al final de la oración)* **w. are you talking to?,** ¿con quién hablas? ➢ Ver nota en **whom**

who'd [huːd] ◆ **who had** ◆ **who would**

whoever [huː'evəʳ] *pron* ◆ quienquiera: **w. you are,** quienquiera que seas; **w. did this is a criminal,** el que hizo esto es un criminal; **bring your boyfriend or husband or w.,** trae a tu marido, novio, o lo que sea ◆ *(en preguntas: enfático)* quién

whole [həʊl] **1** *adj* ◆ entero,-a, todo,-a: **the w. house was burning,** la casa entera estaba ardiendo; **he ate the w. lot,** se lo comió todo; **a w. month,** un mes entero ➢ Ver nota en **todo** ◆ entero,-a, intacto,-a; **to swallow sthg w.,** tragarse algo sin masticar | **2** *n* conjunto, totalidad; **society**

as a w., la sociedad en su totalidad; **on the w.,** en general; **the w. of my life,** toda mi vida

wholefood ['həʊlfuːd] *n* alimentos integrales

wholehearted [həʊl'hɑːtɪd] *adj* ◆ *(apoyo)* incondicional ◆ *(sentimiento)* sincero,-a ◆ *(entusiasmo)* sin reservas

wholemeal ['həʊlmiːl] *adj (pan, harina)* integral

wholesale ['həʊlseɪl] **1** *n* venta al por mayor | **2** *adv* al por mayor | **3** *adj* ◆ *(precios, venta)* al por mayor ◆ *(abusos, fraude, matanza)* a gran escala

wholesaler ['həʊlseɪləʳ] *n* mayorista

wholesome ['həʊlsəm] *adj* sano,-a

who'll [huːm] → **who will**

wholly ['həʊlɪ] *adv* enteramente, completamente

whom [huːm] *pron frml* ◆ *(en preguntas directas e indirectas) (acusativo)* a quién: **w. did you see?,** ¿a quién viste?; *(con preposición)* **of/with w.?,** ¿de/con quién? ◆ *(relativo) (acusativo)* al que/cual/quien, a la que/cual/quien, a los/las que/cuales/quienes: **the girl w. I saw,** la chica a quien vi ◆ *(con preposición)* quien, el/la que/cual (etc): **the candidates, half of w. are men...,** los candidatos, de los cuales la mitad son hombres...; **the woman with w. he lives,** la mujer con la que vive

> En general, **to whom** se considera excesivamente formal y siempre es mejor emplear **who** en su lugar. **Whom** sustituye a **who** cuando es un complemento directo o después de una preposición; nota, sin embargo, que en este caso la preposición va al final de la frase: **To whom** do you want to speak?, o **who** do you want to speak **to**?, ¿Con quién quiere hablar? **The man with whom** I arrived o **the man who** I arrived **with**. *El hombre con quien llegué.*

whore [hɔːʳ] *n pey ofens* puta

who's [huːz] ◆ **who is** ◆ **who has**

whose [huːz] **1** *pron* de quién, de quiénes: **I don't care w. it is,** no me importa de quién sea; **w. is this money?,** ¿de quién es este dinero? | **2** *adj* ◆ *(en preguntas directas e indirectas)* de quién, de quiénes: **he won't tell me w. fault it was,** no quiere decirme de quién fue la culpa; **w. idea was this?,** ¿de quién fue esta idea? ◆ *(relativo)* cuyo,-a, cuyos,-as: **that is my wife, w. parents live in Bilbao,** ésa es mi mujer, cuyos padres viven en Bilbao

why [waɪ] **1** *adv* ◆ *(en preguntas directas e indirectas)* por qué: **ask him w. he's so unpleasant,** pregúntale por qué es tan desagradable; **w. did he say that?,** ¿por qué dijo eso?; *(a qué propósito)* **w. do you wear that hat?,** ¿para qué llevas ese sombrero? ◆ *(relativo)* **that is w. I love you,** es por eso por lo que te quiero; **there's no reason w. you can't come,** no hay motivo para que no vengas | **2** *excl* ¡vaya!; **w., yes!,** ¡claro que sí! | **3** *n* **the whys and wherefores of sthg,** el porqué de algo

wick [wɪk] *n* mecha

wicked ['wɪkɪd] **1** *adj* ◆ malvado,-a ◆ *fig (niño)* muy malo,-a ◆ *(despilfarro, humor, etc)* horroroso,-a

wicker ['wɪkəʳ] **1** *n* mimbre | **2** *adj* de mimbre

wide [waɪd] **1** *adj* ◆ ancho,-a: **the river is twenty metres w.,** el río tiene 20 metros de ancho; **how w. is it?,** ¿qué anchura tiene? ➢ Ver nota en **ancho** ◆ *(experiencia, etc)* amplio,-a; *(surtido)* extenso,-a ◆ *(los ojos, la boca)* muy abierto,-a ◆ *(un tiro)* desviado,-a | **2** *adv* ◆ completamente: **he opened his mouth w.,** abrió la boca todo lo que pudo; **w. awake,** completamente despierto,-a; **w. open** *(una puerta)* abierto,-a de par en par; *(espacio)* abierto,-a ◆ **to land w. of the target,** dar lejos del blanco

wide-angle ['waɪdæŋgəl] *adj Fot* **w.-a. lens,** objetivo gran angular

widely ['waɪdlɪ] *adv* ◆ *(viajar)* extensamente ◆ generalmente

widen ['waɪdən] **1** *vtr* ensanchar, ampliar | **2** *vi* ensancharse

wide-ranging ['waɪdreɪndʒɪŋ] *adj* ◆ *(intereses)* muy diversos,-as ◆ *(estudio)* de gran alcance

widespread ['waɪdspred] *adj* ◆ *(los brazos, etc)* extendido,-a ◆ *(creencia)* general; *(daños)* extenso,-a; **to become w.,** generalizarse

widow ['wɪdəʊ] *n* viuda

widowed ['wɪdəʊd] *adj* viudo,-a, enviudado,-a

widower ['wɪdəʊəʳ] *n* viudo

width [wɪdθ] *n* ◆ anchura ◆ *Dep (de piscina)* ancho ◆ *Cost (de tela)* ancho

wield [wiːld] *vtr (autoridad)* ejercer; *(un arma)* blandir

wife [waɪf] *n (pl wives)* mujer, esposa

wig [wɪg] *n* peluca

wiggle ['wɪgəl] 1 *vtr* mover; **to w. one's hips,** contonearse | 2 *vi* menearse

wild [waɪld] 1 *adj* ◆ *(animal, tribu)* salvaje; **w. beast,** fiera; *(planta)* silvestre; *(paisaje)* agreste ◆ *(comportamiento)* alocado,-a, desenfrenado,-a; *(exageración)* disparatado,-a; *(idea, sueño)* descabellado,-a; *(mirada)* de loco; *(niño)* desmandado,-a; **the W. West,** el Lejano Oeste ◆ *(mar)* bravo,-a; *(tiempo)* tormentoso,-a; *(viento)* violento,-a ◆ *fam (persona: entusiasmo)* loco,-a [**about,** por]: **he isn't w. about your proposal,** tu propuesta no le entusiasma; *(rabia)* US enfadado,-a [**about,** por]; **to be w. with rage,** estar loco,-a de rabia | 2 *adv* sin control; **the children ran w.,** los niños se desmandaron; **to let one's imagination run w.,** dar rienda suelta a la imaginación | 3 *n* ◆ naturaleza salvaje; *(animal)* **in the w.,** en su hábitat natural ◆ **wilds** *pl,* tierras remotas: *fig hum* **out in the w.,** donde Cristo perdió el gorro

wilderness ['wɪldənɪs] *n* desierto

wildlife ['waɪldlaɪf] *n* fauna y flora; **w. park,** parque natural

wildly ['waɪldlɪ] *adv* ◆ *(aplaudir, luchar)* frenéticamente; *(adivinar)* al azar; *(comportarse, hablar)* como (un) loco; *(disparar)* sin apuntar ◆ muy, completamente; **w. funny,** divertidísimo,-a; **w. wrong,** totalmente equivocado,-a

wilful, US **wilfull** ['wɪlfʊl] *adj* ◆ *(acción)* intencionado,-a, premeditado,-a ◆ *(persona)* terco,-a

wilfully ['wɪlfəlɪ] *adv* deliberadamente

will [wɪl] 1 *n* ◆ voluntad, albedrío; **to do sthg of one's own free w./against one's will,** hacer algo por/en contra de su voluntad; **ill w.,** rencor ◆ *Jur* testamento | 2 *vtr* desear, querer; **to w. sthg to happen,** desear fervientemente que algo suceda | 3 *v aux (ps* **would,** *negativo* **will not** *o* **won't)** ◆ *(para formar el tiempo futuro o futuro perfecto: esp de 2.ª y 3.ª persona)* **he w. have seen you,** te habrá visto; **he won't come - oh yes he w.!,** no vendrá - ¡sí que vendrá!; **it w. rain tomorrow,** mañana lloverá; **w. you be long?,** ¿vas a tardar mucho?; **you won't win,** no ganarás ➢ Ver nota en **shall** ◆ *(predicción)* **he'll be there by now,** ya habrá llegado ◆ *(coletillas)* **he won't die, w. he?,** no morirá, ¿verdad?; **you'll come, won't you?,** vendrás, ¿no? ◆ *(intención, rechazo)* **w. you get me a coffee?,** ¿me traes un café?; **he won't help me,** no quiere ayudarme; *(en una boda)* **"I w.",** "sí, quiero"; *(ofertas)* **w. you have a biscuit?,** ¿quieres una galleta? ◆ *(hábito: enfático)* **she *will* keep talking,** no se callará; **these things w. happen,** estas cosas suceden ◆ *(empeño)* **if you *will* dress like that,** si te empeñas en vestirte así

willing ['wɪlɪŋ] *adj* ◆ *(ayudante, criado)* servicial ◆ **to be w. to do sthg,** estar dispuesto,-a a hacer algo ◆ | LOC: **God w.,** si Dios quiere

willingly ['wɪlɪŋlɪ] *adv* de buena gana

willingness ['wɪlɪŋnɪs] *n* buena voluntad

willow ['wɪləʊ] *n* **w. (tree),** sauce

willpower ['wɪlpaʊə'] *n* (fuerza de) voluntad

wilt [wɪlt] *vi* marchitarse

win [wɪn] 1 *n* victoria | 2 *vtr (ps & pp* **won)** ◆ *(una apuesta, carrera, elección, un premio)* ganar; *(una victoria)* conseguir ◆ *fig (el apoyo, la amistad, fama)* conseguir, ganarse; *(alabanzas, admiración)* granjear | 3 *vi* ganar ➢ Ver nota en **ganar**

■ **win back** *vtr* recuperar

■ **win over** *vtr* ◆ convencer ◆ **to w. sb over to one's side,** ganarse a alguien para la propia causa

■ **win through** *vi* salir adelante

wince [wɪns] *vi* hacer una mueca de dolor

wind¹ [wɪnd] 1 *n* ◆ viento; **to get w. of,** enterarse de; **to put the w. up sb,** darle un susto a alguien; **to take the w. out of sb's ails,** bajarle los humos a alguien ◆ gases ◆ aliento ◆ | LOC: **it's an ill w. (that blows no good),** de aquí no sacaremos nada bueno | 2 *vtr* dejar sin aliento

wind² [waɪnd] 1 *vtr (ps & pp* **wound)** 1 *vtr* ◆ *(un reloj)* dar cuerda a ◆ *(un hilo)* enrollar ◆ *(una cinta magnética)* avanzar/rebobinar; *(manivela)* accionar | 2 *vi (camino, río)* serpentear

■ **wind down** 1 *vtr* ◆ Auto *(una ventana)* bajar ◆ *(la producción)* reducir | 2 *vi fam* relajarse

■ **wind up** 1 *vtr* ◆ enrollar ◆ *(una empresa)* liquidar; *(una reunión)* cerrar ◆ *(un reloj)* dar cuerda a ◆ GB *fam* tomarle el pelo a | 2 *vi* ◆ *(reunión)* terminar ◆ *(persona)* acabar: **you'll w. up in prison,** acabarás en la cárcel

windfall ['wɪndfɔːl] *n fig* ganancia inesperada

winding ['waɪndɪŋ] *adj (camino, río)* sinuoso,-a, serpenteante

windmill ['wɪndmɪl] *n* molino (de viento)

window ['wɪndəʊ] n ◆ ventana; *(de un vehículo)* ventanilla; *(de una tienda)* escaparate; **w. box,** jardinera; **w. cleaner** *(producto o persona)* limpiacristales ◆ *Inform* ventana

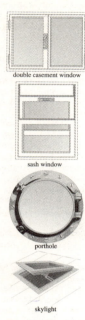

double casement window

sash window

porthole

skylight

windowpane ['wɪndəʊpeɪn] n cristal
window-shopping ['wɪndəʊʃɒpɪŋ] n **to go w.-s.,** ir a mirar escaparates
windowsill ['wɪndəʊsɪl] n alféizar
windpipe ['wɪndpaɪp] n tráquea
windscreen ['wɪndskriːn], *US* **windshield** ['wɪndʃiːld] n *Auto* parabrisas; **w. wiper,** limpiaparabrisas
windsurf ['wɪndsɜːf] vi hacer windsurf
windsurfing ['wɪndsɜːfɪŋ] n windsurf
windy ['wɪndɪ] adj *(windier, windiest)* ◆ *(sitio)* expuesto,-a al viento ◆ *(tiempo)* ventoso,-a: **it is very w.,** hace mucho viento
wine [waɪn] n vino; **w. cellar,** bodega; **w. tasting,** cata de vinos
wineglass ['waɪnglɑːs] n copa (de vino)
wing [wɪŋ] n ◆ *Arquit Av Orn Pol* ala ◆ *Auto* aleta, guardabarros ◆ *Teat* wings pl, bastidores ◆ *Ftb* ala, banda
winger ['wɪŋər] n *Ftb* extremo

wink [wɪŋk] 1 n ◆ guiño ◆ *fam fig* **I didn't get a w. (of sleep),** no pegué ojo | 2 vi ◆ guiñar (el ojo) ◆ *(luz)* parpadear
winner ['wɪnər] n ganador,-ora
winning ['wɪnɪŋ] adj ◆ *(candidato, equipo)* ganador,-ora; *(gol)* decisivo,-a ◆ *(número de lotería)* premiado,-a ◆ *(maneras)* encantador,-ora
winnings ['wɪnɪŋz] npl ganancias
winter ['wɪntər] 1 n invierno | 2 adj de invierno, invernal | 3 vi invernar, pasar el invierno
wipe [waɪp] 1 vtr ◆ limpiar; **to w. one's nose,** sonarse la nariz; *(los ojos)* secar ◆ *(una cinta)* borrar | 2 n ◆ toallita ◆ **to give sthg a w.,** limpiar algo (con un trapo)
■ **wipe away** vtr *(una lágrima)* secar; *(una memoria)* borrar
■ **wipe off** vtr ◆ *(una mancha)* quitar (frotando) ◆ *(una cinta, una grabación)* borrar
■ **wipe out** vtr ◆ borrar ◆ *(a la gente)* aniquilar; *(especie, etc)* exterminar
■ **wipe up** vtr limpiar
wire [waɪər] 1 n ◆ alambre ◆ *Elec* cable ◆ *US* telegrama ◆ *fam* teletipo | 2 vtr ◆ *(una casa)* electrificar; *(un aparato)* conectar ◆ *US (a una persona)* enviar un telegrama a; *(una noticia)* enviar por telegrama
wireless ['waɪəlɪs] n radio
wiring ['waɪərɪŋ] n cableado, instalación eléctrica
wisdom ['wɪzdəm] n ◆ sabiduría, saber ◆ prudencia ◆ **w. tooth,** muela del juicio
wise [waɪz] adj ◆ *(persona)* sabio,-a: **I'm none the wiser,** sigo sin entender; **to get w. to sthg,** caer en la cuenta de algo ◆ *(comentario)* juicioso,-a; *(decisión)* acertado,-a, prudente
wisely ['waɪzlɪ] adv sabiamente, prudentemente
wish [wɪʃ] 1 n ◆ deseo **[for,** de**]**: **my w. came true,** mi deseo se hizo realidad; **to make a w.,** pedir un deseo ◆ *(en una carta)* **best wishes,** un cordial saludo; **wishes** pl, saludos | 2 vtr ◆ desear, querer: **w. me luck,** deséame suerte; **to w. sb goodnight,** darle las buenas noches a alguien; **to w. sthg on sb,** desearle algo a alguien ◆ querer: **he wished he hadn't gone,** se arrepentía de haber ido; **w. I was rich,** ojalá fuera rico | 3 vi querer: **as you w.,** como quieras; **to w. for sthg,** desear algo
wishful ['wɪʃfʊl] adj **that's w. thinking,** eso es hacerse ilusiones

wishy-washy ['wıʃıwɒʃı] *adj fam* ◆ *(argumento)* flojo,-a ◆ *(persona)* soso,-a

wisp [wısp] *n* ◆ *(de humo)* espiral ◆ *(de paja)* brizna ◆ *(de pelo)* mechón

wistful ['wıstful] *adj* melancólico,-a

wit [wıt] *n* ◆ ingenio, agudeza ◆ *(una persona)* ingenioso,-a, persona con ingenio ◆ inteligencia, buen juicio ◆ **wits** *pl*, juicio; **to be at one's wits' end,** estar para volverse loco,-a; **to keep one's wits about one,** estar alerta; **to scare sb out of their wits,** darle a alguien un susto de muerte

witch [wıtʃ] *n* bruja; *fig* **w. hunt,** caza de brujas

witchcraft ['wıtʃkrɑːft] *n* brujería

with [wıð, wıθ] *prep* ◆ con, de: *(en compañía)* **he went w. us,** vino con nosotros; **we live w. my parents,** vivimos en casa de mis padres; **put the book w. the others,** pon el libro con los demás; *(apoyo)* **we're w. you,** estamos contigo ◆ *(uso)* **it was filled w. feathers,** estaba relleno de plumas; **she hit him w. a brick,** le golpeó con un ladrillo; *(manera)* **w. courage,** con valentía; *(resultado)* **blue w. cold,** amoratado,-a de frío ◆ *fam* **are you w. me?,** ¿me entiendes? ◆ *(relativo a)* **he has a problem w. his family,** tiene un problema con su familia ◆ *(descripción)* de, con; **a car w. three doors,** un coche de tres puertas; **the man w. long hair,** el hombre de pelo largo ◆ *(dirección)* **w. the wind,** con el viento ◆ *(empleado, cliente)* **he's w. the Woolifax,** trabaja para Woolifax *o* es cliente de Woolifax

withdraw [wıð'drɔː] 1 *vtr (ps withdrew; pp withdrawn)* ◆ retirar, sacar; **to w. money from the bank,** sacar dinero del banco; *Com (un producto)* retirar del mercado ◆ *(permiso)* cancelar; *(declaración)* retractarse de ◆ *(una reivindicación)* renunciar a | 2 *vi* ◆ retirarse [**from,** de] ◆ *Med* retraerse

withdrawal [wıð'drɔːəl] *n* ◆ retirada ◆ *(de una declaración)* retractación ◆ *(de una reivindicación)* renuncia ◆ *Med* retraimiento; **w. symptoms,** síndrome de abstinencia

withdrawn [wıð'drɔːn] *adj (persona)* retraído,-a

wither ['wıðəʳ] *vi Bot* marchitarse; *Anat* atrofiarse

withering ['wıðərıŋ] *adj (mirada)* fulminante

withhold [wıð'həʊld] *vtr (ps & pp withheld* [wıð'held]*)* ◆ *(fondos)* retener ◆ *(información)* ocultar, no revelar ◆ *(una decisión)* aplazar

within [wı'ðın] 1 *prep* ◆ dentro de; **w. the house,** en el interior de la casa ◆ *(distancia, vista)* **we live w. a hundred metres of the station,** vivimos a menos de cien metros de la estación; **w. reach,** a mano ◆ *(el tiempo)* dentro de: **they were born w. a month of each other,** nacieron con menos de un mes de diferencia; **w. the next week,** la próxima semana | 2 *adv frml* dentro **"enquire w.",** "infórmese aquí"

without [wı'ðaʊt] 1 *prep* sin: **he left w. saying goodbye,** se fue sin despedirse; **to do/go w. sthg,** arreglárselas sin algo; **w. help,** sin ayuda | 2 *adj* **to do w.,** arreglárselas

withstand [wıð'stænd] *vtr (ps & pp withstood)* resistir a

witness ['wıtnıs] 1 *n* ◆ *(persona)* testigo ◆ evidencia; **to bear w. to sthg,** dar (buena) fe de algo ◆ **w.-box/stand,** estrado | 2 *vtr* ◆ *(un incidente)* presenciar ◆ *(un documento)* firmar como testigo

witty ['wıtı] *adj (wittier, wittiest)* ingenioso,-a, agudo,-a

wives [waıvz] *npl* → **wife**

wizard ['wızəd] *n* ◆ brujo, mago ◆ *fam* genio

wobble ['wɒbəl] *vi* ◆ *(mesa)* tambalearse ◆ *(la voz)* temblar

wobbly ['wɒblı] *adj fam* ◆ *(una mesa)* tambaleante ◆ *(la voz)* tembloroso,-a

woe [wəʊ] *n* ◆ **a tale of w.,** una historia trágica ◆ **w is me!,** ¡ay de mí!

woeful ['wəʊful] *adj* ◆ triste, afligido,-a ◆ *(carencia, ignorancia)* lamentable

wok [wɒk] *n sartén china en forma de cuenco profundo*

woke [wəʊk] *ps* → **wake**

woken ['wəʊkən] *pp* → **wake**

wolf [wʊlf] *n (pl wolves)* ◆ *Zool* lobo ◆ *fam* tenorio

woman ['wʊmən] 1 *n (pl women)* mujer; **old w.,** vieja; **young w.,** chica, joven; *fam* **women's lib,** movimiento feminista | 2 *adj* mujer; **w. pilot,** mujer piloto; *(tb se traduce por nombre femenino)* **w. driver,** conductora; **w. doctor,** médica; **w. judge,** jueza

womanizer ['wʊmənaızəʳ] *n* mujeriego

womanly ['wʊmənlı] *adj* femenino,-a

womb [wuːm] *n* matriz, útero

women ['wımın] *npl* → **woman**

won [wʌn] *ps & pp* → **win**

wonder ['wʌndəʳ] 1 *n* ◆ maravilla, milagro: **it's no w. he's stupid,** no es de extrañar que sea estúpido ♦ asombro: **we stared in w.,** miramos asombrados | **2** *adj (cura, droga)* milagroso,-a | **3** *vtr* ♦ preguntarse: **I w. if it's edible,** me pregunto si es comestible; **I w. why she's crying,** me pregunto por qué está llorando ♦ **I w. that...,** me extraña que... | **4** *vi* ♦ preguntarse: **what happened, I w.?,** me pregunto qué pasó; **to w. about sthg,** darle vueltas a algo ♦ **it makes you w.,** te hace pensar; *frml* **to w. at sthg,** maravillarse de algo

wonderful ['wʌndəful] *adj* maravilloso,-a

wonderfully ['wʌndəflɪ] *adv* maravillosamente

won't [wəʊnt] → **will not**

woo [wuː] *vtr* cortejar; *fig (clientes)* ganarse

wood [wʊd] *n* ♦ bosque ♦ *(materia)* madera; *(para quemar)* leña | LOC: **you can't see the w. for the trees,** los árboles no te dejan ver el bosque; **touch w.!,** ¡toca madera!

woodcarving ['wʊdkɑːvɪŋ] *n* ♦ *(arte)* tallado en madera ♦ *(producto)* talla en madera

wooded ['wʊdɪd] *adj* arbolado,-a

wooden ['wʊdən] *adj* ♦ de madera; **w. leg,** *fam* pata de palo ♦ *(cara)* rígido,-a; *(actuación)* acartonado,-a

woodland ['wʊdlənd] *n* bosque

woodpecker ['wʊdpekəʳ] *n* pájaro carpintero

woodwind ['wʊdwɪnd] *n* Mús **w. (instruments),** instrumentos de viento de madera

woodwork ['wʊdwɜːk] *n* ♦ *(arte)* carpintería ♦ *(de un edificio)* maderamen

woodworm ['wʊdwɜːm] *n* Zool carcoma

wool [wʊl] **1** *n* ♦ lana ♦ | LOC: **to pull the w. over sb's eyes,** engañar a alguien; **a dyed-in-the w. supporter,** un partidario incondicional | **2** *adj* de lana

woollen, *US* **woolen** ['wʊlən] **1** *adj* ♦ de lana ♦ *(industria)* lanero,-a | **2** *npl* **woollens,** prendas de lana *o* de punto

woolly, *US* **wooly** ['wʊlɪ] *adj (woollier, woolliest, US woolier, wooliest)* ♦ de lana ♦ *(juguete)* de peluche ♦ *fig (argumento)* impreciso,-a

word [wɜːd] **1** *n* ♦ palabra: **bad** *o* **naughty w.,** palabrota; **in other words,** es decir, o sea; **in so many words,** explícitamente; **w. for w.,** palabra por palabra; **w. processing,** procesamiento de textos; *fig* **the last w. in fashion,** el último grito en moda ♦ **don't say a w.,** no digas ni pío; **I don't understand a w.,** no entiendo nada; **to have a w. with sb,** hablar con alguien [**about,** sobre]; **to put in a good w. for sb,** recomendar a alguien; **to put words into sb's mouth,** poner en boca de alguien (algo que no ha dicho); **a w. of warning,** una advertencia ♦ *(promesa)* **to break one's w.,** faltar alguien a su palabra; **to give one's w,** dar uno su palabra ♦ recado, mensaje, noticias; **to send w.,** enviar un mensaje ♦ rumor: **w. has it that,** se rumorea que ♦ **words** *pl, Mús* letra; *Teat* guión ♦ *(excl)* **my w.!,** ¡Dios mío! | **2** *vtr* redactar, formular; **a badly worded advertisement,** un anuncio mal redactado

wording ['wɜːdɪŋ] *n (de un texto)* formulación

wore [wɔːʳ] *ps* → **wear**

work [wɜːk] **1** *n* ♦ *(empleo)* trabajo: **he's at w.,** está trabajando; **to be off w.,** estar de baja; **to go out to w.,** trabajar fuera de casa; **to go to w.,** ir al trabajo; **out of w.,** parado,-a ♦ *(actividad, esfuerzo)* **it is very hard w.,** cuesta mucho trabajo; *(tarea)* trabajo: **I've got so much w. to do!,** ¡tengo tanto trabajo que hacer! ♦ *(producción)* **a very nice piece of w.,** un trabajo excelente; **good w.!,** ¡buen trabajo! ♦ *Arte Lit Teat* obra ♦ **works** *sing o pl,* fábrica ♦ **works** *pl,* obras | **2** *vi* ♦ *(tener empleo)* trabajar [**as,** de] ♦ *(obrar)* trabajar [**at/on, en**]; **working on information received...,** trabajando sobre la base de la información recibida... ♦ *(máquina)* funcionar ♦ estudiar: **they are working for their exams,** están estudiando para los exámenes ♦ *(una medicina)* actuar, surtir efecto; *(un plan)* salir bien ♦ *(moverse)* **to w. loose,** aflojarse | **3** *vtr* ♦ *(una máquina)* manejar, usar ♦ *(un mecanismo)* **this lever works the lights,** esta palanca acciona las luces; *(a un persona)* hacer trabajar ♦ *(la tierra)* cultivar, labrar ♦ *(arcilla, madera)* trabajar ♦ *(moverse)* **to w. one's way,** abrirse camino; *(costear)* **he worked his way round America,** se recorrió América trabajando

■ **work at** *vtr* practicar

■ **work off** *vtr* ♦ *(calorías)* quemar (haciendo ejercicio) ♦ *(frustración)* desahogar

■ **work out 1** *vi* ♦ resultar, salir: **things all worked out fine,** todo salió bien; **it works out at a dollar a person,** sale a un dólar por persona ♦ hacer ejercicio: **he**

works out every day, hace ejercicio todos los días | 2 *vtr* ◆ *(una cuenta)* hacer; *(un porcentaje, una probabilidad)* calcular; *(un problema)* resolver ◆ *(una idea, un plan)* elaborar; *(un proceso)* idear, desarrollar ◆ entender: **nobody can w. out what happened,** nadie entiende lo que pasó

■ **work up** *vtr* ◆ ponerse; **to w. oneself up/to get worked up,** ponerse nervioso,-a ◆ estimular: **I can't w. up much enthusiasm for sport,** no me entusiasma mucho el deporte; **to w. up an appetite,** abrir el apetito

■ **work up to** *vtr* ◆ **what are you working up to?,** ¿qué me vas a decir? ◆ **they were working up to a fight,** iban camino de una pelea

workable ['wɜːkəbəl] *adj* factible
workaholic [wɜːkə'hɒlɪk] *n fam* adicto,-a al trabajo
worker ['wɜːkə'] *n* trabajador,-ora, obrero,-a
workforce ['wɜːkfɔːs] *n* mano de obra
working ['wɜːkɪŋ] 1 *adj* ◆ *(persona)* que trabaja; **w. man,** obrero; *(población)* activo,-a; *(clase)* obrero,-a ◆ *(condiciones, horas, ropa)* de trabajo; *(día)* laboral; **a ten-hour w. day,** una jornada de 10 horas ◆ **w. order,** condiciones de funcionamiento; **a w. knowledge of sthg,** unos conocimientos básicos de algo | 2 *npl* **workings,** funcionamiento
workman ['wɜːkmən] *n* obrero
workmanship ['wɜːkmənʃɪp] *n* ◆ *(del artesano)* habilidad; trabajo; **a superb piece of w.,** un trabajo magnífico ◆ *(del objeto)* factura
workmate ['wɜːkmeɪt] *n* compañero,-a de trabajo
worksheet ['wɜːkʃiːt] *n* hoja de trabajo
workshop ['wɜːkʃɒp] *n* taller
worktop ['wɜːktɒp] *n* encimera
world [wɜːld] 1 *n* ◆ mundo; **to go round the w.,** dar la vuelta al mundo; **from all over the w.,** del mundo entero; **the tallest man in the w.,** el hombre más alto del mundo ◆ **I feel on top of the w.,** me siento fenomenal; *fig* **it's a small w.!,** ¡el mundo es un pañuelo!; **to have the best of both worlds,** tener de todo ◆ mucho: **they're worlds apart,** hay una diferencia enorme entre ellos; **she thinks the w. of you,** tiene muy buena opinión de ti | 2 *adj (banco, guerra, récord)* mundial
world-famous ['wɜːldfeɪməs] *adj* de fama mundial
worldly ['wɜːldlɪ] *adj* mundano,-a
worldwide ['wɜːldwaɪd] *adj* mundial
worm [wɜːm] 1 *n* ◆ gusano; **(earth) w.,** lombriz; *pey (persona)* gusano ◆ *Med* **worms** *pl*, lombrices | 2 *vtr* ◆ **to w. one's way into,** insinuarse en ◆ **to w. sthg out of sb,** sonsacarle algo a alguien
worn [wɔːn] *adj* gastado,-a, usado,-a
worn-out ['wɔːnaʊt] *adj* ◆ *(cosa)* gastado,-a ◆ *(persona)* rendido,-a
worried ['wʌrɪd] *adj* inquieto,-a, preocupado,-a
worry ['wʌrɪ] 1 *vtr* ◆ preocupar, inquietar ◆ molestar | 2 *vi* preocuparse [**about,** por]; **don't w.,** no te preocupes | 3 *n* ◆ inquietud ◆ preocupación
worrying ['wʌrɪɪŋ] *adj* inquietante, preocupante
worse [wɜːs] 1 *adj (comparativo de bad)* peor: **the situation is w. than before,** la situación está peor que antes; **to get w.,** empeorar; **to go from bad to w.,** ir de mal en peor | 2 *adv (comparativo de badly)* peor: **he sings w. than you,** canta peor que tú | 3 *n* **there is w. to come,** lo peor aún está por llegar; **to take a turn for the w.,** empeorar
worsen ['wɜːsən] *vtr & vi* empeorar
worship ['wɜːʃɪp] 1 *vtr* adorar, venerar | 2 *n* ◆ adoración ◆ *(organizado)* culto ◆ *GB* **his W. the Mayor,** el señor alcalde; *Jur* **your W.,** señoría
worshipper ['wɜːʃɪpə'] *n* devoto,-a
worst [wɜːst] 1 *adj (superlativo de bad)* **the w. film I've ever seen,** la peor película que he visto; **the w. thing is that..,** lo peor es que... | 2 *adv (superlativo de badly)* peor; *fig* **to come off w.,** salir perdiendo | 3 *n* ◆ el/la peor, los/las peores: **of the three, she is the worst,** de las tres, ella es la peor ◆ lo peor: **I fear the w.,** temo lo peor; **the w. of the illness is past,** ya ha pasado lo peor de la enfermedad ◆ **at w.,** **if the w. comes to the w.,** en el peor de los casos
worth [wɜːθ] 1 *adj* ◆ **to be w.** *(dinero)* valer: **how much is it w.?,** ¿cuánto vale?; **it's w. a fortune,** vale una fortuna; *(una persona)* **she's w. millions of dollars,** tiene millones de dólares ◆ **to be w.** *(tiempo o esfuerzo)* valer, merecer: **it's not w. the trouble,** no merece la pena; **Madrid is w. visiting** *o* **it's w. visiting Madrid,** vale la pena visitar Madrid; **for what it's w.,** por si sirve de algo | 2 *n* ◆ valor; **a hundred dollars' w. of caviar,** caviar por valor de

cien dólares; **jewels of great w.**, joyas de gran valor ♦ *(de persona)* valía

> **Worth** puede ser un adjetivo o un sustantivo. Como adjetivo se usa con el verbo **to be** o con un sustantivo y seguido de una cantidad: **The house is worth £100,000.** *La casa vale cien mil libras.* **He lives in a house worth £100,000.** *Vive en una casa valorada en cien mil libras.* Como sustantivo se coloca después de la cantidad y, opcionalmente, a continuación podemos añadir **of** más el género o mercancía: **The police have found £100,000 worth of heroin.** *La policía ha encontrado heroína por valor de cien mil libras.* Recuerda que *valor* se traduce por **value**: *El valor de mi casa ha aumentado.* **The value of my house has increased.**

worthless ['wɜːθlɪs] *adj* ♦ *(objeto)* sin ningún valor ♦ *(persona)* despreciable
worthwhile [wɜːθ'waɪl] *adj* valioso,-a, que vale la pena
worthy ['wɜːði] *adj* (**worthier, worthiest**) ♦ digno,-a [**of**, de]; *(causa)* bueno,-a ♦ *(persona)* respetable; *(intento)* loable
would [wʊd, forma débil wəd] *v aux* ♦ *ps de will (en discurso indirecto)* **I said I w. call**, dije que llamaría ♦ *(condicional)* **I w. not be surprised if she resigned**, no me extrañaría que dimitiese; **we w. pay if we could**, pagaríamos si pudiéramos; *(consejo)* **(if I were you) I w. learn Russian**, yo (que tú) aprendería ruso ➤ Ver nota en **should** ♦ *(posibilidad, probabilidad)* **that w. mean problems**, eso conllevaría problemas ♦ *(conjeturas)* **I w. have thought that...**, hubiera pensado que...; **I w. think that...**, me imagino que...; **what w. it be worth?**, ¿cuánto valdrá? ♦ *(voluntad)* **she just wouldn't listen to me**, sencillamente no quería hacerme caso; **w. you lend me a pound?**, ¿me prestas una libra?; *(ofertas)* **w. you like a coffee?**, ¿quieres un café?; *(aceptación)* **I w. love a beer**, me encantaría una cerveza; *(preferencia)* **I w. she w. shut up**, ojalá se callara; **she w. rather be at home**, preferiría estar en casa ♦ *(hábito en el pasado)* **she w. tell us stories**, nos contaba cuentos; *(hábito molesto)* **he would keep shouting**, no dejaba de gritar ➤ Ver nota en **soler** ♦ *(acción típica)* **he said he was innocent - he w.**, dijo que era inocente - era de esperar

would-be ['wʊdbiː] *adj* en potencia; **a w.-be star**, un aspirante a estrella; *pey* **a w.-be poet**, un supuesto poeta
wound¹ [waʊnd] *ps & pp* → **wind²**
wound² [wuːnd] **1** *n* herida | **2** *vtr* herir ➤ Ver nota en **herida**
wove [wəʊv] *ps* → **weave**
woven ['wəʊvən] *pp* → **weave**
wow [waʊ] *fam* **1** *vtr* cautivar | **2** *excl* ¡caramba!
wrangle ['ræŋgəl] **1** *n* altercado, disputa | **2** *vi* disputar [**over**, acerca de, por]
wrap [ræp] **1** *n* chal | **2** *vtr* envolver; **to w. one's arms around sb.**, estrechar a alguien entre los brazos
■ **wrap up** **1** *vtr* ♦ *(un regalo)* envolver ♦ *(a un niño)* arropar ♦ *(trabajo - usu pasivo)* **he's wrapped up in his work**, está absorto en su trabajo ♦ *fam* concluir | **2** *vi* ♦ abrigarse ♦ *fam excl* **w. up!**, ¡cállate!
wrapper ['ræpə'] *n* envoltorio
wrapping ['ræpɪŋ] *n* envoltorio; **w. paper**, papel de envolver
wreath [riːθ] *n* (*pl* **wreaths** [riːðz, riːθs]) ♦ *(de flores, hojas)* corona ♦ *(de humo)* espiral
wreck [rek] **1** *n* ♦ *Náut (acontecimiento)* naufragio; *(restos)* barco naufragado; *(de coche, avión)* *fam* **(coche)** cacharro; *(persona)* ruina: **I'm a nervous w.**, tengo los nervios destrozados | **2** *vtr* ♦ *(barco, usu pasivo)* hacer naufragar: **the ship was wrecked last year**, el barco naufragó el año pasado ♦ *(una máquina, la salud)* destrozar, estropear ♦ *(los planes)* desbaratar, echar a perder
wreckage ['rekɪdʒ] *n* (*de avión, barco, coche*) restos; *(de un edificio)* ruinas
wrench [rentʃ] **1** *n* ♦ tirón, *LAm* jalón ♦ *Téc* llave inglesa ♦ *(de emoción)* dolor, choque | **2** *vtr* ♦ arrebatar, arrancar [**from**, a] ♦ **to w. sthg open**, abrir algo de un tirón ♦ *(un músculo)* desgarrar
wrestle ['resəl] *vi* luchar
wrestler ['reslə'] *n* luchador,-ora
wrestling ['reslɪŋ] *n* lucha
wretched ['retʃɪd] *adj* ♦ *(persona, condiciones)* desdichado,-a ♦ *fam (tiempo, etc)* horrible, espantoso,-a ♦ **to feel w.**, sentirse fatal ♦ despreciable; *fam* maldito,-a; **w. traffic!**, ¡maldito tráfico!
wriggle ['rɪgəl] **1** *vtr* menear | **2** *vi* ♦ retorcerse; **to w. (about)**, *(serpiente)* serpentear; *(niño)* moverse nerviosamente ♦ **to w. out of doing sthg**, ingeniárselas para no hacer algo

wring [rɪŋ] *vtr (ps & pp **wrung**) (las manos)* retorcer; *(la ropa)* escurrir
■ **wring out** *vtr* ◆ *(la ropa)* escurrir ◆ *(información)* sacar
wrinkle ['rɪŋkəl] **1** *n* arruga | **2** *vtr* arrugar | **3** *vi* arrugarse
wrist [rɪst] *n Anat* muñeca
wristwatch ['rɪstwɒtʃ] *n* reloj de pulsera
writ [rɪt] *n Jur* orden judicial
write [raɪt] **1** *vtr (ps **wrote**; pp **written**)* ◆ escribir; *(un cheque, una receta)* extender ◆ *US* escribir a ◆ *Inform* escribir, copiar | **2** *vi* escribir [**about/on**, sobre]; **to w. for a paper**, colaborar en un periódico
■ **write back** *vi* contestar
■ **write down** *vtr* ◆ anotar ◆ poner por escrito
■ **write in** *vi* escribir: **w. in for details**, escríbenos para más información
■ **write off 1** *vtr* ◆ *(un coche)* destrozar; *(en seguros)* declarar siniestro total ◆ *(una deuda)* cancelar ◆ *(una posibilidad)* descartar | **2** *vi* **to w. off for sthg**, pedir algo por escrito
■ **write out** *vtr* ◆ escribir; **to w. out neatly**, pasar a limpio ◆ *(un cheque)* extender, hacer
■ **write up** *vtr* ◆ *(apuntes)* pasar a limpio; *(diario)* poner al día ◆ *(una obra de teatro)* dar bombo a
write-off ['raɪtɒf] *n Com (seguros)* siniestro total; *fam* una ruina
writer ['raɪtə'] *n* escritor,-ora, autor,-ora
writhe [raɪð] *vi* retorcerse
writing ['raɪtɪŋ] *n* ◆ *(manera de comunicarse)* escritura; **w. desk**, escritorio; **w. paper**, papel de carta ◆ *(de una persona)* letra, escritura ◆ *(actividad)* escribir, profesión de escritor ◆ *(texto)* **there's some w. here**, aquí hay algo escrito; **in w.**, por escrito ◆ *Lit* obra
written ['rɪtən] *pp* → **write**
wrong [rɒŋ] **1** *adj* ◆ *(conclusión, respuesta)* equivocado,-a, incorrecto,-a; **to be w.**, *(persona)* equivocarse, no tener razón *(cifra, etc)* ser incorrecto,-a; *Tel* **you've got the w. number**, se ha equivocado de número ◆ *(lado)* contrario,-a; *(momento)* inoportuno,-a; *(persona)* **he's the w. person to hire**, no es la persona indicada para contratar ◆ *(problema)* **what's w. with him?**, ¿qué le pasa? ◆ *(moralmente)* malo,-a: **killing people is w.**, está mal matar a la gente; **there's nothing w. in that**, no hay nada malo en eso | **2** *adv* ◆ mal: **he spelt it w.**, lo escribió mal; **to get sthg w.**, equivocarse en algo ◆ **to go w.** *(una máquina)* averiarse, estropearse; *(un plan)* salir mal; *(una persona)* cometer un error, equivocarse | **3** *n* ◆ mal: **he can't tell right from w.**, no distingue entre el bien y el mal; **to be in the w.**, estar equivocado,-a *o* tener la culpa ◆ injusticia | **4** *vtr frml* ◆ ser injusto,-a con ◆ ofender
wrongful ['rɒŋfʊl] *adj frml* injusto,-a
wrongly [rɒŋl] *adv* ◆ erróneamente, incorrectamente ◆ *(escrito, pronunciado, traducido)* mal ◆ injustamente
wrote [rəʊt] *ps* → **write**
wrung [rʌŋ] *ps & pp* → **wring**
wry [raɪ] *adj (**wrier, wriest** o **wryer, wryest**)* irónico,-a

X, x [eks] *n (letra)* X, x; *fam (en una carta)* **XXX**, besos
xenophobia [zenə'fəʊbɪə] *n* xenofobia
xenophobic [zenə'fəʊbɪk] *adj* xenófobo,-a
X-film ['eksfɪlm] *n* película X
Xmas ['eksməs, 'krɪsməs] *n (abr de Christmas)* Navidad
X-ray [eks'reɪ] **1** *n* ◆ rayos X; **X-r. therapy**, radioterapia ◆ radiografía; **to have an X-r.**, hacerse una radiografía | **2** *vtr* radiografiar
xylophone ['zaɪləfəʊn] *n* xilófono

y Y y Y y y Y

Y, y [waɪ] *n (letra)* Y, y
yacht [jɒt] *n (grande)* yate; *(pequeño)* balandro; **y. club,** club náutico
yachting ['jɒtɪŋ] *n Dep* navegación a vela
yam [jæm] *n* ◆ ñame ◆ *US* boniato
yank [jæŋk] 1 *vtr* tirar de; *(diente)* arrancar | 2 *n* ◆ tirón ◆ **Y.** *fam pey* yanqui
Yankee ['jæŋkɪ] *adj & n pey* yanqui
yap [jæp] *vi* ◆ *(perro)* ladrar ◆ *fam pey (persona)* hablar por los codos
yard [jɑːd] *n* ◆ *(medida)* yarda (91,44 cm) ◆ patio; *US* jardín ◆ **ship y.,** astillero; *Ferroc* **goods y.,** depósito
yardstick ['jɑːdstɪk] *n fig* criterio, norma
yarn [jɑːn] *n Tex* hilo ◆ *fam* historia, cuento; **to spin a y.,** inventarse una historia
yawn [jɔːn] 1 *vi* bostezar | 2 *n* bostezo
yawning ['jɔːnɪŋ] *adj (abismo, diferencia)* profundo,-a
yd *abr de* **yard(s),** yarda(s)
yeah [jeə] *adv fam* → **yes**
year [jɪərˊ] *n* ◆ año: **I haven't seen him for years,** hace siglos que no lo veo; **all y. round,** todo el año; **last/next y.,** el año pasado/que viene; **twice a y.,** dos veces al año; **y. in, y. out,** año tras año ◆ **she is three years old,** tiene tres años ◆ *Educ* curso, año; **in the final y.,** en el último año del curso; *fam* **she's a first y.,** es estudiante de primero
yearly ['jɪəlɪ] 1 *adj* anual | 2 *adv* anualmente, cada año
yearn [jɜːn] *vi* **to y. for sthg,** anhelar algo
yearning ['jɜːnɪŋ] *n* anhelo [**for,** de]
yeast [jiːst] *n* levadura
yell [jel] 1 *vi* gritar | 2 *n* grito, alarido
yellow ['jeləʊ] 1 *n* amarillo | 2 *adj* ◆ amarillo,-a; *fam fig* cobarde; *Tele* **y. pages**◆, páginas amarillas
yelp [jelp] 1 *vi* aullar | 2 *n* aullido, gañido
yen [jen] *n* ◆ *(moneda japonesa)* yen ◆ **to have a y. for sthg/to do sthg,** tener ganas de algo/de hacer algo
yes [jes] 1 *interj* sí; **to say y.,** decir que sí | 2 *n* sí

yesterday ['jestədeɪ] *adv & n* ayer; **y. evening,** ayer por la tarde; **the day before y.,** anteayer
yet [jet] 1 *adj* ◆ todavía, aún, hasta ahora: **he hasn't arrived y.,** aún no ha llegado ◆ *(en las preguntas)* ya: **have you eaten y.?,** ¿ya has comido? ◆ *(después del superlativo)* hasta ahora; **his best film y.,** su mejor película hasta ahora ◆ *(en el futuro) frml* todavía, aún: **the plan may y. succeed,** el plan aún puede dar resultados ◆ *(enfático)* todavía, aún; **better y.,** mejor aún; **y. again,** otra vez (más) ◆ *frml* pero: **she was poor y. honest,** era pobre pero honrada | 2 *conj* sin embargo

> **Yet** se emplea en frases negativas para indicar que algo todavía no ha ocurrido, pero va a ocurrir: **I haven't finished yet.** *No he terminado todavía (pero lo haré).* En el lenguaje hablado se coloca al final de la frase y en el lenguaje escrito después de *not*: **They have not yet finished.** *No han terminado aún.*

yew [juː] *n* tejo
yield [jiːld] 1 *vtr* ◆ *(cosecha)* producir; *Fin (resultado)* dar; *(interés)* rendir ◆ ceder | 2 *vi* ◆ rendirse, ceder [**to,** ante] ◆ *US Auto* **"y.",** "ceda el paso | 3 *n* ◆ *Agr* cosecha ◆ *Fin* rendimiento
yob(bo) ['jɒb(əʊ)] *n fam GB* gamberro,-a
yoga ['jəʊgə] *n* yoga
yog(h)urt ['jɒgət] *n* yogur
yoke [jəʊk] 1 *n* yugo | 2 *vtr* uncir; *fig* unir
yokel ['jəʊkəl] *n pey* paleto,-a
yolk [jəʊk] *n* yema
you [juː, forma débil jʊ] *pron pers* ◆ *(sujeto: 2.ª persona)* tú, vosotros-as, usted, ustedes: **how are y.?,** ¿cómo estás *o* estáis *o* está *o* están? ◆ *(sujeto: impersonal)* uno,-a, *fam* tú *(tb se traduce por reflexivo)* **y. never know,** nunca se sabe *o* nunca sabes *o* uno nunca sabe ◆ *(objeto directo e indirecto: 2.ª persona)* te, os, le, lo, la, les, los, las: **I saw**

y., te/os vi *o* le/lo/la/les/los/las vi ♦ *(objeto directo e indirecto: impersonal)* te, le... a uno *o se omite:* **they charge y. a fortune,** te cobran una fortuna *o* le cobran una fortuna a uno *o* cobran una fortuna ♦ *(segunda persona: después de prep)* ti, vosotros,-as, usted, ustedes : **it's for y.,** es para ti/vosotros,-as/usted /ustedes; **with y.,** contigo, con vosotros,-a/usted/ustedes ♦ *(impersonal: después de prep)* ti, uno *o se omite;* **with y.,** contigo, con uno : **y. have to keep your luggage with y.,** tienes que llevar el equipaje contigo

you'd [ju:d] ♦ **you had** ♦ **you would**
you'll [ju:l] ♦ **you will** ♦ **you shall**
young [jʌŋ] **1** *adj* ♦ *(persona)* joven; *(vino)* joven ♦ *(comp)* **younger,** menor, más joven ♦ **y. lady/woman,** señorita; **y. man,** joven | **2** *npl* ♦ *(humanos)* los jóvenes, la juventud ♦ *(animales)* crías
youngster ['jʌŋstə'] *n* jovencito,-a
your [jɔː, forma débil jə] *adj pos* ♦ *(2.ª persona)* tu, tus, vuestro,-a, vuestros,-as, su, sus; **y. parents,** tus/vuestros/sus padres; **y. wife,** tu/su esposa ♦ *(impersonal)* tu, su *o se omite:* **smoking is bad for y. health,** fumar es malo para la salud *o* tu salud
you're [jɔːʳ] → **you are**
yours [jɔːz] *pron pos* ♦ *(segunda persona)* el tuyo, la tuya, los tuyos, las tuyas; el vuestro, la vuestra, los vuestros, las vuestras; el suyo, la suya; los suyos, las suyas; **the money is y.,** el dinero es tuyo/ vuestro/ suyo ♦ *(impersonal)* tuyo,-a, tuyos,-as: **they'll give it back if it's y.,** te lo devolverán si es tuyo ♦ *(en las cartas)* **y. faithfully,** le(s) saluda atentamente; **y. sincerely,** reciba un cordial saludo de; *fam* **y.,** un saludo, un abrazo

yourself [jɔːˈself, forma débil jəˈself] *(pl* **yourselves** [jɔːˈselvz] **1** *pron pers* ♦ *(2.ª persona)* tú mismo,-a, vosotros,-as mismos,-as, usted mismo,-a, ustedes mismos,-as; **by y.,** tú/usted solo,-a; **by yourselves,** vosotros,-as solos,-as, ustedes solos ♦ *(impersonal)* tu mismo,-a, uno,-a mismo,-a | **2** *pron reflexivo* ♦ *(segunda persona)* te, os, se: **help y.,** sírvete, sírvase; **help yourselves,** servíos, sírvanse ♦ *(impersonal)* te, se: **you have to look after y.,** hay que cuidarse
youth [juːθ] *n* ♦ juventud; **in my y.,** cuando era joven ♦ *(hombre)* joven ♦ *sing o pl* juventud; **y. hostel,** albergue juvenil; **the y. of today,** los jóvenes de hoy en día
youthful ['juːθfʊl] *adj* juvenil, joven
you've [juːv] → **you have**
Yugoslav ['juːgəʊslɑːv] *adj & n* yugoslavo,-a
Yugoslavia [juːgəʊˈslɑːvɪə] *n* Yugoslavia
Yugoslavian [juːgəʊˈslɑːvɪən] *adj & n* yugoslavo,-a
yukky ['jʌkɪ] *adj fam* asqueroso,-a
yum yum [jʌmˈjʌm] *interj* ñam, ñam
yummy ['jʌmɪ] *adj fam (comida)* riquísimo,-a
yuppie ['jʌpɪ] *n* yuppy

Z, z [zed, US ziː] *n (letra)* Z, z
zany ['zeɪnɪ] *adj (zanier, zaniest) fam* ♦ chiflado,-a ♦ *(ropa, comportamiento)* estrafalario,-a ♦ *(humor)* surrealista
zap [zæp] **1** *excl* ¡zas! | **2** *vtr fam* ♦ destruir, cargarse a ♦ *Inform* suprimir | **3** *vi TV* hacer zapping
zeal [ziːl] *n* celo, entusiasmo
zealous ['zeləs] *adj* entusiasta, ferviente

zebra ['ziːbrə, 'zebrə] *n* ♦ *Zool* cebra ♦ *GB* **z. crossing,** paso de cebra
zenith ['zenɪθ] *n Astron* cénit; *fig* apogeo
zero ['zɪərəʊ] *n Mat Meteo* cero; *Meteo* **ten degrees below z.,** diez grados bajo cero
zest [zest] *n* ♦ entusiasmo ♦ *Culin* cáscara (de naranja/limón)
zigzag ['zɪgzæg] **1** *n* zigzag | **2** *vi* zigzaguear
zillion ['zɪljən] *n fam* tropecientos,-as

zinc [zɪŋk] *n* cinc, zinc
zip [zɪp] **1** *n* ♦ cremallera ♦ *fam* brío ♦ *(sonido)* silbido ♦ *US* **z. code,** código postal | **2** *vi* ♦ cerrarse con cremallera ♦ moverse rápidamente
■ **zip by** *vi* pasar como un rayo
■ **zip up** *vtr* cerrar con cremallera; **to z. sb up,** subir la cremallera a alguien
zipper ['zɪpəʳ] *n US* cremallera
zodiac ['zəʊdɪæk] *n* zodiaco, zodíaco
zombie ['zɒmbɪ] *n* zombi
zone [zəʊn] **1** *n* zona; **time z.,** huso horario | **2** *vtr* dividir en zonas

zoo [zuː] *n* zoo
zoological [zəʊə'lɒdʒɪkəl] *adj* zoológico,-a
zoologist [zəʊ'ɒlədʒɪst] *n* zoólogo,-a
zoology [zəʊ'ɒlədʒɪ] *n* zoología
zoom [zuːm] **1** *n* ♦ zumbido ♦ *Fot* **z. lens,** zoom, teleobjetivo ♦ *Inform* zoom | **2** *vi* ♦ zumbar ♦ ir a toda velocidad; **to z. off/past,** salir/pasar volando
■ **zoom in** *vi* ♦ *Cine* enfocar de cerca [**on, sobre**] ♦ acercarse rápidamente
zucchini [zuː'kiːnɪ] *n US* calabacín

APÉNDICES

ÍNDICE

Adjetivos	819
Adverbios	820
Artículos	822
Cantidad	825
Comparación de adjetivos	826
Comparación de adverbios	827
Condicional	828
Demostrativos	829
Futuro	830
Gerundio e infinitivo	831
Interrogaciones	832
Números y medidas	833
Pasado	836
Posesivos	837
Preposiciones de lugar	838
Preposiciones de movimiento	840
Preposiciones de tiempo	841
Presente	842
Presente perfecto	843
Pronombres personales	844
Pronombres relativos	845
Some, any y **no**	846
Sustantivos	847
Verbos auxiliares (**to be, to have, to do**)	848
Verbos irregulares	849

ADJETIVOS

Los adjetivos no concuerdan con el sustantivo, es decir, no cambian según el género o número. Por tanto, **clever** puede significar *listo, lista, listas* o *listos*.

Los adjetivos siempre van delante del sustantivo **(the poor man)**, aunque los adjetivos que expresan alguna calidad **(large, blue, cold, long**, etc) pueden usarse solos después de verbos tales como **to be, to become, to feel, to get, to look, to seem, to smell, to sound** y **to taste**:

I feel very tired.	*Me siento muy cansado.*
It tastes nice.	*Sabe bien.*

Algunos adjetivos pueden usarse como sustantivos cuando se refieren a grupos de personas. Los más comunes son **bad, clever, dead, good, healthy, intelligent, living, old, poor, rich, sick, stupid** y **young**. Se emplean como sustantivos plurales, pero sin añadir **-s**:

The rich and the poor.   *Los ricos y los pobres.*

Orden de los adjetivos

Los adjetivos que expresan una opinión subjetiva **(nice, beautiful)** se colocan delante de los que expresan información objetiva **(hot, old)**:

A beautiful old table.	*Una preciosa mesa vieja.*
A nice interesting man.	*Un hombre agradable e interesante.*

En el caso de varios adjetivos objetivos, su orden es el siguiente: 1) tamaño, 2) edad, 3) forma, 4) color, 5) procedencia, 6) material:

A big red London bus. (1, 4, 5)
Un gran autobús londinense de color rojo.
A small Victorian square wooden table. (1, 2, 3, 6)
Una mesita cuadrada de madera de la época victoriana.

El orden de los adjetivos de tamaño: 1) tamaño general **(big, small, large)**, 2) longitud o altura **(long, short, tall)** y 3) anchura **(wide, narrow, fat, thin, thick)**:

Who's that tall fat girl? (2, 3)	*¿Quién es esa chica gorda y alta?*
I live in a long wide street. (2, 3)	*Vivo en una calle ancha y larga.*
He's got a small narrow bed. (1, 3)	*Tiene una cama pequeña y estrecha.*

Ten especial cuidado con los adjetivos que terminan en **-ed** o **-ing** como **bored** y **boring** *(aburrido)*, **tired** y **tiring** *(cansado)*, **interested** e **interesting** *(interesado - interesante)*:

I'm bored.	*Estoy aburrido.*
He's boring.	*Él es aburrido.*
He's interested in sports.	*Le interesan los deportes.*
It's interesting.	*Es interesante.*

ADVERBIOS

Los adverbios son palabras invariables que matizan o modifican el significado del verbo, sustantivo, adjetivo u otro adverbio. Generalmente se forman añadiendo la terminación **-ly** al adjetivo: **angry - angrily** *(con enfado)*, **bad - badly** *(mal)* o al sustantivo: **month - monthly** *(mensualmente)*. También existen adverbios cuya forma es idéntica a la del adjetivo **(early - early, fast - fast)** y, finalmente, los adverbios que no derivan de ninguna otra palabra: **here** *(aquí)*, **soon** *(pronto)*.

ORDEN DE LOS ADVERBIOS

Los adverbios pueden ocupar diferentes lugares dentro de la frase, aunque existe una regla común para todos ellos: salvo casos excepcionales, no deben separar al verbo de su complemento.

- Los adverbios de tiempo responden a la pregunta *¿cuándo?* y normalmente se colocan al final de la frase, aunque a veces, especialmente en la lengua escrita, pueden aparecer al principio:

    I think I'll visit you <u>tomorrow</u>. *Creo que te visitaré mañana.*
    <u>The following day</u> he decided to leave. *Al día siguiente decidió marcharse.*

- Los adverbios de lugar responden a la pregunta *¿dónde?* y siguen al complemento directo o, en su ausencia, al verbo:

    Have you seen my book <u>anywhere</u>? *¿Has visto mi libro en alguna parte?*
    He lives <u>in London</u>. *Él vive en Londres.*

- Los adverbios de modo responden a la pregunta *¿cómo?* y siguen al complemento directo o al verbo:

    Juan speaks English <u>very well</u>. *Juan habla inglés muy bien.*
    She reads <u>very quickly</u>. *Ella lee muy rápidamente.*

- Los adverbios de frecuencia responden a la pregunta *¿con qué frecuencia?* y se colocan delante del verbo en tiempos simples (1), pero después del verbo to be (2) o del primer verbo auxiliar en tiempos compuestos (3):

    1) **I <u>usually</u> play football but I <u>also</u> play tennis.**
       Suelo jugar al fútbol pero también juego al tenis.

    2) **He's <u>never</u> late for work.**
       Nunca llega tarde a trabajar.

    3) **I've <u>always</u> lived here.**
       Siempre he vivido aquí.

- Los adverbios de intensidad **(quite**, *bastante;* **very**, *muy;* **hardly**, *apenas,* etc) modifican el significado de un adjetivo o de otro adverbio y, por tanto, se colocan delante de ellos:

    I'm <u>very</u> tired. *Estoy muy cansado.*
    The weather was <u>unusually</u> cold. *Hacía más frío que de costumbre.*

Adverbios

Algunos adverbios de intensidad pueden modificar el significado de un verbo y, en este caso, se colocan delante del verbo principal o después del primer auxiliar:

She <u>almost</u> had a heart attack. *Casi tuvo un infarto.*
He has <u>just</u> left. *Acaba de marcharse.*

Recuerda que **enough** (*suficiente*) constituye una excepción y se coloca después de los adjetivos pero delante de los sustantivos:

You're not clever <u>enough</u> to pass the exam.
No eres lo suficiente listo para aprobar el examen.

Have you got <u>enough</u> money?
¿Tienes bastante dinero?

- **Still** se coloca normalmente después de los verbos auxiliares o modales pero delante de todos los demás verbos:

I can <u>still</u> hear you. *Todavía puedo oírte.*
He <u>still</u> likes his coffee strong. *Le sigue gustando el café fuerte.*

- **Yet** se coloca habitualmente al final de la frase pero puede, especialmente en el idioma escrito, aparecer inmediatamente después del verbo auxiliar:

Have you read the book <u>yet</u>? *¿Ya has leído el libro?*
She has not <u>yet</u> arrived. *Todavía no ha llegado.*

Cuando en una frase hay dos o más adverbios, el orden suele ser el siguiente: modo, lugar, tiempo:

I'll ring you <u>at the office</u> <u>tomorrow morning</u>.
Te llamaré a la oficina mañana por la mañana.

She was sitting <u>comfortably</u> <u>in an armchair</u>.
Estaba sentada cómodamente en un sillón.

ARTÍCULOS

- Los **artículos indeterminados** *(un, una)* son en inglés: **a** (delante de palabras que empiezan por consonante) o **an** (delante de palabras que empiezan por vocal), teniendo en cuenta que lo que decide si una palabra empieza por consonante o por vocal es su pronunciación y no su ortografía:

a chair	an apple
a hotel	an hour
a university	an umbrella

Generalmente, utilizamos el artículo indeterminado con nombres contables y en los siguientes casos:

a) al hablar de algo o alguien, cuando se alude a la clase o a la especie:

   A dolphin is friendlier than a whale.   *Un delfín es más simpático que una ballena.*

b) con sustantivos en función de atributo:

   He looked like a clown. *Parecía un payaso.*
   She is an architect. *Es arquitecto.*

c) con sustantivos en aposición y después de **as**, especialmente cuando se describe la ocupación de una persona:

   June Parrish, a grandmother of two, is taking up scuba diving.
   June Parrish, abuela con dos nietos, se ha apuntado a submarinismo.
   She used to work in Brussels as a bilingual secretary.
   Trabajaba en Bruselas como secretaria bilingüe.

d) en calidad de preposición:

   The maximum speed is 100 kilometres an hour.
   La velocidad máxima es de 100 kilómetros por hora.

- El **artículo determinado** *(el, la, los, las)* es invariablemente **the: the chair, the apple.** Puede utilizarse tanto con nombres contables como incontables:

   incontables: **the rain**, *la lluvia;* **the suffering,** *el sufrimiento;* **the milk,** *la leche*
   contables (en plural y en singular): **the pencil,** *el lápiz;* **the pencils,** *los lápices*

a) delante de sustantivos únicos en su género: **the Earth, the Sun, the King, the biggest building in the city.**

b) de la misma manera que con el artículo indeterminado en su apartado (a), sólo que aquí se le da a la frase un tono más científico, más oficial:

   The dolphin is more intelligent than the blue whale.
   El delfín es más inteligente que la ballena azul.

c) delante de adjetivos que representan a un grupo de personas:

the blind	*los ciegos*		the dead	*los muertos*
the deaf	*los sordos*		the old	*los viejos*
the poor	*los pobres*		the rich	*los ricos*
the sick	*los enfermos*		the young	*los jóvenes*

d) cuando nos referimos a algo en particular:

I think trees are beautiful but the trees in this park are horrible.
Me encantan los árboles, pero los árboles de este parque son horribles.
Buy me the packet with the green wrapper.
Cómprame el paquete con el envoltorio verde.
The boy who sells popcorn is a friend of mine.
El chico que vende palomitas es amigo mío.

e) con nombres de bancos, cines, galerías de arte, hoteles, museos, pubs, teatros y restaurantes **(the Hispano Central, the Odeon, the National Theatre, the Sheraton, the Smithsonian Museum, the Hope and Anchor)**, excepto cuando éstos contienen el nombre de su fundador y terminan en **s** o **'s** (**Harrods, Barclays Bank, Maxim's**).

f) con nombres compuestos con **of**: **the Tower of London, the Bank of Spain, the aqueduct of Segovia.**

OMISIÓN DEL ARTÍCULO DETERMINADO

En muchas ocasiones los sustantivos no llevan artículo antepuesto:

a) cuando se habla en términos <u>generales</u> de conceptos abstractos:

Quality, not quantity!   *¡La calidad, no la cantidad!*
The quality of these tomatoes is better. *La calidad de estos tomates es mejor.*

b) con cantidades indeterminadas:

Rice is very important to the Asian economy. *El arroz es vital para la economía asiática.*
Sugar dissolves in water. *El azúcar se disuelve en el agua.*

c) ceremonias e instituciones, cuando no se especifica una en particular:

I am going to university next autumn. *Voy a la universidad el otoño que viene.*
Mass will be celebrated at ten. *La misa se celebrará a las diez.*

d) cuando **on** o **by** se anteponen al medio de transporte: **by taxi, coach, airplane, train...**, *en taxi, autocar, avión, tren;* **on foot,** *a pie.*

e) después de **at, by** y **for** al hablar de partes del día y de la noche:

It will be ready by lunchtime. *Estará listo para la hora de comer.*
It's time for tea! *¡Es la hora del té!*

f) las comidas, excepto cuando se trate de un caso en concreto:

Breakfast is my favourite meal. *El desayuno es mi comida favorita.*
I met him at the anniversary dinner. *Le conocí en la cena de aniversario.*

g) los nombres de asignaturas académicas, entre ellas los idiomas:

Anatomy is a fascinating subject. *La anatomía es una materia fascinante.*
We speak good English. *Hablamos un inglés correcto.*

Artículos

h) los colores:

Green is the colour of envy.   *El verde es el color de la envidia.*

i) la mayoría de los nombres propios utilizados en mapas o planos, incluyendo:

- continentes, países, estados, condados **(Europe, China, Alabama, Somerset)**, salvo en el caso de regiones **(the Near East, the Highlands, the Sahel)**, o de nombres compuestos **(the Soviet Union, the Republic of Congo)**, ...y también **The Netherlands** (nombre de región convertido en nombre de país).

- nombres de lagos, montañas, cabos e islas **(Loch Ness, Mont Blanc, Cape of Good Hope, Tasmania)** pero NO en el caso de los archipiélagos, las cadenas montañosas, los océanos, mares, ríos y canales **(the Shetlands, the Andes, the Baltic, the Thames, the Suez Canal)**.

- nombres de barrios, calles, parques, plazas... **(Mayfair, Kew Gardens, Piccadilly Circus)** o cuando la denominación incluye el nombre de un lugar o de una persona **(Westminster Abbey, London Bridge, Heathrow Airport, King's College Hospital)**.

j) después del posesivo **-'s** o **-s'**:

John's car keys.   *Las llaves del coche de John.*
Mr Jones' temper.   *El genio de Mr Jones.*

CANTIDAD

Para describir a <u>dos personas o cosas</u> empleamos las palabras siguientes:

- **Both** *(ambos)* se usa sólo con sustantivos en plural **(both children)** precedidos por un adjetivo posesivo **(both [of] my children)**, un artículo definido **(both [of] the children)** o un demostrativo **(both [of] these children)**.

- **Either** *(cualquiera de los dos)* y **neither** *(ninguno de los dos)* acompañan a los sustantivos en singular **(either child)** y van seguidos de **of** y adjetivo posesivo **(either of my children)**, artículo definido **(neither of the children)** o un demostrativo **(either of these children)**.

  Cuando **both, either** y **neither** preceden a un pronombre personal, hay que añadir **of: both of us, neither of you** o **either of them**.

Para describir a <u>más de dos personas o cosas</u> empleamos las palabras siguientes:

- **All** *(todos)* se usa con sustantivos en plural **(all countries)**, con sustantivos incontables **(all food)** o con ambos acompañados de un adjetivo posesivo **(all [of] my children)**, del artículo definido **(all [of] the children)**, de un pronombre personal **(all of us)** o de un demostrativo **(all [of] these children)**.

- **Most** *(la mayoría)* y **some** *(algunos)*, **any** *(cualquier/a)* y **no** *(ningún)* se emplean con sustantivos en plural **(most/some/any/no children)** o con sustantivos incontables **(any food, some water)**. También pueden ir seguidos de **of** y de un adjetivo posesivo **(most of my children)**, un artículo definido **(some of the children)**, un pronombre personal **(some of you)** o demostrativo **(none of these children)**.

- **A lot (of), much** y **many** *(mucho, muchos)* indican una gran cantidad. **Much** se usa con sustantivos incontables **(much money)**, **many** con sustantivos contables en plural **(many people)** y **a lot of** con ambos. **Much** y **many** suelen utilizarse en las negaciones **(I haven't got much money**, *no tengo mucho dinero*) y en las interrogaciones **(were there many people there?**, *¿había mucha gente allí?*), mientras que **a lot** o **a lot of** + sustantivo aparecen en las afirmaciones: **I spoke to a lot of people.** *Hablé con muchas personas.*

- **Little** y **few** *(poco, pocos)* indican poca cantidad. **Little** se usa con sustantivos incontables **(little food)** y **few** se usa con sustantivos contables **(few books)**. **Little** y **few** *(pocos e insuficientes)* indican una percepción negativa, mientras que **a little** y **a few** *(pocos pero sí algunos)* expresan una percepción más positiva:

  I'm very hungry, I didn't have much (food) for lunch.
  Tengo hambre, apenas comí al mediodía.
  I wasn't very hungry so I had only a little for lunch.
  No tenía hambre, así que comí sólo un poco.

COMPARACIÓN DE ADJETIVOS

GRADO COMPARATIVO Y SUPERLATIVO

Los adjetivos de una o dos sílabas (particularmente los que terminan en **-y, -le, -ow, -er**) forman el comparativo y el superlativo añadiendo la terminación **-er** o **-est**:

keen - keener - the keenest
wide - wider - the widest
neat - neater - the neatest
clever - cleverer - the cleverest

noisy - nosier - the noisiest
feeble - feebler - the feeblest
narrow - narrower - the narrowest

El complemento es introducido por **than**:

She is cleverer than she seems.
Es más inteligente de lo que parece.

A los adjetivos de dos o más sílabas debemos anteponerles **more/most**:

The tropics are the habitat of the most beautiful and interesting species.
Los trópicos constituyen el hábitat de las especies más bellas e interesantes.
That girl is more intelligent and kinder than her older brother.
Esa chica es más inteligente y amable que su hermano mayor.

COMPARATIVOS IRREGULARES

Puede desviarse de la regla la forma comparativa o la superlativa, o ambas:

bad	worse	worst
far	farther/further	farthest/furthest*
good	better	best
little	less	least
many	more	most
old	older/elder	oldest/eldest**

* **Further** y **farther** son intercambiables cuando se refieren a las distancias, pero sólo **further** puede significar *extra, más, adicional, complementario*: **until further notice**, *hasta nuevo aviso;* **further education**, *estudios superiores.*

** **Elder** y **eldest**, utilizados delante de nombres de parentesco (**my elder/eldest brother**, *mi hermano mayor*) tienden a desaparecer. Recuerda que no se puede usar **elder** delante de **than**:

He is older than I am.
Es mayor que yo.

COMPARATIVO DE INFERIORIDAD

Se forma anteponiendo al adjetivo **less/the least**:

The least you could do is listen to me!
¡Al menos podrías escucharme!
We see him less than we used to.
Le vemos menos de lo que solíamos.

COMPARACIÓN DE ADVERBIOS

GRADO COMPARATIVO Y SUPERLATIVO

a) La forma comparativa y superlativa de un adverbio se consigue anteponiendo **more** y **most**, respectivamente, al adjetivo al que se le ha añadido la terminación **-ly: recently - more recently - most recently.** Ten cuidado con el adverbio **early**, ya que no se deriva de un adjetivo + **-ly: early - earlier - the earliest.**

b) Cuando el adverbio tiene la misma terminación que el adjetivo, se le añade la terminación **-er** para el comparativo y **-est** para el superlativo: **fast - faster - the fastest.**

c) Los adverbios derivados de los adjetivos **slow** y **quick** forman el comparativo de dos maneras:

Could you talk a little slower, please?
Could you talk more slowly, please?
¿Podrías hablar más despacio?
Do you mind if we run a little quicker?
Do you mind if we run more quickly?
¿Te importa si corremos un poco más deprisa?

Quizá el segundo caso sea más directo, menos formal.

ADVERBIOS IRREGULARES

badly	worse	worst
far	further/farther	furthest/farthest*
little	less	least
much	more	most
well	better	best

Son los adverbios correspondientes a los adjetivos irregulares.
*Ver observación en COMPARACIÓN DE ADJETIVOS.

d) *Cuanto más/menos … más/menos:*

The closer you get, the better.
Cuanto más te acerques, mejor.
The more I know about her, the less I like her.
Cuanto más sé acerca de ella, menos me gusta.
The fewer people there are, the more we will enjoy ourselves.
Cuanta menos gente haya, mejor lo pasaremos.
The whiter the skin, the worse the sunburn.
Cuanto más blanca la piel, peor la quemadura de sol.

CONDICIONAL

El modo condicional se forma con una frase principal y una frase subordinada generalmente introducida por **if**. Cuando la frase subordinada precede a la principal, va seguida de una coma.

- **Condición habitual:** tanto la frase principal como la subordinada aparecen en presente:

    If it is cloudy, the temperature is milder.
    Si está nublado, la temperatura es más suave.
    If you heat water, it boils.
    Si calientas el agua, hierve.

- **Condición probable:** futuro simple (frase principal) y presente simple (frase subordinada):

    If I hear from her, I will let you know.
    Si tengo noticias suyas, te lo haré saber.
    I'll ring you if I find your pen.
    Te llamaré si encuentro tu pluma.

- **Condición remota o irreal:** would + infinitivo (frase principal) y pasado simple (frase subordinada):

    I would be very surprised if I found a million pesetas in the street.
    Estaría muy sorprendido si encontrase un millón de pesetas en la calle.
    If we didn't invite them, they would be very upset.
    Si no les invitásemos, estarían muy disgustados.

    En este condicional se da uno de los pocos usos del subjuntivo en inglés y afecta al verbo **to be**. Observa que en el pasado **was** se convierte en **were**:

    If I were a rich man...
    Si fuera un hombre rico...
    If I were you...
    Yo en tu lugar...

- **Condición imposible** (porque no podemos cambiar el pasado): **would** + infinitivo perfecto **(to have done)** en la frase principal y pasado perfecto en la frase subordinada:

    If you had told me, I wouldn't have gone.
    Si me lo hubieses dicho, no habría ido (pero no me lo dijiste y, por tanto, fui).
    We would have arrived on time if we had left earlier.
    Habríamos llegado a tiempo si hubiésemos salido antes (pero no salimos antes y, por tanto, llegamos tarde).

DEMOSTRATIVOS

Los demostrativos dan una indicación de cuanta distancia, geográfica o psicológica, hay entre la persona que habla y a lo que hace referencia. **This** y **these** *(este/a, estos/as)* están próximos; **that** y **those** *(ese/a, esos/as; aquel/aquella, aquellos/aquellas)* están lejanos:

> **Have you seen this skirt? I like it better than that one.**
> *¿Has visto esta falda? Me gusta más que aquélla.*

> **Those boys are very small, I don't think these shoes will fit them.**
> *Esos chicos son muy pequeños, no creo que estos zapatos les queden bien.*

> **I don't remember that song. Why don't we sing this one?**
> *No recuerdo esa canción. ¿Por qué no cantamos ésta?*

> **This is the life!**
> *¡Esto es vida!*

- Pueden sustituir al sustantivo, actuando de pronombre, cuando éste se dé por entendido:

> **Joan is always biting her nails. I hate that!**
> *Joan siempre se está mordiendo las uñas. ¡Cuanto lo detesto!*

> **Can I buy these, mummy?**
> *¿Puedo comprar éstos, mamá?*

- En un contexto coloquial, se encuentran a menudo como artículos indeterminados al relatar cuentos o chistes y también como adverbios, equivalentes en su significado a *tan* **(so)**:

> **There was this woman who lived in a shoe...**
> *Había una mujer que vivía en un zapato...*

> **I never thought you would get that upset.**
> *Nunca pensé que te disgustarías tanto.*

> **Did you realize that Christmas was this close?**
> *¿Te habías percatado de que las Navidades estaban tan cerca?*

FUTURO

En inglés existen varias maneras de expresar el futuro:

- El **tiempo presente** puede utilizarse para indicar un tiempo futuro cuando nos queremos referir a acciones programadas para un futuro próximo:

    I must go because the last train leaves in half an hour.
    Debo irme porque el último tren sale dentro de media hora.
    They are seeing her next Monday.
    La verán el lunes que viene.
    We are not moving house next year.
    No nos vamos a mudar el año que viene.

- **To be going to**, seguido del infinitivo, se usa para hablar de las intenciones del sujeto y cuando lo que va a pasar es una consecuencia directa del presente:

    I'm going to tell him what I think of him.
    Le voy a decir lo que pienso de él.
    It's going to be a difficult month, considering the problems we are having.
    Va a ser un mes difícil, teniendo en cuenta los problemas que tenemos.
    Those skies tell me there is going to be a big storm. Are you still going to go out?
    Ese cielo amenaza con una gran tormenta. ¿Todavía tienes la intención de salir?

- El **futuro simple** puede indicar una decisión tomada en el momento de hablar:

    What do you want to drink? - Oh, I don't know, oh yes, I'll have a beer.
    ¿Qué quieres tomar? - No lo sé, bueno, tomaré una cerveza.

- El **futuro continuo** normalmente se refiere a un momento indeterminado de una acción futura, sin que nos interese su principio ni fin:

    At 5.00 tomorrow, I'll be driving across Morocco.
    A las cinco estaré cruzando Marruecos en coche.

    Asimismo, se usa para preguntar por los planes de otros de forma diplomática, aunque lógicamente también podríamos emplear el presente continuo o **going to**:

    Will you be going out later?   *¿Vas a salir más tarde?*

En todos estos casos se puede usar **shall** en vez de **will** con la primera persona del singular y plural. Sin embargo, recuerda que la pregunta **Shall I?** o **Shall we?** constituye un ofrecimiento o una sugerencia y no sirve para hablar del futuro. *¿Crees que aprobaré el examen?* se traduce por **Will I pass the exam?** y no **Shall I pass the exam?**, ya que esta última significa: *¿Apruebo el examen (o no)?, ¿Quieres que apruebe el examen?*

GERUNDIO E INFINITIVO

Verbos seguidos de infinitivo:

advise	encourage	manage	regret
afford	expect	neglect	seem
agree	fail	prefer	swear
appear	help	prepare	tend
ask	hesitate	pretend	want
care	hope	proceed	would love
choose	learn	promise	would like
decide	let	refuse	would prefer

Verbos seguidos de gerundio:

can't stand	look forward to
enjoy	phrasal verbs
finish	

Verbos seguidos de infinitivo o gerundio sin un cambio esencial de significado:

begin	continue	love
bother	hate	prefer
can't bear	like	start

Verbos seguidos de infinitivo o gerundio con cambio de significado:

Verbo	Infinitivo	Gerundio
allow/permit	The teacher doesn't allow/permit us to smoke. *El profesor no nos deja fumar.*	The teacher doesn't allow/permit smoking. *El profesor no permite fumar.*
forget	I won't forget to dance with her. *No me olvidaré de bailar con ella.*	I won't forget dancing with her. *Nunca olvidaré que bailé con ella.*
mean	I didn't mean to hurt you. *No era mi intención hacerte daño.*	That will mean working more. *Eso supondrá trabajar más.*
regret	I regret to tell you that... *Lamento tener que decirle que...*	I regretted telling him the truth. *Me arrepentí de haberle dicho la verdad.*
remember	Will she remember to meet me? *¿Se acordará de que hemos quedado?*	Will she remember meeting me? *¿Se acordará de que me conoció?*
stop	I stopped to look at her. *Me paré para mirarla.*	I stopped looking at her. *Dejé de mirarla.*
try	Try to speak more slowly. *Intenta hablar más despacio.*	Try speaking more slowly. *Inténtalo hablando más despacio.*

INTERROGACIONES

La forma correcta de hacer preguntas con respuesta **Yes/No** es invertir el orden entre el sujeto y el verbo auxiliar (VA) **(be, have, will, would, shall, should, can, could, may, might, must, dare, need)** que colocaremos delante del sujeto (S). El verbo principal (VP) se mantiene en el mismo lugar en la frase.

S	VA	VP	VA	S	VP
It	is	raining.	Is	it	raining?
He	can	drive.	Can	he	drive?
Tom	has	gone out.	Has	Tom	gone out?

Con otros verbos usaremos **do, does** (en el presente) y **did** en el pasado + infinitivo sin **to**.

S	VP	VA	S	VP
He	plays football.	Does	he	play football?
They	prefer to come by car.	Do	they	prefer to come by car?
She	arrived late.	Did	she	arrive late?

En preguntas que empiezan con **wh-** o **how** (who, where, when, why, what, how many, etc), el orden de las palabras será el siguiente: partícula interrogativa (INT) + verbo auxiliar + sujeto.

S	VA	VP	INT	VA	S	VP
I	have	bought a car.	What	have	you	bought?
John		lives near here.	Where	does	John	live?
Ann		sold her car.	Why	did	Ann	sell her car?
They		want to leave.	When	do	they	want to leave?

Sin embargo, si la partícula interrogativa es a la vez sujeto, no usamos **do, does** o **did** (C = complemento).

S	VP	C	INT	VA	S	VP	C
Ann	telephoned	them.	Who	did	Ann	telephone?	
They	telephoned	Ann.	Who			telephoned	Ann?
John	described	it.	What	did	John	describe?	
John	described	it.	Who			described	it?

En el estilo indirecto volvemos al orden inicial de la frase afirmativa incorporando las partículas interrogativas (INT) o **if**.

Where does John live? **She asked where John lived.**
What's the time? **He asked what time it was.**
Does he play football? **She asked if he played football.**

NÚMEROS Y MEDIDAS

	cardinales		ordinales
1	one	1st	first
2	two	2nd	second
3	three	3rd	third
4	four	4th	fourth
5	five	5th	fifth
6	six	6th	sixth
7	seven	7th	seventh
8	eight	8th	eighth
9	nine	9th	ninth
10	ten	10th	tenth
11	eleven	11th	eleventh
12	twelve	12th	twelfth
13	thirteen	13th	thirteenth
14	fourteen	14th	fourteenth
15	fifteen	15th	fifteenth
16	sixteen	16th	sixteenth
17	seventeen	17th	seventeenth
18	eighteen	18th	eighteenth
19	nineteen	19th	nineteenth
20	twenty	20th	twentieth
21	twenty-one	21st	twenty-first
30	thirty	30th	thirtieth
40	forty	40th	fortieth
50	fifty	50th	fiftieth
60	sixty	60th	sixtieth
70	seventy	70th	seventieth
80	eighty	80th	eightieth
90	ninety	90th	ninetieth
100	a/one hundred	100th	(one) hundredth
101	a/one hundred and one	101st	(one) hundred and first
200	two hundred	200th	two hundredth
1,000	a/one thousand	1,000th	(one) thousandth
1,246	a/one thousand two hundred and forty-six	1,246th	one thousand two hundred and forty-sixth

1,000,000	a/one million	millionth
1,000,000,000[9]	a/one billion	billionth
1,000,000,000,000[10]	a/one trillion	trillionth

Existe una diferencia en la forma de escribir números en español y en inglés: donde en español se utiliza la coma, en inglés se utiliza el punto, y viceversa: por ejemplo, mil quinientos y medio se convierte en 1.500,5 en español y 1,500.5 en inglés.

En español, un billón equivale a un millón de millones, 10^{12}, y un trillón a un millón de billones, 10^{18}.

Recuerda que **hundred, thousand y million** no tienen plural (**one, two, three hundred/thousand/million**) excepto cuando expresan una cantidad indeterminada: **hundreds of people**, *cientos de personas*, **millions of flies**, *millones de moscas*.

Números y medidas

Fracciones			Decimales
$1/2$	=	a/one half	Para separar los decimales, en los países de habla inglesa se utiliza el punto (.):
$1/4$	=	a quarter	
$1/6$	=	a/one sixth	**35.6** = thirty-five point six
$3/4$	=	three quarters	**35.662** = thirty-five point six six two
$2\,4/7$	=	two and four sevenths	

OPERACIONES ARITMÉTICAS

10 + 17 = 27   ten and/plus seventeen is/equals twenty-seven

19 - 5 = 14   nineteen minus five is/equals fourteen
five from nineteen is/leaves fourteen

2 x 6 = 12   twice six is/equals twelve

12 : 2 = 6   twelve divided by two is/equals six
two into twelve goes six (uso más coloquial)

NÚMEROS DE TELÉFONO

Al dictar un número de teléfono se enumeran los dígitos por separado, excepto cuando uno se repite y se puede decir **double x.** El *cero* en inglés británico es **oh** y en inglés americano **zero.**

0171-538-6197   oh one seven one, five three eight, six one nine seven
zero one seven one, five three eight, six one nine seven

93-533-6602   nine three, five double three, double six oh two
nine three, five three three, six six zero two

FECHAS

Para decir la fecha se utiliza la forma ordinal: **the thirteenth of June** *(el quince de junio);* **May, the fifth** *(el cinco de mayo);* también se puede omitir el artículo **the** en la segunda forma, sobre todo en el inglés americano: **September, tenth** *(el diez de septiembre).*

El año, a partir del año 1000, se dice separando los dos primeros dígitos del segundo par: **1812** se diría **eighteen-twelve.**

En el inglés americano, en la forma abreviada, se coloca el mes delante del día. Así 12/5/99 sería el cinco de diciembre de 1999.

MEDIDAS

LONGITUD

1 **inch**	1 in, 1"	*pulgada*	2,54 centímetros
1 **foot** = 12 inches	1 ft, 1'	*pie*	30,48 centímetros
1 **yard** = 3 feet	yd	*yarda*	91,44 centímetros
1 **mile** = 1760 yards		*milla*	1.609 metros

SUPERFICIE

1 **square inch**	sq in	*pulgada cuadrada*	6,45 cm^2
1 **square foot** = 144 square inches	sq ft	*pie cuadrado*	929,03 cm^2
1 **square yard** = 9 square feet	sq yd	*yarda cuadrada*	0,84 m^2
1 **acre** = 4,840 square yards		*área*	0,45 hectárea
1 **square mile** = 640 acres		*milla cuadrada*	2,59 km^2

VOLUMEN

1 **cubic inch**	*pulgada cúbica*	16,39 cm^3
1 **cubic foot** = 1,728 cubic inches	*pie cúbico*	0,03 m^3
1 **cubic yard** = 27 cubic feet	*yarda cúbica*	0,77 m^3
1 **register ton** = 100 cubic feet	*tonelada de registro*	2,83 m^3

CAPACIDAD

1 **pint**	pt	*pinta*	0,57 litros
1 **gallon** = 8 pints	gal	*galón*	4,55 litros

PESO

1 **ounce**	oz	*onza*	28,35 gramos
1 **pound** = 16 ounces	lb	*libra*	453,6 gramos
1 **stone** = 14 pounds	st		6,35 kilogramos
1 **ton** = 2,240 pounds	t	*tonelada*	1.016 kilogramos

TEMPERATURA

Celsius (ºC)	Fahrenheit (ºF)
194º	90º
104º	40º
98,6º	37º
68º	20º
59º	15º
50º	10º

Para realizar la conversión de un sistema a otro:

De ºC a ºF = × 9/5 + 32
De ºF a ºC = −32 × 5/9

PASADO

- El **pasado simple** sirve para describir acciones pasadas:

    I went to the cinema yesterday.
    Fui al cine ayer. (acción sencilla)
    I often went to the cinema when I was a child.
    Iba a menudo al cine cuando era niño. (acción repetida)
    I lived in Paris for five years.
    Viví en París durante cinco años. (acción duradera)

    Recuerda que en cada caso debes incluir una expresión temporal **(yesterday, when I was a child, for five years),** que ubica la acción en un punto concreto del pasado o indica su duración.

- El **pasado continuo** expresa la continuidad de una acción o de un acontecimiento, sin que nos interese su principio ni fin:

    I was playing football at three o'clock yesterday.
    Ayer a las tres estaba jugando al fútbol.

    A menudo se usan los dos tiempos juntos: el pasado continuo para describir la situación y el pasado simple para describir las acciones:

    I was sitting in my armchair, reading a book, when my husband entered the room.
    Estaba sentada en mi sillón, leyendo el libro, cuando mi marido entró en la habitación.

- El **presente perfecto** (ver ficha con el mismo título).

- El **pasado perfecto** nos permite hablar de acontecimientos anteriores a otros acontecimientos pasados. Cuando esté claro el orden de los acontecimientos, no hace falta usarlo:

    He was very worried because it was the first time he had given a speech.
    Estaba muy preocupado, ya que era la primera vez que daba un discurso.
    When he arrived at the beach, he went for a swim.
    Cuando llegó a la playa, se dio un chapuzón.

- El **pasado perfecto continuo** se usa cuando la acción ha transcurrido durante un cierto tiempo, no en un instante:

    We had been walking for some time when we realized we were lost.
    Habíamos estado paseando un buen rato cuando caímos en la cuenta de que nos habíamos perdido.

- **Used to** y **would** hacen referencia a un acontecimiento habitual en el pasado, pero no en el presente:

    I used to live in Paris but now I live in Berlin.
    Antes vivía en París pero ahora vivo en Berlín.
    My grandfather would often take me for walks in the country.
    Mi abuelo acostumbraba a llevarme a pasear por el campo.

POSESIVOS

Recuerda que los pronombres y los adjetivos posesivos concuerdan siempre con el dueño y jamás con el objeto poseído. Por tanto, **your** puede significar *tu, tus, vuestro/a, vuestros/as, su(s) (de usted) su(s) (de ustedes)*.

	adjetivo	pronombre
The book belongs to me. *El libro me pertenece.*	It's my book. *Es mi libro.*	It's mine. *Es mío.*
The book belongs to you. *El libro te pertenece.*	It's your book. *Es tu libro.*	It's yours. *Es tuyo.*
The book belongs to him. *El libro le pertenece.*	It's his book. *Es su libro.*	It's his. *Es suyo.* (de él)
The book belongs to her. *El libro le pertenece.*	It's her book. *Es su libro.*	It's hers. *Es suyo.* (de ella)
The bone belongs to it. *El hueso le pertenece.*	It's its bone. *Es su hueso.*	It's its. *Es suyo.* (de un animal)
The book belongs to us. *El libro nos pertenece.*	It's our book. *Es nuestro libro.*	It's ours. *Es nuestro.*
The book belongs to you. *El libro os pertenece.*	It's your book. *Es vuestro libro.*	It's yours. *Es vuestro.*
The book belongs to them. *El libro les pertenece.*	It's their book. *Es su libro.*	It's theirs. *Es suyo.* (de ellos)

GENITIVO

Cuando un nombre termina en **-s**, el genitivo se forma colocando un apóstrofo al final (**'**); cuando termina en otra letra, se le añade **-'s**:

> **the women's uniforms**   *los uniformes de las mujeres*
> **the cat's toys**   *los juguetes del gato*
> **the cats' toys**   *los juguetes de los gatos*
> **Mr Davies' pipe**   *la pipa de Mr Davies*

- Construcción con **of**

El genitivo es más corriente con las personas y animales superiores que con las cosas y animales inferiores, en cuyo caso utilizamos la construcción con **of**:

> **the floor of the room**   *el suelo de la habitación*
> **the wings of an insect**   *las alas de un insecto*

pero:

> **the lion's paw**   *la garra del león*

PREPOSICIONES DE LUGAR

At hace referencia a un punto preciso:

> **at the front of the cinema**
> *en las primeras filas del cine*
> **at the bus-stop**
> *en la parada del autobús*
> **at the back of the bus**
> *al fondo/en la parte trasera del autobús*
> **at the top of the page**
> *al principio de la página*
> **at the bottom of the page**
> *al final de la página*
> **the records are at the bottom of the box**
> *los discos están al fondo de la caja*

In significa *dentro de un espacio limitado:*

> **my suit is in the cupboard**
> *mi traje está en el/dentro del armario*
> **there are some cows in the field**
> *hay unas cuantas vacas en el prado*

On significa *encima de una superficie,* sea horizontal o vertical, o siguiendo una línea:

> **the picture is on the wall**
> *el cuadro está en (sobre) la pared*
> **the spider is on the ceiling**
> *la araña está en el techo*
> **on the road from Dover to London**
> *en la carretera de Dover a Londres*
> **on the top of the box**
> *en la parte superior de la caja*
> **on the front of the magazine**
> *en la portada de la revista*
> **on the back of the magazine**
> *en la contraportada de la revista*
> **on the bottom of the box**
> *al fondo de la caja*

Preposiciones de lugar

ABOVE y OVER / BELOW y UNDER

Over *(encima)* y **under** *(debajo)* describen una relación vertical en sentido físico, mientras que **above** *(por encima de)* y **below** *(por debajo de)* describen una posición vertical relativa, en la cual un objeto ocupa simplemente un nivel más alto que el otro:

> **100 metres above sea level**
> *100 metros sobre el nivel del mar*
> **the town is below the mountain**
> *el pueblo está al pie de la montaña*
> **his shoes were under the bed**
> *sus zapatos estaban debajo de la cama*
> **the plane is over the mountain**
> *el avión está sobrevolando la montaña*

NEAR, NEXT TO y BESIDE

Near significa *cerca de* mientras **next to** y **beside** significan *al lado de*:

> **beside/next to me**
> *a mi lado*
> **near here**
> *cerca de aquí*

AMONG y BETWEEN

Between significa *entre dos*, individuos o grupos, mientras que **among** significa *entre varios*:

> **between a boy and a girl**
> *entre un niño y una niña*
> **the road runs between the houses**
> *la carretera pasa entre las casas*
> **among my friends**
> *entre mis amigos*

BEHIND, IN FRONT OF y OPPOSITE

> **the blackboard is behind the teacher**
> *la pizarra está detrás del profesor*
> **the teacher is in front of the blackboard**
> *el profesor está delante de la pizarra*
> **they are sitting opposite each other**
> *están sentados uno frente al otro*

PREPOSICIONES DE MOVIMIENTO

To y from

To es la preposición de movimiento más común:

> **I am flying to Moscow tomorrow.**
> *Mañana me voy a Moscú en avión.*

From significa lo contrario de **to**:

> **We drove from Paris to Bonn in three hours.**
> *Tardamos tres horas en ir en coche de París a Bonn.*

Up to, towards y away from

Up to significa *hasta*, **towards** *hacia* y **away from** *alejarse de*:

> **The prisoner ran away from the prison towards the lights of the city.**
> *El prisionero se alejó corriendo de la cárcel en la dirección de las luces de la ciudad.*
> **Two men walked up to me and...**
> *Se me acercaron dos hombres y...*

Out of e into

Out of significa *desde el interior hacia fuera*, e **into** *desde un sitio al interior de otro*:

> **He walked out of the house and into the garden.**
> *Salió de casa y entró en el jardín.*

Off y onto

Expresan, respectivamente, alejamiento o acercamiento a una superficie:

Up y down significan *hacia arriba* o *hacia abajo*:

> **He walked up/down the street.**
> *Fue andando calle arriba/abajo.*

Across y through

Across equivale a *cruzar* y **through** a *atravesar*:

> **to walk across the field**
> *cruzar el campo*
> **to go through a tunnel**
> *atravesar un túnel*

Round tiene dos significados: *dar una vuelta a, rodear* o *dar una vuelta por*:

> **Now you can drive round Madrid instead of driving through the centre.**
> *Ahora puedes rodear Madrid en vez de tener que pasar por el centro.*
> **Some friends of ours came to visit us so we took them round the city.**
> *Unos amigos nuestros vinieron a visitarnos, así que les llevamos a dar una vuelta por la ciudad.*

PREPOSICIONES DE TIEMPO

On, in y at

Normalmente usamos **on** con los días y las fechas que hacen referencia a un día concreto **(on Monday, on the 21st, on Christmas Day, on my birthday)**, **in** con las partes del día, los meses, estaciones del año, años y siglos **(in the morning** [pero **at night**], **in January, in the summer, in 1952, in the 19th century)** y **at** con las horas y referencias indefinidas **(at 9.00, at night, at the weekend, at Christmas, at the end of the century).**

Las expresiones que incluyen **ago, last, next, tomorrow** y **yesterday** no llevan preposición alguna: **two weeks ago** *(hace dos semanas)*, **last year** *(el año pasado)*, **next week** *(la semana que viene)*, **the day after tomorrow** *(pasado mañana)*, **yesterday morning** *(ayer por la mañana)*.

For y since

For hace referencia a un periodo de tiempo **(10 years, 5 days, 3 hours)**, mientras que **since** se aplica a un momento determinado en el tiempo **(your birthday, 1992, last week)**:

> **I lived in London for 5 years.**
> *Viví en Londres durante cinco años.*
> **I've been thinking about it since last night.**
> *Estoy pensando en ello desde anoche.*

Recuerda que **since** sólo aparece en el presente perfecto **(he has been here since two o'clock,** *lleva aquí desde las dos)*, ya que significa *desde entonces hasta ahora*. En el pasado simple usamos **from... to...**:

> **He lived there from 1933 to 1955.**
> *Vivió allí desde 1933 hasta 1955.*

During

Aunque, al igual que **for,** se traduce por *durante*, existe una gran diferencia. **For,** utilizado en el presente perfecto y pasado simple, acompaña a periodos expresados con unidades de tiempo **(three weeks, two months, five centuries)** y responde a la pregunta *¿cuánto tiempo duró?*

During sólo aparece en el pasado simple y se refiere a periodos de tiempo con un nombre propio **(the Second World War, the holidays, January, 1995)** y responde a la pregunta *¿cuándo?*:

> **I stayed there during my summer holidays.**
> *Me alojé allí durante mis vacaciones de verano.*

By

By es una preposición que no tiene traducción fácil. Significa *antes* o *en:*

> **I'll be back by Monday.**
> *Volveré el lunes o antes.*

PRESENTE

- El **presente simple** describe acciones o situaciones habituales:

    I live in Madrid.
    Vivo en Madrid.

    repetidas, normalmente con un adverbio de frecuencia:

    I go to the cinema every week.
    Voy al cine cada semana.

    expresa hechos establecidos y verdades universales:

    The Earth goes round the Sun.
    La Tierra gira alrededor del Sol.
    The train arrives at two o'clock.
    El tren llega a las dos.

    También empleamos el presente simple para expresar sensaciones y opiniones:

    I love that film!
    ¡Me encanta esa película!
    I understand you completely.
    Te entiendo perfectamente.
    Do you feel alright?
    ¿Te encuentras bien?

- El **presente continuo** se utiliza para describir algo que está pasando en ese mismo instante, para situaciones temporales y tendencias:

    Look out! He's looking at you.
    ¡Cuidado! Te está mirando. (situación simultánea)
    I usually work in Accounts but at the moment I'm working in Personnel.
    Normalmente trabajo en Contabilidad, pero de momento estoy trabajando en Personal. (situación temporal)
    The ozone layer is getting thinner.
    La capa de ozono se está haciendo más delgada. (tendencia)

    Con un adverbio de tiempo o frecuencia, especialmente **always** y **forever**, el presente continuo se utiliza para indicar que algo tiene gracia, tanto en el buen sentido como en el malo:

    They're always criticising me!
    ¡Siempre se están metiendo conmigo!
    Jenny is forever reminding her to clean her teeth.
    Jenny está siempre recordándola que se lave los dientes.
    Granny's always giving us presents!
    ¡La abuela siempre está regalándonos cosas!
    I'm always forgetting his name!
    ¡Siempre se me olvida su nombre!

- El **presente perfecto** (ver ficha con el mismo título).

PRESENTE PERFECTO

El **presente perfecto**, a caballo entre el presente y el pasado, merece una ficha aparte. Se emplea para describir una acción pasada, concluida, y que, sin embargo, guarda una relación con el presente:

He has studied the matter carefully.
Ha considerado el asunto con sumo interés. (está preparado para tomar una decisión)
Somebody has broken my pen.
Alguien ha roto mi pluma. (ahora no puedo escribir)
He has played tennis since he was a boy.
Juega al tenis desde que era niño. (y todavía juega)
Petrol has gone up again.
La gasolina ha subido otra vez. (está por las nubes)

El presente perfecto abarca un periodo de tiempo que se inició en algún momento en el pasado y que dura hasta el presente. El pasado simple se refiere exclusivamente al pasado. Compara estas frases:

I lived in Paris for years.
Viví en París durante años. (ya no vivo allí)
I have lived in Paris for ten years.
Vivo en París desde hace diez años. (sigo viviendo allí)

El **presente perfecto continuo** resalta la duración de una acción:

Sorry I'm late. Have you been waiting long?
Perdóname el retraso. ¿Llevas mucho tiempo esperando?

Cuando lo que nos interesa es principalmente el resultado de una acción, utilizaremos el presente perfecto simple. Sin embargo, si nos interesa más la acción en sí, utilizaremos su aspecto continuo. Compara estas frases:

I have written five letters this morning.
Esta mañana he escrito cinco cartas.
I have been writing letters all morning.
Llevo toda la mañana escribiendo cartas.

¿For o since?

For hace referencia a un periodo de tiempo **(10 years, 5 days, 3 hours)**, mientras que **since** se aplica a un momento determinado en el tiempo **(your birthday, 1992, last week)**:

I have been living here for 10 years.
Llevo viviendo aquí desde hace diez años.
I have been living here since 1987.
Vivo aquí desde 1987.

PRONOMBRES PERSONALES

		sujeto	complemento	pronombre reflexivo	pronombre recíproco
singular	1	I	me	myself	—
	2	you	you	yourself	—
	3	he	him	himself	—
		she	her	herself	—
		it	it	itself	—
plural	1	we	us	ourselves	each other
	2	you	you	yourselves	each other
	3	they	them	themselves	each other

Los pronombres en función de sujeto suelen ponerse delante del verbo:

I live in Madrid. *Vivo en Madrid.*
When do you study? *¿Cuándo estudias?*
She is Spanish. *Ella es española.*

Los pronombres también pueden desempeñar el papel de complemento directo o indirecto. En este último caso suelen ir precedidos de una preposición:

Give it to me. *Dámelo.*
Tell us about them. *Háblanos de ellos.*

Los pronombres reflexivos NO se usan como en español. Hacen referencia al sujeto con verbos que necesitan un complemento:

I've burnt myself. *Me he quemado.*
Did you hurt yourself? *¿Te hiciste daño?*

También se emplean cuando el hablante desea hacer especial hincapié sobre algo o darle mayor énfasis:

The boss himself typed the letters.
El jefe en persona escribió las cartas a máquina.
I did it by myself.
Lo hice yo solo.

- **Each other, one another,** *el uno al otro, mutuamente:*

   I looked at him and he looked at me; we looked at each other.
   Yo le miré a él y él me miró a mí; nos miramos el uno al otro.

En teoría, cuando hay más de dos personas se usa **one another**. En la práctica, suelen ser intercambiables.

PRONOMBRES RELATIVOS

Las frases introducidas por pronombres relativos pueden ser especificativas o explicativas. Las especificativas son necesarias para entender de qué o de quién se habla. Por el contrario, las explicativas equivalen a un aparte y dependen menos de la palabra a la que hacen referencia. Las oraciones explicativas deben ir precedidas de una coma y las especificativas nunca.

> **My friend who lives in London is coming to visit me.** (especificativa)
> *Mi amigo que vive en Londres viene a visitarme.*
> **My mother, who lives in London, is coming to visit me.** (explicativa)
> *Mi madre, que vive en Londres, viene a visitarme.*

La primera frase especifica cuál de mis amigos viene a visitarme. La segunda frase no puede especificar nada más, ya que todos tenemos una madre y, por tanto, siempre será explicativa.

- **Which** nunca se refiere a personas, **who** se refiere a personas o a animales:

    > **The man who was on television yesterday is coming today.**
    > *El hombre que salió por televisión ayer va a venir hoy.*
    > **I went to that shop which sells oriental food.**
    > *Fui a esa tienda que vende comida oriental.*

- **That** puede sustituir tanto a **which** como a **who**. Sobre todo se utiliza en un contexto informal y siempre detrás de **all, everything, nothing, the only...** y las formas superlativas:

    > **Do you know the boy that wears an earring?**
    > *¿Conoces al chico que lleva pendiente?*
    > **It's the most wonderful thing that could have happened to you!**
    > *¡Es la cosa más maravillosa que podría haberte pasado!*
    > **Please, take all the food that you can eat.**
    > *Por favor, coge toda la comida que puedas comer.*

- Recuerda que **that** sólo se utiliza en oraciones especificativas, mientras que **who** y **which** pueden emplearse en ambos tipos de oraciones.

- Para sustituir a **him, her, it** y **them,** se puede utilizar **who(m), which** o **that. Whom** es un complemento más formal que **who**:

    > **There are very few people whom I agree with.**
    > *Hay muy poca gente con la que esté de acuerdo.*
    > **These are the days which you would do well to forget.**
    > *Éstos son la clase de días que harías bien en olvidar.*

- Para sustituir a **his, her** o **its,** se utiliza **whose**:

    > **This is the car whose engine is faulty.**
    > *Éste es el coche cuyo motor falla.*

- **What** es el único relativo que no está relacionado con ninguna palabra anterior en la frase. Equivale a **the thing(s) that**:

    > **I want to know what you mean.**
    > *Quiero saber a lo que te refieres.*

SOME, ANY Y NO

- **Some** (*unos, algo de, un poco de*) normalmente se usa en frases afirmativas delante de sustantivos contables en plural e incontables:

    I've got some money in the bank.
    Tengo (algo de) dinero en el banco.
    There are some books in the cupboard.
    Hay (unos) libros en el armario.

- **Any** suele emplearse en frases negativas e interrogativas delante de sustantivos contables en plural e incontables:

    Have you got any whisky?
    ¿Tienes whisky?
    I haven't got any bread for lunch.
    No tengo pan para la comida.
    There aren't any instructions in the box.
    No hay instrucciones en la caja.

En frases afirmativas **any** significa *cualquier/a*:

Any idiot can answer that.
Cualquier idiota puede contestar a eso.

Pero recuerda que **some** aparece también en preguntas que son, a la vez, invitaciones. Un amigo le preguntaría al otro **would you like some coffee?**, *¿quieres café?*, mientras que un tendero diría **do you want any coffee?** De modo que **some** supone una actitud positiva por parte del hablante y con **any** nuestra actitud es neutra; sólo indagamos o informamos.

- **No** (adjetivo) equivale a **not... any** (*nada, ningún*) y normalmente se usa delante de sustantivos contables en plural e incontables:

    There's no ice in the fridge.
    No hay hielo en la nevera.
    I've got no friends at all.
    No tengo ningún amigo.

Las palabras compuestas con **some, any** y **no** siguen las mismas reglas:

somebody	alguien	**anybody**	alguien, culquier/a
someone	alguien	**anyone**	alguien, cualquier/a
something	algo	**anything**	alguna/cualquier cosa
somewhere	en algún lugar	**anywhere**	en algún/cualquier lugar

nobody	nadie
no one	nadie
nothing	nada
nowhere	en ningún lugar

There is somebody in the kitchen. — *Hay alguien en la cocina.*
There isn't anything in the fridge. — *No hay nada en la nevera.*
There is nothing in the fridge. — *No hay nada en la nevera.*
I can't find it anywhere. — *No lo encuentro en ninguna parte.*

SUSTANTIVOS

Los sustantivos se pueden clasificar en los que se pueden contar y los que no. Los contables pueden tener forma plural y se los puede utilizar con el artículo indeterminado **a/an**. Los incontables no tienen plural y generalmente no se los puede utilizar con el artículo indeterminado.

SUSTANTIVOS CONTABLES
a chair/three chairs — *una silla/tres sillas*
an apple/three apples — *una manzana/tres manzanas*
a baby/four babies — *un bebé/cuatro bebés*

SUSTANTIVOS INCONTABLES
bread — *(el) pan*
publicity — *(la) publicidad*
advice — *(el) consejo*
luck — *(la) suerte*
thunder — *(el) trueno*
happiness — *(la) felicidad*

Se puede utilizar el artículo indeterminado con algunos sustantivos incontables alusivos a una actividad emocional o mental cuando éstos van acompañados de un adjetivo u otro tipo de descripción. También podemos convertir un sustantivo incontable en contable anteponiéndole un sustantivo de este último tipo.

She has a wonderful understanding of politics.
Tiene un conocimiento maravilloso de la política.
Three crumbs of bread.
Tres migas de pan.

Algunas palabras pueden ser incontables y contables pero con distinto significado. Los más comunes son los siguientes:

	contable	incontable
cake	pastelito	pastel
chicken	pollo	carne de pollo
chocolate	chocolatina	chocolate
fish	pez	pescado
hair	cabello	pelo, melena
lamb	cordero	carne de cordero
paper	periódico, documento	papel

Sin embargo, en el restaurante o en el bar podemos saltarnos estas reglas y decir:

Two beers and three red wines, please.
Dos cervezas y tres vinos tintos, por favor.
Two salads, a roast chicken and a roast lamb.
Dos ensaladas, un pollo asado y un cordero asado.

VERBOS AUXILIARES (TO BE, TO HAVE, TO DO)

A diferencia de otros verbos, en su función de auxiliares sirven para formar diferentes tiempos de otros verbos y no tienen significado propio.

- **TO BE** participa en la formación de los tiempos continuos y en la voz pasiva:

> I am playing.   *Estoy jugando.*
> You will be playing.   *Estarás jugando.*
> French is spoken in France.   *En Francia hablan francés.*

	presente		*pasado*		*participio pasado*
I	am	(I am not)	was	(wasn't)	been
You	are	(aren't)	were	(weren't)	
He, she, it	is	(isn't)	was	(wasn't)	
We	are	(aren't)	were	(weren't)	
You	are	(aren't)	were	(weren't)	
They	are	(aren't)	were	(weren't)	

- **TO HAVE** forma los tiempos perfectos:

> I have played tennis.   *He jugado al tenis.*
> I have been playing tennis.   *He estado jugando al tenis.*

	presente		*pasado*		*participio pasado*
I	have	(haven't)	had	(hadn't)	had
You	have	(haven't)	had	(hadn't)	
He, she, it	has	(hasn't)	had	(hadn't)	
We	have	(haven't)	had	(hadn't)	
You	have	(haven't)	had	(hadn't)	
They	have	(haven't)	had	(hadn't)	

- **TO DO**, como verbo auxiliar, sólo se usa en el presente simple y el pasado simple para formar interrogaciones y negaciones:

> Do you play?   *¿Juegas?*
> He doesn't play.   *No juega.*
> They didn't play.   *No jugaron.*

	presente		*pasado*		*participio pasado*
I	do	(don't)	did	(didn't)	done
You	do	(don't)	did	(didn't)	
He, she, it	does	(doesn't)	did	(didn't)	
We	do	(don't)	did	(didn't)	
You	do	(don't)	did	(didn't)	
They	do	(don't)	did	(didn't)	

VERBOS IRREGULARES

infinitive	past tense	past participle
abide	abided	abided
arise	arose	arisen
awake	awoke, awaked	awoken, (awaked)
be	was, were	been
bear	bore	borne
beat	beat	beaten
become	became	become
befall	befell	befallen
begin	began	begun
behold	beheld	beheld
bend	bent	bent
beseech	besought	besought
bet	bet, betted	bet, betted
bid	bid	bid
bid	bade	bidden
bind	bound	bound
bite	bit	bitten
bleed	bled	bled
blow	blew	blown
break	broke	broken
breed	bred	bred
bring	brought	brought
broadcast	broadcast	broadcast
build	built	built
burn	burnt, burned	burnt, burned
burst	burst	burst
buy	bought	bought
cast	cast	cast
catch	caught	caught
choose	chose	chosen
cling	clung	clung
clothe	clothed, (clad)	clothed, (clad)
come	came	come
cost	cost	cost
creep	crept	crept
crow	crowed, (crew)	crowed
cut	cut	cut
deal	dealt	dealt
dig	dug	dug
dive	dived	dived
do	did	done
draw	drew	drawn
dream	dreamt, dreamed	dreamt, dreamed
drink	drank	drunk
drive	drove	driven
dwell	dwelt, dwelled	dwelt, dwelled
eat	ate	eaten
fall	fell	fallen
feed	fed	fed
feel	felt	felt
fight	fought	fought

Verbos irregulares

find	found	found
fit	fit, fitted	fit, fitted
flee	fled	fled
fling	flung	flung
fly	flew	flown
forbid	forbad(e)	forbidden
forget	forgot	forgotten
forgive	forgave	forgiven
forsake	forsook	forsaken
freeze	froze	frozen
get	got	got, gotten
give	gave	given
go	went	gone
grind	ground	ground
grow	grew	grown
hang	hung, hanged	hung, hanged
have	had	had
hear	heard	heard
hide	hid	hidden
hit	hit	hit
hold	held	held
hurt	hurt	hurt
keep	kept	kept
kneel	knelt, kneeled	knelt, kneeled
know	knew	known
lay	laid	laid
lead	led	led
lean	leant, leaned	leant, leaned
leap	leapt, leaped	leapt, leaped
learn	learnt, learned	learnt, learned
leave	left	left
lend	lent	lent
let	let	let
lie	lay	lain
light	lit, lighted	lit, lighted
lose	lost	lost
make	made	made
mean	meant	meant
meet	met	met
mow	mowed	mown, mowed
pay	paid	paid
plead	pled, pleaded	pled, pleaded
put	put	put
quit	quit	quit
read	read [red]	read [red]
rend	rent	rent
rid	rid	rid
ride	rode	ridden
ring	rang	rung
rise	rose	risen
run	ran	run
saw	sawed	sawn, sawed
say	said	said
see	saw	seen
seek	sought	sought
sell	sold	sold

Verbos irregulares

send	sent	sent
set	set	set
sew	sewed	sewn, sewed
shake	shook	shaken
shear	sheared	shorn, sheared
shed	shed	shed
shine	shone	shone
shoe	shod	shod, shoed
shoot	shot	shot
show	showed	shown, showed
shrink	shrank, shrunk	shrunk
shut	shut	shut
sing	sang	sung
sink	sank	sunk
sit	sat	sat
slay	slew	slain
sleep	slept	slept
slide	slid	slid
sling	slung	slung
slink	slunk	slunk
slit	slit	slit
smell	smelt, smelled	smelt, smelled
sow	sowed	sown, sowed
speak	spoke	spoken
speed	sped, speeded	sped, speeded
spell	spelt, spelled	spelt, spelled
spend	spent	spent
spill	spilt, spilled	spilt, spilled
spin	spun	spun
spit	spat	spat
split	split	split
spoil	spoilt, spoiled	spoilt, spoiled
spread	spread	spread
spring	sprang	sprung
stand	stood	stood
steal	stole	stolen
stick	stuck	stuck
sting	stung	stung
stink	stank	stunk
strew	strewed	strewn, strewed
stride	strode	stridden
strike	struck	struck
string	strung	strung
strive	strove	striven
swear	swore	sworn
sweat	sweat, sweated	sweat, sweated
sweep	swept	swept
swell	swelled	swollen, swelled
swim	swam	swum
swing	swung	swung
take	took	taken
teach	taught	taught
tear	tore	torn
tell	told	told
think	thought	thought
thrive	thrived, (throve)	thrived, (thriven)

Verbos irregulares

throw	threw	thrown
thrust	thrust	thrust
tread	trod	trodden
understand	undestood	understood
undertake	undertook	undertaken
wake	woke	woken
wear	wore	worn
weave	wove	woven
weep	wept	wept
wet	wet, wetted	wet, wetted
win	won	won
wind	wound	wound
wring	wrung	wrung
write	wrote	written